邓晓芒作品 · 句读系列

上卷 康德《纯粹理性批判》句读

邓晓芒 著

人民出版社

[先验逻辑导言] 先验逻辑的理念

先验分析论·概念分析论

自　序

　　本书是一个有关康德《纯粹理性批判》的系列讲课录音,时间跨度长达 7 年,共 14 个学期。2000 年春季学期,我起意要把我在研究生的"德国古典哲学原著选读"课堂上对康德《纯粹理性批判》的逐字逐句的讲解作一个现场录音。该课程我从 1989 年刚刚取得硕士导师资格时就开设了,当时我开了两门必修课,即"德国古典哲学原著选读"和"德国古典哲学专题",分别在上、下两个学期中讲授,但讲课的内容都是对《纯粹理性批判》的解读,实际上是同一门课,这样我就可以有相对充裕的时间比较连贯和深入地和研究生们探讨一些具体文本和深层含义的问题。10 年间我每学期都讲这门课,所以我的研究生要想拿到这两门课的学分,一般必须连续听过两个学期。尽管如此,由于对每一届研究生都必须从头讲起,而后面的又没有时间接着讲,所以这 10 年基本上就是在"导言"和"先验感性论"上转来转去,反复过了好几遍,而后面的却仍然比较生疏。直到 2000 年,我打算放弃以往的讲法,采取"铁打的营盘流水的兵"的模式,开始将这本旷世经典从头讲到尾,不计时间,讲到什么时候就什么时候,讲到哪个学期就哪个学期,务必要将每一句话搞懂。当然,我们所用的教材,是当时已经成稿但尚未出版的《康德三大批判精粹》,这是我和我的导师杨祖陶先生精诚合作的一项翻译成果,由人民出版社出版于 2001 年。所以严格说来,我的讲课还不是对康德《纯粹理性批判》的全部文本的解读,而只是对选入我们的《精粹》本中的 20 余万字篇幅的解读。但就这样，也已经使这一工作成为了一件看起来遥遥无期的浩大工程，最主要的原因就是这种逐字逐句、连一个注释甚至一个标点、一个重音都不放过的解读，实在是太耗时间了。这种做法在国内的西学界恐怕是前无古人的。我们有很多讲康德哲学的教师，但一般都是大而化之地讲，借助于各种参考书，这一点并不难做到。但真正一句接着一句地讲过去，不回避，不含糊，以"同情的理解"搞清康德本人在这一句话中的意思，并由此来把握这一段、这一章节的意思，这还是首次。

我的讲课程序是这样的：首先由研究生中点一人来读康德的一段文字，即《康德三大批判精粹》里面的中译文，要求每句话一口气读下来，不要中断语气，而且要强调读出关键词、重点词来，说明你懂了这句话的意思；然后由该研究生一句句解释，不要大而化之地说这一段的"中心思想"或"主要意思"是讲什么，而要依据文本解析每一个句子和用词；然后由我再对照德文原本，将这一段从头至尾加以逐句讲解，差不多要用十句话来解康德的一句话，这一部分由我自己全部录音；接下来是提问，在座的研究生可以提与这一段相关的任何问题，由我当场作出回答，有不同意见的还可以提出异议、进行讨论和争论，一直提到没有问题了，再进入到下一段的研读。这种读法能够给人一种踏实感，能够货真价实地接触到康德本人的思想和文字；但这样一来，每个学期所能够讲授的篇幅就很有限了，一般也就能讲个二十几页、甚至只有十多页。每个研究生在校期间也就三年，一届又一届的研究生（硕士生和博士生）都过去了，我的这门课还在继续开，还没有完结，所以每个研究生一般只听过整个解读中的一小部分，没有人能够从头到尾听完的。尽管如此，学生们听课却非常踊跃，从最开始课堂上的十几个人，到后来越来越多，达到七八十人，简直没法进行讨论了。但我仍然坚持开放课堂，有教无类。来旁听的不但有其他方向和专业的研究生，外系的学生和青年教师，还有其他学校的哲学爱好者，甚至也有社会上的打工族、小老板、待业青年。

曾有学生对我提出这样的疑问：老师，按这样读法，什么时候才能读完？我们所学到的东西不是太零碎了吗？我的回答是，这门课的目的，不是要你们掌握多少文本知识，而是要训练你们解读文本的能力。别看你们平时读了那么多书，好像什么都知道，但具体拿一段文本来要你们解释，你们很可能解释不了。上我的课，就是要教给你们一种读书的方法，告诉你们什么才真正叫作读书。你们掌握了这套方法，能够读懂康德的文字，那就什么样的文字都能够对付了。与此同时，我还让学生注意我的讲课风格，我称之为"全息式的"讲授。就是说，我在每讲到康德的一个观点、一个术语的时候，通常不是孤立地就其在这一段话中的意思来理解，而是都要联系到康德在其他地方的观点和用语，将康德的观点放到他整个体系中来讲解。这样前联后挂，加以贯通，所以虽然具体讲解的只有一小段，但实际上把康德整个哲学都拖进来了，有的时候简直就是用一段话作例子在讲述整个康德哲学。一个学期下来后，学生所读的尽管只是那么一二十页，但对康德哲学的整体把握却比那种泛泛而谈的讲授更加清晰。再加上我对学生的提问是有问必答，而且回答十分详尽，以客观公正的态度对待不同意见，有时还公开宣布学生的某个意见比我的理解更正确，充分肯定学生的创见，因此之故，我的课堂上总是保持有一种强烈的求知、求真理和认真探讨问题本身的学术氛围。这也是吸引不同层次的学生来听这门高深的课程的一个重要原因。学生们在这里受到的学术训练，对他们一生的学术生涯都将有深刻的影响。对我自己来说，也从这门课程中受益匪浅，有许多问题是在讲授中搞清楚的，有的是学生的提问给我提供了思考的灵感，还有的干脆对我的译文指出其错误，或提出不同的译法，其中有不少都被我吸收，在再版修订时将考虑进去的。这些地方在本书的注释中我都一一注明了。所以，这门课整个体现了一个学生和老师共同研讨、互相受益、客观评价、平等对话、教学相长的过程。那些热情的学生，每次课后必定有一大群"护送"我到家门口，一边走一边继续探讨课堂上未尽的问题，成为武汉大学校园中的"一景"。

于是，连续 14 个学期下来，就有了目前这样一个康德《纯粹理性批判》句读本。我这里把本书取名为"句读"，与中国传统文献学中所讲的"句读"的意思不太一样，它不是仅仅为经典文本断句，而是一句一句地读文本的意思。十分可惜的是，本书只录下了在课堂上我自己正式讲授的那部分内容，但大量的学生提问、讨论和我的回答都没有能够保存下来，这些讨论和问答有不少其实比我的讲授更精彩，更有启发，许多过去的学生直到现在提起来还为此感到遗憾。当然，如果全部录下来，本书的篇幅就至少还要扩大两倍，那就过于庞大了。而且除了篇幅上的考虑外，还有一个录音条件也限制了全程记录。回想七八年前，刚开始决定采用课堂录音时，我只有单位发的一个巨大的双卡录放机，每次用一个特制的包袱背在肩上进课堂，还经常发生卡磁带的故障。我的一次课一般是三四个小时，如果全程录成磁带，就要增加一些意义不大的信息，删削、整理起来也够麻烦的。后来有了录音笔，就方便多了，但仍然有一个整理的工作量问题。我在这里要特别感谢帮我整理了大量录音资料的研究生，如梁林军、徐良梅、苏德超、杨云飞、陈进、涂丽萍、刘漫，还有我的朋友王里先生。没有他们纯粹出于学术热忱的鼎力相助，这本书不知还要拖到何年何月。

当全部录音整理的资料都已完成时，连我自己也吓了一跳：它们总计已经超过了 200 万字！但说来也很自然，我本来就是想用十句话来解康德的一句话，20 多万字的文本变成 200 万字的句读也是顺理成章的。但毕竟给读者带来的负担太重了。因此我决定对字数加以控制，在我最后作仔细的校订和整理时，我删掉了一些过于重复的地方。但就目前看来，仍然超过了 180 万字。恐怕也只好这样了。反过来想一想，当年我在读康德和黑格尔这些大家的书时，只想有人能够像这样一句一句地给我讲解一番，越多越好，少了还不满意。我希望那些对康德哲学怀有虔诚的敬意的读者，也能够抱有我当年这样的心情来读这本厚书。当然，所谓"言多必失"，说得多了，肯定也会有让人抓住漏洞的地方，我也希望那些发现我露出了"马脚"的读者，能够直率地向我指出，就像那些研究生在课堂上那样。那将是对于康德研究的一种福音。

邓晓芒

2007 年 10 月 24 日

于香港道风山

第　一　版　序

　　一本书的序言通常是阐明这部著作的必要性、意义和写作方法。康德《纯粹理性批判》第一版的序也是如此，它宏观地展示了康德在写作这部著作时所面对的问题，许诺了他将要达到的结果，制定了他在整个体系方面所依据的方法论准绳，以及该著作在他整个哲学构思中的位置。我们先来看看他所面对的问题，也就是他写这部著作的必要性。

　　人类理性在其知识的某个门类里有一种特殊的命运，就是：它为一 AVII 些它无法摆脱的问题所困扰；因为这些问题是由理性自身的本性向自己提出来的，但它又不能回答它们；因为这些问题超越了人类理性的一切能力。

　　开宗明义，康德提出了人类理性的命运问题。《纯粹理性批判》讨论的主题当然是理性，但康德强调这种讨论不是一般地谈谈理性而已，而是专门指向它的"某个门类"的"特殊的命运"。"某个门类"显然是指形而上学，即纯粹哲学的门类；而"特殊的命运"则是指理性的那些最高问题所带来的命运，或者说是一种厄运，这就是："这些问题是由理性自身的本性向自己提出来的，但它又不能回答它们；因为这些问题超越了人类理性的一切能力"。理性只有在形而上学中才给自己提出了一些它自己不能解答的问题，这是理性的不幸，当然，也是理性的能耐，只有理性才能在它的最高形态中给自己提出超出自己能力的问题。理性的这种自然倾向或者说"本性"自有它的积极意义。不过康德在这里一开始强调的是这种命运的消极面，这也正是他进入问题的入口，即要寻求一条解决理性的困境之道。下面他就来阐明理性的这种困境和引起这种困境的原因。

　　人类理性陷入这种困境并不是它的罪过。它是从在经验的进程中不可避免地要运用、同时又通过经验而证明其运用的有效性的那些基本原理出发的。

理性的困境之所以是它的"命运"，就在于它并不是有意要陷入进去的，而是从一种正当的要求中不知不觉地陷入的，这种正当要求就是那些在经验运用中已经证明了其必然性和有效性的理性原理的要求。理性的基本原理在经验中是有效的，这个谁也否认不了，所以这些原理也是不可取消的；但也正是这些原理，当我们立足于它们来追求更高的目标时，就必然把我们带入了歧途。康德解释说：

　　借助于这些原理，它（正如它的本性所将导致的那样）步步高升而达更遥远的条件。

理性的基本原理具有一种"本性"（或"自然"），就是要从有条件者去追溯它的条件，也就是我们通常所说的，不但要"知其然"，而且要"知其所以然"。而这种追溯按照理性的本性来说是无穷尽的，它总是要从近到远，从已知的东西到未知的东西，从经验知识到使这种经验知识得以可能的条件，以及条件的条件。

　　但由于它发现，以这种方式它的工作必将永远停留在未完成状态，因为这些问题永远无法解决，这样，它就看到自己不得不求助于一些原理，这些原理超越一切可能的经验运用，却仍然显得是那么不容怀疑，以至于就连普通的人类理性也对此表示同意。理性的这种步步高升的工作永无止境，因而将"永远停留在未完成状态"；但完全停下来又不符合理性的本性，所以理性就"不得不求助于一些原理"，这就是那些超越一切可能经验范围之上的形而上学原理。这里用"一切可能经验"这个术语，后面我们将看到它的确切含义，即不只是现有的经验，而且包括一切过去、未来可能有的经验，就是不但从现实的范围上，而且从性质上、本质上是超经验的，也就是超时空的。形而上学原理离开了经验的领域，它们不是要运用于任何经验之上，而是仅仅按照纯粹理性本身的逻辑法则来运行；但由于这些逻辑法则是普通的人类理性中固有的法则，所以虽然没有经验的内容来充实它们，这些抽象的理性原理和法则却仍然能够得到一般人的同意，甚至在他们看来是无可置疑的。

但这样一来，人类理性也就跌入到黑暗和矛盾冲突之中，它虽然由此可以得悉，必定在某个地方隐藏着某些根本性的错误，但它①无法把它们揭示出来，因为它的使用的那些原理当超出了一切经验的界限时，就不再承认什么经验的试金石了。这些无休止的争吵的战场，就叫作**形而上学**。

这就是人类理性的厄运的来由。也就是说，人类理性出于它的本性要寻求一个超出一切经验之上的最高的无条件者，以便使自己不再停留于未完成状态；但一旦它超出了一切经验，它就失去了用经验来检验自己原理的真理性的试金石，从而变成了公说公有理，婆说婆有理，陷入到"无休止的争吵"和无法解决的"矛盾冲突"之中。这就使形而上学成为了一个这类矛盾冲突的战场。而且，虽然形而上学中充斥着这类矛盾，人们却既没有办法解决矛盾，也不知道这类矛盾从何而来，因为他们原先正是为了避免矛盾、特别是为了避免经验的有限性和理性的无限追求之间的矛盾，才跳出一切经验的范围而寻求理性的逻辑一贯性的。但现在矛盾并不是出现在经验和理性之间，而是出现在通常认为不可能有矛盾的理性本身内部。康德在后面关于纯粹理性的"二律背反"的讨论中所揭示的正是这种情况，即两个完全互相矛盾的命题似乎各自都有自己充分的逻辑根据，谁也消灭不了谁。当然康德在这里已经预先暗示，所有这一切矛盾都是由于这些原理超越了一切经验的界限，从而抛弃了经验这个"试金石"。因为关于知识和真理的问题，虽然我们必须借助于理

---

① 原译作"他"，兹改之。

性的先天原理,但这些先天原理是否运用得正当,还是要凭借经验来检验。离开经验的领地来谈知识和真理是不可能的,无论我们把理性的功能发挥到何等地步,如果没有经验的内容,都免不了空谈,甚至免不了陷入自相矛盾的尴尬。由此我们已经可以看出,康德本身虽然出自大陆理性派传统,但却体现出力图调和经验论和唯理论的主导倾向。不过在康德的时代,还没有人能够清楚地认识到康德所指出的问题,人们已经意识到"必定在某个地方隐藏着某些根本性的错误",因为那些矛盾冲突已经表面化和白热化了,但他们却"无法把它们揭示出来",而是仍然固执着自己的片面观点,不是局限于经验论,并由此走向怀疑论,就是执著于唯理论的独断论。这种分裂局面就使形而上学的名誉遭到了极大的损害。而这就是康德当时所面临的绝望处境,他在下面对此作了形象的描述。

曾经有一个时候,形而上学被称为一切科学的**女王**,并且,如果把愿望当作实际的话,那么她由于其对象的突出的重要性,倒是值得这一称号。

在历史上,形而上学自亚里士多德以来就被称为"第一哲学",它是"物理学之后"或物理学之上,是一切自然科学和数学的指导科学,所以它是"科学之科学"。把形而上学视为"一切科学的女王",这是西方两千年来的传统。康德对这个传统是有保留地认同的,就是说,"如果把愿望当作实际的话",康德认为形而上学的主观愿望和意图确实是指向理性最重要的事业的,只不过她实际上并没有能够做到她想要做的事情罢了。但康德并不因为形而上学未能达到其目的而完全抛弃她,而是致力于用新的途径恢复形而上学的权威地位,重建形而上学。所以他对形而上学今天的这种不景气的状况深表同情。

今天,时代的时髦风气导致她明显地遭到完全的鄙视,这位受到驱赶和遗弃的老妇像**赫卡柏**一样抱怨:"不久前我还是万人之上,以我众多的女婿和孩子而当上女王——到如今我失去了祖国,孤苦伶仃被流放他乡。"

AIX

4

赫卡柏是特洛依城最繁荣的时期的王后,特洛依城被希腊人攻陷后,她失去了丈夫和所有的子女,她本人成为俘虏,传说最后被人们用石头砸死,又说她被众神变成了一条狗。赫卡柏的悲惨遭遇引起了很多诗人的同情,包括欧里庇得斯、但丁和莎士比亚。康德在这里也是以同情的笔调引用她的命运来比喻形而上学的遭遇的。有种常见的说法,说康德摧毁了形而上学,抛弃了形而上学,这是不准确的。应当说他摧毁的是传统的形而上学,但却建立起了新的形而上学,使古老的形而上学焕发了青春。

下面他继续采取比喻的方式描述了形而上学走向衰落的原因。

最初,形而上学的统治在**独断论者**的管辖下是**专制的**。

这里康德一开始就引入了政治和法律的用语,这也是康德行文的一个很重要的特点,就是一有机会他就要用政治学的术语来打比方。哲学上的"独断论"相当于政治上的"专制主义",它不由分说,也不说明理由,而是以既定的意见和信念作为不言而喻的前提。在形而上学的王国里,长期以来都是独断论占统治地位,但由于这种专制统治必然要引起内部的分裂和外部的抗议,所以在近代它的地位就遭到了不可避免的动摇。

不过,由于这种立法还带有古代野蛮的痕迹,所以它就因为内战而一步步沦为了完全的**无政府状态**,而**怀疑论者**类似于游牧民族,他们憎恶一切地面的牢固建筑,便时时来拆散市民的联盟。

"古代野蛮的痕迹",指传统的非批判的粗糙信念;"内战"指独断论的内部分裂,如经验论和唯理论、唯物主义和唯心主义的分裂,其实各方都是独断的,都想实现自己的霸权。这就导致了"完全的无政府状态",即公说公有理,婆说婆有理,没有一个公正的法庭来对各方的主张进行裁决,从而使各方都在打一场毫无结果的消耗战。但尽管如此,这些独断论者毕竟在对真理的信念上还是一致的,所以尽管处于"无政府状态"

中，却还是出于共同的利益而建立起某种"市民的联盟"，以便各人经营自己的小地盘，并水不犯河水。但怀疑论者对于这种联盟则是一种更大的威胁，他们"类似于游牧民族"，扫荡一切地面建筑，解构一切固有的联系，如休谟的怀疑论就是无论经验论还是唯理论都不能接受的，它使一切认识论的形而上学探讨都失去了意义。

<u>但幸好他们只是少数人，所以他们不能阻止独断论者一再地试图把这种联盟重新建立起来，哪怕并不根据任何在他们中一致同意的计划。</u>

真正像休谟一样主张彻底的怀疑论的人毕竟只是少数，一般人认为他们只是走极端而已，并不认真对待他们提出的挑战。当时盛行的所谓"健全知性"的观点就是大多数哲学家所依赖的一种权宜之计，他们借此很简单地把休谟式的怀疑主义扫到一旁，认为这是一种知性的病态。但是"健全知性"本身是一个模糊概念，究竟怎样才算健全，健全知性应该包含哪些要素，人们并没有很明确的规定，所以通常人们只是利用这一概念的模糊性而建立起一种认识论上的"新的联盟"，也就是"可知论"的联盟，来共同对付休谟的不可知论。但其实在他们中并没有什么"一致同意的计划"，同样是主张健全知性，经验派的健全知性和理性派的健全知性却大不相同，他们的共同之处仅仅在于不走极端，以及为了捍卫科学的尊严而共同抵御怀疑论的进攻。

<u>在近代，虽然一度看来这一切争论似乎应当通过（由著名的洛克所提出的）人类知性的某种**自然之学**（Physiologie）①来作一个了结，并对那些要求的合法性进行完全的裁决；</u>

洛克在《人类理解论》（也可以译作《人类知性论》）中对人类知性的方方面面进行了详尽的分析，这些分析都是把人类的知性当作一个自然对象来看待，因此康德把它不称之为形而上学或哲学，而称之为"自然之学"，也就是用物理学或自然科学的方式来研究人的认识的结构。在

---

① 原译作"生理学"，但康德这里是用的 Physiologie 一词的希腊文原意，兹改之。

这方面，洛克可以说是做到了最大可能的完备和系统化，人们似乎可以认为他已经对人类认识能力的各种要素的作用的合法性作出了"完全的裁决"。

但结果却是，尽管那位所谓的女王的出身是来自普通经验的贱民，然而，由于这一**世系**事实上是虚假地为她捏造出来的，而她还一味地坚持①她的要求，这就使得一切又重新堕入那旧的、千疮百孔的**独断论**中去，并由此而陷入到人们想要使科学摆脱出来的那种被蔑视的境地。 AX

洛克的哲学实际上还是经验论哲学，康德称之为"出身"于"普通经验的贱民"，并没有任何先天的高贵之处，按照康德的看法经验派必然要成为怀疑论；但是洛克仍然主张这种经验知识具有形而上学的认识论意义，即能够认识事物本身，但这种要求实际上是经验派所不可能提出来的，所以康德说这种形而上学的世系"是虚假地为她捏造出来的"。但洛克的这位"女王"仍然一味地提出这种认识事物本身的要求，这就使得洛克的哲学又重新堕入独断论中去了，也就是没有根据地认定自己的知识就是对自在之物本身的认识。而这种无根据也正是人们蔑视形而上学的根本症结，它使形而上学名誉扫地，得到了"伪科学"的恶名。不过，康德如此批评洛克是有些不太公平的，因为在洛克的哲学中已经包含有后来由休谟发挥出来的不可知论因素了，他首先把我们从感官直接所获得的感觉，如色、声、香、味等等，称之为事物的"第二性的质"，是由我们感官的性质所决定的，因而是主观的，只有像体积、形相、运动、数量等等才属于"第一性的质"，可见他并不完全相信我们的感觉经验；其次他认为即使第一性的质，也只是我们对于客观实体所知道的"名义本质"，而不是它们的"实在本质"，实体的实在本质我们是永远也不可能知道的。这就已经有不可知论的色彩了。这正是休谟后来提出怀疑论和不可知论的最初的思想来源。当然洛克的体系中是包含尖锐的矛盾的，他甚

---

① 原译作"她就可以仍然坚持"，意思不明，兹改之。

至不太关心使自己的这种矛盾调和起来，所以康德说他是独断论也没有错，只是不全面。

今天，当一切道路（正如人们所以为的）都白费力气地尝试过了之后，在科学中占统治的是厌倦和彻底的**冷淡态度**，是浑沌和黑夜之母，但毕竟也有这些科学临近改造和澄清的苗头，至少是其序幕，它们是用力用得完全不是地方而变得模糊、混乱和不适用的。

康德的时代哲学界就是这样一片混乱的状态，但也不是毫无希望，而是在这种混乱中包含着"这些科学临近改造和澄清的苗头"，这是康德独具慧眼看出来的。"这些科学"指形而上学的各种形态，唯理论和经验论，独断论和怀疑论，康德自认为负有历史使命来改造和澄清它们。但他并不想把它们全盘抛弃，而只是想把它们作一个调和，吸取它们各自的长处，批判它们的缺点。他承认，这些学说都有其合理之处，只是"用力用得完全不是地方"，从而把问题搞乱了。但只要对它们所展示出来的问题进行一番彻底的清理，康德认为将拉开真正科学的形而上学的序幕。

所以康德对当代哲学中的无所作为的态度是很瞧不起的，他说：

因此，想要对这样一些研究故意装作**无所谓**的态度是徒劳的，这种研究的对象对于人类的本性来说**不可能是无所谓的**。

形而上学在当代出现了问题，但是这些问题是非妥善解决不可的，因为这是涉及人类理性的生死存亡的大问题。但当时哲学界人们都在装聋作哑，用一些模糊概念来回避和打发那些棘手的问题，特别是对于休谟所提出的挑战装作视而不见，从而使科学的基础面临严重的危机。

上述那些**冷淡主义者**也是这样，不论他们如何想通过改换学院语言而以大众化的口吻来伪装自己，只要他们在任何地方想到某物，他们就不可避免地退回到他们曾装作极为鄙视的那些形而上学主张上去。

"上述那些**冷淡主义者**"，指上一句话中提到的在科学中"占统治的"

冷淡态度，也就是所谓"拒斥形而上学"的态度，持有这种态度的人干脆放弃一切形而上学的努力，而对任何形而上学加以拒斥，甚至在语言上也加以改换，不用形而上学的学院语言，而尽量采取大众化的语言。这种态度在康德的时代还是刚刚萌芽，但在 20 世纪以来则蔚然成风，一切实用主义和实证主义以及语言分析哲学都在标榜这种态度。但康德指出，这些人拒斥形而上学是虚伪的，实际上他们暗中所遵奉的是最坏的形而上学，这与恩格斯的见解如出一辙。形而上学，或者说哲学，是人类逃脱不掉的命运。

　　然而，这种在一切科学繁盛的中心发生并恰好针对着这些科学——这些科学的知识一当它能够被拥有，人们就无论如何也不会作出丝毫放弃——的无所谓态度，毕竟是一种值得注意和深思的现象。这种态度显然不是思想轻浮的产物，而是这个时代的成熟的判断力的结果。 AXI

　　康德尽管对当时哲学家们"装作无所谓的态度"不满，但仍然从这种态度中看出现代哲学思想的"成熟"，因为这种态度只不过是当时人们为了维护科学的尊严而临时借用的一块挡箭牌，他们显然并不为休谟所提出的怪论而受到惊扰，而是对于已经到手的科学知识怀有一种不可动摇的信念。他们之所以装出无所谓的态度，只不过是他们还没有找到可以有力地反驳对方的方法而已，但他们决不轻易为对方的能言善辩所迷惑、所打动，这一点却是康德十分赞赏的，也是他有信心让自己的批判获得广大科学界人士赞同的理由。他相信，在"一切科学繁盛的中心"所发生的这种"无所谓态度"，其实是一种谨慎的态度，它不是"思想轻浮的产物"，而是人类理性已经成熟到可以面对任何针对科学的挑战的表现，在这样一个基础上，康德的批判才能够奏效。在这里，康德有一个注释：

　　人们时常听到抱怨当代思维方式的肤浅和彻底科学研究的沦落。但我看不出那些根基牢固的科学如数学和自然学说等等有丝毫值得如此责备的地方，相反，它们维护了彻底性的这种古老的荣誉，而在物理学中甚至超过以往。

　　显然，康德心目中的数学和自然科学（物理学）的地位是神圣不可侵犯的，他熟悉当时的各门科学，并且自己就是一位杰出的科学家。数学和自然科学是他的批判哲学一切立论的基础，他对科学的信念从未动摇过。所以，他的批判哲学并不是批判这些科学，而是批判对这些科学的哲学解释。当休谟对科学的普遍必然性提出怀疑的时候，康德的反驳并不在于证明科学的普遍必然性，在他看来科学的普遍必然性是一个不容否认的事实。他要证明的是这种普遍必然性是从哪里来的，它的根据和条件是什么。所以在某种意义上说，康德其实并没有正面反驳休谟，或者说，一个彻底的休谟主义者、怀疑论者是"驳不倒的"。一个人当他连科学都不相信了，你还能向他证明什么呢？你的一切证明不都是科学吗？所以康德只是在大家公认的科学事实的基础上提出自己的一整套原理，使人们看到这些科学事实是有自己牢固的根基的，这样来维护科学的权威。在他看来，科学精神最可宝贵的就是科学中的彻底性，自从古希腊欧几里德几何学产生以来，这种科学精神就有了自己的典范。当然，这种彻底性一直贯穿到今天，它的集中体现者是大陆理性派哲学。康德出身于理性派，他对这种彻底精神比任何人都更执著。他在牛顿物理学中看到了这种彻底性的当代楷模，这种物理学以极少数的原理贯通天上地下，万事万物，其规模和深刻性显然不是任何古代的科学思想所可以比拟的。康德受这种彻底精神的熏陶，力图将它引进到形而上学中来：

　　<u>而现在，正是同一个彻底精神也将在另一些知识类型中表明其作用，只要我们首先留意对它们的原则加以校正。在缺乏这种校正的情况下，冷淡、怀疑，最后是严格的批判，反倒是彻底的思维方式的证据。</u>

　　"另一些知识类型"也就是指哲学、形而上学的知识类型，康德的批判哲学正是要使形而上学本身具有如同牛顿物理学那样的真正的彻底性。但前提是，必须"首先留意对它们的原则加以校正"。以往形而上学的原则本身就是建立在一个错误的基础之上的，如果这个错误基础得不到校正，那么越是彻底，这种体系就越是错得远，正所谓差之毫厘、失之

千里。例如休谟的哲学够彻底的了,他彻底到几乎没有人能够挑出他的逻辑上的毛病,但正因为如此,他的哲学就成了一种无人能够接受的怪论。这种校正显然是康德准备留给自己来做的一件重要的工作。不过,即使这种校正还没有完成,康德已经在上述的冷淡态度和怀疑中,以及在他自己首先提出的"批判"中,看到了"彻底的思维方式的证据"。冷淡态度其实也是一种不信任的态度,就是说,当人们还没有被彻底说服的时候,正是出于对彻底性的要求,反而使他们保持一种冷静,对一切奇思怪想姑妄听之。怀疑态度也是这样,就是说,你如果拿不出确凿的证据使我彻头彻尾的信服,那我就宁可停留于怀疑之中。康德的批判则是更进一步,力图对那些貌似有理的理论体系之所以可能的前提进行考察,对凡是不能彻底自圆其说的理论都加以清除,以便在真正经得起批判的基地上重建形而上学。其实批判本身已经是校正工作了,它是校正的第一步,但校正的完成则有待于康德自己的形而上学体系的建立。无论如何,所有这些倾向在康德看来都表明一种时代风气,即对彻底的思维方式的严格追求,他自己的批判哲学在这样一种氛围中正是集中体现了这个时代的时代精神的需要。这就是康德的下面这句名言的意义:

我们的时代是真正批判的时代,一切都必须经受批判。

康德在他的如此晦涩艰深的哲学研究中竟然体会到时代精神的内在的脉搏,或者说,真正深刻的哲学都是时代精神的反映,康德是有这种自觉意识的,这也可以说是他殚精竭虑、穷其一生来进行哲学批判的内部热情和动力。下面他点明了两个在他看来最需要批判的现实领域:

通常,**宗教**凭借其**神圣性**,而立法凭借其**权威**,想要逃脱批判。但这样一来,它们就激起了对自身的正当的怀疑,并无法要求别人不加伪饰的敬重,理性只会把这种敬重给予那经受得住它的自由而公开的检验的事物。

一般人很难由康德的《纯粹理性批判》联想到宗教和立法这样一些现实生活的内容,虽然他在书中有对上帝存在的证明的各种批判,也经常引用法律方面的例子来说明概念的关系，但是这部著作的主题只是为科学知识和认识论提供先天根据，而并没有明确表示出某种激进的政治倾向。然而，正是这样的理性批判，对于当时统治整个社会的保守势力具有最强烈的摧毁作用。因为通过批判，康德所建立起来的是一个至高无上的理性的法庭，凡是不符合理性的要求的事物都将被扫进历史的垃圾箱。从这里我们可以看到康德哲学的启蒙意义，以及对当时德国现实生活的冲击的力度。康德之所以把这样一段重要的话放在这样一个不起眼的注释中，大约连他自己都感到了它的批判的锋芒和威力，为了稳妥起见，有必要藏起来一些。下面的正文恰好也表达了类似的意思：

这个时代不能够再被虚假的知识拖后腿了，它是对理性的吁求，要求它重新接过它的一切任务中最困难的那件任务，即自我认识的任务，

时代要求理性作出它的"自我认识"，即对理性自身进行再次的考查。自文艺复兴以来，人们已经意识到自己的理性了，莱布尼茨—沃尔夫派的启蒙理性也已经把理性摆到了一个"法庭"的位置上；但康德提出的是一个更高的要求，即理性应该对自己起诉，对自己以往所获取的那些"虚假的知识"起诉，以便对自己重新加以检查。所以康德的纯粹理性批判其实是理性的自我批判，是更高层次的理性，而这也是理性的"一切任务中最困难的那件任务"。所以康德的理性法庭是为理性自己而开的，这就是：

委任一个法庭，这个法庭能够受理理性的合法性保障的请示，相反，

AXII 对于一切无根据的非分要求，不是通过强制命令，而是能够按照理性的永恒不变的法则来处理，而这个法庭不是别的，正是**纯粹理性批判**。

理性要在这个法庭面前为自己的合法性取得保障，也就是排除一切由于对理性的滥用而提出的"非分要求"，如何排除？仍然是"按照理性的永恒不变的法则"来排除。而这个法庭就是他的"纯粹理性批判"。这就开始把话题引入到正题里面来了。

以上就是康德对于他在他的时代所面临的**问题**的一个交代和概括，

主要是当时的哲学所遇到的难题以及由此所反映出来的时代精神。下面他开始介绍他这本书的主题内容，也就是他将要在书中所阐明和解决的问题。

　　但我所理解的纯粹理性批判，不是对这些①书或体系的批判，而是对一般理性能力的批判，是就纯粹理性可以**独立于任何经验**而追求的一切知识来说的②，因而是对一般形而上学的可能性或不可能性进行裁决，对它的根源、范围和界限加以规定，但这一切都是出自原则。

　　康德的纯粹理性批判并不是着眼于对上面所触及到的现有的那些哲学著作或哲学流派的批判，他当然要涉及这些哲学流派，而且甚至处处都在和这些哲学家对话，但他的目的并不是具体针对某个人、某本书，而是具有更高也更加一般的主题。康德认为他是要对"一般理性能力"进行批判，"是就纯粹理性可以**独立于任何经验**而追求的一切知识来说的"。通常的批判都是针对具体某本书、某个人、某种思想或某个被宣称的知识；但康德目标超越于这一切之上，他是要一劳永逸地彻底解决问题，即针对理性能力本身，看它独立于经验而有可能追求到一些什么样的知识。通过这种批判，我们就能够对那个最高的形而上学问题，即"一般形而上学的可能性或不可能性"的问题作出裁决。这就比通常形而上学所探讨的那些内容，如形而上学的基本概念是什么，它们的关系和结构如何，它们与现实的各门科学怎样发生联系等等，要更高一层，因为它涉及任何形而上学是否以及如何可能的问题。如果形而上学根本就不可能，那么所有关于形而上学的理论再好也都是虚假的。而如果形而上学是可能的，那么它又是如何可能的？它的"根源、范围和界限"如何？这同样也是先于一切其他形而上学问题的元问题。总之，康德就是要在进

---

①　原译作"某些"，查原文为定冠词，兹改之。
②　原译作"是就一切可以独立于任何经验而追求的知识来说的"，漏译了一个 sie，兹改正。

行形而上学的探讨和具体规定之前，先将我们人类理性建立形而上学的能力和可能性搞清楚，或者说，要在认识之前预先清点一下我们用来认识的工具，检查一下这些工具的作用和效能，以免到头来力不从心。但康德强调"这一切都是出自原则"，也就是出自理性本身。康德在后面多次提到，理性归根到底是一种"原则的能力"。通常"原则（Prinzip）"比"原理（Grundsatz）"和"法则（Gesetze）"要高，比"规则（Regeln）"更高，是康德认为最高层次的规律。当然这些术语有时也不太严格，康德经常违反自己的规定，但大致上可以这样区分。总而言之，康德在这里想表达的是他的理性法庭是理性对理性本身的审判，最终还要遵守理性的原则。后来黑格尔批评康德说，他就像一个游泳教练，告诫自己的学生说"未学会游泳之前切勿下水"。康德要在认识之前先对认识的工具进行检查，也就是进行认识，这本身是一个悖论。因为当你检查理性工具时，你已经运用了理性，而你所运用的这个理性必然又是没有经过检查的，这就会导致无穷后退，而一步也迈不开。不过，康德把理性提升到自我意识，这毕竟是他的一大功劳，从此理性就在通常的逻辑理性之上，又增加了一个"批判理性"，即理性的自我批判，这就为后来黑格尔的理性的自我否定运动、即"否定性的辩证法"提供了启示。黑格尔的自我否定就不再是一次性的从一个不可否定的前提出发，而是表现为一连串的否定运动，从中生发出一系列的范畴。在康德这里还未达到这种理解，理性的自我否定有一个上限，这就是理性的最高"原则"，其他的都是从那个原则降下来的。但这在当时至少也是一个很大的推进，是从来没有人做过的工作。

所以康德接下来说：

现在我走上了这条唯一留下尚未勘查的道路，我自认为在这条道路上，我找到了迄今使理性在摆脱经验的运用中与自身相分裂的一切谬误得以消除的办法。

经验论和唯理论都不可能摆脱理性的纯粹运用时产生的自身分裂，例如二律背反的分裂，因为在涉及理性脱离经验的运用时，它们都从不同的方向不由自主地陷入了独断论；而怀疑论则只不过是发现了这种分裂，但却毫无批判地认可了这种分裂，从而停留于怀疑。迄今为止，还没有人从批判角度来对待理性的这种自我分裂，即从理性本身中去寻找分裂的原因，检查理性的运用范围，它的那些原则的根源，以及它的限度。在康德看来，我们只要找到了理性在理论的运用中的范围和界限，并将它的最高原则作出定位，分清理论的理性和实践的理性的界限，分清可以认识的现象和不可认识的自在之物，理性的这些分裂自然就会烟消云散。

对于理性的这些问题，我不是例如通过借口人类理性的无能而加以回避，而是根据原则将它们完备地详细开列出来，并在把理性对它自己的误解之点揭示出来之后，对这些问题进行使理性完全满意的解决。

在康德看来，休谟式的怀疑本质上是对人类理性的无能的承认，他提出了问题却不能解决问题，而只是回避了问题。康德却试图"根据原则将它们完备地详细开列出来"，搞清它们的来龙去脉，然后做出"使理性完全满意的解决"。显然，在他看来休谟之所以不能解决这些问题是由于他的方法不对，不是理性的系统的方法，只是凭借机智而纯粹经验性地发现问题，所以他不能看出问题的症结所在。康德却根据这些问题的性质而在逻辑上对它们进行了条分缕析的清理，只有这样，理性的自相冲突的根源才会显露出来，而抓住这个最终的源头，这些矛盾才有可能迎刃而解。也只有这样，这种解决问题的方式才是理性的，才是使人的理性完全信服的。

虽然对那些问题得出的回答根本不是像独断论的狂热的追求者们所 AXIII
可能期望的那样；因为这些人除了我所不在行的魔法的力量之外，没有什么能够使他们满足。

独断论者在这里被康德等同于"魔法"，是因为他们试图不根据任何

15

确凿的出自原则的理由就断言事物自身的状况，并对理性所产生的各种"幻相"信以为真。在他们看来，理性的冲突如果要得到满意的解决，就必须提供出某种非理性的理由，不论是莱布尼茨的"前定和谐"，还是贝克莱的"上帝的知觉"，都可以凭空想象出来，而康德则认为自己在这方面"不在行"，实际上带有讽刺意味。

　　然而，这倒也并非我们理性的自然使命原来的意图；哲学的职责曾经是：消除由误解而产生的幻觉，哪怕与此同时还要去掉很多被高度评价和爱好的妄想。

　　就是说，独断论者的那种狂热追求并不符合理性的"自然使命"，因为"哲学的职责"并不是去猜测和强求那种不可能获得的知识，而是要"消除由误解而产生的幻觉"，也就是一种否定性的职责。这是近代哲学在它的发端处一开始就显示出来的理性的作用，例如培根的"四假相"说，就是要把充斥在人们思想中的各种假相清除掉；笛卡尔的"怀疑一切"原则也是如此，凡是不符合理性或与理性的原则有出入的东西都一概被置于怀疑之中。在这样做时，要坚持一种彻底性，"哪怕与此同时还要去掉很多被高度评价和爱好的妄想"，这一点前人已经做出了榜样。在康德看来，理性是一切真理的标准，它的作用首先是批判，是否定那些本该否定的东西，不论它们戴着怎样的权威的面具，或是被众多的追求者所看重。但康德自认为他在这方面比他的先驱者更上一层楼。

　　在这件工作中我把很大的关注放在了详尽性方面，我敢说，没有一个形而上学的问题在这里没有得到解决，或至少为其解决提供了钥匙。

　　也就是说，康德在清除哲学中流行的误解和幻觉的时候，首先在"详尽性"方面超过了前人。这种详尽性，康德理解为系统性，而不是细节上的繁琐性。所谓"没有一个形而上学的问题在这里没有得到解决"，就是说无一遗漏地把所有的形而上学问题都系统考察了一遍并作出了妥善的解决，"或至少为其解决提供了钥匙"。例如传统形而上学的三大问题，灵魂、宇宙和上帝的问题，康德在这里都一一作了处理，揭示了它们的谬误和幻相，排除了由此形成的一系列伪科学；但同时又为它们的那些命题的真实含义留下了地盘，即认为它们作为实践理性的一些"悬设"还是可以被接受的。当然在《纯粹理性批判》这部著作里讲的形而上学主要还是自然形而上学，或者说理论理性中的形而上学，而不是道德形而上学，道德形而上学是有待于康德自己去建立的，它有关实践理性。所以，在理论理性中没有得到最终解决的形而上学问题，康德是把它们放到实践理性中去解决的，而在《纯粹理性批判》的结尾部分则对此作了明确的提示。所以康德可以大胆地说，所有的形而上学问题在他这里都得到了解决，因为他不是凭借一些偶然的经验考察或机智的联想，而是按照严格的理性的原则来梳理和安排这些问题，使它们处在一个必然的关联之中，所以才能做到无一遗漏。

事实上，就连纯粹理性也是一个如此完善的统一体：只要它的原则哪怕在它凭自己的本性所提出的一切问题中的一个问题上是不充分的，人们就只好将这个原则抛弃，因为这样一来它也就无法胜任以完全的可靠性来处理任何其他问题了。

这表明康德的方法是一种严格系统化的方法，他不是到处去搜集问题，而是凭借纯粹理性的原则去推导问题，他相信由此所推导出来的问题系统不可能是不完备的，而真正的理性原则应该是放之四海而皆准的，只要有一个例证不能为这种原则所证明，这个原则就应当弃置不用。这正是理性派哲学典型的方法，罗素曾在他的《西方哲学史》中称之为"倒金字塔"的体系，这种体系只要抽掉了底下的一块砖，整个建筑就会全部垮下来。当然罗素所推崇的是经验派的"金字塔"形的体系，即如果你从它底下抽掉一块甚至多块砖，对于整个体系并没有多大妨碍。但这种"金字塔"形的体系在康德看来根本算不上什么体系，而只是一些临时应付的偶然观点的堆积，它的解释力是有限的、就事论事的，揭示不了任何普遍的法则，当然也就不存在什么"完全的可靠性"了。康德所追求的则是一种规律性的原则，它能够以一统多，没有例外，只有这样的原则才能获得必然的可靠的知识，使问题得到彻底的解决。可见，他对他的方法的这种自信是建立在一个理性主义者对理性原则的普遍性的信念之上的，他认为他的优势就在于在形而上学这个复杂的领域内他的方法具有完全的彻底性，能够全面颠覆以往一切形而上学，而从一个崭新的基地上重建新的大厦。他对自己体系的这种划时代的重大意义是有充分的自觉和自豪的。这一段后面的这两句话实际上已经从《纯粹理性批判》一书的主题转入到写这本书的方法了。但在对他的方法展开全面阐述之前，他马上想到他对自己的方法的这种自信所可能引来的异议，于是在下面一段中先作了一番澄清。

AIV 　　说到这里，我相信可以在读者脸上看出对于表面上似乎如此大言不惭和不谦虚的要求报以含有轻蔑的不满神态，然而，这些要求比起那些伪称要在其最普通的纲领中，证明例如**灵魂**的单纯本质或最初的**世界开端**的必然性的任何一个作者的要求来，还算温和无比的。

　　康德似乎担心自己的这种自信是否会给人带来反感，但他马上找到了辩护的理由，即他的这种自信比那些说大话的独断论者其实要谦虚得多。那些人声称他们提出的纲领是"最普通的"，因而看起来很"谦虚"，但却许诺要在关于灵魂和世界整体的方面提供出纯粹理性的知识，实际上狂妄得很。而康德的目标却只不过是指出和严格遵守人类理性的限度，对于不可知的东西就应该保持谦虚的态度。所以他说：

　　因为这种作者自告奋勇地想要把人类知识扩展到可能经验的一切界限之外，对此我谦卑地承认：这种事完全超出了我的能力，

　　康德自认为自己的方法是彻底的、无所不包的，只是由于他对人类的认识能力作出了严格的限制，他只是在认识能力本身的合法范围内，即"可能经验范围内"使理性的运用具有了彻底性，所以看起来好像很骄傲，其实是很谦虚的，而独断论者却凭借一般常识就把理性的能力提高

到与之不相称的地步。这里的"可能经验"一语是一个很有用的概念,后面还要经常遇到的,说明康德看重经验,反对理性(知性)脱离经验,但并不是狭隘的经验论,他指的经验是在**先天条件**之下可以预见到的经验,不仅是眼前所见的经验,而且包括一切以往和将来的经验。不过即使有先天的条件,可能经验毕竟是经验,它对知识的范围作了确切的限定,康德承认,到可能经验的一切界限之外去寻求知识这件事"完全超出了我的能力"。

<u>相反,我只想和理性本身及其纯粹思维打交道,对它的详尽的知识我不可以远离我自己去寻找,因为我在我自身中发现了它们,</u>

康德反对独断论者把知识扩展到超出可能经验之外的理由正在于他们没有检查理性本身的能力,而是求助于某种高于人类理性的力量,相反,康德却"只想和理性本身及其纯粹思维打交道",首先把我自己的思维结构搞清楚,在我自身内部探求纯粹理性本身的"详尽的知识"。只有这样,我们才能明智地恪守自己的本分,不去强求那些明知超出了自身能力的所谓知识。

<u>在这方面我甚至已经有普通逻辑作为例子,即逻辑的一切简单活动都可以完备而系统地列举出来;</u>

纯粹理性的内部结构首先体现在普通逻辑也就是传统的形式逻辑中,形式逻辑的知识有一个最突出的特点,就是它的那些基本原则自从亚里士多德以来就已经完备地形成了系统,两千年间几乎没有大的变化。在康德心目中,正如一切理性派哲学家一样,形式逻辑是任何严格科学的楷模,因为它最先全面地体现出人类理性思维的"详尽性",也就是完备性、系统性,这种系统性是不必超出理性能力的界限之外而在自身之内就可以完成的。当然,形式逻辑在康德看来也并不代表一切,而只是人类理性思维的**形式**规律,它的详尽性和系统性也只限于这个层面,康德只是"作为例子"而将它提出来,所以康德接下来补充说:

<u>只是这里有一个问题,即如果我抽掉经验的一切素材和成分,我凭</u>

借逻辑可以大致希望有多大的收获。

也就是说，形式逻辑不管经验的内容，而只着眼于思维的形式，这些形式尽管可以详尽而系统地列举出来，但它们毕竟只是形式的知识，还不是我们真正想要达到的现实的知识。以往的逻辑学家们一个最大的误解就在于，他们以为单凭逻辑上的形式推理就可以获得一些现实的客观知识，这就导致了理性派的独断论的狂妄。所以，形式逻辑固然值得推崇，但是如果不考虑经验直观的内容，这些逻辑形式并不能给我们带来更大的收获，更不用说给我们带来真理性的知识了。所谓真理不仅是一种正确的思维方式，而且是思维和对象的符合，这就需要考虑经验的东西，所以在人类理性本身的系统知识中，除了形式逻辑之外还应该有一种指导我们如何去获取经验知识的纯粹理性原理，这就是康德在本书中提出的所谓"先验逻辑"。当然先验逻辑也是以形式逻辑为楷模并从形式逻辑中引导出来的，这是后话了。

上面一段是插入进来的，下面才开始全面归纳他自己在本书中所采用的方法。

在达到每个目的方面注重完整性的同时，也注重在达到一切目的方面的详尽性，这些并非任意采取的决心，而是知识本身作为我们批判研究的质料①的本性向我们提出的任务。

注意，这里提出了两个概念，一个是"**完整性**"（Vollständigkeit），一个是上面说的"**详尽性**"（Ausführlichkeit）。完整性是针对"每个目的"本身而言的，详尽性是针对"一切目的"而言的。其实，就研究的对象或"质料"而言，这里的完整性和详尽性都是一个意思，就是要考虑得周全和完备。它们都属于"量"的范畴，一个是内包的量，一个是外延的量。而"内包的量"在康德后面的知性原理体系中有时候又被归于质的原理，

———————————

① 原译作"题材"（Materie），本无不可，但为与下文的"形式"对应，兹改译作"质料"。

即"知觉的预测"之下①。所以这两个要求实际上分别属于质的方面和量的方面的要求，它是由康德后面范畴表上的质的范畴和量的范畴所决定的。这就可以理解，为什么康德在这里说这两个要求并不是"任意采取的决心，而是知识本身作为我们批判研究的质料的本性向我们提出的任务"，它们实际上是康德自认为放之四海而皆准的"范畴表"对于任何一个研究对象在质料上提出的要求。康德的范畴表有四大类范畴，即量、质、关系和模态，他把量和质称之为"数学性的原理"，把关系和模态称之为"力学性的原理"，有时又把前两者称之为一个对象的"构成性原理"，而把关系和模态称之为"调节性原理"②。而在这里，他把量和质的要求归于研究对象的**质料**，下面则把模态的要求归于对研究对象的**形式**的要求。总之，康德对于研究方法的选择不是随意的，而是根据研究对象的情况而定的；而研究对象又被纳入到了他自己的那一套逻辑框架之中。所以他的方法本身是有方法的、系统化的，这是与以前一切哲学家都大不相同的地方。

下面是他对于形式方面所提出的要求：

再就是**确定性**和**明晰性**这两项，这涉及到这门研究的**形式**，它们必 AXV
须被看作人们对一个敢于做这样一种难以把握的工作的作者可以正当提出的基本要求。

根据康德下面的具体解释，"确定性"（Gewiβheit）属于模态范畴是没有问题的，但是"明晰性"（Deutlichkeit）属于什么范畴，这个下面再谈。前面两个要求都是涉及研究对象本身的构成的，即假如你连对研究对象都没有一个周全的概览，或者有些问题和目标在你的视野之外的话，那当然就不可能得出经得起推敲和质疑的正确结论了；但是光有了全景

---

① 可参看《纯粹理性批判》A166=B207，邓晓芒译，杨祖陶校，人民出版社2004年版，第158页。
② 同上书，A178=B221以下，第167—169页。

式的视野，还不足以使你的结论达到确定性和清晰性。所以后面这两种方法更具有方法论的形式法则的意义，康德指出它们"涉及到这门研究的形式"，以与上面讲的这门研究的"质料"相区别。应该说，确定性和明晰性是对作者提出了更高的要求，康德说它们"必须被看作人们对一个敢于做这样一种难以把握的工作的作者可以正当提出的基本要求"，虽然是"基本要求"，但是针对"这样一种难以把握的工作"所提出来的，而不是对一般研究提出来的；而从这两个要求的性质来看，它们不仅牵涉到研究对象的完备性，而且已经牵涉到研究对象本身的**真理性**了。所以康德对它们特别重视，花了更大的篇幅来谈它们。先谈确定性。

谈到确定性，那么我曾经对我自己作过一项决定：在这类的考察中不允许任何方式的**意见**，一切在其中只是被视为类似于假设的东西都将是禁品，即使以最低的价格也不得出售，而必须一经发现便予以封存。

这里和"确定性"相对立的是"意见"，而在西方传统哲学中，与"意见"相对的正好是"真理"，所以他这里的"确定性"也相当于真理性。意见总是动摇的，真理则是确定的，这是自柏拉图以来的理性派的观点。康德的这项"决定"显然是由他所出身的大陆理性派哲学所带来的，在他看来意见只是一种"被视为类似于假设的东西"，在这样一种严格的学术研究中是必须禁止的。当然，康德自己在本书中也作了一些假设，包括纯粹实践理性的"悬设"；但他强调他的这些假设完全是建立在确定性的原理上的。他在后面的"先验方法论"部分甚至专门辟出一节来谈"纯粹理性在假设上的训练"①，他在那里说："如果想象力不应当是狂热，而应当是在理性的严格监视下的构想的话，那么就总是必须预先有某种东西是完全确定的，而不是虚构出来的或是单纯的意见，这种东西就是对象本身的可能性。这样一来就可以允许人们为了对象本身的现实性而最

———————————

① 此一部分《康德三大批判精粹》没有收入。

后求助于意见，但这种意见为了不至于是无根据的，就必须与作为解释根据的现实地给予的、因而是确定了的东西连结起来，于是这种意见就叫作假设。"①并且他把这种假设的作用限定为"在纯粹理性领域内只容许作为作战武器，不是为了在这上面建立一种权利，而只是为了捍卫这种权利"。②纯粹理性的权利已经由确定性建立起来了，才有可能用假设来捍卫它，来对付那些同样只是一些假设的对方观点的攻击。所以作为这项研究本身的任务的只能是寻求确定性。而这种确定性在康德看来只能够通过先天性来保证：

因为每一种据认为先天地确定的知识本身都预示着它要被看作是绝对必然的，而一切纯粹先天知识的规定则更进一步，它应该是一切无可争辩的（哲学上的）确定性的准绳、因而甚至是范本。

先天确定的知识的性质和意见是根本不同的，它应当是"绝对必然的"，而不是偶然的、可以这样也可以那样的。为什么这里说"据认为"先天确定的知识？这里面包含着没有说出来的意思，即你认为是先天确定的，而实际上是不是这样还不一定。康德在后面曾提到一种先天必然性，例如一个人挖一栋房子的基脚，他完全可以预见到这样挖下去房子一定会倒塌，这种知识就被认为是先天确定的，而实际上它是由以往的其他经验所证实了的，所以归根结底还是后天经验的。但无论如何，凡是被认为先天确定的知识都是"预示着它要被看作是绝对必然的"，这一点却是无可怀疑的，至少你心目中是这样预计的。所以接下来康德就讲："而一切纯粹先天知识的规定则更进一步"，所谓"纯粹先天知识"和"据认为先天地确定的知识"就不同了，后者是可以争辩和讨论的，即这种知识究竟是不是先天的还未定；它也许在这个场合下是先天的，因为房子还未倒，你已经预见到了；但它掺杂有经验的成分，经验的来源，因而不

---

① 《纯粹理性批判》A770=B798，《康德三大批判精粹》，第589—590页。
② 同上书，A777=B805，第594页。

是"纯粹先天的"。至于纯粹先天的知识，那就是指不掺杂任何经验成分的知识，就比那种不纯粹的先天知识更进了一步了。在什么方面进一步了呢？"它应当是一切无可争辩的（哲学上的）确定性的准绳，因而甚至是范本"。就是说，在这里这种确定性再没有什么可争论的了，而且不但是无可争辩的确定性，还是这种确定性的"准绳"和"范本"，也就是最高确定性，衡量一切确定性的确定性。所以这种最高确定性就是"哲学上的"确定性，它是康德在这里所努力追求的。

　　我在这里自告奋勇所做的这件事在这一点上是否做到了，这完全要留给读者来判断，因为对于作者来说应做的只是提供根据，却不是判断这些根据在法官那里得出的结果。

　　这里康德表示了一点谦虚，当然实际上他是很自信的，他要由读者来判断自己的成绩正表明他的自信，即他认为任何一个有理性的人都能够通过自己的理性的判断而对他所达到的确定性的知识深信不疑。

AXVI　　但为了不至于有什么东西不负责任地削弱了这些根据，所以倒是可以容许作者自己对那些容易引起一些误解的地方，即使它们只是涉及附带的目的，也加以注解，以便及时地防止在主要目的方面读者在其判断的这一点上哪怕只有丝毫的怀疑所可能产生的影响。

　　这里的"但"说明，虽然康德表示了自己的自信，但是他仍然担心读者会在某些地方产生误解，认为他并没有做到真正的确定性，而是自己引入了某些"意见"或"类似于假设的东西"。为此他需要对那些容易引起误解的地方加以解释，这些地方主要是那些"涉及附带的目的"的地方，但在这些地方所引起的误解很可能会影响到那些"主要目的"，这是康德所要极力防止的。所以下面一大段就是专门谈"容易引起误解的地方"的，实际上只谈了一处地方，在康德看来也是最重要的地方，就是关于纯粹知性范畴的"先验演绎"的讨论。这个部分也是康德在第二版中作了大量修改的部分之一，另一个修改得更多的地方是关于理性心理学的批判。这两处修改都是为了解决同一个误解，即当时有人对《纯粹理性批判》第一版妄加解释，认为康德的体系不过是贝克莱主观唯心主义哲学的翻版。其实在第一版中，康德已经预见到这一误解了，所以他在这个序言中提出要对书中容易引起误解之处进行注释。当然他此时所关注的还只是"先验演绎"，但他认为这是最重要的关键，只要在这里把误解澄清了，后面也就不会发生误解了。

看下面这一段。

我不知道在对我们所谓知识的能力加以探索并对其运用的规则和界限进行规定的研究中，有什么比我在题为**纯粹知性概念的演绎**的先验分析论第二章中所从事的研究更重要的了；这些研究也是我花费了最多的、但我希望不是没有回报的精力的地方。

这就是说，在他看来他的纯粹理性批判最重要的部分就是"范畴的先验演绎"部分。要对我们的认识能力作批判的考察，要确定它运用的规则和范围，最为关键的就是要对知性范畴如何能够运用于经验性的材料之上作出说明，而这种说明主要就是在"先验演绎"部分进行的。这一部分也是康德整个《纯粹理性批判》中最为艰深难读的部分，是康德"花费了最多的、但我希望不是没有回报的精力的地方"。实际上先验演绎所涉及的是一个康德认识论的根本问题，即他的"哥白尼式的革命"何以可能的问题。康德认识论对传统认识论作了一个颠倒，即把"观念符合于对象"倒转为"对象符合于观念"，把主观符合客观变成了客观符合主观。这样一来，主观观念如何能够必然具有客观效力就是非解决不可的问题，而这正是先验演绎所要解决的问题。先验演绎的任务就是要证明主观的先验范畴所建立起来的知识不是单纯主观中的观念，而且也是有关客观经验对象的知识，因为所谓认识的对象不过是主观范畴能动地建立起来的。但正是在这一论证过程中，康德预计到有可能发生严重的误解，即把他误解成一个贝克莱式的主观唯心主义者。他下面就对这种可能的误解加以预防。

　　但这一颇为深入的考察有两个方面。一方面涉及到纯粹知性的那些对象，应当对知性的先天概念的客观有效性作出阐明和把握；正因此这也是属于我的目的中本质的方面。

　　他首先强调他的演绎中"本质的方面"就是对知性范畴的"客观有效性作出阐明和把握"，也就是他所谓的"客观演绎"方面。这方面涉及到知性认识的对象，它解决的是"关于经验对象的知识何以可能"的问题，这个问题也等于"经验性的东西作为对象何以可能"的问题。康德对此的解答是，经验性的东西如果没有先验的范畴来规范，它们根本就是一团虚幻的过眼烟云，是完全主观中的表象，哪里会有什么客观性呢？这就会堕入到贝克莱和休谟的主观唯心主义和怀疑论中去。但如果经过先验范畴的整理和规范，它们就会凝聚为一个"对象"，且只有这样它们才具有客观性，才能成为有关客观对象的知识。所以从经验的方面看，要么就没有客观对象，要有客观对象就离不开先验范畴的作用，这就是先验范畴必然具有客观效力的证明。所以认识的客观性归根到底是由知性范畴所先天地带来的，只有范畴才能给经验赋予客观性，而靠经验后天地接受则只能获得主观性。说明这一点就是康德先验演绎的主要目的。不过，除了这一主要目的之外，他还有一个次要目的，这就是：

AXVII　　另方面则是着眼于纯粹知性本身，探讨它的可能性和它自身立足于其上的认识能力，因而是在主观的关系中来考察它，但即使这种讨论对我的主要目的极其重要，但毕竟不是属于主要目的的本质的部分；因为主要问题仍然是：知性和理性脱离一切经验能够认识什么、认识多少？而不是：**思维的能力**自身是如何可能的？

　　这就是他所谓的"主观演绎"的方面。简单地说，前面的客观演绎主要是探讨知性的对象何以可能，这里的主观演绎则是探讨知性本身何以可能。当然这两个方面是有联系的，知性对象何以可能，康德是把它归结为知性的能动活动，那么知性到底是如何活动的，这个问题也就是必须加以探讨的了。所以后面这方面的探讨对于前一方面的目的也是"极其重要"的，但它的重要性毕竟不能和前一方面相比。"因为主要问题仍然是：知性和理性脱离一切经验能够认识什么、认识多少？而不是：思维能力自身是如何可能的？"这里"脱离一切经验"是说，先于一切经验，即先天地能够"认识什么"。当然知性脱离一切经验实际上什么也不能认识，它只能用于经验；但康德在这里所关注的是，在经验知识中有哪些成分是知性先天地赋予经验的，而不是从经验中来的。在这个意义上，这些成分是知性"脱离一切经验"而认识到的，这就是诸范畴。至于"认识多少"，这个问题主要是针对**理性**的狂妄而提出来的，理性总是不满足于知性所获得的那一点点关于现象的知识，而时刻想要把知识的范围扩展到自在之物身上去，所以必须对它的这种狂妄进行批判，加以限制，树立一个界碑。这就是康德在"先验逻辑"的两个主要部分中所做的工作：在先验分析论中讨论知性，他主要解决了"认识什么"的问题；在先验辩证论中讨论理性，他主要解决了"认识多少"的问题。当然实际上在每个部分中都涉及到这两个问题，但具体的解决是分两步走的。所有这些都是客观演绎所关心的主题，而这是主观演绎所不关心的，后者关心的是"思维能力自身是如何可能的？"即知性在建立客观知识的过程中，它的内部是如何运作的。这个知性内部的运作过程，康德在第一版的主观演绎中把它分为三个阶段或层次，即"直观中领会的综合"、"想象力中再生的综合"和"概念中认定的综合"，它们最终都依赖于并归结到先验自我意识的统觉的综合统一。当然这种分析就很有一些心理学的色彩了，如果孤立起来看，确实也很容易与贝克莱的主观唯心主义混为一谈。对此康德解释说：

　　由于后一个问题仿佛是在寻找某个已给予的结果的原因，因而本身具有某种类似于一个假设的性质（尽管如我在另一个地方将要指出的，事实并非如此），所以看起来在这里的情况似乎是，由于我允许自己发表这种**意见**，我也就不得不听凭读者发表另一种**意见**。

　　"后一个问题"，亦即上一句中的"思维的能力自身是如何可能的？"

这一问题，看起来好像是要寻求一个假设，也就是通过假设一个先验自我意识的统觉来解释我们在认识活动中的这种构造经验对象的过程，而这种假设只不过是我对于这一过程的一种主观的意见，既然只是"意见"，则别人也完全有权采取和发表另外一种不同的意见。但康德说他"在另一个地方将要指出"，其实情况并不是如此。这里说的"另一个地方"，我们可以参看第一版演绎的最后一段，标题是"概述这个纯粹知性概念演绎的正确性和唯一可能性"。① 所谓"正确性和唯一可能性"，也就相当于这里所说的"确定性"的意思。康德在那段话里说道："现在，说我们所研究的所有这一切现象、因而所有的对象全都在我们里面，亦即全都是我的同一的自身的诸规定，这种说法本身即把同一个统觉中诸现象的无例外的统一性表达为必然的了。""通过纯粹想象力而对感性表象的综合，以及一切表象在与本源的统觉的关系中的统一，是先行于一切经验性的知识的。所以，纯粹知性概念之所以是先天可能的，甚至在与经验的关系中是必然的，只是由于我们的知识仅仅与现象打交道，这些现象的可能性存在于我们自身中，它们的结合和（在一个对象中的）统一只是在我们里面才被找到，因而是必须先行于一切经验并使一切经验按其形式首次成为可能的。而从这个一切理由中唯一可能的理由中，也才引出了我们的范畴演绎。"② 这两段话的一个共同的意思就是，先验的演绎虽然是在主观中按照认识能力的层次（感官、想象力和知性）而展开，但实际上并不是一种心理学上的假设，而是对认识对象（现象）的可能性的一种先天必然的客观确定，所以并没有给贝克莱式的主观唯心主义留下任何可钻的空子。康德并不是从经验中"寻找某个已给予的结果的原因"，似乎这个原因在经验本身之外，我们虽然没有经验到它但可以猜测它。如果这样，这个"原因"就会仅仅是一种意见了，如同贝克

---

① 参看《纯粹理性批判》A128—130，第132页以下。
② 同上书，A129—130，第133页。

莱对灵魂的一种假定一样，经不起休谟的怀疑论的攻击。相反，康德正是从经验的结构中分析出了它本身的先天形式（范畴），这个形式就体现在经验中，没有这种形式，经验本身就不可能，甚至不可想象。而一旦有了它，这个经验就借此而成了关于对象的客观知识，而不只是关于我的认识能力的主观知识。所以康德的主观演绎决不是什么个人意见，而是任何可能的知识的先天结构的展示。当然这个要联系到客观演绎才能完成这层意思，主观演绎本来就是为客观演绎作准备的。所以他最后说：

在这种考察中我必须预先提醒读者：即使我的主观演绎不能对读者产生我所期望的全部说服力，但我在这里给予优先关注的客观演绎却会获得其全部力量，必要时单凭第 92—93 页所说的东西就足以应付了。

可见康德是寄希望于他的客观演绎这一"主要目的的本质部分"能够把他的意思说明白，主观演绎只不过是一个引线，一个入口。这种情况有点像胡塞尔现象学的情况，胡塞尔也认为他虽然批判"心理主义"，但他的现象学还得要借重于心理学来进入，即从所谓"描述的心理学"、"纯粹心理学"入手，再上升到"先验的心理学"，最后达到"纯粹现象学"。所以胡塞尔特别重视康德的"主观演绎"，认为只要不仅仅局限于心理学的理解，就可以从中引出他的先验现象学的诸多原理。康德本人的意思也决不是要讨论心理学问题，即人的认识能力本身的构造问题，而是要讨论一般客观知识的构造问题；所以他注重的不是思维活动的经验事实的描述，而是这种活动所构成的知识的先天必然性条件。康德在这里提醒人们参看 A92—93 页，即中译本第 84 页，第二版标明"§14. 向范畴的先验演绎过渡"，指其中的第一大段文字。这段文字的主要意思是这样的：按照康德的"哥白尼式的革命"，知识的结构从"对象使表象可能"被颠倒为"表象使对象可能"，也就是主观使客观可能；但主观表象并不直接产生自己的对象，而是使物自体刺激感官所获得的那些材料能够"作为一个对象被认识"，这种主观条件使得那些不成形的杂多材料成为一个认识对象。而这个过程分为两步,首先是通过感性的先天直观形式把感性材料作为对象接受到内心中来,使它成为在现象中"被给予"的直观对象;其次是通过先天概念即诸范畴使这个对象作为被认识的客观对象而得到思维的规定,从而获得作为客观对象的必然性和确定性。前一步是在"先验感性论"中讨论的,后面这一步就是在先验逻辑的这个"先验演绎"中展开的。康德认为,只有通过这一步,我们才能说"一切经验性的对象知识就都是必然符合于这些概念的,因为没有它们作为前提,任何东西都不可能成为经验的客体。""因此这些有关诸对象的一般概念作为先天的条件将成为一切经验知识的基础:这样,范畴作为先天概念的客观有效性的根据将在于,经验(按其思维形式)只有通过范畴才是可能的。"① 换言之,被我们的直观形式所接受下来的那些经验性杂多材料,比如一定大小和持续的红色、香味、硬度等等,只有被纳入到范畴里面规定下来,比如被看作一个"实体"(我们把它叫作"苹果"),它才能成为一个确定的对象,否则就会散掉,还不如一个梦。所以范畴就是我们能够把直观的东西"作为一般对象来思维"的一个必不可少的先天条件,经验的东西只有符合它们才有可能成为经验的"对象",也才能被作为对象来认识。这实际上已经是客观演绎了,它在第二版演绎中得到了大大地扩展和充实,但第一版中只是作为一个概论而为后面的主观演绎提供一个基础。不过康德在这个序言中却特别对它给予了一种"优先关注",并相信它的"全部力量"是"足以应付"那些可能的误解的。只不过第一版出版后,康德发现情况远不是那么简单,所引起的误解比他预计的要严重得多。所以他才下决心在第二版中全面改写了先验演绎的部分,主要就是对第一版中的这个客观演绎的扩展。所有这些都是为了说明,康德在本书中并没有引入任何一种假设性的意见,而是一切都依据最严格的确定性和必然性而进行论述的。所以这里所涉及的就不仅仅是一般的"确

①《纯粹理性批判》A93=B126—126,第 85 页。

定性"要求,而且包括"真理性"的客观要求,因为真理性正是由先验的确定性所建立起来的。

综观前面,一共讲了四个要求,即量上的详尽性和质上的完整性,以及模态的确定性和由此带来的真理性。下面再谈最后一个要求,即"明晰性"。

最后,谈到**明晰性**,那么读者有权首先要求有**凭借概念的那种推论的(逻辑的)明晰性**,但然后也可以要求有**凭借直观的直觉的(感性的)** AXVIII **明晰性**,即凭借实例或其他具体说明的明晰性。

那么,明晰性在康德这里是属于什么范畴的呢?按照康德在《逻辑学讲义》中的划分,它应该归于"质"的范畴。在《逻辑学讲义》中的"知识的特殊的逻辑完备性"这一标题之下(第 VI、VII、VIII、IX 章),康德分别探讨了:"量"方面的"广泛性和彻底性或重要性和丰富性",这相当于我们上面讲到的"外延的量和内包的量"(即上面归入"量"和"质"的要求);"关系"方面的"真理性",包括形式逻辑的矛盾律和同一律、充足理由律和排中律,相当于我们上面讲的由确定性引出的真理性,只不过是从形式逻辑上讲的,而不是像这个"序言"中是从先验逻辑的角度谈的;"质"方面的"明晰性",正好相当于我们这里接触到的明晰性要求;最后是模态(中译者许景行先生译为"样式")方面的"确定性",它与"意见"相对立,也恰好与这里的前述对研究对象的"确定性"要求相吻合。①所以这里的划分与《逻辑学讲义》中的划分大致一致,区别仅仅在于,后者把前者中的"外延的量和内包的量"全部都划归于"量"了,而把"质"的位置留给了"明晰性";此外,这里没有特别提出"真理性"作为"关系"方面的要求,而是把它合并到"确定性"这一"模态"中,作为从中引出来

---

① 参看[德]康德著:《逻辑学讲义》,许景行译,商务印书馆 1991 年版,见"目录",及第 31—59 页。

的一个要求。再就是《逻辑学讲义》中主要是从形式逻辑的层次来谈方法，而这里则既有形式逻辑的要求，也有先验逻辑的要求。现在，在当前这句话中，康德又从"明晰性"中区分出了两种不同的明晰性，即一种是"逻辑的"明晰性，另一种是"感性的"明晰性。这种区分也见于《逻辑学讲义》。康德在那里说："首先我们必须把一般逻辑的明晰同感性的明晰区别开来。逻辑的明晰以诸特征的客观的清楚为基础，感性的明晰以诸特征的主观的清楚为基础。前者是由概念而来的清楚，后者是由直观而来的清楚。"[①] 而这两种明晰是相互冲突的："客观的明晰常常引起主观的模糊，反之亦然。因此，逻辑的明晰往往只能有害于感性的明晰；相反地，借助于例证和比喻（它们并非严格地适宜，而是仅仅按照类推被采用）的感性明晰，则常常对于逻辑的明晰是有害的。"[②] 由此来理解下面的话就很容易了：

　　对于前者我已给予了充分的注意。这涉及到我的意图的本质，但它也是种偶然的原因，使得我未能考虑这第二个虽然不是那么严格但毕竟是合理的要求。

　　对这两个相互冲突的要求，康德显然偏重于"前者"，即"逻辑的明晰性"，因为它"涉及到我的意图的本质"。但这样一来他也就不得不牺牲感性的明晰性了，后者本来也是一种"合理的要求"，康德对它的放弃并不是有意的，而是"偶然的"，即是由于课题本身的性质所决定的，因为这个课题本身只是要搞清知识的逻辑关系。对于这种牺牲，康德自己也感到很遗憾，所以他说：

　　我在自己的工作进程中对于应如何处理这个问题几乎一直都是犹豫不决的。实例和说明在我看来总是必要的，因而实际上在最初构思时也附带给予了它们以适当的地位。

---

① 同上书，第 53 页。
② 参看 [德] 康德著：《逻辑学讲义》，许景行译，商务印书馆 1991 年版，见"目录"，及第 54 页。

康德在写作方面并不缺乏感性的明晰生动的才能,这从他多年讲授并在晚年出版的《实用人类学》中可以看出来。一些康德传记也表明,康德在日常生活中经常是谈吐风趣、思想活泼的,并不是一个使周围的人感到沉闷的人。他知识丰富,博闻强记,各种轶闻趣事信手拈来,打比方生动贴切,甚至很懂得讨女人喜欢。应当说,这样一个学者在构思自己的主要著作时,不可能不考虑到表达的生动和平易。但他承认,他在写作的一开始就在犹豫不决,究竟是照顾逻辑上的明晰呢,还是兼顾感性直观的明晰?

<u>但我马上看出我将要处理的那些课题之巨大和对象之繁多,并觉得这一切单是以枯燥的、纯粹**经院的**方式来陈述就已经会使这本书够庞大的了,所以我感到用那些仅仅是为了**通俗化**的目的而必要的实例和说明来使这本书变得更加膨胀是不可取的,</u>

就是说,随着构思的深入,他马上看出要兼顾两方面几乎是不可能的。因为他所面对的课题太庞大、太复杂了,单是想要把里面的关系理清楚就已经足够繁琐的了,如果再加上一些说明性的例证和比喻,就会使这件工作超出一般人头脑的负荷。我们经常听到一些人抱怨康德这部著作的艰深难读,完全是从概念到概念的抽象思辨,感受不到任何思维的乐趣。但这也正是康德自己深感苦恼的,他不得不以这种"枯燥的、纯粹经院的方式"来写作,并不是他有意要使人读不懂,而是对象本身的性质所决定的。他以这种纯粹学院化的语言尽量简明地表达思想的内在线索,这本来是一种最节约的表达方式,但就这样也已经使这本书拥有巨大的篇幅了。如果再加上一些通俗化的例子,而为了这些例子不被误会,又必须对之加以说明,这就会使书的篇幅过于膨胀,同时也无助于逻辑的明晰。所在他忍痛牺牲掉感性的明晰性实在是不得已。

<u>尤其是,这本书决不会适合于大众的使用,而真正的科学内行又并不那么迫切需要这样一种方便,尽管这种方便总是令人舒服的,但在这里甚至可能引出某种与目的相违的结果来。</u>

也就是说，这本书的目的并不是给一般大众看的，而是一部纯学术著作，而且到了这样一种高深的层次，几乎不可能考虑"雅俗共赏"的问题。相反，为了照顾通俗化而增加一些阅读的"方便"，这往往并不能达到目的，反而会两败俱伤，既没有做到真正的通俗，又打乱了思维的逻辑线索，所以他担心"可能引出某种与目的相违的结果来"。他把对这本书的理解寄托于"真正的科学内行"，也就是那些纯专业人士，甚至可以说，归根到底，他相信只要他严格按照逻辑的明晰性写作，就总会有人理解一种深刻的思想。对学术的真诚和对纯粹真理的追求压倒了媚俗的期待。下面他引用了特拉松院长的一句话：

AXIX　　　虽然修道院院长特拉松尝云：如果对一本书的篇幅不是按页数、而是按人们理解它所需要的时间来衡量的话，那么对有些书我们就可能说，**如果它不是这么短的话，它将会更加短得多。**

这话的意思是说，如果一本书增加一些生动有趣的例子，就便于人们更快地理解，读者就甚至会缩短阅读的时间，所以虽然书的篇幅增加了，按阅读时间算却相当于读一本篇幅更短的书。康德并不反对这种说法，但他根据自己的情况对之作了引申：

但另一方面，如果我们把目的放在对宽泛但却结合于一条原则中的那个思辨知识整体的可理解性之上，那么我们就会有同样的正当理由说：**有些书，如果它并不想说得如此明晰的话，它就会更加明晰得多。**

这种说法与特拉松的说法实际上是对着干的，就是说，如果不增加那些说明性的生动例子，这本书反而会更加明晰，因为它的逻辑线索没有受到那些感性例证的干扰。当然这是针对着"宽泛但却结合于一条原则中的那个思辨知识整体的可理解性"而言的，即不是一般的可理解性，而是对于按照一条逻辑原则组织起来的思辨体系的可理解性，这就是康德这本书的情况。康德在这里所追求的不是细节的明晰性，而是整体的逻辑明晰性，他牺牲细节的明晰性正是为了突出逻辑的整体的明晰性。

这是因为明晰性的辅助手段虽然在部分中有效[①]，但在整体中往往分散了，这样它们就不能足够快地让读者达到对整体的概观，倒是用它们所有那些明亮的色彩贴在体系的结合部或骨架上，使它们面目全非了，而为了能对这个体系的统一性和杰出之处下判断，最关键的却是这种骨架。

这也就是上面所说的，细节的感性的明晰性和整体的逻辑明晰性相互之间有一种冲突关系，感性的明晰性只能作为辅助手段而使部分细节突显出来，但却喧宾夺主，不仅不能达到整体的清晰，反而把整体的概观弄模糊了。康德在本书中所追求的不是这种部分的明晰性，这种表面的通俗和华丽，他不想为了讨好一般读者而使思想的逻辑骨架受到损失。他很清楚自己著作的价值和"杰出之处"在什么地方，一种对真理本身的真诚使他宁可被人抱怨，甚至由于人们无法把握而产生种种误解，而不愿放弃体系的严谨一贯性。所以我们在读康德的书时必须丢掉一切幻想，不要以为他会对我们的思维能力心存怜悯，而要把这本书看作磨砺我们哲学思维的最好的磨刀石。

我以为，对读者可以构成不小的诱惑的是，将他的努力和作者的努力结合起来，如果作者有希望按照所提出的构想完整地并且持之以恒地完成一部巨大而重要的著作的话。

康德相信，他的《纯粹理性批判》如果有人读懂了的话，就会产生出一种"接着讲"的冲动，即以合作者的身份配合康德去共同完成一部完整的形而上学著作，或者是在康德以后继续完成康德未竟的重建形而上学的事业。显然，康德并不认为他的《纯粹理性批判》就是一个完整的体系了，虽然就其本身的任务来说它无疑是完整的，但是它的任务只是"批判"，而不是建设。批判是为建设开道的。不过批判一旦完成，地基一旦

---

① 原文为"缺乏"，兹据罗森克朗茨校改为"有效"。

清扫干净，对人们就会形成一种诱惑，即要在这一片全新的基地上建设起一座宏伟的大厦来，这座宏伟的大厦就是未来的形而上学。

AXX   <u>现在，形而上学，按照我们在此将给出的它的概念，是一切科学中唯一的一门这样的科学，它可以许诺这样一种完成，即在较短的时间内，只花较少的、但却是联合的力气来完成它，以至于不再给后世留下什么工作，只除了以**教学法的**风格按照自己的意图把一切加以编排，而并不因此就会对内容有丝毫增加。</u>

形而上学按照康德的设想可以一劳永逸地建立起来，这种想法在今天看来十分可笑，但康德的确是认真的。他认为其他的科学都有一个无限的发展过程，比如物理学、化学、电磁学、光学等等，都总是会有新的规律发现出来，没有人敢于说它们中任何一门今天已经完成了，不需要再发展了。因为它们除了先天的认识结构之外，还需要不断涌现的偶然的经验材料，它们的那些规律也是作为偶然被我们发现的经验规律而出现在科学中的，因此总是可以不断增加的。形而上学却不同，它的那些规律和法则只是先天地存在于我们人类的纯粹理性中，因此我们可以不需要顾及到后天经验中又出现了一些什么新的情况，而是单凭反思自己先天固有的各种能力就可以找到它们的那些必然性法则，就像逻辑学自从亚里士多德以来就已经基本奠定了，不需要再作很大的修改。所以他设想，只要人们接受了他的批判哲学的原理，就有可能发挥联合的力量来完成一种最终的形而上学，来给一切科学知识提供出完整的一套形而上学原则。那样的工作不会很困难，因为最艰难的工作已经由他自己完成了，这就是对纯粹理性本身进行深入的批判。地基已经打好，材料也已经备齐，甚至蓝图也已经设计出来了，一切都经过精密的勘察和蔽定，现在只要大家齐心协力，就可以"在较短的时间内，只花较少的、但却是联合的力气"来完成整个形而上学了。他所奠定的这份家业，后人将享用不尽，而不再有什么工作要做了。唯一可以做的只剩下"以教学法的风格按照自己的意图把一切加以编排"而已。所谓"教学法"，又译"教授法"，德文为 Didaktik，指一种通过举例说明的方式通俗地讲解一种学说的原理的方法。例如《实用人类学》的主体部分就是所谓"人类学教授法"，其中按照知、情、意的次序通俗地描述了人类学的各种实用的原理，这些原理的根基是奠定于他的三大批判之上的，所以有人说读康德的书最好是从《实用人类学》读起。另外在《道德形而上学》最后的"伦理学的方法论"中也有"伦理学教授法"一章，谈到教义问答和榜样的作用。可见所谓"教学法"并不给原理增加任何内容，而只是为了达到通俗易懂的效果而设计的一种策略，是对诸多原理所做的一种合乎目的的安排。所以康德接下来说：

因为这无非是对我们所拥有的一切财产的**清单**通过**纯粹**理性而加以系统地整理而已。我们在这里没有忽略任何东西，因为凡是理性完全从自身中带来的东西，都不会隐藏起来，而是只要我们揭示了它的共同原则，本身就会由理性带到光天化日之下。

理性的财产必须带上理性的形式，只有这样才能很容易地被有理性的人所理解和把握；但这种理性的形式本身就包含在理性的共同原则本身中，所以不必从外面拿来，而只须从理性的原理里面发挥出来就是。所以这是一种比较轻松的工作，可以由一些智力也许不如康德、但精力比康德要好的人去做。因为纯粹理性的原理经过批判已经得到了最终的确立，它们不会隐藏起来，而是必然由自身而"带到光天化日之下"，昭然于世。教学法的这种作用是一种普及作用，而有了纯粹理性作为它的原则，这种普及不必担心偏离理性的轨道。

对于出自真正纯粹概念的知识，任何经验的东西或哪怕只是应当导致确定经验的**特殊**直观都不能对之产生丝毫影响而使之扩展和增加，这类知识的完全的统一性，将会使这种无条件的完整性成为不仅是可行的，而且是必然的。"看看你自己的住所周围，你将知道你的财产是多么的简单。——柏修斯"。

教学法当然要引入经验和直观，其他的各门具体的科学的知识也必须借助于经验直观，但所有这些都不会使一门"出自真正纯粹概念的知识"、即形而上学的知识有丝毫的影响和扩展，所以形而上学有望达到一种"完全的统一性"，并且必然实现体系上的"无条件的完整性"。因为形而上学的原理并不是无限增多的，它们埋藏在人类理性的深处，并不会由于经验材料的加入而增加，而一旦被人类的批判和反思精神所挖掘出来，它们就一劳永逸地摆在那里了。现在康德已经把人类理性的那些原理的"清单"开列出来了，这就是我们所拥有的一切纯粹理性的"财产"，不会再增加，也不会再减少，所以他有充分的信心在不久的将来最终完成形而上学。

但这里所指的形而上学还只是指"自然的形而上学"。

AXXI　　我希望这样一种纯粹的（思辨的）理性的体系在**自然的形而上学**这个标题下被提供出来，这个体系比起这里的批判来虽然篇幅还不及一半，但却具有无可比拟的更为丰富的内容。

按照康德的设想，《纯粹理性批判》直接为之奠基的是一门自然科学的形而上学体系，又叫作"自然的形而上学"，属于他在《任何一种能够作为科学出现的未来形而上学导论》（简称《未来形而上学导论》）中所想要建立的那种形而上学。不过这种形而上学康德自己最终并没有建立起来，而只是写了一本《自然科学的形而上学基础》的小册子。康德《纯粹理性批判》的直接目标就是为这样一种未来的形而上学扫清地盘，但与此同时，一个间接性的、但层次更高的目标则是要建立一门《道德形而上学》。这个任务康德倒是完成了，他不但写了一本《道德形而上学基础》的小册子，而且写出了正式的《道德形而上学》。所以他的未来形而上学体系其实有两部分，一个是自然形而上学，一个是道德形而上学，而这两部分都是依次奠基在《纯粹理性批判》之上的，用康德在第二版序言中的说法，他的《纯粹理性批判》是要通过"悬置知识，以便给信仰留下位置"，具有一箭双雕的作用。不过在这段话里他并没有涉及道德形而上学，而只提到自然形而上学。他为什么没有写出《自然形而上学》来，很可能是由于他认为这种工作比较容易，属于一种事务性的工作，而不是一种创造性、开拓性的工作。最困难的工作已经由他自己做了，剩下来的事情就是按照他所提供出来的基本概念和原则而把那些派生的概念填充到框架里面去就行了。所以康德预计，"这个体系比起这里的批判来虽然篇幅不及一半，但却具有无可比拟地更为丰富的内容"。篇幅短的原因是省去了《纯粹理性批判》中所做的那些大量的繁琐论证，只需要做一些概念的组织和安排；而内容丰富则是由于它是《纯粹理性批判》中已提出的那个基本框架的扩展和充实，每个概念都可以扩展出一系列的派生概念，每个原则也可以推演出一系列的派生原则。例如，康德在后面第10节解释他的"范畴表"的时候说："范畴作为纯粹知性的真正的主干概念，也有自己的同样纯粹的派生概念，它们在先验哲学的一个完备的体系中是决不可以忽视的，但我在一个单纯批判性的研究中可以满足于只是提到它们就行了。"接下来他还作了一个初步的示范："例如把力、行动、承受的宾位词从属于因果性范畴之下，把当下、阻抗的宾位词从属于协同性范畴之下，把产生、消失、变化的宾位词从属于模态的云谓关系之下，如此等等。把范畴与纯粹感性的样态相结合，或者也使这些范畴相互结合，就会提供出大量先天的派生概念，注意到这些概念，并在可能时把它们记载下来直到完备无遗，这将是一项有用的、不无兴致的劳作，但在这里尚无必要。"① 显然，有了康德的范畴表，你所能够想到的任何其他的派生的概念都可以各归其位，并由此显示出它们与别的概念之间的逻辑关系。所以，《纯粹理性批判》和"未来形而上学"的任务是很不相同的，康德说：

这个批判必须首先阐明形而上学之可能性的来源和条件，并清理和

---

① 见《康德三大批判精粹》，第123—124页；参看《纯粹理性批判》A81—82=B107—108，第73—74页。

平整全部杂草丛生的基地。在这里我期待读者的是一位**法官**的耐心和不偏不倚，但在那里则是一位**帮手**的襄助和支持；

《纯粹理性批判》的任务是平整地基，包括批判和清除旧形而上学的杂草，顶多是在已经平整好的地基上策划未来形而上学的蓝图。这个工作是高度抽象而富有对抗性的，充满着繁琐而细致的推理和论证，必须要有法官的耐心和公正才能理解和掌握。而在"那里"，也就是在未来形而上学中，康德期待的是一位"帮手"，所做的是一种锦上添花的工作。相比较而言，后一种工作是更轻松一些，但也是必不可少的。

因为，即使把该体系的所有**原则**都完全在批判中陈述出来，① 属于该体系本身的详尽性的毕竟还有：不要缺乏任何**派生出来的**概念，这些概念不能先天地凭跳跃产生出来，而必须逐步逐步地去探寻，

未来形而上学的所有基本原则在《纯粹理性批判》中都已经陈述出来了，但这对于该体系的详尽性来说仍然还是不够的，这只是一个初步的蓝图，具体如何建设形而上学的大厦，采用什么材料，如何作细部的加工，这些都有待于逐步地完善。一个完整的形而上学体系必须把一切基本概念和由基本概念所派生出来的概念都完全包括在自身之中，这才能达到体系的详尽性。这些派生概念当然也是纯粹的，但在层次上不如基本概念那么高，所以不能够一下子"凭跳跃"产生出来，而必须在基本概念已经提供出来的前提下逐步推演出来，以便在自然形而上学和纯粹自然科学之间形成一种更加对应的结合。例如康德前面举的例子："力、行动和承受"的概念是从"因果性"范畴中引申出来的，它们与物理学的基本概念就处于更加直接的关系中，如此等等。由此构成的一个完备体系就能够符合形而上学所要求的详尽性，而没有任何遗漏和缺口。

同样，由于在那里概念的全部**综合**已被穷尽了，所以在这里就额外

---

① 此句的句型原译作："若是……也"，为条件句，但据上下文应为让步句，兹改为"即使……"。

要求在**分析**方面也做到这样，这一切将是轻松的，与其说是工作，还不如说是消遣。

《纯粹理性批判》的总问题是"先天综合判断如何可能"，要解决的主要是综合的问题；而在此基础上所建立的未来形而上学则是把已经综合起来的原理加以发挥，从中分析出所有可能的原理和概念，这是一种顺水推舟的工作。综合是很难的，特别是先天综合，要求人发挥自己全部的能动性努力超越，才能够找出综合之所以可能的最高条件；分析则是在已有的条件和基础上进行分解，看看从一个前提可以推出什么样的一些概念和原理。所以未来形而上学的完成不再需要像康德在《纯粹理性批判》中所做的那种自下而上的艰苦的努力，而只需要自上而下地收获那些顺理成章的理论成果就行了，所以说它是"轻松的"，甚至是一种"消遣"。这或许正是康德没有自己去建立一门"自然形而上学"的原因，他认定自己是专门对付那些困难问题的。

最后一段康德谈的是印刷方面的问题，此处从略。

第 二 版 序

康德《纯粹理性批判》第一版出版于 1781 年，他为这个第一版所写的序言主要阐明对纯粹理性进行批判的必要性和基本的方法上的要求。第二版经过很大的修改后，出版于 1787 年，而他为第二版所写的序言则偏重于对本书的总体思路的挑明，也就是按照已有的成功的科学即几何学和自然科学的榜样，分析其中的认识结构，对传统的认识论进行一场"哥白尼式的革命"，提出"不是知识依照对象，而是对象依照知识"的原理来重建整个认识论的形而上学。如果说，第一版序言还只是大致地勾勒了重建形而上学的意向及其形式上的规范的话，那么这个第二版序言则更为具体地展示了未来形而上学的内容结构上的特点，除此之外，还针对新出现的情况而对前一版中的某些含糊不清之处进行了一些补救。所以在某种意义上，第二版序言比起第一版序言来，在深入理解康德《纯粹理性批判》的宗旨方面显得更为重要。现在我们就来看看这个序言，它在篇幅上比第一版序言要长好几倍。

康德一开始就说：

BVII　　对属于理性的工作的那些知识所作的探讨是否在一门科学的可靠道路上进行，这可以马上从它的后果中作出评判。

这与第一版序言中的切入方式是一致的，即从形而上学这门科学迄今为止所导致的糟糕的"后果"中引出形而上学亟待改进的话题。显然，以往的形而上学有什么样的后果，现在已经尽人皆知，它无可置疑地证明这门科学的探讨并没有"在一门科学的可靠道路上进行"。

如果这门科学在做了大量的筹备和准备工作之后，一旦要达到目的，就陷入僵局，或者，经常为了达到目的而不得不重新回头去另选一条路；又比如，如果那些各不相同的合作者不能像遵守这个共同的目标所应当的那样协调一致：那么我们总是可以确信，这样一种研究还远远没有走上一门科学的可靠的道路，而只是在来回摸索。

第一版序言只是感性地描述了当前形而上学的令人绝望的状态，而第二版序言在这里则更加理性地对这种状态进行学理上的分析。这里虽然没有点形而上学的名，而是就一般科学而言，但实际上就是指形而上学。因为形而上学正是在最关紧要的地方未能切中它的目的，要么坚持自己独断论的僵局，要么换一种方式坚持独断论，但都是在那个建立形而上学的牢固基础的共同目的的外围绕来绕去，"来回摸索"。而按照康德的观点，这种研究是否走上了一条可靠的科学道路，就看那些从事这门科学的人们是否有一个共同可遵守的原则能够使他们协调一致，而不是各说各的，盲目冲撞。在这方面，以往的科学中逻辑学、特别是数学和物理学都已经走上了这条科学的康庄大道，可以提供给形而上学作为借鉴。所以最重要的不是获得一些零星的知识，而是找到一条切实可行的道路。

而尽可能地找到这条道路，即便有些包含在事先未经深思而认可了的目的中的事情不得不作为徒劳的而加以放弃，这就已经是对理性作出的贡献了。

只要道路选对了，具体的这个那个预设的目的即使有错或者是无用而必须放弃也没有关系，因为大方向正确，就可以循序渐进地沿着这个方向前进并达到确定的目标，而不会迷路。例如，以往形而上学中对自在之物的知识的追求就是一件"包含在未经深思而认可了的目的中的事情"，然而在康德所指出的道路上，这种"知识"就不得不放弃了，但这并不是理性的损失，而恰好是对理性的贡献，因为由此换来的是使理性始终沿着它自身的道路稳步前进。

下面康德开始对已往成功的各门科学一个一个来作具体的分析。

BVIII 　　**逻辑学**大概是自古以来就已经走上这条可靠的道路了，这从以下事实可以看出：它从**亚里士多德**以来已不允许走任何回头路了，如果不算例如删掉一些不必要的细节、或是对一些表述作更清楚的规定这样一些改进的话，但这些事与其说属于这门科学的可靠保障，不如说属于它的外部修饰。

　　亚里士多德逻辑学可以说是西方自古以来被公认为最成功和最成熟的一门理性科学，两千年来它基本上没有什么大的改变，而是一劳永逸地被建立起来了。后来的斯多亚派逻辑学家和中世纪逻辑学家们曾对亚里士多德的逻辑作过一些小小的修补和增删，近代的逻辑学家包括康德本人也对一些概念和原理作过更为精密的定义和表述，但这些都无关宏旨，不能动摇亚里士多德逻辑的基础地位。其实这也是康德作为一个理性主义思辨哲学家的基本信念，即逻辑之所以是逻辑，就在于它表达了理性本身的必然规律。他自己在《纯粹理性批判》这本书中也正是依照和模仿形式逻辑的榜样来设计自己的"先验逻辑"的总体模型的，当然他的先验逻辑与形式逻辑相比在内容上有很大的改变，甚至是根本性的改变，但仍然是一种"逻辑"，与亚里士多德的形式逻辑有很深的亲缘关系。他自认为他并没有对亚里士多德逻辑有任何根本的改进，而是依照这个逻辑的线索而另外建立了一门专门讨论认识论的另类逻辑，即先验逻辑。所以关于亚里士多德逻辑他这样说：

　　还值得注意的是，它直到今天也不能迈出任何前进的步子，因而从一切表现看它都似乎已经封闭和完成了。

　　亚里士多德逻辑已经封闭和完成了，这在康德看来是不争的事实。但为什么又说"似乎"呢？这是因为总是有人还不服气，不断地想要对它加以改进或增添，所以客观上对这个问题还没有定论。如他说的：

　　因为，如果最近有些人想要扩展这门科学，于是有的塞进来一章**心理学**，讨论各种认识能力（如想象力，机智），有的塞进来一章**形而上学**，讨论知识的起源或根据对象的不同而来的各种确定性的起源（观念论、怀疑论等等),① 有的塞进一章**人类学**,讨论偏见(其原因和对付手段):那么,这就是起因于他们对这门科学的固有本性的无知。

　　对于当时逻辑学界的这种混乱状况,康德早有不满。他在自己的《逻辑学讲义》中也曾作出过批评,例如对于心理学的倾向他说:"虽然一些逻辑学家在逻辑中假定了心理学原理,但是在逻辑中提出这类原理如同从生活中提取道德一样不合理",因为这样就使逻辑学成为一门经验性的科学,而失去了其固有的先天必然性。② 关于形而上学的做法他点名批评了克卢秀斯:"克卢秀斯也属于近代逻辑学家,但是对于什么是逻辑所具有的情况,他没有考虑过。由于他的逻辑包含着形而上学原理,因而越出了这门科学的界限。此外,他的逻辑提出了一个不能是标准的真理标准,为一切空想大开方便之门。"③ 至于人类学倾向,他在批评那种"自然的或通俗的逻辑"时也提到了,他认为这种逻辑"不是真正的逻辑,而是一种人类学科学,这种科学仅具有经验的原理,在这种情况下它只讨论自然的知性和理性的使用规律,这些规律只能具体——因而对它们缺少抽象意识——地被认识。"④ 总的来看,康德对近代逻辑学家的批评有两方面,一方面是说他们企图把逻辑变成一门实证的经验科学,这就是心理学和人类学倾向,这也正是后来胡塞尔所批评的心理主义和自然主义倾向;另一方面是形而上学倾向,他由此来反对逻辑学中的独断论,即试图通过形式逻辑来解决认识论问题和真理问题。后一种倾向康德其实并没有完全否定,他自己就是试图建立一种专门用来解决认识论问题和真理问题的逻辑,即"先验逻辑";但他很小心地把这种先验逻辑和形式逻辑区别开来,即把逻辑的形式和内容区别开来,但有时又无法区别

① 　此句原译作:"讨论知识的起源或根据对象的不同(观念论、怀疑论等等)而来的各种确定性的起源"。细究之,括号中的"观念论、怀疑论等等"不能说是"对象的不同",而应是对"形而上学"中这些问题的不同讨论,因而必须把括号放在最后。兹改之。
② 　参看 [德] 康德著:《逻辑学讲义》,许景行译,商务印书馆 1991 年版,第 3—4 页。
③ 　同上书,第 11 页。
④ 　同上书,第 7—8 页。

得很清楚。这个我们后面还要细谈。但康德牢牢把握的是形式逻辑的"固有本性"，即仅仅涉及思维本身的形式而不涉及任何对象，他正是抓住这一点而批判理性派的独断论滥用形式逻辑、把形式逻辑的作用扩展到对认识对象的把握方面这种错误，他认为要把握认识对象就不能限于形式逻辑，而必须把它升格为先验逻辑。而这两种逻辑的界限是不可混淆的。可见康德在这里主要关注的就是各门科学必须认清自己的界限，各归其位。所以他接下来说：

BIX 　　当人们让各门科学互相跨越其界限时，这些科学并没有获得增进，而是变得面目全非了；但逻辑学的界限是有很确切的规定的，它不过是一门要对一切思维的形式规则作详尽的阐明和严格的论证的科学而已（不管这些思维是先天的还是经验性的，具有什么起源和对象，在我们内心碰到的是偶然的障碍还是本性上的障碍）。

　　"各门科学"在这里就是指逻辑学和其他的如心理学、人类学、形而上学等等，它们的互相混淆或互相借用在康德看来并不能有助于各门科学，而是误解了它们各自的本性。但他这里主要是针对逻辑学而言的，他主张逻辑学首先应该严格守住自己的界限和使命，即"它不过是一门要对一切思维的形式规则作详尽的阐明和严格的论证的科学而已"，这也是他对形式逻辑的定义。这一定义的关键是只限于思维本身的形式规则，而不涉及到思维的内容、思维的对象，所以"不管这些思维是先天的还是经验性的，具有什么起源和对象，在我们内心碰到的是偶然的障碍还是本性上的障碍"。就是说，不管思维在哪方面起作用（先天的或经验性的），它的起源是来自于先天还是后天，它的对象是经验性的还是仅仅思想中的或幻想出来的，我们能够思维到的是否都能够如我们所想的那样认识到，这种认识的界限在哪里，等等这些问题，都不是形式逻辑所要考虑的。这里的潜台词是，这些问题都是他将要建立的先验逻辑所准备探讨的。但形式逻辑就只谈思维的形式，不但不超出形式，而且对这形式本身也不加反思，只作应用。

下面进一步阐明形式逻辑的这一形式特点：

逻辑学获得如此巨大的成功，它的这种长处仅仅得益于它所特有的限制，这种限制使它有权、甚至有义务抽掉知识的一切对象和差别，因而在其中知性除了和自身及其形式之外，不和任何别的东西打交道。

形式逻辑的成功仅仅是由于它的形式化，这一点在现代数理逻辑那里看得更清楚，数理逻辑无非是形式逻辑在形式化方面的进一步延伸，构成一种特殊的"逻辑语言"，在今天这个"数字化的时代"已经获得了极为广泛的运用。在康德的时代这方面的实用价值虽然还没有显露出来，但他敏锐地看出形式逻辑的广泛运用正是基于它的限制，就是必须抽掉一切知识内容而只和思维的形式打交道。这就看穿了形式逻辑的本质，即它不过是一种思维的技术。这就是他所谓的"技艺的或科学的逻辑"。他在《逻辑学讲义》中，在排除了"自然的或通俗的逻辑"之后说："只有技艺的或科学的逻辑才值得称为思维的必然普遍规律的科学，这些规律独立于自然的知性和理性的具体使用，能够而且必须先天地被认识，虽然它们首先只能通过对那种自然使用的观察才能被发现。"[①] 康德认为，形式逻辑的这种形式的抽象性不仅是它的权利，而且是它的"义务"，即不仅是可以允许的，而且是绝对必须的。形式逻辑的抽象标志着人类思维水平的一次飞跃和提高，当它撇开一切内容、对象和特殊差异而只和普遍形式打交道时，它才第一次达到了概念性的思维，才获得了思维的普遍必然性和规律性。没有形式逻辑的这种普遍必然性，一切科学都谈不上是严格意义上的科学，而只不过是各种各样的经验和意见而已。所以康德对形式逻辑的评价是双重的，一方面他对之评价甚高，视为一切科学的前提，也就是说，没有形式逻辑，或者违背形式逻辑，则肯定没有科学。但另一方面他又看到形式逻辑的限度，即仅仅限于思维的形式，

---

① 参看 [德] 康德著：《逻辑学讲义》，许景行译，商务印书馆 1991 年版，第 8 页。

并不关涉到思维的对象，所以即使有了形式逻辑或完全符合形式逻辑，却也不一定有科学。形式逻辑只不过是一切科学的必要条件，但决不是充分条件。当然，其实康德的先验逻辑也只是科学知识的必要条件，而不是充分条件，但比起形式逻辑来要更加充分一些，因为形式逻辑只限于形式上的必要条件，先验逻辑则加上了内容上的必要条件。这个后面将有具体说明。康德在这里只是通过揭示形式逻辑的局限而暗示了他要建立的先验逻辑的方向，即超出这一局限。所以他说：

可以想见，<u>当理性不单是和自身、而且也要和对象发生关系时，对于理性来说，选定一条可靠的科学道路当然会更加困难得多；</u>

就是说，理性要超出形式逻辑的局限性而去和对象打交道，并在这方面建立起一种新型的逻辑，这种工作对于理性来说会更加困难得多。当然，康德所谓"和对象发生关系"的科学首先是指数学和自然科学（物理学），在这两门科学中，情况远不如逻辑学中那么顺当，它们只是经过几千年的缓慢发展，才逐步走上了一条"可靠的科学道路"，而不像形式逻辑一开始就奠定了完备的基础。理由就在于，形式逻辑只和理性本身的形式打交道，不必等待经验材料的积累，因此可以向内用力，一劳永逸地发现理性的内部结构和规律；相反，其他各门科学则涉及到对象，它们即使有先天的成分，这种成分也必须在和对象打交道的过程中才有可能被我们反思到。这种反思不是针对直接摆在眼前的东西，而是必须从经验知识里面去追溯它"何以可能"的条件，才能发现它后面的先天结构。形式逻辑则用不着这些，它只要理清思维本身的形式就行了。

<u>因此逻辑学可以说也只是作为入门而构成各门科学的初阶，当谈及知识时，我们虽然要把逻辑学当作评判这些知识的前提，但却必须到堪称真正和客观的那些科学中去谋求获得这些知识。</u>

这就给逻辑学与其他各门科学的关系定了位。逻辑学只涉及知识的形式，也就是思维本身的形式，因为知识总是以思维的方式表现出来的，没有任何知识不是体现在思维中，不需要符合逻辑的思维形式。脱离思

维的情感、情绪、感悟、体验等等在康德看来不配称之为知识。正因为如此，思维的形式也就是知识的形式，一门科学要成为科学，首先逻辑上要说得通。如果逻辑上都自相矛盾，那么这门科学肯定是立不起来的。但尽管如此，逻辑学也只是各门科学的"入门"或"初阶"，它是"评判这些知识的前提"，但本身并不能获得任何知识，因为它没有知识的内容。真正的知识是客观的、关于对象的知识，只有像数学、物理学这些科学才有自己的对象，逻辑学则不涉及对象，只涉及思维的主观形式，所以只能作为真正科学知识的入门。

那么，真正的科学又是怎么样一种情况呢？当然要和对象发生关系，但是如何发生关系？康德说：

现在，只要承认在这些科学中有理性，那么在其中就必须有某种东西先天地被认识，理性知识也就能以两种方式与其对象发生关系，即要么是仅仅**规定**这个对象及其概念（这对象必须从别的地方被给予），要么还要**现实地把对象做出来**。前者是理性的**理论知识**，后者是理性的**实践知识**。 BX

就是说，凡是一门真正的科学，里面必定有理性；只要有理性，"那么在其中就必须有某种东西先天地被认识"，因为理性是人先天固有的认识能力，即从上至下地先天地规定对象的能力。不过在这里，康德把理性的这种能力分为两个方面，即对于"从别的地方被给予"的对象进行规定或认识的理论方面，以及"现实地把对象做出来"的实践方面。这两方面在经验的关系中就体现为，一个是经验自然科学，另一个就是实用技术，或者我们通常所说的"科技"。但在这一层面上，科技或实用技术是附属于一般经验科学的，是属于理论范围的自然科学的延伸部分。我们现在一谈科学就是指"科技"，但其实真正的科学主体就是理论自然科学，技术只是理论的附庸而已，是科学理论的实践应用技巧。但康德的划分还不仅仅是在这种意义上的划分，而是有更高的考虑的，也就是不仅仅是在经验的层面上来谈理论和实践的关系，而是在"纯粹理性"层面上来谈这种关系，这样一来事情就完全不同了。

　　<u>这两者的**纯粹**部分不管其内容是多还是少，都必定是理性在其中完全先天地规定自己对象的、必须事先单独加以说明的部分，并且不能与那出自别的来源的东西相混淆；</u>

　　"这两者"，也就是理论知识和实践知识两者，它们都有自己的"纯粹部分"，这个纯粹部分"完全先天地规定自己的对象"，是必须"事先单独加以说明"的，否则的话，如果它们"与那出自别的来源的东西相混淆"，例如与经验性的东西相混淆，那就会陷入混沌不清，成为一团浆糊，而知识的可靠性和必然性就失去根据了。康德在这里暗示的正是他所规划的两种形而上学，即自然形而上学和道德形而上学，它们都是出自纯粹理性，一个是先天地规定自己的认识对象，另一个是先天地规定自己的实践对象。而在这个层次上，理性的实践知识就不再只是作为"科技"知识而为理性的理论知识服务，而是反过来，纯粹实践理性的知识作为道德知识是一种最本源的实践知识，它不仅独立于一切理论知识，而且还高于理论知识，理论知识在这种意义上反而是为它服务的了。康德在这里强调，这种纯粹的部分必须与掺杂有经验的部分严格区别开来，不可混淆，因为只有纯粹部分才是那些经验的部分之所以可能的根据，那些经验部分是可以变化的，而纯粹部分则是万古不变的、永恒的。可变化的经验部分是以不变的纯粹部分为条件的，它们由此才获得了自己的普遍规律和客观可靠性，即在它们的变动不居中体现出了不变的法则。所以最重要的就是要把这个纯粹部分首先提出来，"事先单独加以说明"，这样才能为一切经验的科学知识奠定客观普遍性和必然性的基础。下面康德打了一个比方：

　　<u>因为如果我们盲目地花掉我们的收入，而不能在经济陷入困窘以后分清楚收入的哪一部分开销是可以承受的，哪一部分开销是必须裁减的，那就是一种糟糕的经营了。</u>

　　根据我们上面的说明，所谓"盲目地花掉我们的收入"，是指我们每天在消费我们的先天认识能力，用它去获得一切经验性的知识，建立各门科学，但却日用而不知。我们糊里糊涂地以为我们之所以获得这么多知识全凭后天偶然的机遇，那么当这些知识中出现问题的时候，或者当我们突然对这些知识的必然性和可靠性产生怀疑的时候，我们就会在我们以往的信念中找不到任何足以支持它们的客观基础，从而在"经济上"陷入困窘。这就是休谟的怀疑论所带来的危机，即我们付出了一切却一无所获，就像一个亏本的商人，对一切都抱不信任的态度，却不去清理他的账目，分清哪些开支是获得盈利的代价，因而是可以承受的，哪些开支则是不应该支出而应该保本的。在科学中，有些错误是难免的，经验性的知识总是有它的偶然性和不可预料性，但对于科学来说这是可以"承受"的，不能因此就把全部科学都看成是主观任意的游戏，因为作为科学知识基础的那些先天原则是不能抛弃的，它们是经验性的材料之所以能够被纳入科学中来的永恒前提。总之，这个例子是要说明，科学知识的"纯粹部分"是不能放弃的，它保证了一切科学知识的客观性和普遍必然性；而那些杂有经验成分的部分则是偶然的、"可错的"，并不因此就影响整个科学知识的普遍规律及其可靠性。如果连这种基本的区分都不清楚，那对于一个商人来说就是一种"糟糕的经营"。

　　那么，如何区分开来？下面康德以数学和物理学为例作出了示范。

　　数学和**物理学**是应当先天地规定其对象的两门理论的理性知识，前者完全是纯粹地规定，后者至少部分是纯粹地、但此外还要按照不同于理性来源的另一种知识的尺度来规定。①

　　数学"完全是纯粹地规定"它的对象的，所谓"纯粹地"，在康德那里

---

① 原译为："前者完全是纯粹的，后者至少部分是纯粹地规定，但此外还要按照不同于理性来源的另一种知识来源来规定。"

就相当于"先天地"，也就是排除了一切后天经验性的东西而纯粹由主体自身提供的形式来规定。数学就是这样，在后面的"先验感性论"中康德认为，数学是纯粹凭借先天的时间和空间来规定它的对象的，它的对象就是数和形，算术凭借时间来规定数量，几何学凭借空间来规定形状；而时间和空间只不过是认识主体的先天直观形式，它们虽然构成后天经验性的杂多事物之所以可能的条件，但本身不是经验性的，而是主体先天的一种接受能力，因此是"纯粹的"。在数学中，即在算术和几何学中，一切都是纯粹的和先天的，虽然这种先天不是一下子就全部摆在你面前，而需要证明、推导甚至绞尽脑汁，但一旦发现出来，你必然马上会知道它本来就是先天的，不可能是别样，而是放之四海而皆准的永恒的普遍真理。物理学的情况则有所不同。在物理学中，只有部分是纯粹地、先天地规定它的对象的，这个"部分"是指它的那些高级部分，那些最普遍的定理，比如万有引力定理，惯性定理，物质不灭定理，能量守恒定理等等，当然现在已经修改为"质能守恒定理"了，爱因斯坦的相对论出来以后，所有这些定理也都必须修改了。但这些在康德的时代毕竟可以看作是无可置疑的普遍真理，是不受后天经验事实的变化而改变的。所以康德认为这一部分是"纯粹的"。但是这一部分是不可能单独存在的，它们在运用于自然界的具体场合下，会变化出各种各样的具体规律，如力学的规律不同于化学的规律，固体力学的规律不同于流体力学的规律，电磁学的规律又不同于光学的规律，如此等等。这些不同的规律规定它们的对象时，除了最一般的物理学规律必须遵守以外，"还要按照不同于理性来源的另一种知识的尺度来规定"，也就是还要按照后天经验的尺度来规定。这些经验的尺度也有其不同的等级，有的更具普遍性，而有的更带有个别性和特殊性，但总之是带有后天经验性的来源的尺度。所以在物理学中，也就是在自然科学中，只有它的高级部分才可以说是纯粹地或者先天地规定它的对象的。现在要做的就是把这些纯粹的部分单独提取出来加以考察，看看它们的运作机制究竟是怎么样的。

首先看数学。

数学在人类理性的历史所及的最早的时代以来，在值得惊叹的希腊民族那里就已走上了一门科学的可靠道路。

显然，康德在这里所讲的"数学"，是指以欧几里德《几何原本》为代表的理论数学。在此之前，广义上的数学在埃及、巴比伦、印度就已经相当发达了，希腊数学就是吸收了这些数学成果而发展起来的。但是这些古老的数学都未能达到希腊数学这样一种理论化、系统化的规模，而只是一些测量术的经验之谈和零星思考的痕迹。数学如果停留在实践技术的层面，它就还不成其为一门"科学"，因为它还没有科学之"魂"，没有科学精神。技术只有附属于真正的科学之下才能成为"科技"，否则本质上无非是一种高级的巫术而已。西方的科技最初传入中国时，我们就是这样看待它们的，把它们称之为西方的"奇技淫巧"，因为我们无法理解它们后面的科学精神和科学原理。西方人则从古希腊几何学的演绎体系开始即已脱离了这个阶段，而"走上了一门科学的可靠道路"，这的确是"值得惊叹的"。所谓"可靠道路"就是指理性的道路，就是纯粹先天地证明和展示普遍原理的道路，这对于还停留于测量术阶段的思维来说绝对是一个飞跃。

但是不要以为，数学就像理性只和自己打交道的逻辑学那样，很容易地一下就走上了、或不如说为自己开辟了那条康庄大道；我倒是相信，数学(尤其是还在埃及人那里时)长时期地停留在来回摸索之中，而这场变革要归功于一场**革命**，它是由个别人物在一次尝试中幸运的灵机一动而导致的，从那以来人们就不再迷失这条他们必须采取的道路，一门科学的可靠途径就为一切时代、且在无限的范围内被选定并被勾画出来了。 BXI

这里康德指出，希腊人在数学上也不是轻而易举地就走上这条可靠的康庄大道的，至少它不像逻辑学那样可以单凭在理性本身中搜寻和整理就可以找到办法，逻辑学在这方面有一个最方便的现成的线索，那就是人类的语言和语法。亚里士多德就是这样从人们的说话方式中直接发现了逻辑学的基本原理的，他不需要构想和接触任何对象。数学的基本原理则要麻烦得多，它们不可能直接从语言中找出来，而必须在时间和空间中构想出一个对象，一个数量或者形状，并从这些数量和形状的关系中发现我们在构想它们时所使用的先天原理。所以康德相信数学在希腊人以前曾"长时期地停留在来回摸索之中"，比如埃及的数学在希腊人以前就存在了几千年，按照他们的数学测量术建立起来的最大的胡夫金字塔就建于公元前两千七百年，但他们的数学始终是一种测量术，未能上升到演绎系统的高度。为什么唯独希腊人才发明了数学的演绎系统？康德无法解释这个事实，他只能归之于"个别人物在一次尝试中幸运的灵机一动"。这等于什么也没有解释。应当说，埃及人之所以没有发明几何学的演绎系统，与他们的靠天吃饭的自然经济的农耕文化有关，他们不需要发明能够超越经验自然之上的想象世界来居高临下地掌控自然，来预测自然界各种意想不到的偶然情况并按照普遍原理作出对策，而只须适应和接受自然给他们带来的恩惠就行了。希腊人作为一个航海和工商业的民族则要应付各种复杂得多的外部情况，例如他们观测星空并不仅仅是为了掌握农时和预测凶吉，而是为了利用天文气象规律进行商业投机，就像传说中泰勒斯做的那样。泰勒斯通过观天象预测到来年橄榄大丰收，于是预先低价租用了当地全部榨油机，到橄榄收获季节以垄断价格取得了丰厚的利润。这种人为的操纵和控制需要对各种自然规律的一个全盘考虑和规划，是一个具有世界眼光和商业头脑的人才能构想得出来的。康德虽然对这些背景所起的作用并不知道，但他对希腊人的这一发现极为推崇，他说：

这一比发现绕过好望角的路途更为重要得多的思维方式革命的历史及那位实现这一革命的幸运者的故事，没有给我们保存下来。但毕竟，在第奥根尼·拉尔修流传给我们的传说中，他提到据称是几何学的演证的那些最不重要的、按照常识简直都用不着证明的原理的发现者，这说明，对于由发现这一新的道路的最初迹象而引起的变革的怀念，必定曾对数学家们显得极为重要，因此才没有被他们所忘记。

几何演绎系统的发现在康德看来要比达·伽马1497年绕过好望角的壮举更为"重要得多"，它是一次"思维方式革命"。虽然这一革命的经过及其发起人的资料没有保存下来，但从流传下来的其他一些文献中还是可以看出一些蛛丝马迹来。第奥根尼·拉尔修是公元三世纪的希腊学者，以其《著名哲学家的生平、学说和格言》（又译《名哲言行录》）一书而闻名，书中搜集了大量古代哲学家和科学家的资料。这些资料中也包括一些传说中的发现者，他们发现了几何学的一些"最不重要的、按照常识简直都用不着证明的原理"，例如下文所举的"等腰三角形两底角相等"的定理的发现者泰勒斯。等腰三角形两底角相等，这几乎是一望而知的，似乎用不着大张旗鼓地证明。几何学中很多基本的定理也是如此。但希腊人的特点正在这里，就是不盲目相信自己的眼睛，而是对任何明显的事情都必须纳入一套证明体系里面去论证一番。这在初看起来似乎显得多此一举，但在接下来遇到更复杂的情况时就显出这种方法的优势来了。所以康德从这一事例中看出了它的重要意义，就是这种看起来很简单的方法其实蕴含着"新的道路的最初迹象"，它将引起思维方式的巨大"变革"。他认为，正是古代科学家们对这种看似不起眼的方法的重视，才形成了西方科学精神的一种世代相传的传统，这种传统是不会被他们忘记的。下面康德分析了这一革命的实质。

那第一个演证出**等腰三角形**的人（不管他是**泰勒斯**还是任何其他人），在他心中升起了一道光明；因为他发现，他不必死盯住他在这图形中所看见的东西，也不必死扣这个图形的单纯概念，仿佛必须从这里面去学习三角形的属性似的，相反，他必须凭借他自己根据概念先天地设想进去并（通过构造）加以体现的东西来产生出这些属性，并且为了先天可靠地知道什么，他必须不把任何东西、只把从他自己按照自己的概念放进事物里去的东西中所必然得出的结果加给事物。 BXII

55

　　"演证"（Demonstration）也就是证明，特指几何学上用图形示意的方式所作的证明，这个词康德一般只用在数学特别是几何学上。"演证出等腰三角形的人"，在第一版上误印为"演证出等边三角形的人"，康德后来在一封信中说应改正为"等腰三角形"。第奥根尼·拉尔修在他的书中曾把"等腰三角形两底角相等"这一定理归于泰勒斯，虽然并不完全可信，但康德关注的是这一定理的发现过程。按他的分析，发现者一方面并不"死盯住他在这图形中所看见的东西"，就是说并不着眼于图形中的感性质料；另方面也不"死扣这个图形的单纯概念"，就是说也不是从抽象概念的层面上来进行一种纯概念分析，或者作一种概念上的归类，"仿佛必须从这里面去学习三角形的属性似的"，即通过概念定义而把一种属性赋予三角形的概念；"相反，他必须凭借他自己根据概念先天地设想进去并（通过构造）加以体现的东西来产生出这些属性"，也就是必须借助于概念来设想一个图形，并使这个图形在直观中得到体现，亦即用直观把图形"构造"起来，具体产生出在概念中只是抽象设想的那种属性。这里虽然没有直接提到直观，但所谓"构造"、"体现"都隐含着康德在后面"先验感性论"中所讨论的直观的意思，即先天直观形式。直观只能"构造"而不能思维，它也不是感性的质料，而是感性的纯形式，所以它是处于感性质料和抽象概念之间的东西，属于人的主观先天能力。几何原理的发现者正是抓住了这一中间环节，既不是着眼于感性质料，也不是着眼于抽象概念，而是用自己的先天直观形式构造出一个图形来。当然这种构造也是以概念作为引导的，但本身并不是概念的思维活动。所以康德才能说，这个发现者"为了先天可靠地知道什么，他必须不把任何东西、只把从他自己按照自己的概念放进事物里去的东西中所必然得出的结果加给事物"。也就是说，他从图形里面所看出的正是他自己放进图形里面去的东西，他在对象中（在图形中）所发现的定理和法则正是他自己的先天直观形式本身的定理和法则。换言之，他自己主体中的定理和法则成了规定对象（图形）的普遍必然的法则，成了几何学的客观法则。主客观在这里达到了同一,客观法则真正说来是由主观建立起来的。正是对这一点的发现,被康德比喻为在发现者心里"升起了一道光明",也就是一种通明透亮的感悟,原来人在数学中并不是一无所为,并不是完全被动地接受客观规律,而是自己在构造客观规律,他认识对象其实本质上是认识自我,认识自己的先天直观能力。同样,也正是由于这种主观性,他所发现的这些定理和规律才有可能是普遍必然的,因为他是用同一个时间空间框架去认识任何图形的,所以这个时空框架本身固有的法则也必然会带给所有一切图形。如果不是这样,如果他所发现的规律是在客观图形中偶然碰上的,哪怕是多次甚至是在一切场合都碰上的,那都无法保证这种规律具有无所不包的普遍性和毫无例外的必然性。所以这里的关键在于,数学中的法则的普遍必然性来自于我们人自身的先天形式,是我们把自己的东西放进图形中去构成了图形。这就是希腊的智慧之士所悟出的道理,这是所有其他民族的聪明人都未曾想到过的。这就不难解释为什么希腊数学家努力寻求的不是各种具体测量的数据,而是在一个主体的统摄之下完整的演绎系统了。因为他们悟到了人在认识活动中的主体能动性。

下面谈自然科学、也就是广义的"物理学",康德同样也是着力于揭示在这种认识活动中的主体能动性。

<u>自然科学踏上这条科学的阳关道要缓慢得多;因为这只不过是一个半世纪的事:考虑周全的**维鲁兰姆的培根**的建议一方面引起了这一发现,另方面,由于人们已经有了这一发现的迹象,就更加推动了这一发现,而这一发现同样也要通过一场迅速发生的思维方式革命才能得到解释。</u>

与数学比起来,自然科学显然更加受制于后天经验的材料,所以它的发展要缓慢得多。这里呈现出一个阶梯:逻辑学、数学、自然科学,越来越不能够一劳永逸地解决问题,也越来越有可能受到修正和增补。自然科学更是一门经验积累式的科学,它的原则直到近代的培根才开始确

立起来，这就是经验归纳法。它本质上是一种科学发现的原则，也就是引导人们如何去发现经验规律的方法。培根发现了这一方法，但在他之前人们已经有了运用归纳法的迹象，而经过培根的明确表述和人们已经运用的方法的互相映证，就更加推动了这一方法的流行。然而康德认为，培根的发现，即按照合理的步骤安排的归纳法（所谓"三表法"）的提出，在培根本人那里并没有得到合理的解释，而必须"通过一场迅速发生的思维方式革命才能得到解释"。这里所说的"思维方式的革命"就是康德的"哥白尼式的革命"，即把培根和其他人所理解的"知识依照对象"颠倒为"对象依照知识"，这在下面就要说到。这种颠倒我们在康德对几何学定理的发现过程的解释中已经看到了，但在那里，事情似乎还比较容易理解，因为数学领域毕竟超越于经验自然界之上，可以看作是我们人类思维的纯粹构想物。那么，在经验自然科学中，特别是在自然科学的经验发明和发现中，这一颠倒的革命是否也能奏效呢？康德的意图恰好就是要在这一最具偶然性、最不可预测的领域中也指出，即使在这里人的主体能动性也在起支配作用。所以他说：

> 我在这里只想讨论在**经验性的**原则上建立起来的自然科学。

他故意撇开牛顿的成体系的理论物理学不谈，而只谈具体经验的科学发现的机制，就是为了以充分的证据说明整个科学认识都是以人的主体能动性为基础而建立起来的。因为在经验派看来，科学知识本质上就是一连串的科学发现，就连牛顿本人也告诫物理学要"当心形而上学"。所以康德的思维革命只有在最基本的科学研究活动即科学发现这个层次上得到证实，才能具有彻底的说服力。下面就是他所提供的实例及其全新的解释。

> 当**伽利略**把由他自己选定重量的球从斜面上滚下时，或者，当**托里拆利**让空气去托住一个他预先设想为与他所知道的水柱的重量相等的重量时，抑或在更晚近的时候，当**施塔尔**通过在其中抽出和放回某种东西而把金属转变为石灰又把石灰再转变为金属时，在所有这些科学家面前

BXIII

就升起了一道光明。

上述三个例子都是科学史上著名的实验，通常人们所关注的都是在这些实验中发现了什么，并把这些发现主要归之于这些科学家的运气，似乎这些发现都是由于偶然性，或一种盲目乱碰和试探的结果，却忽视了他们发现这些原理之前所预设的前提。其实很多科学发现都是看似偶然，但里面却隐含着必然。即使像牛顿被苹果砸在头上，伦琴发现了 X 射线，也都不是毫无准备的偶然事件，因为在牛顿之前，有无数的人被苹果或什么东西砸着了头，在伦琴之前也有人曾看到过照相底片上的奇怪阴影，但是都没有引起人们的注意。所以任何科学发现都是有前提、有预设的，只不过有的不太明确，甚至有的是潜意识的，遇到外界的触动而激发起来。康德所举的例子则更带有自觉性，也更能典型地表现出科学发现的本质结构。伽利略的球是"由他自己选定重量的"，托里拆利"预先设想"了一个水柱的重量，施塔尔则是用他所知道的同一种东西使金属和石灰互相转化，在这些试验活动之先都有一种预设，然后用实验证实这种预设。现代科学哲学家卡尔·波普尔特别强调科学发现中假设、猜想的作用。人的主体能动性不仅在偶然的科学发现中表现出来，而且可以像胡适所说的，创造性地"大胆假设"出一种可能性，然后再据此设计一种实验程序，由经验来"小心求证"。康德更为重视的是后面这种例子，他认为科学家在自然界面前决不是完全被动地接受偶然的启示，而是按照自己的设计去逼迫自然界吐出它的秘密。而当自然界的回答印证了科学家的预设时，在他的面前就"升起了一道光明"，这就正像前面讲的数学的情况一样，科学家在对象中看到了他自己放进那里面去的东西。对象变得透明了，它不再是陌生的东西，而成为了我所设定的、因而为我所能够理解的东西。这道理性之光照彻了主体和客体，达到了思维和存在的同一性，向认识者揭示了真理的本质。康德在这里加了一个注释：

我在这里不是要精确地追踪实验方法的历史线索，这种方法的最初开端我们也知道得不是很清楚。

就是说，康德关心的不是科学的历史，而是科学革命的结构，科学发现的模式，他要从这种模式中揭示人类认识之谜，建立他自己的新型的认识论。所以他从上述三个例子中得出了自己的结论：

他们理解到，理性只会看出它自己根据自己的策划所产生的东西，它必须带着自己按照不变的法则进行判断的原理走在前面，强迫自然回答它的问题，却决不是仿佛让自然用襻带牵引而行；因为否则的话，那些偶然的、不根据任何先行拟定的计划而作出的观察就完全不会在一条必然法则中关联起来了，但这条法则却是理性所寻求且需要的。

"理性只会看出它自己根据自己的策划所产生的东西"，这就是认识的能动性原则。理性不去策划，不去能动地预设和猜想，不去按照自己的理念和目的设计一种实验手段，它就不可能发现自然界的秘密。所以近代自然科学的思维模式就是，理性"带着自己按照不变的法则进行判断的原理走在前面，强迫自然回答它的问题"。而由于自然所给出的答案是理性自己逼迫出来的，所以是理性能够透彻地理解的。当然，康德并不否认在这种自然科学的发现模式产生以前，人类思维有很长一段时期是"让自然用襻带牵引而行"的，人们不是自觉地、有意识地去探索自然的秘密，而是完全被动地接受自然的恩赐，把自然界的某种规律的显示看作是神灵的不可捉摸的意志。那是人类认识的幼稚年代，他们只是偶然地凭借经验和记忆积累着自然知识，但并不意识到其中贯穿着的法则和普遍规律。所以这些知识对于他们来说仍然是不可理解的，而只是必须承认和接受的。他们在其中并没有贯穿和运用自己的理性，因此他们所积累的这些经验对他们来说是不通透的，是沉沦在黑暗中的神秘之物。所以康德设想在这种情况下，"那些偶然的、不根据任何先行拟定的计划而作出的观察就完全不会在一条必然法则中关联起来了，但这条法则却是理性所寻求且需要的"。寻求这种先天的法则其实就是理性之光，就是那道升起的光明，而这道光明只是在古希腊的数学和近代自然科学中才照亮了探索者的心田。下面康德又用了一种形象的比喻：

理性必须一手执着自己的原则（唯有按照这些原则，协调一致的现象才能被视为法则），另一手执着它按照这些原则设想出来的实验，而走向自然，虽然是为了受教于她，但不是以小学生的身份复述教师想要提供的一切教诲，而是以一个受任命的法官的身份迫使证人们回答他向他们提出的问题。

这个比喻对近代自然科学的思维模式表达得再透彻不过了。科学研究在这里被视为一种目的性活动，其中，理性"一手执着自己的原则"，这就是树立一个目的，即要"按照这些原则"来使那些现象在协调一致中成为"法则"；其次是，"另一手执着它按照这些原则设想出来的实验"，也就是为了自己的目的而设计一个与此相适应的手段。这个实验手段是直接"走向自然"的，它与自然打交道，虽然是为了从自然那里获得知识，但不是被动地被灌输，而是主动地去榨取。"小学生"和"受任命的法官"的比喻非常贴切地说出了理性的自然科学和盲目的经验之间的区别，真正的科学知识决不是偶然捡来的，而是探索者处心积虑、有计划有预谋地争取到的。科学研究包括一个主动制定目标并精心设计与之相配合的手段的过程，只有当所设计的手段作用于自然界，参与到自然过程中并改变了这一过程，使之暴露出内在的隐秘机制并印证了当初提出的目标，这一过程才圆满地完成。这个意思其实在培根那里就已经有了萌芽，培根曾说科学研究不应该像蚂蚁一样只是收集现成的资料，也不应该像蜘蛛一样只是从自己头脑里构造知识，而应该像蜜蜂一样采集花粉，用自己的分泌物将它们加工成蜜。康德进一步将这种思想发挥成人类认识的主体能动性和先验性。人的认识当然脱离不了自然，脱离不了由感官得来的经验材料，但人在这些材料面前绝不是被动地全盘照收，而是带着问题和方案对这些材料加以整理，甚至有意用自己设计的手段去干扰自然、改变自然，迫使自然显露出他想要证明的规律性。康德认为，正因为这种规律性是理性自己本来想要在自然中证明的，所以当理性从自然中证明了这种规律性的时候，它实际上就是理性自己"放进"自然中去的。

BXIV **这样，甚至物理学也必须把它的思维方式的这场带来如此丰厚利益的革命仅仅归功于这个一闪念：依照理性自己放进自然中去的东西，到自然中去寻找（而不是替自然虚构出）它单由自己本来会一无所知、而必须从自然中学到的东西。**

一场如此巨大的革命被康德归于只是"一闪念"，一个"灵机一动"，这就是悟到理性必须靠"依照自己放进自然中的东西"去发现自然规律。当然还是"发现"或"寻找"，而不是像蜘蛛吐丝一样凭空虚构；但这种东西虽然是"从自然中学到的"，却仍然是理性事先放进自然中去的，从自然界中所获得的经验不过是对这种先天的东西的一种印证而已。这就应了柏拉图的一句话：一切研究和学习都只不过是回忆而已。感性经验只不过是一种机缘，是触发、印证先天知识的一种外部条件，这是一切先验论的唯心主义者的共同认识论模式。当然康德还没有这么极端，在他这里先天知识本身并不能独立成为一种知识，它们只能是经验知识中的一个成分，虽然是主导性的成分，但毕竟不是认识的全部目的，而只是认识的可能性条件。所以康德的认识论中虽然有先验唯心论的理性主义成分，但他的认识论的主导倾向是调和唯理论和经验论。只不过在他探讨人类认识活动的最深刻的秘密时，他的确是站在柏拉图主义的立场上来强调和发挥人的认识的主体能动性的，所以后来马克思说，那能动的方面被唯心主义发展了。在康德看来，只有理性的这种能动性的自觉，才能把自然科学带上正路。

自然科学首先经由这里被带上了一门科学的可靠道路，因为它曾经许多个世纪一直都在来回摸索，而没有什么成就。

"来回摸索"主要是经验主义的特点。当理性还没有自觉到凭借自己的预先设计而去拷问自然的时候，自然科学就只能相信后天的感觉经验带来的东西，这些东西不能给人提供一条普遍的原则，而是变动不居、杂乱不堪的。自然科学也曾想要改变这种无政府状况，如托勒密的天体理论就想在现有观测的基础上利用"均轮"和"本轮"的一整套复杂学说来使观察的材料构成一个逻辑上自洽的体系，但就是没有想到用理性改变自己所预设的"地心说"的前提，而换一种"日心说"的假设。所以从根本上来说，托勒密的体系虽然也运用了理性，但只是用来对既有的经验作事后的解释，而不是事先设计的一套严密的假设。哥白尼的日心说则是一个飞跃，这个飞跃还不仅仅在于提出了一种更加合理的解释，能够解释更多的现象，而且还在于展示了一条科学发展的可靠的道路，即运用自己的理性去设计各种合理的假设，然后用经验来证实。所以哥白尼的假设在当时虽然并不完善，其解释力也并不比托勒密的体系强，甚至还有许多漏洞，但它的简洁、合理和明晰一下子就抓住了当时人们的心，使他们豁然开朗。人们懂得了不必在一个既定的前提下一条道走到黑，而可以发挥自己理性的想象力和创造力，重新设计各种不同的前提，再到自然中去印证。所以这场革命的意义主要不在于一项具体的科学发现，而在于一种方法的创立。正是这样，它才把科学带上了一条"可靠道路"，而不再陷于无效的"来回摸索"。

现在，关于理性的科学如何能够成为一门科学的问题，逻辑学谈过了，数学和自然科学也谈过了，它们都是由于发挥了理性本身的能动性而走上了一门可靠的科学的康庄大道的。那么最后剩下的就是形而上学了。形而上学如何才能够走上科学发展的正路呢？康德特地多花了一些篇幅来阐明这个问题。

形而上学这种完全孤立的、思辨的理性知识，是根本凌驾于经验教导之上的，亦即是凭借单纯的概念的（不像数学是凭借概念在直观上的应用的），因而理性在这里应当自己成为自己的学生。

形而上学是纯粹理性的知识，它超越于一切经验的教导之上，在这方面它有些像逻辑学，即形式逻辑。形式逻辑也是超越于一切对象之上，单凭理性本身而建立起来的。但不同的是，形式逻辑是通过抽掉一切对象、不管理性的内容而只和理性的形式打交道才做到这一点的，形而上学则要凭借纯粹理性去规定理性所思维到的超经验的对象，所以它不满足于仅仅充当知识的形式条件，而要成为一种"完全孤立的、思辨的理性知识"。但这种知识与自然科学不同，它"根本凌驾于经验教导之上"，不需要在经验中、在自然界中得到印证，而只"凭借单纯的概念"来建立自己的知识对象，在这方面它与数学也有区别。数学前面讲过，它必须根据概念所先天设想的东西去构造一个直观的对象，如几何学的图形，所以它是"凭借概念在直观上的应用"来建立自己的对象的。形而上学则连直观也用不着，它的概念并不应用在直观上，而是完全凭借纯粹理性概念本身而形成的知识。所以在形而上学中，除了理性还是理性，"理性在这里应当自己成为自己的学生"。理性再也没有其他的教师，它就是最高的教师，所以它必须好自为之，仅仅凭借自己的纯粹性和精确性来处理它自己的问题。这也是康德提出"纯粹理性批判"的初衷，即理性必须批判自己、磨炼自己，使自己变得精确、深刻和自觉，才能胜任它自己作为自己的教师的责任。可惜这一工作至今还没有人做过，所以形而上学陷入了十分可悲的境地。

对于这个形而上学来说，命运还至今没有如此开恩，使它能够走上一门科学的可靠道路；尽管它比其他一切科学都更古老，并且即使其他的科学全部在一场毁灭一切的野蛮的渊薮中被吞噬，它也会留存下来。

这里既有对形而上学的失望，也有对形而上学的坚定信心。一方面，形而上学至今的状况很不容乐观，它比起逻辑学、数学和自然科学来还远没有走上正当的发展道路；但另一方面，它又是一切其他科学的根，不仅在时间上最古老，而且它是人类本性中最为根深蒂固的自然倾向，即使人类所建立起来的一切科学文化全部毁灭了，这样一种自然倾向也不会消除，而只要它还在，人类的文明就还有希望。但形而上学为什么至今没有能够走上一条可靠的康庄大道呢？

因为在形而上学中，理性不断地陷入困境，甚至当它想要（如同它自以为能够的）先天地洞察那些连最普通的经验也在证实着的法则时也是这样。

就是说，在形而上学中理性试图单凭它自身来解释它的对象，这些对象包括在经验中通行的那些普遍法则，这些法则当然也是超越于具体经验材料之上的，理性自以为这属于它自己的范围，解释它们应该不成问题。但是没有想到，正是在这些事情上理性陷入了无法摆脱的困境。形而上学无法解决理性的先天法则如何与经验的材料结合的问题，即使最普通的经验都在证实这些法则的普遍必然性，但理性却无法先天地解释这种对后天经验的普遍必然性是如何可能的。因此，通常由理性派哲学家们所坚持的形而上学经常遇到经验派和怀疑论者对它的质疑，无法抵御到处弥漫的"拒斥形而上学"的倾向。

<u>在这里，人们不得不无数次地走回头路，因为他发现，他达不到他所要去的地方，至于形而上学的追随者们在主张上的一致性，那么形而上</u> BXV <u>学还远远没有达到这种一致，反而成了一个战场，这个战场似乎本来就是完全为着其各种力量在战斗游戏中得到操练而设的，在其中还从来没有过任何参战者能够赢得哪怕一寸土地，并基于他的胜利建立起某种稳固的占领。</u>

这就是形而上学所面临的绝境，它一方面要面对外部的攻击，因为它立论的基础总是未经批判的，因而是主观独断地设定的，它想要说服它的对手，但是对方却可以不买账，所以人们不得不总是返回到它的出发点，而"达不到他所要去的地方"；而另一方面，主张形而上学的人之间也无法达到一致，唯理论和经验论，唯物论和唯心论，无神论和有神论，他们各执一端，杀得死去活来，但没有任何一方能够成为赢家，因为他们借以出发的基点都是未经批判的。所以看起来"这个战场似乎本来就是完全为着其各种力量在战斗游戏中得到操练而设的"，而在康德看来，它们的争论也的确起到了操练人类哲学思维的作用。康德在后面的"先验方法论"中就特别有一章谈"纯粹理性的训练"，包括"独断运用中的训练"、"论争上的运用的训练"、"假设上的训练"和"证明上的训练"，都

是从这种前批判的"战斗游戏"中总结出来的。显然,整个以往的形而上学在康德眼中都是他自己的形而上学的准备阶段,他正是从旧形而上学的失败的经验教训中发现了摆脱困境的道路的,这就是他的批判哲学。所以他特别重视对以往形而上学的弊病的揭示。

所以毫无疑问,形而上学的做法迄今还只是在来回摸索,而最糟糕的是仅仅在概念之间来回摸索。

旧形而上学的最根本的失误就在于"仅仅在概念之间来回摸索",也就是仅仅停留于形式逻辑的概念分析上,而忽视了概念和对象也就是思维和存在之间的关系。换言之,旧形而上学以为单凭概念之间的关系就可以确定对象,而并没有认真考虑概念和对象究竟是怎么样发生作用的,又是如何可能发生作用的。旧形而上学当然也是想要探讨它的对象的,它把上帝、灵魂、宇宙之类的对象作为它研究的课题;但是由于对一般对象如何可能被认识这一更加根本的课题没有仔细深入的研究,所以它们在这方面的探索毫无结果,都是在做无用功。下面几段就是着手来分析旧形而上学的这种失误的根本原因,并展示了康德所设想的摆脱困境的办法,由此引入了他在这个纯粹理性的批判中所构思的总体思路。

康德问道:

那么,在这方面还未能发现一门科学的可靠道路的原因何在呢?难道这条道路是不可能的吗?大自然究竟通过什么方式使理性沉溺于这种不知疲倦的努力,要把这条道路当作自己最重要的事务之一来追踪呢?更有甚者,如果理性在我们的求知欲的一个最为重要的部分不仅是抛开了我们,而且用一些假象来搪塞并最终欺骗了我们,我们又有什么理由来信任我们的理性!

这一连串的问题有四个层次。首先是最一般的,要寻求形而上学至今未能走上一门科学的可靠道路的原因;其次是,由于这么多形而上学的努力都失败了,这就引人怀疑这条道路的可能性,因为如果这条道路根本就不可能，那么形而上学未能走上科学之路的原因便真相大白了；第三，既然形而上学根本不可能，那么理性又是如何能够甘愿上当受骗，费尽心力去做这种没有结果的无用功，并且还认为这是它最重要的事务的呢？这个问题不弄清，理性还将继续上当受骗；最后，一个涉及到根本的问题是，理性既然如此容易上当受骗，它还值得信任吗？康德由此把问题推到了它的极限，即是否应该继续相信人类的理性的问题，也就是人类是否应该保有自信的问题，因为理性是人的本质，人是理性的动物。推到这个地步，康德就相信用不着再说什么了，因为没有人会承认自己是没有理性的动物，也没有人会愿意做无理性的动物。于是现在就可以回头考虑另一种可能性了，就是说，既然理性是不容怀疑的，那么理性必然要努力追求的形而上学的可能性也肯定是不可怀疑的，所以我们之所以至今还没有发现这样一门科学的可靠道路，并不是由于它根本不可能，而只是由于它还没有被我们找到而已。所以康德说：

要么，这条道路只是至今没有达到；我们又可以凭借什么征兆来对下一次的探求充满希望，认为我们会比在我们之前的其他人更为幸运呢？

承认形而上学有它的可能性，只是我们暂时还没有达到，这只是第一个前提，光有这个前提对于形而上学的建立是远远不够的。所以更重要的问题是，我们在下一步继续探求形而上学的时候，必须要预先获得一些"征兆"，而这种征兆只可能来自于建立形而上学的方法上的革新，即我们必须改弦更张，重新思考我的建立形而上学的方法，而对以往那种盲目的方法进行反思和批判。如果没有这种新气象，那么我们对形而上学的再次努力很可能又是一场空，绝不会"比在我们之前的其他人更为幸运"。这里康德实际上是提出了重建形而上学的伟大的历史任务。但现在问题是，如何来发动这场方法论上的革命？

康德认为，形而上学的这场革命可以参考数学和自然科学来得到某些启示。

BXVI 　　<u>我不能不认为，通过一场一蹴而就的革命成为今天这个样子的数学和自然科学，作为范例，也许应予以充分注意，以便对这两门科学赖以获得那么多好处的思维方式变革的最基本要点加以反省，并在这里至少尝试着就这两门科学作为理性知识可与形而上学相类比而言对它们加以模仿。</u>

　　前面康德已经指出，数学和自然科学之所以能够走上一门可靠的科学的道路，不是凭借日积月累的渐进，而是凭借"升起一道光明"的突变式的革命。康德在这里则借此提出，通过分析和反省数学和自然科学的这场富有成果的变革，我们可以为形而上学的建立提供有价值的范例，"至少尝试着就这两门科学作为理性知识可与形而上学相类比而言对它们加以模仿"。当然一般说来，康德是反对机械地模仿数学和自然科学来建立形而上学的。在《纯粹理性批判》中，他屡次揭示出理性派哲学家把数学方法运用于形而上学中的不恰当，而对于企图从经验世界中按照自然科学原理来推出形而上学命题的做法也给予了致命的批判。例如他认为"下定义"的方法以及"归谬法"就只适合于数学而不适合于形而上学；而对上帝存在的"宇宙论证明"试图把适用于经验世界的因果必然性用在超自然的对象身上也是不可能的。但毕竟，数学和自然科学与形而上学在有一点上是相同的，即它们都是有关对象的理性知识，在这方面它们都不同于形式逻辑，后者是不关心对象的。所以数学和自然科学"可与形而上学相类比"的最主要的就是这种知识和它们的对象的关系，所谓"模仿"也是就这种关系的模仿。正如康德下面所提示的：

　　<u>向来人们都认为，我们的一切知识都必须依照对象；但是在这个假定下，想要通过概念先天地构成有关这些对象的东西以扩展我们的知识的一切尝试，都失败了。因此我们不妨试试，当我们假定对象必须依照我们的知识时，我们在形而上学的任务中是否会有更好的进展。</u>

　　知识必须依照对象，这是以往的形而上学在认识论方面的一个成见，这个成见是不论理性派还是经验派都无条件地接受的。经验派认为我们

的知识来自于经验对象,只有符合经验对象的才是真实的;理性派也认为我们的知识是对超经验对象的反映,最终是符合对象的。但是正是这个未经反思的假定使形而上学在构成它的对象的知识时屡遭败绩,因为形而上学的对象既然是超经验的,那么我们凭借什么可以断言我们的知识一定是符合它的对象的呢?只可能是一种经不起质问的主观独断。当然康德在这里不光是指形而上学,而且是指"一切知识",也包括数学知识和自然科学知识。但根据上面康德的分析,数学和自然科学都是在摆脱了"知识依照对象"这一假定之后,意识到我们之所以认识对象只是由于对象是由我们自己放进去的东西所建立起来的,或者说对象是依照我们的知识建立起来的,这才走上了一门科学的可靠道路。那么按照这种榜样,我们就不妨另辟蹊径,在形而上学中也作一种根本性的颠倒,抛弃"知识依照对象"的假定,尝试一下假定"对象依照知识",看看是否能获得像数学和自然科学那样成功的效果。

这一假定也许将更好地与所要求的可能性、即对对象的先天知识的可能性相一致,这种知识应当在对象被给予我们之前就对对象有所断定。

数学和自然科学的知识之所以成功,是由于它们已经建立在"先天知识"的基础上,因此具有了普遍性和必然性。如果知识必须与对象相一致,那么这种先天的普遍必然性就没有根据,所有的知识就将会是偶然的、不可靠的。只有假定对象必须依照知识,我们的知识才可能有普遍必然性。所以我们必须有一些有关对象的先天知识,"这种知识应当在对象被给予我们之前就对对象有所断定"。所谓"对象被给予我们",在康德那里就意味着对象的经验性内容被提供给我们,而这个对象的形式则是先天的;虽然这个有关对象的先天形式本身还不是对象,因而还没有被"给予"对象,但它是将要被给予的对象的可能性条件,这个条件必须在对象被给予我们之前就在我们心中了。所以我们有关对象的先天知识是先于它的对象而在我们心中具备着的,对象则是后来由这些条件容纳和加工了后天经验性的材料而建立起来的。康德把对象和知识的关

系的这种基本假设的颠倒和哥白尼的革命性颠倒相提并论,世称康德的"哥白尼式的革命":

> 这里的情况与**哥白尼**的最初的观点是同样的,哥白尼在假定全部星体围绕观测者旋转时,对天体运动的解释已无法进行下去了,于是他试着让观测者自己旋转,反倒让星体停留在静止之中,看看这样是否有可能取得更好的成绩。现在,在形而上学中,当涉及到对象的**直观**时,我们也能够以类似的方式来试验一下。

BXVII

哥白尼的日心说是对传统托勒密地心说的一个颠倒,他是在地心说对天体运行的解释已"无法进行下去了"的时候,大胆地做了一个"范式转换",即从思维模式上来了一个彻底的改变,从地心说转到了日心说的立场上来。由于这样一场革命,哥白尼取得了"更好的成绩",就是使天体运行的规律得到了更为简洁和明晰的说明。人的思维总是喜欢一目了然,不喜欢拖泥带水,喜欢干净清楚,不喜欢繁琐晦涩,这就是自从威廉·奥卡姆以来人们所发现的"思维经济原理"。但人们往往把自身的这种倾向附会到上帝身上去,认为上帝不会做无用功,上帝一定会使他所创造的世界以最优美和谐的形式呈现在人面前。哥白尼自己也说,他之所以提出日心说是因为这样更"美"。康德所谓的"更好的成绩"也应当从这个意义上来理解,只不过康德更加强调新的解释与主观先天的知识形式更加一致,因此也更加"客观",所以就更加正确,更具有真理性。但是按照托马斯·库恩的"范式理论",这两个体系客观上并没有谁对谁错的问题,新体系只是更加符合科学共同体的共识而已。不过考虑到康德在可以认识的意义上讲的"客观"并不是指离开主观而存在的客观对象,即"自在之物",而只是由主观所建立起来的客观,即在主观现象中呈现出来的客观必然性,那么康德和库恩倒是有某种暗合。用这种观点来看形而上学的认识论,康德认为可以按照哥白尼的做法来一次革命。这里首先涉及到"对象的直观",也就是说,我们的知识与对象最直接的关系就是直观知识与对象的关系。当然,接下来还有概念与对象的关系,

但是那个就要间接一些了。所以先谈直观,再谈概念。那么这种关系应该是怎样的呢?他说:

如果直观必须依照对象的性状,那么我就看不出,我们如何能先天地对对象有所认识;但如果对象(作为感官的客体)必须依照我们直观能力的性状,那么我倒是完全可以想象这种可能性。

显然,直观如果只能依照对象,那就只可能有偶然的后天获得的知识,而不可能有先天的知识,这就不属于形而上学研究的范围了。形而上学是研究先天知识的可能性的,在直观知识中,只有设想对象能够依照我们直观能力的性状,我们才能在这方面有形而上学的知识,即有关对象的先天知识。当然这里说的对象也不是指自在之物,而是指现象,所以不是指超验的客体,而是指感性的客体,这就是为什么康德在"对象"后面的括号中要标明"作为感官的客体"的用意。感性的客体是可以而且必须依照我们主观的直观能力的性状的,这种性状就构成形而上学能够先天地规定的有关客体的知识。例如说,数学的知识,这是一切感性事物都不可违背的,因此是我们可以加以先天地研究的。我们要注意,康德所说的数学知识本身是一种直观的知识,这是与通常理解的不同的。数学的基础在他看来不是概念推理,而是先天直观形式,即时间和空间,这个在他的"先验感性论"部分有具体的说明。不过,单凭数学也不能完全构成有关感官对象的完整的知识,还必须要有概念。

但由于要使直观成为知识我就不能老是停留于它们之上,而必须把它们作为表象与某个作为对象的东西相关联并通过那些表象来规定这个对象,所以我可能要么假定,我用来作出这种规定的那些**概念**也是依照该对象的,这样一来,我如何能先天地对它知道些什么这样的问题就使我又陷入了同一个困境;

直观真要成为知识,就不能停留于直观本身,而必须把它联系到某个对象,否则直观也只不过是一种数学游戏而已。但要联系到对象,就必须运用概念,因为只有概念才能把那些不成形的感性材料固定为对象,这样才能让"那些表象"即先天的直观形式对这些对象加以"规定",这些直观形式就不再是停留在主观中的时空形式关系,而且是有关感官对象并规定感官对象的时空形式关系了。注意康德这里所说的概念,是指那些先天的纯粹概念,即范畴,而不是任何日常经验的概念;正如他这里所说的直观是指先天的直观形式,即时空,而不是后天经验性的直观材料一样,因为他这里讲的是有关形而上学的问题。在康德看来,要使直观成为真正的知识就必须引入概念或范畴,因为所谓知识就在于观念或表象与对象之间相一致,而不是仅仅停留于休谟所谓"观念与观念相符合"。休谟认为数学和形式逻辑本质上只是这种观念与观念之间的关系,而康德则认为只有形式逻辑才是这样,数学则是与对象有关的,是直观和对象的关系,所以它隶属于自然科学。数学知识最终是要在自然科学中得到运用的,只有在这种意义上它才能被称为科学。而要做到这一点就离不开概念和范畴。这就过渡到概念和对象的关系了。在这方面也有两种可能的选择。一种是,"我可能要么假定,我用来作出这种规定的那些概念也是依照该对象的",这就还是过去的传统思路,即"知识依照对象"的思路,而这就摆脱不了传统的困境,"即我们如何可能先天地对它知道些什么"。如果我们根本不可能先天地知道对象上的某种东西,那么我们的一切知识就都只是后天偶然的,没有任何客观必然性,就连"一切发生的事情都是有原因的"这样的必然判断也不可能做出来,我们就只好同意休谟的怀疑论了。这样,我们的任何知识都是不可靠的,今天这样说是对的,明天就可能是错的,我们就只有被动地等待后天经验的恩赐,而一切科学知识、包括它的各种概念和规律就都不必要了。这样的知识就会连一个梦也不如。为了捍卫科学知识的可靠性根基,康德提出了另一种可供选择的思路,这就是:

要么,我就假定诸对象或者,这是一样的,诸对象(作为被给予的对象)唯一在其中得到认识的经验,是依照这些概念的,这样我马上就看到了一条更为简易的出路,这条另外的思路就是把范式颠倒过来，从"概念依照对象"转换为"对象依照概念"。在这种理解之下，"诸如对象依照概念"和"诸对象的经验依照概念"这两种说法是"一样的"，因为这时所谓对象并不是自在的对象，而是我们所经验到的对象，即现象中的对象，对象只有进入到我们的经验才能"被给予"我们，也才能被我们所认识。但正因为如此，所以"对象依照概念"就是通过"对象的经验依照概念"而表现出来的，也唯有这样才能表现出来，因为那种非经验或者超经验的对象，如自在之物，是不可能依照我们的概念而被给予我们的。所以康德的范式转换里面其实包含有一种目前未言明的机制，这就是现象和自在之物的区分，他认为，只要我们把这两者区别开来，我们就可以轻而易举地完成这一颠倒，即把现象中的对象看作是由我们自己先天的原则所建立起来的。以往的人之所以没有想到这一点，正因为他们没有把现象和自在之物区别开来，没有看到我们所有能够得到的知识都只能是关于现象的知识。但只要放弃认识自在之物的想法，把一切我们能够认识的对象都看作只不过是呈现在我们心中的现象，那么把这种现象中的客体视为我们自己按照先天原则建立起来的就毫无困难了。而这就轻而易举地解决了我们的知识或观念如何能够与对象一致的问题。

　　因为经验本身就是知性所要求的一种认识方式，知性的规则则必须是我还在对象被给予我之前、因而先天地就在我心中作为前提了，这个规则被表达在先天的概念中，所以一切经验对象都必然依照这些概念且　BXVIII
必须与它们相一致。

　　经验是知性所要求的认识方式，就是说知性认识对象必须以经验的方式，离开经验不可能有任何关于对象的认识。但这既然是知性本身所要求的，那么知性在此之前必须先天地有一些规则来提出这种要求，或者说，知性的这规则仅仅是为了使经验成为可能而先天准备好了的。而这样一来，"一切经验对象都必然依照这些概念且必须与它们相一致"就是顺理成章的了。于是，这个"哥白尼式的革命"就此完成了，就是说，在经验知识的意义上，而且由于一切知识在康德看来无非是经验知识，所以也是在一般知识的意义上，不是概念依照对象，而是经验对象依照概念。在这里把非经验的对象完全放在了一边，那种对象在康德看来只不过是我们不可能认识的自在之物。不过，非经验的对象，或者说尚未被给予经验材料的对象在认识中也不是完全没有作用，它至少可以用来说明一般对象概念，也就是后来康德所说的"先验对象"的概念，是可以由人的纯粹理性凭借单纯的思维而想到的，由此而体现出人的思维活动本身是具有不受经验限制的自发性和能动性的。所以康德接下来说：

至于那些仅仅通过理性、也就是必然地被思考，但却完全不能在经验中被给出（至少不能像理性所设想的那样被给出）的对象，那么对它们进行思考的尝试（因为它们倒是必定可以被思考的）据此就成了一个极好的试金石，用来检验我们认为是思维方式的改变了的^①方法的东西，这就是：我们关于物先天地认识到的只是我们自己放进它里面去的东西。

我们仅仅通过理性，也就是通过纯粹理性所必然思考到的对象，就其本身而言是完全不能在经验中被给出的，也就是不能非经验地被给出的，而理性所设想的那样的对象如果真的被给出来，就将是非经验地被给出，而这是不可能的。它们不能先验地被给出，但却能够先验地被思考，即在一切经验材料被给予我们之前就被思考；正是这一点使这种先验对象成了一个"极好的试金石"，用来检验思维方式的这场变革。因为先验对象既然是思维主体自己自发地提出并加以思考的，这就说明我们在认识中并不是完全被动的，而是首先主动地、在一切经验之先就思考了一个对象的概念，然后用这个先天的概念去统摄后天给予的经验性的材料，这样才形成了一个经验性的对象。所以这场思维方式的变革就在于，我们对于物有一种先天的认识，也就是认识到"我们自己放进它里面去的

---

① "改变了的"，原译作"变更了的"。

东西",而那些后天经验性的材料都是符合这种先天的东西的。任何经验对象都必定是可以先天被思考的,正是这种先天思考使得这个经验对象成为了一个经验对象,而如果没有这种先天思考,这个经验对象本来是不可能作为一个对象呈现在我们面前的,它将只是一大堆感觉表象而已。所以我们在认识任何一个经验对象之前必定有一种对它进行思考的尝试,也就是先要提出一个"先验对象"的表象,用它到经验性的材料里面去进行它的统摄活动,把那些后天被给予出来的感性材料凝聚为一个客观对象,也就是具有先天的普遍法则的对象。否则这些感性材料就只是些过眼烟云,甚至只是主观中的幻觉。由此可见,在康德看来,只有自己主观能动地建立起来的对象才是真正客观的认识对象,不经过主观能动的作用的要么是自在之物,它虽然是对象但却不是认识对象,因为它不可认识;要么就是无法凝聚成对象的一些感性材料,一些主观的而且凌乱不堪的感觉印象的表象,同样也不构成认识对象。总之,你不去主动地建立对象,你也就不能认识对象,因为你只能认识你自己建立起来的对象。

接下来有一个注释。

所以这个模仿自然科学家的方法就在于:在可以通过一次实验加以证实或反驳的东西里寻找纯粹理性的诸要素。

这是康德对上述思想实验的一个总的概括,他认为这是模仿自然科学家而作出的一个思想实验,通过这种实验,哲学家像自然科学家一样,证实了我们能够认识我们预先放进对象中去的东西,而反驳了我们能够认识自在之物的观点。而在这种证实和反驳中,我们就找到了纯粹理性的诸要素,即它的那些先天概念。当我们把这些概念放进对象中去以统摄对象中的直观经验材料时,我们就证实了我们对于这个对象的知识;而当我们单独就这些概念看待它所思考的对象时,我们就反驳了对这个对象能够有所认识的妄想。这种把概念放进经验对象或者从中抽出概念的尝试就构成了一个思想的"实验",类似于施塔尔通过抽出或放回某种东西把金属转变为石灰又把石灰再转变为金属的实验。所以康德的这场在形而上学层面上进行的思想实验是模仿自然科学家而进行的,把自然科学家的这种实验转用在形而上学的认识论上,就是要在一切经验知识中寻找先天的条件,包括先天直观形式和先天纯粹概念,而这些先天条件都属于"纯粹理性的诸要素"。但既然是形而上学的探讨,它与自然科学当然也有不同,就是还要追溯这种先天条件本身的性质。

现在,在检验纯粹理性的诸原理时,尤其是当它们冒险超出可能经验的一切界限时,就不可能(像在自然科学中那样)对理性的**客体**① 作出任何实验:

自然科学并不考察经验知识中的那些先天条件在没有经验性的材料充实它们的时候是怎么样的,它可以把这个问题放在一边,而只考察它们在经验知识中所起的作用,或者说,它的实验主要是针对它的客体而进行的;反之,形而上学却正是要追溯这些先天成分本身的来源和特性,它们的作用方式和使用范围,它的实验就不是针对它所造成的客体,而只是针对它的纯粹理性先天原理本身。所以,"现在",也就是在形而上学的研究中,如果我们对"纯粹"理性的原理加以检查,就会发现它们有一种"冒险超出可能经验的一切界限"的倾向,而试图单凭自身来规定它的对象;而在这种情况下,纯粹理性的对象既然超出了一切经验界限,就不可能对它的对象"作出任何实验"了。所以它这个对象就只可能是思维的对象,而不可能是经验对象,因而也不可能是认识对象。只有当它被运用于经验方面时,它才可以用来解释自然科学之所以可能的根据,因而也有可能经过充实而成为经验对象或认识对象;而当它单独被考察时,它可以说明这种根据的超经验的先天性和能动性,但也就失去了经验知识所必要的具体内容,本身是不能认识的。

因此对于我们先天假定的那些概念和原理所能做的只是,把它们如

----

① "客体"(Objekt),原译作"对象",现为求译名统一而改之。

此这般地加以安排，使我们能够从两个不同的方面来看待这些对象，即一方面看作对经验而言的感官和知性的对象，但另方面却又看作仅仅是我们思维的对象，它充其量是对于孤立的、推进到超出经验界限以外的理性而言的。 BXIX

纯粹理性所先天假定的概念和原理必须有双重的安排，因而使得它们所指向的对象也成了双重的了，即一方面它们能够运用于经验上，这时它们就是经验对象中所必然包含的先天成分，因而连带着经验一起可以把这个先验对象看作经验对象；另一方面，如果不联系着经验来看，单独就先验对象而言，它们又"仅仅是我们思维的对象"，这种对象是"超出经验界限以外的"、不受经验的限制的，当然同时也就是无法认识而只能思维的。如果你要问这种思维对象究竟是什么样的，想获得对它的知识，那它就只能是自在之物。所以，对纯粹理性的概念和原理及其对象的这种双重划分实际上就是经验现象和自在之物的划分，它们是同一个理性的先验对象所具有的两种可能性，而这两种可能性各自都有它们的用处，是必须同时保持在我们的视野中的。所以康德说：

既然现在的情况是，如果我们从这种双重的观点来考察事物，就会和纯粹理性的原则相一致，但从单方面的观点看就会产生理性与自身的不可避免的冲突，那么这个实验就判定了那种区分是正确的。

就是说，如果我们单纯把先验对象看作经验对象，只看到它在经验对象里面的现身方式，而忽视了它本身的另外的先天出身，那就会把先验对象看作是离开主体的客观实在的对象，即自在之物；另一方面，如果我们离开经验而把这个先验对象本身看作是可以凭借理性单独来认识的，我们同样会把它看作是离开现象的自在之物。一个是把认识到的现象当作自在之物来看待，一个是把自在之物当作可以认识的来看待，这两种情况都将导致自相矛盾或二律背反，这在康德后面的"先验辩证论"部分有详细的分析。所以，我们只有把这两种情况区分清楚，让它们各归其位，不要混淆，才能够使理性所思考的先验对象"和纯粹理性的原则相一致"，而从单方面的观点看则肯定会产生"理性与自身的不可避免的冲突"。所以康德说："那么这个实验就判定了那种区分是正确的。""这个实验"，指上述思想实验，它是模仿前面所举的伽利略和施塔尔等人的例子而进行的。这种实验所证明的恰好就是：理性是凭借自己自发的能动性和先天性，首先提出一个先验对象概念，然后再在经验中使它成为一个经验对象的，而这两个步骤在一个知识中是既不可分离也不可混为一谈的。我们不能把一个先验对象本身脱离经验而当作一个对象来认识，我们也不可能把一个经验对象中的先验成分加以取消而获得经验知识，我们只有把它们清楚地区分开来，然后再按照它们各自的特点将它们结合起来，才能构成知识。

下面一段康德开始讨论这一思想实验的意义和后果。

BXIX

这一试验按照我们所希望的那样成功了，它在形而上学的第一部分中，也就是在它研究那些先天概念（它们能使经验中与之相适合的相应对象被给予出来）的部分中，向形而上学许诺了一门科学的可靠道路。

"这一试验"，也就是上述思想实验，使康德颇为满意，但他又指出，这只是为他的未来形而上学的"第一部分"指出了一条可靠的道路。这个第一部分就是认识论，也就是理论部分；而接下来的第二部分则是伦理学，即实践部分。这就是他的未来形而上学的两大部分，即自然科学的形而上学和道德形而上学，当然前者是奠基性的。这个第一部分，康德说是"研究那些先天概念"的部分，这些先天概念"能使经验中与之相适合的相应对象被给予出来"，这就是刚才所说的，纯粹理性的先天概念在认识中是能动地建立起它的经验对象的，由此构成了我们关于经验事物的客观知识，使我们的科学知识不再受到根本性的怀疑，而是具有先天可靠的普遍必然性。所以形而上学的第一部分的任务就是为科学知识奠定可靠的基础，康德认为这一任务的成功完成就一劳永逸地结束了认识论中的长期争论，使形而上学在认识论上成为了一门可靠的科学。

　　因为根据思维方式的这一变革，我们可以很好地解释一门先天知识的可能性，并更进一步，对于那些给自然界、即经验对象的总和提供先天基础的法则，可以给它们配以满意的证明，而这两种情况按照至今所采取的方式都是不可能的。

　　康德所发动的这场哥白尼式的革命，一方面"可以很好地解释一门先天知识的可能性"，这就是《纯粹理性批判》的任务，也就是康德在全书的"导言"中所提出的"纯粹理性批判的总问题"，即"先天综合判断如何可能"的问题；但"更进一步"，则是"对于那些给自然界、即经验对象的总和提供先天基础的法则"，也就是对于自然科学的最一般的那些规律，诸如物质不灭、能量守恒、万有引力等等定理，"可以给它们配以满意的证明"，而这种证明就是未来的"自然形而上学"的内容。所以这一思维方式的变革所得到的成果将分为两个层次，一个是"批判"的层次，其作用是清理地基，为将来要建立的大厦提供可靠的基础；其次是"形而上学"的层次，就是在这一可靠基础上建立起来的形而上学大厦本身。如果没有这场革命，那么这两个层次的工作都是以往的旧形而上学所不可能完成的。但这还仅仅是这种思维革命的一方面的后果，即在理论方面、也就是认识论方面可能带来的成果，而在形而上学的另一方面即实践方面，情况又会是怎么样呢？康德说：

　　但是从我们先天认识能力的这一演绎中，在形而上学的第一部分，却得出了一个意外的、对形而上学的第二部分所研讨的整个目的看上去极为不利的结果，这就是：我们永远不能借这种能力超出可能经验的界限，但这却恰好是这门科学的最根本的任务。

　　"我们先天认识能力的这一演绎"，康德是指上面讲的"很好地解释一门先天知识的可能性"，并由此证明那些给自然界"提供先天基础的法则"。康德在后面"先验分析论"中专门有一章讨论"纯粹知性概念的演绎"，在那里他说明了所谓"演绎"（Deduktion）的意思，就是"应阐明权限或合法要求的证明"①。但是，正是从这种作为"阐明权限或合法要求的证明"的演绎中，却得出了一个对形而上学的第二部分似乎很不利的结果，这就是这种权限或合法性要求的范围十分有限，它不可能超出现象界，即不能超出"可能经验"的范围。而超出这种范围"却恰好是这门科学的最根本的任务"。换言之，形而上学的第二部分的任务和第一部分不同，第一部分是要探讨可能经验界限之内我们所能够认识的东西的先天原则，而不允许超出这个范围之外；反之，第二部分则恰好是要探讨可能经验范围之外的自在之物的先天原则。也就是说，形而上学第一部分讨论现象界的问题，第二部分讨论本体界的问题。但是，现在第一部分的讨论已经把我们的认识能力局限于现象界了，并明令禁止它超出可能经验的界限而延伸到本体中去，那岂不是把第二部分的任务都取消了？所以康德说这一结果对于第二部分的目的"看上去极为不利"。不过这种"不利"也仅仅只是"看上去"是这样而已，因为这两个部分的目的的性质是完全不同的，第二部分不再以认识、而只是以实践的原理为自己研讨的对象，所以它可以突破现象界而进入到本体界去建立自己的实践的原则，因而与第一部分并不冲突。康德在这里是卖了个关子。所以接下来他说：

BXX　　　　然而，这里面也就正好包含着反证我们理性的先天知识的那个初次评价的结果之真理性的实验，即这种知识只适用于现象，相反，自在的事物本身②虽然就其自己来说是实在的，但对我们却处于不可知的状态。

　　　　就是说，我们永远不能超出可能经验的界限去认识任何东西，这是由上述那个思想实验而得出的结果。这个结果反过来证明了：只要我们不超出可能经验的界限，我们就可以获得普遍必然性的客观知识，即"这种知识只适用于现象"；而如果我们想超出可能经验的界限，那么自在之

---

① 《纯粹理性批判》A84=B116，第 79 页。
② "自在的事物本身"（die Sache an sich selbst）原译作"事物自身"，为求译名统一而改之。

物"虽然就其自己来说是实在的,但对我们却处于不可知的状态"。这就是一个二者择一的实验结果,它取决于我们是否把理性的先天原理置入到经验直观的材料中,或者说运用于可能经验的范围中。如果是,那么这就得出了一个"初次评价的结果",即我们只可能获得现象的知识;如果否,那么也可以推出,理性先天所指向的那个自在之物虽然是实在的,却不可认识。这里关键就在于那个自在之物"就其自己来说是实在的"是什么意思,不可认识的东西为什么又是"实在的"。康德下面对此作了解释。

因为那必然推动我们去超越经验和一切现象之界限的东西就是**无条件者**,它是理性必然在自在之物本身① 中、并且完全有理由为一切有条件者追求的,因而也是诸条件的系列作为完成了的系列所要求的。

自在之物虽然是纯粹理性脱离一切经验而提出的一种概念,但纯粹理性并不是完全没有理由而凭空提出这一概念的,相反,理性作为理性,它的概念是"必然在自在之物本身中、并且完全有理由为一切有条件者追求的"。因为理性的本性就是要追求根据和根据的根据,就是要为"有条件者"追求它的条件和条件的条件,以便能够最终说明一个有条件者的条件或根据,这是由理性的必然性所决定了的。所以一个最终的"无条件者"概念是理性一定要设立的,但这个无条件者将"必然推动我们去超越经验和一切现象之界限",因为如果它还陷在经验和现象之中,它就总是还需要一个条件来解释,就不是真正的无条件者。所以它就是那个一切条件系列的完成了的无条件的总体,是超越一切经验现象、只能由理性来思考而不能通过经验来认识的自在之物。但这个自在之物在理性的本性中有其必然性,或者说,有其实践上的必要性,而这种实践上的必要性,就是康德所说的自在之物的"实在性",即实践意义上而不是认识

---

① "自在之物本身"(die Dinge an sich selbst)原译作"物自身",为求译名统一而改之,以下数处改。

意义上的实在性。那么，理性如何能够合理地设想这种作为自在之物的无条件者呢？康德说：

现在，如果我们假定我们的经验知识是依照作为自在之物本身的对象的，那就会出现这种情况，即无条件者**决不可能无矛盾地被设想**；

就是说，理性要能够不自相矛盾地来设想这种无条件者，首先必须端正自己的立场，即把立场转移到康德所完成的"哥白尼式的革命"的基础上来。康德设想如果我们还停留在以前的那种认识论立场，即把经验知识看作是由于"依照作为自在之物本身的对象"而获得的，那就不可能设想有任何无条件者，否则就会是自相矛盾。因为当我们把经验知识视为"反映"了自在之物的本相时，自在之物本身就被我们强加上了我们自己的知识的经验性的特色，它实际上就被看作是经验之物，而任何经验之物肯定都是有限的、有条件的，因为它处于时间和空间中，因而都可以在时间上为它找到更早的条件，在空间上为它找到更大范围的条件。所以在这种意义上，把任何一个经验化了的自在之物宣布为无条件的，都将是自相矛盾。但是反过来，

相反，如果我们假定我们的物的表象正如它们给予我们的那样，并非依照作为自在之物的物，反而这些对象作为现象是依照我们的表象方式的，**上述矛盾就消失了**；

"如果我们假定我们的物的表象正如它们给予我们的那样"，就是说，把我们的关于事物的表象不是看作对自在之物的反映，而是就看作它们在"给予我们"时的那样，也就是"并非依照作为自在之物的物，反而这些对象作为现象是依照我们的表象方式的"，那么我们设想一个作为自在之物的无条件者就没有什么矛盾了。因为所谓"给予我们"，在康德的用语中只能是对于经验而言的。当我们严格遵守着经验对象的"被给予性"，不去猜想和追究它后面的那个自在之物是什么样的，以至于断绝了想要去经验性地认识和把握自在之物的念头，而只是着眼于经验对象是"如何"被给予我们的，我们就会发现它的被给予必须有一系列的

主观先天条件,如先天直观形式,以及先天概念或范畴的统摄作用。所有这些都被限制在可能经验的范围之中,而丝毫也没有触及到自在之物。这样,当我们设想一个无条件者的时候,我们就不会陷入自相矛盾了,因为我们可以把它放到自在之物的领域里来设想,而并不与经验的事物相干扰、相冲突。

因此无条件者决不可能在我们所知的(被给予我们的)那些物那里去找,倒是必须到我们所不知道的、作为自在之物本身的物那里去找:如果是这样,那就表明我们最初只是作为试验而假定的东西得到了证明。 BXXI

无条件者不可知,但是又必须假设,否则不符合理性的本性。所以无条件者属于自在之物本身,而对自在之物的思维和设定则是出于理性的先天本性。这就"表明我们最初只是作为试验而假定的东西得到了证明",我们作为试验假定了什么东西?就是假定了理性的先天概念和原理被安排成两个方面,一个是这些概念和原理在运用于经验时能够得到有关任何有条件者的普遍必然的知识,另一个是当它们不运用于经验时就不能获得知识,但可以设定自在之物以作为一个无条件者。前者是经验对象,后者是超经验的思维对象,但它们都是由于同一个理性而成为可能的。这一区分最初只是作为试验而假定的,现在却"得到了证明"。如何得到证明的?就是由于纯粹理性按其本性不能不思考一个无条件者作为一切有条件者的总体,否则它就不能自圆其说;而无条件者又只能到自在之物那里去找。所以这种"证明"实际上是通过有条件者和无条件者的关系而获得的。从逻辑上说,这就是一个"充足理由律"或"充分根据律"的证明,即任何有条件者都必须以一个条件以及条件的条件为根据,但任何有条件的条件都还不足以成为充分的根据,没有充分根据的事物不可能存在,所以最后必然会从一个事物的存在往前追溯到一个最终的无条件的条件,它就是该事物及其整个条件系列的最充足的理由。这样一种关系就把现象中的经验事物和超经验的自在之物联系起来了,说明它们虽然隔着无限的距离,但在理性的概念和原理中却是连贯的,并不是毫不相干的。这种关系康德是在"先验辩证论"里面加以论证的。在下面的一个注释中，康德更明确地说出了这层意思。这个注释说：

纯粹理性的这个实验与**化学家们**的实验有很多类似之处，化学家有时称这个实验为**还原性试验**，一般则称之为**综合的方法**。

化学里面有"氧化—还原反应"，所以"还原"（Reduktion）也可以译作"去氧化"。但还原并不是单纯地返回到一种物质的原状，而是通过还原证明了该物质具有和氧结合的能力，所以这种方法看起来是分析的，即把该物质与氧分离开来；但其实它的意义却恰好是综合的，即通过分离说明它和氧有一种综合关系。所以一般人通常认为这种试验是运用了综合的方法。纯粹理性的这个试验也有类似的情况，即把理性的概念和原理从经验知识中提取出来，看起来是分析的，但提取出来是为了证明这些概念和原理具有综合经验材料的能力；而且正因为它们本身是超经验的，它们才能够立足于超经验的无条件者这样一个自在之物的高度，而把全部经验知识的总体都综合统一起来。所以康德说：

形而上学家的分析把纯粹先天知识分割为两个性质极不相同的要素，即作为现象的物的知识，以及自在之物本身[①]的知识。**辩证论**重又借助于**无条件者**这个理性的必然理念把这两者结合成**一致的**，并发现这种一致性永远只有凭借那种区分才显示出来，所以这种区分是真实的区分。

这正是康德自己在《纯粹理性批判》中的思维进程。康德先是在"先验分析论"中把同一种知性范畴分成两种不同的运用，一种是经验性的运用，又叫作"内在的运用"，由此而形成现象的知识或者说经验知识，范畴在这种经验知识中则构成其中不可缺少的先天知识成分；另一种是先验的运用，即撇开经验单凭知性自身先验地去认识它所思维到的那个对象，试图形成关于自在之物本身的知识。当然，就康德而言，他并不认

---

① 原译作"物自身"，兹改之。

为纯粹理性的概念和原理能够撇开经验而形成有关自在之物的"知识",因为他否认这些概念和原理能够作"先验的运用",甚至认为这种先验的运用等于不运用。在这方面他对以往的形而上学家们展开了激烈的批判。但他无疑也认为,这些先天知识可以通过加入和退出可能经验的范围而暴露出它自身的双重要素,即作为经验知识的成分和作为超经验的思维的理念。而接下来,在康德的"先验辩证论"部分,他"重又借助于无条件者这个理性的必然理念把这两者结合成一致的",就是把分析论中已经截然分开了的两种要素以一种超越于经验知识之上来引导或调节经验知识的方式重新联系起来和综合起来。但这种综合并不与前面那种分析相冲突,而正是建立在分析之上的。只有那种"极不相同"的区分,即现象和自在之物的区分,才使得后面这种彻底的综合成为可能,因为只有立足于作为自在之物的无条件者才有可能把现象中的知识全部综合起来,任何有条件者都做不到这一点。所以康德说,"这种一致性永远只有凭借那种区分才显示出来,所以这种区分是真实的区分。"

我们再回到正文。康德在上面强调了纯粹理性对于自在之物只能思维而不能认识之后,接下来就要探讨纯粹理性在这个自在之物的领域中能够干点什么。他说:

现在,当否认了思辨理性在这个超感官领域中的一切进展之后,仍然留给我们来做的是做一次试验,看看是否能在它的实践知识中发现一些依据,来规定无条件者这个超验的理性概念,并以某种合乎形而上学的愿望的方式、借助于我们只不过在实践的意图上才可能的先天知识来超出一切可能经验知识的界限。

康德的所谓"思辨理性"也就是指认识的理性,又叫"理论理性",它超越了感官领域就不可能获得任何知识。但是,这一点一经确定下来,我们在超感官领域却也并不是无事可干了,而是留给了我们做另一种"试验"的余地,即"看看是否能在它的实践知识中发现一些依据,来规定无条件者这个超验的理性概念"。这里的"它"也就是指理性,它可以是思辨的理性，但也可以是实践的理性。可以看出，康德在这里所提出的一种新的"试验"，与思辨理性中的那个认识论上的思想实验具有相同的结构，也就是把历来的"知识依照对象"的模式颠倒为"对象依照知识"的模式，只不过不是在认识论上讲的，而是在实践意义上讲的。那么作为实践的理性，它是否能够在"实践的知识"中发现一些概念或原理，来规定无条件者这个自在之物呢？这里讲的"实践知识"是一种广义的"知识"，康德经常有这种说法，如道德知识、宗教知识等等。它们不是关于对象的知识，而只是关于我们应该如何做的"知识"，是完全不同于一般意义上的、即认识论意义上的知识的。而这里讲的"无条件者"，我们可以举康德后来提出的一个例子，就是"自由意志"，它是无条件地"自行开始一个因果系列的原因性"。那么，在纯粹实践理性中是否有一些概念或原理，能够规定自由意志这个超验的理性概念呢？答案是肯定的。康德在《实践理性批判》中就提出了这样一种自由意志的规律，它就是由纯粹实践理性所制定的道德律，由此他就为"道德形而上学"奠定了基础。所以制定道德律的这样一种方式是"合乎形而上学愿望的方式"，因为形而上学除了要为科学知识奠定基础之外，还有一个任务就是要为道德奠定纯粹理性的基础。而这种方式就使纯粹理性"超出一切可能经验知识的界限"而获得了"只不过在实践的意图上才可能的先天知识"，也就是说，纯粹理性"在实践的意图上"对自在之物的领域有了一种"先天知识"。如我们人作为自在之物，即作为自由意志，他在实践中有自己不受自然因果律制约的道德律，这种道德律也可以称之为一种先天知识，但不是自然界的客观知识，而是我们应当如何做才是自由的这样一种知识。它是不顾一切经验知识而由人的自由意志决定的。

　　而在这样一种处理中思辨理性倒总是至少为我们作出这样一种扩展留下了余地，它必须让这个位置仿佛是空在那里，因而仍然听便于我们，我们甚至还受到了思辨理性的催促，要我们在可能的时候用理性的实践依据去充实那个位置。

BXXII

就是说，思辨理性虽然不能介入实践理性的事务，实践理性的法则也不受思辨理性的束缚，但思辨理性毕竟通过收缩自己的运用范围于经验现象之中，而为在超经验的自在之物领域运用实践理性留下了余地，也就是为人的自由意志的行动留下了余地。对于人的认识来说，自在之物只是一个空位，一个虚无，但这个虚无并没有导致虚无主义，恰好相反，它是我们用自己的自由行动去超越认识、创造价值的先决条件。如果没有这个虚无，一切都由自然规律及对它的认识规定好了，不可能有任何选择的余地了，那倒是成了价值虚无主义。所以康德把认识和实践截然割裂开来，看起来好像不近情理，其实蕴含着很深刻的意义，就是在当时科学主义盛行一时的情况下，通过这种方式为人的自由、为道德和价值留下余地，使它们不至于被科学完全分解和解构。但他也并不排斥科学，恰好相反，他认为科学在认识领域当然是至高无上的权威，而在道德实践领域，它虽然不能直接规定其原则，但却能够通过思辨理性"催促"我们"在可能的时候用理性的实践依据去充实那个位置"。也就是说，科学或思辨理性虽然不能解决道德和信仰问题，但它却能够提出一些"理念"，如自由意志、宇宙整体和上帝，这些理念虽然不是认识对象，在思辨理性自身的领域里面都是"空的"，但它们都是高悬在我们面前的理想目标，使我们在运用实践理性指导自己的行动时有了确定的方向。所以这些理念虽然由思辨理性提出，它们的实在性却不在思辨理性中，即不在认识领域，而在实践领域，它们是能够切实指导我们的实践活动的。所以康德讲的"可能的时候"就是指当我们从思辨理性转向实践理性的时候，这时我们就可以使思辨理性所提出的理念具有了实践理性的实在性，从而"充实"了思辨理性预留出来的"那个位置"。

这下面又有一个注释。这个注释是针对整个"哥白尼式的革命的"一种再解释和进一步比较。前面讲到哥白尼式革命只是讲了从"知识依照对象"颠倒为"对象依照知识"的模式，这里却进一步指出这种颠倒的更深层次的意义。

　　所以，天体运动的核心法则使哥白尼一开始只是认作假设的东西获得了完全的确定性，同时还证明了那使宇宙结合的看不见的力（即牛顿的引力），这种力如果不是哥白尼大胆地以一种违背感官的、但毕竟是真实的方式，不到天空中的对象那里、而是到这些对象的观察者那里去寻求所观察的运动的话，是永远也不会被发现的。

　　就是说，哥白尼日心说的提出是后来牛顿的万有引力定律这个"天体运动的核心法则"的前提，万有引力定律使哥白尼学说获得了最终的确证，它不但确证了哥白尼学说，而且还证明了万物中都隐藏着一种力，但这种力也是由于有了哥白尼预先把运动归之于主体而不是对象才得以可能被发现出来的。当然，康德对哥白尼的这种解释历来也受到不少的怀疑，而且把运动归于观察者而不是观察对象是否就是发现"力"的先决条件，也还值得商讨。有人就认为哥白尼使观察者（地球）运动起来并没有提高观察者的地位，相反是贬低了他的地位，他不再是宇宙的中心了；因此他们甚至认为康德的"人为自然立法"才是真正的"地心说"，即人类中心说，所以康德的革命和哥白尼的革命恰好是相反的。不过要从更深层次的意义上看，康德的说法还是有道理的，这就是把哥白尼革命不仅仅看作一种宇宙模式的变革，而且看作一种思维方式的变革。所以康德在这里强调的并不是究竟应该以哪个为中心，是地球还是太阳；而是强调一种从对象反思自身的思维方式，即不顾对象在我们的感官中呈现的样子，甚至违背这种直观的证据，而到我们自身中去寻求感官为什么会呈现出那个样子的主观根据。而这种思维方式的变革就是一个飞跃，或者说"升起了一道光明"，人们面对自然界就不但知其然，而且知其所以然，他的思维层次就从感官的直接性而提升到了对"看不见的"东西进行反思的水平。这种水平无疑是牛顿能够提出万有引力并将其制定为天体运动的核心法则的一个思维方法上的前提。从这种立场来看，康德所说的并没有错，而那些指责他的人倒显得过于浮面和小家子气了。当然，这种反思所得出来的规律仍然还只是一种"假设"，只有当它再回到感官中所呈现的东西并合理地解释了它们的时候，这种假设才"获得了完全的确定性"，从而得到了证实。例如哥白尼的日心说并没有能够解释一切现象，因为它还把太阳设定为不动的；只有在牛顿物理学中，才有可能对一切天体现象从普遍运动的角度作出完全的解释，同时也包含着证实了哥白尼所提出的"太阳为地球的中心"这一假设。所以，也只有在这个层次上，我们才能理解康德把哥白尼的革命与他自己的思想实验相提并论的结合点。他说：

在这篇序言里，我也只是把这个批判所阐明的、类似于那个假设的思维方式变革当作假设提出来，这只是为了使人注意到这样一场变革的最初的、无论如何都是假设性的试验，尽管在这本书自身中这种变革是由我们时空表象的性状及知性的基本概念而得到并非假设、而是无可置疑的证明的。

康德在序言里所提出的这个形而上学的实验当然也只能是一个假设，即一种思维模式的最初的转换。它只是"一道光明"，至于这道光明照亮了一个怎样的世界，还需要通过艰苦的努力去证实。在《纯粹理性批判》中，康德正是凭借这道光明来照亮形而上学几千年积累下来的诸多复杂的问题，对它们进行清理和疏通的。当他通过这种清理而对经验事物和科学知识的基本原理作出了合理的和贯通的解释时，他的这种最初提出来的假设就获得了"证明"。所以他说"在这本书自身中这种变革是由我们时空表象的性状及知性的基本概念而得到并非假设、而是无可置疑的证明的。"在《纯粹理性批判》的"先验感性论"和"先验分析论"中，康德正是立足于同一个主体的能动性立场把经验知识纳入到我们主体的先天形式之中，把时间空间和诸范畴看作经验对象之所以可能的先天条件，并用这些条件解释了经验对象及其普遍必然的知识的形成。同时他随处指出，特别是在"先验辩证论"中指出，立足于任何其他的观点都不可能作出这样合理的解释，而只会遇到不可克服的自相矛盾。这样，他就通过这种无所不通的普遍的解释，如同牛顿对天体运行的解释一样，证明了他当初作出的那种假设是"无可置疑的"真理。

接下来，康德就立足于这场哥白尼式的革命来规定他的《纯粹理性批判》的任务。他说：

> 于是，纯粹思辨理性的这一批判的任务就在于进行那项试验，即通过我们按照几何学家和自然科学家的范例着手一场形而上学的完全革命来改变形而上学迄今的处理方式。

整个纯粹理性批判都只是一场"试验"，即改变形而上学的方法，用新方法取代旧方法，然后对这种新的方法加以验证。所以康德接着说：

BXXIII

> 这项批判是一本关于方法的书，而不是一个科学体系本身；但尽管如此，它既在这门科学的界限上、也在其整个内在构造方面描画了它的整体轮廓。

《纯粹理性批判》还不是康德所要达到的形而上学体系，它只是为这个体系作准备，即清理地基，疏通思路，提供方法。它的作用相当于康德后来专门为此写的一本《未来形而上学导论》，后者可以看作前者的一个压缩本和简写本。但它们的性质都是一样的，就是为未来打算建立的一门科学的形而上学作一个"导论"。不过，这个导论虽然偏重于谈方法，但同时也连带着方法把整个体系的结构也带出来了，所以"它既在这门科学的界限上、也在其整个内在构造方面描画了它的整体轮廓"，即这个批判不但划定了未来形而上学的界限，而且也提供了这个形而上学内部的大体结构。这和一般的导论不太一样，一般的导论谈方法就谈方法，不一定要涉及体系的结构。但《纯粹理性批判》这样的哲学著作不同，它的方法就蕴含在体系的结构中，而体系的结构也正是在方法中得到确定的。所以康德的"导论"并不是一个置身事外的引导，而是体系本身的生长点或胚胎。据说有一次有人说康德，你口口声声要建立形而上学，可以没有看见你有什么形而上学。康德回答，我的《纯粹理性批判》已经是形而上学了。《纯粹理性批判》既是康德的"导论"，同时又构成他的形而上学的不可分割的一部分。这个形而上学他有时又称为"先验哲学",但先验哲学无疑也包括"批判"在内。当然他晚年终于建立了《道德形而上学》(1797),但仍然没有写出《自然形而上学》来,却没有听说他对这一点表示过任何遗憾的意思,因为他认为那个已经不太重要了。他的"批判"已经把自然形而上学的一切要点都系统地展示出来了。

因为纯粹思辨理性本身具有的特点是,它能够且应当根据它为自己选择的思维对象的各种不同方式来衡量自己的能力、甚至完备地列举出它为自己提出任务的各种方式,并这样来描画形而上学体系的整体轮廓;

当康德在《纯粹理性批判》中考察思辨理性的时候,他是牢牢地把握了思辨理性本身的固有特点的,这就是不把对象和能力以及对象和方法割裂开来,它"能够且应当"按照自己所选择的思维对象来衡量自己的能力、来确定自己的方法,而这样描画出来的能力和方法的结构当然就恰好是对象本身的结构了。它就是未来所要建立的形而上学体系的一个蓝图。所以这里有两个层次,一个是方法与对象的先天一致性,一个是对象本身符合方法所要求的统一结构。所以康德说:

因为,就第一点而言,在先天知识中能够赋予对象的无非是思维主体从自身中取出来的东西,而就第二点来说,形而上学在认识原则方面是一个完全分离的、独立存在的统一体,在其中,像在一个有机体中那样,每一个环节都是为着所有其他环节,所有环节又都是为着一个环节而存在的,没有任何一个原则不同时在与整个纯粹理性运用的**全面的**关系中得到研究而能够在**一种**关系中被可靠地把握住的。

先天知识之所以只能赋予对象以主体从自身中取出来的东西,是因为这个对象只不过是主体为自己选择的思维对象,所以这个对象无疑会符合主体的方法,方法与对象具有先天的一致性。这是第一点。第二点表明,人的主体放进对象中去的东西是一个先验的统一体系,它构成对象并且是一切对象中的对象性,但它本身是与它所统摄的那些经验性的材料"完全分离的、独立存在的",因而它就是形而上学的研究对象;而这个对象在主体中是有机统一的,它的全体和部分是互为手段和目的的。所以康德把他的《纯粹理性批判》看作一个有机体,他常说,他的每一个原理都不能脱离整体而得到理解,所以他最怕人家断章取义。之所以如此,还是由于他认为这个认识原则的体系本身是在主体方面从一个唯一的原则建构和生长出来的,而不受外来的经验性因素的影响和干扰,它对于外来的经验性的东西是"完全分离的、独立存在的"。正是因为这一点,所以形而上学一旦建立起来,它就会是一劳永逸的。正如康德所说的:

> 但在这方面形而上学也有其难得的幸运,这种幸运是任何别的与对象打交道的理性科学(因为逻辑学只是和思维的一般形式打交道)所不能分享的,这就是:一旦它通过这部批判而走上了一门科学的可靠道路,**BXXIV** 它就能够完全把握住属于它的整个知识领域,因而完成它的工作,并将其作为一种永远不能再有所增加的资本存放起来供后人使用,因为它只和原则及它给自己的原则所规定的限制打交道。

"在这方面",也就是在形而上学与其他经验事物的分离性和独立性方面,形而上学反而因为这种分离和独立而获得了"难得的幸运",是其他"与对象打交道的理性科学"即数学和自然科学所不具备的。这里排除了逻辑学,因为逻辑学不和对象打交道,而只和思维形式打交道。这是什么样的幸运呢?是一种一劳永逸的幸运,即"一旦它通过这部批判而走上了一门科学的可靠道路,它就能够完全把握住属于它的整个知识领域,因而完成它的工作,并将其作为一种永远不能再有所增加的资本存放起来供后人使用"。这种幸运是由于它本身的纯粹性和先验的主观性,即"它只和原则及它给自己的原则所规定的限制打交道",而不涉及任何外部偶然的经验材料。当然,这种不涉及也只是就它本身的内容而言,但就它的用途来说,它最终还是要用于经验性的材料上的,并且只有用于经验之上才有其唯一的效力。换言之,这种形而上学是关于经验知识之所以可能的一整套先天形式条件,这些形式条件不掺杂任何经验性成分,但任何经验知识都要以它们作为前提。所以,其他任何涉及对象的科学知识都是未完成的,因为它们都掺杂有经验性的或者直观的成分,唯独形而上学,虽然最终也涉及对象,但本身却是完全纯粹的,没有任何经验性的杂质,而是可以先天完备地提供出来的。就此而言,这是它难得的"幸运"。

因此这种完整性也是它作为基础科学所要求的,关于它我们必须能够说:"只要还有什么要做的留下来,它就还不算是完成了。"

就是说,形而上学是最基础的科学,一切科学的科学;所有其他科学可以是不完备的,永远有待完成的,只有形而上学必须是完成了的,否则其他一切科学就没有稳固的根基。

既然如此,康德下面就来对他的这个体系的总体概貌作一个大致的描述。

但如果人们要问,我们打算凭借由批判所澄清的、但也因此而达到一种持久状态的这样一种形而上学给后人留下的,究竟是一种什么样的财富呢?粗略地浏览一下这部著作,人们会以为,它的用处总不过是**消极的**,就是永远也不要冒险凭借思辨理性去超越经验的界限,而这事实上也是这种形而上学的第一个用处。

形而上学如果在康德这里能够一劳永逸地完成,那么康德就有可能预先对它的全貌作一个概括,并加以初步的评价。康德在写这个第二版序言时,他的体系已经作为一个现成的作品摆在面前了,所以他也预设他的读者有可能对他的书已有了一个大体的概览。他承认,他这部著作最初给人的印象会是一种消极的作用,即把理性认识限制在可能经验的范围之内,而禁止人们超越这个界限去追求自在之物的知识。他所谓的"批判"无非就是对人的理性能力、首先是"思辨理性"即认识方面的理性作出必要的限制,对它的非分之想加以批判和永久的禁止,这种禁止是一劳永逸的。在这种意义上他的未来形而上学将是一种"完成了"的体系。但他同时又指出,这个消极的方面只是他的形而上学的"第一个用处",而并非全部的用处。他认为他的形而上学既有消极的方面,也有积极的方面,而且积极的方面恰好是由消极的方面引申出来的。所以,

  <u>但这个用处马上也会成为**积极的**,只要我们注意到,思辨理性冒险用来超出其界限的那些原理,若更仔细地考察,其不可避免的后果事实上不是**扩展了**我们的理性运用,而是**缩小了**它,因为这些原理现实地威胁着要把它们原本归属于其下的感性界限扩展到无所不包,从而完全排斥掉那纯粹的(实践的)理性运用。</u>

BXXV

  形而上学对思辨理性的消极的限制本身具有积极的意义。康德对于这一点的证明是,倘若不对思辨理性作这样一种限制,那么思辨理性就会扩展到一切方面,包括理论的(认识的)方面和实践的方面,这就使理性对实践的事务也加以理论的运用,将它变成了认识的事务;这样看起来好像是扩展了思辨的理性,但实际上是缩小了一般理性的运用范围,因为它使理性单单局限于思辨的运用方面,而遮蔽了它的实践方面的功能。所以由此反推,只要我们限制了思辨理性的运用范围,那就保留了理性的实践运用的余地,这样一来,对思辨理性的这种消极的限制同时就是对一般理性的运用领域的开拓和扩展,理性不再局限于认识领域,而且对于实践和道德领域也有了真正的发言权,它的全部功能即认识功能和实践功能才首次得到了完整的展现。康德在这里甚至认为,理性的实践功能和它的认识功能相比较而言,是更为"纯粹"的理性运用。这种提法看起来有些奇怪,因为所谓"纯粹理性批判",本来就是对纯粹的理性进行批判,所以思辨的理性即认识的理性当然也应该属于纯粹理性;而这里却说思辨理性一旦扩展到无所不包,就会"完全排斥掉那纯粹的(实践的)理性运用",似乎思辨理性和纯粹理性是一种相互排斥的关系。康德的这种提法表明,他所谓的"纯粹"是有不同的等级的,思辨理性对于感性和经验直观而言是纯粹的,但是对于实践理性而言又不那么纯粹了,因为它毕竟是用来联结和统摄经验性的材料以构成经验知识的一种先天能力,离开经验对象它没有任何用处。实践理性则不同,它的那些

先天原则是在一切经验对象之前就能够先天地自作主张的,也决不会因为经验对象的有无而改变这些原则,它只和"自由"这样的超经验的东西打交道。所以在这种意义上,实践理性才是真正的"纯粹理性",思辨理性的纯粹性只是"知性"层次上的纯粹性,实践理性的纯粹性才达到了真正的理性的纯粹性。如康德在《判断力批判》中就对他的三大批判重新进行了命名,即把广义的"纯粹理性批判"划分为:"纯粹知性批判"(思辨理性批判)、"纯粹判断力批判"和"纯粹理性批判"(实践理性批判)三部分。① 实践理性的纯粹性不是由于它在经验之先构成经验知识之所以可能的条件和法则的那种纯粹性,而是完全超越于经验之外而不考虑经验、更不受经验法则的束缚的纯粹性。它的这种超验的纯粹性比思辨理性的先验的纯粹性更加纯粹。

因此,一个限制那种扩展的批判,虽然就此而言是**消极的**,但由于它同时借此排除了那限制甚至威胁要完全取消理性的实践运用的障碍物,事实上就具有**积极的**和非常重要的用途,只要我们确信纯粹理性有一个完全必要的实践运用(道德运用),它在其中不可避免②地要扩展到感性的界限之外,为此它虽然不需要从思辨理性那里得到任何帮助,但却必须抵抗它的反作用而使自己得到保障,以便不陷入自相矛盾。

"限制"当然是一种消极的作用,但由于这种限制,康德的批判就清除了那些限制或取消理性在实践方面运用的障碍,这是一种对限制的限制,对障碍的消除,负负得正,所以它"具有积极的和非常重要的用途"。对思辨理性的限制就是对实践理性的扩展,它使我们确信纯粹理性必然有一个实践的或道德上的运用,这种运用撇开思辨理性而"不可避免地要扩展到感性的界限之外";但这种运用决不是思辨意义上的,不是对客观事物的知识,而只是我们自由行动的法则,它必须抵制思辨理性的"反

---

① 参看《判断力批判》导言,邓晓芒译,杨祖陶校,人民出版社 2002 年版,第 13 页。
② 原译本漏掉一个"免"字,兹补上。

作用"，不使自己受到思辨理性和经验知识的干扰，而保持自己的自由法则的逻辑一贯性和普遍必然性。思辨理性的"反作用"是指，当我们运用自由的法则于实践活动中时，必然会遇到外部经验世界的阻力，我们的行动当然必须通过这种阻力而表现出来，但我行动的法则却不被这种阻力所扭曲，而只是单方面地作用于对象，即使在对象身上达不到目的，遭到失败，甚至杀身成仁，也在所不惜。因为这种超验的行动法则唯一服从的就是自由意志自身的逻辑一贯性和不自相矛盾性，如果它又要服从经验世界的自然法则，那就必然导致自相矛盾了。所以康德的批判固然有消极的方面，但这种消极的方面只是为了发挥出它的积极方面来。

否认批判的这一功劳有**积极的**作用，这就好比是说，警察没有产生积极的作用，因为他们的主要工作只不过是阻止公民对其他公民可能感到担忧的暴力行为发生，以便每个人都能安居乐业而已。

可见，在康德看来，纯粹理性批判对理性的认识能力所作的限制只是起一种警察式的作用，它归根结底是为了维护理性的实践能力服务的，这也是康德在后面强调实践理性高于理论理性的一种基本的态度。接下来，康德就他在《纯粹理性批判》中对理性的这两个层次的论述作了一个概括。

在这部批判的分析部分将要证明，空间和时间只是感性直观的形式、因而只是作为现象的物实存的条件，此外如果不能有与知性概念相应的直观给予出来，我们就没有任何知性概念、因而也没有任何要素可达到物的知识，于是我们关于作为自在之物本身 ① 的任何对象不可能有什么知识，而只有当它是感性直观的对象、也就是作为现象时，才能有知识；由上述证明当然也就推出，理性的一切思辨的知识只要有可能，都是限制在仅仅经验的对象之上的。

BXXVI

"这部批判的分析部分"指"先验逻辑"中的"先验分析论"部分，不

---

① 原译作"物自身"，为求一致而改作"自在之物本身"。下同。

过为这一部分提供前提的是"先验感性论",即关于空间和时间的先验学说。但空间和时间在经验知识中的位置只是到了先验分析论中才得以确定下来,而在先验感性论中空间和时间还只是作为数学知识的可能性条件来讨论的,数学知识只是经验知识的形式方面,而不是完整的经验知识。所以在先验分析论中,康德把空间和时间定位为"作为现象的物实存的条件",它们要能够构成有关经验事物的知识,还必须在它们所提供的感性直观形式之上,再加上"与知性概念相应的直观",也就是按照知性概念规定好了的直观的内容。否则的话,"我们就没有任何知性概念"可以达到物的知识,而除了知性概念,我们也就没有任何别的要素能够达到物的知识了,因为唯有知性概念是着眼于达到物的知识的。但知性概念要达到物的知识必须有相应的直观,如果没有感性直观,则"我们关于作为自在之物本身的任何对象不可能有什么知识"。所以我们通过知性概念所能够认识的肯定也只能是关于感性直观的对象即现象的知识。结论是,"理性的一切思辨的知识只要有可能,都是限制在仅仅经验的对象之上的",也就是在认识论方面,理性只能获得可能经验的知识,也就是关于现象的知识,而不能获得关于本体的知识。然而,理性不能获得关于自在之物的知识,是不是它对自在之物的思考就没有任何用处了呢?康德的回答是否定的。他说:

尽管如此,有一点倒是必须注意的,就是在这方面毕竟总还是有一个保留,即:我们正是对于也是作为自在之物的这同一些对象,哪怕不能**认识**,至少还必须能够**思维**。

这是康德的一个很重要的区别,即认识和思维的区别。能够认识的必须能够思维,但能够思维的不一定能够认识。也许有人会认为,既然不能认识,那么能够思维的东西又有什么意义呢?这正是康德所着意要突出的思想,即人的认识是有它的经验的限度的,人的思维却没有经验的限度,而是可以超出经验之外思考自在之物的事情,这种思考虽然没有认识的意义,但却有另一方面的意义,即给人的自由行动提供由自己确立的原则。当然在这里康德还没有直接把这种意义提出来，而只是限于说，对于"同一些对象"，我们可以从两个不同的角度去看它们，即从它们的感性直观现象方面看它们是可认识的，但是从它们的自在的方面看却是不可认识、只可思维的。后面这一方面是不能省去的，而是必须"保留"的，其理由康德在这后面的一个注释中作了进一步的阐明。这个注释说：

要**认识**一个对象，这要求我能够证明它的可能性（不管是根据来自其现实性的经验的证据，还是先天地通过理性来证明）。

要认识一个对象必须有两个层次的可能性证明，即一方面必须有直观经验的证据，另方面必须有先天的理性证据，少了任何一方面，对于一个对象的知识都将是不可能的。这就是康德在《纯粹理性批判》导论里面所强调的，直观和知性两者对于知识缺一不可，只有双方合起来才能够构成知识。知识就是由先天的理性（知性）概念与直观的经验材料相结合的产物。不过这只是对认识的要求，如果不是谈认识，也就不会有这种要求。比如说谈到"思维"，

但我可以**思维**我想要思维的任何东西，只要我不自相矛盾，也就是只要我的概念是一个可能的观念，虽然我并不能担保在一切可能性的总和中是否会有一个对象与它相应。

就是说，哪怕对于我不可能认识的东西，我也可以思维，"只要我不自相矛盾"。我可以想到一个概念，而不管客观上是否有一个对象与它相应，只要这个概念不自相矛盾，就没有什么能够阻止我思维它。显然在康德看来，形式逻辑的"不矛盾律"是我们一切思维的基本法则，它不一定能够带来有关对象的知识，但它能够使我们想到"一个可能的观念"。所谓的"可能的观念"在这里就是不矛盾的观念，凡是不矛盾的观念都是可能的观念，它们构成了"一切可能性的总和"，但也只是在观念上可能，也就是逻辑上可能的。至于事实上是否可能，我们没法由此而得到担保。但至少，我们能够不矛盾地思考一个观念，理性是具有这种不可剥夺的

权利的,这使理性具有超出经验范围乃至于认识范围而在别的方面加以一贯运用的可能性。

但为了赋予这样一个概念以客观有效性(实在的可能性,因为前面那种可能性只是逻辑上的),就还要求某种更多的东西。

逻辑的可能性、也就是任何观念的不矛盾性当然是一切可能性的必要条件,因为自相矛盾的东西肯定在任何意义上都是不可能的,所以这种可能性的范围构成了"一切可能性的总和";但是"实在的可能性",也就是一个观念的"客观有效性",则除了逻辑上的不矛盾以外,"还要求某种更多的东西",决不能以为只要逻辑上不矛盾的就是客观上具有实在的可能性的。这是康德对当时的理性派哲学家的一个基本的批判。但康德所谓的"实在性"或者"客观有效性"也具有双重的含义,它不仅是指知识的实在性和客观有效性,而且也是指实践上的实在性和客观有效性。所以这里讲的"要求某种更多的东西"也就有两种不同的含义,如康德说的:

但这种更多的东西恰好不一定要到理论知识的来源中去找,也可能存在于实践知识的来源中。

"理论知识的来源",根据前面所讲的,有先验的来源和经验的来源,如先验范畴和直观经验的材料,它们都不限于形式逻辑上的不矛盾律,而是涉及认识对象的知识的来源。任何有关对象的知识都有两个来源,一个是先天的来源,一个是经验的来源。其次,"实践知识的来源",它是来源于纯粹实践理性,这是一种超验的来源,这种来源涉及到对无限的东西的概念,也就是纯粹实践理性的理念,这种理念也不限于形式逻辑的不矛盾律,而是指向一个永远无法认识但却可以去追求的无限目标,一个超越一切可能经验世界之外的对象。就我们**能够**去追求这个无限对象而言,这种追求还仅仅依据着不矛盾律,即这样做是不矛盾的;但就我们**应当**去追求这个无限对象而言,这种追求就还有一个"更多的东西"作为前提,这就是人的意志自由。我们是为了保持我们自己的意志自由而应当去追求不自相矛盾的行为的，而这种不自相矛盾的行为本身就构成了一个无限的普遍原则，我们应当按照它去做，但永远只能接近它而不可能完全达到它。当我们通过自己的理性思维而达到了对这种应当的认识，我们就可以说在这种意义上获得了一种实践的"知识"，当然这种知识不是一般意义上的知识，而只是指我们知道我们应当怎么做而已。这种知识也具有客观性和实在性，它不是以我们的任意和幻想为转移的，而是作为一种客观的义务对我们提出要求、发布命令，实实在在地干预和影响着我们的生活。这个在康德的《实践理性批判》里有很详细的分析。

上面这个注释主要是解释"认识一个对象"和"思维一个对象"的区别的，就是说，思维一个对象只要是逻辑上不矛盾的，就是可能的，但并不等于认识这个对象也是可能的，例如自在之物就是可思维而不可认识的。但尽管自在之物不可认识，却"至少还必须能够思维"，所以接下来的这句话就是说明思维自在之物的必要性的：

BXXVII　　　　因为，否则的话，就会推导出荒谬的命题：没有某种显现着的东西却有现象（即显现）。

"否则的话"，也就是如果我们不在思维中设想一个自在之物的话，那就会导致一个自相矛盾，即我们看到了显现（现象）却不承认有一个显现者。在这里，显现（erscheinen）就是现象（erscheinung）这个词的动词词根。显现必须有一个显现者，否则它是什么东西的显现呢？任何动作都必须有一个动作者，一个动作的主体，否则在逻辑上就是自相矛盾的。所以显现也必须有一个显现者，这是一个分析命题。"显现"这件事本身就意味着某个东西在显现，如果说没有任何东西却又有显现，这是自相矛盾的。笛卡尔的"我思故我在"命题也具有类似的结构，即思维必须有一个思维者，否则在逻辑上是说不通的。康德解决自在之物的设定问题和解决笛卡尔"我思故我在"的问题用的是同一种方法，就是将这种问题归结为逻辑上的必要性。只要我们看到有现象，我们就必须设定有现象底下的自在之物，这是形式逻辑上的要求。所以有些人很奇怪，康德凭什么可以假定现象背后有自在之物？其实他的理由很简单，就是凭一种逻辑上的不矛盾，由于逻辑上不矛盾，我们就**可以**设定一个自在之物；而由于不设定自在之物我们将导致逻辑上的自相矛盾，所以我们还**必须**设定一个自在之物，不设定自在之物还不行。但要注意，这种设定只是一种形式逻辑必要的设定，决不等于我们对这种设定有某种知识。这正如康德后来谈到理性心理学的"谬误推理"时，也认为我们可以而且必须从"我思"逻辑地推出"我在"，但这个"我"仍然只是"我思"的一个逻辑前提，而不是一个可以认识的实体。当然这种意义上的"我"本身就是自在之物，而不是经验对象。可见康德对自在之物的设定并没有别的什么根据，仅仅是一种形式逻辑上的推断，但他却从中引出了一系列重大的结论来。他认为历来形而上学的许多不可解决的困难都是由于没有从逻辑上设定自在之物，或者没有把自在之物仅仅看作逻辑上必要的设定，而导致的。如他说：

现在让我们假定，由于我们的批判而成为必要的这一区别，即作为经验对象的物与作为自在之物本身①的同一些物的区别，权当它没有作出，那么，因果性原理、因而自然机械作用的原理在规定这些物时就必然会绝对一般地适用于一切物，把它们当作起作用的原因。

这也是用了一种反证法，即假设相反的情况，假如我们不在同一物身上设定现象和自在之物的区别，那么自然因果性原理就会"绝对一般地适用于一切物"，也就是既适用于现象的物也适用于自在之物，于是就会没有任何事物逃得出因果律的规定了。这就是康德在后面关于宇宙论的第三个二律背反中所提出的问题：世界上是否一切事物都服从自然因果律？如果是，则不可能有自由，或者说，所谓的自由都可以还原为因果律，归结为"起作用的原因"。而这样一来，现象和自在之物就没有什么区别了，自在之物也在经验现象中，按照经验的法则如因果性等

---

① "自在之物本身"原译作"物自身"，为求译名统一而改之。下面凡遇此词均照改。

等而运作。或者反过来说，这样一种假设本身就是以自在之物和经验对象的混淆为前提的，不是把自在之物当作经验对象，就是把经验对象当作自在之物。我们就会得出关于自在之物的知识，或者就会把经验知识误以为是自在之物的知识。那么，这样做会带来什么样的问题呢？下面他说：

因而，关于这同一个存在物，例如说人的灵魂，我就不能不陷入明显的自相矛盾，说灵魂的意志是自由的，同时又还是服从自然必然性的，因而是不自由的；因为我在两个命题中是按照**同一个含义**、也就是作为一般物（作为自在的事物本身①）来设想灵魂的，并且，没有经过预先的批判也不可能作别的设想。

这就是混淆现象和自在之物所带来的矛盾。类似的矛盾在四个二律背反中，以及在"谬误推理"和对上帝的证明中均有发生，康德之所以在这里单独拈出第三个二律背反来作例证，是因为他特别看重这个二律背反，他曾说正是这个二律背反成了他从独断论立场转向批判哲学立场的"出发点"②。而他之所以特别看重这个二律背反，则正是由于他真正关心的哲学问题是自由和必然（自然）的关系问题，他是为了人的自由而研究哲学的。在他看来，人的自由是一个最不容否认、最明确无误的事实，因此作为例证也最容易用来说服人。在这里，他以最简明的语言提出了有力的证明，即证明一旦人们放弃了现象和自在之物的区别，就必然会陷入一个矛盾，即人的灵魂要求有自由，而现实的人又总是服从自然必然性，因而不自由。当然这个矛盾有一个前提，就是肯定人是自由的，如果有人根本否认人有自由，那也就不存在什么矛盾，一切都被归结为机械作用和动物本能了。但康德深信凡是人没有不主张自己的自由的，这就必然导致一个矛盾，即我们到哪里去寻求自己的自由？如果自在之物和

---

① "自在的事物本身"原译作"事物自身"，为求译名统一而改之。
② 可参看《康德书信百封》，李秋零编译，上海人民出版社 1992 年版，第 244 页。

现象就是一回事,则我们必定受到自然规律的束缚,不可能有自由。但如果我们把现象和自在之物严格区分开来,那么我们就可以把自然规律放在现象中,而把自由归于自在之物,于是就可以两全其美,这就使自由和必然的矛盾得到了化解。所以矛盾的根源就在于:"因为我在两个命题中是按照同一个含义、也就是作为一般物(作为自在的事物本身)来设想灵魂的,并且,没有经过预先的批判也不可能作别的设想。""两个命题"指灵魂是自由的和灵魂是不自由的,当我们这样说的时候,我们是"按照同一个含义",即同样把灵魂看作自在之物来设想,当然不可能避免自相矛盾了。但如果我们把灵魂从两个不同的含义上来设想,一个是作为内感官现象的灵魂,一个是作为自在之物的灵魂,那就可以避开冲突:作为现象的灵魂可以是不自由的,它按照自然必然规律如心理学的规律而被纳入到自然因果性链条之中;但作为自在之物的灵魂则可以是自由的,它可以被视为一切因果链条之外的一个自发的能动者,但它本身不可认识,因而也不受因果链条的束缚。但这样一种设想只有通过康德的批判才能作得出来。所以他说"没有经过预先的批判也不可能作别的设想"。而经过康德的批判之后,上述矛盾就可以得到解决了,如康德说的:

但如果这个批判没有弄错的话,它在这里教我们从**两种不同的意义**来设想对象,也就是或者设想为现象,或者设想为自在之物本身;如果对它的这些知性概念的演绎是正确的,因而因果律也只用在第一种意义的物身上,也就是就这些物是经验对象的范围内来运用,而不再把它们又按照第二种意义置于这条原理之下,那么,这同一个意志就被设想为在现象中(在可见的行动中)必然遵循自然法则、因而是**不自由的**,然而另 BXXVIII
一方面又被设想为属于自在之物本身,并不服从自然法则,因而是**自由的**,在这里不会发生矛盾。

以灵魂这样一个对象为例,按照康德的批判的眼光,我们就可以把它设想为一个双重的存在者,即作为现象和作为自在之物。灵魂我们也可以把一些知性概念运用于其上，如因果性、实体性、单一性等等，但前提是必须对这些知性概念进行"演绎"。所谓"演绎"就是指对这些知性概念作为范畴如何能够正当地运用于经验对象之上作出阐明，按照康德后面在"纯粹知性概念的演绎"一章中的说法，这些知性范畴之所以能够运用于经验对象之上，是因为经验对象只有通过知性范畴的能动的综合统一作用才得以形成起来，而且这些范畴的作用也仅仅在于统摄经验材料以形成经验对象，除此之外没有任何其他的运用。因此，根据这种演绎，当我们把因果性、实体性、单一性等等范畴运用于灵魂上的时候，唯一正确的运用是用它们来统摄内感官中的经验性的材料，以形成一个经验性的"自我"的心理学对象，因而"只用在第一种意义的物身上，也就是就这些物是经验对象的范围内来运用，而不再把它们又按照第二种意义置于这条原理之下"。"第一种意义的物"就是作为现象的物，它只限于可能经验的范围；但不再把"它们"、也就是把这些作为经验对象的物"又按照第二种意义"，即当作自在之物本身，而置于"这条原理"之下，即置于因果性原理之下。而这样一来，因果性这些范畴的使用范围就被限制在可能经验的现象界了，"这同一个意志"、也就是同一个灵魂的意志在现象界当然就是服从这些范畴的规范的，因而是按照自然规律而运行的，不是自由的；但这种限制恰好又为另一种解释空出了位置，"然而另一方面又被设想为属于自在之物本身，并不服从自然法则，因而是自由的"。所以灵魂及其意志在现象界不是自由的，而是服从自然规律的，属于经验性的心理学研究的对象；但在自在之物本身则仍然是自由的，它不服从自然规律，因而不能用自然规律来认识，而只能按照自己的概念来思考，并通过这种思考来指导人的行动。所以这两方面"在这里不会发生矛盾"，因为它们处在两种完全不同的意义上，互不干扰。在这里，康德的注意力主要是放在后面这一方面，即要为自在之物和自由留下余地。他说：

现在，尽管我从第二方面来考察时并不能通过思辨理性（更不能通过经验观察) 来**认识**我的灵魂，因而也不能把自由当作一个我把感官世界中的效果都归因于它的存在物的属性来认识，因为否则我就必须根据这个存在物的实存来确定地认识它，却又不是在时间中认识它 (这是不可能的，因为我无法把任何直观加之于我的概念)，然而，我毕竟可以**思维**自由，就是说，自由的表象至少并不包含矛盾，如果我们批判地区分两种 (即感性的和智性的) 表象方式并因此而限制纯粹知性概念、因而也限制由它们而来的那些原理的话。

通常人们会以为，既然从第二方面来考察并不能认识自在之物，那这种考察又有什么用处呢？这就是理性派的一种单纯认识论观点，即今天的唯科学主义观点，认为凡是不能认识的都无意义。但康德却为这种超认识论的立场辩护。他首先承认，如果我们从自在之物方面来考察灵魂，那么我们既不能通过思辨理性、更不能通过经验观察来认识灵魂，思辨理性和经验直观是我们构成任何知识所必要的两个要素，但它们恰好并不能运用于自在之物身上。康德的理由是："因为否则我就必须根据这个存在物的实存来确定地认识它，却又不是在时间中认识它 (这是不可能的，因为我无法把任何直观加之于我的概念)"，就是说，思辨理性如果想要认识自在之物，就缺乏必要的时间中介，因为时间属于感性直观形式，它与属于思辨理性的概念不是出于同一个来源。我们离开了感性就无法把"任何直观"加之于概念，因为我们不可能有知性的直观，而只有与知性概念完全不同来源的感性直观。既然如此，我们对自在之物和自由的认识就是不可能的。但康德接下来就说，"然而，我毕竟可以思维自由，就是说，自由的表象至少并不包含矛盾"，当然前提是，我们必须区分"感性的"和"智性的"这两种表象方式，也就是把纯粹知性概念以及由这些概念而来的原理的运用限制在感官性的表象方式上，而为自由这样一些智性的表象、也就是纯粹理性的理念在思维自在之物方面留下余地。所谓"智性的"(intellektuell) 一般来说在康德那里相当于"知性方面的"，但是比知性更加强调其超感官性及与感官世界的异质性，而

"知性"则在某种程度上还保留有在认识中与感官世界的亲和性和不可分性。我们不能感到自由，因而不能认识自由，但我们可以凭智性来思维自由，因为这种思维并不包含逻辑矛盾。但是，仅凭一种思维不包含逻辑矛盾而为这种思维保留一种抽象的可能性，这个根据还是太弱了，我们究竟为什么一定要思维自在之物和自由？仅仅是因为它可以无矛盾地进行吗？难道这只是一种思维本身的游戏吗？康德显然并不满足于此。他通过逻辑上的不矛盾律来为自在之物的思维保留余地，最终是为了给道德提供根据，并反过来用道德上的效用来为这种思维的必要性提供根据。所以他接下来说：

BXXIX 　　如果现在假定，道德必然要以作为我们意志的属性的自由（最严格意义上的）为前提，因为，自由举出我们理性中那些本源的实践原理作为自己的先天**证据**，这些原理没有自由的前提是绝对不可能有的；但又假定思辨理性已证明自由完全不可能被思维：那么必然地，那个前提，也就是道德的前提，就不得不让位于其反面包含某种明显矛盾的那个前提，从而**自由**连同其德性（因为如果不是已经以自由为前提的话德性的反面就不会包含矛盾）也将不得不让位于**自然机械作用**。

　　就是说，如果我们一方面假定道德以自由为它的"存在理由"，而自由以道德这种"本源的实践原理"为它的"认识理由"①或者"先天证据"，同时另一方面又假定思辨理性不但否定了自由的可知性，而且否定了自由的可思维性，那会有什么结果呢？那就会彻底摧毁了自由及其道德的可能性，而只留下"其反面包含某种明显矛盾的那个前提"，这就是"自然机械作用"的前提。自然因果律和自然必然性是不容许偏离的规律，

①　可参看《实践理性批判》，邓晓芒译，杨祖陶校，人民出版社 2003 年版，第 2 页注释："自由固然是道德律的存在理由，但道德律却是自由的认识理由。"康德接下来对这两个命题的解释是："因为如果不是道德律在我们的理性中早就被清楚地想到了，则我们是决不会认为自己有理由去假定有像自由这样一种东西的（尽管它也并不自相矛盾）。但假如没有自由，则道德律也就根本不会在我们心中被找到了。"

说一个事物服从自然因果律但同时又有自由,因而又不服从自然因果律,这在自然机械作用的立场看来就是明显的矛盾,所以自然规律作为前提是不允许它的反面有其可能性的,它会认为它的反面"包含某种明显的矛盾"。同样,括号里的话"如果不是已经以自由为前提的话德性的反面就不会包含矛盾",也是说如果否定了自由而单纯只按照自然必然性来看待一个对象的话,"德性的反面",也就是没有德性或做不道德的事情也不包含任何矛盾,因为在自然规律的眼光看来,"人为财死鸟为食亡"或损人利己乃是天经地义的。这样一来,全部人类道德就都失去了根基,单纯思辨理性就将把人的自由和道德都驱逐到无稽之谈和幻想的领域,人就成了纯粹的动物。这样的结果康德相信是没有人会愿意接受的。所以,上述第一个假定是人类保留自己的道德和"最严格意义上的"自由的唯一希望,第二个假定则是导致人类走向道德沦丧、使人变成机器和单纯动物的。当然,康德在这里并没有证明人类就不可能是单纯动物或机器,而只是证明了人类有可能不是单纯动物和机器,然后他让人们自己去选择,并且相信任何人只要有理性都必定会选择自己的自由以及建立在自由之上的道德,而把不自由和不道德视为不可忍受的。他认为只要假定了这一点,那么最严格意义上的意志自由就会在人的道德原理中发现它的"先天证据",也就是如果我们具有道德的眼光,我们就会把人的道德行为,如"杀身成仁舍生取义"的行为,看成是出自于人的自由意志而不只是出自于自然规律的行为。但如果假定思辨理性完全否定了思维自由的可能,那么这种道德眼光也就根本不可能了,我们就只好把人看作不自由的机器或动物了。的确,即使是道德的行为,我们也都完全可以按照机械因果律加以自然的解释而不自相矛盾,反之,对任何不道德的行为我们也可以用机械因果律来给予辩护,但实际上所有这些都不能遏制我们用另外一种眼光来衡量和评价这些行为。所以上述第二个假定事实上是不正确的,思辨理性可以证明自由不可认识,但却不能证明自由不可思维,因为我们事实上总是在用自由和道德的眼光在思维我们的行为。这样，这两种假定就必定会处于不可调和的冲突中，承认第一个假定就会否定第二个假定的无限制性，而承认第二个假定的无限制性则必然否定第一个假定的有效性。解决这一冲突的出路只有一条，这就是限制第二个假定，即承认思辨理性固然不能认识自由，却不能否认自由的可思维性。所以康德下面说：

但如果是这种情况：由于我在道德上不再需要别的，只需要自由不自相矛盾，因而至少毕竟是可思维的，而不一定要进一步看透它，则它对于同一个行动的自然机械作用（从另一种关系设想）就不会有任何障碍了：这样，德性的学说保持了自己的位置，自然学说也将保有自己的位置。

康德在这里所设定的情况正是对思辨理性的第二个假定的限制，即为第一个假定保留了思维它的可能性。自由是可思维的，这就够了，我不需要认识它，就可以在它之上建立起行动的道德法则了。因为一个有道德的人不是根据认识来行动的，而是根据自由意志所认可的"应当"来行动的。但自由是不是可思维的呢？康德认为，只要自由是不自相矛盾的，就是可思维的，因为一切不自相矛盾的都是可思维的。而不自相矛盾的和可思维的也就意味着它是符合理性的，但不一定是符合思辨理性，也可以是符合实践理性。所以在这种情况下，我就可以把一切不自相矛盾的东西划分为两个不同的领域，即思辨理性的认识领域和实践理性的道德领域，也就是必然的领域和自由的领域，让它们各自在自己的领域中充分发挥自己的机能而不互相干扰。所以这里实际上有双重的限制，即自由和道德被限制在可思维而不可认识的自在之物的领域，而科学和认识则被限制在经验自然的现象领域；我们不用道德来干预自然规律和经验事物，但也不用自然规律来瓦解道德和自由。于是，"德性的学说"和"自然学说"各自都将保有自己的合法权利，和谐共处，两全其美。这就是康德所提出的解决矛盾的唯一的和最佳的方案，而这个方案的提出则是基于他的"批判"。所以他说：

但如果不是批判预先教导我们，对于物自身我们无法避免自己的无知，一切我们可以在理论上**认识**的东西都限制在单纯现象的范围内，那么这一切是不可能发生的。

就是说，要做到这一步，首先必须对纯粹理性进行一番批判，也就是把自在之物和现象严格区分开来，把我们的认识限制在现象之内，而把自在之物留给道德。所以康德的整个学说，即德性学说和自然学说，也就是道德形而上学和自然形而上学，都是以批判为前提的，而批判首先是"纯粹理性批判"。只有预先通过批判清除了历来把自在之物和现象混为一谈的传统偏见，康德的这样一种最佳方案才有可能奏效，重建形而上学的伟大工程才有可能实行。所以"纯粹理性批判"可以看作是康德的全部形而上学的一个"导论"，它不是一种消极的理论，而是一种积极的奠基性的理论，因为它不但给自然形而上学奠基，而且给道德形而上学奠基。除此之外，它还给"单纯理性范围内的宗教"奠定了基础。康德说：

对纯粹理性批判原理的积极作用的这种探讨，同样可以在**上帝概念**和我们**灵魂的单纯本性**的概念上指出来，但为了简短起见我暂不谈它。

实际上，康德的理性宗教是由他的道德学说中推出来的，他所提出的"上帝"和"灵魂"的概念都是建立在自由意志及其道德律的基础上的；但正是由于这种意义上的"上帝存在"和"灵魂不朽"被假定和"悬设"下来，康德就对基督教作出了他自己带有启蒙思想的解释，即宗教是为了道德而设立的，但道德却不是为了宗教而设立的，宗教只有以纯粹实践理性的道德法则为基础才能够成为真正的"自由宗教"。这一原理在康德的《实践理性批判》和《单纯理性范围内的宗教》中都有详细的论述，但它的前提最初却仍然是在《纯粹理性批判》中提供出来的。

所以，如果我不同时**取消**思辨理性对夸大其辞的洞见的这种僭妄，BBXXX 我就连为了我的理性的必要的实践运用而**假定上帝、自由和灵魂不死**都不可能。

上帝、自由和灵魂不死是康德在《实践理性批判》中所提出的三大"悬设"，它们都属于自在之物的领域，虽然不可认识，但却在实践上、即在道德和宗教上是必要的。但如果不限制思辨理性的狂妄，听任唯科学主义的偏见冲决了现象和自在之物的界限，那就会淹没实践理性的这些悬设，从而取消一切道德和宗教的可能性。

因为思辨理性为了达到这些洞见就必须使用这样一些原理，这些原理由于事实上只及于可能经验的对象，即使把它们用在不能成为经验对象的东西之上，它们也实际上总是将这东西转变成现象，这样就把纯粹理性的一切**实践的扩展**都宣布为不可能的了。

就是说，思辨理性想要认识自在之物，它就必须使用认识论的先天原理，这就是诸范畴及其原理；但按照康德在"范畴的先验演绎"中所证明的，这些范畴只能用在经验之上，它们只是用来统摄经验性的材料的，所以它们"实际上只及于可能经验的对象"；如果思辨理性强行把它们转用于自在之物，这就是白费力气，因为它不可能改变这些范畴的本性，所以最终结果并没有把范畴的运用提升到自在之物，却反而把自在之物降低为现象来对待了。而当思辨理性把一切自在之物都当作可以用规范经验现象的范畴来加以规范时，它实际上就"把纯粹理性批判的一切实践的扩展都宣布为不可能的了"，因为它取消了超出这些有限范畴之外的自在之物的存在，在它眼中一切都是被定死了的，绝对合乎自然规律的，自由意志、道德和信仰都只不过是迷信和谬误，是科学知识不充分的表现。这样，人的一切行动都被预先由自然规律所规定好了，人只能服从，人的实践就被纳入到宿命论和决定论的轨道中去了。而康德要把纯粹理性扩展到实践上去、建立起纯粹实践理性的道德原理的尝试就成为不可能了。所以康德要极力反对思辨理性的这种霸道，他说：

因此我不得不悬置**知识**，以便给**信仰**腾出位置①，而形而上学的独断

---

① 原译作："因此我不得不扬弃知识，以便为信仰留下位置"，改译后应更精确。

论、也就是没有纯粹理性批判就会在形而上学中生长的那种成见①，是一切阻碍道德的无信仰的真正根源，这种无信仰任何时候都是非常独断的。

　　"我不得不悬置知识，以便给信仰腾出位置"，这是康德的一句名言。但长期以来人们在翻译成中文时曾产生了种种争议，主要是对于"悬置"（aufheben）一词究竟如何译存在着不同意见。最初有人译为"取消"、"否定"，因为这个词的确有取消的意思。但康德这样一个理性主义的哲学家怎么会主张"取消"知识呢？很是令人不解。后来有人根据这个词在黑格尔那里的意思，按照黑格尔的中文译者的译法译作"扬弃"，即不是完全取消了，而是有取消、也有保留，取其精华、去其糟粕——就像农民扬场一样，去掉秕糠，留下麦子。这种理解比前一种理解进了一步，不是完全否定知识，而是有否定、也有保留了。我们在我们的译本中最初也接受了这种译法，但总觉得还不够到位。查该德文词由 auf 和 heben 两个部分组成，前一部分是前缀，表示"起来"、"往上"的意思，后一部分是个动词，意思是"抬高"、"提升"。所组成的整个动词最基本的含义就是"捡起来"、"拾起来"、"置于高处"。而从这一基本含义出发，便衍生出两种完全相反的意思，一种是取消、否定、撤回，束之高阁不加理睬，犹如我们中国人也常讲："收起你这一套吧！"但另一种则是保留、保存，就像我们通常说的把一件东西"捡好"、"收好"，留待适当的场合再拿出来用。所以黑格尔曾以此为例说德语中有很多词本身就具有辩证的含义，可以把两完全相反的意思统一在自身中。康德在这里用这个词当然还不会像黑格尔那样有意识地对它作辩证的理解，他应该更多的是从该词的基本含义来使用它的，所以我们译"扬弃"恐怕也有过度解释之嫌，在这里宁可改译作"悬搁"或"悬置"。所以他在这里讲的只是要把知识悬置起来，以便给信仰腾出位置。不是要否定知识，知识还在那里，但是要把知识

---

① 原译作："也就是无须纯粹理性批判就能在形而上学中行进的那种成见"，改译后应更精确。

放到它应当放的地方，剩下的地方要留给信仰。康德这句名言主要是针对形而上学的独断论而发的，这种独断论是一种成见，它是由于缺乏纯粹理性批判而在形而上学中生长起来的，"是一切阻碍道德的无信仰的真正根源"。因为独断地断言我们能够获得有关自在之物的知识，这将使一切信仰都成为知识的附庸，哪怕是一种伪知识的附庸，从而使人的真诚的信仰变质为一种自以为聪明的算计，导致丧失一切信仰。而反过来说，"这种无信仰任何时候都是非常独断的"，因为它武断地抹杀了超出我们认识范围之外的自在之物的可能性，以为只要我们看不见、认识不到的就是不存在的，因而也是不可信的，哪怕这种断言毫无根据也自以为是。那么，由这样一种纯粹理性批判所建立起来的形而上学，我们将如何来评价它呢？康德说：

　　所以，如果一门按照纯粹理性批判的标准来拟定的系统的形而上学可以不太困难地留给后人一笔遗产，那么这笔遗产决不是一件小小的赠予；只要我们注意一下通过一门科学的可靠道路一般所能得到的理性教养，并与理性的无根基的摸索和无批判的轻率漫游作个比较，或者也注意一下对于一个渴望知识的青年在时间利用上的改善，青年人在通常的独断论那里这么早就受到这么多的鼓动，要对他们一点也不理解的事物、对他们在其中乃至世界上任何人在其中都会一无所见的东西随意玄想，甚至企图去捏造新的观念和意见，乃至忽视了去学会基本的科学知识；

BXXXI

　　显然，康德对自己通过对理性的批判将要建立的未来形而上学有充分的自信，自认为这是他留给后人的一笔巨大的遗产。至于这笔遗产的内容，这里首先提到的是他通过这种形而上学给后人指出了一条科学的形而上学的可靠道路，并使人们在其中获得理性的系统的教养，这种教养远胜于以往人们在用理性作盲目的摸索和漫游时所陷入的混乱。其次是这门形而上学将大大缩短青年们在获取知识时的时间，让他们能够一开始就直奔主题，抓住要害，而不像以往独断的形而上学那样，一开始就鼓励青年人去做无谓的玄想，即费尽力气去把握那根本无法把握的自在之物的知识，为此甚至去随意"捏造新的观念和意见"，绕了一个大大的弯路而耽搁了对基本的科学知识的探索。上述这两种好处都是属于知识教育方面的遗产，即训练人们、特别是青年人摆脱理性的僭妄，迅速掌握正确运用理性的能力，成为拥有成熟的、受过教养的理性能力的人。这是他的批判的消极方面的遗产，即对人的认识加以限制和训练。但康德认为自己的体系更大的价值还不是在这些消极的方面，而是在积极的方面，即一劳永逸地在理性的基础上捍卫了道德和宗教的地位。如他说：

但最大的收获还是在人们考虑到这一无法估量的好处时，即：在所有未来的时代里，一切反对道德和宗教的异议都将以**苏格拉底**的方式、即最清楚地证明对手的无知的方式结束了。

就是说，经过批判所建立起来的道德形而上学，是经得起任何质疑和批判的，因为它本身吸收了苏格拉底式的辩证法，并通过这种辩证法而对一切无信仰的独断论的攻击保持了免疫力。它证明，那些维护道德和宗教信仰的人完全可以是理性的，而不是无知的，相反，那些攻击道德和宗教信仰的人倒是无知的，他们知其一不知其二，只知道去获取经验世界的有限知识，而不知道当理性超出有限而要追求无限的时候，它自有另外一套超越的法则，否则就会导致无法解决的矛盾。这一理论遗产就不仅仅是对一个时代或一些人而言，而是具有永恒的意义了。

因为在这个世界上一直都有某种形而上学存在，并且今后还将在世上遇见形而上学，但和它一起也会碰到一种纯粹理性的辩证法，因为辩证法对纯粹理性是自然的。所以哲学的最初的和最重要的事务就是通过堵塞这一错误的根源而一劳永逸地消除对形而上学的一切不利影响。

形而上学是人类永远也不可能摆脱的，但康德第一次指出，任何形而上学都不可避免地要面临一种"纯粹理性的辩证法"，即使是未来的形而上学也不能幸免，因为"辩证法对纯粹理性是自然的"。康德在后面指出，纯粹理性的辩证法所导致的幻相是必然要产生的，因而是不能根除的，但它是一种"错误的根源"，我们只有设法避免受它的诱惑，不让它诱导我们误入歧途。这样我们就能够保证纯粹理性的正确运用和形而上学的健康发展，就像一个天文学家也不能避免感觉到太阳在围绕地球转动，只是他的理性并不会受到这种错觉的干扰罢了。而在《纯粹理性批判》中，康德认为他已经找到了防止辩证法对纯粹理性的误导的方法，这种方法可以"通过堵塞这一错误的根源而一劳永逸地消除对形而上学的一切不利影响"。注意康德这里用的是"堵塞"，而不是"根除"，因为在他看来这个错误的根源是不可根除的，而只能防止它对形而上学产生"不利影响"。但无论如何，这种堵塞还是可以看作"一劳永逸"的和有效的，它是"哲学最初的和最重要的事务"，亦即是形而上学一开始就必须解决的首要任务。

上面这一长段主要是谈康德的《纯粹理性批判》的意义和价值，包括在消极的和积极的两方面所带来的收获。这可能是这本书里面最长的段落了。下面一段则讨论这个批判使人们失去了什么。他说：

BXXXII　即算在科学领域中发生了这一重要的变革，而思辨理性不得不承受在它至今所想象的财产方面的**损失**，然而，一切普遍的人类事务及人世间从纯粹理性的学说中所引出来的一切好处，都仍然保持在其向来存在的有利状态中，损失的只是**学派的垄断**，而决不涉及**人类的利益**。

康德的哥白尼式的革命使得人们不得不放弃以往所自以为拥有的对自在之物的知识，这对于思辨理性来说似乎是一个损失。但在康德看来这只是一种想象的损失，"一切普遍的人类事务"，如自然科学、道德、宗教等等，以及"人世间从纯粹理性学说中所引出来的一切好处"，如人类的文明和幸福，"都仍然保持在其向来存在的有利状态中"，并未受到损害。的确，康德的批判丝毫也没有损害自然科学，从康德一直到今天的科学发展证明，康德的不可知论并没有阻碍具体的自然科学的探索，就连霍金也说，他相信康德的哲学。至于道德和宗教，则更是由于康德的批判而建立了理性的根基，因此而变得更加纯粹，提升到了一个更高的境界。海涅说，康德的批判虽然砍掉了自然神论的头颅，但却在实践理性中让上帝重新复活了。康德自己则认为他的批判锋芒并没有真正触动人类文明几千年传统中积累下来的优秀的东西，而是使之经受了一次磨砺，焕发了新的光辉。"损失的只是学派的垄断，而决不涉及人类的利益"，所谓"学派"（Schulen），是指那些互相争执不休而毫无结果的形而上学流派，它们通常在学院中形成，围绕一些纯学术问题而提出不同的观点，但离活生生的现实生活很远。它们的讨论与人类的利益无关，但却自以为具有垄断一切的学术霸权。通过康德的批判，这种学术霸权就垮台了，学术问题就与人类的根本利益挂起勾来，成为影响公众的学说了。所以他说：

我要问问最固执的独断论者，关于由实体的单纯性推出我们的灵魂在死后继续存在的证明，关于从主观上和客观上的实践的必然性的那些细致的然而无用的区分得出与普遍机械作用相对立的意志自由的证明，或者关于从一个最高实在的存在者①的概念中（从变化之物的偶然性和第一推动者的必然性中）推出上帝存有的证明，当这些证明从学派那里走出来之后，是否在任何时候到达过公众那里并可能对他们的信念产生过最起码的影响呢？

这里康德直接向独断论者发出了挑战，这种挑战涉及三个方面，这三个方面分别是康德在"先验辩证论"中所划分的三章的主题。首先是关于灵魂不死的方面，这是康德在"纯粹理性的谬误推理"一章中批判"合理的心理学"的主题。理性派的独断论者主张灵魂是单纯的实体，因而即使在肉体消灭以后仍然不会解体，而是永恒存在的。其次是关于自由和自然必然性的关系方面，这是康德在"纯粹理性的二律背反"一章中批判理性派和经验派的两种宇宙论时所提出的最重要的课题。在所有四个二律背反中，第三个二律背反的自由和因果必然性的问题是最具

---

① "存在者"原译作"存在物"，不确，兹改之。

有代表性的问题，它涉及到对自由意志的证明。最后是关于上帝存有方面，这是康德在"纯粹理性的理想"一章中批判理性神学的主题，理性神学对上帝的存有的证明分为三种基本类型，即本体论的证明、宇宙论的证明和自然神论的证明，其中又以本体论的证明最为根本，是一切其他证明的最终依据。本体论证明的实质正是"从一个最高实在的存在者的概念中"推出上帝存有的证明，而自然神论的证明和宇宙论的证明则分别是"从变化之物的偶然性和第一推动者的必然性中"推出上帝存有的证明。后两者被置于括号内，说明它们都是以本体论证明为根据的。此外，这三个主题不仅是康德的"先验辩证论"讨论的问题，而且经过康德的批判之后，也成为了康德自己的实践理性三大"悬设"的内容，即意志自由、灵魂不死和上帝存有。但对于这些学派的证明，康德质问道："当这些证明从学派那里走出来之后，是否在任何时候到达过公众那里并可能对他们的信念产生过最起码的影响呢？"就是说，上述证明是如此的玄而又玄，不接触任何经验，完全是一种概念游戏，康德认为它们根本不可能给人民大众提供实际生活的可靠指导，对于大众的信仰是可有可无的，也是大众根本无法理解的。下面康德以假设的方式提出了他认为实际存在着的相反的情况：

如果这种情况从未发生，如果它甚至永远也不能被期望，因为普通人类知性不适合于这样细致的思辨；

"这种情况"，指学派的证明"在任何时候到达过公众那里并可能对他们的信念产生过最起码的影响"的情况。康德实际上是认为这种情况的确从未发生过的，甚至认为永远也不可能发生，因为"普通人类知性不适合于这样细致的思辨"。这些证明太玄了，一般人不能进入，也不关心。人们所关心的只是与自己的生活切身相关的事务。康德从上述三个方面依次摆出了一般大众对待这些问题的态度：

如果事情相反，在第一个证明方面，每个人都可察觉到的他天赋的禀性，即永远也不能通过尘世的东西（它对于人的全部使命的天禀是不

充分的) 来满足的禀性,已经导致了对**来世生活**的希望,

这是第一个方面,即关于灵魂不死的方面。康德认为,用不着那么复杂的证明,一般大众都可以凭自己的日常体验而察觉到他有一种天赋的禀性,是永远也不能通过世俗的东西如物质享受和世俗幸福来满足的,这就是对于崇高圣洁的东西的渴望。这种东西不依赖于人的肉体,因而是哪怕人的肉体消灭以后也可以希望的。因此只要人关注自己的内心,他就会发现自己心中的这一天赋,从而获得一种超越一切尘世东西的使命感,并在实际生活中按照他有一个不朽的灵魂和来世那样去行动。第二方面:

就第二个证明来说,单是对义务的清楚表达,在与爱好的一切要求 BXXXIII
的对立中,就已经必然导致了**自由**的意识,

就是说,对自由意志的证明也用不着那么多的思辨的推理,而只要把我们日常意识到的义务清楚地表达出来,我们就会发现,真正的义务只能是"为义务而义务",而一切爱好的要求,包括一切感觉、情感、冲动和本能需要,都应当排除在对义务本身的考虑之外,这是每个有理性者当下即能够认可的。他同时也意识到,只要他愿意,为义务而义务是完全可以做得到的,这取决于他的自由,而不取决于任何外在的环境条件和内在的心理状态。所以一个正常的人凭借自己的理性立刻就可以知道自己是自由的,哪怕他没有按照义务的要求去做,他也是自由地作出选择的,没有任何人或任何事物可以强迫他,所以他必须为他所做的事情负责。在《实践理性批判》中,康德把这种义务意识称之为纯粹理性的一个"事实",并认为人的自由正是通过这个事实而被发现出来的,在这个意义上,道德律是自由的"认识理由"①。第三方面:

最后,谈到第三个证明,单是从大自然中到处看得出来的庄严的秩序、美和仁慈,就已必然导致了对一个智慧的和伟大的**创世者**的信仰,

———————————

① 可参看《实践理性批判》,第 41、55、2 页等。

在康德看来，对上帝存有的证明被理性派的神学家搞得那么繁琐，也是不必要的，一般人只须对自然界有最日常的美感和崇高感，就足以相信一个伟大的创世者的存在了。其实康德在先验辩证论中对理性神学进行批判时，就对"自然神论的证明"网开一面，说了很多赞扬的话。因为在这一证明中，虽然从理论上说它最终依赖于本体论证明，但实际上却引入了一种自然目的论的观点，这种观点本质上并不是基于思辨理性，而是基于人的情感，最终是基于人的道德情感，即崇高感和敬重感。这就与康德自己的思想接上头了。因为康德认为对上帝存有的唯一可能的证明只能是道德的证明，而对自然的合目的性的道德情感则是有利于过渡到他的道德证明的。这一点在他的《判断力批判》最后部分有更加细致的展开。总而言之，理性派的独断论对所有这三个方面的繁琐证明其实都可以由人的日常健全理性来取代，所要证明的东西早就以最朴素的方式存在于人们的日常生活中了。所以康德说：

如果完全只凭这些，就已经必然导致了在公众中流行的信念，只要这信念立于理性的根基：那么，这宗财产不仅是原封不动地保留着，而且赢得了更大得多的威望，因为各个学派从此学会了在涉及普遍人类事务的观点上不自以为有更高更广的洞见，除非是广大（对于我们最值得关注的）群众也同样容易达到的洞见，因而只把自己限制在对这种普遍可理解的、对道德目的是足够的论据的培养上。

也就是说，没有理性派的思辨，一般大众也已经在理性的根基上建立起了对自由、道德和宗教的信念，这就说明，当我们把理性的这些充满矛盾和谬误的思辨的玄想通通清除掉的时候，"这宗财产"，也就是大众信仰的财产"不仅是原封不动地保留着，而且赢得了更大得多的威望"。它没有因为这种清除而受到丝毫的损害，而且由于它深入人心，基于每个人天赋的健全理性之上，因而更能说服人，具有更高的威信。当然它也许没有那么高度抽象的思辨性，但各个学派恰好应当学习这种日常道德信念的朴素和谦虚，即在"普遍人类事务"中不自以为有超出广大群众的日常道德需要之上的洞见，必须把自己的研究限制在对日常道德已经足够的那些论据的培养上。

所以这种变革只涉及学派的狂妄要求，这些学派喜欢在这方面（在其他许多别的方面他们是有权这样做的）让人把自己看作是这样一些真理的唯一的行家和保管者，他们只是把这些真理的用法传达给公众，但却把它们的钥匙由自己保管着（"凡是我与你都不知道的，就装出我是唯一知道的"）。

康德的批判所清除的只是那些学派的、主要是理性的独断论的狂妄要求，即要求别人"在这方面"，也就是在涉及道德和宗教的普遍事务上，把自己看作是真理的唯一掌管者。他们脱离群众闭门造车，然后把研究出来的结果让群众去执行，却把其中的原理当作秘传的高深学问供自己几个同行去讨论，就像今天的 IT 专家们为其他人研制"傻瓜相机"、"傻瓜电脑"一样。但其实他们研制出来的那些原理根本就不适用，因为他们连自己都并不明白他们那些原理的可能性条件，而只是通过一种表面的形式逻辑的不矛盾性来论证诸如自由、灵魂和上帝的课题。当然，他们在形式逻辑方面，以及在能够恰当运用形式逻辑的地方，的确是一些行家，所以康德说他们"在其他许多别的方面"是有权充当权威的；但在信仰问题上，他们这样做只不过是"以不知强为知"，或者"以己之昏昏使人昭昭"而已。康德本人就是从他们的营垒中冲杀出来的，所以他能够以真正内行的身份揭穿这些人唬人的面具，击中了他们的要害。不过，康德也没有对这些人的研究加以一概的否定，他把他们称之为"思辨哲学家"。

然而，思辨哲学家的某种较为合理的要求毕竟也被关注到了。思辨 BXXXIV 哲学家仍然是一门公众所不知道但却对他们有用的科学，亦即理性批判的科学的唯一保管人；因为这门科学是永远不能通俗化的，但它也没有必要通俗化；因为民众很少想到那些精致地编造出来的对有用真理的论证，同样也不曾想到过也是那么细致的对这些论证的反驳；

实际上，康德自己就属于这些"思辨哲学家"中的一员，他认为思辨哲学家的某种合理要求也是必须照顾到的，而他的批判正是在这方面做了不可缺少的工作。这种合理要求就是要建立一门"理性批判的科学"，这门科学是思辨哲学家的专利，是"一门公众所不知道但却对他们有用的科学"，在这种意义上思辨哲学家倒的确是这门科学的"唯一保管人"。在康德看来，理性批判的科学是日常道德宗教学说的理性基础，日常道德宗教当然最初并不是由于这些哲学思辨才建立起来的，但它们最终也不可能脱离思辨哲学的这种理性批判而获得牢固的根基。这里的立场看起来好像与上面的有一个180°的转折，上面是用日常道德宗教的朴素性排斥学派的思辨理性的狂妄，而这里却为思辨哲学在对理性的批判方面留下了充分的空间。其实这两者并不冲突。思辨哲学家如果企图独断地解决自由、灵魂不朽和上帝这样一些问题，那他们就是狂妄无知，他们的苦心思虑就连大众的普通理性都不如；但如果思辨哲学家把自己的任务限于建立一门"理性批判的科学"，他们就确实能够引导大众在道德和宗教问题上提高自己的层次。所以康德1785年，也就是在《纯粹理性批判》发表第一版（1781）到第二版（1787）之间，出版了一本《道德形而上学基础》的小册子，其三章的标题就是这样安排的："从普通的道德理性知识过渡到哲学的道德理性知识"、"从通俗的道德哲思过渡到道德形而上学"、"从道德形而上学过渡到纯粹实践理性的批判"。这意味着，通俗的道德哲思固然是我们考虑道德形而上学问题的一个起码的基点，但它不能永远停留于朴素的形态，而有待于提高。必须上升到道德形而上学乃至于实践理性批判，这样才能巩固自己的根基，自觉地抵制一切有害思想的腐蚀。否则这种朴素的道德就有可能抗拒不了各种花言巧语的诱惑，或者受到道德狂热的败坏。在这方面，民众的道德生活就需要思辨哲学家的工作来为之提供理论上的支撑了，而思辨哲学家在这方面则可以发挥其专门技术的特长。所以，民众虽然可以不管那些思辨的话题而依赖自己的朴素道德意识，但是，反之，由于学派以及每个致力于思辨理性的人都不可避免地要陷入两难，所以学派就有义务通过对思辨理性权利的彻底的研究一劳永逸地防止那种丑闻，这是连民众也必定会或迟或早由于那些争执而碰上的，这些争执是形而上学家们（最后还有作为形而上学家的神职人员）都不可避免地毫无批判地卷入进来，然后又伪造出自己的学说来的。

思辨哲学家最先发现，在道德和宗教问题上人的理性不可避免地要陷入两难的矛盾，康德称之为纯粹理性的"辩证论"。思辨哲学家由于他们的专业就在于进行理性的思辨，所以他们就有义务"通过对思辨理性权利的彻底研究一劳永逸地防止那种丑闻"，也就是理性的自相矛盾的辩证论的丑闻。这种辩证论的矛盾是"连民众也必定会或迟或早由于那些争执而碰上的"，例如历史上就有过伊壁鸠鲁的幸福主义伦理学和斯多亚派的禁欲主义伦理学的争论，并且确实影响到了民众的道德立场和生活态度。而形而上学家们和神学家们则是"不可避免地毫无批判地卷入进来"，陷入到了幸福和德行的二律背反之中而不能自拔，所以在这一矛盾未获得批判的解决之前，他们的一切道德学说都免不了是"伪造"出来的。而这就更加突显出思辨哲学家以批判的眼光"对思辨权利的彻底研究"的重要性和不可或缺性了。只有这种批判的研究，才有可能"一劳永逸地"终结这种令理性蒙羞的自相矛盾的"丑闻"。而且进一步说，

只有这种彻底的研究，才能从根子上铲除**唯物论、宿命论、无神论、**自由思想的**不信、狂信和迷信**，这些是会造成普遍的危害的，最后还有**唯心论和怀疑论**，它们更多地给学派带来危险而很难进入到公众中去。

所谓"唯物论、宿命论……"等等就是康德上面讲的形而上学家和神职人员们所"伪造"出来的一些学说，共计有八种。康德认为，所有这些学说都是非批判的、也正是由于缺乏批判而导致的伪学。但前面六种学说会在公众中"造成普遍的危害"，而只有"唯心论和怀疑论"不大可能为公众所接受，而更多的是在专业圈子中给学派带来危险，因为它们太

离谱了，完全是利用专业论证技术而推导出来的一种怪胎，而远离人们的日常经验。当然，这里所说的"唯心论"是指的主观唯心论，包括唯我论这种极端表现形式，是康德所不赞成并大力批判的。但通常人们很容易把他也误解为这种唯心论者，这使他非常苦恼，也是促使他在第二版中大量地改写《纯粹理性批判》的一个最重要的原因。他自己能够认可的称号是"先验唯心论"，里面包含有"客观唯心论"的意思，因为康德把"客观"的含义解释成先天的普遍必然性，所以凡"先验的"在他看来就是不以人的主观意图为转移的。由此可见，康德的批判哲学看起来是一场翻天覆地的风暴，但他的目的和最终的归宿却是相当保守的，他自认为是对传统道德和宗教的真正的维护和加固。所以他觉得自己和当时的普鲁士政府是合作的关系，他建议说：

BXXXV　　如果政府愿意关心学者的事情，那么促进这种唯一能使理性的工作立足于坚实的基础上的批判的自由，就是政府对科学和人类的贤明的关怀，这比支持可笑的学派专制要得体得多，这些学派当他们的蛛网被破坏时就大叫公共的危害，但公众对这些蛛网却毫不在意，所以也从来不会感到自己有什么损失。

康德认为自己的学说不属于"学派"，他无党无派，超越一切预设的倾向性，因为他把自己的哲学建立在对理性本身的批判之上，而不是建立在某个独断设定的观点之上。所以人们一般认为康德哲学是一种调和各种学派的哲学，唯物论和唯心论，经验论和唯理论，独断论和怀疑论，都可以在他这里找到自己的影子，但又都不是他的主张。所以他建议政府对这种"批判的自由"加以促进，认为这比支持任何一个学派都更有好处，更能体现宏大的气魄。而那些分离的学派每一个都试图形成一派独大的专制，为维护一己的利益而假借公众的名义，实际上却脱离不了小家子气而与公众的利益毫不相干。所谓"蛛网"的比喻来自培根，培根曾说哲学家不应该像蜘蛛那样只从自己肚子里吐出丝来，也不应该像蚂蚁那样只知道搬运现成的东西，而必须像蜜蜂那样从外面采来花粉，又通过咀嚼用自己的唾液酿出蜜来。以往理性派的思辨哲学家就是一些蜘蛛式的思想者，只顾从自己的头脑里编织体系，而不管它的现实作用，所以对社会和公众不会造成任何影响。康德则认为自己的批判哲学虽然也运用了主观头脑的思辨，但它的材料却都来自五彩缤纷的现实生活，因而是能够为人民大众提供富有营养的精神食粮的。

于是，下面一段话康德就表明了他的理论立场与理性派哲学的亲缘关系和异同。他说：

这个批判并不与理性在其作为科学的纯粹知识中所采取的**独断处理**处在对立之中（因为这种处理在任何时候都必须是独断的，亦即从可靠的先天原则严格地证明的），而是与**独断论**相对立，即与那种要依照理性早已运用的原则、单从概念（哲学概念）中来推进某种纯粹知识而从不调查理性达到这些知识的方式和权利的僭妄相对立。

就是说，康德认为自己的批判在处理方式上也是独断的（dogmatisch），但不是独断论（Dogmatismus）。独断的处理方式对于一切理性的纯粹科学知识都是必须的，因为这种知识要成为系统就必须从先天原则出发来进行严格的证明。在这种意义上，所谓独断的处理方式就是理性派的处理方式，它没有贬义，而是中性的。但独断的处理方式一旦成为"独断论"，就陷入了谬误，因为它意味着它由以出发的先天原则不经过批判就被武断地当作教条肯定下来，对于既定的那些"早已运用的原则"和哲学概念不加反思，而企图单从它们来推出某种纯粹知识，却"从不调查理性达到这些知识的方式和权利"，所以这是理性的一种"僭妄"，是与批判哲学格格不入的。所以康德并不反对理性的独断的处理方式，或者说理性的独断的运用，而只是反对理性在这种运用中陷入独断论的偏见。例如康德在《纯粹理性批判》的"先验方法论"部分谈到"纯粹理性在独断运用中的训练"时，就把哲学的方法看作一种"必须被称之为独断的那种确定性的方法"，因为"哲学的知识是出自概念的理性知识"①,并将它与数学的定义、公理和演证的方法区别开来。"独断论"和"独断的处理方式"的不同就在于,前者把独断处理的原则不加反思地当作哲学体系的基础,后者则只是把这种处理方式当作一种方法,如果这种方法被建立在对这些原则的批判的考查之上,它就可以不陷入独断论的错误,而能够保证体系的确定性和明晰性。用康德自己的话说:

独断论就是纯粹理性没有预先批判它自己的能力的独断的处理方式。

换言之,独断的处理方式如果预先对自己的能力进行了批判,则不能算作是独断论,否则就是独断论。它们的区别仅仅在于是否对自己的原则进行了批判。所以康德反对理性派的独断论,并不意味着他就转向了经验派的感觉论甚至怀疑论,而是仍然坚持了理性派的那种独断的处理方式,他在调和理性派和经验派时其基本立场还是理性派的。所以他说:

BXXXVI 　　因此这一对立不是要以自以为通俗的名义为肤浅的饶舌作辩护,更不是要为推翻整个形而上学的怀疑论说话;相反,这个批判对于促进一门彻底的、作为科学的形而上学是一种暂时的、必要的举措,这种形而上学必然会是独断的、按照最严格的要求而系统化的,因而是合乎学院规则地(而不是通俗化地)进行的;对它的这一要求是毫不含糊的,因为它自告奋勇地要完全先天地因而使思辨理性完全满意地进行它的工作。

康德在这里力图避免一种误解,以为他的批判反对独断论就是向经验派的通俗哲学和怀疑论投降。相反,他坚持他的批判与通俗哲学及怀疑论的根本区别在于,它只是为了建立更加严密的科学的形而上学而采取的一种"暂时的、必要的举措",即他必须预先审查形而上学之所以可能的前提。一旦这种审查完成,他的形而上学就会以更加严格的独断方式而"毫不含糊地"建立起自己的系统,这是严格合乎学术规则的,而不

①　参看《纯粹理性批判》A713=B741,第553页。

是通俗化的。在这方面，他的批判必然会以其先天的独断处理而"使思辨理性完全满意"。所以康德的批判不是为批判而批判，不是消极地否定一切，而恰好是为积极地建设起一个严格形而上学体系打基础的。于是康德把自己的学统追溯到大陆理性派的泰斗沃尔夫：

> 在实行批判所制定的这一计划时，亦即在形而上学的未来体系中，我们将有必要遵循一切独断哲学家中最伟大的哲学家、著名的沃尔夫的严格方法，是他首先作出了榜样（他通过这一榜样成了至今尚未熄灭的德意志彻底精神的倡导者），应如何通过合乎规律地确立原则、对概念作清晰的规定、在证明时力求严格及防止在推论中大胆跳跃，来达到一门科学的稳步前进，

沃尔夫被康德看作一切理性派哲学家的"榜样"，在沃尔夫那里，哲学家在形而上学中如何精确地运用概念、判断和推理都得到了严格的规定，他的逻辑学和形而上学在当时成为普鲁士官方的钦定教材，康德自己的逻辑学讲义就是根据沃尔夫派的迈耶尔的教材来讲授的，当然也作了很大的修改和增删。他对沃尔夫派的推崇只是赞扬那种"德意志彻底精神"，而不是具体的观点。他认为只要有了这种精神，理性派哲学就必然会进到他所提出的批判哲学的层次上来，所以他自己才是大陆理性派和沃尔夫哲学的真正传人。所以他这样评价沃尔夫：

> 他也正因此而曾经特别适合于使这样一门作为形而上学的科学能够通过对工具、也就是对纯粹理性本身的批判而为自己预先准备好场地， BXXXVII 如果他想到了这一点的话：他没有这样做，这不能怪他，毋宁要怪那个时代的独断的思维方式，当时的和所有以前时代的哲学家们在这点上相互之间没有什么好指责的。

康德认为沃尔夫按照独断的处理方式本来完全有可能走上批判哲学的道路，在对纯粹理性进行批判的基础上重建形而上学；他之所以没有这样做，是由于时代的局限性，即当时的独断的思维方式还处在独断论笼罩之下，没有人能够突破这一层。在康德之前，所有各派哲学家都没

有能够超出这种独断论的局限性。康德在这里一方面显得十分谦虚，他表明自己不过是在按照沃尔夫的榜样"接着讲"而已；但另一方面又显得十分自负，即这种接着讲并不是"照着讲"，而是有自己划时代的突破，在把纯粹理性置入批判的考查这一点上他前无古人。不过他在这一段中主要强调的还是他的学术传承，他表明自己的基本立场是站在大陆理性派的沃尔夫传统一边的，而与反对这一传统的那些哲学流派相对立。所以他说：

那些抵制他的学问方式但同时又拒绝纯粹理性的批判程序的人，其意图不是别的，只能是摆脱**科学**的约束，把工作变成儿戏，把确定性变成意见，把哲学变成偏见。

换言之，凡是抵制大陆理性派的独断处理方式并且又拒绝康德的批判的人，就是想要摆脱科学确定性的约束的人，没有这种约束，工作将变成儿戏，确定性将不复存在，哲学也就不再是"爱智慧"（Philosophie），而变成了"爱意见"（Philodoxie）了。当然，对于个别抵制唯理论哲学的人如休谟，康德还是非常尊重的，因为他的怀疑论包含不少真知灼见，为康德的批判哲学提供了重要的启示。康德甚至说，是休谟首次打破了他的独断论的迷梦，给他的思辨哲学指出了一个完全不同的方向。[①] 但除此之外，康德在最终意义上是把经验派的哲学视为异己的，而他对理性派哲学的批判虽然不可谓不多、不可谓不激烈，但仍然带有"恨铁不成钢"的味道。他的体系是融合了经验论和怀疑论的因素的理性主义，所以虽然在很大程度上克服了独断论，但仍然带有独断色彩。无怪乎后来费希特等人指责他不彻底，说他是"四分之一的批判主义"，有独断论的残余，就是因为他的整个批判哲学仍然是以大陆唯理论从一个固定原则出发推出一切来这种笛卡尔模式为基础的，而没有真正把他的原则当作一种动态的活动，一种有机生命的成长。

---

① 参看《未来形而上学导论》，庞景仁译，商务印书馆 1978 年版，第 9 页。

最后这一大段是从第二版的角度对他自己这本书的评价，以及他自己对第一版和这个第二版的一些比较。他说：

至于这个第二版，那么我当然不想放过这个机会来尽可能地补救那些有可能产生误解的晦涩难懂和模糊之处，思想敏锐的人们在评价这本书时偶然碰上的这些误解，也许是我不能辞其咎的。

就是说，第二版对第一版作了一些"补救"，尽可能澄清了一些晦涩和模糊之处，他认为这些地方之所以导致一些误解，他自己也有一定的责任。当然不是在观点或思维逻辑上的根本性的责任，而只是在表述方式上的毛病，不明晰和简练，而是模糊而笨拙。但他强调在思维的整体上他的原则不需要作任何修改。

这些原理本身及其证明，正如该计划的形式和完整性一样，我都没有发现什么要修改的地方；这部分要归功于我在将该书交付出版之前曾长时期地对它进行过审查，部分要归功于这件事本身的性质，即纯粹思辨理性的本性，它包含一个真实的结构，在其中所有的机能都是一切为了一个，而每个都是为了一切，因而每个不论多么小的缺陷，不管它是一个错误（疏忽）还是一个欠缺，都必然会在运用中不可避免地泄露出来。 BXXXVIII

这里表明他对自己的"原理"和"证明"有着充分的自信，因为它们不是偶然一时心血来潮的产物，而是他十年如一日的思索的结晶，而且他依赖纯粹理性本身的严密性，认为按照理性的本性不会在严格的审查之下还检查不出一个体系中的哪怕最微小的漏洞，而是经过理性的审查必将构成一个有机的系统，其中全体和每一部分都是相互照应和贯通的，一切为了一，一为了一切，牵一发而动全身。在这样一个系统中任何一个小错误都必然会很容易看出来，就像从一头动物的步态很容易看出它的腿有毛病一样。

这个体系将如我所希望的长久地维持这种不变性。使我有理由相信这一点的不是自负，而只是这个实验所产生的自明性，即从纯粹理性的最小的要素出发直到它的整体,并且反过来从整体出发(因为即使整体也是单独由纯粹理性的最终意图在实践中给出的)直到每一个部分,结果是相等的,因为试图哪怕只改动最小的部分马上就会导致矛盾,不光是这个体系的矛盾,而且是普遍人类理性的矛盾。

康德对他的体系的希望是具有长久的不变性,这还只是他的比较谦虚的说法,其实他真正相信这个体系的永恒性。他认为他的这一信念不是自负,而是明摆着的,不论是从部分上升到整体,还是从整体下降到部分,都是可以反复验证的,哪怕这个整体是一种无限的整体,即"单独由纯粹理性的最终意图在实践中给出的"整体,也就是那些无限的理念,如灵魂、宇宙、上帝等。所以他所说的这个永久不变的整体实际上指他的整个批判哲学体系,而且还可以扩展为他的整个形而上学体系,其中实践理性高于思辨理性,道德形而上学高于自然形而上学,真正的整体是由实践理性和道德形而上学提出来的。这个体系已经由康德自己通过纯粹理性把它协调得天衣无缝了,只要改动最小的部分,马上就会导致矛盾。而这种矛盾将不仅仅是体系的矛盾,而且是人类理性本身的矛盾,是康德好不容易才用理性疏通和克服了的矛盾。当然康德也不否认他在表述方面有不完善的地方。

不过在它的表述上还有很多事情要做,我在这一版中试图作出的改进,有的是要纠正对感性论部分的误解,尤其是对时间概念的误解,有的是要澄清知性概念演绎的模糊性,有的是要弥补在纯粹知性概念原理的证明中被认为在充分的自明性上的缺乏,最后,有的是要补救从合理的心理学中推出的谬误推理方面的误会。

康德在第二版中对第一版作了多处改动,他在这段话中列举了最重要的四处,这些改动都是表达上的,而不是观点的改变。首先是在先验感性论中,主要是增加了空间和时间的"先验阐明",并把最后的"总说明"扩充了一倍;其次是在范畴的先验演绎中,从§15到§27共26个中文页码都是对第一版22个中文页码的改写;再就是在原理分析论的末尾增加了两大段话,一段标以"驳斥唯心论",另一段标以"对这个原理体系的总注释";最后是纯粹理性的辩证推论第一章"纯粹理性的谬误推理",除了前面四个中文页码未改动外,康德用 16 个中文页码取代了第一版的 38 个中文页码。所有这些改动主要的目的就是摆脱别人对他的一个最大的误解,即把他误解成贝克莱式的主观唯心主义者。当然,在全书的"导言"中还有不少改动和增删,是有助于更加清楚地说明康德的意思的,但并不直接涉及上述那种严重的误解,所以虽然这部分的改动和增加累计也有 11 个中文页码之多,康德在这里却连提都没有提。他接下来说:

  <u>到此为止</u>(也就是直到先验辩证论第一章结束),后面的部分我就没 BXXXIX
有再作表述方式上的改动了,因为时间太仓促,并且我在其他方面也没 BXL
有发现内行而无偏见的审查者有什么误解,这些人,即使我没有用他们 BXLI
当之无愧的赞辞提到他们,也已经可以在我接受他们的提醒而加以考虑 BXLII
的地方自己找到自己的位置了。

  这段话中间夹有一个可能是本书最长的注释,留待下面来谈。该段的意思是,自"谬误推理"以后他就再没有作任何表述方式上的改动了,当然并不是不需要做任何改动,而是由于"时间太仓促",因为表述方式要改总是有可改的地方的,但这至少也说明后面的文字改不改在康德看来都无关大局了,因为他在这些地方没有发现人们有严重的误解。后面这部分唯一的变动是在 A491=B519 页上增加了一个注释,说明他自己的先验的观念论(或先验唯心论)不同于通常的"质料的观念论",即主观唯心论,而是"形式的观念论",并且说:"在有些场合下为了防止一切误解,使用这种表达而不用前一种表达[按即"先验的观念论"]是更可取的。"① 这是第一版所没有的。康德这里没有提到这个注释,只是暗示他有受到某些读者的提醒而加以考虑的地方。

---

① 参看《纯粹理性批判》,第 405 页注 1。

下面我们来看这个长注。这个注主要是针对他在第二版所作的修改而进行解释的，所以插在"表述方式上的改动"一语后面。他说：

真正的、但毕竟只是在证明方式中的增加，我大概只能举出我在第275 页 ① 通过一个对心理学**唯心论**的新反驳、以及一个关于外部直观的客观实在性的严格的（我认为也是唯一可能的）证明所作的增加。

康德在这里指的正是上面讲的在原理分析论中所增加的"驳斥唯心论"的几段话，② 其中包括点名批评笛卡尔和贝克莱，并且提出了一条"定理"："对我自己存有的单纯的、但经验性地被规定了的意识证明在我之外的空间中诸对象的存有。"以及对这个定理的"证明"，最后再加上三个"注释"。这表明，康德认为除了一些表述方式上的改动以外，真正重要的改动是通过"驳斥唯心论"而作的证明方式上的加强，因为这个地方是直接触及到人们误解的最主要的根源的。人们因为康德提出他的"先验唯心论"（或译作"先验的观念论"），而把他与笛卡尔和贝克莱的主观唯心论混为一谈，而康德则在这几段话中表明自己与主观唯心论划清了界限，并通过在"外部直观"即空间中诸对象的客观实在性证明他丝毫不否定外部世界的存在，他的"先验唯心论"其实是非常客观的。但他所说的对"外部直观的客观实在性的严格的（我认为也是唯一可能的）证明"还是以主观的存有为基点的，所以很难说他通过这种证明就撇清了同主观唯心论的干系，所谓"先验唯心论"只不过是一种更加精致的、带有客观唯心论因素的主观唯心论而已。所以他说：

唯心论尽可以就形而上学的根本目的而言仍然被看作是无辜的（事实上它并非如此），然而哲学和普遍人类理性的丑闻仍然存在，即不得不仅仅在**信仰**上假定在我们之外的物（我们毕竟从它们那里为我们的内感官获得了认识本身的全部材料）的存有，并且，如果有人忽然想到要怀疑

① 原译本错打印成"273 页"，兹改之。
② 参看《纯粹理性批判》B274—279，第 202—206 页。

这种存有,我们没有任何足够的证据能够反驳他。

就是说,唯心论从形而上学的终极目的上来说是正确的,但实际上,它作为用来达到这一目的的方式却并不正确,因为它不能清除"哲学和普遍人类理性的丑闻",即不是凭借理性、而仅仅是凭借一种朴素的信仰来承认客观事物的存在。这种承认是无可奈何的,因为客观存在毕竟是我们内感官中一切认识材料的来源,我们无法否认它。但以往的唯心论也不能证明它,因此"如果有人忽然想到要怀疑这种存有,我们没有任何足够的证据能够反驳他",例如休谟的怀疑论就对这种唯心论提出了极大的挑战,使之陷入了否认一切外部世界存在的唯我论之中。休谟明确指出,对于外部世界的客观存在我们没有任何根据来证明,因而我们只有相信它,这种相信只不过是一种在日常生活中有用的习惯而已,"习惯是人生的伟大指南"。而康德的先验唯心论就是试图弥补这一缺陷的,他要从主观观念中严格地推出或证明客观事物在外部世界中的存在来,如他的"定理"所表明的。但康德对他这条定理的证明在表述上仍然有所不满,所以尽管是第二版增加的文字,他在这个第二版序的注释中又再次作了改动。他说:

由于在这个证明的表述中,从第三行到第六行有些含混不清,我请大家将这一段改为:"**但这一持存之物不可能是我心中的一个直观。因为我能在我心中遇到的有关我的存有的一切规定根据都是表象,并且作为表象,它们本身就需要一个与它们区别开来的持存之物,在与该物的关系中这些表象的变化、因而表象在其中变化的那个时间中的我的存有才能得到规定。**"

所修改的这一段原文为:"但这种持存的东西不可能是某种在我里面的东西,因为恰好我在时间中的存有通过这种持存的东西才能被首次肯定下来。"意思是,我作为一个在时间中持存着的"实体",是我心中一切变动不居的表象赖以得到规定的根据,据此我才能说所有我心中的杂多表象都是同一个"我"的表象;但"我"这个"实体"本身"不可能是某种在我里面的东西"，因为在我里面一切表象都是变动不居的，而不是持存的；所以这种持存的实体只有对外部世界而言、或者只有在他人看来才是持存不变的，这就意味着我这个实体只是一个与其他实体并存的客观实体，而不可能是仅仅在我心中的唯一的实体。这就是接下来的一句话的意思："所以对这种持存之物的知觉只有通过外在于我的一个物，而不是通过外在于我的一个物的单纯表象，才是可能的。"但在上述原文中并没有清楚地表达出这层意思来，"我在时间中的存有通过这种持存的东西才能被首次肯定下来"，为什么就能够说明"这种持存的东西不可能是某种在我里面的东西"？通过修改，康德不再笼统地强调我的实体不可能是某种"在我里面的东西"，现在他强调它"不可能是我心中的一个直观"，而是与我心中的一切表象"区别开来"的持存之物，是用来把我的一切表象规定为我的存有的。我的存有当然还是某种"在我里面的东西"，但是经过这样的规定，就不再是主观的孤立的东西，而是与主观中所直观到的东西不同的客观的存有，因而是与其他客观存有处于客观的关系中的存有了。它不再是我心中的一个直观，但是可以而且必须作为我的东西与外在于我的其他直观之物发生联系。如果没有这种客观的关系，则"我"这个持存之物是如何持存的就失去了标准，也就会化解为一大堆流变不停的表象，"我"作为一个单一的实体也就不可能了。但康德经过这一修订后，仍感不踏实，他说：

　　人们对于这个证明也许会说：我直接意识到的毕竟只是在我心中存在的东西，即我的外在事物的**表象**；结果问题仍然还是没有解决：某物是与表象相应的外在于我的东西呢，或者不是。

　　就是说，与我心中的一切表象不同的表象仍然是我的表象，我意识到的那个客观持存的我仍然只是我所意识到的，如何能够证明这个我所意识到的客观的我是真正客观的、因而是真正与客观事物有关联的呢？康德在下面展开了进一步的详细论证，这可以看作他对"驳斥唯心论"的一个补充证明。他说：

　　不过我是通过内部**经验**而意识到**我在时间中的存有**（因而也意识到　BXL
它在时间中的可规定性）的，这一点是比单纯意识到我的表象要更多些，
它倒是等同于**对我的存有的经验性的意识**，这个意识只有通过与某种和
我的实存结合着的**外在于我**的东西发生关系才能得到规定。

　　我所意识到的我当然还是我所意识到的，因而是主观中的；但我是如
何意识到我的呢？是通过我的"内部经验"，从而这种意识就是"对我的
存有的经验性的意识"，它就不仅仅是我的内部表象，而是加上了实体性、
因果性等等范畴。这些范畴普遍地无一例外地运用于一切内部和外部经
验之上，并将它们综合为一个经验知识的总体。提出"经验"这个概念来
加以强调是康德论证经验自我的客观实在性的关键，因为经验是由那些
感性直观的表象和先天范畴的普遍必然性形式组成的，一谈到经验，哪怕
是对自我的内部经验，就意味着不仅仅是我主观认为的，而且是普遍必然
的客观的东西。所以，对于我的存有的经验性的意识"只有通过与某种
和我的实存结合着的**外在于我**的东西发生关系才能得到规定"，我们不能
设想把"我"这个实体或者原因在经验中与其他外部事物的实体或者原
因割裂开来单独加以研究，就像我们不可能把物理世界的任何一个物体
与周围的其他物体割裂开来加以研究一样，经验性的心理学和经验性的
客观知识（如生理学、物理学、化学等等）都是联系着的，是可以通过经验
性的观察和一般经验规律来规定的。"我"是个什么样的人，这种内部经
验只有通过外部经验，通过我从小所经历的环境、教育等等，包括通过对
父母遗传的研究，才能得到规定。这种规定与客观经验的知识运用的是
同样一些先天原则和范畴，它们是不以我的主观表象和意愿为转移的。

　　因此对我的在时间中的存有的意识是与对在我之外的某物的关系
的意识结合为一体的，所以它是经验而不是虚构，是感觉而不是想象力，
它把外部的东西和我的内感官不可分割地联结起来；因为外感官本身已
经是直观和某种外在于我的现实之物的关系了，而它的与想象不同的实
在性仅仅是建立在它作为内部经验本身的可能性条件而与内部经验不

<u>可分割地结合在一起之上,这就是这里的情况。</u>

我对自我的经验与我对外部世界的经验是一个统一体,正是这一点保证了我对我的经验知识不同于我对自我的想象或幻想,它具有与整个外部世界相联系的客观性。这种统一或联结的中介就是感官,包括外感官和内感官。外感官和内感官本来是指以空间为形式的感官和以时间为形式的感官,康德在"先验感性论"中说,空间是一切外部直观的纯形式,但它必须被纳入到时间中才能获得认识,所以时间是一切外部和内部直观的纯形式,是"所有一般现象的先天条件"①。所以在认识的结构这个意义上,内在的时间比外在的空间更有优先性。但现在所谈的不是认识的结构,而是认识的客观性,那么在这个意义上外在空间中的对象的知识就成了内部时间中作为对象的"我"的知识之所以可能的条件了,如果没有外部空间中的经验对象,也就不可能有内部的"我"这个经验对象②,空间在证明我们知识的客观性这方面比时间更具有优先性。但这里只是就作为内部经验对象的"我"而言的,"我"只有作为经验对象才必须加入到外部经验的普遍联系中并由此而获得客观性;但如果我们要讨论作为自在之物的我本身,即撇开经验而试图对"我"本身加以规定,那就是另外一回事了。所以康德说:

假如我可以在伴随着我的一切判断和知性活动的**我在**表象中,同时通过**智性的直观**把我的存有的一个规定与我的存有的**智性意识**结合起来,那么一种外在于我的某物的关系的意识就不一定属于这种智性直观了。

就是说,假如我可以这样来形成有关我的存在的规定,即单凭在我的一切认识活动中必然伴随有"我在"这个表象,不是把它与感性直观结合起来,而是把它与智性本身可能有的某种直观结合起来,这样来形

---

① 参看《康德三大批判精粹》,第 93 页。
② 对此可参看《康德〈纯粹理性批判〉指要》,杨祖陶、邓晓芒著,人民出版社 2001 年版,第 211、217 页。

成某种关于"我"的智性意识或先验的知识,那么这种知识当然就不需要外在直观,也不需要援引"我"与外在于我的某物的关系了,但这种情况是不可能的。因为康德在后面多次提到,我们人类不可能有智性直观,我们的智性只能思维,不能直观,我们只可能有感性直观。所以如果我们撇开感性直观,我们就不可能有任何直观来认识一个对象。所以我们虽然有一个伴随着一切认识活动的"我在"的表象,但那只是一个空洞的表象而已,并没有任何实际可认识的内容,我们只能思维它而不能认识它。当然这种思维也是必要的,如果我们连这种思维也没有,那么即使我们有了感性直观的表象,这些表象也只是一大堆碎片,形不成一个客观经验的对象。所以"智性意识"就是对一个对象的思维,一旦我们关于这个对象被给予了感性的直观材料,则我们就可以形成一个实在的经验对象了。所以康德说:

但现在,那个智性意识虽然是先行的,但我的存有唯一能在其中得到规定的内直观却是感性的并且与时间条件结合着的,而这一规定、因而内部经验本身都依赖于某种不在我心中、所以只在我之外的某物中的持存之物,我必须在对它的关系中来观察我自己:这样,外感官的实在性 BXLI 为了一般经验的可能而必须和内感官的实在性相结合:就是说,我如此肯定地知道,有在我之外与我的感官发生关系的物,正如我本人在时间中确定地实存着一样。

"但现在",就是说在我已经对我自己有了一个经验知识的情况下,虽然必须有智性意识"先行",即必须先把"我"作为一个对象加以思考,但要使"我的存有"得到规定,却还必须要有感性的内直观,而这种内直观要形成经验,而不是单纯的想象,则依赖于按照经验的法则与外部经验世界发生经验的关系,因而在这种关系中来"观察我自己"。只有当内外感官的实在性结合在一起,统一的经验知识才有可能形成,而"我"作为这个统一的经验知识中的一种经验知识也才有可能被我们所获得。所以我确定地知道"有在我之外与我的感官发生关系的物"是我确定地知道"我本人在时间中确定地实存着"这件事的前提,因而我从我本人在时间中的实存这件事中就已经可以确定地反推出在我之外其他经验对象存在的事实了。康德由此而与主观唯心论和怀疑论否认在我们之外的对象世界存在的观点划清了界限,甚至带上了某种唯物主义的色彩。他又说:

　　但现在,外在于我的对象究竟是现实地与哪些给予的直观相应,因而是属于外部**感官**的(这些直观应归因于它,而不是归因于想象力),这必须在每一特殊情况里根据一般经验甚至内部经验据以与想象区别开来的规则来决定,在此永远成为基础的原理是:实际上有外部经验。

　　就是说,"有外部经验",这是一般的原理;至于这个外部经验是怎么样的,这个对象是与感官所给予我的哪些直观相应,红色还是绿色,乐音还是噪音,这就必须具体看待了,但它们无疑是符合一般经验的规则的,而不是任意想象的。这里要注意的是,直观和感官还不是一回事,由感官给予的当然都是直观,但直观也可能是脱离感官的,例如想象力也是一种直观能力,但它不一定要与感官直接相关。康德在《实用人类学》中说:"认识能力中的感性(直观中的表象能力)包含两部分:感官和想象力。前者是对在眼前的对象的直观能力,后者是对哪怕不在眼前的对象的直观能力。"[①] 想象力可以把不在眼前的事物唤起来,如回忆和展望等等。所以康德在上面一段话的括号里说对象的直观"归因于"感官,而不是"归因于想象力"。想象力是可以任意想象的,有它的自发性;感官却不能任意获得其表象,因此才与想象力不同,有其客观性。但这种客观性在每一场合下还必须"根据一般经验(甚至内部经验)据以与想象区别开来的规则来决定",也就是说由感官所获得的表象也有可能是错觉,即与其他的感官表象不协调,诱使人作出错误的判断,只有合乎一般经验规则的感官表象才能被看作真正客观的。这些经验规则,如因果关系、实体关系等等,能够把感官表象置于一个相互协调的系统中,并把

---

① 《实用人类学》,邓晓芒译,上海人民出版社 2002 年版,第 36 页。

那些感官错觉的根源暴露出来，使之得到正确的解释。所有上面这一切分析都是以康德在《纯粹理性批判》这本书中所阐明的认识论原则、特别是先验感性论和先验分析论中的诸原则为根据的，但却被放在这个第二版导言中来展开，其实是很不恰当的，因为作为导言必须假定读者并没有通读过全书。但一个没有通读全书的人读到这篇导言，在这个地方将会堕入五里雾中，不知所云。因为很多必要的概念并没有事先交待。所以我建议读者最好先把这个长长注释的具体阐述放在一边，只要知道他想要洗刷自己的主观唯心论嫌疑就行了，等到读完了《纯粹理性批判》全书，或者至少读完了先验分析论，再回过头来咀嚼这段话，才会真相大白。下面康德还有一个补充：

对此我们还可以加上一条说明：关于某种存有中的**持存之物**的表象与**持存的表象**不是等同的；因为前者如同我们的一切表象、甚至物质的表象一样，可以是极为游移不定和变动不居的，但它毕竟与某种持存之物相关，这种持存之物因而必须是与我的一切表象不同的外在之物，它的实存必然同时被包含在对我自己存有的规定之中，并与这个规定一起构成一个唯一的经验，这经验如果不同时（部分地）又是外在的，它就连在内部也不会发生了。

这个说明是区分"持存之物"和这个物的"持存"这两个概念，就是说，持存之物并不见得就是永久持存的，相反，它常常是变动不居的，只是我们认为这种变动永远与某种持存之物相关，它后面的这个与它不同的持存之物是我的一切表象的变中之不变，如木头燃烧变成了灰和烟，但它们的总重量不变。所以当我们说一个持存之物时，我们是把它的偶性和实体一起考虑在内的，偶性变化而实体不变，偶性的一切变化都是这个不变的实体的变化。至于我在对我自己的存有的规定中也肯定要包含这样一个持存之物或实体，这个持存之物或实体与我对我自己的存有的规定结合为一个独一无二的"我"的经验，但这经验中的那个实体肯定是与这经验中我内心的那些表象不同的外在之物，如果没有这种外在之物，就不可能把其他表象凝聚在一起构成这个经验的"我"了。这里讲的仍然是像实体这样的范畴如何使得我的感官表象由内部经验而带上外部的客观性的，也是在后面先验分析论中详加讨论的话题。最后康德问道：

这是如何可能的？在这里不能作进一步的解释，正如我们也不能解释，一般说来我们如何能思考时间中那个和变动之物共存便产生出变化概念来的常住之物。

康德在这里终于发现他扯得太远了，他已经把后面要讲的很多内容都堆在这里讲了，如知性范畴（智性意识）和经验直观的关系，范畴在认识中的作用，经验对象的客观实在性的条件，先验自我意识的不可知性，等等；但这一切最后都归结为一个问题，就是一切经验的客观性、包括对"我"的经验的客观性是"如何可能的"？这实际上就是康德《纯粹理性批判》的总问题：先天综合判断如何可能？康德是在纯粹知性概念的"先验演绎"这个核心部分中回答了这个问题，即诉诸先验自我意识的主体能动综合统一作用。但要展开这一点，康德觉得未免离题太远了，所以他说"在这里不能作进一步的解释"，因为这里只是一个导言，如果什么都讲完了，这本书也就不用写了。还有一个不能在这里解释的是这个问题，即"实体"范畴的含义和功能问题，这也是在后面的分析论里要讨论的问题。我们可以参看一下"原理分析论"中讲到"经验的类比"的"第一类比：实体的持存性原理"，在那里康德说："所以现象的一切变更应当在时间中被思考，这时间是保持着并且没有变更的……既然时间不能被单独地知觉到，所以在知觉的对象中、即在诸现象中必定可以遇到这个基底，它表象出一般时间，并且在它身上，一切变更或并存都可以通过诸现象在领会中与它的关系而被知觉到……因此，现象的一切时间关系唯有通过与之发生关系才能得到规定的那种持存的东西，就是现象中的实体……"[1] 但这种解

---

① 《纯粹理性批判》A182=B225，第170—171页。

释必须先要懂得范畴论和图型法才能理解,而在这篇导言里这的确太勉为其难了,所以康德到此打住,总算饶了他的读者。

现在再接下来讲正文。前面讲的是康德在第二版中对第一版大加修改的必要性,但下面又讲到这种修改从另一方面说又有些可惜。他说:

但这番修改同时也给读者带来了一个不可避免的小小的损失,就是为了不使本书过于庞大,我不得不对好些地方在表述上加以删节或压缩,以便给现在我希望会更好理解的这种表述留下位置。这些地方虽然根本上不涉及整体的完整性,但有些读者可能还是会感到遗憾的,因为它们在其他的目的上还可以是有用的。

第二版的修改不可避免地把第一版中很多精彩的论述删掉了,他认为这多少是一种"损失"。为了更加抓住要点,不要让过多的繁琐头绪淹没了最主要的线索,康德对第一版的原文作了大刀阔斧的删改,但这样一来,一些次要的线索就被砍掉了。例如在范畴的先验演绎中,为了突出这番演绎对经验知识的客观性的担保作用,康德把第一版中带有更多心理学色彩的"主观演绎"部分基本上都删掉了,而把"客观演绎"部分大大地作了扩充。在对理性心理学的"谬误推理"的批判中也是如此,把原来洋洋洒洒的逐条批驳换成了干巴巴的几个命题,以突出理性心理学在逻辑上的偷换概念。这样当然显得更加简明,也减少了误解的可能性,但也损失了不少具体的论证和很有意思的观点。所以后人在编辑出版康德的《纯粹理性批判》时,通常把这两版都同时排印出来,有的还特意加以对照排版,同时注明"A 版"、"B 版";还有的人如胡塞尔、海德格尔,认为 A 版的这些被删掉的部分更有价值,一方面透露了康德哲学的真正的基点,另方面也给现代哲学提供了更多的启示。胡塞尔现象学本身就是从心理学出发的,他力图把经验心理学提升到纯粹心理学或"先验的"心理学,所以更看重康德的"主观演绎"和对理性心理学的详细批判。但康德本人并没有意识到这一层。他认为,为了使他的思想更少遭到误解,作出这点牺牲是值得的。

> 我现在的表述从根本上说在原理乃至它们的证明方面完全没有什么改变，但还是在阐述方法上这里那里对以前的阐述方法有些偏离，不是插进一些话就可以解决问题的。每个人只要愿意，这个小小的损失本来是可以通过和第一版作比较而加以弥补的，而由于我所希望的这种更大的可理解性，这一损失就获得了超出分量的补偿。

他认为他的修改并不涉及他的原理和证明方法，只涉及阐述方面，而这种阐述方法又不能通过插进一些话来改善，而必须在一些地方整个大加改写。但他寄希望于有心的读者把他的两个版本加以对照，从而弥补这一损失。至于经过修改的第二版所带来的更大的可理解性，则将会给予读者更多的、超出损失的补偿。

> 我在好几篇公开发表的文章中（部分是在对一些书的评论中，部分是在单篇论文中）怀着感激的愉快看到，德意志的彻底精神没有死灭，而
BXLIII 只是暂时被思想中天才式的自由的时髦风气的喧嚣盖过了，而批判的荆棘小路，即通往一门学术性的、但唯有这样才是持久的、也才是有最高必然性的纯粹理性科学的荆棘小路，并没有阻碍勇敢聪慧的人去掌握这门科学。

这里再次表扬了"德意志的彻底精神"，这的确也是德国民族性的最大特点。但是在德意志民族中同时还有另外一个民族特点，就是神秘主义和浪漫主义的传统，这一传统在德国启蒙时代发展为康德所谓的"思想中天才式的时髦风气"。如莱布尼茨虽然也有一种逻辑上和数学上的"彻底精神"，他曾是微分学的发明人，现代数理逻辑的先驱，然而他仍然给非理性的事物留下了充分的余地，如他的"微知觉"或"混乱的认识"的学说，就认为人的认识很大程度上是由这些"我说不出来的什么"所决定的。鲍姆加通受到莱布尼茨的影响，在他的《美学》中也把模糊知觉和强烈的情感视为艺术和审美所追求的最高境界。其他如莱辛对"天才"的推举，雅可比对"直接知识"的崇信，门德尔松对灵魂不死的论证等等，这些都很容易为一般读者所接受并蔚为风气。但真正严格的批判和精密

的理性分析则是一条很少有人问津的"荆棘路"，即使在富有思辨精神的德国，走上这条道路的人也必须准备好迎接孤独的命运。康德的《纯粹理性批判》发表后长期无人理解，且由于世人的浮躁而导致了诸多误解，正是这条道路不为一般人所喜欢的证明。但康德坚信这是一条通往真理的唯一道路，并期望有更多"勇敢聪慧的人"去掌握这门科学。他说：

对于这些如此幸运地集见解的彻底性和明晰表述的才能（这恰好是我不会做的）于一身的干练之士，我将留给他们来完成我在后一方面这里那里大约还不完善的修订工作；因为在这种情况下，危险并不在于遭到反驳，倒是在于不被理解。

康德所期待的后继者应当是既有见解的彻底性，又有明晰的表述才能的"干练之士"，对于后面这种才能，康德明确表示他并不擅长。的确，康德在表述自己的思想方面长期以来都受到指责，他往往不考虑读者的接受能力，而用一种极其笨拙的方式把自己头脑中那些复杂透顶的思路编织在一起，为了做到无懈可击而给一个句子加上了太多的从句，就像一个负担过重而迈不开步子的老人。所以康德觉得最好还是由另外具备表述才能的人来对他的著作加以修订，使他的思想在表述方面达到完善。他并不担心他的著作遭到反驳，因为他自信在这方面他已经做到了天衣无缝；他担心的只是由于过于晦涩而不被人所理解。

就我这方面来说，我从现在起可以不再参加争论了，尽管我将仔细关注不论是朋友还是论敌的一切提示，以便将它们用于在将来按照这个概要来建造体系的工作中。由于在这一工作的进行中我年事已高（本月已进入六十四岁了），所以如果我想要完成我的计划，把自然的形而上学和道德的形而上学作为思辨理性和纯粹理性批判的正确性的证明提供出来的话，我就必须抓紧时间动手，而把澄清这部著作中一开始几乎不可 BXLIV
避免的模糊之处以及为整体作辩护的工作，寄希望于那些把这当作自己的事来做的干练之士。

康德深感自己此生的任务还任重而道远，他十分明智地中止了自己为了表述上引起的误解而和别人纠缠于争论之中。他真正要建立的体系还没有着手，还只是写出了一个"导论"；但是他将密切关注学术界的一切相关的提示，以开放的态度接受一切有价值的意见，使未来形而上学的体系更加具有坚实的基础。他相信他将要建立的自然形而上学和道德形而上学将会对"思辨理性批判"和"纯粹理性批判"的正确性提供证明。这里的"思辨理性批判"就是指目前这部著作，而与之并列的"纯粹理性批判"，如我们前面已经提到的，在康德心目中其实更应当指"实践理性批判"，因为只有纯粹实践理性的自由原则才是真正完全摆脱了感性世界的束缚而超越于自然界之上的理性原则。与此同时，他告诫他的读者：

任何一种哲学的阐述都有可能在个别地方被人揪住（因为它不能像数学那样防卫严密），然而，这个体系的结构作为一个统一体来看，却并没有丝毫危险，对于它的概貌，当这个体系新出现时，只有很少的人具有精神上的熟练把握，但由于对他们来说一切创新都是不合适的，对它具有兴趣的人就更少了。即使是那些表面的矛盾，如果我们把个别地方从它们的关联中割裂开来，相互比较，也是可以在每一段尤其是作为自由谈论写下的文字中挑出来的，这些表面矛盾在信从别人的评判的人眼里就会给这些文字留下不利的印象，但对于从整体上把握了这个思想的人，这些矛盾是很容易解决的。

这段话主要就是强调要从总体上系统地把握他的学说，不要寻章摘句、断章取义，他认为这是哲学体系的特别的要求。哲学和数学不同，这是康德在后面的"先验方法论"中特别强调的，数学可以在每一个定理的证明上"防卫严密"，只要有一处表现出矛盾，则满盘皆输。但哲学不同，它不是由给每个概念和命题"下定义"而凑合起来的体系，而是必须从整体来把握它的各部分。如果把哲学体系的每个命题单独抽出来加以考虑，它很可能由于其违反了人们习惯的思路而被判为不通之论，甚至会被拿来和另外一段话中随意抽出来的命题并列在一起，显出一种自相矛盾的假象。有不少康德的评论家就是这样干的,如英国的康浦·斯密,《纯粹理性批判》的英译者和《康德〈纯粹理性批判〉解义》一书的作者,就最喜欢用这种方法把康德的思想肢解得支离破碎,到处看到康德的"矛盾"。经过他的"解义",康德简直是一个大笨蛋,甚至是一个骗子。我曾建议初学者最好不要用这本书来做康德哲学的入门书,那是误人子弟。当然,对于一个熟练的康德专家,这本书还是有一定的用处的,它至少还搜集了不少资料,也摆出了一些问题,但康德本人的思路在里面完全看不出来。我国的牟宗三先生也受到他的影响,同时又带有自身的文化偏见,由这样双重不利因素所作出的康德解读就更加不可信了。所以我们不可能由牟先生的康德研究著作去理解康德,从中理解一点中国哲学和中国文化还差不多。最关键的问题在于他们都没有听从康德本人的教导,即"从整体上把握"他的思想。哲学不是做算术,也不是道德说教,它的特点就是整体把握,许多看来似乎有矛盾的东西在整体把握中就迎刃而解了。这种哲学观可以说是整个德国古典哲学所继承的,而在黑格尔那里发展到了最高峰,他由此而提出了对立统一的学说和矛盾学说。最后康德说:

此外,如果一个理论本身具有持久性,那么最初给它带来很大威胁的那些反复辩难随着时间的推移只会有助于磨平它的粗糙之处,而如果有不抱偏见的、有见地的、真正平实的人士从事这一工作,甚至也可以使它短时期内臻于所要求的精致优美。

康德因此欢迎一切对他的体系的尖锐的批评,认为真正诚恳而深刻的批评有助于这一体系达到理想的精致优美,而且这正是一个体系"具有持久性"的生命力的标志。

导　言

　　我们这个课叫作"句读"，不只是中国古代文献学讲的断句，点上标点，而是要一句一句地读，首先在语法上搞清楚，还要联系这一段的思想，来解释这一句话在这一段中的确切含义是什么。所以我强调要一句句读，一个字也不能漏掉，同时要联系上下文理解。要求有预习，如果你有过预习的话，把整段话的意思都圆熟了，融会贯通了，然后才能理解每一句话。孤立地读一句话是绝对不可能真正理解的，这就是"解释学的循环"。这是我多次提倡的一个读书方法问题。现在我来解释这一段，大家注意一下，我怎样从一句话联系到整体，当然我的联系可能更广一些，我可能联系到整个康德哲学，康德的《纯粹理性批判》以至三大批判。所以我们不要求赶进度，也许我们一次读不了两页，一个学期只能读二三十页，那不要紧，因为我们每次、每句话都在读整个《纯粹理性批判》，一个学期下来，你对《纯粹理性批判》已经差不多熟悉了，当然最熟悉的还是读过的那几段。重要的是你通过这种阅读，可以掌握一种读的方法，对将来你自己读书很有用的方法。我把这叫作"全息教学法"或"全息阅读法"。你们目前不要求联系那么多，但至少这一段你要能够成竹在胸，然后对它的每一句，每个用词，甚至在句子中的重音、重点词，都能够有一种确切的体会。

　　我们先看"导言"的第一节。

B1　　I. 纯粹知识和经验性知识的区别

　　在这个标题中，我们要注意这个"经验性"。为什么要用"经验性"，而不直接用"经验"？"经验性"与"经验"有何区别？有的中译本就是译作"与经验知识的区别"。如果不太明白这个词的含义,不清楚其中的区别何在,可以翻一翻书后面的索引。"经验性"跟"经验"是两个不同的术语,我们的用词是很严格的,绝不混淆,因为康德本人的区分很严格。对此下面还会有详细的解释。

下面先看第一句话:

我们的一切知识都从经验开始,这是没有任何怀疑的;

这里用的"经验"与标题中的"经验性"是两个不同的词。"经验"德文是 Erfahrung;"经验性"是个形容词,用的是拉丁词 empirisch,如果作名词用,第一个字母大写,作 Empirische。"经验性"的意思本来就是"经验的",并没有什么根本性的区分,Erfahrung 和 Empirische 是同义词,一个是德文词,一个是拉丁词,如此而已。但在康德这里,这两个词区分得很严格,"经验(的)"与"经验性(的)"是不一样的。为什么?因为"经验"中还包含有先天的东西,而不仅仅是"经验性的"东西。康德肯定是吸收了经验派哲学的一些观点,经验派就是强调经验性的东西,称之为 Empirismus(经验主义)。但康德跟以往的经验论的一个很重要的区别,比如他跟休谟的区别,就是他认为经验中包含有先天的成分。而"经验性"呢?它是特指与先天成分相对立的东西而言,经验性的东西就是后天的东西,非先天的东西。"经验"一词当然主要也是指后天的东西,"后天经验"嘛!但是在康德看来,有的后天的东西里面也包含有先天的东西,一切经验作为后天的知识里面都包含有先天的知识成分。这就是康德跟经验主义认识论很不相同的一个重要区别了。"我们的一切知识都从经验开始",这本来是经验论的一个基本原则,相当于洛克所说的"凡在理智中的莫不先在感觉中"。我们通常讲的经验论,以及经验论的唯物主义,都是从这个原则出发的,即主张"感性"是一切知识的来源。当然康德所说的"感性"又有不同的解释,后面再讲。总之,经验是一切知识的开始,这一点康德是承认的,所以我们说康德的认识论中包含有经验主义的成分，这从"导言"的第一句话中就体现出来了。"我们的一切知识都从经验开始，这是没有任何怀疑的"，为什么呢？下面有解释，单看这种解释，很像唯物主义者或经验论者的语言：

因为，如果不是通过对象激动我们的感官，一则由它们自己引起表象，一则使我们的知性活动运作起来，对这些表象加以比较，把它们联结或分开，这样把感性印象的原始素材加工成称之为经验的对象知识，那么知识能力又该由什么来唤起活动呢？

这么长一句话，我们要分析一下其中的句子成分。"因为，如果不是通过对象激动我们的感官"，后面的两个"一则……"都是附属于"对象激动我们的感官"的，是由它所引起的后果，即一方面"由它们自己引起表象"，就是产生出各种感官表象、感性印象，另一方面使"我们的知性"能够有用武之地，把这些表象联结、分开和加工成经验。也就是说，如果没有这一切，"那么知识能力又该由什么来唤起活动呢？"这整个一句话，我们可以删节为："如果不是通过对象激动我们的感官……那么知识能力又该由什么来唤起活动呢？"中间塞进去了"对象激动我们的感官"所引起的结果，即"它们"，指这些"对象"，自行引起我们的感官表象，同时又唤起知性能力的活动。这里的"表象"是 Vorstellung，意为"摆在前面的"，Vor 是一个介词，"在……前面"的意思，stellen 就是"摆出来"。这个词的含义非常广，在康德那里，一切出现在我们意识面前的都是表象，包括意识本身，包括感性表象，包括经验、想象、幻想、感觉、知觉、先天的范畴、理念等等。康德没有说这里是指什么表象，但根据上下文可以猜得到，就是感官表象、感觉。对象刺激我们的感官，就引起我们的表象，也就是引起了感觉。而知性的运作，这里提出了三种方式，比较、联结和分开，实际上联结和分开都是基于比较，比较同和异，同则联结，异则分开，暗示着后面讲的综合与分析。比较、联结、分开这一套运作方式首先是在洛克那里提出来的，我们可以读一读他的《人类理解论》，其中关于"反省的经验"就是人的知性、人的理智的活动，"理解"就是"知性"，英文的 understanding，相当于德文的 Verstand。洛克对这种知性活动所列举的主要就是分别、比较和联结，当然还有命名和抽象，那是另一层意思，能够操作的就只是分辨、比较和联结。在洛克那里，除了感觉的经验之外，还有反省的经验，又译作"反思的"经验，实际上是指知性、理智，它能够把感觉经验的这些表象、这些"观念"拿来加以比较，比如把红的和蓝的比较，一比较差异就出来了，不比不知道。感觉不会自己做这种比较，这是知性的工作。通过比较，把有差异的区分开来，把共同的结合起来，这才形成了所谓的"复杂观念"，如实体、关系等等。这种运作的结果，用康德的话来说就是"把感性印象的原始素材加工成称之为经验的对象知识"，这都是知性所做的工作。注意这里出现了一个词："印象"（Eindrücke）。这个词是休谟最喜欢用的词，他的《人性论》第一部分一开篇就谈"印象"（impressions），认为人类的一切知识都来源于印象，都是由印象和观念构成的，观念是削弱了的印象，比如记忆中的印象。一切观念都是印象、第一印象造成的。印象就是最直接的感觉，是最清晰的表象，这就是休谟认识论的基础。康德的用词经常都是有来历的，每个术语后面都暗藏着哲学史上的底蕴，如果我们不熟悉哲学史，尤其是不熟悉近代唯理论和经验论，我们对康德的《纯粹理性批判》是读不通的。所以我们平时在读书的时候，如果发现自己在某一方面有所欠缺，就得回过头来看看有关的著作，随时补一补。上面讲的这些词都是非常特殊的，如果我们熟悉这一段哲学史的话，看到这些词就会马上意识到康德是在对谁说话，针对的是谁，他的问题是谁的问题，我们脑子里就会有这种反应。但是，感觉印象在康德那里只是被当作"原始素材"，这一点就跟休谟不同了。感觉印象本身还不构成知识，只是知识的素材，它们必须经过加工，加工成为"经验的"对象知识，加工成"经验"。也就是说，要把"经验性的东西"加工成"经验"。康德的"经验性"和"经验"的区别就在这里。他为什么要做这种区分？就是为了和以往的经验论者如休谟等人区别开来。以往的经验论者认为，经验性的东西就已经是经验了,而康德则认为,经验性的东西还不是真正的经验,而只是经验的素材,它还有待于知性对它加以比较、综合和分析,对它们进行加工,才能够造就成经验,才配"称之为"经验。什么是经验? 那就是"对象知识",只有对象知识才能被称之为经验,而经验性的东西,比如说感觉印象,那还不是对象的知识,而只是主观的东西。如果我有一种感觉,我觉得这个东西是黄色的,这是不是对象知识呢? 有人认为是,但是洛克早就说了,这还不见得,比如有人得了黄疸肝炎,你的眼睛是黄的,你看所有的东西都是黄的,那就只是你的一种主观表象而已,并不表明一切事物都是黄的。那么,你既然可能得一种病,所有的"正常人"是不是也可能都患有一种不知道的病呢? 是不是这种病使得所有的人看东西都犯有同样的错误呢? 那是很难说的。也许外星人看世界就不是我们所看到的样子,牛的眼睛看这个世界就不是我们看到的样子。有人说西班牙斗牛士用一块红布去激怒斗牛,但是有动物学家说,牛其实是色盲,在它眼里只有黑白两色。还有狗也是一样,它眼中只有黑和白,就像看黑白电视一样,当然它可以看得很精确,看得很远,但它没有颜色的区分,像人一样有这么多颜色区别的动物其实是不多的。所以洛克提出人在对象上所看到的有些性质是主观的,如颜色、声音、冷和热、苦和甜等等,这只是"第二性的质",它取决于我们自己感觉的性质;而事物的大小、形状、数目、位置、运动等等才是"第一性的质",才是事物的本来面目,这是有道理的。物理学上也证明我们所看到的红色只是一定波长的光波,事物本身无所谓红色,它就是光的电磁振动,可以用一个数学方程式表示出来,并没有那种强烈的、火热的或血腥的红色,那只是我们的主观表象。所以康德也讲人的感觉印象实际上是主观的,这种说法不能说错,以往我们说他这是主观唯心主义,其实在一定意义上他这样说是对的。你一定要把一种感觉印象看作是对象本身固有的,这与现代生物学和物理学都是相违背的。洛克所提出的这种区分,实际上已经表明了即使人的经验知识也不是单纯由经验性的感觉印象构成的,而是由两种不同的成分构成的,一种是直接由感官所得的经验性的表象，即感觉印象，一种是通过知性赋予的，你要确定一个对象的数目、大小、位置、结构等等，你就必须运用数学知识和几何学知识，以及你的知性的判断力、分析综合能力，这些都不是单纯由你的感官所能决定的。康德则进一步把这种区分规定为经验性的东西和先天的东西的区分，所以有人把康德的认识论称之为认识论上的二元论，也就是主张人的知识由两个不同的成分构成，一个是感性，一个是知性。其实这种二元论来自洛克，来自他所提出的两种不同的经验，感觉的经验和反省的经验，以及两种不同的性质，第一性的质和第二性的质。不过洛克没有清楚地意识到这一点，他还认为自己是一个经验论者，反省的经验也是经验，所有的反省都来自于经验。康德则自觉地提出了这种二元论，认为知识有两个来源，所谓对象知识、即经验知识本身需要感性和知性合作，没有知性是形成不了对象知识的，只会是主观的感觉。所以"对象激动我们的感官"所造成的后果有两方面，一是引起感官印象，一是使知性活动起来，如果不是这样，那么"知识能力又该由什么来唤起活动呢?"注意这里的"知识能力"是用的复数，包括感性能力和知性能力。知识能力就是形成知识的能力，也就是形成有关对象的知识的能力。在康德那里，所有的知识都一定是有关对象的知识，总的来说是这样，当然还有一些细微的区别，我们下面还会提到，有时他也不一定那么严格，但是一般来说，知识就是有关对象的知识，或者是在有关对象的知识中起了作用的那些知识成分，也可以叫作知识。能够形成有关对象的知识的那些能力，也就是认识对象的能力，人先天地就具有这些知识能力，但若无对象来刺激我们的感官，产生如上一切后果的话，那么知识能力又如何能够被唤起呢? 若知识能力不活动起来，我们又从哪里获得知识呢? 所以第一句话中"一切知识都从经验开始"，就落实到这里，落实到我们的一切知识都是由对象刺激我们的感官、然后我们的知性对这些感官所获得的表象进行加工而来的。最初当然要由经验开始，第一步要对象对我们的感官产生刺激，这个"对象"在这里是指物自体；然后知性把这些表象加工成"称之为经验的对象知识"，这里的"对象"又不是指物自体了，而是指我们加工成的东西。"对象"（Gegenstand）这个概念在康德这里的用法非常复杂，在同一句话里就有两个不同的含义。前一个是指物自体，它刺激我们的感官；但是，有关对象的知识、"对象知识"中的这个"对象"则肯定不是物自体，因为在他看来对物自体是不能有任何知识的，而且物自体也不是我们形成的，它在我们之外。所以物自体刺激我们，从而我们开始形成对象的知识，这个对象是我们自己建立起来的，我们自己建立起一个我们把它看作对象的东西的知识，这就叫经验。但是这个经验并不反映物自体的状态，这一点我们必须牢牢把握。很多人读不下去，认为康德自相矛盾，往往就是这些用语的混乱导致的。与"对象"相当的还有一个词是 Objekt，很多人也把它译成"对象"，实际上它和 Gegenstand 也没有什么很大的差别，一个是拉丁文，一个是德文，可以互译，在康德那里也是打混了来用的。但既然康德那里有这种不同，我们也把它分别开来，译作"客体"。但上面这段话中的两个"对象"都是用的 Gegenstand，用词没有什么区别，但含义不同。"我们称之为经验的对象知识"，对象能成为知识就不是物自体了，而是我们把它看作对象的那种东西的知识，是我们自己建立起来的对象的知识。这里带有更多的由经验构成对象的意味，这个"对象"，它里面有经验的内容，对它的知识不是空洞的，而是有对象的，是对于通过感官而给予我们的那种东西的知识。物自体刺激感官产生了一个表象，但物自体并没有通过感官被给予我们，被给予我们的都是在我们的直观中被接受下来了的，而在我们的直观中被接受下来则有赖于我们的直观能力、接受能力，我要有这种能力才能接受。比如我们看到太阳，我们脑子里就有一个太阳的印象，但是石头就没有这个印象，虽然它也被太阳照到，但它不具备我们这种接受能力。所以我们之所以能够形成太阳的对象知识，是有赖于我们的接受能力的，这样的对象不是作为物自体的太阳本身，而是太阳的物自体刺激我们的感官在我们头脑里形成的一个对象意识，而这个对象意识是有它的感性内容的。所以在很多情况下,康德说"关于对象的知识"就是指直观的知识,是通过感性所经验到的东西。单纯的知性在康德那里还没有对象,它要有对象就必须把经验的东西充实进去,否则只是一些空洞的范畴、空洞的表象,它们只有用在直观经验上才能够获得自己的对象。康德说我们的知识能力是被"唤起活动"的,这种说法本身就证明我们的一切知识都是从经验开始的,因为经验唤起认识能力,它是在先的,是由于对象刺激我们的感官,我们才能够运用我们的一切知识能力。所以康德说:

按照时间,我们没有任何知识是先行于经验的,一切知识都是从经验开始的。

他强调这里的"先于"是"按照时间"而言的,这四个字上面打了着重号,就是说按照时间来说,我们没有任何知识比经验更早。这是典型的经验论观点,也是亚里士多德和洛克所申明的立场,即"白板说","凡在理智中的无不先在感觉之中",它是划分经验论和唯理论的主要标准。所以从这段话来看,康德表明他的出发点是经验论。当然与以往的经验论也有区别,刚才讲了很多,但基本原理还是立足于经验论的。只不过这个"按照时间"里面已经打了埋伏了,就是说,按照时间经验是在先的,但是呢,如果是按照别的方面,比如说按照逻辑,经验就不一定是在先了。这是话里有话,为后面超出经验论埋下了伏笔。

再看第二段。

但尽管我们的一切知识都是以经验为开始的,它们却并不因此就都是从经验中发源的。

这里有两个区别,一个是"以"经验开始,这个"以",德文是 mit,英文作 with,直译作"借助经验而得以开始",也就是"从经验开始"的意思。还有一个是"从……中",德文是介词 aus,"从……里面出来"、"出身于……"之意。"以经验为开始"或"从经验开始",借着、伴随着那一点而开始,并不等于"从经验里面发源"或"出身于、来源于经验"。一切知识从经验开始,是在时间上说的,开始的时候是经验,但并不等于一切知识都是来源于经验。"开始"与"来源"不一样,"来源"是指一种知识的根在哪里,这就不是在时间上考虑的了,而是在逻辑上考虑的,它在逻辑上是属于知识中的什么层次,这个层次是植根于什么样一种认识能力? 所以尽管一切知识都是从经验开始的,但是一旦开始以后,所形成的任何一个知识里面都包含有两种不同来源的认识成分,参与了对这种知识的构造,它实际上是由这两种不同的认识成分合作而成的。这两种不同的成分,一种是经验性的、后天的成分,感官的感觉,知觉印象等等成分,它们既是从经验开始的,同时又是来源于经验;但是另一种则是先天成分,特别是知性的成分,若没有知性对这些感官表象进行加工,那么一切有关对象的知识仍然是形成不起来的。因此,经验知识中除了包含有来源于经验的那一部分之外,还包含有先天的、并非来源于经验的部分,先天直观形式(时空)就不是来源于经验的,知性的纯粹概念也不是来源于经验,而是来源于知性的先天综合作用。这些先天的成分都不是来源于经验,但它们都构成经验知识中的不可缺少的成分。我们前面谈到经验和经验性这两个概念的区别,经验性的就是后天的东西,而经验里面既包含有经验性的后天的东西,也包含有那些先天的成分,由我们的先天直观形式和知性加到经验性的材料中去以形成经验的那些成分。比如时间和空间、概念和逻辑、范畴等等。所以一切知识都以经验为开始,但并不都是从经验中发源的,当然有从经验中发源的,但并不都是这样。一切知识,即算都是从经验开始的,但一旦开始,构成了知识,就已经加进了非经验性的、先天的知识成分了,是由于加进了这些成分才构成了知识的,否则就还只有一些知识的素材,而不能构成真正的知识。下面就把这个道理说得很透了:

　　因为很可能,甚至我们的经验知识,也是由我们通过印象所接受的东西和我们固有的知识能力(感官印象只是诱因)从自己本身中拿来的

东西的一个复合物，

也就是说，哪怕是我们的经验知识，其中也包含有我们从自己的先天能力中拿来的东西了，通常也可以说，包含有来自先天的知识、先天知识了。当然"先天知识"一说并不严格，应当说经验知识中的先天成分，因为这些先天成分单独是构不成知识的，但康德经常使用这一说法，我们要理解他说的就是指经验知识中的先天的成分，由于沾上了经验知识的光，所以也就可以叫作一种先天知识了，但其实最终是脱离不了经验的。所以我们的一切知识，也就是经验知识，是由两种东西复合而成的，一种是"通过印象所接受的东西"，一种是"我们固有的知识能力从自己本身中拿来的东西"，两方面加在一起就构成了经验知识。括号中"感官印象只是诱因"，也就是我们固有的先天知识能力的诱因，作为"诱因"，当然是在先的，但诱因还不是知识，只有诱发了我们的先天知识能力才能构成知识。康德这里讲，"甚至我们的经验知识"，这个"甚至"是有针对性的，针对那种把经验知识和先天知识分割开来的观点。有人也许会说，你讲的先天知识和经验知识当然是有不同来源的，先天的是先天的，经验的是经验的。但是康德说，**甚至**就连经验知识，其中也有先天的成分，也包含来自先天的知识，它是先天和后天的复合物。下面：

对于我们的这个增添，直到长期的训练使我们注意到它并熟练地将它分离出来以前，我们是不会把它与那些基本材料区分开来的。　　B2

"对于我们的这个增添"，什么增添？就是指我们从自己固有的这个先天知识能力里面拿来的东西，我们把它增添到那些后天材料之上。对于这个增添，我们一般也难得把它和那些底层的材料、那些素材区分开来，要区分需要经过训练。我们通常所讲的知识，人们一般以为它既然从经验中来，从经验开始，那么它里面所有的东西都肯定是来自经验的，很容易就下这样的断语。从经验开始的东西难道还不是从经验中来的吗？一般人很难将这一点区分开来。康德要反驳的就是这一点。他指出，从经验开始的东西不一定都是从经验而来的，从经验开始的东西，它一开始就加入了另一种成分在里面了，已经有先天的东西起作用了。若无来自于先天的东西，经验知识根本不可能形成，它就会仅仅停留在一种经验性的主观表象，一堆飘忽不定的印象。单纯的印象不能构成知识，虽然它作为诱因在先，要首先提供给我们，我们的这些先天的知识能力才能运作起来，但这种运作本身的来源是出自于我们自己先天固有的东西。那么这两部分长期以来被混在一起，先天的东西长期被埋在经验的东西中，人们往往不注意，最典型的就是休谟。休谟认为所有先天的东西都是没有普遍必然性的，都是没有认识价值的，你把它们强加在经验性的东西上面，只是你主观任意的一种武断。他最推崇的就是直接的印象，没有任何主观人为的歪曲，第一印象给了我，我就把它保持住，在记忆中成为观念，在意识中成为知觉。这就是天然的朴素的知识，不需要任何先天的东西，这种知识最实在。所以休谟自称为"实在论者"，我们称他为主观唯心主义者，怀疑论者，但他自己自称为实在论，我有什么就说什么，有一说一，有二说二，不知道的就不说，实事求是。他认为人们称为先天的那些知识，例如因果律，只不过是一种后天形成的习惯，一种心理学上的联想。休谟的说法很能够迷惑人，长期以来没有人能够驳倒他，直到今天。现代的逻辑实证主义基本上还是那一套，在认识论上没有超过休谟。为什么会这样？康德指出，一般人没有、也不愿意通过长期的训练来把人的经验中的各种成分熟练地区分开来。康德的《纯粹理性批判》就是要作这样一种训练，就是要通过非常清晰的层次分析，使我们能够熟练地把这些知识成分，先天的后天的，它们的作用，它们的相互关系等等，严格地区分开来，界定下来，为人类的知识打下坚实的基础，或者重建被休谟搞成了一堆废墟的人类知识的大厦。这就是康德的目的。

经过前面两段的解释以后，下面一段就容易一些了：

这样，至少就有一个还需要进一步研究而不能一见之下马上打发掉的问题：是否真有这样一种独立于经验、甚至独立于一切感官印象的知识。

是否真有？到底有没有先天知识？前面讲一切知识都是从经验开始，但不一定是从经验中发源的，为什么呢？因为很可能从经验开始的知识，有一部分是从经验中发源的，还有一部分却是从我们固有的认识能力中发源的，所谓的经验知识只不过是这两方面的复合物。注意他上一段中讲到"因为很可能"，还只是一种虚拟式，认为有这种可能性，他还没有肯定地说经验知识就是由这两方面复合起来的。我们前面断言康德有这样的意思，是根据他后面的论述才证明了这一点，但在那个地方，在第二段中，他还只是用的虚拟式：可能会有这样的情况，你们可以考虑一下。康德经常这样引入问题，从不独断地断言，因为他是"批判主义"。他在正式提出某个概念之前，通常总是用虚拟式把这个概念一步步引出来，引导你去想，有没有这种可能。然后他再加以证实，证明这不仅仅是可能的，而且是唯一可能的，而且是必然的和真实的。所以前一段的"很可能……"以下都是用的虚拟式。那么，这种可能性摆在我们面前，那就有一个不能打发掉的问题，需要加以解决，就是："是否真有这样一种独立于经验、甚至独立于一切感官印象的知识"？是否真的有？前面若不是用的虚拟式，那他就已经断言有了，但他不是这样的。他引导你去想，然后提出这个问题：是不是真有这种先天知识？当然，他后面证明有这种先天知识，不是通过理论上的证明，而是通过事实，还是通过对这种经验事实的分析，从中分析出有先天知识。所以他并没有从理论上反驳休谟，而是提出不可否认的事实，就是在我们已经拥有的数学知识、自然科学知识中分析出，实际上它们里面包含有先天知识。如果休谟理论上彻底的话，从理论上反驳他是不可能的，你只能举事实去反驳他，但他要不承认这些事实是你说的那种意义，如果他坚持这些先天知识还是一种后天形成的主观的联想和习惯，那休谟是驳不倒的，谁也没有办法。这个后面还要讲。那么康德的这个问题提出来，说"是否真有这样一种独立于经验、甚至独立于一切感官印象的知识"，这里是有两个层次的。一个是"独立于经验",一个是"甚至独立于一切感官印象"。"感官印象"与"经验"相比,其外延不是更大,而是更小。从逻辑上说,感官印象这个概念是包含在经验概念中作为其中的一个成分的。那么这个地方用"甚至"是什么意思呢?我们要考虑到康德《纯粹理性批判》对先天知识的一种划分,一个是知性范畴,一个是先天直观形式,就是时间和空间。而这句话的这两个层次就是针对这两种情况而言的,康德问的实际上是:知性范畴是否独立于经验,而先天直观形式是否独立于感官印象呢?先天直观形式和感官印象在康德那里都属于感性直观。知性独立于经验还好理解,它本来就是超出经验之上的;但先天直观形式本来也属于感性,就连它也独立于一切感官印象,这就有进一层的意思了。在康德看来,人的知性是用来构成经验的,它构成了经验,同时本身又被当作一种必要成分包含在经验之中,但从它的来源来说它是独立于经验的;另一方面,人的先天直观形式是感官印象能够被我们接受的先天条件,它和感官印象也是不可分的,但它的来源也是独立于感官印象的。但是到底是不是这样,这是必须认真回答的问题。下面:

人们把这样一种知识称之为**先天的**(a priori),并将它与那些具有后天的(a posteriori)来源、即在经验中有其来源的**经验性的**(empirische)知识区别开来。

这里,a priori 是拉丁文,其意义是指在事物或事情之先的,我们译成"先天的"有些不太合适、不太准确,它不是中文的那种"天生"的意思,在康德这里是逻辑上在先的意思。中文里面的"先天"有一种自然天生的意思,是时间上最先的,好像我们是从娘肚子里带来的,与生俱来的。因为我们中国人的思维方式一般不太重视逻辑。所以那种逻辑上在先的意思,我们很难用一个适当的中文词来表达。译成"先天"往往会有一种误解,以为是人的生理构造、天生禀赋所带来的。我们要注意康德没有这种意思,他完全是从认识论上、从逻辑上讨论何者在先,至于时间上在先,例如前面讲一切知识都从经验开始,是按照时间来说的,这里他

就不用 a priori。所以他这个词不是从人类学、生理学、心理学的意义上
来说的。我们这里的译法基本上采取约定俗成，并没有很多特别独创的
译法，译得准当然是很重要的，但也不是绝对的，暂时不准也不要紧，更
重要的是要固定，尽量形成定译，以便在运用术语的过程中突显它一贯
的真正含义，如维特根斯坦所说的，一个词的意义就在于它的用法。韦
卓民先生曾经有一个不错的译法，译作"验前的"，逻辑意味很足。韦先
生逻辑是学得很好的，他看出了"先天"这一译法以及别的一些译法的
不足，提出了这样一个新的译法，从道理上讲应当是非常可取的。但在
中文的行文中总是不太方便，比如要和"先验的"区分开来就不容易，而
"先天的"、"先验的"一看就清楚，既有区别又有联系。当然"先天"的译
法要经过解释，排除可能的误解，指明不是时间上的在先，而是逻辑上在
先，也就够了。康德自己就在下面作了这种区分，可见就是在德语中，也
存在着这种误解。另一个词是 a posteriori，相应地译作"后天的"（不译
作"验后的"），康德明说它相当于"经验性的"。后天的就是在经验中有
其来源的，不仅开始于经验，而且来源于经验，严格讲这些还不算真正的
知识，而只能算知识的材料、素材。但康德在次一级的意义上也把它们
称为"知识"、"经验性的知识"。经验性的知识和先天的知识合起来才构
成了真正的知识，它们作为知识的构成成分，也有权叫作知识，但如果分
开来，孤立出来，它们都不成其为知识。所以后天知识也要依赖于先天
知识成分才能够形成起来，它在时间上固然是先接受的，但要成为知识
还得依赖于人的知性先天固有的普遍的知识框架。不过我们这里最好不
要说"人"，因为康德这里不是讨论人类学、心理学或生理学，而是讨论
知识本身的结构。我们为了通俗就说人的头脑、人的内心、人的知性，但
康德这里并没有出现一个"人"字，他讲的就是一般知识的结构，不管是
人还是其他动物，还是外星人，还是未来可能的机器人，只要是有理性者，
他都会具有这样一种知识结构。

　　下面一段进一步澄清"先天"这个概念。

　　<u>然而"先天的"这个术语还不足以确定地表示与上述问题相适合的</u>
<u>全部意义。</u>

　　"先天"这个概念在日常的用法中用得很泛，即使在德语的语境中，如果不加以界定的话，也不足以表达康德的意思。他说：

　　<u>因为很有些出自经验来源的知识，我们也习惯于说我们能够先天地</u>
<u>产生它或享有它，因为我们不是直接从经验中、而是从某个普遍规则中</u>
<u>引出这些知识来的，但这个规则本身又还是借自经验的。</u>

　　在我们的日常经验中有很多这样的知识，它们虽然来源于经验的知识，我们也习惯于说我们能够先天地产生它，因为我们在其中运用了某些普遍规则，但这些规则实际上还是要以经验为前提的。在这种情况下，我们也习惯于说"先天的"，但是这个意思跟我们所需要的意思是不同的。我们需要的先天不是这种意义上说的先天。接着他举了一个例子。

　　<u>所以我们会说一个在挖自己房子基础的人：他本可以先天地知道房</u>
<u>子要倒，即他不必等到这房子真地倒下来的经验。</u>

　　他"先天地"知道这房子要倒，房子没有倒下来，他却预见到房子要倒下来。我们经常就会说他"先天地"知道这一点，其实就是说他预先知道这一点。康德说：

　　<u>但他毕竟还不能完全先天地知道这件事。因为他事先总归要通过经</u>
<u>验才得知，物体是有重量的，因而若抽掉它们的支撑物它们就会倒下来。</u>

　　也就是说，物体是有重量的，没有支撑物就会倒，这一条规则他毕竟是通过经验才得知的，所以它并不是真正先天的。所以我们预见房子在挖基脚时会倒下来，这种知识并不是真正先天的知识，而是归根结底是经验的知识。

B3　　<u>所以我们在下面将把先天的知识理解为并非不依赖于这个那个经</u>
<u>验、而是完全不依赖于任何经验所发生的知识。</u>

　　这是他对"先天的知识"所做的界定。什么是先天知识？先天知识

就是不依赖于任何经验所发生的知识。不只是不依赖于一定范围内的经验，如不依赖于眼前的经验而依赖于过去的经验，不依赖于自己的经验而依赖于别人的经验，不依赖于实际的经验而依赖于写在书上的经验，这些都不算。要"完全不依赖于任何经验"，才能叫作先天的知识。

与这些知识相反的是经验性的知识，或是那些只是后天地、即通过经验才可能的知识。

经验性的知识等同于"通过经验才可能的知识"，它与先天知识是正相反的一对概念。

但先天知识中那些完全没有掺杂任何经验性的东西的知识则称为**纯粹的**。

这里"纯粹的"上面打了着重号，这就跟这一节的标题联系起来了，即"纯粹知识和经验性知识的区别"。我们前面没有解释这个"纯粹知识"，只着重于解释"经验性的知识"，因为"纯粹的"一词直到现在才出现。按照康德的解释，严格的先天知识就是纯粹知识，所以"纯粹的"一词就几乎相当于"先天的"一词，只要它不掺杂任何经验性的、后天的东西。不过，前面讲的"完全不依赖于任何经验所发生的知识"，也就是"先天知识"，与后面这里讲的"完全没有掺杂任何经验性的东西的知识"，即纯粹的知识，是不是就完全是一回事呢？看来也不尽然，似乎还有一点层次区别。就是说，完全不依赖于经验所发生的知识和完全不掺杂任何经验性成分的知识还不完全等同。这可以根据下面的例子看出来。

于是，例如"每一个变化都有其原因"这个命题是一个先天命题，只是并不纯粹，因为变化是一个只能从经验中取得的概念。

"每一个变化都有原因"，这绝对是一个先天命题，因为它符合先天命题的定义，即"完全不依赖于任何经验所发生的知识"。你对任何一个变化都可以先天断言它是有原因的，而不必借助于任何经验来断言。但这个先天命题是不是它的每个概念都不含有经验的成分呢？是不是"完

159

全没有掺杂任何经验性的东西"呢？这就不好说了。康德这里是说，"变化是一个只能从经验中取得的概念"，所以这个命题还不能算是纯粹的先天命题。但是"变化"（Veränderung）概念本身是不是就只能从经验中取得呢？看来康德似乎并不是很有把握。例如就在下面一页，他自己就说，要想找一些"严格意义上普遍的、因而纯粹的先天判断"，"如果想从最普通的知性使用中举这样一个例子，则在这方面可以引用'一切变化都必有一个原因'这个命题"，又把这个命题看作一个纯粹的先天命题了。而在其他的地方，他也曾认为这一命题是时间或因果律的一种掺杂了经验性成分的表达，力、运动、变化都是因果等范畴的感性化的"派生概念"（参看 B48 和 B108）。但有时候他又认为这就是因果律（B232—233）。不过总的意思还是明确的，就是真正纯粹的命题，不但命题本身作为一个判断必须是先天的，而且这个判断的每一项也都是要纯粹的，不能包含经验性的成分。所以他这里还是有两个层次：一个是，作为普遍的自然原则，"每一个"（eine jede）变化都有其原因，这是自然科学的一个基本规律，是因果律，也是根据律，即莱布尼茨的"充足理由律"，每一样发生的事情都有其充分的理由。自然科学一刻也离不开这条原则。但是在康德看来，这只有当我们谈"自然的形而上学"的时候，才能把这些东西纳入进去，而在另一个层次上，在谈论纯粹理性批判的时候，我们还必须要把它看作是带有经验性的东西，不纯粹的东西，充足理由律必须被看作是带有经验性的东西。所以他的先验逻辑中有因果律，但没有充足理由律，充足理由律是因果律在自然界中的运用。他在后面讨论了十二范畴之后，谈到我们通过十二范畴再加上其他一些派生的概念，如变化、运动、物体等等，就可以构造出整个先验哲学的体系来，那就是自然的形而上学体系（B232 以下）。当然他并没有来得及完成这一设想，他完成的是一件打基础的工作，即《纯粹理性批判》，还有一本《自然科学的形而上学基础》。至于把它演绎成一个自然形而上学体系，他把这件工作留给后人去做。

II. 我们具有某些先天知识，甚至普通知性也从来不缺少它们

我们先来看看这个第二节的标题。第二节跟第一节的标题相比进了一个层次。第一节是把纯粹知识和经验性的知识划分开来，有两种知识，它们是不同的。不同在什么地方？纯粹知识是先天知识，先天知识中又有纯粹先天知识，还有一种不是那么纯粹的先天知识，但和经验性的知识又还不一样。做完了这些区分，都摆在眼前了，那么第二节就是要来看一看我们是否有先天知识。所以第二节在标题上就标明了它是从事实的角度来谈的，我们确实具有某些先天知识。在此之前谈到这些先天知识大都用的虚拟式，是说我们先不管事实上怎么样，我们从道理上来看一看知识可以分为哪两种，是不是有一种经验性的，有一种先天的，这两种又应该有什么样的不同，等等。而第二节就讲，我们现在来关注一下先天知识，这是我们的确具有的，甚至普通知性也从不缺少它们，这里就不用虚拟式了。"甚至普通知性"，就是说先天知识还是非常普遍的，不需要很高深的哲学理论，就连普通的知性也是具有的。普通知性也可以译作"健全理智"，或"日常理智"，我们每个普通人都是有理智的，只要你不用一些古怪的怪癖如休谟哲学或神秘主义去败坏它。而在这些普通知性里面就含有先天知识。这个第二节主要就是肯定这一点。

不过在这一节的第一段中，还没有直接讲到这一点，而是首先要确定先天知识和经验性知识相区别的标志。

<u>在这里，关键是要有一种我们能用来可靠地将一个纯粹知识和经验性的知识区别开来的标志。</u>

上面第一节的确把这两种知识区分开来了，举了很多例子。但是还没有把用来区分它们的严格的标准确立下来。所以这一节一讲我们有某些先天知识，人家就会问：你根据什么来判定什么是先天知识、什么是经

验性的知识？所以首先就必须说明，你是用什么来划分先天知识和经验性知识的。下面讲：

　　经验虽然告诉我们某物是如此这般的状况，但并不告诉我们它不能是另外的状况。

　　一般地，我们现有的知识中有经验性知识，我们通常看到的经验性知识告诉我们某物是如此这般的状况，如某人生于某年某月某日，办公大楼位于某个方向等等，但并没有告诉我们它们不可能是另一种状况。因为完全有可能是另外一种状况。一种经验性的知识是在经验中发生的，它本来也可以完全不是这样发生，而是那样发生，甚至不发生。这栋办公大楼完全可能不建在这个方向，而建在那个方向，某人完全可能推迟一两天或提早一两天诞生，这是完全有可能的。经验没有说事情不可能是另外的样子，它只告诉我们已经发生的事情，而没有告诉我们必然要发生、不可能不发生的事情。鉴于上面这种情况，于是他推出两个标准：

　　因此**首先**，如果有一个命题与它的**必然性**一起同时被想到，那么它就是一个先天判断；

　　就是说，首先一个标准就是"必然性"。我们要注意他在"必然性"上打了着重号。第一个标准就是必然性，如果一个命题伴随着它的必然性一起被想到，那它就是一个先天判断。凡是带有必然性的命题都是先天判断。"判断"和"命题"在这里是用作同义词，当然一般说来命题比判断的含义要更广，如说"木头是铁的"、"飞马能飞"都是命题，但严格说不叫判断。这里是一个分号，接下来：

　　如果它此外不再由任何别的命题引出，除非这命题本身也是作为一个必然命题而有效的，它就是一个完全的先天命题。

　　这是对第一个标准的补充说明。如果"它"，"它"指带有必然性的命题，如果这个命题不再由任何别的命题引出——我们先把"除非"放在一边——，那它就是一个完全的先天命题了。如前面讲到一个人挖房子的基脚，他先天地知道这房子必然要倒，这个命题是不是一个先天判断呢？当然也是，因为它是伴随着"必然性"被想到的。但是它还不是完全的先天判断。因为只有当一个命题不再由别的命题引出来，它才是一个完全的先天判断。"房子要倒"这个命题本身是由别的命题引出来的，如"物体是有重量的"这个命题。可见在经验中也有先天命题，也有带有必然性的命题，但这个命题是要由别的命题引出来的。只有那不再由别的命题引出来的必然性命题才是一个完全先天的命题。不过这里还有一个例外，就是"除非这命题本身也是作为一个必然命题而有效的"，一个必然性命题虽然是由别的命题引出来，但这个引出它来的命题本身也是先天的、必然的。可见"房子要倒"的命题之所以是经验性的，归根结底不是由于它引自别的命题，而是由于它所依据的这个命题"物体是有重量的"本身是一个经验性的命题，并无必然性，例如物体脱离了地球吸引力就会"失重"。而另外一种则是，比如说"作用力等于反作用力"这样一个命题，它可以由"一切事物都处于交互作用之中"这个必然命题中引出来，后面这个命题并不是由经验中得来的，而是属于康德后面所讲的"知性的先天原理"，即"经验的类比原理"中的"第三类比"。这样一种由必然性命题中引出来的必然性命题就是完全先天的命题。所以这条标准有两层意思，一层是，不由任何别的命题引出的必然性命题全都是完全的先天命题；另一层是，虽然它由某种别的命题引出，但后者本身也是必然性命题，在这种情况下它也可以是完全先天的命题。注意，"完全先天的命题"不一定是"纯粹先天命题"，如"作用力等于反作用力"这个命题是完全先天的，但并不是纯粹的，因为"力"还是一个经验科学的概念。当然，与经验性命题相比它还应该算一个"纯粹命题"，但与其他先天命题相比它就不是一个"纯粹先天命题"。前面这几句讲的都是先天命题的第一个标准，即必须是连同它的必然性被想到的命题，而且不再由任何经验性的命题引出来，但可以由本身是先天的必然性命题引出来。就是说，不但要是有必然性的，而且这个必然性还要是一贯的，即或者它不由别的命题引出来，或者它由以引出来的那个命题本身也是必然的。下面再讲第二个标准。

其次，经验永远也不给自己的判断以真正的或严格的**普遍性**，而只是（通过归纳）给它们以假定的、相比较的普遍性，以至于实际上我们只能说：就我们迄今所察觉到的而言，还没有发现这个或那个规则有什么例外。

B4

这"其次"的第二个标准就是"普遍性"。我们看到在"普遍性"下面打了着重号。区分纯粹知识和经验性知识的另一个标准就是普遍性。这两个标准合起来则称为"普遍必然性"。那么，经验的普遍性怎么样呢？经验也有它的普遍性，但这种普遍性不是真正的普遍性，所以"经验永远也不给自己的判断以真正的或严格的普遍性"，而只是通过归纳，"给它们"，也就是给自己的判断，"以假定的、相比较的普遍性"。经验的普遍性只是"假定的"、"相比较的"。"假定的"就是我们尚未经验到，但是我们假定它们也都是能够普遍适用的。"相比较的"，比起另外一些发现过例外的情况，我至今没有发现这个情况有什么例外，那么我就认为它是具有"普遍性"的，所以我们只能说："就我们迄今所觉察到的而言，还没有发现这个或那个规则有什么例外。"例如以前我们以为"一切天鹅都是白的"，认为这是一个普遍命题；后来我们在澳大利亚发现了黑天鹅，这个命题的普遍性就不存在了。但是即使我们没有发现黑天鹅，我们当时也可以断言那个判断只具有经验的普遍性，不具有真正的普遍性，并不需要到我们发现黑天鹅以后才能够说：这是个经验性的命题，只是大多数情况如此而不是普遍如此。我们其实都意识到经验的有限性，经验的普遍性从本质上说就不是一种完全的普遍性，因此也就不是真正意义上的普遍性。所以黑格尔、恩格斯都说过，归纳法本质上是一种值得怀疑的方法，因为归纳法永远不能得出真正严格的普遍性。下面：

所以，如果在严格的普遍性上，亦即不能容许有任何例外地来设想一个判断，那么它就不是由经验中引出来的，而是完全先天有效的。

就是说，除了这种经验性的普遍性以外，如果我们另外设想那种严格的普遍性, 那么我们要设想它有任何例外都是不可能的, 这和从经验中引出来的判断是完全不同的。从经验中引出的判断是可以设想种种可能性的, 比如这房子盖在东面, 我们完全可能设想当初由于某种原因它盖在了西面, 或者在设计的时候把它调换在了南面, 也可以设想根本没有这房子, 计划取消了。随便怎么设想都是可能的, 每一种方案实现出来都是偶然的, 因为偶然性并不排斥它的对立面的可能性, 不排除我现在所见的情况本来也可能是另一种情况, 或根本不发生。但如果有一种判断, 我们不能容许这种设想, 这样一类判断就是严格普遍性的判断, 那么它就不是由经验中引出来的, 而是先天有效的了。例如 "一切物体都是有广延的" 这个判断肯定是先天有效的判断, 我们不能设想任何一个物体没有广延, 一切物体无一例外都是有广延的, 哪怕有许多物体我们还没有看到, 我们也可以先天地断言它必定是有广延的, 不可能没有广延。但我们没有看到过红天鹅, 却不能够因此断言绝对不可能有红天鹅, 我们完全可以设想也许会有一只天鹅例外地是一只红天鹅。由经验中引出来的命题不可能是先天有效的命题。所以,

　　而经验性的普遍性只是把对大多数场合下适用的有效性任意提升到对一切场合都适用的有效性, 例如在这样一个命题中: 一切物体都有重量;

　　这就是一种经验性的普遍性, 即我们所见过的物体个个都有重量, 这是大多数场合下都适用的一种有效性。但是我一下子就把它提升到对一切场合都适用的普遍性, 因为我们地球上的人看见物体都有重量。但如果在宇宙太空, 那就很难说了, 自从牛顿提出万有引力的宇宙观以后, 当时人们已经意识到人类有可能离开地球引力, 处于某种失重或没有重量的状态, 或者这种重量被别的力抵消的状态。所以我们在地球上看见一切物体都有重量, 这也只是在相当大的范围之内是有效的, 但不能将它提升到在一切场合下都适用。"一切物体都有重量" 跟 "一切物体都有广延" 这两个命题看起来好像差不多, 但在康德那里是分得很清楚的。

"一切物体都有广延"是一个先天的命题，因为在"物体"这个概念中已经包含着"广延"的概念，我们形成"物体"的概念最基本地就是根据它的广延，它有这么大，占据一定空间，所以我们才把它称之为"物体"。所以只要你承认"物体"这个概念，你也就要承认广延，否则你就自相矛盾了。这跟"一切物体都有重量"是完全不同的，后面还要专门讲到，一个是先天分析命题，一个是后天综合命题，即经验性的命题。这里是一个分号，下面：

相反，在严格的普遍性本质上属于一个判断的场合，这时这种普遍性就表明了该判断的一个特别的知识来源，也就是一种先天的认识能力。

前面讲到，经验性的普遍性只是把一定范围内有效的提升为在一切场合都有效的，这种提升严格说起来是不合法的，这一点休谟早就说了。休谟立足于我们的直接的感觉印象，认为一切知识，即一切经验性的知识都没有绝对的普遍性，都只是"据我所知"的普遍性。如迄今为止我们看到太阳从东方升起，但不能据此断言明天它还会从东方升起，我们只能有什么说什么，知道一点说一点，不要过头，顶多只能估计明天它可能还会是这样，但不能肯定。康德认为休谟这一说法有他的合理之处，对一切经验性的知识而言，其普遍性确实只是大多数场合适用的，不能作为断言将来的情况的必然根据，你不能保证绝对没有例外。但另一方面，"相反"，也就是与这种经验性的普遍性相反，有一种绝对的普遍性，就是"在严格的普遍性本质上属于一个判断的场合"，在这里，一个判断本质上是有普遍性的，这时，"这种普遍性就表明了该判断的一个特别的知识来源，也就是一种先天的认识能力"。本质上是严格普遍性的这种判断，其普遍性表明它来自于先天认识能力，所以这种判断是一种严格的、完全的先天知识、先天判断。下面：

于是，必然性和严格的普遍性就是一种先天知识的可靠标志，而两者也是不可分割地相互从属的。

这是作总结了，前面讲的"首先"、"其次"，无非就是讲的这两个问题,一个是必然性问题,一个就是严格普遍性问题。由这两点,就可以作为先天知识的可靠标志了。那么,这两点之间是什么关系呢?这是康德讨论问题非常值得注意的一个特点,就是凡是在提出两个以上的概念时,必然要探讨它们之间的关系,必然要澄清,表明他不是随意提出两个概念的,它们之间是有一种必然的关系的。这是他的一种习惯性的逻辑方法,他由此把他的《纯粹理性批判》构成一个严密的逻辑体系。在这里,必然性和严格普遍性也是"不可分割地相互从属的",它们是一个整体。那么为什么我们有时候只谈必然性,我们就足可以确定一种先天知识,而有时候我们只说严格普遍性,也可以确定一种先天知识呢?下面提出了一种解释:

但由于在两者的运用中,有时指出判断的经验性的局限性比指出判断中的偶然性要更容易一些,又有些时候指出我们加在一个判断上的无限制的普遍性比指出这个判断的必然性要更明白一些,所以不妨把上述两个标准分开来使用,它们每一个就其自身说都是不会出错的。

这个解释比较麻烦。先看前面一句。"有时指出判断的经验性的局限比指出判断中的偶然性要更容易一些",为什么?因为要指出一个判断是偶然的,这很难判断,你说是偶然的,他说是必然的,抽象的争论没有什么标准;但是如果能够找到一个经验中的反例,那就不用争论了,肯定是偶然的,因为这个判断不能把这个反例包括进来,也就是受到了经验性的限制。必然的东西不可能出现反例,应当是无一例外的。在有些情况下,如果理论上的事说不清,我们可以不必进行理论上的辨析,通过摆事实来推翻一个判断,那要更容易一些。你举了一百个例子来说明你的判断是必然的,我用不着说你这一百个例子都是偶然的,我只须举出一个反面例子,就可以把你那一百个例子所证明的原理都推翻了。只要发现一只黑天鹅,"一切天鹅都是白的"这一判断就被推翻了。这里Vaihinger有一个注释,认为此句应当改为:"有时指出判断中的偶然性比指出这个判断的经验性的局限要更容易一些"。这种解释是从一个不同的立场来理解的，即不是从经验的立场、而是从理论的立场来看，有时一个经验判断一看而知是偶然的，用不着去举例说明，去探索它在经验中的适用性边界。因此我只要指出这个判断如"天鹅都是白的"没有什么必然根据，因而是偶然的，我就不必等到在澳洲发现黑天鹅，也能知道这个判断是有局限的，它是说"迄今为止我所看到的天鹅都是白的"。上述两种解释应当说都可以成立，前一种是当反例已经出现时，比如当澳洲已经发现黑天鹅时，从经验的立场就很容易解决问题了；后一种是当反例还未出现时，你要去找反例当然很难，这时你完全可以从理论上进行判断，比如说我们现在还没有发现有白乌鸦，但我们仍然可以很容易指出"一切乌鸦都是黑的"这一判断是偶然的，因为"有白乌鸦"这个判断也并不矛盾。我们再看下面一句："又有些时候指出我们加在一个判断上的无限制的普遍性比指出这个判断的必然性要更明白一些"。注意这里指的是"更明白一些"，而不是"更容易一些"。"更容易"是从操作上来说的，"更明白"是从效果上来说的。有时候我们要指出一个判断的必然性很麻烦，很难讲清楚，甚至越讲越糊涂，比如说这个判断："一切发生的事情都是有原因的"，为什么这样？这很难说清楚。所以休谟怀疑这个判断的必然性，而康德写了这么大一本书《纯粹理性批判》来说明这种必然性，一般人都读不懂。但要说这个判断是普遍适用的，不可能有任何例外，这个大家都懂。你能找出一个没有原因的事情来吗？除非是脑子有问题了。那么，现在我们回过头来再看 Vaihinger 的校订，联系后面这一句，我们发现他改得有道理。虽然康德说的也并没有错，但和后面这一句对不上，整个这一段的意思也贯不下来。按照康德这两句的说法，前一句是讲如何才"更容易"判定一个命题是经验性知识（而不是先天知识），后一句是讲如何才"更明白"地判定一个命题是先天知识（而不是经验性知识），但这两者完全可以发生在同一"时候"（而不是"有时候"和"又有些时候"）。例如当我由于反例而判定一个命题是经验性知识的时候，我实际上已经预设了一个前提，即：只有那种具有无限制的普遍性的命题才是先天的，可惜这个命题不是这样（因为它有反例）。同样，当我由无限制的普遍性来判定一个命题是先天命题的时候，我实际上也已经预设了一个前提，即：假如它还能有反例，那它就会是一个经验性的命题了，幸好这个命题不是这样（因为它是严格普遍的）。所以按照康德的表述，就不能区分开"有时候……又有些时候"，而只能说这两方面是同时的，是同一个标准的两面。而按照 Vaihinger 的校改，意思就比较明确了："有时候"我们区分一个判断的偶然性和必然性要比指出其经验的限制要更容易一些；但"又有些时候"，我们指出一个判断的不受经验限制的普遍性要比指出它的必然性更明白一些。这样，这两句话就对起来了，都是讲普遍性和必然性的关系问题，两者各有利弊，适用于不同场合。前一句是反着说，讲有时候指出偶然性（不必然性）是很容易操作的，而要指出经验上的局限（非普遍性）却很难；后一句是正着说，讲有时候指出普遍性是很明白的，但要讲出必然性却很晦涩。前一种（"有时候"）是经验性知识的场合，后一种（"又有些时候"）是纯粹知识的场合，在两种场合下，是否有普遍性和必然性都是我们判定一种知识是先天的知识还是经验性知识的标准。当然，实际上康德还是把必然性看得更为根本、更加重要，它是严格的普遍性之所以可能的条件，虽然不容易从正面说清楚（但容易从反面说清楚，什么是"不必然的"），但这正是康德要做的。而一般说来，普遍性和必然性这两者其实归根到底是一回事，只是表现形式不同，针对的问题、场合不同而已。"所以不妨把上述两个标准分开来使用，它们每一个就其自身说都是不会出错的"。一个判断的严格的普遍性正表明它具有必然性，而必然性的东西肯定是放之四海而皆准的。每一方单独使用都已经包含了、表明了另一方，所以分开来使用是无所谓的。简单说来，康德划分纯粹知识和经验性知识的标准就在于看它是否具有"普遍必然性"。在其他的地方，康德还提到所谓客观的知识就是普遍必然性的知识，客观性可以理解为就是普遍必然性。而这种普遍必然性实际上是先天知识的标志。所以康德的先天知识里面还包含有形成

169

客观知识的条件的意义，是值得我们特别关注的。

前面关于先天知识的标准问题已经定下来了，那么下面这一大段就是讲，用这样一个标准在人类现有既存的知识中去寻找，看看有哪些是属于这个意义上的先天知识的。康德认为这个问题是很容易解决的。

不难指出，在人类知识中会现实地有这样一些必然的和在严格意义上普遍的、因而纯粹的先天判断。

这是下了一个断语：人类知识中已经确定现实地存在有普遍必然的先天知识。在这里我们要注意，康德在把先天判断的标准归于普遍必然性的同时，也把这种先天判断直接就称之为"因而纯粹的"，而没有再强调必须是"先天知识中那些完全没有掺杂任何经验性的东西的知识"才是"纯粹的"，如上面第一节的最后一段所说的那样。所以这里讲的"纯粹的"和前面讲的"纯粹的"就有了层次上的差别，其实还不是绝对纯粹的，而只是相对于一般经验性的知识而言是纯粹的。这就可以理解下面的话了：

如果想从科学中举一个例子，那么我们只须把目光投向一切数学命B5 题；如果想从最普通的知性使用中举这样一个例子，则在这方面可引用"一切变化都必有一个原因"这个命题；

这两个例子都是用来说明我们人类实际上拥有"纯粹的先天判断"的。第一个数学的例子好理解，但第二个普通知性的使用的例子"一切变化都必有一个原因"则似乎与上面第一节的最后一句话直接相冲突了，因为那里也是举命题"每一个变化都有其原因"为例来说明，"这个命题是一个先天命题，只是并不纯粹，因为变化是一个只能从经验中取得的概念"。但如果我们考虑到"纯粹的"一词的这样两种不同层次上的含义，也就可以把这种表面矛盾的说法解释过去了。这里所说的"纯粹的"不是就命题的每一个成分都必须不掺杂经验性的东西而言的，而是就知性的纯粹"使用"来说的。所以这两个命题在表达上也有微妙的区别，即前面说的是"**每一个**变化都有"原因，而这里说的是"**一切**变化都**必然**有"一个原因。"每一个"（eine jede）都有，这是遍数了单个变化而作出的概括；"一切"（alle）都"必然（müsse）"有，则是先天地一言以蔽之。前者强调事实上的普遍性，后者则更强调必然性。但这毕竟需要解释，所以下面就解释后一个命题：

<u>的确，在后一个例子中，原因这个概念本身显然包含着与一个结果相联结的必然性的概念，以及规则的严格普遍性的概念，</u>

前面讲的"一切数学命题"就只是提了一下，未加说明，因为在这方面怀疑的人很少，包括休谟在内，也不怀疑数学命题是这样的先天命题。休谟要否定的是自然科学、经验科学的命题有先天的意义，有普遍性的意义，因为他认为数学和逻辑学一样，都是属于"观念和观念间的关系"，而不属于"观念和对象间的关系"。观念之间的关系当然有必然性，你先设定了一个观念，然后你从这个观念中推出你预先设定了的那个观念成分来，那怎么可能不是必然的呢？数学和逻辑学都是这样，是人为预先做成的，所以有必然性。但观念和对象之间的关系就是另外一回事了。自然科学命题牵涉到客观的经验对象、经验的事实，这是不由人所支配的，在休谟看来就不可能有必然性了。康德则认为，即使像"一切变化都必有一个原因"这样的自然科学命题也是先天的，具有普遍必然性的，一切变化，所有经验对象在现象中所出现的变化，我们都可以先天地断言它有一个原因。那么这是为什么？休谟正由于找不到理由，所以干脆放弃了它的必然性，认为只是我们的习惯而已。康德则认为这需要进一步加以说明。"的确"，原因这个概念本身"显然"包含着普遍必然性的概念，但为什么"的确"而又"显然"？需要解释。

<u>以至于，如果我们像**休谟**所做的那样，想要把这个概念从发生的事经常地与在先的事相伴随中，从由此产生的联结诸表象的习惯（因而仅仅是主观的必然性）中引申出来，那么这个概念就会完全失去了。</u>

"以至于"后面是个从句，但在这个地方是进一步说明"的确"和"显

然"的，以至于什么呢？以至于包含普遍性、必然性概念到了这种程度，也就是包含普遍必然性到这种程度，若想要从经验中引申出它来，那就根本不会有因果性这个概念产生了。这个概念不可能从经验中来理解，一旦从经验来理解，从休谟所说的"习惯"、"联想"中，从恒常地相伴随来理解，也就是仅仅从一种"主观的必然性"中来引出因果性概念，那这个概念就消失了，就没有什么真正的因果性了。或者说，那样一来，我们人类早就不会有这样一个概念，你把原因称之为"习惯性联想"，那也就不需要因果性概念。所以用"习惯性联想"来代替原因这个概念，所取消的不是这个概念的必然性，而是这个概念本身。可见康德的论证程序是这样的：我们现在有原因的概念，这个原因概念从那种经验性的理解上是不可能的，所以原因概念是普遍必然的，是先天判断，原因和结果之间是一种先天联结。这种方法还是局限于经验事实上，即从科学知识的发展的事实中举出一个因果性的例子来说明我们有先天知识，但他并没有从根本上直接反驳休谟。如果休谟反过来说，我的确可以不用"原因"这个概念，原来用的都用错了，为什么会有原因概念？只是因为错误的幻想，是因为你们人类有一种犯错误的习惯，所以失去了就失去了，一点也用不着可惜：如果他这样说，你拿他一点办法也没有。康德对休谟的这一反驳并没有很充分的证明力量，但对于人们的常识来说，是很有力的。所以他强调"从最普通的知性的使用中"来举例说明，也就是诉诸常识。他知道没有人会在常识层面否定因果概念，一切变化都有一个原因，每个普通人都会承认这样一条原理是正确的，而且是有用的，是我们的知性在研究自然界时所不得不援引的一个基本原理。人的日常知性是很容易接受这种观点的，而休谟的观点是故作惊人之语，标新立异，其实休谟自己也不会真正否认因果性概念。不过休谟的本意也并不是要标新立异，他就是要从理论上、逻辑上找出先天概念的根据，他找不着，你也不能给他，于是他就把他所想到的说了出来，就是这么一回事。那么如果你想驳倒他，你除了援引常识和人类科学的事实以外，还得从理论上原原本本地追溯他为什么会犯错误、为什么会提出这种违背常识、违背经验事实的荒诞的命题。你不能解决这个问题,你就驳不倒他。但康德的反驳完全是把前提预设在证明的结果中了,他是倒过来说的:如果你认为没有先天必然性,那这个概念就不会存在。言下之意就是:既然这个概念已经存在了,就证明你的反驳不成立。下面:

　　我们甚至无须这样一些例子来证明我们知识中那些先天纯粹原理的现实性,也可以阐明这些原理对于经验本身的可能性是不可或缺的,因而阐明其先天性。

　　这句话和本段的第一句话是相呼应的。那句话说:"不难指出,在人类知识中会现实地有这样一些必然的和在严格意义上普遍的、因而纯粹先天的判断。"然后就是举例说明我们现实地有这些判断。但这里却说,"我们甚至无须这样一些例子来证明我们知识中那些先天纯粹原理的现实性",也能阐明它们的先天性。也就是说,这些先天原理并不依赖于它们在经验中的现实的存在,相反,现实的经验倒是要依赖它们而存在;或者说,即使我们不谈这些先天原理是否有现实的例子,我们从每一个现实的经验中也已经可以通过逻辑的分析而发现它们是以这些原理为前提的,因而这些原理不但是我们现实具有的,而且是先天具有的,也就是不能不具有的。这些原理的现实性不过是由于它们的先天的不可缺少性的结果而已。这就使问题更进了一个层次,即不但说明我们现实地拥有先天知识,而且说明我们是如何拥有它们的。一切经验在逻辑上已经包含其可能性前提,经验之所以形成,就是由于有这样一些先天原理作它们的前提,这就深入到了经验本身的结构,经验之所以可能的结构。一个经验需要哪些东西构成? 如果有些东西是绝对需要的、不可缺少的,而且它们本身不可能从经验中来,而有另外的来源,如果能够说明经验本身离不了这个另外的来源,那么这也可以证明我们经验中有先天的东西,而不用去举数学的、自然科学的、一般知性运用的这样一些例子了。

　　因为假如经验所遵循的一切规则永远总是经验性的、因而是偶然的,

经验又哪里还想取得自己的确定性；所以我们很难把这些规则当作第一原理来看待。

如何能够阐明这些原理对于经验而言是不可或缺的呢？康德说，若经验所遵循的一切规则永远是经验性的，那么经验就没有确定性了，我们也很难把这些规则当作第一原理来看待。康德这样说的前提是，经验本身是有确定性的。这在康德看来是不言而喻的。任何一种知识都有其确定性。如果无确定性，就不是知识。如果你手里拿着一件东西，一会儿大，一会儿小，一会儿白，会儿黑，变幻不定，你怎么能够认识这样一件东西？怎么能具有这样一种东西的确定经验？不可能。经验所遵循的一切规则如果永远是经验性的、偶然的，那就像休谟所讲的，一切都只是一种任意联想，经验就不可能有确定性了。当然休谟也没有完全否定确定性，他只是把这种确定性解释为一种心理学上的习惯。但他否定这种习惯是绝对的或先天的，认为还是在经验中后天形成的。但在康德看来，经验的确定性不可能由经验本身的偶然性而获得，若如此，我们很难把这些规则当作第一原理来看待。在现实经验中的确有一些东西是不可怀疑的，包括像"一切变化都有原因"这样一些原理，都是属于第一原理。你不需要在经验中经历多次，就可以先天地断言"一切变化都有原因"。你不需要举什么例子，就可以从经验的结构中得出来。因为经验要成为经验知识，就必须具有一定的确定性，它里面就必然有一些从后天经验中得不出来的东西，才能使它带上确定性。

只是在这里，我们可以满足于阐明了我们认识能力的纯粹运用这一事实以及这种运用的标志。

也就是说，虽然我们不需要这样一些例子来证明我们知识中的先天原理的现实性，而是从经验本身的结构中也能阐明其先天性；但是现在，我们在这里可以满足于只阐明我们认识能力的纯粹运用的事实及这种运用的标志就够了。我们前面讲了，康德还是从经验中找到了我们的一些先天知识的事实，以证明它们的确有。我们本来可以说明它们必然要有，而不只是说它们事实上有。我们本来也可以从分析一个经验的结构而证明我们必须有这样一些先天原理，否则经验的确定性就不可能。只不过在这里，我们还没有涉及到那个问题，那是他的整个《纯粹理性批判》所要解决的问题，就是我们的知识以先天综合判断为前提，而先天综合判断如何可能？这就需要追溯人类知识的结构，看它是由哪些要素所组成的，若缺了哪些要素就不可能，只有哪些要素才使它成为可能的，而这些要素又从何而来——整个《纯粹理性批判》就是要谈这些问题。这都是后面要谈的问题，但在目前这个导言阶段，我们还用不着进行那样的分析。所以我们可以满足于从我们的认识能力中举出这样的事实来说明先天判断的现实性，说明我们确实具有普遍必然的知识，就行了。这里的语气和前面的有一种呼应关系，前面讲："我们甚至无须……也可以……"这里则是："只是在这里，我们可以满足于……"即我们本来可以从更高的层次上来讨论这个问题，但现在还不到时候。下面又是一个转折：

但这样一些先天原理的根源不仅仅在判断中，而且甚至在概念中也表现出来了。

这里实际上又还在追溯先天原理的必然性根源，当然还只是一种提示，而不是展开，但却预示了我们在先天原理的探讨中所要关注的方向。就是说，一切经验已经以先天原理为可能性前提了，但这个先天原理的根源不仅仅在判断中，而且最终是在概念中，所以我们尤其要关注那些纯粹概念，由此来找到先天原理的必然性根源。先天原理是一个判断，例如"一切变化都是有原因的"，它是由两个概念加一个系词"是"构成的，"S 是 P"。但这个先天原理的根源不仅在判断中表现出来，而且在概念中表现出来，意思是说先天原理不仅仅是两个概念的判断关系，而且是一个概念本身的纯粹运用，即先天综合的运用，正是这种运用才形成了先天原理。当然一般说来，康德认为一个概念不能构成知识，任何一个单独的表象也不能构成知识，只有两个或两个以上的概念或表象借助于"是"的联结所形成的"判断"才能构成知识，判断是一切知识的最小的细胞。如"原因"概念不是知识,"红"的表象也不是知识,只有说"一切变化都是有原因的"、"这朵花是红的",才构成知识。这是当时的人们的共识。但是,康德所要探讨的是,这些概念如何能够形成判断?特别是如何形成先天判断?并不是由一些概念杂乱无章地偶然碰到一起就形成了判断,而是由于判断中的那个主导概念(如"原因")本身具有一种形成判断的能力。所以我们必须从这种能力所造成的结果(一个判断)中去发现它的根源,也就是发现具有这种能力的概念。下面他举了两个例子。一个是"物体"的例子:

如果你从**物体**这个经验概念中把它的颜色、硬或软、重量,甚至不可入性这一切经验性的东西都一个个地去掉,这样最终留下的是它(现在已完全消失了)所占据的空间,而这是你不能去掉的。

B6

物体是一个经验性的概念,它有很多层,很复杂。任何一个物体,球,杯子,它都有各种各样的属性:颜色、硬度、重量、不可入性等等,都属于经验性的东西。在物体概念中我们可以将它们都去掉,只剩下一个"东西",那就是它所占据的空间。这个空间是最后不可能去掉的,如果去掉这个"物体"就根本不存在了。其他东西都去掉,只要空间还在,"物体"就还在,因为在"物体"这个概念中,空间概念是它的前提。所有其他属性都要在这个空间上一层层附加上去,它们都可以去掉,唯有空间不能去掉。你说你知道有一个东西,人家问你什么颜色?你可以说没有颜色;人家再问你,硬还是软呢?你可以说还没有试过;人家仍然可以承认你说的可能是事实。但是如果人家问:"它占据多大空间?"你说它不占据空间,人家就不知道你讲的是什么东西了,那就没有物体概念了。任何物体怎么可能不占据空间呢?你考虑一个物体概念,首先就必然要想到一个空间概念,由此证明空间概念是物体概念之所以可能的先天条件。康德这种方法是理性派的分析方法。一般说理性派比较注重综合,经验派比较注重分析。但理性派也有分析,这种分析是在综合的基础上的分析;经验派也讲综合,这种综合是在分析基础上的综合。康德这里所使用的是理性派的分析方法, 就是把对象中一切可以去掉的东西都去掉, 看还剩下什么是不能去掉的。经验派的分析方法与此相反, 是从一个对象中把能够抽出来的东西一个个都抽出来, 分别考察后再把它们综合还原为那个对象。通常理解的分析都是这种, 现代分析哲学的分析也是这样, 就是把对象尽可能分解成一些部分, 单独加以规定、定义, 然后与其他成分加以比较、区别和分类, 最后才重新综合成那个对象。并不是一开始就有一个完整的对象, 而是先从具体个别的东西出发, 考察一个一个的细节, 而最后综合的整体也不是真正的整体, 而是一个凑合体, 可以随意增减其细节。而理性派则是先着眼于整体, 然后从整体出发将无损于整体性的细节一个个都去掉, 看最后剩下什么是维持一个整体所不可缺少的。所以理性派的分析从头到尾都着眼于整体, 这跟经验派的分析是不一样的。我们经常听人胡说八道, 讲 "西方人的思维方式是重分析的, 中国人的思维方式是重综合的", 这完全是不了解西方。西方的分析和综合都有两种, 而一般来讲, 理性派重综合, 经验派重分析。并且, 重分析的思维方式在西方哲学史上从来很少占统治地位, 只是到了近代经验自然科学产生以后, 才由经验派哲学家发挥出来, 但仍然面对理性派的综合方法的强大抗衡。分析方法在西方占统治地位是从黑格尔以后, 反黑格尔思潮兴起, 实证主义、逻辑经验主义产生, 分析哲学才将这种倾向定型。但这也只是一个流派, 而且现在也已经走向衰落。古代柏拉图是讲综合的, 亚里士多德是分析综合都讲, 但最终归于综合。德谟克利特和伊壁鸠鲁比较倾向于分析, 但他们的思想从来不占主导, 文艺复兴以后才重新兴起。中国人也不是只讲综合, 而是也有很细致的分析, 如经史子集, 中药房里的分类, 俗话说 "甲乙丙丁, 开中药铺"。但中国人讲的综合是不可分析的, 即 "混沌", 而中国人讲的分析又是无法综合的, 没有一条统一的综合原理, 如中药铺里的分类是凭 "药性", "凉"、"热"、"寒"、"温" 等等, 植物、矿物、动物都可以归到其中某一类。所以说 "中国人讲综合不讲分析", 也是对中国的东西完全不了解。至于康德在这里所用的方法，很明显是西方理性主义的排除法，即先把握整体概念，如"物体"，然后将一切可以排除的都排除掉，剩下那个唯一能够保持整体统一性的概念"空间"。这种排除法是做减法，不像经验派的是做加法，我先知道一点，然后又知道一点，知道得越多，那个总体就越大。所以经验派要给一个对象下定义，这个定义往往很长，我们中国人也学到了这一点。以前美学争论的时候，讨论"什么是美？"先下一个定义，然后觉得还不够，还有些情况没有包括进来，于是又加一个限定，觉得还不够，就再加上一个限定，搞得非常之长。你看李泽厚的定义就长得不得了，还觉得不完善，有机会还想补上一句。这种没完没了的定义方式就是经验派的方式，它没有整体观点，而是零打碎敲的。理性派的定义就不同了，它力求最简短，顶多三个词，按照亚里士多德的说法，就是"种＋最近的属差"。如果是说美的定义，"美是什么的什么"就够了。这种定义就叫作"本质定义"，而不是描述性的、罗列式的定义。罗列式的定义是永远也定义不清楚的。所以在康德这里，"物体"概念中有一个不能去掉的东西，本质的东西，就是空间，或者广延。据此你可以给"物体"下一个定义，就是："物体就是具有属性的空间（广延）"，这就是物体的本质定义了，其他有颜色的、有重量的等等都可以去掉。但如果把空间去掉了，物体就不存在了。下面讲第二个例子：

同样，如果你从任何一个有形的或无形的对象的经验性概念中把经验告诉你的一切属性都去掉，你却不可能取消你借以把它思考为**实体**或**依赖于**一个实体的那种属性（虽然实体这个概念比一般对象这个概念包含更多的规定）。

这个例子比前面一个讲"物体"和"空间"的例子更提高了一个层次。"任何一个有形的或无形的对象"，比如前面讲的"物体"，当然是一个"有形的对象"；"无形的对象"，例如红色，红色本身是无形的，它必须依附于一个物体才是有形的，又比如说声音，也是无形的对象，一种性质，一种运动，但你也可以把它当一个"对象"看。关于这些对象的"经验性概念"，指感觉表象的概念，有关感觉表象的概念就是经验性的概念。"把经验告诉你的一切属性都去掉"，"经验告诉你的"意味着"来自于经验的"，我们在前面讲过，一切知识都从经验开始，但并非都来自于经验，经验中有来自于经验的东西，也有来自于别的来源的东西，这里先把来自于经验的属性都去掉。"但你却不可能取消你借以把它思考为实体或依赖于一个实体的那种属性"，就是我可以把一个对象概念中的一切属性都去掉，但有一种属性是不能去掉的，即我用来把对象思考为"实体"的那种属性，以及把它思考为依赖于实体的那种属性，也就是"实体"概念和"偶性"概念。比如说，一个杯子，要把它思考为"对象"。刚才讲要思考为"物体"就不能去掉空间，因为你是靠广延才形成一个"物体"概念的；这里也讲，你是靠"实体"或"依赖于实体"才形成"对象"概念的。这个杯子首先必须是一个实体才能成为对象，如果连实体都不是，那怎么能考察它呢？当然有了实体，你还看到了红色，你就会想到它是属于什么实体的红色。红色不可能单独漂浮在空中存在，它必须依赖于一个实体，它总是某个实体的红色。在此，康德强调一切对象的经验属性都可以去掉，但它作为实体的性质却不可以去掉，你不可能把它设想为不是实体性的，也不能设想它光有实体性而没有偶性，没有依赖于实体的属性。虽然你不一定很明确地想到这一点，但无形中你总是把一个对象当作一个实体，把它的各种属性当作依赖于这个实体的偶性的，它可以没有这个那个偶性，但它不可能没有任何偶性。实体和偶性是康德后面讲到的知性的纯粹概念即范畴表中的一对范畴，是来自于知性的先天概念。下面是括号里的话："（虽然实体这个概念比一般对象这个概念包含更多的规定）"。也就是说，"一般对象"的概念更抽象，"实体"概念更具体。一般对象是泛泛而谈的，不管现象也好，物自体也好，都一般地可以称之为"对象"；但"实体"只适用于现象。后面讲了，实体的规定是时间中的"持存性"，而时间是现象界的规定，而不是物自体的规定，物自体不在时间中。所以物自体可以称之为对象，但不可称之为实体。所以讲实体比一般对象的概念包含更多的规定，是从内涵上讲的，越具体的概念包含的规定就越多，当然从外延上讲它就越狭窄，"一般对象"把实体和物自体都包括在内。一个概念的内涵和外延是成反比的，这是一条逻辑定理。但康德这句话是放在括号里讲的，意思是他前面讲的"对象"主要是指现象界的那些日常经验对象，而不是指物自体的对象，尽管从"一般"对象这个概念来说并不是、或并不全都是以实体概念为前提的，但从我们通常所说的经验对象来说都是以实体概念为前提的。这里已经预示了后面要讲的现象和物自体的根本区别了，但在这里还没有展开，他还是在用日常语言说话，只是为后面要讲的留下一点余地。下面：

这样，由于这个概念借以强加于你的这样一种必然性所提供的证据，你就不得不承认这概念在你的先天认识能力中有自己的位置。

这是从前面那句话"先天原理的根源不仅仅在判断中，而且甚至在概念中也表现出来"中所做出的结论。这个概念是"强加于你的"，如物体之于空间，对象之于实体，都受到强制，因为它有必然性，是逃不掉的。而"这样一种必然性所提供的证据"，就使得你"不得不承认这概念在你的先天认识能力中有自己的位置"。讲来讲去，之所以逃不掉，就在于有必然性，由于有必然性，就证明是先天的，因为先天性的标准就是必然性嘛。所以经验知识的可能性在于它里面所包含的直观形式（如空间）和范畴（如实体性），而这些概念是植根于人的"先天认识能力"之中的。

III. 哲学需要一门科学来规定一切先天知识的可能性、原则和范围

前一节我们讲到，我们具有某些先天知识，甚至在普通知性里也有。这一节则更进一层，提出"哲学需要一门科学来规定一切先天知识的可能性、原则和范围"。我们不仅仅具有这些先天知识，而且还需要一门专门的科学来对它们作出规定。前面只是讲我们有没有先天知识，若有，在哪里，经验性知识和先天知识区分的标准怎样。结论是我们有先天知

识，它是我们的经验之所以可能的条件，其标准是普遍必然性。现在提高了一个层次，提出了建立一门有关先天知识的科学的任务。也就是说，先天知识是用来规定经验知识的，我们在经验知识中，在普通的知性运用中，都发现了我们具有这样一种先天知识，否则我们的经验是无法得出来的。现在要问：这些先天知识本身是否需要规定？这些先天知识是从属于一个体系的，隶属于另外一门科学的，这门科学是关于先天知识的先天知识。哲学需要这样一门科学，这门先天知识要规定一切先天知识的可能性、原则和范围。这门科学就是康德的"先验哲学"体系。其中，首先是指他的批判哲学，即先验哲学的"导论"，所谓"未来形而上学导论"就是批判哲学，就是《纯粹理性批判》。康德把这门科学称之为"先验哲学"，先验哲学是讨论先天知识的可能性、原则和范围的，是关于先天知识的先天知识，他的"先天"（a priori）和"先验"（transzendental）两个概念是不一样的，有层次的不同。当然这里还没有出现，我们等后面出现了再讨论。现在来看正文。

　　我们所要说的远不止于上面说过的这一切，我们还要说，有某些知识甚至离开了一切可能经验的领域，并通过任何地方都不能提供经验中相应对象的那些概念而装作要使我们的判断范围扩大到超出一切经验界限之外。

　　这句话很长。我们有这么多的先天知识，数学的，自然科学的，知性运用的，以及概念中所包含的。但我们要说的远远不止这些，还有一些知识也是我们要谈到的。有一些知识，包括数学知识和自然科学知识，都是有关于可能经验领域的，都是可以在可能经验领域内得到证实的；但除了这些，还有一些知识是："甚至离开了一切可能经验的领域，并通过任何地方都不能提供经验中相应对象的那些概念"而"装作"要扩大到超出一切经验之外。这就是那些形而上学的知识。形而上学是离开一切可能经验领域的，它的那些概念是"任何地方都不能提供经验中相应对象"的,而且它通过这些概念而"装作要使我们的判断范围扩大到超出一切经验界限之外"。为什么是"装作"? 因为它实际上做不到,但它又装出能够做到的样子。下面:

正是在这样一些超出感官世界之外的知识里,在经验完全不能提供任何线索、更不能给予校正的地方,就有我们的理性所从事的研究,

理性就是专门在这些领域里面从事研究的,在这里,经验既不能提供线索来引导,也不能在事后提供校正。你的命题对不对呢? 通常我们会看看经验,通过经验事实来验证,但这里是超出感官世界之外的领域,没有经验的检验,我们就只有依靠理性了。这里所提到的"理性"(Vernunft),与前面所提到的"感性"(Sinnlichkeit)和"知性"(Verstand),是康德认识论的三个主要的阶段或层次。首先是感性,数学是属于感性的直观形式,自然科学是属于知性的运用的,而在理性的运用中则产生出形而上学。如下面所讲的:

B7　　　我们认为这些研究在重要性方面比知性在现象领域里可能学到的一切要优越得多,其目的也更崇高得多,我们在这里宁可冒着犯任何错误的风险,也不愿意由于引起疑虑的任何一种理由,或出于蔑视和漠视,而放弃这些如此令人关心的研究。

"我们认为",这是一般而论的,并不一定代表康德的观点,而是康德所引述的通常的观点,即认为理性的形而上学研究"比知性在现象领域里可能学到的一切要优越得多,其目的也更崇高得多",因为它所研究的是更高一层的东西,甚至是最高的、终极的东西,我们通常说"终极关怀",就是这种东西。由于这种优越性和崇高性,所以"我们宁可冒着犯任何错误的风险,也不愿意由于引起疑虑的任何一种理由,或出于蔑视和漠视,而放弃这些如此令人关心的研究"。康德一开始就承认,理性所从事的研究是如此令人关心,以至于我们宁肯冒着犯一切错误的危险也要去研究。为什么会犯错误? 因为这里没有经验来证实,来作为正确和

错误的标准，你光凭理性的玄想，离开经验的基地，就很可能犯错误。但不管犯什么错误，不管"引起疑虑的任何一种理由"，也不管旁人的蔑视和漠视，我们还是不放弃这些研究。那么这些研究的对象是什么呢？

纯粹理性本身的这些不可回避的课题就是**上帝、自由和不朽**。

"不朽"（Unsterblichkeit），又译作"不死"，在西方语境中指灵魂不朽。任何物质性的东西都是可朽的，人的身体也是可朽的，只有人的灵魂是不朽的。上帝、自由和灵魂不朽这三个概念就是理性所关心而不可回避的课题。这里强调是"纯粹"理性。纯粹理性不同于一般理性，一般理性除了纯粹理性的领域之外，还可以运用于别的领域，如运用于自然科学中，为它提出一个理想的概念，这就是理性的作用。例如理想的、绝对精确的"一米"，现在存放在巴黎天文馆里，是用膨胀系数最小的铂金制造的。但膨胀系数最小不等于没有，绝对精确的"一米"在经验中是不存在的，它只是理性所设定的一个理想。又如卡诺（Sadi Carnot）对蒸汽机的工作原理进行分析，排除一切可能的损耗而得出了理想的热力循环即"卡诺循环"。虽然现实中并不存在这样一种纯粹的循环模式，因为机器运行中的热能损耗是只可能减少而不可能完全排除的，但这样一个理想模式的提出对人们理解蒸汽机内部的热力关系产生了巨大的促进作用，并为人们改进蒸汽机、提高其热效率提供了理论依据。再如绝对纯净的水、绝对的纯金，也是一些理想状态，康德称之为"理念"（Idee），即理性所提出的概念，它们在现实中是不存在的。现实中只有99.9999……%的金，但永远也不可能有100%的金，那只是个理想，一个永远达不到的极限。这个极限你通过知性是无法把握的，只能通过理性。因为理性是超越的，它能超出经验而提出一种极限状态。理性在自然科学中所起的这种作用，康德称之为"调节性"（regulativ，又译"范导性"）的作用，即引导经验去追求无限、追求绝对，但永远达不到。达不到也有作用，它使经验科学不断前进，并且有明确的目的和方向。这就是一般理性在自然科学中的运用。但"纯粹理性"本身的领域不在于自然科学中，而只在于它自己提出的那些超经验的理念中，这些理念有三个，即上帝、自由和灵魂不朽。上帝在经验中是找不到的；灵魂不朽呢，我们也看不到；自由我们自认为拥有，但是一旦要用经验来考察，就会发现它是不可追溯的，不能用自然界的因果律推出来，能推出来的都是必然的，而不是自由的。这些理念都是无限的概念，也就是超出经验的一切限度。理性之所以能够提出这些理念，是因为理性的本性就在于追求无限，就在于要从有条件的东西追溯到无条件的东西。这种无条件的东西就是物自体。有三类这样的物自体：主观内心的物自体就是不朽的灵魂；客观世界的物自体就是造成这个世界的自由；主观和客观统一的物自体就是上帝，它们三者在这种理解中都只具有道德含义，而不具有认识含义。这是在后来《实践理性批判》中说的，[①] 但在《纯粹理性批判》的"先验辩证论"中谈到纯粹理性的先验幻相时也已经有对这方面的大量讨论了。三种幻相就是对这三种理念作认识论的理解而导致的，这就是理性心理学、理性的宇宙论和理性神学的幻相。虽然是幻相，但是它们穷尽了一切可能的绝对无条件者，所以是"不可回避的"课题。就"纯粹"理性而言只有这三个理念，没有更多的了。纯粹理性要超出可能经验范围而追求绝对的无条件者，就必然导致这三个理念，而且只有这三个理念。下面：

但其目的连同其一切装备本来就只是为了解决这些问题的那门科学，就叫作**形而上学**，

这是在"导言"里首次提出"形而上学"这个名称，我们前面为了说明问题，已经提前点出来了，但康德直到这里才提出来，这是他的风格，即层层推进，决不跳跃。这里这个"但"起什么作用？当然是转折。为什么转折？因为前面是说这些不可回避的课题是理性必须加以研究的，"但"专门研究它们的那门科学却叫作形而上学，这里的"形而上学"是带有贬义的，是个在当时已经名声不好的词。就是说，本来很应该研究

---

① 参看《康德三大批判精粹》，第 381—382 页。

的课题，却专门由形而上学来研究。当然形而上学在康德自己这里并不带有贬义，他就是要给形而上学恢复名誉，但一般人却很瞧不起形而上学，为什么瞧不起？下面就说了：

它的方法在开始时是独断的，也就是不预先检验理性是否有能力从事这样一项庞大的计划，就深信不疑地承担了这项施工。

传统形而上学一开始是独断的，什么是独断？就是"不预先检验理性是否有能力从事这样一项庞大的计划，就深信不疑地承担了这项施工"，就是不加批判地相信理性无所不能，甚至要进入到理念的无限的领域去追求绝对的知识。但是，理性有无这种能力？是否能够解决它所提出的一切问题？如果不预先检验一下理性的能力就进行这项施工，就是独断。以往的和当时的形而上学家们通通都是这样的，所以导致了他们的失败。康德则提出，真正科学的形而上学必须先要对自己的理性所运用的工具进行一番检验，看看它的适用范围如何，它的能力有哪些限度，就是对理性本身作一番批判的考察，然后再来建立一门新的、非独断的形而上学。这就是康德的目标。

下面这一段比较长，它的基本意思还是第三节的标题所表明的："哲学需要一门科学来规定一切先天知识的可能性、原则和范围"，前面两段表明了建立形而上学的必要性，这一段则带有更明显的批评的倾向，即对以往的形而上学的批判。联系前面第二节，我们可以看出在那里主要是反驳经验论，而主张超出经验性的知识而上升到先天知识，肯定在一般经验性的表象之上有一种先天知识，而且这种先天知识是经验知识之所以可能的前提。而在第三节这段话里强调的则是，尽管我们有超出经验之上的先天知识，但这些先天知识具有一种完全脱离经验的倾向，一种独断论的倾向，而且这种独断论脱离经验以后，还希望能够自成体系，建立起一门更高尚、更崇高的学问，就是关于上帝、自由和不朽的知识，这就叫作形而上学。所以这一段主要就是检讨这样一种独断的形而上学的失足之处，它针对的就是独断论，主要是大陆理性派哲学。在这方面他的批判比第二节中对经验论的批判更为严厉，他从理论上完全摧毁了独断论的基础。我们看看他怎么说的。

现在看来这很自然，只要我们离开了经验的基地，我们就不要用我们所具有的不知其来自何处的知识、基于对不知其起源的原理的信任而马上去建立一座大厦，而不对其基础预先通过仔细的调查来加以保证，

根据康德在前面所论述的，先天知识的特点本来它是经验知识的一个成分，人具有先天知识，但这先天知识是从经验知识的结构里面分析出来的，我们在经验知识中看到了它，它的基地就是经验。所以，"现在看来这很自然"，根据康德的思路，自然就会想到，"只要我们离开了经验的基地，我们就不要用我们所具有的不知其来自何处的知识、基于对不知其起源的原理的信任而马上去建立一座大厦"，就是说，我们所具有的知识，在不知其来源时，就不要贸然使用它们，我们所具有的原理，在不知其起源时，就不要贸然相信它们，否则你用它们所建立的大厦很可能是建立在沙滩上的。所以首先要通过仔细的调查来搞清楚它们的基础，看它们究竟是来自感性、知性还是理性，看看这些基础的可靠性怎么样，它们各自的运用范围如何，以保证它们的正当运用并由此建立一个稳固的大厦。这可以说是康德整个《纯粹理性批判》的主题，就是要对人类知识何以可能，它们来自何处，它们的可靠性基础何在等等问题进行一种追问。因而我们反倒会预先提出这样的问题：知性究竟如何能够达到所有这些先天知识，并且这些知识可以具有怎样的范围、有效性和价值。这就是康德《纯粹理性批判》的总问题，它在后面是以"先天综合判断如何可能？"这样的形式提出来的，实际上就是问，人类知识如何可能？其实这个导言一开始就在追问，先从知识的构成成分问起，知识由经验性的和先天的两个不同来源的部分构成；其中先天的部分是决定性的条件，它使经验得以可能；而这个先天部分又基于感性直观形式、知性范畴和纯粹理性原理，然后再追问这些先天知识的可能性根据，它们的范围、

有效性和价值何在。所以现在的问题集中在先天知识的可能性问题，这个问题有两个不同的层面，一个是从它们的来源上，它们如何产生？也就是知性如何达到它们？一个是从它们的后果上，问它们的范围、有效性和价值如何？这就是在探讨人类先天知识时预先必须提出的问题。如果你不管这些问题，用完全脱离经验而又没有说明其来源、不明提供其基础的原理的这样一些先天知识单独构成知识体系，那么就犯了独断论的错误。而每一个哲学家在探讨哲学问题的时候，都必须提出这样一个问题来考验一下自己，这在康德看来是很自然的。

实际上，如果我们把自然这个词理解为本应以正当的、合理的方式发生的事，那也就没有什么比这更自然的了；

本段第一句提到"现在看来很自然"，那什么叫作很"自然"？这里　B8
的解释是"正当的"、"合理的"，也就是理所当然的，应该是这样的。我们本来就应该在探讨知识之前先探讨其确定的基础和能力，它基于什么样的能力，这种能力的适用范围何在？它的有效性范围何在？这样的问题理所当然是应该首先去探讨的。既然是理所当然的，"那也就没有什么比这更自然的了"，"这"就是指对先天知识的可能性的探讨，这种探讨是最自然的。

但如果我们把这个词理解为按照习惯发生的事，那么倒是没有什么比这项研究长期不得不被搁置更为自然和更可理解的了。

这里讲到了自然的另一种歧义，就是不作人为的努力，听其自然，不经过反思，不加深究，按照习惯滑到哪里算哪里。那么这项研究长期被搁置就是很可以理解的了，因为要进行这项研究就必须进行开创性的突破，要殚思竭虑，打破习惯，违反常规。人类哲学发展有两千余年的历史，但直到康德以前，还没有人反过来追溯现有的知识是如何可能的，它们的来源是什么、有效性范围怎样？好像先天知识无所不包，可以毫无限制地运用于一切可以想得出来的对象身上，尤其可以超越于一切经验之上而用来规定那些非经验的对象如上帝、灵魂等等。所以这样一种状态是一种"自然状态",也就是一种无反思的状态,这当然也是可以理解的,这些问题长期以来就这样被放置在那里,人们自生自灭地建立起各种各样的体系,结果这些体系自然就因为不牢固而倒塌了。

　　<u>因为这些知识的一部分即数学,是早就具有了可靠性的,由此也就对其他部分产生了一种良好的期望,而不管这些部分可能会具有完全不同的本性。</u>

　　这里说明,那些问题为什么会被长期搁置? 很自然,因为数学作为这些知识的一部分早就具有了可靠性,道理很简单,人们以数学为楷模,数学的可靠性使人们自然对知识的其他部分产生了一种良好的期望,即数学既然有这样的可靠性,那么其他部分,如形而上学,只要模仿数学,也会具有同样的可靠性。但人们没有看到,知识的其他部分可能会具有完全不同的本性。数学给人以希望,似乎形而上学也可以像数学那样脱离经验的基地而构建起一个绝对可靠的知识体系,其实数学和形而上学比起来性质是完全不同的。这一点当时很多哲学家,如笛卡尔、斯宾诺莎、莱布尼茨这些大陆理性派哲学家,都没有注意到。他们都试图模仿数学去建立形而上学,通过数学的可靠性来保证形而上学的可靠性,而未注意这两门科学具有完全不同的本性,不可简单类比。为什么这项研究被长期搁置,这是一个原因。另外还有一个原因:

　　<u>此外,如果我们超出经验的范围,那么我们肯定不会遭到经验的反驳。</u>

　　以数学为榜样是正面的,试图由此建立起形而上学的牢固根基;不会受到经验的反驳是反面的,从反面讲,一旦形而上学建立起来,它就不会遭到经验的反驳,因为它完全超出了经验。经验怎么能够反驳形而上学的问题呢? 你说:"我没有见过上帝。"你这个理由不充分,你当然可能一辈子也见不到上帝,但这也并不足以否定上帝的存在,因为上帝本来就没有被规定为可以被人看见的。一方面没有受到反驳,而另一方面,

　　<u>对自己的知识加以扩展的诱惑是如此之大,以至于我们只有在自己</u>

碰到了明显的矛盾的时候，才会停住自己前进的步伐。

也就是说，不但我们不会受到经验的反驳，而且我们自己内心有一种自然的冲动，非常希望建立一种形而上学，因为形而上学对我们很重要，我们忍不住要扩展我们的知识，把它扩展到可能经验范围之外，直到碰到明显的矛盾为止。在康德以前，已经有人发现了这种矛盾，如休谟已经指出人们试图证明上帝的存在会陷入自相矛盾，卢梭也作过类似的论证。当然他们论证的目的不同，休谟是要因此而推翻一切形而上学，一切先天知识的可靠性，而卢梭则是要借此从理性领域转移到情感领域。但只有康德看出来，这种自相矛盾是人类理性的必然矛盾，理性必然会遇到矛盾，从而产生出"幻相"来。但理性在它遇到矛盾之前，它是不会罢手的，因为人类理性有这样一种自发性的要求，只要它还没有被逼得无可奈何，它就会拼命去追求这种知识。

但只要我们在进行自己的虚构时小心谨慎，这种矛盾是可以避免的，只是这种虚构并不因此就不再是虚构。

康德认为我们只要小心谨慎也可以避开矛盾，不受幻相的迷惑；但幻相终究是幻相，它不会消失，而总是会对我们形成诱惑。如康德后面在谈到"二律背反"和其他辩证论的解决时说的，尽管我们会碰到矛盾，但只要我们严格地把握概念，不要混淆，不要造成谬误推理和偷换概念，保持概念的严格同一性和精密性，我们就可以避免矛盾。这样，你就可以正确地表述这些命题，你可以说灵魂是单纯的，说上帝是存在的，也可以说世界是无限的（不限定的），你只要正确地理解了这些命题的意思，你就不会产生自相矛盾，二律背反就此被解决，先验幻相的迷惑作用也就失效了。但这些虚构并不因此就不再是虚构了，上帝存在也好，灵魂不朽也好，意志自由也好，都还只是一些虚构，你可以将这些虚构作为纯粹实践理性的悬设提出来，以用于道德和宗教信仰之上，但在知识论上还是虚构的，它们总还是在引诱我们误入歧途，需要我们时时警惕。《纯粹理性批判》并没有将这些虚构完全抛弃，而只是指出，若将它们当作知识，那就会导致自相矛盾；而要解除这种自相矛盾，就必须不将其当作知识，要将虚构当虚构。既然这些命题脱离了经验，你就要将它们和经验严格划分开来，不要将其又混入经验之中。只要你不认为它们还是知识，它们就会有另外的用处，也就是实践方面的用处。

数学给了我们一个光辉的范例，表明我们离了经验在先天知识中可以走出多远。

数学的确是一个榜样，它表明"我们离了经验在先天知识中可以走出多远"，因为数学家不在乎经验世界，不在乎他的那些方程、定理和公式在天文学中、在地球物理学中和其他自然科学中究竟会有什么样的实例可以使它得到证实。陈景润一辈子研究"哥德巴赫猜想"，从来也没有想到它在现实的经验世界中有什么对应物，他的研究能够产生什么样的"经济效益"。我们从数学上来看问题，是把其中可能的物理学对应现象撇开不论的，我们甚至可以单纯为了游戏或审美而进行演算。所以数学的眼光常常等于美学的眼光。例如哥白尼的日心说，他实际上并不是通过观测，而是通过数学上的考虑和美学上的考虑而建立起来的，因为这样看天体的运动计算起来更简洁。当然比起地心说来，日心说更正确，但那是后来的事，在当时就是数学的考虑，数学考虑先于经验的证实，往前走得很远，而不是牢牢束缚在经验之上的。不过，这并不说明数学就完全可以脱离经验。

数学固然只是在对象和知识能表现在直观中这一限度内研究它们，但这一情况很容易被忽略，因为上述直观本身可以先天地被给予，因而和一个单纯的纯概念几乎没有什么区别。

这一句的思想有一点小小的跳跃。前面讲数学给我们光辉的范例，表明我们离了经验而能走多远，接下来就应该是："不过，数学只能在对象和知识表现在直观中这一限度内研究对象的知识"，然后再接着说："数学固然只能这样研究它们，但这一情况很容易被忽略……"这样就比较好理解了。就是说，数学离开经验在先天的知识中确实能够走出很远，但它也只是在对象和知识表现在直观中这个限度内来研究它们的,只不过这一点很容易被忽略,因为这个直观可以是先天的直观(而不仅只是经验性直观),人们就把它视为和抽象概念一样可以完全脱离经验材料而独立的了。其实,先天直观只不过是经验性直观的可能性而已,数学在先天直观中驰骋,只不过表明它"只是在对象和知识能表现在直观中这一限度内研究它们",它研究的是可能经验对象的直观形式,当然还不是经验性的内容,但最终是要落实在内容上的。因为我们虽然可以离开内容想象时间空间,但时间空间毕竟只是经验对象的直观形式,而不可能是任何别的什么对象的形式,也不可能独立成为对象。这些形式离开它们的经验性的内容就什么也不是,而数学虽然可以暂时脱离经验性的内容而单独思考这些形式,但作为一种先天知识,它是期待着经验性的内容来充实的,它本身只是经验知识中的先天成分。把数学归于感性的直观形式,这是康德的一个创见。在当时,人们通常是把数学和逻辑学划为一类的,认为它们都是讨论纯粹概念的,是讨论概念与概念之间的关系的,跟直观或直观对象没有什么关系,因此数学命题与逻辑命题一样,都是分析命题。但在康德看来,数学虽然也是先天知识,但不是概念的先天知识,而是直观的先天知识,它的基础是时间和空间。时间空间作为先天的直观形式,虽然"本身可以先天地被给予",但毕竟与"单纯的纯概念"是不同的,不能混为一谈。正是因为人们混淆了先天直观和先天概念,所以把数学当作形而上学的楷模,其实是不对的。

被理性力量的这样一个证明所引诱,要求扩张的冲动就看不到任何界限了。

这还是指的上述错误倾向,就是认为既然我们可以超出经验范围之外,我们就可以建立起一套完全由概念组成的先天的知识体系,我们不必考虑经验的直观,不必考虑对象的内容。这实际上顶多只是一种思维的游戏,我们自己设定概念,然后我们把这些概念玩来玩去,摆成一种非常宏伟的模样,而理性的要求扩张的冲动在这里就不受任何经验的限制

了,就可以单凭自己的理性能力而自由地去建立任何体系了。下面打了一个很有名的比方:

B9　　轻灵的鸽子在自由地飞翔时分开空气并感到空气的阻力,它也许会想象在没有空气的空间里它还会飞得更加轻灵。同样,柏拉图也因为感官世界对知性设置了这样严格的限制而抛弃了它,并鼓起理念的两翼冒险飞向感官世界的彼岸,进入纯粹知性的真空。

　　理性单凭自己的双翅飞越经验的基地,会以为没有经验带给它的束缚,它就可以更快地飞翔。但是实际上,如果没有经验的基地,它根本就飞不起来,就像一只鸽子没有空气的反作用力就会掉下来一样。康德的这个比喻是针对以柏拉图为代表的理性派哲学的。在西方哲学史上,柏拉图是一切唯理论和独断论的鼻祖。独断论从柏拉图开始就把"真理的世界"和"意见的世界"一刀两断,真理是抽象的理念,意见只是感官的现象,感官世界是受束缚的,不自由的,狭隘的,理性可以不管它,抛开它,单凭逻辑推理和理念的思维而飞升到一个抽象的普遍真理的王国。真理应该是普遍必然性的知识,而不是狭隘的偶然的意见;普遍必然的知识本身应该是毫无疑问的,永恒不变的。所以柏拉图"鼓起理念的两翼冒险飞向感官世界的彼岸,进入纯粹知性的真空"。"纯粹知性"在康德这里相当于"纯粹理性",理性和知性的区分在康德这里不是太严格,知性主要是就认识论上说的,理性则还包含有实践论的方面(实践理性)。所以理性可以包含知性在内,但在认识论的范围内,知性也可以包含理性在内作为它的一个最高的层次。当然,在柏拉图那里,他说的"理念"还不是很严格的纯粹理性概念,例如"马"、"桌子"这些本属于经验性的概念也被归入"理念"放到了"彼岸世界"。直到康德才把理念加以纯粹化,认为只有那些不包含任何经验性的东西的概念,只有涉及到无限性的概念,才有资格称之为理念。当然经验世界中也有理念,我们前面讲到"纯水"、"纯金"等概念都属于理念,但这些都只是一般理性的理念,而不是纯粹理性的理念,不属于"先验理念"。下面对柏拉图的理性主义进行了批判：

他没有发觉，他尽其努力而一无进展，因为他没有任何支撑物可以作为基础，以便他能撑起自己，能够在上面用力，从而使知性发动起来。

也就是说，柏拉图所有的努力都白费了，没有为人类知识增加任何新的东西，他最大的失误就在于他没有发觉，一种能力必须有它的"支撑物"才能发挥作用，才能"在上面用力"而发生效果。人的理性也好，知性也好，作为一种先天能力，如果要建立起知识来，就必须有后天的经验对象，必须是一种关于对象的知识。如果它仅仅是关于它自身，那它就不是知识，而只是游戏。康德在这里实际上坚持的是对知识或真理的传统定义，即观念和对象相符合。必须有对象，无对象则无知识。对象在知识论的意义上只能是经验对象，也就是直观对象。但柏拉图的理念无直观经验对象，因此它就失去了任何支撑物。康德的知识观则认为，知识是人的先天知识能力和后天经验的对象相互作用的产物。人的先天直观形式和先天范畴作用于感官对象，作用于感觉材料，把它们统一起来，综合起来，结构起来，这样才有了关于对象的知识。没有这样的对象，你怎样运用你的能力呢？综合什么、统一什么呢？你玩来玩去还是在玩自己，并不是关于对象的知识，因而不是真正的知识。所以没有对象就不能使知性发动起来，知性就无从着手，它的范畴都是空的，所以一事无成。

但人类理性在思辨中通常的命运是尽可能早地完成思辨的大厦，然后才来调查它的根基是否牢固。

回顾自从柏拉图以来的整个西方哲学史，人类理性的通常陷入了一个"命运"，即一个避免不了的错误，这就是"尽可能早地完成思辨的大厦，然后才来调查它的根基是否牢固"。所有的人类理性的哲学家一心想到的是怎么样将大厦尽可能早地建立起来，而不是先为它打下扎实的基础，只是到事后出了问题，才来调查问题的根源，但为时已晚。莱布尼茨—沃尔夫派的唯理论哲学在当时看来已经是非常完备了，一切都是由逻辑建立起来的，天衣无缝，天上地下什么都可以推出来，什么都可以作出必然的解释。莱布尼茨的数理逻辑导致了我们今天的"数字化生存"，我们今天就属于这样一个被规定好了的时代，一切都可以由逻辑加以规定。我们今天不满意这样一个世界，但在当时人们都认为思辨哲学的大厦已经尽善尽美，无须改进了。但康德认为这个思辨体系的根基是不牢固的。"思辨的"（spekulativ）这个词本来的意思就是从概念到概念、超越经验事物之上进行思考，它属于唯理论哲学的特点。当然在康德这里他把这个词的含义扩大了，"思辨的"不仅是和"经验的"、"事实的"相对而言，而且也和"实践的"相对而言。在后一种意义上，"思辨的"又相当于"理论的"，如说"思辨理性"和"实践理性"，说理性的"思辨的运用"和"实践的运用"，都是这个意思。

但接着就找来各种各样的粉饰之辞，使我们因大厦的结实而感到安慰，要么就宁可干脆拒绝这样一种迟来的危险的检验。

在康德以前，理性派哲学家就已经感到了自己的体系的不牢固，也找了很多办法来补救。如莱布尼茨就打破理性派的过于狭隘的偏见，提出了真理其实有两种，即"偶然真理"和"必然真理"，"事实真理"和"逻辑真理"，逻辑规律除了矛盾律之外还有"充足理由律"，这样相互补充，就是因为他觉得自己的根基还不牢固。正是由于感到单纯运用理性的逻辑推理、运用矛盾律建立不起真正的形而上学，所以才要引入其他的东西。但这些东西其实都是些"粉饰之辞"，独断论的基本的唯理论立场是不变的，所以并没有实质的改进。如莱布尼茨的"偶然真理"最终归结为"必然真理"，"事实真理"最终归结为"逻辑真理"，"充足理由律"只是对于人的有限理性而言的，在上帝那里一切都是由矛盾律来支配的，莱布尼茨对唯理论的基本立场的局限性并没有真正的清醒意识，他的改进只不过是一种自我安慰而已。沃尔夫则将唯理论的片面性更向极端发展了，他对理性的无条件崇拜已经使他失去了对自己的立场的危机感，也就更谈不上去检验自己的地基了。

但在建立这座大厦时，使我们摆脱任何担忧和疑虑并以表面上的彻底性迎合着我们的是这种情况，即我们理性的工作的很大部分、也许是最大部分都在于分析我们已有的那些关于对象的概念。

这也就是指出，使我们对自己的危机感到麻痹、感到心安理得的原因在于，我们觉得我们没有引入任何异己的东西，而主要只是凭借理性分析了我们实际上"已有的"那些关于对象的概念，因而有一种逻辑上的自洽性、可靠性的错觉。理性派哲学家热衷于分析，什么是对象？什么是存在？如何从"我思"推出"我在"？从"上帝"这个"最完满的"概念里推出上帝的"存在"？这都是通过分析我们有关对象的那些概念来作出推论，这就给人一种错觉，只要我们不能否认我们"已有的"那些关于对象的概念，我们就不得不承认由此推出的那些结论。自从笛卡尔以来直到康德以前，理性派所做的主要就是这种工作，也就是一种概念的"分析"工作，正是这种分析命题的普遍必然性和先天性使理性派哲学家们理直气壮。所以康德在下面第四节中专门讨论"分析判断"和"综合判断"，而这里提出的问题正是向下一节的过渡。他继续说：

这一工作给我们提供出大量的知识，这些知识尽管只不过是对在我们的概念中（虽然还是以模糊的方式）已经想到的东西加以澄清或阐明，但至少按其形式却如同新的洞见一样被欣赏，尽管按其质料或内容来说它们并未扩展我们所有的这些概念，而只是说明了这些概念。

这正是对分析判断的优点和缺点的一个提示，即分析判断的作用就 B10 在于对我们已有的概念加以澄清或阐明，使它由模糊变得清晰，但它并不能扩展我们的知识，而只是使我们已有的知识得到说明。而理性派却以为它们所获得的是一种"新的洞见"，而且认为它们很可靠。可靠是当然的了，在这些分析工作中，只要做得精确，就不会出错。一个概念，你当初是如何形成的，现在你把这个概念中的东西分析出来，就好像把一筐苹果放进去又拿出来，它当然还就是那么多苹果，不会多也不会少，怎么会出错呢？我们的理性就是在做这样一些工作，这些工作也给我们提供出大量的知识，但这些知识只不过是把我们已经获得的知识加以澄清或阐明,并没有增加什么新的知识。我放进筐子里二十个苹果,但放的时候我没数,或者没有认真数,后来我倒出来重新数了一下,是二十个,没错!这使我对这"一筐苹果"的概念有了清晰的了解,却说不上有什么新的洞见。但由于分析判断的形式与其他那些增加新知识的判断形式、也就是先天综合判断的形式在形式上差不多是一样的,所以人们"至少按其形式"而把它们当作新见来欣赏。这就是理性派构造自己的体系的秘密。

既然这种方法提供了某种现实的先天知识,这种知识又有一个可靠而有效的进展,所以理性就不知不觉地受这一假象的欺骗而偷换了完全另外一类主张,

注意"偷换了",为什么是"偷换"?当然我们一般可以承认这种知识还是一种现实的知识,如我说:"凡是物体都是有广延的",这是一种先天知识,因为当初形成"物体"这个概念时就使用了"广延"的概念,但现在我明确地说了出来,也可以是一种知识,而且这种知识是有先天性的,任何一个物体,我不需要看见它,就可以断言它是"有广延的"。另外,"这种知识又有一个可靠的而有效的进展",我们可以从"一切物体是有广延的"推出"一切物体都是空间中的",再推出"一切物体都是有三个维度的",如此等等,只要这些被推出的概念都包含在原概念里面,就不会出错,又可靠又有效。但理性由此就"不知不觉地受这一假象的欺骗而偷换了完全另外一类主张",这里的"这一假象"就是指前面讲的,"如同新的洞见一样被欣赏",而其实"并未扩展"、而只是"说明了这些概念"。这就欺骗我们把这些知识偷换成了"完全另外一类主张"。另外一类什么主张呢?就是偷换成了先天综合判断,也就是康德所说的这样一类主张:

在这类主张中理性在这些给予的概念上添加了一些完全陌生的、而且是先天的概念,

这些主张虽然也是先天的,但其实并不是分析命题,而是先天综合

命题。先天综合命题也是先天的,具有先天的普遍必然性,但它们恰好不是仅仅"说明"一些已知的概念,而是能够在已知概念上先天地增添一些新的概念,一些"完全陌生的"概念。"完全陌生的"表明这概念并没有包含在那个已知概念中,而是外来的,所以它能够增加新知,同时还能够是先天的。就是说,理性派哲学家采取"偷换"的方式实际上做的是这种判断,但他们并不自觉,

却不知道自己是如何做到这一点的,甚至不让这样一个问题进到思想中来。

比如说他们论证"上帝是存在的","灵魂是单纯的",这样一些判断经过康德在"先验辩证论"中的分析,证明它们在理性派的意图中其实是想要表达一些先天综合判断,但理性派哲学家却仍然自以为他们完全是从概念中先天地分析出这类判断来的,因而具有先天分析判断的无可置疑的必然性。康德则指出,作为先天综合判断,它们的先天必然性的根据不能像分析判断那样建立在形式逻辑的矛盾律上,而必须建立在另外的基础上,而这个另外的基础在哪里,这个问题在理性派那里还根本没有"进到思想中来"。而要说明这一点,首先就必须把分析判断和综合判断的区别弄清楚,然后才能把先天分析判断和先天综合判断的区别弄清楚,这才能进入到"这样一个问题",也就是后面讲的"先天综合判断如何可能"这样一个"纯粹理性的总问题"。所以最后一句是:

所以我要马上来着手探讨这两方面知识类型的区别。

这就是"分析判断与综合判断的区别",这也正是第四节的主题。

Ⅳ. 分析判断与综合判断的区别

关于分析判断和综合判断,现代哲学讨论得很多,是否有先天综合判断、甚至是否有真正的综合判断都有人表示怀疑。莱布尼茨就曾认为一切命题都是分析的,就连"恺撒在公元前49年跨过了卢比康河"这样一个纯粹经验的事实,他也认为是一个分析命题,是从"恺撒"这个概念

中分析得出来的。现代分析哲学家如罗素也认为，既然"恺撒"这个概念不过是他一生各种各样的行为的总概括，那么单从概念上、至少从语义上来说，恺撒所做的任何事都可以看作是从"恺撒"这个概念里面分析出来的，把他没有做过的事强加于他，不单是事实的错误，也可以视为逻辑的错误。所以一切经验性的命题在这种意义上都是分析命题。按照这种思路，莱布尼茨曾提出要发明一种计算方法，一种逻辑，这种逻辑可以解决一切问题，不仅是经验事实的问题，甚至也包括形而上学问题。当两个哲学家争得死去活来时，他就可以对他们说：不用争了，我们拿出笔来，算一算。一件事情是否在历史上发生过，也可以这样算出来。所有的问题都可以解释为计算问题和逻辑推论问题，这种思想也影响了现代分析哲学，他们据此提出了对康德的综合判断、特别是先天综合判断的一种反驳。当然这些反驳里面也有一些很有价值的东西，大大开拓了人们的视野。另外，在康德的时代人们所理解的概念就是有固定内涵的抽象概念，人们所理解的逻辑就是从亚里士多德以来的主谓词判断的形式逻辑，因而分析与综合在这种理解中是完全对立着的。康德本人虽然发展出了一种"先验逻辑"，但基本上还没有跳出传统逻辑的思维方式，有一些基本的前提在他看来是不言而喻地假定了的。这些是我们在考察他的逻辑观点时必须注意的。

例如本节的第一句话开头就显出传统逻辑的先见：

在一切判断中，从其中主词对谓词的关系来考虑（我在这里只考虑肯定判断，因为随后应用在否定判断上是很容易的事），这种关系可能有两种不同的类型。

亚里士多德把逻辑看作是以主谓判断为基本形式的，认为其他命题都可以还原为主谓命题，这种观点在现代已受到了广泛的挑战。如罗素就认为，至少关系判断就不能还原为主谓判断，胡塞尔也提出"拥有"（haben）判断至少和"是"（sein）判断同样的原始。而关系判断和拥有判断的词项都不能说成是主词和谓词的关系。括号里面的话主张先考虑肯定判断，再在此基础上考虑否定判断，把否定判断看作是肯定判断的某种"应用"，这也是从亚里士多德以来的教条，但并没有绝对的不可置疑性，而只是西方哲学两千年来所形成的特殊传统。如果我们超出西方传统，比如说看一看中国传统的说法，就会发现事情也可以完全倒过来，先从否定判断开始，然后再从中得出肯定判断。如老子的《道德经》开篇就说："道可道，非常道；名可名，非常名。无名，天地之始；有名，万物之母"，首先考虑的竟然是"非"什么，"无"什么，从否定判断开始，然后再去发挥出肯定判断，看还"有"什么，还能肯定什么，而肯定什么也是为了否定什么。因为西方人是从"有"、"存在"理解"无"、"非存在"的，中国人是从"无"、"非存在"理解"有"、"存在"的。当然，在此基础上，西方和中国又各自都有把"有"和"无"加以辩证的统一的观点。这是题外之话了。那么，这样一划分，康德认为可以分出两种不同的"类型"。哪两种类型呢？

要么是谓词 B 属于主词 A，是（隐蔽地）包含在 A 这个概念中的东西；要么是 B 完全外在于概念 A，虽然它与概念 A 有关联。

当然，就主谓判断而言，只可能有两种情况，这就是谓词包含在主词之中，或者谓词不包含在主词之中。谓词包含于主词中的判断显然不可能增加新的信息，因为即算谓词不在判断中显示出来，它也已经包含在主词中并随着主词说出来了，当然只是"隐蔽地"说出来了，也就是"不言而喻地"说出来了，而在判断中表达出来只不过更加清晰而已。只有当谓词完全外在于主词，才有可能增加新的信息，当然这种"外在于"也不是完全无关，而必须"与概念 A 有关联"，因为如果完全风马牛的两个概念也是形不成判断的，也就不能带来任何知识。如说"三角形的面积很累"、"天体的运动是绿的"之类，不知所云。下面点出主题了：

在前一种情况下我把这判断叫作**分析的**，在第二种情况下则称为**综合的**。因而分析的（肯定性的）判断是这样的判断，在其中谓词和主词的

199

B11 联结是通过同一性来思考的，而在其中这一联贯不借同一性而被思考的那些判断，则应叫作综合的判断。

分析的判断从肯定判断上来说，谓词和主词的联结是"通过同一性来思考的"，什么意思？就是说，分析判断归根结底可从同一性命题的角度来思考。什么是同一性命题？就是 A=A，主词等于谓词。当然，我们都知道，即使是分析命题，也不等于同一性命题，不等于 A=A。我们说"绿叶是绿的"，这也不等于说"绿叶是绿叶"。但康德并没有说分析判断等于同一性命题，而只是说它是"通过同一性来思考的"命题。例如"绿叶是绿的"这一命题完全可以理解为"绿叶是绿的叶"，这就成了同一性命题，所以我们可以从同一性命题这种可能性去思考分析命题。又如"中国人是人"，这只是简化的说法，中国人不等于人，这个命题说的是"中国人是一种人"，而这个"一种"则是一个代词，它代表"中国的"。康德下面举的例子"物体是有广延的"，也可以分解为"有广延的东西 [用来代替"物体"] 是有广延的（东西）"。所有这些判断都是可以借同一性来思考的。相反，不借同一性而思考的命题就是综合命题，如"花是红的"，花也完全可以是黄的、蓝的，你要把这个"是"确立起来，不能依靠逻辑的同一性，而必须靠别的东西，比如说靠自己的眼睛去看。显然这两种类型的判断是完全不同的。

前者也可以称为**说明性的判断**，后者则可以称为**扩展性的判断**，因为前者通过谓词并未给主词概念增加任何东西，而只是通过分析把主词概念分解为它的分概念，这些分概念在主词中已经（虽然是模糊地）被想到过了；相反，后者则在主词概念上增加了一个谓词，这谓词是主词概念中完全不曾想到过的，是不能由对主词概念的任何分析而抽绎出来的。

分析判断是说明性的，也就是对已知的概念的说明，它的作用只是把概念说得更明白一些，为此就要把一个概念分解为组成它的分概念，分得越细就越清楚。综合判断则是扩展性的，就是要对已知的概念加以扩展，使它获得新的、该概念之外的内容。我们通常要求知，就是要求得这种综合命题,分析命题不能用来求知,只能用来把已经获得的知识搞得更清楚。当然广义地说这也是一种求知,是训练自己的思维能力,能够清晰地思考,但它毕竟要依赖于综合命题给它提供它能够加以分析的最初的知识,而不能单从自身中产生出知识来。下面康德举两个例子。

例如我说:一切物体都有广延,那么这就是一个分析判断。因为我可以不超出被我联系于物体的这个概念之外来发现与这概念相联结的广延,而是只分析那个概念,也就是可以只意识到我随时都在这个概念中想到的杂多东西,以便在其中找出这个谓词来;所以这是一个分析判断。

这个例子,我们前面为了说明问题已经提到过了。"不超出被我联系于物体的这个概念之外",也就是不超出"物体"概念之外,物体和"广延"的概念当然是不同的,"广延"的概念是"被我联系于物体的"概念,这个概念意指物体。在"物体"的概念中,必然联结有广延、或"广延"的概念,这两种说法都是可以的。"分析那个概念,也就是可以只意识到我随时都在这个概念中想到的杂多东西",我不需要超出这个概念之外,而只要在这个概念中去想其中所包含的杂多东西,从这些东西中挑出任何一个来,都可以构成一个分析判断。

反之,当我说:一切物体都是有重量的,这时谓词就是某种完全不同于我在一般物体的单纯概念中所想到的东西。因而这样一个谓词的增加就产生了一个综合判断。

"一切物体都是有重量的",这个命题从形式上看和"一切物体都是有广延的"几乎完全一样,不仔细想看不出有什么区别,所以人们很容易把分析判断和综合判断混为一谈,如上一节所说的,把分析得来的知识"至少按其形式如同新的洞见一样"来欣赏。但经过康德的考察,综合判断的特点就在于谓词是某种完全不同于我在主词概念中所想到的东西,所以它是增加上去的。我们不需要"重量"的概念也可以形成"物体"概念,"物体"概念只要有"广延"概念也就可以形成了,物体就是"有广延的东西"。当然我们形成了"物体"概念以后,我们用来观察万事万物，我们发现物体通常也伴随有重量，于是我们说"一切物体都是有重量的"，这只是事实上如此，而不是逻辑上必定如此。我们现在已经在太空证实了"失重"现象，但是，即使我们永远也不能发现没有重量的物体，我们也不能从逻辑上断言物体没有重量是不可能的，但我们却可以断言物体没有广延是不可能的，因为那在概念中是自相矛盾的。我们可以举另一个更明显的例子："一切人都是要死的"，我们甚至可以断言，没有人能够永远不死，但这仍然不是一个分析命题，而是一个综合命题。因为"不死"并不包含在"人"的概念中，说一个人不死并没有什么概念中的逻辑矛盾。而且从理论上说，使一个人不死是可以做到的，现代医学认为衰老和死亡是由体内的某种化学物质决定的，身体到了一定的年龄就分泌出这种物质，促使生命过程走向结束，因此只要能控制这种物质的分泌，就可以延缓衰老甚至不死。当然，并不是在这种医学理论出来以后，"一切人都是要死的"才成为了一个综合命题，而是在此之前就可以判断它只是综合命题，而不是分析命题，这是从判断的结构上直接就可以看出来的。

上面所举的综合判断的例子都是属于后天综合判断的例子，而不是先天综合判断的例子。而后天综合判断是经验判断。所以康德说：

经验判断就其本身而言全都是综合的。

这句话把一切经验判断都包括在综合判断中了，一切经验判断就其本身而言，全部是综合的。但为什么要说"就其本身而言"？这个限定很有意思，它是说，有些含有经验成分的判断就它作为一种判断形式而言可以是分析的。例如前面讲的"一切物体都是有广延的"这个分析判断，其中的"物体"、"广延"其实都还是从经验中来的概念，而不像"空间"、"时间"、"原因"这些概念那样有其先天的来源。虽然是由经验概念组成的判断，但从其判断形式来说它还是分析判断。那么"经验判断就其本身而言"，也就是就其判断形式而言，全部都是综合的。如果不是就其判断形式而言，而是就其构成判断的经验成分而言，那么这些经验成分也不一定就不能形成分析判断，例如我们也可以说出"一切被吸引的物体都是有重量的"这样一个分析命题。所以含有经验成分的判断，甚至全部由经验概念所构成的判断，都不一定是经验判断，经验判断是特指一种判断形式，即它的主词和谓词是靠后天经验联结起来的。这就把它和分析判断清楚地区别开来了。所以他说：

> 若把一个分析判断建立于经验基础上则是荒谬的，因为我可以完全不超出我的概念之外去构想分析判断，因而为此不需要有经验的任何证据。

把分析判断建立于经验基础上，不是说分析判断中不能有经验的概念，而是说分析判断的主词和谓词不能是靠经验外在地联结起来的，而是在概念内部分析出来的。这些概念当然也可以是经验概念，但要把经验概念构成判断，就有两种不同的类型，一种是把两个互相外在的概念以经验为基础联结起来，这就是后天综合判断，一种是把两个本身具有包含关系的概念根据它们本身的包含关系联结起来，这就构成了分析判断。所以在分析判断中，我可以"完全不超出我的概念之外去构想"这个判断，而不需要有任何经验的证据。下面继续分析前面的两个例子：

> 说一个物体是有广延的，这是一个先天确定的命题，而不是什么经验判断。

B12

这里把分析判断和"先天的"这种性质联系起来了，分析判断都是先天判断，而不是后天判断。我完全可以在一个经验事实出现以前，单凭主词概念就先天地确定谓词。

> 因为在我去经验之前，我已经在这个概念中有了作出这个判断的一切条件，我只是从该概念中按照矛盾律抽出这一谓词，并借此同时就能意识到这个判断的必然性，它是经验永远也不会告诉我的。

这并不否认我的概念来自经验，但当我要作一个判断时，我不必去考虑经验，而只须考虑我现有的概念，判断的一切条件、也就是主词和谓词都从这个概念中取得，并按照矛盾律把它们的关系表达出来。这样的判断怎么可能不是必然的呢？当然这只是形式逻辑的必然性，而不是经验中的必然性，经验是永远也不会显出这种必然性的。与这种必然性比起来，经验似乎永远只能是后天的、偶然的。在经验判断只能是后天的和偶然的这一点上，康德和休谟是完全一致的。不过康德还认为经验判断之所以能够成立，仍然是因为它里面包含有先天的成分，因而有普遍必然性成分。如"一切物体都是有重量的"虽然是一个后天经验命题，但它之所以可能提出来，还是因为我们先有一种先天的认识结构，比如说"实体和偶性"结构，也就是康德所说的"范畴"，我们用这对范畴把"物体"作为一种"实体"而与作为"偶性"的"重量"结合在一起，也可以说，这个命题里面就包含有这对范畴，作为其中的先天成分。这就与休谟不同了。当然这是后话，在这里康德还只是努力把分析判断和经验的综合判断区分开来。

与此相反，尽管我在一般物体的概念中根本没有包括进重量这一谓词，那个概念毕竟通过经验的某个部分表示了一个经验对象，所以我还可以在这个部分之上再加上同一个经验的另外一些部分，作为隶属于该对象的东西。

就是说，物体的概念虽然不包括重量的概念，但却表示了一个经验对象的某个部分，比如说我看见一个铅球，它有广延，有一定的形状大小，有不可入性、硬度，有光泽，我托起它，感到它有重量，等等，所有这些构成了铅球这个经验对象，或者说，构成了我们对于铅球的经验。但"物体"这个概念只表达了铅球这个经验对象的、或者说我们的铅球经验的"某个部分"，如广延、形状、大小，但并未表达另外一些部分如硬度、光泽、重量等等内容。"所以我还可以在这个部分之上再加上同一个经验的另外一些部分"，即这个物体是"有硬度的"、"有光泽的"、"有重量的"等等，它们都同样是"隶属于该对象的东西"，因为我是在经验中一起经验到它们的。但加上这些部分的条件是，我必须经验到这个物体，即铅球，

而不是单凭一个"物体"概念就能够推出或分析出它的这些后天属性的。当然，

　　我可以先通过广延、不可入性、形状等等这一切在物体概念中所想到的标志来分析性地认识物体概念。

　　我在认识一个物体的时候当然也可以先从概念上搞清它的基本内涵，这可以看作是认识的第一步，有利于我们把握事物的本质，比如说，广延、不可入性、形状等等，这些都是我形成"物体"这个概念所必需的，那么我也就可以从"物体"这个概念中分析地想到它们，这是对一个物体的初步认识。但这对于具体认识一个物体是不够的。

　　但现在我扩展我的知识，并且由于我回顾我从中抽象出这个物体概念来的那个经验，于是我就发现与上述标志时刻联结在一起的也有重量，所以就把重量作为谓词综合地添加在该概念上。

　　也就是说，如果要真正"扩展我的知识"，我就必须"回顾"、也就是援引我的经验：我当初是如何从经验中抽象出"物体"概念来的？我抽出"物体"概念来的时候，撇开了哪些东西？我现在把这些当初在经验中被撇开了的东西加上去，因为它们在经验中本来是结合在一起的。但这种"添加"是有经验作保证的，只不过经验的保证不像逻辑的保证那样可靠，那样有普遍必然性。

　　因此，经验就是重量这一谓词与物体这一概念有可能综合的基础，由于这两个概念虽然并非一个包含在另一个之中，但却是一个整体的各部分、即经验的各部分，经验本身则是诸直观的一个综合的结合，所以二者也是相互隶属的，尽管是偶然地隶属着的。

　　经验是这两个概念"有可能"综合的基础，他没有说"必然综合"的基础，只是有可能。因为它们碰巧"是一个整体的各部分"，而经验本身则是"诸直观的一个综合的结合"。也就是说，经验本身是不能凭想象或推理得出来的，要看到了才算数，要凭直观。而直观是要靠综合才结合到一起来的，一个直观表象和另一个直观表象是外在地联结在一起的，

你从一个直观不能必然推出另一个直观，就像不能从物体的一种颜色推出它有香气一样，当然有时候大致也可以推出，比如熟透了的水果，但那是"凭经验"推测，不是必然的。有人挑西瓜的经验很丰富，但那也只是"十拿九稳"。所以在经验中的那些表象也有联系，有一种隶属关系，否则就不是一个经验了（如西瓜上停着一只苍蝇，它随时可以飞走，不属于西瓜的经验）；但这种隶属关系也是偶然的，并不是必然地要这样结合在一起的，也可以有另外的结合方式，和另外一些成分结合而不和这些成分结合。所以经验中的这种结合方式是我们偶然碰上的，我们看到物体有重量，但有可能在某些情况下有些物体会失去重量，这个并不与物体的概念相矛盾，也不能从物体的概念里面推出来，要看具体情况而定。但我们绝对不能设想一个物体没有广延，如果没有广延，那就不是物体了。所以物体和广延的结合我们可以单凭概念分析，物体和重量的结合我们就必须依靠经验的综合了。

下一段与前面就有一个转折了，前面讲分析判断和综合判断，前面的综合判断首先是讲经验判断，一切经验判断都是综合的。但是，一切经验判断都是综合判断，并不等于一切综合判断都是经验判断，经验判断只是综合判断中的一个类别，除此之外还有非经验的综合判断，先天的综合判断，也是属于综合判断之列的。所以这一段就开始涉及到另一类综合判断，也就是先天综合判断了。可见分析判断只有一种，而综合判断里面有两种。分析判断就是那种逻辑上先天确定的命题，通过形式逻辑的不矛盾律和同一律我们就可以引出分析命题。综合判断则有两种，一种是经验判断，它综合各种直观经验，使我们获得新的经验性的知识，把新的东西通过经验而增加到已知的知识上去；另外一种综合判断就是先天综合判断，它与分析判断是不同的，但与后天经验的综合判断也不一样。所以康德说：

但在先天综合判断那里，这种辅助手段就完全没有了。

这个"但"就是转折。"这种辅助手段"是指上面经验判断进行后天综合时所凭借的手段，那就是诉之于直观经验，这种便利在先天综合判断中就没有了。在前面的判断中，当我不知道这一概念是否能够添加到主词中去时，我们可以回顾一下经验，可以看一看，我们当初是如何从经验中把主词抽出来的，我们撇开了哪些东西；而那些东西当初是和这个主词伴随在一起的，具有经验的隶属关系，那么这时候我们再把它们捡回来，加在这个主词上就行了。如果当初就没有这个东西，那我们就要存疑，既不能完全否认，也不能强加于主词。因为很可能，随着经验的增多，经验中一个本来没有的表象会突然出现，这是说不定的。这都是依经验的整体为转移的，经验是我们形成经验的综合判断的基础。但在先天综合判断那里，既然它是"先天"的，那也就是先于经验的了，经验还没有发生，我们就要断言一种综合判断，那么这种辅助手段就没有了，我们这个时候就不能依靠经验来验证了，不能通过回顾经验来解决问题了。

当我要超出概念 A 之外去把另一个 B 作为与之结合着的概念来认 B13
识时，我凭借什么来支撑自己，这种综合又是通过什么成为可能的呢？
因为我在这里并没有在经验领域中环顾一下经验的便利。

也就是说，我们没有了经验的辅助手段，不能够靠在经验领域中搜求，去给综合判断提供有力的证据。那么，有没有别的手段来使得先天综合判断成为可能呢？这里第一次提出了"先天综合判断如何可能"的问题，我们可以看出，这是一步步循循善诱地引出来的。我们在经验判断里面依靠直观经验，我们只须环顾一下，一看就知道两个概念能不能结合成一个综合判断，我们由此而有把握形成一个综合判断；但在先天综合判断中，我们既然已经超出经验了，我们靠什么来支撑这种综合判断呢？先天综合判断是如何可能的，它是从哪里来的，它是怎样构成的？分析判断我们可以说它来自概念本身的逻辑关系，经验判断我们可以说它来自经验，那么先天综合判断呢？它既然不是来自于逻辑形式，也不是来自于经验，那么它怎么可能？如何可能？"如何可能"的意思有两层，一层就是它是从哪里来的，是什么东西使得它成为可能的；另一层就是它是怎样可能的，是以怎样一种方式而可能的。一个是追究它的来源，一个是追究它的形成方式。这个地方强调的是它的发生方式，即通过什么方式或手段成为可能的，当然也连带着它的来源问题，正如直观经验是经验的综合判断的"辅助手段"，同时也是它的来源一样。下面康德举了一个例子：

我们可以看看这个命题：一切发生的事物都有其原因。我虽然在发生的某物这一概念中想到了一种存有，在它之前经过了一段时间等等，并且从中可以引出分析判断来。

"一切发生的事物都有其原因"，这是一个先天综合判断，它的主词是"一切发生的事物"，谓词是"有原因"。我们通过对主词的分析，可以分析出存有、前后、时间等等，因为"发生的事物"既然发生了，那它当然包含"存有"概念，"存有"这个词原文为Dasein，就是具体的存在的意思，我们译作"存有"，在黑格尔那里有人译作"定在"、"限有"、"有限的存在"，在海德格尔那里通常译作"此在"。这些译法都是要表达出一种具体的现实的存在。对上帝存在的本体论证明，这里的上帝"存在"也是用的Dasein，我们译作对上帝"存有"的本体论证明。译"存有"主要是为了与"存在"（Sein）相区别，它们几乎是同义词，但"存在"可以作系词，它等于"是"；而"存有"不作系词，它更具体，表示"存在的东西"或"存在者"。所以，"存有"是"发生的事物"这个概念的必要构成成分，如果不存有，事物也就不会"发生"，它也就不叫"事物"了。而"时间"、"前后"则是"发生"这个概念的必要成分，因为"发生"必在时间中，不在时间中叫什么"发生"？而一旦在时间中，就必有前后。这些都是可以通过逻辑分析从概念中分析出来的。但是如何能够分析出"原因"的概念来？我们当然知道一切发生的事物都有原因，但是从概念上分析不出来，休谟就是凭这一点而要来否认人所共知的这一常识。康德也承认这一点：

但一个原因概念是完全外在于前面那个概念的，它表示出某种与发生的某物不同的东西,因而完全没有被包含在后一个表象中。

原因概念跟前面那些分析出来的概念都不同,当然它肯定也是伴随着的,但并不是逻辑地包含在主词中的。我们都认为一切发生的事物都有原因,但是从逻辑上来说,形成"一切发生的事物"这个概念用不着"原因"这个概念。从事实上来说当然没有人否认这一命题,我们甚至把这一命题看作一个先天有效的命题,我们不仅用它来判断一切已经发生的事物,我们还用来判断一切未发生和将要发生的事物,而且都是确定无疑的。只要有人说到一件事物,比如说外星上的一件事物,我们马上可以说,如果它发生了,那么它肯定是有原因的,而不需要获得有关它的任何经验。这样的判断如此不言而喻,甚至我们会觉得可笑,觉得把它说出来完全是多此一举。如果有人对任何事物都只会说:"如果它发生,肯定是有原因的",我们会觉得他智力是不是有问题。但是从来没有人想一想,这种不言而喻的确定性是从何而来的? 它既不是从经验中来的,又不是从分析概念而来的,那么它来自何处? 这就是康德的问题:

那么我们是如何做到用某种完全不同的东西来说明发生的某物,并且能认识到原因概念尽管不包含在发生的某物里,但却是属于它、甚至是必然属于它的?

这是一个很要命的问题。既然两个概念是完全不同的,那么你如何能够用一个完全不同的东西来说明发生的事物? 你把这个完全不包含在主词中的另外的概念隶属于主词,而且必然地隶属于主词,你这是根据什么? 我们见到的所有发生的事物都是有原因的,而且必然是有原因的,无一例外;我们哪怕没有见到的事物,我们也可以断定它必然是有原因的,任何事物都不可能没有原因而发生。那么,这种必然性是根据什么? 下面一问把这个问题的性质更加普遍化了,不仅仅是因果性问题是如此,而且一切先天综合命题都是如此:

在这里,当知性相信自己在 A 的概念之外发现了一个与之陌生、但仍被它视为与之相联结的谓词 B 时,支持知性的那个未知之物 =X 是什么？

这个就把问题一般化了。因为像因果性这样的先天综合命题还有很多，不仅仅是任何发生的事物都有原因，而且你还可以先天地断言任何可能的现实事物都是实体，都有它的偶性，都有与其他实体的交互关系，等等，没有人敢说你说得不对。还有比如任何事物都有量，任何事物都有质，任何事物要发生必然有可能性，任何发生的事都有必然性，等等。这些都可以先天地断言，但这些谓词全都不包含在"事物"这个概念里面，而是作为这个概念之外的陌生的东西加在这个概念之上的。那么，"当知性相信自己在 A 的概念之外发现了一个与之陌生、但仍被它视为与之相联结的谓词 B 时，支持知性的那个未知之物 =X 是什么？"知性要相信两个外在的概念相互之间必然有一种牢固的联结，这需要有一个支持的依据，是它使得这两概念牢牢地结合在一起。那么它是什么呢？我们在这里不必像康德那样卖关子，可以预先提示一下：这个支持知性的 X 不是别的，就是知性本身的本源的综合作用，是自我意识的自发的、本源的综合统一作用，它是我们的认识的一条最高原则。知性具有一种能动地、把所有的现象综合起来、统一成一个知识体系的自发性能力，它就是先验自我意识的先验统觉能力。这就是康德最后要推出的他的整个知性的纯粹范畴的演绎的最高点，正是这样一种能力使这两个本来不相干的概念必然地结合在一起。这种结合按照康德的梳理，一共有十二种方式，也就是他说的十二范畴，它们都有具有一种特殊功能，就是能够形成先天综合判断。人类就是靠这一套体系来把握自然界的规律、来建立科学知识体系的。而它们最终的根源就在于先验自我意识的能动性，所谓的"人为自然界立法"就落实到了这样一种先验自我意识的统觉的本源的综合统一之上。这一套原理在这里还没有展示出来，是要等到后面才引出来的，这是他用来解决先天综合判断如何可能的问题的秘密武器。但在此之前，还有很多事情要做。首先就是要把经验的东西从先天综合判断中排除出去。他说：

这不可能是经验，因为上述因果原理不仅仅是以比经验所能提供的更大的普遍性、而且也以表达出来的必然性，因而完全是先天地并从单纯的概念出发，把后面的表象加在前面那个表象上。

这样一个支持知性的先天综合判断的 X 不可能从经验中得出来，不可能是依靠经验的。因为上述因果性原理"一切发生的事物都有原因"，不只是以比经验所能提供的更大的普遍性、而且也以表达上的必然性，把后面的表象加在前面的表象上。注意这两个表述方式的不同：这个原理所提供的是普遍性，所有的经验都无逃于其间，走不出它的范围，他所说的"一切发生的事物"，这里的"一切"就包括了所有的可能经验，它比所有的现有的经验都具有更大的普遍性。经验中的普遍性总是未完成的、有疑问的，它的最大普遍性都不可能解释因果律的普遍性。其次，因果律也表达了一种必然性，这种必然性也不等于经验中的最大可能性，或休谟所说的一种表象的恒常的联结，而是一种逻辑意义上的联结，决不可能有另外一种联结。所以它"完全是先天地并从单纯的概念出发，把后面的表象加在前面那个表象上"。我们前面提到过，先天的标准就是普遍必然性，对于经验可以理解为绝对普遍的，对于逻辑可以理解为必然的。现在，这种综合判断的普遍性和必然性都有了，所以它必定是先天的，是先天综合判断。它不是从经验出发的，而是从概念出发的，但从概念出发它又不是分析性的，而是综合性的。

这样，我们先天的思辨知识的全部目的都是建立在这样一些综合性的、亦即扩展性的原理之上的；

所谓"思辨知识"，我们前面讲了，在康德那里不仅仅是指从概念到概念的抽象知识，而且是与"实践知识"相对而言的，它相当于"理论知识"，一切理性的科学知识都属于思辨知识。这些知识的全部目的都是建立在这样一些综合性的、扩展性的原理之上的，也就是说，康德对理论理性进行批判，就是要把理论理性的全部目的建立在这一套原理的基础之上。什么目的？就是要证明我们的知识是客观的、有规律的，是可靠的、可信赖的，而不像休谟所说的那样完全是一大堆飘忽不定的知觉印象。那么，先天综合判断所起的作用正在这里，如果我们能建立起先天综合判断的可能性基础，它就能够保证我们的有关对象的知识具有普遍必然性的规律，因而具有客观真实性；但又不是独断地认定的，而是立足于我们自己的能力之上，由我们自己建立起来的。一旦失去这一基础，我们的经验知识就会变成杂乱无章的、模糊不清的、可疑的。那么，能不能通过先天分析判断做到这一点呢？不行。康德说：

B14　　因为分析判断固然极为重要且必要，但只是为了达到概念的清晰，这种清晰对于一种可靠的和被扩展了的综合、即对于一个实际的新收获来说是必不可少的。

分析判断不能扩展我们的知识，它只是在我们的知识已经扩展了以后才对之发生作用，使它的概念达到清晰。但后面这一步也是"极为重要且必要"的，是必不可少的。所以康德实际上还是非常看重分析的，在他看来，既然他要把先天综合判断作为他的目的来加以探讨，当然就应该对之进行严格的分析。我们知道《纯粹理性批判》除了前面的"先验感性论"以外，接下来就是"先验分析论"，他的重头戏就在他的"分析论"里面，"概念分析"和"原理分析"是他全书的核心。在这里，以及在全书，他完全是用一种严格的形式逻辑的分析法来考察问题的。当然分析来分析去最终是为了达到他的最高点，那就是综合，就是自我意识的统觉的本源的综合统一，但整个过程都是由分析而一步一步推出来的。而他所理解的分析就是形式逻辑的分析，是严格清晰的概念分析，按照矛盾律、同一律进行分析，具有严格的逻辑必然性。后来黑格尔批判他说，他还陷在知性里头，陷在形式思维里头。当然也有超出形式思维的地方，因为他通过分析最后得出来的是能动的综合，这已经超出形式逻辑的限制了。所以康德自己提出的逻辑已经不是形式逻辑了，而是"先验逻辑"。先验逻辑可以理解为关于能力的逻辑，一种能动的逻辑。他对于范畴的分析是对于人的认识能力的分析，它不仅仅是知性的规则或规律，而且是知性的能力,规则是建立在能力之上的。所以康德非常强调人的主体能动性,是人在为自然界立法,而且这种立法是自动的,不是被动的。人的知性是一种自发性的能力。所以他所建立起来的这种能动性的先验逻辑,实际上已经向辩证逻辑过渡了。不过先验逻辑还没有完全摆脱形式逻辑那一套僵死的固定的框架,反而力图把能动性的要素渗透进这一套框架里去,还没有做到彻底。后来黑格尔就把这一套能动性学说彻底化了,从头贯到尾,构成了一个封闭的"圆圈",一个体系。康德还没有让这种能动性自成体系,他的体系只是一座"大厦",建立在预先清理出来的地基上;黑格尔的体系则是一个圆圈,一个生命,一个自行生长的完整的生命。所以康德的《纯粹理性批判》里面所展示的逻辑还是一种比较形式化的东西。

V. 在理性的一切理论科学中都包含有先天综合判断作为原则

我们看 76 页这两段,它的标题第五节:V. 在理性的一切理论科学中,都包含有先天综合判断作为原则。"一切理论科学",在当时的康德的视野中,所谓的一切理论科学,包含三大部分,一个是数学,一个是自然科学,还有一个是形而上学,就是哲学。那么在所有这些理论科学里面康德认为它都包含有先天综合判断,"作为原则"。不是仅仅包含有先天综合判断,而是作为这些理论科学的基本"原则",都是先天综合判断,他的用词是很讲究的。那么,何以见得呢?

首先来看数学。

1. 数学的判断全部都是综合的。

这底下全部用了着重号,说明它这是一条定理。下面:

这条定理似乎至今尚未被人类理性的分析家们注意到,甚至恰好与他们的一切推测相反,尽管它具有无法反驳的确定性并有非常重要的后果。

也就是说这样一条定理，是说"数学判断全部都是综合的"，但是呢，至今人类理性的分析家们还没有注意到这一点。最典型的比如说像休谟，他认为人的一切关于自然界的知识，关于对象的知识都是综合的，唯独数学和逻辑学例外，因为数学和逻辑学不是关于自然界对象的知识，而仅仅是关于观念和观念之间的关系的知识。数学那些观念都是人造的，跟对象没什么关系，数学就根据这些人造的概念，最初是如何造成这些概念的，然后把这些概念里面所包含的最初我们放进去的东西，把它分析出来，把它引申出来。逻辑学在休谟看来也是这样的一种方式。当然休谟只是一个例子，一个代表，其他的人也几乎都是这样的，像莱布尼兹也认为数学的知识都是分析的。我们先看莱布尼兹，他认为将来甚至对于形而上学的知识，我们也可以通过计算，不必考虑对象，不必看这世界，也不必进行口头的争辩，拿笔来算一算，就可以决定了。什么样的知识可以拿笔来算一算呢，在莱布尼兹看来那就是数学的知识，而数学的知识呢，那就是分析的，之所以能拿笔算一算，就是因为它们本身都是一些分析性的同一命题，都是可以从那些分析判断里面引申出来的。但是他们都没有注意到这样一条定理，就是数学判断全部都是综合的，这是康德所明确提出来的一个说法。"甚至恰好与他们的一切推测相反"，与这些分析家们认为数学判断是分析的这样一个推测相反，即数学判断不是分析的而是综合的。尽管它这条定理"具有无法反驳的确定性并有非常重要的后果"，它是非常确定的，数学判断都是综合的，他马上要证明这样一种确定性；并有非常重要的后果，就是把数学的判断全部看成是综合的，这有非常重要的后果。也就是说在认识论的领域里面先天综合判断将会成为一条基本的原则，这个后果是非常重要的，非常重大的后果，一种对于认识论的全面的改造。也就是说要指出人的这种先天综合能力，这种能动性，这种主动性，把它贯彻到认识论中来，这在康德以前还没有人明确地做到这一点。当然也有了这方面的萌芽，像莱布尼兹的统觉，单子的这种能动性,认识的能动性,但是还没有以这样一种清晰的方式,逻辑的方式,先验逻辑的方式把这一点确定下来。从康德以后人在认识中的主观能动性就被引进来了。

这是因为,人们由于看到数学家的推论全都是依据矛盾律进行的(这是任何一种无可争辩的确定性的本性所要求的),于是就使自己相信,数学原理也是出于矛盾律而被承认的;

注意这个两个层次,一个是由于"数学家的推论全都是依据矛盾律来进行的",而"这是任何一种无可争辩的确定性的本性所要求的",这一点是毫无疑问的,这个康德也承认的。数学家的推论都是依据矛盾律进行的,凡是推论,不管是数学推论,还是自然科学的推论,还是哲学的推论,它们的确定性都要依据矛盾律来进行,这个是毫无疑问的。但是人们由于看到这一点,看到这一个事实,于是就使自己相信数学原理也是出于矛盾律而被承认的。他们在这里是弄错了。他们错在什么地方?不在他们认为数学家的推论是基于矛盾律来进行的,当然要依据矛盾律来进行。问题就是说这些原理,数学的原理,它是怎么形成的,是怎么样得到人们承认的。一旦承认了,一旦形成了,当然它就要符合矛盾律,它不能随便改变自己的含义,不能前后不一致,在推论中必须要严格地遵守逻辑的一贯性;但是并不能因为这一点就认为这些原理都是出于矛盾律而被承认的,或者说这些原理是由于矛盾律而形成起来的,从一个概念中抽引出来的,因此而得到人们的承认的。它的确定性不依赖于所谓的矛盾律,它只是应用矛盾律来展开自身。所以康德说:

他们在这里是弄错了;因为,一个综合命题固然可以根据矛盾律来理解,但只能是这样来理解,即有另外一个综合命题作为前提,它能从这另外一个综合命题中推出来,而决不是就其自身来理解的。

也就是说一个综合命题当然也可以根据矛盾律来理解,它一旦形成以后也可以根据矛盾律来理解,但是呢只能是这样的理解,也就是说有另外的一个综合命题,也就是说你可以把两个综合命题根据它们之间包含的这个关系，一个从另外一个里面引出来，比如说 2+2=4 这样一个先天综合命题，那么它可以从中引出另一个分析地包含在它里面的先天综合命题，如 1+1=2，因为每个 2 都等于 1+1，至于两个 1 相加是否等于 2，这得去数才知道，不能单从"两个 1 的和"这个概念里面分析出 2 来，它还是一个综合命题。但这个综合命题已经分析地包含在前面的那个综合命题里面了，那么在演算过程中间，你可以把它分析地推演出来，保持两个命题自身的逻辑关系，这样你就对这两个综合命题在演算过程中获得了一种分析的理解。后一综合命题可以被分析出来，但它之所以可以被分析出来是因为它包含在前一个综合命题之中，所以它以前一个综合命题作为前提，它能从前一个命题中推出来，而决不是就其自身而理解为分析的。就自身来说，1+1=2 和 2+2=4 本身都还是综合命题，还是先天综合命题，这是第一段。

下面这一小段：

首先必须注意的是，真正的数学命题总是先天判断而不是经验性的判断，因为它们具有无法从经验中取得的必然性。

这一条应该是毫无疑问的，真正的数学命题它都是先天判断而不是经验性的判断。经验性的判断在数学里面它只是一种应用，比如说我们解应用题，它里面有经验的东西。但是纯粹的数学命题，真正的数学命题它都是先天的判断，而不能从经验中去找。你从经验中找出一些命题出来，但是那还不是真正的数学命题，还没有达到数学命题的严格必然性，普遍性。例如通过测量得到的一些命题，都是一些经验性的规律，它没有经过证明，也没有追溯到它的形式。所以说为什么古希腊的欧几里得几何在人类思想史上具有划时代的意义，就是说它是真正纯粹的数学的体系。尽管其他的民族都可以发现几何中的这个那个原理，但是它们都没有那样的严格的精确性，它们都是从经验中所发现的一些东西，所找到的一些东西，而不是通过一定的程序证明出来和构成起来的。所以，数学命题具有无法从经验中所取得的必然性，先天命题具有一种必然性。当然也具有普遍性，在谈数学命题的时候，一般来说康德强调的是必然性，讲必然性更明白。在涉及到自然科学的时候，康德喜欢谈普遍性，普适性，这更容易说明问题，这是前面已提到过的。但这个地方他退让一步：

但如果人们不愿接受这一点，那么好，我将把自己的命题局限于纯粹数学， B15

什么是真正的数学命题，在这个地方也许会有歧义。你说毕达哥拉斯定理是数学命题，勾股定理就不是数学命题，有些人会来反对你。那么"我将把自己的命题局限于纯粹数学"，纯粹数学命题，

这一概念的题中应有之义是：它不包含经验性的知识，而只包含纯粹的先天知识。

所谓题中应有之义，就是说所谓纯粹数学的"纯粹"两个字。前面已经讲过，不包含经验性的知识，不包含经验性的东西，就可以称之为"纯粹"，纯形式，直观纯形式，也就是说，不包含经验性的材料的那些直观形式，时间和空间。知性的纯粹概念，也就是说范畴，也不含任何经验性的东西在里面，还有些命题叫纯命题，纯粹的判断，也就是先天的命题，不包含经验性的判断，前面已经涉及到了。所以，他退让一步，把自己的命题局限于那些纯粹命题。纯粹命题属于数学里面最基础的命题，作为基础，作为一般原则的那些命题，至少我们先从这个方面考察一下这些纯粹的数学命题本身，究竟怎么样。至于具体的那可能还有些争议，比如说，我们可以设想一下，有人就会提出所谓的 π，无理数，3.1415926…，这样的一个圆周率的数字到底是经验的还是先天的呢？从实际的后果来说，我们只能把它不断地算出来，每个人都得去算出来，每次算出来是这样子，所以我们认为是这样子，但是永远无穷尽，都是一个约数，但是我们算它的方法，是先天确定的，我们只能这样去算，去年报上有条消息，说它已经被算尽了，用现代高速计算机算尽了，就是成了一个有理数，无限循环小数，如果循环了的那就是一个先天的命题，但是如果不循环，你

还真很难断言它是一个先天命题，还是一个经验的命题。

这个讨论是一个很有名的讨论了，就是康德为了说明，数学判断全都是综合的，在这里举了个例子，那么通过这个例子，我们要仔细深入琢磨的话，这里头还是暴露出一些问题，所以这个例子后来还是经常被人们提起。我们现在先看看他是怎么说的。刚刚我们听到他的先天综合命题局限于纯粹数学命题，纯粹数学命题我们想到可能是那些公理。但是他在这个地方举出了一个最普通的数学命题，就是一般的加法，最起码小学一年级就要学这个加法:7+5=12。

虽然人们最初大约会想:7+5=12 这个命题是个单纯分析命题，它是从 7+5 之和这个概念中根据矛盾律推出来的。

当然 7+5 的和这个概念严格说它还不是一个概念，它是好几个概念，把它组合成一个词组，但是我们把它当成一个概念来看，"7+5 之和"也可以看成一个大概念。那么这个大概念里头，包含有 7，有 +，有 5，有和等几个要素，从这几个要素里面，一般人认为根据这几个要素已经包含的东西，根据矛盾律推出了"=12"。但是康德认为不是这样。

然而，如果人们更切近考察一下，那么就会发现，7+5 之和的概念并未包含任何更进一步的东西，(他的反驳就是说) 而只包含这两个数结合为一个数的意思，这种结合根本没有使人想到这个把两者总合起来的唯一的数是哪个数。

严格限于这样一个概念，你对它进行分析的话，你就只能够发现一个 7，一个 5，一个加，一个和，它就是把这两个数结合为一个数，仅仅是这样一个意思，但是里面并没有显示出它里面包含有 12 这个词，12 又是另外一个词、另外一个概念了。

12 这个概念决不是由于我单是思考那个 7 与 5 的结合就被想到了，并且，不论我把我关于这样一个可能的总和的概念分析多么久，我终究不会在里面找到 12。

也就是说 12 这个概念完全是加上去的，完全是在 7+5 之和这个概念之外加上去的。为什么能够加上去，为什么这样一加，就具有了必然性，这才是问题之所在。

我们必须超出这些概念之外，借助于与这两个概念之一相应的直观，例如我们的五个手指，或者（如谢格奈在其《算术》中所说的）五个点，这样一个一个地把直观中给予的 5 的这些单位加到 7 的概念上去。

也就是说，我们要得出 7+5=12，就必须超出这些概念之外，超出 7 和 5 的概念，超出加、和的概念之外，借助于与这两个概念之一（7 或 5），像与 5 相应的直观，比如说我们的五个手指，或者是五个点，这样一个一个做动作，把直观中给予的 5 的这些单位加到 7 的概念上去。这个里头其实还是很有值得推敲的地方。如果是要借助于五个手指或借助于五个点，那就不但是先天综合命题了，那几乎就是后天综合命题，经验性的命题，你要看着手指你才能一个一个加上去，这不就成了一个经验性的综合命题，否则的话你怎么能加？你至少有五个点，而且这五个点必须一样大，如果一个点有房子那样大，一个点有蚊子那么大，你还不能够那样加，它们必须是均匀的。五个手指它差不多大，所以你才能这样加，那么按照康德的解释，这几乎可以说是经验性的命题了。这个 12 是这样加上去的，而且你这样追的话确实可以追到经验上去。在原始人那里，你讲 7+5=12，不一定是个大家公认的事实，不一定具有公认的必然性，还需要每次经过不断的一个一个的加才能取得确定性。但在这里呢，康德讲的五个手指，五个点，不是着眼于五个手指的经验本身，也不是这五个点的经验本身，而是着眼于它在空间中的直观，是借助于相应的直观，不一定是指手指，手指只是一种例子，它代表的是空间中的直观。空间时间没有具体的例子是显不出来的，所以我们在直观中要提到这些例子，用它们代表五的单位，这是一种方便说法。五的单位是以一根手指为单位加起来的，本来我以五根手指，或者五个点形成了五的这个概念，那么我现在把五里面的这些单位一个一个加到 7 的概念上去，这样综合起来，必须是这样，才能找到这个 12。

　　<u>因为我首先取的是 7 这个数</u>，首先 7 是个基数，然后我才把 5 一个一个加上去，<u>并且，由于我为了五这个概念而求助于我的手指的直观，于是我就将我原先合起来构成 5 这个数的那些单位凭借我手指的形象一个一个地加到 7 这个数上去，这样就看到 12 这个数产生了。</u>

　　原先合起来构成 5 的单位，现在把它一个一个加到上面去，在综合的同时已经有分析了，已经把你原先构成了 5 的那些单位，现在把它拆开来，一个一个的，你不是把 5 整体地加在 7 上面去，而是一个一个地加到 7 上面去。所以康德在这里已经透露出来分析和综合是不可分的。这样就看到，12 这个数就产生了，当然如果推而广之的话，那么我也可以说，12 这个数本来就是一个一个的产生的，本来就像 5 这个数一样。我构成 12 这个数的时候，跟我构成 5 这个数的时候一样，是凭借所谓的形象一个一个的形成起来的。所以"7+5 之和"这个概念按照康德这样的解释其实是不彻底的。就像广延的概念包含在物体的概念里面，如果把物体这个概念孤立起来看，它也包含广延的概念；它之所以包含广延的概念是因为你当初构成物体概念的时候，你就运用了广延的概念，你是通过广延的概念构成物体的概念的。那么 7+5 之和这个概念如何能构成呢？首先，你要看 7 是怎么构成的，然后你看 5 是怎么构成的。它里面都是由一个一个相加所构成的，一个加一个，1+1，都是由 1+1 构成的，那么，7+5 之和这个概念，如果从它的构成的原始成分这样一个角度来看呢，我也未尝不可以把 12 从里面分析出来，其实也可以分析出来，这个问题在康德这个地方，他是从他的一个角度，或者从他的一个片面来理解的。当然事实上，不管是 7+5=12，还是 12+12=24，还是其他的任何命题，还是更大的数，都是这样的，一开始的时候，你不知道它等于几；但是一旦你算出来以后，你形成这个概念以后，它就未尝不可以是分析的，它就会全部可以是分析的。这种分析它不是说不需要任何经验你就可以得出来，康德在这个地方，就是 5+7 这样一个概念，它也需要经验中的

东西,需要直观的这种东西,才能构成起来;但是一旦构成起来以后,它就具有一种分析的关系,这肯定应该是承认的。但是康德在这个地方没有谈到这一点;这也给后来的人推翻康德的这样一种观点提供了某些依据。你再大的数,一旦变成已知的,比如说 14 的平方,或者 14 的立方,你让那些数学非常娴熟的人,他一口就可以答出来。他认为这个是不言而喻的,他已经记住了,就像我们记住了 7+5=12 一样,不需要再像小学生那样扳着指头一个一个去数,它就具有一种直接性,因为它本来多次地就是那样形成起来的,那么,现在把它分解开来也是毫无疑问的。你把一个数的开方、或者一个数的平方,都记熟了的时候,就可以互换了。

要把 5 加在 7 之上,这一点我虽然在某个等于 7+5 的和的概念中已经想到了,但并没有想到这个和等于 12 这个数。

我已经想到了我应该这样去加,我想到了这样一个行动,但是还没有估计到它的结果,要算出来才知道。结论:

所以算术命题永远都是综合的;对此我们越是取更大的数目,就越是看得更清楚,因为这样一来就明白地显示出,不论我们怎样把我们的概念颠来倒去,我们若不借助于直观而只借助于对我们的概念作分析,是永远不可能发现这个总和的。

他的根据就是说我们要借助于直观,我们不能事先通过分析某个概念而先天地得出它的结果。那么,我们借助于直观,在康德看来,这种直观当然是先天的直观,不是后天的直观,不是经验性的直观,而是比如时间和空间,这样一个先天的构架,先天的结构。但是他这种方法,我们可以表示某种质疑,就是把“7+5 之和”与它的结果 12,完全把它孤立起来,这个是这个,那个是那个,这样一种分解方式实际上是有问题的。如果是这样来考察命题的话,那任何命题实际上都可以是综合的。你就像 a=a 其实也是综合的,前面一个 a 是作为被规定的 a,后面一个 a 是作为规定的 a,这两个 a 就不一样。“白马非马”,白马为什么能够非马? 因为白马是一个整体概念,你不能够把马从白马里面分解出来,你一分解出来，人家就会说，黄马是不是马呢？白马是马，黄马也是马，那白马就应该等于黄马呀，但是白马不等于黄马。你要把白马孤立起来看，跟它的概念完全把它绝缘起来看，那所有的命题可以说都是综合的，白马是马也是一个综合命题，物体是广延的，也是一个综合命题，那就再没有分析命题了，所有的分析命题都成了综合命题。所以通过这种方式来证明7+5=12是一个综合命题，实际上是有问题的。到底是有什么问题，还可以继续深入。实际上，分析和综合如果完全这样孤立起来看，完全把它们切断，割裂开来，是很难彻底解释任何一个命题的。

前面都属于第五节的第一点，关于数学的判断。数学判断都是综合的，那么前面两段康德提出了一个例子，7+5=12这样一个最简单的命题。这样一个最简单的命题，通常认为它是从概念分析里面必然地推出来的，但是康德认为，其实是通过一种综合判断必然推出来的，也就是说它是一种先天综合判断。那么前一段得出的结论，是说算术命题永远都是综合的。那么在数学里面当时的理解有两大块，一块是算术，另一块是几何，讲完算术之后，这一段他主要是讲纯粹几何学。

同样，纯粹几何学的任何一个原理也不是分析性的。两点之间直线最短，这是一个综合命题。

上面举了一个例子，他的分析是，因为我的直的概念决不包含大小的概念，这个命题里面关键的是两个概念：一个是直，一个是短，（两点之间的）直（线）是（最）短的，其他的我们都可以加上去。两点之间的直线是两点之间最短的线。那么有效的两个概念也就是一个"直"的概念，一个是"短"的概念，前一个是性质，后一个是量（大小）。所以他说，

因为我的**直**的概念决不包含大小的概念，而只包含某种性质。

直的概念本身是某种性质的概念，而不是一个量的概念。直的概念为什么可以得出最短这样一个概念呢？他说：

所以"最短"这个概念完全是加上去的，而决不能通过分析从直线这

个概念中引出来。

即从中得出一个量的概念来，就是说最短的概念根本没有包含在它的前提里面，就是"两点间的直线"这个概念里面。那么如何才能引出来？从概念上说它是完全不能引出来的，它不是一种分析性的包含关系，必须是由于别的原因使它们能够得以用一个式子把两边连接起来。因此在这里必须借助于直观，只有凭借直观这一综合才是可能的。也就是说从概念的分析里面，完全不能推出两点之间的直线是两点之间最短的线，这个是推不出来的，必须借助于直观。尽管大家都承认两点之间的直线是最短的，但是得出这个命题来的原理绝对不是从这概念分析里面来的，而是通过直观，这一综合才是可能的。也就是空间，当我们一提到两点之间一条直线这个概念的时候，我们同时想到两点之间有那么一个空间，然后通过直观我们看到两点之间直线是最短。这个"看到"是因为我们的空间本身就有这样一种性质，这种性质是一种综合的性质，不是通过概念分析能够得出来的。

在这里，通常使我们以为这种无可置疑的判断的谓词已经寓于我们的概念之中、因而该判断似乎就是分析性的那种信念，只不过是用语含混所致。

也就是说我们把这样一个判断称之为分析判断，只不过是用语含混所致，我们以为，既然这样一个判断是无可置疑的，那么它的谓词已经包含在它的主词之中了。但实际上呢，我们把它称之为分析判断，只是用语含混所致。因为我们不知道综合判断也可以是先天的，而以为凡是先天判断，凡是有先天必然性的判断，都只能是分析判断。下面，

因为我们应该在一个给予的概念上再想出某个谓词来，而这种必要性已经附着于那些概念身上了。

我们应该在一个给予的概念上再想出某个谓词来，这是一种应该，应该也就是必要性，这种必要性已经附着于那个概念上了。也就是说在一个给予的概念上，比如说"两点之间的直线"这样一个概念上面，我们

应该给这个概念再想出一个谓词来，我们应该给它作出一个判断，这个判断是具有必然性的。那么这个谓词跟这个概念之间的关系呢，是"再想出"的，也就是加上去的，综合的，但又是必然的，这种必然性已经附着于这个给予的主词概念之上了，这种综合已经带有必要性或必然性了。

但问题不在于我们**应该**想出什么来加在这个给予的概念上，而在于我们在这个概念中**实际上**想到了什么，即使只是模糊地想到了什么，

这句话里面有点名堂。也就是说在这样一个判断里面你已给我一个概念了，那么通过这个概念我确实意识到一种必要性，意识到它应该有某种谓词。但是问题不在于我们应该想出什么来，想出哪一个谓词来加在这个概念上，而在于我们实际上想到了什么。也就是说我虽然知道两点之间的直线，它肯定有某种必然性，要求有一个属于它的谓词加在这个概念上，但这个谓词我们在这个概念上是看不出来的，我们在这个概念本身，在两点之间的直线里面，我们并没有看到它，或者说我们在想到这个概念时候并没有同时想到那样一个谓词，"最短"这个谓词，哪怕是模模糊糊也没有想到。两点之间的直线，它就是一条直线，至于它长或者是短这个我们没有想到。但是又有一种必然性，我们应该想到什么来加在这个概念上，所以最短这个谓词，加在两点之间的直线这个概念上，这本身确实有一种应该的必然性，即算是这个谓词在还没有想出来之前，我们已经想到，这肯定有一种必然关系，必然有一个谓词；但是这个谓词是什么，我们还要去"看"，我们光凭这个概念去想是想不出来的，哪怕是模模糊糊我们都想不到。也就是说那句话的关键在于，问题不在于我们应该想出什么来；应该想出什么来，这当然是有必然性的，或者说是有先天性的，我们确实应该想出它有一个谓词，比如说两点之间的直线它是最短的，这样一个命题它是应该的，是有先天必然性的，但是不是就因此认为它是分析的呢？所谓的用语含混就在这个地方，把一种应该的先天的必然性，当作了等于分析性的，或者说只承认分析命题是具有先天必然性的，而不承认有一种先天综合断。康德在这里的这个例子就说明

了虽然它是先天的，但是它不是分析的。这个例子虽然是先天必然的、必要的、应该的，但是问题不在于它是必要的、应该的，而在于我们实际想到了什么。如果实际上我们确实在里面想到了这个概念，那它就是分析的，如果我们没有想到这一点，它就不是分析的，那就是综合判断。尽管它具有必然性，尽管它有先天性，尽管它是应该的，但是它是个综合判断，谓词和主词是综合在一起的，而不是推出来的。我们在两点之间的直线这个概念里面，实际上连模模糊糊地都没有想到过最短这个概念，我们必须去看，作一条两点之间的直线，做出来，或者我们通过想象去看也可以，通过直观我们想象一个空间。最后，

　　而这就表明，这谓词虽然必然地与那概念相联系，但并非作为概念本身中所想到的，而是借助于某个必须加在这概念上的直观。

　　就是说，虽然这个谓词，最短这个谓词，是必然地与两点之间的直线这个概念相联系的，是应该加在两点之间直线之上的，是有它的必要性，但是它并不是作为分析的判断，而是作为直观的综合。借助于必须加在某个概念上的直观，也就是说必须借助于直观的综合，才能形成这样一个概念，这样一个判断，否则单凭概念的分析是永远也得不出"最短"这结论的。

　　下面这一段作了一个退步，就是说，几何学里面就没有任何分析的命题了吗？这个也不尽然，他这里也提到了：

　　几何学作为前提的少数几条原理虽然确实是分析的，并且是建立在矛盾律之上的；

　　这句话我们可以对照第五节第一段，因为一个综合命题，固然可以根据矛盾律去理解，但只能是这样来理解，即有另外一个综合命题作为前提，它能从这另外一个综合命题中推出来，而决不是就其自身来理解的。欧几里德几何中包含一些"公理"，如"A=B，且 B=C，则 A=C"；又如"等量加等量，其和相等；等量减等量，其差相等"；还有"彼此重合的

225

东西相等"、"整体大于部分"等，它们实际上体现了一种逻辑规则，是几何学中用来推论的基本原则。但什么是"量"，如何是"相等"、"重合"，如何叫作"大"，这却不是从概念里推出来的。数学的推论，作为推论来说，它们的确是依据矛盾律来进行的。正因为人们看到数学家的推论全都是依据矛盾律进行的（这是任何一种无可争辩的确定性的本性所要求的），于是就使自己相信，数学原理也是出于矛盾律而被承认的。当然，根据矛盾律来进行是任何一门科学，任何一种无可争辩的确定性本身的原则，在任何一种科学里面，你都必须根据矛盾律，也就是说都要运用分析命题，在几何学里面也不例外。几何学作为前提的少数几条原理，我们可以把这少数几何学公理，不看作仅仅是几何学的原理，而看作是一般的逻辑学原理，这几条原理是几何学用作依据的。这个依据有时候并不一定要在证明过程中写出来。不言而喻，我们把它忽略过去了，但是也可以写出来，有时候点出来：根据不矛盾律、或者根据同一律，7+5=5+7，你可以这样点出来，作为一个不言而喻的原理，依据这样一个原理来进行推论。所以这样少数几条原理，确实是分析的而且是基于矛盾律之上的。

B17　　**但它们正如那些同一性命题一样，也只是用于方法上的联结，而不是作为原则，**

同一性的命题，一般来说也就是说 a=a，但是分析命题有时候也称之为同一性命题，它也是按照 a=a 这样一个逻辑原则来进行判断和推理的，这是思维方法上的联结，或是方法上进行联结的原理。下面：

　　例如 a=a，即全体与自身相等，

这个 a=a 好像是一个代数的表达方式；"全体与自身相等"，则是一种自然语言的说法，实际上就是一个东西与它自身相等，一个东西保持它自身的同一性。

　　或 (a+b) >a，亦即全体大于其部分。

a+b 在这个地方想当然的都会理解成正数的，如果理解为负数，那就很难说了。(a+b) >a 以及全体大于局部，这些原理都是属于形式逻辑的原理，属于形式逻辑的不矛盾律和同一律的原理。

并且即算是这些原理本身，尽管仅仅按照概念来说就是有效的，但它们在数学中之所以行得通，也只是因为它们能在直观中体现出来。

也就是说，在几何学里面，有这样一些原理，这些原理本身按照概念来说就是有效的，也就是分析地有效的，从分析的角度来看它就是有效的，仅仅按照概念，不需要引入别的东西，不需要综合进其他的概念或者其他直观，仅仅按照概念而有效，也就是它们是分析命题。但是它们在数学中之所以行得通，也只是因为它们能在直观中体现出来。在数学中能够应用这样一些逻辑原则，这样一个方法上的联结之所以行得通，还要有另外的基础，这个基础是要借助于直观的。7+5 和 5+7 都是从直观中来的，那么当我们应用 a=a 这一条原则，用等号把它们连接起来的时候，之所以能够把它们连接起来，还是因为它们在直观中已经体现出来，它们是同一的，它这个 a 包含着什么东西，这借助于直观才看得出来，借助于概念并不能直接把它推出来。所以形式逻辑的原则在数学中它是立足于数学本身的直观之上来运用的，是立足于综合命题之上来运用的，尽管它们本身作为概念的分析是一个分析命题。

下面一段：

2. 自然科学（物理学）包含先天综合判断作为自身中的原则。

前面对于算术和几何学也就是对一般的数学作了分析，认为，在纯粹数学里面的判断全部都是综合的，而且都是先天的。整个第五节的标题是："在理性的一切理论科学中都包含有先天综合判断作为原则"。那么现在数学已经搞清楚了，数学，不管是算术还是几何学，肯定都是包含有先天综合判断作为它的原则的。那么在当时的一切理论科学中间，除了数学以外，还有自然科学和形而上学，形而上学也就是哲学了。那么，自然科学，他这里主要指的是物理学，当时以牛顿和伽利略的物理学作为整个自然科学的典型代表，所有其他的自然科学，都要从物理学的角度来加以理解，所以自然科学后面，康德用了一个括号，里面写上物理学，这是说明当时大家都公认的一个观点。那么自然科学和物理学也包含先天综合判断作为自身中的原则。这里强调先天综合判断，当然在自然科学里面也要运用其他的，比如说分析判断，分析推理，还有后天综合判断，也是在自然科学里面所包含的；但是，作为理论物理学、理论自然科学，它自身中的原则，那就是先天综合判断。它们就是构成这门科学的原则，它的最基本的最高的这些原则，都是属于先天综合判断的。他下面举了两个例子，

我只想举出两个定理作例子，一个定理是：在物质世界的一切变化中，物质的量保持不变；

通常这一条原理我们称之为"物质不灭定理"，"物质不灭"定理不如康德的这种表述比较准确，不仅物质不灭，而且也不增加，既不增加也不减少，保持不变。物质的量在一切变化中保持不变，这样一条定理，它的依据是关于实体性的范畴，由于实体性的范畴所以才得出了自然科学的这样一个定理，在世界的一切变化中物质的量保持不变。偶性可以变来变去，属性可以变来变去，但实体本身是不变的，当时认为物质的量代表着物质的实体，它是永远不变的，这是一个定理。

另一个定理是：在运动的一切传递中，作用和反作用必然永远相等。

作用力等于反作用力，这是牛顿的第三定理里面所表明的，运动的传递过程中作用力和反作用力永远相等。这一条定理它是依据康德范畴表中的协同性，或者交互作用，这样一个互为因果的范畴。实体性和协同性这两个范畴是康德后来在范畴表中提出来作为先天综合命题的依据的，那些定理之所以是先天的，就是依据人类认识的这些先天范畴，只有承认这些范畴，人类认识才有客观必然性。所以这些定理成为先天综合判断，这是探讨先天综合判断如何可能的时候，康德所指出来的，它们的依据就在这些范畴，就在康德的十二个范畴表上面，体现出来了。但是

在这个地方，还没有看到它是如何可能的问题，还只是说在自然科学里面有先天综合判断，比如物质不灭定理，和牛顿第三定律。

　　<u>显然</u>，在这两个命题上，不仅仅存在着必然性，因而其起源是先天的，而且它们也是综合命题。　　B18

　　这两个命题显然存在着必然性，物质不灭，当时的科学家们已经做过这个实验，把一块木头燃烧，然后把剩余的烟和灰全部称一下，总重量仍然是相同的，并没有减轻，也没有任何一点消失了。作用力和反作用力相等，也是经过科学证明的，科学证明并不是把它作为后天偶然经验来证明的，而是作为不言而喻的，必然的，这样的命题都是被看作一种必然性命题。自然科学的一些基本命题都是具有普遍必然性的，在康德看来，既然是必然性的，它们的起源就是先天的，也就是说在背后肯定有先天的起源，只不过在这里还没有来得及把它找出来，还只是肯定。既然我把它看成必然的，那就说明它有先天性，它的先天性表现在什么地方，现在暂时存而不论。而且它们也是综合命题，这里主要是强调这一点，这些先天命题同时也是综合命题。下面，

　　<u>因为在物质概念中我并没有想到持久不变，而只想到物质通过对空间的充满而在空间中在场。</u>

　　也就是说在物质这个概念中并没有包含持久不变这个概念，在物质的一切变化中物质的量保持不变，但不能够从物质这个概念里面推出它的量保持不变。物质当然是有量的，我们可以把量从物质里面推出来，但是物质的量怎么能保持不变，这个是推不出来的，这是一个综合命题。我们只是想到物质通过对空间的充满而在空间在场，我们可以想到它的量的概念，从空间、物质占有空间的概念，对空间充满的概念，以及在空间中在场的概念，我们可以想到它有量的概念。但是我们没有想到它的量是不变的。

　　<u>所以为了先天地在物质概念里面再想出某种在它里面不曾想到的东西，我实际上超出了物质的概念。</u>

229

　　这句话实际上是同义反复了，我先天地对物质概念再想出某种在物质概念里面不曾想到的东西，既然是没有想到的东西，那么我当然就要超出物质概念之外，在物质概念之外的地方去找一个概念，去想这个概念，把它连接到物质概念上面来。因此这条定理不是一个分析命题，而是综合的，但却是先天被想到的。而且自然科学纯粹部分的其他一切定理也都是如此。由此得出来的就是，这一条定理，这里着重讲的是物质不灭定理，这样一条定理它不是一个分析命题而是一个综合命题；但是尽管是综合命题，它却不是后天得出来的，而是先天所想到的。一想到物质，一想到任何一个物质事物的概念，就可以先天地肯定它的量是保持不变的，哪怕我还没有看到这是个什么样的物质，在经验中还没有看见你拿给我一个物质，还没有拿出来，就可以先天地断言，它的量永远保持不变，在任何情况之下都不会改变。那么这个不会改变它不是在物质概念里面，这个概念本身并没有包含它，我不是通过概念本身来想到这个不变的概念的，而是超出了物质的概念之外，来想到这个概念的。我为什么会想到这个概念？康德在探讨先天综合判断如何可能的时候就已经说明了，这是由于我们思维本身的结构，我们思维本身是以范畴作为它的构架，来进行思考的。所以当我们想到一个物质的概念的时候，我们实际上是把实体的概念作为它里面的骨架，在经验中实体就体表现为物质，而实体的概念本身就是一个在时间中持存不变的概念，那么在它的一切变化中它都保持不变。这是实体和它的属性，实体和它的偶性之间的关系，我们的思维模式就是这样构成起来的，我们在思考自然界的万事万物的时候，我们是用这样一套框架去思考自然界的万事万物的。物质后面所隐藏的那个范畴，本身是先天的同时又是起综合作用的，

　　<u>因此这条定理不是一个分析命题，而是综合的，但却是先天被想到的，而且自然科学纯粹部分的其他一些定理也都是如此。</u>

　　自然科学纯粹部分，也就是那些基本命题，特别是牛顿提出来的命题系统，其他的一些定理都是如此，能量守恒、物质不灭，万有引力，等

等这样一些命题，都是先天综合命题。这说明在自然科学 (物理学) 中必然包含先天综合判断作为自身的原则，如果没有这样一些原则，自然科学就无从建立起来，自然科学就会成为一大堆经验事实，一些偶然事实，就会失去它的尊严，没有它的普遍必然性。这里讲得比较简单，但它的道理应该是很清晰的，在谈数学和几何学的时候已经讲得很清楚了，这里就讲得比较简单些。

关键是第三个问题。

3. 在形而上学中，即使我们把它仅仅看作一门至今还只是在尝试、但却由于人类理性的本性而不可缺少的科学，也应该**包含先天综合的知识，**

这句话它的意思在什么地方？也就是说形而上学也应该包含先天综合知识，这个"应该"用在这个地方，就是说形而上学目前来说还不是一门澄清了的理论科学，但是即使我们把它仅仅看作一门至今还是在尝试的科学，而由于人类理性的本性，却是不可缺少的这样一种科学，那么它也应该包含先天综合知识。也就是说至今为止，形而上学还仅仅是尝试，人们在努力建立形而上学，几千年来人们花了大量劳动，想要建立起形而上学，但是还只是在尝试，至今还没有成功，随时建立起来随时又垮掉了。但是由于人类理性的本性，它又是不可缺少的，人类永远有一种"自然倾向"，要去建立形而上学。所以在第六节，下面一节，他提出的四个问题里面，对形而上学他提出了两个问题。我们先看看第 81 页："形而上学作为自然的倾向是如何可能的?"但形而上学还有第二个问题，下面倒数第五行："形而上学作为科学是如何可能的?"我们把这两个问题把握住了，那么这一段话的意思就很清楚了。就是说形而上学在它还没有成立，没有作为科学被牢固地建立起来之前，它是作为自然倾向而出现的，它是人类理性的一种本能。人类理性老是忍不住要去建立自然科学，尽管屡次遭到了失败，但是总是有一种内在冲动，一种自然的倾向，理性的自然倾向。理性的本能就是要去建立形而上学，那么这种本能是如何可能的，即算它没有成立，那么作为这样一个本能，形而上学是如何可能的？其次，它作为科学又是如何可能的？这个科学是指的未来科学，未来形而上学。康德的《未来形而上学导论》一书，它的标题是"任何一种能够作为科学出现的未来形而上学导论"。这种形而上学现在还没有，康德还没有宣称，这就是形而上学，当然康德自己觉得他已经建立起来了，但是还要经过大家的公认，还要经过检验，所以他现在还不能说他已经建立了，而只是说未来可能的。不过他已经为这种未来可能的作为科学的形而上学打下了基础，所谓的先验哲学。他后来写了《道德形而上学》，还写了一本《自然科学的形而上学基础》，都属于他设计的新的形而上学，但这时还没有。按照康德自己的说法，他的纯粹理性批判还只是一个导论。还只是未来形而上学的导论，还不是真正的形而上学的科学，但是为将来要建立的形而上学奠定了基础。按照康德的设想，未来的科学的形而上学，一门是自然形而上学，一门是道德形而上学，《道德形而上学》他后来完成了，"自然形而上学"他只有一本小册子，《自然科学的形而上学基础》，实际上还没有来得及完成。他真正作为完整体系的形而上学，他毕生都还没有来得及建立。但是他已经提出了，形而上学在两种意义上，一个是在以往的意义上，以往的形而上学只是一种自然倾向，只是人类本性不可缺少的，虽然全都失败了，但是还是从人类的本性里面生发出来的、不可遏制的一种倾向，那么首先考察这样一种形而上学，它里面有没有先天综合的命题？另外一层意思是未来的作为科学的形而上学有没有先天综合命题？而这两个问题又是连在一起的，就是说在以往的作为人类理性的自然倾向或者说是自然本性，拼命地想要去建立的那样一门形而上学，虽然失败了；但是作为它的目的，它想要建立这样一种形而上学，这个目的里面，其实就是以先天综合判断作为目的的，它就是要把先天综合判断作为目的的，那么按照这样一种目的，作为人类理性的本能、一种不可遏制的倾向，在未来的科学的形而上学里面，也必定会表现出来，必定会有先天综合判断。如果没有先天综合判断，人家就会说这不是形而上学，我们历来想要建立的形而上学是那样一种形而上学，里面包含了先天综合判断的。所以未来的形而上学，作为科学的形而上学，也应该包含有先天综合判断。他这一段主要说明这个问题，所以"在形而上学中，即使我们把它看成至今还是在尝试、但是却由于人类理性的本性而不可缺少的科学"，里面"也应该包含先天综合知识"，这是从至今为止所有的形而上学也包含先天综合知识看出来的。这是"应该"的，它的目的就是要建立这些先天综合知识，就是要弄到这些先天综合知识。下面说，

并且它所关心的根本不是仅仅对我们关于事物的先天造成的概念加以分解、由此作出分析的说明，相反，我们要扩展我们的先天综合知识，

也就是说它的目的，就是以住的所有的形而上学所关心的，根本不是对那些先天的概念进行分析，而是要扩展我们的先天概念，对我们先天造成的那些概念，那些先天知识，我们要加以扩展。从以住的形而上学里面，我们就看出了，形而上学它真正关心的目的是什么，那么我们将来研究形而上学的时候，当然就看它是否能够实现这个目的。所以形而上学作为一种自然倾向，它肯定包含有先天综合判断，作为未来科学的形而上学，它也肯定包含有先天综合判断，这是跟形而上学本身的目的分不开的。而康德在《纯粹理性批判》里面所要探讨的就是，应是应该，但是，如何可能的呢？应该有先天综合判断，但是先天综合判断是如何可能的呢？如何可能的，一个是说如何能做到，一个是说如果做到了，它是如何做到的，这两层意思。而就形而上学本身的目的来说，它是完全应该有先天综合判断的。

为此我们必须运用这样一些原理，它们在被给出的概念上增加了其中不曾包含的某种东西，并通过先天综合判断完全远远地超出了该概念，以至于我们的经验本身也不能追随这么远。例如在"世界必然有一个最初的开端"等命题中那样。

所以，"为此我们必须运用这样一些原理"，哪些原理呢？下面举出了一个例子："世界必然有一个最初的开端"，像这样一个命题，就是我们必须运用的一些原理。这样一些原理"在被给出的概念上增加了其中不曾包含的某种东西"，因为在"世界"的概念里面，并没有包含"最初的开端"的概念。但是我们把它们连接在一起，说世界必有一个最初的开端，这个命题就是一个先天综合命题。你怎么知道世界必有一个最初的开端呢，从世界的概念里面完全分析不出它有一个最初的开端，我是先天综合地把这两个概念连接在一起的。当然我也可以说世界当初没有一个最初的开端，这个否定的命题同样也是一个先天综合命题。你怎么就肯定世界就没有一个最初的开端呢，你也不能肯定，你从概念里面也推不出来，这都是属于先天综合命题，当然这两个先天综合命题是一个二律背反，互相对立的，但它们都属于先天综合判断。我们的形而上学的意图，就是要确定，世界究竟是有一个开端呢，还是没有一个开端呢？这就形成了以往的形而上学类似这样一些命题。这样一些主题，就是要探讨的命题，为此我们必须运用这样一些原理，它们在被给出的概念上增加了其中不曾包含的某种东西，并通过先天综合判断完全远远地超出了该概念，以至于我们的经验本身也不能追随这么远。世界本身是一个无限的概念，它到底有没有一个开端，我们的经验根本就没有办法去追随它。所以这是一个先天的、又是一个综合的命题，它的先天已经完全脱离经验了。

所以形而上学至少<u>就其目的而言</u>是由纯粹先天综合命题所构成的。

就其目的而言，这个目的，可以理解为所有以往形而上学的目的，也可以理解为一般形而上学的目的，凡是形而上学它都必须要以纯粹先天综合命题作为目的。没有纯粹的先天综合命题，形而上学就不存在了，以往的形而上学不存在了，将来的也不会存在。那么以往的形而上学虽然失败了，但是它的目的还是要建立类似这样一些先天综合命题，那么将来我们要建立一门科学的形而上学，也离不开这样一些命题，也是以先天综合命题作为目的的,问题就在于如何可能。

VI. 纯粹理性的一般课题

第六节承接上面提出的命题所确立的这些事实,即先天综合命题在各个理论科学里面,都是作为前提而预设的,那么从这里就引出了纯粹理性的一般课题。一般课题也可以翻译成总课题,也就是康德的纯粹理性批判的总问题在什么地方。这是他的导言的最后一段,最后一段就引出他的总问题来了。这个总问题是什么? 所以,他的第一句话是这样说的:

如果我们能把一大堆考察纳入到一个唯一课题的公式之下,那就已经是很多的收获了。

他的导言里面,主要的目的是要引出一个唯一的课题,并且把它的公式列出来。这是康德理性派哲学的一个很重要的特点。就是把所有的这里那里考察最后得来的东西不是让它摆在那里,而是用一个唯一的课题把它概括起来,把它们纳入进来。

因为这样一来,当我们通过对自己的任务加以精确的规定时,我们就不仅自己减轻了自己的任务,而且也使得其他任何想要检查这一任务的人易于判断我们是否实现了自己的计划。

为什么说是"很多收获"呢? 很多这里那里零零星星的所考察的东西,把它归结到一个唯一的课题之下,这就是一个最大的收获,我们就能够对自己的任务加以精确的规定。也就是说,很多其他的考察、其他的命题被提出来的时候,它们由于各不相同,所以它们还没有达到它们的必要的精确性,那么问题究竟在哪? 能不能用一句话把前面所蕴含的东西概括出来? 我们很多人在提问题的时候,总是拉拉杂杂的说一大通,经常我就提醒他,你能不能用一句话把你的问题说出来? 这就需要考察一番了,这是要动一番脑筋才能考察出来的。那么在对自己的任务加以精确的规定时,我们就不仅仅减轻了自己的任务,不仅仅说我们提出了一大堆问题，现在只归结为一个问题了，不仅仅是在这方面减轻了自己的任务，而且也使得其他任何想要检查这一任务的人，易于判断我们是否实现了这一计划。这个地方，康德特别重视对话和交流，就是说不仅仅是我们能够非常准确地把握到问题的要点，免得到处去搜寻我们到底有哪些问题，而且，其他人，在跟我进行讨论，在读我的书的时候，在看我的文章的时候，他想要检查这样一个任务是否实现了自己的计划，那么也有一个非常明确的标准，就是一个公式，一句话，用这句话就可以检查你所有的这些考察究竟达到了目的没有。你如果含含糊糊一开始不把它归结为一个总问题，或者说归结为一个问题以后，又用其他的很多问题把它模糊开来，那么人家就不知道你究竟达到了你的目的没有，不知道你想要说什么，你想要说明什么，这个方法是很值得我们注意的。这不仅仅使自己能够非常明确地直奔主题，而且也能够使人家容易来判断，我们究竟实现了自己的计划没有。那么，这个问题是什么？下面就讲到了：

于是纯粹理性的真正课题就包含在这个问题之中：**先天综合判断是如何可能的**？

纯粹理性的真正的课题，康德之所以要进行纯粹理性批判，他的最终的目的，他的主要目标，就是要解决这样一个问题，先天综合判断是如何可能的？"先天综合判断如何可能"这个问题的提法里面包含了两层意思，一个是它根据什么而得以可能的，先天综合判断的根据何在；一个是它是以什么方式得以可能的。先天综合判断以什么为前提以及以什么方式，而得以可能的，这是康德所提出来的问题。这个问题应该说贯穿于他的所有的三大批判，先天综合判断到底是如何可能的，在人的知、情、意，在人的认识、道德、审美这样一些领域里面都是总问题，这些领域都包含有先天综合判断，这些先天综合判断都是这些领域里面的最高原则。我们前面已经讲到了，先天综合判断这样一个提法，里面其实蕴含着人的主体性问题，在知、情、意这三大领域里面都是人的主体在起作用。所以这就是纯粹理性的总问题。这三大领域都是纯粹理性的领域,它的总问题就是:人作为能动的主体是如何可能的? 人的活动,知、情、意,这三大活动是如何可能的? 所以这个问题是非常关键、非常重要的核心问题,纯粹理性的真正课题,就包含在这个问题之中。当然,纯粹理性在这个地方具体地指思辨理性,理论理性,因为《纯粹理性批判》主要是解决理论理性的问题。但是不仅仅局限于理论理性,在实践理性和判断力、也就是理性在进行判断力的运用的时候,也是要探讨这样一个核心问题的,所以它具有广泛的适用性。但这个地方还没有涉及到其他的方面,只是根据传统的形而上学、传统的认识论,来针对性地提出他的问题,所以下面一段就考虑到过去以往的形而上学。

　　<u>形而上学至今还停留在如此不确定和矛盾的动摇状态中,</u>
　　在康德之前还停留在不确定和矛盾的动摇状态中,总是成不了一门科学,因为总是自相矛盾,总是动摇,总是被人所否定,
　　<u>这只有归咎于一个原因,即人们没有让自己较早地思考上述课题,或许甚至连**分析的和综合的**判断的区别都没有考虑到。</u>
　　这个原因就在于这一点,就是说康德提出来,以往的形而上学之所以不能够确定,就在于人们一直很少,或者说从来就没有思考过上述的课题,先天综合判断是如何可能的,没有人思考这个问题。其实当人们建立形而上学的开始就应该想这个问题,所以人类白走了两千年的弯路,"或许甚至连分析的和综合的判断的区别都没有考虑到",为什么用"或许"呢? 因为分析和综合的判断的区别在休谟那里已经考虑到了,但是休谟是摧垮形而上学的,而那些形而上学家们呢,或许连这个区别都没有考虑到。所以他们不能建立起牢固的形而上学的体系。而在康德看来,休谟所提出的分析和判断的区别是出发点。先天综合判断是如何可能的,首先要把分析判断和综合判断区别开来,然后再把先天判断和经验的判断区分开来,最后再去考察有没有这样一种判断,它既是先天的,同时又

是综合的,这是康德的入手之处,前面已经提过了。

　　于是形而上学的成败便基于这个课题的解决,或者基于充分地证明它公开宣称想要知道的那种可能性实际上根本不存在。

　　形而上学的成败,它的"成"基于先天综合判断是如何可能的这个问题的解决,它的"败"就基于充分的 (如果是有道理、有根据地) 证明,形而上学公开想要知道的那种先天综合判断的可能性实际上是根本不存在的。它的成败就基于这个问题,你要么证明它是如何可能的,你为它找出根据,而且确定它的条件、范围,它的方式,解决这个问题,那么形而上学就能够得以成立了;要么你认为这个问题不能够得以解决,那么你也要证明这样一种可能性根本不存在,根本没有所说的这种先天综合判断,所以先天综合判断根本是不可能的,不是如何可能的问题,而是根本就是不存在的问题。以往的形而上学就是这样被康德证明为不可能的,而以后的形而上学也是这样被康德证明为可能的、必将成功的。

　　大卫·休谟在一切哲学家中最接近于这个课题,

　　休谟是最接近于"先天综合判断如何可能"这个课题的,但是他还没有直接提出先天综合判断如何可能这样一个课题作为他哲学考察的主要对象,而是:

　　但还远远没有足够确定地并在其普遍性中思考它,而只是停留在结果和原因相联结的综合命题 (因果律) 之上,

　　也就是说他虽然接近了这个课题,但是远远没有在其普遍性中去思考这个课题。什么叫"在其普遍性中思考"这个课题? 也就是说,在人类的一切知识里面去思考先天综合判断是如何可能的。休谟没有思考这个问题,而仅仅是停留在结果和原因相联结的这样一个综合命题,也就是因果律之上,他只是考察了因果律的问题。当然,休谟的目的是要证明形而上学不可能,证明一切形而上学的尝试是失败的,那么,按照康德的要求,你就必须要有充分的证明,充分的根据,要证明这样一个可能性实际上根本不存在。那么休谟并没有普遍的证明这样一个命题不可能存在,

而只是停留在或者说局限于对结果和原因这样一个综合命题进行了一番考察。所谓普遍性就是说，还有很多，比如说其他的范畴，比如说时间和空间，数学、几何学这些领域里面，他都还没有考察，仅仅是停留在因果性这一个问题里面来考察了它作为综合命题究竟是怎么样的。

　　他相信他已查明，这样一种先天命题是完全不可能的，　　　　　　B20

　　在这个狭隘的问题上面，他已证明，他相信他已证明，这样一种先天命题是完全不可能的，结果和原因的这样一个因果律的综合命题完全不可能是先天的。因果律是综合命题，原因和结果的结合，休谟已经指出来，它是综合性的，这是不错的。但他认为它没有一种必然要包含的关系，原因怎么就必然一定要包含结果呢？这个是证明不了的，这里没有必然性，所以这两个概念是综合在一起的。那么既然是综合在一起的，他就认为这样一种命题、因果律命题不可能是先天命题，只能是后天综合命题。先天综合命题的这个概念在休谟那里，认为根本就是自相矛盾的一个概念，是不可能有的。

　　按照他的推论，一切我们称之为形而上学的东西，结果都只是妄想，即自以为对其实不过是从经验中借来的东西及通过习惯留给我们必然性幻相的东西有理性的洞见；

　　休谟是怎么样证明的呢？怎么样证明这样一种因果律的先天命题是完全不可能的呢？按照他的推论，一切我们称为形而上学的东西都是妄想，就包括因果律了，因果律，原因和结果的概念，我们通常归之于形而上学的概念，这在亚里士多德那里就已经提出来了。亚里士多德用"四因说"来解释万物的根据，有质料因、致动因、形式因、目的因，用来解释万物的成因。这样一种因果的解释当然是属于形而上学的。但是，休谟认为，这些都只是妄想，一切形而上学的东西都是妄想。那么，因果律作为一种必然的、先天的命题也是妄想。是什么样的妄想呢？即"自以为对其实不过是从经验中借来的东西及通过习惯留给我们必然性幻相的东西有理性的洞见"，这就是妄想。什么叫妄想？就是本来以为是理性的洞见,其实只是从经验中借来的东西,后天经验的东西。因果律在休谟看来也是后天经验中的,借来的东西,以及通过习惯留给我们必然性幻相的东西。也就是因果律在休谟看来是一种习惯,习惯成自然以后,我们就有了一种幻相,以为它里面有必然性,以为原因和结果这样一种关系之间包含必然性,但是实际上是我们的习惯留给我们的一种幻想。但是我们自以为对它有一种理性的洞见,或者说是一种先天的洞见,自以为这些命题就是先天的了,其实这只是后天的习惯性联想。原因和结果在休谟看来只是习惯性的联想,多次重复,所以我们就认为,那个肯定是原因,这个肯定是那个的结果,但实际上根本没有这样一种对应性。那么康德怎么批评他的呢? 他说:

如果他对我们这一课题在其普遍性中有所注意的话,

又是提到"在普遍性中",就是说如果休谟对这一课题不是仅仅局限于因果律这样一个例子的话,

他就决不会在这种摧毁一切纯粹哲学的主张上摔跟头了,

如果他把这个考察的范围扩展到不仅仅是因果律,而是一切先天综合命题的范围之上,那么他就不会在这种怀疑论的主张上而摔跟头了。为什么呢?

因为这样他就会看出,根据他的论证,甚至连纯粹数学也不会有了,因为纯粹数学肯定是包含先天综合判断的。

也就是说,康德在这里抓住了休谟的要害,休谟只是考察了因果律,但是如果他不仅仅是局限于因果律的考察,而是把眼光放远到他自己以为具有普遍必然性的数学中去的话,那么他就会看到,如果要否认因果律的必然性,他同时也要否认数学的必然性,因为数学里面含有先天综合判断,比如说7+5这样一个概念,跟12这样一个概念之间也不是在概念上相互包含的,就像原因和结果也不是相互包含着一样。那么如果他把对原因和结果的考察扩展到像7+5这样一些数学命题上去,他就会看到如果否定因果律的必然性的话,你也要否定数学的必然性。

　　这样一来,他的健全知性也许就会保护他免受那种主张之害了。

　　休谟认为唯一有必然性的是数学命题和逻辑命题,如果他真地把自己对因果律的批评贯彻到底,否认一切先天综合命题的话,那么数学命题也不成立了。当然如果休谟说,否定就否定,我连数学也要否定,那么康德就没办法了。康德在这里诉诸"健全知性",你否定了数学的话,那是违背健全知性的,那连休谟自己也不会接受。连数学都敢否定,那还有什么东西不能否定的。数学的确定性是非常明显的,否定了这样一些知识的确定性的话,那就违背了健全知性了,那就是发疯了。在这里康德也没有从正面去驳斥休谟,而是说,休谟如果把自己的原则坚持到底的话,那么干吗坚持数学具有确定性、具有先天必然性呢? 为什么不说数学也是后天得来的呢? 谅他也不敢。但是如果休谟摆出一付无赖的面孔,我就是要否定,那谁也没办法。后来黑格尔也讲,对真正彻底的怀疑论者是没有办法的,或者可以说是驳不倒的,他如果真正要那样做的话,是任何人也没办法的。但是康德在这里认为,用不着那样去逼他,只要把可能导致的后果摆在他面前,他相信像休谟这样一个有健全理智的、有学问的哲学家,不会走上那条路。

　　下面这几段把他的总问题分解为以下的四个问题。

　　在解决上述课题的同时,也就理解了纯粹理性用在奠立和发展一切含有关于对象的先天理论知识的科学中的可能性,

　　就是说在解决先天综合判断如何可能的问题的同时,也就理解了这样一种可能性,什么样的可能性呢,也就是说在除了理解先天综合判断如何可能这种可能性以外,我们在解决了这样一个问题的时候,我们就可以解决下述可能性问题,就是把纯粹理性用在奠立和发展一切这样的科学中的可能性,我们能不能用纯粹理性来为这样一些科学奠定基础,并且使它得到发展。奠立和发展什么样的科学呢? "一切含有关于对象的先天理论知识的科学"。这就是把康德的具体目标提出来了,康德的

纯粹理性批判,虽然它里面建立了(除了先验感性论以外)先验的逻辑,但他的真正的目标,不是为了完善传统的形式逻辑。传统的逻辑已经够完善的了,不用再去奠立基础了,问题是以往的理性派哲学家们抓住了这种形式逻辑,已经奠立得非常完善的这种形式逻辑,用来去解决那些"关于对象的先天理论知识"的问题,比如说自然科学问题,以及自然科学以外的某些更高的对象的问题,比如说形而上学问题。用形式逻辑来解决自然科学问题,数学问题和形而上学问题,这是以往传统的理性派哲学家所做的事情,但是在做这些事情的时候,他们并没有考察他们做这些事情的前提。那么,这个前提就是先解决这个问题,就是先天综合判断是如何可能的问题,一旦解决了上述课题,我们也就同时解决了纯粹理性在关于对象的先天理论知识中起了什么作用。我们特别要注意康德的用意,他以为以往的形式逻辑非常完善,但是对于有关对象的知识没有用,它只解决正确性问题,而不解决真理性的问题。正确性问题只是观念和观念符合的问题,而真理性的问题就是观念和对象的关系的问题,观念和对象符合,这是亚里士多德最早提出的关于真理的定义。形式逻辑不涉及对象,不管大前提,不管真假,只管对错。形式逻辑只要推断没有错误,你就挑不出它的毛病,至于大前提,不是由它负责的,那是由科学家自己挑的,你预先选定的。但康德就是要管大前提是对还是错。形式逻辑是分析命题,但是分析命题它的前提(如果它要达到真理的话它要有前提)必须是综合得来的。后面为什么要提出先天综合命题,就是为了保证真理性,后天综合命题和先天分析命题都不能保证真理性,先天分析命题不管大前提的问题,后天综合命题(经验命题)没有普遍必然性,所以也不能解决真理性的问题。这句话非常值得重视,它说出了康德的意图所在,就是要解决数学、自然科学和形而上学问题,这些问题跟形式逻辑相比较,它们都是关于对象问题,有关对象的先天理论知识的科学,

也就是回答了下述问题:

纯粹数学是如何可能的？

纯粹自然科学是如何可能的？ 他首先提出了这两个问题。当然这句话还没有完，后面还有形而上学的问题。提了这两个问题，接着就把它们放在一起，来加以讨论。他说：

由于这些科学现实地存在了，这就可以对它们适当地提出问题：它们是**如何**可能的；

这些科学已经存在了，不能否认的，这是康德的一个大前提，他反对休谟也是立足于这样一个基础之上，就是说这些科学已经现实地存在了，已经是科学了，不仅仅是说它们已经存在了，他强调它们已经是科学了。那么这就可以适当地对它们提出问题了，它们是如何可能的，这些科学是如何成为科学的？

因为它们必定是可能的**这一点**通过它们的现实性而得到了证明。

这个就不用说了。它已经是现实的了，难道还不是可能的吗？再问它是否可能，那就不必要了，这是不能否认的，由它们的现实性已得到证明了。

这里有一个注释，主要是针对自然科学来的。前面讲数学的时候他也有一个说明。前面讲数学的时候，第 76 到 77 页（B15）这几句话："首先必须注意的是：真正的数学命题总是先天判断而不是经验性的判断，因为它们具有无法从经验中取得的必然性。但如果人们不愿接受这一点，那么好，我将把这些命题局限于纯粹数学。"也就是说在数学方面，康德已经作了这样一种说明，他主要指的是纯粹数学，数学里面的那些最基本的命题，不包括由那些基本命进行推演而得出的那些等式，那些同一性命题。同一性命题当然要运用分析的判断，但是综合判断主要着眼于这些最基本的东西。那么在这个地方，这个注释也起这个作用。同样，对自然科学也要加以说明。他说：

在纯粹自然科学方面，有些人也可能会对这种证明仍抱怀疑。

就是说，是否它们的现实性就证明了它们的先天综合判断是可能的，自然科学的现实性是否就证明了它里面就包含了先天综合判断，主要就是这个问题，有人可能对这样一种证明仍然抱有怀疑。自然科学当然是现实存在的，但是里面是否有先天综合判断，休谟就认为里面根本没有先天综合判断，只有后天综合判断，有人对这样一种证明仍然抱有怀疑。

但只要我们看看在真正的（经验性的）物理学开头出现的各种定理，如关于物质的量的守恒定理，惯性定理，作用与反作用相等定理等等，那么我们马上就会确信，这些定理构成了一门纯粹的（或合理的）自然科学，

也就是说他这个地方还是用事实来证明，就是说自然科学是一个事实，这个大家都无法否认，但是人们也可能会否认自然科学里面包含先天综合判断。那么康德对付的办法就是在已经成为现实的自然科学里面举出几条已经成为现实的先天综合判断，仍然是用现实来加以确定，他认为这是无可怀疑的。借助于牛顿体系的权威，物质的量的守恒定理、惯性定理、作用力反作用相等，这是没有人敢于否认的问题，那么我们马上就会确信，这个地方不用证明了。他认为这都是事实，这些定理也都是事实，自然科学都是事实，自然科学在开头出现的各种定理也是事实，那么我们马上就会确信，这些定理构成了纯粹的（或合理的）自然科学，我们可以把"纯粹的（合理的）"与前面"真正的（经验性的）"对照起来看，就是说，就在一门经验性的物理学里面，就已经包含有一门纯粹的或合理的科学，这是康德跟休谟的一大区别。康德承认自然科学是经验的，但是与此同时他认为经验里面包含有先天的东西，包含有理性的东西。这个"合理的"又可以翻译为"理性的"，纯粹的理性的自然科学就包含在一门真正的经验物理学里面，而且是作为最开头的各种定理，这个也是个事实。跟他前面举出几个事实来证明数学里面有先天综合判断作为前提，做法上是一样的。自然科学里面也有先天综合判断作为前提，这

个事实就足以说明先天综合判断在这两个科学里面是现实的, 更不用说是可能的了。所以问题不在于"是否"可能, 而在于它是"如何"可能的。最后一句话:

这门科学很值得作为一门独特的科学在其不论是宽还是窄的整个范围内单独地创立起来。

也就是说自然科学里面, 作为它的基础, 作为奠立和发展这样一门自然科学的基础, 这样一些命题, 可以单独把它作为一门科学建立起来, 不管它的范围是宽还是窄。宽和窄我们还没有确定, 我们还没有建立, 我们在讨论这个问题, 但是它是有的, 有到什么地步, 甚至到了哪个范围, 这个我们且不去管它。但是它确实可以作为一门单独的科学, 在科学中的一门科学, 作为自然科学的科学中的科学, 把它建立起来。康德后来尝试了一下, 就是他的那本小册子,《自然科学的形而上学基础》, 把这些基本定理都纳入进去了。在自然科学里面的那些先天综合判断, 作为纯粹的合理的原则, 为自然科学奠定基础的那些原则, 本身可以构成一个体系, 一切自然科学的过去、现在和未来的发展都是在这样一个纯粹的原则体系之下, 在这个基础之上, 才得以发展起来。这就是注释里面讲的东西。那么这是讲自然科学, 数学和自然科学都讲到了。这是注释。下面正文再讲形而上学。

至于**形而上学**, 那么由于它至今进展不顺利, 也由于在至今提出的形而上学中没有一个可以就其根本目的而言说它是现实在手的, 所以必然会使每一个人有理由对它的可能性表示怀疑。　B21

也就是说, 一切含有关于对象的先天理论知识的科学, 一般来说就包含纯粹数学、纯粹自然科学, 和形而上学, 但这里先提出, 前两门已经是现实的了, 而这个地方把形而上学排除在外。为什么排除在外呢? 由于它至今的进展不顺利, 也由于在至今所提出的各种形而上学中,"没有一个可以就其根本目的而言说它是现实在手的"。至今提出了很多形而上学, 但是它们的目的都是好高骛远的, 它们的目的都没有达到, 所以就它们的目的而言，没有一个是现实在手的，或者说就它们的目的而言，它们全都是失败的。"所以必然会使每一个人有理由对它的可能性表示怀疑"。既然如此，形而上学在一切有关对象的先天知识科学中就被排除掉了，理性看来不可能在这个领域里面有所运用，那么也就谈不上在里面寻求什么先天综合判断了，好像是这样。但是康德又作了一种补充说明：

但现在，这种**知识类型**在某种意义上毕竟也被看作是给予了的，形而上学即使不是现实地作为科学，但却是现实地作为自然倾向而存在。

也就是说，尽管过去以往的形而上学，我们不能够承认它里面所包含的先天综合判断能够站得住脚。它那些判断往往是错误的，一种错误的推论，搞错了，在形式逻辑上是偷换了概念，它的概念含混，同样一个概念，一会儿作这样一种理解，一会儿作那样一种理解；并且这些判断你可以说它是综合的，但是绝对不能说它是先天的，而当你说它是先天的时候，它又绝对不能说是综合的，以往的形而上学就是这样，这是后来康德在先验辩证论里面分析得很多的。关于理性心理学、关于理性的宇宙论，关于对上帝存在的理性的证明，理性神学，康德进行了很多批判，这些批判归根到底到一点，就是说往往是通过偷换概念来构成这样一些命题，它们自以为是先天综合命题，但实际上要么是分析命题，要么是毫无根据、毫无道理的综合命题，要么完全是错误的，完全不能构成一个命题，完全是误用。但是这样一种"知识类型"，我们先不管它这些命题究竟本身是对还是错，就它的"类型"来说，或者就其方式来说，在某种意义上毕竟也被看作是给予了的，或者说也是现实的。就它的类型来说，什么叫就类型来说？形而上学即使不是现实地作为科学，但却是现实地作为自然倾向而存在的，就是说作为科学它们都失败了，但是作为自然倾向，人们总是想要设定一些以为是先天综合命题的那样一些原则，以便建立起形而上学来，就这样一种倾向而言，它是存在的，是现实的，它们的意图是现实的,它们想要建立那个东西,这种"想"的方式本身是现实的。

　　因为人类理性并非单纯由博学的虚荣心所推动,而是由自己的需要所驱动而不停顿地前进到这样一些问题,这些问题不是通过理性的经验运用、也不是通过由此借来的原则所能回答的,

　　为什么说形而上学是作为一种现实的倾向而存在的?怎么会有这种现实的倾向?因为人类理性并非由单纯的博学的虚荣心所推动而要建立起这样一种自然倾向,追求这样一种自然倾向不是由于虚荣心,而是"由自己的需要所驱动而不停顿地前进到这样一些问题",它就是由于人类理性本身的需要来驱动的。人的理性有这样一种需要,要探讨这样一些问题,一些什么样的问题呢?这些问题"不是通过理性的经验运用、也不是通过由此借来的原则所能回答的",它们是形而上学的问题。经验的运用和在经验中借来的原则都不能回答形而上学问题,但是形而上学作为一种自然倾向,由理性的某种需要所推动着非要达到这样一些问题。因此在一切人类中,在所有各个民族、所有时代的人类中,只要他们的理性扩展到了思辨的地步,思辨一般来说就是"从概念到概念"的思维,能够进行这样一种思辨的思维,能够进行一种超越于经验之上的概念思维,如果扩展到了这样一种地步,则任何时代都现实地存在过、并还将永远存在某种形而上学。因为它是理性本身需要这样,虽然屡屡失败,从来就没有成功过,但是任何时代,任何民族那里都存在过这样一种形而上学的倾向,而且还将永远存在某种形而上学,将来还要存在某种形而上学。这个形而上学可能仍然还只是一种自然倾向,但是也有可能会成功,这里先不管它。但是我们这里先考察它作为一种自然倾向,那么根据这一点,

　　于是也就有关这种形而上学的问题:

形而上学作为自然的倾向是如何可能的?　　　　　　　　B22

就是说纯粹理性向自己提出、并由自己的内在需要所驱动而要尽可能好

地回答的那些问题，是如何从普遍人类理性的本性中产生出来的？

也就是说以往那么多的形而上学问题，都是纯粹理性向它自己提出来，并且由它内在的需要所驱动而要好好回答的那些问题。那些问题如果它回答了，那些先天综合命题就存在了，如果它还没有回答，而要提出这个问题，那就是这样一些有待落实的命题。那么这个问题和那些命题是如何从普遍人类理性的本性中产生出来的呢？这又回到他的总问题了，就是说形而上学作为自然倾向，其中的先天综合判断是如何可能的？你提出了先天综合命题，你是如何回答的，可不可能回答？你既然已经回答了，那么你是如何回答的？你是如何在形而上学里面提出那些先天综合命题的？它在人类理性的本性中是如何产生出来的？先天综合判断如何可能的这个问题，根本上也就是问，各种各样的先天综合判断是如何从普遍人类理性的本性中产生出来的，就是要问这个问题，就是要追溯理性的可能性，理性本身的可能性。那么形而上学作为一种自然倾向，在这方面仍然存在这样一些问题，就是虽然它们都失败了，但就它们提出问题的方式，仍然表现出在所有的形而上学的讨论中，都在追求先天综合判断，追求着一种先天综合命题。正因为这作为一种现实已经存在了，不管它对不对，但是这些命题的类型是作为先天综合判断而存在的，至少当时的哲学家们是那样认为的。这些命题既不是后天经验的，也不仅仅是思维逻辑形式上的，而是有对象的，但又是先天的。当然他们都失败了，后来康德分析出来他们那些命题都不是真正的先天综合判断，但是作为一种意向，他们是要追求先天综合判断，这又是如何可能的？这就是他的第三个问题。

下面这一段，纯粹理性批判的一般问题的最后一个提法，已经把它提出来了。前面三个问题，纯粹数学是如何可能的，纯粹自然科学是如何可能的，形而上学作为自然倾向是如何可能的，这三个问题已经把现有的、人们认为是科学的可能性基础都已经问到了。那么形而上学作为自然倾向是如何可能的，虽然人们认为现有的三门理论科学即数学、自然科学和形而上学，形而上学是最后一门，而且是最高的一门，但是在康德看来它只是作为一种自然倾向，还没有能够真正作为一门科学建立起来。所以承上所说：

　　但由于对这些自然而然的提问，如世界是有一个开端还是永恒以来就存在的等等问题，迄今想要作出回答的一切尝试总是遇到了不可避免的矛盾，

　　就是说，这些自然而然的提问就是形而上学作为自然倾向所提出的一些问题，这样一些自然而然的问题，作为自然倾向的问题，当然是自然而然要提出的，如世界有一个开端，还是永恒以来就存在的，或者说世界有一个开端还是没有开端，这样一些问题，这是迄今为止的一切形而上学都要涉及到的问题，即世界的有限性和无限性的问题。那么，想要作出回答，这一切尝试总是遇到了不可避免的矛盾。具体来说，就是在当时的形而上学领域里面，经验派和理性派，两派之间争论不休的，这是冲突之一。世界到底有没有开端，理性派认为，世界肯定有一个开端，以此来证明上帝就站在这个开端上；经验派认为，这个开端我们不能知道，就我们所知的经验世界范围之内是没有开端的，我们可以无止境地经验下去，认识下去，把我们的自然科学在经验的基础上无限的扩展下去，哪里会有什么开端呢？也不可能有什么终结。如果有上帝的话，它绝对不会在这样一个链条的开端之上，因为上帝是不可经验的，如果你把上帝放在这样一个经验的链条的开端，那你就是把上帝贬低了。所以这两派谁也说服不了谁，这是一个不可避免但又无法解决的矛盾。那么由于这样一些不可避免的矛盾康德认为，

　　所以我们不能以形而上学的自然倾向为满足，

　　也就是说，如果这些问题能够回答，那当然就没有什么好说的了，自然倾向就已经成立了，成为一种科学了，但是由于它不可避免又产生矛盾，所以问题总是还没有完。我们不能够以这种自然倾向为满足，

也就是不能满足于纯粹理性能力本身，哪怕它总是能产生出某种形而上学（不管它是哪一种）来，

不能以形而上学的自然倾向为满足，也就是不能满足于纯粹理性能力本身。这个意思就是说，以往的形而上学它有一种自然倾向，就是要通过运用自己的纯粹能力来解决像世界是有开端的还是无开端的这样一些问题，这是纯粹理性能力本身的一种自然倾向，自发的就有这样一种自然倾向，要从眼前的，所看到的有条件的东西来推出最后的那个无条件的东西，来推到最终的那个大前提。理性它就是这样一种推理能力，它可以无限地推，要么往下推，要么往上推。那么在这些问题上面，主要是往上推，追溯前提的前提，原因的原因，一直追溯到最后，这是纯粹理性能力本身的一种本能，一种自然倾向。但是我们不能满足于这样一种理性能力本身，哪怕它总是能产生出某种形而上学，不管是哪一种类。"某种形而上学"，也就是不管它是经验派的还是理性派的形而上学，我们都不能够相信，不能够依赖这样一种纯粹理性本身的推论，它产生了那么多形而上学，都是不可靠的。那么，不能满足于纯粹理性能力本身，

而必须使理性能够确定地判断它是知道还是不知道它的对象，

也就是说，纯粹理性能力本身必须要反过头来对自身进行一番反思，你不能一味的去运用纯粹理性能力，按照它的自然倾向就这么滑下去，推到哪里算哪里，你必须从以往的经验教训里面回过头来，对这样一种纯粹理性能力本身进行一番批判的思考。这就是"纯粹理性批判"的真实含义，就是要对纯粹理性本身这种能力要回过头来进行一番批判的考察，考察什么呢？必须使理性能够确定地判断它，也就是判断它自己，是知道还是不知道它的对象，你究竟能不能知道你的对象？

也就是要么对它所问的对象加以裁决，

你问了这个世界的开端问题，那么，要么你有本事把这个问题裁决下来，你不要停留在模棱两可，也不要停留在一种思维的跳跃，跳到最后没办法了，就拿一种假的问题来冒充，来混淆概念，你必须要对你所问的

对象加以裁决，要定下来；要么，如果你无法加以裁决的话，

要么对理性在形而上学方面的能力和无能有所判断，

如果你无法裁决世界究竟有一个开端，还是没有一个开端，那么你就必须对你自己在形而上学方面这样一种无穷追溯的能力和无能两方面要有所判断。也就是说，你的这样一种理性推理的能力在形而上学方面，你能运用到何种范围之内，而超出哪一个范围之外，你就无能了，对这个界限要有所判断。你把这个界限定在什么地方？既然你没有办法对这样一些二律背反的命题作出裁决，那么至少呢，你可以对自己在哪一点上，在哪一步上超出了你的裁决范围，超出了你的能力范围，这一点你要有所确定，要有所判断。

因而，要么对我们的纯粹理性满怀信赖地加以扩展，

如果是前一种情况的话，如果你能够对这些问题的对象确定地加以裁决的话，那么我们就可以对我们的纯粹理性满怀信赖地无限扩展了，我们可以认识上帝，也可以认识灵魂，也可以认识来世，我们都可以认识了，这是前面第一个假设所得出的结果，就会是这样的。但这当然是不可能的，在康德看来，这是不可能的。要么就是后一种情况，在后一个条件之下，

要么对它作出确定的和可靠的限制。

你知道了纯粹理性的能力的范围，以及它的无能的边界，那么也就是对它作出了确定的和可靠的限制。所以最后，

这个从前述一般课题引申出来的最后的问题正当的说就将是：**形而上学作为科学是如何可能的**？

形而上学作为科学是如何可能的，这是从前述一般课题中，从先天综合判断到底是如何可能的这个总课题（整个纯粹理性批判实际上探讨的就是这样一个课题）里面，必然的就会引申出关于形而上学作为科学是如何可能的这样一个问题。这是一个最后的问题，也是康德撰写《纯粹理性批判》所要达到的最终的目标，要解决的最高的问题。那么形而

上学作为科学是如何可能的,这个问题在康德的计划之中,是放在他的《纯粹理性批判》的最后的一个部分即"先验方法论"的部分来加以解决的。所以这四个问题相对应于《纯粹理性批判》的四个部分:纯粹数学是如何可能的,相对于"先验感性论"部分;纯粹自然科学是如何可能的,相对于"先验分析论"这一部分;形而上学作为自然倾向是如何可能的,相对于"先验辩证论"这一部分;最后一个问题,形而上学作为科学是如何可能的,相对于"先验方法论"部分。康德在这本书里是逐步地一个个地对这些问题加以解决的。这个在《纯粹理性批判》里面只是作为一种预先探讨,最后在先验方法论里面确定了我们建立形而上学,建立一门科学的形而上学,所必须遵守的方法,这就是"先验方法论"的意思。我们要建立一门作为科学的形而上学,但是我们现在还没有建立,那么在康德看来首先要确立的第一步就是要把方法定下来,未来的作为科学的形而上学,在目前还没有的情况下,我们就要制定如何去建立它的方法,包括清理地基,包括我们理性本身的训练,包括区分开好几种概念,好几种知识的类型,意见、知识、信念,包括看清我们的目标,最终我们要达到的目标。这就是他的"未来形而上学导论",任何一种能够作为科学出现的未来形而上学导论。所以《未来形而上学导论》一书可以看作《纯粹理性批判》的缩写本,一个压缩本。当然不仅仅是压缩,他叙述的方法也更通俗一些,他采取了分析的方法来进行叙述,采取一步步从摆在面前的东西去追索最后的根据,这样一个方法来进行描述。在《纯粹理性批判》里面不同的是,它采取综合的方法,就是首先把最高的东西提出来,然后用最高的东西去打通其他的一切环节。但这两本书的主题都是一样的,就是讲任何一种,所谓任何一种,就是现在还没有,将来是什么样子我们还不知道,但是不管是什么样子,只要有一种未来的形而上学作为科学,那么它是如何可能的。我们为它确定一种方法,那么这种方法就是未来科学形而上学的导论了,我们把方法定下来,它就是将来要建立的科学形而上学的导论了。所以整个《纯粹理性批判》也可以看作为了要引出他将来要建立的未来科学形而上学的一篇导论。不过当有人对康德说，你只提出了一篇导论，你自己的体系在哪里？康德回答说，《纯粹理性批判》就是我自己的体系。其实他的体系的雏形已经在纯粹理性批判里面了，已经提出来了，就是他的两种未来可能的作为科学的形而上学，一种是自然科学的形而上学，一种是道德形而上学，已经包含在它里面了。道德形而上学后来写出来了，自然科学的形而上学没有来得及作为一门完整的先验哲学建立起来，但是在他的计划里面是很明确的。

这一段，已经归结到形而上学作为一种科学是如何可能的了，现在实际上这个地方开始作总结了，提出了四个问题以后，这四个问题显然并不是一个个并列的，实际上所有的这些问题回过头来，都包括在这个最后的问题里面了，形而上学作为科学是如何可能的，这个问题涉及到前面三个问题的解决。就是纯粹数学是如何可能的？纯粹自然科学是如何可能的？形而上学作为自然的倾向又是如何可能的？这三个问题都要靠最后一个问题来得到正确的答案。所以他下面这一段一开始就讲：

所以理性的批判最终必然导致科学，

这个科学把前面三个问题都包含到里面去了，它本身是未来的、可以作为科学的形而上学，但是在里面同时也把前面的几个问题都解决了，所以这个"科学"是大写的科学，是一般的科学，是所有的科学。理性的批判最终必然导致科学。当然这样一种科学首先是以形而上学的科学这样一种方式出现的，在康德看来，实际上如果没有形而上学的话，那科学也就没有根基，也就没有科学。一切科学都是建立在形而上学的基础上，建立在科学的形而上学的基础上。所以最后这个问题：形而上学作为科学是如何可能的，如果一旦得到解决，那么理性的批判最终就是导致了一个大科学的建立。这门大科学我们可以称之为科学的形而上学，在这个基础上，前面所有的问题都能够得到解决。相反，他说：

理性的无批判的独断运用则会引向那些无根据的、可以用同样的似　**B23**

253

是而非的主张与之对立的主张，因而导致怀疑论。

也就是说如果不进行这样一种理性的批判，而贸然去运用理性的能力，听凭理性本身的自然本能，自然倾向独断地展开，就会引向没有根据的一些主张，比如说世界是有一个开端，还是没有一个开端，不管你说它是有一个开端还是没有开端，你都是没有根据的。这里有一个修饰语："可以用同样似是而非的主张"，也就是说用它的反面，与它相对立，而它的反面呢也是没有根据的，打来打去是一些没有根据的主张在打架，当然就"因而导致怀疑论"了。既然没有一个是站得住脚的，那么给人最后带来的结果就是产生了怀疑论，也就是人们认为世界上没有真理，也没有所谓的科学，所有认为是科学的都是站不住脚的，都是可以驳倒的。这就是在康德之前，特别是体现在休谟为代表的怀疑论身上的这种状况。休谟可以说给唯理论和经验论的长期争论打上了句号。在休谟那里，最后就是怀疑论，都不用说了，都是站不住脚的，休谟一针见血，已经点出了这一点。但是康德在休谟之后还要继续说，说这样一些毫无根据的主张，它们的原因何在，为什么会有这些站不住脚的论点，他要找出它的原因，然后重建形而上学。所以他讲，理性的批判必然导致科学，必然导致科学的形而上学，相反理性的无批判的独断应用就会导致怀疑论。现在没有选择了，要么跟着康德走，要么就陷入休谟的怀疑论。

这门科学也不会庞大浩瀚得吓人，因为它并不与杂乱无边的理性对象打交道，而只与它本身，只与从它自身产生出来的课题打交道，

这里后面两个"它"都是指理性，再版时应改过来，以免混淆。[1] 就是说，康德所要建立起来的科学的形而上学，在他看来并不是那么样吓人，不是那么无穷无尽的一种工作，而是一项非常精练的，非常关键的，而且可以一劳永逸地加以解决的任务，理由是它并不与杂乱无章的理性

---

[1] 在邓晓芒译、杨祖陶校的《纯粹理性批判》全译本中已改过来了（改为"理性"）。

对象打交道。理性的对象乱七八糟，灵魂、上帝、魔鬼，毫无内在逻辑联系的，人们可以提出一大推。康德所要做的纯粹理性批判并不是与这样一些杂乱无章的所有的形形色色的理性对象打交道，而只是与理性本身，理性在理性批判里面，只是与自己打交道，它是一种自我反思。理性的能力在它应用于对象之前，首先要看看这种应用的工具，检查一下理性工具的能力，在认识之前，先检查一下认识的能力，它的限度和范围，究竟怎么样。当然你用来检查这个能力的，仍然是理性能力，理性能力来检查理性能力本身，所以它是一种自我反思的工作，理性的一种自身反思、自身追溯工作。它只与从它自身产生出来的课题打交道，它所要解决的那些课题都是从理性的本性里面，从它自身里面产生出来的课题，而不是从外面碰上的，也不是从经验世界里面获得的，是从理性自身的本性里面产生出来的。它只是解决理性作为自然倾向、形而上学作为理性的自然倾向所提出的那样一些课题。像世界是有限的和无限的这样一些问题，是从理性本身为了要追求无限的东西，为了从有限的东西追溯到它的无限的、无条件的根据，才产生出来的课题。所以纯粹理性批判只是与这样一些推理打交道，它里面讲的都是这样一些类似的课题，讲到理性的无限以及它的限度。

　　这些课题并不是由与它不同的那些事物的本性提交给它的，而是由它自己提交给自己的，

　　这还是前面的那个意思，就是说，这些课题不是由那些非理性的事物，比如说经验性的事物的本性向理性提出来的，那些问题不由形而上学解决，那是由自然科学去解决的。数学里面由数学去解决，时间和空间属于感性直观，它也不是由理性的本性提交给它的，所以它也不解决具体的时间空间的问题，那交给数学的算术、几何学加以解决。形而上学要解决的只是自然科学、数学和几何学的基础是何以可能的，这些问题是理性本身提出来的。先天综合判断是如何可能的？这些问题就是理性提出来的。所以这是由理性自己提交给自己的这样一些课题。

因为当理性预先完全了解到它自己在处理那些可能从经验中呈现给它的对象的能力时，必然就会很容易完全可靠地确定它在试图超出一切经验界限来运用时的范围和界限了。

这个句子很长。当理性预先完全了解到它的这样一种能力，什么样的一种能力呢？就是处理那些可能从经验中呈现给它的对象的能力，也就是处理经验对象的能力，当理性预先已经了解到自己处理经验对象的能力是什么，"可能从经验中"，也就是可能经验的对象，这个"可能"很重要，它并没有封闭我们现有的认识能力，而是为自然科学的进一步发展留下了余地。理性只是一种能力，这种能力运用在可能经验的范围之内，可以不断的扩大自然科学的范围，但是不管你怎么扩大，它毕竟是"可能经验"的范围，它不能超出可能经验的范围、即一切经验的范围。它可以超出眼前的经验的范围，但是它不可能超出任何经验的范围。它可以预测未来的事情，但是未来的事情也是属于可能经验的范围。所以这样一种能力是处理可能经验、"可能从经验中呈现给它的对象"的这样一种处理的能力。那么，当理性预先了解到自己的这样一种能力的时候，它必然就会很容易地、完全可靠地"确定它在试图超出一切经验界限来运用时的范围和界限了"，就是说，它很容易就确定了它在试图超出一切经验界限来运用的时候，它是有范围的，就是说，你不能超出一切经验的界限来用于理论理性。当然你如果是实践理性，那你可以超出一切经验的范围，而且必须要超出一切经验的范围。但是一切经验的范围对于理论理性来说是一个界限，它是理论理性和实践理性的界限，你不能搞混，你不能把运用于理论理性的思辨理性超出经验的范围之外，把它运用到本来是实践理性的那些对象身上去。所以，当你预先意识到自己的思辨理性的能力，理性在思辨方面、在理论方面、在认识方面的能力的时候，你就很容易可靠地确定，当你要超出一切经验界限的时候，你的界限何在，你就很容易划定理性本身的界限了。

下面对这些历来的形而上学，它们的毛病，以及如果无批判地运用理性的话它们必然会导致怀疑论这样一种后果，做了分析，并且提出了他的一种设想，即我们未来的科学的形而上学是有希望建立起来的，这样一门科学并不会变得庞大无边，而是理性对自己的一种反思，它是有根据的。理性只需要对自己进行反思，而不需要到广大的经验世界到处去搜寻去探索，只要自己沉入自己理性的根基里面，就可以把这样的基础建立起来，而这是对一切科学大厦的建立必不可少的一种批判工作。

因此我们可以而且必须，

"可以"就是说我们已经有了这种希望了，而"必须"，就是前面讲的，我们目前所面临的唯一的选择，就是

把迄今为止要**独断地**建立形而上学的一切尝试都看成是不曾发生过的，

都放在一边。所有的这些形而上学的尝试都是独断的，所有的这些形而上学的尝试作为科学来说它们都是失败的，我们目前就要把所有这些都放在一边，看作是不曾发生过的。下面讲，为什么都要放在一边呢？

因为在这种或那种形而上学中，凡只是分析性的东西，也就是对先天地寓于我们理性中的那些概念的单纯分解，还根本不是真正的形而上学的目的，而只是对它的一种准备，即准备要综合地扩展这些概念的先天知识。

也就是说在这种或那种形而上学里面，凡是那些分析性的东西，在这些形而上学里面还不是真正有科学价值的东西。分析当然不可能被推翻，但是分析性的东西，也就是说对先天寓于我们理性中的概念的分解，它还不是真正的形而上学的目的。形而上学的目的前面讲了，作为一种自然倾向，它是要追求先天综合判断的。那么它里面的那些分析性的东西，我们现在都可以把它放在一边，排除开来不谈，因为形而上学单凭这些分析是建立不起来的。但这些分析是对真正的形而上学的一种准备，这些分析并非毫无价值，它是一种准备，即准备要综合地扩展这些先天

概念的知识。它为综合地扩展先天知识提供了前提，把概念搞清楚，以便形成先天综合判断。这种准备当然是有价值的，但是它还不是真正的形而上学的目的，

　　对于这个目的，概念分析是不合适的，因为它只是表明在这些概念中包含了什么，但并不表明我们如何先天地达到这些概念，以便然后也能够规定它们在所有知识的一般对象方面的有效运用。

B24

　　形而上学本身的真正目的是达成先天综合判断，那么单纯概念分析是不适合的，是不够的，因为"它"，也就是说概念的分析，只是表明在这些概念中已经包含了什么，"但并不表明我们是如何先天地达到这些概念"的。它只是分析这些概念，这些概念里面有什么，但是我们最初是如何达到这些概念的，在这些概念分析里面并没有表明出来。它并没有对它的大前提进行考察，并没有对它的基础，它是如何形成这些先天概念的，加以说明。它实际上是综合地形成这些先天概念的，所以通过分析并不能表明这一点，"以便"表明了这一点以后，"然后也能够规定它们在所有知识的一般对象方面的有效应用"，也就是说这才是形而上学的真正目的。什么样的目的呢，"以便"……"然后"……，就是说如果我们表明了我们达到这些先天概念的方式，这才是形而上学真正的目的，即说明我们是如何形成这些先天综合判断的，说明了以后，"然后也能够规定它们"（就是这些概念）在所有的知识中如何形成这些先天综合判断。"一般对象方面的有效应用"，也就是说，当你追溯到先天综合判断在形而上学里面是如何可能的，说明了它是如何可能的，如果你做到了这一点的话，那么你就能够说明这些先天概念在所有知识的一般对象方面，它是如何样产生效果的，就能够回答这样一个问题，即它的有效性的问题，回答这些先天综合判断，这些先天概念在一般对象方面知识方面的有效性问题，它能应用于什么样的对象。如果你搞清楚了先天综合判断是如何形成的，那么你就能够搞清楚它能够应用于什么样的对象，它们在什么样的对象方面有效，当然也包括在什么样的对象方面无效。所以

康德在这里的表述是，"也能够规定它们在所有知识的一般对象方面"，不管是什么知识，一般对象，它的有效性，能够规定它们的"有效应用"，规定它们的有效性，能规定它们是如何有效的。这才是形而上学的真正的目的，形而上学就是要说明一切知识，说明它的那一套体系是对所有的知识都有效的。以住的形而上学因为是独断的，所以它没有做到这一点，因为它没有反思到它的先天综合判断知识的可能性根据，因此它也就不能够规定自己的范畴、这些先天概念在对象上是如何有效运用的，因此被休谟钻了空子。休谟因此把所有的形而上学的有效性都取消了，因为你没有证明这些先天综合判断是如何可能的，所以就说明不了它的有效性。所以休谟认为这些东西都是我们主观的一些联想，心理习惯，对于客体是没有真正的效果的。如果说有效果的话，只是一种偶然现象，只是我们想象中的，我们以为它有效果，但实际上是我们多次应用的时候已经形成的习惯。那么形而上学在所有知识的一般应用上，如果不经过这样一种处理的话，整个知识的大厦就会垮台。下面：甚至只需要很少的自我克制就能放弃这一切要求，就是想通过单纯的概念分析独断地建立一切形而上学的要求，都是要加以放弃的，这个只需要要很少的克制。不要独断地去建立形而上学，这个不需要很大的克制，事到如今，已经有很多的现实条件可以让我们意识到这一点了，下面：

因为理性的无可否认的、并且在独断的处理方式下也是不可避免的矛盾早就已经自行使任何迄今为止的形而上学威信扫地了。

为什么不需要很大的克制呢？为什么只需要很少的克制就能放弃这一切要求了呢？是因为形而上学早就威信扫地了，用独断的方式所建立的形而上学早就已经威信扫地了。在独断处理方式下这种矛盾是不可避免的，是无可否认的，所有的人都已经看到了。自从休谟提出来这样一种矛盾以后，所有人都看到了，已经是无可否认的了，也是不可避免的了。那么这样一种矛盾"已经自行使任何迄今为止的形而上学威信扫地了"，就是形而上学本身出现了矛盾，这种矛盾涉及到迄今为止所有的形而上学,迄今为止所有的形而上学都要是要证明这样一些课题,一个是世界整体,一个是灵魂的问题,一个上帝的问题,这都是形而上学的问题,但是都出现了矛盾。所以在这个方面不需要很大的克制。下面接着是跟上面对比来讲的,上面讲不需要很大的自我克制,但下面讲,

需要有更多坚毅精神的是,不为内在困难和外在的阻力所阻挡,通过另外一种与至今采取的完全相反的处理方式,来促使人类理性所不可缺少的一门科学终于能够欣欣向荣、富有成果。

这是需要更多坚毅精神,需要更多的耐心的,就是要克服一切内在和外在的阻力,通过与至今采取的完全相反的处理方式,就是说至今采取的都是独断的处理方式,所有的形而上学都是通过独断的处理方式建立起来的,那么我们今天应该采用一种完全不同的方式,也就是批判的方式,要通过批判的方式来重建形而上学,来促使人类理性所不可缺少的一门科学,也就是形而上学,形而上学是人类理性所不可缺少的,最终它能够欣欣向荣,富有成果。要重建未来的科学的形而上学这样一个使命,这样一个任务,要花费更多的精力,更多的坚毅精神。放弃独断的要求,那是很容易的,破坏容易,建设就难了。休谟就已经放弃了,他放弃之后,陷入了怀疑论,怀疑论是很轻松的,因为它不需要什么成果,无所作为,所以只要有很少的自我克制就能放弃独断的要求。但是康德不满意于这一点,仅仅是放弃还不够,还必须重建。放弃了之后很可能陷入到怀疑论,陷入到瘫痪状态,这是不能令人满意的。但是要重建的话,那显然是一个更加艰巨的任务。最后一句话:

从这门科学的所萌发出来的每一个枝干都可以砍掉,但它的根却是铲除不了的。

所萌发出来的每一个枝干,从这样一门科学的形而上学所萌发出来的每一个枝干,都是可以砍掉的,就是说那些具体的成果,都可以去掉,都可以改变,自然科学的一些结论,道德上的某一个判断,法律上的某一个条文,都可以随着时代的变化而改变,但是它的根是铲除不掉的,它的

根就是由批判所建立起来的一切形而上学的基础，这是取消不了的。所以他把通过批判所要建立起来的形而上学的基础，形象地比喻为一切科学之成为科学的"根"，上面的东西"枝干"可以变来变去，但是不管怎么变化，它的根是不变的。所以这是一种一劳永逸的事业，康德在这个时候有一种使命感，自己承担了一劳永逸的事业。自从他建立了这样一个基础之后，人们永远就可以安居乐业了，这是他对自己的《纯粹理性批判》以及在这个基础上建立的科学的形而上学的一种自我评价。

　　[第 VII 节略]

先验感性论

先验感性论这一部分，我们来仔细读一读。

前面已经谈到康德的四个主要问题，"先天综合判断如何可能"分解为四个主要问题，第一个问题就是"纯粹数学是如何可能的？"我们前面已经提到，纯粹数学是如何可能的问题，康德是在他的先验感性论中解决的。那么现在就进入他的正式讨论了，所以他在这里标了第一节（§1），也就是在导论以后就开始进入本题了。先验感性论是非常重要的一个部分，也可以说是他纯粹理性批判四个部分中的第一个，也是他四个问题的第一个问题之所在。

那么首先我们先看一看"先验感性论"这个标题。为什么叫"先验"感性论？一般讲感性都是后天的，在当时的唯理论和经验论的争论之中，这一点是没有问题的，对于感性知识的争论，主要是说后天的知识有没有可靠性问题，或者说感性是否另外需要有先天的知识来帮助或者支持，才能成为真正的知识，这个是当时唯理论和经验论很重要的争论。但是康德与唯理论和经验论的重要区别，也就恰好在于康德对于感性的不同以往的眼光，也就是说他在感性的东西里面看出来有"先验的"东西。当然感性里面有后天的东西，这个是毫无疑问的，康德在这里也没有否认。我们可以预先把B35—36底下的注稍微浏览一下：关于感性论"Ästhetik"这个词，在德国人那里通常被人用来指称"美学"，这是鲍姆加通首先起用的一个希腊字，他认为感性论是探讨艺术和鉴赏力、审美这样一些问题的科学；但是康德的用法不是那个意思，而且他对鲍姆加通这种观点提出怀疑，认为后天的感性不见得能够成为一种"科学"。在康德看来所有的科学都必须有先天的东西在里头，才谈得上是一门科学，才谈得上确定性，才谈得上普遍必然性。但是如果仅从后天的、通常所讲的感性的立场上来建立一门科学——感性学，是否能够成立？所以他的注释最后部分说，"为此我建议：要么使这一名称重新被接受，并将它保留给目前这一门真正科学的学说，……要么就和思辨哲学分享这一名称，而把 Ästhetik 部分在先验的意义上、部分在心理学的含义上来采用。"最后这个"要么"是第二版加上去的，在第一版里面他的建议只有一个，就是说要使这一名称重新被接受，并将它保留给目前这一门真正科学的学说，也就是保留给先验感性论。感性论在鲍姆加通的那种美学意义上面，那只是一种心理学上的或者说是后天的学说，谈不上先天的科学。所以康德认为，真正感性论要成为一门"学"，感性学（我们也可以翻译成"先验感性学"），它只能是先验的，只有在先验的意义上才可以被理解。但是在第二版时候，康德对他的绝对的看法做了一些修正，就是说不排除 Ästhetik 可以在两种意义上使用，一种在先验的意义上，就是我们目前面对的先验感性论；要么就部分在心理学的意义上用。感性论如果把它限于心理学的意义，那么从后天来研究人的感觉、情绪、情感等心理学的对象，那还是可以的。但是后来到了第三批判的时候，到了《判断力批判》的时候，他从这个心理学的意义上，仍然建立起了一门有关人性的哲学，从后天的意义上仍然寻求它的先天之所以可能。但是那门科学的意义跟目前所面对的这门科学的意义就不一样了，它不是先天进行规定的科学，而是一种反思的判断力，它不能成为一门科学，但是它可以进行反思。所以康德对于 Ästhetik 的观点是有变化的。首先他是认为，感性的东西，后天的东西，涉及到我们感觉的材料，是根本不可能成为一门先天科学的。到了晚期他转过来，他认为从另一方面来说，我们也可以使它成为一门学问，虽然不是严格意义上的科学，但是它是介于科学与道德、信仰之间的过渡的桥梁，那也是允许的。所谓"反思的判断力"与"规定性的判断力"的区别就在于，规定性的判断力是用主体先天的概念去规定我们所获得的那些感性材料；那么在"判断力批判"里面，反思的判断力是倒过来的，我们没有先天的概念，我们面前首先遇到的是那些五花八门的感性的材料，这些感性材料它有没有先天的原则？没有，而是先给了我们感性材料，然后再去为它们寻求先天的原则。这样一寻求、一追溯就追溯到人的本性，人的情感能力了。在人的情感能力中就有一些先天的原则，比如说共通感，共通的情感。我们在进行审美欣赏，对感性事物下判断的时候，在另外一种意义上，我们必须遵守一些先天原则。但是这些先天原则，它不具有规定性的意义，它不是说你一定要这样，不按照这些规则，你就错了，它不是这个意思。而是说从人的感情、情感、情绪或者说对具体事物的感性材料里面，你悟到自己有这样一种需要，就是说自己应该如何感觉这些材料，或者说希望其他人也能像你一样，来感觉这些材料。应该怎么样、希望怎么样，有一种大家都愿意遵守的原则。但是这种原则不是概念，而是人类共同具有的一种情感，大家都希望这样，大家都觉得应该是这样，但是不能规定、也不能保证每个人都会是这样，这就是美学的领域。康德在这里用"感性论"（Ästhetik）这个词的时候赋予了它新的意义，就是美学意义。在第一版的时候他还没有想到这一层，所以康德后来在他的书信里面讲到，在他的晚年关于反思的判断力的思考给他开辟了一个全新的领域，这个是我们要注意的。"先验感性论"经常有人翻译成"先验美学"，这在康德这里是不允许的，对康德哲学完全没有接触、完全没有了解的人才会产生这样的误解。单从感性论这个希腊词它的原意来说，它也没有"美学"的意思，它就是感性学，我们中文把它翻译过来的时候，从鲍姆加通的美学那里翻译过来的时候，我们把它翻译成"美学"，这是从日译转过来的，属于意译。它符合鲍姆加通的意思，但不符合希腊原文的意思，也不符合康德的意思。所以我们在理解这个概念的时候要依据它的希腊原文的意思，就是关于情感和感觉的学问，Ästhetik 本来是这个意思。这里我们先介绍了"先验感性论"的这个标题,这是一些起码的常识。

§1.

那么我们先看这一段话:

一种知识不论以何种方式和通过什么手段与对象发生关系,

首先注意,"一种知识","这个"一种"是不定代词,就是说不论什么知识,它不论以何种方式和通过什么手段,"与对象发生关系",这个地方一开始就明确点出来,康德所要探讨的知识是与"对象"有关的知识,这一点是一开始就定了的。那么不和对象发生关系的知识是什么知识呢? 一般来说是指形式逻辑。形式逻辑的知识作为一种先天知识,它只考虑它的应用,作为一种工具,而不考虑对象如何;它不管大前提,大前提就是涉及对象的,它只要你给它一个大前提,它就按照一种固定的程序去进行推理。但是康德这里强调的是要和对象发生关系,他这里谈到的所有的知识应该说都是和对象有关的,要确立与对象相关的知识,这个对象在这里,他首先要了解的就是自然界的经验对象,其次也有形而上学的超经验的对象。那么不管以什么手段和什么方式,也就是说知识和对象之间有一种间接性的联系,它是通过一种方式和一种手段来和对象发生关系。它本身不是对象,一种知识它本身不可能成为对象。这个还是亚里士多德的关于真理、关于知识的那个定义,"知识就是观念和对象相符合",主客二分,这个地方一开始就确立了,是通过一种"手段"和对象发生关系的。那么如何、通过什么手段或通过何种方式来和对象发生关系呢? 不管以什么方式,

它借以和对象发生直接关系,并且一切思维作为手段以之为目的的,还是直观。①

---

① 原译作:"它借以和对象发生直接关系并作为一切思维手段的目的的,还是直观。"不确切,兹改之。

265

也就是说任何一种知识要和对象发生关系，发生直接的关系，这个地方要注意这个"直接的"，就是说直接已经到达对象了，已经触及到对象了。这样一种关系，当然中间也可能还有其他的环节，那些环节不论以何种方式、通过什么手段，都还没有直接到达对象，但是最后它还是要到达对象，直接和对象发生关系，并且一切思维作为手段都以此为目的，一切思维，概念啊，范畴啊，都只是达到直观的手段，它们最终都是要直接和对象发生关系，不管中间通过什么样的中间环节，最后还是要达到直接和对象相关。要与对象相关就必须通过直观这一关。所以这个地方讲到一切思维环节，它最后要落实到的那个地方，还是直观。直观这个词就是 Anschauung，schauen 就是瞧、看的意思，An 就是"在……上面"，"在……近旁"，an 是个介词，"靠在那上面"的意思。这两个成分组成了德文中一个用得很广的词就是 Anschauung，我们通常翻译成直观，这是对得非常严格的。An 就是靠在那上面，紧靠着去观，直接地观。英译者通常对译作 intuition，一般来说也不能说错，两个词有重叠的部分。但这个词中文译出来是"直觉"，其实并不能完全表达康德的意思。Intuition 来自拉丁文，它也由两个部分组成，其中 in 是"在……里面"、"向……里面"的意思，tuition 是看顾、关心的意思，从里面去看，向里面去关心，去"觉"。所以"直觉"并不等同于"直观"，它含有内心自发的主动性、能动性、自觉性的意思，"直观"则是完全被动的，是直接的"旁观"。例如现代克罗齐、柏格森等人的"直觉主义"（intuitionism），我们也不能译作"直观主义"。直觉可以是无对象的内心体验，直观却肯定是有对象的。这个区别很重要，在康德眼里，自觉性、自发性只能是知性的事，感性就只可能是被动接受的。

但直观只是在对象被给予我们时才发生，

这个直观，我们最后要通过直观来和对象发生关系，我们的目的是要走到直观上面来，但是直观呢，什么时候才发生呢？只有在对象被给予的时候才发生。这个也是题中应有之义了。就是说既然直观是和对象

266

直接发生关系的，它只有在对象已经被给予我们的时候才发生。如果没有这个对象你如何到达那个对象呢？你"观"到了什么呢？但这个地方所强调的是对象被给予我们，也就是说进一步强调了，对象在我们对面被给予、被提供出来，直观面对的是被提供的对象，对象被给予我们，只有在它们双方发生关系的时候，直观才能发生。直观不能凭空产生，只有在对象被给予的时候才能够发生。那么什么叫被给予？下面解释了：

　　而这种事，至少对我们人类来说又只是由于对象以某种方式刺激内心才是可能的。

　　也就是直观被给予我们这件事，被给予这种事情，只是由于对象刺激内心才是可能的，至少对于我们人类来说。人类跟其他的存在者是不一样的，跟上帝、天使是不一样的，我们人类是有感官的，我们人类跟对象之间是处于一种对立关系之中的，所以对于我们人类来说，只是由于对象以某种方式刺激我们的内心，对象才有可能被给予我们。必须由一个外在的东西，在我们人类之外的一个对象，来刺激我们的内心，我们内心跟外面的对象之间才可能有一种直接的接触关系，要撞上了外在的对象，被外部对象所刺激，所激动，这个对象才被给予。这是对于我们人类来说的，"对于我们人类来说"，刚才有人也讲到了，实际上就意味着，康德的认识论是立足于人类学这样一个角度来谈的。而在感性论里面，特别强调直观对于人类来说只能是感性的。所谓感性的也就是说被动的、感受性的、接受性的、被给予一个对象的，在这里的表述是：由于对象以某种方式刺激我们的内心才是可能的，这是人类的特点。人类的直观只能是感性的直观，有没有其他的更高的存在者的直观，比如说上帝的直观？康德对这个问题不置可否，他说他不知道。但是这个在基督教传统里面是很容易理解的，当时理性派哲学家的解释是，上帝是通过知性创造出整个世界来的，上帝没有感官，没有眼睛、耳朵、鼻子，但上帝创造了世界。上帝凭什么创造世界呢？不需要感性的物质材料，仅凭上帝的逻各斯，也就是上帝的一句话，一个意念、一个思想、一个观念。上帝说要有光，于是就有了光。上帝的说，它思想里面的一种观念，或者说是上帝的一个知性，本身就具有直观的特点，就可以创造出实实在在的直观对象来，但这种直观就不是感性的，而是知性直观，或者叫"智性直观"（die intellektuelle Anschauung）。但康德认为人的知性没有这种特点，没有这种能力，人的知性不是直观性的，而人的感性也不具有知性的自发性、创造性的特点，人的感性就是被动性的，不是创造性的。知性的特点是创造性的，自发性的，但它没有直观性，没有感性，它只能够在人的感官接受到对象的时候才能够起作用，而人要接受到对象，必须是被动的，必须是人的直观受到了对象的刺激，才产生出来。我们只知道感性直观，智性直观或许有，但我们不知道。

通过我们被对象所刺激的方式来获得表象的这种能力（接受能力），就叫作感性。

这里给感性（Sinnlichkeit）下了个定义，什么叫感性呢，就是我们通过被对象所刺激的方式，来获得表象。表象是泛指的，是一个心理学的词，一切在内心出现的都叫作表象（Vorstellung），包括感觉、知觉、印象、概念、范畴等等，无所不包。不管什么表象，只要它是通过被对象所刺激（affizieren）而获得的，就是感性表象。感性这种能力虽然是被刺激的、被动的，但是被动也是一种能力，一种接受性（Rezeptivität）的能力，这种接受能力就叫感性。所以在人的感性直观作为一种被动接受能力里面，它实际上已经包含有一种主动性了。这一点可能康德也没有意识到，后来胡塞尔比较强调这一点，就是感性的接受也不是完全被动的，它是一种主动的接受"能力"，它必然要带来它自己本身的某种特点，就包括人的五官感觉，它也有自己的感官的结构所带来的这些特点。如果你完全闭目塞听，不集中注意，或者不在内心对外界的事物起反应，像一块石头、一段木头一样完全被动，你怎么能够接受到什么信息呢？石头、木头和人不一样，就在于它们没有这种接受能力。康德在这里讲的是更高层次的一种特点，就是直观本身作为一种能力，它还有一种先天的特点。所以这个地方谈的是先验的感性论，在人的感性中就它的先验的部分来讨论一下，在感性中讨论它的先验部分。当然"先验"和"先天"还有区别，这个下面还要进一步分析，在这里我们暂时把它们的区别看得不是很重要。反正先验的东西肯定是先天的东西，就是在感性里面有先天的部分，作为能力的部分。人的感性的接受性，跟其他的植物、无机物的被动性还不一样，一块石头它有被动性，你把它搬到这里、搬到那里，让太阳光晒到它身上，于是它就发热，但是这种发热，不是由它的能力所决定的。石头没有什么能力，石头接受就是接受了，它不会给它的接受带上它自己固有的特色。但是人的接受跟其他的无机物不一样的地方在于，他的接受带上了自己的特色，它是一种接受的"能力"。我们所接受的东西，最初要取决于对象给我们的刺激，但同时也要取决于我们接受这种刺激时的方式。所以这个地方，感性它既是一种接受性，它同时又是一种接受能力，这就叫作感性。所以这个地方的感性不仅仅指的是我们的五官感觉，感性肯定包含有五官感觉所产生的表象，包含人的一切感觉所产生的表象，但是同时也包含我们在接受这些表象的时候，那些先天的部分，那些先天的能力。

所以借助于感性，对象被**给予**我们，且只有感性才给我们提供出**直观**；

借助于感性对象才给予我们，上面讲了感性是什么意思，感性就是一种接受性，通过这种接受能力对象才被给予我们，并且只有感性才给我们提供出直观。在这里直观和感性可以看作几乎是相当的概念，直观的能力和感性的能力，可以看作是几乎是相等的能力。当然我们还可以设想非感性的直观，智性的直观，但那是什么样的，我们不知道。我们所具有的直观能力就是感性能力，因为所谓直观前面讲了，就是直接和对象发生关系，我们和对象直接发生关系的那样一种"看"。那么感性呢，也是对于对象的一种被动的接受能力，这种被动接受能力，也就是说我们直接受到对象的激动，直接受到对象的刺激，所以我们是被动的。我们不能通过一种间接的手段，那就不叫感性了，那就需要人的主动性，比如人的知性。知性跟对象之间的关系是间接的，所以知性只有主动起作用，它才能够活动起来；但是感性因为是被动的，它是直接受对象刺激而活动的。所以在这个地方，感性和直观的两个含义在外延上是相同的，但是在意义上有不同，因为感性强调的是被动的接受性这一方面，这是我的一种接受能力，而直观还是有一点强调主动的一方面，是你去观，是你去观看，这种观看当然是被动的，静观的，但是你要有一种直观的能力去观看。所以只有感性才给我们提供出一种直观，只有这种接受性，才给我们提供出这种直观，也就是说提供出我们的直观能力能够起作用的方式，或者说提供出我们由直观而获得的那些表象，由直观获得的表象也可以称之为直观，作为一种能力来说它就是一种活动，作为结果来说它就是那些直观的表象。这一句还是在强调，我们的直观只能是感性的，而不是智性的。

但这些直观通过知性而被思维，而从知性产生出概念。

就是说知识不仅仅是由直观所导致的。这个地方的"但"就是转折一下，对象被提供给我们了，但是呢，这些直观要通过知性才被思维，而从知性中产生出来的是概念。这里就开始接触到直观和思维、概念之间的关系了。就是说感性给我们提供出来的是直观，但是这些直观呢，单纯凭它自身是不够的，它还必须通过知性而得到思维，而获得概念，获得概念的规定。"被思维"也就是被概念所思维，被知性所思维，也就是被知性的概念所思维，从而获得概念。"知性"和"概念"这两个概念也有这样一种关系，知性是一种认识能力，而概念是这种认识能力所产生的结果，这两个概念在外延上也可以是相当的，知性就是形成概念的能力，它就是要形成概念；而概念呢都是通过知性产生的。在这个地方，一般讲的概念就是知性概念，知性产生出概念。这里就讲到直观和知性以及思维和概念又是相联系的，任何一种知识通过一种手段与对象发生关系，首先，必须要有直观，然后要有思维，要有概念，要有知性。任何一种知识，必须通过这样一些环节、这样一些中间的阶梯才能够和对象发生关系，成为有关对象的知识。

　　但一切思维必须无论是直截了当的（直接地）还是转弯抹角的（间接地）借助于某些标志最终与直观、因而对我们人类来说与感性发生关系，

　　这一句又转过来了，又转回来了。前面一转是说直观还要上升到概念，这里一转，就是说概念最后还是要回到直观。就是说一切思维，必须无论是直截了当的、直接的，还是转弯抹角的、间接的，要借助于某些标志，而最终与直观，因而对我们人类来说，与感性发生关系。为什么说"对我们人类来说"？因为我们人类的直观只能是感性直观，而不是知性直观。一切思维呢，不管它有多少中间环节，不管它天马行空讲到哪里去，但是最后它要转回来，落实到直观和感性上面，这才能够构成真正的知识。为什么呢？

　　因为以别的方式不可能有任何对象给予我们。

　　这里头不言而喻的，也就是说，真正的知识是有关对象的知识，真正的知识是观念和对象之间的符合，表象和对象之间的符合，表象和对象之间应该发生关系，这才是真正的知识。如果表象是表象，那这个表象还不足以成为知识；如果对象是对象，没有表象能跟它符合，那当然也不能够成为知识；只有这两者能够联系起来，发生一种相符合的关系，才能够产生知识。那么，一切知识的要义，就是必须要有对象被给予我们，而被给予我们只有通过直观，所以，一切思维必须最终与直观、与感性发生关系。为什么必须？原因就在于，以别的方式不可能有任何对象给予我们。这个必须是立足于，一切思维如果想要达到真正的有关对象的知识的话，那就必须要回到直观；否则的话，你就没有对象。

　　这一段和下一段主要是对一些概念做了他的严格的定义，凡是康德在用一些重点符号把这些概念标出来加以解释的地方，我们都要高度的注意，这是我们把握康德哲学的一些基本线索，一些网上纽结，如果要有一面知识之网的话，这些就是网上的纽结，我们要高度注意这些定义。

我们来看下一段。首先他说，

B34　　　当我们被一个对象所刺激时，它在表象能力上所产生的结果就是**感觉**。

这个地方首次提出来了"感觉"（Empfindung）这个概念，往往康德在第一次提出一个概念加以定义的时候，他就要加上着重号，这个是他的一种习惯，当然也不尽然，有时候也没有。但是，通常按照沃尔夫派的那种理性体系，都是先下定义，然后再展开论述。那么这句话：当我们被一个对象所刺激时，它，也就是这个对象，在表象能力上所产生的结果就是感觉。通常感觉这个词大家都理解，用不着解释，但在这个地方，他加一个严格的定义，就是说，"我们被一个对象所刺激"，当然是说我们的感官被对象所刺激，凡是提到刺激的时候，康德这个地方都指的是感官，"它在表象能力上"，感官具有一种表象能力，但是这个地方没有特别点出感官来，而是一般的讲表象能力，在表象能力上，为什么是一般的讲？为什么不特别点出感官，而是提出一般的表象能力呢？这个我想他可能还考虑到内感官，内部的感官，也是属于表象能力的。所谓表象能力，就是形成一个表象的能力，人心所具有的一切表象都是由表象能力产生的，感官所形成的表象也是的，这个表象是非常泛指的，就是产生一切表象的那种能力。那么通过刺激我们的感官，于是在这种表象能力上就产生一个"结果"，这个结果我们把它称之为感觉。我们通常称之为感觉的是一个名词，Empfindung，当然最初也是一个动词，一个动名词，就是感受，那么变成动名词呢，我们把它称之为感觉。在表象能力上产生的结果，结果就是感觉，就是感觉到了，这是对于感觉的一个定义。非要有一个对象刺激我们，然后在我们的表象能力方面产生了结果，这就是感觉。在这个地方我们翻译为表象的这个词，通常是 Vorstellung，前面这个 Vor 就是在前面的意思，stellung 就是放置，置于，它置于前面，把一个东西放到前面，树立在前面。作为一个心理学的术语，就是在我们的心里，有一个东西在我面前树立起来了,在我们面前摆着一个东西了,它本来的含义是这样的。它也可以扩展成"想象"、"设想",或者"介绍"、"展示",可以扩展为这样一些意思,但它原来的含义就是放在前面,摆在前面。我们所有的内心里面出现的东西都是摆在我们面前的,让我们来加以思考,加以分析的。这种把一个东西摆在前面的这样一种能力,就是表象能力。那么表象能力所产生的结果,就是你把什么东西摆在前面了呢?当一个对象刺激我们的感官的时候,你的内心中已经有一个什么东西置于你面前了呢? 那就是感觉。感觉本身也是一种表象,是这样一种表象被置于你面前了。

那种经过感觉与对象相关的直观就叫作**经验性的**直观。

经过感觉,通过这种感觉,这是非常直接的了,在直观里面它是最直接的。直观本身已经是很直接的了,就是直接的去观;但是如果把直观也分出层次的话,那么这种感觉是更直接的。所以他说,通过感觉与对象相关的直观,就叫作"经验性的"直观。他这个地方特别是要解释"经验性的"这个词,即 empirisch,是一个形容词。empirisch 是从拉丁文来的,这个拉丁文本来和德文中的"经验"、Erfahrung 应该是同义的,但是康德在这里把它们严格区分开来,经验和经验性的,是有严格不同的,这一点要注意。"经验性的东西"外延上的范围更广一些,可以说包含经验的东西,因为有些经验性的东西还没有上升到经验,还必须在上面再加上一些东西,比如先天的东西,才能构成经验。所以在内涵上,经验的东西也可以反过来包含经验性的东西,因为经验的东西里面除了经验性的东西之外,还有先天的东西,经验是由经验性的东西和先天的东西这两种成分共同构成的。而有时候,康德说经验性的东西的时候,他是泛指经验的东西,不过这种情况比较少,它是指经验的东西中那种经验性的基础,经验的东西总是以经验性的东西为基础、为特色的,所以它虽然包含先天的东西,但它与"先验的"东西是截然不同的,这个不同就在于经验性的东西,所以有时可以用它来代表经验。更多的时候康德就是把经验性的和经验这两者区别开来，这个区分是很明确的，就是经验里面包含先天的东西，而经验性的东西呢完全是后天的，经验的与"先验的"相对立，经验性的与"先天的"相对立，当然也与先验的相对立，因为先天的包含先验的。所以我们在译法上面始终保持了"经验"和"经验性"的区别，而且在索引里面把它分开了，什么地方用的是经验性的，什么地方用的是经验的，都标明了。虽然在中文里面很难区分开来，但是如果你不区分，那就容易造成一些混淆。我们看不管是蓝公武的译本还是韦卓民的译本，都是有时候区分了，有时候又没有区分，就造成了一些混淆。而在康德这里是作了一些严格的限定的：经过"感觉"与对象相关的直观，就叫作经验性的直观。也就是说在直观里面，是指那种局限于感觉的东西，局限于感觉的质料的东西。感觉是五花八门的了，感觉是还没有形式的质料，对象刺激我们的感官就产生了一些表象，这些表象是乱七八糟，五花八门的，谁也预料不到的，它没有纳入到形式之中，它是一团混沌的东西，它还没有来得及构成为"经验"。这样一种直观或者说直观中的这样一个层次，就叫作经验性的直观，下面一句：

一个经验性的直观的未被规定的对象叫作**现象**。

一个经验性的直观，是混沌一片的，它还未被规定，这里点出来它的未被规定的对象，就是说这里也有对象，但这个对象是没有被规定的，只是以经验性的直观的方式呈现出来的。那么这样一个呈现出来的对象就叫作现象，还没有经过规定，这个"现象"用的是 Erscheinung，这个德文词就是"显现"的意思，scheinen 这个词是照射的意思，照射，发光，照亮，是一个动词，erscheinen 就是照射出来，显现出来，Erscheinung 是它的名词化形式，就翻译为现象。但是康德对现象的这种定义，即"一种经验性的直观的未被规定的对象"，这个定义也不是很严格的，有时候他把规定了的东西也称之为现象。严格说起来，经验性的直观如果未被规定那是不可能显现出来的，它至少要经过时间、空间的先天形式，然后经过图型、范畴，才能够显现出来，如果没有形式加以规定的话，那么它根本就显现不出来,也就不能叫作"现象"了。所以有时候康德违背了自己的区分,把那种已经被规定了的东西在各个不同的层次上面称之为现象。比如说经过感性的直观的先天形式即时间空间的整理以后的那个对象,康德也叫作现象,经过知性范畴整理以后的那个对象,康德有时候也称之为现象,现象界,就是说人的认识只能在现象里面,人所认识的只能是现象,这个现象是通过认识被规定了的,它是跟本体、跟物自体相对而言的,与规定或未被规定没有什么关系。尽管有这些含糊之处,但是有一个目标还是很明显的,就是说,他指的是最初显现出来的那些东西,就叫作现象,后来经过规定以后尽管也叫作现象,但是还是因为它是对最初显现出来的东西的表象,所以才叫作现象。还是因为那些未被规定的东西,才称之为现象,哪怕它已经被规定了。这一段规定了这几个概念,一个是"感觉",一个是"经验性的",一个是"现象",这几个概念我们要牢记在心。

在现象中,我把那与感觉相应的东西称之为现象的质料,

在现象中,现象前面已经规定了,那么与感觉相应,就是说有感觉,这感觉相应的东西,也就是在现象里面,由感觉而来的东西,由感觉所获得的东西。感觉已经是被获得了,已经是一个结果了,由表象能力所产生的结果,但是这个感觉它本身也是一个动词,一个动名词;那么与感觉相应的东西,由感觉所获得的东西,那也就是与之相应的东西,由感觉而来的东西,我们就称之为这个现象里面的质料。所以凡是讲到感觉的时候,它就是指的现象的质料,或者知识的质料。知识的最终的质料,就是感觉。质料和形式也是相对的,亚里士多德已经指出来了,对于高级的形式来说,低级的形式又成了质料。所以对于直观来说,整个直观都是人的知识的质料,但是在直观里面,真正的质料就是感觉,而时空则是属于先天形式。与感觉相应的东西,我们称之为现象的质料,

而把那种使得现象的杂多能在某种关系中得到整理的东西称之为现象的形式。

质料和形式区分开来了，就是在现象里面，我把与感觉相应的东西，或者经常把感觉本身称之为现象的质料，感觉和与感觉相应的东西，这个区分没有很大的必要，实际上就是你所感觉到的东西，在你感觉中所呈现出来的东西，那个东西叫什么，没有什么特殊的名称，我们就把它称之为质料；而那个"使得现象的杂多能在某种关系中得到整理的东西"，现象的杂多，也就是现象的质料，质料是乱七八糟的，我们就把它称之为质料，质料就是混在一起的东西，一大堆，混沌的东西，质料本来也有这个意思在里面，杂乱的，未经整理的，一团混沌的东西，那么使得现象的杂多能在某种关系中得到整理的东西，也就是说使这些现象的质料，使这些感觉，使这些与感觉相应的东西，能在某种关系中得到整理的东西，我们把它"称之为现象的形式"。那么这个形式这里还是讲的感性的形式，直观的形式。因为根据它上面一段的最后一句话，"一个经验性的未被规定的对象就叫现象"，未被规定的对象叫作现象，那么在现象里面用来规定这些对象的，规定这些经验性直观的东西，就称之为现象的形式。这里有一个问题，就是这些"形式"究竟是属于现象呢，还是不属于现象呢？这里就呈现出康德的一种混淆、一种模糊之处了，就是说实际上他把这个形式也放在现象里面谈了，在现象中我把那种与感觉相应的东西称之现象的质料，而把用来规定和整理它们的东西称之为现象的形式，形式这种使杂多得到整理的东西也属于现象，叫作"现象的形式"，已经规定了的东西也可以称之为现象。总而言之，康德区分出来现象里面有形式和质料两个层次。

由于那只有在其中感觉才能得到整理、才能被置于某种形式中的东西本身不可能又是感觉，所以，虽然一切现象的质料只是后天被给予的，但其形式却必须是全都在内心中先天地为这些现象准备好的，

这句话非常转弯抹角：由于那一种东西不可能是感觉，什么样的东西呢，只有在其中，感觉才能够得到整理，才能够被置于某种形式中，这样一种东西不可能又是感觉。既然只有在它里面，你才能对感觉加以整

理,才能赋予感觉某种形式,那么这种东西本身当然不可能是感觉了,所以它跟感觉就区分开来了,它是整理感觉的,是赋予感觉以形式的东西。所以一切现象的质料是后天被给予的,感觉只后天被给予的,与感觉相应的东西是后天被给予的,但其形式,这种现象质料的形式,却必须是全都在内心中先天地为这些现象准备好的。这些现象本来都是经验性的直观,这些现象本来都是感觉,但是感觉的形式必须是在内心中,在主体里面先天地为现象准备好了的,当然我们可以把形式看作是预先准备好了的,然后去把现象纳入进来,放在形式里面去的,但是一旦把现象纳入形式里面去,这些形式本身也就属于现象之中了,为这些现象所吸收了,也就是属于现象中的形式了,它赋予了现象以形式,那么现象就具有了形式了。现象本来是质料,但是一旦赋予它形式,那么这种质料和形式的统一体,我们也可以称之为现象,这是他的含混的地方。

<u>因此可以将它与一切感觉分离开来加以考察。</u>

也就是说将这些形式,将这些先天的现象的形式,这就是他在先验感性论里面所要做的事情,在这个地方已经冒出来了。先验感性论所要做的是什么呢?不是要讨论感觉的问题,感觉的问题没有什么可讨论的。感觉不可预测,你不知道什么时候就会冒出来什么东西,在你真正看到一个东西之前,你不可能预先知道马上要看到的是什么,你只有看到了它你才知道它是什么,所以它不是先天的东西,完全是后天的东西,后天的东西是没有什么可以讨论的。所以康德在这里他是讲先验的感性论,它不是后天的感性论,后天的感性不可能成为论,不可能成为学。那么他要考察的是什么呢?是在现象中把形式从一切感觉中分离开来,单独地加以考察,把现象中的形式的这一方面把它切除下来。现象本身已经包含有质料和形式两方面了,这两方面严格说来是不可分离的,但是虽然不可分离,在理论上还是要把它分离开来,单个加以考察。这是当时自然科学通常采用的方法,就是分析法:我要考察一个对象,就把对象从它的整体里面割取出来,单独把它分离开来,对它加以纯粹的考察。那

么在我们考察感性的时候，我就发现感性里面有它的质料，但是也有它的先天的形式，它们都混在一起，那么现在康德的任务就是把先天的形式单独剥离开来进行考察，这是以往的经验派、理性派的哲学家们都没有做过的一项工作，在康德来说也是开创性的。

前面这几段都是对一些基本概念进行定义，他打了重点符号的这些词都是非常关键性的，而且是在后面要多次碰到经常要运用的一些基本术语，所以我们在读康德著作的时候，在每一章的前面，每一部分的前面，这样一些界定，这样一些术语的定义，我们要特别注意，要把它记在心里边。康德主要是什么意思，要把它搞清楚，那后面才能不发生混淆。康德很多用语跟一般人们的日常用语，特别是跟当时的唯理论和经验论派所通行的一些解释是有很大区别的，当然也有一些是直接转过来的，那么，经过他定义以后，他的一些解释用来解决当时争论的一系列的问题，在康德看来就比较方便了，比较顺理成章了。

前面讲到与感觉相应的东西，有质料；使这些东西得到整理的东西，就是形式，在现象里面区分出来，有质料和形式。前面讲了质料了，一切现象的质料是后天被给予的，而形式却是先天准备好的，那么这些形式具有什么样的特点？马上接着就来进一步加以界定了。所以他第一句话就讲：

我把一切在其中找不到任何属于感觉的东西的表象称之为**纯粹的**(在先验的理解中)。

也就是在先验的意义上，这样一些形式，这样一些表象是纯粹的。为什么叫纯粹的呢？纯粹的是相对于感觉的东西而言的，或者说相对于经验性的东西而言的，经验性的就是我们上次讲到的 empirisch，empirisch 这个词，作为一个形容词，它跟 Erfahrung、跟经验是不一样的。经验是已经整理好了的一种知识，而 empirisch 只是这种知识中的某种成分的性质，只是指经验的知识里面属于感觉的那些成分具有一种 empirisch 的性质。那么在这个经验性的成分里面，其实就是属于感觉的东西，就是感觉。刚才有人讲了，感觉和感性在康德那里是很不一样的，感性的概念比较宽泛，感觉则比较狭窄。感觉所对应的主要是休谟讲的感觉印象的那样一些东西，直接的感官印象的东西就叫感觉，或者属于感觉的东西，那是地地道道的经验性的东西，后天的东西，或者说没有先天的东西掺杂在里面的。感性则还包含先天的东西，先天的感性形式。经验又更高一层，它本身是感性的东西和另外一些先天的东西、即知性范畴组合而成的。那么，这里讲没有任何属于感觉的东西，这种感觉的东西就是经验里面的那些经验性的东西，或者说感性里面的经验性的东西。前面讲了感性比感觉宽泛，感性有两个层次，一个是经验性的层次，感觉，一个是先天的层次，感性直观形式。那么这两个层次，经验性的成分就是感觉，或者属于感觉的东西；那么先天的东西，"在先验的理解中"，先验和先天在这里暂时还用不着把它区分开，在先天的理解中也可以，在先验的理解中也可以，反正是那些排除了感觉东西的那些表象，一切这样的表象都可以称之为纯粹的。这是康德的《纯粹理性批判》对"纯粹"这个词所下的一个最一般的定义。他极少违反他的这样一个定义，只在极个别的地方，大概只有两三处情况之下，他是按照日常一般的使用，比如讲"纯粹感官"，"纯粹感觉"，也就是单纯的感觉，那个不是纯粹的。凡是讲纯粹的就是讲非感官的，一般来说是这样，他是用得比较严格的。那么这个"纯粹"的意思，"纯粹的"打了着重号，下面进一步解释：

因此，一般感性直观的纯粹形式将会先天地在内心中被找到，在这种纯粹形式中，现象的一切杂多通过某种关系而得到直观。

一般感性直观的纯粹形式，也就是说，感觉和感性在外延上是不一样的，和感性直观在外延上也是不一样的，感性直观里面包含后天的感觉，但也有先天的形式。那么一般感性直观的"纯粹"形式，也就是根据上面一句话的定义，也就是说，在一般感性直观中，抛开了、撇开了属于感觉的东西的那个形式，那个形式就叫作"纯粹"形式，将会先天的在内心中被找到。所以他说"因此",这个"因此"就是说既然我这样定义了的话,那么我们在内心中就会先天的找到这样一些感性直观的纯粹形式,就会有这样一些纯粹形式。什么样一种纯粹形式呢?"在这种纯粹形式中,现象的一切杂多通过某种关系而得到直观"。这种纯粹形式是使得现象的一切杂多能够得到直观的那样一种纯粹形式。"通过某种关系",某种关系也就是由这些纯粹形式所形成的那些关系。使现象的杂多能够得到直观,"现象的杂多",杂多在这个地方通常说也就是包含着属于感觉的东西的各种各样的东西。纯粹形式不能说是杂多,因为它是纯粹的,一般来说,它不能说是杂多,而是使得杂多能够得到直观的东西,才是纯粹形式。比如说时间和空间,时间空间本身来说,它使得杂多能够得到直观,但是时间空间本身,你不能说有很多很多的时间,很多很多的空间,各不相同的,当然也可以划分出来,通过限制,通过规定,划分出来一个圆形的空间,一个三角形的空间,但是,这些时间空间在性质上都是同一的,它不是种的不同。在个别情况之下,康德把这个"杂多"有时候也用在纯直观的这个定义之下,那个时候,杂多的意思主要是就一种量上面的,一种量,一种形状,一种唯一的空间被分割的那样一种意义上面,那样来讲的。但是,一般讲这个杂多呢,他都是讲的这种感觉性的东西,所以感性的杂多,都是讲感觉性的东西,通过某种关系而得到直观,通过这种纯粹形式的东西而得到直观。

B35　　**感性的这种纯形式本身也叫作纯直观。**

也就是说纯粹直观形式是直观里面的一个层面,一个成分,属于它的形式的方面,那么按照前面这种解释,感性的这种纯形式,我们也可以就直接称之为纯粹直观,纯粹直观的意思就是在一般直观里面的纯粹部分,纯粹层面,那个形式的成分,我们就可以直呼其"纯直观",它是与"经验性的直观"相对而言的。

这样,假如我从一个物体的表象里把知性所想到的东西如实体、力、可分性等等都除开,同时又把属于感觉的东西如不可入性、硬度、颜色等

<u>等也除开，那么我从这个经验性的直观中还余留下某种东西，即广延和</u>
<u>形状。</u>

举了一个例子，按照这种方式，假设，设定，我从物体的表象里，比如说面前有个物体，有一个具体物体的表象，那么通过一种排除法，也就是做减法。前面我们已经讲到了，康德的分析跟经验派的分析方法是有一些区别的，他是从一个整体里面把能排除的东西都排除，看里面还能剩下什么。剩下的东西，虽然是分析出来的，但是仍然具有整体性，这是理性派的分析法。经验派的分析法就不是这样了，而是撇开其他的，我只抽出一个来，我不管其他的，那么这样分析出来的东西就没有整体性了，它就是个别的东西。但是理性派的分析方法呢，经过分析以后剩余的东西，仍然保持有一个整体性。比如说一个物体，一个物体我把它的知性的东西和经验性的东西都排除以后，剩下那个唯一不可排除的东西，如果排除了，这个东西就没有了的那个东西，仍然可以代表这个物体，或者说，那个东西就是这个物体的本质。理性派是这样一种分析方式。那么如果从一个物体的表象里把知性所想到的东西，如实体、可分性、力等除开，同时又把属于感觉的东西都除开，这个"除开"有两种方式，或者说从两个方向，把里面的可以排除的东西都排除，这样一种方式是具有典型性的。我们可以从经验派哲学家洛克那里得到某些类似的方法论的启示，比如说，洛克对于一个物体，他首先提到有第一性的质和第二性的质。第一性的质是什么呢？第一性的质就是它们是实实在在属于这个物体的，直接属于这个物体的，比如说广延、形状、大小、数量这些东西。那么第二性的质呢，是由第一性的质刺激我们的感官所形成的印象，我就把这些印象也归于这个对象，比如说颜色、声音、硬度等，感觉的表象属于第二性的质。第二性的是由我们的感官的性质所决定，或者说受我们感官的性质所影响的。我们有什么样的感官，我们就看到一个什么样的对象，我们看不到红外线，也看不到紫外线，我们只能看到一定的颜色，那么红外线、紫外线在我们的眼睛里面就不出现，也许在蚂蚁和蜜蜂

的眼睛里面就有。所以这种性质是受我们感官的构造，受我们主观的结构，受我们接受能力感官本身的条件所影响的，而不代表真正的那个对象本身，所以洛克把它称之为第二性的质。第二性是次要的，不是本来的。但洛克又认为，一个物体除了属性之外，还有它的实体。实体当然也分两个层次，一个是名义上的，名义本质就是我们所看到的实体，我们所看到的面前这个东西它是一个实体；而我们想到的，还有一个是实在的本质，实在的实体。就是说，我们看到它是这个样子，但是，它本身究竟是不是这个样子，这个还是不能够确定，实在本质是不可知的。康德的不可知论其实在洛克那里已经有它的雏形了，已经基本上有一个轮廓了。我们所认识的只是事物的名义的本质，而事物的实在的本质，我们是不知道的，比如说，物质，上帝，灵魂，我们只能知道它们的名义上的本质，但是作为实体来说，它本身也可以说是一个物自体。当然洛克没有用物自体这个词，但我们所能够认识的东西的这三个层次，即第一性的质、第二性的质和实体（名义本质），在洛克那里已经有了，实体也包括力，是它作用于我们，使我们能够对它产生认识，知道那里有一个实体。康德首先是把这个不可知的东西，洛克认为不可知的实体、实在本质，排除出认识之外，不予考虑。洛克讲的可认识的三个层次，在康德这里又作了一种排除："知性所想到的东西"相当于洛克所讲的名义本质的那个层次，名义上的实体那个层次，名义上的层次是我们通过知性所能设想，所能想到的，这个层次我们把它除掉，除开；同时呢，我们把我们感觉直接所感到的那些性质，也就是洛克称之为第二性的质的那些东西，也把它除掉，那么剩下的就是中间的东西。中间这个东西就是洛克所讲的"第一性的质"，形状、大小、广延、数量，这样一些东西。对于一个物体来说，如果我们把知性所想到的东西和感觉所感到的东西都除掉，那么最后呢，还会剩下一点东西，这个东西是什么呢？就是广延和形状，"我们从这个经验性的直观里面还余留下某种东西，即广延和形状"。这个经验性的直观，我们前面讲到了，经验性这个概念，它的含义比较广泛，它通常是指的感觉的东西,感官感觉的东西,质料,但是,有时候呢,它又可以泛化,泛指包含有感官质料的经验,代表一切经验,也就是说,经验性这个词可以用来总称经验,一般的经验,但是,用经验不能够直接说是经验性的东西,因为经验里面还包含有先天的东西。我们用经验性这个词可以用来称呼经验,但是不能用经验称呼经验性的东西。在某些情况之下,由于有了感觉性的东西包含在内,所以他把整个经验也称之为经验性的,把整个直观也称之为经验性直观。那么在这里呢,就是这种情况。这个经验性的直观,我把它的先天的知性的东西都去掉了,把它的后天的感觉的东西都去掉了,那么还会剩下先天的感性的东西,这就是广延和形状,广延和形状其实就是空间了,就会剩下空间。一个物体的表象作为一个经验性的表象,它最重要的,最后剩下来的就是这个空间。由于空间还在,所以我们才保留了物体的这样一个经验的概念,但如果空间不在了,那这个概念就没有了。我们可以设想任何一个东西,它没有任何颜色,没有任何气味,没有任何不可入性,它是可入的,比如说空气,它只是占据一定的空间;但是如果把空间也去掉了,那么这个东西就不存在了。如果空间还在,那么我们就可以设想这个物体还在。所以要设想一个物体,首先我们就必须设想它所占据的空间、广延,它一定的形状,如果有了空间,在空间中有了形状,那么我们可以把它称作一个物体,不管是什么物体,我们总是可以把它称作物体了,哪怕它是空气,我们也可以说它是一大堆空气,空气分子,它也是物体。但是如果不占空间,那就根本不是物体。至于知性所想的东西,当然从实际上来说,真正要形成一个物体,知性还是不可少的,作为一个认识对象来看待这个物体的概念,知性的东西还是不可少的,包括实体、力、可分性,这些概念仍然是不可少的;但是这些概念是建立在空间的概念之上的,它也不可能凭空建立,它要起作用,它还必须要以先天的直观形式作为它的根据,才能建立起来。如实体这个概念,如果没有一定的空间的概念,那它是一种误用,如果一个灵魂实体,它不占任何空间,那这样一个实体的概念在康德看来就是误用,其实是不合法的,它必须要有在先天直观中的基础,它才能够起作用。所以在物体的概念里面最重要的,使这个概念得以成立的,它的根基就在于它占据一定的空间,广延和形状,这是最重要,最根本的,中间这一层是最根本的。上面那一层,我们暂时也可以先不考虑它,当然最后如果要认识这个对象的话,上面这一层也是不可少的;下面这一层呢,也可以暂时不考虑它,当然,实际上要形成一个物体,总是由某些感觉刺激了我们的感官,才能够得以形成这样一个概念,但是在这个概念本身里面,我们可以不考虑它,物体的概念直接来说,它是建立在空间、广延这样一个基础之上的。这些东西属于纯粹直观,留下的这些东西,广延和形状,它们属于纯粹直观,是即算没有某种现实的感官对象或感觉对象,也先天地作为一个单纯的感性形式存在于内心中的。

从物体里面排除掉一切可以排除的东西以后,所剩下的,留下来唯一不可排除的这样一些东西,它是属于先天的纯粹直观的。这样一些纯粹直观呢,即算没有现实的感官对象或感觉对象,也就是说,即算感觉没有受到过物自体的刺激,而形成某些作为对象内容的表象,即算没有内容,一个空的东西,我还没有受到感官刺激,不知道这个东西是红色的呢,还是什么颜色的,是有香味的呢,还是有什么其他气味的,或者有没有不可入性,是坚硬的呢,还是没有硬度的,那么在这种情况之下,我内心里面已经有一个空间的概念,先天的,即算没有这些感官对象或感觉对象,也先天的作为一个单纯的感性形式,存在于这个地方。它是先天固有的,不会以后天刺激我们所产生的那些表象为转移。在这样一个物体的广延的表象之下,可以塞进很多别的东西,一个物体所具有的各种各样的感觉的属性,第二性的质,我可以把它塞进来,塞进这个广延空间的这个形状,这样一个范围里面来,也可以塞进别的。不管塞进什么东西,只要我有这样一个形状,这样一个广延的表象,这样一个形式,那么,我就可以把任何一种可能塞进来的东西总称为物体。

我们看看下面这一段。前面一段已经把这个纯直观,首先是"纯粹的"，然后是"纯直观"，作为直观的纯形式，把它提取出来了。就是说，这个东西是我们在形成一个"物体"的表象的时候，它的一个最根本的东西，一个作为它的基点的东西。那么，把这个东西提取出来了以后，我们就可以对这样一个东西形成为一门科学。

一门有关感性的一切先天原则的科学，我们称之为**先验感性论**。

感性的先天原则前面已经讲了，那么有关感性的"一切"先天原则，它应该是一门科学呀，这个"一切"先天原则就是除了我们上面所讲到的空间，包括广延和形状以外，还有时间。那么关于感性的一切先天原则，不管是空间时间，都包含在内，那么我就把它称之为先验的感性论，这个是承接上面直接下来的。这个地方的这个注释我们再来讲一讲。上次基本上已经讲到过这个注释了。

唯有德国人目前在用"Ästhetik"这个词来标志别人叫作鉴赏力批判的东西。

德国人实际上是讲的鲍姆加通了，由鲍姆加通开创，人们就用 Ästhetik 这个词来把鉴赏力批判改了名。通常人们叫作鉴赏力批判，这是近代唯理论和经验论、特别是经验论的那些美学家，他们通常把关于艺术和鉴赏的学问称之为鉴赏力批判，他们不讨论美的问题，经验论一般不讨论美的问题，或者要讨论的话呢，也是匆匆忙忙的敷衍几句。理性派的美学家喜欢讨论美的问题，专门讨论美呀、完善呀、上帝呀，讨论这样一些问题。但是经验派是实证的，那么从实证的角度来看待美学，他们所能发现的东西就是人的心理上的一种审美能力，审美能力也就是鉴赏力。鉴赏力实际上也就是趣味，Geschmack，英文 taste，对趣味进行批判，对趣味进行批评。这个批判当然是泛指的了，不一定是否定，不一定是消极意义上的，就是说对鉴赏力进行评论。这样一门学问通常就成为后来的美学所讨论的那些问题。我们谈近代美学的时候，我们往往看到，在鲍姆加通以前，美学这个名称还没有成立，人们都是在讨论好坏的评价，讨论感觉，讨论内感官，甚至于讨论伦理道德问题的时候，兼而讨论审美的问题，作为一个鉴赏力的问题来加以讨论。而且这个鉴赏力往往被纳入到道德感的范围，美感被纳入到道德感的范围内来加以讨论。像哈奇森的第六感官，内在的感官，莎夫茨伯利的"心眼"，内在的眼光，内在的眼睛，这个都是既有道德的含义，也有审美的含义。我通过内感官，它是一种道德感，一种灵感，这个事情不道德，我产生一种厌恶，那个东西好，我产生一种仰慕，一种羡慕，一种崇敬，这都属于鉴赏力的问题。那么自从鲍姆加通以后呢，把古希腊的 Ästhetik 这个词，把它引进来，给鉴赏力的所有这些五花八门的批判立了一个名字，使它区别于认识论，也区别于伦理道德。这个词本来也就是"感性学"，其实，他的命名并没有很大的创造，就是把它用一个古希腊的词来命名了。那么为什么用古希腊的词来命名呢？因为古希腊的词是外来语，它比较陌生，说明它是一门新的科学，关于美的科学。感性学，它的内容还是感性，包括人的鉴赏力，包括人的评判能力，包括人的趣味、口味，这些东西，也包括人的情感，情绪呀，感情啊，把这些东西的学问称之为感性学。我们翻译成"美学"当然是已经是意译了，这是从日本人那里转过来的。

　　这种情况在这里是基于优秀的分析家鲍姆加通所抱有的一种不恰当的愿望，即把美的批评性评判纳入到理性原则之下来，并把这种评判的规则上升为科学。然而这种努力是白费力气。

　　这里他对鲍姆加通进行了批判，就是说，虽然鲍姆加通是一个优秀的分析家，但是他抱有一种不恰当的愿望，就是把美的批评性评判，把美的评论，把对美的评论性的考察，纳入到理性原则之下来。就是说人们对于美进行评论，这个美，那个不美，进行鉴别，进行鉴赏，那么他们是根据一种什么样的原则呢？我们来考察一下，考察出它的评价的原则，它的评判的原则。这个原则应该是理性的，在鲍姆加通看来，这里面有理性的原则，这个理性的原则不是大陆理性派所设想的所谓完善的原则，大陆理性派本来认为美就是完善，完美。那么鲍姆加通指出完美有很多层次，比如说上帝的完美，上帝的完美不仅仅表现在美上面，还表现他的道德上面的善，完善也是一个善的原则，也是一个存在的原则，完善也就是意味着完备性，无所不包，无所不在，也是一种存在论的原则，本体论的原则。但是美在鲍姆加通看来，它特指感性的完善，就是感性学。鲍姆加通到了后期呢，把感性的完善又加以深化，他认为是感性认识的完善，不是所认识到的那个感性对象的完善，而是感性认识本身的完善。所以他这门科学是一种主观性的科学，甚至于跟心理学是非常接近的，就是我们的感性认识如何达到完善。感性认识和理性认识在理性派那里，本来感性认识是比较低级的，像莱布尼茨，他认为感性认识只是一种模糊的认识，理性认识才是清晰的认识。但是莱布尼茨对感性有一定的宽容，他认为感性认识虽然是模糊的认识，但是它的价值并不一定就那么低，它之所以模糊是因为人的理性太弱，他不能够把这些感性的认识清晰地、分门别类地、有条有理的把它讲出来。不光审美了，审美是典型的，一个东西美，你能讲出道理来吗？讲不出道理来，你觉得它美，是因为人的理性太弱。一个感性发生的事情也是这样，你讲不出道理，它是偶然发生的，但是你觉得它有道理，你觉得它虽然是偶然发生的，但绝对不是无缘无故发生的，绝对是有原因的，只不过这些原因我们分析不出来，这些原因太多了，这个偶然性太大了，它有多头的原因在起作用。那我们怎么办呢？莱布尼茨就认为，我们有两种真理，一种是逻辑的真理，那是清晰的，那是理性的；一种是事实的真理，事实的真理称之为偶然的真理，逻辑的真理称之为必然的真理。但是偶然的真理它还是真理，它不是说因为它是感性认识所获得的，它就完全是谬误，那也不是的，它是真理。只不过这个真理，它不是建立在矛盾律之上的，它是建立在充足理由律之上的，每一个偶然发生的事情它都有充分的理由，充分到什么程度呢？充分到人的理性根本就没办法搞懂。它有理由，但是人的理性太弱，所以看起来好像是感性的真理，实际上背后还是理性的，还是有它理性的理由的。但是这个理性只有上帝的理性能够胜任，充足理由律在上帝那里，上帝是一切事情的最充足的理由，一切理由都逃不出上帝，上帝的理性是最高的，没有任何东西能够逃出上帝的理性的分析。所以在这种形式之下，莱布尼茨容忍了人们的感性认识一定程度上的合理性，他不是像其他的理性派哲学家那样完全否认感性，他承认感性有一定的道理，但是我们不认识，我们只能接受。一个事实发生了，这个事实也是一个真理，它不是无缘无故发生的，在上帝那里它是有充分理由的，上帝选择了一个最好的世界，这个世界上发生的任何事情都是唯一可能最好的，再没有比这更好的了，他有充分的理由选择这个世界。但是在我们人看来，那就是灾难，那就是不合理的，那就是不堪忍受的，毫无道理的。但是莱布尼茨安慰人们，你要认识到这一点呢，你就会对一切事物抱着乐观的态度。所以人们说莱布尼茨这是一种庸俗乐观主义，一种宿命论，安于现状。但是充足理由律还是为其他的东西留下了一些余地，比如说审美，尽管他最后的解释是很荒谬的，我们说他是庸俗的，但他毕竟开辟了一些在理性派以前是忽视的领域，比如审美，审美是感性，但是莱布尼茨把它解释为虽然是感性，但是背后有理性，于是在理性派的哲学家那里，它就有了地位，你不要看它是感性的，但它最终还是理性的。莱布尼茨说，比如说音乐，音乐其实是计算，我在欣赏音乐的时候，实际上是在计算，是在数数，只不过我们不知道自己在数数，我们下意识的在数数，音乐是一种比例，是一种和谐，是一种数目的等式在我们的潜意识里面起作用。他这样来解释音乐，他这种解释是荒谬的，但是他毕竟承认音乐是有道理的，不能够因为它不合逻辑，你就把所有的意思都取消。鲍姆加通是属于莱布尼茨—沃尔夫派，所以他提出来美是感性的完善，甚至于美就是感性认识的完善，把美完全纳入到一种认识能力本身的完善。这个应该说在美学史上面是有他的地位的，不仅仅是提出了一个 Ästhetik。但是康德这个时候对于鲍姆加通的评价是很低的，他后来的评价，在判断力批判里面好像有一点点松动，在这个地方他是完全否定的。他就说鲍姆加通抱有"一种不恰当的愿望"，也就是"把美的批评性的评判纳入到理性原则之下来,并把这种评判的规则上升为科学",这个时候康德还认为美的评判不能够纳入理性原则,当然更不能成为科学了。到了康德的晚年,他有一些改变,就是说,美的评判虽然也不是科学,没有美的科学,但是他还是承认了,美的评判可以有理性原则,有反思判断力的原则,有先天的原则,这个先天的原则就是所谓的共通感(Gemeinsinn)。共通感是人们的一种先天的情感,先天的想象力,先天的愉快情感。那么在目前这个时候呢,他还否定审美有任何理性原则,基本上他是把美的评判看作是一种心理学的研究范围。康德的整个理性哲学都是建立在认识论之上的,他也涉及到美学,但是他没有把美学当作科学,所以他一般也不用 Ästhetik 这个词,他用这个词的时候,他是在感性学的意义上面来用的,他经常把它用作一个形容词来用。在《判断力批判》里面,ästhetisch 这个词他经常用,但是他一般不用 Ästhetik,只有一次例外。因为他认为关于美的评判不能称为科学,只有美的鉴赏,没有美的科学,美是一个鉴赏问题,是一个心理学的问题,但是不能称为科学。当然它有理性原则,这种理性原则也不是一种科学,而是一种象征,一种类比,通过这种美的象征,我们可以意识到我们人是有道德本质的,有道德本体的,美是道德的象征。这种象征当然不能成为科学,它只是分析我们为什么会有这种象征。我们必然会有这种象征,但是这个必然性不能构成一门科学,它不能规定某某东西是美的,为什么是美的?因为什么什么,加以论证,这是做不到的。所以他讲"这种努力是白费力气"。

　　因为所想到的规则或标准按其最高贵的来源都只是经验性的,因此它们永远也不能用作我们的鉴赏判断所必须遵循的确定的先天法则,

　　所想到的规则或标准,也就是鉴赏的规则或标准,也就是判断美和不美,美和丑的规则或标准,这些标准哪怕"按其最高贵的来源",这些标准当然也有很多来源了,比如说,有的人的美的观念的来源很低级,他吃了一顿美餐,他也说这是美,"美食",这就是美的生活了。但还有其

他的更高的来源。按照最高贵的来源都只是经验性的，也就是鉴赏力、感觉、情感、情绪，这些东西通常都是经验性的，情感只是经验性的，它没有先天原则。当然在《判断力批判》里面，康德恰好要寻求的就是情感能力的先天原则，美不是毫无标准，虽然没有共同的标准，也没有一个固定的标准，但不是毫无标准的，美的标准有它的先天原则，那个情感能力的先天原则，人们总是在情感上面寻求共同之处，寻求一致，虽然做不到，但这个寻求是人的本性，人总是在寻求。艺术家的作品总是要给人看的，不给人看他创作干什么呢？他把它埋到地里，那就用不着去创作了，他总是要拿给人看，而且希望得到人家的赞赏，希望得到人家的欣赏，人家欣赏他也就自我欣赏了。如果所有人都不欣赏，那他也自我欣赏不起来了，绝对的孤芳自赏是不可能的，总要有人欣赏，他才能够欣赏自己。但是康德在写《纯粹理性批判》的时候，他还是认为，这个先天原则是不可能的，因此它们永远也不能用作我们鉴赏判断所必须遵循的确定的先天法则。

毋宁说，鉴赏判断才构成了它们的正确性的真正的试金石。

鲍姆加通为鉴赏判断所想到的那些规则和标准并不能够用来作为鉴赏判断的一个试金石，反过来，这些标准是否正确，还要靠我们的鉴赏判断，要你亲自去尝一尝，亲自去看一看。"鉴赏"这个词 Geschmack，在德文中有"口味"、"品尝"、"品味"、"味道"的意思，也有"欣赏"、"鉴赏"的意思，用中文来翻译的话，可以翻译出很多不同色彩、不同含义。它有味道的意思，就是说，你得亲自去看一看，用自己的眼睛去看一看，去鉴赏，凭这个感觉来作判断，不要凭一个抽象的标准来作判断。相反，人家如果提出一个抽象的标准，说这个东西美，那么这个标准是否有效，你还得根据自己的眼睛去看一看，才能够决定。如果你根据自己的眼睛所看到的，认为这个东西不美，那这个标准本身就站不住脚了，这个标准就是一个空的，或者说虚假的标准。在美学领域里面这种东西多得很，很多人都是搞一个先天的标准。这个本身就推翻了他这样一种先天标准。你先验地从唯物主义，物质第一性，精神意识的第二性出发来推出美应该是一种反映，应该是什么什么，用各种不同的方式来反映客观世界，美是其中很重要的一种……用此来套到美的欣赏上面来，那是没有用的。人的感觉是欺骗不了的，你让人家老看那个东西，人家是会反胃口的。当然样板戏他们也做了一些工作，在当时也可以说是经过众多人的精雕细刻，但是那没用。现在很多人还在挖掘它里面的那些审美价值啊，我看这个东西都是一种时髦，过不久就要烟消云散的。但是康德说得很清楚了，就是说，这些标准、这些规则，只有鉴赏判断才构成它们正确性的真正的试金石。审美的东西必须要你去感受的，它的最高贵的来源也只是经验性的，这一点说得很准。没有什么形而上学的东西先天的就能够确定，你按照这个东西就能够感到美呀？

为此我建议，要么使这一名称重新被接受，并将它保留给目前这门 **B36** 真正科学的学说，

他有两个建议，第一个是使这一名称重新被接受，我们可以重新谈 Ästhetik 这个名称，并把这样一个名称保留给目前这门真正科学的学说，就是保留给"先验感性论"。康德所使用的标题就是 Ästhetik，就是先验的感性论，不能翻译成先验美学，翻成先验美学就翻错了。

（这样，我们也就会更接近古人的说法和想法，在他们那里，把知识划分为 αισθητα και νοητα，即感性和理性，是很有名的），

就是说，知识是感性知识和理性知识，这在古希腊已经区分开了，用这两个词就已经区分开了，Ästhetik 就是感性学，就是关于感性的学问。那么，什么样的感性才能成为学问呢？不是人的情感，不是人的情绪，只有认识性的感性才能成为学问，情感性的、审美性的、评价性的、道德感等等，这些东西都不能成为科学。认识性的感性为什么能成为科学呢？是因为它里面包含有先天的东西，以及包含有可以被这些先天因素建立为客观认识对象的东西。它不像其他的感性只是主观的东西。所以只有先验感性论才成为真正的感性论，感性学，才是真正的科学，才是真正

的关于感性知识的科学。没有关于情感的科学，也没有关于情绪的科学，也没有关于美的科学，只有关于感性知识的科学。感性在这个地方就被康德片面化了，康德所理解的感性，仅仅是在能够成为科学这个意义上面来讲的，被放入他的先验感性论，所以先验感性论里面你找不到情感，你找不到美，这个也是当时的认识论的一个共同的毛病。这共同的毛病当然在次要的意义上，在附属的意义上，也有所修补，比如说鲍姆加通、哈奇森、休谟、柏克，这些人在谈到美学的时候，把感性里面充实了很多情感、欲望、情绪、审美、鉴赏的东西，但是它们都是以认识论为基础的，在谈到认识论时候，一般都是把那些东西排除在外的。就连休谟的所谓知觉印象，也是特指感性中的只能充当知识材料的东西，这个是最根本的，一切情感、一切情绪，包括审美，都必须建立在这个之上，建立在感觉，知觉和印象，作为认识论意义上的知觉和印象这个基础之上。康德在这方面也是继承了他的先驱者们的这样一个思路，从认识论上面来讨论感性，以至于我们今天经常讲到感性和理性的时候，我们所理解的感性通常首先是认识论的，而不是情感的。到了费尔巴哈和马克思才把感性扩展开来，感性的全面丰富性，对对象世界的全面的掌握，人的本质力量的全面的丰富性，感性直观，感性需要，感性活动，实践的感觉，才把这些东西纳入进来。但是在我们一般的马克思主义教科书上面谈到感性，还是沿用了传统认识论的这样一套说法，还是这样一种片面的说法，把它认识论化：感性就是感性认识，感性认识和情感和情绪无关，情感和情绪都至少要以感性认识作为前提。这样一种感性认识是一种孤立出来了的、片面化了的感性。那么康德的建议呢，第一个就是说要建立一门先天的、先验的感性论，如果要保留感性论（Ästhetik）这个名词的话，那么作为一门科学，它必须是先验的。在先验感性论里面，不讨论人的五官感觉，人的内感官，红的颜色，响亮的声音，香味臭味，它不讨论这些东西，不讨论感觉本身，更不讨论情感情绪了，只讨论感性中间的那些的先验的部分，就是时间和空间。所以我们看到先验感性论的时候，我们发现它讨论的都是时间空间，有些人就会觉得很奇怪，怎么它没有讨论感性？时间空间，一般人认为它不是感性的东西，它是先天的东西，或者说它是抽象的东西，它跟人的感觉没有什么关系。但在康德看来，这就是感性中能够成为科学的那一部分，感性里面能够成为科学的那一部分只是这些先验的部分。那么，第二个建议就是，

要么就和思辨哲学分享这一名称，而把 Ästhetik 部分在先验的意义上，部分在心理学的含义上来采用。

这个"要么"后面是第二版加上去的。第二版的时候，他的态度已经有点松动了，第一版的前面这个"要么"，前面这个建议就是只能把它保留给思辨哲学，后面他又同意心理学和思辨哲学分享这一名称。Ästhetik 可以在两种不同的意义上使用，一种可以在先验的意义上使用，这就是先验感性论，还有一部分，我们也可以在心理学的含义上来使用。他不再否认鲍姆加通的这个 Ästhetik 也有他一定的道理，虽然是在心理学的领域里面，但是如果把它剥夺了，那也做得太过分了，也可以给它保留一点余地，让他在心理学的含义上面去讨论感性学，他也没有把这个路堵死。在他第二版的时候，他已经意识到自己这样说太绝对了，如果把感性论这个词完全夺过来，只有先天的才能成为科学，那心理学怎么办呢？心理学也要讨论感性啊，心理学是一门经验科学，它不是一门先天科学，但是你不能否认它也是一门科学，虽然它是一种经验性的、一种后天的、一种不断发展的科学，而不像先验的感性论这样一旦确立，就是永恒的，就是形而上学的。心理学是一门不断发展的科学，但是它也是科学，也可以说是一门科学，所以在他的后来第二版的时候，他加上了这一条，作为一种缓和，我们可以和鲍姆加通分享这一名称嘛，这是这个注释，说明为什么要叫先验感性论。下面回到正文：

所以必须有这样一门科学，它构成先验要素论的第一部分，而与包 **B36**
含纯粹思维的诸原则、称之为先验逻辑的那一部分相对。

这个"所以"呢，他是站在他整个这本书的立场上面来讲的，就是

说，所以，既然在感性中间，我们构成了关于它的一切先天的原则的科学，那么我们在进行"纯粹理性批判"的时候，就必须把这一部分纳入进来，而且是作为它的第一部分。这个"所以"的意思也就在这个地方，就是在谈纯粹理性批判的时候，既然我们已经在感性里面找到了一些先天原则，那么我们在批判纯粹理性的时候，不能够把感性的东西撇开不管，好像谈理性就可以撇开感性了。我们既然在感性里面有先天的原则，所以在进行纯粹理性批判的时候，我们也就必须把先天原则的这门科学纳入进来，使它构成先验要素论的第一部分。他的整个《纯粹理性批判》分两大部分，先验要素论和先验方法论，先验要素论是他的主体部分，主体结构，先验方法论是构成这个主体结构并且从这个主体结构里面引申出来的一套方法。既然我们的认识结构是这样的，那么我们应该怎么样去建立未来形而上学？这就是先验方法论。总的来说是两大部分。而先验要素论里面呢，又分成两大部分，康德在体系的划分上，一般还是遵守二分法，分成两大部分：要素、方法；然后要素里面呢，先验感性论和先验逻辑，先验逻辑里面也有两大部分，先验分析论和先验辩证论。先验逻辑里面包含理性知识，理性认识，实际上是包含两个部分，一个是关于知性的，先验分析论是讲知性的，先验辩证论则是关于狭义的理性的。他的整个体系是这样构成的。那么先验要素论的第一部分就是先验感性论，这是必不可少的，所以必须有这样一门科学。为什么必须有呢？因为感性里面也有先天原则，你要进行纯粹理性批判，你就是要对人的那种先天能力进行批判，先天能力首先当然是理性的能力，但是也有感性的能力，所以感性里面那些先天的东西，你也必须纳入到纯粹理性批判当中，这是与称之为先验逻辑的那一部分相对的。刚才我们讲的，先验要素论就是两部分，这两部分我们可以称之为感性认识和理性认识，通常讲从感性认识上升到理性认识，就是这两部分，所以它们是相对。就像他的注释里面讲的，古希腊就已经把知识划分为感性和理性了，在他这里也就是按照这种划分，感性知识和理性知识。

因此，在先验感性论中，我们首先要通过排除知性在此凭它的概念所想到的一切来**孤立**感性，以便只留下经验性的直观。

在先验感性论里面，首先要排除知性通过概念所想到的一切，把感性孤立起来，"孤立"还打了重点号，也就是说在先验感性论里面他采取的方法是排除法，根据我们刚才讲的，首先你要把感性之所以成为感性，把它孤立起来，感性没有知性它仍然可以是感性，当然我们在一般的通常的感性认识中已经有知性的概念在起作用了，但是康德还是要把感性孤立起来单独加以考察，只留下经验性的直观，也就是只留下感性直观。但感性直观里面还包含有不同的成分，所以他又说：

其次，我们从这直观中再把一切属于感觉的东西分开，以便只留下纯直观和现象的单纯形式，这就是感性所能先天地提供出来的唯一的东西了。

也就是把感性直观中的那些后天经验性的质料、那些感觉材料区分开来，只剩下它们的感性形式，直观的纯形式。这些形式是先天的，也是由感性直观所能提供出来的唯一先天的成分。当然范畴也能提供先天的东西，但那不是由感性所提供的，而是由知性提供的，而且一开始就被排除了，所以不算。最后一句点明：

在这一研究中将会发现，作为先天知识的原则，有两种感性直观的纯形式，即空间和时间，我们现在就要对它们加以考虑。

"空间"和"时间"两个词在这里是第一次出现，这也表现了康德论证的特点，就是层层递进，在一个术语还没有铺垫好以前，决不提到它。这在逻辑上是非常严密的，一步一步展开的，没有一点要强加于人的武断的预设。当然，为什么我们的感性直观的纯形式只有空间和时间这两种，康德在这里没有说明，他在后面讲到，这个问题是不可回答的，我们只知道我们的感性直观中有这两种形式，没有它们我们就不可能有任何直观的杂多被接受下来，我们从一切感性直观中分析出来了这两种形式。但它们是如何形成的，有没有别的更多的直观形式，这个我们就不知道了，那也许属于自在之物的问题，没有反映到我们的现象中来。所以这是一个既成事实，我们只好承认它。在这一点上，康德与休谟有相近之处，他们都从现有的既成事实出发，康德不过多走了几步，在事实中分出了层次，但这种事实最终如何形成，康德和休谟一样，认为我们只说我们所知道的东西，不知道的就不要乱说。

B37

第一节 空　　间

§2. 空间概念的形而上学阐明

什么叫"形而上学的阐明"？他这个"形而上学的阐明"是跟后面"先验的阐明"相对而言的，它与"先验的阐明"不同的地方，就在于它是先就空间概念本身的先天涵义来说的，是离开具体场合、撇开经验的运用，就概念来阐明这个概念本身所指的意思。所以这种阐明对概念本身有一种形而上学的意义，超越具体运用之上的抽象的意义，但是它还不具有认识论的意义。先验的阐明就有认识论的意义，就是这个概念具体在运用中所具有的认识作用的意义。有的人把这里的"形而上学"称为"本体论"的层面，以便和"认识论"的层面对举。这可以帮助我们理解这一对概念。当然严格说来，本体论用到这个地方好像也不是很合适，他这里讨论的其实也不是本体论，他是就概念本身的先天含义这一点来说的，以往的形而上学都是从这样一个层次看待这些概念的。而先验的阐明呢，除了概念本身的内涵以外，还要考虑这个概念既然有这样一个内涵，那么它在具体的认识中所起的作用，它是如何构成感性认识的对象的，这就是先验的阐明的意思。所以这两种阐明的区别也相当于康德的"先天"和"先验"的区别。

那么我们看这一段话：

借助于外感官（我们内心的一种属性），

外感官是我们内心的一种属性，一般来说，外感官就是人的五官，但是康德这里，感官这个含义已经抽掉了它的生理学上的五官的含义。他主要是从感官所获得的知识这个层面上来谈感官的。外感官和内感官，这是当时的英国经验派哲学家和美学家所提出的一个区分，特别是像哈奇森、莎夫茨伯利这些人提出的区分，最开始是含有生理学和心理学的意义的。外感官就是五官，内感官就是道德感、美感、生命感、存在感，这样一些整体性的、综合性的直观，一种直接感官。康德这里借用了经验派哲学的说法，但他的解释有所不同。外感官，括弧里面是"我们内心的一种属性"，说明它不是被看作生理学上的，在某种程度上可以看成是心理学意义上的，但是实际上也不是完全心理学意义上的。康德力图把它理解为认识论意义上的，就是属于主体的，外感官是属于我们主体的一种属性，我们能够具有感受能力、具有感觉能力，这是我们内心的一种属性，不仅仅是我们的感官的一种性质。

我们把对象表象为在我们之外、并全都在空间之中的。

借助于外部感官，我们的外部五官，我们把一个对象表象为在我们之外，并且全都在空间之中。在我们"之外"，这本身就已经有空间的含义了，没空间含义你怎么知道在之外还是之内呢？分出之外和之内已经是一种空间的划分了。把对象表象为我们之外的一个对象，并且全都在空间之中，这个是顺理成章的。在这个时候，既然我们有外感官，它不同于内感官，我们外部有对象，实际上就已经表明这个对象是在空间之中的，所有的对象都在空间之中。

在空间之中，对象的形状、大小以及相互之间的关系是确定的，或是可以被确定的。

那么现在反过来了，前面已经确定了是在空间之中，那么在空间之中怎么样呢？就是在空间之中，我们就可以凭借空间来确定对象的形状、大小和相互之间的关系。至少是可以被确定的，哪怕我们还模模糊糊，还没有确定，还不知道它究竟是什么形状、什么大小、什么关系，但是，它原则上来说，在空间中，它就是可以被确定的。也就是说，空间是一个非常具有确定性的表象，它不是变动不拘的，不是模模糊糊的，而是非常精确的，这是对于外感官的一种讨论。那么下面是内感官，空间概念的形而上学阐明，一开始它不是单纯就空间概念看，而是把空间和时间联系起来看的，是相比较而言的。所以讲了外感官以后还要讲内感官，当然讲内感官和外感官"并列"的时候，已经涉及到时间、"同时"了，所以讨论空间的时候，其实是离不开对时间的关系的。那么内感官呢？

内感官则是内心借以直观自身或它的内部状态的，它虽然并不提供对灵魂本身作为一个客体的任何直观，但这毕竟是一个确定的形式，只有在这形式下对灵魂的内部状态的直观才有可能，

也就是说，内感官是我们内心用来直观它自己，或者是直观内心的内部状态的。对内心加以直观，我们知道，通过内感官，通过自己的生命感，通过自己的存在感，这样我们可以直观到我们的灵魂以及灵魂的内部的状态。也就是说，我们可以直观到我们内心的涌现出来的种种现象，这些现象都是一些状态，灵魂本身的状态也就是灵魂内部的状态，这就是直观内心自身。但是呢，"它虽然并不提供对灵魂本身作为一个客体的任何直观"，内感官并不能把灵魂当作一个客体来直观，也就是说，灵魂本身作为一个客体对象，要能够直观到，那是不可能的。灵魂本身作为一个客体，那是物自体，那是直观不到的，我们所能直观到的，已经是在内感官之中的种种现象了。灵魂（Seele）跟前面讲的这个内心（Gemüt），在康德这里用法是不一样的。内心我们可以直观到它，可以直观到内心本身，内心本身是一种现象，Gemüt 这个词一般可以翻译成心情，心，或者情绪，这种现象，宗白华先生翻译成"心意状态"，总而言之是内心的一些模模糊糊的现象，但是它不是当作实体。这个内心不能够理解为实体，灵魂我们可以把它理解为一个实体，一个本体，但是内心呢，我们把它翻译成内心也是经过很多考虑的，翻译成内心比较一般

化一些，不会把内心作为一个实体对象来对待，它就是内部的各种各样的现象，心灵内部的各种现象。但是内感官虽然不提供对灵魂本身作为一个客体的任何直观，但内心却可以看作是灵魂的一些表现，有灵魂，所以有内心的各种各样的现象。那么灵魂本身我们不能够看到，作为客体的灵魂我们不能够看得到，内心作为一个对象，我们却可以直观到。比如说我的内心，我的经验的自我意识，经验的自我，经验上的一种自我感，对我自己的一种感觉，这个是可以体会到的。我内心的情绪，我内心的气质，我是一个什么什么样的人，我这个人性格怎么样，每个人都可以对此提出一些自己的看法，自己的感觉，都可以说一些自己对自己的感受。但是灵魂是另外一回事，灵魂是物自体。内感官虽然不提供对灵魂这个物自体的直观，但这毕竟是一个确定的形式，只有在这形式下，对灵魂的内部状态的直观才有可能，

　　<u>以至于一切属于内部规定的东西都在时间的关系之中被表象出来。</u>

　　内感官是内心借以直观自身的内部状态，虽然对于灵魂的物自体它不能够提供直观，但是它提供出了一个确定的形式，就是时间。只有在这个形式之下，对灵魂的内部状态的直观才有可能。就是说，内感官提供出的时间形式，使得我们对于灵魂的内部的各种现象能够直观，以至于一切属于内部规定的东西都在时间的关系之中被表象出来。这里开始出现了"时间"这个词，而时间和前面讲的内感官在康德看来几乎就是一回事情了，这个地方他连说明都没有说明。前面讲内感官提供了一个确定的形式，只有在这个形式之下，灵魂内部状态的直观才有可能，接下来马上就是："以至于"一切属于内部规定的东西都在时间的关系中被表象出来了。内感官的形式实际上在这个地方就等于一种时间的关系，它提供出来的是时间这样一种确定的形式，我们内心的种种现象都是在时间中才得到表象的。如果没有时间的话，我们是无法表象我们自己的，没有空间我们无法表象外部事物，外部对象，也无法表象外部对象和我们内心之间的区别。但是没有时间，我们的内心是根本无法得

到表象的，内心的各种现象都是前后相继的，一个接一个的，哪怕在空间上是并列、并存的东西，在我们的内心里面也是前后相继的，也是作为前后相继的表象而展示出来的。

时间不能在外部被直观到，正如空间也不能被直观为在我们之内的东西一样。

时间我们不把它当作一个外部的对象。我们用一条"线"来表示时间，也就是用空间来表示时间，但是我们知道，那只是一种说明的方式，比喻的方式，时间本身是不能用空间、距离、体积这样一些直观表象出来的，只能够用我们自己的内心去体会，去感受。但是我要把它说出来，要把它表示出来，我还得用空间。我们把一个距离，把一个时间，描述为一段很"长"的时间，时间有什么长短呢？时间没有长短，它后面跟上来，前面马上流逝了。用长短，我们就已经用空间来衡量它了，好像前面后面都静止地摆在那里让我们去量它了。只有空间才有长短。但是我们除了这些概念以外，我们如何能够描述时间呢？时间只是自己内心体会，说不出来的东西。你要把它说出来，你要把它形象化，那么你就得借用空间的方式。所以时间是不能在外部被直观到的，正如空间也不能被直观为我们之内的东西一样。空间也不能当作一种我们之内流逝的东西，前后相继的流逝的东西，空间是同时在那里的，同时并存的，在我们之外，不是随着我们的感觉的流失而流失的。空间带给我们一种客观实在性的感觉，而时间更多的是一种主观性的东西。

那么，空间与时间是什么呢？

这里康德开始发问了，提出他的问题了：

它们是现实的存在物吗？或者它们虽然只是事物的诸规定乃至于诸关系，但却是哪怕事物未被直观到也仍然要归之于这一事物本身的东西？

这是两个很重要的问题了，一个是它们是现实的存在物吗？现实的存在物主要是牛顿的时空观。牛顿把时间空间描述为一个框架，宇宙的框架，空间就像一个大箱子，一个无比巨大的箱子，所有的星体、所有的物质，都存在于这个箱子里面，被装进去了，每一个东西都占有它的一部分体积，占有一部分空间，其中有的空间是没有东西占有的，所以叫作"真空"，真空随时有可能被其他的东西所占有。这是牛顿所想象的空间。牛顿想象的时间，就是这样一个过程，它像一条河流一样的从古以来一直流到永远，所有的事件都在这个时间之流中发生，时间本身却不受这些事物的影响。我们这个空间包容着它的全部世界的物质在时间的河床中顺流而下。这就是牛顿所设想的时间和空间的概念，就是一种非常直观的，一个立方体和一条直线的这样一种概念，而且，它们是先于物质而存在的，是一种框架，现实的框架，实实在在的，虽然看不见摸不着，但是没有一件事物能够逃于其外。所有东西都在时间、空间之中，时空是实实在在的东西，物质是被装进去的，物质受到实实在在的东西的控制，被装进去了。由于这样一种实实在在的框架，所以我们能够给物质定位，能够对它进行精确的计算，这是牛顿以及当时一般的自然科学家们所设想的时间和空间的概念。那么后面一问："或者它们虽然只是事物的诸规定乃至于诸关系，但却是哪怕事物未被直观到也仍然要归之于这一事物本身的东西？"这个大体上就是指莱布尼茨的观点。莱布尼茨和牛顿是当时欧洲科学界的两位泰斗，我们知道他们对于微积分的发明权争得死去活来，每一方都有一大批的拥护者，英国的和大陆的，都为自己的科学明星争取荣誉，他们两个是同样耀眼的明星。莱布尼茨提出了一种在当时是非常的新颖的、也是非常奇怪的观点。我们知道他的著名的理论叫作"单子论"，单子论就是说单子（Monade）本身是没有体积的，不占空间，没有体积，所以它也不可分解，不会生，也不会灭，它是实体，实体的意思就是不生不灭。那么，单子虽然没有体积，或者说正因为没有体积，所以单子对于整个宇宙中所有的万事万物，都有反映，因为它没有体积，它用不着去包容，它只具有质而不具有量，我们可以把它看作一种性质上面的原子论。它是一种原子论，但是精神的原子论,或者是性质的原子论,它不是量的、广延上的原子论,而是一种质的原子论。它不占大小,但是它可以反映所有的万事万物,每个单子都是一面镜子,可以反映整个宇宙。但是反映整个宇宙呢,它并不是跟宇宙其他的东西有什么具体的接触,因为它没有广延,没有空间,所以它不能够跟其他的事物发生具体的接触,它只是反映。那么它如何反映的呢?空间和时间就是它反映万事万物的一种方式,万事万物都被看作是具有空间和时间这样一些属性,这样一些性质,这样一些关系的存在物。所以从莱布尼茨的单子论那里可以引申出,时间空间只是事物的诸规定乃至于诸关系,但却是哪怕事物未被直观到也仍然要归之于事物本身的东西。也就是说,莱布尼茨把这些关系,时间空间作为一种关系,归之于这些事物本身,它属于这些事物本身,当然,属于事物本身也是由于单子的眼光才获得的这样一种观点。实际上在莱布尼茨看来,我们虽然把时间空间归之于事物本身,而且是离开我们而存在的事物本身,比如其他单子反映的那些万事万物,它跟我们的单子所反映的、跟我自己的单子所反映的万事万物显然是不一样的,每个人的单子反映的世界都是不一样的,时间、地点都不一样。但是任何事件,任何事情都必须在时间和空间中反映出来。虽然单子所反映的事物是怎么样的我不知道,但是我可以肯定,它们所反映的事物肯定是在时间和空间之内,因为时间空间是事物本身的一种关系,虽然在我没有反映到的那个层面,它也仍然是这样,也仍然具有,哪怕这些事物未被直观到,也仍然归之于这些事物本身。那么莱布尼茨的时间空间如何能够归之于事物本身呢?是通过一种逻辑关系。也就是说,所谓时间空间实际上从根本上来说,它是由事物本身的那种逻辑关系所决定的,是由事物本身的那种理性的、概念的那种逻辑关系所决定的。在莱布尼茨看来,万事万物都是服从逻辑的,单子作为形而上学的点,也是服从逻辑的,时间和空间只是一些由于逻辑关系在我们的心目中所产生的表象,因为人的理性不够强,所以他把一些逻辑关系理解为时间,把另外一些逻辑关系理解为空间,但是实际上,从根本上来说,时间和空间都是那些逻辑关系在我们眼睛里面所留下的一些模糊的印象,一些模糊的知觉。严格的知觉就是数量关系,逻辑关系。如果要把它严格化的话,那时间空间就是数量和逻辑关系。至于我们说它的三维性、广延性、大小长短、充斥、相继性,这些都是模糊观念。在莱布尼茨看来,这些直观的东西都是模糊观念。莱布尼茨是一个理性派的哲学家,他认为一切事物,从本质来看就是数学关系,一种逻辑关系。只不过对于单子来说,对于人来说,对于不同层次的单子来说,它呈现为种种表象,种种直观的东西。所以莱布尼茨有"模糊知觉"的学说,就是说,有很多东西是模糊的,但是很具体,比如说美感,美感就是模糊的,你觉得它美,为什么觉得它美呢? 是因为实际上在背后有一种数学关系在支配着它,但是我们不知道,我们只有感觉,我们凭着感觉去感知那种数学关系,所以我们就感觉到那是一种美。莱布尼茨有一句名言叫作:我们在听音乐的时候实际上是在数数,但是我们不知道我们在数数,这就是音乐的美。我们为什么喜欢听那个音乐的美呢? 就是因为我们在听音乐的时候,我们实际上在数数,在计算。音乐是一种数量关系,这当然也是西方的音乐观历来就有的说法,从毕达哥拉斯开始,音乐就是一种数的和谐了,莱布尼茨继承了这样一种观点。那么时间空间也是。我们看成是时间空间的那种表象实际上是一种数量关系,万物都是服从这种数量关系的。那么显然数量关系,我们不看它的时候,它也在,数量关系不是我们创造出来的,是事物本身的本质,事物本身的内在的东西,固有的东西。当然这要解释起来就很长了,康德在这个地方没有解释,他暗中提示的实际上就是莱布尼茨派的时空观,就是时间空间看起来是直观的东西,但实际上背后有数学关系在那里作基础,而这种数学关系是客观的,虽然不是事物本身,但是是事物本身的关系,是事物本身的性质,或者是事物本身的规定。所以他讲,或者它们只是事物的诸规定乃至于诸关系,但却是哪怕事物未被直观到也仍然要归之于事物本身的东西。数量关系当然应该归之于这些事物本身了，像洛克讲的第一性的质，第二性的质，事物第一性的质，就是形状、大小、数量关系等等，第二性的质才是我们感觉到的红色呀，颜色啊，声音啊，冷啊，热啊，都属于第二性的质。第一性的质是不以人的感官和认识为转移而存在的，而第二性的质是由我们的感官的结构所决定的。我们能感觉到红色，但是我们感觉不到红外线，这是我们的感官本身有局限，所以第二性的质是主观的，虽然是客观的东西的一种反映。莱布尼茨把这一点扩展到空间和时间、形状、大小这些东西其实也是第二性的，当然它有第一性的基础，第一性的基础唯一的就是数量关系，逻辑关系。这是针对两种不同的时空观康德提出的他的问题。那么最后，他提出了他的一种设想，在这个地方可以说摆出了三种不同的时空观，最后一种才是康德自己所主张的：

B38　　要么，它们是这样一些仅仅依附于直观形式、因而依附于我们内心的主观性状的东西，没有这种主观性状，这些谓词就根本不可能赋予任何事物？

这个地方仍然有一个问号。就是说，我现在把三种不同的时空观都摆在这里让大家评判，作选择。也就是说，大家还可以考虑这样一种见解：时间空间是仅仅依附于直观的形式，因而依附于我们内心的主观性状的东西。时间空间是直观的形式，是依附于主观的，依赖我们内心的一种主观性状的东西，如果没有这些主观性状，这些谓词就根本不可能赋予任何事物，这其实就是康德的正面的观点。如果没有我们主观的某种性状，这种性状当然就是指我们的先验结构了，如果没有我们内心的一种先验的结构，一种先天的直观形式，如果没有这样一个结构在这里，那么时间和空间这个谓词就根本不可能给予任何事物。这是康德主观主义的观点。时间空间只是我们主观的一种先天的结构，我们把时间空间赋予我们所感受到的任何一种事物，我们所感受到的和我们可能感受到的任何事物都必须首先要有时间空间作为它们的前提。但是康德在这里还没有作结论，他只是提出问题，说明这个问题有多么复杂，有这样一些方面。

为了搞清这些问题，我们要首先阐明空间的概念。

这个地方他回到正题了，前面都是就时间空间一般而论，现在他首先要对空间概念进行"阐明"。那么什么叫"阐明"？

所谓**阐明**（expositio），我理解为将一个概念里所属的东西作出清晰的（哪怕并不是详尽的）介绍；

就是把一个概念里面所包含的东西加以清晰的介绍，尽可能清晰，当然还不是详尽的，明白白的东西我先把它说出来，还有很多细节方面，那些现在还不一定很清楚的，我留到后面再去讲。但最主要的是做出清晰的介绍，不要混淆，要把它的特点突出出来，把最突出的东西讲出来。这个概念包含哪些东西，包含哪些内容？所以"阐明"的德文就是 Erörterung，有"探讨"、"商议"、"研究"之意，而康德似乎更强调其中的词根 Ort（地方、位置）所暗示出来的含义，如由此生成的动词 orten 就是"定位"、"定方向"之意。所以"阐明"也含有把一个概念的位置搞清楚的意思。那么，为什么要"阐明"，而不是作出"定义"或"界说"？在康德看来，这是由空间和时间概念的先天性质决定的，对于先天的东西我们不可能下定义，而只能阐明它。[①] 因为它作为先天的东西是一切定义的前提，本身不可能再由别的东西来定义。

而当这种阐明包含那把概念**作为先天给予的**来描述的东西时，它就是**形而上学的**。

这种阐明包含着那样一种把概念作为"先天给予的"来加以描述的东西，就是形而上学的。注意"先天给予的"打了着重号，它就是用来说明"形而上学的"的意思的。什么是"形而上学的阐明"？当你面对一个概念，作为先天的来看如何加以描述，如何在这个概念里面把它所属的东西作出介绍，也就是说在概念里面所包含的那些可以被描述为先天给

---

① 参看《纯粹理性批判》A729=B757 以下，有关"纯粹理性的训练"部分，本书未选入。

予的东西，我们把它阐明出来，这样一种阐明就是形而上学的。形而上学的阐明主要是着眼于概念中先天给予的东西。如何来阐明呢？他分成四个层次来谈，所以有关于空间的四条形而上学的阐明。其中，第一条和第三条都是从否定的方面来谈，主要说明空间不是什么；第二条和第四条都是从肯定的方面来谈，都是肯定地说空间是什么。

第一条的否定，否定的是一般的牛顿物理学的那种空间概念，就是说把它当作从外部事物的经验里面抽象出来的一种经验性的概念。他们认为在经验的大千世界里面，我们虽然看不到空间和时间，但是我们运用自己的抽象力可以把空间的概念从里面抽出来。所以空间的概念本身就包含在外部事物之中，也是作为经验的一部分，作为经验事物的一部分，实实在在的东西，这样来看待的。我们通常的理解也是这样，空间时间是抽象的，但是是从具体的经验事物中抽象出来的，虽然从具体的事物中抽出来了，但是它本身还是实在的，因为经验事物是实在的，所以它里面包含的空间和时间都是实在的，这是一般日常的，或者说唯物主义的观点，都是这样来理解的。那么首先康德一上来就把这个观点否定了，他说：

1. 空间不是什么从外部经验中抽引出来的经验性的概念。

首先就否定了这样一种观点。

因为要使某些感觉与外在于我的某物发生关系（也就是与在空间中不同于我所在的另一地点中的某物发生关系），并且要使我能够把它们表象为相互外在、相互并列，因而不只是各不相同，而且是在不同的地点，这就必须已经有空间表象作基础了。

就是说，空间不是说你首先没有意识到空间，然后你把外部那些经验事物拿来考察一番，然后发现里面有空间，这康德是反对的。就是说当你把外部事物拿来，对它加以考察的时候，你已经有空间的表象作基础了，你不可能没有这个前提，否则的话，你怎么知道它是外部事物呢？

为了"要使某些感觉与外在于我的某物发生关系",你要把外部事物当作是与我不同的一个外在事物,这个时候你已经有空间表象作基础了。空间表象不是你把它从里面后天地找出来的,好像你开始的时候没有空间,已经经验到一个事物了,然后你发现其中有空间,你就把它抽出来了,好像是先有一个经验事物,然后恰好发现这个经验事物里面有空间表象,好像它本来也可以没有空间而被经验到的。康德认为不是这样的。首先你最初如何有一个外部的事物,一个外部的经验事物,如果没有空间的表象作基础,你那个外部的经验事物本身就不存在,不可能有。我们看到了一个外部的经验事物,但是我们没有反思过,当你看到一个外部经验事物的时候,你的前提就是你已经运用了空间概念。所以这个空间概念不是包含在外部事物里面,作为其中的一个后天经验到的成分,而是这个外部事物之所以成立的根基,没有空间你就不可能有外部事物,不可能有对外部事物的经验,整个都不存在。所以它不是后天抽出来的东西,不是后天感觉到的东西,而是你能够感觉到外部事物、之所以可能感觉到外部事物的一个先天条件。他要强调的是,空间不是从外部经验中抽象出来的一个概念,一个后天的概念,一个经验性的概念,而是一个先天的概念,是能够感知外部事物的一个先天条件,整个外部事物的经验对象世界都是以空间表象为前提的。"因为要使某些感觉与外在于我的某物发生关系",也就是"与在空间中不同于我所在的另一地点中的某物发生关系",也就是说,你要感到外部事物,感到外部的经验事物,"并且要使我能够把它们表象为相互外在、相互并列,因而不只是各不相同,而且是在不同的地点,这就必须已经有空间表象作基础了"。这里,"地点"、"外在"、"并列"都已经是一些表示空间的词语,你要感觉到我所感觉的这个对象是在我"之外"的,我是在与外在于我的某物发生关系的,这个外在于我的某物呢,又是与我所在的这个"地点"不同的另外一个"地点",而且在这种感觉之中,我又把它们表象为、或者我又把它们感觉为互相"外在"、互相"并列"的,那么这就已经有空间的概念作基础了。我已经拿着我的一种主观的先天结构来容纳外部事物了，或者说我用我的先天的这样一种接受机制而获得了对外部事物的经验。没有这种主观的先天机制，没有这一套直观能力，那么这个外部事物根本就不可能被我经验到，我所经验的这个外部事物它的先天的前提就是空间。结论是：

因此空间表象不能从外部现象的关系中由经验借来，相反，这种外部经验本身只有通过上述表象才是可能的。

不能够把空间的表象从外部现象的关系里面把它拿出来，把它取出来，把它借过来，应该是反过来的，我们不是从经验中发现了空间，而是我们只有通过空间才能发现经验，才能建立外部经验，是这样一种关系。最后这段实际上已经过渡到第二点了，外部经验只有通过上述表象才是可能的，那这种空间表象当然就只能是先天的了。所以这个第一点主要谈的总之就是一句话，空间不是经验性的，而是先天的。这个"而是先天的"是在第二点讲的，第一点主要是讲"不是经验性的"。为什么不是经验性的呢？当你在经验性的去感受、去接受外部对象的时候，你已经以空间作为前提了，所以空间表象不是经验性的，而是先天的。

第二点是他正面的一种阐明，形而上学阐明中的正面阐明，这两点都是阐明空间不是经验性的概念，而是先天的表象，"不是"、"而是"是这样过渡来的。所以这个第二点就是：

2. 空间是一个作为一切外部直观之基础的必然的先天表象。

作为一切外部直观，这个外部直观，我们可以理解为外部经验，相当于外部经验，因为这个地方讲的这个直观，不是单指纯粹直观形式，也包含外部经验性的材料，感觉、印象、知觉，全部都包含在内，直接的感性知识，一切外部直观，它们的基础就是空间。空间是作为一切外部直观基础的必然的一个先天表象，所以空间是先天的，因而是必然的。那么，空间是否真的是一切外部直观的必然基础，作为一切外部直观没有它就不行的那个先天表象，那么下面就对这一点加以阐明了，这个阐明我们

可以注意一下,他这个地方主要从心理学上来阐明的。他说:

> 对于空间不存在,我们永远不能形成一个表象,
>
> 他诉诸我们是否能形成一个表象这样一种心理活动,
>
> 虽然我们完全可以设想在空间中找不到任何对象。   B39

我们"可以设想",我们在心理上每个人都可以想一想,我们能不能设想一个没有空间的对象?显然不能。我们设想的任何对象,都必然是在空间之中。那么我们能不能设想一个没有任何对象的空间呢?好像可以。我们把空间设想为一个空箱子,我们就设想了嘛。不管这个设想是否对,但是我们可以设想我们撇开一切它的内容,有一个空的形式,我们却不能设想一个没有任何形式的内容。所以这是一种心理学上的实验。但是也要注意到另一方面,康德试图用这样一种心理学上的实验所表达出来的意思却不是心理学的,他想表达一种逻辑上的意义。就是说,你只能这样想,而不能那样想,这是在你想的时候必须遵守的逻辑层次。在逻辑学上面当然也有,比如说矛盾律,你不能够设想一个自相矛盾的东西,方形的圆你不能设想,有的逻辑学家用这样一个心理学上的事实,来证明逻辑上的必然性。当然这一点在现代逻辑学和哲学里面已经遭到了怀疑,就是说逻辑学的必然性是完全不能用心理学上面的事实来加以证明的,它应该是一种先天的客观的逻辑事实。像胡塞尔反对心理主义,就是反对把逻辑事实描写为一个心理学的事实,你用心理学的事实来证明一种逻辑的关系,那是不允许的。心理学事实完全可以是偶然的,它取决于后天经验,说人的心理恰好就是这样的结构,如果是另一种结构,他就可以设想一个没有空间的对象,那你就没办法反驳他了。你如果只是立足于心理学的事实来建立你的逻辑关系的话,那你就没有反驳的理由。一个信迷信的人,或者说一个疯子,神经上有点问题,你没法反驳他的,他觉得他就是能那样设想一个没有空间的东西,一个无孔不入的、本身没有空间的一个灵魂。但是在当时的康德呢,他还是想从心理事实中引出哲学、认识论的结论,就是说认为逻辑事实可以用心理学的事实来

加以证明。你们大家每个人想一想，你能不能想出一个自相矛盾的东西来？既然你不能想出自相矛盾的东西来，那么矛盾律就是成立的，就是必然的。所以康德讲，对于空间的不存在，我们永远不能形成一种表象，凡是我们形成表象的，都是存在于空间中的。我们能不能设想有一天没有空间了，而我们还能够形成一个经验事物的表象？那是不可能的。我们设想一个杯子，首先必须设想它是有空间的，我们设想一栋房子，也首先必须设想它是有一定空间的，我们不能设想一个没有空间的杯子或者没有空间的房子。所以对空间不存在，我们是永远不能形成一个表象的。凡是我们所形成表象的，都必须是在空间中的。在这里，康德最集中的强调还是：对于空间的不存在，我们不能够形成一个表象。

因此，空间被看作是现象的可能性条件，而不是一个附属的基本规定，

就是说，既然空间是先于一切现象的表象而存在的，没有空间就不可能有现象的表象，所以空间就被看作是现象的可能性条件。这个"可能性条件"是康德一个很重要的概念，你非要把这一点读懂不可。就是说，现象之所以可能是以空间为条件的，如果没有空间，现象是不可能的，就是这个意思。空间被看作是现象的可能性条件，也就是被看作现象之所以可能的条件。现象的可能性就建立在这样一个条件之上，所以这个条件是先于一切经验现象的，是先天的，而且是必然先天的。必然先天的就是说，现象的可能和不可能最先取决于它，如果现象要可能的话，它就必须要以空间为前提，所以空间对现象来说，是一个必然的条件，它是现象的可能性条件，因而也是现象的必然性条件。因为现象要可能的话，它必然离不开空间，所以它也是必然的条件，必须要在空间中才得以可能，而不仅仅是一个附属于现象的规定。附属于现象就是说，有了一个现象，然后我们发现它上面也带有空间，康德认为不是这样的。因为这个现象如何"有"，首先就必须以空间为前提，所以空间不是附带的在现象之上的一个属性，一种关系，不是说先有了一个现象，然后我们发现它

有空间这一方面，有这一点，好像有没有这一点无所谓，其实不是的。空间是根本性的，现象本身有没有都要取决于空间这个条件，不是附属性规定。而且，这下面就更进一步了，它是现象的可能性条件，

<u>而且它是一个先天的表象，必然成为外部现象的基础。</u>

是一个"先天"的条件，这个地方就谈到了"必然性"。现象的可能性必然要以空间为基础，空间必然成为外部现象的基础。那么，既然是必然的，所以，它也是先天的条件。就是说，一切外部现象，不管我看到它还是没有看到它，或者经验到还是没有经验到，感觉到还是没有感觉到，我首先就可以断言，即"先天地"断言，它是有空间的。任何一个现象，甚至还没有出现，我就可以断言，它一旦出现，它就必定在空间之中。所以它是一个"先天的"表象，空间是先天地赋予一切外部现象的，它不是等到经验以后，我才发现这上面有空间了，不是这样的。这样的话，你今天有经验，明天也有经验，你今天经验到一个现象是有空间的，明天也有可能经验到一个现象是没有空间的，那就没有必然性了，没有普遍性了。但是空间不是这样，空间是必然的。虽然我们经验有限，但是我可以断言，永远永远，所有的现象都在空间里面。我现在就可以断言。所以它是先天的，它不是随着经验和现象而来的。在康德，先天的就意味着必然的。

上面讲到空间的形而上学的阐明。空间形而上学的阐明，前两条主要是讲空间的先天性问题，空间不是后天经验的，而是先天的。第三条则已经进到了关于空间的直观性的问题。第三条主要是从否定空间不是概念、从这个角度来反证空间本身是直观，按照逻辑程序是先否定然后再肯定，先说不是什么，然后再说是什么。但是在这个地方实际上有一些做作，他在这个地方已经谈到了空间是什么，不是一个概念，而是一个直观。他完全是按照沃尔夫的那个逻辑体系来做一个正面和反面的推论，实际上这一条已经谈到了：

<u>3. 空间决不是关于一般事物的关系的推论的概念，或如人们所说，普遍的概念，而是一个纯直观。</u>

一般事物，原文是 Ding überhaupt，也可以译成"事物一般"，也就是一般事物，任何一种意义上的事物，其中也可以包括自在之物，即 Ding an sich。唯理论哲学通常喜欢先规定一般事物的概念，然后从这个概念中推出它应该具有什么样的性质和关系。我先有了事物，然后对它们的关系，根据这些事物的性质来进行推论，然后再从这个事物推出其他的事物，这就是唯理论的做法，莱布尼茨的做法。推论性的，就是 diskursiv，推论性的概念，也就是说一般的概念实际上都是推论性的，都是根据某种关系，根据某种相同性，根据某种共同性，根据某种种和类，这样一些关系，而按照层次从一个概念到另一个概念推论出来的。"或如人们所说，普遍的概念"，推论性的概念也是普遍的概念，就是种的概念，种类、属的概念。但是空间不是这样的，空间本身不是概念，而是直观，而且是纯直观。他下面进行论证了，为什么那样说呢？

<u>因为首先，我们只能表象一个唯一的空间，并且，如果我们谈到许多空间，我们也是把它们理解为同一个独一无二的空间的各部分。</u>

这样一种证明，这样一种论据实际上是从理性派的空间观念里面作为前提而推出来的，就是说我们只能够表象一个唯一的空间，这是理性派不同于经验派的对空间的看法。一般来说，理性派笛卡尔和斯宾诺莎，特别是斯宾诺莎，对空间的看法首先就是一个唯一的、一个整全的，首先给予了的整体；然后呢，具体的空间是从给定的这样一个唯一空间里面通过"分割"或"限制"而获得的，而得出来的。当然按照斯宾诺莎的观念，不仅仅空间是如此，而且所有的事物都是如此。比如说实体，宇宙的本体，实际上在斯宾诺莎看来也是这样的，关于实体的观念是一次性的给予我们的，然后所有其他的概念都是通过对这个唯一的观念进行分割，进行限制，进行规定，一切限制或规定都是否定，这样才得出来的。这是理性派对空间的观念，它是基于这样一种从上至下的理解，而不是从下

至上的,不是像经验派那样,靠一个一个空间加起来,堆积起来,无穷堆积上去才获得了一个完整的空间的概念,那样的堆法是无穷无尽的,没有止境的。而这样一种一次性给予的空间呢,在康德这样的理解之中也不是作为一个具体的什么事物,或者说广延,来给予我们的,因为具体的东西不可能无限地一次性地给予我们。所以在康德这里这种空间作为一种纯直观是作为一种**能力**而给予我们的,一次性的给予了我们这样一种空间的表象能力,所有的空间都包含在这个表象能力里面了。然后我们谈到许多空间,那么我们就可以把它们理解为同一个独一无二的空间的各个部分。这种能力预示了它有一个对象,这个对象其实是无限的,这在下面第四条里面已经可以把这一点揭示出来,但在这里还没有谈到。就是说它是一次性的唯一的已经给予了的,已经给了我们,那么我们通常所谈的空间只有在这个唯一的空间的前提之下才能够谈得到,有了这个前提,然后我们对它进行分割,限制,那么这样分割限制出来的空间,它们的各个部分,你走到哪里,任何一部分的空间,都是同一个空间的各个不同的部分,所以它们在性质上是单一的。既然在性质上是单一的,因此从概念上来说,它们跟那个唯一的空间没有区别。只能从量上面区别,不能说从性质上面,从概念上面对它加以区别。

　　这些部分也不能先行于那唯一的无所不包的空间,仿佛是它的组成部分(由它们才得以复合起来唯一的空间)似的,

　　就是说各个空间的部分不像是经验派的哲学家们和自然科学家们所理解的那样,先有了各个部分空间,有了具体的这个空间那个空间,然后我们把这些空间堆积起来,把它组成了、复合起了唯一的空间,不是这样的。

　　相反,它们只有**在唯一空间中**才能被设想。

　　各个部分的空间只有在唯一的空间中才能够被设想,唯一的空间已经把这些空间从性质上完全规定好了,就是这样的。空间的三维性,空间的均匀性,空间的各种性质到处都是一样的,各处都是一样的,所以你

313

不管在哪里分割出某一部分空间，它们的前提就是那个唯一的空间，也可以说是人的纯粹直观能力，也可以说是人的能力在人的头脑里面所建立起来的那个主观的空间框架。它不是牛顿那样的客观的空间框架，而是人头脑里面的一个主观的空间框架，我就是用这样一个固定的空间框架去看一切事物，把一切事物都接收到同一个空间模式里面来，然后在这个框架里面对它进行空间的划分，这才形成了各种空间的事物。而不是我没有任何框架，然后去被动地、一个一个地把握具体的空间，然后把它们集合起来造成我们的那个空间的总体表象。所以空间本质上是唯一的，其中的杂多，因而就连一般诸多空间的普遍概念，都只是基于对它的限制。由上面所说的可以看出来，康德的空间概念从本质上来说，它是唯一的空间。空间是"一"。那么其中的"多"呢，是基于对这个"一"的限制。限制、划分，这都是同一类的概念。限制这个概念在康德那里是非常有意思，非常特别的一个概念，范畴表上有肯定性、否定性，第三个环节是限制性，限制这个概念已经体现出康德对于第三者的一种寻求，既不是肯定，也不是否定，但是对已有东西的一种限制。限制既包含有肯定的意思，也包含有否定的意思。各个不同的空间，既不是唯一的空间，它同时又跟唯一的空间是同样性质的，是对唯一空间的限制。就连一般诸多空间的普遍概念，比如说三角形，三角形里面包含很多种三角形，那么我们从所有的三角形里面可以抽象出一个三角形的普遍概念，这个概念都只是对唯一空间的一种限制，或者说就是由对空间的限制而产生出来的。空间本身当然不是概念了，但是对于某一种类型的空间，我们所形成的一个概念，它不是基于对某种普遍性的抽象，像一般的概念那样形成种，形成类，形成种类的划分，而是基于对唯一的空间加以限制，这个跟一般的概念是不一样的，空间概念的根基跟一般事物概念的根基也是不一样的。例如我们说"马"的概念，马的概念我们就不能够说是对于那个"哺乳动物"概念的限制，因为哺乳动物在外延上包含有各种各样的哺乳动物，它就是由这些哺乳动物所组成的，由所有的哺乳动物组成了哺乳动物的概念。那么这种组成是基于一种抽象，就是说所有的哺乳动物都有共同之点，都有一个共相，我们把这个共相抽出来，那个共相跟所有这些哺乳动物不是处在一个层面上，它不是平级的，而是高一个层面，它是抽象的，其他的所有的具体的哺乳动物都是具体的，都是有形象的。我们看到过马，看到过牛，但是我们没有看到过一般的哺乳动物，这是我们的一种抽象。所以概念的抽象跟概念所包含的那些具体的事物在性质上面是分层的，是不一样的，它不是在同一个层面上加以分割、加以限制而获得的。那么空间则不是这样，所有的具体的空间跟唯一的空间没有一个层次的划分，它只有一个量的划分，只有一种限制，只有一种分割，不管你怎么分割，每一个部分的空间跟唯一的那个空间在性质上都是一样的，没有任何区别，它们相互之间也没有任何质的区别。马和牛都属于哺乳动物，但它们在性质上是不同种类的。由这里我们也可以得出来，空间是一种量的区别，没有质的区别，当然康德这里没有说到这一点。

由此可见，在空间方面一切有关空间的概念都是以一个先天直观（而不是经验性的直观）为基础的。

由上面所说的可以看出来，在空间方面，一切有关空间的概念，上面已经提到概念了，诸多空间的普遍概念，比如说三角形，圆形等等，这样一些关于空间的概念都是以一个先天直观为基础的。"先天直观"，为什么是先天直观呢？就是说它不是由先行于它的那些具体的组成部分的空间所组成的，所复合起来的，而是一切具体的空间都要以它为前提，所以它是先天的直观，而不是经验性的，不是后天堆积起来的直观。"为基础"，就是说空间本身不是概念，但是我们所形成的所有有关空间的概念都是要以空间这样一种先天的直观作为基础的。

一切几何学原理也是如此，例如在一个三角形中，两边之和大于第三边，这决不是从有关线和三角形的普遍概念中，而是从直观、并且是先天直观中，以无可置疑的确定性推导出来的。

三角形两边之和大于第三边，这样一个定理，不是由线、三角形、边、和这样一些概念推导出来的，不是因为这些概念里面包含了"大于"或者是怎么样，包含了这样一些分析性的概念，而是从直观中以无可置疑的确定性推出来的，是通过对空间这样一个唯一的直观加以限制。一限制，我们就直观的看出来了三角形的两边之和大于第三边，这是一个直观的原理。那么既然是诉诸直观的，所以它是无可置疑的，它不是一种概念的推论，而是一种直观的原理，一看就知道的。

第四点里面实际上是涉及到康德那个时代西方逻辑学的一些看法。那么第四点跟第三点相比，它是从正面提出来空间的性质，空间的直观性质，而且他提出空间会表现为一个量，也就是说空间是和量密切相关的。我们通常所讲的定量分析首先就是涉及到空间的量的分析。那么这是一个什么样的量呢？

4. 空间被表象为一个无限的给予的量。

其实这一点前面第三条已经讲到了，就是说它是一次性的、唯一的，所以它是无限地已经给予了，作为所有具体空间的前提。只有无限的空间才能把所有的空间都包含在内，所以第一句话是作为一个命题，作为一个正式的对空间的规定而给出来的，它所表明的就是空间是一下子直观到的，而不是从概念推论出来的。空间不是概念，那么它是什么呢？空间是一个无限被给予的一个量的直观，实际上是讲的这一方面。那么下面就要把所表象出来的量跟一般的概念区分开来：

B40 　　虽然我们必须把每一个概念都设想为一个被包含在无限数量的各种可能表象中（作为其共同性标志）、因而将这些表象都包含于**其下**的表象；

这是当时的沃尔夫派逻辑学对概念的一种特殊的规定，这种规定对于我们一般的常识来说是有点奇怪的。什么叫概念？概念被设想为一个被包含在无限数量的各种可能表象中作为其共同性标志的这样一个表象，也就是说，我们通常所设想的概念，就是说在底下有很多很多表象被包含在这个概念之下，比如说一个马的表象，底下就包含有白马、黄马、蒙古马或者是阿拉伯马等等，各种各样的，所有这些形形色色的马都称之为马，这是日常的理解，也是经验派对概念的理解。经验派通常对概念就是这样理解的，一个概念就像一个大箱子，所有的类似的东西通过归类，通过分析，然后把它装进这个箱子里面，世界有很多很多不同的箱子，每个箱子装的有一类的事物，箱子里面又有较小的箱子，世界就是这样堆积起来的。但理性派对概念的理解是不一样的，理性派对概念的理解是颠倒的，是内涵的理解，不是那种外延的理解。经验派对概念的理解是外延的理解，就是一个大箱子里面装了好多类似的东西；而理性派对概念的理解是一种内涵的理解，就是说在每一个具体的事物里面包含有很多很多概念，其中有一个概念是作为这个具体事物跟其他的形形色色的具体事物的共同之点的那个概念，概念是这样形成起来的。概念不是把所有类似的东西通过归类以后，把它装到一起就形成了一个概念，而是从每个具体事物里面抽出它们的共同之点。比如说绿色，有很多很多的绿色，那么我们从所有看到的形形色色的绿色里面抽出了绿色这样一个共同概念，这就是概念。这个概念具有普遍性，它的普遍性就在于它是所有这些绿色事物的一个共同的标志，所以概念在这个意义上是小于具体事物的，它是被包含在具体事物里面的。不过，虽然它小于具体事物，但是从它的等级上来说，它高于具体事物，如果真的是一个概念的话，如果这个概念真正可以表达所有这些事物的共同之点的话，那么我们就可以用这个概念来统摄所有那些形形色色的具体事物。这是理性派对概念的一种设想，这跟经验派的那种外延的设想不一样。当然相互之间，理性派、经验派在这方面又是互相渗透的，理性派也承认，在某种意义上你也可以把概念设想为一个大箱子，经验派也不否认理性派的这种划分，外延的和内涵的，你总可以从两个不同的立场来看待概念。但是他们所看重的那个立场是不一样的，理性派和经验派所立足的那个立足点是不一样的，理性派通常是立足于内涵的理解，而经验派通常是立足于外延的理解。所谓内涵的理解，在康德这句话里面就谈得很清楚了，我们必须把每一个概念都设想为一个被包含在无限数量的各种可能表象中，不管是黄马，还是白马，还是黑马，还是什么品种的马，无限数量的各种可能的马，里面都包含有一个共同的概念，就是它们都是马，作为一个种群，作为马这样一个种，它是一个共同性的标志。那么有了这个共同标志，就可以将这些表象都包含于其下，所有这些不同的马都是统摄在马的共同的表象之下的，在等级上面是更低的，虽然在内涵上它们更丰富。马是抽象的，而所有具体的马都比马要多一点什么东西，白马比马就加上了一个白的性质，那么正因为加上了白的性质，所以它的外延就不如马的外延宽了，所以它要统摄于马这一面旗帜之下，马这一面旗帜包含的不仅仅是白马，还包含很多别的，但是各种各样的马都会统摄于马这面旗帜之下，它们都属于马这一"类"概念之下。这个"之下"的意思就是说一般的概念里面所包含的东西都是被统摄于其下的，虽然这个概念本身是包含于所有具体的表象"之中"的，作为共同的标志包含于其中的，但包含于其中不是随便包含于其中的，而是万马军中的统帅。而具体空间也是包含于无限空间"之中"的，但是空间包含于其中不是作为共同的标志，也不是什么统帅，而就是作为它本身，它就是无限空间中的一部分。那么概念是作为共同的标志被包含于其中的，这个意思就不一样了，它有一种等级上的不同，有一种性质上的不同，一般的马与各种具体的马相比在等级上、在性质上是完全超越一个层次的，具体空间和无限空间则只是量上的不同，没有等级不同。所以下面一句话：

但没有任何概念本身能够被设想为仿佛把无限数量的表象都包含于其中的。

就是说任何概念本身不能够设想为所有的表象都包含于其中，就是说马的概念，你不能够设想它把白的概念也包含在里面，把黄的概念也包含在里面，那是不可能的。一个概念它总是一种抽象，它本身具有单一性，它不是具体的，一说到具体的东西，它就有很多很多别的概念了，有很多别的表象了,所以这些表象是不能够纳入到概念里面来的,必须把它排除掉以后你才能形成一个概念,这个概念才能是普遍的。一个"白马"的概念就没有"马"那么大的普遍性了,只有把"白"抽掉,那么这个马的概念才具有那样的普遍性。所以没有任何概念能够被设想为把无限数量的表象都包含于其中。当然对于这一点呢,有些人的看法有所不同,他们也许认为,在某种意义上所有的表象都包含在概念其中了,比如说罗素对概念的理解,莱布尼茨对概念的理解,就是这样。他们认为一个概念其实就包含了里面后来所有的概念,一个恺撒的概念就包含了他一辈子所做的事情的概念,例如他于公元前 49 年渡过了卢比康河,都可以从"恺撒"这个概念里面分析出来。但是对概念的这样一种理解实际上是把概念看成一个实在的东西,这个东西跟其他的东西没有一种本质上的、级别上的区别,这个东西它实际上已经把很多具体的东西都包含在它里面。莱布尼茨和罗素他们从这个里头引申出这样一种外延的理解,他们认为还是内涵的理解,但是实际上是把内涵变成一种外延的东西了。就是说恺撒这个概念包含着在外延上本来是外在的一些事件,都作为这个概念的内涵包含在概念里面,你要真正的理解恺撒这个概念,你就必须把他的一生的经历全部熟悉,你才能够懂得恺撒究竟意味着什么。但是康德在这个地方他主要还是沃尔夫派的这种观点占主导地位,就是说概念本身只能理解为共同标志,共同之点,只能理解为抽象概念。莱布尼茨的那种理解呢,实际上后来的黑格尔也有类似的理解,黑格尔的概念就是说所有后来的概念都包含在里面,只是还没有出现,还是潜在的,都潜在地包含在第一个概念里面。他的逻辑学可以有存在概念,本质概念,概念论本身的概念,都潜在的包含在第一个概念"存在"里面。存在这个概念其实已经包含一切了,但是要在历史的过程中才能够发展出来。那么黑格尔这样一种理解实际上也可以说是把经验派和理性派综合起来了,就是说,它虽然不是现实的包含有所有后来的概念,但是它是潜在的包含有后来所有的概念,现实和潜在之间的关系要在一个历史过程之中才实现出来，但是只要有一个历史过程，它就会实现出来，它有必然性。所以整个过程它是属于最初的概念的，所有后来的概念都属于最初的概念，都是被包含在最初的概念之中的，但是不是现实地包含，而是潜在地包含着。这又是一说了。这个问题要研究的话也可以写一篇文章来阐明，也算是个问题。那么康德的这个区别，就是说在概念那里，各种表象都可以设想为包含于概念之下，或者说概念凌驾于它的各种表象之上，它有这样一种级别的区别，等级的区别，"之下"和"之上"，有这样一种区别。而空间没有这样一种区别，空间本身就包含在"其中"，小的空间包含在大的空间之中。如果我们把这个概念换成空间，那就是：确实有空间，空间确实本身能够被设想为把无限数量的表象都包含于其中，下面一句话就是肯定的，就是肯定这个命题：

然而，空间就是这样被设想的。

唯一的空间本身就是被设想为把所有无限数量的空间表象都包含在它里面了，都包含于之中了。所以一个是本身，空间本身，唯一的空间本身，它已经投入进去了，它跟这个概念高高在上是不一样的。概念跟基础表象是有层次的鸿沟的，像柏拉图的理念和现实世界、和现象之间有一道鸿沟，但是空间不是这样的，空间本身就投身于它的各种具体的空间之中，它包含所有的东西，它跟这些东西是平级的，是平等的，是同一，一样的，因为它只有量的区别，没有质的区别。

（因为空间的所有无限的部分都是同时存在的）。

他这里证明是因为各种无限的部分都是同时存在的，也就是说唯一的空间是一次性被给予的，而且时时刻刻都在，那么空间的所有部分都在，不管它划分成这一部分，那一部分，这里那里，圆形还是椭圆形三角形，它们都是同时并存，同时构成了整个的唯一的空间。各种所有的无限数量的空间的部分都是同时存在的，所以空间的原始表象是先天直观的，不是概念。最后的结论就是把它和概念区分开来，突出了它是先天的直观：

所以,空间的原始表象是**先天直观**,而不是概念。

关于空间的形而上学的阐明的四点中,前两点主要就是讲的它的先天性,后两点主要就是证明它的直观性,最后结论就是它是先天直观,而不是概念。把空间作为直观和概念区分开来,前面也讲到了,如第一条就是讲它不是从外部经验中抽引出来的经验性的概念,第三条讲它决不是关于一般事物的关系的推论性的概念,就是说,它既不是经验性的概念,也不是推论性的概念。经验性的概念就是一般的由经验得来的马的概念、哺乳动物的概念,这些都属于经验性的概念。但是也不是推论性的概念,没有经验性,我也可以进行推论,像这个理性的概念,知性的概念,可以做一种先天综合的判断,它不是这样推论出来的,而是直接呈现的,直观呈现出来的。所以整个这四点的要点,一个就是一方面证明它是先天的,另一方面证明它是直观的,第二个要点就是说,他着力于把空间这样的直观和各种概念区分开来。

§3.空间概念的先验阐明

空间概念的先验阐明,上面已经提到了形而上学的阐明跟先验的阐明的区别的层次,形而上学的阐明已经把空间的概念作为先天的又是直观的这样一个概念阐明出来了,那么这样一个概念对于其他先天综合知识,也就是对于数学和几何学是什么关系?特别是对于几何学,他这里主要是讲的几何学,空间对于几何学是怎么样成为它的条件的?空间的先验阐明主要是阐明这一点。所以他讲:

我所谓**先验的阐明**,就是将一个概念解释为一条原则,从这条原则能够看出其他先天综合知识的可能性。

就是说,空间这样一个概念,我怎么样能够把它说明成一条原则用来解释其他先天综合知识的可能性,也就是解释几何学的知识的可能性?如果我成功地解释了,那么空间的概念就得到了先验的阐明,也就是说它可以作为一条认识论的原则来加以应用了。前面讲的形而上学阐明还是一种可以说是本体论的原则，也就是说在人的思维、理性、主体中，认识本身的结构，认识主体的结构问题。那么先验的阐明主要是阐明这个结构在认识过程中的功能的问题，它是怎么样认识的？以它为条件，认识如何得以可能？郑昕先生曾把这两种阐明的关系看作"体"和"用"的关系，很有见地。康德说：

为了这一目的，就要求：1）这一类知识确实是从这个给定的概念推导出来的，

就是说要求这样一个先天概念，它作为这样一类知识的前提，它所具有的现实性，事实上是这样的。几何学的知识我可以通过举很多例子，我确实可以看出来这样一类的知识，也就是几何学的知识确实是从空间的概念推出来的，这是从它的确实性这一方面说的；第二点是它的可能性方面，

2）这些知识只有以这个概念的给定的解释方式为前提才是可能的。

第二点显然更重要，就是说在康德那里，可能性比现实性更重要。我们一般认为现实性比可能性重要，但是在康德看来，现实性只能证明经验事实的问题，只有可能性才能够证明它的必然性问题，如果不可能的话，那就是必然不可能的。所以他这里讲，这些知识只有以这个概念的给定的解释方式为前提才是可能的，否则就是不可能的。他强调可能性主要还是为了强调必然性，就是说不可能的东西，肯定里面包含有一种必然的不可能。只有唯一的可能性，那就是必然性了，唯有以概念的这种解释方式为前提才是可能的，那就必然要以这个概念为前提了。所以他真正看重的是第二点。前面他在导言第五节里面已经把现实性说明了，举了一些例子，7+5=12呀，两点间直线最短啦，两点间的直线最短已经从一个例子里面向我们说明了，确实几何学的知识是从空间的概念，从一个先天的概念，从一个先天的直观里面推导出来的，那么几何学知识的唯一可能性，也就是必然性，正是他这里关心的。

几何学是综合地却又是先天地规定空间属性的一门科学。

几何学本身，按照前面的说明，它不是一门分析的科学，从根子上，从纯粹的几何学命题上来看，它不是一些分析命题，而是先天综合命题，它是综合的，又是先天地规定空间属性的一门科学，这个他已经作为前提说明了。

那么，空间的表象究竟必须怎样，才会使有关它的这样一门知识成为可能？

它必须怎么样才能够使关于空间的这样一门知识也就是几何学成为可能的呢？他这是倒推过来的，就是说我们现在已经有了几何学这样一门先天综合判断的知识，那么倒推上去，它是关于空间的，它是在空间中进行先天综合判断的，那么这个空间表象究竟必须有什么样一种性质才使得几何学成为可能的呢？这个是先验阐明的意思。就是说要说明空间的概念是如何使得几何学的知识成为可能的，几何学既然是先天综合的，那么我们就要来看看空间的概念有一些什么样的要求，才使得这样一门先天综合知识成为可能。那么下面讲的是两个方面的要求，第一，

它必须从本源上就是直观；因为从单纯的概念中引不出任何超出概念之外的命题，这却是几何学中发生的情况（导言，V）。 B41

就是从本源上来说，空间必须是直观而不是概念，从单纯的概念里面引不出综合命题，从单纯的概念里面只能够引出分析命题，但是在几何学里面所发生的是先天综合命题，前面导言第V节已经说明了这一点。这是第一点，空间表象首先必须从本源上来说是直观的，并由此形成了几何学的先天综合命题。第二点，

但这种直观又必须是先天地、即先于对一个对象的一切知觉而在我们心里，因而必须是纯粹的而不是经验性的直观。

第二点是要求这种空间只能是先天的。两点综合起来就是空间必须是先天的直观，必须既是直观的，又是先天的。在这里，先天的，他说明即先于对一个对象的一切知觉而在我们心里，因而必须是纯粹的而不是

经验性的。先于一切知觉就是在还没有任何知觉感觉的材料之前，它已经在我们心里了，那么这样一种空间的直观是先天的，而且是纯粹的，纯粹先天的，它不是经验性的直观。

因为几何学的定理全都是无可置疑的，亦即与对它们的必然性的意识结合在一起的，例如空间只有三种量度；

为什么空间一定是这样的呢？何以见得空间就是先天的和直观的呢？因为几何学的定理全都是无可置疑的，全都是直接就能够确定的，自明的，具有自明性的，也就是与对它们的必然性的意识是结合在一起的。几何学的定理一提出来，我们就意识到它们是必然的，例如空间只有三种量度。空间只有三种量度，这是几何学的一个无可置疑的原理，由此就可以证明空间必须是先天的直观，由几何学的这样一种无可置疑的必然性的命题就可以说明空间本身必须是一种**先天**的直观。

但是这一类的定理不可能是经验性的命题或经验判断，也不是从这些经验判断中推出来的（导言，Ⅱ）。

几何学的命题、几何学的定理不可能是后天的、经验性的，也不是从经验性的判断中通过逻辑推理出来的一些命题，而是先天的、直观的。所以后面的这两句话也是同样说明了空间的两重性质，一个是直观性，一个是先天性。几何学的命题是直观的，所以空间必须是直观的；几何学的命题必须是先天的，不可能是经验的，所以空间也必须是先天的而不可能是经验的，由此来证明空间本身。这实际上是通过几何学这样一种先天综合知识的性质而推出空间概念必须有什么样的性质，通过先验地阐明几何学的可能性条件，之所以可能的前提，这样反过来再次阐明空间必须是先天的、直观的形式。这些在前面导言第Ⅱ节中实际上已经谈到了，即我们具有这样的先天综合判断。所以康德提醒人们参看。

空间必须是先天的，但这如何可能呢？也就是说，空间是以什么方式而成为先天的呢？康德说：

那么，一个先行于客体本身并能于自身中先天地规定客体概念的外部直观如何能够寓于内心中呢？

这就是"先天综合判断如何可能"这一问题的第二层含义。第一层次是问这种判断是从哪里来的，是什么使它成为可能的，康德的回答是，它来自先天，即来自人的内心；第二层是问它是以什么方式成为可能的，即这种先行于客体并先天地规定客体的直观是以什么方式而寓于内心的，康德的回答是：

显然只有当这表象仅仅作为主体受客体刺激并由此获得对客体的**直接表象即直观**的形式性状，因而仅仅作为外**感官**的一般形式，而在主体中占有自己的位置时，才得以可能。

就是说，这种先天的外部直观只是主体的感性直观的形式性状，即作为我们接受外部事物的直观形式或感受方式。这里在"直接表象即直观"和"感官"几个词下面打了重点号，表明康德所要强调的是这种先天的表象并不是什么抽象的概念，而是先天的感性形式。这是针对理性派和某些经验派把空间和几何学表象都理解为抽象概念的观点而言的，他们以为，既然这些表象是先天的，那就必定是抽象的，非感性的。康德则指出，几何学的先天条件即空间虽然是先天的，但却是感性本身的先天，即"作为外感官的一般形式"的先天，它只有以这种方式才能够寓于内心。如果不是以这种方式，那它就会是超越于内心之上的一种物自体的框架，是人所感觉不到而只能独断地推断或断言的客观形式了。而这样一种独断的空间框架是人所不可理解的。

所以，只有我们的解释才使作为一种先天综合知识的**几何学的可能性**成为可理解的。任何一种做不到这一点的解释方式，即使表面上也许与它有些类似，但依据这个标志就可以最可靠地与它区别开来。

"我们的解释"，就是强调空间是感性的先天直观形式这种解释，在康德以前还没有人提出过这种解释。把几何学与感性的直观形式挂起钩来，这是康德的首创。他认为，只有这样才能使几何学的可能性"成为可理解的"，我们只要反思一下自己的认识结构，而无须毫无根据地独断地预设任何前提，就可以说明几何知识的来源和构成机制。所有其他的解释方式都做不到这一点。人们要么把几何空间解释为对客观的空间框架的某种反映，如牛顿，但这种空间框架究竟是什么，他们说不清楚；要么解释为一种"模糊知觉"，如莱布尼茨，力图将它还原为一种逻辑关系，从而否定了几何空间的真实性；要么解释为一种"观念与观念的关系"，如休谟，但为什么只能有这种关系而不是另一种关系，这种关系是否任意设定的，休谟并没有说明。这些解释要么否认了几何空间的先天必然性，要么否定了几何空间的直观性，都无法使几何学的可能性成为可理解的。康德认为他自己的解释是唯一可能的解释。

空间是先验感性论的一个重要部分。康德作为一个先天论者，就是要从感性里面找出其中所包含的先天的东西，这种东西一个是空间，一个是时间。你要接受外界的刺激，获得印象和知觉，你就必须具有空间和时间这两种先天的接受性框架，或者说接受的能力。只有你把刺激起来的这些表象纳入到空间和时间的框架里面来，你才能使它们构成直观的印象，所以空间和时间是人们接受任何感官印象所必不可少的前提，是人的感觉之所以可能的先天条件。总的来说，康德就是要探讨人的知识何以成为可能的，依靠一些什么东西而成为可能的，而就感性来说，就是依靠空间和时间。空间时间构成了数学的前提，数学最终则要落实到自然科学如力学、物理学、光学等等上来，是为自然科学服务的。自然科学通过数学而与空间时间联系起来，数学就是空间和时间的科学，几何学是在空间中、算术是在时间中形成起来的。所以在康德看来，人类认识的本质结构首先是形而上学的知识，然后是数学的知识，再然后是自然科学的知识，而所有这些知识最后都要落实到最底层的知识、也就是自然科学知识之上，他的整个体系就是要为科学何以成为可能、特别是自然科学何以成为可能而奠定基础，要证明人为自然界立法的层次结构。

由上述概念得出的结论 B42

从对空间的分析中康德得出了两个方面的结论。第一方面是否定性的结论，第二方面是肯定性的结论。否定和肯定的这种程序是康德按照当时流行的形式逻辑进行严密论证的一种惯例，就像古希腊的学者总是从正反两个方面展开论证，先讲不是什么，再讲是什么，这两个结论也是这样。我们先来看看第一方面。

a) 空间所表象的决不是某些自在之物的属性，或是在它们的相互关系中的属性，也就是说，决不会是依附于对象本身的那些属性的规定性，似乎即使我们把直观的一切主观条件都抽掉它们还会留下来一样。

这整个是一句话。"空间所表象的决不是某些自在之物的属性"，这是针对以牛顿为代表的唯物主义的常识观点。一般人们认为空间就是自在之物本身的属性，或者认为空间本身也是一种自在之物。比如把空间想象成一个框子，一个盒子，可以把所有其他的东西装进去，它本身看不见，但它在那里。或者说，凡是有东西在那里，它都带有空间的客观属性，总之，你可以把空间看作其他物体的属性，也可以看成本身就是自在之物。但是这种观点被康德一口否定了："决不是自在之物的属性"，否定了这种观点。下面再又否定了另一种观点："或是在它们的相互关系中的属性"，这里主要是针对莱布尼茨的。莱布尼茨把空间看作两个自在之物之间的一种关系，我们对这种关系形成了一种表象，但这种表象对认识主体来说只是一种模糊的表象，它并不能确切地把握自在之物本身，只有把它们还原为一种数学关系，归根到底还原为一种逻辑关系，我们才能把握自在之物。在莱布尼茨看来，数学本质上是逻辑的而不是直观的，我们所看到的空间其实都是一种假象，一种模糊的表象，真正的真实的表象都是数学的逻辑关系。莱布尼茨是数理逻辑的先驱者，他把数学逻辑化了，也把逻辑数学化了，他认为一切问题、包括形而上学的问题、包括上帝存在的问题都可以用数学计算的方法来解决，只要我们能够发明一种精密的数学语言。整个世界都是按照数学结构构成起来的，我们以为五彩缤纷的那些事物其实都是数学关系的模糊的表象。这种看法在康德这里被彻底推翻了。总的来看，不管牛顿的观点也好，莱布尼茨的观点也好，他们都把空间看作是"依附于对象本身的那些属性的规定性，似乎即使我们把直观的一切主观条件都抽掉它们还会留下来一样"，依附于对象本身的属性在牛顿看来就是空间，在莱布尼茨看来就是数学关系，它们都是依附于自在之物的。如果我们把直观的一切主观条件都抽掉，在牛顿看来世界还作为物质存在，在莱布尼茨看来上帝所创造的单子世界还存在，这些单子的相互和谐的数学关系逻辑关系还存在，空间关系作为单子的一种模糊表象当然也会留下来。但这都是康德所坚决反对的。他认为主观条件一旦抽掉，空间也就不存在了，

因为空间无非是我们的主观条件，离开主观条件它就什么也不是。

因为不论是绝对的规定还是相对的规定，都不能在它们所属的那些事物存有之前、也就是先天地被直观到。

"绝对的规定"就是牛顿物理学的规定，就是把空间看作一个大箱子，在那里空间是平直的、绝对的、不变的。"相对的规定"是指莱布尼茨的时空观，即把时空看作一种相对的关系，它是随着事物的运动变化而变化的，所以它只是模糊地表象了事物的数学和逻辑关系，本身不具有绝对性。但是，空间"不论是绝对的规定还是相对的规定，都不能在它们所属的那些事物存有之前、也就是先天地被直观到"，也就是说，如果你把空间看作现实事物本身的一种属性、一种关系，那它就不是先天的，而是后天的，只要你没有看到现实事物，你就不能确定它是否在空间中，只有当你看到事物以后，你才能知道它在空间中，才可以去测量它。这就是一种后天的空间观。比如你要到大东门去，你就会估计搭公共汽车需要多少时间，经过多少距离，这在我们从来都没有产生过惊异

感。但康德就要问一下：这凭什么？你怎么知道大东门要经过一段距离？我们是凭经验，或者是别人的经验，有人去过大东门。但如果你到了外国，你从来没有经验过，人生地不熟，你怎么断言？你能断言其他星球上有空间吗？我们如果到了火星上，是不是火星上也有空间？肯定有。为什么有？说明空间不是经验到的，也不是凭经验而估计的，火星上不可能没有空间，这是可以先天地断言的。为什么是先天的呢？是因为你是靠这个来把握一切信息资料的，没有它你简直就不能经验任何事物。这就是康德对空间的常识观念的一个根本性的颠倒，是康德对常识进行反思而得出来的，这种反思我们通常并没有做过。空间，还有时间，都不是在现成的事物之后才经验到的东西，虽然它在经验之中，但它是经验中先天的东西，是经验之所以可能的先天条件。一个经验之所以可能，必需有空间和时间。你能想象没有空间和时间的星球吗？你想都想不出来。这是第一段，是从反面说，否定了空间是自在之物的属性或关系。下面则是从正面来谈的。

b) 空间无非只是外感官的一切现象的形式，亦即唯一使我们的外直观成为可能的主观感性条件。

外感官就是五官，即眼耳鼻舌身，内感官则是内部体验，有人称之为"第六感官"。对第六感官解释很多，有人认为是审美感，有人认为是道德感，有的认为是生命感，有的解释为直觉、神秘的感悟，总之是内部体验到的感觉。康德则明确把这种内部感官的形式归结为时间，内感官就是对时间的感觉。这就把内感官从形式上固定下来了，不再是神秘的了。我们感到过了一段时间，这是我们每时每刻都感受到的，是凭内部感官感到的。我们看到外部的空间，这是通过我们的外部感官所感受到的。外感官所获得的一切现象表象都有一个形式，这就是外感官的形式，即空间。所有的外感官都是通过空间来感受的，空间作为外感官的先天形式已经在那里了，已经预先存在了。如果说空间是一个框架，那么康德就是把这个框架搬到人的主体里面来了。这个框架虽然只在于主体这一点上，但它是无限的，可以包容整个宇宙，因为它是一种**能力**，可以无限使用，无限地包含。所以空间是无限的，这要从主观性方面理解，从客观性方面是很难理解的，因为你经验不到无限，你所经验到的东西都是有限的。但从主观性方面，作为一种能力来理解，空间就可以看作是无限的。所以"空间无非只是外感官的一切现象的形式，亦即唯一使我们的外直观成为可能的主观感性条件"，"外直观"，直接跟对象打交道就叫作直观，直接跟一切外部事物打交道就叫作外直观。直观本来只限于"看"（"观"），但这个"看"被一般化了，五官都可以说是"看"，以眼睛的"看"为代表。所以直观的一个必要条件就是要有五官，如果一个人五官能力受到损害，那么外直观就要受到损害。但是这个条件是后天的，虽然在生理上是天生的，但在认识论上、逻辑上是后天的，因为它是经验性的。这些五官要作为主体发挥作用，还必须有一个先天条件，那就是空间。五官只有在空间中才能发挥作用，才能看。所以只有通过空间，外直观才成为可能。

既然主体被对象刺激的接受性必然先行于对这个客体的一切直观，所以很好理解，一切现象的形式如何能够在一切现实的知觉之先、因而先天地在内心中被给予，这形式又如何能够作为一切对象都必然在其中被规定的纯直观，而在一切经验以前就包含着诸对象的关系的原则。

"主体被对象刺激的接受性"，接受性就是接受能力，接受对象刺激的能力。接受刺激首先要有一种接受性。石头为什么不能产生直观，就是因为它没有这种接受性。阳光照到了石头上，当然也能发热，但它不能产生印象，因为它没有主动的接受性。你敲它一锤子，它会响，会留下痕迹，但不会痛。它完全是被动的。所以主体被对象刺激的接受性必然要先行于一切印象和直观表象，要获得对客体的直观，必须首先有接受性。感觉、知觉、印象在休谟看来是被动的，但在康德看来也包含有先天的主动性在内，不完全是被动的。"所以很好理解，一切现象的形式如何能够在一切现实的知觉之先、因而先天地在内心中被给予"。接着又讲"这形式又如何能够作为一切对象都必然在其中被规定的纯直观，而在一切经验以前就包含着诸对象的关系的原则。""这形式"就是指一切对象的先天直观形式，它使一切对象都必然在其中被规定，因为它"在一切经验以前就包含着诸对象的关系的原则"。所有这些"如何能够"，由于前面把空间解释为主体中对于对象的刺激的一种先天的接受性，就都"很好理解"了。正是因为我们先天有一种空间的直观形式，这种形式在经验以前就已经包含了各种对象的空间几何关系的原则了，甚至对象还没有出现，我们就已经可以先天地断言了。但这种断言不是对个别感性材料的断言，而是对纯直观的断言，一切现象都要在其中得到规定。你到了火星上面，仍然可以使用在地球上看到的万事万物之间的空间关系来作判断。我们讲到直观的时候通常都认为是具体的色、香、味什么的，但康德认为直观有两个层次，一个是经验性的直观，一个是纯直观。纯直观是直观里面的"纯"的部分，形式的部分，如空间和时间。康德认为直观不能脱离形式，所以直观里面还有一个更深层次的纯直观。这与以前对直观的看法不一样，以前人们认为空间、时间都是概念，而康德认为是纯直观，它们与一般经验性的直观不同，带有先天的性质；但它们还是直观的，不是抽象的，它们是要被"看"到的。只是仅仅作为一种形式而被看到，不是作为五官具体的颜色、气味等。但你确实"看到"了时间和空间，当然不是单独看到，而是伴随着颜色等等一起看到，当你看到一种红色时，你已经看到空间时间了。

　　下面几段是讲从上述两个结论中引申出来的理论意义，尤其是一些认识论上的原则。康德说：

　　这样，我们就只有从人的立场才能谈到空间、广延的存在物等等。如果我们脱离了唯一能使我们只要有可能为对象所刺激就能获得外部直观的那个主观条件，那么空间表象就失去了任何意义。　　　　　B43

331

　　康德之所以要否认空间是自在之物的属性,而把它归之于主体的先天感性形式,正是为了克服空间问题上的独断论,而建立空间的人本主义原则。空间只是我们人所能够知道的空间,非人的空间对于我们没有任何意义,除了人的主体的空间表象之外,自在之物是否有它自己的直观形式也是我们所不知道的,我们所知道的空间只不过是我们的感官能够受到对象的刺激而获得外部直观的主观条件而已。比如对象刺激我的眼睛使我产生了一种"红"的直观,但我反思一下,我为什么直观到了"红"? 因为这个红占据一定的空间,如果它没有一定的空间我是根本不可能直观到红的。所以这个空间大小是我能够直观到这个红的可能性条件,而这个条件,即空间,是在我看一种红色时预先在我的主观中就已经准备好了的。

　　<u>这个谓词只有当事物对我们显现、亦即当它们是感性的对象时才能赋予事物。</u>

　　"这个谓词"就是指空间,从语用上来说,它只能在事物对我们显现、亦即当它们是感性对象时才能赋予事物,而不能用在事物未对我们显现的自在状态上。也就是当我们用"空间"来描述一个事物时,这个事物已经是现象了,已经被我们所感觉到了,凡在空间中的都是感性事物,也只有感性事物才能使用空间这个谓词来描述。所以空间是感性的,是先天的直观形式,而不是抽象概念,更不是感觉不到因而也不可认识的自在之物的某种属性。所以空间在康德这里不再是脱离人的抽象概念,而是人所直接感到的、亲切的、人性化的东西。但为什么人们老是喜欢把空间看作一种抽象的概念呢? 这是因为空间这种感性并非感性直观的内容,而是感性直观的形式,它本身与抽象概念有类似的地方,就是抽掉了其中的感性内容而剩下来的纯粹形式。所以康德说:

　　<u>我们称之为感性的这个接受性的固定形式,是诸对象借以被直观为在我们之外的那一切关系的必然条件,而如果我们抽掉这些对象,它就是带有空间之名的一个纯直观。</u>

空间虽然是感性直观，但并非感性直观的内容或材料，而仅仅是它的纯形式，是用来接受外部直观对象的"固定形式"。它是这样一些几何学关系的必然条件，在这些几何关系中，诸对象被直观为在我们之外。但是如果我抽掉这些对象，也就是抽掉对象的内容，那么我们就可以看到它们原来得以呈现的形式条件就是纯直观，"空间"无非是表达这种纯直观的一个名称。康德的"抽掉"就是一种反思，对感性对象的这样一种反思是经验派从来没有做过的，经验派缺乏反思，即使洛克的"反思的经验"也只是外加在感觉经验之上的一种人为的处理，而不是对感觉经验本身的固有结构的反思。在休谟那里则更是连这种人为的处理也被还原为"联想"或"习惯"了，即还原为非反思的感觉经验了。但如果没有反思，主体中的这种隐秘的结构就永远不会被人们所察觉。

由于我们不能使感性的这一特殊条件成为事物的条件，而只能使之成为事物的现象的条件，所以我们很可以说：空间包括一切可能向我们外在地显现出来的事物，但不包括一切自在之物，不论这些自在之物是否能被直观到，也不论被何种主体来直观。

"事物的条件"指事物本身、自在之物的条件，"事物的现象的条件"指事物向我们显现出来的条件。空间只是外部现象的条件，而不是自在之物的条件。但既然它是外部现象的条件，所以它必然"包括一切可能向我们外在地显现出来的事物"，也就是说，凡是在外部向我们显现出来的东西，无不在空间之中。空间不是仅仅附着在外部事物之上的某种属性，而是外部事物得以向我们呈现出来的前提。不过，这只是对现象而言的，而不是对自在之物而言的，自在之物并不在我们的空间条件的范围之内，因为它是"自在的"，而不是我们使它存在的。只有现象才是我们使它存在的，是我们自己建立起来的。所以你把空间解释为我们主体的一种先天形式，然后说它"不包括一切自在之物"，这其实是同义反复的说法，因为"自在"的意思本来就是不以我们的主体的意识为转移，就是不在我的主体范围之内、而在它之外的意思，那么主体当然就不可能包括它在自身之内了。最后讲"不论这些自在之物是否能被直观到，也不论被何种主体来直观"，这里隐含有一个关于"智性直观"的假设。在他看来，自在之物如果能够被直观到，那这种直观也肯定不是我们人类的感性的、通过我们的五官而来的直观，而只能是一种"智性的"直观，这种智性的直观是我们人类所不具备的，尽管它也许是另外一种非人类的主体如上帝所具备的。所以，即使别的什么主体有这种智性直观，那也和我们的感性的直观、空间的直观完全不同，是不能包括在空间的直观之中的。下面解释：

因为我们对于其他思维着的存在物的直观完全不能作判断，不知这些直观是否也被束缚在限制我们的直观并对我们普遍有效的那同一些条件之上。

就是说，智性直观既然不是我们人类的直观，它就只能是"其他思维着的存在物的直观"，而既然它属于其他存在物，那么我们当然也就对它"完全不能作判断"了，我们不能凭借我们自己受到的束缚和限制而武断地猜想它的状况，对我们人类普遍有效的条件对那种非人的直观未必有效。这还是在说，自在之物不可能纳入到空间的直观形式中来，如果要设想它也能够被直观的话，这种直观也不可能是我们的空间直观，而也许有可能是抽掉一切感性的直观，因而是智性的直观。智性直观的问题前面第二版序中已经讲了，下面还要专门讲，这里只是点到一下。康德本人在这里并没有明确提到智性直观，但他显然是以此为参照来谈人的感性直观的。但空间尽管不能包括自在之物，因而也不能包括对自在之物进行直观的那种智性直观，我们仍然可以大胆地说它"包括一切可能向我们外在地显现出来的事物"，理由就在于：

当我们把一个判断的限制加在主词的概念上时，这样一来该判断就会无条件地有效了。"一切事物都相互并存在空间里"这个命题，只有在这个限制之下，即如果这些事物被看作我们感性直观的对象，才会有效。当我在这里把这个条件加到概念上去说"一切事物，作为外部现象，都相互并存于空间里"时，那么这条规则就是普遍而无限制地有效的。

前一句话是一条普遍的逻辑规则：一个受限制的判断，如果把这种限制加在主词之上，这样形成的判断就会是一个无限制的判断。康德在这里举的例子就是这样，一切事物都在空间中，这一判断是有限制的，因为"一切事物"也包括自在之物，自在之物是不包括在空间中的；但如果从"一切事物中"除开自在之物，说"一切事物，作为外部现象"，都在空间中，那就放之四海而皆准了，因为它自己已经把自己限制在不要放到自在之物身上、而只是放在"外部现象"的事物上。对这样一个已经作了自我限制的判断，我们就不再需要加以任何限制了，它就是一个普遍有效的判断。

所以，我们的这些阐明说明了对于一切能从外部作为对象呈现给我们的东西而言① 的空间的**实在性**（即客观有效性），但同时也说明了对于那些凭借理性就它们自在的本身来考虑、即不顾及我们感性之性状的事物而言的空间的**观念性**②。 B44

也就是说，对空间的上述一切规定都说明，空间对于一切外部现象具有普遍的有效性，而且是"客观"的有效性，康德把这种客观有效性称之为"实在性"。有效性被称之为实在性好理解，实实在在发生了效力嘛！但为什么是"客观"有效性？这涉及到康德对"客观"一词的特殊用法。康德的 objektiv 或 Objekt 有两个层次上的含义，一个是自在之物上的含义，自在之物是客观的，而且是绝对的客观性，绝对客体，这样一个绝对客体是我们必须设定但却不能认识的。另一个是现象上的含义，现象的客观性或客体是我们自己的主体所建立起来的，它之所以叫作"客观的"，是由于它一旦由主体建立起来，就具有在现象界放之四海而皆准的普遍必然性，也就是在一切可能经验上的普遍有效性。所以康德的客

---

① "对于……而言"原译中缺，兹补上。
② 原译作："但同时也说明了在那些凭借理性就它们自身来考虑、即没有顾及到我们感性之性状的事物方面的空间的观念性"，没有突出这里讲的是"自在之物"，兹改正。

观性在这种意义上就等于普遍必然性或普遍有效性。这一点康德在《未来形而上学导论》一书中说得最明确："经验判断的客观有效性就不意味着别的，而只意味着经验判断的必然的普遍有效性。反过来，如果我们找出理由把一个判断当作必然的、普遍有效的……，那么我们也必须把它当作客观的"，"因此，客观有效性和（对任何人的）必然的普遍有效性这两个概念是可以互相换用的概念。"① 所以当我们考虑到这种空间的**后果**、效果时，我们发现它具有一种客观的也就是普遍必然的有效性，因而具有某种实在性。"但同时也说明了对于那些凭借理性就它们自在的本身来考虑、即不顾及我们感性之性状的事物而言的空间的观念性"，就是说，空间的这种解释对于自在之物而言，它反而不是客观的，而是观念性的。"就它们自在的本身"，an sich selbst，而且"不顾及我们感性之性状的事物（Dinge）"，这种事物就是"理性"（Vernunft）所考虑的"自在之物"（Dinge an sich），那么对于这自在之物而言，我们的空间就只具有"观念性"，而不具有"实在性"。就是说，当我们不是从空间表象在经验性方面的后果来看，而是着眼于这个空间表象自身的**根据**，那么这个根据并不是客观实在的，而是主观观念的。观念性和实在性在这里是当作一对反义词来运用的，虽然实际上它们并不是完全对立的，同一个空间一方面可以是实在性的，另一方面同时又可以是观念性的。或者说空间的客观实在性是由它的主观观念性所**建立起来**的，客观实在性是它在现象中的后果，主观观念性则是它产生出这一后果的根据。所以空间在客观性的第一层意义上，即在自在之物的绝对客观性的意义上，它不是客观的，而是主观的、观念性的；但在客观性的第二层意义上，即在现象的意义上，它是客观实在的，康德由此提出了他的两个最重要的认识论原则，这就是"经验性的实在性"和"先验的观念性"原则：

　　所以我们主张空间（就一切可能的外部经验而言）的**经验性的实在**

---

① 《未来形而上学导论》，庞景仁译，商务印书馆 1978 年版，第 63—64 页。

性，虽然同时又主张空间的**先验的观念性**，也就是只要我们抽掉一切经验的可能性这个条件，并把空间假定为某种给自在之物提供基础的东西，空间就什么也不是了。

"经验性的实在性"，德文 die empirische Realität，是指在经验性的事物上空间具有普遍的有效性，因而具有实实在在的客观的内容。这一条是反对休谟的"经验性的观念性"的，在休谟看来，只要是我们的经验性的东西，那就只能是主观心理学的东西，不可能有任何客观实在性，在经验中一切普遍的、必然的法则都可以还原为心理的习惯和恒常的联想，并没有真正的普遍必然性。这种观点在康德看来就摧毁了知识的一切可靠性，使我们的科学知识变成了一大堆杂乱无章的表象或印象，抵不上一个梦。按照康德的解释，经验性的东西虽然是在主观中发生的，但决不只是一种任意的、偶然的心理活动，而是有它的普遍必然的规律和法则的，这种规律和法则就在于一切可能的经验都逃不脱主体中某些先天的形式框架，如先天的直观形式和先天的范畴形式，这些形式对于这些可能经验是普遍必然地适用的，是无一例外的。这样一来，科学知识的客观性和普遍必然性就得到了保障，但是这种普遍必然性或客观性不是建立在我们的经验之外的自在之物身上，而是建立在我们把主观的先天法则普遍地运用于经验性的东西之上。如果是前一种情况，那就叫作"先验的实在性"，即由我们独断地强加于自在之物的实在性，这在康德看来是不可能的；而后一种客观性就是经验性的实在性，这是我们的空间表象唯一可能拥有的实在性。所以，相对于前一种"先验的实在性"而言，空间勿宁说具有一种"先验的观念性"，德文为 die transzendentale Idealität，就是指从先验的角度来看，空间不是自在之物的属性，而只能是主观中的观念，对自在之物而言，它不具有绝对的客观性，而只具有主观性。这一条是反对独断论的，在独断论看来，我们可以撇开经验性的东西，而单凭先验的断言就赋予一种表象以绝对客观的实在性，即把它看作是自在之物的性状。所以凡是我们人类所能想得出来的表象、概念，他们都将其挂靠到自在之物身上而使之带上客观实在性。但康德却坚持这些表象和概念出自于我们的主观观念，它们不能用来认识自在之物，而只能用来规范现象。就是说，空间的实在性只可能是经验性的实在性，而一旦抽掉"一切经验的可能性这个条件"，硬要像唯理论和独断论那样，在这种情况下把空间看作先验地实在的，即看作"某种给自在之物提供基础的东西"，那么空间就"什么也不是了"。康德的这两大原则，即"经验性的实在性"和"先验的观念性"，不仅仅是他的空间观的原则，也不仅仅是他的先验感性论的原则，而且是他的整个认识论的基本原则，包括先验分析论也是立足于这两大原则。甚至他的先验辩证论，在谈到如何克服辩证论所带来的幻相时，他也诉之于这两条原则。所以这两条原则康德是多次提到，并以之来解释他的整个认识论立场的。

下面一段是讲空间作为外部直观的先天形式与其他外部直观的后天表象的区别。

但除了空间之外，也没有任何主观的、与某种外在东西相关而能称得上是先天客观的表象了。因为我们不能从其他这些表象中，如同从空间的直观中那样，引出先天综合命题（§3）。

这个"但"字是承接上面讲的，虽然空间不能脱离经验而具有实在性，"但"，并非所有的经验的东西都像空间那样能从先天的方面带来这种客观实在性，因为除了空间以外，所有其他的那些"主观的、与某种外在的东西相关的"表象并不能"称得上是先天客观的"，从"其他这些表象中"顶多能够引出后天综合命题，而不能引出先天综合命题。唯有空间表象才能够引出先天综合命题，例如在 §3 最后一段中所提到的，空间是几何学的那些先天综合命题之所以可能的条件。在这里，"其他这些表象"指的是外部直观的内容的表象，即直观中的那些经验性的材料，它们是以外部直观的纯形式即空间为前提才能够被我们所接受到的，是空间使它们带上了一种先天综合的方式，从而构成了我们的认识的要素。

但它们本身则是由我们主观感官的特殊构造所决定的，并且是由后天刺激所偶然产生的，没有任何先天的普遍必然性。

所以严格说来，不能把任何观念性 [1] 归之于其他这些表象，哪怕它们与空间表象在这方面是一致的，即它们也仅仅属于感觉方式的主观性状，例如通过颜色、声音、温度的感觉而视、听、触的主观性状，但由于这些只不过是感觉而不是直观，它们本身并不使人认识、至少是先天地认识任何客体。

由后天感觉材料的这种特殊性和偶然性，康德得出，"严格说来"这些表象不能拥有"观念性"，哪怕它们与空间表象一样也具有主观性。为什么这样说？主观性难道不就是观念性吗？这里我们要注意"观念性"一词的双重含义。Idealität 这个词在德文中一方面意味着主观的观念性，但另一方面也意味着"理想性"。主观性和理想性都可以和"实在性"相对举，但并不是所有的主观的东西都是理想的东西，理想性意义上的观念性还必须具有普遍的共相的性质，而不是受到特殊东西的局限的。所以康德说"严格说来"不能把观念性归之于感觉表象，因为感觉表象虽然也是主观的，但并不具有普遍的前瞻性，而是就事论事的，后天接受的。我们从这里也可以更加深对于康德所谓"先验的观念性"这一概念的理解，即它并不单只是说这种先验的东西没有客观实在性，而且是说这种先验的东西具有一种主观的理想性或普遍性。或者说，并不单只是具有消极的意义，而且也具有积极的意义，正是这种理想性的普遍共相给经验性的材料带来了普遍必然的法则，才使得经验性的东西具有了"经验性的实在性"。换言之，先验的观念性或理想性是经验性的实在性之所以可能的前提，因为它使经验性的东西有了先验的规律，形成了"对象"，而不再只是主观任意的一大堆知觉印象。由此观之，拉斯把"观念性"校为"实在性"虽然就这半句话而言显得更好理解一些，但其实并

---

① 拉斯 (Laas) 将"观念性"校为"实在性"。

没有必要，而且与下文的意思对不上号。因为下文强调这些感觉与空间表象在观念性这方面有一致性，"即它们也仅仅属于感觉方式的主观性状"，但仍然不能把观念性归之于它们。如果像拉斯所校改的，"不能把实在性归之于它们"，那就不好说"哪怕"它们在主观性方面与空间是一致的，而要说"因为"它们在主观性方面与空间一致了。下面讲"但由于这些只不过是感觉而不是直观"，也容易引起疑问：感觉怎么不是直观？通常康德都把感觉归之于"经验性的直观"，而与空间和时间这两种"纯直观"或"先天直观形式"合称为"直观"。这里却说感觉不是直观，怎么解释？我替他的解释是：前面那个限定语"严格说来"在这里也有效，因为对颜色、声音等等的感觉本身并不能建立起一个客体或对象来，而"直观"的定义是："一种知识……借以和对象发生直接关系并且一切思维作为手段以之为目的的，还是直观"，这是"先验感性论"最开始的第一句话。单纯的感觉连对象都还没有建立起来，或者用康德的话说，还没有"给予"出来，它怎么能够和对象发生"直接的关系"呢？只有把它们纳入到空间中来，一个对象才首次被给予出来，这些感觉才能够被视为与这个对象直接有关的，才成为了"经验性的直观"。所以康德说，"严格说来"，感觉本身作为单纯的视、听、触等等还不是直观，必须等到它们"观"到了一个对象才能算是直观。所以他才说这些感觉"本身并不使人认识、至少是先天地认识任何客体"，因为任何现象中的客体都只有通过先天的形式（如空间）才能建立起来。换言之，不先天地认识客体，就不能认识任何客体；不先天地直观客体，也不能直观任何客体。不过，"感觉不是直观"这种说法在康德那里是很罕见的，他自己也没有作任何解释，我们的解释可以使他不至于自相矛盾。

康德为什么要把空间和感觉表象这样严格地区分开来呢？下面一段回答了这个问题。

B45　　作这一说明的意图，只是为了防止有人会突发奇想，用那些远远不

充分的例证来说明我主张的空间的观念性，因为例如颜色、味道等等都
理应不被看作事物的性状，而只被看作主体的变化，这些变化甚至在不
同的人那里也可能是不同的。

"有人"，是指那些英国经验派的人士，英国人经常把空间、时间和
颜色、味道等等表象等量齐观，一概称之为"观念"，即 idea，他们很可
能把康德提出的先验的观念性立刻理解为感官后天所获得的那些观念。
但康德强调他的空间的先验的观念性与这些经验性的观念性是完全不
同的，因为前者虽然也是主观的观念，但它能够建立起一个客观的对象
并用来解释这个对象的几何性状，这些性状是客观的，不是因人而异的；
而后者则"不应被看作事物的性状，而只被看作主体的变化，这些变化
甚至在不同的人那里也可能是不同的"。例如得黄疸病的人看任何东西
都带黄色，色盲的人不能识别某些颜色，感冒的人嗅不出气味，如此等
等。人的感觉受他自己感官的状态影响而变化，因人而异、甚至因时而
异，这种变化并不表明客体有什么变化。而空间的观念性却不受人的主
观感官状态的影响，它能导致一种客观性或普遍必然性，它与感官感觉
的关系类似于洛克所说的"第一性的质"和"第二性的质"的关系，只不
过这两种性质都是对于现象而言的，而不反映自在之物本身的性质。下
面进一步解释：

因为在这种场合下，那原本只是现象的东西，如一朵玫瑰花，在经验
性的理解中就被看作是一个自在之物，这个自在之物却可以在每个人的
眼里在颜色上有不同的显现。

"在这种场合下"，也就是在把经验性的东西理解为如同空间那样虽
是主观的观念、却可以导致客观实在性的东西的场合下，就必然会把经
验性的感觉看作是对一个自在之物的反映，这种反映虽然在每个人眼里
因人而异，但却仍然被视为属于自在之物的属性，只不过是作为"第二性
的质"的属性而已。这就是洛克等人的经验论的唯物主义观点，他们力
图把经验性的东西理解为具有客观性的知识，但由于缺乏先验的维度，

这种经验性的东西只能是后天的经验性的观念性，它们要获得客观实在性就只有独断地设定一个自在之物作为它们反映的对象。但由于"这个自在之物却可以在每个人的眼里在颜色上有不同的显现"，所以颜色的表象并不能真正反映自在之物的真相，可见把这种现象在经验性的理解中看作一个自在之物是毫无根据的、非批判的。

相反，对空间中现象的先验概念却是一个批判性的提醒：一般说来在空间中被直观到的任何东西都不是自在的事物，而且空间也不是事物也许会自在地自身固有的形式，勿宁说，我们完全不知道自在的对象，

这个"相反"就是与前述那种经验性的观念性相反，"对空间中现象的先验概念"不同于对空间中现象的经验性的理解，它是一个"批判性的提醒"，也就是说从先验的层面对现象中的各种经验性事物之所以可能的条件的追溯。"提醒"（Erinnerung）这个词也可以译作"回忆"或"回溯"，是把人们所遗忘了的东西又重新回忆起来，提醒人们不要"忘本"，它来自柏拉图的"回忆说"。按柏拉图的说法，人们之所以能够回忆，是因为那本源的知识是人们原先早已知道的，只是后来忘记了。"提醒"也只是把人们已有的知识提醒一下，引起注意，并不是要从外面灌输一种本来没有的知识。所以提醒和回忆都用不着超越主体的认识结构之外去独断地设定一个自在之物，而是可以在这个结构的先验层面找到现象中事物的先验根据。所以这种"批判性的提醒"就在于表明，"一般说来在空间中被直观到的任何东西都不是自在的事物，而且空间也不是事物也许会自身固有的形式"。空间的先验的观念性就足以解释空间中任何事物作为现象所具有的客观实在性，它因此也不会被误认为是"事物也许会自身固有的形式"，即误认为自在之物的形式，我们在这里完全可以把自在之物归于不可知的领域存而不论。

而凡是我们称之为外部对象的，无非是我们感性的单纯表象而已，其形式是空间，但其真实的相关物、亦即自在之物却丝毫没有借此得到认识，也不可能借此被认识，但它也从来不在经验中被探讨。

就是说,我们称之为"外部"对象的都是感性上的主观表象,因为一说"外部"对象,就已经引入了**空间**的说法了,一引入空间的说法,它就不是自在之物了,而是回溯到先验的感性表象,即空间这种主观的直观形式。但自在之物却是这些感性表象的"真实的相关物"(wahres Korrelatum),亦即是真实地刺激着我们的感官而使之产生出感性表象来的东西,只不过它是如何刺激了我们的感官,是凭借什么样的性质刺激了感官,为什么产生出这种感性表象而不是另外一种感性表象,这些都是我们无法解释和认识的。所以它们无法凭借它们刺激了我们的感官而得到认识,而是从来不在经验中被探讨的,因为它们完全处于经验范围之外。总之,一切出现在我们外部的对象,都只是以空间为其先天形式的感性表象,我们必须把它们与自在之物严格区分开来。现象与自在之物的这种先验的区分就是对空间中的事物的一种批判的提醒,即对独断论的一种彻底清除。

第二节　时　　间

B46

§4.时间概念的形而上学阐明

整个先验感性论包括两大部分,空间和时间。从某种意义上说,时间比空间更重要,更深入到人类认识的根源和本质。与空间概念的形而上学阐明不同的是,时间概念的形而上学阐明不是分四个层次,而是有五个层次,其中第三个层次是多出来的,并且与后面的"时间概念的先验阐明"有连带关系。为什么会这样,下面将有说明。我们先来看第一条:

1.时间不是什么从经验中抽引出来的经验性的概念。因为,如果不是有时间表象先天地作为基础,同时和相继甚至都不会进入到知觉中来。

只有在时间的前提之下我们才能想象一些东西存在于同一个时间中（同时），或处于不同的时间内（相继）。

与空间的形而上学阐明中一样，这第一条也是否定性的，就是说，时间**不是**经验性的。为什么不是经验性的呢？因为它先于知觉中的"同时和相继"。这也是依靠反思得出来的，"如果不是有时间表象先天地作为基础，同时和相继甚至都不会进入到知觉中来"，潜台词就是：同时和相继**已经**进入到知觉中来了，那么反思一下，这是如何可能的呢？原来其前提就是我们已经有时间的先天表象作为基础了，只有在这个前提之下我们才能想象同时和相继的东西。所以这一条所说的实际上是：时间**不是**后天经验性的，**而是**先天的；或者说，**因为**是先天的，**所以**不是后天经验性的。康德遵循严格的形式逻辑程序所作的这一套论证有些做作，他要先否定然后才肯定，但他在否定时已经作了肯定，可见否定和肯定其实是分不开的。这是第一条，否定时间的后天经验性。

第二条是肯定时间的先天必然性。

2. 时间是为一切直观奠定基础的一个必然的表象。我们不能在一般现象中取消时间本身，尽管我们完全可以从时间中去掉现象。所以时间是先天被给予的。只有在时间中现象的一切现实性才是可能的。这些现象全都可以去掉，但时间（作为这些现象的可能性的普遍条件）是不能被取消的。

这一段与对空间的形而上学阐明的第二条相比大同小异，只要把"空间"换成"时间"就行。所用的手法也一样，就是做一个心理学实验：我们可以设想从时间中去掉现象，但不可以设想任何现象中没有时间。这就足以证明时间是一切现象的可能性的普遍条件了。它是不能取消的，因为它是先天的，取消则是一个后天的行为，后天的行为怎么能取消先天的东西呢？凡是先天的东西都是不能取消的，因此它也是必然的，是逃不掉的。一切现象都必然在时间之中，都已经是以时间为可能性前提了。如任何一种红色,肯定都已经延续了一段时间,一种没有时间延续的红色根本是不可能的,不是现实的红色,所以"只有在时间中现象的一切现实性才是可能的"。当然,一种没有任何内容的时间、空的时间在康德看来也是不可能的,或者不现实的,但还可以设想。凭这种"可以设想",我们就可以发现人心中一些隐秘的能力或结构,而把人的现实的知识看作是由这种能力或结构造成的。时间的这个第二条阐明就是指出康德通过反思性的设想而发现的时间的先天性和必然性。

第三条作为形而上学的阐明,已经不单是阐明时间本身的概念内涵,而且也阐明时间的这种奠基性内涵所导致的原理,因而同时也是一种先验的阐明了。康德说:

3.在这一先天必然性的基础上,还建立起了时间关系的那些无可置 B47
疑的原理,或一般时间公理的可能性。时间只有一维,不同的时间不是同时的,而是前后相继的(正如不同的空间不是前后相继的,而是同时的一样)。

时间是先天必然的,这已由时间的第二条阐明所指出,在这一基础上,就建立起时间关系的公理,即时间的一维性和前后相继性。康德在这里本来还应该提到,这种一维性和前后相继性正是算术单位的统一性和算术运算的累积性的先天条件。因为首先,算术单位要统一,不能依赖任何经验的事物,例如我们在经验中可以把一个苹果当作"1",也可以把一头牛当作"1",但苹果有大小不同,牛也有公牛母牛、胖牛瘦牛之别。经验事物再怎么精确,也不可能给数学的精确性提供依据。只有时间才能做到这一点,因为时间是一维的、线性的,不是平面的和立体的,它没有宽窄、体积、粗细,只有均匀的延伸,因此可以尽可能的精确。一旦确定了一个时间单位,比如说一秒,就可以使这一秒作为永远统一的单位而衡量任何经验性的事物,这就给算术单位的统一性提供了可能性前提。至于前后相继,则是算术运算的本质上的累积性的先天条件。算术的本质是加法，减法只不过是加法的逆运算，乘法和除法则是加法和减法的高阶运算。所谓加法就是把后面的数目相继加在前面的数目之上，使之成为一个不同的和更大的数目。加法的必然趋势或规律是越加越大，而不可能越加越小，也不可能停留在原来的大小（除非你加上一个"零"，但加上一个零等于没有加）。但这种必然趋势和规律正是由时间的不可逆转而提供先天条件的，时间一定要向前进展，不能倒流，而且越是到后来，时间就越"久"，在算术上就相当于数目越"大"。但这种久或大都与它以前的时间或数目的积累密切相关，是前后相继地累积而来的，而不是孤立的。有一个笑话说，一个人吃了一个馒头，不够，再吃一个，还是不饱，吃到第三个才饱了，他就想，假使当初只吃这第三个馒头，不是可以节省下前面两个馒头吗？这个人的可笑之处就在于忽视了时间的相继性，如果没有前面两个馒头，这第三个馒头就相当于第一个馒头，"第三"是由"第一"和"第二"累积而成的。可见，单凭经验事物，如单个的馒头，是不可能表达出算术的累积性这种必然趋势的，只有时间的这种先天的前后相继性或不可逆性才能给算术的累积性提供先天条件。当然康德并没有作这样一种先验的阐明，这是我给他阐明的。他自己并没有把时间联系到算术的可能性条件来加以先验的阐明，他为什么没有这样阐明，这有他的道理，我们后面再说。不过基本原则他还是阐明出来了。

这些原理不可能从经验中引出来，因为经验既不会提供严格的普遍性，也不会提供无可置疑的确定性。我们只能说：通常的知觉告诉我们是这样；但不能说它必定是这样。这些原理作为使经验根本上成为可能的诸规则而起作用，并在经验之前教导我们，而不是通过经验教导我们。

"这些原理"指上面所提出的时间的一维性和前后相继性，它们是具有经验所不能提供的严格普遍性和必然性的。通常的知觉也告诉我们，发生在前的事情对发生在后的事情是有影响的，"但不能说它必定是这样"，例如休谟就认为，"在此之前"并不说明"由于此"，他因此而否定了因果律的客观必然性。但康德认为,"这些原理作为使经验根本上成为可能的诸规则而起作用",它们是我们的经验知识之所以可能的先天条件。在后面的纯粹知性的"图型法"中,他充分利用了时间诸原理的这种使经验成为可能的作用,来建立范畴借以规范经验性杂多的图型,例如因果性范畴就是通过时间相继性的先验图型而使经验成为具有客观必然性的知识的。但康德在这里没有展开阐明这一点,正如他没有阐明时间的公理作为算术的先天综合判断之所以可能的先天条件一样。康德这里所做的大体上还是局限于"形而上学的阐明"的范围,他不想偏离开时间概念本身的内涵太多,不想涉及太多时间的认识论功能,但有些基本功能又实在撇不开,例如时间的一维性和前后相继性,它们究竟算时间的形而上学内涵还是属于时间的先验功能? 实在不好分。这与空间的情况还不一样,在空间的形而上学阐明中,我只要说空间是一切"外部"直观的基础,这个"外部"就已经把空间的三维性和同时性都涵盖在内了,因为一个与"内部"对立的"外部"显然必须从三维的相对立场来理解,而且必须理解为同时并存的;正因为如此,三维性和同时性都不必直接出现在形而上学的阐明里,而可以放在先验的阐明里来讲,正如 §3 中所做的那样。但在时间的形而上学阐明中,我已经不能单凭指出时间是一切"内部"直观的基础就充分阐明其概念内涵了,因为时间同时也间接地是一切"外部"直观的基础(详后);这时我就必须出示时间概念的进一步的内涵,即一维性和前后相继性,而这就不能不涉及到时间的先验阐明了。所以这个第三条在时间的形而上学阐明中处于一种非常尴尬的地位,它既属于形而上学的阐明,同时又插足于先验的阐明,但这个先验的阐明又受制于形而上学的限度,不能畅快地展开论述。之所以造成这种尴尬局面,一个是由于时间概念的特殊性,即和空间的概念比起来,时间具有更深刻的主体性根源,它的形而上学概念内涵和它的先验的认识功能已经合而为一,很难分得开。我们不可能像谈论空间那样,静止地、孤立地谈论时间。"子在川上曰:逝者如斯夫,不舍昼夜!"时间本身就是一种能动的功能，一种运动的形式，一种不可逆转的作用。所以后来的人如马克思、柏格森、海德格尔等都用时间来表达一种主体能动的生命活动，一种自由的创造性活动。另外一个原因是康德本人的思维方式还基本上停留在空间性的层次，他的"形而上学的阐明"和"先验的阐明"的划分本身就是一种空间式的、静止的和孤立的划分，这种划分方式当然不适合于时间了。所以尽管在空间部分可以划分得界线分明，但到时间部分就混在一起了。

下面两条是讲时间的直观性的。

4. 时间不是什么推论性的、或如人们所说普遍性的概念，而是感性直观的纯形式。

这一条"不是……而是"，似乎既有否定也有肯定，但重点在否定，主要是要把时间这种直观形式和概念区分开来，说明时间不是概念。在康德以前，很多人由于时间的抽象性和形式性而把时间看作一种概念，一种范畴。如亚里士多德就是这样，他的"十范畴"中有一个就是"时间"。但康德提出时间根本不是概念性质的东西，不是按照概念的种、类、属来进行推论的东西，而是感性直观的纯形式，它的抽象性和形式性不是概念的抽象形式性，而是直观本身的抽象形式性。如果是概念的话，时间就会有概念的等级和种类关系，一个概念和另一个概念、大的概念和小的概念就会有性质上的区别。例如白马和黄马就是性质上的区别，白马和马是等级上的区别，这个等级也是由于增加或抽掉某种性质（白）而造成的。但时间其实只有长时间和短时间的量的区别，一段时间和另一段时间如果在量上相等，比如说同样是一小时，那么这两段时间就完全相等，在性质上它们都是同质的、单纯的，因为时间不是概念，而是直观。所以，

不同的时间只是同一个时间的各部分。

"同一个时间"就是指那个整全的时间，其中任何一个部分都是和整

348

体同质的,都只是在量上分割了同一个时间。这就是前面讲过的,大陆理性派对于时间和空间的整体观,即认为时间和空间不是由一部分一部分堆积而形成的,而是一次性地给出一个整体的时间或空间,然后每一部分时间或空间都是对这个整体的一种分割。只不过大陆理性派如笛卡尔或斯宾诺莎都把这种整体视为知性直观的对象,唯有康德把它视为感性直观的对象。

<u>但只能通过唯一的对象被给予的表象就是直观。</u>

"通过唯一的对象被给予的表象",就是并非通过概念的推论从一个对象推到另一个对象而获得的表象,而是就唯一的一个对象直接给出来的表象,时间就是这样的表象。时间不是推论出来的,而是随时看到的直观都是那同一个时间的部分,都属于那唯一的时间。俗话说,窥一斑而知全豹。正因为如此,所以直观是最贴近对象的,它的表象紧紧地执著于那个唯一的对象而不旁骛。而一切概念都在一定程度上离开了唯一的对象,而着眼于一个对象和另一个对象之间的关系,如共相和殊相的关系,所以它们是推论出来的,并且是依赖于推论和导致推论的。而直观则完全不依赖于推论,

<u>甚至连"不同的时间不能是同时的"这一命题也不能从一个普遍概念中推出来。这个命题是综合的,不能单独由概念中产生。所以它是直接包含在时间的直观和表象之中。</u>

"不同的时间不能是同时的",乍看起来似乎这是一个分析命题,似乎"不同的时间"这个概念里面就包含了"不同时"这个概念;但其实并不是如此,"不同的时间"并不包含"不同时",就是说,两个不同的时间同时并行,这在逻辑上并不矛盾。当然在事实上这是不可能的,两个时间如果同时并行,那么它们就只能是同一个时间,而不是不同的时间。为什么事实上不可能,这不能凭概念推论出来,而是由直观看出来的,因为时间是这样一种先天直观形式,它的各个不同的部分只可能前后相继地进行。所以这个命题是一个先天综合命题,它"直接包含在时间的直

观和表象之中",也就是包含在时间的"前后相继"这一直观表象之中。总之这一段就是要说明时间是直观形式,而不是概念。

最后,第五条说明时间作为一个唯一的整体,在量上具有无限性。

B48   <u>5.时间的无限性只不过意味着,时间的一切确定的大小只有通过对一个唯一的、作为基础的时间进行限制才有可能。</u>

这就是前面一段说的,不同的时间只是同一个时间的各个部分,这同一个时间就是一个"唯一的、作为基础的时间",所有不同大小的时间只是通过对这个唯一的时间进行"限制",也就是我们前面说的进行"分割",才有可能。为什么要强调时间的唯一性和无限性,也是因为要强调它的直观性,因为前面已经表明了,只能通过唯一的对象被给予的表象就是直观,而这个唯一的对象要把它的所有各个部分都包容进来,就不能不是无限的。

<u>因此,**时间**这一本源的表象必须作为无限制的而被给予出来。但它的各个部分本身,以及一个对象的每个大小,都只有通过限制才能被确定地加以表象,在这里,</u>① <u>这整个表象都必定不是由概念给予的 (因为概念只包含诸部分表象),而是必须由直接的直观来为它奠定基础。</u>

"时间这一本源的表象",时间有很多大小不同的表象,有不同的时间表象,但本源的时间就是那个唯一的时间的表象,其他时间表象都是由于对这个唯一时间进行限制或分割而产生的。那么,这个唯一的本源的时间表象"必须作为无限制的而被给予出来"。无限制的东西如何能够被"给予出来"?前面讲空间的时候已经讲到,唯一的直观不是作为现成的东西而被给予出来的,如果是现成的时间,那它总是有限的,有一定大小、长短的,所以它只能是作为一种"能力"而被一次性地给予出来的。时间是一种先天直观形式,但从根本上说它是一种能力,即一种感性的

---

①   "在这里",德文为 da,原译作"于是",不确。兹改正。

接受能力。能力就是一种可能性，它并不固定于某个大小，而是本身无限制或不受限制的，因此它才有可能无限地被分有，被运用，被加在一切有限的事物上，而形成一定量的时间。这也就可以视为每个时间部分和每个事物的大小都从它那里"限制"或分割出了自己的那一份额。而这种情况正说明，"这整个表象都必定不是由概念给予的"，而是建立在直观基础上的，因为概念所包含的只是各个部分的表象，而不是把自己的整个表象让各部分去分割限制。例如"马"的概念只是把白马、黄马、阿拉伯马、蒙古马等等统统包括在内的一个共相，离开这些具体的马它本身什么也不是；反之，时间却是预先已经作为无限制的表象而被整个地给予出来，然后一切具体的时间都是从它这里分割出去的。所以概念和直观是很不相同的。

§5.时间概念的先验阐明

时间概念的先验的阐明在前面已经做过了（虽然实际上做得很不到位），所以康德说：

为此，我可以援引上面第3条，在那里我为了简短而把本来是先验阐明的事置于形而上学的阐明这个标题下了。

其实，康德在第一版中对空间和时间的阐明都是五条，并没有分什么形而上学的阐明和先验的阐明，这些标题都是第二版加上去的。在第二版中，空间的相当于"先验阐明"的第三条被删去，并在剩下的四条后面加上了一个"空间概念的先验阐明"，它与被删去的第三条内容相当；时间的第三条没有删去，却也另外加上了一个"时间概念的先验阐明"，就是这里 §5. 的这段话。但其实这个先验阐明严格说来是名不副实的，它并没有像空间概念的先验阐明一样，阐明时间概念如何给数学即算术提供先天的可能性基础，而只是在第3条已经作了初步的先验阐明以后，对这种阐明的一种"补充"。所以康德接下来说：

　　在此我再补充一点：变化的概念以及和它一起的运动（作为位置的变化）的概念只有通过时间表象并在时间表象之中才是可能的；

　　虽然这只是一种"补充"，但这种补充是很有意思的，它说明时间不仅仅是**数学**的先天综合判断之所以可能的条件，而且是运动变化这样一类基本的**自然科学**概念之所以可能的条件。我们本来似乎可以指望康德在这个补充里面把他在前面第三条中没有展开的时间与算术的条件关系加以阐明，然而他却仍然绕开了对算术的论证，而跳到自然科学即运动学或力学上去了。所以康德对时间的先验阐明与对空间的先验阐明形成一种不对等性，并不因为空间阐明了几何学的可能性条件，时间就非得阐明算术的可能性条件。就此而言，康德对时间在先验感性论范围中的先验阐明并没有提供出来，而只提供了超出先验感性论范围的对力学的先验阐明，为什么在这里需要这样一个"补充"？联系到后面康德关于纯粹知性概念的"原理分析"中的论述，我们可以看出时间作为人类知识的可能性条件的特殊地位，即它不仅仅是数学之所以可能的直接的先天条件（这点并未得到阐明），而且是自然科学之所以可能的间接的、但却是不可缺少的先天条件，也就是作为**时间图型**而使知性范畴能够作用于经验对象上的中介条件。例如后面（第 167 页）谈到纯粹知性原理中的"第二类比"时的表述："按照因果律的时间相继的原理：一切变化都按照因果联结的规律而发生"，其中就运用了因果性范畴的图型，就是时间的"相继性"。而这里所说的正是"变化的概念……只有通过表象并在时间表象之中才是可能的"，这已经预示了时间作为因果性图型在更高层次上的先验作用，因而可以看作是时间概念的先验阐明的一种引申或补充。① 下面对此进一步说明：

　　而假如这个表象不是先天的（内）直观的话，那么任何概念，不论它

──────────

① 对这个问题的专题讨论，可参看拙文：《康德时间观的困境和启示》，载《江苏社会科学》2006 年第 6 期。

是什么概念,都不能使一个变化的可能性、即把矛盾对立着的谓词结合在同一个客体中的可能性(如"同一个事物在某处存在又在同一处不存在")成为可理解的。只有在时间里,两个矛盾对立的规定才会在一个事物中被发现,即**前后相继**地被发现。 B49

康德看出,单从纯粹的概念上我们无法解释运动变化,因为运动或变化的本质就在于"把矛盾对立着的谓词结合在同一个客体中",这种情况从抽象概念来理解就是一种自相矛盾,违背了不矛盾律。所以古代埃利亚派的芝诺就要通过概念分析来否定运动,而从单纯的形式逻辑来看,他差不多是无懈可击的。但如果引入时间这种(内部的)直观的维度,那么运动变化就不至于被它的内部的概念矛盾所否定,而会使这种概念的矛盾在时间的前后相继中得到解决,或者说不再成其为矛盾。其实这种解释并不是康德的发明,在康德以前,机械论的运动观就是这样解释运动的,即运动的事物在此时存在于此处,在彼时存在于彼处,但它不可能**同时**在此处又在彼处。康德在后面(第 161 页)批评逻辑学家对矛盾律的表述"某物不可能**同时**存在而又不存在",认为他们把时间因素混入进来,这就把逻辑规律和运动规律混为一谈了,按照运动规律,某物是可以既存在又不存在的,只要不是同时,而是在不同的时候。康德由此证明,正是时间的相继性使得运动得以可能,尽管在逻辑上运动似乎是矛盾的、因而是不可能的。当然,康德的这种解释并没有真正解决运动的矛盾性问题,而只是把矛盾从运动的事物身上转移到时间本身中去了。因为如果问:什么是时间的"前后相继"? 我们就可以发现,所谓前后相继无非是在每一瞬间的此刻既是此刻又不是此刻,而是另一刻。如果它只是此刻,它就没有后继了,因为它的后继正是由它自己而来的,并非外加给它的;如果它完全不是此刻而是另一刻,这另一刻又没有前承了,因为另一刻不是凭空而来的,而是从此刻承继来的。可见在运动的可能性问题上,康德并没有什么创见,如果考虑到当时牛顿早已提出了他的"流数法"(1711 年)来对运动进行微分,康德观点的陈旧就更为明显了。康德的创意只是在于,他的时间已不再是客观上固定的机械的刻度,而是主体中的先天直观形式,因而是一种主体内在的能力,这种能力所表现的相继性是先验想象力对时间的一种先验规定,它由此构成了因果关系、力和运动的"图型",这就把一种主体能动性引入到对运动的理解中来了。即使是一种客观的运动,也只有通过主体的自发的能动性才能得到理解,因为它的客观性是通过先验想象力对时间的创造性规定而建立起来的。不过开始这种建立的主要角色还不是先验想象力,而是先验范畴的综合统一作用,但至少,这种先验想象力作为一种中介图型也是少不了的。把运动变化的可能性条件从客观引入到主观中来解释,是从辩证法来理解运动的第一步,因为我们只有从主观性才能直接地理解能动性,理解万物的"自己运动"。就像恩格斯讲的,我们是从自己手臂的力气和用力来理解物理学上的"力"的概念的。当然从康德到恩格斯的这种解释还要走很长的路,康德只是第一次做了从人的主观内在原则解释客观运动变化的初步尝试。这就是他所说的:

所以,我们的时间概念解释了像卓有成效的普遍运动学说所阐述的那么多的先天综合知识的可能性。

"我们的时间概念"就是作为主观中的先天直观形式来看待的时间概念,"卓有成效的普遍运动学说"就是当时占统治地位的机械力学,也就是从"还原论"来理解的自然科学,一切自然科学规律都可以"卓有成效"地还原为力学规律。所以"那么多的先天综合知识"实际上就包括了一切纯粹自然科学知识,这里涉及到的是对康德《纯粹理性批判》的总问题中第二个问题的回答,即"纯粹自然科学是如何可能的?"这就是康德对"时间概念的先验阐明"的"补充"说明,它其实是在后面"先验分析论"的"原理分析"中才得到展开论述的,因为只有在那里才正式回答了自然科学如何可能的问题。但对于"数学(算术)如何可能"这个先验感性论本身的问题,康德反而没有作出明确的回答。

§6.从这些概念得出的结论

这一小节是与前面空间概念的阐明后面所作的"由上述概念得出的结论"相对称的,但前面没有作为一小节,而这里却单独设为一小节,可见它的地位更重要,带有一定的总结性质。这些结论有三条,其中前两条与空间的结论中的两条相对应,即一条讲时间的主观先天性,另一条讲时间的直观性。但与空间那里不同的是,这里增加了一个第三条,是讲时间和空间的关系的,并且把空间的作用归结到时间上来,用时间统领空间,这就使这一小节带上了更高的总结的性质。我们先来看第一条。

a) 时间不是独立存在的东西,也不是附属于物的客观规定,因而不是抽掉物的直观的一切主观条件仍然还会留存下来的东西;

这一条与空间的结论的第一条一样,也采取了否定的陈述方式,主要是要排除对时间的自在之物的理解。时间不是自在之物,也不是自在之物的属性,如果抽掉对物的直观的主观条件,时间就什么也不是了,所以不会是"仍然还会留存下来的东西"。用肯定的方式来表达这个意思,就可以说时间其实就是"物的直观的主观条件"。但按照康德的"先否定再肯定"的逻辑程式,他宁可采用这种否定的表述。既然是否定的表述,所以下面的证明也是采取"归谬法"的方式:

因为在前一种情况下,时间将会是某种没有现实对象却仍然现实存在的东西。

"前一种情况"就是指时间是"独立存在的东西"这种情况,就是说,如果时间是独立存在的东西,那么时间就是不需要它的对象而自己能够单独存在的,所以它"将会是某种没有现实对象却仍然现实存在的东西"。这里"将会"表示虚拟式,因为没有现实的对象却仍然现实地存在是不可能的,只是一种虚拟。实际上,我们虽然可以没有对象地、独立地设想时间,如前面的"心理学实验"所证明的,但却根本不可能设想时间本身现实地独立存在,后面这种设想将得出自相矛盾的结论来。一个没

有任何对象、内容的时间框架怎么可能是现实存在的？由此证明时间不可能是独立存在的东西。至于第二种情况，

那么时间作为一个依附于物自身的规定或秩序就会不可能先行于对象作为其条件、也不可能通过综合命题而被先天地认识和直观到了。

"第二种情况"是指时间作为"附属于物的客观规定"的情况，就是说，如果时间被看作是依附于物自身的规定或秩序，那么时间就不可能作为这个对象（物自身）的可能性的先天条件而认识和直观到，也不可能通过综合命题而先天地认识和直观到了。因而这个结论也是荒谬的，因为根据前面的心理学实验，我们的确可以设想一个时间而不必设想其中的对象，但我们却不可能设想一个对象而没有它的时间，所以时间应当是先行于对象并作为对象之所以可能的条件来设想的，因此它也能够通过先天综合命题而被认识和直观到。于是，正确的结论就应当是：

相反，这种事很有可能发生，如果时间无非是一切直观得以在我们心中产生的主观条件的话。因为这样一来，这一内直观的形式就能先于对象、因而先天地得到表象了。

这两句话用的是直陈式而不再是虚拟式。"这种事"是指时间"先行于对象作为其条件"，以及"通过综合命题而被先天地认识和直观到"，这种事发生的前提是必须把时间理解为"一切直观得以在我们心中产生的主观条件"，只有这样，我们的时间这种"内直观的形式"才能"先天地得到表象"，才能成为对象之所以可能的先天条件。当然，这个"对象"已不再是物自身，而是直观到的现象了。时间的这一条结论正如空间的第一条结论一样，所针对的也是牛顿和莱布尼茨的时间观，即把时间要么看作一种独立存在的实体，一种用来塞进各种经验对象的客观形式框架，如一条"时间长河"这种说法；要么看作某种与自在之物的关系，它附属于自在之物，由自在之物本身的逻辑规定或秩序而来。康德认为所有这些看法都忽视了时间对于对象的主观先天性，是经不起推敲的。

b) 时间不过是内部感官的形式,即我们自己的直观活动和我们内部状态的形式。

第一条讲时间的先天性,第二条则着重讲时间的直观性:时间"不过是内部感官的形式"。这里的"内感官的形式"这一说法,与前面讲到的"内直观的形式"是同一个意思。时间是先天的,是先天的什么呢? 这里就讲,是先天的内感官形式,这个形式包括我们的一切内部状态、甚至我们的直观活动本身的形式。这个直观活动虽然是指我们内感官的活动,但也不排除外感官的活动,即用空间去把握外部现象的活动,外感官的活动作为一种内心的"活动"也是内感官中的。这就为下一条"结论"中用时间去包容空间埋下了伏笔。在这方面,我们似乎可以把时间看作是一种"对直观的直观"。但是这个对直观的直观本身又是一种"活动",它是否又是关于自己这种活动的形式呢? 康德没有说。下面是他的论证:

因为时间不可能是外部现象的任何规定;它既不属于形状,又不属于位置等等,相反,它规定着我们内部状态中诸表象的关系。　　B50

这里是指出时间和空间的区别。为什么说时间是"内部感官"的形式呢? 因为时间与空间不同,它没有形状和位置,这些外部空间属性的规定它一个也不具备,它唯一地只规定我们的内部状态中前后相继的各种表象的关系,所以它只有一维,而空间却有三维。

而正因为这种内部直观没有任何形状,我们也就试图通过类比来补足这一缺陷,用一条延伸至无限的线来表象时间序列,在其中,杂多构成了一个只具有一维的系列,我们从这条线的属性推想到时间的一切属性,只除了一个属性,即这条线的各部分是同时存在的,而时间的各部分却总是前后相继的。

时间的一维性从某种意义上说是一种"缺陷",就是说它本身不好表象,也就不好作为一个研究对象来观察。我们只能体验时间,却"看不到"时间。但在康德看来,时间既然是"直观",它就必须能够"看到"。如何看到? 只有请空间来帮忙,"用一条延伸至无限的线来表象时间序列",

这样我们就能够"从这条线的一切属性推想到时间的一切属性"。但这种类比仍然是有缺陷的，因为它虽然表达了时间的一维性，但却表达不出时间的前后相继性，因而有把时间"空间化"之嫌。对于这一致命的缺陷如何才能够弥补，康德没有提出更好的办法，他似乎认为只要指出这一缺陷就够了。其实这是远远不够的，对于时间来说，前后相继性比一维性更深刻、更本质，它甚至是时间的一维性的根源，一维性不过是时间的前后相继不可逆转性所留下的轨迹而已。显然，时间的前后相继性中所隐含的主体能动性和生命意识在康德的视野之外，他的眼光还停留在空间思维、对象性思维或"表象思维"的层次，一个东西如果不能当作对象来观察、研究和分析，在他看来就没有意义。他当然很重视时间的前后相继性，但这种前后相继性如何能够"表象"出来，在他这里是一个没有解决的问题。此外，用空间表象来类比时间还有一个弊病，就是这种类比要借助于"推想"（schliessen，推论），即从空间的属性推论出时间的属性。但这样一来，时间如何还能够称之为"直观"就很成问题了。至少，我们只能说时间是对于一个对象的直观，但时间本身却很难说是直观。然而，康德对上述两大疑点似乎视而不见，他接下来说：

由此也表明了，时间本身的表象是直观，因为时间的一切关系都能够在一个外部直观上面表达出来。

其实，这只证明了唯有空间才是真正的直观（Anschauung），时间顶多只能说是"直觉"（Intuition）。虽然一般说来，直觉和直观通常被视为同义词，但其实还是有区别的。前面说过，Anschauung 这个德文词是由An（在…旁边，靠着…）和 schauen（观看）两部分组成的，意为挨着、靠近去看，有"旁观"之意；Intuition 这个词却是个拉丁文词，是由 in（到里面）和 tuition(关注、看顾) 两部分组成的，含有内心某种主动地突发的"灵感"（Eingebung）的意思。英译本中通常都用 intuition 这个词译德文的"Anschauung（直观）"，虽然在一般意义上并没有什么大的妨碍，但一深入到里面就出问题。我们中国人通过英译本读康德的书在这上面出的乱子更大, 如牟宗三把康德的"智性直观"(die intellektuelle Anschauung)译作"智的直觉", 就是从康浦·斯密的英译本转译过来的, 他马上就将这个概念和中国传统的非对象性的道德自觉联系起来, 认为中国哲学才真正实现了康德提出的"智的直觉"。但其实康德的智性直观与中国天人合一的直觉思维是根本不同的, 它是一种主客二分的对象性思维, 虽然具有创造性, 但对创造出来的东西仍然是一种"观"(静观或旁观), 而不是内心的"觉"。在《纯粹理性批判》中, 康德从来不用 Intuition(直觉)一词,[①] 他只在某几个地方用过形容词 intuitiv(直觉的), 通常都是与 diskursiv(推论的)相对举来用, 表明一种方法上的倾向。还有一次(第 105 页)用 intuitus derivativus(派生的直觉)放在括号里来解释 die abgeleitete Anschauung(派生的直观), 也是因为拉丁文里面没有与 Anschauung 严格对应的词, 只好将就一下。这说明, 康德认识论的基本立足点还是一种旁观和静观的态度, 即使承认能动的东西在认识中的重要作用, 他也要想办法将其纳入到某个静观的层面上来。然而在这里, 康德依据"时间的一切关系都能够在一个外部直观上面表达出来", 就断言"时间本身的表象是直观", 这无论如何也是说不过去的。外部直观上表达出来的只能是空间关系, 而不是时间关系, 时间关系是不能通过旁观和静观而表达出来的。更何况他自己也承认, 并非时间的一切关系都能够在外部直观(一条线)上表达出来。

c) 时间是所有一般现象的先天形式条件。

这句话是一句归总的断言, 它甚至可以说是整个空间和时间学说的收束之处。"所有一般现象"包括外部现象和内心现象, 它们都以时间为

---

① 在他的三大批判中, 他只有一次直接用到 Intuition, 是在《判断力批判》谈到有人否认鉴赏力的"自律"时说的, 他们认为鉴赏就像数学的发明一样, "不能从自身中通过概念的建构而凭最大的直觉(Intuition)产生出严格的证明来。"参看《判断力批判》, 邓晓芒译, 杨祖陶校, 人民出版社 2002 年版, 第 124 页。

自身的形式条件。之所以要收束到时间这一点，看来是为后面的纯粹知性范畴的时间图型提供一个过渡，当然这与康德对时间和空间关系的深层理解是分不开的。他以空间性的思维方式而进到了以时间的内在主体性和能动性为基点的思维构架，或者像黑格尔说的，他是在用知性来处理理性的问题。下面是对这一断言的证明：

空间是一切外部直观的纯形式，它作为先天条件只是限制在外部现象。相反，一切表象，不管它们是否有外物作为对象，毕竟本身是内心的规定，属于内部状态，而这个内部状态却隶属在内直观的形式条件之下，因而隶属在时间之下，因此时间是所有一般现象的先天条件，也就是说，是内部现象（我们的灵魂）的直接条件，正因此也间接地是外部现象的条件。

这里不仅对空间和时间进行了一种分工，即空间是外部直观的纯形式，时间是内部直观的纯形式；而且对这两个领域作了一种归结：外部隶属于内部，空间隶属于时间。在空间中所经历的任何外部现象，最终都毕竟要在内心的时间中过一遍，才能被我们所接受到。所以时间是"所有一般现象的先天条件"，其中有两个层次，一个是，时间是内部现象的直接条件；其次是，时间是外部现象的间接条件，之所以"间接"，是因为要通过空间，但毕竟时间是最后的条件。这里康德把内部现象解释为"我们的灵魂"，由此可推出，时间是灵魂的形式条件。但什么是灵魂（Seele）？康德在后面（第 120 页）谈及："一般综合只不过是想象力的结果，即灵魂的一种盲目的、尽管是不可缺少的机能的结果，没有它，我们就绝对不会有什么知识"。灵魂是一种内部现象，但它与外部现象不同，它具有一种自发的、能动的机能，即想象力，它是"一般综合"的根源，是造成任何知识的不可缺少的要素。但灵魂的形式是时间，由此我们也可以看出时间与创造性的想象力、与主体的能动性都有内在的血缘关系，也可以理解为什么先验范畴一定要借助于"时间图型"才能发挥其综合统一经验材料的作用了。所以这个第三条结论在先验感性论中具有影响全局的意义，并不仅仅是归结为空间和时间的关系就可以完全概括的。下面进一步展开：

　　如果我能先天地说：一切外部现象都在空间中并依空间的关系而先　B51
天地被规定，那么我也能出于内感官的原则而完全普遍地说：所有一般
现象、亦即一切感官对象都在时间中，并必然地处于时间的关系之中。

　　这就更为明确地确立了时间关系对于空间关系的包容性。一切现象，包括外部现象和内部现象，都逃脱不了空间和时间的规定，但空间只管外部现象这一块，时间则总管全体现象，并把它们全都纳入到"内感官的原则"中来。

　　下面两大段对上述结论进一步作理论上的提升。

　　如果我们把**我们的**在内部直观自己并借这种直观也把一切外部直观包括在表象能力中的方式都抽掉，因而把对象如同它们可能自在地存在那样来看待，那么时间就什么也不是了。

　　类似的话在前面讨论空间的两条结论之后的那段话中也讲过（参看 B43—B44），而这里对时间的讨论是把对空间的讨论纳入到一起来谈的。也就是说，时间与空间一样，如果把我们内部的主观的直观方式抽掉，而将它们设为自在之物的存在方式，"那么时间就什么也不是了"。句中"我们的"打了着重号，说明我们只有从自己的立场、也就是从人类的立场才能谈论时间，康德的时空观是人本主义的时空观，当然这种人本主义也是广义的，即立足于一切与人类似的有限的理性存在者，包括外星人或一切类人的动物。不过，康德并不强调这种人本主义的"人类学"色彩，而是强调其哲学色彩。他强调时空的主观性主要是为了排除自在之物的理解，反对时空问题上的独断论。

　　时间只就现象而言才有客观有效性，因为现象是我们已经当作**我们感官的对象**的事物；但如果我们抽掉我们直观的感性，因而抽掉我们所特有的那种表象方式，而谈论**一般的物**，则时间就不再是客观的了。

　　这里重申了两种不同的"客观",即现象的客观和自在之物的客观。时间的客观性是指在现象上的"客观有效性",它不能脱离我们的感官对象而有意义;如果撇开感官,抽掉我们直观的感性即感官的感受方式,而就"一般的物"来谈论时间,则时间在这种意义上就不再是客观的,而仅仅是我们主观的了。这里"一般的物"(Dinge überhaupt),或后面经常提到的"一般对象"(Gegenstände überhaupt),是康德的一个反复使用的术语,就其本意而言,它是泛指一切可以称之为"物"或"对象"的东西,包括现象之物和自在之物在内都属于"一般物"。但在特定的语境下,它又特指自在之物,因为和现象之物比起来,自在之物更加"一般",它除了是一个"物"或"对象"之外没有任何进一步的规定性,而现象之物则受到先天直观形式和范畴的诸多规定,因此更为"特殊"。而在这里,一般的物就是指自在之物,当我们谈论自在之物的时候,时间就不再是这种意义上的"客观的"了,它只能是现象之物意义上的客观的,在自在之物的意义上它勿宁是主观的。

　　<u>因此时间只是我们(人类的)直观的一个主观条件(这直观永远是感性的,即限于我们为对象所刺激的范围内),它超出主观就其自在来说则什么也不是。</u>

　　这里明确点出了"人类的"直观,并表明这种直观"永远是感性的"。什么叫"永远是感性的"? 在康德的语汇中,这就意味着永远是接受性的、被动的,"即限于我们为对象所刺激的范围内"。康德的时间观实际上已经涉及到了主体的能动性和灵魂的自发性,但他仍然以一个旁观者的立场把这种能动性看作是由于内感官受到"对象"的"刺激"所导致的现象,这个对象不是外部对象,而是内部对象,即内在的那个不可知的"我",也是一个自在之物。这就是康德为什么一定要把时间也像空间一样看作是一种"直观"、一种旁观或静观,而不愿意引入能动的"直觉"的缘故,时间在这种意义上被"空间化"了,也就是被动化了。但这种被动里面又仍然含有主动的因素,这就是人在受刺激时有一种固定的受刺

激的形式，一种接受方式，使得我们一旦受刺激并从这种刺激中获得感性的表象，同时就使这些表象受到了主体的这种方式的限制，而由此所给予出来的感官对象倒的确是与自在之物没有什么关系的，而是由主观自己建立起来的。所以时间这种主观的先天形式"超出主观就其自在来说则什么也不是"，这看起来是在贬损和限制时间的效力，其实也是在维护时间本身的有效性范围，这就是主观中的现象。所以康德说：

但同样，就一切现象而言，因而也对一切能在经验中向我们出现的事物而言，它又必然是客观的。

时间虽然超出主观范围就什么也不是，与自在之物没有任何关系，但在主观的现象范围之内，它却能够以一种普遍必然的有效性而建立起对象事物的客观性。换言之，时间虽然对于自在之物而言只具有一种"先验的观念性"，然而，并且正因为如此，它对于现象而言却具有一种"经验性的实在性"，因为它的先验的观念性在主观范围内保证了它的不局限于个别经验事实的、因而是"理想性的"或普遍必然的有效运用，这一点下面一段有专门的论述。我们不能说：

一切事物都在时间中，因为在一般事物这个概念中抽掉了直观事物 B52
的一切方式，但这种方式却是把时间归于对象表象的根本条件。

"一切事物"，就是不管是现象还是自在之物的一般物、所有的"物"，我们不能说它们都在时间中，因为起码自在之物就不在时间中。一般事物的概念"抽掉了直观事物的一切方式"，或者说，它还没有具体规定直观事物的方式，而只有加上这种方式，使一般物变成现象之物，感官之物，我们才能把时间归于对象表象，因为时间只属于现象领域。

如果现在把这个条件加到概念上，并说：一切事物作为现象（感性直观对象）都在时间中，那么这条原理就具有地道的客观正确性和先天的普遍性了。

这又是一个逻辑上的法则，即一个受限制的判断如果把这个限制加到主词上，它就成了一个不受限制的判断。这个法则在前面讲空间的结论时已经运用过一次了（见 B44）。

最后一段又讲经验性的实在性和先验的观念性，这也与空间的结论相照应（见 B44—B45）。

因此，我们的主张表明了时间的**经验性的实在性**，即对每次可能给予我们感官的一切对象而言的客观有效性。

这里重申经验性的实在性无非是对一切感官对象的客观有效性，也就是对可能经验对象的普遍有效性。"每次"、"一切"强调普遍有效，无一例外地必然有效，这也就是客观有效；"可能给予"即不是仅仅现在既存的感官对象，而是可能经验的对象，包括未来经验或过去经验的对象，尽管我并没有具体地经验到它，甚至实际上不可能经验到它（如对远古事件），但它仍然是可能经验，符合一般经验的法则。这已经不是后天经验，而是先天断言了，即对尚未经验到的事物按照主观的经验法则而作先天推断，这本身已经表明了这种经验性的实在性是以先验的观念性作为前提才可能的，客观有效性是以主观必然性作前提才可能的。

而由于我们的直观永远都是感性的，所以在经验中决不可能有不是隶属于时间条件之下的对象给予我们。

"我们的直观"，指我们人类的直观，或我们这些有限的理性存在者的直观，它永远都只能是感性的，而不是智性的，所以我们的直观对象也只能是隶属于时间条件之下的。隶属于时间条件之下就说明这个对象是感性对象、经验对象，因为时间是感性直观的纯形式，它只有用在我们的感官对象上才有意义。如果是智性直观，那它的对象就不必在时间中，而可能由抽象的智性思维直接给出对象来，即只要想到一个对象，这个对象就直观地呈现出来，无须在时间中、在现象中，而是把它自己作为自在的对象呈现出来——这种直观能力是我们人类所不具备的。我们通常讲"心想事成"，但我们知道那是不可能的，"事成"必须在时间中成，而不是在心想时就成。我们说"祝你心想事成"，大家都知道那是骗人的，心照不宣。

反之，我们反驳一切对时间的绝对实在性的要求，这种要求以为时间即使不考虑我们感性直观的形式也是绝对依附于事物作为其条件或属性的。这样一些属于自在之物的属性也永远不能通过感官给予我们。

这里点明康德提出"经验性的实在性"的矛头所指，是针对"绝对的实在性"即"先验的实在性"的，这种实在性是大陆理性派的独断论所坚持的。理性派哲学家喜欢先验地、即先于经验地去断言事物具有一种绝对客观的实在属性，就是离开我们人的直观、甚至不以人的意识为转移而依附于自在之物身上的实在属性，即使我们不可能直观到、经验到的事物，如灵魂、上帝、自在之物等等，我们也可以凭理性和逻辑来推断它们所具有的客观属性。当然康德自己也是承认自在之物本身的客观存在的，这种意义上的客观性是绝对的客观性。但他认为这种客观性只限于肯定它们"客观存在"，对它们并不能有任何进一步的认识，不能赋予它们任何客观实在的属性和具体规定。独断论却把我们人自身的直观形式如时间先验地强加给非人的自在之物，看作是自在之物本身的属性，这些属性只能通过我们的理性思维想到，而不能通过感官给予我们。这就像莱布尼茨所说的，只是由于我们的理性有限，我们才会把自在之物的逻辑关系看作是时间关系，我们所感到的时间关系实际上不过是自在之物的无限复杂的逻辑属性，但这种逻辑属性是不可能通过感官、而只能通过理性和知性的计算来切实地把握到的。

所以在这里就有时间的**先验的观念性**，据此，如果我们抽掉感性直观的主观条件，时间就什么也不是，时间（去掉它与我们直观的关系）既不能自存性地、也不能依存性地算到自在对象的账上。

康德既然反驳时间的先验的实在性，这本身就说明他坚持的是先验的观念性，也就是坚持时间只是我们"感性直观的主观条件"。离开这个主观条件，或去掉它与我们直观的关系，它就"什么也不是"，它"既不能自存性地、也不能依存性地算到自在对象的账上"，就是说时间既不是自在之物本身，也不是依附于自在之物的属性，它仅仅是我们的先验的观念。这里主要是谈时间的先验的观念性在消极方面的意义，即避免把时间当作自在之物本身的属性，而将它限制于主观的观念中。但时间的先验的观念性还有它的积极意义，也就是"理想性"的意义，如下面所说的：

B53 　　但这种观念性，正如空间的观念性一样，与感觉的欺骗不可同日而语，因为在此我们毕竟在这些谓词所依存的现象本身方面，预设了[①] 它是具有客观实在性的，这种实在性在这里除非它只是经验性的，即除非只把对象本身看作现象，否则就完全取消了：对此可参看上面第一节的说明。[②]

　　这段话里的"观念性"都可以换成"理想性"，因为这里正是发挥Idealität 一词这一方面含义的地方。我国老一辈著名康德专家郑昕先生，在他的《康德学述》一书中就干脆把"先验的观念性"译作"先验的理想性"，他是有道理的。这种理想性当然与感觉的欺骗有本质的不同，因为它虽然也是主观的，但它毕竟预设了它所依存的现象，因而预设了它本身将具有客观实在性，也就是经验性的实在性。这里"具有客观实在性"是用的虚拟式，就是说，如果时间被视为现象本身的先天条件的话，它就会具有客观实在性，但如果把它看作是脱离现象和经验的，那么它就什么也不是了，哪里还有什么实在性。这里与前面空间的结论中谈空间的理想性与感觉的主观性状的区别的一段（第 89 页）相呼应，都是强调不能把这种理想性与可能带有欺骗性的主观感觉混为一谈，因为它是一种带有理想性的主观表象，也就是带有普遍必然性、因而带有客观实在性的主观表象。所以康德提醒我们"可参看上面第一节的说明"，即参看关于空间那一节的说明，正是指的第 89 页下面这一段。只要将这两处对照看一下，我们就知道 Laas 在前面建议将"观念性"改为"实在性"，是

---

① 原译作"预先假定了"，实际上不是"假定"，而是"以……为前提"（voraussetzt），兹改之。

② 这段话与原译本有些出入，与我们的《纯粹理性批判》全译本出入更大，应以此处为准。

多么的不恰当了。

§7.解说

这一小节是对前面的结论的解说，或者辩解，即批驳一些反对意见。这些反对意见我们前面在阐释康德的思想时随时点出来了，但在康德本人那里却常常是引而不发、并未明确说出来的。他实际上是把争论的问题集中到这一节来解决了。所以他一开始就说：

对于这个承认时间的经验性的实在性、但否认绝对的和先验的实在性的理论，我从行家们那里已听到一致的反对意见，以至于我由此而相信，在不习惯于这些考察的每个读者那里，这种反对意见都必定会自然而然地产生出来。

康德对于自己观点的首创性很有自信，他知道就连"行家们"，即专门的哲学家们，也都肯定还"不习惯于这些考察"，所以一种崭新的观点刚刚提出来的时候遭到很多人的反对是很"自然"的。下面就是这种反对意见：

这种意见认为：变化都是现实的（这由我们自己的表象的更替所证明，哪怕我们想否认一切外部现象连同其变化）；既然变化只在时间中才可能，那么时间就是某种现实的东西。

这就是独断的理性派的意见，他们认为，一切外部现象连同其变化我们也许可以不承认，但我们自己内部的表象的连续更替总是不可否认的，是现实存在的，即使我想要否认它，这种否认本身不也正是一种表象的变化吗？这有点像笛卡尔的"怀疑"论证：只有怀疑是不可怀疑的，对怀疑本身的怀疑恰好是对怀疑的双重证明。而一旦我承认了内部变化的现实性，我也就承认了时间的现实性，因为变化必须在时间中变化。这种意见之所以是"反对意见"，是因为他们把"现实的东西"理解为一种绝对的实在性，因而把时间理解为一种绝对现实的框架，一切变化都在

367

这个框架中进行。把这作为一种"反对意见"向康德提出来,说明这些人完全误解了康德的意思,他们把康德等同于贝克莱式的主观唯心主义了,以为康德要否认时间的现实性,把时间归之于主观的幻觉。但是如果换一种思维方式,不把这种反对意见所说的"现实性"理解为一种绝对实在性,而是理解为一种现象中的普遍有效性,那么这种说法就完全是康德可以接受的,因为他自认为他并没有否认时间的现实性。所以康德因势利导,接过上述说法阐述了自己的理解。他说:

B54 　　回答这种意见并不困难。我承认这全部论证。时间当然是某种现实的东西,也就是内直观的现实的形式。因此它在内部经验中有主观实在性,就是说我现实地有关于时间和我在时间中的诸①规定的表象。因而时间并不能作为客体被看作现实的,而是作为我自己把自己表象为客体的方式而被看作现实的。

　　"时间当然是某种现实的东西",这是康德完全赞同的;但是他的理解却是"内直观的现实的形式";我们并不是把自己的变化放进一个绝对客观的时间框架中,而是这些变化本身只有以时间的形式才有可能进行。所以时间的实在性不是依赖于我们自己被看作一个绝对实在的客体,如"灵魂实体"的属性,而就是我的这些内部表象连续地显现为一个前后一贯的"我"的方式。在这种意义上,时间的现实性意味着"它在内部经验中有主观实在性",不是说时间作为自在之物的属性而是现实的,而是说"我现实地有关于时间和我在时间中的诸规定的表象",是"作为我自己把自己表象为客体的方式而被看作现实的",因为"我"作为现实的客体并不是什么自在的灵魂实体,而是由我自己建立起来的现象中的对象。这样,先验的实在性的理解在康德这里就被改变为经验性的实在性的理解了,而这种经验性的实在性从先验的立场来看,恰好又是一种"主观实在性"或主观的客观性,因而是出于先验的观念性而使之成为可能的。

---

① 原译漏掉了一个"诸"字,兹补上。

那么，如果按照前面的那种反对意见的理解，将会产生什么样的后果呢？

但假如我自己或另外一个存在者没有这种感性条件而能直观到我的话，那么正是我们现在设想 ① 为变化的这同一些规定就会提供出某种知识，在其中时间表象、因而连同变化的表象都根本不会出现。

就是说，如果按照独断论的先验的实在性的理解，我或某个另外的存在者就必须撇开感性条件而能对我进行直观，即对我作一种"智性直观"，那么现在这些被我们当作变化来设想的规定就会成为对自在的"自我实体"的某种超验的抽象规定，它们将是纯粹智性的，在其中根本不会有时间和变化的表象。这样一些规定究竟是什么规定，如果我们严格遵守超感性的原则的话，其实是我们完全不能设想的，除非我们把时间这种感性条件偷运进去，说这个自在之物或灵魂实体本身固有一种前后相继的变化，因为我们事实上并不具备一种智性直观。这句话整个用的是虚拟式，它想表达的意思是，如果我们按照理性派的独断的方式来设想时间的话，那么恰好正是他们把时间和变化的表象从根本上取消了，又谈何时间的"现实性"呢？例如莱布尼茨就的确是这样，他把时间只是看作我们对客体中某种复杂的逻辑关系的不确切的反映，认为一旦我们的理性足够强大，时间表象就不需要了，我们就可以把时间表象底下的那种合理的逻辑关系"算出来"。这实际上是对理性派的独断论时间观的反唇相讥。

所以留下来的只是时间的经验性的实在性，作为我们一切经验的条件。只有时间的绝对的实在性如上所述是不能承认的。

"留下来的"，也就是通过指出上述独断论的自相矛盾而留下来的可能的选择，这只能够是对时间作经验性的实在性的解释，把它看作我们一切经验的可能性条件，而把上面所谈到的那种时间的绝对的实在性排除掉。因为绝对的、先验的实在性只能是对时间本身的取消，你要保持

---

① 原译作"我现在表象"，"我"应为复数，"表象"（sich vorstellen）应作"设想"。

时间表象并赋予它现实性,你就必须承认时间的经验性的实在性,没有别的选择。结论就是:

时间无非是我们内直观的形式。

这里有一个康德本人的注:

我虽然可以说:我的诸表象在前后相继;但这只是说,我们把它们意识为在一个时间序列中的,也就是根据内感官的形式来意识它的。因此时间不是某种自在的东西,也不是什么客观地依赖于事物的规定。

就是说,时间虽然只是我们主观的形式,但它往往可以采取客观的表达方式,如我们可以说"我的诸表象在前后相继",就好像这些表象在客观的时间顺序中一个接一个被安排着一样。但康德强调,这样说的意思其实只不过是,我们是在一个时间序列中、也就是根据内感官的形式来意识到它们的,这个时间序列或内感官的形式只是我们主观接受能力的先天属性。所以时间一不是自在之物,二不是自在之物的客观属性,而只是我们自己主观上意识到这些表象的方式。但它之所以能够以客观的方式来表达,还是因为时间这种主观的直观形式给经验性的表象、也就是关于我自己的内心的那些交替的表象带来了某种现象的客观实在性,使我能够把这个经验性的自我当作一个研究的对象,这就是经验的心理学所研究的内容。最后一句:

如果我们从时间中把我们感性的特殊条件拿掉,那么就连时间概念也消失了,时间并不依赖于对象本身,而只依赖于直观这些对象①的那个主体。

这说明,时间本身就是感性的特殊条件,你要把感性的特殊条件拿掉,你就是把时间本身拿掉了。"感性的特殊条件",是说特别为感性所设的条件,它并不为超出感性之外的"一般对象"所设。因此就对象而言,

---

① "这些对象",原译作"它"(sie),指"时间";但从意思上推敲,应指复数的"对象"(Gegenstände)。

时间并不依赖于它的对象,如果那样,对象就会是自在之物了,就会是"对象本身";相反,时间只依赖于"直观这些对象的那个主体",即时间就是主体用来直观这些对象的,它当然就只依赖于那个主体;而这样一来,这些对象就只是现象,它们只有在时间这样一个感性条件中才有可能,所以反而要依赖于时间了。

下面一段进一步深入到这种反对意见的理论根据。他说:

但使得这种反对意见如此众口一词、乃至那些尽管不知道有什么明显的理由反驳空间的观念性学说的人亦持此见的原因,有如下述。　　B55

这里提到的这些人在时间和空间中作了一个区别,认为空间可以是观念性的,但时间却必须是绝对实在的,这里指的是笛卡尔派的唯心主义独断论观点。

他们并不指望能无可争辩地证明空间的绝对实在性,因为他们遭到观念论的反对,观念论认为外部对象的现实性不能有任何严格的证明;相反,我们内感官对象(我自身和我的状态)的现实性则是直接通过意识而澄明的。外部对象有可能只是幻相,内感官对象在他们看来则无可否认地是某种现实的东西。

笛卡尔的怀疑首先就是怀疑外部事物的真实性,因而取消了空间的绝对实在性;如果有人要坚持空间的绝对实在性的话,他们就会遭到"观念论"的反对。"观念论"(Idealismus),也就是"唯心论",通常唯心论首先要否定的就是空间中的外部事物、因而要否定空间本身的客观实在性,笛卡尔本人在这方面是一个典型,他要求对一切我们不假思索而承认的知识加以怀疑,不找到切实可靠的证明,不发现一个牢不可破的基点,誓不罢休。通过普遍怀疑,笛卡尔终于发现,一切外部事物都是可以怀疑的,而唯有我们自身的内部才有可能找到这样一个不可怀疑的基点,这就是"我自身和我的状态"。所以"我思故我在"就是笛卡尔所找到的最不可动摇的基点,而由这个"我"所体现的时间也就成了"我思"的不可分割的存在状态了。有人问笛卡尔，说你存在于何时呢？他的回答是，我思维多长时间，就存在多长时间，而一旦我停止思维，我也就不存在了。① 在笛卡尔那里，我在时间中的思维的现实性正是"直接通过意识而澄明的"，用笛卡尔的话来说，就是"凡是我清楚明白地意识到的就是真的"。所以，外部对象有可能只是幻相，内感官对象在他们看来则无可否认地是某种现实的东西。这种观点当然不仅仅限于笛卡尔，像经验派的贝克莱也持有类似的观点，他曾说道："在我看来，时间之成立是由于在我心中有连续不断的观念以同一速度流动，而且一切事物都是和这一串时间有关的。……离了心中观念的前后相继，时间是不能存在的"②。一切主观唯心论者都会主张这种观点，其实康德本人也是主张这种观点的，他与这些人不同的地方只是在于，他并不把这种时间观念看作就是绝对实在的自在之物"我"的一种客观属性，而只是看作一种主观中呈现出来的现象。所以他批评这些人说：

但他们不曾想到，尽管这两者作为表象的现实性是不容反驳的，但双方却仍然只属于现象，现象任何时候都有两方面，一方面是从自在的客体来看（撇开直观到它的方式，但正因此它的性状总是悬拟着的），另方面是着眼于该对象的直观形式，这个形式必须不是在自在的对象本身中，而是在对象向之显现的主体中寻求，但仍要现实地和必然地归之于该对象的现象。

"这两者"，指上述外部对象和内部对象，也就是空间和时间，时间和空间在这方面是一致的，就是两者都只属于现象，而且在现象这个范围内，它们的现实性是不容反驳的。在这一点上，空间和时间并没有那些人所说的那种区别，即认为空间可能是虚幻的，时间却是直接明证的。问题是现象的这样一种实在性只不过是现象的一个方面，而"现象任何

---

① 参看 [法] 笛卡尔著：《第一哲学沉思集》，庞景仁译，商务印书馆 1986 年版，第 25 页。
② [英] 贝克莱著：《人类知识原理》，关文运译，商务印书馆 1973 年版，第 64 页。

时候都有两方面",一方面是它底下有自在之物,这种自在之物是撇开感性直观的,因而不可知的,其性状是怎么样的,这对于我们人类来说始终是"悬拟的",即悬而未决、成问题的;另一方面,现象本身只有通过直观形式才作为对象而显现出来,这种直观形式并不是对象本身的客观属性,如果你这样看,你就把对象看作自在之物了,"而是在对象向之显现的主体中寻求",也就是只是主体的接受能力,它使得对象向主体显现出来。就是说,只有这种主体接受能力才使得现象中的对象成为可能,使得对象被给予了主体。"但仍要现实地和必然地归之于该对象的现象",这表明这种时间形式虽然是主观的,但仍然要"现实地和必然地"归于这个对象的现象,或归之于作为现象的对象,于是它就有了客观实在性。而正因为它"现实地和必然地"归之于经验对象,即正因为这种现实性和必然性,经验对象才成其为对象,成为客体。所以这种客观实在性只能是一种经验性的实在性。

下一段是给时间和空间作一种认识论上的定位。如果说前面都是为时间和空间的形而上学阐明作辩护的话,下面则是给时间空间的先验的阐明作辩护。

因此,时间和空间是可以从中先天地汲取各种综合知识的两个知识来源,尤其是像纯粹数学在关于空间及其关系的知识方面就提供了一个光辉的范例。也就是说,空间和时间是一切感性直观的两个合在一起的纯形式,它们由此而使先天综合命题成为可能。 B56

纯粹数学如何可能,这是康德关于先天综合知识如何可能的第一个重要问题,康德的回答是,只有追溯到时间和空间这两个人类认识的先天直观形式,才能解决纯粹数学的先天综合判断的可能性问题。然而,与前面一样,康德在这里也只限于强调"纯粹数学在关于空间及其关系的知识方面",也就是在几何学方面,提供一个光辉的范例,而对于算术方面则不置一词。他除了在导言里面举了算术的例子来说明它们是先天综合判断之外,在对时间的讨论中却没有任何一个地方直接说明时间是如何构成算术的先天综合命题之所以可能的条件的,这不能不说是一件很蹊跷的事。他热衷于证明的是空间如何给几何学提供了可能性前提,而对于时间,在形而上学阐明的第三条中他受制于形而上学的局限性而未能展开,而在正式的"先验的阐明"中却又仍然跳过了对算术的论证,而只限于一个"补充"说明,即说明时间是运动变化的可能性前提,但那本来不是在感性论中应当说明的问题。为什么对于空间和时间的两种先验阐明如此厚此薄彼?为什么"尤其"在空间的几何学知识方面提供了一个"光辉的范例"?康德对此没有作任何说明。其实这种不对等正表明空间和时间在直观性上有微妙的区别,即只有空间才是康德所意想中的纯粹的、典型的先天直观形式,能够最直观、最清晰地加以先天地说明,而时间则需要拐弯抹角地说明,而且要借助于空间才能获得自己的直观的代用品,因为如前所述,它其实并不是直观,而是直觉。但康德无暇作这样细微的区分,他力图把空间和时间作平列的、对等的划分,甚至在论述的段落形式上都追求一一对应,以获得表面形式上的整齐划一。

但这两个先天的知识来源正由此(即由于它们只是感性的条件)也规定了自己的界限,就是说,它们只是指向那些被视为现象的对象,而不表现自在之物本身。只有前者才是它们的有效性的领域,一旦超出这个领域,就不再有它们的客观运用了。

时间和空间使数学的先天综合命题成为可能,但这些数学的先天综合命题所表达的仍然是现象界的事情,是可能经验对象的时空形式关系,而不是现象底下的自在之物的绝对关系。这就是时间和空间这两个知识来源的界限,即它们只有在现象界内部才有客观有效性,一旦超出现象界而涉及到自在之物,它们本身也就"什么也不是"了,当然也不再有什么客观的运用了。因此我们不可能用时间空间去规定现象底下的自在之物,也没有任何根据断言自在之物会具有我们的这两个直观形式条件。

此外,空间和时间的这种实在性并不影响经验知识的可靠性:因为无论这些形式是必然地依附于自在之物本身还是只依附于我们对该物的直观，我们都同样相信这些知识是可靠的。

这段话中"实在性"一词被拉斯 (Laas) 校为"观念性"①，这种改动其实并没有什么必要。因为这里讲的"**这种**实在性"就是指**先验的观念性所建立的**实在性，也就是说，并不因为我们坚持的只是这样一种先验观念性所造成的、只是在经验范围中的相对的实在性，就会对经验知识的可靠性发生影响。因为，"无论这些形式是必然地依附于自在之物本身还是只依附于我们对该物的直观，我们都同样相信这些知识是可靠的"，就是说，经验知识的可靠性是一个前提，你把时间空间看作自在之物的属性，或是看作我们直观的属性，你反正都要落实到经验知识的可靠性上来。现在的问题是什么样一种解释更能与这种经验知识的可靠性相适合，而不会对之形成冲突？那么我们至少可以看出，空间和时间的这种实在性不会对这种可靠性发生影响，而是与之相协调的。按照这样的解释，下面的一句话就好理解了：

相反，主张空间和时间的绝对实在性的人，不论他们把这种实在性看作是自存性的还是仅仅依存性的，都必然要与经验本身的原则不相一致。

就是说，如果我们相信经验知识的可靠性的话，那么对空间和时间的怎样一种实在性才能不与这种经验的可靠性相冲突呢？只有那种先验的观念性上的相对实在性才能做到这一点；"相反，主张空间和时间的绝对实在性的人"，则"必然要与经验本身的原则不相一致"，不论你把空间和时间看作自在之物本身还是自在之物的属性。这样，前面所讲的"这种实在性"和这里所讲的"绝对实在性"就由一个"相反"对照起来了，而如果像拉斯建议的那样把前面改成"观念性"，就看不出这种对照了。"经验本身的原则"，在这里应当指"经验性的实在性"原则，就是说，经

---

① 原译注明"据拉松本改为'观念性'。"错。应为"据拉斯校为'观念性'。"

验知识的可靠性必须建立在对感性杂多的东西、经验性的材料的普遍必然的有效性之上，一旦脱离感性的范围，这些知识就失去了效力。所以空间和时间的实在性只能是相对于可能经验的范围而言的，它们不具有超出这一范围的绝对的实在性。下面是对这一点的论证。

因为，如果他们采取自存性的看法（这是从数学研究自然的那一派人的通常看法），那么他们必然要假定两种永恒无限而独立持存的杜撰之物，它们存在着（却又不是某种现实的东西），只是为了把一切现实的东西包含于自身之内。

"自存性的看法"就是把空间和时间看作自在之物，一个本身预先在那里准备接纳事物的大容器。这是牛顿派的看法，以牛顿的《自然哲学的数学原理》一书为代表。他们必然要把时空框架当作衡量现实事物的数学座标，但这个框架本身虽然被看作存在的，"却又不是某种现实的东西"，因为"它只是为了把一切现实的东西包含于自身之内"，如果没有这些现实事物，它本身作为一个空的框架就什么也不是，我们不能像对待其他事物那样对这种空洞的时间空间做任何事。所以这种观点其实是一种自相矛盾的观点，即空间和时间既是现实的东西，又不是现实的东西。

如果他们采取第二派的观点（有些形而上学的自然学家所持的观点），把空间和时间看作从经验中抽象出来的诸现象之关系（并列或相继
B57　关系），尽管这些关系在分离中被混乱地表象着，

这里显然是指莱布尼茨派的观点。莱布尼茨曾在与克拉克的通信中宣称，他反对关于空间和时间的"绝对实在性"的观点，而主张空间和时间只不过是事物的秩序，因而是一种"理想性"（或"观念性"）的东西（法文 idéale）[1]，它是可能出错的、模糊的，我们只有通过精密的计算才能排除错误。显然，莱布尼茨这里所说的"理想性"或"观念性"不是康德所

---

[1]　参看《莱布尼茨与克拉克论战书信集》，陈修斋译，商务印书馆 1996 年版，第 63 页。

说的先验的观念性，而是经验性的观念性，它最终还得靠某种先验的实在性来校正，那就是逻辑理性或数学的计算，这两者在莱布尼茨看来是一回事。所以在莱布尼茨看来，时间空间只不过是自在之物的依存性关系在人的经验中的一种模糊体现，构成了一种模糊的"观念性"。康德则认为，人们一旦采取了这种观点，

——那么，他们必然会否认数学的先天定理对于现实事物（如空间中的事物）有其效力，至少是有无可置疑的确定性，

因为这样一来，数学的先天定理与包括时间空间在内的经验事物之间就是不可通约的，我们不可能用数学来完全解释我们所感到的时间空间，例如有时即使我们通过推理和计算知道这两段时间是一样的，但我们还是觉得一段时间比另一段时间更漫长。又如我们觉得远处的事物比近处的事物更小，更不占空间，尽管我们知道事情并非如此。我们的时间空间的表象只是大致地表示着事物之间的数学关系，但数学定理在时间空间的表象中并没有无可置疑的确定性，或者说，时间空间的表象并不具有数学定理那样的无可置疑的确定性。这就是莱布尼茨的著名的"模糊知觉"的理论，他借助于这一理论把时间空间看作是和颜色、味道等等同一个级别上的东西了；而在康德看来，这种带有欺骗性的经验性的观念性必然导致先验的实在性，即把时间空间表象的真正**基础**看作是客观自在之物本身的某种绝对实在的属性，这一点康德已在空间的结论部分和时间的结论部分的最后一段指出过了（参看第 90、94 页）。莱布尼茨在这里看起来好像倾向于经验派的时空观，其实正是在为理性派的观点作论证，因为经验性的观念性和先验的实在性是一个铜板的两面。正如极端经验论不过是极端唯理论的观点的反弹，休谟就是因为极端唯理论没有指望了才滑入了极端经验论，但你要他说出什么是客观实在性，他还只会说那只能是绝对的实在性，而不承认经验中有实在性。同样，莱布尼茨也是看出经验性的观念性本质上的模糊性和不可靠性，才诉诸先验的实在性的，他和休谟在经验性的东西只是观念性的、只有自在之

物才可能是实在的这一点上其实都是一样的观点。但由此得出的结论就是,立足于先验实在性之上的数学的先天定理对于时间和空间中的经验事物不相吻合,

因为这种确定性根本不是后天发生的,而空间和时间的这些先天概念据他们看来只是想象力的产物,①其来源必须现实地到经验中去寻求,想象根据这些经验的抽象关系构造成了某种虽然包含这些关系的共相、但没有自然加给它们的约束就不能存在的东西。

"这种确定性"指前述数学的先天定理的"无可置疑的确定性",它"根本不是后天发生的",即完全是先天的。"而空间和时间的这些先天概念据他们看来只是想象力的产物",这里的"先天概念"既可以理解为,空间和时间本来应该是先天的概念,却被他们解释为只是想象力的产物了;也可以理解为,他们所理解的先天概念其实还只是想象力的产物,并不是真正先天的,即不是像数学的确定性那样"根本不是后天发生的"。我们知道,康德前面曾把一个人挖墙脚时估计墙会倒塌也称之为"先天的"知识,这是在并非严格意义上的"先天的";另外,后面讲到想象力"图型"的时候康德也谈到,图型是"纯粹先天的想象力的产物"(第155页),所以,上述后一种理解似乎更可取。就是说,想象力虽然产生了空间和时间这些"先天概念",或"准先天概念",但仍然不能适合于数学定理这种真正先天的确定性,因为"其来源必须现实地到经验中去寻求";想象力虽然有先天作用,但这种先天作用只在于从这些经验中抽象出某种关系,造成某种"共相",但毕竟脱离不了"自然加给它们的约束",即脱离不了经验的偶然性和杂多性。所以它并不是那种自上而下的"先天",而是自下而上的"先天",归根结底是后天的。当然,这种观点在康德看来已经很接近真理了,只须把空间和时间的这种经验的先天换成真

---

① 原译作"而据他们看来,空间和时间的这些先天概念只是想象力的创造",不是很准确,兹改之。

正的先天，把经验性的观念性提升为先验的观念性、理想性，而取代先验的实在性，那么它就会促成空间和时间的经验性的实在性，使数学原理能够在时空中的经验事物上普遍必然地运用了。至于牛顿派的观点，康德也没有完全否认，而是承认它也有某种合理之处。下面他全面评价了这两种观点的得失。

前一派人的长处是，他们为数学的观点打开了现象的领域。

这是指牛顿派观点的可取之处，即他们能够把数学的原理直接用来解释物理学的事实，而不必担心现象会偏离数学的严格性、精确性。自然科学家对自然事物有种本能的信任，认为事物必定是符合规律的，有自己的法则的；反过来，他们也会认为只要是在数学上证明是必然的原理，也必定有它在自然界的对应物，能够在客观世界中得到验证。但恰好在后面这一方面他们太过于自信了。所以，

但当他们的知性想要超出这个领域时，他们就反而恰好被这些条件弄得混乱不堪了。

"这个领域"指现象的领域，"这些条件"则是指这些现象，因为数学运用于对象的条件是以它们都是现象、即都在时空中为条件的。而当牛顿派的人想凭借知性超出这个现象的领域时，这个领域的现象的条件却拖住他们，让他们左右为难。当他们自以为获得了关于自在之物的知识时，他们对这种知识的描述却仍然是在时空中的、现象的；而当他们在现象的条件下获得了某种时空中的经验知识时，他们却自以为这些知识都是关于自在之物的。这就是他们的混乱不堪之处。

后一派人虽然在后面这点上是有利的，即当他们想要把对象不是作为现象，而只是在与知性的关系中来判断时，空间和时间的表象并不会阻碍他们；

就是说，莱布尼茨派既然干脆就把空间和时间都看作了只是我们的模糊观念，他们就可以根本不需要把自在之物放在空间和时间中来认识，而是只从纯粹知性的立场来把它们的性质归结为逻辑或数学的关系，因

而脱离了经验世界的纠缠而另外开辟了一个纯粹超验的世界。他们在这样做时，"空间和时间的表象并不会阻碍他们"，而是被完全撇开了。所以理性派比经验派能够更加彻底地贯彻他们的独断论，而这同时也就带来了他们的缺陷：

但他们既不能指出数学的先天知识的可能性根据（因为他们缺乏某种真正的和客观有效的先天直观），又不能使经验命题与他们的观点达到必然的一致。

就是说，他们并没有解决数学这种先天综合知识如何可能的问题，虽然他们将数学合并到形式逻辑的分析性的知识中去，但这并不符合数学的本性，那些纯粹数学的原理是不能凭先天分析性的知识来加以说明的。例如"两点之间直线最短"，这并不是什么分析命题，而是先天综合命题。数学中像这样一些先天综合的命题的可能性根据就仍然没有得到说明。原因在于，"他们缺乏某种真正的和客观有效的先天直观"，如前所述，他们的"先天直观"、也就是空间和时间的"先天概念"，并不是"真正的和客观有效的"，不是严格意义上的"先天的"，实际上被看作一些经验性的后天表象，这些模糊的表象不能用来为数学提供先天根据，相反，它们本身还要靠数学来澄清。这是他们一方面的毛病。另一方面的毛病在于，他们"又不能使经验命题与他们的观点达到必然的一致"，这是与前一个毛病相联系的。既然他们主张真正的知识只能是超经验的知性知识，他们当然也就不在乎、也不可能使他们的纯粹知识与现实的经验达成一致了。他们只是在抽象思辨的领域游弋，不肯下降到经验的坚实地面上来，他们的数学是高高在上的数学，无法像牛顿那样用来精确地解释具体的物理现象，使这些现象本身带上客观实在性，成为可靠的知识。

B58　　在我们关于这两个本源的感性形式的真实性状的学说中，这两个困难就都消除了。

康德的认识论就是调和经验论和唯理论的结果，在他看来，有了他关于空间和时间的先验的观念性和经验性的实在性的学说，他就既可以吸收牛顿派把数学与现象的经验条件结合起来的长处，克服其将这种实在性先验化的短处；又可以吸收莱布尼茨派把数学提升到先验层次的长处，而克服其将数学与感性的时空条件脱离关系而归之于自在之物的属性的短处。这就消除了这两派在时空问题上的两个最大的困难，即牛顿派或唯物的经验派分不清自在之物和现象的界限，常常把现象界的知识误认为是关于自在之物的，而莱布尼茨派即唯心的理性派倒是把现象和自在之物分开了，但现象在他们眼里毫无认识价值，而对自在之物的知识又没有根据，只能独断地断言。只有当康德揭示出"这两个本源的感性形式"即空间和时间的"真实性性状"，这两个困难才解决了。一方面，空间和时间作为感性的先天直观形式，把我们的一切现实的知识、包括数学知识都限制在可能经验的范围内，不至于超出现象界而非法地涉及自在之物领域，也就是清晰地划定了我们的先天知识的范围；另一方面，这两种先天直观形式也使数学的知识本身具有了由我们的主体所建立起来的客观实在性根据，并因而使之能够普遍地运用于任何可能的经验之上。康德在这里所总结出来的这两大优势不仅仅是针对先验感性论的，也是针对他的整个认识论的，包括他的先验逻辑即关于知性和理性的学说，所以具有普遍性的意义。

§8. 对先验感性论的总说明　　　　　　　　　　　　　　　B59

这一小节在先验感性论中非常重要。如果说，前面关于空间和时间概念得出的结论以及对它的解说已经包含有普遍的认识论意义的话，那么这一节则是立足于一般感性论来说明这些原则的认识论意义。

在第一版中，本来这个"总说明"只有这个第 I 部分，后面的第 II.III.IV. 部分都是第二版中增加的。所以这个第 I 部分在这里就具有概括的性质，后面三部分都是补充。这个概括要确定两个问题，首先是要说明空间和时间的先验的观念性的意义，其次是要说明空间和时间的经验性的实在性的意义。前一方面涉及空间时间本身的性质，后一方面涉及它们所导致的数学知识的性质。所以前一方面相当于前面对"形而上学的阐明"的总说明，后一方面相当于对"先验的阐明"的总说明。我们先来看看第一方面。他说：

I. 为了防止一切误解，首先必须尽可能清楚地解释，我们关于一般感性知识的基本性状的看法是什么。

"一般感性知识的基本性状"，也就是指空间和时间作为感性的先天直观形式的性状。这种性状就是前面在"形而上学的阐明"以及在空间和时间概念的 a)、b) 两条结论中所展示的，空间和时间既是先天的，又是直观的，但不论是先天性还是直观性，空间和时间都不涉及自在之物，而只是我们主观现象中的表象，所以具有先验的观念性。这就是空间和时间本身所固有的性质。下面首先就是来说明这个道理。

这个说明先是以总结的方式重申了前面的种种说法：

所以我们早就要说：我们的一切直观无非是关于现象的表象；我们所直观的事物不是自在之物本身，我们既不是为了自在之物而直观这些事物，它们的关系也不是自在地本身具有如同它们向我们显现出来的那种性状，并且，如果我们把我们的主体、哪怕只要把一般感官的主观性状取消掉了的话，客体在空间和时间里的一切性状、一切关系，乃至于空间和时间本身就都会消失，并且它们作为现象不能自在地实存，而只能在我们里面实存。

所有这些话都是前面已经说过了的，它们反复申说的只是一点，这就是空间和时间以及它们所接受到、所形成的一切直观表象都只是主观的现象，而不是绝对客观的自在之物，也不是对自在之物的反映，因此是一种主观的观念性的东西。下面发挥道：

对象自在地、离开我们感性的这一切接受性可能是一种什么样的状况，这在我们仍然是完全不知道的。我们知道的只不过是我们知觉它们的方式，这种方式是我们所特有的，虽然必须归之于每一个人，但却不能必然地也归之于任何一个存在者。我们只与这种方式发生关系。

对象**自在地**是什么情况，这我们完全不可能知道，因为"自在地"意味着离开了我们的感性的接受性，没有接受性就不可能接受到，而没有接受到，对象也就没有被给予我们，没有被给予我们的东西，我们怎么可能"知道"它的状况呢？"我们知道的只不过是我们知觉它们的方式"，凡是我们知道的，就已经是我们知觉这些对象的方式了。"它们"指前述的那些"对象"，它们自在的样子我们不可能知道，这时它们是自在之物；但是当我们"知觉它们"时，"它们"已经不再是自在之物而是现象了，现象中不再包含自在之物，而只包含我们知觉对象的方式。"这种方式是我们所特有的"，这里"我们"指人类，感性的接受方式是我们人类所特有的，所以"必须归之于每一个人"，是人人共有的，是一切感性的、有限的有理性者普遍具有的，"但却不能必然地也归之于任何一个存在者"，例如不能归之于无感性的事物，如石头、树木等等，也不能归之于无限的理性存在者，如上帝、天使等等，因为这些存在者如果有的话，必定是不需要感性的。所以，如果我们要和一个对象发生认识的关系，那么我们只能够"与这种方式发生关系"，也就是与我们自己的感性发生关系。这就排除了对自在之物的独断的主张，而使我们的知识具有了经过批判的前提。而这种方式的结构是：

空间和时间是这种方式的纯形式，一般感觉则是质料。只有这两种形式是我们可以先天地、即在一切现实知觉之前认识到的，它们因此被叫作纯直观；感觉则是我们知识中使得这知识被叫作后天知识、即经验性的直观的东西。

B60

我们知觉对象、或者说接受对象的方式有两个层次，即形式和质料，形式是空间和时间，质料则是感觉。空间和时间是"在一切现实知觉之前**认识**到的"，所以是先天的知识，被叫作纯直观，感觉则是后天知识，也叫作经验性的直观。所以这也是我们的直观或感性知识的两个层次。所以在感性知识中，虽然总的来说本身还是后天的接受性的知识，但其中就已经包含了有先天的和后天的两种成分，康德常常把这种先天的成分称之为先天知识，例如数学知识当然是先天的知识；但它们之所以是先天的"知识"，只不过是因为它们构成后天的经验知识中的先天成分，而不是说它们脱离感觉单独就足以构成一种有关对象的知识。这一点值得我们注意，后面康德经常提到"先天知识"，如范畴或知性原理等等，都要作如此理解。数学被称之为先天知识时，是着眼于它构成了**可能经验**的形式法则而言的，而不是就其离开后天经验独立而言的。

前两者是绝对必须依赖于我们的感性的，而不管我们的感觉可能是哪一种方式；后者则可以是极为多种多样的。

意思是，空间和时间这两者是"绝对必须依赖于我们的感性的"，它们完全是我们自己的感性直观形式，因而它们是单一的、不变的，可以先天地预料的，而不管它们里面所容纳的感觉质料可能是多么五花八门、多种多样，无法预料，空间和时间总是以不变应万变。所以这两者是先天的和必然的方式，而感觉则是后天的偶然的方式，后天偶然的方式是服从和隶属于那先天必然的方式的。所以，

即使我们能够把我们的这一直观提升到最高程度的清晰性，我们也不能借此而进一步知悉自在对象本身的性状。

所谓"提升到最高程度的清晰性"，是指我们可以依靠空间和时间及其数学法则使感觉表象具有精确的规定，就像后面讲到"纯粹知性原理"中的"直观的公理"和"知觉的观测"所做的那样，使感觉本身的量和质的程度都完全精密地得到确定，——当然要做到这一步还必须运用知性的范畴，——但这并不就说明这种感性知识就反映出了自在之物本身的性质，它仍然是与自在之物毫无关系的。这里提到"清晰性"，我们一见这样的概念，就应当有一种反应，即意识到这里说的是莱布尼茨，因为这是莱布尼茨的术语。我们读康德的书，最重要的是必须具备近代唯理论

和经验论的准备知识，当然还有柏拉图和亚里士多德，还有其他一些人，但最主要的是要对近代认识论的这两派有所熟悉，对他们的用语要敏感。莱布尼茨就是借口感性认识不"清晰"而认为它们不能把握自在之物，而康德反驳说，即使直观知识能够提升到最清晰的知识，也不能反映自在之物。这一对莱布尼茨的反驳在下面两段中就明确说出来了。可是有时康德并不点名，这就要求我们读者自己预先要有一定的知识储备了。

　　因为我们在一切情况下所可能完全认识的毕竟只是我们直观的方式，即我们的感性，并且永远只是在本源地依赖于主体的空间时间条件下来认识它的；自在的对象本身会是什么，这决不会通过对它们那唯一被给予了我们的现象的最明晰的知识而被我们知道。

　　这就是解释：为什么我们的感性知识如此明晰，却还是不能把握自在之物？问题不在于明晰不明晰，而在于我们的一切知识、如这里所谈到的感性知识，都只是对我们自己的感性本身的认识，它们超不出我们主体的直观条件，只具有先验的观念性。所以自在对象本身的知识绝不可能通过这些对象的现象的知识而提供出来，而我们唯一被给予了的又只是这种现象的知识，所以不论这种现象的知识多么清晰，我们也不具备有关自在对象本身的知识。所以现象的知识是否清晰，与这种知识是否反映了自在之物，这根本就是毫不相干的两码事。

　　下面两段继续批驳莱布尼茨。

　　因此说我们的整个感性无非是对事物的混乱的表象，这种表象只包含那属于自在之物本身的东西，只不过是处于我们未借意识将之分辨清楚的那些特征和部分表象的堆积状态下：这种说法是对感性概念和现象概念的一种歪曲，它使得有关感性和现象的这一整套学说都变得无用而空洞了。

　　"混乱的表象"也是莱布尼茨的用语，即"混乱的知觉"或"模糊知觉"。莱布尼茨把数学从感性中抽掉，把它提升到知性和逻辑的层次上，留下的当然就只能是一大堆混乱无序的感觉表象了；但莱布尼茨仍然认为，即使这种混乱的表象，也是对自在之物的模糊的反映，只不过还需要我们借数学和逻辑理性把它们加以清理，使它们暴露出底下所掩藏着的理性脉络而已。康德则指责这种观点完全歪曲了感性和现象的概念，在康德看来，感性本身就离不开空间和时间，而空间和时间是数学之所以可能的条件，因此不能把数学从感性中抽掉。如果没有空间和时间，因而没有最起码的数学规定，则感性本身就不是什么不清晰的问题，而是根本就不可能出现，不可能成为现象。感性本身当然有清晰和不清晰的问题，它在空间和时间上的规定也有精确和不精确的区别，但这并不影响一般感性知识的基本性状，即它的先验的观念性这一性状。把感性知识中的先天成分抽掉，使先验的观念性降为经验性的观念性，降为感性的错觉或欺骗，甚至抵不上一个梦，这就"使得有关感性的这一整套学说都变得无用而空洞了"，感性就仅仅成了莱布尼茨所谓引起理性知识的某种"机缘"，而对知识本身的构成毫无贡献了。

B61 　　<u>不清晰的表象和清晰的表象的这一区别只是逻辑上的，而不涉及内容。</u>

　　在莱布尼茨那里，一个表象不清晰意味着在逻辑上不清晰，必须通过逻辑的分析和处理来使之清晰；但这种区别在康德看来并不涉及这个表象是一个什么性质的表象，它的内容是现象还是自在之物。下面举了两个例子来说明：

　　<u>无疑，健全知性所使用的**公正概念**，包含的正是同一个可以由最微妙的思辨从中加以发挥的意思，只是在日常和实际的运用中人们并不意识到这一思想里有这么多方面的表象而已。但人们不能因此就说，这个日常概念是感性的，它包含着一种单纯的现象。因为公正决不可能成为现象，相反，它的概念存在于知性中，并表现为行为的（道德的）性状，这性状是属于这些行为的自在本身的。</u>

　　所谓"健全知性"，就是人们所说的"常识"，在 18 世纪是一个十分流行的概念，但正因此它也是一个非常模糊的概念，健全不健全的标准

是因人而异的，所以只是靠大多数人的意见来衡量的。"公正"（Recht，也可译作"权利"、"法"）概念在一般日常理解中也正是这样一个模糊的概念，当然它也是可以变得精确起来的，"可以由最微妙的思辨从中加以发挥"，条分缕析地加以论证。康德本人后来就写过一篇《法的形而上学原理》，作为他的《道德形而上学》的第一篇。但通常人们并不意识到这一层，而是让它停留于模糊之中。那么，是否能够因此就说这个不清晰的概念是感性的，只是现象而不是属于自在之物的呢？恰好相反。在康德看来，公正或权利应该属于自在之物的范围，它们被纳入到《道德形而上学》中来探讨正说明了这一点。因为它的根据是自由概念，只能由实践理性来展开其原理，是道德的外部法则。道德律是个人的内心的自由原则，自律原则，权利则是人与人之间的自由的外部关系，即严复所谓"群己权界"，它本身不是道德，而是法，但它基于道德。所以说"它的概念存在于知性中，并表现为行为的（道德的）性状，这性状是属于这些行为的自在本身的"。"知性"在这里通"理性"，但不是表现为认识，而是表现为实践行为，道德行为，因此是就这些行为的自在的性状、也就是自由的或道德实践的性状来考察这些行为的。这个例子讲的是，一个不清晰的概念也可以是属于自在之物的。下面另外举了一个相反的例子，证明一个清晰的概念也可以是属于现象的。

　　反之，直观中一个**物体**的表象就根本不包含有任何可以归之于一个自在对象本身的东西，而只包含某物的现象及我们由此被刺激的方式，而我们认识能力的这种接受性就叫作感性，它与有关自在对象本身的知识之间，即使我们可以彻底看透那种现象，也仍有天壤之别。

　　在这里，"物体"一词和上面一段话中的"公正"一词都加了着重号，形成一个对照。直观中一个"物体"的表象是最清晰的了，它属于当时一切精密自然科学的基本概念，可以用广延或空间来精确地测量；但是它就"根本不包含任何可以归之于一个自在对象本身的东西"，而只包含现象，因此也就只包含"我们由此被刺激的方式"，也就是"感性"。我们完全可以"彻底看透"这种现象,对"物体"的概念加以严格的定义,但这个"物体"仍然不是指自在之物,而是指现象中的对象。由此可见,用"清晰"或"不清晰"来作为衡量一个概念的对象是属于现象还是属于自在之物,这是十分荒谬的。上面两个例子,一个是"公正"概念,一个是"物体"概念,它们从两个不同的甚至相反的方向证明了这个道理。

下一段则是公开点名了。

所以,莱布尼茨-沃尔夫的哲学在把感性和智性的区别仅仅看作逻辑上的区别时,就对我们知识的本性和起源的全部研究指示了一种完全不正当的观点,因为这种区别显然是先验的,而且并不仅仅涉及清晰或不清晰的形式,而是涉及双方的起源和内容,

B62

莱布尼茨-沃尔夫派在当时的德国是占统治地位的官方哲学,它立足于唯理论的立场,把感性看作仅仅是理性的在逻辑上不够清晰的表现形式,因而使之归结为理性。"智性"(Intellektuelle)又译"理智"、"知性",是广义的理性的意思,"唯理论"(Intellektualismus)就来自于这个词。但这种观点是对我们知识的本性和起源的歪曲,在康德看来,我们知识的本性应当是有关经验对象的,是从经验开始的,而它的起源则是双重的,知识是由来自感性的方面和来自知性的方面共同复合而成的(参看第 68 页)。逻辑仅仅属于知性的方面,逻辑上的清晰或不清晰的区别仅仅是知性方面的形式上的区别,而不涉及到知识的内容或对象。所以用这种区别去冒充现象和自在之物的区别并试图由此沟通现象和自在之物,是完全不正当的。"因为这种区别显然是先验的",就是说,这种区别不是形式逻辑上的**先天的**区别,不是仅仅涉及概念的清晰或不清晰的区别,而是认识论上的**先验的**区别,是涉及到认识对象如何可能的。"先验的",前面讲过,就意味着认识论上的,是对有关对象的知识如何可能的探讨;逻辑的探讨则仅仅是"先天的",不涉及对象的知识、真理的知识,只涉及概念的正确性和清晰性。当然康德自己也有"先验逻辑",但

一般康德单独用"逻辑"一词都是指传统的形式逻辑。先验的区别既然是要探讨有关对象的知识的可能性条件，那么它所涉及的显然就是"双方的起源和内容"了，即有关对象的知识是由来自两个不同根源的知识成分所构成的，感性和知性对于构成知识的内容缺一不可，而且决不能将一方归结为另一方、吞并于另一方。但既然这两个来源都是基于人的认识主体，所以它们所构成的知识就不是关于我们之外的自在之物的知识，而是由我们自己所构成的现象的知识了。

　　<u>以至于，我们不只是通过感性而不清晰地认识自在之物的性状，而是根本不认识自在之物的性状，而我们一旦抽掉我们主观的性状，被表象的客体连同感性直观赋予它的那些属性就在任何地方都找不到了，也不可能被找到，因为正是这个主观性状规定着作为现象的客体的形式。</u> B62

　　莱布尼茨以为感性和知性一样都是对自在之物的认识，只是一个是不清晰的认识，一个是清晰的认识。康德则认为，感性的并不等于不清晰的，而且即使感性是不清晰的，它也不是对自在之物的不清晰的认识，因为不论它清晰不清晰，它都**根本**不认识自在之物的性状。"根本"意味着原则上，不是清晰不清晰的问题。因为感性从根本上就只是我们的主观的性状，而"一旦抽掉我们主观的性状，被表象的客体连同感性直观赋予它的那些属性就在任何地方都找不到了"。"被表象的客体"意味着出现在我们表象中的客体，即现象中的客体，而不是物自体；现象中的客体当然是可以认识的，它带有"感性直观赋予它的那些属性"，我们凭这些属性就可以认识它。但如果我们抽掉我们主观的性状，这个客体连同它的那些属性就都被抽掉了。"也不可能被找到，因为正是这个主观性状规定着作为现象的客体形式"。就是说，正是这个主观的感性直观，连同知性范畴一起，建立起了现象中的客体，我们除此之外不能认识任何别的客体。说我们去掉主观的感性或主观的模糊性就能找到自在的客体，岂不是无稽之谈？我们凭什么可以跳到自在的客体上去认识它的自在的性状呢？我们所认识的只是我们所能够认识的，而我们的能力只限于感

性所建立起来的经验对象。这就彻底批判了莱布尼茨派的独断论。

莱布尼茨派的上述观点之所以能够迷惑人，是因为它与一般常识的观点似乎是吻合的。下面一段康德就来清理这种通常的看法。

我们平常喜欢在现象中区分出：本质上依赖于现象的直观并对任何一般人类感官都有效的东西，以及只是偶然归于这些现象的直观的东西，它不是在与感性的关系上普遍有效，而只是对这个那个感官的特殊职能或机制有效。

这实际上就是洛克的"第一性的质"和"第二性的质"的划分的观点，也是当时十分流行的常识的观点。洛克是强调经验直观的，但他认为，有一类直观的经验是本质地反映了经验对象的性质的，如运动、形状、大小、数量等等，因此它们是对一切人类的感官都有效的，表明它们是事物本身的、客观的"第一性的质"；而另外一类经验则是"偶然归于这些现象的直观的东西"，如红色、声音、冷热、气味、硬或软等等，它们"只是对这个那个感官的特殊职能或机制有效"，即依赖于我们感官的特殊状态。红色只对眼睛有效，香气只对鼻子有效，味道只对舌头有效；而且这些感官一有变化，感觉的性质也就起变化，如黄疸病人看一切东西都带黄色，吃过蜜糖再吃水果就淡而无味，所以它们"不是在与感性的关系上普遍有效"，而是带有主观性和相对性，被称之为"第二性的质"。洛克的这种观点本身吸收了理性派的因素，而且反过来又被莱布尼茨作为经验派的因素吸收到自己的思想中来，改造成了他自己的有关单子的模糊知觉和清晰知觉的学说。他们双方都认为自己的观点是符合一般人的常识的。

这样，我们就把前一种知识称之为表现自在的对象本身的知识，而把后一种知识称之为只是该对象的现象的知识。但这种区分只是经验性的。

我们在健全知性中通常也区分现象和本质，我们说一件事情"看起来是这样，但实际上并不是这样"，这也正是我们进行科学研究和探索的动力。一切科学探讨的目的无非是要透过现象把握现象底下的本质，康德也并不反对这种常识的观点。他只是要强调指出，"这种区分只是经验性的"，即只是在经验中、在现象本身中所作出的区分。现象本身是有层次的区分的，列宁也说过，具体的科学探索总是从现象到本质、从本质到更深入一层的本质的无穷过程，每深入一层本质，前面以为是本质的东西就又成了现象。但在康德看来，这就说明在我们的探索过程中，我们永远也触及不到真正的本质，即自在之物，而不过是从现象到更深入一层的现象，所以整个这种区分都只是经验性的，都没有真正超出现象的范围。

如果我们停留于此（如通常发生的那样），而不再把那种经验性的直观作为单纯的现象来看待（如应当发生的那样）、以致在其中根本找不到任何依赖于某种自在事物本身的东西，那么，我们的先验区分就丧失了①。

就是说，如果我们像一般常识所做的那样仅仅停留于这种经验性的划分，我们就没有达到先验区分的层次，这种先验区分应当把经验性的直观不论它深入到哪个层次，都只是作为单纯的现象来看待，而把一切企图把握自在之物的幻想都抛开，不到这种经验性的东西里面去寻找任何属于自在之物的东西。但可惜，一般人通常都没有意识到这一层次，他们自以为通过这一经验性的划分就已经跳出了经验现象的范围而进入到了自在之物，这就导致了在经验论和唯理论中到处泛滥的独断论。其实，当年洛克本人倒是意识到这一层的，他曾说无论我们对第一性的质还是对第二性的质的把握，也无论我们把握到哪一层次的本质，都还只涉及到事物的"名义本质"，而不是它们的"实在本质"，真正的"实在本质"本身是不可知的。这可以说是康德的"自在之物"学说的先导。

---

① 原译作这种区分"是徒劳的"（verloren），不够准确，兹改之。

但洛克自己也不是很坚持贯彻他的这一思想，他推崇的还是"健全知性"，不喜欢走极端。事情一旦超出常识，他就有意模糊起来。

B63 　　而这样一来我们还是会相信能认识自在之物，尽管我们（在感官世界中）到处、哪怕在对感官世界的对象作最深入的研究时，也只能与现象打交道。

　　缺少先验的区分而只停留于经验性区分的后果是，我们自以为能够认识自在之物，而实际上我们永远只能与现象打交道，不管我们对感官世界的探讨深入到哪一步。这种看法在自然科学的具体研究中本来也不是不可以，它可以使我们增加科学探索的信心；但它毕竟是未经批判、未经先验的区分的，所以在它的形而上学的基础上是经不起质疑和反驳的，例如，当遇到休谟的挑战时这种观点就不知所措，无法应对了。康德要做的工作就是深化自然科学家的思想，把它从经验性的区分提升到先验的区分，使之能够具有清醒的自我意识。下面又举了一个自然科学的例子：

　　所以，虽然我们把虹称之为只是晴天雨的现象，而把这场雨称之为自在的事物本身，这也是对的，只要我们把这个概念仅仅从物理学上理解为在普遍经验中、在对感官的所有不同情况之下，毕竟是这样而不是别样地在直观中被规定的东西。

　　我们可以把虹称为现象，把造成虹的雨称为这虹的本质，即自在的事物本身，这一般说来也不错，但有一个条件，就是要把"自在的事物本身"仅仅理解为物理学上的普遍的经验对象，即更深层次、更带普遍性的现象。它可以表现出各种不同的感官现象，虹只是其中的一种，虹即使消失了，雨也可以仍然存在，它还可以表现为打雷闪电等等现象。但尽管它有如此多种多样的变化的感官形象，它本身却仍然是以这样一种唯一的方式、即以空间和时间的方式"在直观中被规定的东西"，而不是真正的自在之物，不是撇开一切感性直观而以另外的方式、例如以智性直观的方式而独自存在的东西。所以雨虽然有不同的感官形态，但有一种形态是"普遍"的,是"这样而不是别样地"被规定的,这就是感性的直观形式空间与时间,这个是不会随着感官形态的变化而变化的,也不会由另外的直观形态如智性直观的形态来取代的。如果把这一点考虑在内,那么我们把虹称之为自在的事物也没有错,因为我们并没有把它真正理解为不可知的自在之物,没有犯独断论的毛病。

<u>但是如果我们一般性地看待这种经验性的东西,并且不顾及它与每一种人类感官的协调性,而探问它是否也表象了一个自在的对象本身(不是雨滴,因为雨滴作为现象已经是经验性的客体了),那么这个表象与对象的关系问题就是先验的了,</u>

"一般性地看待"(nehmen überhaupt),也可以译作"从根本上看待",就是从更一般的立场上来看它,甚至把它"与每一种人类感官的协调性"都抽掉,即把空间和时间这种普遍有效的直观形式都抽掉,在这一层面上来探问这个虹"是否也表象了一个自在的对象本身",那么我们就不能用"雨滴"来回答,不能以为雨滴就是真正的自在之物。"因为雨滴作为现象已经是经验性的客体了",它与虹作为现象,作为仅仅是经验性的东西,是处于同一个层面上,而并不表象在整个现象底下作为超经验的东西的自在之物。所以这个问题这样来问就不再是在经验性的层面上提问,而是"先验的"即超出经验而提问了。超出整个经验的范围而提问,就是要问这种经验的知识是"如何可能的",是追溯整个经验知识的可能性前提,这样的问题就是先验的,是不可能在经验范围之内来回答的。它涉及经验知识的可能性的先天条件,以及这些条件的作用范围,因而也涉及经验知识与它的对象、乃至于与一般对象的关系的定位。在这个层面上我们问什么是自在的对象本身,那就是指在经验范围之外的自在之物,它由于我们知识的条件的限制而是我们所不可知的。所以这就是先验意义上的自在之物。

<u>并且,不光是这些雨滴只是现象,而且甚至它们的圆形、乃至于它们在其中下落的空间,都不是自在的本身,而只是我们的感性直观的一些</u>

变形，或者是感性直观的基础，但先验的客体仍然是我们所不知道的。

先验意义上的自在对象不同于经验意义上的自在的对象，在前者看来，后者也仍然只是现象，不仅仅包括那些更本质的现象层次，如相对于虹的雨滴，而且包括感性现象的可能性条件，如时间空间，都还只是现象。雨滴之类的对象只不过是"感性直观的一些变形"，虹也好，雨滴也好，水分子也好，本身都还是感性直观的对象，或有可能通过感性直观到的对象；空间和时间则是"感性直观的基础"，是使感性直观得以可能的先天的形式条件，但本身仍然是属于感性直观之列，它们不能脱离感性的内容而单独存在。所以这些都还不是真正自在的存在本身，而"先验的客体仍然是我们所不知道的"。这里"先验的客体"（das transzendentale Objekt）一词历来颇有争议。什么是康德的先验客体或先验对象？按照康德在这里的解释，应当还是很清楚的，就是指通过先验的区分而探问"表象与对象的关系"时，也就是探问经验性的东西"是否也表象了一个自在的对象本身"时，所指的那个"自在的对象"。这样一个对象当然是"我们所不知道的"，它是一个自在之物。不过，"先验对象"这个概念还有其他用法，就是说，它所意指、所认为的那个对象虽然是不可知的自在之物，但之所以不可知，是由于我们无法给这个对象以任何确切的规定，因为我们不能凭我们想到它就直接地看到它，我们只有感性直观而没有智性直观。所以先验对象的不可知是由于当它撇开感性直观而仅从先验的层次来指认一个对象时，这个对象的规定性就是未定的。康德有时把它称之为一个未定的"先验对象 =**X**"，有时也把它称之为"一般对象"。但正因为如此，"先验对象"这个**概念**却可以用来给经验性的东西设立一个待定的**对象表象**，或"对象概念"，以便能够把一切经验性的杂多凝聚起来构成一个经验的对象。所以康德在另一处说："有关这种先验对象（它实际上在我们的一切知识中是永远等同于 X 的）的纯粹概念，就是一般说来能够在我们的一切经验性概念中带来与一个对象的关系、即带来客观实在性的东西。……但这种关系无非就是意识的必然统一性，因而也是通过内心将杂多联结在一个表象中这一共同机能对杂多进行的综合统一性。"① 所以我们在看到康德的"先验对象"一词时，先要搞清它的上下文，看它是指的"先验对象"这个概念的**所指**，还是仅仅指的先验对象这个**概念**本身。它的所指是指自在之物，而它的概念却可以用来建立一个经验对象，或者说，这个未定的概念在得到经验性的内容的充实和规定时就会构成一个经验对象。不过，由于一般人不太容易区分这两种场合，引起了不少误解，所以在第二版中康德就将这个词大部分删除了，只留下个别地方，表明他并没有改变他的基本思想。

如果说，这个总说明的第 I 部分前面五个自然段所讲的都是"关于一般感性知识的基本性状的看法是什么"，因而重在强调空间和时间的先验的观念性的话，那么下面两段则是要说明由此构成的这种感性知识的客观实在性是什么，也就是着重强调它的经验性的实在性。康德说：

我们的先验感性论要做的第二件重要的事就是：它不仅仅是要作为一种表面上的假设来赢得人们的一些好感，而是要具有对任何一种应被当作工具论的理论所可能要求的确定性和不被怀疑性。

这就意味着，先验感性论不仅要说明空间和时间本身的先验观念性，而且要说明它们所构成的感性知识如何能够具有客观确定性，也就是经验性的实在性，这是它"要做的第二件重要的事"。整个先验感性论所做的其实就是两件事，就是说明感性知识的先验的观念性和经验性的实在性，这两方面缺一不可。如果仅仅说明了感性知识的先验的观念性，则它仅仅有可能被人当作"一种表面上的假设来赢得人们的一些好感"；只有在这一基础上进一步说明感性知识的经验性的实在性，它才有可能"具有对任何一种应被当作工具论的理论所可能要求的确定性和不被怀疑性"。这里所说的"工具论"（Organon），类似于亚里士多德的《工

---

① 《纯粹理性批判》A109，第 121 页。

具论》，即形式逻辑体系，但比亚里士多德的工具论意义更广泛。康德在 A11-12=B24-25 上说："纯粹理性的一个工具论就将是一切先天纯粹知识能够据以获得并被实现出来的那些原则的总和。"可见它也包括康德所讲的先天直观的知识原则，即先验感性论。作为工具论，先验感性论必须具有它的确定性和不被怀疑性；但与形式逻辑的确定性和不被怀疑性不同，先验感性论的确定性和不被怀疑性不能建立在概念的分析之上，而只能建立在直观的综合之上，所以这种确定性和不被怀疑性其实就是感性知识、包括数学知识在可能经验性的现象中的客观实在性。

B64　　为了完全说明这种确定性，我们想选择某种案例，在其中这种工具论的有效性变得一目了然，并可以用来进一步澄清在 §3. 中所讨论的问题。

所谓"§3. 中所讨论的问题"，就是"对空间概念的先验阐明"，这种阐明使几何学的原理在空间范围内得到了普遍必然的有效性的证明。之所以偏重于几何学，显然是因为几何学最适合于用他阐述先天直观原理的标本。所以如前所述，在先验感性论的"先验阐明"中他唯一阐明的其实只是几何学的可能性，而把算术的可能性这一麻烦问题回避了。这显然不是偶然的。而为了使先天的感性知识原则的有效性"变得一目了然"，康德选择了一种"案例"（Fall），也就是作一种法庭上的推断。法庭上双方律师辩论时经常从对方假定的命题出发，去反推这一命题所依据的真实理由，最终达到推翻对方对这一命题的解释的结果。下面一段的讨论就是一种典型的法庭辩论的"案例"。

于是我们假设空间和时间本身自在地就是客观的，且是自在之物本身的可能性条件，那么显然首先，将会出现大量的关于这两者的先天无可置疑的综合命题，特别是关于空间的，所以我们这里要优先把空间当作例子来研究。

在这里，作为靶子的对方的观点是，**由于**空间和时间本身是自在之物的可能性条件，**所以**就出现了大量的"先天无可置疑的综合命题"，如"两点之间直观最短"之类。这种观点把这类先天综合命题的无可置疑性归之于自在之物本身就是这样构成的，或者如我们通常所说的，"空间是物质的存在形式"，几何学则是客观事物的空间关系属性。既然对象本身只能以这种方式存在，所以我们对它们的认识也不能不是这样，这种知识的无可置疑性的信念是植根于对自在之物本身的信念之上的，因此这种知识的客观性就是绝对的客观性。至于为什么要"优先"把空间作为例子，这也是康德一贯的做法，在他看来空间最能代表先天直观知识，时间由于涉及到内心直觉，是不太容易形成有关对象的直观的。其实康德对于自在之物的理解也多半是一种空间"外在"的理解，虽然他有时也把认识的内部主体也看作一个自在之物，或自在之"我"，但在举例的时候总是举外部事物的例子。康德没有说明他这样做的理由，他只是觉得这样更方便。但这恰好泄露出空间和时间在作为"直观形式"上的不对等性，即空间才是真正的直观形式，时间则不好说。所以在康德那里，从形成**知识**的最初根源说，时间对空间具有优先性，即空间只是外部现象的形式条件，时间则是一切内部和外部现象的形式条件；但从构成直观**对象**而言，空间总是优先于时间，甚至时间本身要成为我们直观的对象，也要借助于空间来作一条"线"才做得到。而这里既然是从自在之物的绝对客观性入手，即首先要考虑这个对象的客观性质，所以空间就理所当然地要"优先"考虑了。下面开始对这一假定质疑了：

由于几何学定理是先天综合地并以无可置疑的确定性被认识的，所以我要问：我们是从哪里取得这类定理的，并且我们的知性是靠什么来支持自己去达到这类绝对必然的、普遍有效的真理的？

这一问击中要害啊！独断论者们想到的只是，几何学的先天综合命题的无可置疑的确定性只有建立在自在之物的基础上才能够成立；康德则要问：我们**从哪里得知**这类定理的，我们的知性**凭什么知道**它们具有普遍必然的有效性？这就把一个本体论的问题变成了一个认识论的问题,把问题的独断的解决变成了一种批判的解决。换言之,康德通过这种提问逼使独断论者面对他们自己命题的可能性条件,进入到对这些命题的前提的反思或回溯。这种反思和回溯必然会一步步地推翻独断论所假定的用来解释先天综合判断的理由,即作为认识对象的自在之物的假设。下面提出对这一问题的各种可能的答案,然后从中一个个地排除。

没有任何别的道路,唯有通过概念,或是通过直观;但这两者本身要么是先天地、要么是后天地被给予出来的。

这里实际上给出了四种可能的答案,即几何学的先天综合判断的来源是:(1)先天概念;(2)先天直观;(3)后天概念;(4)后天直观。除此之外,再也没有其他可能的解释了。下一步就是排除,首先排除的是(3)和(4):

后一种情况,即经验性的概念连同它所建立于其上的经验性的直观,所能提供的综合命题没有别的,只有这样一种本身也只是经验性的命题、即经验命题,因而这种命题也永远不可能包含必然性和绝对的普遍性,而后者却是一切几何学定理所表现的特征。

所谓"经验性的概念",也就是例如马、人、植物动物等等概念,这都是对一些自然界的经验事物的概括,它们本身是建立于经验性的直观之上的,因而都是后天的。它们当然可以提供出一些综合命题,也就是后天的经验性命题或经验命题,如"马是能奔跑的"等等,但却并不是**先天综合命题**。而几何学要求的则是先天综合命题,因而要求先天的普遍必然性,因此这种后天综合命题显然不符合需要。这样,(3)和(4)就被排除了。这里的问题是,"经验性的命题"和"经验命题"是不是等同的,有何区别? 前面我们已经讲了"经验性的"(empirisch)和"经验"(Erfahrung)这两个词的区别,"经验性的"不一定是"经验",如我的一种主观感觉或错觉也是经验性的,但却不是经验,但经验肯定都是"经验性的"。"经验性的"外延比"经验"要大,后者是指那些成为了**知识**的经验性的东西,一切知识都是、或者都属于经验知识。当然,先天知识也属于

经验知识，但不等于经验知识，它们只是经验知识中的先天成分。如"马
是能奔跑的"这个经验知识中，"能奔跑"这一经验性概念显然包含有空
间、速度等内容，"马"也包含一定形状、大小的表象，它们使这个经验知
识成为可能；但它们本身并不构成经验性命题，而是服从先天的几何学
定理。总之，现在剩下来的只是第（1）和第（2）种可能性了。所以康德
接下来说：

> 但要达到这种知识，何者将是首要的和唯一的手段，也就是说，通过
> 单纯概念还是通过先天直观，那么很显然，从单纯概念是完全不能达到
> 任何综合知识的，而只能达到分析的知识。

"这种知识"就是上一句讲的表现几何学定理的特征的普遍必然性
的知识，也就是先天知识。那么，在排除了后天知识以后，就要在"先天
概念"和"先天直观"这两种先天知识之间作选择。"单纯概念"也就是
抽掉了经验性内容的纯概念，即先天概念。从这种单纯概念中，我们"完
全不能达到任何综合知识"，因为没有什么东西在它之外可供它综合，它
的知识只能从自己本身里面流出来，也就是只能形成分析性的知识，而
这又与几何学所要求的先天**综合**知识不相符合了。这里又把（1）也排除
掉了，因此唯一剩下的只能是（2），即通过先天直观而产生出几何学所
要求的先天综合判断。下面是通过例子对这一点的具体论证。

> 且让我们看看这条定理："凭两直线不能围住一个空间，因而不能有　B65
> 任何图形"，让我们试着从直线的概念和"两"这个数目的概念中把这个
> 定理推导出来；或者另一条定理："凭三条直线可以有一个图形"，并试试
> 同样单从这些概念中推出它来。你的一切努力都是白费，你将发现你不
> 得不求助于直观，正如几何学也一直在做着的那样。

这种论证前面在导言中其实已经做过了，就是说，几何学的那些基
本公理和定理都不是从单纯概念中分析出来的，而是通过直观构造出来、
也就是综合起来的。为什么两条直线就不能围成一个图形，而三条直线
就可以？这决不能凭概念的分析而得出来，"两条直线"和"三条直线"

的概念中并没有包含任何"图形"的概念。我们必须用这些直线去构造、去"围出"一个空间来,这种活动是外加在这些直线上的,因而它们"能够形成图形"或"不能形成图形"的判断也是外加在主词上的。康德在这里实际上引入了"想象力"的活动,想象力本身是一种直观能力,几何学对直观表象的处理都要凭借想象力,即构想各种可能的情况。所以康德在后面一个地方说:"一般综合只不过是想象力的结果"(第 120 页)总之,几何学的定理决不能凭借纯粹概念的分析而推论出来,只能通过直观的综合而建立起来。但这同时也就把几何学限制在直观的范围之内了,也就是限制在能够出现在直观中的现象的范围内了。

所以,你给自己提供了一个直观中的对象;但这是哪一种直观,是先天的纯直观还是经验性的直观? 如果是后者,那么就永远不可能从中得出一个普遍有效的命题,更得不出一个无可置疑的命题:因为经验永远不能提供这样的东西。

这里再次确定这种直观的先天性质。先天的直观和经验性的直观都可以综合地提供出一个直观中的对象,但经验性的直观永远是一次性的,偶然的,而不能从中得出一个普遍有效的命题,或是无可置疑的命题,而这又不符合几何学知识的要求。几何学的定理一定对于凡是直观地出现在我们面前的东西、甚至有可能直观地出现在我们面前的东西,都是放之四海而皆准的,无一例外地有效的。这显然不是经验能够提供出来的。经验性的直观其实一开始就已经被排除掉了,这里回过头来再次确认这一点,是为了强调这种直观的先天性质,即发源于主体本身的性质,强调只有这种主体性质才能给几何学带来普遍必然的有效性即客观性。

所以你必须给自己在直观中提供一个先天对象并在此之上建立你的综合命题。

几何学的先天综合命题是主体在自己的直观中建立起来的,其基础就是直观中的"先天对象",这就是空间。几何学的先天对象就是空间,它是通过我们对空间进行各种限制而规定下来的,这个空间是普遍的、

必然的，到处均匀不变的，它适用于一切经验性直观的内容，对任何可能
经验的对象都同样有效，因为它本身就是这些经验对象能够被给予我们
的可能性条件。正是基于这一点，几何学的先天综合命题才能够具有对
我们的一切直观对象的普遍必然的有效性。当然这种普遍有效性不一定
要随时体现在现有的经验性的事物身上，但至少必须先天地体现在抽象
的空间关系身上；但一旦体现在空间关系上，也就必然能够体现在经验
性的事物身上，因为这些事物无一不是以空间为其可能性条件的。"先
天对象"这个提法康德很少用，因为空间本身通常还不能说就构成一个
"对象"，它严格说应该表述为"经验对象的先天形式"。当它还停留于先
天的时候，它还只是一个空洞的形式，而当它成为对象的时候，它已经被
纳入经验中了。这里是就几何学与空间的关系而言的，因为几何学的确
是把空间当作自己的"对象"来处理的，它不是直接考察经验性的事物，
而是考察经验性事物身上的空间形式的关系，甚至可以在一定程度上脱
离经验性事物来考察这种关系。几何学的直接对象就是空间，它通过对
这种先天对象加以规定而构成先天知识。当然最终它并不能真正脱离经
验性事物，几何学知识、数学知识只是作为经验知识中的一个先天成分
才能被称之为知识。而数学知识的这种"先天对象"也仍然不是自在之
物，而是主体自己提供出来的，所以没有主体，数学知识就根本不可能。

假如在你的内部没有一种进行先天直观的能力；假如这个主观条件
按其形式来说并非同时又是唯一使得这个（外部）直观的客体本身得以
可能的先天普遍条件；假如对象（即三角形）是与你的主体没有关系的某
种自在的东西本身：你怎么可以说，凡是在你构成一个三角形的主观条
件中必然存在的东西，也必须属于自在的三角形本身呢？

这段话的意思是说，假如你没有一种在主观上进行先天直观并建立
起直观对象的能力，而且这个对象如"三角形"本身又与你无关，是自在
之物，你怎么可以说你用来构成三角形的主观条件也必须属于自在的三
角形本身呢？显然，这里所使用的"自在的三角形本身"一语，一般说来

并不一定是指前一句中"与你的主体没有关系的某种自在的东西本身"，即不一定是指自在之物，而是也可以指如同上面所举的"雨滴"的例子中的"自在的事物本身"，它是客观对象，但还是经验现象中的客观对象。在这种理解中，三角形的图形作为对象虽然比雨滴的层次更高，它已经是**先天**的，但仍然不是自在之物，正如前面那段话说的："不光是这些雨滴只是现象，而且甚至它们的圆形、乃至于它们在其中下落的空间，都不是自在的本身，而只是我们的感性直观的一些变形，或者是感性直观的基础，但先验的客体仍然是我们所不知道的"。所以"自在的三角形本身"一语本身带有双关性质，就是说，一方面，它当然可以是指自在之物，例如在这句话中的确就是如此，那么这句话的意思就是指，如果我们不具有主体进行先天直观的能力去建立这个三角形，而是把这个三角形看作自在之物，那么我们就无权把自己想到的主观必然的东西强加给三角形这个自在之物，这就是康德这句话直接表达出来的意义；但另一方面，反过来说，如果我们确实具有这种主体能力，那么三角形的图形，以及空间形式，是可以当作一种"自在的三角形本身"建立起来的，但不是跳过我们的主观必然的条件建立起来的，而是凭借这种主观条件建立起来的。后面这个意思就不是康德直接表达出来的意思，而是由这句带有反问句式的话所带出来的意思了。就是说，只有你主观上能够把有关三角形的定理普遍必然地建立起来，你才能确立三角形定理的客观性，才能认为这些定理就是那个"先天对象"的必然属性。这个"先天对象"是我们的主体在先天直观中、在空间中能动地建立起来的对象，而不是离开直观、超越直观而断言的"先验对象"。在这种带出来的意思中，"自在的三角形本身"就不再是指自在之物了，而是指现象中、感性直观中的客体。如果我们不把"自在的三角形本身"一语从这样双重的意义上来理解，那这个反问句就说不通了，比如说如果我们把它单单理解为"自在之物"，这句话的正面意思倒是好理解：如果我们没有主体的先天直观能力，自在之物不由我们的主体建立起来，当然我们就不能由我们主观的东西去断言它了；但反面带出来的意思就不好理解了，因为我们可以再反问康德：难道你的意思是说，如果我们有了主体的先天直观能力，以此去建立一个对象，我们就可以把我们主观必然的东西加在自在之物之上吗？或者：难道这样一来，自在之物就会是我们的先天直观能力建立起来的吗？显然这时"自在的三角形本身"就不能理解为自在之物，而必须理解为由我们的主体所建立起来的那个先天直观对象了。所以"自在的三角形本身"一语是有歧义的，这种歧义给康德的表述带来含混不清，也容易给读者带来误解。但只要我们理清了他的基本思路，他的思想在这里并没有真正的矛盾。下面是对他上述反问的解释：

　　因为你毕竟不可能在你的概念（三条直线）上添加任何新的东西（图形），使它必然会在对象上被碰到，因为对象是在你的知识之前、而不是 **B66**
通过你的知识被给予的。

　　这种解释是针对上述反问句的正面意思说的，因此这里的"对象"一词就是指"自在的三角形本身"的"自在之物"的含义。就是说，你不可能由你主观上给三角形概念综合上一个图形的概念，就把这种主观的先天综合命题的必然性归之于三角形这个自在之物，因为这个作为自在之物的三角形是在你的认识活动之前，在你进行这种综合之前，就不以你的意识为转移而自在地客观存在着了。但这句话的反面的意思也可以这样来说，即如果对象不是在你的知识之前，而是通过你的知识被给予的，那么你在三角形概念上添加一个图形的性质，如果这是出自你的认识活动的先天必然，这种性质也就必然会在你的对象上被碰到。而这同一个"对象"这时就是指我们的认识所建立起来的现象的对象，而不是指自在之物了。所以这里的歧义归根结底是康德的"对象"一词的歧义，对于这个使无数读者伤透了脑筋的"对象"，我们要给予特别的小心注意，要根据它的上下文来理解它的确切的含义。下面一句话也有同样的性质：

　　因此，假如空间（时间也是如此）不是你的直观的一个单纯形式，它包含有唯一能使事物对你成为外在对象的先天条件，无此主观条件对象就会什么也不是，那么，你就根本不可能对外部客体先天综合地决定任何事了。

这句话反过来说就是："因此，假如空间（时间也是如此）是你的直观的一个单纯形式，它包含有唯一能使事物对你成为外在对象的先天条件，无此主观条件对象就会什么也不是，那么，你就能够对外部客体先天综合地作出决定了。"这两句相反的话里除了把"不是"改为"是"、把"根本不可能"改为"能够"外，唯一真正需要改动的就是对"外部客体"一词的理解，它在前一句话里被理解为自在之物，而在后一句话里变成了现象中的外部客体。最妙的是，经过这样改动后，这两个句子所表达的竟完全是同一个意思。所以对于这整个"案例"的结论是：

所以这是毫无疑问地确定的、而不只是可能的、也不是大概的：空间和时间作为一切（外部和内部）经验的必然条件，只不过是我们一切直观的主观条件，因而在与这些条件的关系中一切对象只不过是现象，而不是以这种方式独立地给予出来的物，因此关于这些现象，在涉及它们的形式时也可以先天地说出许多东西，但关于可能作为这些现象的基础的自在之物本身，则丝毫不能说出什么来。

这就把前面作为前提假定下来的对方的观点完全推翻了。这种观点假定空间和时间本身"自在地就是客观的，且是自在之物本身的可能性条件"；但经过一番推导，空间和时间的客观性只可能是由"我们一切直观的主观条件"所建立起来的现象的客观性，"而不是以这种方式独立地给予出来的物"，即不是人们以前认为的具有空间时间的自在之物；具有空间时间的只能是现象，在涉及这些现象的形式时"也可以先天地说出许多东西"，比如这些现象所遵循的几何学规律等等，"但关于可能作为这些现象的基础的自在之物本身，则丝毫不能说出什么来"，因为我们决不可能断言自在之物也具有这些形式和规律。由此可见，空间和时间所形成的先天感性知识如几何学知识的确定性、无可置疑性和客观实在性，只能是一种经验性的实在性，而不是脱离直观经验的先验的实在性。

接下来的两部分是第二版增加的,它们是为了用不同的方式进一步
说明感性知识的先验的观念性和经验性的实在性的,可以看作康德对前
面第 I 部分的补充说明。其中,第 II 部分说明先验的观念性,第 III 部分
说明经验性的实在性。所以第 II 部分一开头就说:

II. 为了证明这一外感官和内感官的观念性理论,因而证明感官的一
切客体都只是现象的理论,我们可以首先采用这种观点:在我们的知识
中一切属于直观的东西(因而愉快感和不愉快感及意志这些根本不是知
识的东西除外),所包含的无非是单纯的关系,在一个直观中的位置关系
(广延)、这些位置的变化关系(运动)和这些变化据以被规定的法则的   B67
关系(动力)。

康德在这里提出一个新的视角,就是要证明感性知识的先验的观念
性理论,可以把一切知识归结为"关系"(Verhältnisse)。这个视角其实
也可以推广到对一切知识的理解上,它与康德所说的一切知识都是**判断**
有关,因为判断就是关系,它将主词和谓词用一个"联系词"联结起来,
这在后面有更具体的论证。而在这里,由于所谈的是直观的感性知识,
所以他把这种关系限于位置关系、位置变化的关系和变化的法则的关系。
位置基于空间,变化基于时间,运动基于空间和时间的结合,结合的法则
就是动力法则。注意康德在这里把"愉快感和不愉快感及意志这些根本
不是知识的东西除外",他只是就知识本身的领域来谈关系。审美和道
德领域当然也有关系,但在康德看来那都不是真正的现实的关系,不是
在现象中可以把握其规律的关系。把知识归结为关系的目的在这里就是
要把自在之物排除出去,因为自在之物就意味着与我们的认识没有关系。
后来受康德影响的闵斯特堡(Hugo Münsterberg,1863—1916)就是从这
一点切入而提出自己的美学主张的,即所谓"孤立说"。他认为科学是讲
关系的,例如一个科学家要证明海水就是盐和水的溶液,水是氢和氧的
化合物,他们就把盐和水通过蒸发而分开,把氢和氧通过电解而分开,但

这时海水"本身"已不见了，只剩下盐和氢、氧等等的一大堆"关系"了。而美学所要探讨的东西就是这个"事物本身"，而不是关系。艺术家和鉴赏家所面对的就是排除一切关系而"孤立地"出现在他面前的对象，这才是真正的对象本身，亦即自在之物。当然在康德看来，这种孤立的关系仍然是一种关系，即主体和客体的关系，而客体和客体的关系最终也要归结为主体和客体的关系。所以认识和审美的区别并不在于有没有关系，而在于是一种什么性质的关系。康德后来在《判断力批判》中把认识的关系界定为从普遍到特殊的规定的判断力，把审美的关系界定为从特殊到普遍的反思的判断力，并把它们的原则区分为认识能力的原则和情感能力的原则，而道德领域则服从欲求能力的原则。但这些区分在这里尚未完全确定下来，至少对情感领域他这时还认为没有什么先天原则，他将它划归经验的心理学的范畴。但他已经明确指出，知识的领域就是表现为关系的领域，自在之物就是没有表现出与我们的关系的领域。

但在这个位置上当下所是的东西，或者除位置变化之外、在事物本身中起作用的东西，却并没有借此被给予出来。于是通过单纯的关系毕竟还没有认识一个自在的事物：

这很类似于闵斯特堡的论证。我们所认识的只是关系，而我们通过关系并不能认识自在之物。自在之物本身当然也对我们"起作用"，如刺激我们的感官而使它产生出感官表象，但我们只能认识这种"作用"的后果，而不能认识那个"起作用的东西"，即那个在起作用时"当下所是的东西"。

因此很可以判断说：由于外部感官给我们提供的无非是单纯的关系表象，所以外部感官也只能在其表象中包含一个对象对主体的关系，而不包含内部的①、可归于自在客体的东西。

外部感官提供的只是外部事物相互之间的单纯关系的表象，而不是

---

① "内部的"（innere），原译作"内在的"，为与 immanent 相区别，兹改作"内部的"。

每个外部事物自身内部的表象,所以外部感官所感到的也只是外部事物在我们的直观中所呈现的关系,既然如此,这种关系归根到底也只是外部事物对我们的主观感觉的关系,"而不包含内部的、可归于自在客体的东西"。外部事物自身内部的东西,它的自在之物,是不可能被我们的外部感官所感到的,凡是我们所感到的外部事物,已经是向我们呈现出来的它们的关系了,因而也是它们和我们的主体之间的关系了。那么,外部感官是这样,内部感官又是如何呢?

内部直观也有同样的性质。不仅仅是**外感官**的表象在内感官中构成了我们用来占据我们内心的真正材料,而且我们放置这些表象的那个时间,那个本身在经验中先行于对这些表象的意识、并作为形式条件而为我们在内心中放置这些表象的方式奠定基础的时间,已经包含有前后相继、同时并存的关系及与这种前后相继伴随着的东西(持存之物)的关系。

就是说,内部直观的性质同样也是关系性的。这种关系性不仅体现在它与外感官的关系中,即不仅是由于我们的内感官所感到的大量都是外感官的关系以及对于外感官的关系,这些关系占据了我们的内心并成为内感官的材料,内感官则可以看作这些材料的形式;而且,那个先行于外感官的表象的意识——我们在意识到即思维到外感官的表象之前已经在内心直观到这些表象了——并预先提供出放置外感官材料的容器或形式框架的内感官本身,即时间本身,也已经包含着关系了,例如前后相继关系、同时并存关系以及持存关系。这里列举的关系正好相当于后面讲的"关系范畴"的三种时间图型,即因果性、协同性和实体性的图型。因果性的图型就是时间中的相继性,协同性的图型是同时并存,实体性的图型是持存性(参看第 156 页)。由此可见,康德从关系的角度来再次论证感性知识的先验的观念性,其实质就是从知性范畴的高度来重新审视感性知识的认识作用。同时也可以看出,康德在知性范畴中最重视的其实就是三个关系范畴,即实体性、因果性和协同性,它们是近代自然科学的核心课题。另外,外部事物之间的关系既然可以归结为外部事物与外感官的关系,因而归结为客体与主体的关系,外感官与内感官的关系就更可以归结为两种主观的感官的关系,因而归结为主观与主观的关系,而内感官本身的关系则可以看作主体的自身关系。这三个层次是层层递进的,从外到内,而中转环节就是前面 §6.c) 所提出的空间和时间的关系原则,即空间是一切外部现象的先天条件,而时间是一切内部和外部现象的先天条件。一切外部现象最终都要通过内感官而归结到内部现象上来,而内部现象则要归结到主体的自身关系上来。那么,这种主体的自身关系是怎样的呢? 下面就来专门讨论这个问题。

于是,凡是能够在一切有所思维的行动之前作为表象而先行的东西就是直观,并且,如果它所包含的无非是关系,它就是直观形式,这种形式由于它只有当某物被置入内心时才有所表象,所以它不能是别的,只能是内心通过自己的活动、即通过其表象①的这一置入、因而通过自身而被刺激起来的方式,这种方式就是某种按其形式而言的内感官。

这里有四个层次。**第一个**层次是把直观和思维区别开来,直观是先行的,它的表象才构成了思维所能够指向的某物或对象。这一点前面一段话中也讲到了,即时间是"先行于对这些表象的意识"的。**第二个**层次是"直观形式",它与其他直观表象的区别就在于它只是**关系**,而不是**关系项**。例如把"红色"当作关系项,则红色的时间持续就是关系,此刻的红色和下一瞬间的红色是同一个红色,但这同一个红色是由于持续的关系把两个瞬间的红色联系起来而形成的,所以同一个红色有赖于使它成为同一个红色的那种时间关系,这个关系就是红色这种直观表象的形式。**第三个**层次,"这种形式由于它只有当某物被置入内心时才有所表象",也就是只有当它得到"某物"的充实的时候才能够表象出来,却不能单凭

---

① "其表象"的"其",原版写作 ihrer,指"自己的活动",Erdmann 校作 seiner,指"内心"。兹从后者。

它自己的抽象形式而得到表象。我们不可能直接看到纯粹的时间,而只能看到时间中的东西,我们只有在看到时间中的东西时才看到时间。因为时间只不过是一种接受感性材料的直观形式,离开它所接受到的东西它本身就什么都不是。"所以它不能是别的,只能是内心通过自己的活动、即通过其表象的这一置入、因而通过自身而被刺激起来的方式",这说明,所谓"某物被置入内心"并不是一个外部的力量把某物放进内心,而只能是内心通过自己的活动,即内心自己把自己的表象置入内心。所以内部直观的方式就是内心自己被自己刺激起来的方式,这与外部直观作为由外部自在的对象刺激起来的方式虽然是不同的,但却具有某种同构性。最后,**第四**个层次就点出,"这种方式就是某种按其形式而言的内感官",也就是说,内感官的形式就是内心的自我刺激、自我激发。这就是我们前面所提到过的,时间的本质隐含有能动性的含义,它与创造性的"直觉"、生产的想象力有内在的联系,而不是像空间那样一种静观和旁观的形式。所以,经过上面这一系列的从外到内的回溯,我们发现,作为内感官的时间实际上体现了感性直观中的主体性活动,它把自己内心的表象置入自己内心,也就达到了一种感性直观中的自我意识,即经验性的自我意识,或者也可以说是"自我感"。在这种自我意识的内部直观结构中,"刺激"起内心表象的那个刺激者,即内心本身,是不可知的。这正如在外部直观中刺激起对象表象的那个对象本身也是不可知的一样,都是由自在之物刺激而产生出现象,只不过一个是内部现象,一个是外部现象。内部现象相对于外部现象应当说更带有主动性,但康德在这里更加强调的是它和外部现象一样也是被动接受的现象,而不是真正的能动性,因为我的内心作为自在之物如何刺激我自己,这是我所不知道的,也是我不能控制的。真正的能动性他要留给先验的自我意识即知性,而不是感性。但就连先验自我意识的能动性也仅仅是自发地综合现有的感性材料的能动性,而不是激发出这些表象的能动性,所以也是打了折扣的。不折不扣的能动性只有自在之物本身才可能有。这是后话了。下面就是说明内感官本质上的被动性这个道理。

凡是通过一个感官而被表象出来的东西，在这范围内永远都是现象，因而要么一个内感官 ① 就必定会根本不被承认，要么那个作为内感官对象的主体就只能通过内感官而被表象为现象，而不是表象为像它在它的直观若作为单纯自我活动、即作为智性直观时，它将对自己所作的判断那样。

就是说，不论外感官还是内感官，凡是通过感官而表象出来的都只是现象，而不是自在之物，也不能反映出自在之物的本相。所以只要你承认有一个内感官，你就必须承认：这个内感官所感到的主体、也就是经验的感性的"我"，只不过是内感官中的一个表象，而不是一个自在的"我"，或一个自在的灵魂实体。因为要得到这样一个自在的"我"的表象，就必须设想这个"我"的直观是一种"单纯自我活动"的直观，即非接受性的、非感性的"智性直观"，它能够不凭感官而直接获得关于"我"的本来面目的知识。但这是不可能的，我们不具有智性直观，而只有感性直观，我们的内感官仍然只能被动地接受由自在之"我"刺激我的内心而获得的那些感官表象，这些表象与设想中的智性直观对自在之"我"本身所作的判断完全不是一回事。它们只是自在之"我"在我自身内部所造成的现象而已。所以内感官的"我"在康德看来并不是一个真正作为主体的我，而只是一个作为现象中的客体的我，它作为一个经验对象摆在我面前了。但我对于这个主体的我只有一种意识，而没有内容，不能构成认识对象。所以康德说：

这里的一切困难仅仅在于：一个主体如何能够从内部 ② 直观自己；只不过这种困难是任何一种理论所共同的。

主体要能够从内部直观自己，也就是直观到自己内部自在的性状，

---

① "要么"一词原译置于"一个内感官"之后，现改为之前，更通顺。

② "从内部"（innerlich），原译作"内在地"，为与 immanent 一术语区分而改译。

而不只是它显现给我的外部现象或关系，那就必须有一种智性直观，而这是我们所不可能有的。所以这个难题是任何一种理论都解决不了的，那些自以为解决了这个问题的理论，如笛卡尔的"我思故我在"理论，莱布尼茨的经验性的"统觉"理论，或洛克的"反省的经验"的理论，都是一种误解，都是把一种后天经验性的自我冒充为自在的自我主体了。而在康德看来，这一困难是不可解决的，它标志着我们认识的边界，我们只有让它存而不论，以便为信仰留下位置。当然，主体不可能直观自己，并不意味着它也不能意识自己或思维自己。康德说：

对主体自我的意识（统觉）是自我的简单表象，并且，假如单凭这一点，主体中的一切杂多就会**自动地**被给予的话，那么这种内部的①直观就会是智性的了。

前面我们说过，对自我作为一个感性客体的意识就是经验性的自我意识，而这里讲的"对主体的自我意识"则是指先验的自我意识，也就是先验的"统觉"。在康德那里，自我意识、统觉是一个意思，但可以分为经验的自我意识或经验性的统觉，以及先验自我意识或先验统觉。莱布尼茨首先提出统觉这个术语（Apperzeption）来说明人对自己的一切知识的统摄和把握，但那只被理解为心理学上的、经验性的统觉，它所形成的只是某个人特定的自我形象，一个经验自我的对象。先验自我则是构成一切经验对象、包括经验的自我对象的主体，它本身不再能够被当作对象来认识，而只是一个"自我的简单表象"，一种主体的能动活动，它离开它的经验性的活动对象、统摄对象就是空的。所以它只能加工经验材料，而不能自行产生出自己的材料，不能脱离给它提供材料的经验而有任何运用。所以康德说："假如单凭这一点，主体中的一切杂多就会自动地被给予的话，那么这种内部直观就会是智性的了"，意思是，以为单凭先验的自我意识就能够将自己的主体作为自在的对象提供出来，不

---

① "内部的"原译作"内在的"，兹改之，下同。

需要经验来给自己提供材料就获得对自己的自在之我的知识，这除非我们拥有智性直观才能做得到，而这是不可能的。所以这时用的是虚拟式。实际上，我们人类只有按照自己的方式才能对自己有所直观，这就是感性直观，而这样获得的只是对自己的感性表象。如康德说的：

在人类这里，这种意识要求对于主体中预先被给予的杂多有内部的知觉，而这种杂多在内心中非自发地被给予的方式由于这一区别，就必须叫作感性。

"这种意识"指人类的自我意识，人类要认识自我，就要求"对于主体中预先被给予的杂多有内部的知觉"，这里的"预先被给予"意味着不是主体自己自发地提供出来的，而是已经从自在之我对内感官的刺激中接受过来的现成的杂多材料，它们是"在内心中非自发地被给予的"，这种接受方式与前面讲的那种凭借自我意识而自动地给予杂多的方式是有"区别"的。那是一种智性直观，而这里这种直观则"必须叫作感性"。而凭这种感性直观来认识自我，所获得的就只能是一个经验性的自我，即把自我当作一个经验对象来认识，它只是自在之我的现象或所造成的后果，而不可能是自在之我本身。在这样一种经验性的自我意识中，

如果对自己发生意识的能力要去寻求（领会）那寓于内心中的东西，那么它就必须刺激内心，并且只有以这种方式它才能产生出对内心自身①的直观，

"对自己发生意识的能力"，指知性的能力，因为随后讲到"刺激内心"。是什么在"刺激内心"？后面§24有明确的说明，可惜本书未收入。在那里康德说："所以知性在**想像力的先验综合**这个名称下，对于**被动的**主体——它的**能力**就是知性——实行着这样一种行动，对此我们有权说，内感官由此而受到了刺激。"② 在该小节最后一个注中他也说："我

①　"内心自身"原译作"它自己"，不明确，兹改之。
②　《纯粹理性批判》B153—154，第102页。

看不出人们为什么对于内感官受到我们自己的刺激这一点会感到如此大的困难。**注意力**的每一次动作都可以向我们提供这方面的例子。"注意力立足于想象力，想象力则体现了知性的行动，所以"对自己发生意识的能力"归根结底是指知性能力。知性能力就是发生意识的能力，包括**对自己**发生意识的能力。这种能力要去寻求"那寓于内心中的东西"，也就是要将内心中可能出现的东西把握在一个对象知识中，"它就必须刺激内心"，使它激发出它可能蕴含着的各种性状。这里"寻求"后面还有一个括号：领会（apprehendiren），什么意思？ "领会"一词康德后面有重要的用处。在第一版纯粹知性概念演绎中，所谓知性对感性的三重综合的第一重综合就叫作"直观中领会的综合"，这是最起码层次的综合，它不是通过知性直接达成的，而是通过内感官即时间的相继来达成的①。可见"领会"是寻求经验自我的知识的第一步，只有刺激内感官使之获得最初的领会，以这种方式，"它"，也就是这种知性能力，"才能产生出对内心自身的直观"，也就是获得最起码的关于经验自我的感性知识。

　　但这种预先植根于内心中的直观形式则在时间表象中规定着杂多在内心中聚合的方式，因为内心直观自己并非像它直接主动地表象自己 B69 那样，而是按照它从内部被刺激的那种方式，因而是像它对自己所显现的那样，而不是它所是的那样。

　　就是说，这种经验自我的直观是受到直观本身的先天形式所限制的，这种先天形式就是"预先植根于内心中的"时间，它规定着经验自我的杂多表象的聚合方式，不让它越出时间的经验范围而涉及自在之物的领域。这是因为，内心直观自己，这只是直观自己的现象，而不是直观自己的自在之我，不是直观这个自在之我的主动的作用方式，而是直观它在内部经验中所产生、所显现出来的后果。所以这种内心直观是服从

---

① 参看同上书，A98—100，第 114—115 页。

先验的观念性原则的。如果说，本小节的第 I 部分还主要是以空间为主来讨论先验的观念性原则，如他所举的两个例子一个是外部现象"雨"的空间形态，一个是几何学的三角形图形；那么，在这第 II 部分则主要是以时间为主来展示先验的观念性原则，所涉及的是时间图型和内心经验性的自我意识。这里整个这一大段应该说是先验的观念性原则的进一步深化，即从客体性到主体性的深入。

下面这一部分则是对经验性的实在性原则的维护，也就是对经验派所坚持的经验性的观念性的反驳。

III. 如果我说：在空间和时间中，不论是外部客体的直观，还是内心的自我直观，都是如同它们刺激我们的感官那样、即如同它们所显现的那样来表象它们，那么这并不是想说这些对象就只是幻相。

康德由此把自己和贝克莱、休谟的主观唯心主义的经验论划清了界限。贝克莱说："存在就是被感知"，没有离开我们的感知的存在。当然他还承认一个"感知者"的客观存在，如灵魂、上帝，这些东西的存在不能被感知，只能被"意念"（intent）。休谟则连这种感知者的存在都否定了，在他看来，感知需要一个感知者，这只是我们的一种习惯的想法，事实上是怎样的，我们不得而知，我们所知道的只是我们的知觉印象，这就够了。如果你说这些印象因为底下没有客观的实体支撑，因而只不过是些幻相，那也没有办法，很可能是如此，因为我们确实不能证明这样一些客观实体的存在。康德则认为，尽管我也认为，不论是客体还是主体，我只有通过感官才能直观到它们，但我并不像贝克莱那样认为这种感知是随意的，也不像休谟那样认为这些知觉印象所构成的对象没有任何客观实在性，只是一种心理学上的联想的聚合，这些观点都是把感性直观的对象当作一种主观的幻相，与做梦没有什么本质区别。康德的感官对象则是不以我的任意想象和联想为转移的实在的对象，因为它们都有先天的直观形式作为其可能性条件并对它们加以先验的限定，使它们只能这样而不能别样。尽管这种先天直观形式也是主体中所固有的能力，但却不是随时可以变更的，因此可以把感性表象建立为服从普遍必然性法则的客观对象。

因为在现象中，客体乃至于我们赋予这些客体的诸性状，任何时候都被看作某种现实被给予的东西，只不过就这些性状在这被给予的对象与主体的关系中依赖于主体之直观方式这点而言，该对象作为**现象**是与它自身作为**自在的**客体有区别的。

就是说，以这样一种方式所建立起来的现象中的客体，在康德那里"任何时候都被看作某种现实被给予的东西"，但它们与自在之物的区别就在于，它们的那些性状是"依赖于主体的直观方式"的，而不是依赖于对象本身的。其实在这里，不仅仅现象中的客体的诸"性状"，而且就是这些客体，或"被给予的对象"，也是依赖于主体的直观方式的，因为它们只有通过这种直观方式才能"被给予"。但康德在这里为什么不说这些客体的性状连同这些客体本身都是依赖于主观的直观方式，而只是把这些"性状"单独提出来说呢？这是因为他还要为"客体"或"对象"保留其双关的含义，即"该"对象同时具有"作为现象"和"自身作为自在的客体"这样两重身份。当然，作为现象的对象实际上是由它的"诸性状"所规定和决定的，而这些性状又是依赖于主体之直观方式的，因此作为现象的对象也是依赖于主体的直观方式的；但"对象"这个概念康德始终不愿意完全归之于现象之中，即使"作为现象的对象"也是如此，它还是有保留的，就是说，**同一个**作为现象的对象，它同时也可以"作为自在的客体"来看的，虽然这时我们对它就不能认识了，但它还是"同一个对象"。

所以，当我主张说，我据以设定物体和我的灵魂的、作为两者存有的条件的那种空间和时间的性质，是在我的直观方式中、而不是在这些自在的客体中，这时我并不是说，物体只是**似乎**存在于我之外，或者我的灵魂只是**似乎**在我的自我意识中被给予的。

这里，"物体"指外部现象的对象，即物理学的经验对象；"我的灵魂"指内部现象的对象，即心理学的经验自我。这两者存有的条件都是我的先天直观形式，一个是空间，另一个是时间。但空间并不在"物体"的现象底下的自在之物中，时间也不在作为经验自我的"灵魂"后面的"心灵实体"之中，空间和时间只是用来限制和规定现象中的对象的，而不是用来规定"自在的客体"的。但尽管如此，我们仍然不能说，物体在我之外或灵魂在我之中都只是一种幻相，是我主观随意的想象或错觉，它们也许有一天可以被排除或纠正。这些说法都误解了空间和时间的性质，以为既然它们是主观中的，那就是随意的或随时可改变的。而在康德看来，空间时间虽然是主体中的先天直观形式，但正因为如此，它们对于一切直观对象都有普遍必然的效力，是有一定的不可动摇的规律和尺度的。所以，物体并不是"似乎"存在于我之外，而是只有在我之外它才有可能存在，这是由空间决定了的；同样，我的灵魂也不是"似乎"在我的自我中延续，而是只可能存在于自我表象的延续中，这是以时间形式为条件的。至于在空间和时间之外它们究竟是什么样子，是否也有它们自己的直观形式，是否比它们显现在我们眼前的样子更值得信赖，这个是我们根本无从知道的。我们也不需要知道这一点，因为我们只要知道在**现象界**这些直观形式无所不包、具有放之四海而皆准的有效性，就够了，这已经足以容纳一切科学知识的可靠性和必然性了。我们反正不知道自在之物，穷尽一切科学也不可能知道，所以自在之物究竟情况如何，哪怕在上帝眼里可能有另外一种性状，这也无损于我们的科学知识的可靠性和实在性。

如果我把我本应①归于现象的东西弄成了只是幻相，那将是我自己的罪过。

空间和时间就是"本应归于现象的东西"，它们本身如果正确运用

———————————

① "本应"（sollte）原译作"本想"，不确，兹改之。

于现象中的对象上的话，本来是不会有什么幻相的；但如果我把它们弄成了幻相，那不是它们本身的问题，而只是我们运用的问题，最主要的就是我们跳过主体与客体的关系而把它们运用到了另外一个地盘上、即孤立的自在客体或自在之物的领域中去了。当然这里还有另一层意思，就是当现象中的对象、或可能经验的对象还没有出现时，我们就急于把已知的现象中的东西归之于这个尚未出现的对象身上了，这就是由于我自己的不谨慎而导致的幻相。这一点在这后面康德的一个注释中说得更明确：

　　现象的各种谓词在与我们的感官的关系上是能够被赋予客体本身的，例如赋予玫瑰花以红色或香味；但幻相却永远不能被作为谓词赋予 B70
对象，这恰好是因为，幻相把那只是在与感官的关系中、或一般在与主体的关系中属于对象的东西赋予了**孤立的**客体，例如人们最初把两个柄加在土星身上。

　　当我们把红色和香味赋予玫瑰花时，我们是把我们在感官上所感到的那些性质的谓词赋予客体本身，这里说"客体本身"，是如同前面把雨称为"自在的事物本身"一样的意思，指在空间和时间中承载着那些性质的现象中的客体，不是指自在之物。我们能够这样做，是因为我们没有脱离与感官的关系，而是紧紧依赖与感官的关系来给时空中的事物寻求规定，所以这是"本应归于现象的东西"。而当我们把"两个柄"加在土星身上时，情况就不一样了。康德的时代人们通过改进了的望远镜开始发现，土星有一个光环，但在此之前人们凭粗糙的望远镜观察，模模糊糊觉得那是土星两边的两个柄，由此产生了一个著名的幻相。康德认为这种幻相正是由于我们"把那只是在与感官的关系中、或一般在与主体的关系中属于对象的东西赋予了孤立的客体"，意思是，我们把我们看到的东西强加给了我们没有看到的客体。我们在对土星的模糊感觉中也看到了"属于对象的东西"，这就是好像是"两个柄"那样的模糊形象，而它们所属的那个"对象"就是在我的感官中出现的那个模糊的土星；但我们把这个模糊的形象和这个模糊的土星都想象为是那个"孤立的"土星本身的形态,好像这个土星本身不需要与我们的感官发生关系而自在地就能拥有这样的形态似的。于是我们就把这种模糊的形象变成了一种清晰的谓词:"两个柄",并设想土星在自在的状态下就是具有两个柄,但其实我们并没有权利这样做。"两个柄"顶多是我们在没有看清土星的真实面貌时的一种假设,而不能作为土星的属性和谓词。但为什么康德在这里要说"或一般在与主体的关系中"?这说明,我们这样一种常见的误解不仅仅是发生在"与感官的关系中",而且发生在"一般与主体的关系中",包括与空间、时间和知性范畴的关系中。这就从日常经验中的幻相如土星的这种幻相推广到了哲学上的所谓"先验的幻相"。土星这个"孤立的客体"还有可能由于感官的发展、如望远镜的改进而解除孤立状态,但"自在之物"则是我们永远无法达到的,是绝对孤立的客体。我们的一切知识都只是在"与主体的关系中属于对象的东西",而不是跳过这种关系而属于自在之物的东西。所以,

凡是根本不会在自在的客体本身找到、但却能在客体与主体的关系中找到并与主体的表象不可分的东西,都是现象。

这里"自在的客体本身"是指自在之物,但"客体"一词却一语双关。我们的知识不是自在之物的规定,而只涉及"能在客体与主体的关系中找到并与主体的表象不可分的东西",即涉及现象。现象及其知识存在于客体与主体的关系中,但为什么强调"与主体的表象不可分"?因为这种主客体关系并不是一种对等或平等的关系,而是由主体造成客体的关系,一切现象的客体都是在主体中由主体建立起来的。当然也需要由自在之物刺激人的感官而提供感觉、知觉、印象这些经验性的表象,但这还是在主体中出现的,自在之物本身并不进入。

这样,空间和时间的谓词就正当地被赋予了作为感官对象的感官对象,并且在其中没有幻相。

"作为感官对象的感官对象"(die Gegenstände der Sinne als solche),

也可以译作"感官对象本身"。空间和时间作为主体的表象,如上所述,正是它们的在现象中的对象与之不可分的东西,并且是使这些对象得以可能的东西,所以它们被赋予感官对象本身是"正当的"。就是说,我们完全可以充满信心地把空间和时间无一例外地赋予我们所看到的一切现象,一切感官对象,把它们看作感官对象"本身"的普遍必然的谓词,看作它们客观的存在方式或固有形式,在这一点上我们不会弄错,不会陷入幻相。这并不是说,我们在时空问题上不会犯错误,我们也可能有计算错误、测量错误,甚至有时会弄颠倒次序,但我们坚信这些错误完全可以由"感官对象本身"的客观的时空关系来澄清,有一个客观的对错标准。我们不能因为时空表象是主体中的先天直观形式,就认为它们不是客体固有的,因而把它们看作幻相一类的东西,而必须区分出两种不同的"客体",即感官对象和自在之物。时空表象是感官对象自身固有的,因而不是幻相;它们与自在之物根本没有关系,因此也不存在幻相问题。相反,如果你把时空看作自在之物的固有属性,倒是会有幻相问题,正如康德说的:

　　相反的情况是,我把红色赋予**自在的**玫瑰花,把两个柄赋予土星,或把广延**自在地**赋予一切外在对象,而不是着眼于这些对象与主体的一定的关系并把我的判断限制于其上;这样一来幻相才会产生。

　　这三个例子有所不同。红色是玫瑰花的感官对象的属性,但不是自在的玫瑰花的属性,离开我们的感官的玫瑰花自在地是什么样的,没有谁能知道;这种幻相是把感性直观的**质料**单独抽出来,不通过感官的中介而直接赋予自在之物所造成的。广延、也就是空间,是外在现象中的对象的存在方式,但不是外在对象自在的存在方式,离开我们的空间直观形式的自在之物是否有别的直观形式,我们同样不知道;这种幻相是把感性直观的**形式**单独抽出来,不通过感性直观的中介而直接赋予自在之物所造成的。至于"把两个柄赋予土星"则是另外一类,是由于把尚处于模糊中的感觉不通过进一步的感官澄清而急于将它们赋予那还没有感到的客体，而造成了幻相；但那个还没有感到的客体本身还是属于"可能经验"范围内的，并不就是自在之物，所以这个幻相只能是一个经验性的幻相，而另外两个幻相则属于先验的幻相。不过它们的原理都是一样的，就是没有"着眼于这些对象与主体的一定的关系并把我的判断限制于其上"，也就是跳过了对象与主体的"一定的关系"而作判断。这整个注释都是为了说明我们如何由于自己的过错而把空间和时间的表象"弄成了只是幻相"，不是别的原因，就是因为我们没有严格遵守康德所提出的这些先天直观形式的"先验的观念性"原则，而将它们作了"先验的实在性"的运用或误用。所以康德在正文中接着说：

B70　　　但这种情况依照我们的一切感性直观的观念性原则并不会发生；勿宁说，如果我们赋予那些表象形式以**客观的实在性**，那我们就无法避免不因此而把一切都转化为单纯的**幻相**。

康德这里是对可能的质疑进行反戈一击，就是说，我的先验的观念性原则把空间和时间归于感性直观的主观先天形式，这并不会把它们变成幻相；反倒是那种先验的实在性的观点，企图把我们的先天表象本身不通过感性直观而看作客观实在的，却会不可避免地把一切都变成幻相，从而与这些人的自我期望背道而驰。为什么会这样？康德解释道：

因为，如果我们把空间和时间看作按其可能性必定会在自在的事物身上找到的性状，并仔细考虑一下这样一来我们将陷入的荒唐境地，即有两个无限的物，它们不是实体，也不是某种现实地依存于实体的东西，但却实存着，甚至必须成为一切物实存的必要①条件，即使一切实存之物都被取消，它们却仍然留存着；

就是说，如果我遵从先验的实在性的观点，把空间和时间看作自在之物的性状，那就会出现如此荒唐的情况，即它们按照其概念的性质应是无限的，但不是实体，而是形式；也不是依存于现实实体的后天属性，而应

---

① 原译漏掉"必要"二字，兹补上。

是先天的带有普遍性的东西，但却现实地存在着并成为一切现实事物的必要条件，甚至比一切现实事物都更实在。一种本身不现实的东西比现实之物更实在，成为现实之物的必要条件，这将会怎么样呢？康德说：

那么，我们也许就不能责备那非凡的贝克莱把物体降为单纯的幻相了，甚至就连我们自己的实存，当它以这种方式被弄得依赖于像时间这样一种杜撰物之独立自存的实在性时，也必定会和这个时间一起转化为纯粹的幻相了；这是一种至今还从来没有人能够去犯的荒唐的错误。①

就是说，这就将导致两极相通，和贝克莱同流合污了。本来对康德的上面这种指责是当时的唯理论派提出来的，他们指责康德滑向了贝克莱主义，这使康德十分恼火，因为他们完全没有读懂康德的意思。他在这里指出，正是这些唯理论的独断论者自己的观点必然会导致贝克莱主义。因为当他们把空间和时间归之于自在之物时，由于抽掉了感性的经验直观的内容，他们没有办法使这两种主观的先天直观形式建立起经验性的实在性，而是使这些主观形式跨过感性经验成为自在之物的先天条件；而这些先天条件正由于本身没有能够建立起自己的实在性，所以它们只能以纯粹主观的身份去充当自在客体的条件，这就反而使自在客体变成依赖于主观形式的东西了，结果就只能是像贝克莱一样"把物体降为单纯的幻相了"。更有甚者，就连我们的自我，由于依赖于这种没有实在性的时间条件，"也必定会和这个时间一起转化为纯粹的幻相了"，例如休谟就否定了任何"人格的同一性"，认为那只不过也是一种习惯性联想而已。当然，唯理论中至今还没有人意识到这一层，也没有一个唯理论者真的就走向了贝克莱式的主观主义和休谟的怀疑主义，因为这种唯理论向怀疑论的坠落太荒唐、太自相矛盾了，是任何一个有起码思维能力的人不可能接受的，所以康德说"这是一种至今还从来没有人能够去犯的荒唐的错误"。但从逻辑上说这是可能的，而且是必然的。

---

①　原译作"这种荒唐的错误至今还从来没有人犯过。"不太贴切。

　　但唯理论派强调跳过人的感性而认识自在之物,在康德看来是由于他们设想人具有一种不需要感性的直观能力,即"智性直观"的能力,这种能力通过知性思维就能够直观到对象。康德认为我们人类是不具备这种能力的,但我们也不能因此就贸然否认任何其他存在者也具有这种能力,因为对这种事我们同样没有任何根据去加以否定。但问题是我们要把这种能力和人类的感性直观能力区分清楚,不要混为一谈,同时不要把智性直观强加于人类。这就是他在最后一部分中所要讨论的问题。

　　<u>IV. 在自然神学中,由于人们想到一个这样的对象,它不光对我们根本不可能成为直观的对象,而且就连对它自己也绝对不可能是感性直观的对象,所以人们就很仔细地考虑从它的直观中(因为它的一切知识必定都是直观的,而不是随时表现出局限性的**思维**)把那些时间和空间的条件都去掉。</u>

　　"自然神学"(die natürliche Theologie),即指"人格神论"(Theismus,又译"一神论",韦卓民先生译作"神治论")。它与"自然神论"(Deismus,韦先生译作"神有论")不同,后者主张上帝按照自然规律创造世界,以后便不管自然界的事而任其运转了,这其实是一种改头换面的唯物主义,与经验自然科学的观点并不冲突。前者则主张上帝任何时候都干预自然的事,是以人类不可理解的方式在自由地创造世界。[①] 在这种自然神学中,人们把上帝看作不能由我们的感官所见的对象,而且认为,上帝虽然创造了我们这个可感的对象世界,但上帝本身对这个对象的直观肯定不是感性的直观,但也不是单纯的思维,不是我们的那种"随时表现出局限性的思维",因为它毕竟创造出了直观对象。所以我们只能设想上帝具有一种不同于我们的直观,其中没有我们所具有的时间和空间条件。上帝本身不在时间空间中,他所创造的对象世界虽然在时间

---

① 　参看《纯粹理性批判》A631=B659,第498页,及中译者注4。

空间中，但他也不是在时间空间中创造出世界来的，或者说，时间空间本身也是上帝创造出来的。上帝只须想到世界，凭知性思维到世界，这个世界就现实地、直观地产生了，这就是智性直观（或译作"知性直观"）的作用。《圣经》上说："上帝说，要有光！于是就有了光。"上帝是凭说话，即"逻各斯"，而创造了整个世界。"逻各斯"又译作"道"，"理性"，这意味着，上帝是凭理性而创造了直观的世界。他没有用任何直观感性的材料，他是从虚无中创造出了世界的全部质料和形式。所以这种直观就叫作智性直观，或直观的知性。显然，这种智直观与感性直观的区别，不仅在于它没有感官质料的内容，而且也在于它去掉了感性直观的时空形式。康德问道：

　　但我们有什么权利可以这样做——如果我们首先把这两者弄成了自在之物本身的形式，而且它们作为物之实存的先天条件，即使在该物本身被去掉时也仍然留存着？因为，作为所有一般存有的条件，它们也必然会是上帝存有的条件。

　　就是说，如果我们像理性派的哲学家那样，预先立足于先验的实在性，把空间和时间设想为自在之物的存在方式，并且如前面讲的心理实验所提示的，这种方式即使没有物本身也仍然可以被设想作为一个空架子而存在着，那么我们就没有权利从上帝这个自在之物那里把时间和空间排除掉。所以，唯理论对空间和时间的这种先验的实在论立场是和他们所主张的智性直观直接相冲突的，即要么坚持时空的先验的实在性，即把时空看作自在之物本身的形式，那就必须否定有真正的智性直观；要么坚持智性直观的概念，那就必须从中去掉空间和时间，否定时空的先验的实在性。前一种倾向必然会把上帝看作一个高明的数学家和机械师，他按照最精密的自然科学规律而创造出了自然界，这就会把时空也看作上帝的存有条件，实际上导致无神论；后一种倾向必然通向康德的观点，即我们不能用我们自己的直观形式即空间和时间去设想上帝，上帝的直观形式如果有的话，它应该是什么样的，这也是一个我们不可能回答的问题。实际上，康德并不否定智性直观的概念，他只是认为即使有智性直观，也是我们人类所不可知的，反正我们自己不具有这种直观。我们所拥有、因而所能够知道的只是以空间和时间为先天形式的感性直观。所以，

B72　　　如果人们不想把它们弄成一切物的客观形式，那就没有别的选择，只有使它们成为我们外部和内部直观方式的主观形式，

　　"一切物的客观形式"，就是说包括自在之物在内的一般物的客观形式。如果我们不想把时空看作包括自在之物在内的一切物的客观形式，以避免上述把上帝也看作在时空之中的谬见的话，那我们就只有一种选择，就是把时空归入我们自己主观的直观形式，也就是坚持一种时空的先验的观念论而排除它们的先验的实在论。

　　而这种直观方式之所以被叫作感性的，是因为它不是本源的，就是说，不是这样一种本身就使直观的客体之存有被给予出来的直观方式（这种直观方式就我们的理解而言，只能属于那原始的存在者），而是一种依赖于客体的存有、因而只有通过主体的表象能力为客体所刺激才有可能的直观方式。

　　这里康德对感性的直观作了一种新的解释，即与智性直观方式对照而言的解释。感性直观不是本源的直观，它是一种"依赖于客体的存有、因而只有通过主体的表象能力为客体所刺激才有可能的直观方式"，就是说，它是由对象刺激主体的感官而"派生"出来的，而不是"本源地"由自己产生出客体来的直观形式。相反，智性的直观方式，如果真有这种方式的话，它就会是一种"本身就使直观的客体之存有被给予出来的直观方式"，它才是"本源的"直观。当然我们并不知道这种直观会是怎么样的，我们甚至不知道这种直观是否有可能真地存在，我们只是"就我们的理解而言"，只能理解为属于原始的存在者即上帝。这就是自然神学的理解，但显然这种理解不足为凭，只是以小人之心对上帝的一种猜测而已。牟宗三把康德的这种观点解释为：直观有两种，人具有感性直观，

上帝则具有智性直观。这是不准确的。康德并没有肯定上帝就具有智性直观，他认为这只是人的一种假定，没有任何根据；但当然也没有根据否定它，所以不妨用它的概念来和人的感性直观相对照，以突出感性直观的性质。

最后一段讲这两种用来对照的直观方式的各自的归宿。

我们也并不需要把空间和时间中的这种直观方式局限于人类的感性；有可能一切有限的有思维的存在者在这点上是必须与人类必然一致的（尽管我们对此无法断定），所以这种直观方式毕竟不会由于这种普遍有效性而不再是感性，

康德虽然到处都强调"人类的直观"、"我们的直观"，但其实他心里很清楚，他要证明的决不是人类学意义上的经验性的事实或经验性的结构，而是认识论意义上的主体先验结构。之所以用人类来说事，是因为我们自己是人类，这是最近、最方便的例子，其他的"有限的有思维的存在者"我们就不好说了，不能断定而只能猜测了。但这并不妨碍康德认为他的这种先天直观形式是为一切这样的存在者设想的，虽然他不知道其他存在者的情况会怎么样，但至少他不认为我们必须把这套先天结构局限于人类的感性，也可以设想为比如说外星人的感性，其他有智慧的感性生物的感性，在这方面它完全是开放的，对这个层次上的存在者具有普遍有效性的。但不管如何普遍，"这种直观方式毕竟不会由于这种普遍有效性而不再是感性"，感性在这里被理解为一个认识论上的逻辑层次，而不是一个经验的事实了。一切认识，不管是人类的认识还是其他理性生物的认识，一般说来只要是认识，就具有而且必然具有这个最起码的感性层次，否则认识是不可能的。

这正是因为它是派生的直观（intuitus derivativus），而不是本源的直观（intuitus originaritus），因而不是智性直观，这种智性直观，依据上述同一理由，看来只应属于原始存在者，而永远不属于一个按其存有及按

425

其直观(在对被给予客体的关系中规定其存有的那个直观)都是不独立的存在者;虽然最后这个对先验感性论的说明只应算作一种注解,而不是一种证明根据。①

　　"这"是指它"不会不再是感性"。为什么人类和其他有限的思维存在者的直观方式一定是感性的呢? "因为它是派生的直观,而不是本源的直观"。前面讲了,"派生的直观"就是由于受到外部刺激而派生出来的直观,"本源的直观"则是在受到刺激之前本源地把直观之物产生出来的直观。前者必须要有一个自在之物刺激我们的感官才能够被派生出来,后者则能够自行把这个自在之物本源地产生出来,所以从逻辑上说,本源的直观在先,它产生出自在之物之后,自在之物刺激我们的感官,我们才产生出感性表象来,所以后者必定是派生的。在这里,"直观"一词(Anschauung)用放在括号里的拉丁词 intuitus 来解释,并不表示康德认为这两个词完全对应,可以互换。在拉丁词中并没有一个和这个德文词完全对应的词,所以康德以这个拉丁文表示这个德文,在全部三大批判中独此一例。而且一般康德不用 intuitus 或 Intuition 来表示 Anschauung 的意思,这已如前述。至于"本源的直观"是什么直观,康德明确说它就是指智性直观,但它属于谁,康德的语气颇费琢磨,他说:"依据上述同一理由,看来只应属于原始存在者"。这里的"看来"一词(scheint)在德文中通常指非现实的事情;而"依据上述同一理由",也就是依据"派生的直观只属于有限的有思维的存在者"这一理由来进行**推论**,那么本源的直观就"只应"属于原始存在者。可见康德这里很小心地把这种"本源的直观"的归宿问题当作一个姑妄言之的推测,即:既然派生的直观必须属于人类或类似人类的存在者,那么如果有本源的直观的话,那就可以推测它应当属于原始存在者,至于到底是不是这样,这可说不准。但有一点是肯定的,即它至少不属于人类。所以康德强调它"永远不属于一

---

① 原译文缺"根据"二字,兹补上。

个按其存有及按其直观……都不独立的存在者",因为人的存有是不独立的,是依赖于感性的、有限的,因而他们的直观也是不独立的,是"在对被给予客体的关系中规定其存有的"。"被给予客体"也就是感性客体,一种直观必须在与感性客体的关系中才能规定其存有,它当然就是一种感性直观了。所以能够肯定的只是本源的直观不属于人类,至于本源的直观是不是就属于"原始存在者",即上帝,那只能算是一种推测。因为在康德看来,连"本源的直观"是不是有都不能确定,都只是推测,这种直观的归宿问题就更是对推测的推测了。可见牟宗三认为康德在把感性直观归于人类之后,又从宗教的立场把智性直观归于上帝,这完全是一种误解。康德本人的最后一句话也表明,他对先验感性论的这整个第 IV. 部分的说明,即关于"自然神学"中的智性直观的说明,都不能当作一种"证明根据",而只是一种"注解"或解释,是为了对我们的感性直观加以进一步的说明和限制而提出的一种假设,所以是不能当真的。

[先验逻辑导言] 先验逻辑的理念

在康德《纯粹理性批判》的"先验要素论"中,总体上包括两个部分,一个部分是"先验感性论",另一部分就是"先验逻辑"。先验感性论我们前面讲过了,它是关于感性认识的学说;下面要讲的先验逻辑则是关于理性认识的学说。那么,什么是"先验逻辑"?先验逻辑与传统形式逻辑的联系和区别何在?对这些问题,康德首先在一个导言中来加以解决。这个导言分为四个部分。我们先来看看第一部分。

I. 一般的逻辑

先验逻辑是康德的首创,在他以前没有人这样说。但先验逻辑既然被称之为"逻辑",被归入逻辑之列,肯定有他的理由。要弄清先验逻辑为什么被归于逻辑,当然就先要搞清一般"逻辑"的概念了。所以康德在导言中一开始就阐明一般逻辑的概念,实际上也是一般传统习惯中人们所指的逻辑的概念。为此,康德首先对人的认识能力的要素从总体上进行了一番概述。

我们的知识来自于 ① 内心的两个基本来源,其中第一个是感受表象的能力(对印象的接受性),第二个是通过这些表象来认识一个对象的能

---

① 原译作"产生于",兹改之。

力（概念的自发性）；通过第一个来源，一个对象被**给予**我们，通过第二个来源，对象在与那个（作为内心的单纯规定的）表象的关系中被**思维**。

前面已经说过，感性知识依赖于人的一种先天接受能力，即先天的直观形式，空间和时间都具有一种"对印象的接受性"。而这里与之对照，强调更高的理性认识就是通过由感性所接受下来的表象而"认识一个对象的能力"，这就是一种"概念的自发性"。这两种能力就是我们知识的两个来源，第一个来源使对象被"给予我们"，第二个来源使对象通过与感性表象相联系而得到"思维"。在这里，"感受表象"就相当于"一个对象被给予我们"，"认识一个对象"则相当于这个对象与感性表象相联系而得到思维。既然感性的"接受性"（Rezeptivität）和概念的"自发性"（Spontaneität）是两个完全不同层次上的认识能力，那么"给予一个对象"和"认识一个对象"也是两个完全不同层次上的认识活动。认识一个对象就是对那个已经被感性"给予"出来了的对象进行"思维"，即必须与感性对象的表象发生"关系"。如果感性对象没有被给予出来，那也可以"思维"，但那就不叫作"认识"了。所以虽然"认识一个对象"肯定必须"思维一个对象"，但光是"思维一个对象"还不等于"认识一个对象"，其区别就在于有没有感性对象被给予出来，还是仅仅在概念中思维一个对象。当然，所谓感性对象，即使被给予了，也只不过是"作为内心的单纯规定"的表象，而不是自在之物。所以自在之物是可以思维、但不能认识的。凡认识，除了进行思维的概念外，还必须有感性对象的表象。

所以直观和概念构成我们一切知识的要素，以至于概念没有以某种方式与之相应的直观、或直观没有概念，都不能产生知识。

这里已经提出康德的一条著名原则，即概念和直观的不可分原则了。先验感性论讨论的是直观，先验逻辑讨论的是概念及其原理。这两大要素，历来经验论和唯理论各执一端，争执不下，唯理论认为概念没有直观而可以产生知识，经验派则认为直观不需要概念就已经是知识了。而康德则试图在两者中作一个调和，认为他们各自都有自己的道理，但又都有其片面性，只有把双方的合理之处综合起来才能解释知识的构成。所以他认为直观和概念只有合起来才能构成真正的知识。

这两者要么是纯粹的，要么是经验性的。如果其中包含有感觉（它以对象的现实的在场为前提），那就是**经验性的**；但如果表象中没有混杂有任何感觉，那就是**纯粹的**。

"这两者"，即直观和概念，各自都可以分为纯粹的和经验性的两种。直观有经验性的直观，即感觉印象等等，它们是由自在之物的对象现实地刺激感官而产生的，所以必须有对象"现实的在场"（die wirkliche Gegenwart），即自在地在那里并起到了刺激作用；也有纯粹直观，就是空间和时间及由此构成的数学表象。概念也有经验性的概念，就是像花、桌子、动物、光合作用等等事物和现象的概念；也有纯粹概念，例如因果性、实体等等哲学概念。纯粹直观和纯粹概念一般人不容易分开，因为它们都有不混杂任何感觉在内的特点，所以纯粹直观如空间和时间以及数学表象常常被人视为抽象概念，但在康德看来它们其实是有本质的不同的，代表两个完全不同的知识来源。但除了极个别例外，一般说来，只要是不含有经验性的东西，康德就把它称之为"纯粹的"（rein），这个词常常可以等同于"先天的"。

B75　　我们可以把感觉叫作感性知识的质料。所以纯粹直观只包含使某物得以被直观到的形式，而纯粹概念只包含一个对象的思维的一般形式。只有纯粹直观和纯粹概念才是先天可能的，经验性的直观和概念则只是后天可能的。

这里利用了西方自亚里士多德以来的"质料"和"形式"这一对哲学概念，是一种非常传统的划分。在感性知识中，感觉是质料，而纯粹直观是形式；而在理性认识或康德所说的知性知识中，整个感性知识又都构成知识的质料，而纯粹概念则构成它们的形式。这正符合亚里士多德质料和形式的等级层次模式。这里同时明确指出，"纯粹的"和"经验性的"这两个层次的区分也就相当于先天的和后天的区分，先天的东西总是有必然性的，后天的则只具有偶然性。以上就是对知识成分或要素的最一般的划分。

下面一段是通过具体对照感性的接受能力和概念的认识能力而引出"知性"（Verstand）的概念，并阐明它与直观的相互依赖关系。直观和概念还只是我们的两种认识能力的体现，而这两种认识能力本身则是感性和知性。

我们若是愿意把我们的内心在以某种方式受到刺激时感受表象的这种**接受性**叫作**感性**的话，那么反过来，那种自己产生表象的能力，或者说认识的**自发性**，就是**知性**。

感性（Sinnlichkeit）就是被动的接受性，知性就是主动的自发性，这是最一般的对感性和知性的定义。知性的这种自发性被限定为认识的自发性，即自发地自己产生表象的能力，它与实践的自发性是不同的。例如康德在《实践理性批判》中说自由是一种"绝对自发性能力"。这里则只是知性认识能力的自发性，它主动地产生出自己的"表象"，即纯粹知性的概念，也就是范畴。这句话中"若是……那么"，表明康德在论述自己的观点时的一种谦虚，一种对话精神，他并不想把自己的看法和说法强加于人，而是诉之于读者的自愿。

我们的本性导致了，**直观**永远只能是**感性的**，也就是只包含我们为对象所刺激的那种方式。相反，对感性直观对象进行**思维**的能力就是**知性**。

"我们的本性"，指我们人类或者有限的理性存在者的本性，也就是有限的本性。我们之所以有限，是因为我们有肉体，有感官，我们受到它们的限制。所以我们的本性导致我们的直观永远只能是感性的，而不可能是智性直观；而感性直观就是"我们为对象所刺激的那种方式"。知性则不同，它能够对感性直观的对象进行思维，这是我们有限的人类本性中的无限的一面。所以，知性又被称之为"思维能力"，它能够对感性直观对象进行思维，但它也可以不对感官对象进行思维，而只在无限知性本身中进行思维，它甚至可以思维一个非感官的对象。当然，它这样做时并不是在进行认识，但它的确具有这方面的能力，从而使得唯理论者误以为知性无所不能，可以单凭知性的任意驰骋而获得知识。但在康德看来，知性虽然具有超乎感性之上的能力，但这种能力在认识中只是为了运用于感性对象之上，以获得具有经验内容的知识，即真正的知识。至于它的其他方面的功能，则不是认识论中所讨论的。所以下面康德对知性与感性在认识中的这种不可分割的关系进行了经典的论述：

这两种属性中任何一种都不能优先于另一种。无感性则不会有对象给予我们，无知性则没有对象被思维。思维无内容是空的，直观无概念是盲的。因此，使思维的概念成为感性的（即把直观中的对象加给概念），以及使对象的直观适于理解（即把它们置于概念之下），这两者同样都是必要的。

康德在这里尽量把感性和知性摆平位置，说它们"任何一种都不能优先于另一种"，但实际上他并不是那么毫无偏颇的。例如他自己常常把知性称之为"高级认识能力"，并在很多场合下把知性看作人类认识能力的代表，感性则是附属于它之下的。作为出身于大陆理性主义的哲学家，他也不能不如此。他的"纯粹理性批判"就已经揭示了他的这一理性主义的基本立场。但他毕竟不同于那种粗糙的理性主义者，他的理性主义立场是精致化了的，他最大可能地纳入和吸收了经验主义的一切合理成分，看到了经验和理性两者的不可或缺。所以他把感性的任务规定为"把对象给予我们"，把知性的任务规定为"思维对象"，并宣称"思维无内容是空的，直观无概念是盲的"，"这两者同样都是必要的"，这就克服了一般理性主义哲学的忽视感性经验的片面性，在当时是一种了不起的洞见。然而，单是把知识看作这两种要素的结合还不够，还必须把这两种功能仔细地区分开来，使它们保持一种张力：

这两种能力或本领也不能互换其功能。知性不能直观，感官不能思

432

维。只有从它们的互相结合中才能产生出知识来。但我们却不可因此把 **B76**
它们应分的事混淆起来，而有很重要的理由把每一个与另一个小心地分
离出来并区别开来。所以我们就把一般感性规则的科学，即感性论，和
一般知性规则的科学，即逻辑，区分开来。

在康德的时代，试图结合知性和直观两者的哲学家也并不是没有，
例如莱布尼茨和洛克都有这种尝试。但关键是他们都从自己的固有立场
出发，力图把一种能力归结为另一种能力。莱布尼茨把感性说成是一种
"不清晰的表象"，或"模糊知觉"，认为我们虽然不能否认感性知识的作
用，但毕竟它们只不过是理性知识的一种不太准确、因而有待于逻辑和
数学来澄清的模糊表象，只适合于对于对象的大致的把握，要精确地把
握还有赖于理性。他认为感性知识实质上是一种模糊的逻辑知识。这就
把感性知识逻辑化了。另外，洛克也企图在经验的基础上调和理性，他
把经验分成感觉的经验和反思的经验，后者实际上把理性的逻辑工作都
包括在内了，但仍然被看作一种更高层次的经验，这就把理性知识感性
化了。康德则鲜明地提出，"知性不能直观，感官不能思维"，它们各有
自己的特点和功能，有自己"应分的事"和活动范围，不能互相混淆和代
替。康德认为，只有这样两种完全异质的能力的结合才能产生出真正的
知识来，这种知识没有双方的片面性，也不是简单地把一方归结为另一
方，而是真正能够吸收双方的长处而弥补各自的短处，达成一种优势互
补。这就是康德把两种能力"小心地分离出来并区别开来"的"很重要
的理由"，也是他反驳莱布尼茨派和洛克等人的重要理由。而这一区分
也就把他在这个导言中所要讨论的主题即逻辑的问题凸显出来了。逻辑
规则正是在与感性规则的区分中体现出自己的特点的。那么，当人们一
般地谈到"逻辑"时，他们是指什么呢？或者说，"一般的逻辑"有哪些类
别呢？

而逻辑又可以依两方面的意图来处理，要么是作为普遍的知性运用

的逻辑，要么是作为特殊的知性运用的逻辑。

这是一个最上位的分类。一般说人们把逻辑分为两类，普遍的知性运用的逻辑就是普遍的逻辑（die allgemeine Logik），特殊的知性运用的逻辑就是特殊的逻辑（die besondere Logik）。因为所谓逻辑，既然如上面说的是"一般知性规则的科学"，也就是一般知性的运用的科学。康德在《逻辑学讲义》中也说：逻辑是"一般知性和理性的正确使用的科学"①。"普遍逻辑"，韦卓民译本作"普通逻辑"，不准确。蓝公武译作"普泛逻辑"是可以的，表明这种逻辑不看对象，毫无区别地、一视同仁地普遍运用于任何对象身上，而不是"普普通通"的、"通常"的意思。它实际上相当于我们今天所说的形式逻辑。下面康德对此作了解释：

前者包含思维的绝对必然的规则，舍此则根本没有知性的任何运用，所以它针对这种运用，而无视这种运用所可能指向的那些对象的差别。特殊的知性运用的逻辑则包含正确思维某个确定种类的对象的规则。

普遍逻辑包含的是"思维的绝对必然的规则"，这里的"绝对"是对思维、也就是对知性本身而言的，因为知性就是"思维的能力"嘛。知性是绝对要依这些规则而运用的，"舍此则根本没有知性的任何运用"，它就是知性本身固有的规则。而普遍的逻辑正因为"无视这种运用所可能指向的那些对象的差别"，所以它不是针对它所运用的对象的，而正是"针对这种运用"本身的，它只求这种运用合乎知性自己的规则，而不管运用的是什么对象。这就是它之所以叫作"普遍的"的逻辑来由。这种逻辑只要合乎知性规则，它可以运用于任何对象上，不论是经验对象还是思维对象，是现实对象还是虚构对象，是心理表象还是抽象概念，它一视同仁。所以它完全可以把它的对象用符号来代替，以便更清晰地体现出它本身的法则。康德在《逻辑学讲义》中也说到："如果我们现在把必须从**对象**中引导出来的一切知识放在一旁，单单思索知性的一般使用，

① 《逻辑学讲义》，许景行译，商务印书馆 1991 年版，第 6 页。

那么，我们将发现这种知性使用的那些规律，它们在一切意图中，在不考虑一切思维的特殊对象的情况下，都是绝对必然的，因为没有它们我们就完全不能思维。"① 普遍逻辑不论我们在思维什么对象，哪一门科学的问题，甚至思维一个假设的对象，都是必须运用而逃不掉的。至于特殊运用的逻辑则正好相反，它只是"包含正确思维某个确定种类的对象的规则"。康德为这种"对象"所举的例子是"数学、形而上学和道德学"，并说"这种特定的知性使用的规律在被思考的科学中是偶然的，因为我是否在思维与这些特殊规律有关的这一或那一对象，这是偶然的。"② 人们在研究数学、形而上学或道德学，乃至于任何一门具体科学时，他都可以预先提出研究这门科学的"规则"，为的是能够更好更容易地把握其中的内容。但他碰巧在思维数学问题或道德学问题，或其他某门科学问题，这是偶然的，因此这些规则也是各各不同的。但人们通常把这种规则也叫作"逻辑"，实际上是名不副实的。当然，这种划分法并不是康德自己的分法，而是当时人们流行的分法，因为康德当时讲"逻辑学"用的是沃尔夫派的迈埃尔教授的官方统编教材，康德必须这样来介绍。但按照康德自己的意思，这种"特殊运用的逻辑"严格说来是不能称之为逻辑的，逻辑本身只可能是普遍的。但康德又不好在课堂上过于公开唱反调，所以只好在介绍一番以后接下来就说自己的观点，因此看起来《逻辑学讲义》中很多地方的说法似乎是自相矛盾的。《纯粹理性批判》中也有这种情形，不过更隐晦而已。例如下面接下来就讲康德自己的观点了，它其实与上面的说法是相冲突的。

前者可以叫作要素的逻辑，后者则可以叫作这门或那门科学的工具论。

所谓"要素的逻辑"（Elementarlogik），又可以译作"基本的逻辑"，

① 《逻辑学讲义》，第 2 页。
② 同上。

也就是说，普遍逻辑包括了逻辑中的基本要素，逻辑的基本概念，其他的冠有"逻辑"之名的都是从它派生出来的。特殊的逻辑则只不过是具体科学的"工具论"（Organon）。我们在前面讲先验感性论的"总说明"时曾经接触过这种说法：先验感性论"要具有对任何一种应被当作工具论的理论所可能要求的确定性和不被怀疑性"（第100页）；我们还引用过康德的定义："纯粹理性的一个工具论就将是一切先天纯粹知识能够据以获得并被现实地实现出来的那些原则的总和"。就是说，先验感性论不属于逻辑，而属于工具论，它包含感性知识的原则的总和。感性知识的原则就是数学的原则，所以康德在《逻辑学讲义》中把数学列为特殊逻辑的对象。除数学外，他还举了形而上学和道德学。康德所要建立的"未来形而上学"、包括"道德形而上学"，其实也都是工具论，而他的《纯粹理性批判》，按他的说法则不是工具论，而是"尽可能为这类知识的一种工具论作准备的"[①]。当然这些科学本身是必然的先天科学，但我们选定其中的某门科学并为之制定一种规则，却是偶然的，数学家、形而上学家、伦理学家或其他科学家是凭自己的喜好或才能而从事这门科学的，他们的规则都是不同的。所以这些科学都只是工具论，严格说来都不属于逻辑。普遍逻辑却不管你选定什么科学，只要你思维，你就得用它。

工具论在学校里大多是作为各门科学的入门课而排在前面，虽然按照人类理性的进程它是最后的，人类理性只有在一门科学早已完成、只须最后一道工序加以修正和完善时才能达到它。因为我们如果要定出一门科学怎样能够由之建立起来的那些规则，就必须对这些对象已经有了相当高的程度的了解。

B77

当时欧洲大学里流行的做法是在讲授一门课程时先讲一套学习这门课程的工具，也就是方法指南，[②] 就像做一件事必须先把工具准备好一

---

① 见《纯粹理性批判》A12=B26，第19页。
② 见《逻辑学讲义》，第3页："我把工具理解为说明怎样可以产生出某种知识的方法指南。"

436

样，康德对这一套非常反感。他认为一门科学的方法只应该在最后得到阐明，所以他的《纯粹理性批判》的"方法论"部分是在最后才提出来的。后来黑格尔也沿用了这种处理方式，他的《逻辑学》直到最后的"绝对理念"部分才谈方法。所以康德的方法已经不是原来意义上的工具论了，他曾断然说："逻辑不是科学的工具"；但随后又让步说："在并非服务于我们知识的扩充，而仅服务于我们知识的评判和校正的意义上，逻辑方可称为工具。"① 就是说，一般知识的"工具论"应该是指那种有助于知识的扩张的方法，如培根的《新工具》就是如此，康德的"纯粹理性的工具论"即他的"未来形而上学"也是如此，在这个意义上，逻辑不是工具论；但逻辑学当然也是一种方法，是用来评判和校正我们的知识的，如果把这种方法也称之为工具论的话，那么康德承认逻辑学、包括形式逻辑和康德自己的先验逻辑也可以叫作工具论。当然康德自己是不愿意这么叫的，他在《逻辑学讲义》中对逻辑学被称为工具论的让步，只不过表明他对他使用的统编教材的妥协而已。总之，知识的工具论必须要能够用于对知识的扩充，在这个严格的意义上，就连康德自己放在最后的"先验方法论"也不能说是工具论，而只是对纯粹理性的一种"训练"，② 也就是一种"评判和校正"，而凡是想要把逻辑当作工具论，单独用来对于客观对象的知识作出判断的做法，都将会导致幻相，或所谓"辩证论"（详后）。

所以，逻辑的上述划分实际上在康德这里被否定了，逻辑只能是普遍运用的逻辑，而不可能是特殊运用的逻辑，即工具论；只可能是对知识的评判和校正，而不可能是单独对知识的扩充。那么，这种余留下来被承认的逻辑，即普遍的逻辑，又是如何划分的呢？通常的划分是：

普遍的逻辑则要么是纯粹的逻辑，要么是应用的逻辑。

---

① 《逻辑学讲义》，第 3 页。
② 参看《纯粹理性批判》A795=B823，第 606 页。

　　普遍逻辑本身是指能够一般地运用于不论何种对象身上，但这种运用也有两种方式，一种是着眼于纯粹的逻辑规则本身，一种则是着眼于运用时的主观条件，这就是"纯粹逻辑"和"应用逻辑"的区分。同样都是不分对象地进行一视同仁的处理，按照逻辑规则和按照主体状况是根本不同的，前者就是"纯粹的逻辑"，后者则仍然只是一种经验性的法则，即告诉我们在具体的心理学的主观条件下运用逻辑时应注意哪些事项和规则，所以严格说来也不应该称之为逻辑。所以在康德看来，真正能够称之为逻辑的就只有普遍的纯粹逻辑，这就是指传统的形式逻辑。只有形式逻辑才既是普遍的，又是纯粹的。这两种逻辑的区分一直到现代还有意义，例如胡塞尔反对逻辑上的"心理主义"就是要坚持纯粹逻辑的立场，因为当时流行的对逻辑的心理主义解释把逻辑变成了一种经验科学，认为逻辑规律不过是我们人类的心理结构甚至生理结构所决定的，这就完全否认了逻辑本身的客观真理性和对客观规律的认识作用，把逻辑归结为一种依主观条件而采取的应用技术了。下面康德解释说：

　　在前者中我们抽掉了使我们的知性得以施行的一切经验条件，例如感官的影响，想象的游戏，记忆的规律，习惯的力量，爱好等等，因而也抽掉了一切成见的来源，甚至一般说来，也抽掉了使某些知识有可能由我们产生、或有可能被暗中塞给我们的一切理由，因为这些知识只是在知性运用的某些情况下才与知性发生关系，而要了解这些情况就需要经验。

　　这实际上也是在与"应用逻辑"的比较中突出"纯粹逻辑"的特点。"前者"指纯粹逻辑，纯粹逻辑就是抽掉了那些心理学上的东西的普遍逻辑，那么反过来，应用逻辑就是不抽掉这些东西的普遍逻辑，这些东西包括感官影响、想象和记忆、习惯和爱好、先入之见、潜意识等等，这些东西是"使我们的知性得以施行的一切经验条件"，也就是知性在现实的操作过程中所必须考虑的经验条件。对这些条件的知识只是一些经验知识，它们只是在知性运用的过程中后天所遇到的一些情况下才与知性有关，而不是先天地与知性有关。所以这种"应用逻辑"并不是**逻辑知识**，而只是我们**如何运用**逻辑的知识，并不是逻辑的先天规律，而只是我们在长期运用中所总结出来的如何正确运用逻辑的经验法则。纯粹逻辑则把这些内容都抽掉了，只留下了逻辑本身的形式，这种形式不但超越了不同对象的区别，而且超越了主体的不同状态。所以只有纯粹逻辑才是真正普遍的逻辑，应用逻辑则只是相对普遍的逻辑，后者只是抽掉了对象，但还没有抽掉主体的经验条件。形式逻辑既不考虑运用于什么对象之上，也不考虑谁来运用，在什么主体情况下运用，它才是康德真正承认的"一般逻辑"。

　　所以一种普遍而又纯粹的逻辑只与先天原则打交道，它是**知性的法规**，也是理性的法规，但只是就其运用的形式而言，而不管内容是什么（经验性的还是先验的）。

　　形式逻辑只和先天的形式原则打交道，所以它是纯粹的和绝对普遍的逻辑。它是"知性的法规"，意思是它是**概念**和**判断**的法规；它又是"理性的法规"，则是指它是**推理**的法规。在形式逻辑中，概念、判断和推理是三个连续上升的层次，它们虽然已经有知性和理性的能力的不同运用，但由于它们"只是就其运用的形式而言"，所以看起来并没有什么大的不同。判断不过是两个概念的联结，推理不过是两个或三个判断的联结，这里的中心是判断。所以即使运用了理性推理，这种运用也是为判断服务的，也就是为知性服务的。因为知性的核心任务就是判断，即把两个概念联结起来的工作，形式逻辑中对理性推理的运用不过是为了得出一个结论，即一个判断，所以它从一个现成的命题开始，而且只要结论判断完成，推理过程就中止了。所以推理过程并没有按照理性本身的要求进行，既没有追溯大前提的前提，也不再追究结论的结论，不求最大的连贯性和统一性。它的使用只是一次性的，是服从于知性的作判断的需要的。所以我们常说，形式逻辑的推理不管大前提，只要你设定了大前提，它就可以推导，因此它不问真假，而只管推理的正确性。这是由形式逻辑的

439

知性本质所决定的，即使里面运用了理性，也是在知性的基础上运用理性，而不是在理性本身的基础上运用理性。如果是立足于理性本身，那么就要求知识的统一性，连贯性，就要从有条件者推出它的条件，一直推到无条件者。但现在，形式逻辑对推理的要求只是设定一个条件，然后从中推出它的结论，就完了。所以它虽然规定了理性运用的法规，但只是**片断地**运用这种法规，使它服从于知性的需要。而知性的需要在形式逻辑中也只是一种抽象的形式要求，它无区别地运用于一切对象，"而不管内容是什么（经验性的还是先验的）"。这里康德列出"经验性的"和"先验的"这两个选项，是有特殊含义的。就是说，形式如果严守它自己的本分的话，它便不应当受到经验性的事物的限制，也不应当受到先验的希望的诱惑，而这两种偏向都是当时的经验论和唯理论所免不了要犯的。经验派把逻辑当作一种获得具体科学知识的工具，如培根的《新工具》，把逻辑理解为一种通过归纳获得新知的实验程序，从中经过休谟产生了直到今天还在争论不休的"归纳问题"。相反，理性派把逻辑当作一种由演绎推理来获得形而上学知识的工具，也就是把逻辑作一种"先验的运用"，自以为这样就可以先验地把握对象的抽象本质，而不需要借助于经验直观。这两种偏向都误解了形式逻辑的本性，把一种单纯形式的东西当作一种实质的东西了。下面讲"应用的逻辑"：

但一种**普遍逻辑**，当它针对着在心理学所告诉我们的那些主观经验性条件之下的知性运用规则时，就称之为**应用的**。因此它就含有经验性的原则，虽然就其对对象不加区别地指向知性的运用而言是普遍的。

应用逻辑也是一种普遍逻辑，因为它"对对象不加区别地指向知性的运用"，也就是它指向知性的运用时对对象不加区别。但尽管如此，它虽然不受客观对象的限制，却要受到主观经验性条件的限制，因而受到心理学的限制，所以它包含有经验性的原则。康德在《逻辑学讲义》中批评这种应用逻辑说："虽然一些逻辑学家在逻辑中假定了心理学原理，但是在逻辑中提出这类原理如同从生活中提取道德一样不合理"，因为"逻辑学中的问题不在于偶然的规律，而在于必然的规律；不在于我们怎样思维，而在于我们应当怎样思维"，"这种必然的知性使用无须任何心理学，在它自身那里便可找到。"① 还说："真正讲来，应用逻辑不应当称为逻辑。这是一种心理学，在这种心理学中，我们考察的是我们的思维通常怎样进行，而不是应当怎样进行。"② 可见，真正能够配得上称为逻辑的只能是普遍的纯粹逻辑，即形式逻辑。那么，应用逻辑的用途何在呢？康德说：

因为这一点，它既不是一般知性的法规，也不是特殊科学的工具论，而只是日常知性的一种清泻剂③。　　　　　　　　　　　　　　　　B78

就是说，它既不像形式逻辑那样构成"一般知性的法规"，也不像各种工具论那样可以用来作为扩展知识的一种工具，而只是起一种否定性的清除错误的作用，这些错误主要是由我们心理上的某些不良因素的影响而导致的。这种作用在传统逻辑中是由亚里士多德《辩谬篇》所谓的"辩证法"来完成的。康德在《逻辑学讲义》里也提到这种辩证法："辩证法在过去的时代曾被特别用心地研究过。这门技艺在真理的假象之下陈述一些错误的原则，并且试图根据这些原则，按照假象对事物作出主张。在希腊人那里，辩护士和演说家都是辩证法家，后者能够将民众引向他们所希求的地方，因为民众是听任假象欺骗的。……在逻辑中，辩证法有一个时期曾在论辩术的名下讲述，这种情况下的一切逻辑和哲学是某些空谈者玩弄各种假象的文化"，"此种意义上的辩证法必须完全抛却，代替它被导入逻辑的勿宁是对这种假象的批判"，而"在这种意义上，辩证法作为知性的清泻剂有其很好的用处。"④ 在这里，"辩证法"一词就

---

① 《逻辑学讲义》，第 4 页。
② 同上书，第 8 页。
③ "清泻剂"（Kathartikon），原为希腊语，来自"净化"、"清洗"（Katharsis），原译作"修整术"，不确。
④ 《逻辑学讲义》，第 7 页。

带有双关义。一种是贬义，即诡辩的意思，亚里士多德的《辩谬篇》字面上的本义就是"智者的诡辩"；另一种就是"抛却"了这种含义之后所"代替"的褒义，就是对这种诡辩的清理、揭示和防止，也就是"净化"。当然，形式逻辑上的这种"辩证法"和康德自己模仿形式逻辑的划分而建立起来的先验的辩证法、即先验逻辑的辩证论还有所不同，这一点在后面还有具体的论述。总之，康德认为传统逻辑的辩证法部分就相当于他这里所说的"应用逻辑"，它们都具有"清泻剂"的作用，这是肯定的。

以上两段在两个不同层次上对逻辑的二分，其实是从逻辑中排除了两个挂着"逻辑"之名却并无逻辑之实的"逻辑"，就是"特殊的逻辑"或者说"工具论"，以及"应用的逻辑"或者说"清泻剂"。这样，剩下来的就是真正逻辑的严密概念了，这个概念在《逻辑学讲义》中有明确的表达，它在与上述不严密的概念的区分中被表述为："不仅是就单纯的形式，而且是就质料而言，逻辑是一门理性的科学；是一门思维的必然法则的先天科学，但不是关于特殊对象的，而是关于一切一般对象的；逻辑因此是一般知性和理性的正确使用的科学，但不是主观地使用，亦即根据知性是怎样思维的经验性的（心理学的）原则来使用，而是客观地使用，亦即根据知性应当怎样思维的先天原则来使用。"[①] 这段话是总结性的，其中两个"不是……而是"的句式把上面两种情况都排除掉了。其实康德真正要说的是普遍的纯粹逻辑，即形式逻辑。他谈特殊逻辑也好，谈应用逻辑也好，都只是一个引导，为的是在对比中突出形式逻辑的特点。所以他接下来一段就说：

因此，在普遍的逻辑里，用来构成纯粹理性学说的那一部分必须和构成应用的（固然还是普遍的）逻辑的部分分离开来。真正说来，只有前者才是科学，虽然简略而枯燥，如同按照学院规则表述一种知性要素论

———————————

① 同上书，第6页，译文有改动。

所要求的那样。

纯粹的普遍逻辑是"构成纯粹的理性学说"的部分,应用的普遍逻辑则不是这样,它构成纯粹理性在应用中的经验规则,是随着这种应用中所遇到的不同的经验场合、也就是主体心理的不同状态而不同的。所以康德说只有形式逻辑才是真正的科学,也就是纯粹理性的科学,应用逻辑则只是经验科学,它是以我们人类的偶然的心理结构为前提而建立起来的,为什么有这些规则而不是别的规则,这些规则相互之间是否构成逻辑体系,这都不能给予普遍一般的说明,而是诉诸主观的心理学经验。所以这两部分应该分离开来,而后一部分只应该成为前一部分的补充,前一部分则是逻辑学的主体部分,"虽然简略而枯燥,如同按照学院规则表述一种知性要素论所要求的那样"。"按照学院规则"(schulgerecht)就是指按照学术规范,这种规范要求逻辑学必须严密,即使非常抽象,非常枯燥,抽掉了具体经验的成分,但只要求严格从概念到概念地表述出知性本身的"要素论",即基本概念体系就行了。康德认为,纯粹的逻辑就应该这样,而不能把心理学的和经验性的东西掺杂进来。不过由于他并没有完全否定应用逻辑的"清泻剂"的作用,他在将其与纯粹逻辑分离开来之后,仍然以某种方式把它纳入了一般普遍逻辑作为一个部分,即"辩证论"的部分,在这后面第 III 节中有专门的论述。但他最看重的显然还是对普遍的纯粹逻辑的规定,他说:

因此,在这种逻辑中逻辑学家必须随时把两条规则记在心里:

1.作为普遍逻辑,它抽掉了知性知识的一切内容及其对象的差异性,并且只与思维的单纯形式打交道。

这是第一条规则,它着眼于这种逻辑的"普遍性",就是不看对象。不管什么对象,也不管任何知性知识的内容,它一视同仁地运用于它们身上,只看这种运用中的思维形式,看它们是否与自己的原则相冲突。只要它能够运用得自洽,形式上没有矛盾,它就完成了自己的任务,而不顾它所涉及的对象本身是不是知识，或是这个对象是不是具有实在性。正因为如此，这种逻辑具有"普遍性"，即它高高在上，无所不包，任何对象、任何内容、任何所指，哪怕是子虚乌有的东西，我们都可以把这种逻辑毫无区别地、普遍地加之于其上。所以这种逻辑不是用来获取知识的，但它是一切知识能够被获取的必要条件，因为它所涉及的是"思维的单纯形式"，如果连这一普遍形式的关隘都过不去，那什么知识都免谈。过去了的不一定是知识，但过不去的一定不是知识。或者说，说得头头是道的不一定是知识，但是连说出来都"不成话"的肯定不是知识。这就是它的普遍性。

2. 作为纯粹逻辑，它不具有经验性的原则，因而不（像人们有时说服自己的那样）从心理学中汲取任何东西，所以心理学对于知性的这些法规没有任何影响。它是一种被演证的学说，在其中一切都必须是完全先天确定的。

这个第二条规则是着眼于这种逻辑的"纯粹性"的。当然，其实"普遍性"也是一种纯粹性，因为普遍性既然撇开一切知识对象和内容，它当然也就抽掉了一切经验性的东西。但前面讲"普遍性"是就逻辑所运用的对象而言的，这里讲"纯粹性"则是就运用逻辑的主体而言的。纯粹逻辑除了不从客观对象中汲取任何东西以外，也不从主观心理学中汲取任何东西，不受心理学的影响而运用自己的法规，这是当时不少人都没有看到的，他们总是想用心理学的规律来解释逻辑规律。例如莱布尼茨—沃尔夫派把逻辑上的区分混同于心理学上的"模糊的知觉"与"清晰的知觉"的区分，就有这种毛病。其实逻辑上的清晰与心理上的清晰完全是两码事，心理上再清晰，逻辑上也不见得是清晰的，而逻辑上的清晰很可能在心理上是模糊的。这个道理康德在前面已经以"公正"概念和"物体"概念为例子讲过了（见 B61—B62）。那么，什么叫作"被演证"（demonstrierte）的学说？一般说来，康德把"演证"的方法限于数学、特别是几何学，因为这个词的含义本来是通过直观演示的方法来证明。康德在后面专门谈及"演证"（Demonstration）时说："只有一种无可置疑的证明，就其是直觉的而言，才能够叫作演证。"并说："所以只有数学才包含有演证，因为它不是从概念中，而是从对概念的构造中，即从能够与这些概念相符合地被先天提供出来的直观中，引出自己的知识的。"① 但把这个词用在形式逻辑上，这在《纯粹理性批判》中是唯一的一次，虽然只是以形容词的形式。康德在《判断力批判》中说："人们在逻辑中使用可演证的东西或不可演证的东西这些用语通常只是就命题而言的；这时前者通过间接的命题这一称呼，后者则通过在某种程度上是直接的命题这一称呼，就可以得到更好的标明"。② 就是说，"人们"通常所说的逻辑学的"可演证的"（demonstrabel）命题，实际上是指由先天原则间接可证的命题，他认为后面这种提法"更好"。可见他自己也并不满意这种用法，有点"从俗"的意思。但康德的主要意思是要强调纯粹逻辑的命题如同数学命题一样是可由先天根据来证明的，没有任何经验性的后天成分掺杂于其中；而心理学则是由后天经验的东西引出来的，这些后天的东西是不能从先天根据中推演出来的。总之，康德对纯粹逻辑的这两条规则的强调，一个是从逻辑所运用的对象方面，一个是从运用逻辑的主体方面，排除了经验性的东西对逻辑的限制，使之既区别于"特殊的逻辑"，又区别于"应用逻辑"，而成为了一种知性的纯粹形式化的规则。

本节最后一段则是再次讨论应用逻辑的。

所以，我所谓的应用逻辑（与这个词的通常意义相反，通常以为应用逻辑应包含某些由纯粹逻辑为之提供规则的练习），是表象知性及其在

① 《纯粹理性批判》A734=B762，第566页。
② 《判断力批判》，第189页。

B79 <u>具体情况下的必然运用规则的,所谓在具体情况下,也就是在那些能阻碍或促进这种运用的主观偶然条件下,而这些条件全都只是经验性地被给予的。</u>

康德所说的"通常"对应用逻辑的理解,即"应包含某些由纯粹逻辑为之提供规则的练习",在莱布尼茨那里就曾提出过,如莱布尼茨认为人们的"健全理智"一旦用逻辑规律来指导,"就提供了更多的光明,使它能被推进和应用",所以必须要重视训练自己的"依照逻辑的形式论证的技术"①。换言之,这种理解把应用逻辑看作一种以纯粹逻辑为规则的技术训练,目的是为了在获得有关对象的知识方面增进自己的能力。所以在这种训练中所提供的那些逻辑错误或诡辩,其目的都在于使自己的逻辑技巧经受锻炼,变得更敏锐,以便能够更精确地把握对象的规律。但在康德这里,应用逻辑却有不同甚至相反的理解,即不是被理解为一种技术或工具,而是理解为对知性本身的先天法则的清洗。这些先天法则经过清洗,当然可以与其他条件一起用于关于对象的知识,但这对于逻辑法则而言是不关心的,逻辑法则所关心的主要是知性本身的思维法则,其次是,如何能够按照一定的程序排除那些阻碍这些法则的正常运用的因素,使自己能够更纯粹地显出思维的形式规律。因为"逻辑作为一门关于一切一般思维的科学,不考虑作为思维质料的对象。"②在这种意义上所需要的应用逻辑就只能是为纯粹逻辑本身服务的,即帮它清除那些在运用时造成障碍的主观偶然条件,而且利用那些有利的条件。

<u>所以,它研究的是注意,注意的障碍与后果,错误的来源,怀疑、顾虑、确信等等状态,</u>

这些都是心理学上的经验状态,从中所总结出来的规律也都是经验

---

① 参看 [德] 莱布尼茨著:《人类理智新论》,陈修斋译,商务印书馆 1982 年版,第 576、579 页。

② 《逻辑学讲义》,第 3 页。

性的心理学规律，只不过它们是着眼于运用纯粹逻辑时出现的主观偶然情况而总结出来的，因而这些规律就对象方面而言也是普遍适用于不论何种对象的，属于"普遍逻辑"。但它本身还不是纯粹的逻辑，而只是应用的逻辑，虽然不带有客观经验成分，但还带有主观经验成分。最后康德把这种应用逻辑和纯粹逻辑的关系与道德学方面的情况作了一个类比。就是对于这种应用逻辑来说，

普遍逻辑与它的关系正如纯粹道德学——它只包含自由意志的一般必然的道德律——与本来意义上的德性论的关系，后者所考虑的是在人们或多或少所屈从的情感、爱好和情欲的阻碍之下的道德律，它永远也不能充当① 一门真正的经过演证的科学，因为它正如上述应用逻辑学一样，需要的是经验性的和心理学的原则。

普遍逻辑与应用逻辑的关系正如纯粹的道德学（Moral）和日常的德性论（Tugendlehre）之间的关系类似，我们前面引证过康德在《逻辑学讲义》中关于从心理学提取逻辑"如同从生活中提取道德一样不合理"的说法，与这里可以对照。道德学和德性论都讲道德律，但前者是讲如何制定道德法则，后者是讲我们在经验的场合下如何克服自身阻碍去运用这个法则，所以它"永远也不能充当一门真正的经过演证的科学"。这里的"经过演证的"一词也是用的上述那个规定形式逻辑的形容词 demonstrierte，但在这里用来规定道德学，同样也是不太严格的。这种提法在康德三大批判中也是仅见的，唯独在《实践理性批判》中有一处有与此相近的说法，是说纯粹理性的实践原则"哪怕和那些爱好的冲动有丝毫的混杂都会损害理性的强度和优越性，正如把丝毫经验性的东西作为一个数学演证的条件就会贬低和取消这一演证的尊严和坚定性。"② 这种说法显然是一种类比的说法。

---

① "充当"（abgeben）原译为"产生出"，不准确。
② 《实践理性批判》，第 30 页。

II. 先验逻辑

上一节是讲"一般的逻辑",即通常人们所理解的广义的逻辑,它作为"一般知性规则的科学",包含各种各样严格说来并不能算做逻辑的学说。而康德经过层层筛选,最后得出了只有普遍的纯粹逻辑即形式逻辑才能被视为真正的逻辑的结论。但所有这些都是对传统逻辑的一种清理,还没有提到康德自己对逻辑的根本性的变革,这种变革就是一种"先验逻辑"的提出。当然这种先验逻辑还是从以往的逻辑、特别是形式逻辑中经过改造而形成起来的,但仍然是康德的一件了不起的,甚至是划时代的功劳。我们先来看看第一段。

如我们所指出的,普遍逻辑抽掉一切知识内容,即抽掉一切知识与客体的关系,只考察知识相互关系的逻辑形式即一般思维形式。

抽掉一切知识内容意味着抽掉一切"知识与客体的关系",而知识与客体的关系包括主体方面体现出来的经验心理学和客体方面表现出来的经验科学。真正的普遍逻辑对这些都不考察,"只考察知识相互关系的逻辑形式即一般思维形式",也就是只考察主体思维相互之间的形式关系,既不是这个思维与客体的关系,也不是它与经验主体的关系。这就是上面已经指出的形式逻辑的特点,这是一个参照系。

但既然(如先验感性论所证明的)有纯粹的直观,也有经验性的直观,那么也很可能在对象的纯粹思维和经验性的思维之间找到某种区别。

B80

这里是一个类比,这个类比没有什么推论的必然性,只是起一个引起话题的作用。康德的意思是说,尽管普遍逻辑要排除一切知识与客体的关系,只考虑思维形式而不考虑对象,因为一考虑对象就涉及经验性的东西了;但我们也可以设想一种不是经验性的对象,或者设想一种有关对象的非经验性的思维、纯思维,而这样一种对于对象的思维也许就不至于被排除出逻辑的范围之外,而有可能形成某种逻辑思维。与对于对象的经验性思维不同的纯粹思维是否可能？于是康德在这里引进了一个类比，就是：既然在感性直观中可以分出经验性的直观和纯粹直观两个层次，那么我们也就可以设想在对于对象的思维中也可能分出经验性的思维和纯粹思维两个层次。当然这并不是必然的，从经验性直观和纯粹直观的区分并不必然推出经验性思维和纯粹思维的区分，因为直观和思维是两种完全不同性质和来源的能力，一个来源于感性的接受性，一个来源于知性的自发性，本来不可能有恰当的类比。但巧得很的是，这两种能力在不同领域中正好各自都有两个不同的层次，即一方面是经验性的直观和纯粹直观，另一方面是经验性的思维和纯粹思维。当然这两个层次的级别是不同的，经验性的直观和纯粹直观合起来所提供的经验事物，在思维的领域中仍然被当作经验性的杂多而提供给经验性的思维，并在其中被构成一个经验对象。而经验性的思维之所以能够用这些经验性的材料构成一个经验对象，则是由于纯粹思维首先给它提供了一个对象意识，或一般的先验对象。所以虽然这两个领域的层次完全不同，但在纯粹的东西给经验性的东西提供可能性条件这一点上却有某种**同构性**，所以可以类比。正如先天直观是经验性直观之所以能够被接受进来的条件，先验思维也是经验性思维能够形成经验对象的条件。康德就是要由这里引出先验逻辑来。所以他说：

　　在这种情况下，就会有一种在其中不抽掉知识的全部内容的逻辑；因为这种逻辑将只包含对一个对象的纯思维的规则，它将排除一切具有经验性内容的知识。

　　经验性思维和纯粹思维的区别使我们把纯粹思维单独抽出来加以考察成为了可能，这种纯粹思维排除掉一切经验性的内容，不考虑具体的经验对象，但却不排除纯粹思维的一般对象。那么，这种纯粹思维如果也有某种规则，它就也能够符合对于逻辑的一般定义，即"一般知性规则的科学"，因而"就会有一种在其中不抽掉知识的全部内容的逻辑"。

当然,这种逻辑的内容决不是经验性的内容,而是抽掉了经验性的东西之后的思维内容、思维对象,这个对象仍然是属于知性的纯粹概念,因而是属于逻辑本身的东西。但这样一来,这种逻辑就不同于形式逻辑,而是可以称之为一种"有内容的逻辑"了。康德的先验逻辑与传统的形式逻辑的一个最大的区别,就在于它不是单纯形式的逻辑,而是内容的逻辑。这一点后来启发了黑格尔的辩证逻辑。黑格尔的逻辑学就是一种内容的逻辑,当然他消除了形式和内容的对立,他的形式本身就是建立起内容的能动的形式,这个是跟康德不同的。但康德最先看到逻辑不能够单纯是一种空洞的形式,那样是没有任何积极的认识作用的,逻辑本身应该能够建造有关对象的知识的真理大厦。所以,这样一种逻辑,它还将讨论我们有关对象、而又不能归之于对象的知识来源;就是说,这种内容的逻辑实际上已经是一种认识论了,它不仅讨论它自身的逻辑规则,而且还讨论我们用这些规则来构成对象知识的依据,也就是一般有关对象的知识的来源问题。这个知识的来源是不能归之于对象本身的,因为这个对象是思维建立起来的,是一个思维对象或对象概念,这个对象概念要能够用于经验性的材料才能形成对象的真正知识,而它之所以能够这样做的根源不在对象,而在思维的主体。所以说我们的知识是"有关对象、而又不能归之于对象"的,在这种意义上,这个逻辑将会是"先验的"。先验一词的确切含义下面还要专门说明。与此相对照,

相反,由于普遍逻辑不涉及这种知识来源,而只是按照知性在思维时据以在相对关系中运用表象的那些法则来考察这些表象,不论这些表象是原初地先天存在于我们之中,还是仅仅经验性地被给予的,所以它只是研究可以为这些表象找到的知性形式,而不管这些表象可能来自于何处。

普遍逻辑不管知识的来源,在它那里,逻辑是逻辑,认识论是认识论,两不搭界。它"只是按照知性在思维时据以在相对关系中运用表象的那些法则来考察这些表象",知性在思维中只考虑它所运用的那些表

象的相对关系，并且只按照这种相对关系的法则来考察表象，如主词和宾词，它们的肯定和否定，周延和不周延等等关系，以及判断和三段论的各种类型的法则，至于这些主词和宾词是代表先天的表象还是经验性的表象，这是形式逻辑或普遍逻辑所不考虑的。而且正因为它不考虑这些，它才可能是"普遍的"。所以就此而言，先验逻辑并不属于"普遍逻辑"，它至少没有形式逻辑那么"普遍"。比如说，它不能够不看对象地随意运用于任何地方，而要受到内容的限制，就是说，它只能够运用于那些能够让它构成知识的对象身上，因而只能作"经验性的运用"，而不能作"先验的运用"。因为只有经验性的运用才能形成知识，先验的运用并不能形成对象，因而等于没有运用。这一点是他在后面反复强调的。形式逻辑则只考虑这些表象所归宿的"知性形式"，而不管这些表象来自于何处。这些形式当然也是先天的，所以形式逻辑是**先天的**逻辑，但不是**先验的**逻辑。那么，关键问题就是：究竟什么是"先验的"？

　　我在这里要作一个说明，它将影响到所有下面要进行的考察，是必须牢记于心的，这就是：并非任何一种先天知识都必须称之为先验的，而是只有那种使我们认识到某些表象（直观或概念）只是先天地被运用或只是先天地才可能的、并且认识到何以是这样的先天知识，才必须称之为先验的（这就是知识的先天可能性或知识的先天运用）。

　　这一段话对于我们理解康德的"先验的"（transzendental）一词非常关键。康德首先提醒我们对这个说明要"牢记于心"，因为它"影响到所有下面要进行的考察"。在说明一个概念之前作这样郑重其事的声明，这在康德是绝无仅有的，也可见这个概念对于康德哲学的重要意义。康德称自己的哲学为"先验哲学"，或"先验唯心论"，也译作"先验的观念论"，还有"先验要素论"、"先验感性论"、"先验逻辑"、"先验分析论"、"先验辩证论"、"先验方法论"，以及"先验范畴"、"先验理念"、"先验幻相"、"先验原理"、"先验运用"、"先验统觉"、"先验自我意识"、"先验图型"、"先验想象力"等等说法，不胜枚举。而这里的说明又是与"先天的"（a priori）这一专门术语相对照而言的，由此看出这两个词的既相区别、又相联系的含义。先天的和先验的肯定都是先于经验的，但"并非任何一种先天知识都必须称之为先验的"，这表明先天的不一定是先验的，而先验的必定是先天的，或"先验的"是"先天的"里面的一种。那么，是怎样一"种"呢？"只有那种使我们认识到某些表象（直观或概念）只是先天地被运用或只是先天地才可能的、并且认识到何以是这样的先天知识，才必须称之为先验的"。"先天"的概念比较广泛，例如形式逻辑就是知性的先天原则，也是一种先天知识，但它并不涉及认识论，不考虑它所关联的那些直观或概念等表象是否有先天的来源，以及它们在对象上的先天的运用，也就是它们凭什么能够作这样的运用，而是毫无顾忌地普遍运用于一切表象之上。所以形式逻辑是一种不加反思的逻辑，它是先天的，但对于这种先天它没有进行先天的思考，当它先天地运用于知识时却不去问"何以可能？"数学、几何学也是如此，它只知道自己能够先天地运用，而不知道这种运用的根据是什么，而"先验感性论"就是要对它们的这种根据作出"先验的阐明"。所以"先天的"概念可以是形式逻辑的、数学的，但只有"先验的"概念才是认识论的，才是对这些先天知识作出认识论上的说明和辩护的，所以它才是一种形而上学的或哲学的知识。换言之，先验的知识是一种对于先天知识的先天知识，是先天知识的自我反思，这种反思追溯到先天知识的根据，"这就是知识的先天可能性或知识的先天运用"。我们在全书的"导言"中看到，康德《纯粹理性批判》的"总问题"就是"先天综合判断如何可能？"这就是一个"先验哲学的"提问，对先天的综合知识的提问。上一段也讲到，"先验逻辑"和形式逻辑的区别在于它不排除一切内容，而是要探讨"有关对象、而又不能归之于对象的知识来源"，也有这个意思。即"先验的"一词所涉及的不是一般的知识，而是"有关对象"的知识，但这种知识又不能"归之于对象"，而必须归之于先天的来源。在另一处康德说："我把一切与其说是关注于对象，不如说是一般地关注于我们有关对象的、就其应当为先天可能的而言的认识方式的知识，称之为先验的。"① 所以先验逻辑的内容虽然涉及对象的知识，但这对象并不是自在的对象本身，也不是后天经验性的内容，而是由主体先验地建立起来、综合而成的对象，实际上是主体所确立起来的一种普遍必然性，一种表象之间的固定关系。所以康德在《未来形而上学导论》中说，"先验"一词"在我这里从来不是指我们的认识对物的关系说的，而仅仅是指我们的认识对认识能力的关系说的。"② 先验逻辑当然要建立起认识对物的关系，但这种关系不是通过把认识诉之于"物"本身，而是通过把认识诉之于我们的先天认识能力才建立起来的。尽管如此，先验的毕竟与先天的不同，它虽然先于经验，但却是反过来使经验得以可能的，因此它必须建立起认识对物的关系，而不满足于单纯高高在上的、空洞的普遍形式。所以康德举例说：

因此不论是空间，还是空间的任何一个几何学的先天规定，都不是一种先验的表象，而只有关于这些表象根本不具有经验的来源、以及何以它们还是能够先天地与经验对象发生关系的这种可能性的知识，才能称之为先验的。　　　　　　　　　　　　　B81

单纯的空间表象是先天的，几何学原理也是如此，但都不是先验的，因为我们虽然知道它们是先天的，具有适用于任何经验对象的普遍必然性，但是却不知道它们何以是如此。只有先验感性论才回答了这一"如何可能"的问题，即把它们归结于主体的一种先天的感性接受能力，关于空间和几何学的这样一种知识才能叫作先验的知识。缺乏这样一种阐明，它们就只是一般先天的知识，这些先天知识由于不考虑自己的根据和来源，因此很可能被理解为最终是后天经验性的，只是我们还没有发现它的经验根据而已。例如笛卡尔就说，数学和几何学知识在我们看来如此

---

① 《纯粹理性批判》A11=B25，第 19 页。
② 《未来形而上学导论》，第 57 页。

清楚明白，但如果没有更深的基础，如"我思"原则，那么我们还是可以怀疑是不是有一个高明的骗子，它让我们在这里每次都受骗而丝毫都不觉察。先天的知识如果没有先验的知识作根据，它就容易遭到人们的任意解释，往往是经验性的解释，例如把它们归结为人的心理结构，或者如休谟那样解释为"习惯性联想"等等。这样先天的知识也就不成其为先天的了。但另一方面，先验的知识也只是"有关对象"，但它不能单凭自身就"运用于"对象，而必须凭借经验。所以康德说：

同样，若把空间运用于一般对象，这种运用也会是先验的；但若只是限制于感官对象，这种运用就是经验性的。

把空间"运用"于"一般对象"，也就是运用于自在之物，这在先验感性论中已经被否定了，空间和时间都不能运用于自在之物，而只能运用于感性的经验现象。而这里提出来，如果有人要把它们运用于自在之物，这种运用就"会是先验的"，也就是一种"先验的运用"。但这种运用是不现实的，所以这里用的是虚拟式。先验的运用实际上是对先验知识的一种误用，因为所谓先验的运用，就是撇开一切经验性的内容而单在先验表象所指向的"一般对象"上运用这些先验表象，在我们尚未获得经验性的材料时就把先验表象运用于它所一般地关注的、应当有其可能的那个对象，以便能够获得有关我们所没有经验到的该对象的知识。康德认为，先验表象的这种先验运用，不仅对于空间和时间来说是不可能的，而且对下面要讲的先验范畴来说也同样是不可能的，是对先验表象的一种误解和误用。因为所谓先验的，不仅要先于经验，而且要说明有关对象的知识何以可能，也就是经验知识何以可能；现在你不管这些现有的经验知识何以可能，而单凭自身所指向的那个意向中的抽象对象来建立一种对象知识，这样一种"先验的运用"其实是自欺欺人。所以康德强调先验的表象只能"限制于感官对象"来运用，即作"经验性的运用"，而不能作"先验的运用"。

所以先验的和经验性的这一区别只是属于对知识的批判的，而不涉

<u>及知识与其对象的关系。</u>

就是说，先验的和经验性的区别并不在于有一种有关先验对象的知识，另外又有一种有关经验性的对象的知识；相反，这种区别"只是属于对知识的批判的"，即只是对同一个有关经验对象的知识的不同层次的区别，先验的只意味着这个经验对象之所以可能的先天条件，经验性的则表明了在这个条件之下所建立起来的对象的性质，它不是自在之物，而是在经验中显现出来的现象。所以先验的和经验性的都是对同一个经验对象而言的，如果不作这种区别，那么这种知识就会要么陷入独断论，以为我们的知识就是对经验后面的自在之物的认识；要么就会陷入怀疑论，认为所有这些经验性的表象都没有任何客观实在性，而这两种观点都是非批判的。现在引入这一区别后，我们的这种经验知识就不再是由于自在之物而可能的，而是由于我们自己的先验法则而可能的了，而这样一来，知识的经验性也就不至于完全失去客观实在性，而是由于先验法则对它们的普遍有效性而被纳入了某种客观规律，成为了可以确定地加以认识的客观对象。而这样的客观对象的知识就是经过了批判的、可靠的知识了。

最后一段开始正式提出先验逻辑的概念了。

<u>因此，由于期望也许会有一些可以与对象先天地相关的概念，它们既不是纯粹的直观也不是感性的直观，而只是纯粹思维活动，因而是一些既没有经验性来源也没有感性来源的概念，所以我们就预先为自己形成了一门关于纯粹知性知识和理性知识的科学的理念，用来完全先天地思维对象。</u>

这里预先描述了设想中的先验逻辑的性质，即它所使用的概念是"可以与对象先天地相关的"。"可以"意味着并不是现实地与对象发生了关系，而是先天地预设它是要和对象发生关系的，但还没有单凭自身就发生关系，因为它"既不是纯粹直观也不是感性直观，而只是纯粹思维活动"。

这种思维活动是指向对象的，但不能由此就建立起对象来，要建立起对象，就必须充实以具有"经验性来源"和"感性来源"的内容，而它本身却只有先天的来源。"感性来源"在这里用的是 der ästhetische Ursprung，它包括经验性的直观和先天直观，所以这里与"经验性来源"构成一个递升的关系；但尽管包括先天直观，它还是感性的，是不属于纯粹思维的概念的。"所以我们就预先为自己形成了一门关于纯粹知性知识和理性知识的科学的理念"，"预先"也就是在认识之先，我们为自己形成了一门逻辑学的理念，"理念"也就是理性概念，它是可以在任何有内容的认识活动之前凭理性预先形成的。什么理念？"关于纯粹知性知识和理性知识的科学的理念"。纯粹知性知识指知性的纯粹范畴和原理，纯粹理性知识指理性的各种先验理念及其推理，它们分别构成了康德先验逻辑的"分析论"和"辩证论"。这门科学是"用来完全先天地思维对象"的，思维对象当然是为了认识对象，但思维对象还不等于认识对象。要认识对象，光凭逻辑、哪怕是先验逻辑都是不够的，还必须有经验性的材料提供出来；但光是提供了经验性的材料而没有去思维，那同样是不够的，所以必须还要加上先天地思维对象，才能真正获得有关经验对象的知识。思维对象是认识对象的前提，而为了阐明这一前提，就必须有一门专门的先验逻辑。这门先验逻辑的任务就是先天地思维对象，如何先天地思维对象？必须预先考察有关对象的知识的来源、范围和有效性，也就是这样一个对象作为知识的对象是在什么情况下建立起来的。

这样一门规定这些知识的来源、范围和客观有效性的科学，我们也许必须称之为**先验逻辑**，因为它只与知性和理性的法则打交道，但只是在这些法则与对象先天地发生关系的范围内，而不是像普遍逻辑那样，无区别地既和经验性的知识、又和纯粹理性知识发生关系。

就是说，先验逻辑就是规定知识、即有关对象的知识的"来源、范围和客观有效性的科学"，"也许必须称之为"，用的虚拟式，表明康德不想强加于人，称之为什么无关紧要，在这里他试称之为"先验逻辑"。为什

B82

么称之为先验逻辑？"因为它只与知性和理性的法则打交道，但只是在这些法则与对象先天地发生关系的范围内"。这就体现出"先验的"一词的含义，即一方面是先于经验的，在这一点上它和"先天的"相同，它"只与知性和理性的法则打交道"，也就是在超越经验的层面上运作；但另一方面，它"只是在这些法则与对象先天地发生关系的范围内"与这些法则打交道，这就与一般先天的东西如形式逻辑不同了。先验逻辑与超经验的法则打交道，只是就这些法则构成经验对象的法则而言的，所以它虽然并没有直接地和对象打交道，即不是绕过经验而与自在之物打交道，但却是通过自己凭借先天法则建立起一个经验对象而间接地与这个对象打交道，因为它要受到这些法则是否能够运用于经验而构成一个对象这一点的限制。所以在这一点上它就跟普遍逻辑、也就是形式逻辑不同了，形式逻辑不在乎它的概念或法则是否能够运用于经验，是否能够构成一个对象，它是"无区别地既和经验性的知识、又和纯粹理性知识发生关系"。当它运用于经验性的知识时，它也只着眼于这些知识的概念形式，而不是它们的作为经验对象的内容；当它运用于纯粹理性的知识时，它也只是形式化地运用，而不管这些知识是否能够构成认识的对象。所以在它眼里，这些表象全都在同一个平面上，对于它来说没有任何区别，是可以用单纯的符号来取代的。形式逻辑只求自身的逻辑一贯性和自洽性，而不管它所援引和得出的命题对于对象的真实性。先验逻辑却因为要考虑构成一个认识对象的先天条件，所以它要使对象的认识与这些条件相符合，以便认识能够与它自己建立的对象相符合，因而它负责知识的真理性。所以它虽然没有形式逻辑那么"普遍"，却成为了真理的逻辑，认识论的逻辑，而不是单纯的形式的逻辑。

Ⅲ. 普遍逻辑划分为分析论与辩证论

这一节从标题来看是应该讨论形式逻辑中的一种基本划分即分析论和辩证论的，它相当于亚里士多德逻辑中的《分析篇》和《辩谬篇》。

指出这种划分是为了在下面一节中为先验逻辑的先验分析论和先验辩证论提供一个根据或榜样，以预先阐明康德的先验逻辑为什么要作这样两大部分的划分。但在本节的前面四段中康德所着重谈的却是一个认识论的问题，即"真理标准"问题。当然这个问题与逻辑的划分问题也有联系，这种划分其实就是关于真理和幻相的划分，要作出这种划分，必须首先弄清楚真理的问题。所以第一段一开始就提出这个问题。

有一个古老而著名的问题，人们曾以为可用它迫使逻辑学家们陷入窘境，并曾试图把他们推到这一步，即要么不得不涉嫌于可怜的诡辩，要么就要承认他们的无知，因而承认他们全部技巧的虚浮，这个问题就是：**什么是真理**？

西方自从古代亚里士多德以后，特别是在希腊化时期，哲学家们开始集中关注真理的标准问题，并以这个问题来困扰逻辑学家们。其中，罗马的斯多亚派和怀疑派对于形式逻辑作出了一定的发展，他们力图把逻辑本身变成真理的标准，即用它来把握宇宙的普遍规律或"逻各斯"。但也有些人，例如伊壁鸠鲁派和早期斯多亚派认为，真理的标准应该是感觉，因而应该与现实的经验对象发生关系。这两种相互冲突的观点代表了认识论上的理性主义和经验主义倾向的正式形成，其标志就是真理问题成为了当时哲学家们讨论的热点。而由于长期争论不休，导致怀疑论出来对双方都抱一种不信任的态度，不但怀疑感觉的可靠性，甚至也怀疑逻辑本身是否能达到真理。所以在这个真理问题的质疑面前，逻辑学家们很难招架，他们要么陷入智者派那样的诡辩，用逻辑上的巧辩去证明一个客观事实上的真理；要么就承认逻辑不过是一种思维的游戏，与真理和知识无关，只涉及对游戏规则的正确遵守。如果说，中世纪的逻辑还由于它把主要力量用于对《圣经》词句的推敲，因而由《圣经》的权威保证了它的真理性的话，那么近代以来的逻辑学家，特别是唯理论的逻辑学家试图通过逻辑的论证来获得某种客观真理，就显得特别荒谬了。他们的要害就在于无法面对"什么是真理"这一古老的问题，因为这是传统形式逻辑无法解决的。康德说：

对真理这个名词的解释是：真理是知识和它的对象的一致，这个解释在这里是给定了的前提；但人们还要求知道，任何一种知识的普遍而可靠的标准是什么。

"真理是知识和它的对象的一致"，这种对真理的解释是从亚里士多德那里来的，亚里士多德就通过他的著名的"蜡块说"表明，感官能够正确地接受对象的形式，而且"心灵与可思维的对象的关系，必定如感官与可感觉的东西的关系一样"，因而"思辨的知识和它的对象是一样的"。[①] 康德并没有推翻这一古老的对真理的定义，虽然他的"哥白尼式的革命"把"观念符合对象"变成了"对象符合观念"，但不管谁符合谁，都还是一个"一致"；而且既然对象符合于观念，则我们说"观念符合于对象"也没有错，只是当我们这样说的时候要意识到，之所以观念能够符合于对象，首先还是由于对象符合于观念。无论如何，在康德看来这种"一致"是一个"给定了的前提"。不过他认为，人们并不满足于对真理的这种定义，而且还要求知道"任何一种知识的普遍而可靠的标准是什么"。这种标准应该是"普遍而可靠的"，即放之四海而皆准的，不会动摇的，也就是不会受到经验性的情况变化而改变的。注意这里的表述"任何一种知识"的标准，这意味着我们谈到真理的标准时可能会发生歧义，或者我们是在"真理"的上述意义下谈"真理的标准"，即用来检验我们的知识是否与一个客观对象相符合的标准；或者我们不涉及对象，而只是我们的一般知识的普遍而可靠的标准，也就是说，它有可能只是一个知识的逻辑标准，只是用来检验我们的任何知识相互之间是否相符合。所以，当人们提出"任何一种知识的普遍而可靠的标准是什么"这一问题时，这里面隐藏着某种陷阱，是不得不预先加以澄清的。这就引

---

① 　参看《西方哲学原著选读》上卷，商务印书馆 1981 年版，第 150、153 页。

出下面一小段关于如何正确提问的论述来。

康德认为，要正确谈论某个问题，首先就要善于正确地提出问题。所以康德在这一小段中说明了这种正确提问的必要性。

知道应该以合理的方式提出什么问题，这已经是明智与洞见的一个重要的和必要的证明。因为，如果问题本身是荒谬的，并且所要求的回答又是不必要的，那么这问题除了使提问者感到羞耻之外，有时还会有这种害处，即诱使不小心的听众作出荒谬的回答，并呈现出这种可笑的景象，即一个人（如古人所说过的）在挤公山羊的奶，另一个人拿筛子去接。

B83

在他看来，上述提问正因为包含有歧义，所以是一个不合理的、"荒谬的"问题，它字面上是要求我们对知识本身是否相符合提出一个普遍标准，暗地里却要求我们对知识与它的对象是否相符合而制定一个普遍标准。而后面这种标准又是不可能有的，甚至是自相矛盾的，因为知识与它的对象的关系是一种经验的具体关系，不可能有一个预先制定的普遍而可靠的标准来判定它们的符合或不符合，所以它所要求的这种回答是完全"不必要的"。提这问题的人应该为自己的不明智和缺乏洞见而感到羞耻，而且这种问题往往使不小心的听众去贸然作答，从而陷入荒谬的境地，比如说用逻辑上的不矛盾律来解决客观真理的问题，用逻辑推论来推出灵魂、上帝或宇宙整体的各种性质等等。这里影射的是理性派的哲学家们，他们通常容易犯这种错误，就像一个人挤公羊的奶，另一个人拿筛子去接那样。这个谚语最初源自古希腊，并经中世纪，17 世纪流行于德国，意为错上加错。那么，如何合理地提出问题呢？康德认为，首先要把这个问题的认识论的方面和形式逻辑的方面区别开来。这两方面康德是在下面两段中分别加以阐明的。我们先来看看前一方面。

如果真理在于知识和它的对象的一致，那么该对象就必然会由此而与其他对象区别开来;^① 因为一个知识如果和它与之相关的那个对象不一致,即使它包含某种或许能适用于其他对象的东西,它也是错误的。

就是说,如果严格按照真理的定义,真理就必须是知识与它的对象的一致,而这个与知识一致的对象就会不同于那些与知识不一致的对象;反之,如果这个知识与它的对象不一致,它就是错误的,但却并不影响它可能会与其他的某个对象一致,因而对别的对象而言又可以是真理。我们这里用"反之"来把这两种情况联结起来,康德用的则是"因为(denn)",他这样用也没有错。因为后面这种情况逻辑上是前面那种情况的条件,即一种知识与这个对象一致,就必然会与其他对象不一致(如莱布尼茨所说,世上没有有两片相同的树叶),而与这个对象不一致,却有可能与别的对象一致。与知识一致的对象必然排除与之不一致的对象,而与之不一致的对象却并不排除与之一致的对象的可能,由此可见,对象与知识的一致只是偶然个别的,不一致却是普遍存的。一个知识顶多只能和它的那个对象一致,而和其他别的许多对象却不一致,不能随便套用到其他对象身上。所以知识和它的对象一致不可能是一个普遍的标准。而只有撇开知识和对象的关系,也就是撇开知识对象的区别而单就知识本身而言,才谈得上有普遍的标准。所以康德接下来说:

于是真理的一个普遍标准就会是那种对知识对象不加区别地适用于一切知识的东西了。

也就是你要追寻真理的普遍标准,那就只能撇开知识的对象而从知识本身的普遍性中去找,如果有这样一个普遍标准,那它就会是"对知识对象不加区别地适用于一切知识的东西了"。康德这里用的是虚拟式,就是说这种真理的标准是根本不可能的,撇开知识的对象,怎么可能有一个真理的普遍标准呢? 除非你说的真理标准不涉及知识的内容,只涉及知识的形式,而那样一来又与真理的定义相冲突了。所以康德接着说:

----

① 此处原译作逗号,查原文应为分号,兹改正。

但很明显的是，由于从这个标准上抽掉了知识的一切内容（知识与其对象的关系），而真理又恰好是与这内容相关的，那么追问这一知识内容的真理性的标志就是不可能的和荒谬的，因而真理的一个充分的、但同时又是普遍的标志就会不可能确定下来了。

这就是理性派的逻辑学家们所陷入的窘境，即本来是想为真理寻找一个普遍的可靠的标准，可是按照真理的定义，这个标准必须与知识的对象有关；但是一旦与知识的对象发生关系，就必然陷入具体对象的多样性和不一致性，而找不到一个普遍的充分的标准；而要想撇开知识的对象即内容来确定这样一个标准，这与他们本来所定的目标是自相矛盾的，即既要抽掉知识的一切内容又要追问有关内容的真理性的标志，这本身就是一个矛盾。实际上很多理性派的哲学家都犯有这个错误，一方面把灵魂、上帝等等推出经验直观领域之外，企图单凭纯粹理性来认识它们，但同时却又把它们看作是在经验世界中起作用的，甚至本身也处于直观的时间和空间之中。例如笛卡尔就把作为"我思"的灵魂实体看作是居于大脑里的"松果腺"中，并且能够对身体发生"交感作用"，这都是一种出尔反尔的做法。他们的真理标准在康德看来本身就是模糊的，而如果把这个标准的意思加以严格澄清，我们就可以看到"真理的一个充分的、但同时又是普遍的标志就会不可能确定下来"。这里"充分的"一词就是指考虑到真理的内容方面，而不是单从形式上来看的，对于真理来说，只有同时既考虑到形式又考虑到内容才是充分的，因为真理无非是知识形式和对象内容的符合嘛。这就为下面一段讲形式逻辑的"不充分的"标准留下了余地。但真理如果单从形式上确定一个标准，虽然会得到普遍性，但那就不是真理的充分的标准，而只是真理的形式标准，而且甚至不能正当地称之为"真理"的标准——因为真理是形式和内容的统一体——，而顶多只能称之为"知识"的普遍形式标准了。所以康德说：

由于我们在上面已经把知识的内容称之为知识的质料，那么我们就

<u>会不得不说：对知识的真理性就其质料而言不可能要求任何普遍性的标志，因为这本身是自相矛盾的。</u>

换言之，对于包含形式和质料两方面在内不可分割的真理来说，要找到一个"普遍性的"标准是一个自相矛盾的要求，因为普遍性只能从形式上说，而不能对五花八门的质料或内容作这种要求。由此可见，古往今来一切理性主义哲学家所谓真理的普遍标准，其实都只是形式逻辑的标准，并不涉及有关对象的真理，而只涉及知识本身的形式；但所有这些人都自以为提供了一种客观真理的充分标准，并且一开始就是冲着客观真理的标准来设定自己的目标的。他们先是抽掉了知识的一切经验性内容，等到在形式上形成了逻辑上的判断之后，又偷偷地把经验性的内容塞进来了，由此来构成他们所谓的"真理标准"。康德则通过辩析清楚什么叫作"真理"而把这条隐蔽的偷运通道堵死了，他断然宣称真理在质料上不可能有任何普遍标准，谁要为它寻求这种普遍标准就是自相矛盾。这就是康德为认识论方面对真理标准问题所作的论述。

第二方面是形式逻辑方面。

<u>至于单纯就形式（而排除一切内容）而言的知识，那么同样很清楚：只要一种逻辑阐述出知性的普遍必然的规则，它也必然会在这些规则中阐述出真理的标准。</u>　B84

当然康德这里所说的"真理的标准"是在"不充分的"意义上说的，即形式逻辑阐述了知性本身的普遍必然规则，这些规则显然也构成某种意义上的真理标准，这种标准当然也是普遍必然的，但它们只是就知识的单纯形式而言，不涉及真理的内容，所以是不充分的。如果要把它们称之为真理标准的话，它们也只是真理的形式标准，而不是充分的真理标准。形式标准当然也是标准，如康德所说的：

<u>因为，凡是与这些标准相矛盾的东西，由于知性在此与自己的普遍思维规则相冲突、因而与自己本身相冲突，就是错误的。</u>

也就是说，与形式逻辑相矛盾的东西实际上是知性自己与自己的冲突，而不是知性与它的对象的冲突；但既然知性与自己都发生了冲突，那它肯定是错误的，因为我们只能通过知性与对象打交道，如果知性本身出了问题，那就连与对象打交道的资格都没有了，还谈什么与对象符合？知性在这里体现为"普遍的思维规则"，也就是普遍逻辑、即形式逻辑的思维规则，如矛盾律等等。一种知识要成为真理而不是错误，首先要在逻辑上不矛盾，才能谈得上别的；如果逻辑上首先就讲不通，那就任何理由都不能为它的真理性辩护了。从这种意义上说，这些思维规则也可以称得上是真理的一种"标准"。

但这些标准只涉及真理的形式，即一般思维的形式，就此而言它们是完全正确的，但并不是充分的。

这里说得很清楚，这些标准只是真理的形式标准，"一般思维的形式"，它们并不仅仅是用来检验有关对象的知识的，也是检验知性自身的，它们在检验知性自身方面是"完全正确的"，但检验完知性自身以后，这种知性所形成的知识是否真理的问题还没有涉及，它只是具备了由此去构成真理的最起码的资格而已。

因为，即使一种知识有可能完全符合于逻辑的形式，即不和自己相矛盾，但它仍然总还是可能与对象相矛盾。

一种逻辑上说得头头是道的知识是否事实上就是与对象相符合的真理，这还是未定的，它有可能与对象相符合，但也完全有可能与对象恰好相矛盾，这就要根据具体情况而定了。当然，如果连逻辑上都说不通，那就根本谈不上与对象相符合了；但逻辑上说得通却不一定与对象相符合，这是很明显的。

所以真理的单纯逻辑上的标准、即一种知识与知性和理性的普遍形式法则相一致，这虽然是一切真理的必要条件、因而是消极的条件；但更远的地方这种逻辑就达不到了，它没有什么测试手段可以揭示那并非形式上的、而是内容上的错误。

这是整个这一段的结论,即形式逻辑上的普遍标准只是真理的必要条件或消极条件,但并不是充分条件和积极条件。这种形式标准作为条件,任何知识缺少它必然不是真理,但有了它却并不必然就是真理,因为它管不到知识的内容上去,只限于形式上的正确。所以我们通常说,形式逻辑不管真理性的问题,而只管正确性的问题。当然形式逻辑和它的发展了的形式即现代数理逻辑也要讨论"真、假"和"真值"问题,但这种对真理的理解已不是传统的理解,不是与客观对象相符合的"真",而只是与逻辑规则相符合的"真",其实只能算"正确性"。这里要注意"知识与知性和理性的普遍形式法则相一致"这一提法。知性的普遍形式法则就是指判断的法则,理性的普遍形式法则就是指推理的法则。知性和理性在不涉及到内容时都有自己形式上的判断和推理的普遍法则,但它们都只能测试出形式上的错误,而不能测试出内容上的错误,当然更不可能积极地证明一个知识在对象上的客观有效性和适合性了。尽管如此,我们对于这种真理的消极条件仍然有必要进行一番分析,这就构成了形式逻辑中的分析论部分,也就是相当于亚里士多德的《分析篇》以及《解释篇》,专门讨论知性和理性、也就是判断和推理的形式结构的部分。由此就进入到了康德在这一节中所要谈的主题,即分析论与辩证论的划分。

　　<u>既然普遍逻辑把知性和理性的全部形式职能分解为各种要素,并将这些要素描述为对我们的知识所作的一切逻辑评判的诸原则,所以逻辑的这一部分可以称之为分析论,并正因此而至少是真理的消极的试金石,</u>

形式逻辑的"分析论"在这里是指对知性和理性在形式逻辑中的"全部形式职能"加以分析,并将这些分析出来的要素看作对知识作"逻辑评判"的诸原则。所谓"逻辑评判",就是判定这些知识在逻辑上"对"还是"不对",或者说评判它们是"真"还是"假",不过这种"真假"不是传统认识论意义上的,而仅仅是逻辑意义上的。所以他强调这只是真理的"消极的"试金石。当然,自从亚里士多德以来的形式逻辑最大的成果就

是三段论推理形式的确定，这也是他的《分析篇》的核心内容，判断或命题的分类则主要是在《解释篇》中阐明的，只是为了给三段论推理提供基础和准备；因为只有推理才涉及判定真假的问题，判断的构成则还不涉及这一问题。所以真正能够起到真理的消极试金石作用的应当是三段论推理的形式，也就是理性的形式，而不是知性的形式。但康德是把知性和理性捆在一起来说的，知性判断在他看来才是知识构成的基本细胞，理性推论只不过是对这种知识的一种评判而已。所以他虽然明知形式逻辑中最重要的历来都是三段论推理形式的制定，它才是逻辑学家们心目中真理标准的体现，但他仍然把知性及其判断摆在更重要的位置，把形式逻辑称之为"知性形式"，而理性推理在真理的形式标准中反而被当作附属于知性的。所以尽管他有时把"知性和理性"相提并论，但实际上把知性思维看作形式逻辑的主体。① 那么，为什么说逻辑标准是真理的消极的试金石，康德自己的解释是：

B85 因为我们必须首先把一切知识根据其形式放到这些规则上来检验和估价，然后才根据其内容来研究它们本身，以便断定它们是否在对象方面包含有积极的真理。

就是说，这种标准其实只是对积极的真理的一种预先处理和预先排除，即先把那些违背形式规则因而不可能包含有积极真理的"知识"清除掉，然后才来按照对象的内容而"研究它们本身"，以进一步确认这些知识是否"在对象方面"确实包含真理，这样确认的才是"积极的真理"。很明显，这种内容方面的积极的真理是不可能有其普遍适用的标准的，它的确认和断定必须依赖于直观经验的给予，即依赖于与具体的感官对象的符合，所以是不能预先确定的。所以能够预先确定的只是那种形式上的消极的真理标准。当然，积极的真理虽然不能预先确定，没有普遍

---

① 如康德在《逻辑学讲义》中的表述："逻辑因此是一般知性和理性的正确使用的科学，……亦即根据知性应当怎样思维的先天原理来使用。"见中译本第6页。

的标准，但并不等于没有用来发现积极真理的先天原理，这种先天原理不在形式逻辑中，而是在先验逻辑中，先验逻辑就是在直观经验中发现积极真理的一套先天原理，这是康德在下面一节所讨论的问题。而在这里，主要还是指出形式逻辑作为真理的消极标准的作用和局限性。

但由于单是知识的形式不论它与逻辑的规律多么一致，也还远不足以因此就断定知识的质料上（客观上）的真理性，所以没有人敢于单凭逻辑就对于对象作出判断，或是以任何方式对此有所主张，

这就是形式逻辑的局限性。一种在逻辑形式上无懈可击的知识，并不能因此就断言它的客观内容上也是真实的，所以康德断定"没有人敢于单凭逻辑就对于对象作出判断，或是以任何方式对此有所主张"。"逻辑"在这里指形式逻辑，形式逻辑不能对于对象作出判断，也不能"以任何方式"，例如以推理的方式，证明的方式，或是"归谬法"的方式，对于对象有所主张。这些方式只能证明观念本身的不自相矛盾，但决不能形成对于对象的判断，一切想要凭借形式逻辑的不矛盾性就推出客观真理来的企图都将导致诡辩，因而导致形式逻辑上的"辩证论"。康德在后面对理性心理学、先验宇宙论和先验神学的批判中也列举了这些证明方式所产生的各种幻相，虽然是谈的先验逻辑中的辩证论，但与形式逻辑中的这种辩证论也不无关联。两种辩证论在手法上有一致之处，这就是企图单凭逻辑来决定客观对象的知识。

而不是在逻辑之外预先对它们进行确凿的调查，以便此后只是尝试按照逻辑规律来利用这种调查并将其联结在一个关联着的整体之中，但更好的是只按照逻辑规律对其加以检验。

"而不是"是说，没有人敢于不这样做，就是：要想对于对象作出判断，就必须预先"在逻辑之外"对这些对象作出调查，也就是诉之于直观经验；由此获得知识以后，再尝试用逻辑规律将这些知识的观念加以整理，使它们言之成理，逻辑一贯，"但更好的是只按照逻辑规律对其加以检验"。为什么是"更好的"？因为在逻辑上言之成理只涉及表述的清晰性问题,按照逻辑规律所进行的"检验"则涉及真理性问题,检验通不过,真理就被取消了。所以形式逻辑本身虽然只是一个思维的技巧和语言的表述问题,但在涉及知识的真理性时它却起着一个"把关"的作用,后者在认识论上是更值得关注的。但这种把关的作用决不可以高估,更不能把它的这种消极作用转变成一种积极作用。所以康德强调:

> 然而,当我们拥有一种赋予我们一切知识以知性形式的如此表面的技术时,不论我们在这些知识的内容方面是如何的空洞和贫乏,却仍然有某种诱人的东西,使得那只不过是进行评判的一种**法规**的普遍逻辑仿佛像一件进行现实创造的**工具**一样,至少被用于有关客观论断的假象,因而事实上就以这种方式被误用了。于是,这种被当成工具论的普遍逻辑就称之为**辩证论**。

康德在这里把形式逻辑称之为一种"如此表面的技术"(ein so scheinbaren Kunst),但否认它是一种"进行现实创造的工具(Organon)"。通常我们把技术看作一种手段,与工具是同一类的概念。但康德这里所用的"技术"一词在德文中兼有"艺术"、"技艺"、"技巧"之意,它不一定在乎达到某种外在的目的,而可以只是为了自身的完美显示①;而"工具"则离开它所要创造的对象就毫无意义。所以康德否认形式逻辑是一种亚里士多德和培根意义上的"工具论",也就是否认它的使命是用来创造有关外在对象的客观知识的,而是有它自身的标准和内在目的,就是使知识的形式本身达到圆通无碍、逻辑一贯。所以对它作为知识的形式本身的结构的分析就是康德和亚里士多德所说的"分析论",这是形式逻辑中的主体部分和正面阐述。当然,康德对先验逻辑也持这种态度,反对把它当作一种创造知识的工具论,但在那里的意义和这里有所不同。先验逻辑不能成为工具论不是因为它不关心对象的知识,而是很关心这种知识,只不过它单独做不到这一点,而必须和后天的经验直观杂多结合

---

① 有时康德也把一种"实用的技艺"称之为"工具",见《逻辑学讲义》,第6页。

起来才能形成客观知识。而形式逻辑不能成为客观知识的工具论，却是因为它根本不关心对象的情况，只关心它自己的无矛盾。然而，形式逻辑尽管在对象的知识方面如此的"空洞和贫乏"，却仍然有一种强烈的诱惑，"使得那只不过是进行评判的一种**法规**的普遍逻辑仿佛像一件进行现实创造的**工具**一样"，被用来形成"有关客观论断的假象"。形式逻辑当然可以和客观知识发生关系，虽然这不是它所关心的。但这种关系只不过是对这些知识"进行评判的一种法规"，也就是当知识产生出来了以后，它才对之加以评判，看它们在形式上是否能够自洽，而不是要去创造这些知识。如果它自以为能够创造客观知识，自以为是一种达到客观知识的工具，那就是一种"误用"，由此就形成了形式逻辑中的"辩证论"。这就是康德的形式逻辑中"分析论"和"辩证论"的两分的由来。

而"辩证论"（Dialektik）又译作"辩证法"，它来自古希腊哲学，特别是智者派哲学。康德使用这一术语当然是着眼于这一历史渊源的，他说：

> 古代人在对一门科学或技术使用这一命名时，不论其意义如何各不相同，我们仍可以从它的实际运用中有把握地认定，辩证论在他们那里只不过是**幻相的逻辑**。 B86

古希腊哲学家对辩证法有不同的运用和评价，例如柏拉图把辩证法当作最高级的科学，即关于理念世界的科学，不但高于感性的意见和想象，而且高于理智的数学和几何学，是完全摆脱了感性和现实事物的束缚的学问。智者学派则把辩证法当作一种论辩的技巧，一种雄辩术，即一种如亚里士多德所说的"使弱的道理变强"的方法，它虽然立足于逻辑的思维规律，但必然会流于诡辩。康德不赞成柏拉图把辩证法当作最高科学的观点，他在后面"先验辩证论"的导言中谈到柏拉图的"理念"，认为这个理念作为一个认识对象来理解完全是一种误解；但他赞赏柏拉图把理念看作一种道德的"善"的目标，认为它给道德、法律和宗教提供了最终的根据。[①] 至于诡辩学派的论证不能够以认真的态度当作一种客观知识,这在康德看来更是不争的事实,两千年来人们已经使这种做法臭名昭著,用不着多说。无论从哪个角度看,康德认为在认识论上,辩证法的实际运用和效果都只能是幻相,不但智者派的诡辩是幻相,就连柏拉图的理念世界作为一种本源的知识也是一种幻相,他是后世一切理性派哲学陷入这种形而上学的幻相中去的总根源。形式逻辑之所以变成了"幻相的逻辑",就是因为它的过于自负,以为单凭它自己就可以获得有关客观对象的知识,而不需要经验的事实。

这是一种诡辩论者的技术,要使他的无知、甚至使他的有意的假象具有真理的模样,也就是摹仿一般逻辑所规定的彻底性的方法,并利用一般逻辑的正位论来美化任何一个空洞的假定。

这里说"诡辩论者的技术",不仅是指智者派,而且也指柏拉图;只不过前者是有意的,后者是无意的。柏拉图是使他的"无知"具有"真理的模样"的例子,因为实际上他认为理念世界是人不可能完全认识的,因为他受到自身肉体和感性的遮蔽,只有在他死去以后,他的理性灵魂才能回到理念世界。人在活着的时候,只有通过苦修苦练,沿着概念的逻辑的阶梯拼命向上超越,才能在一瞬间的"理智的迷狂"中摆脱感性的束缚,窥见理念世界的真理,但马上又坠落下来。而在康德看来,这种"迷狂"正是理性的幻相,柏拉图所采用的方法与智者派实际上没有什么两样。至于智者派则更是明知是假象,还要通过逻辑的论证来使它们具有真理的外表。智者派也好,柏拉图也好,他们所使用的方法不外乎由逻辑概念推出事实,"也就是摹仿一般逻辑所规定的彻底性的方法,并利用一般逻辑的正位论来美化任何一个空洞的假定"。"一般逻辑所规定的彻底性的方法"也就是指推理的方法,为有条件者寻求条件系列乃至于最终条件的方法,这是苏格拉底和柏拉图的方法,他们力图在经验事物中

---

① 参看《纯粹理性批判》A314—315=B371—372,第271页,本书未收入。

寻求"理念"，使理念成为经验事物之所以可能的条件。一切经验事物都由于"分有"理念而具有了实在性，理念本身则是最高的"一"，最实在的存在，它是万物的彻底的本质。至于"一般逻辑的正位论"，则是指亚里士多德的《正位篇》的方法。《正位篇》（Topiks）又译作《论题篇》，究其希腊文原意，是指给各种概念定位：哪些是上位概念，哪些是下位概念，哪些是种，哪些是属，例如四种谓词和十个范畴，都有自己一定的位置，不可搞混。在此基础上，哪些命题可以换位，哪些不可换位，哪些是相同的命题，哪些是相反的命题，哪些是包含的命题，哪些是接近的命题，就都可以确定了。亚里士多德提出这种正位论的本意是要防止诡辩论或"辩证法"，揭穿智者派惯用的欺骗手段，即通过逻辑概念上的混淆来迷惑人们的视听。但他没有想到，即算逻辑上把各种概念的位置清晰地定下来了，认识的真理性问题却仍然未定。这就诱使人们利用这种正位论的貌似有理而为"任何一个空洞的假定"提供"真理性"的假象，本来是对于知识的一种消极的评判标准的形式逻辑就被用作了获取客观知识的"工具论"，这是亚里士多德也未能幸免的。所以康德说：

> 现在我们可以作为一个可靠的和用得上的警告来加以说明的是：普遍的逻辑**若作为工具论来看待**，任何时候都会是一种幻相的逻辑，就是说，都会是辩证的。

这句话说得很绝对，它点出了形式逻辑产生幻相的根本原因，即把形式上的法则单独当作获得客观知识的工具，或者说，把逻辑学和认识论混为一谈了。这种问题其实从亚里士多德开始就已经存在了，后人在编纂亚里士多德的逻辑学著作时将它们统称为《工具论》，虽然并非亚里士多德自己的命名，但无疑是符合亚里士多德的意思的。在亚氏那里，逻辑学和认识论、乃至于本体论本来就没有后来那样严格的区分，他还保持着一种原始朴素的"三统一"。所以他的逻辑虽然已经相当形式化了，但他自己并没有完全对之作纯粹形式化的理解，在他那里思维规律和认识对象的规律是同一的。亚氏的这种理解在他的那种思想背景下并不能说完全没有道理，因为他本人并没有把这种形式逻辑绝对化，而是认为它需要经验和感性材料的补充，三段论的大前提还必须建立在经验归纳的基础上，所以他实际上是认为形式逻辑和经验直观合起来才能获得真正的知识。但他的《工具论》毕竟给后人以某种暗示，即似乎单凭这一套形式规范就足以认识客观对象，而无须经验的插手。这就是后来的一切理性主义者所犯的共同的错误，即独断论的错误。智者式的诡辩虽然还不等于独断论，因为他们对自己所获得的结论也不相信，而只是以此来达到实践上的目的即战胜对手，或是以此来自娱娱人，炫耀机智；但独断论必然要引入智者的诡辩来获得自己的认识论命题。在这两种情况下，他们都是把形式逻辑用在了不是它本身固有的领域中，使它变成了达到其他目的的工具。当然在康德那里，形式逻辑的辩证论主要是用来批判智者派的，先验逻辑的辩证论则是用来批判独断论的；形式逻辑的工具论是一种实用层次上的工具论，先验逻辑的工具论则是一种认识论层次上的工具论。但由此也可以看出先验逻辑的辩证论从形式逻辑的辩证论中的起源。而形式逻辑的工具论之所以会导致幻相，

因为它在这里根本不能告诉我们有关知识内容的任何东西，而只不过告诉我们与知性相一致的形式条件，这些条件除此之外在对象方面是完全无所谓的；

"它"，也就是形式逻辑，"根本不能告诉我们有关知识内容的任何东西"，这一点与后面要讲的先验逻辑的幻相是一致的，即都是由于把只涉及知性形式的法规当作了能够给予我们知识内容的工具，而实际上这些法规又不能告诉我们有关知识内容的任何东西。但接下来就有所区别了，即形式逻辑"只不过告诉我们与知性相一致的形式条件，这些条件除此之外在对象方面是完全无所谓的"；而先验逻辑则是告诉了我们对象与知性相一致的形式条件，但这些条件还没有从经验中现实地获得它们的对象。先验逻辑不是不在乎对象，而恰好是要指向有关对象的知识的，否则就用不着先验逻辑，只要有形式逻辑就行了。形式逻辑则根本不在

乎对象，它可以偶尔涉及对象，但它只在意于知性本身如何能够自身一致的形式条件。先验逻辑的幻相是由于撇开了经验而无法获得对象的内容，却自以为获得了另一种非经验对象的内容；形式逻辑的幻相则是由于与对象的内容根本无关，却自以为可以断言经验对象的内容。

所以，强求把它作为一种工具（工具论）来使用，以便至少根据那种假定来扩展和扩大知性的 ① 知识，这种僭妄必然导致的结果无非是徒逞辩才，即借助一些幻相去断言人们所想要的一切，要么就随意地斥之为无效。

形式逻辑的幻相所导致的就是这样一种僭妄，即自以为凭自身的假定就能够扩展知性的知识，而实际上却不过是炫耀自己的机智，在任何问题上要什么就是什么，不要什么就可以随意抛弃什么。所以对形式逻辑作为工具的运用并没有使我们的知识增添一分一毫，而只是满足了辩者的虚荣心，是逻辑学家们的一种僭妄和自负。

这样一种说教是与哲学的尊严无论如何都不相符合的。为此人们更愿意把辩证论这一命名作为一种**对辩证幻相的批判**而列入逻辑之中，而在这里我们也要记得把它理解为这样一种批判。

这段话等于为"辩证法"正了名。也就是说，历史上的辩证法只不过是诡辩论的代名词，是一种低级的论辩技巧，它往往为强辞夺理提供貌似有理的根据，所以不可能与"哲学的尊严"相配，在这个意义上它是一个贬义词。但是如果我们把辩证法提升到对辩证幻相的批判，即把它看作一种清除辩证谬误的"清泻剂"，一剂"以毒攻毒"的良药，那么我们不妨把它列入逻辑里面与正面的"分析论"并列，使它成为一种批判理论，以保证逻辑的机体健康地运作。所以辩证法在康德这里就有了两种含义，一种是从历史上形成的贬义，即诡辩的意思，一种是康德的批判哲学的

---

① 原译作"他们的"，查此处的 seine 只可能是指前面的"知性"的所属格，兹改之。

含义，即对这种诡辩进行辨析和清除的意思。其实早在古希腊，辩证法也曾被在这种非贬义上来运用，如苏格拉底和柏拉图的辩证法，它本来是中性的，无非是辨析、讨论和谈话的意思。柏拉图甚至把它抬高为最高的知识。中世纪神学家们也有人继承柏拉图的这种观点。不过一般说来，特别是近代启蒙运动以来，辩证法的意思更多地被人们理解为贬义，认为它是不切实际的诡辩论。康德则为它恢复了其本来中性的、甚至带有某种褒义的含义，把它看作一种"批判"。当然康德的用法也不完全一致，在很多场合下他还是沿用了历来的贬义，这要根据上下文来读它。

IV. 先验逻辑划分为先验分析论和先验辩证论

前面对形式逻辑的划分已经为先验逻辑作出了一个榜样，现在先验逻辑在形式逻辑划分的基础上，只须把逻辑形式提升为使有关对象的知识得以可能的法则，也就是先验的法则，就可以对先验逻辑的领域作出类似的划分。当然这样一来，分析论和辩证论在形式逻辑中和在先验逻辑中的层次就是不一样的，只不过康德对这种层次的区分并没有作很多分析，他大概认为，前面对先验逻辑和形式逻辑的区分已经足够使我们对两种分析论和两种辩证论自己作出区分了。我们先来看看什么是先验逻辑的分析论。

在先验逻辑中我们把知性孤立起来，(正如我们前面在先验感性论中把感性孤立起来一样)，并且从我们的知识中只抽取出仅在知性中有其起源的思维的部分。

显然，这番从知识中"孤立"和"抽取"知性成分的工作对于形式逻辑来说是不必要的，因为形式逻辑本来就没有和知识混在一起，而是作为知性的一种技巧保留在知性身上，可以用来以不变应万变地应付一切观念和表象。先验逻辑的知性成分则不同，它们由于是指向对象并构成对象知识的要素，所以只能从已经构成的有关对象的知识中把它们分析出来，正如把感性的要素从这些知识中孤立起来一样，这样才能单独地看清它们并对它们展开研究。"先验要素论"一般说来就是讨论知识的这两个构成要素的，即感性要素和知性要素。前面先验感性论已经讨论了感性要素，现在先验逻辑则是要讨论知性要素了。但采取的方法都是一样的，就是分析法，即把整体中的各个要素一个个地单独抽取出来孤立地加以考察，然后再把它们放回整体中去，看它们如何按照自己已经分析出来的特性结合成整体。这就是当时盛行的经验自然科学的方法，康德显然是接受了这种分析方法的，这从他把一切研究课题，不论是认识论、道德学还是审美理论，都首先立足于"分析论"的基础上，就可以看得出来。分析论是康德正面阐明自己的原则的建设性的部分，辩证论则总是代表消极的外围部分，是用来维护分析论的核心原则的。当然，先验逻辑的这个分析部分不同于形式逻辑的分析论，虽然都是正面表述其原则，

<u>但这种纯粹知识的使用的基础、即其使用的条件是：它可以应用于其上的对象是在直观中给予我们的。因为没有直观，我们的一切知识就缺乏客体，那么它就还是完全空洞的。</u>

从知识中分析出来的这些知性原理虽然被包含在经验知识中，但它们本身被称之为"纯粹知识"，因为它们是"仅在知性中有其起源的思维的部分"。由此我们会想到他在全书导言一开始所说的，虽然一切知识都从经验开始，但并非一切知识都来自于经验，因为在经验知识中包含有并非来自于经验、而是来自于先天法则的知识，如先天直观的知识和知性的先天知识。不过这种"纯粹知识"要得到使用，必须有它的基础或条件，就是它必须与那些"不纯粹"的后天直观经验的杂多材料结合起来，否则它们就还是"空的"，就没有它们所指望的"对象"。这就是他后来多次强调的，知性范畴只能作经验性的运用，而不能作先验的运用，它们所形成的对象唯一地只能是可能经验的对象，亦即作为现象的对象。由此也可以看出先验逻辑的分析论与形式逻辑的分析论的根本区别，形

式逻辑的运用不需要有什么基础或条件，它是"普遍逻辑"，即可以不受限制地普遍运用于任何表象、任何对象上的逻辑；而先验逻辑如果不运用于经验对象上，它就没有任何运用了。所以先验逻辑并非"普遍的"逻辑，而是特定的逻辑，即认识论的逻辑，它的使命就是形成有关认识对象的知识。

所以先验逻辑的这一阐明纯粹知性认识之诸要素、阐明那些任何对象要能被思维都不可或缺的原则的部分，就是先验分析论，同时也是真理的逻辑。

正因为先验逻辑的使命是认识论的，所以它的分析论才叫作"先验的"分析论。我们前面讲到，凡是康德用"先验的"这个词的地方，通常就意味着与认识论有关，与对客体的认识有关。先验分析论与形式逻辑的分析论同样都是对知性能力的分析，但前者是对知性的认识能力的分析，后者只是对知性的运行能力的分析。作为对认识能力的分析，先验分析论要分析的就不只是知性本身的形式结构，而是知性用来形成经验对象的那些原则的结构，这些原则相对于经验性的杂多材料而言当然也是形式的，但这些形式已经是指向内容的形式，而不是与内容漠不相干的形式了。所以在这种意义上，先验逻辑的分析论被称为"真理的逻辑"，而不再是像形式逻辑的分析论那样，只是真理的消极的形式标准了。所谓"真理的逻辑"，意思并不是指有了这种逻辑就有了真理，也不是说这种逻辑就是真理的充分的普遍标准，只要合乎这种逻辑规则的就肯定是真理；而只是说，它是构成真理的逻辑，你只有按照这种逻辑才能构成真理。所以真理的逻辑仍然只不过是真理的必要条件，而不是充分条件，是真理的知识"何以可能"的条件。就此而言，先验逻辑与形式逻辑是一致的，它们都不能单凭自身就得出客观真理来。但形式逻辑作为真理的必要条件仅仅只是形式上的，消极的；先验逻辑作为真理的必要条件却具有一定的积极意义，因为它本身构成了知识内容中的一个层面，知识的一个成分，所以它是知识内容本身中的形式方面。形式逻辑则只是内容之外的形式方面。一般来说逻辑不可能不是形式的东西，但同样都是形式，内容中的形式和内容外面的形式是不一样的。当然，即使内容中的形式，也离不开内容中的内容，也就是说，有关客观对象的知识的内容是由先验逻辑的形式和经验性杂多的内容共同构成的，没有经验性的杂多材料，单纯先验逻辑的形式就会是空的，就构不成它的对象。但另一方面，仅有经验性的杂多表象，如果没有先验逻辑的诸范畴，这些表象也不可能构成客观知识。所以先验逻辑的诸要素是一些"任何对象要能被思维都不可或缺的原则"，阐明这些原则的部分就是先验分析论，也是"真理的逻辑"，即专门为真理而设置的逻辑。形式逻辑不是专门为真理而设置的，先验逻辑、特别是它的先验分析论则是专门为真理而设置的。但这并不意味着它本身就是真理了，而只不过是指：

因为没有任何知识能够与这种逻辑相矛盾而不同时丧失其一切内容、即丧失与任何客体的一切关系，因而丧失一切真理的。

先验逻辑在客观知识中所起的作用是对这个客体进行"思维"，因而是使经验性的材料被统摄到这个客体之下来，也就是使我们的知识与客体发生关系，成为有关对象的知识。所以，如果没有先验逻辑，或者说如果与先验逻辑的法则相冲突，那么所谓的知识就会丧失一切客观内容，因而丧失其真理性。可见先验逻辑虽然本身只是逻辑形式，但没有这种形式就没有知识的内容，因为知识的内容就是由这种形式所**构成**起来的，它是一种**能动建构**的形式，而不像形式逻辑那样，只是一种僵死固定的形式。先验分析论就是对客观知识中这种能动的形式的分析。但另一方面，这种形式虽然是能动的、具有统摄能力的形式，但如果没有经验性的杂多提供给它，让它来统摄和建构成对象，则它单独说来仍然是空洞的，同样会丧失与客体的关系，丧失一切真理性。忽视了这一方面就造成了先验逻辑的辩证论。这就是：

但由于将这些纯粹的知性知识和原理单独地、乃至于超出经验界限之外加以运用的诱惑和引诱力是很大的，而经验却又是唯一地能向我们

B88　提供那些纯粹知性概念得以应用于其上的质料（即客体）的：于是知性就陷入到凭借空洞玄想对纯粹知性的单纯形式原则作质料上的运用的危险，而对那些并未给予我们、甚至也许根本无法给予我们的对象不加区别地作出判断。

　　"纯粹的知性知识和原理"就是在先验分析论中所分析出来的那些纯粹知性要素，这些要素也可以称之为"纯粹知性知识"，因为它们是"知性知识"中"纯粹"的那一部分，其他则有经验性的部分即"不纯粹的"部分，而"知性知识"就是由这两部分所构成的。本来这两部分是不可分的，只有在它们的结合中才能够称之为"知识"，或"经验知识"，因为在康德那里一切知识都是经验知识，先天的知识只是作为经验知识中的一个成分、即先天的成分，才有资格称之为知识。离开了这个结合体，则双方都不可能有其对象，——先天方面是因为没有东西来供它构成对象，经验方面是因为有东西却构不成对象——因而都不是知识。然而，由于这两方面毕竟来源不同，所以来自于先天方面的纯粹知性知识和原理就有一种自行其是的倾向，它们急于想单凭自身就一劳永逸地解决真理问题，而不耐烦等待后天的偶然经验来给它们提供材料。所以在没有预先设立一个界碑的情况下，这些先天知识就禁不住诱惑而要"超出经验界限之外加以运用"，这就"陷入到凭借空洞玄想对纯粹知性的单纯形式原则作质料上的运用的危险"。因为现实的质料只能由经验来提供，纯粹知性的形式原则虽然不是形式逻辑的片面形式，而是指向内容或质料的形式，但一旦离开了经验这种现实的质料，这些形式原则就只能凭借"空洞玄想"来自己造出一种抽象的"质料"，并自以为对这种"质料"作出了"判断"。对纯粹知性形式的这种运用就是所谓的"超验的运用"，其危险性在于，由于那些质料实际上并未给予我们，所以我们由此所构成的对象也是虚幻的，而我们对这种对象所作的判断也就产生出一些"先验的幻相"，好像它们也是关于某种对象的"知识"，而且是更高级的知识。但其实这只是些伪知识，对于这些对象我们实际上一无所知，也不可能有所知,它们只是我们玄想出来的理念。而揭示这种谬误和危险的逻辑部分就叫作"先验辩证论"。在康德看来,人们陷入这种谬误的原因正如形式逻辑的辩证论一样,也是由于他们把一种对知识加以评判的法规当作了一种获得知识的工具:

所以,既然这种逻辑真正说来只应是对经验性使用加以评判的一种法规,那么如果我们承认它是一种普遍地和无限制地使用的工具,并胆敢单凭纯粹知性去对一般对象综合地下判断、提看法和作裁决,那就是对它的误用。而那样一来,纯粹知性的运用就会是辩证的了。

"这种逻辑"也就是指先验逻辑,它"只应是对经验性使用加以评判的一种法规"。前面讲过,形式逻辑是对知识加以评判的法规,这里讲先验逻辑是对纯粹知性概念的"经验性使用"加以评判的法规,都是评判的法规,层次却有不同。形式逻辑是在知识之外对知识加以评判,先验逻辑则是在知识之内对这种知识的具体构成、即对知性范畴的经验性使用加以评判。知性范畴本来的使命就是要用于对象之上,但实际上它只能用于经验的对象,只能作经验性的运用,只有在经验性的运用中它才能形成有关对象的知识。但知性在在经验性的运用中是在哪个方面来运用,或者说它是构成经验对象的哪个方面,这个却是由知性范畴先天决定的,比如说是在因果性方面,还是在实体性方面,或者在量的方面等等,这些都是评判经验性运用的一些先天的法规。任何一个知识都不可能缺乏这些先天法规而有其真理性,真理只有在把这些法规运用于经验性的对象上时才能形成起来。但这些法规本身单独看来,仍然只是真理的必要条件而不是充分条件。如果你拿着它们不是去寻求经验性的运用,而只是在自己的思想中把它们当作一种"普遍的和无限制地使用的工具",也就是"单凭纯粹知性去对一般对象综合地下判断、提看法和作裁决",这就把它们当作真理的充分条件了,以为单凭它们就足以获得真理了。所谓"一般对象",就是指知性范畴所指向的某个对象,在经验性的使用以前它只是一个未规定的对象,不限定于经验性的对象。撇开了一切经验性的内容的一般对象，就本身而言就是指物自体。把先验逻辑的那些原则用在超经验的一般对象上，也就是用在不可知的物自体上，这就把这些法则扩展到它本来被限制着的可能经验之外了，就变成了一种"普遍地和无限制地使用的工具"了，它不受可能经验的限制而成了一种"普遍"逻辑，但先验逻辑并非普遍逻辑，所以我们是把它们"误用"了。而这样一种误用"就会是辩证的了"。"先验辩证论"就是考察这种误用的，在此康德同样赋予了这个词以某种正面的批判性意义，即研究先验逻辑的辩证误用是如何产生、有哪些种类、以及如何清理其谬误、避免受它迷惑的一门科学。

所以先验逻辑的第二部分必须是对这种辩证幻相的一种批判，它称之为先验辩证论，并不是作为一种独断地激起这类幻相的技术（一种在各色各样的形而上学戏法中不幸非常流行的技术），而是作为对知性和理性在其超自然的运用方面的一种批判，并将理性以为单凭先验原理就能做到有所发现和扩展的要求降低到只是批判和保护纯粹知性以防止诡辩的假象而已。

先验辩证论是对辩证幻相的**批判**，就此而言它并不是建设性的，而是消极意义的。虽然它也要进行一些逻辑技术的分析，但其目的并不是要像独断论那样通过形而上学的戏法，即通过玩弄逻辑技巧而有意激发出这些幻相来自欺欺人，而是要对"知性和理性"的超验运用进行批判，以揭穿这些骗人的幻相。当然，在先验辩证论中辩证幻相的根源主要是理性，而不是知性，所以康德后面把先验分析论归于知性的判断原理，而把先验辩证论归于理性的推理原理。不过理性在运用自己的原理时也不是和知性毫无关系的，理性的理念本身就是由理性的推理不断地追求知性的"总体性"范畴而形成起来的，而三个先验理念以及由此形成的三个先验幻相则是把知性的三个范畴如实体性、因果性和协同性推到超自然的"无条件者"而产生的，这是后话。在此我们主要关注的是这种批判对于康德《纯粹理性批判》的意义，这就是"将理性以为单凭先验原理就能做到有所发现和扩展的要求降低到只是批判和保护纯粹知性以防止诡辩的假象而已"。批判不是一味批倒，而是同时还有"保护纯粹知性"的正面意义，但它毕竟是以消极的形式表现出来的，也就是限制和降低理性的普遍扩展知识的要求，所以比起先验分析论来，先验辩证论更直接地体现了《纯粹理性批判》的批判和限制知识的意图，即在认识之前考察认识能力及其适用范围的意图。"先天综合判断如何可能"的问题，只有当我们知道了先天综合判断在什么情况下"不可能"的时候，才算得到彻底的解决。先验辩证论也是康德在第二版序言中所说的"我不得不悬置知识，以便给信仰腾出位置"这一目标的具体执行者，它一方面限制了知识的范围，另一方面却展示了一个实践理性的新天地。所以历来人们一谈起康德的"批判哲学"，首先想到的不是他的知性范畴体系，而是他的"二律背反"学说以及对上帝存在的各种证明的批判。当然，先验辩证论也是以先验分析论为前提的，没有先验分析论将知性认识的范围从正面阐明出来，先验辩证论也就无从判定在什么地方理性超出了认识能力的范围。但有了先验辩证论，纯粹知性的范围就得到了安全保护，而防止了超越范围之外的危险尝试。所以康德也曾把先验辩证论比喻为一个国家里的警察，没有它，社会秩序就得不到保障。先验逻辑的这两个方面各司其职，先验分析论称之为"真理的逻辑"，先验辩证论则叫作"幻相的逻辑"；一个规定了真理如何可能，另一个则规定了真理在什么情况下不可能，而只能产生幻相。它们从正反两方面把逻辑变成了有关真理的学说，即认识论。

先验分析论·概念分析论

［纯粹的知性概念］

　　§9.知性在判断中的逻辑机能

　　现在我们进入到先验分析论。先验分析论分为两个部分，一个是概念分析，一个是原理分析，它们相当于形式逻辑的概念部分和判断部分。一般说来，概念是判断的基础，判断又是推理的基础。但在康德这里，知识的核心是判断，概念也是从判断的角度来理解、来分类的；至于推理，则在认识中更是附属于判断之上，帮助它达到更加完备的，只起一种"锦上添花"的作用。推理本身的正式作用康德是放到"先验辩证论"里面去探讨的，而在先验分析论中他只探讨概念和判断。在"概念分析"部分，康德又分为两个步骤，第一步是"发现一切纯粹知性概念的线索"，即通过在形式逻辑的判断分类中发现"纯粹知性概念"即范畴的线索，由此使范畴本身的含义得到彰显，这相当于"先验感性论"中的"形而上学的阐明"，但在先验逻辑中不叫"阐明"，而叫"演绎"，也就是循着形式逻辑的判断分类的线索而为先验范畴的形而上学含义找到其根据。康德有时也把这叫作范畴的"形而上学的演绎"。第二步是谈范畴的"先验的演绎"，相当于先验感性论中对时空的"先验阐明"，也就是对范畴如何能够有资格构成经验对象的知识提供根据，正如时空的先验阐明是对时空如何构成数学知识加以说明一样。所以，概念分析的第一章是从形式逻辑的判断中引出先验范畴表，第二章是对这个范畴表构成客观知识的功能和效力加以论证。我们先来看看第一章。这里首先一个问题是：既然亚里士多德的形式逻辑中已经有概念和判断两个层次，而且在概念层次他甚至也已经提出了各种"范畴"（Kategorien），为什么康德不直接从亚里士多德的范畴表中引申出他自己的范畴表，而要绕个大弯子，以亚里士多德的逻辑判断分类作为"线索"来引申出自己的范畴表？从后面的论述可以看出，康德显然是不满意于亚里士多德的范畴表的不成体系和经验的偶然性，这些范畴和判断的形式毫不相干，本身零乱而无规律。康德既然要对自己的范畴表作"形而上学的演绎"，就必须为之找到逻辑上的根据，所以他不能现成地利用亚里士多德的范畴表来建构自己的范畴体系，而必须把它建立在已有的逻辑体系之上，这就是由亚里士多德初步提出、经过两千多年的锤炼已经成型了的判断分类体系。当然更深层次的理由是康德的先验逻辑本来就把概念看成判断的一种集中的或"纯粹的"体现，因为这种概念已经不是形式逻辑的抽象概念，而是要指向对象、因而要形成判断的概念，它们不是由外在人为的方式被结构成判断，而是自身具有一种自发的统摄力量要形成判断。这正是康德的先验逻辑与传统的形式逻辑的区别之处。所以康德谈纯粹知性概念，不从范畴本身谈起，而是先谈"知性在判断中的逻辑机能"，也就是先把形式逻辑的判断分类清理出来，然后再从中引出范畴的分类。

我们来看看第 9 小节。

如果我们抽掉一般判断的一切内容，而只关注其中的知性形式，那么我们就发现，思维在判断中的机能可以归入四个项目之下，其中每个项目又包含有三个契机。它们可以确切地如下表所示。

也就是说，如果我们从单纯形式逻辑的角度来考察一般的判断，那么，"思维"、也就是"知性"在判断中的机能就可以归结为 3×4=12 个项目，也就是四类共十二个判断类型，这些类型都体现了知性在判断中的逻辑机能，也就是知性作为形式逻辑的判断机能，这些机能的分类也就是知性在形式上的分类。知性在形式上有这十二个方面，每一个方面都体现了知性的逻辑判断功能。那么，这十二个方面是哪些呢？康德认为"它们可以确切地如下表所示"，"确切地"一词表明他对当时和历来的那些判断分类的一种态度和看法，即那些分类都不够"确切"。换言之，康德的判断分类并不是简单地把现成的一种分类拿来就用，而是经过了他自己的一番深思熟虑的改进而形成的，当然它的基础还是自亚里士多德以来所奠定的，但在康德这里已有一些不同的地方，对此康德在后面作了逐条说明。这个判断分类表如下：

1.判断的量：全称的　特称的　单称的

2.判断的质：肯定的　否定的　无限的

3.判断的关系：定言的　假言的　选言的

4.判断的模态：或然的　实然的　必然的

这个分类是经过改进的。例如在亚里士多德那里，判断（他称作"命题"）的分类还只有：1.质：肯定的和否定的；2.量：全称的、特称的和不定的；3.模态：可能的、现实的和必然的；4.开始接触到简单命题和复合命题，也对复合命题中的假言命题和选言命题作过论述，但未能展开。后来的斯多亚派逻辑也在此基础上增添了一些东西，特别是对复合命题的细分和论述。但像康德这样把这些命题排列成如此整齐而又逻辑清晰的一个体系，这还是第一次。当然，康德对逻辑判断表最大的改进还不是在外表形式上，而是在对其含义的深刻理解上。实际上，虽然他从形式逻辑的判断分类中引出了他的范畴表，但他恰好又是从先验逻辑的范畴论的立场来反观形式逻辑的判断分类的，这就使得形式逻辑判断中的一些长期以来莫衷一是的问题变得洞若观火。他说：

> 由于这种划分在某些地方、虽然不是在本质的方面显得与逻辑学家 B96
> 们惯常的划分法有所偏离，所以针对我所担心的误解作如下几点辩护将
> 不是毫无必要的。

正是在他的这"几点辩护"中，我们可以看出他的先验逻辑的立场给他在改造形式逻辑时提供了多么有利的方法论视角。这种改造按照他自己的归纳分为如下四点，分别对应于四种判断类型。让我们逐一来加以考察。

1. 逻辑学家们有理由说，在把判断运用于理性推论中时，单称判断可以如同全称判断一样来对待。因为正是由于单称判断根本没有外延，它的谓词就不能只联系于包含在主词概念之下的某些东西，而被另一些东西排除在外。所以这谓词毫无例外地适用于那个概念，就好像这概念是一个拥有某种外延、而这谓词适用于这外延的全部意义的普适性概念一样。

这里涉及的是康德范畴表"量"的范畴中的第三项，即"单称判断"。在亚里士多德那里，虽然谈到过"单称概念"，即专名，但没有设置单称判断，而只有全称判断和特称判断。究其理由，则是因为单称概念没有外延，它是唯一的一个，所以当它与一个谓词结合而形成判断时，这个谓词当然也可以看作适用于主词的"全体"，"它的谓词就不能只联系于包含在主词概念之下的某些东西，而被另一些东西排除在外"，因为"包含在主词概念之下的"只有一个，没有更多的，如"苏格拉底"只有一个，"关公的赤兔马"只有一个。于是，自亚里士多德以来，逻辑学家们就把单称判断归并入全称判断之中，因为它们有一个共同的特点，就是"谓词毫无例外地适用于那个概念"。当然，这种观点完全是从概念与概念之间的**形式关系**上看问题的结果。所以康德在《逻辑学讲义》中也说："就逻辑

形式而言，单称判断与全称判断在使用上可视为相同，因为在两种判断中，谓项无例外地适用于主项。"[①] 但康德并不满足于这种形式主义观点，他要考察的是，逻辑判断究竟能给我们带来什么样的**知识**？也就是按照每一种判断中所可能包含的知识价值来区分这些判断。这就是康德对传统形式逻辑判断分类的改造所依据的基本原则。所以康德接下来说：

　　相反，如果我们把一个单称判断只是作为知识而在量的方面与一个普适性判断加以比较，那么单称判断与普适性判断的关系就如单一性对无限性的关系一样，因而就本身来说是与普适性判断有根本区别的。

　　在这里，"作为知识而在量的方面"一语很重要，这个角度与形式逻辑的角度是大不相同的，其实已经是先验逻辑的角度了，即关注逻辑形式中所包含的**知识**的量。从先验逻辑的立场来看形式逻辑中的量的判断，就必须区分三种判断形式，即全称、特称和单称，因为它们分别表示其中的知识是适合于所有的主词范围，或是适合于有些主词的范围，还是只适合于唯一的主词范围。在这里，康德把表中的"全称判断"（das allgemeine Urteil）改称为"普适性判断"（das gemeingültige Urteil），这是大有深意的。"全称判断"又可译作"普遍判断"。康德在《逻辑学讲义》中说："如果全称命题没有具体地认识，其普遍性不能了解，就不能用为准绳，在应用上也不会有启发之效，这些命题只是研究那些在特殊情况下才会知道的东西之普遍根据的课题。"[②] 所以"全称命题"还不等于"普适性命题"、即普遍有效的命题，后者才能被作为普遍有"启发之效"的"准绳"来"应用"，前者作为单纯的形式则受制于"特殊情况"，并不具有对知识的普遍的有效性。正是从认识论的立场上，康德把全称命题理解为"普适性命题"，而这就把它与"单称命题"区分开来了，即单称命题并没有"普适性"，它与普适性命题的关系"就如单一性对无限性的关系一样"。

---

① 《逻辑学讲义》，第93页。
② 《逻辑学讲义》，第93页。

普适性命题就是适用于判断的主词（例如"人"）的全部可能范围的命题，这个范围原则上是可以延伸至无限的；特称命题是适用于主词的某些范围的命题；单称命题则是唯一适用于单个主词范围的命题。就单称命题并非普遍适用于主词的一切范围而言，它倒是与特称命题更为接近一些，例如我们在投票表决时会这样宣布结果："某些人有反对意见。"其实也许只有一个人有反对意见，但这样说也并不算错。当然人们不会满意这样的说法，因为它往往是对听众的误导，有时"某些人"和"一个人"相差实在太大了。所以单称判断不但必须与全称判断区分开来，也必须与特称判断划清界限，但它显然同时也包含这两种判断的某些特点，所以被列为第三项，即后来被人们称之为"正、反、合"中的"合题"的一项。这种划分方式不是单纯着眼于概念的外延，而是着眼于概念所对应的对象的多少，因此是对传统形式逻辑作了一种认识论的改造。

所以，如果我把一个单称判断不只是按其内部的[①] 有效性，而是也作为一般知识按其与别的知识相比较时的量来估价，那么它当然就是与普适性判断有区别的，并且值得在一般思维各契机的一个完整的表中（虽然并不是在那个只限制在诸判断之间相互运用的逻辑中）占一个特殊的位置。 B97

这里就把单称判断为什么必须占一个特殊位置的理由摆明了，就是不仅仅出于形式逻辑的"内部有效性"，而是涉及到对知识的量方面的估价，就不能把单称判断并入全称判断之中，而必须单独立项。当然康德也承认，如果只是"在那个只限制在诸判断之间相互运用的逻辑中"，单称判断也许是不必单独立项的，因为它不涉及知识的内容，而只限于在各个判断之间"相互运用"，这就是传统的形式逻辑的情况。在这种逻辑中，单个的概念与全称概念一样，也只不过是一个概念而已，形式逻辑不管它指称的是什么样的对象，因而作为概念来看单称的和全称的划分都

---

① Innere，原译作"内在的"，为与 immanent（亦译作"内在的"）相区别，改译为"内部的"。

是相对的。全称的也可以表述为单称判断,如我们可以说:在世上万物中,唯独人是有理性的;单称判断也可以表述为全称判断:苏格拉底彻头彻尾是理性的。无论如何,这里我们着眼的不是主词的内容中量的多少,是一个个体还是多个个体,而是主词概念范围的大小。但如果着眼于主词内容,个别事物和一类事物显然就必须作出区分了。此外,对判断的上述量的划分是就判断中的**主词**的量的大小而作出的,与此相对照,下面对判断的质的区分是对判断中的**谓词**的性质而作出的,而对判断的关系的区分则是对主词和谓词的**关系**作出的,最后,对判断的模态的区分是就判断的系词的确定方式而作出的。这样,判断的主词、谓词、主谓词的关系和系词分别都得到了考察,由它们的区别来对判断的类型作出区别不需要任何外来的标准,而能穷尽一切可能性。由此可以看出,对一个判断的划分只可能有这样四种方式,再没有其他的方式了。康德的这种划分是经过把判断的结构彻底盘查了一番之后作出的,具有逻辑上的严格性和完备性。

2. 在先验逻辑中,同样还必须把**无限判断**和**肯定判断**区分开来,虽然在普遍逻辑中前者正当地被归入了后者之列,而并不构成划分的一个特殊的环节。

在这里,康德明确提出他的立足点是"在先验逻辑中",虽然他谈的是形式逻辑。而他对于质的判断的改进也体现于第三项。或者说,他从传统逻辑中关于质的肯定判断里区分出了一种另类的判断,叫作"无限判断",这种无限判断虽然谓词也是肯定主词的,但却并不具体地肯定主词,而是以无限的方式肯定主词,因而主词在这种情况下既得到了形式上的肯定,但从内容上来说又没有得到具体的某种性质的肯定,而只是泛泛地划了一个肯定的范围,并且只是通过否定的方式划出的一个肯定的范围。如康德自己所举的例子:灵魂是不死的。单看"灵魂是 X",这是肯定了灵魂具有性质 X;但这个 X 却是"不死的"。"不死的"并不是一种性质，而只是对"死"这种性质的排除，所以从形式上看"灵魂是不死的"是一个肯定判断，但从内容上看这个判断只不过是排除了一种性质，因而就其认识上的价值而言倒是可以看作等同于一个否定判断，即"灵魂不是有死的"，而这两个判断在形式逻辑中也的确是可以换位的。不过既然它从形式上并没有采取这种否定判断的形式，而是还采取了对主词加以肯定的形式，所以它必定对内容也还是有某种肯定的，只不过这种肯定包括了除开"死"以外的所有其他一切可能性，而这个领域显然是"无限"的。这就是像"灵魂是不死的"这类命题为什么被称作"无限判断"的原因，这是就其所肯定的内容被包括在无边无际的广阔范围之内而言的，它并没有切实地作出某种肯定，但它的**态度**仍然是肯定的，而不是否定的。但也正因为它的肯定并不是真正肯定主词有一个什么具体的属性，所以从认识的内容上来看它应该和一般肯定判断有根本的区别，所以被列为"质"的判断的第三项，它兼有肯定判断和否定判断的双重特点，但它自成一类，成为前两类判断的"合题"。下面康德的解释正是从形式逻辑和先验逻辑的区分来说明他的意图的。

因为普遍逻辑抽掉谓词的一切内容（即使这谓词是否定的），并只着眼于这谓词是否附加于主词，或者是否与主词相对立。但先验逻辑则也要根据这种借助于单纯否定的谓词所作出的逻辑肯定的价值或内容，来考察该判断，并考察这种肯定对全部知识带来怎样一种收获。

普遍逻辑、即形式逻辑只看谓词是否附加在主词上，即只看"A 是 B"或者"A 不是 B"，却不管这个 B 是个什么 B，哪怕 B=C，即这个谓词本身是否定的。形式逻辑的眼光是极其形式化的，只要看见用了"是"，就判定为肯定命题，一看见用了"不是"，则判定为否定命题，全然不顾其中的内容或认识价值。相反，先验逻辑则是着眼于判断的认识价值，它就要在一个判断是凭借肯定性谓词还是凭借否定性谓词来肯定主词这一点上较真，只有这样它才能对一个形式上是肯定的判断"对全部知识带来怎样一种收获"作出区分。这就必须把形式上是肯定的、但内容上并没有带来具体肯定的知识的那种判断单独列为一类,称之为"无限判断"。当然这种无限判断虽然并没有带来具体肯定的知识,却也并非对知识没有任何贡献,因为它至少通过否定或排除一个因素而对其他无限多的因素进行了泛泛的肯定,尽管不足以形成确定的知识,却也算是指示了一个方向,即你必须到已经被排除了的这个范围**之外**去寻求答案。所以它的认识价值就在于这种否定式的肯定,或者肯定式的否定,是不同于单纯的肯定或者单纯的否定的。下面康德提出了他的例子:

假如我关于灵魂说道,它不是有死的①,那么我就通过一个否定判断至少防止了一个错误。现在,通过"灵魂是不死的"这一命题,我虽然按逻辑形式来说作出了现实的肯定,这时我把灵魂放入了不死的存在者的那个无限制的②范围之中。既然有死者在可能存在者的全部范围中包括了一个部分,而不死者则包括了另一部分,所以我的这个命题所说的无非是,灵魂是当我把有死的东西全部都去掉之后余留下来的无限数量的事物中的一个。

说"灵魂不是有死的",这是一个否定命题,它是有其认识价值的,就是它确实排除了一种错误。但说"灵魂是不死的",这在形式上是一个肯定命题,它的使命不是要排除错误,而是要获得一种积极的知识。那么这是一种什么样的知识呢?它所肯定的这种知识无非是:灵魂属于"不死的存在者"的范围。但这个范围只不过是一个"无限制的范围",即它是去掉或排除某种限制("死")而剩下的范围,所以它是"当我把有死的东西全部都去掉之后余留下来的无限数量的事物中的一个"。既然我所肯定的只不过是,灵魂是"无限数量的事物中的一个",而并没有确定它是**哪一个**,那么我就相当于没有对它作出任何肯定,因为即使我不作任何肯定,一个事物也已经是"无限数量的事物中的一个"了。所以我

---

① 原译作"它是不死的",不确。康德将 sie ist nicht sterblich 这句子和 sie ist nichtster-blich 严格区分开来。

② 原译作"无限的",不确。康德这里用的是 unbeschränkt,而不是 unendlich。

的这个判断除了排除了"有死的"这一限制之外,对于灵魂究竟"是什么"并没有作出任何积极的肯定。但它又不同于否定判断,因为从形式上看,它的目的不在于排除一种错误,而是要提出一种真知识。

但这样一来,一切可能事物的这一无限领域所受到的限制只不过是,有死者被从中排除了,灵魂则被放在这无限领域中剩余的地方。但这个剩余的地方即使有这样的排除,却仍然还是无限的,并且还可以去掉其更多的部分,而灵魂的概念也并不因此就有丝毫的增加和得到肯定的规定。 B98

康德所要证明的是,仅仅从一切可能的存在者中把"有死者"排除掉,还远远不足以对灵魂的性质作出任何具体的规定,我们甚至还可以更多地排除一些东西,比如说灵魂是"不占空间的",是"不可感知的"等等,所剩下的领域仍然无限宽广。由此所得到的一个具有普遍意义的规律是:凡是这样一些用排除法来进行肯定的判断都并不能使主词的概念"有丝毫的增加和得到肯定的规定"。所以这种判断不属于肯定判断,而必须另外立项。但这里有一个问题就是:这样一类判断在日常生活中其实很常见,比如我们说"黄金是无机物","这些粉末是非生物","这件衣服是非卖品",它们都适合于康德在这里所提出的原则,为什么康德放着这些通俗的例子不说,偏要说一个玄之又玄的灵魂的命题呢? 他当然是有意这样做的,目的是把问题引向更深刻的层次。因为在日常生活中,人们通常并不一定要对某个事物的知识求个究竟,他们有信心,相信事物的肯定的性质随着经验的增加而会一步步得到认识,就是说,人们至少还是心照不宣地假定了那个剩下的领域是在可能经验的范围内的,并不是完全无限制的。所以这种判断在一般经验知识中所起的作用并不突出,它既可以被大致当作一种肯定判断来看,也可以通过换位而变形为一种否定判断,没有人太在意。但一旦涉及到形而上学问题,也就是超出可能经验范围之外的问题,麻烦就来了,如果不将无限判断从肯定判断中严格区分开来,哲学家们就有可能利用肯定判断的形式而直接赋予它积极的认识内容，而不顾它实际上并未提供任何积极的规定。因为在这里，人们不能指望从经验中获得任何验证，反而借助于这种无限判断而超出一切可能经验的界限，由于判断形式上的"无懈可击"的假象而自以为得到了一种另类的知识，也就是不受可能经验所限制的知识，这就导致了先验的幻相。正是为了避免这种形而上学的诡辩，康德强调了设立这种无限判断作为质的判断中的一个特别的类型的必要性。

<u>所以就逻辑范围而言的这些无限判断在一般知识的内容方面实际上只是限制性的，从这一点看它们在判断中思维的一切契机的先验表中是必定不可跳过去的，因为知性在这里所执行的机能也许在知性的纯粹先天知识的领域中可以是重要的。</u>

在康德看来，"无限判断"这一命名只是针对形式逻辑而言的，是"就逻辑范围而言的"；但是"在一般知识内容方面"，也就是说在先验的层面上，它"实际上只是限制性的"。由此我们可以理解，为什么在后面的范畴表中，与"无限判断"相应的范畴并不是"无限性"，而恰好是"限制性"。这里，在形式逻辑和先验逻辑之间存在一种颠倒关系，即形式逻辑由于在这里还具有一种"肯定判断"的形式，所以它着眼于它所肯定的那个"无限"的领域，仿佛那是一种已经到手的无限的知识，虽然实际上它什么也肯定不了；先验逻辑则由于它着眼于判断实际上所具有的认识价值，所以它看出在这种判断里对我们的认识有帮助的只不过是划定了一条界限，即作出了某种"限制"，而并没有对限制之内或之外的对象有任何其他的肯定或否定。所以，"从这一点看"，也就是从先验逻辑的观点看，这些无限判断"在判断中思维的一切契机的先验表中是必定不可跳过去的"，也就是在先验范畴表中是不可跳过去的。诸范畴就是"在判断中思维的一切契机"，它们表明我们在作判断时我们实际上在想什么，所以在先验范畴表中，我们一定要经过无限判断这一个项目，从中生成"限制性"这样一个范畴。"因为知性在这里所执行的机能也许在知性的纯粹先天知识的领域中可以是重要的"，就是说，知性在判断中的这种逻辑

机能在形式逻辑中也许不那么重要，但在引出知性的先验范畴方面是不可缺少的，这些先验范畴不同于知性的逻辑形式，不是一种单纯思维的技巧，而是属于"知性的纯粹先天知识"，也就是在经验知识中由知性而来的那些先天成分。这里已经明确把形式逻辑的这个判断与先验逻辑的范畴形成联系起来了。

下面一段谈关系判断。一般来说，康德对关系判断和关系范畴比其他的判断和范畴要更加重视一些。为什么关系判断以及由此引出的关系范畴，即实体性、因果性和协同性，在康德的判断表和范畴表里占有比较重要的地位？这一点可以从西方科学精神的传统里面找原因。自从古希腊以来，原因和结果，以及实体，都是哲学家们关注的重点，比如我们从希腊早期哲学关于"始基"的学说中已经可以看出寻求万物的实体和原因的苗头了。最早的哲学家们就是试图在现象底下去发现事物的根源，那个根源不一定表现出来，但它是决定我们现在所看到的万事万物的。到了亚里士多德这里，他把哲学的任务规定为寻求"第一因"，他认为首先要把原因找到，这才可以把事物的本质揭示出来。他找到的原因有四种，这就是"四因说"，即质料因、致动因、形式因和目的因。四者中，"目的因"后来被归之于神学和实践哲学，"质料因"后来也不再被称为真正的原因，而只是事物的一种"条件"；唯有"致动因"和"形式因"成为了亚里士多德以后西方科学思想的最核心的范畴。"致动因"相当于康德时代人们对"原因"的理解，"形式因"则被亚里士多德当成"实体"的根据，形式是真正的实体，作为形式的实体则是事物的本质。形式和本质在经院哲学里几乎就是同义词，一个事物的形式就是这个事物的本质，它决定了这个事物成为这个事物，也就是这个事物的实体。这种观点一直延续到近代。如培根也认为科学就是要寻求事物的形式，也就是寻求事物的本质。康德的新贡献在于，他增加了一个协同性的范畴，或者说，他把选言判断对应于一个"协同性"范畴。至于实体性和因果性范畴，则是从传统中继承下来的。在英国经验派那里，例如在洛克和休谟那里，他们所消解的主要就是实体性和因果性，特别是休谟对因果性的摧毁，在整个西方科学思想界引起了极大的震动。其实，休谟的论证是非常集中的，他并没有全面铺开对科学知识的各个方面的攻击，如量、质等方面，而是主要针对因果性及其必然性。对实体性则是在对因果性解构的基础上加以摧毁的，因为如果因果性不成立，实体性也就不能成立了，因为实体性所体现的还是因果性，我们之所以知道有一个实体，是因为它总是对我们发生作用，它是一种持久起作用的原因。所以整个自然科学在休谟的攻击下面临危机。康德本人说是休谟惊醒了他的"独断论的迷梦"，他发现实体性和因果性都是前人独断地假定下来的，我相信万物都有实体，一切发生的事情都有原因。现在休谟出来说，你相信，我不相信，你奈我何？他把因果性、实体性都解释为我们的一种习惯性联想，一种多次重复而形成的心理定势，事实上不见得有什么必然性。很可能下一次发生一件事就是没有原因的，或者看见一个没有实体的事物，因为归纳法总是不完备的。人们发觉真的对他无可奈何，理论上对付不了他。所以康德认为休谟暴露出独断论本身是没有根基的，但休谟所提出的问题非解决不可，否则整个自然科学及全部科学精神就会受到威胁。除了西方科学精神的传统所面临的挑战以外，促使康德特别关注因果性问题的还有一个很重要的原因，就是因果性涉及到与自由的相互关系。康德所关心的问题不外乎因果必然性的问题和自由意志问题，他既是一个科学家又是一个道德哲学家，他的目标除了建立一门自然科学的形而上学以外，还要建立一门道德形而上学，而道德形而上学在他看来就是一个自由意志问题。自由意志是一种另类的因果性，即"自由因"或者"目的因"。亚里士多德提出目的因时就提出了自由意志的结构，因为有目的的活动就是建立在自由意志上的，自然界的目的则体现了上帝的自由意志。自由意志这种因果性正如同其他自然因果性一样，也要产生出自然界的后果来，但它却不像自然因果律或机械因果律那样有一个互相制约的因果链条，而是有一个自发的发生点，它截断一切链条，从某一个时间点上自发地产生出一个行动,并且开始一个自然因果链条作为它的后果和影响。这样一个截断众流、从我出发、由一闪念开始的行动就体现了自由的因果性,严格地应该译作自由的"原因性"(Kausalität)。在康德看来,自由只能是原因性,而不能是因果性,因为自由是不考虑后果的,考虑后果就不是自由,而是必然了。他只考虑"应当"怎么做,而不考虑将会怎么样。比如我们对某人说:你这样做要考虑后果! 意思是你不能太自由了,你要受到自然因果性的束缚。而一个具有自由意志的人就会回答:我不考虑后果,我只考虑应当,我宁可杀身成仁,舍生取义,死而无憾。这种自由意志就叫作原因性。我们通常所讲的自由都是有条件的,充满着对后果的考虑的,因此在康德看来不能叫作完全的自由。当然这里面也包含有自由的因子,我想追求一个目的,想赚钱,为了生存或享受等等,这都是从后果来考虑原因的。但它们最初还是基于我的自发的原因性,是我选择了这些目的。只不过这种原因性还不是纯粹的,掺杂有自然因果性的成分,如感性需要和本能等等。那么自然的因果性和自由的原因性是什么关系? 这是整个康德哲学所要考察的核心问题,即自由和必然的关系问题。自由和必然的关系集中地体现在因果性问题上,这就是康德为什么特别关注因果性问题的另一个原因,也许是更重要的原因。现在我们来看看这一段。

3. 思维在判断中的一切关系是:a) 谓词对主词的关系,b) 根据对结果的关系,c) 被划分的知识和这一划分的全部环节的相互之间的关系。在第一类判断中只考察两个概念,在第二类判断中考察两个判断,在第三类判断中考察相互关联着的好几个判断。

这三类判断用亚里士多德的说法来说属于"简单判断"和"复杂判断"。第一个"定言判断",或者译作"直言判断",是属于简单判断,它表明的是"谓词对主词的关系";第二个"假言判断"已经是由两个定言判断借助于连接词"如果……那么"而复合起来的复杂判断了;第三个

"选言判断"则是由两个以上的定言判断通过连接词"不是……就是"而复合起来的判断。这三者从根本上说都是处理谓词对主词的关系的判断，只是处理的层次有不同，即：定言判断在直接的层次上处理，假言判断在假定主词的某种情况的间接层次上来处理，选言判断则在提供谓词的多种选择的间接层次上来处理。定言判断的经典模式就是"S 是 P"，一个主词一个谓词，这种判断里面隐含着一种实体关系。亚里士多德对实体就是这样定义的：实体就是只能做主词而不能做谓词的东西。例如苏格拉底，你只能说苏格拉底是什么样的，你不能用苏格拉底去形容别的东西，只能用别的东西去形容苏格拉底，苏格拉底是绝对的主词，这就是实体。苏格拉底作为绝对的主词，他与谓词之间有一种关系，即他是不变的，谓词则可以变来变去，可以形容苏格拉底这样，苏格拉底那样，形容他一会儿这样，一会儿那样，都可以。但都是同一个苏格拉底在变。这体现出一种实体和偶性之间的关系。实体其实并不是单个范畴，而是一个关系范畴，即它表明了实体和偶性的关系，所谓"偶性"就是实体身上的偶然的属性。其次，第二类判断是假言判断，它里面蕴含着一种因果关系。其实在实体和偶性的关系中也已经隐藏着因果关系了，实体的一切偶性都可以看作是实体所表现出来的结果，但这些结果还只是在**一个**实体之内；如果从这些偶性对**另一个**实体的影响来看，那就成了因果关系了。比如我们说"这朵花是红的"，这是实体和偶性的关系；但是如果说"这朵花是能治病的"，这就表达出一种因果关系了。实际上"红的"也只是就这朵花对我们的眼睛的作用来说的，它看起来好像是实体本身的内部性质，但其实是对其他实体的作用的效果（"这朵花能够使我们的眼睛感到红色"）。所以我们要了解一个实体的性质，不能直接去了解，要看它所起的作用，所发生的效果，也就是要从因果性去了解。康德之所以把自在之物和现象区别开来，也是由于这一点。事物如果不表现出来，不"刺激"我们的感官而产生表象，它就是不可知的；凡是可知的都要表现为结果，都可以对这个结果加以感受，加以测量和规定。所以"根据对结果的关系"作为一种逻辑判断的形式就表现为两个判断之间的关系，即原因表现为一个判断，结果表现为另一个判断，这两个判断由于因果关系而联结起来了。例如："如果天上下雨，那么地上潮湿"。当然我们也可以把这个因果性不用假言判断来表达，而用定言判断表达："下雨是能使地上潮湿的"，但这并没有把因果性在逻辑上表达出来，必须用假言判断才能清楚地表达出来。第三类判断是选言判断，它表达出一种协同性关系。选言判断在亚里士多德那里就谈到过了，但协同性作为一个范畴则是康德的独创，特别是他把协同性范畴与选言判断对应起来，把它理解为从选言判断的认识论意义中引申出来的范畴，这更是康德的一个发现。选言判断的意义在于，它能够把一个主词的全部可能谓词都囊括无遗。选言判断和假言判断相似，它们都是假设性的，基于一种可能性，并且都涉及两个以上的判断；不同的是，选言判断中这两个以上的判断必须是不相容的，是相分离和对立的，因此其中只能有一个是对的，其他都是错的；更奇特的是，那个或那些错的判断对于形成正确的判断竟然是不可缺少的，因为正确判断正是在各个判断的交互作用中产生出来的。例如我们说："这只天鹅要么是白的，要么是黑的。"显然，如果它是白的，它就不可能是黑的，反之亦然。但是尽管只能够二者必居其一，但这二者对于形成这个选言判断都不可少，如果你只说一种情况，人家就会说你考虑不周全，还有别的可能性漏掉了。所以，不仅仅是那个正确的判断使另一个判断成了错误的判断，而且正是那个错误的判断使这个正确的判断成为了正确的，它为这个正确的判断的正确性贡献了一份不可缺少的力量。所以正确和错误在选言判断中是交互促成的。但前提是，选言判断中的选言支必须是完备的，如果缺少一支，整个判断就作不出来。天鹅由于只有黑白两种颜色，所以只有两个选言支，如果有一天发现了黄色的或红色的天鹅，那么这个选言判断就必须改写了，否则你这个选言判断就有可能没有一个选言支是正确的。只有你把所有的情况都考虑进去了，你这个选言判断才能成为真正的知识。这一点下面还要详细讲。

总的来看,这三个判断形式越来越复杂,也越来越具有必然性。定言判断最简单,也最没有必然性,"S 是 P",为什么?不知道,它只是一种偶然获得的知识;假言判断已经有理由了,为什么 S 是 P,是因为前面有一个判断作为根据,如果 A 是 B,那么 S 是 P,这里头就有必然性了。当然你还可以问,为什么 A 是 B 呢?这就陷入无穷追溯。但至少就这两个判断之间的关系而言,它们有一种必然的联系。对此康德举了一个例子:

在"如果确有完全的正义,则一惯作恶的人将受到惩罚"这一假言命题中,实际上包含有两个命题:"确有完全的正义",和"一惯作恶的人将受惩罚"。这两个命题是否真实,在这里尚未决定。通过这一判断所想到的只是这种前后一贯性。

只要有完全的正义,那么恶人必将受惩罚,这种因果关系是一目了然的,这甚至是一个分析命题,因为"正义"这个概念本身就意味着"善有善报,恶有恶报"。古希腊的阿那克西曼德就提出世界的"始基"是这样一条原则:"万物由之产生的东西,万物又消灭而复归于它,这是命运规定了的。因为万物在时间的秩序中不公正,所以受到惩罚,并且彼此互相补足。"后来海德格尔还专门写了一篇文章来讨论这个问题。命运之神、也是正义之神狄克(Dike)因为事情不公正而要进行报复,这就是万物的必然规律。它并不是特指某一个事物,而是一般地指任何事物,所以可以表达为一个假言命题。在这里,"正义"这个概念是一个公平的概念,一个"平衡"概念,正义女神的象征就是蒙着双眼、手持一个天平。但它不一定马上在现实中就产生报应,而是要在时间的秩序中等待,在当下的现实中却很可能根本看不出来。所以康德说,"这两个命题是否真实,在这里尚未决定",我们想到的只是这种"前后一贯性"。就是说,即使现实中根本没有正义,这个假言判断仍然不失为具有必然性的真实的命题,因为它本身是前后一贯的。所以我们在现实中看到的经常是一惯作恶的人享尽荣华富贵,而那些正直的人总是遭殃,但这并不影响这个假言命题在逻辑上仍然成立,它说的是"如果"有完全的正义的情况,这里面是有种必然性的。

最后，选言判断所包含的是两个或好几个判断彼此的关系，但不是   B99
次序上的关系，而是逻辑上的对立关系，这种对立在于一个命题的领域
排除另一个命题的领域，但同时又还是协同性的关系，这种协同性在于
这些命题合起来完成了真正知识的领域，所以这是一个知识领域的诸部
分之间的关系，因为每一部分的领域都是为了真正知识的全部总和而对
另一部分的领域所作的补充，

这一点我们前面已经讨论过了，选言判断可以是二者必居其一的，
如前面举的黑白天鹅的例子；也可以是多者必居其一的，如我们判断太
阳系中的一个行星"要么是地球，要么是火星，要么是金星，要么是土
星……"把九大行星都列出来。但最近据说又发现了第十大行星，你也
得把它考虑进去，否则这个判断就不成立。如果你考虑周全了，那么这
个判断就有一种必然性，这种必然性还不同于假言判断中的那种"次序
上的"必然关系，不是逻辑上的前后一贯性，而恰好是逻辑上的必然对
立、不能共存。一旦是这个，就不能够是别的，是黑的就不能是白的，是
地球就不能是火星、木星等等，所以"这种对立在于一个命题的领域排除
另一个命题的领域"。这就是"选言判断"这个词的本义，即 das disjunk-
tive Urteil，意思是"分离的判断"。但为什么又说"同时又还是协同性的
关系"呢？ "协同性"，德文为 Gemeinschaft，意为"共同体"、"协会"，
这个协会或共同体是一种"和而不同"的关系，里面有争论、有冲突，有
不同意见，但这都是正常现象，正因为如此才能"集思广益"，才能把各
种极端的可能性都估计到，才能使这个共同体坚强壮大。如果没有对立
面的冲突，这个共同体就很可能由于片面性而毁灭了。所以"这种协同
性在于这些命题合起来完成了真正知识的领域"，其中每一部分都为"真
正知识的全部总和"而对其他部分作出了补充。例如，如果你以为，既然
我已经判定这个行星是地球，那么其他判断都是错误的，火星、木星、水
星等等在这里还能起什么作用呢？ 不管它们就是了。但康德认为，尽管

它们都是错误的,只有一个是正确的,但要找到这一个正确的判断,还必须把它们都考虑在内,它们毕竟最初是作为一切可能知识中的一分子,去促使你发现那个正确的判断的,这个正确的知识有赖于对所有那些错误知识综合起来加以考察,所以那些被排除的知识在形成这一正确知识的过程中协同一起地起作用。你不要"得鱼忘筌,得兔忘蹄",得到结果就把手段抛弃了,因为你下一次还要认识。下一次认识时要采取最短的途径去找到真实的知识,那么它就给你提供了参考,你上次是怎么获得这个知识的?首先你是利用了协同性关系。在科学研究中我们经常就是这样进行的,首先划定一个范围,如"天鹅",或"太阳系的行星";然后对这个范围内的各种可能性都加以充分估计;顺着这条思路的引导,我们在各种可能性里面去选择,有一个选择的完整领域摆在你面前,可以使你的选择更全面。所以这整个领域不是没有用的,它能够使你的选择成为必然的。因为你排除了火星,排除了木星,排除了金星……,所有其他星球你都排除了,那么剩下来的这个地球就是唯一可能的选择了,你的判断就具有必然性了。因为太阳系只有这九大行星,你排除了八个,剩下的一个就是必然的。如果还有第十个,那这个判断就没有必然性,因为我们没有考虑到所有的情况,万一它不是地球,而恰好是那第十个行星呢?只有当你把这第十个也考虑在内,然后说:"这行星是地球",我们才能承认你的结论是唯一的,因为你考虑了所有的可能性。所以,协同性在科学认识中起很大的作用,科学家要使自己的立论站住脚,就必须把所有可能性都考虑在内,经过排除而选出一种。怕就怕还有一种可能性躲藏在暗处没有被发现,卡尔·波普尔的证伪理论就是对付这个的,一种科学知识最重要的是看它有没有未考虑到的地方,肯定有未考虑到的地方,一旦考虑到,你的理论就有可能被证伪了,因为也许正确的答案恰好在你所没有考虑到的那种可能性中。波普尔甚至认为,只有可以被证伪的命题才是真正的科学命题。这里就利用了协同性,只不过波普尔的协同性体系是开放的,永远有待于重新协同,某个时候你以为已经考虑到了所有的可能性，但很有可能并不是这样。只有一种所谓的知识才自诩为考虑到了所有的可能性，那就是哲学或形而上学，形而上学无所不包，自以为考虑到了所有的可能性，结果形而上学就不再是科学了，也不再是知识了，知识总是有考虑不周全的地方，正因为如此它才是知识。这就是波普尔的证伪理论。当然康德并没有从这方面来看问题，他强调的是"这种协同性在于这些命题合起来完成了真正知识的领域"。所有这些命题中，顶多只有一个是对的，但你不知道哪个是对的，只有把所有这些命题合在一起，你才能肯定其中必有一个是对的，如果漏掉一个，你就不敢肯定了。所以这些命题构成了一个"知识领域"，其中"每一部分的领域都是为了真正知识的全部总和而对另一部分的领域所作的补充"。它们看起来是互相排斥的，"选言"判断就是"分离"判断嘛，你要说这星球是地球，你就不能说它是火星或木星了，同样你要说它是火星，你就不能说它是地球或别的星球了；但恰好在排斥中有一种互补关系，协同关系。如果它们不是相互排斥的，它们还起不到这种互补作用，比如两个命题是互相包含的，"这张照片上不是地球就是喜马拉雅山"，这不是笑话吗？它们怎么能够互补呢？只有相互排斥的命题才能把我们的视野扩展到一切可能的领域，意想不到的领域，甚至反面的领域，它们才能互补。这里表明了康德的某种辩证思维。下面康德举了一个例子，三个命题，三者必居其一：

　　例如，世界要么是通过盲目的偶然性，要么是通过内部"内部的"①的必然性，要么是通过一个外部的原因而存在的。这几个命题的每一个都占据着有关一个世界的一般存在的可能知识领域的一部分，所有这些命题合起来则占据了整个领域。把知识从这些领域之一中除开，就意味着把它放进其他领域之一里面去，反之，把它放进某个领域之中，也就意味着把它从其余领域中除开。

----

① "内部的"原译作"内在的"；后面"外部的"原译作"外在的"，兹改之，理由如前所述。

这三个命题康德是在后面的第四个"二律背反"中提出的，第四个"二律背反"的正题是："世界上应有某种要么作为世界的一部分、要么作为世界的原因而存在的绝对必然的存在者。"反题则是："任何地方，不论是在世界之中，还是在世界之外作为世界的原因都不实存有任何绝对必然的存在者。"（见第 230 页）"二律背反"本来应当是"二者必居其一"，但由于其中一方本身又是一个"二者必居其一"的选言判断，所以有三个命题，三者必居其一。这三个命题互相在打架，世界到底是偶然的，还是必然的，如果是必然的，那么是内在必然的还是由一个外在原因决定的？在世界存在的模态方式上，只有这三种可能的情况，再没有第四种了。所以这三个命题合起来占据了整个领域，其中只要排除了一个，其他两个命题就必有一真；反之，只要肯定了其中一个命题为真，则其他两个命题皆为假。现在，不好解释的是，康德为什么放着那么多恰当的例子不用，偏要引用这个在他的"二律背反"学说中已被批判为"先验幻相"的例子？例如，康德在第四个"二律背反"的解决中认为，这个"二律背反"只是由于人们混淆了现象和自在之物而引起的，只要我们把现象和自在之物区分开来，那么这三个命题都并不相冲突，而是可以并存的，即：从现象上看世界是偶然的，从世界的本体上看它可以是必然的，而从超越整个世界之外的超验领域来看，也并不排除世界可能有一个外在的不可知的原因，它虽然不能证明，但也不能证伪。所以这三个命题其实在康德本人看来并不能算是正当的选言判断，而只能是貌似选言判断，实际上有可能同真。那么康德为什么要采用这样一个并不典型的、甚至可以说在他看来是误用的例子？其理由也许和他在"质"的判断中采取灵魂不死的例子来说明"无限判断"有些相似。即：一方面是为了超出经验的范围而体现出形式逻辑的纯粹性，因为在现实经验世界中，所有的选言判断都是以某种经验性的知识为前提的，各个选言支的搜集永远有可能是不完备的，因此它们所表达的那种必然性总是相对的，可证伪的，只有从世界整体的高度所作的超经验的命题才有可能表现出选言判断的绝对必然性。另方面也是为了在这里埋下一个伏笔，以后将会表明，纯粹的选言判断当它被运用来获得某种超经验的知识时会得出一些什么命题来。不过，不管它所获得的"知识"实际上多么不可靠，但在逻辑**形式**上，这个选言判断倒的确体现了选言判断的本质，这就是康德说的：

所以在选言判断中有诸知识的某种协同性，这种协同性在于诸知识交相排斥、但却因此而**在整体上**规定着那个真实的知识，因为这些知识总括起来构成了一个唯一被给予的知识的全部内容。

"交相排斥"的命题很好找，问题是要找到使这些命题协同一起来规定真实知识的范围的那个"整体"，就比较困难了，我们在经验中找到的整体总是相对的，在与别的经验相关时它又成了局部。所以康德用一个有关"世界整体"的例子来说明选言判断的结构和功能，这是有他的解释策略上的考虑的。世界整体是真正的整体，如果我们能够找到有关它的那些交相排斥的命题，那它们的确会"总括起来构成了一个唯一被给予的知识的全部内容"，而不留任何死角。但康德最后加上了一句：

而这也只是我觉得为了下面要说的起见所必须说明的。

也就是说，康德对选言判断的这些发挥其实已经超出形式逻辑的范围了，是在先验逻辑即认识论层面上的说明，即说明选言判断为什么与协同性范畴有密切的联系，因而与确定客观知识内容的必然范围有密切联系。这种关系在康德以前没有人说明过，在康德以后也曾遭到人们的误解和责难，如叔本华就否定各选言支具有协同性。但也得到一些人的肯定，如布拉德雷、鲍桑葵、康浦·斯密等人。[①] 在康德那里，凡是形式逻辑的问题都已经被从先验逻辑的角度审视过了。所以他在《逻辑学讲义》中对选言判断下定义说："如果一所与概念的范围的诸部分，在全体中互相规定，或作为补充 (complementa) 互相规定为一全体，那么这判

---

① 参看 [英] 康浦·斯密著：《康德〈纯粹理性批判〉解义》，韦卓民译，华中师范大学出版社 2000 年版，第 230 页。

断是选言的。"① 我们不必责怪他犯了"圆形的方"的逻辑错误。"选言的"一词虽然是"分离的"之义,但它在认识论中的作用恰好是交互协同的。

B100　4. 判断的模态是判断的一种十分特殊的机能,它本身的特别之处在于它对判断的内容毫无贡献(因为除了量、质和关系之外再没有什么能构成一个判断的内容的了),而只是关涉到系词在与一般思维相关时的值。

模态判断在亚里士多德那里就已经提出来了,但一直到近代都未能得到逻辑学家们的重视,现代逻辑中则有以卢卡西维茨为代表的"模态逻辑",将亚里士多德的模态逻辑作了很大的发挥。亚里士多德曾经举过一个例子来说明模态判断:明天既可能发生海战,也可能不发生海战。这两种判断都是有可能的,因为明天尚未来临,所以尽管两个判断是完全矛盾的,但却不能说哪个对哪个错,而只能说它们都是同样可能的。但在现实中我们就不能这样说,例如我们不能说"昨天既下了雨又没有下雨"。由此看来,模态判断应该和一般的判断有很大的不同,在这里,甚至矛盾律都可能失效。当然,如果你说"明天可能既发生海战又不发生海战",这仍然是错的,因为它违背矛盾律。但这种违背仍然不是在可能性模态层次上违背,而只是在可能模态所陈述的命题内容上的违背。模态判断与一般判断的这种区别的本质是什么?康德在这里提出一个观点,就是"它对判断的内容毫无贡献",因为它"只是关涉到系词在与一般思维相关时的值"。既然它对判断的内容没有任何贡献,所以它只是在判断的内容已经给定了以后对这种内容的一种主观评价,这种评价表现在"系词"所包含的肯定(或否定)程度上,如或然判断只是大致地肯定,实然判断是一般地肯定,必然判断是加强地肯定。"明天可能发生海战",这是或然判断,它不用明确说出"明天也可能不发生海战",已经包

---

① 《逻辑学讲义》,第97页。

含这个意思在内了，因为它只是或然的估计，不排除相反的可能。这种肯定是最弱的，几乎和否定区别不开来。"昨天的确发生了海战"，这是实然判断，它肯定了一次性的事件，但仅此而已，没有更多的肯定。"海战是必然要发生的"，这是必然判断，它不限于昨天、今天或明天，任何时候都必然会发生，躲得了初一躲不了十五，这里的肯定最多。这里面的"可能"、"的确"、"必然"都是用来修饰"是"的。但这些修饰与"是"的内容无关，"因为除了量、质和关系之外再没有什么能构成一个判断的内容的了"。判断的内容除了量、质和关系外再没有别的了，这是康德对自然科学的一个看法。在自然科学中，量是最基本的内容，质是基于量的，关系是最终的内容，我们最终要寻求的无非是整个自然界的关系，达到对世界万物的关系的认识。要达到这一点首先要认识量，然后是质，但真正的科学知识既不是量也不是质，而是关系。仅仅认识到量，你只停留于数学阶段；仅仅认识到质，你只停留于感性阶段；只有当你上升到关系，你才真正进入到自然科学阶段。所有自然科学讨论的都是自然的关系，这种关系按照康德的划分有三个层次，即实体和偶性的关系，因果关系，交互协同关系。恩格斯在《自然辩证法》中提到，交互关系在自然界里是最后的知识了，除了交互关系以外，自然界再没有什么需要认识的了。当你认识到自然界一切事物的相互关联性的规律以后，这就包括了一切了，量也好，质也好，因果性、实体性也好，都在其中了。那么，模态判断是什么呢？它也是一种关系，只不过不是自然事物之间的关系，而是主客体之间的关系，也就是**思维和存在的关系**，它使关系判断上升到一个哲学的层面。康德是说模态判断"关涉到系词在与一般思维相关时的值"，也就是存在与思维相关时的值，因为所谓"系词"就是 ist，就是 Sein，译作"是"、"存在"。所以模态判断最后使判断提升到思维和存在的关系上，提升到哲学**认识论**上来了，它不是用来形成具体知识的，而是指导知识的形成的，它标志着主体对客观知识的态度，思维对存在的态度。下面康德逐个来分析这三种态度。

或然判断是我们把肯定或否定都作为**可能的**（随意的）来接受的判断。**实然判断**是当肯定或否定被看作**现实的**（真实的）时的判断。在**必然判断**中我们把它们视为**必然的**。

所谓"或然判断"也就是可能性判断，在逻辑上叫作或然判断，在范畴体系里称之为可能性，或然性其实就是可能性，前者用在形式逻辑里，后者用在本体论和认识论中。这里"可能性"后面有一个括号："随意的"，是表明这种可能性与那种对客观事物的评价还不一样，不能等同于可能性范畴，或然性里面带有主观随意性，可以称之为主观可能性。主观可能性是一种抽象可能性，我可以坐在那里想，只要我想到的，没有什么是不可能的。这与客观可能性是不一样的，客观可能性必须有可能经验的条件作为根据，这就是可能性范畴的内容。主观可能性则可以随意联想，如我可以想到当年慈禧太后如果放手让光绪皇帝和康有为搞改革，那么中国历史就要改写了。但这种设想意义不大，我们说"历史不能假设"，因为**时间**不能倒流。如果遵守"时间"这个可能经验的条件，我们就只能设想**目前**我们如何可能促进改革，这才是一种现实的可能性，是可能性**范畴**所表达的可能性。其次，"实然判断"也可以说是现实性判断，但康德在"现实的"后面也有一个括号"真实的"（wahr），也就是逻辑上为真。逻辑上为真和现实性范畴也有一点区别，前者为真不需要经验性的条件，只要逻辑上"被看作"现实的就行了，现实性范畴则离开"时间图型"就不能起作用，这在后面关于"图型法"的部分有说明。最后，"必然判断"我们把它们"视为必然的"，这里前后两个"必然"用的是两个不同的词，前者用的是 apodiktisch，是一个拉丁词，后者用的是 notwendig，是一个德文词，它们都可以译作"必然的"。但拉丁词一般说更抽象，而且是直接从传统形式逻辑中拿来的，德文词一般说要具体一些，亲切一些，没有那么僵化。总的来看，这三句话的用意是要把形式逻辑的模态判断朝先验逻辑的范畴这边引，为每个判断找到它们的范畴上的对应者，但又注意两个不同层次的区别。下面接下来有一个注释：

正如思维在第一种情况下将是一种**知性**的机能，在第二种情况下将是**判断力**的机能，在第三种情况下将是**理性**的机能一样。这一意见留待下面再作解释。

也就是说，知性的机能是解决认识如何**可能**的问题，例如知性的范畴表，作为先验范畴它们本身还不足以构成知识，而必须运用到经验对象上才能形成知识，所以它们只是经验知识的"可能性条件"；判断力的机能则解决知识如何成为**现实**的问题，即如何把知性范畴运用于具体经验对象的问题，这已经足以构成客观知识了，但并不涉及知识之间的联贯性；理性的机能则关注知识的联贯性，因而关注它们的**必然性**，全部知识必须构成一个系统，每一个知识都可以必然地从另一个知识中推出来。这三个层次相当于形式逻辑的概念、判断、推理，并具有模态判断的可能性、现实性和必然性。这种对应关系在后面的论述中时常有较详细的对照说明。接下来康德举例说明这三种模态判断。

所以，若两个判断的关系构成假言判断（前件和后件），同样，若选言判断即在于它们的交互作用（划分的诸环节），则这两个判断全都只是或然的。

也就是说，如果有两个判断，不论它们构成假言判断的前件或后件，还是构成选言判断的两个交互作用的环节，它们将全都只是或然的。在假言判断的"如果……则……"中，或者在选言判断的"要么……要么……"中，各有两个判断（共计有四个判断），所有这些做出的判断都是或然判断，都是主观假定的一种可能性。例如拿假言判断来说，

在上述例子中，"确有完全的正义"这一命题并不是实然地说出来的，而只是作为一个随意的判断、即可能有某人会承认的判断来设想的，而只有那个前后连贯性才是实然的。因此这样的判断也可能显然是假的，但作为或然的来看却可以是真理性知识的条件。

"上述例子"就是在前面所举的那个例子："如果确有完全的正义，则一惯作恶的人将受到惩罚"。前件"确有完全的正义"是放在"如果"之

下来说的，显然它并不是"实然地说出来的"，它就是那种"抽象的可能性"，即不考虑时间条件的"随意的"判断，所以是或然的，而由它所得出的结果"则一惯作恶的人将受到惩罚"也不能不是或然的；但两个或然命题之间的"连贯性"、即它们的因果关系本身则是"实然的"。所以即使这两个判断有可能都不是真的，但它们的这种关系却是真的，即确实有这种关系。但这不是事实上的真，而是逻辑上的真，所以这种假言判断"作为或然的来看却可以是真理性知识的条件"，但只是消极条件，而不是积极条件。例如我们看到恶人不受惩罚，我们就会认识到现在还没有"完全的正义"；但一个恶人受到了惩罚，是否就证明"确有完全的正义"，这倒不一定。因此逻辑上的真不同于事实上的真，它不是建立在经验事实上的，而是建立在或然判断之间的关系上的。所以实然判断以或然判断为前提，但比或然判断层次更高。这是由假言判断的例子所说明的，下面讲选言判断的例子。

B101 　　所以**"世界通过盲目的偶然性而存在"**这一判断在选言判断中只具有或然性的含义，就是说，可能有某人也许会偶尔承认这一命题，但这毕竟有助于发现真命题（如当人们在可能采取的一切途径的数目中划掉错误的途径时一样）。

　　这个例子在前面讲选言判断时也举了，即世界的存在方式或者是偶然的，或者是内部必然的，或者是外部必然的，三者必居其一。这三个判断都是或然判断，它不一定要人承认，只要或许会有人承认就行，但毕竟提供了一个视野，可以供人们在选择时加以证伪，也就是"在可能采取的一切途径的数目中划掉错误的途径"，这就有助于发现真命题。所以或然判断并不因为它只是或然的就完全没有用处，比如历史虽然不能假设，但历史的假设是有助于我们在历史中寻求某种规律的，当那些假设都被历史本身证伪、因而都变得"无用"时，历史的规律就有可能显露出来，而如果没有那些假设，历史就只不过是一些单纯的经验事实而已。在其他科学中也是如此，你首先要把各种可能性都搞清楚，你才能从这些可能性里面找到那个真正的实在性。当然这一切都仅仅是从逻辑上说的，历史规律也好，真正的实在性也好，并不因为你掌握了可能性就一定显露出来，但如果你连可能性都不知道，那就一定不会显露出来。第四个二律背反虽然在理解上造成了幻相，但在逻辑形式上并没有错，人们只不过是企图把正确的形式用在不正确的地方，把一般逻辑的或然性当作了现实的可能性而已。如康德说的：

　　所以或然性命题就是这样一种命题，它仅仅表达出逻辑可能性（而不是客观可能性），也就是表达出使这样一个命题有效的自由选择，即只是任意地把它接受进知性中来的。

　　逻辑的可能性并没有顾及到现实经验的客观可能性，它只是一种主观可能性，也就是尽量增加自己面前可供选择的项目，以便使自己的自由选择的命题更为有效，但这个命题还是自己"任意地"接受进知性中来的，正如其他那些命题也都是我单凭逻辑而想出来的一样，并没有什么客观性。例如在第四个二律背反的选言判断中，三个选言支都涉及到一个"世界"概念，但这样一个概念是否有经验的内容呢？它们都没有考虑到这一点，它们以为自己可以超越一切可能经验的范围来作判断，这就发生了错误。方法是对的，但是结论却是无法断言的，原因就在于它们超出可能经验的范围而去追寻一个对象的知识，从而把超验的范围和经验的范围混为一谈，也就是没有注意到它们"仅仅表达出逻辑的可能性"，而不是客观经验对象的可能性。从抽象概念上来说，"世界"概念确实只具有那样三种可能性，但是这不是知识，其中任何一个选言支也不可能是知识，因为凡是知识都必须有经验的内容。这样一种仅仅是逻辑上的可能性全系于我们加以判断的那个概念的逻辑值，全系于我们如何解释那个概念，所以它实际上只是任意性、随意性。同样，在假言判断中，"确有完全的正义"也是你选定的条件，你选择了它，把它接受进知性中来考察，它就有一种逻辑上的真实结果；但这全系于你对"正义"概念的理解，即"善有善报、恶有恶报"的理解，而不在于"客观上的"正义是个什么样子。所以逻辑上的可能性只是主观可能性，或者说抽象可能性，一切都是可能的，也就是一切你想象得出来的东西都是可能的。这种可能性还只是"大胆假设"，尚未顾及到"小心求证"。你甚至可以海阔天空地去想，发挥你的创造力和想象力，哪怕它是现实中不可能的。你可以想"如果有完全的正义"，结果就会怎么样，你也可以想"如果有飞马"，又会怎么样。一个"世界整体"的概念也是你想出来的。而你一旦想出了它，并把它"接受进知性中来"，你就受到逻辑的制约，就有一种知性的形式规律使你从中获得"实然的"结果，而这种实然性的结果当然也是主观上的，是逻辑上抽象的。所有这些都是要说明，逻辑上的可能性与认识论和本体论上的可能性不同，不等于可能性范畴，可能性范畴作为认识论（或本体论）上的可能性，必须要有感性经验的条件作为其内容来加以充实，否则它就退回到了逻辑上抽象的可能性；同样，逻辑上的实然性也不同于现实性的范畴。所以，

实然命题说的是逻辑上的现实或真理，例如在一个假言的理性推论中，前件在大前提中出现为或然的，在小前提中出现为实然的，而且表明这个命题已经按照知性的规律而与知性结合着了，必然命题则把实然命题思考为由这些知性规律本身所规定的，因而是先天断言地思考它们[①]，并以这种方式表达了逻辑的必然性。

前面都是在讲判断或命题，这里突然出来一个"推论"，这表明他要从中引出必然性了，因为正如他在前面那个注释中说的，必然判断或必然性涉及到**理性**的机能，它最直接地体现在理性的推论中。逻辑的必然性和现实的必然性范畴也有不同，它是从大前提的或然性命题和小前提的实然性命题联手推出来的。例如我们设想一个假言推论："如果帝国主义是纸老虎，那么我们就能打败它；现在帝国主义是纸老虎；所以我们能够打败它。"前件"帝国主义是纸老虎"在大前提中是或然的，它只是

---

① 原译作"因而是先天断言的"，不明确，兹改之。

我任意想出来的一个比喻；而在小前提中，这个比喻被确认了，它就"出现为实然的"；并且作为小前提，它与大前提具有了一种知性的逻辑关系，按照这种逻辑关系，大前提与小前提就结合成一种必然性，它体现在一个结论命题即必然命题中。这个必然命题把实然命题纳入了知性的逻辑规律中，隶属于"如果……那么"的条件，从而我们可以从大前提"先天断言地"来思考"帝国主义是纸老虎"会怎么样。这里"先天断言地"当然是指由大前提预先规定好了的意思，它并不是指不可更改的，客观的，而只是一种主观的设定。我也完全可以不接受这个设定，因而也不接受"帝国主义是纸老虎"的实然判断；但只要你接受了这个大前提，那么它们在逻辑上就必然有一种先天的关系，由此所推出的结论就有一种逻辑上的必然性。可见，如果说实然性是由或然判断中得出来的，那么必然性就是由或然判断和实然判断两者中得出来的，这是一个逐步从主观偶然的假定上升到知性的规律性的过程。所以康德说：

　　现在，由于在这里一切都逐步并入了知性之中，以至于我们首先是或然地判断某物，然后也可能就实然地把它看作是真实的，最后才断言为与知性不可分地结合着的，即断言为必然的和无可置疑的，这样，我们也可以把模态的这三种机能叫作一般思维的三个契机。

　　我们从上面已经看到，或然判断可以体现在假言判断和选言判断中，它们的主词是随意选定的，但一旦选定，主词与谓词的关系就有实然性；但这种实然性还未表现为实然判断，真正的实然判断和必然判断都只存在于推论中，即作为一个推论的小前提和结论的判断，它们已不能被单独地称之为实然判断和必然判断了，而只有作为推论的成分才能这样叫了。这里显出判断的模式已经不能完全包含它的内容，它要突破自身而进入到推论，讲判断已经讲到推理中去了。后来黑格尔就说，推理其实不过是判断自身的展开，而判断也不过是概念自身的分化，所以从概念经过判断必然要上升到推理，判断在它的最高程度上，由于它的内容越来越丰富，所以不能完全包含在内，就自行展开为推理。黑格尔把这个道理说明白了，但在康德那里却是不自觉地这样做的。在他看来，实然判断之所以必须在推论中才表现出来，是因为实然判断不能作为偶然的东西来考察，因为作为一个偶然的东西，它没有根据，它就只是一种抽象的可能性。你要把它当作一个实然的判断，你就必须把它放在推理里面，使它有一种根据，这才能赋予它一种规律的实在性，也就是把它跟知性规律结合起来。必然性判断也是一样，单凭一个判断怎么能够成为必然的呢？必须有三个判断相互之间有序地排列起来，才能构成一种真正的必然性。所以必然判断不但要有根据，而且要有证明，要按照根据和结果的关系去推，它只能在三段论的推理形式中才能真正体现出来。到了必然性判断我们就进入到了知性的最深处，因为知性的目标要达到普遍必然性，但不能一步登天，而必须先从或然判断入手；这种判断一开始或许是任意的，游离于知性的规律之外；但是不要紧，我们可以从它们的相互关系里面找到逻辑规律的实然性，并进而从这种实然性引出实然判断、推出必然判断。所以这是一个"逐步并入了知性之中"的过程，经过或然的、实然的和必然的三个阶段，"最后才断言为与知性不可分地结合着的"。所以模态判断在康德的判断表里占据着特殊的地位，它们虽然不能构成知识的内容，但是它们支配着我们形成知识内容时的三个思维"契机"，或者说三个不同的逻辑等级。只有当我们达到必然性的等级，我们的知识才算是具有了"必然的和无可置疑的"形式，才有可能成为可靠的知识。当然这里说的必然性同样也只是从形式逻辑上说的，只是逻辑形式、表述形式上的必然性，它是客观经验知识的内容上的必然性的必要条件，但还不是充分条件，这是要高度注意的。否则我们就会以为单凭概念按照知性的逻辑规则进行联结就可以必然地推出客观对象的知识来，而其实这三种判断都只是在或然性的假定的层面上来联结概念，并不涉及对象和对象的知识问题。要想引出有关对象的知识，必须把上述所有十二个判断形式转变为针对对象的十二个范畴。所以康德把这十二个判断形式只是看作引出他的十二范畴的线索，形式逻辑是对先验逻辑的预先铺垫。

§10. 纯粹的知性概念，或范畴　　　　　　　　　　　　　B102

前面一小节是讲逻辑判断表，知性在判断中的逻辑机能；这一小节是讲纯粹知性的概念或范畴。我们在前面曾多次谈到，形式逻辑的判断分类后面其实已经隐含着认识论的潜在维度了，我们在每个判断的底下都揭示出这种意义，指出康德已经站在先验逻辑这样一个角度来看待形式逻辑的判断分类，并由此对传统形式逻辑进行了系统化的改造，具有比以往的形式逻辑学家们更为深刻的眼光。现在，这种更为深刻的眼光在他的范畴表里面直接显露出来了。形式逻辑毕竟不是先验逻辑，虽然经过先验逻辑的眼光的清理，但它本身还是形式化的。康德所做的工作只是在于，他通过总结传统形式逻辑的判断分类的规律，从中发现了知性的一般逻辑机能，而这种逻辑机能正是他建立他自己的先验逻辑的依据。所以形式逻辑的判断和先验逻辑的范畴都体现了同一个知性的逻辑机能，两种逻辑具有同根同源的血缘关系，是同一个知性的逻辑机能在形式和内容这两个不同层面上的表现。纯粹知性概念就是范畴，知性有许多概念，有些是不纯粹的，有些是纯粹的，其中那些最纯粹的就是范畴。知性作为认识能力有很多概念，当它和经验对象发生接触和作用时产生了一些经验概念，如运动、静止、力等等，这都是自然科学概念，它们和纯粹的知性概念的不同在于它们掺杂有经验的成分。这一点早在柏拉图那里就作了区分，柏拉图把理念分为高级的理念和低级的理念，高级的理念是摆脱了一切经验成分的，如"存在"、"非存在"、"一"、"多"等等，其他如桌子、马等等的理念则是比较低级的。但柏拉图还把运动、静止看作高级的理念，所谓"通种"，他并没有分得很清楚。康德的范畴不是从柏拉图来的，而是从亚里士多德来的。但亚里士多德的范畴也不纯粹。亚里士多德有一个想法，就是要把这样一些纯粹概念从众多的概念中提取出来，只选那些最具普遍性的、万事万物都逃不掉的概念，就是

513

说，任何事物你都可以从这个概念去规定它。亚里士多德把这类概念称之为"范畴"（Kategorien）。亚里士多德的理想是要找到这样一些范畴，它们每个都适用于所有的对象。这就是一些最普遍的哲学概念，普遍到什么程度？普遍到任何事物都必须从这些概念的角度来加以看待，比如康德讲的原因和结果，实体和偶性，实在性和否定性、单一性和多数性等等，世界上没有一样东西能够逃得了这些概念。从认识论上说，适用于来规定任何一个认识对象的概念就是范畴。范畴的特点是它们必须适用于一切对象，但是它们本身并不是从对象来的，它们没有任何后天经验的成分，而是一些最"纯粹"的概念，只有这样才能具有最大的、无所不包的普遍性。这样的概念不止一个，而是有一些，因为你可以从各个不同的角度来看一个事物。例如一只杯子，你可以从实体和偶性的角度看它，它是由什么材料制成的，有什么性状？也可以从因果性来看它，它是怎么造出来的？也可以从量和质的角度来看它，等等。总之，这些概念是天下万物离不了的，缺了一个，这个对象就不是我们的认识对象，而是怪物了。例如我们设想一个东西没有实体，或者没有原因，或者没有量，你怎么认识它？所以，在认识论领域里，凡是要认识一个对象，就要有一套这样的概念，使这个对象的各方面都得到规定，形成一个完整的"对象"表象。当年亚里士多德做了很多这方面的工作，康德的范畴就是对他的范畴表进行了改造，清除了一些不纯粹的东西，增加了一些漏掉的，纠正了一些不太准确的。更重要的是，康德提出了一个范畴体系。亚里士多德的范畴是从日常语言中搜集来的，而康德的范畴是从知性的逻辑判断表里引出来的，这些逻辑判断本身已经构成了一个逻辑体系，它们是有层次、有秩序的，而且是完备的、没有遗漏的，所有的类型都在此，一个不多一个不少，每一个都是知性思维的一个方面。由这样一个完备的逻辑判断表里引出的范畴表，在康德看来当然也是完备的，是一个严密的体系。亚里士多德的范畴还有一点给康德很大的启发，就是与柏拉图的"理念"相比，范畴虽然也具有先天的理想性和普遍性，但并不像理念那样高高在上，自己构成一个实在的理念世界，与地上的现实世界相脱离，而是要运用于经验世界的对象上的，要运用于科学、用来解释万事万物以及它们的运动变化的。康德的范畴也有这个特点，他从近代科学主义出发，认为我们要建立科学知识的大厦，人要为自然立法，就必须从自己的主体里面寻求这一套范畴体系，以此作为整个自然科学的骨架，人类知识的大厦就是靠这些东西搭建起来的。康德的这一套范畴体系是他《纯粹理性批判》的先验逻辑的构架，而且不仅如此，也延伸到《实践理性批判》和《判断力批判》，可以说是他整个批判哲学的构架。所以要把握康德哲学，一定要把这个体系的内在关系弄清楚。

　　正如已经多次讲过的，普遍逻辑抽掉知识的一切内容，而指望从另外的地方，不管从哪里，为自己获得表象，以通过分析过程首先把这些表象转化为概念。

　　形式逻辑只管形式，不管内容，不考虑内容从哪里来。形式逻辑是这样一个过程，它从另外的地方获得它的表象，而不管这表象是从哪里获得的，也不管这表象的真实性与否。反正你给了我一个表象，我就要通过分析的过程，把这些表象首先转化为概念，即把这些表象与其他表象联结起来，使一些表象成为某个表象的从属表象。形式逻辑只考虑这个联结的过程，使这个表象处在一个联结关系之中。而且，形式逻辑的联结是分析性的，就是说，这个表象给了我，我就来进行分析，看它里面包含哪些表象。我把它里面包含的表象搞清楚了，我对这个表象的概念也就搞清楚了。如"物体"这个表象里面包含有"广延"、"形状"、"不可入性"等等，我把这些搞清楚了，那么"物体"概念也就清楚了。所以，通过形式逻辑的判断、推理，通过分析过程，首先它要搞清概念，即把表象变成一种清晰的概念。表象还是模糊的，一个物体，我当然知道什么叫物体，比如说桌子、椅子、茶杯都是物体，我有很多这样的物体表象。但"物体"的概念究竟是什么呢？我通过分析才发现，物体概念首先有广延、大小、形状，然后是不可入的，我把这些加入到物体中，使它们成为隶属于其下的表象，那么物体就成为了一个概念。所以形式逻辑最关心的就是给一个概念下定义。什么叫物体？给它下一个定义，就是把它与另外一个概念联系起来。如果你不经过这个概念，那就只有一个模糊的表象，比如说我们都知道人跟牛马不同，但这只是一个模糊表象。但如果你给"人"下了一个定义："人是理性的动物"，那么这个表象就清晰了，就转化为概念了。这个定义是分析性的，就是说，"动物"和"理性"都是包含在"人"的概念里面的，如果没有"动物"的表象，或者没有"理性"的表象，我们不可能形成"人"的概念。但"人是白色的动物"就不是人的定义，因为我们形成"人"的概念用不着"白色的"这个表象。形式逻辑的功能就是如何从一个概念里面把它的定义分析出来。

<u>反之，先验逻辑则面对着由先验感性论呈现给它的先天感性杂多，这种杂多给诸纯粹知性概念提供材料，没有这种材料它们将会没有任何内容，因而就会完全是空的。</u>

与形式逻辑相反，先验逻辑面对的是已经由先验感性论给它提供的"先天感性杂多"，也就是空间和时间的杂多，它们给先验逻辑提供了内容，没有它们，先验逻辑就是空的，就不能完成它的使命即形成知识。这与形式逻辑不同，形式逻辑不管内容从哪里来，不管这内容是由感性提供的还是由概念、想象、幻想、错觉等等提供的，反正你给了我一个表象，我就力图对它加以定义，并借此展开推演。你给我一个"飞马"的概念，我就定义它：所谓飞马，就是能飞的马。这完全合乎形式逻辑。但是有没有飞马呢？这个形式逻辑不管。但先验逻辑要管，它要问：哪里、什么时候有过飞马？这一问，就把飞马和时间空间联系起来了，而与此连带着也就与一切经验事物的关系联系起来了，与自然界的规律也联系起来了。所以先验逻辑所处理的只是在时间空间中可能出现的东西，它们是给范畴提供材料的，没有这些材料，先验逻辑的范畴就没有用武之地。形式逻辑不受这个影响，它可以对"飞马"作判断，下定义，它的这个定

义没有错，别的地方出的错它管不着。但是先验逻辑要管，如果它把范畴用到根本不存在于时间空间中的东西上面，那就是误用，如果它脱离时间空间而应用，那就是非法的，或者说是不可能的。当它自以为有内容时其实并没有任何内容，也就是并没有作任何应用，它只能应用到时间空间中的东西之上。所以，一旦没有这些材料，先验逻辑的范畴就是空的，"思维无内容则空"。

　　空间和时间包含有先天纯直观的杂多，但它们仍然属于我们内心的接受性的条件，内心只有在它们之下才能感受到对象的表象，所以这些表象任何时候也必定会刺激起对象的概念来 ①。

　　空间和时间本身就是纯直观，它们里面包含有杂多，即一定的空间和时间关系，何时何地，有多大、多久，这是多种多样的，所具有的空间和时间的量也是不一样的。但尽管如此，这些空间和时间的杂多还是属于先天的纯直观，属于我们的主体，是我们内心的接受性条件。当然由于这种直观的杂多性，它们任何时候都会引起对象的概念，因为我们就是在空间和时间的杂多中感受到对象的表象的，如果没有这种杂多，我们怎么能够区分这个对象、那个对象呢？怎么能够把对象放到具体的时空中来感受、来观察呢？但引起概念还不等于形成概念，要形成概念还必须有更高的主体能力，所以康德说：

　　不过我们思维的自发性要求的是先将这杂多以某种方式贯通、采纳 ② 和结合起来，以便从中构成知识。这一行动我叫作综合。

　　凡是康德谈到"自发性"，一般都是指知性。知性就是比感性更高的主体性能力，它自发地针对先天直观杂多进行综合的处理，把它们加以

----

①　有同学提出这里应译作"也必定会影响对象的概念"，《纯粹理性批判》全译本已照改。但细究之，affizieren 的意思虽然首先是"影响"、"感染"，但查其词源，拉丁文 afficio 的含义却首先是"引起"、"致使"。从上下文意思来看，此处译"影响对象的概念"似嫌太弱，还是"引起（或刺激起）对象的概念"为好。
②　"采纳"（aufnehmen）原译作"接受"，但这与感性的被动接受不同，是主动接受，应译作"采纳"。

贯通、采纳和结合，以便构成有关对象的知识。但这里有两个问题。一个是，为什么康德这里只提到对先天直观杂多加以综合，而不提经验性的杂多材料？难道仅凭知性对主观的先天形式时间和空间的综合就能构成经验知识？我的解释是，康德这里强调的是"先将"这些杂多综合起来，"以便从中"构成知识，但没有讲仅凭这些就足以形成知识。所以下面一段他就将一般综合与"纯粹综合"区别开来，他这里讲的只是"纯粹综合"，这只是构成知识的必要条件，而不是充分条件。纯综合还必须有经验性的杂多作为它的材料，才能最后构成知识。另一个问题是，先验感性论所讲的时间空间虽然只是一种被动的接受能力，但已经对感性经验的杂多材料有一种贯通和整理作用了，比如你只有把时间中相继而起的东西看作是贯通的，而不是支离破碎的，你才能接受任何一个表象。如一片红色，哪怕是一瞬间，也必然要持续一段时间，而你必须把前一瞬间和后一瞬间的红色看作是连贯的，你才能把这个红色接受下来。所以其实在感性中就已经有贯通和结合了，为什么这就不算"综合"？对此康德在后面的范畴的"先验演绎"中作了解释，他确实把这种结合称之为"综合"，即"直观中领会的综合"和"想象力中再生的综合"，但他并不把这种综合归之于先天直观本身，而是归之于想象力和知性的作用，所以这种综合已经不再是单纯"接受性"的作用，而是一种"自发性"的作用。所以在感性直观能力的活动中其实已经隐含了知性的作用，没有这种作用，感性直观也发挥不了它的接受能力。所以感性和知性原来是分不开的，但为了弄清楚知识的结构，我们还是必须把它的各种成分分离开来一个个考察。先天直观的杂多本身还是被动的接受能力，而不是自发的综合能力；但如果没有自上而下的自发的综合，它本身就不能开始起作用。并不是先有一堆感性直观的材料放在那里，然后我们再运用知性对这些材料进行处理，而是在形成感性直观的第一瞬间开始，知性已经介入其中了。所以甚至可以说，是知性才使得感性直观的作用成为可能的，如果没有知性的自发的综合，哪怕是感性的接受能力都不可能起作用。齐良骥先生说，康德的《纯粹理性批判》要倒过来读，越是读到后面越是会发现，后面的东西是前面的东西之所以可能的前提，当我们讲到知性的时候，我们就能够更深入地理解感性。感性初看起来好像是单纯接受的东西，先验感性论也这么说，其实在接受能力底下已经有知性在暗中起作用。后面讲知性的三重综合能力，其实就是知性的自发性通过强大的穿透能力，把从感性直观到知性范畴全部贯通起来的能力。它不是高高在上，对感性作简单的来料加工，它实际上在感性提供材料的过程中已参与其中了，它使感性的材料为它自己的需要而准备好了。但是齐先生在其《康德的知识学》中提出，实际上时间空间也是知性产生出来的，这就有点走过头了。① 从逻辑层次上来说，知性还是在后面起作用的，不是直接产生出时间、空间的。时间、空间的各种先验规定是想象力按照知性的范畴作出的，但时空本身不是知性的产物。时间有哪几种规定，如时间的相继性，充实性，持存性等等，这都是想象力对时间的综合，间接地也可以看作知性的综合的表现，但想象力毕竟是一个中介，知性是借助于想象力对时间加以综合的。而想象力本身属于直观能力，而不属于知性。这都是在后面的"图型法"部分所讨论的。康德把知性对感性的贯通、采纳和结合的行动"叫作综合"，这里已经透露出后面关于范畴的"先验演绎"的信息了。实际上，在康德看来，知识无非就是把感性和知性结合起来，所以作为知识来看，感性如何可能也就是知性如何可能，感性哪怕是单纯的接受性，也只有在知性的综合作用之下才有可能，当然前提是：如果它要成为知识的话。因为感性也是一种知识，所谓的"感性认识"；它要成为知识，里面就渗透了知性的综合作用。所以从这个意义上来说，"倒过来说"是有道理的。你刚刚开始接触到的是表面的感性的接受能力，接受物自体刺激我们的感官而产生的感觉印象，形成了感性的杂多；但你更深入一层，你会发现这些现象本身已经是知识了，

---

① 参看齐良骥：《康德的知识学》，商务印书馆 2000 年版，第 235 页。

只不过这些知识还未明确化，但它后面已经有知性在起作用。所以一切知识其实都是综合的结果，包括感性；感性本身还未达到综合，它只是接受，但如果没有综合，感性所形成的表象不可能作为感性知识留下来。我们常说，知识有感性知识和理性知识，实际上这两者是不可分的，感性之所以成为知识，里面已经有理性了；而理性知识作为知识，里面也必须有感性。只是为了科学研究的方便，康德才把它们一层一层地剥离出来，分离开来。分开以后，康德还是要把它们复合起来，还原为原样，这时我们对一个完整的对象就有了更深入一层的本质性的理解。

B103　　　　　**但我所理解的综合在最广泛的含义上是指把各种表象相互加在一起并将它们的杂多性在一个认识中加以把握的行动。如果杂多不是经验性地、而是先天地被给予的（如空间和时间中的杂多），这样一种综合就是纯粹的。**

　　　　什么是综合？前面讲把先天直观杂多以某种方式贯通、采纳、结合起来以便构成知识的行动就叫作综合。但那是"纯粹的"综合，因为它所处理的杂多不是经验性的杂多，而是先天直观形式本身的杂多。而综合"在最广泛的含义上"则是一般地指"把各种表象相互加在一起并将它们的杂多性在一个认识中加以把握的行动"，这里讲的"各种表象"可以是经验性的表象，如感觉、印象、知觉等等，也可以是时间空间，还可以是各种概念或法则，如后面讲理性可以把各种知性法则统一为一个整体。但这种综合必须是为了对这些表象"在一个认识中加以把握"，也就是说，是就形成一个对象的知识而言的。而纯粹综合就是指纯粹知性对纯粹先天直观而进行的综合，之所以要区分出纯粹综合，主要就是要引出他的纯粹知性概念即范畴来。范畴其实就是纯粹知性对纯粹直观进行综合的方式，它们并不是什么僵死的框架，而是一种行动方式、综合方式，是要在纯粹直观中建立起认识对象来的方式。那么，这种综合与分析是什么关系呢？

在对我们的表象进行任何分析之前，这些表象必须先已被给予了，并且任何概念**按内容来说**都不可能由分析产生。

我们如果要对我们的表象进行分析，首先这些表象要被给予我们，而它们是不会单凭我们的分析就给予我们的。就概念这种表象来说，情况也是一样，即概念的内容是不能由分析产生的。形式上当然你可以说，在一个判断的形式中我可以通过对主词下定义而产生出一个概念来，但这个定义下得对不对，还要看这个主词本身的表象是不是本来就蕴含着这个定义，如果并不蕴含这个定义，那么你的定义就不但不能产生出一个概念来，而且还混淆了一个概念。所以概念的内容不可能由分析而来，只能通过综合而产生。综合先于分析。

但对一个杂多（不论它是经验性地① 还是先天地被给予的）的综合最先产生出来的一种知识，虽然这种知识一开头可能还是粗糙的和混乱的，因而需要分析；然而这个综合毕竟是真正把诸要素聚集为知识、并结合为一定的内容的东西；

只有对于一种杂多的综合才第一次产生出一种知识，包括一个概念，一个有内容的概念，就它是由综合产生出来的而言，它已经是一种知识了。所以在分析之前首先必须要有一个综合起来的概念，然后才可以对这个概念加以分析。一棵树的概念肯定包含有树叶、树枝、树干、树根，可以把这些从"树"的概念中分析出来；但是"树"的概念首先还是通过对这些的综合而形成起来的。"三角形"的概念也是如此，"三角形有三个角"，看起来是一个分析命题，但最初形成"三角形"这个概念，还是由于把三个角综合在一个图形中而来的。当然，这些综合而来的概念一开始也许是粗糙的，如"树"的概念，还是很表面的，还未分类，没有和其他的东西仔细区分开来，还没有从本质上加以说明；三角形的三个角是什么关系，有些什么性质，也没有得到证明。这就有可能混进一些别的东西，

---

① 原译作"经验地"，查原文为 empirisch，应译为"经验性地"。

甚至免不了会出错，这就需要分析来把它们澄清，把它们的概念中所包含的成分和关系详细地区分出来，清晰地展示出来。分析的作用正在于此，即把已有的知识通过分析搞得更清楚。但"综合毕竟是真正把诸要素聚集为知识、并结合为一定的内容的东西"。这里的"诸要素"包括先验感性论里的要素和先验逻辑中的要素，也就是"先验要素论"中的全部要素。先验感性论里面有空间和时间的直观形式，先验逻辑里面则有范畴、图型和理念。把这些要素聚集起来构成知识，使知识具有一定的内容，这就是综合所起的首要的作用。

　　所以它是我们必须予以注意的首要的东西，如果我们要判断我们知识的最初起源的话。

　　为什么说综合是我们必须注意的首要的东西？其重要性在于：如果我们要搞清知识的最初起源的话，我们首先要注意综合。如果你仅仅从形式逻辑上确定几个判断类型，也许用不着综合，只要分析就够了；但如果要讨论知识，进入到认识论，则其中首要的原则就是综合原则。所以分析和综合的关系在康德这里就涉及到形式逻辑和认识论的关系。当然在康德的先验逻辑中，认识论和逻辑学已经被统一起来了，而这种统一正是通过知性的综合作用而做到的。

　　下面一段开始涉及到想象力的问题。一谈综合就必须涉及到想象力，因为想象力是一种纯粹直观的能力，而知性的纯粹综合就是知性对纯粹直观进行的综合，在其中想象力起着不可缺少的作用。

　　我们在后面将会看到，一般综合只不过是想象力的结果，即灵魂的一种盲目的、尽管是不可缺少的机能的结果，没有它，我们就绝对不会有什么知识，但我们很少哪怕有一次意识到它。

　　所谓"后面"，指康德在后面谈知性范畴的先验演绎时多次提到想象力。综合"只不过"是想象力的结果，没有想象力"我们就绝对不会有什么知识"，这里把想象力提得很高啊！想象力是综合之源，知识之源，就此而言，想象力似乎比起知性来更为根本。不过，在很多地方康德都强调知性的综合是一种"本源的综合"，想象力只不过是这种本源的综合在直观中的体现而已，想象力只是代表知性而在把知性范畴运用于经验直观中时起了一种贯穿作用，也就是时间图型的作用。所谓图型不过是想象力对时间所作的一些"先验规定"，想象力由此使时间适合于知性范畴的统摄作用。但另一方面，想象力又有一种"自发性"，所以它不单是一种直观接受能力，也不单是一种把已接受下来的直观表象"再生"出来的能力，而且是一种创造和"生产"能力，不仅是"再生的想象力"，而且是"生产的想象力"，在这方面它甚至与知性的自发性很难有什么区别。那么，想象力和知性的这两种不同的"自发性"到底是什么关系？这是康德始终未能说清楚的一个问题。如果想象力是自发的，那它就不是单纯的直观能力，而应当是知性能力，因为知性的特点就是自发性，而知性在形成知识中的必要性就成了问题；但如果肯定知性的自发性，那么想象力就不可能是自发的，两个自发性中必有一个是被动的，否则就会打起架来。所以后来海德格尔批评康德说，他实际上已经看到全部知识其实只是基于想象力的活动，知性的那些范畴都是累赘，但他害怕这样一来他的全部逻辑体系都要垮台了，所以没有敢迈出这一步。在这里，康德仍然尽量想把想象力限制在某种较低的层次上，说它是"灵魂的一种盲目的、尽管是不可缺少的机能"。前面说"直观无概念则盲"，想象力是一种直观能力，直观没有概念的指导就是盲目的，所以它虽然本源地产生出一切知识，但"我们很少哪怕有一次意识到它"，它只是隐藏在我们的"灵魂"深处。什么是"灵魂"？灵魂本身是物自体，而作为一种心理现象，它也具有无限的深度，猜不透的。把想象力塞到这样一个黑暗的深处，就使得它变得很神秘了。我们只知道它是自发的，偶发的，在《判断力批判》中谈审美时也借助于这一点，使它和知性的协调活动成为一种自由的"游戏"。而在这里，康德一方面抬高想象力的作用，认为一切综合、一切知识都来自于想象力，但同时又贬低它，说它是盲目的，没有自知之明，显出一种矛盾和动摇的态度。他这样做的确还是为了保住知性的统治地位。坚持他的理性主义立场。所以他说：

> **不过**，把这种综合**带到概念上**来表达，这是应归之于知性的一种机能，知性借此才第一次使我们得到真正意义上的知识。

知性的作用只不过是把想象力已经完成的综合"带到概念上来表达"，似乎这只是一个表达上的问题，这似乎并不能从根本上提高知性的地位。但在康德看来，概念的表达是至关重要的问题，没有概念表达就没有"真正意义上的知识"，而只能是一种还未意识到的知识。因为他把一切知识都看作是自我意识的概念把握的结果，自我意识通过概念、范畴去统摄经验的杂多，才能形成真正意义的知识。所以知性在他那里其实就是一种先验的自我意识，他称之为"本源的统觉的综合统一"，凡不在这个范围内的都不叫真正的知识。所谓"带到概念上来表达"，也就是把知识放到综合的统一中来理解，概念的作用除了综合以外，更高的是统一作用，它比想象力的联想和综合更高一层，是对想象力的综合的一个提升，即从"直观中领会的综合"和"想象中再生的综合"提升到"概念中认定的综合"①。想象力本身也有两个层次，先验的想象力高于再生的想象力，再生的想象力，例如记忆就是把过去了的表象再生出来，但它之所以能够再生，还是由于背后有一种创造性的先验想象力在起作用。过去了的东西已经没有了，你要再生出来，不也是一种创造吗？而创造性的先验想象力就有一种自发性，它实际上已经跟知性相通了，知性的能动的综合作用就是从它来的。但这种想象力的自发性还未达到知性，因为它还未达到统一性。想象力虽然已经是一种纯粹综合了，但它毕竟是漫无边际的，它不受概念的限制，没有规定下来，因此也不能凝聚为一种定向的力量，不能建立一个固定的对象。知性则把这种综合上升到了

---

① 对这三重综合的论述参看《纯粹理性批判》A98—110，第114—121页，本书未收入。

概念，只有上升到概念，才能形成统一的对象，才能使综合得到"认定"，这才是真正的知识，散漫无边际的记忆、联想都不算真知识。真知识的标志必须具有概念的确定性，系统性，统一性。

于是，纯粹的**综合**，**从普遍的方面来看**，就提供出纯粹的知性概念。　　B104

纯粹的综合已经上升到普遍的层次，上升到概念了。纯粹的综合本身并不全是普遍的，先验想象力的纯粹综合就不一定是普遍的，它包含的是那些一次性创造性的想象或构想；但如果我们"从普遍的方面来看"，这种纯粹综合就提供出纯粹知性概念，即范畴。因为这种创造性的想象虽然从内容上看是一次性的，但是从创造的**方式**来看却有某种普遍性，这种普遍性显示出了范畴的作用。所以纯粹综合就是要提供出范畴，范畴实际上所体现的正是知性的纯粹综合的能力，各个范畴体现了知性的纯粹综合能力的一个方面，并使这种被综合的知识能够在范畴这个概念之下统一起来。

但我理解的纯粹综合是以先天的综合统一为基础的综合：所以我们的计数（尤其是在数目较大的情况下看得更明白）是**根据概念的综合**，因为它是按照单位的某种共同基础（例如十进制）来进行的。

这里说得很清楚，知性的纯粹综合与单纯想象力的综合不同，它是以"先天的综合统一"为基础的，是有概念、有统一性和确定性的综合，不是盲目的散漫的综合。这一点在数学上体现得很明确，计数虽然是直观性的综合，但实际上也是有概念在里面起作用的，这就是"十进制"这样的概念，以及它所制定的单位：个、十、百、千等等。如果没有这样的单位限制着，计数是漫无边际的，小的数目还可以直接看出来，较大的数目就计算不清了。所以单位就是计数的综合过程中的统一性。"单位"这个词的德文 Einheit 本来就是"统一性"的意思，它同时还有"单一性"的意思，而这个"单一性"恰好就是他的范畴表中的第一个范畴。这不是巧合，也不是文字游戏，而是表明康德对于知性的综合的一个本质的观

525

点,即它不仅仅是综合,而且是统一性;而整个范畴表以单一性为起点,也不仅反映了十二范畴中的一个范畴的特点,而且也是所有十二范畴的基本特点。所有的范畴都是要寻求统一性,或单一性,以便从一个最高的概念来统摄地把握经验性的杂多。当然单一性和"单位"译成中文还是有区别的,康德在这里是谈数学,所以我们译成数学的"单位",其实他要说明的是数学中已经引入了知性的纯粹概念即范畴,作为计算的基础了。我们要把握他所用的这个词的各种相通的含义,才能更准确地理解他的意思。

所以在这个概念之下杂多综合中的统一性就成为必然的了。

这句话表明知性通过范畴来实现杂多综合的统一性,所带来的是"必然性",而不像想象力的综合那样,虽然有自发性、创造性,但永远不能带来必然性,总是偶然的。我们在计算时有了概念的统一性,就可以排除由于单位不同而带来的混乱,例如有的用二进制,有的用十二进制,有的用十进制,无法统一。就此而言,知性的综合比先验想象力的综合更高,它不是一般的综合能力,而是更高层次的、"本源的"综合能力,也就是一种综合统一能力,它与先验想象力有种若即若离的关系。先验想象力在进行综合时,好像是代表知性的自发性在行使权力,但是它还未上升到统一性,知性则能够带来统一性,因而能带来必然性,因为它能够提供纯粹知性的概念。想象力的综合毕竟是直观的,是为知性的综合统一做准备、做铺垫的。知性的综合统一则是通往必然性的。康德的范畴表中第一个范畴是单一性,最后一个范畴是必然性。必然性是一切范畴所寻求的最终目标。

下面康德把分析和综合做了一个比较。

各种不同的表象是通过分析被带到 ① 一个概念**之下**的 (这是普遍逻

---

① "带到"原译作"纳入",其实与下一句中的"带到"是一个词,现统一为"带到"。

辑所处理的一件事务）。但先验逻辑教给我们的不是将表象、而是将表象的**纯综合**带到概念**之上**。

前面讲到，纯粹综合是以先天综合统一性为基础的综合，这突出了先天综合的统一性，即凡是有统一性的地方才体现出知性的作用，如果仅仅提到综合，还不一定是知性的作用。这里讲各种表象"通过分析"被带到一个概念之下，也就是分析性地隶属于一个概念，它们隶属于一个概念并不是一大堆毫不相干的表象被装进一个概念中，而是它们本来就是构成这个概念的成分，只是在形式逻辑中我们把它们分开来表述，把这种关系摆开了。普遍逻辑或形式逻辑所处理的就是这件事，就是以分析的方式展示概念和各种表象之间的一种分析性的上下位关系。相反，先验逻辑不是把表象带到一个概念"之下"，而是把表象的纯综合带到概念"之上"，也就是用一个概念去把各种表象的纯粹综合统一起来、提升上来。形式逻辑的分析对于表象并没有提升，它只是指出表象的位置在概念之下；先验逻辑则把表象能动地提升为知识，即综合起来带到概念之上，使之成为知识。先验逻辑的这种作用里面包含着知性和先验想象力的关系，即知性的纯粹概念是把先验想象力已经做出的纯综合"带到概念上"来，成为"概念中认定的综合"。先验想象力的综合已经是"纯综合"了，它与再生的想象力所形成的联想、记忆的综合是不一样的，已经是一种先天性、创造性的自发的综合，没有后天经验性的内容，只有时间空间的先天直观形式。把这样一种纯综合用概念统一起来，形成有关一个确定对象的知识，这是先验逻辑所要做的工作。这正如康德下面说的：

为了达到一切对象的先天知识，必须首先给予我们的是纯粹直观的**杂多**；其次是通过想象力对这种杂多加以**综合**，但这也还没有给出知识。给这种纯粹综合提供**统一性**、并只是以这种必然的综合统一的表象为内容的那些概念，则为一个出现的对象的知识提供了第三种东西，而且是建立在知性上的。

这里提示了一个知识在形成过程中所经历的三个阶段或三个层次，这种分析与后面"第一版演绎"中所展示的"三重综合"是完全符合的。①任何对象，如果你想达到对它的一种先天知识的话，必须经过三个阶段或层次。当然，这里的"一切对象"排除了物自体，对物自体是既不可能有先天知识，更不可能有后天知识的。所以这里的"先天知识"只是为经验知识作准备的，它们只是使经验知识得以可能的知识。所以下面讲的三重综合都是先天的纯粹综合。第一重综合："必须首先给予我们的是纯粹直观的杂多"，这就是第一版演绎中所谓"直观中领会的综合"。当然这里还并没有明确说这是一种"综合"，在第一版演绎中则指出，如果不是综合，我们根本不可能在内心中领会直观杂多。在那里康德还说，这种"直观中领会的综合"不仅涉及经验性直观，而且涉及先天的纯粹直观，"因为没有它我们将既不可能先天地拥有空间表象，也不可能先天地拥有时间表象：因为这些表象只有通过对感性在其本源的接受性中提供出来的杂多进行综合才能被产生出来。所以我们拥有领会的一种纯粹综合。"② 杂多就是多种多样，这本是感觉、印象等等感性质料的特点，但空间和时间这些纯粹直观也有这种特点，它们作为"感性的本源的接受性"也可以表现出多样性，比如几何学、数学中体现出的多样性。只不过这种杂多是纯粹的，不能与感觉印象的杂多混为一谈。第二重综合："其次是通过想象力对这种杂多加以综合"，这相当于"想象中的再生的综合"。再生的综合本来是经验性的，我们把时间空间中很久以前或很遥远的事情放在眼面前来谈，凭借记忆和联想把它们再生出来，放在一起加以综合的考虑，这就是再生的想象力的工作。但"一定有某种本身是诸现象的必然综合统一的先天根据、因而使得诸现象的这种再生成为可能的东西，……而我们就必须设定想象力的某种纯粹的先验综合，它本身构成

---

① 对这三重综合的论述参看《纯粹理性批判》A98—110，第114—121页，本书未收入。
② 同上书，A99—100，第115页。

一切经验的可能性（当这种可能性必须预设现象的再生性时）的基础。"①
再生的综合以想象力的先验的综合为条件，对时空中的杂多东西的综合
以对时空本身的杂多的综合为条件，所以这种先验想象力的综合也是一
种纯粹综合。"但这也还没有给出知识"，就是说，还没有给出"真正意义
上的知识"，因为它还没有给这种综合带来统一性。只有"以这种必然的
综合统一的表象为内容的那些概念"才能带来这种统一性。这就是第三
重综合，它"为一个出现的对象的知识提供了第三种东西，而且是建立在
知性上的。"这个"第三种东西"就是概念的统一性，它使综合上升到了
真正的知识层面，即"概念中认定的综合"。"认定"一词德文为 Recogni-
tion，有"再认"、"认出"、"确认"之义，是一种反思性的认识。概念中认定，
作为一种纯粹综合就是指范畴中认定，它使先验想象力的纯粹综合提升
到了综合的统一性。虽然在想象力的纯粹综合里面已经暗中使用了范畴，
但想象力本身不管这个，它只管自己自发地进行综合作用，把任意两个
表象联想在一起，没有意识到它背后的概念作用。想象力的综合总是偶
然性的，即使是休谟所讲的"习惯性的"、"恒常的"联想，也是偶然的，为
什么形成这种习惯，不形成那种习惯？没有什么道理可讲。但是如果有
概念的综合统一性，情况就不同了。你把范畴加在这种综合之上，这些
范畴体现了综合统一的必然性，因为它们是概念。你不能不按照概念去
思维，当你看到一个原因，你就必然想到结果，看到结果就必然想到原因。
你的想象力是在这个范畴的规定下作创造性的综合的，但你想象不出一
个没有结果的原因，一个没有原因的结果。这个背后起作用的就是那个
因果性范畴，它使想象力在它的范围内有种必然性。当然按照内容来说
因果性还可以是偶然的，这个结果为什么一定是你说的那个原因？这并
不能先天地断言。但它一定是有个原因的，这是可以先天断言的，你总
不能说它没有原因。这里讲的"知识"只是"先天知识"，而不是讲经验

---

① 参见《纯粹理性批判》，A101—102，第 116 页。

性的知识。总的来看，这三重综合都是纯粹综合，它的"普遍的方面"是由知性的纯粹概念即范畴体现出来的，范畴排除了一切对概念来说不纯粹的东西，它所表达的是必然的综合统一。所以它是建立在知性之上的，知性的机能最简单地说就是通过概念达到统一性的机能。当然这种统一性在形式逻辑中是分析的统一性，而在先验逻辑中则是综合的统一性。这就引出了下一段的话题，即两种统一性的异同。

B105　　**赋予一个判断中的各种不同表象以统一性的那同一个机能，也赋予一个直观中各种不同表象的单纯综合以统一性，这种统一性用普遍的方式来表达，就叫作纯粹知性概念。**

　　这里正是按照康德的思路从形式逻辑的判断中引出先验逻辑的范畴来的关键性的一步。知性的统一性机能不管是在形式逻辑的判断中还是在先验逻辑对直观的综合中，它们都是知性的机能，都体现了知性的统一性，只是它们把这种知性的统一性用在不同的方面，前者是用在分析上，后者则用在综合上。综合什么？综合"直观中各种不同表象"。所以综合总是有特殊的方面，有杂多，否则你综合什么呢？但它也有普遍的方面，所以"用普遍的方式来表达，就叫作纯粹知性概念"。形式逻辑的判断也要使用概念，所谓分析就是对概念的分析，但是它不管这些概念是些什么概念；先验逻辑则特别关注概念和表象的层次性，它是依靠纯粹知性概念来完成其综合统一功能的。想象力已经有了综合能力了，一般综合就是想象力的结果；但想象力的综合不一定需要统一性，它可以幻想，可以进行文学艺术创作；而知性的纯粹综合则需要概念的统一性，因而需要范畴的统一作用。但统一性不仅仅在先验逻辑里有，在形式逻辑里也有，只不过形式逻辑的统一不是建立在综合上，而是建立在分析上。分析的统一，例如对一个概念所下的定义就是统一的，因为本来那些谓词就存在于那个概念里面，现在把它们分析出来，使它们在一个统一的定义中各归其位。这种统一只是形式上的。综合的统一则是能动的统一性，把各种不同的东西"抓"到一起，用一个概念把它们统一起来。"概念"（Begriff）的德文词根 begreifen 就是"抓住"的意思。比如原因和结果，因果性概念把两个本来完全不同的东西，"太阳晒"和"石头热"，联结起来构成一个统一体，这个统一体就不是说这两个表象本来包含于一个概念中，而是本来分别独立存在的，现在靠一个范畴把它们抓到一起来了，这就是综合的统一。但是，这两种统一的机能还是"同一个"知性的机能，知性的机能就在于能够使各种表象达到统一，不论是以分析的方式还是以综合的方式。只有达到统一，一个知识才能够被理解，否则一大堆杂乱无章的概念或表象是不可能得到理解的。当然这两种统一的层次是不同的，康德特别把知性的综合统一的能力称之为"思维能力"，它比形式逻辑的"判断能力"更高，知性从根本上是一种思维能力，判断能力只不过是思维能力的形式方面的体现。不过，康德对他的逻辑判断表和范畴表之间的关系并没有表述得很清楚，只是说判断表是引出范畴表的"线索"。大体上说，康德更重视他的先验逻辑，包括其范畴表，这是最能体现他的独创性的地方。先验逻辑涉及到认识论，即关于对象的知识，形式逻辑只涉及到主体的一种单纯机能。但这两种逻辑究竟是哪种产生了哪种，哪种更为基本，他没有说。他只说同一种知性机能在判断中使各种不同的表象被赋予了统一性，而在直观中使各种不同表象的综合被赋予了统一性，它们不过是知性机能的两种不同的表现而已。总之，知性的特有机能就是产生统一性。当然真正说来，不是知性，而是理性，才产生出最后的统一性。在后面的先验辩证论中会谈到，知性能够凭借统一性机能来形成知识，而理性能够凭理念把这些知识统一成一个体系。但这两种统一性的层次是不同的，知性的统一只要达到知识就够了，而理性的统一还要求把这些知识整个统一起来，形成无限的系列，也就是在知识的基础上追求更高的统一性、无限的统一性。理性提出一个理念让知性去追求，而知性达到的统一性是有限的，是一个一个的知识，它的统一是与直观和感性杂多相比而言的，把这些杂多统一起来就完成任务了。理性则促使它还要往前无穷尽地追求最大的统一。

所以同一个知性，正是通过同一些行动，在概念中曾借助于分析的统一完成了一个判断的逻辑形式，它也就借助于一般直观中杂多的综合统一，而把一种先验的内容带进它的表象之中，因此这些表象称之为纯粹知性概念，它们先天地指向客体，这是普遍逻辑所做不到的。

这里特别强调"同一个知性"的"同一些行动"。这个"曾"字是指前面列出过的逻辑判断表，逻辑判断表是在概念的层次上展开的，它把所有的概念成分不管来自何方，性质如何，都看作是概念。哪怕这个概念所表达的是一个直观表象，一个感觉，一个印象，一旦进入逻辑判断作为主词或谓词出现，就都被当作概念来看待了。所以它是"在概念中曾借助于分析的统一"来完成的。所以人们说，形式逻辑所讨论的是"概念和概念之间的关系"，而不是"概念和对象之间的关系"。这个看法从霍布斯、洛克到休谟都表达得很清楚。休谟虽然否定因果性、实体性等等关系有必然性，但并不否定逻辑和数学有必然性，因为在他看来这些属于"概念和概念的关系"，之所以有必然性，是因为这些概念本来就是我们自己设定的，我们规定一个概念，然后根据这个规定来设定另一个概念，这样我们在研究这些概念的时候就必须遵守我们自己设定的这种关系，不得逾越，这就是必然性了。但是概念和对象之间是没有必然性的，因为对象不是我们自己设定的，感觉印象是我们偶然获得的，你不可能预先设计好。所以休谟认为自然科学是没有必然性的，因为它涉及到对象。康德恰好抓住休谟这一点，说你既然承认逻辑和数学有必然性，怎么能够否认自然科学知识有必然性呢？逻辑和数学是先天的，自然科学里面也有先天的东西呀？概念和对象之间的关系我们也可以先天地设定呀？所以康德要从形式逻辑中引出先验逻辑来，为自然科学找到必然性。形式逻辑中的判断形式都是借助于知性的分析的统一而建立起来的，那么，"同一个知性"的"同一些行动"也就"借助于一般直观中杂多的综合统一"，而建立起来了一些范畴，这些范畴不是单纯形式的，而是被带进了一种"先验内容"，即"先天地指向客体"，也就是说，它就是要先天地建立起概念和对象、客体之间的关系。这些先验内容、即"先天地指向客体"的内容是如何"带进来"的呢？是"借助于一般直观中杂多的综合统一"而带进来的，这些范畴先天地指向客体，就是要把直观中的杂多综合统一起来，这样它们就不但指向客体，而且建构起客体了。所以按其意向来说，它们就是要指向客体的建构的。由于知性是先天的，所以它的这种意向是先天地指向客体，但如果它缺乏直观的内容，这种先天的指向就还是空的，它想要内容而不得。但尽管它还没有得到内容，它却是指向内容、指向对象的，这个是形式逻辑所做不到的。这种指向性、意向性在后来胡塞尔的现象学里面谈得很多，胡塞尔的"意向性"就是指向一个客体，一切意识都是关于某物的意识，都是关于"意向对象"的意识；但并不见得所指向的意向对象就得到了充实，它在被充实之前还是空的，有待于直观的感性材料来充实。在康德这里也是如此，先天指向一个客体是先验逻辑本身具有的一种功能，其中包含着一个先天的要求，就是要求这个客体要由直观杂多来充实；如果没有直观杂多来充实，它就只能是一个被思维的客体，而不是一个被认识的客体，而知性的这种功能虽然在那里，却得不到运用。这种功能是形式逻辑所不具备的，形式逻辑不指向对象，它只在意于概念与概念之间的符合，而不在意于概念与对象之间的符合，只关心逻辑程序本身的形式。

但这两种不同的逻辑却有一种对应的关系。

以这种方式产生的、先天地指向一般直观对象的纯粹知性概念，恰好有如同在前一个表中一切可能判断的逻辑机能那么多：因为知性已被上述那些机能所穷尽了，而知性的能力也借此得到了全面的测算。

显然，既然是"同一个知性"的"同一些行动"表现在形式逻辑和先验逻辑中，那么它们的数目也应当是相等的。此处康德非常自信，认为前面所列出的判断分类表是绝对完备的，已经在形式上把知性所有的逻辑机能全都穷尽了，不多也不少，就是这十二个。而且在这种判断分类中，他已经全面考察过了知性的能力范围，知性有哪些能力、有哪些层次、有哪几个方面，全都考察过了。他的逻辑判断分类表就是经过全面测算而总结出来的，即四个门类共十二个类别。只不过在形式逻辑里面，知性的这种机能只体现在判断的逻辑形式上，而在先验逻辑里它则体现在有关对象的认识机能、指向客体的机能中。在这里它是针对知识的内容的，而针对知识内容的这些机能与针对形式的那些机能应该是相等的，它们本来就是同一个机能，所以范畴的分类也应该恰好是十二个。接下来康德说：

我们想按照亚里士多德的方式把这些概念叫作范畴，因为我们的意图原初就是和他的意图一致的，尽管在实行上与之相距甚远。

此处康德借用了亚里士多德的"范畴"（Kategorien）来称呼知性的纯粹概念，这是在康德的文本中（不算序言和标题中提到的）第一次出现"范畴"一词，在此之前他都是用"知性的纯粹概念"来表述范畴，我们前面为了简明也直接用范畴来代替他的"知性的纯粹概念"，但其实他是从这里才开始用"范畴"这个术语。亚里士多德在他的《分析篇》和《范畴篇》中有这样一个想法，把知性的能力在其最普遍的方式上用纯粹知性的概念表达出来。亚里士多德最初提出"范畴"就是出于这个目的，要找到一些最具有普遍性的概念，即一切存在者都逃不掉、都要受它规定的概念。康德在此处与亚里士多德的意图是一致的，即在知性的统一性机能这个意义上，找到一些最普遍的概念来表达它，因而这些概念在康德看来，最重要的特点应该是纯粹性，不要掺杂经验性的东西、直观的东西，否则就没有普遍性了，因为经验直观的东西总是受局限的。当然亚里士多德也是这样想的，但他做的时候并没有严格遵守这一原则，以至于他所找到的范畴里面掺杂了很多直观的、经验性的成分，不再是知性的纯粹概念，或者说纯粹度不够。康德则真正想把亚里士多德的意图贯彻到底，严格地找到一些真正纯粹的知性范畴。所以康德与亚里士多德的意图虽然是一致的, 但实行起来差别很大。亚里士多德为什么不能严格遵守知性的纯粹概念这一标准? 在康德看来主要是他的方法不对, 他的范畴不成体系, 是由于他只是通过罗列式地归纳, 在经验中去到处搜寻, 而没有一条逻辑线索指导他去寻找。而康德则是从逻辑判断的分类系统中找到了一条线索, 按照这条线索排列下来, 他的知性范畴就是成体系的, 每个范畴都有来历, 相互之间的逻辑层次很清晰、很严密, 一个一个按层次排列, 没有任何空隙。所以康德自认为除了他这个表中的范畴以外, 再也找不到别的范畴了。如果找到别的范畴, 那么一定可以归并入这个表中的某个范畴中, 而且还没有这个表中的范畴那么纯粹, 它也许是表中某个范畴的变种, 或者是两个范畴相连后的一个杂交品种。所以康德的处理方式与亚里士多德完全不同, 亚里士多德是经验式的, 碰运气式的, 康德则自认为是系统的, 有方法的, 是按照严格体系建立起来的, 他认为这应该是范畴表的另一个重要特点, 就是要有逻辑上的系统性、完备性。当然康德的这种自信遭到了后人的质疑, 例如黑格尔就认为康德这个范畴表太简单了, 十二个范畴远远不够用, 应该还有很多范畴, 而且范畴与范畴之间也应该有很多过渡性的范畴, 范畴不应该是僵硬地规定好的, 而应该是连续地发展出来的, 从一个产生出另一个。康德其实也在一定程度上努力说明从一个范畴到下一个范畴的过渡, 但还是有很大的跳跃性。他这十二个范畴的划分本身就是僵硬的, 是从形式逻辑的判断分类中直接拿过来的, 这些判断分类, 虽然经过康德的改造, 内部有一定系统性, 但整个还是一个既成的事实, 只不过是两千年来大家都公认的事实。所以在黑格尔看来康德比亚里士多德相比只不过是五十步笑百步, 他实际上也是经验性地从既定的逻辑判断表中不加批判地接受了范畴的分类。因此他的范畴之间并没有一种贯穿一切的统一性, 他只是把"统一性"外在地加在十二个范畴身上, 但这十二个范畴还是"多", 没有成为"一", 没有按照一个统一的原则把这些范畴"推演"出来。后来费希特就开始尝试推演范畴, 使这个僵硬的框架活了起来, 受到了黑格尔的称赞。不过在康德的时代,他这样做已经是相当不容易了,他已经排除了很多偶然性的因素,已经能自觉地用一种规律性的眼光来看待形形色色的哲学之间的关系,在概念的辩证法和辩证进展方面,他是先行者。

B106　　范畴表

1.<u>量的范畴</u>:单一性　多数性　全体性

2.<u>质的范畴</u>:实在性　否定性　限制性

3.<u>关系的范畴</u>:依存性与自存性(实体与偶性)原因性与从属性(原因和结果)协同性(主动与受动之间的交互作用)

4.<u>模态的范畴</u>:可能性—不可能性　存有—非有　必然性—偶然性

康德的《纯粹理性批判》里面,范畴表应该说是一个非常重要的中心内容,他的目的就是提出范畴表并说明范畴表在人类认识过程中所起的这种先天的作用,或者说先验的作用。《纯粹理性批判》作为对理论理性、对人的认识能力的批判,最后就是要在人的认识能力里面找到一套先天的结构体系,就是这样一个由范畴表所构成的人类认识之网,所有的范畴都是这个网上的纽结,用这个网去捕捉知识,所以范畴表是非常重要的。大家要把这个表的结构搞的非常清楚,学过康德,如果提起范畴表来你一无所知,那就太不应该。范畴表按照逻辑判断表的格式划分为四大类,每一类有三个范畴,总共是十二个范畴,所以我们也说康德的十二范畴表。这十二范畴表按照体系的方式列出来了,康德本人对此是最得意的。这是他的原创。自从亚里士多德以来,两千年还没有人作出这样的原创,而且他对亚里士多德的范畴表作出了巨大的改进。

康德的这个范畴表,与前面形式逻辑的判断分类表基本上是一一对应的,每个范畴对应于一个判断类型。如何对应,这个我们在前面讨论判断分类表时已经大致谈到了。但也有几处不对应的地方,这几个地方,有的康德自己在后面说明了,有的没有说明。这里我们先把他没有说明的地方点一下,其余再跟着康德来解释。首先是量的范畴,分为"单一性、多数性和全体性",本来应该对应于判断分类中的秩序。但判断分类中的次序却是"全称的、特称的和单称的",这就形成一种颠倒的关系。为什么"单一性"范畴对应于"全称判断"而不是"单称判断"? 为什么对应于"单称判断"的不是"单一性"范畴而是"全体性"范畴? 康德在这里没有作任何说明。他曾在他的手稿《反思录》中提到,全体性相当于全称判断,单一性相当于单称判断①,为什么在正式列范畴表的时候却仍然保持这种错位? 这说明康德在这个问题上有些犹豫。这种犹豫的原因,可能是在从形式逻辑向先验逻辑的转换中出现了理解上的困难,即形式逻辑是从外延上理解一个概念的,而先验逻辑却必须从内涵上理解概念,而外延和内涵有一种互相颠倒的反比关系,即外延越大,内涵就越小。例如我们说"物质"这个概念无所不包,外延最大,但也最空洞,什么都是"物质",就什么都没有说出来。相反,"孔子"这个具体的人的概念外延最小,古往今来只有一个,但内涵却无限丰富,直到今天还没有说完,还在继续说。所以,如果把全体性对应于全称判断,那就把全体性范畴形式化了,全称判断的内容应该是最单一的,只有最单一的概念才具有全称判断的普遍的涵盖性。同样,如果把单一性对应于单称判断,也会显得不对称,对"孔子"这个具体的人的判断难道是什么"单一性"吗? 对一个具体的人的判断我们总是力求具体、丰富,而越是内容单一,就越是接近于一句废话。例如我们说"孔子是一物体",虽然并没有说错,但空洞到简直不成话。说"孔子是一个人",这勉强成话了,因为"人"已经不那么单一了,它已经包含"物体"、"生物"、"动物"、"有理性的"等等概念在内了,但还不够具体。谁不是一个"人"呢? 问题是他是一个什么样的人。所以单称判断就是要寻求对单个事物的特点的判断,只有对全体性的追求才能把这单个事物的特点表达出来。所以康德的量的范畴这样排列是有道理的。在质的范畴中,"限制性"对应于"无限判断",这一

---

① 参看 [英] 康浦·斯密著:《康德〈纯粹理性批判〉解义》,第 229 页。

点我们在前面谈判断表时也顺便作了说明,就是形式逻辑的判断对于"A是非 B"这样的判断只着眼于除开 B 以外的"无限"的领域,而先验逻辑则着眼于"非 B"对认识一个对象的认识价值,即作出了"限制",这同样是一个外延和内涵的相反视角的区别。关系范畴和模态范畴与关系判断和模态判断的不对称处在于出现了成对的范畴,这个康德后面有涉及,这里不谈。再就是"协同性"范畴为什么对应于"选言判断",这个我们前面已谈过,康德后面有更详细的说明,这里也暂时不说。现在我们来看看康德本人对这个范畴表的解释。

这就是知性先天地包含于自身中的一切原始的纯粹综合概念的一览表,知性也只是因为这一点而是种纯粹的知性;因为它只有通过这些概念才能在直观杂多上理解某物,也就是才能思维直观的客体。

这个范畴表来自于知性。知性作为人类的主要认识能力,它所先天地包含于自身中的原始的、而不是派生的纯粹综合概念的一览表,全都在这里了,无一遗漏。这些概念都是纯粹的,康德《纯粹理性批判》的目的,就是要在人类认识能力里面找到这样一些纯粹综合概念,它们构成一种先天的体系结构,一面人类认识之网,所有的范畴都是这面认识之网的网上纽结,我们人类就是用这面认识之网去捕捉感性的杂多材料而形成知识的。所以康德《纯粹理性批判》的总问题"先天综合判断如何可能?"的答案就在这里,正是由于有这样一个范畴表,才使得我们的先天综合判断得以可能。我们的知性中有一种本源的综合概念,它们使得我们能够形成先天综合判断。"知性也是因为这一点而是一种纯粹的知性",因为哪一点呢?因为知性先天地包含这些原始的纯粹综合概念,所以它才是纯粹知性。知性又译作"理智",它里面本来包含很多内容,人的日常经验、健全理智、自然科学知识等等都在里面,都是知性建立起来的;但所有其他部分都不足以使知性成为纯粹的,真正能使知性成为纯粹知性的就是这些范畴。而知性拥有这些范畴是用来指向对象的,"因为它只有通过这些概念才能在直观杂多上理解某物,也就是才能思维直观的客体",知性之所以是知性,就在于它要获得关于对象的知识,在直观性的杂多上去理解一个对象。思维无直观则空,思维要成为有内容的思维,就必须面对直观,用范畴去统摄直观。知性本身不包含直观,但知性的使命却是针对直观去思维和理解某个对象,这一套范畴体系只有针对直观才能发挥作用,这种作用就是纯粹知性的作用。

这一划分是系统地从一个共同的原则中,亦即从判断的机能(这种机能与思维的机能是同样多的)中产生出来的,而不是漫游式地由于一次碰运气地从事寻求纯粹概念的活动而产生的,这样寻求到的纯粹概念是永远也不能确定其全部数目的,因为它仅仅靠归纳法来完备化,而不 B107 去考虑,我们以这种方式是永远也看不出为什么恰恰是这些而不是那些概念寓于纯粹知性中的。

这个范畴表的划分是系统地从判断的逻辑机能中引出来的,这是康德很感自豪的一点,它保证了康德范畴表的系统性和先天性。但是,逻辑判断表本身又是从哪里引出来的呢?一部分是从历史中,即经过了自从亚里士多德以来两千多年时间的考验,得到人们所公认的,在这方面,康德仍然没有完全摆脱"漫游式地碰运气"的做法,即不用他自己去归纳,前人早已经给他归纳好了,所以根本说来还是一种经验的方法;另一部分是从他的范畴表中,如我们前面介绍他的判断表时多次强调的那样,他运用自己的范畴改造了传统的形式逻辑的判断分类,这些判断类型有的正好就是从他的范畴中引出来的,另外一些则是从范畴的先验立场来解释的。就此而言,他在这里陷入了循环论证,判断表和范畴表互为前提。其实,尽管康德强调他的范畴表是从逻辑判断表中引出来的,但这只是从表面的思路上是这样的,而从更深层次的结构上来说,反倒是从范畴表中引出了逻辑判断表。这不仅是由于他在展示逻辑判断表时已经引入了范畴的立场,并对判断表进行了改进,而且也是由于形式逻辑和先验逻辑的性质本身所导致的。形式逻辑看起来很"普遍",也很潇洒,但其实它只能是依附性的,它依附于什么就是什么,就像一件谁都可以用的工具,所以它没有自己的内容。相反,先验逻辑首先是有自己的内容,而这种内容也必然带有自己的形式,必然要把形式逻辑当作自己的外部形式。一方是有形式而无内容,另一方是有内容又有形式,那么究竟是从谁"引出"了谁,不是一目了然了吗?先验逻辑作为一种有内容的逻辑,它完全有能力从自身中抽象出一种形式逻辑来,而无须依靠别的线索把自己引出来。后来黑格尔就是这样做的,他的辩证逻辑也是一种内容的逻辑,这种内容的逻辑从自身中引出了全部形式逻辑,把它放在《逻辑学》第三部分"概念论"中的"主观概念"里面加以展示,并用辩证逻辑的眼光来对它加以解释。康德当然还未达到这种理解,但他的确是按照先验逻辑的观点对形式逻辑的判断分类作出了巨大的改进,要么原来没有的他增加上去,要么原来有的,他作出了新的解释。最重要的调整是把传统形式逻辑的两分法改成了三分法,这一改进完全是从内容的角度、即从先验逻辑的角度所做的。传统逻辑都是正面和反面二分,非此即彼,康德则发明了"合题",这就构成了"正、反、合"的系统。两个东西不成系统,三个东西才成系统,几何学上不是有"三点定圆"和"三角形的稳定性"的说法吗?康德从哪里获得这种灵感的,他没有说,可以看作一种天才的猜测吧。到后来黑格尔就自觉地运用这一规律来展开他的体系了。黑格尔的逻辑学和整个哲学就是严格按照三分法来建构的。所以说,康德为他的体系所作的证明是不充分的,但是就其目的来说却已经足够了。他认为只要是"从一个共同的原则中"产生出来的,就可以成系统了,这还是柏拉图以来的传统,即强调整个世界都服从于一个"一"的原则,这个世界就成了系统,把一整套概念都从一个原则推出来,这些概念就成了系统。所以他自认为他不是碰运气,不是靠归纳,也不是凭想象力、幻想等等"漫游式的"办法,才找到这个体系的,因为这种方法永远也没有确定的数目,也永远看不出为什么恰好是这些范畴而不是另外一些范畴,因为它们没有一个确定的标准。康德这里对这些方法的批评正是为了表明他自己的体系是有确定数目的、完备的，而且是有一定的标准的、逻辑上必然的。当然，他的批评主要是针对亚里士多德而来的，下面就直接说出了这一点。

寻找这些基本概念曾经是**亚里士多德**所接触到的一件值得一个目光锐利的学者去做的事。但由于他不拥有任何原则，所以他碰到它们就把它们捡拾起来，他先是找出了十个这样的概念，把它们称作**范畴**(Prädikamente 云谓关系)。后来他相信他还发现了五个范畴，他就以"后云谓关系"的名义把它们添加上去。只是他的范畴表始终还是不完备的。

寻找这些基本概念，也就是寻找范畴，康德承认这是亚里士多德的一件大功劳，但他批评亚里士多德"不拥有任何原则"，只是在"捡拾"那些他所"碰到"的范畴，也就是用经验搜集的方式盲目地来碰运气。所以亚里士多德只是零星地发现了一些概念，一些"云谓关系"。他先找出了十个概念，即"十范畴"，后来又发现了五个，再添加上去。最初的"10"是一个圆满的数字，亚里士多德最初也未尝没有把它们建成一个系统的想法，认为这些范畴肯定是有体系的，上帝创造世界肯定是完满的。但后来发现还不够，还有一些范畴没有考虑进去，于是又加上五个。其实还可以不断地加，这种无原则的搜索方式永远也解决不了范畴的数目问题，达不到真正的完备性。即使碰巧找到了，也是可疑的，因为不能说明是凭什么找到的。这是一个问题。还有一个问题是，不仅范畴的数量不够，而且质量也值得推敲，它们是不是都是真正的纯粹知性概念？

此外，也有一些纯粹感性的样态混于其中（如时间、处所、状态，以及前时、同时），还有一个是经验性的（运动），它们都根本不属于知性的这个名册，或者有些派生的概念也一起被算到那些本源的概念中去了（如主动，被动），并且有些本源的概念完全空缺。

"纯粹感性的样态"，这里的"纯粹感性"是指那些感性的纯粹形式，即时间空间；"样态"（modi，即 modus 的复数）其实也就是"模态"（Modalität）的意思，在拉丁文中我们译作样态，它不是用于模态范畴的含义，而是一般的含义，即样式、方式、模式。这些感性的样态混在里面，主要是时间空间的感性直观形式，在康德看来，亚里士多德没有分清直观和概念，而这是康德在先验感性论中已经讲得很清楚了的，直观决不是概念，所以也不能算做范畴，虽然它们都是先天的和纯粹的。再就是"状态"，在康德看来也是纯粹感性的样态。状态要涉及一个事物的属性，各个属性之间的关系，以及它跟其他事物之间的相对关系，这就是状态，它是属于感性的经验性的东西。"前时、同时"更是涉及到时间的具体的相关性，也不应算做范畴。"运动"这个概念里面也包含有经验的成分，它是个物理学概念，它可以被归于范畴之下，如划归因果性范畴之下，但它本身是牛顿力学的一个概念，与物体、速度、力密不可分，不是纯粹概念。尽管我们通常认为，物质是存在的，存在是运动的，运动是有规律的等等，柏拉图甚至曾把运动和静止看作最高的几个"通种"理念之一，但康德认为运动还是经验概念。还有，康德还指出，亚里士多德的范畴表中有些概念是派生的，不是本源的，亚里士多德把它们和本源的概念混在一起了。比如主动和被动，在康德看来，主动和被动是原因和结果的范畴派生出来的，原因当然就是主动的，结果则是被动的。最后，"有些本源的概念完全空缺"，例如因果性这样一个重要的本源的范畴，亚里士多德范畴表中居然没有，虽然他到处谈"四因"、"第一因"等等，却没有想到这本身是一个范畴。这就是康德对亚里士多德十五个范畴的全面彻底的批判。而亚里士多德的范畴表的缺陷在康德的范畴表中就得到了补救，他对亚里士多德的范畴表作了最大的改进，这是他引以为自豪的。

但康德认为自己的这个范畴体系还要加以说明，是不是它就真正完备无缺了呢？

所以还必须为这些本源的概念作一点说明：范畴作为纯粹知性的真正**主干概念**，也有自己的同样纯粹的**派生概念**，它们在先验哲学的一个完备的体系中是决不可以忽视的，但我在一个单纯批判性的研究中可以满足于只是提到它们就行了。

　　康德认为自己的范畴表所提出的只是一种纯粹知性的"主干概念"，这就是十二个范畴；但除此之外，还有由这些主干概念派生出来的概念，也要提到。它们也是纯粹的，但是层次不一样。比如"主动"、"被动"这样一些概念，它们并不带有经验性，而是纯粹的，但却是由"原因"概念派生出来的。再就是由两个概念结合起来派生出一个概念，例如"发生"的概念就是由"原因"概念和"现实性"概念结合起来的产物。这样一些派生的概念在目前这个批判哲学体系中并没有必要详细加以讨论，只需"提到它们就行了"，但是"在先验哲学的一个完备的体系中是决不可以忽视的"。什么是"先验哲学"？这就是康德所要建立的"未来形而上学"，这里主要是指自然的形而上学，它是从先验的立场所建立起来的哲学。当然《纯粹理性批判》已经是哲学了，但它还只是一个导论，即"未来形而上学导论"，所以还只是一个提纲式的东西，在细节上并不完备。康德的先验哲学应当是一个无所不包的形而上学体系，包括自然形而上学和道德形而上学，其中自然形而上学特别值得称之为先验哲学，道德形而上学则是在自然形而上学的基础上建立起来的，严格说应该叫作"超验哲学"①，但显然也是先验哲学的自然延伸。只有在先验的基础上，才能建立起一门"作为科学的形而上学"。"在先验哲学的一个完备体系中"，未来要建立的形而上学是一个完备的体系，它要能够解释所有的知识、包括科学知识和道德知识是如何可能的，在这样一个体系中，那些派生的概念都是不可忽视的。他将来要建立的这个先验哲学要把所有这些概念都考虑进去，使它构成一个真正严密的系统。亚里士多德所发现的那么多范畴，有的是不严格的，有的是不纯粹的，有的是混淆的，但康德自己的先验哲学体系将不会把这些范畴都抛弃，而会把它们各自安排在恰当的位置，使之明确自己的地位。而在目前这个"单纯批判性的研究"

---

① 康德曾有一次提到"超验哲学"这个说法，见《纯粹理性批判》A456=B484。

中还顾不上这些,它只是一个导言。要建立一门先验哲学,首先要清理地基。康德最喜欢用这个比喻,即我们首先要把地基打好,地基不打好,你将来建立起来的大厦就会垮掉。所以这里只是提出一个主干概念的体系,但就主干概念而言,它已经是完备的了。至于你将来根据这个主干概念的框架怎么去做,怎么补上那些派生概念的环节,那是很容易的事。而他的这个主干概念的体系因为有一个共同的原则,所有的范畴按这一原则有秩序地排列,所以他的范畴表一目了然,共十二个,不多也不少。如果少一个就会很容易发现,因为在这个秩序中就会空出一个位置。多一个也会被清除,或者合并。而那些不太纯粹的或者是派生的概念,被从范畴表里面排除出去以后怎么办?康德在下面一段有交待。

B108　　且让我把这些纯粹的、但却是派生的知性概念称之为纯粹知性的**宾位词**(以与云谓关系相对)。

　　"云谓关系"是 Prädikamente,是一个拉丁词,它们其实就是希腊语的"范畴"(Kategorien),是对范畴的解释性的说法。因为 Prädikt 是"谓述"、"表述"之意,-ment 是名词化词尾,有"关系"、"集合"之意。"宾位词"则是 Prädikabilien,意为"可表述的",它们不是直接的云谓关系,而是可以充当云谓关系中用来表述的那些概念的。宾位词与云谓关系相对,云谓关系是范畴,一种表述关系,这种关系的层次更高、更抽象,但要表述这些关系,还得用一些可以用来表述的宾位词来加以表述。所以宾位词和云谓关系是相对的两个不同层次的概念,宾位词虽然也是纯粹的,但却是派生的,云谓关系则是本源的。

　　如果我们拥有本源的和原始的概念,那么派生的和下属的概念就能够很容易地添加上去,而纯粹知性的谱系就可以完整地描画出来了。

　　这里明确地点出了它们的层次关系,即除了那些本源的、原始的概念以外,还有一些附属的概念,或由两个概念结合而成的概念,它们不是本源的,但也是纯粹的。那么我们把它们按照这种下属关系安排在那些

主干概念之下或之间，就可以画出全部纯粹概念的谱系图，它们的位置就可以得到确定，各归其位。但是，

由于我们在此涉及的不是系统的完整性，而只是构成一个系统的诸原则，所以我们把这种补充留给另一项研究去做。

康德在这里并不着手这项工作，认为他在这里主要关心的不是系统的完整性。当然，完备系统是康德的最终目标，要最后建立一个先验哲学的体系。但在《纯粹理性批判》中，这一目标还处在打基础的阶段，不能完成。它的任务只是制定构成这个系统的诸原则。此处讲的"另一项研究"是指他所设想的未来形而上学，即先验哲学体系。《纯粹理性批判》也是先验哲学，但它只是先验哲学的导言，是一个大体的框架，这个框架的完备是另一项研究所要完成的事情。

但如果我们手头持有那些本体论的教科书，这个目的也就差不多可以达到了，例如把力、行动、承受的宾位词从属于因果性范畴之下，把当下、阻抗的宾位词从属于协同性范畴之下，把产生、消失、变化的宾位词从属于模态的云谓关系之下，如此等等。

在康德看来，这个"另一项研究"是很容易的事，只要把骨架搭好了，总体框架建立起来了，那么只须把现成的一些概念填充进去就是。比如说那些流行的本体论的教科书，从亚里士多德的《形而上学》开始，就搜集了大量的这类概念，并且长期以来进行讨论和辩驳，已经把这些宾位词穷尽得差不多了，虽然还未在范畴的指导下构成一个体系，但是可以加以利用。先验哲学的完整体系所需要的那些环节在以往的本体论教科书里面基本上都提出来了，不必再作很多的创新。只要范畴的基本框架建立了，那只是一个填空游戏，把这些宾位词填进那些空档就是。因为这时我们就可以有目的地、而不是盲目地去寻求这些概念的位置，即使有个别以往没有提到的概念，我们也可以根据这个位置把它们想出来。相对而言，这是个比较容易的工作，康德认为他自己的工作是最困难的，也是奠基性的，他开辟了道路，后面的人跟着走就比较容易了。所以即使他自己最后

没有能够完成这整个体系也没有关系,后人会去完成。接下来他举了几个例子,是作为示范而列举的。一个是因果范畴,其下包含力、行动、承受,后两者相当于亚里士多德所讲的主动、被动。从这里可以暗示一种关系,即因果关系中暗含着力的概念。在康德看来,力的层次是更低的,所以必须把它归属于因果性之下。但有的人从不同的角度把因果性的本质就归结为力,比如黑格尔、叔本华、海德格尔等人,就把因果关系和充足理由关系归结为力,归结为意志力和生命力。当然这是从质料的方面、内容的方面来理解的,而康德是从形式方面来理解的,他是个抽象的形式主义者。的确,自从休谟提出因果性问题以来,直到今天人们都还没有从根本上解决这个问题。休谟问题,包括归纳问题和因果性问题,其实都是一个问题。如何才能解决因果性问题,人们争论不休,一般都是从康德的角度来理解,从逻辑的角度和形式的角度来理解,这是永远不可能解决的。中山大学张华夏教授提出不应从单纯逻辑的角度,而应把逻辑本身奠基在另外一个基础上,即目的论的基础上,从目的因果性来解决一般因果性问题,即把因果性看成一个有目的的活动,一个力的活动,一个生命力的创造活动,这是很有见地的。由此也可以解决归纳问题,即把归纳不是看作一个单纯的逻辑问题,而是看作一种试探,一种生命力的冲撞,一种全面把握的努力,它的真理性不在于结果,而在于过程。康德在这里承认,你要落实到比较具体的层面来理解因果性范畴,那就是力。但他还是主张从抽象形式的角度来看因果性,康德把它归结人的知性的先天结构,是知性所建立的一套法则。他这种先验的立场受到很多人的批判,但是你批判康德,你又将把因果性建立于何处呢?为什么你会相信一切发生的事情都是有原因的呢?这就必须从另外的角度来考虑。"把当下、阻抗的宾位词从属于协同性范畴之下","当下"就是"在场",所谓协同性就是很多东西当下在场,互相联系,交互作用。之所以当下在场,就是由于它们互相联系、互相协同。当然,"当下"比"协同性"更具体一些。"阻抗"也是从牛顿的力学中作用力与反作用力这一第三定理中引出的,阻抗就是反作用，一个物体作用于另一物体，它的阻抗与作用力是相等的。作用力与反作用力相等，表现了物体之间的交互作用关系，那么这种关系是属于协同性之下的。至于"产生"、"消失"和"变化"这几个宾位词都属于模态范畴，具体说来是属于现实性范畴的。"现实性"（Wirklichkeit）这个词本身就带有作用的意思，它来自于德文动词 werken，即做事、工作的意思，由此产生的"结果"就是 Wirkung，它包含一整个活动过程在内。所以现实性就是产生出来又消失的过程，这个范畴在康德的范畴表中是写作"存有—非有"（Dasein-Nichtsein），英译作 Existence-Non-existence。Dasein 就是 Existence，中文也可以译为"实存"、"生存"，Nichtsein 也可以译作"非存在"、"毁灭"。这一对范畴其实都包含在"现实性"中了，产生和消失结合起来就形成"变化"，就像黑格尔说的，从无到有和从有到无就是变易，就是形成。当我们见到德文中的"现实"这个词的时候，我们应该意识到它不是指现存的东西，更不是指现成的东西，而是干活的意思，严格说应该译作"实现"，就像亚里士多德的"现实"，ενεργεια，有的人也译作"实现"，德文的现实就是从希腊文的实现这个词来的，康德的现实性范畴有亚里士多德的渊源。我们汉语中把"现实"理解为不可改变的事实的意思，是摆在那里的东西，你动不了。这种现实其实只相当于德文中的"实在性"，即 Realität，它是另一个范畴，即"质"的范畴中的第一项。黑格尔有一句名言："凡是现实的都是合理的，凡是合理的都是现实的"，同时他明确地把"现实的"和"现存的"区分开来。但现在绝大多数人都把它的意思理解为"现存的"东西就是"合理的"，并由此指责黑格尔为现存秩序辩护，这是不公平的。那么，这些派生的概念是如何来的呢？康德说：

把范畴与纯粹感性的样态相结合，或者也使这些范畴相结合，就会提供出大量先天的派生的概念，注意到这些概念，并在可能时把它们记载下来直到完备无遗，这将是一项有用的、不无兴致的劳作，但在这里尚无必要。

范畴是最基本的骨架，是本源的纯粹知性概念。那么，把它们和"纯粹感性的样态"、也就是时间空间的样态相结合，这就产生出一些宾位词来；或者使范畴之间相互结合，又会产生出一些宾位词来，这两种结合方式就提供出大量的派生的先天纯粹概念。不过，前一种结合方式，即把范畴和"纯粹感性的样态"相结合，所产生的纯粹概念其纯粹程度要打折扣。虽然它里面并不包含任何后天的经验性成分，只包含范畴和先天直观形式即时间空间的各种形态，但毕竟包含有杂多形态，不像范畴那样单纯。所以它们的层次要比范畴低一些，只能算杂交品种。至于范畴之间相结合的例子，康德并没有提供给我们，不过我们可以设想，像"产生"、"消失"、"变化"这些概念其实并不仅仅属于现实性范畴，同时也属于因果性范畴，它们就是现实性和因果性结合的产物。不过，所有这些派生的概念在康德看来并不是当务之急，现在的问题不在于如何使这个体系完备无缺，而在于把这个体系先建立起来，把它的架子先搭起来。然后才谈得上把其他概念填充进去，这是一件相对容易的工作。另外，我们在这里可以看出康德仍保有亚里士多德的遗风，即虽然有一个指导原则，但是仍然要通过搜集的方式把那些派生的概念记载下来。这是因为他这个框架完全是一个僵硬的体系，它不能自己从自己内部推演出那些概念来，它就是摆在那里做好了的一个架子，所以填充架子的概念只能从外面搜集起来再填进去。所以他的这个体系在他心目中始终是一个用砖瓦组建起来的建筑物，而不是一个有机生命的活物。他到处使用"建筑术"的术语，什么打"地基"，检查"材料"是否"够用"，以建立知识的"大厦"，等等，如果在今天，他也许会给他的工作编个号，叫作"什么什么工程"。他基本上是一个"施工"的思维方式。当然他有时也称自己的体系是有机的，不同于"技术"，而是"建筑术"。类似于说"建筑艺术"。但实际上这个体系框架是没有生命力的，缺乏自己建构自己的能动性。后来从费希特开始便冲破了他这一套僵死的框架，给范畴注入了生命。费希特的范畴体系就是自行推演出来、发展出来的。

下面一段讲他的范畴表所采用的方法。

在这部著作中,我有意避免了对这些范畴下定义,尽管我有可能得到这些定义。我将在后面足以与我所探讨的方法论相关涉的程度上来分析这些概念。

康德引出范畴的方式不是下定义的方式,而是从逻辑判断表中寻找引出范围的线索,然后对引出的这些范畴进行解释。我们可以对照一下"先验感性论",在那里一开始就是一连串的定义,什么是"直观",什么是"感性",什么是"感觉",什么是"质料",什么是"形式",什么是"纯粹的"等等,一旦定下来,从头至尾都不变。但在这里,他从判断分类表中引出了一个与此相应的范畴表以后,并没有对这些范畴加以定义,而是先讨论它们的来由——模仿亚里士多德并改进了他的想法,然后讲应该有一些什么范畴,即选择范畴的标准,在后面则讨论这个表的划分原则,最后就进入到范畴的"先验演绎"了。这在过去的形而上学和逻辑学体系中是不允许的,你不能连你使用的概念都还没有定义清楚就把它们用起来了。所谓定义,按照亚里士多德的说法就是"种加属差",你必须把一个上位的概念提出来,然后说明在这个种的概念里你的这个主词占什么地位。比如"人是理性的动物","动物"的概念比"人"的概念更大一些,然后你对这个更大的概念加以限制,最好是用最近的属差如"有理性的"加以限制,这就得出了"人"的概念。逻辑学家们从来都认为这才是最精确的,只要你谈哲学,你的每一个概念都必须有一个精确的定义,否则人家不知道你说的是什么,也避免不了产生误解。康德在此对这种传统的做法提出了挑战,他说他是"有意"不给他的范畴下定义的,"尽管我能得到这些定义"。他这样做的理由,在《纯粹理性批判》后面的"先验方法论"部分有详细的说明,在那里他说只有数学才能有精密的定义,因为先天的直观形式一旦规定下来就永远不会变。除此之外,在下有感性直观的材料,如感觉和印象,是不可定义的,要为一种主观感觉下一个定义是可笑的；在上有哲学概念，也不能有精确的定义，你一开始给出一个定义来，肯定是有歧义的，而且最容易把概念的定义误解为这个概念的对象的定义，如理性派常犯的错误那样。所以哲学的概念只能一步一步地来解释，或"阐明"，只有到最后一切都阐明了，不会发生歧义了，你才能给它一个定义，但这个定义已经包含丰富的内容，不是一个抽象的定义能够概括得了的。这里面已经包含有黑格尔后来阐明的"具体概念"思想的萌芽了。总之，有两个东西不能给出精确的定义，一个是带有经验性的东西，包括经验自然科学的事物，任何定义都只是暂时的，因为具体一个感性的经验对象，它的特点是无穷无尽的，你只能选取比较有代表性的特点把它与其他事物区别开来，下一个定义，但也只是相对的，不是绝对精确的。如"人是理性的动物"，是不是别的动物就完全没有理性呢？即使与别的动物区别开来了，但是不是漏掉了其他重要特点呢？人除了是理性的动物之外，他还是制造工具的动物，还是能说话的动物，还是政治的动物，这些都可以看作是"种加最近的属差"。所以对一个经验对象下定义总是不完备的。另一个是哲学概念，也不能给出精确定义。因为哲学概念涉及最大的普遍性，甚至先天性，没有别的"种"概念比它们更大，因此任何定义都在它们之下，顶多与它们平级，所以都将是不完备的，只是就它的一个方面而言的。此外，哲学概念要求有内容，有它的所指对象，定义只涉及概念与概念的关系，并不涉及概念与对象的关系。只有在数学、几何学里可以有精确的定义，因为我本来要思考的概念是我自己预先规定的，所以数学概念和命题只要你自己不去改变，它们是不会变的。比较起来，康德认为我们在不很严格的意义上也可以把哲学的分析命题称之为定义，但这种定义与数学上的定义也有根本的区别。首先哲学上的定义是不能作为开端的，数学的定义则可以当作开端。欧几里德几何首先提出几个"公理"，就是它的开端的定义。哲学的定义却只有在结尾的时候才能够完备，但哲学是不是有"结尾"，康德自己没有说。但无疑哲学只有当形而上学完成的时候，才能对它作出完全的定义，在此之前，只能有相对的定义，或者是错误的定义。所以哲学的定义不表达概念的本质，只表达了对概念本质的接近，它是一种暂时性的定义。在《纯粹理性批判》中康德经常采取这种方式，即先提出一个命题似乎是一个定义，但他并不从头至尾坚持，反而表明前面的说法只是为了避免一种混乱，如果加上后面的考虑，才能对前面的那种说法加以补充和纠偏。所以读康德的《纯粹理性批判》时，切忌抓住一句话就当作金科玉律，而必须联系他的整个体系来看这句话，他实际上是把意思一层层覆盖上去的，只有从后面的体系反观前面的命题，前面的命题的含义才能真正显示出来。所以康德的哲学概念不采取定义的方式，而是采取"阐明"的方式。如范畴表提出后，康德在后面及第§11和§12中就对其进行了阐明，这三个小节都可以说是对范畴表的"形而上学阐明"，康德后来把它们称之为"形而上学的演绎"（见§26），演绎也就是对阐明的另一种说法。还有一种阐明就是"先验的阐明"，即对范畴的"先验演绎"。先验逻辑中的形而上学演绎和先验演绎分别对应于先验感性论中的形而上学阐明和先验阐明。它们都不是对概念的定义，而是对概念本身的内涵及其认识论上的作用的一种解释和说明。所以哲学概念的定义都只是暂时的，是对其本质的逼近，这是哲学定义与数学定义的一个区别。另一个区别是数学永远不会犯错误，一旦下了定义，就能够一劳永逸地贯彻到底。欧几里德的公理永远不会错，你还会不断发现一些新的定理，但这些新的定理永远不会否定过去的定理。而哲学的定义则往往会犯错误，得出一些幻相，即使你知道那是幻相，你也不能完全避免它，而只能通过阐明，不受它的迷惑。哲学概念经常犯的错误是概念要么太大，要么太小。比如在二律背反里，说世界在时间空间上是有限的，则定义太小；说它是无限的，则定义太大。因为哲学定义是综合性的，而又涉及到无限的或不定的对象，所以不是太大就是太小。所以对于范畴，我们不必忙着下定义，先要把这些范畴的内涵阐明清楚，并且还要考虑它们的适用范围。你要用于经验世界，你就要遵守经验世界的限制，要用于物自体，那就有另外的适用范围,不能在科学里使用,只能在道德实践中使用。所以笼而统之地下定义只会把概念搞乱。但当时的哲学界通行的是模仿数学来建立形而上学体系,所以事事都要求首先有一个精确的定义,而忽视了哲学本身的特点。康德则强调哲学和数学本质上的不同,不可能借用数学的方法来建立哲学体系。在这一点上,康德高于同时代的所有哲学家,也高于今天的许多哲学家。下面:

B109　　　在纯粹理性的一个系统中人们本可以正当地要求我作出这些定义;但在这里,这样一些定义只会使眼光偏离研究的重点,因为它们将引起一些怀疑和攻击,这些怀疑和攻击是完全可以无损于我们的根本目的而交由另一项研究去处理的。

　　在这里,也就是在《纯粹理性批判》中,康德还没有建立起一个体系来,他只是为这个系统提供一个导言,一些基本原则。而"在纯粹理性的一个系统中",是说一旦我这个体系建立起来,当我的先验哲学达到完成之后,那么人们当然可以要求我作出定义。康德这里预先许诺在未来的形而上学体系中,他将按照传统形而上学的方式一个个地对概念加以定义。但在《纯粹理性批判》中,因为它只是一个导言,如果一开始就下一堆定义,只会使眼光偏离主题,会纠缠到说不清楚的问题里面去。康德写了这么厚的一本书,也只是在最后的部分才把这些说不清的问题摆出来。但如果一开始就下定义,就很麻烦了。比如说因果关系,如果一开始就给它下一个定义:"一切发生的事情都以某个在前的状态为前提,它按照一条规则不可避免地跟随着这个状态"①,那就很成问题,人们就会据此推出"世界有个终极原因",这就说不清楚了。所以纯粹理性的二律背反只是在他为科学知识立了法以后,通过对辩证幻相的探讨,在清除错误时才能摆到桌面上来。如果没有这个前提,特别是如果不是一开始提出并逐步解决了"先天综合判断如何可能"这一核心问题,对范畴的定

① 参看《康德三大批判精粹》,第 228 页。

义只会造成混乱。如果一开始就下了定义，就会把后面的先验辩证论的问题牵扯进来，而先验方法论的问题，即如何建构未来形而上学的问题，也就扯不清楚了。那么，什么是这时候的"研究重点"呢？主要就是这些范畴在什么范围内起作用，即使我要给它们下定义，我也要考虑它们的有效性必须限制在什么范围之内，也就是它们如何使得自然科学成为可能。如果偏离了这个重点，这些定义将"引起一些怀疑和攻击"，比如休谟的攻击。休谟就怀疑因果性、实体性等范畴的普遍有效性，因为这些范畴在没有限定它们的运用范围时，它们就有可能被指向物自体，这就经不起休谟的攻击，即攻击这种指向没有根据。当然这些怀疑论的攻击对于康德来说，他已经有免疫力了，无损于他的目的。这些攻击是可以"交由另一项研究去处理的"。具体是指哪一项研究，他没有说，这里应该是泛指，即等我把基础打牢了以后再加以处理。

然而，从我在这方面所提出的很少的例子毕竟可以明显看出，写出一部完备的词典连同其一切必需的解释将不只是可能的，而且也是很容易做到的。

"然而"，为什么是个转折呢，前面说了要交给另一项研究，似乎这里就不管了，但是康德接着说，"从我在这方面所提出的很少的例子"，哪些例子康德前面已经讲了，"毕竟可以明显看出，写出一部完备的词典连同其一切必须的解释将不只是可能的，而且也是很容易做到的"。"写出一部完备的词典"，词典里都是下定义的，一个词要用最简炼的语言尽可能做出严密的定义，这样，人们就知道了这个词的精确的意思，这就是词典的作用。当然有的词不太可能作出一个严密的定义，有的定义甚至就是循环论证，用这个词解释那个词，用那个词解释这个词。康德说等他的体系建立起来后，它就相当于一部完备的形而上学词典了。当然这个词典不是零星地解释一些词，不是按字母排列的，而是按照体系的逻辑结构来安排的。从前面几个例子，我们已经可以看出，架子搭起来以后，要把那些准范畴，那些宾位词安排进去是很容易的事，这样所有的哲学概念都按照相互之间、上下级之间的等级秩序得到了明确的安置,每个词都可以在这个体系中得到适合于它的定义。

科目一旦分定,所需要的就只是充实它们,而像目前的这样一个系统的正位论是不容易让任何一个概念专门的属的那个位置放错地方的,同时却很容易使人注意到那仍然空着的位置。

科目一旦分定,架子一旦搭起来,四个大类,每一类三个范畴,这样的格局定下来,剩下要做的就是充实它,使这个骨架有血有肉,在细节方面做到丰满。而一个"正位论",也就是目前这个范畴体系,已经把各自的位置限定好了,就会给这一工作提供明确的指导,不会弄错。我们前面已经提到,topics 就是亚里士多德《正位篇》里面做的工作,就是把所有的概念各归其位,上位的就是上位的,下位的就是下位的,种是种,亚种是亚种,不要搞混了它们的层次。康德在这里也点出来了,他的范畴表其实就是正位论,而且它是系统的正位论。亚里士多德的"正位篇"正是这样做的,他让所有的范畴在里面各归其位,不得混淆。康德说他的范畴表其实也是一种正位论,而且是成系统的正位论,由此一目了然,不容易出错。因为任何一个范畴在这里都很容易找到自己的位置,它上下左右都已经设定好了。你找到一些概念填充进去,回头一看,还有哪些位置空着没有填满,它就可以指导你在这方面再找几个概念填进去,务必要把它填满。康德这样一种方式虽然还有经验方法之嫌,但并非没有指导的盲目乱填,它是以先验的框架为前提的,经验只不过是引导的手段,目的还是要通过寻找和试探展示出那个俨然成系统的完整的知识大厦。

§11.

上面两段话,康德把范畴表在整个体系中的作用反映出来了,即它是未来形而上学体系或整个先验哲学体系的大纲,这个体系的所有环节、所有要素都以浓缩的方式体现在这个范畴表里了。但是这个范畴表有待于扩充,将来按康德未来形而上学哲学体系的构想来扩充,这样扩充的好处是结构的确定性,把那些概念填充进去,绝不会放错地方,而且数目也是确定的,不多不少。这就是康德在提出范畴表后即时做出的说明。本小节则是康德对范畴表的更为细致的考察,包括下面一小节,都是对范畴的形而上学阐明。第13小节以后则是关于范畴的先验演绎,也就是先验的阐明,即看这些范畴如何使自然科学成为可能。前面说了,康德不对范畴表下定义,只是对它进行阐明,因为它是哲学的,不是数学的。所以这一小节是进一步考察这个范畴表,如康德说的:

对于这个范畴表可以进行一些细致的考察,这些考察也许会在一切理性知识的科学形式方面产生显著的效果。

可见这下面一节的考察对后面"一切理性知识的科学形式"都有用,因为理性所建立起的一切科学必须有一个共同的形式,而范畴反映了先验逻辑本身的结构,即知性的结构。如果我们把范畴表的结构形式搞清楚了,以后我们再遇到其他理性知识的时候,就可以照此推演。理性无非就是这样一些层次结构,有四大类十二个方面。我们在《纯粹理性批判》中已经发现,对于一种对象的系统的考察,我们按照这一结构就可以把所有的方面都囊括进来,没有遗漏,而且有固定的秩序,那么其他理性知识也就可以在这一榜样下照此办理。不过,"一切理性知识"究竟包括哪些,康德没有说,我们可以想到,凡是建立在理性之上的那些科学,那些学说,包括理论理性和实践理性的,都属于理性知识。在这些理性知识的结构上,我们只要稍微注意就会发现,康德恰好是按照范畴表的结构来安排的。在任何一个地方他都是这样来安排他的程序,他的论述的步骤,至少是按照这四大类的划分,即量、质、关系和模态的划分来安排的。所以,对这个范畴表的更细致的考察是很重要的,它具有一种普遍的方法论意义,这个表不仅仅是一些范畴,它体现出康德在考察理性,对理性的知识进行清算时,所采取的一种方法。这种方法不是外来的,而是理性本身所带来的,理性的结构决定了理性的方法,正像知性的结构决定了知性的方法一样。所以你在考察一切理性知识的时候都可以从这几个方面来进行。

因为这个表在哲学的理论部分中非常有用,甚至是完备地制定一门科学的整体规划(只要这门科学基于先天概念)、**并系统地按照确定的原则划分**这门科学所不可缺少的:

为什么对"一切理性知识的科学形式"都有效?康德解释说,这是因为它对"哲学的理论部分非常有用",这就意味着,哲学的理论部分是理性知识的其他一切部分的基础,有了这个基础,哲学的其他部分也就有了章法,所以它是"完备地制定一门科学的整体规划(只要这门科学基于先天概念)"所不可缺少的。一门"基于先天概念"的科学的整体规划,就是康德的未来形而上学规划,它分为自然形而上学和道德形而上学,它们都是基于先天概念的。这个基础也是"系统地按照确定的原则划分这门科学"所不可缺少的,它既是基础,也是方法论。如果你不仅仅是要发现一些原理,而且是要把这些原理组织起来构成一门科学的整体规划,而且要使它的划分体现出科学的秩序,你就必须首先把它的这个理论部分建立起来。这句话里面的"系统地"(systematisch)系由 Vahinger 校改,原文为 mathematisch,即"数学性的"。推敲起来,这种校改应该是有道理的。因为关于"数学性的"后面马上有讨论,就是把这个表分成两个层次,一个是数学性的,一个是力学性的。但在这段话里,如果只谈数学性的,没有力学性的,就没有呼应关系;而如果按"系统地"来理解,就与前面的意思比较连贯,因为对于哲学的和基于先天概念的科学来说,应该是系统的,而不一定是数学性的。总之,按照确定的原则来划分哲学的各门类各章节,这种工作是不可缺少的,所以我们必须根据这个表来建立体系。

这一点由以下情况已经是自明的了,即上面的表完备地包含了知性的一切基本概念,甚至包含了人类知性中这些基本概念的体系形式,所

556

以给计划中的思辨科学的所有**契机**乃至这些契机的**秩序**提供了指示，正如我在别的地方也为此提供过一个样板一样。

知性范畴表是完备地、没有遗漏地包含了知性的一切基本概念，不单是罗列出这十二个范畴，而且是按照一定的体系或程序把它们组合起来、排列起来的，即在提供这些概念的同时，也把它们之间的相互关系都体现出来了。所以说这个表不仅仅包含了知性的基本概念，而且包含了这些概念所由以组成的体系形式，它是以整个体系的方式被提供出来的，而不是以单纯偶然的方式提供出来的。"计划中的思辨科学"，也就是未来形而上学中的思辨部分，即"自然形而上学"；"所有契机"指所有的环节和要素。"别的地方"，这里康德加了一个注，是在第二版中加上去的，注明是在《自然科学的形而上学基础》中。在这本书中，康德也是按照四个门类、十二个范畴来设计的，即安排了四章：动量学、动力学、力学（机械学）和现象学，它们相当于量、质、关系和模态。当然《自然科学的形而上学基础》还不是思辨科学，只不过是思辨科学的"基础"，未来正有待于在这个基础上，按照《自然科学的形而上学基础》的"样板"，来建立一门真正完整的自然科学的形而上学体系，这是康德在"先验方法论"中提示的。未来形而上学包括两个部分，一个是自然科学的形而上学，一个是道德形而上学，道德形而上学作为一种道德知识也是按照这样一个体系建立起来的。当然道德知识和科学知识的含义是不一样的，它不是关于外部世界的知识，而是关于我们人类实践的知识，即应该做什么的一套道德规范的知识。由于这样一个表既包含了概念，又包含了概念的体系，所以它能为未来形而上学的"所有契机乃至这些契机的秩序"提供指示。这里，"契机"和"契机的秩序"与"基本概念"和"基本概念的体系形式"正好是相对应的。下面康德提示：

对于这些说明我这里提出几点。

也就是说，下面的三点都是为了说明这个范畴体系为未来形而上学所提供的方法论提示的。

第一点：这个表包含有四个门类的知性概念，首先可以被分为两个部门，其中第一个部门是针对直观（纯直观以及经验性直观）的对象的，第二个部门则是针对这些对象（要么是在它们的相互关系中，要么是在与知性的关系中）的实存的。

这一点首先要说明的是这个范畴表的划分方式。这个表是成体系的，有一种体系的形式，那么这个形式是否随意的呢？不是。首先它包含四大类，量、质、关系、模态；这四个门类又分成两个部门，前两个属于一个部门，后两个属于另一个部门。前一部门由量和质构成，针对直观对象，但量的范畴针对纯直观对象，质的范畴针对经验性直观对象，二者虽有区别，但就它们都针对直观对象而言，它们都归于一类，属于第一部门。第二个部门是由关系和模态构成的，它针对的不是直观对象，而是对象的实存（Existenz），这里有点区别。关系和模态都是针对对象实存的，实存就是在世，就是处于关系之中。所以这里实际上有两种关系，一种是对象的相互关系，这就是由关系范畴处理的；一种是与知性主体的关系，这是由模态范畴来处理的。前面讲过，模态范畴所涉及的是客观对象和主体的关系，比如说，可能的、现实的和必然的，这三个范畴对同一个对象都可以用，这个对象的知识并不因为你用了哪个范畴而有所增加或减少。康德在后面讲到，观念中的一百元钱与现实中的一百元钱都是一百元钱，并不是说现实中的一百元就是一百零一元，观念中的就只有九十九元。就其内容来说都是一百元，关键在于它们与主体的关系不同，你有没有现实的一百元钱，还是只有可能的一百元钱，还是必然会有一百元钱，这是很不一样的。总之，客观的知识没有变，还是一百元钱，但对主体来说却有三种不同的关系，有三种不同的评价，所以它们也属于对象的实存，即对象对主体的关系。所以这里讲的"实存"就是指在各种关系中的存在，具有各种内容的具体存在。今天讲的"存在主义"（Existenzialismus）其实就是"实存主义"，也译作"生存主义"，不过它是讨论人生在世的伦理问题的。实存，在西文里面，一般来说呢代表一种具体的存在，一种实实在在的存在，一种多样的、杂多的、具有内容的存在。我们今天讲的存在主义，也就是说生活中间的杂多的内容，这跟 Sein 不一样，Sein 也是"存在"，但是比较抽象的，一般存在是比较抽象的，这里我们翻译成"存在"。Dasein 呢比 Sein 又要具体些了，我们翻译成"存有"，在海德格尔那里我们翻译成"此在"。Dasein 在康德这里就相当于 Existieren，其实在海德格尔那里也是一样，两者有类似的含义，就是比较具体的、杂多的具体存在。这里讲直观对象的"实存"，就是强调它的具体内容。一个是它们之间的关系，那就有很多方面了，首先是实体和偶性的关系，再就是原因和结果的关系，再就是万物相互联系的交互关系。还有一方面就是对象在作为观察者的人那里的模态，一种我们把它看成可能的或不可能的，一种看成现实的和非现实的，一种看成必然和偶然的，这也是实存在我们面前呈现出来的各种不同的状态。它们都属于对象的实存，也就是对象到底是"怎么样"的。前面一类范畴呢是说对象"是什么"，首先你面对一个直观对象，它是什么。这个是什么主要从两个方面来看，一个是它的量，一个是它的质，量和质都属于对象本身的一种规定。那么这四个门类的知性概念，四大类十二个范畴，两两相对，可以分成两个大的部门，一个是针对着直观的对象的，一个是针对直观对象的实存的。如果说第一部门的量和质关心的是"对象是什么"的问题的话，那么第二部门的关系和模态所关心的是"对象如何"的问题。现代"存在主义"（虽然海德格尔本人不赞成这个术语）就是不再关心对象"是什么"，而只关心对象"如何是"。当然康德还是认为"是什么"的问题更为基本，在此基础上才能谈到"如何是"的问题。

　　我将把第一个部门称之为**数学性的范畴**，把第二部门称之为**力学性的范畴**。如我们所看到的，第一部门没有相关项，只有在第二部门中才遇见相关项。但这一区别必定在知性的本性中有某种根据。

　　这一段中的"部门"原文均为"门类"，与上文对不上号，我们据 Schmidt 改正。就第一部门说，我们是从量和质来对对象本身加以规定的，在这里，量是最基本的，所以叫作"数学性的"范畴。当然在黑格尔看来，质才是最基本的，量不是"是什么"的问题，而只是"有多少"的问题。但在康德心目中，要确定一个对象"是什么"，首先要从量上加以确定，"有多少"才决定了"是什么"。这是从当时牛顿的机械论力学中来的，康德受其影响认为，精密科学最基本的是定量分析，质只不过是量的一种体现而已。当时科学家都认为质是由于量的不同而造成的，他们用原子论和机械力学的眼光理解宇宙万物。虽然道尔顿的原子论是后来产生的，但原子论思想早就在流行了，这种思想认为我们所感到的性质，如色彩、声音、气味等等，都是由于它们背后的原子分子的量和结构的不同而导致的，最后总可以归结到广延、形状、数量、运动的速度和方向等等的不同。所以要建立一门精密科学，首先要定量化。在现代自然科学中，定量化还是有强大的影响，精密实证的自然科学还是建立在定量的基础上的。如果建立在定性的基础上，那就很难精密化了，事物的性质总是很难确定的，除非你把它还原为量的规定。只有在黑格尔那里，还有大陆传统形而上学如胡塞尔和海德格尔，才把量的规定看作只是一种性质的表现方式，认为量不是绝对的东西，而是质的表现。康德则仍然把量和数学看作一门科学的基本标志。所以他把第一部门称为数学性的范畴，第二部门称为力学性的范畴，这很有些模仿牛顿的《自然哲学的数学原理》的思想，即把科学看作数学和力学的结合。康德认为，对一个经验对象本身的规定可以归结为量上的精密规定，质也可以作为量来规定，所以它们是数学性的；只有通过数学性的规定把对象本身确定下来了，下一步才能规定这个对象和其他对象之间的关系，以及和主体之间的关系，这种关系着眼于主动者和受动者，所以称为力学性的。数学和力学在当时是两门被公认为成熟的科学，康德虽然把哲学看作是这两门科学的根据，而且反对用数学的方法来处理哲学问题，但他在自己的体系中引进这种划分，还是无形中受了当时这两门科学的影响。但尽管如此，我们还是要避免一种常见的误解，认为他这里谈的就是数学和力学，认为前一类范畴就是研究数学的，后一类范畴就是研究力学的。不是这样的。其实这两类范畴都是研究自然科学如何可能的，整个分析论都是要解决自然科学如何可能的问题。当然自然科学本身就有两个层面，它与数学有非常紧密的联系，但尽管两者分不开，数学在自然科学中和数学在纯粹数学中还是不一样的。数学在纯粹数学中的原理康德在先验感性论中已经解决了，在自然科学中数学只不过是一种"应用数学"的原理。比如说"广延"在自然科学里面好像是一个数学问题，广延的大小好像是个定量的问题，占据多少空间的问题；但在康德看来这后面有一个力学的问题，因为广延是由排斥造成的，要把广延当作一种力来研究，广延是吸引和排斥达到均衡的体现。所以广延的大小取决于排斥力和吸引力在哪一点上达到均衡，广延缩小说明吸引力占优势，广延扩大说明排斥力占优势。所以康德这里把第一部门称为数学性的范畴，第二部门作为力学性的范畴，这不是讲数学和力学本身，而是具有更高层次的方法论的意义，它们都指向自然科学的对象。所以我们这里有意不译作"数学的"和"力学的"，而是译作"数学性的"和"力学性的"。这种划分并不是着眼于数学和力学本身，这一点在其他地方，例如在《判断力批判》中，就看得更加清楚。康德在那里也采用了这一对范畴，如"数学性的崇高"和"力学性的崇高"，前者给人一种扩张感，后者给人一种威胁感，这里并没有谈数学和力学。当然与数学和力学也不是毫无关系，"数学性的崇高"立足于量的尺度，惊人地巨大；"力学性的崇高"立足于力量，令人恐惧地强烈。但这里都是借用，并不真的在谈数学和力学。康德在这里对范畴的分类也是如此，数学性的和力学性的范畴借此在对自然事物的研究层次上有了区别。这一区别在外部形式上表现为第一部门没有相关项，第二部门则是成对的范畴。第一部门的两个门类即量和质的范畴中，虽然前两个范畴单一性和多数性、以及肯定性和否定性都有相反的性质，但它们不是相关项，因为当理解一方的时候，不需要把另一方面也拿出来理解。例如拿单一性和多数性来说，没有多数性，单一性也可以成立，而没有单一性,多数性也可以成立。所以宇宙的构成究竟是单一的还是复杂的,可以形成一个二律背反,每一方可以自圆其说,单独成立。但相关项就不一样了,你不能说只有原因没有结果,不能一派坚持原因另一派坚持结果。你在谈原因时已经在谈结果了,没有结果哪有原因呢?没有结果的原因不是原因。二者不可分离、互相依赖,这就是相关性。所以第一部门没有相关项,第二部门则有相关项,它的范畴都是一对一对提出来的。后来黑格尔在《逻辑学》中也做了这种区分,"存在论"中的范畴都是一个一个的,没有相关项,"本质论"中的范畴都是一对一对的,有相关项。这显然有康德的影响在里面。康德还指出:"这一区别必定在知性的本性中有某种根据"。当然这还只是他的一种猜测,到底有什么根据,他并不清楚。这种根据在后来的黑格尔那里才明确揭示出来,黑格尔把这种层次区分看作是人类理性思维发展历史过程的不同阶段。人类思维发展越来越复杂,而且有一种向自身回转的倾向。当你一味地向外部世界挺进的时候,那些范畴是一个一个的;当你有一个反思,反过来进入到本质的时候,你就会发现万物的本质都包含着自相矛盾的方面,自相矛盾的范畴则一定是成对地出现的。数学、力学都是从人类理性的本性中发展出来的,而不是相反。你可以用人类理性的特点解释数学和力学的区别,但你不能反过来,用数学和力学的区别来解释知性的特点。所以康德此处只是猜测到这种区别源于知性的本性,到底有什么根据,他说不出来,他只说是他从知性的本性中发现的,是从那里引出来的,如此而已。

第二点。每一门类的范畴处处都是同一个数目,即三个,这同样令人深思,因为通常凭借概念所作的一切先天划分都必须是二分法的。

康德的范畴表一目了然,每一组都由三个范畴组成,这在当时是很特别的。因为一般讲逻辑的人都采取二分法,人们认为,如果要使一个体系完备,就既要看到正面,也要看到反面,如果你正面反面都看到了,那就叫作"全面"，否则就叫作"片面"。所以凡是讲到逻辑，就要讲"是"或"否"，正和反都要顾到，这就有了概括性和普遍性了。这就是一般形式逻辑的思维。我们今天也是这样讲的，讲优点缺点，成绩和失误，光明面和阴暗面，有时候还要定出个"量"来，讲"三七开"或"四六开"，"九个指头和一个指头的关系"，以为这样就是"辩证法"了。其实完全搞反了，这恰好是"形而上学"，即形式的思维。但在康德的体系的划分里，他提出一个大胆的设想，把范畴安排成三个一组，并说"这同样令人深思"。他在《判断力批判》导言的最后，开列过一个高层能力的表，那个表也是按照三分法排列的，他还为此作了一个长注，说明这种划分是"植根于事物的本性中的"，是基于对概念进行"综合"的要求。① 总之，三分法相对于二分法从逻辑上说是一个大胆的创新。当然三分法自古以来就有，如基督教的"三位一体"学说，但那通常是本体论意义上的，一旦涉及到逻辑，一般都采取二分法。康德提出的这一新见"令人深思"，从康德以后，哲学家们就习惯于从三个方面对事物的逻辑关系进行探讨了。其中第三个方面往往是独立的，并非可有可无的，只考虑正面反面就太简单化了，没有第三个方面，反而在逻辑上是不完备的。你们以后也应当注意到这一点，在写论文的时候，如果你对一个问题进行了正面和反面的分析，不要以为就完事了，应当在此基础上提出一个更高的观点，把正面和反面都纳入一个更高的观点之下，把它们双方都把握住，才算是完成了一个逻辑体系。否则就会像在日常生活中那样，我同意这种观点，拒绝那种观点，我不但要看到优点，也要看到缺点，我要发扬优点，改正缺点，等等，那太简单化了，等于什么都没有说。一个人的优点和缺点是不可分的，甚至他的优点往往就是他的缺点，你怎么发扬、怎么改正？他是一个活生生的充满矛盾的人，问题在于如何把握住他的矛盾并从这种矛盾中走出一条发展的道路来，这就需要对正面和反面进行综合，找到

---

① 参看《判断力批判》，第 33 页。

第三项。我们做研究不是把一堆东西分成好的和坏的两部分就完了,这种研究缺少学术价值。第三项比正面和反面都高,它本身就是那两个对立面后面的东西,是那两个对立面的承担者和携带者,是"事物自身"。就像黑格尔所讲的,人们认为不存在第三者,形式逻辑的排中律就是不允许第三者,要么是正 A,要么是负 A;但黑格尔说"A 本身"就是第三者,它既可以是正的也可以是负的。当然,进入到这个层次,我们的思想就不只是停留在逻辑的层次,而是深入到本体论的层次了,你要找到逻辑背后的承担者,你岂不是进入到本体论层次了吗?康德的先验逻辑与以往的形式逻辑的一个很大的不同,就在于它是"三统一"的,即逻辑、认识论和本体论的统一。它已经不仅仅是形式上的逻辑了,而且是内容上的逻辑,本身就是认识论,也是本体论。这就是三分法里面所包含的深层含义。当然康德本人并没有阐发到这个程度,这是后来的人如黑格尔才发挥出来的。除了三分法之外,所分出来的三个范畴的关系康德在这里也点出来了。

此外还可注意,第三个范畴到处都是由该门类的第二个和第一个范畴的结合中产生出来的。

即第三范畴是前两个范畴"合二而一"的产物。"合二而一"倒过来也可以说是"一分为二",康德倒是更强调"合",即综合,这种结合并不是现有两个东西的简单相加,结合本身是一种力量,那两个东西被纳入到这种力量中,成为了这种力量的体现,没有这种力量,二者是结合不起来的,要合也只是外在的合。所以第三项有必要独立出来成为一个更高的第三范畴。这就点明了三个范畴之间的确定的关系,其中有某种规律性,即第三个范畴能否结合前两个范畴,如何结合前两个范畴,要从前两个范畴的含义去理解,第三范畴应当既可以理解为第一范畴,又在某种意义上可以理解为第二范畴,它应当具有双重含义。

下面是就四大门类的范畴如何结合的具体说明:

于是，**全体性**（总体性）被看成不过是作为单一性的多数性，**限制性** B111
无非是与否定性结合着的实在性，**协同性**则是一个实体在与另一个实体
的交互规定中的因果性，最后，**必然性**只不过是由可能性本身给予出来
的实存性。

　　"全体性"这个概念其实就是指"单一的多数性"，也可以说是一种
多数性的单一性（统一性），即第三个范畴只不过是作为第一个范畴的第
二个范畴。我们理解全体性时的确是这样，如果是形成不了一个统一体
的多数性，只是零散的一大堆，那么这一大堆还不能说是全体性，它可能
还有不足，还可能掺杂别的东西，还构不成一个统一体或单一体（"统一
性"和"单一性"德文均为 Einheit）。如果这个多数性成了统一体，是单
一的、特定的了，你可以给它命名了，这时它就成为全体性了，就像一个
球队，可以作为一个"单位"参加比赛了。所以全体性或总体性这个概念
里面包含两个方面，一方面它是自成体系的完整的对象，另一方面这个
完整对象内部还可以分成各部分，既是可分的又是完整的整体性的东西。
其次，"限制性"包含有否定的意思，斯宾诺莎说"一切限制和规定都是
否定"嘛。你在限制的同时必然采取了否定的行动，即有些东西必须排
除，不能纳入进来。但在限制时又不仅仅是否定，也有肯定，即我只肯定
这一点，排除其他的，这就叫限制。所以限制性就是在肯定性的基础上
进行否定，你所限制的究竟是什么东西，你必须提供出来，在这个范围内
排除不是的东西。所以限制性不等于全盘否定，什么都否定了就无所谓
限制了。限制就在于否定了一些东西而肯定了另外一些东西，而所要否
定的东西有哪些，是以所要肯定的东西为标准而划出来的。"肯定"在康
德的范畴表里属于"实在性"，归于"质"的范畴。质里面总是既有肯定
也有否定，所以它是一种限制性的东西，我们常说对一个东西除了定量
以外，还要"定性"，就是对它的质进行限制。定性就是限制，从逻辑上说，
对概念下定义就是对它进行限制，如"种加属差"的定义就是如此，我们
说"人是有理性的动物"，"动物"已经提供出来了，你要说"人是动物"

也行，但定性不精确，人的本质还没有说出来。必须对"动物"这个概念加以限制，即是特指"有理性的"动物，其他的动物不算。再次，"协同性"（Gemeinschaft）这个德文词的意思本来是"共同体"的意思，这个共同体不是指共同之点，不是共同之处，也不是"共相"，而是共同的相互交往、相互作用，这样一个动态的共同体。这个词也可以理解为"社会团体"、"协会"，它不是一个东西，而是一种活动，一种交互作用关系。所以也有人译作"交互作用"、"交互性"。但这个词本义就是协同性，包含相互沟通、相互交流，包含一种动态的关系。所以要理解协同性必须有一个前提，就是组成这个协会的是一些实体，而不是偶性或属性，每个成员都必须是实体。如果每个成员不是实体，不是独立的，那就不是协会了，那就是一个官僚体制或等级制度了。所以实体之间是相互平等的，它们的交互关系也是平等的关系，而不是一个隶属于另一个（如实体和偶性之间）或决定另一个（如原因对于结果）的关系。所以实体之间如果说也有一种因果关系的话，它也不同于通常的因果关系，而是一种交互的因果关系。通常的因果关系也是建立在实体关系上的，但它并不表现为两个实体之间的关系，而只是表现为一个实体的各种偶性之间、或者一个实体和另一个实体的偶性之间的关系，一个实体可以是另一个实体的偶性的原因，但不是另一个实体的原因。所以因果关系它是单向的，一个实体可以发出一个偶性，也可以影响另一个实体的偶性，但偶性却不会反过来影响这个实体，因为偶性只是附属的性质，不具有发生影响的主动性，只有实体才有这种主动性。我的昨天是我的今天的原因，这是建立在它们都是同一个"我"的实体上的；我这样做是使他那样的原因，也是因为仅仅把他看作是"我"的受动的对象，他只是在偶性上成为了我的结果，但作为实体，他并不是我的结果，我也并不是他的原因。反之，如果我把他作为一个实体来决定他，成为他的原因，那么他就肯定对我有一种"反作用"，也反过来对我这个实体有一种决定作用。所以在两个实体之间的因果关系肯定是一种交互的因果关系。你作用于它，它也是一个实体，那么它对这种作用就有一种抵抗力,牛顿的反作用力定理就说明了这一点。任何实体之间的因果关系都是互为因果关系,你成为它的原因,它也成为你的原因。如果不从这个角度考虑,你只是作为一种原因,使它有某种性质的改变,那么它的性质不会主动成为你的原因,而只是你这个原因的单纯结果,因为性质本身没有独立性。但是,当它反作用你时,它就是以实体的身份作用于你的,而不只是实体的某种性质了。所以协同性作为实体之间的关系必须引起一种交互关系,互为因果性。协同性既以实体性为前提,又有因果性,但与实体性和因果性都不同,只有把两者结合起来才能理解协同性的意思,即一个实体与另一个实体之间的因果性就是协同性,即一种交互的因果性。最后,必然性是由可能性本身所给予出来的一种现实性或"实存性"。一般说的可能性是抽象的、泛泛而谈的可能性,而没有考虑这种可能性是否能实现。如黑格尔所说的,抽象可能性是指任何事情都是可能的。太阳明天从西边升起也是可能的,如果他只是说有可能,而不说肯定会是现实的,也不说这是必然的,你就无法从逻辑上反驳他,你只能说让事实去反驳他,但事实是否就能反驳他你并没有把握,只是一种信念而已。所以这种抽象可能性的范围是无限广阔的,但也是没有多大意义的,它只是一种逻辑上的可能性,即逻辑上的不矛盾性。凡是逻辑上不矛盾的就都是可能的,但这种形式逻辑上的可能性不解决任何问题。在科学中我们要求的不是抽象可能性,而是现实的可能性。当然科学首先要求的是现实性,对已经发生的事情加以解释就是现实性,但科学除了追求实事求是以外,还要追求规律,追求普遍性,追求一种超越于既成事实上的东西,这就要求一种可能性。这种科学所追求的可能性就不是抽象的可能性。抽象的可能性太容易了,如果一个科学家只满足于抽象可能性,他就不配当一个科学家,科学家所要求的可能性是有现实性作基础的,如果你能够通过现实的研究推测太阳明天从西边出来的可能性,比如由于地球磁场的偏转,或者小行星撞击等等,那就是一种现实的可能性了,而由这种可能性本身给出来的现实性那就是必然性了。必然性不一定都是"事后诸葛亮"，它也许还没有实现出来，但它实现出来的可能性足够大，也可以看作是必然性，可以断定它必将实现。这正是科学所追求的，这种必然性比那种到手的现实性甚至更有价值，因为它揭示了普遍规律，由此你就可以预测和掌握自然的发展方向。科学家所做的最重要的工作就是设计一个实验，这时需要假设，要有丰富的想象力，同时又要有具体实现这种想象的全面的现实知识，包括在以往实验中积累下来的大量经验，还要考虑到现有的仪器设备和资料能够给你在哪些方面提供方便，使你能够采取什么样的途径。你必须把天才的想象力和可操作的实验手段结合起来，就像胡适讲的"大胆假设，小心求证"，或者波普尔所说的"猜想与反驳"，这就是对必然性的发现，是科学的根本目的。所以必然性的两个环节就是可能性和现实性，是假设与求证，猜想与反驳。所以经过必然性的综合而统一起来的可能性和现实性，与原来的抽象可能性和作为单纯事实的现实性都不同了，它们都被提升到了一个更高的层次。从以上所列的四大门类的第三范畴来看，它们其实都是前两个范畴结合起来的产物。从概念的含义上我们已经可以看出，实际上每个第三范畴里面的意思都分为两个方面，或者说都有双重含义，就是前面两个范畴的综合。那么，既然如此，第三个范畴是否就仅仅是一种派生的范畴呢？是不是就没有必要单独提出来，而可以归结为前两个范畴的关系了呢？对此康德予以坚决的否认。

　　<u>然而不要以为，第三范畴因此就只是纯粹知性的一个派生的概念，而不是它的主干概念了。</u>

　　前面康德已经有过类似的说法，他说有很多概念是派生出来的，有的是与直观结合而派生的，有的是范畴之间结合而派生的。那么这些第三范畴是否也是派生的呢？康德认为不是。范畴与范畴结合固然可以派生出概念来，但这些三个一组的范畴，它们之间决不是派生的关系，他特别强调这第三个范畴是独立的范畴，它们绝对不是无关紧要的，而是与前面两个范畴的地位同等重要的。实际上他认为第三个范畴与前两个范

畴相比更重要,因为它代表一种综合的力量。在认识论中康德更重视综合,认为知性的先天综合能力才是认识论的最高原理。所以对于认识论来说,第三个范畴至少应当看作一个主干范畴。他说:

因为第一和第二范畴为了产生出第三个范畴而结合起来,这需要知性的一个特殊的行动与在第一和第二个概念那里实行的行动是不同的。

也就是说,虽然第三范畴是由前面两个范畴结合而来的,但从知性形成这些范畴的"行动"来看并不是简单地把两个范畴加在一起就完事了,而是需要"知性的一个特殊的行动",也就是一个综合行动,它所造成的不是两个概念的和,而是融合成了一个新的概念。这个行动与造成前两个范畴的行动有什么区别? 造成前两个范畴的行动都还属于分析性的行动,正面和反面,肯定和否定,这是对任何事物一分析都可以看出来的。但第三个范畴恰好就需要把正面和反面结合起来,不是把随便什么东西结合起来,而正是要把恰好相反的东西结合起来,因而不是单纯地加在一起,而是要中和它们的矛盾。所以这一行动与前面两个范畴的行动都不一样,由此说明第三个范畴不仅仅是一个主干范畴,而且甚至是一个更重要的概念,在层次上更高。前两个概念在层次上还是平级的,第三个概念则是对它们的自觉的反思和综合,克服了它们的片面性。这一点黑格尔后来发挥得淋漓尽致,他认为第三个范畴不仅仅在层次上更高,而且反过来,前面两个范畴只有作为第三个范畴的两个不同环节才能得到真正的理解。在第三个范畴出现之前,对前两个范畴的理解只是表面的;但第三个范畴出现以后,前两个范畴就被看作了第三个范畴的两个环节了,而在这一背景下我对前两个范畴的理解就深化了。所以黑格尔经常讲,第三个范畴是前面两个范畴的"真理",它回过头来使我们更透彻地理解了前面两个范畴。在这种意义上,第三个范畴的层次更高,它是全体,而部分只有在全体中才能得到真正的理解。孤立的东西是无法理解的,或者只能随便与其他东西联系起来理解,这种理解肯定是模糊的、不确定的、不完整的。部分只有在全体中它的真正性质才显露出来。

第三个范畴是全体，其他两个范畴是它的两个环节、两个契机。这种理解在康德这里当然还没有达到，但在有的地方也有这种萌芽，如讲到协同性时他特别讲到，从协同性、交互关系的角度，能够更加切地理解实体性和因果性；而反过来，要理解协同性又要有对实体性和因果性的理解作为前提，这好像是一个循环的过程。我们今天称之为"解释学的循环"：你要理解全体，必须先理解部分，而要真正理解部分，又必须借助于对全体的理解。所谓解释学的循环其实就是辩证法，在康德这里已经有这种苗头了，但并没有明确地发挥出来。下面用两个例子来解释这种特殊的知性行动是一种什么样的行动。

所以，一个**数目**（它属于全体性范畴）的概念并不是在凡有多数性和单一性概念的地方就总是可能的（例如在无限的表象中），或者，当我把一个**原因**概念和一个实体概念两相结合时，还不能马上由此而理解到如同一个实体可能成为另一实体中某物的原因那样一种**影响**。

一个数目总是可以看作一个全体性的，但它并不是简单的由多数性和单一性相加的产物，例如"无限"这个表象就可以看作一个全体，一个"总数"，但它里面就没有什么单一性，因为它永远也不可能一次性地总和完毕。所以康德在前面所说的"全体性（总体性）被看成不过是作为单一性的多数性"在这里就打了折扣，它只是一般的说法，其实只有把这个"单一性"再加上别的意思，例如理解成一种综合的"统一性"①，一种统摄能力，才能够成立。康德在 1784 年给舒尔茨的信中对此作了更详细的解释："尽管第三个范畴确实是通过第一个和第二个范畴的联结产生的，但并非仅仅通过合并，而是通过这样一种联结，这种联结的可能性本身构成了一个概念，这个概念就是一个特殊的范畴。因此，第三个范畴有时不能在前两个范畴适用的地方运用。例如，未来的一年和多年是现实的概念，但未来年代的总体却是未来的永恒的一个集合性统一，它被

① 前面已指出，德文"单一性"和"统一性"均为 Einheit 一词。

思考为整体（似乎已经完成了），但实际上却不能被思考。""例如 quan-tum, compositum, totum [限量，复合，全体] 这些概念就属于单一性、复多性、总体性这些范畴。然而，把限量看作是复合，却不能得出全体的概念，除非限量的概念由于复合而被看作是可规定的。而这却不能以任何限量，例如以无限的空间为开端。"① 这里所讲的"联结的可能性"、"集合性统一"、"限量的概念由于复合而被看作是可规定的"，都是指把"单一性"范畴改造成一种综合统一的行动来说的。同样，协同性的产生也不是简单地把实体性和因果性结合起来就完成了的，因为这种结合也可以理解为同一个实体本身在其偶性变化中的前因后果，而不是"一个实体可能成为另一实体中某物的原因那样一种影响"。实体本身无非是在时间中的持存性，从因果性来看这也可以看作它始终是自己的原因，自因。它在前面的一瞬间是目前一瞬间的原因，而目前又是下一瞬间的原因，但由此并不能马上理解到两个实体之间的因果关系。我们完全可以说，这个实体的所有变化不定的偶性都是以这个实体本身为原因的。但是在两个实体之间，一个实体成为"另一个实体中的某物"的原因，此处"某物"是泛指，可能是另一实体的某种性质，或者是它的一部分，只要是"影响"到另一实体，成为它的原因，那就必须要加上一种综合的能力才能理解，即把两个实体综合成一种交互的关系。在上面所引的给舒尔茨的信中康德也谈到："就实体的规定性来说，交互性就是实体互相之间的因果性。但是，一个实体的规定性可以从另一个实体中产生出来，则是人们完全不能预先假定的东西，而是属于联结的东西，没有这种联结，物体在空间中的任何互相联系都是不可能的"②。康德在这封信里还多举了一个必然性的例子，并且用三段论推理中的大前提、小前提和结论之间的关系来说明这三个范畴之间的关系，即大前提是普遍，小前提是从特殊上

---

① 《康德书信百封》，李秋零编译，上海人民出版社 1992 年版，第 98、99 页。
② 《康德书信百封》，李秋零编译，上海人民出版社 1992 年版，第 98 页。

升到普遍,结论则是从普遍下降到特殊。结论显然是综合了大前提和小前提的结果,它表达的是"一个特殊的、部分地也是原初的概念"①。后来黑格尔把这种关系归结为"普遍、特殊、个别"的关系,个别是对普遍和特殊的能动的综合,这就清楚多了。由此也可以看出康德对黑格尔的影响。但康德的表述还不是很清晰,他只是说:

由此可见,这方面需要有一种特殊的知性行动,其余的范畴也是这样。

这种"特殊的知性行动"究竟是一种什么行动,他并没有说得很清楚。他是要留到后面的范畴的先验演绎中去说,他在那里指出这种行动就是自我意识的统觉的本源的综合统一。

第三点。唯有一个范畴,即处于第三项之下的**协同性**范畴,它与逻辑机能表中与之相应的形式即选言判断的一致性并不像在其他范畴中那么突出。

B112

"协同性"这个范畴是最有问题的,最容易引起误解。这个范畴是康德所发明的最有深意的范畴,在康德以前,逻辑学家们还未讨论过这个范畴。对前面那些范畴都有过讨论,比如说,是不是要把单一性归入全体性之下,限制性和肯定与否定之间的关系等等,还有可能性、现实性和必然性,以前的逻辑学家们都有讨论。唯独"协同性"没有人讨论过。当然布尼茨也谈到过"协同性",但他不是作为逻辑学的范畴来讨论的,而是作为本体论概念来讨论的,用来解释他的"前定和谐"的学说。康德很自豪自己提出的这个范畴,但也担心别人会对这个范畴产生误解,所以需要对它加以特别的说明。其他的范畴,第三个范畴都可以看作是"中间范畴",它既是这又是那,既是第一范畴又是第二范畴;但协同性很难说是第三范畴或"中间范畴"。当然康德所理解的中间并不是处于中间

---

① 同上书,第99页。

的意思，而是它本身构成一种综合的力量，能够把前两个范畴统摄起来，就此而言协同性范畴与其他第三个范畴是一样的。但它与选言判断之间的一致性并不像其他范畴与相应的判断一致"那么突出"。其实岂但不那么突出，而且简直就是相反，即协同性范畴与选言判断的意思完全相反。因为选言判断的"选言"（disjunktiv）的本来意思就是"分离"，分离就是不协同，怎么会引出"协同性"范畴呢？其他如实体性对应的是定言判断，这很好理解，因为定言判断是一个主词一个宾词，实体无非是只能做主词而不能做宾词的概念，宾词就是实体的偶性；因果性对应的是假言判断，"如果……那么"，"如果"是假定的原因，"那么"是推出的结果。但选言判断却分出许多选言支，就是说，一个事物的可能的原因有很多选择，但这里的"可能"与假言判断中的可能又不一样，后者是漫无边际的可能，你随便找一个原因，它就可能有个结果。但分离的判断则不同，它有一定数量的可能的原因，真实的原因肯定在这个数量的可能的原因之中，但不确定是哪一个。所以它只能确定数者必居其一，不是这个就是那个。在这里，不管有多少个可能的原因，它们都构成一个整体，就是说，如果你要找原因，只能在这一堆可能的原因里面去找，除此之外没有别的。当然只能找出一个，选言判断得出的结论是只有一个选言支为真，其他选言支为假；但其他选言支为假，并不说明它们在里面就不起作用，它们起的作用是引导我们寻找原因的方向，不必到别处去找。例如你所观测到的一颗行星是太阳系的九大行星之一，到底是哪一个不清楚，但肯定在这个范围内。所以这个范围就具有引导我们的研究方向的作用，在一个真理的构成过程中它们起了积极的作用，共同构成了一个可能真理的领域，在这个领域之外不可能有真理。所以，各个选言支在我们进行的判断还未得出真理的结论时构成一个不可分的整体，它们一个也不能少，否则就不可靠了，就有可能漏掉真正的真理。选言判断所确定的就是划定了一个范围，必须在这个范围内寻求真正的原因。假言判断和选言判断的区别就在这里，假言判断不划定范围，你碰到什么原因就是什么原因，然后从这个原因中得出结果；而选言判断它不是一次性的，它是两次或多次性的，首先你要找准范围，把它们看成一个不可分的整体，所以它不能直接得出结果，而要进行筛选，才能最后得出正确的结论。因此，选言判断之所以是选言的，其实是因为它着眼于各个选言支相互之间的有机构成和不可分性。一般人只看到选言判断是分离的判断，它有很多"假如"，各个"假如"之间是相互排斥的，它们怎么会"协同"呢？所以协同性范畴与选言判断的对应关系就不像其他范畴与相应判断之间的关系那么明显，也就是说，如果把协同性一般地理解为共同性，只有相互结合，没有分离，那么它与分离判断的关系就很难对应起来。所以"协同性"范畴是分离中的协同性，具有辩证性质。它的本来意思当然是共同性，但不是铁板一块的共同性，而是一个协会，其中每一个人都是独立的，是由独立的公民自愿结成的一个公民社会，他们相互之间不是隶属关系，而是平等的关系。为了说明这一点，康德做了如下解释。

为了保证这种一致性，我们必须注意：在一切选言判断中，它的领域（即所有被包含在它之下的东西的集合体）都被表现为一个分成各个部分（各个从属概念）的整体。

选言判断的所有各个选言支构成一个领域，这个领域是各个选言支的集合体。"它被表现为一个分成各个部分（各个从属概念）的整体"，这里的"从属概念"不是相互从属，而是它们都从属于这个领域，就像每个公民都从属于共同体，但每个公民都不是相互从属的，而是独立的，它们是各个部分构成的一个整体。

并且，由于一个部分不能包含在另一个部分之下，所以它们被认为是相互**配合**的，而不是相互**隶属**的，以至于它们不是像在一个**系列**中那样**单向地**一个规定一个[①]，而是如同在一个**集团**中那样**交互地**规定（如果

---

① "一个规定一个"，原译作"互相规定"，不确，兹改之。

设定了划分的一支，则排除其余各支，反之亦然）。

　　每个部分都是独立的，但不会成为一盘散沙，这是因为，每个部分都有一种相互配合的特点，也就是我们常说的社会公德。公民社会的公民，当他具有公民意识时，他同时也就具有了社会公德。就是说，他之所以成为一个独立的个体，在于他要意识到他与他人的关系是一种相互配合的关系，而不是主人和奴隶的关系。非公民社会中它的个人就缺乏社会公德，他总以为自己是主人，他人是奴隶，或者他人是主人，自己是奴隶。他不认为自己是独立的。所以在非公民社会里，人与人之间的关系是相互隶属的关系，而在公民社会里，人与人之间是平等地相互配合的。在选言判断中也是这样，各个选言支不是隶属关系，而是相互协作、相互配合的。所以它们不是在一个"系列"中"一个规定一个"，不是你规定我，我又规定下一个，你压迫我，我再压迫更弱小的；而是"交互地规定"，像在一个"集团"中那样。"集团"可以看作如同社会的自由公民的聚合体，它不完全像一个有机体。我们常说"国家是一个有机体"，但西方国家从古希腊开始的那种城邦制国家关系并不像一个有机体，倒是东方国家更像一个有机体。东方家族式的国家关系是一个有机整体，每个部分跟全体有一种不可分割的关系，牵一发而动全身。其中每个家庭都是一个细胞，一个小国家，而整个国家是一个大家庭。但西方的城邦社会是聚合起来的，就是说，这些人本来是不相干的，如移民国家就是四面八方的人跑到一个地方，建立起一个城邦，为了交易，为了交往，按照平等原则组成一个国家，当然奴隶排除在外。这就是古希腊的国家。罗马共和国更是如此，最初就是一帮人跑到那里，由两兄弟发起，"我们来建立一个国家吧"，搜罗来自五湖四海、甚至来历不明的人一起组成一个国家，这就是聚合体。在聚合体中，人与人之间没有一种隶属关系，不像一个大家族那样，全体服从家长、族长、酋长。所以东方社会更像一个有机体，古希腊罗马社会则是一个聚合体。"如果设定了划分的一支，则排除其余各支，反之亦然"，这就像产权关系，古希腊罗马的产权非常明确，如果设定了一个人的产权，那么其他人对此都不具有产权，不能染指于其中的。这就是聚合体的原则。如果这一支为真，那么其他各支都为假，反之亦然。这一支为真，并不是说它就独霸了，在事情没有弄清楚之前，所有各支都有同样的权利，都可能为真；但预先必须假定，只要其中一支为真，其他就都为假。这就是"选言"的意思，即其中必选一支。假如选出的是两支，则说明这个选言判断的设计不严密，就像产权不明确一样，亦公亦私，化公为私，我的就是国家的，国家的就是我的。如果设计严密则只可能有一支，如果一支被确定了，那么其他都是假的，这是一条逻辑原则。就像排中律，不可能有第三者，非真即假。

于是，在一个**诸物的整体**中也被认为有类似的联结，在这里并不是使一物作为结果**从属于**作为其存有的原因的另一物，而是同时并交互地作为在规定它物方面的原因而被**配备**起来的（例如在一个物体中，其各部分之间交互吸引而又交互排斥），

此处"诸物的整体"之所以要打重点号，是因为前面讲的都是逻辑，这里要讲的是认识论和本体论了，前面讲的是概念，这里要讲事实了。前面讲对形式逻辑的选言判断的理解，但是协同性范畴讲的已经不是抽象的逻辑判断形式，而是范畴，是有关对象的可能性的知识，范畴所针对的是物，是对象。形式逻辑的选言判断被用于对象的知识，就得出了协同性范畴，而协同性范畴正是要表达事物、对象之间的联结，所以说"在一个诸物的整体中也被认为有类似的联结"。与什么"类似"？与选言判断的联结类似。在诸物的整体中，其中的一物并不是作为结果从属于另外一物，即从属于它的原因。相反，诸物的整体里面有各种各样的物，它们之间的关系不是单纯因果的从属关系，当然也有因果关系，但不是一种固定的从属的因果关系，"而是同时并交互地作为在规定它物方面的原因而被配备起来的"。本来应该是"前因后果"，但在诸物的整体中，它们是"同时"的，并且是同时"交互"地发生的。一般说因果关系不可

能是"同时的",它总是前因后果;但这里加上一个"交互地",这就好理解了。就是说,一个因果关系可以不同时,但两个交互的因果关系就可以同时进行,在同一个时候,你是他的原因,他也是你的原因,你是他的结果,他也是你的结果,这就可以同时互为因果。所以一物作为规定它物的原因,另一物也作为规定它物的原因,它们之间交互地、同时地"配备"起来,因为它们之间是对等的,在诸物中每一物都是对等的,都是作为规定它物的原因而被配备起来的。"例如在一个物体中,其各部分之间交互吸引而又交互排斥",这是康德所举的自然科学的一个典型例子。关于吸引和排斥,康德在《自然科学的形而上学基础》中讲得很详细。吸引和排斥是同时交互地存在的。我们设想如果不是同时有吸引和排斥,那么一个物体就不会存在,要么它就会爆炸,要么它就会缩小成一点。它之所以成为一个"物体",甚至一个世界之所以成为一个世界,既没有爆炸也没有消灭,就是因为在诸物的整体中,每一物与其他物之间保持着一种既吸引又排斥的关系。牛顿力学也讲到这一点,所谓万有引力,为什么所有的物体不会往一个中心掉下去,为什么会保持在一定距离上,就是因为引力和排斥力达到了平衡。一旦不均衡,那么整个世界都会垮掉。要么爆炸消散,要么压缩为一点,但这两种情况都是物质世界不可能的。虽然有人作过这种设想,比如莱布尼茨的"单子",可以设想为没有广延、即没有排斥力的点;但是莱布尼茨的单子如何从一个数学上的点变成物理学上的点,如果它没有广延,一个精神的单子如何能够也成为一切物体的单子,则是难以解释的。而在康德这里,他认为广延(或排斥)与吸引之间是不可分的,每一物对另一物同时具有广延和吸引,在广延和吸引的均衡点上才构成了万物。

这是一种与在单纯的原因对结果(根据对后果)的关系中见到的完全不同的方式的联结,在因果关系中,后果并不交互地规定根据,因此也并不与根据一起(例如世界并不与创世者一起)构成一个整体。

作为一个整体,每一个物体相互之间既吸引又排斥的这种交互关系与单纯的因果关系完全不同。因为因果关系中的结果并不反过来交互地又规定原因，原因在前，结果在后，后面的东西怎么能够规定前面的东西呢？那不是倒因为果了吗？这是不可能的，就像时间不能倒流一样。因果关系不能倒因为果，所以它不构成一个"整体"，而是构成一个"系列"。一个系列和一个整体是不一样的，它是线性的，前面规定后面，它有方向性，后面的总是从属的，不能反过来规定前面的。这里为什么举了一个"例如世界并不与创世者一起"构成一个整体的例子？因为在康德以前，很多人利用因果关系来证明上帝的存在，由此来说明上帝的性质。如托马斯·阿奎那关于上帝的宇宙论证明就利用了因果关系：凡事都有原因，所以整个世界也必有一个原因，那就是上帝。但这种证明其实并不能证明上帝，而只能证明曾经有一个最初的原因，类似于牛顿的"第一推动力"，它干完它的事就不管其他事了，甚至就不存在了。它不可能与现存的世界构成一个同时存在的整体。这就是"自然神论"的观点了，自然神论和无神论也相差不远了。"凡事都有原因"，这是充足理由律的原则，并不错。但是因果系列并不能由此被看成一个整体，如果要构成一个整体，那么这个整体中的诸物应该是交互地互为因果的协同性关系。这里我们可以体会到一种新的思维方式。我们通常以为把一些东西聚集在一起就成为一个整体了，其实不是的。聚集到一起的东西要成为一个整体，它们必须有一种协同作用，有一种交互关系，一种对等的作用关系。我们经常以为中国这么大，中国人很讲团结，但为什么面对外敌入侵时就是一盘散沙呢？每个人都守着自家门口那一点东西，结果任何一个家门口都守不住，只好任人宰割，就是因为缺乏协同关系，缺乏交往。国外有的社会学家和政治学家很犹豫，是否能够把中国称之为一个国家，一个民族，一个共同体。因为他们看不到任何协同性。下面对前面说的做一个总结：

B113　　知性在表现一个被分割的概念的领域时，与它在把一物思考为可分的时，所遵循的是同一个处理方法。

上面两段一个是在逻辑上讨论选言判断，一个是在认识论上讨论协同性范畴。当知性"在表现一个被分割的概念的领域时"，这是指知性的形式逻辑方面的运用；而"它在把一物思考为可分的时"，这是指它在认识论、因而在本体论方面的运用；而这两种运用"所遵循的是同一个处理方法"。我们前面看到，康德经常把形式逻辑和他的先验逻辑、也就是他的本体论相提并论，认为两者都出自知性的同一个机能。虽然在形式逻辑方面对概念进行划分，而不是从事实的角度进行划分，这是选言判断的角度；而协同性范畴则是从事实的角度针对一个物，把它思考为可分的；但这两个处理方式其实都是知性的同一个处理方式。所以协同性不是额外找来的，而是从选言判断里面引申出来的。把一个概念的领域思考为被分割的，就对应于把一物思考为可分的，而把一物思考为可分的就是把一物思考为协同的，因为"一物"已经是一个整体了，但是我又把它思考为可分的，当我把它思考为可分的时，我同时又把它看作是诸物的整体。一物里面包含着诸物，我是从整体的角度、从协同性的角度来思考它的可分性的，即它既是可分的，又是协同的。协同性好像考虑的是同的方面，其实它已经包含有异的方面、分的方面了；正如在形式逻辑中，选言判断好像是分离的，但实际上已经包含有整体性。协同性就是相互协作的意思，所以用康德的话说，它的各个部分是相互配合的，选言判断是在相互配合的意义上而相互分离的，相互分离才能相互配合，分工才能合作。这里对以往的形式逻辑的选言判断的理解做了进一步的深化，同时又引出了协同性范畴。协同性范畴的另一种表达方式就是交互作用。交互作用更直接、更明显地表达了交互的双方是对等的，是相互交换的关系。但交互关系又没有突出配合协同的关系。协同性则强调在分离、分工的状态下各方面相互配合的协同关系。不是大家和气一团，和气一团中包含不平等。它们不是和气一团的，而是每一方都是平等的，独立的，在独立的基础上互相协作，共同来干成一件事。

而且，正如划分的各支在被划分的概念中相互排除但又结合在一个

<u>领域中一样，知性也把一物的各部分想象为：每一部分都拥有其独立于</u>
<u>其他部分的实存（作为一些实体），但却又是在一个整体中结合着。</u>

这里讲的形式逻辑的选言判断是这种一种关系，这种关系是康德自己发挥出来的，以往的逻辑学家们还没有清楚地意识到，选言判断不仅仅是分离的，而且是配合的，是为了结合而互相排除。知性在实行它的先验逻辑的机能的时候，在它提出协同性范畴时是这样设想的："每一部分都拥有其独立于其他部分的实存（作为一些实体），但却又是在一个整体中结合着"，即它是独立性，它不像因果性，因果性可以被理解为一个实体是另一个实体的原因，但是如果仅仅是这样理解，那么后面一个实体就不独立了，就不是真正的实体了。所以严格说来因果性还不能说成是两个实体之间的关系。原因所能影响的只是那个实体的属性，你影响不到那个实体本身。实体的意思就是持存性，在一切时间中存在。就其存在而言，它是个实体。因果性能够影响实体的这样那样，但不能导致实体的产生，所以在实体性层次上不是真正的因果性，只有在属性的层次上才是因果性。实体之所以是实体，就在于它既不能产生也不能消灭。所以因果性还不足以解释各个实体之间的真正关系，它只能解释实体之间的属性层面上的关系。一个实体影响了另一个实体的属性，我们就说前一个实体是原因后一个实体是结果，比如我们说太阳晒，石头热；但其实太阳晒并不是石头的原因，只是石头热的原因，太阳晒并没有产生出石头，只不过导致石头热了，而石头作为实体，既不能产生，也不能消灭。它与太阳之间是相互独立的关系，这种关系就要用协同性来解释。诸物中的每一部分都应能被看作实体，实体之间以独立的身份相互配合，造成了我们这个世界整体，使得我们这个世界存在。整体如果没有各个部分相互配合，这种主动性和独立性的配合，那就不成为一个整体了，那就是一盘散沙。严格意义上的整体只有在交互作用中才能形成。我们在自然科学领域里面，所能要求的最终目的就是发现交互关系。交互关系是自然科学中最高的范畴。我们把自然界看成一个整体，如果我们能发现

这个整体中的交互关系，那就不需要发现别的东西了，一切都是交互关系。黑格尔在《逻辑学》中把交互关系看作是本质世界里面的最后范畴，也是最高范畴，恩格斯也把交互关系看作自然科学的最终目标，这都是从康德来的。协同性、交互关系是康德范畴表中量、质和关系这三类范畴中最后一个范畴，而这三类范畴构成整个自然界客观知识的范畴，模态范畴不属于此列，而属于主观范畴了。

§12.

前面§11.和这里的§12.都是康德对范畴表的进一步分析和说明。§11.是对范畴的划分方式和各范畴在范畴表中的地位及意义作了充分的说明，而§12.则针对外围的可能的误解做了说明。康德自诩他的范畴表是成系统的、完备的，不多不少恰好就是这些范畴。前面§11.主要说的是这些范畴不多，特别是第三范畴很有必要；§12.这里则主要说明这些范畴并不少，即没有遗漏。范畴表自从亚里士多德以来一直就有人在探讨其体系，但后人的探讨都基本没有超出亚里士多德。不过，在传统形而上学里面还有一些范畴没有包含在康德的范畴表里面，但又非常重要。由此可能产生一些误解，即认为康德的范畴表还不完备，还有待于扩充，应该把传统形而上学中被人们所公认的某些范畴加进来。所以康德在这一节中就专门来解决这个问题，即康德的范畴表与传统形而上学所理解的某些范畴是什么关系的问题。当然，康德的意图就是力图把这些有争议的范畴归结到自己的范畴表中，表明他的这个表不需要任何增加，能够包容一切。只要你发现的是真正的范畴，那就包括在他这个表中；如果你发现的并非真正的范畴，也能够通过他的表说明它们为什么是虚假的范畴。所以康德在本节一开始便说：

但在古人的先验哲学中还会碰到一个重要部分是含有纯粹知性概念的，这些概念虽然没有被归入范畴之列，但在古人看来是应该被视为有关对象的先天概念的，不过在这种场合下就会增加范畴的数目，而这是不可能的。

前面康德已经解释了，范畴表中每一个范畴都有其作用，而且形成体系，环环相扣，每一个范畴都有自己的位置，没有空缺，也没有多余。这样解释以后，这里却来了一个"但"，也就是有人会提出异议。"在古人的先验哲学中"，这是康德的一个特殊的提法，康德认为自己的哲学是先验哲学，即关于先验知识的哲学，这在古人那里也有，就是西方哲学史上传统的理性派哲学。自从柏拉图以来，西方哲学中就有先验论的传统，它与经验主义构成长期的对立和争论。这些先验论都是先验的实在论，主要是指唯理论哲学。所以康德这句话的意思就是说，自柏拉图、亚里士多德以来的古代先验哲学中有一个重要的部分，也就是传统的本体论部分，它是包含有纯粹知性概念的，这些概念也是有关对象的先天概念，而不是单纯逻辑上的一种判断形式，所以也应该算做先验的概念。这里的"对象"当然是指一般对象，先验的对象，包括康德所说的物自体。所以这些概念具有与先验范畴完全相同的性质，本应该划进康德的范畴表之列。但是康德认为这是不可能的。他认为自己的范畴表极其完备，不可能再增加任何范畴了。但康德必须面对可能有人提出的反驳：在古代唯理论中也有一些纯粹的知性概念，它们也是有关先验对象的，就像你的范畴表中的那些范畴是指向一般对象的一样，它们不能归入形式逻辑中，而具有先验的性质，所以你的范畴表也应该把它们都纳入进来。这就是康德所可能遇到的挑战。那么这些概念是什么呢？康德说：

摆明这些概念的是经院哲学家们中如此推崇的这个命题："无论何物都是一，是真，是善"。

旧形而上学认为，任何一个对象都必须有这三个方面，即单一性、真实性和完备性，这里的"善"就是"完善"，也就是完备无缺的意思，这是西方理性派哲学对柏拉图的"善的理念"的传统解释。德国学者让·埃尔岑指出："先验哲学在 13 世纪的开端首先是与一种认识兴趣联系在一起的"，虽然当时"'先验东西'这个术语尚未被使用"，但"'存在'、'一'、

'真'和'善'被称为'最先东西'(prima, the firsts)。"中世纪的大阿尔伯特、波那文都等人都有这种说法。① 那么，既然任何对象都可以从这三个方面来考察，它们就和康德所提出的范畴的入选标准相符合了，因为范畴也无非就是一些适用于对任何对象加以把握的最普遍的概念嘛。所以一、真、善这三个概念似乎也应该纳入到康德的范畴表中。当然，其中"一"在范畴表中已经有了，即单一性范畴，但还缺"真"和"善"。

尽管这条原则的使用从后果上来看（这些后果提供的纯粹是些同义反复的命题）成效非常有限，以至于在近代人们几乎只是出于礼貌才习惯性地在形而上学中把它提出来，

历来的经院哲学家和先验哲学家们都在利用这样一条原则，即"无论何物都是一，是真，是善"这条原则，来推断一个灵魂的存在，一个宇宙整体的存在，和一个上帝的存在。但在康德看来这种推断的成效非常有限，证明不了什么东西，虽然它们被看作有关对象的，但实际上纯粹是些同义反复、自我循环的证明。因为它们对这些先验对象只有一些逻辑上的概念，并不打算诉之于任何经验，所以并未超出逻辑概念的循环之外。对此康德在后面的先验辩证论中有详细的说明和论证，此处只是点一下。所以在近代，传统形而上学成为人类理性的耻辱，被人们所抛弃，谈论形而上学成了一件不光彩的事。所以人们只是出于对宗教和神学的敬畏，对形而上学保持一种表面的礼貌，并习惯性地把这一形而上学的命题提出来。但在康德看来，这一命题已毫无理论价值了，它作为经院哲学的一条原则解决不了任何问题，想要推断先验对象的属性更是白日做梦；但它又保持了这么久，那它一定有它的道理。那么这条原则是从哪里来的？人们为什么要想到这三个概念？康德说：

但一种长久保持下来的观念，尽管显得如此空洞，却仍然值得探讨

---

① [德]让·埃尔岑著：《先验哲学的开端》，曾晓平译，载《哲学评论》，第1卷，湖北人民出版社2002年版，第48、49页。

其起源，并有理由猜测它在某一种知性规则中有自己的根据，只是这根据如同常常发生的那样被曲解了而已。

康德虽然反对经院哲学，但并不是简单地把它抛在一边，而是本着一种纯粹理性的客观的眼光，哪怕这个原则没有道理，也还是要去追究人们提出这个原则的理由，并"猜测它在某一种知性规则中有自己的根据"。长期以来人们为什么会遵循它，肯定是有它的根据的；只不过因为它的根据被曲解了，它才在今天成了毫无用处的东西，一种空洞的教条。但是如果我们还原它的根据，我们就可以看到，如果不加曲解，这条原则本身还是有效的。当然在康德看来，如果不曲解，这条原则就可以还原为他自己的范畴，这正是他分析这些概念的目的。所以他下面就来进行这种还原工作。

B114　　这些被以为是**事物**的先验谓词，只不过是对所有**事物的知识**的一般逻辑要求和标准，这种知识的基础是量的范畴，即**单一性、多数性和全体性，**

康德指出，这些概念在那些经院哲学家心目中是关于"事物"即对象的先验的谓词，其实只不过是对所有"事物的知识"的一般逻辑要求，也就是说，它们并不是我们所要认识的事物的客观属性，而只是我们要认识任何事物在主观上必须预先具有的逻辑标准，也就是先验逻辑的标准，所以它们的基础无非就是康德范畴表中的"量"的范畴，即单一性、多数性和全体性。当经院学者们说"无论何物都是一，是真，是善"的时候，他们是指任何一个东西，不管是经验的还是物自体，都必须有这三个谓词来描述；这样他们就考虑，由这样一条普遍规则我们就可以对灵魂、宇宙和上帝进行规定，并把这种规定当作这些对象的属性，于是就产生了灵魂学、宇宙学和神学。经院哲学家们由此建立起一门自认为的科学，但这种"科学"在康德看来其实是伪科学。这里的"先验谓词"是指我先天地断言一个对象的属性，把谓词当作事物的性质先天地加在一个我没有任何经验的对象身上。这是理性派惯用的独断论手法，就是从逻辑上首先提出一个原则：一切东西都……，然后把这个普遍概念先验地加在某个对象上，尽管这个对象并没有给予我们，甚至永远也不可能给予我们。他们认为虽然这个对象超出了所有一切可能经验的范围，但我可以通过一种逻辑规则而先天地断言它的某种性质。所以这三个概念也都被以为是某种客观事物的先验谓词，可以把"一、真、善"先验地赋予客观事物。但其实这三个概念只是对有关对象的知识的先验逻辑上的要求，即它们使得一般对象的知识成为可能，但它们本身并不成为对象本身的规定，它们只是知识的规定，而不是事物的规定。当然它们在事物被把握住了以后，在经验对象作为知识被建立起来了以后，它们也可以看作对这个对象的规定，但之所以如此，并不是由于它们先验地规定了对象，而是由于它们先验地规定了对象的知识。所以如果没有知识被建立起来，它们的规定就落空了，因为对象的知识除了要有先验的规定之外，还要提供出经验的材料才有可能建立起来。因此把它们看作是单凭它们自身就建立起来的对象的谓词或属性，这就是误解了它们的性质。所以康德说：

　　然而，这些范畴本来必须从质料上被看作属于物本身①的可能性，而事实上却被经院学者们只在**形式意义**上当作属于一切知识的逻辑要求来使用，但又不谨慎地把这种思维的标准变成了自在之物本身的属性。

　　"这些范畴本来必须从质料上被看作属于物自己的可能性"，这个"本来必须"是就经院学者们的初衷和意图来说的，就是说他们本来想要把这些范畴看作自在之物的可能性，即：使得这些自在之物可能的本质属性，也就是上面一句中所说的，被他们"以为是事物的先验谓词"；然而事实上，他们只是把这些范畴作了形式逻辑的运用。形式逻辑和先验逻辑一样，当然也是"属于一切知识的逻辑要求"的，但却仅仅是形式上

---

① 原译作"物自己"（Dinge selbst），现为与下面"自在之物本身"（Dinge an sich selbst）一致而改之。

的要求,而不是内容上的要求。所以这只是真理的消极的条件,它们本身并不要求运用于某个对象身上,只是任何有关对象的知识都少不了这一标准而已。但如果只是限于这样,那还不打紧,顶多也就是推不出任何对象的知识罢了,在运用这些概念上倒不会出什么错误;但遗憾的是,他们又"不谨慎地把这种思维的标准变成了自在之物本身的属性",即自以为通过他们对这条原则的形式逻辑上的运用,他们就已经实现了他们最初的意图,即证明了对象本身的自在的可能性,因而对这些自在之物本身有了某种"知识"。他们就没有想到过,这条原则以及其中的这些概念本来是用来规定有关现象中的经验直观知识的可能性条件的,当你把它们在形式逻辑的意义上来运用时,它们就从先验范畴的层次退回到形式逻辑的判断形式的层次去了,即退回到单称判断、特称判断和全称判断上去了,而与对象的知识完全脱离了联系。但他们正因为形式逻辑不考虑有关对象的知识,而是一视同仁地运用于任何对象和概念上,所以就误以为它可以用来规定任何对象并获得对它们的认识,不论是经验对象还是物自身。所以他们是把形式逻辑的这种"思维的标准"当作了自在之物本身的属性了,这是"不谨慎"的,因为企图单凭形式逻辑就认识一个对象是不可能的。那么,单凭先验逻辑来认识一个对象是不是就可以呢?同样不可以,但这并不是因为先验逻辑也不管对象的知识,而是因为先验逻辑是指向经验对象的知识的,它只有经验性的运用而不能有先验的运用,所以它只有和经验性的材料结合起来才能构成对象的知识,而不能单独构成对象的知识。所以当经院哲学家试图把这些范畴"从质料上看作属于物自身的可能性"时,他们就走错了第一步,即这些先验范畴只能构成对象知识的可能性的形式条件,而不能构成对象本身的质料上的可能性条件;当他们把这些先验范畴只是在形式意义上来作形式逻辑的运用时,他们就走错了第二步,即误解了这些量的范畴本来的意义,将它们拉回到了形式逻辑的判断形式,与他们所想要论证的对象的知识完全脱离了关系;而当他们"不谨慎地"把这种形式逻辑化了的标准再当作自在之物的属性时，他们又走错了第三步，即独断地用一些形式逻辑的概念和论证来断言对象的实在性质。下面追溯他们犯错误的原因，主要就是追溯第二步错误的原因，康德认为在某种意义上这个原因是情有可原的，其他第一步和第三步所犯的错误都是由于武断和不谨慎，唯有第二步是由于先验范畴和形式逻辑概念虽然不是一回事，毕竟有着内在的关联。所以他说：

因为，在对客体的每个知识中都存在着概念的**单一性**，只要我们在它之下所想到的仅仅是对知识的杂多进行总括的那种统一性，例如在一出戏剧、一场演说、一个故事中的主题的统一性，我们就可以把它叫作**质的单一性**。

这里先就"单一性"来分析。他这里说的是"在对客体的每个知识中"的"概念的单一性"，说明这里是从知识的**逻辑**层面或**概念**层面来谈单一性的，而不涉及对象的单一性或知识的单一性。在这种单一性中，我们不考虑经验，不考虑对象，就只考虑概念。虽然是对客体的知识，但是在每个客体的知识中都在概念本身中有一种单一性。什么样的单一性呢？"只要我们在它之下所想到的仅仅是对知识的杂多进行总括的那种统一性"。在德文里，"单一性"和"统一性"都是同一个词 (Einheit)，但在汉语中这两个词意思是不同的。我们可以把单一性称之为"小一"，把统一性称之为"大一"。统一性是把很多东西统一起来，因此可称之为"大一"；单一性是单纯的，没有很多东西，比如说莱布尼茨的"单子"，它没有外延。而统一性必定有外延，你把什么东西统一起来，必须加以确定。不过这两种"一"也有内在的联系，就是说，越是单一的东西，没有外延的东西，越是能够对更大外延中的东西加以统一，因为它越具有普遍性和涵盖性。例如在一出戏剧、一场演说、一个故事中的主题的统一性就是这样，这个主题之所以能够贯穿一切，对戏剧等等加以统一，把它的杂多情节总括起来，就是因为它本身是一种"质的单一性"，即它是简单明了的，没有被一些细节所模糊、所支解，而是所有的细节都是附在它身上使它丰满起来的。这种统一性是使一出戏剧成为一出戏剧的主题，缺了它，一出戏剧就不完整，就支离破碎，不成为一出戏剧了。我们通常把统一性理解为一个容器，一个大箱子，将各种乱七八糟的东西装进去。这是我们中国人所习惯的理解，就是大一统，没有什么原则，反正就是要统起来，一锅大杂烩也行。但在德国人看来，一个统一体之所以可能是由于它有一个唯一的单一性原则，它是内在的统一性，而不是外在强制的大一统。但这样一来，这种单一性就不再被理解为"量"的范畴了，而是一种"质"的单一性，或质的统一性，就是相对于各种在质上不同的杂多东西能够贯通一切的那种单一性。这就偏离了"单一性"这个范畴的最初的意思了，它的最初的意思是指认识对象在量上的单个性，是表明有关对象的知识的可能性条件的，因此被称之为"范畴"。但现在，单一性不再涉及有关对象的知识本身，而只涉及这种知识的概念的逻辑性质，即看它是不是能够贯通其他那些在质上各不相同的概念，这样，它就从一个有关对象的知识的范畴而转变为一个概念的逻辑属性了。例如我们在对客体的知识中总要形成一些概念，如"人"、"马"等等；但在每个概念中，就概念本身而言，它都存在概念的单一性，就是说每个有关对象的知识的概念都是由各种东西统一起来的一个东西。"人"这个概念我们可以从中分析出"有理性的"、"能劳动的"、"会说话的"等等，它包括很多杂多的东西；但从概念的意义上说，它们都统一为"人"这个概念。这种单一性不涉及一个人还是很多人，还是所有的人，而只涉及"人"这个概念的质的单一性，内涵的而不是外延的单一性。所以任何一个东西的知识，它要成为一个东西，都必须要有一种统一性把杂多的东西拢起来，在这个意义上它总是单一的，就此而言，经院哲学的那条原则"无论何物都是一"是可以成立的。但是，这种成立只是肯定了一条形式逻辑的原则，形式逻辑在对一个概念下定义时，首先要确定这个概念是单一的，它必须有一个唯一的意义，能够贯穿它的所有的成分，这是形式逻辑的要求。对于任何一个概念，当然也包括对任何一个知识的概念，形式逻辑都要求它有概念的清晰性、唯一性,定义一下,这个概念就澄清了,再不可能有歧义了。这种单一性就叫作质的单一性,它不是量,如果是量就涉及到感性了,涉及到时间、空间了,就要用来规定一个对象了。但质的单一性不是用来规定对象的,而是用来规定概念的,概念本身必须要是单一的。所以这里的单一性与范畴表中的单一性层次不同,它是被当作形式逻辑的规则,绝对不能当作一个本体论的规则或认识论的规则,它只是我们进行概念处理时的一种技巧。单一性的问题就这样被解决了,"任何物都是一"这个原则所提出的,只不过是我们在进行概念定义时的第一个要求,即概念必须是单一的、唯一的。

其次是结论上的**真实性**。从一个给予的概念中得出的真实结论越多,这概念的客观实在性标志就越多。这可称之为属于一个共同根据、即属于一个概念的那些特征的**质的多数性**(这些特征并未在该概念中被思考为量)。

"无论何物都是真",这里开始解释第二个概念:"真",还是从概念上来解释。你给我一个概念,从这个概念中,通过分析,我得出的真实结论越多,那么这个概念的客观实在性标志就越多。注意这里的"真实结论"是指逻辑上的真命题,而与对象的知识无关;所以这个概念所具有的只是"客观实在性标志",而不是直接的"客观实在性"。逻辑上的真只是客观实在性的标志,任何客观实在性都必须具有这一标志,违背这一标志的肯定是不真实的,但这一标志还不是客观实在性本身,即合乎这一标志的也未必就是客观真实的,它只是一个必要条件,而不是充分条件。这一条可以说是前一条的逆命题,前一条是说,一个概念越是单一,它就越是能够涵盖更多的结论;这一条是说,从一个概念中越是得出更多的真实结论,这个概念就越是具有更多客观实在性的标志,就越是具体。前一条强调概念的普遍性,这一条强调概念的特殊性。客观知识的实在性,所谓"经验性的实在性",总是特殊的,所以它们的客观实在性的"标志"也是特殊的,但这种标志只是在逻辑上说的,只是就概念的性质而言。凡是真实的知识都具有这种概念性质，但具有这种概念性质的并不都是客观真实的知识。所以经院哲学认为包含有"存在"概念的"上帝"概念比不包含有"存在"概念的"上帝"概念有更多的真实性，由此推出对上帝存在的本体论证明：上帝作为一个最真实的概念，它不可能不存在，这就是用逻辑的法则偷换了认识论和本体论的法则。逻辑上的真还不等于事实上的真，这种逻辑上的真顶多"可称之为属于一个共同根据、即属于一个概念的那些特征的质的多数性"，也就是对一个概念的理解很丰富，很具体。这样的概念在它面对丰富具体的经验对象时可以应付自如，所以可以成为客观实在性的标志；但并不说明它所指称的对象就是客观实在的。所以逻辑上的这种多数性只是指概念内涵的丰富性，而不是作为量的范畴的多数性，因此并不涉及对于对象的规定。如果真要涉及对象的知识，那你就要给它定量，这是康德一个很重要的前提。你要认识任何对象，你就要把对象当作现象来看待，当作可能经验来看待，而可能经验首先的一个要求就是必须定量化，放在量里面来考察，这也是近代自然科学的第一个要求，在牛顿的《自然哲学的数学原理》中已经表达出来了。如果你不能定量，你只是泛泛而谈，如一个"上帝"的概念，一个"最完满的"概念，人家就会问"在哪里"，"什么时候"，"有多久"，"有多远"等等，你就回答不出来，就只能停留于空谈。所以把量的范畴转化为一种质的概念是经院哲学家们的一个技巧，他们不谈量，只谈概念的性质，一个概念推出的真实结论越多，它就越真实。他们不管概念的量的规定，只管概念中所包含的东西是多还是少，比如"存在"也可以归结为一个属性，不是从量上来理解，存在于哪些地方、哪些时候，而是理解为一种性质，又把这种性质归于上帝的概念，就说上帝概念肯定包含有上帝的存在，否则上帝的概念就会自相矛盾：连存在都不具备的上帝概念怎么能说是一个最完满的概念呢？要使它不自相矛盾，就必须把"存在"当作上帝这个概念中的一个分概念，一个真实的结论，你要形成上帝这个概念，就必须把存在考虑进去。所有的各种概念如全在、全能、全知、全善,这些性质我们都把它归结为上帝,以上帝为根据,那么这些特征就具有质的多数性,但不是量的多数性。这就是"无论何物都是真"这一命题的来历。一切事物,只要它是事物就包含有真,因为至少它是存在的;但从逻辑上来说,当"存在"被理解为一种概念的结论,即一个"真命题"时,它就成了一种概念的属性,一个谓词,与其他谓词就处于并列关系中。于是诸事物的概念就按照这些谓词的多少而被排列成一个真实性的等级,事物在每个等级上所获得的那种质的多数性规定了它在这个等级序列中的位置,较少真实性的东西以较多真实性的东西为前提,因而较不完满的东西以较完满的东西为前提。上帝当然是最完满的概念,在上帝之下,各个不同等级的事物的真实性是不一样的,包含真实性越多就越完满,包含真实性越少就越不完满。但是少到什么程度呢? 少到至少有一点,它们是"存在的",这是最起码的了。任何一个事物都是真的,因为它是存在的。所以"无论何物都是真"。但"真"的等级又不一样,所以真的标准是一个概念所形成的真实结论的多数性。

第三,最后还有**完善性**,它就在于反过来把这个多数性一起归结到概念的单一性,并使之与该概念而不是任何其他概念相一致,这可称之为**质的完备性**[①] (总体性)。

这一条分析"任何事物都是善"。西方人与中国人对"善"的理解不同,一般说来,我们认为善就是好的品德,善良的行为,做"好人好事"。但西方人不这样认为。在柏拉图那里,最高的理念是"善"的理念,就是完善、完备无缺的意思,无所不包的意思。中国人讲的"止于至善",就是讲排除一切私心杂念,一心为公,就达到至善了。但对西方人来说这还不完备,你把人的幸福都排除了,只剩一个赤裸裸的道德原则,怎么能说是完善呢? 它缺得太多了。你可以说它是最高的善,但不是完善。康德就认为道德上的最高的善还不是真正的至善,不是完善,它不完备嘛!

———————————————

① 　原译作"完善性",为与"多数性"、"单一性"打通,改译作"完备性"。

要达到完善，还必须有与这种道德相配的幸福，"善有善报"，这才是完善，才是至善。当然康德认为在现实生活中这种至善是不可能达到的，善有善报、恶有恶报是极少见的偶然现象，所以只有诉之于来世和上帝的公正审判才能达到至善。完善这个概念总是和上帝概念不可分的。完善性的概念是第三个概念，是"合题"。前面两个概念一正一反，一个单一性，一个多数性，而完善性就是完备性，就是总体性或全体性。那么，完善性就在于"反过来把这个多数性一起归结到概念的单一性"。所谓"反过来"，就是在更高的层次上回复到起点，经过多数性之后，单一性就不再只是单纯性，而是具有丰富内容的统一性了，它是所有这些内容的"总体性"。这个总体性如何形成的？不是外在地用一个铁箍把所有的内容捆在一起，而是使这些多数性的内容"与该概念而不是任何其他概念相一致"，使单一性成为多数性的一条内在原则。当然这还是一种形式逻辑上的概念关系，如果要从本体论上来理解，那就归结到一个上帝概念的单一性以及由此形成的总体性，即各种不同等级的真实的东西都与上帝概念相一致，由此获得它们的真实性，上帝概念是衡量事物真实性程度的唯一标准。所以上帝这种单一性实际上已经是最高完善性，是最完备的东西，它由多数性上升而来，反过来又可以衡量所有这些多数性的真实性程度、等级，越是接近上帝的越是完善，越远离上帝就越不完善。但上帝不是高高在上的，它存在于一切事物中，就连最低级的事物中也有上帝，所以"无论何物都是善"，只是等级不同。凡存在的东西都是上帝的作品，有的更完善一些，有的更不完善一些，而包容一切的完备性就是上帝。这种完备性就是"质的完备性"，而不是量的总体性。但这种本体论的理解在康德看来是不成立的，是对形式逻辑的概念关系的一种误用。所有这三个概念在经院哲学的本体论中都是一种误用，所以康德在下面总结说：

B115　　由此可见，一般知识的可能性的逻辑标准使这三个量的范畴发生了改变，在这些范畴中，量在产生中的单一性必须被看作是无例外地同质

592

的,而在这里,只是为了把那些**不同质的**知识也联结在一个意识中,就通过作为原则的某种知识的质而转化了这些量的范畴。

"一般知识的可能性的逻辑标准",知识本身是关于对象的,但一般知识的可能性有逻辑标准,即形式逻辑的标准。逻辑标准使范畴发生了改变,也就是形式逻辑使先验逻辑发生了改变,虽然是运用先验逻辑的范畴,但由于仅仅从形式逻辑上来运用,就使范畴发生了改变。本来量的范畴在产生中的单一性是被看作是同质的,不同质的东西是无法计算量的,"单一性"(Einheit)这个概念还有一个意思就是"单位",单位就是对同质的东西的一种确定,一谈到量就必须确定它的单位,就是必须确定它的同质性。而在经院哲学中,"只是为了把那些不同质的知识也联结在一个意识中",不同质的知识也就是性质上、概念的内涵上不同的知识,只考虑性质,不考虑量,如这个概念和那个概念性质上不同,在量上不可通约,但可进行同或异的比较以及层次的比较。为了把它们联结在一个统一的意识中,"就通过作为原则的某种知识的质而转化了这些量的范畴",作为原则的知识的质就是指在层次上更高的质,它可以作为层次上更低的质的"原则",也就是"类"和"种"的概念。比如说单一性在这里就是要追求一个能够概括杂多概念的更高的"种"概念,追求"多中之一"。这种多中之一已经不是量的范畴了,它已经"转化"为质的概念了,不是量的单一性而是质的单一性。当然这一套操作都是形式逻辑上的,如康德在后面"先验辩证论"中谈到先验理念的调节性运用时说:"那些单个物的多种多样性并不排除种的同一性,多个种必须只被当作少数类的各种不同的规定来处理,但这些类又还必须由更高的种类来处理,如此等等,所以一切可能的经验性概念的某种系统统一性就这些概念可以从更高更普遍的概念中推导出来而言是必须去追求的:这就是一条经院派的规则或逻辑原则,没有它,理性的任何运用都不会发生"[①]。但康德在

---

① 《纯粹理性批判》A652=B680,第512页。

那里同时也指出，这样一条"类的逻辑原则如果要应用于自然（我在此把自然理解为仅仅是那些被给予我们的对象）之上，就是以一个先验原则为前提的。按照这条先验原则，在一个可能经验的杂多东西中必然预设了同质性（虽然我们不能先天地规定这种同质性的程度），因为没有这种同质性，任何经验性的概念、因而任何经验就都会是不可能的了。"① 就是说，经院哲学家们之所以运用这条形式逻辑的原则，实际上并不是限于形式上的概念分析，还是要把它运用于自然界的经验对象，但这就必须预设一个先验的理念，即一切可能经验的杂多东西中必然具有"同质性"。但这一点恰好是经院哲学家所忽视的，他们只关注概念的质，而不关心由同质性所建立起来的量的关系，因而不可能建立起经验性的概念和经验知识。所以康德认为，对"无论何物都是一，是真，是善"这条经院派的原则其实只限定在概念与概念之间的逻辑关系上，在自然界中的运用只不过是一种误用，它并不像真正的范畴那样可以由此构成知识。

所以，一个概念的（而非概念之客体的）可能性的标准就是这种定义，在其中，概念的**单一性**，从概念中可以直接派生出来的一切东西的**真实性**，以及最后，从它里面引出的东西的**完备性**，乃是为了产生这整个概念所需要的东西；

"一个概念的（而非概念之客体的）可能性的标准"，这是就形式逻辑而言的，所以他特别强调不涉及"概念之客体"。那么，概念的可能性标准也就是指形式逻辑的标准，即一个概念要符合什么标准才有可能，这就是要对概念下一个充分的"定义"，任何概念都要有一个充分的定义才有可能。而这个定义必须满足三个条件，即"种"的单一性（统一性），属差的真实性，以及从最近的属差到最远的属差的完备性。例如我们对"人"下定义："人是有理性的动物"，其中"动物"就是"人"的概念里面所包括的单一性，是"种"，我们也说"人是一**种**动物"或"人是动物的一

① 《纯粹理性批判》A654=B682，第 513 页。

种"。但是，是怎样的一"种"呢？如果你只说是"一种"动物，"人"这个概念还是空洞的，还只是划定了一个大范围，属于"动物"，但"人"这个概念的真实性还没有出来，所以还必须加进属差："有理性的"。"人是有理性的动物"，这就是对"人"这个概念的一个"真实的"定义了。但这个定义还只是一个本质定义，"有理性的"只是一个最近的属差，其实还有许多别的属差可以把人跟其他动物区别开来，所以本质定义虽然本身可以给这个定义带来真实性，但是还不能说是完备的定义。要作出完备的定义，就必须把另外一些真实的定义全都纳入进来，比如说"人是能说话的动物"、"人是政治的动物"、"人是能使用工具的动物"等等。如果你把所有这些定义都找到了，那么对于"人"这个概念你就有了完备的了解。这些都是形式逻辑所要求的，形式逻辑在运用于任何一个有关对象的知识时，对于它的概念都有这三个要求，即单一性、真实性和完备性，在下定义时就已经体现出来了。只有满足这三个要求，一个概念才能说是在逻辑上清晰的。但形式逻辑的这一要求并不是一次性的，而是包含有一种向前回溯的趋向，即趋向于一个概念的系统或链条。例如"人是有理性的动物"这个定义，我们之所以说它是清晰的，是由于我们已经假定"动物"这个概念是清晰的；但是如果有一个人不明白什么是"动物"，那么对于他来说这个定义仍然是不清晰的，这就必须先要对"动物"概念下一个清晰的定义，并且以此类推，可以无限地上溯。所以按照形式逻辑的这三个要求，其实任何一个单独的概念都不可能达到真正清晰的定义，它必须追溯它这个定义之所以可能的条件，而最终只有在一个无限的条件系列中，每个概念才能真正达到完全的清晰性。这就涉及到理性的一条逻辑原则，就是康德在后面"先验辩证论"中对纯粹理性的一般逻辑原则所说的："如果有条件者被给予，则整个相互从属的条件序列（它本身是无条件的）也被给予（即包含在对象及其联结之中）"①，也就是说，

① 参看《康德三大批判精粹》，第204—205页；《纯粹理性批判》A307=B364。

必须追溯条件的条件，以至于追溯到最后那个无条件的序列总体。但这个总体显然超出了我们的一切可能知识的范围，它只能是一个**假设**的"理念"。这就是康德为什么在这里接下来就谈"假设"的原因：

就同样，就连**一个假设的标准**，也是所假定的**解释根据**的可理解性或这根据的**单一性**（无须辅助假设），从中派生出来的各个结论的**真实性**（诸结论相互一致及与经验一致），以及最后，解释根据对于这些结论的**完备性**，这些结论不多不少，正好返回到在假设中曾假定了的东西，以后天进行分析的方式重新提供出曾先天综合地想到过的东西并与之相一致。

在这里，康德所谓的"假设"可以理解为理性在形式逻辑的条件追溯中所趋向的一个最高的无条件者或总体性的概念，也就是一个理性的先验理念。其实当经院学者提出"无论何物都是一，是真，是善"这一原则时，他们心目中正是想着这样的先验理念，即一切有条件者的全部条件的总体性概念，并用这种概念来解释如灵魂、宇宙和上帝之类的概念，也就是把这种逻辑上的理念误当作本体论上的客观对象了。但如果排除这种误解，如康德在后面先验辩证论中所做的，那么这些理念还是有它们的逻辑上的效用的，即引导知性的经验知识不断趋向于完善和系统的统一。所以这种假设也必须有它的三方面的"标准"，即首先，它作为一个用来解释一切有条件者的"解释根据"必须具有"可理解性"，即它是合理地推出来的，不是胡乱插进来的；当然这样合理地推出来的解释根据就只能是"单一性"了，也就是一个"无须辅助假设"的假设，它就是最后的绝对统一性和总体性了，再不需要其他的条件来对它加以解释了；如果还需要其他的"辅助假设"，就说明它还不是真正的无条件者，而只是条件序列中的有限的一环，而这也就不需要进行假设，而只要继续推论就可望达到它，它也就不能够解释一切条件，而是本身还需要解释了。之所以需要一个假设，正是由于它是唯一的、最高的、因而是无法达到的那个无条件者。其次，它必须具有"从中派生出来的各个结论的真实性

(诸结论的相互一致及与经验一致)"。这个假设既然是一个本身无条件的条件总体，或者说绝对的无条件者，那么从中派生出来的结论当然就是以它为条件的那些有条件者了，这些有条件者既然都是从它派生出来的，当然也就会按照它的单一性原则而一贯下来，相互没有冲突地保持一致，并且能够"与经验一致"，因为只有逻辑上一贯了才有可能与经验一致。虽然形式逻辑并不考虑经验问题，但是当它从任何一个有条件者推出无所不包的绝对的条件总体这个假设的时候，它当然是把经验包括在内的，因为一切经验都是有条件者。所以这个假设是把一切有条件者、一切经验都包括在自身之中，并由它们来获得自己的"真实性"的。最后，它必须具有"解释根据对于这些结论的完备性"，就是说，这个本身无条件的条件总体既然是"总体"，它当然就必须无一遗漏地把所有的有条件者和它们的条件都包括在内，把它们都作为自己的结论推论出来，或者说成为它们共同的解释根据；"这些结论不多不少，正好返回到在假设中曾假定了的东西，以后天进行分析的方式重新提供出曾先天综合地想到过的东西并与之相一致"，因为这些结论恰好就是构成那个总体性的全部解释对象的，所以当你把这些结论一一完备地作为那个假设的结论而推出来时，你不过是把本来就包含在这个假设中的东西、也就是曾被这个假设所假定的东西展示出来而已，所形成的无非是一些"后天分析"（尽管康德没有用过这个词）的命题，就是把这个假设所"先天综合地想到过的东西"再一个个说出来而已。康德在我们上面所引的那条纯粹理性的逻辑原则后面有这样的说明："而纯粹理性的这样一条原理显然是综合的；因为有条件者虽然与某个条件分析地相关，但并不与无条件者分析地相关。这就必须从这条原理中再产生出知性在只和可能经验的对象打交道时根本不知道的一些综合原理，对可能经验的知识和综合总是有条件的。"① 绝对无条件者这个假设当然是通过综合而获得的，所以这

---

① 参看《康德三大批判精粹》，第 205 页；《纯粹理性批判》A307=B364。

条逻辑原则，即任何有条件者都必须以一个本身无条件的条件序列总体为前提，也就是"充足理由律"原则，当然就是一条先天综合原理；但是这条原理一旦成立，那么从这个充足理由推出它的所有的结论就是分析性的了，因为否则它怎么叫作"充足理由"、怎么叫作"绝对的条件总体"或"完备的解释根据"呢？但要注意的是，所有这些综合与分析，"解释根据"或条件总体，都是建立在逻辑假设之上的一种说法，并没有给我们增加任何实际的知识，而只是使可能有的知识能够有一种自身一贯性或一致性而已。于是康德的结论是：

——所以，通过单一性、真实性和完备性的概念，先验范畴表根本没有得到什么补充，仿佛它还缺少什么似的，而只是由于把这些概念对客体的关系完全置于不顾，这些概念的运作才被纳入到使知识与自身一致的普遍逻辑规则之下来。

B116

传统形而上学的这三个概念只不过是把康德范畴表上的前三个范畴（单一性、多数性和总体性）通过去掉它们对客体的关系，使之成为形式逻辑"使知识与自身一致"的规则中的三个要求，也就是任何一个理性推理所要求的普遍性、特殊性以及整个推理链条的完备性的要求。所以它们已经完全改变了它们的性质，不再是先验逻辑的范畴，而变成了形式逻辑的推理法则。就此而言，它们根本没有补充康德的范畴表，而只是在形式逻辑的推理中提出了一些概念运作的法则，这些法则能够使各种知识在概念方面保持与自身的一致，并按照这种一致而向无限的方向进行扩展，从而趋向于全部知识的最大统一性。这就是康德在后面所谈到的纯粹理性的理念对于知性知识的最大统一性所具有的调节性原理，但这种原理只是主观的逻辑运用的原理，而不能当作客观的超验原理，也不能当作先验的构成性原理，否则就会导致先验的幻相，产生出一系列的伪科学来。所以最后这句话其实还没有说完，其潜台词应该再加上一句："同时又把这种规则不谨慎地当作了有关对象的知识。"就是说，你把它变成了一条单纯形式逻辑的规则了，但同时你又把它看作是一种形而上学,一种有关对象的先验知识或者超验知识,这就是不谨慎了。传统形而上学的失误就在这里,你把这种规则当作形式逻辑的规则是没有错的,但是你不要混淆,不要把形式逻辑上讲得通的东西当作是有关客观对象的知识,把形式逻辑的处理方式当作先验逻辑的范畴,更不能把这种概念作先验的或超验的运用,去得出某种有关上帝、灵魂等等的"知识"。所以康德是一边清理旧形而上学的糊涂概念,一边在这里对这种形而上学有一种隐含的批判,当然正式的批判是要到"先验辩证论"里面才全面展开的,这里主要还是维护他的范畴体系的完备性和充分性。

［范畴的先验演绎］

§13.一般先验演绎的原则

这次课我们讲"范畴的先验演绎"。先讲"一般先验演绎的原则"。为什么要先讲"一般先验演绎"?康德的讨论方式往往是这样的,就是说往往从"一般"的概念开始,把它搞清楚,然后再深入到具体的对象,具体的所要探讨的问题。我们可以看看下面的第 14 节的标题"向范畴的先验演绎过渡",讨论了"一般的"先验演绎以后,再转过来具体针对着范畴表,他这个范畴表这么多范畴,我们要对这些范畴进行先验演绎。从一般到个别,到具体,这个是康德的通常的思维方式,论证的方式。所以这个第 13 节是"一般先验演绎的原则"。那么这个一般的先验演绎表现在何处? 有很多情况之下是需要先验演绎的,不仅仅是在范畴的场合之下。所以康德一开始就举出了一个法学的例子,举了法学领域里面的一些探讨的例子。当然还有伦理学方面的例子,这个地方他举的是法学的例子,他说:

　　<u>法学家在谈到权限和越权时,把一桩法律诉讼中的权利问题和涉及
事实的问题区别开来,而由于他们对两方面都要求证明,这样,他们把前
一种证明,即应阐明权限或合法要求的证明,称之为**演绎**。</u>

　　"演绎"这个词就是从这里引出来的。这个词在德文里是 Deduk-
tion,它的本意是"引导"、"疏通"。那么用到哲学上来,作为一个哲学术
语呢,就是要寻求一件事物的根据,并且通过这个根据呢,把一件事物合
理地推导出来。这个跟数学里面的演绎,跟逻辑学里面的演绎呢,有一
点点不太一样,但精神上面是一致的。逻辑学上的演绎,就是你给我一
个前提,那么我遵照一定的方式,比如说三段论式,把结论推出来。这样
一个过程就叫作演绎的过程。那么在康德的《纯粹理性批判》里面,他
更强调的是这个根据是如何得来的? 我们把这个根据敲定了以后,那么
从这个根据顺理成章地推出来就具有了合法性。但是康德的着重点,是
更着重于对根据的寻求、反思。不是说,所有的根据,你给了我,我就要
用它们来进行演绎推论,不是的。他要推敲根据的合法性。所以在法学
里面,他就要区分两种问题,一种就是权利问题,一种是事实问题。在
诉讼中要区分权利问题和事实问题。从事实问题中,当然也可以进行演
绎。我们在审理案件时也要面对事实问题。比如说有一个事实问题在
那里:张三在案发时是不在现场,还是在现场? 如果这一点被确定了,那
么由此我就可以演绎出,或者推演出,他可能有一种什么情况,要么他可
能是犯罪嫌疑人,要么他就被排除了。这也叫作一种演绎。这是在经验
中,我们通过一种逻辑推演,从事实出发来进行推演。但是,这个刑事犯
案的问题不属于权利问题,它涉及的是责任问题,谁应该负责;或者是事
实问题,我们要弄清事实。但法学家在谈到权利问题时有一种情况,那
个时候就需要运用一种演绎,那种演绎和这里的演绎不一样。我们后面
还要谈到,康德说到有两种不同的演绎,一种是经验性的,一种是先验
的。康德在这里举法学的例子,讲权利问题,权限问题,主要是要突出
一种先验性的演绎。那么在法学里面,在谈到权限问题的时候,通常把

权利的问题和事实的问题区分开来,而且把对权利问题的证明称之为演绎。事实问题严格说来不叫作演绎。你如果要提出一个权利,提出一个要求,比如说一笔财产,我要证明我对这笔财产有所有权,是合法的占有这笔财产,那么我就要提出根据。你凭什么要求这笔财产是你的?这时候,要求你提出根据,也就是要求你"演绎",对你的财产根据进行一番演绎。这番演绎不能是后天的,不能说你已经占用了它,你早就在用它了,这种事实不说明问题;而必须是先验的,就是说你是凭什么来占用它的。下面:

我们在使用大量经验性概念时没有人提出异议,我们也不加演绎就理直气壮地坚持赋予这些概念某种意义和自以为的含义,因为我们随时手头都有能证明其客观实在性的经验。

B117

也就是说把权利问题和事实问题区分开来是很有必要的,因为对事实问题,比如说对经验性的问题,对大量经验性的问题,我们不会提出疑义,顶多就是调查一下,确认这个事实,确认他作假了,做伪证还是没做伪证,确定它是事实。就这个事实论这个事实,如果它是事实,那就确定了,就没有疑问了。但是一个权利的问题,它不是事实。我们知道在法学的意义上,权利是看不见摸不着的东西。东西摆在那里,比如说,一栋房子摆在那里,谁对他有权,这个是看不出来的。哪怕上面写着某某人的名字,都不行,这有可能是后来人作假弄的。权利问题是一个看不见的问题。所以他不能单凭经验得到确定。而这个房子是否存在,我们打官司的时候,这个房子是否存在,这个是毫无疑问的,你不信,就去看一看,马上就可以确证。所以人们一般都不提出这个异议,房子那个东西存在在那里,那是否认不了的。所以我们用不着演绎,我们就可以理直气壮的坚持赋予这些概念某种意义和自以为的含义。那个东西经验性地存在着,是不可否认的。如果要对这个意义来讨论的话,随时有一个对象在那里,可以作为标准,用不着再引入别的标准来证明。房子本身就是证明。这个是经验性的事实的问题,和权利的问题是不一样的。

但也有像幸运、运气这样一些不合法的概念,虽然凭借几乎是普遍的容忍而到处通行,但毕竟有时被要求回答"权利"的问题,这时人们就会由于这个问题的演绎而陷入不小的麻烦,因为人们从经验中和理性中都提不出明确的权利根据,以使这些概念的使用权限变得清晰起来。

有这样一些概念,如幸运,幸运是 Glück,有"幸运"的意思,也有"幸福"的意思。但是康德在这里还用了"运气"这个词(Schicksal),这个词有命运、运气的意思。那么把它们放到一起呢,就把"幸福"这个意义排除了,它就只包含着"有幸"的意思,就是我们通常所说的,一个人的机遇啊,一个人的运气好啊,一个人的命好啊,这层意思。这样一些概念呢,是"不合法的"(usurpiert),严格说应该译作"僭越的",在康德这里,就是讲违背程序、篡夺、无法可依的意思。像幸运和运气这样一些概念呢,你是找不到它们的法律根据的。比如说,你说这个财产现在是你的,如果问你是从哪里得来的,你说是我父亲的,那又要问你父亲又是从哪里来的,是祖祖辈辈传下来的。追问到最后,也许就会说最初是捡来的,或者是通过一次冒险得来的,甚至是抢来的。我们这样推的话,一直推上去,那很可能就会推出一种"幸运"。当年他那一仗打赢了,就作为战利品获得了。那么也有可能他打败了,那他就没有了,这就全凭他的运气了。但是法制建立以后,那一切就要凭借法制,你只有合法的取得才行。所以没有这样一种合法性的根据,这些东西的所有权是不能让人放心的,你可以抢来,别人还可以抢回去。但是这样一些概念却"凭借几乎是普遍的容忍而到处通行",那你是凭你的运气,是不合法的获得的,如果有人追溯到这一点,那你的权限就失效了。哪怕你是祖祖辈辈传下来的,但是人家追溯到你的曾祖父当时就是不合法地获得的,那你就失去了权限。这个时候你就必须为此提供证明。但是一般的时候呢,人家不会追溯到那里,有一种普遍的容忍,谁去查祖宗三代呢?到处通行这样一些运气啊。在日常生活中,某某人生活得好,是因为他的"命"好,所以他生活的比我好。把人的权限追溯到人的命运，就完了。但是在法庭上就不是这样的，法庭上不管你命好还是命坏，你得为你的享受权利提供法律上的依据。所以"毕竟有时要被要求回答'权利'的问题"。很多问题是在法庭上被搞清楚的。但是在法庭上一查，法官认为它是贪污而来的，它的财产来历不明。财产来历不明，也是被作为一种罪："财产来历不明罪"，这个时候你就被要求回答权利的问题。你不能说你命好，所以我有那么多钱，这是说不过去的。在日常生活中，你可以这样搪塞询问者，但是在法庭上是不行的。在法庭上要回答你的权利问题，这不是命运的问题。你凭什么有这种权利，被要求进行演绎，你这种幸运本身还需要权利的一种追溯。你在什么情况之下中了大奖，是不是在合法的，由国家公证的这样一种买彩票的情况之下，有没有不合法的情况，有没有舞弊的情况，有没有设陷阱、搞骗局的情况，那么这样一些情况的调查就不是一个运气的问题了。当然，在合法的情况下，大家的情况是一致的，那么你有这个运气，你可以用这个运气来解释它，获得这笔财产。但是如果不加以说明，你说我有运气，那骗子也有运气啊，仍然不足以说明理由的。所以幸运和运气，也可以用概率论把它解释为一种合法性。如果你在买彩票的时候，在概率论的基础之上，每个人在机会均等的基础之上，你的运气特别好，这就得到了解释，就得到了他的合法性根据。你不是光凭运气，你是在这样一个前提之下，凭你的运气获得的财产。所以，康德在这里所讲的，像运气这样一些概念，它的使用的权限，还有待于证明，还有待于演绎。在这个问题上"陷入不小的麻烦"，就是"人们从经验和理性中都提不出明确的权利根据，以使这些概念的使用权限变得清晰起来"。概率论在康德那个时代，还正处于一个刚刚产生的时代，帕斯卡已经提出了一些概率论思想，比如同上帝打赌啊，但是明确的概率论还没有建立起来。所以，像运气这样一些概念，在康德的论述系统中，很难提出明确的一种权力根据。如果不能提出来，那么这些概念是可疑的，是不能用作根据的，不能用来说明你的法律上的权限的。康德意思是在涉及到一种权利问题时，你不能用一种事实来搪塞。比如说讲到范畴演绎的时候，这些范畴为什么能用于客观对象之上啊？你不能用一种经验的事实，一种偶然的东西来做证明。比如说，有人说，人的生理结构就是这样的，像休谟就讲，人的自然结构恰好就是这样的，所以它总是有一种习惯，要把因果性加在客观对象之上，而客观对象本身呢，我看不出什么因果性。我看到太阳晒，然后石头热了，我看到这两个事实，但是我看不出太阳晒是石头热的"原因"，石头热是太阳晒的"结果"。我所看到的只是一个事实，至于"因果"这个抽象概念呢，我没有看到。但是我们为什么总是喜欢说它是因果呢？是因为我们人类的生理结构，大脑啊，五官啊，恰好是这样构成的，使得我们人类在面对两个不断重复、相接而来的事物的时候，习惯于把前面的那个叫作原因，把后面的那个叫作结果。所以因果性是我们人的一种习惯性的联想，而这种习惯性的联想恰好是我们人的自然本性所决定的，所以这样的本性在休谟看来就是一种生理结构了。人就是这样一种自然物，就这样造成了一种习惯，人凭借这样一种习惯而活在这个世界上，并不是凭借他对客观事物的认识。人对客观事物的认识不过是客观事物在他心中、在他眼睛里面所呈现的那个样子，并没有什么客观性，也用不着什么客观性，只要有习惯。他吃了一次亏，第二次他就不会吃亏了，至于什么东西使他吃亏，这个他用不着去管啊。为了他能够生活，能够生存，他用不着去管，只要能够掌握这个习惯就够了。按照康德的意思，休谟的这样一种解释，就是由人的天生的、凑巧具有的这样一种结构来解释，人的这个认识机能凑巧是这样的，它有一种习惯。那么可不可以把康德的这样一种范畴也看作凑巧是人的一种心理结构呢？康德是反对心理主义的，虽然有人说，康德没有逃脱心理主义，说康德还有很严重的心理主义色彩，把人当作一个心理学或者生理学研究的对象。但是在康德自己，他不这样认为，他认为他讲的是一般认识具有的先验的结构，不光是人这种生物的认识，他考察的是认识本身。人当然是有认识能力的，所以他也考察人的认识，但是他的主要的目的不是考察人,而是考察人的认识,一般认识结构。如果有外星人的话,如果动物也有认识能力的话,也一定会有这种结构。他只考察凡是要有认识,那么这个认识必定是一种什么结构,至于人的生理或者心理上是一种什么结构,那个是不重要的,主要的是通过这种生理的和心理的结构,你要达到一种什么样的先验的结构。所以,他的范畴决不是一个经验的事实,决不是说人的机体,人的大脑就具备这样一套范畴,每一个范畴在大脑里面占据一个位置。根据现代心理学和解剖学,人的情感在身体的哪个部位,人的语言能力在哪个部位,是大脑右半球还是左半球?如果按照这种观点的话,可以把人的认识能力都派定一个位置,这个是管因果性的,某个部位管实体性的,某个部位是管单一性的,这是康德反对的。他坚决反对把人的认识范畴解释成为人的生理上或者心理上的一种偶然的结构,一种自然的结构,他的"先天"或者"先验"都不是在"自然天生"的这个意义上讲的。康德这个"先天"的意思,他没有"天生"的意思,不是人从生下来就带有的生理上的机能。事实上康德也知道,人的认识能力是逐渐形成的,婴儿还没有认识能力,认识能力是后来逐渐形成的。但是康德所要考虑的不是这个东西,不是把认识论当作一种心理学的东西,更不是当作一种生理学来研究,他是当作一种先验哲学来研究。就是说,我只考察在成人身上所表现出来的那种完善的认识主体性结构。这个结构通常是在欧洲人身上所体现出来的,在中国人身上好像没有,中国人不太讲这个。如果有一个中国人和康德讨论问题,他可能会说你们中国人认识还不成熟,还停留在儿童阶段,连因果性、实体性都没建立起来。我们要特别关注康德的先验的概念,是超越于心理或者生理的概念,是从一般先验哲学的角度谈的,是从认识论的层面上来谈的。这个层次要区别开来。法律诉讼中的"演绎"就是先验的演绎,就是说我不管你张三、李四,我可以把张三、李四用一个符号来代替,A或者 B。但是 A 要具有这个财产的权利,它就必须有一种演绎,甚至于可以把它变成一种逻辑公式,我不管你是谁,他要拥有这个财产,那么他的权限,他的根据何在,这个是他的先验演绎所要说明的,跟经验性的演绎是不一样的。经验性的演绎很直接,就在于提出事实,在后面也提到了,演绎其实有两种,一种是先验演绎,一种是经验性的演绎,而康德所要谈就是先验演绎,他关注的就是先验演绎。

　　但在构成十分混杂地交织起来的人类知识的各种各样的概念中,有些也被派定来作纯粹先天的(完全不依赖于任何经验的)运用,而它们的这一权限任何时候都需要有一个演绎;

　　人类知识本身的成分是很复杂的,在一般的时候,它们是混在一起的,没有被理清过。康德《纯粹理性批判》的意图就是在人类已有的知识基础之上,把每一种成分纯粹地分析出来,加以比较,就要分析出人类知识里面的很多很多要素,其中最重要的就是那些先验的、先天的东西。先天的要素就是两个,一个是感性,一个是理性,知性也可以理解为理性啊,广义的理性包括知性。感性和理性都是基于先天的要素。当然感性还有后天的要素,比如说感觉和印象、感觉材料这些东西;但是先天的东西只有两个东西,就是感性,包括时间和空间的形式;知性就是范畴,这是人类知识的要素。但是这些要素在一般的知识里面是混杂在一起的。我们通常讲,玫瑰花是红的,我说这朵玫瑰花是红的,你不信,你去看一看,确实这朵玫瑰花是红的,那这个判断是对的。但是我们没有意识到,这样一句简单的话里面其实蕴藏着很多很多东西,比如"实体"和"属性",比如"单一性",不同于"多数性",这些我们都没有把它们区分开来。在一个很普通的经验里面,我们可以区分出它的那些经验的成分,比如这朵玫瑰花是"红的",这一朵和别的都不一样,和黄的、白的玫瑰都不一样。除了"红的"以外,当然还有其他的,"香的"或者是其他的属性。这属于感官。然后呢,你要把你的感官纳入到你的认识里面来,你首先就必须要有时间空间。要有时间和空间,你才说得出这朵玫瑰花是红的。它在一定的时间和空间范围之内是红的,因为也许过一个月你再来看它，它已经不是红的了；而且必需要有一定的空间、一定的大小，你才能说这朵玫瑰花是红的，如果它小到你看不见，那你就做不出这个判断。时间空间、范畴，是构成人类知识的必不可少的一些要素，在日常生活中，这些要素可以结合起来形成一种对象的概念，比如红的玫瑰花，也可以形成一种判断，如玫瑰花是红的，这些共同交织成了人类的知识。在"玫瑰花是红的"这一判断里面，有些概念是"被派定来作纯粹先天的运用"的，比如说"单一性"，比如说"实体性"，它们"完全不依赖于任何经验"。当然你要得出"玫瑰花是红的"，你要依赖于经验，但是你做任何判断的时候，你都必须有范畴，要有时间、空间，要有实体性。所有的范畴以及范畴的运用是不依赖于任何经验的，可以而且必须运用于任何经验之上，而不管这些经验具体是哪些经验，是玫瑰花也好，一匹马也好，反正要运用实体性概念。知识里面总是有实体的。假如我说我有一个东西，它没有实体，那么它就是不存在的；说它没有任何属性，那么它就是假的，它也不能构成知识。如果有一个东西既不是单数的，也不是多数的，那么我们说这个东西也是假的，是不可能的。所有这些范畴不取决于经验，相反一切经验都必须取决于它，才得以可能，没有这些范畴形不成任何知识。经验是交织成人类知识的必要的条件，而经验中包含有这样一些概念，它们被派定来作纯粹先天的运用，它们的使命被规定为要做这样一种使用。它们的作用在于"人为自然界立法"，先天地用自己的一套规范，一套范畴体系为自然界建立法规，我们才能获得对自然界的知识。所谓知识，所谓科学，都是有法规、有法则的。没有法则不叫知识，没有法则叫胡说，叫胡言乱语，或者叫梦幻，或者叫奇迹。这是人先天地给对象带来的法则。康德这种思路这还是从法学家的语境里面引申而来的，在法学家的语境里面有合法性的概念，有权限的概念，这些概念是完全不依赖于任何经验而可以用于每个场合之上的。那么"它们的这一权限任何时候都需要一个演绎"，你凭什么能够运用于经验的场合，就需要一个演绎。比如说权限这个概念，你的权限的根据何在？你把这个根据找出来了，法律根据找出来了，那么你这个权限就合法了。这句话的开头讲"但"，为什么说"但"？原来前面一段讲到了"法学家在谈到权限和越权时"，在经验性的场合是"没有人提出异议的"。为什么呢？因为它有经验，它通过经验直接可以证明，不必回答权利的问题。但在"幸运"和"运气"的场合则必须回答权利问题，而经验却不能给它提供证明，但是它又没有理性的证明。上一段的最后一句话，说的是在第二种场合中既没有经验根据也没有理性根据。那么相比之下，这一段就是说，除了前面两种场合之外，还有第三种场合，就是说不需要经验根据，但是有理性根据、有先天根据的场合。

因为对于这样一种运用的合法性从经验中不足以取得证明，但我们却必须知道，这些概念如何能够与它们并非从任何经验中拿来的那些客体发生关系。

就是说，它是从非经验的东西那里，从超经验的东西那里获得根据的，它所与之发生关系的是并非从经验中拿来的客体。比如说权限问题，"权利"并不是一个经验的客体，房子是一个客体，但是我对这个房子有权。你凭什么有权？你的权利的根据何在？权利的概念所指向的那个客体，它并非一个经验性的概念，权利是看不见摸不着的。这个权利成为了我们的客体，我们的权利的概念，必须要有它的内容，这个内容就是客观的权利。所以这个内容呢我们可以看作权利概念的对象或者客体。我们的权利概念和我们的权利内容是发生关系的。也就是说，你这个权利概念从哪来的？从哪里得到这些概念的？这还是从上面法学家的例子延续下来的一种解释，就是说，这样一些概念从权利中来，但是我们必须知道这些概念如何与那些客体发生关系，那样一些客体不是经验的。权限的概念本身不是经验性的，那么我们这个概念如何与它的对象发生关系呢？如何与这样一个看不见、摸不着的对象发生关系呢？权利概念究竟讲什么？指一个什么样的对象？

所以我把对概念能够先天地和对象发生关系的方式所作的解释称之

为这些概念的**先验演绎**，并把它与**经验性的**演绎区别开来，后者表明的是一个概念通过经验和对经验的反思而获得的方式，因此不涉及合法性，而是涉及使占有得以产生的事实。

权利的概念"能够先天地和权利的对象发生关系的方式"，权利有一个概念，那个概念反映了现实的客观权利，但是这个客观的权利又不是经验的，而是先天的，是看不见摸不着的，那么你如何能够从这个看不见摸不着的权利上面摸到一个权利的概念，这个概念和现实的权利之间是一种什么样的关系，你必须加以解释。这个解释必须从先验的根据提供出来，必须找到一种先验的根据。这个先验的根据使你能够有权运用这个概念。对这个概念的先验的根据加以追溯，以解释这个概念运用于对象上的方式，就称之为先验演绎。这就叫作这些概念的先验演绎。康德在这里承认了演绎有两种不同的演绎："先验演绎"和"经验性的演绎"。当然经验性的演绎在法学里面不称之为演绎，因为没有人提出异议，那是直接的事情。也可以叫作证明，通常不叫演绎。但是康德这里还是出于逻辑上的一贯性，提出了两种不同的演绎。经验性的演绎表明了这样一种方式，就是"一个概念通过经验和对经验的反思而获得的方式"。比如说"这朵玫瑰花是红的"，"红的"也是一个概念，你亲眼去看一看，通过经验和经验性的反思，你看出了这个"红的"是在一朵玫瑰花身上的"属性"。你看到一个事实，通过反思，你知道这朵玫瑰花是红的，它属于这朵玫瑰花。这就是一种经验性的演绎。它们的不同之处就是：先验演绎不能通过"看"来完成。法律上有些事实，它只涉及到看，然后把你看到的东西把它联系起来，它不涉及到合法性的问题。我看到很多事实，如果我不上升到超经验的思考我还是无法确定它们是否合法。你把那个房子研究得再透彻，你观察到有谁住在那栋房子里，你还是无法知道谁拥有那个房子的所有权，谁有权占有这个房子，这个不能够通过经验来解决。所以经验性的演绎，它不涉及到合法性，只涉及"使占有得以产生的事实"。

上面两段的关系现在已经比较清晰了，就是通过法学的领域而转移到认识论的领域。康德说：

B118　我们现在已经有了完全不同种类的两类概念，它们在双方都完全先天地与对象发生关系这点上倒是相互一致的，这就是作为感性形式的空间和时间的概念以及作为知性概念的范畴。

这既可以联系到上面讲到的法学的概念，也可以联系到这一段所讲的一般知识的概念。或者说，哲学层面上知识的概念，这是我们现在开始讨论的问题，前面都是引子了，引入一个法学上面的例子来说明认识论领域的问题，那么现在我们回到认识论。这就是上一段讲的"被派定来作纯粹先天的（完全不依赖于任何经验的）运用"的人类知识的概念，也就是说，"完全先天地与对象发生关系"的概念，这就是空间、时间的概念和范畴，这两类概念都属于这一种。"空间和时间的概念"，严格说来应该是"空间和时间的表象"，因为时空不是概念，而是直观形式。但是前面讲过表象也可以形成一个概念。直观形式本身不是概念，但我们对它也可以形成概念。"作为知性概念的范畴"，纯粹的知性概念就是指范畴。

要寻求这些概念的经验性的演绎将完全是白费力气的工作，因为它们本质的特征恰好在于，它们和自己的对象发生关系时并未从经验中为这些对象的表象借取什么东西。所以如果对它们作一个演绎是必要的，那么这个演绎任何时候都必须是先验的。

这个是等于把上一段所讨论的东西挪用到这里来，转用到认识论里面来，并没有增添什么新的内容。也就是说既然概念是完全先天地和它的对象发生关系，那么"寻求这些概念的经验性演绎将完全是白费力气的工作"，因为这两类概念的本质特征在于它们是完全先天的和它们的对象发生关系，不从经验中借取什么东西。要形成时间和空间以及知性范畴这样一些概念，你不能够通过经验来形成，不能够从经验中借取某些东西来形成。时空和范畴本身都是先天的,它们要同对象发生关系,要形成一个对象的时候,它们直接打交道的对象是不包含任何经验性的东西的,它们只是在先天的层面上跟这些对象打交道。时间、空间只跟数学和几何学的对象打交道,知性范畴只跟先验对象打交道。先验对象是一个概念,它意味着客观性。所有的范畴都指向一种客观性,实体性啊,因果性啊,这都是指向的一种客观实体,一种客观性状。这些范畴本身就有一种指向性,所以当它们同自己的客观对象打交道的时候,这里面没有任何经验对象。当然它们要形成这样一种客观对象的时候,最终必须从经验中找到它们的材料。但是它们本身并不从经验中获取什么东西,否则的话就是经验论了,由经验来赋予它客观性,那就不对了。范畴就是由于这样一种先天的思维活动形成了一种客观的东西,形成了一种先验对象,意思就是有待于经验对象来充实的对象。先验对象之所以是"先验对象"而不是"先天对象",就是它是要运用于经验的材料之上,它是运用于可能经验的范围之内的。这就是"先验对象"的意思。但是它还没有运用于经验材料之上,它本身作为一种先验的对象,它只是先天的。所以如果要对范畴作一个演绎,它就必须是先验的演绎,而不可能是经验性的演绎。

但对于这些概念,就像对于一切知识那样,我们虽然在经验中不能找出它们的可能性的原则,却毕竟能找出它们产生出来的机缘,即只要感官的印象提供出最初的诱因,整个认识能力就朝这些印象敞开,而经验就形成了,

对这些概念,时间、空间,知性范畴,就像对一切知识那样,"我们虽然在经验中不能找出它们的可能性的原则"。这个地方借用了休谟的论证,休谟就是认为对于人类知识,我们在经验中不能找出它们可能性的原则。它是如何可能的? 因果性它是如何可能的? 我们把一个东西称作原因,把另外一个东西称为结果,有没有必然性? 休谟认为不可能有。

为什么？因为休谟认为所有的知识都只是经验性的知识，都只能在经验中去找，那么这些经验的先天根据在经验中当然是找不到的了。所以，像实体性、因果性这样一些概念，休谟指出，我们"在经验中不能找出它们的可能性的原则"。康德在这一点上同意休谟，你在经验中、局限在经验中去找，当然是找不出来的了。不过康德还有另外一个维度，就是我们可以到先验的地方去找，这就是先验演绎。但是这个地方还不是讲先验演绎，而只是讨论经验本身。在经验中可以"找出它们产生出来的机缘"，像洛克等人，他们都认为在经验中，我们可以发现我们那些范畴，比如说因果性，实体性范畴，它们产生出来的机缘。所以机缘也是诱因，那些概念的经验性的根源或者说偶然性的诱因，我们可以在经验中找到。虽然我们不知道原因和结果或者这个东西、那个东西是怎么形成起来的，但是我们确确实实知道，这个东西叫原因，那个东西叫结果，是怎么来的。休谟也是这么解释，他把这归之于人们的习惯性的联想。偶然性碰在一起，偶然性的多次重复就成了必然性，我们就认为它是必然性的，但是实际上它并不是必然的。重复的次数多了，我们就以为它们有一种必然性，那么我们就形成了必然性这个概念，形成了"原因必然导致结果"、"任何结果必须有原因"的观念。这样一些概念的形成在经验中确实有它的机缘。所以只要有一个感官的印象提供出一个诱因来，人们的"整个认识能力就朝这些印象敞开"了。印象是偶然落到我的眼睛里来的，我看到一个东西了，那么这样一种印象刺激到我的眼睛，那么我就动员起全部认识能力，包括时间、空间和全部知性范畴，朝着这些印象敞开，经验就形成了。这是按照康德的解释。按照洛克的解释，有一个直接的经验、"感觉的经验"产生了，马上就引起了"反省的经验"，引起了人们的反省，就把这些经验比较来比较去，把它们区分开，相同的和不同的，把它们综合起来，甚至还可以抽象。这些在洛克那里都是属于人的经验认识，属于反省的经验。在休谟那里就称之为习惯、联想。休谟认为我们的认识能力，除了感觉以外还有习惯、联想，等等。总而言之，一旦有一个印象在感官中提供出来,我们的整个认识能力都朝这个印象敞开,而经验就形成了。康德的解释则是,这种经验并不是单纯由经验性的东西构成的,而是由两种不同的要素合成的:

> 它包含两个极其不同性质的要素,一个是从感官来的、知识中的**质料**,一个是整理这质料的某种**形式**,它来自纯粹直观和纯粹思维的内在根源,后两者是在前一要素的机缘中才首次得到实行并产生出概念来的。

经验中包含有各种不同的要素,其中主要有两个极其不同的要素:一个是感官的质料,任何知识都必须有感观的质料,这是毫无疑问的;另一方面是我们整理这些质料的某种形式。由这两个层次合成了经验知识。其中形式"来自纯粹直观和纯粹思维的内在根源",也就是说,一个层次是纯粹直观,另外一个是纯粹思维,也就是知性范畴。"后两者",也就是纯粹直观和纯粹思维,"前一要素",也就是从感官中来的质料。也就是说在人的认识中有两种成分,一是质料,一是形式。质料是一种机缘,那么有了这种机缘,引起了纯粹直观和纯粹思维这两种形式向它敞开,并首次在其中得到实行而产生出概念。人的认识能力在感觉、印象没有获得之前,是沉睡着的,没有实行,也没有打开,虽然有,但是是潜在着的,没有实现出来,因而也不能产生出概念。从时间上来说,知识的产生跟人的先天能力的运用是同时的,但在逻辑层次上却必须先有经验性的质料提供出来,知识的先天形式才能有用武之地。这个是对于认识的结构的一种分析,它经典地表现于莱布尼茨的所谓"大理石纹路说"中,这种分析康德也同意。休谟、洛克其实也是按照这个思路来解释人的认识的:首先有感觉印象,然后人才能用自己的全部认识能力去处理它,包括联想,包括习惯等等都是由于感官印象才调动起来的。康德和经验派的分歧在于,康德认为有些认识能力是先天的,是在经验知识中的先天成分,但是洛克,包括贝克莱,包括一切经验派,却认为在经验中的这样一些认识成分应该是仍然可以归结为经验的,所以洛克把它归结为所谓的"反省的经验",休谟把它归结为一种心理经验(习惯性的联想),从心理学的角度来看这个问题。康德和经验派的分歧在此还没有明确的暴露出来。康德承认，一切知识首先是来自于经验，首先是从经验开始，这个在导言里面一开始就说明了。我们的知识都从经验"开始"，但是并非都"来源于"经验，因为一个经验的知识，它里面包含了各种成分，有些是我们主体中先天固有的或者是先天潜在的，是主体在接受经验材料之前所具备的结构。所以，一切知识都是从经验中开始这是没有问题的，但是问题在于：一旦开始，它是怎么开始的？它是后天的经验和先天的认识结构双方一起才造成的。所以后天的经验只是一种机缘、刺激，只是一种诱因——使先天的认识能力受到刺激、激发。

B119　　对我们认识能力为了从单个知觉上升到普遍概念所作的最初努力作这样一种追踪，毫无疑问是有很大好处的，我们要感谢名声卓著的**洛克**，他第一个为此开辟了道路。

　　知识的来源是很复杂的。经验成分中有先天的成分。洛克的功劳是要肯定的。他把单个知觉看作机缘，这种机缘的刺激就引起了我们的认识能力开始起作用，从时间上来说，它的努力是最初的。"从单个知觉上升到普遍概念"，要追溯它，要做一种追踪。开始是怎么来的？一开始肯定是感官印象，开始于人的个别的知觉，然后开始有普遍概念。普遍概念在洛克看来，是由于经验中反省的能力所形成起来的。这是一种心理学上的追踪，他认为实际上这种普遍概念只不过是对反省的经验所取的一个名称，就是指的那么一种反省的经验。洛克有这么一种唯名论的倾向，认为共相、概念不过是名称，本身的内容还是经验的。康德非常推崇洛克的努力，认为他第一个开辟了正确的道路。当然，古代亚里士多德已经有这样一个原则了：凡是在理智中的无不先在感觉之中。洛克在近代明确的把这个原则做了一个详细的发挥，作了一种深入的分析，具体的研究了我们的知觉怎样上升到普遍的概念，在这些方面他是有功劳的。前面讲"我们虽然在经验中不能找出它们的可能性的原则，却毕竟"，这个"毕竟"就是退一步说，但是我们在经验中还是"能找出它们产生出来的机缘"。那么在这方面呢，洛克立下了很大的功劳。

　　不过，对纯粹先天概念的一个演绎却永远无法以这种方式实现，它根本不处在这条道上，因为从这些概念以后要完全独立于经验而运用来说，它必须出示一个完全不同于经验的出身的出生证。

　　先天概念在经验中的机缘是不能够对它的合法性作一种证明，也不能够对它进行先验演绎的。这个演绎根本不处在经验的这条道上。经验知识里面当然包含有先天的概念了，那么这些知识所处在里面的先天概念到底是从哪里来的？当然是从感官印象开始的，但这条道路根本不能用来对它进行演绎。"因为从这些概念以后要完全独立于经验的运用来说，它必须出示一个完全不同于经验的出身的出生证"。这个"以后"，当然严格说来是不能够用"以后"的，因为康德的这些先天知识起作用应该是跟这些经验知识同时的，应该是只有逻辑上的层次不同，但是呢在时间上是没有什么"以后"的。但是按照洛克他们的解释是有先后的，先有感官观念、知觉印象，然后才产生反省的经验。那么这里，康德是顺着洛克说的，在感性的机缘"以后"，机缘就是一种诱因，诱因肯定是在所诱发的东西的时间之前发生的。所以在这个地方，我们可以顺着洛克说，这些概念是后产生的，那么产生出来以后呢，它要独立于经验而运用，从这个方面说这些概念就必须出示自己先验的出生证。也就是说，这样一些概念是随着经验而开始的，但是它们的出生证不是经验的，不是从经验中发生的，是被经验所诱发的，但是在诱发以前，它已经在人们的先天主体中存在着了，只不过是还没有被唤醒，没有被激发。这就是对洛克的一种反驳，虽然先天的东西是后天的东西所诱发的，但是我们必须把它解释为"后来居上"的。但是按照洛克的解释，如果你把这种经验的追踪当作是对这些概念的一种演绎的话，那么这是不可能的，因为这些概念，它们的出生证应该是先天的。这样一种经验论的观点在康德这里遭到了反驳，所以这一段，它主要是提出洛克的这一段思路，然后对他加以驳斥，因为洛克的这样一种方式不能够对先天的东西作出一种演绎。

他所尝试的这种自然之学上的推导真正说来并不能称之为演绎，因为它涉及的是事实问题，所以我主张把这种推导叫作对一种纯粹知识的**占有**所作的解释。

他，指洛克，"自然之学的"（physiologische），通常翻译成"生理学的"。在洛克那里，一切知识实际上是一种心理学的东西，最后归结为一种生理学的分析，人的认识结构就是由于人的生理结构就是这样而构成的。但是康德运用这个词，以及在其他好几个地方使用这个词的时候，都不是在"生理学"的意义上，而是回到了这个词的古希腊的本义，physis，就是自然的，我们把它翻译成"自然之学"，包括心理学、物理学和生理学，这与洛克的观点也不冲突。就是说在洛克那里，他把人的认识看成是一种自然的东西，也就是说，把人的主体性撇开了。所谓人的主体性就是人的主体能动性，把这一点撇开了，把人看成是一个被动的经验接收器。这是经验派的一个共同的毛病，一切都被还原为自然之学，包括心理学、生理学、物理学，而没有上升到认识论，没有上升到哲学。洛克的这种推导当然是低层次的了。这又回到第一段讲的，把事实问题和权利问题分开来这样一种划分。康德认为洛克这样一种推导只涉及事实问题，只涉及这个房子，某某人是住在里头的，他已经住了很久了，他历来就是住在里头的，但始终没有提出他有什么权利住在里头这个问题。所以他仅仅涉及事实问题。康德把"占有"这个法律术语转用到认识论上来了，把对财产的占有转换成对知识的占有。为什么要用占有这个词？"占有"不等于"所有"，使用权不等于财产所有权，占有这个词表达了对一种事实的承认。对占有所做的解释有很多，比如卢梭对私有制、对所有权的解释就是一种占有的解释；有一天，一个人把一块地划出来了，说"这是我的"，并且找到一些傻瓜相信他的话，于是私有制就产生了，这就明显的把占有和所有等同起来了。你已经在那里了，于是你在周围划出了一条界线，但是你有什么权利在那里？这个是卢梭没有解答的问题。占有并不等于所有权，占有它的合法性还有待于演绎。这个洛克也是这样，我们人就是在认识中间，由于某种机缘的刺激我们占有了这些知识，但是我们有什么权利占有这些知识，我们根据什么占有这些知识，我们占有这些知识依据什么原则？这个原则是在人的主体性里面的，在客观世界是没有这个原则的，就像在自然界没有所有制，没有什么私有财产。在康德这里，人为自然界立法，占有本身还不是合法性的问题，它至少没有解决合法性的问题。而知识的权限，就是要解决一个合法性的问题。你可以多次占有，经常这样，历来如此，但是尽管如此，仍然不能说明，这样一种占有是没有必然性的，只涉及到一种可能性，一种或然性。所以康德主张把洛克的这样一种主张叫作一种"纯粹知识的占有"，对纯粹知识的占有，你可以做这样一些解释，但是你不能够说明它的权限。所以经验性的演绎严格说来不能叫作演绎，只能叫作对占有所作的解释。

因此很明显，对这种纯粹知识只能有一种先验的演绎，而决没有一种经验性的演绎，后者对于那些纯粹的先天概念来说只不过是些无用的尝试，只能是那种没有理解到这些知识的全部特有本性的人所干的事。

像经验派他们就没有理解到纯粹知识的"全部特有的本性"，最重要的特有的本性就是它们是先天的，是先验的，纯粹的知识是一些先天的知识。你对它们的权限不能够做出真正的演绎，这就是洛克，其实也包括休谟，都是走的这条路，而康德呢是走的另外一条道路。

接下来一段讲康德所选择的这条先验演绎的道路的必要性。

但现在，即使承认对纯粹先天知识的可能的演绎只有唯一的方式，即遵循先验途径的方式，但这并不马上说明这种方式是绝对必要的。

前面讲到经验性的演绎，那么经验性的演绎是肯定不行的，先验的演绎是唯一的道路。而下面这个地方整段所要说明的就是这个先验演绎的绝对必要性，而且联系到先验感性论里面的时间空间，来比较了它与先验逻辑里面的先验演绎两者之间的区别，以及它们的关系。通过前面的论述，康德认为，我们已经说明了对纯粹先天知识包括纯粹直观和纯粹知性概念,也就是包括先验感性论里面的先验演绎(先验阐明),以及先验逻辑里面对于范畴的先验演绎。对纯粹先天知识我们只能循着先验的途径去进行演绎,而不能循着经验的知识,从后天的途径来给它找根据。"但这并不马上说明这种方式是绝对必要的",康德并不是说这种方式不是绝对必要的,而是说我们不能马上说明这一点,并不立刻就说明,或者说仅仅凭借这一点还不足以说明这种先验途径的方式是绝对必要的。我们对纯粹先天知识的演绎**只可能有**先验的途径、先验的方式,但是这种方式是否**必要**呢,那还不知道。如果你要进行演绎的话,那你当然只能够进行先验的演绎;但是你如果不去进行演绎,好像也没有什么关系,所以这些论证就好像最终并没有什么用处了。康德想在这样一些方面说得更加严密,我们前面讲的只是对纯粹先天知识的演绎怎么样才可以进行,而不是是否有必要演绎。下面要讲的就是怎么样才能证明它的绝对必要性,是否应当进行演绎。

B120　　我们前面已经借助于一个先验演绎对空间和时间概念追踪了其来源,并解释和规定了它们的先天的客观有效性。然而几何学无须为自己关于空间的基本概念的纯粹而合法的出身请求哲学给它一张证明书,而仍然沿着纯然先天的知识迈出稳健的步伐。

　　也就是说在先验感性论里面的那个先验演绎,也就是对时间空间的"先验阐明",对于几何学和数学来说还看不出很大的必要性,就是说没有哲学,几何学和数学已经在那里健康的发展。两千年以来,从毕达哥拉斯开始,好像几何学和数学一直都是很健康的发展,根本没有必要讨论知性的证明对于它们发展的必要性。但是对于先验逻辑的范畴来讲这就是必要的了。先验逻辑使用这些范畴,但是总是有人提出怀疑,这就是经验派,特别是休谟的怀疑论。休谟的怀疑论已经把必然性、实体性、因果性这样一些范畴证明为似乎是完全不必要的,因为它们完全没有根据,是你想出来的,用习惯性联想所造出来的。休谟无法怀疑数学的必然性,因为数学在直观中就有它天然的合理运用的根据。在先验感性论里面对空间和时间有两个层次的阐明，一个是形而上学的阐明，一个是先验的阐明。先验的阐明就相当于先验的演绎，只不过在那里这种演绎是以一种直接阐明的方式表现出来的。为什么要以直接阐明的方式呢？因为在先验感性论里面，它的阐明跟它所运用的知识不是一种推理的方式，它是直观的，我直接从数学和几何学里面看到了它们的条件，所以它不是一种推理。所以虽然先验阐明就是一种先验演绎，但在那个地方康德没有使用演绎一词，而是用的"阐明"一词。"演绎"是在先验逻辑里面使用的，因为先验感性论里面，你要说明几何学、数学的根据，那么你凭直观就够了，直接阐明就够了，一切都摆在那里，它是一个直观的对象，一个先天的直观形式。形而上学的阐明也是的，空间究竟意味着什么，时间意味着什么，这些不能够通过推理，只能够把我们已经有的关于空间和时间的概念凭借直观把它的意思阐明出来，尽可能完备的把里面所包含的意思说出来。这就是形而上学的阐明和先验的阐明在先验感性论里面它的特定的含义，但是到了先验逻辑里面，纯粹知性概念就需要一个演绎，因为这些概念、这些范畴运用于对象上的客观性的根据，里面有一种逻辑关系，这个是一下子看不出来的，很多人都把它误用了。所以这个地方，康德明确的提出来要有一种演绎。但是从这个眼光，我们回到先验感性论里面，我们看到先验的阐明其实已经是一种先验的演绎了，只是没有用这个词。这个词在康德这里有他特定的含义，它不仅仅是传统形式逻辑的那种归纳、演绎的意思，它是要说明一些概念运用于一些对象上面的资格，它的权限、它的根据。如果一种红色没有一定时空限制，它就不能被人感到。这个是直观一下子就可以看出来的。

不过，空间概念的运用在这门科学中也仅仅是指向外部感官世界的，对于这个世界，空间就是它的直观的纯形式，所以在这个世界中一切几何学知识因为基于先天的直观而具有直接的自明性，而对象则通过这种知识本身先天地（按照形式）在直观中被给予出来。

在先验感性论中，空间概念的演绎还看不出绝对的必要性。几何学本身，它原本可以不需要这样一种先验的演绎而迈出重要的步伐。古希腊以来，欧几里德的几何至今没有被推翻，即使你可以超越它，但是你不能说它错了。而且你的超越同样还是按照它的同样的方式迈出的同样的步伐。它不需要哲学的保障，也可以完全不需要哲学的知识，就可以很好的运用来进行研究和运算。所以几何学本身不需要就它纯粹而合法的出身而请求哲学的证明，尽管在先验的哲学里面，哲学给了它一个出身证明书，但是就它本身来说，它本来是可以不需要的。当然，如果你要把几何学运用到自然科学里面来，那它就需要了；如果你要从哲学的角度来看几何学，那就需要了。就几何学本身来说，它不需要这样一个演绎。空间本身正由于它的局限性，也给它带来了好处，就是自明性。因为它就在这个里面讨论问题，它不讨论更高层次的问题。我们研究空间的纯形式，也没有研究它的哲学问题，认识论问题等等，不涉及到自然科学问题，它只涉及到数学问题。这样做是保险的。一个数学家，不管哲学家讲得天花乱坠，只要自己有了发现，它就迈出了可靠的一步，这是它的便利之处。所以，人们为什么说哲学家是空谈家，"学好数理化，走遍天下都不怕"，这"数理化"有它的局限性，但是也有它的可靠性，而且是天然具有的。这个地方就是说的这个道理。它的运用仅仅是指向空间，它不涉及到我们的知性、理性的范畴，只涉及外部感官世界，而时间仅仅涉及内部感观世界。不过他在这个地方，谈到了空间时间，但是只拿空间来说话，为什么只拿空间来说话？因为空间好说话。一说到时间，情况就比较复杂了。后面我们将要讲到，时间尽管在康德的心目中是感性的，但是它同时又是连接感性和知性的一个桥梁，所以比起空间来说，它有一个更加深刻的性质，它可以构成范畴的"图型"，而空间呢就没有这种功能。所以在这个地方，他主要就提出空间和几何学来作例子。外部感官世界也就是感官的对象世界，空间本身指向一个感官的对象世界，所以对于这个对象世界，空间直接表示这个对象形式。在这样一个感官的世界中，几何学的知识，你到外部世界去看一看就知道了，它是直接自明的。比如"两点间直线最短",你设想一下,你能不能找出一根比直线更短的线呢?找不出来,你凡是有点弯曲的线,它肯定比直线要长。几何学的知识基于先天直观,基于先天的看。你把眼睛闭上,你在自己的内心里面去设想,我来看一个直观对象,我就可以得出,任何两点之间直线是最短的。也就是说,几何学的知识有直接的自明性,那也就具有直接的客观性。

相反,纯粹知性概念从一开始就有这种不可回避的需要,即不仅为它们自己,而且也为空间寻求先验的演绎,因为既然它们谈论对象不是凭借直观和感性的谓词,而是凭借纯粹思维的先天谓词,它们就无需感性的一切条件而普遍地与对象发生关系,

空间中的几何学知识之所以无须演绎,是因为它的运用受到严格局限,只限于外部感官世界的形式。但是谁使它拥有外部直观对象的呢?几何学、数学的基础是一种先天的接受性,是人的感性能力,它直接给予了自己以空间和时间中的对象的形式。然而,形式离不开内容,作为我们的客观对象的时间空间它的根据何在?或者说时空中客观对象的根据何在?这就还需要范畴的先验演绎。我们通常习惯于从经验的立场说,那就是对象,那就是客观实在的东西,空间和时间都是它带来的嘛。物质存在,它本身就有时间空间,但是如果这样的话,在康德看来,它就没有得到证明。你怎么知道?很可能是你自己想出来的。未经批判的这样一种断言,康德看来,很可能沦落到一种怀疑论。因为他没有根据啊,你无法证明客观对象在你之外却又具有你所看到的那种时间和空间的形式,这个没有办法证明。所以这样一种经验性的演绎就不充分,或者甚至是根本就不可信。像洛克的那样一种演绎,直接从感觉形式找到它的那样一种经验根据,最终它会陷入到休谟的主观唯心主义。没有根据,那么你就可以胡思乱想,觉得它好像是毋庸置疑的,但仔细一想,它有可能是你编造出来的。虽然在数学上它们无可置疑,但运用到自然对象上的空间和时间也可能只是你的习惯而已,所以这样一种客观性仍然没有

得到保障。只有通过康德的这样一种范畴的先验演绎的方式，才能得到保障。所以说时间和空间，它的先天的客观有效性，在追溯到我们先天的感性的直观形式的时候，只是在形式上得到了保障。为什么？我们在先验感性论里面已经看到了，由于我们只能够以这样一种方式去接受一个对象，所以凡是我们接受的对象都无一例外的带上了我们的先天直观形式，这就是说，时间和空间具有了一种普遍必然性。按照康德的解释，所谓的客观性，可以理解为普遍必然性，它不是指的物自体的客观性，和我们所理解的客观性是不一样的。它不是指的唯物主义所讲的那种物质客观性，而是指的另一种先天客观性。先天直观的形式无一例外地、不以我的意志为转移地必然对所有的我们看到的对象都有效。但我是否就可以先天地断言，一旦接受一个对象，它必然是符合我的时间、空间这样一套直观形式的？是否这种先天直观形式对于对象仍然是偶然加在它身上的呢？长期的经验试验可以形成一种信念、习惯，认为对象是有时间、空间的，但是那毕竟不是必然的，因此也就没有客观性。休谟无法否认数学的必然性，因为这只是一种形式上的必然性。但他觉得数学运用于自然科学中的必然性完全是没有根据的，因为它涉及到客观对象的内容，而"它们谈论对象不是凭借直观和感性的谓词，而是凭借纯粹思维的先天谓词，它们就无需感性的一切条件而普遍地与对象发生关系"，而这就导致它们的不可靠。所以在这个里面呢，为了回应休谟的怀疑，对于自然科学的逻辑、也就是先验逻辑就有必要进行一番先验演绎。

而又由于它们不是基于经验之上，也不能在先天直观中出示任何先于一切经验而把它们的综合建立于其上的客体，因而就不仅因其使用的客观有效性和限制而引起了疑惑，而且由于它们倾向于把空间概念超出感性直观的条件去加以运用，也就使这个**空间概念**变得模糊了，所以我们在前面对于空间概念作一个先验演绎也是必要的。

范畴与直观形式不同，它们不能诉之于直观或感性的自明性，所以它们运用于对象上的客观有效性和权限就引起了疑惑，因而必须为它们寻求先验的演绎，这是它们的"不可回避的需要"。但是由此反过来，在先验逻辑里面的知性范畴这种演绎的必要性同时也就赋予了先验感性论里面时间、空间的先验演绎以必要性。如果不对这些时间、空间同时也作出先验演绎的话，那么你在运用范畴的时候，你就会搞混淆。就是说，范畴它有一种倾向，很可能把时间、空间运用到那些超感性的东西上面去。比如上帝，说什么上帝在几千年以前创造了世界，"圣经学"考证出上帝在四千多年以前创造了宇宙，或者说上帝住在哪里等等，就会出现这样一些问题。就是把时间、空间滥用到一些超经验的、超感性的领域里面去，这就会误用了时间、空间。所以，这一部分实际上讲，先验感性论和先验逻辑它们的先验演绎是同样重要的，这个必要最终是归结为先验逻辑的先验演绎的必要性，先验逻辑的演绎保证了先验感性论的先验演绎的有效性，范畴在为自己寻求先验演绎的同时也就为时间、空间进行着一个先演绎。"所以我们在前面对于空间概念作一个先验演绎也是必要的"，也就是范畴的先验演绎才使先验感性论中的先验演绎的必要性突现出来了。前面讲"一切几何学知识因为基于先天的直观而具有直接的自明性，而对象则通过这种知识本身先天地（按照形式）在直观中被给予出来"，这里的"对象"，就是客体了，客观的对象，几何学的知识本身就有客观性，它就直接指向客观，当然仅仅是在形式上，所以在括号里面，他讲"按照形式"。也就是感官世界中任何一个事物都要符合形式。几何学天然具有形式的客观性，不需要通过演绎而有客观性。但是康德这里还是对它进行了演绎。几何学可以运用于一切对象之上，没有几何学，你一切对象还可以存在吗？一切对象都已经是在几何学的形式之下，才直观的向我们呈现出来的，这个是人人都可以接受的。康德为什么还要对它进行演绎呢，当然康德是出于认识论上的需要，他试图通过这种演绎，突出人在认识中的主体性作用，突出人在认识客观对象的时候，它是主动地把客观对象建立起来的。客观对象并不是天然的在那里的，尽管我们看起来好像是天然的在那里，但我们从来不怀疑任何对象必须具有几何学的形式，都符合几何学的规律，我们从来没有怀疑过。但是对这样一种客观性，我们如何看，还是一个问题。包括休谟在内，否认一切自然知识，他也没有否认几何学的知识及其普遍必然性，他认为几何学和数学的知识这个还是不能否认的，这些知识在休谟看来不涉及感官的对象，只涉及到我们人，涉及到观念和观念的关系，所以它是可靠的。点、线、面这些东西，都是我们人所设立的，在自然界中都是没有的，我们人在设立的时候给它定义，我们的几何学只不过是把这些定义引申出来而已。关于这些定义之间的关系，我们可以给出一种很确定的东西，这些东西和我们对事物的因果关系的理解是不一样的。逻辑学也是这样，逻辑学是概念和概念之间的关系，那个我们可以得出确定的知识。但是概念和对象之间的关系，在休谟看来，我们就不能从中得出先验的知识了。概念的对象，那要看是什么对象了。概念和概念都是我们人造的，但是概念你要运用到对象上去，"原因"，你要运用到对象上去，问这个对象有没有一个原因，我们在对象上是看不出来的。我只看到一个过程，于是我把原因和因果性的概念加到这个对象上去，那是你加上去的，不是确切的知识，但是在康德看来，空间的概念不仅仅是概念和概念之间的关系，空间的知识已经是概念和对象的关系，比如几何学。几何学已经涉及感性对象了，只不过涉及感性对象的形式而已。当然还是对象，一个三角形，一个圆形还是对象，是你设想出来的，但是是一种形式，它的规律是你不可改变的，具有客观性，是一切感性对象之所以存在的前提。所以归根结底，还是涉及到一种客观性的问题，不是一种主观的游戏。尽管涉及到对象，但是它本身是自明的，它一眼就可以看出来。当然康德所采取的是和休谟完全不同的立场。几何学的知识就是一切对象的形式，这是直接自明的。但几何学最终还是要用在自然科学上，才能真正成为对象的形式，所以它本身就需要范畴的先验演绎对它运用于对象之上作出保证。

　　因此，读者在纯粹理性领域中跨出决定性的一步之前，就必须相信这样一个先验演绎有绝对必要性;因为否则他就会盲目行事,而在他杂乱无章地四处闯荡一番之后,仍然不得不再返回到他由之出发的无知状态。

"决定性的一步",指把范畴运用于对象之上,这是康德整个《纯粹理性批判》最关键的一步。也就是说,把感性直观通过先验感性论准备好了,又在先验分析论的概念分析中把范畴准备好了,现在的问题就是从这两个不同来源的知识成分中如何能够通过结合双方而构成知识了。而这个先验演绎就是要解决这种结合的可能性和必然性条件问题的,如果这个问题不解决,我们就会手持范畴到处乱用,却又永远无法使这些范畴具有客观实在的效用。这就叫作"盲目行事"。而最后他就会像休谟一样,手中虽然有一整套范畴却仍然得不到真正的知识。所以范畴的先验演绎是绝对必要的,这不仅仅是因为我们只可能对范畴进行先验的演绎,而且是因为我们要正确使用范畴就不能不对它们进行先验的演绎,否则这些范畴就形同虚设,无法获得客观的知识。

但他也必须预先清醒地看到无法避免的困难,以免为事情本身所深深包藏于其中的晦暗而叹息,或是为清除这些障碍而过早地烦恼,因为关键在于,要么就完全放弃一切洞察纯粹理性的权利,即放弃这个最可人意的领域、也就是超出一切可能经验界限之外的领域,要么就要使这一批判的研究臻于完善。①

就是说,这种演绎肯定是非常麻烦的,我们必须预先有心理准备,因为我们已经没有退路了。我们只能选择要么像休谟一样除了接受可能经验之外无所作为,完全放弃对纯粹理性加以考查的权利,要么就要把批判进行到底。

下面两段话再次重申了感性直观形式的先验演绎和知性范畴的先验

---

① 此处原译作:"要么就完全放弃在那最可人意的领域,即超出一切可能经验界限之外的领域的任务,要么就使这一批判的研究臻于完善。"不确。

演绎的思路。先讲感性。

　　我们在上面对于空间和时间的概念已经可以不费劲地说明了，它们何以作为先天的知识却仍然有必要和对象发生必然的关系；又何以不依赖于一切经验而使这些对象的一种综合知识成为可能的。

　　数学是关于空间和时间的先天知识，但它也是关于对象的直观形式的知识，与对象有必然的关系；但尽管如此，它却并不依赖于后天经验，而能够先天地从形式上把对象综合起来，这是在上面已经充分说明了的。这里再次强调：

　　因为既然只有凭借感性的这样一些纯形式，一个对象才能对我们显现出来，也就是成为经验性直观的客体，那么空间和时间就是先天地包含着作为现象的那些对象之可能性条件的纯直观，而在这些纯直观中的综合就具有客观有效性。

B122

　　时空形式是感性的纯形式，它们与经验性的对象直接相关，这些对象只有以这种形式才能向我们显现出来，这一点是不需要通过经验而能够先天确定的。我们完全可以先天地断言任何一个物体，哪怕我们还未见到它，它也肯定是处于三维空间之中的，因而肯定是服从空间的几何性状的。所以我们就可以撇开具体的物体而专门去研究三维空间的特性，由此而形成了一门抽象的几何学。但我们知道，这门几何学肯定是关于一切可能经验的对象的形式的，它的空间关系表达了一切经验对象的可能性的条件，凡是违背这种条件的东西就不可能在现象中出现。所以尽管几何学是数学家们坐在屋子里潜心研究出来的，但他们的研究成果却无可置疑地具有先天的客观有效性。这就是对空间和时间、也就是对数学的可能性条件的先验演绎；通过这种演绎，就证明了我们完全有权将数学知识先天地运用来规定一切可能经验的直观形式。这是很容易证明的。但范畴的先验演绎就要麻烦多了。

反之，知性范畴就完全不对我们表现出对象在直观中得以被给予的那些条件，因而对象当然也就可以无需与知性的机能发生必然关系而显现给我们，这样，知性也就会无需先天地包含这些对象的条件了。

就是说，范畴不能直观，它们不是对象直接被给予的条件，对象在直接显现给我们的时候不需要范畴，而只需要先天直观形式就行了。所以这里说"反之"，也就是与感性直观的情况相反，并不能直接看出范畴运用于对象之上的可能性和必要性。那么这样一来，范畴凭什么能够运用于与它毫不相干的直观对象身上，就是难以解释的了。

所以在这里就出现了一种我们在感性领域中没有碰到过的困难，这就是**思维的主观条件**怎么会具有**客观的有效性**，亦即怎么会充当了一切对象知识的可能性条件：因为没有知性机能现象照样能在直观中被给予。

知性范畴来源于主观思维能力，当然感性直观形式也是主观的接受能力，但后者完全可以直接在对象上看出它与对象不可分离，构成对象本身显现出来的必要条件，而前者却似乎并不构成这种条件。如果你要把范畴看作对象知识的可能性条件，就需要另外加以证明，而不能直接在范畴上看出来。所以范畴作为主观思维的条件怎么会具有客观有效性，这是一个不太好理解的问题，不像空间和时间那样直接就可以看出来。下面举了一个例子来说明。

我以原因概念为例，它意味着一种特殊的综合方式，这时在某物 A 之上按照一条规则设定了某个完全不同的 B。并不先天明白的是，为什么现象要包含这样一类东西（因为既然原因概念的客观有效性必须能够先天地阐明，我们不能援引经验来作证），因此先天可疑的是，这样一个概念是不是完全空洞无物，并在现象中哪儿也找不到对象。

这个例子就是休谟举的例子。休谟提出，一个事物 B 在事物 A 之后发生，并不必然表明 A 是 B 的"原因"，或者 B 是 A 的"结果"，因为我凭感觉经验可以看到 B 在 A 之后发生，但我并不能感觉到 B 就是"结果"，或 A 就是"原因"。因果概念本身也不是什么经验性的概念，而只是先天范畴，是我们主观上脱离经验而先天地给对象设定的。所以休谟就有理由怀疑，这样一些范畴是不是完全空洞的，或者仅仅是由于主观心理上的某种误置导致的，比如说"习惯性的联想"。

B123　　因为，感性直观的对象必须符合先天存在于心中的感性形式条件，这一点是明白无误的，因为否则它们就不会是我们的对象；但它们此外还必须符合知性为达到思维的综合统一所需要的那些条件，对这一点的推断就不是那么容易看出的了。

从经验对象方面来看，它们要符合空间和时间的先天形式，这是毫无疑问的，因为没有时间和空间，它们根本就无法呈现出来；但它们要符合范畴，这却不是那么容易看出来的，因为没有范畴，它们似乎还是可以作为直观对象提供给我们。康德想要证明的正是：这些直观对象如果没有范畴，也不能**作为我们认识的对象**而提供给我们，即使在直观中呈现出来，也不会具有客观性，不是我们的"对象"，因而不能被认识，而只不过是主观内心的一些直观表象的碎片而已。但如何能够证明这一点呢？

因为很有可能现象是这样被造成的，以至于知性会发现它们完全不符合它的统一性的条件，而一切都处于这样的混乱中，例如在现象的次序中呈现不出任何可提供出某种综合规则、因而可与原因和结果的概念相符合的东西，这将使得因果概念完全是空洞无物、没有意义的。

这里隐约可以看到休谟的影子，康德在此说的就是休谟。因为正是休谟提出了，在我们内心中的知觉和印象本身根本就不存在什么统一性的条件，没有任何能够统一它们的规则。特别是因果律，在休谟看来只不过是我们主观联想的产物，它在知觉印象这些感觉表象或观念中并没有必然的纽带，是随时可以解体和重组的。这显然会导致一切都处于"混乱"之中，而这样一来，因果律以及与此相关的一切自然规律就都成为"空洞无物、没有意义的"了，也就是没有客观意义的了。因为它们无非是我们主观中联想和想象的结果，是一种便利于我们对事物现象进行概括的"习惯",而并不说明我们所认识的对象的客观性质。康德说"很有可能"是这样的,意思是说如果不承认知性范畴在认识对象中的作用的话,或者说,如果不对知性范畴进行一种令人信服的"演绎"的话,那么很可能人们就会堕入到休谟这样一些经验派的看法中去。

同样,现象将会把对象呈现给我们的直观,因为直观不需要任何的思维机能。

这里说的是经验派的独断论者的观点。经验派一方面像休谟一样,导致一种对任何必然规则的怀疑论,只相信直接呈现在眼前的东西;但另一方面却也导致一种对直观到的表象的独断论,即认为这些表象本身就具有客观性或对象性。但由于我们在此撇开了"任何的思维机能",所以我们无法超越直观表象的立场而判断这些表象是否就是客观对象的呈现,我们把这些直观表象看作是客观对象就只能是独断的断言。所以经验论要么如休谟一样走向否认一切知识的怀疑论,要么像洛克等人那样走向经验论的独断论,这两方面具有内在的联系。因为只要一个人坚持片面的经验论,他就会要么只相信自己的感性直观表象,即知觉和印象,那就要否定一切客观知识;要么坚持自己的感觉仍然是客观的知识,是对客观对象的反映,那就是独断论。这两种归宿都是由于不承认人在感性直观之上还具有知性思维的能力而导致的。

下面康德进一步对经验派的这种困境进行批判的分析。

如果我们打算以下述方式来摆脱这种研讨的麻烦,如果我们说:经验不断地呈现出现象的这种合规则性的例子,它们提供了足够的诱因使原因概念从其中分离出来,并同时以此证明了这样一个概念论的客观有效性,那么我们就没有看出,原因概念根本不能以这种方式产生出来,

这里批评的正是经验派对因果律的通常解释,也就是所谓因果律是从大量经验的例子中抽象、概括和归纳出来的,即由于"经验不断地呈现出现象的这种合规则性的例子",我们就将这种合规则性单独抽出来,并

629

以此大胆地运用于其他经验事物中去，认为它具有普遍的客观有效性。这正是唯物主义的经验论在解释因果律时通常所采用的办法。但在康德看来，这无论如何是一种"以偏概全"的方法，因为即使你观察到了再多的例子，你也不可能因此就把因果律单独抽出来，扩展到那些你还没有经验到的事物身上去。因为归纳法永远是一种不完善的方法，它只能概括已经发生的事件，而不能预测尚未发生的事件。与此相反，因果律则具有一种强得多的普遍意义，一个具有科学头脑的人，决不可能想象任何一个事物是没有原因的，不管这个事物是已经发生的还是将要发生的。这样一种因果律是绝对不可能由归纳法产生出来的。所以康德接着说：

　　相反，它必须要么完全先天地建立在知性中，要么就被作为单纯的

B124　幻影而整个地放弃。

　　在他看来，只有先天的法则才具有因果性这样的普遍必然性，这是任何后天的经验归纳都不可能做得到的。所以因果律必然属于知性的先天法则，如果不承认这一点，那就只有把它"作为单纯的幻影而整个地放弃"。为什么要"整个地"放弃？因为在理性派看来，一条法则必须是无一例外的，只要有了一个例外，这条法则的普遍必然性就全面崩溃了。就因果律而言，我们在后天经验中只能大致猜测它很可能在绝大多数事情中都适用，但无法保证它在一切事情上都适用，也就是无法消除它也许在某个将来的事件中失效的可能性。所以如果不是先天地建立在知性中，这条规则就没有自己的牢固的根基，而它的必然归宿就只能是像休谟那样被看作主观的幻觉。当然即使休谟也并没有把因果律完全当作"幻影"，而是认为它对于我们不失为一种有用的"习惯"；但作为一条"普遍必然规律"，休谟的确认为这种加在因果律身上的头衔是一种幻觉。康德所说的"整个地放弃"是指把作为普遍必然规律的因果律整个放弃，作为知识的必要条件而整个放弃。下面具体解释了这一点：

　　因为这个概念绝对要求某物 A 具有这种性质，即有另一物 B 从它里面**必然地**并按照一条绝对普遍的规则产生出来。

也就是说，原因的概念"绝对要求"A 和 B、即原因和结果之间的关系是"必然的"和"绝对普遍的"，不管它们是什么，凡是有原因必定有结果，凡是有结果也必定有它的原因，这是绝对不可能有任何例外的。如果没有这种必然性，我们就没有权利把原因称之为这个结果的原因，也没有权利把结果称之为这个原因的结果，而因果律也就失去意义了。所以因果律本身就意味着在事物之间的一种普遍必然的关系，在康德看来也就等于一种"客观的"关系，它使我们对这些现象的知识带上了"客观实在性"。而这种客观实在性恰好是建立在因果法则的"先天性"之上的。我们可以而且必须先天地断言一切事物必然有它的原因和结果，所以这是一条普遍适用于任何可能经验对象的客观法则。如果换成后天的眼光，那么康德断言：

现象完全可以提供一些场合，从中可以得出某物恒常地发生所依据的规则，但其后果永远也不会是**必然的**。

休谟认为所谓因果律无非是现象之间的"恒常的联结"而产生的主观联想，这些联结虽然是经常发生的，但每次发生都还是偶然的，所以我们通过联想而建立起来的规则也是脆弱的、没有必然性的。比如我们哪怕一万次地看到太阳晒在前、石头热在后，甚至在两者之间形成了我们的心理预期的规则，我们也不能在这两种现象之间建立起"必然的"联系。所以如果我们要把因果律视为普遍必然的法则的话，它的根据决不能从后天经验中去找，而必须建立在先天的基础上，也就是必须把这条法则看作是超越于一切经验之上的。这就使作为先天法则的因果律具有一种"尊严"：

所以在原因和结果的综合身上还附有一种尊严，是根本不能用经验性的东西来表示的，就是说，结果应该不只是附加在原因上的，而是**通过**原因建立起来、并**从中**产生出来的。

这种尊严就是必然性的尊严，也就是没有任何现象可以违抗、可以例外的尊严。这种尊严是经验性东西所不具备的，光是经验是没有什么必然性的,任何经验事物它的反面都不是绝对不可能的,所以莱布尼茨要区分"事实的真理"和"必然的真理"。而在必然的真理中,因果关系并不是把结果外在地"附加"在原因之上,好像偶然碰在一起那样;而是"通过"原因建立起了结果,或者说"从"原因"中"产生出了结果,这才能叫作因果关系。因果关系是一种内在的必然关系,而不是外在的偶然关系。外在的偶然关系是随时可以脱落的,内在必然的关系则是任何时候不可违背的。

规则的这种严格普遍性也根本不是经验性规则的属性,后者通过归纳只能得到比较的普遍性,即广泛的适用性。但现在,如果我们想把纯粹知性概念只是当作经验性的产物来对待,那我们就会完全改变这些概念的运用了。

因果规则的严格普遍性与经验归纳的"比较的普遍性"是原则上不同的,而且一般说来,康德很少把经验归纳的这种"比较的普遍性"称之为"普遍性",在他看来这本身是一个自相矛盾的概念,因为既然是普遍性,就不可能只是"比较的"。所以他认为这只是一种"广泛的适用性",也就在很多场合它是适用的,但决不能指望它在一切场合都适用。所以这只是一种或然性,尽管这种或然性具有很高的概率,也并不改变它本质上只是偶然的、而不是必然的这一事实。所以如果我们想把因果性这样一类"纯粹知性概念"仅仅在这种经验中的或然性的意义上来运用,"我们就会完全改变这些概念的运用了",也就是没有按照它们的本性来运用,而是歪曲了它们的本性,甚至取消了它们的实质,最终像休谟那样取消了它们本身。我们就会在运用这些概念时实际上使它们失效,而使我们的知识成为一大堆感觉印象的碎片,不再具有科学知识的尊严了。由此可见,纯粹知性概念都是先天地起作用的。而问题就在于,这些主观先天的东西,你怎么能把它看成是客观有效的呢?你要把它看成客观有效的有哪些限制呢?是不是绝对客观有效的呢?这些先天范畴凭什么可以运用到客观对象之上,它的客观有效性的依据何在?而且,它的客观有效性的限制何在？这就是康德提出要对这些先天范畴进行一番"先验演绎"的理由。

§14. 向范畴的先验演绎过渡

上一节已经把"一般先验演绎的原则"摆明了，就是要证明先天的东西对于后天经验性的东西具有普遍运用的权利。但这个原则还是"一般"的原则，就是说，它既适用于先天直观形式对经验性材料的运用，也适用于先天范畴对于经验对象的运用。康德还表明，前一种运用是直接自明的，后一种运用则不那么明确，需要一番繁琐的论证。但如果缺乏了这种论证，则我们就没有别的办法，只好堕入休谟式的怀疑论，而听凭科学知识的基础遭到人为的破坏了。这一节则为后面这种论证，即为范畴的先验演绎进行必要的铺垫，所以是"向范畴的先验演绎过渡"。

所以这一节也还是先从一般的原理开始。

综合的表象可以与其诸对象恰好同时发生、必然相互关联以及仿佛是相互碰在一起，这 ① 只可能有两种情况。要么只有对象使表象成为可能，要么只有表象使对象成为可能。

B125

就是说，通常一个表象在综合的场合下与对象发生关系，不管是必然的关系还是偶然的关系，只有两种方式，即要么"对象使表象成为可能"，要么"表象使对象成为可能"。这里考察的只是综合关系，因为分析的关系不在考察之列。如果是分析的，那就只能是表象与表象之间、即概念与概念之间的关系，不可能涉及对象。凡是涉及对象，表象之间的关系必然是综合的，也就是不可能从一个表象里面分析出另一个表象来，而是有一个表象外加在一个对象的表象之上。那么，这种外加如何可能？也就是说，我们如何可能把一个表象外加在一个对象之上，说这个表象就是那个对象的谓词呢？如果说，虽然这个表象是外加在这个对

---

① 原译缺"这"字，不够清晰，兹补上。

633

象上的,但却可以说它与这个对象是相互"符合"的呢?当然,如果你不管它是否符合,只要你想把任何两个表象联系起来就把它们凑在一起,那也可以,但那样就不能说是对一个"对象"的客观描述了,那只是你的任意想象。康德在这里考察的却只限于表象和对象的关系,或者说表象与表象之间的具有对象性的关系,那就有一个谁使谁"成为可能"的问题,也就是谁"符合"谁的问题。这也就是康德在第二版序言中所说的,通常人们认为我们的知识依照对象,而现在我们不妨试试,假定对象依照我们的知识。① 康德认为,要解决认识的可能性问题,也就是综合判断的可能性问题,只有这两种可能的选择,也就是反映论和先验论的选择,再没有别的选择。如果是前者,则这一关系只是经验性的,这种表象决不是先天可能的。而这就是现象就其中属于感觉的东西而言的情况。"前者",即"对象使表象成为可能"的情况,也就是经验论的反映论的情况,在康德看来就只能是后天经验的情况。康德并没有完全否认这种情况,他只是说,"这就是现象就其中属于感觉的东西而言的情况"。的确有"对象使表象成为可能"的情况,我们的感觉、感性表象就是由于对象刺激我们的感官才可能产生出来的,但是我们凭感官并不能感觉到对象本身,这种对象只能是自在之物。更何况即使在这种情况下,"对象使表象成为可能"这一判断也不是单凭感觉能够作出的,而是已经借助于知性所提供的"先验对象"的概念才能判定的,否则就连"对象"这个概念我们都没有。所以,我们之所以能够说"对象使表象成为可能",归根到底还是因为"表象使对象成为可能"。

但如果是后者,由于表象自己本身(因为这里所谈的根本不是表象借助于意志产生的因果性)**就存有而言**并不产生自己的对象,所以仅当唯有通过表象某物才能**作为一个对象被认识**的情况下,表象对于对象倒还具有先天的规定性。

---

① 参看《康德三大批判精粹》,第 52 页,即《纯粹理性批判》BXVI。

"后者"，也就是"表象使对象成为可能"的命题，这个命题的意思并不是像意志所产生的实践活动那样，按照一个目的表象而把相应的对象"就存有而言"实现出来、产生出来，而只是就认识论而言，我们的表象是某物"作为一个对象被认识"的先天条件。换言之，一个"认识对象"只有通过我们先天的表象所作出的规定才得以可能，也就是才可能在现象中"作为一个对象被认识"。这里表象和对象的关系有两种可能性，一种是实践关系，一种是认识关系或者说理论关系，康德对这两者是区分得很严格的。当然我们说，正因为康德把理论和实践这样严格的割裂开来了，所以他最终并没有能够解决人的认识如何可能的问题。但无论如何，康德开始意识到了人的认识中的主体的能动性，并依据这种能动性来看待认识的可能性问题，这就为这个问题的解决开了个好头。总之，在认识中如果不是有主体的表象的先天规定性，我们根本不可能有认识的对象，或者说，认识对象是由认识主体先天地建立起来的。这里谈的还是一般的情况，下面就具体来划分表象和对象的这种关系的层次，这一划分其实前一节已经涉及到了，这里又再重申一遍。

但一个对象的知识只有在两个条件下才是可能的，首先是**直观**，通过它对象被给予，但只是作为现象被给予；第二是**概念**，通过它一个与该直观相应的对象被思维。

"一个对象的知识"，或者说，一个认识的对象，这两个提法在康德那里是对等的。那么这个对象的知识或者认识的对象必须要有"两个条件"，一是必须要有直观的先天形式，二是要有知性的范畴。前者使一个认识的对象"被给予"，后者使这个被给予的认识对象得到"思维"，从而使这个对象的知识具有普遍必然性。

但从上面所讲的可以看出，第一个条件，即只有在它之下对象才能被直观的条件，事实上是客体就形式而言在内心中的先天基础。

直观的条件，也就是时间空间的先天直观形式，事实上是任何一个客体要在心中呈现出来所必须服从的先天形式条件；没有这个条件，客体或对象就根本不可能在我们心中呈现出来，不可能进入到现象，而只能停留于自在之物领域，也就不能被我们所认识。所以说这是一个认识对象被给予我们的"基础"。当然这个基础是"就形式而言"的，就内容而言对象还需要有另外的基础，这就是后面讲的，由知性范畴对对象的经验内容进行客观的规定，它们和这些先天直观形式一起构成了我们认识一个对象的共同的先天基础。

所以一切现象必然是与感性的这种形式条件相一致的，因为它们只有通过这种条件才能显现，也就是才能被经验性地直观到并给予出来。

"一切现象"，这个地方突出这个"现象"，必然是与感性的形式条件，比如说与这种空间的直观形式，相一致或相互符合的。现象中对象必须符合于我们的主观表象，首先就必须与这种直观形式条件相符合，因为它们只有通过这种条件才能显现出来。"现象"就是"显现"了，Erscheinung 就是现象，就是 erscheinen（显现）这个动词的名词化形式。一切现象只有通过时间空间才能显现出来，才能出现在我们面前，也就是才能被经验性地直观到并给予出来。当然这还只是第一个层次，即对象作为现象被给予出来的直观层次。这个层次比较好办，比较简单。至于第二个层次则比较复杂一些，它正是我们现在要谈的。

现在要问，是否连概念也是先天地在前发生的条件，某物只有在这些条件下，即使不是被直观，但却是被作为一般对象来思维？

前面讲的是时间空间，那么现在回到我们的正题了，来讲概念，也就是知性范畴。既然直观的形式是这样的一种情况，对象必须符合于表象，那么概念是不是也是这样子的呢？是否也是先有概念在先发生的条件，然后"某物只有在这些条件之下，即使不是被直观，但却是被作为一般对象来思维"呢？我们现在暂时不考虑直观，即使是概念，是否也是对象"被作为一般的对象来思维"的先天条件呢？对象"被直观"，那只是"被给予"了，但是是不是也只有以概念为前提对象才能被思维呢？概念是用来思维的，在这种情况之下是否也会发生对象符合于表象的情况？康德的"表象"包含很广，它把直观表象和概念表象都包含在内，表象比概念、比直观的含义都要更广一些。前面讲到直观，那么这里讲概念，是对一般表象的一种扩展了。康德在这里是设问，他在这个地方提出了一种假设，是否有这种可能，但其实是他想要作出的结论了。但是他不直接给出他的答案，而是在这个地方用问题来引导读者：设想一下，如果是这种情况——概念也是一种先天条件，是对象一般能够被思维的先天条件，有没有这种可能？

　　因为要是这样，一切经验性的对象知识都是必然符合于这些概念的，　B126
因为没有它们作为前提，任何东西都不可能成为**经验的客体**。

　　这就引导到康德前面提出的那个命题了，即如果这样，那就可以设想在概念这个层次上也能够是"表象使对象成为可能"了，亦即"对象符合于表象"了。当然这里强调是"一切经验性的对象"，它们要成为"经验的客体"，而不是自在之物。自在之物是不能用这些概念或范畴来规定的，因为自在之物虽然也以概念为条件而被思维，但它不是"认识对象"。凡是认识对象，都已经是指经验中的对象，即现象了。

　　然而，一切经验除了包含使某物被给予的感官直观外，还包含对于在该直观中被给予或被显现的对象的一个**概念**，因此这些有关诸对象的一般概念作为先天的条件将成为一切经验知识的基础：这样，范畴作为先天概念的客观有效性的根据将在于，经验（按其思维形式）只有通过范畴才是可能的。

　　"然而"，也就是说实际上了，前面都是假设，这里讲实在的。然而事实上，一切经验除了包含感官直观以外，还包含有概念。任何经验知识里面都包含有概念，没有概念的话，那就是一大堆乱七八糟的东西了。任何经验或者经验知识，光是有直观还是不够的，还不能够成为对象的知识。感性直观只是"给予"对象，即把直观对象提供出来；但如果没有概念对它进行思维，我们就还不知道这个给予出来的是一个"对象"，我们无法把它与一大堆主观表象区分开来，这个对象作为"认识对象"就

637

还没有得到确定。所以经验知识除了要包含有感性直观以外，还必须包含有概念，而这些概念正是关于这种直观对象的概念，它们使这个直观对象在认识上被确立为一个客观的"对象"。既然概念或者范畴在认识中有这么一种不可缺少的作用，那么我们就可以说它们构成"一切经验知识的基础"。这里讲的"基础"与前面讲的"客体就形式而言在内心中的先天基础"同样都是"基础"，同样也都是先天的，但层次不同。"经验知识"的基础比客体形式的基础层次更高，它构成一个对象知识的可能性的第二个条件。而这样一来，"范畴作为先天概念的客观有效性的根据将在于，经验（按其思维形式）只有通过范畴才是可能的"，就是说，如果对象也要符合于概念这种表象的话，那么现在我们的概念或者范畴能够运用于经验对象上就有了根据了，因为经验"只有通过范畴才是可能的"。当然仍然是就经验的"形式"而言的，不过已不再只是直观的形式，而是"思维的形式"，它是针对经验的内容而进行规定的。一切经验知识中都包含有关于对象的先天概念，这些一般概念将作为先天条件，成为一切知识的基础，没有它们就不可能形成经验知识。这就回到范畴的先验演绎的本题了。范畴如何可能先天地运用于可能经验的对象，其先天客观有效性的根据何在？因为经验只有通过范畴才是可能的，所以范畴必然可以运用于一切经验。所谓"范畴的先验演绎"简单来说就是这个意思。所以，

这样一来范畴就必然地和先天地与经验对象相关，因为一般说来只有借助于范畴任何一个经验对象才能被思维。

经验对象没有范畴是不可能被思维的；连思维都不可能，当然就更不能被认识了；而不被认识的经验对象就不成其为经验"对象"了。这就是范畴的演绎。经验只有通过范畴才是可能的，不是说那些感性材料、那些直观内容，那些红色、黄色、香味臭味啊，那些都不是；而是经验"按其思维形式"，只有通过范畴才是可能的。因为经验当然不仅仅是那些感性的内容了，感性的内容构成不了经验的，经验必需要有思维的形式。

当然还要有直观的形式，时间空间，但还得要有范畴，否则即使有时间空间，也有直观杂多的材料，这些经验材料也可能只是一堆碎片，构不成经验知识或经验对象。所以经验知识不能够脱离范畴，范畴也必然能够运用于经验对象之上。范畴的演绎就是要说明这个道理，就是范畴如何使得任何一个经验知识得以可能。

　　所以，一切先天概念的这个先验演绎有一个全部研究都必须遵守的原则，这就是：它们必须被认作经验之可能性（不论是在其中遇到的直观之可能性还是思维之可能性）的先天条件。

　　这是对上一段关于范畴的先验演绎所说的话的总结，即范畴的先验演绎就是把范畴看作经验之可能性的先天条件。"在其中"也就是在经验中，在经验中我们遇到了两个要素，一个是直观，一个是思维。首先我们遇到了直观。直观之可能性何在？直观本身的可能性也有一个先天条件，就是先验感性论里面做的那个"先验的阐明"所揭示的时间空间条件，这已经是对空间时间的先验演绎了。但这还不够，还要说明"思维之可能性"。这些给予的直观对象，我们要对它思维，如何可能？如果我们不对它进行思维，我们如何能形成对它的知识？我们对感性的东西形成直观，这只是我们接受它的条件，我们接受这些后天对象，我们必须要有先天直观形式，才能够接受它们。但是我们要认识这些对象，我们就必须要思维这些对象，就必须要有范畴，必须要有这些先天概念。奇怪的是，他在这个地方本来只是谈范畴的先验演绎，为什么又夹进了"直观之可能性"呢？直观之可能性是在先验感性论里面已讲过了的，似乎没有必要在这里说。不过我们要考虑到康德的意图，他说："这个先验演绎有一个全部研究都必须遵守的原则"，这个"全部研究"，就不仅仅包括范畴的先验演绎了，而且也包括先验感性论里面关于时间空间的讨论。虽然那个地方讲得很简单，那个地方用不着说，直接确定就行了，但是他还是认为那本身就是一个先验的演绎，对于时间空间的先验的阐明其实也就是先验的演绎，只不过不像范畴的演绎那样的麻烦，不需要通过一个间接的论证，而是直接就可以确定的。所以这个括弧里面，实际上把前面一段的两种情况，一种是直观的情况，一种是概念的情况，把它们都包括在内了。因为这个地方虽然讲的是知性概念即范畴的先验演绎，但是从里面引出的一个原则，是全部的研究都必须遵守的一条原则。凡事你要讲先验演绎，你就必须要讲这条原则，不管是先天直观形式，还是讲到知性范畴，都必须遵守这样一条原则，就是要用它们来说明经验之可能性的先天条件，范畴以及直观形式都必须看作是经验之可能性的条件。直观是接受它们的先天条件，而范畴是思维它们的先天条件，认识它们的先天条件在这里也就是思维它们的先天条件。本来经验之可能性，只要我们用直观来接受它，接受下来了，对象就被"给予"了；但是它是不是客观的？这个还必须要有更高的基础才能确定。所以，

充当经验可能性之客观基础的这些概念正因此而是必要的。但这些概念在其中被碰到的那种对经验的阐发却并非这些概念的演绎（而是它们的举证），因为它们在这种情况下仍然只会是偶然的。

就是说，这个对象的客观基础并不在直观中，直观形式可以把它作为客观对象接受下来，但是这个对象的客观基础其实还在更高的地方。所以，从这个地方可以看出，虽然范畴的运用需要预先由直观为它准备好材料，但经过分析表明，范畴的先验演绎倒过来成为了直观的先验演绎的前提。直观我们可以把对象接受进来，但是你怎么知道，接受进来的是对象呢？当你使用"对象"这个概念的时候，你已经运用了更高程度的范畴了。经验性之可能性的客观基础是要依赖于范畴的，要依赖于知性概念才能成立。所以知性概念，它是用来确定一个对象的，确定经验对象的可能性的，它是一个对象被建立起来的基础。我接受下来的这些经验性的直观，我们通常讲接受下来了一个直观对象；但是这个直观对象的对象性是由范畴确定下来的，由直观还不能确定下来。所以说，"但这些概念在其中被碰到的那种对经验的阐发却并非这些概念的演绎（而

是它们的举证），因为它们在这种情况下仍然只会是偶然的。"这里的"在其中"，"其"是指什么？ "其"是指代后面的"经验的阐发"，这些概念是在经验的阐发中被碰到的。就是在经验的阐发中，我们遇到了这些概念。"这些概念在其中被遇到的那些经验的阐发"，就是说，当我们对经验进行阐发的时候，我们就遇到了这些概念，比如说原因和结果、实体这样一些范畴，我们面对经验，在对这些经验进行阐发的时候，我们就分析出了其中有这样一些概念；但这种分析、这种阐发"却并非这些概念的演绎"。经验派试图立足于对经验的阐发，一个经验摆在我们面前了，他们试图通过对它的阐发，从中分析出这个是原因，那个是结果。这个是实体，那个是属性，这样来说明知性概念在经验中的有效性。比如通过像洛克所说的"反省的经验"，对这些经验进行反省，进行反思的处理，按照直观经验的关系把这个规定为原因，把那个规定为结果，把这个规定为实体，把那个规定为属性，把这个规定为相同的，把那个规定为相异的，等等。这样一些阐发是不是就是概念的演绎了呢？ 我从经验中阐发这些概念，按照洛克来说，这就够了，就能够说明概念的客观有效性了。我通过对经验的反思，我把我主观的反思活动加在经验上面，从这个里面看出它是原因，从那个里面看出它是结果。经验派通常都是这样来演绎范畴的，范畴是从经验中间反思出来的或者是从经验里面抽象出来的。反思的经验，就包括抽象的能力、分析能力、类比能力，都是属于反思的经验。那么经验派认为，我们通过抽象的反思，可以把这些范畴抽象出来，但是在康德看来，这样的一种阐发却不是真正的演绎，而只是"它们的举证"。也就是说，因果性也好，实体性也好，通过经验的阐发只是提供了一些例子。你说在这里，我看出了一种因果性，我看出来了一种实体性，我看出来了一种单一性、多数性，这只是对这些概念的一种举证，一种举例说明。但这些概念并不是经验性的东西，它们是先天的东西。你可以通过举例说明的方式来使人们认识它们，但是这不是对概念的演绎。概念的演绎要说明的是，这些概念能够运用到经验对象上面的资格何在？你说"太阳晒是石头热的原因"，你有什么理由把"原因"概念运用到"太阳"上面去？这个并没有通过你的经验的举证而得到证明。所以洛克的反思抵挡不住经验派的进一步的质疑，抵挡不住休谟的质疑，就是这些东西都是你外加上去的，其实都可以不要。其实每一次太阳晒都是特殊的，从彻底经验的角度来看，"原因"、"结果"这样一类东西都是空洞无物的东西，都是虚假的东西。我所看到的，没有因果性，我只看到"太阳晒"，然后石头发热。所以因果性这类东西是我们主观想象出来的，只是给这类现象的一个命名，其实这种东西是一种主观的心理习惯，它不是客观的，不是客观的联系，仅仅是一种主观的联想。所以范畴仅仅是对主观的一种心理习惯的命名，最后是会得出这样的结果。因果性对太阳晒和石头热的联结在这种情况之下，就"仍然只会是偶然的"。为什么太阳晒就是石头热的原因，你好像看到了太阳晒和石头热之间有一种内部的关联一样，你怎么能看到这种关联？你没有看到这种关联，只看到两个现象接着来了，那你怎么能说太阳晒是石头热的原因，石头热是太阳晒引起的呢？你是怎么知道的呢？所以这两种情况之所以结合成一个"因果关系"，在这种情况下就只是一种偶然的关系，偶然碰到一起了。两个现象，我不知道它们有什么关系，反正它们就碰到一起来了。也可能完全没有什么关系，当然也有可能有关系，我们不知道。不知道的，我们就不要说，我们所知道的只是偶然的相遇，两个经验的东西的相遇。因此，只有通过一种先验的演绎才能使范畴达到一种必然，一种普遍的有效性，而通过经验的阐发的方式是做不到的。

B127　　没有对可能经验的这种本源的、让一切知识对象出现于其中的关系，它们对任何一个客体的关系都将是完全不可理解的。

这句话中主要的而且必要的词是"没有这种关系"，范畴对客体的关系就不可理解。没有什么样的一种关系呢？也就是范畴对可能经验的一种关系。这个"其"还是指的"关系"，属于代词前置。也就是说，这种关系是范畴对可能经验发生的，而且在这种关系中，它让一切知识对象都出现于其中,因为它是对可能经验发生的,而且一切出现的对象都必须是经验的对象,因此,这种关系就是一种"本源的"关系。"它们",在这里就是这些概念,只有在对可能经验的本源关系之中,而不是就经验谈经验的那种"阐发"中,一切知识的对象才会在里面出现,才会出现客体,才会有这些概念对于客体的现实的关系。说得简单一点,就是必须要有这些概念对于经验从本源上发生的关系,它们对于客体的关系才能得到理解。如果没有概念对可能经验的本源性关系,如果仅仅是把概念从经验中抽象出来的关系,那么这种关系就是空洞的,不可能有客观性,而是可以在主观上任意取消的。但是,一切经验如果有了对客体的关系,如果已经让知识对象出现了,那么它就必须已经是以这些概念为本源的前提,才能形成这些客观的对象。所以必须要以这些范畴作为前提去本源地和可能经验发生关系,这些范畴才在这种关系中使得可能的经验作为经验的对象呈现出来。所以不能把范畴归结为经验的抽象,它们相互之间是一种彼此依赖的关系,就是说范畴也不能脱离可能经验,经验要成为客观对象也不能脱离范畴。这里主要还是强调经验不能脱离它对范畴的这种本源的关系,范畴是从根本上决定经验成为客观知识的要素,没有这种关系,单凭经验只会形成偶然的关系,不可能形成客体。

下面,康德在这些原则之下,提出了两个例子作为靶子。首先就提出了洛克,其次是休谟。洛克和休谟都是英国经验派的代表。

著名的洛克由于缺乏这种考察,又由于他在经验中碰到了知性的纯粹概念,他就把这些概念也从经验中推导出来,但却又做得如此**不一贯**,竟敢凭借它们去冒险尝试远远超出一切经验界限的知识。

"缺乏这种考察",就是缺乏前面讲的,通过把范畴看作一切可能经验对象的先天条件,这样来证明这些范畴的客观有效性。那么洛克他不是从这个角度来考察的,他缺乏这种考察。但是他又在经验中碰到了一些纯粹知性的概念,比如说"实体",这个洛克是讲得很多了。"他就把这些概念也从经验中推导出来"，这些概念本来是先天的，所以才有普遍必然性，但洛克不承认先天的东西，但又要说明这种普遍必然性，那么怎么处理呢？他的办法就是把这些概念也从经验中推导出来，坚持他的经验论的原则。洛克有一个说法，可以作为整个经验派的共同原则，叫作：凡是在理智中的没有不是先在感觉之中的。他在感觉经验中，遇到了一些理智的概念，知性的概念，他把它们归结为"没有不是先在感觉之中的"。反省的经验要以感觉的经验作为前提，并且还要从感觉的经验当中推导出来。洛克立足于经验，所以在经验中碰到那些纯粹知性概念的时候，他也把它们归结为经验。归结为经验就归结为经验了，但是他又违背自己的原则，把它从经验中获得的这样一些纯粹知性概念超出经验的界限，去独断的认为它们就是关于物自体的知识，实体就是属于物自体本身的。因果性也是属于物自体的，数量，单一性、多数性都是属于"第一性的质"。第一性的质和第二性的质，是洛克的一个很有名的区分。第二性的质是感觉的质，是主观的；第一性的质是超越感觉的，必须通过反省推导才能得出的，但只有后者才是真正客观的。洛克把这些凭借经验所推导出来的知识，运用到物自体身上去了，把它们称之为第一性的质，这就超越了经验的一切界限了。我们通常讲洛克是一个经验论的唯物论者，康德要批评他的就是他的唯物论独断论这一点。在康德看来，经验论，你如果坚持到底的话，那也可以，但是你不要唯物主义地把由经验所获得的知识运用到物自体身上去，你运用到那上面去，你就是不一贯的，你的经验论的原则就没有坚持到底。所以，我们通常讲，休谟把经验论的原则贯彻到底，坚持经验就是经验，至于物自体呢，我不知道。但洛克就很冒失了，他把这些经验知识运用到物自体身上，他其实是没有根据的，他是独断的。你凭什么知道你没有感到的这些东西它是属于物自体的呢？后来的贝克莱就认为，这些所谓第一性的东西也是属于主观的，主观里面要么就是感觉，要么就是抽象的杜撰出来的东西。除此而外呢，我们什么都不能做。在康德看来，唯心主义的经验论倒是坚持到底了，把经验论原则贯彻到底了。当然，他们有他们的问题，那么下面就是讲休谟了。到了休谟，就把洛克的不彻底的地方克服了。

大卫·休谟认识到，为了能得到这种知识，必不可少的是，这些概念必须拥有自己先天的起源。

休谟在这一点上是非常的有眼光的，他预先就已经认定，这样一些知识，就是抽象的范畴、纯粹知性的概念，如果要获得普遍必然性的话，必不可少的就是这些概念要有自己先天的起源，就是说这些东西不是通过感官能够感觉到的。这些知识跟感觉、知觉、印象完全是性质不同、来源不同的。如果你要有这些知识，必须要有一个前提，就是这些概念必须是先天的。如果你能证明，我们有这样一些先天的知识，那么这些概念就可以被我们所获得。但是反过来呢，你如果证明不了，那你就必须把它们扔掉。休谟正是认为我们证明不了这一点，所以我们就不得不把它们扔掉了。虽然休谟没有能够证明范畴的先天性，但是他这一点是看得很准的，就是如果你要有这些知识，你就必须把它们看成是先天的，不是在经验中所获得的，不是能够感觉到的，这个他要比洛克更加一贯，更加高明一些。

但由于他完全不能解释，知性怎么可能一定要把那些本身并不结合在知性中的概念思考为倒是在对象本身中必然结合着的，并且也没有想到，知性或许通过这些概念本身可以成为它的对象在其中被发现的那个经验的创造者，于是他就被迫把这些概念从经验中推导出来（也就是从一种由经验中恒常的联想而产生的主观必然性即**习惯**中推导出来，这种主观必然性最终被误认为是客观的）。

他只是认为，像原因和结果这样一些概念是我们想出来的，但是我看不懂它们为什么在我们的知性中一定要连在一起。那么，在知性中都不能联系在一起的概念，你倒把它们看成在对象中是必然结合着的，这个是不可解释的。当然首先是休谟并不认为知性本身有一个体系，他是一个经验论者，必须承认凡是在知性中、也就是在理智中的无不先在感觉中。在感觉中当然就不可能结合了，感觉是特殊的、分散的嘛，那么你这些概念在知性中本身也就不是结合在一起的。这是休谟所无法解释的：我们凭什么把原因和结果看成是必然结合在一起的，把实体和属性看作是必然结合在一起的？休谟也没有想到，知性或许——这个"或许"是虚拟式——就是对象在其中被发现的那个经验的创造者，也就是知性是经验的创造者，这个也是休谟没有想到的。因为他的经验派的立场，他的出发点是经验派，经验派只谈我们接受外界的经验，而从来没有想到知性就是这些经验的创造者，知性通过这些概念，可以成为这些经验的创造者；而正是在这些经验中，知性的对象在其中被发现了，知性的对象在知性自己所创造的经验中被发现了。那么这个经验呢，它本身是靠知性而创造出来的，这一点是休谟所没有认识到的。由于前面这两个前提，在休谟眼里知性在这些过程里面一点作用都没有，他就只能把这些概念从经验中推导出来，根本上否定知性的作用。知性唯一的解释就只能是把它们从经验中推导出来，认为它们的必然性只不过是经验中的主观必然性，也就是习惯，经常性的习惯性的联想。这是康德对休谟的一种批判，但也有对休谟的赞扬，他说：

但他接下来做得非常一贯，因为他宣称，凭借这些概念及其所导致的原理，要超出经验的界限是不可能的。

休谟倒是很彻底，他从经验中把这些概念推导出来，他坚持，既然是从我们的经验中推导出来的，那么它就始终是主观的，是一种主观的习惯性的联想，只不过一般的人把它误认为是客观的。他反对这种误解，坚持主观的联想。休谟是做得非常一贯的，他把知性概念严格限制在经验性的解释之内，使它成为单纯主观心理上的一种必然性。主观的必然性其实已经不是必然性了，只是一种多次重复而形成的联想，没有任何必然性的尊严。我们经常是这样，所以我们就习惯了。这种必然性不是不可改变的，只要有几次违背了我们的习惯，我们就要考虑这个习惯要改变了；如果多次违背了我们的习惯，我们就要形成另外一种习惯。主观必然性就是这样的，它是一种经验性的必然性，是随时都可以改变的。

客观必然性则是不以主观为转移的,所以客观必然性才是真正的必然性,才具有必然性的尊严。

但这两位所想出的这种经验性的推导,并不能与我们所拥有的先天 B128
科学知识、即纯粹数学和普遍自然科学的现实相吻合,因而是被事实所
驳斥的。

这里康德用人们所公认的科学事实来驳斥洛克和休谟,主要是驳斥休谟。一般说来,康德批判休谟只能够说是从事实上来进行批判,在理论上其实并没有驳倒休谟。用事实来驳斥也就是用历史来驳斥,事到如今,所有的人都不能否认数学和自然科学的事实了,你还怀疑什么呢?但如果休谟说,事实还没有完,今天所确认的事实也许明天就会被推翻,那康德顶多也就只能说:"那我们走着瞧吧!"但恐怕走到无穷远,也无法证明,既不能证实,也不能证伪,因为这是一个经验性的问题。所以,在这方面,要从理论上驳倒休谟是不可能的,因为作为一个彻底的主观唯心主义者,没有人能够驳倒他。唯一能驳倒它的是事实,一个是实践,一个是你既定的事实,现有的事实。我们人类发展了这么多年,我们的科学知识发展到今天这种程度,难道你能否认吗? 这样你就可以把他驳倒了。但是这不是一种说服,而是一种压服:你不敢否认我们人类的整个知识,你要否认,我们大家都将把你视为疯子。但是如果他真是一个主观唯心主义者,那你拿他是没办法的,他就是跟你作对,你如果拿不出理论上的证据,他就要否认,不承认你人类的所有的知识是真的,那你没有办法。所以康德,他的这种反驳呢其实是有前提的,有既定条件的,不是一种真正的、针锋相对的反驳。真正的针锋相对的反驳不是诉诸现成的事实,还是要诉诸唯我论者、主观唯心主义者他本人的实践和选择。所以有人对休谟讲,你既然否定一切必然性,但是你为什么肚子饿了,要吃面包,不去吃石头呢? 能不能把你吃面包的"习惯"改一改呢? 休谟就承认了,我的实践和我的理论是不一致的,我只是作为一个哲学家,想要探讨一下,我为什么要吃面包。在实践中,当然我不会去吃石头,但是我作为哲学家，我想探讨一下，我究竟为什么要吃面包。我发现我找不到根据，我就把这个说出来了。我说出来不好吗？你们哪个能从理论上来驳倒我呢？马克思主义也驳不倒他，所以马克思主义者也讲，驳倒不可知论者的最有力的论据是实践，这个恩格斯在《费尔巴哈和德国古典哲学的终结》里面讲了，实践能够驳倒休谟。但是这种驳倒不是一种理论的驳倒，不是理论性的驳倒。理论性的反驳只能够把他推到一个很狭小的角落里面去，使他在实践上自相矛盾。你既然还想活，还不愿意马上就死，那你就驳倒自己了，你的行动驳倒了你的理论。其他的办法是没有的。

下面一段摆出了对于洛克和休谟这两种观点所导致的困境。

<u>在上述这两位著名人士中，前一位给**狂信**大开了方便之门，因为理性一旦有了自己的权利，它就不再让自己受到对节制的含混颂扬的限制；</u>

前一位，也就是洛克，给"狂信"大开了方便之门。为什么呢？这个地方的"狂信"主要是指的独断论的狂信。我们知道康德反对的两个最主要的敌人，一个是独断论，一个是怀疑论。那么在同样是经验派的洛克和休谟这两者之间，洛克更像一个独断论者，休谟则显然是怀疑论。洛克甚至被一些哲学史家认为不是经验论者，认为他是属于理性派，因为他有理性派的那样一种独断性。当然洛克的这种独断也并不彻底，因为在洛克那里，他已经有康德的不可知论的一个苗头了，他认为实体有"名义上的本质"，还有"实在的本质"，真正实在的实体在洛克看来是我们不知道的，我们所知道的只是名义上的实体。但是作为一个经验论的唯物论者，一方面，洛克把一切都立足于经验，但是另一方面，他在断定事物的客观存在方面，已经超出了单纯的经验论，而具有独断论的因素。洛克认为，由于有反省的经验，所以我们可以直接对经验进行反省，产生我们的一些纯粹知性概念，可以形成抽象。这些抽象是从经验中得来的，但是运用这些抽象，洛克作了很多事情，去冒险尝试一切超出经验的知识，比如说对灵魂，以及物质实体，他都做了一些尝试。当然最后他还是

归结到经验论的立场上来，但是他已经做得不一贯了，这就给理性的独断论大开方便之门。独断到狂信的程度，就认为凭我们的理性可以把握一切，包括超验的东西。这个是对理性能力的一种狂信，一种迷信，对理性的狂热。对理性的信念超出了理性本身的限制，虽然是理性对理性的一种态度，但是一旦达到狂热的程度，它就已经不理性了，已经是非理性了，所以叫作狂信。洛克标榜自己是"健全理智"的信奉者，这跟狂信是截然对立的，但是根据他的理论呢，却给狂信打开了方便之门。这个地方康德说话是很有分寸的，他并没有说洛克就是狂信，而只说他为狂信打开了方便之门，因为一旦理性有了自己的权力，它就有可能滥用权力。理性在康德这个地方，它的权力当然是受限制的。而在洛克，虽然认为反省的经验还是一种经验，知性的范畴还是建立在经验的基础之上，所以它有一种限制，但是他又做得不一贯，即他通过这种方式给了理性权力以后，理性就开始骄傲起来了。理性一旦在反省的经验里面获得自己的权力以后，就开始自大起来。本来，他作为一个经验派的哲学家，他对经验是有一种节制的，这种节制就是他的经验论的立场。他对范畴的"经验性的演绎"就是从经验里面推出范畴，指出范畴的根源是来自于经验的，只不过经验有两种，一种就是普通的经验，另外一种是反省的经验。反省的经验还是经验，不能够离开经验的立场去不断地进行一些活动，但是理性一旦有了这样一个出生证以后，说明它拥有了自己的合法性以后，它就有一种欲望，要跨越经验给它造成的限制。洛克作为经验派的代表人物，他当然对这种经验的节制有一种颂扬，所谓"健全理智"就是如此。理智一旦脱离了经验，它就不健全了，它就是狂信了。所以洛克颂扬健全理智，就是颂扬要对理智进行限制，不是狂信的理智而是健全的理智，不是病态的，不要走极端。在这个方面，洛克跟唯理论的立场是对立的，所以基本上我们可以把洛克划到经验论的阵营里面，英国经验派嘛，他还是这个阵营里面的。虽然他并没有排斥理智，他吸收了笛卡尔大陆理性派的一些东西；但是对这种理智呢，他是做了限制的，而且他对这种限制加以颂扬,把它称之为"健全的"。但理性一旦有了自己的权力,它就要求跨越这些节制,它就要求自己逻辑的一贯性,不需要受经验限制,它就可以凭自己的逻辑推理去推出某些东西。在这方面,洛克是非常犹豫的。读洛克的《人类理解论》,里面非常犹豫,有时多推出一步,就推出了他不愿意推出的东西,也就是说他又自相矛盾了。有时就说这个东西我们摆在这里,我们存而不论;有时又提出一个新的区分,说这个东西是我们主观的,客观的东西到底怎么样我们不知道,我们不要去推它。实际上的实体和名义上的实体的区分就是这种矛盾的产物。他一方面涉及到很多实体,认为我们可以对这些实体赋予它某种属性,当然包括物质实体也在内,但是另一方面他又说这个实体本身是什么样的,我们不知道,我们知道的只是它的名义本质,而不是实在的本质。这就已经具有了康德不可知论的因素了。这一切都表现出他的矛盾的态度,一方面,他相信理性,相信理智,认为它出身于经验,是可信的;但是呢你一旦相信了理性,理性它自身就有一套程序,可能跨越经验的界限,所以一旦跨越了经验,洛克又缩回来,还是保持他的经验派的基本立场。下面再谈休谟。

后一位一旦相信揭穿了对我们认识能力的一个如此普遍的被视为理性的幻觉,则完全屈从于**怀疑论**。

休谟一旦相信他揭穿了一个幻觉,这个幻觉呢对于我们人类的认识能力来说是如此普遍,并被视为是理性的,但是呢,在休谟看来这完全是一个幻觉。人们都以为,人们的认识能力是理性,但是呢休谟揭穿了,这其实是一个幻觉。那么一旦揭穿了这个幻觉,那就完全屈从于怀疑论了。从这里可以看出,康德的两大敌人,一个是独断论,一个是怀疑论,而他要从中开辟出一条中间道路,要避免这两者。

——我们现在正要做一个试验,看我们是否能把人类理性幸运地从这个两难处境中救拔出来,给它指出确定的界限,但又使它的合目的性活动的全部领域对它保持开放。

我们的这个演绎就是一个"试验"，康德认为，我们在演绎里面就是要做这样一个试验，把人类理性拯救出来，一方面"给它指出确定的界限"，这就是针对独断论。独断论否认一切的界限，把什么东西都用理性去解决，那就是对理性的狂信和滥用。理性的运用在认识中只能限制在某个范围之内，就是说，限制在可能经验的范围之内。另一方面，"但又使它的合目的性的活动的全部领域对它保持开放"，而不是使它导致封闭。合目的性的活动，一般是指实践的活动，但在这个地方主要是指作为认识活动的实践活动。认识本身也是一种实践性的目的活动，它的目的就是要把握对象的知识，它不是单纯被限制在经验中不能动弹，消极被动地接受，而是要在可能经验的范围内进行主动的探索，使经验的"全部领域"都对理性保持开放。这就超出了休谟那种封闭的经验论和消极的无所作为的怀疑论。当然，既然涉及到"合目的性活动"，那就也关系到其他的实践活动，比如实用的领域和道德的领域，理性的"全部"实践领域都要对理性保持开放。我们限制理性的活动领域是为了给信仰留下地盘，我们要悬置知识，就是要把知识挂起来，以便给信仰留下地盘。知识它有界限，这个我们谈过了，我们还有其他要谈的，这就是理性在知识之外还有它的作用，在它的合目的性的"全部领域"中有理性作用的余地。所以在这个领域里面，我们要使理性既意识到自己的界限，又对自己的全部领域保持一种开放的态度，这就是康德的理性的两个领域。在设定界限这方面，他有与洛克和休谟一致的地方；但是不一致的地方在于洛克破坏了自己的这个界限。而休谟设定了界限以后就完了，就什么也不干了，对于超越界限的东西也就完全否定掉了。但是康德认为设定这个界限并不是说把一切都要归结为经验，经验只是我们认识的一个范围，但是经验知识之所以形成，它有一些超经验的条件，这些超经验的条件使得经验知识能够产生出来，并且还能够在超经验的领域里有它的实践作用，在实践的领域里有它合目的性的运用。这是康德与休谟的一个很大的不同，就是在经验知识里面保留了先天知识的位置，作为经验知识的一个要素,一个层次,为先天知识保留它的位置。而且这个位置很重要,这个位置是形成经验知识的一个前提,一个先天的条件;并且这个先天知识的能力本身也可以不用在知识方面,它可以用在实践的方面。也就是理性能力不一定完全用在认知方面,也可以用在实践方面,在这方面我们可以给理性开辟一个新天地,而且这个天地比人类理性在认识论中的地位来说更重要。实践理性要高于理论理性,这是康德的一个原则。康德探讨理性,纯粹理性批判,探讨人的认识结构,讲了这么一大通,最后呢是为了把人类的知识解决掉以后,我们进入到实践的领域,进入到道德的领域,这个才是他真正关心的。但是在经验中,这个道德领域很麻烦,先要做大量的奠基和清除工作,要把这个地基清除干净,究竟是一个什么样的基础。做了所有这些前期工作,我们最后才能进入到这个领域中来。

下面,在正式进入到演绎之前,还必须对知性范畴的性质再加以明确。

<u>不过,我还想预先对**这些范畴加以解释**。范畴是关于一个一般对象</u>的概念,通过这些概念,对象的直观就在**判断的逻辑机能**的某个方面被看作**确定了**的。

范畴,前面的解释还不够,康德还要进行一些解释。"一般对象",就是说,这个对象是从一般性上来讲的,这个对象它的概念的范围是最一般的,那么这样一个对象,我们也可以把他称之为一个"先验对象"。我们先验地断言一个对象,但是我还没有说这个对象是什么,我只说"对象",笼统地说一个对象,还没有确定它到底是经验对象还是物自体。这就是一个一般对象。这个对象我是说的一个,但是这个对象里面的含义呢,它是一般的。"范畴"这里是用的多数,复数,各种各样的范畴都是关于这样一个一般对象的一些概念。范畴有很多概念,很多范畴,都是围绕着一个一般对象建立起来的,所以一谈到范畴,我们就是指向一个一般对象了。范畴就是要建立先验对象,凡是谈到范畴我们心目中就会有

一个客观性的概念，就是说能够用范畴来描述的都表明这个东西是一个客观的对象。这种描述当然也可能是错误的，比如说我把这个对象设想为上帝，范畴在没有得到经验的材料的前提之下，严格来说不能规定一个上帝，但是范畴就它本身来说也可以把它用到上帝身上去，这从范畴本身来说，找不到什么错误。对任何一个对象，范畴都可以这样的规定，如说上帝是一个"实体"，上帝是"单数的"，上帝是必然性，是现实性，我都可以对他进行描述。一般的这样描述都是可以的，但是如果你要是以为这些命题就是知识，那就错了。这不是知识，这只是一种一般的描述，只是一般的命题。"上帝是单一的"，这只是一个命题，但是你如果说我有关于"上帝是单一的"这样的知识，那就有问题了，因为你没有指出来他的各种各样的经验的性质，这些属性，你没有办法赋予它。范畴本身是没有限制的，如果要有限制的话，那就是有一个外来的要求，要求范畴去建立一个有关直观对象的知识，那就有限制了，那你就要涉及直观。范畴在确定对象的直观时是从判断的逻辑机能的某个方面对这些直观加以确定的，这样一种概念、范畴的功能在逻辑机能方面就是在这个地方，就是要从判断的逻辑机能里面去规定一个直观的对象。在形式逻辑的判断分类方面，它是不管判断的对象的，形式逻辑只管判断的正确性，而不管真理性，即不管判断与对象究竟是什么关系。所以范畴分类表和形式逻辑的分类表是两个不同的系列，但是它们相互之间是有联系的，范畴可以看作是从判断的类型里面引出来的。怎么引出来？就是把每种判断类型都看作对一个对象的规定，看作是使"对象的直观就在判断的逻辑机能的某个方面"被确定了的，那么它们就形成了一个范畴，而不再只是单纯的判断形式了。所以判断有十二种类型，那么我们的范畴就相应地有十二种范畴，每一个范畴对应于判断的一个类型，就是这样形成起来的。范畴在逻辑方面，它有这样一个规定直观对象的功能。而形式逻辑则没有这样一种机能。

　　所以，**定言**判断的机能就是主词对谓词的关系的机能，例如"一切物

体都是可分的"。不过就知性的单纯逻辑运用而言，却仍然没有确定在

B129 这两个概念中人们会把主词的机能赋予哪一个，把谓词的机能又赋予哪一个。因为人们也可以说："有的可分的东西是一个物体。"

这是对形式逻辑的判断的分析。以定言判断为例，因为定言判断是最简单的一种判断形式。在"一切物体都是可分的"这一定言判断中，"一切物体"是主词，"可分的"是谓词。这样一种判断就是属于主谓词的判断机能，被划归到"全称判断"的逻辑形式里面去了。前面一句中"确定了的"为什么打着重号？所谓确定了的就是被看作是对象化的，被看作是客观的，不可改变的，这就是范畴的作用。而这里讲的形式逻辑的判断的逻辑机能就不一样了，从形式逻辑本身来说，它可以在对象上是不确定的，一个概念的对象是什么，它无所谓。形式逻辑在这方面，它没有确定，它完全是一种主观的思维技巧，对于客观对象，它不说什么，而只求按照严格的规则对那些概念进行推理和置换。形式逻辑，它不管概念的对象，它只管它的逻辑规则本身是否得到遵守，它只管正确性，不管真理性。相反，范畴是属于先验逻辑，先验逻辑探讨的是真理的问题，它既是逻辑，也是认识论，甚至在某种意义上也是本体论。它要管有关对象的知识的真理性问题，这是跟形式逻辑在层次上不同的。形式逻辑，主词和谓词完全可以倒过来说，完全没有问题。但是这样一些判断，如果从真理性的角度来理解，我们要形成对一个对象的认识，那么正确的认识方式和规则就必须另外确定，也就是必须遵守先验逻辑的方式。所以康德说：

但通过实体范畴，当我把一个物体的概念归入到该范畴下时，就确定了：该物体的经验性的直观在经验中必须永远只被看作主词，而决不被看作只是谓词；在所有其他范畴那里也是如此。

从先验逻辑的层面上来讲，从认识论的层面来看，从真理性、客观真理的角度来看，我把这个"物体"看作是一个实体的时候，这个范畴肯定是要和经验性的直观联系在一起，才能作出这样一个判断。实体和属性

654

的关系，如果我们从这个角度来看，那么你肯定只是把实体当作主词，而不能当作谓词，只能当作被叙述者而不能当作叙述者。所以"物体都是可分的"才是先验逻辑的正规的命题，形式逻辑上虽然可以互换，"有些可分的东西是物体"；但是从意义上来说，我们必须这样来表达，就是"物体都是可分的"，物体是实体，可分的是属性，实体具有某种属性。只能这样来理解，才具有认识论和客观的意义。从语词上来说，我们可以倒过来说，这从形式上也没有错，但是它的认识论的意义还是"物体是可分的"。该物体作为一个经验性的直观的实体，在经验中永远只被看作主词，这一点是确定的，而决不被看作只是谓词。他这里要说的是，不是怕人们会把物体误解成属性，而是怕人们把物体误解成谓词，他是讲的这个意思。亚里士多德对实体的定义也是这样的：永远只能做主词而不能作谓词的，那就是实体。这当然是就认识论来说的，如果就形式逻辑来说，那么没有任何主词不能做谓词用的，就连亚里士多德所举的"苏格拉底"这个例子，我们同样也可以说"希腊第一个提出美德即知识的哲学家是苏格拉底"。然而这个判断的**意思**，它的认识论价值，还是说的"苏格拉底是希腊第一个提出美德即知识的哲学家"。所以苏格拉底"在经验中"必须永远被看作主词，而不是谓词。这是关于"实体"范畴。"在所有其他的范畴那里也是如此"。这里只举了一个例子，就是实体，其他范畴也必须照此办理。例如因果范畴，我们当然既可以说 A 是 B 的原因，也可以说 B 是 A 的结果，这是同一个意思；但是我们都知道，不论怎么倒过来讲，客观上总是原因在前结果在后，这是不能颠倒的。所以在先验逻辑中的范畴是要获得知识，对形式上的换来换去的技巧没有兴趣。先验逻辑所思考的是怎么样能够最直接最明了的对一个对象加以确定，把它的各种关系规定下来，使它成为一个客观的对象，而且这个对象能够使经验的直观统摄起来。因此它是实实在在的关于对象的一种知识，涉及到真理问题。

§15. 一般联结的可能性

第15节在康德的纯粹理性批判里面有它的非常重要的意义，就是在他的先验分析论里面，当他从概念分析过渡到先验演绎，从纯粹知性概念的范畴表进入到先验演绎，就是从这里进入的。所谓先验演绎就是说明这些概念之所以能够运用到感性经验对象上去的根据。这些知性的纯粹概念如何能够运用到感性的经验对象上去？这个理由何在？要找到这些理由就必须要进行一种先验的演绎。这个我们上学期已经把这一段过渡都读过了，上学期没有听的，这学期可以返过去看一看，可以补上。

所谓先验演绎就是要通过一种逻辑的追溯去展示这样一些知性的范畴如何能够运用于感性经验对象上。是不是随意的？是不是可有可无的？我运用到感性经验对象上，是不是可以随意的运用或者随意的不运用？那么，如果我能证明它既不能随意的运用也不能随意的不运用，它是必然的要运用于感性对象，那么，这个演绎就完成了。就是说，我们就可以有信心，相信是人为自然界立法。我因为我自己提出的一套概念范畴体系去规范大千世界，我们就有信心，有充分的理由，相信我们的科学知识在这样做时是能够把握对象的。否则的话我们就只有像休谟那样，陷入怀疑之中。我拿不准我们的这一套概念范畴是不是能够运用于对象，也许是我自己头脑里面构思、虚构出来的呢？也许跟对象完全不相吻合呢？也许今天被视为天经地义的自然规律，明天突然就失效了呢？是不是有这样一种可能呢？那么康德在这个地方，就把这样一条怀疑的路堵死了。

那么，进入到先验演绎，首先，它的出发点。它有一个出发点，它立足于什么。在这一点上，康德的纯粹理性批判有一个第一版和第二版，1781年的第一版和1787年的第二版，中间是有很大的区别的。我们这里选录的是他的先验演绎的第二版，他是从"一般联结的可能性"开始的。在这里我可以跟大家介绍一下，在第一版里面他并不是从这里开始的，而是从知性的"三重综合"开始的。首先是最低层次的综合，也就是

"在直观中领会的综合",然后是"在想象力中再生的综合",再上升到"在概念中认定的综合",一层层提高。首先是最具体的直观,然后是想象力,想象力比直观更有能动性,更有主动性。那么再上升到概念就更高了,概念就属于知性了,就属于范畴了。每个后面更高的层次都是前面较低层次之所以可能的条件。所以在第一版演绎里面是从下至上进行追溯,追溯我们的感性直观经验对象如何才能够得到认识的先天条件,追溯到最后就是概念中认定的综合。那么,概念中认定的综合又是如何可能的呢?那就还要追溯到先验自我。最后是由于知性这样一个先验自我的能动性,由于我们能动地把概念赋予经验对象,才使得我们的经验知识成为可能。通过这样一追溯,我们就发现,实际上我们的主观知性所提出来的那一套概念体系它是不能不普遍运用于感性经验对象的。反过来说,一切感性经验对象都必须以主观知性的先天综合能力、先验自我意识的这样一种能动性作为前提,无一例外。那么既然这样,我们就可以大胆地在任何我们所遇到的经验对象上面或者我们将要遇到的经验对象上面使用我们的范畴。它具有普遍性嘛,它没有任何例外嘛,我们已经追溯到它的根源了嘛。这是第一版演绎,做了这样一种追溯。

那么第二版演绎跟第一版演绎不同的地方,是它从上至下,而不是从下至上,它是从最一般、最普遍、最抽象的地方开始,然后再降下来到具体。所以,我们这个第十五节的标题叫作"一般联结的可能性",一般的联结,最一般的联结,就是凡是你谈到任何一个"联结",都包括在内了。这个"联结"为什么这么重要呢?我们知道,在康德看来一切知识都要采取判断的形式。康德曾经讲到,一个感性的表象不能算是知识,一个知性的概念单独也不能算是知识,知识都是以判断的形式出现的。我说"原因",这不能算是知识;我说"红色",这也不能算是知识。只有当我们把一个表象和另外一个表象联结起来,我说这个是那个的原因,这朵花是红色的,S 是 P,做出这样的判断的时候,这才构成了知识。否则的话,任何一个表象,单凭它自己还是未确定的,你既没有说出它是什么,也没有说出什么是它。我单说出一个字,魔鬼。我们当然知道没有魔鬼,但是我说一个字魔鬼,我没有说有魔鬼,我也没有说魔鬼是存在的,那你不能说我说错了。所以,在康德看来,知识的起码的单位是判断,判断就要有两个概念,而且,要有个联系词,这个"是",这个 ist 或者是 Sein。Sein 这个词就是英文的 Being,这个词在里面起的是一种联结作用。一切判断首先就是联结。在西方的传统逻辑学里面,任何一个命题都必须有一个 Sein,要有一个 Being,或者说即算没有,也可以转换为具有一个 Being 的判断,可以转换为这样一个以 be、to be 联结起来的由主词和谓词所构成的判断。所以,在西方,可以说从亚里士多德开始吧,就已经把 Sein 这个词,也就是希腊文的"ov",看作是一切逻辑的基础。一切逻辑都是以这样一种方式联结起来的某种规律性。所谓逻辑无非就是用 sein 联结各种各样的词、各种各样的表象时,它里面所包含的一种规律性,它里面有规律。为什么要从"一般联结的可能性"开始,康德这里当然没有说的那么明确,但实际上已经包含了西方的关于 Sein、关于 Being、关于古希腊的 on (ontology),它的根本问题已经包含在里面了。所以,从"一般联结的可能性"入手,这就是从最高的地方、最抽象、最普遍的这样一个层次入手,从"是"、从"存在"入手,进行一种演绎,这是一种具有非常强烈的逻辑性质的演绎。前面第一版的那种演绎呢,我们可以说它具有一种心理学的性质。它从心理学追溯到它的逻辑前提。那么在第二版的演绎中他做了一番改进,就是说改为从逻辑的可能性出发,下降到我们的日常经验知识,包括心理学在内。为什么要做这样一番改进,这个有很多讨论。就是说康德的《纯粹理性批判》第一版发表的时候,有不少的人对他的"先验演绎"有一种误解,认为康德在这个地方既然是从心理学出发的,那么就有人认为他是休谟或者贝克莱那种心理主义,特别是贝克莱的心理主义"存在就是被感知。"所以,存在的东西,我们就可以把它还原为人的心里的一些印象、一些知觉、一些观念。康德对这一点非常不满,就是说为什么这么多人对他产生误解,把他的先验的意图完全置于不顾。当然这不能完全怪别人，也怪他自己没有说得很清楚。其实，康德从心理学出发，他并不是限于心理学，而是尽量的想要摆脱心理学，他从人的认知的心理结构里面要看出它的先天的原则，这个先天的原则不是心理学的，而是哲学的，是认识论的。认识论跟心理学当然很有关系，但是呢，从层次上讲是不一样的。这一点，我们至今，国内的哲学界在这一点上，很多都还没有区分清楚，往往把认识论当作心理学来进行研究。实际上这里头是很有区别的。那么康德呢，他实际上尽量地想要摆脱心理主义。但是否真正能够摆脱，这个后来也有不同的评论，像胡塞尔就认为康德最终没有摆脱心理主义，没有摆脱人类学。康德自己也说他的全部哲学都可以归结为人类学么。所以，在这方面他还有强烈的心理主义的倾向，没有完全摆脱心理主义。但是，康德在这里头启发出一种思维的层次，就是想从心理学里面跳出来，跳到一个先验的层次上面去。就是人的心理是这样的，但是人的心理是如何可能的？这个前提，那就不是心理主义的了，就跳到先验的层面上去了。这个先验的层面就是一切知识之所以可能的逻辑前提，这就是认识论了，这就是形而上学了，这就是哲学了。一切知识从心理上我们当然可以进行分析，但是这一套心理结构是如何可能的，这个只有通过哲学才能追溯，而且，一旦追溯到这个前提，它就是个逻辑前提。它就不仅仅是适用于张三、李四、你、我、他，甚至也不仅仅适用于人类，它还可以适用于一切可能的有理性的生物，比如说外星人，比如说天使，比如说上帝。如果有一种存在物要进行思考，要进行认识的话，那么它必然要落到这一套先验的结构里面去。所以，先验结构是逻辑结构，它是普遍的，如果上帝会思考的话他也要按照逻辑思考，他不能，就我们人所理解的而言，他不能跳出逻辑的范围，如果跳出去了，那么我们就说那不叫思考了。上帝如果他还在思考，如果他还在认识，那么他就要服从这一套认识论结构。上帝当然可以创造奇迹，在一般的宗教、神学家看来，应该是这样的，但是那个奇迹不叫认识，它超出了认识的结构就不叫认识了。凡是你如果说上帝有一种知识，那么这种知识必然要适合于知识的结构,知识结构是先天的,它不是哪个人的,也不是人类的,它是一般知识之所以可能的结构。后来,胡塞尔就是在这方面大做文章了。胡塞尔也是从心理主义出发,上升到一种先验的普遍性结构、意识的结构、一般意识的结构。他把人撇开了,他说的是"无人身的意识",他是指的一般意识的可能性,这种可能性体现在人身上当然它就成了现实性。但这种现实性之所以可能,它要以它的可能性为前提。如果这个东西根本就不可能,它当然也就没有所谓现实性。首先要可能的,它才会成为现实的。那么,这个可能性在胡塞尔看来,它是先天的一套结构。要追溯的是那个先天结构,这是现象学后来走的一条路。所以胡塞尔现象学可以说是从康德出发,把他的先验主义进一步的发展,彻底清除了康德的心理主义和人类学的这样一些内容,只留下先验的形式,或者说,把人类学的和心理学的一切内容都转化成了普遍的形式,只留下先验的形式。这种眼光在胡塞尔看来无所不包,一切东西都可以从先验的角度来看待,哪怕一种具体的、特定的红色,都可以从先验的角度来看待。

这是题外之话了,我们现在回到 §15——"一般联结的可能性"。一般联结的可能性,这是从最高的地方——任何一个判断是如何可能联结起来的,从这个地方入手。这个是最一般的,他相信每个人都会承认,这个是没有什么可怀疑的。我们看看他怎么说的。

表象的杂多可以在单纯感性的、亦即只是接受性的直观中被给予,

"表象的杂多","表象"我们前面已经介绍过了,就是 Vorstellung,这个词在康德那里是一个最广义的概念,无所不包。一切知觉、印象、感觉、直观、概念、知性、理性等等在人的心理上所形成的任何痕迹、观念等等,这些东西,只要留下痕迹,我们都可以把它称之为 Vorstellung。这个词有的人把它译成"观念",我们在这里译成表象。就是说,这个词最具有心理学色彩,我们在内心里面,你搜索一下,看看你内心里面有什么，那么你就发现，所有呈现出来的东西它有个共同点，就是都在这个内心里面呈现出来了。Vorstellung 这个词就是"置于前面"的意思，Vor 就是"在前"，stellen，就是摆出来，放置，展示。凡是置于你面前的东西都叫作 Vorstellung。就是说我们朝内心里面看一眼，我们就可以看到，里面有很多东西摆在我的面前，作为我的考察对象，被我所关照。那么，所有这些东西，概念也好，直观也好，经验也好，感觉也好，这些都属于Vorstellung。我们这里翻译成"表象"，它的含义就是"表"出来的"象"，即内心所现出的痕迹。"表象的杂多"，所谓"表象的杂多"，就是说，在心里面呈现出来的东西，那是乱七八糟、各式各样、五花八门的，所以这些东西，我们把它称之为杂多。那么，表象中的这些杂多，这些各式各样、五花八门的东西，它"可以在单纯感性的、亦即只是接受性的直观中被给予"。表象的杂多，它可以在感性的接受性的直观中被给予，就是说感性是一种接受的能力，感性的接受能力有一个特点，就是它是被动的，它作为接受的能力，有什么东西印在它上面，那么它就接受什么样的东西。它是被给予的。那么，表象的杂多可以在人的感性的接受性里被给予，当然并不一定在人的感性的接受性里被给予。有些东西就不是在感性的接受性里被给予的，比如说范畴就不是这样，所以他这个地方讲的只是表象的杂多中的一部分，这一部分就是可以在接受性的直观中被给予的。这里指的就是我们的感觉，经验性的那些印象、知觉。像休谟所讲的，我们的知识，首先就开始于我们的印象，所谓第一印象；我们要知道一个东西，我们首先要去看；而且我们看到以后，那个第一印象是最可靠的。休谟就是这样看的，我们的知识都来源于我们的第一印象。那么昨天看到的东西，我们今天已经淡忘了一些，当然有些很强烈的，还记得，但是那种记忆呢，比当场看到的，总是要弱一些。所以，当场看到的第一印象，那是最可靠的，那是我实实在在接受到了的，这一点在康德这里有所吸收，康德认为这个是有它一定道理的。表象的杂多，它可以在单纯感性的，也就是接受性的直观中被给予。那么下面，

　　<u>而这种直观的形式则可以先天地处于我们的表象能力中，它不过是主体接受刺激的方式而已。</u>

　　这一点就跟休谟不同了。就是说我们被动地接受了表象的杂多，感觉、知觉、印象，丰富多彩的，强烈的，刺激我们的感官的，所有这些杂多，被我们接受下来了，这些都属于直观。但是，我们在接受的过程中，我们是否考虑到有一种直观的形式是我们的表象能力中先天具有的呢？直观的内容是一种杂多，也是一种表象；但在我们接受外界的表象，接受我们的知觉、感觉、印象的时候，我们的主体里面必须有一种直观能力，有一种先天的直观形式，它是属于我们接受感性刺激的一种主观的形式。我们要接受感性刺激，必须在主体中要有一种形式把它纳入进来，具体来说，就是时间、空间。时间、空间，在康德看来不是外界给予我们的，不是我们被给予的，而是我们主体中先天固有的一套框架，是一套形式，我们用这样一套形式来接受外界给予我们的那些内容，红色呀、香味呀、冷啊、热啊，这些东西都是我们被给予的，我们本来没有，但是碰到某种情况，我们就被给予了。但是无论如何被给予，它必须要以我们主体中的时间和空间作为前提。这是康德在"先验感性论"里面已经阐明了的一个道理。任何香味，任何颜色，难道可以没有时间、空间而被给予我们吗？那么时间、空间为什么具有这样的普遍性呢？我们断言一切所感到的东西都在时空之中，我们为什么可以做这样一种普遍的判断，哪怕将来的东西我们还没有看到，哪怕过去的东西我们永远也看不到了，我们都仍然可以这样决断的断言，所有这样一些感性的材料都在时空之中。为什么能够这样断言？就是因为这是我们主体的结构，主体中有这一套先天直观形式。所以他讲"这种直观的形式则可以先天地处于我们的表象能力中"，它不过是主体接受刺激的方式而已。你必须有这样一套东西，有这种接受能力，你才能接受。接受当然是被动的，但是不完全是被动的。被动的接受也要有这种能力才能接受啊，也要有一种被动的能力呀，被动也是一种能力呀，你把一束红色的光照一下石头看，看它有没有形成

"红色"这种表象能力,它肯定是没有的。被动也是一种能力,人才有这种能力,人具有一种先天的能力,他可以通过外界给予他的那些材料形成一个表象:红色,持续了三秒钟,有多大,这个印象就出来了。没有时间、空间你的印象出不来的,这个感觉、知觉是出不来的。所以这种直观形式,它的内容呢可以是被给予的,但它的形式是必须是先天在人的主体中的,这个是康德跟休谟的一个区别之一。就是他承认人们即算是在初步的、最直接的感觉、知觉、印象中,已经有先天的东西在起作用了。没有先天的东西预先存在,后天的任何东西都不可能进入到我们的内心中来,成为我们的表象。下面,他说:

> 然而,一般杂多的联结(conjunctio)决不能通过感官进到我们里面来,因而也不能同时一起被包含在感性直观的纯形式里;

"联结"就更上一个层次了,我们接受对象的这些材料,知觉、印象这些材料,我们的接受必须要以先天的直观形式为条件,这是一个层次。但是我们接受下来是一种很被动的接受下来,我们固然接受下来,但是它就放在那里了,一种红色就在那里了。我说"我感到了一种红色",这个不叫知识,这是一种知觉。康德有时也把它称之为"知觉命题"或"知觉判断"。"我感到一种红色",这是一种知觉命题,这是谈我的感受。这种感受可能完全是一种幻觉,也可能你在做梦,你感到了一种红色,那也可能的。但是哪怕在梦中,我确确实实感到了这种红色,那是没有错的,因为他没有判断这个红色是什么。他只是做了一种知觉判断,而没有做一种"经验判断",这不是他的"经验",因此也不是他的知识。"我感到了一种红色",这不是一种客观知识,只是我的一种感觉。但是。如果我说,"这个东西**是**红的",或者说,"这**是**一种红色的东西",那就不是知觉判断了,这个地方用了"是",作为一种联结。那么这种联结如何可能的,那就不是单纯的直观形式使它可能的了,那就更提高一个层次,就是"一般杂多的联结"。一般杂多的联结,它是"决不能通过感官进到我们里面来"的。当然,我看到这朵花也看到了红色,但是我把红色和这朵花联结起来。我把一个原因和一个结果，比如说我看到了太阳在晒，又看到了石头热了，我把它们两者作为一种因果关系把它联结起来。我把一种红色和一朵花作为一种实体和偶性的关系把它联结起来，这样一类的联结那就是"一般杂多的联结"，它"决不能通过感官进到我们里面来"。通过感官进到我们里面来的，只是那些直观的表象，感性的那些知觉、印象。但是，如果我要对它进行**判断**，要把两个印象或者说两个表象加以联结，那么这种联结我们通过感官是做不到的。所以，休谟曾经提出的著名的论证就是说，我看到了太阳晒也看到了石头热，但是我没有看到太阳晒是石头热的"原因"，这个我们没有看到，我们通过感官怎么能看到"原因"呢？休谟认为我们的感官是我们的知识的唯一的来源，那么这就堵死了感官所感受到的东西如何能够联结起来的一种解释方法，因为"原因"等等范畴就是把感官表象联结起来的各种"是"的方式。你怎么解释？你怎么能够把一个东西看作是另外一个东西的原因，把那个东西看作**是**这个东西的结果，把一种现象看作是另外一种现象的实体，把那种现象看作是实体的属性，你凭什么？所以，休谟认为"原因"这个东西没有根据，所以他只归结为这是我们主观想出来的，这是一种"习惯性的联想"。休谟从心理主义来加以解释，我们经常性的把两者联系起来，所以呢就形成了一种习惯，于是我们就说太阳晒是石头热的"原因"。其实，我们没看到"原因"，原因怎么能看得见呢，原因又没有颜色，又没有声音，又没有热度，我怎么能看到原因呢？我没看到原因，所以根本不存在原因，我们称之为原因的只是我们主观心理表象中的一种习惯性的联想。在这里，康德的出发点和休谟是一致的，他也认为一般杂多的联结决不能通过感官进入到我们里面来，"因而也不能同时一起被包含在感性直观的纯形式里"，这一点他同意休谟，认为休谟说得对。但是康德的前提跟休谟不一样，休谟的前提是否认一切先天的东西，认为我们所有的知识都来源于直接的感觉经验、知觉印象、感官，除此而外，一切都是虚假的。那么，康德呢，我们在前面已经看到，在导言里面一开始就讲了，他认为我们的一切知识都是从经验开始的，但并非都来自于经验。是从经验开始的，那是不错的，我们要认识任何东西你没有经验，就谈不上；但是一旦有了经验你就要分析，这个经验里面有哪些是从经验起源的，是来自于经验的，而其他还有没有一些不是来自于经验的东西，掺杂在经验里面。一旦有了经验，你就要从里面分析出它里面必然要、必须要包含有的先天的东西，否则的话这个经验本身是形成不了的。你顶多能形成一些乱七八糟的印象，但是你不能形成经验知识。所以康德在一方面他是同意休谟的，就是说这个先验的东西当然不能通过我们的感官，通过我们后天的经验所获得。比如说实体，比如说因果性。我们怎么能够通过感官来感知到实体和因果性呢？那是很荒谬的。但是，这并不说明实体和因果性就完全是胡说，或者是一种主观的幻觉，或者仅仅是一种习惯性的联想，而恰好说明，它们另有来源。它们的来源是先天的，所以，这样的一般杂多的联结，这种联结是高层次的，这种联结我们感觉不到，因此呢，它也不能包含在感性直观纯形式里面，时间、空间里面也没有包含这种联结。我们在时间、空间里面，在几何学里面，我们看到了一个三角形、一个圆，我们是看到了，但是要联结起来，判断哪个东西是三角形的，哪个对象是圆的，就必须要通过一些高层次的能力，要通过联结的能力。这个联结的能力它的起源不是来自于后天的经验，不是来自于感性的接受性，而是来自于知性，来自于先天的一种自发性。所以，他接着说：

因为它是表象力的一种自发性行动， B130

联结是我们的表象能力，它有一种自发性的行动，当然不是所有的表象能力都有一种自发性的行动。这个地方的表象能力主要是指我们知性的概念能力，产生概念，并且用概念去把握事物。我们刚才讲了概念也是表象的一种，所以他这个地方笼而统之讲它是表象力的一种自发性的行动。下面他讲：

并且，由于我们必须把它与感性相区别而称作知性，所以一切联结，不论我们是否意识到它，不论它是直观杂多的联结还是各种概念的联结，

<u>而在前一种联结中也不论它是经验性直观杂多的联结还是非经验性直观杂多的联结，都是一个知性行动，我们将用**综合**这个普遍名称来称呼它，</u>

这段话比较长。就是说，我们必须把它与感性相区别，这样一种先天的能力它跟后天的接受性、感性的能力是大不一样的，我们把它和感性区别开来称之为知性，这是康德的一个基本的区别。康德《纯粹理性批判》里面最重要的区别，就是感性和知性。先验感性论和先验逻辑，先验逻辑主要是知性，当然广义的知性也包含后面要讲到的理性。知性就是指的认识能力，理性也包含在认识能力里面，但是理性还有别的意思，可以说理性和知性是一个交叉概念，有一部分重叠在知性里面，但是另外一部分呢，理性单独它形成了实践理性，真正的纯粹理性是实践理性。但是另一方面知性也被称作理性，这是康德的用语的复杂性，知性和理性这两个概念在很多情况下是可以互换的。知性也是高级认识能力，凡是高级认识能力都可以称之为人类理性能力，人是理性的动物。人的理性能力、认识能力就可以叫作知性。那么，我们把它与感性相区别而称作知性，"所以一切联结，不论我们是否意识到它"，我们在日常生活中我们的联结往往是不自觉的，我们说"这朵花是红的"，我们没有意识到我们在进行联结，但是我们已经联结了。这是我们的生存之本，或者说"语言是存在的家"，我们就住在里头。我们几乎已经感觉不到这个语言了，但是我们在用它，我们"日用而不知"，不管我们是否意识到它。下面"不论它是直观杂多的联结还是各种概念的联结"，"直观杂多的联结"就是感性的杂多的东西我们把它联结起来，比如说我们把一个红色联结到一朵花上面，我们把太阳晒联结到石头热上面，这就是直观杂多的联结，有很多经验性的表象在面前，我们把它联结起来。"还是各种概念的联结"，我们把一个概念联结到另外一个概念上面，如我们说"人是有理性的动物"，这都是概念，"人"、"有理性"、"动物"，这都是抽象概念，这些概念相互之间联结。还有更高层次的概念，"人是实体"，"金属是物质实体"等等这样一些概念的联结。甚至还有范畴和范畴的联结。范畴跟范畴

也可以联结,如说"原因是一种实体","结果是一种偶性"等等。不管怎么样,对于一般的联结,在这里他又做了更细的区别。就是在"直观杂多的联结"里面,他说也不论是"经验性"直观杂多的联结还是"非经验性"直观杂多的联结。经验性直观杂多的联结就是我们刚才举的例子,"太阳晒"和"石头热",这都是一种经验性的直观杂多,我们把它联结起来,说"太阳晒热了石头",石头是太阳晒热的或者太阳晒是石头热的原因,这样一些联结叫作经验性直观杂多的联结,就涉及到自然界的各种各样的现象。非经验性直观杂多的联结就涉及到比如说几何学、数学。我们以几何学为例,就是非经验性直观杂多的联结,三角形和圆相互之间的关系,欧几里德几何的一切基本命题都属于非经验性直观杂多的命题,它是纯粹直观的空间关系。我们前面讲了康德认为数学是直观的,数学是建立在直观之上的,是直观的综合,那么这种直观是纯粹直观,是非经验性的直观,比如时间和空间,是你用感官感觉不到的。所以"直观"和"经验"这两个词我们通常在日常中的用法好像没什么区别,好像都是一样的,直观的东西当然是经验的东西,但是在康德这里有区别。直观的东西不一定是经验的,它可以是完全先天的,数学、几何学都是完全先天的,它不是后天经验到的,但是它是直观的。几何学你必须看到,数学你必须去数,这都是直观的。但是,你看到圆看到三角形这都不一定要凭眼睛看的,你在内心里面就可以看得到,你凭眼睛看只是看到一种象征,你不要当真,你不要以为圆就是你用粉笔画到黑板上的那个圆,黑板上的那个圆是很不准确的,它只是提示你,要你在内心里面画一个绝对的圆。所以这种"看"不是一种经验性的看,但它还是"看",还是直观到的,是用我们直观的先天形式去看,用我们的时间、空间这样一些先天的形式去看。所以这种看它是一种非经验性直观,它的杂多也是一种联结,它也属于一般的联结。那么,所有这些联结总而言之,康德说"都是同一个知性行动,我们将用综合这个普遍名称来称呼它"。联结就是综合,应该说在康德那里其实没有区分出那么多层次,其实联结就是综合,综合就是统一，你把它联结起来就联成一体嘛，就应该是统一，把它综合成一体，但是康德后来又把它们强行的区分出来，当然说明康德思维的细密了。但在这个地方我们都觉得没有很多必要，既然联结都是一个知性行动，我们都用综合这个普遍名称来称呼它，那么联结就是综合，联结的能力就是综合能力。我们做任何一个判断，S 是 P，我们就是在综合，我们把两者综合为一，那么联结就是综合。这种综合当然有各种各样的综合，我们说 S 是 P，这个 P 是 S 的什么呢？是 S 的属性、是 S 的量、是 S 的现实，都可以的，有各种不同的角度。但是，S 是 P 这就是一种综合，这种联结就是一种综合，我们将用综合这个普遍的名称，所有这些都可以看作是综合。我们刚才讲了，在先验演绎的第一版里面，康德提出了三重综合，直观中领会的综合、想象力中再生的综合和概念中认定的综合，这都是综合。直观中领会的综合就是那种经验性的，经验性直观杂多的联结，想象力中再生的综合它里面已经渗透进了那种非经验性直观杂多（时空）的联结，那么到了概念中认定的综合那就是概念相互之间的综合，都包含在这个里头了。所以，在康德第二版的演绎里面其实处处都可以看到在第一版里已经讲过的那些内容，但是他的角度不一样，他是从上至下来讲，用综合这个普遍名称来称呼它。下面：

以借此同时表明，任何我们自己没有事先联结起来的东西，我们都不能表象为在客体中被联结了的，

既然所有这些联结都是一个知性的行动，那么我们就可以做出结论了：没有任何联结是可以逃出我们知性的行动的；既然我们在感官中看不到联结，那么我们只能把联结归结为知性的作用，既然所有的联结都是由这样一种主体的知性的自发性而联结起来综合起来的，那么我们就可以得出结论，凡是在我们看来在客体上面有两个联结起来的东西，我们就要想到这种联结其实是我们的主体赋予它的，这就是"人为自然界立法"。我们认为在客体上有两个东西联结起来了，但是实际上呢，它的根源我们在客体上并不能通过感官看到，我们要追溯的话只能够追溯到

我们的主体,我们的知性本身的自发性的行动。所以借此就同时表明了,"任何我们自己没有事先联结起来的东西,我们都不能表象为在客体中被联结了的"。既然一切联结都来自于我们的主体,那么我们的主体如果不把它连接起来,我们怎么能够把它表象为在客体上是联结来的呢?我们要把它表象为在客体上是联结来的,我们必须要有"联结"这样一个行动才能做到。下面讲:

　　　　而且在一切表象之中,**联结**是唯一的一个不能通过客体给予、而只能通过主体自己去完成的表象,

　　"在一切表象之中",我们刚才讲了,表象是一个最广泛的概念,联结(这个一般联结)——这个最抽象的行动——也是一个表象。表象从最具体最直接的直观,感性经验性的感觉、知觉、印象,一直到最高的"联结",都在人的内心中以各种不同的方式、各种不同的层次呈现出来了,Vorstellung,表现出来了。那么在一切表象之中,其中有一个表象是联结,唯有这个联结它是唯一的一个"不能通过客体给予、而只能通过主体自己去完成的表象",其他的表象可以说都是离不开客体、离不开被给予性的,都是被给予的,唯独有一个表象,即"联结",它不是被给予的,它是主体自己建立起来的,自己去完成的。当然还有很多表象,像范畴,范畴也是表象,先验自我意识也是表象,这些都是表象。既然这些都是表象,你怎么能说联结是唯一的一个呢? 但是所有这些范畴、先验自我意识这些表象它们都是联结。范畴是什么东西? 范畴就是联结,因果性范畴、实体性范畴、单一性范畴、多数性范畴、实在性范畴、否定性范畴等等等等。所有这些,无非是联结。它们的实质就是联结。所以他这个地方讲得很绝对啊,联结是"唯一的一个"不能通过客体被给予,而只能由主体自己去完成的表象。联结包括了一切人的知性的主动性,一切知性的主动性都体现为联结,都是一种联结的能力。下面:

　　　　因为它是主体的自动性的一个行动。

　　主体的自动性、主体的自发性在这个地方强调得很高,因为联结你

必须要用力呀，你主体必须要花力气去自己去联结，没有人帮你的，没有人给予你其他的任何帮助，你要无中生有，你要凭空白手起家。当然你面前必须摆着一堆材料。比如说你接受到了一些表象，但这些表象要你自己去联结。这种主动性、这种自动性，康德认为是人的认识能力的一个最根本特点。由此我们也可以联想到，最近几年来国内学者关于Being的讨论，有的人建议把它翻译成"是"，萧诗美老师建议翻译成"是态"，还有很多很多的译法。但是很多人都忽视了一点，就是这个"是"也好，"是态"也好，或者我们把它译成"存在"也好，译成"有"也好等等，这一切都必须要注意到它中间有一个最根本的特点，就是能动性。它是一种能动性，我们把它当作一种逻辑系词来用。康德在这本书里后面也提到过，就是说"是"这个系词不能跟实在的谓词混淆起来，系词不是一个实在的谓词。这个"是"，这个Being它不是某个东西的一种属性，你不能这样看，它是一个联系词，它只是逻辑上的一个联系词。但是有些人根据这一点就往往把它形式化了，以为这个联系词是无关紧要的，它没有意义，它只是把两个东西联结，把主词和谓词联结起来，主词有它的意义，谓词也有它的意义，但系词没有什么意义，它只是逻辑上的一种形式要求。要形成判断么，你就必须要把两个词联结起来，好像这个系词是一个非常不重要的虚词。但是康德在这里指出来，真正要理解联结，你就要把它理解为一种能动性。形式逻辑的判断 S 是 P，一般的这样一个判断中，这个"是"很重要，这个"是"绝不只是夹在两个词之间无关紧要的一个词。恰好相反，这个"是"才是一个中心，为什么是中心？它既然没有意义为什么它能成为中心？它没有意义并不是说明它是虚的，恰好说明它不受任何意义的局限，它是一切意义的生成者，一切意义的创造者。你单独一个词，你没有这个"是"，有什么意义呢？不管你说"魔鬼"也好，说"上帝"也好，说"桌子"也好，"椅子"也好，单独说都没有意义，你没有对它进行判断嘛。要使你说出来的有意义就必须要通过一个"是"和别的东西联结起来，要描述它，要陈述它，才有意义。所以这个联结、这个"是"实际上起了一个核心的作用。我们在翻译的时候遇到了一种很尴尬的事情，我们知道西方哲学这个 Being 它来源于逻辑系词，所以呢我们就建议把它翻译成一个逻辑系词，翻译成单纯的形式上的一个"是"；但是我们在这样思考的时候忽视了一点，就是说西方人的整个思维方式都是建立在这样一个看起来好像没什么意义的词之上的。巴门尼德讲"是就是，不是就不是"，他那么郑重其事地讲这句话，在我们看来很好笑，这个有什么说头呢，当然"是就是，不是就不是"啦。但是，巴门尼德咬牙切齿地说出这句话来，是很花力气的呀，我们体会到没有？你要把一个"是"确定下来，要有一种能动性才能确定下来，不是说两个东西摆在这里它自然而然就会联结起来的，不是的，它要你去联结。而且它还随时可以改变的，一个东西是，说不定明天它就不是了。你要把这个是永远保持下来使它继续是，有时候是要掉脑袋的。你要说这个"是"，比如伽利略说地球仍然是在转动，这是要掉脑袋的，他不敢大声地说，只敢偷偷地说。你要坚持一个东西"是"什么"不是"什么，很不容易。所以，西方人把这个东西确立为哲学的第一原则有它的道理。我们去念它的时候把它翻译成"是"就得了，但是我们把里面的所有的这些生存论的内涵全部把它丢掉了，这不是一个单纯翻译的问题，而是一个文化的问题。我们中国人讲这个"是"是很轻飘的，中国人的这个"是"在古文里面几乎就不成为一个联系词。为什么呢？当我们把两个词联系起来的时候我们是战战兢兢的，要看人家的脸色。你遇到一个有权威、有权力的人，他叫你说"是"就是，叫你说"不是"就不是，你根本没有一种客观的态度和胆量，说我一定要说这个"是"就"是"，"不是"就"不是"。你试试看！当你的上级说这个东西不是，你试试看在你的上级面前说这就是，你是活得不耐烦了。我们在日常生活中在中国人之间没有对"是"的这样一种执着。西方哲学精神就在这个地方，它虽然不像中国哲学这么灵活，这么善变，但是它有它的原则，可以通过语言的逻辑形式把这条原则坚持下来。所以我们看到形式逻辑，以为那仅仅是一种工具，一种思维的技巧，其实不是的。形式逻辑底下有西方生存论的体验，哪怕形式逻辑，也包含着西方人生存论的体验，它最集中的体现在"是"这样一个联系词里面。联结是很重要的，康德在这个地方点出了这个联结的秘密，就在于联结是主体自动性的一个行动。主体的能动性的来源，在认识论上它的根源就在于这样一种联结，就在这个"是"上。

<u>在这里很容易看出，这种活动必定在本源上是唯一的，</u>

为什么"在本源上是唯一的"呢？因为主体是唯一的，当然别人也有主体，但康德这里不是讲的张三李四，康德在这里讲的是一种知识，一种认识能力，他所把握到的全部知识都是以一个主体为中心的而建立起来的，所有的人都是这样，天使也是这样，外星人也是这样。凡是有理性者他就必须要有一个主体作为他的中心，胡塞尔把它称之为"自我极"，Ichpol。当然康德没有说这个词，这是后来胡塞尔讲的。主体它是本源上唯一的，一切主动性、一切能动性都从一个唯一的自我、先验自我发源，它是一切能动性的根源，所以它是唯一的，

<u>并且对一切联结都是同样有效的，</u>

既然它是唯一的，那么它就具有普遍性。只有它才有能动性，所以一切能动性都归结为它，而一切联结都是能动性，所以这样一个自我对一切联结都是同样有效的。知性的自发性、知性的能动性是一切联结之所以可能的一个前提。下面讲到，

<u>而分解、也就是分析，看起来像是它的对立面，其实任何时候都是以它为前提的；</u>

这个大家都很好理解，只有首先能够把两个概念联结起来，你才能把它分解开来，分析出来。比如说这个判断里面有一个成分是主词，另外一个成分是宾词，还有一个成分是系词，当你能这样分析的时候当然这个判断已经摆在你面前了。这个判断从哪来的，当然是联结起来的。所以他讲，

<u>因为凡是在知性还没有预先把什么东西联结起来的地方，它也不能</u>

够分解什么东西, 因为这个东西本来只有**通过知性**才能作为联结起来的东西被给予表象力。

只有通过知性, 就是说感性做不到这一点, 直观做不到这一点, 只有知性才能做到这一点。"只有通过知性才能够作为联结起来的东西被给予表象力", 任何东西作为一个表象, 当然它可以给予表象力, 比如说红色作为一种直接的感觉、印象, 它可以给予我们的直观能力, 给予我们的感性、感官。但是, "作为联结起来的东西"只有通过知性才能被给予。因为凡是两个东西要联结起来都只有通过知性。所以, 当康德在第一版里面讲到最初级的这种联结——直观中领会的综合, 在直观中有一种领会的综合, 我们在直观中已经联结了, 直观中我们已经把两个表象联结起来了。我们看到一朵花是红的, 我们已经联结了。但是这种联结呢, 我们觉得好像就是一种感性认识, 一种最直接的感性知识, 但实际上这个里头已经渗透了知性的能力。凡是有联结的地方就有知性, 就来源于知性, 哪怕你把两个纯粹是经验性的表象, 好像是我们直观地一下子就领会到了的, 但是里面其实已经有先天的知性能力在起作用。所以, 看起来我们可以把知性、感性和想象力分成三个层次, 但是其实每一个层次都已经渗透了知性的作用。在事实上, 任何感性认识都不可能没有知性在里面起作用。这是康德的一个创见, 这是跟当时的经验派和唯理论派双方的争论有关的, 超出了经验派和唯理论派。经验派和唯理论派都有这样一种倾向, 就是说感性知识就没有知性, 知性的知识里面就不包含感性。当然这两种认识能力是不同的, 但康德把这双方结合起来, 认为一切知识都是两者结合的产物, 感性知识里面就有知性, 就有理性知识, 没有理性知识感性知识不可能。正因为如此所以我们要把感性知识追溯到它之所以可能的知性前提, 这就是康德所谓的先验的演绎。

下面这一段比前面这一段的思维又进了一层, 前面我们讲到这个"联结"是康德的出发点, 但是对于"联结"的这样一种分析, 我们刚才讲康德是做得很细的, 在联结里他又分出了不同的层次来, 这些层次是指向一个最高的联结的，指向"联结"之所以可能的那个前提。联结是一种活动，它来自于知性的主体，来自于知性的这种主体的能动性、自发性。但这种自发性何在呢？自发性在哪里？是什么东西使得联结得以可能的呢？他就继续往下面追。所以这里一开始就讲到：

<u>但联结概念除了杂多概念和杂多的综合概念之外，还带有杂多的统一这个概念。</u>

综合这个概念他已经把它归于联结了，联结就是综合。所以，联结这个概念实际上有三个层次：一个是简单的联结，任何两个名词把它联起来。那么联结起来呢，实际上就是把它综合起来，而要综合起来呢，它又必须要有一个统一的概念，就是说要使它的综合固定为一个统一体。所以联结的概念除了杂多概念和杂多的综合之外还带有杂多的综合统一，就是说我把这些杂多的东西联结起来，并不是说联结起来摆在那里就算了，而且还要为了从一种统一的眼光去看它们，最后的结果是要达到从一种统一的眼光去看它们。那么这个结果也就是他的初衷了，为什么要联结，就是要达到统一。所以，下一句就是：

<u>联结是杂多的**综合**统一的表象。</u>

"联结是表象"，这个前面已经讲了。那么，"联结是杂多的综合统一的表象"，这个里头有三个层次。一个是杂多；杂多不行，杂多必须要综合起来；综合起来的东西呢又还不够，还必须使它们统一。这是联结概念本身包含的三个层次，这三个层次其实相当于他的第一版的先验演绎里面的三个层次。第一版先验演绎里面谈的都是综合了，都是从综合的眼光看："直观中领会的综合"，"想象力中再生的综合"，和"概念中认定的综合"。它们所致力的目标呢，首先是直观中领会的综合，必须把这些杂多的东西把握住，必须把它接受下来，作为一种直接的知识把它领会下来，当然里面已经运用了综合了，但是它是处于第一个层次。首先要对直观中的杂多，有哪些杂多，要有一个通观，有一个概观、概览、要一览无余，到底有哪些杂多。那么，这些杂多相互之间必须要有一种综合，如果

没有综合,没有再生的想象力把它们一个接一个的连贯起来的话,那么在时间中一个产生了一个消失了,你什么也得不到,你每一瞬间都只能看到五花八门的东西,杂多的东西,但形成不了任何真正的感性的知识,直观的知识。所以,尽管有直观中领会的综合,但如果没有想象力中再现的综合,你把握到了马上又会失去,直观中领会的综合也就会不可能。所以直观中领会的综合之所以可能,有赖于想象力中再现的综合。刚才的直观中领会到的东西现在消失了,你必须在想象中,在记忆中把它重新再生出来,把它联结到现在的表象上面去:这个就是那个,这个就是刚才那个,这个人就是刚才那个人,这棵树就是刚才看见的那棵树,虽然现在颜色变了,太阳落山了,但是还是那棵树。必须要用再生的想象力把它们这些杂多的这些表象联结起来,就是把它们综合起来。但是光综合起来还不够,还必须要有一种统一。你要知道这棵树就是那棵树,你光是把表象联结起来是不够的,你还必须要有一种概念,概念中认定的综合,你必须知道这棵树是一个实体,所以这棵树确实就是那棵树,这个人确实就是那个人,认定了。你必须要用实体的概念加以把握才能认定(recognition)。如果你没有用实体的概念加以把握,尽管你把这棵树的各种表象综合起来了,通过再生的想象力把它联结起来了,你还是不知道那是什么东西,那么它也就会与其他东西渗透掺合在一起,会成为一大堆过眼烟云的东西,把握不住的东西。所以,这个层次结构是每一层前面的东西以后面的东西为前提,每一个低级的层次以高级的层次为前提。但是,一开始你不知道,你开始只看到低级的东西,通过分析,你会发现在低级的东西里面已经包含有高级的东西了,它这三个层次是层层递进的。当然在第二版这个地方他大大的压缩了,只剩余下一句话:"所谓联结就是杂多的综合统一的表象",就是把第一版中这三个层次压缩了,压缩为一句话。当然我们从里面去体会的话,可以分析出它的这样一些层次出来。这里还有一个注释,是关于"综合统一的表象"这个用语的。注释里面讲:

　　这些表象本身是否同一,因而一个表象是否能通过另一个而被分析地思考,在这里不是要考察的。

　　"这些表象本身是否同一",这个"同一"用的是 identisch,跟这个"统一"是不一样的,统一是 Einheit。这些表象本身是否同一? 我们注意康德在用"同一"这个词的时候,通常是在形式逻辑"同一律"的这个意义上来用的。所以他这个注释的意图就是要把形式逻辑的同一律以及形式逻辑的分析命题从这里排除出去,他说在这里不考虑这个问题。前面讲到,两个概念只有你把它们联结起来,你才能把它分析出来。这是上一段里面已经讲过的。那么这个地方讲的不是同一,而是"统一性",虽然它跟分析命题好像看起来有某种关系。分析命题也是这样的,你先把它形成一个综合命题,然后才能形成一个分析命题。因为这两个表象具有同一性,两个同一的表象你把它综合起来,然后你把它分析出来。好像有这么一种关系。但是康德在这里把这么一种关系排了。我们考虑的不是形式逻辑,不是形式逻辑的同一律。形式逻辑的两个表象,一个本来就包含在另外一个里头,所以本来就是同一的。而"综合统一的表象"本身是否同一,因而一个表象是否能够通过另一个而被分析地思考,在这里不是要考查的。刚才讲"红花是红的"是一个分析命题,红花的红本来就包含在"红花"的概念里头,那么你把它分析出来,这是形式逻辑上的同一性命题,并没有给我们增加什么新的知识。而康德在这里要谈的不是这样一种分析命题,而是能够给我们增加新的知识的这样一些综合命题,如我说"这朵花是红的"。这样的命题当然是后天综合命题,但它之所以能够作出来,是因为它后面有范畴,即"实体和偶性",这范畴先天地使"花"这样一些实体与"红"、"黄"、"香"、"软"、"硬"等等偶性关联起来。凡事必有实体,凡实体必有偶性,什么样的实体或偶性且不说,但一个东西没有实体或没有偶性是不可能的,这就是一个"先天综合命题"。他要谈的最终是先天综合命题。所以他这里讲,

　　只要谈到杂多,一个表象的**意识**毕竟总是要与另一个表象的意识区别开来,而在这里关键仅仅在于这个可能的意识的综合。

　　也就是说,我们这里谈的是杂多,只要我们谈到杂多,那么我们在这里就要区别任何两个表象的"意识",不是这两个表象本身。这两个表象本身也许是有区别的,但也许是同一的。但是,我们这里谈的是对这两个表象的"意识"。也就是说当我意识到一个表象的时候,我马上意识到这个表象在杂多中跟另一个表象相互之间是不同的,是有区别的。那么,我们要考虑的就是说,这两个有区别的表象如何能够通过可能的意识而联结起来,能够综合起来。比如说一个花和一个红,这两个表象摆在我面前,那么这个花是不是红的?"红花"里面是不是隐藏着"红"的概念,这是形式逻辑的问题,我考虑的不是这个问题,不是这两个表象本身是否同一的问题。而是说,当我意识到一个花的表象和一个红的表象的时候,我清楚的意识到这两者的区别,然后呢,我能不能把它们结合起来?这种结合也许我结合错了,那都不要紧。也许这个花不是红的,也许红的是别的东西。但是我现在主要考察的是我的这种结合的能力。红花是我把花和红结合起来所获得的一个"可能的"意识,我可能得出红花这样一个综合的表象,但是也可能得不出来,这都没有关系。关键就在于我去把它们综合起来这样一种可能性,这样一种能力,这里所谈的是这样一种能力,这样一种综合能力。这样一种综合能力它本身并不能保证它的综合是成功的,只能保证这种综合是可能的。你能不能把两个表象结合起来?是否能做到?"太阳晒是石头热的原因",我把它们这样结合起来是不是对的啊?那也许不是对的,也许你犯错误了,也许这个石头热不是因为太阳晒,是因为别的原因,这是完全可能的。这个不要紧。但是一切知识都要以这种能力为前提。至于这些表象本身是否同一在这个地方不是要考虑的,能够达到同一有形式逻辑上的根据,可以通过分析而表明它们是否同一的。但是我们这里所要考察的不是这种形式逻辑的问题,而是我们一般的能够把两个不同的表象联结起来的这样一种意识,是从何而来的,这种可能性的意识是从何而来的。康德所要探讨的是知识之所以可能的条件,但这种可能性的条件并不一定保证它能每一次都得出正确的知识,并不能够完全保证它就是正确的。需要探索,需要在经验中去发现,科学需要发展,科学往往犯错误。但是我们人类有这种科学能力,进行科学研究的能力,这是康德所关心的。没有这种能力,我们的一切知识都不可能。当然有了这种能力,也不能保证它得出的就都是知识。所以这个"一切知识之所以可能的条件",只是知识的一种必要条件,但并不是它的充分条件。康德所关心的是它的必要条件,它必须要以什么样的能力为前提,至于两个表象是不是能够达到形式逻辑上的同一,那是另外一个问题,不是康德在这里所关心的,他这个注释大致是这么个意思。康德这个地方说得不是很明确,我们通过引申呢,可以这样去猜想它。下面再看正文。

B131　　所以这种统一性的表象不能从联结中产生,毋宁说,只有通过把它加到杂多表象上,它才首次使联结的概念成为可能。

前面讲,"联结是杂多的综合统一的表象"。我们刚才讲了,你最初把两个杂多的表象联结起来,你还没有想到它们的统一,但实际上是为了统一才去联结的,但是我在联结的时候没有想到统一。我只是在联结了以后,才想到它的统一性问题,才想到必须要有个统一性这个联结才能成功啊。在开始的时候,我把它联结的时候只是就事论事。我把红和这朵花联结起来,只是把两个呈现在我面前的表象联结起来,但是还没有想到再生的想象力如何把它在时间中保存下来,更没有想到如何通过概念使它们达到一种统一性。这个统一性是我一步一步的分析出来的,我发现如果没有统一性的话,那么我一开始这个联结就不可能。联结起来它马上又会失掉,瞬间就会丢失,就会烟消云散,那我现在怎么可能谈论它呢?所以,真正要能够达到联结,我必须要赋予它一种统一性。当然,联结就是为了统一性的,这一点是在后来通过反思我才发现、才意识到的,我才上升到了统一性的概念。所以,统一性的表象不能从联结中产生,不能说我把任何两个东西联结起来就有统一性了。一瞬间也可能它们好像联结起来了,但是马上就烟消云散了,哪有什么统一性呢?你要保

678

持这种联结，你就必须要有一种统一性的"概念"时时刻刻在那里监视，加在联结上面，控制这个联结，使它不至于烟消云散。那么，这就要有概念，也就是说要有范畴。"所以这种统一性的表象不能从联结中产生，勿宁说，只有通过把它加到杂多表象上，它才首次使联结的概念成为可能。"联结的概念为什么成为可能，要通过对这种联结进行反思、进行追溯，才能够追溯到它之所以成为可能的条件，那就是统一性。所以联结本身并不带有这种统一性的概念。这是康德做出的一种非常细微的区别。联结、综合和统一，这三个层次都是他区分出来的，在一般的人看起来这没有什么区别，就是一回事情嘛。但是他区分出一个比一个层次更高，只有通过统一性这个表象，联结才成为可能，它首次使联结的概念成为可能。当然最开始联结的时候没想到这一点，后来才发现联结自身之所以可能的条件必须要有一个统一性加在杂多的表象上面。下面，

先天地先行于一切联结概念的这个统一性，并不是如前面讲的（见§10）单一性范畴；

第 10 节就是他前面的范畴表，那么这个范畴表里面有个"单一性"范畴，是属于量的范畴的第一个。我们看看前面，翻看一下 122 页，量的范畴就包括单一性、多数性、全体性。但这个单一性不同于康德这里讲的统一性。这个区分其实是很重要的，历来都没有人把这个为什么要这样区分讲清楚。这两个概念其实是同一个德文词 Einheit，它有双重含义，一个是统一性，一个是单一性。我有时候把这个统一性称之为"大一"，把单一性称之为"小一"，这是利用中国古代哲学家惠施的一对概念——大一和小一。"至大无外，谓之大一，至小无内，谓之小一"。那么，大一就是说把什么东西都包容进来，把一切都统一起来；小一就是说唯独一个东西，单纯、单一，里面再没有其他东西了。康德在这个地方明确区分出来，"先天地先行于一切联结概念的这个统一性"并不是单一性范畴。为什么要做这种区分？单一性范畴是针对具体的某个对象而言的，因为对象它有量啊。那么用单一性来规定它的量，就是说这个东西是最小的

单位,这就是单一性。单一性、多数性和全体性,这三个不同层次的量的范畴,一个比一个更多。单一性就是独一无二的,唯一的就是有这一个,只有这一个。那么统一性它不是这个意思,统一性是要把所有东西统一起来,统一成一。当然它也是来自于唯一的一个,比如说先验的自我意识。所以康德在前面讲到,"这种联结是唯一的一个不能通过客体给予、而只能由主体自己去完成的表象"。所以在这方面,它跟那个"单一性"实际上不但从字源上是相通的,从意思上也有点相通。只有你从一个唯一的出发点你才能够达到统一性,你才能统一。一个国家只有由一个唯一的皇帝才能够使这个国家成为一个大一统的国家。议会也需要一个总统来发号施令,否则连国家都不可能存在了。那么,这样一种统一性跟单一性是不一样的,单一性是孤家寡人一个,孤家寡人一个他是统一不了什么东西的,只能被别的东西统进去。但是,在这个层次上统一性是和单一性是不一样的,这个统一性它来自于知性的最高统觉的自发性,所以它表现为所有的范畴,并不是单一性范畴。单一性范畴当然里面也有统一性,但是单一性范畴只是从对象的量方面来考察对象,而统一性是先验自我意识的这种统一性,像后面第16节里讲的"本源的综合统一"。这种本源性的统一,它的层次更深,它是先验自我意识的一种内在自发性的统一,而且在逻辑上是先于所有的范畴,也可以说它表现在所有的范畴之中,但是每一个范畴都不足以体现它,不足以完全体现它,都只是体现了它的一个方面。比如说单一性范畴只是体现了它的量的方面的第一个范畴。这种区分对后面来说有很大的意义。比如说,批判理性心理学的时候。康德指出,理性心理学为什么把人的灵魂当作实体呢?有一个很重要的论据,就是说灵魂是单一的。灵魂是单一的它的根据何在呢?根据是灵魂的统一性。所有的我思,我所思的所有的东西都是属于我思的,所以我思是灵魂的统一性。那么对于这种统一性呢,这个理性心理学,也就是唯理论派,像笛卡尔他们,就把它当作灵魂的一种"属性",就是"单一性"。灵魂既然可以规定它的一些属性,那么它当然就是一个实体了。所以，在后面康德批判理性心理学的时候，就指出了这样一种混淆，就是说把我思这样一种统一性误认为是一种单一性范畴。灵魂是单纯的，灵魂不是多数的，灵魂不是多而是一，灵魂不可再分解了，每个人的灵魂都是天下唯一的：这样就建立起了一套有关灵魂的理性心理学——关于灵魂的一门学问。所以，在这个地方区分出单一性和统一性对后面来说是有它很重要的意义的。而在这个地方呢，康德把 Einheit 这个词在更高层次上来运用，运用到先验自我意识本身的那种综合统一的能动性上去了。单一性范畴当然也有能动性，但它的这种能动性是从更高、更本源的地方来的，所以它本身并不是这种本源的能动性。只有先验自我意识的统一性才是本源的综合统一。下面他讲：

因为一切范畴都是建立在判断中的逻辑机能之上的，而在判断中已经想到了联结、因而想到了给予概念的统一性。

就是说范畴是建立在判断中的逻辑机能之上的，而这种逻辑机能是由系词承担起来的。我们刚才讲了系词——"是"，你要把判断中的两个词联结起来，就必须要用"是"这个词。一切范畴都是建立在这种逻辑机能之上。我们上学期讲到康德的范畴表，它是从康德的关于判断的逻辑机能表中引申出来的。判断的逻辑机能表，通过"是"，S 是 P，列出了一个判断的表，当你偏重于 S 的时候有什么样的判断类型，偏重于"是"的时候又有什么样的判断类型，偏重于 P 的时候又有什么样的判断类型。而从这样一些判断的类型里面生长出、引申出了康德的这样一个范畴表。这说明一切范畴，它的前提就是这个判断的逻辑机能。那么，"在判断中已经想到了联结，因而想到了给予概念的统一性"。就是在判断中，在它的逻辑机能中已经想到了用"是"把主词和谓词联结起来，已经想到了这一点。因而呢，就想到了给予概念一种统一性，在判断中其实已经赋予了这样一种统一性了。当然，这种判断的逻辑机能主要是从形式逻辑的角度来考察的，但是康德把它转用于他的先验逻辑，转用于认识论，或者说从认识论角度来看待形式逻辑，这个我们上节课已经点到了，就是说在康德那里形式逻辑虽然有它传统的意义，但已经是用先验逻辑的眼光来看它的了。康德实际上是着眼于先验逻辑的范畴表来思考形式逻辑的判断表的，在形式逻辑的判断表里既然已经想到了联结，

所以范畴已经以联结作为前提了。

范畴的联结功能就是从形式逻辑中已经运用的联结功能中引申出来的，这种功能其实就是一般的知性能力。形式逻辑和先验逻辑都属于同一个知性。所以康德这里讲的统一性并不是范畴表中的单一性范畴，它来自更高的地方，即来自一般知性的根本机能。

因此，我们必须到更高的地方去寻求这种统一性（即质的统一性，见§12），亦即在那本身就包含着判断中不同概念之统一性根据的东西中，因而在包含着知性的可能性根据、甚至知性在其逻辑运用中的可能性根据的东西里面，去寻求这种统一性。

这个"更高的的地方"，就是下面所要讲的知性本身的"统觉的本源的综合统一"，康德把它称之为"质的统一性"，并要读者参看前面第12节。康德在那里曾说："在对客体的每个知识中都存在着概念的**单一性**，只要我们在它之下所想到的仅仅是对知识的杂多进行总括的那种统一性，例如在一出戏剧、一场演说、一个故事中的主题的统一性，我们就可以把它叫作**质的单一性**。"康德在那里所举的这些例子还只是从形式逻辑意义上来谈的，即最单纯的东西具有最大的包容性，也就是形式逻辑中关于外延和内涵的反比定理：一个概念的外延越小，则内涵越大；反之，内涵越小，则外延越大。概念的质的单一性显然具有量上面更广的外延包容性。但在现在这个地方，康德将这种关系推到了极致，"质的单一性"或者说"质的统一性"被提升到了一般"知性的可能性根据"、甚至是形式逻辑的运用的可能性根据这个高度上来，它就不再仅仅是"一出戏剧、一场演说、一个故事"中的"主题的统一性"，而且成了一种最高的"本源的统一性"了。这就是康德在下面一节中所要考察的。

§16. 统觉的本源的综合统一

我们先来看看这一节的标题："统觉的本源的综合统一"。综合统一我们前面已经讲了，就是指知性的联结功能。"本源的"，指最根本、最原始的，一切综合统一都由之发端的。由哪里发端呢？由"统觉"（Apperzeption）。什么是统觉？这是莱布尼茨的一个术语，本来是指单子的最高程度的知觉，即对一切知觉的统摄，是只有在人的灵魂中才体现出来的。在心理学中，这个词用来指自我意识。但康德用这个词所表达的还有更高一层意思，他认为通常使用的"统觉"，包括莱布尼茨意义上的和心理学意义上的统觉，都仅仅是一种"经验性的统觉"，即某个张三李四的具体的心理现象；除了这种意义以外，统觉还有一种纯粹认识论上的先验的意义，也就是比经验性的自我意识更高的先验自我意识，他称之为"先验统觉"，或者"纯粹统觉"、"本源的统觉"。在这一节中康德所谈的主要就是这种本源的先验的统觉，它是其他一切综合统一活动、也包括经验性的统觉活动的根源。而这种统觉首先就涉及先验的"我思"表象，也就是先验自我意识的表象。

所以康德一开头就说：

"我思"必须能够伴随着我的一切表象；因为否则的话，某种完全不 B132
可能被思考的东西就会在我里面被表象出来，而这就等于说，这表象要么就是不可能的，要么至少对于我来说就是无。

这里是接着笛卡尔的话头来说的。笛卡尔提出"我思故我在"，认为我不论想到什么，我都同时想到这是我在思维，其他的那些"什么"都可以怀疑，惟独这个"我思"不可怀疑，由此证明了这个思维着的"我"始终存在。康德也说，我的一切表象都是"我的"表象，因而都伴随有"我思"这个表象，这是毫无疑问的。"因为否则的话，某种完全不可能被思考的东西就会在我里面被表象出来"，而这是根本不可能的，甚至自相矛盾的。不可能被思考的东西怎么可能又被我所表象呢？既然被我表象，又怎么可能是不被我所思考的呢？这不相当于"圆形的方"吗？所以要么这表象根本不可能，要么它也许对其他的存在者可能，而对我来说是"无"。因此"我思"是一个伴随着我的一切表象的表象，也是唯一的一个能够做到这一点的表象。

能够先于一切思维被给予的表象叫作直观。所以直观的一切杂多，在它们被发现于其中的那同一个主体里，与"我思"有一种必然的关系。

"先于一切思维被给予"，这里并不是说直观比思维的层次更高，而是指直观与思维来自于不同的来源，直观并没有请示思维就"被给予"了，它是作为思维得以开动起来的作用对象而被提供在思维面前的。在它被提供出来之前，思维还没有活动起来，因而还只是一种思维"能力"，一种思维的可能性，而不是现实的思维。只有给予了直观材料，思维才现实地运作起来。但直观的材料、即直观杂多一旦被提供出来，也就是我们在主体里面一旦发现它们，它们就已经成为了"我思"的对象了，而且不可能不成为我思的对象，不可能不被我所思维到，因为它们已经在我这个主体里面了！在我里面又不被我所思维到，在康德看来这是不可能的。当然所谓"潜意识"的问题还没有在康德的考虑之中，在弗洛依德以前，还没有西方的哲学家正式探讨这个问题。和笛卡尔一样，康德单凭一种形式逻辑上的不矛盾律，就已经可以断言"我的一切表象都是我的表象"，因而都是伴随有"我思"的表象，"我思"是"我的一切表象"在逻辑上必须设定的一个逻辑前提。与笛卡尔不同的是，康德坚守这一形式逻辑上的设定，而不把它转化为一种认识论上的知识，这是后话。所以我的一切表象、包括我的一切直观表象与"我思"有一种"必然的关系"，其实这只是形式逻辑上的一种必然关系，即不矛盾律的关系。所以后来黑格尔批评康德说，他所设定的前提只不过是同语反复而已。当然康德从这种形式上的同语反复里面也引出了他的富有内容的理解，因为他马上对"我思"这个表象作出了一种具体的解释。

但这个表象是一个自发性的行动，即它不能被看作属于感性的。我将把它称之为纯粹统觉，以便将它与经验性的统觉区别开来，或者也称

之为**本源的统觉**,因为它就是那个自我意识,这个自我意识由于产和出"我思"表象,而这表象必然能够伴随所有其他的表象、并且在一切意识中都是同一个表象,所以决不能被任何其他表象所伴随。

"这个表象",指上面的"我思",而不是指直观杂多的表象,也不是指由"我思"所伴随着的"一切表象",这是要分清的,因为这里用的是单数定冠词"这个"。"我思"这个表象是一个"自发性的行动",而自发性在康德那里是一个和感性的"接受性"相对立的概念,只有知性才是能动的自发性的,感性则只能是被动的接受性的。康德又把这种"我思"称之为"纯粹统觉",也就是纯粹自我意识,而不同于经验性的自我意识,这一点我们前面也已经讲了,即康德讲的"统觉"主要是纯粹的、先验的统觉,经验性的统觉只是心理学研究的课题,康德并不关心。他认为只有纯粹的、先验的统觉才是本源的统觉,这不是张三李四的自我意识,而是用来把握一切表象、也包括张三李四的自我意识的表象的普遍自我意识。这个先验的自我意识"产生出"我思的表象,或者严格说来它就是我思的表象,因为自我意识无非就是我思,而我思的表象其实也就是一种自我意识活动,而不是一个什么现成的东西,也不是自我意识产生出来的结果。康德在这里的表述是有些不确切的。但有一点是肯定的,即我思"伴随着所有其他的表象",却"决不能被任何其他表象所伴随",因为它最高,它居高临下地包容一切、广被一切,但它本身是不能由别的表象来描述和抓住的。所以它"在一切意识中都是同一个表象",而不被这种那种描述所改变、所肢解。这就形成了这种自我意识的统觉的统一性。

我也把这种统一叫作自我意识的**先验的**统一,以表明从中产生出先天知识来的可能性。

这里出现了"先验的"这个定语,并打了着重号。我们前面讲过,凡涉及"先验的"一词都与认识论相关。所以他说"以表明从中产生出先天知识来的可能性"。先天知识其实是指知识中的先天成分,如范畴及其原理。而这些先天知识的可能性,它们是如何可能的?要追溯的话必须一直追到先验自我意识的统觉的综合统一,正是这种本源的统一作用使得判断的逻辑形式具有了统摄直观经验材料的功能,从而成为了各种"范畴"。所以诸范畴其实都不过是统觉的本源的综合统一在实现自己的功能时各个方面的表现而已。没有这种先验的统一,范畴及其原理都不可能。既然如此,这些先天知识原理也就无非是把直观经验的表象全部归属于先验自我意识的统一性之下的一种活动。

因为,如果在一个确定的直观中被给予的杂多表象,若不是全都属于一个自我意识,它们就不会全都是我的表象,也就是说,作为我的表象(即使我没有意识到它们是这样一种表象),它们必须与这样的条件必然地相符合,只有在这一条件下它们才能够集合在一个普遍的自我意识中,因为否则的话它们就不会无一例外地属于我了。

B133

这看起来仍然是一种同语反复的证明,似乎一点意思也没有:如果直观的杂多表象不是属于自我意识,它们就不会是属于我的表象;它们只有与自我意识这个表象相符合,才能集合在自我意识中,否则它们就不会属于我了。在逻辑上这简直就是循环论证,相当于说"如果 A,那么 A;要不是 A,那么肯定是非 A 了"。但我们仍然可以从这种逻辑上同语反复的表述中看出康德的意思来,这就是强调先验自我意识的能动性。"我思"不仅仅是一个表象,而且是一种活动,如果我们把这两种不同意义的我思代入上述论证中,那就不是循环论证了,而是表明:若不是"能动的我思"把直观表象统摄起来,它们就不会全都归于"表象的我思"之下;作为"表象的我思"底下的各种表象,必须受到"能动的我思"的集合或聚集,否则的话它们就会逃出"表象的我思"范围之外。这样意思就很清楚了。可见上述形式上的循环论证是由康德对"我思"的表象意义和它的能动意义区分不严格而导致的。他前面说自我意识"产生出"我思表象,就已经露出了马脚,因为自我意识本身就是"我思",如果说这个我思"产生出"我思的表象,那么这个产生者和被产生者肯定必须做一个层次上的分别,但是康德恰好没有做这种分别。我曾写过一篇文章《在能力和形式之间》，专门谈康德的这种混淆，以及由此导致的困境。康德的贡献就在于首次意识到我思的表象底下其实隐含着一种自发的能动性，而这个表象所表象的没有别的，只有这种能动性。但他同时又还把这个表象看作一种先天固定的"形式"，一种最高层次的"条件"，仿佛一个框架似的。这是他受形式逻辑的知性眼光影响而带来的局限性，直到黑格尔那里这种局限性才完全被克服。但尽管如此，康德从他的这一发现中获得了巨大的收获，他说：

从这一本源的联结中可以产生出许多结论来。

这些结论归根到底都是关于自我意识的先验的能作用的。下面他专门来讨论这些结论。

这就是：直观中被给予的杂多的统觉，它的无一例外的同一性包含诸表象的一个综合、且只有通过对这一综合的意识才有可能。

在直观杂多中，无一例外地伴随着同一个自我意识的表象，这个自我意识、也就是统觉的这种"无一例外的同一性"，看起来好像是一种抽象的形式框架，一个普遍概念的表象，但实质上包含有对这些表象的一个综合活动，而且这个统觉的表象也"只有通过这一综合的意识才有可能"。诸表象不是被"装到"这个"我思"的框架里面来的，而是由"我思"本身的能动的综合统一活动而聚集起来的，而"我思"如果离开了这种综合活动的意识，它就什么也不是，也根本不可能理解了。但这种综合统一的意识与一般经验性的意识是不一样的，在层次上是根本不同的。

因为伴随着各种不同表象的经验性的意识本身是分散的，与主体的同一性没有关系。因此，这种关系通过我用意识来伴随一切表象还不会发生，而只是通过我把一个表象**加到**另一个表象上、并意识到它们的综合才会发生。

经验性的意识专注于各个不同的表象，我当然可以在每一个经验性的表象上用一个意识去伴随它，这就是一般的"意识"。但这还不是"自我意识",它还没有与"主体的同一性"、即与同一个能动的主体发生关系。能够与能动的主体发生关系的意识只能是对这种综合活动的意识,即对于"我把一个表象加到另一个表象上"这种活动的意识。这时,我不是逐个地用意识去伴随每一个经验的表象,而是超越这些杂多表象,居高临下地把它们加以联结或综合。这样一种意识就是先验的自我意识,它是立足于主体的一个统一的基点而发出它的动作的,因此它与主体的同一性有必然的关系。它所联结的那些表象随时都在变化,但它从同一个基点发出的这个联结活动却是万变中的不变,保持着始终如一的同一性。这里有点想要把作为一种单纯"伴随"着一切表象的意识的"我思"和作为一种能动活动的"我思"加以区分的意思,即"我思"固然可以伴随着我的一切表象,但单凭这一点它还不足以成为使我的一切表象达到统一、成为"我的"表象的根据,而必须发挥其综合统一作用才能成为这种根据。进一步说,也只有这种综合统一作用,才使得"我思"能够伴随我的一切表象。于是在这里就分出了两个层次,一个是统觉的分析的统一,一个是统觉的综合的统一。

所以只有通过我能够把被给予的表象的杂多联结**在一个意识中**,我才有可能设想**在这些表象本身中的意识的同一性**,就是说,统觉的**分析的统一**只有在统觉的某种**综合**的**统一**的前提下才是可能的。

这里所阐明的正是统觉的分析的统一和综合的统一的关系。如果说一切我的表象都是我的表象,仅仅是由于我用这个"我"的表象伴随着一切其他的表象,那么我当然可以从我的一切表象里面分析出"我"这个表象来,我的任何一个表象里面都有一个"我"的表象,这就是一个分析命题。但是要问这个分析命题是如何可能的?我们就会发现这个"我"的表象并不是现成地就包含在我的一切表象里面的,如果是那样,那它就只是一个张三李四的经验性的"我",而不是本源的"我"。我之所以能够被包含在任何一个我的表象中,只是由于我对这些表象进行了加工,把它们互相综合起来了,使它们全都隶属于同一个先验的"我"之下。所以只有通过这种联结或综合活动，"我才有可能设想在这些表象本身中的意识的同一性"。所谓"表象本身中的意识的同一性"也就是从表象本身中分析出来的意识的同一性，分析出同一个"我"是包含在表象本身中的一个必要的成分。所以"统觉的分析的统一只有在统觉的某种综合的统一的前提下才是可能的"，即分析的统一是由综合的统一造成的。当然这个结论并不仅仅限于讲自我意识的统一性或统觉的统一性，而是一条一般的原理。所以康德在这后面加了一个注来说明这一点。

这个注说：

意识的分析的统一是和所有的共同概念本身相联系的，例如当我想到一般的红，于是我就借此表象出一种性状，它（作为特征）可以在某一个地方碰到，或者可以与别的表象相联结；所以只有借助于一个预先想到的可能的综合统一，我才能想象分析的统一。

意识的分析的统一，一般说来，所分析出来的必定是一个更具有普遍性的共同概念。如按照前面的分析命题的例子，我们从"物体"概念中分析出"广延"概念来，这"广延"概念就比"物体"概念更具普遍性，因为不仅物体有广延，而且空间也有广延。这里康德举的例子是"红"。我们说"红旗是红的"，这是一个分析命题；但我们之所以能够从"红旗"的概念中分析出"红"来，是因为"红"比"红旗"的概念更具普遍性，它还可以是红日，红火，红玫瑰等等。所以"红"作为一个分析出来的概念是许多事物的一个"共同概念"，它还可以与其他许多表象相联结。而我之所以能够从红旗、红日等等概念中分析出这个更普遍一般的"红"来，显然是因为我一开始就把红与旗、与日等等综合成一个概念了，当我想要把"红"从"红旗"中分析出来时，我就想想我原先是怎么形成"红旗"这个概念的。这正如我在形成"物体"概念时使用了"广延"概念，所以我才能把"广延"从"物体"中分析出来一样。"所以只有借助于一个预先想到的可能的综合统一，我才能想象分析的统一。"综合的统一在分析的统一之先，构成分析的统一之所以可能的前提，这是一条逻辑规

则。所以综合的统一不仅在自我意识的统一性这个意义上是"本源的"，而且在一般逻辑的意义上也是在先的。所以，

B134
 一个应被设想为**各种不同的**表象所共同的表象是被看作属于这些不同表象的，这些不同表象本身除了拥有该表象外还拥有某种**不同的东西**，因此这个表象必须预先在与其他表象（即使只是可能的表象）的综合统一中被想出来，我才能在它身上想到使它成为"共同概念"的那种意识的分析的统一。

这是对上述规则的逻辑化的表述。按照上述例子，就是说红是被看作属于旗、日、花等等不同表象的，这些不同表象除了共同拥有红以外还各自拥有其他一些各不相同的表象；因此"红"这个表象必须预先在与其他表象的综合统一中被想出来，我才能把它作为"共同概念"从这些综合体如红旗、红日、红花等等中分析出来，把它看作是分析地属于这些不同表象的。把这条一般逻辑原则运用于自我意识的统觉身上，康德就得出一个结论：

而这样一来，统觉的综合的统一就是我们必须把一切知性运用、甚至全部逻辑以及按照逻辑把先验哲学都附着于其上的最高点，其实这种能力就是知性本身。

就是说，既然一般说来综合的统一在逻辑上构成分析的统一之所以可能的前提，那么，就统觉而言，它的那种本源的综合统一也就是"一切知性运用、甚至全部逻辑以及按照逻辑把先验哲学都附着于其上的最高点"。所谓"一切知性运用"其实在康德那里只有两个方面，一个是逻辑方面，即形式逻辑的运用；一个是先验哲学方面，包括康德的"理性批判"和先验逻辑。所以这个"最高点"或者最终的条件只是针对两个方面来说的，一个是形式逻辑，一个是先验逻辑，这两方面都是以统觉的综合统一为最本源的条件的。而在这两者中，先验哲学是"按照逻辑"而建立起来的，例如康德范畴表就是从逻辑判断表中引申出来的。既然知性只有形式逻辑和先验逻辑这两种形式的运用，所以这两种形式的那个最高

点，即作为能力的统觉的综合统一当然"就是知性本身"了。知性作为一种统一的能力，它既可以用在形式上，构成形式逻辑，也可以用在对象的知识上，构成先验逻辑。这两方面虽然层次不同，但最基本的原理是一样的，就是首先必须通过能动的联结来形成判断。所以正文里面讲"统觉"的分析的统一和综合的统一是在先验逻辑上讲的，而这条注释里面则把同样的问题引入了形式逻辑，并且最后又回复到先验逻辑的统觉的性质上来。这就是这个注释里面对于知性的这种"本源的"综合统一性的一种扩展的解释。

　　现在让我们看看本节的第三段话，前面我们已经对这一点有很多铺垫了，所以这一段话应该不是很难理解了。他讲：

　　因此，"在直观中被给予的这些表象全都属于**我**"这一观念不过是 B134说，我把这些表象结合在一个自我意识中，或者至少我能把它们结合于其中，

　　我们先看看前面这半句。就是说"在直观中被给予的这些表象全都属于我"，这样一个观念，这样一种说法，它的意思是什么呢？通常好像看起来没有什么意思，我的一切表象全都属于我，在我的直观中被给予了的这些表象全都是我的，这个"我"打了一个着重号。通常人们把这个"我"字看得非常淡，好像所有这些直观都是我的直观，既然是我的直观，既然在我的直观中被给予了，那么我说它是我的，这好像是个分析命题，A=A，没什么多大的意思。但是在康德的这样一种理解之中，这个命题的意思包含有一种能动性的含义。它只不过是说，我把这些表象结合在一个自我意识之中，就使我的能动性突出出来了。这句话从形式逻辑的角度来看好像是个分析命题，甚至是一个同义反复的命题，但是，实际上从先验逻辑的角度来观察，从认识论的角度来观察，要得出这个命题来，必须要有一种主体的能动性。就是说，"我"这个字它不是很简单的，不是说好像"我"就是一个箱子，把所有东西装到这个箱子里面，那它们就都是我的啦，"我"只是一个被动的容纳者，一个容器。如果那样，那的确

是一个同义反复，好比说"凡是这个箱子里的东西都在这个箱子里"。康德的理解不是这样。在他看来这个"我"不是一个容器，而是一个能动的主体，能够抓取那些直观的表象，把落到我们直观中的所有的表象抓起来，把它结合起来，把它联结起来，联结在一个自我意识中。如果没有这种能动的抓取，自我意识中就什么也没有了。所以这个"我"它有两个层次，或者两个方面的含义。一个方面它当然还是被康德理解为一个容器，所谓"结合在一个自我意识中"，既然在自我意识"中"，当然我们可以把它看成一个容器。但这个容器它不是被动的装其他东西，它本身就具有一种能动性，就是说它把别的东西纳入到自身之中来，它不是一个简单的箱子，它就像某些海洋生物一样，把别的东西吸进来、吃进来，它把别的东西吃进来。像黑格尔讲的，自我意识不是一个被动的主体，而是像动物一样的扑过去，把对象吞掉。它具有这样一种能力。所以，这个自我意识不能理解为一个简单的被动的容器，而是我主动"把这些表象结合在一个自我意识中，或者至少我能把它们结合于其中"。我能够，我具有这种能力，所以这个"我"实际上是一种能力，一种机能。这种能力就是结合、联结的能力，我能够把落在我直观中的所有的表象结合为一个整体，使它们全都处于同一个自我意识之中，从而获得它们的统一性。看下半句，

并且即使这个观念本身还不是对这些表象的综合的意识，它毕竟是以这种综合的可能性作为前提的，亦即只是由于我能在一个意识中理解这些表象的杂多，我才把它们全都称为**我的**表象；

就是说"在直观中被给予的表象全都是属于我"这样一个观念，既使它本身还没有明确表达出对这些表象的综合的意识，它本身毕竟要预设这种综合的可能性，否则我就不可能"把它们全都称为我的表象了"。从这句话"所有这些直观的表象全都属于我"里面我们直接是看不出综合的，好像通常理解也就是一个分析命题。为什么"都属于我"呢？因为这些表象在我的直观中被给予了，所以我的直观中的所有的表象都是我

的表象。但是,尽管在这个命题里面还看不出对这些表象的综合的意识,"它毕竟是以这种综合的可能性作为前提的"。也就是说,"所有的我的表象都是我的表象"这一句同义反复的话,看起来是同义反复的话,但我要能够说出来,也同样是要以我能够进行综合为前提的,以这种综合的可能性作为前提的,而不是仅凭形式逻辑上的不矛盾律就能够确定的。如果我根本就不可能进行综合,我也就说不出这句话来。如果我仅仅是像人们的感官、直观、感觉一样,像洛克和休谟所设想的那样是一个被动的接受者,一个受体,那么我怎么能够说我的所有的表象都是我的表象呢。或者我既使能够这样说,这句话又有什么意义呢? 这句话不会有任何意义。因为,什么叫"我"? 休谟就对"我"这个词提出了怀疑,他认为其实并没有一个主体,没有一个"我"的实体,这只是一个名称,它没有任何意义。我们习惯于用这样一个名称,我们就很方便地能够称呼很多东西,"这个是我的","那个是我的","有些东西不是我的,是别人的",所以我们就用这个"我"形成了一种说话的习惯。但这个"我"没有任何意义。的确,如果失去了能动性这样一种意义,那么这个"我"在认识中它就不起作用了。所以"我的一切表象都是我的表象"这句话,也就没有任何意义了,就像"A=A",它不能给我们提供任何信息。罗素在他的《西方哲学史》里面也提出过这种看法,他认为笛卡尔的"我思故我在"中的"我"字其实于理不通,只能说"思维故思维在"。但是实际上,我们总是要说出这个"我"。我们哪怕只说"我等于我",这个里头我们已经进行综合了,我们已经进行联系了。形式逻辑上的分析命题,甚至于同一性命题也是一种联结,这个"等于",这个"是",本身就是一种联结。你能够说出话来,你能够说出任何一句话来,除非你不说,你一旦说出任何一句话把两个词联结起来,那么这句话就有主体能动性在里面。所以,西方人为什么讲"语言是存在的家"呢? 你说的时候,里面就在"存在",就在"是",而这个"是"不是一个单纯机械的两方面的联系,而是要发挥自己的主体能动性,才能够把这个"是""是"出来的。所以,一切联结,哪怕是分析命题、同一命题，它们都是以综合的可能性作为前提的。所以，"只是由于我能在一个意识中理解这些表象的杂多，我才把它们全都称为我的表象"。为什么要以综合的可能性作为前提呢？就是为了把意识中的表象的杂多全都称为"我的表象"。当我们说，"这些表象都是我的表象"，如果它要有意义的话，如果它不是痴人说梦，如果它不是一种机械的语音设备已经设计好了的，然后说出来这句话，而是它有自己的体会，它知道这句话的意思，那么当我这样说的时候，就是由于我在意识中已经对这些表象的杂多进行了一种理解，我知道我说的是什么意思。这些东西都是我的表象，就意味着，在自我意识中这些表象都是被我清清楚楚地意识到了，并且把握到了。我们有时候在心理学方面有一种模糊的现象，有些事情我有点记得但又不是很记得了，这个时候我们就说我们拿不定，那个东西我有点模糊了，想不起来了，或者是不是做过这样一件事情，我怎么回想也想不起来了，这个时候这样一件事情肯定已经离开了你的意识。而当你说这个表象确确实实是"我的表象"，这个时候，你对这个表象是有理解的，你能够把它综合起来，跟其他的一系列表象构成一个表象的链条，构成一个系统。所以，只是由于我能够在一个意识中理解这些表象的杂多，我能够把它们统一在"一个"意识之中，我才能够把它们全都称为我的表象。康德在这个地方是以人的清醒意识作为他的摹本，当然下意识的东西、模糊不定的东西在这个地方是被排除了的。接下来，

因为否则我就会拥有一个如此驳杂不一的自己，就像我拥有我所意识到的那些表象一样了。

因为否则的话，如果我不是在"一个"意识中对这些表象有所理解，那么我就会拥有一个驳杂不一的自己，这个"我"就会成为五花八门的，昨天的我同今天的我，刚才的我和现在的我，以及现在的我也可以分裂为很多很多不同的我。这个人肯定是神经错乱了，人格分裂了。他不知道自己是谁了，他不知道哪个"我"是他自己，他一会儿觉得这个"我"是他自己，一会儿觉得那个是他自己，所以"一个驳杂不一的自己"，这

些"自己"摆在我面前就像我拥有我所意识到的那些表象一样，红的和黄的肯定是不一样的，颜色和声音也是不一样的，感觉的印象跟概念肯定也是不一样的，乱七八糟都混杂在一起。这个"我"也混杂于其中，有各种各样的我，每个我跟别的都不同，这样一种观念对一个正常人来说是不可能的。所以在这个地方用了一种虚拟式——"否则我就会拥有一个如此驳杂不一的自己"。就像那些未经整理的乱七八糟的表象一样，这些"自己"也是乱七八糟的，未经整理的，那么一个人我们也就可以在这个时候说他丧失了意识，或者说他精神错乱、意识错乱，他处于梦幻之中，处于病态之中。

所以直观杂多的综合统一作为先天产生的东西，就是先天地在**我的**一切确定的思想之前发生的统觉本身的同一性的根据。

这句话把它简化一下，我们就可以说："所以直观杂多的综合统一就是统觉本身的同一性的根据"。直观的综合统一是什么的根据呢？是统觉本身的同一性的根据，也就是说统觉它使人具有一种同一性，就是认识主体自我意识的同一性，"我"的同一性。这个是被休谟否定了的，他说这个"我"不存在这种同一性，你找不到自我的同一性。休谟在《人性论》里面专门有一段讨论自我的同一性问题。他认为这个同一性是根本不存在的，只是因为多次重复我们就习惯了，我们就说这些表象因为多次重复是"我"的，所以我们就用一个同一的"我"来称呼它，但实际上这个同一性它不像形式逻辑上面的那种绝对必然的同一性，它是不存在的。它随时可以中断，我们做梦的时候它就中断了，我们睡觉的时候它就中断了，我们死了以后那就更加不用提了，它是一个经验的产物。我们以为这个自我永远是同一的，从小时候一直到老了，都是同一个"我"，在休谟看来这是根本不可能的。休谟是从心理学方面来谈这个问题，甚至于从生理学上面谈这个问题。那当然这个同一性本身它是变化的，每个人每一瞬间都不能够与自己保持同一，都在变。赫拉克利特所说的"人不能够两次踏入同一条河流"，人的人生之旅也是这样，每一瞬间都不同一，从这个角度来说休谟有他一定的道理。但是康德就是要反驳他的这种观点，就是说你从经验的心理学的角度来谈论问题，但是你忽略了一个层次，这就是认识的主体本身它有一种同一性。不管你从儿童、婴儿时代，一直到老年，你的自我意识里面的内容换了那么多的层次，换了无数茬，各种各样的东西换了一拨又一拨，你已经和以前大不一样了，但是作为认识的主体的自我的能力仍然是一样的。这种能力幼年时候你可以不是很强，后来经过锻炼，经过训练慢慢越来越强，但是都是同一个能力。我们的人类要认识对象世界，必须具备同一个能力，这个能力是什么呢？就是直观杂多的综合统一的能力。这样一种认识的能力给我们统觉的同一性提供了根据，就是说这个统觉的内容可以变来变去，但是统觉本身它是一贯的，人作为有意识的生物，他总是要用自己的统觉去把握对象世界。用同一张意识之网去网络他所获得的对象世界的信息。他用同一张网，同一个认识之网，这个东西是不变的、贯穿下来的。"所以直观杂多的综合统一作为先天产生的东西"，这种综合统一它是先天产生的，它不是一种经验性的、也不是一种心理学的东西，它是逻辑上的，它是先验逻辑上的一个前提。这种杂多的综合统一是先验逻辑上的前提，就是先天地在我的一切确定的思想之前发生的统觉本身的同一性的根据。休谟的这种质疑就被康德反驳了，就是人的思维究竟有没有同一性，人的主体究竟有没有同一性，从经验的角度是永远确定不了的，但是从先验的角度是可以确定的。这种同一性的根据就在于，我们的认识在认识任何一个对象的时候，不管你是一个幼儿还是一个老人还是一个成年人，你总是有一种能动性，你总是用同一个综合统一去把握形形色色的对象世界的信息。尽管有的人把握的多一些，有的人把握的少一些，有的人做的笨拙一些，有的人经过训练以后做的灵活一些，他的能力更强一些，但是人们都在试图用这种综合的统一来保持统觉本身的前后一贯性。所以我可以说，那个时代，我十岁的时候，我三岁的时候，那个"我"就是现在的我。我凭什么能够这样说？要是凭生理学，我现在这一堆物质已经根本不是那一堆物质了,你能说这一堆物质就是那堆物质么?那根本不相干了。从心理学方面你也不能那样说,很多东西你都忘记了,你所留下的只有一点隐隐约约的印象,不确定的,很可能你记错了,很可能你现在跟你过去的印象,跟当时你实实在在的那种情况是完全不同的,完全有可能。甚至于还有些人,或者遭车祸或者受伤后,他完全失去了他的记忆,但是我们还是要说这个人就是那个人。我们之所以能够有根据说这个人就是那个人,就是因为他作为一个认识的主体他具有这种能动性,而这种能动性它是一贯的。

但联结并不在对象之中,也肯定不能通过知觉从对象中移植过来并因此而首次接受到知性中来,而只是知性的一件工作,

B135

就是说,这种联结、这种综合统一它具有这种能动性,而这种能动性是一贯的。在联结中实现这种综合统一,这种联结它绝对不是在对象之中的,对象之中哪里有联结呢?相反,对象本身都是我的联结的产物。这个对象当然不是指的自在之物,而是指的我们的"认识对象"即现象。他这个地方谈的是我们的认识对象,我们能够认识的对象只是现象、现象界。现象界的对象它本身不存在固有的联结,联结是我们的主体带给它的,加在它身上的。前面一段讲到,我们把一些关系"加到"它们身上使它们联结起来了。所以联结肯定"不在对象之中,也肯定不能通过知觉从对象中移植过来并因此而首次接受到知性中来"。也就是说不是从对象里面接受下来的,不是被动接受下来的。经验派的哲学家,他们老是想我们怎么样从对象里接受到一种,比如说因果性、实体性。实体性就意味着对象中的很多属性是经常结合在同一个东西上,那么我们就把它称作一个实体。因果性也是如此的,对象里面经常有一些必然的规律,使一个东西必然导致另外一个东西,于是我们就把这样一种联结描述为因果性。经验派的哲学家以及我们日常的常识都是这样认为的,唯物主义也是这样认为的,我们认为因果性、实体性,这些都是客观事物固有的一种联结关系、一种必然规律,然后我们人的认识通过一种反映把这种

规律反映到头脑里，或者还通过抽象，把这样一些联结从大量的感性材料里面抽象出来，好像它埋在这些感性材料底下，一般看不出来，但是经过某种处理我们可以把那些感性的材料清除掉，然后就显露出了它的联结，这就叫"透过现象看本质"。我们通常是这样的理解。但是康德有一种新的理解，跟我们完全不同的理解。他就认为这种联结根本就没在对象里面，是我们把对象的种种感性的表象联结起来，我们把一种联结加在这些感性表象身上，使它们构成了对象。我们为什么能把它叫作对象？不是因为它有了对象在那里，所以我们从里面抽出了联结，而是因为我们把它们联结起来了，它们才结合为对象，对象才成其为对象。康德所讲的对象、客观跟我们的理解完全不一样。我们讲客观，它是先在那里的，有一个客观不以人的意志为转移，"这是客观事实嘛，你能够否认吗？"我们通常这样理解。可是康德的客观它是离不开主体，离不开主观的，它是建立于主观之上的，或者说它是由主观所建立起来的客观，由主观的联结我们才获得了一个对象。所以联结它本来不在对象之中，也不是通过知觉——我们对对象有一种知觉，然后对象通过知觉把这种联结放到我们头脑里，我们就接收了——也不是这样的。那是什么呢？那只是"知性的一件工作"，联结仅仅是知性的一件工作，如果没有知性的话就没有任何联结，也不可能有对象。知性是能动的，只有人的这样一种主体的能力，才能够造成联结，才能形成认识的对象。

　　知性本身无非是先天地联结并把给予表象的杂多纳入统觉的统一性之下来的能力，这一原理乃是整个人类知识中的至上原理①。

　　知性是什么？这句话可以看作是一个定义：知性本身"无非是"先天地联结并把给予表象的杂多纳入到统觉的统一性之下来的一种能力。知性就是这样一种能力，没有别的了，只能这样来理解。最后一句，"这一原理乃是整个人类知识中的至上原理"。知性的这样一条原理，就是先

---

① "至上原理"，原译作"最高原理"。为将 oberst 与 höchst 相区别，兹改作"至上"。

天地进行联结,并且把"给予表象的杂多",——我获得了很多表象,乱七八糟的,——那么我把它们纳入到统觉的统一性之下来加以整理,这种能力就是知性。这是"整个人类知识中的至上原理",一切人类的知识、科学体系,它们的原理都是要以知性的这种能力作为前提。

我们看下面这一段。这一段当然还是上面一段话的进一步的发挥,就是解释统觉的综合的内部的结构,究竟是怎样综合的。

现在,虽然统觉的必然统一这套原理是自同一的,因而是一个分析命题,但它却表明直观中给予的杂多的一个综合是必然的,没有这种综合,自我意识的那种无一例外的同一性是不可设想的。

selbstidentish,德文"自身同一的",这样的命题就是"自同性命题",也就是"同一性命题"。既然它是自同一的,因而是一个分析命题。在形式逻辑上面通常把同一性命题看作是一种最典型的分析命题,或者是分析命题的极限。为什么说统觉的必然统一的原理是来自同一的呢?既然是统觉,那它必然是同一的。统觉的根据,统觉的同一性的根据就在于直观杂多的综合统一,这在前面一段已经讲了。那么我们说统觉之所以是同一的,就因为它是统觉,这等于什么也没说,所以它是一个分析命题。但不要小看了这个分析命题。"但它却表明直观中给予的杂多的一个综合是必然的,没有这种综合,自我意识的那种无一例外的同一性是不可设想的。"就是说,表面上好像是概念上的一个分析命题,好像通过统觉的概念的分析就可以得出来,说统觉包含这样的意思,那它肯定是必然同一的,既然同一性可以从统觉这个概念里面分析出来,那么它当然就是必然同一的。所以这可以说是一个自同一的命题,因而是一个分析命题。然而,这个命题它表达的意思,你如果去体会,它绝对不仅仅是字句上、概念上的一个分析命题。或者说这种字句上的分析命题它是有前提的,你要理解这一句话,理解这一字句,你就必须深入到它何以是同一的。这就必须追溯到"统觉的本源的综合统一",就是说它表明直观中给予杂多的一个综合是必然的，这就不只是分析的必然性，而且是综合的必然性了。就是说这种分析命题，这种自同性的命题，它本身的含义，它的意思，如果你不仅仅是从形式上来理解而是从内容上面，从这个词的含义上面来理解的话，你就会看出，它表明了在直观中给予的杂多必然有一个综合的统一，不仅仅是字句上从概念中分析出来的统一。如果"没有这种综合，自我意识的那种无一例外的同一性是不可设想的"。自我意识，也就是统觉，统觉和自我意识几乎是可以等同的两个术语。就是说统觉的那种无一例外的同一性，好像是形式逻辑上面的同一性：我就是我，我不可能不是我，这样一种同一性，但如果没有综合那是不可能的，那是不可设想的。因为我之所以永远是我，是因为我永远是一种综合能力。我的内涵，我的内容就是一种本源的综合，所以这种分析命题里面从内容上看，它恰好表明了一个综合是必然的。必然是一个综合，所以它才必然能够变成一个分析命题，我才能够说"我就等于我"，"我的一切表象都是我的表象"。因为这个"我"是从头至尾一贯，对于任何表象它都采取一种综合的态度，把它们纳入到自身来，所以"我"才能够说出这样一个分析命题。

　　<u>因为通过自我这个简单的表象，并没有什么杂多的东西被给予；杂多只能在与自我</u>① <u>不同的直观中才被给予并通过**联结**在一个意识中被思维</u>。

　　就是说，如果单纯从形式逻辑上作为一个分析命题来考察的话，那么通过"自我"这样一个简单的表象，里面什么也没有说。没有任何杂多的东西被给予我们。你通过"自我"这样一个孤立的概念，你把它从它的内容上面脱离开了，把它孤立起来，单纯看"我"，这等于什么也没有说。它是一个最空洞的概念，没有任何内容。笛卡尔讲"我思故我在"，好像使"我"有了某种内容。但什么是"我在"呢？他说，我什么时候思维我就什么时候存在，存在其实就是思维，所以笛卡尔讲的那句话等于

---

① 原译作"与之"，不明确，兹改为"与自我"。

是说"我思故我思"。存在就是思维嘛，它没有别的任何含义，没有说我思维了什么东西，也没有说我怎么思维，它只是讲我思，这个是"我在"的唯一根据。所以这个"我在"什么也没讲，它没有杂多的东西，它仅仅立足于我思这样一个简单的表象。那么，理性派的哲学家试图从这样一个简单的表象里面推出各种各样的知识，在康德看来这是完全做不到的。所以在这句话里面他的矛头就是针对当时的理性派：你通过"自我"这个简单的表象并没有什么杂多的东西被给予。你从"我思"或者"我在"这个简单的"我"的表象里面想得出什么知识么？根本就不可能。它没有获得任何信息，它没有给你提供任何具体规定，它只是逻辑上必要的一个抽象概念。如何才能获得具体规定？他说"杂多只能在与自我不同的直观中才被给予并通过联结在一个意识中被思维"。杂多怎么才能被给予呢？只能在与这个自我不同的直观中才能被给予。就是说你通过自我这个单纯的表象，没有任何不同的东西赋予它，那么你是什么也得不出来的，你只能永远说，"我等于我"，"我思故我思"。永远只能够停留于此。但是杂多它只能够在与自我不同的直观里面，应该从外部给予自我一些东西，这才能够获得杂多。应该有与自我完全不同的一个途径，我们才能够获得杂多，这个途径就是直观。只有在直观中，我们才能被给予杂多的东西。所谓直观是一种接受能力，就是我们人对于外部事物的刺激、对于自在之物刺激我们的感官所发生的一些表象，我们有一种接受能力，这就是直观能力。有这种直观能力，我们接受了很多杂多，这些杂多是偶然的，不是自我能够先天地把它确定下来的。你今天出去，打开门，你能看见什么？你根本无法预见。你开门遇见的第一个人是谁？你不能预先确定，这都是偶然的，直观中被动的接受下来的这样一些信息，这就是杂多。杂多只有通过这样一种途径，即和自我完全不同的直观的途径才能被给予，并且"通过联结在一个意识中被思维"。杂多可以被思维。怎样被思维呢？通过被联结在一个意识中。我们说思维面对杂多，必须要主动地采取一种联结的行动，把它们联结在一个

701

意识中,那么这些杂多就被自我所思维了。"自我"是一种思维能力,所谓的"我思",笛卡尔讲的"我思","自我"无非就是"思","自我"无非就是这样一种思维能力,这是笛卡尔已经提出的一个原则。当然笛卡尔他自己没有严格遵守这个原则,他后来又把自我理解为一个灵魂实体,并且想对它进行一些研究,想通过"自我"的这种思维活动对自我本身做出一些具体的规定;但是他又不想诉之于直观这种杂多的东西,而是试图通过对于"我思"本身进行一些形式逻辑上的、概念上的分析获得有关"自我"的种种知识。这是康德坚决反对的,后来在他的关于理性心理学的"谬误推理"里面,他详细地分析了这些人的失误在什么地方。他们就是把"我在"的这个"在"等同于一个实体。这个"我"本来只是一个主词,但是他们把它当成一个活生生的主体。本来只是一个逻辑上的主词,他们把它当成一个实在的主体,一个东西,这样就搞混了,就成了"谬误推理"。那么,在康德看来你要获得杂多的东西,也就是说获得实在的经验性的知识,你必须通过直观的途径被给予这些杂多,并且你通过把它们联结在一个意识中,你才能思维它。"我思"单独一个概念并不是对我进行思维,因为"我"就是"思维"。你要对我进行思维,你必须对我这个人获得一些经验的、直观的表象,比如说我的气质、我的感觉,以及我的经历,我的教育这样一些东西,然后一个先验的自我把这些表象结合起来,我才形成了有关我这个人,张三或李四的某种知识。但是你想通过单纯一个先验自我的概念就获得知识,那是不可能的。它是空洞的。那么,先验自我是否能够不从感性中,而是从别的地方、例如从自己本身中获得自己所需要的直观呢?康德说:

一种知性,假如在其中通过自我意识同时就被给予了一切杂多,那么这种知性就会是在**直观**了;

这个地方用的是虚拟式,他设想,如果有一种知性,假如在其中这种知性通过它的自我意识同时就给予了一切杂多,它不需要由感性直观的途径来获得外部世界的信息,它自己就能提供出直观的信息,单纯通过它的抽象的自我意识这个概念就能够获取一切杂多的东西，那么这样一种知性就是在直观了。也就是说这样一种知性就会是一种"直观的知性"，或者说它所获得的直观就会是一种"知性的直观"。就是说单凭知性它就可以直观，单凭直观它也可以思维，这个在康德看来是我们人类所根本不具备的。这样一种直观，或者这样一种知性，是我们人类所没有的。为什么没有？他没有说明。他认为这就是一个事实，他是从人们现有的知识中分析出来的。人的知识有两个成分，或者说有两大来源，一大来源，来源于先天的东西，就是知性；另外一个来源，来源于后天的东西，就是经验。由两方面合起来，才能构成我们人类的知识。但是尽管如此我们也不妨设想，假如有一种知性，它能够"通过自我意识就同时被给予了一切杂多"，比如说《圣经》里面讲到，上帝就具有这种能力，"上帝说要有光，于是就有了光"，上帝说要有什么，马上就成了，——这个就是一种知性的直观了。上帝只要有一个概念，有一句话，有一个词，——当然词在上帝那里就是概念了，实际上就是他想到了，——他想到了光，于是就有了光，这光就来了。那么他想到了、他有了这样一个观念，这个直观马上就伴随而来，这样一种知性是人所不具备的。如果有这种知性的话，"那么这种知性就会是在直观了"。这个虚拟式讲的是一种对我们人类来说是不可能的事情，但是虽然不可能，我们还是可以设想。我们可以设想，如果那样的话就会有那么一种情况。但是有没有这种情况我们不知道，你看上帝有没有我们就不知道嘛，这样一种知性的直观有没有我们也不知道，虽然可以去想，但是不可能具体讨论。我们只能够谈论我们自己所知道的东西。所以下面他就讲到，

<u>我们的知性却只能够**思维**，而必须在感官中去寻求直观。</u>

我们的知性，人类的知性，它就是用来思维的，它不能够同时用来直观。我们的直观则必须到感官中去寻求，就是说人类的直观是一种感性的直观。只能是一种感性的直观，如果有一种上帝的直观，那我们可以设想上帝的直观是一种知性的创造性的直观。感性的直观和创造性

703

的直观有什么区别呢？就是说感性的直观它不是创造性的，它是接受性的、被动的。知性的直观是主动的，它可以通过自己的概念把直观创造出来。所以人的感性的直观、感官中的直观，它的特点就是被动性，人只能够等待经验事物的发生，经验现象的发生，等待自在之物刺激我们的感官，使我们产生出知觉、印象，各种各样的表象的杂多，而不能够预先规定我们将会有哪些杂多产生出来。哪怕是最高明的自然科学家也只能够等待某些机会、某些运气，他拼命地去寻找，但是找不找得到，这个是不能够预先确定的。否则那就是巫术了，你能够预测未来，人不能够预测未来，人只能够等待未来的东西显现，顶多作出些假设，等待经验事实来对它进行验证，顶多做到这一步。所以康德在前面多次提到过，人的知性不能直观，而直观又不能思维，所以谁也离不了谁。你要形成知识的话，这两方面都脱离不了，你不能单凭一方就获得知识。你凭知性，如果没有直观的话你那个知性是空的。所以康德讲，思维无直观是空的。另一方面，你要单凭直观你不思维，那么直观无概念是盲的。直观失去了概念来把握，它就是盲目的一大堆表象碎片，也构不成知识。凡是一种真正的知识它都是由两方面构成的，对人类来说，一方面是知性，知性它不直观；另一方面是直观，这种直观是感性，但是它又不是思维。所以双方互补，结合在一起，我们才可能形成我们通常讲的科学知识。康德这个原理一直要延续到我们现代的逻辑实证主义。一方面要有逻辑，来对它进行思维；另一方面要有经验，经验使我们获得实证。一切知识都是由这两方面合起来才构成的，少了一方都不行。在康德看来这就是由我们人类的认识结构的特点所决定的。我们人类认识的结构就是这种二元结构，知性和感性两方面是分离的。所以，有的人把康德的这种二元论称之为认识论上的二元论，认识有两个来源，每一个都有它的价值，但是两者是界限分明，绝对不能够混淆的。知性直观的问题在后来成为一个焦点问题，康德以后的哲学家们把知性直观作为一个焦点问题。人类究竟有没有知性直观？如果人类永远只是能够被动的接受感性的东西,然后主动的思维又只能是那些空洞的东西,概念的东西,只能够对感性的东西进行来料加工,那么人类的创造性从何而来?康德以后,许多哲学家把知性直观归之于人,它就是人的创造性。虽然某一瞬间你可以说像康德所讲的,这两方面是分开的,但是从历史发展的过程来看,人们总是通过把这两方面结合起来,使自己获得了像上帝一样的创造性的直观。人说要有什么,就有了什么,"不怕做不到,只怕想不到"。人类想到的都能够做出来,之所以没有做出来只是时间未到而已。在历史的发展中人类造出了多少东西,过去的多少梦想一个个都实现出来了,以前认为根本不可能的都被人类造出来了,我们也可以设想将来人类会越来越神通广大,人类会越来越变成上帝。当然变成上帝了又会怎么样,那是另外一回事。但是人的能力越来越像上帝了,万物都由人所创造出来,人想到一个概念,他就能够通过这种概念的设计把这个概念活生生地变成现实。这是后来的哲学家们,特别是德国古典哲学家们的思维进路,就是从这里突破的,就是从知性直观这个问题上突破的。这个问题在今天当然也还是一个热门话题,究竟怎么理解?像牟宗三他们对这方面所做的一些研究,以及引起的一些讨论,都是很有参考价值的。但在康德这里,他是一种静止的眼光,一种分析的眼光。康德整个来说,虽然他强调综合,但是他的思维方式还是跟当时的自然科学和数学的发展分不开的。当时的自然科学和数学的发展基本上是一种分析的方式,把事情分成尽量细小的各个部分,然后从总体上联系各个部分来思考整体。但是在思考的时候,把各个部分之间的交互作用,特别是历史的发展把它撇下不管,我只考察那一瞬间我所获得的那些资料。比如说人的思维在每一瞬间都有两个方面,感性和理性,这是跟我们日常的经验也很相吻合的。我们说人的认识有两种,一种是感性认识,一种是理性认识。这就是我们日常的这个思维方式。通常在每一瞬间,我们都可以看到,我们人的认识、我们的知识体系里面,有一些是感性的,有一些是理性的。我们人也有这种区分,有些人是理想主义者,有些人是经验主义者;有些人是倾向于抽象概念、倾向于思辨的、倾向于逻辑的,有些倾向于实证、倾向于现实的。所以我们通常比较容易接受康德这样的划分。就是说人的知识总是由两方面构成的,你强调任何一方面都有片面性。所以康德讲,"我们的知性却只能思维,而必须从感官中去寻求直观。"下面讲,

　　所以,就一个直观中被给予我的诸表象的杂多而言,我意识到同一的自己,因为我把这些表象全都称作**我的**表象,它们构成**一个**直观。

　　这句话可以说是对上面的一个概括。他说"就一个直观中被给予我的诸表象的杂多而言,我意识到同一的自己",我意识到同一的自己并不是因为"我"的这个概念始终如一,它保持这种形式逻辑的同一性,并不是因为这一点。而是因为什么呢?而是因为就直观中诸表象的杂多而言,杂多就是不同一了。在这个地方,康德已经有一种辩证的思维了,同一之所以是同一的,就是因为有杂多,有那些各不相同的杂多,我的同一才是同一的,才能够成为同一。这里同一和差异相互之间是互相依赖的。"就一个直观中被给予我的诸表象的杂多而言",我才"意识到同一的自己",不是那个出于形式逻辑的同一律才意识到同一的自己,而是由于很多很多的差异,不同的东西,我才意识到同一的自己。为什么呢?"因为我把这些表象全都称作我的表象,它们构成一个直观"。就是,我把这些表象全都称作我的表象,我使它们构成了"一个"直观,也就是"我的"直观。实际上这个里头包含了这样一种意思,就是说我把这些表象全都"称作"我的表象,这一方面有形式逻辑的意义,我的一切表象都是我的表象,这有形式逻辑同一律的意义。但是,所有这些表象构成了"一个",一个什么呢?不是一个概念,而是构成了一个直观,直观里面有杂多的东西。但是杂多的东西可以构成一个直观,可以统一起来,统一到"我"之下,由"我"来统一它们。所以,它构成了一个直观。"一个"打了着重号,"我的"也打了着重号。直观本身它无所谓一个,直观本身是很多很多个,杂多嘛,它显示出杂多的多样性。那么,由于有了"我的",由于有了"我",所以我使它们成为了一个直观。这就是为什么我能够通过诸

表象的杂多来达到自我意识的同一性，不是像形式逻辑那样，简单的就从概念上面就得出我的同一性了，而是从内容上面，从认识的活动这样一个过程中，我们才能够实现我们的同一性。所以最后一句话说，

但这等于说，我意识到这些表象的一个先天必然的综合，它叫作统觉的本源的综合统一，一切被给予我的表象都必须从属于它，但也必须由一个综合来纳入它之下。

说我的一切表象都是"我的"表象，就等于说"我意识到这些表象的一个先天必然的综合"。前面说的是，我把这些表象全都称作我的表象，它们构成一个直观。这里头其实已经包含有后面这个意思了，但是从字面上来说好像还是从形式逻辑上在讲：我把它"称作"我的表象，我把它称作一个直观。但是这后面的意思就表达出来了，因为这等于说，我意识到这些表象有一个先天必然的综合，这个综合"叫作统觉的本源的综合统一"，"一切被给予我的表象都必须从属于它，但也必须由一个综合来纳入它之下"。"但也必须"，为什么这个地方要有一个"但"？就是说"一切被给予我的表象都必须从属于它"，这种理解就是我们刚才讲的，把它，把先天必然的综合，这种统觉的本源的综合统一，我们把它看作是一个逻辑上的至上原理，一切我的这些直观的表象都是我的表象，都是这个"我"的表象，都在"我"之下，所以所有"我"的表象都必须从属于它，这是一个逻辑上的最高前提。但是这个逻辑上的最高前提，又不是单纯形式逻辑的，而是"必须由一个综合来纳入它之下"。这地方有两层意思，一个是逻辑上的前提，另外一个是说逻辑上的前提实际上在认识论方面代表了一种综合的能动性。这个逻辑上的前提是由综合的能动性所造成的，并不是单纯形式逻辑的前提。并不是形式逻辑"我等于我"，"我的一切表象都是我的表象"就可以得出来的，那样说没有什么意义。如果那样说"A=A"，那并不能解释我们的同一性。那么我的同一性如何才能够得到解释？自我意识的逻辑同一性如何才能得到更深层次的解释呢？必须把这种同一性理解为综合的统一性，或者理解为由综合的

707

统一性所造成的那种情况。所以这个"但"在这个地方表达了一个转折，就是说"但"它不仅仅是一个形式逻辑上的同一性，逻辑结构、逻辑框架，不仅仅是这样的；而且它是一个综合，在能动的过程中把一切杂多的表象，把我的一切表象纳入到统觉的本源综合统一之下了。统觉的本源综合统一这个第一原理，我们可以从两方面来看它，我们前面多次提到。一方面，从形式逻辑上它是一个分析命题；另一方面，从先验逻辑的角度来看，它又是个综合命题。"我的一切表象都是我的表象"，形式上是一个分析命题，内容上恰好是一个综合命题。就是说，它意味着我把我的一切表象都综合在了"我"之下，所以它同时又是一个综合命题，它意味着"我"是一个综合的活动。

§17. 统觉的综合统一性原理是知性的一切运用的至上 ① 原则

这一节的标题——"统觉的综合统一性原理是知性的一切运用的至上原则"，这个地方我们可以联系前面的标题。第15节是"一般联结的可能性"；第16节是"统觉的本源的综合统一"。从一般联结何以可能，然后往上追溯，它这个演绎，所谓的演绎就是说往上追，追它的根据，看能不能从它的根据里面，把现在所面临的在场的这样一些知识推演出来。那么一切知识的基本要素就是联结，联结何以可能呢？必须要有统觉的本源的综合统一。这是前面两节的标题。到了第17节，它更进了一层了。就是说"统觉的综合统一性原理"，也就是前面一节讲的"统觉的本源的综合统一"这样一个原理，"是知性的一切运用的至上原则"。这一节它证明的是这一点，就是不仅仅提出来，任何知识要以统觉的综合统一作为它们之所以可能的先决条件，而且它要把这个综合统一性原理说成是知性的一切运用的最高原理。也就是说，这样一种综合统一，它不是感性的，它也不是知性的一般的运用原则，或者说是低层次的而不是最高

---

① "至上"原译作"最高"，改动理由如前述。

的，那还达不到这种统觉的综合统一。它要说明的是统觉的综合统一，一方面跟感性不同，它是知性的至上原则；另一方面它是知性"所有的"运用的至上原则，无论知性在形式逻辑上还是在先验逻辑上的运用，它都是最高的原则了，不能把它当作次级的原则，也就是再也不能在它上面去追溯更高的原则了。这个地方实际上已经到底了。所以说知识之所以可能，先天综合判断之所以可能，为什么可能，它以什么才得以可能？我们最后追溯到一个顶点，就是统觉的综合统一的原则，这就是一个至上原则。所以康德讲人为自然界立法，人凭什么能为自然界立法？他就是凭的这个。归根结底，追溯到最终，人就具有这样一种能力，这种能力就是知性。而且在知性里面这条原理是它"一切运用"的至上原则，不论是在形式逻辑的运用里面，还是在先验哲学的运用里面，在知性的一切表象里面，比如说范畴，各种各样的概念里面，这种原则都是最高的、至上的，就是统觉的综合统一。没有这个，所有知性的运用、包括形式逻辑的运用都不可能。所以他一开始就从先验感性论开始。为什么要从先验感性论开始呢？就是说统觉的综合统一性原理是知性的原理，跟感性的那种原理是不一样的，必须加以比较。所以，他一开始就讲，

按照先验感性论，一切直观的可能性在与感性的关系中的至上原理就是：一切直观杂多都从属于空间和时间的形式条件。

首先把感性论里面讲过的东西摆出来做一番对比，做一个层次的划分，也就是把它的层次搞清楚以后，就更加能够确切地确定统觉的综合统一性这样一个原理，它的位置究竟何在。所以，在先验感性论里面，讨论一切直观的可能性，直观何以可能哪？这也是康德讨论先天综合判断如何可能的一个层次，即数学何以可能。我们前面讲导言的时候已经讲到了，康德的先天综合判断如何可能的问题分成四个问题，一个是数学何以可能？数学关系到感性的直观，这个是康德的一个独特的看法，我们通常认为数学就已经涉及到理性了，抽象了，但是在康德那里数学它

恰好是属于直观的,属于感性论的。因为它是以时间和空间作为它的对象,几何学以空间作为它的对象,算术以时间作为它的对象,作为它的内容。所以在数学何以可能的这样一个问题之下,康德探讨了先验感性论的问题,就是说人的感性的直观何以可能呢?他的结论就是,感性的直观之所以可能是因为我们主体本身固有一整套用来接受感性材料的时间、空间的先天直观形式。人有一种时间和空间的直观形式,先天的固有,以此来接受外在的感性的刺激,这是一种接受能力。接受能力不是完全的后天的,他必须要有先天的接受能力才能够接受。如果没有这种能力先天存在,像经验派以为人心是一张白纸,比如洛克的白板说,认为人心是一块白板,那人跟石头跟无机物就没什么区别了。但是人作为动物来说,作为人来说他有一种接受能力,你给他一定的刺激,他就凭借自己的时间、空间形式,就能够使这种刺激成型。这是数学、几何学所探讨的,即怎么成型,成一种什么样的型。所以先天综合判断如何可能这个总问题,分成四个层次:第一个就是数学如何可能;第二个就是自然科学如何可能。自然科学如何可能就是他在先验逻辑里面,在先验分析论里面所探讨的,就是基于这些范畴。而这些范畴它们总的根源就在于统觉的综合统一性,是这样一个原理使得诸范畴能够去统摄感性所接受下来的、由种种后天刺激所引起的材料。感性当然是后天的,它有先天的条件它才能产生,但是它本身还是后天的,这是感性的经验材料。知性通过它的统觉,运用十二种范畴把这些感性中所接受下来的材料统起来,使它达到统合,这就形成了自然科学。自然科学是一个体系,它是应用像因果性、实体性、单一性、多数性等等这些范畴而建构起的。这是康德总问题中的第二个,第三个呢就是以往的形而上学,或者说是"作为自然倾向"的形而上学,它是如何可能的,这个在后面的先验辩证论里面讲到了。先验辩证论里面就是讲,以往的形而上学把理念当作是一种范畴来使用,应用于超经验的对象之上,造成了一系列幻相,二律背反等等。所以,以往的形而上学都是不可能的,都是失败的。但是人们以为有这样的形而上学，那么他们是根据什么才以为的，康德分析出来它还是根据先天综合判断。他们以为根据自己的理性，不需要现实的经验材料就可以对超经验的对象形成一个现实的知识；第四个问题就是，未来的形而上学如何可能。这与前一个其实是一个问题，就是过去的形而上学都失败了，那么未来的形而上学如何可能呢？也就是真正科学的形而上学如何可能。这后面两个问题，也就可以归结为一个问题的正面和反面。它的反面就是否定过去一切形而上学，认为他们搞错了。如果你立足于正确的思路，未来的形而上学就有可能建立，这就是康德在先验方法论里面所探讨的问题。我们经常要回到这个问题上面来，我们在读康德的书的时候，不要老是揪住一个地方展不开思路，我们要看看康德的总问题是什么，整个《纯粹理性批判》那么厚一大本书，他围绕的就是这几个总问题，在那里转来转去。那么，他第一句话是从先验感性论入手，他前面已经讲了先验感性论。数学的知识如何可能，是由于一切直观杂多都从属于空间和时间的形式条件。所谓如何可能的意思也就是要寻求一个知识之所以可能的条件，有这个条件它就可能，没这个条件它就不可能。那么，先验感性论里面讲到的数学知识的条件，就在于我们主体中有一种形式条件，那就是时间、空间这两种直观形式的条件。我们再看下面一句话：

一切直观的同一个[①]可能性在与知性的关系中的至上原理就是：一切直观杂多都从属于统觉的本源—综合的统一的诸条件之下。

也就是说，这个一切直观杂多都从属于空间和时间的形式条件，这是先验感性论里面的至上原理。那么，先验感性论的这个至上原理是解决直观的可能性问题的，而这同一个可能性，我们现在把它放到与知性的关系中来考查。也就是说你以时间、空间作为条件而获得了我们的直

---

① "同一个"原译置于句子的后面，形容"至上原理"，其实应是形容"可能性"的，兹改之。

观材料以后,使得数学成为可能了以后,你再把这样一个可能性拿到与知性的关系中来加以考察,那么这条原理就成为一条什么原理了呢?也就是说,把这个先验感性论里面的这同一个可能性的最高原理我把它提升一个层次。还是这条原理,先验感性论里面还是一种先天综合原理,但是我把这个先天综合原理在和知性的关系中把它提升一个层次。那么,这条原理就变成了这样:"一切直观杂多都从属于统觉的本源—综合的统一的诸条件之下"。我们要注意这个地方一个非常容易被忽略的提法,就是这"同一个可能性"。就是说在先验感性论里面的那个可能性的至上原理显然还不是绝对至上的原理,它只是先验感性论里面的,但是你如果把它联系到与知性的关系上来加以考察的话,那么这同一个可能性就被纳入了一条更高的至上原理。站在知性的立场上面去统摄感性,就把感性的至上原理纳入到了知性至上原理之下。所谓知性的至上原理它不是孤立的,在康德那里,知性的这个所谓统觉的综合统一性原理是知性的一切"运用"的至上原则,它不是单纯知性的,而是运用于感性上的原则,它要把感性的至上原理提升起来,提升到被纳入知性至上原理的层次。所以千万不要以为我们单凭知性就可以把它的这个至上原理建立起来了,这个至上原理本身就蕴涵着它必须要提升感性中的至上原理。所以它反过来也只能够运用于感性之中,如果缺了感性,这个原理一点用处也没有,甚至会是自相矛盾的。所谓的统觉的综合统一性就包含这一层意思:"统觉",你"统"什么?你统的就是感性嘛!你综合,综合什么?你就是综合感性嘛!统一,你使什么东西统一呢?无非就是使感性统一起来。你要有个对象,你要有个作用对象。一个知性的自发性的能动性,它必须有个作用对象,否则的话它一点用都没有。从感性到知性的这个至上的原理是一脉相承的,所以说感性直观的杂多除了从属于空间和时间的形式条件以外,而且它们进一步"都从属于统觉的本源综合统一的诸条件之下",它们都从属于知性之下。或者说当它们从属于空间和时间的时候,它们已经从属于知性之下了,只不过这个时候你还没有把它提取出来说,在先验感性论里面还是把感性分割开来加以孤立的考察,这个时候你发现里面有一条至上原理,那就是时空的直观形式。所有的直观杂多都必须从属于时空的直观形式。但是你把它放到跟知性的关系里面作为一个整体来考察,感性和知性共同才能形成知识嘛,那么你就会发现,其实这样一种时间空间用来接受这些直观杂多的那个至上原理,跟这个知性用来统摄那些直观杂多的至上原理是一脉相承的。因为一切直观杂多都从属于统觉的本源综合统一诸条件之下,这个诸条件也就是它的各种各样的范畴。统觉的本源的综合统一,这是一个总的条件,但是这个总的条件表现为 12 个方面,就是它的 12 个范畴,每一个范畴都体现了统觉的本源综合统一性,都体现了知性的这种综合能力。我们看这里有一个注释:

空间和时间及其一切部分都是**直观**,因而是带有它们所包含的杂多的一些单个表象(见先验感性论),

单个表象,"单个"就是 einzeln,就是个别、单独的意思。也就是说空间时间和它们的一切部分,它们其实都是直观。所以,它们都是带有它们的杂多的单个表象,其中每一个杂多,都是单个的,都是个别的,就是说你可以把它分割开,单个考察。几何学就是这样,它考察一个圆形,考察一个立体,一个六面体,考察一个正方形,都是把这些东西从空间和时间里面单独的划出来加以考察。然后你可以把一个圆形内接一个四边形,把其他的这些形状,这些空间,把它加上去,但是每一个空间呢它都是单个的,它跟所有其他的空间在性质上是一样的,只是在数量上,在衡量,测量上,它不一样,所以可以把它分割出一块来,不影响其他。"单个表象"的意思就是这个意思,就是它是一些单位,它是一些个别的东西,它跟其他的东西之间没有一种隶属关系。两个空间中的事物,哪怕一个空间比另外一个空间大,但是它们之间的关系是单个的关系,它不是一种隶属的关系。我们通常讲一个小的空间可以属于一个大的空间,这是就量上面而说的,可以计算出来的,但是在性质上面它们是平等的,是一样的，都是空间，都具有同样的属性。关键是下面这两句：

　　所以它们就不只是使同一个意识包含在许多表象里面的概念，而且是使许多表象包含在一个表象及其意识里面的概念，

　　直观中的一切部分都是单个的，它们都可以单个地存在。你在空间中划出一部分来，这部分空间就是孤立的了，就是单个的了。你在某个地点，有多大，你可以指出来，可以测量出来，它就是一个，比如说一个空间，一个面积，或者是一个立方体，它是可以独立存在的。它不像这个红色啊，或者是马的概念呐，你到哪里去找一个红色呢？红色总是某个东西的红色了，你到哪里去找一个马的概念呢？马它总是一匹一匹的马啊。但是空间你是可以的。找一个空间你是可以的，至少可以这样去设想。不管你的宇宙观，你的地球的观念是怎么样的，一平方尺随便在哪里你都可以划出来给人家看。所以这样一种空间呢，它就"不只是使同一个意识包含在许多表象里面的概念"，使同一个意识包含在许多表象里面，比如说刚才讲的马的概念，马的这样一个意识包含在许许多多的马的这个表象里面，很多匹马它们就叫作马，它们都分有了马。按照柏拉图的术语来说，马的概念是所有的马都分有了它，在每一匹马里面都有马的概念，但是马的概念呢，并不因此就被分小了。如果一个空间，你说在这个空间里面分割出一个更小的空间，那么那个更大的空间就被分掉了一块，但是概念的关系不是这样的。概念的关系，你把无限多的无数匹马都排除掉，也不能够使这个马的概念缩小一点点。它们的关系不是大小的关系，它是在一个意识里，同一个意识包含在许多表象里面，贯穿在许多表象里面，是这样一种关系。一个具体的表象里面是有很多很多的抽象的概念组成的，比如说一朵花的概念，它包含红色，包含香味等等，但是红色在别的东西里面也有，香味在别的东西里面也有，触觉，触感等等这些在别的东西里面都有，包括形状，一朵花的形状，一朵塑料花的形状，一朵玻璃花的形状，哪个形状都可以存在于许许多多的表象里面。你从花里面去掉其中一个概念，这个花的概念或表象就解体了，至

少就不再是原先的花了。在这种情况之下就是概念所体现的一种状态。而直观和概念的性质是不一样的，所以它们"不只是使同一个意识包含在许多表象里面的概念，而且是使许多表象包含在一个表象及其意识里面的概念"。许多表象包含在一个表象里面，例如一个空间它可以由很多部分组成，这些部分就包含在这个空间的表象里面。"及其意识"，当然，既然这些空间包含在这个总的空间表象里面，我们从概念上也就可以说，这个空间表象的意识包含着它底下的那些空间的表象，在量上面包含着这些表象。比如说一个圆形里面有一个内接的三角形，那么这个内接三角形是包含在这个圆形里面的，也就是包含在这个圆形的意识里面的。所有具体的空间形态的表象全部都包含在唯一的一个总的"空间"表象之中，也同样可以说包含在这个总的空间表象的意识中。所以这个空间和时间，它是这样一个概念，我们前面（在先验感性论中）也讲到过，它是把它下属的那些表象包含于"其中"，而知性的那些概念呢，跟时间空间不同，它是把底下的那些概念包含于"其下"。一个"其中"和一个"其下"，这是康德的用语，就是表明了一个是量的包含关系，一个是质的包含关系。质的包含关系不因为它的量的多少而减损分毫。我们在植物分类里面，有些种类，它也许只有一两个种群，在世界上都要灭绝了，快要濒危的那些物种，但是它还是一个种，你不能够把它归到别的植物种类里面去。它跟别的植物处于同一个层次，在质上面，在性质上面，在概念上面，它处于同一个层次。这是这个概念的关系，跟这个空间和时间的关系是大不一样的。空间和时间的关系它是要从量的方面来考虑的。量的集合体越大，它这个总体就越大。

因而这些表象被看作复合的，于是意识的这种统一性就被看作是**综合的**，但又是本源的。

也就是说空间和时间，这里还是讲的空间和时间，这些表象被看作是一些复合的表象，也就是说空间和时间它总是无限可分的，它总是由更小的部分组合起来的。你拿一个空间，拿一个时间来，我们就可以对它进行分析，就可以发现它是由某几部分组成的，至少我们可以把它一分为二吧，至少它是两个部分组成的，两个部分还可以继续分。所以空间和时间的这种表象原则上被看作是复合的。"于是意识的这种统一性就被看作是综合的，但又是本源的"，就是说当一个时间空间被看作是复合的时候，这里头已经贯穿着一种意识的统一性，因为我把这个时间空间的各个部分看作是一个复合体，这个时候我就需要有一种自上而下的本源的综合能力。单纯的东西它不需要这种综合能力。比如作为一种先天直观的纯形式的单纯的时间空间，它就是一种接受能力，它还不是表象，也就无所谓复合了。所以前面讲到空间时间是一些单个的表象，就是指具体的时间空间表象。而这些单个的表象如何得来的？单个的表象就是因为这些表象每个都被看作复合的一个整体，而这样的一个整体就空间和时间本身而言，它还不具有这样一种力量，能够把各种不同的、散在各部分的空间和时间的杂多表象聚集起来，聚合起来，看作一个单个的对象，时空中的对象。那么这种聚集、聚合只能归功于这个统觉的本源的综合统一性。也就是说，在我们进行几何学或者是数学或者是一般时间空间的综合的过程中，我们实际上已经暗中引用了知性，已经引入了知性。前面没讲，前面讲几何学，讲数学，就是讲时间空间是一切几何学数学得以可能的前提条件；但是就在几何学里面，在数学里面，实际上已经贯穿了知性的作用。知性的作用在那个地方，在先验感性论里面是作为一个不言而喻的前提，就是说这些空间表象聚合起来，我们对它进行操作，进行建构，这就造成几何学了。但是这些东西如何聚合起来的呢？如果没有一个本源的统觉的综合统一，那么这些空间都是散的。你给我画一个圆，我也只盯着这个圆的这一部分那一部分，我怎么能够把这个圆看作是一个整体的圆，因为这个圆它是无限可分的，我可以把它分成两半，也可以分成很多块，那都无损于这个圆，它本身跟这个圆是相等的。两个半圆和一个圆是相等的。我怎么能把两个半圆看成是一个圆呢？我有必要把两个半圆看成是一个圆吗？在时间和空间那里看不出这种必要性。所以在时间和空间那里,进行这种可能性的探讨的时候,我们实际上已经涉及到了与知性的关系,也就涉及到了知性的最本源的这种统一性。所以在这个知性的范畴表里面,一开始是量的范畴,单一性,多数性和全体性。这个地方强调的是单一性,我怎么能够把一个东西从量方面看作是单一的。所以他讲直观的这种单个性,单个性在这里我们也可以把它理解为单一性,有很重要的用途。他说:

直观的这种单个性有很重要的用途(见后面 §25.)。

德文版编辑注明有人认为括号内应是 26 节或者 23 节。26 节和 23 节我们这个选本中没有收入,在全译本中这个 26 节的标题是:"纯粹知性概念的普遍可能的经验运用的先验演绎",就是说纯粹知性概念,也就是范畴了,范畴的普遍可能的经验运用,要作一番先验演绎。就是说范畴已经做了一番先验演绎,它的普遍可能的经验的运用也要做一番先验演绎。在第 26 节之前,范畴的先验演绎已经完成了。范畴是一切经验之所以可能的前提,这就证明了没有任何经验能够逃离范畴,缺了范畴任何经验知识都不可能。因为你分析任何一个经验的知识,都会发现,它的可能性的前提条件都在于它最后要追溯到统觉的本源的综合统一,要追溯到由这种统觉的统一所形成的十二个范畴。这些范畴是一切经验之所以可能的前提,那么它的经验性的使用是如何可能的? 它是如何使用的,也要进行一番论证。在他的先验演绎里面,主要是第 20 节和第 21 节两节中所阐明的先验演绎,就是阐明了先天起源的范畴对于一般感性直观对象的普遍有效性。也就是说它对于一切经验对象都是有效的,无一例外,这是它正式的先验演绎。那么,在第 26 节里面剩下的就是要反过来,从以时空为直观形式的感官对象、经验对象里面具体说明范畴的这种先天普遍运用的有效性。也就是说先验演绎是要指出来,这个范畴可以应用于经验对象;而第 26 节的思路则倒过来,就是从直观的经验对象里面恰好可以说明范畴在里面先天有效,从直观里面反过来去验证,等于是数学里面的验算一样。我先是顺着说了,这个范畴它可以运用于经验对象；那么我现在反着说，在一切经验对象里面都有范畴。之所以要参考第26节，就是这个意思，也就是说这整个注释就是这个意思，这整条注释也就是要从时空直观形式里面找到范畴的痕迹。先验演绎已经说明了范畴它必然能够运用于经验对象。那么，在这个地方呢，它反过来，一切经验对象，在时空中的经验对象里面都可以找到范畴，哪怕是在数学、几何学里面就已经在运用范畴了，不可能摆脱范畴。没有范畴的作用，你能够进行任何综合？那是不可能的。第26节中有一段话涉及"直观中领会的综合"，很有代表性："甚至我们之外和之内的杂多的综合统一，因而甚至一切要在空间或时间中被确定地表象的东西所必须与之符合的某种联结，就已经和这些直观一起（而不是在它们之中）同时被先天地作为一切领会的综合的条件而给予了。但这综合的统一不能是任何别的统一，只能是一个给予的一般直观的杂多在一个本源的意识中按照诸范畴而仅仅应用于我们的感性直观上的联结的统一。"①"直观中领会的综合"是第一版中提出的"三重综合"中最低、最基本层次的第一重综合，是直接从直观中引出来的，表达了范畴对直观的最初的渗透作用。所以这个注释里面，他讲到直观的单个性"有很重要的用途"，有什么很重要的用途？它就是第一个范畴，即单一性，它是量的范畴里面的第一个范畴。单个性有很重要的用途，它可以说是从直观的至上原理向知性的至上原理的连接的中介或者是过渡。通过这个单一性的范畴我们可以从直观的这种形式条件过渡到发现里面有范畴的作用。从直观的至上原理到知性的至上原理，这中间是一脉相承的。这就是这个注释夹在这里面的意思。至于第23节和康德本人注明的第25节，与这个意思都不相干，而是涉及到与一个可能的"智性直观"的关系，所以我们在这里不取这种解释。我们再看下面的正文。

直观的一切杂多表象，如果它们被**给予**我们，就从属于前一条原理，

---

① 《纯粹理性批判》B161，第107页。

如果它们必然能够在一个意识中联结起来，则从属于后一条原理；

　　直观的一切杂多表象如果从它们被给予我们这一点来看，它们就从属于直观的至上原理。这个地方"被给予"用被动态，为什么用被动词呢？很显然，它被给予我们，对我们来说我们不是主动的，我们完全是被动接受的。这些杂多是被给予我们的，被谁给予我们呢？被自在之物。自在之物刺激了我们的感官，这个我们预料不到，因为自在之物不可知嘛，我怎么知道它什么时候刺激我的感官呢？当然它现在刺激了，所以我就被给予了这样一些直观的杂多表象。如果从被给予我们这一点上来看，直观的这些杂多表象就从属于前一条原理，也就是"一切直观的至上原理"。一切直观的可能性在与感性的关系中的至上原理，就是一切的直观杂多都从属于空间和时间的形式条件。如果从它们被给予我们的这个被动性的角度来看，那么这些直观杂多就从属于时间和空间的形式条件。这是在直观中，在与感性的关系中，它们的至上原理就在这里。所以，时间和空间它主要是在被动性的关系中、在被给予的关系中间来考察的。下面，"如果它们"，也就是这些直观的一切杂多表象，同一个直观的杂多表象，"如果它们必然能够在一个意识中联结起来"，这个地方"联结起来"也打了着重号，跟这个前面讲的"被给予我们"也打了着重号是相互对照的。"被给予"和"联结"，这显然不同，一个是被动，一个是主动。联结是主动的，我们前面讲到了，所谓联结，你要把它联结起来，多要力气呀，你要发挥主观能动性。你要把它联结起来，你要把它保持下去，这个是很难的。"如果它们必然能够在一个意识中联结起来"，如果这同一些直观杂多的表象能够在一个意识中联结起来，并且不是偶然的，是"必然"联结起来，不可能不联结，如果有这样一种联结关系，那么，从这个角度看，它就从属于后一种原理，也就是"知性的一切运用的至上原则"。因为一谈到"联结"，它就已经从属于统觉的综合了。

　　因为若没有它，由于被给予的表象并不共同具有"我思"这一统觉行　B137
动，因而不会在一个自我意识中被总括起来，所以没有任何东西能借此

而被思维或认识。

"因为若没有它","它"就是指这个知性的至上原理。假设一下,如果没有这一条统觉的综合统一的最高原理的话,那么,"由于被给予的表象",这些表象是"被给予的",这些被动给予的表象它们并不共同具有"我思"这一统觉行动,你把"我思"去掉了,那么所有这些表象就是群龙无首了,就不成形了;所以这些表象,由于它们并不共同具有我思这一统觉行动,因而它们就"不会在一个自我意识中被总括起来"。所有这些表象,空间和时间,空间和时间中的杂多,这些表象就不能在一个自我意识中被总括起来,形成一个单个的对象。所以,也就"没有任何东西能够借此而被思维或认识","借此"在这里指通过自我意识。而"没有任何东西被思维或认识",当然这个地方的"任何东西"还是指认识的对象了。没有任何认识的对象能够被思维或者是被认识。在别的地方康德也讲到,只要有了范畴,有了我思,有了知性,那么即算没有直观杂多,思维一个东西或一个对象总还是可以的,但是不能够认识。我们可以思维自在之物,但是自在之物并没有因为我的思维就被认识。然而,康德在这里强调的是,一旦没有了统觉,没有自我意识,那么尽管你还有直观的杂多,但却不但不可能有任何东西被认识,甚至也不可能有任何东西被思维了。连思维也不可能有,当然也就更不可能有认识了。

现在看看下面这一段。上面一段主要纠缠着直观和知性之间的关系,就是在先验演绎以后,倒过头来从直观所必然包含的这种知性的综合能力出发,说明知性的综合能力哪怕是在最初的被给予的直观里面就已经不可分割地包含着了。先验演绎主要是说明知性必然能够把范畴运用于一切直观对象上。那么第17节一开始,主要是讲一切直观到的东西里面必然具有知性的综合能力、综合作用。这是一个相互映证的过程。我们上次已经讲到了,一个是从上而下、一个是从下而上地说明同一个问题。这样一说明,就产生了一个知识和它对象的关系问题了,也就是从知识和直观的关系问题里面产生出了知识和对象的关系问题。因为,在康德看来所谓的认识的对象、认识的客体无非就是必须要有直观杂多的内容的东西。比如说在时间、空间里面,你要找到任何一个认识对象,你必须要指出来它存在于何处,它存在于何时。时间、地点,这是一切经验知识之所以可能的一个必要条件。如果指不出来,你仅仅从大致上推测,那是不可信的。所以从直观里面已经包含着这种知性的先天综合能力的作用,这一点就引向了知性和它的对象、知性和客体相互之间的关系。所以,这一小段主要是做这样一个过渡,把客体这个概念突出出来了。所以,这一段一开始就讲:

知性一般说就是**认识**的能力。认识就在于被给予表象与一个客体的确定的关系。

知性在直观里面起的作用是一种综合的作用,本源的综合;那么,这个本源的综合把那些直观的东西综合起来,使得直观的知识得以可能;所以哪怕最简单、最初级、最起码的直观都必须要有知性的能力贯穿在里面才能被领会到,这样一个综合的过程实际上就是认识的过程。知性是一种认识能力,它跟直观跟感性不一样。直观和感性是认识的前提,但它还不是认识能力,它是接受能力。它接受认识的材料,但是它本身没有能力去进行认识,获得真正的知识,它只是一种单纯的接受能力。那么,知性一般说来,就是认识能力,通常讲的认识能力,首先就是指的知性。我们讲感性的认识,也是在知性之下,才能够谈得上是认识。所谓的经验、经验知识,里面已经包含有知性了,如果没有知性的话,我们谈不上什么经验知识。所以,一般说来,不仅仅是就知性本身孤立起来看而言,而且就知性在直观中所发挥的作用而言,就我们通常讲的感性认识而言,好像我们有感性就够了,但其实在这个里头已经有知性在后面起作用。在一般的意义上,凡是有认识的地方就有知性的作用。所以,知性一般说就是认识的能力。而什么是认识呢?"认识就在于被给予的表象与一个客体的确定的关系"。这个地方,康德没有否认传统的对认识的定义，所谓认识，从亚里士多德开始就是指"观念与对象的符合"，一个观念和它的对象相符合，确定了，它与对象有确定的关系，我们就称之为知识。当然，康德在这个里头打了一点埋伏，就是说被给予的表象与一个客体是一种什么样的确定的关系，在这个里头并没有明确说出来。也许是表象符合于客体，也许是客体符合于表象。这个在康德自己看起来，他认为传统的观点是认为这个表象必须符合于客体，它才是真的，才是知识；但是康德认为实际上不是这样的，我们认为一个表象符合一个客体，我们这样认为当然也没错，但是从更深层次来考察，从它的之所以可能的前提来考察，为什么会这样？为什么一个表象会符合一个客体？这恰好是因为这个客体是由我们自己所建立起来的，是由我们的表象所建立起来的。所以归根结底是对象符合于我们的观念。所以说被给予的表象与一个客体具有一种确定的关系，这种说法里面已经包含有两种完全不同的意思了。到底是一种什么样确定的关系？这个里头还没有讲。但接下来这层意思就被表达出来了。他讲，

但客体则是在其概念中结合着一个所予直观的杂多的那种东西。

这个地方他给客体下了个定义。这个客体，显然康德指的不是那种自在之物，不是像亚里士多德所设想的那样，当我们的观念和一个自在之物相符合，那么这个观念就是真的，就是知识了。那么，这个客体既然不是自在之物，它又是什么呢？他说是"在其概念中结合着一个所予直观的杂多的那种东西"。也就是说客体首先有一个客体的概念，而在这个概念中，把那些所予直观的杂多结合起来了，这样一个概念所表达的就是客体的概念，客体就是在它的概念中结合了一个所予直观的杂多的那种东西。也就是说客体首先是一个概念，客体概念。客体概念康德在其他地方称之为"先验对象"，就是我们在思维中可以先验设定的一个对象的概念。但这概念还是抽象的，如果里面没有直观杂多的东西充实它，那它就什么也不是，它只是一个未定的抽象概念，是一个未知的 X。一张桌子，如果我们没有把桌子的那些直观的表象杂多，那些颜色、形状、

大小,把它们充实到这个桌子的概念里面,那么这个桌子是什么呢? 只是一个词而已。我们可以说我们不知道桌子是什么,我们只是给出了一个有待于填充、有待于解释的概念。那么在这个概念中,如果结合了一个所予直观的杂多,我们看到一张桌子,看到它四条腿,看到它的颜色,看到它的形状大小,我们把这些东西都结合在、统一在这个桌子的概念里面,那么这个概念和这些直观杂多结合起来,我们就称之为一张真实的桌子,它就是一个客体。客体就是这么一个东西。至于自在之物,这个东西完全不进入到这个概念里面来,被排除在外了,你要说这个概念就是自在之物的概念,那么这个概念就是一个空概念。当然,我们的这些直观的表象,直观的杂多是由自在之物刺激我们的感官而引起的,这个毫无疑问,康德并不否认这一点。但是,自在之物本身并不进入到这个客体概念,它是另一个客体,另外一种自在的客体,自在之物。这个自在之物我们也可以设想,也可以给它一个客体概念,但是它是未规定的,未知的,而且是不可知的。所以,先验对象跟自在之物这两个概念在康德那里有相通的地方,有时候指的就是一回事情,但有时候又不太一样。说它们是一回事情就是说,先验对象如果它没有充实直观的杂多,或者我们根本不打算充实直观的杂多,那么它就代表自在之物,它还不是知识,它只是一个必要的设定。但是,如果我们能够把直观的表象充实进来,那么这个先验的对象,这个概念就在这个认识的客体里面充当了一个结合者的角色,有一种联结作用。因为任何一个认识的客体,我们所能够认识的客体,里面都已经包含有一个客体的概念,或者说一个先验对象的概念。因为任何知识它都是由两部分构成的,一部分是先验的,一部分是后天的;而先验的这一部分里面就包含有一个先验客体的概念,一个先验对象的概念。所以,这句话是很重要的,客体是什么,这个地方可以说他是给客体下了个定义,客体就是在其概念中,在客体的概念中,结合着一个所予直观的杂多的那种东西。这个地方指的是认识的客体。认识的客体是这样来定义的。就是说凡是一个认识的客体它包含有两个方面，一个方面它是有一个概念在里头，从先验的方面它可以由一个概念对它加以设定，而另外一个方面呢，这个概念只是形式，它的内容、它的质料就是充实了这个概念的直观的杂多，这样两方面结合起来，就构成了康德所讲的知性的对象，或者是认识的对象，也就是客体。客体（Objekt）和对象（Gegenstand）这两个词在康德那里基本上没有什么区别。那么既然这样定义了，下面接着讲：

<u>然而现在，表象的一切结合都要求在这些表象的综合中的意识的统一。</u>

这就像几何学的证明一样，这里提供了一个前提，给出了一个条件，什么条件呢？前面一段已经讲了，表象的一切结合，不管是在知性层面上的结合，还是在直观层面上的结合，都要求在这些表象的综合中的意识的统一，在直观中已经要求这种"直观中领会的综合"的统一，要求知性起作用。而"现在"，也就是说既然有这么一个条件，现有这么一个条件："表象的一切结合都要求在这些表象的综合中的意识的统一"，那么接下来就进行推论了：

<u>于是意识的统一就是唯一决定诸表象对一个对象的关系、因而决定这些表象的客观有效性并使得它们成为知识的东西，乃至于在此之上建立了知性的可能性。</u>

既然表象的一切结合，不管是在直观中的结合，还是在想象力中的结合，还是在概念中的结合，都要求在这些表象中，在这些表象的综合中有一个意识的统一；因为任何表象的结合都要求把这些表象综合起来，而在这个综合中又要求有一个意识的统一来进行综合，这是从前面已经推出来了的：于是"意识的统一就是唯一决定诸表象"，也就是一切表象，任何的、各种各样的表象，"对一个对象的关系"的东西。我们把句子切断一下，"意识的统一就是唯一决定诸表象对一个对象的关系"的东西。"诸表象"，任何一个表象，直观也好，概念也好，它们对于一个对象的关系，都取决于意识在里面起的一种统一作用。这种统一的作用就是

各种表象对一个对象的关系，这就是本段一开始讲到的这种对知识的定义，本段第二句话讲到，"认识就在于给予的表象与一个客体的确定的关系"，那么这种确定的关系是由谁来确定的呢？唯一的确定者就是意识的统一，也就是知性，知性就是这样一种本源的综合统一性。在这个里头它决定了给予表象与一个对象，与一个客体是一种什么样的关系，这是由它来确定的。意识的统一起到的就是这样一种作用，所以它就是唯一的，没有别的了，唯有它，因为所有的综合统一都要追溯到它，它是最本源的。直观本身它不可能有综合的统一，在直观里面既然我们发现了有综合有统一，那么我们就可以确定这种综合统一是来自于知性。啊，既然连在直观中的综合统一都是知性造成的，都是意识统一造成的，所以这种意识统一是"唯一决定诸表象对一个对象的关系"的。这个应该是很清晰的。接下来，"因而"，这里有一个绎理，有一个推理，有一个进一步推演，也就是说意识统一性"因而"也就是"决定这些表象的客观有效性并使得它们成为知识的东西"。这个推论更加清晰了，从本段话的第二句讲，所谓认识、所谓知识就在于这个表象"与客体的确定关系"，所以他这里与之相呼应，讲意识的统一"决定诸表象对一个对象的关系、因而决定这些表象的客观有效性"，也就是说决定这些表象与那个客体有确定关系，这也是通过意识的统一造成的。并且还有一个推论："并使得它们成为知识"，既然这种统一已经确定了诸表象的客观有效性，确定了这些表象和一个客体具有确定的关系，那么它们当然就成为了知识了。所以，意识的统一也使得这些表象成为知识，这些表象具有与这一个对象的关系，它当然就成为了知识，具有了客观有效性当然就成为了知识。总的来看这句话，意识统一就是使得诸表象成为知识的东西，这个就回到前面第一句话了，"知性一般说就是认识的能力"，至于怎么使诸表象成为知识，康德的分析就回到了前面第二句话："认识就在于被给予的表象与一个客体的确定的关系"。最后还有一个"乃至于"，甚至于，"乃至于在此之上建立了知性的可能性"。这个关系就倒过来了，就是说知性使得这一切成为可能，但是，如果这一切不可能的话，那么知性本身也就不可能了。所谓倒过来说，就是说这些都取决于知性，但是知性之所以可能就是建立在它的这种对表象的客观有效性的决定关系之中的。如果知性不在这样一种决定关系之中发挥作用的话，那么知性就没有用了，至少在认识论里面知性就没有用了。在认识论里面的知性之所以能够发挥作用，知性一般说就是认识的能力，这一点要成为可能，它就必须去认识，它必须去着眼于直观的杂多，把那些直观杂多的表象统摄起来构成一个客体，构成一个对象，来给自己认识。这样呢，知性作为认识能力才得以可能，否则的话连知性本身也不可能。也就是说，在认识领域，知性没有任何别的运用，只能够运用于直观对象上，它必须要运用于直观的对象上才能体现出它自身的能力。所以，在这个上面就建立起了知性本身的可能性。

看下面一段。

所以，知性的所有其他运用所依据的、同时也完全不依赖感性直观之一切条件的最初的纯粹知性知识，就是统觉的本源的**综合**统一这条原理。

第一句话应该是非常笼统地讲的那种意思，就是说"知性的所有其他运用所依据的"那种"最初的纯粹知性知识"，也就是说纯粹知性知识是知性所有其他的运用所依据的，这个纯粹知性知识就是统觉的本源的综合统一原理。这个"所有其他运用"是的相对后面而言的，就是说"别的"运用。知性所有别的运用都依据于统觉的本源的综合统一这条原理，这是一条"最初的纯粹知性知识"，而且是"完全不依赖感性直观"的。除了统觉的本源综合统一这条原理本身以外，除了知性的这种"最初的纯粹知性知识"的运用以外，知性的所有其他运用，比如说运用到直观上面啊，运用到图型上面啊，运用到范畴上面啊，所有这些运用它们都依据于统觉的本源综合统一，都依据于这个最初的纯粹知性知识。但是，纯粹知性知识呢,它又是体现在所有其他的运用之上的,作为它们的根据。所以这句话是这样来理解的,就是说,知性的一切运用,也可以说,知性的一切运用所依据的,是什么呢?就是那种不依赖感性直观的一切条件,也就是说非感性的,超越于一切感性之上的那种纯粹知性知识,也就是纯粹知性本身,纯思维,纯粹我思。这样一种纯粹我思,这样一种纯粹知性知识,就是统觉的本源的综合统一这条原理。这个就跟这一节的标题符合上了:"统觉的综合统一性原理是知性的一切运用的至上原则"。这里"一切运用"也就是"所有其他运用",所有其他运用的至上原则,它们引之为根据的,那就是统觉的综合统一性原理。所以这一段的第一句话呢就是点出这一点,点题,点到了这个第 17 节的标题。

于是外部感性直观的单纯形式即空间还根本不是知识;它只是把先天直观杂多向某种可能的知识提供出来。

这个我们刚才已经讲到了,就是空间本身作为单纯形式它根本不是知识,它只是数学知识、几何学知识之所以可能的条件。空间的纯形式是几何学知识得以可能的条件,但是它还不是知识,我们要在上面做出知识来还必须有一些别的条件。"它只是把先天直观杂多向某种可能的知识提供出来",为什么这个地方用"先天直观",因为它是讲的"单纯形式"嘛,纯形式那当然是先天的,在康德看来空间是外部直观的先天形式。那么,这种直观的先天形式呢,只是把先天直观的杂多"向某种可能的知识提供出来",比如说能够向几何学知识提供出来,把先天直观的杂多在纯粹空间里首先向几何学知识提供出来。其次呢,通过几何学知识,通过数学知识,也可以向自然科学知识提供出来,向一般的知识,向一般的科学、自然科学提供出来。但提供出来以后是不是就一定会有几何学知识和自然科学知识了,那还不一定,那还只是一种可能性,还需要做些别的事情才能成为现实性。纯粹的空间只是把先天直观的这样一些杂多的关系提供给我们的数学和自然科学的知识,使之成为可能,但是它本身不可能是知识。下面是说明了。虽然空间能够向某种可能的知识提供

727

出来，

但为了在空间中认识任何东西，例如说一条线，我就必须**划出**这条
线，因而对给予的杂多综合地作出一个确定的联结，使得这个行动的统
一同时又是意识（在一条线的概念中）的统一，而这样一来，一个客体（一
个确定的空间）才首次得到了认识。

B138

比如在几何学里面我们要获得知识，要获得数学知识，例如说我们
要认识一条线，我就必须画出（或划出）这条线。划出（ziehen），也就是
"拉出"，画出来，必须在黑板上或者地上或者沙子上画出来，要拉出一条
线来，这是一个行动。"因而对给予的杂多综合地作出一个确定的联结，
使得这个行动的统一同时又是意识（在一条线的概念中）的统一。"这句
话，我们必须把前面这个情态动词"必须"贯穿到后面。我们为了在空间
中认识任何东西，例如说一条线，我就必须划出这条线，因而必须对给予
的杂多的综合作出一个确定的联结，必须使得这个行动的统一同时又是
意识的统一。并不是说我随便闭着眼睛画出一条线，同时肯定就伴随着
意识的统一了，他不是这个意思。而是说我们必须要画出一条线来，使
得它伴随着有意识的统一，我在画的时候我就在做一种统一的行动，我
就在使这条线的这个一点和那个一点中间联起来了，我这是一个行动。
但是呢，我必须画的这条线要使得这个行动的统一同时又是意识的统一，
就是在画的同时我要用我的意识去关注我的这个行动。我的这个画的行
动给我提供出了纯粹空间、即纯粹直观形式中的一种杂多。比如说这个
线有多长，有一尺长，一尺长是一个杂多，它可以分成十寸，它是一个杂
多。它在提供出来的时候，我就必须用我的意识把这个行动的统一纳入
进来，把握住。要注意到、关注到我的这个行动，要使这个被提供出来被
给予了的这样一条线能够笼罩在这个意识的统一之下。所以，这个"必
须"它是贯穿始终的，不仅仅是必须画出这条线，而且呢必须使这个行动
的统一同时又是意识的统一，在一个线的概念中达到一种意识的统一。
而这样一来，一个客体、也就是一个确定的空间才首次得到了认识。这

个是康德对于数学讲的，在先验感性论里面已经讲到了，就是数学的这个知识它不是通过概念推演，它是通过我们去"构成"。在先验感性论里面也举了这个例子，就是说我要构成一条线我就必须把它画出来，这个画出来是什么意思呢？画出来的意思就是说在直观中提供出来，我必须把这条线在直观中提供出来。在直观中提供出来还不够啊，你还必须用意识把它统一起来。甚至可以说，只要能在直观中把它构成，把它提供出来，我也可以不去真的画一条线，我可以在意识中、观念中划一条虚拟的线。我们平常说，我要看到外面的风景，我就必须打开窗户，我就必须开门，我就必须走出去。为什么要开门，为什么要打开窗户呢？是为了接受外界涌入我眼帘里面的直观的杂多。但这种直观的杂多不是纯粹直观杂多，不是像这里说的纯粹空间一样，它是一种经验性的直观，是不可能虚拟的。但基本的道理还是一样的，凡直观都是一种接受能力嘛。我画出一条线是为了通过这样一种"画"给出这个感觉的杂多，直观的杂多，然后把它提供给我的知性，能够在上面运用我的意识的统一。在一条线的概念中，我把这条线统一起来，这就是意识的统一。而这样一来，一个客体，一个确定的空间，也就是说一条线才首次得到了认识。我光是画出这条线，我不去注意，我无意中画出来一条线，我不是想要去认识这条线，那当然也就没有什么知识，这条线也就没有得到认识了。我画了一条线，同时要用一个统一的意识去把它综合起来，这样一来才首次使这条线得到了认识。这条线有多长，它跟其他的线，跟其他的形状是什么关系，是什么比例，都要通过首先画出来才能够得到确定。

所以意识的综合统一是一切知识的一个客观条件，不仅是我自己为了认识一个客体而需要这个条件，而且任何直观**为了对我成为客体**都必须服从这一条件，

一切知识都必须要以意识的综合统一作为它的条件。本节标题里面讲的是"知性的一切运用的至上原则"，这个地方讲的是"一切知识的一个客观条件"，需要以意识的综合统一作为它的条件。为什么讲"一

个客观条件",为什么不说一个主观条件呢？当然它也是主观条件。但是在这个地方它已经变成客观条件了，它已经同时兼有主观和客观两重意思了。为什么？因为它已经有了直观的杂多呈现在面前，已经能够给客体充实以直观的杂多，它不再是一个单纯的抽象的概念了。这个客体不单纯是一个空洞的概念，而且已经有了实实在在的内容。所以，意识的综合统一通过这样一种综合，把各种各样的直观杂多统一起来综合起来，从而它本身成为了一切知识的一个客观条件，也就是客观知识得以形成的条件，或者说知识的客观性得以可能的条件。客观性在这里提出来，当然它是从主观性而来的，但是通过主观性，这个客观被建立起来了。所以，"不仅是我自己为了认识一个客体而需要这个条件"。不仅是我自己，在主观上，我要认识一个客体我主观上需要这样一个条件，"而且任何直观为了对我成为客体"，打了几个重点号啊，"为了对我成为客体都必须服从这一条件"。就是说，不仅仅是我的主观上、主体上面要有这样一个条件才能进行一种对客体的认识，而且呢，客体本身要能够对我说来得以形成，客体本身要能够具有客观性，都必须服从这个条件。所以说"任何直观为了对我成为客体"都必须有此条件。直观本身还不是客体，我们不能把直观本身就看作是、直接就当作是对一个客体的一个表象，乃至于一种客观知识。它还不是一个客体，因而它还不是一种知识。一种空间，一种时间，它本身还不是一种知识，这个前面讲了；至于直观的材料，那些感觉印象，本身只不过是些主观的表象。那么要使它们成为知识，必须要树立一个客体，必须要以时间和空间作为形式，把那些感觉知觉印象聚集拢来，使它们纳入到概念范畴的框架里面去。也就是说，要使时间、空间以及它们里面的直观内容对我来说作为一个客体而形成起来，形成一个客体，那么它们就必须服从我的统觉的本源的综合统一这样一个条件。换言之，你自己不去把它综合起来，你怎么想到它自己会主动的对你形成一个客体呢？它不会的，你所接受下来的直观的东西全是些云里雾里的东西，它就弥漫在那里，你必须自己从中去构成一个客体，你才有客体。你如果自己偷懒，你不去形成，它就没有客体，只有一些梦幻般的主观碎片。或者说，一切客体都是由自己主动地建立起来的，由自己主动地形成起来的。所以，在这个意义上，一切客体都是以我们主体的这样一种本源的综合统一为条件的。所以在康德的这个地方，他的这个"客体"的含义我们千万不要搞错了，当他在认识论里面讲到一个认识的客体、一个认识的对象，这个时候，他这个客体绝对不是讲的自在之物。他是讲的在现象中由我们自己所建立起来的，由我们的主体所建立起来的这样一个对象，由我们把它构成的这样一个对象。我们用我们自己的意识综合统一把它确定下来，使它成为了具有客观必然性的这样一个对象。这才是他所理解的认识的客体，知识的对象。但是呢，这个对象它不是绝对的对象，不是绝对的客体。绝对的客体就是自在之物，就是事情本身，物自身，那就是我们所不能认识的了。你无论怎么样认识，你的主体只能够及于现象界，只能够在我们的思维中所获得的东西里面打转转，超不出现象的范围，超不出感觉的范围，超不出你的皮肤。我们通常讲一个人超不出他的皮肤，他就被限定了，这是康德认识论的一个很重要的特点，我们只能够在我们所感知到的这个现象领域里来获得一定的确定的知识，而超出这个领域以外我们不能获得任何知识。但在这个领域里面一切对象都是我的对象，都是由我建立的，都是由主观建立的。这里头有一种主体性的思想，主体能动性的思想，就是说主体在这个里头并不是一种完全被动接受的、像照相似的反映这样一个镜子。不是这样一面镜子，不是一块白板，它是一个能动建构对象的主体性活动。一切认识活动都是由主体建构客体的活动，这个客体既然是我自己建立起来的，那么我对它的知识当然就是能够反映这个客体的；如果不是我自己建立起来的，我怎么能够知道我的知识反映了客体呢？所以，他也没有否定传统的对于知识的定义，知识就是表象和对象的符合。从这个意义上，他扬弃了符合论或者反映论。反映论他也没有完全否定嘛，但是他使反映论变质了，我所反映的是我自己建立起来的东西，并不是完全由外界被动地给予的。当然有外界被动给予我的某些成分，比如说，我的感觉的内容，感觉的质料，知觉、印象，这个红色、绿色、香味、声音，这些东西我控制不了，是由不可知的自在之物带给我的。但是一旦进入到我的意识里面来了，我就可以控制它了，我就可以根据这些现有的材料建立起一个确定的对象，对它进行确定的探讨，对它进行科学的研究，有把握、有规范、有标准地来对它进行研究。这个他是非常有信心的。最后一句：

因为以另外的方式，而没有这种综合，杂多就**不**会在一个意识中结合起来。

这句话的意思也就是说，如果以另外的方式，而没有主体的这样一种能动的综合能力，那么对象就不会显现出来。"杂多就不会在一个意识中结合起来"的意思也就是说，我们的认识对象就不可能结合起来。你如果不主动的去把握、去综合的话，那么你永远就停留在一种浑浑噩噩的状态。就像休谟所讲的，我们唯一所感知到的就是我们的印象，我们就停留于这些印象；但印象如流水，马上又过去了，模糊了，只剩下一些习惯。所有的我们的认识都只不过是一种不可靠的习惯而已，很可能是欺骗。甚至我们也不知道它到底是不是欺骗，我们就只好被动地接受。那样一种认识就根本没有任何客观性了，一切知识都不可能了，一切认识的对象都变成了一团过眼烟云，一团混沌。所以讲，杂多就不会在一个意识中结合起来，不会在这个意识中结合成一个对象，就是这个意思。

下面这一段，主要是就上面最后这句话来进行分析的。他抓住上一段最后这句话，展开了一个对于这句话的分析的理解和综合的理解及相互之间的关系的讨论。

后面这句话如上所述，本身是分析的，尽管它使综合的统一成为了一切思维的条件；

他讲的"后面这句话"就是这一整句："所以意识的综合统一是一切

732

知识的一个客观条件,不仅是我自己为了认识一个客体而需要这个条件,而且任何直观为了对我成为客体都必须服从这一条件,因为以另外的方式,而没有这种综合,杂多就不会在一个意识中结合起来"。他说这句话"本身是分析的",这是一个分析命题。我们在读它的时候我们好像没太注意到这样一个命题是分析的。但是康德认为,"尽管它使综合的统一成为了一切思维的条件",它还是分析的。尽管这句话所讲的内容就是要使综合的统一成为一切思维的条件,它指出了这样一个本源的综合性,指出了先验自我意识的统一的这个综合性,但是这句话本身从形式上看,它是分析的。为什么是分析的呢?他讲,

因为它所说的无非是,在任何一个给予的直观里,**我的**一切表象必须服从这个条件,唯有在这个条件之下我才能把这些表象作为**我的**表象归于同一的自己,因而才能将其作为在一个统觉中综合地联结着的东西用"我思"这一普遍的表达方式总括起来。

啊,这句话其实很长了。"它",也就是那句话,所说的无非是,是什么呢?"在任何一个给予的直观里",我的一切表象都有一个条件,一个什么条件呢?就是说唯有在这样一个条件下,"我才能把这些表象作为我的表象归于同一的自己。"就是说这个条件,也就是综合的统一了,就是意识的统一性了,唯有在意识的统一性这个条件之下,我才能把表象,把这些表象作为我的表象归于同一的自己。我们把这句话简略一下,缩短一下看就可以看出它的分析性了,我们把重点放在康德打了着重号的前后两个"我的"之上,就是说"我的"一切表象必须服从这个条件,什么条件呢?这些表象是"我的"表象。我的一切表象必须服从它们是我的表象这样一个条件。我们把它压缩一下可以表达成这样。也就是说,我的一切表象都是我的表象,我的一切表象都必须服从它们都是我的表象这样一个条件。这不是一个分析命题么?几乎就是一个同义反复的命题。我的一切表象都必须是我的表象,这好像什么也没说。后面还有一个补充,"因而才能将其作为在一个统觉中综合地联结着的东西用'我思'这

一普遍的表达方式总括起来"。这还是没有说出什么本质上新的东西，就是我的一切表象都是我的表象，所以呢我才能够把这样一些表象在一个统觉中，作为在一个统觉中相互联结的东西，用"我"这样一个表达方式把它总括起来。既然我的一切表象都是我的表象嘛，那么我的所有这些表象都是综合在我之下的。所以，这一段话康德所讲的，主要就是讲这样一个他称之为统觉的本源的综合统一的原理本身是个分析命题。一个专门讲综合的原理，从形式上看，它却是一个分析命题。所以，为什么康德把所有这些讲先天综合命题、讲先验演绎的讨论都纳入到"先验分析论"里面来谈，这有他的道理。先验逻辑有两部分，先验分析论和先验辨证论，先验分析论里面讲纯粹知性范畴，有概念分析论和原理分析论。现在我们已进行到概念分析论的后面一部分，差不多要完了。就是说所有这些讨论它都是康德的分析方法所产生的结果。康德的这个方法从本质上说还是受当时 18 世纪的自然科学所带来的这样一种分析方法的影响，认为任何东西我都可以把它分门别类，分为各个部分或"要素"，把这些要素单个的一个个抽出来，孤立的加以考察，考察完了，考察透彻了，然后我们再把它们放回到它们原来的这个组合关系里面去，这样我们就对总体就有了一个深入的把握。这就是 18 世纪机械论的一种流行的方法论原则。康德也是这样一种方法，他把认识的各个要素一个个拿出来，先验感性论，先验逻辑，先验逻辑里面一个一个的范畴，然后追溯到它们之上的这个更高的统领一切的原理，至上的原理，把这条至上的原理单独抽出来，然后看一看它在结合所有的知识的时候它起什么样的作用。这是一种分析的方法，但是问题就是说，在这种分析方法中，他探讨的却是一个综合的活动，一个综合的过程。所以，从形式上看是一个单纯的分析命题，从内容上却不能够简单地理解为一个分析命题。在内容上来说，它恰好强调了综合在人的认识活动中的重要性。而强调综合的重要性也就是强调主体能动性的重要性，因为所谓综合就是说发自主体的本源的综合，你必须自己主动地去把很多很多东西组织起来，联结起来。

　　本节的下面最后这段话跟上面那段话相互之间也有一种对应关系。或者可以说，上一段讲的话还没有讲完，必须和这里这段话对应起来读才完整。怎么样对应起来？就是说，当我们追溯到人的自我意识的先天综合统一，统觉的综合统一性原理，这样一个最高的至上原理的时候，它对于我们人来说，是一个至上原理，但是超出人之外又怎么样呢？康德因为他是在这里谈认识论，他是谈的一般的哲学，他不是谈的人类学，也不是谈的心理学，那么就有一个超出视野的问题。超出人类的视野是怎么样的，我们人类又不可能知道；但是我们可以设想，可以设想一下，免得我们受到自己的局限。我们虽然必须只说我们知道的事情，但是我们也应该知道我们有一些东西是受到限制的，我们所知的东西是受限制的，不要太沾沾自喜。后来黑格尔把这种超越性表达为：知道限制就已经超出限制了。那么我们受到什么限制呢？就是说我们的这个综合统一成为了我们一切思维的条件，在表述方面、形式上面它是分析命题，但在内容上面它却可能是综合的，而且首先必须是综合的，然后才能分析。首先你这个自我必须要行动起来，把那些认识的对象材料都统摄起来，也就是必须有个能动的"我"，然后你才能说我的一切表象都是我的表象，我的一切思维都是我的思维，你才能说这句话。所以我们的这个最高原理，我们人类思维的至上原理，就是一条综合的原理。但是这个综合的原理，虽然对人类来说是最高的，在康德看来也有它的不完备性，或者有限性。就是说你要综合，你必须首先在手头拥有从外界给予你的那些感性直观材料，你才能进行综合。否则的话，你单纯靠自己将什么也得不到。所以人类思维的最高原理显出它的局限性，它不能控制它所综合的对象，它只能够等待由感性直观被给予对象的材料，然后它才能实行它的综合。那么有没有这种可能，有一种知性，跟人的知性不同，它能够从自身分析地就推出直观的对象，所有直观的对象都包含在它里面，它不需要等待外部世界给予它那些直观的材料，它本身就是直观的，它一边思维一边就是直观的——有没有这样的直观？我们人类当然不可能拥有这样的直

735

观,但是我们可以设想,既然我们人类的思维,我们人类的最高的这个原理是对直观材料的综合的统一,那么从这样一种有限的活动,受到直观材料限制的活动,我们就可以设想一种无限的,不受限制的活动。这就是这一段要接着来讲的。所以康德一开始就说,

但这一原理毕竟不是对任何一般可能的知性而言的一条原则,而只是对于这种知性而言的,这种知性的纯粹统觉在"我在"这一表象中还根本没有给出任何杂多的东西。

"但这一原理",就是他刚才上面一段讲的,这个"统觉的综合统一性原理","毕竟不是对任何一般可能的知性而言的一条原则"。所谓"任何一般可能的知性",就是知性就其本身而言,它的概念中并没有包含它离不开感性直观这样一个意思在里头,并没有分析地包含有对感性直观的依赖。所以,从知性的概念里面,我们可以推广开去,除了人类这样一种受到感性直观的限制的知性运用以外,我们还可以设想一种不受限制的知性,它们一起都属于"一般可能的知性"。我们既然有了知性,我们就可以推想、设想一种虽然我们没有、但是在逻辑上也不矛盾的另一种知性,我们可以意识到我们所没有的东西,至少在思想里可以做这样一种推想。所以我们可以设想,我们人类的这个原理毕竟不是任何一般可能的知性的一条原则。"原理"和"原则"不同,我们这里的翻译是非常严格的,当然有时候看起来如此区分没有什么必要,但是说不定有时候就有必要了,所以还是尽量地使这些术语严守它的一贯性,尽可能一字一译。原理和原则,原理就是 Grundsatz,原则就是 Prinzip,通常原则比原理要更高、更抽象一些。但在运用中它们的关系只是相对的,如统觉的统一,一会儿叫"原理",一会儿叫"原则";在本节标题中说这条原理就是至上原则,而在这句话的具体语境中则又说它不是原则而只是原理,所以不能僵硬地看待这两个概念。那么,这条原理不是对任何知性而言,"而只是对于这种知性而言的,这种知性的纯粹统觉在'我在'这一表象

中还根本没有给出任何杂多的东西"。这里说"只是对这种知性而言"，就是指对我们人类的这种有限的知性而言。就此而言，这种知性的纯粹统觉本身不能给出任何杂多的东西，而只是一个抽象的逻辑条件。它不能代表一般知性，即一般可能的知性，而是特殊地对我们人类所现实拥有的这种知性而言的。"这种知性的纯粹统觉"，知性本身就是纯粹统觉了，"在'我在'这一表象中"还没有提供出任何杂多东西来。这个地方是用的是笛卡尔的术语"我思故我在"，当然你要翻译成"我思故我是"也可以，但是为了这个译名的统一，我们还是用"我在"，因为我们后面很多地方都翻译成"我在"，特别是关于这个理性心理学的谬误推理的时候，完全是借用笛卡尔的"我思故我在"。而且我们特别说明他这个"我在"容易引起误解，康德在谬误推理的那一部分，就是分析"我在"的那个"在"，这个"在"可以理解为"是"，也可以理解为一个东西，一个东西的实在，这恰好说明了这个词在西方语言里面的含混性。当然这个地方我们用中文把它翻译成"我是"，那就没有含混性了，不过后面康德的批评就好像没有对象了。这个地方正是由于有这样的含混性，才留给康德来批评的。我们可以看出，在西方语言里面，Sein（英文 Being）这个既可以做系词同时又可以作为动词、甚至还可以作名词用的这样一个词，它有它的多义性和含混性。在这方面我们中文有一种长处，我们中文可以把它分作好几个词来翻译，不会混淆。这当然同时也是中文的短处，因为我们不好译它了，任何译法都只取了它一个意思。但是另一方面，也是中文的长处。所以我反对在任何地方都把这个词译成同一个词，或者"存在"啊，或者"是"啊。它们各有其利弊，但是你如果分析不同的情况加上说明来翻译的话，那恰好可以体现出中文的、汉语的优势。如果康德用的是汉语，恐怕就不会有那些误解，笛卡尔如果用的是汉语，也可能就不会有那些混淆；当然还有些更深层次的原因，语言方面只是原因之一，我曾写过一篇文章，从文化源头方面谈西方语言中的这种混淆。康德则想澄清这种混淆，他指出这种知性的纯粹统觉在"我在"这一表象中，并没有给出任何杂多的东西。在这个地方，康德确实把"我在"就是严格理解为"我是"，这里的"是"是一个单纯的联系词，它并没有给出任何杂多的东西，只是一个逻辑技术上的手段。"我是"，没有说我是什么，你要说出我是"什么"，才能说出一点东西来，你单纯说"我是"，或者"有我"，是没有用的。我们在点名的时候，点到某个人，他说"有"，这个"有"就是说有这么一个人。但这个"有"本身没有包含任何实在的东西，杂多的东西，它只是一个标志而已。我回答"有!"其实我是用我的声音，以及我这个在这里的活生生的人，充实了这个"有"。如果不是这样，如果只有"有我"这个概念，那么这个"我"究竟是个什么东西，是个实体呢，还是仅仅是个概念呢，还是仅仅是笛卡尔在口里面说出的一个词，一口气，其实什么都没"有"呢？这都无法确定，怎么样解释都可以。但是无论如何它都没有给这个"我"做出任何具体的规定。所以，后来黑格尔说，最抽象的"有"其实就是"无"，没有任何进一步的规定嘛。康德在这里也讲了，"我在"这一个表象里面，还根本没有给出任何杂多的东西。所以理性派的哲学家，像笛卡尔他们，试图通过"我思故我在"，"我思"那当然就有"我"啊，想通过这样一个命题，从里面推出"我"是一个实体，推出我还有很多属性，比如说我是单纯的，我是不死的，我是不可分的，我还和身体有某种关系，等等，这些推论完全是非法的。因为你从这个"我在"里面根本不能推出这样一些东西，它是一个空洞的概念，仅仅是一个联系词，它要把主词联系于什么，还没有下文。

B139　　那样一种凭借其自我意识同时就给出直观杂多来、凭借其表象同时就使该表象的客体实存起来的知性，也许为了意识的统一并不需要杂多综合的一个特殊行动，这种综合是只能思维不能直观的人类知性所需要的。

前面一句讲了人类的特殊知性的有限性，即不能凭"我思"或"我是"这个逻辑表象就给出杂多东西；这一句则设想了那样一种跟我们人类的知性不同的知性，它是可以单凭其自我意识同时就给出直观杂多来的。

这个《圣经》里面就讲过，"我是我所是"，上帝的自我意识同时就给出了上帝的存在，并且凭借的上帝的这个"是"，凭借上帝说"有"，就给出了整个世界。这样一种在自我意识里同时给出杂多来的知性，这样一种凭借它的表象，就使这个表象的客体实存起来的知性，当然是我们人类不具备的；但如果有这样一种知性的话，那么"也许为了意识的统一并不需要杂多综合的一个特殊行动"。就是说如果有那样一种知性，那么"也许"，这个地方用的是虚拟式:würde，"也许为了意识的统一"，它就"并不需要杂多综合的一个特殊行动"。因为这种综合行动仅仅只是人类的知性才需要，人类的知性就是只能思维而不能直观的，所以必须由外面给它提供直观材料，由它去综合。这里康德提出来一种设想，如果有一种自我意识里面同时就给出、也就是说它"分析地"包含有直观杂多，凭借其表象就能使该表象的客体实存起来，它的表象分析地包含有这个表象的客体的实存，而不需要到外面、到感性中去综合：那么，它也许为了达到意识的统一，就并不需要杂多的综合的一个特殊行动，不需要用一个特殊的行动去把杂多的东西综合起来。反之，我们人类要达到意识的统一，就必须要把杂多的东西综合起来，我们前面讲的联结要"花力气"，人需要花力气，把面前一大堆杂多的东西用一种非常费力的方式，把它综合起来，这个是人的有限性的一种标志。那么如果说是上帝来做这件事的话，那就叫作不费吹灰之力。他只要想到某种东西，那么那个东西就存在了，上帝是凭他的话语创造世界的，不需要费任何材料，也不需要花任何力气。当然，这个话语本身，还是要费力气的，所以上帝第七天就"休息了"，说了一大通话然后就休息了，这是圣经里面的一种比喻的说法。其实也不是的，上帝是单凭它的思想来创造整个世界的，说上帝的"话语"只是比喻而已。我们不能说上帝是说希腊语还是说希伯来语，或者是不是说英语、汉语。他根本用不着说。但人类为了意识的综合统一，就需要杂多综合的一个特殊行动，这种综合，这种特殊行动，是只能够思维不能直观的人类知性所需要的。人类的知性它的特点就是只能够

739

思维不能够直观。思维无直观是空的，直观无概念是盲的，这两方面谁也脱离不了谁；但是就人的知性这一方面，就人的思维能力这一方面来看，那么它不能够直观，它必须等待我们的感性把直观的杂多接受进来，然后它才有用武之地。只能够思维不能直观的知性，它要达到它的意识统一，当然就必须要进行一种特殊的行动，就是把那些杂多综合起来，这样才能达到意识的统一。虽然它不去做，它本身也是一，但是那是空的"一"，那没有任何认识的意义。"我就是我"，"我思故我在"，这没有任何认识的意义，既不能对任何对象、也不能对自己产生一种认识。这个地方是康德比较明确地提出人类知性的这种有限性的，除此之外，前面在先验感性论里也提到过，隐隐约约也提到过。这个地方则提得更明确，就是人的知性和这个可能的知性是不等同的，可能的知性还包括上帝的知性，设想中也许上帝会有的知性。当然康德并不肯定上帝会有，而只是说，我们可以想到这种知性，但是这种知性我们没有，那只怕上帝才会有。他是采取这种态度，他也不是说肯定上帝就有这种知性，而是说如果有上帝的话，那么上帝既然是全能的，那么它可能就会有这种知性。他在《判断力批判》里面对这个观点的说法有一些改变，但是他的改变并不是实质性的。在《判断力批判》里面，他认为我们要理解整个自然界的目的，要理解大自然的最终的目的，为什么它会合乎一个终极的目的性这样一个理念呢？大自然的各种安排为什么那么样的合乎目的呢？他就设想，当我们看到大自然有一个目的的时候，我们就"必须"、不能不假定有一个上帝的知性直观，有一个上帝的理智的直观，是它把一切都安排得非常合理，同时又很现实，又很实在。比如像有机体啊，像自然界的生态链啊，生态系统啊，好像都是趋向一个最终的最高目标的；而整个大自然以人为目的，那当然是应该的、合理的，人是"高级动物"嘛，那么人里面也有目的，人的历史也有一个终极目的，那就是人类的道德，最终趋向于人类的道德，道德是最高的。人是有了道德才成为高级动物的。那么为什么在我们人类眼睛里面会出现这样一种目的系统呢？康德认为，我们在这样考察、这样看问题的时候，我们有一个立足点，就是我们已经假定上帝有一种理智直观，有一种知性直观，就是上帝认为合理的东西，它就会在现实中，在自然界里实现出来，而被我们看到。但他认为，整个这样一个上帝的理智直观的设想，其实只是我们人类的设想，并不是一种科学知识，并不是说真有个上帝在那里安排这个世界的目的。只是在我们人类的眼睛里面，好像是这样。当我们看到自然界有一种目的的时候，我们不要把它当作一种自然科学的规律，不要像莱布尼茨所设想的，认为我们所看到的这个世界是由上帝的"前定和谐"所安排的一个最好的世界，一切规律都是那么样的和谐，这就把问题看得太实了。要虚一点，怎么虚一点呢，就是当我们看到自然界有这样一个目的系统的时候，我们要反思到我们自身，这是一种"反思判断力"的结果。也就是说我们之所以在我们的眼睛里面看出了这样一个目的，是因为反思到我们自身的某种道德素养。只是由于我们自身有一种道德素养，我们才要在自然界里面去寻找这样一种蛛丝马迹，在无生命的自然界里面看出生命来，在生命里面看出人的文化素质来，而在人的文化素质里面看出道德素质来。这恰好说明我们每一个人其实骨子里头在用一种不自觉的道德的眼光在看世界，归根结底是这个。反思的判断力要反思到我们自身的素质，那就是我们的道德素养，我们的道德眼光。我们的道德眼光使我们在观察自然界的时候受到某种训练，能够使我们意识到自己是有道德的，意识到整个自然界就是为了产生道德，才产生了人类，整个自然界给我们人类提供了种种条件，产生出有道德的人。所以在这个意义上我们要感谢大自然的恩惠，就像感谢上帝一样，就像感谢上帝的安排一样。但是其实呢，还是感谢我们自己，是我们自己看出来的这样一种目的。也就是说什么样的人你就看出来这个世界是怎么样的，你是道德的人，你就看出这个世界是美的，是合目的的，你在自然界里面，你想见到什么你就会看见什么，这就是反思的判断力的意义。我们在看待自然界的合目的性的时候，我们要反思到自身的眼光，我们的出发点和我们的立场。所以知性的直观在反思判断力的意义上面，是我们在看待自然界的时候无形之中必须设定的一种眼光。虽然我们不知道有没有这样一个上帝存在，但是我们必须以上帝的眼光来看这个自然界，要以最合理的眼光，最道德的眼光来看这个自然界，我们就会发现，整个自然界它是有目的的，虽然里面充满了灾难，痛苦啊，战争啊等等，但它最终是要趋向一个目的的。当我们这样说的时候，当我们这样相信的时候，我们实际上在表达自己的一种道德意识、道德信念。所以理智直观或者知性直观这样一个问题，在《判断力批判》里面比在这个地方要说得更加落实一些，在这个地方完全是一种猜想了，我们设想一般知性没有感性的东西好像也可以在意识中统一对象，但是我们人类不行，这是一般的猜想了。但是在这个《判断力批判》里面，好像确确实实就有一种知性的直观，它可以看到，用这种眼光可以看到自然界的目的，看到整个自然界的合目的性。那么，当我们以上帝的眼光来看这个自然界的时候，那岂不是我们人类也具有了知性的直观吗？这种眼光它有用，在生物学中，在医学中，我们都在用知性的直观来看待有机体，把它看作是有目的的，合乎目的的。一个解剖学家如果只懂得牛顿的物理学，那他是不够资格做一个解剖学家的，一个生物学家也是的，他必须要有一种目的论的眼光。因此在《判断力批判》里面，它在反思判断力的形式上面，把知性直观的眼光无形中赋予了人。但是康德自己并不自觉，他认为这还是我们的一种设想，好像是有上帝的一种眼光在安排世界，而我们从中好像看出了上帝的意图，天意。在这里头有一种的思想的发展，这个发展当然是一个很重要的一个课题了，值得研究的。

　　但对于人类知性来说，这个行动却不可避免地是第一原理，乃至于它丝毫也不能理解某种别的可能的知性，不论是**本身**可以直观的那种知性，还是那种即使拥有感性直观、但却是不同于空间和时间中那样的感性直观作为基础的知性。

　　我们人类的有限性不能够使我们的知性具有直观的功能，它必须要由外部的感官给我们提供直观的杂多材料,才能够发挥作用。这种作用对人来说当然还是第一原理,是最初,最高的发生作用的原理,但是这种最高是对人类来说最高,但实际上表现出人类的一种不可避免的局限性,一种有限性。"乃至于它丝毫也不能理解某种别的可能的知性"。人的知性正因为它不能直观,他的直观和知性是分裂的,所以呢,他丝毫也不能理解某种别的可能的知性,比如说上帝的知性,比如说天使的知性,比如说外星人或其他动物的知性。所以他讲"不论是本身可以直观的那种知性,还是那种即使拥有感性直观、但却是不同于空间和时间中那样的感性直观作为基础的知性。"这里有两个层次、两种知性,一种是本身可以直观的知性,那就有可能是上帝的知性了。上帝的知性具有产生奇迹的功能,凭借它的思维就可以直接的不需要通过感官,不需要通过接受什么东西,不需要用任何材料,而创造出世界上的现实事物来。第二种就是那种拥有感性直观的知性,比如说外星人,当然还有我们地球上的某些生物,是我们人类不太能够理解的,它们也许有"第六感官",也许有一种神秘的,不在时间空间中的感官。所以它们即使拥有感性直观,但却是不同于我们人类的那种在时间和空间中的感性直观,因而拥有以这种另类的感性直观作基础的那样一种知性。当然一般人们认为在地球上的动物里只有人具有知性,其他动物虽然也可能拥有不同的感性直观,但是它不具有知性,所以康德这个地方说的应该还是外星人。

§18. 什么是自我意识的客观统一性

好,我们来看看这个第18节。第18节的这个标题:"什么是自我意识的客观统一性"。这个标题,好像在蓝公武和韦卓民的译本上都没有这样译,就是光写了一个"自我意识的客观统一性"。因为他们所依据的英译本上就是那样写的。但是这个"什么是"其实很重要,就是说,自我意识的客观统一性其实前面已经讲了,自我意识的这个统一性,就是指的这样一种至上原则,它是能够确定知识对象或客体的这样一个最高原则。

743

但这一节特别要强调的，就是判断这个问题："什么是自我意识的客观统一性?"因为"自我意识的统一性"一般来理解就是主观的，自我意识嘛，自我意识能够有一种统一性。前面的那些讨论，自我意识的统觉，自我意识的本源的综合统一这些，都没有把这个客观强调提出来。那么这个地方呢，这一节它的主要的意思就是要把这个客观的统一性和主观的统一性首先区别开来，然后说明这个自我意识的统一性它不是一种单纯主观的统一性，而是具有一种客观性，甚至于可以说，一切客观性在认识论中，都是由这种自我意识的统一性所建立起来的。我们前面多次已经提到了，就是在康德心目中，客观的东西，作为认识对象来看，它是由主观的东西建立起来的，它是由主体建立起来的。那么这个客观当然就不同于自在之物的那个客观了，自在之物的客观它不是由我们主体建立起来的，但是正因为如此它也不能成为我们认识的对象，凡是成为我们认识的对象、成为认识论中所讲的那个客观，我们能够把它当成认识的对象来加以认识的那个客观，那都是由自我意识的主体性所建立起来的。主体性、主观性在德文里面都是一个词 Subjektivität，但是在汉语里面我们可以把它们分开来谈。那么在这个地方，主要是要说明由自我意识的这样一种主体性能动性建立起了客观性，建立起了客观统一性。人为自然界立法，立了一个客观的法，大家都有一个客观的法，就有法可依了。一个自然科学提出的定理是不是正确，我们大家把它拉到法庭上面来谈，就有一个客观标准了。否则的话，那就像休谟所讲的，大家都是习惯，那有什么标准呢? 那就变成主观的了。科学知识要能够保持它的牢固的地位，这种客观性是不可缺少的。当然在康德这样的理解中，所谓客观性无非就是普遍必然性，普天之下都适用，那就是客观的了，而且必然适用，那就是客观的了。一件事情只要是经验的事情，我就可以在某些方面先天地断言它，肯定是那样的，比如"一切发生的事情都肯定是有原因的"，这就是一条客观的命题，可以说是一个客观的规律，没有任何事情是没有原因的，这不就是客观规律嘛。但是原因这个概念是我们提出来的，是主体建立起来的。

那么这一节就是要探讨这个自我意识的客观统一性，什么是康德所理解的客观统一性。要理解这一点，就要把它和自我意识的主观统一性区别开来，把这个区别讲清楚，那么它的客观统一性就被阐明了。

我们看第一句话。

统觉的先验统一性是使一切在直观中给予的杂多都结合在一个客体概念中的统一性。

也可以说，在康德那里，所谓"先验的"也包含有"客观的"的意思。这个在认识论里面，他谈到"先验的唯心论"时候，先验唯心论是用来和"主观唯心论"相对举、相区别的。康德不认为自己是一般意义上的唯心论的，但是他承认说，要说是唯心论的，那我是先验唯心论，而不是主观唯心论的。先验唯心论就是相当客观唯心的，就是说，这种唯心论它不是我主观想怎么的就怎么的，我们通常理解唯心论或者观念论，就是说我的观念、我的主观，想怎么样，就以为世界就是怎么样的了，这是通常理解的一种粗糙的或者说低级的唯心论，所谓主观主义。那么这种唯心论康德是反对的，他认为如果要讲唯心论的话，必须是先验的，就是说，在主观里面去追溯到它的先验的条件，这个先验的条件是不以我的主观意志为转移的。你只要是个人，你有理性，你想要进行认识，那么你就必须遵循你的认识结构里面的这样一些先天条件，这是任何人都必须遵守的，除非你疯了。所以这个条件，这个先验条件，是客观的；虽然是客观的，但是它又是在主观之中的，是在主观里面所追溯出来的，它不是那种自在之物的客观。客观世界的那种客观性是由我的认识主体中的这种先验性所赋予的，否则它就没有客观性。客观世界给了我颜色、声音、香味这些东西，难道它因此就是客观的了吗？其实它还是我的主观的感官所造成的。这些东西如果要有客观性的话，必须要纳入到一套先天的构架里面，被一套先天的形式所规范，成为某个先天确定的客体的规定，那它才能成为客观的东西。这朵花的这个红色，是这朵花的固有的属性。这朵花是一个实体,这个红色是实体的一种属性,这样一来这个花就成了客观的了,我用了"实体"这样一个概念,用了这样一个范畴,就使它客观化了,把所有这些杂多的表象都放在一个有序的结构里面、一个整体里面了。所以他讲,"统觉的先验统一性是使一切在直观中给予的杂多都结合在一个客体概念中的统一性",这个"客体概念"我们要特别注意。"结合在一个客体概念中",他不说结合在一个客体中,因为要是说结合在一个客体中,就会让人误以为就是那个自在之物。啊,结合在那个客体之中,那个客体已经在那里,还要你把什么东西结合在它之中啊?所以你结合在里面的那个东西,并不是一个自在之物,而是你的一个客体概念,你自己所提出的一个客体概念、对象概念。这个概念可以称之为一个"先验对象",统觉的先验统一性提出一个先验的对象,先验地提出一个客体概念,来把直观中给予的杂多统一起来。我所面对的一个对象,例如一朵花,首先对这朵花,我知道它是一个客体,但这个客体的概念是我给它的。当这个概念里面还没有任何内容的时候,它是空的,我要说这个概念是什么,那它就是指的自在之物了,因为它没有任何内容,或者我暂时不考虑任何内容。但是,我提出这个概念,不是要去把握自在之物,而是要来把握这些直观中给予的杂多,那么这个时候它就有用了。我提出一个先验的客体概念,如果不是空洞的,那么它就会有用,我把它用到那些感官的材料上面,用这个概念来把那些东西都拢在一起,使它们充实这个概念。那么这个概念就不仅仅是一个空洞的概念,而且形成了我这个认识的一个对象。所以由此看来,我们认识的一个对象里面,包含有很多的成分,一个成分就是先验自我意识,统觉的先验统一性,以及由它所设立的一个先验对象概念。统觉的先验统一性,它既然有一个统一性,那么这个统一性的表象就可以提供出一个先验的对象概念出来。这个概念放在那里,我是要以它来组建对象的,我这种先验统一性的作用,是要认识一个对象的。它不仅仅是表达我的感觉,表达我的情感,而是要针对某个对象来做功,来发生作用。那么这个先验对象的概念首先就已经提出来了，是由先验统觉通过一些先验概念提出来的，所有的十二范畴，可以说都是用来建立这个先验对象的先验概念。因果性，实体性，单一性，多数性，所有这些范畴都是先验的统觉的统一，都是它的一方面的功能，它们共同促成了先验统觉的统一性，提出了一个概念来，这个概念就是一个先验客体的概念。这个客体的概念，它有实体性，它有因果性，它有单一性，它有所有这些范畴的各个方面的规定。那么现在就是有待于以后天直观杂多的材料来充实它了，它在那里等着充实，或者不如说，它主动地用后天直观的材料来充实自己，把它们归摄为自己的内容。当我们把后天直观的材料充实进去，这个对象就构成起来了。所以统觉的先验统一性，以及它的客体的概念，以及它所提出的十二范畴，在形成这个对象的过程中都起了一种决定性的作用，都起了一种立法的作用。所以这第一句话是非常重要的，它的含义是非常丰富的，我们要对这句话非常熟悉，要非常顺口，我们要多念它几遍，要念得非常顺口，"统觉的先验统一性是一切在直观中给予的杂多都结合在一个客体概念中的统一性"，这句话可以说把整个认识过程都包含在内了。

因此它叫作客观的，而必须与意识的**主观统一性**区别开来，后者是一个**内感官的规定**，它把直观的那个杂多经验性地提供给这样一种联结。

前面既然讲了统觉的先验统一是直观杂多结合在一个客体概念中的统一性，所以"它叫作客观的"就是一个必然结论。我们从这里看出康德这个"客观的"它的含义，跟我们通常理解的客观的含义是很不相同的，统觉的先验的统一性叫作客观的，要按照我们日常的理解，统觉的先验统一性是自我意识的统一性，那肯定是主观的。但是康德认为它在它的综合过程中把直观杂多的材料综合起来，综合在一个客体的概念里面，因此它叫作客观的。我们前面多次强调康德的这个"客观的"是由主观所建立起来的，这个建立是个过程。他不去建立客观性，这个主观还是主观的；但是一旦进入到他的认识过程中，它就可以建立起客观性。因此这种客观的东西"必须与意识的主观统一性区别开来"。这种客观尽管在我们看起来,好像还不足以成为客观,但是康德通过把它与主观的统一性区别开来,而确立了它是某种意义上的客观,确立了它的客观性。必须把它与意识的主观统一性区别开来,那么意识的主观统一性是什么呢? 康德说"后者是一个内感官的规定,它把直观的那个杂多经验性地提供给这样一种联结。"意识的主观统一性是一个内感官的规定,它停留在主观中。前面在先验感性论里讲了,一切外部的事物的先天直观形式条件就是空间,所有一切内外事物的先天直观条件就是时间,它包括空间在自身内,空间则被归结到时间上来。而时间是内感官,空间是外感官。时间作为内感官它体现在我们的主体性内部,我们的意识就是在时间中展开的,而不是在空间中展开的。意识没有空间,它只有时间一维,我们称之为"意识流"嘛。人的内心的意识、表象这些东西都构成一个意识流,当然从这个意识流里面,你也可以说它承载着空间的事物,空间的事物就像这个河流上面漂浮的东西一样。但毕竟,我们人类认识这个世界是在时间中进行的,哪怕是认识空间,我们也是一部分一部分的,在时间之流中认识的。这就是为什么在先验感性论里面,时间要比空间要更基本。那么在这个地方,讲到意识的主观统一性的时候,他又提出了内感官的规定,也就是时间的规定。那么这个时间的规定作为一种仅仅是主观的统一性的规定,它是就时间的内容而言的,是就内感官里面的那些杂多流逝的东西而言的,它不是就时间作为一种先天直观形式而言的。先天直观形式,每个人的时间其实都是一样的,我们都有共同的时间,都有共同的时间标准,这个在康德看来,就是先天的直观形式。先天直观形式,它就不仅仅是意识的主观统一性了;但是就时间在意识流中它的那些杂多的内容而言,每天都是独特的,每个人在时间中,它的内容是不一样的。我们过同一段时间,但是我们的过法不一样。所以这样一个"内感官的规定",在康德这里的意思就是内感官的一种主观的规定。而客观的统一性"必须与意识的主观统一性区别开来",因为后者是一个内感官的主观规定,它把直观的杂多经验性地提供给意识的主观统一这样一种联结。

这样一种联结所造成的还只是一种主观意识的统一性，而不是那种先验的统一性。就是说在内感官中提供的是一种直观杂多的材料，它本身提供了一种主观的联结，但还有待于先验的统一性来加以客观的联结。那么下一句，

我是否能**经验性地**把杂多作为同时的或相继的意识到，这取决于各种情况或经验性的条件。

这里特别强调，我是否能"经验性地"把杂多作为在时间中的而意识到，取决于各种经验性的条件。我的经验性里面拥有了怎么样一些杂多的经验材料，这个是偶然的，这个我不能预先决定，我不能先天地规定，那么我得到了什么就是什么。所以它本身是被动的，它没有主动性。这个在经验性的杂多中的这种意识，同时的或者前后相继的这样一种意识，它是取决于偶然的条件的，并没有客观必然性。我这个人一生所经历的事情只是我所独有的，我由此形成的对我自己的人格或个性的意识虽然也有一贯性，也有统一性，但那只适合于我，所以只是主观的统一性。

所以意识的经验性的统一性凭借诸表象的联想，本身是涉及某种现 **B140** 象的，并且完全是偶然的。

意识的经验性的统一性，也就是主观的这种统一性，它当然也是统一的了，当然也是一种联结了；但是作为经验性的这种联结，它凭借的是表象的"联想"。就像休谟所讲的，各种表象在我心中由于偶然的机遇多次碰在一起，于是这两个表象就比较牢固的结合在一起了，就形成了一种"习惯性的联想"。这样一种联想是凭借一种偶然性完成的，"本身是涉及某种现象的"。就是说你不要把它看作是我的灵魂实体，它只是涉及我的某种完全是偶然的现象的，主观的现象只是我内心中出现的东西，这个完全是主观偶然的。所以这里讲不仅仅是现象，而且是"某种现象"，也就是指主观内心的偶然现象。对我的灵魂实体的规定则是客观现象，它是具有心理学上的客观规律的。所以现象也有主观现象和客观现象之分，我对我自己的个性的主观意识也不一定准确，可能有自欺或误解，那

只是我对自己的主观意见，主观评价，所以往往是"旁观者清"。人经常会对自己产生误解，有的人也许以为我心里面的事，我难道还不清楚？我想怎么样就怎么样。但是你那个想怎么样就怎么样还是偶然的。你在个人的心灵中，内心世界也不是你任意可以支配的，当你以为自己任意可以支配的时候，你恰好是偶然地被决定了的，你听从于偶然性，因为你没有规律可循了。我们经常有一种幻觉，好像这个念头完全是我自己自发地想出来的。但是如果是一个医生，或者是一个心理学家，或者是一个精神分析学家，他也许就会指出来，你这个是由于你的潜意识里面的某种东西决定的，或者大脑里面的某种激素决定的。当然康德那时候还没有精神分析学了，但是原则上来说可以这样理解。就是说，你的经验自我意识里面，你以为是你自己主动提出来的某种表象，其实都是偶然的，都是现象和偶然浮现出来的东西，至于这种现象有什么客观规律，你自己不一定清楚。所以它只涉及"某种"现象，它涉及的是主观中的心理现象，而这种现象是偶然获得的，本身并没有普遍必然性。主观心理现象在他人眼里，如在心理学家和生理学家眼里也可能是客观的，有时心理学家自己也对自己进行客观的观察，这时候他就不能完全信任他对自己的偶然的经验感受，而必须将它们全都纳入经验规律，如实体性、因果性等等来考察，使它们符合客观性的要求。所以从经验性的自我意识这个角度，从经验的统一性这个角度来谈，我们的统一性就完全是偶然的和主观的，我把这个和那个表象联结在一起，我把所有的我曾经获得的表象在记忆中这样联结起来而不是那样联结起来，这整个都是偶然的。所以我的内心世界，我的性格的形成，我的整个教育，我的幸福，我的记忆，其实都是偶然的，都是由联想构成的，在这个意义上休谟的说法应该都没错。但是，

相反，时间中直观的纯形式仅仅作为包含所予杂多的一般直观，则从属于意识的本源的统一性，这只是由于直观杂多对于"我思"这个"一"的必然关系；因而是由于先天地给经验性的综合奠定基础的知性之纯

综合。

这个"时间中直观的纯形式"跟这个"内感官",跟前面讲的内感官的规定,这个地方还有一些区别。内感官主要是讲的时间,即人的内心接受能力;但是并没有特别突出时间的"纯形式"。内感官也包括时间中的各种质料、各种内容。例如在时间中我的感受、我的感觉和情绪都包含在内感官里面,在时间中所有的质料,当然也包括形式了,都混在一起,还没有区分出来一种纯形式。所以经验性的自我、经验性的统一性是一个内感官的规定。那么在这个地方,就跟前面都"相反"了,因为"时间中直观的纯形式",本来也是包含在内感官里面,但是是作为直观的纯形式而包含在里面的,这时就"仅仅作为包含所予杂多的一般直观,则从属于意识的本源的统一性",这个相反就相反在这里了。就是说,我们要从时间中一般直观的纯形式来看,而不是从这个包含很多东西的内感官的内容上来看,不是从它的经验性的这个意义上来看,那么,这种纯形式"仅仅作为包含所予杂多的一般直观"——它也包含所予杂多,但是它是"一般直观",在这个地方,把一般直观跟它所包含的所予杂多作了一个区别——作为这个一般直观呢,它是"从属于意识的本源统一性"的。而"这只是由于直观杂多对于'我思'这个'一'的必然关系"。这个意思我们在前面一节里第140页下面的那个注释里面已经讲得很多了。就是说,意识的这个本源的统一性,它是贯穿在时间、空间,贯穿在直观的先天形式里面的,例如时间和空间在"直观中领会的综合"里面,当它把那些杂多的材料领会下来、联结起来、综合起来的时候,这种联结、这种综合就已经运用了意识的综合统一,这种意识的综合统一,我们如果要追溯的话,就要追溯到那种本源的统觉的综合统一,即"意识的本源的统一性",要追溯到这个至上的原理上面去。所以至上原理并不是高高在上的,它一直贯穿下来,一直贯穿到直观本身的这种联结,所以一般直观从属于意识的本源的统一性。而这种从属关系"只是由于直观杂多对于'我思'这个'一'的必然关系"。就是说在直观的杂多里面,它的联结是从属于意识的本源统一性的。那么再追上去呢,从这个意识的本源统一性里面就可以发现,它的最高的"一"就是"我思"。直观杂多对于"我思"的这个"一"有一种必然关系,否则的话它一步也迈不动,直观的杂多要能够做任何联结,它都必须要关系到"我思"这个"一",才能联结起来。所以这种一般直观是从属于意识的本源的统一性的,这只是由于没有这种从属关系,直观杂多的领会本身就不可能。而这种必然的或者说必要的从属关系其实也就是"先天地给经验性的综合奠定基础的知性之纯综合"。就是说,前面讲的那种经验自我意识中主观的偶然的统一性,即张三、李四的自我感觉、自我评价的统一性,其实还是由于先验自我意识的纯粹综合作用才得以可能,才得以奠定基础。当然这还不够,经验自我意识还不是一种客观的科学,还只是一种直观中领会的综合,还有待于提升到概念中认定的综合,才能成为一门客观的科学的心理学。但无论如何,经验性的自我意识已经给一门客观的心理学提供了基础性的东西,因为它已经与先验的统觉的本源的综合统一原理接上了头,只是不到上升到概念的综合,它就还缺乏客观性。

只有统觉的先验的统一性才是客观有效的;统觉的经验性的统一性则只有主观的有效性,我们在这里不考虑它,它也只是在给予的具体条件下从前者派生出来的。

这里厘清了自我意识的先验统一性和经验统一性之间的关系,即先验统觉的综合统一具有客观的有效性,而经验性的统觉的综合统一则只有主观有效性。康德要考察的只是前者,因为它是一切客观经验知识的先天的可能性条件;而后者则只是在这种先天可能性条件之下所派生出来的种种经验知识中的一种具体的经验知识,即心理学知识的主观内容而已。这种主观内容还有待于提升为一种具有客观效力的心理学,以便与其他客观经验知识如物理学构成一个相互过渡的统一的科学知识体系。这就是后来的"实验心理学"所走的研究方向,即通过用可控的实验手段激发内心感受来获得统计学上的实验数据。当然这已经属于太具体的研究领域了，不是康德在这本关于形而上学的著作中所关心的。至于经验自我意识的主观性和相对性，则更是撇开一般规律而诉之于个人内心感受，康德无意来讨论它，只是这样给它下了断语：

一个人把某个词的表象联结于某一件事，另一个人则把它联结于另外一件事；而在经验性的东西里的意识的统一性，就被给予的东西而言，不是必然普遍地有效的。

这是经验性的自我意识的根本性的缺陷，就是它的表象之间的联结总是任意的、偶然的，哪怕它把这些表象都统一起来了，这种统一也仍然是偶然的。张三有张三的统一体，李四有李四的统一体，每个人的"我"的内容都是不一样的。所以经验性的自我意识"不是必然普遍地有效的"。只有先验的自我意识才是普遍必然地有效的，它不再是张三李四的自我意识，而是任何有理性者的认识都必须服从的至上的原理。整个这一节的主题就是要通过与经验性的自我意识的主观统一性的区分和对比，来突显出先验自我意识的客观统一性。所以标题中"什么是自我意识的客观统一性"这个问题就可以这样来回答：只有先验自我意识的统一性才是客观的统一性，经验性的自我意识的统一性则只能是主观的统一性。

§19. 一切判断的逻辑形式在于其中所含概念的统觉的客观统一

前面第18节，讲到了自我意识的客观统一性，就是讲到了自我意识的先验统觉的统一，它所带来的这种统一性在认识论方面赋予我们的知识以客观性，使之与对象发生一种关系。这是第18节着重要阐明的。它跟统觉的那种经验性的主观的统一，也就是那种经验自我意识，是有严格区别的。所以我们不能把康德的观点和贝克莱的观点混淆起来。虽然康德实际上也是主观唯心主义，但是他认为他从这种先验的主观唯心主义可以直接推出客观唯心主义，甚至包容唯物主义。因为它可以从主观中直接地推出一个认识的对象，建立起一个认识的客体。那么，这样一种认识对象的和主体的关系，在康德看来就和我们的自然科学，包括我们的日常经验知识互相吻合了，而不像贝克莱所认为的那样，"存在就是被感知"，只要我把眼睛一闭，整个世界就都没有了，所以不得不请出一个上帝来帮忙，说这个世界还在上帝的感知中。在康德的认识论里面则是用不着上帝的，他认为这个世界还好好地摆在我们面前，只不过我们对它的解释发生了变化，我们不再把它看作是一个自在之物，而是看作由我们主体的这种先验的统觉所建立起来的一个客观对象，这样它才能够被我们所认识。那么第19节呢，看起来好像转到了谈形式逻辑的问题，实际上在深化这样一个问题，就是深化第18节所提出的，就是这种先验逻辑和它的诸范畴，以自我意识的先验统觉作为最高原理的诸范畴，它的功能问题。先验逻辑的功能跟传统形式逻辑的功能有很大的区别，但是它也不是跟传统形式逻辑完全割裂开来的。范畴是从传统形式逻辑的判断形式即逻辑判断表里引申出来的，但是一旦引出来以后，它反过来可以从认识论的高度来重新解释我们的形式逻辑的判断形式。形式逻辑的判断以及推理的形式这一套学说，在先验逻辑立场上看起来，就得到了一种新的眼光，得到了一个新的角度，这种新的角度跟传统形式逻辑学家们的那种理解是大不一样的。这就是第19节要谈的主题，就是反过身来，把这个统觉的客观统一，本来是从形式逻辑的逻辑判断表里引出来的这样一种客观统一，反过来用来解释它从那里引出来的那种形式逻辑的判断的含义。

所以第19节的标题是这样的：

一切判断的逻辑形式在于其中所含概念的统觉的客观统一。

一切判断，形式逻辑所讲的所有那些判断，如果仅仅着眼于它们的逻辑形式，那么从康德的角度来看，它们之所以能够成立，也是由于其中所包含的概念的统觉的客观统一。也就是说，形式逻辑不再形式化了，不再是单纯形式的了，形式逻辑被从内容方面来进行理解了，或者说逻辑学被从认识论的角度来进行理解了。而康德的先验逻辑，我们前面已经说到了，它是具有认识论含义的，先验逻辑跟形式逻辑的区别就在于，先验逻辑它是立足于认识论的立场，它本身是认识论，它是一种认识的规律，认识的逻辑结构。所以康德把它称之为先验逻辑，以便跟普通的以往的那些逻辑区别开来。但是站在这个立场上面，我们可以对以往的普通的逻辑进行一番重新解释。所以我们通常讲，康德那里有两种逻辑，一种形式逻辑，一种先验逻辑，这种说法一般说是可以的。但是实际上的理解，在康德看来只有一种逻辑。因为逻辑的最高原理跟认识论的最高原理是同一个，那就是统觉的客观统一，先验自我意识的统觉的本源的综合统一，这就是知性的一切运用的最高原理，包括形式逻辑的运用和先验逻辑的运用都是以它为最高原理的。所以这个标题它是具有这样一种深刻含义的，不要轻看了它。那么看看这一段。一开始他就讲，

我从来都不能对逻辑学家们关于一般判断所给予的解释感到满意：他们说，判断是两个概念之间的关系的表象。

这里向形式逻辑学家们发难了。康德本人是精通形式逻辑的，对形式逻辑他是非常熟悉、非常了解的，但是他对形式逻辑学家们关于判断的解释很不满意。或者说在他看来，形式逻辑学家们对他们自己所运用的逻辑判断并没有达到真正的自觉，并没有达到自我意识，他们不知道自己在运用的是什么东西，他们天天在讲的那些逻辑判断和推理，究竟有什么含义，他们分不清楚。他们只是作为一种操作员，你给了我这一套操作规程，我非常熟练地能够运作它，就行了，就是一个逻辑学家了。但是在康德看来，这跟哲学没有什么关系，能够这样操作形式逻辑系统的人还不能说是一个哲学家，甚至于不能说是一个真正的逻辑学家，只能归于逻辑学里面的操作的那一部分。他可以完全用电脑代替的，用计算机来代替的，当然康德的时候还没有电脑了，但是原则上是可以的，那是一种机械的操作。那么，康德不能感到满意的是什么呢，"他们说，判断是两个概念之间的关系的表象"。这是我们最常遇到的对逻辑学的判

断的解释。所谓判断,就是一个主词,一个宾词,我们把它联结起来,用一个"是"把它联结起来,那么这就是最基本的判断了。推理也是建立在这种判断的基础之上的。说最基本的判断就是两个概念之间的关系,这是一个基本的模式,由主词、谓词、宾词就构成了一个判断,这是非常表面的就事论事的对判断的一种规定。但是康德对这种规定非常不满,为什么不满呢?他这里只讲了两个方面。首先他讲,

B141　　我在这里不和他们争论这种解释的缺陷,(也不谈由这种逻辑的失误而产生的不少恶劣的后果),它无论如何只适合于**定言**判断,而不适合于假言的或选言的判断(后两者包含的不是概念之间的关系,而是判断之间的关系),

就是说,这种解释是有缺陷的,但是我在这里主要不是谈的这一点,也不谈这种失误所产生的"不少恶劣的后果"。虽然主要不是谈的这一点,但是他后面还是谈了几句。"它无论如何只适合于定言判断,而不适合于假言的或选言的判断",因为"后两者包含的不是概念之间的关系,而是判断之间的关系"。这是他不满的第一方面,就是这种解释把判断仅仅看作是两个概念之间的关系,这种解释肯定是有缺陷的,就是这样的解释只适合于定言判断,而不适合于假言的或者选言的判断。因为假言或选言的判断它们所包含的并不是两个概念之间的关系,而是更高层次的,是两个判断或者几个判断之间的关系。假言判断就是两个判断之间的一种关系,例如说,"如果天下雨,地上就是湿的。"当然我们通常会把这称之为推理了,但是在康德看来,这还是可以看作是一种较复杂的判断。那么几个判断之间的关系,就是选言判断。例如我说,"玫瑰花要么是红的,要么是白的,要么是黄的。"选言判断在几个判断里面确定一个,数者必居其一,那么这个判断就升级了,不再是简单的由一个主词和一个宾词构成的定言判断了。定言判断, das kategorische Urteil, 有时也翻译成"直言判断",只有它符合传统形式逻辑的判断定义,即两个概念之间的关系,而假言判断和选言判断则超出了传统形式逻辑的这样一

种定义,它们是由判断和判断之间的关系所构成的,是更高层次的判断。康德对这种定义不满的第二方面表现在接下来的这句话中:

我只想指出,在这里并没有确定这种**关系**何在。

即不但不是仅仅两个概念之间的关系,而且对于这种关系是一种什么样的关系,康德也有不同的看法。不过,在讨论这第二方面之前,我们先来看看这中间夹进来的一个注释。这个注释讲:

三段论四格的详尽的学说只是涉及到定言①三段论推理,并且,尽管它只不过是一种技巧,即把那些直接结论偷运进一个纯粹三段论推理的诸前提中去、由此骗取比第一格的形式更多的好几个推论形式这种幻相,

就是说三段论四格从亚里士多德以来列出了一个详尽的表,三段论四格有二十四个式,推理的形式,详尽的列举了各种推理的可能性。把那些没有意义的推论形式删除掉以后,剩下的二十四个有意义的推论形式被列成一个表,这是亚里士多德以及他的后继者们所做的一件了不起的工作。当然主要部分是亚里士多德奠定的,后人对他也有些补充,亚里士多德还有一些细节方面不太完善的地方,后来的逻辑学家们把它补充完善了,形成了完备的三段论四格的详尽学说。但是在康德看来,归根结底这一整套学说,只是涉及到定言三段论推理,或者可以归结到定言三段论推理,尤其是它的第一格。通过各种换位,不改变它的推理的性质,然后把它在形式上换来换去。同一个推理的表述,我们可以变化出二十几个形式出来,这是在逻辑学里面已经搞得非常烂熟了的东西,完全可以用电脑和计算机来代替。所以归根到底所有这些推论的形式,只是涉及到定言三段论的推理,或者说它可以最后还原到定言三段论推理,也就是以定言判断为大前提的三段论推理。并且,"尽管它只不过是一种技巧","它",还是指这个三段论四格,三段论四格只不过是一种技巧,"即把那些直接结论偷运进一个纯粹三段论推理的诸前提中去,由此

---

① 原译作"直言",为求译名统一而改之。

骗取比第一格的形式更多的好几个推论形式这种幻相","这种幻相"跟前面那个"技巧"是同位的,即三段论四格只不过是一种技巧,即一种幻相,一种什么幻相呢?就是把那些直接的结论偷运进纯粹三段论推理的各个前提里面去。就是说三段论四格,它的第一种形式,第一格的形式就是以定言判断为大前提的推理,已经由定言三段论推理确立了的东西,那么我把它变来变去,只不过是把这个已经确立了的结论在其他的推论形式里面偷运进去,或者作为结论,或者作为大前提,或者作为小前提,只不过是这样变来变去的结果,由此就骗取了比第一格的形式更多的好几个推论形式。为什么说"骗取"?就是说实质上,它并没有好几个推论形式,它还是一个,就是定言三段论推理,就是一个形式,只不过它变化出各种各样的化身,所以它是一种幻相。好像看起来很丰富了,好像有各种不同的方式提供给我们来运用,来获得各种各样的不同的知识。但实际上没有,知识还是那一个,只是表述的方式不同而已。因此,你如果站在认识论的角度,从知识的角度来看三段论四格的推理,你会觉得很无聊。讲来讲去,变了无数的花样,结果呢,这个知识的含量没有增加一丝一毫,只是表述的形式不同而已。但是因为它有很多形式,所以它显现出某种幻相,好像有很多不同的知识在这里。因此他把它称之为一种幻相(Schein)。这跟后面康德讲的这个先验的幻相,如宇宙论的幻相,还有上帝存在啊、灵魂不死啊,是用了同一个词。所以他在这里就是揭穿这种偷换的手法,指出它实际上倒来倒去的还是同一个、第一个的推论形式。

<u>然而它单凭这一点并不能有特殊的好运气,假如它没有做到赋予定言判断以所有其他判断都必须能与之相关的唯一尊严的话,</u>

就是说,单凭这一点,也就是单凭"偷运"、"骗取"这种做法,本来是做不到它现在这样的规模的,它没有那么好的运气,能够碰运气搞出这么多的形式来,好像五花八门的很丰富,这本来是做不到的;但是由于设定了这样一个前提,传统的形式逻辑就做到了这一点。一个什么前提呢?

就是"赋予了定言判断以所有其他判断都必须能与之相关的唯一尊严"，就是在所有这些格和式里面，定言判断是具有唯一尊严的，一切都要以它为标准来进行衡量。当你搞不清一个三段论推理究竟是不是能够推行的时候，这时你就尝试一下，你把它按照换位的规律还原为以定言判断为大前提的推理看看，如果能够还原成定言判断的推理，那么毫无疑问，这种推理形式就应该是成立的。所以，其实定言判断是唯一的标准，它是一个具有唯一尊严的尺度，能够用来衡量所有其他的推理形式。通过换位的方式，归结到定言判断的推理是最简单的，最一目了然的。"所有的 A 都是 B，如果 C 是 A，那么 C 就是 B"：一目了然，所有的其他的复杂的形式，你如果能够通过换位把它还原到这种定言判断的推理形式，或者说定言推理形式，那么就可以检验它是否成立。所以三段论四格的这一套学说的建立有一个前提，就是定言判断在这个里头具有唯一的尊严。这一点在亚里士多德那里其实也是承认的，亚里士多德一开始就是从定言判断入手，来变化出他的很多的格，从 S 是 P 这样一个最简单的判断的细胞入手，来看待人类的一切推理的逻辑形式。

　　<u>但这一点按照 §9. 是错误的。</u>

　　这一点指的是哪一点？指的是刚刚讲的这一点，就是指最后这一点：定言判断具有唯一的尊严。定言判断具有唯一的尊严这一点是错误的，按照第九节这是错误的。那么第九节是怎么说的呢？它当然有很多论述，但是我们只须看看它的这个逻辑判断机能表，我们就可以看出来了。所谓的定言判断在逻辑判断机能表里面属于第三类判断即"关系判断"的第一个判断。我们可以翻到第 113 页，我们看一下这个表就可以看出来了，逻辑判断分成四类，一个是判断的量，一个是判断的质，一个是判断的关系，一个判断的模态。在这个表里头，根本就看不出定言判断有什么样的尊严，它只是各种逻辑判断中的一个环节、一个成分而已，是一个很普通的成分，没有什么特殊地位，并不是其他一切都从它推出来的，没有这样的关系。这是康德把所有的判断按照一种逻辑关系整理过以后得

出来的体系。我们前面讲康德这个逻辑判断表的时候，也讲到了，就是说，康德的逻辑判断表是从传统形式逻辑判断来的，但是他不是简单地接受过来，而是经过了他的整理。经过了他什么样的整理呢？经过了他从认识论的角度来加以整理。所以这两个表，一个范畴表，一个逻辑判断表，这两个表之间有一种互相论证的关系。就是说他本来是从逻辑判断表里面引出范畴表，四大类，每一类有三个，这个结构形式都是一样的，称呼也差不多几乎是一样的。但是实际上，当他建立逻辑判断表的时候，他已经用范畴的眼光来看它了，也就是说当他去整理形式逻辑的判断分类的时候，他已经用认识论的眼光来进行这种整理了。所以他所得出的这个逻辑判断表跟传统形式逻辑的一般所公认的这个划分方式，是很不一样的。所以为什么他在提出逻辑判断表以后，他还要一项一项地来加以解释，在后面一二三四，每一类他都做了一些解释。就是说我为什么要把形式逻辑中的这样一些判断按这种方式来加以划分，有些是过去的形式逻辑里面没有的，有些在以前的形式逻辑里面有的，他又把它去掉，觉得多余，或者合并到某个判断里面去。而且对秩序他进行了重新安排，使它更加合乎逻辑，本身成了一个逻辑体系。所以第九节的这些说明都是在说明他为什么要做这样的安排。而在他的这种安排里面，既然他是从认识论的角度来看待形式逻辑的，那么定言判断在这个里头的地位就一目了然了。你如果从它的认识论的价值来看，那么定言判断的这个价值并不比其他的要高到哪里去。它只不过是诸多判断形式中的一种而已。所以康德说，你要把定言判断赋予所有其他判断都能够与它相关的唯一尊严，那么按照第九节来看，这是"错误的"，它没有什么唯一的尊严。这是他要指出的传统形式逻辑的这种定义，对判断的定义，它的第一方面的后果，也就是由这种判断的观点导致的推理方面的恶劣后果。在这里呢，他只限于寥寥几句，就把它带过去了，而且只放在注释中谈。所以他讲"我在这里不和他们争论这种解释的缺陷"，不需要专门来讨论，因为这个很明显。那么他要讨论的是什么呢？他要讨论的是第二方面。这就是回到正文中，他说，我只想指出，在这里并没有确定这种**关系**何在。传统形式逻辑认为，判断就是两个概念之间的关系，主词和宾词之间的关系，两个概念之间的关系，那么康德所要提出不满的，要提出重新解释的就是说，你还没有告诉我是一种什么样的关系。形式逻辑只是从形式上面讲，有关系，至于是什么关系那是属于内容上面的事情，S 和 P 之间是一种什么样的关系，这个属于内容上面的事情，形式逻辑是不管的，它只管形式嘛。但是按照康德的这个理解呢，这个关系里面大有文章可做。当然按照康德的这个意思，这种关系实际上不是单纯的两个概念之间的关系，而是一个概念与它的对象之间的关系，也就是我们通常讲的思维和存在的关系。这种关系是思维和存在的关系，不是单纯的形式逻辑上的概念和概念、思维和思维之间的纯形式的关系，而是一种实质性的具有内容的关系。而这种关系之所以发生，就是因为逻辑学家想要知道什么东西是真的，什么东西是符合对象的。这一点在下面一段里面就展开了，也可以说这就是第 19 节所要讨论的主题，就是"一切判断的逻辑形式在于其中所含概念的统觉的客观统一"。"统觉的客观统一"，这种关系不是我的两个概念耍来耍去、搬弄来搬弄去的关系，而是与客观对象有关的。我作一个判断是要达到一种客观的统一，要使我的表象能够符合一个客观对象，跟这个对象能够统一起来，能够表达客观对象的某种对象的统一性，是要达到这个目的。

好，我们来看下面这一段。这一段，主要就是探讨在一个判断中我们建立了关系，是一种什么样的关系。按照形式逻辑学家所讲的，"判断是两个概念之间的关系的表象"，前面他已经批评了，说仅仅归结为两个关系的表象是不够的，它不仅仅是两个概念的关系的表象，而且是几个判断之间的关系的表象。那么，下面这一段呢，主要是讲这种关系的性质，这种关系究竟是什么？是标题中讲的"概念的统觉的客观统一"。这里跟 18 节相比较一下，18 节讲的是"自我意识的客观统一性"，这里讲的是"概念的统觉的客观统一性"，这两者之间有一些差别。当然最后的效果是一样的，就是说自我意识的客观统一性就是要确定、要确立起概念的客观统一性。因为先验自我意识它所带来的客观统一性就体现在范畴上，范畴就是给对象带来概念的客观统一性的，范畴就是纯粹概念嘛。就是说，不仅仅是我把这些东西都看作是我的对象，而且这些对象本身也都因此而有一种概念上必然的关联，有一种必然的统一性。所以这一段一开始，就讲到了在判断中这种概念的客观统一性是什么意义。

<u>但是，当我更仔细地研究每个判断中被给予的知识的关系，并将它作为属于知性的关系而和按照再生的想象力规律的关系（它只有主观有效性）区别开来时，我就发现，一个判断无非是使给予的知识获得统觉的客观统一性的方式。</u>

就是说，判断就是两个概念之间的关系，这只是一般的形式逻辑学家们从形式上简单抽象的泛泛而谈而已。那么，"但是，当我更仔细地研究每个判断中被给予的知识的关系"，当然形式逻辑学家也是想要通过判断达到知识，但是他们不考察这种知识，他们只考察这种形式。那么，这里讲"但是"，就是跟形式逻辑学家相反了，相对立了，当我更仔细地进一步来研究那些知识的关系，我们要看看判断中究竟给了我们什么样的一些知识，并且从这些知识的关系入手，"将它作为属于知性的关系而和按照再生的想象力规律的关系（它只有主观有效性）区别开来"。就是说被给予我的知识的这些关系有两个层面，这个时候我们不但要注意到判断中的那些知识的关系，同时在这些关系里面要区分开来两个层次，一个层次就是属于知性的关系，另外一个层次是按照再生的想象力规律的关系。前者是先天的，是必然、普遍有效的；后者呢，是后天偶然的，按照再生的想象力，再生就是我重新把它想象出来，在记忆中在联想中我把它再生出来。那么，后面这样一种规律的关系具有主观的有效性，只是休谟所讲的那种"习惯性联想"，只有前面那种知性的关系才具有客观必然性。那么，当我这样区别开来的时候，康德说，"我就发现，一个判断无非是使给予的知识获得统觉的客观统一性的方式"。当我们把这两

个层面区分开来,在判断里面我首先注意到、关注到知识,同时呢,我在知识上面又关注到它的两个层面,我把它的后天的偶然的层面先撇开不管,而只把知识里面的那种跟知性相关,属于知性的关系抽出来,单独加以考察;这个时候我们就会发现,一个判断无非是使给予的知识获得统觉的客观统一性的方式。就是在判断的知识里面,它的先天的知性成分使得这种知识获得了一种客观统一性,而我把这个知性的层面抽出来,我就会发现这样一个层面的作用就在于在知识里面使之获得客观统一性。当然,康德所理解的"客观统一性"就是先天的普遍必然性,而在知识里面的那些后天的东西是没有普遍必然性的,比如说通过联想,联想是因人而异的,因时、因事、因地而不同的,所以是主观的而不是客观的。联想也有规律,我经常这样联想,像休谟所讲的,形成了习惯性的恒常的联想,但那是没有什么必然性的,顶多有一定程度的或然性,休谟也已经证明了这一点。但是它的形式方面,它的先天的方面,则是有普遍必然性的,就是跟知性相关的。在每个判断中,跟知性相关的那些方面,那就体现为知性的范畴。所以范畴是有具有客观作用的,具有普遍必然性的作用的,它使知识具有了普遍必然性。那不再是像休谟所讲的,一切都是后天带来的,一切都是飘忽不定的,随时可变的,而是我们从主观中,从知性中,先天地给这些知识立了法。人为自然界立法,人就是靠这些范畴来给自然界立法的,立了法就使知识成为客观的了。它有一个法律在那里,它是不以个人的主观意志为转移的,而是放之四海皆准的客观规律。所以一个判断无非是这样一种方式,使得知识获得客观的统觉的客观的统一性,也就是说,"无非是",判断的意思无非是这个,岂有他哉!这个跟形式逻辑学家们所设想的那样一种意思就完全不同了。形式逻辑学家们做梦也想不到,一个判断它里面包含有这样一种意思在里头。

这就是判断中关系词"是"的目的,它是为了把给予的表象的客观统一性与主观统一性区别开来。 B142

这个"是"康德用了德文 ist,它的原型动词是 Sein,我们可以把它翻译成"是"，也可以把它翻译成"在"，可以把它翻译成"存在"，还可以把它翻译成"有"。但这个地方呢，作为单数第三人称，我们通常把它翻译成"是"。"S 是 P"，也就是"S ist P"。所以这个"是"是作为一种关系词在判断中，它所构成的典型的判断就是定言判断了，形式逻辑学家们认为具有最高权威的、最高尊严的判断也就是定言判断，它就是以"S 是 P"这样一个句式表达出来的。那么这个关系词究竟表达的是什么关系呢，形式逻辑学家们并没有深入到这里面去，并没有说明这一点。而康德不仅仅是从形式上面，把这个"是"理解为使两个概念，一个主词一个宾词，使这两个词挂起钩来的一种技术性操作，而是赋予了这个"是"以一种客观统一性的功能。这个"是"啊，具有一种客观统一性的功能，有这样一种作用，它使得这个判断具有了一种客观知识的意义。当我们说 S 是 P 的时候，这个命题跟其他的命题不一样，就在于它具有客观性这种含义在里头，它是一种肯定判断，它是认为这个"是"这样的。我们中国人讲"实事求是"，我们要"求"的也就是这个"是"，这个"是"代表着"实事"，代表着客观的实事。当然中国人讲实事求是还不完全是这个意思，中国人讲实事求是，是"实事"在先，这个"是"呢要符合这个"实事"；而康德在这里讲的则是，"是"本身就意味着"实事"。中国人讲实事求是，其实表明中国人对这个"是"是很不相信的，还要从"实事"去求它，所以你光讲一个"是"那是不够的。你讲"是"，他也讲"是"，你讲这个"是"，他讲这个"不是"，那个"是"，怎么办？那就看哪一个的权力大了。你讲不算数，你讲是和不是都不算数，权力大的人，他"说你是你就是，不是也是，说你不是你就不是，是也不是"。所以中国的话语是一种权力话语、权威话语，一种霸权话语，"是"字在中国的古代是没有什么地位的，在古文里面，在古代语言里面，"是"字并没有像西方语言中那样的地位，那种客观性和普遍必然性地位。是还是不是，主要是要看哪个说，小民百姓说那等于没说，只有有权威的人说，那才值得重视。所以我们总是要呼吁"要实事求是"，就是这个原因，恰好就是因为这个"是"本身太没权威了。但是，康德在这个地方讲到这个"是"呢，认为"是"的目的，它的含义，它的意思，就是要把给予的表象的客观统一性与主观统一性区别开来。我讲"是"，我用了这个"是"字，那就意味着这不仅仅是我主观上认为是这样的，而且客观上就是这样的，你不信我们可以讨论嘛。你讲不是这样而是那样，我讲是这样而不是那样，那么我们可以争论，要争论到最后，得出一个确实就是这样。虽然这个"是"当然是可错的。但是，西方人从巴门尼德开始对这个"是"字赋予了这样一个神圣的地位："是就是，不是就是不是"。巴门尼德这句话也可以译作："存在即存在，非存在则不存在"，其实也就是这个意思。是就是，不是就不是，这个应该分开，你不能够指鹿为马，以黑当白，那是不行的。那么这个"是"就是要区别客观统一性和主观统一性。我讲的这个"是"是客观的，"是"的含义就在于它有客观统一性。下面，

　　<u>因为它标志着这些表象与本源的统觉及其**必然统一性**的关系，哪怕这判断本身是经验性的，因而是偶然的，例如"物体是有重量的"。</u>

　　这是一种什么关系呢？"是"这个关系词表达了一种什么关系呢？表达了这些表象，主词和谓词，与本源的统觉及其必然统一性的关系。通过这个"是"，表达了本源的统觉，表达了自我意识的客观统一性，表达了自我意识的必然统一性，有这样一种关系，这是在康德以前人们从来没有想到过的。人们没有想到这个"是"字还有这么样一种含义，它实际上是人们的认识主体的一种能动性的表现，它不是一个机械的联系词，而是一种行动。这个"是"本身就是一种行动，是一种综合统一性，它标志着先验自我意识统觉的这样一种综合行动。我们前面讲的，你要说出一个"是"来，不是那么简单的，是要费力气的，有时候是要冒生命危险的，当屠刀架在你脖子上的时候，你要说出这个"是"来，你要冒付出生命危险的代价，就看你能不能坚持了。所以这个"是"它表明，先验自我意识本身有一种客观统一性，这种统一性建立起了一个客观的对象世界，那么这种"必然统一性"，它底下打了着重号，实际上就意味着客

观性。康德所理解的必然统一性,就是这样,就是他所理解的"客观性","是"表达了这样一种客观性的关系,哪怕这判断本身是经验性的,因而是偶然的,它里面也有必然性。我们通常把必然性跟偶然性对举,但我们没有人把必然性跟主观性对举。康德为什么说必然性就是客观性呢?这个地方提出来了,就是说这个判断本身当然也可能是经验性的,因而是偶然的。"S 是 P"这样一个判断,它完全可能是一个后天的经验判断,完全可能是一个偶然的判断,但是只要它是客观的判断,那么它里面就包含有必然性。怎么理解? 他举了个例子,"例如'物体是有重量的'"。"物体是有重量的"这是在全书的"导言"里面举的例子,他早就举了这个例子,他把这个例子和另外一个命题"物体是有广延的"区别开来。物体是有广延的这是一个分析命题,因为物体里面本来就包含有广延的意思,没有广延你不能形成物体的概念啊,物体就是那种东西,你要给物体下个定义的话,那么物体就是那种"有广延的东西"。所以你讲物体是有广延的,那等于是什么也没说,你没有给它增加新的知识。但是你说物体是有重量的,这是一个经验性的命题,是一个后天综合命题。就是说,物体和重量在牛顿力学那里不是必然相关的,在牛顿力学那里,在天体的运行中,所谓的重量是由于星球上的吸引力所造成的压力。重量是吸引力的一种现象,它跟这个物体的广延不同,跟物体的质量还不同,重量跟质量还不同。质量我们通常讲,他是物体里面包含物质的多少,那个不管你吸引力不吸引力,它反正在哪里,都是有那么个质量。当然在今天现代物理学已经把这一点突破了,质量和能量,质量和速度,都有关系了,但是在牛顿的物理学里面,质量、广延这些东西都是属于物体本身的概念,但重量不是。重量是当两个东西之间有一种吸引力,万有引力,这个时候带来了一种压力,所以重量它是一种力的概念,它可以有,也可以没有。你在这个宇宙空间,当物体处于失重状态的时候,它就没有重量。它有质量,但是没有重量。它离地球足够远的时候,它就可以摆脱地球的引力,飞向太空,这个时候,它就失去了重量。所以康德举这个例子的意思就是说，"物体是有重量的"这样一个命题，它纯粹是经验性的，它是在地球上，或者在某个星球上，我们所感到的一种压力。这种压力可大可小，也可以消失，所以它是偶然的，尽管我们在地球上处处好像都碰到物体是有重量的，但是你用天体宇宙的眼光来看，你就发现，这仍然是一个偶然的现象。如果你不在地球上，那就没有重量。不过康德又认为，"哪怕这判断本身是经验性的"，它仍然具有一种"必然统一性"，这个怎么来说呢？

　　虽然我并不是借此要说明这些表象在经验性的直观中是必然互相隶属的，而是说它们借助于直观的综合中统觉的必然统一是互相隶属的，

　　这两句话看起来，好像非常拗口啊。这两句话有什么区别？就是说，他要说的不是前面这个意思，就好像这些表象在经验性的经验直观中它们就必然会相互隶属，因为我们说物体是有重量的这样一个命题，里面有必然性，并不是意味着物体必然会有重量，那倒不是的，物体是偶然有了重量；但是这样一个偶然的关系，你能够把物体和重量这两个词连在一起，这种偶然的关系，是"借助于直观的综合中统觉的必然统一"而连在一起的，就是说使你把这两个词连在一起的那个条件是必然的，那个范畴是必然的。就是说物体作为一个实体，重量作为它的一种属性，物体有什么样的属性，这个是偶然的，但是物体一定要有属性，这是必然的。也许它没有这个属性，有那个属性，但不可能一个物体没有任何属性，没有任何属性它就不是一个物体了。所以当你说物体是有重量的，这个时候，你之所以能够做出这样的判断，这个判断当然是偶然的，但是你之所以能够做出这样一个偶然的判断，是因为它背后有一个必然的关系，那就是范畴的关系，在给它提供条件，给它提供可能性。如果没有这样一个条件，那就像休谟所讲的，那个物体也可能任何属性都没有，甚至于物体本身究竟是不是物体都成了问题。物体有没有实体，有没有一个实体？实体是我们的"习惯性联想"，那就没有实体了，一切都归结为后天偶然的那种联想了，那我们就任何判断都不能做出来了。我们只能说，我"觉得"怎么怎么样，我们不能说这个东西"是"什么。休谟的这种观点，其实古代智者学派已经有这种说法，我们只能说我觉得糖是甜的，我觉得风是冷的，但是我不能说糖是甜的，风是冷的。所以休谟的这种观点将对一切科学的可能性都予以彻底摧毁。科学当然是可以怀疑的，这个物体是否有重量，糖是否甜，这些判断都是可以改变的，在某种条件下确实都可以改变。但是如果任何判断都不能够作出来的话，那就没有可能建立任何科学知识。康德要寻找的就是我们之所以有科学知识，它有什么样的牢靠的基础，这个基础不在于后天偶然的这些经验对象相互之间的联系是否牢不可破，不在这一点，而在于所有的联结它都是以先天的自我意识的统觉为前提，这个统觉使用它的十二范畴给所有的判断建立了法庭，给所有的经验的后天的判断立了法。当然，立了法也并不一定就已经知道什么是对的，什么是错的，而是说，对也好，错也好，你有一个打官司的地方，你可以到理性的法庭上面去，凭借理性的法庭去检验。比如说，你说这个，糖是甜的，他说是苦的，那么我们在因果性或者是实体的属性这样一对范畴的法庭面前较真，前提就是这个糖总有一种属性。在什么情况之下，它变成了另外一种属性，那它是有原因的，我们要找出这个原因来。所以如果我们发现糖变苦了，那是有原因的，有主观的原因，也可能有客观的原因。或者是一种属性，一种事物是不是具有某种属性，以前也许以为有那种属性，错了，现在呢我们纠正过来，不是那种属性，而是这种属性，我们得出的结论就比原来的结论可能要更正确一些。但是法庭是同一个，就是说一切事物都应该有属性，都应该有它的属性，在同一时刻不能有两种相冲突的属性。同样，一切发生的事情都应该有原因，不是这个原因就是那个原因，那么我们在这个前提下，就有这样一种信念，相信它一定有原因，那我们就可以不断地去寻找，不断去检验，看究竟是这个原因，还是那个原因，就可以打官司了。所以"人为自然界立法"就体现在这些方面，并不是说我们为自然界立了法就可以随心所欲了，就可以先天地断言一切经验事物了。我们通常讲，康德的这个主观唯心主义提出"人为自然界立法",好像说自然科学的一切命题都是人随意建立起来的,好像我想怎么就怎么了,我可以预先断言今天必定会在路边捡到一百块钱!其实不是的。它只是建立了一个法庭,但是这个法庭,它要依靠证据,法庭不能够提供所有的证据,证据要靠原告和被告来提供。证据是后天偶然提供的,但是法庭有先天的原则,法庭把后天提供的证据根据先天的原则来进行判定,这就可以得出来哪个是错的,哪个是对的,就可以辨别真理,就可以促进自然科学不断地排除错误,走向越来越正确,不断地向真理逼进。这是康德的思想,这个思想应该说是很合理的,具有它的合理性,并不是说一切都由主观的来判定,但也不是说主观就不起一点作用。所以这就是这句话的意思,"我并不是借此要说明这些表象在经验性的直观中是必然相互隶属的",并不是说有了这个法庭,就可以一劳永逸地断言某个经验性的命题是正确的,必然是正确的,那倒不是。一个经验性命题是否正确,或者在什么情况之下正确,还有待于打官司,有待于确证;但是呢确证的标准已经树立起来了,已经由统觉的必然统一性建立起来了。因此,下一句就说,"而是说它们借助于直观的综合中统觉的必然统一是互相隶属的"。任何两个表象要结合起来,后面都有一个东西在那里,要借助于综合的统觉的必然统一,才能够相互隶属在一起。相互隶属在一起也不是一劳永逸的,你把它隶属在一起了,"物体是有重量的",也不是说它在任何地方都是有重量的,后来我们发现了,只有在地球上,在星球上它才是有重量的,在太空中,它就是没有重量的,那么这个时候它们就不能够相互隶属。但是做出这样一个判断的前提,仍然是有一种统觉的必然的综合统一。为什么在太空中就不能相互隶属,你也可以说出一个原因出来。所以我们讲,这个自我意识的统觉的综合统一,它是一切知识的必要条件,但是它不是充分条件。一切知识之所以可能,它必须要以统觉的综合统一做为前提,这是它们的至上原理,是它们必不可少的一个最高的条件。但是要是充分的条件呢,就还必须有后天提供杂多的直观材料,两方面加起来才能构成我们知识的充分条件，或者说"充要条件"。它必须要有后天直观的材料，而后天直观的材料是偶然的、不断变化的，不断改变的，因此我们的知识也是可以不断变化不断改变的。但是有了这个必要条件，我们的知识不论它如何改变，它都有法可依，不再是一大团盲目的混沌的过眼烟云，不再是摸不到方向的了，而是有它确定的方向。按照这样一个方向，我们才可以不断地接近这个更正确的知识。下面是进一步解释：

就是说，这是按照对一切表象做客观规定的原则的，如果从这些表象能形成知识的话，而这些原则全都是从统觉的先验统一这条原理派生出来的。

这是在解释"它们借助于直观的综合中统觉的必然统一是互相隶属的"这句话，就是说，"这"就是指前面讲的那个"互相隶属"，在德文里没有这个"这"，它是连下来的，是作为"互相隶属"这个动作的状语从句。"这是按照"，就是说，这些表象的这种互相隶属是按照"对一切表象做客观规定的原则的"。就是说，它们是借助于直观综合中统觉的必然统一而相互隶属的，也就是按照对一切表象做客观规定的原则而相互隶属的，是这个意思。这就是我们刚才讲的，在康德那里必然统一就相当于客观的规定。借助于直观中综合统觉的必然统一，就相当于按照对一切表象做客观规定的原则，这在康德那里是可以互换的，这样一种必然统觉的必然统一，跟这个做客观规定的原则，是可以互换的。所以他的这个第19节的标题就是讲的"所含的概念的统觉的客观统一"，统觉的客观统一，也就是统觉的必然统一。再回到康德这句来，后面还有一个补语，"如果从这些表象能形成知识的话"，就是说，当然有一个前提，即你要能够从这些表象形成知识，你就必须要借助于这种客观统一。当然，你如果不是想去形成知识，你只是想表达一下你的感觉，那情况就不同了，那也许就不需要这种客观统一了。如果你想从这些表象形成知识，那么这些表象就必须借助于统觉的必然统一而相互隶属。最后，"而这些原则全都是从统觉的先验统一这条原理派生出来的"。这些原则，这个地方是复数了，指按照对一切表象做客观规定的原则，这些原则在这个地方，应该是指的诸范畴。"这些原则全都是从统觉的先验统一这条原理派生出来的"，各种各样的范畴，也就是纯粹知性的概念，每一个都表达了一种原则。我们刚才讲的实体和属性的原则，因和果的原则，这些都是从统觉的先验统一这条最高原理中派生出来的。

只有借此才从这种关系中形成一个判断、亦即一种关系，它是客观有效的，并且足以与同样一些表象的只具有主观有效性的那种关系、例如按照联想律的关系区别开来。

只有借这样一种方式，才能够从这种关系里面，从统觉的客观统一、统觉的先验统一这样一种关系里面形成一个判断、亦即一种关系。这个"判断"打了重点号，就是说，形式逻辑学家们所讲的那种判断从康德的立场上来看，无非是一种客观有效的关系，而不是随便什么关系，尤其不是仅仅主观有效的关系。这就把判断与休谟所讲的那种可以归结为联想律的联结关系区别开来了。联想律是主观随意的，没有客观必然性，例如我今天觉得很冷，我就联想到也许今天天气很冷，我说："我觉得今天天气冷。"但是今天是不是很冷呢？这个不一定的，也许你刚从南方来，不习惯，也许你打摆子，发烧，生病了，都有可能。然后别人对你说："今天**是**很冷。"用了这个"是"字，说明这是客观的事实了，说明不单纯是你的联想，你的感觉，而是经过统觉的综合统一而形成的一个"判断"了。康德也举了一个例子，与我的这个例子类似。

按照后面这种规律我将只能说："当我托起一个物体时，我就感到一个重量的压力 ①"；但却不能说：它，这个物体，是重的；后者要说的正是：这两个表象是在客体中、亦即不管主体状态的差异而结合着的，而不只是在知觉中（不论这知觉如何重复）在一起的。

---

① 原译作："如果我托起一个物体，我将感到一个重量的压力"，改过后应更符合上下文意思。

"我感到一个重量的压力"，和"这个物体是重的"，是两个完全不同的说法，前者只是陈述自己的一种感觉和联想，后者才是陈述一个客观事实。在别的地方，康德曾把前者称之为"知觉判断"，而把后者称之为"经验判断"。"知觉判断"又叫，叫"经验性的判断"，严格说来它不能够叫作"判断"，而只是一个"命题"而已。因为它并没有断言什么，而只是表达了自己的一种主观感觉或情感，所以它不一定要求客观性。这种主观知觉表达出来虽然也可以不断地重复，甚至形成习惯，就像我们对客观规律也能够重复验证，也能够形成习惯一样，但它毕竟不是客观的。例如我若是经常在心情不好的时候听到猫头鹰的叫声，我也许会以为那个叫声与我的心情之间有种客观的联系，但其实这只不过是一种心理联想而已。这种联想在文学作品中是经常被利用的，如杜甫的诗："感时花溅泪，恨别鸟惊心"。但人们都知道这是一种主观的联想，而不是在人的情感和花鸟之间真的有一种客观的关系，它与客观知识是毫不相干的。所以康德这里讲"不论这知觉如何重复"一语，正是针对休谟说的，因为休谟说过由于知觉的一再重复，我们就形成了一种习惯性的联想，这就是我们所认为的"客观规律"。他把客观规律和我们的主观联想看成一回事，而康德则强调这两者有原则的不同，其中的区别正在于客观规律是运用统觉的综合统一建立起来的，而主观联想则没有经过这一道工序，它永远是偶然的。

B143　　§20. 一切感性直观都从属于范畴，只有在这些范畴的条件下感性直观的杂多才能聚集到一个意识中来

　　这一节带有一种总结性，你看它这一节跟前面的都不一样，它引了前面讲的好几个地方，所以我们把这一节看作是关键性的。就是说，先验演绎，前面的都是在作铺垫，在追溯先验演绎的至上的原理——先验自我意识的本原的统觉统一；那么这个本原的统觉统一如何能够有资格、合法地运用于感性经验的对象上，这是在这一节里点出来的。这一

节的标题：

一切感性直观都从属于范畴，只有在这些范畴的条件下感性直观的杂多才能聚集到一个意识中来。

也就是说，先验演绎的目的，前面已经讲过，就是要说明范畴作为一种先验的、先天的概念如何有权利、如何必然地要运用于感性直观的对象上，这个必然性究竟何在，合法性究竟如何。所谓合法性就是必然性，不是说偶然地碰上了，用了就用了，而且要说明它用的理由、它用的法律根据，就是有必然性，必须要用，不用不行。那么前面都是作铺垫，这个成分、那个成分，这个先验自我意识，然后范畴，然后逻辑判断机能，经过他的重新解释，特别是第19节讨论"一切判断的逻辑形式在于其中所含概念的统觉的客观统一"。一切判断的逻辑形式，任何一个判断构成起来，它的这个逻辑形式，它的这个真正的含义，应该就是它里面包含的统觉的客观统一。形式逻辑的那样一些命题，其实被形式逻辑学家把它形式化了，片面理解了。而按照康德的理解，如果要成为一种认识论，就必须把形式逻辑的判断从内容上面加以理解，从内容层上面进行规定。那么这样一来，形式逻辑的判断机能就跟范畴合二为一了。在前面，形式逻辑的判断机能跟范畴两者好像是有一道沟，讲逻辑判断机能的时候主要是讲形式上的，讲范畴的时候主要是认识论内容上的。那么在第19节开始把它们沟通了，就是说，形式逻辑实际上所表达的无非是认识论。我们在使用形式逻辑的时候，我们不是在做游戏，我们是要得出一个客观的判断，具有客观实在性、具有经验内容的判断。当我们运用形式逻辑的"是"这个联系词的时候，我们就是要得出一个具有客观经验内容的知识。所以从这个角度来看，形式逻辑的这个实质其实还是隶属于它的内容之下的，它是内容的形式。当然内容也不是没有形式的，内容也有形式，内容的范畴就是从形式逻辑的逻辑判断分类里面引出来的，我们已经多次提到这一点。那么从这个角度来看，先验逻辑，也就是范畴表，在这种意义上，它是用来构成一个客观的经验对象的。范畴的作用是用来构成一个客观经验对象的，不是来做游戏，而是要获得一种先天综合知识。那么在这个意义上面，它的这个标题的意义就显示出来了。"一切感性直观都从属于范畴"，也就是这些范畴既然是一切有关对象经验知识的条件，从逻辑的角度来看，范畴作为逻辑的一种样式，作为形式逻辑的判断的一种类别、一种类型，它是用来获得客观的感性知识、经验知识的；那么，反过来看，一切经验知识都必须在范畴之下才能获得，这就是顺理成章的。于是，范畴运用于客观感性直观对象之上的必然性和必要性在这里就产生了。因为一切感性直观都从属于范畴，"只有在这些范畴的条件下感性直观的杂多才能聚集到一个意识中来"，才能被我们意识到，才能被我们的统一的意识所把握住。所谓"一个意识"正是强调它统觉的统一，只有在这些范畴之下才能达成这种统一，才能够把具有感性直观的这样一些杂多的内容把握住。否则的话这些感性直观的内容不可能被我们所认识，不可能被我们的统一意识聚集起来成为客体的内容。凡是要作为统一体被意识到，就必须要利用范畴。这是他的一个标题，表明了第 20 节实际上是演绎的最后一部分，总结性的，所以他这个里头的文字引用了前面好几个地方。

我们来看一看这一节的正文。

在一个感性直观中被给予的杂多东西必然从属于统觉的本原的综合统一性，因为只有通过这种综合的统一性才可能有直观的**统一性**（见§17）。

这个地方提出了一个理由，是我们前面讲到的第 17 节中所讲到的，就是统觉的统一性它不仅仅是在自我意识和范畴这个层面上游来游去，而是它一直要深入到直观本身的构成，直观的统一性也要依赖于统觉的统一性。虽然一般说起来，直观和统觉统一性是两个不同的层次，一个是经验性的这个接受性层次，直观嘛，直观感性是接受，那么统觉统一应该是知性层次,知性是先天自发性的层次。一般来说,康德把它分得很严格,先验感性和先验逻辑这两者之间是不可混淆的。但是另一方面,同时,当他把这两个层次分析出来以后,又考察在低级层次上面,虽然它跟高级层次不属于同一个层次,但是高级层次的作用渗透于低级层次里面。它既然是居高临下,所以它的作用无处不在,它透彻地渗透了感性直观,没有任何一个死角。在感性直观里面,感性直观要得以形成,成为我们所意识到的直观对象,那它就必须要有一个统一性,而这种统一性是从上面带来的,是受到上面的统觉统一性的这种综合能力所作用而造成的。所以他这句话就是说在一个感性直观中被给予的杂多东西,它必然要从属于统觉的本源的综合统一,因为只有通过这种统觉的统一性才可能有直观的统一性。所以它必须要从属于前者,因为没有任何一个直观可以没有这种统觉的统一性而被我们所意识到,如果不被我所意识,那它对于我们来说就不存在了。所以直观本身的可能性在这个意义上它也依赖于先验自我意识的统觉的本源统一,直观本身的可能性就在于如果没有这个先验自我意识的统一,没有这些范畴,连直观都不可能。直观只有作一个直观的统一的对象才能被我们所意识,才能被我们所直观到,这是第 17 节上面已经谈到过的。就是说这又是一个更高层次,当他在先验感性论里面谈直观的时候,他是不谈这些东西的,他只谈直观本身它是如何构成的,有形式,先天直观形式,就是时间和空间,有后天的经验性材料,就是感觉知觉印象。这两方面结合起来就构成了一个直观。在时间空间中看到一种红色。就直观本身而言就是这样,很简单。但是在更高层面上,从知性角度来看。我看到的这种红色,如果不是作为一个统一的对象出现在我面前,如果我看到这一部分马上忘记另一部分,如果在时间中,我不能把它回忆起来保持住,那么,这个红色是虚无飘缈的。如果我连印象都留不下来,那它闪一下就过去了,就没了。所以我必须要通过时间、空间的这样一种规范,然后用我的记忆把它保持住,也就是把它综合住,把这样一个红色的印象把它保持一段时间,在这段时间里面，要通过统觉的统一，把它看作是同一个对象。这一点红色，就是刚才看到的那一点红色，保持到现在，它持续下来了，这个就是那个，这就需要有一种统觉的统一性。所以哪怕我就看到一种单纯的红色，我也必须要用统觉的统一性，我才能够看到它，所以这个层次就比先验感性论里的层次更高一层了。从这个层次来看，统觉的统一性是一切感性直观必须服从的一个先天条件，下面一句：

但知性把所予表象（不论是直观还是概念）的杂多纳入一般统觉之下的这种行动是判断的逻辑机能（见§19.）。

这个地方用到第19节了，就是判断的逻辑机能经过这种解释就成了"知性把所予表象的杂多纳入到一般统觉之下的这种行动"，这在第19节的标题上已经反映出来了。判断的逻辑机能不仅仅是说，两个现成的概念，我们简单地只是把它们联结在一起，可以联结在一起，也可以不联系在一起，也可以仅仅是摆在一起。不是这样的。两个表象，不论直观或者是概念，如果要联结起来，必须要运用主体的这种能动性，这种统觉的能力。一般形式逻辑讲"A 是 B"，已经运用了这种能力，但是它不知道。形式逻辑已经运用了这种统觉的能力，联结起来，用统觉统一起来，那么经过康德的分析，他把这种判断机能从根子上，从它的形式逻辑的纯粹表达方式上加以分析，指出它的实质，其实它的根基在先验逻辑里面。虽然先验逻辑是从形式逻辑里面引出来的，但是形式逻辑的根基实际上是在先验逻辑里面，形式逻辑的系词在先验逻辑里面是一个主体的认识活动，是一种能动的把握活动，要把两个东西把它统一起来、结合起来并保持下去，是这样一种"是"起来、"在"起来的活动。所以形式逻辑的秘密就被康德揭穿了，实际上它的根是先验逻辑的认识主体，是主体的统觉造成了形式逻辑的所谓系词联接，造成了逻辑判断的形式。虽然形式逻辑本身并不管它的对象的内容，只关心概念之间的符合，但实际上形式逻辑在联系的时候，它最后要归结到先验逻辑的这样一种统觉的能力。

　　所以一切杂多只要在"一个"经验性直观中被给予出来，就在判断的诸逻辑机能之一上被**规定**了，也就是由这一机能带到某个一般意识上来了。

　　也就是说，形式逻辑不管它的对象是直观还是概念，但是它里面的这样一种内在的实质已经表现出来，它实际上是指向经验性直观的，它的目标是指向经验性直观的。所以，"一切杂多只要在'一个'经验性直观中被给予出来，就在判断的诸逻辑机能之一上被规定了"。形式逻辑本身是不对杂多作任何规定的，它的内容是可以用符号来代替的。它不管这个内容是直观的内容还是抽象概念的内容，反正你给我一个表象，我就一视同仁地把它按照它的逻辑关系加以联接。但是这些杂多只要在"一个"经验性直观中被给予出来，那么在这个逻辑判断机能之一上它就被规定下来了，这里强调"一个"经验性直观，也就是强调这个经验性直观的统觉的统一性。就是说，形式逻辑不管对象本身是否具有统一性，它不管这个东西，它只是联接；但是呢，只要这些杂多在"一个"经验性直观中被给予出来，那么它们就在形式逻辑各种机能中的某一种上得到了规定，它就不再是随意的了，不再是任意的、偶然的，也不再是可以用某种抽象符号来代替的，它就已经被规定下来，也就是由这一机能带到某个一般意识上来，带到某个范畴上来了。这个"一般意识"我们可以理解为范畴，就是当我们在经验性直观中要把杂多统一起来，我们实际上是运用了逻辑判断机能中的一种，我们把这个逻辑机能当作范畴来运用了，这就是单一性、多数性、实体性、因果性等等，在量、质、关系、模态中的某一个范畴，我们其实已经在运用它了。并且正是在这一种范畴上面，我把判断的某个逻辑机能在具体经验对象上作了具体的规定，也就是说一般的普遍的逻辑被做了一种特殊的运用，被特殊化、具体化了。只要我们针对一个对象、一个经验的直观来利用形式逻辑，形式逻辑就被具体化了。而一旦具体化呢，形式逻辑就把这样一个判断机能带到了某个范畴上来了，这就是使形式逻辑变成先验逻辑了。下面一句，

　　<u>但现在，**诸范畴**不是别的，恰好就是当一个给予直观的杂多在这一机能上被规定时的这些判断机能（见 §13.）</u>。

　　诸范畴不是别的，恰好就是这些判断机能，这些判断机能"当一个给予直观的杂多在这一机能上被规定时"就变成了范畴。换言之，逻辑判断机能在指向某个直观经验对象时就成为了范畴；而诸范畴无非是逻辑判断机能被用来规定对象的结果。他说的"这一机能"，这是沿用着上面一句话里面所讲的，"在判断的诸逻辑机能之一上"的说法，也就把杂多"带到某个一般意义上来"的机能。但现在诸范畴不是别的，恰好就是这些机能，即一个给予直观的杂多由以得到规定的判断机能。而这样一些判断机能，这时就成了使一个给予直观的杂多在某方面得到规定的范畴。所以范畴实际上是这样一些判断的逻辑机能本身，当你用一个逻辑机能去规定一个直观的杂多的时候，实际上你就使用了相应的一个范畴。他这里注明参见第 13 节，后人把它校改为参见第 10 节，有的认为应该是参见第 14 节，刚才有同学给我们读了参见第 10 节的那一段话，第 121 页的那段话，就是那个范畴表前面的讲的："赋予一个判断中的各种不同表象以统一性的那同一个机能，也赋予一个直观中各种不同表象的单纯综合以统一性"。① 也就是说在形式逻辑的判断的统一性中，贯穿着的是"同一个机能"，与什么"同一个"呢？与"一个直观中各种不同表象的单纯综合"中的统一性是同一个机能，也就是说，同一个机能贯穿于形式逻辑和先验逻辑两个层次之间，这是第 10 节。这样来解释康德这句话的意思当然是很贴切的。但用第 14 节的一段话来解释其实也不错。在 135 页上面有第 14 节的一句话，倒数第 5 行："范畴是关于一个一般对象的概念，通过这些概念，对象的直观就在判断的逻辑机能的某个方面被看作确定了的"。② 瓦伦廷纳在注释里面改为第 14 节，大概就

① 参看《纯粹理性批判》A79＝B104，第 71 页。
② 参看《纯粹理性批判》B128，第 86 页。

是指的这一句。这跟上面参看第 10 节的那段话其实都表达了同一个意思，就是知性只有一个，但是它体现在形式方面和内容方面，就形成了形式逻辑和先验逻辑；形式逻辑仅仅是从单纯的形式上面来进行逻辑规定的，而先验逻辑是从认识论方面、从认识对象的内容方面来进行逻辑规定的；但是这两方面又是相通的，因为它们出自同一个知性，同一个知性运用于形式和运用于内容的时候它有同样的规律。那么，运用于内容的时候，运用于先验逻辑的时候，它的规律就体现在要跟直观发生关系，要跟经验性的东西发生关系，通过经验性的东西而与经验对象打交道，形式逻辑的那些判断机能就得到了具体的体现和经验性的运用，那就是范畴。所以范畴不是别的，恰好就是当一个给予的直观杂多在这一机能上被规定时的这样一些判断机能。范畴就是这些判断机能，但却是这些判断机能在特定情况下的表现方式，也就是说当这些判断机能在一个给予直观的杂多方面得到规定的时候所体现出来的就是范畴。所以范畴无非是知性要用它的逻辑判断机能去规定一个直观对象时所体现出来的形式，这样一些机能就是范畴。至于康德自己所注明的参看第 13 节，与上面这层意思确实没有直接的关联。第 13 节的标题是"一般先验演绎的原则"，它只涉及范畴和直观经验对象的关系，而没有涉及范畴和逻辑判断机能的关系，即没有涉及先验逻辑和形式逻辑的关系。不过第 20 节的最后一句倒是的确可以参看第 13 节，即：

<u>所以在一个所予直观中的杂多必然从属于诸范畴。</u>

由此就可以看出来在直观中的杂多是必然要从属于诸范畴的，否则的话这些直观的杂多本身也不可能存在，它们要作为杂多呈现出来，就必须是在诸范畴的一种逻辑机能的规范之下才能够得到呈现。这种逻辑机能对直观杂多无所不包，没有任何例外，因为它是逻辑机能，而逻辑是普遍的。逻辑本身是普遍的，所以形式逻辑被称为"普遍逻辑"；先验逻辑虽然没有被称为普遍逻辑，但是它是从形式逻辑那里转过来的，它同样具有形式逻辑的那样一种无所不包的特点；但是它的那种无所不包只

限于直观的对象,它是形式逻辑在涉及到直观对象、经验对象时的一种无所不包。因此它的普遍性当然没有形式逻辑的普遍性那么大,它可以看作是形式逻辑的一种具体化,一种特殊场合,但是在这个特殊场合内仍然是无所不包的。所以你只要谈到一个所予直观的杂多,你只要谈到直观,你只要谈到经验,你只要谈到经验对象,那么它必然会从属于诸范畴,在这个领域里面它是普遍的,它是一种无所不包的东西。为什么这种认识论被称为先验"逻辑",意思就在这里。我们所有的知识都是从属于它之下的,都是从属于这种逻辑之下的,这些范畴是一切知识的逻辑前提,一切知识逻辑上之所以可能就要以它们为条件。这样一来呢,先验演绎这个工作就完成了,先验演绎就是要证明这个范畴如何能合法地运用于经验对象,那么现在在它证明了一切经验对象之所以能够成立都必须以它为前提,那么它当然就可以合法地运用于一切对象,不仅仅是可以运用,而且必须运用。不是出于它自己的目的,而是出于这些直观对象本身的需要,所以必须要运用于这些直观对象。这些经验的直观都是从属于它之下的,只有在这些条件下,感性直观的杂多才能聚集到一个意识里面来。这个是它的第 20 节的主要意思,我们把第 20 节看成是康德的先验演绎的最后的完成,后面几节都是他的更进一步的解释和验证。

B144　　§ 21. 注释

好,我们再看第 21 节。21 节是一个注释,这个注释可以看作是第 20 节的注释,但是也可以看作是对前面的整个演绎的一个注释,因为第 20 节本身就是总结前面的。我们来看看这个注释,他说:

在一个我称之为"我的"的直观中所包含的杂多,被知性的综合表现为属于自我意识的**必然**统一性,而这是通过范畴做到的。

这个"必然"打了一个着重号,也就是说,演绎的目的就是为了说明诸范畴如何能够必然的运用于直观杂多。所以"在一个我称之为'我的'的直观中",这个直观已经由我获得了某种意义,我可以把它叫作"我的"

这样一个直观了,里面所包含的杂多"被知性的综合表现为属于自我意识的必然统一性"的。它们都被纳入到自我意识的统觉的统一之下,这个是我们刚才讲过了的,他说这是"通过范畴做到的",也就是说范畴在自我意识的这种统觉的统一活动之中,它是代表着先验自我意识而起这种作用的。但是在层次上是不可能等同的,范畴有十二种范畴,而自我意识只有一个,自我意识是一,范畴是多。自我意识是最高的原则,范畴在自我意识之下,自我意识借助于范畴来进行一种知性的综合,来把我的一些直观统一为我的。这里有个注释,这个注释是用来证明范畴对直观杂多的必然统一性的。他说:

其证据建立在那得到表现的**直观统一性**之上,对象通过它而被给予,它任何时候都包含着对在一个直观中被给予的杂多东西的综合,并且已经含有这种东西对统觉的统一性的关系了。

"其证据",这个其实前面已经讲到了的,就是以前面整个先验演绎的分析为证据,即只要我们看到某种"得到表现的直观统一性",看到直观的统一性被表现出来,就已经说明这个范畴把这些直观的杂多统一起来的必然性了。因为"对象通过它而被给予",也就是通过这种直观的统一性而被给予,也只有通过直观的统一性我们才能被给予一个对象。它,即这种统一性,"任何时候都包含着对在一个直观中被给予的杂多东西的综合"。这个统一性任何时候都包含着一个综合,一个什么综合呢,对直观中被给予的杂多东西的综合。凡是我们讲"一个"对象,其实就已经预设了它的统一性,这种统一性里面就已经包含一种综合杂多的功能,已经包含着杂多综合了,并且已经含有这种东西对统觉的统一性的关系了,就是在直观统一性里面就已经包含有对统觉统一性的关系了。一种统一性本身就包含有杂多对这种统一性的"关系",这说明它不是一个静止不动的表象,而是一种活动,一种发挥能动性来制造关系的"联结"活动。这个我们前面第 17 节已经讲得很清楚了,就是最起码的直观都必须经过联结、经过综合、经过统一,才能够被表现出来,所以凡是在得到表现的直观统一性之上，就已经有了这个范畴的必然作用的一个证据。当然这种作用不是直接的，而是渗透进来的，它不是直接的作用，而是通过种种环节的不同层次来进行综合的，这个中间还有一些过渡。这是这下面的注释，实际上是重申了先验演绎的原理。正文中接下来他讲：

所以范畴表明：对"一个"直观的所予杂多的经验性意识是从属于一个先天的纯粹自我意识的，正如经验性的直观从属于一个纯粹感性的、同样是先天发生的直观那样。

范畴的作用就在这个地方，范畴的职能没有别的，就是使"一个"直观中所予杂多的经验性意识从属于一个先天的纯粹自我意识，这是范畴的功能。范畴表明对一个直观的所与杂多进行了综合统一，使这个杂多的直观的东西已经成为"一个"了，那么对于直观杂多的这个经验性意识是从属于一个先天的纯粹自我意识的。可见范畴在这个里头起了一种代表先天的纯粹自我意识来进行综合统一的作用，"正如经验性的直观从属于一个纯粹感性的，同样是先天发生的直观那样"。经验性的直观就是感觉、知觉、印象嘛，从属于一个纯粹感性的，同样是先天发生的直观，那就是时间和空间，经验性直观是从属于时间空间的。那么一个直观的所与杂多的经验性意识是从属于一个先天纯粹自我意识的，跟这个经验性直观从属于先天直观有同样的机制，都是后天的东西从属于先天性东西。而且在这里我们还可以提示一句，其实这个直观所与杂多经验性的意识之所以从属于先天的纯粹自我意识，就是通过时间，就是通过"时间的先验规定"这样一个"图型"。我们后面要讲"图型法"，这个地方没有明确说出来，但是已经暗示了这层意思。"正如"，正如什么呢，正如经验性直观是从属于一个纯粹感性的、同样是先天发生的直观那样，这个时间它既是感性的，同样它又是先天发生的。所以时间可以充当经验性的意识和这个纯粹的先验自我意识之间的一个中介，一个图型，它具有双重身份，具有双重性质。范畴不是直接作用于经验性意识，它是通过一个中介间接地体现它的这样一个综合作用，要通过时间图型，通过想象力中再生地综合,最后才能达到直观中认定的综合。在第一版的这个演绎里面,这一点说得更加清楚一些,第二版因为要从上至下地来讨论,所以中间的那些环节都把它忽略了。当然后面又把它给部分地补上来了,经过这个第 20 节、21 节,这个演绎已经完成之后,他又把那些东西补上来了,作为反过来的一种补充说明。所以我们说在第 20 节、21 节中,演绎其实已经完成了,但是还不透彻。他其实已经讲到了在直观中,在任何最直接的感性直观的知识中就已经有范畴和先验自我意识的统觉的综合作用在其中了,这本来就可以证明一切感性经验的对象都必须要运用范畴,范畴运用于感性对象的合法性已经得到证明了。但究竟是如何运用的呢,这个地方还没有具体地说明。所以康德继续说:

——于是在上面这句话中就开始了纯粹知性概念的一个**演绎**,在该演绎中,由于范畴是**不依赖于感性**而只在知性中产生出来的,我就还必须把杂多在一个经验性直观中被给予的方式抽象掉,以便只着眼于由知性借助于范畴而放进直观中的那个统一性。

所谓"在上面这句话中",就是指"所以范畴表明对'一个'直观的所予杂多的经验性意识是从属于一个先天的纯粹自我意识的,正如经验性的直观从属于一个纯粹感性的,同样是先天发生的直观那样",在这句话中"开始了纯粹知性概念的一个演绎"。这句话里面已经开始了演绎,那么在该演绎中"由于范畴是不依赖于感性而只在知性中产生出来的,我就还必须把杂多在一个经验性直观中被给予的方式抽象掉,以便只着眼于由知性借助于范畴而放进直观中的那个统一性。"也就是说在这个演绎中抽掉了某些东西,跳过去了某些东西,先说它是一个演绎,说这句话"开始了"一个演绎,也可以说就凭这句话,就是演绎了。但是这个里头跳过了某些环节,跳过了什么环节呢,就是说范畴是不依赖于感性的,它是知性的,那么我就还必须把杂多在一个经验性直观中被给予的方式抽象掉。在上面这句话里面呢,一头是直观的杂多,另一头是先验的自我意识,先验自我意识是由范畴来代表的,完了。但是杂多在一个经验性直观中被给予的方式,在这个地方没有考虑到,只是考虑到两头,而没有考虑到中间。杂多的直观它是通过一种什么方式被给予的,在这个地方没有考虑到。在第一版的演绎中它有三个层次,一个是直观中领会的综合,一个是想象力中再生综合,最后才是概念中认定的综合。前两个层次就是直观中这个经验被给予的方式,就是在直观中被领会这样的综合,以及在想象力中被再生出来的综合。这都是杂多在经验性直观中被给予的方式,而在这里被抽象掉了,因为第二版是采取一种综合的方法,它不是采取第一版的那种从下而上,一步一步,追溯它之所以可能的条件的那种方法,而是从上而下,先确定一个概念,然后一下子冲到底,把所有的环节都包含在内。所以这个地方,他说把一些东西抽掉了,就是杂多在一个经验性直观中被给予的方式被抽掉了,为的是着眼于由知性借助于范畴而放进直观中的那一个统一性,着眼于直观中的那个综合的最终的来源,它背后的来源。直观中领会的综合和想象力中再生的综合,这两个综合都有后面的来源,就是范畴。最后是概念中认定的综合,范畴才现身出来,通过概念即范畴中的认定,才为这一系列综合找到了根据。第一版演绎有这三个层次,概念中认定的综合就涉及到范畴了,涉及到纯粹知性概念,由纯粹知性概念才把这个对象确定下来、认定下来,再次认定下来,就是这个东西。而在这里呢,他把前面两个阶段都抽象掉了,以便只着眼于认定下来,这个范畴的认定,着眼于范畴通过认定放进直观中的那个统一性。

　　在后面（见§26.）我们将由经验性直观在感性中被给予的方式来指
B145　明,经验性直观的统一性不是别的,而是范畴按照前面§20.为一个所予直观的杂多而一般地规定的统一性,

　　第26节我们这本书里头没有收入进来,它说的是什么呢?第26节里面康德说,前面第20和21节只是对范畴作为"对一般直观的诸对象的先天知识"的可能性进行了演绎,这种先验演绎已经完成了;但"一般直观"和"感性直观"还并不能等同,而现在要讨论的是,应当"通过范畴

先天认识那些永远只能对我们的感官出现的对象"的可能性,就是具体从感性直观中演绎出范畴来,这是第 26 节主要的课题。① 所以第 26 节的标题是"纯粹知性概念的普遍可能的经验运用的先验演绎"。就是说,前面的演绎都是针对"一般直观的诸对象"的先天知识而言的,虽然也是以"感性直观"的对象为例,但毕竟是自上而下,着眼于范畴一般地对直观对象能够产生的综合作用;而在后面第 26 节中,康德"将由经验性直观在感性中被给予的方式来指明,经验性直观的统一性不是别的,而是范畴按照前面 §20. 为一个所予直观的杂多而一般地规定的统一性",就是具体要从感性直观对象的可能性里面来证明这些范畴的规律,用我们的话来说就是要通过一种自下而上的验算,通过一种验证。你演绎已经完成了,但是还要倒过来,从这种感性直观本身到底是如何可能的,来反证范畴的不可缺少的作用。对此我们前面已经讲了很多了,一个直观的东西、一个表象,例如一种红色,它如果没有一个范畴在背后起作用,本身也不可能被我们知觉。但是这个知觉本身它的这个方式,在康德前面这些论述里面还没有直接谈到,只是有所涉及而已。正式谈它是在第 26 节里面谈到的,我们已经预先在这里把第 26 节的一些内容说了。这些内容属于"主观演绎"的内容,和前面那个"客观演绎"是一种颠倒的关系,一种反过来的验证关系。但在康德这里,这种验证也是不可少的。知觉本身之所以可能,也就是说直观中领会的综合之所以可能,就在于所谓知觉是对"一个"直观经验的意识,当我们把直观中的东西加以领会、综合起来的时候,我们对直观的杂多就有了一种意识。这个"知觉"跟单纯的"感觉"不同的地方就在于它是"知",它有意识,它伴随着对感觉的意识,凡是对感觉的意识我们就把它称为"知觉"。在心理学上面是这样定义的,在康德这里也是这样理解的。那么,直观被我们所领会,直观的杂多被给予我们,这种被给予的方式就是一种意识的方式,是一种知觉的

---

① 参看《纯粹理性批判》B159,第 106 页。

方式,是伴随有意识的方式被给予的。而这个被给予方式在康德前面那个演绎里面被抽掉了,"以便只着眼于知性借助于范畴而放进直观中的那个统一性"。但是在第26节里面,"我们将由经验性直观在感性中被给予的方式来指明,经验性直观的统一性不是别的",它就是前面第20节中所证明的"为一个所予直观的杂多而一般地规定的统一性",也就是范畴的统一性。范畴的统一性是"为一个所予直观的杂多而一般地规定的",即不是仅仅规定这个感性直观的、知觉里面的统一性,而是一般地规定所有的直观的,哪怕是外星人的直观,它也能够规定。所以范畴的统一性的演绎是自上而下的,感性知觉中的经验性直观统一性的演绎则是自下而上的,康德在后面要证明的是,后面这种统一性正好就是前面那种统一性的一种表现。正如康德在那里说的:"但这种综合的统一不能是任何别的统一,只能是一个给予的**一般直观**的杂多在一个本源的意识中按照诸范畴而仅仅应用于我们的**感性直观**上的联结的统一。"① 这里康德在"一般直观"和"感性直观"两个词组上打了着重号,说明这两种综合统一还是有差别的。知觉里面的统一性是基于我们人类的感性直观的统一性,这种统一性是特定的。但是这种统一性实际上又来自于范畴对一般直观的统一性,所以是范畴的那种对"一般直观"的规定的统一性在"感性直观"的具体场合下的体现。

　　所以,只有把范畴对于我们感官的一切对象的先天有效性解释清楚了,这个演绎的目的才完全达到。

　　演绎的目的在目前还没有完全达到,还必须"把范畴对于我们感官的一切对象的先天有效性解释清楚"。就是说不仅仅是抽象地把范畴在一般可能的直观上的运用的有效性解释清楚,而且要把它在"我们感官"的一切对象上所看到的各种各样的直观杂多的知觉上的有效性解释清楚。比如说,通过直观中领会的综合以及想象力中再生的综合,我就把

---

① 《纯粹理性批判》B161,第107页。

范畴在具体感性直观的杂多中是如何运用的解释清楚了。直观中领会的综合是就事论事的，它实际上已经暗中渗入了量的范畴和质的范畴；想象力中再生的综合其实就涉及到关系范畴，因果关系呀，实体性关系呀，协同关系呀这样一些关系，但这些范畴都是在背后起作用的，在直观和想象力本身中还没有明确意识到。一直到概念中认定的综合，这些范畴在我们感官中运用的"现实性"和"必然性"才在模态上得到了确立，我们由此所综合起来的直观对象才真正成为了客观确定的"对象"。这时我们才明确意识到，所有这些对象里都渗透了范畴的作用。只有在这个层次上，才把范畴对于我们感官的一切对象的先天有效性解释清楚了，才真正说明了感官对象的可能性条件，那么这个演绎的目的才完全达到了。所以康德原先在这个中间跳过去的内容，就是范畴在这些具体直观从下到上的不同层次里面暗中所起的作用，即它们在这种经验性直观的被给予方式中所造成的影响。这些范畴是在背后起作用的，但是在这些经验性直观的被给予方式中它们的作用有不同的层次，在直观中被领会，在想象力中被再生，由此而上升到在概念中被认定，才达到了范畴的直接现身。那么在后面第 26 节里面要谈的就是经验性直观的这样一些被给予的方式，通过对这些方式在各种不同的直观层次中都用这个先天的范畴来加以解释，就证明了先验自我意识的诸范畴的作用的普遍有效，虽然它不一定直接显露出来，它可能在背后起作用，但是它无所不在。只有把这一点解释清楚了，这个演绎的目的才算是完全达到了。

下面这一段里面有几个转折。首先一个转折是，

不过，在上面的证明中有一点是我毕竟不能抽象掉的，这就是：对直观来说杂多必定是还在知性的综合之前、且不依赖于知性综合就被给予了；

这个"不过"是接着上面的意思说下来的，前面的意思就是说我们一开始必须把杂多在经验性直观中的被给予方式抽象掉，以便突出范畴自上而下的综合统一性；而这里则转过来说，"在上面的证明中"，也就是

在前面的客观演绎中，"有一点是我毕竟不能抽象掉的"，这是跟前面相呼应的。我已经把那种杂多在经验性直观中被给予的具体方式抽象掉了，但我其实并不能将它完全抽象掉，哪一点不能抽象掉呢，就是"对直观来说杂多必定是还在知性的综合之前，且不依赖于知性的综合就被给予了"。就说杂多在我去综合它之前，它是由另外的来源所给予的。知性的综合虽然是我从先天的方面居高临下、自上而下带给直观的，但是直观本身呢，它来自于另外的来源，所以它在综合之前并且不依赖于知性的综合，已经被给予我们了，自在之物刺激我们的感官就给予了我们各种直观的表象，这个东西跟你的综合没有关系。但这个毕竟是我们不能抽掉的。我们可以把直观在感性中被刺激起来给予我们的表象方式暂时把它抽掉，这只是由于我们在上面的证明中已经预设了这样一个前提，就是直观是预先被给予的，是自在之物刺激我们的感官而提供出来的，它本身跟我们自我意识的综合统一没有关系，因为它们来自于两个不同的来源。所以康德在导言中说经验中一切知识都从经验开始，但并非一切知识都来自于经验。从经验开始的这些知识里面除了来自于经验以外还有来自于先天的成分，所以任何经验知识都由两个方面构成，一个是来自于后天的，那就是由自在之物刺激我们感官所获得的那些感性知觉和表象，另一方面是来自于先天的，那就包括时间和空间的先天直观形式和范畴、也就是先验自我意识这一套。既然如此，在上面的证明中我们已经把这一点承认下来了，就是说当知性通过范畴去综合统一那些直观的杂多的时候，这些直观杂多必须被预设为是来自于另一个来源，已经提供给我们了，才能去综合。如果它还没有提供给我们，你怎么去综合呢？所以在这个意义上，我们不能够抽象掉的就是"对直观来说杂多必定是还在知性的综合之前、且不依赖于知性综合就被给予了"。这是一个转折，就是前面讲的抽掉了感性直观被给予的方式，我把那些具体方式都抽象掉了，以便只是着眼于知性的这种纯综合来进行演绎；但是有一点是不能抽掉的，就是你这种知性的自上而下的纯综合总是作用于后天给予的直观杂多的,那些直观杂多必须假定已经在经验中被提供出来了,已经有了,你才能去综合,否则综合什么? 所以这一点、即这个假定在上面的证明中其实已经考虑在内了。下面又一个转折:

但如何被给予的,在这里却仍未确定。

这又是对前面那句话翻案了。前面那句话是对上一段话的翻案,即虽然我在演绎时必须把感性直观中的被给予方式抽象掉,不去讨论它;不过有一点是不能抽掉的,就是我们必须承认这种感性直观的被给予是一切知性的综合作用的前提,这个前提的预设或假定却是不能被抽掉的;至于感性直观是如何被给予的,这一点却仍然没有确定。没有确定就是留下一个空缺,可以说留下一个缺陷,这个缺陷是必须揪住的,不能够忽略的。虽然你承认了感性直观是先于综合之前已经提供出来的,是我们的知性综合统一所作用的对象,但是这个对象是如何被给予出来的,它的具体的方式仍然没有提到。所以这还是一个缺点,还是一个不完满的地方,只有把这个空缺补上去了,我们的演绎才最终得到完成,我们的目的才算完全达到。那么下面这一句话就比较好理解了,既然有这样一个缺点,那么这个缺点将会隐含着一个危险,一种什么危险呢?

因为,假如我想思考一个本身直观着的知性(例如也许是神的知性,它不想象各种被给予的对象,而是通过它的表象同时就给出或产生出这些对象本身),那么范畴对于这样一种知识就会是完全没有意义的。

危险就在这里,你对这种直观如何被给予的方式你不加确定的话,那就很可能留下一个把柄,留下一个隐含着的危险。就是说,如果这种被给予的方式是一种"直观的知性",以这样一种方式被给予,它给予出来就已经是知性的,就已经是统摄好了的,它本身就已经是一个固定的对象了,一个确定的对象了,一个直观的东西就已经产生出来了,不需要你的范畴加以统摄、加以综合统一,把它构成一个对象,它已经是一个对象,那么你的范畴不是没用了吗? 所以你对这些直观的杂多给出的方式不加确定,这里头就隐含着一种可能的缺点,隐含着一种可能的危险。

万一人家这样来理解你的这个直观，以为是一个知性的直观，那么范畴的这个必然性就得不到证明，那你的整个演绎也就完不成了。范畴对于这样一个直观的知性是完全没有意义的，范畴不能够给它增添任何东西了，因为它在直观中已经是一个知性对象了，它不需要范畴了。我们可以设想上帝就有这样一种直观的知性，上帝创造对象还用得着你的范畴吗？上帝直观到一个东西，那个东西就已经是知性的，已经具有统一性了；上帝思维到一个东西，那个东西也就直观地呈现了。所以上帝不需要运用范畴就可以产生出一个对象来，上帝只要通过它的知性想到一个对象，这个对象也就直观地产生出来了。上帝说要有光，于是就有了光，用不着去想这个光它是符合哪个范畴。这就是直观的知性，或者说知性的直观，这两者实际上是一回事。当然这并不是人所能够具有的能力，至于上帝是不是能够具有它，我们也无从知道，这里只是姑妄言之，提出一种假设的可能性，以便在逻辑上使论证更严密。康德连上帝是否存在都存而不论，显然决不可能认为上帝真的具有这种直观知性能力，这只是说说而已罢了。牟宗三认为康德把直观分为两种，一种是人的感性直观，另一种是上帝的知性直观，这就把康德的观点理解得太实了。康德并没有这样断言，凡是他提到知性直观的地方他都用虚拟式，只是一个逻辑上不矛盾的假设而已，并没有任何事实根据。但是，虽然没有事实根据，在逻辑上我们却仍然要考虑到它，以便把这种可能性排除掉，即把知性范畴对"一般直观"的综合统一作用限定在我们的"感性直观"的杂多之上，我们才能够做到无懈可击。所以他下面就来作这种限定：

范畴只是这样一种知性的规则，这种知性的全部能力在于思维，即在于把在直观中以别的方式给予它的那个杂多的综合带到统觉的统一上来的行动，因而这种知性单凭自己不认识任何东西，而只是对知识的材料、对必须由客体给予它的直观加以联结和整理而已。

就是说，范畴"只是"这种知性规则，而不是别种的知性规则；这种知性的全部能力只在于思维，而不在于直观；"即在于把在直观中以别的方式给予它的那个杂多的综合带到统觉的统一上来的行动",所谓"别的方式",就是不同于知性的方式,也就是感性的方式,知性只能把直观中以非知性的、即感性的方式给予它的杂多综合带到统觉的统一上来。所以知性和直观只能够是异质的,只能是来自于两个不同的来源;知识则是由这两个来源的成分合作的产物,任何一方缺了对方都不可能获得知识。"因而这种知性单凭自己不认识任何东西,而只是对知识的材料、对必须由客体给予它的直观加以联结和整理而已"。在后面康德还会多次强调,知性的范畴**事实上**绝对不可能有"先验的运用",而只可能有"经验性的运用",或者说"内在的运用",也就是只能运用于人类的感性直观经验之内部,尽管在**逻辑**上那种先验的运用也并不矛盾。所以范畴只有运用于我们的经验直观之上才能获得知识,而我们的知识也少不了范畴。所以康德接着说:

　　但我们的知性只有借助于范畴、并恰好只通过这个种类和这个数目 B146
的范畴才能达到先天统觉的统一性,对它的这一特性很难说出进一步的理由,正如我们为什么恰好拥有这些而不是任何别的判断机能,或者为什么唯有时间和空间是我们的可能直观的形式,也不能说出进一步理由一样。

　　我们的知识少不了范畴,但这些范畴有哪些呢?康德说我们"恰好"只有这些,所有这些范畴都被康德按照形式逻辑判断方式的提示而发现出来了;至于为什么不多一个、不少一个,正好是十二个范畴,或者说正好有十二个判断形式,以及正好有两种直观形式即时间和空间,这些都是无法说明的,是给予我们的一个既成事实。康德在另一个地方,也就是在1786年的《自然科学的形而上学基础》中,也涉及到这个问题。有人质疑康德的范畴表,说它并没有解决经验如何通过这些范畴并且仅仅通过这些范畴而可能的问题,因此康德的范畴演绎是不完全清楚和不充分的。康德则回答说,这个问题并不是那么重要,只要我们能够证明我们的一切客观知识都少不了它们就行了,至于这是为什么,这一问题即使不解决,大厦的根基也仍然是稳固的。他说这就像牛顿的体系也有一个不能解释的预设即万有引力一样,万有引力预设了超距作用,这是如何可能的,牛顿也没有解决这个问题,但这并不妨碍他在此之上建立起整个物理学体系。[1] 当然这实际上是一个遁辞,作为一个理性主义的哲学家是不应该留有这样明显的逻辑缺陷的。一开始为什么恰好就有十二范畴,这无论如何是应该加以说明的,不能说它就是有这么多,被我发现了。只有经验派的哲学家才会那么做。康德非常看不起亚里士多德发现和搜集范畴的经验主义做法,而自认为是从形式逻辑的判断分类里面逻辑地引出他的十二范畴的,是有理性根据的;但实际上他与亚里士多德只不过是五十步笑百步,他自己对于我们为什么恰好只有这十二个范畴,以及"我们为什么恰好拥有这些而不是任何别的判断机能",乃至于我们为什么恰好拥有时间和空间两种直观形式,也无法作出说明,对他来说这都是碰巧事实如此而已,没有进一步的解释。所以后来黑格尔批评康德说,他的范畴表最大的问题是没有"推演范畴",只有在他之后的费希特才开始这样做。康德的范畴表是"端出来"的,而不是一个从另一个中推演出来的,所以它的最初的出发点仍然是经验。康德满足于这种经验,他认为正是守住经验的限度而不去奢求超越经验之外的可能的知识,才使他的体系不可动摇。在这点上他和休谟是一致的,即只说自己知道的东西,不知道的就不说,宁可存而不论。我虽然有所不知,但我所知道的东西都是确定的,这就是他的原则。

§22. 范畴在事物的知识上除了应用于经验对象外没有别的运用

前面已经指出,范畴的先验演绎是指出了这个范畴必然能够运用于经验对象上。那么第 22 节则是从另外一个角度,从这个问题的相反的

---

[1] 参看《自然科学的形而上学基础》,邓晓芒译,上海人民出版社 2003 年版,第 13—16 页。

另外一面来看,也就是范畴必然能够运用于经验对象这一面已经证明了,而这一节则证明范畴"在事物的知识上除了运用于经验对象之外没有别的运用"。这个演绎就更宽了,也就是说,范畴不仅仅是"必然能够"运用于经验对象,而且"只能"运用于经验对象,而不可能有别的运用。但是,范畴除了运用于经验对象以外没有别的运用,这只是"在事物的知识上"来说的,那么假如不是为了求得对事物的知识,它本身是不是也可能作别的运用呢? 所以这一段第一句话是从这里开始的:

所以,**思维**一个对象和**认识**一个对象是不同的。

就是说范畴它必须能够运用于经验对象上是为了"认识"一个对象,但是如果仅仅是为了"思维"一个对象,那么它也可以不运用于经验对象上,它可以对一个超经验对象进行思维。

因为认识包含两个方面,一是使一个对象一般地被思维的概念(范畴),二是使这对象被给予的直观;

你如果要认识对象的话你就必须使这两个方面结合,除了有范畴以外,另一方面你必须要有直观被给予出来。但是如果仅仅是思维一个对象,那么它就不需要直观,它只要概念或范畴就能够进行思维了。他说:

因为,假如一个相应的直观根本不能被给予概念,那么概念按照形式也许会是一个思想,但却没有任何对象,且它将不会使有关某个事物的任何知识成为可能;

也就是说,如果一个相应的直观没有被给予概念,根本不能被给予概念,那么概念仅凭它的形式它也可以进行思维,"也许会是一个思想",概念在形式上的思维不需要有内容,但是它因此也就"没有任何对象"。凡是认识就涉及对象,你要想要获得一种知识的话,在康德看来就必须有对象,这个对象当然是指的直观的感性的对象,而不是自在之物。所以单纯只是思维不需要任何对象,而且它将不会使有关某个事物或者有关某个对象的任何知识成为可能,因为它没有直观被给予出来,也就没有现实的对象被给予出来,仅凭它的抽象的形式上的思维,它并不能够认识事物。

因为就我所知将没有、也不可能有任何东西，能够让我的思想运用于其上。

在知识的范围之内，我们从知识的角度来看，我们就会发现，在这种情况下将缺乏任何对象能够让思维运用于其上，能够让这些范畴、概念运用于其上的对象在这里并不存在。这一段话应该不难理解。

既然我们可能有的一切直观都是感性的（见"感性论"），所以在我们这里，通过一个纯粹知性概念对某个一般对象的思维，只有当这概念与感官对象发生关系时才成为知识。

也就是说，我们所可能有的一切直观都是感性的，而排除了那种"知性的直观"或"智性直观"，我们只有通过被动的"接受"才能够获得我们直观的杂多，我们不能通过知性去主动地、自发地思维就获得某种直观，那是不可能的——这一点在"先验感性论"中已经说得很透彻了。"所以在我们这里"，也就是在人类这里，"通过一个纯粹知性概念对一个一般对象的思维，只有当这概念与感官对象发生关系时才成为知识"，通过范畴对某个一般对象的思维，这个一般对象是指任何对象，你要思维一个对象，或者说你要思维任何一个对象，那都是可以的；但那还不是知识，只有当这个概念和感官对象发生关系的时候才能成为知识。也就是说，范畴它可以思维一般的对象，包括超感官的对象，自在之物我也可以思维，上帝我也可以思维，这些一般的对象都可以思维，但是只有当这些概念这些范畴都与感官对象发生关系的时候，这种思维才能成为知识。你要思维一般对象也可以，但如果你要使这种思维成为知识的话，那你就必须使它们跟感官对象发生关系。感官对象属于一般对象中的一部分，一般对象除了感官对象还有别的，还有超感官对象。这些一般对象都是可以单纯从形式上加以思维的，但是没有内容，所以还不是知识，如果要成为知识的话那就必须引进感官对象。那么，感官对象是通过感性直观而获得的，

感性直观要么是纯直观（空间和时间），要么是对于在空间和时间中   B147
直接通过感觉而表现为现实的东西的经验性直观。

这个先验感性论里面已经讲得很清楚了，感性直观有两个层次，一方面它可以是纯直观，先天的时间空间，另一方面，它是后天的、质料的，是"对于在空间和时间中直接通过感觉而表现为现实东西的经验性直观"，空间和时间本身还不是现实的东西，只有充实了感觉的内容才能"表现为现实的东西"。这就是感性直观的两个层次。

通过前一种直观的规定我们能得到关于对象的先天知识（在数学中），但只是根据这些对象的形式并作为现象；

就是说，根据它的先天的那个层次，即根据时间空间的先天直观形式、或者说纯直观这样一个层次，我们可以得到关于对象的先天知识，例如数学就是有关对象的先天知识。数学里面处理的那些几何形，那些数量，那些数目，都可以看作是我们知识的对象，而这些对象是可以先天地认识的，所以关于这些对象的知识是先天的知识。"但只是根据这些对象的形式"，关于对象的先天知识在数学中只是形式的知识，数学里的那些先天对象其实只是对象的形式。我们看到的几何形和那些数目，都是感官对象的形式。并且它们还只是"作为现象"，而不是自在之物。因为时间和空间本身就只能把握现象，它不能够设想为自在之物本身的一种形式，不能设想自在之物存在于时间空间中。凡是时间空间中的东西都只能把它当现象来看，它是着眼于呈现在我们眼前的那些表象的，在经验性直观里面所呈现出来的那些表象也只能够存在于时间空间之中，因为时间空间无非是接收那些经验性表象的一种能力或者是一种形式框架，它只是我们主体的主观框架，不能够超越经验性东西去把握现象后面的那些自在之物。这个应该是很明白的，在先验感性论中也说得很清楚了。所以它们能得到关于对象的先天知识，但是呢只是根据这些对象的形式、并且是作为现象来得到的，我们在数学里获得的是关于对象的形式的先天知识，而这个形式和它的内容一起全都只是作为现象，全都属于现象界。

<u>是否可能有必须在这种形式中被直观到的事物，这在这里却还仍然未确定。</u>

也就是在数学里面还没有确定是不是一定会有这种时间空间中被确定被直观到的那些事物，在时间空间的先天的形式里面，在这个框架里面，当我们把它作对象来看的时候，它还是一个空框架，是一个空洞的形式。数学，几何形和数目，都是些空洞的形式，那里面是不是已经装进了被直观到的事物，在这个地方还没有确定。数学并不确定它里面是不是装进了一些东西，我们讨论几何学是讨论几何形状，圆形、三角形、正方形，我们不是讨论这些形状是什么东西的形状。是什么体现出这种形状，这一点在数学里面是没有确定的。

<u>所以，一切数学概念单独还不是知识；除非，我们预先假定有事物，这些事物只有符合那个纯粹感性直观的形式才能向我们呈现出来。</u>

"一切数学概念单独还不是知识"，这是康德的一个很重要的观点。就是数学我们虽然称它们为知识，而且是非常牢靠的知识，经过几千年的考验，已经证明是实实在在不可动摇的知识，我们经常说"这就像二加二等于四一样不容置疑"；而在康德看来，以往被公认的知识除了数学就是自然科学，就是这两种知识，所以康德经常把他的体系的各个层次分成数学和力学的，要么是数学性的，要么是力学性的。可见康德对于数学是非常看重的。但是他在这里却指出，数学单独看来还不是知识，单纯数学还不是一种知识。为什么呢？因为它里面还不确定是不是有必须存在于其中的直观的事物，是不是有经验性直观的东西，是不是有物理学对象、自然科学对象被包含在数学里面，这个还没确定。所以单独看一切数学概念还不是知识。这对理性派哲学家企图单凭数学来证明整个世界的规律的想法，如莱布尼茨所设想的那样，无疑是一个沉重的打击。但是康德在后面做了一个保留："除非，我们预先假定有事物，这些事物具有符合那个纯粹感性直观的形式，才能向我们呈现出来"。除非预先

假定在这个数学的形式里面、在时间空间里面有事物，而且这些事物它只有按照时间空间的形式才能够向我们呈现出来。这样的事物那当然就是后天经验性的事物，就是感性的知觉、印象、感觉这样一些东西，也就是感性直观的质料。除非我们预先已经假定这些形式里面有感性质料向我们呈现，这个时候我们才能认为数学是一门真正的知识。所以当我们说数学是一门知识的时候，我们是已经预设了在数学里面应该有事物作为符合时间空间的一些感性的材料，能够向我们呈现出来的，所以我们才能大胆地把数学称之为一种知识。如果你以为数学单独就是一种知识，在康德看来就是错的。空洞的时空形式、空洞的几何学和算术，不假定里面可能包含有物理学自然科学的经验内容，那么这样一种数学它单独还不是一种知识。这个是康德很重要的一个观点。

但空间和时间中的**事物**只有当它们是知觉（伴随着感觉的表象）时才被给予，因而只有通过经验性的表象才被给予。

就是说，既然你必须假定数学里面是有时空中的事物的，数学才能被称为知识，那么什么是时空中的事物呢？这些事物只有当它们是知觉的时候才会被给予，知觉就是伴随着感觉的表象，只有当它们伴随着感觉的表象而来时，这些事物才被给予。我们前面讲了，知觉就是对感觉的意识，能够意识到感觉就是知觉，那么这些意识表象是伴随感觉而来的，事物只有当它们有感觉的表象伴随而来的时候才被给予。所以时间空间中的事物是这样一些事物，它们伴随着知觉才被给予，"因而只有通过经验性表象才被给予"。这里就点明了我们所说的这些事物，实际上指的是在经验性的表象中呈现的事物，只有经验性的表象才能给出的事物，就是着眼于经验性的内容，着眼于它在经验性的质料上所表现出来的东西。

所以纯粹知性概念即使当它们被运用于先天直观（如在数学中）时，也只有在这些先天直观、因而借助于先天直观使知性概念也能够被运用于经验性直观的情况下，才获得知识。

　　这句话是个长句子。纯粹知性概念，也就是范畴，如何能够获得知识呢？"即使当它们被运用于先天直观时"，也就是说即使在数学的情况下，也要"能够被运用于经验性直观"，才能获得知识。数学当然是时间空间本身的一种关系，但是你要构成数学还必须要运用范畴，这个前面以及后来都讲到了这一点。就是说在直观中已经要用范畴了，已经使用范畴了，在数学里面除了对时间空间的各种表象加以限制分割以外，还要对它们加以规定，还要对它们加上单一性、全体性、因果性和协同性证明等等，这些都要运用知性范畴。这些知性的范畴即使仅仅在运用于数学时，这个"即使"就是说，哪怕仅仅在运用于抽象形式的数学时，也只有在这些先天直观能够被具体运用于经验性直观的情况下，因而借助于先天直观使知性的概念也能被运用于经验性直观的情况下，才能获得知识。这个逻辑结构是这样的，也就是说这个知性范畴是借助于这个先天直观才运用于经验性直观，它不是直接运用于经验性直观，这个我们在后面要讲的知性范畴的图型法里面已经阐明了这一点。知性范畴要运用于经验性直观，它跟经验性直观是完全不同的，一个来自于先天范畴、先天的自我意识、先天统觉，一个来自于后天经验。那么它们如何结合在一起呢？必须要借助一个中介，那就是时间，时间的图型。那么这句话主要是这样分析的。纯粹知性概念在运用于数学的时候，它只有当这些数学能够被运用于经验性直观的情况之下，并且因为数学能够被运用于经验性直观，因此范畴也能够借助这一点也能够被运用于经验性直观，在这种情况之下，它才能获得知识。

　　因此范畴借助于纯直观也并未提供给我们有关事物的知识，而只有通过它们在**经验性直观**上的可能的运用才能做到这点，就是说，范畴只用在**经验性知识**的可能性上。

　　范畴借助于纯直观，也就是说范畴借助于数学，并没有提供给我们有关事物的知识。数学当然已经提供了知识，但是数学之所以提供这种知识是已经假定了它是有关事物的知识，如果没有这个假定，单凭它自身还不能说是严格意义上的知识，即有关事物的知识。那么范畴单纯借助于纯直观，乃至借助于数学，如果不假定它是有关事物的，不假定它里面有经验性事物，那它同样不能够提供给我们有关事物的知识。"而只有通过它们在经验性直观上的可能的运用"才能获得这种知识，通过范畴在经验性直观上的可能运用才能获得知识。就数学而言，一般认为把范畴运用于纯直观上就可以形成数学知识了，这种知识当然可以应用于经验性直观上，可以在物理学中找到它的对应物。但数学家本身并不关心这一点，他只追求数学的完美，把自己关在书房里面用一支笔在纸上面演算，也不管外面发生了什么事情，也不管自己演算出来的东西将来是不是能够运用到物理学上。像陈景润的哥德巴赫猜想，就是坐在屋里猜想，在屋里解题，他哪里想到这个问题的解决会对科学技术、会对人们的生活产生什么影响呢？他不管这些，而且直到今天，他的那些成果也没能看到什么现实的影响，就是经济效益，看不出来。但是我们还是承认他是一个伟大的数学家，他做出了推进，你能说那些东西不是知识吗？但是在康德看来那些东西之所以是知识，毕竟还是因为那些东西它终有一天会运用于物理世界。虽然数学家不用做这种假设，但是哲学家是不能不假定这一点的。

但这种知识就叫作**经验**。因此范畴在事物的知识上没有别的运用，除非这些事物只被看作是可能经验的对象。 B148

在康德那里，凡真正的知识、严格意义上的知识都是经验知识，简称为"经验"，没有超经验的知识。在这方面康德深受经验派的影响。但他又认为经验中不只是包含有来自经验的东西，也包含有先天的范畴，它们是使得经验成为经验的必要条件。而反过来，先天范畴如果想要获得"事物的知识"，它也只能运用于"可能经验的对象"上，否则就只能是一个空的概念，而不是知识。这就是康德的全部先验演绎所得出的结论。

邓晓芒作品 · 句读系列

中卷 康德《纯粹理性批判》句读

邓晓芒 著

人民出版社

目　录

先验分析论·原理分析论

先验辩证论

先验分析论·原理分析论

好，我们来看这几段。这几段，我们心里面要有一个参照系，这个参照系就是这里的第一段所摆出来的概念、判断、推理，这是传统的形式逻辑的一个划分方式。讲到形式逻辑。我们首先就是讲这三项，一个比一个更高：概念、判断和推理。那么在康德看来，和它们对应的就是知性、判断力和理性。知性是讨论概念的，知性是产生概念的能力，这个在"概念分析论"里面已经讨论过了。那么这一部分是原理分析论。原理分析论，按照形式逻辑的划分方式就应该是归于判断和推理，应该是这两个方面的原理。都是运用概念，都在运用知性概念，一个是运用这些概念来作判断，另外一个是运用这些概念来进行推理。那我们看看康德在这里他对形式逻辑的划分和以往有什么样的区别。他讲普遍逻辑，所谓"普遍逻辑"就是指形式逻辑，在前面逻辑的划分里面，康德把形式逻辑称之为"纯粹的普遍逻辑"，普遍逻辑还有"应用的普遍逻辑"，应用的普遍逻辑主要就是在某种具体的场合之下所采取的一种方法论，纯粹的普遍逻辑就是形式逻辑。那么为什么叫普遍逻辑？这个普遍的意思就是指它是无所不包的，不管你是认识的对象还是非认识的对象，它都可以使用。你可以运用这个逻辑于一切对象，一切概念上面，不管这个概念是真的还是假的，包括上帝，包括灵魂，包括鬼怪，不存在的东西，都可以使用逻辑，所以它没有限定，它是普遍性的。但是也有人把它译作"普通逻辑"，这个意思就不太好理解了，为什么叫普通逻辑？当然你也可以说是传统的、历来人们认为的，但是康德不是这个意思。他是跟这个先验逻辑对应来这样叫的，先验逻辑不是普遍的，它有限定，它只能运用于经验对象上，否则它就要出事。所以先验逻辑跟形式逻辑相比没有那么普遍，它不是不看对象，只要推理正确就成立的。

普遍逻辑是建立在一种与高级认识能力的划分完全精确吻合的规划之上的。

也就是传统亚里士多德逻辑，它的这个划分是与高级认识能力划分完全精确吻合的，所谓"高级"认识能力，就是除了感性以外，因为感性认识能力是属于低级认识能力。人的一切认识能力可以划分为低级和高级两大部分，低级就是感性，高级就是知性和理性，也包括判断力，这些都是属于先天的那一部分。知性、理性、判断力都是属于人的认识主体中所固有的、本身所带有的这样一套先天的认识能力，是先于经验的认识，先于经验先于感性的那一套认识能力。

这些能力就是**知性**、**判断力**和**理性**。因此，普遍逻辑学说在其分析论中，正好与被人放在一般知性这个广义称号之下来理解的上述心灵力量的机能和秩序相应，所讨论的就是**概念**、**判断**和**推理**，

普遍逻辑学说、也就是形式逻辑在它的分析论中，也就是说在亚里士多德那里，"正好与被人们放在一般知性这个广义称号之下来理解的上述心灵力量的机能和秩序相应"，也就是说上述心灵力量，知性、判断力和理性，是被人们放在一般知性这个广义称号之下来理解的。通常人们把知性、判断力和理性在广义上称之为"知性"，即认知能力，或者我们可以翻译成理智，我们通常翻译成理智，也有的翻译成理性。这些词在西文里从古希腊以来它们的使用和运用是有一点随意的，甚至非常随意的。像在柏拉图那里，它们的使用和在斯宾诺莎那里的使用是不一样的，理性有时候被看得比知性更高，有时候又看得比知性更低，比理智更低。知性就是 Understanding，理性就是 Reason，这个在英文里面就是这

样的。这两个概念之间的关系呢,随着不同的哲学家,它们的地位会有些差别。在康德这里理性是比知性更高的,但是康德也沿用传统的说法,就是把它们都叫作 Verstand(Understanding),但是有时候又把这些都叫作理性 Vernunft(Reason),在广义上面都称之为理性。所以在狭义上来说,知性和理性是有严格区别的,但是在广义上它们可以混用。那么在这里,所谓"与被人们放在一般知性这个广义称号之下来理解的上述心灵力量的机能和秩序相应",也就是在概念、判断和推理中,概念相当于知性,知性是概念的能力;判断相当于判断力,有时候也被划归知性;那么理性也就是推理了,理性在狭义上也就是一种推理的能力。那么这三个层次它不是隔断的,而是说概念是最基础的,首先提供了概念,然后呢运用概念来进行判断,然后再运用这些概念和判断来进行推理。或者说判断是由概念构成的,推理是用判断来构成的,推理就是几个判断联合起来进行推论。它们相互之间是有一个从低到高的层次的区分,但却是不可分割的,你没有概念,不管判断还是推理都无法进行,没有判断推理也无法进行,推理是处于最高层次。这是第一段,摆出了传统形式逻辑的结构。

　　既然上述单纯形式的逻辑抽掉了一切认识的内容(不论是纯粹的内容还是经验性的内容), B170

　　这里明确提出来这是"形式逻辑"了,是单纯形式逻辑,形式逻辑是撇开"一切"认识的内容,不论它是纯粹的还是经验性的内容。这个"纯粹的",前面康德有说明,所谓"纯粹"一般说就是"先天"的意思,"不纯粹的"就是受到后天掺杂的,混杂有后天杂多的经验性的东西。纯粹一般说就是指先天的,在康德的绝大部分用法上是这意思,当然有极个别的情况下是比较随意使用的。这里说,不论是先天的内容还是经验性的内容,形式逻辑都不管它,

　　且只是一般地研究思维(推论的知识)的形式,

这个"推论的"在这个地方是 diskursiv,它跟这个推理(Schlüssen)不是一个词,一个是拉丁词,一个是德文词。我们在这里翻译时作了一个区分。那么推论的知识,也就说理论的知识,只是一般地研究思维的形式,不管内容,

所以它在其分析论的部分也可以包括理性的法规,而理性的形式具有自己可靠的规范,

就是说既然上述单纯形式的知识抽掉了一切知识的内容,只是一般地研究知识的形式,那么在它的分析论部分当然可以包括理性的法规,即理性的普遍的形式法规。而理性的形式法规"具有自己可靠的规范",

这种规范无须对在此所运用的知识的特殊本性进行考察,就能通过单是把理性活动分解为它的各个因素而先天地洞察到。

这个地方的关键就在于,为什么要说"所以":"所以它在其分析论的部分也可以包括理性的法规"。就是说,当他把一切知识的内容都撇开了,只探讨思维的形式的时候,那么理性的法规理所当然就应该包括在内,因为它不考虑它的内容,因而也不考虑它的内容是否超出了知识,是否是真理,它只考虑它的形式,那么理性的形式法规当然也属于这种。理性当然也有形式,理性的形式具有自己可靠的规范是毫无疑问的。所以亚里士多德的三段论就是讨论这方面的规范的,"这种规范无须对在此运用的知识的特殊本性进行考察",不管知识的特殊本性,不管是哪一种知识,也不管是不是知识,不管真假,只考虑推理的正确性,形式的正确性,"就能通过单是把理性活动分解为它的各个因素而先天地洞察到。"理性推理的形式可以先天地洞察到,我们可以把它的内容悬置起来用符号来代替,先天地显出它的这种纯形式,三段论式的各个格各个式。这在亚里士多德那里已经搞得相当的完备了。但这段话里面有一个潜台词,就是概念和判断被归于分析论并不要特别加以说明,唯独理性的推理要归于分析论就必须加以说明,即说明它只是在形式逻辑的这种形式层面上能够被归于分析论;而一旦涉及到内容,它就不能被归于分析论,而必

4

须归于辩证论了。因此康德才说，既然我们这里还只是从形式逻辑上来看，也就是只把理性的推理看作思维的形式，"所以"我们就可以把理性的法规即推理形式归于分析论；若没有那个前提，这个"所以"就会不成立。不考虑这个潜台词，上面整个这段话是看不明白的，幸好康德在下面一段话中马上就把这句潜台词说出来了。

由于先验逻辑被限制在某种确定的内容、即仅仅是纯粹先天知识的内容上，它在这里的划分就不能仿效普遍逻辑。

这跟上面一段就接起来了。上面一段说，如果你单纯考察形式就可以把理性的那些规范、那些法规包括进分析论中来；而这一段讲，先验逻辑正因为它要考察确定的内容，所以它就不能把理性的法规包括进分析论中来，这样对照起来看就比较明确了。"先验逻辑被限制在某种确定的内容、即仅仅是纯粹先天知识的内容上"，被限制在内容上，什么内容呢，某种确定的内容，也就是仅仅是纯粹先天知识的内容上，先验逻辑是讨论这样的知识的。这个"仅仅是"是跟"确定"相联系的，某种确定的内容、某种特定的内容，什么样的特定的内容呢，"仅仅是"纯粹先天知识的内容，要限制在这个上面。先验逻辑被限制在某种确定的内容上，所以"它在这里的划分就不能仿效普遍逻辑"，因为普遍逻辑是撇开一切内容，所以它能够把知性、判断力和理性全部从形式上纳入到分析论中来，分成三个部分，概念、判断、推理。这三者在亚里士多德那里都属于《分析篇》，而"辩证论"、也就是《辩谬篇》是另外的。那么先验逻辑在这方面是不同的，

因为很显然：理性的先验运用将根本不可能是客观有效的，因而不属于真理的逻辑，即不属于分析论，

理性的先验运用和理性的形式逻辑的运用的区别主要就在这个地方。这几段所要讲的意思就是要突出这一点，就是先验逻辑里面不能够把理性的先验运用纳入进来。为什么是"很显然"呢？这个地方"很显然"

是什么意思呢？这个知性范畴在事物的知识上除了运用于经验对象外没有别的运用，也就是说知性的知识只能运用于经验对象之上；那么理性呢，我们前面讲了概念、判断、推理是一个整体，知性提供概念，然后判断力进行判断，理性进行推理，但是它们不是分割开来的。理性进行的推理也要运用知性的范畴，知性既然已经不能把这些范畴运用于超经验的对象之上，那么"很显然"，理性也不能够运用知性的范畴于超经验的对象之上，所以"理性的先验运用将根本不可能是客观有效的"。由于知性范畴的先验运用是根本不可能的，这一点显然就决定了，理性的先验运用也根本不可能是客观有效的。你要先验地运用理性，当然你就必然要运用知性的范畴、以及知性通过这个范畴进行的判断，通过知性的范畴所进行的判断来构成理性的推理，那么理性的这种先验运用也就不可能是客观有效的。这个表述上面是有一些不太一样的，就是说知性的范畴它的先验运用是"不可能"的，它不可能先验地运用，因为这些范畴的特点、范畴的本质就是要综合经验的对象，那你把它运用到先验的对象上怎么可能呢？那等于没有运用。但是理性的先验运用，还是运用这些范畴，运用这些范畴来进行推理，它"根本不可能是客观有效的"。他这里强调的是不可能是客观有效的，但是可不可能呢？理性的先验运用实际上是可能的，甚至是不可避免的，尽管它产生出幻相，但是理性它本身就是离开经验对象进行推理的。它超越经验对象之上进行推理，所以它不可避免地要推出幻相，它跟这种知性的范畴的先验运用是不一样的。知性范畴的先验运用是不可能的，而理性对范畴的先验运用是不可避免的，但是它不可能客观有效，"因而不属于真理的逻辑，即不属于分析论"。所谓分析论就是"真理的逻辑"。先验逻辑两大部分，分析论属于真理的逻辑，辩证论则属于幻相的逻辑。所以分析论是积极的，是建设性的，而辩证论是消极的，是防范性的，防止出错。那么理性的先验运用根本不可能是客观有效的，所以它不属于真理的逻辑，它不能够积极地对真理有所建树，因此它不能够属于分析论，而是将作为一种**幻相的逻辑**，以先验**辩证论**的名义在学院派的学说体系中要求一个特殊的份额。

理性的先验运用将作为一种幻相的逻辑被纳入到先验辩证论里面去，在"学院派的学说体系"中，也就是在传统的经院哲学特别是在托马斯、亚里士多德这样一种体系中，即在托马斯所解释的亚里士多德学说里面，要求有一个特殊的份额。亚里士多德的《辩谬篇》里并没有特别把理性全部归进去，它只是说理性在推理的时候要防止一些错误，但是理性本身还是可以建立起某种积极的知识内容的。所以亚里士多德是在分析论里面，在他的《分析篇》里面，把理性纳入进来了，从形式上阐明了它的积极意义。所以在《辩谬篇》里虽然也讲理性，但是它不是把所有的理性推理都放在里面，都放在辩证论里面来谈。而康德则认为，理性的推理，它的先验推理就应该放到辩证论里面谈。当然理性还有另外一个方面的运用就是内在的运用，作为一个范导性、调节性的原理，作为一个理念，指导人们在经验知识中不断地往前推进，这还是有它的作用的。虽然不是经验的运用，而只是逻辑的运用，但是它还是属于"内在的运用"的。它不是经验，而且脱离经验，但它在经验前面给经验引路，利用形式逻辑的推理从已知的经验推出未知的经验，趋近于经验的总体，这就是对经验的一种调节性的作用。但是在分析论里面它不是把推理作为它的内容，而只能作为逻辑形式，如果把理性的推理指向某个对象，即把理性的理念作为推理的内容，它就必须被放到辩证论里面来谈了。理性的理念其实就是知性的范畴，只不过把它推到极端。如果你把它推到极端，比如说因果性，那么你推到"最终的因果性"，那它就是理念了。实体性、单一性、全体性也是的，最大的大全，上帝是最大的大全，你把知性的范畴推到极端那就成了理念，理念其实就是知性的范畴通过推理，通过无穷推理，追溯到无条件者，也就是追溯到极端，而建立起来的。但是理性对这些理念的运用，运用它们来进行推理，这个就导致幻相，而不是导致知识了，这个就不是先验分析论里面所要讨论的问题，它们都要归到先验辩证论的这个范围里面去，"要求一个特殊的份额"。在先验辩证论里面就是特别讲到理性的推理，它运用范畴以及运用理念来进行推理，就会导致正反两方面的后果，反面的后果就是导致幻相，正面的后果就是给道德、宗教这样一些领域留下了余地。所以理性的先验运用是可能的，而且在某些情况下它是必要的，比如说为道德、宗教留下余地，这个时候先验的运用也就是超验的运用。所以先验和超验在这种特定的情况下指的是同一件事情，就是超过经验运用到自在之物身上，在这个时候这种运用就失去了它的认识论意义，但是却获得了它的道德实践的意义。这是后面辩证论里面要讲的。

那么我们先来看看在分析论里面的情况。下面一段：

因此，知性和判断力在先验逻辑中有其客观有效的、因而真实的运用的法规，因而属于先验逻辑的分析部分。

因此从先验逻辑的分析论里面把理性排除了之后，剩下的就是知性和判断力了，判断力在这里"有其客观有效的、因而真实的运用的法规"，因为它讨论的是真理性。这个"真实的"也可以翻译成"真理性的"，因为分析论讨论的是真理的问题，真理的逻辑，判断力有它真实的运用法规，因而属于先验逻辑的分析部分。

不过，**理性**当其试图先天地对于对象有所断定，并把知识扩展到超出可能经验的界限时，它就完全是**辩证的**了，它对于幻相的那些主张绝对不服从于分析论本应包含的某个法规。

这里再一次把理性排除出去。就是知性判断力可以属于分析论的，但是理性呢，当它"试图先天地对于对象有所断定"——这是理性的本性，理性的本性就是先天地对于对象有所断定。因为理性哪怕是作为它内在的运用，它也是起这样一个作用。知性已经把知识给它准备好了，那么理性对这些现有的知识进行断定。比如说"一切人都是要死的"，这个已经准备好了，然后"苏格拉底是人"这个也准备好了，理性通过这两个大前提得出一个结论："苏格拉底也是要死的"，尽管他现在还没有死。这样一种推理，里面的每一个命题其实都是知性给它联结起来的，但这些知性的知识它们的必然关系是理性把它连接起来的，理性只管连接。所以理性是先天的对对象有所断定，它不去收集经验，它不去建立知识，那都是知性的事，它只是建立知识之间关系。那么理性当其试图先天地对对象有所断定，"并把知识扩展到超出可能经验的界限时"，也就是说理性只起这样一种连接作用，它就有一种倾向，因为它不管对象本身的来源，它只是管这种关系，它只是着眼于这种关系，那么它就有一种倾向，就是它很可能超出可能经验的界限。当它不超出可能经验的界限时它是有用的，它能够使我们的知性所获得的知识构成一种链环，一种体系或系统，它把这些知识之间的关系都搞清楚了，都把它联系起来了，一个联接一个，然后整个知识可以成为一个大系统，这当然好了。知性则不推理，知性顶多只是提供概念，然后通过判断把这些概念联系起来，每次联接起来都是一次性的，都是获得一个知识，而知识和知识之间的关系那就要靠理性来联接。但是理性一联接的时候它就有一种倾向，就是有可能推出可能经验的范围之外。因为它反正是从已知的推未知的，在经验范围内，这未知的总能够得到经验的证实，现在不证实将来也会证实，如现在活着的张三将来肯定要死，这就诱使理性对那些超出一切可能经验范围之外的东西也进行推理，去超前地确定它们的性质。但由于它们原则上不可能在经验范围内得到验证，没有经验的标准来加以裁定，所以就会在逻辑上陷入正反两种观点的分歧而无法解决，这就必然导致"辩证论"，也就是"二律背反"等等幻相。"它对于幻相的那些主张"，例如理性对于二律背反的正题和反题的主张，"绝对不服从于分析论本应包含的某个法规"，也就是不服从于那些范畴所建立起来的法规，如后面讲的"直观的公理"、"知觉的预测"、"经验的类比"、"一般经验思维的公设"等，因为这些主张早已经超出这些由知性建立的经验法规之外了。

最后回到原理分析论本身的正当主题：

所以**原理分析论**将只不过是对于**判断力**的一种法规,它指导判断力把含有先天规则之条件的那些知性概念运用于现象之上。

就是说,原理分析论要讨论的就不是理性,而是"判断力的法规",这种法规"指导判断力把含有先天规则之条件的那些知性概念运用于现象之上",也就是指导判断力如何把知性概念和可能经验的直观杂多现象联结起来。其实这种联结正是康德自己所理解的"判断力"的本意,判断力无非就是把一般原理运用于具体经验对象,因此它是一种"力",要用力,发挥主观能动性去综合,才能够做得成一个联结。这与形式逻辑所理解的"判断"即两个概念的联结是不同的,在主观中把两个概念联结起来很容易,不需要花什么力气,因为这些概念本来就是同质的东西;康德的联结则是概念和对象、和经验直观的异质的联结,那是不能随心所欲的,必须要打通和克服两种不同的东西之间的隔阂,否则很可能搞错。所以康德在这里不只是讲"判断",而且强调"判断**力**",强调这种判断要用"力"。如何用力?这就是这里的主题,即找出如何使用这种判断力的"法规"。

出于这个理由,我在把真正的**知性原理**作为主题的同时,将采用**判断力的学说**这一名称,以更确切地标明这项工作的特征。

换言之,"知性原理"就是"判断力的学说",或者说判断力的法规。知性原理就是知性范畴通过判断力如何与经验直观材料相联结的原理,正是这些原理构成了自然科学的普遍法规。人为自然界立法,如何立法,立了哪些法,这就是原理分析论中所讨论的主题。

导言 论一般先验判断力

先看看什么是他讲的判断力。康德在导言里面讲是"论一般先验判断力"，就是说，所有的先验判断力都在这里面，在任何意义上的先验判断力都在这里面。但这样一种说法在后来有所改变。他这个地方讲的一般先验判断力，就是包括认识论里面的和道德领域里面的。道德领域里面也有一种先验判断力，他这个地方没有明确的提，但是他这个"一般"的意思就是所有的先验判断力都考虑在里头了，都要在这个地方进行讨论。但是后来，我们知道他在第三批判里面提出了"反思性的判断力"，这个反思性的判断力也是具有先验原则的，也可以说是一种先验的判断力，但是那个意思就完全不同了。所以他第三批判跟第一批判可能有些地方是不太吻合的，这康德自己也承认，他在晚年发现了一个新的领域，就是反思判断力这样一个领域。

如果把一般知性解释为规则的能力，那么判断力就是把事物归摄到规则之下的能力，也就是分辨某物是否从属于某个给定的规则（立法的格）之下。

这里讲"一般知性"，刚才杨云飞在这个地方提出一个疑问，为什么是一般知性。知性和理性这两个概念在康德那里有时候是通用的，他这里讲的一般知性也可以理解为包括理性在内，正如刚才讲的一般先验判断力包括认识领域的和道德领域里面的判断力一样，都是从一般的原则出发，看看它适合于哪一种具体的情况。这个在认识活动中以及在实践活动中都有这个问题，都有你拿着一般的原则如何来用于具体的场合、具体对象之上这样一个问题。那么他这里讲，"如果把一般知性解释为规则的能力"，一般知性可以这样解释，甚至于在某种意义上我们可以这样来定义，知性就是规则的能力，或者说理性也是规则的能力。因为规则这个概念含义非常广，不管是法则、规律、原则、立法都可以说是规则，只要有知性那就有规则的能力，只要有理性也就有规则的能力。因为理性跟知性其实是同性质的，狭义的理性只不过是把知性那些法则推广到无限而已。比如说讲原因，就要说到最终原因、终极原因；讲实体，就要说到最终实体、终极实体；讲单一性，就要说到最高单一性、唯一的全体性等等。知性和理性之间在这些方面是通的，但是理性它是要从有条件的东西追溯到无条件的东西。在这个意义上，理性在某种层次上也可以说是知性，理性的理念无非就是把知性的那些范畴那些纯粹概念扩展到无限而形成的。所以这个地方讲到的一般知性实际上也就包括理性。一般知性的解释为规则的能力，"那么判断力就是把事物归摄到规则之下的能力"。知性是规则的能力，判断力就是把事物归摄到规则之下的能力，这也就是后来的康德所区分出来的"规定性的判断力"。"规定性的"，就是有了一个规则，有了一个法则，那么在什么具体情况下适合于这个法则，我们把这个具体情况能够恰当地归摄到这个法则之下，这就是判断力。看你判断得恰不恰当，看你采用的那个法则是不是适合于这样一个事物，这就可以看出你的判断力强不强。我们经常在法庭上有这种辩论，说这个事情不适合于哪条法则，不适用于哪条法律，要追究这一点，那么这就要看判断力怎么样了。到底适合于哪条法律，这个在很多情况下要诉之于判断力，没有什么一般的原则、一般的规律可循，它就是靠经验。判断力是把事物归摄到规则之下的能力，也就是分辨某物是否从属于某个给定的规则、某个"立法的格"之下。这是规定性的判断力，就是已经有了规则，但要能够正确运用。法律条文都已经定在那里了，现在呢，我们就是要拿着这样一些法律条文去看这个具体的案件它适不适合于这个法律条文，如果不适合于这一条，那适不适合于那一条呢？看同一条法律条文它对于这个事物是适合还是不适合，这就是规定性判断力它的特点，即自上而下，从先天法则下降到具体经验对象、下降到事物。当然反思性的判断力就不同了，反思性的判断力是已经有了事物但是还没有法则，要从这个事物里面去寻找法则，这就是反思性的判断力。给了一个对象出来了，一个对象的表象呈现在我们面前，你现在心目中还没有任何概念，也没有任何规律；但是你觉得这个对象五花八门的、杂多的这样一些现象显现出来，里面应该有规律，于是你又根据这样一些杂多的东西去为它寻求某种规律。当然最后你寻求不到，因为杂多的东西是无限杂多的，任何一个经验的对象它的杂多的方方面面是无限的，你怎么可能用一个规律把它完全概括出来呢？然后你就反思到我为什么要去不断地寻求，为什么要把这些杂多的事物看作是"合规律性"的，即使没有规律也要看出一种合规律性。就会发现其实你所寻求的只是你自己内心的某种合规律性，因此当你放开自己心胸去寻求规律的时候，你就会发现这些东西有可能向你体现出某种合规律性。比如说美呀，比如说合目的性呀，可以说是反思判断力所找出来的某种合规律性和合目性，但是没有规律，也没有具体的目的，没有具体的概念。你不能把它当作规律，那只是你的一种反思，它不是客观固有的。美不是对象固有的属性，对象的合目的性也不是对象本身有一个目的。你找不出对象里面有目的这样一个东西，但是它在你看起来就像是合目的的。这就是反思性判断力和规定性判断力它们的区别所在。反思性判断力就是从给定的一个事物的表象里面去为它寻求某种合规律性，已经有了特殊的对象，然后为它寻求普遍性，这就需要反过来想到我们自己内心的某种普遍的需要，所以是反思性的判断力。规定性的判断力则是已经有了普遍的规律、普遍的法则在这里，那么你去为它寻求特殊的一个对象，能够适合于它。但两种判断力有一个共同之点，都是使普遍和特殊相互适合、相互结合起来、使它们恰当地联结起来的这样一种能力，所以作为判断力它们是同源的。

　　普遍逻辑决不包含判断力的规范，也不可能包含这种规范。

　　普遍逻辑也就是形式逻辑了，它决不可能包含判断力的规范。为什么不包含判断力的规范呢？我们在形式逻辑里面不是看到他也讲判断的分类吗？概念、判断、推理，他也讲判断的分类，判断的机能。康德前面还列出了判断分类表。但是形式逻辑里面虽然讲判断，但是它不包含"判断力的规范"。"判断力"中的这个"力"很重要，他这里讲的不是"判断"（Urteil）而是"判断力"（Urteilskraft），就是一种力量。所以形式逻

13

辑因为它只是从形式上考虑问题,所以它不考虑形成这样一种形式后面的那个力量,以及这种力量如何使判断形成起来的。我们前面已经多次提到先验逻辑一个很重要的特点,就是它强调联结如何可能。联结在形式逻辑里面都有,但是联结如何可能,你用一个"是"形成一个判断,把主词和宾词联结起来形成一个判断,这是如何可能的?形式逻辑就只把它当作一个现成的东西来进行分析,先验逻辑则要抓住这个"是"做文章,这种"是"的联结是如何可能的?是因为有统觉的综合统一在后面起作用,要把两方面综合起来、而且使它们统一起来这样一种能力只能够来自于本源的统觉的综合统一。那么在这里康德同样强调,虽然形式逻辑里面就有判断,但是形式逻辑里面对这个判断力以及它的规范是从来不探讨的,它也不可能包含有这种规范。判断力的规范,原理论,先验的原理分析,这个形式逻辑是不做的,这是先验逻辑才做的事情。先验逻辑考察内容,考察这个形式何以得以形成,根据什么东西才得以形成,它就做这个工作。

因为,既然普遍逻辑抽掉了知识的一切内容,那么留给它做的就只B172 剩下一件事,就是对概念、判断和推理中知识的单纯形式作分析性的阐释,并由此建立起一切知性运用的形式规则。

这句话打了着重号,普遍逻辑、形式逻辑抽掉了知识的一切内容,特别是我们刚才所讲的推理的形式规则,推理在形式上属于知性运用的规则,而不属于狭义的理性法则。他在这里仅仅从形式上来考察这些活动,并且仅仅是从单纯形式上作出分析性的阐释,概念、判断、推理它是怎么构成的,它的构成因素,从形式上面来进行分析。这些形式完全可以用符号、可以用字母来代替。所以形式逻辑在这种意义上很能够跟数学相容,形式逻辑的问题在这种意义上就可以变成一个数学问题,这就是现代数理逻辑所做的一项工作。"并由此建立起一切知性运用的形式规则",由这样一种分析性的阐释,形式逻辑就建立起了一切知性运用的形式规则,它也是知性。形式逻辑当然也是知性,也是知性的运用,但是这种知性它是从形式上看的，它给其他的知性的运用建立起一种形式的规则，甚至先验逻辑也要遵守形式逻辑规则，这是毫无疑问的。先验逻辑和形式逻辑都出自于同一个知性，那么形式逻辑它是从形式方面来看问题，作为一种普遍的逻辑它无所不包，当然它也包括、也涵盖了先验逻辑所有的命题，先验逻辑所有的命题也要符合形式逻辑命题。但是反过来呢，先验逻辑它所产生的内容恰好为形式逻辑的那些形式法则奠定了基础，所以先验逻辑是为形式逻辑奠基的。形式逻辑何以可能呢，形式逻辑的那些联结、那些分析、那些分析命题的阐述何以可能呢，先验逻辑给它提供了根据：是由于统觉的本源的综合统一在后面起作用。分析的命题是由于它后面有一种综合的能力才使它能够分析，如果你一开始就不联结不综合，那么分析就无从进行，分析的联结也就不可能了，这个是前面已经讲过的。所以他"由此建立起一切知性运用的形式规则"，这里面也包括先验逻辑的运用，它的形式规则也要靠形式逻辑来建立。

　　<u>一旦普遍逻辑想要普遍地指出，我们应如何将某物归摄到这些规则之下、以及分辨某物是否从属于这些规则，那么这件事就只能再通过一条规则来进行。</u>

　　也是说，形式逻辑如果想要解决判断力的问题，"想要普遍地指出我们应如何将某物归属到这些规则之下"——判断力就是将某物归属到现有的规则之下，这本来是先验逻辑来考虑的问题，但是如果形式逻辑想要考虑这个问题，而且按照形式逻辑的本性，它可能是想要"普遍地指出"如何能够把现有的事实归摄到现有的规则之下，因为它从形式上考虑问题，当然要寻求一种普遍的形式，所以它想要普遍地指出我们应该如何来将某物归摄到这些规则之下，也就是想要把判断力这样一件特殊的事情变成一件普遍的事情来加以处理，——"以及分辨某物是否从属于这些规则"，某物是否从属于这些规则，这是个很具体的问题，但是形式逻辑它不管，它想把这种具体的问题也要一般地来解决，也想要把它普遍地来解决，我们通常讲的"一刀切"，想要用一个规则来确定

这规则本身运用于这种情况之下，通常是怎么样的，有没有这样一种普遍的法则？如果是这样的话，"那么这件事就只能再通过一条规则来进行"，就是说，你凭什么认为把一条规则运用于一个具体的对象上这件事情也有一条普遍的规则呢？把一个普遍规则运用于一个具体对象上这样一条规则本身如何可能是普遍的呢？要确定这一点，那么你就得再为它寻求一个更高的规则，所以这件事就只能再通过一条规则来进行。要分辨某物是否从属于这条规则，那么这件事就只能诉之于一条更高的规则。就是说，你一旦想要普遍地指出具体的情况如何适合于某个规则，那么你就必须要提出一条规则，提出一条判断力的运用的规则，并且把它写在教科书里面。在教科书里面可以列出这样一条法规，告诉你在每个具体的情况之下通常你应该怎么做，才能够适合于某个具体情况。以前沃尔夫就经常做这种事，例如他曾为军事学写下这样的条令："规条四。敌人向要塞走得越近，就必定越难靠近要塞。证明。敌人向要塞走得越近，危险就越大。而危险越大，人们就必定越能抵抗他，使他的进攻粉碎，摆脱自己的危险，这是非常可能的。因此，敌人向要塞走得越近，就必定越难靠拢要塞。证讫。"可以想见，按照这种机械的、僵化的军事条例去打仗，必败无疑。

但这条规则正因为它是一条规则，就再次要求对判断力作一个指导[①]，

这一条规则正因为它是普遍的，它是一条规则，它又如何能运用到这个场合，这个具体场合之下呢？你要把一条规则运用到一个经验的对象、一个具体的场合之下，那么这样一种运用本身也是一个具体场合，你把一条规则运用到一个具体的场合之下这种运用也是一个具体场合，那么这个具体场合又还需要一条规则来加以规范。因为它也是一条规则，那就再次要求对判断力作一个指导。因为你要判断这个规则如何能够

[①] 原译作："就再次要求判断力的一个指导"，较含糊，兹改之。

运用到一个具体对象之上,这条规则是如何能够适用于这个具体的场合的,就还需要进行判断。这里头套了几层,就是说有一个事物出现那么我就要把一个规则适用于它,看能不能适用,看是不是适合,这个时候形式逻辑就想找到一个规则来判断这个对象是不是适合于这条规则,但是这条规则的这次运用本身也是一个具体的场合,它本身也是就这个具体对象是否适合于这个规则来提出一条规则,所以它本身也是一个具体的场合;那么这个具体的场合又需要有一个判断力来断言它是否适合于这个具体场合。这个里头套了两层关系在里头,所以讲"再次要求对判断力作一个指导",就是判断力它总是后退,你要立定一个规则,那么这个规则是否适合于一定的场合就需要判断力,那么你又要为这个判断力再提出一个规则,这个更高的规则是否适合于具体场合又还需要一个判断力,这个是无穷后退的。既然如此,

而这就表明,虽然知性能用规则来进行教导和配备,但判断力却是一种特殊的才能,它根本不能被教导,而只能练习。

也就是说虽然知性能用规则来进行教导和配备,这个毫无疑问的,这段话的一开头就讲了,我们可以"把一般知性能解释为规则的能力";所以虽然知性能够用规则来进行教导和配备,但是呢,"判断力却是一种特殊的才能",判断力和知性在这个意义上有一种层次的划分,甚至于就有一种不同了。康德有时候把人的高级认识能力划分三个层次,一个是知性,一个是判断力,一个是理性。知性、判断力和理性就属于人的高级认识能力的三个要素,或三个层次。那么知性是用规则来进行教导和配备,但是判断力却是一种特殊的才能,"它根本不能被教导,而只能练习"。知性的那些规则都是可以写成教科书的,都是可以教导的,都是可以说清楚的,唯独判断力,它是在每次具体场合之下要你去运用的,它是一种能力。判断力是一种能力,它不是一种规则、一种可以预先制定好的然后你按照去做的那样一种规则。它作为一种能力,所以它不能被教导,不能够变成公式、变成法则来教导,而只能练习。判断力,一个人

有没有判断力，你练习多了你就会知道了，你场合见得多了，你多次把法则运用于具体对象之上，你就有了经验，你就熟练了。如果你熟读兵书，却没有打过什么仗，只会纸上谈兵，像马谡那样，终究会要"失街亭"的。所以判断力在这个意义上，它是一种有赖于练习、有赖于实践经验的一种能力。不过也要因人而异，有的人天生就是动手能力强，一点就会，这是生就的才能，而另外一些人可能就差一些，要求更多的练习。

因此判断力也是天赋机智的特性，它的缺乏不是任何学习所能补偿的；

"天赋的机智"，这里有些美学的意思在里面了，就是说天生的一种机智，随机应变的天才。你不要太死板，你脑子里面装了那么多的法则、规律，但是呢在具体场合之下适用于哪个法则和规律，你要灵活运用。这个里头没有什么一般，你要一般而言地来制定一个法则，那就坏事。我们有些笑话有些谚语，比如说"刻舟求剑"，"守株待兔"，"胶柱鼓瑟"，"给个棒槌你就认真（针）"，叫你去做一件什么事情你就认准了做这件事情，不知道变通，结果最后文不对题，把事情办砸了。这需要机智，这个机智是教不了的，你不能预先告诉他怎么样才是机智，这个情况的变化千变万化，可以说是无限的，具体场合、特殊场合是无限多种多样的。那么在情况变化的时候你要怎么样运用法则，运用哪一条法则，这个需要你自己有一种机智的应变。所以这是一种天生的机智的特性，"它的缺乏不是任何学习所能补偿的"，这个地方的"学习"当然主要是指的书本上的学习、课堂学习，你在课堂里面经过教授经过教学，那当然是书本知识。判断力的缺乏不是任何书本知识所能够补偿的，你缺乏判断力这个主要是你没有实践经验，或者说你的天赋的机智本身就不够强。这里有两个因素，有的人天生就是一个实践家，他就会随机应变。我们看到同学之间也是，有的同学就会做事情，有的人就是书呆子，他只能看到只能理解书本上的事情，但是他不会把书本上的东西运用到具体场合之下，这有天赋方面的关系；另一方面，也有练习的关系，有的人天生在这方面比较差，但是通过长期的练习，他可能对这方面有所补偿。但是如果你在课堂里面、书本上面，那是绝对补偿不了的，你必须要到实践中去实习。

因为，虽然学习可以为一个有限的知性带来充分的、借自别人的见解的规则，并仿佛是将之灌输给这知性；然而，正确运用这些规则的能力却必须是属于这个学习者自己的，任何为此目的而试图给他定下来的规则缺了这种天赋都不能防止误用。

"为一个有限的知性"，这个有限的知性当然指的是人了，如果是上帝的知性，那就不需要学习了。这个有限的知性可以通过学习"带来充分的借自别人的见解的规则"，那书本上的知识都是别人的，都是从别人那里借的，在课堂上灌输给学生的都是别人的见解、规则，别人已经建立起来的、已经写出来了的、已经总结出来的一般性的东西、一般性的规则。学习可以带来充分的这样一些规则，"并仿佛是将之灌输给这知性"，灌进来，由外面，由老师、由书本灌到你的脑子里面去，这是外来的知识。"然而，正确运用这些规则的能力却必须是属于这个学习者自己的"，灌输给你那么多知识，你如何能够运用呢？这种能力可没有人能够教导，这也是不能教的。老师把书本知识教给你就算是已经完成任务了，至于怎么用，书本上没有写，即算写了也没有用。书本上写的都是普遍的东西，都是规则、规范，一般性的东西。因为你要把具体的东西都写出来那就太多了，那就不是写教科书了，那就是写小说了，写小说可以把每个具体场合之下他的特殊的感受等都写出来，让你能够去体会。读小说其实已经不是学习了，读小说本身就是一种生活了，就是经验了。康德这里指的主要是知识，正确运用这些规则的能力必须属于学习者自己，"任何为此目的而试图给他定下来的规则缺了这种天赋都不能防止误用"。就是说，在这个地方，康德还是强调，怎么样运用这些规则这个能力是天生的，不可教的。如果没有这种天生的能力，那么就不能防止误用，甚至肯定会导致误用。光是纸上谈兵能不导致误用吗？这下面有一个注释，判断力的缺乏本是我们称之为愚笨的东西,这样一种缺陷是根本无法补救的。

这个地方说得非常绝对,就是一个人天生缺乏判断力,没有办法补救,这是天生的缺陷。

一个迟钝或狭隘的头脑,如果缺乏的只不过是知性所应该具有的程度及其特有的那些概念,是很可以通过学习来装备自己的,甚至能做到博学多识。

一个迟钝的或一个比较狭隘的头脑如果他只是缺乏那些知识,如"知性所应该具有的程度",也就是说你的分析能力、你的对概念的理解能力,或者是知识面,"及其特有的那些概念",如果你以前没有接触过,比如说哲学那些概念你没有接触过,这个你当然可以通过学习来补充,"是很可以通过学习来装备自己的,甚至能做到博学多识"。我们通常讲的"充电"、"恶补",尽管你很迟钝,你可以笨鸟先飞;或者说你眼光很狭隘,你可以扩展你的见识,通过多读书、手不释卷,然后你可以弥补自己的缺陷。

但由于通常这时往往也会缺乏那种知性(即彼得的第二种知性),所以遇到一些饱学之士在运用他们的知识时经常暴露出那种永远无法改正的缺陷来,这就不是什么罕见的事了。

"第二种知性"也就是指判断力了,就是说,知识面、学问这些东西都可以补充,但是如何运用这些知识、如何把这些学问实现出来,这样一种能力是天生的。而且一个迟钝的或一个比较狭隘的头脑往往也伴随着缺乏判断力,所以经常看到一些饱学之士,一些很有知识的人、博学的人,但是显得呆里呆气,就是书呆子。书呆子就是属于这样一种类型,缺乏判断力,缺乏把他的那些知识实际的运用于某个经验对象之上的能力。下面正文举了一些通俗的例子,他说,

B173
所以,一个医生、一个法官或一个政治学家可以记住许多出色的病理学、法学和政治学的规则,其水平甚至足以使他能成为这方面功底很

好的教师,但在运用这些规则时却很容易犯规,这或者是由于他缺乏天生的判断力(虽然不缺乏知性),他虽然能抽象地看出共相,但对于一个具体情况是否属于这共相却不能辨别;

这是非常通俗的了。一个医生最典型的就是在医学院里面读了几年书,但是他的临床经验很少,当然现在医学院里面也要讲究临床经验,但是如果不通过这个过程,他能够记住很多书本知识,那么呢,他可以成为很好的教师。你教病理学,你教生理学,你教解剖学,你都可以教得很好,纸上谈兵,"但在运用这些规则时却很容易犯规"。如果真的要你去解剖,真的要你去诊断,这个时候你就容易犯错误了。"这或者是由于他缺乏天生的判断力(虽然不缺乏知性)",他不缺乏知性,因为他能够懂得、能够理解、能够记住那么多的书本知识,他的知性当然是很强的,但是呢缺乏天生的判断力。"他虽然能抽象地看出共相",普遍的东西、一般的东西、概念,很抽象的东西他也能够看得出来,概念之间的关系,概念与概念之间抽象的关系他都能够搞得很清楚,"但对于一个具体的情况是否属于这共相却不能辨别"。交给他一个病人让他诊断他究竟得的什么病,这个具体情况是千变万化的,没有一种病是完全符合于书上所讲的那种情况的,总会多多少少有一些"疑似病例"。所以对这个具体情况是不是属于这种共相,他不能辨别。但另一方面,

或者也是由于他没有从实例和现实事物中使自己在这种判断上得到足够的训练。

这个地方就网开一面了。前面讲的都是"天生的"能力,判断力怎么怎么没法教、没法补偿,一旦缺乏判断力这个人在这方面就废了,他就是书呆子了。但在这个地方他又留了一个尾巴,"或者也是由于他没有从实例和现实事物中使自己在这种判断上得到足够的训练",也就是说,只要有足够的训练,他在这方面也可以得到补偿。在康德的时代,也许在学院里面就是这样的,现在的大学教学包括中学教学、小学教学都有所改进,就是说强调实践能力,光书本知识不行,你要做社会调查,文科

的、社会科学的要做社会调查，要自己亲自到基层、到单位、到乡下去看一看，去了解了解、接触接触，以便把你从书上所学到的书本知识正确地运用到现实生活中的某个对象上去，这是现代大学通常都有的这样一些内容。但是在康德的那个时代可能不太一样，书本就是书本，做事那是另外一回事。他说，

这也是这些实例的唯一的大用，它们使判断力得到磨砺。

这些现实事物的实例，我们讲到社会实践，具体的去做实验，增强动手能力，它们的用处就是使判断力得到磨砺。你在实验室里面，你把你学到的生物学、化学、物理学各种原理把它试一试看，这就是练习、锻炼你的判断能力了。

因为在知性洞见的正确性和精密性方面，这些实例通常勿宁会对其造成一些损害，它们只有在个别情况下才充分满足规则的条件（限制中的格），

也就是说，这些实例唯一的大用就是磨砺我们的判断力，这个地方讲"因为"，也就是针对这个"唯一的"大用而言的，为什么它们的作用**仅仅**在于磨砺判断力呢？是因为这些实例在知性洞见的正确性和精密性方面并没有什么用处，反而会造成一些损害。这也可以说是在康德那个时代的一个偏见，认为实践搞得太多了，那么对知性洞见的正确性和精密性方面会造成一些损害。因为"它们只有在个别情况下才充分满足规则的条件"，也就是说，这些实例一般来说是不满足规则的条件的，只有在特殊、个别的、罕见的情况之下，这些实例才能够满足规则的条件。就是说实例它总是模模糊糊的，它总是介于很多很多概念之间，它总是由很多很多规则混杂于其中，也可能其中表现出某种主导的倾向，也可能任何主导的倾向都看不出来，所以它往往把规则搞得模糊了。中医就是这样的，中医强调实践，强调临床经验，甚至强调世世代代的经验。祖传的名医，就是靠经验，靠手摸脉，靠望、闻、问、切各种具体的操作手段，来积累这个诊断经验，但是很难从里面找出什么规则，因为每一种具体

情况都要靠你去体会，靠那些郎中根据自己多年的经验，你要他说他说不出来。看中医的时候最忌讳的就是问医生，我得的是什么病啊？他说不出来，他不讲你是什么病，因为一讲他就限定了，一讲你是得的感冒，或者得的肺炎，但实际上从这个具体实例里面还得不出这种规则，它只是一些模模糊糊的现象。现在中医他也知道感冒、也知道肺炎，也知道很多很多各种各样名称，但是在实际的运用中往往没有用。那么根据西医的眼光来看，中医的这种做法是完全要不得的，你不根据规则，你怎么能够正确的诊断呢？西医当然也知道，虽然具体的实例它不一定完全符合规则，只有在个别的情况下，他说你这是典型的扁桃腺炎，也就是说你在各个方面都符合了，这是很少有的情况。典型的情况是很少的，通常是各人有不同的体质。而且你所感染的细菌、病毒它的种类都有不同，同一种病毒有好多种类，禽流感它就有好多好多类型，你怎么能一口断言它是某某类型呢，那很可能就错了。所以这些实例"只有在个别情况下才充分满足规则的条件"，这些条件只是一些"限制中的格"（与前面"立法的格"相对应），即受到具体情况限制和修正的规则。

　　<u>而且还经常削弱知性力图普遍地、并脱离经验的特殊情况而按照其充分性来领会规则的努力，因而最终使人更习惯于把规则当作公式，而不是当作原理来运用。</u>

　　这样一些五花八门的实例经常削弱知性的一种努力，什么努力呢？就是力图普遍地领会规则，并且脱离经验的特殊情况而按照其充分性来领会规则。比如说牛顿物理学的那些定理，那些规则是绝对没有异议的，不是什么模模糊糊的东西，而是百分之百的精确的；但是你要是在现实生活中去做做实验看，总会有一些偏差，根据不同的纬度、海拔、气温，物体表面状况和内部状况，各种各样的条件它都可以影响实验的后果。如果没有这些影响，很可能连永动机都造出来了，但实际上你造不出来，至今还没有一例永动机成功的实例。所以你要是太把这些实例当真，认真地对待这些实例，你就会说牛顿物理学是错的，我所做的实验没有一

个例子是百分之百地适合于牛顿物理学的定理。你就会作出这样一个结论，就是说会削弱知性力图要"按照其充分性来领会规则"的这样一种努力。所谓按照充分性来领会规则，就是要撇开那些偶然的具体经验的那些影响。具体的场合总是有无数的偶然因素在影响我们的实验结果，那么这个时候你就要善于撇开这些实例，甚至于要从物理学的基本原则、要从数学的原理去推出一个规则应该是怎么样的，这才能够充分精确地把握一个规则它本身的这样一种性质。如果你用大量的实例来领会的话那你就会削弱或者说模糊了你对这个规则的领会。这个规则讲的到底是怎么回事情，这个物体的互动、吸引和排斥或者作用和反作用等等，这样一些规则究竟讲的本质上是怎么一回事情，我仅仅通过大量实例是看不出来的，这些实例唯一的用处只是使判断力得到磨砺，而不是使我们对规则有更精确的把握，在精确性方面它们是一种损失。你过分注重经验，它就是一种损失。从这里我们又可以看出，李约瑟的问题，为什么中国没有科学，在这个地方也许可以得到某种答案。中国人过分注重具体的结论、具体的场合，所以中国人在很多技术性的场合之下，他能够作出像四大发明这样一些举世闻名的创造，但是缺乏的是知性的规则，"因而最终使人更习惯于把规则当作公式，而不是当作原理来运用"。就是说，知性它有这样一种努力就是按照规则的充分性领会规则，但大量实例削弱了这种努力，以至于使规则成为了公式，而不是原理。"公式"在这里就是 Formel，也可以译作"套语"、"俗套"，就是说原理（Grundsätze）的基础性和普遍有效性在这种理解中被架空了，知性在它做不到充分领会规则以后，它就容易偏向于把这个规则当作公式，当作外在地加在经验事物上的套话，口诀，而不是经验事物本身的原理。这样一来人们就可以借口具体情况复杂而把这些公式束之高阁，因为公式被看作与具体实例不相干的。但原理却是要在充分领会的前提下把规则与具体实例结合起来，也就是用判断力把双方联结起来，而不是用一个公式去套一切。公式和原理的区别，原理是基本的原理，也就是说判断力它是一种原理分析,它是分析原理,它不是分析公式,分析公式是形式逻辑的事。先验逻辑则是把判断力当作一种与对象相关的原理来运用,而不是当作不看对象的公式,它不是用一个公式来适用于所有的场合,而是呢,在各种不同的场合根据对象采取不同的方式灵活应变,使普遍原理体现在具体经验对象上。我们通常说具体问题具体解决,它可以叫作一种原理,我们按照具体问题具体解决的方式,我们就能够对待每一个具体场合,我们就懂得不能够把任何一条规则当作公式来套。但要做到这一点,仍然需要掌握大量的实例,实例虽然有那样一些不足之处,但它们至少能够使判断力得到磨砺。所以康德最后一句说:

所以,实例乃是判断力的学步车,它是在判断力上缺乏天赋才能的 B174 人所须臾不可缺少的。

就是说你如果在判断力方面缺乏一种天赋的才能,那么你就只能够靠实例、靠实践,靠多做实验、多做调查,这样来补偿这方面的缺陷。当然也有的人不同,有的人特别具有判断力,特别具有动手能力、运用能力,那么甚至于他在学校里面学到的知识,他一走到社会上去马上就能运用,他用得很好。学外语的同学,有的外语天才就是这样的,他从书本上看了,他学了一点发音,然后他通过自己读书,他就能说,他就能运用,所以他学一门外语觉得很不吃力、很轻松。有的外语天才就是这样的,他学过一门外语,然后他自学,自学其他的外语,哑巴外语,从来没有说过,但是他拿出去他就能运用。这是一种天才,这是没办法学的,他能够及时地把书本上的东西变成实践的东西。但一般人做不到这样,必须要靠实践慢慢培养判断力。

前面一段讲到判断力的作用,就是在具体的情况之下把范畴、把先验逻辑的那些纯粹知性概念联系到实例中来运用,这是判断力的作用。那么这样一种作用它没有一种形式上的普遍规则,就是你不可能为这种判断力的运用列出一种一般的用法,不能像形式逻辑那样一劳永逸地解决问题,而是必须根据具体的情况来使用范畴。所以他这里就讲到:

但是，虽然普遍逻辑不能为判断力提供任何规范，先验逻辑的情况却完全是另外一码事，乃至于它看上去像是把在纯粹知性的运用中以确定的规则来校正和确保判断力作为自己的本职工作。

就是你不可能离开具体的场合，仅仅从形式逻辑上给判断力规定一些一般的规范或者形式法则，那将会使普遍原理成为了一些形式化的公式；"但是先验逻辑的情况却完全是另外一码事"。普遍逻辑不能为判断力提供任何规范，先验逻辑能不能提供判断力的规范呢？他在这个地方讲到先验逻辑好像可以提供"规范"（Vorschriften），但他这里用的是"规则"（Regeln）。规范和规则好像还有一点不同，就是说，"乃至于它看上去像是把在纯粹知性的运用中以确定的规则来校正和确保判断力作为自己的本职工作"，就是先验逻辑和普遍逻辑、形式逻辑不太一样，形式逻辑只提供形式规范，而不管内容，所以它根本就不能够给判断力提供任何规范，它不深入到判断力在对象上的运用这方面去，它不是讲为对象提供一个普遍的法则，而是把规则仅仅当作公式。那么先验逻辑在这方面虽然也不能提供一种形式规范，但是好像能提供一种规则，这就是先验原理论里面讲的原理。原理和规范都是普遍的规则，在这个意义上好像有一点接近的意思了，从字面上很难看出来，但是从行文上我们可以这样体会它们的意思。就是说先验逻辑的情况不同，它可以提供一种规则（规范），"乃至于它看上去像是把在纯粹知性的运用中以确定的规则来校正和确保判断力作为自己的本职工作"。先验逻辑在这个地方好像是确定一种规则，确定一种什么规则呢？"来校正和确保判断力"这样一种规则。这种规则仅仅是校正和确保判断力，它不是指导判断力在具体场合之下如何遵循一种普遍的规则，不是这样一种规则，仅仅是以校正和确保判断力来作为自己的本职工作，先验逻辑它就是干这个的。前面讲的先验逻辑、先验演绎，说先验范畴只能运用于感性的经验对象上，不能够超经验的运用，等等，这些说法实际上都已经讲到了先验逻辑的这种作用。先验逻辑提出了范畴，那么对这些范畴的解释，这些范畴本身的含义，它们本身的来源，都说明这样一个问题：先验逻辑来自于先天，但是它又不仅仅是停留于先天，它要讨论后天经验的知识何以可能，而且它只能够讨论这些问题，它只能够把自己的运用限于这一方面。那么先天的范畴对后天经验知识何以可能进行规定，那就是讨论判断力了，那么这个判断力在先验逻辑里面主要是体现其消极的方面，就是"以确定的规则来校正和确保判断力作为自己的本职工作"，在这方面它可以提出一种规则。它不能提出一种积极的规则，但是它可以提出一种消极的规则，而且这种消极的规则看起来好像就是先验逻辑的本职工作。所谓先验逻辑就是对判断力如何使用来加以确保和校正。确保它按照某些规则就可以有权、合法地运用于经验对象上；校正呢就是说它不能够超越于经验对象去做任何另外的运用，如果作另外的运用那就要受到校正。下面：因为，这个"因为"就是说，先验逻辑的情况为什么会是这样呢，为什么它就是把自己的本职工作限于以确定的规则校正和确保判断力呢？为什么它就只是这样一种消极的作用呢？下面就解释了：

为了在纯粹先天知识领域中给知性带来扩展，因而作为一种学理[①]，哲学似乎是完全不必要的，或者不如说，它对此根本不合适，

就是说，在纯粹先天知识领域里面，要给知性带来扩展，这个哲学是完全不必要而且根本不合适的。因为康德前面已经讲过，在先天知识的领域里面可以得出一种分析命题，分析命题的特点就是能够有普遍必然性，但是却不能扩展知识，你要扩展知识就必须有综合命题，必须要有后天综合命题和先天综合命题。先天综合命题它虽然是先天的，但是它如果离开了经验也不能扩展任何知识。如果把"一切发生的事情都有原因"这个先天综合命题，运用于比如说灵魂，一个人的行为发生了，那么他的灵魂是不是这个行为的原因呢？你把他的灵魂当作他的原因并且当作一个实体来看待，那能够扩展知识吗？所以在纯粹先天的领域里面要给知

———————————

①　原译作"学说"，似太泛，兹改之。

性带来扩展，哲学在这方面是没有什么用处的。哲学不可能给纯粹先天知识带来扩展，它要带来扩展就必须要涉及到后天经验的东西，时间、空间、感性、直观，要涉及到这些东西。所以如果你想单纯在先天知识里面要给知性带来一种扩展的知识，因而作为一种学理，一种纯粹学理上的知识，那么哲学似乎是完全不必要的，哲学没有用武之地。哲学的用处在康德看来就是认识论，就是在先天知识如何能够运用于我们的关于真理关于对象的知识的问题上，在这一点上哲学它可以有用；但并不能单凭这一点就扩展我们的知识，或者不如说它对此根本不合适。

因为在这方面人们做过迄今为止的一切尝试之后，还是很少或根本无所建树，

以往的形而上学都失败了、都覆灭了，那么做过一切尝试之后还是很少、或根本无所建树。当然说"很少"，康德在这里口气有一点点缓和，很少或根本无所建树，看你从哪个角度看了。你要从它接受的教训来看，那当然它还是有一点成就、有一点成绩的，它给人以某种教训；那么你要从它获得的积极的知识来看，它根本无所建树，所有的这一切尝试可以说都失败了。

相反，作为批判，以防止判断力在我们所拥有的少数纯粹知性概念的运用中失足（判断的失误），对此（哪怕这样一来只有消极的用途）哲学将倾其全部精明与历练来奉行。

相反的情况是，如果哲学仅仅把自己的本职工作限于防止判断力在我们所拥有的纯粹知性概念的运用中失足，防止它的失误，那么对这样一种消极的用途，哲学将倾其全部精明与历练来提供某种消极的规则。"精明与历练"在这个地方与前面讲的关于判断力的特点就联系起来了，哲学在这方面可以给判断力提供某种消极的规则，作为判断力就是精明与历练了，也就是前面讲的一种"天赋的机智"，并得到"磨砺"，使自己的天生的精明在各种实例中得到锻炼得到练习，这就是精明与历练。那么哲学在这一方面如何限制自己的判断力？这方面呢它可以有一种消极

的用途，对判断力来说它是可以提供一些先验原理的。所以在这里这种规则只限于"原理"，它不是像形式逻辑那样把规则变成一种"公式"而漂浮于任何一种对象之上，从而失去了对于对象的限制作用。

　　但先验哲学所具有的特点就在于：它除了能指出在纯粹知性概念中所给予的规则（或不如说诸规则的普遍条件）之外，同时还能先天地指出这规则所应该运用于其上的那种具体情况。

　　这一段，一开始就有一个"但"。那么这个"但"它从哪来的呢，前面讲到哲学在纯粹先天知识里面要给知性带来扩展是不适合的，相反哲学作为批判，它只是具有一种消极的用途，就是防止我们的判断力在范畴的运用中失足，它只是有这样一种作用。那么前面这是讲的它的消极作用了。而这里这个"但"，我理解就是先验哲学还有它的积极方面的作用，这个地方强调它的积极方面的作用。"先验哲学所具有的特点就在于"，先验哲学有这样一种特点，虽然它的作用是防止判断力的误用，但它本身的特点是，"它除了能指出在纯粹知性概念中所给予的规则（或不如说诸规则的条件）之外，同时还能先天地指出这规则所应该运用于其上的那种具体情况"，这个就不仅仅是消极的意思了。就是说在消极这方面它可以防止判断力的误用，但是在积极方面呢，它可以指出判断力的正确的运用应该是怎么样的，指出它"应该运用于其上的那种具体情况"。就是说它除了能指出在纯粹知性概念中所给予的规则，这个地方就是前面概念分析里面讲的那样一整套先天范畴，先天范畴本身也可以看成是一种规则，但是不如说是"诸规则的普遍条件"，在这些条件下才能形成真正的规则或者原理。所以这些先天范畴可以从两个角度看，从上往下看，它可以成为一种规则，"一切发生的事情都有原因"，这是一条规则；那么从下往上看，它是这些规则之所以可能的条件，"一切发生的事情都有原因"，这个因果性规则，它是以因果性范畴、最终是以先验自我意识的统觉的本源的综合统一作为它的条件的，是由于先验自我意识才得以可能的。所以他说，先验哲学能够指出这些规则，但还不如说它能够指出这些规则的普遍条件。比如在先验演绎里面，这个先验逻辑、先验哲学已经指出了所有这些自然科学的规则的最终的条件、最高的原则：先验自我的统觉的统一。这个我们前面已经讲了，在先验演绎里面已经把这个说得很透了，当然这个也是先验逻辑的积极作用方面，它能够指出这些条件，已经不仅仅是消极的了，它已经能够构成一种积极的先天知识了。但是它除了这个之外，"同时还能先天地指出这规则所应该运用于其上的那种具体情况"，就是说在先验演绎里面其实已经讲到过、已经涉及到了，就是这样一些规则应该运用于什么上面呢？应该运用于可能经验的范围，而不能超出可能经验的范围，或者说它可以而且必须应该运用于可能经验的范围。那么怎么运用？他没讲，在先验演绎里面讲了它应该运用，但是在具体情况下应该怎么运用他没有讲。但先验哲学它的特点就在这个地方，就是说，除了先验分析论中的概念分析论以外，它还能够提供出如何能够运用于具体情况上去的一些先验的原理，这就是下面要讲的这个判断力的学说，原理分析论就是要"能够先天地指出这个规则所应该运用于其上的那种具体情况"。

B175　　它在这一点上之所以具有超越其他一切有教益的科学（数学除外）的优越之处，正是由于它所讨论的那些概念都应当是先天地与它的对象相关的，因而它的客观有效性不是后天得到阐明的，因为那样就会完全谈不上这些概念的尊严了，

就是说，它，即先验哲学，"在这一点上"，在哪一点上呢，在前述能够"先天地指出这个规则所应该运用于其上的那种具体情况"这一点上，着重于"能先天地指出"这几个字，他这里没有打重点号，我们可以替他打上，重点就在**能够先天地指出**这个规则所运用于其上的那种具体情况，在这一点上，它优于所有其他一切科学，如物理学、生物学、化学、电学、光学等等，只有数学除外。这个"数学除外"一下子就把我们点醒了，就是说数学也是先天的，数学也能够先天地指出这个规则能够运用于其

上的具体情况，在先天的这一点上，数学跟形而上学都是一种先天的知识。至于化学、物理学，那些都是后天的知识，属于经验的知识，包括牛顿物理学它也是经验的自然科学，它那些放之四海而皆准的规律也只是就我们所经验到的这个可能经验的世界而言的，所以它是一种经验的科学。它不能够凭自身来证明它自身的这些规律的先天性和普遍有效性，而数学和先验哲学是可以的，它们有先天性，它们能够证明自身。当然数学先天如何可能还是要用哲学来证明的，但数学本身有先天性这个是毫无疑问的，所以数学可以超越于其他的科学之上，成为一门先天的科学、先天的知识。所以先验哲学和数学的优越之处何在，正是在于它所讨论的那些概念都应当是先天地与它的对象相关的。先验哲学、先验逻辑是先天地与它的对象相关的，数学也是这样。当然数学的对象它不是后天的对象，数学的对象是还是先天的对象，几何学的形、空间和时间、一定的时间和空间的杂多，这些都是属于数学的对象，数学跟这些对象的关系是先天地相关的。那么先验逻辑所讨论的那些概念也应该是先天地与它们的对象相关的，这个对象就是先验对象，它虽然不是直接指后天经验的那些对象，但却包含着后天经验对象的可能性。所以这些范畴自身就已经设定了一个对象，设定了它是要作用于对象的，在这一点上诸范畴的规定与形式逻辑的规定是不一样的。所谓先验范畴，这个先验范畴的概念的意思就是说这些范畴是要运用于对象之上的，虽然这个对象究竟是什么对象，是单纯先验对象呢还是先验对象里面包含的经验对象，这个还没确定，但是范畴所指向的那个先验对象它本身就是用经验性的材料来充实的。先验对象在这个意义上充实了经验材料，它就成了经验对象了。可见这个里头康德有很多东西没有表达出来，其中的层次其实是很多的。就是说，诸范畴所讨论的那些概念都应当是先天地与它的对象相关的，所以通过先验对象这样一个中介，它们也可以说是先天地与经验对象相关的，经验对象就是这样形成起来的，就是通过先验逻辑设定一个先验对象而形成起来一个经验对象，当然要充实了经验的材料才能形成。在这个意义上,范畴就是经验对象中的先天的知识成分,既然是先天的成分,所以这些先天的成分是跟这个经验对象先天地相关的,是先天地跟这个经验对象相关的。当然中间要经过一个先验对象,范畴在还没有运用到经验对象之前它是设立一个先验的对象意识,作为意识设立一个对象意识,去统摄那些经验的材料,使这个对象意识从先验意识变成一个经验的对象。所以那些概念应当是先天地与它们的对象相关的,因而它们的客观有效性不是后天得到阐明的。范畴不是后天得到阐明的,而是因为它先天地就包含在这个对象里面,这个对象离不开它,离开它这个对象就不存在,就形成不起来。它是这个对象得以建立起来的先天条件,它的客观有效性不是后天得到阐明的而是先天得到阐明的。由于这个对象它就是由这些概念建立起来的,那这些概念当然对这些对象有效了,先天地就对这个对象有效,而不是说有一个对象在那里,然后再把这些概念运用到那个对象上去,那当然它的有效性就值得怀疑了。就像休谟所讲的,我看见了一个对象,我把原因和结果、把实体等等这些范畴运用到它上面去,究竟是否有效呢?找不到有效性的根据。所以他否定在对象里面有这样一些先天的范畴、先天的概念,而认为这些概念都是人类一种任意的主观联想。那么在康德看来不是这样,本来是没有这个对象的,没有这个客体,没有这个客观对象的,是由于我们有了我们的概念,所以才建立起来这个客观对象,那么这个客观对象,当然我的概念会对它先天有效了,这是不证自明的。因为否则的话,"那样就完全谈不上这些概念的尊严了",如果要从后天来证明这些概念的客观有效性,这些概念就没有尊严了,就不是人为自然界立法了,甚至于就会是无法无天了。如果真像休谟讲的那样,自然科学的一切法规都将被摧毁,没有根据了,都是一种偶然的,都是一种后天的联想,都是主观联想。我们把它主观地联系上去,但它本身并没有这个东西,那么这些概念就没有什么尊严,它就成了我们主观的一些心理学上的表象,它跟自然科学没有什么必然关系,它不能够为自然界立法,不能够有一种尊严。

相反，先验哲学必须同时把对象得以能与那些概念相符合地被给出
的诸条件以普遍又充分的标志阐述出来，

这句话非常拗口。"先验哲学必须同时"，与什么同时呢，与先验的
同时、与先天的同时，不是后天的，不是后来补上去的。必须同时，当它
是先验哲学的时候，从先天出来的同时。"必须同时把对象得以能与那
些概念相符合地被给出的诸条件"，对象得以被给出的诸条件也就是我
们刚才讲的，对象得以被建立的诸条件，对象被给出，光是给了我那些经
验材料是不够的，给了知觉、印象，给了我感觉，那是不够的，对象要被
给出，什么时候才被给出呢，只有当"与那些概念相符合地"被给出，这
才是被给出。我们是"把对象得以能与那些概念相符合地被给出的诸条
件"阐述出来，对象跟我的概念相符合，这个时候那些知觉、印象、感觉，
那些经验的材料，那些杂多的东西、乱七八糟的东西，才被整理成了一
个对象，与这些概念相符合才被整理成一个客观的对象，它是有规则的，
不是你随意可以把它搅乱的，它已经成了一个牢不可破的东西了，那就
是一个对象了。它是有规则的嘛，那它也就是客观的。那么先验哲学必
须同时把这些对象被给出的诸条件"以普遍而又充分的标志阐述出来"，
以普遍而又充分的标志，也就是说要以完全是先天的标志、以先验的标
志把它阐述出来。这里说"相反"：相反先验哲学必须同时把这些条件
阐述出来，这个相反的意思就是说它不可能是后天得到阐明的。前面是
讲如果是后天得到阐明的那就完全谈不上这些概念的尊严了，但先验哲
学是相反的，在哪一点相反呢，它就是要先天地阐明，而不是后天阐明。
所以他这个地方讲，"先验哲学必须同时把对象得以能与那些概念相符
合并被给出的诸条件以普遍而又充分的标志阐述出来"，以普遍的标志
而且是充分的标志，就是说唯有它才能够给所有的经验对象建立起它们
的对象性，才能把那些经验的材料建立为一个对象。它是普遍而又充分
的条件，就是没有任何例外的，没有任何经验对象是离开它而被给出的；

而只要有了它,只要有了这些概念,那么我们就可以把那些经验的材料与概念相符合地给出来。那么这样一些普遍的而又充分的标志,也就是先天的标志,也就是先验的标志。这些范畴是先验的,从先验的立场使得这些客观的后天的经验知识得以可能。

否则它们① 就是毫无内容的,因而只是些逻辑的形式而不是纯粹知性概念了。

这个地方重点又转了,前面是讲,与经验自然科学相反,先验哲学必须同时把这些对象的条件以普遍而又充分的标志阐述出来;后面这个"否则"呢,就是如果**不是**把这些对象的条件以普遍而又充分的标志阐述出来,那么它就是空无内容的。后面这个"否则",它所否定的重点又转到那句话中的"对象"上面去了,而前面这个"相反",它的重点是落实在"普遍而又充分的标志"之上,强调它的先天性,先验哲学。所以后面这个"否则"所针对的重点跟前面一句话的重点是不一样的。就是说,如果先验哲学普遍而又充分的标志所阐述出来的不是那种对象,不是对象得以给出的诸条件的话,那么先验哲学它就是一个空无内容的东西,"因而只是些逻辑的形式,而不是纯粹知性概念了"。也就是说,这些纯粹知性概念、知性范畴,一方面能够给这些经验的对象以一种普遍的而又充分的条件,但是另一方面呢,它又离不开这样一些对象,如果它不是给这样一些对象提供条件,而仅仅是停留在这种先天条件的位置上,即使这条件以普遍而又充分的标志阐述出来,也会是空洞的。因为这个标志是干什么的呢? 这个标志就是为了阐述这些对象被给出的诸条件的,所有一切对象都要在这样一些条件之下才能够被给出,它的作用仅仅在这个地方,而不是说它离开这些对象而自己去阐述某种条件,某种内容。否则这个内容肯定是空的、是假的,就会是毫无内容的,"因而只是些逻辑的形式而不是纯粹知性概念了",如果它撇开对象那它就是形式逻辑,

---

① 原译此处掉了一个"们"字,兹补上。

为什么呢？我们前面讲到，康德的这个范畴表是从形式逻辑的判断分类表里面引出来的，怎么引出来的？就是把这些判断的分类、这些一个个判断的形式，从内容上来看它们，把它们看作是对某种对象的规定，每个判断形式都是对一个经验对象的某一方面的规定，这就使它们成为了范畴。当我对经验中的对象做一个假言判断的时候，我就是对这个经验中的对象进行一种因果性的判断，那么这个因果性范畴就是我得以进行这样一种对象的因果性判断的条件。范畴就是这样引出来的，就是从形式逻辑里面的判断分类里面，加上一个对象，或者说是从对象的角度来考虑，从关于对象的知识的可能性这个角度来考虑形式逻辑的判断，这样一来我们就从里面引出了范畴。每一个判断形式对应于一个范畴，因为每一个判断的形式，如果我们把它用来认识对象，而不是用来好玩，不是用来下棋，我们是用来进行认识，那么我们就要把它设想成在认识过程中面对一个对象它所表达的意思，那么这个表达的意思就是范畴。把范畴运用于对象的时候，它就是这个对象得以形成的先天条件。所以范畴它本来包含的意思就是，我们有关**对象**的知识是如何可能的，这种可能性有方方面面，十二个范畴表达了我们有关对象的知识的十二个方面，由于这些方面，所以一个对象才得以可能，也才可能被认识。但是你现在如果把它的对象去掉，如果没有这个对象，只留下它的那种先天普遍性，那么它就还原到形式逻辑，退回到形式逻辑，它就只剩形式逻辑的判断形式，只剩下我们从形式上面考虑它这样一个角度，而不是纯粹知性概念了，不是范畴了。由此可以看出，形式逻辑和先验逻辑、逻辑判断表和范畴表之间有一种密切的关系，但是又有层次不同。形式逻辑之所以是普遍的逻辑，就在于它可以不考虑对象，它把它的那些形式规则、判断规则到处去用，用来证明上帝，用来证明灵魂，用来证明整个宇宙，用来下国际象棋也可以，反正我不针对一个真实的对象，我可以针对一个假想的对象，用来做游戏都可以。我们经常用形式逻辑来做游戏，来开玩笑，来讲笑话，那都可以的。但是你如果要形成知识，那么这就涉及到对象的问题,没有对象的加入,形式逻辑的那些东西都不能形成知识,只是些空洞的形式。

最后一段是章节的划分。

这个判断力的先验学说将包括两章:第一章讨论纯粹知性概念唯有在其下才能得到运用的那个感性条件,即纯粹知性的图型法;

"这个判断力的先验学说",我们注意这个判断力是"先验学说",也就是说先验判断力。他这个地方讲判断力不是从心理学上讲的,虽然前面涉及到心理学、涉及到生物学,他说这判断力是某些人天赋的机智、天生的机智,那当然是一个经验的事实,某某人他特别善于运用判断力,这是一个生物学上的、遗传学上的事实;也可以是一个心理学上的经验知识,即人的判断力可以通过长期的训练而补偿天生的判断力的不足,这就是个心理学的事实。但是这个地方强调的是"判断力的先验学说",也就是说,判断力尽管在现实生活中有它的经验的和生物学的方面,但是它也有先验的方面,它也是有关认识论的,是有关人的认识何以可能的。任何人、任何一个认识主体,他不可能没有判断力;至于这个判断力的强或弱,这是一个心理学问题,这个我们不去管它。那么这个判断力的先验学说将包括两章,"第一章讨论纯粹知性概念唯有在其下才能得到运用的那个感性条件",也就说你要运用范畴,那么必须要有一种感性的条件。这个感性当然还是先验的感性,不要一看到感性就以为是后天的。这里是先验感性论里面讲的感性,那么这个地方讲的这种感性的条件是指的那种先验的感性条件,就是先天直观形式。我们要把纯粹知性概念来加以运用,所谓加以运用就是运用到经验对象上去,这就需要有先天直观形式作为条件。这句话的意思就是说,第一章讨论纯粹知性概念运用于经验对象上的那个感性条件,运用于经验对象上必须要有个感性条件。为什么说纯粹知性概念得到运用就一定是运用于经验对象?因为纯粹知性概念只有这种运用,没有别的运用,也不可能有别的运用。所以,

"唯有在其下才能得到运用"就是指的运用于经验对象，而既然是运用于经验对象，那么这种运用当然需要一个感性的条件。但纯粹知性概念是一个先天的范畴，经验对象里面的经验性材料却来自于后天，那么你要把一个先天的概念运用到后天的材料上面，就必须要有一个条件，后面在正式讨论图型的时候，康德把这个条件称作一个"中介"，要有一个中介环节，这个中介环节既具有先天的性质，同时又具有感性的性质。那么具有这样的双重性质的当然只能够是先天的直观形式了，先天直观形式就既是先天的又是感性的。他把这个中介归结为时间，当然空间也已经包含在内了，但是归结为时间比较恰当，因为空间的作用最终也是要归结到时间，而且他这里主要讨论的是人的主体本身的这种结构，归结到时间这样一种内感官比较更切合认识主体的内部结构。这是第一章，就是讨论"纯粹知性的图型法"（Schematismus）。这个词有的翻译成"图型论"、"图型说"，译"图型论"比较切合它的字面，我们说经验论、唯理论、唯物论、唯心论，都是"论"嘛。但是他这个地方主要是讲怎么样把纯粹知性概念运用到经验对象上去，那么我们把它翻译成"图型法"，就是想更加体现它的中介的作用。它是一种中介，它是一种手段，它是一种方法，我们借助于这样一个中介，我们就能把范畴运用到经验对象上去。所以我们把它翻译成图型法，这是第一章所要讨论的。

第二章则讨论在这些条件下从纯粹知性概念中先天推出、并成为其他一切先天知识之基础的那些综合判断，即讨论纯粹知性的诸原理。

也就是说第二章讨论在这样一些条件下，即前面讲的"感性条件"下，我们从范畴里面能够先天的推出来并且成为其他一切先天知识之基础的那些综合判断，也就是说讨论在这些图型的条件下我们运用诸范畴能够获得哪些先天综合判断，哪些先天综合原理，我们人为自然界立法，到底立了哪些法。第二章主要就是讨论这样一些问题，讨论知性通过图型为自然界所立的那些法，即"原理体系"的问题。所谓在这些条件下，在图型的条件下，"从纯粹知性概念中先天的推出、并成为其他一切先天知识之基础的那些综合判断",比如说因果性的原理,一切发生的事都有原因,在时间图型的条件下它就是"时间中的相继性原理",这就是法,它成为其他一切先天知识的基础。哪些先天知识?就是在自然科学中,在纯粹物理学中,有一些原理可以看作是先天知识,比如说物质不灭、能量守恒、能量转化,这些东西在经验的自然科学里它是属于先天的原理,我们可以先天地断言物质是不灭的,物质是不灭的到哪里它都是不灭的。那么这样一些先天知识它们的基础是在什么地方呢?比如说物质不灭的定理我们就可以把它的基础放在实体性的原理上,实体就是在时间中实存的东西,那么实体这个概念是一个范畴,物质不灭定理就是建立在实体性的范畴上的。范畴在时间中是持存的,这是一个先天综合判断,这个先天综合判断就使得自然科学中的某一条先天知识,比如说物质不灭定理能够获得成立的基础。"成为其他一切先天知识之基础的那些综合判断"也就是"纯粹知性的诸原理"。这些纯粹知性的原理论是怎么形成起来的?就是靠图型作为中介形成起来的。所以纯粹知性的这个原理论又称之为"先验判断力的学说",先验判断力就是通过图型使得知性对于经验的对象有所判断。范畴运用在具体场合之下,你得根据当时具体场合,这个具体场合是呈现在时间图型之中的。在时间图型中,时间到了这一步,它是很具体的,但它又是先天的,时间空间都是很直观、很具体的。那么判断力,当然你不可能找到适用于判断力的普遍规则,但是判断力的这个原理是这样形成起来的,就是说你的一切范畴的运用它都必须要经过判断力,而判断力借用时间这个图型来把范畴联接到经验对象上去,把先天的范畴和后天的经验联接起来,这就是判断力的原理。这套原理有一个系列,一个原理体系,每一个范畴都有它的一条原理,也可以说十二个范畴形成了十二大原理。那么把这些原理系统地展示出来,就是康德的原理论第二章所要做的工作。第一章里面所要做的工作就是图型法,就是把这个图型的原理把它展示出来。为什么判断力要借助于图型才能够形成,因为判断力就是把概念运用到具体场合之下的一种能力，那么你要把概念运用到具体场合之下，你就必须要有一个中介，一个手段，这个手段就是感性的条件，就是时间。但是时间它没有给你一个普遍的规则，它只是告诉你不能离开时间，它只是告诉你具体问题具体分析，要到时间里面去分析，那么你到时间里面去一分析，你就可以分析出来：这个东西是不是实体呀，你看一看，在时间中，如果这个东西存在一段时间又消失了，那它肯定不是实体。如果它在时间中一直实存下来，那么你就可以说它是实体了。这是借助于时间这个中介，你会形成一种判断，但是它不能保证，就是说在某种情况下它就肯定是一个实体，在某种情况下它就肯定会延续下来，时间你怎么能够保证呢，在时间中你只能走着瞧了。所以在时间中作判断，你必须要运用天赋的机智随机应变。那么第一章就是讲这个原理，就是讲判断力它是怎么构成的，它是怎么样发生它的作用的。那么第二章，发生的作用构成了一些原理，构成了知性为自然界立的一整套法律，整个自然界都是按照这一套法律在运作，那么对每一条法律他都进行了一些深入的阐述，特别是联系到时间图型来进行阐述，由此建立起一个知性原理体系，这是康德的先验分析论中最终要达到的目的。当然，严格说来康德在原理分析中还有一个第三章，就是讨论"把所有一般对象区分为现象和本体的理由"，但是康德在这里没有提到。这说明第三章虽然也很重要，但毕竟是一个补充的说明，而不是在结构上非有不可的。真正不可缺少的就是第一、第二两章，第三章可以看作对前面论证的关键作画龙点睛式的剖析。

第一章　纯粹知性概念的图型法　B176

前面讲了，图型法就是判断力的原理，判断力就是把一个概念运用于一个对象之上的能力。那么，这种运用需要些什么条件呢？康德说：

　　每当把一个对象归摄到一个概念之下来时，对象的表象都必须和这概念是**同质的**，就是说，这概念必须包含有归摄于其下的那个对象中所表象出来的东西。因为这里所表达的意思恰好是：一个对象被包含在一个概念之下。

　　康德这段话其实就是对于"作判断"这件事的一个结构分析。我们在日常作判断的时候，每当把一个对象归属于一个概念之下时，对象的表象都必须和这个概念是同质的。"每当"就是指在任何情况下，只要我们把一个对象归属于一个概念之下，它们之间就必须有一种同质性。这种"同质性"的信念是当时理性派和经验派、以及唯心主义和唯物主义都非常深信不疑的一条原则，他们的区分仅仅在于把这种同质性建立在什么之上，是建立在知性原则上呢，还建立在感觉经验之上，或者建立在精神性的东西之上，还是建立在物质之上。康德在这方面也不例外，但他要调和唯理论和经验论，就必须在知性原则和经验原则之间找到沟通的渠道，也就是为双方找到那个"同质的"东西。经验对象和知性概念之间到底有没有"同质的东西"呢？这是康德所考虑的问题。他在这里举了一个例子：

　　所以，一个**盘子**的经验性的概念和一个**圆**的纯几何学概念具有同质性，因为在圆中所思维的圆形是可以在盘子中直观到的。

　　这个例子当然只是一个过渡性的例子，它说的还不是纯粹知性概念与经验对象的同质性，而只是一个数学概念即几何学概念与一个经验对象的同质性。这个例子是比较通俗的，比如说一个盘子是圆的，我们作这样一个判断，这个时候在盘子里面我们就可以直接看到圆形里面的那种性质。这是在日常的情况之下是这样的，凭直观就可以看出来，这个大概没有人能够怀疑，一般来说都是这样的。但康德举这样一个例子却是要说明一种更加普遍的情况，但也更加不容易看出来，这就是纯粹知性概念与经验对象的同质性。一般说来，如果你要作一个判断，这个判断的双方怎么样能够搭界，这是首先必须关注的。如果双方完全不相关的话,你就根本没有办法作判断。这在数学和直观的场合下很好理解,但是在离经验更远、甚至与经验的来源完全不同的纯粹知性概念即范畴的场合下,这就需要论证了。

所以下面一段就讨论如何用纯粹知性概念来作判断的问题。

但现在,纯粹知性概念在与经验性的(甚至一般感性的)直观相比较中完全是不同质的,它们在任何直观中都永远不可能找到。

纯粹知识概念是范畴,范畴与它所要规定的对象是完全不同质的东西。范畴,比如说因果性范畴,跟它所规定的对象是不同质的。比如说,太阳晒、石头热,我们说太阳晒是石头热的原因。那么太阳跟这个原因之间有什么关系?我们在太阳上面看到了原因了吗?我们在太阳上面看到了圆形,看到了红色,这我们是可以看到的,但是,我们在太阳上面能看到原因吗?它在任何直观中永远不能够找到。我们直接地在太阳上看不到原因这个概念,我们在石头上也看不到结果这个概念。好像这个太阳和石头根本不需要原因和结果而能够好好地存在,能够独立地存在。它独立地就是这么一个概念嘛。所以你把它们联结起来,你怎么能够在它们上面找到原因和结果这样的一些范畴、这样一些纯粹知性概念呢?

那么,把直观**归摄到**概念之下、因而把范畴**运用于**现象之上是如何可能的呢?

既然它们完全不同质,那么你把直观归属于概念之下,说这个太阳属于原因,石头属于结果,反过来说你就是把概念运用于直观之上,这是如何可能的呢?你有什么权利,你有什么方法,把这个范畴运用到这个对象上呢?这实际上就是休谟提出的问题了。康德在这里没有点休谟的名,但实际上就是处处点着休谟来的。这句话就是点着休谟来的,是休谟惊醒了康德的独断论的迷梦。在这个地方提出的问题都是休谟的口气,就是借休谟的口把他的问题提出来了。他也在想这个问题,他也觉得这确实是个问题。

因为毕竟没有人会说：范畴，例如说因果性，也能通过感官而直观
B177 **到，并且是包含在现象中的。**

这就是休谟的问题。对于范畴，休谟举的就是因果性的例子，它不能够通过感官直观到啊。我看到太阳，也看到了石头，我也看到发热了，但是我怎么能够说太阳晒是石头热的"原因"呢？原因怎么能被直观到呢？我直观到的只有感觉现象，但是我不能直观到原因和结果这些概念，所以休谟就认为这样一些概念纯粹就是我们主观的联想所造成的。我把太阳晒和石头热这两件事情联系起来，把一个称之为原因，把另一个称之为结果，是为了方便。是为了什么方便呢？是让我们记住，以后凡有这种事情发生的时候，我们就作出这样的联想。每当太阳出来的时候，石头通常总是会发热的。我们在这两者之间形成了一种习惯性的联想，那么它就可以指导我们的生活。至于这两个事情之间是不是真的有这么一种关系，休谟认为，这我们是完全不可能知道的，完全不可能确定的。是我们的联想嘛，是我们主观的一种心理现象，一种想象。我们把它们联系起来了，我们使这样的联系成为了习惯。这个习惯是可以改变的。如果多来几次太阳晒没有使石头热，太阳晒了很久石头还没有热，如果每次都是这样，那么我们可能就改成了另外的一种习惯。所以这个问题以及对这个问题的回答，康德都是模仿休谟的语气在这里讲。

这个如此自然而又重大的问题真正说来就是我们必须建立一门判断力的先验学说的原因，为的是指出纯粹知性概念如何能一般地运用于现象之上这种可能性。

判断力的先验学说在这里起了这么大的作用，因为它恰好是要解决休谟提出的这个"如此自然而又重大的问题"。这个问题是自然而然提出来的，而且非常重大，康德要回答的就是这样一个问题，这就是"我们必须要建立一门判断力的先验学说的原因"。就是说，针对着休谟，我们有必要建立一门判断力的先验的学说，排除休谟的那种经验性的联想性学说。这种联想学说是一种经验性的心理学，而康德所要建立的是一种

42

先验的哲学,从先验的思路来解决这个问题。从经验的方面康德承认我们怎么也解决不了,我们确实看不到在任何经验的对象上面有原因和结果或者其他的种种范畴这样一些概念。这些概念本来不是事物固有的东西,它是我们主观的先天的东西。但是它们并不像休谟认为的那样主观。休谟那样的主观是后天的主观习惯;康德所要解决的问题是要把这种后天的习惯提升为一种先天的认识结构。我们主观上有一种先天的认识结构,这种先天的认识结构当然也是主观的,但是我们有权把它运用于经验性的材料之上;不但是有权,而且必须,不能不运用。因为我们的认识结构就是这样的。你不能用别的结构来把握,你只能用这种认识结构来把握。所以你必须用它,你必须要采用因果性,实体性等等这样一系列范畴体系来把握经验对象。这是必然的,而不是休谟所说的,完全凭借偶然的后天的经验,可以随意改变的,只有或然性而没有必然性的。所以这个问题就是我们要建立一门判断力的先验学说的原因,要从先验的角度来解决这个问题。他的目的是指出纯粹知性概念如何能一般地运用于现象之上这种可能性。它运用于现象之上是如何可能的?如果它不能运用于现象之上,那么一切科学知识都不可能。要使一切科学知识可能,要为它的可能性找到根据,那你就必须在先验的方面为它奠定根基,要建立一门判断力的先验的学说。所以它的目的就在于"指出纯粹知性概念如何能一般地运用于现象之上这种可能性",也就是在任何情况之下都能够运用于现象之上。

　　在其他一切科学中,使对象得以被普遍地思维的那些概念与具体地表象这个对象(如同它被给予的那样)的概念是没有这样的区别和异质性的,就不需要为了前者在后者上的应用而提供一个特别的讨论。

　　这就把他的先验哲学和其他一切科学区分开来了。就是在一切其他的科学中,例如在物理学中,它们都是经验性的,在这里,使对象得以被普遍地思维的那些概念,与具体地表象这个对象的概念、也就是如同它们在现象中"被给予的那样"的概念,双方没有这样的异质性。这样的异质性，也就是说纯粹知性概念是纯粹地被先天地赋予的，它所要把握的对象则纯粹是后天经验的，纯粹知性概念所要把握的对象完全是后天的，所以它们之间的同质性就不再存在了。因此先验哲学跟经验自然科学不同。跟数学也不同。数学跟它的对象都是直观的，你把数学运用到经验自然科学中，它们也还是有直观相通。经验自然科学是后天的直观，但是后天的直观没有先天的直观是不可能产生的。我们在先验感性论中已经知道了，后天的直观材料只有在先天的直观形式下才能被给予；那么既然已经给予了，它里面就有先天的直观形式。所以在经验中它本身就包含有先天直观形式，那么它和数学之间的相融洽是不言而喻的，里面具有同质性。但是，在范畴的情况下就完全不同了，范畴不是从直观的条件下、而是从纯粹知性的条件下提出来的。所以范畴如何跟后天的东西相融洽这就成了问题。

现在我们来看着下一段。按照前面那一段，康德提出了问题：纯粹知性如果要运用到经验的现象上面，那么它如何可能？两个完全不相干的、不搭界的东西，一个是从纯粹的知性而来的，另一个是从感性，从后天的经验，从接受性而来的，一个概念，一个对象，怎么能结合？这个概念，不是一般的概念，不是经验的概念，它是纯粹知性概念，是范畴。范畴的特点就是自发性，所谓自发性就是知性自己产生出来的，它不靠经验，它自己就产生出来了。十二个范畴，范畴表，都是知性根据它的自发性而提出来的。但它们虽然是先天自发地提出来的，却又必须运用于后天的经验之上，这就是它们被称之为"先验"的意思。我们前面讲到，所谓先验就是超越经验之上、但又要运用于经验之上。但这如何可能？超越经验的东西如何能够运用于经验之上呢？这是康德在上一段里所提出的问题，他认为这是自然而又重大的问题，这个问题不解决，一切科学知识之所以可能的根据就没有着落，就没办法解决。这就提出了这两种性质完全不同的东西之间的中介问题。

　　由此可见，必须有一个第三者，它一方面必须与范畴同质，另一方面与现象同质，并使前者运用于后者之上成为可能。

　　就是说，在纯粹知性概念和经验性的对象、经验性的直观中间，必须有个第三者，它必须一方面与范畴同质，另一方面与现象同质，这才能够使得前者运用于后者之上成为可能。这里现象是指的那种原生态的现象，可以理解为"出现"，但是还未经过整理。这个第三者一方面与出现的事物同质，并且呢，正因为与出现的事物同质，它就可以看作感性现象中的要素；但另一方面它又与范畴同质，因此它能够起一种把感性现象和知性范畴联结起来的中介。

　　这个中介的表象必须是纯粹的（没有任何经验性的东西），但却一方面是**智性的**，另一方面是**感性的**。这样一种表象就是**先验的图型**。

　　它必须是"纯粹的"，也就是"没有任何经验性的东西"的，这是它的最根本的要求，就是不能包含有后天的东西，而必须是"智性的"，否则它就不可能是"先验的"了；但另一方面它又必须是感性的。这里"智性的"这个词（intellektuell），有的人把它翻译成"知性的"，在康德那里，它跟这个 Verstand 是相通的，一个是拉丁文，一个是德文。但是"智性的"这个词通常是用作形容词，而"知性"这个词通常是用作名词。而且在比较多的情况下"智性的"表达的是"知性"的超越经验的方面。就是说这个"先验的图型"，第三者，中介，它一方面必须是"智性的"，就是必须跟经验的东西区别开来的；另一方面必须是感性的。"智性的"东西具有超经验性，同纯粹知性范畴有同样的性质，就是它超越经验性的东西，超越后天的东西，它是先天的。但是另一方面它又是感性的，它同时既是智性的也是感性的。我们在这里也可以看出，"智性的"这个概念比"知性的"更广一点。"知性"不可能是感性的，而这个中介一方面是"智性的"，另一方面又是感性的。所以这个 intellektuell 不能等同于知性的，虽然它在很多情况下可以等同于知性，但是这里不行。在这里知性和经验对象之间的中介，这个中介是感性的，但是它又是智性的。就是必须有这么一个东西，它一方面必须是感性的，是接受性的。这一点与知性不同。但另一方面它这种接受性又必须是超越于后天的东西之上的，是智性的。这样一种表象就是先验的图型。先设定一个先验的图型必须符合哪些条件，然后再去寻找，这也是康德的一种方法。康德的很多方法都是这样。比如说他讲先验逻辑，怎么讲呢？先讲形式逻辑，一般的普遍逻辑应该是怎么样的；但是一般的形式逻辑对知性不构成一个积极的条件，它只是一个消极的条件，它不管对象，不管经验知识，所以它也可运用到其他的方面，非经验知识的方面。那么是不是有这样一个逻辑，它既是逻辑，同时它又要运用于经验对象，又要管经验对象呢？这样他就提出来，是否有一种先验逻辑。他通常采取这种方法来引出他心目中早就想好的话题。在这个地方也是的，这一小段他就是引出这样一个话题。就是说如果要有一个第三者来把先天知性范畴和经验对象结合起来，那么这个第三者应该具有怎样的性质。它应该跟双方都有相通的地方，一方面它与知性有相通的地方，另一方面它与经验对象也有相通的地方。那么这样一个表象就是康德所谓的"先验的图型"。

　　知性概念包含有一般杂多的纯粹综合统一。

　　知性概念，这个地方指的是纯粹知性概念，即范畴。范畴里面所包含的是一般杂多的纯粹综合统一。也就是说，范畴就是要从纯粹的方面，从先天的方面去综合统一一般杂多的，范畴的概念就是这种"综合统一"的概念，这个前面已经讲到了。范畴是什么意思呢？范畴表就是先验自我意识用来综合统一杂多对象的。先验自我意识的这种本源的综合统一，体现在十二个方面，就形成了十二个范畴。所以知性概念里面已经包含有这种纯粹综合统一，即对于一般杂多的纯粹综合统一了。

　　时间作为内感官杂多的形式条件、因而作为一切表象联结的形式条件，包含有纯粹直观中的某种先天杂多。

　　这里突然出来"时间"了。为什么突然提到时间？前面已经讲了，这样一个第三者，这样一个中介必须具备这样一个条件，就是一方面他必须是智性的，另外一方面它必须是感性的。那么找来找去，康德发现了，时间符合这个条件，它"作为一切表象联结的形式条件，包含有纯粹直观中的某种先天杂多"。它跟上一句话的联系就在这个地方，"知性概念包含有一般杂多的纯粹综合统一"，那么时间呢？作为内感官杂多的形式条件，"因而作为一切表象联结的形式条件"，也就是作为一切表象综合统一的形式条件，"包含有纯粹直观中的某种先天杂多"。时间，它也有杂多，这一段时间那一段时间，过去的时间，现在的时间，未来的时间。但是这种先天杂多是纯粹直观中的某种先天杂多。它是杂多，但它同时也是先天的，"作为内感官杂多的形式条件"。内感官的杂多，它有种先天的形式条件。内感官的杂多可以理解为内感官里面也有一些经验性的杂多，但是这些经验性杂多的形式条件就是先天的直观形式，也就是时间。它"作为一切表象联结的形式条件"，一切内感官的表象要联结起来，都必须要服从时间这样一个形式条件。所以在时间里面，它包含有纯粹直观中的某种先天杂多。那么知性概念呢，它"包含有一般杂多的纯粹综合统一"。时间当然不是综合统一，但是知性的综合统一与内感官中的形式条件即时间具有某种同质性，它们都属于认识的先天形式方面。一个是知性的形式，一个是感性直观的形式，所以它们是可以沟通的。不仅可以沟通，而且必须沟通，因为没有时间，知性范畴也不能起作用。如前面讲的，知性没有直观就是空的，起不了作用的。所以这一句话主要是讲，时间作为内感官杂多的形式条件，它已经包含有纯粹直观的某种先天杂多了，而知性概念包含一般杂多的纯粹综合统一，它跟时间就有搭界的地方了，因为时间里面就有知性概念所要包含的、所要综合统一的那些杂多，这就是时间，内感官中的时间。直接来说就是这样，当然间接来说它还应该包含那些后天的经验材料的杂多。但是首先你必须把时间的杂多包含进来。你要运用因果范畴，你就必须首先把时间的杂多包含近来。比方说，前因后果，我们理解的因果范畴都是前因后果。

这个"前因后果"就已经有时间的杂多了。前面的时间和后面的时间是不同的,所以已经把时间中的不同包含进来,加以综合统一了。所以时间作为内感官杂多的形式条件,因而作为一切表象联结的形式条件,包含有某种先天杂多。这里就把时间逐步纳入到知性活动能够接受的范围之内了。

现在,一种先验的时间规定就它是**普遍的**并建立在某种先天规则之上而言,是与**范畴**(它构成了时间规定的统一性)同质的。

这一句话很关键。前一句话还只是讲了时间里面包含有先天的杂多,给范畴提供了一个运用于其上的对象。范畴就是要把时间中所包含的杂多综合统一起来嘛。那么现在第二句话,"一种先验的时间规定",时间的规定也是"先验的",时间的杂多正是由于时间的种种规定而成为杂多,但这些杂多都是先验的规定。我们通常可以举出时间很多方面的先验规定来。比如时间是"不可逆的",时间是"一维的",时间是"持续的",时间是"成序列的"等等,所有这些时间的规定都是先验的。也就是说,它一方面是先天的,另一方面它是用来把握经验性的材料的。它不是空的。它里面是用来、而且仅仅是用来装进那些后天的经验材料的。这就是时间的先验规定。但时间的先验规定,"就它是普遍的并建立在某种先天规则之上而言",也就其是先天的而言,"是与范畴同质的";但是范畴"构成了时间规定的统一性"。时间的先验规定是杂多的,有很多很多规定,但是它没有统一性。它自己不能表达其统一性,它必须靠范畴来表达其统一性。而范畴所表达的无非是时间的先验规定的杂多的统一性。时间中各种先验的规定,它们之间要统一,就必须靠范畴来表达。如果范畴不去统一它们,那它们就是一种杂多。"就它是普遍的并且建立在先天规则之上而言",在这点上它和范畴是同质的,范畴可以用在它身上。因为它们都是先天的。时间的先验规定也可以容纳先天的范畴运用于其上。先验的范畴可以运用于时间先验规定之上,这是毫无疑问的。就像我们把一个圆的图型运用到一个盘子之上,我们在盘子上就可以直观到这个图型。那么在时间的先验规定里面，我们也可以看到范畴，也可以体现出范畴。为什么呢？因为时间的先验规定它本身是先天的，在这个先天的东西上面体现出更高层次的先天的东西，应该是没有困难的。它们都属于先天的东西。所以说数学在这个意义上面，人们说它是一门先天的知识。通常人们容易把它同形而上学混淆起来，以为数学可以成为形而上学，形而上学可以模仿数学，其实就是由于这个原因。因为双方都是先天的，所以人们很容易从一个中看到另一个的痕迹。我们可以间接地从数学里面看到范畴是怎样运用的。因为所以，条件在那里，然后从它们推出结果。这都是在先天的层面上面顺理成章的。所以这些先验的时间规定是与范畴同质的，这是一方面。

但另一方面，就一切经验性的杂多表象都包含有**时间**而言，时间的　B178
先验规定又是与**现象**同质的。

时间具有这样的两面性。任何一个经验表象，比如说红色，在红色里面，也就都包含有时间了。任何一个后天的经验表象里面都包含有时间，所以时间的先验规定它又是与现象同质的。任何一个红色，它先验地就必须在时间中出现。如果不在时间中出现，那它就没有出现。所以任何一个后天的表象它都必须在时间中，在先验的时间中出现，在时间的先验规定中出现。你看到一个红色，就马上想到它在时间中持续多久。"红色"的规定本身要依赖于时间的规定。从时间方面，持续了多久这个红色就有多久；从空间方面，占了多宽这个红色就有多大。当然康德这里没有提到空间，他主要是从时间方面来讲的，因为这个地方主要涉及到范畴的主体性。时间已经把空间纳入到自身内部了，作为主体的一个环节，一个必要的不言而喻地包含着的内容。所以这个地方只提时间就够了，只提内感官就够了，因为它跟主体的内部状态有关。所以在这方面来说，时间的先验规定与现象也是同质的。我们可以看出，时间的先验规定它同时兼有双方的特征，一方面它是先天的，另一方面它又是感性的，它是一种感性的直观形式。它不像范畴那样，是知性的形式，而是感性的直观形式，但是它又能兼容知性的范畴。

因此，范畴在现象上的应用借助于时间的先验规定而成为可能，后者作为知性概念的图型对于现象被**归摄到**范畴之下起了中介作用。

也就是说，所谓的先验图型就是"时间的先验规定"，或者我们简而言之，就是时间，所以范畴的先验图型就是时间图型，但是更具体一点说，就是时间的先验规定。也就是说在时间中我们把后天的材料都已经淘去了，都把它铲除干净了以后，剩下的那种先验的规定，那就是先验的图型。正是它使得知性范畴应用于感性经验的现象上成为可能，它在这双方之间起了一个中介作用。当然，时间本身的先验规定是如何来的，还需要解释，因为时间作为先天直观的形式本身并没有规定什么，虽然我们可以先天地针对它的运作方式进行规定和描述。后面讲到这种规定和描述其实是先验的想象力的产物，但并不是后天的产物，而是先天地就可以看出来的。所以通常我们不必分得那么细，可以把康德的图型就笼统地称为"时间图型"。

我们看下面这一段。这一段康德没有提出什么新的东西，只是进一步阐明了跟图型法有关的一些前提，这些前提在前面的论述里面都已经提供了，在这个地方是重申一遍，并对这个图型进行了正式命名。

根据范畴的演绎所证明的，但愿不会再有人在对于下述问题作出决断上迟疑了，

也就是前面对于纯粹知性概念的演绎已经证明得很清楚了，康德希望不会再有人在对下列问题进行决断时感到迟疑了。在哪些问题上不会有迟疑了呢？

这就是：这些纯粹概念是否只有经验性的运用、还是也有先验的运用，就是说它们是否只能作为一个可能经验的条件而先天地与现象发生关系，或者它们是否能作为一般物的可能性条件而涉及到自在的对象本身（而决不限制在我们的感性之上）。

这一点他相信大家应该是不怀疑了，就是说，这些范畴是不是只能作为一个可能经验的条件而与现象发生关系呢？回答是肯定的，而且是毫无疑问的。这是在先验演绎里面已经非常明确了的一点。或者，"它们是否可能作为一般物的可能性条件而涉及到自在的对象本身"，而"决不限制在我们的感性之上"呢？这个是完全不可能的。先验演绎里面对此强调得也很多。它要证明的就是这一点，就是说一切经验的对象都必须以先验的范畴为前提，都必须把先验的范畴运用于这些对象之上；而另一方面，这些先验的范畴没有先验地运用于"作为一般物"的自在对象之上的可能性。先验的范畴不可能运用于自在之物之上，也就是不可能有先验的运用。它们只能有经验性的运用而不可能有先验的运用。在这个问题上面大家经常可能搞混，就是既然是"先验的"范畴，却不可能"先验地"运用，这岂不是很奇怪？但这是康德明确宣称的。"先验的范畴"，这个"先验"的意思是针对一般对象的，而对于人的认识来说又只能针对经验对象，它不可能离开这个经验对象而单凭它自身的先验性、仅仅在先验的层面去规定一个先验对象，而不下降到经验的层面。先验范畴在逻辑上并不排除运用于自在之物身上，但在事实上却不可能，因为我们人类只有感性直观，而没有智性直观，只能认识经验对象，而不能认识一般对象（所有的对象）。这是康德的一个很微妙的提法，在后面第三章中将有更详细的说明。

因为在此我们看到，如果不是一个对象要么被提供给概念本身，要么至少被提供给这些概念由以构成的要素 ①，那么这些概念是完全不可能的，

这句话的意思就是说，我们看到，如果不是一个对象，要么不依赖于概念而有另外的原因，另外一个渠道，另外一个来源把它提供给概念，也

---

① 原译作："要么把自身提供给概念，要么至少把这些概念由以构成的要素提供给概念"，不确。兹改之。

就是那些经验性的材料作为一个对象被提供给概念,这个经验性的材料这个时候其实还没有形成对象,还不足以形成一个客观的对象,但是在概念面前它们就是作为对象提供出来的,尽管实际上这些对象是概念建立起来的。但是这种建立过程中它的材料是被动给予的。它不能够建立起这些经验材料,它只能够把这些经验材料建立成对象。所以这些经验材料对于概念来说是被提供出来的对象。对象跟概念之间在这个地方有一种间接的关系,就是说对于先验概念这种范畴而言,它的那些内容是被提供出来的,那么"被提供",这样一种被动性就说明有另外一个渠道把它们提供出来,这就是对象被提供给概念本身的意思。这是康德的一种说法。但这种说法也很容易引起误解。就是这些对象已经成了,然后提供给了概念,然后概念就是对它的一种反映。但是按照康德的原意不是这个意思。康德的"对象"这个概念在不同的层次上使用,在这个时候它是指的那种可能的对象,可能经验的对象。但是它还没成为对象,还没有成为一个具有客观性的、或者说具有普遍必然性的这样一个对立物。在概念面前,它要作为这样一个对立物立起来,必须要概念发生作用,经过概念的处理之后,或者说经过概念的修正,或者说经过概念的变形之后,它才能够真正地形成一个对象。所以在这个地方的提法有一些容易引起误解的地方,就是说"如果不是一个对象要么被提供给概念本身",容易理解成唯物主义反映论的。接下来也是一样,"要么至少被提供给这些概念由以构成的要素",不但提供给概念,而且提供给构成概念本身的要素。"这个对象",它是两个并列从句的同一个主语:如果不是一个对象要么被提供给概念,要么被提供给这些概念得以构成的要素。那么构成概念的是一些什么要素呢?那就是时间和空间。在先验要素论(Elementarlehre)里面,Elemente 就是要素。先验要素里面讲到时间空间是一种先验的要素,当然它们是感性的要素,但是并非感性的后天材料,而是这样一些要素,它本身也是先天的,所谓先天的也就是人、认识主体结构中已经有这样一种能力。但是这种能力在提供出经验性的材料之前，还没有表现出来。它们还是潜在的。只有当你提供了一些经验性的材料，比如红色，这个时候，红色的时间和空间才作为表象表现出来。所以时间空间本身是先天的，它们构成概念能够起作用的不可缺少的要素，因而可以说是"概念由以构成的要素"。"由以构成"，这里用的是 daraus bestehen，就是说，由它们才得以存在起来。概念本身当然不是感性的东西，不是时间空间，而是知性概念；但是它作为知性的一种自发性活动，必须通过感性的先天直观形式才得以现实地活动起来，否则就是"空的"，就失去了这个活动由以构成的要素。但这些要素作为先天的东西与知性概念即范畴站在同一边，一起面对那些被给予出来的经验性材料，所以时间空间在与对象的关系中就被视为"概念由以构成的要素"了。对象在被提供给概念时，同样也被提供给概念的这些要素，而且"至少"要被提供给这些要素。说"至少"，是因为在使对象成为可能方面，时间空间从逻辑层次上说是"最先"使对象成为可能的，当然要使对象"最终"成为可能，还有赖于范畴。一个对象要提供给概念，首先就必须至少提供给时间空间，经过时间和空间然后再提供给概念。如果不是这样，"那么这些概念是完全不可能的"。也就是说，必须要有对象提供给概念，至少提供给这些概念底下的时间和空间，这些概念才得以可能。不过这个地方就出现问题了，刚才有同学也提到了。概念这样说来就是由于对象被提供出来才得以可能的，如果没有经验性的对象，这些概念是完全不可能的，这种说法是不是过于绝对了？概念作为先验范畴，没有对象作为内容固然不能认识，但毕竟还可以用来思维，这是康德自己说过的。所以概念是先于对象而可能的，而且本身是使得对象可能的条件，在对象还没有的时候它就已经先天固有了。我们在德文原版上有一个编者注，说明在康德自己所用的《纯粹理性批判》本子上，他在"那么这些概念是完全不可能的"后面添加了一句话："这些概念对于我们是没有意义的。"这是后面加上去的，他当时写的时候是说"完全不可能的"，后来才补充说明，这只是"对于我们"没有意义，即对我们的认识没有意义，但是对于自在之物并不一定没有意义。那么这种"不可能的"是什么意思，虽然这个地方说得有些绝对了，但是在当时康德也不是乱说，也不是自相矛盾的。他有他的意图。这些概念本来是先验的范畴，而先验的范畴的意思，就是要运用于经验性的对象之上，就是必须要有时间空间的内容。范畴既然是这样一个意思，既然是这样定义的，那么你把它的经验性的内容全部抽掉了以后，这些范畴就没有对象，也就没有意义了。按照康德的解释，它的"先验"的意思在这里就被抽掉了。那它就不是先验的范畴，而变成了一种超验的东西。在超验的东西上面当然它还是有意义的，但是作为先验的范畴它就没有意义了。在超验的意义上它可以运用于，比如说，道德啊、宗教啊，它可以在这些方面来运用。但是作为先验范畴运用于知识方面就不可能了。所以这句话康德并不认为错了，而只是认为意思不够明确。就是说，这些概念这样一来就完全不可能了。

　　也不可能有任何一种所指①，因而也根本不能指向自在之物（而不考虑它们是否以及怎样可以被给予我们）；

　　概念、范畴没有任何"所指"，意思是没有能够指向的对象，也就是没有认识论方面的意义。先验范畴这个概念本身就是认识论的。你如果把经验性的对象给抽掉，那它就不能有任何所指或意义了。除非你把范畴变为另一种意义，不是认识论的，或者不是先验的。你把它变成超验的，不是用来认识，而只是用来实践，那它可能还有意义，有所指；但是在先验范畴这种认识论的意义上面，它就没有任何一种所指了。"因而也根本不能指向自在之物"，既然范畴不可能有任何一种所指，那么当然也就根本不能指向自在之物了。这些先验的范畴，这些纯粹的知性概念，它们不是指向自在之物的。它们必须要有经验性的内容，必须指向经验性的对象。如果没有经验性的对象，你说，那么它至少可以指向自在之物啊，

---

① "所指"，Bedeutung，原译作"意义"，较泛，而且与前面康德添加的话中那个"意义"（Sinn）区分不开，而这里不是说它完全没意义，而只是说它没有所指的对象。兹改之。

但是不可能。它指向自在之物，那就不是认识对象，而只是思维一个对象，却又自以为可以认识这个仅仅被思维的对象。"自在之物"后面有个括弧："而不考虑它们是否以及怎样被可以被给予我们"，也就是我们通常用这些范畴来指称自在之物的时候，就是没有考虑它们是否可以被给予，以及怎样被给予。通常的对于范畴的先验运用就是这么一种错误，就是没有考虑到自在之物是否可以被给予我们，或者能够以一种怎么样的方式被给予我们。这些都没有被考虑在内，所以它根本就不能够把认识的矛头指向自在之物。这是第一个分号。在此我们看到，如果不是一个对象要么被提供给概念，要么至少被提供给概念由以构成的要素，那么这个概念就没有所指，也不能指向自在之物了。这是第一个意思。

此外，对象被给予我们的唯一方式是对我们的感性加以修正。

Modifikation 这个词，有"修正"的意思，也有"变形"的意思，改变、变形、变化、变体。我们这里翻译为修正，虽然也可以理解成变形，即对我们的感性加以变形，对于我们的感性所获得的东西来加以整理。在这里我们看到的第二个意思就是这个内容，就是"对象被给予我们的唯一方式是对我们的感性加以修正"。一个对象要被给予我们，它就不可能是自在之物，自在之物是不可能被给予我们的。对象如何能够被给予我们，是作为自在之物还是作为现象？那么我们就有一个标准，就是看这个对象是否对我们的感性加以修正。自在之物撇开我们的感性，丝毫不反映在我们的感性中，那么它当然就不能被给予我们。任何一个对象能够被给予我们的唯一方式，就是对我们的感性加以修正，唯有这种方式对象才触及到我们，我们才能够认识对象。"被给予我们"的意思，也就是这个意思。一个对象被给予我们了，意思就是说，它触及到我们的感官了，它已经被接受到我们的感官中来了，它已经被我们所把握了，被我们所认识到了。那么什么叫作"对我们的感性加以修正"呢？就是通过时间和空间把这些感性的材料容纳进来，使它们受到时间空间的规范，我们才能够接受一个对象。也就是说，这句话的意思是强调对感性所进行的一种变形和修正，那么他显然是强调的这个中间环节。但"对象被给予我们"在这里是一个被动态，对象被给予我们，那么这个地方显然是讲的感性。感性必须经过修正才能被给予我们，如果没有经过修正，没有经过变形，没有被纳入到时间的流程中，那么那种原初的感性材料，那种感性的原生态，比如说一种单纯的红色，是不会出现在我们心目中的，也就不会被给予我们。所以这个地方讲到的"被给予我们的唯一的方式"，就是指我们感到一个对象的唯一的方式，就是把这个感性的东西纳入到我们先天的直观形式里面来，纳入到时间空间里面来。那么，当你把感性纳入到时间空间里面来的时候，它就已经经过了一种变形，也就是经过了一种修正。它已经变成有一定规范的了，你可以测量这个红色它有多大的面积，它经过了多长时间，这个是有刻度的，可以精密地测量的，跟感性的原生态是大不一样的。感性的原生态怎么能够测量呢？一个红色你怎么能够测量呢？如果没有时间空间的话。我们通常讲一个感性的东西要能够量化，要能够测量，就必须要纳入时间空间里面，当然还不是量的范畴，但是要纳入时间空间的量上面来，加以度量，你才能对一种感性的质进行某种规范。当它可以被进行规范的时候，我们才可以说，它被给予我们了。所以说它是对我们的感性加以修正，使得那些感性的五花八门的东西，杂乱无章的东西，杂多的东西，没有规范性的东西，能够得到最初步的规范。一旦纳入到时间空间里面来，就使之与时间空间中的其他东西形成了某种联系。这个时候这些感性的东西就得到了修正。这是第二个意思。第三个意思：

B179　　最后，先天的纯粹概念除了范畴中的知性机能之外，还必须先天地包含感性的（即内感官的）先天形式条件，这些形式条件中包含有那些范畴只有在它之下才能应用于任何一个对象的普遍性条件。

　　最后得出来的一个结论，是先天的纯粹概念，也就是范畴，"除了范畴中的知性机能之外"，范畴当然是知性机能的表现了，范畴本身就是知性的一种自发性的能力、一种综合的统一能力在各个方面（在十二个方面) 体现出来的形式。那么除了这样一种知性的自发性的机能之外，还必须先天地包含有感性的形式条件，即内感官的形式条件。在这个地方要注意了，就是说，先天的纯粹概念，我们在前面讲到了，康德的范畴就是先天的纯粹概念，之所以说它是纯粹的，就是由于它排除了一切感性的东西。什么叫纯粹的？纯粹的就是超乎感性之上，超乎经验之上的，如果包含了一丝一毫经验的东西，那么它就不能够叫作纯粹的。正因为如此，康德把很多概念筛选出来了，因为它们不纯粹，它们在运动，在变化，所以它们不纯粹，不能够成为范畴。他如此严格地筛选他的范畴而得出了这一套纯粹知性概念体系。那么在这个地方呢，他反过来强调，先天纯粹概念除了范畴中的知性功能之外，"还必须先天地包含感性的 (即内感官的) 先天形式条件，这些形式条件中包含有那些范畴只有在它之下才能应用于任何一个对象的普遍性条件"。康德在这里似乎有些自相矛盾。其实康德前面讲的"这些概念由以构成的要素"，已经包含有这个意思了，就是尽管纯粹知性概念必须要撇开一切感性的经验的东西才能够是纯粹的，但这些概念要能够成立，还必须有一些其他要素来构成它们。那么在这个地方他进一步说，这些纯粹概念"必须"包含、不包含不行，必须包含有一些感性的东西，即感性的形式条件。当然在这个地方康德是在不同的层次上看待纯粹知性概念的。前面谈纯粹知性概念必须撇开一切感性，是就纯粹知性概念本身的意义而言的，把它本身孤立起来看。先验分析论嘛，就是要把这些要素一个个分析出来，就这些概念看这些概念，这时我们就会发现，有一些东西是纯粹的，而另外有一些东西是不纯粹的、感性的。在感性里面有一些是先天感性的，因而是相对纯粹的，另外有一些是后天感性的，是最不纯粹的。他是通过这样一种分析把这些要素一个个分析出来。但是在先验原理论里面呢，他的立足点不同了，他是把各种要素重新组合起来。这是按照当时的经验自然科学的方法，先分析，然后综合，先把一个个要素分别搞清楚，然后组合起来，看看它们是怎样联结、怎样运作的。那么在这个意义上，先天纯粹概念的内涵就开始扩大了，就不仅仅局限于概念本身固有的属性，而是从它的活动方式中，从它要运用于一个对象上面的这种运用中，来看它所具有的一些新的属性。这些新的属性跟原来的那些单调的属性并不冲突，而是从一个运动的功能的角度，看它们是如何起作用的。那么在这样的作用过程中，康德又把一些新的属性赋予了先天纯粹概念，这是在不同层次上讲的，与前面是不矛盾的。康德认为先天纯粹知性概念除了范畴中的知性机能以外，还必须先天地包含有感性的形式条件，这个是在运用中谈问题的。在运用中它必须包含有时间，时间的先验规定，这样一些条件。你从动态的角度看这些范畴，它们就表现出不一样的、表现出更多的属性，就是说这些范畴一旦进入到动态，一旦你使用这些范畴来形成知识的时候，你就会发现它先天地包含有感性的形式条件，包含有时间的先验规定。他说这些形式条件中，"包含有那些范畴只有在它之下才能应用于任何一个对象的普遍性条件"，这句话里面已经点穿了，范畴只有在时间的先验规定的条件之下才能应用于任何一个对象，所以时间图型是范畴运用于任何对象之上的"普遍性条件"。他的这句话是在什么背景下说的呢？是在范畴要运用于一个对象的时候，这是范畴在运用中所具有的特点。你静止地看，一个纯粹知性概念当然不包含任何感性的东西，但是一旦它运用于感性的东西之上，那就体现出它本身包含着一种能够运用于感性之上的可能性。这种可能性是一种动态的可能性。在这种动态中它先天地包含有感性的形式条件，这些感性的形式条件，时间的先验规定，我们开始时已经讲到了，它具有两面性。先验的方面呢它是可以和知性范畴相兼容的，后天的方面它又是一切感性直观的纯形式，可以直接和经验性的东西兼容。正因为如此它可以构成一个中介，可以构成范畴和经验对象之间的一个中间环节。既然它构成一个中间环节，那么范畴先天地在它的运用中就离不了感性直观形式，这就是时间的先验规定，而且范畴本身可以包含有这些时间的先验规定。这是很要紧的一个观点，就是说，时间作为一种感性的形式条件在知性里面已经包含着,在知性范畴的运用中,在知性的活动中已经包含着了。这岂不是知性的直观吗？但是康德并不承认有知性的直观,至少不承认人类有知性的直观。康德这里主要是指的人类的感性直观,以及人类的知性认知能力。虽然实际上,他已经引进了一种知性的直观,但是在这个地方他还没有自觉到这一点,他认为我是清清楚楚的,你就范畴本身而言它绝对不是直观的,但是在运用中它能够而且必须先天地把直观的东西包含在自身之内。那是在运用过程中它已经移位了,它已经偏离了原来的位置了。因为它要运用于感性对象嘛,所以它不能不偏离自己的本位,把那些感性的形式条件包含于自身之内。这个"先天的"在这里并不是说这些概念本身就先天地包含有这些感性的先天条件,而是说这些概念在先天地运用于经验对象的时候,它已经先天地跟这些感性的形式条件相兼容,所以它们必须先天地包含有感性的形式条件,这些形式条件里面包含有那些范畴能够运用于经验对象上的普遍条件。既然只能有经验性的运用,那么在运用于经验性的东西的时候,它有一个普遍性的问题,就是你运用于任何一个对象之上,你都必须借助于时间和空间。时间的形式条件变成了范畴运用于任何一个经验对象上的普遍条件了,范畴只有在它之下,只有在时间的先验规定之下,才能运用于任何一个对象。那么这个对象显然不可能是自在之物,既然是置于时间的先验规定之下,那么这个对象就已经被限定了它不可能是自在之物,只可能是经验对象,是在经验范围之内、现象范围之内的任何一个对象。这个已经有时间的性质所限定了,时间属于现象,在时间中出现的东西都是现象的,这个毫无疑问。最后一句：

　　我们将把知性概念在其运用中限制于其上的感性的这种形式和纯粹的条件称为这个知性概念的**图型**,而把知性对这些图型的处理方式称之为纯粹知性概念的**图型法**。

　　这个地方开始命名了,也可以说是定义了。我们在知性概念的运用的动态过程中来考察它,这种运用"限制于其上",即限制于感性形式上；

知性概念在运用中要受到一些感性的形式条件的限制,如果不考虑它的运用,它是不受感性的限制的,它是纯粹知性概念。范畴是纯粹的知性概念。但是如果在运用中呢?它就要受到限制了,限制于"感性的这种形式和纯粹的条件"。这种感性的限制我们就把它称之为"这个知性概念的图型"。图型(Schema)就是这样来的。这是用来限制知性运用的感性的一个形式和纯粹的条件。图型也很纯粹,图型也是先天的,但是同时图型它又限制了纯粹知性概念,它是感性的。只有在感性的范围之内才具有图型,或者一旦具有图型,那么就已经说明它是在感性的范围之内了。所以这是一个对知性概念的运用的限制。"而把知性对这些图型的处理方式称之为纯粹知性概念的图型法"。我们翻译成"图型法"也只是根据这一点,就是它意味着"知性对这些图型的处理方式",这种方法我们称为纯粹知性概念的图型法。知性它是运用图型来达到经验性的知识,来形成我们一般的知识的。这样一种借助于图型来形成知识的方法,那就是图型法。

下面这一段对于图型进行了一种具体的解释,前面都是讲我们需要一个中介,需要一个既是先天的同时又是直观感性的中介,我们才能把纯粹的先验的范畴运用到直观的经验对象之上。那么这个图型本身究竟应该怎么理解?所以他这一段一开始就讲,

图型就其本身来说,任何时候都只是想象力的产物;

图型是想象力的产物,这个地方是第一次提出来了,跟想象力联系起来了。实际上在前面的纯粹知性概念的演绎里面,第一版的演绎里面,已经讲到过想象力,就是想象力是一种"再生的综合"。第一个层次是直观中领会的综合,第二个层次是想象力中再生的综合,第三个层次才是概念中认定的综合。想象力再生的综合作为第二个层次它是一个过渡,在那个地方其实已经涉及到了想象力的图型的作用。但是哪个时候是从知性范畴的演绎的角度来谈的,知性范畴有什么权利能够运用于经验对

象之上,其中的第二个环节就是要靠想象力。想象力本身的综合就是通过一种先验的想象力来实现的。也就是说知性的范畴在再生的想象力这个阶段体现为先验想象力的一种综合作用。如果没有再生的想象力,我们的一切知识都是不可能的,都忘记了,回忆本身就是一种再生的想象力嘛。那么这种再生的想象力如何可能呢?它要靠一种先验的想象力,把前面的材料和后面的材料综合起来,把它再生出来,然后把它综合在一起,这是一种先验想象力。但是在那个地方还没有提出图型,因为他的角度不同,他主要是考察范畴如何贯穿到直观里面去。而在这一部分,讲到图型法,他主要是考察范畴通过一种什么样的中介能跟直观的对象相联系。那么这个时候图型的问题就凸显出来了,图型是一个中介。原来在演绎中一层一层剥开,我们发现想象力是一个层次,它是认知的一个层次。认知一个经验对象,剥掉这一层,就有一个再生的想象力了。然后呢,有个先验范畴作为它的条件。那么在这里呢,它是把这个图型单独提取出来考察,就是把想象力单独提取出来进行考察。它的作用是一种什么作用呢,是一种图型的作用,是一种中介的作用,这与前面的角度不一样。先验演绎里面的角度是一贯到底的,从范畴一直贯到任何直观的经验对象,它们之所以可能,都要以范畴作为条件;那么在图型法里面,他把中间的这一层单独抽出来进行考察,发现图型就其本身来说,任何时候都只是想象力的产物。这个想象力显然他是指的先验的想象力,它不是那种心理学的想象力。心理学的想象力,再生的想象力,都要以先验的想象力作为前提。所以他这个想象力主要是以时间图型作为一种先天直观形式本身的一种构成。它构成的是图型。图型就其自身来说任何时候都是想象力的产物,

　　但由于想象力的综合不以任何单个的直观为目的,而仅仅以对感性作规定时的统一性为目的,所以图型毕竟要和形象区别开来。

　　想象力的综合,在第一版先验演绎中讲到的想象力中再生的综合,再生的综合体现出的是想象力的自发的作用,先验的作用,能动的作用,

但它本身却只是后天的,联想性的。那么这个地方讲到想象力的综合呢,是直接指想象力的先验的综合作用。再生的综合之所以是综合而不仅仅是一种随意的联想,就在于它体现了想象力的一种自发性,一种通往知性的自发性的综合,一种先验的综合,所以他称之为先验的想象力。那么既然是先验的综合,所以它"不以任何单个的直观为目的",想象力在综合中不是以单个的具体的直观为目的,不是那种再生的想象力。再生的想象力着眼于个别的具体的表象如何能够把它重新再生出来,把它联结起来,再生出来后综合在一起。那是再生的想象力那个层次。但再生的想象力如何可能,它其实要追溯到先验的想象力。先验的想象力不是以任何单个直观为目的,"而仅仅以对感性作规定时的统一性为目的"。先验想象力它来自于知性的综合嘛。既然是来自知性的综合,所以它是以综合性的统一性为目的。它的综合不是随意地把两个东西联想起来,像休谟所说的习惯性的联想。习惯性的联想是没有统一性的,它没有必然性,它是偶然聚在一起的,随时可能解体。你把两个表象挂在一起,但你是偶然把它们挂在一起的,你也可以不把它们挂在一起。所以它们还是一些杂多的东西,它们不是统一的东西。但是当我们把这两个表象联系在一起的时候,我们是想象它们内部有一种必然性,有一种必然的统一的概念关系,这就是先验想象力的作用了。所以先验的想象力是以这样一种统一性作为目的,因此"图型毕竟要和形象区别开来"。图型是比较高层次的,而一般的形象是杂多。一般的形象它不具有统一性。你可以把它联想起来结合到一起,你也可以把它们随时解体,解散。图型它是不能解散的,它是一种统一性的东西,是一种超越于形象之上的先验的规定。下面他举了个例子。他说:

　　譬如,如果我们把五个点一个接一个地标出来,‥‥‥ 这就是五这个数的形象。

　　但是这还不是图型。我打上五个点,这五个点我还可以改,我可以只打四个,只打三个,这个里头只有五的形象,这完全是偶然的,还没有五的图型，它没有统一性，它不构成一个固定的"数"。五个点是随时可以增加或减少的，也不可能个个都是绝对一样大小的，它本身是散漫的，它是一种杂多。"五个"是一种杂多，我可以加一个，也可以减一个。

反之，如果我只是思维一个一般的数，它可以是五，也可以是一百。那么这种思维与其说是一个形象本身，不如说是按照一定的概念把一个数目（比如说一千）表现在某个形象中的方法的表象。

这个"数"就超越于任何具体的数的形象之上了，它可以是五，也可以是一百，但它们都从属于一个方法。那么这样一种思维，即"我只是思维一个一般的数"，这个思维"与其说是一个形象本身"，这个"数"的概念已经不是一个形象了，而"不如说是按照一定的概念把一个数目（比如说一千）表现在某个形象中的方法的表象"。"按照一定的概念"，比如说，按照"一千"这个数目的概念，然后把这个数目即一千表现在某个形象之中，比如说一千个点。这一千个点我是数不来的啦，一下子数不过来的，那要数好半天。我不是着眼于这些点，而是着眼于我在表现这些点、这一千个点的数目的时候，它的"方法的表象"。我是严格地按照数的这样一种关系来表现这些点的，我在表现一千和表现五、表现一百的时候用的是同一种方法。所以我不是着眼于某个具体的形象，某个具体的形象可以任意联想，可以随意地联想，但是先验的想象力它着眼于统一性。所有这些联想，我们用来联想它的方法，就是在数的层次上进行联想，而不是在其他方面进行联想。我不管这些点，有的点大些或者有的点小些，或者有的点是红色的另外有的点是绿色的，我不考虑这些问题。我们统一地有个方法，只考虑它的数。那么这样一个方法的表象就是图型了。他说，

这个形象在后面这种情况下将是难以一目了然的，也很难将它与该概念加以比较。

在后面这种情况下，比如一千，在一千的情况下，你怎么能够一目了然呢？数目是五的时候你很容易看出来，但是数目太多了就不能一目了

然了。但是有一点可以确定，有一点你可以一目了然的，那就是它是按照数的方法排列起来的。它们都是数，而不是什么"点"，我们都是从数的角度来考察这些点的，不管它是五个还是一千个，是能够一目了然的呢还是不能一目了然的，总而言之它们都统一于数的概念之下。否则的话，"这个形象在后面的情况下将是难以一目了然的，也很难将它与该概念加以比较。"当我们按照一定的概念把一个数目表现在某个形象中时，这个形象有可能是难以一目了然，我们也很难把这个形象与这个数的概念加以比较，因为这些形象与数的概念不是同一个层次，这个概念已远远超出了所有的形象。这个概念跟形象是不一样的，五这个数目跟五个点，五头羊，甚至五种植物是完全不同的。所以图型这个概念和形象这个概念是完全不一样的。形象是具体的，而图型它有一种超越性，我们很难把形象与这样一个概念加以比较，因为它们不在同一个层次。这是图型的特点，它和形象之间有区别，它跟具体的形象有一种层次上的不同。最后一句，

B180　　于是，想象力为一个概念取得它的形象的某种普遍处理方式的表象，我把它叫作这个概念的图型。

想象力为一个概念取得它的形象的某种普遍的处理方式，"为一个概念"，比如说一个五的概念或者是一个一千的概念。如果我要表达五，我就用五个点的形象来对他表达；如果我要表达一千，我就用一千个点来对这个概念加以表达，但是，我不管是表达五还是一千，我都有一种普遍的表达方式，就是都是按照数来处理的。我把这种处理方式的"表象"叫作这个概念的图型，或者也可以把这种处理方式就叫作这个概念的图型。这种处理方式的"表象"就是这种处理方式，当然它是以形象表现出来的，如果我把这种处理方式看作这种处理方式的表象，就可以把它叫作"这个概念的图型"。"这个概念"，这里可以理解为一个数目的概念。一个数目的概念的图型，例如一千，我当然可以用一千个点来表示，但我不是着眼于这一千个点的具体形象，如它有多大，是什么颜色，而是着眼

于它们所体现的"普遍处理方式的表象"，即它们可以"代表"任何一千个事物。"一千"概念的图型虽然也要用形象来表示，但已经失去了形象的意义，而只有体现我们的处理方法的表象的意义。我们利用这五个点所表象的图型，就可以把"五"这个数目加之于任何五个具体形象的事物身上，把每个事物归于一个点之下，这就是这五个点的图型法的作用。当然，这里讲的还不是纯粹知性概念的图型，而是一般概念、包括数学概念的图型，康德是从这里逐步引入他的纯粹知性概念的图型的。

好，下面这一段比较长哦。这一段就进入到他对图型的正式的解释了。可以说这一段就把"图型是什么"的含义说明了。

实际上，我们的纯粹感性概念的基础并不是对象的形象，而是图型。

纯粹感性概念，也就是时间空间的概念啊，"纯粹感性"就是纯粹直观形式啊，这里他先从时间空间、从数学和几何学方面着手阐述这个问题。就是说，纯粹感性概念的基础、时间空间概念的基础是否就是对象的形象呢？是不是对象刺激我们的感官所形成起来的那样一个形状大小、那样一个具体的活生生的形象呢？不是的。它的基础应该是图型。我们所看到的时间空间，这样的一些纯粹感性的概念，比如一个几何形状，它的基础并不是这个几何形状的一个对象呈现，并不是已经呈现在我们面前的一个具体的三角形，具体的几何形状的对象形象。根本来说它的基础就是图型。下面讲到：

对于一般三角形的概念，三角形的任何形象在任何时候都不会合适。

这个概念就是前面讲的"我们的纯粹感性概念"，比如说，一般三角形的概念。我们有一个一般三角形的概念，对这个概念，我们的一般三角形的概念是一个纯粹感性的概念，它还没有被纳入到一些具体三角形的对象领域来加以考虑，它就是"一般三角形"这样一个概念。那么这个三角形表现出来的任何具体形象在任何时候都不会适合这个概念，它仅仅是一个纯粹感性概念。作为一个一般三角形的概念，就像贝克莱所讲的,你能不能找到一个既不是锐角、也不是直角、也不是钝角的三角形呢?你找不到。你在你的感官中是看不到这种"一般三角形"的。因此,贝克莱认为这样的三角形是不存在的,我们所能看到的实际上存在的只是那些具体的三角形,而没有抽象的三角形。那么在这个地方,康德虽然不同意贝克莱的说法,而是承认这种一般三角形概念的存在,但是他把这种一般三角形的概念和具体三角形划分成两个层次。当然,贝克莱说的对,三角形的任何形象在任何时候对一般三角形的概念都是不合适的,都是具体的,适合不了这种普遍的概念。

因为形象达不到概念的普遍性,既让概念对一切直角的、锐角的等等三角形都适合的那种普遍性,而是永远只被局限于这个范围中的一个部分,

你任何一个具体的三角形都只是局限于一般三角形概念中的一个部分。我们说它是三角形的一种,三角形还有别的种,还有别的无数的种类,角度大小,边的长度,边的比例,有无数的搭配。

三角形的图型永远也不能实存于别的地方,只能实存于观念中,它意味着想象力在空间的纯粹形状方面的一条综合规则。

一般三角形这样一个概念只能是一个图型,即使我把它画出来,比如说画一个锐角三角形,它也并非就是这个锐角三角形,那只是一个示意。这个图型永远只能在我们的观念中存在,也就是说,不能直接作为对象的形象呈现出来。当然,按照康德的说法,对象形象也是观念,但是在这里,"只能实存于观念中",不能够作为一个对象呈现出来。这个对象是指后天的能够用感性经验到的东西。而一般三角形只是一个先验的图型,所以它只能实存于观念之中。"它意味着想象力在空间的纯粹形状方面的一条综合规则",三角形的图型,一个一般三角形的这样一个概念,它只是意味着想象力的规则。这个地方把"想象力"提出来了,想象力在空间的纯粹形状方面的一条综合的规则。在这个图型后面是想象力,能够造成图型的就是想象力。想象力的图型在这里指向空间的纯粹形状,

那么在这方面进行一种综合所依据的原则就是图型。三角形的图型它实际上是一条综合的规则。它还没有综合，还没有现实地去综合，它只是一条综合的规则。比如说三角形的图型，它只是意味着我们必须要有这样一种形状，它有三个角，有三条边，围成一个图形；至于怎么围，还没有定，还没有现实地去围。现实地围成一个图形就具有一定的角度，长度，大小，面积，等等。但是它只是一个规则。我们要围成这样一个图形，这个图形应该有三个角，应该有三条直线作为它的边，这是一个综合的规则。这个规则是想象力在里面提出来的。我在想象中，我设想未来的这个三角形一旦把它画出来的话，它应该符合一种什么样的规定。

一个经验对象或它的形象则更谈不上在什么时候达到经验性的概念了。相反，经验性的概念总是按照某个一定的普遍概念而直接与想象力的图型、即与规定我们直观的一条规则相关联的。

前面讲的是我们的"纯粹感性概念"的基础并不是对象的形象，而是数学几何学的图型；那么这个地方就更进了一层。前面提出的是几何学，这个地方提出的是现实的感性经验，它涉及到自然科学。"一个经验对象或它的形象则更谈不上在什么时候达到经验性的概念了"。我们具体地看到一个经验对象，比如说一棵树，一个杯子，这是一个经验的对象，我们看到这个杯子的时候它的形象已经出现了，这样一个具体的一定高度一定形状的杯子。那么，在这个经验性的对象出现的时候，它就更谈不上任何时候可以达到经验性的概念了。一个杯子我们可以作为一个经验性的概念如"杯子"概念的"例子"，但是作为一个概念它不特指这一个杯子，它只是设定，在经验中我们通过眼睛，可以看到这样一个形状的东西，它叫作杯子。但是这样一个杯子的经验性的概念跟任何具体的杯子的对象都不相同，就像任何具体的三角形都不适合三角形的概念一样，任何具体的杯子也不适合于"杯子"的概念。这是第二个层次了，更进了一个层次，不仅仅是三角形的形象，而且是一个具体的经验对象的形象，就更谈不上在什么时候达到经验性的概念了。经验性的概念指向这个经验性的对象杯子的图型。他说"相反,经验性的概念总是按照某个一定的普遍概念而直接与想象力的图型、即与规定我们直观的一条规则相关联的"。经验性的概念,我们讲杯子,康德举的例子是一条狗的概念。

狗这个概念意味着一条规则,我们的想象力可以根据它来普遍地描画出一个四足动物的形状,而不局限于经验向我们呈现出来的任何一个唯一特殊的形状,也不局限于我能具体地表现出来的每一个可能的形象。

一条狗的概念,总是按照一个一定的普遍概念,如四脚动物,而被描画和想象出来的。四脚动物是一个普遍规则,具体的狗有很多,那么,狗这个概念总是按照某个普遍的一定概念直接与想象力的图型相关联。我们按照狗的概念去想象一个一般的四足动物,把它看成所有的狗的一条规定我们直观的规则,狗的经验性的概念与想象力中我们要去规定任何一条狗的规则、即与"四脚动物"这样一个图型直接关联在一起。也就是说,一个经验性的概念它底下是有图型把它撑起来的。它是一个图型的规则。图型是想象力提供的一条规则,我们将按照这条规则去综合我们在经验中所遇到的那样一个对象。但是现在还没有综合,现在还只是想象,提出一个综合的规则,一个方法。所以讲,"狗这个概念意味着一条规则",狗是一个概念,但是这个概念是一个经验性的概念。狗是后天的,我们后天地知道世界上有狗,但是我们一旦知道世界上有狗,我们就形成了一个狗的概念了。这个概念,既然形成了概念,那么它就意味着一条规则。"我们的想象力可以通过它来普遍地描画出一个四足动物的形状,而不局限于经验向我们呈现出来的任何一个唯一特殊的形状,也不局限于我能具体地表现出来的每一个可能的形象"。这个意思应该比较明确了。狗这样一个概念是一个规则,它是具有普遍性的,我们的想象可以通过这个概念来普遍地描绘出一个四脚动物的形象。普遍地描绘,当然不是实际上描绘出来。实际上描绘不出来的,你实际上描绘出来的一个四脚动物的形状,它总是具体的,而不是普遍的。但是我们在想象中可以这样描绘,我们在想象中、在观念中可以根据这种概念普遍地描绘出一个四脚动物的形状，而不局限于经验向我们呈现出来的任何一个唯一特殊的形状。但你也可以在黑板上或地上把它画出来，但是你心里面知道，我画出来的这样一个狗，它是狗的普遍形状的一个代表，它只是一个代表，你不要太看重我画出来的这条狗它的嘴怎么这么长，它的这个尾巴是不是短了，这些都无所谓的。反正长短都无所谓的，我主要是要用这个来表示我在想象中有一个一般的狗的形状。它尾巴可长可短，嘴也可长可短，但它毕竟是一个四脚动物，必须符合我心目中的这个狗的概念，所以它不局限于经验向我们呈现出来的任何一个唯一特殊的形状，也不局限于我能够表达出来的每一个可能的形状。我可以具体地创造很多很多，任何一个狗的形状，我都可以画出一个特点不同的，但是这个狗的概念，狗的图型是不拘束于这些具体形象的。

　　我们知性的这个图型法就现象及其单纯形式而言，是在人类心灵深处隐藏着的一种技艺，它的真实操作方式我们任何时候都是很难从大自然那里猜测到、并将其毫无遮蔽地展示在眼前的。 B181

　　我们知性的这个图型法，就现象及其单纯形式而言，刚才同学在这里提出了一个问题：为什么是"就现象及其单纯形式而言"？这个"就……而言"主要是用来修饰这个图型法的。我们知性的这个图型法它是就现象以及现象的单纯形式而言的，它不是就自在之物而言的。图型法是用来规定现象以及现象的单纯形式的，用来规定现象的时间空间的这样一个图型法。我们知性的图型法，或者我们知性的这个就现象及其单纯形式而言的图型法，它是修饰这个现象的，它的作用就在这一方面，除此之外它没有别的运用。那么这样一种图型法，它"是在人类心灵深处隐藏着的一种技艺"。这个地方讲得很玄、很神秘了。康德讲得很神秘的地方不多，这个地方是一处。图型法的起源，它究竟从何而来，讲到这个问题的时候，他讲到它是在人类心灵深处隐藏着的一种技艺。康德前面也讲了判断力，判断力虽然有判断力的法规，但是判断力本身它是人的一种说不清的能力。就是说，它是天生的，教不了，书本上是教不了的，但是可以通过实践来增进，来补偿。那么跟这里相应，这样一种图型法实际上就是人的判断力。图型法之所以产生，就是由于人的判断力从人的心灵深处发生出来，通过想象力产生图型。为什么会产生，你能不能通过生理学，心理学把它分析出来，这个是分析不出来的。至于它作为在人的心灵深处隐藏着的一种技艺，"它的真实操作方式我们任何时候都是很难从大自然那里猜测到、并将其毫无遮蔽地展示在眼前的"。它的真实的操作方式，他没有说我们绝对不可能猜测到，而是说我们很难很难猜测到，太复杂了。在这里康德没有把话说死，所以这里跟他的自在之物学说还不一样，它并不是自在之物，它还是一种带有强烈的心理学色彩的猜测。就是人具有这个东西，但是至少我们今天的生理学和心理学还没有达到这个地步，还不知道它具体的操作方式，究竟是怎样运作的。所以它的操作方式我们任何时候很难从大自然那里猜测到，并将其毫无遮蔽地展示出来。这个地方说得很模糊了。它究竟是原则上不能展示出来呢，还是我们当今的心理学还没有走到这一步，或者随着心理学将来的发展，是不是就可以把这个秘密揭示出来呢？康德在这里没有说清楚，也可以说在这个地方显示出康德有些犹豫。它的模糊之处，它的图型说或者说是判断力的学说，可以说是他的整个体系中的一个脆弱的部位。但是康德非常老实，不知道的事情我就不说了。

我们能够说出的只有这些：**形象**是再生的想象力这种经验性能力的产物，感性概念（作为空间中的图形）的**图型**则是纯粹先天的想象力的产物，并且仿佛是它的一个草图，各种形象是凭借并按照这个草图才成为可能的，

前面两次提到形象，一个是三角形的形象，一个是经验对象的想象，这都是跟这个图型不相符合的。三角形的概念和狗的概念都是任何一个形象都不与之相适合的。你不能把这些概念归结为就是这样一个形象，形象是再生的想象力的经验性的产物，也就是说它是后天的。我们是后天看到了一个具体的三角形，看到了一只具体的狗，那么我们就产生了

具体的形象。所以它是再生的想象力,比如说,回忆,刚才看到那个东西,我把它再生出来,回忆和联想都属于再生的想象力,它是一种经验性的能力。形象是再生的想象力这种经验性能力的产物。相反,"感性概念(作为空间中的图形)的图型",——也就是感性概念的图型,感性概念作为空间中的图形,例如三角形是一个空间中的图形,狗的形象也是,——感性概念作为空间中的图形,它的图型则是"纯粹直观的先天想象力的产物",而不是后天再生的想象力的产物。前面是讲形象,形象是后天的想象力的产物;感性概念的图型则是纯粹先天的想象力的产物。这个是不一样的。所以后天的形象和感性概念的图型,虽然它们都是感性的,但是一个是后天的再生的想象力的产物,一个是先天的想象力的产物。那么图型它就是先天的想象力的产物。图型一方面是感性的,另一方面它又是先天的,它同时是感性的和先天的。所以形象和图型是不一样的,这两个词下他都打了着重号的,"形象"是什么什么,"图型"是什么什么。所以这两句话是对应的,前面是再生的想象力的产物,后面是先天的想象力的产物。"并且仿佛是它的一个草图",这个"它"应该指的是"纯粹先天的想象力",按照德语的语法应该是这样的意思。"各种形象是凭借并按照这个草图才成为可能的",就是说图型是先天想象力的产物,即先天想象力所构成起来的一个草图,而各种具体的形象是凭借着并且按照着这个草图才成为可能的,各种各样的三角形都是凭借着并且按照着一般三角形的草图才成为可能。按照我们日常的普通知性的观点来说呢,这个一般三角形是由具体的三角形所集合起来或抽象出来的,所以具体的三角形应该是最基本的东西,一般三角形是因为有具体的三角形才成为可能的。但是康德认为相反,具体三角形是因为三角形的一般概念才成为可能的,按照这个草图才成为可能的。

　　但这些形象不能不永远只有借助于它们所标明的图型才和概念联结起来,就其本身而言则是不与概念完全相重合的。

　　就是说,各个形象凭借并且按照这个草图才成为可能,但是又永远只能凭借它们所标明的图型，才能跟三角形的概念联结起来，才能标明这些形象都属于三角形的概念。一个概念要运用到具体的对象上去，一个三角形的概念要运用到具体的三角形上去，它必须中间有一个中介，那就是三角形的图型，就是说各种形象本身是依照这种图型才得以可能的，凭借这个图型才得以可能的。但是呢，另一方面只有凭借这些图型，它们才能够跟更高的三角形的概念联结起来。所以这个地方有三个层次，一个是具体的三角形的形象，一个是三角形的一般的图型，再一个是三角形的概念。中间这个图型是很重要的，它是一切形象的可能性条件，同时它又是这些形象联结到概念上面去的中介，一个必要中介。"就其本身而言则是不与概念完全相重合"，这个"就其本身而言"可以跟前面那个"但"字联系起来想："但这些形象……"，为什么说"但"？因为这些具体的形象要以图型为前提才成为可能，但这些形象，就其本身而言，并不与概念完全相重合。这个"但"的意思在这里，就是说，它们虽然要以这些图型作为前提才得以可能，但是它们本身并不同普遍性的东西相重合。它们不能不永远只借助与它们所标明的图型，才和概念联结起来，但是这种联结并不是重合的，这些具体的形象，比如任何一个三角形的形象和三角形的概念是永远不可能重合的。这样，它们之所以可能，要以普遍的图型作为前提，但是他们不能跟图型相重合，也不能跟图型所代表的概念相重合。图型和概念都具有普遍性，一般的图型，一般的狗，这样一个图型，或者这样一个概念，都是具有普遍性的。那么具体的这一个狗和这一个三角形则是没有普遍性的。

　　反之，<u>一个纯粹知性概念的图型是某种完全不能被带入任何形象中去的东西，而只是合乎某种依照由范畴所表达的一般概念的统一性规则而进行的纯综合，</u>

　　这个"反之"究竟什么意思，刚才有同学提出疑问了。"反之"显然是和前面的图型相反的，前面的图型都是我们经验概念或感性概念的图型，它跟具体的形象，跟具体的某一个三角形，或者某一条狗，它的形象，这个之间有一种联系，总之是与空间有联系，我们可以看作是一种空间的图型。那么反之，"一个纯粹知性概念的图型"，这就是他本章所要讲的主题，前面都是引子。就是他其实是要讲范畴的图型，而不是一般的图型，不是一般经验事物和数学对象的图型。那么，这样一种"纯粹知性概念"的图型是某种"完全不能带入任何形象中去的东西"，就是说它和任何具体的形象、空间的形象是完全脱钩的。三角形的图型和某个具体的三角形，虽然实际上也是两个不同的层次，但是具体的三角形只有在三角形的概念和三角形的图型的前提下才能得到设想。那么纯粹知性概念却不能被带入任何形象中去，那么它是什么呢？"而只是合乎某种依照由范畴所表达的一般概念的统一性规则而进行的纯综合"。这句话很拗口。首先是"合乎某种……统一性规则而进行的纯综合"。什么样的"统一性规则"呢？"依照由范畴所表达的一般概念"的统一性规则。通常的那些规则已经是一条综合的规则了，比如说三角形的图型，它已经是一条综合的规则了；但是它本身是在形象的层面、在直观的层面来进行的，是在具体的层面进行的。它是使得具体的形象得以可能、得以体现出来的一个前提。而范畴的图型则只是一种"纯综合"，这种纯综合合乎统一性的规则。这个统一性的规则是依照"由范畴所表达的一般概念"的统一性的规则，所以它的层次要更高一些。它不是直接地使那个具体的对象成为可能的。

　　是想象力的先验的产物，这个产物就所有那些应先天地按照统觉的统一性而在一个概念之中联结起来的表象而言，就与一般内感官的规定依照其形式（时间）诸条件而发生关系。

　　就是说，范畴的图型是完全不能够被带入任何空间中的形象中去的，它只是按照统一性的规则来进行的一种纯综合，它是"想象力的先验的产物"。虽然前面讲一般图型"任何时候都只是想象力的产物"，但这里讲的想象力的"先验产物"是比较特别的，其特别之处在下面这个从句中作了说明："这个产物就所有那些应先天地按照统觉的统一性而在一个概念之中联结起来的表象而言",就是说,就能够被统一在一个概念之中而联结在一起的表象而言,包括直观,包括后天知觉印象及先天直观形式,这些表象全部统统按照统觉的统一性在一个概念之中联结起来,——就所有这些表象而言,它"就与一般内感官的规定按照其形式(时间)诸条件而发生关系"。就是说,就我们在形成一个对象的时候我们纳入这个对象概念中的所有那些要素而言,在这方面先验的想象力只是和一般内感官的规定按照它的时间形式条件来发生关系。也就是,它在所有这些要素方面,着眼于所有这些构成一个对象概念的要素,但这种先验想象力的产物只和一般内感官的规定发生关系,并且是"依照其形式(时间)诸条件而发生关系",就是只和时间的先验规定发生关系,而与空间不发生直接的关系。它跟时间的先验规定发生关系,而不是同那些具体的个别形象发生关系。因此范畴的图型和一般的图型有一点层次上的不同。一般的图型,三角形的图型和一条狗的图型,它们都直接地跟空间中的形象发生关系。虽然没有任何一个形象适合于它,但是在它里面我们已经可以看出所有可能的形象,所有可能的形象都在它里面了。但是范畴的图型它不是这样的,它是纯综合,而跟范畴的图型打交道的就是时间的先验规定,就是时间的一般内感官的规定,图型是按照这些规定的形式条件而与这些规定发生关系。当然,它只跟内感官的时间的先验条件发生关系,在这个意义上它也与感性发生关系了,因为它与时间这种感性的先天直观形式发生关系了。但是它只是跟时间的先验规定发生关系,至于在时间中发生的那些具体的事物,那些空间形象,狗的形象也好,三角形的形象也好,那个虽然也要由时间去处理,但不是先验范畴的图型所处理的事情。先验范畴的图型它已经上了一个层次了,就是说它只是跟时间本身的"形式条件"发生关系。所以这个"反之"就是把纯粹知性概念的图型进一步提高到一个先验形式条件的层次,而不是直接跟那些有形的东西打交道。当然最后它能够把那些有形的东西联结起来,并能够适用于后天的经验对象之上。但就其本身来说,它里面并没有带入任何具体的形象。它跟形象并不直接发生关系，而是一种先天的纯综合。所以康德后面主要谈时间图型，而不再谈空间图型。

好，我们再往下读。我们现在来看一看，前面是讲的两种不同层次上的图型，一种是日常经验概念的图型，一种是几何学的图型，那么第三种更高的图型就是纯粹知性概念、也就是范畴的图型。既然范畴的图型它的层次更高，那么讲前面的图型就是为了引出范畴的图型，因为它们的结构有类似的地方，都是作为一个中介把概念和具体的经验对象沟通起来，联结起来。那么前面作了这样一个铺垫以后，下面一段就开始讲：

　　我们现在不再为对一般纯粹知性概念的先验图型所要求的东西进行枯燥无聊的分析而耽误时间了，

就是说前面对三角形的图型和一般的狗的概念的图型作了一些非常细致的分析。那么，按照一种类别，虽然知性范畴的图型与前面有所不同，但是更细致的分析康德认为不需要再进行了，而是急于在下面来阐明十二个范畴它们究竟是怎么构成图型的，构成了哪些图型，这样来把这些图型的结构展示出来。就是说，不再一般地对这个先验的图型"所要求的东西"进行一种繁琐的分析，那种外在的描述已经够了。康德在这个地方有点不耐烦了，觉得这个与其抽象地谈论它们的层次，不如就结合这些图型如何形成起来，究竟具有什么样的内容，十二范畴它们的图型究竟是怎么形成怎么起作用的，通过这个来谈。所以他就不再进行枯燥无聊的分析来耽误时间了。

　　我们宁可按照这些范畴的秩序并与这些范畴相联系来阐述这些图型。

抽象地讲这些范畴的图型应该是怎么样的太无聊了，我们不如现在就联系这些范畴的秩序，一个层次一个层次地直接把这些图型展示出来。范畴的图型比起经验概念的图型有一个很大的便利，就是它是有次序、有系统的，结合这个系统来谈可以谈得更清楚。日常生活中狗的概念啊，

75

马的概念啊，这些它没有什么系统，只能够举例子。但是谈到范畴的图型时，我们可以按照一个逻辑关系的次序把它们的层次展开，所以他这个地方就讲到我们要"按照这些范畴的秩序"来阐述这个图型。这是他第一小段讲的。那么下面几段他就开始按照量、质、关系和模态的层次关系一个一个地展示这些图型了。

首先他说：

B182　　外感官的一切大小①（quantorum）的纯粹形象是空间；而一般感官的一切对象的纯粹形象是时间。

这里谈到的空间和时间的关系在先验感性论中已经谈过了，即空间是一切外部现象的先天形式条件，时间是内部和外部一切现象的先天形式条件，所以他在这里不再多加解释。这里说的这个"大小"，本来也可以译为"量"，量就是他的范畴啦，范畴表中的第一类范畴就是量的范畴。但康德在这里用的是复数，所以我们不能直接把它看作就是量的范畴，而只是量在具体事物上表现出来的空间上的"大小"，因而只是纯粹形象。"外感官的一切大小的纯粹形象是空间"，这个地方讲到"形象"，那么，根据本页上面的第五行："一个纯粹知性概念的图型是某种完全不能被代入任何形象中去的东西"，就是说，范畴的图型，它跟形象不发生直接的关系。说"任何形象"，也就包括纯粹直观的形象，比如说三角形，某个具体的三角形，也包括经验概念的形象，比如说狗，某个具体的狗。也包括这里讲的"纯粹形象"，纯粹的形象也就是空间。"外感官的一切大小的纯粹形象是空间"，那么按照前面讲的，范畴的图型跟这个纯粹形象也是不直接发生关系的，因为它是不能被代入"任何形象"中去的东西。那么这个纯粹形象是空间，下面是分号，接着再引申一步："而一般感官的一切对象的纯粹形象是时间"。"纯粹形象"有空间和时间这两种

_____

① "大小"（Grössen），原译作"量"，现改为更具体的"大小"，理由如下面所述。

先天直观形式，它们都是有形象的。时间空间都是有形象的，我们讲空间有三维，时间有一维，时间的一维就是时间的形象，空间的三维也就是空间的形象，它们都是纯粹形象。就是说"大小的纯粹形象"有空间和时间这两种。

　　<u>但**量**（quantitatis）作为一个知性概念，其纯粹**图型**是**数**，数是对一个单位一个单位（同质单位）连续的相加进行概括的表象。</u>

　　量作为一个知性概念，就是量作为一个范畴，量在纯粹形象方面是体现在先天直观形式上面，就是时间空间上面，这时候它就是"大小"；但是量本身它只是一个范畴。这里用的这个"量"字和前一句中所用的"大小"是同一个德文字，亦即 Grösse，只是前面用的是复数，这里用的是单数；但这两个字后面各自所注的拉丁文却不同，前一个拉丁文 quantorum 是由形容词变来的名词，意为"有量的东西"，或者也可以译作"大小"；后一个拉丁文 quantitatis 则是一个名词，就是"数量"、"值"的意思，比前者更抽象一些。所以严格说来，只有后者才是康德所谓的"量的范畴"，即作为纯粹知性概念的量。但作为一个知性概念，它的图型不再是"量"，而是"数"。我们通常把量和数混为一谈，说"数量数量"，但是在康德这个地方他分成两个层次，量是纯粹知性概念，而数是这个纯粹概念的图型。当然图型也不能带入任何形象之中，哪怕是带入纯粹形象之中，至少不能直接带入。量的图型并不等于量的大小，但它是使量的范畴能够体现为一定大小这种纯粹形象的一个中介。量的图型本身是数，有了数，量的大小就得到了确定。那么数是什么呢？"数是对一个一个单位（同质单位）连续的相加进行概括的表象"。数是各单位连续相加过程的一种概括的表象。这跟量是不一样的，量的里头没有一个同质单位连续相加的活动，而数是对这个活动加以概括的表象。这是量和数之间的一些细微的区别。量作为知性范畴可以说不带有任何形象，而数作为这个范畴的图型，同样不带有任何形象，它是用来规定各种"大小"的形象的。刚才有人说，我们应该把它念成汉语的"数数"，就是说数一数，

看看有多少,它有一种动态在里面,但它本身没有形象。数是这样一种"相加"的表象,"数一数"的表象,里面包含一种动态。下面一句话讲,

　　所以数无非是一般同质直观之杂多的综合统一,这是由于我在直观的领会中产生出时间本身而造成的。

　　数的这样一个表象是带有一个综合统一的动态在里面的,它是"一般的同质直观之杂多的综合统一",同样性质的直观,有杂多,有很多个这样的同质的东西,综合统一起来,这就是数。那么这种综合统一"是由于我在直观的领会中产生出时间本身而造成的"。我们前面讲到范畴的先验演绎,直观中领会的综合,在直观中领会住、把握住对象,在直观的领会这种最初级的直观的综合中,产生出时间本身。就是说在领会中,一个一个的杂多在时间中接踵而来,我一个单位一个单位地连续相加,把这些同质的直观杂多连续地相加,产生出了时间。这样一种综合统一是我自己造成的,是我在直观领会中产生出时间本身而造成的。当然这个"产生"究竟是一个什么意义上的产生,值得推敲。并不是指时间是后天才产生出来的,因为时间是一种先天直观形式,不可能是后天的产物;但是这种先天直观形式本身就是一个产生过程,而不像空间那样是一种固定静止的框架。时间本身就是一个产生过程,前后相继,一部分一部分。那么在这个时间中,我把那些同质单位的杂多连续地进行相加,就构成了一个数的表象。所以我们可以说数的表象就是量的范畴的图型。量的具体大小当然有它的形象,空间和时间都是量的大小的形象。但是量本身是一个范畴,它是一种知性概念;那么这种范畴要能够运用到经验对象之上,体现在空间时间的大小之上,它就必须有它的图型,这个图型就是数。有了数这个图型,量的范畴就可以使用于在时间和空间中出现的那些经验对象身上,衡量出对象的量的大小了。或者说,我们在时间空间中所看到的那个有一定大小的经验对象,是通过图型而体现出它上面的量的范畴的。我们从这些经验对象上直接看不到量,但是我们通过数数可以看到量。这正如我们直接可以看到一个感性对象,但我们看不到

它的因果性，然而我们通过时间图型可以看到因果性，这个我们前面讲了。同样，如果有一大堆东西在我们面前，我们看到这个东西那个东西，比如说一棵树，两棵树，三棵树，我们看到它们的大小、多少，但是我们没有看到"三"，没有看到量。但是这个量的概念如何能够出现呢？是通过我们数数而出现的。所以，通过在时间中数数这样一个过程，我们间接地把范畴和经验对象结合起来，结合成了一个经验的知识。这里有三棵树。这三棵树里面就包含有量的范畴。虽然我们没有直接看到量的范畴，但是我通过数这三棵树，它们都是树，我们把它们看作是同质的，然后我们通过一个一个地把它加们起来，——这个"加起来"是我们看得到的，我们自己在加嘛，所以这个"加起来"的"数"的时间过程，既有感性的特点，又具有超感性的知性特点，它是一个中介。它可以跟量的范畴接上，挂上钩，同时它又出现在我们数这三棵树的时间过程中，与三棵树的直观的大小、多少挂上勾。这就是在图型里面所体现的范畴的作用了，所以"这是由于我在直观的领会中产生出时间本身而造成的"，这样一个过程，它能够把杂多的东西综合统一起来，从量的角度我们可以综合统一起来。我说这是三棵树，那是五个苹果。当然这个综合统一是非常低级的了，是最初步的综合统一活动，这就是量的范畴的时间图型，它就是这样构成的。

那么下面一段，讲到质的范畴了。按照量、质、关系和模态的次序，接下来就讲质的范畴了。我们前面讲到，质有三个范畴。一个实在性，一个否定性，一个现实性。那么我们看看怎么样通过图型把这些范畴运用于经验对象之上。

实在性在纯粹知性概念中是和一般感觉相应的东西；

就是说，凡是感觉到的，就有某物和它相应，它就有实在性。这就是康德所讲的"经验性的实在性"和"先验的观念性"这一对术语的含义。经验性的实在性为什么会有实在性呢？是因为它有与感觉相应的东西，它把感觉考虑进去了；至于是什么与感觉相应的东西，我们可以理解为"先验对象"，它一方面可以是指自在之物，另方面可以指由范畴统摄这些感觉材料而建立起来的现象中的对象表象。我们在先验演绎里面对先验对象的这两种可能的含义，即自在之物的表象和对可能经验的综合统一的表象，以及这两种表象相互之间的关系，已经作了详细的分析。那么，考虑到感觉的性质而与感觉相对应的那个知性范畴就是实在性范畴，它表明了经验性的实在性，一是因为它把这些感觉材料在现象中综合统一成了一个实在的对象，同时也因为，凡是这样的对象现象底下肯定都有一个自在之物，是它刺激我们的感官才给我们提供了感觉的材料。所以实在性这个范畴它的意思就是说，和感觉相应的东西，即实实在在有感觉内容的东西，以及实实在在由自在之物刺激了感官的东西。经验性的实在性就是在这个意义上来讲的。我们的一个知识，必须要有先验对象的观念，要有范畴自上而下地来统帅其材料；此外这些材料是从自在之物刺激我们的感官而来的。那么，着眼于这些感觉，与感觉相应的东西我们都称为具有实在性的东西。

因而这种东西的概念自在地本身表明某种（时间中的）存在；否定性的概念则表现某种（时间中的）非存在。

这种东西，也就是实在性，即与感觉相应的东西，它的概念"自在地本身表明某种（时间中的）存在"，这个地方非常费解。大家要高度注意。这一段是康德的最麻烦的一些段落之一，但是从我们对上一句所作的那种解释中，我们可以把康德的真正意思挖掘出来。"这种东西的概念"，也就是实在性的概念，自在地本身表明时间中的存在。"自在地本身（an sich selbst）表明"，也就是说，从自在之物的角度表明；表明了什么呢？表明某种存在，也就是表明有某种自在之物的存在，但同时也表明这个自在之物在现象中、在时间中的存在。直接说应该是表明自在之物存在，即这个里头有某种东西，但这个东西不可知，我们只知道它表现在时间中的样子，而不知道它本身的样子。但是，凡是表现在时间中有某种现象之物的，它后面肯定也都有一个自在之物，是它在后面确确实实地刺激我们的感官，使我们发现有某物存在。这里之所以把"时间中的"放在括号里面，是因为自在之物本身的存在并不在时间中，但它显现在时间中，所以凡是在时间中的现象之物都可以表明后面有一个自在之物。同样，"否定性的概念则表现某种（时间中的）非存在"，就是说，在时间中不存在某物，我们也可以由此推知那个后面的自在之物也不存在。例如我们说这里没有一张桌子，这张桌子昨天已经搬走了，现在已经不在了，那么这张桌子的自在之物也就不在了。只要此时此刻这里有一张桌子，我们就可以断言它后面有一个自在之物；如果没有，则它的自在之物也就必定不存在。当然，没有桌子，也可能有别的东西来充实这段时间，但至少就桌子而言，把否定性的概念加之于它就表明在这段时间中它在现象中和在自在的本身中都不存在。而这种否定性，跟实在性相对而言，那就是非实在性。为什么不实在了呢？就是在时间中没有什么东西，或者说在时间中有一种"非存在"。这就是质的范畴的一正一反，即实在性和否定性。合题则是限制性，这个后面还要讲。

所以这两者的对立是在同一时间是充实的时间还是空虚的时间这一区别中发生的。

就是说，只是在时间的两种不同性状中发生的对立，而不是在另外一种意义上发生的对立，比如说现象和自在之物的对立。超越时间之外，我们就谈不上实在性和否定性的对立了。实在性和否定性都是范畴，它们都只是指向时间才得以有自己的运用，是在时间这样一个平台上展示它们的效用的。我们来讨论，这个时间是充实的呢还是空虚的呢？在这个意义上面我们谈到实在性和否定性的对立，所以是在"同一时间"是充实的还是空虚的这个意义上的对立，也就是仅仅在现象中的对立。时间的充实和空虚就是质的图型。

由于时间只是直观的形式，因而是作为现象的对象的形式，所以凡是在这些对象上与感觉相应的东西，就是一切对象作为自在之物的先验质料（事物性，实在性）。

这一句是最能引起争议的。时间是直观的形式，是现象的对象的形式，既然如此，那么我们也许就会认为，凡是在这些现象的对象上与感觉相应的东西都**不应当是**自在之物，而只是现象。例如维勒（Wille）就把这句话中的"就是"擅自改为"不是"，就是出于这种考虑。康浦·斯密的英译本以及蓝公武和韦卓民的中译本都遵从了维勒的观点，但我们的中译本没有遵从维勒的意见，把这个地方又改了回来。根据我们对这一句前面那几句话的分析，我们可以仔细揣摩康德这里的意思："由于时间只是直观的形式，因而是作为现象的对象的形式"，这里重点要注意"只是"（nur），就是说，它只是作为现象的对象的形式，而不是后面讲的"这些对象上与感觉相应的东西"。那么在这些对象上与感觉相应的东西又是什么呢？只能是作为自在之物的对象，即所谓"先验质料"。注意这里"作为现象的对象"与"对象作为自在之物"在康德看来其实只是同一对象，它可以作为现象表现出来，也可以作为自在之物不表现出来，但即使表现为现象的对象，它还是同一个自在之物。比如说桌子，我们还是把它的自在之物看作同一个桌子的自在之物，并不是另外有一个不同于桌子现象的东西。桌子的自在之物就在桌子的现象底下，这现象就是它自己的现象，所以它们其实是一个东西。但由于表现出来和不表现出来这两个层次的不同，所以这两个层次有种"相应"的关系。"所以凡是在这些对象上与感觉相应的东西"，即在这同一个对象上与感觉相应的东西，就是这对象"作为自在之物的先验质料（事物性，实在性）"。所谓"先验质料"也就是指先验对象所指的东西，即自在之物本身的存在；先验对象除了先验质料这种所指含义外，它本身另外还有"先验形式"的含义，也就是作为统摄一切感性材料使之形成现象中的对象的那个"对象表象"的含义，它由此而构成经验对象的先验形式。这个前面也已经讨论过了。至于括号里面的"事物性，实在性"，也就是上面所说的"经验性的实在性"的一方面的含义，即这些感觉由于是被自在之物刺激感官而引起的，是被动接受下来的，而不是头脑里随意编造出来的，所以当它们被纳入到一个对象表象之下来的时候就给这个表象带来了实在性，使它成为了实在的"事物"。因此归根结底，这个经验事物的实在性还是因为它的感觉的来源要追溯到自在之物对感官的刺激才获得的，这就是经验性的实在性。括号里的"事物性、实在性"并不是用来解释"先验质料"的，而是用来解释前面从"所以凡是"以下的这整个一句话的。维勒则由于没有注意到康德的经验性的实在性的这一层含义而导致了对康德这句话的误解。当然，实在性作为一个范畴，它本身并不管到自在之物身上，而只是对经验对象有效；但当纯粹知性概念对时间中的那些感觉材料进行综合统一的时候，它所造成的经验性的实在性无疑是以感性的被动接受性为前提的，因而也带上了自在之物的印记，不是就自在之物本身而言，而只是就它在现象中的后果而言，否则它就会是先验的实在性，而不是经验性的实在性了。下面开始讨论质的范畴中的第三个范畴"限制性"：

现在，每一种感觉都有某种程度或大小，它借此能就一个对象的同一个表象而言或多或少地充实同一个时间，即内感官，直到这感觉成为无（=0= 否定）为止。

前面讲的是实在性和否定性，即有或无的问题，这里则讨论介于有和无之间的"限制性"的意义。康德认为，在现象中感觉的问题很难用简单的有或无来说明，绝对的充实和绝对的空无都是不存在的，任何一种感觉都是以某种"程度"出现的，亦即都是处于有无之间的一种限制。比如一种红色，它绝对不是以浓到不可能再浓的方式出现，但也不可能以淡到完全没有的方式占据一个时间，而是总可以再浓一点或再淡一点，"它借此能就一个对象的同一个表象而言或多或少地充实同一个时间"，即它是对最浓的红色的一种限制，这种限制总可以向更淡的红色偏移，直到它成为无为止。所以如果你给我任何一种红色，我就可以设想它在同一个时间中还能够更充实一点，或者更稀薄一点，但永远不可能达到绝对的充实或者绝对的稀薄即 =0，因此质的范畴真正说来就是这种在实在性和否定性之间的限制性,前两个范畴都是为后面这个范畴作铺垫的。限制性就是"程度"(Grad),它也可以说是一种量或大小(Grösse),但并不是同质单位相加的量的大小,而是质本身变化的大小,或者说深浅。比如说今天温度是18℃,你决不可能理解为有18个温度单位相加的总和,而只能理解为一种感觉的程度,比15℃要热一点,比20℃又要冷一点。当然在温度计上表示出来,它表现为18个刻度的和,但这只是以量的方式来表现质,不以这种方式,质就只是个人主观的感受,没有客观性,也就不可能纳入到科学知识中来谈了。而范畴恰好就是要使我们的感觉具有客观规定,它能使个人主观的感觉"就一个对象的同一个表象而言",在一定的量化程度上充实同一个时间,而不只是像主观感觉中那样模模糊糊地充实同一个时间。

B183　　　因此从实在性到否定性有某种关系和关联,或者不如说某种过渡,它把任何实在性都表现为一个量,

限制性范畴就是从实在性到否定性的"某种过渡",其实它就是实在性和否定性的统一,是作为合题的第三范畴。"它把任何实在性都表现为一个量",也就是把质表现为量,因为它就是质本身的程度。这里我们可以联想到黑格尔的"质—量—度"的三段式,不同的是,康德是量的范畴在先,然后是质,再是由质返回到更高的量即度;而黑格尔则是质在先,然后从质中生出量,再从量返回到有量的质即度。这种区别表明,康德骨子里是一个科学主义者,他心目中最典型最正宗的科学就是定量化、精密化的自然科学和数学;而黑格尔骨子里是反对当然流行的实证科学的,他认为真正的科学应当是形而上学,在自然科学中则应当使实证科学服从自然哲学。黑格尔的质是不能还原为量的,量本身只不过是质的一个发展阶段,然后它就被"质化"了,度虽然是质和量的统一,但本质上它是质而不是量。康德则始终认为,科学只有被纳入到量化的基础上来才能够成为真正的精密科学。所以质在康德那里也被归结为某种量,即程度,康德的度本质上是量而不是质。所以康德考察质在认识论中只

是就它的可定量的方面而言的，至于它的不可定量的方面，即原生态的质，康德后来把它移到了美学中去讨论，并不认为它能够成为科学知识的要素。因此严格说来，康德的所谓质的范畴只能理解为"作为量的质"的范畴，质的图型也只能从量的层面上来理解，如康德接下来说的：

而实在性的图型作为某物在充实时间时的量的图型①就正是这个量在时间中连续而均匀的产生，这时我们从具有某种程度的感觉在时间中下降至它的消失，或者是从否定而逐渐上升至它的这个大小。

"实在性的图型"，也就是质的图型，它只能"作为某物在充实时间时的量的图型"来看待，而被理解为"这个量在时间中连续而均匀的产生"，它不是那种同质单位颗粒状地堆积起来的量，而是"连续而均匀的产生"的量。这种连续而均匀地产生只有质的程度的连续变化才能表现出来，因为感觉不存什么"同质单位"，哪怕是同一种感觉如红色，也存在着不同的程度，因而也是异质的。两个不同程度的红色是不能换算、不能通约的，它们之间总是可以插入无数中间的程度，所以本质上是连续而均匀的。"这时我们从具有某种程度的感觉在时间中下降至它的消失，或者是从否定而逐渐上升至它的这个大小"，从极大值到零，或者从零到极大值，感觉的上升或下降都是"逐渐"的、不间断的，它的量不是那种相加起来的量，而是质的变化的量，即度或程度。

下面这一段讲的是实体的图型。实体的图型就康德范畴表上所列的次序来说，是属于关系范畴。关系的第一个范畴就是实体和偶性，第二个是因果性，第三个是协同性。我们前面讲的是关于量和质的图型，康德按着范畴表的次序，讲到这里，轮到实体的图型了。

实体的图型是实在之物在时间中的持久性，即作为一般经验性时间

---

① "作为某物在充实时间时的量的图型"，原译作"作为某物一旦充实时间，其量的图型"，不确。

<u>规定之一个基底的那个东西的表象，因而这个东西在一切其他东西变化时保持不变。</u>

　　这里讲实体图型时也涉及到质的图型，即实在性图型。这些范畴之间都有一种联系，前面讲到质的图型，里面首先包含一个实在性。那么，从质的实在性我赋予了一个对象以实在性的特点，它就成了"实在之物"。沿着实在之物再下来，就进到了实体性了。当然还有否定性，但否定性在这里就不说了，否定性等于零。在零和现有事物之间的一切限制，一切有限的东西，都有某种程度上的实在性，都是某种实在之物，它就是"某物"而不是零。那么这个某物，这个实在之物，在某种条件下就可以看作实体，就是它除了具有实在性的图型之外，还必须具有实体的图型。实体的图型就是必须这个实在之物还具有"在时间中的持久性"，没有这个条件，实在之物也不能成为实体，而只是暂时表现为实在，马上又不实在了，成为零了。从这里就可以看出，实体范畴与质的范畴、以及实体范畴的图型和质的范畴的图型有一种层层递进的等级关系，所以这些范畴和这些图型都是按照一个前后相接的表排列起来的，它们相互之间都有一种内在联系，也就是结构成一个体系。所以这里讲"实体的图型是实在之物在时间中的持久性"。实在之物跟前面的实体性联系起来，但它本身是在时间的先验规定之下来获得它的图型的。那么实在之物在时间中的持久性，就进到了实体性的图型。时间的这些先验规定按照范畴的步骤，一步一步展示出它的层次。我们可以回顾一下，前面讲量的范畴，量的图型是"数"，数是在时间中一个一个的同质单位连续相加的这样一个图型，他说这是由于我们在直观的领会中产生出时间本身而造成的。数的图型是在我的直观领会中，怎么把时间产生出来，时间的产生，一个一个地产生，一部分一部分地产生，这样产生的都是同质的单位。这表明时间在其产生过程中的一种特点，它就是"数数"这样一个特点。时间是可数的，时间的产生是可数的。所谓可数的，就是它是一部分一部分产生的，相同的部分，这一分钟和下一分钟在性质上是完全一样的，

没有任何区别。这是时间的先验规定里的第一个规定，就是量的图型表现为数，表现为时间中的"数数"这样一个特点。那么质呢？质的图型就是实在性了。按照上一堂课讲的，实在性是在时间中的充实程度。所以实在性的图型就是某物充实时间时的量的图型。就是说质的图型也是一种量的图型，但是这个量不是同质部分相加的量，而是在同一个时间中它的充实程度的量，这就是质的图型。那么，今天所讲到的实体的图型，是一种什么样的图型呢？它是实在之物在时间中的持久性。就是时间一方面有一种可数性，另一方面有一种充实性，这都是时间的先验规定，通过想象力所建立起来的。我们用想象力去规定时间，从而获得了这样一些性质，这样一些图型。那么实体的图型，它是在时间中我们想象它是持久的，就是在时间中，很多东西都有变化，但是在变中有一种不变的东西。凡是谈到时间我们自然就会想到时间中有东西在变化。彼一时间和此一时间的事物显然是不同的，至少在时间上已经不同了。我说它至少，时间已经过去了，过去的一瞬间和现在这一瞬间相比是另外一个时间了，当然会想到它是变化的了。但是同时我们也会想到，在同一个时间序列之中，总会有某种东西保持下来。而且正是由于有某种东西保持下来，我们才能说，在这个时间中有些东西在变。如果在时间中根本就没有什么东西保持下来，一切在某一瞬间全都毁灭了，然后在另一瞬间又从头开始，那我们就不能够说在时间中有什么东西在变化。它完全没有关系啊，前一瞬间和这一瞬间完全没有关系，你怎么能够说在这个时间里面有变化呢？变化肯定是某一个东西在里面起了变化，发生了变化，它绝对不是完全毁灭了。变化和毁灭是不一样的。每一瞬间都毁灭了，那就随生随灭，没有什么东西能够保持下来，那么我们也就不能说变化了。之所以能够说变化，就是说时间它同时表明了变里面有不变。这个不变就是我们通过想象力对时间作出的另外一个先验的规定，那就是时间的持久性，实在之物在时间中的持久性。这个持久性本身是时间的先验规定，但什么东西持久呢，是实在之物在持久，是有一个东西在持久。有一个东西它变化了，于是我们就说，这是那个东西在变化，而那个东西既然它在变化，所以它是从头贯到尾的。这是第一句话，"实体的图型是实在之物在时间中的持久性"。下面进一步解释："即作为一般经验性时间规定之一个基底的那个东西的表象"。实在之物在时间中的持久性是什么呢？就是作为一般经验性时间规定的一个基底的那个东西，是它的表象。就是说，时间在这个地方起到了经验性的时间规定的作用，时间有先验的时间规定和经验性的时间规定。经验性的时间规定我们很好理解，在时间中，后天经验的东西占据了某一段时间。那么随着后天经验性的东西占据时间的方式不同，就给这个时间带来了某种规定。比如说短暂啊，长久啊，一段时间很短暂，一段时间只有一瞬间，而另外一段时间很长很长，这都属于经验性的时间规定。它们是随着时间出现的那个经验性事物的特性而有所改变的。但是先验的时间规定是时间在每一瞬间都同时具有的，它是不会消失的。它是不会在这一瞬间出现，那一瞬间又没有的，它是先验性的，普遍地在任一时间段中它都同时具有。与十二范畴相应的十二个图型的这样一系列先验的时间规定，是每一时间都同时带有的。那么，"一般经验性的时间规定"虽然是随着经验对象的不同而不同的，但是它们有一个共同的"基底"。Substratum 这个词和"实体"（Substenz）这个词在拉丁文中同源，我们译作"基底"。这个词就是指在底下作为基础的东西，也可以翻译成基础，也可以翻译成基质。我们翻译成基底，是由于"基质"和"基础"，一个是"质"，一个是"础"，我们都嫌太具体了。它是先验的，要尽可能地把那些涉及到人们感性的东西淡化。"基底"就比较淡化了，"底"只是一个位置概念，它是在底层的作为基础的东西，作为根基的东西。那么，在时间的经验性的规定底下，还有个基底在支撑着它，那样一个东西的表象就是实体性的时间图型。实体性这个范畴的图型，就是这样通过时间而建立起来的一个"持久性"的基底。时间当然是变化，是不持久的，我们从经验性的眼光来看，任何时间它都会变化，不会持久。人生无常，逝者如斯，什么东西都在变化，万物皆流，我们从经验性的眼光看,时间肯定是这样的。但是,你能够说出这样一些话来的前提,就是由于有一个统一的时间。你在时间中来说这句话,这个时间本身它就持续下来了,一贯地持续下来,同一个时间持续下来,它中间没有任何中断,你才能说万物皆流。万物皆流它有一个河床啊,什么东西都流过去了,河床还在那里啊,河床是持存着的啊。所以,河床里面的水在不停地流过,人不能两次踏入同一条河流,是针对水来说的。但是,这一条河流的水既然是在这条河流中间流,所以这条河流它本身作为河床来看是万古长存的。所以变中肯定就有保持不变的东西。下面还有一句,他说"因而这个东西在一切其他东西变化时保持不变",它作为一个基底是保持不变的。这个"基底"在拉丁文和德文里变成了 Substance。Substance 就是"实体"啦,Substance 的本意也就是在底下作为基础的东西,所以它是从"基底"概念发展出来的。下面我们来看括弧里面这句话:

(时间并<u>不</u>流逝,而是在时间中,可变之物的存有在流逝。

我们通常讲,时间流逝了,"子在川上曰:逝者如斯乎,不舍昼夜。"那是一种形象的说法,实际上,不是时间在流逝,是时间中的东西在流逝,是它们"在时间中"流逝。可变之物,它们的存有、它们的具体存在在流逝。它们的存有,也就是 Dasein,我们把 Dasein 翻译成"存有",海德格尔的"此在",黑格尔的"定在",都是这个词,就是指具体的那些流逝着的存在者,有限的存在者。具体的一个一个的存在者在流逝,但是时间本身并不流逝。如果时间也随着一起流掉了,没有了,那我们就谈不上在时间中有什么东西流失了。连时间都没有了,还有什么流失呢?

<u>所以在现象中,与那本身不变而长住着的时间相应的是存有中的不可改变之物,即实体,而且只有在它身上,现象的相继和并存才能按照时间而得到规定。)</u>

在现象中,我们从现象的角度来看,本身不变而长住着的时间并没有流逝,那么与这个本身不变而长住着的时间相应的,就是"存有中的不可改变之物"。在存有中,在具体的存在中,虽然变来变去,但它底下、它

里面有一个不变之物，也就是随你怎么样流失，这个东西是不可改变的。这个不可改变之物是必要的，是必然的，在任何变化着的现象之中，你都必须设定一个不变之物，而且是不可变之物。你如果把它看作一个虽然现在没有变但是它是可变的，那总有一天它自己也要流失掉，那它就还是在现象中经验性的东西，而不是真正的实体。真正的实体是不变的，而且是不可变的。不但现在没有变，而且永远都不会变。我们必须要设定一个永远都不可变的东西，我们才能用来解释所有那些变化着的东西。实体在日常生活中我们可以理解为相对的实体，说某个东西是实体，但是后来的科学发展证明它不是实体，只是一种关系。比如说分子，我们原来认为它是实体，但是后来我们发现它是可分的，可变的。后来我们认为原子它是不可分的，原子总是不变的，不管你那些东西变来变去，底下都有不变的原子，只是由于原子组合的结构方式以及原子量的不同而造成了万物的不同。但是后来我们发现，原子也可以变，原子由基本粒子组成。所以，这些具体的自然科学里面的实体，其实都只是相对的实体，都不能说是真正的实体。真正的实体不但是不变的，而且是不可改变的。这里实体已经不是一个自然科学的概念，而是一个哲学的概念了。实体的任何自然科学概念都不能达到这种不可改变的程度，它都是可变的。所以他讲，在现象中"与那本身不变而长住着的时间相应的是存有中的不可改变之物"。实体，与它相应的是不变而长住的时间，所以它一跟时间的这种先验规定挂上钩来，就从一个纯粹知性范畴下降到现象中，成为了一个永远不可改变的东西，那就是现象中的实体。我们不可想象，在自然物中，有一个东西是不存在于时间之中的，或者说是在时间中根本就没有连续性，它属于我们这个世界的时间之外、之前的东西，属于这个世界还没有产生之前、或者我们这个世界毁灭了以后的东西。这样的东西我们在自然科学中是不讨论的，那是不可思议、不可能的。但在这个时间之中，我们所看到的又都是一些变化的流逝的东西。所以康德所说的实体是介乎这两者之间，它既不在时间之外，之后，之前，也不是在时间之中的那些具体的纯有,而是跟时间本身"相应"的。时间本身,作为不变的永恒的东西,与它本身相应的那种不可改变之物,那就是实体。最后一句:"而且只有在它身上,现象的相继和并存才能按照时间而得到规定",只有在实体身上,现象的"相继"和"并存",注意这个地方引出下面两个范畴了,引出因果性和协同性范畴了。实体性范畴的图型是因果性和协同性范畴的基础。在关系范畴的三个范畴里面,实体性范畴是最基本的,你首先要理解了实体,然后你才能理解因果性,理解了因果性,你才能理解协同性,它们是一个层次一个层次升上来的。那么在图型方面也是这样,你先理解了时间的实体性的图型,就是时间的持久性,你才能理解时间中的相继性和并存性,这都属于时间的先验规定。只有在实体性上,现象的相继和并存才能按照时间而得到规定。这是实体的图型。

好,下面康德讲得比较简练一些。前面讲得比较详细,量的图型和质的图型,还有实体性的图型,都讲得比较多,那么下面就越来越讲得少了,康德就不需要太啰唆了。前面的说法可以为后面的说法提供指引,比如说因果性和协同性,在上面的括弧里面已经提示了一下。但即使讲得简略,我们有了上面的经验,对下面的理解也就比较轻松了,不再像前面那样要从头道来了。我们看看这一段:

原因和一般事物的因果性的图型是那种实在之物,只要愿意设定它,就总是有另外的东西接踵而来。

"原因(Ursache)和一般事物的因果性",因果性原文是 Kausalität,我们严格按照字面上来翻译应该译作"原因性",但是原因里面自然而然也包含结果。这个 Kausalität 作为一个原因性来说不是指某个特定的原因,当然它也可以特指一个具体的原因,但是它比这个 Ursache 即(具体的)"原因"要更加广泛一些。这个概念已经包含了结果了,但是它的最原始的含义还是原因性。所以我们有时也把它翻译作"原因性",视其必要而定。比如说他讲到自由意志也是一个 Kausalität,就是自由意志它也是可以在现象中产生出结果来的一种原因，但是自由意志跟这个因果性又不一样。所以后面讲到第三个二律背反，就是说世界上有自由，或者是一切都是按照因果律的。这样，自由意志的 Kausalität 我们就不能翻译成因果性了，必须翻译成"原因性"。自由意志也是一种原因。它有一种作为原因而起作用的特性，它也会有它的结果，但它不需要考虑它的结果，它的结果不在它本身的考虑中，所以只能译作"原因性"。但在一般的或者是在科学知识的领域里面，我们经常把它翻译成"因果性"，就是因为原因和结果在现象领域里面是不可以分开考虑的。我们之所以说一个事情有原因，这个事情是原因，也就同时意味着它有它的结果。因为它有结果，所以它才是原因嘛。当然反过来也可以说，因为它是一个原因，所以它才有结果。所以原因和结果这两个概念实际上是一对概念，是不可分的。在黑格尔的逻辑学里面也把它看作是"本质论"的范畴，本质论的范畴的特点就是一对一对的，相互之间不能脱离对方来理解，在一个概念里面其中应有之意已经包含着它的对立概念了。像原因和结果就属于这样一对概念，但是像"存在论"中，有和无，存在和非存在，它又是另外一种。存在和非存在也是不可分的；有无相互转化，但是它这种不可分并没有包含在概念本身里面，需要通过解释才能显出来是不可分的。在概念里面恰好显示是"有"就意味着不是无。要通过解释你才会发现：哦，原来有它就是无。黑格尔这样一种范畴分类和康德的范畴表的划分有关，在范畴表中量和质的范畴都是一个一个的。什么单一性、多数性、全体性啊，还有实在性、否定性和限制性，它们相互之间并不是自然而然就包含对方在自身里面的。比如说单一，一和多，一就是一，一就不是多。实在性就意味着不是否定性，肯定就意味着不是否定。量和质的那些概念在康德这里都是单个概念，所以它是一个个的。到了关系范畴就是一对一对的了，到了模态范畴也是一对一对的，这个我们后面再讲。关系范畴是成对的，实体和偶性，我们一讲实体肯定有偶性在里面，我们不可能设想一个没有偶性的实体，我们不可能设想一个没有结果的原因，或一个没有原因的结果。如果这样设想的话，就是一个自相矛盾的概念，就是一个说不通的概念，但是我们完全可以设想一个绝对的单一性，没有任何多数，像莱布尼茨的单子，它本身是单一性，它不是多数的，我们可以这样设想，这不矛盾，而且我们必须这样设想。实在性就是不为零的东西嘛，那变成零还有什么实在性呢？但是关系范畴它就不一样了，原因里面必然包含结果，所以这个 Kausalität 我们翻译成因果性和翻译成原因性从意思上面来说都是通的，但是在作用方面当然不一样。严格说起来，这个概念还是以原因性作为最初的含义，从古代亚里士多德开始就把原因看得很重要，贬低结果。亚里士多德讲"四因"嘛，你要认识自然，要获得任何一种知识，你都必须要获取它的原因。原因有四种，质料因，致动因，形式因，目的因，归结为质料和形式。这都是事物的原因。那么亚里士多德就奠定了西方自然科学的基础，就是要为事物找原因。知其然还不够，还要知其所以然。所以，尽管原因和结果这一对概念在哲学中是不可分的，但是在自然科学中还是以追求原因为重要。当然这是西方科学思想的一个特点，对于东方来说不一定是这样的。东方人不太讲究原因，它只要求结果。我们看看中医。我们去看中医时，问道，我得的是什么病啊？中医他就不说，他不说你什么病，你吃了我的药，好了就得了，你问什么病干什么，你只要效果好就够了。一个医生效果好，我们就说他是"神医"，所谓神医就是说，不知怎么搞的，他就把你的病治好了，治好了就"神了"。他不追求原因的。中国人只讲效果，这是一个特点。但从哲学上来说，原因和结果没有哪个更重要，它们相互之间是不可分割的，你没有结果就谈不上原因，没有原因当然也就谈不上结果。那么原因和一般事物的因果性，它的图型是什么呢？"是那种实在之物，只要愿意设定它"，或者每当你随意地设定它的时候，"就总是有另外的东西接踵而来"。刚才有个同学讲了，是因果性的范畴跟实体—偶性范畴的一个相区别的地方。就是说，只要你设定了一个自在之物，就总是有别的东西接踵而来，总是要发生它的作用，总是要产生它的结果。一个实在的东西总是有它的结果的,任何实在的东西都会有它的结果。那么原因的图型就是这样一种实在之物,就是说,一旦设定,就总是有另外的东西接踵而来,一个图型就在于这个实在之物的"接踵而来",就是跟着来了。所以前面一段的最后他讲到了"现象的相继",就是接踵而来的意思。下面接着就说明了,

所以这个图型就在于杂多之物的相继状态,只要这种相继状态服从某种规则,

就是说,因果性的图型就在于杂多之物的相继状态,而且不仅仅是一种相继状态,这种相继状态还要服从某种规则。刚才那位同学提出了一个疑问,就是还要服从什么规则,有图型在这里了,还要服从什么规则?好像还要另外加一个规则给他。其实康德在这里的意思不是这样的,他的意思是说,这种相继状态,作为一种服从某种规则的相继状态,构成了因果性范畴的图型。这种相继状态不是一种任意的一前一后,而是这个相继状态作为"时间的先验规定"。相继一旦作为时间的先验规定,它本身就成了规则。它本身就是规则,它是先验规定嘛。先验规定是放之四海皆准的,它不是经验性的,不是这一次可以适用,下一次又不一样的。意思就是说,这图型就在于杂多之物的一种先验的相继状态,一种时间上的作为先验规定的相继状态。要服从某种规则,而先验的相继状态肯定是合乎某种规则的,它不是经验性的相继状态,不是后天的,偶然的,而是当作一种客观的相继。先验的,我们在这里也可以理解为一种客观的规定。它不是受一种主观随意的,经验的,任意的状态所干扰、所打断、所改变的规定。要理解这一点我们还可以看看下面157页的第三行:① 关系的图型就是"诸知觉在一切时间中(即根据一条时间规定的规则)的相互关联性"。时间先验的规定是有规则的,或者说它本身就是规则,它本身就是一种作为规则性的先验规定。所以这个地方讲到,因果

① 《纯粹理性批判》A145=B184。

性的图型"就在于杂多之物的有规则的相继状态"。当然在经验中，相继状态也许不一定有规则。刚才有同学也提到，比如打雷和闪电，在我们看来是相继的，但是它并不是一种有规则的相继状态，也就是说，它并不是一种客观的相继状态。如果我们跟打雷的地点挨得很近，它就在我面前打雷，那么它是不相继的，如隔得很远，声音要传播一段时间才到我们的耳朵里面来，而光的速度更快，所以这就造成了一种表面上的相继状态。这个相继状态是由种种其他的因素所造成的，它不是一种真正意义上的相继状态。还有很多别的例子，比如说，一个事情在前一个事情在后，不一定说明它们之间有因果关系。我们听到乌鸦叫，我们就说要死人了，是不是有一种因果关系呢？没有。因为这种因果关系它不成规则，或者它不是客观的，它不是一种先验的时间规定，它只可能是一种经验性的时间规定。先验的时间规定它是放之四海皆准的，是客观的，是经得起考验而且一贯的，在任何情况之下，都是同样会发生的。我们讲科学实验中的可重复性，这种可重复性就表明因果的相继它是一种客观的关系，任何人采取这样一种实验的手段，它必然会得出同样的结果。在任何地方，它都会得出同样的结果，它是一种合乎规则的前后相继。

那么下面讲协同性，也有类似的情况。

协同性（交互作用）的图型，或者诸实体在偶性方面的交互因果性的图型，就是一个实体的规定和另一个实体的规定按照一条普遍规则而同时并存。　　　B184

这里由"或者"所联系起来的两个词组应该看作同位语。康德的"协同性"也就是指"交互作用"，我们前面讲协同性范畴的时候说到，这个"协同"它本身里面是有交互作用的，它不是没有差别地在一起的，协同是通过交互作用的协同，各个因素相互发生作用，才有协同。正因为相互起作用，而且这些相互起作用的因素都是完全不同的东西，甚至于完全相对立、相排斥、相冲突的东西在交互作用，所以才有真正的协同。只有所有这些东西才协同一致地获得某种知识,这种知识才可能是必然的。所以括弧里面讲协同性是一种"交互作用"。那么它的图型也就是"诸实体在偶性方面的交互因果性的图型",这句话要仔细分析一下。诸实体,就是说,首先是实体,首先这个协同性要以实体性作为前提。这个在讲实体性图型的时候我们已经接触到了,就是现象的相继和并存只有在实体身上才能按照时间而得到规定,因果性涉及到"相继",而协同性就涉及到"并存"。那么这里就呼应这句话了,"实体在偶性方面的交互因果性","在偶性方面",也就是就偶性而言,实体的交互因果性,这个实体是那个实体的原因,那个实体也是这个实体的原因,或者从结果看也是一样的,互为因果。那么,实体和实体之间互为因果,那实体是不是就不是实体了呢?实体就在于它既不能产生也不能毁灭,它是持久性的。一个实体产生另外一个实体,那是不可能的。你能产生另外一个实体,那另外一个实体就不是实体了。所以他这里要加一句"在偶性方面",实体在偶性方面的交互因果性的图型。就是实体虽然不能互相产生,但实体的偶性可以互相产生。实体的作用,实体的性质,实体的功能,这些东西都是可以互相作用,互相产生的,所以它是一种"在偶性方面的交互因果性的图型"。那么这个图型是怎样的呢?就是"一个实体的规定",注意这个地方讲的不是"实体",而是"实体的规定","和另一个实体的规定按照一条普遍规则而同时并存"。这又落实到时间上来了:"同时"。时间有一个先验的规定,叫作同时,同时并存。这个同时并存既然是先验的,它当然就是"按照一条普遍规则"的,也就是客观的同时并存。我们通常把同时并存设想为空间的属性,但它肯定也涉及到时间。时间本身最容易设想的是把它想象为一条河流,但是这条河流我们不要把它想得太窄了,它是无限宽广的。在这条河流里同时并进的有无数股水流,无数个漩涡在同样一个河床里面往前流动。作为时间,它跟空间也是不可分的。从它的横断面看,它也可以展开为一个无限的空间,无限宽广的视野。在这个无限空间中,有无数的事物在同一个时间之流中同时并存。所以时间它本身具有这样一个先验规定，就是同时并存的先验规定。时间它不是一个细细的水流，而是一个广阔无边的，同时并进的先验规定。所以在这样一个时间中，"一个实体的规定和另一个实体的规定按照一条普遍规则而同时并存"。我们前面讲协同性范畴的时候也点到了这一点，就是说，康德所理解的同时性，和当时很多人所理解的同时性，有一个很重要的区别，就是说同时性它不是指两个东西互不相干地同时存在，而是说两个东西要能够同时，它们必须是有交互作用的。这个很重要，从这个里边我们甚至可以引出爱因斯坦的时空观。交互作用才能确定同时，以往的那种抽象的绝对同时的概念在爱因斯坦的相对论里面已经不适用了。如果没有交互作用，如果不是通过光线，那个东西到达我们的眼睛里面，——我们把光线作为速度的极限，——我怎么能肯定两个东西是同时发生的呢？凡是我确定了同时发生的都是经过了光线这样一个过滤，从这个眼光我们看到它们是同时发生的。我们不能超过光速，也不可能设想一个绝对大的速度可以让我们来作为同时的绝对标准。两个东西同时发生，你要测量它，是需要经过时间的。最高的速度是光速，所以我们把光速看成是极限。那个灯亮了，这个灯同时也亮了，我们就说它是同时了。但实际上，光在经过这段距离时已经不是绝对同时了，已经有一段距离了。狭义相对论就是从这个地方起步的，就是从这个相对同时的概念起步的。凡是讲同时，凡是讲协同，它就有一个交互作用的关系在里头要考虑，至少要考虑光线对我们的眼睛的交互作用。不能不考虑任何交互关系而独断地断言世界上有两个东西是同时的。那是没有意义的。所以比如说，我们现在天文学里面讲到，几百亿光年以外的一个星云上面发生了什么事。按照我们常识的眼光来看，那里发生了什么事情与我们有什么关系啊？光经过几百亿年才到达了我们的望远镜里头，那它就是几百亿年以前发生过的事情了。我们说现在看到那个星云里面发生了一种改变，发生了一次爆炸，那个爆炸现在还在吗？现在不存在了，那是几百亿年以前发生的事，老黄历了。那么现在确定它还有什么意义呢？我们想要知道的是那个星云现在还在不在。我们日常的思维要确定的就是这一点，但是现代物理学把这个否定了。就是说，"现在还在不在"这个问题没有意义了。我们只能看到几百亿年前的哪个星云的样子，那就是我们科学意义上的同时。你要说同时的话，我们现在所看到的那个几百亿年前的事情就跟我们同时。因为几百亿年前的光经过了几百亿年才到达我们的眼睛里面，才和我们发生了相互作用，我们只能用这个最高的速度来确定它的同时性。你要求那种瞬间的同时，那是没有意义的，所以我们说，现代天文学的很多东西好像都是讲的老黄历了，但是那么多科学家还在那里做这个事情，都在当作现在正在发生的事情做，因为这些研究确实和我们现在当下的生活息息相关，而那种"绝对同时"的假设却与我们没有任何关系。现代物理学的观念和牛顿物理学的观念已经大不一样了，我们不能说我们研究的是老黄历，我们研究的就是与我们切身相关的现在的事情。虽然也许说它是几百亿年前发生的，但是我们是在现在才看到它的，它的作用，它的一切后果都是只有在我们现在才有可能接收到的，我们才有可能跟它发生交互作用。我们能够看到它，我们对它加以判断。按照康德的交互作用的理解呢，我们就应该这样来理解。就是如果没有交互作用，你说协同性，你说同时并存，就没有意义。所以他这里讲的是"一个实体的规定和另一个实体的规定"，他不是讲那个实体。那个实体和我们这个实体也许并不同时，但是它的"规定"还在时间的长河中不断地向我们流来，与我们同时并存地发生交互作用。所以是一个实体的规定和另外一个实体的规定同时并存，按照一条规则同时并存。这个规则就是我们前面讲的，这个时间的先验规定本身就是一条规则，适用于一切经验中的事物。这是协同性的图型。

下面讲可能性的图型。

可能性的图型是各种不同表象的综合与一般时间的条件相一致（例如相对立的东西不能在一物中同时存在，而只能依次存在），因而是一物在任何一个时间里的表象的规定。

可能性,现实性和必然性这一组范畴康德称为模态范畴。模态范畴的特点,我们前面讲到过,它不在于客观对象的构成,也不在于客观对象本身的关系,而在于认识的主体和这个客观对象的关系。它跟关系范畴不一样,它也是关系,但是它不是客观事物之间的关系,而是主客观的关系,思维和存在的关系,它跟其他三类范畴,跟量,质,关系范畴都不一样。它属于更高一个层次,即认识论的层次。严格说起来,客观事物、自然界本身只可能有三个构成方式的图型,那就是量,质和关系这三种形式。至于模态就是我们怎么看的问题了,就是主体怎么样对待客体,主体如何评价我们的客观认识。首先看可能性的图型,它是"各种不同表象的综合统一与一般时间的条件相一致"。各种不同表象的综合统一,这就是客观知识了,已经综合成一个客观知识了。那么它跟一般时间的条件能否一致?我可以设想一个对象,设想我在经验中所经验到的表象,然后我设想我用一个范畴去把这些经验的表象综合起来,构成一个想象中的对象,构成一个图型,一个主观中的对象。那么它是否可能呢?是否可能就要看它与一般时间的条件是否相一致。如果相一致,那么它是有可能的。我们设想一个罪犯,他作了这件案子,他犯了罪,我们当然可以设想他的整个作案过程。那么,这样一个设想是否可能呢?我们就要看它是否"与一般时间的条件相一致"。首先一点,就是要确定他有没有"作案时间"。我们在法庭上指控其作案要提出证据,而提出证据的首要一点就是他的作案时间。如果哪个时候有人看见他在某某酒馆喝酒,他没有到作案现场,那么你这个指控就不可能了,马上就被推翻了。所以可能性的图型就是一件事情是否与一般时间的条件相一致。也就是说,是否与时间相一致,是否有作案时间。这都是可能性的图型。如果有,那才是可能的。当然,是不是真正具有现实性,还需要进一步确定,但是至少它有作案时间,它就有这种可能了。括弧里面就讲:"例如相对立的东西不能在一物中同时存在,而只能依次存在"。相对立的东西不能在一物中同时存在,就好像同一个人不能同时既在那里喝酒又在这里作案,他在同一时间里不可能。他只可能先去喝了酒,然后再去作案,或者先作案了再去喝酒。相对立的东西不能在一物中同时存在,而只能依次存在,"因而是一物在任何一个时间里的表象的规定。"所以可能性的图型它也是一种时间的先验规定,它是一般的规定,一物必须在任何一个时间里有它的表象,"任何一个"的意思是,不管在哪个时间,但是必须在一个时间里面。一物在任何一个时间里的表象的规定。也就是说,他有作案时间,不管这个时间是哪一个时间,但是这个物就在这个时间里面有它的一个表象。他当时有可能就在现场,至于他作了案没有,是不是他作的案,还有待于进一步调查,但他既然在场,就有作案的可能性。这个物,这个人,这个事件有一个表象在某个时间中。那么这就是可能性的图型。所以,可能性的图型也是一种时间的先验规定。就是说,一个事情的发生都必须有某一个时间伴随着它,这样一个条件,这就是可能性的图型。所以他讲是一物在任何一个时间里的表象,这样一个规定。它总是必须在一个时间里面,在某一个时间里面,in irgend einer Zeit,不管是哪个时间,总要有一个,离不了。这也是时间的一个先验规定。前面那些时间的先验规定都是着眼于时间里面发生的事物,充实啊,持久啊,相继啊,并存啊;但除此以外,任何一物总而言之必须有一个时间,任何一个事情都必须要有某一个时间来伴随,这样一个时间规定就是可能性的图型。

现实性的图型是在一个确定的时间中的存有。

现实性,就是说,的的确确,在一个具体的时间里面,这个东西在那里发生了。凡是谈到现实性,我们首先要问的是,在什么时候? 当然同时我们也问,在什么地方? 何时何地? 我们讲何时何地,按照康德的说法,时间比空间占优势,所以他只讲时间图型,对于空间他在这个地方用不着说了,空间也是要由时间来确定的。那么凡是现实性的东西,我们所理解的现实性,一个事物的现实性,我们都是首先从时间中来理解的,它是在一个确定的时间里面确确实实地发生了的事情。也就是说,它有时间地点。如果你能够确定在这个时间中发生了,那么它就是现实的。一个罪犯被证实在某月某日某时某分就在某地做了那件事情,只有他,只有他在那儿,他就是那个事情发生的唯一可能的原因。那么这个时候这个罪犯就可以定罪了,它是现实的。他犯罪的现实性就被确定下来了,因为它被指定了"一个确定的时间中的存有"。这就是现实性的图型。

必然性的图型是一个对象在一切时间中的存有。

必然性是现实性和可能性的统一。可能性的图型只是不定的某一个时间,任何一个时间,只要有一个时间就够了,哪怕是未来的时间或者推测的时间,它就是可能的。现实性的图型是确定了,确定在了某一个时间中,它不仅仅是可能的,它是现实的,确定的。那么必然性的图型呢?它既是确定的,又是可能的。必然的东西在任何时间都能够发生,它都现实地发生着,必然的事情在任何时间都在发生着。但是,正因为在任何时间中都在发生着,所以它不局限于某个确定的时间,而是在一切时间中都起作用。通常说一件事情在现实地发生之前是"尚未发生",但如果它有必然性,那么即使尚未发生,也是在为发生作着准备,因此可以看作一直在发生的。所以它是可能性和现实性的统一,它是一种现实的可能性,或一种可能的现实性。就是把现实性更加扩展开来。例如我们说一个事情是必然的,就是说它在所有以往的时间中为自己准备了充分的理由,即算它完全实现出来的时间还没有到,但是我们可以确定,在过去的时间中都在为它的实现而做着现实的准备,在未来的时间中它总是会发生,而且会留下永久的后果。所以这个事情的必然性就在于它通过所有一切时间而实现着自己。这就是必然性。必然性不仅仅局限于现实性,这个东西已经发生了,这是现实的。但是必然性更进一步把它引申开来,在过去的时间中它也已经有现实性了,已经在逐步实现着自身了;而在未来的时间中,在可能的时间中,它也仍然会留下现实的后果。那就是必然性。一个实验的结果,我们除了确认它这一次得出了正确的结果,同时,我们要把它变成一个科学上的进展,我们还必须要赋予它必然性,就是说不仅你做这个实验成功了,而且按照你的方法,别人在将来任何可能的时间中也能够实验成功,那么这才叫必然性。所有人都来尝试一下,牛顿物理学,万有引力,作用力与反作用力,这样一些定理,你在任何时候去实验,它都得出正确的结果。这就是必然的。这就是必然性的图型,也就是在一切时间中的存有。所以,可能性,现实性,必然性的图型,它们是对应于时间的某一个先验规定,或者是任何某一个时间,或者是一个确定的时间,或者是一切时间,这些都是时间的先验规定。时间本来就有这样一些先验规定,就是一个时间,我们可以说它是某一个时间,也可以说它是确定的一个时间,还可以说它是连着一切时间的,它是一切时间的不可分割的部分,它跟一切时间是相连的。所以这些都是属于模态范畴的图型,模态范畴的图型不是建造时间本身的结构,而是从一个主体的角度来看待时间。任何一个时间,某一个时间,这是对主体而言的。确定的时间,也是对主体而言的,是主体能够确定的,是相对于主体而言确定的。最后,一切时间,这也是对主体而言才有意义的,因为一切时间都在主体中作为先天直观形式一次性地给予了。时间本身无所谓确定不确定,没有什么一切不一切,只有对主体而言它才具有这样一些先验的规定,而这些先验的规定就构成了模态的三个范畴的图型。

下面一段是总结。

于是我们从这一切之中看出,每一个范畴的图型都包含和表现着仅仅一种时间的规定,

如范畴有十二个,时间的先验规定也就有十二个,它们是一一对应的。所以每个范畴都有一个图型,没有多余的,恰好就是这么多。具体来说,

如量的图型，这就是在对一个对象的相继领会中时间本身的产生（综合），质的图型，这就是感觉（知觉）与时间表象的综合，或时间的充实性，关系的图型，这就是诸知觉在一切时间中（即根据一条时间规定的规则）的相互关联性，最后，模态及其诸范畴的图型，这就是时间本身，作为对一个对象是否及怎样属于时间而加以规定的相关物。

这里不再对一个一个范畴的图型作单个的描述，而是针对每一类图型作出概括。简单说来，量的图型就是时间本身的产生，质的图型就是时间的充实性，关系的图型就是时间中知觉的关联性，模态图型就是对象受时间规定的方式。所有这些都是"时间的先验规定"，既然是先验规定，那就是着眼于经验性的对象的，所以这些规定都关系到对一个对象的"相继领会"和"加以规定"以及"感觉"和"知觉"。最后这句说得更明确：

因此，时间无非是按照规则的先天**时间规定**而已，这些规则是按照范畴的秩序而与一切可能对象上的**时间序列**、**时间内容**、**时间秩序**① 及最后，**时间总和**发生关系的。 B185

图型一方面与来自范畴的"规则"有关，所以它不仅仅是时间的直观形式，而且是对这种直观形式的先天"规定"，而凡讲到"规定"就含有知性的作用在内了；这种作用在图型上就体现为它们是按照"范畴的秩序"而对时间进行规定的，因此正如量、质、关系和模态范畴本身显示出某种等级秩序一样，图型也显示了某种等级排列。我们单从这四个不同的用词上大致也可以看出它们的层次关系："序列"只考虑到时间前后相继的排列；"内容"当然更进了一层，但仍然只是就事论事；"秩序"已考虑到事物通过时间而发生的方方面面的关系了，立体化了；最后是"总和"，则涉及到了全部时间与对象的总体关系，是通过时间规定而对事物的客

---

① 此处"秩序"原译作"次序"，与此句中前一个"秩序"不一致，查两词均为 Ordnung。兹改为一致。

观认识价值的评价。整个这一段都是对上面所说的内容的一种概括和梳理，没有提出什么新的观点，但使康德的思想更清晰了。

下面一段是由此引出的结论。

<u>由此可见，知性的图型法通过想象力的先验综合，所导致的无非是一切直观杂多在内感官中的统一，因而间接导致作为与内感官（某种接受性）相应的机能的那种统觉的统一。</u>

所有的知性图型都是想象力的作用，即想象力对时间的先验规定，而这种规定也体现了想象力的一种综合作用。康德在前面第10节曾提到，"一般综合只不过是想象力的结果"，而"我所理解的综合在最广泛的含义上是指把各种表象相互加在一起并将它们的杂多性在一个认识中加以把握的行动"①。所以想象力对时间所作的先验规定也可以看作对知觉中所体现出来的时间表象的一种综合，这种综合导致"一切直观杂多在内感官中的统一"。本来，如果没有想象力的作用，单凭时间本身只是一种被动的接受能力，它里面有什么就有什么，时间没有半点发言权。但现在有了想象力的这种综合，使时间带上了一种先验规定，一切知觉内容不仅仅是"有时间"的，而且受到时间的规定，如时间的序列、充实度、秩序和时间的总体规定，因而一切直观杂多"在内感官中"、也就是在时间中得到了初步的统一。而在此基础上，又"间接导致作为与内感官（某种接受性）相应的机能的那种统觉的统一"，即导致知性机能的统觉的统一。因为知性的统觉的统一机能就是与感性的接受性"相应的机能"，统觉的统一就是对这些接受下来的感性杂多的材料的统一；而这些杂多材料又是首先在内感官中被纳入到时间的先验规定之中，才成为被提供给知性范畴来综合统一的对象的。正是由于有先验想象力所造成的时间的先验规定，知性范畴对感性杂多的这种统觉的综合统一作用才成为了"间接"的，而时间的先验规定对时间中杂多表象的综合则是直接的。

---

① 《纯粹理性批判》A77—78=B103。

所以，纯粹知性概念的图型法就是给这些概念带来与客体的关系、因而带来**所指**①的真实的和唯一的条件，

范畴要与客体发生关系必须要经过图型，只有通过图型范畴才能针对感性经验的对象起到统摄的作用，也才能获得它们的"所指"或意义，因为没有所指的对象这些范畴就是"空的"，就没有意义。所以康德说范畴只能有经验的运用时，他想到的首先是必须运用在时间图型上，言下之意就是必须通过图型而运用于经验性的杂多材料上。图型是范畴能够运用于经验对象上的唯一条件，因而也是范畴的真实运用的唯一条件，

因此，范畴最终就并没有其他运用，而只有经验性的运用，因为它仅仅用于通过某种先天必然的统一的诸根据②（由于使一切意识必然结合在一个本源的统觉之中）而使诸现象服从于综合的普遍规则，并借此使它们顺理成章地彻底联结于一个经验之中。

范畴的运用本来就是要建立客体，而要建立客体就必须通过图型法，这样才能实现范畴本身的使命。可见图型法不是什么可有可无的一种外在技巧或方法，而是范畴本身能够起作用、能够有意义的唯一的前提条件，因为范畴没有任何别的运用而只能有经验性的运用，只能通过图型运用于经验性的材料上。所以，范畴"仅仅用于通过某种先天必然的统一的诸根据（由于使一切意识必然结合在一个本源的统觉之中）而使诸现象服从于综合的普遍规则"。这里"诸根据"指诸范畴，范畴就是知性据以用来先天统一诸现象的，知性通过它们而"使一切意识必然结合在一个本源的统觉之中"，从而使得诸现象"服从于综合的普遍规则"，而这样一来就使得这些现象"彻底联结于一个经验之中"。现象只有服从于普遍规则并在经验中得到彻底的联结，才能够成为一个客观的对象，否则就还是不成形的一些主观的表象，满足不了范畴的客观认识的目的。

---

① "所指"（Bedeutung）原译作"意义"，不够明确，兹改之。
② 原译将"的诸根据"四字置于括号之后，不妥，应提到括号之前。

由此就更突出了纯粹知性的图型对于范畴运用的决定性意义,它关系到范畴能否完成自己运用于经验性对象以建立起客体来的使命。

但是,我们所有的知识都处于一切可能经验的整体中,而先行于一切经验性真理并使之成为可能的那种先验真理则在于对这一切可能经验的普遍关系。

这个"但是"表示一个转折,什么转折?这要联系上面来看。上面一段是说,知性范畴的一切运用都必须要以图型为前提,知性的范畴通过各种图型才能运用于具体的经验对象之上,"并借此使它们顺理成章地彻底联结于一个经验之中"。而这一小段的"但是"这个转折,表明范畴不仅仅使这些现象"彻底联结于一个经验之中",而且使得"我们所有的知识"、乃至于使得"一切经验性真理"成为了可能。也就是说,范畴通过图型统摄经验性的材料不仅仅是个范畴能否有效运用的问题,而且是个"知识"或者"真理"的可能性问题。由范畴借助于图型而建立起来的那个彻底联结了的"可能经验的整体",正是"我们所有的知识"的有效范围,在其中,"先行于一切经验性真理并使之成为可能的那种先验真理则在于对这一切可能经验的普遍关系"。在这里,"先验真理"指范畴的先天形式对于对象的建立,"经验性真理"指对象在经验中被给予;而这两者的"普遍关系"则是指图型对于范畴和后天经验的普遍联结作用。在自然科学中,我们所要追求的知识都是"经验性真理",但这种真理全都"处于一切可能经验的整体中",因而有赖于范畴的"先验真理"先行于它而对这个可能经验的整体发生普遍的关系,也就是通过图型把这个可能经验的整体建构起来。这就从知性范畴的运用条件问题转入了知识和真理的构成问题。这就是这一小段的"但是"的转折意义。

下面一段又是一个转折:

B186　　　但毕竟也要注意,感性图型虽然首次使得范畴实现出来,但它们却也还是限制了这些范畴，即把他们局限于处在知性之外（即处在感性之中）的那些条件上。因此图型在与范畴的一致中本来就只是现象，或只是一个对象的感性概念。

"但毕竟也要注意"，这个"但"又是一个转折，这个转折有特别的含义，就是说这个地方我们要倒过来再看一下，前面讲一切经验性真理都要以这些先行的范畴以及它们在图型上的运用为前提，那么反过来，这些图型虽然首次"使得范畴实现出来，但它们却也还是限制了这些范畴"。就是说，范畴可以运用于一切具有图型的对象身上并由此实现自身，那么反过来说，范畴能否超出这些对象运用于别的地方呢？固然一切经验对象都必须要纳入到范畴之下，那么范畴是不是能够不只是运用于这些经验对象而是运用于别的地方呢？这就要反过来检查一下范畴本身的运用范围。所以这里康德说"感性图型虽然首次使得范畴实现出来，但它们却也还是限制了这些范畴"。图型有两方面的作用，一方面呢，它可以实现这些范畴，另一方面它又可以限制这些范畴，它是一把双刃剑。前面讲如何实现范畴，这个地方"但"反过来讲它如何限制范畴。范畴离不了图型，范畴有了图型就能得到运用；但是，范畴只有通过图型才能得到运用，这是另外一层关系。那么，感性图型限制了这些范畴，"即把它们局限于处在知性之外（即处在感性之中）的那些条件上"。这些范畴通过图型的使用一方面使自己能够展示出来，另一方面又使自己限制在这些图型上。图型在知性范畴和经验材料之间是一个中介，从这个意义上来说，图型以及那些感性的材料都是"处在知性之外"的，因为它们都是属于感性的而不是属于知性的。知性必须要超出自身而去运用于另有来源的感性经验的对象之上。我们知道，在康德看来，人们的知识有两个来源，一个是知性的，包括知性范畴，另外一个是感性的，那就是直观的纯形式和经验的材料。这两者相互外在，所以"超出知性之外"也就是"处在感性之中"。"那些条件"实际上也就是感性的那些条件，即时间图型。"因此图型在与范畴的一致中本来就只是现象，或只是一个对象的感性概念",就是说,图型跟范畴一致,每一个范畴对应着有一个图型,而且它就是要表达这个范畴的,表达某一个确定的范畴的,在这方面,它们有一种一致性。所以图型能够成为范畴运用的中介,使它作用于经验材料之上。在这种一致关系中,图型"本来就只是现象,或只是一个对象的感性概念",时间的图型,包括时间的序列、时间的内容、时间的秩序、时间的总和等等,所有这些图型它们其实都只是现象、只是感性概念。时间的规定当然可以形成概念,但这种概念只是"一个对象的感性概念"。图型本身还是属于感性方面的,当然我们说先验图型、或说先天图型,感性也有先天的方面,时间属于感性的先天的方面。但时间的先验规定它还是感性的,我们知道图型就是时间的先验规定。时间的序列啊、内容啊、秩序啊都是属于时间的先验规定,这些先验的规定属于对象的感性概念。接下来括弧里面的拉丁文,我们这里作了一些翻译:

数是现象的量,**感觉**是现象的实在性,物的**持久性**和延续性是现象的实体——**永恒性**是现象的必然性,等等。

这个地方就是解释前面的一句话:"图型在与范畴的一致中本来就只是现象,或只是一个对象的感性概念",什么样的感性概念呢?比如说数,就是现象的量,数是一个感性的概念,在"先验感性论"里面讲数学,所有的数学都被康德划进了感性的范围里面,这个是跟以往的很多哲学家不同的。我们以往一讲到数学都以为是理性的,都是理智的,但是康德恰恰把数学划进了感性的范围。当然不是后天感官感觉到的感性,而是先天的感性,先验的感性,感性里面的先天直观形式。任何感觉都必须要在先天的直观形式之中才能感觉到。这种形式是一种感觉的形式,是一种接受性的形式,比如说时间和空间,以及由它们形成的数。所以数就是属于感性的,什么样的感性呢?数是表示的现象的量,大小、多少,量的概念你感觉不到,但数是可以感到的,它是"可数的"。感觉也是一个感性的概念,那么感觉是什么呢?"感觉是现象的实在性",是现象的实实在在的内容。现象除了量以外,还有质的方面的规定,它的内容、它的质料，感觉就是现象的质料。现象要落实到有些什么东西，感到了什么东西，其内容就是我们的感觉，色、声、香、味，绿色啊、红色啊，气味啊，这些都是现象的实在性。如果没有实实在在地感觉到这样一个现象，那么它就没有实在性，也就不能叫作现象了，因为它没有显现出来。能够显现出来，能够实实在在地被感觉到的那就是感觉、感觉的内容。那么"物的持久性和延续性"，也都是感性的概念，就是"现象的实体"，现象中有一个东西，那个东西摆在那里，你之所以认为它是一个东西，是一个实体，就因为它一直在那里，它有持久性和延续性。"永恒性是现象的必然性"，这个东西必然是这样的，必然的东西总是要在现象中出现，你虽然感觉不到必然性，但可以感觉到这个"总是"。所有这些都是解释前面的"图型是一个对象的感性概念"。这是括弧里面的拉丁文的内容。

现在，如果我们去掉一个限制条件，那么我们看起来就扩大了以前受限制的那个概念；

这是就一般规则而言的。一般来说，在逻辑上如果我们去掉一个限制条件，那么我们就扩大了原先受这个条件限制的那个概念了。一般来说都是这样的。当我们说在什么什么意义上，什么什么条件下，某个概念是怎么样的，那么一旦去掉那个限制条件，这个概念所描述的谓词就可以扩大到更广的范围。下面根据这个规则，

则那些范畴就应该在其纯粹的意义上、不带一切感性条件地适用于一般的物，

这就具体到范畴了，不是谈一般的概念，而是将逻辑上的一个规定或者说定理"如果去掉限制条件就会扩大概念"具体运用于范畴上。这些范畴，如果我们去掉它们的限制条件，那么它就应该在纯粹的意义上适用于一般物。那些条件是使得范畴带上了一种不纯粹的成分的条件，比如说带上了感性，带上了图型，这就使得范畴不纯粹了，就把一种经验性的东西加到范畴之上了。但是如果去掉这个条件呢，那么这些范畴就应该在其纯粹的意义上，即不带一切感性条件的意义上，只剩下纯粹的

范畴自己，在这个纯粹的意义上"适用于一般的物"。"一般的物"我们前面多次提到过，凡是康德讲到"一般的物"的时候，里面就包含有自在之物，即除了现象之物以外也包含有自在之物。那么范畴就不仅适用于现象之物，而且适用于自在之物。所以，

如一般物所是的那样，而不是范畴的图型只把物表现为**如它们所显现的那样**，这样，那些范畴就具有脱离开一切图型并大大扩展了的所指①。

"如一般物所是的那样"，就包括如自在之物所是的那样，物自在地是什么样子，那么范畴就能够反映出它的样子，就能够适用于自在之物了。而且范畴运用于自在之物的时候，不是指自在之物的现象是那样的，而是指的自在之物本身是那样的。比如说实体，实体范畴我们把它运用于自在之物身上，就会意味着自在之物也有时间之中的持久性，这样理解范畴的作用，就理解错了。在康德心目中，自在之物是在时间之外的，不受时间空间的限制，不进入感性的条件之下，所以，如果范畴去掉了它的限制性条件，它就会在纯粹的意义上运用于自在之物，而且一旦运用于它就好像描绘出了自在之物本身固有的这种状态，"如一般物所是的那样"，似乎一般物自身的状态就由范畴表达出来了。下面说"而不是范畴的图型只把物表现为如它们所显现的那样"，如一般物所是的那样就是如自在之物所是的那样，那么反过来，"而不是范畴的图型"所显现的那样，范畴的图型是要受到感性条件限制的，它只能"把物表现为如它们所显现的那样"，如自在之物所显现的那样。当然自在之物一旦显现了，就不再是自在之物，而是现象了。你如果要把范畴运用到自在之物身上，那么只有在一种意义上面，就是说只能够如自在之物所显现的那样去规定它的现象。这个时候你就脱离不了图型，脱离不了感性的图型。一个

---

① "所指"原译作"含义"，即 Bedeutung，本段多处曾译作"含义"或"意义"，现统一译作"所指"。

事物如它显现的那样，那也就是像现象所表明的那样，就是把一个对象表现为现象。范畴如果要对现象加以规定，就必须通过图型；而通过图型所做的规定，那就是像物所显现的那样。如果是谈现象，在感性中可感可知、可触可摸的这些现象，那么当然可以说，这个东西有持存性，它在时间中有持存性，我昨天看到它在那里，我今天看到它还在那里，还是它，那么你就可以把把实体性范畴运用于这样一个现象之上了。但是如果去掉这个条件，去掉图型这个感性的条件，那么你所指的呢，就只能是自在之物了。"这样，那些范畴就具有脱离开一切图型并大大扩展了的所指"。这个"所指"下面还有好几个地方用到，都是 Bedeutung，原来译作"含义"或"意义"，我们现在把它改成"所指"，说"含义"也可以，Bedeutung 本来就有含义的意思，但是它的词根 bedeuten 就是"指"的意思，所以改成所指比较好些，我们下面还会遇到这个词，根据情况随时照改。我们再看下面一句：

实际上，纯粹知性概念即使在离开了一切感性条件之后，当然还留下某种所指，但只是诸表象的单纯统一这种逻辑的所指，而对这些表象却并未给予任何对象，因而也未给予任何可以提供一个客体的概念的所指。

就是说，纯粹知性概念也即范畴，即使离开了一切感性条件之后，也就是没有设定这些感性条件，它们本身还是有某种所指（含义）的。因果性、实体性，这些范畴本身当然是有某种含义的，不必要在理解这些概念的同时一定要把感性拉进来，因为它们是纯粹知性概念，知性和感性出于两个不同的来源，都可以从各自的发源地方面得到理解。范畴即使没有任何感性条件，它本身也还是有某种所指，即它的意思是什么？什么是实体性，什么是因果性，它们的意思还是有具体的含义的。但是这种所指"只是诸表象的单纯统一这种逻辑的含义"。也就是说，它们的含义，如果离开了感性条件的话，只是在逻辑上面的所指，指什么呢？指"诸表象的单纯统一"。不管是什么表象，不管是感性的表象，还是知性的表象，只要有几个表象在一起，就可以在里面寻求一种单纯的统一。"而对这些表象却并未给予任何对象"，一种逻辑的所指，或一种逻辑的含义，它不包含对象的，它只是逻辑上面、概念上面的含义，概念与概念的关系，抽象的概念与另外的概念的一种统一。"诸表象"，这里的表象当然包括很广，可以包括感性的表象、知性的表象，也可以包括概念、纯粹知性概念，经验，时间空间、直观形式，什么东西都可以称之为表象，任何在心理学意义上出现于意识之前的都可以称为表象。"诸表象的单纯统一"，不管是什么表象，只着眼于它们的单纯统一。讲到知性范畴的时候，它们的含义就是不管什么表象，只要它们能够使之在逻辑上统一，它们也有一种意义。但这种意义只是逻辑上的，"而对这些表象却并未给予任何对象"，因为它们抽掉了一切感性条件。所以这里的这些表象肯定指的是那些抽象概念，没有感性的东西提供给它，也就不可能形成任何对象。"因而也未给予任何可以提供一个客体的概念的所指"，就是说，这些表象没有给予任何对象，因而也就没有给予任何这样的所指或意义。什么样的意义呢？ "可以提供一个客体的概念"。这里康德的用词有点不严密了，因为范畴离开感性条件虽然不能提供一个对象或者说客体，但提供一个"客体的**概念**"的意义还是可以的，也就是提供一个"先验客体"的概念，一个"先验对象"的概念，这本来就是范畴的功能。所以德文版编者在这里加了一个注释，说明康德自己后来把"概念"改成了"知识"，就是说，"可以提供一个客体的**知识**"。因为按照康德前后文的意思，范畴离开了感性条件，虽然可以提供一个客体的概念，但是却不能提供关于这个客体的知识，因而这个客体的概念就是一个尚未规定的先验对象 =**X**，它能够"思维"一个对象而不能"提供"或"认识"一个对象。所以我们在这里可以按照康德后来的意思把这句话改成"因而也未给予任何可以提供一个客体的知识的所指"。它有所指，但这个所指只是逻辑的所指，即逻辑上指向一个抽象的对象概念，但并没有现实地给出任何对象，因而也没有任何可以提供一个客体的知识的所指。它指的只是一个空的概念，

而不是指的一个给予出来的对象。这样来理解，下面举的例子就非常明确了。他讲，

　　所以例如实体，如果我去掉了持久性的感性规定，它就不过是意味着一个可以被思考为主词（而不是关于某种别的东西的谓词）的某物。

　　实体在亚里士多德那里本来就有这个意思。亚里士多德在《解释篇》和《形而上学》里面，都提出过：什么是实体，实体就是只能够做主词，而不能够成为其他东西的谓词的东西。亚里士多德是从语言逻辑上面来讲的，从形式逻辑上面来讲的。凡是一个主词不再能够成为其他主词的谓词，那么这个主词就是实体。比如说苏格拉底，苏格拉底是一个主词，你可以说苏格拉底是黑的、是白的、是聪明的、是有理性的，等等，但是不能说一个东西是苏格拉底的。苏格拉底不能成为其他东西的谓词，不能用来描述和规定其他东西。在日常语言、在诗化的语言中，当然可以这样说，某某东西是苏格拉底式的，但也只是苏格拉底式的，给某种方式作了命名。苏格拉底式的还不是苏格拉底。所以亚里士多德由这样一种语言逻辑上的关系推出来，实体、第一实体，就是个别事物。但是能否推出呢？亚里士多德认为这是不言而喻的，我们在语言中已经把苏格拉底，作为只能做主词不能做谓词的这样一个词来看待了，那么也就说明苏格拉底在感性对象上面是一个具体的个别事物。苏格拉底的概念和人的概念是不一样的。人的概念可以做其他事物的谓词，比如苏格拉底是人，张三是人；人的概念也可以做主词，比如人是有理性的动物，等等。人既可以做主词，又可以做谓词；但苏格拉底只能做主词，不能做谓词。因为苏格拉底是终极的个别事物。一切普遍的概念都要建立在终极的个别事物的基础之上。人这个概念就是由苏格拉底、张三、李四等等所有这些人组合起来的，落实到最后，还要回到苏格拉底这个感性的具体的对象。但是亚里士多德从语言逻辑上推出来，既然它只能做主词，那他就是终极的实在、第一实体。第一实体肯定是个别事物。这个在康德看来是非法的。你怎么能凭借只能做主词、不能做谓词的这样一个词，就推出它

113

在感性世界中就是一个具体的对象呢？你起码还得需要其他的一些条件，比如说感觉，是可由感官加以把握的。否则的话就会出现这样一些现象，比如说上帝，比如说灵魂，这些概念都只能做主词而不能做谓词，但是是否可以推出上帝是一个个别对象，灵魂是一个个别对象呢？如果没有感性的话，是推不出来的。所以说实体，如果我们去掉了持久性的感性规定，它就"不过是意味着一个可以被思考为主词（而不是关于某种别的东西的谓词）的某物"。康德这句话有他很深的渊源。如果我们不知道亚里士多德，不知道康德在这里点的就是亚里士多德，那么这句话的来由我们就不清楚。

B187　　从这个表象中我什么也得不出来，因为它根本没有向我指出，应当被看作这样一个最初的主词的那个物具有哪些规定。

仅仅说一个词只能做主词而不能做谓词，这并没有对这个词的具体对象作出任何规定。当然我们可以一般地说，一个词是对应于它的对象的，一个词是对某个对象的命名，这在我们日常生活中经常就是这样的。我们的一个词就是由命名而来的，我们看到一个对象，我们就给它起个名字；但是有时也有这种情况，有些词并不是对某个感性对象的命名，像灵魂这样的词。谁见到过灵魂？谁摸到过灵魂？灵魂没有感性的内容，所以它也不可能成为真正的感性对象。所以从一个主词的概念中，我们得不出它所指的究竟是什么，这个东西具有那些规定。

所以范畴离开图型就只是知性对概念的机能，却不表现任何对象。

范畴离开了图型、离开了感性，就仅仅是知性对概念的机能，只是在抽象的层面上表明知性有产生出概念来的机能，当然可以思考它们，可以把这些概念颠过来倒过去，可以把这些概念组合分解，等等，"却不表现任何对象"，范畴如果没有图型，就不表现任何对象，当然可以思考对象，却不能把它们"表现"出来。

后一种意义［所指］是由感性赋予范畴的，感性通过限制知性，同时就使知性实现出来。

这些范畴如果要有对象，要有所指的话，那就必须要有感性。"感性通过限制知性，同时就使知性实现出来"，这是总结性的一句话。感性通过限制知性，同时就使知性实现出来；或者可以说，只有感性限制了知性，那么知性才能够实现出来。否则的话，知性就是空的。思维无直观则空；另一方面，直观无概念则盲。直观如果没有概念，就是盲目的，不能形成对象，任何东西都显现不出来，都看不见，都不能成为知识。这是感性对知性的这样一种双重关系。一方面感性使知性得以运用，另一方面它又限制了知性。

第二章　一切纯粹知性原理的体系

第二章标题是"一切纯粹知性原理的体系"，我们看第一章的标题 B176
是"纯粹知性概念的图型法"，那么，这两章之间有一种逻辑关系。首先，康德在原理分析论里面讲的是判断力的先天法则，一开始就提出来判断力有哪些先天法则，判断力有哪些条件，这就是图型。你要进行判断，你要运用纯粹知性概念也就是范畴来对一个经验对象作判断，你首先必须要有一整套的图型，这就是纯粹知性概念的图型法。要运用范畴，必须要把图型作为一种方法，来运用到对象之上，运用到经验材料之上。那么，这图型有哪些，前面已经讲了，按照十二个范畴相对应的有十二个图型，正是通过这些图型，范畴才可以运用于经验对象之上，所以，图型就是范畴运用于经验对象之上的一个桥梁或者是一个中介。那么第二章呢，进一步引申，就是说我们有这么些图型，现在我们可以把范畴运用到经验对象之上了，那么通过这些图型所进行的这样一些运用，将形成哪些具体的原理、原理体系？前面一章讲到，这些原理的基本概念就是图型，那么第二章呢，就是讲通过这些基本的图型，我们运用知性

115

范畴所获得的那些原理究竟是哪些。它们构成一个体系,所有这些完整的原理构成了一个完整的体系。十二个范畴,通过十二个图型,运用于一切可能的经验对象之上,那么这些运用形成了哪些原理,也就是说,康德所讲的人为自然界立法,究竟立了哪些法?要系统地将它们列出来。所以这一章实际上是进入到了实质性的阶段。前面都是做铺垫的,前面都是讲前提,讲条件,讲如何可能,那么现在我们进入到实质性的阶段,究竟这些范畴,这些纯粹知性概念,为自然界立法,立了一些什么样的法。所以这个标题"一切纯粹知性原理的体系"指的就是这样一个意思。

现在我们来看正文。

我们在上一章中只是根据那些普遍条件而考虑了先验的判断力,它唯有在这些条件之下才有权把纯粹知性概念运用于综合判断之上。

整个原理分析论都是知性的判断力的学说,所谓判断力就是我如何能把这些先天的范畴运用到经验的对象之上,这个需要判断力。判断力是不可教的,判断力只可以练习,只可以训练,只能去做,老师给你讲的原理,具体的运用你还要通过实践。学校每个系都有社会实践课嘛,理科的要进实验室,文科的要到社会上搞社会调查,你要运用你所学的知识去进行判断,学会作出正确的判断,这就是判断力,判断力不可教,但是可以实践。而首先把判断力运用的条件搞清楚,那是有助于作出判断的。先验的判断力,它的条件是什么? "我们在上一章中只是根据那些普遍条件而考虑了先验的判断力",什么是"普遍条件"呢?就是上一章中所讲的那些图型,我们根据图型考虑了先验的判断力。图型就是在我们运用自己的判断力的时候,所必须预先准备好的一套这样的规范,一套时间的先验规定。"它",也就是先验的判断力,"唯有在这些条件之下",即在图型的条件之下,"才有权把纯粹知性概念运用于综合判断之上",也就是才有权形成先天综合判断,对于经验对象,我们才可以形成先天综合判断。在图型的条件之下，我们运用先验的判断力，来把纯粹知性概念运用于经验对象，形成先天综合判断，也就是形成自然界的法则。自然界的法则都是一些先天综合判断，在导言里面康德一开始就讲到了，纯粹的自然科学何以可能，纯粹自然科学的那些先天的法则何以可能，也就是先天综合判断何以可能这个问题的一个方面。

现在我们要做的是：把知性以这种批判的谨慎性实际上先天作出的那些判断在系统的联结中展示出来，对此，我们的范畴表毫无疑问必然会给我们提供自然的和可靠的引导。

什么叫"批判的谨慎性"？就是知性在运用它的范畴时，经常会遇到不谨慎的状况、不谨慎的场合，就是没有图型，没有感性的对象，它就运用起来了，它把知性的范畴运用于，比如说上帝、灵魂、世界整体这样一些对象之上，这些对象是决不可能找到它们的经验内容的。但是根据前面一章提出的这样一个普遍条件，先验判断力要有普遍条件，要谨慎使用，也就是必须在这些条件之内，在这些限制之下，才能使用，这就是批判的谨慎性。"把知性以这种批判的谨慎性实际上先天作出的"，实际上，也就是在现实的认识活动中先天作出来的那些判断。知性肯定是要作出先天判断，但这种先天判断要谨慎地保持在经验对象和图型所限定的范围之内，才能够"实际上"作得出来。那么，以这种批判的谨慎性，实实在在地作出的那些先天的判断，"在系统的联结中展示出来"，知性作出的先天综合判断究竟有哪些？通过时间的图型，知性究竟作出了哪些先天综合判断？我们能不能把这些先天综合判断在系统的联结中展现出来？一条一条地列举，那很容易，但是能不能把它们结合成一个系统？这就是标题所讲的"一切纯粹知性原理的体系"的意思。康德特别强调这个体系性、系统性，强调不能以经验的方式，随便碰到什么就把它列举出来，枚举，那个是说明不了问题的。哲学的认识论，必须要有体系，来龙去脉，层次，哪个层次高，哪个层次低，这些都必须要把它展示出来，交代清楚，这样才能够没有任何遗漏。经验地随便举一些原理，那很可能漏掉一些。如果没有一个原则来指导这种经验的枚举，那很可能有些东西超出了范围，不是属于这个范围的你也把它拉进来了，而属于这个范围的你又漏掉了。所以必须要有一个逻辑的原理，一个原则，按照这个原则构成一个体系。康德认为："对此，我们的范畴表毫无疑问必然会给我们提供自然的和可靠的引导。"这个原则就是范畴表。这些先天综合判断，这些知性原理，要构成一个体系，必须要按照一个原则，这个原则在范畴表里面已经展示出来了。前面康德提出的十二范畴，就是按照一定的逻辑次序安排了的，在他看来，这是天衣无缝地安排妥当了的一个体系，那么，它当然"会给我们提供自然的和可靠的引导"。自然的，也就是说它是自然而然的，不是外加的，人为的，而是从这个范畴表里面自然而然引出来的。从范畴自然地引出图型，那么由范畴经过图型所构成的这些原理也是自然而然的，也要依照那些范畴的次序。这样进行的引导，就是"可靠的"，因为不是任意找出来的，不是任意设定的，它有根据，它有逻辑依据。先验逻辑为什么叫先验**逻辑**，因为它是不可动摇的，具有一种必然性。所以范畴表在这个地方会给我们提供一种自然的和可靠的引导，我们要按照范畴表的次序来寻找自然界的法则。人为自然界立法所立的法则不是随便立的，它有一个次序，一个确定的逻辑结构。

B188　　因为正是这些范畴，它们与可能经验的关系必然会先天地构成一切纯粹的知性知识，而它们与一般感性的关系也将为此而完整地并系统地展示出知性运用的一切先验原理。

这些范畴本身，它们是限制在可能经验的对象之上的，我们前面讲了，它要受到图型的限制。那么，它们与可能经验的关系就是这样一种限制的关系，"必然会先天地构成一切纯粹的知性知识"。知性的范畴在与可能经验的关系中必然会构成一种先天的知性知识，比如说，因果性范畴在与经验的关系中必然会构成这样一种纯粹知性的知识，就是"一切发生的事情都是有原因的"。一切发生的事情都有原因，这已经是一个知识了，这不仅仅是一个单纯的因果性范畴了。原因和结果，这还不

118

是知识,知识必须是一种判断。我们前面讲了,在康德看来,所有的知识都是基于判断之上的。一个概念谈不上知识,一个因果性的概念谈不上知识。只有把因果性的概念用一个"是"和另外一个表象联结起来,这才构成知识。所以,一切发生的事情都是有原因的,这就构成知识了。而一切发生的事情,与可能经验有了关系,因为讲的是发生的事情,不是讲的上帝,不是灵魂,也不是世界整体,而是一个发生的过程,那么这就与时间有关了。但这个知识不是经验知识,而是纯粹知性的知识。下面,"而它们",这个"它们"不是指的"一切纯粹的知性知识",还是指的前面这个"它们",这两个"它们"是一致的,都是指"这些范畴",因为正是这些范畴,与可能经验的关系必然会先天地构成一切纯粹知性的知识,而且"与一般感性的关系也将为此而完整地并系统地展示出知性运用的一切先验原理"。就是这样一些范畴在与一般感性的关系中,不管是先天的感性,还是后天的感性,先天的感性就是时间空间,后天的感性就是那些感官的感觉、知觉、印象。总而言之,这些范畴与一般感性的关系,也将"为此而完整地","为此",为什么呢,为"先天地构成一切纯粹的知性知识",而完整地、"并系统地展示出知性运用的一切先验原理"。也就是说,范畴在与一般感性的关系之中,也将会为了构成一切纯粹知性的知识,"而完整地并系统地展示出知性运用的一切先验原理"。这句话的上下两半句其实是一样的意思,但程度上有所不同。前面一个"因为正是这些范畴,它们与可能经验的关系必然会先天地构成一切纯粹的知性知识",就是说这些范畴必然会构成纯粹的知性知识,比如说因果律,一切发生的事情都有原因,这是一个纯粹的知性知识;那么第二句话"它们与一般感性的关系也将为此而完整并系统地展示出知性运用的一切先验原理",这个是从整体上来说。前面一句是从原则上来说的,后面一句是强调它的完整性、系统性,在与感性的关系中,这些范畴一定会完整系统地展示出一切先验原理。后面这句话就落实到这一章的标题上来了,就是一切知性原理的体系,强调它的体系。前面一句话是强调这些范畴必然会构成一切纯粹的知性知识，这是从原则上来这样讲的，而后面一句话是强调这些纯粹知性的知识是具有体系性的。"一切纯粹知性原理的体系"这一章前面这一段，讲的就是这个体系是以什么样的条件来构成的。就是说我们要构成一切先验原理的系统的展示，我们首先要有一个范畴体系、一个范畴表，然后我们要有图型，然后我们运用我们先验的判断力把范畴经过图型运用于经验对象之上，这样的原理就可以构成一个系统。整个第二章就是要构成这样一个系统，展示出我们人的知性为自然界立法在实质上所做的工作。那么，既然是立法，所以就必须有它的先天的根据，在这一小段里，讲的就是这个先天根据如何去寻求。

<u>先天原理之所以叫作先天原理，不仅是因为它们包含其他判断的原理于自身，而且也因为它们本身不再以更高且更普遍的知识作为根据。</u>

所谓先天的原理，就是它们本身是先决的，它底下还包含有其他的判断的原理于自身，它们是其他的判断的原理之所以可能的先天根据。先天原理已经是先天的了，先天的已经是最高的，一切知识之所以可能，我们就要追溯到先天的原理。但达到这种先天原理以后，就再不能往上追溯了，再往上追那就是自在之物了。为什么会有这些先天原理？那就是自在之物所导致的，或者也可以说，我们不知道是怎么导致的，我们只是发现了它们而已。我们人为什么会有十二范畴？你为这十二范畴找找根据看？找不到。我们就是有这十二范畴，只有这十二范畴。如何获得这十二范畴的，那不是我们人的知识所可以追溯到的。如果我们还可以追溯，那这十二个范畴就不是先天的了，那就是由它的更高的根据所构成的了。它后面的那个根据如果可以追溯到的话，那才是先天的，而十二个范畴就会成了派生出来的了，就会成为最高原则所派生出来的那样一些原则了。所以，先天的原理之所以叫作先天的，就是"因为它们本身不再以更高且更普遍的知识作为根据"。这个地方我们注意，他强调的是"原理"。作为范畴体系当然还有一个高低层次的区分，比如十二范畴上面还有先验自我意识，先验自我意识应该说比十二范畴更

高。从概念的层次上来说,在先天知识的范围之内还有一个高低之分。但是作为先天的原理,先天的原理是最高的。凡是讲到先天的原理,原理论嘛,整个这一卷的主题,就是原理分析,在原理分析里面,先天的原理就是最高的了,"它们本身不再以更高且更普遍的知识作为根据"。先天的范畴,我们可以说它以先验自我意识为根据;但是先天范畴的运用的原理,不再以更高的原理作为根据,因为这种运用本身就是先验自我意识的活动嘛。康德又说:

<u>但这一属性却并不每次都使它们免去一个证明。</u>

这个先天的原理、先验判断的先天原理,根据一种什么原则去进行判断,还需要说明。它是一个最高的原理,但是这个最高的原理"并不每次都使它们免去一个证明",不是在任何情况之下都是不用证明的。

<u>因为,哪怕这种证明不再能够从客观上来进行,而毋宁说是关于其客体的一切知识的基础,可是这毕竟不妨碍我们也许有可能、甚至有必要不把某种证明从一般对象的知识之可能性的主观根源中排除掉,</u>

这句话有点拗口,或者我们把这句话改一下,哪怕没有客观证明,"可是这毕竟不妨碍我们也许有可能、甚至有必要不排除掉某种主观证明"。所谓不从"一般对象的知识之可能性的主观根源中"排除掉某种证明,也就是不排除某种主观证明。因为虽然有这样一个属性,即它们是最高的,没有再高的原理了,我们再不能从客观上给它们一个证明了,但是仍然有可能、甚至有必要给它们一个主观的证明。一般来说,证明是要找到一个更高的东西来给它们提供根据,但它们已经是最高的了,怎么能给它提供证明? 先验的判断力,它的运用的原理,是知性运用的最高原理了,怎么能给它找到一个证明呢? 但是,康德认为,还是有必要给它一个证明,"那怕这种证明不再能够从客观上来进行"。这种证明已经不能从客观上来进行了,为什么我们要运用图型的原理来进行判断,这样一个原理,我们不能从客观上证明它,"而毋宁说是关于其客体的一切知识的基础"。就是说如果你要建立一个客体的知识,你的基础

121

就必须是这样。但这不是一种客观的证明，除非你说，像唯物主义的经验论那样，认为客体是那样的，所以我们才必须要运用图型，以便反映客体的本来面貌，就像反映论所讲的那样，这才是从客体上来证明。但是在康德看来，判断的原理是先天的原理，不能从这个方面来加以证明。"而毋宁说是关于其客体的一切知识的基础"，也就是说客体的知识是主体建立起来的，不是观念依照对象，而是对象依照观念，不是主观符合于客观，而是客观符合于主观。对客体的知识是由主体先天建立起来的，如何加以客观的证明呢？不能进行客观的证明。我们只能追溯到我们先天的条件，我们先天的条件是这样的，就是这样构成的，我们只能这样进行判断。所以我们不能从客观上进行证明。"可是这毕竟不妨碍我们也许有可能、甚至有必要不把某种证明……排除掉"，不把某种证明排除掉是说这种证明不是在任何场合下都可以免去的，我们有可能、甚至有必要不排除这种证明。不排除什么证明呢？不排除"一般对象的知识之可能性的主观根源"的证明。"不把某种证明从一般对象的知识之可能性的主观根源中排除掉"，意思就是说，不排除那种主观的证明。我们客观上也许不能进行这种证明，但是我们有可能、甚至有必要进行一种主观的证明。我们这种原理是先天的，它本身不能再以更高更普遍的知识作为根据了。凭什么要把范畴通过图型运用于经验对象之上这样来做判断，凭什么？这本身没有什么道理。我们追溯到我们的先天条件，它先天就是这样的，只能这样来做判断。我们的知识就是这两个来源，一个知性，一个感性，所以我们只能够把先天的知识通过图型这个中介运用到感性之上，这个没有什么道理可讲。但是我们可以从我们的主观根源中提供出某种证明来，也就是说这样一种原理是从我们主观先天中形成起来的。那么这个形成起来的原理，在主观中的根源何在？这个我们还是可以去追问的。

　　因为不然的话，这种原理就会仍然带有极大的可疑性，有可能只是一种骗取而来的主张。

如果不为这种原理找到主观中的先天的根源，那么，这种原理仍然是可疑的。虽然你不得不这样进行判断，但是你为什么要这样进行判断，你知其然而不知其所以然，你就会产生一种怀疑，是不是这是一种欺骗？是不是可以设想还有其他的方式？当然我不能设想。但是既然我已经这样做了，这样做是不是就一定有某种根据？这一点仍然是可疑的。所以先天原理还是要找到它主观上的根源。当然有了这个主观上的根源，这个先天的原理自然就成立了。所以这个主观的根源不是比这个先天原理更高更普遍的知识，这根源本身不构成什么知识，也不构成什么原理。但是它是原理的发源地，它不是作为原理而凌驾于其他这些原理之上的。所以我们可以看看 B190 第一节的标题，"一切分析判断的最高 [至上] 原理"，和 B193 第二节的标题，"一切综合判断的最高 [至上] 原理"。这些判断作为先天原理是最高的了，本身不再以更高的更普遍的知识作为根据。但是这些原理本身的根源，我们要去找到它，它之所以作为最高的原理，是怎么来的。我们要追究一切分析判断的最高原理是怎么来的，一切综合判断的最高原理又是怎么来的，在主观中要找到它们的根源，这就是对这些原理的主观的证明。虽然它们已经是最高的原理，你只能这样，根据康德的原理分析论，只能通过图型来把范畴运用于对象之上，否则就会出现一些莫名其妙的判断、命题，这些命题就不是知识。这是由我们人类的先天认识结构所决定了的，甚至不仅仅是我们人类，是由一切有理性者的主体的认识结构所决定了的。凡是要认识，就必然会这样认识，这个是没有什么道理可讲的。这是个事实。我们追溯人类的认识如何可能，就追溯到了这样一些先天原理。而人为什么会有这些先天原理，这个没办法解释。人们就是这样来认识的，一切有理性者也都是这样认识的。但是这个认识基于人心中的一种什么样的根源？一种什么样的机能？这个是可以追溯的。人心中的这种根源是如何放进人心中的，这个没办法追溯，但是人心中有哪些根源使我们只能这样判断，这个是可以追溯的。如果不追溯到这一点的话，那么这些原理就带有极大的可疑性，"有可能只是一种骗取而来的主张"。如果不追根究底的话，那它后面、它的根源很可能是一种欺骗，完全可以这样设想。笛卡尔就想，既然我多次受骗，那么逻辑知识、数学知识是不是也会是一种欺骗呢？我可以设想有一个高明的骗子每次都欺骗了我，每次都使我 2 + 2 算出来等于 4，是不是有可能这样呢？虽然我不怀疑 2 + 2 = 4，但是我可以怀疑是不是这是一个高明的骗子使我相信这一点，使我每一次在进行形式逻辑的推理的时候都相信 A=A，是不是有可能这样呢？所以康德认为还是有必要去追溯我们一般对象知识之所以可能的主观根源。这个主观根源不是由什么骗子放进我的头脑里面的，而是由我们一切认识的主体先天具有的认识能力。所以把这个主观根源指出来，就是提供了一种主观的证明。就是说，我们这种原理是有来由的，不是任意的，不是哪个想当然把它放进来的。

其次，我们把自己局限在那些只与范畴相关的原理之上。这样，先验感性论的诸原则就不属于我们所划出的这个研究领域，根据那些原则，时间和空间是一切作为现象之物的可能条件，同时也是这些原理的限制：即它们不能与自在之物本身相关。

这一段话是以"其次"两个字开始的，也就是说在此之前有一个"首先"，有一个第一点。我们先回过头去看一看这第一点，上次读过的这一段。那里讲先天原理之所以叫作先天原理，是因为它们本身不再以更高且更普遍的知识作为根据，但这些先天原理仍然需要一个证明。这种证明当然不是从客观上来加以证明，不是像一般的证明那样，用一个其他的什么理由从客观上加以证明，而是去追溯这样一种先天原理在主观根源中的根据，也就是要有一种主观根据的说明。不然的话，这种原理仍然会带有很大的可疑性，有可能只是骗取而来的主张。不过，一般地讲先天原理，凡是讲到先天原理，不仅仅是指知性的范畴，而且包括先验感性论的原理，包括时间、空间作为先天直观形式的这样一些原理。上面这一段就是一般笼统地讲先天原理，讲这样一个道理的，它不特指这一章的标题"一切纯粹知性原理的体系"，而是指的一般的先天原理。只要是先天原理，那么它在它这个领域里就是最高的了。但是尽管它本身是最高的，它还是要在主观根源中寻求某种证明。也就是说这样一条先天原理，它的最高原则是什么原则，这个东西必须把它寻求出来。那么在今天讲的这一段以"其次"开头，从这个角度来讲我们就知道这一段的主要意思，重点放在什么地方。"其次，我们把自己局限在那些只与范畴相关的原理之上。"就是说，前面一段讲的是一般先天原理都应该是这样的，都应该从主观根源中寻求它的主观根据，这是在先验演绎里面已经做过的。不管是先验感性论里面对时间空间的形而上学阐明、先验的阐明，先验的阐明实际上就是先验演绎，还是在论述纯粹知性范畴的时候讲的先验演绎，即第一版和第二版不一样的先验演绎，都是在把这些先天原理追溯到主观的某种认识能力。那么这个地方就指出来，"我们把自己局限在那些只与范畴相关的原理之上"，与范畴相关，也就是通过图型与范畴发生关系的这样一些原理之上。范畴是用图型来作用于经验的对象的，那么在这里讲的就不是一般的先验原理，而是与范畴相关的原理，这就是一切纯粹知性原理了，就把讨论的范围限制在第二章的标题这样一个范围之内了。我们这里要讨论的，就是那些只与范畴相关的原理。所以康德说，"这样，先验感性论的诸原则就不属于我们所划出的这个研究领域。"与范畴相关的原理包括图型，图型就是与范畴相关的原理，整个这一部分都属于先验的原理论，判断力的学说，先验的原理论就是讨论与范畴相关的、图型的原理。那么由此，我们就要把先验感性论的那些原则排除出去。先验感性论的那些原则是什么原则呢？康德说，"根据那些原则，时间和空间是一切作为现象之物的可能性条件，同时也是这些原理的限制"。先验感性论有两方面的内容，一方面它指出，空间和时间是一切现象之物、一切感性对象、一切经验对象的可能性的条件，也就是说空间和时间是一种直观形式、一种接受的能力，如果没有这样一套主观中的形式,任何现象之物都不可能被接受下来呈现在我们面前,那么一切现象之物就不可能有了;另一方面,它又是知性运用于这些现象之物上的限制,或者说既然它们是现象之物的可能性条件,那么知性要运用于这些现象之物之上就必须通过它们。如果离开了时间和空间来运用范畴,那是不可想象的,那是得不出关于对象的知识的。所以,空间和时间也是这些原理、即这些与范畴相关的知性原理的限制:"即它们不能与自在之物本身相关"。也就是这些范畴的原理不能与自在之物相关,它们被限制在现象上,不能讨论自在之物的事情。

同样,数学的原理也不构成这个体系的一部分,因为它们只是从直观中、而不是从纯粹知性概念中引出来的;

B189

就是说,既然这个体系就是一切纯粹知性原理的体系,它包含的仅仅是那些与范畴相关的原理,即那些范畴通过它们各自的图型形成了一些什么原理:那么这里首先应该排除掉空间和时间,这个原理体系不讨论空间和时间的问题,它只是知性的原理;其次,数学的原理也不进入这个体系。数学原理"不构成这个原理体系的一部分,因为它们只是从直观中而不是从纯粹知性概念中引出来的"。数学的原理、几何学的原理,只是从直观中引出来的,而不是从这些范畴里面引出来的。而图型我们可以说是与范畴一一对应的,作为原理来说,它们是从范畴里面引出来的。图型代表范畴作用于经验对象,是一个中介,范畴要作用于经验对象必须通过图型,所以图型在这个作用过程中代表了范畴,起着使范畴得以作用于经验对象的中介作用。而数学的原理不是从纯粹知性概念中引出来的,不能够代表范畴,比如说几何学的原理、欧几里德的原理,它代表哪个范畴?任何一条原理都不代表一个范畴,所以它们不能够纳入到这样一个原理体系中来。

但由于它们总还是先天综合判断,它们的可能性在这里仍有其必要的位置,

由于这些数学、几何学的原理,它们毕竟还是一些先天综合判断,数

126

学作为先天综合判断是如何可能的？这是康德《纯粹理性批判》的总问题里面的一个。四个总问题，数学如何可能，自然科学如何可能，形而上学作为自然倾向如何可能，形而上学作为科学如何可能，其中第一个问的就是数学。数学在这个地方，"它的可能性在这里"，也就是在这个体系里面，"仍然有其必要的位置"。数学的那些原理本身虽然不能进入到这个体系里面来，但是在这个体系里面必须要包含数学之所以可能的那些原理，所以数学原理的可能性在这个原理体系里面仍然有它的必要的位置。比如说后面要讲到的"直观的公理"，就是量的原理，量的原理就是为数学提供可能性的。所以数学虽然不纳入进来，但是数学的可能性在这个原理体系里边必须能够找到。康德接下来讲：

　　虽然不是为了证明其正确性和无可置疑的确定性，这是它们所不需要的，而只是为了使这些自明^①的先天知识的可能性成为可理解的，并将它^②演绎出来。

　　就是说，数学原理的可能性在这个体系里面必须要有它的位置，虽然不是为了"证明其"、也就是证明这些原理的"正确性和毋可置疑的确定性"。直观的公理，作为纯粹知性的第一条原理，它的作用不是为了证明那些数学原理的正确性和无可置疑的确定性。这些数学原理的正确性和无可置疑的确定性，是不需要直观的公理来证明的，它们是自明的。直观的公理嘛，你一眼就可以看出来，不需要什么证明。两点之间的直线距离最短，这个需要什么证明呢？这个也不属于范畴，也不需要范畴来证明它的正确性和无可置疑的确定性。两点之间，你一看，就知道直线是最短的，任何曲线都比它长一点，都绕了路嘛。这个连一只兔子都知道，它逃跑的时候，选择直线逃跑。所以数学原理的正确性和无可置疑的确定性是不需要在这里加以证明的，那么这里是为了什么呢？"只

---

① "自明的"原译作"明显的"，比较一般化，原文为 evident，是一个特殊的术语。
② "它"原译作"它们"，不确。

是为了使这些自明的先天知识","自明的"这个词德文是 evident，也就是胡塞尔现象学所讲的明证性，笛卡尔所讲的清楚明白。"只是为了使这些自明的先天知识的可能性成为可理解的"，并不是为了证明它们的自明性，而是为了使这些自明的知识的可能性得到理解。为什么会有这样一些自明的知识呢，是因为人的一切纯粹知性原理的体系里面有它的可能性的位置，也就是在人的主观根源里面给它找到根源。人的、或者说一切认识者的认识主体，它的结构都是这样的，结构里面首先第一层就是直观的公理，就是由量的范畴提供出我们人为自然界立法的一个先天条件。人为自然界立法，拿什么来立法，立的什么法，立的首先就是这条法律，就是直观的公理，它跟量的范畴是相对应的。"使这些自明的先天知识的可能性成为可理解的，并将它演绎出来"，是"将它"，而不是"将它们"，不是将这些知识演绎出来，而是将这种可能性演绎出来。也就是说，这些知识的可能性是立足于认识主体中的直观的公理之上的。所以总的来看这一段，就是进一步地澄清一切纯粹知性的原理体系包含哪些内容，即包含着只与范畴相关的那些原理，而把先验感性论的原理，时间和空间，排除在外，把数学的原理也排除在外；但把数学原理排除在外的同时呢，使数学的可能性在里面有它的位置，这是这一段大致的意思。

不过，所有上面讲的一切纯粹知性的原理都是先天综合判断的原理，即如何获得一般综合判断如经验性的判断的原理。而康德在下面一段则提出：

但我们也将要讨论分析判断的原理，虽然分析判断与我们本来要探讨的综合判断相反；因为正是这种对置将使综合判断的原理论摆脱一切误解，并使它在自己特有的性质中明白地呈现出来。

这里的"但"就是说，不仅要探讨综合判断的原理，而且还要讨论一下分析判断的原理。当然康德的意思并不是要把这种讨论也当作纯粹知性的原理体系的一部分，而只是要以此形成与综合判断原理的一种"对置"，要在这种对照中划清分析判断的原理和综合判断原理的界限，从而使综合判断的原理"摆脱一切误解，并使它在自己特有的性质中明白地呈现出来"。就是说，这种讨论并不是实质性的，而是为了衬托出综合判断原理的独特性，有助于更加准确地把握这些原理的特质。所以接下来的两节就是讨论"一切分析判断的最高原理"和"一切综合判断的最高原理"。这里"最高"原理，康德用的是 oberst，而不是 höchst，所以为了表示区别，我们改译作"至上原理"。

第一节　一切分析判断的最高原理

一切分析判断的原理，也就是形式逻辑的原理。康德首先讨论在形式逻辑里面，所有的分析判断它根据的最高原理是什么。虽然在康德看来，形式逻辑讨论的只是分析判断，综合判断呢，在传统形式逻辑里面也讨论，像通过归纳来获得知识，但在严格的逻辑学家们看来，归纳不能纳入到形式逻辑的正当的范围之内，严格的形式逻辑的内容不包括归纳。归纳只是一种整理经验以及对经验知识的可信度作出评价的方式，不是严格逻辑的操作方式，虽然它也要运用一些逻辑的规则，比如排除法，差异法，共变法等等，但这些方法所得出的结论都只有或然性意义，而没有必然性。归纳逻辑，我们今天所讨论的归纳逻辑的性质、归纳逻辑的意义、归纳逻辑的程序、它的知识的可靠性，等等，这些问题今天还没有公认的结论。在康德那里，他认为形式逻辑讨论的就是分析命题，不是综合命题。综合命题要么是后天经验知识，要么是先天综合判断。先天综合判断是属于先验逻辑的，而分析判断呢它是属于形式逻辑的，属于普遍的逻辑的。那么这个普遍的逻辑，它所提出的那些分析判断的至上的原理是什么呢？形式逻辑也有它的至上原理，或者说一切分析判断的至上原理讲的就是形式逻辑的至上原理。什么是形式逻辑的至上原理？我们来看正文。

　　<u>不论我们知识的内容是什么，也不管这些知识与客体有怎样的关系，一般说来，我们所有判断的普遍的、虽然只是消极的条件终归是：它们不自相矛盾；否则的话，这些判断自在地就本身而言（即使不考虑客体）便什么都不是。</u>

　　"不论我们知识的内容是什么"，也就是我们只考察它的形式，这第一句话就表明了，形式逻辑不管内容，只考察知识的形式。"也不管这些知识与客体有怎样的关系"，也就是不考虑知识和客体的关系问题，不考虑思维和存在的关系问题，只考虑思维本身的一贯性问题。在这样的前提之下，"一般说来，我们所有判断的普遍的、虽然只是消极的条件终归是：它们不自相矛盾"，这个"一般说来"，也就表明了它是"普遍"逻辑，康德把形式逻辑称为"普遍逻辑"。在最一般的意义上，一切判断、任何判断，都有一个普遍的、消极的条件。如我们刚才讲的，这里的"所有判断"首先指的是形式逻辑的分析判断。当然，这里也不排除综合判断，既不排除先天综合判断，也不排除后天综合判断，而是"一般的判断"。它包括先天综合判断、后天综合判断和分析判断。总而言之，所有的判断都有这样一个普遍的条件，虽然只是消极的条件，那就是：它们不自相矛盾。所谓普遍逻辑，并不是离开先验逻辑或其他的逻辑而单有这样一个逻辑，而是所有的判断都在这样一种形式逻辑的考察之中，都有这样一个维度。你提出一个后天经验判断，它也有形式逻辑的维度，即这个判断是否自相矛盾。你说"这是一块木制的铁"，这是一个经验判断，有没有"木制的铁"？这是一个自相矛盾的命题，人家不需要看见就会说，你错了，因为你自相矛盾。所以不管什么判断，都要符合不矛盾律。所以这个形式逻辑是一种普遍的逻辑，它的普遍的意义在这个地方就显现出来了，一切判断的普遍的消极条件就是它们不自相矛盾。"否则的话，这些判断自在地就本身而言（即使不考虑客体）便什么都不是"，如果有一个自相矛盾的命题，那怕不考虑客体，不管是否有客体，不管是否实有其事，先从逻辑上来看，既然自相矛盾，就知道肯定是错的。你不用辩解

说,我确实看见了一个木制的铁,那个没有人相信的,因为逻辑上就不成立了。

即使在我们的判断中没有矛盾,那么这判断毕竟还是有可能这样 B190 来联结概念,就如同它不是对象所造成的,或者甚至没有任何不论是先天地还是后天地给予我们的理由来批准这样一个判断,

也就是说,一个判断如果自相矛盾的话,那么就本身而言就肯定什么都不是了,这是前面一句话所讲的;那么这里说"但",意思就转折了,跟前面不同了,"但即使在我们的判断中没有矛盾"。前面是讲如果有矛盾那就什么都不是,但是要是没有矛盾呢,是否就正确呢,也不一定。即使在判断中没有矛盾,"那么这判断毕竟还是有可能这样来联结概念,就如同它不是对象所造成的",就是说,如同没有一个对象那样去联结概念。也就是这样一个不矛盾的判断呢,也可能是没有对象的,它的联结是没有对象作根据的,也有这种可能。一个不矛盾的判断是否是真的呢,那不一定,因为它有可能是没有对象的。"金山是金的",这个判断一点都不矛盾,但是实际上没有金山,所以这个判断不见得是真的。"或者甚至没有任何不论是先天地还是后天地给予我们的理由来批准这样一个判断",不论是先天的,还是后天的,都没有理由来批准我们作出这样一个判断。后天的理由我们刚才讲了,如果世界上没有金山,那么"金山是金的"这个判断就得不到批准。也没有先天的理由,像因果关系啊,实体啊,这样一些先天理由。比如"一切发生的事情都是有原因的",这个虽然没有经验的对象,怎么知道一切发生的事情都是有原因的? 你把一切发生的事情都看过了吗? 显然没有。但是它有先天的理由啊,这个判断还是可以成立。如果没有这样一种理由,既没有先天的理由,也没有后天的理由,那么这个判断就很值得怀疑了。所以,康德最后讲,

这样一来,一个判断即使没有任何内部的矛盾,却也有可能要么是错误的,要么是无根据的。

一个判断,哪怕它是不矛盾的,但没有先天的或后天的理由提供给

它，那么它要么是错误的，错误的就是说它违背一个对象，它天马行空在那里胡思乱想，违背事实，虽然它不矛盾但我们不会认可它。比如今天明明下了雨，你却说"今天没有雨"，当然这并不矛盾，今天完全可能没有雨，但这不是事实，你作出了一个错误的判断。要么它没有根据。一个符合矛盾律的命题也有可能不是错误的，就是没有根据。比如你说"灵魂是不朽的"，这一判断如果严格理解的话也可以不自相矛盾，但它毫无根据，既无事实根据也无先天根据，你所找的那些根据都不成立。这表明矛盾律只是一种消极的条件。就是说不符合矛盾律肯定是错误的，但是符合矛盾律呢，也不一定是真的，不一定是真理性的知识。当然有一点是肯定的：如果不符合矛盾律的话，那么不管你说得多么天花乱坠，提出种种根据，总是错误的。

于是，任何与一物相矛盾的谓词都不应该归于该物这一原理就称之为矛盾原理，

这是康德对于矛盾原理的经典的表述，你们要特别注意这句话。"任何与一物相矛盾的谓词都不应该归于该物"，这个原理就是矛盾原理。矛盾原理，当然我们也可以翻译成不矛盾原理，实际上讲的都是一回事情，就是说一个判断不应该有矛盾，这就是矛盾原理。那么这个原理如何表述呢？严格说来应该这样来表达："任何与一物相矛盾的谓词都不应该归于该物"。当然他后面提到一些不精确的表达，并进行了批判，这个我们后面还会谈到。康德自己精确的表达就是这样的。这条矛盾原理，

它是一切真理的一条普遍的、虽然只不过是消极的标准，

任何一个真理要成立，首先就必须要以它为标准来衡量一下，是不是违背了矛盾律？任何与一物相矛盾的谓词是否被归于该物了？如果是，那么这个命题就是自相矛盾，肯定不是真理。矛盾原理可以把不是真理的东西排除掉，所以它是真理的消极标准。

但它也因此而仅仅属于逻辑，

这里讲的"逻辑"指的是形式逻辑。当康德不加任何修饰地说"逻辑"这个词的时候，他通常说的是形式逻辑，因为他自己的先验逻辑是刚刚提出来的，还没有被公认，所以他一般地讲逻辑的时候指的就是形式逻辑。于是这里就相当于说"它因此而仅仅属于形式逻辑"。"它"指这样一条原理，"因此"，因为什么呢，因为它是一条普遍的但只不过是消极的标准，因为这一点，所以它仅仅属于形式逻辑。下面康德进一步又说：

因为它所适用的知识仅仅是作为一般的知识，而不顾它们的内容，并宣称：矛盾将完全消灭和取消知识。

它所适用的知识仅仅是作为一般的知识，而"不顾它们的内容"，那当然就是只看它们的形式了，仅仅是作为一般的形式的知识，不顾内容的知识。这条原理还宣称："矛盾将完全消灭和取消知识"，任何地方只要有了矛盾，那就根本不可能有知识，将完全消灭和取消知识。并不是说，虽然有矛盾，但它还是一种知识，不是的，没有任何余地可言，凡是有矛盾的地方就不可能有知识。这是一切判断的消极方面的至上原理。首先就把矛盾律提出来，但提出来的时候，康德并没有只讲分析判断，而是指的一切判断。一切判断在逻辑上、在形式逻辑上都必须服从矛盾律，这是康德在前面两段提出的一个前提，首先把矛盾律提出来。

但毕竟，我们也可能将这条原理作一种积极的运用，即不仅仅是清除虚假和错误（只要这是基于矛盾之上），而且也认识真理。

这个地方又转折了一下，为什么说"但毕竟"呢？上面一段讲过：矛盾原理是一切真理普遍的、虽然只不过是消极的标准，它因此仅仅属于逻辑，因为它所适用的知识只是一般的知识而不顾它们的内容，并宣称矛盾将完全消灭和取消知识。这种看法完全是一种否定性的或者说消极的标准，即如果有了矛盾，一个判断的知识就被取消了，凡是有矛盾的判断它就不是知识了，这个是这条原理的消极的方面。而在这个地方话题一转，"但毕竟"，就是说，矛盾律它是一条消极的真理标准，但这条消极的真理标准我们也可能将它作一种积极的运用。所谓积极的运用就是：不仅仅清除那些基于矛盾之上的虚假和错误，这是消极的运用；而且也认识真理，这是积极的运用。这个转折就在这个地方。就是前面讲的对于一切判断来说，不管它的内容是什么，凡是违背了矛盾律的就不是知识，就是错误的，这是上面这两段已经提供的一个铺垫。那么在这一段开始转向了，我们也可以对矛盾律作一种积极运用，不仅仅是清除虚假和错误，而且也能够凭这个不矛盾律来认识某种真理。那么这是如何可能的呢？在什么条件、什么情况之下这么说的呢？下面就说了，

因为，如果这判断是分析的，则不管它是否定性的还是肯定性的 [①]，它的真理性任何时候都必然是能够按照矛盾律来充分认识的。

这个"因为"就是解释上面的情况在何种场合之下成立。"因为，如果这判断是分析的"，也就是说，在这判断是分析判断的情况之下。前面讲的都是一般的判断，包括分析判断，包括后天综合判断，包括先天综合判断，凡是在判断中遇到了逻辑上的矛盾，即在主词和谓词相矛盾的情况下，矛盾律就是断定它们不是真理、不是知识的一条消极的标准。那么在这个地方，积极的标准就在于：如果这个判断是分析的，"则不管它是否定性的还是肯定性的"，就是说判断有肯定判断和否定判断，如果这个判断是分析的，那么不管这个判断是否定判断还是肯定判断，不管你的判断是说"不是什么"还是说"是什么"，不管是何种形式，"它的真理性任何时候都必然是能够按照矛盾律来充分认识的"。就是说，如果是个分析判断的话，它的真理性任何时候，即不论是在肯定判断的情况下，还是在否定判断的情况下，"都必然是能够按照矛盾律来充分认识的"。这个"充分认识"是积极的。积极的认识，它有一种积极的作用：只要不违背矛盾律，那么如果是分析判断的话，这个分析判断的真理性就肯定

---

① 原译作"不管它是消极的还是积极的"，查此处原文为 verneinend oder bejahend，而不是前面所用的 negativ 和 positiv，因此应予以区别；且这里的意思是要表明肯定判断和否定判断，所以作此改译。

是能够得到充分认识的，能够得到一种积极的认识。它不仅仅是说违背矛盾律的就是错误的，而且还认为，只要是合乎矛盾律就是正确的，就是真理。当然这是在分析判断的前提之下，这里谈的是分析判断，就像这一节的标题"一切分析判断的至上原理"表明的，这是在形式逻辑的范围之内讲的。如果是作为一个分析判断出现的情况下，我们就能通过它不违背矛盾律，立刻就断言它是具有真理性的。前面两段讲的是"一切判断"的情况，对此不矛盾律是属于消极的标准，你只能断言一个命题逻辑上矛盾即不是真理，但一个命题在逻辑上不矛盾，你却不能断言它就是真的。为什么呢？因为在综合判断的场合下，它也有可能是没有对象的，它是不是真的，还要看在经验世界里是否有一个对象放在那里。比如说，尽管我们不违背矛盾律也可以说，"这鸟是能飞的"，"这山是有金矿的"，但是它们的真理性还是未定的。等到出现了金矿或者这鸟飞起来了，你才能确认它是真的，在没有出现之前还不能断定它的真假，所以不矛盾律只能作为一个消极的标准，它只能排除像"这山是一片平地"、"这鸟不是动物"这样的命题。在其他的情况下是这样的。但是在分析命题的情况之下，就不是这样了。分析命题的情况下只研究概念与概念之间的关系。比如说，物体是有广延的。这个绝对是真的。因为物体这个概念就是由广延的概念形成起来的。广延的概念再加上不可入性等等其他的概念，我们就形成了物体这个概念。现在你说物体是有广延的，那这个命题只要它符合矛盾律，那么它就是对的，它就具有真理性。所以在分析判断的情况下，不管是否定性的判断，还是肯定性的判断，命题的真理性在这两种情况下必然是能够按照矛盾律来充分认识的。一个分析命题，它本身是具有真理性的。下面，

　　因为凡是作为概念已经包含在[①]客体的知识中并在其中被想到的东西，永远都对相反的东西进行着正当的否定，却必然会由该客体对这概

---

① "作为概念已经包含在"原译作"已经作为概念而处在"，不清晰，兹改之。

B191　念本身加以肯定 ①，因为，该概念的反面将会是与这个 ② 客体相矛盾的。

　　"凡是作为概念已经包含在客体的知识中"，比如说，"物体"是一个客体的知识，其中已经把"广延"这个概念包含在自身中了。我们说到"物体"这个概念时已经在其中想到了广延，形成了一个广延概念，这个概念"已经包含在客体的知识中"，就是不光要是一个概念，而且要包含在客体的知识中，包含在"物体"这个客体的知识中。有些概念不是包含在客体的知识中，而是包含在例如"灵魂"之类的概念中，如有人说"灵魂是不死的"，这种情况另当别论。而这里则要求从一个客体知识出发，从里面分析出其中已经被想到、也就是已经包含于自身的那些东西，那么这些东西"永远都对相反的东西进行着正当的否定"。例如说，你如何形成"物体"这个概念的呢，是因为已经有了一些别的知识，广延，什么是广延，什么是不可入性，等等，然后把这些知识组成一个物体的概念，形成了一个客体的知识。那么当你提到"物体"这个知识时，我们就可以在其中想到"广延"、"不可入性"等等概念，而这些概念永远都会对相反的东西进行正当的否定。也就是如果有人说"物体是没有广延的"，或者"物体是没有不可入性的"，那绝对是错误的，就遭到了"正当的否定"。当然，分析判断是不是就一定处在客体的知识中，这里没有说，康德只是就作为客体知识的分析判断来说的。至于像"上帝是存在的"，"灵魂是不死的"这样一些判断，这里未加考虑。当然在康德看来"灵魂是不死的"是综合命题，"上帝是存在的"也是综合命题，但是在传统的唯理论看来它们却是分析命题，因为上帝的概念就包含一切，肯定也包含存在的概念。但即使如此，这些命题也不会因为是分析命题而成真，相反，它们与客体毫无关系，无所谓真假。在康德看来，分析判断要得出积极的知识，首先要是对一个有关客体的知识进行分析，它已经肯定是一种知识，然后我

———————————

① 此处原译作"却必然会由该概念本身对之加以肯定"，有误，兹改之。
② "这个"二字原译文无，兹加上，似更为明确。

从它里面分析出其中已经包含的概念,这里面才会有一种真理性。只有在这种情况下,"它的真理性任何时候都必然是能够按照矛盾律来充分认识的"。所以你可以断言说,"物体是没有广延的"是错误的,只有"物体是有广延的"才是正确性。因为"物体"是一个客体的知识,而"广延"这概念就在物体概念里面包含着,是从物体概念里面引申出来的,"所以它永远都对相反的东西进行着正当的否定,却必然会由该客体对这概念本身加以肯定",也就是由"物体"这个客体对"广延"这个概念本身加以肯定。物体是有广延的,"广延"必然会排斥"非广延",同时"物体"则必然会肯定它所包含的"广延"这个概念本身。就是说,广延这概念对非广延进行了否定,而它本身又由物体这个客体的知识进行了肯定。"因为,该概念的反面将会是与这个客体相矛盾的",广延这个概念的反面,非广延,将会与客体,与物体相矛盾。这是根据我们举的这个例子来解释可能会清楚一点,如果不举这个例子,那里面就不知所云了,康德的这种晦涩的程度,这个地方大家还可以领略一下。"凡是作为概念"的东西,我们把它代之以广延的概念,"已经包含在客体的知识中",我们把它代之以包含在物体的概念中,"并在其中被想到的东西",作为概念而被想到的东西,那就是广延了。"在其中"这个"其",还是指那个客体的知识。作为概念而已经包含在客体的知识中并在这种客体的知识中被想到的东西,就是说我们在物体这个客体的知识中想到了有一个广延,而这个广延是作为概念被我们想到的。那么这个广延的概念"永远都对相反的东西进行着正当的否定",比如说对于非广延的东西进行着正当的否定,"却必然会由该客体",由这个"物体","对这个概念本身加以肯定",即对广延概念加以肯定。"因为,该概念的反面将会是与这个客体相矛盾的",这就很清楚了,非广延当然是与物体相矛盾的。

下面一段就作总结了。

所以我们也必须承认矛盾律是一切分析性的知识的一条普遍的、完

全充分的原则；但它作为真理的一条充分标准的威望和用途也不会走得更远。

在"分析性的知识"中，也就是在分析判断中，我们可以承认矛盾律是"一条普遍的、完全充分的原则"，就是说，分析性的知识是完全由矛盾律来判定的，不需要其他更多的标准。分析性的知识之所以具有普遍必然性就在这里，它是完全确定的知识。然而，"它作为真理的一条充分标准的威望和用途也不会走得更远"，就是说，它的威望和用途超不过分析性的知识以外，只要是综合性的知识，这条标准也就不够了，它就只能作为一条消极的标准而对知识的真理性起一种排除某些错误的作用，而不具有积极意义。它的积极意义只限于分析判断中，哪怕我们说"金山是金的"，作为分析命题也没有说错，因为它符合矛盾律，我们不能说金山不是金的；至于有没有金山，那就已经属于综合命题的范围了，矛盾律是用不到那上面去的。所以，矛盾律虽然作为分析性知识的一条真理原则是充分的、普遍的和积极的，但对于综合性知识的真理性则是不充分的和消极的，因而对于一般真理而言它也是不充分的和消极的。这就可以解释下面一句看似与上面相矛盾的话：

因为，不能有任何知识与这条原理相违背而不自我消灭，这诚然使这条原理成为了我们知识的真理的必要条件，但并没有成为它的规定根据。

就是说，没有任何知识违背了矛盾律而不自我取消的，所以矛盾律是知识的真理性的"必要条件"，但并没有成为真理的"充分条件"，也就是"没有成为它的规定根据"。规定根据就是具体地规定真理是什么样的，这是矛盾律做不到的，它只能做到说真理决不能是怎样的，而不能说真理到底是怎么样的。所以，尽管对分析性的知识而言矛盾律具有充分性和积极意义，但对于全部真理性的知识而言它却不具有充分性和积极意义，而只具有必要性和消极意义。因为这里的"知识的真理"已经不仅仅是指分析性的知识，而且也包括综合性的知识了。换言之，仅就分析判断而言，凡是不违背矛盾律的就是真的，凡是违背矛盾律的就是假的；但就一切"我们的知识"而言，虽然凡是违背矛盾律的都是假的，但未见得凡是不违背矛盾律的就是真的。注意这里的"真理"和上一段中讲的"真理性"在康德的用法中是有两个不同的层次的，分析的真理性在综合的知识中、因而在一般知识中未见得还具有真理性。所以这里康德虽然在用语上有点混淆，但其实还是可以自圆其说的。所以康德接着说：

既然我们所讨论的本来只是我们知识的综合部分，那么我们虽然将随时操心着永远不要违背这条不可侵犯的原理，但却永远不能指望在这样一类知识的真理性方面从它那里得到一些启发。

康德虽然在这一节的标题上标明"一切分析判断的至上原理"，但其实他的眼睛却瞄准着综合性的知识，分析性的知识只是作为综合性知识的一个消极条件而被考虑在内的。所以，即使我们要讨论综合性的知识，我们也不能不"随时操心着永远不要违背"矛盾律，否则它就会"一票否决"了。但尽管如此，我们却"永远不能指望"从矛盾律那里得到有关综合性知识的真理性方面的任何"启发"，因为矛盾律只给这类综合性知识的真理性提供了消极的底线，而未能提供更多向前发展的知识。这就把"一切分析判断的至上原理"的积极作用和消极限度都揭示出来了。所以我们说这一段是对这一节所做的一个总结。

下面一段则是对这条至上原理本身进行一种严格的推敲，这一段很长。上面一段我们刚才说了，已经把第一节"一切分析判断的至上原理"的大致意思说完了。一切分析判断的至上原理就是矛盾律，但是这个矛盾律仅限于一切分析判断，只是在分析判断里面，它作为充分必要的标准，具有它积极的权威和用途。但是超出这个范围之外，只能够作为一种消极的标准，在综合命题里面只能作为消极的标准，"永远不能指望在这样一类知识的真理性方面从它那里得到一些启发"。这是反对、批判唯理论的。那么下面这一大段呢，对矛盾律本身的表述作了一番推敲。就是说，既然是一切分析判断的最高原理，那么这个矛盾律本身的表述也应该是分析性的。对这条原理的流行的表述,康德历来是不满的,所以在这里他对传统的表述作了一番清理。

　　然而,这条著名的原理,虽然抽掉了全部内容而只是形式上的,

　　矛盾律从它的一般表述来说,人们都认为它是抽掉了全部的内容而只是形式上的,

　　但它的一个表达式却包含了由于不小心而毫无必要地混杂进去的综合成分。

　　矛盾律的表达式实际上是亚里士多德的表达式,亚里士多德在他的《分析篇》里面就是这样表达矛盾律的。康德认为,这个表达式"包含了由于不小心而毫无必要地混杂进去的综合成分",是不是由于不小心,我们下面再讲。我们看康德的思路。怎么不小心呢?

　　这个表达式是说:某物不可能**同时**存在而又不存在。

　　这是矛盾律的表达式,这是用得非常广的,从亚里士多德提出来以后,直到今天我们还在用。我们通常讲的犯罪嫌疑人不在现场,所谓不在现场就是说在同一个时间之内不可能既在某处又不在某处。我们也可以这样来表达:某物不可能同时在某处而又不在某处。那么,这个"同时"打了着重号。下面的解释分两个层次。康德接着说,

　　在这里,无可置疑的确定性(通过不可能这个词)是多余地附加上去的,这种确定性却又必须是由这原理本身而不言自明的。

　　这是一层意思。就是说亚里士多德这个表达式"某物不可能同时存在而又不存在",其中"不可能"这个词没有必要,没有必要说"不可能",否则就加上了主观的态度了。分析命题嘛,没必要加上主观的态度,让事实摆在那里就可以了。"不可能"表达了某种"无可置疑的确定性":某物一定是怎么怎么样,如一定是不能同时存在的。"不可能"这个词是多余地附加上去的。因为当矛盾律还没有成立的时候,这个确定性是没有根的,这个确定性就是要从矛盾律中得出来,这个"不可能"就是要从

矛盾律本身得出来；而这样一种态度，怎么能写到矛盾律本身里面去呢？矛盾律应该尽量的形式化，把自己的态度都排除在外。确定性要从矛盾律里面引出来，而不能够预先加进去，尤其在给矛盾律下定义的时候更不能这样做了。这是一层意思，就是说"确定性"必须是"由矛盾律本身而不言自明的"，有了矛盾律当然可以加入"不可能"、"一定会"等等用语，但是不能预先把确定性加进去。另外一层意思就更重要了，这是康德主要的关注点。

除此之外，这条原理又附带上了时间这一条件，它仿佛宣称：一个等于 A 之物如果是等于 B 的某物则不能在同一时间又是非 B；但它完全可以前后相继地是两者（既是 B 又是非 B）。　B192

这是第二层意思。就是说，"这条原理又附带上"、即多出了"时间这一条件"，以至于似乎是说：一个等于 A 的物如果等于 B，则它不可能在同一时间又是非 B。这是涉及到对象的，等于 A 之物、等于 B、非 B 之物等等，而不是纯粹的形式逻辑了，所以要把"时间"引进来。A 不能同一时间是非 B，但"它完全可以前后相继地是两者（既是 B 又是非 B）"。这样一个亚里士多德命题，是表明了这样的意思，A 如果等于 B，则不能同时等于非 B，但在不同的时间中可以等于非 B。下面康德举了个例子，

例如一个人他是青年，不能同时又是老人；但同一个人完全可以在一个时候是青年，在另一个时候是非青年即老人。

这是对亚里士多德这条命题的一种字面的解释。按照亚里士多德的意思来看，矛盾律就相当于了说明了这样一种关系，就是一个人不能同时是老人和青年，但是他可以先是青年，然后是老人，所以要把时间加进来，要把时间这个因素放进来。这是传统形式逻辑的解释，但这样一种解释在康德看来是多余的，时间条件在矛盾律的表达中是多余的。下面他讲，

现在，矛盾律作为一条单纯逻辑的原理，必须完全不把它的要求限于时间关系，所以一个这样的表达式是与矛盾律的意图根本相违的。

如果把时间放进来，对矛盾律这样一条"单纯逻辑的原理"来说，是根本不符合其本性的。矛盾律作为一条逻辑原理，它要为一切分析命题做标准，怎么能把时间放进来呢？把时间放进来就超出了逻辑的原理，而变成综合的原理了，变成一条综合命题的原理了，也就是变成有关经验对象的原理了。所以这样一个表达式跟矛盾律的意图根本相违背，把它的要求限于时间的关系了，这就使形式逻辑不再是一种"普遍逻辑"了。这是亚里士多德的表述令康德十分不满意的地方。我们通常讲亚里士多德的逻辑是形式逻辑，但在康德看来，它还根本不够形式化，而是把很多内容的东西纳入进来了，把许多有关事实、对象，有关物的经验的东西纳入进来了，比如说时间。所以亚里士多德的形式逻辑是不严密的。后来的逻辑学家们呢，在这方面作了很多的工作，像斯多亚派的逻辑学家们就是把亚里士多德的形式逻辑严格化，到了中世纪也作了许多形式逻辑方面的研究，越到后来形式逻辑就越形式化了。在亚里士多德那里，形式逻辑不是严格形式化的，而是工具论，是引向对象知识的工具。"形式逻辑"这个词那时候还没有，"逻辑"这个词也没有，逻辑是罗马时代西塞罗第一次使用的，在亚里士多德那里是没有的，亚里士多德的"逻各斯"就是定义的意思。分析篇、解释篇、范畴篇，这些都属于工具论，是当作一种工具来使用的，但是这种工具跟本体论、跟认识论是分不开的，亚里士多德的逻辑跟认识的对象是分不开的。所以亚里士多德很得意的是，他的逻辑学是关于真理的工具，而不仅仅是关于正确性的。逻辑学作为工具论是获得真理的一种工具，不仅仅做一种概念上面的游戏，也不仅仅是一种消极的标准，应该是一种积极的标准。亚里士多德的自我理解是这样的。但在康德看来，亚里士多德这样一种朴素的、混沌的逻辑学和本体论、认识论不分，三者处于模糊的统一之中，这种方式是不令人满意的。它里面包含许多从形式逻辑的眼光看来不严密的成分。后来马克思、恩格斯则认为，正因为如此，在亚里士多德的逻辑那里包含有"三统一"的辩证法，至少在理解上面有许多辩证法的内容，它并不是严格彻底的形式化的。但在康德看来，在矛盾律里面就体现出时间被加入进来了，这是一个缺陷，既然讲形式逻辑，讲一切分析判断的最高原理，就该是彻底形式化的。倒是后来海德格尔认为时间是不可忽视的，讲逻辑、讲存在和非存在、讲是和不是，跟时间有内在的联系，在这一点上海德格尔的思想和亚里士多德的思想反而更加接近，可以说是一种复归，虽然说这种复归在黑格尔那里就已经开始了。黑格尔就很明确地把逻辑学和本体论、认识论结合起来。当然黑格尔还没有把时间拉入进来，但已经有这个趋向。是和不是，实际上讲的是一种存在方式，不仅仅是逻辑上把两个概念联结起来的系词，存在、是作为一个动词，是一个本体论的事实。但在康德这里首先要把形式逻辑纯化起来，这在某种意义上有一定的价值，这也是亚里士多德之后许多逻辑学家尽量想要完成的一件工作，即把形式逻辑完全地形式化。当然这一点在康德这里也并没有完全实现，真正做到这一点是在后来的数理逻辑那里。数理逻辑通过符号化实现了传统逻辑的形式化，并把本体论存而不论，拒斥本体论，甚至把本体论的词也变成了仅仅是一个词，不具有本体论的含义，像存在、实在这样一些词，都把它变成了某种语词，在词和词的关系中间起着某种确定的作用，但决不意味着某个客观实在。即使是奎因的"本体论承诺"也仅仅是一个承诺，我们承认它是有所指代的，但是我们不要去探讨它，因为探讨没有意义。这是后来的形式逻辑真正地形式化了，康德呢是想要达到那样一种境界，能够把形式逻辑局限于分析判断的这样一个范围之内，把一切带有综合性的东西清除出去。那么，亚里士多德以来对形式逻辑的这样一种误解原因何在呢？康德讲，

这一误解只是由于：人们把一物的谓词预先从它的概念中分离出来，然后又把这谓词 ① 的反面与这谓词相联结，而这反面 ② 永远也不会

---

① 原译作"这概念"，语法上不错，但意思说不通，兹改为"这谓词"。
② 原译作"这谓词"，语法上也不错，但意思不明，兹改为"这反面"。

与主词发生矛盾，而只是与主词中已与其综合地联结了的那个谓词相矛盾，而且只是在前一谓词和后一谓词被设定在同一时间中的情况下才是这样。

这句话要费点脑筋，费点琢磨。就是说，发生这样一个误解是由于什么？是因为什么犯了这样一个错误的呢？是由于人们把一个事物的谓词，"预先从它的概念中分离出来"，这个概念就是某一个事物，我们预先把一物的谓词从这个物的概念中分离出来。一物的谓词，比如说，一个人是青年，把"青年"这样一个谓词预先从"人"的概念里分离出来。"然后又把这谓词的反面与这谓词相联结"，青年和老年，老年是青年的反面。"而这反面永远也不会与主词发生矛盾"，这个"老年"和"人"永远不会发生矛盾的，人当然可以是老年，也可以是青年，但是青年绝对不可能是老年，如果把青年与老年等同起来，或者要把这两个相反的谓词"相联结"，就会有矛盾了。所以，"而这反面永远也不会与主词发生矛盾，而只是与主词中已与其综合地联结了的那个谓词相矛盾"，也就是老年不会与人相矛盾，但是会与青年相矛盾。老年、青年两者与人都是不相矛盾的，都是可以容纳的。那么老年和青年这两个谓词相矛盾，"而且只是在前一谓词和后一谓词被设定在同一时间中的情况下才是这样"，才相矛盾。一般来说，老年不是青年，老年和青年相矛盾，但是它们的矛盾只是在什么样的情况下才发生呢？只是在"被设定在同一时间中的情况下"才发生。同一个人，当然可以既是老年又是青年，但是他不可能在同一时间既是老年又是青年。所以，这句话虽然比较长，但意思的层次上还是比较清晰的。误解是由于什么呢？人们从人这个概念中分离出青年这个概念，然后把青年这个概念的反面，就是老年，与这个谓词联结在一起，即把老年和青年联结起来，那么这个反面呢，是不会与主词发生矛盾的，老年跟人是不会发生矛盾的，而只是与"主词中已与其综合地联结了的那个谓词相矛盾"，即与青年相矛盾，而且是在把两个谓词设定在同一时间的情况才会发生矛盾，即把老年与青年在同一时间联结于同一个人就会发生矛盾。你已经说一个人是青年，那么在同一时间里，不能说他又是老年，或者说他不是青年，否则就是矛盾的。所以某物不可能同时"是"和"不是"。这就是亚里士多德这个命题的意思以及之所以产生这样一种意思的原因。这里必须注意"同一时间"这个条件，如果没有这一点，就不一定会发生矛盾。所以为了按照亚里士多德的意思表述矛盾律，就需要把时间纳入进来。如果这样理解矛盾律，把矛盾律理解为从一个概念里面分离出一个谓词，然后呢把这个谓词和它的反面构成一个矛盾，然后说这是不可能的，如果这样理解的话，就一定要采取亚里士多德的表达方式，就是某物不可能同时存在又不存在。这是追溯矛盾律的亚里士多德式的表达之所以形成的原因。下面康德提出了他自己的表达方式。

如果我说一个没有学问的人是无学问的人，那么必须伴以**同时**这一条件；

一个没有学问的人的主体是一个"人"，如果我说这个人是没有学问的，那就必须有"同时"这个条件，

因为这个在某一时候是无学问的人，在另一个时候完全可以是有学问的，

这还是亚里士多德式的表达方式。亚里士多德的表达方式就是：一个没有学问的人不是有学问的，他先肯定了已经有这么一个人了，这个人没有学问，那么他当然是没有学问的，但是有一个前提，那就是同时。因为一个没有学问的人在不同的时候也可以通过学习变得有学问。所以把没有学问和有学问看作是"人"的两个相互对立的谓词，这种情况下必须加上同时这个条件，否则的话，它并不违背矛盾律，也就不可能说它是不可能的。关键是下面一句话：

但如果我说，没有哪个无学问的人是有学问的，那么这个命题是分析的，

这个地方"人"已经不存在了，不是指的某一个人是有学问还是无学问；或者说"人"已经不是主体了，主体是"没有人"，即"没有哪个无学

问的人"。这就是说，所有的无学问的人没有哪个是有学问的。这里就不再是立足于一个人，他具有"有学问"和"无学问"两种属性，不是从这角度来讲的；而是从概念上面来讲的，从概念上面来讲，"无学问的人"这样一个概念具有普遍性。凡是无学问的人，没有哪个是有学问的。把"无学问的人"当作一个概念来讲，而不是当作一个人来看。当作人来看的话，他处于时间中，可以具有这样那样的属性，这种属性没有普遍性，可以今天是这样，明天是那样。但是如果我用否定的方式说，"没有哪个"无学问的人是有学问的，"那么这个命题是分析的"，它用不着把"时间"因素综合地加在这个命题上。为什么？原因是：

因为这一标志（无学问）从此也参与构成了主词的概念，

"无学问"这个时候就不是主词的一个谓词了，它本身就是主词的成分，它以本身直接构成主词成分的方式，取代了通过"同时"而与主词的联结。我们把这个命题如果换一种表达方式，我们当然可以说：一切无学问的人都不是有学问的，这就是亚里士多德的方式。但这时就需要加上"同时"这个条件，因为无学问的人将来有可能会成为有学问的。所以只有说"没有哪个无学问的人是有学问的"，这才是一个分析命题，它在任何时候都是不会错的。因为一个无学问的人变得有学问了，他就不再是一个"无学问的人"了，这里是把"无学问的人"当作一个不可分割的概念整体来看的。凡是我们谈到"无学问的人"没有哪个是有学问的，这等于说，凡是"无学问的人"在概念上都包含"无学问的"，这是重言式，当然是分析命题。这里是把无学问的人这个整体当作主词，所以无学问也参与了构成主词的概念，不再是主词的一个谓词。康德接着说，

然后这一否定性的命题便直接从矛盾律中显露出来，而不可添加上同时这一条件。

经过这样的改造，康德就把亚里士多德矛盾律的表达方式的内在逻辑必然性突显出来了。因为如果主词是一个"人"或者任何现实的实体的话，那么它具有任何属性或谓词都是要经过时间的，也都会在时间中

经受改变；但现在通过一个"否定性的命题"把任何实体都排除之后，只剩下一种概念来做主词，这就显露出命题本身的纯粹逻辑关系来了。在这种意义上命题所表达的只是概念之间的分析性的逻辑关系，"而不可添加上同时这一条件"，否则就成了综合的命题，成了一个"实体"和它的"偶性"的关系判断了。

这也就是我为什么在上面改变了矛盾律的表达式，使得一个分析命 B193
题的本质由此而清楚地表现出来的缘故。

这就把话题引回了他的初衷，即所有这些讨论都是为了对以往矛盾律的表达式加以改进和纯化，以便把分析命题和综合命题清楚地区分开来。的确，经他这样一改，矛盾律的逻辑含义就变得更加清晰了，它与本体论和认识论的界限就划得更加明白了。

第二节 一切综合判断的最高原理

我们看第二节，第二节和第一节讲的是两个对应的问题。第一节讲的是"一切分析判断的最高原理"，那么第二节讲的是"一切综合判断的最高原理"。我们此前讲了一切分析判断的最高原理是康德附带的一个讨论的课题，而且这个课题很简单，一切分析判断的至上原理就是不矛盾律，只不过对这个不矛盾律的表述方式康德作了一番澄清，这番澄清的意图就是要把分析判断的至上原理和综合判断的至上原理截然区分开来。我们刚才讲了很多了，要把它和本体论区别开来，和对象区别开来，和时间区别开来，等等。所有这一切，最后都有一个目的，就是要把它和综合判断区别开来。分析判断的至上原理本身不能掺杂有综合命题在内，把时间纳入进来，这是综合命题，谓词和主词的关系是通过时间综合上去的。分析命题应该是一个同义反复的命题，康德刚才对不矛盾律的表述表明，矛盾律实际上也就是同一律。凡没有知识的人当然就不是有知识的，它是一个分析命题，也可以说是同义反复。矛盾律和同一律实际上是一回事情，只是从两个不同的角度来说而已，一个是说它不是不同一的,一个说它就是同一的。不矛盾,也就是不可能不同一;同一律呢就是说它只可能是同一的。所以,如果把一切分析判断的至上原理归结到同一律、矛盾律,那就要把里面带有的综合的成分全部清除掉,时间,一个人,一个物,都要排除掉,只剩下单纯的概念与概念之间的关系,概念与概念相符合。那么一切综合判断的至上原理就不同了。综合判断要与对象发生关系,是与对象有关的判断,知识与对象符合,那么对象肯定并不是已经在知识里面可以分析出来的了。不能像理性派对上帝存在的本体论证明那样,说上帝的概念就包含存在。这个命题在康德看来是假的。上帝的概念只能包含存在的概念,怎么能包含存在呢?怎么能包含时间空间呢?如果要包含时间空间,它就会成为一个综合命题,就不是一个分析命题了。那么这个综合命题如何去证明?到哪里去寻找上帝?寻找不了。所以分析判断和综合判断的至上原理肯定是不同的,因为这两类判断本身是截然不同的。所以在讨论一切综合判断的至上原理之前先要把一切分析判断的至上原理搞清楚,分析判断的至上原理没有搞清楚,综合判断的至上原理肯定也弄不清楚。否则我们不能弄明白,综合判断的本质何在,什么叫综合判断,什么叫综合判断的至上原理。通过对分析判断的一番探讨我们可以明确了,原来综合判断的至上原理是要在这样一个领域里面来谈的,是在分析判断不讨论的领域里面来谈的。

对综合判断的可能性作出解释,这是与普遍逻辑完全没有关系的课题,它甚至可以连这个课题的名字都不知道。

所以康德开篇就讲,这里的"它"指"普遍逻辑",为了明确起见,我们干脆把"它"就改成"普遍逻辑"。普遍逻辑就是形式逻辑。我们知道在康德的用语里面,因为形式逻辑可以普遍地适用于一切可以想到的对象,所以它是普遍的,不管这个对象是真的还是假的,是可能的还是不可能的。形式逻辑既适用于先天的东西,也适用于后天的东西,既适用于概念,也适用于对象,所以是普遍逻辑。那么"对综合判断的可能性作出解释"，这对于普遍逻辑完全没有关系，这样一个课题，普遍逻辑甚至可以连它的名字都不知道。"这个课题的名字"是什么呢？就是先验逻辑了，先验逻辑就是要探明先天综合判断何以是可能的。以往普遍逻辑连先验逻辑这个名字都可以不知道，这是康德发明的，在此之前，人们不知道先验逻辑这个名字，人们所知道的逻辑就是普遍逻辑，认为普遍逻辑就是无所不包的。先验逻辑是康德创立的，当然普遍逻辑不可能知道它的名字。

但它在先验逻辑中却是一切任务中最重要的任务，

这个"它"与前面的普遍逻辑就不是一回事了，这个"它"指的是"这个课题"，"对综合判断的可能性作出解释"这样一个课题。"它在先验逻辑中是一切任务中最重要的任务"，这个"任务"（Geschäfte）其实也就是指前面的课题，或者可以翻译成"工作"："它在先验逻辑中却是一切工作中最重要的工作"。

甚至是唯一的任务，当然前提是如果所讨论的是先天综合判断的可能性，以及它的有效性的条件和范围的话。

这个"前提"是必要的，因为综合判断除了先天综合判断还有后天综合判断，比如说，我看到的这棵树，树叶是绿的，这是一个后天综合判断，是经验给与我们的，我看到了树是绿的。后天综合判断是否也要由先验逻辑来解释其可能性问题呢？问题就来了。综合判断里面包含有先天综合判断和后天综合判断，后天综合判断的可能性不仅仅是由先验逻辑来讨论的，而且是由后天的感性直观所决定的，所以又叫作经验性的判断。所以康德在后面加了一个限定，即"如果所讨论的是先天综合判断的可能性，以及它的有效性的条件和范围的话"，那么这就是先验逻辑的唯一任务。先验逻辑的任务是什么？那就是探讨先天综合判断是如何可能的以及先天综合判断的使用条件和范围，这就是先验逻辑讨论的问题。至于我为什么可能看到这棵树是绿的，这个涉及很多偶然的情况，后天的情况，先验逻辑怎么能讨论这些后天的情况呢？后天的情况五花八门，包括周围环境，机遇以及主体本身的状态，感官是否健全等等。这些情况凑齐了，我才能看到"树叶是绿的"。当然也涉及先天的直观形式，即时间和空间，下面还要谈到这一点。但它们也不是先验逻辑所关心的事。先验逻辑只讨论先天综合判断的可能性、它的有效性条件及运用范围。

因为在完成这一任务之后，先验逻辑就可以对自己的目的，即规定纯粹知性的范围和界限，来作一全盘的考虑了。

先验逻辑一旦解决了先天综合判断何以可能这一全部纯粹理性批判的总问题，它就可以居高临下，全盘掌握纯粹知性所能够使用的范围和界限了。如前面所说的，先天综合判断的可能性在于自我意识的主体能动性，即统觉的本源的综合统一。既然如此，那么纯粹知性范畴的运用范围就只限于去统摄经验直观的杂多材料，当这种运用触及到可能经验的边界时，知性就应当知道停止它的运用，而不能把范畴直接运用于物自体之上。所以先天综合判断的可能性问题是一个总揽全局的问题，它的解决对全部知性的理论运用作出了全盘的限定。不过康德这里只是顺便提到先天综合判断的情况，他在这一节中的主要目的不是谈先天综合判断的至上原理，而只是一般综合判断的至上原理。所以接下来一段他就再次重申分析判断和综合判断的区别。

在分析判断里，我停留于给予的概念之上，以便从它里面得出某物来。

分析判断所着眼的是概念，以及概念内部或概念之间的关系。这个"某物"其实并不是经验对象之物，而是另一个概念。那么这里就有两种可能的情况，即肯定判断和否定判断。

如果要使这判断成为肯定的，则我就只把在这概念中已经想到过的东西赋予这一概念；如果要使它成为否定的，则我就只把与这东西相反的东西从这概念中排除掉。

肯定的分析判断就是把概念中已有的东西"赋予这一概念"，也就是把这概念中包含的概念作为它的谓词明确说出来，形成一个"S 是 p"的判断；否定的分析判断就是把这概念中不包含的概念，严格说来是把与这概念中所包含的概念相反的概念，作为不属于它的谓词排除掉，形成一个"S 不是 q"的判断。为什么一定要说是"与这东西相反的东西"？因为如果不是与概念中包含的东西相反的东西，而是任何不包含于该概念中的东西，那就有可能出现一些无意义的否定判断。例如我们可以说"植物是有生命的"，也可以说"植物不是无生命的"，因为生命的概念确实包含在植物的概念中，而无生命这个概念则与生命概念相反；但我们不能说"植物不是迅速的"，因为迅速和缓慢都不是能够包含在植物中的概念。康德这里的表述是非常严格的，虽然有时候显得很啰嗦。这是分析判断的情况。那么综合判断呢？

但在综合判断中我想要超出这个给予的概念，以便把某种与在其中已经想到过的东西完全不同的某物与这概念置于关系中来考察，

例如说，"植物是开花的"，或"植物是有疗效的"，这都是综合判断，严格说来都应当在"植物"前面加上"这株"或"这些"二字，因为它们都是经验判断。当然还有先天的综合判断，如"一切发生的事情都是有原因的"。所有这些都是要超出一个概念，而把"某种与在其中已经想到过的东西完全不同的某物"，也就是把某种在其中没有想到的东西，和这概念联系起来。这里没有强调"与这东西相反的东西"，而只是说与之"完全不同的某物"；也没有区分肯定判断和否定判断，只说"置于关系中来考察"。这个范围就比较广泛了，只要是不同的东西，就可以和一个概念联系起来，既可以是肯定的联系，也可以是否定的联系。这里主要是就后天综合判断即经验判断而言的。

因而这种关系就决不是同一性关系，也决不是矛盾关系，而在这时　B194
从这个判断自身中就既不能看出真理，也不能看出谬误。

综合判断中既然主词和谓词并没有一个概念中的包含关系，当然就不是同一性关系，因而也就无从推出矛盾关系，因为即使是相互矛盾的

谓词,也可以无矛盾地结合在同一个主词上面。如前面的例子,青年和老年都可以是同一个人的谓词,不能因为他是青年就说他不可能是老年。既然如此,那么我们单凭这个判断自身如何能够评价这个判断是真的还是假的呢?从形式逻辑上看,一个经验判断的对错是发现不了的,它只能指出一个判断的逻辑错误。如果有人说"这块木头是铁的",我们就可以断定这种说法是错误的,因为它在同一个概念中包含有矛盾。但如果说"这块木头是光滑的",怎么能够断定是他说的是对的还是错的?要亲自去看,去摸。这就引出了下面所讨论的一切综合判断的至上原理,就是"经验的可能性"原理。

这就承认了:我们必须超出一个给予的概念以便把它和别的概念加以综合地比较,所以就需要一个第三者,只有在它里面两个概念的综合才能产生出来。

"这"是什么呢?就是上面讲的,从综合判断自身中分不出真理和谬误来,那么这样一来就承认了,这个承认啊,承认了什么呢?不仅仅是这句话前半句所讲的,我们必须超出一个给予的概念以便把它和别的概念综合起来,而且主要是针对后面半句:"所以就需要一个第三者",因为"只有在它里面两个概念的综合才能产生出来"。所以这句话的重点是落在这一点上,就是需要一个第三者,只有在这个第三者里面,两个概念的综合才能产生出来。就是说,分析判断不需要一个第三者,它就是两者之间的一种内在的关系,从一个概念里面推出一个它已经包含的概念,比如一切物体都是有广延的,一切植物都是有生命的,两个概念间的包含关系是明确地摆在那里的,一眼就可以看出来,所以分析判断是不需要一个第三者的。但综合判断需要一个第三者,只有在它里面两个概念的综合才能产生出来,否则单凭这个判断自身你就看不出它是不是真的,是不是能够综合在一块。比如物体是有重量的这样一个判断,不能从两个概念间的关系马上看出来,而需要一个第三者把它们综合。

但什么是这个作为一切综合判断的媒介的第三者呢？

物体是有重量的，这样一个综合判断，需要一种媒介才能得以成立，那么什么是这个媒介呢？回答是：

只有某种把我们的一切表象都包括在自身中的总括，也就是内感官，及其先天形式时间。

作为综合判断的媒介的第三者，只能够是"把我们的一切表象都包括在自身中的总括，也就是内感官"。内感官是把我们的一切表象都包括在自身中的。我们前面在先验感性论中讲到了，空间是一切外部现象的先天形式，时间则是一切现象的先天直观形式，我们的一切现象，包括空间中的现象在内，它们的先天直观形式就是时间。时间可以代表先天直观形式，包括空间在内都归结到时间上面来了，对外部空间的把握最后也是要通过时间来加以总括的。那么这个第三者，"把我们的一切表象都包括在自身中"，这里"一切表象"有点问题，应该是"一切现象"。但原文用的是 Vorstellungen，译为"表象"。这里的表象就没有平常的宽泛的意义。康德通常讲的"表象"的意义不仅包括感性表象，直观，而且包括概念，也包括范畴，包括先验自我意识、统觉，甚至包括理念等等，这些都是表象。这里"一切表象"指的应该是"一切现象"，或者是"一切感性表象"，只有在这个范围内才能说，内感官和时间是"把我们的一切表象都包括在自身中的总括"。当然如果从心理学上我们也可以这样说，一切概念范畴甚至理念作为表象也是在内心时间中被我们想到的。但康德这里不是谈心理学，而是谈认识论，这种说法就不严格了。内感官即我们的内部感觉，在先验感性论里面区分了内感官和外感官，外感官是通过空间来接受对象的，内感官呢是通过时间来接受对象的。康德的这套术语我们要熟悉，就是内感官可以包含外感官在内，作为一切现象的先天直观形式，外感官呢只是包括外部空间现象。那么内感官作为感官来说，它的先天形式就是时间。我们每个人都有内感官，每个人内部都经历了一个心理过程，哪怕在把握外部空间现象时，我们也是通过我们的内部经历、内部的感官感受来完成的。内部感官的形式呢，就是时间，我们是在时间中来接受现象的。接受内部外部事物，感受内部和外部事物，都是通过时间完成的，时间是最根本的，具有关键性的作用。所以后来海德格尔写《存在与时间》，把时间摆在那么重要的地位上面，在康德这里其实已经有了一种趋向，时间本身对于人的这种感性直接性是具有代表作用的。此外，如果考虑到时间作为图型，它可以代表范畴对感性杂多加以把握和规范，那么说它是"把一切表象都包括在自身中的总括"，也勉强能说得过去，只是超验的理念还是没法包括进来。这是康德用语不够严密的地方。

对诸表象的综合是基于想象力，但想象力的综合统一 (这是作判断所要求的) 则基于统觉的统一。

对各表象的综合是基于想象力，我们在讲到先验演绎的时候已经讲到过了。在《纯粹理性批判》第一版里面讲到范畴的先验演绎是分三个层次来讲综合：直观中领会的综合、想象力中再生的综合、概念中认定的综合。直观中的领会要有综合的作用，否则接受一个表象马上又消失了，那你就形成不了一个直观中的对象，随生随灭，瞬间产生又马上消失，表象之间形成不了任何联系，那怎么形成一个对象呢？我看到一个红色，它总要延续一段时间，你说这红色只有一瞬间，一瞬间也是一段时间，你才能说我看到了一个红色，哪怕只是零点几秒，这才是一段时间。有一段时间就有了综合的问题，在这段时间开始和结束之间必须通过综合使它成为一个对象，你就能说现在看到的红色就是刚才看到的那个红色。否则的话，刚才的红色和现在的红色不同，怎么形成一个对象？那就任何对象都留不下来，即使你看到了这，看到了那，但是你在每一点上面连任何一瞬间都没有逗留。要逗留就必须有综合，把它看作一个时间中的延续，这个红色就是刚才延续下来的那个红色。所以在直观中连最简单的感性知识，直观、印象、知觉，我们就已经运用了综合能力了，这就是直观中领会的综合。想象力中再生的综合也是这样。想象力中再生的综合，你刚才看到的一个红色，一瞬间，在它结束的时候，你想到，这结束时的红色就是开始的那个红色。开始的红色已经消失了，但是结束的时候你还可以把它唤起来，在记忆中对它们作一个总体的把握。比方电影的原理就是通过留在视觉中的记忆，就是视觉遗留现象（遗觉）。如果没有视觉遗留现象，如果前面一闪过去了，后面的马上跳出来了，怎么能形成一个连续的动作呢？连续的印象必须要有想象力中再生的综合，虽然一个表象已经过去了，但是在记忆中能够把它如它还在那样再生出来，以便在同一时间里面把它把握在一个对象整体之中。刚才的东西，昨天的东西，已经过去了，已经不在了，能够把它唤回来，使它如在眼前，按照胡塞尔的说法，使它"当下化"，这样才能使它作为一个整体得到把握。这就是再生的想象力，再生的想象力起的就是这样一种作用。第三个层次就是概念中认定的综合，就是对再生的想象力提供的直观的对象，在概念中加以认定。比如我提出一个概念"实体"，过去一瞬间和当下一瞬间，相互之间把它综合起来，我看出它是连贯的、持续的，那么这个连贯性、持续性我就可以给它一个范畴叫它"实体"，实体无非就表现为时间中的持久性。一旦我把一个东西当作一个实体，把它认定下来，那么它就是知识了。在此之前，还只能说是印象，还没有最后确定它是知识，当你运用了纯粹知性概念以后，它就成了知识。这是在先验演绎里面的内容，我们前几个学期讲过的。这里讲，"对诸表象的综合是基于想象力"，再生的想象力里面体现出一种综合的能力，这种综合的能力是从哪里来的呢？是想象力本身固有的。康德在前面谈范畴的时候说过："一般综合只不过是想象力的结果。"（B103）想象力本身即使是再生的，它也可以很有创造性。你可以想象一个羊头蛇身的怪物，世界上从来没有，你可以想出来，但这个羊头、蛇身，都是你见过的，你把羊头、蛇身重组起来，还是属于再生的想象力。所以想象力本身是一种再生的作用。但是这种再生的想象力呢有一种创造力，你能够把羊头和蛇身组合起来，这还是很有创造性的。我们不可能把从来没见过的东西组合起来，从来没见过的东西是不可能组合起来的,随便你怎么想,它身上总有些东西,比如中国的龙,你总是可以说比如这一部分是鹿身上的,那一部分是鹰身上的,那一部分是蛇身上的,你总可以把你以前见过的东西回忆起来。画家最难画的就是画鬼,因为没有人见过鬼,鬼是最难画的,因为画得出来的其实都不是鬼,都是你见过的东西,一个人的形象,一个骷髅的形象。但是想象力的组合作用是创造性的,所以,再生的想象力背后实际上是有先验的想象力在起作用,或者说生产性的想象力、创造性的想象力的作用。这种创造力是从想象力本身中自发产生出来的,它是一切综合之根源。但康德又说过,"不过,把这种综合带到概念上来表达,这是应归之于知性的一种机能,知性借此才第一次使我们得到真正意义上的知识。"(B103) 所以他讲"想象力的综合统一则基于统觉的统一"。先验的想象力的"综合"作用是它自发产生的,但它的"综合统一"作用是从先验自我意识、从知性那里借来的,没有知性,想象力虽然可以综合,但不能统一,而是杂乱无章的甚至错乱的。括号里面讲,想象力的综合统一"是作判断所要求的",也就是说,任何一个判断都要求有想象力的综合统一,不仅是综合,而且是统一。前面 15 节讲到一般联结的可能性,一般联结就是"杂多的综合统一"。如何才能把两个东西联结起来,这本身就需要一种综合统一的能力,不管是分析判断,还是综合判断。"一般联结",只要你把两个东西联结起来,这里头就有一种综合统一了。而这种综合统一呢,里面就必须有想象力,这是任何判断所必需的,任何判断都需要一种想象力的综合统一,这是基于统觉的综合统一的。就是说,要有一个先验自我意识在里面起一个能动的综合统一作用,才能把两个概念当作一个判断联结起来。这是一切判断的前提。分析判断是以综合判断为前提的,如果不是先把两个概念综合起来,又如何能从概念里面把它分析出来?就算是"一切物体都是有广延的"这个判断,也是有综合在先才是可能的。只有知道了物体的概念,才能从中分析出广延的概念,但是最初呢它是综合的,是以综合为前提的。你把广延、不可入性等等综合起来才构成了"物体"概念。所以，知性的统觉，它们的综合统一作用是一切判断的前提条件。

　　所以在这些东西里我们将必须寻找综合判断的可能性，

　　这些东西就是前面讲的内感官啊、想象力啊、统觉的综合统一啊，在这些里面我们要寻找综合判断的可能性。综合判断的可能性究竟在哪里？有这么多东西使得综合判断得以成立，那么我们就必须在这些东西里面去找，这些东西里面缺了一项，综合判断都是不可能的。

　　而由于所有这三项［即内感官、想象力和统觉］都包含有先天表象的根源，也就必须去寻找纯粹综合判断的可能性，①

　　这个"而"是一个转折，前面讲的是一般综合判断的可能性，一般综合判断的可能性我们要在内感官、想象力、统觉里面去找（这里"［内感官、想象力和统觉］"是我在翻译时加上去的，原文没有），"而由于所有这三项都包含有先天表象的根源"，这里重点在于"先天"，"也就必须去寻找纯粹综合判断的可能性"，这个重点在"纯粹"，先天和纯粹是对应的。我们前面已经讲到过康德的"纯粹"这个概念的意思，在通常的情况下，或绝大多数情况下，就是指的"先天"。纯粹的东西就是先天的东西，不纯粹的东西那就是后天的、经验的、杂多的东西。这里讲，"所有这三项（即内感官、想象力和统觉）都包含有先天表象的根源"，内感官包括有先天的直观形式，就是时间；想象力包含先验的想象力，先验的想象力和再生的想象力好像是对立的，再生的是把已经有的再产生出来，再恢复过来，先验的呢好像是创造性的，把过去没有的创造出来，好像是两种不同的想象力，其实是同一个想象力的两个不同的层次。就是说你要恢复，你要再生，也必须要有创造性，因为原先的表象已经不存在了，已经不存在的东西要把它恢复难道不需要创造吗，也需要创造性，但是这不是说有两种想象力，一种是创造的，一种是再生的，而是说就在再生的

_____

① 原译文此处为句号，查原文应为逗号，兹改之。

想象力里面有一个更高的层次，或者说在它的底下有个先验的创造的想象力在起作用，它是同一个想象力的两个不同的层次。所以想象力也有先天的成分，有先天表象的根源，那么这种创造性的想象力就有一种综合的作用；但它的综合统一作用是基于统觉的统一的，所以，统觉的统一呢是最终的具有创造性的东西。总而言之，这三者，内感官、想象力、统觉，都包含有先天表象的根源，所以，"也就必须去寻找纯粹综合判断的可能性"。前面讲的是我们必须寻找综合判断的可能性，而由于所有这三项都包含有先天表象的根源，所以我们也必须去寻找"纯粹"综合判断的可能性。综合判断也可能是不纯粹的，比如说后天综合判断，经验判断。经验判断的可能性那就很杂了，有的是偶然的，必须要依赖于感官、时间，而时间不可能预先决定什么东西，它是一种接受的能力，被动接受的能力，只能等待事件的发生。你想把花和红色综合起来，但人家拿给你的是一朵白色的玫瑰，你说这不是的，那么只能等吧，等到哪一天有红色的玫瑰了再交到你手里，这是不能预先定好的。一般的经验判断，也是综合判断，后天综合判断，它之所以可能要依赖于后天的因素。但是在后天的经验判断里面也有先天的成分，比如说时间，它的内容虽然是偶然的，但它的形式是必然的。时间的内容，一件事物究竟延续多长时间，究竟要等到什么时候这个综合判断才能够构成，这个是偶然的，但是时间的形式倒是必然的，只要有一个综合判断构成了，它就在时间之中，它离不了时间。你说看见了一朵玫瑰，人家总要问你，在什么地方、在什么时候看见的，必然要在时间中表象出来。想象力也是这样，联结必须通过想象力完成，必须通过想象力来构成综合判断。但是想象力里面包含有先验的想象力，就是说也许想象力的内容是偶然的，但是必须要有想象力才能够构成，必须通过主体的能动作用、能动的想象才能构成一个判断。统觉就更不用说了，它本身就是先天的、纯粹的。所以根据这样一些理由，就是它们"都包含有先天表象的根源"，所以呢"就必须去寻找纯粹综合判断的可能性"，也就是必须去寻找先天综合判断的可能性。

这就归结到康德的总问题了。康德《纯粹理性批判》的总问题：先天综合判断如何可能？哪怕在后天综合判断里面也有先天综合判断的因素。所以我们在探讨"一切综合判断的可能"时要追溯到"先天综合判断"的至上原理。这第二节的标题是"一切综合判断的至上原理"，但是我们最终必须追溯到先天综合判断的至上原理。一切综合判断最后归结到纯粹综合判断的可能性的问题，纯粹综合判断或先天综合判断是如何可能的。

　　的确，这些纯粹综合判断甚至由于这些理由也将是必要的，如果某种有关对象的、仅仅基于诸表象的综合之上的知识要实现出来的话。

　　这就是说，不仅仅是综合判断本身往上追溯就必须要追溯到纯粹综合判断或者先天综合判断的可能性，不仅是逻辑上面这样的追溯，一定要追溯到至上的原理，就是纯粹综合判断的至上原理，这是一个方面。但是另外一个方面，"这些纯粹综合判断甚至由于这些理由也将是必要的"，哪些理由呢？"如果某种有关对象的、仅仅基于诸表象的综合之上的知识要实现出来的话"。这就是说，不仅仅一切综合判断之所以构成的可能性，要追溯到先天综合判断的可能性，而且从另外一个角度讲，一切有关对象知识的可能性要实现出来都必须做这样一种追溯。这个理由跟前面的理由有些不太一样，前面的理由是从一切综合判断的构成因素去进行追溯，看它要有哪些条件才是可能的，首先要有一个第三者，就是内感官及其先天的形式时间，再就是要有想象力，要有统觉的统一。那么这三者，内感官、想象力和统觉这三者，都包含有先天表象的根源，所以综合判断的可能性就必须要追溯到先天综合判断的可能性。这是一个角度，从综合判断本身是由什么东西而产生的，从它产生的根源去追溯它的最高原理。那么从另外一个角度说来，如果我们要实现有关对象的知识的话，我们也必须要追溯纯粹综合判断的可能性。综合判断与分析判断不一样，分析判断是有关概念与概念之间的关系的知识，而综合判断是有关概念与对象之间的关系的知识。所以，这个理由就是，"某种有关对象的、仅仅基于诸表象的综合之上的知识要实现出来的话"，这是一个与分析判断不一样的理由。分析判断不涉及对象，对象在前提中已经设定了，不需要追溯其可能性，不需要考虑经验的问题，不需要考虑第三者的问题；综合判断就不一样，综合判断是"仅仅基于诸表象的综合之上的知识"，是有关对象的知识，如果这种知识要实现出来的话，我们就必须对它进行追溯，对它的可能性进行追溯，看它的至上原理是什么。其实这里讲的是一回事情，有关对象的知识就是综合的知识，综合的知识就是有关对象的知识。分析的知识呢不是有关对象的，只是概念与概念之间的关系，只有综合的知识才是概念与对象之间的关系的知识，如果要寻求这样一种知识的话，那么就必须追溯纯粹综合判断之所以可能。前面讲到了，一切综合判断的可能性以及纯粹综合判断的可能性，这是两个层次，它们都是跟分析判断不同的；但是纯粹综合判断是立足于它的这个本源的综合，那么所有的综合判断的可能性都要以纯粹综合判断的可能性为前提，都是由先验自我意识的本源的综合统一这样一种能力而导致的。那么在下面这一段呢，康德是从另外一个角度，就是说，一切综合判断除了有一种先天的条件以外，还要有一种后天的对象。

所以下面这一段主要是从这一方面谈，可能性除了先天的可能性之外，还需要后天的某种东西，需要有后天的条件，后天的对象。

如果一种知识要具有客观实在性，即与某个对象相关，并通过该对象而拥有所指① 和意义，那么该对象就必须能以某种方式被给予出来。

这里还是按照自从亚里士多德以来对知识的定义引出来的一个推论。亚里士多德讲，知识就是观念和对象的符合，那么光有观念呢肯定还不够，还要有一个对象来与它符合。所以康德讲，"如果一种知识要具有客观实在性"，什么叫"有客观实在性"？有客观实在性的知识才是真正的知识，它就必须"与某个对象相关"，有客观实在性也就是与某个对

---

① 原译作"含义"，兹根据前面所改而改译作"所指"。

象相关，与某个客体相关，客观实在性当然要涉及到客体了。下面又说，"并通过该对象而拥有所指和意义"，一种知识要有所指，一种观念要有所指，才成为知识，从而才是有意义的。"拥有所指和意义"，你指的是什么？这个知识是关于什么的知识？这一点是一切知识的前提，也可以说是题中应有之义吧。所谓知识，本来就是观念和对象的一种关系、一种符合关系，所以如果要成为一种真正的知识、成为一种客观实在的知识，"那么该对象就必须能以某种方式被给予出来"，这就是从另外一个角度提出的条件了。一切综合判断的可能性，除了要有一种先天的可能性之外，还要有一个对象被给予出来。对象给予了，观念才能有所指，才有意义，否则就是空的，没有意义的。要给出一个对象，而这种知识是有关这个对象的知识。不管你有多少先天的综合，如果没有一个对象让你来综合，那这个综合就是空的，综合什么？统觉统的是什么？必须要有一个对象给出来，才能把它统起来，所以"该对象就必须能以某种方式被给予出来"，这是一个必要的前提。当然，这个后天对象之所以能够被给予出来，还是因为有先天的条件即"某种方式"，后天对象的可能性是由先天条件建立起来的。

　　舍此则这些概念就是空的，我们虽然由此而进行了思维，事实上通　B195
过这种思维却什么也没有认识到，只是在玩弄表象而已。

　　如果没有对象，那这些知识是针对什么的呢？不成了空的吗？注意这个地方，"思维"和"认识"是不一样的，我可以思维，对这些概念、这些先天的表象，但是呢千万不要把这些思维当作认识了。唯理论派的毛病就在这个地方，以为思维到一个东西就是认识到它了，所以"我思故我在"啊，以及唯理论派的一切独断的命题。比如关于上帝的观念，通过对上帝观念的思维就以为已经把握到了一个上帝的对象，认为上帝存在，上帝是实在的，但实际上这个上帝根本没有被给予出来。所谓被给予出来就是被我们的感觉所感到，被我们的经验所经验到。所以"我们虽然由此"，由此就是由这些概念，"而进行了思维，事实上通过这种思维却什

161

么也没有认识到，只是在玩弄表象而已"。表象这个词呢，我们前面已经
解释过了，在康德那里是个最广泛的概念，一个心理学的概念，凡是呈现
在内心面前的都属于表象，包括概念，包括直观，包括各种各样的经验、
知觉、印象，感性的、知性的、理性的，理念，所有这些，只要是我在心里
已经留下了痕迹的都叫作表象。Vorstellung，就是呈现在面前，站在面前，
Vor 就是前面，stellung 就是摆出来，凡是摆出来的、摆在我心里的，都叫
作表象，有的也翻译成"观念"，但是这个"观念"容易和其他的东西相混
淆。我们还是翻译成心理学的概念，叫作"表象"，英文呢通常把它译为
idea。在胡塞尔现象学那里，这个词被特定化了，特指直观的表象，也有
他的道理，凡是呈现在我的内心面前的东西，只要是呈现出来的，那么就
是表象了，但在胡塞尔看来也就是直观了。所以胡塞尔用这个词和康德
用这个词是不一样的，康德用这个词把直观和所有其他的概念、所有的
抽象的东西都纳入其中，而胡塞尔用这个词则是指直观的表象，有直观
的含义。不过胡塞尔的直观和康德的直观又不同，它本身包括"智性直
观"，即"本质直观"，概念、理念这些抽象的东西在胡塞尔那里也是直观。
但对"表象"这个词的用法胡塞尔还是从康德来的，是包容最广泛的一
个术语。这个词在德文词典上还有别的含义，比如说设想、想象，所以胡
塞尔把这个概念看作是"直观"的近义词，即 Anschauung，直观到的，直
接看到的。因为胡塞尔的态度和康德不一样，胡塞尔抱着一种完全接受
的态度，现象学还原，"回到事情本身"，把所有的前提都去掉，就躺在那
里直观，然后呈现出来的东西就全部是我直观到的东西。但是在康德这
里就不是这样，他的心理学跟他的认识论之间是不容混淆的，心理学里
面使用的"表象"这个词包括一切，但是那还不是认识论，认识论还必须
对这些表象进行一番哲学的整理。所以倪梁康在解释康德的 Vorstellung
时就不小心用了胡塞尔的这个概念的含义。他说康德不承认人有知性直
观，但是康德又讲知性也是一个"表象"，先验自我意识也是一个"表象"，
也是一个 Vorstellung，所以倪梁康就讲康德这里知性本身既然是一个

Vorstellung 呢，那当然也就是摆在面前、可以直观到的了，所以他就说其实康德也有一定程度上的知性直观了，这就导致康德的自相矛盾。这其实是不对的，因为这样就混淆了胡塞尔的 Vorstellung 和康德的 Vorstellung。在康德那里，Vorstellung 包含直观，但是不仅仅包含直观，也包含其他一切，包括先验自我意识、统觉这些东西。凡是在我心里面出现的、呈现的，留下了痕迹的，都叫作 Vorstellung，那就不仅仅是直观，也包括先天的概念哪、理念哪，所有这些东西都是 Vorstellung。所以康德并没有矛盾，他一方面说这种先验自我意识也是一种 Vorstellung，但是他又认为知性、先验自我意识这种表象是不可能直观的，所以要另外借助于直观表象才能合作产生出知识来。直观是来自另外一种来源，即人的接受能力，而知性呢是自发性的认识能力，一种思维能力。知性是一种主动的思维能力，而感性直观是一种被动的接受能力，这两者是不可能取代、不可能混同的，这是康德的一个观点。表象这个词呢，许多读者感到含糊，康德说"只是在玩弄表象而已"，就是说只是在玩弄概念，如果没有感觉、知觉、印象这些后天的经验性的材料来充实的话，那么这个概念颠来倒去都是空的，都没什么用，就像理性派的独断论，搞来搞去其实都是在玩弄概念，得出的所谓的灵魂学、上帝学、魔鬼学，都是一些伪科学。

　　一个对象的给出，如果这不再是间接地被意指，而要在直观中直接呈现出来的话，那无非就是将对象的表象与经验（不管是现实的经验或者至少是可能的经验）联系起来。

　　前面讲了，一个知识如果要有客观实在性就必须要有对象被给予出来。那么什么叫"被给予出来"呢？这里就来解释了。"一个对象的给出，如果这不再是间接地被意指"，要直接给出来，要给出到你面前，摆在你面前，不是间接地意指，间接地去意谓、去暗示，而是要在直观中直接呈现出来，实实在在地被经验到。那就意味着什么呢？"那无非就是将对象的表象与经验（不管是现实的经验或者至少是可能的经验）联系起来。""对象的表象"在这个地方也可以理解为对象的概念，自我意识

163

建立起一个对象的概念,这个对象的概念呢,在没有经验的材料之前还是空的,还是一个"先验对象"的表象。先验对象是由先验自我意识建立起来的,建立起一个先验对象呢,是为了把对象中的那些杂多的经验材料统摄起来,把它综合起来,把它抓拢到一起,把它放到先验对象这个概念之下,先验对象这个概念就得到了充实,就成为一个经验的对象了。所以这个地方讲将对象的表象与经验联系起来,一个先验的对象的空的表象如果和经验联系起来,"不管是现实经验或者至少是可能的经验",——这个地方留了一个非常大的余地,一个是现实的经验,我实实在在的经验到了,我当下就经验到了,但是人不可能事事都是直接经验,过去的事情他不可能经验到了,将来的事情他更不可能现在就经验到,所以这个地方要保留"至少是可能的经验"。历史的经验,我不生活在那个时代,怎么可能经验到呢?但是呢是别人经验到的,别人传下来,那是可能的经验。它没有超出历史的时间维度之外,它在这个时间链条之中,与时间中其他的可能经验能够相容。孔夫子生活在公元前多少年,这个是历史上有记载的,而且呢没有别的记载和它相冲突,那么它就是可能的经验,我们应该相信,它处在时间空间的坐标之中,是可能的。这个保留很重要,如果没有这个保留的话康德根本就站不住脚了。那以前的东西都被否定了,因为我没有经验到,以后的东西我现在还没有经验到,怎么能知道它究竟怎样。所以要为可能的经验留下余地。但是有一点是确定的,就是所谓的"一个对象的给出"无非是将对象的表象与经验联系起来,这个经验没有对象的表象那也不可能聚集起来,不可能聚拢,就是散的,就是一些过眼烟云的东西,就不可能在一个对象的概念之下形成一个客体。有一个对象的概念把它抓到一起,作为综合的结果,作为先验自我意识统觉的结果,摆在面前,那么它就是客观的了,就被固定化了。前面讲的"一个对象的给出,如果这不再是间接地被意指",所谓"间接地被意指"就是过去唯理论派独断的做法,对于上帝、灵魂、世界整体等等,可以说就是间接地被意指的,并没有被看到,也不可能被看到。它们都是通过某种方式被间接地意指,被思维。比如有一个上帝存在,虽然我看不到也不可能看到,但是指向一个超验的上帝。一个对象要被给出,这种间接地意指的方式是不行的,要在直观中直接呈现出来才行,那无非就是把那个对象的表象与经验联系起来。如果真要证明有一个上帝,那么光有上帝这个对象的表象是不行的,说上帝在我之外,上帝作为我的一个对象,我思维到了上帝,光这样说是不够的,必须要设法证明上帝存在于何时何地。那么这样一来,你找不到上帝存在于何时何地的任何可能性,于是上帝存在的这样一个证明自己就垮台了,因为没有任何可能的经验给它提供内容。它只是一个空的表象,只是在玩弄表象而已,玩弄概念而已。

　　即使是空间和时间,尽管这些概念摆脱一切经验性的东西而如此纯粹,尽管它们如此肯定地在内心中完全先天地被表现出来,但如果它们没有被指明在经验对象上的必然运用,它们就毕竟是没有客观效力、没有意义和所指的,

　　这个地方提到空间和时间,空间和时间是很微妙的环节,因为一方面空间和时间是直观的能力、直观的形式,另一方面呢它们又是纯粹先天的,所以不要以为确定了一个对象的空间和时间那就是确定了这个对象了。因为空间和时间本身也只是一种先天的东西,虽然它是一种接受能力,也还是一种先天的接受能力,它还是空的。虽说比起范畴来说空间和时间要具体一点,因为它涉及到对象的形式了,但是它还没有涉及到对象的内容。如果仅仅涉及到对象的形式,那么它还是一种空的东西。"尽管这些概念摆脱一切经验性的东西而如此纯粹",这个地方把空间和时间叫作概念,我们前面讲先验感性论的时候已经讲到了,空间和时间本身不是概念,本身是一种直观,康德好几次明确提到直观和概念是不一样的,空间和时间是直观而不是概念。但是一旦明白了这一点,空间和时间当然也可以形成概念。很多人说康德的用语非常的不确定,非常地含混,其实你为他着想呢他有他的道理,空间和时间本身当然是直观,

165

你把它的内涵澄清了之后当然可以形成概念,在这个意义上他这里讲的"这些概念"也就是"这些直观",或者说有关这些直观的概念。"这些概念摆脱一切经验性的东西而如此纯粹",空间和时间是直观的形式,而且是直观的纯形式,所谓纯形式就是摆脱了一切杂多的经验性的东西,一切知觉、感觉、印象的素材、材料,都去掉,而只剩下一个纯形式,纯粹的空间和纯粹的时间。这就是时间空间的表象,它们作为纯形式是没有任何经验性的内容的,没有任何后天内容,而是完全先天的。"尽管它们如此肯定地在内心中完全先天地被表现出来",这个"表现出来",也可以说是"表象出来",因为原文用的就是 vorstellen,表象一词的动词形式,但是在德文里作动词用的时候通常翻译成"表现",展示出来、表现出来。空间和时间"如此肯定地在内心中完全先天地被表现出来",就是说在我们的内心有一个空间时间的表象,它们非常肯定地是先天的。在先验感性论里面,康德证明了这一点,就是说你可以设想一个空间里面没有东西,但是你不可能设想任何东西是没有空间的,你可以设想一个时间中什么也没有发生,但是你不可能设想一个发生的事情是没有时间的,所以空间和时间"如此肯定地在内心中完全先天地被表现出来"。它们的确定性在几何学和算术中表现得最明显,那是精密化的、一丝不苟的,容不得半点差错的。"但如果它们没有被指明在经验对象上的必然运用,它们就毕竟是没有客观效力、没有意义和所指的"。空间和时间如果"没有被指明在经验对象上的必然运用",就是说如果没有那些经验性的材料来供它们接纳。它们是接受能力嘛,但是你接受什么呢?如果你什么都没有接受,那么时间空间尽管是如此确定、如此先天地呈现出来、如此精密,但是它们还是空的,仍然是一个空的表象,"它们就毕竟是没有客观效力、没有意义和所指的"。空间时间指的是什么东西的空间,什么东西的时间,如果什么东西也不指,那么这个空间时间有什么样的客观效力呢?它本身只是主体的一种接受结构,一种接受能力。主体有这样一种能力,但是没有使用它,没有在使用中体现出来的能力那叫什么能力呢。

不打算使用或没有使用，那这种能力还只是一种可能性，它本身是空的。那么要运用它们，就必须现实地接受经验的那些对象，必须把经验性的材料装进去，那么你才能说空间和时间表现了对象的某种形式，表现了经验对象的某种形式，一切经验对象都在时间和空间之中。这就是时间空间的运用了。由此我们也可以想到，数学如果不是运用在经验性的对象之上，那么就它本身而言还不能说是完全的知识。数学虽然是运用了时间和空间的特性，几何学考察空间的特性，算术考察时间的特性，但是如果仅仅是空间和时间，不打算把它们运用到经验性的对象上去，那么这种知识呢还是悬空的。我们之所以把数学称之为知识，只是因为我们已经预先设定了数学是能够运用于可能经验对象上的，尽管现在也许还没有运用到对象上去。爱因斯坦的相对论，一大套的公式，在刚提出来的时候人家说你这是数学，不是物理学，你能够在物理学里面指出来、作出这个实验吗？爱因斯坦说我不能作出那个实验，那个实验还没有到来，要几十年以后人们才能去做，现在还只是一个设想，只是通过数学计算获得的一个结果。今天的霍金的理论，宇宙膨胀的理论，黑洞的理论，奇点的理论也是这样的，只是一种数学计算。人们问能在现实的宇宙发展过程中得到证实吗，到现在还不能证实。但是他说这是可能证实的，所以它是科学的。尽管数学本身也是科学，但现代数学和物理学的关系非常密切，几乎不能分开了，你谈数学问题就是在谈物理学问题，你谈物理学问题就是谈数学问题，数学家和物理学家几乎已经不可分了。这恰好证实了康德的这样一种观点，就是数学我们之所以把它称为知识，就是考虑到它可能而且必然能够运用到可能经验的对象之上。在康德的时代以及康德以后，比如马克思、恩格斯时代，提出虚数的概念，人们说虚数是实际上不存在的东西，有什么意义呢？它在数学上有意义，那么在数学上有意义在物理学上也有意义吗？后来证明在物理学上的确有意义，在现代物理学中虚数是有意义的。一切数学的，看起来与经验对象毫无关系的，仅仅是一种概念游戏的，这样一种学问，之所以称为知识，在康德看来，就是因为我们预设了它可以运用到经验对象上。尽管现在还没有，但总有一天，我们数学中提出的一个命题也好、一个概念也好，在现实的物理世界中呢能找到它的对应物，找到它在对象中的某种相应的性质，甚至于某个对象本身。这就使数学有资格成为一门科学。数学家往往不承认这个，认为自己做的是一种概念游戏。数学家公开承认我就是作概念游戏的，我做着好玩，我发挥我的想象力、创造力，在数学中解决一个难题。陈景润搞哥赫巴德猜想有什么意义呢？物理世界中有哥赫巴德猜想吗？没有。人们说他搞的完全没有意义，他只是兴趣，在劳改的时候也在想哥赫巴德猜想，人家也拿他无可奈何，说他反动他也不反动，说他革命嘛也说不上革命。他不知道为什么就迷上了，就说他神经有问题。它就是人类思维的一种兴趣，一种好奇心，这种好奇心其实正是面向外部世界的，是面向自然界的。在康德这里就提出一种信念，数学之所以成为知识，尽管它本身可以独立成为纯粹的知识，纯粹的先天综合判断，但是这种先天综合判断就是为了给自然科学的知识提供一个前提、一个指引。在康德时代呢，就是牛顿的物理学，牛顿的著作叫作《自然哲学的数学原理》，把数学用到自然哲学上，甚至用自然哲学来印证数学。牛顿提出的微积分在当时就是用自然哲学印证他的数学，而他的数学处理呢，又是为了解决在物理学中遇到的微分的问题，运动的问题，瞬时加速度的问题。数学和物理学的密不可分，在牛顿身上体现得很明显，在其他的数学家那里体现的也许不是那么明显。有的数学难题是古代就提出来的，好几百年、上千年的一个难题没有解决，于是许多数学家出于好奇心，出于成名的考虑，我一解决这个问题就是世界著名的数学家了，就留名千古了，根本不会去想这些难题对于物理学会有什么帮助，想不到。但是康德在这个地方讲了，时间空间以及以时间空间为自己的研究对象的数学，尽管"摆脱一切经验性的东西而如此纯粹，尽管它们如此肯定地在内心中完全先天地被表现出来，但如果它们没有被指明在经验对象上的必然运用，它们就毕竟是没有客观效力、没有意义和所指的"。下面，的确，就是一个转折了，这里翻译上不太明确，"的确"，原文是 ja，就是"其实"，实际上表示转折，翻译成"其实"意思要清楚一点。

　　其实，它们的表象只是一个永远与再生的想象力相关联的图型，

　　就是说空间和时间它们的表象，看起来是如此地纯粹、先天，似乎可以在这些先天的表象之上做游戏，可以产生数学，数学就是游戏，但是能否认数学是知识吗？显然康德不能否认数学是知识，数学和物理学是最不能够否认的两门知识，它们已经有两千多年的历史了，肯定不能推翻。但是数学在什么意义上是知识？康德在这里就要加以解释。空间和时间的表象"只是一个永远与再生的想象力相关联的图型"。前面讲图型主要讲时间，因为空间可以归结到时间。空间是一切外部现象的先天直观形式，而时间是一切内部和外部现象的先天直观形式，时间可以把空间纳入进来，空间最后还要到时间中来设想嘛。所以它们的表象是一个图型，一个什么样的图型呢？"一个永远与再生的想象力相关联的图型"。所谓再生的想象力是后天的。先验的想象力是生产性的，但是再生的想象力是后天的，记忆啊，回忆啊，已经消失的东西你把它唤回来，这是再生的。再生的有一个前提，就是必须有一个东西在那里，由于时间经过就消失了，所以把它再生出来就是经验性的。联想和回忆，都属于再生的想象力，甚至包括设想，将来会是什么样的呀，将来的事情不能预料，但是可以设想，可以凭以往的经验来设想将来。所以再生的想象力涉及到过去和未来，但是都是以已有的经验为前提的，把已有的经验再生出来，所以再生的想象力是跟后天的经验相关的。图型呢，与这种再生的想象力相关，当然图型本身是先验的想象力，是生产性的想象力造成的，再生的想象力后面就是先验的想象力、生产性的想象力。再生的想象力本身是后天的，但是这种后天的想象力要能够想象，还是需要创造性，再生也好，模仿也好，回忆也好，都必须有创造性。因为那个东西已经不存在了，要把它再生出来，把它精确地回忆起来，也需要一种创造力。再生的想象力背后其实是生产性的想象力在起作用，它们不是两个想象力，而是同一个想象力的两个不同的层次。我们通常看到的是再生的层次，休谟认为想象力是再生的，但是他没有看到哪怕是再生的想象也需要创造性。你设想一个怪物，羊头蛇身，不需要创造力吗？回忆也需要有创造力，重新栩栩如生地回忆起来，同样要有创造。所以它们不是两个想象力，而是同一个想象力的两个不同的层次。图型呢是由生产的想象力产生出来的，所谓经验的或者感性的图型就是先验想象力对空间形象的规定，而先验的图型就是先验想象力对时间的先验规定（见前面第一章，B180—181）。时间有一些规定，时间本身是先天直观形式，但是这种先天直观形式是怎样的一种形式呢？就需要想象力去给它一些规定，比如时间的延续性，时间的不可逆性，时间的丰富性等等规定都是由先验的想象力建立起来的。所以这个图型呢，就是时间的先验规定，也包括空间形象的规定，这里说它们的表象"只是一个永远与再生的想象力相关联的图型"。

这种再生的想象力唤起经验的诸对象，没有这些对象，空间和时间就不会有任何所指 ①；

除了我们当时当下的知觉印象以外，我们的一切经验都是由我们再生的想象力给我们呈现出来的。我们当时当下的经验是很有限的，我们的眼界也是很有限的，我们的听力是瞬间的，我听一首歌听到的只是当下的声音，曲调的其他部分是我在回忆中保留下来的。我在看电视看电影的时候，我所看到的画面都是通过我的眼睛的一种保留作用，我才能够看到连续的画面，否则只能看到一个一个的片段闪来闪去，不可能看到连续的动作。这些都是通过再生的想象力、通过回忆把以前的印象保留下来，然后把它们组成一个连续的统一体，我们才能感知到任何一个对象。所谓对象就是在时间空间中持存的东西，什么叫持存呢，有什么东西是可以持存的呢？没有什么东西可以真正持存，万物皆流，万物皆

---

① "任何所指"，原译作"什么意义"，兹据前面所改而改之。

变,赫拉克利特讲的人不能两次踏入同一条河流,克拉底鲁说连一次也不行,刚一踏入就变了。在这里头有一个窍门:人有记忆。正因为人有记忆,所以人可以两次、多次、无数次地踏入同一条河流,他记得这条河流,里面的内容虽然变了,但是他回忆得起来,昨天的流水就是从这里流过的,今天的流水又来了,明天的河水还会从这地方流过,所以这是同一条河流。所以"这种再生的想象力唤起经验的诸对象",任何经验的对象都是由再生的想象力唤起来的,如果只有感官而没有想象力,那就不可能看到任何对象。所以,再生的想象力唤起经验的诸对象,而再生的想象力是后天的,当然它有先天的层面,它之所以能够再生还是因为有一种先验的想象能力。但是这种再生不是胡思乱想,它是有根据的,它是根据以往获得的后天的经验来再生的,如果没有这些后天的经验就不可想象。什么叫不可想象?没有经验到的就叫不可想象。画家最难画的就是鬼,鬼是不可想象的。画上帝呢也就是画一个白胡子老头,基督教里面要画圣灵,没办法画了就画一只鸽子,用已经经验过的东西来想象。所以这就是再生的想象力、经验性的想象力、后天的想象力,才能够建立起任何一个经验的对象。"没有这些对象,空间和时间就不会有任何所指",空间和时间本身作为认识能力还不是没有"意义",这里改成没有"所指"比较准确。这种能力没有任何运用的对象,就没有任何所指。最后一句话,

一切概念的情况也是如此,没有两样。

这应该没什么问题。

我们看下面这一段。所以,"所以"就说明是对上一段的总结了,总结上面的说法,知识要有客观性就必须与某个客观的对象相关,并且必须与再生的想象力联系在一起,包含有经验性的内容。

经验的可能性就是赋予我们的一切先天知识以客观实在性的东西。

这里"一切先天知识"所指的不仅包括先验逻辑体系的先天知识,

而且包括数学的先天知识。按照上面一段康德的说法，"即使是空间和时间"，如果没有在经验对象上的运用，也会是没有客观效力的，没有所指的。而这里讲到"经验的可能性就是赋予我们的一切先天知识以客观实在性的东西"，就是说"一切"先天知识，不但先验逻辑的知识，甚至包括数学的知识，包括时间空间的知识，看起来好像是独立的知识了，因为我不但从纯粹先天的方面就可以确定算术和几何学的知识，而且它们都具有直观形式的对象，好像用不着后天经验的材料；但是实际上这些知识呢，它的客观实在性恰好也在于为一切可能的经验打开了大门，它是面朝经验的可能性的，而"经验的可能性就是赋予我们的一切先天知识以客观实在性的东西"。数学的知识正如知性的范畴一样，如果没有经验的可能性，如果没有在经验对象上运用，那么它就还不具有客观实在性。当然我们一般都认为数学有客观实在性，但是康德指出我们之所以这么认为，是因为数学的知识在自然科学上、在经验对象上有其运用的可能性。

　　而经验是基于诸现象的综合统一之上的，即基于按照一般现象的对象之概念所作的综合之上的，

　　经验是怎么来的呢？"经验是基于诸现象的综合统一之上"，经验是综合命题，是对来来往往的诸现象加以综合统一而产生的，成为经验就成为知识了，在康德心目中经验就等于知识，一切知识严格说来就是经验知识。经验本身是"基于诸现象的综合统一"，那么按照什么把现象综合起来？乃是"按照一般现象的对象之概念"进行综合。这个解释要注意，什么叫作"按照一般现象的对象之概念所作的综合"？"一般现象的对象之概念"在这个地方是个对象概念，这个对象概念是可以适用于"一般现象"的，那么这个"对象之概念"呢应该说就是康德所说的"先验对象"。我们前面讲了，康德的先验对象这个概念，是由先验自我意识所建立起来的一个表象、一个概念，用来面对经验，把经验统摄在一起的。先验自我意识、统觉要起作用，就要统摄经验的材料，如何统摄呢？借助

172

于一个先验对象的概念来统摄。先验对象就是被先验自我意识当作一般现象的对象,哪个现象我现在还不知道,但既然是对象,它就是面向现象的,不是面向物自体的。"一般现象的对象"这样一个概念,也就是先验对象的概念。"一般对象"是先验的一种态度,先验地面对一切现象,但具体是哪个现象还没有确定,有待于确定。

<u>舍此它就连知识都不是,而会是知觉的某种梦幻曲,这些知觉不会服从按照某种彻底联结的(可能的)意识的规则而来的连贯的关系,</u>

如果没有先验对象的这样一种态度,那么我们的一切知觉表象就不会必然地聚集到一个概念底下来,即使偶然凑到一起来了,也没有任何规则可以使它们得到确定的把握。这样一大堆杂乱的表象就像做梦一样,可以叫作知觉的梦幻曲。做梦里面零零星星还有些规律,有些因果性,虽然这些因果性是不可靠的,是飘忽不定的,但是人们还是相信梦里面有某种因果性,有一定的情节,当然这个故事情节呢是不连贯的,它跟我们醒来后现实的因果规则是不相容的。在现实的那些连贯的规则看来,它们仍然是没有规则的,不符合规则的。因为它们并不服从"按照某种彻底联结的(可能的)意识的规则而来的连贯关系",它们那些零星的规则不彻底、不连贯,没有对可能经验的前瞻性。

<u>因而也不会与统觉的先验的和必然的统一性融合在一起。</u>   B196

统觉是最高的了,是一切知性的最高原理,知觉表象如果没有那样一套连贯的和彻底的规则把它们结合起来,那么它们也不会与"统觉的先验的和必然的统一性"相融合,不会纳入到统觉的知识体系里面来。这些规则、这些连贯的关系,是通过统觉的范畴建立起来的,人为自然界立法,统觉通过它的十二范畴建立起一整套连贯关系,这是用来把握经验材料,使它们不至于流散,而能够综合成对象世界的。如果没有这样一些综合的话,那么这样一些知觉就成了散乱的,而且不能够与统觉的先验的和必然的统一性相融合。这是讲经验必须以统觉的综合统一作为它的基础,要基于这种综合统一,也即是要基于统觉的先验的综合统一。

经验性的东西就其本身而言是没有必然性的,是偶然的,经验性的知识都带有偶然性,因为它的一个来源就是来自于感性的接受性,要接受什么东西没办法预先知道,必须等它到来了才知道。但是偶然里面有必然,经验的东西除了从后天所经验的以外,还包括另一方面的内容,即先天的知识,那就是综合的彻底的联结。经验知识只有通过这种彻底的联结才综合得起来,才能成为知识,否则的话就是梦幻。所以一谈到经验我们通常认为是后天的,康德的贡献呢就在于说明,哪怕是后天的经验里面也已经包含有先天知识的成分了,包括时间空间,也包括范畴,最终包括统觉的主体能动性,后天的东西也是主体自己去抓过来的,自己去抓起来才能成为知识。如果你不去抓取,那就是一大堆乱七八糟的材料,不成其为知识了,也不成为经验。所以要有这种综合的统一性才能形成知识,才能够与"统觉的先验的和必然的统一性"相融合。

　　<u>所以经验拥有为它的先天形式奠基的诸原则,</u>

　　这地方有些拗口,经验的先天形式是什么呢?它已经有先天形式了,还需要其他的诸原则为它奠基吗?这个地方呢我理解是一种说法,应该这样读:所以经验拥有它的先天形式,作为奠基的诸原则,而不是为经验的先天形式再去找奠基的诸原则。如果你把这个先天形式理解为只是泛泛而指经验中有先天的东西,那么这个先天的东西是基于什么呢?那就是先天形式的诸原则,这种说法有点同义反复的意思:先天形式的基础就是先天形式的诸原则。逻辑上似乎不是很顺,只是一般地泛泛而谈。经验中有先天的东西,有后天的东西,后天的东西我们知道是从感官来的,物自体刺激人的感官,使人获得各种各样的知觉印象;那么先天的东西是基于什么呢?先天的东西就是基于它的各种原则。

　　<u>这就是那些在现象的综合中的统一性的普遍规则,</u>

　　那就是范畴,以及包括范畴底下的那些先验的图型。所以,经验拥有的为它的先天形式奠基的诸原则,就是那些"在现象的综合中的统一性的普遍规则",即范畴和范畴的图型。这就是任何一个经验中它的先

天形式的基础，就是靠这些东西奠定它的先天形式的。

它们的客观实在性，作为必然的条件，任何时候都可以在经验中、甚至在经验的可能性中指出来。

"它们"就是那些普遍规则，就是说这些范畴、这些图型，任何时候都可以在经验中、甚至在可能经验中指出来。任何一个经验，我们通常认为是被动给予的，后天接受的，像休谟所讲的，我们只能获得一些知觉印象，但是这些知觉印象从哪里来的我们并不知道，只有接受到了才知道。但是康德指出来，就是在接受到的这些知觉印象中、后天经验中，都可以指出实际上已经运用了那样一些普遍的规则，"作为必然的条件"。这就表明这些必然条件具有客观实在性，经验性的实在性。休谟认为，我们不能说：太阳晒热了石头，我们只能说：太阳晒，石头热，因为我们只看见了太阳晒，然后看见石头热，这是两件事情，至于把这两件事情用因果关系连接来的是我的习惯性的联想。但是康德指出来，其中除了习惯性的联想外，还有一种先验的联想，一种先验的想象力在起作用；而这种先验的想象力来自统觉的综合统一，统觉的综合统一使我们能够把太阳晒石头热这两件事情综合起来。我们已经在运用这种综合，这种综合并不是对象给我们的，而是我们给对象的，所以它不限于实在的经验，而且能够加于"经验的可能性"，我们要设想任何可能的经验，都已经必须把因果关系设想进去了。不仅因果关系，而且"太阳"这样一个经验性的概念本身也已经使用了"实体"这样一个范畴，怎么能不运用先天的东西呢？你讲"太阳"，如果完全靠后天的东西，就不能说"太阳"，只能说感到一种光、一阵热，然后"石头"，就是感到一种硬，这种硬伴随着一种热。既然说了太阳石头这样的东西，就说明已经有先天的东西在起作用，只是说了还不知道。所以康德认为自己比休谟高明多了，休谟只看到眼前的东西，而康德指出在看到眼前的东西之前，背后已经做了很多工作了，否则只能有知觉的梦幻曲。只要我们认为还有确定性，还有事物，确定人在现实中和在梦中不一样，就得承认康德说的有道理。所以，这是康德对休谟的一个根本性的超出，就是在经验的东西中，在知觉印象中，本身已经包含了先天的东西。

没有这种关系，先天综合命题就是完全不可能的，

没有怎样的一种关系呢？就是先天的东西和后天经验的东西的结合的关系，在经验中可以指出先天的东西，而先天的东西又可以运用到经验之上，这样一种不可分割的关系。如果没有这样一种关系，"先天综合命题就是完全不可能的"，因为它们没有第三者，所谓"第三者"就是由时间图型造成的所谓经验的可能性，先天综合命题如果没有跟可能经验的关系，那么就没有第三者，没有第三者它就是不可能的。先天综合命题看起来好像是先天的，我可以在先天的范围里打转转，不需要外界经验对象的插手，很多唯理论的哲学家就是通过这样的方式来推出上帝啊灵魂啊这样一些对象的属性。但是它们没有第三者，没有放在时间图型中来谈，没有第三者呢这些判断实际上是不可能的，或者说是失败的，唯理论所作的种种尝试呢实际上是失败的。这样先天综合判断就不可能，因为它们没有第三者，

亦即没有任何能让其概念的综合统一在上面呈现出客观实在性来的对象。

没有第三者就没有"能让其概念"、让这些先天综合命题的概念"的综合统一在上面呈现出客观实在性来的对象"。先天综合判断要呈现出它的客观实在性就必须要有一个对象，这个对象就是经验对象。先天综合判断要有实在性，就要有它能够发生作用的一个现实对象。既然是一种综合判断，综合什么呢？哪怕你是先天的，但先天地把什么东西综合起来？还是要通过时间图型把那些后天的东西综合起来，就是要把后天的东西先天地综合起来。就像一只鸽子，要飞得起来，就必须要有空气，如果没有空气，它就会掉下来。先天综合判断如果没有一个对象，就不能实现自己，尽管它是先天的，它要获得它的客观实在性，就必须要有一个经验的对象提供给它，这就是人的知识的两重来源，或者说康德认识

论上的二元论。知识有两个来源，知识本身从经验开始，但是经验里面有两个来源，一个是先天的，一个是后天的，这两者缺一不可，由它们两者的结合才能够造成现实的知识，才有客观实在性。

下面这一段是谈空间的，那么联系这一节"一切综合判断的至上原理"的标题。"一切"综合判断包含什么，我们心里要有数。什么是综合判断？康德有一个明确的解释，综合判断之不同于分析判断，就在于它的谓词不完全包含在主词之中，所以它是综合的，是把两个东西结合在一起，而不是从一个概念里面分析出它已经包含的内容。那么通过综合得到的命题通常呢是指的经验判断，经验判断必须获得了经验才能算，谓词才能加上去，如果没有获得经验，谓词就不能加上去，因为还不知道是哪个谓词，所以后天经验判断是明显的综合判断。但是这里讲的是"一切"综合判断的至上原理，那么除了后天经验的综合判断是综合判断以外，还有什么样的判断是综合判断呢？那就要涉及到康德所讲的先天综合判断。综合判断里面不仅包括后天的综合判断，还包括先天综合判断。在康德看来，分析判断都是先天的，但是综合判断既有先天的，又有后天的。分析判断很好办，它的至上原理就是矛盾律，一句话就说完了。但是要讲到一切综合判断的最高原理，就要有两个层次，一个层次是后天的经验性判断，他这里讲了必须要有第三者，要有图型；那么除了后天综合判断以外，还有先天综合判断。先天综合判断是不是不需要第三者？先天综合判断似乎是先天就成立的，是用范畴来构成的，比如"一切发生的事都有原因"，好像不需要第三者，不需要经验，先天地就成立。另外一种先天综合判断是数学命题，算术和几何学，好像也是先天就成立的。麻烦就在这个地方，就是说综合判断里面包括先天综合判断，这是否就是先天成立的，不需要第三者，或不需要后天的东西，不需要图型？图型是与后天的东西、经验的东西联系在一起的。先天综合判断是否单凭自身就能构成知识呢？这一点我们在前面已经讨论过了，在本书的 B195 中间的地方，"即使是空间和时间，尽管这些概念摆脱一切经验性的东西而如此纯粹，尽管它们如此肯定地在内心中完全先天地被表现出来，但如果它们没有被指明在经验对象上的必然运用，它们就毕竟是没有客观效力、没有意义和所指的"(B195)。那么回到我们今天说的这一段。

因此，尽管我们在综合判断中对于一般空间，或对于生产性的想象力在它里面所描绘的形状，先天地知道得很多，以至于我们为此实际上不需要任何经验；但如果空间不是必须被看作构成外部经验的材料的那些现象的条件的话，那么这些知识仍将什么都不是，而只是沉迷于幻影；

这段话讲的实际上还是前面的意思，重复提出来加以说明。上面那一段已经得出这样的结论了："没有这种关系，先天综合命题就是完全不可能的，因为它们没有第三者，亦即没有任何能让其概念的综合统一在上面呈现出客观实在性来的对象。"那么这一段不过是再重复一遍。康德行文是非常繁琐的，很多重复的地方。很多人批评康德的繁琐和重复，是有道理的。这一段呢实际上根据上面得出的结论，"因此"，又回到讲空间的部分了，"尽管我们在综合判断中对于一般空间，或对于生产性的想象力在它里面所描绘的形状，先天地知道得很多"。对于空间作为先天直观形式这一点，我们在先验感性论里面已经先天地作了很多讨论，有专门的内容来讨论空间的性质问题，作为感性直观形式的空间究竟有什么性质，比如它是接受性的，具有三维等等，这些看法呢实际上都是一些先天综合判断。"或对于生产性的想象力在它里面所描绘的形状"，生产性的想象力在空间中，不借助后天的经验，就能够描绘出一些形状，那是什么呢？那就是几何学。几何学是生产性的想象力的产物，它跟再生的想象力不同。生产性的和再生的是相对应的，一个是先天的，一个是后天的，再生的是后天的，记忆啊联想啊；生产性的呢就是一种能动的想象力。当然我们前面讲了，这两者不是两类，而是同一个想象力的两个不同的层次，归根结底是生产性的，或者说创造性的。那么几何学是生产性的想象力的产物，它只需要你去想象，不需要经验。几何学家比如说毕达哥拉斯，设想出一个命题、一个定理，不是通过测量啊、比较啊，做一个模型啊，不是的，就是在脑子里想，最多为了帮助想，在地上啊、纸上啊画一个图形来帮助想象，但主要是想，不借助后天的经验，几何学的本质就是这样的。那么几何学的想象是在空间中进行的，运用空间的各种性质，比如三维性，平直性等等。欧几里德的空间是平直的，一条线是直的，我们设想它是直的，但是现实世界中事实上没有真正直的线，任何线都有一点弯，总有一点不准确性，但是我们可以在头脑中想象出一条绝对直的线，这就是生产性的想象力在空间中加以描绘。一个绝对直的直线，一个绝对圆的圆形，这些都是生产性的想象力在空间中描绘出来的形状。那么对这些形状我们先天地知道很多，我们对各种形状可以下定义嘛，什么是圆，圆就是与某一点的距离相等的点的轨迹，我们可以给它下一个精确的定义。我们已经知道很多了，虽然经验世界中没有这样一个圆。我们不知道现实世界中有没有这样的圆，我们也不在乎，没有也没关系。在这个意义上，我们对生产性的想象力在空间中描绘的形状先天地知道很多，这是毫无疑问的，以至于在几何学中我们不需要任何经验。"但如果空间不是必须被看作构成外部经验的材料的那些现象的条件的话，那么这些知识仍将什么都不是，而只是沉迷于幻影"：这是康德的一个非常不一般的观点，这个观点不见得有很多人可以接受。数学知识如果不跟经验性的东西结合在一起，如果不是仅仅被看作经验性的东西、经验性的对象之所以可能的条件，那它就没有任何意义。这是几何学家、数学家首先要起来反对的。但是我们前面就已经知道了，康德的观点就是这样的，数学、几何学之所以有意义，不管是自觉还是不自觉，就在于它们可以用来理解经验的东西、自然界的对象、物理学的对象，它们是指向物理学的对象的，是物理学的对象之所以可能的条件。当然物理学的对象未必会完全符合它们，它们描述的是一种理想的形状，比如说圆，我们可以设想一个绝对的圆，但世界上没有绝对的圆，绝对的圆作为一个理想的条件是一切圆之所以可能的前提。这就象柏拉图的观点了,所有的现实事物都是对理念的一种模仿,模仿的程度有所不同,有的模仿得精密一点,有的模仿得粗糙一点,但都是模仿,尽可能地接近它的理想,但永远不能达到它的理想。康德的先验论,对柏拉图的观点显然有所借鉴,一切现实事物都分有它的那个理念、那个型相,理念世界的存在是更根本的。康德的意思也是如此,如果空间不是被看作构成经验对象的条件的话,那么对它的知识就什么都不是。当然,康德和柏拉图还是有一些颠倒的意味,柏拉图认为现实世界应该符合理念,康德则认为理想的东西必须要有经验的内容才有意义。虽然我们离开经验的内容也可以构成先天知识,但是能够构成这个先天知识还是因为它们能够作为经验知识的可能性条件。在这方面,康德与柏拉图有所不同,更接近于经验主义的立场。所以,康德的认识论是先验论和经验论的一种结合,既接受先验论的一些立场,又肯定经验论的一些观点,就是知识必须是经验的,没有经验内容的知识是没有意义的,至少它要能够运用于经验之上,是经验知识之所以可能的条件。那么几何学的知识,先天的关于空间的知识,就是这样一种性质,"必须被看作构成外部经验的材料的那些现象的条件",否则"这些知识仍将什么都不是,而只是沉迷于幻影"。几何学的知识,几何学家在那里挖空心思、绞尽脑汁想出来的那些定理,那些证明,最终是要运用到物理对象之上的,否则的话,它就是一些幻影,它就没有任何意义。接下来康德讲,

所以那些纯粹的综合判断,哪怕只是间接地,是与可能的经验、或不如说是与这些经验的可能性本身相关的,并且只有在这之上它们的综合的客观有效性才建立起来。

这句话的语气是这样的,"所以那些纯粹的综合判断",说的是那些先天的、纯粹的综合判断,而不是那些经验性的综合判断,"哪怕只是间接地,是与可能的经验、或不如说是与这些经验的可能性本身相关的",这种相关性哪怕只是间接的,也是必需的,——它的语气是这样的。就是说先天的综合判断,也就是纯粹的综合判断,不仅仅后天的综合判断,

而且先天的综合判断，也是哪怕间接地要与可能的经验相关的。它不能离开经验，先天的综合判断也不能离开经验，哪怕是间接地也要与经验相关，所谓间接地也就是要通过图型，先天的综合判断要通过图型与后天的经验的东西结合起来。范畴不能直接地与经验结合，数学能否直接地结合，他这个地方的意思好像也是说不行。先天的数学知识要能够跟经验的对象相关，也是一个间接地结合，比如说几何学的图型，算术也要图型，我们前面提到，比如 5 这个数目，就用五个点作为 5 这个数的图型。这五个点，你说它是经验的，也对，它也是点；但它是代表性的，不是说真是这五个点。实际上每一个把它点出来都有一定的面积，但它只是象征性的，它可以是五个苹果，也可以是五头牛，也可以是五棵树，但是它用五个点来代表，代表一切五个，所以五个点呢只不过表示数这五个数的方式，这就是数的图形。所以，数学也好，时间空间也好，范畴也好，它们都必须跟经验的材料结合在一起，哪怕是间接地，哪怕是通过图型，总而言之，它要和可能的经验或者说是跟这些经验的可能性本身相关的。为什么说"这些经验的可能性本身呢"？ 更严格说起来，这些先天的综合判断本身就是作为经验的可能性条件而有意义的，它们的意义就在于它们是针对经验的可能性的。数学和几何学的意义就在于是经验的可能性条件，一个绝对的圆形它的意义何在呢？ 如果没有经验，这个圆形没有任何意义，它的意义就在于它是一切圆形的东西的可能性，一切圆形的经验事物的可能性就是几何学上的圆。最后，"并且只有在这之上它们的综合的客观有效性才建立起来"，只有在这一点上，作为经验的可能性条件，这些纯粹综合判断的客观有效性才得以建立。要成为知识，就必须有客观性在里面，在康德看来，一切知识都必须落实到经验上来，都必须适用于经验，都必须在经验中有效。一切数学知识都是在经验中有效的，虽然是先天有效的，但却是普遍有效的，所有的经验都逃不出这种有效性。这跟逻辑有点类似，逻辑也是普遍有效的，一切经验的东西不能够违背逻辑，也不能违背数学关系，一加一等于二，二加二等于四，这是任何经验事物都必须遵守的一种关系，对所有的事物都有效。而反过来说，这些数学的关系，也只有在作为经验的可能性这一点上才建立起它的客观有效性，也就是说，它们才能称之为知识。康德在这方面是非常认同经验派的，他认为不是脑袋里面想出来的什么东西就是知识，所谓的知识都必须在经验上能够有效，能够切实地运用到自然科学之上，运用到牛顿物理学上。有些知识暂时不能运用，但是只要是知识，就始终会有这种可能性。毕达哥拉斯当年提出毕达哥拉斯定理的时候，没有想到能运用到经验之中，当然它不否定，但它不是着眼于这一点的。在康德看来，毕达哥拉斯定理之所以能成为知识，就是因为它能够运用于经验之上。只要是符合毕达哥拉斯定理的，就必然会出现相应的结果，而且在现实中可以得到验证。这是康德的认识论中经验派的一方面。康德的认识论一方面有理性派先验论的一面，另一方面也有经验派强调后天经验的一面。所以他的认识论是二元论的，有两个来源，先天的来源和后天的来源，要构成任何知识缺一不可。

这一节的最后三段，可以说是对整个一节的内容作一个总结。

因此，由于经验，作为经验性的综合，在其可能性中是唯一地赋予其他一切综合以实在性的知识类型，

首先看"经验，作为经验性的综合"，这个"经验"和"经验性的"我们前面已经做过严格的区分，"经验"就是通过综合已经把经验性的内容构成了一种知识的，"经验性的"的东西和经验还不一样，它还只是一种原材料。康德用的是两个不同的词，一个是 Erfahrung，这是经验；一个是 empirisch，这是经验性的；这两个词呢，在很多译本上都没有做严格的区分，我们在这里做了严格的区分。经验性的作为一个形容词，来自拉丁文，指的是直接由经验所获得材料，比如说知觉印象感觉，这样一些杂多的未经整理的东西，是就经验里面材料部分而言的。而经验是已经构成经验知识了的，经验就是经验知识，所以经验里面除了有后天

的经验性的东西以外，除了有知觉印象感觉这样一些材料以外，还有先天形式的东西在里头。经验里面包含有先验的东西，这是康德与以往的经验派哲学家很不相同的地方，他在经验中间发现已经包含了先天的条件。比如说像"狗"这样的概念是一个经验概念，你要形成这样一个经验概念必须要有实体、属性等等的概念。所以任何经验的知识里面，已经包含有先天的成分，经验是由后天的经验性的成分和先天的成分合起来构成的。所以这两个概念非要严格区分开来不可。这里讲到，"由于经验，作为经验性的综合"，经验性的东西本身没有综合，如果要综合的话就要加进先天的东西，使它们联结起来。"在其可能性中"，也就经验在其可能性中，作为可能的经验，"是唯一地赋予其他一切综合以实在性的知识类型"。经验的知识是在其可能性中"唯一地赋予其他一切综合以实在性"的知识类型，知识有先天的类型和经验的类型，而经验的类型是唯一能赋予先天综合的类型以实在性。"其他一切综合"当然是指先天的综合了。经验本身是经验性的综合，但是这种经验性的综合呢，是唯一赋予其他的先天的综合以实在性的这样一种知识类型。也就是说，先天的知识类型不能赋予自身以实在性，必须唯一地借助于后天的经验知识，当然后天的知识里面已经包含先天的成分了，这个不假，但它还是一种后天的知识，是一切先天知识要具有客观实在性都离不开的。

　　所以其他一切综合作为先天知识之所以具有真理性（即与客体相符　B197
合），也只是因为它不包含别的东西，而只包含对一般经验的综合统一所必要的东西。

　　这就是再次强调经验性的综合对于一切综合判断要具有实在性、要成为真理都构成了不可或缺的条件。"其他一切综合"就是除经验性综合外的一切综合，那当然就是先天综合了，包括先天直观的综合和先天范畴的综合；它们要具有真理性，也就是要"与客体相符合"，就只有一个理由，就是它们"不包含别的东西，而只包含对一般经验的综合统一所必要的东西"，这种"必要的东西"，也就是可能经验，或者说经验的可能性。

下面一句是结论：

所以一切综合判断的至上原则就是：每个对象都服从在可能经验中直观杂多的综合统一的必要条件。

这就回到这一节的标题了，只不过把"至上原理"改成了"至上原则"，把 Grundsatz 改成了 Prinzip。康德有时把这两个概念区别开来，把"原则"看作是比"原理"更高的法则，原则是理性的法则，原理是知性的法则。但他自己往往并不严格遵守这一区分，常常把二者混用，这里就是一例。但至少他在这里点了题，也就是给"一切综合判断"、包括先天综合判断和后天（经验性的）综合判断的"至上原理"作了一个定义，这就是："每个对象都服从在可能经验中直观杂多的综合统一的必要条件"。"每个对象都服从……必要条件"，这是综合判断的基本结构，因为综合判断和分析判断之不同就在于它要与"对象"打交道，要把对象纳入到某个条件下来，形成一个"判断"，所以单是这一点还不能说是"至上原则"。因此所谓"至上原则"，关键就在于中间的那个短语："在可能经验中直观杂多的综合统一"，或者说，就是把综合统一加之于"可能经验中直观杂多"之上这一原则。由此所形成的每个对象，它都是服从这一综合统一的条件的，而这样的对象当然就只能是可能经验的对象了。这是讲"一切综合判断的至上原则"。那么由此就推出先天综合判断的至上原则也是如此，这就是下面最后一段讲的。

以这样一种方式，当我们把先天直观的形式条件，把想象力的综合，以及这种综合在先验统觉中的必然统一性，与一般可能的经验知识发生关联，并且说：一般**经验可能性**的诸条件同时就是**经验对象之可能性**的诸条件，因而它们在一个先天综合判断中拥有客观有效性——这时，先天综合判断就是可能的。

前面三项，"先天直观的形式条件"即先天的时间空间形式，"想象力的综合"即先验的、创造性的想象力，以及"先验统觉"的综合统一，都属于先天的知识类型，即先天综合判断。那么，这样一些先天综合判断如何可能呢？也就是说，它们要成为知识的话，如何才能做到呢？因为这些先天综合判断提出来就是冲着成为知识、获得真理性而来的。只有一条道路，这就是"与一般可能的经验知识发生关联"，因为只有与一般可能的经验知识发生了关联，我们才能说它们具有了自己的认识对象，因而才具有了真理性，否则就是空的。既然如此，那么显然，"一般经验可能性的诸条件同时就是经验对象之可能性的诸条件"，因为没有前者就形不成后者。"因而它们在一个先天综合判断中拥有客观有效性"，"它们"在这里指代前一个"诸条件"，因为前面的"就是"和后面的"拥有"是共一个主语。就是说，一般经验可能性的诸条件，既然就是经验对象的可能性的诸条件，那么它们在被纳入一个先天判断中时就给这个先天判断带来了客观有效性。在这里，康德将一般经验可能性的主观条件（直观形式、想象力和统觉）等同于经验对象之可能性的客观条件，这是他的一大特色。因为在他看来经验对象完全是由于主体利用自己的主观条件在统摄经验性的杂多材料时建立起来的，而不是事先存在于主体之外的自在之物。所以他在这里所讲的"客观有效性"也只是呈现在主观现象中的对象表象的有效性，而不是对自在之物的有效性。这是我们要注意的。总之，他在这一节中谈"一切综合判断的至上原理"，最后还是要引出其中的先天综合判断的至上原理，并由此推出下一节"纯粹知性一切综合原理的系统演示"。就是说，先天综合判断的至上原理就在于将直观、想象力和统觉的三重综合运用于可能经验对象之上，以形成一个纯粹知识的原理体系。那么这些原理到底有哪些？需要系统地演示出来。这就过渡到第三节。

第三节　纯粹知性一切综合原理的系统演示

康德的这一节在《纯粹理性批判》中有特殊的意义。如果说，前面不论是先验感性论也好，范畴表及其演绎也好，还是图型法也好，都还只是在讨论"人为自然界立法"的基础和机制的话，那么在这一节中，康德才开始正式讨论人为自然界到底立了哪些"法"，这些法的条款到底是什么，以及这些法（"原理"）究竟构成了一个什么样的体系。这是对于人的理性法庭在面对自然界时的整个组织原则和运作法则的全面展示。所以前面都可以看作是铺垫，而到了这一节才开始进入了正题。所以，就积极方面的意义而言，《纯粹理性批判》所要达到的目标就是为知性在认识对象世界时所建立的一整套法则作出有根有据的普遍必然规定，人的一切认识活动和知识内容都离不开这一套先天固有的法则，它们表明我们能够认识什么，或者像康德在后面所说的，"我能够知道什么？"我们人类能够认识的不外乎这些原理所规定的那些知识，而这些原理都是有它们特定的先天来源的。所以康德在第一段一开始就谈到：

B198　一般说来，任何地方出现了原理，这都只能归功于纯粹知性，后者不仅仅是相对于发生的事情的规则的能力，而且本身就是原理的根源，

前面讲了，在康德的术语中，"原理"（Grundsätze）这个概念通常是专属于知性的，而"原则"（Prinzipien）是专属于理性的，虽然他自己常常并不严格对待这种区分。这里说，任何原理都要归功于纯粹知性，这是比较严格的说法。而"后者"，也就是纯粹知性，"不仅仅是相对于发生的事情的规则的能力，而且本身就是原理的根源"。"相对于发生的事情的规则"，就是给每件发生的事情制定规则，"发生的事情"指经验中发生的事情，实在发生了的事情。前面曾说到康德的因果范畴必须而且可以运用于"发生的事情"上：一切发生的事情都有原因，这就是由知性范畴来给经验事物立法的典型例子。但康德进一步说，知性不仅仅是对

这些发生的事情提供规则的能力，"而且本身是原理的根源"。就是说，如果仅仅是针对每个发生的事情提供规则，这种能力还是没有普遍必然性的，它有可能只是就事论事的，就像休谟所说的，这些规则有可能来自心理学上的联想和习惯。这里"规则"（Regeln）和前面的"原理"以及"原则"都不同，它是比较宽泛的概念，可以包括一些低层次的东西，如心理学的"联想律"和具体经验性的规律，当然也可以包括原理、原则等等。但纯粹知性显然超出了经验性的规则能力，而是更高级的能力，它是那些带有普遍必然性的"原理"的根源。

根据这些原理，一切东西（只要是能作为对象向我们出现的）都必然服从于规则，因为没有这些规则，现象就永远不能有资格得到与之相应的对象的知识。

这些原理当然也是一些"规则"，但却是更高级的规则，它的普遍性涵盖"一切东西（只要是能作为对象向我们出现的）"，所有这些东西都"必然服从于"它们。为什么？因为在"先验演绎"中早已说明了，"没有这些规则，现象就永远不能有资格得到与之相应的对象的知识"。现象中的对象本身就是由这些规则、也就是这些原理所建立起来的。

甚至自然规律，当它们被看作是知性的经验性运用的原理［基本规律］时，同时也就带有必然性的标志，因而至少带来这种猜测，以为是出于先天的和先于一切经验而有效的根据所作的规定。

"甚至自然律"，就是说，不但是纯粹知性的原理，就连自然律，也具有类似的特点，这就是："当它们被看作是知性的经验性运用的原理［基本规律］时，同时也就带有必然性的标志"。自然律如果作为"知性的经验性运用的原理"来看，也就是康德在导言中所谓"纯粹自然科学"的原理，那么它们"同时也就带有必然性的标志"。例如牛顿物理学的那些基本规律，我们都会认为它们是必然的。这里方括号中的"基本规律"是我在翻译时加上去的，其实就是"原理"（Grundsätze）一词的字面含义，说明它们是自然科学中那些最基本的规律。但这种"必然性的标志"是由何而来的呢？"因而至少带来这种猜测，以为是出于先天的和先于一切经验而有效的根据所作的规定"。人们猜测牛顿的自然律是来自某种先天的根据，但通常这只限于某种猜测，也许这是由于上帝在创造世界的时候预先就是如此规定的，也许是自在之物自身的本性如此，或者还有其他猜测。但至少这种猜测把人们的思想引向了先天的方向，这是以往理性派的功劳。不过最终说来，这些猜测都没有击中目标。

但自然的一切规律毫无例外地都服从知性的更高的原理，因为它们只是把这些原理运用于现象的特殊情况之上。所以只有这些原理才提供出那包含有一般规则的条件和仿佛是这规则的指数的概念，经验则给出了从属于这规则之下的实例。

就是说，前面理性派的猜测包含有一种误解，以为自然规律本身就是先天的，但事实上自然规律之所以是先天的，是因为有更高的原理作它们的后盾。所以这个"但"后面就是这个意思。"但自然的一切规律毫无例外地都服从知性的更高的原理，因为它们只是把这些原理运用于现象的特殊情况之上"。也就是说自然规律本身还是经验的，但是由于它们"服从知性的更高的原理"，它们也就带上了原理的必然性。必须注意这种必然性的最终来源还是知性，而不是自然规律自身。我们这个世界的自然规律是由我们这个世界的后天的经验现象所产生的，但是这些经验现象如何产生，还是要借助于知性的先天原理，借助于更高的这样一种原理的规定。自然规律"只是把这些原理运用于现象的特殊情况之上"才产生的，像能量守恒啊，物质不灭啊，万有引力啊等等一系列自然规律，当时人们发现的大量的自然规律，都是人们在具体的场合下发现的。看起来好像有先天性，一旦发现了一条自然规律，就可以预测，事情没有发生你就可以预计到一旦发生就会怎么样，好像有先天性，但这样一种必然性呢，根源不在它们自身，而在于知性。"所以只有这些原理才提供出那包含有一般规则的条件和仿佛是这规则的指数的概念"。"只有这些原理"，也就是知性的原理，"才提供出那包含有一般规则的条件和仿佛是这规则的指数的概念"，这里难以理解的在于"指数"（Exponent）这个概念，康德引入了这个数学上的术语。这个"指数"，指的是更高阶的规律，指数比一般的加减乘除更高一个层次了。更高层次的规律，就是这样一个意思。"提供出那包含有一般规则的条件"，注意"一般规则"，规则是比较泛的，经验性的规则也是规则，但是经验性的规则比如说自然规律，它的条件是来自于知性。"仿佛是这规则的指数"，是说自然规律是一些规则，但是规则的规则是知性，或者说规则的平方是知性，它们是更一般的规则。"经验则给出了从属于这规则之下的实例"，它们的关系是这样的，在自然科学的规律里面，作为规则的规则的是知性，而经验的东西呢是实例，从属于自然规律之下。"纯粹知性一切综合原理的系统演示"就是要演示，这样一些知性的原理如何对自然科学的规律构成了"规则的规则"。

　　下面是这节的第二段。这第三节开始的这两段，第一段主要是阐明在自然科学中它的普遍必然性是从何而来的，也就是说，一般说来任何地方如果出现了原理，只能归功于纯粹知性，第一段就阐明这样一条基本的原则。那么自然规律在经验自然界中，物理学、化学、天文学这些规律来自于经验，天体啊，物质啊，物体的运动啊，这些都来自于经验，都不是先天的。它有些规律呢好像是先天的，比如说牛顿的定律。但实际上它的先天性不是出自于自身，而是出自于它背后的知性，是知性把自己的范畴运用于经验对象之上，得出的这样一些先天综合判断。人们以为它的先天性、必然性来自于经验，实际上不是的，一切原理都是来自于知性，这是第一段讲的内容。那么今天讲的第二段就涉及到数学。第一段涉及自然科学，第二段涉及数学，第一段讲自然科学的那些原理的普遍必然性是出自于知性的，那么第二段进一步讲到数学运用于经验对象上的必然性也是来自于知性。

因此，真正说来，将只不过是经验性的原理看作是纯粹知性的原理，

或者反过来将后者视为前者,这倒不是什么危险:因为后者的特征是依据概念的必然性,这是在一切经验性的原理中、不论它多么普遍地适用,也很容易看出是不具备的,这就可以很容易地防止这种混淆。

这还是总结前面的,就是说经验性的原理和纯粹知性的原理这两者是可以分得清楚的。经验性的原理包括那些自然科学的原理,自然科学的规律看起来好像也是不可怀疑的,牛顿的力学定理一旦提出来,人们就认为是合情合理的,至少它经过阐明后确是如此。但是这些经验性的原理毕竟是经验性的,它的普遍必然性不是来自经验,不是来自它本身,而是来自纯粹知性,所以在这个方面我们很容易把经验性的原理和纯粹知性的原理区分开来。经验性的原理肯定也运用了纯粹知性的范畴,否则的话是得不出来的,自然科学的规律如果没有知性的范畴是得不出来的,知性为自然界立法嘛。所以知性立起来的具体的法规,像牛顿定律这样的法规,跟用来立法的纯粹知性原理显然是不一样的,一个是纯粹的,一个是不纯粹的,这一点上倒不存在什么危险。"因为后者的特征","后者"就是纯粹知性原理了,"是依据概念的必然性",知性的原理根据的是概念的必然性,也就是范畴的必然性。"这",就是纯粹知性原理,"是在一切经验性的原理中、不论它多么普遍地适用,也很容易看出是不具备的",就是说在一切经验性的原理中,作用力等于反作用力啊,万有引力啊,惯性定律啊,这样一些原理没有概念的必然性,只有事实的必然性,你去测量就会发现它在里面起作用。一切力学的运动,一切天体的运动,都服从这样的规律,但它是经验性的,不论它是多么地普遍适用,地球跟太阳之间的关系,月球跟地球之间的吸引关系,也服从这样一些规律,它是普遍适用的。牛顿从苹果掉到头上这样一个简单的事实,推广到整个天体,整个宇宙都服从这样一条规律:万有引力。但是不论它多么普遍适用,也很容易看出它不具备概念的普遍性。它是一个事实,万有引力是一个事实,万有引力从何而来,这是一个经验的事实,要为它找到经验的基础,凭概念是没办法解决的。我们今天还面临这样一个问题,万有引力的本质到底是什么，它的性质是什么，为什么物体要有引力。这个说不清楚，从概念上是说不清楚的。如果能从概念上说清楚，那今天很多科学家的工作就不必要了，交给哲学家就可以了，哲学家把概念左分析右分析就得出结论来了。但是这不行，如果这样，我们早就没有这个问题了。一切经验性的原理，不论多么普遍适用，也很容易看出它不具备概念的普遍必然性，它只有事实上的必然性，但是不具备先天的必然性。事实上的必然性不能严格地叫作必然性，在康德看来，事实上的必然性只是一种或然性，只是经验归纳得出来的相对的普遍适用性。我们至今为止所看到的一切物质都具有万有引力，没有什么东西不具备万有引力的，但是这只是经验归纳。至于为什么会具有万有引力呢，这个没有道理，这就是事实，是个"事实的真理"。事实的真理和必然的真理是不一样的，这是莱布尼茨早就提出来的。事实的真理只具有偶然性、或然性，当然它也有充足理由，但这个充足理由是人的理性不能把握的，人只能把它当作一个既成事实接受下来，所以它是一个偶然的真理。第二句话就进入到这一段所要讲的正题了。

但有些纯粹先天的原理，我仍然还是不想把它们特别地归于纯粹知性之中，因为它们不是从纯粹概念中、而是从纯粹直观中（虽然是借助于知性而）抽引出来的；而知性却是概念的能力。 B199

这是他这一段真正要讲的意思。前面一句话只是铺垫，就是说自然科学的原理和知性的原理我们很容易把它们区分开来。但是有一些原理，我们倒是不太容易把它们和知性原理区分开来，像数学的原理。数学的原理也是先天的，你不能说它是经验的，是后天的、偶然的，不能说它是事实的真理，它也是必然的真理。所以这里讲，"但"，这是在前面铺垫了之后，把自然科学原理和知性原理作了比较之后，然后提出一种特殊情况，"但有些纯粹先天的原理，我仍然还是不想把它们特别地归于纯粹知性之中"，这里指的是数学。数学的原理，康德"仍然还是不想"把它们归入纯粹知性之中，这里的口气似乎有一点勉强。也许康德确实有点犹豫，如何处理数学和先验逻辑之间的关系。有的人就因此把先验感性论归于知性或理论理性的一部分，一个层次，认为整个《纯粹理性批判》都是讲的知性。但康德毕竟还是决定把数学原理和纯粹知性区分开来，"因为它们不是从纯粹概念中、而是从纯粹直观中（虽然是借助于知性而）抽引出来的"。它们有一种必然性，但是这种必然性不是概念的必然性，而是一种纯直观的必然性。"借助于知性而"抽引出来，这是说数学的原理要从直观中，也就是从时间空间中抽引出来，这还是要借助于知性，是知性把它们抽引出来的。知性对时间空间的先验演绎嘛，这里的演绎也就是阐明数学之所以可能的根据，数学是如何可能的，最后追溯到了纯粹直观。这种追溯过程还是要借助于知性，不可能靠直观直接看出来，那么多数学家为什么没有看出来，没有看出数学是立足于人的先天的直观形式？这个还是要由知性把它抽引出来，这样才明白了，算术是依赖于时间的先天直观形式，几何学是依赖于空间的先天直观形式，这些直观形式呢都是认识主体中固有的先天接受能力。这一番道理是知性讲出来的，不是直观看出来的，当然知性讲出来的这番原理不是知性原理，是一种直观的原理。数学原理不是从纯粹概念中，而是从纯粹直观中抽引出来的，"而知性却是概念的能力"，这是知性和感性所不同的地方。感性不完全是后天的，我们通常讲感性是后天的感性，经验哪，感性哪，白板说哪，人心是一块白板，感性就是接受外来的事物嘛。但是根据康德在先验感性论里面的说法呢，人的感性也不是一块白板，先要有一整套接受机制，先天直观能力，这些本身就是先天的。感性里面有先天的因素，感性的形式是先天的，尽管它的内容、质料是后天接受的，但是如果没有先天形式，质料也接受不了，这是康德对人的认识结构的构想。所以数学原理还是不能完全归于知性，这是与理性派的哲学家不同的。当时的理性派的哲学家，从笛卡尔到斯宾诺莎、莱布尼茨、沃尔夫，都把数学归结为知性，数学是推理嘛。在我们通常的观念中数学也是一种理性知识，我们说一个人有数学头脑，也往往是说这个人非常理性，如果一个人没有数学头脑，就非常感性，他是诗人，很敏感。有数学头脑的人就是非常理性的，他适合于搞逻辑，甚至适合于搞哲学，这是我们通常的观点。但在康德那里不是这样，数学本身是一种感性的能力，几何学、算术，都是借助于时间空间，而时间空间绝不是概念，不是理性，用他的话来说，不是知性，而是直观。所以数学知识不能归于纯粹知性知识，当然它也要运用知性，但数学命题本身是先天直观形式造成的，本身不是知性的原理，是感性的原理，是关于时间空间的原理。

数学就有这样一些原理，但它们在经验上的运用，因而它们的客观有效性，甚至这样一些先天综合知识的可能性（即它们的演绎），都毕竟永远是基于纯粹知性的。

这里就点出来了，前面都没有点出来，前面只是说"有些纯粹先天的原理"，哪些呢？是数学。数学是纯粹的，所谓纯粹的就是不掺杂有后天的经验性的成分，数学就有一些纯粹先天的原理，数学有一些纯粹先天原理，这些纯粹先天原理不是从概念中，而是从直观中引出来的，这个前面讲了，而知性呢却是概念的能力。那么数学的这些从直观中引出的原理有什么特点呢？就是它们在经验上的运用，"因而它们的客观有效性，甚至这样一些先天综合知识的可能性"，都永远是基于知性的。就是说它们本身是从纯粹直观中引出来的，不是从知性概念中引出来的，但是它们的经验的运用，却是基于纯粹知性的。数学的知识作为一些纯粹先天原理，它们本身还不具有客观有效性，所以它们不能看作是知性的知识。它们的客观有效性都要依赖于知性，也就是说是知性把它们运用到经验对象之上的。我们前面已经讲到了，像数学这样一些原理就其本身而言如果离开了经验的对象，在康德看来，还不能够完全地称为知识，它们只是可能经验知识的形式，但如果不运用于经验对象上，这些形式就是空的。数学家在书房里面进行思索，进行计算，发现那些数学原理，这是不是客观知识呢？康德认为就其本身来说，还不能称为真正的知识。所有的知识只有一个规定，那就是经验的客观知识，所有知识只有能够客观地运用于经验才能叫作知识，否则的话顶多只能叫作知识的一个成分。当然宽泛地说这个知识的成分也能称为知识，康德也讲"先天知识"、"先天综合知识"这样的话，但是当把这些先天知识称作"知识"的时候，有一个预设，就是这些先天知识能够运用于经验对象，它们只是经验的知识里面的一个先天的成分。作为经验知识里面的一个先天成分，它们才能称为先天知识。如果把这成分抽出来，不考虑经验对象，单就它本身而言，严格来说还不能叫作知识。所以，数学如果离开了它在自然对象上的运用，如果把它割裂开来，那它还不能算知识，知识只有能运用到经验上才能称为真正的知识，这是康德从经验派那里吸收来的一个很重要的立场。一切知识都是经验知识，但是并非一切知识来源于经验，经验知识里面有些成分不是来源于经验的，经验知识里面包含先天的成分；但反过来说，这些先天的成分如果不预设为能够运用于经验之上，那么这些成分本身还不能称为知识。所以，数学作为纯粹先天的原理，它们"在经验上的运用，因而它们的客观有效性"，甚至它们自身的可能性，都是永远基于纯粹知性的，是知性把数学知识运用到经验之上才构成了经验知识，才使得数学本身成为了经验知识里面的先天成分，才使数学可以称得上是知识，才可以称得上是科学。后面半句："甚至这样一些先天综合知识的可能性（即它们的演绎），都毕竟是永远基于纯粹知性的。"这个我们刚才也讲了，数学作为先天知识的可能性也还是要基于知性的。也就是说，数学知识的演绎，它从哪儿来，它的可能性条件，是知性给它指出来的。从认识论上说，探讨先验感性论的方法还是来自知性，感性论虽然谈的是感性，但却是立足于知性的眼光。知性少不了感性，所以知性要给感性确定它的地位，这就是先验感性论。在确定感性的地位的同时，也就确定了数学的地位，数学何以可能。数学是构成知识的一个成分，一个什么成分呢，一个先天直观的成分。那么数学的这样一种地位是知性给它确认的，因为所谓的认识能力归根结底都是知性能力，但它需要感性，知性需要感性，所以它必须把感性拉入进来考察，但毕竟这些先天知识的可能性都是基于纯粹知性的。它们的演绎，也即它们何以可能的条件，是基于知性才得到阐明的。

我们来看接下来的这两段。首先一段呢是对上面内容的一个总结。

所以我将在我的诸原理中不把数学的原理计算在内，倒是要列入那些为数学原理的可能性和先天有效性奠定基础、因而必须被看作是这些原理的原则的原理，它们是从**概念**到直观，而不是从**直观**到概念。

根据前面的排除，数学已经被排除到纯粹知性原理体系之外，因为数学是立足于直观的，而且数学如果要运用于经验对象之上，必须要依赖于这些纯粹知性原理，所以它本身不是知性原理。所以康德讲，"所以我将在我的诸原理中"，也即在一切纯粹知性原理的系统演示的过程中，在这个体系中，将"不把数学的原理计算在内"。数学的那些原理、公理，不管它多么重要，多么基本，都可以排除掉，都不能纳入到知性原理的体系中来谈。"倒是要列入那些为数学原理的可能性和先天有效性奠定基础"的原理，所谓"数学原理的可能性"，就是数学原理本身如何可能的，这要立足于知性原理，这在上一段的末尾已经讲到了："这样一些先天综合知识的可能性（即它们的演绎），都毕竟是永远基于纯粹知性的"。总之，这些数学原理是如何可能的要依据知性的原理来理解。而"先天有效性"是指它们先天地运用于经验对象之上的有效性。我们注意康德的"有效性"这个概念一般来说都是指对于经验的东西有效，先天的东西固然很正确，具有先天必然性，但是有没有效，这个要看能不能在经验上运用它。数学知识能不能运用到经验对象上面去，产生经验的效果，先天地产生经验的效果，先天地产生后天的效果、决定后天的事实，这就是先天的有效性。那么数学的原理在经验事实上面，它的先天有效性是靠什么东西来奠定基础的呢？还是靠知性的原理。知性使得数学运用到经验对象上面成为可能，知性使得数学具有经验的有效性成为可能。数学按我们一般的理解不一定需要经验的有效性，数学里面的很多原理至今在经验中也找不到它的对应物，怎么知道它有效呢？但是，知性可以保证它有效，知性可以保证它尽管现在没有找到有效的对应物，但它是有对应物的，知性为它的有效性奠定了基础。所以你尽管在数学里面去发现、去计算、去猜想，去大胆地提出自己的见解，只要你是严格地按照时间空间这些先天直观本身的规范来进行数学构想，那么它们肯定会对现实的事物有效，是可能经验的条件，哪怕这可能经验还不是现实的经验。比如数学中的虚数当时有数学家提出时，很多人说这有什么用呢，虚数在自然界中根本找不到对应物，但随着自然科学的发展，人们发现虚数有它不可替代的有效性。直接的对应物找不到，但你在处理自然科学的对象时少不了它，它代表了一种关系，代表自然界的一种关系。数学一旦要运用到经验对象上，它就离不了知性的范畴作为基础。后面，"因而必须被看作是这些原理的原则的原理"，要列入这样一些原理，这些原理被看作是数学原理的原则。我们前面讲到了，原理和原则这两个概念在康德这里是有层次区分的。原理是 Grundsatz；原则是 Prinzip，它们意思相同，但 Grundsatz 是一个德文词，Prinzip 是一个拉丁文词，拉丁文词一般在哲学里面代表比较抽象的、层次比较高的概念。康德和黑格尔都谈到过这个问题，指出用拉丁文词的时候是表示比较抽象的含义的，因为德语对德国人来说显然更加亲切、更加具体，比如 Grundsatz 一词，Grund 就是基础、地基、地面的意思，那很直观，人们会有语感，Prinzip 作为拉丁文就没有那么强的语感了，所以在哲学文章里面通常用拉丁文表示比较抽象的意思。黑格尔在逻辑学里面明确地指出了这一点，在哲学文章里面用外来词一般都代表比较抽象的含义，而本国的母语的词汇一般代表比较具体的含义。这个地方，原理和原则夹杂着用的话，就是这个意思。数学的原理，如果你把它当成原理的话，那么知性的原理，就是原则。一般来说，康德对知性会用原理这个词，而原则呢通常用在理性方面，但这是相对的。当你把数学当作原理的时候，那么知性就是原则；相反，当你把经验的规律当成原理时，数学也可能成为原则。总而言之，它的关系是这样的：原则更抽象，因此原则代表层次更高的。所以这些原理呢，也就是知性的原理呢，是为数学的原理提供运用的可能性，提供先天的有效性的基础的。所以它是在数学的原理之上，使得数学的原理可以运用于经验的对象，并且因此来获得它的客观有效性的，那它当然就更高了。而这些知性原理，康德又指出，"它们是从概念到直观，而不是从直观到概念"。知性的原理跟数学原理相比，是从概念到直观，是降下来的，自上而下的；而不是从直观到概念。数学原理是直观的原理，对于概念来说呢它是从下往上的。数学本身也要运用概念，数学立足于直观，但当我们从直观得出一个结论，我们可以把这结论看作一个概念，并且我们可以把这个概念运用到经验对象上形成经验的概念。所有这些活动都有赖于知性，所以知性是从概念到直观，知性光是概念不行啊，光是概念它是空的。知性无直观则空，直观无概念则盲。一个空的范畴有什么用呢？范畴就是要运用于直观上才有用，才能形成知识。所以，知性的路径呢是从概念下降到直观；而感性，包括数学，是从直观再建立起概念，一个是从上往下，一个是自下而上。这是这一段的意思。

在把纯粹知性概念应用于可能经验上时，它们的综合的运用要么是**数学性的**，要么是**力学性的**：

这个地方又提到了数学，还有力学，但是要注意，这个地方提到的数学跟前面讲的数学已经不一样了。"在把纯粹知性概念应用于可能经验上时"，这些纯粹知性概念、这些范畴的综合运用，要么是数学性的，要么是力学性的。它们的运用是数学性的，这里不要和数学混在一起，好像它们的运用就是数学的，其实不是的，不要以为他在这里谈的是数学。力学性的也不要以为他在这里谈的是力学。知性的运用，用数学性的、力学性的来修饰，只是标明它的一种特点，跟数学和力学没有直接关系。知性本身它的运用跟数学和力学没有关系。数学也好，力学也好，都是建立在它的基础之上的，但它的运用既不是数学，也不是力学。有的人就把这一点搞混了，以为这里讲的就是数学，其实这里讲的只是知性的数学性的运用。什么是数学性的运用，后面讲到了。

因为这种综合部分地只涉及一般现象的直观，部分地涉及到一般现象的存有。

为什么叫作数学性的和力学性的呢？因为"这种综合"，即知性的综合，有一部分"只涉及一般现象的直观"，只涉及这个现象你直观地去看待它的时候是什么样的，这个时候你的知性的运用呢就是数学性的，只涉及空间时间，只涉及它的空间时间是怎么样的，但是你的运用还是知性的运用，知性范畴在运用的时候涉及到时间空间。当然也和数学有关系，就是像上一段中说的，这种运用是"为数学原理的可能性和先天有效性奠定基础"的，但不是数学原理本身。而第二种运用呢，你要么涉及到一般现象的存有。存有，Dasein，我们把它翻译成"存有"，这个也是没有办法翻的，通常中文翻这个词呢就翻成"存在"。但这就和 Sein 这个词没有区别了，但 Dasein 跟 Sein 还是不一样的，Dasein 呢是比较具体的存在，Da 就是此时此地、当下，在海德格尔那里翻译成此在，在黑格尔那里翻译成定在、有限的存在。黑格尔把它作用一个特殊的固定的术语，跟通常的存在 (Sein) 不一样，存在具体化就变成了 Dasein，如果是确定的这一个存在就是 Dasein。从亚里士多德开始，就在探讨"作为存在的存在"，认为一般的存在和"这一个"存在有层次上的不同。当然亚里士多德认为真正的作为存在的存在就是个别的存在，个别的存在就是这一个存在，比如说苏格拉底，世上独一无二，就站在你面前，这就是 Dasein 的意思。在日常德语里面，Dasein 也有生活、生存的意思，意思很多很广泛。但在哲学术语里面主要指的是一种具体的存在。我们把它翻译成"存有"，这也是一种权宜之计，因为要把它和其他很多词区别开来。从意思上来说这个词相当于拉丁文的 Existence，就是生存、实存。曾经有一段我们把 Dasein 翻译成实存，但是这样跟 Existence 就区分不开了，因此我们就给它一个特殊的、专有的译法：存有，这是从台湾的译名里借用过来的。但是台湾学者用"存有"呢不是翻译 Dasein，而是翻译 Sein，存有论。我们用存有来翻译 Dasein，意思就是具体的存在，实际上的存在，有时候也可以翻译成"实有"。但是实有在这里又有另一种麻烦，康德在后面讲到上帝存在的本体论证明，那个"存在"用的其实就是 Dasein，并不是 Sein。为了能和 Sein 区分开来，只能翻译成存有，改成"上帝存有的证明"，比如上帝存有的宇宙论证明、上帝存有的本体论证明，这样说得通一点。如果说"上帝实有的证明"或"上帝生存的证明"，就很难说得通了。为了术语的统一，我们在这里把 Dasein 翻译成存有，意思是说这个东西实实在在地存在，而且是实存，Existence，也就是表现为一种关系、一种动态过程，这跟单纯地一个东西孤立地在那里的直观是不一样的。知性的数学性的运用呢，是面对一个对象我直观它，孤立地、只是从量和质的角度来看待它；力学性的运用，考虑两个事物间的关系，而不考虑这两个事物是什么事物，不考虑这两个事物本身的直观。只要是两个以上的事物，就只考虑它们相互之间的作用。所以，力学性的运用呢，考虑事物与事物之间的关系，这就使事物具体化了，Dasein 化了，此时此地，丰富了，跟人的生存、实存紧密联系在一起了。所以力学性的范畴运用呢，比数学性的范畴运用要更加丰富，数学性的只涉及到量和质，力学性的则涉及到各种关系，实体和属性、原因和结果、交互关系、必然性和偶然性、现实性、可能性等等，所有这些关系使得一个存在的东西变得具体起来。所谓具体在康德这里，在黑格尔那里，都有这个意思，即它有丰富的关系。如果单纯一个东西的直观，我看见了，它有多大，它的程度如何，这个很抽象，是把这个事物跟其他事物割裂开来，孤立地看。Dasein 涉及到事物的丰富的关系。在海德格尔那里也是，所谓"此在"就是"在世界中存在"，in-der-Welt-Sein，在世，这关系就丰富了，不是一个孤立的、抽象的东西，它就是一种活动。在康德这里就表述为"力学性的"，范畴的力学性的运用，跟范畴的数学性的运用是不一样，它更加丰富。所以他讲，"因为这种综合部分地只涉及一般现象的直观，部分地涉及到一般现象的存有"，前一部分涉及数学性的运用，后一部分涉及力学性的运用。

但直观的那些先天条件对于一个可能经验来说绝对是必然的，一个可能的经验性直观之客体的存有的那些条件则本身是偶然的。

就是说这个范畴的运用里头，除了一个涉及到直观一个涉及到存有的不同外，还有一个不同，那就是前者是必然的，后者则有偶然性。当涉及到直观时，"直观的那些先天条件对于一个可能经验来说绝对是必然的"。就是说空间时间、数量对一个可能经验来说绝对是必然的，经验事物绝对必然地处在空间时间之中，绝对必然地有一定的数量关系，这是没有任何偶然性的。就是当你从"数学性的"眼光去考察任何一个经验对象时，那么在直观的这个层面上面你可以预先断言它就是这样。所以在近代以来的自然科学里面为什么要追求数学的精密性呢，就是因为在这个层面上没有任何偶然性，可以定量化、精密化。我们今天博士生、硕士生毕业都要求量化的指标，要发表几篇论文，还必须有几篇"核心期刊"文章，这就在数量上给你定死了，那是具有绝对性的，你没有就不让你毕业，至于论文的质量如何，那不管。这个不需要投票，计算机操作就可以了，就可以决定你的命运了，这是典型的"数学性的"操作。所以这个对于可能经验来说是绝对必然的。那么相反，下面讲"力学性的"操作："一个可能的经验性直观之客体的存有的那些条件"，也就是具体的那些事物之间的关系、那些过程的条件，"则本身是偶然的"。这就是我们刚才讲的，从先天的方面来说，自然科学的规律是必然的，这里面既包括范畴，又包括数学，比如说能量守恒，是一种数学关系，量的方面是绝对必然的。但是在可能经验直观之客体的存有条件上，比如能量守恒是哪一种能量，是电能还是热能互相转换，这些条件本身是偶然的。在自然科学里面呢，有它本身的先天必然的层面，也有它后天偶然的层面。数学还不涉及到后天偶然的东西，它只管量，而量的关系是任何事物都一样的，一个苹果和一头牛，虽然在质上面是不一样，但是它们都是一，在数目上面都是一样的。所以，当你把知性范畴运用到可能经验上面时，从量的方面看，用数目字来计算，是绝对必然的，所有东西都一样。但是事物间具体的存有的关系，也就是你要考虑它是一个苹果还是一头牛，是一篇剽窃文章还是一篇有创意的文章，它们的量是一样的，但是作为一个东西它们的存有是不一样的，那么这些区别就是偶然的了。当然你把范畴运用上去，就是要在偶然里面找出先天必然的成分。偶然的东西里面也有先天必然的成分，比如说不管一个苹果还是一头牛它们都是实体，它们都有原因和结果，这是必然的。但是就这些事物的存有而言，它们存有的那些条件，本身是偶然的，取决于后天的经验，在你面前出现了一个什么样的对象，这是偶然的。

所以数学性的运用其原理是无条件的必然的，即表现为无可置疑的，

知性的数学性的运用，就是知性在对象的量和质方面的运用，而在康德那里，"质"其实也是量，质是一种"程度"。我们如果以为康德在谈到质的时候是在说事物的"性质"，那我们就错了。事物的性质是属于实体和偶性的，而康德所讲的"质"还是一种量，只是并非"外延的量"，而是"内包的量"，一种程度。比如今天的温度，我们可以用温度表上面的数字来表示，今天气温 23 度，这是用量来表示今天冷暖的程度。所以，康德所说的知性的数学性的运用，实际上就是从量的角度或"量化"的眼光来看待一切对象，包括一切对象的质，这个是绝对的，是无条件必然的，任何事物都服从同一个数学关系、同一个量的关系，所以它是"无可置疑的"。

但力学性的运用其原理虽然也会带有某种先天必然性的特征，但只是在某种经验中的经验性思维的条件下，因而只是间接的而非直接的，　B200

我们来看这句话。力学性的运用跟数学性的运用是不一样的，它的原理"虽然也会带有某种先天必然性的特征"，因为它是范畴的力学性的运用，所以必然会带有某种先天性的必然特征。比如因果性，我们说一切事物都有原因，这是必然的，在任何事物的因果关系里都包含有这条先天的原理、必然的原理。但是，哪个事情发生了，谁是谁的原因，这个

是后天的、偶然的，要靠经验来确定，不能先天断言。你说一切发生的事情都有原因，所以太阳晒一定是石头热的原因，这个推不出来。太阳晒当然可能是石头热的原因，但是也不一定，可能有别的原因使石头热，可能有人在后面放了一把火，把它烧热了。所以具体的哪个是哪个的原因，这是后天的。所以他讲"但只是在某种经验中的经验性思维的条件下"，才带有先天必然的特征。这后面的是前面的一个状语，"但只是在某种经验中的经验性思维的条件下"，是用来形容"带有某种先天必然性的特征"的。在什么条件之下带有某种先天必然性的特征呢？是在某种经验中的经验性思维的条件下。一般来说一切事物都有原因，但是具体地太阳晒石头热，却要看后天经验的条件，"因而只是间接的而非直接的"，这也是一个状语，相当于是说：因而只是间接的而非直接的带有某种先天必然性的特征。太阳晒是石头热的原因，或者太阳晒热了石头，这样一个因果判断当然具有先天必然性，因为它提到了因果关系，这个石头热肯定有一个原因，太阳晒肯定有一个结果，那么我在经验中把它们综合在一起了，提出这样一个判断："太阳晒热了石头"，这是结合后天的条件给出的判断。这个判断有它的必然性，但是不是直接体现出来的。休谟说，我看到了太阳晒，也看到了石头热，但是我没有看到这里头的因果关系，我只看到一个在前，一个在后。在前的就是在后的原因？不一定吧。在前的东西多着呢，在后的东西也很多，难道就一定有因果关系？这个我没有看到。我在感觉中绝对看不到因果关系，我看到的只是一个个的事实，一个个的知觉和印象。康德当然承认这个，因为这种必然性不是你能看到的，但不是没有必然性，而是因为这种必然性是间接的。在你看到太阳晒石头热、并且把它们设想为有一种因果关系的时候，这里面有一种东西不是看到的，而是先天的，间接地在太阳和石头的关系里体现出来，所以你可以在这个事实中间接地分析出来它有一种先天条件。只要你把太阳晒和石头热这两件事看作有一种客观的关系，那么因果关系就已经在里面了，已经使用了因果关系，所以完全可以说太阳晒热了石头。当然你也可能弄错，也许不是太阳晒热了石头，是别的原因使石头热起来的，比如他本来就烧热了还没冷，你发现它是热的，种种原因都有可能，你可能会搞错。但是搞错有搞错的原因，太阳晒总有它的结果，石头热总有它的原因，不是这个就是那个。那么在经验中你发现太阳晒是石头热的原因，这里头有一种间接的先天必然性，而不是直接的必然性。

于是也并不包含有前一种原理所特有的那种直接的自明性，（虽然也并不损害它们普遍的与经验相关的确定性）。

"前一种原理"就是知性的数学性运用的原理，知性的数学性运用的原理有一种直接的自明性。有些知性范畴比如说单一性、多数性和全体性，单一、多数和全体都是从量上来看的，一个、多个和全部，这有一种直接的自明性。我们把这些范畴运用到对象上面去就是从量的方面来考虑这个对象，这一看而知：这是一个东西，另外的东西有很多，很多东西如果全了的话就是一个整体。这些都是通过直观一下就可以看出来的。质的范畴也是如此，肯定性、否定性和限制性，肯定就是实在，否定就是没有，一个东西有没有，这是一目了然的，限制性就是肯定否定之间的一种程度，肯定就是全，否定就是无，全和无之间有一定的程度，这程度就造成了任何事物的一定的性质。这个程度我们前面也曾经讲到，它其实也是量，量的程度。这都是诉诸直接的自明性，一看而知。这个不会搞错，不会像因果性那样，究竟是不是它的因果性这个还未定。单一性，一个就是一个，这个是定了的；多数性，多个东西就是多个东西，这个也定了。但是你说，太阳晒是石头热的原因，这个还没定，你可以去质疑，可以去探索，可以通过科学的不断进展越来越坚定信念，认为太阳晒就是石头热的原因。这始终带有经验的不确定的一面。但是有一点是可以确定的，不管哪个是哪个的原因，总是有原因的，知性在这里有确定性的运用。但这种确定性的运用不像直接自明性的运用，太阳是"一个"，这是一看而知的，不会搞错的，而你说太阳是石头热的原因就可能会错。所以，范畴的力学性的运用并不包含"前一种原理所特有的那种直接的自明性"，后面的括号里，"虽然也并不损害它们普遍的与经验相关的确定性"，就是说它们虽然并没有自明性，太阳晒是石头热的原因不可能一看而知，看不出来，但是并不因此而损害这些知性原理"普遍的与经验相关的确定性"。即使太阳晒不是石头热的原因，但是石头热总是有原因的，并不能因此说石头热是没有原因的。一切发生的事情都有原因，因果律普遍地与经验相关有它的确定性。这个就反驳了休谟了。休谟在太阳晒和石头热两件事之间没有看到因果性，这个情有可原，确实看不到，因为他只是立足于我们的感觉，那当然看不到了。他就没有想到人们在认识一个对象的时候不仅仅只有感觉，还必须要有先天的东西加入进去，其中因果性就是一个先天的构架。我们在认识对象的时候，肯定要把实体性、因果性等等关系引进来，这是不得不如此的。在任何情况之下，我们都必须要承认一切发生的事情都有原因，这样我们才能进行认识，我们才能建立科学知识体系。反过来说，科学知识体系虽然具体的研究是无止境的，但是它有它的可靠性，就是因果关系不是我想出来的，不是我想要它有就有，要它没有就没有，也不是休谟所说的那种主观的习惯性的心理联想，而是有它的客观必然性，有它的普遍性，任何事物都逃不出它，逃不出因果性这个范畴。因此虽然我们可能会在具体的因果关系上面犯错误，但是并不能阻止我们用因果性这样一条原理去追寻所有经验事物的规律。即算我犯了错误，我还要通过因果性去纠正我的错误：不是这个原因，那是什么原因呢？总会有一个原因，在因果性方面的所犯的错误最终还需要因果性本身来纠正。所以，因果性原理是一个"法庭"，各种各样的人来打官司，有原告，有被告，有的被指出作伪证，最后还是要靠这个法庭来判。人为自然界立法，不是说所有的规律都是人捏造出来的，不是的，人的主体性只是为自然界建立了法庭而已，但是最后得出的结论，还要结合经验的证据。法庭要重视证据，不能武断地判案，要把所有的证据搜集起来由法庭进行综合，进行裁定。人为自然界立法，不排除后天的经验在里面起作用，相反它正是要为后天的经验，偶然的大量的事实来立法。如果没有自然经验的事实提供给它，那它是推不出任何东西的。知性没有直观是空的，但是直观如果没有概念就是盲的。就像休谟说的一大堆知觉印象，知觉原子，印象原子，在那里乱碰，没有任何规律。

但这一点我们在这个原理体系的结束部分将会更好地加以评判。

在整个原理体系没有展示出来以前，这只能提一提，当我们对整个原理体系熟悉了之后，我们对这一点会有更好的体会。

下面康德就要系统展示这个原理体系了。

范畴表给我们的这个原理表很自然地提供了指示，

原理表也就是他的原理体系，下面要展示的原理系统，"范畴表给我们的这个原理表很自然地提供了指示"，也就是说，一切纯粹知性原理的系统，是立足于范畴表之上的，立足于四类、十二范畴这个基础之上的，所以范畴表自然为我们的原理表"提供了指示"。原理表就是按照范畴表的指示，按部就班地、分层次地、一步一步地来展示它的系统。康德接着说，

因为这些原理毕竟只不过是那些范畴的客观运用的规则而已，

一切知性范畴的原理、先天综合的原理，也就是人为自然界所立的法，归根到底只不过是范畴的"客观运用的规则"。范畴本身不过是个概念，范畴在运用过程中要遵守什么样的规则，是由范畴这些概念的本性决定的，是由这些概念引出来的。所以，"这些原理毕竟只不过是那些范畴的客观运用的规则而已"。原理无非是范畴客观运用的规则，即范畴运用到经验对象上去的规则。

因此所有纯粹知性原理就是：1.直观的公理；2.知觉的预测；3.经验的类比；4.一般经验性思维的公设。

这四类原理是相应于范畴表上量的范畴、质的范畴、关系的范畴和模态的范畴的，比如所谓"直观的公理"就是量的范畴的原理。我们在

这个选本里面没有把它们都选进来，因为篇幅太长了。我们只选了最重要的"第二类比"，关于因果性的，这实际上也是康德最重视的，也是休谟攻击得最厉害、最集中的，是问题的焦点。因果性的问题也是西方科学最重要的问题，从亚里士多德开始，亚里士多德就讲到，所谓哲学就是要探讨万事万物的原因。所以亚里士多德的宇宙论和本体论首先就提出来"四因说"，万事万物的原因有四种，质料因、形式因、目的因和致动因，最后归结为两种，形式和质料，当然最重要的是形式因。这就是西方科学精神的根。我们要追根溯源，为什么西方能产生出科学精神？古希腊已经种下了种子，在近代呢发展起来了。所以，培根和霍布斯都认为，我们进行科学研究，就是要找到事物的形式或事物的原因。培根是讲要找到事物的形式，这个形式呢还是从亚里士多德那里来的，其实就是原因。霍布斯则明确地说认识一个事物就是要找到它的原因。而西方的科学知识体系，一个最根本的的特点就是要寻找万事万物的原因，也就是我们通常所说的，要知其然且知其所以然。康德讲的"如何可能"，也就是找原因、找根据嘛，人类的知识如何可能？先天综合判断如何可能？就是追溯使先天综合判断可能的根据、原因。当然，具体地康德把因果性列为十二个范畴之一，好像被淹没在其他的范畴里面了，但实际上康德对它是最重视的。在四个二律背反里面也是这样，四个二律背反最重要的是第三个，因果性问题，因果性问题涉及到自由问题：世界上有没有自由，还是一切都是因果必然的？而且自由康德也称为一种原因，"自由因"，自由也是一种原因。机械的必然性是一种因果链条，那么自由因是自行开始一个因果链条的最初因。自由就是自因，斯宾诺莎讲的自因，在康德的理解中就是自由，自己开始一个因果链条，或者说它是终极的原因。为什么把因果性看得那么重要，在康德那里是有他的道理的。而且从学术史上看，这也是西方科学精神的一个传统。休谟为什么要攻击因果性？他是很有眼光的，一旦驳倒了因果律，整个科学知识的基础就垮台了，实体也好，主体也好，客观物质也好，人的主观灵魂也好，都是作为原因而起作用的。在自然科学中，我们之所以要去认识物自体，认识自在之物，正是因为我们把一切现象看作自在之物的结果，把自在之物看作一切现象的原因。唯心主义之所以要探讨灵魂的问题、精神实体的问题，也就是因为把精神实体看作是各种表象的原因，把上帝看作是创造世界的原因。所以因果性问题在这里具有核心的地位。当然还加上其他的如实体性、单一性、多数性等等，才构成了他的范畴体系，但这里头最重要的还是因果性。这是西方精神的一大特点。我们可以和中国传统的比较一下。中国传统的哲学呢，不太强调这个，强调的是学以致用，知道一个事实马上就考虑它能够用来干什么，修身齐家治国平天下。那么它的原因究竟何在，中国人一般不太去追究，把对原因的思考称作"奇技淫巧"，要追溯它的原因干什么呢，能用就够了。所以中国古代的数学主要是一种测量术，不去构成一种原理体系，不去追溯它的来龙去脉，不去追溯这条原理和那条原理之间有什么逻辑关系。我们最喜欢的是把它编成口诀，很多乡下的木匠就是这样的。他拜师学艺，其实主要就是帮师傅打洗脚水啊，做饭洗衣啊，到了最后一年了要出师了，师傅把他叫来，教给他一套口诀，已经编成歌了，他唱会了就可以了，这个钉子怎么钉，这个榫子怎么打，一张桌子四只脚，这口诀里都有，就去操作好了。勾股定理也是这样，"勾三股四弦五"，很顺口啊。还有圆周率，"周三径一"，大致的就够了。虽然祖冲之已经算到小数点后面多少位了，但是一般日常的，我们知道"周三径一"就行了，大致上周长是三，直径是一。至于3.1415926535……，这后面就用不着了，做个木匠需要知道那些东西干嘛，吃饱了撑的！所以不需要知道它的原理，不需要知道这是有理数还是无理数。我们中国人一般了解效果就满足了，能够运用就够了，不用知道它的原因。如果要知道它的原因呢，人们就用各种说法来搪塞，要么就说是"自然的"，不要那么好奇嘛；要么就大而化之说这就是"神"，我们说"神了"。一个人能够知道"奇技淫巧"，搞出一些惊人的东西来，我们就说这个人真"神了"。但是没有兴趣去探讨他为什么那么"神"，原理何在,我们一般不去探讨,最多把他归结为异人、奇人。这个奇人自己也觉得自己很神,有时候就装神弄鬼,像这个诸葛亮,明明通过自己的科学知识知道三日之内会起东风,但是故意在七星台上作法,披着道袍,拿着木剑,舞过来舞过去。他为什么不写一本书,把他的气象知识、特别是观察和推理的方法记载下来?那太珍贵了!对世界文明贡献太大了!但那样一来他就不"神"了,说不定会被孙权曹操这些人学过去。所以中国人只注重实用的结果,而不关心原理,即使知道原理也往往秘而不宣。康德所代表的西方科学精神就注重原理,而且要从初级原理追溯到高级原理,直到最高原理,以构成一个原理体系。

上面这四个层次的原理,直观的公理、知觉的预测、经验的类比和一般经验性思维的公设,他是这样命名的,一个公理、一个预测、一个类比、一个公设,那么这些命名呢又分为两类,前面的两个是数学性的原理,后面两个属于力学性的原理。康德这样解释他的命名:

我有意选择了这些名称,让人不要忽视这些原理在自明性上和实行上的区别。

他是通过精心挑选才有意选择这些名称的,他的目的是:"让人不要忽视这些原理在自明性上和实行上的区别。""在自明性上和实行上",这里头有一点区别,在自明性上也就是说直观的公理,直观就是自明性的了,知觉也是自明性的;而后两类,经验的类比和一般经验性思维的公设,都是从实行上来命名的。也就是说,数学性的公理是在自明性上命名的,面对着直观,面对着知觉,特别是把这知觉看作是可以定量化的,可以进行预测的,这都是一看而知的,自明的。后面两种呢,一个类比,一个公设,都是在"实行"上面进行命名的。康德之所以选择这些名称呢,主要考虑区分自明性和实行,这两者是有层次上的区别的。包括他前面讲的数学性的和力学性的,也是在自明性和实行上的区别,因为数学所依据的先天直观形式是自明的,一眼看去就可以看出来,但是在实行上的原则呢，就有一个间接把握的过程，不是呈现在面前的东西，而是这些东西之间的关系，从此到彼的推论，这样一种关系，所以实行起来它是不一样的，它的层次要更高。

但马上就会表明的是：不论按照量和质（如果只注意质的形式的话）的范畴所涉及的是自明性还是对现象的先天规定，量和质的这两条原理　B201
都是与其他原理明显不同的；

这就是说，量和质，也就是前面的两种原理，其中质"如果只注意质的形式的话"，也就是对质从形式上来加以把握，把它归结为一种量、一种程度，或者说质的程度，把质的内容忽略掉，只注意它的程度，那么就可以把它归结为量了。"不论按照量和质……的范畴所涉及的是自明性还是对现象的先天规定"，自明性就是量本身的直观的呈现，在时间空间中它的自明的直观形式，时间的长短、体积和面积的大小等；"还是对现象的先天规定"，就是把直观的这种自明性的形式运用到现象上面去，对现象作一种先天的规定，现象是在怎样的时间和空间中展示出来的。前面两条公理可以说有这样两个层次上的关系，一方面是数学的原理，本身具有自明性，是自己呈现出来的，但另一方面呢，它又是对经验对象的一种规定，对现象的一种先天规定。所以谈到纯粹知性的原理的时候，原理总是运用在经验对象上面的。这不像数学，数学可以不运用于对象而自成体系，数学是形式化的东西嘛，当然最终它运用于对象，但是数学家可以不考虑经验的对象而直接进行数学的计算。所以在数学方面，首先涉及的是自明性，然后才运用于经验对象，这就形成了知性的原理，前面的两条原理都属于数学性的知性原理。所以，"不论按照量和质的范畴所涉及的是自明性还是对现象的先天规定，量和质的这两条原理都是与其他原理明显不同的"，涉及自明性的时候显然是与其他原理不同的，自明性嘛，无论是时间空间，还是量和程度，都是直接向人的直观展示出来的，所以，这跟实体性、因果性这样的原理不同，后者不能在直观中直接展示出来，后面两条原理没有这样的自明性。此外，"对现象的先天规定"也有所不同,既然是通过自明性来对现象进行先天的规定,所以与后面两条原理也有所不同,后面两条原理所运用的范畴不是能够直接诉诸质和量,不是能够直接诉诸先天的直观形式、时间和空间,而是有一个间接的过程。所以,量和质这两条原理,都是与其他两条原理不同的。这里要注意康德对于"质"只关注其形式方面,而撇开了内容方面,为什么?质的内容方面是不好定量化的,也不好用范畴来规定,它属于感觉本身的心理学层面。比如今天气温摄氏 15 度,这是对气温的质的程度作量的把握;但摄氏 23 度到底有多热?这个没法说,各人去体会,而且各人有不同的体会。广州人说,"很冷啊!"东北人会说,"很暖和!"这些评价还涉及到美学方面,后来康德在《判断力批判》中作了专门探讨。但在这里,这些无法规范化的内容都被抽象掉了,为的是建立科学知识的原理体系。

因为虽然双方都能具有完全的确定性,但前两条原理是一种直觉的确定性,后两者则只是推论的确定性。

前面两条原理和后面两条原理虽然都具有完全的确定性,都是知性为自然界立法的原理,差别在于,前两条原理具有"直觉的确定性",也即是一种时空直观的确定性,而后两者的确定性是间接地推出来的,是一种"推论的确定性",不像时间空间那样直接地就能定下来。直观的公理在量的方面可以直接确定下来,那么知觉的预测呢,也是可以直接地看出来的,它的程度可以直接看出来,在质上有多大的程度,也是可以直接确定下来的。但是经验的类比,就不能够直接看出来了,只能通过比例关系间接地推出来。像我们上次讲到的实体性,确定一个实体是通过与别的万事万物的类比,它们都具有实体性,通过实体和偶性之间的关系的类比而推出来。就像一个比例关系一样,你知道前面的比例,又知道第三项,那么就可以推出第四项。所以,经验的类比是一种推论的确定性,实体和偶性,原因和结果,都是通过类比的关系才确定下来的。首先要有一些经验,然后在经验中通过类比。我看过很多次,当一个东西被加热时,它的温度就升高,这里有原因有结果,那么当我看到太阳晒、石头热的时候,我通过一种类比,就可以推出它们之间可能有一种因果关系,即算不是这种因果关系,肯定也有一种其他的因果关系,通过类比可以推出来,肯定有某种因果关系在里头,石头发热了肯定是有原因的。所以,后两者只是推论的确定性。一般经验思维的公设也是这样,同一件事,到底是必然的,还是偶然的,还是仅仅是可能的? 要通过与别的事情相联系,找到它们的公设,才能知道。一种直觉的确定性和一种推论的确定性,这两者是不同的,前者是直接自明的,后者是间接确定的。康德总结说,

所以我将把前两者称为**数学性的**原理,把后两者称为**力学性的**原理。

数学性的、力学性的,按照原文呢,也可以翻译成数学的、力学的,但是在中文里面表达不出这个形容词的意味,所以我们在中间加了一个"性"字,数学性的、力学性的,就是形容词了,不是名词了。光说"数学的原理",很容易误解成名词,以为是数学本身的原理。这里有一个很长的注,我们先来看看。在这个注里面,康德讲,

一切**联结**(conjunctio) 或者是**组合**(compositio),或者是**结合**(nexus)。

这里就要挑选词汇了。联结,一切判断都是联结。前面在讲先验演绎的时候已经提到这个词了,就是说任何联结都是主体的一种综合的作用。在第 15 节讲到一切综合都是依赖于主体的这样一种综合的活动。但这个联结里面呢,联结是一个很大的、很泛的概念,分成两类,一类是组合,一类是结合。组合呢是比较外在,比较外在地组合在一起,组合的各个成分可以是互不相干的,你把它们组合起来,它们彼此之间可能没有一种相互勾连的关系。那么"或者是结合",结合各个成分之间就有一种关系了,被结合的各方相互之间有一种勾连的关系。这是它们之间的区别,下面就加以解释了。

前者，是杂多而并不必然相互隶属的东西的综合，

也即是组合，组合是什么意思呢？是杂多的东西、而且这些杂多的东西并不必然相互隶属，是这样一些东西的综合，是这样一些东西的联结，联结当然是一种综合啦。那么这种综合呢，是把那些相互之间偶然碰在一起的东西凑合起来，他这里讲"并不必然相互隶属的东西"，我们可以理解为把偶然碰在一起的东西组合在一起。

例如由对角线所划分的一个正方形中的两个三角形就是各自并不必然相互隶属的。

一个正方形，你把它划分成两个三角形，那么这两个三角形呢，本来可以不必存在于这个正方形里面，你可以把它们拆开，它们还是两个三角形，拆开了丝毫不影响这两个三角形本身的确定形式。两个直角三角形，这么大，在任何地方都是两个直角三角形，这么大，把它们拼到一起可以组合成一个正方形，但是这两个三角形之间"并不必然相互隶属"。所以，

在一切可从数学上来考虑的东西中同质的东西的综合就是这种情况，

可以从数学上来考虑、可以定量化地进行考虑的东西，可以从算术和几何学的关系的角度来考虑的东西中，"同质的东西的综合"，就属于上面的这种情况。在数学上考虑的东西，都是有相同的质的，在空间中加以考虑的东西构成了几何学的对象，从几何学上来考虑的东西，就是具有同样性质的空间，空间总是具有相同的质的。从算术上也是的，数目的单位是相同的，以什么为单位建立起来的数学关系的体系也是同质的。这些都属于组合的情况。每一个数目与其他数目可以组合成一个更大的数目，但是分离开来还是它自己，它并没有必然要从属于某个数目下的关系。对这种组合的情况，后面还有一个括号里面的说明，

（这种综合又可以分为集合的综合和联合的综合，前者针对着外延的量，后者针对着内包的量）。

"外延的量"，我们在《精粹》本上是"广延的量"，后来在三大批判的全译本里改成"外延的量"，后面的"内包的量"，在精粹本上是"强弱的量"，我们把它改成"内包的量"，用这种方式可以把这两个词对应起来。本来在拉丁文里面是对应的，"extensive"和"intensive"，ex 就是在外，in 就是在内，我们把它们严格地译为"外延的"和"内包的"。当然一般地译作"广延的"和"强弱的"也可以，在别的译本里就有这么处理的，但是严格的译法应该体现出这两个词的对应关系。组合"可以分为集合的综合和联合的综合"，这就相应于直观的公理和知觉的预测，直观的公理呢属于集合的综合，知觉的预测属于联合的综合。当然这些概念分的太细了，在中文里很难分出这么细致的层次来，只是勉强为之吧，译作"集合的综合"和"联合的综合"。它们表达的是，直观的公理更加直接一些，知觉的预测呢比起前者来要稍微间接一些。所以直观的公理就是直接把两个东西集合到一起，把它放到一起；联合的综合呢把它们放到一起后还是要考虑一下它们的关系。知觉的预测嘛，还是要通过某种关系去预测，还是有一种联合的关系，不是单纯地把它们零散地集合到一起。所以，就括号里面讲的两个数学性的原理而言的，前者是集合的，后者呢是联合的，所以前者是针对外延的量，后者呢是针对内包的量。集合起来的东西，本身都有自己的外延，放到一起还是相互外在的；后者呢，也就是联合的综合，针对内包的量，就是我们前面讲的程度，里面有它包含的质，只是在质的基础上有一种量的标志。比如说温度，摄氏 20°，表示出内包的性质是那样的感觉，我们对温度有那样一种知觉，这种知觉呢内包有一种程度，所以康德称为内包的量。外延的量是可以直接确定的，不需要考虑它的质；内包的量首先是一种质，但是显示出来是一种程度，一种量。上面是构成了两中"组合"的联结。下面呢是第二种联结，也就是构成"结合"的联结。

第二种联结 (nexus) 是杂多东西就其**必然相互**隶属而言的综合，

"杂多东西"就是并不同质的东西，前面两者讲的都是在同质的情况之下来综合，那么现在讲的第二种联结呢，没有把质撇开，是杂多的东西，是五花八门的东西，性质上完全不同的东西，所以只能通过类比、公设来加以把握了。这种联结所说的综合，康德举例说，

例如偶性必然隶属于实体，或者结果必然隶属于原因，

偶性和实体是两个性质完全不同的东西，实体，如一朵花，和偶性，如花的红色，是两种性质完全不同的东西，但它们之间有一种必然的隶属关系。结果必然隶属于原因，结果和原因很可能是两种完全不同的东西，太阳晒和石头热，一个是原因，一个是结果，结果必然隶属于原因，这两个性质上完全不同的东西怎么能必然隶属呢？如果有一种必然的隶属，那么这就是结合，而不是组合了，就是把它先天地结合在一起。两个三角形从一个正方形中拆开来，每个还是一个三角形；但是实体没有偶性就不叫实体了，原因没有结果也不成其为原因，所以它们的结合有一种先天的必然性。下面康德讲，

——因而表现为即使是**不同质的**、但毕竟是先天的联结。

不同质的东西能够联结，通常我们把它看作在经验的、后天的关系中的联结。比如一个经验的判断，这朵花是红的，花和红色偶然地碰到一起，没有必然性。但是如果我们能从这经验判断里面看出范畴的基础，就是实体和偶性，那么这在经验中偶然的联结就有了一种必然性。这朵花是红的，虽然这本身是偶然的，花有可能是红的，也可能是白的，但是这朵花作为实体，红色作为偶性，有一种必然性，就是说花作为实体总得有一些偶性，总要有一种颜色，不能说花可能是没有颜色的，那是不可能的，它必然有一种颜色，而红的、黄的这样一些颜色也必然会附着于一个实体之上，不能说有一个颜色是没有依附在实体上的，凡是颜色总是附着于一个实体之上。所以我们可以先天地断言，一朵花总是有颜色的，哪怕我还没有看到这朵花。人家告诉我一种红色，尽管我没有看到它，我也可以先天地断言，这种红色肯定是附着于一个实体之上的，它不可能独立存在。所以在偶然的关系中，隐藏着一种必然的关系，而这种

必然的关系，就是人为自然界立法所建立起来的一些原理，一整套原理。所以即使是不同质的联结，"毕竟是先天的联结"。康德又讲，

　　这种联结由于不是任意的，所以我将它称为**力学性的**，因为它涉及杂多之物的**存有**的联结，

　　这种联结不是任意的，不是你想要它有它就有，想要它没有就没有的，所以称为"力学性的"。也就是说它是有规律的，你用你的意志是挡不住它的，不能让它不发生，它是客观的，带有力学性的规律。力学性的原理呢与数学性的原理有一些不同，数学性的原理是直接确定的，力学性的原理是由此到彼，由一个东西推动另一个东西，是物体之间的关系，是推论性的。当然这是一种比喻的说法，不是说这里面讲的就是力学。所以这不是一种随意的联结，而是类似于力学中的关系一样的一种联结。"因为它涉及杂多之物的存有的联结"，杂多之物，就是不同质的东西，它们的存有，Dasein，我们上次讲到了这个 Dasein 在康德这个地方的意思，就是指的一种具体的存在，一种包含运动和变化在内的存在，比 Sein 要更加具体，Sein 是最抽象的，就是一般的存在。Dasein 包含着丰富的内容，在德语的日常语言中指的就是生活、生存，所以是包含有各种具体的变化的。康德把数学性的原理看作是涉及到一般现象的直观，力学性的原理涉及到一般现象的存有，这两者是有区别的。直观就不一定包含里面的运动变化，只是直接确定的一个东西的质和量是怎么样的；那么一个事物的运动、变化呢，就涉及到实体和偶性，偶性是变化的，实体是不动的，就有因果性，原因和结果是运动的，是一个因果链条，一个传一个，所以是力学性的，涉及到"杂多之物的存有的联结"。括号里面讲，

　　（这种联结又可以分为现象相互之间的**物理学的**联结和现象在先天　B202
知识能力中的**形而上学的**联结）。

　　这就涉及到后面的两个原理，经验的类比和一般思维的公设之间有一种细微的区别。经验的类比是涉及到"现象相互之间的一种物理学的

联结"，现象相互之间，因果性、实体和偶性、交互关系，都属于现象和现象之间的联结，可以看作是一种物理学的联结，也就是它是客观的、事物与事物之间的联结。后者是一般思维的公设，是"现象在先天知识能力中的形而上学的联结"，这个我们前面在介绍范畴和图型的时候已经讲到了。模态，什么叫模态？就是主体对待客观事物的态度，这种态度的形式，这种态度的模式。客观事物已经被联结了，已经作为一个知识整体呈现在我们面前了，那么我们对于它采取什么态度，是把它看作可能的呢，还是现实的呢，还是必然的。这个客观事物本身不需要这些原理，客观事物本身有什么现实不现实，必然不必然，它在那里就在那里，有什么可能不可能呢？客观事物的规律就是它的规律本身，没有我们主体对它的一系列的态度。所以模态范畴呢，是涉及到主体和客体的关系，涉及到思维和存在的关系，是专门讲认识论的，因此它是一种"形而上学的联结"。所以这里讲，"现象在先天知识能力中"——"在先天知识能力中"就是在认识的主体中——"的形而上学的联结"，我们主体对它采取什么样的态度，我们用这样一种态度把它联结起来，把它们作为可能的东西、现实的东西、或必然的东西联结起来，这是我们主观的一种态度。在上面这个注解里面，康德对他的原理体系、四大类原理，作了一个非常细致的划分，我们要非常仔细才能把他的层次搞清楚。这是这个注释的内容，是很重要的一个线索。下面我们看正文：

B202　　　但要充分注意：我在这里一方面既不是着眼于数学的原理，另方面也不是着眼于普通（物理学的）力学原理，

这里可以看出，我们把前面的术语翻译成"数学性"和"力学性"是非常有必要的，不然跟下面就无法区分了。要充分注意，康德这里谈的不是数学的原理，而是数学性的原理，这个要分清楚。有的研究者在看到这里的时候，就以为谈的是数学，那就搞错了。这里明确地讲到，他不是着眼于数学的原理，也不是着眼于普通物理学的力学原理，那么是着眼于什么呢？

216

　　而只是着眼于与内感官相关（不论在其中给出的表象如何）的纯粹知性原理，

　　他在这里是着眼于纯粹知性原理，这个纯粹知性原理呢是"与内感官相关"的，也就是与时间相关的。"不论在其中给出的表象如何"，在时间中给出的这个表象，不论是直观的表象呢，还是通过类比、还是一般经验思维的公设等等来给出的表象，全部都是通过时间这样一个图型给出的。所以不论在其中给出的表象如何，都是着眼于纯粹知性的原理。也就是说，前面的直观的公理、知觉的预测，好像涉及的都只是我们的直观，量的规定，但是这个地方谈的并不是数学，而是在这样一些直观和知觉里面所表现出来的纯粹知性原理。例如在直观的公理里面，所谈的并不是直接的感性直观，而是通过纯粹知性原理对感性直观的一种先天综合、一种知性的综合，一种知性所立的法。当然要联系到内感官，时间，以及空间，也要联系到量、联系到程度，但着眼的却是里面体现出来的纯粹知性原理，这个是要注意的。康德说，

　　这样一来，前面那些原理全都获得了自己的可能性。

　　前面那些原理就是数学性的原理和力学性的原理，它们都是由于和内感官相关的纯粹知性原理而获得了自己的可能性。纯粹知性原理立足的不是单纯的数学、几何学，而是涉及到数学本身运用于经验对象之上的可能性。通过纯粹知性原理，数学原理才能够运用于经验之上，才成为了"数学性的"原理，而力学原理作为经验自然科学的原理也才有可能成为"力学性的"原理。如果单纯讲数学原理，讲量和质呢，不需要知性，只需要有感性就行了，只要有感性直观的先天形式就够了。单纯讲力学原理，我们也不需要点明知性范畴，只需要有经验规则就行了。数学我们不需要运用知性的范畴，我们在数学里面也能做的很好。在算术和几何学里面，我们不需要有实体和偶性、也不需要有原因和结果，我们也能进行计算了，也能做的很好。但是如果涉及到经验的对象，涉及到经验对象身上的数学关系，而不单纯是数学原理、公式，那么就必须要

使用范畴,就必须把范畴所展示出来的知性原理运用上去,这样才能进行研究。力学如果没有知性范畴,也就不明白自己的可能性条件何在。所以,"前面那些原理全都获得了自己的可能性",数学性的原理和力学性的原理,都是由纯粹知性原理才获得了它们自己的可能性的。如果没有纯粹知性原理,单凭感性的直观形式,或者单凭感性经验的质料,都是无法规定一个客观的经验对象的。所以这些原理都是用来规定经验对象的原理,而不仅仅是数学里面所讲的那些先天知识,也不是力学里面的那些后天经验性的知识。数学中那些先天知识本身在一定程度上可以脱离经验的材料,不管经验的对象,进行单纯的数学计算,一旦这些数学计算要运用来解释经验对象如何可能,就必须要用到这些纯粹知性原理。力学中那些后天知识在一定程度上可以不考虑其先天条件,一旦这些经验性的知识要确定自己是有普遍必然性的关于客观对象的知识,也必须用到这些纯粹知性原理。这就是最后一句话所点出来的:

所以我对它们的命名不是由于它们的内容,而是着眼于其应用。

我对它们的命名,"它们"指的就是前面的两条原理,数学性的和力学性的,对它们的命名不是因为它们的内容。它们的内容是直接的、可以直观的,但是呢,我们是着眼于它们的运用,要运用于经验对象之上。直观的公理和知觉的预测,都属于数学性的原理,那么就它们的内容而言,都是指的一个经验对象的形式方面,就是量和质,严格说来是量和程度。量和程度,作为内容来说呢是直观的,但是康德是着眼于它们的运用,如果把它们运用到经验对象上去,那么就是知性的原理,就不是单纯直观的原理了。所以这样两条原理的命名呢,"不是由于它们的内容"而称作数学的、力学的,而是"着眼于其应用"而称作数学性的、力学性的。

现在我就按照上表中呈示出来的那个次序来讨论它们。

"上表"就是那四个原理的层次:直观的公理、知觉的预测、经验的类比、一般经验思维的公设。它们都是依据范畴表上的量、质、关系和模态而排列的。康德的原理体系就是按照这个次序展示出来的。我们这里只选录了"经验的类比"中的"第二类比",即因果关系的类比。

B.第二类比　按照因果律的时间相继的原理　　　　　　B232
<u>一切变化都按照因果联结的规律而发生</u>

现在讲第二类比,前面一个类比呢我们把它删掉了,我们前面讲过,第二类比是康德所讲的纯粹知性原理里面最重要的,它的篇幅也是最大的,是康德最重视的。休谟摧毁自然科学的可靠性,就是借助对因果性的质疑而提出的,摧毁了因果性就摧毁了整个自然科学。康德在这里着重于恢复因果性的权威,所以,在类比的三种方式中,实体性、因果性和协同性,他最重视因果性。这三种类比都属于关系范畴:实体性是实体和偶性的关系,因果性呢是两个实体之间的关系,协同性呢是多个实体之间互为因果的关系。所以因果性就在这个地方占据了核心的地位。当然其他的也很重要,象实体性,相当重要的,从亚里士多德开始的对实体的规定,是西方本体论的基点。康德进行了一种重新审视、重新考察,也是属于一个基础性的工作。交互关系也是很重要的。应该说经验的三条类比都很重要,但康德最看重的还是因果性。

知性范畴要运用到经验对象之上,要通过时间这个图型,所以第二类比的题目之下的副标题是"按照因果律的时间相继的原理",时间相继,就是因果性的图型。实体性的图型是时间的持存,而因果关系在时间中是前后相继的。所以根据时间图型,因果律为自然界立法所建立的法规是什么呢? 是"一切变化都按照因果联接的规律而发生",这个变化呢主要指的是实体与实体之间在时间上的前后交替。一个实体运动、作用于另一个实体,那么前面一个是作为原因,后面一个是作为结果,这样一种变化呢是按照因果联结的规律而发生的。

下面是证明。前面有一个括号,里面有一段话,说明从实体性向因果性的过渡,实体性和因果性之间有一种联系。所以前面这一段话呢,按照康德的说法是一个预先提醒,就是把实体性的原理再重新加以说明,再过渡到因果性原理。

（前一条原理证明，已经表明，时间相继的一切现象全都只是**变化**而已，即都是在此持续着的实体之诸规定的相继存在和非存在，

括号里面讲，也就是第一类比，就是实体的持存性的原理，实体性的原理已经表明时间相继的一切现象都是变化，而实体性无非是变中之不变。"即都是在此持续着的"——这个"持续"改成"持存"，在三大批判的全译本中已经改过来了——"实体之诸规定的相继存在和非存在"：实体是持存着的，而实体的"诸规定"，即各种偶性不断地交替。一朵玫瑰花是红的，过了几天它枯萎了，就变色了，这样一些偶性的"相继存在和非存在"，红色已经不存在了，被另外的颜色取代。

B233 因而实体自身的存在接续着它的非存在、而它的非存在接续着它的存有这种情况，换言之，实体自身的产生和消失，是不会发生的。

就是说发生的变化呢只是实体的诸规定，"相继存在和非存在"，而实体自身的存在和非存在，是不会发生的。实体自身是不会消失的，也不会产生，实体既不产生、也不消失，而是在时间中持存着，一直在那里。实体是不能毁灭的，也不会凭空产生，这就是前面的实体性的原理。所以康德说，"实体自身的存在接续着它的非存在、而它的非存在接续着它的存有这种情况，换言之，实体自身的产生和消失，是不会发生的。"这样，产生和消失的只是实体的各种规定，只是它的偶性。

这条原理或许可以这样来表达：**现象的一切交替（承继）都只是变化**；实体之规定①的产生和消失不是它的变化，因为变化这个概念恰好是以带有两个相反规定的同一个实存着和持存着的主体为前提的。

康德换了一种表述，就是说现象的一切交替都只是变化，这个变化都不是实体的变化，而只是"实体之规定的"变化，事实上实体本身是没有产生和消失的，所以实体不可能有变化。"因为变化这个概念恰好是

①　原译作"实体的"，漏掉了"之规定"三个字，兹补上。

以带有两个相反规定的同一个实存着和持存着的主体为前提的",就是实体本身是不产生和变化的,因为变化就是以实体的不产生和不消失作为前提的。实体不变化,变化的只是它的各种偶性和规定,这才叫作一个东西的"变化"。没有共同基础的两个完全不相干的东西的交替不能称之为变化。

　　——在这个预先提醒之后,现在来进行证明。)

　　在这个预先交代之后,康德才开始证明因果性。这里是从实体关系到因果关系的过渡。在实体关系里,实际上已经涉及到因果关系的问题了,实体不变化,所变化的只是偶性,只是实体的各种规定在变来变去。那么这种变来变去呢,已经涉及到因果关系了,一个实体和另外一个实体在相互作用中涉及的只是它们的相互规定,太阳晒和石头热,所变化的只是太阳的这种热量的释放和石头对这种热量的接受,太阳和石头本身是不变的。太阳和石头本身虽然是不变的,但我们把太阳晒叫作石头热的原因、把石头热叫作太阳晒的结果,只是着眼于它们能够变化的部分。我们把因果关系看作是两个实体之间的关系,实际上两个实体本身是不变的,它们的互相影响只是两个实体间的一种变化,这种变化关系在实体关系里面已经显露出来了。一个实体不变,它的各种偶性变来变去,那么这种偶性变来变去是何原因呢? 是由于别的实体所导致的、所影响的。一朵花之所以枯萎了,它丧失了水分,是由于气候干燥等等原因,我们可以为它找到其他实体方面的原因来解释这个实体的偶性的变化。所以在实体关系里面已经暗示出了有一种因果关系所造成的后果,但是还没有明确说出来。所以这是一个预先的提醒,告诉我们在考虑因果关系的时候,必须把实体关系考虑在前。因果都是实体之间的因果,但是不是实体本身的因果,实体本身既不产生,也不消灭,在时间中没有相继性,只有持存性。产生和消灭的变化,只是在实体的偶性之间发生,在那里承继,在那里交替。对实体偶性的交替,我们就必须找到另外的实体对它的影响,另外实体的偶性对它的影响。太阳的晒对石头的热发生了一种影响，这影响都是在偶性的层面上实际发生的，而这偶性自然是依附于实体的，所以在实体关系里面已经暗示出了一种因果关系。

关于因果律的原理，"一切变化都按因果联接的规律而发生"，它的正式的证明是这样的。

<u>我知觉到现象一个一个地接续而来，即在一个时间里有物的一种状态，其反面曾经存在于前一个状态里。</u>

我知觉到现象一个一个地接续而来，也就是有变化了，我知觉到了现象的各种变化，"即在一个时间里有物的一种状态，其反面曾经存在于前一个状态里"，最极端的反面就是没有这种状态的状态，曾经存在于前一个时间里，维勒认为，这个"状态"应该改成"时间"，这里有一个编者注。它的反面在前一个时间里面作为一种状态，可以理解为前面一个状态和和这个状态不是同一个状态，也可以理解为这个状态在前一个时间里面还没有，进入到了这样一种新的状态。这就是变化。前面的"预先提醒"里面已经涉及到了事物的变化。康德接着说，

<u>所以真正说来我是在该时间里联结两个知觉。</u>

真正说起来是两个知觉在一个时间里被联结起来了。我知觉到一个个现象接续而来，实际上是有两个知觉被我联系起来了。

<u>现在，联结并不单纯是感官和直观的工作，而在此也是想象力的综合能力的产物，想象力在时间关系上规定着内感官。</u>

我把两个知觉联结起来，光凭感官和直观是不行的。凡是联结都是一种综合，这在前面第 15 节"一般联结的可能性"里面已经讲到了，联结如何可能，必须要有一种综合。这个地方提出了联结"也是想象力的综合能力的产物"。当然想象力的综合能力是构成一个图型的，实际上是跟知性范畴有关的，但这个地方还没有上升到知性范畴，还仅仅是停留在想象力这个层次上面。所以这里讲，"想象力在时间关系上规定着内感官"，从想象力对于时间、对于内感官的关系的角度来考察，那么这

种想象力的综合作用首先是在图型本身的这样一个层次，一个中介的层次上，还没有追溯到想象力的综合何以可能的前提条件，就是范畴，还没有上升到范畴的层面。所以想象力是在时间关系上规定着内感官，规定着两种知觉的联结。

　　但它可以用两种不同的方式联结前述两个状态，使得这一状态或者那一状态在时间上先发生；

　　这是说想象力在时间上规定着内感官这种联结，是可以通过两种不同的方式来实现的。在想象力这个层次上面呢，是一种综合，但并没有规定这种综合的方向，既可以把这个状态放在前面加以联结，也可以把那个状态放在前面加以联结，所以想象力"可以用两种不同的方式联结前述两个状态"。比如我们看一所房子，可以从左边看到右边，也可以从右边看到左边，"从而使得这一状态或者那一状态在时间上先发生"。想象力是无所谓的，只在想象中做工作，而不涉及到客观事实怎么样。涉及到客观事实就需要范畴了，而现在还没有考虑到范畴。所以下面，

　　因为时间自在地本身并不能被知觉，而在客体方面也不能在与时间的关系中仿佛经验性地规定何者在先、何者在后。

　　这是说时间本身，如果没有它的内容的话，自身是无法被知觉的。时间是由于知觉才被我们直观到的，没有知觉的这些内容呢，时间本身自在地并不能被我们知觉到；它只是一种空洞的先天直观形式，或者先天直观能力，这种能力在不运用的时候怎么能够被知觉呢？一种形式只有在充实了内容之后，一种能力只有在运用了之后，才能被知觉到。所以时间本身并不规定哪个必须在前，哪个必须在后，而是在已经有事物被知觉到了，有在前和在后，那么这里头才体现出时间的这种相继性。时间本身对哪个在前哪个在后是无所谓的，因为如果不是有在前和在后的东西发生，它本身就不能被知觉到，本身没有什么特定的方向。"而在客体方面也不能在与时间的关系中仿佛经验性地规定何者在先、何者在后"，所以不仅时间本身对于哪个在前哪个在后是无所谓的，在客体方面

也是如此,在与时间的关系中也不能经验性地规定哪个在前哪个在后,就是说,如果没有范畴,单凭时间并不能客观地规定一个对象的前后。所以想象力的作用不足以规定一种时间上先后的客观的知识。

因而我只是意识到,我的想象力把一个置于前面,把另一个置于后面,而不是在客体中一个状态先行于另一个状态;

既然这种情况下是两可,以两种不同的方式都可以联结两种不同的状态,"因而我只是意识到",我的想象力把一个放在前面一个放在后面,而不是客体中的确定的因果关系。单凭想象力还不足以规定客观上哪个一定在前,那个一定在后,它是可以任意加以规定的。

B234　　换言之,通过单纯的知觉,相互继起的诸现象之**客观关系**仍然还是未定的。

单凭知觉,想象力也是对知觉进行主观的处理,通过单纯的知觉,我们不能确定那些相互继起的诸现象之间的客观关系究竟是怎么样的,这个还是未定的。所以你可以在主观里面用想象力来做游戏,我可以转动我的眼球,从左边看到右边,从右边看到左边,从上面看到下面,从下面看到上面,都可以,但是这不能说明在客观上,先看到的东西是先发生的,后看到的东西是后发生的,更不能说明你先看到的东西就是原因、后看到的东西就是结果这样一种客观的"关系",这都不一定。那只是主观想象力的游戏,那只是主观的知觉在自己的任意的设想中在时间中经历了这样一个过程,但并不是客观的过程。

为了使这种关系被视为确定的,两种状态之间的这个关系必须这样来设想,即通过它,两种状态中何者必须置于前面,何者必须置于后面,而不是相反,这被规定为必然的。

这样一种关系,如果要能被视为确定的,也就是不可改变的、客观的,如果你先看到的东西和后看到的东西有一种确定的关系,那么这两种状态之间的关系就必须这样来设想:即通过它,也即是通过这种关系,两种状态中哪一个必须置于前面,哪一个必须置于后面,而不是相反。必须把一个看作是原因,另外一个看作是结果,不能倒因为果。

　　但是,带有综合统一的必然性的这个概念只能是一个纯粹知性概念,它并不处于知觉之中,而在此它就是**因果关系**的概念,

　　现在设想"带有综合统一的必然性"这样一个概念,这就不仅仅是想象力的综合活动所能产生的了,这就是一个概念了,而且只能是一个纯粹知性概念,即范畴。当你要把一个东西看作是客观的时候,就必须引入一个纯粹知性概念,而这个概念不处于知觉之中。这种概念是知觉不到的。所以难怪休谟在他的知觉里面找来找去找不到因果性这个概念,于是他认为一切都是偶然的,一切都是习惯,我们本来也完全可以倒因为果,但是因为习惯了,所以一般就想不到去倒因为果了,其实倒因为果也是可能的。由于休谟只在知觉里面转来转去,所以他最后否定了因果性这个概念。而康德呢认为,这样一个概念并不处在知觉之中,在知觉中找不到因果性这个概念,这一点康德和休谟是一样的;但是它是一个知性概念,没有这个知性概念还不行,你要把一个东西看作是客观的,就必须要引入一个知性概念才行。

　　在这种关系中,原因在时间中把结果规定为接续而来的东西,而不是规定为某种单是在想象中有可能先行(或者任何地方都不可能知觉到)的东西。

　　在因果关系中,原因把从时间上说接续而来的东西规定为结果,原因规定了后面继起的结果,"而不是规定为某种单是在想象中有可能先行的东西"。按照休谟的观点,结果很有可能是先行的,单凭想象力什么东西都是可能想象到的,我可以把结果想象成先于原因,完全可能的。习惯上我把原因看作是先行于结果的,但是从原则上讲我也可以把结果看作是先行于原因的。但是在这里,由于有了因果性的概念,那么我就不能够把结果规定为在想象中有可能先行的东西。括号里有个说明:或者是任何地方都不可能知觉到的东西。这是讲,原因规定了后面接续而来的东西,肯定有一个接续而来的东西,而不可能没有结果,不是规定为在

时间中任何地方都找不到的东西，那就是原因把结果规定为非经验的东西，或者不存在的东西了，这也就会意味着有一个原因但是没有结果，但这个是不可能的。任何事物的变化都会有它的结果，有原因就会有结果，不是这个结果就是那个结果，总是可以在时间中找得到的。如果说一个结果任何地方都不能找到、知觉到，那是不可能的。任何事情肯定都是有后果的，不可能做了一件事情没有后果。凡是原因都有其结果，当然凡是结果也有它的原因。最后一句，

所以甚至经验、也就是关于现象的经验性的知识，也只有通过我们把现象的接续、因而把一切变化从属于因果律之下，才是可能的；

前面是讲的因果关系的概念，因果关系的概念是用来把知觉到的状态规定为一种客观的关系的，那么既然是一种客观的关系，我们就可以从中获得经验、获得知识了。所以这里说，"甚至经验、也就是关于现象的经验性的知识"，只有在我们把"现象的接续、因而把一切变化从属于因果律之下"的情况下才是可能的。这就是说，把时间中的知觉状态的关系规定为一种客观的关系，规定为一种必然的关系，需要那些条件，需要因果性范畴。从因果性的规律里面，康德最终要推出的就是经验知识的可能性，因果性的经验知识何以可能。因果性的知识是最重要的一种知识，我们所有的自然科学的知识，绝大部分都是关于自然界的因果联系的知识。所以，"关于现象的经验性的知识，也只有通过我们把现象的接续、因而把一切变化从属于因果律之下，才是可能的"，因果范畴以及由它建立起来的因果律是我们的知识之所以可能的条件。

因此现象本身作为经验的对象，也只有按照同一个因果律才是可能的。

关于现象的因果性知识，只有借助因果律才是可能的；现象本身，作为经验的对象，也同样只有按照因果律才是可能的。这个地方有一个进一步的层次关系。康德讲到经验的条件就是经验对象的条件，因为这个对象在这里不是物自体，所谓经验的对象就是现象，而这个对象是由主

体所建立起来的对象，所以我们在认识对象的时候关于认识本身的知识其实就是经验对象的结构。我们对经验对象的知识的结构，就是经验对象本身的结构。因为经验对象不是物自体，无非是现象，是我们建立起来的。我们把先天的知识，把先天的范畴、时间空间这样一些先天直观形式，加到经验的材料里面去，才构成了这个经验对象。我们对这个对象的知识就是依赖于这些先天形式怎样结合起来的知识的。所以，最后一句话讲到，"现象本身作为经验的对象，也只有按照同一个因果律才是可能的"。因果律这一原理不仅仅是我们用以把握知识对象的原理，而且是对象本身得以构成的一条原理。因为这个对象是我们所建立的，是主体所建立的，所以对象和关于对象的知识是同一的。在这个意义上，思维和存在是同一的。所以因果律一方面是思维的前提，一方面是存在的前提，也就是经验对象的前提。经验对象也是这样构成的，不是说我去认识那个对象，只是（运用）我们主观的一种结构（到客观的对象之上），对象似乎是一个物自体，不以我的主观为转移，那样一个对象在康德看来是不可认识的，凡是可以认识的对象都是已经被我们的主体所建立起来了的。我们怎样建立对象，也就是我们怎样认识它；我们怎样认识对象，也就是我们怎样建立它。所以不是我们的观念符合对象，而是对象符合我们的观念，对象的结构是按照我们的认识结构形成的。

我们来看下面这一段。康德说，

<u>对现象的杂多的领会总是承继性的。</u>

这在上一段已经说到了，就是现象的杂多的领会总是在时间中的，任何情况之下都是如此，不管是主观的领会，还是把它看作一个客观对象。经验中的杂多的东西、知觉，总是一个接一个在我们的意识里流过。

<u>各部分的表象相互接续。</u>

这是重复前一句话的意思，各种各样的表象，一个接一个地连续着。下一句话就不同了，

这些表象是否在对象中也相继而来，这是反思的第二点，它是不包含在第一点之中的。

也就是说，前面两句话讲的是第一点，我们在现象的杂多中所领会到的知觉的表象总是一个接一个地处于时间的相继性之中，那么，这些表象是不是在对象中也是相继而来的呢？要探讨这个问题，光凭前面的说明就不够了。前面一个呢只是主观地在我们的内感官中，我们可以确定有一个时间的承继，但是这个承继在客观上是否也是如此？这是第二个问题。而这样一个问题是不包含在第一点之中的，我们不能凭借第一点就确定第二点，不能够从第一点就分析地推出它的第二点。如果是那样的话，那就是一种独断了。休谟的贡献就在这一点，揭示出凭借主观感知上的相继不能确定客观上事物本身也是前后相继的。我们接受一个表象"太阳晒"，又接受一个表象"石头热了"，我们只能够说我们感觉到先有太阳晒，然后有石头热，但是我们绝不能由此断定太阳晒是石头热的原因，而且把这种关系看作是必然的、不能颠倒的，这个是推不出来的。所以这是反思的第二点，是不包含在第一点中的。我们反思，我们进一步地去想这样一个领会的过程的时候有第二个层次，我们要确定在对象中是否也有一种相继的关系，这个时候我们就会发现这是两个不同的层次。

现在，我们虽然可以把一切东西、甚至每个表象，只要意识到了，都称之为客体；

就是说，一般说来，我们可以把每一个表象，只要在意识中出现，都可以称作为客体。这个在胡塞尔的现象学里面就是这样讲的，胡塞尔认为一切意识都有它的对象，所谓"意向对象"，意向性有它的意向对象，只要我意识到了的东西，哪怕它不存在，也可以当作一个意向对象来看。胡塞尔把这一点大大地发挥了，我意识到的有意义的东西都是我的意向对象，哪怕是自相矛盾的东西，只要我理解了它的意思，那它就可以成为我的对象。幻想的东西、不存在的东西，都可以成为我的对象。但这个不是康德的意思。康德讲，"虽然可以把一切东西、甚至每个表象，只要意识到了，都称之为客体，"

　　<u>但是这个词在现象中，不从现象（作为表象）就是客体这方面说，而是就它们只是标志一个客体而言，应当表示什么意思，这是有更深的讲究的。</u>　**B235**

　　康德把一般讲的凡是意识到的都有它的对象这样一种说法看作是通常的、日常的意思，实际上也就是休谟的意思。休谟的意思就是说，包括贝克莱也是这个意思：我们所讲的对象就是所意识到的对象，"存在就是被感知"，我们所讲的存在就是我们意识到的东西，我们感知到的东西。我们把它命名为存在，或者客体，实际上我们只是把我们意识到的对象、感觉到东西称之为对象而已，称之为存在而已。"但是这个词在现象中，不从现象（作为表象）就是客体这方面说"，现象作为表象就是客体，这就是前述的观点：把现象本身当作客体，把作为表象的现象本身当作客体来看待，凡是出现了的一种表象，我就把它看作客体；但现在如果不从这方面来说，而是从另一方面，"就它们只是标志一个客体而言，应当表示什么意思"，就是这些现象、这些表象，应当标志着一个客体，应当是一个客体的标志。我们的现象本身，不把它看作客体，而是看作某一个真正客观的客体的标志、一个客观对象的标志，我们从这些表象上面发现了一个客体。从这个意思上来看，它们应当表示什么意思，"这是有更深的讲究的"。康德在这里把经验派的那样一种观点撇开了，就是一切知觉到的表象都称之为客体。当然任何表象我们都可以把它当客体看，一个概念、一个抽象概念、一个理念、一个幻想，我们都可以把它当客体来看。但康德这里不是这个意思，康德这里是说，我们所接收到的杂多的表象，应该是对某个客体的一种标志，那么就涉及到了主客体的关系了，思维和存在的关系了，这就有更深的讲究了，是一种形而上的、认识论的层次，而不只是心理学的层次了。像休谟、贝克莱的观点，实际上是降到了心理学的层次，心理学上当然可以把我们的心理上的任何表象当

作对象看待、研究。但是要认识主客体的、思维和存在之间的一种关系，那就必须有更深的讲究。

只要现象仅仅作为诸表象而同时就是意识的对象，那么它们就与想象力的综合中的领会即接受完全没有什么区别，这样我们就必须说：现象的杂多在内心总是相继产生的。

这句话讲的，还是经验派，像休谟、贝克莱他们的观点。"只要现象仅仅作为诸表象而同时就是意识的对象"，现象本身你就把它看作一个对象，它也是一个对象。"那么它们就与想象力的综合中的领会即接受完全没有什么区别"，经验派尤其是休谟，认为人的意识完全就是被动地接受一些杂多的东西，然后把它们当作对象，凡是接受进来的我都可以把它当作对象来进行考察。在这种情况下，"它们就与想象力的综合中的领会即接受完全没有什么区别"，"想象力的综合中的领会即接受"，因为领会也是一种接受。这样一种接受也是一种综合，通过想象力的综合中的领会，也就是经过想象的联结以后。接受本身有两个层次，一个层次呢就是简单地把知觉印象接受下来，第二个层次就是想象力把接受下来的单个的知觉印象联结起来。就是在时间中，通过回忆，把每一个瞬间联结成一个整体，把刚才一个瞬间和现在一个瞬间联系起来考虑，就可以意识到我接受了一个红色，它持续了两秒钟。不是说前一秒钟是这个红色，这一秒钟是另一个红色，而是同一个红色持续了两秒钟，那么这个持续就需要想象力的综合才能完成。所以接受有两个层次，想象力的综合的领会也是一种接受，或者也可以说是简单的直观地接受的条件，就是说必须要有联结，没有联结，人的任何知觉都不可能。那么按照休谟的观点，这种联结就是一种心理学的现象，所有在内感官中出现的东西都是通过主观的联结，或者说联想，来构成一个整体的。既然在时间中一切表象都是通过我们想象力的联结才被我们所接受到，那么我们就必须说"现象的杂多在内心总是相继产生的"。没有这种相继的联结，它就不可能产生，任何杂多都不可能出现，凡是出现都已经连接了。这样一种联结，我们也把它称为对象。"只要现象仅仅作为诸表象而同时就是意识的对象"，这种意识的对象，实际上跟我们想象力的接受完全没什么区别。如果按照休谟的解释，现象作为诸表象就是我们意识的对象，而所谓意识的对象就是这个意思，没有别的意思，那么这些意识的对象就跟我们主观中的想象力的综合的领会、接受没有任何区别。那就是联想，所有的对象都是联想、习惯性的联想所产生的，这就是休谟的观点。按照这种观点，就不存在什么客观的对象了，因为我们之所以把它们称作对象，只是因为它们出现在我们的想象力之中，出现在我们的主观联想之中。但这样一来，实际上真正的对象是不存在了，我们通常理解的认识的对象就不存在了，只有想象的对象。客观的对象都不存在了，只有主观的对象了。那么这样一种对象，总是相继产生的，现象的杂多在内心总是相继产生的，总是主观上在时间中相继产生的。你把它称之为对象也好，称之为想象也好，甚至称之为幻想也好，没什么区别，都是在时间中相继产生的。一个对象可以相继产生，一个因果关系可以相继产生，一个胡思乱想也可以相继产生，这个没有什么区别。所以，科学的根基就被动摇了。这是康德按照休谟的观点作了这样一种分析。他认为如果这样理解对象，休谟他们做的确实是对的。如果现象本身就被看作对象，如果对象就作这样一种理解，在意识中出现的东西都可以被称之为对象，那么休谟就是对的。

假如现象就是自在之物本身，那就会没有人能够从关于它们的杂多的表象之前后相继而估量出，这种杂多在客体中将会如何联结。

这是休谟的反面，也是休谟所批判的。如果你把现象看作自在之物本身，那么按照休谟的观点，"那就会没有人能够从关于它们的杂多的表象之前后相继而估量出，这种杂多在客体中将会如何联结"。这是休谟对自在之物的一种批判，也可以说表达了康德的观点，在这一点上康德是同意休谟的。就是如果你把现象看作是自在之物本身，或者看作是自在之物本身那样的，那么就没有人能够从关于它们，即关于这些现象的杂多的表象的前后相继中，而推测这种杂多在客体中是否也是这样前后相继。休谟的批评就是这样的。我们所看到的，只是一个太阳晒在前，一个石头热在后，这样一些杂多的表象，但是我们看不到它们在自在之物里面的联结。你怎么能够断言，所看到的就是自在之物呢？这些杂多在客体中如何联结，客观的太阳和客观的石头将会如何联结，这个我们看不出来。所以现象不能等同于自在之物，从现象在表象中如何前后相继，不能知道这杂多在客体中如何联结。客体中有没有这种联结，我们都不知道。不能因为我们能在表象中把两个杂多的东西联结起来，就断言它们在客体中也是联结起来的，这就是把现象混同于自在之物了。这会面临这样一种困境，这是休谟指出来的。休谟的功劳就是把现象和自在之物分开，我们所看到不是自在之物，我们所看到的只是现象；如果你要把现象看作自在之物，那么我就要问在现象中所看到的是否就是在自在之物本身的联结；如果你说是的，那么你凭什么断言它是的，你所看到的杂多之物何以就是自在之物的呈现、本身的联结？

　　因为我们毕竟只是在和我们的表象打交道；

　　这还是休谟的口气，我们所看的只是我们的印象和知觉，除此而外我们什么都不知道，我们能够与之发生关系的就是我们的表象，

　　自在之物本身（不考虑它们用来刺激我们的那些表象）会是怎样的，这完全超越我们的知识范围之外。

　　如果不考虑自在之物用来刺激我们的那些表象，自在之物本身会是怎样的，我们是不能认识到的，这就是康德口气了。休谟连有没有自在之物都怀疑，而康德认为有一个自在之物，只是我们不能认识它。我们只能认识它用来刺激我们的表象，自在之物通过这些表象来刺激我们，实际上应该反过来说，通过刺激我们而引起那些表象，而使这些表象展示在我们面前、站在我们面前。但康德这里的表述是"用来刺激我们的那些表象"，就是说如果你把自在之物看作实有其事，那么它是通过表象来刺激我们，从而使我们知道它的存在的，这个地方是这个意思。这个

232

地方康德的表述跟别的地方不太一样。撇开我们的表象，撇开这些知觉和印象，自在之物本身是怎样的，这完全超越我们的知识范围之外，因为我们不能直接跟自在之物打交道。我们关于自在之物所知道的只有一点，就是我们所有的知觉和印象都是它刺激我们所产生的，只知道这个，知道有一个自在之物存在，但关于这个自在之物究竟是怎么样的，这越出了我们的知识范围。

即使现象不是自在之物本身，却仍然是唯一能给我们来认识的东西，那么我们应该指出，既然杂多的表象在领会中总是前后相继的，应把怎样一种时间中的联结归于现象本身上的杂多。

前面排除了把现象就看作是自在之物，再往前是排除了现象在内心的联结就是客体，或者说凡是现象本身就是客体，这也排除了，这只是心理学的探讨。要探讨真正的对象，还要有更深的讲究。认为现象作为诸表象同时就是意识的对象，这是休谟的观点，凡是意识到的都是我们的对象。这一点被排除了，这是第一种情况。第二种情况就是把现象假定为自在之物本身，这也不能解决认识对象的问题，因为自在之物不可认识。这两种情况呢，一种是经验派的观点，另一种是理性派的观点，经验派把表象本身当作对象来看待，理性派把表象看作是反映了自在之物的对象，这两种观点都不能解决这里的问题。那么现在讲的是第三种观点，"即使现象不是自在之物本身，却仍然是唯一能给我们来认识的东西"，这就是康德的观点。"现象不是自在之物本身"，这就反驳了理性派的独断论；却还是"唯一能给我们来认识的东西"，这是反驳了经验论。经验论认为既然现象不是自在之物，那么就不能给我们带来真正的知识；康德却认为，"即使现象不是自在之物本身，却仍然是唯一能给我们来认识的东西"。在这种情况之下，"那么我们应该指出，既然杂多的表象在领会中总是前后相继的，应把怎样一种时间中的联结归于现象本身上的杂多"。在康德这样一种思路上面，走的是一条中间的路线、调和的路线。"既然杂多的表象在领会中总是前后相继的"，就像经验派所讲的那样，这些

233

表象不管是主观的、还是客观的，总是前后相继的，没有办法把主观和客观区别开来，它在领会中总是前后相继的，你怎么可能凭借前后相继来断言它是主观的还是客观的呢？它在领会中也可以说都是主观的，从里面区分不出一种客观的前后相继。那么我们就应该指出，"应把怎样一种时间中的联结归于现象本身上的杂多"。这里的问题是，既然总是前后相继的，我们应该怎样把其中的主观相继和客观相继区别开来，把一种时间中的联结归于"现象本身上的杂多"，而不仅仅是我们主观的联结。"现象本身"这个词很有意思。现象本身不是自在之物，但是又不是一种仅仅主观任意的联结，它显现出来了；这个显现并不是任意的，而是能体现"现象本身上的杂多"。现象本身这个概念是介于现象作为一种主观的显现以及现象作为一种认识的对象这两者之间的。现象本身不是物自体，但是也不仅仅是我们所以为的现象，不是现象向我们呈现出来的主观的表象，那种心理学上的对象；它还是被当作一个客观对象来看待的，现象本身有它的杂多的存在。这个概念在这个地方非常关键。我们应该把怎样一种时间中的联结，不仅仅是归结为主观表象的领会，而是归结为"现象本身"，这个还是一个问题。按照康德的思路，现象不是自在之物却仍然是唯一能给我们来认识的东西，这种情况下我们的任务是做什么呢？我们的任务就是要指出来，杂多的表象在领会中总是前后相继的，那么在这种总是前后相继里面，有怎样一种前后相继应该归于现象本身，也就是归于作为客观对象的现象，既不是作为自在之物的现象，也不是主观显现的那种现象。也就是怎么样使现象本身具有时间上的客观性，使这种联结具有一种前后必然的、而不是主观任意的客观性质。下面举了一个例子，

例如，立于我面前的一栋房子，对于它的现象中杂多的领会是前后相继的。

立在我面前的一栋房子，那么对于它的现象中杂多的领会是前后相继的，因为不管我怎么领会它，都是在时间中领会它，时间中房子的这些

杂多的表象总是前后相继的。不管我怎样去看它，不管我偶然看到的是哪一部分，这一部分都并不是在客观上先于其他哪一部分的，但是在时间中总是前后相继的。你总是要先看一部分吧。看一栋房子，立在你面前，总是会先看一部分，再看另一部分，不可能把它一眼尽收眼底，必须从一部分一部分看起，那么这样一部分一部分看起，这些杂多的表象总是前后相继的。

现在要问：这房子本身的杂多是否也自行前后相继呢？这一点当然是不会有人承认的。

我们看它的时候总是前后相继地来看，但是这房子本身是否也是如此，房子的各部分是不是也是先有这部分，再有那部分呢，这一点当然是不会有人承认的。没有人会承认这一点。看一栋房子的时候，我们是前后相继地看它的，不能说明房子本身的各部分也是前后相继地存在的，或者相继产生的。尽管我们的表象是先后产生的，房子的各个部分并不是先后产生的。

但现在，一旦我把我关于一个对象的概念一直提升到先验的含义上，B236 这房子就根本不是什么自在之物本身，而只是一个现象，即一个表象，它的先验对象是未知的；

房子本身的杂多并不随着我的看自行前后相继，但现在"一旦我把我关于一个对象的概念一直提升到先验的含义上"，也就是从先验的角度来看它，排除了它的一切杂多、一切经验的内容，单从一个先验对象的概念来看一个对象，这样来理解的话，"这房子就根本不是什么自在之物本身"，不是这么一个先验的实在对象。如果我把对象概念提升到先验的层面上，那么这个房子的先验的对象就是根本不可知的了，我们所知的房子不是自在之物，而只是一个现象，这房子就是杂多，就是我看到的这个房子。我看到的房子前后相继，不能说明房子本身自在地也在前后相继，因为这房子不是什么自在之物，它只是一个现象，"即一个表象，它的先验对象是未知的"。如果我把对象的概念从先验的角度来理解，那么我对这个房子究竟是否前后相继是没有办法来做断言的。而现在我们却断言，房子的杂多不会是前后相继的，这个是根据什么呢？显然不是根据自在之物，不是根据一个先验的对象。所以，下面就接着问了，

那么，我如何理解这个问题：在现象本身（但并非自在的东西本身）中杂多如何有可能被联结起来？

这句问话是关键性的。这是说，房子的各个部分的客观的关系，既不服从我在主观中呈现出来的、在想象力中前后相继的时间关系，我的主观的时间关系不等于房子在客观上的时间关系；同时也不是物自体，房子本身的客观的关系也不是自在之物的，不能当作一种先验的对象来设想，房子作为客观的对象也不能当作先验的对象来设想，如果那样来设想的话，房子本身是不可知的。那么房子客观的情况究竟怎么样，就永远不可知了，那就像休谟所讲的那样，我们只知道我们的主观中有一种习惯性的联想，而不可能知道房子到底是怎么样的。房子既不是主观中的现象，也不是客观的自在之物，那么我们现在就要问了，"在现象本身"，注意这个现象本身，而且括号里面是"但并非自在的东西本身"，现象本身不等于自在之物本身，但是现象本身也不等于主观显现出来的现象，而只是现象本身，"在现象本身中杂多如何有可能被联结起来？"在这个中间层次，既不是主观的，又不是绝对的客观的，是处于主观现象和自在之物之间的，也就是客观现象。客观现象就是现象本身，在这样一个中间的层次上面，杂多如何有可能被联结，也就是现象本身作为一个被联结起来的对象如何可能？这是关键的问题。现象本身作为一个被联结的对象，作为一个被认识的对象，是如何可能的。

在这里，处于相继的领会中的东西被看作是表象，而被给予我的现象，虽然不过是这些表象的总和，却被看作这些表象的对象，我从领会的这些表象中抽出的概念应当与该对象相符合。

这是进一步的解释。在这里，"处于相继的领会中的东西"被看作是一些主观的表象，主观出现的印象、知觉、感觉等等一些表象。"被给予

236

我的现象,虽然不过是这些表象的总和,却被看作这些表象的对象",被给予我的现象不过是这些表象的总和而已,在相继领会中、在时间中流逝的这样一些表象,这样一些意识之流、表象之流,就构成了现象,但是这些现象却被看作是"这些表象的对象"。表象本身是主观的,现象就是这些表象的总和,按道理现象就该也是主观的,但是却被看成这些表象的"对象"。对于这个对象,"我从领会的这些表象中抽出的概念应当与该对象相符合"。我从领会的表象中抽出一个概念,比如说房子,我看到它的颜色、它的砖、它的瓦,等等,我从这些表象中抽出一个概念,或者说我把它们概括起来,叫作是房子,房子这个概念,应当与这个对象相符合,应当与房子本身相符合,应当与房子作为一个客观对象相符合。而这是如何可能的? 问题就在这里。我如何能把这些主观表象的总和设定为一个对象,而我从这些表象抽出的概念与这个对象相符合,这是如何可能的? 实际上还是在谈这个问题,现象本身的杂多如何有可能被联结起来,现象作为被联结起来的对象如何可能。康德把这个如何可能归结到概念与对象相符合的公式。概念与对象相符合这个公式是来自亚里士多德的,就是对真理的定义。什么是真理? 真理就是观念和对象相符合。所以这一句话就是要把前面的问题归结到关于真理的问题。

　　立刻可以看出,由于知识和客体的一致即是真理,

　　"知识和客体的一致即是真理"是亚里士多德的规定,知识和客体的一致,概念和客体的一致,观念和客体的一致,这都是一个意思,由于知识和客体的一致即是真理,

　　在这里所能探究的只是经验性真理的形式条件,

　　如何理解这概念应当与该对象相符合呢? 立刻就能看出来,这里探讨的就是"经验性真理的形式条件"的问题。在康德看来,真正的真理必须是经验性的,因为是跟对象相符合,对象提供了经验性的材料;那么有了质料还要有形式,还要有形式条件。现在的问题是,经验性的材料已经提供出来了,就是那些杂多的表象,通过想象力的综合而领会到的,那

么这些表象如何能够成为一个对象,以便我们的知识能够和它相符合呢,那就还需要有它的形式,所以需要寻求对象何以可能的形式条件。

而现象在与领会的表象的对立关系中,只有以这种方式才能被表现为与表象不同的、诸表象的客体,

"现象在与领会的表象的对立关系中",现象在这个地方可以理解成"现象本身",即作为对象的现象。作为对象的现象在与领会的表象,也就是那些主观的表象的"对立关系中",也就是客观的现象与主观的表象有一种对立的关系。虽然现象不过是这些表象的总和构成起来的,但是我们还是把它看作是一个对象,看作是这些表象的一个对象,看作不仅仅是这些表象的一种机械的相加,而是看作组成了一个对象的,它与主观的表象是处于对立之中的。我们所接受的表象是主观的,但是由这些表象所构成的这些现象,我们把它看作是客观的。这如何可能呢?"只有以这种方式才能被表现为与表象不同的、诸表象的客体",现象被表现为与主观的表象不同的客观的客体,通过什么方式呢?只能是这样一种方式,

即:该现象从属于某条使之与任何别的领会相区别的规则,这规则使杂多联结的**一种**方式成为必然的。

也就是说,只有以这种方式,现象才能被表现为与主观的表象不同的一种客观的客体,不同就在于现象不再是主观的了,而被理解成客观的了。这种方式是,现象从属于某条规则,而这种规则使它"与任何别的领会相区别"。领会本来都是一样的,不管是对主观事物的领会,还是对客观事物的领会,我在直观中接受表象,那都是被动的接受,在被动的接受中,还没有区分出来哪些是主观的,哪些是客观的。但是在这个地方已经开始有了不同,就是这种规则使得现象有了不同的特点。现象里面如果有一条规则,那么就会使它和别的领会,和没有引入这条规则的领会有所区别了,没有这条规则的其他领会都可以看作是主观的。我看一栋房子的时候,可以任意地从这头看到那头,从那头看到这头,我可以偶

然的碰到了这一头，或者碰到了那一头，这些东西虽然都在时间中前后相继，但里面没有一条规则，所以它是主观的。但是如果我引入一条规则，使现象从属于它之下，那么这样的现象就与别的领会有了区别了，就不同于其他那些主观的现象。"这规则使杂多联结的一种方式成为必然的"，杂多联接本来可以有很多方式，可以这样联结，也可以那样联结，我可以把这个放在前面，也可以把那个放在前面，但是有了这条规则就使杂多联结的"一种"方式成为了必然的，只能这样联结。就像康德后面所举的例子，一艘船从上游到下游，在这个时候只可能有一种联结是必然的，就是先是船在上游，然后船到了下游，这不是我主观上随意看的。一栋房子我怎么看都可以，但是一艘船我只能先看到它在上游，再看到它在下游，不可能先看到它在下游，然后又流到上游去了，因为水往低处流。这个时候就有一种前后相继的必然联结，唯一的联结就是船从上游到下游，所以这个规则就"使杂多联结的一种方式成为必然的"。最后，

<u>在现象中包含有领会的这一必然规则之条件的那个东西，就是客体。</u>

这就点出了康德所意想中要说明的客体，既不是自在之物，也不是意识到的东西都是客体，而是处于这两者之间的，在意识的表象中引入了一条规则的这样一个客体，使现象在一条规则之下构成起来的那样一个客体。它既不是自在之物，也不是未构成起来的原始、朴素的那些知觉、印象，而是通过把这些知觉印象用一条规则构成起来之后得来的客体。所以，"在现象中包含有领会的这一必然规则之条件的那个东西，就是客体"，就是说我把现象本身当作一个客体，那么这个客体之下肯定包含一个规则，正是这个规则使现象被作为客体来看待。"那个东西"就是客体，由自我意识的先验综合在现象中所建立起来的那个对象，就是包含有领会的必然规则、包含有各种表象的必然规则的条件的"那个东西"。

下面一段，根据前面的讨论，应该算是比较明白的。其实有许多问题我们前面已经讨论到了，而且已经讨论的比较深入了。康德就是一步步深入的。

现在让我们深入我们的课题。

现在正式进入对因果性的证明了。

某物发生了，亦即某物或某种以前还没有的状态形成了，

发生这个概念对理解因果性来说是非常重要的。凡是发生的事情都有原因，这是根据因果性而来的一条先天综合判断。发生的事情里面本来没有包含原因的概念，这不是一个分析判断，但是我们可以完全先天地把一个原因加到一个发生的事情上面去，所以它是先天综合判断。这个地方是探讨"发生"是怎么回事。某物发生了，这里对"发生"作了这样一个规定，也可以说是一个定义，就是"某物或某种以前还没有的状态形成了"。康德接着说，

这一点并不能被经验性地知觉到，如果不是有一个不包含这一状态的现象先行发生的话，

这句话的翻译在《纯粹理性批判》的全译本中有一些调整："这一点如果不是有一个不包含这一状态的现象先行发生的话，并不能被经验性地知觉到"，这样更符合中文的表达习惯一些。就是说某物发生这一点，如果不是有一个不包含这一状态的现象先行发生的话，并不能被经验性地知觉到。我们之所以能经验到某物发生了，是因为有一个不包含该状态的现象在先发生。以前没有，现在才发生了，这样我们才能知觉到。以前虽然没有，但是有另外一个现象，这另外一个现象不包含目前发生的这个事物。什么叫发生呢，就是有一个以前还没有的状态已经形成起来，那么这意味着以前也有一个状态，但这个状态里面没有现在这样一个状态。下面进一步的解释就比较抽象一些，

B237　　　因为一种紧跟一个空的时间的现实性，因而一个以前没有任何事物状态先行的产生，正如一个空的时间一样，是无法领会的。

这是说，如果我们设想一下，一个现实的发生，它前面是一个空的时间，一个没有任何现象发生的时间，接着它就发生了，"因而一个以前没有任何事物状态先行的产生，正如一个空的时间一样，是无法领会的"，

这是没办法去设想的。如果你设想一个现象发生了，它前面又没有任何其他的事物，没有一个不包含这一现象的事物，它却能够发生，这样一种情况能设想吗？不能设想，无法领会，这正如一个空的时间无法领会，一个里面什么事情也没有发生的时间本身无法领会一样。我们设想一下，一个空的时间意味着什么呢，意味着以前的事情我都忘记了，没有任何事情在以前了，我知道有以前，但是以前全都忘记了，没有任何记得起来的事件，只是抽象地断言，以前还有时间，只是我不在场，既然不在场，怎么能断言一个事情是发生了呢，怎么能断言它以前就不存在，只是现在才发生了呢？我们可以设想一个失去记忆的人，突然被救活了，他以前的事情什么都不知道了，这个时候他的第一个印象产生了，他就以为这个印象从来如此，从来都是这样的，他就不会意识到这个印象是现在才产生的，他会以为这个印象不是产生的，就是天经地义的。所以，如果已经有了一个印象，而前面是一片空白，这个印象就不能理解为产生。要理解为产生就必须要有一个时间中各种印象交替，现在跟刚才已经不一样了，那么才能够领会到这个事情是产生出来的。"正如一个空的时间一样，是无法领会的"，空的时间怎么领会，没有任何事情发生时间本身是无法领会的。我们领会到时间都是在具体事件的更替中才领会到的，在具体事物的交替过程中我们才领会到一个时间。既然空的时间无法领会，你也不能设想一个发生的事情是跟着一个空的时间而来的，这也没办法领会。所有发生的事情都只有在发生的交替过程中才能得到领会。康德接着说，

　　所以对一个事件的任何领会都是跟着另一个领会的知觉。但由于这是在所有的对领会的综合中都出现的情况，正如我上面在一所房子的现象上所指出的那样，所以这还没有把这个现象和别的现象区别开来。

　　对任何一个事物，你要领会它，你要接受到它，实际上都是有另外一个知觉在前，这个知觉跟随在后，你才能把它领会下来，把它接受下来。也就是说，某物发生了，这里面有一个条件，就是在这个发生的知觉之前

有另外一个知觉，这是毫无疑问的。要领会到一件事情的发生，就必须要领会到在此之前的时间中有另外一个事件发生，而这个事件是跟那个事件不同的，那个事件是不包含这个事件在内的，这两个事件的交替才能使我们领会到某物的发生。但是，这样一个前提呢，只是某物发生的一个必要条件，但还不是充分条件。一个知觉跟着另外一个知觉，可以理解为某物发生了，但是也可以理解为某种主观任意的联想，所以，凭这一点不足以把某物发生和任意的联想区别开来。单凭不同的知觉在时间中相互交替、相互连续，不足以确定某物发生是什么意思。康德讲，"但由于这是在所有的对领会的综合中都出现的情况"，凡是领会都是这样的，都只有在知觉的交替中才能领会，都出现这种情况。在休谟的习惯性联想中也是这样出现的，联想也是一种不同的知觉跟着另外的知觉。"正如我上面在一所房子的现象上所指出的那样"，房子的现象也是这样的，我在房子上面可以从这里看到那里，也可以从那里看到这里，房子的杂多的那些表象相继地在我的内感官中出现，并不足以说明这些相互交替的表象本身有一种发生的关系。某物发生，指的是一种客观的关系，不是主观里面现象的出现，而是有一件事情产生了、出现了，不是我随意联想到的。所以"正如我上面在一所房子的现象上所指出的那样"，虽然有不同的知觉、表象在交替，但是并没有事情发生，不是说房子的左边从右边发生了，只是我从左边看到了右边而已。他讲，"所以这还没有把这个现象和别的现象区别开来"，"这个现象"就是指某物发生，"别的现象"就是指房子那样的现象，或者是一些主观的联想的现象，不足以把它们区别开来。要区别开来该怎么办呢？

　　不过我也注意到：当我在包含着一种发生的现象身上把先行的知觉状态称为 A，而把继起的状态称为 B，则 B 在领会中只能跟随在 A 之后，A 的知觉却不能跟随于 B 之后，而只能先行于 B。

　　这就是区别了。两种不同的情况，一种是房子的情况，一种是"我也注意到"有这样一种情况，在我的意识流里面，虽然都是一些领会的综合,一个知觉跟随着另外一个知觉,但是"在包含着一种发生的现象身上",先行的知觉状态和继起的知觉状态的先后秩序是不能颠倒的。如果我们把先行的知觉状态称为 A,而把继起的状态称为 B,则 B 在领会中只能跟随在 A 之后,A 的知觉也只能先行于 B,这样一个情况就与房子的情况是完全不同了。那么现在就要问了,这种情况何以可能? 下面康德举了一个例子来说明。前面是房子的例子,下面是船的例子。

例如我看到一艘船顺流而下。我对这艘船在这条河下游的位置的知觉是跟随在对它在上游的位置的知觉之后的,而不可能在领会这个现象时想要首先知觉到这艘船在下游,然后才知觉到它在上游。

这是前面的 A 和 B 的关系的具体说明,举例说明。一艘船顺流而下,我们只能够先知觉到它在上游,然后再知觉到它在下游,不能颠倒过来,如果颠倒过来的话,那是违背客观规律的。

所以在这里,知觉在领会中相继而来的秩序是规定了的,而领会就受到这一秩序的约束。

在这个船的例子里面呢,知觉在被领会的时候是相继而来,但是这个秩序,哪个在前,哪个在后,有个规定,有一种必然的规定,而我们的领会就受到这一秩序的约束,不能任意地随便而来。我总是先看到船在上游,再看到船在下游,里面有一个规律。但是反过来,

在前面那个关于房子的例子中,我的知觉在领会时可以从房顶开始,到底层结束,但也可以从底下开始,到上面结束,同样还可以从左边或从右边来领会经验性直观的杂多。　　　　　　　　　　　　　　B238

这是两个完全不同的例子,在这里作了一个鲜明的对比。在一只顺流而下的船那里,总是先在上游,然后在下游,不管怎么看,必须这样来领会,这是客观的。但是在房子的例子里,就不是客观的,房子左边右边,上边下边,你从那里看都行,或者你不作任何选择,碰到哪里算哪里,也都可以,所以这里是任意的、偶然的,可以随意调整的。当然在时间中肯定还是有一个在前,有一个在后,而且安排定了也是不可更改的,因为时

间一去不复返；只是我们知道我们可以选择任意的顺序来看，这是不一定的。这只是我主观里面知觉的一种偶然的次序，这个偶然可以是我随意选择的，也可以是我碰到的一次机会，无论如何，我都知道它本来可以不是这样的。当然实际上这也是一种相继性，因为一旦在时间中发生了，在主观中相继了，你也没办法再来一遍。实际上也是这样的。但是我们总还是以为，这个跟那个是不一样的。在观察房子的例子里面和在观察一艘船顺流而下的例子里面，两者之间有一种区别，这种区别不在于是不是在时间里面，不在于一旦发生了它是不是可以逆转，时间事实上当然不可逆转，但是原则上它有一种可能性，在客观的情况下是不可能逆转的，而在主观的情况下本来是可以不这样进行的，可以用别的方式来进行，这个就是主观和客观的区别了。

所以在这些知觉的系列中没有任何确定的秩序，可以使得我在领会中必须从哪里开始来经验性地联结杂多这一点成为必然的。

在房子这样的例子的知觉系列中，它也有一个知觉的系列，我从左边看到右边，等等，在这个系列中"没有任何确定的秩序"，按照这种秩序，可以使得我在领会中必然从哪里开始来经验性地联结杂多，没有这样一定要从哪里开始的必然秩序。在船顺流而下的例子里，我就只能从上游开始观察，水往低处流，这是必然规律，所以只能从上游往下游追寻船的踪迹，那么这就是一个客观地发生的事情。而对一个房子呢，我们没有这样一种必然性，我从这边看到那边，从那边看到这边，这都无所谓，所以房子的表象前后相继没有必然的秩序，只是主观中偶然的联结。

但在有关发生的事情的知觉这里，这一规则总是能遇到的，它使得相互继起的那些知觉（在对这一现象的领会中）的秩序成为**必然的**。

但是谈到发生的事情，知觉里面总是可以碰到这样一种规则。要理解一个发生的事情，里面总是有一个规则，什么规则呢？就是使得相互继起的那些知觉的秩序成为必然的这样一种规则，在任何发生的事情里面，都可以找到这样一条规则。所以如果没有这样一种规则的话，那么按休谟的观点，我们就不能说某件事情发生了，我们只能说在我看来好像某件事情发生了，或者说，一件事情跟着另一件事情之后，但是我不能说一件事情是因为某件事情而"发生"。因为太阳晒，所以石头热了，我不能这样说，我只能说，在太阳晒之后，跟着石头热了。但光这样说是没有必然性的，为什么太阳晒之后一定要有石头热呢，也许什么也没有跟着，也可能跟着别的东西，完全是一种习惯性的联想。我多次看到太阳晒石头热，最后我说太阳晒是石头热的原因。这是休谟的观点，摧毁了因果性，也摧毁了一切发生的事情的客观性，所以在休谟那里实际上没有任何东西发生，所发生的只是主观中的联想，主观中有一些知觉相继，仅此而已，那么我们对于客观的发生就没有办法加以认定了。

　　所以，在现在的情况下，我就不能不从现象的**客观相继**中推出领会的**主观的相继**来，因为否则那种主观相继就会是完全不确定的，也就不能把任何一个现象与另一个现象区别开来了。

　　"在现在的情况下"，原文是"在我们的情况下"、在我们的场合之下，我们翻译成"在现在的情况下"，这是承接上文，根据上面所介绍的情况，上面一段开头不是说"现在让我们深入我们的课题"吗？所以，在现在的情况下，这段话讲到一般的主观的相继那是任何情况之下都存在的，因为时间是内感官，一切外感官都要以内感官为接受的前提。要接受外部事物、大千世界，还得在时间中接受下来，一个个地接受，哪怕在空间中不是一个个相继的，我主观上肯定也是从这一部分到那一部分这样一个个地来相继接受。所以按照康德的先验感性论，一切外部事物的接受归根结底是在时间中、在意识流中进行的。那么这样一来好像一切事情都没有区别了，所有的东西都在时间中、意识流中被接受下来，如果我们停留于这一点，那么就像休谟讲的，一切都是在我们的主观印象知觉中流逝，客观上有没有什么确定的结构或前后相继，事件中有没有一个因果关系在里面，这个都没法确定。但是按照康德的说法，我们是可以把客观的相继和主观的相继区别开来的，比如说观察一栋房子我们可以看作是主观的相继，一艘船的顺流而下我们可以认为是客观的相继。于是在我们现在这种情况之下，也就是在一艘船从上游到下游的客观的相继的情况下，我们就只能够"从现象的客观相继中推出我们领会的主观相继来"。这是有区别的。一艘船的顺流而下和一栋房子的从这边看到那边，这两件事是有区别的。在一栋房子那里，我们可以不设定任何客观的相继，而把它看作只是主观任意的，但是从一艘船的顺流而下这里，我们不能不"从现象的客观相继中推出领会的主观的相继来"，否则的话"那种主观相继就会是完全不确定的，也就不能把任何一个现象与另一个现象区别开来了"，我们就会陷入到休谟的怀疑论，认为任何的客观相继都是我们主观的联想，都是我们在想象中认为它是相继的，但没有客观的根据。在我们的日常生活里面，一艘船的顺流而下是有客观根据的，这跟一栋房子的从左到右是完全不同的，一栋房子的从左到右的看完全是主观的。一艘船的顺流而下是由于有客观根据，所以我们主观中才会前后相继，我们是这样来考虑问题的。所以，这样的情况下，我们必须把它们区分开来，否则的话，假如主观的和客观的没有区别，一切客观的其实就是主观的，最后都要还原为内心的意识流，那么科学也就不成立了。这里是把休谟作为一个参照系，如果我们不承认在客观相继和主观相继中有一种区别，那么我们就会陷入到休谟的怀疑论。但是事实上我们是有区别的，我们知道，一艘船的顺流而下和一所房子的从左到右的看是不一样的。在船的情况下，我们必须从现象的客观相继中推出领会的主观相继来，我之所以先看到船在上游，后看到船在下游，我们把它归结到有一个客观的船只在顺流而下，我们推到这样一个原因，不是我们任意的，所以这种场合和房子的场合是大不一样的。

　　单是主观相继丝毫不能证明杂多在客体上的联结，因为它完全是随意的。

　　单单从主观相继出发，当然我们丝毫不能证明，杂多的现象在客体上有一种客观的联结，正如休谟所说的一样。休谟指出，我们单凭太阳晒石头热这样一个时间上的联结，不能证明是太阳晒热了石头，确实是这样，我们没有看到什么因果关系，我们只在主观的相继里面转来转去，因为它完全是随意的。如果把太阳晒石头热只是当作主观上的知觉印象的相继的话，那的确没有客观性，因为这种联结完全是随意的，可以把太阳晒联结到另外一个事实上，也可以把石头热联结到另外一个在先的事实，随便你去联结。太阳晒可以联结很多很多的事实，石头热也可以联结另外的很多很多的事实，这种情况之下，就没有什么客观性了。那么你要有客观性，我们日常的意思总觉得有客观性，这是从哪儿来的呢？我们总觉得，这样一种客观的领会跟主观的领会不同，这是从哪儿来的呢？康德的回答是：

所以客观的相继就在于现象之杂多的秩序，按照这个秩序，对一个（发生的）某物的领会是**根据一条规则**而跟随在对另一个（先行的）某物的领会之后的。

我们之所以把一个事物的前后相继看作不仅仅是主观的，而且是客观的，是因为"现象杂多的秩序"，按照这个秩序，对一个发生的事物的领会是"根据一条规则而跟随在对另一个（先行的）某物的领会之后的"。"根据一条规则"打了着重号。如果我们简化一下，我们就可以说，客观的相继就在于现象杂多的秩序是有规则的。对一个发生的某物的领会跟随在对一个先行的某物的领会之后，这就是一种秩序了，但是这种秩序呢是根据一条规则的。这条规则不是领会，这条规则单凭内心的领会，单凭知觉的前后相继，那是把握不到的。这里已经暗示了其实有一种范畴在里面起作用，只有范畴才能提供规则，领会、知觉是没有什么规则的，这只有习惯，但习惯不是规则。所以这里康德强调的是"根据一条规则"。

只有这样，我才能有权对现象本身、而不只是对我的领会说：在那里面有一个次序，

也就是只有根据一条规则，我才能有权对"现象本身"，——这个"现

象本身"又出现了,现象本身不等于物自体,但是也不等于现象所显现给我们的那些知觉的领会,现象本身是说这现象已经是一种客观的东西了,不仅仅是我的领会了,所以康德说,——"对现象本身、而不只是对我的领会说:在那里面有一个次序",这里现象已经被看作是一个对象了。"现象本身"这个词是很微妙的,现象不是事物本身,但是现象也有自己的本身。现象本身,我们把它当作一个对象,当作出现在我们面前的那个现象本身,而不是我们对现象的领会。其实在这里头有一些问题,康德在这里有一些模糊之处。现象本身,又不是我们的领会,但是实际上现象就是我们所领会到的东西,就是显现给我们的东西,只在我们的主观中出现,它并不在物自体身上出现,只是我们把它看作一个对象。我们把它看作一个对象的时候已经使用了一系列的范畴,是这些范畴才使现象成为了对象的,那么由范畴和领会结合起来的现象的对象就被他称之为现象本身。所以,这里康德说,"只有这样,我才能有权对现象本身、而不只是对我的领会说:在那里面有一个次序",

 而这也等于说:我不能以别的方式、而只能恰好在这一次序中来进行领会。

 只有这样,就是说只有把这条规则加到现象之上,加到杂多的东西身上,我才能有权"对现象本身、而不只是对我的领会",也就是我才有权对这样一个被看作了对象的现象说,"在那里面有一个次序"。这里头有一种循环论证了。只有当我把一个规则加到现象里面,这时候我才能对加入了规则的现象说:在现象里面有一个次序,也就是有一个规则——只有当我把规则加到现象,我才能说现象有规则,这不是循环论证吗?后来黑格尔多次批评康德的很多论证都是循环的,这里头也是有一种循环的关系。既然这里面有一个次序,这就相当于说"我不能以别的方式、而只能恰好在这一次序中来进行领会"。"我不能以别的方式",这也就是说里头有一种必然性,我只能够以这样一种次序来进行领会,所以这就不是我的任意的、习惯性的联想。习惯性的联想是偶然的,是没有必然性的，这是休谟所证明的。康德在这里想要证明的是，这样一种次序、规则，是有必然性的，我只能够在这样一个次序中来进行领会，不能以别的方式来进行领会。按照休谟，既然这是偶然的次序，当然可以用别的方式来领会，既然是习惯性的联想，我也可以不形成习惯，我也可以违背习惯、打破习惯。我可以习惯地认为一切发生的事情都有原因，我也可以打破习惯认为一切事情的发生都没有原因，一切原因都是假象，实际上没有。但是按照康德，这不是一种单纯的习惯，是一种规则、一种先天的规则，只能这样思想。当你要认识一个对象的时候，当你要把一个现象看作是对象的时候，你就必然要使用这些先天范畴，你才能够进行领会。否则的话，你的领会跟主观的任意的想象没有任何区别，而这是与我们的日常思维和科学思维的要求都不符合的，我们在认识中总还是想要把握一个对象的。休谟否认我们能够把握一个对象，那是他的事情，这一点如果休谟贯彻到底，那么没有任何人可以驳倒他，他是一个唯我论者，怎么驳倒他？康德也没有驳倒他，康德只是说，如果我们要把一个东西看作是有客观性的，我们该怎么做。康德并不是说，休谟你应该把一个东西看作是有客观性的，因为什么什么，他不是这样论证的。他不是针对休谟的主观唯心主义、彻底的唯我论、彻底的怀疑论，休谟在这点上是不可反驳的。休谟不可反驳，但是你可以不接受他，康德就是从一般人如果不接受休谟那么该怎么做（入手的）。如果你不接受休谟的前提，还是认为有一种客观性在那里，那么你如何保证这种客观性？当然在休谟看来，你并没有驳倒我，你这些东西在我看来都是没有根据的，我不把它看作是有客观根据的不就行了？一切都是我主观中的意识流，我只承认意识流，那康德也没办法。康德只好说，那你承认去吧，我们大家都不承认，我们大家承认还是有一个客观世界，所以我所要做的就是说明我们怎么样能把一个现象看作是客观的，那就必须要有一系列的范畴。

　　按照上一段的论证，我如何能够把一个现象主观的相继看作是客观的相继，如何能够把一个主观相继的现象和一个客观相继的现象区别开来，我们就必须要从客观的相继里面推出主观的相继来。那么如何能够把一个相继看作是客观的呢，就必须要有一条规则，按照这个次序，对某物的领会是根据一条规则跟随在对另外一个某物的领会之后的，这样我才有权对现象本身说，那里面有一个次序。现在就要强调这条规则了。

B239 　　所以，根据这样一条规则，在一般先行于一个事件的某物中必定有成为一条规则的条件，按照这条规则该事件总是必然地跟随在后；但反过来，我却不能从这个事件倒退回去，(通过领会) 去规定那个先行的某物。

　　这一段话要整体来看。"根据这样一条规则，在一般先行于一个事件的某物中必定有成为一条规则的条件"，就是说一般的在一个事件之前会有一个某物，在这个某物里面必定有成为一条规则的那个条件，也就是说必定有一个原因。任何一个事件发生了，那么必定在先行于它的某物中间有它的原因，这个原因成为一条规则，成为一条因果性的规则。所以，这两个事件，一个是我们所面对的事件，另外一个是先行于它的事件，这两个事件之间是有一条规则，在规定着它的先行和后继的。那么，"按照这条规则该事件总是必然地跟随在后；但反过来，我却不能从这个事件倒退回去"，也就是不能倒因为果。但康德在这里多次提到"一条规则"，却始终没有把"因果规则"明确点出来，就是要从我们日常的理解中把因果规则推出来。康德先不说因果规则，只是说必须要有一条规则，然后再一步步地让我们理解到没有因果规则不行。我们通常所认为的，有一个在先的事件，有一个在后的事件，在前面的事件里面一定有一个条件，从这个条件里面必然地会推出后面的事件。这个必然性表明在先的事件和在后的事件两者之间有一条规则，这规则我们怎么称呼它，这不重要，但是我们从他的分析里面可以看出来就是有这条规则。"按照这条规则该事件总是必然地跟随在后"，既然有规则，那么这个跟随在后就是必然的。"但反过来，我却不能从这个事件倒退回去，(通过领会)去规定那个先行的某物"，这就是通常所说的，不能倒因为果，不能把结果当作原因去规定先行的东西。先行的东西可以规定在后的东西，在后的东西却不可以规定在先的东西，我们要明白这一点。这是我们日常的意识都会承认的，这里头有一种规则。我们不能倒退回去，通过领会去规定先行的某物。因为先行的某物已经被领会过了，现在只能领会继起的东西，不能再去领会已经过去的东西，过去的东西已经流过了，不能领会了。哪怕你在回忆中领会已经过去的东西，也是在继起的时间中进行的，而不是真的回到了已经过去的时间中，那个领会已经过去了。所以我们不能通过领会去规定先行的某物，不能倒退回去。

因为任何现象都不从随后而来的时间点倒退回先前的时间点，但的确是和**某个先前的**时间点相关的；

在时间的流逝中，时间一去不复返了，时间中的现象都不会从随后而来的时间倒退回先前的时间点，但的确是和先前的某个时间点相关的。这个地方讲的是"任何现象"，一般来说任何现象都不会倒退回去，这好理解，不管是在主观的现象中，还是在客观的现象中，都是这样的。"但的确是和某个先前的时间点相关的"，就是说一切现象都不能倒退回去，这是时间的相继性决定了的，时间本身不能倒退，这个大家都能理解；但任何现象都和某个先前的时间点相关，这个就不是那么明确的了。因为已经过去的东西，我们不能回到过去，但是又要和某个先前的时间点相关，也就是任何现象其实都是有原因的。哪怕在主观中的现象，它的流逝尽管是主观的，没有客观性的，但是任何现象都是有原因的，作为发生的现象都是有原因的，都是和某个先前的时间点相关的，都是某个先前时间点的结果，这就有客观性了。但是究竟是哪个时间点呢，还没有确定，你不能够断言它就是和一个特定的先前的时间点相关的。比如说你从房子的左边看到右边，但是你不能断言这个右边就是和左边在时间上有一种确定的关系。这里强调"的确是和某个先前的时间点相关的"。现象在时间中都不能倒退，这是所有的现象都一样的，不管是主观性的和客观性的。但是的确一切现象都有原因，只要是发生的现象，都可以找到原因，但是这个原因不是你随意找出来的，"某个时间点"到底是哪个时间点，那有待于确定。不是说在现象里面相继了，那前面的就是后面的原因了，不是这样的。也有可能你只看到结果，而没有发现真正的原因。

反之，从某个给定的时间出发而前进到某个确定的后来的时间则是必然的。

如果某个先前的时间点确定了，从某个给定的时间出发，就必然能够"前进到某个确定的后来的时间"。前面讲确实和某个先前的时间点相关，这里讲"反之"，如果某个时间点被确定了，那么从它出发前进到某个确定的后来的时间点就是必然的。就是说一个现象总有它的原因，是哪个原因呢还没有确定；反过来，如果确定了原因，那么从这个原因前进到它的结果，这里头就有必然性了。现象的前后相继可能是偶然的，但尽管是偶然的，一切现象肯定有它跟前面的时间点的关系，这是必然的。至于和哪个时间点有关系，还没有定。当我说，一切现象都有原因的时候，这个原因是哪个，还没有定。但是原因是哪个一旦定了，那么它得出它时间中的后果就是必然的，也就是这里它成为客观的了。现象之间就有了一种客观的时间联系了。

所以，由于这毕竟是某种后继的某物，我就必须把它与另一个一般的先行的某物必然地相联系，

这个某物是后继的，不同于这一段的第一句话里讲的"在一般先行于一个事件的某物"。而由于这个某物毕竟是后继的，"我就必须把它与另一个一般的先行的某物必然地相联系"，对于先行的某物和后继的某物我们必须把它们必然地相联系。这也就是前一句话"反之，从某个给定的时间出发而前进到某个确定的后来的时间则是必然的"。这样一个时间上的关系就和任意的关系不同了，有一种必然的关系。"所以，由于这毕竟是某种后继的某物，我就必须把它与另一个一般的先行的某物必

252

然地相联系",因为,"后继的某物"本身就意味着它是继先行的某物而来的,否则怎么叫作"后继的"呢?

它是按照一条规则、也就是必然地跟随在这另一个某物之后的,这样一来,该事件作为一个有条件者就提供了某种条件的可靠指示,这条件则规定着该事件。

也就是该事件,这后继的某物,作为一个有条件者,"提供了某种条件的可靠的指示",某种必然的指示。既然它是有条件的,而且是按照一条规则必然跟随在它的条件之后的,那么它就指示了某种条件,这个条件是规定着该事件的。这整个一段话里面的解释有一些不是很清晰的地方,"时间点"和"某物"在这里区分得不是很严格,有时候说是从一个时间点到另一个时间点,有时候又说是从一物到另外一个某物,后继的某物和先行的某物。但是里面的主要的意思还是可以看得出来的,就是说如何从一切现象在时间中的相继里面区分出有一些是客观的相继。而且这里面讲到任何现象都和某个先前的时间点相关,这表明一切现象都有其原因。

下面一段作了一个设想:

我们设想在一个事件之前没有任何它按照一条规则必须跟随其后的东西先行发生,

这里用的是虚拟式。这个设想有两个词是它的重点,一个是"按照一条规则",一个是"必须"。我们的设想主要是这样,在一个事件之前,没有这样一个东西,即该事件按照一条规则必须跟随在其后的东西,先行发生。如果说一个事件,在它前面没有什么东西先行发生,这个是没办法设想的,因为我们在设想的时候已经在时间之中了。但是在时间之中前后相继的东西,我们去设想一下,它没有一种根据规则必然发生的关系,这个是可设想的,我们在这里主要是设想这个。也就是设想在前后相继的东西中,没有一种必然性,没有一种按照规则的必然性,我们作这样一种设想。要把这个重音读出来,重点在这个地方。这样一设想就会怎么样呢?

那么知觉的一切相继就会只是仅仅在领会中、亦即仅仅是主观的,

"知觉的一切相继",既然还是有相继,所以他并不是设想没什么东西相继,没什么东西先行发生,不是设想这个,而是设想这种相继中没有一种普遍必然性,没有一种规则,那么知觉的一切相继就会仅仅是主观的。

但这一来就完全不能客观地确定何者必定是真正的先行者,何者必定是随后的知觉。

我们在知觉的一切相继中、在时间的相继中有一种主观的领会,如果我们在这种领会中没有一种按照规则的必然性,那么我们就不能客观地确定何者必定是真正的先行者,何者必定是随后的知觉,这样一来相继就没有客观性了。

我们以这种方式将只会有某种表象游戏,它与任何客体都没有关系,

以这种方式,在我们知觉的一切相继中就只有一些表象在那里相继流过,即所谓的意识流,这种意识流是一种表象的游戏,很顺畅地想要怎么流就怎么流,想怎么样设想、想象都可以。我看一个东西,不着眼于这个东西,只着眼于这个东西给我带来的表象,给我带来的知觉,那我可以随便怎么看,也可以闭上眼睛不看,随心所欲地作一种表象的游戏,这种游戏与任何客体都没有关系。下面是进一步地解释,

就是说,凭借我们的知觉将根本不会有一个现象按照时间关系与任何别的现象区别开来;

这句话也是虚拟式。说的是现象之间就会没有区别了,这个没有区别不是说这个现象与那个现象就等同了,而是说"按照时间关系"不会有任何现象与别的现象区别开来,它们在时间关系上是一样的,都是在时间中流过。时间是均匀的,时间就其本身来说是等质的,那么这些知觉在时间中同样地流过,凭借时间很难把它们区别开来。

因为在领会中的承继性到处都是一样的，因而在现象中没有任何规定现象的东西，来使得某个一定的次序成为客观上必然的。 B240

在领会中的承继性，也就是时间的承继性、时间的相继性，到处都是一样的，时间是均匀流过的，而且都是一去不复返的，所以，在现象中就没有任何规定现象的东西，来使得一定的次序成为"客观上必然的"。这里点明了，康德所指的现象的"区别"就是指主观现象和客观现象的区别。而这样没有任何东西来规定现象，来使得前一个现象和后一个现象有一种必然的前后相继关系，那就都成了主观的现象了。时间上的前后相继固然是有次序的，但是没有必然性，这种相继是偶然的，我先接受了一个什么表象，后接受了一个什么表象，就我的主观来说完全是无所谓的。如果没有任何东西来对这些现象加以规定，使这样一种前后关系成为必然的，那就不具有客观性了，那就只是一种主观的游戏了。

于是我不会说：两个状态在现象中前后相继；而只会说：一个领会跟随着另一个领会，这只不过是某种**主观的东西**，而不规定任何客体，因而根本不能被视为任何一个对象的知识（甚至也不是现象中的对象的知识）。

这个"于是"，就是说在这种情况下，我就"不会说"，这地方也是虚拟式，这"两个状态在现象中前后相继"，也即是作为一种客观的事实前后相继，我不会这样说。我只会说，"一个领会跟随着另一个领会"，也就是我的领会在相继，我不管它们的实际状态怎么样。所以，"这只不过是某种主观的东西，而不规定任何客体，因而根本不能被视为任何一个对象的知识（甚至也不是现象中的对象的知识）"，这个地方括号里的"甚至也不是现象中的对象的知识"是进一步修饰前面"任何一个对象的知识"，任何一个对象当然也包括物自体了。在休谟那里就是这样的，这样一种领会，一个领会跟随另一个领会只不过是一种主观的东西，这跟休谟是一致的，因而呢，根本不能被视作"任何一个对象"的知识，在休谟那里主要是指的物自体，物自体的知识究竟怎么样的，我们存疑，我们不知道。那么在康德看来，"甚至也不是现象中的对象的知识"，就是在现象中这样一种东西也不足以构成知识。那么按照休谟的看法，就没有任何知识了，所以休谟是推翻了任何知识的可靠性，一切都不是什么知识，都是主观的领会，一个领会跟随着另外一个领会。康德在这里就进一步明确，不仅仅是休谟所讲的物自体的知识，连现象中的对象的知识都不是。那么有没有现象中的对象的知识呢？这一点康德就跟休谟不一样了。休谟认为既然是现象，那就一切都是主观的，而在康德看来，现象中也有关于对象的知识。康德就比休谟更进了一层，认为如果只有主观领会的相继，那么不仅仅这样主观的观念、表象的相继不是物自体的知识，而且连他认为本来可能具有的关于现象中对象的知识也被否定了。休谟根本就不承认有关于现象的对象的知识，但按照康德的想法，这样的知识却是本来意义上的知识。只是在上述情况下就把这些知识也都取消了。所以这一段是讲，如果按照休谟的观点，那将会导致把一切知识都归于主观联想，而取消了一切知识的可能性。

康德这里讲的是因果律，因果性的原理。前面讲了两个状态在时间中相继跟在客观上有一种因果律是两件不同的事情。我们主观上总是有各种各样的表象一个接着一个，接踵而来，但是这种接踵而来是否在客观上也是如此呢，这是有很大的区别的。如果仅仅是我们在时间中接受各种表象放在那里，那我们就没有办法区分，这些表象究竟只是有主观上的领会的次序，还是客观上有发生的事情在那里接续，这个我们没有办法区分。下面这一段则是具体地说明，当我们经验到某物发生了，会出现什么情况。我们认为是有某物发生，而不仅仅是主观的任意的表象游戏，后者只是任意的主观感觉，在时间中有一些感觉在那里漂浮，当我们只是顺着这些感觉之流在那里漂浮的时候，我们不会意识到有某物发生了，只是我在那里做游戏。当我们经验到有某物发生了，所谓"经验到"就不仅仅是感觉到了，而是确确实实经验到了。经验和感觉在康德那里是有层次上的不同的，经验就已经是知识了，经验里面就不仅仅有感觉，而且还有一系列的先天的东西,我们才能形成经验。

所以当我们经验到某物发生了,那么我们在这时总是预先假定了它按照一条规则跟随其后的某样东西先行于前。

这里第一句话就讲,这个时候,我们对"某物发生"已经有一种知识了,至少我们知道,客观上有某物发生了。每当我们经验到某物发生的时候,我们都已经预先假定了有一个东西先行于它,这个先行于前的东西是某物按照一条规则跟随其后的,这个"其"就是指的这个先行于前的东西。也就是说,当我们有了某样东西发生这件事情的经验知识的时候,我们预先就已经有了一个假定,我们知道经验不仅仅是被动的感觉,里面已经有一些先天的成分掺进去了,那么这个预先假定就是先天地掺进去的东西。我们总是预先假定了什么了?假定了"它",也就是发生的某物,"按照一条规则跟随其后的某样东西"在前面已经发生了,"先行于前"了。每当我们经验到一个东西发生了,我们就假定了在它之前已经有一个东西发生,而它是按照一条规则跟随在这个先行的东西之后的。这个时候我们才能说,我们知道某物发生了,我们才经验到某物发生了。这是在一般的情况之下都是这样的。只要我们经验到某物发生,都会有这样一个假定。下面讲,否则,这是一个反证了,即如果没有这个假定的话,

我就不会从客体方面说它跟随在后,

我既然已经在客体方面说它跟随在后,某物发生了,就是在客观方面它跟随在先行的东西之后,如果没有一个它按照一条规则跟随其后的东西先行于前,我们就不会说它客观地跟随在后。因为主观的跟随在后未必是真有一个东西发生了,主观上当然可以跟随其后,但是不是客观地跟随其后,我们要注意句子里面的重音,"不会从客体方面说它跟随在后"。下面进一步解释,

因为单纯在我的领会中的这个次序如果不是通过一条规则在与先行

257

之物的关系中被规定下来,是根本没有资格成为客体中的次序的。

单纯在我的领会中的这个次序,这就是主观的次序了,"如果不是通过一条规则",这里要强调这个规则了,当然讲的就是因果规则了,如果不是通过因果规则,"在与先行之物的关系中被规定下来,是根本没有资格成为客体中的次序的"。客体中的次序从何而来,是由于我们按照一条规则,把一个领会的东西跟随在另外一个东西之后。如果没有这条规则,那么我们在领会中固然可以一个跟随一个,但是它只是主观的次序,而不是客观的次序。既然不是客观的,我就不能说,我知道有一个事情发生了。"某物发生了"的意思是从客观上说的,如果仅仅是主观里面的游戏,那就没有任何事情发生。凡是讲"发生",就是在客观上有某个事件,有某件事情。

所以,我使我的主观的(领会的)综合成为客观的①,这件事总是在考虑到一条规则时发生的,

也就是说,我的主观的领会的综合要成为客观的,总是必须考虑一条规则才做得到。在主观中,各种各样的领会,来来往往,我要把这些领会的东西综合起来,做成一个对象,那么只有当我考虑到一条规则的时候才能够做得到。所以,这个规则是一个客观的规则,借助于这条规则,我才能够认识对象。如果没有这条规则的话,固然在时间中也有前面一个和后面一个这样一种次序,但是这个次序是散的,是偶然的、变动的,一个东西跟随在一个东西之后,也可以是另外一个东西跟随在后,也可以颠倒,没有一种固定的次序,所以也没有一条规律,没有规律就不能把它固定地综合统一起来,成为对象,它就是散的,就只是主观的游戏。你要使它的综合成为客观的就必须考虑这条规则,一条什么规则呢?

根据这条规则,现象在其次序中、也就是当它们发生时②,是由在前

---

① 原译作"可能的",查为"客观的"之误,兹改之。
② "当它们发生时",原译作"像它们发生时那样",意义不明,兹改之。

的状态得到规定的，

根据这条规则，现象在其时间次序中得到规定，如何得到规定？就是当它们发生时，由在前的状态规定在后的状态。按照这条规则，现象就能得到规定了，那么这个时候现象在它的次序中就被看作是发生的了。或者说，当现象被看作是发生的时，它是由这条规则而得到规定的。这个规则就是前后两种状态之间的一种关系的规定，把前和后规定在一种确定的关系之中，不是说前后是随便的、偶然的。有了这条规则，当我们把现象看作是发生的时候，那样一种状态就是由在先的状态得到规定的。所谓发生就是有一个在前的状态，规定了在后的状态。什么事情都没有发生，那么虽然有在前在后，但是在前的状态并不规定在后的状态，前后两者没有规定和被规定的关系。

而且唯一地，只有在这个前提下，甚至关于某种发生的东西的经验才是可能的①。

这更进一步了，"而且唯一地，只有在这个前提下"，在什么前提之下呢，就是必须要有一条规则。只有在有一条规则的前提之下，"关于某种发生的东西的经验才是可能的"，这就是说不仅仅发生的事情要有一条规则，而且更进一步说，这个发生的东西的经验只有在这个规则的前提之下才成为可能。不是说我们先有一个东西发生了，仅仅是为发生的某物去寻找一条规则，然后我们在这个发生的某物里面发现了这条规则，任何发生的某物里面都有这条规则。而且更进一步，反过来说，没有这条规则，这个发生的东西的经验都不可能，一开始就不能经验到某物发生了。或者说这一条规则呢，是某物发生的经验之所以可能的前提，它是一个经验认识的前提，不仅仅是发生的某物的一种性质。发生的某物必须要有某种规则，这是前面讲了的，但是进一步来说，如果没有这条规则，发生某物的经验都不可能。这一段我们还要注意到，这个地方有个

---

① 原译作"才成为可能"，改译为"才是可能的"更精确。

259

词"次序"，这个词跟"秩序"这个词是不一样的。次序仅仅是一个跟着一个的意思，Folgen 就是跟随的意思，跟随其后，不一定是结果，这个次序可以是主观的，领会主观的表象，一个接着一个，都是有次序的。但是秩序（Ordnung）呢，必须要有一定的规范。当你把某种先天的规则加在了次序上面的时候，它就成为了秩序。

下面这一段是带有论战性质的。前面都是讲他的自己的思路和层次，怎么考虑过来的。这段开始就引入了一个对立面，人们的不同意见。按照康德的解释，我们经验到某物发生了，是由于有一个先天的东西作为前提，是由于我们事先有一种因果性范畴加给了经验。

当然，看起来这与人们对于我们知性运用的进程一直所作的那些解释相矛盾，按照他们的说法，我们只有通过知觉和比较了许多事件协调一致地跟随先行现象这样一些次序，才被引导着去发现某种规则，按照这种规则某些事件总是跟随在一定的现象之后，由此才首次促使我们给自己制造出原因的概念。

B241

长期以来，我们如何运用我们的知性，通常人们是怎么解释的？规则是怎么得来的？通常的解释是，通过对知觉和事件加以搜集，我们经历了许多事件协调一致地、一个接一个地出现这样的现象，然后把这些现象加以比较，通过这种比较呢，才得以被引导着去发现某种规则。我们在事件的前后相继的过程中，经常发现好像有某种规则在里面起作用一样，然后我们就去发现这种规则到底是怎么样的规则。这种规则就是"某些事件总是跟随在一定的现象之后"，这才首次使我们"给自己制造出原因的概念"，这就是休谟的观点。休谟、其他一切经验派以及我们日常的常识的观点，通常是这样来解释知性的运用问题的。我们之所以能把因果性这样的规则运用到经验对象之上，只是因为我们在经验中总是发现有一种先后关系，于是我们就制造出了一个原因概念，通过一种习惯性的联想，我们制造出了一个因果性的概念。所以，休谟的这样一种解释呢是非常符合常识的，经验派的基本立场也符合我们的常识。我们实际上也是这样，多次地看到一个现象总是这样发生在另一个现象之前，另外一个总是跟随在其后，于是我们就设定这中间有一种因果关系，我们就设定前面一个东西是引起了后面这样一个东西，我们把这样一种引起的关系称之为因果关系。但是要追溯究竟这个因果关系是怎么来的，就会发现是我们经过比较，形成了一种习惯性联想的回路，我们每一次都按照以往形成的习惯来进行推论，但是这种形成的习惯没有必然性，可以被打破。如果有一次联想被打破了，那么原先以为的因果性现在就不灵了，就很可能根据新的习惯形成新的因果联系。所以，这样的因果关系就不是先天的，而是后天从经验中抽象出来的。这跟我们常识的说法很吻合，跟唯物主义的说法也吻合。因果关系是我们从经验中"抽象"出来的，只具有临时的、主观的有效性，客观上面没有普遍必然性，只有或然性。这种或然性可能很接近普遍性，太阳每天从东方升起，我们天天看到，我们就认为里面有一种必然性，实际上只是多次重复，但仍然只是一种或然性。所以，这样一种从经验里面抽出来的因果性呢，是不具有必然性的，也不能给人一种必然性的信念，按照康德的说法，那就没有真正的客观性了。康德接着讲，

这个概念基于这一点就会只不过是经验性的，而它所带来的规则即一切发生的事情都有原因就会同经验本身一样是偶然的：

这个概念也就是因果性的概念、原因的概念，原因的概念"基于这一点"，也就是基于前面所讲的这一点，那就只不过是经验性的、后天的；而原因概念所带来的规则，即"一切发生的事情都有原因"这条规则，"就会同经验本身一样是偶然的"。既然这个概念是偶然的，则它所带来的规则也会同经验一样是偶然的。既然原因概念是从经验中所概括出来的、总结出来的、抽象出来的，那么它归根结底还是经验的，还是偶然的。经验本身是偶然的，经验的发生本来是偶然的，所以从里面概括出来的因果律也是偶然的。一切发生的事情都有原因，在康德看来是一条先天的

规则，任何事情都是有原因的，没有例外。尽管我没有经历所有的事情，只经历了一小部分事情，我还是可以这样断言，任何发生的事情都有原因。但是按照现在的这种解释，它就是偶然的。我们只能说，我们看到过的事情是有原因的，但是我们不能说，我们没有看到过的事情也会有原因。我们只能够"摸着石头过河"，走一步看一步，那我们的科学知识还有什么可靠性可言呢？随时可能完全垮台。因果性这样一条规则都不存在了，都不可靠了，那我们的科学知识就没有客观性了。所以，康德讲，

这样一来，它的普遍性和必然性就会只是杜撰出来的，而不会有真正的普遍有效性了，因为这种有效性将不是先天的，而只是建立在归纳之上的。

这样一来，因果性的普遍性和必然性就是后天的了，通过归纳而有效，不是先天的了，它的必然性只是想象出来的，杜撰出来的。按照休谟的思路来看就是这样的。休谟认为因果性有它的有效性，在它的归纳的范围之内，但是千万不要认为它有普遍必然性。我们以为它有普遍必然性，实际上并没有，实际上只是我们多次的习惯性的联想，赋予它极大的或然性而已。

但这里的情况正如其他那些纯粹先天表象（例如时间和空间）一样，

现在转到康德的情况了，前面都是讲的休谟或一般的日常看法的意思，以及由这些观点所导致的推论，就是摧垮了因果性的普遍必然性，但在康德这里，因果性的真实的情况，因果性到底是从哪儿来的，正如其他那些纯粹的先天表象（例如时间和空间），

我们之所以能把它们作为清楚的概念从经验中抽出来，只是由于我们已将它们放到经验中去了，所以这些经验是通过那些概念才得到完成的。

前面讲空间和时间的时候，已经涉及到这个问题了，空间和时间作为非常清晰的表象，我们在每一个经验事物中都发现它们，但是它们不是在经验中提供给我们的，而是我们放到经验中去的。时间空间本来就

是我们认识的现成的框架，我们在这个框架下才能接受经验性的材料，那么一旦接受，我们当然能从里面发现时间空间。但是它的来源并不在后天的经验材料里面，而是另有来源，先天的来源，从先天方面就已经具备了它们的形式，然后才有这些材料装进来。这个因果性的情况跟这些时间空间是一样的，我们之所以"能把它们作为清楚的概念从经验中抽出来"，康德并不否认这一点，我们在经验中的确可以把它抽出来，但是之所以能够如此，并不是因为它伴随着经验材料一起被提供给我们，"只是由于我们已将它们放到经验中去了"。如果是伴随着经验材料一起提供给我们，那么它们就是后天的了，就像经验的材料一样，没有先天的普遍必然性，而且是偶然的，这次是这样，下次是不是这样就不知道了，这个事情有因果，下一个事情有没有因果就不知道了。但是情况并不是这样。我们之所以能把它们从经验中抽出来，"只是由于我们已将它们放到经验中去了"，只有这样才有普遍必然性。我们先天地已经用这样一套因果性的范畴来把握经验的东西，使得经验的东西被归属于因果性概念之下，这样因果性概念才有普遍必然性。如果因果性概念是伴随着后天的经验才给与我们的，那就没有普遍必然性了。"所以这些经验是通过那些概念才得到完成的"，经验要得以完成必须以那些概念为前提，由这些概念的作用才得到完成。如果没有因果性的概念，我们就不能说有一个事件发生了，我们只能够说，在我的表象里面，有一个表象在前，有一个表象在后，在时间序列里面它们是相继的，提供了一个在前一个在后的刺激给我们。但这个刺激是偶然的，完全可以颠倒。我看一栋房子，完全可以从左边看到右边，也可以从右边看到左边，这个没有什么必然性。但是因果性的概念不是这样的，不是伴随着这些经验材料出现的，而是经验材料要提供出来，要作为一种客观的东西出现在我们面前，那就必须要以因果性为前提。我们通过因果性的概念才使得这些经验材料组成了一个对象、一个客体，如果不组成一个客体，那就只是主观的领会，没有客观性。我们说一个事情"发生了"的时候，我们是把客观性赋予了这个事情的，我们如何能做到这一点呢。就必须要有因果性的概念，才能把这些发生的事情、这些知觉，组织成有一定规律的事件的序列，这才是客观的。

当然，一条规定诸事件的序列的规则、也就是一个原因概念的这个表象的逻辑清晰性，只有当我们已把它运用于经验中以后才是可能的，

这就是说，一条规定诸事件的序列规则的逻辑清晰性，也即是一个原因概念的表象的逻辑清晰性，只有在我们把它运用于经验中以后才是可能的。规定诸事件的序列的规则这样一个表象的清晰性，只有在我们具体运用的时候，才能清晰地呈现出来，一个在前，一个在后，顺序不能颠倒。这样一个不可颠倒的逻辑关系，不像形式逻辑，形式逻辑在本身的公式里面清晰地表现出其不可颠倒性，大前提、小前提、结论，不能把结论当前提。但是因果性，或者说原因这个概念，必须在对象世界里面，在经验的事物里面加以体现，它本身只是一个抽象的概念。你说这个抽象的概念有不可颠倒性，那你就得指出它是经验事物的不可颠倒性，这概念要用于经验对象才有意义。所以，它们的时间上的不可颠倒性只有在用于经验对象的时候，才能表明自身的清晰性，才能表现出自己的作用。所谓原因概念的"逻辑清晰性"，原因概念是属于先验逻辑的，这个逻辑清晰性不是形式逻辑的清晰性，而是先验逻辑的清晰性，那么先验逻辑的这样一种清晰性离不开经验，要在经验中才展示出来。它本身就是要解决经验如何可能的问题，不像形式逻辑那样可以单独地体现它的清晰性，可以用符号来代替，来加以计算，可以由现代数理逻辑把它变成一种数学的清晰性，可以不接触经验的事实。但是范畴的逻辑清晰性，必须在经验的事实里面体现出来，范畴只能有经验的运用，而不可能有先验的运用。不过，康德要说的还是下面一句话。前面说"当然……"，是一个让步，表示因果性虽然是先验的范畴，但还是离不开经验的，只能在经验中运用，在经验中体现出它的必然性；

但把这条规则作为时间中诸现象的综合统一之条件来考虑，这毕竟

曾是经验本身的基础，所以是先天地先行于经验的。

康德要强调的是后面一句话。尽管因果性范畴必须通过经验表现出来，但是这条规则"作为时间中诸现象的综合统一之条件"，时间中有很多很多的现象，这些现象是散乱的，还没有综合统一，要把它们综合统一起来看作一个对象，那就需要一个条件，就是把这条规则作为条件；而"这毕竟曾是经验本身的基础"，把这规则作为条件，经验才能形成起来。尽管这个规则只有在经验运用中间才能展示它的意义、它的清晰性，但是这些经验本身是以它为前提的。所以，这规则是先天地先行于经验的，先天的范畴先行于经验使得经验成为可能，当然它们也是在经验中才展示出全部的内在逻辑。先验逻辑和形式逻辑不同，就在于它要在经验中展示出它的意义来，它是关于经验对象的逻辑，关于经验知识的逻辑，而不仅仅是关于形式的逻辑。既然如此，经验对象必须以它为前提。这样才在正反两方面把问题说清楚了。归根结底，康德要强调的是，先验逻辑不是从经验中抽象出来的，因果性不是从经验中抽象出来的，跟我们通常的理解不一样，因果性是我们放到经验中使得经验成为可能的。如果没有因果性和其他的范畴，那么我们的一切经验知识都不可能，我们所到手的只是一些飘浮不定的知觉和印象。

下面这一段整个就是一句话。但是这句话可以说是一个倒装句。如果中国人不太习惯的话，有时候会觉得很别扭。但是翻译很难把它处理得很顺畅。

因此关键就在于用例子来说明，我们哪怕在经验中也从来不把次序（某种从前不存在而现在发生的事件的次序）赋予客体，并将它与我们领会的主观次序区别开来，除非有一种规则作基础，

B242

我们这里可以打住一下。"除非有一种规则作基础"可以调到前面去，相当于"因此关键就在于用例子来说明，除非有一种规则作基础，我们哪怕在经验中也从来不把次序（某种从前不存在而现在发生的事件的

次序) 赋予客体, 并将它与我们领会的主观次序区别开来", 实际上是这样一个关系。因为这个倒装句前后两个部分都是非常庞大, 隔得太远就不容易把它们联系起来。实际上是这个意思: 他并不是说我们在经验中从来不把次序赋予客体, 而是说除非有一种规则作基础, 那么我们哪怕在经验中也不把次序赋予客体; 或者说, 只有以一种规则作基础, 我们在经验中才把次序赋予客体, 康德是这个意思。"关键就在于用例子来说明", 用一个经验的例子来说明, 没有经验的例子, 光是从原因概念上来探讨是看不出什么名堂来的, 我们必须要举现实地发生的事情的例子。那么我们要用例子来说明, 除非用一种规则作基础, "我们哪怕在经验中也从来不把次序"、也即"某种从前不存在而现在发生的事件的次序", 赋予客体。必须要有规则作基础, 我们才把次序赋予客体。当然没有规则作基础呢, 我们也可以有次序, 也可以有表象的次序, 也可以有知觉、印象、感觉的次序, 但是我们不能把它赋予客体。我们不能说, 客体中有这样一种次序, 客体中先有什么, 后有什么。如果没有规则, 我们只能说, 主观中先有个印象, 后来又有个印象, 但是我们不能说, 在客观中这个印象是先发生的, 那个印象是后发生的, 在客体中有一个先后。如果没有规则, 我们就不能这样说。你看到的先后也许在客体中是同时存在的, 比如一个房子的左边和右边, 是同时存在的, 有什么次序呢? 但是我主观中有一个次序, 我是先看到左边, 再看到右边, 这是我的主观任意的一种次序, 但是不能把这种次序赋予客体。你要赋予客体, 认为客观上有一种先后次序, 那么就必须有一种规则。"除非有一种规则作基础……"这表明, 主观次序和客观次序的区别就在于看它有没有规则。如果没有规则作基础, 那就仅仅是主观的次序, 只有当你有一种规则作基础, 那么你才能把这种主观的次序同时赋予客体, 我看到的有一个前一个后, 客观上也应该是这样的。客观的次序必须要有一条规则作基础, 那么, 它是一条什么样的规则呢?

它强迫我们遵守知觉的这种秩序而不是别的秩序,

注意这个地方换了，前面是次序，这里是秩序，秩序即是说已经受到规则限定了的，它也是前后次序，但却是受到规则限定了的，只能这样，不能别样。这规则强迫我们接受知觉的这种秩序，

乃至于这种强迫本来应是使客体中某种承继性表象首次成为可能的东西。

"这种强迫本来应是"，这个"本来应是"康德用的是虚拟式，就是它本来应该是这样发生的，即"使客体中某种承继性表象首次成为可能"。这就是说，这种规则强迫我们的知觉遵守这样一种秩序，遵守一种客观的秩序，乃至于这种强迫应该是使客体中的"某种承继性表象"、即客体中的次序成为可能的。这跟前面一段所讲的是一个意思，就是之所以有客观的次序，是因为有一种规则在强迫它；反过来说，这种强迫恰好是使客体中的次序"首次成为可能"的东西，不仅仅你在客体中找到了这样一种次序，而且你找到的这种客观次序恰好是以这种强迫为必要条件的。没有强迫，虽然也有次序，但不是客体中的，而只是主观的。这段话的意思还是明确的，但是语法方面要费点脑筋。

下面一段是反复说明客观的秩序到底是什么意思。

我们自己拥有表象，我们也能意识到它们。但这种意识尽管可以随意地伸展到如此之远，如此精密或准确，却仍然只不过是些表象，即我们内心在这种或那种关系中的内在规定。

这是首先从我们自己的主观出发，我们拥有表象，而且我们能意识到它们。这句话的关键词是"随意地伸展到如此之远，如此精密或准确"，为什么要这样说，这是有针对性的。"随意地伸展到如此之远"是说这些意识可以随意地达到自己任何想要达到的地步，原则上是这样的，表象任何地方都可以达到，就像把一个东西掰开来看是无限可分的一样，这些表象也可以无处不及。凡是你可以想出来的，都可以意识到，这种意识的范围是可以无限广阔的。但是就像休谟所强调的，虽然我们的知觉

印象是无限丰富的，可以扩展到无数地方，但是它不能扩展到对象上去。你在主观里面可以天马行空，神游八极，到处都可以去，但所有这些都不能涉及到对象，不能涉及到自在之物，都只是自己主观的游戏。"如此精密或准确"是针对什么呢，是针对莱布尼茨的观点。莱布尼茨认为人的感觉是一种模糊知觉，感觉和理性之间的区别就在于模糊和清晰的区别。但是按照休谟的观点来看，感觉本身就是清晰的，知觉、第一印象是最清楚、最准确的，所以它们的区别并不在于模糊或清晰。康德在这点上站在休谟一边，而且更加发挥了，感性不但是清晰的，而且具有数学的"精密或准确"，有时间空间上的定量化的精确。按照莱布尼茨的观点呢，这样一种模糊的知觉虽然也反映对象，但却是模糊地反映，不能清晰地把握对象，只有天赋的观念、自明的观念，才能精确地把握一个对象，只有理性的概念才能完完全全地反映出对象的结构、逻辑本质，这是莱布尼茨在清楚和模糊之间做的区别。我们的表象之所以是主观的，是因为它太模糊了，所以我们要使它清晰起来。但是按照休谟和康德的观点，感性也有它的清晰性，有它的准确性。区别不在这里，即算是很清晰的、很准确的表象，你也不能把握对象，还是主观的。再多的知觉印象，不管伸展的多远，跑到哪个角落，不管时间空间上多么准确，仍然在主观里面，触及不到客观的对象。所以前面这句话主要是强调，我们自己的表象，不管它是否能到处去神游，也不管它是否能够定量化地确定其程度，它只是一种主观的东西，不管多么精确，仍然是主观的精密和准确。所以康德讲，"却仍然只不过是些表象，即我们内心在这种或那种时间关系中的内在规定"，这些表象只是我们内心的规定，不具有客观性。

那么，我们是怎样做到为这些表象建立一个客体，或者超出它们的主观实在性的各种变形，还要赋予它们以某种我 ① 不知道是什么样的客观实在性呢？

———————————

① 原译"我"后还有一"所"字，属多余，兹去之。

我们现在已经为这些表象建立了一个客体，至少我们在看一艘船从上游到下游的时候，我们是认为它在客观上有这么一个过程的。那么我们是怎样做到为这些表象建立一个客体的呢？我先看到船在上游，后看到船在下游，这样两个表象，我们如何能够把它们建立为客观的关系的？或者，我们如何能够"超出它们的主观实在性的各种变形，还要赋予它们以某种我不知道是什么样的客观实在性"？"主观实在性"好理解，只要是我内心确实出现的表象，它就具有主观实在性，当然也可以把它当作客观的，当作心理学研究的对象这样一种意义上的客观的。主观实在性还有各种"变形"，但是我们要超出主观实在性的各种变形，不仅仅是主观实在性，也不仅仅是它的变形——我们以为它是客观的、其实只是主观的变形。我们要超出这些，要超出把这些主观实在性变形为好像是客观的这样一个层次，比如像休谟所说的"习惯性联想"，似乎是客观的，其实还是主观的。我们如何能够超出包括习惯性联想在内的那样一些形态，还要赋予它们"某种我不知道是什么样的客观实在性"，即要赋予我在这样一种主观实在性中所不知道的客观实在性。像休谟的习惯性联想，不可能知道真正的客观实在性。我们已经为表象建立了客体，或赋予它们以客观实在性，我们是如何做到的？

　　<u>客观的意义并不能存在于与另外一个表象（即关于我们想称作对象的东西的表象）的关系之中，</u>

　　客观的意义并不能由于我们把一个表象和另一个表象联系起来，比如说，我们把它和对象的表象联系起来，我们有个对象的表象，我们把所有的表象都和这个对象的表象联系起来，好像那就是客观的了，常识都是这样的。所有的常识都是把一个对象的表象放在那里，比如说物自体，然后所有我们的表象都和物自体的表象联系起来，我们把它们看作是客观的，以为是物自体的"反映"。因为这些表象和自在之物有关联，所以这些表象都带上了客观性，通常是这样来解释的。但是康德认为，客观的意义并不能存在于与另外一个表象、"即关于我们想称作对象的东西

的表象"的关系之中。

因为否则这个问题又再次提出:该表象又是如何超出自身、并在它作为内心状态的规定而固有的主观意义之外还获得了客观的意义的?

因为问题还存在。你把所有的表象都联系到一个对象的表象上面去,使它们都带上了所谓的客观性,但是这个对象本身是不是客观的呢?这个对象还是你的一个表象啊,你关于物自体的一个表象,你认为它是客观的了,实际上还是你内心的主观的表象。所以这个问题会再次提出来,该表象又是如何超出自身,并在它的主观意义之外还获得了客观意义的? 这些表象本身还是你的一个表象,还是主观中的,那么它的客观意义如何获得? 这些表象如何能超出"作为内心状态的规定而固有的主观意义之外",来获得客观意义呢?

如果我们研究一下,与对象的关系究竟会给予我们的诸表象以什么样的新的性状,这些表象由此将获得的尊严是什么,

我们要研究"与对象的关系","与对象的关系"打了重点号,这是什么意思呢? 并不是说你把一个表象与一个对象的表象联系起来就是"与对象的关系"了,这样的联系只是与对象的表象的单纯联系而已,而不是与对象的关系。我们要研究的是,究竟真正与对象的关系"会给予我们的诸表象以什么样的新的性状"。你跟对象的表象联系在一起,并没有给我们的表象带来什么新的东西,光把表象看作是有关某个对象的,不能使表象成为客观的,这对表象没有任何改动,表象还是一团乱麻,一堆偶然性,并没有带来什么"新的性状"。实际上要与对象发生关系,那么这些表象必然会带来新的性状。那么我们要研究一下,这究竟会带来什么新的形状? 这也就是"这些表象由此将获得的尊严是什么"。这些散乱的表象通过与对象发生的关系,将获得什么样的尊严,也就是不再可以任意的支配、任意产生、任意去掉,而是有它的对象的不可动摇性,这叫作"尊严"。那么这是什么呢?

那么我们就发现,这种关系所造成的只不过是使诸表象以某种形式

的结合成为必然的，并使它们从属于某条规则；

　　也即是说，与对象的关系带来的是什么呢？如果我们要说一些表象与对象发生了关系，那么带来的东西就是，这些由表象自己所不可能获得的一种规则就被给予它们了。表象被给予了一种新的东西，就是规则，我们就发现这所造成的"只不过是使诸表象以某种形式的结合成为必然的，并使它们从属于某条规则"。这些表象一个接一个，按照这样一种形式结合起来，这种结合是不可改变的、必然的，不是偶然的，不是本来也可以不这样、本来也可以颠倒的。原因在前，结果在后，船在上游，顺流而下，然后才到了下游，不可能逆流而上，这里头有一种必然的关系。这种必然关系是从属于某条规则的，就是因果规则、因果律。这就是给这些表象带来的新的性状，这些表象本来是散乱的，没有这些性状，但是由于把它们看作是与对象有关，所以就给它们带来了新的性状，使它们获得了尊严。原来这些表象是没有这种尊严的，它们跟幻想、做梦、迷狂、一闪念的东西是等同的；而现在不同了，表象获得了确定性，获得了知识的尊严、科学的尊严，是一种客观的东西。这种尊严是如何得来的呢？是由于这些表象的某种形式的结合成了必然的，当你把它和一个对象发生关系的时候，它的结合就是一种必然的关系，并且从属于某条规则。

　　反过来说，只是由于在我们的表象的时间关系中某种秩序是必然的，　B243
这些表象才被赋予了客观的意义。

　　这是反过来说。前面正着说是什么呢，就是这些表象如果要和对象发生关系，即如果要是客观的，那么就带来了一种新的性状，使得它具有了一种必然的秩序。那么，反过来说，"只是由于在我们的表象的时间关系中某种秩序是必然的，这些表象才被赋予了客观的意义"。正着反着都可以说的，但是后者更强调这样一个意思：客体是主体建立起来的，客观的对象不是一个先在的孤立的表象，而是由我们通过这种先天必然的规则建立起来的。所以我们才能够从这种发生的事件里面分析出包含的客观规律，才能从一个发生的事件中，从表象与对象的关系中，发现一种新的性状，一种表象原先所不具有的性状，那就是必然的秩序。反过来，恰好是这些必然的秩序使得表象有了客观性，成为了客观的对象。正过来反过来都是可以说的，但是有一个前提，客体是由主体建立起来的，所以你才能从客体里面发现那些先天的规则。客观的因果性是由主观先天的因果范畴建立起来的，所以才能从客观的因果性里面发现主观的因果范畴，或者说抽象出主观的因果范畴。康德并没有完全否认常识，常识说因果性是我们从经验事实里面抽出来的、发现出来的，康德说是的，不错；但是我们为什么能从经验事实里面发现因果关系？只是因为这些客观的事实没有因果关系就建立不起来，就不是客观的，仅仅是一些主观的表象。所以，我们之所以能从客观的东西里面抽象出一些普遍的自然法则，是因为这些客观的东西是由于我们主观上先立了法，它才成为客观的。人为自然界立法，这是个基本的原则。有了这个解释，康德就可以解释其他的日常的观点，就都可以解释了；如果没有这条原则，其他那些解释就是独断的。你断言客观中有一种因果律，凭什么断言？这种断言抵挡不住休谟的攻击。你这样一种断言只是一种习惯的假设，没有根据，完全可以随时改变，没有一种规律性的尊严，没有一种普遍必然性的尊严。所以，康德的思路就是，如果你颠倒过来，把这种客观的规律看作是由主体预先建立起来，然后放到经验里面去的，那一切就顺理成章了，既可以解释为什么能从经验中抽出因果律，同时也可以解释这种因果律不是物自体本来固有的，物自体不能认识，恰好是你把这种规律放到现象里面去了。所以，因果律完全是主体建立起来的，但是它也有普遍必然性，因为没有任何一个东西可以逃脱我们主体把握它的方式，任何一个认识的对象都是在我们主体把握它的方式中才建立为对象。这个对象当然是现象的对象，物自体我们的确是永远把握不了的。但是我们之所以能把主观的东西看作是客观的，就是因为我们主观的先天法则本身具有必然性，本身建立起来客观性。主观的东西建立了客观性，所谓客观性，在康德看来，其实就是普遍必然性。普遍必然性被看作是客观性，这是康德很独特的一个解释，我们要注意这一点。不要一看到康德讲到客观、客体、对象这些词，就把它理解为自在之物。他不是那个意思，康德说的无非是客观必然的东西不是你主观随意可以改变的，主体的结构不是你随意可以改变的。但是一旦领会到主体的这种结构，就可以用来规定各种事物中的客观性、必然性，你就可以先天地去规定它的客观必然性。比如说，你说一切发生的事情都有原因，这是一条客观规律。为什么是客观规律呢，因为没有任何客观的东西能逃出它的规定，因为它是先天的，不是后天的，不是你突发奇想，想起来它有原因它才有原因，或者你习惯了它有原因才有原因。不是的这样的，而是你不得不认为它有原因，包括那些没有发生的事情，你也可以预言一旦发生，肯定有原因，而且你不得不这样预言。你不可能预言将来有个事情发生是没有原因的，即算预言了，你也不可能经验到，因为你的认识结构就是在因果性中来把握所有表象的。这个认识结构是你跳不出来的，所以对于任何认识对象来说这个结构就是一个客观的结构，就是我们所讲的"对象"的真实含义。

下面这一段比较长，是一个比较完整的叙述，康德在谈到因果律的时候，反复地对因果律加以描述，如果我们注意的话，会发现好多段落都有重复的地方，但是这个重复并不是完全多余的，因为这里本身就有很多方面的关系，需要从各个角度来看，所以好多重复并不是没有作用。当然还是有大量的重复可以写得更简单一些，如果从我们今天的眼光来看的话。如果是我来写，我就不会写得这么复杂，肯定有些内容可以集中一下。所以，康德的文风是非常繁琐，非常累赘的。我们来看这一段。

在现象的综合里，表象的杂多总是一个接一个相继而来的。

就是说在任何的现象的综合中，你要把表象综合起来，肯定是在时间中了，在时间中这些表象总是一个接一个地相继而来的。各种各样的表象，当你去进行综合的时候，你会发现，它们都在时间中，都有一种前后相继的关系。

273

通过这一点是根本表象不出什么客体来的；

通过表象的杂多总是一个接一个而来，仅仅通过这样一个现象，你是表象不出什么客体来的，在其中看不出什么客体。因为表象相继而来，相互之间并没有一种规则，如果不把一种规则加之于表象，这些表象不过是时间中的一些意识流而已。意识流可以是主观的知觉、主观的幻想，都是在时间中一个接一个而来，区别不出哪一些表象具有客观的相继性，哪一些只是主观的相继性。

因为凭借这种一切领会所共有的次序，并没有将任何东西与其他东西区别开来。

这样一种相继而来的次序，是任何领会所共有的。凡是你心中有了表象，那么这些表象肯定是一个接一个相继而来的，这是所有的表象所共有的，不管是有客观性的表象，还是没有客观性的表象，都有这样一种次序，在这一点上一切表象都是相同的，所以不能由此将任何东西与其他东西区别开来。当然表象和表象还是有区别的，红的表象和黄的表象是不同的，但在时间中相继而来的次序这一点上是没有区别的。

但是，一旦我知觉到、或是预先假定，在这种次序中有某种对先行状态的关系，表象是从这先行状态中按照某条规则而随后产生的，这样，某物就作为事件或发生的事情而表象出来了，

这里有两种情况，一种情况是"一旦我知觉到"，我已经知觉到，在前面一个和后面一个这种次序中"有某种对先行状态的关系"。我看到太阳晒，我看到石头热，我知觉到石头热对太阳晒有某种对先行状态的关系。另一种情况是，或者我"预先假定"，即我只看到石头热起来了，我还没有看到太阳晒，但是我预先假定有一个原因，石头为什么热呢，肯定有原因的，这原因我还没有找出来，但是我可以先验地假定，这就是为什么范畴有一种先验性，就在这个地方，我可以预先假定，虽然我没有看到。一个事件发生了，我知觉到了这个事件，但没有知觉到它的原因，但我可以预先假定它有一个原因。"一旦我知觉到、或是预先假定，在这种

次序中有某种对先行状态的关系"，在这样一种关系中，"表象是从这先行状态中按照某条规则而随后产生的"。在一种次序中事物有某种对先行状态的关系，某种什么样的关系呢？就是"表象是从这先行状态中按照某条规则而随后产生的"。表象的相继性并不是随意的，并不是偶然的，并不是杂乱无章的，而是"按照某条规则"产生的，按照一条规则跟随而来。这个或者是我知觉到的，或者是我预先假定的，有这样一种关系。有了这样一种关系后会怎样呢，"这样，某物就作为事件或发生的事情而表象出来了"。当我知觉到或假定有这样一种关系，有一种按照规则先后发生的关系，这个时候某物就作为事件或发生的事情表象出来了。这个"事件或发生的事情"在康德这个地方的意思是说它不仅仅是主观的了，是发生的事情，那就是客观的事件，有一个客观的事件发生了。当然这里说的是，这样一个客观的事件"表象"出来了，我有了一个客观事件发生的表象。当我假定有一个前因导致这个后果的时候，那么我就有了一个客观发生的事情的表象，我就把这个事情表象出来了。在我的心目中，在我的表象中，就把这样一种前后相继不再看作仅仅是主观的，而是把它看作是一个真正的客观事件。主观中我把这些表象颠来倒去，那都不是发生了什么事情，那是我在做游戏，我在好玩，而且这个好玩仅仅局限于我的主观头脑里面，对外界事物没有任何影响，也不是对任何外界事物的认识，跟外界没有什么关系，那当然不能说有什么事情发生了。你要说有什么事情发生了，你要表象那样一个事件，那么你首先必须有一个知觉，或有一个假定，知觉到或假定这个事情之前有另外一个事情，它们之间的关系是一种必然的跟随关系，必须有这个知觉或假定。

也就是说，我就认识到了某种对象，我必须把它放置在时间中某个确定的位置上，这个位置可以在先行的状态后面、而不能以别的方式归之于它。

前面讲的是"预先假定"或"知觉到"，这个地方呢，"也就是说，我就认识到了某种对象"，因为我把它看作是一个发生的事情了，看作是一

275

个客观的事情了。我把这个过程看作是一个客观的过程,那么我对它就有一种知识了。一旦我意识到某物是客观的东西,我对它当然就有了知识,而不再只是知觉或假定了。虽然这个知识不一定是正确的。我对它的认识可能是错误的,但即算是错误的认识,也是对一个客观对象的认识。也许我认识错了,这个事情的原因是这个,而不是那个,这个可能出错;但由于我把这个东西看作是客观的,而且去为它寻找一个原因,所以这是一种认识,"我就认识到了某种对象"。"我必须把它放置在时间中某个确定的位置上",所谓认识到了某种确定的对象,也就是我把这个对象放置在了时间中某个确定的位置上了。这个对象的位置,你只能把它放在先行的状态的后面,"而不能以别的方式来归之于它",归之于这个对象。这个对象的位置只能是在先行的状态之后,也就是有一种必然跟随其后的这样一种时间中的位置。我就认识到这样一个对象,这个对象在时间中是有它必然的位置的,这个必然性就在于它必须跟随在先行状态之后。它不能以别的方式出现,不能以在先的方式、颠倒的方式,倒因为果的方式出现,必须是处在结果这样一个位置。这个时候,我们就可以说,我们有了一个对象的认识。这个地方要注意的是防止一种操之过急的断言,认为康德这个地方只是在讲我们**正确的**知识。这个地方不是讲知识的**正确性**的问题,而是讲知识的**可能性**的问题。正确的知识也好,错误的知识也好,凡是知识,你就要假定有一种按照必然规则前后相继的秩序。如果不假定这样一种秩序,不仅谈不到正确的认识,而且根本不可能认识。认识正确不正确的问题,那是一个具体经验科学的问题,康德在这里不探讨。那个知识是不是正确的,石头热的原因是太阳晒,还是另有他因,这个具体的问题他不探讨。康德要探讨的是我们要形成任何因果关系,我们要对任何发生的事情形成一种知识,我们的条件是什么,我们的必要条件是什么,或者说何以可能。但是并不见得有了这个必要条件就是充分条件了,就不但是何以可能,而且可以决定哪个知识是对的,哪个知识是错的了。那是更进一层的问题,是更具体的问题,是自然科学家来讨论的问题,哲学家不能包办一切。哲学家有自身的任务,他的任务首先就是解决知识何以可能的问题,知识的可靠性何在的问题。至于如何达到正确的具体的知识,那是科学家们所做的工作。很多人在这个问题上不能理解,就是把两者搞混了,以为康德所讲的知识肯定是正确的知识。那就很奇怪了,你预先假定一个原因,这个原因未必就是正确的,未必真的是这个客观事物的原因。那当然是这样。你预先假定了一个在先的东西,至于这个东西是不是原因呢,那要通过具体的研究才能确定。只有通过自然科学家在具体场合的研究,才能知道一个知识是否正确,但这个研究必须遵守因果关系。这个知识究竟是正确的还是错误的,必须在一个因果链条中加以确认,而且这个过程是无限的,是永远可以继续下去的。任何一个知识都是在一定的意义、一定的阶段上可以说是正确的知识,但是过了一段时间很可能会发现这个知识有不够的地方、甚至完全错了的地方。很多我们以前认为是知识的东西,现在认为只是一种误解。这个康德也不否认。但是问题就是,要形成知识首先要形成一个客观对象,主客观的关系如何可能,就需要一种先天的把握能力,一种设定。在一个事情还没有发生的时候,或者发生了你还没有找到它的原因的时候,你就可以断言它是有原因的。这种断言就指导你去按照一个认识的法则为它寻找一个原因,并且在这个寻找的过程中使它能与别的因果关系协调。这是一种**态度**。所以康德在这里说,"也就是说,我就认识到了某种对象",不是说这个认识就是对的,只要一假定,那么我就可以得出一个正确的知识来。如果是这样,那康德的思维层次就太低了,像小孩子一样,我认为是哪个原因那就是哪个原因,康德不是这个意思。

所以当我知觉到某物发生了时,在这个表象中首先就包含了有某物先行的意思,

这里讲我"知觉到"某物发生了,仅仅从知觉的角度、层次来讲。我知觉到某物发生了,知觉到有个过程。一只船从上游到了下游,这是一

个过程，这过程是客观的，不是我眼睛偶然地先看上游，后看下游，偶然地发现了这样一个次序，而是说客观上有一只船从上游到了下游这样一个事情发生了。如果船已经在下游，你再到上游去找是绝对找不到的。这个是我知觉到的，知觉到两个杂多的现象相继而来，那么我把这两个知觉的相继而来理解为某物发生了，这个时候，这个表象中"首先就包含了有某物先行的意思"。我知觉到某物发生了，船已经到下游来了，这个不是我的主观的幻想，而是有某物发生了，这个时候，在这个表象里面就已经"包含了有某物先行"，在前面有个状态。所以只要我知觉到我们日常所说的一个事情发生了，当我们这样说的时候，已经包含了这个事情前面还有个事情，这样才能说"发生"。当你知觉到某物发生的时候，这个经验里面已经包含有一条先天的规则了。我们前面多次提到，康德认为经验的东西虽然都从经验开始，知识都从经验开始，但是并非一切知识都来自、起源于经验。在从经验开始的知识里面，既包含经验的东西、后天的东西，也包含有先天的东西，在经验中已经包含有先天的东西了。所以康德讲，"在这个表象中首先就包含了有某物先行的意思"，

　　<u>因为正是在与这一先行物的关系中该现象才获得了自己的时间关系，即在一个先行的、它不曾在其中存在的时间之后才实存的时间关系。</u>

　　这是说，我知觉到某物发生了，这个时候当然是有时间关系的，但这种时间关系包含一个与先行之物的关系，这个跟偶然的时间关系是不一样的。我从一栋房子的左边看到右边，这也是一种时间关系，但这个左边不是右边的原因，左边不是先行于右边的，这个房子不是先有了左边，然后才有了右边，是我看它的时候从左边看到了右边。我先看到哪一边并没有什么原因，完全是任意的。但是我看到一条船的顺流而下就不是任意的，当我看到一条船顺流而下到了下游的时候，我就想到它原来是在上游的，这是一个发生的事情，这跟房子的左边右边的这种承继性是完全不同的。所以，只要我意识到、知觉到某物发生了，那么这个表象中就已经包含了有某物先行的意思。我看一栋房子的时候，就不会意识到

这房子的右边是发生的事情，所以就不包含有一个什么先行的事情。在发生的事情里才有先行之物的意思，"因为正是在与这一先行物的关系中"，正是在与船在上游的关系之中，"该现象"，比如船流到了下游，"才获得了自己的时间关系"。在这种与先行之物的关系中现象才获得了自己的时间关系，并不是它反正在时间之中，一切杂多的表象反正在时间之中。在发生的事情里面，这个时间关系是在与先行之物的关系中获得的，它是"获得"的，是客观的先行之物产生了它，使它具有了时间中的固定的位置。所以，这种时间关系是由某种原因获得的，而它本身在里面表现为一个结果。所以，康德讲"正是在与这一先行物的关系中该现象才获得了自己的时间关系，即在一个先行的、它不曾在其中存在的时间之后才实存的时间关系。"也就是获得了这样一种固定的时间位置，这个位置是在另外一个时间之后的，而这另外一个时间是它不曾在里面存在过的。这句话的逻辑关系是这样的。获得的这个时间关系和之前的时间是有关系的，有一种必然的关系，前一个时间它不曾存在于其中，但是它存在于其中的时间关系和那个它不曾存在于其中的时间关系是有一种必然联系的。

但它之所以得到自己在这种关系中确定的时间位置，是由于在先行的状态中预先假定了某物，而发生的事情是任何时候、也就是按照一条规则跟随其后的：

这里的"任何时候"德文是"jede Zeit"，也可以翻译成"总是"，翻译成"总是"可能更加明确一些，免得跟前面一直在说的"时间"混起来。这个发生的某物为什么能获得确定的时间位置呢，是由于假定了某物，这里讲到了"假定"，前面是讲"知觉"。这里有两层意思，当我"知觉"到某物发生的时候就怎么怎么样，但是之所以得到这种确定的时间位置，还是由于在先行的状态中预先"假定"了某物。也即是说，知觉是一个经验，我知觉到什么事情发生了，但是考察这样一个经验之所以可能的条件，我们发现这个先行的假定是更加根本的。知觉是一个后天的经验，先行的假定是人为自然界立法,假定是这个知觉之所以可能的条件。如果在先行状态中你不预先假定一个某物,"发生的事情是任何时候、也就是按照一条规则跟随其后的",那么你也就知觉不到一个事情发生了,而只会知觉到一个感觉表象飘过去了。你之所以知觉到有一件客观的事情发生了,就是由于在这个知觉里面已经有一个先天的假定,已经有一种先天的范畴在规定这件事情。所谓范畴,就是我们在日常生活中,在经验认识中,每天都在运用,但是日用而不知的概念。你已经运用了,但是没把它提取出来,把它混到经验中去了。康德的功劳就是把认识的这样一个层次提取出来,单独地加以考察。在这样一种假定的基础上,

由此就得出,第一,我不能颠倒这个序列,而把发生的某物置于它跟随其后的某物之前;

由此得到的结论是什么呢,第一,我不能颠倒这个序列,这个次序是必然的,前后是有一种规定的。我假定了这个前后是按照一条规则而来的,而不是随随便便在一切领会中间都发生的前后。所有的领会里面当然都有前后,因为时间肯定是有前后的,时间本身也是不能颠倒的,但是时间中发生的事情是否可以颠倒呢?如果你把它看成是一个发生的事情,那么它的因果关系也是不能颠倒的。如果时间中的事情仅仅是你的一些表象,一些知觉印象,而不把它看成发生的事情,那么完全可以颠倒,之所以这个印象在那个印象之后,可以是偶然的,它本来也可以不是这样。比如看一栋房子,我可以从左边看到右边,也可以从右边看到左边。这个是我们知道的,因为这个看的顺序不涉及到必然性,不会违背什么规律。但是一个船的顺流而下,是有规则的,先看到船在上游,后看到船在下游,不能随意颠倒。不可能先看到在下游,后看到在上游,当你看上游的时候,船已经不在了,这是不可颠倒的,一颠倒船就不在那里了,只有在这个顺序中才在。所以,"第一,我不能颠倒这个序列,而把发生的某物置于它跟随其后的某物之前;"

B244　　紧接着是:第二,如果先行的状态被设定,则这个确定的事件就免不

了必然地会跟随而来。

第一是不能颠倒，第二是这个顺序是必然的，就是如果设定了先行状态，这个事件必然会跟随其后。比如说太阳晒和石头热，不能够把石头热放到前面，这个是不能颠倒的，这是第一层。第二层，一旦有太阳晒，晒到石头上面，石头就必然会热起来，我们通常就说太阳的热量作用于石头使它热起来了，这里头有一种必然性，原因必然会有它的结果。有一条规则在里面起作用，是我们把太阳晒和石头热这两件事情放到一条因果性的必然规则里面去了，所以这里体现出一种"能"，是太阳的"热能"使得石头热起来了。这两条的意思其实是一致的，说的无非是因果联系不能颠倒，当然第二个意思说得更加具体一些。不能颠倒还只是一个现象，为什么不能颠倒呢？是因为里面有一种必然性，这个必然性把原因和结果都规定好了。你站在结果的立场，可以看出不能倒回去，不能倒果为因；站在原因的立场上，就可以说有了原因必然就有它的结果。这两个层次可以表述为，没有任何一个结果是没有原因的，没有任何原因是没有结果的。前面是倒回去说，后面第二条呢是顺过来说，都是表达的同样一个必然性。

这样一来所发生的情况就是：在我们的诸表象之间形成了一种秩序，在其中当前之物（只要它已形成了）对某种先行状态提供了指示，将它看作这个已经给予的事件的某个相关物，

通过前面的两个层次的分析，得出来的就是这样一种情况，在诸表象之间，本来是没有什么秩序的，现在形成了一种秩序，通过这样一个假定，通过这样一个范畴，通过因果规律的这样一种设定，就形成了一种秩序。"在其中"，在这个秩序中，"当前之物（只要它已形成了）"，我当前看到一个事情发生了，已经形成了一个东西了，它"对某种先行状态提供了指示"，就是一切发生的事情都有它的先行状态，也就是都有它的原因。一切发生的事情都有原因，这就对某种先行的状态提供了一种指示，"将它"，也即是将这个先行状态，"看作这个已经给予的事件的某个相关

物"。先行状态和"已经给予的事件"是相关的，不是可以随意调换的。下面，

这相关物虽然尚未确定，

究竟是哪个相关物还没有确定，只是"假定"，你看到一个事情发生了，就假定在这个发生的事情前面一定有一个事情使它发生，肯定是有个东西使它发生，但这个东西是什么，还没有确定。要确定必须通过经验，而这个断言是先验的断言。一切发生的事情都有原因，这是一个先验的断言。它还没有确定经验的相关物究竟是哪个，是太阳晒热了石头呢，还是别的原因使得石头发热了，这个要通过经验具体来研究。所以这个相关物虽然还没有确定，

但却对这个作为其后果的给予事件有规定性的关系，并且将它和自己在时间序列中必然地联结起来。

这个相关物虽然还没有确定，但对于后果却有一种规定性的关系，它能够规定一个事件。我们所直接知觉到的是当前之物，就是一个发生的事件，我们把它看作发生的事情，当然认为它是客观的了，不是我主观里面的突发奇想，是一个事件。我们只看到一个事件，但是我们通过这个事件，就已经设定了它有一个前提、一个原因。那么这个原因是什么，虽然你还没有看到，或者你知觉到了，但究竟是不是就是这一个原因，还有待于确定。我确实看到了太阳晒和石头热，但是太阳晒究竟是不是石头热的原因呢，这个还要具体研究，不能凭我看到了就说里头有因果关系。我还看到了很多东西。比如我听到了乌鸦叫，然后隔壁房间就死了一个人，我是不是就可以说前者是后者的原因呢？我们都知道不是的。但是曾经有人认为是的，古人以为是的，以为乌鸦叫就是不祥之兆。古人没有后来的科学知识，我们说它是迷信、巫术。迷信和巫术是古人的一种不成熟的科学，他们也想把握因果关系，所以拼命地去找，找了这个，找了那个，虽然没有找对，但是这种因果关系，这个范畴，已经在他的认识中间起作用了。只要他不断寻找下去，就会慢慢对起来，正确起来，就

会发现很多以前所不知道的自然规律。所以，虽然这个相关物、这个原因到底是哪个还没确定，但是任何发生的事情都是有原因的，都需要为它去找原因，这一点是确定的。这一点如何确定呢，不是通过经验确定的，是先验地确定的，因为我们在认识任何一个对象的时候，我们都已经运用了我们的因果范畴、因果规律。我们预先已经织就了一张人类认识之网，十二范畴所结成的正是一张人类认识之网，我们在认识的时候是用这张网去捕捉经验中的事实。也许我们没有捕捉到，一网撒出去撒空了，或者我们捕捉到的不是的我们想要的东西。我们很可能会犯错误，但我们只能用这面人类认识之网才使我们的知识得以可能。没有网怎么能捕捉到鱼呢，没有范畴怎么能捕捉到知识呢？有了范畴不一定获得知识，但没有范畴肯定不能获得知识，这是康德对知识何以可能提出的一个看法。所以，范畴这一规律并不是人类知识的一个充分条件，而是必要条件，是不可缺少的条件，是先天的一种可能性，它针对着可能经验而来，针对着一切可能的知识而来。但这个知识是不是正确的，那个还要我们去认识、去一步一步地确定。科学知识还要继续发展，有了这个认识之网，科学知识就可以不断地发展，不断地有所创获。

接下来这一段是关于时间和时间中的事物的一个对比的说明。这一段虽然不长，但是很有些东西。

现在，如果我们的感性有一条必然规律，因而一切知觉有一个形式条件：在先的时间必然规定随后的时间（因为我只有通过先行的时间才能达到随后的时间），

这是从时间本身来说的。"如果我们的感性有一条必然规律"，先验感性论里面并没有讲时间是一种"必然规律"，只讲时间是一种形式条件；但"如果"要讲感性的必然规律，那么这个形式条件也必然包含在内了，"因而一切知觉有一个形式条件"，即时间的前后必然相继。这个是从时间作为一种先天直观的角度、层次来讲的，所以这里"形式条件"是打了

着重号的。我们要特别注意这段话的着重号所表达的意思。为什么要打着重号呢？在先验感性论里面，已经把这个"形式条件"讲得非常透了，时间本身是一切知觉、一切感性的形式条件，感觉是里面的内容。那么这个形式条件是什么呢？"在先的时间必然规定随后的时间（因为我只有通过先行的时间才能达到随后的时间）"，这是时间本身的这样一个规定。时间本身是一切知觉的形式条件，这个形式条件是按照一个先后相继的关系来容纳一切知觉内容的。就像上一段第一句话所讲的，"在现象的综合里，表象的杂多总是一个接一个相继而来"，**总是**一个接一个相继而来就是一个形式条件。时间总是这样的，时间一去不复返，必然会由先行的时间规定随后的时间，而不是相反，时间不能倒流。但是这样一个形式条件如果作为一条**必然规律**来看待，那么相应地在其内容里面也应该表现出一条规律来。时间的先后相继本来不是作为一条必然规律，本来就只是一个结构，作为人的感性认识的先天形式条件。但是如果我们把它看作必然规律，那么相应地在经验性方面也有它的规律，用康德的话说，

那么时间序列的**经验性表象**也有一条不可或缺的**规律**：过去时间的现象规定着继起时间中的每一个存有，

一条什么样的规律呢？这条规律涉及到时间中的存有、时间中的内容。"存有"这里康德用的是 Dasein 这个词，它的意思就是一定的存在。有的把它和 Sein 等同起来，都翻译为"存在"，其实有点区别。Sein 和 Dasein 还是不一样的，Sein 是一般的存在，可以作系词用，Dasein 就是这个存在，Da- 就是这个、此时此地。我们在海德格尔那里翻译成"此在"，在黑格尔那里翻译成"定在"，或者"有限的存在"。Dasein 指的是一种经验性的存在，出现在此时此地的这一个东西、这一个存在物，而不是指一般的存在。这句话是讲"时间序列的经验性表象"的情况，"经验性表象"打了着重号，这是跟前面的"形式条件"相呼应的。时间作为一个形式条件，有一种必然性，即前面的时间规定后面的时间，时间不可倒流。

既然你把这看作是一种必然的规定,"那么时间序列的经验性表象也有一条不可或缺的规律",过去时间的现象规定着继起时间中的每一个存有。这两者是相应的。时间的形式条件有必然性本来是因为它是一种先天条件,但是时间中的相继,从内容来看可能是偶然的,哪个在前哪个在后本来可以是无所谓的。但时间本身作为一种形式条件,如果你把它看作是必然的,前面的时间必然规定着后面的时间,那么这个"必然规律"就已经加上一些东西在里面了,加上了什么东西呢,加上了时间中的内容的东西。就是说间序列的经验性表象相应地也有一条不可或缺的规律:"过去时间中的现象规定着继起时间中的每一个存有"。前因后果,它是着眼于时间中那些现象的存有,那些经验性的内容而言的,在这方面就也有一条规律、一条经验性的规律。这就使得我们断言在经验中这个事情规定着那个事情。康德接着说,

> 而这些作为事件的现象只有当那些先行现象在时间中为它们规定了存有,即按照一条规则确定了它们的存有时,才会发生。

这是进一步地解释,过去时间中的现象规定着继起时间中的每一个存有,"而这些作为事件的现象",即这些继起的存有,"只有当那些先行现象在时间中为它们规定了存有,即按照一条规则确定了它们的存有时,才会发生。"在时间中的那种抽象条件的秩序,与它相应地,我们可以为它找到在经验现象中的存有的秩序、一种规则,这是不可或缺的。下面,

因为只有在现象上我们才能经验性地认识到时间关联中的这种连续性。

这个地方可以改一下,可以把"在现象上"改译为"凭这些现象"。这样改译就更加明确一点。"因为只有凭这些现象我们才能经验性地认识到时间关联中的这种连续性。"就是说时间关系中的这种连续性,这种必然的前后相继性,只有通过经验现象中的存有的前后关联性才能得到理解。这两个层次是相应的。一个是时间本身有前后相继性,一个是时间中的事物有前后相继性,而前者的必然性正是通过后者才得到理解

的。在时间上我们从这抽象的形式可以发现有一条必然的规律，就是在先的时间规定了在后的时间。但是时间本身看不见、摸不着，你要知道在先的时间如何规定在后的时间，你就必须在时间中的事物中发现这个事物规定着那个事物，你才能够由此猜到实际上这个时间规定着那个时间。时间中的这种必然规律，是在经验性的事物中的必然规律上面才得到表现，才得到认识的。所以先验感性论中只讲时间次序是先天必然的"形式条件"，而不讲时间次序是"必然规律"，因为**规律**必须涉及到知性的概念和范畴，涉及到经验对象。时间次序要被看作必然规律，就必须加入经验对象的理解。"因为只有在现象上我们才能经验性地认识到时间关联中的这种连续性。"换言之，时间关联的这种连续性是通过经验事件的连续性才认识到的，而不是由它自身就能够呈现出来的。所以这整个一段呢是从两个层次上面来讲的。首先是说，如果我们的感性有一条必然规律，如果我们把时间看作是有一种必然规律的，那么在时间的内容上我们也就必须这样理解，就是说在时间中一个现象必然规定着另外一个现象，而且这样一种理解是前面那种对时间本身的理解的前提。因为时间本身看不见、摸不着，你抽象地去规定时间，那怎么理解呢？只有通过时间中的经验性的东西，进一步说通过知性概念，才能把握时间中的相继性的必然规律。时间中的必然相继的规律就是因果性的一个图型。整个第二类比就是讲的时间中的相继性的原理，B232 的标题"按照因果律的时间相继的原理"，也就是时间相继的必然性的原理。时间相继本来无所谓必然性，它就是一个结构，就是人们不得不遵守的这样一个先天的形式条件。时间不断流逝，有什么必然性呢。前面的时间并不一定必然地规定后面的时间，一个空的东西既不能规定，也不能被规定。但是你如果对时间进行一种先验的规定，通过一种先验的想象力对时间这样一种先天形式，作出一种先验的规定，就是规定时间里面有一种相继性、必然的相继性，那么你就把时间变成了一种图型，可以用来把握因果律，理解因果律。因果律体现在时间上面就体现为时间的相继性。但是时间的相继性是抽象的,只是一个图型,怎么理解时间这种相继性的必然性?就是要通过时间中的那些经验性的对象、经验性的事物、经验性的存有。它们有一种规律、一条不可或缺的规律,过去时间的现象规定着继起时间中的每一个存有,这样一来,因果性就可以通过时间中的相继性的图型,作为一条规律而运用到经验性的对象上面去。这一段话讲的就是,我们怎么样通过一个时间的图型把因果性的范畴运用到经验性的内容上面去,运用到经验的对象上面去。

上面一段比较短,康德讲的比较粗线条一些,下面这段讲的更加细一些,进一步地阐明前面的意思。在因果序列中的经验性的表象,作为经验知识的客观的相继性,跟感性里面的必然秩序,也就是通过先验想象力建立的时间图型,是相应的,双方的秩序是相应的。所以这里涉及到的是感性和知性的关系。

一切经验及其可能性都需要知性,而知性为它们所做的第一件事并不是使对象的表象变得清楚,而是使一个对象的表象一般来说成为可能。

上面一段话是从感性讲到知性的规律,这一段呢从知性的规律开始,再讲到它如何能够和感性的秩序相一致。首先提出,一切经验及其可能性是以知性为前提的。"知性为它们所做的第一件事并不是使对象的表象变得清楚,而是使一个对象的表象一般来说成为可能",这个是什么意思呢?就是说对象的表象清楚不清楚,这个还是次要的,知性首要做的工作是使对象成为对象,使对象成为可能,也就是赋予表象以客观性。知性所作的第一件工作,就是使这些经验性的表象能够具有客观对象的性质,否则的话,它们就是主观的了。如果没有知性的话,仅仅是你的感性、想象力在那里转来转去,那它顶多就是一种主观的游戏,不管是相继也好,还是并存也好,都是一种主观的游戏。如果有了知性,有了知性的范畴,那么在这些范畴的规定之下,表象的秩序就得到规定了。表象的秩序得到规定了,那它就具有客观性了,那就是不可动摇的,不以人的意志为转移的。所以，知性的范畴使得经验的表象有了客观性，也就是使一个对象的表象一般说来成为可能。要建立起一个对象的表象，首先必须要有知性。

B245 这件事的做成是由于知性把时间秩序加到了现象及其存有身上，

如何使一个对象的表象成为可能呢，如何使表象具有对象性质呢？这是通过"知性把时间秩序加到了现象及其存有身上"而完成的。"现象及其存有"，为什么要加上"及其存有"？我们看第167页的注释（B201）："一切联结或者是组合的，或者是结合的，前者是杂多而不必然相互隶属的东西的综合"，再下来，"第二种联结是杂多的东西就其必然相互隶属而言的综合，例如偶性必然隶属于实体，结果必然隶属于原因"，再下面，"这种联结由于不是任意的，所以我将它称为力学性的，因为它涉及杂多之物的存有的联结……"在康德那里，"存有"的意思就是涉及到客观事物之间的一种必然的隶属关系。那么在现象里面，除了这种关系以外呢，还有一种关系，像这个"组合性的"关系，时间空间，在数学上面来加以考虑的那些东西。那些东西的关系不是必然相互隶属的，不像力学性的关系那样必然隶属，一个东西作用于另一个东西。仅仅从数学、量和质的角度来考虑一个对象，那只是考虑这个对象本身，它的结构、它的形式、它的广延，而不涉及到这个对象和另一个对象之间有什么必然的相互作用、相互关系。所以，存有这个概念在康德这里是描述一种活动，一种必然的活动，一种起作用的关系。所谓"起作用"，相当于亚里士多德所说的现实性，现实起作用的就叫作"存有"，Dasein。Dasein这个词是比较具体的，我们前面已经介绍过了，有时候把它翻译成存在，但是它比一般的Sein要具体一些，就是此时此刻、此时此地的存在，就是比较具体的存在。Dasein就不是抽象地对一个对象的规定，而是在这个对象的各种关系之中来规定这个对象。数学的规定就是这个东西的量有多大，广延怎么样，等等。但如果要规定这个对象的Dasein，就要把它放到和周围之物的关系中去，看它是怎么样和其他的表象发生作用的。所以，这个地方的表述是"现象及其存有"，不仅仅是现象里面那些数学性的规定，而且是力学性的规定。那么这里还有个词，知性把时间"秩序"加到了现象及其存有身上。"秩序"在这里是个很重要的词。在先验感性论里面，康德基本上没有用这个词，只用过一次，而且是否定性的。我们可以看一下，第 92 页 (B49) 中间这句话，"至于第二种情况，那么时间作为一个依附于物自身的规定或秩序就会不可能……直观到了"，在先验感性论里面就出现了这一次。只有在讲到知性规律的时候，时间才变成了"秩序"，为什么会这样呢？因为秩序这个词我们前面也已经进行了一个比较，秩序跟次序、序列都是有点层次上的不同的，秩序是很强的意义上说的，比如社会秩序。Ordnung 变成形容词就是 ordentlich, ordentlich 就是正式的、按规定的, der ordentliche Proffessor 就是正教授，也可以翻译成"编内教授"。时间本身有没有这样一个确定的"秩序"呢，没有，时间是一种被动的接受能力，不能给自己制定秩序。时间秩序是如何制定下来的呢，是由于先验的想象力把时间加以规定，形成时间的先验规定，也即图型，才建立起了时间秩序，所以时间秩序是由先验想象力建立起来的一种图型。我们再回到这句话，"这件事的做成是由于知性把时间秩序"，也就是把图型，"加到了现象及其存有身上"，

因为它赋予每一个作为结果的现象以时间中的一个就先行现象而言的先天规定了的位置，

知性把图型加到了现象身上，为什么这样就使对象成为可能了呢？因为"它"，也就是知性，"赋予每一个作为结果的现象以时间中的一个就先行现象而言的先天规定了的位置"。"就先行现象而言的"，也就是就原因而言的。知性赋予每一个作为结果的现象以时间中的一个就原因而言的、先天规定了的位置，也就是被原因先天规定了的这样一个位置。这样就使得因果之间的关系有了客观的对象性。

没有这个位置，该现象就不会与时间本身达成一致，而时间是先天地为自己的一切部分规定其位置的。

没有这个位置,也就是没有这个被因果性所规定了的位置,该现象就不会与时间本身达成一致。"时间本身"指的是什么?时间本身作为抽象的时间来说,它有一个前后相继的位置,这个位置是规定好了的,时间不可倒流,时间不可逆转,这是时间本身就具有的特点。那么现象中的关系,可以和时间一致,也可以和时间不一致,它和时间不一致的时候,在现象中那些东西的前后相继完全可以倒过来,时间不可倒流,但时间中的那些现象却并不一定不可颠倒。如果一个知觉是主观任意的,或者纯粹是偶然的,没有一种前后必然性,那么这样一种现象,虽然是在时间中的,但是不见得和时间相一致。因为时间是不可逆转的,而时间中发生的现象却是有可能逆转的、有可能颠倒。因为它是任意的,我想这样就这样,本来也可以不这样。我可以从左边到右边去看一栋房子,也可以从右边到左边去看一栋房子,这个没有什么必然的前后相继性。现象和现象的表象之间没有一种规定了的前后相继性。虽然在时间中是相继的,但是它们本身没有一种规定了的相继性,所以它们跟时间本身是不一致的。要跟时间本身一致,那就是时间中的现象也要有一种不可逆转性。时间是不可逆转的,时间中的现象也要是不可逆转的。那么这就必须要有知性,要有知性的范畴。知性的范畴为每个结果规定了跟随在原因之后的这样一个位置。如果没有规定这样一个位置,"该现象就不会与时间本身达成一致,而时间是先天地为自己的一切部分规定其位置的。"

现在,这个位置规定不能从诸现象与绝对时间的关系中借来 (因为绝对时间不是知觉的对象),

"这个位置规定"指原因后的结果这样一个确定了的位置规定,也就是现象之间的这样一种确定的位置规定。这种位置规定"不能从诸现象与绝对时间的关系中借来","绝对时间"可以理解成时间本身,所以相当于说这个位置规定不能从诸现象与时间本身的关系中借来。"因为绝对时间不是知觉的对象",绝对时间、或时间本身,时间本身看不见、摸不着,不是知觉的对象。知觉、现象之间的关系、秩序,怎么能从看不见摸不着的时间本身借来呢?这种秩序只是在被接纳以后才显示出来,而不能从时间本身那里规定现象的秩序。

恰恰相反,诸现象必须在时间中相互规定其位置,并使这一位置在时间秩序中成为必然的,

时间是一种接受能力,诸现象被时间所接受,那么它们的前后相继的关系呢不能从时间本身借来,而是相反,现象必须在时间中来相互规定它们的位置,不能够由时间来分别地规定它们的位置。时间规定这个,时间规定那个,时间又不是一个什么东西,又不是一个知觉,不能作为一个参照系来确定时间中的诸现象,哪个究竟在哪个位置。相反,诸现象要出现,首先必须是在时间中,那么它们就"必须在时间中相互规定其位置",并且"使这一位置在时间秩序中成为必然的"。这里又出现了一个"时间秩序"。时间秩序,也就是在图型中、在时间的图型中,使这个位置成为必然的。那么如何才能做到这一点呢?既然不能从绝对时间中借来这个前后秩序,而必须相互在时间中规定这个秩序,并使这样一个位置在时间中成为必然的,

就是说,跟随而来或发生出来的事情必须按照一条普遍规则而跟随于已包含在先行状态中的东西之后,由此而形成一个诸现象的序列,

诸现象不能从时间本身借来这种秩序,借来这样一个被规定的位置,只能相互来规定,那么相互怎么样来规定呢?相互规定就是,发生的事情在时间中按一条普遍规则跟随在先行之物后面。也即是各种现象之间的规定好了的位置,是按照一条普遍规则被规定的,不是由时间规定的。时间是容纳现象的一个条件,但是时间没有规定诸现象之间的确定位置。虽然接纳下来这些现象就在时间中了,但这些诸现象的位置完全可能是不确定的,没有必然性的。那么要确定现象的不可颠倒的秩序,规定结果必然只能在原因之后,那么就必须要有一条规则。所以,康德讲,"跟随而来或发生出来的事情必须按照一条普遍规则而跟随于已包含在

先行状态中的东西之后", 也就是结果必须按照一条规则跟随在原因之后。只有这条规则才能赋予这个顺序以必然性。"由此", 也就是由事物的按照一条规则的前后相继,"而形成一个诸现象的序列", 也就是这个现象序列,

它借助于知性在可能知觉序列中产生出来, 并使之成为必然的这个秩序和持续的关联, 正和在所有的知觉都必须在其中拥有其位置的那个内直观形式 (时间) 中先天地见到的秩序和关联一样。

这句话很长, 中间这个逗号打得很糟糕, 最好把它去掉,"它"的前面最好再加一个"而", 免得把前面的看作一个完整的句子。于是这句话就是:"而它借助于知性在可能知觉序列中产生出来并使之成为必然的这个秩序和持续的关联", 加上后面的全部成分, 整个这么长的就是一个定语, 一个定语从句, 是定这个"现象序列"的。就是说, 一个什么样的现象序列呢? 这个现象序列的"这个秩序和持续的关联"是必然的, 怎么样成为必然的呢, 是由于这个序列借助于知性从可能知觉序列中产生出来, 才使之成为必然的, 这个秩序和持续的关联由此才具有必然性。这不是由于时间本身或绝对时间, 不是因为时间有一个不可逆转的秩序, 前后相继, 所以就使时间中的表象、杂多、现象, 也具有了必然的前后相继性, 不是这样的。它非得要通过一个知性, 也就是通过知性的范畴、因果性的范畴, 才使得这个秩序从可能知觉的序列中产生出来, 并且成为必然的。没有知性, 这样一种秩序根本不会产生, 这样一种秩序和持续的关联就产生不了。而这样一种"秩序和持续的关联"又究竟是怎么样的呢? 这个关联"正和在所有的知觉都必须在其中拥有其位置的那个内直观形式 (时间) 中先天地见到的秩序和关联一样。"也就是借助于知性、在可能知觉序列中产生出来并且成为必然的这个秩序和关联呢, 是和时间中先天见到的秩序和关联一样的。知性产生并赋予必然性的这个秩序和关联, 正和内直观形式中先天地见到的秩序和关联是一样的。那么内直观形式中先天地见到的秩序和关联是什么呢? 就是图型。知性所产生出来

的并使之成为必然的这样一个诸现象的秩序和持续的关联，和图型的秩序和关联是一样的。那么为什么和时间本身的秩序和关联一样呢？我们为什么一定要说它和图型的秩序和关联一样呢？就是因为"秩序"这个词。时间本身有前后相继性，但是这个相继性呢是一个"次序"、"序列"。我们上节课讲了，秩序和次序是不同的。这里用的是"内直观形式中先天地见到的秩序和关联"，我们怎么能在内直观形式中先天地见到它的"秩序"呢，是由于先验的想象力。如果没有先验的想象力，我们在时间中就只有"次序"，而没有"秩序"。由于先验的想象力，我们可以把握时间的秩序，那就是图型。所谓图型就是想象力对时间的先验规定。想象力当然是一种直观活动的能力，时间呢是一种直观的形式，那么直观活动的能力即想象力对直观的形式进行加工，就把它做成了像同时性、相继性、包容性等等一些先验的规定。所以这里康德讲到的是，知性能够使得经验性的现象具有某种必然的秩序，而这种秩序和图型里面表现出来的秩序是一致的。所以，这一段还是讲知性范畴和经验性的杂多表象如何能够结合：是通过时间的图型才结合在一起的。所以，知性的因果范畴，人为自然界立法的因果性原理，是建立在知性的图型这个中介之上才形成起来的。

所以，某件事情发生了，这是一个属于可能经验的知觉，

这里讲，"所以"，这是承上启下了，根据上面所讲的，"某件事情发生了"，前面所有讲的都是我们该怎么理解某件事情发生了，"这是一个属于可能经验的知觉"。当我们看到一个事情发生了，这样一个知觉是属于可能经验的。我们现在也许还没有经验到，但是它是属于可能经验到的。如果说是这样一些知觉，我觉得冷，或者我从左边到右边看一栋房子，我们不会把它们看作是一件事情发生了，只是谈我们的感觉、意向，那就不是属于可能经验的知觉。而一旦谈到有某件事情发生了，客观发生了某件事情，那么这就是属于可能经验的知觉了。我们的眼光、立场，已经

把它放在一个可能的经验这样一个位置上去了。一件事情发生了,我们把它当经验看,把它当客观的经验、知识来看。那么,

　　这可能经验当我把现象按照其在时间中的位置而看作规定了的、因而看作能根据在知觉关联中的某条规则而随时发现的客体时,就成了现实的经验。

　　某件事情发生了这样一个可能的经验,如何能成为现实的经验呢?那就看我们能否在时间中把它放在被先行状态所规定了的这样一个位置上面,也就是说,看我们是不是能为它找到原因。某件事情发生了,这样一个知觉,它可能成为经验;但是它要真正成为经验,你要知道、认识到这个发生的事情,那你就必须找到它的原因。它是有原因的。所以,这个可能经验"当我把现象按照其在时间中的位置而看作规定了的",按照它在时间中的位置规定了有一个东西必然在它的前面,有一个先行的状态必然在它之前发生,这件发生的事情是以那件发生的事情为原因的,这就是在时间中看作被规定了的。"因而看作能根据在知觉关联中的某条规则而随时发现的客体"。这是说"根据在知觉关联中的某条规则"你随时都可以发现它,它总是处在这种规则的秩序之中的,任何时候你都可以对它进行规定。你能把它看作"根据在知觉关联中的某条规则而随时发现的客体",这个时候发生的事情就成了现实的经验。现实的经验,首先你要有一个发生的事情这样一个立场,你要把它看作一个发生的事情,你不是自己在做游戏,而是针对一个客观的事情来对它进行探讨,那么这个发生的事情就是一个可能经验。其次呢,你必须按照在时间中的位置来规定它,把它看作在时间中有一个确定的位置,"看作能根据在知觉关联中的某条规则而随时发现的"。如果能给它规定了一个位置,那么即使这件事情已经过了,你也可以根据时间的线索、规则把它找出来,这个东西当时是那个东西的结果,那个东西是这个东西的原因。这样,它就不是以你的主观意志为转移的,而是一种客体,随时可以加以检验的,具有可重复性。只要你把握到了时间中的规则、前后相继的链条,那

么在这个链条上面，你随时可以把它加以检验。那么这样一个发生的事情呢，就成为了一个现实的经验，不仅仅是一个可能的经验了。它就是一个由因果关系加以规定的、客观地发生的事情。

　　但这条按照时间次序来规定某物的规则就是：在先行的东西中必定　B246
有使该事件永远（也就是必然地）跟随而来的条件。

　　这里用的是"按照时间次序"，这里用"次序""秩序"已经无关紧要了，反正因果性体现在经验中之后跟时间的次序也是相一致的，发生在前的肯定是原因，发生在后的是结果，不可能因果倒置，所以这里用"次序"也是可以的。"按照时间次序来规定某物的规则"是怎么样的呢，这条规则就是："在先行的东西中必定有使该事件永远（也就是必然地）跟随而来的条件"。这个"永远"还是改一下，"jederzeit"，每时每刻、每个时候，前面翻译成"任何时候"，我们把它改成了"总是"，这个地方也把它改成"总是"。"在先行的东西中必定有使该事件总是（也就是必然地）跟随而来的条件"，这样比较好一点。当然它有"永远"的意思，也有"任何时候"的意思，但是用"总是"来翻译是最好的，可以用这个译名来统一。"总是"的意思就是，只要有先行的东西在前，那么结果就会跟随而来，这个发生的事情就会必然跟随而来。在先行的东西和后面的发生的事情之间有一种必然的时间上的联系。必定有使该事件总是跟随而来的条件，这就是一个规律。按照时间次序来规定某物的规则，就是这样一条规则，也即在先的东西总是在后的东西的必然条件。这里突出的是必然性，"必定有"使在后的东西跟随而来的条件。最后一句，

　　所以，充足理由律就是可能经验的根据，

　　这个地方为什么突然出现了"充足理由律"？如果考虑到在康德的心目中，在康德那个时代的氛围，可能就不觉得突然了。因为康德当时所处的那个语境就是莱布尼茨—沃尔夫派的语境。莱布尼茨提出充足理由律，是用来解决"偶然真理"的问题。莱布尼茨认为有两种真理，一种是必然真理，一种是偶然真理。必然真理根据的是矛盾律，不可能有例外，

也不可能选择；偶然真理根据的是充足理由律，这是可以有例外、可以选择的。充足理由律认为，一个事情的发生，肯定有它的充足理由，但是这个充足理由我们有限的人类理性是无法彻底搞清楚的，只有上帝才能搞清楚。上帝在一切可能世界之中选择了一个最好的世界，凭他的自由意志。他本来可以选择别的世界，别的世界也有充足理由。但是上帝给了这个所选择的世界一个最大的充足理由，那就是上帝的自由意志、善良意志。这个充足理由到了上帝那里归结为不可能有别的选择的，归结为矛盾律。但在我们人这里，人的理性有限，所以我们只好用"充足理由"的假设来把握那些偶然的、事实的真理，为它们的多种可能性留下解释的余地。莱布尼茨强调这个偶然的事实真理，不是要向经验派让步，不是说那我们就被动地接受事实就够了，就像经验派那样、像休谟那样，我们有什么就说什么，一切都来自于经验。"事实的真理"就是承认一切来自偶然经验吗？不是的，恰好相反，莱布尼茨提出充足理由律就是要把偶然的东西归结到必然上面去。偶然的东西也有必然性，有它的充足理由，偶然的东西不是随便发生的，不是无缘无故发生的，偶然的东西都有它的理由，有它的因果链条。而且这个因果链条、理由本身也有它的理由，也不是偶然发生的，原因的原因还是有它的必然的原因的。这样追溯下去，整个因果链条就叫作充足理由，所谓充足的理由就在于理由的链条本身构成一种必然性，有充分理由就有必然性了。如果理由不充分，只是一部分的理由，那也是一说，也可以站得住脚，有它的根据就可以站得住脚，但是这个根据本身是不是还有根据？那就可能是偶然的。但是如果是充分的理由，一切都是必然的，偶然的真理就被看作是必然的真理了。但由于我们人类的理性有限，我们实际上在接受经验性的事实的时候，我们搞不清里面那么多的理由，每一个事实都有无限的理由，所以对我们显得是偶然的，但是我们可以把它设想成是必然的。这是莱布尼茨关于充足理由律的观点。这在逻辑学界和认识论研究里面都引起了很大的震动。当时有的人认为这是理性派的一大胜利，可以把经验的东西全部归为合理的东西，"凡是现实的都是合理的"。但是另外一些人指责莱布尼茨向经验派让步了。莱布尼茨说，我没有让步啊，最后由上帝来把经验派和理性派统一起来了，我没有否认经验派的真理，但是我最后在上帝那里把它归结到理性派的真理，归结到推理的真理。所以莱布尼茨把充足理由律看作是一条逻辑的规律。逻辑学在莱布尼茨以后就增加了一个话题，就是充足理由律的问题。充足理由律跟矛盾律并列，作为一条逻辑规律，是不是有这个资格，这是逻辑学界一直讨论的问题。当然最后在现代逻辑里面，倾向于把它开除出逻辑的范围，这不是一个严格意义上的逻辑的规律。严格意义上的逻辑规律应该就是矛盾律、同一律、排中律这三大规律。充足理由律只是我们在把逻辑运用到现实经验对象上面的时候所采取的一种权宜之计，而且它是以上帝的终极假设为背景的。但是莱布尼茨提出充足理由律的确是有非常重大的意义。康德这里提到充足理由律，好像很突然，实际上他心目中是有考虑的。当我们把"先行的东西中必定有使该事件总是跟随而来的条件"这样一个原则，当作是用来规定某物，也就是规定偶然的事件的一个必然的规则的时候，充足理由律就必然会引进来。因为要把先行的东西看作是原因，把后面发生的事情看作是结果，而且认为这里头有一种必然性，那么就还有个问题，先行的东西也是发生的事件，发生的事件就是经验的偶然事件了，而这个必然性是一条规律，那它就要延伸到先行的事件本身，它也有它更加先行的事件。所以，你一旦把因果律看作一条普遍的规律，那自然就引出充足理由律了。因为充足理由律实际上是把理由律、也即因果律扩展为一条普遍的规律。因果律不是适用于某一件事情上面，它也适用于某一件事情前面的所有事情，适用于一切事情。因果律不仅适用于解释结果，也适用于解释原因本身，原因本身也是个结果，这样一直推下去就可以把所有事情都看作是有充足理由的，把所有东西都看作是一个因果链条上面的环节，有一个完整的因果链条，其中每一点都是必然的，这才决定了一个结果的产生。那么反过来，我们可以从这个结果上面看出它之前所有的因果链条，这叫作充足理由。缺了一环都不行，缺了一个理由就不行，缺了一个理由这个链条就断了，这个事情就不会出现了。所以，这个理由和理由的理由可以一直推演到无限，在上帝那里大概可以找到栖居地。我们可以假定有一个充足的理由，用来把握一切发生的事情的原则、一个普遍的原则。当你把这个原则看作是普遍性的时候，就是充足理由律，当你把它看作一次性的原则的时候，就是因果律。因果律扩展为一条普遍原则，就是充足理由律。这个规则就是在先行的东西中必定有使该事件总是、也即必然跟随而来的条件，所以这个规则作为规则来说，其表达已经是充足理由律了。所以他这里讲到"所以充足理由律就是可能经验的根据"，

亟即现象就其在时间的相继序列中的关系而言的客观知识的根据。

充足理由律就是可能经验的根据，前面讲了可能经验，就是发生的事情，那么这个事情为什么发生，它的根据何在，我们就要找到充足理由律。充足理由律就是一切可能经验、一切我们把它当作发生的事情来看待的经验的根据。这个根据是什么呢？"亟即现象就其在时间的相继序列中的关系而言的客观知识的根据"，简化一下，就是现象的客观知识的根据。客观知识包含了一切，包含了它有一种必然性，一种普遍的必然性。"现象就其在时间的相继序列中的关系"，从这方面而言的客观知识的根据，那就是因果性范畴。当然还有别的，比如从时间中的"持久性"这方面而言的客观知识的根据，那就是实体。因果律呢，就是现象就其在时间中的"相继性"来说的客观知识的根据。这个根据呢，就是充足理由律。

但充足理由律的论据仅仅是基于下面的情况。一切经验性的知识都需要想象力对杂多的综合，这综合永远是承继性的，也就是在其中诸表象永远是一个跟随一个的。

这里翻译上做小小的调整，这个"永远是"还是改成"总是"。充足理由律的论据，充足理由律从何而来，是由于下面的情况："一切经验性的知识都需要想象力对杂多的综合，这综合总是承继性的，也就是在其

中诸表象总是一个跟随一个的。"这个就是我们前面讲的先验想象力对于时间的一种先验规定,规定了它的一种承继性,杂多在这种承继性中获得了综合。康德的所谓三重综合论,一种是直观中领会的综合,一种是想象力中再生的综合,最后是概念中认定的综合。想象力中再生的综合,总是承继性的,是再生的,前面的过去了,后面的又来,下面的承继着前面的。你要把下面的理解为承继着前面的,就必须要有再生的想象力,前面的被没有被忘记,前面的被看作是后面的承继的一个前提,所以有一种继承关系,"也就是在其中诸表象总是一个跟随一个的",这是想象力所做的事情。

但这种相继在想象力中还根本没有按照秩序确定何者必须先行、何者必须随后,一个一个跟随而来的诸表象的这个序列同样既可以视为后退的也可以视为前进的。

想象力建立了一个秩序,但是还没有按照这个秩序确定何者必须先行、何者必须随后。想象力只是确定在时间中有一个秩序,但是在这个秩序中,哪一个在前面、哪一个在后面,这还没有得到规定,这种秩序还没有得到必然性的规定。这个序列也就是这个秩序,这个秩序"同样既可以视为后退的也可以视为前进的"。这是说想象力规定的这样一种秩序还没有一种必然性、一种不可颠倒性。这个秩序同样可以视为后退的,也可以视为前进的,可以看成前面的决定了后面的,也可以看成后面的决定了前面的。这个必然性在想象力中还没有获得,必然的前后关系还是没有获得。

但如果这种综合是(对一个给予现象的杂多的)领会的综合,

"领会的综合"下面有个注,有的人认为应该改成"统觉的综合"(将Apprehension 改成 Apprezeption),如果这样一改就比较好理解一些。就是说在想象力中固然有一种综合的秩序,已经综合了,但这种想象力的综合还没有规定它的必然性,还没有规定它的统一性。想象力的综合还不是统觉的本源的综合统一,综合了以后还没有统一起来,还是一些杂

多在那里。所以，"如果这种综合是（对一个给予现象的杂多的）统觉的综合"，

那么这一秩序就在客体中被确定了，

"在客体中被确定了"的意思是被必然地确定了。想象力的秩序还是一种主观的秩序，还不足以达到一种客观性。虽然想象力已经有一种前后不可逆转性，但是在客观上是不是有一种前后不可逆转性，它还不能确定。主观上不可逆转，这是想象力可以确定的，但是我可以把它看作是倒退的，这也可以啊。想象力规定的这种秩序我可以看作是倒退的，可以从左边到右边，也可以从右边到左边，无所谓倒过来顺过去。所以想象力的综合还不足以规定客观性，它还只是一个图型，一个中介。我们要形成客观的经验，必须要通过这个中介，但如果光有这个中介，没有一种统觉的综合统一的话，那还是不够的。所以，一旦经过统觉的综合，那么这一秩序就在客观中被确定了。

更确切地说，在这综合里有规定着客体的一种承继性综合的秩序，

这秩序在想象力的综合里面、在统觉的综合里面都用了，但是它们的层次还有不一样的地方。想象力的秩序、图型的秩序，仍然还是主观的，还不足以规定客观。只有到了知性这样一个层次、统觉这样一个层次，这个秩序才被规定为客观的。

按照这一秩序，某物必然先行于前，而这一点一经确定，另一物则必然跟随于后。

按照统觉的综合所规定的这样一种秩序，那么某物必然先行于前，另一物呢必然跟随于后，这是不能颠倒的。这就获得了一种现实的经验了，获得了一种现实的客观知识了。

所以，如果我的知觉要包含某种事件的知识，也就是某物在此现实地发生的知识，那么它就必须是一种经验性的判断，在其中我们想到，这 B247 次序是确定的，即它在时间上把另外一个现象作为前提，它必然地、或者说按照一条规则跟随着这个现象。

300

我们要获得经验知识,那么首先必须是一种经验性的判断,也就是首先必须要有经验性的内容。后面这个从句的说明也不能丢掉,如果你只是说"它就必须是一种经验性的判断",后面打一个句号,那就完蛋了,那就不是康德意思了。康德意思是说,它首先必须是种经验性的判断,然后呢,"在其中我们想到,这次序是确定的",可见这不是一般的经验性的判断。一般的经验性的判断很可能不是知识,可能只是一种"知觉判断"。比如,我觉得今天很冷。这还不是知识。康德说的是一种特殊的经验性判断,在这种判断里面,"这次序是确定的,即它在时间上它把另外一个现象作为前提,它必然地、或者说按照一条规则跟随着这个现象"。这才能使经验性的判断成为客观知识。整个这一句话要连起来看,千万不能断掉的。就是说,必须有一个现象先行于它,并且呢,它是必然地跟随于后,按照一条规则跟随于后,这样我们才能获得一个经验知识。接下来,康德说了反面的情况,

　　<u>反之,如果我设定了先行之物,而事件不是必然地跟随其后,那么我就会不得不把它只看作我想象力的主观游戏,如果我在其中却表象出了某种客观的东西,我也必须只把它们称之为一个梦。</u>

反过来的情况是,我设定了一个先行之物,而事件不是必然地跟随其后,比如我先看了房子的左边,然后我又看到了右边,但这个看到的右边并不必然地跟随于左边之后,那么我就不得不把它看作是我的想象力的一种主观游戏。我看到这边、看到那边,只是好玩,看来看去做游戏,这个完全是可以的。小孩子、婴儿经常做这种游戏,他在训练自己的想象力、观察能力。这当然也可以,但只是我的主观的游戏。"如果我在其中却表象出了某种客观的东西,我也必须只把它们称之为一个梦"。如果认为房子先有了左边,然后再有了右边,把它看作是客观的,那么这只是一个梦幻而已,或者只是你的幻想、你的错觉。但是它不是客观的。

　　<u>所以诸现象 (作为可能的知觉) 的关系,——按照这种关系,后继之物 (发生的事情) 是被某种先行之物在其存有上必然地、并且是按照某种</u>

时间规则而规定了的——，因而，原因与结果的关系，就是我们的经验性判断在知觉序列方面的客观有效性条件，

诸现象的关系作为可能的知觉的关系，应该是可能经验的关系，诸现象的这样一种关系，简言之就是因果关系，它"就是我们的经验性判断在知觉序列方面的客观有效性条件"。我们的经验性的判断，如果在知觉序列上有一种客观有效性，那么它就不仅仅是经验性的判断，而已经成为经验判断了，已经成为知识了。经验性判断是比较宽泛的，可以包括经验判断，也可以包括知觉判断。那么这种知觉判断如果具有了客观有效性，它就是经验判断，就是知识，而这个知识是以因果性这种关系作为条件的。经验性的判断，比如说"我觉得今天很冷"，如果要变成"今天天气是很冷"，那么就必须遵守这样一些先天的规则，因果性、实体性等等这样一些规则，这个地方讲的是因果性的关系，即"按照这种关系，后继之物（发生的事情）是被某种先行之物在其存有上必然地、并且是按照时间规则而规定了的"。因果性的关系是我们的知觉判断在知觉序列方面的客观有效性条件，其有效性是按照时间规则而在存有上起作用的。

因而是知觉的经验性真理的、所以也就是经验的客观有效性条件。

这就是我们刚才讲的意思。知觉的经验性真理就是经验，知觉要成为经验，必须要具有客观有效性。那么这个客观有效性的条件，还是因果性。最后一句话，

这样，在现象的相继中的因果关系原理甚至是先于经验的一切对象（它们服从承继性这个条件）而起作用的，因而它们本身就是这样一个经验的可能性根据。

"先于经验的一切对象"这个短语，注释里面有人认为是"对于经验的一切对象"，这个地方用"先于"其实也可以，就是说因果性这个原理是先于经验的一切对象而起作用的，经验的一切对象如何形成必须有一个先天条件，也即因果关系先天地起作用，才使得经验对象得以出现、得以形成。这些对象是服从承继性这个条件的，这些对象一个接着一个，

是服从因果关系的。最后"它们本身就是这样一个经验的可能性根据",这就把话说明白了:因果律是一切对象、一切经验的可能性根据,是先天起作用的,先于对象而起作用的。或者说,一切经验的对象都是由因果关系建立起来的,那么它当然是先天起作用的,是由因果关系去着手建立对象的嘛。没有因果关系,对象就根本不成其为对象了,只是一种主观的知觉。如何能够把主观的知觉变成一种客观的对象、变成一种客观的经验,就要靠因果律。

[总结上学期末关于因果性的研读内容]

刚才一位同学已给我们读了这一段。前面我在刚才概括性的一段话中把因果性原理怎么来的,它与一般的随意联想的区别何在,已经给大家讲了一下。那么除此而外人们在这里面临着一些可能的不同意见,一些疑点,必须要加以解释。这一段则提出了某种疑点,康德说:

但在这里还表现出某种疑点,是必须提出来的。现象之间因果联结的原理在我们的表达方式中是局限于现象的相继序列上的,但在其运用中却有这种情况,即也适用于诸现象的相伴随,而原因和结果可以是同时的。

这是一个疑点。就是说,时间中的相继性原理,是不是一定要在时间的流逝中才体现出来呢?这种非要在时间的流逝过程中才体现出来的观点实际上还是一种经验的观点。即"走着瞧",还没有到,就是在时间的实际流逝中看因果关系。但是康德的因果关系虽然讲的是时间相继的原理,但是他对时间的相继性有特定的理解,不是经验性的,不是在经验中经历过时间,然后才发现时间有一个相继。他的理解毋宁说带有一种逻辑上的理解,"逻辑上在先"。当然"逻辑上在先"一般来说跟"时间上在先"是两个不同的层次,但康德在"时间上在先"的里头有一种逻辑的理解,当然他自己没有这样说。他还是时间上在先,但他认为时间上在先也不要理解得太经验、太感性，不要感性化的理解。就是说，因果联结的原理"在我们的表达方式中是局限于在现象的相继序列的，但在其运用中却有这种情况"，就是说它也适用于现象的"相伴随"的情况，这个时候原因和结果是同时发生的。我们讲，牛顿力学中作用力和反作用力相等，不光是相等，作用力与反作用力是同时发生的，当你作用于它的时候，它就反作用于你。并不是说你先作用于它，然后它过了一会儿才反作用于你。当你不作用于它的时候，它的反作用力也不会作用到你。只有当你已经实际上作用于它了，在那一瞬间它才作用于你，这就是说作用和反作用是同时的。他这里举的例子是，

B248　　例如房间中是温暖的，在室外的空气中则不觉得温暖。我寻其原因，发现一个烧热的炉子。

也就是说我从外面进来，发现房间中是温暖的，这个时候我找这个温暖的原因呢，我发现温暖的原因是房间中的这个炉子：啊，原来房间中有个炉子。我所感到的温暖就是由这个炉子导致的，如果没有这个炉子，这个房间也就不会温暖了。这个炉子和房间的温暖是同时存在的，也就是同时并存的。他说：

既然这个火炉作为原因与其结果即房间的温暖是同时的，那么在这里，从时间上说并没有原因和结果之间的相继序列，而是两者同时的，但这条规律仍然有效。

时间上的相继性的原理在同时的情况下仍然有效。他的解释是这样的：

在自然中，绝大部分的致动因都是与它们的结果同时的。

致动因，我们刚才说了，作用力和反作用力也属于其中，凡是有一个原因而"导致"了它的结果，都是由于致动因，都是由它动力学上的关系而产生的。致动因跟其他的原因不太一样。比如说亚里士多德讲的四因，致动因、质料因、形式因、目的因。它跟质料因不一样，跟形式因和目的因也不一样，它是一个过程，凡是物理学上发生了的一种实实在在的过

304

程都属于致动因。那么致动因"绝大部分与它的结果都是同时的"，我们通常讲致动因都是有先后关系的，所谓"导致"嘛，导致就是一个运动在前，另一个接下来的运动要后一点，我们通常是这样理解的。但是康德在这里提出来说"绝大部分的致动因"其实都是同时发生的。

而结果在时间上的继起，只不过是由于原因不能在一瞬间就完成其全部结果而导致的。

就是说，凡是讲到致动因的时候，你看起来好像是一个在先一个在后，但实际上它们是同时发生的。它同时发生了以后，就有一个结果的链条，就是它的结果虽然是在一瞬间发生的，但是它的结果并不是在一瞬间全部呈现出来，它还有一个后续的效应。开始产生一个结果，但是这个结果还看不出来，还很微小，这个结果还有它的后续的结果，它可以影响别的，别的又影响别的，这样一个连锁反应，"波及"到一个更大的面积。它整个的结果你要把它和它整个的链条联系起来，最初的那个原因它所产生的那一瞬间的那个后果，它同时又会产生其他的后果。所以，所有的后果我们把它累积起来，我们都可以把它算做第一个原因所产生的后果。这个其实跟莱布尼茨所发明的微积分的原理可以联系起来。但是康德虽然在那个时代走在当时自然科学和数学的前列，但微积分这一点似乎他还不知道。他在他的书里面没有提到微积分。这也是由于莱布尼茨所发明的微积分当时还没有公布，所以后来打官司，到底是莱布尼茨还是牛顿发明了微积分。莱布尼茨虽然没有公布，但是他已经写在他的手稿里了，而康德对这一点还不了解。就是说，累积起来的结果虽然都可以归结为这个原因，但是它们不是同时发生的。不过，最初那一瞬间却是同时的，而整个结果累积起来就显示为时间上的一个继起的过程，一个流程。所以他讲：

但在结果最初产生的那一瞬间，它总是与其原因的因果作用同时的，

这里讲"总是"同时的，就是说，绝大部分都是同时的。这里讲的"绝大部分"，其实从理论上来讲应当说是"所有的"，所有的致动因都是同

时的，不然它怎么致动呢？它不可能有超距作用。它总是与直接和它相关的东西起作用，它不可能超越任何中介，没有任何中介它就发生作用了，那是不可能的。万物都是联系的，万物这中间不可能有飞跃，不可能有跳跃。莱布尼茨讲自然界不可能作飞跃，超距作用是不可能的。牛顿当年对超距作用非常困惑，解决不了这个问题，他就把它摆在那里。现代物理学后来通过引力场的理论，我们现在已经不存在这个问题了，没有什么超距作用，没有真正的真空，实际上都是在场里面，都是连续的起作用的。所以引力也好，一切致动因也好，它都是跟它最近的物质同时起作用的。他这里讲"绝大部分致动因"，他可能是想到了牛顿物理学所没有解决的这个问题，所以他不说"所有的致动因"，可能是考虑到了超距作用的问题。那么，为什么是同时的？

因为假如原因在前面一瞬间停止存在，该结果就根本不会产生了。

理由就是说如果在那一瞬间里面，原因停止存在，比如说炉子熄了，这个房间就慢慢地冷下来了。但是在炉子刚熄的那一瞬间，房子就开始在冷下来了，或者如果炉子一开始就没有点燃，房子就根本不会有开始温暖的情况发生。

在此我们必须充分注意，我们针对的是时间秩序，而不是时间**过程**。

这个是我们讲过的，所谓时间"秩序"，秩序（Ordnung）它是一种规范，它比较抽象，我们上学期已经讲到了，"秩序"跟"次序"（Reihe）是不一样的，它是比较带有抽象性规范性的一种规定好了的次序。那么时间秩序就是我们刚才讲的一种逻辑上的先后，逻辑上的和时间上的当然是不一样的，一般说逻辑上在先不同于时间上在先。但是康德在时间秩序上仍然有一种逻辑上的理解，就是说从时间的本性上来说它就是有先后的，哪怕在一瞬间里面，它也有一种先后"关系"。这个用莱布尼茨的微积分就很好解释了，它是一种"微分导数"的关系。导数就是一种关系，它并不是一个真正的时间上有什么先后，它那一瞬间你可以把它看作是没有经过时间，但是它没有经过时间，它却有一种时间关系，它没有经过现实的具体时间却有一种时间关系,后来的现实的时间,它的流逝,要在这种关系中才流逝。所以微分导数决定了后来的时间积分的关系,积分的过程它是按照一种什么样的关系而积分起来的。所以讲"我们针对的是时间的秩序而不是时间的过程",不是时间的具体的现实流逝的过程。所以在对时间前后相继中我们要注意这一点,就是时间虽然它是一种感性的、接受性的、经受性的能力,但是你不要把它理解为完全被动的,它虽然是一种被动的能力,但是它是一种先天性的能力,它先天地决定了这样一种被动接受的模式、方式或者说秩序。所以他讲:

<u>即使没有任何时间流逝,这种关系仍在。</u>

没有任何时间流逝,但是有时间流逝的关系,一开始就已经定下来了。就是说,时间不能倒流,时间有先后,时间还没有发生,但时间不能倒流的这种关系已经定了,它只能按照这种不能倒流、不可逆转的关系来前进。

<u>在原因的原因性及其直接结果之间的时间可以是无限小的(因此它们可以是同时的)。</u>

这个"无限小",原文是 verschvindend,就是"消失着的",verschwinden 它的原意就是"消失",在日常的意义上就可以翻译成"无限小的"。为什么可以翻译成无限小的呢?是因为它是个变量,是个动态的关系,它是无限地"小下去"的,趋向于零、趋近于零的,它的极限是零。趋近于零的这种消失着的,我们只能把它翻译成无限小的。但是这种无限小它不是一个定量,我们在数学上知道无限大、无限小不是一种确定的量,它是一种量的"关系",它是指以什么样的方式而消失着的,这种量的关系还可以定出一种比例,即"按什么样的比例"而消失着的,是按对半分的比例还是按三分之一的比例呢?总而言之这个原因在这一瞬间它的作用时间是无限小的。这个也涉及到极限和微分的概念。无限小的我们可以把它看作是零,但它其实并不是零,零是一个确定的数,所以它只是趋近于零,但不等于零,是向零不断地接近的这样一个动态的过程。但大

致上它也可以相当于零了。从这里我们也可以看到康德这时还没有理会到微积分的概念。所以他在括号里讲"因此它们可以是同时的"。无限小和零也就大致可以说没有什么区别了，我们可以说它是"同时"，即不经过任何时间间隔的。他说：

<u>但前者对后者的关系却仍然可以是按照时间来规定的。</u>

这里强调的是这种关系，是这种抽象的秩序，虽然没有在时间上经过任何一段，它所经过的这一段可以看作是零。但是呢，它是按照一种什么样的关系来趋近于零的，这个总是确定的，是仍然可以按照时间关系来规定的。刚才有同学讲火炉和房间的温暖是同时的。其实也不一定是同时的，只是火炉和房间的温暖在最初一瞬间是同时的，后来房间里的温度扩展开来，波及到整个房间的空气，这个当然要经过时间。但是尽管如此，尽管有一个因果链条，但是最初那一个原因和结果的关系它是同时的，它是在那一瞬间发生的，它总要有一瞬间，它总要动起来啊，致动因它总要有一个致动的最初的一瞬间。那么那一瞬间我们可以把它看作是同时的。这个同时就可以把它看作是一种纯粹的关系，它没有经过任何时间，但是它有一切经过的时间的那种关系，前因后果的关系就已经定下来了。是炉子加热了房间的空气，而不是相反。不是先有房间空气的温暖，而后才有炉子的燃烧，这个关系是已经定下来了的。后面举的这个例子是比房子的例子更加明显的例子。

<u>如果我把一个放在膨起的床垫上压出一个小凹陷的球看作原因，那么它与结果就是同时的。</u>

结果就是这个小凹陷。一个球放在床上，压出了一个凹陷，它有重量嘛，那么凹陷和这个球的压就是同时的。他说，

<u>不过我毕竟通过二者的力学联结的时间关系而区分了这两者。</u>

虽然是同时发生的，但是它们的力学关系在时间上毕竟有一个区分，就是先有球的压，然后才有凹陷的产生，这个是不变的。并不是先有凹陷然后球才压。这个在力学关系上是不能颠倒的。

因为如果我把这球放到床垫上，那么在床垫原先平坦的形状上就会随之有一个凹陷，但如果床垫有一个（我不知从何而来的）凹陷，那么在其上并不随之就有一个铅球，　B249

或者说并不随之就有一个铅球的压。这个例子就更加明显了。这是一个静态的关系。如果前面那个例子是一种动态的关系，那么这个例子就是一个静力学的关系。就是说球，它的重量有一个床垫上的凹陷与它相适应。那么，在这种静止的状态中，这个炉子和房间的空气的关系你还可以说它是一种动态的关系，炉子一熄灭，那么房子的温度就下来了。铅球的关系完全是一种静止的关系，有一个球，地球的吸引力使它有一个重量，它使床垫有了一个凹陷，有了一个凹陷，它的反作用力就和它的作用力达到一个平衡了，它们在平衡状态中是处于一种静止的状态。虽然是静止的状态，并没有一个过程，但是在静止状态中仍然有时间上的前后关系。虽然它是一种静力学的状态，我们并不说这个球总是在压，总是在压，这个床垫就总是膨不起来，总是在陷下去，不是的。它是形成了静止的平衡关系。但是平衡关系里面仍然有一种时间上的关系存在，虽然并不是时间上形成，并不总是在形成。好像不断在铅球上增加重量，最后把床垫压穿了，这有一个形成。但是你不需要有这个形成，它也有一个时间关系。这种时间关系它具体流逝的时间是一瞬间，甚至于可以看作零；但是这个关系不可改变。为什么不可改变呢？因为如果我把球放在床垫上，它就会"随之"有一个凹陷。当然"随之"还是要经过一定的时间的，但是一旦经过了，它达到平衡了，它就不需要经过时间了，但是它的因果作用还在。它的因果作用在每一瞬间都在。因为如果床垫上有一个凹陷，那么并不因此就有一个球，就导致了上面有一个球，这是不能倒过来说的。因为时间中的相继性要在这个意义上来理解，不要局限于具体流逝的时间，经验中流逝的时间，而要理解为时间上的那样一种不可颠倒的、先验的、逻辑的时间。当然康德不用"逻辑的"这个词，因为时间不属于逻辑，它是属于感性的，但是它有一种先验的秩序，不可颠倒的秩序。这个秩序是因果性、不管是静力学还是动力学的因果性之所以可能表现出来的一个必要的中介。如果没有时间的相继性，那么因果性，不管哪一种因果性，它都无法表现出来。那么一旦表现出来时间的相继性，它就不是局限于具体的时间性，而是时间流逝的那样一种关系。

这样，时间相继当然就是结果在与先行的原因的因果关系中唯一的经验性标准了。

也就是说，通过前面的解释，把时间的相继不是理解为具体的在时间的经验流逝中的过程，而是理解为时间本身的一种秩序。这样一种理解当然是很抽象的，理解为一种秩序，一种消失着的、趋近于零的秩序。但是经过我们设想一个球你把它放到床垫上，那么球在时间的秩序的意义上是在先的，而床的凹陷在时间的秩序上是在后的。但是这种时间的秩序它不容易看出来。要真正能够看出来，要举几个例子。比如说在床上看到一个凹陷，但并不因为这个凹陷就带来一个球，反过来想的话呢，在经验中就可以直观地呈现出来这样一个关系。所以时间的相继性就是结果在与原因的关系中唯一的经验性标准，就是时间的相继性它本身还是一个经验性的标准，虽然它在时间中是一维的这是一个先验的结构，但是我们在这种相继性中可以检验到底哪个是原因哪个是结果。我们在科学研究的具体实施过程中经常发生这样的错位，就是把结果当成了原因，把原因当成了结果。要解决这个问题，要检验究竟哪个是原因哪个是结果，要通过时间的相继性。所以从理论上我们是从时间的先验的结构来规定原因和结果的，人为自然界立法，它只是立的法，但是具体经验的判案，还必须要具体地考察在具体场合之下到底哪个在先哪个在后。所以在经验性的标准方面我们还得按照时间的流逝过程来考察。理论上它是根据时间的秩序来考察，但是我们要了解到具体的因果性的过程，我们还必须要从它的时间的流逝的过程来理解。就是在法律上你除了要熟悉法律条文以外，你还得搜集具体的证据。控方辩方都要提供具体证据,把这个经验的证据拿到法庭上去用法律条文来衡量。所以经验性的标准是在时间的流逝过程中所取得的,证据是在经验中取得的。下面又举了个例子:

一杯水乃是水上升到它的水平面以上的原因,虽然这两种现象是同时存在的。

在水里面加进一杯水,这个水使水平面上升了,上升了多少,就是上升了那杯水的容量或体积那么多。那么,在我把这杯水加进去的时候这杯水已经溶在水中了,水加进去的时候和水平面的上升是同时发生的。尽管是同时发生的,我们却不能说水平面的上升是这杯水的原因,我们只能说这杯水是水平面上升的原因,你一加进去,它就"使得"水平面上升了,尽管它们是同时发生的。那么反过来,从经验的角度我们可以来检验一下,到底哪个是哪个的原因。那么我们现在可以用杯子把一杯水从水中舀出来,

随之就有某种事情发生,即水从原先在容器中的水平位置变得下陷了杯中所装的那么多。

这随时都可以试验、检验一下。经验的标准是可以随时检验的,先验的标准是在理论上一种先验的可以确定的东西,就是因果关系在时间中只是在理论上按照时间的秩序来确定,一个东西是原因,一个东西是结果;但是这个原因和结果呢,往往它是同时发生的。你把水加进去的同时,水平面就上升了,那么水平面的上升和这杯水究竟哪个是结果哪个是原因,在时间的相继性上你看不出来,它只是一种时间上的秩序,一种时间在理论上的秩序,它的同时性你可以看作消失为零的一种连续性,一种瞬间,但是在经验上你看不出来。在经验上你只看到它是同时的。那么要在经验上你看出这一点你就必须检验一下。你用这个杯子往那个容器加进去了一杯水,你现在又从那个容器里面把水舀出来看看,舀出来当然也是同时发生的,但是呢,水"从原先在容器中的水平的位置变得下陷了杯中所装的那么多",这就证明了在杯子里面舀出来的那杯水就

是这个水平面上升的原因。如果你反复试验，你可以按照时间中的相继性的原理来检验它。一次你可能看不出来，但是如果你反复重复这个过程，你就可以看出来它还是有一种相继性的关系，虽然表面上好像是同时发生的。这个水的例子与前面讲的那个铅球的例子有类似的地方。

我们看下面这一段。我们前面主要讲了因果性怎么理解，因果性与时间的关系怎么理解。这一段的意思开始有了一个转折。当然上一段已经涉及到一点，就是时间的相继性是因果关系的唯一的"经验性的"标准。比如说一杯水是不是水平面上升的原因呢？还是相反呢？那么你把这杯水舀出来看看。通过这个舀的动作，那么你就可以看出水平面下降了，那么你就可以肯定这杯水就是原先你把水倒进去时水平面上升的原因。那么这样一个舀的过程在具体的时间流程中所作出的这个行动，它本身就已经带有另外一个概念，那就是"动作"。我一旦用一个动作把水从较大的容器中舀出来，"随之"就会有某种事情发生。这个在上一段里面是作为一个"经验的标准"用来加以检验，就是说时间的相继性在具体的流程中间可以用作一个标准来检验哪个是哪个的原因、哪个是哪个的结果。你说炉子放在一个房间里面，房间同时是温暖的，炉子也在烧着，那么你如何检验呢？你把炉子搬出去，或者你把炉子熄掉，那么你马上可以发现，这个房间慢慢地就冷下来了。这就可以检验出来，炉子的燃烧就是这个屋子温暖的原因，而不是相反。虽然它们是同时存在的，但是你一旦投入人的一种举动，那么你就可以检验出来。所以这是一种经验性的标准。在经验中你就可以检验出来哪个是原因哪个是结果。所以这一段它讨论的问题已经转移了，但是它还是从上面来的，它说：

这种因果关系引出了动作的概念，动作则引出了力的概念，并由此引出了实体的概念。

这段话的转折就在这里。就是说，因果关系引出了动作的概念，引出了力的概念，在动作和力中你可以检验出因果关系。这是一个经验性的标准，它不是先验的标准，先验的标准前面已经讲了。但是先验的因果性要在经验中获得它的检验。那么这个时候就必须引进，一个是动作，再一个就是从动作中引出力。动作是非常经验的啦，你把水从容器中舀出来这个动作是非常具体非常直接的，但是从这个动作里面呢，引出了一个更抽象的概念，就是力的概念。但是力的概念仍然还是一个经验的概念，它是牛顿力学的概念，牛顿力学还是经验性的，它不是一个纯粹知性概念。纯粹知性概念只有范畴，其他一些概念还是经验性的。那么由动作引出了力的概念，并由此引出了实体的概念。实体是一个范畴。就是说因果关系本来是建立在实体性范畴之上的，实体性是"第一类比"，因果性是"第二类比"，我们这本书里没有把第一类比的内容收进来。实体性的意思就是在时间中的持存性，在时间中持存。如果万事万物变来变去，千变万化，但是唯有一个东西是不变的，那就是实体。经典物理学里面讲物质不灭，所有的东西烧掉了，但是你把那些烟收集起来不让它们逃掉，你把所有剩余的灰烬加在一起去称一下，它们的重量没有改变。这就是实体的概念，就是说那些东西还在那里，虽然它的状态变了，它的属性变了，原来是一块木头，后来烧成了灰，变成了一堆灰烬，还有一些烟，这都是一些"偶性"。实体和偶性一对概念就是这样来的。实体是什么呢？实体就是在各种各样变化的东西中不变的那个东西，从头至尾不变的那个东西，这就是实体。实体是永恒不变的，物质不灭嘛，不管它改变成什么形态，它总是那么些东西，你去称一下看，都是那么重。当然你到月球上去称它就不是那么重了，但是它的质量还是那么多，它重量改变了质量还是不变，它的分子原子的数量还是那么多。它可以变成其他的形态，但是它始终还是那么多东西，始终持存着。本来实体是这样一个概念。那么这是一个先天的规定啊，实体的先验规定就是在时间中的持存性。而因果性就是在时间中的相继性，这种相继性要从先验的角度来理解就是一种相继秩序。但是由因果关系的这样一种经验的理解或经验性的标准中我们引出了一些经验性的东西，就是动作、力。但是从经验性的东西里面反过来又推出了实体的概念，就是说实体的概念在先验意义上它是持存性的概念，但是在经验的意义上它不是持存性，它是一种作用，是一种排斥作用。比如说我把一杯水加进去，那么这杯水它就要占有一定的"广延"、体积，它就使水平面上升了，你把它舀出来水平面就下降了。那么水是一种什么样的实体呢？它是一种排斥性的东西。它能够造成它的效应。凡是实体性的东西它都能够造成一种效应，它能够通过一种力来显示自身。所以在这个意义上实体的意义它就变了，它不再仅仅是一种持存性的东西，好像别的东西变来变去，它却是变中之不变。这是它原来的概念。但是现在在经验中实体的概念变成了一种能动的概念。它占有一定的广延。广延是什么呢？广延实际上就是一种力，是一种斥力。所以实体只不过是因果关系的一种表现而已。你把这杯水加进去，这杯水就是水平面上升的原因，加进去的这个动作通过这一杯水的排斥力把这个水平面挤上去了。所以这杯水的这个排斥力就表现出实体概念的内涵。什么是实体？实体就是不断地起作用的那个东西。我们讲不可入性，为什么不可入呢？是因为它总是在那里排斥啊，它有一种力在那里呀。所以从因果概念里面反而可以引出实体概念。从先验的意义上说因果概念是建立在实体概念之上的，但是从经验的意义上来说，实体概念恰好要由因果概念来检验，加以说明。你说这个地方有一个实体，为什么呢？你想消灭它做不到，它排斥你。实体为什么能够持久？因为它有一种力，它能够排斥。你想要消灭它，你想要挤压它，它会反弹，这就使我们感到这里面有一个实体在里头。如果你长驱直入，遇不到任何阻力，遇不到任何反抗，那你说这个实体它有什么用呢？你说有个实体等于没说，这个实体就不起任何作用了。实体要成为实体必须起作用，必须显露出来，我们才能够说这里头有一个实体。物质实体是这样，通常讲的灵魂实体其实也是这样。我们好像讲灵魂它是可入的，它不占空间，——当然康德并不相信灵魂实体，但是一般人，像莱布尼茨讲到灵魂单子，就是一个灵魂实体。单子它要表现为"力"，才能显出它是一个实体。单子如果不表现为力的话，它没有任何阻碍，它是无限可入的，那它是一个空虚的东西。它没有表现出它的任何能力，那么它就是不存在的。实体之所以成为实体，除了它的持存性，作为它的先验的规定以外，在经验中它还表现为因果性。它是能够产生结果的一个原因。所以上面这句话就很关键了，就是说，对于实体的理解在这个地方来了一个逆转。本来是用实体来说明因果性的，但是现在它本身要由因果性来说明，只有在经验中表现出因果性的那才是实体。实体构成其他事物的原因，才是实体。如果不构成任何原因那个实体是不可能的，在经验中显不出来嘛，它只是一个空洞的概念，你说它是持久存在，所有的东西都变了只有它不变，什么东西体现出它不变？它持续地在起作用，这就是它不变。那么，从因果关系引出了动作概念，从动作概念又引出了力的概念，这都是一些经验性的概念啦，但是"由此引出了实体的概念"，由此引出了实体范畴，这就转了一个圈。由因果性下降到动作、下降到力，再由力回过头来又上升到实体概念，这等于是转达了个圆圈。所以他下面一段讲到"循环论证"，就是你用实体来为因果性奠定基础，因为因果性要成为原因，它就必须是一个实体，它才能成为原因，因为你本身没有实体，你怎么成为原因呢？我们一般讲原因都是假定了它有一个实体，结果也是这样，也必须假定一个实体，实体的属性发生改变，这才体现了因果性。所以因果性需要用实体性来加以说明。但是实体反过来又要由因果性来加以说明。我们在经验中都是因为因果性发生了作用，我们才能认定这是一个实体。这好像是一个循环论证。当然康德在后面作了一些解释。在这一段里面他主要是强调，动作的概念和力的概念都是一些经验的概念，而实体和因果关系都是先验的范畴。那么在这个地方为什么要把动作的概念和力的概念加进来讨论呢？康德在下面作了一个说明。

由于我的批判的意图只涉及先天综合知识的来源，我并不想将它混同于只是从事阐明（而不是扩展）概念的分析，所以我把对这些概念的麻烦的讨论留给未来的纯粹理性体系：即使在迄今所知的这一类教科书中

<u>也已经有大量的这种分析。</u>

这段话的意思就是说，我这本《纯粹理性批判》的意图只涉及先天综合知识的来源，先天综合知识是如何可能的，它是一种先验哲学，从先验的层面上讨论，先验感性论、先验逻辑，来为先天知识的可能性提供根据。他并不想把它混同于只是阐明概念而不是扩展概念的"分析"，要把这个分析强调一下。我们前面讲了，分析和综合的区别就在于分析它只是阐明概念，而综合才能够扩展概念。那么这里讲的是对先天综合知识的研究，这并不能混同于只是分析概念的那种分析活动。分析只能使概念中已经包含的东西展示出来，但它的一个重要的毛病就是它不能扩展概念。而先天综合判断是扩展型的，能够扩展概念。那么从因果性概念里面引出动作概念，又从动作概念中引出力的概念，再从力的概念中引出实体的概念，这实际上是一种分析。就是说，因果关系从它的经验的相继性里面我们可以引出动作的概念，就是从经验的因果关系通过后天的分析引出动作概念，一个经验的因果关系，如你把水舀出来，又把它倒进去，这里面包含一个动作；那么这个动作里面又包含力的概念。力的概念当然更抽象一些，但是它还是包含在动作里面的。动作就是一种力嘛。又从力的概念里面引出实体概念，就是说这个力已通过这杯水作用于这个水平面，那么这杯水在作用于水平面的同时显示出它是一个实体。所以这都是一种分析的产物。但是他的批判的意图本来只是先天综合知识的来源，而不是要对这些先天综合知识进行分析。当然这些先天综合知识本身它是从经验中分析出来的，康德跟休谟采取不同的立场，即首先承认人类几千年以来的科学知识是不可否认的。那么我们所要做的就是从数学和自然科学里面"分析"出它之所以可能的前提，它的先天的条件。但是我的批判的意图只是涉及这些知识里面的先天综合判断的来源，它何以可能，并不是要把分析出来的东西全部展示出来，只是要追溯我们的这些知识里面的先天条件，然后把这些先天条件构成一个体系，为人类的科学知识奠定基础。至于从这个基础上具体推出人类具体的科

学知识来,具体确定哪一个是原因,哪一个是结果,这个不是《纯粹理性批判》的任务。我们不是要做这样一种分析工作,我们最重要的工作是要把先天综合知识的条件展示出来,当然也要通过分析,但是我们的目的不是要分析。所以我们不是要从概念下降到各种经验的事实,因果性的概念作为一个经验事实必须包含动作和力的概念。当然这个"力"的概念当时人们有些疑惑,但是一般的知识界还是把它作为一个万能的法宝,任何东西都可以用力来解释。黑格尔在《精神现象学》里面谈到意识的时候就指出,"力和力的表现"是属于"知性"的思维层次。这个层次就是把什么东西都用力和力的表现来解释,力就是原因,力的表现就是结果。这就是当时知性的思维方式所通用的论证方法。那么从经验的角度来看,一切因果关系里面都包含有力,从力的概念里面就引出了实体的概念。实体本身是一个先验的范畴,但是从经验中我们是如何发现这个范畴的呢,还是从因果关系中感受到它对我们所起的作用。这个桌子我敲它,它嘣嘣地响,它"抗拒"我,它使我的手生痛,这个时候我就觉得这个桌子是一个实体,它有不可入性。这是通过力所表现出来的。但是这个实体在这个上面它已经成为一个经验的概念了,就是"广延"或"物体"了。实体概念在经验中就是从物体、广延概念来的,什么是广延呢,就是斥力的概念,排斥力。它占据一定的空间,不可入;它占有这个空间,它也不可能同时占据两个空间,也不可能同时有两个东西占有这个空间,所以它拒斥其他的东西来占有这个空间。这就是一种力。从这种力我们在经验中就获得了我们的实体概念。但是由于在《纯粹理性批判》中的意图"只涉及先天综合知识的来源",并不是只从事阐明概念,作一种分析,对一个因果关系的事实来分析分析,为什么说一个经验事实里面有因果性呀?是因为它里面有动作,它里面有力;为什么说一个东西是实体呀?是因为它拒斥了我。这个不是他要在《纯粹理性批判》里所要讨论的问题。这个是什么问题呢?他说"所以我把这些麻烦的讨论留给未来的纯粹理性体系"。未来的纯粹理性体系是什么呢?就是一种未来的形而上学，即"作为一种科学的未来形而上学"，它本身还没有建立，而《纯粹理性批判》就是这个未来的形而上学的"导论"。将来一旦建立起未来形而上学，在这个意义上那它就是"自然形而上学"。当然还有道德形而上学，未来形而上学有两方面，一方面是自然形而上学，一方面是道德形而上学。在这个地方他主要指的是未来自然科学的形而上学，是就这方面而言的。所以他后来写了一个《自然科学的形而上学基础》，就是为未来的自然形而上学奠定基础的，里面涉及到很多牛顿物理学，但还没有具体地把这些物理学定理构成一个体系，而只是提供一个解释的基础。未来的自然形而上学就是未来的纯粹理性体系，它将要讨论如力啊，什么动作啊，这样一些概念。在《自然科学的形而上学基础》里其实已经出现了这些概念，什么力啊，物质啊，排斥吸引啊，动量学动力学机械学啊，但是还只是就它们的基础来讲的。从这个基础上如何使牛顿的体系和原理能够本身构成一个体系，能够按照康德所提出的逻辑构架，把它们重新整理为一个形而上学系统，这就是未来形而上学所要做的工作。这个工作康德毕生没有来得及去做，而且他认为这个工作其实很简单，用不着他去做，可以让他的学生，或者后人，思维能力比他更低的人去做，最难的工作他已经做了。他要做的是最难的，后来的工作就容易了。何况他后来还写了一个《自然科学的形而上学基础》，那就更加是指明了方向了。你按照这样去做，你可以把所有经验科学的概念全部纳入进来，而且按照一个系统，当然牛顿已经有了《自然哲学的数学原理》，已经有了一定的体系性，但是还不够，也可能在很多结构方面没有符合康德自己的建筑术，将来的体系将会是非常严密的，而且是逻辑性非常强的。全部的自然科学概念都在这里，一环套一环，缺了一环你马上可以发现，就像门捷列夫的元素周期表那样，缺一环这个地方就空着，以后你们就可以把它找到。当然康德的时代元素周期表还没有出来，但是按照康德的思想就是这样的。将来的自然科学要构成一个这样的体系，人类的知识如果还没有到那一步，有些环节还没有发现出来，那么这个地方就空着，它可以给人类的科学发展指明方向。已经找出来的东西你就不要去浪费力气了，你就专门去找那些没有找出来的去填补空白就够了。那将省却多大的力气啊！所以这是一个完备的系统，未来自然形而上学应当是完备的。当然这些概念的讨论是很"麻烦"的，究竟它们处在什么层次？动作的概念，运动的概念，力的概念，这些概念听起来好像都差不多。我们日常的意识好像很随便地这样说，运动那就是动作嘛，就是力嘛，但是康德认为它们有层次的不同。你看他这里说：由动作的概念"引出"运动的概念，由运动概念"引出"力的概念，这种"引出"说明有一个层次问题。将来的形而上学要把这些层次全部厘清。一个层次一个层次地前进，搞得清清楚楚，要合乎逻辑。"即使在迄今所知的这一类教科书中也已经有大量的这种分析"了，比如说牛顿的《自然哲学的数学原理》，《光学》等等，其实已经在做这种工作，里面各种概念的分类，种和属，层次关系都要把它搞清楚。所以未来的自然形而上学看起来好像面对庞大的自然科学经验范围，但是实际上前人已经做了一些工作，我们可以利用。但这都不是这本书所要做的，所以这个地方不讨论。但虽然不讨论，却又还是谈到了，所以他这一段最后一句是讲：

　　<u>不过，在一个实体显得不是通过现象的持久性、而是通过动作而能更好更容易地显露出来时，对于它的经验性标准，我是不能置之不顾的。</u>

　　这个地方已经涉及到实体了，实体本来的先验规定它就是"现象的持久性"；但是呢，在某种场合下，比如不是在先验的场合下，而是在经验的场合之下，我们通过"动作"能够更好地显露出实体性。能够让人更好、更简单直接地理解什么是实体，所以我不能够对它置之不理。如何能够在经验中更好地理解什么是实体，就必须有经验性的标准。经验性的标准是什么呢？就是在时间中它发生了一种前后相继的因果性。在时间的具体的经验性的表现中，我们可以反过来去更好地理解实体性。当然实体性严格的先验的标准还是现象中的持久性，但是在表现出来的时候我们要在经验中去发现实体，这个时候我们就要去找什么地方有一种

因果性的表现，有一种力作用于我们，那么我们就沿着这个方向去确定：那个地方有一个实体！那里面有东西！如果没有遇到任何阻力，那么我们就认为那里面没有东西。比如光，比如热，这些东西本身都不是实体，而只是实体的一种现象，所以它们是可入的，光这种东西它没有什么阻力，我们只有沿着光去寻找到发光体才算找到了实体。当然现代物理学把这些概念都颠覆了，光是一种什么现象，电是一种什么现象，热是一种什么现象，今天的解释与当时已经不同了。当时的"热质说"认为热是一种没有重量的物质，光是在"以太"中传播的，"以太"也是一种没有质量的物质。但康德认为一个东西是不是有它的物质实体，要看它是不是对我们起作用。当然像电、磁等等不一定是机械的力，可能是其他的力的形式，但必须能够把力发挥出来，造成一定的结果，它才能够表现为实体。所以在这里他还是要讨论这些问题，因为这涉及到在经验中我们如何能够找到一个实体。他不是要给实体下定义，实体的定义他已经定了，"在现象中的持久性"；但是，这个定义如何能够在现象中显露出来，这个时候我们就要寻求一种经验性的标准。所以我们还是要进行一番讨论。下面的一大段都是在讨论这个问题。

这一段跟前面那两段是紧接下来的。前面那两段是什么意思呢？就是说他要解决某些疑点，就是到底是从经验性的的角度来理解因果性还是从先验的角度来理解因果性。前面一直都是从先验的角度，就是从经验现象的时间中的相继性发生的过程中，我们之所以能够把它看作一个客观发生的事件，是因为我们预先有一个因果性的范畴在前面作为先天的条件，才能够发生，并不是在我们主观中，什么也没有发生，只是我们在做游戏，在转动眼球，这边到那边，而是一个客观发生的事件。这是我们前面一直在阐明的道理：我们的因果性范畴先天地在为自然界、现象界立法，自然界只有在这些先天的范畴之下才能构成知识。那么疑点在什么地方？疑点就在于我们往往好像是在经验中，通过一种经验性的标准，通过时间的相继性，——相继性前面讲有种先验的理解，还有一种是后天的理解，就是时间在它的流逝中显示出它是相继而来，——在时间相继而来的经验性标准中，由此来探讨它的因果性范畴。这也是一个标准，一般的经验派的哲学家都是按照这种经验性标准来探讨因果性的。但是这种思路是行不通的，因为你不能够证明因果性有它的必然性。如休谟说的，你从经验中所得出的那种因果性只是一种习惯性的联想而已。所以康德在前面举了一杯水的例子啊，床垫上的球的例子啊，都是为了说明这个道理。即使在经验中是同时的，没有相继，那么按照范畴来说仍然有一种因果性存在。但是在动作和力的这样一些经验性概念中，我们说因果性概念"引出了"动作的概念和力的概念，按照康德的说法本来应该是这样的，就是人的知性范畴先天地为自然界立法嘛，本来应该是"引出"的。但是在经验中仍然有一个标准。像上一段的最后一句话："在一个实体显得不是通过持久性、而是通过动作而能更好更容易地显露出来时，对于它的经验性标准我是不能置之不顾的。"就是说，在很多场合之下，我们通过动作的相继性，我们可以看到或者猜到它后面的先天范畴。比如说，通过动作，我们可以看到它的实体性。因果性它不要通过动作，比如说在静止的状态下一个球它放在床垫上，我们也可以说这个床垫的凹陷是球的结果，球是床垫凹陷的原因。那么在动作、力的情况下我们可以从经验性的标准更容易地看出它里面有一种实体的存在，就是从它作用于我时我可以从中看到它后面有一个作用者。实体在这种经验性的条件下可以更好更容易地显露出来。如果是这样的话我们就不需要引用康德的那一整套先验演绎，我们就可以通过经验派的方式就很容易发现范畴了，像洛克所做的那样。我们看到很多运动的东西我们就想到应该有一个运动者。笛卡尔也说"我思故我在"。"我在思维"这样一种活动肯定应该有一个思维者，它是通过我的思维的经验——思维当然也是一种动作啦——而显露出来它也是一种实体。这样一种思路在康德看来当然是一种颠倒的思路，正确的思路应当是先验的思路而不是经验的思路。但是经验性的标准呢我还是不能置之不顾，我还要对它进行一番探讨。它的这个地位、它的作用、它的论证能力究竟何在。这就引出了我们今天读的这一段了。我们来看一看这一段。

B250　　<u>凡是在有动作、因而有活动和力的地方，也就有实体，并且只有在实体里才必定找得到现象的那种富有成效的来源之地。这一切都说得很对；</u>

就是说凡是有动作有活动和力的地方必定是有实体的，现象的那种富有成效的来源肯定是在实体里面。就是说我们的动作活动、现象的各种知觉，它的根源我们肯定要追溯到实体上去。现象的这种活动本身它是一种因果关系，但是这种因果关系的来源我们一定要追到实体里面，因为前面讲了，因果范畴是建立在实体范畴之上的，首先是持存不变的实体性，它本身不变，但是它是万变的根源，它是引起一切变化的根据，也是造成一切因果性的根据。你要造成因果性，你必须要有一种实实在在的东西，你才能造成因果性。这本来是在先验的层次上应该这样来理解。这是毫无疑问的，所以他说"这一切都说得很对"。但他又说：

<u>但是，如果我们想要解释什么是我们对实体的理解，并想在这种解释中避免错误的循环论证，那么这个问题就不是很容易回答的了。</u>

就是说要解释我们对实体究竟要如何理解，要通过运动和力来解释实体，并且在这种解释中避免循环论证。什么是实体？你从现象的交替里面、从因果性里面去加以定义，说实体就是这些变化中不变的东西，从经验性的这些标准来加以解释，这当然也可以。但是，什么是变化中不变的东西？那就是实体，变化中不变的东西从哪里来？从实体来；那么实体是什么？实体就是变化中不变的东西，——这岂不是循环论证吗？到底是用因果性来解释实体，还是用实体来解释因果性？在变化中，也就是在发生的因果关系中，有一个不变的东西，那就是实体，但是最初我们在没有探讨因果性的时候，我们对实体已经下了一个定义，实体就是变化中不变的东西。这样来解释实体等于什么也没有解释。要避免这

样一种错误的循环论证就不是一件简单的事情，我们要分清层次。下面他讲：

我们怎么会从动作过程立刻得出动作者——它毕竟是实体（现象）的一个如此根本的和特有的标志——的**持久性**的结论的呢？

就是说从动作过程我们可以得出一个动作者，但是我们怎么可以从中得出它具有持久性的结论呢？我们当然可以推出，凡动作都有一个动作者，但是这个动作者是不是持久的，这个好像还是另外一个问题。一个动作者它本身可能并不是持久的，它是变化的，它是生灭的，它是由别的动作者造成的，它可能是别的动作者的一种表现，那么这个别的动作者也可能是另外一个别的动作者的动作的表现。所以你从一个动作立刻得出一个动作者的持久性，这个推论是有问题的。动作者"毕竟是实体（现象）的一个如此根本的和特有的标志"，也就是说实体它在现象中的一个根本的和特有的标志就是作为动作者，它必须要表现出来。实体必须要表现出来，必须要起作用。一个不起作用的实体，那还谈得上什么实体呢？它也许持久存在，但是你永远也看不见它，那就是"物自体"了。凡是不起作用的东西，也就是不在现象中的东西，那就是物自体了，那你怎么能认识它呢？你能认识的实体肯定是它在起作用的那个实体。但是这个起作用的实体是不是持久的呢？这个就难说了。他说：

这个问题虽然按照通常的方式（即只是分析地处理这些概念）是完全不会得到解决的，不过根据我们前面所说的，解答这一问题倒是没有这样一种困难。

这个问题按照通常的分析，也就是分析"动作者"这个概念，是"完全不会得到解决的"，因为"动作者"这个概念并没有包含"持久性"这个概念。一个动作必须有一个动作者，并不意味着这个动作者就是持久性的，所以你要从这个概念中去分析它，那是分析不出来的，它不是一个分析命题。但是按照前面我们所说的来解答这一问题，倒没有这个困难，按照我们前面讲的那种方式，即按照先天综合的方式，是可以解决这个问题的。他说：

　　动作已经意味着原因性的主体对结果的关系了。

　　什么是动作呢？动作意味着原因对结果的关系，也就是原因的主体对结果的关系。动作是一种因果关系，动作就是发生的事情嘛，一个动作它肯定是发生的事情，我们把它看作一种客观的相继性，一个客观的、实实在在的前后相继发生的事件，那就是这个动作。那么它已经意味着因果关系，而因果关系里面意味着原因的主体对结果的关系。他说：

　　既然一切结果都在于具体发生的事情，因而在于按照前后承继性来标明时间的可变易之物，那么可变易之物的最终主体就是作为一切变更者的基底的**持久不变的东西**，即实体。

　　既然在因果关系中一个具体发生的事情才产生出它的结果，也就是在于那样一种可变易之物，它是按照前后承继性、前因后果来标明时间的，那么这个可变易之物的最终主体呢，就是"作为一切变更者的基底的持久不变的东西。"可变易之物在时间中的一种先天范畴的关系之中，就是由一种不变的东西、一种原因造成的一种可变之物。可变易之物的主体，原因性的主体，那就是原因底下的不变的东西，"基底"。因为你把一个当作原因，把一个当作结果，那么那个结果肯定是变出来的，而那个原因肯定是在变之前，它是持久不变的，它先于这个变化而存在。它是这个具体发生的事情之所以可能的一个前提。这个具体发生的事情之所以发生，它必须有一个原因的主体，这个原因的主体在具体发生的变化之前它是不变的。虽然它这个不变一旦进入因果关系它就变了，但是因果关系的这个变它是在这个持久不变的实体的基础之上在变化。再看下面：

　　因为按照因果性原理，动作永远是现象的一切变更的最初根据，因而不能包含在本身变更着的某个主体之中，

　　也就是说动作是一切现象的变更的最初根据，一切现象的变更它都是从最初发生的动作开始的。那么这个动作呢，它本身不能包含在动作者里面，它是动作者本身所发出的一种效应，所以它本身不能包含在某

个主体之中,主体在动作,主体在变更,但是这个动作它本身并不是主体。如果动作就是主体,如果动作本身也包含在主体之中,那么:

否则就会需要有其他的动作和另一个规定这种变更的主体。

也就是说,如果你把这个动作本身看作就是动作者,动作者也是动作,那么这个动作者本身的动作又需要另外一个动作者,那么它这个动作又是从哪里来的呢?这样就会陷入到无穷追溯,最终你追溯不到一个东西,它怎么样能够发出动作。最终就成了:所有的东西都是动作,但是没有一个东西是动作者。那怎么可能呢?这是我们不可设想的。在前面讲实体关系和因果关系时康德已经阐明了这种关系,就是说,因果关系它以实体关系为前提,所有的因果关系变来变去,原因导致结果、结果又导致另外的结果,作为因果链条,它最终必须有因果链条的一个承担者。如果没有任何承担者,这个因果关系就是浮着的,它落实不下来。他说:

为此之故,动作作为一种充分的经验性标准,就证明了那种实体性,

也就是说,作为一种经验性的标准,我们从动作入手,我们就可以证明那样一种实体性,

而无须我通过比较各个知觉才去寻找该实体的持久性,这也是后 **B251**
一种方式不能由这概念的量和严格的普适性所要求的那种详尽性而做到的。

动作作为一种充分的经验性的标准,它本身已经摆明了它里面有一种实体性,就是动作者。动作者,它必须要有持久性,这不是从后天经验中间总结出来、归纳出来的一个结论,也不是从概念的分析里面分析出来的一个结论,这是一个先天综合判断。那么"动作作为一种充分的经验性的标准",这里讲"为此之故",也就是说从先天综合判断的层次来看,它就已经证明了实体性。实体性不是从动作的概念中分析出来的,而是说你这个先天综合判断要是可能的话,你就得追溯到那个持久不变的东西。"而无须我通过比较各个知觉才去寻找该实体的持久性",就是说在经验性的标准里面我也不是通过比较各个经验性的知觉、后天经验,

才去寻找、总结、归纳、抽象出实体的这个持久性，而是通过寻找这个经验的现象何以可能，追溯它的先天存在的根据，才得以反思到的。从后天的经验性的标准里面，康德仍然求助于对先天综合判断的追溯，不是你有后天经验标准那我就通过知觉去比较啦，比较各个知觉啊，通过一种后天经验的总结啊，通过归纳啊，在大多数情况下是怎么样的啊，由此就抽象出一个实体来了。这是以往的经验派的哲学家的一条思路。但是康德认为，即算在后天经验性的标准里面呢，也不是通过归纳，而是通过追溯它的先天条件。所以他说："这也是后一种方式不能以由这概念的量和严格的普适性所要求的那种详尽性而做到的。""这"是什么？"这"就是代前面的"寻找该实体的持久性"。你要寻找该实体的持久性，那么"这也是后一种方式"，——后一种方式就是指"比较各个知觉"，通过后一种比较各个知觉的方式，是"不能由这概念的量和严格的普适性所要求的那种详尽性而做到的"，就是后一种经验的方式是不能以先天的、先验的方式那种详尽性来做到的。当然你可以大致地总结出来、归纳出来这样一个因果关系的链条里面它有一个实体的承担者，你通过经验也可以总结，但是这样一种总结它是不具有普适性的，不具有定量分析的精确性的。而是大概的、模模糊糊的，不是必然的，不是任何情况下都是这样的，而是在大多数情况之下、在或然性的情况之下你才能够承认有一个实体性。休谟的一套论证就是这样一种方式，通过比较各个知觉来寻找实体性，那得出来的只能是"习惯性的联想"，它不具有一种定量化的精确性，不具有一种普遍性，不能证明毫无例外一切发生的事情都有原因，一切原因后面都有一个实体、一个承担者。因果关系肯定有一个承担者，动作都有一个动作者，有一个动作的承担者、动作的发出者。这个就不是通过比较知觉而得出的结论，而是通过一种先天的方式，按照因果性和实体性范畴的先验逻辑关系而得出的结论。我们再看下一句：

　　因为一切产生和消失的因果作用的最初主体本身（在现象的领域中）不能产生和消失，这是一个可靠的结论，它导致存有中的经验性的必

<u>然性和持久性、因而也导致一个作为现象的实体这个概念。</u>

　　一切产生和消失的最初主体本身在现象领域中不能产生和消失，当然在现象领域之外那是另外一回事了，那个东西我们不能认识，作为物自体的实体我们不能认识。但是在现象的领域中，它不能在现象领域中产生和消失，它的"因果作用的最初主体"，你把一块木头烧成灰，这块木头的质量肯定不能产生和消失，它肯定在现象里。你把它的烟收集起来，把它的灰烬收集起来，把它称一下，它还是那么多，它还在。它是在现象中不能产生和消失的这样一个主体。"这是一个可靠的结论"，这个可靠的结论怎么可靠的呢？是因为实体性这个概念、这个范畴是一切因果关系的产生和消失的前提，它才是一个可靠的结论。它不是通过经验、归纳，通过多次地烧成灰，你发现它的重量没变，于是你就说它通常是不变的。不是这样的。而是一个可靠的结论，它"导致了"存有中的经验性的必然性和持久性。也就是说先验的范畴导致了经验的实体概念，导致了存有中的实体概念。这个"存有"就是 Dasein，也就是具体的存在，实际的存在，有人翻译成"实有"，在海德格尔那里我们翻成"此在"，它相当于"存在者"。也就是说，是在经验中的。它导致了在经验性中的必然性和持久性。"存有中的"也就是"在经验中的"。在经验中发生的那些产生和消失的过程里面包含有必然性和持久性，"因而也导致一个作为现象的实体"，实体的范畴恰好导致了我们在经验中在现象中的实体的概念。这不是循环论证，因为一个是经验中的实体，一个是先验的实体范畴。实体范畴导致了经验中的实体概念，导致了一块木头它的实体是持存的，它的形态变了，它变成了灰烬，但是作为实体它并没有变。这就是经验中的实体概念。但是这种经验性的实体概念它不是建立在经验的归纳上的，也不是建立在概念的分析命题之上的，不是从经验概念里面分析出来的。一个"动作者"，从里面就分析出来一个"持存者"？不是这样的。动作者只是说它是这个动作的来源；但是这个动作的来源究竟是什么，还没有说。动作来源是什么？它本身说不出来，你必须把它

纳入到先天的范畴里面，你才能看出来这个动作者是一个持存的东西，它发出了各种动作，产生了各种变化，但是在量上面它仍然是那么多，它仍然有一种普适性。所有的任何动作者，因果性后面的那个承担者，它都是一个持存者，都是一个不变的实体。所以实体性也好因果性也好它都是导致在经验中的实体关系、因果关系的一个先天的根据。或者说我们在经验中所看到的这种实体关系和因果关系都是要以实体性和因果性的范畴来作为先天根据的。"人为自然界立法"就表现在这里。我们的一切在自然科学中的各种经验的概念，比如说因果性的概念，我们在经验中就产生出动作的概念、力的概念、变化的概念等等。实体的概念我们在经验中就产生了动作者的概念，动作的承担者和发出者。但这些概念之所以形成，是因为先天的由范畴在那里使它们形成，给它们立法，这些范畴是一些先天的综合判断，而不是由后天经验给它们总结和归纳出来的。

我们再看看下一段。前面那一段讲了我们可以从经验性的现象里面追溯到它之所以可能的先天条件，这就是在一个先验的层面上讨论问题了。在经验的层面上可以通过追溯仍然回到先天范畴的层面上来讨论这个问题，把先验范畴看作是我们所面对的经验现象之所以可能的条件，这样来摆脱所谓的循环论证。这个我们刚才已经讲了。接下来这段讲到：

如果有某物发生，那么单是这一产生本身自在地已经是一个研究的对象了，而无须考虑在此产生的东西。

这就是两个层次了。如果有某物发生这样一个事件，那么这个事件有两个层面，一个层面就是先天的层面，就是这样一个产生本身，它本身已经可以加以研究了，而不需要考虑它产生的什么东西，也就是不需要考虑经验的层面。我们在考虑经验层面的时候我们必须上升到先验的层面。而我们在专注于先天的层面的时候，我们可以先对这个先天性的层面进行一番考察，而先不要去陷在那些经验的东西里面去，它本身首先应该搞清楚。当某物发生的时候，发生了什么事情，我们先不管，我们先考虑这个"发生"，到底什么叫"发生"？所以"单是这一产生本身自在地已经是一个研究对象了"，这个"自在"当然不是讲的自在之物啦。就是说这样一个产生本身，这个概念自身已经是一个研究对象了，已经可以对它作为发生加以研究了。当然具体来说呢，你把它搞清楚了以后呢你还要考虑它发生了什么事情，还要探讨具体的物理学上发生的事情。但是在此之前，我们首先要把这个"发生"搞清楚。

　　<u>从一个状态的非存在到这种状态的过渡，即使假定它不包含有现象中的任何质，就已经必须单独地加以研究了。</u>

　　这还是前面一句话的重复说明。即算我们假定它还没有表现出现象中的任何质，——当然实际上是不可能的，——但是这种"过渡"必须单独加以研究。一个状态当然是现象了，当然有质，它的非存在向存在的过渡，我们可以撇开它的质而单独对它进行一番研究。这还是从上一段话来的，我们从这一段话也可以反观到上一段话的意思，就是从经验的东西、经验的标准、经验的相继，我们可以提升到它之所以可能的先验的条件，你先把这个条件搞清楚。下面一段：

　　<u>正如在 A 这一小节中已经指出的，这一产生所涉及的不是实体（因为实体并不产生），而是实体的状态。</u>

　　A 这一小节就是前面关于"第一类比"即"实体性"的小节就是说这样一个过渡、一个变化、一个产生，它涉及的不是实体本身，实体并不产生，实体之所以是实体，就在于它并不是产生出来的，它是一直在那里，持久不变。你变来变去，万变中的不变，它中间有一个不变的东西，它不是产生出来的。所以产生所涉及的不是实体，而是实体的状态在那里变来变去。一块木头烧成了灰，它改变的是它的状态，但是并没有改变它的重量，或者说没有改变它的质量。它的量不变。

　　<u>所以这只不过是变化，而不是从虚无中发源。</u>

　　我们讲的这个产生概念其实应该考究，什么叫作产生？产生其实只

329

是变化。如果从实体的角度来看，没有真正的产生，没有真正的从虚无中发源，即本来没有那个东西，然后产生了那个东西。我们看到一个妇女怀孕了，然后生孩子了，我们说这个孩子产生了，原来没有嘛！好像是从虚无中带来了一个东西。其实不是的。从这个实体的角度来看呢，所有的产生其实都只不过是变化，而不是从无到有的发源。只是从这个样子到那个样子而已。

如果这种发源被看作来自陌生原因的结果，它就叫作创造，

如果这种发源被看作不是从虚无中来，而是从某种不知道的陌生原因而来，那么它就叫作创造了。所谓"陌生原因"是什么呢？陌生原因就是它不是从现象中来的，它是与现象相陌生的，实际上也就意味着一个物自体了。一个我们所不知道的原因但是肯定有一个原因它不是虚无。从虚无中发源是不可能的，但是有人说，可以从陌生原因来，你不知道的那个原因，但是那个原因肯定有。那么这就是通常所讲的"创造"。上帝创造世界，上帝你不可认识，但是整个世界是他创造的。这件事情是上帝冥冥之中创造的，你认识不到，但是这是一个陌生的原因，那么这样一种情况呢它就叫作创造。

创造作为事件在现象中是不能允许的，

就是说，有不知道的那个原因作为一个事件，也就是作为一个发生的事件，在现象中是不能允许的，在现象中没有什么陌生的原因，一切都是可解释的、可经验的。所以这种严格意义上来说呢，这种创造在现象中是不能允许的。所谓发生的事件只是对现象而言的，而不是对陌生的原因而言的，陌生的原因、创造作为一个产生在现象中是不可能的。所以讲太阳底下没有新东西，所有的东西都在经验中、在现象中能被我们认识。不在现象中的东西不能被我们认识，也不能进入现象。在现象后面的那个物自体既然是不可知的，它怎么能够在现象中表现出来呢？那不自相矛盾了吗？所以创造、无中生有，或者从陌生的原因产生出来，在现象中是不能允许的。

330

因为单是它的可能性就已经会取消经验的统一性，

在经验中一切都是统一的，都在因果关系之中，一切都在严格的因果关系之中，没有什么东西可以创造。你能无中生有的创造，你能借助于比如说自由意志，能够中断因果链条吗？自由意志也是一个物自体了，自由意志也可以看作一个陌生的原因，我们在经验中找不着的。那么，你把这样一种创造的原因把它纳入到经验中来，它就会中断经验的链条了。有些东西是有原因的，有些东西是没有原因的，或者有些东西的原因是在现象之外，那么它跟现象中的的因果链条处于一种什么样的关系中呢？那就永远也搅不清楚了。所以"单是它的可能性"，可能它会有创造啊，有的人会认为上帝会随时干预啊，会随时干预我们的行为啊，我们的行为成功了要感谢上帝啊，通常都是这样认为的。但是其实你不用感谢上帝，这个事件之成功它自有它的因果链条，你要分析这个因果链条它是怎么来的，当你分析清楚了以后你就会知道这不是上帝带来的，这还是事物本身的一种必然规律。那么，这种创造的可能性就会取消经验的统一性，经验的链条它是统一的，它里面是间不容发，它插进任何东西都是不行的。你不能说自然中间有一个空档，它里面没有理由，它可以用上帝的自由意志或人的自由意志来加以解释，那都是不可能的。经验它是有统一性的。

虽然如果我把一切物不是看作现象，而是看作自在之物，看作单纯 B252
知性的对象，则它们尽管是实体，却可以被视为就其存有来说是依赖于陌生原因的；

这里有一个让步。"虽然如果我把一切物不是看作对象，而是看作自在之物，看作知性的对象"，知性的对象就是思维的对象，你不可以认识，但是你可以思考，"则它们尽管是实体"，也就是说在现象中它们尽管是实体。实体只可能是在现象中的，不可能是自在之物，实体就是用来规定现象的，不是用来规定自在之物的。那么一切物尽管是实体，也就是尽管是现象，但是我不把它看作是实体，而是看作自在之物。一切物它本来有双重身份嘛，作为现象，它里面有实体，作为自在之物，它又是知性思维的对象，也就是它是知性的对象，而不是经验的对象，它能够被思维，但是不能够被认识。所以它们尽管在现象中是实体，"却可以被视为就其存有来说是依赖于陌生原因的"，就可以对它采取双重观点。一方面它是现象，因此在现象里它可以看作是实体，比如说一块木头，它的烟，它的灰烬，可以说没有变，它的量不变，但是量不变它还是在现象之中，这是一个观点，我们可以把这个实体看作一个现象；但是另一方面呢，我们同时还可以把它思维，作为一个自在之物，一个陌生的原因，一个我们不可知的原因来看待它，就是在这块木头的实体的背后还有一个自在之物，但是我们不可认识，我们可以认识的只有现象中的实体。它后面这个自在之物究竟是个什么东西我们不知道，但是我们却可以把它看作"就其存有来说是依赖于陌生原因的"，就是现象是依赖于自在之物的，没有自在之物也不会产生这些现象。有了自在之物，它就可以刺激我们的感官，使我们感觉到这是一块木头，使我们称出它的重量，使我们感到它的阻力，感受到它的排斥力，等等。所有这些一方面我们可以把它看作是实体作用于我们，但是另一方面，在实体后面还有一个陌生的原因，这个原因我们就不能认识了。你也不可能把实体的各种各样的属性归之于自在之物。自在之物当然有时候偶尔也被康德称之为实体，"绝对的实体"，但是那个意思就不一样了，就像有时自在之物也称之为"原因"，但是那跟因果性的范畴也不一样了，它不是用来认识的，只是用来归咎的。这个在人身上体现得最明显。人是一个实体，但是人又是一个自在之物。人作出的任何一件事情我们一方面可以从实体、现象的角度来对它进行分析，分析出它的因果性，有时候需要别人来分析，需要医生，需要生理学家、解剖学家、心理学家来对我的行为加以测试，他们在我身上安了各种测试仪，测量我的血压、我的心电图、我的脑电图，由此来说明我作出的这样一个行动是出自于一种严格自然科学的因果律、实体性的关系，由于什么东西它才产生出这样一种动作、状态的改变。这是一个观点，从现象的观点看是这样的。但是从本体论的观点看，我作出这样一个行动是出于我的自由意志，所有这些因果律都是由我的自由意志开始的。我就可以从这个方面来解释这样一个"陌生的原因"，把它看作是所有这些现象的根据。这是他作了一个让步，他是从这个角度来谈的，这就是："虽然如果我把一切物不是看作现象、而是看作自在之物"，我就有可能把它们看作"就其存有来说是依赖于陌生原因的"。陌生原因是它们得以存在的根据，但是这个根据你不能认识，你只能思考，你也不能否认，你不能说没有什么陌生原因，没有什么自在之物，你说我没有看到，像休谟一样，说我没有看到的我就不承认，这个也不行。你还得承认。否则你从它那里获得的那些感性材料是怎么获得的呢？还是由它刺激我们的感官才引起的！所以你不能否认它，但是你也不能认识它，它是陌生的原因，但是陌生的原因它也是原因，它刺激了我们的感官。用康德的话来说，我们的自由本体"开始了一个因果序列"，因果性在自然界一个接一个，但是我们可以从物自体的角度来把某些因果序列看作由我的自由意志开始的，我的自由意志当初如果改变一下，不这样做而那样做，那就是另外一套因果序列了，那也是完全有可能的，自然界也有偶然性。这并不矛盾。我现在从椅子上站起来，我也可以不站起来，当初我可以不站起来。但现在我站起来了，那么站起来它就有它一系列的因果性。这个因果性按照它的因果链条来说，它是间不容发的，它与所有以往的因果链条是衔接的，它并不因为我的自由意志而中断，但是我仍然可以把我的这种行为看作我的自由意志的一种"决定"。我决定站起来，我本来也可以决定不站起来。这是一个双重的观点。就是一方面从现象的角度我们可以把现象界看作一个严密的系统，但是如果涉及到一个陌生的原因的话，我们不妨从另外一个角度，对这个现象作另外一种评估。所以最后一句他讲：

但这样一来就会引起完全不同的语词含义，而与作为经验之可能对象的现象不适合了。

如果要涉及到陌生的原因，就是现象底下、现象背后的那个原因，一切现象、包括实体背后（实体也是现象，一个经验的实体它也是一个现象，一块木头它就是一个现象）的那个原因，那么这就会引起完全不同的含义，实体这个概念的含义就变了，原因这个概念它的含义也变了，它就不是我们通常讲的原因和实体了。它就会变成在物自体上仅仅我们可以思考的原因和实体，而不是我们作为认识的可能性条件的那个因果性和实体性了。所以它就"与作为经验之可能对象的现象不适合了"，可能经验的对象还是现象，我们从一个经验现象判断它底下有一个原因或有一个实体，虽然我们也许还没有找到那个原因或实体，但是我们判断，只要我们的经验有可能，就可以找到它的原因，找到它的实体。那么这样一个可能经验之对象它还是要在现象的可能性里面找，虽然我们还没有找到它，但是我们知道肯定要在时间空间、在现象里面去找。这样一个可能经验对象跟我们通过引申以后所获得的因果概念和实体概念相互就是不适合的。我们不能用到这个地方，不能把物自体的因果概念或者实体概念用到现象的领域。这是两个完全不同的领域。当我们谈物自体的时候我们已经超出现象的领域了，我们就不是在谈知识了，我们就是在谈道德，或者在谈别的东西，谈实践。所以这是两个领域，必须把它划分开来。这是后面的一个转折，一个退让。前面一部分主要是谈它的层次，一个先验的层次，这个先验的层次必须撇开经验的层次来谈，当然它是要运用于经验的层次的，发生的概念，如何理解，过渡，等等，必须单独加以研究，一旦研究了它可以运用于经验的层次，但是它这个层次要跟经验的层次区别开来。那么后面这一部分涉及到，这个先验的层次它不等于超验的层次。"陌生的原因"就是超验的层次了。所以先验的层次它的位置就在于这个经验的层次和超验的层次之间，先验的层次它可以上升到什么程度呢？它可以上升到先验的最高点，但是先验的最高点它还是在可能经验的范围之内起作用的，它的领域、它的使用范围还是在经验的领域，你可以暂时撇开经验的领域谈它本身，但是它本身还是属于经验的领域里面的一个高层次。所以你不能够超出整个经验的范围，把它当作物自体，当作是超越的、超验的一个对象来加以考察。那个是属于另外一个范围，就是实践理性的范围，但是在纯粹理性的范围里面，它已经超出范围了。

我们来看看最下面这一段。这一段与前面那一段、特别是最开始那句话是密切相关的。我们现在再把那句话温习一下："如果有某物发生，那么单是这一产生本身自在地已经是一个研究对象了，而无须考虑在此产生的东西。"那么这个"自在地"，他怕引起误解，以为是讲的"自在之物"，于是在下面把自在之物与实体作了一个区分。区分完了以后，今天读的这一段等于是回到了上一段开始讲的这个意思，继续把它展开，上一段的后面讲的等于只是一个插曲，就是排除一些误解，说明我们这里讲的只是现象而不是物自体。但尽管是现象，它还是有一些可以先天把握的东西，并不是一讲现象就完全都是后天的了。所以这一段一开始就是这样讲的：

那么，一般来说某物如何能够被改变，它如何可能在一个时间点的状态之后跟随着另一个时间点的某种相反的状态：对此我们先天不具有起码的概念。

这个"那么"在这里的意思就清楚了：既然是这样，产生本身自在的是一个研究对象，而无须考虑在此产生的东西，"那么"，某物如何能够被改变，它改变的原因究竟是什么？它如何能够在一个时间点的状态之后跟随着另一个时间点的相反的状态？对此我们先天不具有起码的概念。对这个具体场合下如何被改变的，对此我们不能够先天断言。我们能够先天断言的只是那个产生本身，把它作为一个研究对象，我们可以先天地对它加以断言，但是这个产生是如何产生的，这个事情我们不能先天讨论。为什么是"相反的状态"而不是相异的或不同的状态？看后面我们会明白，康德是把一切前后不同的状态都归结为 1 和 0、即有和无的状

335

态了,总之产生某物和没有产生该物之前都可以说是"相反"的状态。下面接下来讲:

为此需要只能经验性地给予出来的现实的力的知识,如运动的力的知识,或者(这也一样)使这种力得以表现出来的(作为运动的)某些承继性现象的知识。

对于这一点我们只需要经验性的、后天的、现实的那些力的知识,就是说在具体场合下要考察运动是如何产生的,我们要通过后天的考察,这个事情我们不能先天地加以断言。运动的力的知识就是关于这个力究竟是一种什么力,再就是使这种力得以表现出来的某些承继性现象的知识,力作为原因,力的表现作为结果,这两方面都是具体的。运动的力作为原因是一种什么样的原因,它表现出来是一种什么样的结果,这都是属于一些现象方面的具体的知识,它都要经验性地来获得。下面讲:

但是,每个变化的形式,即变化唯有在其下才能作为另一状态的产生而发生的条件(其内容、也就是被改变的状态可以听便),因而这些状态的承继性本身(即发生①),毕竟是可以根据因果律和时间的诸条件而先天地来考虑的。

这个"但是"就是转折了:尽管每个具体的场合之下这个变化是如何产生的要通过后天的经验才能得知,但是,每个变化的形式,也就是说,不管你具体场合之下是如何变的,有哪一些原因、哪一些结果在里面发生,但是每一种变化、每一种产生,它的形式,——什么形式呢?就是"唯有在它之下才能作为另一状态的产生而发生的条件",这样一个形式,这个形式当然也就是条件了,这个"其"你可以理解为形式也可以理解为条件,因为这两者在这里是相等的,——那么这个条件它是可以先天地考虑的。括号里面讲"其内容也就是被改变的状态可以听便",它不是先天

---

① 括号中原依法欣格尔校译作"发生的事"(das Geschehene),但康德原文为 das Ge-schehen,经同学提议维持原意较好,兹改回来译作"发生"。

可以考虑的，所以康德先天考虑的只是变化的形式，而不是讲它的内容，它的内容，那要通过后天才能获得。所以这就是"人为自然界立法"的意思，我们前面已经多次提到了，"立法"并不是把自然界一切问题都解决了，自然界的具体的问题要由自然科学具体来解决，要由后天的经验来解决，但是自然科学在解决这些问题的时候所依据的那个法律，它是先天地就定了的。那么我们在《纯粹理性批判》里面所要考察的就是它是如何定的，它先天地是如何定的，后天的我们要留给后天去处理。所以它的内容、也就是被改变的状态究竟是怎么样的，这个我们可以听便，可以不管，"因而这些状态的承继性本身"，这些状态是如何承继下来的，如何按照因果律接续下来的这个承继性的本身，可以先天地来考虑。括号里是"发生的事"，这个刚才杨云飞提了一个很好的建议，改成"发生"。我们这个里头是按照法欣格尔改过的译作"发生的事"，指被动态的动名词，康德原来是一个主动态的动名词，不是发生的事，而是发生，现在考虑译成"发生"更好一些。发生的"事"不能先天考察，"发生"却可以先天考察，它就是"承继性本身"。至于发生了什么东西，那个只有后天才能加以考察。所以他说这个承继性本身"毕竟是可以根据因果性和时间的诸条件而先天地来考虑的"。因果律和时间条件这些都是属于先天的。因果律是先天范畴，时间的条件它是先验的图型。

那么这里康德的这个注释是非常重要的，这个我们在《指要》中也已经着重提到了。

应当倍加注意的是：我所说的不是一般关系的变化，而是状态的变化。因此，当一个物体匀速地运动时，它完全没有改变其（运动的）状态；但在它加速和减速运动时，倒是改变了状态。

这里就把匀速运动和加速运动区别开来了。我们在《指要》里面讲到，匀速运动就是所谓动量，在当时被称之为"死力"，就是笛卡尔讲的 mv，也就是质量和速度的乘积，这就是动量。后来莱布尼茨提出来，还有一种运动的量度就是 mv^2，也就是质量乘以速度的平方，这也是一种动量。这两种动量分别在不同的场合下都可以适用。在什么场合下可以适用呢？就是 mv 它是在这个匀速直线运动的情况下，当它没有作功的状况下用来衡量它的运动的量的大小。一个运动在它没有受到阻力的情况下相对于另外一个物体在运动，那么它这个运动的量究竟有多少呢？这个时候就用 mv 来衡量。但是 mv^2，严格说是二分之一 mv^2，它是另外一个标准。就是一个运动当它作了功之后，它到底付出了多大的运动量，这个就要用另外一个标准来衡量，这在当时就叫作"活力"，现在已经不用这个词了。现在用的是"动量"和"动能"。动量就是衡量一个运动的量的大小，而动能就是衡量一个运动在转化为别的运动方式的时候它所表现出的"能量"。在运动的各种形式的转化过程中它具有一种什么样的能量，衡量这个能量的大小那就需要用 mv^2。这个动能它是适用于在加速度或者减速的情况，减速就是它碰到障碍它就减速了，它的速度在遇到障碍时减了多少就说明它付出了多少，它转化成了另外的运动形式有多少。恩格斯在《自然辩证法》里对这个问题有具体的讨论，他说在当时有一大批世界级的人物都卷入了这场讨论，一些最杰出的科学家和哲学家，像莱布尼茨、康德这些人都卷进去了，科学界也在争论不休，但是最后也没有能争出一个结果来。康德也没有解决这个问题，就是运动的两种量度如何能够统一起来，这两种量度究竟是什么意思，并没有搞清楚。当时用的一种形象的说法就是一个是"死力"，一个是"活力"。但是这个死力用来量度运动的量，比如说两个同样质量的物体一个运动速度快一点，另一个要慢一点，那么显然这个快一点的运动量要大于慢一点的物体的运动量，但是这个标准按照牛顿的惯性定理：一个物体在没有受到外力的作用的时候它或者保持静止状态，或者保持匀速运动状态，也就是说当它在匀速运动状态的时候它其实跟静止状态是一样的，只是你的角度不同而已。你站在这个角度你可以说它在运动，你站在那个角度你却可以说是你在运动，它相对是静止的。这个就是运动的相对性。伽利略就已经提出了运动的相对性，后来爱因斯坦就把这个运动相对性原理加以扩展，提出了狭义相对论，认为既然运动是相对的你就没有办法确定究竟哪个在运动，哪个是静止的。那么在康德这里他也看到了这一点，"因此，当一个物体匀速运动时，它完全没有改变其运动的状态"，就是当一个运动没有受到外力的干扰的时候，它按它的惯性在运动，那么这个时候它的这个惯性就相当于静止的。所谓"惯性"也就是"惰性"，一个物体保持匀速运动或者保持静止，这两种状态本质上是一样的。因为它在"自由"地运动的时候你既没有促进它也没有阻拦它，这个时候孤孤单单的一个物体在那里运动，你说它究竟是运动的还是静止的，很难说，你可以把它看作静止的。古代的芝诺就提出来"飞矢不动"，你从旁观者的角度来看它是运动的，但是你从它自己的角度来看它是不动的，这都可以解释。所以在这种情况之下，运动和静止就没有什么区别。但是在加速运动的情况下，那这个运动它就要"作功"了，那一作功这个事情就有区别了。所以康德也是看到了这两种情况的不同，要把这两种情况区别开来，说他所指的只是这种作功的"活力"的状态，或者是加速或减速的状态，这才是改变了状态。如果是前面那种匀速直线运动的状态那是保持同一的状态，那没有改变。康德在这一点上实际上是比较精的。但他还是没有能够解决这个问题。在下面一段的一句话里面我们可以看出康德的"破绽"，就是 B254 的："所以一切变化都只是通过因果作用的连续动作才可能的，而这动作就其是匀速的而言，就称之为力率。""就其是匀速的而言"，既然它是加速运动，为什么是"就其是匀速的而言"？这个里头就有含混之处了。这个"力率"究竟是加速运动的力率呢还是匀速运动的力率？匀速运动的力率那就是 mv，就是质量乘速度；加速运动的力率就是物理学中讲的"瞬时加速度"，在那一瞬间它的加速度。这两个力率显然是不同的，我们等下还要讲，按照现代物理学来讲是不严格的。所以对这个注释我们要高度重视，为什么恩格斯讲康德并没有解决这个问题，并没有把死力和活力的关系的本质搞清楚，就是他没有通过运动的形式相互转化这个角度来看待这场争论。就是运动在它还没有进入到转化的时候它就是所谓的"死力"，用"动量"来衡量；运动在转化过程、在作功的过程中，用来衡量这个作功的大小的标准就是"活力"，也就是"动能"，它的作功的能力有多少，用这个标准来衡量。

下面我们再看。下面具体地来先天探讨这样一个关系。前面讲了两段话都是在讲，有些东西是我们要先天地探讨的，既要排除物自体的理解，也要排除现象界那些具体的后天场合的理解。那么我们探讨中间这一层就是在现象界里面运动的那些先天的形式条件，既不是自在之物自也不是后天的经验。

B253　如果一个实体从一个状态 A 过渡到一个状态 B，那么这第二个状态的时间点就与前一个状态的时间点有了区别，并跟随其后。

"一个实体"，这个地方讲的是实体，体现出了因果性要以实体性为前提，首先是一个实体，"它从一个状态 A 过渡到一个状态 B"，那么首先确定一点："这第二个状态的时间点就与前一个状态的时间点有了区别并跟随其后"，首先在"时间点"上我们把这两个状态的区别和联系把它确定下来。尽管这里讲的是一个实体的状态和它的另一个状态的关系，但是我们首先要确定的是它们这两个状态的"时间点"之间的关系。它们是有区别的，并且第二个状态的时间点是跟随第二个状态的时间点之后的，这种因果关系，两个状态之间的前因后果，首先是由它们的时间点确定的。

同样地，就连作为（现象中的）实在性的第二个状态，也与它当时不在其中的第一个状态有了区别，正如 B 和零的区别一样。

前面讲了时间点的区别，那么"同样地，就连作为实在性的第二个状态，也与它当时不在其中的第一个状态有了区别"，不仅是在时间点上有区别，而且在状态上、内容上也有了区别。这个区别"正如 B 和零的区别一样"，这就叫"发生"了一件事情，"产生"了一件事情。什么叫产生了一件事情，就是原来没有的事情现在有了。B 的状态是原来没有的，原来只有 A 的状态，那么这个 B 的状态它就是产生出来的，因为这个第二个 B 的状态在第一个状态中它还没有。所以它和第一个状态的区别正和它与零的区别是一样的，我们可以说 B 它的状态是从零产生出来的，就是说这样一个状态它"发生"了。B 和 0 的状态相当于有和无的区别，这就是前面那一段中讲的"相反的状态"的意思。

　　也就是说，即使状态 B 与状态 A 只是在量上有区别，这一变化也是一个从 B 中减去 A 的东西的产生，它在前一状态里是不曾有的，对它而言前一状态 =0。

　　就是 B 的状态和 A 的状态的区别正如和 0 的区别一样，什么区别呢？就是即使这个区别只是量上的区别，就是说这个有区别也许只是多了一些量，这个 A 肯定不是 0，它原先也有自身的量，比如说加速度，它原来有一个速度，然后你给它加了一个速度，当然不是 B 和 0 的区别；但是这个 B 的状态要减去 A 的状态，如 B 所增加到的速度要减去 A 原来的那个速度，这里所谓 B 的状态呢也就是着眼于它的加速度，只是指的这个加速度。这个加速度原先在 A 那里还没有，还是 0；虽然 A 也有它的速度，但是对于这个加速度来说它只是 0。所以哪怕只是在量上有区别，"这一变化也是一个从 B 中减去 A 的东西的产生，它在前一状态里是不曾有的，对它而言前一状态 =0。"这个就是我们可以先天考察的方面，不管它具体的是什么情况，是量的变化呢还是性质的变化呢，反正一个实体它的状态发生了变化，不管它是颜色的变化还是气味的变化还是性质的变化还是速度的变化，总而言之两个状态的变化，我们就可以说后面这个状态就是从前面那个状态中"产生"出来的，就相当于从 0 发生一样。

　　所以，所谓的先天的考察在这时就提高到一个非常抽象的层次上来谈了。那么这样一个状态的区别就导致了我们说"B 产生了"，从 A 的状态基础上产生了一个 B 的状态。那么这个 B 的状态是如何产生的，当然是在先天的层次上面来谈，如何来分析这个产生的过程，一个发生的事情，整个因果律第二类比都是谈发生的事情是如何可能的，现在已经深入到因果律的形式。那么如何来解释？下面就是他的解释：

所以问题就在于，一物将如何从一个状态 A 过渡到另一个状态 B。

现在就要解释了，要加以先天的考虑，那么现在就要面对你如何先天的解释从一个状态 A 过渡到一个状态 B。

在两个瞬间之间总是有一个时间，而在两个瞬间的两个状态之间总是有种区别，它含有一个量（因为现象的所有部分仍然还是量）。

"在两个瞬间之间总是有一个时间"，这是一个引导，就是首先我们要谈到的是一个时间图型。从时间图型中要引出来"两个瞬间的两个状态之间总是有某种区别"，这个区别呢它包含有一个量，一个区别的大小。一切区别如果我们从先天的角度来看它的话，它就是量的区别。我们前面多次讲了，在康德看来一切科学作为精密的科学都是定量化的科学。首先要从定量化来考察。当然这个状态它本身是质的区别，但是质它也有一个程度啊，你从 A 的状态变化到了 B 的状态，这种变化中间有两个状态的区别，那么这两个状态的区别之间有不同的程度等级。本来不是那样的，后来慢慢有点像了，后来越来越像了，最后就到了 B 的状态了。所以从 A 的状态到 B 的状态这样一个通常是质的变化的过程也可以从量的层面来对它加以考察和规定，这样就可以对一个本来不可能先天预测的状态作出先天的预测了。所以他说"现象的所有的部分仍然还是量"，现象在时间中它有它的部分，在时间中它有很多很多的时间点，在每一个点上它都有小小的改变，所有的小小的改变它的程度总和起来就达到了 B 的程度。所以它的现象的所有的部分仍然还是量，还是量的改变。所以两个状态之间有一种区别，它包含有一个量，这是康德的考察角度，就是为了要从先天的角度来把握，或者来加以预测。前面讲到"知觉的预测"，他的"人为自然界立法"，不是有量、质、关系和模态四个方面嘛，质的方面就是"知觉的预测"。知觉我也可以预测，质的变化我也可以从量的方面来加以预测，预测它的质的变化的程度。这就是把质的问题还原为量的问题来解决,把后天的问题还原为先天的问题来解决。这里也是这样,因果性问题本来是一个质的问题,相对于实体问题来说,实体问题更多的是量的问题。实体问题就是实体在所有的变化中在量上保持不变。而因果性更多涉及到质的问题,但是质的问题也可以从量的角度来加以分析。这就是一个先天的分析。

　　所以从一个状态到另一个状态的任何过渡总是在两个瞬间之间所包含的时间中发生的,其中第一个瞬间规定着该物从中走出来的那个状态,第二个瞬间规定着它所达到的那个状态。

　　就是说从一个状态到另一状态的任何过渡中间总是包含着一段时间。当然这一段时间也有可能是趋向于0的,比如说前面举的那个例子,一个球放在床垫上面,它改变了床垫,它的结果和它的原因同时存在,所谓同时存在,它其实也有时间,只是这个时间发生作用的过程趋向于零,它两个瞬间可以重合。但是通常讲的因果性它总是在一段时间里面发生的,一段时间你不要理解得太具体,你不要理解为现实的时间的流逝,而是要从先天的方面去理解:时间它本身有一个前因后果的不可倒转性,即使在铅球和床垫的关系中它也有一个不可逆转性,铅球还是原因,床垫的凹陷还是结果。你不能说先有了凹陷然后铅球才放在上面,这个是不能倒过来的。所以在先天的层次上面来理解,它总是在两个瞬间之间有一段时间才发生了状态的改变。"其中一个瞬间规定着该物从中走出来的那个状态",也就是说 A,它作为状态改变的起点;"第二个瞬间规定着它所达到的那个状态",就是说第二个瞬间 B,它就是状态改变的终点。在这两点之间是经过了一段时间的。

　　因此这两者就是一个变化的时间界限,因而是两个状态之间的中间状态的时间界限,并且作为这种时间界限是共同属于这整个变化的。

　　这两者,也就是这两点,就是一个变化的时间界限,前因后果,起点和终点,作为开端和结束的两个界限,两个限度,决定了、规定了这一段时间的作用过程,它是一个变化的时间界限,"因而是两个状态之间的中间状态"，A 和 B 之间的中间状态，那就是我们刚才讲的增量嘛，增加了多少，这样一个状态，从 A 开始增加，一直增加到 B 结束，B 就是它的结果，A 呢是它的原因。A 是它的开始作用的那一点，所以它也是两个状态之间的中间状态的时间界限。一个变化的时间界限也就是中间状态的时间界限，这是毫无疑问的。"并且作为这种时间界限是共属于这整个变化的"，A 和 B 这两点也属于这个变化，它们不是在变化之外，它们进入到变化之中。它们属于这整个变化，但是它们本身又是两个端点，这就意味着在这两个端点之间有很多很多点，有很多很多的瞬间，而很多瞬间的总和才构成了这整个变化。这是他的论证的一个前提，就是说在 A 和 B 之间必须经过了一段时间，A 和 B 也包含在这一段之间，但是这一段它是无数的瞬间的总和。这就是前面这几句话所要说的。

于是每一个变化都有一个原因，这原因在变化所发生的整个时间中表现出它的因果作用。

每一个变化都有它的原因，这个原因是从 A 点起作用，从 A 发生作用，从 A 状态开始起步，但是"这原因在变化所发生的整个时间中表现出它的因果作用"，这个重点词在"整个"，就是说这个因果性在整个这一段时间中都起作用，并不是说它最开始在 A 点起作用，然后就不起作用了。起了一下作用就不起了，不是的。它在整个时间中持续地起作用，不管这个持续的时间多么短暂，只是一瞬间。一颗炮弹打在一个铁甲上，它在一瞬间改变了铁甲的形状，但是它也有一个时间段，也有一个前因后果，一个初始的始发点和一个结束点，而这个作用它不是在一瞬间发生的，而是在整个这些瞬间的连续过程中起作用的。我们知道严格意义上的刚性物体是不存在的，它总是有某种弹性。你要作用于它，它总是有一点变形，绝对不变形那是不可能的。尽管这个变形也许我们看不出来，但是它总要变形、抵抗、然后要经过一个过程，然后才被推动。运动必须要有一个传递过程。刚才刘斌讲的，不可能超距作用、不可能瞬时就发生作用，不可能不经过任何过程就发生作用。它都要经过一些中间

的阶段,然后整个过程都受到影响,都"波及到"这种作用,然后整个才发生改变。所以他讲:

因此这个原因就是不突然地(一下子或在一瞬间中)产生出它的变化来的,而是经过一个时间,以至于,正如时间从 A 这一初始瞬间一直增长到它在 B 中结束一样,这个(B 减 A 的)实在性的量也是通过包含在最初和最终之间的所有那些更小的程度而产生出来的。 B254

也可以理解为经过一个时间段,"一个"时间就是一个时间段嘛,这实际上就是他这一段话所要谈的真正的问题就突现出来了,前面都是铺垫。"因此这个原因就不是突然地一下子在一瞬间中产生出它的变化来的,而是要经过一个时间","经过一个时间"的意思是什么呢? 也就是说要经过初始的时间到它结束这中间无数更小的程度这样一个过程。开始改变一点,后来又改变更多。然后呢,逐渐逐渐地,才达到最终的那个状态。它不是突然一下子就达到了它最终的那个状态,任何作用产生它的结果都是这样的,不可能一瞬间就把所有的结果都产生出来,它总是开始作用于一点点,然后作用得更多,它的变化总是开始有一点点,然后加深、扩展、扩大战果,然后才把它最后的效果全部展示出来,都是这样一个过程,"正如时间从 A 的这一初始瞬间一直增长到它在 B 中结束一样"。这个"B 减 A 的实在的量",也就是说在 B 的状态中相对于 A 的状态所增加的那个量,也就是刚才所讲的"增量",这个增量是实在的量,实实在在地增加的,"也是通过包含在最初和最终之间的所有那些更小的程度而产生出来的",从 A 到 B 是产生出来的,而从 A 到 B 之间的每一个更小的阶段也都是产生出来的。

所以一切变化都只是通过因果作用的连续动作才可能的,而这动作就其为匀速的而言就称之为力率(Moment)。

"力率"我们在三大批判的那个《纯粹理性批判》本子上改成了"力矩"。改成力矩呢当然是翻词典翻出来的,词典上面是"力矩",但是现在看来这个翻译不是很对。力矩按照现代汉语词典上的解释实际上是离转动的轴的距离乘上力的大小的乘积，比如说汽车上的一个方向盘，你在方向盘上所用的切线力的大小与这个方向盘的半径之间的乘积就是力矩。这个词用在这里不是很合适，这是牛顿以后的物理学把这个名词定下来以后的解释，但是在康德的时代还不是这样解释，还不是很严密，他用的这个 Moment 在词典上有"力矩"的含义，也有"力率"的含义，moment of force 就是力矩，单独一个 moment 也有解释为力率的。它本来的含义就是瞬间，但是用在力学上究竟怎么用，在康德的时代还不是很严格的规定。所以这个地方翻译成力率可能比力矩要更好一些，力矩这个翻译更固定一些，力率这个词在现代汉语词典上没有这个词，所以这个词可能是一个过时的词，在康德的时代用的这个词译成力率比力矩要好一点，模糊一点，没有那么固定。所以将来我们可能还是要改过来。至于它的意思呢，它这个地方指的本来应该是瞬时加速度乘上质量，即 mv^2，动能，但康德却用了动量的标准来衡量，动量的衡量标准是 mv。那么他这里讲"这动作就其是匀速的而言就称之为力率"，也就是就这个动作与匀速运动的动量的大小相当而言，比如从 A 到 B 的改变，是由于这个运动按照这样一种动量而产生的，由于一种力按照这样一种动量的、mv 的这种"率"，这样一种"效率"，而产生出来的。就是说，这种 mv 的动量，它本身是按照匀速运动来确定的。但是当它作用于 A 点的一瞬间呢，它实际上已经不是匀速运动了，它已经作了"功"了，也就是发生"效率"了。一个运动它作用于 A 点，使它改变了它的状态，变成了 B 的状态，这样一个运动它已经作了功了，所以在这个地方它实际上不能用 mv 来衡量，而只能用 mv^2 来衡量。在这里我觉得康德是把这两个概念混在一起了。就是它的动作"只是通过因果作用的连续动作才是可能的"，这个连续动作在因果作用中它就不是 mv，而应该是 mv^2，它就是"活力"了，它就不是"死力"了。如果它还保持它的匀速动作它怎么可能做功呢？它怎么可能引起状态的变化呢？一旦引起状态的变化，它的这个动量就要受到损耗，或者增加新的动量，那就不是匀速运动了，那就是减速或加速运动了,而在这里从 A 到 B 那就是加速运动的状态了。所以他这个地方说"就其匀速的而言就称之为力率",这个严格说起来是不科学的。[①]这个问题在当时还没有解决。恩格斯在《自然辩证法》里讲在当时那么多人参与讨论以后问题仍然没有解决。而且这个问题在恩格斯写的《自然辩证法》里还是没有完全解决,后来很多搞物理学的来写《自然辩证法》的导读的时候也说到,恩格斯当时也还没有完全解决,一直到现代才把这个问题解决了。但是恩格斯已经看出了问题,就是康德把这两个东西虽然区别开来,但是经常又把它们混在一起,他的这两个概念还不是很清晰。从这一段话来说我们可以看出,康德还处于动摇和模糊的阶段。所以"力率"、moment 这个概念的使用在这里肯定也是模糊的。我们应该把康德这个概念理解为他在当时已经有点微分的思想了,用这个概念来表示什么呢? 表示的是"瞬时加速度"这样一个标准,也就是说在加速度的情况下做功能力的衡量标准。但是康德仍然想用匀速运动的标准来表述瞬时速度,所以说是就"匀速"(gleichförmig)运动而言,称之为 moment,这是他的一个关键性的混淆,即仍然想把带有辩证法因素的动能放到机械力学的动量上来衡量。但是他本人要表达的意思还是可以看得出来,就是,所有这些变化都是连续的,在从 A 到 B 所发生的状态的改变这样一个过程之中,作用力随时在起作用,不是说最初的那一下起作用,后来就不起作用了,就让它去保持惯性了,不是的。让它去了它就不改变了。但是它改变了,改变了是通过什么呢? 是通过每一瞬间的连续动作,才有可能的,才有可能从 A 变成了 B 的状态。那么这个力率就是在这样一个连续动作中间通过微分所得出的那个微分导数,"瞬时加速度",在那一瞬间它的加速度是多少? 它的那种关系,这个不是力矩,

---

① 有位同学提出,康德这里的"gleichförmig"也有可能不是指"匀速运动",而是指加速运动中的加速度本身是"均匀的",即"匀加速运动",因而康德似乎并无矛盾。可聊备一说。只是康德为什么对同一个德文词可能引起的歧义没有作任何解释,这似乎不太符合他的习惯。

不是作用力和离轴心矩离的积，而是物体的质量跟它的速度的平方的乘积，它跟转动没有什么关系，它可以是直线运动，但是它是瞬时加速度，不是匀速运动。这个微分的思想在康德这里已经表现出某种萌芽，即想要确定在那一瞬间它的变化的效率是多少，那是一种关系。那个效率当然在时间中它才能够表现出来，但是在每一瞬间，在不考虑经过的时间的条件之下，它也有一种关系，这个效率也有一种关系，即后来讲的"微分导数"。所以最后一句话他讲：

变化不是<u>由这些力率构成的，而是借助于力率作为其结果产生出来的。</u>

变化不是由力率构成的，因为力率它是微分，它是设想没有经过时间，或者它是设想它所经过的时间无限小，在一瞬间的时间，所以这些力率它本身并不构成变化，但是它是构成变化的方式，它使得这个变化按照这种方式产生出来。所以他说这个变化是"借助于力率作为其结果产生出来的"，变化是作为力率的结果，它是以这样一种作用方式，这样一种速度跟质的关系，这种关系在时间中经过了无数的这一瞬间那一瞬间，经过了这个时间过程以后，才产生出了这样一个结果。如果不经过时间，那么这个力率它什么也做不了，它只是每一瞬间的关系。所以最后它还是要在时间中经过所有这些瞬间才产生了它的结果，但是结果它是以某种力率而产生出来的，这一点是可以先天确定的。至于这个结果产生出来是什么样子，这个是只能后天确定的，要看它受到了什么样的影响。

我们来看 B254 第二段。他讲：

<u>这就是一切变化的连续律，</u>

从前面这两段我们都可以看出康德最终要归结到一个什么问题上来：最终要归结到对于连续律的理解，就是说在 A 和 B 这两个状态的变化之间它是一个连续的过程。所以根据前面讲的力率也好，一切变化的

连续动作也好，他最终是要解决连续律的问题。连续律在当时也是一个很关键的问题，在力学里面也是一个争论的问题。莱布尼茨发明的微积分跟牛顿发明的微积分在性质上是不一样的，牛顿的微积分它还是诉之于一个最小的量，瞬间一个最小的速度，物质构成它有一个最小的粒子，一个最小的量，原子论、粒子论。但这个办法在数学上是解决不了问题的，你最小它还有最小，无限可分，你怎么来解决这个问题？那么莱布尼茨解决问题的办法比较聪明，他超越这个无限小，就是把最小的那个东西取消了，没有一个最小。这在康德这里也表现出来，没有一个最小的量，因为它是一个无限消失着的变量，它不是一个常量，只有从这个角度才能超越具体的经验性的理解。牛顿的理解他是从一种经验性的理解入手，它有一个疙瘩，没有解决的疙瘩，他把它忽略了，最小的那个东西我们就可以当作是无，当作是没有的东西，于是我们就可以不考虑它的大小，只考虑它的关系。但是在莱布尼茨的微分里面呢，不是把最小的东西当作无，当作无是不合逻辑的，它有嘛，怎么能把它当作无呢！他不是把最小的东西当作无，而是把它当作一个无限消失、趋向于零的变化的东西，变化的过程，从这个变化中间去寻找一种变化的 moment，寻找它的变化的比例关系。这是莱布尼茨的解决方式。所以莱布尼茨用"单子"来解释整个世界，这个单子并不是一种什么最小的原子，单子是一种"力"，单子是精神性的，它没有广延，凡是有广延的东西都可以无限分割。莱布尼茨取消了单子的广延性，把单子仅仅当作是一种"力"，或者是一种关系，这样问题就得到了更好的解决。当然莱布尼茨的单子本身还是一种形而上学的假设，带有神秘性，直到后来的拉格朗日等人才把微分学从数学上完善化了。所以马克思的《数学手稿》里面专门讲了这个问题，指出牛顿的解决方式里面其实是留有很多问题的。那么莱布尼茨企图从数学的角度来解决这个问题，他说单子不是一个物理学上的点，当然也不是数学上的点，是形而上学的点，是包含有精神的力的能动性在内的。莱布尼茨提出的连续律，它在牛顿物理学的角度是解决不了的，你说事物连续的单位必须最小，那么最小还有更小，你说物体它包含有最小的粒子，那么有多少个粒子？那个量一定下来就定死了，就不是无限的了。其实事物是无限可分的，如果说那里面有东西的话它有无限多的东西，每个东西它都可以无限小。运动也是这样，运动的连续性，你用牛顿的微分方式解决不了这个问题。当然由于牛顿把某些最小的东西，用马克思的话来说，"通过暴力的方式把它镇压掉"，把那个 Δx 和 Δy 强行镇压掉，牛顿物理学也可以得出精密的结论，但是在逻辑上它是不严格的，在数学上它也是不严格的。马克思说"这个在数学上正确的结果，是基于在数学上根本错误的假设"。因为它是通过把这些东西强行忽略掉，认为既然它是最小最小的我就可以把它忽略掉了，只考虑它的关系了，这个关系是不变的、是均匀，这样也可以得出某种精确的结果，但这个精确的结果它是通过非法的手段获得的。而莱布尼茨比牛顿要更为彻底，因为它是通过数学的方式把物理学的那种方式消解掉了，把物理学上的那个"最小"通过"无限小"消解掉了，通过一个"变量"把它消解掉了。所以莱布尼茨的微分思想更多地包含有辩证法的因素。牛顿还是一种形而上学的（非辩证的）、经验的、归纳的思维方式。那么我们再来看这一段话。"这就是一切变化的连续律，"连续律是从莱布尼茨那里接受来的。莱布尼茨认为单子既然没有广延，所以它的连续是很自然的事情，单子与单子之间有无数的中间单子，因为他不是从广延的角度来考虑问题，他是从质的角度，从力的性质的角度来设定单子。单子本身没有广延，所以单子和单子之间可以纳入无数的过渡单子，而不会造成断裂。因为性质它是可以连续过渡的，比如红色，从一种比较淡的红色到一种比较深的红色，这个中间它是连续过渡的。它没有广延在里面，它没有量的外在的不可入性这些东西在里头，它是可以连成一片的，而且每个单子都可以反映整个世界，单子和单子之间只有观点的不同，没有外在的相互排斥的不同，它都是连着的。所以莱布尼茨提出自然界没有飞跃，如果你从牛顿的观点来看自然界就有飞跃了，就有超距作用了，这个粒子和那个粒子之间就是空的了，就有"真空"了，粒子在真空中存在，一个一个的，那么粒子和粒子之间又是通过什么起作用呢？你说这个粒子推动那个粒子，它这个中间难道没有过渡吗？所以按照牛顿的那种经验的观点没有办法解释连续律。莱布尼茨提出连续律是一种辩证思维的体现，就是万物都是通过连续的方式连成一片的，整个宇宙是一个整体。这个观点在现代物理学的场论中已经得到了肯定。整个物理世界在天体之间虽然有空间，但其实它不是空的，它是场，它是连续物质，没有任何地方是完全空的、完全没有物质的地方，严格意义上的真空是不存在的。那么场的概念和莱布尼茨的单子概念有很多相似的地方，每个单子都反映整个宇宙，每一颗微尘都和整个宇宙、遥远的天体紧密相连，都处于一个场之中，都处于莱布尼茨所谓单子的一种"观点"之中，从每个单子都可以看出整个宇宙的那种相互关联不可分割。那么康德这里讲的连续律显然是从莱布尼茨的连续律那里接过来的，但是他对连续律的解释和莱布尼茨的解释不同，他还是从物理学的角度来解释的，不是从单纯的实体、单子实体来作形而上学的解释。他是从物理学本身，它的先天根据，当然这本身也是一种形而上学，但是他是紧密结合物理学本身来解释物理学的根据。那么其根据是什么呢？

其根据是这样的：时间以及时间中的现象都不是由一些最小的部分构成的，而物的状态在其变化时却毕竟经由所有这些作为要素的部分①而过渡到了它的第二种状态；

刚才我们也讲到没有什么"最小的部分"，这是一个根据，就是说，时间并不是由最小的时间段、最小的瞬间构成的，"以及时间中的现象"，包括状态，运动，都不是由最小的部分构成的，最小的运动的状态的程度、运动的程度，它都不是由一个基本的量，都不是由原子、基本的运动量的单位构成的。当然后来量子力学又把运动的基本量分割成一段一段的，

---

① 原译作"所有这些部分的要素"，兹据同学提议修改。

"量子"还是可以把运动的量分成一段一段的来展示的，但量子力学的这种分割是在量子场论的基础上进行的，是连续中的不连续，具有"波粒二象性"。那么时间中的现象不是由一些最小部分构成的，"而物的状态在其变化时却毕竟"，这个"毕竟"就有个转折了，尽管在时间和时间中的现象中都没有它的最小的部分，但是，物的状态在其变化时却毕竟"经由所有这些作为要素的部分"，没有这些最小部分但是毕竟有很多无限的部分。虽然是无限多的部分，但并不是像芝诺所讲的，你就一步也迈不开了，芝诺就认为既然你要经过无限多的部分，那我就一步也走不动了，我要走一步就必须先走半步，我要走半步就必须先走四分之一步。但这个地方，"毕竟"，我们注意康德这个地方用的这个词，毕竟，最后，它还是"经由所有这些作为要素的部分而过渡到了它的第二种状态"，我还是迈出去了这一步啊，并不因为它无限可分我就迈不出去了，芝诺的运动悖论就是利用这个无限可分的，既然它是无限可分的，那么它所分出来的量就是无限多的，无限多你怎么能迈得过去呢？但是它毕竟迈过去了，这个运动毕竟完成了，从它的第一种状态过渡到了它的第二种状态，所以这个"毕竟"就是它的根据。连续律的根据在什么地方呢？就是虽然它有无限多的部分，但是并不是说它们就是分裂的；或者说，正因为它是无限多的，所以这些部分不是分裂的，不是成碎片的，而是连续的，所以你毕竟跨过去了。既然说它是无限可分的，又把分出来的每一个部分看作是间断的，分定了的，那岂不是自相矛盾吗？你既然说它是无限可分的，那么它分出来的每一个片断它都是可分的，它都不是相互隔绝的，没有什么超距作用。它连着，连着所以我们可以"经由"、经过这些要素，我们就可以达到它的终结状态、第二种状态。这是连续律的一个根据。万物是连续的，运动是连续的，为什么是连续的呢？因为它没有最小的部分，没有不可分的原子，原子和空间就隔绝了，就分不下去了，但是没有原子，没有隔绝的空间，它还是永远可以继续分下去的，以至于整个过程是连续的，没有间断。毫无疑问，你要走过它的一半当然先要走过它的一半的一半，但是并不是说你要先走过它的一半的一半你就不能走过它的一半了，你毕竟走过了它的一半，走过了它的全部过程。所有的这些一半或者它的一半的一半都包含在整个这一过程之中，那么这种包含是如何包含的呢？它不是后天包含的，不是说你走走试试看，你要走过它的一半就得先走过它的一半的一半，所以你一步也迈不开了，而是先天地包含的。康德解决这个问题他是从先天的角度，即你不要以为这个运动过程就是一个后天去尝试的过程，而是所有的运动都是由先天的连续性所规定的。之所以能够连续，并不是由于后天的连续，经验的连续，后天经验你永远连续不起来，经验总是一个一个的，你从经验论的立场你就会得出牛顿的原子论的观点，粒子的观点；但是如果你从莱布尼茨的先验的观点，你就会从整体来看问题，你就会从整体来反思部分。所以他讲"物的状态在其变化时毕竟经由所有这些要素的部分过渡到了它的第二种状态"，这就是从整体看问题，从整个过程看问题。整个过程它已经完成了，它是怎么完成的？它具体是怎么完成的你当然可以从经验中分析出来，但是这些经验之所以可能的条件是在于整体。运动的条件在于整个时间是连续的，首先你要确定时间是连续的，你才能够在时间中对于这个状态加以分割。如果你首先把时间是连续的这个前提撇在一边，你在经验中去对这个事情加以分割，那你永远也迈不开，那就陷入到芝诺悖论了。所以康德的解决办法就是从这样一种方式入手的，就是从最终过渡到完成这样一个过程它之所以可能的条件，来反观我们在经验中的运动之所以可能。所以他是跳出了牛顿物理学的后天立场而吸收了莱布尼茨的先验立场，来解决连续律的问题。所以他讲：

现象中实在之物的区别正如时间中量的**区别**一样，没有一个是**最小的**。

现象中实在之物的区别没有什么最小的原子，是因为现象是连续的，时间中量的区别也是这样，没有最小的瞬间，它是无限可分的。时间的先天概念就是这样的，它没有一个最小的时间概念。我们前面讲先验感性论的时候就讲了,时间它是一次性地给予出来的,它不是一个一个地积累起来的,因为它是人的先天的直观形式。人的先天直观形式已经先天地一次性地定好了,而不是后天地先积累一段时间,然后再积累一段时间,最后把这些时间加起来,通过想象力把它扩展开来,我们设想有一个无限长的时间,它是由很多很多时间积累起来、堆积起来的。这是牛顿物理学的思路。康德的思路不是这样的,康德的思路是认为时间是一次性给予,怎么可能是一次性给予呢?就在于时间它是人的一种一次性给予的先天直观形式,或者说不是人的,而是思维主体的先天直观形式。任何一个思维主体,它里面已经有了全部时间和全部空间。因为时间空间不是一个什么东西,如果它是一个东西的话那人的脑子里怎么装得下呢?它是一种能力,一种直观的形式、直观的构架。这个构架是先天的,它在还没有任何东西装进来的时候它就在那里了,所有的具体的时间都是对这个唯一的时间的一种分割,一种限制。你看到了一个东西,那么这个东西就从你的所有的时间里面分割了一部分,你看到了一个大小,那么它就从你的空间的先天形式里面占据了一个地盘、一个位置。这都是属于对先天的时间空间进行了一种分割、一种限制,从里面划出了一块。但是你划出了一块,那个东西并没有少,它还在你的主体里面,作为一种先天的形式,它一次性地被给予了,因为它是一种能力啊。当然康德在这里面是有含混之处的,时间空间到底是一种能力还是一种先天结构形式,他是不太清楚的。但是两种说法他都有:时间空间它是感性直观的一种接受的能力,我有了这种直观形式我就有能力去接受外界的感性材料,使它们成形,我就可以使得外界的红色啊、声音啊、香味啊等等被我当作感性的经验对象在一定的时间空间中接受下来。但这个时间空间的大小不是外在的,不是像牛顿所想的,空间就是一个大箱子,时间就是一条长河,然后整个宇宙的空间就是一个个大箱子堆起来的那个最大的箱子,不是这样的。他把时间空间的结构从外部世界纳入到了主体之中,这是主体认识的一种结构,先天感性的一种结构。所以它没有一个是最小的，现象中的实在之物的区别正如时间中量的区别一样，没有一个是最小的，没有一个原子，没有一个最小的量的瞬间，这些都是不存在的。

　　所以实在的新状态是从它还不存在的前一状态开始，通过其一切无限的等级而形成起来的，这些等级相互之间的区别全都比 0 和 A 之间的区别更小。

　　这是整个这一段的结论。"所以实在的新状态"，即 B，B 是一个新状态，在现象中，在实在中，出现了一个 B，这个 B 的新状态"是从它还不存在的前一状态开始"，在 A 的那个状态中，B 还不存在。当然我们可以说 A 的状态在后来的 B 的状态中间也已经包含着了，如果是完全不同的两个状态那怎么能够过渡呢，怎么能够变过去呢？它总是还包含 A 中间的一些状态，有一些作为基础的；但是它增加的那个状态确实是 A 中间还不存在的，它改变了。一朵花的颜色本来是红的，后来变成黄的了，它枯萎了，黄色状态并不是在红色状态中存在着的，但是还有一些东西是在 A 中间就存在着的，它这个过渡的过程也是逐渐过渡的，开始的时候它已经变得不那么红了，后来有一点黄色了，然后完全变黄了。从这个新的状态中间减去原先那个状态的剩余，那是完全新增加上去的。所以它是"从它还不存在的前一状态开始，通过其一切无限的等级而形成的"，开始有一点黄色了，变黄了，然后开始越来越黄了，通过无限的程度，红花才变成了一朵黄色的枯萎了的花。那么"这些等级相互之间的区别，全都比 0 和 A 之间的区别更小"，0 和 A 之间的区别，我们当然可以把 0 当作就是 A，因为所有后来增加的状态都是在 A 中所没有的，但是 A 是一个起点啊，A 作为一个起点它本身也被纳入到这样一个因果关系之中。我们前面讲了，起点和终点都被包含在整个变化之中，它们是"共属于这整个变化的"，所以 A 虽然对于 B 的状态来说它等于 0，但是它是一个开始状态，作为一个开始它又不完全等于 0，虽然在 A 里面完全没有 B，但是它开始有 B 了，所以在这一瞬间它是属于两可的状态，既是 0 又不是 0，它们之间的区别是无限小的，而所有这些等级相互之间的区别都是这样一种区别，都是 A 作为 0 和作为非 0 的这样一种区别。否则，如果它完全是 0，那么它怎么会变出一些东西来的呢？如果它本身就是一些东西，那它也不需要变了，它就是处于 0 和非 0 之间的这样一个瞬间，每一个瞬间都是这样变过来的。都是在程度上面不断地加深，逐渐逐渐地变来的。只要你能指定一个区别，例如 0 和 A 之间的区别，那就还有更小的区别，总之有无限小的区别。这就是这一段所要讲的。

B254 下面这一段主要是说，上面讲的连续律提出来了，必须要有一个证明，一个演绎，凡是先验的东西，范畴也好，直观形式也好，它们最终都要有一个演绎，它们能够运用于经验对象的最终根据何在。连续律也要有一个演绎，它在自然科学中被当作一条普遍的原则，一种通行的法则，人们认为它是对的，应该是对的，或者是在对自然科学的研究和探索过程中发现它是对的，通常人们都是这样来理解这条原理。但是在康德看来这是不够的，所以他说：

<u>这条原理在自然研究中将会有什么样的用处，这不是我们这里要讨论的。</u>

它将会有什么用处这个不是我们这里要讲的，因为《纯粹理性批判》主要是对纯粹理性本身进行批判，为自然科学的一切原理奠定它之所以可能的基础，至于这个基础奠定了以后如何用它来解释自然科学中的具体现象，那是另外一项工作，是"作为一门科学的未来形而上学"的体系所要做的工作。而康德的《纯粹理性批判》仅仅是未来形而上学的"导论"。这个导论一旦建立起来了，一经推敲、经过严格的批判立起来了，那么它的应用，用来解释各种各样的自然科学规律，那是很容易的事情。我们前面已经多次提到了，这样一个体系是未来形而上学所要讨论的具体问题。因果律如何能够以连续律作为其先天根据，连续律又如何能够作为其他的具体运动规律的先天根据，这是将来要一层一层地作细细探

讨的。但是康德的任务，他认为他自己的使命不在这里，他主要是奠定基础。奠定基础了其他都好办，基础都搞得清清楚楚了，其他的事情还不容易吗，只要你有了一定的自然科学的具体的知识，你就把它们按照这个体系的框架一层层地排下来就行了。所以讲"这不是我们这里要讨论的"，这不是这里的话题。他讲：

　　但是，这样一条似乎很能扩展我们的自然知识的原理如何可能是完全先天的，这是亟待我们来检验的，即使从表面上证明了它是真实的和正确的，因而人们会相信用不着提出它是如何可能的这一问题。　　B255

　　这样一条自然知识原理，它看起来当然是很有用的，"连续律"嘛，当你发现自然中有某种东西是脱节了的时候，你马上就要找它的中间环节，因为一切发生的事情都是有原因的，不可能脱节，因果链条不可能断裂，所以这条原理可以保证我们在自然科学研究中保持它的连续性，能够在解释时顺理成章，而容不得任何奇迹、巫术等等插入进来，一切都是有规律的，因果链条决定了一环套一环，它是连续地能够加以解释的，当然它是很有用的。它能够用来扩展我们的知识，自然知识事实上当然不一定是连续的，它可能有脱落的环节，那么这条规律就可以指导我们把这些脱落的环节补上来。所以他说"扩展我们的自然知识"，你补上了不就是扩展了吗？按照连续律，这个地方它肯定是连续的，不可能断裂，那么你就发现了它中间的环节。经过你的努力，把这个环节找到了。所以它是"一条似乎很能扩展我们的自然知识的原理"。但是这条原理如何可能是先天的呢？这条原理我们在自然科学研究中经常在使用，你凭什么使用它？你凭什么相信这个中间一定是有一个中间环节，一定是不可能断裂的，你凭什么相信这一点？它"如何可能是完全先天的，这是亟待我们来检验的"。这个问题是需要我们证明的，为什么事物都一定是连续的，我们通常都把它当作自然科学的一条"箴言"、"格言"，历来大家都是这么说的，好像已经约定俗成了，但是它确实又有用。约定俗成的东西为什么会有用呢？难道就没有例外吗？所以"亟待我们来检验"。但有人可

357

能认为用不着检验，以为这是自明的事。康德则指出："即使从表面上证明了它是真实的和正确的，因而人们会相信用不着提出它是如何可能的这一问题"，这种检验也是亟待进行的。这里讲"表面上"，可以是指很多方面，比如说从经验的方面，我们多次尝试证明它是正确的，当我们去找中间环节的时候你总是可以找到，如果没有找到那是由于你的工夫还没有到家，你的努力还不够，当你的努力充分了的时候你总是能够找到的。这就是一种后天的证明，表面上证明了。先天的证明，像莱布尼茨所讲的，单子是连续的，单子为什么是连续的呢？因为它没有广延，单子反映整个世界。没有广延的东西，完全精神性的东西，那它就是连续的，它无孔不入。精神的东西你谁能挡得住呢？它可以进入到无限小的任何一个空间，弥漫于整个宇宙。这可以说是一种先天的证明。但这种先天的证明它是独断的。从单子的概念里面推出来以及从经验的归纳里面推出来万物是连续的，这都是一种表面的证明。这样一来，"因而人们会相信用不着提出它是如何可能的这一问题"。就是说你们大家都认为它是正确的，何必去探讨它是如何可能的呢？它本来就是这样的，它是个事实，它不可能不是这样，所以你去探讨它是如何可能的，探讨它的可能性的条件，这个是毫无意义的，对我们的自然科学研究没有任何帮助，也增加不了任何知识。人们通常会这样认为。只要它已经在被有效的运用，那就够了。因而人们会相信用不着提出这一问题，认为康德在多事，在做一些无用功。但康德还是坚持要进行检验，

因为有这样多毫无根据的企图，

这个"因为"是从哪里来的呢？就是说，"这是亟待我们检验的"，为什么亟待我们检验呢？——"因为"，它是回答这个问题的。这个"亟待我们检验的"后面这个从句"即使从表面上证明了它是真实的和正确的，因而人们会相信用不着提出它是如何可能的这一问题"，它是附属于前面这个主句的，所以这个"因为"它不是针对这个从句的，而针对前面那个主句的，这个语法上的逻辑关系要搞清楚。就是，为什么要检验？是

因为有这样多毫无根据的企图，

要求通过纯粹理性来扩大我们的知识，以至于必须被看作普遍的原理的是：

是什么？这个我们等下再讲。就是说，为什么要检验？因为很多这样的毫无根据的企图，都要求通过纯粹理性来扩大我们的知识。很多企图是毫无根据的，但是都要求扩大我们的知识。比如说独断论，断言单子是万物的本原，灵魂实体是构成万物的最小单位。这是独断的，从纯粹理性的理念出发来断言在万物后面有一个实体在支撑着它，所有我们所看到的形形色色的事物都是这样一个实体的一种反映，一种表现。这就是独断论。断言整个宇宙是有限的或者是无限的，有自由或者是没有自由，是由单纯或者复杂的东西构成的，断言上帝存在等等，这些断言都是想通过纯粹理性，撇开经验，借助概念的逻辑推理来推出外部事物的存在。对上帝存在的本体论证明就是这样，就是通过对上帝这个概念的分析推出上帝存在，而且不仅仅在我们的概念中存在，而且在我们的概念之外现实地客观地存在，这样就可以扩大我们的知识。有这么多的荒谬的推理都是借助于纯粹理性的名义来扩大我们的知识。这个是前面早就已经多次提醒了，说要对纯粹理性进行批判的考察，考察纯粹理性所适用的范围，我们的认识能力它适用的范围，你不要超出这个范围，不要越界。你有纯粹理性，但是你要谨慎地使用，在运用你的理性获得知识之前，要对这个纯粹理性进行一番彻底的考察，彻底的批判，不要贸然去使用它。所以这个地方讲"亟待我们检验"也是这个意思，连续律你可以通过纯粹理性的逻辑推演，比如说从你的这个单子里面推出万物必定是连续的，这是一种纯粹理性的推理。但是能不能扩大我们的知识呢？这个就必须加以检验。这个连续律它本身的适用范围何在？它究竟能不能在自然科学中普遍地适用？能不能扩展这个连续律，比如说运用到物自体和现象的关系中去，既然一切事物都是连续的，那就可以说物自体和现象之间也应当是连续的呀，为什么就一定要有一个断裂、一个鸿沟呢？

这个不行,这样提出问题就说明你对于这个连续律之所以可能的先天条件没有作过考察。所以必须要对它加以检验,这条原理如何可以是先天的,如何可能先天地运用于自然科学之中。下面讲:"以至于必须被看作是普遍原理的是",这个"以至于"就是说,因为有这样多毫无根据的企图要求通过纯粹理性来扩大我们的知识,"以至于",也就是说这就使得我们必须提出一条普遍的原理,把什么东西看作一条普遍的原理呢?

正因此而完全不信任这一类要求,

这就被看作一条普遍的原理了,就是一概不信任,凡是想通过独断的方式要断言一条原理是普遍的,是适用于任何自然科学的对象的,凡是这样的原理我一概不相信。这就是休谟的态度了,休谟就是这样的,凡是先天地提出一条普遍的原则——它没有通过证明嘛——,那么凡是对这样的东西他一概不相信。所以"正因此而完全不信任这一类要求",

并且,若没有可以获得一个彻底的演绎的证据,哪怕依据最清楚的独断的证明也决不能相信和接受这一类要求。

这个就在休谟的基础上面提出了更高的要求了,就是要求"获得一个彻底演绎的证据"。当然这也是休谟的要求,只是休谟认为这些东西不可能获得一种先天的证据,但是按康德的看法这恰好对我们提出了一种要求,就是要求我们对我们的所有这些自然科学的原理获得一个演绎的证据,如果没有的话,那么"哪怕依据最清楚的独断的证明也决不能相信和接受这一类要求"。哪怕你的独断的证明在概念上搞得无懈可击。就像上帝存在的本体论证明那样,在概念上你说不过他,说不过他并不是说他就有理由,而是他仅仅在形式上无懈可击,但在概念上暗中包含有不同的理解,因为"存在"这个概念包含不同理解。按照康德的理解,"存在"这个概念要么它就只是逻辑上的一个系词,"上帝是",上帝是什么呢?没有说完,你这个系词没有所系,你系到什么上面了?你等于什么还没有说。要么你把它当作一个实在的谓词,"上帝是存在的",那么你就加了一个东西了,你在系词上面又加了一个东西了,就没有权利说

"上帝是存在的"，你只有权利说"上帝是"，因为"存在"这个词如果当作实在的谓词来理解，它就意味着必须是在时空中，上帝"在"什么地方，上帝何时"存在"，这些东西你都没有给出来，你能说上帝是存在的吗？而如果这些东西要给出来，你就需要证明，你不能通过概念的推理，你要到时间和空间里面去找，你要把它纳入到可能经验的范畴，这就是另外一回事情了。所以上帝存在的本体论证明完全是站不住脚的，它企图不通过任何经验的根据而推出上帝的存在。"上帝是存在的"，把存在当作一个谓词来使用。这就是独断的证明。尽管如此，这种证明在形式上仍然显得是最清楚明白的。所以如果没有一个彻底演绎的证据，"哪怕依据最清楚的独断证明也决不能相信和接受这一类要求"，你在形式上不论多么清楚，那么我们也不能接受这一类要求，因为它中间肯定有一个跳跃，肯定利用了概念的模糊性、歧义性，从纯粹的概念一下子跳到了经验世界。这个是不能接受的。所以这一段话就是提出了一个任务，就是对这样一条原理我们不能单纯抱一种确信的态度，我们必须对它之所以可能运用于自然界作出证明，或者说作出一个演绎。

　　从上一段我们已经提示了，康德对于连续律要进行一种彻底的演绎，就是连续律如何可能运用于一切经验对象之上？自然科学历来不假思索地运用这样一条原理，好像这是不言而喻的，这是一个传统，已经认可的规律，百试而不爽，每次都不会出错。但是它的根据究竟何在，先天根据何在？如果你不把这个先天根据找着，那么它是经不起推敲的。例如有人就认为连续律是不可能的。如果连续律是有问题的那么运动也是有问题的。比如我们前面提到的芝诺的运动悖论，芝诺的运动悖论就是把连续律把它中断了，就是说你要运动起来就必须经过一段空间，或者是时间，而你要经过这一段空间或时间首先必须经过二分之一段，你要经过二分之一段首先就要经过四分之一段，如此等等，就是说"无限可分"；但每一次所分到的程度上都是间断的，这是从间断的眼光来看待运动，那运动就成了一份一份的，一个瞬间一个瞬间的，那么瞬间和瞬间之间是非连续的，连续不起来。你凭什么连续起来？要连续起来还得经过间断，经过更细小的间断。这就导致了运动不可能。亚里士多德解决这个问题他是通过经验，就是说那种间断只是一种可能性，无限可分是可能性，但是现实性跟可能性不一样，现实性是已经分完了，我已经走过来了嘛，我不仅迈了一步我还迈了两步，你说我一步也迈不开我已经迈过来了，你怎么能说运动不可能呢？这是一种后天的证明，它诉之于事实。事实已经证明了，我们已经迈过来了。所以事实证明是连续的。但这种证明实际上没有从理论上正面反驳芝诺，你的经验的证明我也可以说是没有道理的，是偶然的，所以这种证明是不够的。另外一个证明就是第欧根尼的证明。第欧根尼在听了芝诺的论证以后，一句话也不说就在他面前走来走去，你说我一步也迈不开，我迈给你看。这也是一种反驳。但是这样一种反驳同样也是不够的。所以据说第欧根尼的学生对他们的老师非常推崇，认为这就足以驳倒芝诺了，于是第欧根尼就用手杖打他们，说你们这些东西不长进，你以为我这种论证就已经解决问题了？这个是传说了。那么康德如何解决问题？连续律如果不证明的话，运动何以可能，也就涉及到因果性如何可能运用于经验对象之上？从因果性概念中引出了运动，引出了力的概念，那么何以可能？所以，连续律和因果律是紧密联系在一起的，你要运用因果律，那么在具体的自然科学场合你就要相信连续律。一切发生的事情都是有原因的，既然都是有原因的，没有任何事情是没有原因的，那么就是连续的。一切发生的事情都是有原因的，它的发生过程中的每一瞬间同样都是有原因的，都是合乎因果关系的，这就是连续律了。那么这个连续律要进行一番先验的演绎，其实在范畴的先验演绎中康德已经做到了，但是具体到连续律来我们还要加以具体说明。所以他这个演绎就是下面这一段，很短，他用不着多说，因为他前面讲了那么多已经把基本的原理都讲完了，现在只不过是在连续律这样一个场合来进一步加以证明。连续律凭什么资格可以运用到经验的对象上呢？

　　经验性知识的一切增加，及知觉的每一步进展，都只不过是内感官的规定的某种扩展，亦即时间中的某种进步，

　　我们先来看这半句。"经验性的知识的一切增加"，就是在现实的经验性认识过程中，获得了很多知觉印象感觉，然后我们把这些知觉印象感觉构成了一种经验性的知识，一种后天的知识，经验性的知识也可以说就是后天的知识。后天的知识的一切增加，"以及知觉的每一步进展"，后天的知识不是说到此为止了，后天的知识还要增加，还要进展，还要在知觉的基础上，我再去获得更多感觉知觉印象，那么它们要成为知识，就必须一个一个地把它们纳入到知识体系中来。所以这一切知识的增加和进展，"都只不过是内感官的规定的某种扩展，亦即时间中的某种进步"。康德在这里就把后天的经验性知识首先归到先天方面来了，归到一种先天的直观形式就是时间方面来了，就是：后天的知识何以可能呢？首先一点就是由于时间，在时间中的进展可能，所以后天的进展才可能。因为所有的进展都必须在时间中，任何一个经验的增加都必须在时间中增加，所以他说"都只不过是内感官的规定 [——内感官就是时间了，所以这是时间的规定——] 的某种扩展"。"时间的规定"就不光是时间了，内感官是时间，但是时间的规定可以是对这种时间的种种规定。具体来说它可以是先天的规定，比如说想象力，先验的想象力对时间的先验的规定就形成了范畴的图型，所谓图型就是时间的先验规定，比如说时间的相继性，时间的持存性，就是因果性和实体性范畴的图型，这些都是先验想象力对时间加以规范而形成的。时间有它的持存性，有它的相继性，有它的同时性，等等，这些规定都可以加到时间上面。那么后天也可以作规定。后天可以对时间加以限制。我们前面说了，时间是一次性给予的，所以它是无限的，时间本身是无限的，那么后天的时间中的事物只不过是在时间中占有一部分，只不过是对这个无限的时间作了它特殊的限制而已。我限制这个无限的时间，我从这个整体的时间里面限制出了我的一部分，某一段时间是我的。所以，所有这些先天的和后天的都对时间

363

作了一些规定,作了一些限制。那么,"经验性的知识的一切增加及知觉的每一步进展都只不过是对内感官的规定的某种扩展",这个时间本身很单纯,但是它的规定越来越多,当然这个扩展主要是后天的,先验想象力的规定那是一次性的,它不会再扩展,但是后天的规定它是可以扩展的,不断地在时间中扩展,从耶稣基督诞生一直到今天,公元两千年,这中间每一段时间都是不同的。时间不断在扩展,以及在时间中的不断进步,时间的本性就是进步的,时间一去不复返嘛,但是这个进步的规定要后天地来作出,那才是真正的进步。如果没有任何后天的内容,这个时间你可以说它是停滞不前的,因为它没有内容。所以时间的进步还是通过时间的规定的某种扩展而导致的。所以这种扩展,"亦即时间中的某种进步",当然在时间本身谈不上什么进步不进步,它本身只是一种先天直观形式,离开内容它什么也不是。所以它单独是不能进步的。我们把时间描述为一条长河,一条直线,这是我们的想象力所作出的规定。就时间本身而言是没有什么规定的。时间只是给进步提供了先天的条件而已。所以他这里讲时间规定的某种扩展亦即时间中的某种进步。

其对象则可以随便是现象或是纯粹直观。

"其"就是指"一切增加"和"每一步进展",就是经验性知识或知觉,它的对象,则可以随便是现象或是纯粹直观。这一进展,这些增加的对象,增加了什么呢?增加了现象,现象就是经验,任何现象都包括先天的东西和后天的东西,这个先天的东西可以是范畴啊,时间空间啊,后天的东西就是经验性的材料了,它的对象"则可以随便是现象或纯粹直观"。现象里面当然也包括纯粹直观,但是它混在现象里面。所以我们可以把它理解为一个经验的事物,但是也可以是纯粹直观,也就是说,它也可以是这个经验事物的纯形式。纯粹直观形式也就是时间空间。经验性的知识的每一步的进展它的对象可以是针对着经验的对象,比如说我们对动物,对一匹马的知识,我们的认识越来越深入,越来越准确;但是我也可以对一个几何学的知识,对于圆周率的认识,我们今天用计算机可以计算得更精确。这个都是纯粹直观，或者是现象，纯粹直观是包含在现象中的，但是也可以在数学方面把它抽出来单独加以认识。这也是一种扩展性的知识。数学只不过是一种经验事物的纯形式，或者感性对象的纯形式。所以在自然科学或者在数学方面我们都可以增进我们的知识，这些知识都只不过是内感官规定的某种扩展，以及时间中的某种进步。

这个时间中的进步规定一切，而本身自在地却不再被任何东西所规定。

时间中的进步规定一切，也就是时间中的相继性规定一切，这个就是因果律了，因果律的图型就是在时间中的相继性。时间中相继的进步，一个接一个的进步、进展，规定一切，一切发生的事情，都在因果律中，都在时间的相继性中，因而也就都在因果律之下。所以说"规定一切"，一切在时间中相继的事物都受这个因果律规定。这个"一切"根据康德的上下文当然它是特指的，它是指现象，或者是纯粹直观，显然它不包括物自体，如果以为"一切"也包括物自体，那就错了。它只是包括现象界。这个时间中的进步规定一切，一切发生的事情都在时间中进步，都在时间中有它的相继性，前因后果不可颠倒。"而本身自在地却不再被任何东西所规定"，时间中的进步它本身是规定，是图型，图型是时间的先验规定，它是一种事物发展的纯形式，先天的，至于它本身则自在地不再为任何东西所规定。这个"自在地"当然不是指的自在之物，这个自在的用在这个地方只是指时间的纯形式它"本身"不再被其他东西规定，它是先天的，不再被任何东西所规定，这个"任何东西"它也是有限制的，是指不再被现象中的任何东西所规定，那么它是不是要被范畴所规定呢？它肯定要被范畴所规定。因为图型它就是按照范畴来规定的嘛，它受制于范畴嘛。所以这个"一切"也是有限度的，还是指的现象范围之内的任何东西。一切都在它之下，它本身不是其中的一个什么东西，时间本身不再是经验性的东西，它本身是规定一切经验性的后天的东西的，一个是先天的，一个是后天的，这个关系不能颠倒。这个地方是一个分号。下面进一步解释：

就是说，这一进步的各部分只是在时间中并通过时间的综合而被给予，但不是先于时间的综合而被给予。

这个进步的"各个部分"，这个地方就涉及到连续律了，各个部分，不管它多么小，所有的这些部分，它都是"在时间中并通过时间的综合而被给予的"，各个部分是后天提供出来的，但是后天被提供出来也必须在先天的时间中被给予出来。它们离不开先天的条件。后天的东西之所以被提供出来，它是有它之所以可能的先天条件的。这个里头转了两道弯，一般人很难理解就在这里。后天的东西既然是后天的，为什么还要有先天的条件？这就是康德哲学的特点，在后天的东西里面发现它的先天的条件，没有这个先天条件，后天的东西也不可能提供出来。但是后天的东西尽管要以先天的东西为条件，但它本身还是后天的，先天的还是先天的。所以康德是认识论上的二元论。在认识论上任何一个知识它都有双重的来源，一个是后天的来源，一个是先天的来源。先天的来源这个地方就是指的先天的直观形式。先天直观形式使得后天的进步必须在时间中进行，"并通过时间的综合而被给予"。注意这个"通过时间的综合"与前面那个"在时间中"层次是不一样的，"在时间中"只是指的时间本身，在"先验感性论"里面已经讲到了这一点，任何现象都在时间中出现。那么，通过时间的综合，时间是一种先天直观形式，它怎么能够综合呢？直观的东西它的特点是被动的，被动的东西它怎么能够综合呢？综合是主动的，主动性是知性的特点，知性才能综合。所以它这个里头讲的时间的综合，它是指时间的图型。时间的图型是能够综合的，因为它代表着范畴，代表着知性。时间图型处于感官和知性之间，它代表着知性来对感性起作用。时间的相继性是代表着因果律来把那些感性经验的材料综合起来的。所以时间本身它没有综合的作用，它只是一种接受能力，但是它的先验规定可以代表范畴，比如说代表因果范畴，这个时候它就间接地具有综合作用了，所以它这个综合作用还是从知性来的，是范畴赋予了它综合作用。那么这个进步的各个部分是通过时间综合而被给予的,它不仅仅是在时间中进行的,而且在时间中得到综合,它是一个过程,你把它看成一个过程,那么这个过程的各个部分就是综合的,它不是分散的,不是一盘散沙,它是"通过时间的综合而被给予,但不是先于时间的综合而被给予",这个地方就透露出康德的用意了。就是说时间中的一切知觉的进展都是由于有了时间图型的先天综合这一条件才得以可能。在时间图型的先天综合之前它是不可能被给予的。以往的对于连续律的不能解决,就是把这一点搞错了,他们以为在时间的先天综合之前我可以一个一个地去考察经验的对象,然后才用时间把它们综合起来,但是发现综合不起来了。后天怎么可能把它们综合起来呢?你一个一个去考察,那么它就是无限可分的了,无限可分就会搞得支离破碎了,你这个时候才用时间去综合它,这个时间已经被支解了,它怎么能综合得起来呢?时间被看作一种后天的东西,它就综合不起来了。先有运动,然后才用时间去综合这个运动,那就综合不起来了。康德的解决方式是倒过来的,你不要先从经验中去找联结各个部分的环节,这样去找是永远也综合不起来的,运动的悖论是解决不了的。康德的解决办法是你先把时间本身看作是综合的,而在现实的经验运动过程中它就在这个综合里面来逐步逐步地展示它的进展,这就好像是一段一段的,好像是无限可分,但是如果你先有一个综合的、一次性地被给予时间图型,不管你如何无限可分,你总而言之在时间中,时间已经连续的一次性被给予了。你用这个连续的一次性被给予的时间去综合那些支离破碎的材料,把它们联结起来,那么不管你把现实的运动过程分得多么细,它们总而言之都在时间中,它就能够是连续的。你不要后天地去分析它,看它是不是连续的,你先天地把它看作是连续的。而且在康德看来,你如果不这样看,所有的运动都不可能形成,运动要能够形成,进步要能够展示出来,首先就要以连续的时间为条件。这个时间的连续性不是一个物理学上后天经验性的事实,它是主体中先天就已经定了的一种先天的结构。时间的连续性是一种先天的结构，所有的运动的连续性或不连续性，不管你怎么看，它都要以这种先天的连续性为条件。这就可以解决运动的连续性和间断性的问题，解决芝诺的运动悖论。所以他这里特别强调的是"在时间中并通过时间的综合而被给予，但不是先于时间的综合而被给予"，它的意义就在这里。这就是他的演绎。下面是他的结论：

因此，知觉向时间中跟随其后的东西的每一过渡都是通过这一知觉的产生而对时间的规定，

也就是刚才讲的，对时间的规定可以是后天的，也可以是先天的，先天的时间规定就是先验想象力对时间所作出的规定，时间的相继性。后天的时间规定就是说，"知觉在时间中向跟随其后的东西的每一过渡"，知觉在时间中，它不是固定不变的，它总是向跟随其后的东西过渡，总是要起变化，那么它每一个过渡"都是通过这一知觉的产生而对时间的规定"。知觉的每一过渡都是知觉的产生，对时间作了它的规定，作了它的"限制"，也就是从时间里分出了它的一块，不管这一块是多么小，多么短暂的一瞬间，每一个知觉都要从时间中分得它的一份，都是对于时间的一种更加具体的规定。你抽象地讲时间，如果你不讲任何东西，它没有任何规定的话，这个时间它如何能够显出来呢？一旦有了东西在里头，那么这个时间它就有了规定了。从大的尺度来说，在历史中，发生了什么事件，耶稣基督诞生，我们就叫它公元元年，什么意思呢？耶稣基督的诞生日，国际上对它作了一个规定，没有这个规定不行啊，你说我什么规定都不要，那不行。有的人把释迦牟尼的诞生作为公元元年，有的把孔子的诞生作为元年，当然也可以。但是你说我都不要，你拿时间本身作标准，那你怎么做呢？那就没有规定了。所以时间中的知觉就是对时间的一种规定，当然是后天的规定，你可以这样也可以那样规定，但总得有一个规定。所以"每一个过渡都是通过这一知觉的产生而对时间的规定"。

而由于时间总是、并且在其一切部分中都是某种量，则一个知觉作为一个量，其产生就是通过所有的等级（其中任何一个都不是最小的等

级)而从零开始,一直达到它的确定的等级。

等级就是程度,Grad,我们这本书上头译作等级,全译本译作程度。就是说,"而由于时间总是、并且在其一切部分中都是某种量",这个跟时间的量的规定已经不太一样了,时间的先验规定有量的规定、质的规定,前面讲到由时间图型所构成的纯粹知性的一切原理里面,分成量、质、关系和模态四类,量是对一个事物本身的大小的规定,质是对一个事物本身性质的程度的规定,量和质都是属于这种"构成性"的原理,konstitutiv,属于"数学的原理",就是说它构成了这个事物本身的知识,这个事物本身到底有多大,它的性质的程度如何,至于它本身的性质不在考虑之列,只考虑性质的程度。有人提到了外延的量和内包的量,外延的量就是这个事物的量,内包的量就是这个事物的性质的程度,它的性质到了什么程度,这个程度是包含在性质之中的。这是康德对于量和质的理解。但这个地方他讲的已经不是量和质了,而是讲的关系了,而且这里第二类比是讲的因果关系了。但是在关系的层次上,关系当然不是一个构成性的原理,而是一个范导性、调节性的原理,regulativ,或者说它是一个"力学的原理",不是指的一个东西它的规定性,而是指的一个状态和另一个状态之间的关系,它是一种关系的图型。所以这个地方又重新提到量,它是在更高层次上提到的。前次我们提到,实体关系它是跟量直接相关的,因果关系它是跟质相关的。实体关系是指一个事物在变化中它的"量"保持不变,就是时间中的持久性,什么东西在持久呢?它的量在持久,你把一个东西烧成灰,它的质量不变。那么因果性范畴跟质有直接关系,它考虑的是程度的改变,这个程度也是一种量,但不是外延的量,而是内包的量。所以他讲"而由于时间总是、并且在其一切部分中都是某种量,"某种量也就是讲内包的量,是指的质、性质的改变的程度,"则一个知觉作为一个量,其产生就是通过所有的等级",即所有的程度,"而从零开始"。一个知觉作为一个量,知觉是质啊,它本身是质,但是它有量的方面,它作为一个量,它的产生就是通过所有的等级,从零开始的所有的等级，其中没有一个等级是最小的，它只有一种关系，这种关系体现为一个量。所以我们前面讲到微分，或者是"力率"，这些概念都属于一种内包的量，它也是一种量，但是作为量它只是一种质的变化程度而已。微分就是起的这个作用，如何能对一个变化的作用程度作出定量化的规定？这就产生了微分。不是仅仅外延的量，外延的量很简单了，你拿尺子去量就够了，但是变化的程度就涉及到质。哪怕是机械运动，你是匀速直线运动呢，还是加速直线运动？这就是运动的质了。所以要解决运动的质的问题就必须要引入程度或等级的概念。那就要把它跟一般外延的量区别开来，你不能把任何一个等级看作外延的量固定下来。当然你可以固定下来，但是你始终找不到那个等级（程度），你要找到那个程度，你就必须把一切外延的量撇开，单纯去寻求它的内包的量、内涵的量，"从零开始一直达到它的确定的等级"，确定的等级就是它的结果。结果，一个因果的过程最后得出它的结果，它是如何得出来的呢？它是从零开始，从没有这个结果开始，到慢慢达到了、形成了这个结果。这个结果有很多不同的等级，每个等级都不是最小的。所以说，

这就揭示出了一种按照变化的形式先天地认识一条变化规律的可能性。

这揭示了一条可能性，什么可能性呢？一种"按照变化的形式先天地认识一条变化规律的可能性"。一条变化规律，就是前面讲的连续律。连续律人们历来、两千年以来总是解决不了这个问题。运动是连续的，为什么是连续的？你从后天经验的方面始终说明不了。那么康德提出，"按照变化的形式先天地认识"这条变化规律，有这样一种可能性。就是对于连续律的先验的演绎，从先天的方面来提供认识它的可能性，按照变化的先天的形式，变化本身有它的形式，有它的"力率"，有它的微分导数。当然康德还没有完全把握微分思想，但他已经有这种思路了，根据一种微分的量的关系来先天地认识这种变化的可能性。微分导数就是这样的，不管你无限可分分到多么小，但是我仍然可以确定它是连续的，

这个连续并不是后天得出来的，像牛顿那样你从后天得出来，最后还是得把那个不连续的地方用一种强制的方式"镇压"掉，取消掉，那个就不对了，就不严密了。但是如果按照莱布尼茨的方式先天地确定微分导数，就能够解决连续性的问题。变化它有它的形式，这个形式是可以规定的，定下这个形式以后，就可以先天地把所有这个过程都纳入到这个形式里面去，不管它如何无限可分，总而言之它是按照这样一个形式在变化在进展，它只有在这样一个先天的形式里面它才能够进展，脱离了这个先天形式它根本就不可能进展，根本不可能发生。所以他最后一句讲：

我们只是在预测我们自己的领会，   B256

这个就很明确了，就是从先验的方面来解决这个问题。怎么解决呢？我们不要受外部事物的支配，在认识时我们是主动的，我们自己有一种领会能力，有一种把握能力，我们是自己主动地建立起了这个对象，而不是从经验上后天地来承受这个对象，来反映这个对象。所以我们用连续律建立了这个对象，这个对象不管如何看起来是不连续的，是可分的，但是实际上它在一个不可分的先天条件之下，它只能是不可分的，只能是连续的，因为它的条件是连续的。它的条件是时间空间，是时间的连续性。时间本身是有连续性的，所以时间中的事物肯定也是有连续性的，尽管我还没有发现出来，尽管我还不能后天地得到证明，而且原则上要从后天得到证明是不可能的，因为无限可分嘛，你总可以继续分下去。但是，一切经验的东西都在先天的形式之下，而这些先天的形式也只是用来建立这些经验的对象，是为了我们能够用来认识发生的事情而预先提供出来的。那么预先提供出来的东西是什么性质，发生的事情肯定就是什么性质，因为发生的事情它的条件要以时间的性质作为前提。所以"我们只是在预测我们自己的领会"，这个"预测"，Antizipation，这个词是在质的图型里面所使用的，量的图型是"直观的公理"，质的图型就是"知觉的预测"。在知觉性质和状态的改变中我们有一种预测，我们的预测不只是预测一个对象的质的程度，而且我们还可以预测一个对象的质的改

371

变的程度,质的变化的程度。所以这里所用的预测这个词就是在"知觉的预测"里面所用的那个词。我们只是来预测我们自己的领会。所以知觉的预测不只是在质的图型中预测,而且在时间的相继性也就是因果性的图型里面也可以预测。而所有的预测我们都是在预测我们自己的领会,都是先天的。预测当然是先天的,它不需要后天的经验才得出结果。在后天经验得出来之前我们就可以预测它的结果,因为事物是连续的,它不会跳跃,不会突然一下子就变得不是的了。我们在日常科学研究中经常是这样的,华罗庚的所谓"优选法",20 世纪 70 年代全民都在学习优选法,按照黄金分割的方式来进行预测是最简便的,按照 0.618 的比例来作预测,预测这个变化的性质的规律,从数学的角度我们可以选择一条最不担风险的路,当然也有风险,但是具有最大可能的道路。当时我们在工厂和农村里面到处在推广这个办法,把它搞得庸俗化了。但确实有这个规律,优选法的根据就在于事物性质的变化它是连续的,它不会一下子突然就完全断裂了,从很小的程度总是慢慢地有个逐渐的过程。哪怕它是一个爆炸的事件看起来是很突然的,但是你用慢镜头看它还是有一个渐进的过程。所以这里讲预测,就意味着这是我的领会,我当然可以预测了,如果我受制于外部的经验我怎么能预测呢?那很可能外部经验就完全是从一个质跳到另外一个质,完全没有规律,你没办法把握它。但是如果有了我们自己主观的一种先天的规律,连续律,你就可以预测。你看起来好像是突变,一下子变得不是的了,但是你仔细分析它里面一定有一个渐进过程,它不是一下子变出来的,从零一下子变出来一个庞然大物。当然霍金的宇宙大爆炸理论好像有一点这个情况,说宇宙最初好像就是从一个零,突然爆炸了。当然它也不是零,宇宙爆炸最初也不是零,它是质量无限小,而能量无限大。但是单从质量的角度看它就是零,它不占任何空间,因为空间和时间还没有产生,空间时间都是由于大爆炸才产生出来的。这是霍金的理论,与康德当然是不一样的,但是霍金还是很佩服康德,霍金认为在这些形而上学家里面他最相信的是康德,康德与他最接近。康德的所谓"我们自己的领会"，我们自己就可以领会，这个时候外部经验世界也许还是零，但我们可以对自己的先天的结构单独拿来加以考察，它还没有充实任何具体的内容我们也可以对它作纯粹的考察。而且只有通过这种纯粹的考察我们才能把后来的那些知觉的过程、它的本质搞清楚。否则的话我们陷在经验的海洋里面，我们拔不出来的。所以我们只是在预测我们自己的领会，

其形式条件既然在一切被给予的经验之前就寓于我们之中，当然就必定能够先天地被认识。

这句话是再清楚不过了，所谓对连续律的这样一种先验的演绎就落实在这里了。就是说，我们预测我自己的领会，我们这种领会的形式条件"既然在一切被给予的经验之前就寓于我们之中"，我们还没有经验但是我们经验的条件已经有了，它寓于我们之中了，它是先天的，"当然就必定能够先天地被认识"。我们对自己的东西当然是能够先天地认识的。我们有哪些东西，当然这些东西要显现出来还是要通过后天的经验，但是我们可以通过分析把这些后天的东西把它剥离掉，剩下的东西我们发现它就在我们之中，我们单独对它加以考察，然后我们可以领会到，就是这样一些东西构成了我们后天经验知识之所以可能的条件。这样一来我们对于连续律这样一个人们百思不得其解但是又非常重要的规律就获得了一个先天的解释。前面讲就有了一种先天的可能性，那么这里通过他的论证，还不单是一种可能性，而是只有从先天的方面才能解决运动的问题，连续律的问题，也就是因果性的问题，这些东西全都打通了，全都贯穿在一起了。看起来人们一下子还想不到连续律和因果律有什么关系，和时间有什么关系，经过康德的解释这些东西就全通了。

下面这段话应该是比较明确的，就是把一切在知觉中的连续性的运动归结到先天性的方面来考察，那就是时间本身的先天的连续性。时间本身的这种综合作用使时间中发生的一切过程联系起来了，那么时间本身如何能够综合呢？刚才讲时间本身是不能综合的，它只是一种被动的

直观形式,一种接受的能力。那么时间之所以能够综合,是来自于更高的层次,这一段就是把这个层次把它搞清楚。它们是几个什么样的层次呢?更高的层次就是知性,就是统觉的综合统一,它使得时间能够具有一种综合能力,作为图型去综合地把握在时间中发生的各种事情。这三个不同的层次在这一段中得到了一个系统的阐述。

因此,正如时间包含着实存之物向跟随之物连续进展之可能性的先天感性条件一样,

这就是前面讲的,时间包含着"实存之物",实存之物就是在现象中发生的东西,"向跟随之物连续进展",就是一个原因向一个结果,一个现实的原因向一个现实的结果,它的经验性的这种进展,它是以时间作为可能性条件的,包含着这种"进展之可能性的先天感性条件"。他这个地方强调提出来时间是这样一个运动本身之所以可能发生的先天的感性条件。而正如这个感性条件一样,

知性借助于统觉的统一就是对现象在这一时间中的一切位置进行连续规定的可能性之先天条件。

感性条件当然也是先天条件,但是知性的先天条件层次更高,它是借助于统觉的统一,借助于综合,统觉的本源的综合,自我意识的本源的统一,当然是通过范畴了,就是"对现象在这一时间中的一切位置进行连续规定的可能性之先天条件"。也就是说,知性的范畴所体现的就是知性的自我意识的统觉统一,十二范畴每一个都是体现了统觉统一的一个方面。因果范畴是一个方面。那么这个方面体现了统觉的统一对现象在时间中的一切位置,在这样一个时间中,对这样一个充满了知觉、充满了状态的更替的一切位置,不管你分得多么细,对它的一切可能的位置进行连续规定。连续规定就是连续律了,连续律何以可能最终要追溯到统觉的统一。我们刚才已经把它追溯到感性的先天条件,那么现在我们要进一步把它追溯到知性的先天条件。所以正如时间成了这种进展的可能

性的感性条件一样,知性它借助于统觉的统一也是对这一进展进行连续规定的可能性之先天条件。从感性的先天条件再往上追,感性又是如何可能的呢? 感性如何可能把这些位置进行连续的规定? 是在于知性的统觉统一使得它能够有这样一种先天的规定。所以所有的综合都是由知性来的,感性不能综合,感性只是把那些东西装进来,装进来的东西如何能够综合成一个对象,那就要借助于知性了.感性的时间,感性的直观形式,它也体现出综合,在图型中是先验想象力的综合,但是那种综合它还是由知性来的。先验想象力代表知性在感性中进行了一种综合。当然这个问题康德说得比较含糊,好像先验想象力本身就有一种综合能力,一种自发的能动性。这个后来的人包括海德格尔批评他,说既然想象力本身能够综合,那它就可以撇开知性,想象力自己就有一种综合能力了,那这个综合就不是什么知性的综合而是感性的综合了,或者直观本身可以是知性的。这就把康德的一整套体系给摧毁了。海德格尔认为正因为康德看到了这种危险,所以他至此为止,他不再往下说了,他隐隐约约提到想象力是人心中的一种不可解释的隐秘的能力,它具有自发性,但是这个地方他不再展开了,一展开他整个体系就完了,所以这是他整个体系的一个结,没有解释清楚的。但是他自己是相信综合的能力是知性所特有的能力。先验想象力在感性里面进行综合也是代表知性在进行综合。只有从这个角度我们才能够先天地来解决连续性何以可能的问题。所以先天角度在这里分了两个层次,一个是感性的先天条件,另外一个是知性的先天条件,那就是范畴。所以他接着下来讲:

而这是通过原因和结果的序列达到的,原因不可避免地引起结果的存有,原因是不可避免地也就是必然地要引起结果的存有,并因此而使时间关系的经验性知识对任何时间而言(普遍地)、因而客观地有效。

知性借助于统觉统一、也就是借助于原因和结果的序列,借助于因果性的范畴,而达到了对现象的连续规定充当先天条件的。原因引起结果的存有,Dasein,我们前面解释了,也就是实在的存在,实存,它跟

Existenz 经常是可以互换的，在海德格尔那里也是这样，所以人们说海德格尔强调 Dasein 就是存在主义，Existenzialismus，海德格尔自己不承认，在他看来这个词太世俗化了，他的 Dasein 则是属于本体论的。他不承认自己谈的是人的问题，而是在谈存在问题。但是 Dasein 这个词又确实有人的生存意思。康德这里也有这个意思，这不是他们的哲学观点的问题，而是德语本身的问题，在德语中这两个词一个是从拉丁文来的，一个是德语词，它们本来就是可以互译的。"此在"、Dasein 就是现实的存在，实存，我们这里翻译成"存有"，也没有什么特别的理由，只是为了跟其他的存在啊，实存啊，实有啊，区别开来，把它定译了。"原因不可避免地引起结果的 Dasein"，引起结果的现实的存在，实在，"并因此使时间关系的经验性知识"，时间本身当然不是一种经验性的知识，但是时间的关系，在时间中各种各样事物的关系，却是一种经验性的知识，"对任何时间而言（普遍地）、因而客观地有效"。经验性的知识当然是后天的，但是后天的知识里面包含有先天的成分。所以他的这个原因和因果关系这样一种先天的成分呢，它使得在时间关系上的经验性的知识对于任何不管是多么小的时间段、一瞬间，总而言之是普遍地因而是客观地有效。这个地方还是针对着连续律而言，所谓普遍地，对任何时间而言，不管你分得多么小，总而言之，我一言一蔽之，它对任何时间而言都有效。这个经验性的知识它已经从这个地方到了那个地方，从这个状态变成了那个状态，那么这种知识不管你分得多么细，它都是有效的。它的有效性是因为它里面包含的先天的直观形式，最后是包含的先天的范畴，先天的范畴使得这样一个知识先天地有效，能够连续地有效。所以这一段就是对整个这个大问题，如何用因果律来解释具体的运动、力、力率等等，加以解决。所谓连续律也就是把因果律运用于具体地解释运动的时候人们所遵循的一条规律，那么这条规律的根据何在呢？还是在于因果律。但是一般人看不出来，是因为他们忽视了这样一条规律是建立在时间的先天条件之上。而康德恰好是通过时间的图型、时间的先验规定这样一个过渡的中介, 而把它归结到了知性的统觉的统一, 归结到了因果范畴, 这样来解决了运动何以可能、连续律何以可能这些问题, 两千年以来人们解决不了的问题康德认为他通过先天的方式把它解决了。

第三章　把所有一般对象区分为现象和本体的理由

刚才有同学讲了, 康德在他的著作中很少用打比方的方式来讲他的观点, 这一段是很形象的, 我们来看看第 182 页。这个第三章的标题是"把所有一般对象区分为现象和本体的理由", 就是在前面讲的先验分析论的概念分析和原理分析, 基本上就把先验分析论的所有的问题都讲完了, 这一章则是总结性的。把所有"一般对象", 从意思上来说, 康德的"对象"概念, 不管是 Gegenstand 还是 Objekt, 都是有歧义的, 它同时意味着两种意思。所以系统地叫"一般对象", 你要根据上下文你才能够具体地知道它在这个地方究竟是指的现象还是本体。不区分的时候就叫一般现象, 但是要把它区分为现象和本体, 那么它的理由何在? 这就是本章的主题, 就是先验分析论把我们人类知识的各种要素、各种成分作了一番分析, 除了先验感性论以外, 先验感性论是对我们的感性进行分析, 时间空间, 那么先验逻辑的先验分析论则是对知性进行了分析, 先验逻辑就是谈知性的, 谈认识能力的。知性分析出来有些什么认识要素呢? 首先是概念, 然后是原理, 原理就是我们作判断的原理, 包括图型, 图型就是我们作判断的构架。我们得出的这些自然科学的先天综合判断的一些原理, 就是原理的部分。那么这两个层次, 一个是概念的层次一个是原理的层次, 我们已经把它分门别类地作了一个系统的安排, 构成一个体系。这就是先验分析论整个要谈的我们人类知识的要素, 主要是先验逻辑的要素，也就是通常讲的理性认识的要素。感性认识的要素在先验感性论里面讲了，理性认识的要素在先验逻辑的分析论里面讲了。先验逻辑当然还有一个辩证论部分，辩证论部分是消极的部分，分析论部分是一种积极的部分，主要讲我们的知识由哪些要素构成。辩证论是讲我们在构成知识的时候有哪些东西不是知识，哪些是伪知识，分析论则是讲哪些东西是真知识，这就是在先验逻辑的框架之内才能够有真知识。所以他一开始讲：

现在，我们不仅踏遍了纯粹知性的土地并仔细勘察过它的每一部分，而且还测量过它，给那上面的每一个事物规定了它的位置。

这句话已经非常全面了。就是说，我们踏遍了纯粹知性的土地，先验逻辑，它的构成性的部分，具有积极意义的部分，即我们认识的知性能力。它有哪些成分，我们已经勘察遍了，没有任何遗漏。知性用来积极地构成知识的一切要素，我们都走了一遍。它的十二范畴，一个都没少；再就是由十二范畴引出的它跟经验对象之间发生作用的那些中介，那些图型，十二范畴对应的十二个图型，由这些图型所引出来的原理，也就是把范畴运用于图型所得出的十二条原理，它们是一些先天综合判断，是用来指导我们的自然科学研究的，任何自然科学都脱离不了这样一些原理。这些都是成体系的，一一对应，一个不少，一个也不多，都在这里了。所以我们"踏遍了纯粹知性的土地，并且仔细勘察过它的每一部分"，每一个范畴，每一个图型，每一个原理，我们都仔细地经过了一番勘察。"而且还测量过它"，这是一种比喻的说法，就像一个勘探队对一个岛屿的每一部分都进行了精确的测量。"给那上面的每一个事物规定了它的位置"，定了位。他的范畴表就是一个定位，这个定位康德称之为"正位论"，Topics，就是"正位论"的意思。我们可以看一看范畴表的这个地方，书上的第 124 页，倒数第 8 行："科目一旦分定，所需要的就只是充实它们，而像目前的这样一个系统的正位论是不容易让任何一个概念专门所属的那个位置弄错的，同时却很容易使人注意到那仍然空着的位置。"（B119）正位论是从亚里士多德那里来的，亚里士多德的《正位篇》（topics）就是要把这些概念的位置搞清楚，上位、下位，相互之间的关系，整个体系的结构，搞得清清楚楚，层次分明。康德的范畴表是一级一级的，有两个是属于数学性的，有两个是属于力学性的，有两个是属于构成性的，有两个是属于调节性的（范导性的），康德将这种分类比之为进行"测量"，给每一个规定了它的精确的位置。经过这样的测量，我们对这个岛屿就了如指掌了，没有什么躲藏在哪个角落里面还没有被发现的东西。这是他对于前面分析论的总结，从这样一些说法上可以看出他是非常自信的，他认为一提到知识，那我已经了如指掌了，知识是如何构成的，知识构成需要哪些先天条件，我已经把它全部勘察遍了，不仅仅是知道，而且把它们的位置都确定得非常精确了。

　　但这片土地是一个岛屿，它本身被大自然包围在不可改变的疆界中。

　　就是说这个土地是一个岛屿，它是一个有限的范围，岛屿就是一个有限的范围嘛，"它本身被大自然包围在不可改变的疆界中"，实际上它的疆界就是大自然。我们谈到自然就在这个范围里面去谈，这个疆界就是大自然。当然这个疆界外面还有没有什么东西呢？那个就不叫大自然了，凡是在这个范围之内的都叫大自然。所以大自然是这样一个岛屿的边界，人为自然界立法，我们的知性这一套结构已经给整个自然界立了法，已经把它涵盖了，把它控制住了。那么这样一个岛屿它的边界是不可改变的，就是大自然。你要离开自然去探讨一些非自然的东西，那就是超出这个边界了；凡是你要探讨自然的东西，那就在这个边界里面，别的地方没有。这个范围已经被确定了，如何确定的呢？康德确定得很严格，那就是一切可能经验的范围，它都属于自然的范围。

　　这就是真理之乡（一个诱人的称号），

　　这片土地就是真理之乡，真理就要到这里去找。当然这样一个称号非常诱人了，谁不想求得真理呢？人人都想求得真理，但是只有康德第一次把这个真理的边界勘察定了，真理就在这里，不用到别处去找了。

B295　　周围是一片广阔而汹涌的海洋，亦即幻相的大本营，其中好些海市蜃楼、好些即将融化的冰山都谎称是新大陆，在不停地以空幻的希望诱骗着东奔西闯的航海家去作出种种发现，将他卷入那永远无法放弃、但也永远不能抵达目的之冒险。

就是这个真理之乡，它的周围"是一片广阔而汹涌的海洋"，离开这个真理之乡，那就是变化莫测的，前途未卜。"广阔的"，当然很广阔，上帝创造世界，世界是上帝创造的，那上帝当然比这个世界要广阔了，莱布尼茨还讲上帝在一切可能的世界中选择了我们这个唯一的世界，那么一切可能的世界比我们这个世界要广阔得多，按照传统形而上学和神学来讲，我们人类能够认识的只是很小的一片孤岛，我们不能认识的地方和还没有认识的地方是无限广阔的。当然这片孤岛它本身在康德看来也是无限的，在这里你去探讨自然科学的过程也是不断前进的，但是原则上来说它就在这个孤岛上面，原则上说这个孤岛外面是我们不能知道的，你可以说它比我们所能知道的这个孤岛要大，但是你也没有办法，你一超出这个孤岛的范围，它马上就出现幻相。所以那个汹涌的海洋虽然很广阔，但是它是一个"幻相的大本营"。"其中好些海市蜃楼、好些即将融化的冰山都谎称是新大陆"，我们不断地看见海市蜃楼，看见即将融化的冰山，我们都以为是发现了新大陆，这是以往的形而上学几千年以来一直都是这样的，一直都在受骗。一旦超出我们的真理之乡，我们所遇到的就是那些伪科学。它们以"新大陆"的方式出现，"在不停地以空幻的希望诱骗着东奔西闯的航海家去作出种种发现"，这个航海家就是以往的哲学家，那些形而上学家，他们受这些海市蜃楼、这些冰山的诱惑，这些人作为航海家，离开真理之乡的这片岛屿，而想要在那片波涛汹涌的大海上去作新的探索，东奔西闯，就是受这些东西的诱惑，想要作出种种发现。他们不满足于我们人类现实的经验知识，而想要通过推理，通过人类的一种更为超越的能力，理性的推理能力，运用我们的先天范畴，因果性啊,实体性啊,我们是不是能够超出我们的经验的范围,去作一些新的探索呢? 这就受到了诱惑了,以为我们有了这样一套工具我们就无所不能了,就不受限制了。"将他卷入那永远无法放弃、但也永远不能抵达目的之冒险",就是说那样一种冒险是"永远无法放弃的",为什么无法放弃呢? 康德在导言里面已经讲过了,形而上学是人类理性的一种"自然倾向",它是人的本性,人的本性就是要超出我们所知道的、我们所能知道的,而去探索那些我们所不知道和不能知道的,明知它不可能知道,还是要去探索。所以形而上学两千年以来不断地失败,但是我们人类不断地在探索,所以这种自然倾向是我们永远也无法放弃的,但是也是永远也无法抵达目的的。虽然我们知道我们不能放弃,但是我们也知道这些目的是我们永远也达不到的,谁能认识上帝,谁能认识灵魂,谁能认识世界整体? 这些目的是一种毫无希望的冒险。

<u>但在我们冒险航行于这个大海、从一切纬度去搜索它,去确定在其中是否可以希望什么以前,最好事先还再看一看我们正要离开的那片土地的地图,</u>

就是说我们的冒险航行是没有办法放弃的,我们肯定要扬帆远航,这个是没有办法的事;但是在我们远航之前,在冒险之前,在我们从一切纬度去搜索它、从各个角度各个方向去搜索它,去搜索那些其实是不可把握的对象的知识,去确定在其中可以"希望"什么以前,——这个地方就不谈认识了,这里谈"我可以希望什么?"纯粹理性批判的先验辩证论中讲到对那些理念对象的认识是不可能的了,但是在方法论部分又认为理念作为一种悬设,灵魂不朽、上帝存在,这些悬设虽然都是假定的,不能认识的,但可以给我们留下一种希望,这种希望当然很渺茫了,但是有希望和没有希望是很不一样的,所以这个航海也不是毫无意义的。形而上学的远航在另外一种意义上它是有价值的,主要是在实践的意义、宗教信仰这方面,它还是有价值的,——但在此之前,在这个冒险之前,我们还是要"事先再看一看我们正要离开的那片土地的地图"。这里暗示

381

我们将要进入到先验辩证论了，但在此之前我们还要回过头来回顾一下我们正要离开的那片土地，看看它是一个什么样的边界，

　　并且首先要问，我们是否能以这片土地上的东西为满足，

　　我们问一下，我们从那里面出来嘛，那片土地我们已经勘察遍了，这个时候我们要做到心中有数，所以我们事先要问一问，我们"是否能以这片土地上的东西为满足"呢？

　　或者如果任何别的地方都没有我们可以居住的基地，我们是否就不得不被迫满足于它呢？

　　这个满足有两种态度，一种是这片土地上的东西我们是否能够满足呢？这是一种主动的态度，我们主动地就满足了，我们本来就没有更高的期望，我们无非是要获得自然界的知识嘛！那么这片土地能不能够满足我们对自然界知识的追求呢？这没问题。这就是积极意义上的满足了。"或者如果任何别的地方都没有我们可以居住的基地，我们是否就不得不被迫满足于它"呢？这就是消极意义上的满足。就是说，你还要求什么呢？除了自然界的知识你如果还要求别的东西，那个你是求不到的，所以你只得满足于对自然界的知识。这根据我们的目标、我们的愿望而定，如果你的目标是自然知识，那你就可以满足，如果你的目标是更多的知识，比如是上帝的知识，那你是满足不了的，你只能满足于我们关于自然的知识，你被迫满足于它，这是两种意义上的满足。对于那片土地的回顾，我们这时心里要对自己提出这样的问题，就是当我们概括地看我们的知识领域的时候，我们是否能得到满足呢？

　　其次再问一问，我们究竟能以什么名义占领这块土地，并能有把握抵挡一切敌对的要求。

　　其次再问一个问题。我们前面讲的是满足的问题，我们对这片土地上的东西是否满足，不管是主动的还是被迫的；而下面这个问题则是"我们究竟能以什么名义占领这块土地"，这就不光是满足了，而是说我们获得这些知识，我们的资格、我们的权利，我们以什么名义来占领这块土地，

就是我们占领这块土地的条件。我们的占领是不是偶然的,是不是天上掉下来的、仍然还是可以怀疑的,是不是没有必然性的条件的? 如果是,那么你占领了这块土地你随时也可以失去,是不是可以失去? 你有没有权利占领这块土地? 这个就是面对休谟的质疑了,休谟就认为我们虽然占领了这块土地,但是我们没有资格,我们是偶然落到这片土地上来的,落到这块土地上我们就承认它,就得了,但是我们没有权利,这个土地它不是我们的,我们所获得的其实只是我们自己的东西而不是这块土地上的东西。所以康德在这片土地上所做的工作,除了指出我们的一切自然知识只有在个范围之内才能得到满足以外,而且还进一步指出我们的自然知识在这片土地上的获得,我们是有权获得的,它是属于我们的,它是我们的"领地",我们自上而下地具有占领它的资格,它的所有权归于我们。他说"并能有把握地抵挡一切敌对的要求",所谓"敌对的要求"也就是否定我们这种权利的要求。在法庭上有控方、辩方,他们是敌对的,你说你有权利,有人会说你没有这个权利,这片土地的所有权不知道是谁的,反正不是你的。这就是休谟的观点。我们虽然落到这片土地上,但这片土地并不归我们所有,我们所有的只是我们自己主观的一些印象知觉,一些观念,它没有客观性。但是经过康德的论证,他认为这个所有权是确定的,因为这片土地本身就是我们的先天结构所建立起来的,我自己创建的这块土地,难道我对它还没有权利吗? 那些材料固然不是我们自己创建的,但是那些材料要形成这片土地,是我们造成的,我们把这些材料造成了一片真理之乡,这当然是属于我们的。我们不是从什么地方掉到这片土地上来的,恰好相反,这片土地就是我们的产品,人为自然界立法。我在这片孤岛上面我是立法者,所以我是以统治者的名义来占领这片土地的,并且能够抵挡一切其他的非法的要求,敌对的要求。你要否认我的统治者的地位那是不可能的。

　　虽然我们在分析论的进程中已经对这些问题作了充分的回答,但以一个总体的估计把解答这些问题的各个要点集中于一点上,这就可以加强对这些解答的确信。

　　这些问题前面都已经讲了，不管是对我们的立法权通过先验演绎加以证明也好，还是对于我们的认识的界线加以划定，说明我们不能不满足于自然知识而摒弃一切其他所谓的"知识"也好，这些前面都说了，而且多次强调、反复说明，已经"对这些问题作了充分的回答"。但是"以一个总体的估计把解答这些问题的各个要点集中于一点上"，集中于哪一点上呢？集中于"把所有一般对象区分为现象和本体的理由"这一点上，这就是点题了，就是这一章的标题所说的。集中于这一点上，"这就可以加强对这些解答的确信"。我们前面的解答其实都是建立在这一点上的，就是现象和本体它是两个不同的层次，一般的对象里面分成两种，至少有两个对象，一个对象是现象，另外一个对象是本体，也就是自在之物，物自体，物自体作为一个对象当然它也有它的理由。这两者作为对象必须把它们区别开来，绝对不能混淆。这个现象界它就是真理之乡的孤岛，而本体界它就是这个范围之外的波涛汹涌的大海，你想要在这个大海上面找到一块新大陆，那是不可能的，因为这个新大陆它必须要有陆地，而这个海洋上面所能见到的是海市蜃楼，或者是冰山，它不是真正的陆地，没有根基，你要在上面建立知识的大厦，那肯定要垮台，你没有地方建立。所以一般对象要区分现象和本体，这个是前面所有这些问题的要点的集中之地，各个要点集中于一点，这就是现象和物自体的二分法，也就是二元论，这个可以说是康德的一切问题的集中点，所有的问题都集中在这一点上。所以为什么在先验分析论结束、而先验辩证论开始之前，他要划出一章来专门谈这个问题，就说明这个问题是他全部问题的关键。他解决所有的问题都是通过这个问题来解决的，就是说那些幻相、那些伪科学，之所以产生，就是由于人们混淆了现象和自在之物，一旦人们把这一点区分开来，那么一切幻相都迎刃而解。那些汪洋大海的领域你可以去探索，但你不可抱有可以在里面找到知识的幻想，当然你可以抱着其他的目的，你不去寻求知识，那你可以去探索，你可以找到某种希望。但是你首先要把知识和本体区分开来，知识所涉及的只是现象，而本体是不可知的。所以如果我们要用最简单的说法来概括康德哲学的话，我们就可以说他是不可知论，本体不可知，自在之物不可知，这就是他的二元论。对象有可知的，也有不可知的，可知的就是现象，不可知的就是本体，本体就是 Noumenon。这个 Noumenon 就是指现象后面的那个不可认识的事物本身，它是一个中世纪经院哲学的术语。在康德这里，它和自在之物有所区分，自在之物强调的是事物本身在那里，本体则强调它不能被我们认识，但有可能被某种"知性直观"所认识，这种知性直观是我们人类所不具备的。所以本体更具有认识论意义，我们可以把它称为"不可认识的认识对象"。这个后面还要专门谈。

　　下面这一段，这一段就是开始阐述他的主题了：我们为什么要把一般对象区分为现象和物自体？这个问题是一切问题的集中点。

　　我们在前面看到，知性从自己本身中获得的一切，无须从经验中借来，但知性却并不把它们用于任何别的目的，而只是作经验的运用。
　　知性它本身不是来自于经验的，这个我们从整个书的导论里面一开始就讲到了这一点，就是我们的一切知识都开始于经验，但并非都来自于经验。知识都是从经验开始的，没有经验就没有知识；但是呢，经验中的那些成分并不是都是来自经验的，其中有先天的成分。先天的成分我们从先验感性论中知道，包含时间空间。但除了时间空间以外就是知性。"知性从自己本身中所获得的一切"，就是来自于知性的一切，包括知性的纯粹概念，就是范畴，以及由这些范畴所建立起来的那些纯粹知性原理，所有这些，它们都不是"从经验中借来"，都是来自知性本身。"但知性却并不把它们"，这个"它们"就是指前面的"一切"了，就是并不把知性中所获得的一切"用于任何别的目的，而只是作经验的运用"。就是说知性虽然从它自身产生出了它的一切范畴和原理，但是这些原理和范畴没有别的运用，只是在经验中才有它们的运用，这就把前面的那个意思都讲完了，就是一切知识都开始于经验，但是经验中的那些知识并不都是来自于经验的，有些是来自于先天知性的；但是来自于知性的东西也只是在经验中才能运用，它们单独不能构成知识，必须在经验中、用在经验中才能构成知识。所以这里保持了一切知识都是经验的知识，但是同时也保持了在经验知识中有先天的成分，只不过这个先天的成分它还是要在经验中才能得到运用。

B296　　**纯粹知性的诸原理，不论它们是构成性的（如数学性的原理），还是仅仅调节性的（如力学性的原理），所包含的看来只不过是可能经验的纯粹图型；**

"纯粹知性的各种原理"就是像前面讲的，它的"第二类比"，我们这里只收了第二类比，作为一个例子，其他的原理因为篇幅关系没有收进来，"不论它们是构成性的（如数学性的原理）"，数学性的原理就是"直观的公理"和"知觉的预测"。它们一个属于量，一个属于质。它们构成了数学性的原理，数学性的原理就是"构成性的"（konstitutiv），构成性的是指它构成了一个对象本身的结构。量和质都是构成对象的，我们要认识一个对象，我们首先要考虑对象的量和质是什么样的，这是对一个对象的知识。那么下面讲，"还是仅仅调节性的（如力学性的原理）"，力学性的原理就是"经验的类比"，还有就是"一切经验思维的公设"，它们是属于关系和模态的。后面这两类是属于"调节性（regulativ）的原理"，就是说，这些原理所考察的知识不是一个事物本身是如何构成的，而是一个事物和另一个事物，或者一种状态和另一种状态，它们之间的关系，以及它们在运作过程中所遵循的公理、公设。所以康德把后面这些原理称为力学性的，只是涉及事物之间的关系和这些知识运作的模态。这些知识更高，但也更抽象，不像前面两类只涉及到一个事物它的量有多少，它的质如何、程度如何。数学性的知识非常具体，力学性的知识那就很抽象了，事物之间的关系我们通常认为是要算出来的，要类比推出来的，不是直接看到的。我可以直接看到一个事物的量或质，但是一个事物的因果关系我怎么能看到呢？一个事物的实体关系我也看不到,这些关系我是通过一种调节性的、范导性的原理才知识的。这是一种更高的知识。如果一个人只知道一个事物的量和质,这是很不够的,他必须知道一个东西的实体和偶性,还要知道一个事物的原因和结果。再就是要知道一个事物的模态,一个事物的发生,它是可能的吗,还是现实的或者是必然的?只有当你达到一种必然性的知识才是最高的知识,这就是模态。模态的知识也是调节性的。那么,这些原理不论它们是先天构成性的还是调节性的,"所包含的看来只不过是可能经验的纯粹图型"。图型在这里起了一种中介作用。图型是构成先天原理的内容的部分。先天原理,先天条件先天范畴是一种形式框架,这种形式框架如何能运用到经验对象上去呢?必须通过图型,通过时间的规定。因果关系我看不到,但是我知道一个在前一个在后。休谟讲我只知道先有太阳晒,然后石头就热了,我没有看到什么因果关系啊?康德说你虽然没有看到因果关系,但是你说了先有太阳晒,后有石头热,你之所以这样说,是因为里面有一种时间的相继性。既然有时间的相继性,就可以把范畴运用到上面去。就是说,时间的相继性如果是客观的一种相继,那么它就是一种因果性。你把一种时间相继看作是客观相继,就是一种因果关系了。当然你可能看错了,这种时间相继也有可能是你主观的,并非不可颠倒的,那么你再看嘛,可以按照因果规则不断纠错嘛。你看出一种客观的相继性,那就是一种因果性了,就是能够运用因果性范畴的了。所以纯粹知性原理"所包含的看来只不过是可能经验的纯粹图型",当然它还不是可能经验本身,纯粹知性原理只是运用于经验之上,通过什么运用于其上呢?通过纯粹图型。那么,"看来"只不过是图型,这里用了一个虚拟的说法,就是说,实际上这个图型是一个中介,看起来好像只是一个纯粹图型,但是它已经跟现实的可能经验发生关系了。(这个地方应该是一个分号,刚才有同学指出来,书上错打了一个句号)。

　　因为经验只有从知性在与统觉相关中本源而自发地赋予想象力的综

合的那种综合统一中，才获得自己的统一性。

为什么"看来只不过是可能经验的图型"呢？其实并不只是图型。这句话我们要简化一下，就是："因为经验只有从知性的综合统一中才获得自己的统一性"，一切经验只有从知性的统一性中才获得自己的统一性，否则的话，如果没有知性的统一，它就没有自己的统一性，经验没有统一性，那也就不成其为经验了。经验没有统一性，那就是休谟所讲的一大堆知觉印象、表象，一大堆联想和想象。经验之所以成为知识，就是因为有统一性。我对这个事情有经验，那就是掌握了统一性，它是有条理的，经验是有条理的，不是说一大堆毫无规律的知觉印象原子在那里堆着。那么这个知性的综合统一是一种什么样的综合统一呢？"知性在与统觉相关中"，知性的最高原理就是统觉了，所以就意味着知性在与它的最高原理相关中，或者说是知性援引它的最高原理，"本源而自发地"，知性的统觉是本源的，它的最主要的特点就是自发性，"赋予想象力的综合"，想象力也有综合，想象力本身也有自发性，但是想象力又不是知性，想象力是属于直观的，属于感性的，感性是一种接受性，它就是没有自发性嘛，但是想象力又有自发性，这个怎么解释？这在康德那里是没有说清楚的，是一个很麻烦的问题。想象力作为一种"再生的想象力"仍然是一种接受性的能力，但是它可以再生，把接受下来的东西再生；它既然可以再生，那么它就是以先验的、创造性的想象力为前提的了，而这种先验的想象力它就具有一种自发性了。但是这种自发性一方面被看作先验想象力自身所有的，另一方面却又被看作由知性来的，归根结底它是由知性来的。想象力是一个中介，它作为先验图型的来源是一个中介，所谓图型就是由想象力给时间建立起来的一些先验规定。图型无非就是时间的先验规定嘛，这些先验规定是由哪里来的呢？就是由想象力所建立起来的。时间的相继性啊，时间的同时性啊，时间的持久性啊，这些规定都是想象力所建立起来的。那么想象力本身它有一种综合作用，而在康德看来这种综合作用归根结底还是由知性来的。所以他讲"知性在与统觉的相关中本源而自发地赋予想象力的综合的那种综合统一"，知性的综合统一是怎么起作用的呢？它是借助于图型起作用啊，所以他这个地方把图型插进来，也就是把想象力插进来，对这个知性的综合统一作了一个解释。知性的统一它不是直接的，而是通过想象力的图型而发生作用的。所以这个地方为什么提到想象力呢？就因为他前面提到图型："所包含的看来只不过是可能经验的纯粹图型"，看起来好像是这样，但是呢，"经验"，也就是可能经验，diese 这个代词就是代前面那个"可能经验"的，它是"只有从知性在与统觉相关中本源而自发地赋予想象力的综合的那种综合统一中"，也就是赋予图型的那种综合统一中，"才获得自己的统一性"。想象力的综合给时间作出了先验规定，那么这种先验规定就能够把在时间中所发生的所有的事情综合起来。这种综合是想象力的综合，而这种想象力的综合是代表知性在进行综合的。经验只有这样，只有知性通过想象力的中介进行综合，才获得了自己的统一性。

诸现象作为可能知识的材料必定已经先天地与那种综合统一处于相关联、相符合中了。

"诸现象"，也就是可能经验了，"作为可能知识的材料"，可能经验、感性给可能知识提供了材料，一切知识的材料就是经验，可能知识的材料就是可能经验；那么，"它必定已经先天地与那种综合统一"，也就是知性的综合统一，"处于相关联、相符合中了"。就是说，这些材料它是符合于知性的综合统一的，所有的认识对象是由主体建立起来的，所以对象的材料它是符合于对象的形式、也就是符合于主体的，对象的形式是主体提供的，对象的材料是外界物自体刺激我们的感官所获得的，是偶然的、后天经验的。但是对象的形式是主体给它提供的。材料要符合形式，所以对象要符合主体，而不是主体符合对象。这个就是前面讲的康德的"哥白尼式的革命"，就是把这个关系颠倒过来，不是我们的主体符合对象，而是对象符合我们的主体。因为认识对象它本身分为两个层次，一个是形式，一个是质料，质料是外界提供的，形式是我主观提供的，那么它的材料要符合我主体的形式才能构成知识。这种构成是先天的,我先天提供出一个框架,先已立了法,那些后天提供的材料只有在这个法的形式下才能得到规范。所以"诸现象作为可能知识的材料必定已经先天地与那种综合统一处于相关联相符合中了",才能构成知识。否则这些材料没有用的,它只是一些幻想、梦幻。它要构成知识,就必须先天地符合于我们主体的一整套结构。首先你必须在时间中,不在时间中这些材料怎么能成为对象呢?你进入到时间,那么你就同时进入到图型,进入到图型,你也就进入到知性范畴的统一中了。

<u>然而,即使这些知性规则不只是先天真实的,而且甚至是一切真理(即我们的知识与客体的符合)的根源,因为它们包含有经验可能性的、即客体能在其中被给予我们的一切知识总和的根据,</u>

"即使这些规则不只是先天真实的",也就是说,这些知性规则先天就是真实的,它们是一些先天规则,在先天方面它们已经具有真实性了。当然这个说法在康德看来是不严密的,这些先天规则之所以是真实的,只是因为它们能构成后天经验的知识,所以讲"先天知识"的时候,你不要以为它们单独就可以构成知识,范畴表也好,纯粹知性的原理也好,如果没有经验的内容,它们单独是构不成知识的,它们之所以称之为先天知识,只是意味着它们是经验知识中所包含的先天成分。所以他讲"即使这些规则不只是先天真实的,而且甚至是一切真理的根源",一切真理的根源这个说法就比较精确了,一切真知识就是经验知识,但是它的根源是先天的,它是植根于先天知识的基础之上的,人为自然界立法嘛,这个法律是一切真知识的根源。所以这些知性规则不只是先天真实的,而且是一切真理的根源,也就是说它是一切具有经验内容的真知识的根源,单纯讲它是先天的真实的是不够的,不只是这样,而且是一切真理"即我们的知识与客体的符合"的根源。我们知识与客体的符合,这是自从亚里士多德以来对真理和知识的经典的定义,前面讲到康德的哥白尼式的革命把这个关系颠倒过来了。但是颠倒过来他并没有否定这个定义,他

只是说，我们的知识与客体相符合的根源，还是在于主体，即知识之所以与客体相符合，是因为客体首先符合于我们的主体，主观的观念之所以符合对象，是因为这个对象首先符合于我们主观的观念。这两个方面他都没有否定，但是人为自然界立法是更加根本的原则。这个原则一建立，那么我可以承认我们的观念是与对象相符合的，因为这个对象是我自己建立的，我自己建立的当然可以和它相符合了，如果不是我自己建立的，你怎么知道它会与对象相符合？那就是独断论了。所以康德的哥白尼式的革命并没有推翻传统的知识定义，而是给传统的知识定义找到了一个相反方向的根源，是这样一种颠倒，它不是摧毁，而是给它找到了一个颠倒的根源。这个知识的定义他并没有抛弃，但是对它作了更深层次的解释。所以他讲知性规则是一切真理的根源，"因为它们包含有经验可能性的、即客体能在其中被给予我们的一切知识总和的根据"。为什么知性规则是一切真理的根源呢？"因为它们"、也就是这些知性规则，"包含有经验可能性的根据"，经验是由知性规则才得以可能的，经验本身虽然是后天的，但是如果没有知性的规则先天地对它加以综合，那么这个经验哪怕是后天的，它也是不可能成为经验的，只能成为一大堆知觉印象的乱七八糟的东西，不成形的东西。不成形的东西怎么能叫经验呢？所以这些规则包含有"客体能在其中被给予我们的一切知识总和的根据"，就是所有那些能够具有客观性的知识总和的根据。我们的一切知识的总和都是有关客体的，那么这个客体从何而来呢？客体就是知性的规则所建立起来的，由于有了知性规则作为根据，我们的任何一个知识才有了客观性，才有了反映的对象。所以知性是一切经验可能性的根据。但这整个一段话都是一个让步句："然而，即使……"，即使知性规则是一切真理的根源、包含一切客观知识的根据，即使如此，

但在我们看来，单是能将真实存在的东西阐明出来是不够的，还要阐明出我们所渴望知道的东西。

（《纯粹理性批判》全译本中"阐明"改成了"申述"）前面讲的这个

"即使"就在于,知性规则已经是一切可能知识的根据了,"但在我们看来",这个"我们"就是指一般人了,但在一般人看来"单是能将真实存在的东西阐明出来是不够的",这个真实的东西就是有经验根据的东西,一切可能经验能够提供出来的东西,这个一般人都觉得还不够,不满足于这一点。我们只是知道自然科学的知识,这个一般人都会觉得远远不够,我们还想知道另外一些东西,比如说灵魂、上帝,整个宇宙,这些知识我们都想知道。一般人总是这样的,因为这是人类理性的一种"自然倾向",形而上学要超出我们所能够知道的东西,而进入到我们想要知道的东西的领域里去,这是一般人都会这样想的。

所以,如果我们通过这种批判的考察只学到了我们在知性的单纯经验性运用中即使没有这种精密的研究自己也能做得到的事,而没有更多的东西,那么从中得出的好处似乎就不值得为此作这种花费和准备了。

这也是一般人的观点。康德设想别人会怎么看,我把这个领域已经勘察了一遍,作了如此详细的规定,位置都摆好了,都确定了,我们能知道的就是这个领域了,这就是真理之乡了,但是一般人都不会满足。因为"我们通过这种批判的考察只学到了我们在知性的单纯经验性运用中即使没有这种精密的研究自己也能做得到的事而没有更多的东西",那我们作了这么多的讨论,先验感性论、先验分析论,从范畴到原理,花了这么大的篇幅,我们就得到这么一点点,我们不需要这样做我们不也可以得到吗,自然科学几千年不就在研究吗,康德不也就是把两千年来的自然科学和数学把它讲一遍,把它之所以可能的前提揭示出来,但是即使没有这种研究我们自己也在做啊,两千年以前没有康德的批判人们也发展了自然科学,就像我们不需要学习生理学就能够消化食物一样。那么你花这么大的力气把这个前提勘察出来又有什么用处呢?所以"从中得出的好处似乎就不值得为此作这种花费和准备了"。牛顿曾经说,物理学要当心形而上学啊!没有形而上学物理学家可能做得更好,形而上学是一种干扰。所以我们不需要考虑形而上学的问题,纯粹理性的批判

问"何以可能?",我们要知道何以可能干啥?我们只要能用就够了。下面有两个层次的回答:

　　我们虽然可以这样来回答这一点:任何想要扩展我们知识的冒失,都不如我们在从事研究之前,在对这种研究的用处(哪怕这用处已置于眼前)还没有最起码的概念之前,就冒失地总想预先知道这用处更为有害。[①]　B297

　　这是一个层次的回答。就是说,你还没有研究我所做的工作,你怎么能够冒失地预先断言它没有用呢?我们"在从事研究之前",我们"对这种研究的用处"是不会"有最起码的概念的",哪怕这用处摆在眼前也不能认识,这个时候要预先断言进行研究会带来什么样的好处是很冒失的。这是很一般的回答。以往的形而上学想要扩展我们的知识,但也是败在这个地方,即没有预先批判地考察理性的能力就想断言理性在扩展我们知识方面的用处,以为只有超出我们的经验范围运用理性才是真正有用的,这都是很冒失的。康德《纯粹理性批判》就是要在我们使用自己的理性扩展知识之前首先对理性进行一番批判的考察,看看理性的适用范围何在,然后才能确定它的用处,否则你就会拿着这个工具到处去试探。没有考察它就到处乱用,这就会很有害了。一般人认为我没有你的批判我也可以运用我的理性,也运用得很好,但康德说,如果没有我的批判,你对理性的运用就是冒失的。

　　然而毕竟有一种好处,是对这样一种先验研究哪怕最感困难和厌倦的初学者都能变得易理解,同时又有兴趣的,

　　就是前面那一种回答还不够,我们虽然可以简单地那样回答,但还不够,下面要加上一种回答,就是提出一种最起码的能够确定的"好处",这样一种好处是哪怕还没有进入这种先验研究的内部、而是刚刚接触这一研究的"初学者"都能接受的。就是说,预先断言有什么好处固然是冒

---

① 　原译作:"对于扩展我们的知识来说,没有任何冒失比我们在从事研究之前,在对这种研究的用处(哪怕这用处已置于眼前)还没有最起码的概念之前,就冒失地总想预先知道这用处来,更为有害的了。"兹经学生讨论改译。

失的、有害的，但只要初步接触一下我的批判就已经可以断言一种好处了，就可以断言我们的研究是值得的了，这种好处是什么呢？

这就是：单纯从事于自己的经验性运用的知性，当它对自己知识的来源未作反省时，虽然可以有很好的成绩，但有一点是它做不到的，这就是给自己规定自己运用的界限，并知道什么是处在它的全部领域之内、什么是处在这之外的东西。

前面的那个理由是消极的，就是说如果你不对这种批判作全面的考察就认为它没有什么用处，这是很冒失的；这里这个回答是比较积极的，是一种只要初步接触一下就可以现实把握到的好处。"单纯从事于经验性运用的知性"，也就是一般地在科学中运用的知性，比如说自然科学中的知性，它是在经验性的方面运用的。如果这种知性"当它对自己的知识的来源未作反省时，虽然可以有很好的成绩"，如牛顿的物理学也可以有很好的、甚至是辉煌的成绩，"但是有一点是它做不到的，这就是给自己规定自己运用的界限，并知道什么是处在它的全部领域之内、什么是处在这之外的东西"。就是说，定下这个界限，这就是一个好处了，这是一般的自然科学拒斥形而上学就做不到的。牛顿要拒斥形而上学，那么他就做不到给自己的知识的全部领域划定界限，

因为这恰好是我们已着手的这些深入的考察所要做的。

他们不知道，但是我们的这个考察恰好就是要做这一点，就是要划定这个界限。这是一般的初学者都能领会的。前面讲为什么是冒失的，这个倒不一定那么容易领会，但是初学者尽管还未能深入研究，这个意图却是可以领会的，就是我们的全部知识它有没有界限，我们的理性运用、知性运用能不能自己给自己规定一个界限，什么东西在它的全部领域之内，而什么东西在它的领域之外。知性的经验性运用在经验性的领域之内它可以获得知识，但什么在这个领域之外？那就是道德和宗教了。它们和知识之间有一个界限，这个界限在哪里？那就是在现象和物自体之间。现象和物自体之间应该划定一个界限，这就是他这一章的标题所

讲的，现象和本体区分的"理由"。理由就在这里，我们由此可以知道什么在这个领域之内，什么在这个领域之外，在这个领域之内的就是知识，在这个领域之外的就不是知识，而是别的东西。而"我们已经着手的这些深入的考察"就是这些东西。那么，这件工作它的好处又何在呢？又有什么必要性呢？我知道这一界限又有什么好处呢？

但如果知性不能区分某些问题是否处于它的视野范围之内，那么它对于它的权利和它的所有物就永远没有保障，而当它不停地跨越自己领地的界限（正如不可避免地那样）并沉陷于妄想和假象时，就只好等着挨各种各样令人丢脸的斥责了。

知性"如果不能区分某些问题是否处于它的视野范围之内"，如上帝的问题是不是处于它的视野范围之内啊？如果连这个它都还搞不清楚；自然科学是不是处于它的视野范围之内啊？如果连这一点它都区分不开，"那么它对于它的权利和它的所有物就永远没有保障"。这是从积极的方面来讲，这个好处就不光是说你不要去冒险，而是还有一个好处，就是说，你已经获得的知识的领域就有了它的积极的保障，有了它的权利。如果没有这样一个考察，那么它对它的权利和它的所有物就永远没有保障。就是从积极的方面来说，它不仅仅是限制了知性的范围，而且另一方面它给知性的所有物提供了权利的保障。这些知识是可靠的，不是随时可以被剥夺的，不是像休谟的怀疑论那样随时可以质疑的。按照康德的批判的考察，至少他一方面确立了我们已经知道和我们可以知道的知识的范围，只要你不超出这个范围，那么它就是有它的合法性的，人为自然界已经立了法，它就是有它的权利的保障的。否则的话它的权利和它的所有物就永远没有保障。"而它不停地跨越自己领地的界限（正如不可避免的那样）"，它不停地跨越自己的领地是不可避免的，人类理性的本性，理性的自然倾向，就是要跨越界限，打破限制，去把握那些限制之外的东西，从有条件的东西中一直上升到无条件的东西，这是理性的自然倾向，不可避免的。但是呢，它不停地跨越自己的领地的界限，就必然会"沉陷于妄想和假象"，必然沉陷于幻想。如果它不意识到这样一个视野范围的界限，那么它就会肆无忌惮地跨越这些界限，不知不觉地跨过这些界限，那么它就"只好等着挨各种各样令人丢脸的斥责了"。这就是以往的形而上学所犯的错误就在这里。它没有建立一个界限，人们什么东西是可以知道的，什么东西是不可以知道的，可以知道的经过批判它就有了权利，它就有了可靠性，可信度，那么不能知道的，我们就可以适可而止。哪怕人们不知不觉地总是要超越界限，但是他意识到这是幻相，意识到作为知识来说这样一种知识是伪知识，他就可以不受这种幻相的迷惑。康德讲幻相总是要产生的，哪怕你知道这是幻相，这个幻相还是会有。但是如果你已经在心里面给这个知识划定了界限的话，那就不怕了，有了幻相你就可以不受它迷惑，你就不要理直气壮以为这就是知识，就拿来当作知识，那就可以避免人们的斥责了，我没有说它是知识啊！这种幻相它在别的方面可以有它的用处，比如说作为一种悬设，作为一种道德和宗教的假设，可以作为一种纯粹理性的假设，可以用在道德和宗教信仰方面，那可以。但是你不要说它是知识，这种幻想的欺骗作用就被消除了。当然幻相还有，人的本性总是要设立一个理想，设在人们不可认知的彼岸去追求它。但是如果你知道了人类认识的界限以后，你就可以不受它的迷惑，就可能不把这种理想当作是一种特殊的知识，只是当作一种信仰而已。所以康德讲我要把知识悬置起来，以便为信仰留下地盘，就是划一个界限，把知识悬起来，搁在一边，然后剩下的就是信仰的领域。在信仰的领域你就不要谈知识了，你不要以为信仰领域里面的那些理念是什么知识，它不是什么知识。它肯定是要出现的。它以一种知识的模样出现，但是如果你看透了它的本质，你就会知道这只不过是我们人类本性中的一种道德倾向所导致的。对知识来说它完全不需要的，不需要知道上帝是否存在，也不需要知道灵魂的本性是什么，对知识来说只要有牛顿物理学就够了。但是对于人性来说，光有牛顿物理学是不够的。所以如果在彼岸物自体方面你划定了这个界限的话，你就会守住自己的阵脚,摆正自己的关系。否则你就会受到人们的嘲笑了。以往的形而上学就是这样的,他们把那些东西当作是一些知识,而这些知识往往是经不起推敲的,所以人们都认为那些东西都是些废话,几千年来人们浪费了多少精力,最聪明的人都在搞这些东西。所以康德时代形而上学的名声都被败坏了,而康德的形而上学就是要恢复一种真正的形而上学,就是要把这些问题搞清楚。虽然形而上学的名声被败坏了,但是并不意味着这些问题都是不值得探讨的,恰好相反,正因为以往的形而上学败坏了,所以我们要把这些问题搞清楚,他们失足在哪里。要把这些问题搞清楚,单凭自然科学的知识是不行的,你还是要用形而上学来澄清这些问题。

下一段是接续前面一段谈为什么要对现象和本体论加以区分。这个区分在认识论上我们如何来理解?如果不区分的话那就会导致一些非常尴尬的情况。这里就讲,知性在这个区分的前提之下我们可以看出来它的运用的范围何在。纯粹理性批判的总问题:先天综合判断何以可能?要对这个可能性进行批判的考察。所谓批判的考察就是要对知性的有效性、它的适用范围加以限定,这是一个很重要的主题。那么批判了现象和本体以后,知性就只能在现象范围来使用,而不能超出这个范围。为什么只能在现象范围使用?这一段主要是揭示这个问题。

所以,知性永远也不能对它的一切先天原理、乃至于对它的一切概念作先验的运用,而只能作经验性的运用,这是一条一旦能被确切地认识到就能看出重要后果的原理。

这个地方提出了先验的运用和经验性的运用这两者之间的区别。这个区别当然一般来说大家都能够明白,但是仔细要抠起来还是有点麻烦的。因为知性的概念和知性的原理它们本身都是"先验的",先验的意思就是说它是跟对象的知识有关的。它是有关对象知识何以可能的,这样的知识就是先验的知识。范畴以及由范畴所引出来的那些原理体系都是解决这个问题的。在认识论上我们要认识一个对象，只能以这些范畴和它们的原理作为条件才是可能的。但是在这个地方却说，这样一些范畴"永远也不能作先验的运用"。先验的范畴不能作先验的运用，只能作经验性的运用，这个脑子要转几个弯才能理解，我们看下面他怎么解释。

B298　　**在任何一条原理中一个概念的先验的运用都是这样一种运用，它与一般物、因而与自在之物本身相关，而经验性的运用则是当它仅仅与现象、亦即与一个可能经验的对象相关时的运用。**

　　这个就把先验的运用和经验性的运用区别开来了，什么是先验的运用，什么是经验性的运用。既然先验的范畴是跟对象相关的，那么我们通常就认为它就是与经验对象相关的。但是康德指出就先验范畴本身而言它还没有限定跟"经验"对象相关，它只是跟"一般"对象相关，当然也包含跟经验对象相关。所谓先验的就是有关对象的知识何以可能的，但是这个对象需要解释，这个对象究竟是物自体呢，还是经验对象呢？按照康德的说法作为我们的认识对象只能是经验的对象，而不能是物自体。但先验的范畴和由此所引出来的先验原理虽然是与对象相关的，但还没有具体限定与什么样的对象相关。当然我们前面解释"先验"这个概念的时候就说了，先验它是先于经验，但并不是与经验无关的，它是与经验有关的。这就是先验的意思，它跟"先天"不一样，先天跟经验不经验没有关系，但是先验是与经验有关的。但是它之所以与经验有关，首先还是因为它与"一般对象"有关。经验对象当然属于一般对象了，但"先验"与"先天"的区别首先在于它要考虑关于一般对象的知识。那么这个地方进一步指出来，先验的东西本身可以说跟一般对象相关，但是这里要限定一下，它的实际"运用"不是跟所有一般对象相关的，而是跟一般对象里面的那个经验对象相关的。应该作这样一个限制。所以他讲，"在任何一条原理中一个概念的先验运用都是这样一种运用，它与一般物、因而与自在之物本身相关"。它与"一般物"相关，一般物里面就包

含自在之物,当然也包含经验之物。既然与一般物相关,那么它里面就
包含自在之物了。它的先验的运用就是这样一个意思。但是讲到经验性
的运用,"则是当它仅仅与现象、亦即与一个可能经验的对象相关时的运
用"。但范畴的先验的运用是不可能的,它不可能一般地跟对象相关,事
实上不可能,它只可能与一般对象中的经验性的对象发生关系。所以这
里讲先验的运用时虽然讲的是一般物,但是重点是着眼于自在之物。在
康德的《纯粹理性批判》中讲到"一般物"的时候通常就是着眼于自在之
物的,虽然一般物不仅仅是自在之物,也包含经验性的对象,但是这样讲
通常都是偏重于自在之物,往往是跟经验性的对象相对而言来讲"一般
的对象的",尽管这种相对只是部分和全体的相对。所以这里讲经验性
的运用是"仅仅与现象、亦即与一个可能经验的对象相关时的运用"。所
以我们讲在康德那里知性不能对它的范畴作先验的运用,知性范畴一旦
作先验的运用它就要引出幻相,而且当它这样被运用的时候它也不是出
于知性,而是出于理性。理性运用知性的范畴于自在之物上,这就引出
了先验的幻相。知性本身还不能够作这样一种运用。所以一般说来,知
性是不可能作这样一种先验运用的,知性没有这个能力,哪怕它自以为
有这种能力,其实它没有,只有理性才有这种能力,而且在理性那里我
们可以把它叫作"超验的运用",超经验的运用,完全撇开经验。而对于
知性来说这是不可能的,它只能作一种经验性的运用,哪怕它自以为在
作先验的运用,它心里面还是想着一个经验性的东西。比如说我想要用
知性范畴去规定一个灵魂实体,像笛卡尔说的"我思故我在",因此这个
"我"是一个灵魂实体,它具有一个属性叫作"思维"、"怀疑",这是自在
之物的一种属性,那么我就可以对它有一种认识。这样一来知性就对灵
魂实体作了一种"先验的运用",他自以为是这样的。但是当他作这样一
种运用的时候呢,他心里面还是想着这个灵魂实体还是一个经验性的东
西,还是一个可以感到的东西,可以跟感性的身体互动的东西,并不真的
是把一个灵魂实体设想成一个非感性的自在之物。所以它只是知性范畴

的一种误用。本来只能运用于一个客观经验对象之上，但是他自以为把它运用到一个物自体身上去了；而当他这样自以为的时候呢，他又不能不把这个物自体设想成一个感性的对象。比如说笛卡尔的灵魂实体，他就设想这个灵魂实体住在哪里啊？它应该在时间空间中啊？他就设想它住在人的大脑的"松果腺"里面，而且能够和人的身体发生一种身心交感关系。这实际上就是把一个物自体当作一个经验对象来考虑了，当作了另外一个经验对象，一个与人的身体不同、而且能够与人的身体互相起作用的经验对象。所以这样一种"先验的"运用其实还是一种经验性的运用，只不过一种误用。你把物自体当作一个经验性的对象来看待，好像这个物自体也是可以经验到的，只不过你还没有经验到，或者你现在不可能经验到，但是说不定有朝一日你可能经验到，只要你的研究足够精细，你就可以研究出来。所以这是一种错位，先验的范畴它实际上是经验对象的先验条件，它跟自在之物不可能发生关系，但是在先验范畴这个概念里面它本身没有区分出这样一层关系，好像它就是针对一般对象的，只要有对象，那么这个范畴好像就可以运用于其上，在它的概念里面它还没有作出这样一种区分。所以在它的运用里面就要对它作出这样一种限定，你单凭它本身是先验的，还没有作出这种限定，它虽然规定了它是与对象相关的，但是还没有明确指出它是与经验性的对象相关的。

<u>但任何地方都只能有后一种运用，这从如下的分析可以看出来。</u>

在"任何地方"，先验的范畴、先验的原理都只可能有后一种运用，不能运用于物自体上，你一旦把它们运用于物自体上，你其实就把物自体当作经验性的东西了，当作可感的了，这就是一种误解了。所以事实上、客观上，先验的范畴和原理任何时候都不可能有先验的运用，只可能有经验性的运用。下面就开始解释了。

任何一个概念所需要的，首先是一般概念(思维)的逻辑形式，

这是什么意思呢？就是说，一个概念，当然你首先要把它的逻辑形式搞清楚，在逻辑上你要确定它的内涵、它的层次。比如说在康德的范

畴表里面，每一个概念它有它固定的位置，它被先验的"正位论"所定位了，它跟其他那些范畴是不同的，在逻辑上不同，有它自己逻辑上的层次性。比如说"单一性"、"多数性"和"全体性"，这是一种逻辑关系，概念与概念之间有一种逻辑关系，这种逻辑关系使它们得到了定位，使它们的意思得到了确定。所以这个范畴表它是一个逻辑体系。在亚里士多德那里这个逻辑形式已经初步得到体现了，亚里士多德的"正位论"就是讲概念是属于上位的还是下位的，哪个大哪个小，哪个在上哪个在下，这些都要搞清楚。亚里士多德十范畴，其中实体范畴是第一范畴，所有其他范畴都建立在它之上，偶性啊，状态啊，都是有了实体才能谈的，没有实体这些都谈不上，这就是一种逻辑上的层次关系。当然实体在逻辑上还有它具体的定义，就是它永远只能作主词，而不能作宾词。它只能被别的词来描述而不能用来描述别的词。这都是在逻辑上给一个概念所作的规定。所以一个概念首先需要的是一般概念的逻辑形式，你要在逻辑上对它的位置以及它的含义讲清楚，什么是实体，什么是原因等等。这个逻辑形式在康德那里一般是要追溯到他的判断分类表那里的，"单一性、多数性、全体性"对应于"单称判断、特称判断、全称判断"。在逻辑意义上有这样一种对应关系，那么"实体性、因果性、协同性"也对应于"直言判断、假言判断、选言判断"，"实在性、否定性和限制性"则对应于"肯定判断、否定判断和无限判断"等等，有这样一种对应关系。这些对应关系都对这些概念的逻辑形式作出了规定：它是运用于哪种判断上？这就给这些概念作出了形式的定位。你从形式逻辑上要给这些范畴找到它们的限定，每个范畴有它的含义，跟其他范畴有什么不同呢？这是一个层次。

　　<u>其次还要有它与之相关的一个对象被给予它的那种可能性。</u>

　　就是除了在逻辑形式上要对一个概念加以限定以外，"还要有它与之相关的一个对象被给予它的那种可能性"，就是说这个概念还要有可能被给予、被提供出来一个相关的对象，这句话倒过来说就是这个意思。如果一个概念它没有可能被给予一个相关的对象，那么它就是空的。上

帝的概念，灵魂的概念，整个宇宙的概念，这些概念你都没有可能给予它一个相关的对象，所以这些概念都是空的，它们不可能形成知识。

没有后者它就没有意义，在内容上就完全是空的，哪怕它总还会包含有从可能的材料中制定一个概念的那种逻辑机能。

一个范畴如果没有一个可能的对象被给予它，那它就完全没有意义，"哪怕它总还会包含有从可能的材料中制定一个概念的那种逻辑机能"。就是哪怕它还是有一种逻辑机能，一个范畴它没有对象，比如说因果范畴，如果你不给它一个对象它就是空的，但是呢，它还是具有一种逻辑机能，这种逻辑机能它能够从可能的材料中制定一个概念。原因和结果包含有一种逻辑机能，只要你有可能提供给它一种材料，不管是什么材料，它就有可能用这些材料制定出一个概念。假定我们设想灵魂能够提供一个对象材料的话，我们就可以设想我们能够从灵魂的这样一些材料中制定出"灵魂"这个概念来。当然灵魂不可能提供这种材料。但这个范畴的这种逻辑机能始终还保持着，当你还没有给予它对象的时候它还是有这种能力，建立一个对象的能力，但是它没有建立一个对象的材料，所以它就是空的。哪怕它具有这样一种能力，它还是空的，因为对象没有被提供给它。

既然对象不能以别的方式、而只能在直观中被提供给一个概念，

这个"既然"当然是跟下面一句话中的"所以"相衔接的，但是这个衔接似乎太远了一点，我们把这个"既然"（nun）改成"现在"好一些。"现在，对象不能以别的方式，而只能在直观中被提供给一个概念"，这些概念要有它的材料，要构成一个与之相关的对象，那么如何才能构成一个与之相关的对象呢？它必须"被给予"。这个"被提供给"也就是"被给予"，这个说法在康德这里是一个很重要的概念，"给予一个对象"，那就是直观的，只有直观才能给予我们一个对象，我们只有从直观中才能被给予一个对象，物自体是没有被给予我们的，它是我们猜想的，我们思考的，我们设想的，但是它不是被给予我们的，因为我们不能直观到

它。被给予里面包含有一种被动性，比如接受性，感受性等。所以凡是讲到"被给予"、"被提供"，就是通过直观经验的。所以他讲"对象不能以别的方式，而只能在直观性中被提供给一个概念"，一个概念是主体，被给予的那些东西都属于这个主体，这一点只有在直观中才能做到，也就是说概念只有在直观中才能拥有一个对象。而且即使一个纯粹直观还在对象之前就是先天可能的，那么这种纯粹直观本身也毕竟只有通过经验性的直观才能获得其对象，因而获得其客观有效性，它只是经验性直观的形式而已。这里讲的是纯粹数学。纯粹数学的直观形式即空间和时间是一切对象的先天条件，所以是"还在对象之前就是先天可能的"，我们可以把数学称之为先天知识；但是其实它只不过是后天经验性直观的先天形式，没有后天经验性的直观，它本身也是没有对象的，它在对象上的客观有效性并不是它独立具备的。前面先验感性论已经讲了，纯粹数学的可能性条件就是先天直观形式，即时间空间，时间空间也离不了经验性的直观，它们只是经验性直观的形式而已。所以它是普遍有效的，因为任何一个经验性的对象出现，都只能在时间空间中出现，它当然就普遍有效。但这种普遍有效它只是限于可能经验的范围之内，它不涉及物自体，一到物自体它就失效了，但在现象的范围之内它是普遍有效的。

所以一切概念，以及和它们一起，一切原理，不管它们是多么先天可能的，却还是与经验性的直观、因而与可能经验的材料相关的。

一切范畴、一切范畴的原理，这些原理就是由范畴及其图型所引出的，比如直观的公理、知觉的预测、经验的类比等等，不管它们是多么先天可能的，但是毕竟是"与经验性的直观、因而与可能经验的材料相关的"，它们必然要与后天的材料相关，否则它们就是空的。虽然它有逻辑机能，但是那个逻辑机能没有用，对于认识来说没有用处，你不可能单凭这个逻辑机能来推断出有一个什么样的客观对象存在，那是不可能的。所以任何一个知识它都有两个层面，一个是先天的那些知识的要素，这是一个层面；另外一个就是来自后天的要素。一切知识都从经验开始，但是并非一切知识都是从经验来的，开始了的经验它就已经包含有先天而来的成分了，包含有先天范畴和先天知性原理，以及时间空间。这都是从先天的来源引出来的。但是如果这些先天的来源不是从经验开始，那么它什么用处也没有，它不能从自身开始任何知识。所以一切知识都从经验开始，但并非都来自经验。有些来自于经验，但是有些必须来自于先天。所以不管它是多么先天可能的，却还是与经验性的直观因而与可能经验的材料相关的。这个经验包括可能的经验，有些经验你还没有经验到，那个不成为障碍，你以后可能会经验到；但是不管你现在还是以后经验到，你总得经验，有可能经验到，这个才构成知识。科学中有假设，这个假设在证实之前，当然还不是知识，但是它是属于科学研究的，因为这个假设它是在可能经验中的假设。所谓可能经验中，你就必须设定它的时间空间，在某一处，在遥远的地方，我们现在没法看到，我们的望远镜够不到。但是即使如此我们还是肯定它在某个地方会出现。这就是可能的经验，可能提供的材料，它们构成可能的知识，尽管它还没有现实地构成知识，但是它是属于科学的。但是如果你说有个上帝，这个上帝你认为它是超时空的，它是时空的创造者，本身不受时空的限制，那么这就是非科学的，这个跟知识就不沾边了，关于上帝的知识那就是伪科学了。关于某个遥远的天体的知识那是科学，是科学可以去探讨的，但是关于上帝的知识是不能探讨的，因为它没有设定在时间空间中，你没有想到它可以提供出某种可能经验的材料，你认为不需要提供出可能经验的材料。它就不是知识了，也就不能运用这些范畴和原理了。所以他说：

舍此它们就完全没有任何客观有效性，而只不过是游戏，不论是想象力还是知性各自用它们的表象所作的游戏。

离开了可能经验的材料，"它们就没有任何客观有效性"，你对上帝、灵魂、世界整体的探讨，离开了可能经验的材料，那么这只是一种概念的游戏而已。这个游戏有两种,一种是想象力,一种是知性,"各自用它们的表象所作的游戏"。想象力的游戏,你把它想象为一种什么对象,笛卡尔把灵魂想象为一个对象,实际上它只是玩弄知性概念的一种游戏,在里面运用了想象力。但运用了想象力就已经无形中把直观暗中偷运进去了,因为想象力本身是一种直观能力。想象力加上知性概念来做游戏,运用这些范畴来构成一个具有假想中的时空的对象,这都是一种游戏性质的,都不具有知识的性质。你可以玩弄概念,可以把这些概念颠来倒去、任意组合,组合出一个认识的对象出来,那个是没有意义的。

我们只须举出数学的概念为例,而且首先举数学的纯粹直观中的例子。 B299

数学的概念,数学也有概念,数学本身当然还是直观,但对直观也可以形成概念,时间空间中的数学关系一旦形成它就可以形成概念。所以他讲"我们只须举出数学的概念为例"。概念也可以用来做游戏嘛,但概念实际上还是离不开经验性的材料的,这样一些关系我们以数学的概念为例来说明。但是首先他是举"数学的纯粹直观中的例子",即数学中时间空间的例子。数学里面有概念,但是这种概念都是建立在时间空间这些纯粹直观上的,纯粹直观是数学之所以可能的先天条件,这在先验感性论中已经讲了。那么在数学的概念里面我们要追溯到数学中的纯粹直观,也就是追溯到它的时间空间,在这个里头来举一个例子。

空间有三个量度,两点之间只能有一条直线,等等。虽然所有这些原理以及数学科学所探讨的那些对象的表象完全是先天地在内心里产生出来的,

所有这些原理,空间有三个量度啊,两点之间只能有一条直线啊,这是一些公理了,"以及数学科学所探讨的那些对象的表象",数学科学所探讨的如圆啦,三角形啦,那些表象,"完全是先天地在内心里产生出来的"。我们可以不用任何经验性的材料在内心里面设想一个圆应该是怎么样的,一个三角形应该是怎么样的,可以只在内心里面产生出它们来,

但如果我们不能总是在现象上（在经验性对象上）阐明其所指 [①] 的话，它们毕竟是什么意思也没有的。

数学的这些对象的表象到底是指的什么呢？它指的是一个什么样的对象呢？如果我们总是不能把它的对象在一个经验性的对象上面指出来，那么"它们毕竟是什么意思也没有的"。这个数学我们前面也提到过，它虽然是先天的，好像是纯粹先天的知识，但是严格说来它单独还不能叫作知识。数学知识是两千年以来人类最成功的知识之一，人类知识成功的一个是牛顿的物理学，一个是自古希腊以来的数学，欧几里德以来的数学。在这两者之间，数学好像是先天的，而自然科学好像是离不开经验性的材料的。人们以为数学是可以完全先天地来加以研究而赋予它意义的。但是在康德看来，数学虽然是先天的，是由先天直观形式所构成的，但是它仅仅是作为直观对象的形式才有意义，如果你离开了这个先天直观形式的对象，把这个形式单独地剥离出来，那它有什么意义呢？它就不叫作知识。我们之所以把数学称之为知识，就是因为它可以运用于自然对象之上，哪怕它现在还没有运用于自然对象之上。很多数学的发现、数学的公式，我们一下子还看不出它如何能够运用于自然对象上，但是康德坚信它是可以运用于自然对象上的。就凭这一点，数学才可以称之为知识。如果一个数学知识，它原则上不可以运用于经验对象上，那么在康德看来这就说明它是假的。为什么呢？因为数学是以时间空间为条件的，时空是数学之所以可能的先天条件，那么在时空中的这样一种关系那肯定是自然科学所离不了的，任何一种时空关系都是自然科学的经验对象的关系，自然科学的对象都在时空之中，既然在时空之中，那么所有的数学关系都是这样一种关系。你不能说有一种数学关系它又不在时空之中，或者你说有一种数学关系它虽然在时空之中，但是这种时空又是空的，没有经验对象在里头，那都是不可能的。时间空间如果没

[①] "所指"（Bedeutung）原书译作"含义"，下面两个"所指"亦如此。

有它的内容、它的经验材料，它就什么都不是，这在先验感性论中已经讲了。时间空间它只是一种形式，一种接受的能力，这种能力如果不用，它还是一种能力吗？这种接受能力你要把它用在接受中、用出来才是一种能力啊！如果你说你有一种能力从来不用，也不打算把它用出来，那还是一种什么能力呢？时空必须用在接受经验性的对象上，否则它就是什么意思也没有的。

因此我们也要求使某个孤立的概念**成为感性的**，也就是在直观中阐明与之相应的客体，

某个孤立的概念、范畴我们要求它"成为感性的"，或者说要求它感性化，要把一个概念感性化，成为感性。成为感性是什么意思呢？凡是一个概念我们就要求在直观中阐明与之相应的客体，数学概念也是这样。你讲一个数学概念，一个数学公式，那么你能不能在直观中，在经验中，找到相应的客体？所以在学数学的时候，我们除了知道那些公式以外，我们还要学会做应用题，你知道了一个方程式，那么在现实中你用来解决一些什么问题呢？我们把它叫作"应用题"，就是这些公式可以应用在具体的场合下。但是康德认为你不可能不应用，应用是不可避免的。你的那些抽象的公式如果不应用的话，它本身就什么也不是。这是康德的一种很彻底的观点。

因为没有这个客体，该概念就会仍然是（如人们所说的）没有**意义**，亦即没有所指的。

一个数学的概念如果没有对象没有所指，它就没有意义，这个意义（Sinn）在德文中有双重含义，一个是意义，一个是"感性"，或者"感官"。如果一个概念没有感性的东西在里面，没有感官的材料在里面，那么它就是没有意义，"亦即没有所指的"。一个抽象的概念它有所指，这个所指不仅是逻辑的含义，而且是它所指向的对象。

数学通过对形状的构造而满足了这一要求，形状是一种对感官的当下的（虽然是先天完成的）显现。

那么数学如何来满足这一要求呢？比如说它对形状的构造，形状就是在空间中的，一个形状肯定要占据一定的空间，数学通过对形状的构造来满足这种要求。所谓形状就是"一种对感官的当下的（虽然是先天完成的）显现"，就是空间中的一种限定。我们说形状就是在空间中把它限制出一块来，比如说一个圆，就是在空间中划出一个范围，用一个界限把这个形状界定下来了，这样一来就满足了这个要求，它就有所指了。你要说明圆是什么，于是幼儿园的老师就在黑板上画一个圆，就有所指了，一提到圆这个概念，那么那些孩子就看着黑板上的这个圆。所以形状是一种对感官的当下的显现，虽然是先天完成的，我在脑子里面已经有了一个圆的概念，它是先天完成的，但是我把它画出来，它就是对感官当下显现的。"当下"（gegenwärtig）也可以翻译成"当前"，当前显现出来的一个形状，它就有所指了。这个圆画出来它就对感官显现出来了。当然这个画出来的圆它还是抽象的，它并不是一个盘子或者一个太阳，但是它毕竟对你的感官显现出来了，虽然它是先天完成的。

<u>正是在这门科学里，量这个概念在数学中寻求它的支持和意义，</u>

"量"这个概念它是属于范畴的，量的范畴包括单一性、多数性和全体性，它们都属于"数学性的"范畴，我们对数学所形成的概念中最高的就是量的概念了。这个概念是在数学中寻求它的支持和意义的，这里的"意义"同样可以理解为"感官"，量的概念在数学中寻求它的支持和感官，只有在感官能够体现出来的情况之下，体现在"数"的情况之下，量的概念才能得到支持，否则这个量的概念就是空的。量的概念比"数"的概念要更加抽象一些，它是范畴，而数是数学，是量的图型，它是先天直观形式造成的。那么范畴必须在直观中寻求它的支持和意义。

<u>但数又是在手指、算盘珠或是小棒和点这些被展示在眼前的东西上来寻求的。</u>

数它本身是以时间空间作为前提的，那么数这个东西本身还有一种先天性，但这种先天性它本身又必须在后天的经验性的材料中才展示出

来。这里有三个层次，一个层次是量的范畴、量的概念这个层次，一个是数的先天直观形式、先验的图型这个层次，第三个就是先天直观形式底下的那些后天经验材料这个层次。所以他讲"数又是在手指、算盘珠或是小棒和点这些被展示在眼前的东西上来寻求的"。你要寻求数以及数量关系，如何寻求？你要通过数数，用你的十个手指头是最方便的，或者用算盘，一个珠子两个珠子，这样来数，或者小棒，或者是点，这些都是被展示在眼前的东西，在这些东西上来理解数，来直观到数。从这些东西上可以直观到数，因为数就是这些东西的形式。数数就是在时间中把均匀的流逝的时间单位一个一个拨拉过去，在均匀的数数过程中，数就显现出来了。所以数离不了后天经验性的东西，因此范畴也离不了后天经验性的东西。因为范畴它是建立在时间空间之上的，而时间空间又是经验性的对象本身的形式，所以最后要归结到它只能够运用到经验性对象身上。如果没有这个来源，一切知识都不可能。一切知识都离不了经验性的后天的来源。所以康德的这个理论它是把理性派和经验派双方的原理结合在一块的认识论，少了一块都不行。虽然康德他本身是出身于大陆理性派的传统，但是他也吸收了经验派哲学的基本原理。

概念仍然总是先天产生的，连同从这些概念中来的综合原理或公式也是如此；

概念、范畴它们本身虽然要依赖于后天经验性的东西来充实，但是它们本身仍然是先天产生的，一个范畴它总是先天的，知性的特点就是能够自发地、能动地提出范畴、产生范畴。那么从这些范畴中引出来的综合原理，如直观的公理，知觉的预测，经验的类比，一切经验思维的公设，也都是如此，都是先天产生的，是通过范畴并借助于图型而导致了这些原理的产生。

但它们的运用以及与所认为的那些对象的关系最终却不能在别处、而只能在经验中寻找，它们先天地包含有经验的（在形式上的）可能性。

也就是说这些概念和原理的运用"以及它们所认为的那些对象的关

系", 所认为的那些对象, 也就是它们作为先验的一些概念、先验的一些原理, 它们是指向对象的, 所谓先验的就是指向对象, 这就是先验的意思, 是有关对象的知识的就是先验的。所以这里讲是"所认为的对象", 就是单纯从先验的角度来讲它们已经是指向对象了, 但是这些对象是什么对象呢？还未定, 还只是一般的对象, 其中有些可能是认错了的, 他们认为有个对象在那里, 但有可能是误以为的对象, 有可能根本不是认识对象, 如物自体。所以这里用的词是"所认为的"。它们肯定是要与对象发生关系的, 但是与什么样的对象发生关系, 就它们本身而言还没有确定, 还没有在它们的"先验的"这个特性上确定下来。"先验的"只是一般地要与一个对象相关, 与一个它们"所认为的"那些对象相关。"最终却不能在别处", 这个就要限制了, 所认为的对象, 事实上只能是一个什么样的对象呢？ "最终却不能在别处, 而只能在经验中寻找", 它们的运用以及它们与所认为的那些对象的关系, 最终只能在经验中去寻找, 只能在经验中才能找到它们的现实的运用。它们作为先验的范畴、先验的原理已经预先假定了, 它们是要运用于对象的, 于是它们就去运用于对象, 但是用来用去发现只有在经验中它们才能作真正的运用, 没有经验它们就没有与任何一个对象的关系。只有在经验中它们才能与它们所认为的对象发生关系, 那么它们所认为的对象就被限制在经验性的对象上了。其他的对象你是不可能运用于其上的, 物自体你不可能运用于其上, 物自体不可知。"它们先天地包含有经验的（在形式上的）可能性", 这个"它们"还是指前面那些范畴以及它们的原理, 这些东西是先天地包含有经验的可能性的。经验不可能离开它们的形式, 任何经验都有它的形式, 而这些形式是由范畴和原理所构成的。所以范畴和原理先天地包含有经验在形式上的可能性。它们为什么能够运用于经验对象上呢？因为经验对象之所以可能, 必须要由它们参与其中才能形成, 才能把经验性的对象、经验性的知识构成起来, 这两方面是不可脱离的。

上面这一段的后面部分是讲的数学中的情况, 我们可以看 B299 最后一行："我们只须举出数学的概念为例，而且首先举数学的纯粹直观中的例子"。所以数学中的例子也有两个层次，一个是数学的概念，一个是数学中的直观。数学的概念就是"量"的概念，而数学中量的概念已经是范畴了，谈到概念已经是知性的作用了。所以在数学中我们讲到它的先天条件就是先天直观，时间空间，当然它也可以形成概念，对于纯粹直观的东西我们也可以形成概念，但是它一旦形成概念就上升到范畴了。数学中的概念在这里就是量的概念，量的概念在数中获得它的支持和意义，但数又是在手指啊、算盘珠啊等等上面获得它的意义的。这是在数学中，它下挂经验性的材料，上靠量的范畴。但范畴不仅仅是量，量的范畴只是单一性、多数性和全体性，这是与数学有关的。所以下面这段一开头他就说：

> 但这也正是一切范畴及从中引出的原理的情况，　　　B300

这是一切范畴的情况，不仅仅是量的范畴的情况，而且也是一切范畴、以及从中引出的知性原理的情况。它们也是具有这三个层次的：一个是范畴及其原理，然后通过纯粹直观，通过时间空间，通过时间图型，然后再运用于经验材料之上。这是对一切范畴及其原理都适用的。

> 这一点也可以这样来阐明：当范畴必须随之而限制在作为其唯一对象的现象上时，

我查了一下这个"随之"，德文 folglich，原文是放在"作为其唯一对象的现象"之后的，所以它并不是指随着前面一句话而推出来的，而是随着知性范畴唯一的对象是现象这个情况而推出来的。所以这句话我们改译作："当范畴因其唯一的对象是现象而必须限制于现象上时"，这个"随之"变成了"因……而"，就比较好理解了。因为范畴唯一的对象就是现象，因而它的运用就必须限制于现象上，这时，

> 如果我们不立刻下降到感性的条件上、因而下降到现象的形式上，我们就根本不能对任何一个范畴作出实在的定义，即不能使它的客体的可能性得到理解，

这句话等于是重复解释前面的，没有新的意思。"如果我们不立刻下降到感性的条件上、因而下降到现象的形式上"，就是说，如果我们不下降到感性的条件、也就是纯粹直观形式上，纯粹直观形式是一个中介嘛，范畴必须下降到这个中介上面，以便和那些后天经验的材料发生关系，如果不这样的话，那么"我们根本就不能对任何一个范畴作出实在的定义，即不能使它的客体的可能性得到理解"。前面已经标明了范畴运用的三个层次，一个层次是范畴本身，中间的层次就是纯粹直观形式，也就是图型，第三个层次就是经验性直观的材料。那么作为范畴来说它首先必须下降到纯粹直观形式这个中间层次，才能够充实以后天经验性的材料，才有实在的对象，才能够作出实在的定义，否则的话我们就不能对它的客体的可能性得到理解。

因为，如果我们去掉这一条件，一切所指、即对客体的一切关系就都取消了，

"这一条件"就是指前面讲的感性直观的条件，如果我们去掉这一条件，去掉这种纯粹直观形式，那么，如果你离开时间空间去谈范畴的话，那么这个范畴的客体的客观含义，它的所指就被取消了，这个范畴是空的。概念无直观则空。如果我们去掉这一条件，则范畴的一切所指、即对客体的一切关系就都取消了，

我们就没有任何实例可以使自己理解到，在这样一类概念中本来究竟指的是何物。

我们就没有任何例子，你总要举例说明啊，你举个例子来说明你所讲的这个原因，你所讲的这个实体，这个量，这些概念，究竟是指什么？你必须举例说明。如果没有时间空间，你如何举例说明呢？没有时间空间就没有实例了，我们就不能说明在这样一类概念中本来究竟指的是何物，你仅仅从逻辑上讲实体就是一个主词，一个永恒绝对的主词，这个不足以说明实体的意思。什么是实体，它不仅仅有逻辑的含义，它作为范畴肯定有经验对象的含义。那么要得到这个经验对象，这个实例，你就

必须要引进时间空间的先天直观形式,这种感性形式条件,你才能够言之有物。

下面这一段很长,可能是我们迄今为止最长的一段,从 B300 起。虽然这一段很长,但是它的思想是比较单一的,就是按照范畴表的量、质、关系和模态四类范畴的次序来说明前面已经提供了的基本思想、原理,就是范畴只能运用于经验性的对象,特别是离开了时间的图型就不能有任何运用,不能获得任何知识。然后他一个一个地来展开讨论,量怎么样,质怎么样,关系和模态又怎么样。顺便来批驳了一些误解。

一般量的概念无人能作别的解释,只能解释为:量是一物的这种规定,它使我们能思考物中被设定了一 (Eine) 的多少倍。

所谓量的概念,一般量的概念,是什么概念呢?按照康德的图型法,量的概念肯定是与经验的东西有关的。所以它涉及到物,而不是一个什么抽象的形式。我们通常所理解的量只是一个抽象的数目字,有多少斤,有多少厘米、多少体积等等,容易从形式的、抽象的方面来理解它,但是按照康德的说法,量的概念它是一个认识论的范畴,它涉及到对一个物所作的规定,"它使我们能思考物中被设定了一的多少倍",它一定是在"物"中被设定的。物是有单位的,不管你怎么计算,你首先要把单位确定下来,不确定单位你的量没法计算,同一个量它可能被表达为不同的数字。但是如果你单位确定了,你不是以公斤为单位,而是以吨为单位,那这个数字的差别就大了,要大上一千倍。所以首先你要把这个单位定下来。然后在这个单位的基础上来设定它的多少倍。这个物它具有一的多少倍的这种规定,这就是量的规定。有了量这样一个概念我们就能够思考这个规定了。

只是这个"多少倍"是建立在相继而来的重复之上,因而是建立在时间和时间中 (同质东西) 的综合之上的。

这是他点题的一句话。凡是讲量的多少倍的时候,这个多少倍它不

413

是一个抽象的形式上的一个计算问题，而是"建立在相继而来的重复之上"，相继而来，那就肯定是在时间中相继而来，它是以时间为线索，我们才能够计算出多少倍，如果没有时间线索，我们没法计算。你就是一个计算机它也要经过时间，不可能是瞬间同时就出来结果。所以它是"建立在时间和时间中（同质东西）的综合之上的"。量是建立在时间中同质东西的综合之上，就是把质撇开，我们设定物的单位在质上是相同的，我们设定它的单位是"一"。当然这个单位实际上总是有差别的，比如说我们看一百个苹果，这一百个苹果每一个在质上都是不一样的，但是你可以把它们的质的差别忽略掉。虽然每一个事物都有质的区别，但是你从量的角度来看它的时候你不是着眼于它的质的区别，而是看它建立于单位"一"之上的量的区别。所以他这里是强调我在数数的时候是建立在"同质东西的综合"之上的。在幼儿园教小朋友的时候你教他们数棒棒，这每个棒棒其实都是不同的，万物都有差异嘛！但是呢我是把它们假定为同质的，大体上差不多，我就不管了，我就只看它们的量了。如果你不善于超越，你只看到质的不同，你说这个和那个不同怎么都是一呢？那你就学不进去了。连一加一等于二都没法理解。一加一之所以等于二，是因为你把这个一和那个一的质的区别舍弃了，它可以舍弃。在这个基础上我们才可以综合为一个量的概念。那么在数的时候，在同质的东西的综合过程中，我们要经历时间。所以单位一体现了一个在时间中的抽象的一。我把它的质舍弃了以后，当它成了一个抽象的一的时候，它体现为时间在数数的过程中有一个均匀的流逝过程。时间是均匀流逝的，时间这一瞬间和那一瞬间，这一秒钟和那一秒钟，尽管它们的内容可以不同，但是它们的长度是一样的。所以时间这个量的综合在康德看来就是由于时间的同质的单位相继综合而来的。当然我们可以不同意他的观点，量是否可以归结为时间的相等的、同质的单位？按照爱因斯坦的观点，时间不是均匀的，它是可变的，它总是相对的，这样看来康德的观点好像就不那么可靠。这个问题大家如果有兴趣可以再具体去探讨。但在康德看来,之所以量能够抽象,就在于时间是均匀的,它的每一瞬间都可以在一个同质的单位基础上来加以计算。这就是对量的说明,就是前面讲的量的范畴它离不开时间中的均匀的流逝,离不开数数这一在时间中以一为单位的综合过程。接下来讲实在性范畴,实在性就是质的范畴,质的范畴分为实在性、否定性和限制性,首先就是实在性。那么对实在性怎么解释?

<u>对于实在性,我们只有在想到一个时间(作为一切存在的总括),它要么是以此来充实的,要么就是空的,这时我们才能在与否定性的对立中对它作出解释。</u>

就是说实在性我们是想到一个时间,它是"作为一切存在的总括",这个"总括"就是德文 Inbegriff, Begriff 就是概念了,作为概念它本来的意思就是"把握",就是把事物囊括到一起来,抓取、抓到一起来;那么 Inbegriff 也有这个含义在里面,一般我们翻译为"总和"、"总括",就是把所有的东西囊括到一起。那么时间是"一切存在的总括",这个"存在"在这里是用的 Sein。一切存在都是在时间中的存在,所以时间无所不包,任何东西只有在时间中才能存在。这个存在当然只是指的现象的存在,不是指的物自体的存在。所以康德后来讲到他的《纯粹理性批判》这一认识论部分时认为,他这里讲的就是"存在论",就是 Ontologie,这就是关于存在的学说。但这只是一方面,只是关于现象的存在的学说。那么关于本体的存在的学说就是他的道德学说,关于实践理性的学说,关于本体论的学说。所以他的"形而上学"包含两个方面的存在论,一个是自然科学的形而上学,一个是道德的形而上学。那么这个地方用的存在是指的现象,作为一切存在的总括。现象界一切存在的总括那就是一切知识的条件。我们的知识是在现象界,我们要认识现象界的所有的东西,这是我们的目标,那么你就必须沿着时间是一切现象的总括这样一条线索来认识。我们要讲到一个时间作为一切现象的总括,它要么是以实在性来充实的,要么它就是空的,它没有实在性,那就是否定性。否定性里

面没有充实的时间，它只是一个零。一切真正的存在都是在零和充实之间的一种"限制"。这就是他的三个质的范畴，实在性、否定性和限制性。实在性是不是绝对的充实？绝对充实就像巴门尼德所讲的"存在存在，非存在不存在"，那它就一步也动不了，所以它还得非要有这个零起作用。实在性它总是变动的，它在趋向于零的过程中它有限制性，实在性不是完全实在的，它总是在趋向于零的某个阶段上受到限制的，这才是我们对于事物性质的一种认识。当然这个实在性仅仅是就质的方面而言的，这个事物的性质是红色的、有香味的等等，而不是就量而言的。就量而言如果是零的话它就消失了，不存在了，但是就性质而言这朵花的红色消失了它还有别的颜色，它的时间由别的颜色所充实了。所以在质的方面我们可以由某种质是实在的还是零，然后一切都在限制之中，这样来加以规定。质总是在实在性和零之间向我们呈现的。所以时间"要么是以此来充实的，要么就是空的"。我们在这一段时间里看见一种红色了，充实了一种实在性，当然是在一定程度上充实的，这就是从质的角度来看一个物的。"这时我们才能在与否定性的对立中对它作出解释"，一个事物的实在性我们是在与否定性的对立中，也就是在限制性中作出解释的。实在性与否定性的对立有统一，在对立中我们就引出了一个概念，它可以把对立的双方全都把握在自身之中，综合在自身中。但是这两个的对立是很明确的，一个是实在性，一个是否定性，否定性也可以说是非实在性，一切都是在实在和非实在的对立中而得到解释的。实在它也不是绝对实在，非实在它也不是绝对非实在，它们都是在某个程度上得到限制的。这是质的范畴。质的范畴也可以说是时间的充实性，充实程度，这就是实在性。你把一个时间用一种实在性的性质把它充实了，充实到什么程度，这种程度它是可以在这样一个序列等级中作出预测的，当它趋于消失的时候你就可以按照它消失的程度对它作出预测，按照这个速度，那么它下一个小时将会变成什么样的，你可以预测。下面他涉及到实体性，

如果我把持久性（它是在一切时间中的存有）去掉，那么我在实体的
概念中就什么也没有留下来，只有一个主体的逻辑表象，

从实在性过渡到关系范畴，比如说从实在性过渡到实体性，这个里
头有一种连贯性。实体性它也是一种实在性，但是它是一种持久的实在
性，其他那些性质的实在性总是变动不居的，花无百日红啊，但是万变不
离其宗，它有不变的东西，那个不变的实在性就是持久性了。这个持久
性也可以译作持存性。这个持久性"它是在一切时间中的存有，"这个存
有就是 Dasein，如果把一切时间中的存有，把那些实在的东西去掉，"那
么我在实体的概念中就什么也没有留下来"。实体从先验逻辑的角度来
看，无非就是时间的持久性。你把这个内容去掉了，那这个实体性就什
么也没有了，它"只有一个主体的逻辑表象"，它就回归到形式逻辑了。
先验逻辑是从形式逻辑中引出来的，但是如果你把先验逻辑的内容都去
掉了，那么它就只剩下形式逻辑的定义了。所以形式逻辑通常喜欢对一
个概念下定义，以为一旦下了定义，就把这个概念定死了；但是康德的先
验逻辑明确地声明，我不对这些范畴下定义。当然我也可以作出定义，
但那只是在以后，在论证完了以后，不能够在事先就对它加一个定义把
它定死，因为那种逻辑定义它是空的，它不适合于认识论，只适合于形式
逻辑。认识论不能够通过一个定义来解决问题，而要看它所包含的实际
的内容。你要理解实体性这个概念，你不能单纯通过对实体性下一个逻
辑定义就完了，你要看这个实体性具体地运用于一个对象上面的时候它
需要哪些条件。你把这些东西都说完了以后你当然可以作出一个全面的
定义，但是你不能一开始从逻辑上对它下一个抽象的定义，就以为把这
个概念完全把握住了。所以他接下来说：

这个表象我以为通过把某物想象为只能作为主词（而不是有关主词
的谓词）而存在，就使之实在化了。

这样一个实体的表象只剩下一个逻辑表象，这个逻辑表象就是亚里
士多德所说的，只能作主词而不能作其他主词的谓词的东西。那是什么？

417

那就是个别实体,个别实体你可以用种种其他的词来描述它,但是你不能用它来描述其他的词,它是个专名。如苏格拉底是个专名,你不能把它当一个形容词。当然在诗歌里面你可以这样用,但在逻辑里面你不能这样用的,不能用它来描绘其他对象。这是亚里士多德对实体所下的定义,当然还有其他的说明,但是最经典的定义就是这样的,实体就是在一切命题或判断中只能作主词而不能作谓词的,这一点是最基本的。但是康德说你不能以为通过这样一种定义就使实体实在化了。亚里士多德在这一点上是不清楚的,他以为通过这样的定义他就猜到了,那样一个主词是什么呢?那就只能是个别实体了。比如说苏格拉底,或者"这一匹马"。所以像独一无二的个别的东西那就是实实在在的,所有其他的谓词都是建立在这个之上,所有的种和类也都是建立在这个之上,都是对这个东西的名称或者是描述,或者是抽象化。所以,通常逻辑学家都引用亚里士多德来论证,什么是实体,我只要通过论证有一个东西它只能作主词而不能作谓词,就能确定了。比如笛卡尔的"我思故我在",作为我思的主体的我具有思维这样一种属性,所以思维可以作为我的谓词,但是我再也不能作其他词的谓词了,我当然是独一无二的,我笛卡尔当然是独一无二的了。"这一匹马"也是独一无二的。当笛卡尔说出这个"我"的时候,那它就应该是一个实体,因为它只能作主词而不能作谓词。当然张三李四都可以说出一个"我",但那个我的含义不一样,每个人说出一个"我"来的时候它都是特指的他自己。所以这个他自己应该就是一个实体了,就使一个主词实在化了。这就是大陆理性派的一般证明方式,通过逻辑的证明来推出主词是实体。康德说:

B301　　但我完全不知道这种逻辑的好处具体到任何一物究竟该有什么条件,而且也不能从中得出任何更多的东西,不能推出起码的结论来,

康德他是反对这样一种逻辑证明的,理性派惯用这种形式逻辑来证明一个本体论的东西。对上帝存在的证明,对理性灵魂的证明,都是这样。他们总是试图通过一种单纯理性的逻辑证明就推出存在出来,推出客观

的实体出来,这个康德是不能同意的。他说"我完全不知道这种逻辑的好处",这种逻辑的好处就是我们单凭一种逻辑的表象,不需要外部经验的事物,这当然是一种好处,一种长处。逻辑的长处就在这里,它可以随便你怎么想,只要你按照严格的逻辑规范,就可以不受经验限制地任意推论。那么这种逻辑的好处"具体到任何一物究竟该有什么条件"呢?这种逻辑的好处它能不能推出一个具体的对象呢?它要推出一个具体的对象它需要什么条件呢?在这个地方我还"完全不知道"。我已经把经验排除了,所以我不知道当我运用逻辑的主词去区别一物的存在的时候,还需要有经验的条件。这方面我就完全不知道了,因为我预先把经验排除了,仅从形式逻辑来推出实体,它的对应物。所以对于"这种逻辑的好处具体到任何一物究竟该有什么条件",对此我们完全不知道,"而且也不能从中得出任何更多的东西,不能推出起码的结论来",我除了推出它只是一个主词而不能作谓词之外,不能从中得出任何东西来。它只是一个主词,Subjekt,你要把它解释为一个"主体",那这个里头就有问题了。当然在翻译上 Subjekt 可以翻译为主词,也可以翻译为"主体",但那就是一种混淆。当你把主词引申为一种主体的时候,你就把一种经验性的东西混进来了。作为抽象的 Subjekt 它只能是主词,没有任何更多的结论。

　　因为这样做根本没有为这个概念的运用规定任何客体,所以我们完全不知道这个概念在任何地方是否会意味着什么。

　　"因为这样做",也就是仅仅从逻辑上面来限定一个主词,把实体当作这样一个主词来规定,这样做根本没有为这个实体规定任何客体,你只是把这个主词叫作实体。你只是在逻辑上规定了它应该作为一个主词来使用,一个实体它就是在逻辑上只能作主词而不能作谓词的。但是它究竟是什么东西呢?这个你没有作任何规定。"所以我们完全不知道这个概念在任何地方是否会意味着什么","意味着"就是"指示着",bedeuten 的意思就是意指,变成名词就是"含义",我们前面把它翻译成"所指"。就是说,我们完全不知道它的所指是什么,它的对象是什么。它在逻辑上可以是一个主词，但是这个主词指的是什么，我就完全不知道了。下面关于原因这个概念，这是一个很重要的范畴，因果性范畴。实体性、因果性和协同性这三个关系范畴中，因果性范畴是康德用力最多的。

关于原因这个概念，我（如果我去掉某物按照规则跟随另一个某物所经过的时间）在这个纯粹范畴中不会找到别的东西，只会发现它是可以由此推出另一物之存有的某物而已，

原因这个概念，如果我去掉里面的时间，这个时间是"某物按照规则跟随另一个某物所经过的时间"，如果我把这个时间去掉，那么我在这个纯粹范畴也就是因果性中"不会找到别的东西，只会发现它是可以由此推出另一物之存有的某物而已"。这就是因果性范畴的逻辑含义，就是说，它与另一物是有关的，它可以推出另一物，原因嘛，原因就意味着它是结果的原因，在逻辑上它可以推出结果。但这个"推出"就只是逻辑上推出，仅仅相当于一个假言判断。

但这不仅根本没有可能把原因和结果相互区别开来，而且由于这种推论的可能性马上需要种种我一无所知的条件，

也就是说，你单纯知道这个原因它就是有结果的、它可以推出结果这样一个逻辑上的定义，我们可以在逻辑上这样定义：原因就是可以推出结果的，结果就是有原因的，但是如果你把里面的时间去掉，那么在这个纯粹范畴中不会找到别的东西，我们只会发现它是可以由此推出另一物的东西，即"如果"怎么样，"那就"怎么样，这只是一个假言判断。"但这不仅根本没有可能把原因和结果相互区别开来"，就是你可以从逻辑上面规定"如果……就……"，但是你不会知道这两者其中哪个是原因，哪个是结果。我们在现实中可以从原因推出结果，也可以从结果反推出原因，但正由于在现实中我们受到时间的限制，我们知道在先的是原因，在后的是结果；但是在逻辑上我们没有时间的限制，那么我们怎么知道哪个在先哪个在后呢？我们就没有东西来验证了。我们从原因寻求它的结果，也从结果寻求它的原因，这两种推论都是推，原因和结果肯定是有

关系的；但这种关系究竟是什么关系？是由因求果还是由果溯因？如果你离开了时间你就没法确定了。所以"不仅根本没有可能把原因和结果相互区别开来，而且由于这种推论的可能性马上需要种种我一无所知的条件，"

　　所以这个概念对于它会如何与任何一个客体相适合将完全没有规定。

　　不仅我们对因果这两者中哪个是因哪个是果，我们没有办法确定，而且呢，由于这种推论的可能性马上需要种种我一无所知的条件，也就是经验的条件，我一无所知是因为我把时间去掉了，"所以这个概念对于它会如何与任何一个客体相适合将完全没有规定"。所以因果性虽然你给它作了一个定义，但是这个定义对于认识具体的因果关系没有任何用处，因为它对于如何与任何一个客体相适合完全没有规定，你把时间去掉了它就不能用来规定任何客体，它只是在主观上面你可以颠来倒去，你可以知道这两个抽象的某物它们是有关的，它们是有因果关系的，但是这两个某物哪个是原因哪个是结果，你就要看哪个在前哪个在后了。在后的肯定不是原因，只有在前发生的才可能是原因，这是一个起码的条件。

　　"一切偶然的东西都有一个原因"被认为是一条原理，它虽然显得颇为威严，仿佛它自己独立地就具有自己的尊严似的。

　　康德在这里举了一个例子，"一切偶然的东西都有一个原因"这个命题它不需要任何经验的内容，不需要时间，它就是从概念到概念，从范畴到范畴。偶然性是一个范畴，原因也是一个范畴，我可以在这个范畴体系中任意挑选，任意组合，我也可以构成一个命题啊，这个命题是不是也是一个客观的命题呢？或者仅仅从一个逻辑的命题中是不是也能够推出一个客观的命题呢？这个命题是不是也能够客观有效呢？康德举了这样一个例子，人们通常认为因果性的范畴也不一定要经过时间，也可以仅仅运用范畴来发挥作用，比如说我们可以把偶然性这个范畴结合到原因范畴上，一切偶然的东西都是有原因的。充足理由律就是这样一个命题。莱布尼茨的充足理由律就是用来解决偶然真理的问题。矛盾律是用来解决必然真理的问题，充足理由律是用来解决偶然真理的问题。那么莱布尼茨认为充足理由律不需要任何经验的材料，可以先验地断言，完全凭先验的范畴就可以形成这个命题，一切偶然的事物都是有原因的，这是一条原理。"它虽然显得颇为威严，仿佛它自己独立地就具有自己的尊严似的。"莱布尼茨提出充足理由律当然是他的一个巨大贡献，在逻辑领域里是了不起的贡献。以往人们总是相信逻辑是用来解决必然真理的，偶然真理它没有办法对付，它只有诉之于后天的经验，偶然的东西没有真理性，它只是偶然的嘛，它是这样也可以完全不是这样的。所以在莱布尼茨以前人们没法对付偶然的事实的东西。但是莱布尼茨融合了经验派的一些合理的因素，提出了充足理由律，偶然的东西也是真理，只不过偶然的东西当你称它为真理的时候，它已经被还原为必然的东西了，就是偶然的东西也是有原因的，你不要以为只有必然的东西才能够找出它的原因。偶然的东西也有原因，你至少应该相信、应该假定它是有原因的，只不过我们人类的理性太软弱，我们没有能力把一个偶然的事件它所有的原因都把握住。我们的理性是有限的，一个偶然的东西它的原因是无限的，它有无数的原因，任何一个偶然事件的发生都有无数的机缘，所以我们通常讲这是"缘分"，把它归之于命运。但是莱布尼茨把这一点打破了，他讲这不是什么缘分，它里面有必然的因果关系，只不过我们人类把握不了，我们只能把握一点，或者一部分，我们不能充分地把握它的理由。但是我们要相信在上帝那里所有的偶然东西都能够把握它充分的理由，在上帝眼里一切都是必然的。但是在我们人的眼睛里面是有偶然的东西的，所以这条充足理由律的原理对于我们人类的理性来说是有用的。你不要以为偶然的东西就没有道理可讲了，偶然的东西它也是有理由的，你要尽自己的能力去挖掘偶然东西里面的理由，它肯定是有理由的，这是莱布尼茨作出的一个贡献。当然他是结合了经验派和理性派而作出的一个综合，他把真理分成两种，一种是必然的真理、逻辑的真理，一种是偶然的真理，也就是事实的真理，两种真理都是应该承认的。但是康德指出在莱布尼茨那里他还是试图通过纯粹逻辑的方式来解决这个问题，最终在上帝那里这个充足理由律和矛盾律是一回事情。在上帝里面没有偶然的东西，一切都是必然的，合乎矛盾律的。那么充足理由律中"一切偶然的东西都有原因"，一个偶然的，一个原因，这两个都是范畴，都是可以先验地规定的，所以人们认为我们可以不考虑它的时间和经验的内容，单凭范畴就可以得出客观事物的知识，即某种因果关系，"仿佛它自己独立地就具有自己的尊严似的"。所谓"独立"就是说不需要经验的材料，不需要考虑时间的问题，只需要从抽象的逻辑范畴这个角度它就具有自己的尊严，它就是一种关于客观世界的知识，但是我们又不必去引用客观世界的时间和后天的经验，我们可以先天地单凭知性的范畴就树立这样一条原理，用来解决一切对象的问题。所以他说这条原理好像单独的、"独立地就具有自己的尊严"。下面他就要进行反驳了：

但如果我问：您说的偶然是什么意思？

你这里所说的偶然是什么意思呢？你把偶然性和原因这两个范畴结合到一起，所以你认为由此形成的命题不需要任何经验性的材料，不需要引入时间的直观形式，那么我就要你澄清一下，原因这个范畴如果我们把时间去掉的话，那么偶然性这个范畴你能不能澄清一下，是不是也把时间清除掉了呢？如果你把时间清除掉了，那么当然这是两个空洞的范畴；但是如果你把时间混进来了，那你就是自相矛盾了。康德要澄清的就是这一点。

而您回答，偶然就是它的非存在是可能的，

这还是一种逻辑上的规定。什么是偶然？我在逻辑上可以对它进行一种规定：偶然就是它的非存在是可能的，非存在是逻辑上不矛盾的，这是莱布尼茨的解释。莱布尼茨的解释就是这样，什么叫偶然真理呢？就是它的反面是可能的，是不违背形式逻辑的不矛盾律的。必然就是它的反面是不可能的，是违背形式逻辑的不矛盾律的。所以康德就逼问出来了，你说的偶然是什么？你的回答是，偶然是它的非存在是可能的，这好像就从纯粹逻辑上给偶然作出了一个定义，这是通常对于偶然的逻辑上的定义。康德继续追问：

那么我就很想知道，您想凭什么来认识这种非存在的可能性，如果您不在现象的序列中设想一种前后承继，并在这种承继中设想一种跟随于这个非存在之后的存有（或者相反），因而设想出一种变更？

偶然就是它的非存在是可能的，那么康德就问了，这种非存在的可能性你想凭什么来认识？你怎么知道一个东西的非存在是可能的？"如果您不在现象的序列中设想一种前后承继，并在这种承继中设想一种跟随于这个非存在之后的存有（或者相反），因而设想出一种变更？"非存在是可能的这样一种设想，只有当你设想在另外一种情况下没有这种存在，而出现了另外一种后果，出现了另外一种状态，也就是不同于目前所出现的一种不同的状态，才能够设想出来。这样你才能够说，啊，在这种状态中，它没有我们原先的那种状态里面的那个存在，那个存有。是因为没有我们原先的那个状态中的存有，才出现了现在这个不同的状态。只有这个时候你才能设想啊，否则你怎么能够设想一个状态的非存在是可能的呢？莱布尼茨就作了这样一个设想：为什么有而不是一无所有？为什么存在而不是什么都不存在？这个就把问题提到它的最高层次上来考察了。形而上学以存在作为它的最高的出发点，存在论，本体论，亚里士多德一心想要探讨的就是"作为存在的存在"、"作为有的有"究竟如何规定。但是莱布尼茨提出，为什么是存在呢？为什么不是什么都不存在呢？什么都不存在，这在逻辑上是不矛盾的啊！我们现在当然有了这个世界我们才去探讨它，但是我们追根溯源，我们追溯到那个最初的可能性，那么我可以设想这个世界完全可能没有，这个世界的非存在在逻辑上是不矛盾的，本来是完全有可能的。我说没有这个世界，当然我这样说已经是矛盾了，没有这个世界你怎么能说呢？没有这个世界也就没有你啊！但在逻辑上是不矛盾的。就是这个世界完全什么都没有，连我也没有，这是可能的。莱布尼茨提出这个问题，后来海德格尔接过来在《形而上学导论》里专门谈了这个问题，"为什么毕竟存在而不是什么都不存在？"这个世界"毕竟"存在了，但这是一个偶然的事件，它本来是完全可以没有的。我们还可以设想，本来还可能有很多世界，但是我们只有这个世界，虽然我们只有这个世界，但是其他那些世界也是可能的，是不矛盾的；或者我们这个世界不存在，而存在别的世界，这也是可能的，不矛盾。凡是逻辑上不矛盾的都是可能的。那么这种可能性它是一种偶然性。凡是不矛盾的东西都是可能的，但是这个东西存在了，那么在一切可能的东西中它的存在就是偶然的。在所有的可能性中有一种可能性存在了，莱布尼茨讲在所有可能的世界中，上帝选择了我们这个世界，上帝选择了，这就是偶然的。上帝也可以不选择，他也可以选择别的世界，在另外一个世界里面 2 加 2 等于 5，而在我们这个世界里 2 加 2 等于 4，这都是可能的。从逻辑上来说完全可以这样推。但是康德的质疑就在于，你在理解一种可能的非存在的时候你是怎么理解的？你怎么能够理解一种可能的非存在？你所说的偶然是什么意思？你凭什么认识这种非存在的可能性？讲来讲去只有一种方式我们才能理解非存在的可能性，就是：如果这个东西非存在的话，它将带来一种不同于我们现在的后果，我们现在因为有这样一个存在，所以有这样一种后果，那么我们也可以设想它本来也可能不存在，它的不存在我们是不能设想的，但是我们可以设想当它不存在的时候，它会有另外一种后果，会带来另外一种状态。只有以这种方式我们才能设想一个东西的非存在。虽然它现在已经存在了，但是它的非存在是可能的，那么我们只有把它摆到时间中来，去看它在时间中会造成一种什么"变更"。我们今天经常假设，在历史上某某人如果他灵机一动，或者他更勇敢一点，或者更讲策略一点，那么整个历史就可能改观，就要改变方向了。当然我们说不能假设历史，但是我们经常假设历史，为什么呢？假设历史虽然对我们没有什么意义，但是它是可能的。你不能说历史中发生的每一件事情都是必然的，都是不可更改的，那就是宿命论了。实际上历史上的事情都是偶然的，所以我可以设想它也可以采取另外一种方式发生。当然我这样设想的时候都是把历史的事件摆在时间中，你才能想象得出来。你不能孤立地说我想象一个状态，然后我设想这个状态不存在，单纯设想一个状态不存在，这个是没有办法设想的。你必须要从这个状态不存在，然后这个存在的东西跟我们现在存在的东西不同，你才能反思到之所以不同，是因为在那个状态中它缺少我们今天这个状态中存在的东西。你必须要把非存在的可能性摆在时间中，"在现象的序列中设想一种前后承继，并在这种承继中设想一种跟随于这个非存在之后的存有（或者相反）"，"相反"就是指跟随于存在之后的存有，它是与跟随于非存在之后的存有相反的。"因而设想出一种变更"，一个东西它本来可以非存在，如果这样，它所造成的效应就不同。如果它造成的效应一模一样，那你就不能说它非存在了，它总要有所不同，因为一个是存在，一个是非存在嘛，它们的效应肯定是不一样的。

B302　　　因为一物的非存在并不自相矛盾这种说法是对一种逻辑条件的无力的援引，这种逻辑条件虽然是概念所必须的，但对实在的可能性来说则远不是充分的；

　　　"一物的非存在并不自相矛盾这种说法是对一种逻辑条件的无力的援引"，什么逻辑条件？逻辑条件在这个地方就是指的矛盾律。一物的非存在并不自相矛盾，这是运用矛盾律所作出的规定。对于一种逻辑条件的"无力的"援引，就是援引矛盾律，一物的非存在并不自相矛盾，以说明它的存在是偶然的。它的存在和非存在都是偶然的，因为这两者相互之间都没有什么逻辑矛盾，整个世界存在或者整个世界都不存在，这都是可能的，因为它们都不矛盾。形式逻辑的可能性就是讲，凡是不矛盾的东西都是可能的。自相矛盾的东西当然就不可能了，但是不矛盾的东西都是可能的。这就是形式逻辑对于可能性的解释，也就是通过这种可能性而对于偶然性的解释。他讲"这种逻辑条件虽然是概念所必须的",矛盾律当然是概念所必须的,我们在进行概念思维的时候必须遵守矛盾律,矛盾的东西是不可能的,这个在任何情况之下康德都是承认的,一个自相矛盾的概念如"圆形的方"是不可能的。但问题是一个不矛盾的概念是不是就是可能的?这个就值得探究一番了。所以"这种逻辑条件虽然是概念所必须的,但对实在的可能性来说则远不是充分的"。一个东西在概念上是可能的,但是在实在的情况下则不一定是可能的。抽象的可能性跟实在的可能性是两种不同的层次,光是抽象的可能性对于认识实在的可能性什么用处也没有。如果一个人只知道对一件事情的发生说,这件事情本来也可以不发生,所谓"不该发生的事情",这句话等于什么也没有说,它不该发生,但实际上它已经发生了,你有什么办法?这只是表达了你的主观愿望。你要设想出来它如何能够客观上不发生,就必须考虑时间中具体的因果关系。真正的可能性我们要用来进行科学研究,就必须从经验上来具体考察,而不能仅仅援引抽象的可能性。对实在的可能性来说并不是一切不矛盾的东西都是可能的,并不是这样。抽象的可能性,当然也可以这样说,但是没有什么用,任何人都可以说,连傻瓜都能够说。

　　尽管我可以在思想中取消任何实存着的实体而不会有任何矛盾,但由此完全不可能推出该实体在其存有中的客观上的偶然性,亦即它的非存在本身自在的可能性。

　　这就是我们刚才讲的意思了。"我可以在思想中、在逻辑上取消任何实存着的实体",这是不自相矛盾的,这个桌子本来是可以没有的,这个教室本来也是可以没有的,我们在座的每一个人本来也是可以不降生在这个世界上的,我们的生出来都是偶然的,我们的存在都是偶然的,这种说法没有任何矛盾之处。"但由此完全不可能推出该实体在其存有中的客观上的偶然性",你在现实中的偶然性,那种可能性,那就要进行一种具体的分析,这种具体的分析当然也有偶然性,确实每个事件的存在都是偶然的，但是它都有它具体的条件，它本来可以这样而不是那样。那么它本来可以哪样呢？你要知道它本来可以哪样，你就要具体的研究在时间中它受哪些条件的制约，它有哪样一些前后相继性、不可逆转性。客观的偶然性，实实在在的偶然性，它是要经过一些具体的研究。比如科学家在实验室里面做实验，这个实验的过程他可以这样来进行，但是他又发现了另外一种可能性，于是他把另外一种可能性找出来，甚至再做一次实验把它实现出来。然后他回过头来说，这两种可能性都是存在的，它本来还可以是另外一样，如果是另外一样那结果就大不相同了。这种是一种实在的偶然性。如孟德尔的遗传学发现，当两种不同的豌豆杂交时，第一代杂交品种全部呈现显性的那一种豌豆特征，第二代杂交品种则有四分之一呈现隐性的那种豌豆的特征，这时我们可以说，第二代杂交的豌豆有四分之一可能表现出隐性特征。这与泛泛地说，下一代豌豆可能有这种特征，也可能没有这种特征，是截然不同的。"亦即它的非存在本身自在的可能性"，这个"自在"不是自在之物，而是指的那个"非存在本身"。非存在有什么"本身"呢？非存在就是没有嘛！但是这个地方它是广义的，是指它不是这样存在的，它以另外一种方式存在，这样一种方式的存在不存在，这是可能的。那么这种没有这样一种现象存在的可能性，它本身的可能性，不包含我们所指定的某个要素。非存在本身在这种意义上也是存在的，就是它缺乏你所指定的那种存在，但是它有它自己的存在，那个存在它倒是可能的。那个时候我们才能够确定它的这种现实的可能性。但是从逻辑上来推它是完全推不出来的，如果你不指定这个非存在它是另外一种存在，在时间中它造成另外一种后果，另外一种效应，如果你不从这个角度，而单纯从逻辑上讲这个东西的非存在也是可能的，那是确定不了的，那没有现实意义，当然它有逻辑上的意义，但是这种逻辑意义不能应用到对客观事物的知识之中。这是他对因果性范畴的解释，这种解释比较复杂一些。下面对于协同性的解释，

至于协同性的概念，那么很容易估计：既然实体性的纯粹范畴和因

果性的纯粹范畴都不允许有那种对客体作出规定的解释，那么交互因果性在与实体的相互关系中同样没有能力做这种解释。

也就是说，通过前面对实体性和因果性的证明我们已经很容易地说明，协同性的范畴作为一种纯粹的范畴，也就是撇开它的经验对象，撇开时间，纯粹从范畴来看它，那么实体性的纯粹范畴和因果性的纯粹范畴的情况在这里都同样适用，它们都不可能对一个实在的客体作出规定性的解释。你可以在纯粹范畴的范围之内对它作出定义也好，给它任意地组合也好，作出逻辑上的一个命题也好，都可以，但是你要记住，你在做完这些事以后，你并没有对客体作出任何规定的解释。你只是在用你的主观概念在做游戏，但你不是在进行认识，你跟认识没有关系，你是在训练你的思维的清晰性灵活性，都可以。你要进行认识，那你就要把这些范畴运用到时间中，运用到经验性的场合，才能够奏效。交互因果性，也就是协同性，"在与实体的相互关系中同样没有能力做这种解释"。我们前面讲过，交互因果性它是因果性和实体性两者的统一，是第三个范畴、"合题"，把实体性和因果性都包括在内了，那么交互因果性也不能单凭与其他范畴的逻辑关系而作出客观的解释，它只是一种主观的游戏。你可以说："一切实体都是协同的（或互为因果的）"，但这个命题跟前面讲的"一切偶然的东西都有一个原因"一样，并没有对任何客体作出解释。

可能性、存有性和必然性更没有人能用别的方式来解释，而只能是同义反复，如果要把它们的定义只从纯粹知性中得出来的话。

可能性、存有性——存有性这个地方用的是 Dasein，我们把它译作存有——和必然性，就是他的模态的三个范畴，可能性和不可能性，存有和非有（Dasein 和 Nichtsein），——实际上就是讲现实性和非现实性，存有就是实有，有时候翻译成"实存"，——还有必然性和偶然性，这三对范畴，"更没有人能用别的方式来解释，而只能是同义反复，如果要把它们的定义从纯粹知性中得出来的话。"这个地方他没有展开，但是我们可以替他把话说出来。可能性前面已经涉及到了，所谓可能性从形式逻

429

辑的意义上来说就是：凡是逻辑上不矛盾的都是可能的，我们通常把它称之为"抽象可能性"。我可以说"月亮昨天本来是有可能掉下来的"，这并不矛盾嘛，我没有说月亮昨天掉下来了，这样说就和月亮昨天没有掉下来的事实相矛盾了，但我没有这样说，而只是说了这样一种可能性，我没有混淆可能性和现实性，所以我没有矛盾，你不能说我错了。只要不矛盾的都是可能的，对任何事情我都可以这样说。但这种可能性它不解决任何问题，它依据的只是形式逻辑的不矛盾律。那么我们要反过来问：凡是不矛盾的就是可能的，那什么是不矛盾的呢？回答是：凡是可能的就是不矛盾的。只有逻辑上矛盾的才是完全不可能的。所以对可能性的这种逻辑定义在逻辑上转来转去，它只能导致一种"同义反复"。存有和非存有在逻辑上它是利用了排中律，一个东西要么是 A，要么是非 A，它不可能在 A 和非 A 中找到一个第三者。如果 A 是存有的话，那么非存有就是非 A。那么，对于必然性和偶然性呢，我们可以用同一律和差异律来加以解释。同一的东西就是必然的，一贯的嘛，同一的东西不可能和自己不同一，它必然是同一的。偶然的东西我们可以用差异律来解释，万物都是有差异的，没有两片相同的树叶，所以每一个东西都是偶然的。它为什么有差异？那个原因你是追溯不到的，它的理由无限多，所以你只能说它是偶然的。这都是逻辑上的一些定义，从逻辑上我们可以对这些模态范畴进行定义，这些定义都是一些同义反复，"如果你要把它们的定义从纯粹知性中得出来的话"。这是一个倒装句，就是如果要从逻辑上得出这些定义，如果你不涉及到时间、经验，那就是一些同义反复，是不解决任何问题的，它只是在逻辑的范围内绕圈子。你以为你通过这个逻辑范畴规定了一个对象，但是这个对象就其含义而言它无非是同义反复。这个对象没有客观性的，它还是你的逻辑定义里面已经预设了的，你并没有推出一个一个具体的可能性和实在性、现实性和必然性。所以在西方逻辑思想的发展中康德是一个很重要的转折点，就是把以前那种单纯形式逻辑的观点大大地深化了。包括可能性、现实性和必然性这些模态范畴,以往认为都是一些纯逻辑规定,但是康德认为有不同的层次。纯逻辑规定固然不能说它错,但是还有待于深入到它底下的内容,形式逻辑要深入到内容逻辑。可能性有一种是抽象的可能性,另一种是现实的可能性,我们在科学中所要寻求的是一种现实的可能性。现实性也是如此。他为什么在这个地方不用"现实性"而用"存有"?就是"存有"更加接近于逻辑,有一种逻辑上的存有,还有现实中的存有。Dasein,Nichtsein,你可以从逻辑上理解,但是康德追求的是从现实上来理解,从内容上来理解。必然性和偶然性也是这样。按照莱布尼茨对必然性和偶然性的理解只是逻辑上的同一和差异,但是在同一和差异的底下,我们应该寻求它的根据,它在现实的事物之中什么情况下是必然的,在什么情况下是偶然的,这个要分别清楚。

因为要把**概念**(由于它本身不自相矛盾)的逻辑可能性偷换成物(由于有一个对象与概念相应)的先验可能性,这种障眼法只能蒙骗没有经验的人并使他满足。

也就是说,如果你把概念的逻辑可能性,由于它的不自相矛盾而导致的逻辑可能性,偷换成物的一种先验的可能性——"先验的可能性"康德后来把它改成"实在的可能性",其实改不改意思都差不多,所谓先验的可能性就是并非形式逻辑的可能性,而是先验逻辑的可能性,先验逻辑的可能性也就是实在的可能性,但康德在这里为了避免引起误解,因为形式逻辑的可能性也是先天的,所以改成"实在的可能性"更加明确一些——它是"由于有一个对象与概念相应"而导致的实在的可能性,这样一种偷换的障眼法"只能蒙骗没有经验的人并使他满足",这是一种偷换,把形式逻辑的逻辑可能性偷换成一种客观事物的一种实在的可能性,一种现实可能性。这个是康德第一次作出的区分,可能性有两种,一种是逻辑的,另一种是实在的。这个在莱布尼茨那里是没有区分得很清楚的。

下面我们看这个注释:

　　总之,如果把(我们唯一拥有的)一切感性的直观都去掉,那么所有这些概念就不能用任何东西来证明自己,以及借此来阐明自己的**实在的可能性**了,这时还剩下来的只是**逻辑的**可能性,亦即这个概念(观念)是可能的,——但这点并不是我们所要谈论的,我们所谈的是这个概念是否与一个客体有关、因而意指着任何某物。

　　"观念"(Gedanke)在这里也可以翻译成"思想",就是如果你把一切感性直观从范畴里面都去掉,那么所有这些概念,就是范畴,就不能用任何东西来证明自己,它们都是空洞的。这些范畴它们本来的意思就是要指向一个客观的对象,指向一个先验的对象,所谓"先验的"就是指向客观对象的;但是如果你把感性的东西去掉了,那么所有的概念都被掏空了,它不能证明自己,就是不能证明自己指向了一个对象。而范畴的本性是先验的,就是要指向一个对象,但是它们又没有一个对象可以指向,所以它们就不能证明自己。"以及借此来阐明自己的实在的可能性",这些范畴的实在的可能性你就没办法阐明了。那么"这时还剩下来的只是逻辑的可能性,亦即这个概念"、这个思想、这个观念是可能的,"但是这点并不是我们所要谈论的",我们这个地方不是要谈形式逻辑,抽掉这样一些感性直观的内容,抽掉这些感性直观本身,当然它们还是可能的,抽象讲它们也是可能的,但是它们没有用啊。这一点不是我们所要谈论的,我们所要谈论的是认识论,不是形式逻辑,我们所要谈的是"这个概念是否与一个客体有关、因而意指着任何某物",因而有它的所指。纯粹的逻辑范畴、纯粹的知性范畴,如果去掉了感性直观,它是没有所指的。

　　下面这一段也是对前面的一个总结。康德再一次地重复强调,他说:

B303　　　由此无矛盾地得出的就是:纯粹知性概念**永远也**不能有**先验的**运用,而**任何时候**都只能有**经验性的运用**,

　　"永远也"下面打了着重号,永远也不能有先验的运用,这个是我们要牢记在心的。就是范畴永远也不可能有先验的运用,当你以为是在作

432

先验的运用的时候，你实际上已经纳入了、混入了经验性的对象，否则就是一个纯粹形式逻辑上的同义反复，绕来绕去，循环论证，你没有可能运用它，你不可能对这些范畴加以运用。你对这些范畴的解释你可以绕来绕去，但是你如何来运用它们呢？你要运用它们，它们天然地就要指向一个对象，而这个对象对于我们人类来说只能是感性的经验性的对象。所以它们永远也不可能有先验的运用。我们以前谈到过，范畴的先验运用是不可能的，但是范畴的超验运用反而是可能的，超验的运用也就是用在超验的意义、实践的意义上，就是你把上帝、灵魂这些对象当作超验的对象来假设，这种实践上的超验的运用倒是可能的。但你不可能有先验的运用，不可能认为通过这些范畴的运用，撇开经验，你就可以获得某种知识。你这些知识的形式是范畴，内容是直观的东西，但是你又撇开了我们人类的直观，那是一种什么东西呢？那是不可能的。所以他在这个地方主要是把范畴的先验的运用不可能这一点强调了一下。任何时候它们都只有经验性的运用，虽然范畴的含义就是从形式逻辑的判断分类里面引出来的。怎么引出来的呢？就是从形式逻辑的判断分类中联系到某个对象，就是这些判断分类它不是单纯从形式逻辑的纯粹逻辑意义上来考虑，而是要考虑它们的内容。范畴就是从形式逻辑的判断形式上通过对内容的考虑而形成起来的。为什么他要从形式逻辑的判断分类表中引出范畴表呢？就是形式逻辑的这些判断分类当你不是单从形式上考虑，而是从内容上考虑，试图要把它们运用到对象上的时候，那就形成了范畴。所以范畴天然地就是要指向对象的。但一般的对象，康德在这里强调的是指向一般对象是不可能的，因为一般对象它不考虑感性直观的条件。所以任何时候都只能有经验性的运用，这就是从一般对象里面加以进一步的限定，如果范畴它要实际运用的话。当然不运用它也可以指向一般对象，所以它可以在超验的意义上作出某种假设。这种假设本来不是范畴的初衷，它本身不是仅仅用来假设的，要假设那什么东西都可以假设。但是如果在实践的领域里面来考虑的话，你可以利用范畴来作出某种假设。所以这些假设你是可以思考的，但是并非可以认识的。所以那个时候这些范畴就不再是先验的范畴，而是超验的范畴了，它就变成理念了，它就不是知性概念而是理性概念了。知性概念和理性概念并没有绝对的分别，理性概念虽然是由理性提出来的，但是它还是由知性上升而来的，理念还是由知性范畴上升而来的，提升到一个绝对：原因可以提升到一个绝对的原因，实体可以提升到一个绝对的实体，全体性可以提升到一种绝对的全体性，整个宇宙，这都是理念。但是理念它还是由知性范畴提升上去的，理性无非就是要追求绝对的全体嘛，追求完备嘛，从有条件的东西上溯到无条件者嘛，知性没有去追求完备，它只是提出概念。但是一旦这个概念它要追求完备，那就成了理念。理念就是一些超验的概念，它是超经验的，当然它也可以用来引导经验，但它本身不是用于形成经验知识的，在任何经验知识里面都找不到理念这个层次，只能找到范畴这个层次。理念它只是在一切可能经验之外，它本身不在任何经验知识之中。它对这些知识不是一种构成性的关系，而是一种范导性的关系。至于范畴，它在知性这个层面上面它只能够有经验性的运用，不能够运用于一般对象。

纯粹知性原理只能和某种可能经验的普遍条件、与感官对象发生关系，但决不能与一般物（不考虑我们如何能直观它们的方式）发生关系。

纯粹知性范畴它只能与某个可能经验的普遍条件发生关系，可能经验的普遍条件那就是时间了，时间是一切可能经验的普遍条件，图型是一切可能经验的普遍条件，那么范畴只能够与这样一些条件、也就是与感官对象发生关系。你既然去掉了感官对象、去掉了时间、去掉了图型，单凭范畴，那还是不能完成它的使命。它的使命就是要运用于对象上面，获得有关对象的知识，这是它的使命。但是如果仅仅停留于一般对象上面而撇开它的感性内容，那么它这个使命是完成不了的。所以"但决不能与一般物"——一般物就是一般对象——"（不考虑我们如何直观它们的方式）发生关系"。一般物当然也包含经验对象，但是就这个概念而言它是着眼于不考虑经验对象,只考虑一般,只是从先验对象、先验的物(先验范畴当然是指向先验的物、先验的对象的)着眼,那么它就不能一般地与物发生关系,不能与一般的先验对象发生关系。一般的先验对象撇开它的感性直观的内容,它就成了一个物自体,我们后面还要专门谈这个问题。先验对象这个概念也是一个很麻烦的概念。在康德那里先验对象一方面呢,它是有用的,一切先验范畴它先验地都要指向某个对象,指向一般物,它就是一般地要获得有关物的、有关对象的知识,才从判断的逻辑功能里面生长出来、引出来的,判断的逻辑功能是它的引线。判断的逻辑功能一旦涉及到对象,那么就引出了范畴,它本来这个范畴就是要规定对象的。但是就它本身而言它还没有明确要规定什么样的对象。那么康德在这里进一步对它加以限定,就是说,一般物它其实是规定不了的,它只能规定一般物中的经验对象,感性对象,这个它才可以规定得了。所以它不可能有先验的运用,先验范畴不可能有先验的运用,只可能有经验性的运用。所以它绝不能与一般物发生关系。当它与物发生关系的时候,这个物肯定是经验的。187页最后这一段可以说是对先验分析论的一个总结,就是要注意现象和本体的区别。先验分析论主要是概念分析和原理分析,然后是现象和本体的区分,为什么要区分,这就对前面两个部分的主体内容作了一个归结。他的整个先验分析就是他的认识论,他的认识论的积极的内容就是在分析论中阐明的,通过这种阐明他得出一个关键性的区分,就是现象和本体、和自在之物的区分。所以他这一段讲到:

于是先验分析论就得到了这样一个重要结论,

这是对整个先验分析论所提出的一个重要结论。所以这一章它具有特别重要的意义。当然前面那些也很重要,因为它是讲先验要素嘛,我们人类知识它是由哪些东西构成的,于是我们把人的知识的各个成分分析出来,然后再把它们的关系加以阐明,我们就懂得了人类知识是怎么样构成起来的。但是在这后面还有一个基础，我们对于要素的分析立足于什么样的基础，这就是现象和本体的区分。没有这个基础，前面那些分析论都站不住脚，为什么人为自然界立法，为什么要发挥人的主体能动性，这种能动性的范围何在，等等，这样一些问题都是基于一个前提，就是现象和自在之物的区分。所以他特别开辟出一章来点明所有前面分析论的那些讨论都是基于这一立场。所以我们说康德一切认识论的根基就在于现象和自在之物的区分，我们的认识只在现象领域。那么这一章的划分一方面是对先验分析论作了一个总结，另一方面对先验辩证论作了一个提示，所以这一章是带有过渡性质的。这是先验分析论的最后一章，然后我们要谈的就是先验辩证论了。因为现象和自在之物的区分，使我们一方面在现象界肯定要得到客观的知识，具有普遍必然性的可靠的知识；但另一方面，从消极的方面说我们不能得到有关本体的知识。我们能够得到什么、不能得到什么，都在现象和本体这一章中得到解释，所以这一章是划界的一章，我们说它是《纯粹理性批判》中关键的一章。所以他讲："于是先验分析论就得到了这样一个重要结论"：

知性先天可以做到的无非只是对一般可能经验的形式作出预测，

这个结论前面已经讲得很多了，这里再一次强调，"知性先天可以做到的无非只是对一般可能经验的形式作出预测"，一般可能的经验它是如何可能的？它的可能经验的"条件"就在于它所具备的那样一些先天形式，任何后天的经验，哪怕是可能中的后天经验，它都必须服从于这样一套先天的形式，所以我们可以对它作出先天的预测。这个"预测"并不能等同于我们在质的图型里面讲过的"知觉的预测"，这里的预测不只是讲对于质的程度我们可以进行预测，而且是讲整个先天的形式其实都具有一种预测作用，就是从形式上我们可以先天地断言任何一个经验都肯定符合这一套形式，这种先天的断言就是一种预测。这个地方用的预测这个词与"知觉的预测"中是同一个词，Antizipation，但是它的层次是不一样的。知觉的预测只是对经验事物的质方面的某种预测，即看起来质是无法预测的，但是质的程度是可以预测的，不过这个预测比较具体，尽管它也是给质的内容作了一种形式化的变形，你只要给了我一个内容我就可以预测它的程度，但虽然有形式化，这还是针对具体的性质的，还没有高度形式化。那么整个先天范畴体系是高度形式化了的。知觉的预测对质的程度的预测并不是绝对的，只是在零和充实之间的一种大致的猜测；但是范畴对经验对象的预测是绝对的预测，即一切可能经验都绝对要服从这一套范畴，绝对地能够适合于这些范畴。这样一种预测层次更高，当然也可以说它更加抽象，更抽象也就是更加空洞。在日常生活中如果有人只是说，这件事情发生肯定是有原因的，人家就会觉得好笑，你这算什么预测呢？谁不知道任何事情都有原因？问题是什么原因，这个就很难预测了，连诸葛亮也预测不准。但你不能否定一切发生的事情都有原因，这的确是一种预测。这就是一个重要的结论："知性先天可以做到的无非只是对一般可能经验的形式作出预测"，他这半句话是带有一种限制的意思，"无非是"，也就是"只不过是"的意思，知性的作用只不过是对一般可能经验的形式作预测，仅限于此。

凡不是现象的东西，由于它不能是经验的对象，知性就永远不能跨越感性的限制，只有在感性中对象才被给予我们。

这句话译得不是很顺，应该改一下，改成："由于凡不是现象的东西就不能是经验的对象，知性就……"否则这个主语就搞不清楚了，主语其实还是"知性"。"由于凡不是现象的东西就不能是经验的对象，知性就永远不能跨越感性的限制，只有在感性中对象才被给予我们"，这是与上半句话对照而言的。上半句话讲，知性所能做到的无非是预测一般可能经验的形式，它只能做到这一点；那么它不能做到什么呢？这一半句就是讲知性不能做到什么，就是"由于凡不是现象的东西就不能是经验的对象"，所以它不能跨越感性界限。把这整个一句话简化一下就是：知性只能预测一般可能经验的形式，"而"不能跨越感性的限制，只有在这种感性中对象才能被给予我们。这就是先验分析论的结论，这个结论也有两个方面，就是一方面，知性可以给一般可能经验的对象的形式作出预测，因此它是可靠的，具有普遍必然性和客观性的；但是另一方面，知性永远不能跨越可能经验的范围，它只能对可能经验的形式作预测，但是你如果超出感性经验的范围之外去作超感性的预测，那就是越界了。为什么？因为凡属于不是现象的东西，凡是现象之外或背后的那个东西，那就是本体了，凡是本体，就不属于经验的对象，我们不可能经验到本体。所以知性永远不能跨越感性的限制，只有在感性中对象才能被给予我们。自在之物不在感性之中，所以作为对象的自在之物没有被给予我们。"给予我们"这个概念前面讲了，很重要，"被给予"就是接受性的意思，就是通过感性直观、通过感官被动地接受下来，不通过这个途径，对象就不能够被我们所接受，也就没有被给予。对象虽然自在地在那里，对于这一点康德深信不疑，但是它没有被给予我们。凡是"我们的"东西，它都是经过我们的接受，经过我们感性的直观的接受而获得的。所以那个没有被给予我们的对象，当然也是对象，但它不是经验的对象，不是被给予我们的对象，它是自在地在那里，但不是为我们的。这就是黑格尔后来讲的"自在之物"和"为我之物"的区别。在康德看来自在之物和为我之物是不能转化的，自在的永远是自在的，为我的只能通过我们的感官才能成为属于我的。

知性原理只是说明现象的一些原则，而本体论自以为能够在一个系统的学说中提供出有关一般物的先天综合知识（例如因果性原理），它的这一自负的名称必须让位于那谦虚的名字，即只不过是纯粹知性的一种分析论而已。

知性原理就是前面讲的一整套十二条原理，它们为自然界所立的那些"法"只是用来说明现象的，不能用来说明本体。下面讲"而本体论"，这个本体论其实是讲的存在论，Ontologie，就是关于存在的学说，这里的"本体"是指"存在"，它跟康德所讲的与现象相对立的"本体"、Nounenon 是完全不同的，不是一个词，对此我们要高度注意。"本体论"这个译法我们是约定俗成地这样译了,其实严格说来应该译作"存在论",它跟康德关于不可知的"本体"的学说是两码事。就是说,存在论,传统的"本体论",它"自以为能够在一个系统的学说中",在本体论的自成一家、自成一个封闭体系的范围里面,通过逻辑上把各种概念倒来倒去,然后"提供出有关一般物的先天综合知识"。一般物包括自在之物,就是说凡是物,凡是客体,凡是对象,都可以通过存在论来加以解释。这是以往的形而上学的一个信念。以往形而上学关于存在的学说,存在是无所不包的,不管你是上帝的存在还是灵魂、还是物质的存在,都是存在,只要你说一个东西,它就存在。你说到一个东西,你的概念有所指,它就存在了。所以从亚里士多德开始西方人要探讨"作为存在的存在",存在它本身究竟是什么意思,认为一旦探讨清楚了这个概念就能够解决一切问题了,所有的存在无所不包都在里面了。因为从概念上来说它是无所不包的,它是最抽象最广泛的概念,万事万物莫不存在,否则你谈它干什么呢?你所谈到的东西都有它的存在。所以传统的本体论自以为通过这样一种存在论我们就可以提供出关于"一般物"的先天综合知识,我们就可以对于一般物作为存在先天地确定它的一些属性,这个一般存在它是怎么样的?它有哪些属性?一个东西一旦存在了它就会怎么样啊?它就会具有因果性,所以括号里面讲"例如因果性原理"。因果性原理被看作一般物的特性,凡是存在的都是符合于因果性的,都有因果性,凡是存在的都有实体性,单一性和复多性等等,所有这些范畴都可以把它们粘上去,挂上去,只要你把存在确定了,那么所有的东西都可以往上挂。那么挂上去的这些东西就构成了传统形而上学里面的那一系列的"知识",关于整个宇宙的知识,"二律背反",关于灵魂的知识,关于上帝的知识。因为整个宇宙也好,灵魂也好,上帝也好,它们都是"存在的",所以你可以对这个存在进行探讨。怎么探讨?就是通过因果律来探讨,通过因果律我们就可以知道它是怎么样的,这就获得了传统本体论的一系列先天综合知识。康德认为"它的这一自负的名称",关于"存在论"这一名称它是非常自负的，因为"存在"它是无所不包的，关于"存在"可以形成一个"论"，这就给传统形而上学带来一种自负，因为我已经探讨了这个最高的玄而又玄的概念，把这样一个概念探讨清楚了，那还有什么问题不能解决呢？但是康德认为这只不过是一种自负。他认为这样一个自负的名称必须让位，"必须让位于那谦虚的名字，即只不过是纯粹知性的一种分析论而已。"它不是什么一开始就可以先天地确定的存在学说，关于一物、关于一般对象，或者说关于一般存在的学说，这样一种本体论是太自负了。我们人类有他的限度，它没有考虑到。所以我们要谦虚一点，怎么谦虚？我们不要去从一个系统的本体论出发去解决一切问题，我们要从下而上地对我们现有的知识、一切可能经验的知识进行一番分析，看它是由哪些成分、哪些要素构成的，它们分成一些什么样的层次？分析的结果如何，这个不能预先确定，要通过分析才能知道。这种分析论与当时经验自然科学的分析方法是一脉相承的，就是把一个东西摆在那里，我把它分解开来，对它的每一个层次、每一个要素分门别类地进行考察，然后再探讨这个要素和那个要素之间的关系，这样回过头来把这些要素再按照这种关系综合在一起，我们对这个对象就有了一个更深入的了解。这个就很谦虚了，并不是说我先有一个存在的概念，然后从这个存在概念去确定哪些东西应该是怎么样的，这个就太骄傲了。康德主张我们要放下架子，要实事求是，就事论事，是什么就是什么。我们分析出来有哪些要素，只要我们分析得彻底，没有遗漏，那么我们分析完了，就大功告成了。我们除了分析它的要素之外，还要分析它们的作用方式，考察它们的相互联系，这些东西都分析透彻了，那就够了。我们不要超越我们的分析对象之外去预先假定什么东西，要排除独断。所谓"自负的名称"就是传统的本体论，传统本体论康德认为太自负了。但是康德是不是完全抛弃了本体论呢？也没有。相反，康德认为他的纯粹理性批判就是导致一种未来的新型的存在论的。或者说未来的新型的存在论有两个方面，一个是现象，现象的客体、现象的对象是如何建立起来的，这也是一种本体论,也是一种存在论,但是它非常谦虚,它是通过分析而获得的,它是通过分析我们现有的知识来考察这些知识是如何构成起来的。另外一种关于本体的存在论康德也没有否认,但那不是属于知识的,而是属于道德和宗教的。所以海涅说康德砍掉了自然神论的头颅,也就是砍掉了形而上学的头颅,但是在道德领域中又把它恢复起来了。就是说,关于本体的这样一种存在论康德也没有否定,只不过是说他认为这样一种存在论你不能当知识来看待,它仅仅是一种实践学说、道德学说,它教你应该怎么去做事,应该怎么行动,这个"应该"是绝对的应该,不是说你先有一个假设,你为了得到一个什么东西你就应该去怎么做。它没有任何假设的前提,它就是出自人的本性、人的实践理性,你作为一个人你应该怎么做,你是一个人你就应该怎么做,这就是道德的形而上学。所以康德并没有完全否定形而上学的存在论,而只是把它分为两个方面,一个是现象方面,一个是本体方面,这两个方面互不相干,互相绝缘。现象的方面你不能预测本体的事情,本体方面你也不能把它当作一种知识,当作一种经验知识、现象知识。所以在这个地方他主要是破除以往本体论的骄傲,那种独断,而代之以一种分析,就是我们要谦虚一点,要从现实的知识的分析入手,概念分析、原理分析,都是分析。当然通过分析以后他发现分析出来的结果是知识的一种综合作用,先分析后综合,所以他是"分析论",但是你看他分析论里面处处讲的是综合作用,他的方法是分析的,但分析出来都是综合,这种综合那种综合,知识的三重综合,只是这些综合都是通过分析得来的,并不是一开始他就断言的。我们很容易认为康德一开始就认定了一个先验自我意识,这个先验自我意识从哪里来的他又不加说明,好像是独断的。但是在他自己看来其实不是这样。这个先验自我意识是从我们一切人的知识之中,通过一步步分析、追溯而得出来的,通过反思,我们有了知识以后还不够,我们还要反思这个知识是何以可能的,这个知识要得以可能它首先要有综合,特别是本源的统觉这样一个综合,这个是造成我们现有知识的根源。分析到这里就完了，就打住了，再也不能分析了，全都在这里了，它的最深处的东西都被分析出来了，一层层剥离，把那些东西都剥除以后剩下的就是这个东西了，再没有什么东西可剥了，分析到底，分析到底就是综合了。然后你从这个东西来看，对所有的知识的各个层次你都可以把它覆盖上去，综合起来，形成完整的知识结构。这就是他的分析论。

后面的这些段落都是对前面所讲的原理的一种展开。前面所讲的总的原理就是要把现象和本体区分开来，由此导致我们就要把这些范畴以及它们的原理进一步看待，范畴以及它们的原理只能有经验性的运用，不能有先验的运用。这一段就是更加具体地阐明这个道理。

B304　　<u>思维就是把给予的直观与一个对象联系起来的行动。</u>

所谓思维，Denken，在这个地方相当于康德的"知性"，他有时候经常把知性和思维交换着使用，比如前面所讲的"思维无内容则空，直观无概念则盲"。思维和知性被看作是等同的、一样的，因为所谓的思维就是一种认识的能力，一种主体的主动能力。有些对象不可认识，但是可以思维，就是有些对象知性可以主动地思考它。但是知性作为思维来说它的使命就是要认识，如果思维仅仅只是停留在思考一个对象，那么这个思维是未完成的，因为它没有获得知识嘛。所以知性就是要通过思维来认识对象嘛。所以这里对思维作了这样一个类似于定义的说明："思维就是把给予的直观与一个对象联系起来的行动"。思维也可以说是一种联系的作用，知性的最高原理就是一种本源的统觉的统一，统觉的统一就是一种本源的联系，这种联系在思维那里就是要把一个给予的直观与一个对象联系起来。直观和对象联系，直观本身不就是对象吗？康德经常就是把直观说成是对象，就是说，如果没有直观的话一个思维就没有对象了，它思维什么呢？它就没有可思维的对象了。但是这里却说思维是把直观与一个对象联系起来，如何理解这句话呢？就是直观已经被给予了，但是它还没有成为对象，比如说物自体刺激我们的感官，我们获得了一大堆的表象，知觉印象感觉等等，这是杂多；但是这些杂多如果不把它和一个对象联系起来，如果我们不把它们看作是一个对象的属性，那么它们就还没有作为一个对象而联系起来，它们就像一个梦，一大堆碎片飘浮不定，而不能构成知识。所以思维就在里面起作用了，除了直观以外，直观就是提供材料了，而思维就是把这些材料构成一个对象。通过什么方式构成一个对象呢？通过联结的方式。与什么相联结呢？与那些范畴相联结，思维通过把它的被给予的直观与它的那些范畴联结起来，构成一个对象，这个时候康德讲就是把一个直观与一个对象联结起来的行动，那就是思维。对思维的这样一种理解当然是特定的，并不是一切思维在任何地方他都是这样解释的，如他认为有些对象它是可以思维的，但却并不是可以认识的。所以康德这句话不能一般地理解成他对思维的定义，他只是在特定的情况之下讲到知性的作用，就是把给予的直观与一个对象联系起来。虽然知性还有其他的作用，知性可以离开任何经验的东西，不作这样一种联系，而去思考这样一个对象，它可以把它当作一个先验对象来思考。所以康德把认识对象和思考对象区别开来，一个对象它可以思考，但是却不能认识，比如说物自体，我可以思考它，但却不能认识它。我对它的思考当然决不是把它和一个直观联系起来，如果你那样理解那就错了。但是这个地方他是指的思维的一种功能，思维的功能就在于它要把给予的直观和一个对象联系起来，思维就是这样一种行动，这个时候我们就说，这个思维在行动，它发挥了它的动作，这时它就是一种认识的思维，一种现实的思维。

如果这种直观的方式根本无法给予出来，则该对象就只是先验的，

"如果这种直观方式"，他这里限定了一下，"这种"直观方式就是指"被给予的"、也就是感性的直观方式，如果它"根本无法给予出来"，那么"该对象就只是先验的"。该对象就是前面讲的"与一个对象联系起来"，这个对象好像已经在那里了；只不过它没有与直观联系起来，它就只是先验的。也就是说，这个对象就是一个"先验对象"。"先验对象"这

个词在康德这里是个必须关注的词,这个地方讲的一个对象当它没有被理解为经验对象的时候,它就是被理解为先验对象,因为它没有直观的内容。所以康德在这里的思维方式看起来有些奇怪,在我们看来,你要把直观和一个对象联系起来,那就意味着这个对象已经在那里了,它就是一个东西,然后你把直观到的东西附加到它上面去。这就是我们通常的想法。"思维就是把给予的直观与一个对象联系起来的行动",也就是有一个对象在那里,然后你把你对它的感觉,你所直观到的知觉印象,把它们"挂到"那个对象身上去,那么你就对那个对象"认识到"了。但是"如果这种直观的方式根本无法给予出来",如果我们没有一种感性的直观的话,那么"该对象就只是先验的"。我们刚才讲了,思维它没有直观它也可以思考一个对象,所思考的对象就是物自体,能够认识的对象就是现象。当然你把直观的材料挂到这个对象上去的时候这个对象就是经验的对象,就是你所认识到的对象,那就是现象而不是物自体了。但这里提到,这种直观的方式要是根本没有被给予出来,那么这个对象就只是先验的,只是你想的,只是你通过思维先验地想到的对象,那么这个对象是不是还在那里呢?这就不知道了。这跟我们通常的理解不一样,我们认为即使我没有感到它,那个对象总还是存在的嘛,我感觉到了它,那么它就被我们认识到了。但康德认为如果我没有感知到它,那么那个对象就只是你先验地想到的对象,它其实是主观的一个先验对象的表象,你在思维中建立了一个表象,一个对象意识,这个对象意识是不是就是那个客观对象的"反映"呢?那倒不是,它什么也不反映,只是空的一个对象意识,它只是你自发地提出来的一个表象,它不会反映一个对象,哪怕抽象地反映也不行,那个对象是不能由你去反映的。你可以思考有这么一个对象,但是你的思考只是你的思考,你的思考只是你建立的一个表象。当然康德也不否认自在之物的存在,这样一个先验的对象,如果你要追究它本身究竟是怎么样的,那就是自在之物。它指向一个自在之物,但是它并不反映一个自在之物。如果它没有经验的内容的话,那么

它虽然有指向，它本身就是指向性的，但是指向什么呢？指向自在之物。但是它永远不能认识自在之物。所以该对象就只是先验的，

知性概念就没有别的运用，而只有先验的运用，即具有思维对一般杂多的统一性。

在这种情况之下，知性概念就只有先验的运用了。在这里康德好像承认了知性概念还是有先验的运用，但是下面他马上就否定了这一点。他这里只是一种逻辑推理，说如果没有直观被给予出来，那么知性范畴就只能有一种先验的运用了，但是先验的运用是一种什么运用呢？下面他指出来，先验的运用其实就是不运用，这就把这一点点穿了。但这里的这一句话暂时还没有点穿，他只是说，如果这样的话，"知性概念就没有别的运用，而只有先验的运用，即具有思维对一般杂多的统一性。"思维对一般杂多的统一性，也就是统觉本身的一种功能，先验自我意识本身的一种功能就是本源的统觉的综合统一嘛。那么这种综合统一是统一什么呢？在这种情况下，在没有直观的情况下，这种统一就是对一般杂多的统一。这个"杂多"（Mannigfaltige）在康德那里通常是指直观的东西，直观的杂多，经验性的杂多，通常是这种含义。但是这里讲的"一般杂多"，就是说如果你把直观经验抽掉的话，那么它就只是这样一个意思，它要统一杂多的东西，但是实际上没有杂多的东西给它统一。它只是一个统一的意向，但是还没有实现为一个行动。它要实现为一个行动，你就必须给它一个可以统一的东西。我们经常会想起康德举的一个形象的例子，一只鸽子在天上飞，如果没有空气的话，它是飞不起来的。它空有一种飞的意向，一种能力，但是它飞不起来。在认识中直观的杂多就是空气，没有直观的杂多，这个鸽子、也就是这个先验的统觉就没有什么东西给它用力、给它"统"了，它"统"什么呢？这个统觉的意思就是要把杂多的东西统一为一个东西嘛！所以一般杂多，不限定你这个杂多是什么杂多，那么统觉的这个意思就是要把一般杂多统一起来，这个意思它是有的，这个时候它就没有别的运用，而只有先验的运用，"即具有

思维对一般杂多的统一性"这种作用。但这种作用没有实现出来。一般杂多，哪里有一般杂多？具体而言只有经验的东西才是杂多，其他的东西都不是杂多，都是逻辑。逻辑怎么能算是杂多呢？杂多就是多样的东西，性质上不同的东西才叫作杂多，它是杂乱的，它不像逻辑，逻辑就是一根筋了。

于是，一个纯粹的范畴，如果其中抽掉了我们唯一能具有的那种感性直观的所有条件，那么就没有客体被它所规定，而只有某种一般客体的思维在按照各种不同的样态被表达。

就是说一个纯粹的范畴，如果我们单纯从范畴来看，从其中"抽掉了我们唯一能够具有的那种感性直观"，所谓"我们唯一能够具有的"，就是我们人类唯一能够具有的直观，那就是感性的直观，而不具有知性的直观，知性直观我们下面还要着重谈的。这里康德是话里有话，没有明确说我们不具有知性直观，而只说我们"唯一"具有的感性直观。如果把范畴里面的感性直观的所有条件，——那就是时间空间了，我们只能通过时间空间来直观，因为时间空间是感性直观的纯形式——如果把这些条件都抽掉了的话，"那么就没有客体被它所规定，而只有某种一般客体的思维在按照各种不同的样态被表达"。如果没有时间空间，你仅仅只通过范畴来建构一个知识，那么你这个知识虽然是指向一个对象，但是没有任何一个客体是被你所规定的。你不能规定，你只能提出一个表象，一个先验的对象，你提出一个先验客体的表象，但是这个表象没有得到任何规定，你既不能规定一个自在之物，也不能规定它作为一个经验对象的各种特征。因为经验对象你抽掉了，而自在之物你又不可认识，那么这个对象你用什么来规定呢？这个客体就是一个没有用的规定了。所以这样一来就没有任何客体被规定了，而只有"一般客体的思维"、也就是对于一般客体的思维，"在按照各种不同的样态被表达"。也就是说，我们这个纯粹范畴当它在谈论一般客体的时候，它只是在谈论一个"对象意识"，一个先验对象的表象，并没有谈论任何一个对象。这种谈论的目的只是为了把直观经验的东西充实进来，把经验直观的东西联结到这个对象表象上来，如这一段第一句话所讲的，"思维就是把给予的直观与一个对象联系起来的行动"，在把它和给予的直观联系起来之前它只是一个对象意识，一个对象的表象，它是空的。你要撇开它的直观内容，而想要探讨它本身究竟是什么，那它本身就是指向一个自在之物了，先验对象在这种情况下就是指自在之物。它只有充实以经验性直观的材料，它才能完成它的使命。先验对象的使命就是要变成经验对象，它的目的就是要成为经验对象，但是你不让它成为经验对象，那它就成为了一个先验的 X，它是指向一个自在之物的。你可以思考它，思考一个先验的对象，就是一个没有任何经验性材料的对象，那个对象就是自在之物。但是对这样一个自在之物你不可能有任何认识，因为你没有经验的东西怎么去认识它？你光有一个对象意识，那个不叫认识，因为你只有一个概念，你没有一个判断，你无法对它下判断，你就无法对它进行规定，无法对它进行规定就不能形成知识。我们前面讲过，康德认为一切知识都要基于判断，你没有判断就不能构成知识。所以没有任何客体被它所规定，而只有一般客体的思维在"按照各种不同的样态被表达"。"样态"在这里用的是 modi，是 modus 的复数，它是个拉丁词，德语化的形式是 Modalität，也就是"模态"。就是说，你可以用可能性和不可能性，现实性和非现实性，必然性和偶然性这样一些模态范畴来表达这些抽象客体的表象，这是以往的形而上学惯用的表达方式。如上帝存在的本体论证明，上帝的概念必然推出上帝存在的概念，而这个上帝存在的概念也必然是客观实在的，不是仅仅存在于我主观里面。如果仅仅存在于我主观里面，那就和上帝这个绝对完满的概念相矛盾了，因为完满性它离不了实在性，缺乏实在性它就不完满了。如果一个概念你说它如何完满，但是并不实在，这能叫完满吗？这就是从概念的逻辑必然性里面推出一个实在性了。至于可能性，则更加容易作出这样的判断，上帝、灵魂等等，任何东西你总可以说它是"可能的"。所有这些模态的范畴我们都可以加到这样一个客体上面，来对它形成一个判断。模态范畴我们讲过它有其特殊性，它的特点就在于它并不构成知识的内容，它只是构成知识和主体的关系，在量、质、关系这些范畴对一个对象作了具体的规定、构成了知识以后，那么再来探讨这样一种客体的知识对我们主观的态度有什么关系。可能性、现实性、必然性等等，这都不是构成我们知识的内容的，而是表示我们对这些知识的态度，前面我们已经讲了这一点。所以模态范畴的特殊地位它是一种过渡性范畴，从客体的结构过渡到主客体的关系，从科学知识的结构上升到认识论。科学知识是那样构成的，量啊，质啊，关系啊，对象的结构就是这样的；但是可能性、现实性和必然性并不构成知识本身的结构，它们只构成我们对待知识的态度，它们涉及到主体。所以以往的形而上学正因为模态有这样一种特点，就经常用模态范畴来解决问题。你说我不能获得对上帝的知识吗？我可以用模态来构成知识，上帝是可能的，上帝是现实的，上帝是必然的，这就好像构成一种知识了。上帝必然存在，上帝是一切偶然性的原因，我这就构成上帝的知识了。所以康德说，以往的形而上学只是把一般客体的思维按照各种不同的模态表达出来，这就是利用模态的这种两可性，它既是与客体的知识有关的，但是它又是一种主观的态度，那么我就可以把这种主观的态度运用到一个物自体的知识上面去啊？以往的形而上学往往抓住这一点就构成了一些所谓的知识，但是这些"知识"其实并没有知识的客观性内容，他们把模态范畴误用了，误用到一些根本不是知识的、关于一般客体的思维之上去了。

一个概念的运用还应该有一个对象借以被归摄到这个概念之下的某种判断力的机能，因而至少应有使某物得以在直观中被给予出来的形式条件。

这就是我们刚才讲的，如果我们要运用一个概念的话，那么就必须要有判断。单独一个概念它构不成知识，你要运用这个概念，那就必须要形成判断。前面的概念分析和原理分析就是讲的这两个阶段，一方面提供出一套纯粹知性概念，就是范畴体系；另一方面这个范畴体系中每一个概念究竟如何用，那就是原理分析里面讲的判断力的学说，把这些概念经过判断联系到一个经验上，联系到一个直观上，这就是这些范畴的用处。否则的话它就没有用处了，它就是一个概念单独地在那里了。所谓判断力就是把一个普遍概念和一个具体场合联系起来的能力，康德对判断力的定义就是这样的，在认识中就是要把一个概念和一个具体直观的对象联系起来，实际上是"思维"的一种表现。前面讲思维就是把一个给予的直观和一个对象联系起来的行动，这个行动具体体现在判断力上。所以"一个概念的运用还应该有一个对象借以被归摄到这个概念之下的某种判断力的机能"，你要运用这个概念，你就必须有一个判断力的机能，这个判断力的机能使得对象能够被归摄到这个概念之下。判断力的机能无非就是把一个对象归摄到一个概念之下，把一个特殊的东西归摄到一个普遍的东西之下，这个普遍的东西就是概念，这个特殊的东西就是这个特定的对象。所以还应该有一个判断力的机能，"因而至少应有使某物得以在直观中被给予出来的形式条件"，这个形式条件就是图型，就是时间的先验规定。时间图型就是对象得以在直观中被给予出来的形式条件。时间就是先天直观形式嘛。那么一个对象要能够在直观中被给予出来，就必须要依赖于时间这个形式框架，被"装进来"，这个图型、这个时间框架能够把感性的杂多材料装进来，以便形成一个直观对象。所以概念离不了判断的机能，也就是离不了图型，也就意味着离不了直观。

　　缺少判断力的这一条件（图型），所有的归摄都会作废；

　　这里点明了这个条件就是图型了，缺少这个图型，如果没有图型，你可以作出种种不同的归摄，比如说灵魂，你可以说灵魂是单一的，灵魂是实存的，灵魂是实体，等等，你都可以归到灵魂这个概念之下来，但是如果你离开了图型，时间空间，所有这些归摄都会作废，都没有意义了，都是你思维的一种游戏。你把那些范畴颠来倒去互相组合，互相缠绕，作一种游戏，但是所有这些东西都不会构成任何知识，你对于灵魂作为一个实体的知识没有任何收获。

因为没有给出任何能归摄到概念之下的东西。

你没有给出任何一点能够真正归摄到概念之下的东西，也就是没有给出直观。所谓能够归摄到概念之下的东西，只有直观。只有直观杂多能够归摄到概念之下。如果你离开了这些东西，那你这个概念就只是抽象的。你把一个概念看起来好像归摄到了另一个概念之下，其实不是的，那个概念并不能归摄到这个概念之下，你只是把两个概念联系起来了而已，联系起来说一说而已，而这种说并不是什么知识。

所以，范畴的单纯先验的运用事实上就根本不是什么运用，

哈！这句话把前面的完全否定了，前面讲没有经验性的运用，而只有先验的运用，而这里讲单纯先验的运用"根本不是什么运用"，因为它事实上只是在做游戏嘛！你先验地对这些概念范畴倒来倒去，那并不是什么运用，你没有运用它。

而且没有任何确定的对象，哪怕仅仅是可从形式上来确定的对象。

这样一种运用不是什么运用，因为你没有确定的对象，你没有指向一个经验的对象，你所有这些范畴都是主观的先验逻辑的一些概念，先验逻辑本来是要指向对象的，但是以这种方式你并没有把它们指向一个对象。所以它没有任何确定的对象，"哪怕仅仅是可以从形式上来确定的对象"，比如说数学的对象，一个圆形、三角形、正方形这些对象。如果没有经验性直观的东西提供给你，那么你用这些范畴根本不能作出任何有关对象的知识出来，哪怕数学知识、几何学知识，你也做不出来。数学几何学知识是从形式上来确定对象的，你从以往的本体论中能构造出数学来吗？你要构成数学知识也必须通过时间空间、通过直观的形式。所以如果没有时间空间，没有经验性的材料，你连数学也构成不了，更不要说自然科学知识了。以往唯理论的形而上学通常把数学看作是跟概念思维同一个水平的，认为可能从比如逻辑公理和形而上学命题中推出

某些数学公理来，认为数学也是概念思维，也是建立在逻辑上的。莱布尼茨讲，将来我们解决形而上学的问题可以拿笔来算一算嘛！那算得出来的？这是莱布尼茨的一种理想。但是在康德看来哪怕是在形式上来确定对象，哪怕是"算一算"，你也得依赖于经验，依赖于直观中的客体。

　　<u>由此可见，纯粹范畴甚至对先天综合原理也不是充分的，纯粹知性的原理只有经验性的运用，决没有先验的运用，而越出可能经验的范围之外，任何地方都将不能提供先天综合原理。</u>　　　　　B305

　　"纯粹范畴甚至对先天综合原理也不是充分的"，这个地方就更进一步了。前面只是笼而统之地讲，纯粹知性范畴及其从中引出的原理都只能有经验性的运用，而不能有先验的运用；而这个地方把范畴跟它里面引出的原理又作了一个层次区分，就是单纯的范畴对先天综合原理来说也不是充分的，你不能单从范畴中引出先天综合原理，你要引出先天综合原理，它本身就必须加入直观的成分。原理分析，所谓的"判断力的学说"，它跟前面的概念分析已经不同了，因为原理分析里主要讲的是"图型论"，所谓图型论主要就是加入了时间的先验规定嘛，加入了直观的东西。图型已经是直观的东西，由直观的图型结合知性的范畴才构成了知性的原理。知性的原理体系整个都是这样构成起来的。人为自然界立法的这个"法"本身，立了哪些法，按照十二范畴立了十二条法，但这里讲，就是这十二条法也不是单纯通过范畴构成的，而是通过范畴在感性的直观形式中的运用才得出了这些原理。因果性我们都知道它是范畴了，但因果性的原理是什么呢？因果性原理就是"在时间中的相继性原理"。这才得出了因果性原理，如果只有一个因果性，那它还不是原理，只有通过时间来理解，因果性才成为原理。所以单纯的范畴"甚至对先天综合原理也不是充分的"，也是不够的。先天综合原理本身就已经除了范畴以外还需要有直观的形式，还需要有时间。所以他讲"纯粹知性原理只有经验性的运用，决没有先验的运用"，纯粹知性原理它本身就包含经验的东西，是通过运用到直观形式上而形成的。当然它还必须具体落实到

经验性的那些后天的材料上才能起作用，如果它停留在这个地方它也只是一条抽象原理；但就连这些抽象原理，它也已经是通过直观的东西而形成的，它里面已经掺杂进了直观的东西，它本身就包含经验直观的东西才能成立，那它当然不可能有先验的运用了。它已经是范畴在直观形式上运用的一种产物了，然后它又只能运用在经验性的东西之上，这是毫无疑问的。最后，"而越出可能经验的范围之外，任何地方都将不能提供先天综合原理。"可能经验的范围也就是图型的范围。图型也就是可能经验的形式，时间的先验规定，可能经验就在这个范围之内，越出这个范围，任何地方都将不能提供先天综合原理，不仅不能提供纯粹范畴，而且连先天综合原理都不能提供。有的人可能会以为，范畴可以离开经验的材料，为什么呢？因为范畴本身它可以构成一条原理啊？因果性难道不是一条原理吗？但是按照康德的说法，因果性本身还不是一条原理。在逻辑上你可以把它理解为有它的定义，但是它还不构成原理，要构成原理必须经过判断，要构成判断就必须和经验直观的东西打交道。原理的意思就是这些纯粹知性范畴按照一种什么样的规律和经验对象打交道，这就是和经验对象打交道的原理。范畴本身不是原理，它本身又不是一个判断，你要把它形成一个判断，那它就已经跟对象打交道了，而这个对象只能是经验的对象。你能够打交道的对象只能是经验对象。所以离开了这个范围之外任何地方、哪怕在先验范畴的领域，都不可能提供先天综合原理。当然反过来，离开范畴，只靠后天的经验也不能提供先天综合原理。这就是他这一段的意思。下面康德引出了他自己的严格的表达方式：

　　因此我们可以不妨这样来表达：纯粹范畴没有感性的形式条件就只不过具有先验的含义，但它们不具有任何先验的运用，因为这种运用在其本身是不可能的，这些范畴缺少（在判断中）任何一种运用的一切条件，也就是把任何一个所认为的对象归摄到这些概念之下的形式条件。

452

就是说,先验的运用严格说来是"不可能的",为什么呢?因为范畴"没有感性的形式条件就只不过具有先验的含义",只在先验的层面上飘荡,它落实不下来,没有一个中介条件,它就无法与它的对象发生实际的接触,因为它没有借以统摄对象的形式条件,也就是没有图型。这里的"形式条件"就是指图型。图型就是把一个所认为的对象归摄到范畴之下的形式条件,也就是"在判断中"运用范畴的形式条件。"所认为的对象",包括一切一般对象,即范畴所意指的对象。它可能是物自体,那么就没有任何作为中介的形式条件,因为我们没有"知性直观";如果它是经验对象,那它就要以感性直观的形式即图型为中介,但这一点又被预先排除了,说"纯粹范畴没有感性的形式条件就只不过具有先验的意义"。所以康德才会说,这样的一些先验的范畴"不具有任何先验的运用"。因为单独一个概念或范畴并不是运用,只有通过判断把对象归摄于其下才能叫作对范畴的运用。康德下面解释说:

> 既然当我们将它们和一切感性分离开来时,它们(单作为纯粹范畴)<u>不应具有经验性的运用,又不能具有先验的运用,那么它们就完全没有任何运用了,就是说,它们根本不能应用于所认为的对象身上</u>;

这就把前面所设想过的先验的运用全部推翻了,所谓的先验运用,实际上等于不运用。因为"所认为的对象"只可能有两种情况,要么是物自体,要么是经验对象、现象。当这两种情况都被排除了以后,这些范畴当然就"没有任何运用了",

> <u>毋宁说,它们只不过是知性运用于一般对象上的纯形式及思维的纯形式,但却不能仅仅由这形式而思维或</u>① <u>规定任何一个客体</u>。

这些范畴的使命当然是要运用于一个对象上的,这是先验逻辑的范畴和形式逻辑的判断分类不同的地方;但尽管如此,在这些范畴实际运用于一个对象上之前,它的这种使命只是一个空洞的要求,还根本没有

---

① 原译误作"和",兹改为"或"(原文为 oder)。

实现出来的条件。所以它们只是"知性运用于一般对象上的纯形式及思维的纯形式",单凭自己是不能"思维或规定任何一个客体"的。这里的"规定"相当于认识的规定,也就是不能获得对客体的任何确定性的认识的;但是否能够"思维任何一个客体"?前面讲了,在康德那里"思维一个客体"和"认识一个客体"是不一样的,一个无法认识的客体如物自体却是可以思维的。但这里却讲我们没有感性直观,就不但不能规定客体,连仅仅从形式上思维一个客体也不可能了,显然和康德自己的用法有出入。这在康德那里是极少有的情况。

<u>然而在这里根本上有一种难以避免的幻觉。</u>

这个"然而"是紧接着上面的意思来的,就是纯粹知性范畴不可能有先验的运用,只可能有经验性的运用,只能运用于经验对象,而不能够单凭这些范畴就建立起一个对象。这是不可能的,这一点我们要特别强调。之所以我们以为它有先验的运用,只是由于一种误解,实际上是不可能的。这是很多人都没有考虑清楚的。有人看到康德也有一些说法,好像说知性范畴离开了直观的话那它就只有先验的运用了。最近接到一篇博士论文要我评审,里面说康德的先验范畴有三种运用,一种是经验的运用,一种是先验的运用,一种是超越的运用。但上次我们已经讲到了,先验的运用是不可能的,而超越的或者说超验的运用并不是运用知性范畴,而是由知性范畴上升而来的理性概念、"理念"。所以范畴其实只有一种经验性的运用。它的先验的运用只是一种假设,但康德马上把它否定了,说所谓的先验运用实际上就是不运用,就是没有任何运用。你在先验的范围里转来转去,那你把它们运用于什么上面呢?而这一段又转了一下:"然而",这个"幻觉"(Tauschung)我们要注意,它不是指后面的理性的幻相(Schein)。这个幻觉是"难以避免的",但是是可以避免的,你讲清了道理它就避免了;但是理性的幻相是不可避免的,你讲清了道理你可以不受它的迷惑,但是你仍然不可避免,它是一种"自然倾向"。这种自然倾向康德认为它是出自于人的一种道德本性。至于幻相如何产生的,

它肯定是出于一种误用，以为理念可以用于一个对象，而这个对象你以为可以成为一个经验对象，你可以获得对它们的知识，灵魂啊，上帝啊，宇宙整体啊，这个就是一种误解了。但是你即使不把它当作一种知识，你也有一种自然倾向，你要把它当作一种好像是知识的对象来加以"悬设"。当然你区分了这是悬设而不是知识，你就可以不受它的迷惑了，但是它作为一种悬设在你面前，让你总是感觉得好像它是一种知识。而知性范畴的先验运用在这里也会产生一种幻觉，就是你以为你在进行一种先验的运用，但实际上你没有。实际上这是不可能的。

范畴按照其来源不是像空间和时间这些<u>**直观形式**那样建立在感性之上的；因此它们似乎允许超出一切感官对象去作一种扩展的应用。</u>

为什么是难以避免的幻觉呢？因为范畴按照其来源来讲不是像空间时间这些直观形式那样建立在感性之上，它不是依赖于感性，感性是接受性的，知性的范畴是自发性能动性的。因此知性的范畴似乎允许超出一切感官对象去作一种扩展，因为它本身不是来自于感性，所以是不是它们就可以单凭自身去作一种扩展呢？去扩展我们的知识呢？它们是先验的，那么我们是不是就可以在先验的层面上扩展它们呢？但这种幻觉是可以打破的，所以他下面讲：

不过这些范畴本身又无非是**思维的形式**，它们只包含有把直观中所给予的杂多东西先天地结合在一个意识中的逻辑能力，

B306

范畴只是思维的形式，这些范畴仅仅包含有"把直观中所给予的杂多东西先天地结合在一个意识中的逻辑能力"，它们本身只是一种逻辑能力，无非是思维的形式，如果你把它的作用对象去掉——它本身当然不是直观杂多，因此你可以把它们去掉——，那么它剩下的是什么呢？剩下的只不过是一些思维的逻辑形式。这个逻辑形式的功能本来是要把直观杂多结合在一个意识中的，但现在你把那些东西去掉以后，

而一旦把我们唯一可能的直观性从它们那里去掉，它们所具有的意义就比那些纯感性形式更少，通过后者至少还给出一个客体，而我们的

知性所特有的结合杂多的方式如果不加上杂多唯一能在其中给出的那种直观，就毫无意义了。

就是说，把那些逻辑能力的直观内容去掉就毫意义了。"我们唯一可能的直观"就是暗示另外的一种我们所不可能有的直观，就是知性直观，我们人类只有感性直观，只有通过感官才能获得直观。一旦把这种直观从那些知性范畴那里去掉，那么"它们所具有的意义就比那些纯感性形式更少"，也就是比时间空间更少。这里讲的意义当然是认识意义。就是说这些抽象的范畴比起时间空间来它的意义更少，"通过后者至少还给出一个客体"，刚才有个同学讲，这种"客体"可以从两层意思来理解，一层就是数学和几何学，它们着眼于感性对象的形式，所以我们可以把这些形式当作数学几何学的客体，如一个东西有多大，占据了多少空间，不管它是什么，但是它占据一定空间，那么我们就可以把它当作一个客体来测量，就对它有了一定的知识，至少知道它有"多大"。这个就比范畴的意义更大一些，它的认识价值更多一些。当然我们还可以考虑第二层意思，就是这个客体是可以在里面建立起一个感官对象的，如果在这个形式里面充实以感官质料，它就可以被看作一个感觉经验的对象了。不过那样一来我们就必须考虑把范畴纳入进来考虑了，单凭时间空间还不足以建立一个经验性的客体。所以我们最好还是只从第一层含义来理解康德的意思，理解为纯粹数学的对象。数学对象是意味着一个感官客体的，意味着它可能包容进感官材料的，但如果真的要包容进感官材料，那就要引入范畴，比如说"实体"范畴。你把它当一个实体来看，你才能说"它"具有多大的体积，多久的时间。但是我们即算没有这种实体性或因果性等等，数学里面也已经有它的客体了，所以数学就它本身来说也可以被看作一种知识，它具有知识的意义。当然最终它的知识的意义要依赖于经验性的材料，但比起单纯范畴来说它的知识意义要更多一些。范畴如果没有经验性的材料，它的认识意义就是空的，就仅仅是一种逻辑上的思维形式，如实体性就被还原为一个主词，一个直言判断，因果性就被还原为一个假言判断，那它就没有认识论意义了。之所以有认识论意义，之所以要从逻辑判断表中引申出范畴来，就是要把它运用于一个直观对象上。这就是先验逻辑和形式逻辑的不同之处，就是把逻辑引申到认识论里面，作为有关对象的知识来看待，这就从中引出了范畴，范畴就是这么来的。那么你现在把它的这个直观对象去掉，那么它就又回到了逻辑判断表中的那种分类。所以他讲"通过后者至少还给出一个客体，而我们的知性所特有的结合杂多的方式如果不加上杂多唯一能在其中给出的那种直观，就毫无意义了。"如果我们的知性的这种结合杂多的方式，即这种统觉的功能，如果不加上直观，也就是"杂多唯一能在其中被给出的直观"，那就毫无意义了，因为统觉的功能就是要结合直观的杂多，如果你不给它直观，那它就毫无意义。形式逻辑对于认识、对于真理来说当然它是认识的消极条件，但是它没有积极意义。这是他前面一段话的意思，后面一个破折号，他说：

——可是，如果我们把某些作为现象的对象称为感官物（Phänomena 显现物），

Phänomena 我们后来把它改译为"现相"，也就是显现出来的东西，这个现相与 Erscheinung 的那个"现象"有所区别，Erscheinung 可以包含未完成的现象，是指那些显现出来未经整理的东西，还没有组建为知识，还未组建为客体；而 Phänomena，这个地方是用的复数了，是指已经组建为"现象界"的现象，我们就把它翻译为"照相"的"相"，而不是"形象"的"象"。所以他讲"我们把某些作为现象的对象称为感官物"，称为"现相"，这里的现象已经是作为对象的了，已经整理过了，所以是"现相"，

而把我们直观它们的方式和它们自在的性状本身区别开来，

我们直观它们，"它们"就是指感官物了，我们直观它们的方式就包括时间空间，也包括我们的感官，我们通过时间空间来接受它，通过我们的感官受到自在之物的刺激而引起的那样一些感觉的表象，这都是属于我们直观它们的方式。这个方式有先验的方式和经验性的方式，先验的

方式就是时间空间,经验性的方式就是我们的五官感觉,"和它们自在的性状本身区别开来"。就是说一个作为现象的对象摆在我们面前,那么我们把这个作为现象的对象、也就是向我们显现出来的对象作一个区分,就是把它向我们显现出来的那个层面和它们没有向我们显现出来的那个层面,也就是把现象和自在之物,把它区分开来。把我们直观它们的方式,就是它们向我们显现出来的那种方式,和"它们自在的性状",它们自在的性状是什么我们不知道,把这两者区别开来。

那么在我们的概念中就毕竟蕴含着这样的意思:

"在我们的概念中",这个概念就是对象的概念,这个概念中就蕴含着这样的意思,什么意思呢?

我们要么按照后一种自在的性状而把这同一些对象(哪怕并没有在这种性状中直观到它们)仿佛置于与前面那种对象的对立之中,并把它们叫作知性物(Noumena 本体),

就是包含这样的意思,"我们要么按照后一种自在的性状",按照自在之物,"而把同一些对象",就是指这些作为现象的对象。所谓"同一些"就是前面所讲的那些作为现象的对象,现象和自在之物其实都是"同一个"对象,只不过它向我们显现出来的层面就是现象,它还有没有向我们显现出来的层面,那就是自在之物的层面。"哪怕并没有在这种性状中直观到它们",就是哪怕没有在自在之物中直观到它们,在自在之物中它们是什么性状我们是直观不到的,但是我们把它们"仿佛置于与前面那种对象的对立之中,"也就是与作为现象的对象相对立,虽然是同一个对象,但是它有两个不同的层面,我们把它们区分开来,要严守这种对立。我们所认识的只是它向我们显现出来的层面,至于它没有向我们显现出来的层面那些是自在之物的层面,那是不能混淆的。所以他要把它们"仿佛置于与前面那种对象的对立之中","仿佛置于",就是说它们本来并不是对立的,但是在我们看来仿佛是对立的。尽管任何一个现象作为对象来说它都有自在之物的层面,比如我们看到一个桌子,它有一定的形状、大小、颜色等等，但是它背后到底是什么我们是不知道的。我们始终要有一个对立面放在那里，就是自在之物。任何一个现象、一个感性的对象，它底下都有一个自在之物，"并把它们叫作知性物"，知性物（Verstandeswesen）不是感官物（Sinnenwesen）。感官物是我们能够用感官来感知的东西，知性的存在物就是我们只能用知性来思考的那样一个东西，所以它是本体、Noumena。Noumena 就是本体的意思，就是说，我们可以用知性思考的东西。下面对本体还有专门的分析。这就是一种情况，就是在我们的概念里面任何一个作为现象出现的对象我们都可以把它分为两个层次，一个是向我们显现出来的层次，一个是不向我们显现出来的层次，那就是知性物，本体。

　　<u>要么也对另外一些完全不是我们感官的客体、而只是由知性当作对象来思维的可能之物这样做。</u>

　　所以这里分为两个方面，一个方面是那些已经向我们显现的东西，我们可以从中区分出现象的层面和本体的层面；但是也包含有另外一个层面，就是有些东西完全不是我们感官的客体，比如说上帝、灵魂、自由等等，以及其他可能有的、具有不同于我们的感官的理性生物的客体，它们完全不是我们感官的客体，我们也没有打算用感官去感觉它们，它们是我们思维出来的东西，它们也没有可能被我们所感觉到。所以它们"完全不是我们感官的客体，而只是由知性当作对象来思维的可能之物"，我们也可以对它们"这样做"。怎么样做呢？就是像前面讲的，把它们和那些作为现象的对象对立起来，把它们也叫作"知性物"。当然这种对立和作为现象的对象本身内部的对立还是不一样的，它们是不能够作为现象而出现的。所以"本体"这个概念，一是指任何作为现象的对象它底下都有个本体，另一方面，有一些不是我们认识的对象，我们也可以把它们看作本体。像自由这是一个明显的事实，它不能通过感官来认识，不能通过因果性来解释它，但是它在，你必须要认为它那里面有一个主体。所以这也是一种本体。

现在要问，我们的纯粹知性概念是否在本体方面具有意义，是否能成为关于本体的知识形式？

前面的划分都归结到这一点上来了：知性的概念也就是范畴，它"是否在本体方面具有意义"、具有一种认识作用？"是否能成为关于本体论的知识形式"，这就是这段话的前面第一句所点出的这个问题，"在这里根本上有一种难以避免的幻觉"，也就是我们误以为我们的知性范畴可以运用在本体方面，可以形成关于本体的知识，这种知识是与关于现象的知识完全对立的，但是我们可以把它们当作一个本体，当作一个知性的对象来思考。但是对于这个对象我们能否对它形成一种知识呢？这就是他这里所提出的问题。

下面一段承接上面的问题：我们的纯粹知性概念是否在本体方面具体有意义，是否能成为关于本体的知识？这样一个问题首先要解决一个前提，就是解决一个歧义性问题。也就是关于对象的概念它本身是包含有歧义的，你要获得有关本体的知识形式，那你把本体看作是一种什么样的对象呢？这里头就包含有歧义了，所以他说：

但在这里一开始就表现出某种可能引起严重误解的歧义性：既然知性当它在某种关系中把一个对象称之为现象时，同时又在这种关系之外仍具有关于自在的对象本身的一个表象，

"知性当它在某种关系中把一个对象称之为现象时"，某种关系，什么关系？我们看到把一个对象称之为现象的时候，是哪些东西和哪些东西发生了关系呢？是知性和直观发生了关系。知性当它在它和直观的关系中把一个对象称之为现象，应当这样理解。但"同时又在这种关系之外"，也就是脱离与直观的关系，"仍具有关于自在的对象本身的一个表象"，"既然"是这样，当然这里是重复前面所讲的了，既然你把一个对象称之为现象，而同时又在现象之外仍然具有关于自在之物的表象，就是前面阐述了的，同一个对象可以是现象也可以是自在之物。

因而它想象它也可以对这样一个对象制定一些概念，并且，既然知 B307
性所提供出来的无非是范畴，所以，对象在后一种含义上至少必须能够
通过这些纯粹知性概念来思维，

也就是说既然当知性把一个对象看作是现象的时候同时也可以把
它看作是物自体，因而知性就可以想象它可以对这样一个对象、也就是
对物自体、对本体制定一些概念。所谓"引起严重误解的歧义性"就在
这里。知性可以对物自体这个对象制定一些概念，这个概念跟它在现象
中所形成的概念是完全不同的。同一个对象同时意味着两种不同的含
义，一个是现象，另外一个是自在之物。那么自在之物是知性所制定的
概念，而"既然知性所提供出来的无非是范畴"，知性是不提供直观的，
所以这样一种对象的概念"在后一种含义上"、也就是在自在之物的含
义上，"至少必须能够通过这些纯粹知性概念来思维"。我们可以通过范
畴思维自在之物，这个康德是不否认的。因为知性提供的无非是范畴，
范畴就是一种思维的能力嘛。

但这就诱使人们把有关某个知性物、即我们感性之外的一个一般某
物的**不确定的**概念，当作有关一个我们有可能通过知性以某种方式认识
到的存在物的**确定的**概念了。

我们可以思维一个自在之物的概念，用范畴来思维它，这种可能性
就"诱使"我们把一个自在之物的不确定的概念当作一个"我们有可能
通过知性以某种方式认识到的存在物的确定的概念了"，这里"知性以
某种方式"就是指下面要讲的"知性直观"的方式。我们当然可以用范
畴去思维一个对象概念，但这就引诱我们误以为自己就以某种方式认识
到一个对象了，实际上我们只不过在思维一个对象。但是这一点，就是
我们能够通过纯粹知性范畴思维一个对象这一点，是康德所不否认的。
但是问题在于，你思维到了它又怎么样呢？你思维了它你就可以把这当
作一种认识吗？问题就出在这里。"一个一般某物的不确定的概念"是
可以思维的，我们知道在感性之外有这样一个不确定的对象，这样一个

概念就是所谓"先验对象"的概念。我们思维一个对象，这个时候这个对象是一个先验的对象，一个未知的 X。这个先验对象是我们想出来的一个概念，我们在运用范畴的时候我们是针对这个概念的，但是在感性还没有提供给我们的时候，我们这种思维仅仅是一种思维而已，不能因为我们思维到这样一个对象我们就把这种思维当作是一种认识，它还是一种"不确定的"对象概念。如何才能确定呢？必须要有直观，如果给了我们直观，给了我们时间空间，我们就可以确定，它在某时某地，它有一定大小，占据一定的空间。占据了时间空间那它当然就会有一定的感性的材料了，就意味着它包含可以认识的经验材料了，它就可以成为一个经验对象了。但是这个时候它还没有确定，它只是一个一般对象的表象，只是一种意向，就是我们先验地需要对一个对象加以认识，但是还没有认识。这个时候你把它当作一个"我们有可能通过知性以某种方式认识到的存在物的确定的概念"，你企图仅仅通过我们的知性范畴来确定它，以为这种确定就是对它的认识，是以知性直观的方式对它的一种确定，这就是一种误解，一种难以避免的幻觉。为什么难以避免？它"诱使我们"把我们知性的这样一个先验对象的表象，本来是空的东西，是准备用来充实以感性直观的内容的，但是现在你没有充实以感性直观内容，而是把它单独拿来，就当作是我们所认识到的对象的一个确定的概念，这个就造成了一种幻觉。但这种幻觉也不是完全没有道理的，它确实有一种诱惑力，因为我们的范畴它确实可以思维，它可以想出来一个对象，当它还没有充实以经验材料的时候，我们确实把它看作一个对象，这个时候它就有一种诱惑力，既然通过经验的东西去认识一个对象那么困难，我们不妨抛开一切经验材料，在自己的头脑里面去"运思"，去通过非感性的直观获得一些形而上学的知识。以往的大陆理性派的哲学家们都是这样干的，都是想通过这种方式获得一些先验确定的知识。如果有这种知识，那么它就有它的优势，它是确定可靠的，它是永恒的，不会改变的，因为它就是在我们的思维活动中建立起来的。一旦建立它就是绝对的知识，所谓"天赋的知识"，由这样一种知识再去把握其他的知识就是顺理成章的了。但是这种观点遭到经验派的强烈的反驳，说你那种知识能算知识吗，你那种知识有什么用呢？你关于上帝、关于灵魂、关于世界整体提出了那么多规定，这些在牛顿物理学里面全部都要清除出去，那是一些伪知识，干扰了我们正常的自然科学研究。所以康德在这里就是要破除这样一种幻觉，就是我们以为通过我们的纯粹知性这样一种范畴的操作，我们就可以建立起一个先验对象的知识，我们把它当作一个可以在经验的自然界得到具体验证的知识。所以这种知识在它被当作知识的时候就是一种幻觉，要么它就只是形式逻辑的游戏，思维本身的游戏，在自然科学中完全可以清除出去；要么你把它引入到自然科学里面，你就是一种误用，你就把你的先验的思维当作是有经验内容的，你偷运进了经验性的材料。你通过先验的思维来干预自然科学的研究，它能够干预吗？笛卡尔讲灵魂住在大脑的松果腺里面，灵魂本来是通过先验思维想到的东西，你又把它看作是占据空间的，看作是处于大脑中的某一个地方，这个时候你就把感性的东西、直观的东西偷运进来了。但实际上如果严格按照你的这样一种推论方式，那你就根本不能对你这样一个灵魂实体作任何描述和规定。"我思故我在"，"我"只是一切思维的逻辑前提，它不具有科学知识的任何含义。当然你可以把它看作科学知识的前提，但它本身不是一种知识。所以所谓知性的先验运用本身只不过是一种误解，是不可能的。如果你严格坚持它的先验性，那你就没有运用，它就是一种逻辑上的判断形式，当它还没有运用于一个经验对象上之前它就只是一种形式逻辑上的思维规则，它还没有运用。当你一旦运用的时候它就必然有它的直观内容，你把它当作知识看待时它就已经偷运进了经验的内容了，它实际上已经作了经验的运用，但它自以为还是在作先验的运用，自以为它所思维的直观内容不是感性直观的内容，而是知性直观的内容，其实人的知性是不能直观的。我们前面多次强调，范畴的先验运用是不可能的。要么是没有运用，要么一旦运用就已经是经验的运用，已经把经验的运用偷运进来了，你把物自体当作是时空中的东西，当作是可以经验到的东西，这样来加以规定。这个时候你所得出的难道是什么先验的知识吗？不是什么先验的知识，已经是一种错误的经验知识了。所以总的原则来说就是这些范畴不可能有先验的运用，只可能有经验性的运用。而这种混同的根源就在于概念的歧义性，它产生一种诱惑。对象这个概念它有双重含义，一方面它是经验对象、现象，另一方面它又是人的知性所思维出来的一个有关不确定的某物的先验表象。这种思维并不是对范畴的一种先验的运用，当我们自以为在作先验的运用的时候，我们实际上是在作经验性的运用，或者就是没有运用。

下面这一段不长。前面讲的，诱使我们把有关一个知性物的不确定的概念误认为是一个可以通过知性的方式认识到的存在物的确定的概念，这样一种误解如何能够消除？如何能够确切地理解，当我们思考一个一般物的不确定的概念的时候我们是怎么样思考的？这一段就讲到这个问题。他说：

> 如果我们把本体理解为一个这样的物，由于我们抽掉了我们直观它的方式，**它不是我们感性直观的客体**；那么，这就是一个**消极地**理解的本体。

也就是说，当我们把本体理解为一个抽掉了直观的客体，它不是我们感性直观的客体，这样理解的本体就是一个消极理解的本体，也就是，"它不是我们感性直观的客体"，这个"不是"就是消极的意思，这个本体只是在这种意义上被我们思考，就是它并非我们感性的直观所能够把握的。所以"本体"这个概念在我们认识论的范围里面，如果你要把它当作认识论的概念来理解的话，那么它就仅仅只是一个消极的界碑，一种"到此止步"的限制。你当然还可以去思考它，但它不是你能够认识的，我们的认识到这里就应该止步，应该知道我们认识的限度。物自体、本体不是我们能够认识的，你可以思考它，但不能认识它。这是我们正当的理解就应该这样。后面讲：

但如果我们把它理解为一个非感性的直观的客体，

这与前面一句讲的"不是我们感性直观的客体"不是一回事，"非感性直观的客体"是积极意义上说的，就是说如果有一种非感性的直观，那么它就可以直观到这个客体。感性是不能直观到它的，但是一种"非感性的"直观是可以对它进行直观的。所以，"如果我们把它理解为一个非感性直观性的客体"，

那么我们就假定了一种特殊的直观方式，即智性的直观方式，但它不是我们所具有的，我们甚至不能看出它的可能性，而这将会是**积极的含义上的本体。**

这就是误解的起源。就是说，当我们把它看作一个不是我们感性直观的客体的时候，我们就误以为它是一个非感性直观的客体，像笛卡尔讲的"我思故我在"。这个"我"本来不是在感性直观中出现的东西，但是我可以设想如果我们有一副上帝的眼光，它就可以看出我们的灵魂它在非感性的意义上是一个直观的对象。上帝完全可以认识我们的灵魂，上帝是一个"知人心者"，我们人是不能知道的，但是我们可以设想上帝可以知道。这样一个物自体好像就成为了一个直观的对象了。但是这个直观我们人是不具有的，我们人是有限的，我们人是感性的，我们人只有通过感官才能直观。至于这样一种特殊的直观方式，即智性的直观方式——Intellektuelle，智性，这个词在康德那里与知性，Verstand，大体上是同义的，一个拉丁词一个德文词，所以"智性直观"也翻译为"知性直观"——，我们不排除有这样一种直观，虽然我们本身只能有感性的直观。通过知性本身就能够直观的这样一种能力，比如说在上帝那里就可能具备。上帝的知性之所以能够直观是因为上帝的知性是最高知性，无所不能。上帝的知性一旦思考到某个东西，那个东西就直观地存在了。人的直观没有达到上帝的直观那样一种无限性，所以人的直观只是对上

帝直观的一种有限的摹仿,这是当时理性派的一种观点。我们人的直观是对于那种原则上可直观的东西的一种反映,一种模糊的认识。如果我们的直观达到那种原型的直观的程度,我们就可以认识那种本源的直观的东西。就像莱布尼茨所讲的,我们人的感觉是很模糊的,如果用理性来辨析,我们就可以认识到事情的本相,但我们只认识到事情向我们的感觉显现出来的样子。我们在听音乐的时候我们实际上是在数数,但是我们没有意识到我们在数数。我们听到这个旋律觉得很美呀,其实哪有什么美不美,它都是由数学关系构成的,我们在计算而不知道,或者虽然知道但是计算不了那么精确,我们就用"美"这个词把它含糊过去。但是如果我们有上帝那样的直观能力、计算能力,我们就可以看出这个音乐它是由什么样的一种数学关系所构成的,我们就可以把一首音乐还原为一个数学公式,这就达到了上帝的知性,上帝的知性也就是上帝的直观。上帝的直观就是知性的直观方式,知性的直观方式有一个特点,就是它是一种能动的直观方式,也就是一种创造性的直观方式,上帝说"要有光",于是就有了光。他一想到光,光就产生出来了。知性的直观和感性的直观的不同就在于前者是创造性的,因为知性的特点就在于自发性、能动性,而感性直观是接受性的,因为感性的特点就是被动性。康德认为我们可以设想一种知性的直观它是创造性的,这一点在后来的德国古典哲学中就被当作一个基点,就是人的直观是创造性的,人本身就具有知性直观、创造性的直观,人的合目的性的活动就是创造性的,就是可以通过知性设想的目的把一个直观对象变出来,人的生产活动、实践活动、艺术活动都可以创造出世界上从未有过的东西,怎么不是创造呢?但是在康德那里他还是受制于当时的机械论,他的实践只是在道德上具有一种能动性。所以他认为人不可能具有知性直观,知性和直观两者是绝对分离的,知性不能直观,直观不能思维。这当然只是对人来说的,对上帝而言知性直观是有可能的,上帝无所不能。但是我们把这样一个我们所思考到的客体理解为一个非感性直观的客体,理解为一个知性直观的客体，就是我们看不到，但是上帝看得到，我们这样想是可以的，没有什么可以阻止我们不这样想。反正是超验世界的事情，彼岸的事情，我们谁也不知道物自体是怎么样的，当然可以随便说了，我们可以说它就是另外一种直观，是我们的感官所感觉不到的一种直观。但是它是一种更高的直观，比我们人的感性直观更高，而这种更高的直观不是我们人所能具有的，我们甚至不能看到它的可能性，连它的可能性我们也不能断言。它只是一种思维的假设，有没有这种知性直观我们也不知道。"而这将会是积极的含义上的本体"，这个地方他用的是虚拟式。"将会是"，如果一旦假定了这一点，那么它就将会是一种积极含义上的本体。就是说这个本体就会不再只是一种消极意义上的限制了，不只是一种防止出错的界限了，而会成为一种积极意义的客体，就是将会有一种更高层次的认识，当然这种认识是我们假定的，比如上帝的认识，它不需要通过感官。上帝没有眼睛鼻子，他就是思维，但是上帝创造世界，他怎么创造世界呢？他就是通过知性的思维，他无中生有，他不借助于任何现实的材料，包括时间空间都是他创造的。这当然只是一种设想了，它不是知识，至少对于我们人类来说它不构成任何知识。我们人类的直观是接受性的，接受的来源是那个物自体刺激我们的感官。那个物自体它本身能不能被直观到？我们人类不能直观到。不能直观到那它存不存在呢？我们可以设想也许有另外一种直观，知性直观，把它创造出来并直观它。当年贝克莱就设想事物当我们没有看到它时有一个上帝在看着它，所以它仍然存在。但是我们人不具备这种直观，我们只能设想它的存在，但是我们不能够对它有任何认识。所以在这两种本体的含义里面，一种消极的含义一种积极的含义，实际上对于我们人来说只可能有消极的含义。本体的含义对于我们人来说只可能是消极的，积极的含义只是我们设想出来的。当然它是不是真的有这种可能我们也不能确定，只是一种设想。在实际上只是消极的含义才对我们的认识起作用，也就是起一种限制作用，表明我们超出这种限制就不能获得任何知识。

　　前面谈到本体对我们来说只能作消极的理解，也就是对认识感性直观之外的客体加以禁止的概念。但是这样一种禁止并不是提出本体概念以后、而是在此之前就谈到了，例如在"先验感性论"最后的"总说明"中（参看 B59—B60、B71—B72 页）就谈到了。先验感性论无非就是把时间空间归结为主体认识结构中的先天直观形式，从而把我们的认识局限于这个感性形式所划定的范围之内，一切超出这一范围的认识企图都是非法的。所以这一段开头就说：

　　于是，感性的学说同时就是消极理解的本体的学说，也就是关于这样一些物的学说，这些物必须由知性撇开与我们的直观方式的关系、因而不仅作为现象而且作为自在之物本身来思维，但知性在对这些物作这样一种区分的同时也懂得，它在以这种方式考虑它们时对于它的那些范畴完全不能有任何运用，因为这些范畴只有在与空间和时间中的直观统一性发生关系时才有意义，甚至它们之所以能借助于普遍的联结概念而先天地规定这种统一性，也只是由于空间和时间的单纯观念性。①

B308

　　这整个一句话不能断开。就是说，关于感性的学说是关于那些物的学说，那些什么"物"呢？就是必须由知性撇开它们与"我们的直观方式"、也就是感性的直观方式的关系而就其本身来思维，但又无法运用知性范畴于其上的"物"，这就是关于消极理解的本体的学说。这里提到"这些范畴只有在与空间和时间中的直观统一性发生关系时才有意义"，实际上是说，这些范畴的意义就在于给空间和时间带来直观统一性。"发生关系"不是与一个什么别的东西发生关系，而是与自己的唯一作用方式发生关系，也就是开始起作用的意思。"甚至它们"，也就是这些范畴，"之所以能借助于普遍的联结概念而先天地规定这种统一性，也只是由

---

①　该句原译作："……也就是关于那些必须由知性撇开与我们的直观方式的关系、因而不仅作为现象而且作为自在之物本身来思维的物的学说，但知性……"中断了语气。实际上，"那些……物"一词的修饰语要一直贯到"但知性"后面的整个句子。兹改正。

于空间和时间的单纯观念性。""普遍联结"概念,前面的客观演绎说了,就是自我意识的先验的统觉的统一,范畴就是体现这种统一作用的。但范畴之所以能够凭借它们的普遍联结而先天地规定这种直观统一性,也只是由于空间和时间的单纯观念性,为什么?这是因为空间时间不是客体的自在的形式,而是主体的观念形式,同样,范畴本身也是主体的观念形式,它只能在先验的观念性的范围内起作用,而不可能超出这种观念性而对先验的实在性起作用,不可能对自在之物起作用。观念的东西只能作用于观念的东西,范畴只能作用于与它同质的东西,而空间时间作为先天的直观形式恰好就具有和先天范畴同样的观念性质,所以它们中的直观统一性才能由范畴来加以规定。

一旦见不到这种时间统一性,也就是在本体的情况下,范畴的全部运用、甚至它们的全部意义都会完全终止了;因为甚至会根本看不出应当与这些范畴相适合的那些物的可能性;因此请让我援引我在前一章的总注释中一开头所说的话。

"时间统一性"是一种观念中的统一性,如果撇开它而试图去规定超验的本体,那么"范畴的全部运用"就失去了,不但无法运用了,而且"甚至它们的全部意义都会完全终止了"。全部意义也就是全部"所指"(Bedeutung),范畴之所以提出来就是要意指一个对象的,如果你不让它运用于一个时间中的现象的对象,而它又不可能运用于一个超验的本体对象,那它的"所指"就落空了,就失去意义了。为什么呢?"因为甚至会根本看不出应当与这些范畴相适合的那些物的可能性",这里"应当"就是指范畴本来的使命,它们本来是要意指一个对象的,所以"应当"有与它们相适应的"物";但在上述两种情况下,也就是能够与它相适应的现象之物你把它撇开了,而不可能与它们相适合的本体之物又不能成为它们的"所指",这样一来,那些"应当"与范畴相适合的物是如何可能的呢?就会完全看不出来了。这里讲的"援引我在前一章的总注释中一开头所讲的话",在我们这个《精粹》本中没有收入,在全译本《纯粹理性批判》中是指 B288 中开头的一段话:"这里有一点是非常值得注意的,即我们按照单纯的范畴不可能洞察任何一物的可能性,相反,我们总是必须手头有一种直观,以便在它上面来摆明纯粹知性概念的客观实在性。"这段话与我们这里接下来的一段话是一脉相承的:

既然一物之可能性决不能单凭该物的概念不自相矛盾来证明,而只能通过我们赋予它以与之相应的直观来证明,所以当我们要把范畴应用于不被视为现象的那些对象上时,我们就必须以不同于感性直观的另一种直观作基础,这样一来,对象就会是一个**积极意义上的**本体。

如果我们手里只有单纯的范畴,或者是应当有其所指对象的一个物的概念,而没有与之相应的直观,那么这个范畴或概念尽管不自相矛盾,它也不可能证明它所意指的对象的可能性。在这种情况下,如果我们还执意要使用范畴,那就只能是"应用于不被视为现象的那些对象上",也就是应用于自在之物身上,这时我们既然没有启用我们所能赋予它的"相应的直观",即"感性直观",那就必须要求有一种另类的直观,也就是"知性直观",来作为我们把范畴运用于对象之上的"基础"。只有这样,对象才能够被理解为"一个积极意义上的本体",就是具有积极的内容规定的本体。但这是不可能的,这里用的是虚拟式。因为我们实际上并没有所谓"知性直观",而只有感性的直观。所以康德说:

既然这样一个直观、也就是智性的直观完全处于我们的认识能力之外,所以就连范畴的运用也决不能超出经验对象的界限,

"智性直观"也就是"知性直观",它完全不是我们的认识能力所能够拥有的;"所以就连范畴的运用也决不能超出经验对象的界限",这个"就连",是说我们不但在直观方面是受到限制的,而且"就连"通常看起来比直观更高、更不受限制的知性范畴,也同样要受到限制,它们决不能超出经验对象的界限。

B309　　　而与感官物相应的固然是知性物,就算我们的感性直观能力与之完全无关的知性物可以存在,但我们的知性概念作为对我们感性直观而言

的单纯观念形式① 却丝毫也通达不了它们那里；

就是说，我们固然知道在感官物的后面存在有一个物自身，这个物自身是我们的知性能够想到也能够承认的，因此称之为"知性物"，比如说我们可以承认这个杯子在我们所看到的杯子现象底下有个"杯子自身"，它是看不到的，是我们的知性所想出来的，我们的感性直观能力与它完全无关；但知性虽然想到了它，但却"丝毫也通达不了它们那里"，因为知性概念、范畴只不过是"对我们感性直观而言的单纯观念形式"，而不是自在之物的实在的客观形式。最后一句是总结性的：

因此凡是被我们称为本体的东西，都必须作为某种只有消极意义的东西来理解。

如果说前面还在哪怕是虚拟的形式下谈到"积极意义的本体"，这里则点明了，对于我们人类来说，"凡是"被看作本体的都只可能被理解为消极的意义，而不可能被理解为积极的意义。

下面一段解释，为什么人们，特别是理性派的哲学家们，总是倾向于把本体理解为具有积极意义的对象呢？这是由于感性和知性的这样一种不对等性所导致的。一方面，

如果我从某种经验性的知识中去掉一切（借助于范畴进行的）思维，那么就完全不会有任何对象的知识余留下来；因为通过单纯的直观没有任何东西被思维，并且，这种感性刺激在我里面发生，这根本不构成这类表象与某个客体的任何一种关系。

就是说，没有知性范畴就建立不起客观对象，也就"完全不会有任何对象的知识余留下来"，感性的刺激只不过是"在我里面发生"的一种主观的东西，所以单凭直观的接受能力只不过在主观心理上留下了一点痕迹，还"没有任何东西被思维"。而另一方面，

---

① "对我们感性直观而言的单纯观念形式"原译作"我们感性直观的单纯观念形式"，不明确，兹改正。

但反过来，如果我把一切直观都撇开，那毕竟还会留下思维的形式，亦即给可能直观的杂多规定一个对象的那种方式。

这就意味着感性直观和知性思维的不对等性。感性没有知性是不行的，它构不成有关一个客观对象的知识；但知性离开感性直观却似乎还行，它"毕竟还会留下思维的形式，亦即给可能直观的杂多规定一个对象的那种方式"。注意这里的"可能直观的杂多"。知性范畴原则上来说并不是特地为感性直观而保留的思维形式，而是为"可能直观"保留的思维形式，包括为"知性直观"而保留的思维形式。所以知性虽然撇开了感性直观，但并没有杜绝另外一种直观乘虚而入的可能，而这就诱导人们误以为知性单凭自身就不仅能够提供出知识的思维形式，而且还能够提供出知识的直观内容，即知性直观的内容。所以康德说：

因此范畴就这样扩展到比感性直观更远的地方，因为它们思维一般客体，尚未看看那种使这些客体能被给出的特殊的方式（即感性的方式）。

"思维一般客体"是可以的，但如果因此就以为我们也可以"直观一般客体"，那就错了，我们只能直观感性的客体，也就是说，客体只能以感性的方式被给予我们，所以我们不能够把范畴"扩展到比感性直观更远的地方"。不过一般人总以为，既然我们的知性能够思维一般客体，那么知性思维的范围就总还是比受到感性所限制的那个范围要大。对此康德指出：

但范畴并不因此就规定了诸对象的一个更大的范围，因为我们不能在把某种不同于感性的直观方式预先假定为可能的之前，就承认这些对象能够被给予，而我们又根本无权作这种预先假定。

康德并不否定思维的范围比感性直观的范围更大，他否定的是，因此知性范畴就对这个更大的范围进行了"规定"。因为当知性思维一个一般对象时，这个对象并没有因为这种思维就"被给予"出来，除非我们预先假定我们的知性思维本身就具有一种"不同于感性的直观方式"，即知性的直观方式，"而我们又根本无权作这种预先假定。"所以当我们的知性仅仅只是思维一个对象时，我们还没有对这个对象作任何"规定"，也就是没有获得对这个对象的任何知识，知性的这种思维在认识方面还是"空的"。

下面一段进一步从本体概念的性质上确定它的消极意义。首先康德一般地说：

如果一个概念并不含有任何矛盾，甚至还作为那些被给予的概念的 B310
边界而与其他的知识相关联，但它的客观实在性却不能以任何方式被认识，我就把它称为悬拟的概念。

这里"悬拟的"（problematisch）一词也译作"或然的"，它和下面谈到的"实然的"（assertorisch）一词在前面的"判断分类表"中属于模态判断的第一、第二个类型①，它们相对于"可能性"和"现实性"两个模态范畴。前面讲了，模态范畴的特殊性在于它不再只是对客观对象的知识构成起规定作用，而是对主观与客观的关系起规定作用，因而具有更高的认识论意义。在这里，这种认识论意义被发挥到了极点，就是不单是指我们在客观对象中确定哪些对象是可能的，而且是指一般地说客观对象在某种情况下仅仅只是可能的，是我们根本不可能确定其现实性的。因此在这种推到极点的意义下，我们把"或然的"一词译作"悬拟的"，即悬而未决的，成问题的。这样一种悬拟的概念不但本身不含矛盾，而且"还作为那些被给予的概念的边界而与其他的知识相关联"。这里"被给予的概念"指经验性的概念，因为只有经验性的东西才是"被给予的"，如动物、树、人等等，世界上万事万物的概念，它们构成"其他的知识"，即除了这个悬拟的概念以外的那些知识，其实就是一切经验知识。这个悬拟的概念的认识论意义就在于作为一个边界而与一切知识相关联，但它本身的客观实在性却不能被认识。下面具体地说，"本体"的概念就是这

---

① 见《康德三大批判精粹》B95。

种悬拟的概念。

一个**本体**的概念，即一个完全不应被思考为一个感官对象、而应（只通过纯粹知性）被思考为一个自在之物本身的物的概念，是完全不自相矛盾的；因为我们对于感性并不能断言，它就是直观的唯一可能的方式。

本体概念指向一个自在之物，它有它的所指或对象，这是不矛盾的，不像"木制的铁"、"圆形的方"那样的不可能的概念，而是在概念上完全有可能的，只是我们人类不知道它的实在的可能性何在而已。为什么有可能？因为只要有一种知性直观，这个概念的所指就能够成为实在的对象；而我们人类虽然没有知性直观，但我们同样也不能断言没有任何别的存在者能够具有知性直观。我们的感性直观是不是就是唯一可能的直观方式，这个我们不知道，不能妄下断语。而且不论是还是不是，这都是一个事实问题，而不是一个逻辑问题。从逻辑上说，无论说有知性直观还是说没有知性直观，都是不矛盾的，所以一个自在之物存在的概念也是不矛盾的。进一步说，这样一个本体的概念不但是不矛盾的，而且还有它的用处，是不可少的。所以说，

此外，为了不使感性直观扩展到自在之物本身上去，从而限制感性知识的客观有效性，这个概念又是必要的（因为感性直观所达不到的东西之所以称为本体，正是为了借此表明那些知识不能把自己的领土扩展到知性所思维的一切东西上去）。

本体这个概念的用处就是这种消极的用处，就是"不使感性直观扩展到自在之物本身上去"，这样来"限制感性知识的客观有效性"，把它限制在可能经验的范围之内，而不去把这些感性知识延伸到物自身领域，延伸到"知性所思维的一切东西上去"。这就是本体的唯一用处了。

但最终，我们一点也看不出这样一些本体的可能性，现象领域之外的范围（对我们来说）是空的，这就是说，我们有某种把自己**悬拟地**扩展到比现象领域更远的地方的知性，但没有能超出感性领域之外给我们提供对象并使知性超出这一领域而作**实然的**运用的那种直观，哪怕有关这

种直观的概念都没有。

　　就是说，本体概念超出这种消极的用处就只不过是一种"悬拟"，它虽然有逻辑上的可能性，即"不矛盾"，但却看不出有什么实在的可能性，因为"现象领域之外的范围"就是我们的感性直观所达不到的范围，而思维无直观就是"空的"，对我们来说，思维无感性直观就是空的。我们的知性虽然可以"把自己悬拟地扩展到比现象领域更远的地方"，但并没有知性直观，"哪怕有关这种直观的概念都没有"，就是说我们简直不能思考这样一种直观是怎么样的。当然，假设我们有这种知性直观，那它就能够"超出感性领域之外给我们提供对象"，并且还能"使知性超出这一领域而作实然的运用"，因而对本体作出现实的积极规定了。"实然运用"在这里是与"悬拟地扩展"相对而言的，当然它的前提是虚构的，因此这种"实然的运用"也是不可能的。

　　所以某种本体的概念只不过是一个**限度概念**，为的是限制感性的僭　B311
越，因而只有消极的运用。但这个概念毕竟不是杜撰出来的，而是与感性的限制相关联的，只是不能在感性的范围之外建立某种积极的东西。

　　这里再一次强调本体概念只具有限制感性的消极作用，消极作用也是一种作用，它能够用来限制感性，因此并不是"杜撰出来的"，只要我们不搞错它的用途，不用这个概念到感性范围之外去建立某种积极的东西，它就能够发挥它的正常的作用。

　　下面这一段，进一步强调本体不能作积极的理解，我们只能从消极的意义上来理解本体。因此现象和本体的区别我们也只能理解为消极的区别。

　　因此把对象划分为现象和本体，而把世界划分为感性世界和知性世界，**在积极的意义上**是完全不能容许的，虽然概念的确容许被划分为感性的和智性的；

　　我们知道，"一般对象划分为现象和本体的理由"是整个这一章的标题，我们有什么"理由"、根据什么来把对象划分为现象和本体？那么这里就指出，把对象划分为现象和本体只是在消极的意义上来划分的，绝对不能在积极意义上来划分，好像把一个世界划分为两个世界，一个是感性世界，另一个是知性世界，如果你从积极的意义上来理解，好像这两个世界我们都可以把握，只是它们有一种分别，有一种差异，是两个不同的世界，如果从这种意义上来理解那就错了，那就是不能容许的。它并不是说有两个这样的世界，一个是现象世界，一个是知性世界，我们对它们都可以认识，都可以积极地加以确定，但是我们要把它们分开来，——这样一种理解是完全不能容许的。所以这种区分只是在消极的意义上，就是说我们能够认识的就是现象，就是感性世界，那么为了对这个感性世界加以限制，所以我们用一个知性世界对它加以限制，作为一个界碑，说明你要跨越这个界碑你就进入到另外一个世界了，至于这个世界到底是什么，我们不知道。我们不能对那样一个世界也作出一种像在此岸世界那样的积极的规定。所以积极的意义上的划分是完全不能容许的，"虽然概念的确容许被划分为感性的和智性的"。在概念方面当然我们可以有这两个划分，我们可以思考，可以设想，可以提出有这样两个世界的概念，一个是感性的世界，另一个是智性的世界，一个是现象的对象，一个是本体的对象，作为两个概念我们是可以这样说的。不然我们怎么划分呢？所以概念上我们是可以这样说的。

因为我们不能为后者规定对象，那么这些概念也就不能冒充为客观有效的。

"后者"指智性世界的概念，我们不能为智性世界的概念规定它的对象。智性世界的概念当然意味着它有一个对象，智性要认识它的智性世界，它是设想有一个智性世界的，但是我们不能为这个世界作出任何规定。既然如此，"那么这些概念也就不能冒充为客观有效的"。你有了一个知性的概念，但是这个概念单独来说它是不是客观有效呢？你不能因为它意味着一个知性的对象，那么你就以为你已经运用这个概念到它那个对象上去了,对它作出了某种规定了,那就是一种冒充了。

如果我们离开感官,我们将如何理解我们的范畴(它们将是唯一给本体留下来的概念)还会到处有某种含义?

一旦我们离开了我们的感官,我们就不能理解我们的范畴还会有某种含义。这里的含义也可以译作"所指"。"到处有某种含义",这里用"到处",就是说哪怕是离开了感官,还会有某种所指,好像这个概念一旦提出来,在任何场合之下它都有它的所指,这个是不对的。这个范畴"将是唯一给本体留下来的概念",在智性的情况下唯一给本体留下来的就仅仅是这样一些范畴了,它没有它的内容,没有客观的对象,它仅仅是这样一种意向。所有那些范畴都有一种意向,范畴就是要认识一个对象的,但是如果离开了感官它们又无法认识一个对象。它们必须要有感官才能认识对象。所以如果离开了感官,我们将如何理解我们的范畴还会到处有某种含义呢?你固然可以把范畴加在这样一个知性世界或者本体身上,但是那是空的,那是你的思维,你可以思维本体,你可以把它思维为比如说,一个原因,你把它理解为有一个本体在那里,是它刺激我们的感官,"造成"了我们的知觉印象。或者你把它理解为现象"背后"的那个东西,现象变化来变化去,它始终不变,你就把它想象成一个"实体"了,但是你想这个"实体"的时候你不能想象成它"在时间中"不变,你不能用时间去规定它,你仅仅只能用实体的抽象概念去规定它,在这个时候这个"实体"就还原为它的逻辑含义,即"直言判断",它就仅仅只是一个形式上的直言判断。实体范畴本来是从直言判断中引申出来的,当直言判断是针对着一个感性的对象的时候,这时它就形成了一个"实体"的范畴,实体就是在时间中的持存性。但是如果你离开了感官,它就没有什么对象了,它就成了一个形式逻辑上的抽象的机能,我们如何理解这些范畴还能到处有某种所指的对象呢?

因为在它们与某个对象的关系上还必须给出某种比单纯思维的统一性更多的东西,亦即还要加上某种可能的直观,以便它们能应用其上。

前面一句是一个问号，我们如何还能理解这些范畴到处有某种所指的对象呢？实际上是反问，是否定了我们离开感官还能有某种所指。为什么不能有某种所指的对象呢？"因为在它们"——也就是在这些范畴——"与某个对象的关系上"，这些范畴本来是指向某个对象的，但是如果真的要与某个对象发生关系的话，那就"还必须给出某种比单纯思维的统一性"——范畴的作用就是要建立某种思维的统一性的，但这种统一性只是一种功能，一种可能性，它还没有统一起来，这种能力还没有运用，这种能力要能运用，那就必须给出比这种统一性"更多的东西，亦即还要加上某种可能的直观，以便它们能应用其上"。这种统一性只是一种能力，它要能够运用的话，就必须有某种更多的东西，那就是加上某种可能的直观。"可能的直观"就是不管什么直观，总而言之要加上某种直观，或者你要加上感性的直观，或者如果有可能的话，加上某种知性直观。总之要有直观，这些范畴才能够有它们的运用。

即使如此，只被当作悬拟的本体的这个概念仍然不仅仅是容许的，而且甚至作为一个把感性置于限制中的概念 ① 也是不可避免的。

也就是说，知性的对象、知性世界或者本体这个概念，尽管离开了直观就没有意义，没有所指，但是只是作为悬拟的本体的这个概念"仍然不仅仅是容许的，而且甚至作为一个把感性置于限制中的概念也是不可避免的"，就是说也是必要的，尽管它单纯作为它本身并不能作出任何积极的规定，只有消极的意义，但是在这个消极的意义上它是不可避免的，是必要的，只是被当作悬拟的概念。尽管是悬拟的，但是是容许的，不仅仅是容许的，而且作为一个用来限制感性的概念也是不可避免的。这里有一个进一层的意思，"即使如此"，但是它"仍然"不仅是容许的，而且是必要的。对什么必要的呢？"甚至作为一个把感性置于限制中的概

---

① "把感性置于限制中"原译作"在限制中来建立感性"，有学生提出意思不明确，兹改正。

念"也是必要的。感性有它的范围,边界,它不是无限的,既然是感性它就是有边界的,感性的学说就是消极意义上的本体学说,我们前面 B307 那一段一开头就是这样说的。感性的学说就是感性的范围的学说,感性是什么范围呢?就是时间空间的范围。那么在时间空间之外有没有什么东西呢?我们不知道,我们只知道感性不能越出时间空间的界限。所以本体概念在这个意义上它是必要的,是要在限制中建立感性,使感性有限制,不能推到自在之物上去,感性就是感性,感性所不能深入到的就是本体了。至于那个感性所不能深入到的本体究竟是什么,因为我们没有知性直观,所以我们不知道,我们只知道这个本体是感性所不可逾越的一个界限。所以这个界限不仅是容许的,而且是不可避免的,你不仅仅可以这样说,而且必须这样说,为了给感性建立一个限制。

但这样一来,本体就不是为我们的知性所特有的一个**智性对象**了,相反,它可能会隶属的那种知性本身就是一个问题;

就是说,本体它仅仅是为了给感性建立限制的一个概念,那它就不是为我们的知性所特有的一个知性对象,因为我们的知性它要获得一个对象就必须依赖于感性。离开感性由知性本身来规定一个它所特有的对象是不可能的。本体不可能是单独由知性所建立起来的对象,因为"我们的知性"不能是直观的,只能是思维,那么它怎么能建立一个对象呢?"所特有的",就是说它只是凭知性、而不是借助于感性直观所建立的,知性要在离开感性直观的情况下建立一个对象,除非它本身有知性的直观。但这是"我们的知性"所不具备的。"相反,它可能会隶属的那种知性本身就是一个问题",相反,它,就是本体,可能会隶属的那样一种知性,——我们的知性是不行了,没有知性直观,但是它是不是有可能会隶属于另外一种知性呢?——这是个问题。康德在这里设想,这样一个本体它有可能隶属于某种直观的知性,但是这种直观的知性本身还是一个问题。虽然康德到处都在提知性直观,但是实际上他把这种知性直观仅仅看作是一种设想,一种成问题的设想。他不是说有一种知性直观,而只是说，我们的知性只能是非直观的，那么从逻辑上说我们不能够否认有可能在什么地方、有某种主体，是有可能具有某种直观的知性的，这种知性和我们的知性是不一样的。但是这种直观的知性是否有，在谁那里有，这都是成问题的。当然如果能够确定有的话，那么本体就可以确定属于那种直观的一个客体了。但是问题是这样一种直观的知性本身是一个问题。所以本体是否能够成为一个知性的对象，至少对于我们人来说是不可能的。

B312　　即是说，这种知性不是通过范畴推论式地认识其对象，而是在某种非感性的直观里直觉地认识其对象，而对这种知性的可能性我们是不能产生最起码的表象的。

　　这就是进一步解释，这样一种成问题的知性是一种什么知性呢？它不是通过范畴推论式地认识其对象，不是像我们的日常知性那样通过范畴推论。这个"推论式的"，diskursiv，意思是说，并非是直接的、直观的，而是通过一种推理，通过一种逻辑，先验逻辑，按道理来说，来认识它的对象，那么它就是间接地认识对象。这就需要感性直观了，否则它怎么能够认识对象呢？但是那样一种成问题的知性却不是像我们的知性那样通过范畴去"推论式地认识对象，而是在某种非感性的直观里直觉地认识其对象"，就是知性直观，知性直观它本身就是直观，它本身就是直接的，也就是说"直觉的"。当它思维到某个对象的时候某个对象就直接产生了，不需要通过感官，不需要间接地认识对象，而是直觉地认识对象。所谓本体可能会隶属的知性就是这样一种知性。"而对这种知性的可能性我们是不能产生最起码的表象的"，有没有可能存在这样一种知性呢？我们无法理解。我们从我们人的知性来理解，它只能是通过范畴思维，是抽象的，我们的直观只能是感官接受的，这两者是完全不同的，性质不同，来源不同。那么我们如何能够设想一种知性本身就是直观性的，设想一种直观它本身就是知性的呢？对这样一种直观的知性我们是不能产生最起码的表象。它不是我们所有的，也不是我们能够想象的，只是道理上我们可以提出这样一种假设,一个概念,这个概念本身当然并不存在什么矛盾,从逻辑上来说它是不矛盾的,但是我们不能够具体去想象它,获得任何表象,我们连想都不能想,无法想象。你想象一下,我思维到一百块钱,我口袋里就有了一百块钱? 这个是不可想象的。就像变法术一样,变魔术一样,你怎么想象?

既然我们的知性以这种方式获得一种消极的扩展,这就是说,知性与其说是由于感性而受到限制,不如说是通过它用本体来称谓自在之物 ① 本身(而不把它看作现象),知性就限制了感性。

"既然我们的知性以这种方式获得一种消极的扩展",我们的知性以这种方式,它是一种消极的理解,就是对于本体我们只能作消极的理解,只是一种感性的限制性的理解,决不能作为一种积极的理解,好像本体就是另外一个什么东西,你也能够认识,感性通过感官认识,本体通过理性认识,就像理性派所认为的那样,那是不可能的。"消极的"本来就是一种限制了,就是不能扩展,不准感性扩展,但是这种消极的限制它本身又是一种"扩展",这个地方如何理解这种"扩展"呢? 下面说,"知性与其说是由于感性而受到限制",知性不能超出感性的范围之外,这是一种说法,这种说法当然也成立,知性是"由于感性"而受到了限制,知性只能运用到感性的范围之内,那么知性当然就是受到感性的限制了,它的运用受到了限制。但"不如说是通过它用本体来称谓自在之物本身(而不把它看作现象),知性就限制了感性。"这就是知性的扩展。为什么这种消极的意义仍然可以称之为一种"扩展"呢? 我们通常讲的消极意义好像就是它不能够扩展,它只能限制我们的知识。但是既然它能够"限制",也就有一种扩展的意义了。而且知性"与其说"是被感性所限制,还"不如说"是知性限制了感性,如何限制感性呢? 就是用本体称谓物自体,而限制了感性。物自体我们前面讲了,它和本体虽然指的是同一

---

① 原译作"物自体",现统一译作"自在之物"。

个东西，但意思还有不一样的地方，物自体可以指积极意义上的东西，但是我用本体来称谓它，它是有消极意义的。它的意思就是说，你不要以为它是现象，它不是现象，而是本体，本体的意思就是说"非现象"。当我们看到一个现象时我们说这个底下有个"本体"，我们汉语说有个"本来的体"，它是有针对性的，就是针对这个显现出来的东西而言的，显现之体后面还有一个非显现之体、本来之体。用这个本体来称谓自在之物本身，那么知性就限制了感性。用本体这样一个知性的概念作为感性的一个界限，一个消极的规定，"非现象"之体，那么这种消极的意义仍然有一种扩展，知性的用途就在这个方面表现出来了。"消极"并不是说本体概念就没有任何意义了，它有意义，它的意义就是作为一个界限的意义。它不仅仅是一个知性概念，而且与感性发生了关系，限制了感性。

<u>但知性同时也限制了自己，不能通过任何范畴来认识本体，因而只能以未知某物的名义来思维这些本体。</u>

知性与此同时也限制了自己，这又回到消极含义上来了。对于感性来说，知性作了一种扩展，它使感性意识到自己的边界了，单纯是感性它意识不到自己的边界，以为自己无所不能，知性给感性建立了边界；但同时知性在限制感性的时候也就限制了它自己，也就是说"不能通过任何范畴来认识本体"。它限制了感性，感性不能扩展到本体上去，那么本体剩下的就只有范畴了；但是它通过这些范畴能不能认识本体呢？不行！知性因此就把自己限制在感性的范围之内了。你脱离感性单凭你的范畴要去认识本体，那是不可能的。"因而只能以未知某物的名义来思维这些本体。"这些本体是未知的，是不可知的，只能以未知某物的名义对它们进行思维，而不能进行认识。我们前面讲了，认识一个对象和思维一个对象是完全不同的。你可以思维一个对象，用这些范畴，这个本体你说它是一切感觉材料的"原因"，是它们把感官、把感觉的表象刺激起来的，你说它们是一切变化底下那个不变的实体，不论你说它们是原因，是实体，你都可以说，但是这种说法没有认识论的意义，并不意味着你对

这个本体就有把握了。你只是在思考它，你只是说它作为原因应该是某个对象，如果有一个知性直观的话，就会把它当作某个对象来认识了，但是我们没有知性直观。所以我们只能思维它，只能思维这个应当、也许。因为当我们引入因果性、实体性这些范畴的时候它就有指向性，但这个指向性当它没有感官的材料的时候它就是空的，它期待着某个直观来对它的对象加以规定，但是我们没有知性直观，所以我们就不能对它的对象加以规定，它只是我们的知性的思维，但这种思维只是空的。

　　下面这一段，主要是澄清一种误解。在我们不管是自然科学中还是在当时的理性派和经验派的哲学中，我们通过一些用语的混淆，就可以看出人们对康德所指出的这个问题是如何的不理解。这一段开头与前一段的开头是相呼应的，前一段一开头就说："因此把对象划分为现象和本体，而把世界划分为感性世界和知性世界，在积极的意义上是完全不能容许的"，它与这一段的开头是相呼应的。

　　<u>然而，在近代的文献中我发现对可感世界和理知世界这两个术语与古代的意思完全不同、完全相左的一种运用，</u>

　　前面讲了这么多道理，但都没有被人们注意到，所以说"然而"，在近代的文献中，也就是在康德的时代，康德发现对可感世界和理知世界这两个术语与古代的意思完全不同。这两个术语，mundi sensibilis 和 mundi intelligibilis，你要按照拉丁文它本来的意思也可以翻译成"可感世界"和"可知世界"，有的人也这样翻。但是我们这里不这样翻，你把后面这个词翻译成"可知世界"那就不符合康德的意思了，它只是"理知世界"。康德要把"可知世界"保留给知性直观，对于知性直观来说它是"可知的"，但是对于人来说并不是可知的，恰好是不可知的。所以我们这个地方还得区别，你如果严格按照拉丁文，的确这里一个是"可感的"，一个是"可知的"。为什么这里不译成"可知的"？译作"可知的"就会发生混淆。因为他这个可知的不是对人来说可知的，而是对于设想中的知性直观来说，如果有知性直观的话那么它当然是可知的，但对人来说

并非可知的。所以我们这个地方要把它翻译成"理知世界"。尽管拉丁文原文是可知的，但并不是康德意义上可知的，康德意义上可知的只有在经验的意义上才是可知的，单纯用理性或者智性则是没有办法认知的。这个地方有一个注释：

我们不必像人们在以德国人的表达方式通常习惯于做的那样，用**智性世界**这个词来取代理知世界这一术语；

智性世界，eine intellektuelle welt，其中 intellektuelle 是一个形容词定语，它和 intelligibilis 不同，后者是指一种可能性，有一种"能够"的意思。"智性的"并不是"能够被智性认知的"（理知的），而是已经被智性所认知的，任何已经成为了知识的都有智性的层面，那么这个智性的层面当然就可以说是一种智性的知识。但是德国人用这个词来取代"理知世界"这个术语，在康德看来是不对的，我们"不必"像德国人那样做，为什么呢？

因为只有**知识**才是智性的或感性的。

已经成为了知识，它就有智性的和感性的层面，智性的层面，也就是知性的层面，在这个意义上就是一种知识，即先天知识；但它不可能抛开感性直观去构成"世界"（Welt），即构成一个"对象"，凡是要构成对象的都必须有直观。所以康德说：

然而只要是能成为这种那种直观方式的、因而客体方面的**对象**的东西，都必须叫作理知的或 ① 可感的（尽管这很难听）。

"理知的"是我们设想在某种条件下能够被智性所认识的，但并不是已经被智性所认识的，它只是一个等待着智性去认识的对象概念，但由于我们没有认识它所必要的知性直观而不能被我们所认识。所以从概念上讲，"理知的"就意味着智性直观的对象，正如"可感的"意味着感性直观的对象一样。所以"只要是能成为这种那种直观方式的、因而客体

---

① 原译作"和"，经学生提议改正为"或"。

方面的对象的东西"，它要么是理知的，要么是可感的。"这种那种"，就是指或者知性直观，或者感性直观。这里"对象"上标了着重号，与前一句"知识"上标的着重号形成对照，表明"智性的"针对一种知识，"理知的"针对的是一种可能的知识对象。虽然"可感的"和"理知的"都指向一个客观对象，但这并不意味着我们有两个"世界"，一个是凭感官认识到的，一个是单凭智性认识到的。因为单凭智性什么也认识不了，智性只有和感性配合一起才能形成知识，也只有在这种知识中它才能称之为"智性知识"。我们只能认识可感世界，而不能认识理知世界。至于这种说法为什么"很难听"，也许是由于没有听惯吧。Intellektuelle 一般是用得比较多的，而 intelligibilis 在日常德语中用得不多，蓝公武的译本把它译成"直悟的"，"直悟的世界"。应该说他还是体会到了这个意思，就是说，它是"悟性"，蓝公武不是把"知性"译作"悟性"嘛，但是它又是"直接的"。悟性要认识一个对象必须是间接的，要通过直观嘛，但是在这里它又是"直悟"，直观的悟性。我们这里没有用"悟性"这个词，而是译作"知性"或"智性"。我们认为翻成"悟性"不能正确表达 Verstand 或者 Intellektuelle 的意思，因为康德这里并没有"悟"的意思，没有"感悟"，没有"体悟"，没有"顿悟"，中国人讲"悟"，好像本身是一种直接性的认知方式，你"悟"到了没有？不能用概念来说明的，那就是"悟"。要能用概念来说明的那就不是"悟"了，那就是"说"了，那就是逻辑啊、范畴啊，这一套东西了。所以不能用"悟性"来翻译康德的这个词。但是从蓝公武的思路来说他还是对的，他既然已经翻成"悟性"了，那么他的"直悟"在这个地方还是很恰当的。但是我们在这个地方也不好用他的这个词，我们只好翻译成"理知的"。"理知的"这种译法在汉语里面好像也是"很难听"的，好像没有这种用法，很别扭。康德这个注释总的说就是讲人们通常的混淆，讲到"智性的世界"实际上就已经有混淆了，因为"智性"这个词很平常，也就是知性嘛，你用这个词就好像是说在我们的认识范围之内我们可以找到有一种知性的知识，当然康德并不否认这一点，但是，是不是单凭知性我们就可以构成一个世界，对这个世界形成一种抽象的知识呢？这个就有混淆了。你如果把单凭知性就能够直观到的那个世界称之为"智性世界"，称之为我们已经获得的知性知识所对应的那个世界，那就是混淆。因为我们已经获得的知性知识所对应的其实是感性的世界，即"可知世界"，而不是"理知世界"。所以在术语上就已经体现出近代文献对这两个含义的混淆了，一种含义是知性在经验的认识里面、在现象里面所起的作用，另一种是知性单凭它自身在本体里面可能起的作用。也就是说，把智性所设定的本体、世界的消极的意义当成了它的积极意义了。当然知性的范畴它还有积极的意义，在认识的构成、结构方面还有积极的意义，但是如果它提出本体，那就只能有消极的意义了。我们再接着讲正文。"这两个术语与古代的意思完全不同、完全相左的一种运用"，古代的意思刚才已经讲了，就是柏拉图的意思，理智世界和可感世界的区分在柏拉图那里已经划分了，理智世界是一个超验的世界，它跟这个可感的世界、和现象世界或者我们的现实世界是完全不同的，本质上是不同的。我们通过回忆可以回忆起理念，但是我们摆脱不了感性的遮蔽。我们可以通过对理念世界的回忆、追溯，意识到有这个世界的存在，但是我们达不到这个世界。就像柏拉图打比方说的，我们就像一只鸟儿拼命往上飞，飞到不能再飞的高度，最后那个彼岸世界也只是出现一瞬间，就像顿悟一样，就像直观一样，柏拉图把它称之为"理智的迷狂"。只有在一种迷狂的状态，我们才能偶尔看到理智世界的真理，但是马上又掉下来了。那只是个别的哲人在他的长期修炼的基础之上，能够一瞬间瞥见彼岸世界的真理。但是人毕竟受他的身体的拖累，受到他感性的束缚，所以他达到不了那个世界。他只有在死后才能达到那个世界，死后他没有肉体的拖累了，他的灵魂就可以升上彼岸世界了，就可以观看彼岸世界的真理了。但是只要他活着，他是不能看到彼岸世界的。柏拉图的两个世界的这种划分是很严格的。当然柏拉图把现实世界看作理念世界的"摹本"，说明他还是把这两个世界看作是有联系的，但是不论你怎么摹仿，你总达不到那种理念的纯粹性，所以在纯粹性这一点上，两个世界实际上是不可通约的。但是古代柏拉图那里是这样一个意思，而近代文献中这两个术语与柏拉图那里的使用却完全相左。

<u>这种运用当然没有什么难理解的，但其中所有的只不过是玩弄词藻。</u>

近代文献中的这种运用很通俗，我们通常也讲感性知识和理性知识，知识有两种，一种是理性知识，一种是感性知识，感性知识是从感性得来的，理性知识是从推理得来的，我们通常的用语就是这样说的。这种说法就是从近代欧洲的大陆理性派和英国经验派那里来的，我们现在也这样说，但我们中国古代其实并没有这种说法，而是从西方哲学，唯理论和经验论接受过来的。就是说有两种知识，唯理论者强调理性认识，经验论者强调感性认识；感性认识可以看到现象，而理性认识可以深入到本质。没有感性认识我们就没有经验，认识就没有基础；但没有理性认识，我们就看不到本质，我们要"透过现象看本质"。这就是我们日常的观念，通俗的说法，没有什么难以理解的，很好理解。但是康德讲"其中所有的只不过是玩弄词藻"，它是对这样一些概念的一种混淆。

<u>按照这种用法，一些人更愿意把现象的总和就其被直观到而言称之为感官世界，而就其关联按照普遍知性规律被思考而言，则称之为知性世界。</u>

B313

这就是我们刚才所讲的，知识有两种，一种是感性知识，一种是理性知识；那么它们所反映的世界也有两种，一种是感官世界，一种是知性世界。也就是一种现象，一种本质。但是在康德看来它们都属于现象。用康德的话来说，"现象的总和"，也就是知识的总和，"就其被直观到而言称之为感官世界，而就其关联按照普遍知性规律被思考而言，则称之为知性世界"，也就是按其本质而言称之为知性世界。现象的总和里面分为感官的和知性的，这句话跟上一段的第一句话："把对象划分为现象和本体，把世界划分为感性世界和知性世界"是一致的。那么现象的总和

487

就它的被直观到的方面被称之为感官世界，就它的按照普遍规律被思考而言被称之为知性世界，这样一种说法是不难理解的，但是却是玩弄词藻。我们看他下面进一步的分析。

前者据说表现为单只报道对星空的观察的理论天文学，

也就是感官世界，这个"理论天文学"下面有个注释，就是维勒认为这里应为"静观的天文学"，好像他说的很有道理，就是单纯凭借观察，那就是一种静观的天文学，你不用做什么，就只坐在那进行观察嘛，那就是感官世界，感官世界就是报道对于星空进行观察的这样一个结果。我观察到了，我测量了，这个行星的运行快还是慢，什么季节快什么季节慢，我记录下来，这就是观察的天文学。这种天文学就是一种感官直观的世界，我没有运用任何知性的规律。

而后者，也就是理知世界，则表现为（例如根据哥白尼的宇宙体系或牛顿的引力定律来解释的）静观的天文学。

"理知世界"在这里已经是一种误用了，"静观的"在这个地方维勒建议把它改成"理论的"，表现为一种理论的天文学，理论的天文学就是"根据哥白尼的宇宙体系或牛顿的引力定律来解释的"。哥白尼的体系对于原先的托勒密体系是一种彻底的颠倒，按照哥白尼的体系来说它更符合知性的规律，但是按照托勒密的地心说来看它也并不是不符合我们的观察，它也是符合我们的观察的，我们每天看到太阳从东边升起嘛，太阳围着地球转，早上太阳在东边，到了傍晚它到了西边，它不是围着地球在转吗？你按照直接观察的天文学就应该这样来描述嘛。所以托勒密的地心说它更加接近于观察、静观的天文学，而哥白尼的天文学它是从理论上进行论证的，它跟我们的观察并不太吻合，但是也不冲突。按照康德的说法，它恰好和我们的观察有一种适合的关系。但是它不是直接地局限于我们的观察，它是对我们的观察进行了一番整理，给它赋予了某些知性的规律。但是一般的人就认为，既然它跟我们的观察对不上号，那么它就是另外一种天文学。我们说太阳每天从东方升起，但是哥白尼说我们地球每天朝向太阳的西边旋转，只是看起来太阳从东边升起。所以你不能凭看，你要凭知性，才能理解哥白尼的天文学。牛顿的引力定律也是这样，我看到苹果落下来了，苹果落到地上，亚里士多德就解释，苹果为什么落到地上？因为它要落到地上，落到地上就是它的目的，物体的运动就是它要向地心落下来。但是按照牛顿的说法是由于地心的引力，万物都有它的引力。不过按照我们静观的观察好像亚里士多德说的也有道理，任何运动我们都觉得它是要适应它的目的，它是要到某个地方去，我们人就是这样嘛，我们人要到某个地方去我们就动起来了。苹果落下来它也是要到地上去。但是单纯按照观察是不行的，所以有了牛顿的定律来解释的理论天文学。这就形成了两种，一个是感官世界的天文学，它是把握现象的东西，一个是理知世界的天文学，它是把握本质的东西。康德在这里他着眼的是这个用词，它本身有种混淆。我们的知识分成两个层次，这个康德并不反对，问题是怎么称呼它。

但这样一种词意的歪曲只不过是诡辩的遁词，

你把这个理论天文学的世界称为"理知的世界"，就好像是你单凭你的理性就能够知道的这个世界的本体，好像世界的本体就是按照哥白尼的日心说那样运转，而我们的现象、感知只是感觉到托勒密的那种观察。这是一种词意的歪曲，一种诡辩，

为的是将它们的意义降低到适合自己的意思以回避麻烦的问题。

理知的世界、知性的世界这样一些用语都是一些歪曲，为的是将它们的意义降低到适合于自己的意思，适合于什么意思呢？就是我们只是在科学知识的、现象的领域里面来观察、来认识这些对象，但是我们以为它是有关本体的。这就是我们的意思，我们的意思就没有区分出现象和本体，我们的日常意思都没有区分。这种区分是康德第一次作出来的，在他以前近代的文献都是把现象和本体混到一起来谈的，我们以为我们认识的就是本体了，只不过对这个本体的认识有深有浅，在感性中我们还没有认识本体，那么到了理性、智性的阶段我们就认识本体了，这就是

通常的观点。那么理知世界我们就把它降低到了我们通常所讲的现象和本体的混淆的层面上来理解。为什么是"降低"？因为我们实际上是把它放到现象界了，其实它比现象界要高啊，它是超验的对象，这个对象我们人是认识不了的，我们人的认识有限，人的直观只能是感性直观，人的知性它不能直观，这就是人的限度。但是我们人以为自己可以超越这种限度，我们自以为我们单凭我们的知性、我们的理性，就可以直观到它所设想的那个对象。于是当我们在现象界获得某种知识的时候，比如天文学，我们就把理知世界降下来，当作是我们在天文学中所认识到的那个对象本身，但是我们实际上所认识到的只是现象，而不是理知的对象本身。我们其实达不到那个高度，我们以为达到了那个高度，那就是把它贬低了。你这么容易就达到那个高度了？你就把它贬低了。"为的是将它们的意思降低到适合自己的意思以回避麻烦的问题"，回避什么麻烦问题呢？回避我们所认识的其实只是现象，而本体仍然还在我们的认识之外，这样一个麻烦的问题。你如何能够把握到事物的本体，这是一个麻烦的问题。每当我们把握到现象的时候，我们以为把握到了本体，但再进一步的认识中我们又发现原来所认识到的还是现象，那么这一次我们所认识的是不是本体呢？这样不断地循环，我们永远也把握不到本体。传统的形而上学所遇到的麻烦就是这个问题。每次它都以为自己把握到了本体，但是要么我们把握到的只是现象，要么我们以为把握到的那个本体只是幻相，我们并没有把握到它。我们凭因果性也好，实体性也好，我们规定了一个自在之物，但是那只是一种虚假的规定，一种空的规定，你思考到一个对象，但是你并没有认识这个对象。这就是历来的形而上学用来解释自然科学的时候所遇到的麻烦问题。他们不是去分析我们的自然科学之所以可能的前提、它的范围以及它的结构、它的要素，而是独断地认为自然科学可以把握自在之物，可以把握本体。那么在这种独断论的前提之下一切形而上学都是建立在沙滩上的，它们一个一个地垮台是毫不奇怪的。所以这就是一些麻烦问题。但是这些麻烦的问题、自在之物不可知的问题被遮蔽了，被这些词意的混淆所遮蔽了。

当然，知性和理性都可以在现象上运用；

知性和理性就它本身而言在现象上都是可以运用的，知性可以用它的范畴来构成一个经验对象，来统摄经验性的材料，形成一个客体，一个认识对象；理性呢，它对全部知识有一种范导性的运用，理性讲究全体，理性提出的理念也是有用的，灵魂、上帝这些理念在引导我们的不断往前进这一点上也有用。知性和理性都可以在现象上运用，我们在后面的先验辩证论中可以看到，理性的理念、先验的理念都可以有一种"内在的"运用，所谓"内在的"就是在现象界，在经验上面它也可以有一种范导的运用，就像一面旗帜。理性心理学、灵魂，虽然它本身不能构成知识，但是它可以给我们的心理学提供一个努力的目标，全部的心理学无非就是认识人、了解灵魂嘛，虽然你了解不了，但是你可以朝这个目标不断地去形成经验的心理学，完善经验的心理学。在宇宙论上也是这样，宇宙整体我们不能认识，但是有了宇宙整体这个理念，我们可以不断地趋向于绝对真理。我们所获得的都是相对真理，但是有了这个宇宙整体，这个自在之物的理念在前面范导，我们就可以向它努力了，我们到底要看一看这个宇宙究竟是怎么样的，从整体上、从根本上看到底是怎么样的，那么我们就不断地去努力。它可以起这样一种作用，这叫理念的"内在的运用"。范畴也是只有内在的运用，也就是经验性的运用，但是范畴不能有先验的运用。理念呢它可以有超验的运用。但这种超验的运用它的真正的含义在实践的领域，作为实践理性它可以有超验运用。如果你把它当作认识，它就是幻相。所以理性的超验的运用它是一把双刃剑，你把它当知识它就是幻相，你把它当作一种道德实践的"悬设"，那么它就是有用的，它有它的实在性，这种运用是可能的，是现实的，在人的实践中它有一种现实的指导作用（因而这种超验的运用在实践的意义上它又是内在的运用，即内在于实践活动）。所以他这里讲知性和理性都可以在现象上运用，这是指的知识，在知识的领域里面我们都可以运用知性和理性。

但问题是如果对象不是现象（而是本体），它们是否还有某种运用，

问题就在这里。它们都可以在现象中运用，但是如果它们的对象不是现象而是本体的话，理性和知性是否还有某种运用呢？

而人们就是在这种意义上，当对象自身只是被思维为理知的，也就是被思维为只被给予知性而根本不被给予感官的东西时，来设想对象的。

这个混淆就在这里了。在现象中你当然可以运用理性和知性了，你可以提出一种理论的天文学嘛，你可以按照牛顿体系或者按照哥白尼的体系来建立一种天文学，这样一种天文学跟那种狭隘的静观、直观的天文学那是不同的，严格说那种天文学不叫作天文学，那只是天文学的材料，是天文学的静观的资料，真正的天文学你还是得运用理论来建立。所以理性和知性在这个领域里面它大有可为。但是如果对象不是现象而是本体、自在之物，那是否还有某种运用呢？那当然就没有了。如果你以为你所把握的就是天体、星球的本体，那就是不可能的。"当对象自身只是被思维为理知的"，就是单凭理性、知性可以知道的，"理知的"其实也可以翻译为"智知的"，当然这太难听了，总之是通过智性可以知道的，那样一个对象"就是被思维为只被给予知性而根本不被给予感官的东西"，当理论天文学这样来规定它的对象的时候，它恰好把它的对象当作了本体。所以它使用了这个词："理知的"。当它使用了"理知的世界"这个词的时候，就说明它已经发生混淆了。它已经把它的理论天文学的对象当作了本体，也就是只被给予知性而不被给予感官的东西。"被给予"知性的意思就是说只是知性能够直观到的东西，"被给予"这个词本身就是指接受性。知性是一种能动的自发性，感官是一种接受性，但是知性能不能接受呢？知性能不能被它自己给予对象呢？这个"被给予"用的是一个被动的表达，其实它在这里是主动的，它自己给予。那么这个对象被思维为只被给予知性，感性直观根本看不到它，知性直观才能

被给予。"来设想对象"，你所设想的对象被想成了这样一个对象，当你设想理论天文学的时候你就以为这个天文学就是由于你单凭理论建立起来的，撇开了那些观测资料，或者说当你用那些观测资料的时候你仍然以为那些观测资料只是一个引线，都只是一些现象，那么我"透过现象看到本质"，我不受这些现象的迷惑，然后我单凭自己的理性去看到那个对象。我设想的是这样的对象，这就是从这种用语的混淆里面所看出的问题。

所以问题就在于，是否知性在它的那种经验性的运用以外还可能有（哪怕在牛顿的宇宙结构表象中）一种先验的运用，它指向作为某种对象的本体。对这个问题我们已作了否定的回答。

关键问题就在这里。知性离开它的那种经验性的运用，哪怕在牛顿的理论天文学里面，是不是还能够有一种先验的运用呢？透过现象看本质，或者撇开现象看本质，能不能撇开现象看本质？这就是问题的核心了。是不是能够脱离开经验感官而有种先验的运用，它指向"作为某种对象的本体"，作为什么对象呢？作为知性直观的对象，这样的本体，如果有知性直观我们就可以对它进行认识了。但是对这个问题我们已经作了否定的回答。整个前面都在否定这一点，我们的知性不能作先验的运用，只能作经验性的运用。

所以当我们说：感官向我们表现出对象**如它们所显现的样子**，知性却表现出对象**如它们所是的样子**，这时后一情况并不能在先验的含义中、而只能在经验性的含义中来设想，

"当我们说"，也就是通常我们说的，"感官向我们表现出对象如它们所显现的样子，知性却表现出对象如它们所是的样子"，这个是当时一般的通行的观点，像霍布斯、洛克就提出来了，事物有两种性质，一种是"第一性的质"，一种是"第二性的质"。第一性的质就是事物本来是什么样子，第二性的质就是事物向我们所显现出来的样子，比如说红色啊，声音

啊，冷啊，热啊，它不是事物本身的样子。我们只能说事物本身有光波，它的波长我们可以测量出来；但我们说这个事物是"红的"，这个"红的"表象并不是事物本身所固有的，它只是我们的感官里面所反映出来的表象，是由于事物的波长作用于我们的眼睛以后，由眼睛的结构所决定的。所以虽然是由于对象刺激我们的眼睛所产生出来的红的表象，但这个表象并不是事物本身固有的，对象并无所谓红不红，对象就是有那些波长，有长有短，在我们的眼睛里就显出了五颜六色。所以你不能把这个五颜六色归之于对象本身，如果没有我们的感官它有什么颜色呢，它只是那些分子运动、原子运动，光波。但是"知性却能够表现出对象如它们所是的样子"，就是理论科学，理论物理学，理论天文学，它们可以不受感官印象的误导。我们感官印象认为红色、蓝色是不可通约的，性质不同嘛；知性却可以知道，其实它们都是统一的一种光，它们性质上完全是相同的，只是波长不同，振动的频率不同，仅仅是这一点区别。所以性质的区别就变成了量的区别，而量的区别是可以通约的，可以替换的，量是在同质的基础上加以区别的。所以知性可以表现出事物本身的样子，事物本身没有什么质的区别，性质的各种区别都是跟我们主观的感觉相关联的。那么事物本身我们可以通过知性给它们规定出一系列规律、法则、定律等等，但是它们是抽象的，它们直接涉及到事物的本质，所以是"如它们所是的样子"。这是通常的观点。莱布尼茨认为我们的感觉知觉只是模糊的认识，而我们的理性通过数学、通过逻辑才能够把握事情本身的样子，才是清晰的认识，事情本身无非是一种逻辑关系，一种数学关系，但是在我们心目中呈现出一种模糊的知觉。我们前面举过那个例子，比如说听音乐，觉得很"美"，但实际上我们在内心里面在下意识地数数。音乐实际上是一种数学关系，音波、波长是一种比例关系，旋律实际上是空气振动的一种比例关系、数量关系。这不仅是莱布尼茨的观点，也是当时的理性派和经验派共同的观点，即认为感觉所感到的是事物向我们显现的样子，而理性、知性则认识事物本身的样子。但是康德对这样的说法作了一个注解，这个注解很重要："这时后一种情况并不能在先验的含义中、而只能在经验性的含义中来设想"。"如它们所是的样子"，你不能在先验的含义中，也就是说你以为这就是单凭你的知性的概念、范畴所设想出来的，不是的，而只能在经验性的含义中来设想，这些事物它们本来"所是的样子"也是在经验的范围之内的本来"所是的样子"，

　　也就是像它们必须在现象的彻底关联中被表现为经验对象那样，而 B314
不是按照它们在与可能经验的关系之外、因而在一般意义上并作为纯粹知性的对象所可能的那样来设想。

　　这个解释就把它钉死了，其实所有这两种设想都是在经验性的含义中来设想的，后面这种设想尤其不能当作一种先验的含义来设想。是什么意思呢？就是"像它们必须在现象的彻底关联中被表现为经验对象那样"，就是说，知性表现出对象如它们所是的样子，好像是离开了经验，但实际上不是的，它是在现象的"彻底关联"中被表现为经验对象的，它与那些感官的对象不同的地方就在于这种"彻底关联"，那些感官的对象只是在就事论事的，这个东西向我显现出来了我就抓住这一点，那个事物向我显现出来了我就抓住那一点，而知性就可以把它们放在一个彻底的关联中来设想，但彻底关联还是在经验现象中的彻底关联。所以它是在彻底关联中表现为经验对象的，而感官把它们表现为还没有被关联起来的、零散的、杂多的、未经统一的现象。知性只是把它们彻底关联起来了，但还是经验的关联，"而不是按照它们在与可能经验的关系之外"、不是离开可能的经验——虽然可以离开当下的经验，但不能超出可能的经验的范围——"因而在一般意义上并作为纯粹知性的对象所可能的那样来设想。"一个"在一般意义上"的对象，——这个"一般意义"是形容这个"对象"的 [①]，——"并作为纯粹知性的对象所可能的那样"，不是按照

[①]　"在一般意义上"原文为 auf Sinne überhaupt，有同学提出可以与前文的"关系"（Beziehung）构成一个词组，译作"因而在与一般感官的关系之外"，也通。

那样来设想。不是设想一个一般的对象,并且,不是在一般对象里面作为纯粹知性的对象,单纯知性本身所思考的对象,所设想为可能的对象。这就排除了这种误解的可能。在我们自以为通过知性可以把握事物的本质的时候,其实我们只不过是把握了现象中经验性的范围之内的那些事物的一种联结,一种彻底的关联。所以知性所表达的仍然是经验的对象,而不是超出经验性的关系之外的纯粹知性的对象,一般意义上的对象。这个道理其实在先验感性论的"总说明"中就已经以虹和雨滴的关系说得很清楚了,它们都不是自在之物(参看《精粹》B62—B64)。

因为后面这种情况将会是我们永远不知道的,甚至于就连这样一种超常的 ① 先验知识在任何地方是否可能、至少是作为从属于我们通常范畴的知识是否可能,也仍然不知道。

为什么只能在经验性的含义中来设想呢?因为"后面这种情况",也就是超出经验性的关系之外的这种情况,"将会是我们永远不知道的"。知性在天文学里面认识到了那样一种规律,把握到了那样一种"对象本身",超出经验范围我们是不知道的,所谓对象本身其实还是在现象里面。那么一般意义上的作为纯粹知性的对象是我们永远不知道的。可见"理知的"如果翻译作"可知的"在这里就说不通了,你说了是"可知的",为什么这里又说是"不知道的"呢?后面这种情况永远是不知道的,"甚至于就连这样一种超常的先验知识",——或者按照法欣格尔的意见改为"超感官的"先验知识,——"在任何地方是否可能、至少是作为从属于我们通常范畴的知识是否可能,也仍然不知道。"这样一种对于本体的超常的先验知识在任何地方是否可能我们是不知道的。"至少是作为从属于我们通常范畴的知识",我们通常的知识不是超常的知识,而是通常的知识,那就是从属于范畴的知识,我们通常的知识都是通过范畴来把

---

① "超常的"(außerordentliche)原书译作"特殊的",与此相应的,在德文编者注 2 中außersinnliche 原译作"感官外的",亦改成"超感官的",似更贴切。

握的,那么本体作为从属于通常范畴的知识,就是通过这些范畴来把握本体是否可能?我们的范畴是用来把握经验对象的,是否能够用来把握超经验的对象呢?"作为从属于我们通常范畴的知识",我们人类有这些范畴,我们用这些范畴来把握知识,那么有关本体的知识是否作为这样一种知识是可能的呢?我们不知道。甚至于这样一种超常的知识"在任何地方是否可能",我们仍然也不知道。我们是不知道这种知识的,甚至于这种知识在别的地方是否可能,我们也不知道。这个递进就在这个"任何地方",即我们不仅不知道我们自己,甚至也不知道道别的存在者是否能够拥有这种知识。下面这一句就比较好理解了:

知性和**感性**在我们这里**只有结合起来**才能规定对象。

知性和感性这两者只有在它们结合之中我们才能规定一个对象,对于我们人来说只有把知性和感性结合起来才能认识对象。

如果我们把它们分开,那么我们有直观则无概念,或者有概念则无直观,而在这两种情况下我们所具有的表象都不能与任何一个确定的对象发生关系。

如果我们把知性和感性分开,那么要么我们有直观则无概念,你分开了,那么我们有直观,那种直观是一大堆杂多的东西,飘忽不定的东西,凭它们产生不了概念,形成不了对象;它们要形成对象必须要有一个概念把它们统摄起来,综合起来。或者有概念而无直观,我们有概念,但是这些概念无用武之地,它用到哪里呢?它是空的。所以直观无思维则盲,概念无直观则空。这是在前面早就讲了的一个原则。在这两种情况下我们所具有的表象——当然我们还可以具有表象,在直观的情况下我们有直观的表象,知觉、印象、感觉,在概念的情况下我们有范畴,这也是一种表象——那么"在这两种情况下我们所具有的表象都不能与任何一个确定的对象发生关系",不能与任何一个对象发生关系,但这个地方留了一手,不能与任何一个"确定的"对象发生关系。即是否能够与"不确定的对象"发生关系,这个我们不知道。如果假设有一个知性直观的话,它

497

就能够单凭它的知性就与一个对象发生关系，但这对于我们人来说是不确定的。我们人没有知性直观，我们人的知性和直观是分开的，所以必须把它们结合起来，不能把它们分开，尽管它本身是分开的。我们只有把它们结合起来才能够认识一个对象。如果把它们分开来使用的话那么我们就不能与任何一个确定的对象发生关系，也就是不能规定、确定任何一个对象。

下面一段是第三章的最后一段。前面的道理实际上已经讲完了，那么这里提出来是否还有其他可能，进一步验证一下前面的道理。

如果有人还未下决心由于这一切讨论而放弃范畴的单纯先验的运用，那么他可以试试从范畴中得出任何一个综合的断言来。

前面讲了这么多道理，什么道理？就是范畴只能作经验性的运用，只能运用于经验对象，而不可能作先验的运用，不可能运用于排除了一切经验以后的我所设想出来的这样一个对象上，这是不可能的。凡是以为可以对范畴作先验的运用的，都是对范畴的一种误解，事实上不可能。前面讲了这些道理，如果有人还觉得放弃范畴的先验的运用太可惜了，——特别是唯理论派，他们历来习惯于从概念推出存在，从逻辑推出存在，因为这个很简便，能够一下子把握绝对的真理，不像经验派老是要在经验的知识不断的发展过程中才能得到一些不确定的知识，所以理性派的哲学家热衷于利用范畴的先验性去作先验的运用，这是一种抵挡不住的诱惑——那么康德就说如果你还是要坚持这样一种观点的话，那么你就可以试一试，从范畴中得出一个综合的断言来。你得出一个分析的断言，那个没有用，关键问题就是你能不能够从范畴里面获得一些新知识。所谓综合的断言就是能够获得新知识的断言，分析的断言不能够获得新知识。所以你如果不满意的话，你不妨把这些范畴用一用，看能不能得出一些综合的断言，真正是一些能够增加新知识的断言。

一个分析的断言并不使知性走得更远，知性在这里只是在讨论概念

中已被想到的东西，

　　这个"因为"就是针对前面的"综合的断言"来的，判断有综合的判断，有分析的判断，康德主要追求的是综合的判断，因为分析判断在这里没有用，这个前面已经讲过了，什么是分析判断？就是把在概念中已经包含的东西说出来，你不说出来也不要紧，它已经在里面了，说出来只不过是更清晰一些，提醒一下，这个概念里面还有这样一个概念呢！但是它并没有增加任何新知识。所以它不能使知性走得更远，

　　所以它并不能决定这概念是自在地与对象本身有关，还是只意味着一般思维的统一性，

　　这个"它"就是指知性了，你对一个概念里面的概念加以分析，把它分析出来，构成一个分析判断，那么在这样一种状况之下，你所构成的这个判断究竟是与自在的对象、与自在之物本身有关呢，还是仅仅只是你的主体自己的一种一般思维的统一性？当然也可能与自在之物有关，康德并没有截然断言，但是你没有办法证明，它究竟是不是与自在之物相关，因为你仅仅是在这个概念的内部在进行一种操作，至于它在外部与哪个对象相关，它根本还没有涉及这个问题。所以你仅仅进行一种分析判断，你就不能决定这个概念究竟与一个自在的对象有关，还是只是一般思维的统一性。按照康德的意思它只是意味着一般思维的统一性，但是在一个分析判断中连这一点也没有确定下来，它仅仅就是分析，对这个概念的综合功能究竟如何还没有涉及。但在康德看来它只意味着一般思维的统一性。括号里面讲：

　　（这统一性完全抽掉了一个对象有可能被给予出来的那种方式），

　　一般思维的统一性就是讲一般地说思维具有这样一种功能，但是这种功能是否能够运用，这个没办法确定，因为它抽掉了一个对象有可能被给予出来的方式，那就没办法运用了。你要运用于一个对象，那么你就必须要借助于一个对象能够被给予出来的方式，例如时间和空间。你把这个方式抽掉了，那么它就只剩下一般思维的可能性了，它只是一种

可能性,我能够统一,但是这种能力要能够实现出来,它必须有它的条件,它不是单凭自身就可以统一的,它统一什么呢?如果是空的,抽掉了对象能够被给予出来的条件,也就是抽掉了对象,抽掉了内容,那么它就只剩下一种抽象的功能,它还没有起作用。所以这样一种分析判断还没有决定是与自在的对象有关还是只是一般思维的统一性,在其中这一点还没有表达出来。

对它说来,只要知道在它的概念中有什么就足够了;

这个"它"仍然是指知性,在这样一种场合之下,对知性来说,只要知道在知性的概念中包含有什么东西,这个知性的概念由什么样的概念所组成,就足够了,

这概念本身针对着什么,这对它来说是无所谓的。

这概念里面包含有它的内涵,知道这一点就够了,分析命题就只是解决这个问题的。一个概念它包含有什么意思啊,你把它的意思讲出来啊,"妖怪"是什么,你把"妖怪"的意思讲出来啊,至于有没有妖怪,这是另外一回事情,这根本不涉及这个概念的意思,哪怕世界上从来没有什么妖怪,这个概念还有它的意思,你可以用一个分析判断把它的意思表达出来。但是你要说有没有妖怪,或者妖怪在哪里,那你就把它变成一个经验的对象了,能不能变得成,那还是一个问题,你能不能在任何地方看到一个妖怪,那还是个问题。所以"这概念本身针对着什么,这对它来说是无所谓的"。当然并不是在任何场合下都是无所谓的,只是在分析命题的场合下才是无所谓的。分析命题只是要求搞清这个概念,至于这个概念有没有它的对象,它是不管的,它只是在形式逻辑的层面上来讨论这个概念。至于先验逻辑有关对象的认识,它还没有涉及到。

B315　　　因此他也可以试试任何一个综合的、被以为的先验原理的效果,

因此,因为这一点,即分析判断是这样一种情况,那么他也可以试一试"任何一个综合的、被以为的先验原理的效果",在综合方面你也可以试一下。你要把范畴作先验的运用,要么你是从分析的角度对概念的内

涵加以解释，这个根据前面讲的是行不通了；那么另一方面呢，你也可以试一试这个概念你用它去组成一个综合判断，一个被以为的先验原理。严格说来按照康德的说法它是不能构成一个先验的"原理"的，它只是一个概念、一个范畴。但你也可以把它分解一下，然后用它们来构成一个你以为的先验原理，这样来形成一个综合判断，你试试看。如：他下面举了两个例子：

一切存在的东西都是作为实体或某种依赖于实体的规定性而实存的；

这是一个例子，第二个例子：

一切偶然的东西都是作为另一物、也就是它的原因的结果而实存的如此等等。

也就是说，你把实体性和因果性构成一个先验的原理，你试试看。这里第二个例子康德前面已经举过了，就是说实际上它里面包含有一种循环论证，"一切偶然的东西都是作为另一物、也就是它的原因的结果而实存的"，这里"一切偶然的东西"如果你要对它加以解释的话你就会发现，它里面已经包含有因果性了，然后你把这样一个东西说成是"有原因的"，那就是循环论证，同义反复，等于说一切有原因的东西都是有原因的。这个不是什么先验的原理，这只是提出了一个概念。前面我们已经分析了，什么是"偶然的东西"呢？偶然的东西就是它的原因本来有可能是另外一种结果的东西，就是说它不一定会产生这个结果，它产生另外一个结果是完全可能的。所以这里面其实已经包含原因和结果的概念了，严格说起来它并不是一个真正的综合命题。那么前面这个例子："一切存在的东西都是作为实体或某种依赖于实体的规定性而实存的"，按照同样的道理我们也可以问，什么是"存在的东西"？那么我们就可以看出，存在的东西要么是作为实体的东西，要么是作为实体的偶性的东西，实体和偶性都是存在的东西，你从这个概念里面就已经可以分析出来，存在的东西的概念里面已经包含有实体和偶性的概念了。所以它还是一个循环论证，一个分析命题，没有提出什么新的东西来。你要形成一个存在的东西的概念，你就必须已经运用了实体和偶性的概念，你才能形成起来，不然这个概念没有意义。你要追溯这个概念的意义，其实已经有了实体和偶性的概念，但是你又把它与实体和偶性的概念构成一个判断，你以为它是一个综合判断，其实只不过是给这个概念加上了一个伪装而已。把一个概念伪装成另外一个概念，用另外一个词来表达，然后跟这个词结合在一起，你就以为这是一个综合判断了。其实并不是综合判断，你没有解决任何问题，说来说去还是分析命题，没有增加任何新的知识。

现在我要问：既然这些概念不想与可能的经验发生关系，而是要适用于自在之物本身（本体），知性将从何处得到这些综合命题呢？

就是这些概念不想与可能的经验发生关系。当然前面举的这两个例子还可以从这一方面来理解，就是说你把这些概念和经验发生关系，比如说"存在的东西"，你把它理解为一切在时间空间中的东西，或者"一切偶然的东西"你也把时间加进来，那就与经验发生关系了，那情况就大不一样了。"既然这些概念不想与可能的经验发生关系，而是要适用于自在之物本身"，自在之物本身就是说没有经验的，没有时空，仅仅是一个一般对象的空洞概念，如果想在这种场合下适用于自在之物本身的话，那么"知性将从何处得到这些综合命题"？这样一些命题只有在跟经验发生关系的场合下才有可能成为综合命题，一旦你撇开了它的经验的关系，那么我们知性怎么能够得出综合命题呢？撇开经验的东西这些命题就是一些分析命题，一些循环论证的命题，根据我们刚才所分析的。那么要得到这些综合命题那就是不可能的，如果要得到它们，就必须有可能的经验，有一个第三者。

综合命题总是需要一个第三者，以便在其中把那些完全没有任何逻辑的（分析的）亲和性的概念相互联结起来，

综合命题总是需要一个第三者，这个第三者这里还没有明确究竟是

什么，反正需要一个第三者。你两个概念要联结起来必须要有第三者，如果没有第三者你要直接地联结起来，那就是一种分析的亲和性，比如说一个概念里面本来就包含另外一个概念，你当然可以把这两个概念联结起来，从一个概念里分析出另外一个概念当然也是一种联结了，但这是一种分析的联结。但如果你把这两个概念理解为完全没有任何逻辑的亲和性，就是它不是一种互相包含的关系，更不是一种互相等同的关系，在这样的情况下你要把两个概念联结起来，那就需要要一个第三者。所以"综合命题总是需要一个第三者，以便在其中把那些完全没有任何逻辑的（分析的）亲和性的概念相互联结起来"，两个概念本来没有关系，你要把它们联结起来，你就需要纽带了。这个纽带是什么，康德没有明确点出来，实际上这个纽带只能是经验的可能性。两个知性的概念如果你把它们看作没有关系的话，它们就是游离的；但是如果有一个经验的可能性，比如说时间空间的直观形式，那么你就可以把两者结合起来了。

而在这里，那个第三者在何处呢？

在这样一个你以为的先验原理之中，那个第三者你已经把它撇开了，你把它与一切可能经验的关系撇开了嘛，那么它就不存在一个第三者了，它要么是两个互不相干的概念，要么就是一个分析的关系。你把它们看作综合的关系，它们就没有关系，你没有办法把它们联系在一起。所以下面讲：

不顾及到知性的经验性的运用，因而不完全放弃那种纯粹的、摆脱感官的判断，知性就永不能证明它的命题，更有甚者，就连以这样一个纯粹命题的可能性为自己辩护都做不到。

也就是说，如果你"不顾及到知性的经验性的运用"的话，如果你把知性与可能经验的关系撇开，也就是把第三者完全撇开，"因而不完全放弃那种纯粹的、摆脱感官的判断"，你要坚持那种纯粹摆脱感官的判断，坚持那种纯粹先验的判断，坚持一种范畴的先验的运用，那么知性就永远也证明不了它的命题，它的这个命题，如果你撇开了感官，又想把它看作一个综合的判断,这是永远也证明不了的。也可以说这是一个不可能的命题,它永远证明不了。"更有甚者,就连以这样一个纯粹命题的可能性为自己辩护都做不到",就是说这样一个命题是否有可能,即使我们人,或者我们目前不可能,那么是否有另外一种存在物、比我们人类更高的存在物,在那里是否有可能呢?你用这样一种方式为这个命题来辩护,其实也是做不到的。你怎么知道有那么一个知性的直观呢?一个超越于我们人的感性经验直观之上的非感性非经验的直观,你没有办法断言这一点,所以你也不可能为它的可能性来辩护。如果你能断言这一点,那么我就可能为它的可能性辩护。就是我们人虽然没有知性直观,但是我知道有一种理性存在物,比如说上帝,他有知性直观。那么我虽然没有看到这个命题的可能性,但是我可以设想,在那样一个知性直观那里,这个命题是可能的。这样就可以为这个纯粹的命题作出辩护了。但是由于我们不知道是否有这样一种知性直观,所以我们为这样一个命题作一种可能性的辩护,也是做不到的,这就是更进一步来说的。我们不仅仅自己做不到,我们也不能为另外一种更高的理性存在物的这种可能性作出辩护。我们自己没有可能性,我也不知道其他的存在物是否有这种可能性,这是两个层次。

所以纯粹只是理知的对象这样一个概念在其应用的一切原理上完全是一片空白,

"纯粹只是理知的对象",这个"理知的对象"是复数,但是"这样一个概念"是单数,"在其应用的一切原理上完全是一片空白",也就是说在这种情况下,理性撇开了感知的那样一些对象,它们的概念,也就是物自体的概念了,这样一个本体的概念,在其应用的一切原理上完全是空白。你要追求把这个概念应用到物自体上的原理,那是追求不到的。没有把对象概念运用到自在之物上的原理,只可能有把对象概念运用到经验对象上的原理。

因为我们不能虚构出它们应当被给予的方式,

这个"它们"就是指这些对象，我们干脆把这个"它们"改过来，改成"这些对象"，这样更明确一些，"不能虚构出这些对象应当被给予的方式"。这些对象就是我们通过理性所思考出来的对象，那么它们"被给予的方式"，也就是感性的方式，——感性就是被给予性，前面我们多次提到，被给予性也就是感性的意思——我们是没有考虑的，因为我们预先已经把它撇开了。所谓理知的对象就是我们可以不凭它们被给予的方式而单凭概念本身去思维的那样一个对象，就是单纯通过理性被思维的对象。那么既然你提出这样一个概念，你怎么还可能虚构出一个它们被给予的方式呢？你要再提出这样一个方式你就是自相矛盾了。

这个悬拟的观念毕竟为这些对象留下一个位置，

这个"观念"是指前面的"概念"了，在其运用的一切原理上它完全是一片空白，"这个悬拟的观念"，也就是这个悬拟的概念，这个悬拟的概念，也就是成问题的概念，是什么概念呢？就是一些理知的对象的概念，这些对象我可以思维，但是这种思维也只是姑妄言之，只是一种悬拟，并没有得到证实。那么这样一个悬拟的观念"毕竟为这些对象留下一个位置"，既然我说到这个概念，这个概念一旦成立，它就为这样一些对象留了一个位置，这个位置当然是空的，我只是思考它，绝对没有证明这些对象的存在。但毕竟为它们留下了一个位置。"观念"这个词用的是Gedanke，就是思考，它是从denken即思维变来的。我们这里通常译作"观念"，而且几乎定译为观念。而留下一个位置，

只是为了像一个空的空间一样对经验性的原理作出限制，

这句话就比较难以理解了。留下一个位置只是为了"对经验性的原理作出限制"，本来这个本体就是一个限制性的概念，一个界碑，不能再跨一步了，这还好理解。经验性的原理在科学中很多了，万有引力啊，牛顿的三定理啊，这样一些原理都是经过范畴充实以经验性的材料得出来的，这些原理有一个边界，它们只适用于现象界，但是超出现象之外要去探讨理知的对象，那就越界了，所以需要一个本体的观念对它们作出

限制。难以理解的就是中间这个词组："像一个空的空间一样"，为什么是像"空的空间一样"？空的空间为怎么能够对经验性的原理作出限制呢？前面好像没有这个说法。空的空间可以对经验性的原理作出限制，这个说法从哪里来的呢？我们可以往后面看一看，在先验辩证论的二律背反里面，也就是在先验理念的第一个冲突中，谈到了这个空的空间。我们先从 B455—457 最后这一段看起，也就是理念的第一个冲突的反题的证明，即要证明世界在空间中没有界限。康德从反题的立场"先假定相反的方面，即世界在空间上是有限的和有界限的；于是世界就处于一个未被规定的空的空间之中。这样就不仅会发现诸事物在空间中的关系，而且也会发现诸事物对空间的关系。"但这种世界对空的空间的关系其实是它"不对任何对象的关系"，而"这样一种关系、乃至于通过空的空间对世界所作的限制都是无"[1]。这就是说，空的空间作为现象之外的东西是不可能对经验世界作出任何限制的，所以康德在对反题的注释中说，"所以一个空间（不论它是充满的还是空的）可以由诸现象所限制，但诸现象却不可能由它们之外的一个空的空间来限制。"[2]但康德在这里的一个注释中却又说："人们容易看出，这里的意思是想说：空的空间就其由诸现象来界定而言，因而这种在世界之内的空的空间，至少是不与先验原则相矛盾的，所以对这些先验原则来说是可以承认的（虽然并不因此就马上主张它的可能性）。"[3]也就是说，空的空间不是作为一个经验现象之外的空洞形式而对经验世界作出限制的，而是作为经验性的杂多质料本身的形式原则而对这些质料作出限制的，它使这些质料（就外感官而言）不可能超出空间范围之外而被给予。这种空的空间，康德有时也称之为"绝对空间"，认为它"在绝对空间的名称下只不过是外部现象的单

---

① 参看《纯粹理性批判》A426＝B454、A429＝B457。

② 《纯粹理性批判》A430＝B458、A433＝B461。

③ 《纯粹理性批判》B461。

纯可能性"。① 所以这里讲"为了像一个空的空间一样对经验性的原理作出限制",意思就是仅仅像空的空间那样限制经验的世界,即并不是立足于现象之外,而是仅仅在现象的边界上,不涉及"诸事物对空间的关系",而只涉及"诸事物在空间中的关系",这样来限制经验世界的原理。这样最后一句就很好理解了:

<u>但却并未把经验性原理②范围以外的任何别的知识客体包含在自身中并表明出来。</u>

也就是说,把本体概念限制经验性原理的方式设想成如同空的空间限制经验现象那样,不是站在现象界之外,而仅仅是作为现象界本身的"界"来起限制作用,那就不会"把经验性原理范围以外的任何别的知识客体包含在自身中并表明出来"了。也就是说,本体自身正如"空的空间"本身一样,不是什么客观的知识,而只是一个抽象概念,一个单纯的思想物。

这就是这一章的内容。

---

① 《纯粹理性批判》A429=B457。
② 原译文漏掉"原理"一词,兹补上。

先验辩证论

导　言

I. 先验幻相

我们来看看先验辩证论的导言,它的第一节。第一节讲的是一种先验的幻相。既然先验辩证论讲的是一种消极的逻辑,那么它的消极意义就在于指出先验幻相产生的原因,它是起一种警察的作用。就是说,当我们运用我们的理性要超出经验范围之外去进行认识的时候,就会出现一些伪知识,这些伪知识就被称之为先验幻相。所以先验的幻相主要是起这样一个作用,就是对人的认识能力提出一种警告:现在已经出现一些幻相了,那么这些幻相如何来清理它,它是如何可能的?要追根溯源,追溯到这些幻相的根。然后把它们运作的机制揭示出来,以便我们以后在认识过程中避免受到这些幻相的迷惑。这些幻相总是要产生出来的,它是人的一种自然倾向嘛,形而上学自古以来就是人的自然倾向,人总是要产生形而上学,来提出一些先验的命题,关于上帝,关于灵魂,关于整个宇宙,但是每当它提出先验命题的时候,就会产生先验的幻相。但是先验幻相又必然会产生,那么我们所要做的工作呢,就是要阐明这些

508

幻相产生的原理。这就是先验辩证论所要讨论的一个主要的问题。所以第一节一开始就把这个先验幻相摆出来，什么叫先验幻相？先验幻相是如何形成的？

我们在前面曾把一般的辩证法称为**幻相的逻辑**。

康德在先验逻辑的导言里面一开始就把他的逻辑体系作了一个划分，先验分析论被称之为"真理的逻辑"，先验辩证论被称之为"幻相的逻辑"。这里的"辩证法"和"辩证论"是同一个词 Dialektik 的翻译，这个词通常译作"辩证法"，但在康德这里作为标题我们译作"辩证论"，因为他这里讨论的不是一种单纯的方法，而是辩证法的整个成因、它的构成、它的原理，以及如何排除它，所以我们翻译成"先验的辩证论"，把它和"先验的分析论"对应起来，一个 Dialektik，一个 Analytik。有的人说翻译成"辩证论"不对，因为它里面没有一个"论"字，只能译作"辩证法"。但那样的话先验分析论也只能翻译成"先验分析法"了，那就把康德的意思弄得太局限了。他不仅仅是讨论方法本身的问题，而是扩展为一整套的原理，所以翻译成"辩证论"还是比较适当的。

这并不意味着它就是一种**或然性**的学说：因为后者是真理，只是通过不充分的根据被认识罢了，

就是说，或然性是一个认识范畴，也就是可能性范畴，这就是一种模态范畴，或然性、实然性和必然性构成三个模态范畴。或然性，Wahrscheinlichkeit，就是根据某种机缘而发生的、偶然的，但主要的意思就是可能的。但幻相的逻辑是不是就是某种或然性的学说呢？不是这样，因为后者是真理，或然性的学说属于真理的逻辑，属于分析论，因为它属于范畴，是模态范畴里面的第一个范畴。所以它属于真理的问题，"只是通过不充分的根据被认识罢了"。一个或然性的真理它还是真理：我们说这种可能性是有的，确确实实是有这种可能性的，只是它的根据还不太充分，虽然不充分，但这种"几率"是有的。百分之九十九的概率它都是或然性，它都不是真正的现实性，也还不是必然性，它毕竟有百分之一的可

能不是这样的嘛。它也不是现实性，它还没有发生，这只是一种估计，一种猜测，但也不是毫无根据。它有它的认识价值，如果我们按照或然性去行事的话很可能往往是对的。当然如果或然性太小了的话它就不足以指导我们的行动了，但它也不是完全没有意义，我们在行动中还是要考虑它，所谓"不怕一万，只怕万一"嘛。所以或然性的学说它是真理，只不过它是"通过不充分的根据被认识罢了"，它的根据还不充分，如果根据充分了，那也许就是现实性甚至必然性了。

因而它的知识虽然是有缺陷的，但并不因此就是骗人的，因而不必与逻辑的分析部分划分开来。

这都是讲的或然性学说了。或然性的学说的知识虽然是有缺陷的，它只是一种估计，一种猜测，但不是毫无根据的猜测，它这种猜测是有根据的，是可能的，这种可能性是存在的。他说"但并不因此就是骗人的"，骗人的就是毫无根据。你总要有一点根据，虽然根据不充分，但我没想骗人，我还是根据某种我已有的证据来得出我的猜测。"因而不必与逻辑的分析部分划分开来"，分析部分就是前面讲的"分析论"，也就是"真理的逻辑"，它是属于这个逻辑内部的。

更不能把**现象**和**幻相**看作一回事。

前面是讲幻相并不意味着或然性，或然性还是真理，虽然它不充分；但是幻相它是骗人的，它完全不是真理。那么进一步，幻相的概念不能把它与"现象"等同起来。这里"幻相"和"现象"这两个德文词具有同一词根，Schein 和 Erscheinung，它们都出自于动词 scheinen，scheinen 的意思就是"光照"的意思，光的照耀，照出来、显出来，那么 erscheinen 就是照出来，就是显现，变成名词就是"现象"或"显象"。Schein 这个词在日常德文里面常常带贬意，意味着仅仅是表面显得的那样，而实际上并不是那样，就是"假相"、"幻相"的意思，在黑格尔的逻辑学里面有的人把它翻译为"假象"，有的如杨一之先生也翻译为"映象"，淡化了它的贬义。黑格尔的映象不强调它的贬义，映象也是本质的，它是正确的映象，有点相当于康德的"现象"的意思,当然黑格尔并不承认有一个自在之物。但在康德这里的 Schein 是强调它的贬义,它是一种幻觉,一种错觉,我们把它翻译成"幻相"。而"现象"在康德那里没有一点贬义,它就是显现出来的东西。在日常德语中其实"现象"(Erscheinung)也有一点贬义,有时意味着好像的东西,看起来的东西,似乎的东西,但不像 Schein 的贬义那么强烈,它是一个中性词。而在康德这里,它还寄托了一般的知识、一般的真理在上面,甚至于还带有某种肯定的意思,显现出来了嘛,显现出来才能认识嘛,不显现出来怎么认识呢? 所以在康德这里这个词更带有积极的意思,带有褒义。胡塞尔现象学后来就在这个意义上建立起一门新的哲学。而 Schein 这个词在康德那里更多地带有消极的负面意思。所以他讲不能把这两个概念"看作一回事"。下面解释:

因为真理或幻相并不在被直观的对象中,而是在关于被思维的那个 B350
对象的判断中。

真理或幻相并不在被直观的对象中,真理或幻相在什么地方呢?"在关于被思维的那个对象的判断中",在于你对那个思维的对象作出何种判断。这里"被思维的对象"是泛指的,可以包括你所以为、所意指的一切对象,相当于一般意义上的"先验对象",也就是与任何判断相关的对象。我们前面讲过,先验对象在形成知识、形成经验对象的过程中是一个必不可少的概念,当你在判断中把直观经验的杂多统摄在先验对象的概念之下,它就充实成了一个经验对象,你对这个经验对象的判断是可以讨论的,判断得对不对? 这就有真假问题。此外,当你撇开直观而对这个先验对象"本身"作判断时,它也有另外一种真假问题。如果你问通过知性范畴所思维的对象"自在地"是什么,那么由此所形成的判断就是知性范畴的一种误用,这种"先验的运用"其实是不可能的;或者你问通过理性的理念所思维的对象"自在地"是什么,那么就形成了理性理念的一种幻相。但如果你只承认它是一个不可知的 X,你把这个被思维的对象判断为仅仅是知识的一个界限,本体,我们不能认识它,那么你还在真理的范围之内，你还属于真理的逻辑。我们前面讲的整个都是这个问题。把本体判断为我们一切认识的一个边界，这样一种说法是属于真理的，属于先验分析论的，先验分析论里面到处都在讲这个问题，物自体，本体等等只是一切可能经验的界限。但是如果你把我们的理性所思维的那个对象就其本身而言判定为一个认识的对象，那就是幻相了。所以对"被思维的对象"进行判断就有两层意思，就是一方面把这个被思维的对象（先验对象）和直观经验联结成一个判断，另方面撇开直观而在思维中对这个先验对象本身构成一个判断，这两者都有可能导致幻相。按照康德后面的说法，前者，如果联结得不对的话，有可能导致一种"经验性的幻相"，后者可能导致的则是一种"先验的幻相"。不过，如果你对任何思维的对象不作判断的话，那就根本谈不上真理或幻相的问题。对直观的对象也是这样，其实任何直观的对象作为对象来说也已经是一种思维的对象了，已经有对象意识或先验对象的概念在里面起作用了，但如果你没有作判断，只是直观，那就没有真假问题。康德认为一切真假问题都是由于作判断才产生的。但是如果你要对一个思维的对象本身作判断，那么就不仅包含有真或假的问题，而且包含有真理或先验幻相的问题了。先验幻相不是一般的虚假、错误，而是在一切现象的真假之外的一种虚假，但它也是由于我们作判断才导致的。于是下面讲到：

　　所以人们虽然正确地说：感官不犯错误，但这并不是由于它们任何时候都正确地作出判断，而是由于它们根本不作判断。

　　这个"所以"就是针对上面我们分析的第一层意思说的，就是"经验性的幻相"是如何产生的。前面一句讲真理或幻相并不在被直观的对象中，因为被直观的对象没有作判断；这里接下来就讲，"所以人们虽然正确地说：感官不犯错误"，也是"由于它们根本不作判断"，它只是感官对象，你还没有对它作判断，还没有对它说它"是什么"。当然在这种情况下这个感官对象也就不是一个真正的对象了，严格说来一切直观对象都是由判断形成的，没有判断它就构不成对象，只能形成一个"知觉命题"。

知觉命题有时康德也称作"知觉判断"或"经验性的判断"，但实际上它并不涉及对一个对象的判断，"我觉得今天很热"不是判断，只是一个知觉命题。"今天是很热"才是一个真正的判断。"我觉得什么"，这个不存在错误问题，只要我的确觉得了，我说出我的感觉总是可以的，只要你真正凭着自己的感觉来说，那么你永远也不会犯错误。一根插在水里的筷子，我说"这根筷子看起来是弯的"，这个没错；但是我说"这根筷子是弯的"，那就错了。人们就会说，它实际上并不是弯的，只是"看起来是弯的"，但"看起来是弯的"这个毕竟没错。所以我只说这根筷子"看起来是弯的"这样一个命题，其实并没有作任何判断，我只是说了自己的一种感觉。所以感官不作任何判断，只要你把你的感觉说出来，那么你永远不会犯错误。所以"知觉判断"（经验性的判断）和"经验判断"的区别在这里就显出来了，知觉判断其实并不是真正的判断，它没有断言什么，只是说出了自己的感觉，感到了，然后把这种感觉告诉别人了，但并没有断言一个对象。它永远不犯错误，但却不能说它就是真理，因为它不作判断。真理或幻相并不在我们的感觉之中，这个感觉有一个对象，一个直观的对象，但真理或幻相并不在直观的对象中，也就是并不在感觉之中。所以感觉永远不犯错误，同样感觉也永远不能获得真理。经验派哲学家以为感觉既然不犯错误，那就意味着它是真理，但是在康德看来它既没有犯错误的问题也没有获得真理的问题。感官不作判断是从中得不到任何真理的，当然也不会犯任何错误。一切真理、一切知识都要基于判断，这是康德的一个基本原则。

因此真理也好，谬误也好，诱导出谬误的幻相也好，都只是在判断中、即只有在对象与我们知性的关系中才能发现。

真理和谬误是我们通常的一对范畴，而"诱导出谬误的幻相"则是另外一个层次了。经验性的幻相也好，先验的幻相也好，它们都并不直接等同于谬误，"这根筷子是弯的"是谬误，但它并不是没有根据的，而是由我觉得"这根筷子是弯的"这种幻相"诱导"出来的；"灵魂是实体"也是

513

谬误,但它也是由我们必须把灵魂看作是一个主体这种幻相所"诱导"出来的。后面这种情况是由于对物自体的幻相诱导出我们在现象界的谬误,也就是诱使我们干预了现象界的事物而导致的错误判断。所以幻相和谬误是在不同层次上说的,并不是一个概念。那么所有这三者"都只是在判断中、即只有在对象与我们知性的关系中才能发现",这个"对象"是指一般对象,包括直观经验的对象和物自体。直观对象与我们知性的关系当然有真理和谬误的关系,那么本体与我们知性的关系就是我们可以思考它,我们既然可以思考它当然就有一种关系了,在这种关系中也就会发生幻相。

在一个与知性规律彻底符合的知识中是没有错误的。

就知识而言,如果这个知识它与知性的规律是彻底符合的,比如说我们按照因果律获得了一个事物的原因的知识,是不是对呢?那就要看除了这个事物以外,是不是它与所有其他相关的事物都符合因果律的关系,如果你独立地挑出一个事物,你说这个是这个的原因,但是却与其他的事物不符合,甚至相冲突,那么这个知识就有问题了。但是如果一个知识跟所有的因果律都彻底地相符合,那么这个知识没有错误。至少就目前我们所掌握的知识而言还没有与之相冲突的,那么迄今为止我们还没有发现错误。从原则上来说,如果有一个知识按照知性的规律真的跟所有的知识都不发生冲突,那么它就是绝对知识了,就是绝对真理了。当然这个绝对真理只能够不断地追求而永远不能实现,因为我们人的理性有限,人的知识总是只能在某个水平上存在的,永远会有以后新增加的知识来对以往的知识进行检验,所以这只是在理论上说的。如果有一个知识与知性的规律彻底相符合,那么它就是没有错误的。

在一个感官表象中也没有错误(因为它根本不包含判断)。

这个我们上面已说得很多了。这里有两个方面,一个是知性,一个是感性。前面一个知性只要你跟它的规律彻底符合,那它就是没有错误的,也就是说知性它本身是不犯错误的,知性是检验一切真理和错误的标准,理性的法庭,一切都要到它那里去检验。所以知性本身不犯错误,只要你跟知性规律达到彻底符合,如果你运用了知性仍然犯了错误,那只是由于你跟知性规律没有达到彻底符合。知性所建立的知识也要靠知性本身来排除其中的错误。那么现在在一个感官的表象中也不犯错误,只要它不作判断。

但没有任何自然力会自发地从它自己的规律偏离开。

这是一个一般的原则:自然力不会自行从它的规律偏离开,它不会违背自己,自然界不会自相矛盾,自然界的力、凡是自然力,它都不会偏离自己。这是一般的原理。因为在这里,知性和感性是人的两种自然力,也就是说两种先天能力,既然它们是先天具有的,不是人造出来的,那么它们不会自相矛盾,不会偏离自己的轨道。

所以不仅知性独自 (没有其他原因的影响) 不会犯错误,感官独自也不会犯错误;

因为只要是自然力它就不会偏离自己的轨道,因此知性独自不会犯错误,只要没有其他原因的影响。知性之所以犯错误肯定是受到了别的原因的影响,它独自是不会犯错误的。那么感官独自也不会犯错误,单独也不会犯错误。正像卢梭所讲的,大自然给人的东西都是好的,但是到人手里就把它败坏了。为什么败坏了呢? 是因为人为的因素。你按照自然而然的因素它都是好的,都是善的,都有它自然的秩序。但是你把它滥用了,或者你使用不当,把它们混淆了,你把这个当作那个,那么就会犯错误。

因此,知性不会犯错误是由于,当它只按自己的规律行事时,其结果 (即判断) 必然会与该规律一致。

知性不会犯错误是由于只要它仅仅按照自己的规律行事,那么它的得出的判断必然会与该规律一致,如果不一致那必定是由于外来的干扰,肯定有别的因素干扰,比如说感性,感性使知性偏离了自己的轨道,如果它严格按照自己的规律比如说因果律行事,不受感性的干扰,或者当感性产生干扰的时候它马上用因果律对感性加以严格的检验，它怎么会犯错误呢？它之所以犯错误是由于它受到感性的干扰的时候没有、或者忘记了用因果律对感性加以严格的检验。它受到一些混淆、一些错觉的影响。所以只要它按照自己的规律行事，就必然会与它自己的规律彻底的符合。这是知性。

但与知性的规律处于一致中的是一切真理的形式的东西。

知性的这样一种规律当然不会犯错误，但是这样一种不犯错误只是着眼于真理的形式而言的。"一切发生的东西都有原因"，这只是着眼于真理的形式，一切因果关系的形式，它是抽象的。但是究竟这件事情是不是那件事情的原因，这个还不一定，还要由经验的内容来加以决定。所以知性的规律它所解决的只是真理的形式。当然这个形式跟形式逻辑还不一样，对于形式逻辑来说它又是内容了，它是涉及对象的嘛。形式逻辑的形式那就是完全不管对象的形式了，那只是思维的形式了，而这里讲的真理的形式主要是指真理的对象的形式。"但与知性的规律处于一致中的是一切真理的形式的东西"，这个是把它限定了，知性不会犯错误只是在形式上不会犯错误，但是在形式上它可能受到干扰。

在感官中根本没有判断，既无真判断也无假判断。

在感官里面根本不形成判断，一切形成的判断都是由知性所造成的，只有知性才形成判断，所以判断力是属于知性的。在先验感性论里面不讨论判断力问题，只有在先验分析论的原理分析里才讨论判断力问题，讨论知性借助于判断力形成了一些什么样的原理。但在感官中它是根本没有判断的，虽然我们也可以作出一些知觉判断，但是那并不是真正的判断。我看到筷子插在水里好像折断了，我觉得月亮刚升起来的时候更大些，这些都不是真正的判断，一个人的感觉你没有办法判断它的真假。他内心的东西你怎么判断？他说他有一种感觉，这不是一种客观的判断，所以它既无所谓真，也无所谓假。

既然我们除了这两种知识来源之外没有别的来源，所以结论是：错

误只是由于感性对知性的不被察觉的影响而导致的，

前面讲了一个知性，又讲了一个感性，知性如果严格按照它的规律是不会犯错误的，而感性呢，既无真判断，也无假判断。而除了这两种知识来源以外，没有别的来源了。知性按照它的规律不会犯错误，而感性又不作判断，也不会犯错误，那么错误哪来的呢？"错误只是由于感性对知性的不被察觉的影响而导致的"。感性暗中对知性发生了影响，你没有发现，没有察觉到。在这个意义上就会发生错误，只是由于这个。

它使判断的主观根据和客观根据发生了混合，并使它们从自己的使 B351
命那里偏离开来，

"它"，也就是"错误"了，"使判断的主观根据"，主观根据在这里是指的感性，感性知觉，感官、知觉判断是一种主观根据，"和客观根据"，客观根据是指知性的规律了，知性规律才形成了客观根据。你这个主观根据是不是对的呢？"我觉得今天天气很热"是不是对呢？那就必须要运用知性形成一个判断："今天天气是很热。"这就是一个客观的判断，我可以验证，今天 32℃，比昨天就要热了，这就不是你的感觉了。当你用一个"是"字，这就是一个客观判断了。"我觉得"，这只是主观的。我们在一般的判断中老是把"我觉得"当作了"是"，当作了客观的根据，使它们两者发生了混合。一个发高烧的人他也可能觉得很热，一会儿热一会儿冷，如果他没有自觉到自己在发烧的话他也许以为天气很热，快点把窗子打开，天气太热了。后来别人提醒他：今天天气不热啊？他才意识到是不是自己出了毛病，自己感冒了，他原来那个天气很热的判断就是一种错觉，把主观的根据和客观的根据发生了混合，"并使它们从自己的使命那里偏离开来"。感官和知性它都有它的使命，这个使命就是它的规定了，Bestimmung 就是规定，也可以翻译成"使命"，就是它是规定了干什么的，它的使命是什么。感官的使命就是接受，你老老实实接受，你就是完成了感官的使命了，你就实现了感官的作用。你不要越界去作判断。那么知性的使命呢，就是运用于感官的经验之上去作出一个判断，按照它自身的规律性作出一个判断，它不要受感官的干扰，不要受感官好像要作出一个判断这样一种自以为是的态度的干扰。它必须把感官看作一个被提供出来的事实，而不要看作一个判断。那么它是否能够正确判断，还有待于它自身彻底的运用。所以知性必须守住它自身的使命，感性也必须守住它自己的使命。但是如果你把这两者混合起来，就会使双方都偏离了自己的使命。也就是说，在你进行判断时候你把一种感觉、知觉冒充一种判断加进来了。这个地方有个注释：

感性在从属于知性而作为知性施展其机能的对象时，就是实在的知识的来源。

感性的使命在什么地方呢？这个注释里面就在解释了，感性作为实在知识的来源，它是有作用的，它是我们知识的一个来源，但是有一个条件，就是它必须从属于知性，并且必须作为知性施展其机能的对象，也就是说知性把自己的范畴运用于其上的一个对象。仅仅在这个前提下它才是实在知识的一个来源。

但同一个感性，当它影响知性本身的活动并规定它的判断时，就是错误的根据。

当它严守自己的使命的时候它是知识的来源，但是同一个感性越界，当它影响知性本身的活动，我看到一根筷子好像是折断了的，我就判断它是折断了的，这就干预到知性的功能了。感性没有权利作出这样一种判断的，判断是知性的功能。知性要实行这样一种功能它必须要联系到所有的知性规律，它不是单纯看到一个感性的现象就可以作出一个判断的，它必须把所看到的一切感性的杂多联系起来，把它统摄起来，才能作出一个判断。所以你单凭一个感官你就作出一个判断，这个时候你就影响了知性的活动，并且规定了知性的判断，这当然就是错误的根据了。所以感性当它严守自己的使命它就是实在知识的来源，当它越界时它就成了错误的来源。这就是这个注释。接下来正文：

例如一个运动的物体虽然总是会在同一方向上自己保持着直线，但如果有另一个力按照另一个方向同时影响它，它就会转入曲线运动。

这就是打了一个比方。自然力嘛，没有任何自然力会自行从它的规律偏离开，那么这个比方在这个地方就进一步展开了。例如任何一个运动的物体，如果没有别的东西干扰它，按照牛顿的惯性定理来说它就总是保持着匀速直线运动。因为运动物体总是这样的。但如果有另一个力按照另一个方向同时影响它，它就会转入曲线运动，它就会拐弯。一个运动物体如果没有任何别的力干扰它，那么它要突然拐弯就是不可思议的，它怎么会突然拐弯呢？伊壁鸠鲁提出原子的"偏斜运动"，两千年来一直受到人们的嘲笑，原子直线运动它怎么会突然偏斜？按照力学的一般的知识这是不可能的。直线运动就是直线运动，它偏斜就有原因，如果没有任何原因你说它会自行偏斜，那就出鬼了，那就是迷信了，按照科学的观点是不可能的。如果有偏斜它肯定有原因。所以如果有另一个力按照另一个方向同时影响它，它才会转入曲线运动。这是在牛顿物理学里面非常经典地规定下来的一个原理。当有另外一个力影响它的时候它就拐弯了，就有曲线运动了。所以曲线运动如何可能呢？牛顿百思不得其解，天体为什么会作曲线运动，作圆周运动，它必须要有个切线力，才能使它作圆周运动。因为按照万有引力所造成的运动它都是直线的，吸引、排斥，这都是直线的。但是为什么会有曲线运动？这肯定是有一个上帝，上帝把它推了一下，于是就产生了一个切线力，于是万物就开始作圆周运动了。行星和恒星的轨道都是圆周运动，那么圆周运动必须有原因，牛顿的解释就是只能够归之于上帝的第一推动了。为什么他要引出一个上帝？从力学的原理来讲就是因为这个原因。因为按照事物自然的运动规律它只能作匀速直线运动，一切曲线运动都是因为有另外一个力给了它一个推动。这是当时知识界的共识。当然这是一个比方，按照机械力学、牛顿物理学原理打的这样一个比方。所以康德的认识论的思维方式还是传统的知性的思维方式，我们叫作形而上学的思维方式，哪怕在他的"辩证论"里面他所立足的还是形而上学的、跟辩证法相对立意义上的形而上学的思维方式,用黑格尔的话说就是"知性的"思维方式,是站在知性立场上理解消极的理性,消极的辩证法。也就是用牛顿物理学的知性原理来解释知性为什么会犯错误。下面就是把前面举的例子加以类比了:

因此,为了把知性所特有的活动与混在其中的力区别开来,有必要把错误的判断看作是在两个力之间的对角线。

"混在其中的力",那就是感性了,为了与感性区别开来,"错误的判断"就相当于曲线运动,扭曲了,本来是直线,用知性很好理解,知性就是直线式的思维,规律嘛,什么都用规律去推,很容易就推出来了。但是你转入曲线这个就很麻烦了。那就是一种错误了,对知性来说就是错误了。那么知性这个错误是怎么犯的呢?那就是受到了影响。"知性所特有的活动与混在其中的力"要区别开来,知性本身不会犯错误,但是如果混进了别的力,那就有可能犯错误,有可能偏离知性的轨道。所以,有必要把错误的判断看作两个力之间的对角线,错误的判断就是曲线,扭曲的判断,是如何形成的呢?就必须看作两个力之间的对角线,一个力是知性,一个是感性。感性和知性在向不同方向拉扯的时候就形成了一个力的平行四边形,它的对角线,也就是切线力的方向。你如果要分清楚这两个力它本身的方向的话,那么你就要把它们的合力用一种画平行四边形的对角线的方式把它们标示出来,那就形成了切线力。切线力不断地被排斥力转过来,又不断地被吸引力拉过去,在这种不断的交织中,就形成了圆周运动。错误的判断就是这样的,

这两种力在按照两个不同的方向来规定这个判断,好像夹有一个角度,并把那个复杂的作用分解为知性和感性这两个简单的作用,

这句话就是说,你要把这两种力区别开来,有必要把错误的判断看作是两个力之间的对角线,根据这个对角线由以产生出来的那两个力本来的方向,你把它们分解开来,你就可以解释这种曲线运动何以可能,你就可以不受它的迷惑了。我之所以犯这个错误,是由于我混淆了某某和

某某，当你这样说的时候，你已经清除了错误。是这两种力按照不同的方向规定了这个判断，一个是知性，这是它自身的方向；一个是感性，它本来是接受的能力，不是作判断的能力，但是它加入到你的判断中对你的判断产生影响，所以它也形成一种力。所以这两种力它的方向不同，"好像夹有一个角度，并且把那个复杂的作用分解为知性和感性这两个简单的作用了"。犯错误是一个复杂的作用，那么我们把它分解为这两个简单的作用，我们就找到了错误的根源。

这件事在纯粹先天判断中必须由先验的反思来做，

前面是讲的一般的错误了，一般错误如何形成的？就是以这样一种方式，以知性和感性的混杂所导致的，所以只要我们把这两个力分解开来，不让它们混在一起，这个错误就会排除了。这在一般的知识比如说物理学的判断中就可以采取这种方式。但是"在纯粹先天判断中"，这个就上升到哲学了，前面是讲一般的知识，在经验知识中错误是如何产生的；至于在纯粹先天的判断中错误是如何产生的呢？比如说先验的幻相如何产生的？它跟我们日常的错误是不同的，层次是不同的，所以在纯粹先天判断中这件事情就必须由先验的反思来做。在经验中我们可以作一个经验性的反思就足够了，你在经验中为什么犯错误？你为什么看到一根筷子好像是断的你就断言它是断的呢？通过经验性的反思，我们就明白了，我们是把我们的感官当成了具有客观性的判断了。但在纯粹先天判断中则必须由先验的反思来做。先验的反思和经验性的反思的讨论我们这本书中没有收入，其实在第三章"把所有一般对象区分为现象和本体的理由"后面还有一个很长的"附录"，就是讨论"反思概念的歧义"，以及"对反思概念的歧义的注释"，就谈到了三种不同的反思，即经验性的反思、逻辑的反思和先验的反思。洛克的反思就是一种经验性的反思，他谈到有两种经验，一种是感觉的经验，一种是反省的或反思的经验；感觉的经验就是我们的感觉知觉印象所形成的经验，反思的经验我们不是从感觉得来的，我们是把我们已经获得的感觉加以比较、分析、综合、抽象等等，这样来形成的经验。洛克认为这样一种反思的经验可以最后归结为感觉的经验，一切在理智中的无不先在感觉之中。逻辑的反思则是莱布尼茨的抽象反思，从概念到概念，不涉及经验。康德则认为经验的反思不是真正的反思，它可以在自然科学中运用，通过对经验反思它在哪个环节上混淆了感官和知性而纠正具体知识的谬误；但是你不能把这样一种经验的反思拿到形而上学方面来解决问题。谈到认识论、一般知识的可能性，那么必须由先验的反思来做这个工作。所谓先验的反思，康德有一个专门术语叫作"先验的正位论"。Topics 是亚里士多德《正位篇》的标题，亚里士多德就认为各种问题必须有各归其位的一套体系来区分它们的层次，所有先天的判断也都必须分清层次。"正位篇"这个词的翻译也是五花八门，有的翻译成"论题篇"，有的译作"命题"，其实就是给各种研究课题分类、定位的意思。希腊文 Topics 本意是地方、位置，数学中有"拓扑学"，Topologie，也就是确定一个点在空间中的几何位置。在哲学上，你找对了地方，不要混淆，才好谈问题。一个概念的位置，它是上位的还是下位的，属于什么样的层次关系，要把它弄清楚。先验的正位论就是讲这个问题的，要从人的认识能力方面进行区分，要从先验的层面来分，不仅仅是从经验上来分。当然也不是像莱布尼茨那样仅仅从抽象的逻辑概念上来分，例如同和异，一致和冲突，内和外，质料和形式，莱布尼茨就只是通过逻辑的反思，把它们看作一种形式逻辑关系。康德则区分出除了逻辑层次以外还有认识论的层次，也就是先验的层次。莱布尼茨和洛克都没有搞清先验反思的特点，要么是把感性现象"智性化了"，要么是把知性概念"感性化了"，[①] 这都不可能解决认识论的问题。但在康德看来，引进先验的反思，我们对这些先验命题就可以加以区分了，感性要守住感性的使命，知性要守住知性的使命，理性也要守住理性的使命。你不要混淆，不要把理性的幻相当成是知识。理性

----

① 参看《纯粹理性批判》A271=B327。

的那些命题当然有它的道理，但是你把它当成知性的对象，那就错了，它是理性的对象，它有别的作用，但不是认识作用。所以他讲：

这就使每个表象（如我们已经指出过的）在与之相适合的认识能力中被指定了自己的位置，

也就是"正位论"，如在前面"反思概念的歧义"中"已经指出过的"，每个表象都各归其位，

因而感性作用对知性作用的影响也就被区分开来了。

也就是通过正位论把它们严格区分开来，不要互相干涉。当然这里还没有提到理性，还只是提到感性作用和知性作用，但已经是向先验辩证论的理性作用过渡了。而在目前他还是涉及到哪怕在认识里面发生错误的根源，就要通过先验的反思把各种能力区分开来，它的先验的根源就被找到了。认识中发生错误当然有具体的原因，但归根结底要归结到先验的原因，你把两种先天的认识能力混淆了，一个是知性一个是感性，这只有先验的反思才能揭示出来。那么，"使每个表象"都"在与之相适合的认识能力中被指定了自己的位置"，感性所有的那些表象，如红色、声音，和知性所有的那些表象，如范畴、规律，"在与之相适合的认识能力中被指定了自己的位置"，感性的表象只适合于感官的接受性，知性的范畴只适合于知性的自发性，这些位置你要把它划清。这样一来感性的作用和知性的作用你就可以区分开来了，当然区分开来也不是说一劳永逸，还可能犯错误，但是毕竟你就知道怎么去避免它、改正它了。

上面我们读的这一段，主要是指一般的幻相，一般的辩证法，它主要是以经验性的幻相作为例子，来谈的。经验性的幻相比较好理解，一个知性，一个感性，知性由于受到感性的影响，偏离了它的正常的轨道，产生了经验性的幻相，这种幻相我们一般称之为错觉、错误，这种错误的判断不是由于知性也不是由于感性，而是由于知性和感性的混淆，缺乏一个先验的正位论。但是除了这样一种正位论，比如说物理学的认识过程中需要这样一种正位论，其他的比如先验的幻相，也需要一个正位论，它

也是由于某种混淆而产生出来的。所以这一段就讲：

我们在这里的任务不是要讨论经验性的幻相（例如视觉的幻相），

前面当然是以经验性的幻相作为例子来进行先验幻相的讨论的，在前面的例子中其实已经触及到了，经验性的幻相或者是先验的幻相实际上都是由于对某个"我所思维的对象"进行判断而产生出来的。"我所思维的对象"可以是经验对象，也可以是知性的范畴所思维的先验对象，它有待于充实为经验对象；同时也可以是理性的理念所认为的、所思维到的那样一个对象，如上帝啊，灵魂啊，世界整体啊。但是前面没有把后面两者抽出来单独讨论，而是把一般人们在正常的认识中所出现的错觉，比如说视觉的幻相，作例子，比如我看见一根筷子插在水里面，我觉得它是断的，然后我对它进行判断：这根筷子是断的，这就是一个错误的判断，偏离了感性的本份，因而是一个经验性的幻相。但是除了这种幻相以外还有先验的幻相。那么经验性的幻相是在什么时候出现的呢？

B352　　**这种幻相是在对那些本来是正确的知性规则的经验性运用中出现的，通过它判断力就受到了想象的影响的诱惑。**

知性规则本来是正确的，而在经验性的运用中却出现了不正确的幻觉。当知性规则运用于经验性的材料中容易产生一种混淆，就是把我们接受经验性材料的感性接受能力误认为本身就是判断力，或者把知觉的判断误认为经验判断。前面讲过知觉的判断严格说起来不是判断，你要作判断就必须作出客观判断，如果只是陈述一种主观感觉，那还不是判断。但是当陈述一种主观感觉的时候就有一种倾向，很容易把它当作一种判断，当你这样做的时候你是受到了想象的诱惑，想象属于直观能力，与感性是属于同一类。也就是说你把你的感性想象为一种知性的判断，这种想象的诱惑很大，我们经常把主观的东西当成是客观的东西。所以我们说某个人常常犯主观主义的错误，他把他自己想的东西当成就是客观的东西了，把自己感觉到的东西当作事实上就是那样了，这样就产生了知识中的一种错觉。这是经验性的幻相。

相反，我们所要谈的只是**先验的幻相**，这种幻相影响着那种根本不是着眼于经验来运用的原理，如果它们用于经验我们至少还会有一种衡量这些原理 ① 的正确性的标准。

先验的幻相跟经验性的幻相是根本不一样的，怎么不一样呢？他说"这种幻相"，也就是先验的幻相，"影响着那种根本不是着眼于经验来运用的原理"。知性的原理它是着眼于经验的运用的，它只能运用于经验，因而它也受到经验性的幻相的影响；那么先验的幻相它影响着那些本来就不是着眼于经验运用的原理，比如说理念，理念本来的意思就不是着眼于经验的，而是要超越于经验的。知性的范畴也是先于经验的，但是它是要运用于经验的，所以它只是先验的而不是超验的。超验和先验的区别我们前面已经讲了，超验的就是超越于经验而不能运用于经验，他说"如果它们用于经验，我们至少还会有一种衡量这些原理的正确性的标准"，如果这些原理是用于经验的话，那么我们就可以用这个标准来衡量是否正确，比如知性的原理是运用于经验的，我们就可以用经验来检验它是否正确，你说这根筷子是断的，那么我们把这根筷子从水里抽出来看看，检验一下它是不是断的。但是这样一些原理它不是着眼于经验的运用，我们就没有办法来检验它。先验的幻相所影响的正是这样一些原理，比如说理念，理念的原理不是着眼于经验，而是着眼于自在之物，或者是着眼于实践的领域。本来理念在实践的领域中是有它的正当的运用的，但是由于有先验的幻相就影响了这样一些实践的原理，好像它们是一种认识论的原理，好像它们构成一种知识，其实不是知识。所以先验的幻相之所在就在于把一种本来不是属于知识的原理当作了知识的原理，误认为知识的原理，当作知识的原理它又没有经验性的标准

---

① "原理"原译作"原则"，它与前一个"原理"本属同一个字，兹改正。

来加以检验,这个幻相的性质就在这里。

然而先验幻相甚至不顾批判的一切警告,把我们引向完全超出范畴的经验性运用之外,并用对纯粹知性的某种扩展的错觉来搪塞我们。

这个"然而"是接续上面讲的"如果它们用于经验,我们至少还会有一种衡量这些原理的正确性的标准"而来的。如果运用于经验的话,我们就可以用经验来检验它,然而,"先验的幻相甚至不顾批判的一切警告,把我们引向完全超出范畴的经验性运用之外",这个"然而"就是指超出经验性运用之外,"并用对纯粹知性的某种扩展的错觉来搪塞我们"。理念所造成的先验的幻相实际上是对纯粹知性范畴的某种"扩展",理念其实就是从范畴来的,它是从理性产生的,但是不是凭空产生的,而是把知性的范畴扩展至无限而产生的。范畴是有局限性的,一个它要运用于可能经验的范围,还一个它就是它本来的含义,实体就是实体,原因就是原因。而理念就是把实体啊、原因啊等等扩展至无限,"绝对的实体","最终的原因",从有条件者扩展到无条件者,这样来形成的。所以说是"对纯粹知性的某种扩展的错觉",好像可以把纯粹知性加以扩展。纯粹知性本来是用来构成知识的,但我们通过对纯粹知性的扩展,好像可以构成某种更广泛的知识。这当然是错觉了,当你把知识扩展到无限的时候,它已经不是知识了,因为我们的经验只能是有限的,纯粹知性只能运用于有限的经验对象,当你扩展到无限的时候,它就失去了它的对象,我们怎么能经验到无限的东西呢?所以这是一种错觉,对纯粹知性的一种扩展的错觉,"不顾批判的一切警告,把我们引向完全超出范畴的经验性运用之外"。范畴的经验性运用那都是有限的,那是不能随便扩展的。所以这是"用对纯粹知性的某种扩展的错觉来搪塞我们",提供给我们,好像我们要追求无限的知识,那么就可以把知性的范畴把它扩展,扩展到无限,把它冒充无限的知识来搪塞我们。这就是先验幻想所产生、所构成的原理。

我们可以把那些完全限定在可能经验范围之内来应用的原理称为

内在的原理，而把想要超出这一界限的原理称为**超验的**原理。

这个地方明确提出了内在的（immanent）和超验的（transzendent）两个概念的定义。"我们可以把那些完全限定在可能经验范围之内来应用的原理称为内在的原理"，比如说知性，它是运用于可能经验的范围的，那么在这个时候它是内在的原理。其实理念也有这种情况。理念对于知性所形成的经验的知识具有一种范导作用，它不和经验打交道，但是它和知性打交道，它引导知性不断地扩展自己的经验知识，以至于趋向于无限。所以理性的理念虽然它的正当作用领域是物自体领域，是道德领域，但是在认识方面它也有一种范导性的作用，当然它本身不是知识，它只是在知识的无穷进展这一过程中对于知识进行范导。所以这方面理念也有它的内在的运用，当它面向知识，面向现象界，力求达到一切知识的完备性和整体性，这时候它也有内在的运用。这时理念被称之为"先验的理念"，就是因为它对知识有一种先验的范导作用，能够使我们不满足于现有的知识，而不断地追求知识的完备性和全体性。但是它本身的作用、特殊的适用范围是在超验的范围。所以他"把想要超出这一界限的原理称为超验的原理"。理念当它面对知性所形成的经验知识的时候它有内在的运用，这就是先验的理念；但另一方面，同一个理念，当它想要超出所有的知识界限来另外规定某种原理，这时这种原理就称之为超验的原理，这时的理念就叫"超验的理念"。先验的理念和超验的理念都是一个，但是它们的功能是两个方面，一个方面是作为认识论的范导性原理而起作用的，这是先验的理念；超验的理念是在物自体的领域里面为信仰、信念提供原理的。这是内在的和超验的这两个概念的区分。

但我并不把这些超验的原理理解为范畴的**先验的**运用或误用，后者只不过是未受到本应由批判而来的束缚的判断力的一个错误，

也就是说，这样一些超验的原理，比如说理念的作为超验运用的原理，我们不把它理解为范畴的先验运用或者是误用。理念的这样一种超验运用它是有它正当范围的，而范畴的先验运用是根本就不可能的，这

种运用完全是一种错误，范畴不可能有先验的运用。而理念必须有超验的运用，它就是为了超验的运用而想出来的。范畴当你把它作一种先验的运用而企图获得一种知识的时候，那么它"只不过是未受到本应由批判而来的束缚的判断力的一个错误"。它没有经过批判，当它没有受到批判的束缚的时候，它的判断力就发生错误了，就自以为能够超出经验范围以外而运用于物自体，这个时候它的运用就是所谓先验的运用。先验的运用就是以为能够撇开经验而直接把握物自体，直接获得对物自体的认识。所谓"先验的"我们讲过它首先具有认识论的意义，先验的运用就是撇开经验而单独就自以为可以认识一个对象。但范畴本身虽然是先验的，却只可能有经验性的运用，而不可能有先验的运用。当它要作先验的运用的时候就是一种误用，是不可能的。

这个判断力没有充分注意到纯粹知性唯一允许它起作用的那个基地的界限；

判断力发生错误了，它没有受到批判的考察，没有受到批判的束缚，它以为它可以完全没有界限，突破现象的界限，突破可能经验的界限，而运用于物自体身上。所以它没有充分注意到纯粹知性唯一允许这个判断力起作用的那个基地的界限，这个"基地"就是 Boden，就是可能经验的基地，它有它自己的界限，超出这个界限就不允许了，知性的判断力不允许超出可能经验的界限。范畴的先验的原理是这样一种情况，那么超验的原理——这里还没有提到"理念"，要到后面才明确讲到理念，但这里讲的其实就是理念的超验原理——与范畴的先验原理完全是两回事，范畴的先验原理完全是一种误解，范畴怎么可能有一种先验运用的原理呢？当你以为有一种先验的原理的时候你只是发生了一种混淆，你自以为撇开经验去认识了物自体，但是这个被你以为认识到了的物自体，你还是把它看作在时空中的一个对象，那不就是一个经验的对象吗？但是你又认为已经把经验的东西撇开了，而实际上要撇开时间空间去认识一个对象是根本不可能的。当你自以为单凭范畴认识到了一个物自体的时候,你实际上已经把感性的东西、经验的东西偷运进来了。只要把这个道理一澄清,你就会发现范畴的先验的运用是根本不可能的。

相反,我把它们理解为一些现实的原理,

这个"它们"就是那些超验的原理,注意这个"现实的原理",它不同于那种范畴的误用,范畴的误用是根本不可能的,是一种误解,你以为运用了其实你没有。相反超验的原理是一种现实的原理,这个"现实"当然不是一种认识意义上的现实,而是一种实践意义上的实在性,在实践方面它具有一种实在性,是一种现实的原理,

它们鼓励我们拆除所有那些界标,而自以为拥有一个在任何地方都不承认有什么边界的全新的基地。

这些现实的原理本身是现实的,但是"它们鼓励我们拆除所有那些界标",主要是指现象和物自体的界限,"而自以为拥有一个在任何地方都不承认有什么边界的全新的基地"。这个"自以为"当然就带有贬义了,这些原理本身是现实的,但是它鼓励我们,使得我们自以为拥有一个在任何地方都不承认有什么边界的全新基地。就是在拆除了所有的界标以后我们就自以为拥有一个新的基地了。理性的超验的原理是超越于一切边界的,现象和物自体它全部无所不包,它都可以加以理解和认识,这是受到现实原理的一种鼓励了,这种鼓励就产生了幻相。这种现实的原理如果可以不受这种鼓励的诱惑的话它本来是可以不产生幻想的,理性的原理本来应该是这样的。但是它又有一种自发的倾向,理念在实践活动中它的那种超验的原理鼓励我们自发地有一种倾向,就是产生出一种先验幻相,这种先验幻相就在于拆除所有的界标而自以为拥有一个全新的基地,没有任何界限。也就是说,理性的理念既然涉及到无限,所以它跨越现象和物自体两界,它从有限到无限,从有条件者到无条件者,它都可以贯通。那么这个基地就比可能经验的范围大得多了,可能经验的范围是一个很狭小的范围,而理念所自以为的这个基地是一个无限广阔的基地,什么地方都可以去,没有任何束缚。

<u>所以**先验的**和**超验的**并不是等同的。</u>

这两个概念是不可混淆的。很多人忽视这两个概念的区别,如牟宗三就认为这两个概念在康德那里区别不大,常常混在一起用,这个其实是不对的。在康德这里这两个概念是不能混淆的。当然在中文里的译法现在有各种不同,有的把我们的"先验"译作"超验",而把"超验"译作"超越",这个问题不大,只要你坚持这个译法,不要混杂,也是可以的。先验的先于经验,但是它一定要运用于经验,它本身的意思一个是它先于经验,另一个就是它必须适用于经验,这就是先验本来的意思。而超验的是超越于经验,而不能运用于经验,它跟经验脱钩,跟经验没有什么关系,超越于一切经验之外去进行另外一种规定,那就是说不是知识的、认识论的规定,而是实践的规定。康德要为信仰留下地盘,而把一切经验性的知识悬置起来,悬置起来那当然就是对经验性的东西加以超越了。

<u>我们在前面所阐述的纯粹知性原理只应当具有经验性的运用,而不能具有先验的、即超出经验范围之外的运用。</u>

B353

纯粹知性的原理本来是一些先验的原理,先验的原理的意思就是只能够具有经验性的运用,而不能具有先验的运用。那么先验的意思就有两层,一个是先于经验,一个是运用于经验,而先验的原理或者先验的范畴都同时包含有这两层意思在内。所以先验范畴的"先验运用",后面这个"先验"它只包含第一层意思。这里康德的术语还有没有理得很清,先验的范畴为什么恰好不能作先验的运用?但他的意思还是清楚的:先验范畴一旦运用起来,形成判断,那么它就必须有一个经验的对象,如果没有经验的对象而仅仅只是一个先于经验的运用,那这种运用就是不可能的。所以先验的范畴不可能作先验的运用,它必须与经验相联结才能形成一个判断,它不能先验和先验相互联结,一个先验范畴不能跟另外一个先验范畴联结而形成一个判断,只有和一个经验的东西联结才能形成一个判断,才能实现先验范畴本身的使命,实现它的规定。先验范畴就是这样规定的,先验范畴是做什么的呢?是从一个更高的层次把经验杂多联结起来,形成一个经验的判断。所以"纯粹知性原理只应当具有经验性的运用,而不能具有先验的、即超出经验范围之外的运用",它超出经验范围就没有运用了,因为它本来就是为了运用于经验对象的,本来是为了形成一个综合判断才提出来的。如果不是为了形成综合判断,那么不需要有范畴,有形式逻辑的判断分类表就够了,不必有范畴表。之所以要提出范畴表,就是为了能够运用于经验对象,能够构成知识。

但一条取消这些限制甚至要求人们跨越这些限制的原理,就叫作**超验的。**

一条取消这些限制的原理,就是取消经验范围的限制。如果有一条原理取消这种限制,不必运用于经验的方面,"甚至要求人们跨越这些限制",这样一条原理,就是要求从有条件的推到无条件的,从有限的东西推到无限的东西,那么这样一条原理就是理性的原理,这种原理就叫作超验的。超验的原理跟先验的原理不同,先验的原理是要从更高的层次对经验的材料加以规定,把后天的经验性的、感性的东西联结起来;超验的不管这个,超验的东西把一切经验的东西都加以超越,而且要求超越,这样一种原理就叫超验的原理。

如果我们的批判能够做到揭示这些僭越的原理的幻相,则前一类只有经验性运用的原理就与后一类原理相反,可以称为纯粹知性的**内在的**原理。

如果我们的批判能够揭示这些僭越的原理的幻相,这些超验的原理在某种意义上它是僭越的原理,它们构成幻相就是因为它们的僭越,僭越什么呢?就是要求人们跨越这些限制,但是同时又没有守住理性本身的本份,理性本身的本份只能够是超越一切经验性的东西,你不能回过头来又把它当作一种经验性的东西来看待,那就是僭越它的本份了。那就会形成幻相。当你超越经验性的东西,然后你把这种超越经验性东西的理念又当作一种知识,那就僭越它的本份了。它不是为了形成知识,它有另外一种运用，你怎么能把它又放到认识论里面来呢？你把它放到认识论里面来，它就变成幻相了，它就诱使你去追求一种伪知识，关于灵魂啊，关于宇宙整体啊，关于上帝啊，这都是一种伪知识。如果我们能够把这种幻相揭示出来，那么"前一类只有经验性运用的原理"，就是前面讲的纯粹知性的原理只能有经验性的运用，这样一类原理"就与后一类原理相反"，——后一类就是超验的原理——，就"可以称为纯粹知性的内在的原理"，它们才是内在的原理，而那些超验的原理则是相反的原理，内在的和超验的是相反的，是一对反义词，超验的原理就是非内在的原理。那么前一类知性的原理就是内在的原理。

下面一段，康德提出了第三种幻相，就是逻辑的幻相，所谓"误推的幻相"，表明康德当时的语境是处于经验派和理性派之间。经验派强调经验，但是在经验中出现了经验的幻相；理性派强调逻辑，也就是形式逻辑，在逻辑里面也经常出现幻相。逻辑的幻相跟经验的幻相不同，跟先验的幻相也有所不同。通常康德不加限定地用"逻辑"一词都是指形式逻辑，除非他特别强调"先验逻辑"那就是他自己的逻辑，一般讲逻辑就是形式逻辑。那么逻辑的幻相也就是形式逻辑里面所产生的误推的幻相，就是谬误推理，在推理过程中发生的错误。所以康德讲：

逻辑的幻相（误推的幻相）在于对理性形式的单纯模仿，它只是产生于对逻辑规则的缺乏重视。

逻辑的幻相为什么就是误推的幻相？因为它是在形式逻辑的三段论推论中产生出来的，三段论跟判断是两个不同的层次，概念、判断都属于知性的层次，而推理则属于理性的层次。所以逻辑的幻相称之为误推的幻相，就是在推理中所发生的误解。这种错误就在于"对理性形式的单纯模仿"，理性形式就是推理形式。前面讲到，范畴来自于判断的分类，判断的分类就是知性的形式，形式逻辑里面有理性也有知性，形式逻辑的知性就是判断的分类，形式逻辑的理性就是推理的各个式和格。那么，逻辑的幻相产生于对理性形式的单纯模仿，就是说看起来好像是三段论推理，但其实只是一种表面上的模仿，实际上是一种误推，在借用的时候发生了错误。"它只是产生于对逻辑规则的缺乏重视"，表面上进行模仿，但是对逻辑规则究竟是什么意思，它缺乏重视，只是作一种表面上的模仿，好像我也有一个大前提啊，也有一个小前提啊，然后也推出了一个结论啊，这就是一种逻辑的幻相。看起来言之成理，但是你用逻辑规则仔细一推敲，你就发现这里头实际上发生了错误，比如说偷换概念啊，偷换命题啊，四名词错误啊，等等，这些错误都隐含在里头了。

所以一旦加强了对当前具体情况的重视，这种幻相就会完全消失。

形式逻辑的错误那很简单，你重视它的规则，严格按照它的规则去推，加强当前具体情况的重视，你这个规则用得对不对，那么这种幻相就会完全消失。这个"当前具体情况"不一定是指经验，也可以是指一种符号关系，那么你重视这些符号的逻辑规则，它们之间的逻辑关系，你进行推论的时候就可以把这种幻相清除掉，你可以指出它错在哪里，一旦指出来，我严格地按照逻辑规则来进行推论，下一次就可以不犯这种错误了。所以逻辑的幻相的消除是一件很简单的事情。

相反，先验幻相不论我们是否已经把它揭示出来，是否已经通过先验批判清楚地看出了它的无效性，它仍然不会停止。

这是对比而言，逻辑的幻想跟先验的幻相是不一样的。先验的幻相其实也是先验逻辑的幻相，但这里把它们对比，一个是形式逻辑的幻相，一个是先验的、认识论方面发生的幻相。那么在认识论方面的先验的幻相"不论我们是否已经把它揭示出来，是否已经通过先验的批判清楚地看出了它的无效性，它仍然不会停止"，这个幻相总是要产生出来的。为什么呢？因为它在另一方面有它的根基，它不像逻辑的幻相是完全没有根据的一种误推。但是先验的幻相它不是这样，它有它的现实的原理。我们上一段讲了，先验的幻相基于一种现实的原理，这种现实的原理"鼓励我们拆除所有那些界标，而自以为拥有一个在任何地方都不承认有什么边界的全新的基地",这就是先验的幻相产生的根源,后面我们还要专门对此作出分析。那么这里我们预先提示一下,为什么先验的幻相即使我们把它揭示出来,知道它错了而且知道它为什么错了,它也不会停止,因为它的那个根基不会消失。不但不会消失,而且不应当消失,它是正当的,理念有它正当的适用的领域,这是出自于人类的自然本性,理念要把它用在另外一个方面,也就是它的实践的方面。它在实践方面很有用,它也就必然在认识方面发生影响,除非你把它的正当用处加以取消,但你又取消不了。你取消不了,总是要把它在正当领域加以使用,比如说自由,你把人看作是有灵魂的,把上帝看作是存在的,这个有它正当的用处。既然有正当用处支持,那么你在认识中就免不了要受到它的干扰。我们即算已经看清楚了,但是时时刻刻都免不了产生一种幻相,就是人必须承认有自由,那么这种自由好像就是可以认识的,人必须假定一个上帝,这个上帝也就好像是可以证明的,在这方面的幻相总是消除不了的。后面有一个括弧:

(例如在这一命题中的幻相:世界在时间上必定有一个开端)。

世界,也就是世界的整体,在时间上必定有一个开端。你必须把世界看作一个整体,但是一旦把世界看作整体,当我们运用这样一个世界整体的理念的时候,我们就免不了把它纳入到知识的角度来加以考察。好像这个世界整体也是在时间中的,在时间中它就应该有一个开端,那么另一方面就反对说世界没有一个开端。这两方面,也就是正题和反题,都是一种幻相:你怎么知道它有一个开端?你又怎么知道它没有一个开端?这种幻相的产生就是由于我们必须把世界看作一个整体,因为我们必须要完成我们的知识,为什么要完成我们的知识?是为了把握人自身在世界中的位置,获得幸福,最终的目标是实践方面的考虑。幸福也是一个理念,也是追求不到的,但是我们必须追求。

其原因就在于,在我们的理性(它被主观地看作人的认识能力)中,

在我们的理性中,这个理性"被主观地"看作人的认识能力,这一点

我们要注意。主观的，也就是说理性当然是人的认识能力，但是它在人的认识中的作用只是主观的，我们从有条件的东西推到无条件的东西，从有限的东西推到无限的东西，这个无条件的东西并没有客观地给予我们，而是我们主观地推出来的，我们通过三段式的推理，不断地推，不断地追溯，然后通过主观的一种设想，我们追溯到一种最终的理念，一个绝对，我们把它设立起来，当作一个目标来引导我们的知识。所以它被主观地看作我们的认识能力，这就是理性。理性也是一种认识能力，但是它不像知性的认识能力，知性是由以建立起客观知识的能力；但是当知性建立起客观知识以后，它还有一种主观的要求，要求客观知识的完备性。这种要求就属于主观的要求了。所以在这种理性中，

包含着理性运用的一些基本规则和准则，它们完全具有客观原理的外表，并导致把我们的概念为了知性作某种联结的主观必要性，看作了对自在之物本身进行规定的客观必然性。

为什么这种幻相哪怕看穿了它，它也不会停止呢？其原因就在于，在我们的理性中包含着理性运用的一些基本规则和准则，这个"准则"，Maximen，在康德那里凡是用到这个词都有主观的意思，准则是主观的，原则或原理才是客观的。比如说在道德律的表述中，绝对命令：你要这样行动，使你的行为的准则永远能够成为一条普遍的法则。就是要使主观的准则成为一条客观的、人人能够遵守的法则。"包含着理性运用的一些基本规则和准则"，规则是中性的，准则就是主观的。"它们完全具有客观原理的外表"，原理是客观的，这些主观的准则具有客观原理的外表，看起来是客观的。比如说"世界整体"，世界整体本来是一个主观的理念，它是用来整合我们的一切知识以构成一个完备的知识体系的，但是我们免不了要把它看作是一个客观对象，就是一切客观对象的总和嘛。世界万物都是客观的，那么它们的总和难道不也是客观的？所以世界整体总是被我们当作一个客观的对象，"它完全具有客观原理的外表"，并导致把我们的概念的主观必要性看作了客观必然性。这种主观必要性是

为了知性而对概念作"某种"联结的必要性,联结是为了知性所作的联结,为了知性,我们必须把所有的概念、知识都彻底地联结,把它们构成一个整体,否则它就是零散的、不成体系的,这就连这些个别的知识本身也不能完成。某个知识可能看起来是合乎因果性的,但是当你掌握了更多因果联系以后也许就会发现你这个判断有误,如前面讲到的,知性范畴只有在它的彻底的联结中才是不会犯错误的。这种彻底的联结只有通过理性才能做到,理性就是要把一切知识贯通成为一个整体。但这是一种主观的必要性,在客观上是做不到的,但我们总是有一种要求,要达到一切知识的统一。于是我们就免不了把这种主观必要性当作客观的必然性,这种客观必然性就是"对自在之物本身进行规定的客观必然性"。这里"必要性"和"必然性"都是一个词 Notwendigkeit,用在主观上译作必要性,用在客观上译作必然性。就是把你的一种主观需要理解为对自在之物的一种客观结构、一种客观必然的规定了,这就是先验幻相永远也不会完全停止的原因。理性运用有一些基本的规则和准则,但是它是主观的准则,但又具有一种客观的外表,这就导致了我们的主观必要性被理解为客观必然性。只要理性的准则还在,那么它的客观必然性的幻相就不会消失,当然如果你知道了这一原理你就不会受到它的迷惑,不会把它运用于人的认识领域当作一种知识来看待,这是可以做到的,但是这个幻觉还在,它是不可能完全克服的。

B354　　这是一种**幻觉**,它是完全不可避免的,正如我们不能避免海面在中央比在岸边对我们显得更高,因为我们是通过比岸边更高的光线看到海中央的;或者更有甚者,正如哪怕一个天文学家也不能阻止月亮在升起来时对他显得更大些,尽管他并不受这种幻相的欺骗。

　　这种幻觉是我们不可避免的,正像我们的视觉幻相也是不可避免的一样。我们第一次看到海,我的第一印象就是这个海"像一面墙一样",它已经失去了远近的感觉。一个天文学家明明知道为什么月亮在升起来的时候显得更大,但是他仍然有这样的感觉,并不因为他懂得其中的原理而停止这种感觉。康德对于先验辩证论、先验幻相的这种批判并不是要消除幻相，幻相是消除不了的。他所要做的只是指出这种幻相产生的原理、根源，使我们不再受到这种幻相的欺骗，这就够了。只要它不影响我们的认识，只要它不冒充为知识，这就够了，我们知道它们作为知识是一种伪知识，但是作为幻相来说呢，它总在那里，这也就没有什么妨碍了。我们时刻提高警惕，避免把这种伪知识当作真正的知识，如果没有这种警惕性，那就是以往的形而上学的失败的原因，就是丧失了警惕性。那么康德在这里提出来，我们时刻提高警惕就可以避免形而上学的失败，经过了这样的批判，就不再会犯这样的错误。

前面讲了先验幻相和逻辑幻相的区别。逻辑幻相一旦揭示出来就马上会消失，而先验幻相它不会消失，为什么不会消失？这里进一步把它的道理加以说明。

所以先验辩证论将满足于揭示超验判断 ① 的幻相，同时防止我们被它所欺骗；

整个先验辩证论它满足于揭示超验判断的幻相，它的任务就在于防止我们被它所欺骗，但并不在于把这种幻相消除，也不在于停止作超验判断。这里的"超验判断"就是指由理念加上范畴所形成的判断，它与范畴和范畴相联结所形成的"先验判断"不同，后者是范畴的先验运用，是不可能的，前者是理念的超验的运用，是有可能的，甚至在某种意义上是"现实的"，但会形成幻相。

但它永远也做不到使这种幻相（如同逻辑的幻相一样）也完全消失并不再是幻相。

先验辩证论永远也做不到这一点，它也没有打算去做。你要完全取消这一幻相，这是不可能的，为什么不可能？

---

① 原据阿底克斯校本译作"先验判断"，经再三考虑，仍应恢复为"超验判断"。

因为我们与之打交道的是一种自然的和不可避免的幻觉，它本身基于主观的原理，却把这些主观原理偷换成了客观原理；

先验的幻相，也就是我们与之打交道的幻相，是一种自然的、不可避免的幻觉，这里"自然的"、"不可避免的"下面都打了着重号，我们可以联想到《纯粹理性批判》导言里讲的整个批判的"总问题"中的第三个问题：形而上学作为一种"自然倾向"是如何可能的？也就是说以往的形而上学作为自然倾向是何以可能的？他的四个总问题：纯粹数学是何以可能的？纯粹自然科学是何以可能的？形而上学作为自然倾向是何以可能的？未来作为科学的形而上学是何以可能的？四个问题归结为一个：先天综合判断是何以可能的？这里所提出的"自然倾向"，是带有肯定的语气，凡是自然的都是正当的。前面 B350 讲了，凡是自然的力都不会自发地偏离自己的规律，所以不仅知性独自不会犯错误，感性独自也不会犯错误。那么理性是不是也是这样呢？理性作为一种自然的能力，单独本身也不会犯错误。但是如果你把理性所提出的幻相当作是一种知识，也就是你把理性当作知性来用，那就有错误了，所以理性本身作为一种自然倾向它是无可指责的，"是一种自然的和不可避免的幻觉"。理性当然会要产生这样一种幻觉，问题是你不要把这种幻觉当作一种知识，你把它当作一种知识它就是伪知识了，这就是以往一切形而上学之所以失败的原因。这个原因并不在于它的自然倾向，而在于它没有处理好这种自然倾向。这种自然倾向是不可避免的，但是你如何处理它？"它本身基于主观原理，却把这些主观原理偷换成了客观原理"，理性的幻相是自然要产生的，为什么？它基于主观的原理，它有它正当的基础。我们在进行科学认识的时候有一种主观的需要，要把所有的知识构成一个体系，一个完备的系统，于是我们设定一个理念，来把这些知性概念作一个彻底的联结。一旦设定这个理念，我们就必然会产生一个幻觉，好像这个理念本身是一个什么东西，可以加以把握加以认识；但是它本身只是一个主观原理，它不是用来形成某个客观知识的，而只是我们要把所有知识联结起来的主观必要性，这种主观必要性是正当的，自然的，也是不可避免的，但是却把这种主观的原理偷换成了客观的原理。这就是幻觉之所以产生。这种幻觉也是不可避免的，你肯定会不由自主地把它当作一个客观原理；但是你认识到这里面的原理以后就可以不受它的欺骗了。它好像是一个客观原理，但实际上你是姑妄言之，你是设定这样一个理念在那里，为了达到主观统一性，其实不是客观原理，客观自然界并没有这样一个统一的总体。这是一种偷换。

　　<u>反之，逻辑的辩证论在解决误推 ① 时却只是在处理遵守这些原理时的错误，或在模仿这些原理时的某种人为的幻相。</u>

　　"反之"，这里又是作对比了，逻辑的辩证论也就是逻辑的幻相。"逻辑的辩证论"，在亚里士多德的《论辩篇》里专门讲这个问题，如何发生错误，在逻辑上如何出错又如何排除错误，排除逻辑的幻相。"在解决误推时"，这里的"误推"（Trugschlüsse）与后面批判的理性心理学的"谬误推理"（Paralogismen）用的不是同一个词，意思也有所不同。前者是形式逻辑上的错误，后者是先验逻辑上的错误；前者是可以排除的，后者则哪怕明明知道是错的，也无法完全消除。后者在形式逻辑的误推底下还有先验的根基，我们把认识的逻辑前提、认识的主词当作是一个独立的实体、主体，这样一种观念，这样一种幻相是不可避免地要产生出来的。所以从形式逻辑的角度来看它导致了四名词的错误，导致理性心理学的谬误推理，但是这种谬误推理与逻辑的误推是不同性质的。这个我们后面还要专门来讨论。这里讲"逻辑的辩证论在解决误推时却只是在处理这些原理时的错误，或在模仿这些原理时的某种人为的幻相"。在形式逻辑这方面我们遵守形式逻辑的推理三段论，但是我们不知不觉地发生了错误，我们发生了概念的混淆，我们的概念中包含有歧义，那么我

---

① "误推"原译作"谬误推理"，查原文为 Trugschlüsse，为与后面讲的理性心理学的"谬误推理"（Paralogismen）相区别，兹改译作"误推"。

们就可能发生错误。或者是在模仿这些原理时发生了人为的幻相，模仿这些原理，好像是一个三段论式，有大前提，小前提，结论也有，从形式上很相似，实际上是故意在把一些东西混为一谈，搞一些诡辩。所以要么是在遵守这些原理时出了错，要么就是故意设置一些人为的幻相，利用模仿三段论来欺骗人。那么要解决这个误推那很简单，我们把概念搞清晰，把那些故意设置的陷阱揭示出来，你在故意偷换概念，偷换命题，这就是逻辑的辩证论所要解决的。亚里士多德的《论辩篇》就是这样解决问题的，对于智者派所故意造成的种种诡辩手法进行了揭示。我们掌握了这样一些技巧那么我们在进行逻辑推理的时候就不会犯错误了。这个跟先验的幻相是完全不同的。理性心理学的谬误推理我们揭示出来了，我们知道了它是偷换概念，但我还是要把"我思故我在"当作是一个对我的灵魂的设定，这种设定对于某个人来说它是有另外一种好处的，可以把自己看作一个人格，看作一个主体，可以为自己的行为负责，具有自己的自由意志。任何人都会不由自主地作出这样一种设定，这是无可非议的。但是如果你把这当作是一种知识，那就错了，虽然免不了要这样认为，但你不要受它的迷惑。

所以纯粹理性有一种自然的和不可避免的辩证论，它不是某个生手由于缺乏知识而陷入进去的，或者是某个诡辩论者为了迷惑有理性的人而故意编造出来的，

纯粹理性有一种自然的和不可避免的辩证论，这就是先验的辩证论，而不仅仅是逻辑的辩证论。在这里逻辑的和先验的是对举的，层次是不一样的。先验的辩证论"不是由于某个生手由于缺乏知识而陷入进去的"，逻辑的辩证论就是这样，由于你是个生手，你训练不够，你就陷入进去了。"或者是某个诡辩论者为了迷惑有理性的人而故意编造出来的"。这跟前面讲的两种情况是相对应的，逻辑的辩证论在解决谬误推理的时候"只是在处理遵守这些原理时的错误，或在模仿这些原理时的某种人为的幻相"，这是两个不同的情况。前一种情况是由于某个生手

缺乏知识而导致的，后一种情况是由于某个诡辩论者为了迷惑有理性的人，人都是有理性的，于是当你模仿一种推理的形式来进行诡辩的时候容易使人受到迷惑，你可以利用人的推理的习惯，你说，你看我这个推理是符合三段论的，这样就使有理性的人受到了迷惑，这就是故意编造出来的。那么纯粹理性的一种自然的和不可避免的辩证论就不是这样。那是怎么样的呢？

　　<u>而是不可阻挡地依附于人类理性身上的，甚至在我们揭穿了它的假象之后，它仍然不断地迷乱人类理性，使之不停地碰上随时需要消除掉的一时糊涂。</u>　B355

　　这种自然的和不可避免的辩证论，它是"不可阻挡地依附于人类理性"，它植根于人类理性，"甚至在我们揭穿了它的假象之后，它仍然不断地迷乱人类理性"。我们已经认识到了，但是你还得时时小心，它不断地在诱惑着你，"使之"，也就是使你的理性，"不停地碰上需要消除掉的一时糊涂"。你就算是知道了，经过康德的对先验理念的三种批判之后，知道了幻相是怎么产生的，知道它不是真正的知识，但是你时时刻刻要警惕，因为它随时可以冒出来，迷乱你的理性，使你不断地有一种幻觉，你只要稍一不留神，就可能一时糊涂。所以随时需要消除一时糊涂，这是人类理性的一个永远摆脱不了的任务，因为这个幻相它总在那里，总在向你发出诱惑。所以你总是要在心里绷紧一根弦，你想一劳永逸地解决这个问题那是做不到的。

II. 作为先验幻相之驻地的纯粹理性

A. 一般理性

　　下面这一段讲的是先验辩证论导言的第二节。第一节是讲先验幻相，先验幻相是先验辩证论的主题，讲"幻相的逻辑"。什么是幻相？经验性的幻相和先验的幻相、逻辑的幻相有什么区别？这个前面已经解决了。那么第二节呢，就要探讨先验幻想的根源。所以它这个标题是"作为先验幻想之驻地的纯粹理性"，就是纯粹理性是产生先验幻相的根源。这是它的驻地、驻扎地，Sitze 就是坐在那里、驻在那里的意思。先验幻相的驻地是在纯粹理性里面，正因为如此它是排除不了的，你可以不受它的迷惑，当你懂得了它的原理，它产生的道理，分清了它的作用，那么先验幻想一旦产生，你可以认清楚，不要由这个幻相得出一种错误的"知识"，去营造一种伪知识，那就够了。但是你想要把先验幻相完全消除，那是做不到的。前面讲到那个例子，说天文学家看到月亮在升起来的时候显得大些，他知道其中的原理，但是他也免不了有这种错觉。先验幻相也是这样，你知道它不是一种正当的知识，但是你也免不了在自己心中产生这样一种诱惑，好像要把它当知识来看。所以这个第二节就是要追溯到先验幻相产生的根基，那就是纯粹理性。那么这个纯粹理性是狭义的，整个康德的《纯粹理性批判》讲的"纯粹理性"都是广义的，包括知性、理性，甚至在某种意义上也包括先验的感性。而这里讲的则是狭义的。那么按照惯例，当康德要探讨一个"纯粹"的东西的时候他总是要把"一般"的东西交代清楚，所以这一小节的标题是:A、一般理性。一般的东西里面包含有纯粹的东西。像这个《实践理性批判》一开始就是要区分这两个层次，就是"一般实践理性"和"纯粹实践理性"，这是有层次不同的。我们读《实践理性批判》的时候往往没有注意到这一层区别，以为他一讲到实践理性就是讲道德实践，其实只有讲"纯粹"实践理性才是在讲道德。当他讲"一般的"什么的时候那就是广义的，包含很多很多。那么这里首先要探讨的是"一般的理性"，就是说我们人在一般的认识过程中总是有理性的，但是在这里面这个理性它是不纯粹的，所以一般的理性是和纯粹的理性相对而言的，为什么相对而言？是因为它虽然是理性，但是它掺杂有别的东西。所以讲一般的理性的时候是把理性和一般的东西放在一起讨论，而讲纯粹理性的时候就是把理性单独挑出来考察。我们可以预先翻到 B362 中间:C、理性的纯粹运用，第一句话就说:"我们能否孤立理性？"我们能不能把理性孤立出来？就是从一般的理性里面把纯粹的理性孤立出来。一般讲理性，那么一般的认识、一般的知性我们已经说有理性了，那就是广义的理性，广义的理性里面已经有理性了，比如说知性里面也已经运用了理性的原则了，但是这个理性的原则还是被淹没在知性的运用里面的，淹没在其他的不纯粹的要素之中，而没有单独提出来加以考察。只有单独提出加以考察才叫作纯粹理性。

那么我们来看这一段：

我们的一切知识都开始于感官，由此前进到知性，而终止于理性，

这是总结所有前面谈到的：先验感性论、先验逻辑的先验分析论、然后进入到先验辩证论。先验感性论讨论感性，先验分析论讨论知性，先验辩证论讨论理性。现在我们已进入到先验辩证论，终止于理性了。现在已经到了最高点了。那么他说：

在理性之上我们再没有更高的能力来加工直观材料并将之纳入思维的最高统一性之下了。

理性是最高的，"在理性之上我们再没有更高的能力"了。前面已经开列了一个认识能力的等级系统，开始于感官，前进到知性，而终止于理性。理性是这三个阶段的最高阶段，除此之外，我们再没有更高的能力了。没有更高的能力来干什么呢？"来加工直观材料并将之纳入思维的最高统一性之下"。这个所谓"更高"，什么意义上的"高"？这个"高"的意思就是对直观材料"加工"，你能够对它加工你就比它要高，你就能够统摄它们。统摄的比被统摄的要高。不但加工直观材料，而且"将之纳入思维的最高统一性之下"，加工这些材料是为了什么呢？是为了把它们纳入到思维的最高统一性。思维它是要进行统一的，在知性那里先验自我意识的统觉的本源的综合统一，这是知性运用的最高原理。但是在知性的这种统一之上还有一个理性的统一，所以在知性里面作为知识的一个最高原理它是"本源的"，但在此之上还有一个更高的，就是把知性所

产生出来的所有的知识再加以全部的、整个的统一，那就是最高的理性的统一，这就是理性的作用。那么他讲：

　　现在，当我要对这一最高认识能力作出一种解释时，我感到有某种尴尬。

　　这种最高的认识能力我要对它加以解释，那就感到困难了。其他的我要加以解释我并不感到困难，因为还有更高的，可以来填补在解释的时候所出现的空档。其他的都还没有到顶，所以它们并不能完全自足，先验感性论也好，先验分析论也好，都还不能完全自足，要能够完全自足，我们可以借助于一个更高的原理来加以解释。前面两个阶段对于知识的构成来说都是还没有完成的，哪怕是知性，好像已经获得了知识，但是对于知识的完备性仍然有待于完成，还需要理性来加以解释。但是理性，当它已经把所有的知识纳入到了最高统一之下，那么你要对这个理性加以解释，是不是还有一个更高的原理，那就找不到了。理性已经是最高点了，那么如何解释理性？这就是一种尴尬。当你要对一个东西加以解释的时候最好的办法就是用一个更高的东西来规定它，像亚里士多德所说的"种加属差"，你要作一个定义，就要把一个概念放在一个更高的概念之下来加以把握。但是对于最高的种，你就没有办法再加以规定了。所以对这个最高的东西要作出一种解释就有一种困难。

　　在理性这里，正如在知性那里一样，当它抽掉了一切知识内容时，有一种单纯形式的、亦即逻辑的运用，但它也有一种实在的运用，因为它本身包含有既非借自感官、亦非借自知性的某些概念和原理的起源。

　　他感到有某种尴尬，也就是说，我们如何对于理性加以解释呢？比如说，"在理性这里，正如在知性那里一样，当它抽掉了一切知识内容时，有一种单纯形式的、亦即逻辑的运用"，同时也有一种"实在的运用"，因为它包含有某些概念和原理的起源，它们既非借自感官、亦非借自知性。这个"起源"是最高起源，那么我要对这个起源加以解释就有困难了。这个地方有理性的两个层次，一个是逻辑的层次，一个是实在的层次，逻辑和实在,这在康德那里是两个相对的概念。在逻辑上理性有它的运用,有什么运用呢? 就是抽掉了知识的内容,只看它的形式,这就是三段论的形式逻辑推理。理性的三段论推理就是理性的逻辑机能,正如知性的判断分类就是知性的逻辑机能。知性可以用来判断,理性可以用来推理。所以理性"有一种单纯形式的、亦即逻辑的运用"。"但它也有一种实在的运用",这种实在的运用是什么呢? "因为它本身包含有既非借自感官、亦非借自知性的某些概念和原理的起源"。理性除了逻辑的运用以外还有实在的运用,也就是说,它独自产生出理性的概念和原理,这些概念和原理既不是感性的,也不是知性的,它们是它自己产生的,它是最高的,它是真正本源的,没有借自其他任何认识能力,它就是某些概念和某些原理的最高起源。这个就说明它就是最高能力。前面讲过理性的超验运用是一条"现实的原理"(B352),这里则谈到理性的"实在的运用",其中有内在的一致性。

　　前一种能力固然早已由逻辑学家们以间接推理的能力 (不同于直接推理) 而作了解释;但后面这种自身产生概念的能力却还没有借此得到理解。

　　"前一种能力"就是指理性的逻辑能力、推理的能力,这种形式的能力早就由逻辑学家们以间接推理的能力、也就是三段论式推理的能力而作了解释,这一点从亚里士多德开始就已经基本定型了。亚里士多德的形式逻辑已经把三段论的四个格、二十四个式规定好了,基本没有什么大的改变。当然不同于直接推理,比如说:一切人都是要死的,所以有些人是要死的。这就是直接推理。间接推理就是:一切人都是要死的,苏格拉底是人,所以苏格拉底是要死的。笛卡尔的"我思,故我在"也是一种直接推理,它不需要有大前提,不需要说:一切思维的东西都在,我思,所以我在。"我思"本身就已经包含着里面有个"我","我在"的这个"在"无非就是"思"。当然如果我不在的话也就不能思了,但是"在"是什么意思呢? 它就是"思"的意思。没有另外一个东西存在,而是思的活动本身它存在,你已经说出来了。但是理性的推理能力它不是体现在这方面,它体现在间接推理的能力上。只有间接推理能力才能处理综合性的知识。直接推理所处理的知识则是分析性的知识,一切人都是要死的,所以有些人是要死的,这并没有增加什么新的知识。"一切人要死"当然是一个综合命题,但"有些人要死"是从这个命题中分析出来的。但是间接推理:一切人都是要死的,苏格拉底是人,所以苏格拉底是要死的,三个命题都是综合命题,其结论是通过大、小前提里的"中词"即"人"作中介,把"苏格拉底"和"死"联结起来形成的。当然之所以能够联结,还是因为这些综合命题蕴含着一种分析性的关系,形式逻辑本身总是分析性的知识。但间接推理是去寻求各种综合知识之间的分析关系,直接推理不用寻求,只是从一个既定知识里面直接分析出它所包含的东西。那么三段论式的这样一种间接推理能力早已由逻辑学家们作了解释,"但后面这种自身产生概念的能力却还没有借此得到理解",后面这种能力就是指理性的一种"实在的运用"。前面的三段论它本身还是一种逻辑,是形式化的,可以把它的那些概念都用符号加以代替,虽然它由以构成的那些命题是综合性的,但是它们的推理关系是完全形式化的、分析性的。那么"实在的运用"就不是形式化的,它要涉及到内容,理性要涉及到它所把握的知识内容。那么这个时候它本身就"包含有既非借自感官、亦非借自知性的某些概念和原理的起源"。也就是说它的这种"自身产生概念的能力"——当然也包括产生原理的能力,概念和原理是不可分的,有一个概念它就有它的原理,但首先是产生概念的能力,——"却还没有借此得到理解"。这样一种自发地产生出理念来的能力,并没有因为理性的形式逻辑三段论的制定而得到理解。形式逻辑的三段论人们已经对它的形式上的运用作出了解释,但是后面那样一种实在的运用,也就是说它自身产生出哪些理念,这些理念又形成了一些什么样的原则,这些问题还没有得到深入的阐明。理性在形式逻辑上得到了探讨,但是理性在先验逻辑上还没有得到探讨。理性作为先验能力产生了什么理念,这些理念具有什么样的意义,比如说对知识或对道德有什么样的意义,这些问题都还没有被澄清。

既然在这里出现了理性的逻辑能力和先验能力的划分, B356

这就是我们刚才讲的,理性也被划分为两个层次,就像知性一样,知性可以划分为逻辑机能和先验逻辑里面的那种先验的机能,这种先验机能才能构成知识,构成先天综合判断,那么理性也是一样,理性也划分为逻辑的能力和先验的能力。既然有这样一种划分,

那么就必须去寻求有关这一知识来源的、把这两个概念都包括在自身之下的一个更高的概念,①

"这两个概念"就是指理性的"逻辑能力"的概念和"先验能力"的概念,既然有了这两个概念的"划分","那就必须去寻求有关这一知识来源的、把两个概念都包括在自身之下的一个更高的概念",就是必须去寻求一个把理性的逻辑能力和先验能力都包括在自身之下的能力的概念。这个概念就是下文所提出的"原则的能力"的概念。原则的能力既能够包括形式逻辑上的三段式推理能力,又能够包括先验逻辑中使知性规则达到知识的最高统一的能力。形式逻辑的三段论不管大前提,它只是用了这个大前提,一旦指定了大前提它就开始进行推理,其他的方面不是它的事,也不影响它的三段论推理成为内部一贯的原则。形式逻辑不管大前提,在推理中大前提是设定了的。但是如果你着眼于知识内容的话,那么按照理性的先验能力,这个设定就还有待于探讨。你可以随便设定什么,但如果你设定的这个大前提是假的,那么从知识上来说你的结论就错了。所以当你关注知识的内容的时候你就必须关注这个大前提的来源何在,否则你只要关注由大前提推出结论的形式就行了。一切人都是要死的,这个命题的来源,你如何能够把"要死的"放在"人"的概念之

---

① 本书原译作:"那么就必须去寻求有关这一知识来源的一个更高的概念,它把那两个概念都包括在自身之下",不够清晰。

下，这是怎么来的？整个三段论它是来源于"一切人都是要死的"，那么你最后得出的结论"苏格拉底要死"它是来源于这个大前提的，那么你这个大前提又是来源于何处，那又必须往前追溯。必须寻求它的大前提，以及大前提的大前提，不断地追溯上去，这就是理性的"实在的运用"。它的原则就是后面所说的，从有条件者一直上溯到无条件者。理性的逻辑运用它就不管这些，只要三段论内部没有矛盾就够了，只要把结论追溯到大前提就够了，至于这个大前提怎么来的它就不问了，它用一个符号代替就够了。但要追溯一个知识的来源，这是形式的理性推理和先验逻辑的不断追溯所共同的原则，只不过形式逻辑是片断地使用这一原则，先验逻辑则要彻底使用这一原则。所以"必须去寻求有关这一知识来源的、把这两个概念包括在自身之下的一个更高的概念"，这个更高概念就是一个追溯知识来源并把它从概念中引出来的原则。他说：

> 然而我们可以通过与知性概念的类比而指望使逻辑概念同时也成为先验概念的钥匙，使前者的机能表同时提供出理性概念的谱系。①

"然而"（indessen）是一个转折，就是说，虽然形式逻辑的理性概念和先验逻辑的理性概念都从属于理性的"原则的能力"这个"更高的概念"，但这两个概念之间也有一种相互关系，我们可以从一个引出另一个。我们可以指望有一把钥匙，就是"通过与知性概念的类比而使逻辑概念成为先验概念的钥匙"。知性概念也就是范畴，同它作一种类比，一种什么类比呢？就是知性概念是从它的逻辑机能里面引申出来的，也就是从知性的判断机能里引出了知性的范畴。那么根据这样的类比，我们可以使一般的逻辑概念成为先验概念的钥匙：知性的逻辑判断成为了知性的先验范畴的钥匙，理性的逻辑推理也可以成为理性的先验理念的钥匙，使"前者的机能表同时提供出理性概念的谱系"。"前者"是指逻辑概

---

① 本书原译作："我们在这里可以指望通过与知性概念的类比而使逻辑概念成为先验概念的钥匙，同时前者的机能表则提供出理性概念的谱系。"未译出转折含意，兹改正。

念，前者的机能表、也就是逻辑概念的机能表，形式逻辑的机能表，在这里也就是理性推理的表、推理的分类，——前面是讲知性的判断分类，这里是讲理性的推理分类，——则可以提供出理性概念的谱系、理念的谱系。这个进一层，前面是讲概念的钥匙，我们从逻辑概念可以进入到先验概念，作为先验概念的钥匙，我们要追溯理性的理念，那么我们首先就要类比于逻辑的概念，就是逻辑推理的概念。先验概念，这里就是理念，就是按照这种逻辑概念的不断往更高处追溯而形成起来的。所谓理念是什么呢？理念就是从有条件的东西追溯到无条件的东西，但这种追溯首先就是追溯条件的条件。大前提是一个三段论推理的条件，条件它又有条件，那么我们要不断地追溯，一直追溯到无条件的东西，或者说绝对的条件，那就是理念。一般的三段论的大前提并不是理念，"人"的概念并不是理念，那么我们一直往上追溯，我们可以追到更高的概念，比如说"宇宙"、"世界"，人是宇宙中的一部分，一种现象，我们追溯到世界整体，那就再不能往上追了，那就是无限的东西了。所以从形式逻辑的这样一种不断追溯我们可以找到有哪些先验概念，理念。我们可以从任何一个给定的大前提出发，就可以不断地往上回溯，一直回溯到再不能回溯，那就是理念了。下面进一层意思就是"同时前者的机能表则提供出理性概念的谱系"，就是说这些理念一个个都追溯出来了，从有条件的东西到无条件的东西都追溯出来了，那么它们的谱系如何？这也要从形式逻辑的理性推理的分类来引出。理性当然有格和式的分类，但是康德是从另外一个角度来分类，不是从格和式的变换来分类，格和式的变换不是真正的分类，而只是形式上的分类，康德则是从性质上分类，就是直言推理、假言推理和选言推理，这种分类才真正是一种分类，一种性质上的层层递进的分类。那么根据这种性质上的分类，我们就可以把这些理念安排在一个合理的、合逻辑的谱系中。有哪些理念？归根到底可能有三种先验的理念：直言推理推到最后推出了什么呢？推出了灵魂；假言推理最后推出了什么呢？按照充足理由律，推出了世界整体；选言推理推出什么呢？推出上帝，上帝在一切可能世界中选择了我们现有的世界。所以按照形式逻辑的三种推理，我们可以把我们所能够推出的三种先验理念安排在一个谱系之中，就是灵魂、世界整体和上帝，我们后面要讲到，只有这三种先验的理念。当然一般的理念有很多，还有经验中的理念，我们在经验知识中都要运用到某些概念，如"纯水"、"纯金"，以及种和类等等，这些概念在某种意义上也是理念，但是它掺杂有经验的成分，它不是先验的。先验理念就是超出了经验之外，完全从逻辑推理里面，从逻辑推理的形式分类里面所得出的理念。这都是后面讲到的内容，但是在这里已经预先提示了。

我们在先验逻辑的第一部分曾以规则的能力来解释知性；在这里我们把理性与知性相区别，将把理性称为**原则的能力**。

这里是一个一般性的规定。这个规定不是突然蹦出来的，而是由上面的讨论引出来的，它就是能够把理性的逻辑能力和先验能力都包括在自身之下的那个更高的能力。那么什么是原则的能力？康德在先验逻辑第一部分的先验分析论中对知性的解释就是解释为一种规则的能力，知性就在于能够建立规则，它提出了十二范畴，就是建立规则，来规范那些直观的杂多。所以知性它是自发地提供一系列的规则、范畴，来对直观进行综合的把握。所谓规则就是在进行经验认识的时候要按照什么规范。那么"在这里我们把理性与知性相区别，将把理性称为原则的能力"，这个"将把"就是为后面作铺垫了，后面他一直将按照原则的能力来理解理性。而在这方面理性和知性是有区别的，区别就在于知性是一种规则的能力，而理性是一种原则的能力，原则和规则有层次上的不同。所谓规则（Regeln）是最普通日常的，而原则（Prinzip）是从拉丁文来的，它比较抽象，凡从拉丁文来的词我们前面讲了，它都更抽象，更高。理性作为原则的能力它更高，知性作为规则的能力，有时称为法则（Gesetz，或者译作原理、规律）。不管是 Regeln 还是 Gesetz，跟原则 Prinzip 相比相对而言都要具体一些,原则更要抽象一些。所以他讲"将把理性称为原则的能力",把理性看作是更高的一层。

但是他下面接着就讲:

原则这个术语是含糊不清的,

我们必须对这个概念加以更仔细的区分。我们把理性称为原则的能力,一般来说这是可以的。但是要作些具体的区分。原则有含混的原则,有掺杂着不纯粹的成分的原则,只有把那些掺杂的成分清除干净了以后,它才可以称为真正的原则。所以下面说:

它通常意味着一种能被作为一条原则来运用的知识,哪怕它自己本身及按照① 其自身来源并不是什么原则。

"它通常意味着",也就是说它含糊不清,在我们日常运用的时候经常会混杂有其他的理解。最通常的理解是,"一种能被作为一条原则来运用的知识",我们着眼于这个知识,它可以被当作一条原则、一条至高无上的普遍规律来运用,而"哪怕它自己本身及按照其自身来源并不是什么原则",就是说这种知识在这里偶尔成为了原则,但是这种知识本身并不是什么原则,它只是在这种情况下可以被当作原则来使用,被用作原则。在这个范围之内它好像是至高无上的,我们姑且把它看作至高无上的来使用它,但是它本身只不过是一种现成的知识,你要追溯的话就会发现它并不是什么原则,它还有其他的知识作为它的原则,所以它本身是由其他的东西推出来的。所以"哪怕它自己本身及按照其自身来源"并不是原则,一个被人们当作原则来使用的知识很可能它的来源是非常低层次的。下面就讲到了:

任何一个全称命题,即使它是从经验中(通过归纳)得出来的,都可以在一个理性推论中用作大前提;但它并不因此而本身成为一条原则。

---

① "按照"原译作"根据",有同学提出可能被理解为名词而引起歧义,兹改之。

这是一个例子。任何一个全称命题在推理中都可以构成一个大前提，如"一切人都是要死的"，既然说"一切人"，好像可以当作一个原则，它无所不包、无一例外嘛！但是它其实是从归纳得出来的，我们迄今为止所看到的所有的人没有一个是不死的，所以我们得出一个全称命题"一切人都是要死的"，我们就把它在一个理性推论中用作大前提了。大前提好像一般来说就是原则了，我们通常也说，这个东西有一个大前提在这里，这是基本的原则了。你要用这个大前提作为基础才能谈论别的，如果这个大前提都不承认那其他的就不用谈了。一旦你承认这个大前提，那么在具体的场合下你都要遵循这个大前提，这个大前提就成为一条原则了。通常都是这样的。"但它并不因此而本身成为一条原则"，你把它用作一条原则，并不见得这个大前提本身就真的是一条原则，它只是被你用作一条原则，但实际上它也是有条件的，它不是最后的大前提，它本身还有更高的原则；或者它本身根本不是从更高的原则推出来的，而是从更低的，比如说归纳、经验，从经验的材料和经验知识里面提取出来的。这样一个知识本身并不因此就成为一条原则，并不因为你习惯于把它当作大前提它就成为了原则。这就是日常用语中"原则"的含混之处，我们在日常领域里面经常把一些不是原则的知识当作原则来使用。当然这种说法在一定情况下也无可非议，这样说比较方便，我们讨论问题的时候我们首先要确定一个大前提，至于这个大前提本身是不是一个原则我们先不去考虑它，我们先看它大家是不是都承认，大家如果都承认，那就可以了，我们从大家公认的前提出发，就不会遇到反对意见了，就可以推出某些知识了。但是如果一旦有人提出这个大前提不成立，那就麻烦了，那就必须寻求另外的大前提。但是在日常的讨论中经常地总会有一些东西是大家公认的，不用讨论的。不用讨论并不是说它就真正站得住脚，而是大家都认为这个不用讨论，这个我们都承认。至于为什么承认，那么各有各的理由。我们在国际关系中，每个民族都从自身利益出发，但是我们还可以求得某种共识。我们和台湾人都认为只有一个中国，虽然我们和台湾对这个"中国"的理解可能不一样，但是我们的大前提是一样的，好像是一样的。但是它的来源是经验的，它不是一个真正的原则，只是我们把它当作一个原则。任何一个全称命题都可以当作一个原则来使用。这是第一种含混不清，属于经验知识的含混。第二种是数学的含混。

数学公理（例如两点间只能有一条直线）**甚至是先天的普遍知识，因此它相对于能归摄于其下的那些情况而言有权叫作原则。**

这是第二个层次了。第一个层次当然在某种意义上也可以有权把那些大前提叫作原则，但是那个层次很低了。我们要追溯更高层次的，比如说数学领域里面有一些命题的确是有权叫作原则的，比如说数学公理，两点之间只能作一条直线，这是欧几里德的一条公理。"甚至是先天的普遍知识"，这样一条数学公理是一条先天的普遍知识，它不是经验归纳得出来的，不是后天得出来的，它一说出来所有的人都认为放之四海而皆准。这个不是说以往的人都死了，所以才得出一切人都要死，而是说不管是以往的还是以后的，只要有两点，那么就可以并且只能过这两点作一直线，这就是数学的公理，它是是不受任何时间、地点的条件限制的。它是一条先天的普遍知识。"因此它相对于能归摄于其下的那些情况而言有权叫作原则"，过两点能够作一条直线，在这个公理之下我们可以推出和证明很多其他的定理。很多其他情况我们都可以援引这条公理来加以证明。所以这条公理是一个原则。这个公理不用讨论，大家都公认。这公理不用讨论并不是说大家都默认了，或者各自有各自的理解，而是的确大家都正确地理解了它的意思，而且都认为无可置疑。两点间当然只能作一条直线，你要作第二条那就只能是曲线了。当然这只是欧几里德几何的情况，非欧几何那又是另外一种情况了。康德时代还没有非欧几何，所以他认为这是天经地义的，无可怀疑的。"那么相对于能归摄于其下的那些情况而言有权叫作原则"，它可以放之四海而皆准，凡是能够归之于其下的都要以它为一条原则，贯彻到底，不能有丝毫偏离。但是，这个地方又有一个"但"了，

B357 <u>但我仍然不能因此而说我是从原则而认识直线的一般的和自身的属性的,而只是在纯粹直观中认识它的。</u>

尽管数学公理可以有权叫作原则,但是这些原则仍然不是从原则而得到认识的,这些原则只是相对于在它们之下的那些情况而叫作原则,但是从它们本身来说不是出自于原则,而是出自于直观。所以"我仍然不能因此而说我是从原则而认识直线的一般的和自身的属性的",直线有一种什么属性,一般的属性,这个不是从原则而认识的。"一般的和自身的属性",直线的一般的属性是直线在各种各样的关系中所表现出来的属性,而直线"自身的属性"是直线单独归之于它本身的属性,我们都不是从原则而认识的,"而只是在纯粹直观中认识它的"。直线的属性就是空间的属性嘛,直线在空间中就是在直观中,是一种什么样的性质,这个要去"看",这不是从原则可以推得出来的。数学的公理不是从原则、从概念推出来的,而是看出来的。所以你可以把这种公理看作是一种原则,相对于它之下的情况用作原则,但它本身还并不是原则,它不是从原则推出来的。这个跟前一种情况,即通过归纳得出大前提,然后把它当作一种原则来运用,在层次上还有不一样,但是实质上是一样的,这些被当作原则的公理本身还不是从原则得到认识的,是凭直观来认识它的,正像前一种情况从经验归纳获得的一种规则,我们把它当原则来用,它们都是有其局限性的。

上面我们区分了原则的含糊不清,含糊不清有三个层次,一个是后天经验的知识,一个是先天的数学知识,那么相应的这一段应该涉及到知性的知识这个层次。从这一角度来掌握这一段就好理解了。

<u>所以我将把出自原则的知识叫作这样一种知识,即我通过概念在普遍中认识特殊的知识。</u>

我们把这个"认识"强调出来,为什么要强调认识?因为前面一段话的最后一句:"但我仍然不能因此而说我是从原则而认识直线的一般的

和自身的属性的,而只是在纯粹直观中认识它的";而这一段的头一句和上一段的最后一句是相衔接的:"所以我将把出自原则的知识叫作这样一种知识,即我通过概念在普遍中认识特殊的知识"。数学知识显然不是这样的,数学知识它是通过公理,而公理是通过直观认识到的,而不是通过概念在普遍中认识特殊的知识。因此这一段一开始就说"所以"我将把出自原则的知识叫作这样一种知识。就是说把数学的那样一种公理也把它清除掉,你如果要对原则概念的含糊性加以澄清的话,那么你首先要清除那些后天经验性的知识,然后你要把那些数学直观的知识也把它剔除掉。剔除掉以后,剩下的是什么呢?"所以"只有这样的知识才是出自原则的知识,"即我通过概念在普遍中认识特殊的知识"。这才是出自原则的,就是出自概念,而不是出自直观。出自直观当然也可以形成一种原则,但它本身还不是原则,因为它是出自直观嘛。所以出自原则的知识才是真正的原则,那就只是在概念的普遍性中认识特殊的知识。

这样一来,每一个理性推论都是从一个原则中推出一个知识来的形式。

"这样一来",就是如果我们把原则理解为通过概念在普遍中认识特殊的知识,那么"每一个理性推论都是从一个原则中推出一个知识来的形式"了。什么形式呢?就是形式逻辑的推理形式,

因为大前提总是提供一个概念,它使得所有被归摄于该概念条件下的东西都按照一条原则而从这概念中得到认识。

就是说,任何一个三段论推理都是符合前一句对"出自原则的知识"的规定的,因为在它的大前提中有一个概念,而小前提和结论则被"归摄于该概念条件下"而得到认识,这不正是"通过概念在普遍中认识特殊"吗?这跟数学的公理不一样,数学的公理我们不能说是由原则而认识的,而是在纯粹直观中认识的,这里则是按照一条原则而从概念中得到认识的。大前提提供一个概念,那么下面的东西都是按照原则,按照从普遍到特殊的推理原则而获得认识的。这个跟数学公理的层次就不一样了,

数学的公理本身已经是原则，但这个原则不是通过原则来认识的。而在这里，当我们着眼于三段论推理的形式，"即我通过概念在普遍中认识特殊"这样一种形式，那么由这种形式所获得的知识就可以叫作"出自原则的知识"。当然这还只是在推理的形式逻辑意义上说的，但三段论推理要成为"知识"，而不只是概念游戏，那么它的大前提必须是普遍知识，而要成为普遍知识就必须运用知性范畴。所以康德在这里讲的实际上就是在知性的情况下，在纯粹知性提供一个先天概念或范畴的情况下，把这个概念作为大前提，而按照三段论推理的逻辑形式去获得其他知识。

既然任何普遍知识都可以在理性推论中被用作大前提，而知性则为这种知识提供普遍的先天原理，那么这些原理就其可能的运用而言，也可以叫作原则。

这句话就点出"知性"了。"任何普遍的知识都可以在理性推论中被用作大前提，而知性则为这种知识提供普遍的先天原理"，"任何普遍的知识"，包括前面讲的归纳的知识、经验的知识、后天的知识，作为普遍的知识，都可以在理性推论中作为"大前提"，而"知性则为这种知识提供普遍的先天原理"，就是说在一个经验的、后天的大前提中，里面已经包含有知性所提供的概念、所提供的普遍先天原理了。"那么这些原理就其可能的运用而言"，就其可以运用于某个经验对象上而言，"也可以叫作原则"。也就是说在经验知识的推理中，包括通过归纳所获得的大前提，但是那个大前提要成为知识，它里面已经包含有知性的范畴了。我们不从后天经验知识的材料去理解它，我们从它里面所包含的先天原理、先天概念、先天范畴去理解它，那么这个时候我们就可以把所有这些知识都看作是从普遍的先天原理里面得到认识的。而这跟经验派的那些经验性命题已经有层次上的不同了，或者说同一个命题经验派是那样理解，从后天的角度去理解，而康德是看出它里面的先天条件。那么这些先天条件隐含在这些经验知识里面，它隐蔽地在里面作为一条先天原则而起作用。所以他说"就其可能的运用而言也可以叫作原则"。这就是通过剥离以后,从任何普遍的知识里面剥离出它之所以可能的条件,那就是知性的原理,包含有知性的概念,如实体和偶性的概念,因果性概念。这些概念使这些推理所推出的知识得到认识。所以这个就比数学的知识更高一个层次了。当然它可能表现出来还是一个经验知识的推理,但是如果我们从知性的高度来理解,就可以发现里面有一种先天原理,它是我们的经验知识之所以可能的条件。那么这样一条原则我们就可以把它叫作原则了,因为它是通过概念来认识的,通过知性的范畴来认识的,这个推理的知识只有在这个知性的范畴之下才能够成为知识。知性范畴使这样一个经验性的推理具有了客观性,也就是成为了知识。如果没有这些知性范畴在后面支撑的话,那么一切经验性的知识都只不过是像休谟讲的一种习惯性的联想,多次重复所形成的一种习惯。知识具有客观必然性,客观必然性从哪里来? 必须要从一般经验知识底下去发掘出它所包含的知性概念。所以从这个角度来讲,这个知识它是从知性概念才得到认识的。这就符合了这一段的第一句:"我将把出自原则的知识叫作这样一种知识,即我通过概念在普遍中认识特殊的知识",这就是出自原则的知识,是从原则而来的,因为它有个概念。所以这些特殊的知识要从普遍中、要从概念中得到认识。这个就跟数学知识不一样了,数学知识是从直观中得到认识的,知性所获得的知识是从知性的概念中得到认识的,这就是一个更高的层次了。当然再下面一段他就把这样一种知识也排除在外了,知性的这样一种范畴虽然是出自于概念而得到认识的,但是这些概念本身它不是来源于原则的,那么它来源于什么呢? 来源于这些概念的"运用",这些概念只能作经验性的运用。所以这一段的最后一句说"那么这些原理就其可能的运用而言也可以叫作原则",它们是作为运用到经验对象上的场合才能叫作原则。所以它的来源还不是真正的原则。它本身当然已经是原则了,而且你可以看作它是出自原则的,但是它的来源还不是原则。那么把这种知识排除掉以后就只剩下纯粹理性的知识了,理念就是纯粹从理性来的,它不是从它的运用中获得认识的,它就是从它自己本身的来源而来的,它超越于一切经验之上,是从它自己本身来形成它的原则的。我们提出一个理念,当然它也可以对经验的知识进行一种范导,但它不是为了作这种范导而提出来的。理性的理念是超越于一切经验之上而提出来的,作为一种超越的原则,它的来源是来自于物自体,来自于我们对超验世界的一种实践的法规。所以只有这样的来源严格说起来才能够形成真正的不含混的原则,那就是理性的原则。理性原则是独立的,能够由自身产生它的概念,它的理念都是由理性自身产生的,既不是来自于感官也不是来自于知性,这样一种概念就是理念。严格说只有这种知识才能叫原则,它在最纯粹的意义上被称之为原则的能力,其他如感性啊,数学啊,知性啊,都还不是真正原则的能力。

上面一段对出自原则的知识作了一个定义,形式逻辑的推理的形式是符合这个定义的。三段论推理从形式上来看总是从一个原则中推出一个知识来,因为三段论的大前提"一切 A 都是 B"已经提供了一个概念,所谓概念就是说它适用于它的一切场合,具有普遍性。"一切人都是有理性的",这就给出了一个"人"的概念,"有理性的"适用于一切人。所以再从这概念里通过小前提推出"苏格拉底是有理性的",从形式上就已经是"通过概念在普遍中认识特殊的知识"了。那么在这一套形式之下,它的内容作为知识是不是也是从原则来的呢? 还不一定,因为"一切人都是有理性的"还是从归纳得来的,本身不是从概念得来的。不过,任何一种被用作大前提的全称命题,哪怕是从经验性的归纳得来的,如"一切人都是有理性的",里面都包含某种知性的先天原理,即实体和属性等等原理,那么在这种意义上知性就其可能的运用而言也可以叫作原则。知性原理作为给那些大前提所提供的原则,在其运用于大前提上作为其背后的原理时,也可以称之为原则。但这种原则仍然是相对的。所以上面从三个层次讲了各种相对的原则,不论是由经验归纳而来的全称命题、由数学公理而来的直接推理,还是由知性原则而来的经验运用,都只是相对的原则,而不是真正严格意义上的原则。只有三段论推理的理性形式才是原则知识的形式,但在内容上还需要别的东西,才能真正成为原则的知识。现在我们看下面一段。知性为那些大前提提供支持,提供先天的原理,它们在运用于经验之上时也可以称为原则的知识。但它们作先验的运用是不可能的,它们可能的运用只能是经验的运用,就此而言它们可以叫作原则。

但如果我们按照其来源考察这些纯粹知性原理本身,那么它们就根本不是来自概念的知识了。

就是说,大前提作为一种经验的普遍知识,它可以从知性原理里面以它作为原则引出来,但是如果我们对这种纯粹知性原理本身来考察其来源,"那么它们就根本不是来自概念的知识了。"至于纯粹知性原理本身是来自于何处呢?它不是来自于纯粹概念,它是概念与对象之间的一种关系的规定。所谓范畴是如何得出来的呢?范畴本来是从形式逻辑的判断分类中引出来的。形式逻辑不考虑对象,它只考虑概念与概念之间的关系,它不能形成有关对象的知识,只是知识的一种形式。真正的知识必须考虑对象。形式逻辑的判断当我们从对象知识的角度去看它的时候,它才形成了范畴。所以范畴跟形式逻辑的判断分类是一一对应的,每一类判断形式当它考虑到对象的时候,也就是当它考虑到经验对象的时候,它就形成了一个范畴。所以范畴表是从形式逻辑的判断分类表中得出来的,判断分类表是范畴表的一个"引线"。如何引出来?就是因为我们从对象的角度去考虑判断而引出来的。所以范畴根本不是纯粹来自概念的知识,如果是单纯来自概念的那就是形式逻辑了,从形式上看可以这么说,形式逻辑的三个环节就是概念判断推理嘛!但是先验逻辑就还要考虑对象。要作为知识,判断就是按照范畴来进行的,而不是纯粹来自于概念的。下面就讲:

因为假如我们不是援引纯粹直观(在数学中),或援引可能经验的诸条件,这些知识甚至都不会是先天可能的。

这就是我们刚才讲的那个意思。"如果我们不是援引纯粹直观(在数学中),或援引可能经验的诸条件",可能经验的诸条件就是时间空间,特别是图型。如果我们不把范畴运用于时间图型,那又怎么可能形成知识呢?所以"这些知识甚至都不会是先天可能的"。我们之所以说范畴是先天的知识,只是由于我们借助于纯粹直观的图型把它们运用于可能经验之上。所以康德讲先天的知识,并不意味着这个知识在孤立的意义上它本身就是一种先天知识,而只是意味着它是经验知识中的先天成分,它之所以叫先天知识,只是因为它已经运用于经验里面了。如果它不运用于经验知识里面,或者是不打算运用于经验知识里面,那么这种知识不叫作先天知识。这就是这种知识它还不是来自于概念的知识,它当然有概念,但它的概念的形成,就是由于考虑到经验对象的可能性条件才形成起来的。它是先验的,先于经验的,但是它又要运用于经验。下面举例子:

"一切发生的事都有原因"完全不能从"一般发生的事"这个概念中推出来;毋宁说,这一原理表明我们如何才能对于发生的事得到一个确定的经验概念。

"一切发生的事都有原因",这样一个命题当然是一个先天命题,但是之所以我们把它叫作一个先天命题,甚至于一个先天知识,并不是由于它是有关"一切发生的事"这样一个概念的知识。康德在前面对于"一切(或每一个)变化都有原因"这个命题究竟是不是纯粹先天的,都有两个完全相反的说法。如在《纯粹理性批判》的导言中,有时他说"每一个变化都有其原因"这个命题是一个不纯粹的先天命题,"因为变化是一个只能从经验中取得的概念";有时又说"在人类知识中会现实地有这样一些必然的和在严格意义上普遍的、因而纯粹的先天判断。……如果想从最普通的知性使用中举这样一个例子,则在这方面可引用'一切变化都必有一个原因'这个命题",因为"原因"这个概念是不能从经验中引出来的。① 这都说明两种说法是在不同的角度上说的。知性原理从一个角度看是出自概念的原则，从另一个角度看又不是真正的原则。"一切发生的事都有原因"是不是从"一般发生的事"这个概念推出来的呢？ 不是的，恰好相反，"发生的事"这个概念本身还要从"原因"的原理（因果性原理）中得出来，因为因果性范畴就是要用来解释"发生的事"这样一个经验概念如何可能的。当然范畴不是后天得出来的，它是先验的，因果性范畴是在形式逻辑的假言判断中，当考虑到它所针对的可能经验的对象时才引出来的。所以原因范畴是为了"表明我们如何才能对于发生的事得到一个确定的经验概念"这种必要性而设立的，当然它不是后天的，它是先验的概念，而这个命题是一个纯粹先天的命题。但这个先验的范畴它要考虑到可能经验的对象，所以它不是从一个概念得出来的，而是考虑到一个判断如何能够运用于一个经验对象上而建立的。所以你不能把这样一个命题"每一个发生的事都有原因"当作就是出自概念的知识，它里面有经验对象的考虑，没有这种考虑它本身不能成为一种知识，有了这种知识就可以用来获得一个确定的经验概念，使得一切经验知识得以可能。所以我们又不能把这些知性的知识当作完全是从概念而来的原则。前述用词"每一个"（jede）和"一切"（alle）的细微区分大致也表达了这样两层意思。原则必须从概念而来，但是知性的原理还达不到这种纯粹性。如果知性的原理从纯粹概念而来，那就是形式逻辑的命题了，但知性的知识不是这样，它就是要具体考虑经验的对象，才使得形式逻辑提升为先验逻辑，使得形式的判断提升为范畴。

所以，知性根本不可能获得来自概念的综合知识，而这些知识才真 B358
正是我不折不扣地称作原则的知识；

"知性根本不可能获得来自概念的综合知识"，知性当然可以获得综

① 参看《康德三大批判精粹》B3、B5。

561

合知识，它可以获得先天综合命题嘛！在数学中、自然科学中它都可以
获得先天综合命题，如果没有知性，连后天综合知识都不可能。比如一
切发生的事情都是有原因的，某件事情发生了，那么它肯定是有原因的。
从知性的先天综合知识中可以推出经验的后天综合的知识。但是所有
的这些综合知识都不是来自概念的，而只是来自概念（范畴）的经验运用
的。所以知性根本不可能获得来自概念的综合知识，这里强调知性的知
识不是来自概念，而是来自概念的运用，作为可能经验的条件。所以只
有"这些知识"，即只有这些来自概念的知识，"才真正是我不折不扣地
称作原则的知识"，这就是理性，理性才真正是完全意义上的出自原则的
知识。包括刚才讲的理性推理的形式，在理性推理中，每一个三段论推
理都是从一个原则中推出知识来的形式。但这里讲的是"来自概念的综
合知识"，那就不仅仅是形式了，形式逻辑是分析的，它可以用符号来代
替，可以算出来，各种概念在形式逻辑上只是分析的关系。如我们说：一
切 A 都是 B，C 是 A，则 C 就是 B，结论是可以从两个前提中分析出来的。
但是如果是综合的关系，你就要从内容上来考虑，这个 A 是个什么 A，B
是个什么 B，C 又是一个什么 C，是概念还是经验。那么从内容上来说，
有没有一种知识是真正来自概念的综合知识，这个地方康德还没有提出
来，但已经设定了，只有这样一种知识才真正是不折不扣、完完全全地
称作原则的知识。它是来自概念的，而且是综合的，它没有任何一点是
依赖于经验的。知性的原理、它的运用还是要依赖于经验的，那么什么
样的知识是完全不依赖于经验的呢？那就是理性的知识，那就是理念。
超验的知识就是完全不依赖于经验的，完全出自于概念的综合知识。当
然这个地方讲的这种综合知识、出自原则的知识，还仅仅是姑妄言之。
因为这里讲的是先验辩证论，先验辩证论是讲超验的知识是如何可能的；
一旦确定了这些超验的知识如何可能的原理以后，那么进一步的工作就
是要反驳这种知识，即这样一种超出一切可能经验之外的知识还能不能
叫作一种知识，这样就可以揭露出来这些所谓的知识实际上是先验幻相

的根源。但是在此之前，他要先讨论这样一种知识是何以可能的。以往的形而上学所要寻求的就是这样一种知识，就是理性的理念。理性的理念作为一种"知识"是如何可能的，人们是如何想的，人们如何来确定这样一种高于一般知识的知识，要把这个原理搞清楚。所以这个地方康德讲的知识都是姑妄言之，我们暂且把它叫作知识，我们看一看，这种知识应该是什么样一种知识？然后我们再来考虑，这种知识在什么意义上是一种知识，在什么意义上不能叫作知识？就是以往那些形而上学的知识在什么意义上是可能的，在什么意义上是不可能的？它们作为一种"自然倾向"是可能的，以往的形而上学是不可避免的，人们不可避免地追求这样一种知识，但是永远也追求不到。如果你把它当作一种追求到了的知识，那就是不可能的。

当然，所有的一般全称命题在比较上都可以称为原则。

"一般全称命题在比较上都可以称为原则"，这个可以从两个方面来看，一个从形式方面来看，作为形式逻辑的形式，它可以称为原则，全称命题是可以推出特称命题的，可以从普遍的原则推出特殊。所以全称命题在任何情况下我们都可以把它当作一条原则来用。但在内容上我们不可以把一切全称命题都从概念中推出来。所以我们只能"在比较上"、在相对的意义上可以把一切全称命题称为原则，它们比较起特称命题或单称命题来可以当作原则，但并不是绝对的原则，不是不折不扣的原则。如果是不折不扣的原则的知识，那就是来自概念的、又是综合的知识，就是不但在形式上、而且在内容上都是来自概念的知识。

康德经常引用法律的例子来说明他的"人为自然界立法"，所以讲"人为自然界立法"的时候我们要注意到他的法律的眼光。有人还专门写过文章，讲康德经常地采用法律的术语来表达他的认识论原理，这是他的一个重要的特点，也是那个时代的特点，那是一个西方法制开始形成和健全起来的时代。比如说在《判断力批判》中的"领地"和"领域"就不一样，"领地"是指有所有权的。我们还可以想到在他的范畴的"先验演绎"中也举了一个法律的例子,什么叫"先验演绎"? 就是在法学家讨论一宗财产的产权的合法性的时候必须提供出法律上的根据,而不能只是提供出事实的根据。后者只是一种经验的根据,你不能根据你长期以来住在这块地方就证明你对这块地方拥有所有权,你必须提供法律上的合法证明,这就是一种先验的根据。而这里这一段就是通过民法的状态来解释他的"原则"跟一般知性的"原理"在层次上的区别。

有这样一个不知哪一天也许会实现出来的古老的愿望,即:我们总有一天可以不去寻求民法的无穷无尽的杂多条款,而去寻求它们的原则;因为只有在这里面,才包含着人们所说的立法简化的秘密。

这个问题大概也是当时德国法学界的一个热门话题。我们今天不处在当时的语境中,我们很难知道他当时到底是指的谁,指的哪一件事。但从字面上我们可以理解到,一个"古老的愿望",就是总有一天可以不去寻求民法的无穷无尽的杂多条款,而去寻求它们的原则。法律自从古代的罗马法开始,就是大量的民法条款的汇编。我们知道罗马法的主要内容就是关于民法,就是人际关系,我们叫作"私法",私人之间的关系。人与人之间究竟应该怎么处理他们之间的关系? 于是出现一种纠纷我们就立一个法,出现另一种纠纷我们又立一个法,无穷无尽,不断地立法。我们中国现在也面临这样一种情况,出了大问题了,就立一个法,应该怎么怎么样。但是没有一个原则。按照什么原则来立法,这个罗马法里面没有。到了近代法学中才有了原则,如人天生自由,天赋人权,自由平等。那么如何用这样一些原则来贯通一切法律,在每一个法律条款中我们都体现这样一个原则,这样我们就可以把很多的法律条款合并。我们是根据一个原则,而不是根据各种具体经验的场合,在很多经验场合之下虽然情况不同,但是所体现的这个原则应该是一致的。这样我们就可以简化掉很大一批法律。并不是说我们的法律不够,我们今天当然还很不够,我们今天还有很多的领域是无法可依,德国当时我想也可能是这种情况。因为当时德国资本主义正处在上升时期，有很多新的情况是以前根本没有估计到的，现在出现了，那么你给每一个场合去立一个法，这个太繁琐了。你能不能根据一个基本的原则贯穿下来，所有这些情况都属于一种什么情况，把它们合并一下，约简一下。这样一种工作就是一种理性的工作，而不是知性的工作了。知性只是给每个经验的场合去立法，而理性是针对知性所立的法而立法，是要把知性所立的那些形形色色的法把它统一为一个基本的大法，把它统一起来。所以这里举的这个例子就是这个道理，就是说我们有一个古老的愿望，总有一天可以不去寻求民法的无穷无尽的杂多条款，而去寻求理性的原则。我们能不能上升到理性，不仅仅是临时应付，在矛盾无法解决了才去立一个法。罗马法就是这样，一大批民法条款，到了公元 6 世纪才把它们总起来汇编成了一部罗马法。后来拿破仑在罗马法的基础之上才重建了拿破仑法典，而拿破仑法典是体现了一个原则的，这就是天赋人权，自由平等，这是法国革命的基本原则。当然在康德的时代拿破仑法典还未出现，它是拿破仑在 1804 年，就是康德逝世那一年才完成的，但要用一个自由平等的基本原则来贯通民法这种思想是早已经在欧洲的有识之士中成为共识了。而在康德眼里，这还只是一个"不知哪一天也许会实现出来的古老的愿望"。当时新的情况不断地出现，在那样一个社会大变动的时代，有许多以前认为是合理合法的事情现在看来是不合法了，以前有许多特权，领主啊，贵族啊，他们的特权在以前是合法的，但是如果用一个普遍的原则来衡量的话它们已经不合法了。在法国革命中已经造成了新的形势，取消了贵族的特权，但在德国还没有。各种特权使得法律条款无限增多，如何使立法简化，这不仅仅是一个技术问题，而且是一个取消特权、使一切人都按照同一个法律原则来平等相处的问题。我们中国古代的法律也是这样，自从汉代中国就形成了一个庞大的法律体系，有两万多条款，但其中并没有原则，而是一大堆案例。当然在抽象的层面上也有一个基本原则，就是要巩固君主的统治地位，但在具体来判案的时候它不是根据具体的情况，而是根据它对国家稳定的效果，儒家、法家，特别是荀子学派，讲究的是"儒效"，就是它的政治效果。所以中国古代法律它不是讲公平的，而是讲效果，社会效果，能不能够平服一方，让坏人感到畏惧，让好人感到安全。至于这个案子是不是冤假错案，中国古代法律不是很重视这个东西，冤假错案有什么呢？只要能够保持稳定，冤了就冤了。平反也不一定要补偿，恢复名誉就是对你很开恩了。只要能够让大家学习，那么树一个假典型也可以，效果好啊！当然要做得严密一点。所以中国古代历来都有很多假典型，什么孝子啊，节妇啊，立了很多牌坊，那些牌坊我看很多都是假的。主要是起到一个社会效果，这些效果的原则都是外在的，它不是贯穿在这些法律里面，它是为统治者服务的。民法它本身并不是直接为统治者服务的，而是为老百姓服务的，因为老百姓要调整他们之间的关系，以便安居乐业。当然间接也可以为当权者的政治服务。但是中国古代法律把这些都混在一起了。民法的原则应该是立足于个人的权利，为了调节个人权利，也就是调节个人自由的权利。所以"只有在这里面，才包含着人们所说的立法简化的秘密"，"在这里面"就是在这些原则里面，至于这些原则是些什么原则，这里还没有说。

　　但这些法律在这里也只是把我们的自由限制在它①得以与自身彻底一致的那些条件之上；

　　这些法律是什么呢？只是对我们的自由所作的限制；限制在什么之上呢？限制在"它"、也就是这种自由"得以与自身彻底一致的那些条件之上"。自由通过这种法律的限制而得以与自身相一致，所以法律真正说来并不是限制自由，而是使自由能够与自身一致，因而是使自由得到最大可能的、一贯的发挥。法律本来就是人与人之间的一种权利关系，这种权利关系必须要在逻辑上一贯，必须要自身协调，自身一致。只有

---

① 原译误作"它们"，兹据同学指出而改正。

在法律的这样一种条件之下,这些权利才能达到与自身彻底一致。自由并不是为所欲为、不受限制,真正的自由是一种"权利",也就是在法律条件下的自由权,法律就是阐明了我们的自由得以与自身彻底一致的条件,这种限制就是自由的自身限制。自由之所以要受到自身的限制,是因为只有这样它才能得到最大的实现。你的自由不得妨碍他人的自由,大家都自由,你才能够始终一贯地自由,这就是限制。这种限制不是缩小了自由的范围,而是最大可能地扩大了自由的范围。如果你不限制,每个人都为所欲为,都想把自己的自由无限扩展,那结果是谁也不自由。所以法律所起的作用就是这样一种限制,而所谓的原则这里虽然没有明说,我们已经可以猜出来了,其实就是自由的原则。但是法律在这里表现为"只是"限制我们的自由,而不是扩展我们的自由,它只是禁止我们做什么而不是提示我们应该做什么。它只是说你可以做法律所没有限制你的事情,法律没有限制的事情那就是你的自由的领域了,这个法律是不干涉的,那是你自己的事情,法律不讲;法律虽然不讲,但是已经建立在这个基础上了,它就是为了给人的自由留下更多的余地。所以它要保持自由的一致,在法律面前人人平等,人人平等就是保持每个人的自由相一致,不是这个人做的事情另外一个人就不能做了,法律不能自相矛盾,不能看人来,这才能获得每个人最大的自由。但这个自由本身法律是不考虑的,法律只考虑每个人的自由的界限,自由的条件,但是背后的原则其实就是自由,法律却不讲。

因而法律所针对的是完全由我们自己所造成、并且我们能通过那些概念本身而成为其原因的那种东西。

也就是说,法律所针对的是"完全由我们自己所造成的东西",这就是我们自由的"产物",是我们自由的结果。法律只规定我们自由的结果,至于你是出于什么动机法律不管。所以法律所针对的是"完全由我们自己造成"的东西,也就是完全由我们的自由造成的,"并且我们通过那些概念本身而成为其原因的那种东西",那些概念是什么概念呢?就是自

567

由的概念，就是"原则"的概念，是通过概念本身作为其原因而引起的。就是我们的自由行为，我们的合目的的行为，我们对此首先要有一个概念。人的自由意志的行为就是按照概念而产生的行为。康德对自由意志的定义就是这样的，自由意志与自然现象不同，就在于自然是按照规律而发生的事，而自由意志则是按照规律的概念而做成的事，按照规律的表象而实现的事。自由意志的行为先要有个概念，也就是有个目的，你要达到什么目的，然后你以这个概念作为你的动机去造成你的后果，这就是你的自由意志的行为。我们能够通过概念本身而"成为其原因的那种东西"，那就是自由意志的结果，我们不是盲目地成为了它的原因的，我们是按照我们的概念成为它们的原因的，也就是说我们是"故意的"。所以法律所针对的是自由所造成的结果，法律所处理的就是我们的自由的外在的相互关系。就像穆勒的《自由论》就是讲的人与人的自由的外在的相互关系，严复把它翻译为《群己权界论》，你的自由权、每个人的自由权有它的界限，你可以有你的自由，但是你不能越权，你的后果不能导致妨碍他人的自由。这就是法律所处理的事情。你的自由作为一种自由的原因性，它会导致什么结果，法律就是调节这些结果相互的关系。你对别人造成了影响，别人也对你造成了影响，那么这种相互影响应当遵守一种什么样的法律？当然如果这种结果不是故意的，那是另外一回事，但只要你是自由的、故意的，"完全由我们自己所造成"的，法律就要加以规定。下面一句可以调整一下：

但事物的本性会如何像自在的对象本身那样从属于原则之下①，以及应如何根据单纯概念来对它作出规定，这一点如果不是不可能的事，至少在其要求中总归是极为荒谬的。

这样改一下大概就比较好理解了。"但"，这个"但"是承接上面来

---

① 此句原译作："但正如自在的对象本身那样，事物的本性应如何从属于原则之下"，不妥。

的，就是说法律所针对的只是完全由我们自己所造成的后果，所造成的现象，但"事物的本性如何像自在的对象本身那样从属于原则之下"，如何像自在之物那样从属于原则之下？我们是按照我们的自由的原则而造成了这个结果，但这个结果它按照自己的本性、正如同自在之物那样，是如何从属于我们的原则之下的呢？当我们按照我们的自由而造成一个结果以后，我们就可以设想这个结果它本身作为自在之物是从我们的自由原则中必然推出来的，而不仅仅是我们自由的一种外在的偶然的后果，那么我们的自由就会体现在一种现象、一种经验性的事物上了。独断论就是这样看的，我们自由所造成的后果它就带有自由的信息，我们就可以把它本身就看作是自由的，是从属于原则之下的。这样我们就应该能够"根据单纯概念来对它作出规定"，比如我们就应该根据自由的理念来规定现实。"单纯概念"，自由的概念就是单纯的概念，不带任何经验的东西，只凭抽象的"应当"的概念来作出规定。根据自由的单纯概念来规定现实，就是我们通常讲的"心想事成"，但是我们都知道这是骗人的话，是安慰人的，虽然是句好话，但是没有人真的相信，即使有这种事，也是极其偶然的。而在康德看来，这种事"如果不是不可能的事，至少在其要求中总归是极为荒谬的"。我们的自由只是我们的动机，我们的效果我们是控制不了的，我们也不必去管。我们若要考虑效果那就是不自由了，就要受到因果律的束缚了。我们只要按照我们的自由意志、我们的自由理念去做一件事情，那就够了，至于这件事情会造成什么样的后果，那不是我们要考虑的。所以有人说康德伦理学只管动机，不管效果，就像一个医生只管开药方，吃死了人是不管的，这种批评从这方面来说有一定的道理。因为康德把现象和自在之物完全割裂开，在自由的领域里面它是自在之物，它不可能认识；但是它的结果是可以认识的，自由所造成的结果是经验的，可以认识，只不过它不是对自由本身的认识，而是对自然界的现象的认识，对自然规律的认识。你如果把这种对自然界的规律的认识就当作对自由的原则的认识，那就很荒谬了。自由当然可以"自行开始一个因果序列",这是康德在后面第三个"二律背反"中对自由的规定；但是一旦开始，这个因果序列就不受你的自由所控制了。你有自由的动机，但是你不能支配自由的后果。我们讲在现实中充满着"不该发生的事情"，虽然不该，但是它发生了，说明它有它自身的规律性，它不以你的单纯概念为转移。经验事物的本性不是从属于你的原则之下的，而是从属于知性的原理之下的。至于它作为自在之物如何从属于自由的原则之下，康德并没有完全否定其可能性，所以说"如果不是不可能的"，因为这涉及到两个自在之物之间的关系，即自由意志及其自在的对象本身之间的关系。这种关系也许在某种悬设的意义上是可能的，比如在来世或上帝那里你的确可以"心想事成"。但这并不是作这种断言的人所要求的，他们要求在现实的经验世界中就看出这一点，所以康德说"至少在其要求中是极为荒谬的"。

但不论这里的情况将会如何（因为这是我们目前还要探讨的），

这里的情况将会如何正是我们将要探讨的，因为康德在这里还没有进入到正式解密幻相产生的根源，幻相到底是如何产生的，如何把一种自在之物的理念看作是一种知识，这种"极为荒谬"的情况康德在这里还没有进行分析，还是有待探讨的。不论这种探讨的结论是极为荒谬的呢，还是有一定的道理呢，这个我们先不管它。

至少有一点是明确的：来自原则的知识（就其自身来说）完全不同于单纯的知性知识，

这一点是非常明确的，就是来自原则的知识就其自身来说，而不是就它的运用来说——就它的运用来说它也许和单纯知性的知识有一种关联——，它是出自于单纯概念的，它和经验不搭界，它是来自原则的，这方面它完全不同于单纯知性的知识，单纯知性知识它当然也是先验的，在某种意义上它也是经验知识的"原则"，但是它不是跟经验知识不搭界，它不是单凭自身的概念就能够构成知识，它必须有赖于经验的材料提供给它，所以这方面它是完全不同的。

　　后者虽然也能以某种原则的形式而先行于其他知识,但就其自身来说 (如果它是综合性的) 却不是基于单纯思维之上的,更不包含依照概念的普遍性。

　　这就是我们刚才讲的,单纯知性的知识虽然能以某种原则的形式而先行于其他知识,"一切发生的事情都有原因",这是一个先天综合判断,它也可以成为一切具体的因果性的原则,一切具体的因果性,我们在自然科学中发现的一切因果关系,都是以这条先天综合判断作为它们的原则,"以某种原则的形式而先行于其他知识"。这就是康德所说的,因果律、范畴和知性原理都是先于经验的材料,把经验的材料综合起来、统摄起来,才构成了真正的知识。这些知性的知识"先于其他知识",也就是先于感性的知识、先于数学的知识,但是严格说来这些知识都不能单独称之为知识,它们只不过是知识的各种"成分"。真正完整的经验知识它里面既包含经验性的材料也包含知性的概念和原理。但是在相对的意义上来说,我们可以说知性的知识,其实是讲知性的知识成分,这些成分"虽然也能以某种原则的形式而先行于其他的知识"成分,"但就其自身来说",就是我们把这些成分单独抽出来,孤立起来看,"如果它是综合性的",这里排除了分析性的。一个判断只有综合性的才能称之为知识,如果是分析的那就是形式逻辑,不涉及真假问题。就是如果它是先天综合判断,那么,它"却不是基于单纯思维之上的,更不包含依照概念的普遍性"。知性的知识,这些由范畴所形成的先天综合判断,虽然是先天的,但它不是基于单纯思维之上,——如果基于单纯思维之上,它就只是分析判断——而是基于经验知识的可能性之上。当然经验知识的可能性是通过思维而建立起来的,但是不是基于单纯思维之上的,而是基于单纯思维对于经验知识的可能性的一种思考之上的。"更不包含依照概念的普遍性",知性的范畴不是依照概念的普遍性,它只是对于可能经验的运用的一种普遍性。范畴有它的普遍性,但这种普遍性是着眼于它的普遍运用,如果不着眼于它的运用,不着眼于它的经验的运用,那么它的这种普遍性是没有任何意义的。你能够把它扩展到超过经验之外吗？不行。它只是一种在经验范围之内的普遍性，不是一种绝对的普遍性。在经验范围之内它放之四海而皆准，在这个范围内它具有普适性，但超出这个范围之外它就不可能有任何运用。相反，理念则有一种依照概念的普遍性，理念单凭概念本身它就有一种普遍性，因为它涉及到了绝对，涉及到了无条件者，它把一切有条件者都包含在内。比如说"宇宙整体"，宇宙整体无所不包，这个理念单凭它的理念就有一种绝对的普遍性，万物都在它之下。当然这种理念的普遍性究竟能否得出知识，这个是我们目前正好要探讨的。但从分类上来说，这种理念的普遍性和知性的普遍性是不一样的。知性的普遍性是一种经验的普适性，普遍适用于经验，所以在经验范围之内它可以建立起自然的普遍规律，但这种普遍规律它是受限制的，不是单凭概念而建立起来的。

最后这两小段。前面举了个法律的例子，我们在制定法律的时候也是根据具体经验的情况来作一种知性的规定，所以它跟知性规定的局限性有一种可比性。法律只考虑我们自由意志的后果，而不能够由这个后果去推断我们的自由意志本身，不能说通过法律我们就能够规定自由意志了，不是的。它只是规定自由意志的外在的后果。各个人都有自由意志，那么他们根据各自的动机，相互之间应该采取一种什么样的规范才能够使得自由意志最大限度地达到一致，法律只是管这个的。这点有些类似于知性，知性只管现象，在现象领域里面它能够造成一种普遍的规律，但是如何能够来自于原则，那就不是知性的事情了。所以这一段讲：

B359　　　知性尽管可以是借助于规则使诸现象统一的能力，而理性则是使知性规则统一于原则之下的能力。

知性和理性的区别在这里就明确地加以规定了。知性它是"借助于规则使诸现象统一的能力"，它能够使各种现象达到统一，这种统一它是符合于一条规则的，比方说因果律，或者实体性关系、交互关系，这都是一些规则，这些规则都可以使我们所看到的一些现象构成一种统一的知识。而理性则更高一层,它是"使知性的规则统一于原则之下的能力"。知性的规则它是五花八门的,我们通过知性所获得的规则还只是一些经验的、现象的规则,那么这些规则还要统一于一个更高的原则之下,而这个原则它不是出于经验,而是出于概念,也就是理念。理性它是知性的规则统一于原则之下,而知性它是诸现象统一于规则之下,这两个层次是显然不一样的。由此我们也可以看出,理性它不是直接地统一诸现象,而是统一知性的规则,知性已经赋予了诸现象规则,而理性则拿这些规则来做文章。

所以理性从来都不是直接针对着经验或任何一个对象,而是针对着知性,为的是通过概念赋予杂多的知性知识以先天的统一性,

理性从来都不是直接针对着经验,对于经验、对于现象界的那些对象,理性是超验的,超出一切经验。但它虽然是超验的,却可以针对知性的规则,当然它比知性的规则更高,但是它可以反过来运用于知性的规则之上。这跟知性的性质有可以类比之处:知性是先于经验,而反过来运用于经验;理性是超越于知性,而反过来作用于知性。但理性也可以不作用于知性,它也可以单凭自身建立它自身的规律,它的"法规",但那就属于实践的领域,超出认识领域了。在认识领域里面,理性先于、超越于知性,但是反过来它要作用于知性,以便、或者说为的是"通过概念赋予杂多的知性知识以先天的统一性。"它使得知性的知识能够是从概念引出来的,能够是出自于概念的。知性的知识它本身不是出自于概念的,但是当理性把知性的这些知识放在概念之下加以统一的时候,它就变成了出自于概念的知识,就变成了出自于概念的原则。但这不是知性的功劳而是理性的功劳。

这种统一性可以叫作理性的统一性,它具有与知性所能达到的那种统一性完全不同的种类。

理性所赋予知性规则或者知性知识的那种先天的统一性,我们就可以称之为理性的统一性了。理念所实行的就是理性的统一性。那么这种

理性的统一性"具有与知性所能达到的那种统一性完全不同的种类",这种完全不同在哪里呢？就在于它的层次不同。所以理性的统一性才能够称之为原则的知识。

<u>这就是在完全缺乏（如我们想在下面才提供出来的）实例的情况下，我们已能理解到的关于理性能力的普遍概念。</u>

具体的实例还没有提供出来，因为"理念"的问题还没有提出来，我们在这里通篇还没有发现"理念"这个词，我们在解释的时候处处提到理念，那是为了说明的方便，但在康德这里"理念"还没有出现。只出现"理性"、"理性的能力"、"理性的概念"。理性的概念是什么呢？当然就是理念了。但理念这个词还没有正式提出来，因为一旦提出来人家就会问了，"理念"是什么？你举个例子看看？那就要举例了。但是，在这个地方是在"完全缺乏实例的情况下"，这些实例是"我们想在下面提供出来的"，比如说有哪些理念，先验的理念有哪些？下面要探讨的就是这个问题。但这个地方还没有提供出任何一个实例。但是我们已经理解到了理性能力的普遍概念，我们首先要把理性的能力搞清楚，理性有些什么样的能力？这样理性所提出来的那些概念我们才能理解它们的来龙去脉。如果你在理性的能力还没有搞清楚的时候你先把理念提出来，那就搞乱了。按照康德的程序是要先把能力搞清楚，然后这个能力提出一种什么概念来体现自己，这是第二步的事情。

B. 理性的逻辑运用

康德在前面对一般的逻辑作了一个交代，就是说理性它是一个原则的能力，它能够提出一个原则。那么体现在我们一般的逻辑运用中，它是一个什么样的形式？就是要从我们日常的逻辑推理中把这个理性的原则发现出来。所以"理性的逻辑运用"这一小节具有一个过渡的性质，就是从一般理性的界定进入到独特的、在纯粹运用中理性的特殊的属性。

下面这一段也并没有什么特别深奥的东西,都是人们在一般日常推理中所可以发现的。

　　<u>人们在直接认识到的东西和只是推论出来的东西之间作出了区别。</u>
　　通常人们都作了这样一种区别,"直接认识到的东西",也就是我们有直观摆在面前的东西,当然不仅仅是看,还要作判断,我们对直接摆在面前的东西作判断,这是我们凭借一般的常识,凭借我们的眼睛看,就可以获得的知识;它"和只是推论出来的东西",这两者之间是有区别的。推论出来的东西就不一定看得到了。当然也可以看到,推论出来以后你可以看到,或者你看到以后你意识到它是推论出来的。推论出来的是一条原理,它不是从直观到的东西作一个判断,你可以作一个判断,但是这个判断从哪里来的,它不是直接看到的,而是推出来的。直接看到的东西和推论出来的东西两者之间有很明显的区别,推论出来的东西也可能看不到,它不能够体现出来。比如说你现在作理性的推论,你推出经验之外的东西了,那就仅仅是推论的东西了,就不可能看到了。但是像康德这里所举的例子,它还是可以转弯抹角地看到的。比如说,
　　<u>在由三条直线所界定的一个图形中有三个角,这是直接认识到的;但这三个角的和等于两直角,这只是推论出来的。</u>
　　由三条直线所界定的图形中有三个角,这个几何学的命题是不需要推论的,也不需要解释,我们一看而知,它是一个几何学里的先天综合命题。"由三条直线所界定的图形"这个概念中不包含"三个角"的概念,但是凡是由三条直线所界定的图形,你一看而知,它有三个角,我们把它称之为"三角形",这是直观的,然后我们作一个判:这就是三角形。但是这个三角形的三内角的和等于两个直角,这就不是看出来的,而是推论出来的,这就是三角形三内角和的定理。三内角的和等于两个直角,这个定理需要论证,证明,不证明你一眼怎么看得出来? 当然你要画图,每一步证明你都要借助于直观进行推论,然后你才可以得出这一条定理,

575

它只是推论出来的。就算人家向你证明了，你也不可能一眼看出来。所以它不是属于直接认识到的东西。一般人都意识到这两者有很大的区别，这个不会混淆。

　　由于我们总是需要推论并因此终于完全习惯于它，我们最终就不再注意这一区别了，且常常像在所谓感官的欺骗的场合那样，把我们只是推论出来的某种东西当作直接知觉到的东西。

　　就是由于我们在日常生活中很多东西都是推论出来的，直接看到的东西其实是很少的，大量的都是通过推论，当然推论的前提是有可以看到的东西，但很多结论是我们通过对这些可以看到的东西进行推论而得出来的，而推论是看不到的。推论过程你看不到，你只能通过理性去加以思考。但是在日常生活中我们处处都要推论，我们习惯了，推论通过多次的重复，成了一种习惯性的联想，就像休谟所说的那样，我们最终也就不再注意这一区别了，而且"常常像在所谓感官的欺骗的场合那样"把推论出来的东西当作直接知觉的东西。我们不再注意推论的过程，这些过程有的很麻烦很复杂，但我们只要知道结论就行了。我们知道了三角形三内角之和等于两个直角，我们就不必每一次都记住它是怎么推论出来的，只要知道它是推论出来的就可以，知道它是一个"定理"。我们在几何学、数学的学习中证明了大量的定理，然后你就要把它记住，并且把它的证明过程暂时忘掉，如果你不忘掉的话你的脑子里就塞满了。当然如果人家问起来这个定理怎么来的，你还是要能够说得出来，回想起来，但是你不必每一次都把这个过程说出来。你记住这个结果，然后就很方便了，就可以为下一步的继续推论提供一个基础，一个很简便的基础。我们习惯于它，然后我们就不再注意这一区别，哪些是直观到的东西，哪些是推论出来的东西，我们把它们等量齐观。我们借助于习惯，我们看不到，但是我们可以以习惯，我们顺口说出，好像我们直接看到的那样。人家问三角形的三内角之和怎么样？我们一口就说出等于两个直角。当然其实并不是直观到的。而且，"常常像在所谓感官的欺骗的场合那样"，感官也常常欺骗我们，我们常常把并不是直接看到的东西设定为我们直接看到的东西，我们看到一根筷子插在水里，好像折断了，我们就说"我们看到这根筷子是断的"，但其实我们并没有看到这根筷子"是断的"，而只是看到它"好像是断的"，我们并没有直接看到的东西，我们以为我们看到了。感官经常有这样一些幻相。那么在推论上经常也是这样。几何学的定理我们是通过证明得出来的，但是我们经常把它当作一眼可以看出来的，直接知觉到的。

　　在每个推论中都有一个作为其基础的命题，以及**另外一个**、也就是 B360
从前一个中引出来的结论命题，最后还有推论程序，按照这一程序，结论的真实性就不可避免地与前提的真实性联结起来。

　　推论的特点是什么，他进行了一番分析，它跟直接的知觉是不一样的，不一样在什么地方？在每一个推论中都有两个命题，一个是"作为基础的命题"，另外一个是"从前一个中引出来的结论命题"。这个"另外一个"为什么要打着重号呢？它就是跟"直接知觉"相区别而言的，直接知觉到的东西它就是一个命题，完了。但是推论它却有两个命题，就是它还有"另外一个、也就是从前一个中引出来的结论命题"，这个就跟直接直观到的东西不一样了。除了两个命题之外，最后还有一个推论程序，有一个 Konsequenz，就是前后一贯的联结的意思。程序它是固定不变的一种形式，按照这样一种程序，"结论的真实性就不可避免地与前提的真实性联结起来"，推论结论的真实性是这样获得的，就是通过一个程序从前提的真实中推出来的真实性。我们往往只看到结论的真实性，而忘记了它是从哪里推出来的。这有时候也免不了，我们说这是"自明的"，是"明摆着的"，其实并不是自明的。

　　如果推论出来的判断已经包含于前一判断中，以至于不必借助于第三个表象就可以从中推导出来，则这种推论就叫作直接推论；

　　这个是对于这种推论进行一种划分了。推论也有两种情况，一种是："如果推论出来的判断已经包含于前一判断中"，不需要中介就可以直接

577

推出来,这就是直接推论。"借助于第三个表象",这第三个表象可以和前提中的某个成分结合成一个"小前提",这就是从另外的地方拿来的一个表象,它构成了一个中介。但是,如果"不必借助于第三个表象",不必借助于小前提,只有一个唯一的前提和它的结论,那么我们就是把结论判断从这个前提判断中直接推导出来,这就叫作直接推论。直接推论在日常生活中也有很多,比如下面所举的例子。还有比如笛卡尔的"我思故我在",它就是直接推出来的。直接推论甚至有时候常常不被当作一种推论,像笛卡尔自己就讲,"我思故我在"并不是一个推论,而是一个"理智直观",因为"我在"已经包含在"我思"之中了,它就是"我思"的意思,没有别的意思。斯宾诺莎也强调理智直观,认为像几何学那样直接从公理出发,从理智直观出发,然后进行推论,所有的概念就都搞清了。这些推论都是直接的,不需要什么过程,也不需要从别的地方拿来什么东西,只不过是把直接的概念中所包含的东西更明白地说出来而已。所以通常理性派把这种推论归结为理智直观,它虽然类似于推论,但实际上它是一个直观。理智直观也就是"智性直观"或者"知性直观"。这也是为什么人们常常把直观和推论混淆起来的一个重要的原因。所以康德在这里讲:

我更愿意把它称为知性推论。

也就是这种推论实际上用不着理性。为什么用不着理性呢?因为理性它是一个超越性,它可以超出一个概念之外。理性把两个前提,一个大前提一个小前提,把它们综合起来,然后得出一个超出那两个前提之外的结论,超出大前提,同时也超出小前提。你只有把这两个前提结合起来,你才能使结论被包含在这两个前提之内;但从每个前提来说它都是超出的。所以理性的推论它有这样一个特点,它是要**推出去**的,是要往外推的。那么知性呢它只要把结论归属于前提就够了。知性的推论从实质上来看它还不能算真正的推论,它还只是限制在一个判断之中,因为它的结论没有超出它的前提。所以你可以把结论纳入到前提之内,一起来表述。

但如果除了那作为基础的知识外，还需要另一个判断才能产生结论，那么这一推论就叫作理性推论。

理性推论和知性推论不同，知性推论只是两个判断，后面这个可以从前面那个中推出来；而理性推论除了"作为基础的知识外"，也就是除了大前提外，"还需要另外一个判断"，就是还需要一个小前提，才能产生出结论。下面就举例来说明这两种情况。

在一切人都是会死的这个命题中已经包含着这几个命题：有些人是会死的，有些会死的是人，没有任何不会死的东西是人。因而这些命题都是从第一个命题中得出来的结论。

"一切人都是会死的"，这是个前提，从里面推出"有些人是会死的"，这是一个知性推论或者直接推论。"一切人"已经包含"有些人"了，"一切人"的意思本身就是所有的"有些人"的总和。所以你只不过是把"一切人"的概念分解成它的各个部分再说一遍，当然它的范围缩小了，但是这个缩小也还是在这个"一切人"的范围之中，没有超出前提的范围。这个范围当然可以缩小，缩小了它也是"题中应有之义"，并没有给我们提供出什么新的东西来。正如前面讲的分析判断和综合判断，分析判断不能提供新知识，只有综合判断才能提供新的知识。所以分析判断其实相当于一个概念。我们说"物体是有广延的"，"物体"这个概念本身就是由"广延"概念所构成的，所以讲"物体"概念其实已经把"广延"概念包含在内讲出来了，每一个懂得"物体"这个概念的含义的人不需要作一个判断，他只要听到说出"物体"这个概念就已经理解到它里面包含广延的意思了。那么推理也是这样，这样一种完全是分析性的、从前提里面分析出结论来的推理，实际上相当于一个判断。在它的前提判断里面已经包含有结论判断里面的意思，只不过更清晰地说出来了而已。下面的"有些会死的是人"，只是把"有些人是会死的"作了一个换位；而"没有任何不会死的东西是人"，也只是把肯定的表达换成了否定的表达，通过两个否定来表达一个肯定。所有这些分析出来的判断其实都包含在前提判断里面了，它的思维的层次相当于知性的层次，判断的层次，判断的层次就是知性的层次。我们前面讲过知性的核心就是作判断，就是把两个表象联结起来构成一个判断。知性如何可能就是"联结"如何可能，这是康德在"范畴的先验演绎"中所探讨的。所以一切知识都是由判断构成的，判断就是构成知识的细胞。而作判断就是知性的能力。所以判断是知性的特点，康德的整个认识论就是一种知性的认识论，《纯粹理性批判》的实质只不过是"纯粹知性批判"，至于狭义的"理性"只是作为先验辩证论里面一种消极意义上的认识论来谈的，它跟知性既有联系又有区别。所以康德说后面这些命题"都是直接从第一个命题中得出来的结论"。正如分析判断可以看作一个概念一样，知性推论也可以看作一个简单的判断，因为它的结论并不是和前提不同性质的判断，而是就包含在前提判断本身中，不说出来也已经知道的命题。所以直接推理不是严格意义上的推理，严格意义的推理是间接推理。

　　反之，"一切有学问者都是会死的"这一命题则不包含在那个基础判断中（因为"有学问"这一概念在其中根本没有出现），它只有借助于一个中间判断才能从中推出来。

　　这就是理性推理了。知性推理和理性推理有什么区别？我们来看看。"一切人都是会死的"，这是一个"基础判断"，也就是作为大前提的那个判断，里面并没有当然地包含有"一切有学问者都是会死的"这个结论。它当然包含"有些人是会死的"，但是"一切有学问者"是不是"人"呢？这个还需要说明。当然我们都知道一切有学问者都是人了，但是作为逻辑推理来说它是需要肯定的，不能因为你觉得怎么样就把它偷运进来，它需要推。所以"一切有学问者都是人"这个必须另外定下来，作为一个小前提。有学问的究竟是不是人，这个不是推理的事情，推理的事情就是把既定的已经有的前提纳入到推理的程序之中，它是一个程序。正因为在"一切人都是会死的"这一判断中"根本没有出现"那个"有学

580

问"的概念，所以它不能直接推出"一切有学问者都是会死的"，而必须借助于一个"中间判断"，就是关于"有学问者"是否能归于"人"之下的判断。"有学问者"是从外面引进来的，它不包含在大前提中。所以必须要加上一个小前提"一切有学问者都是人"。"一切有学问者"相当于"有些人"嘛，这样就可以把这个判断代入进去，变成"有些人是有死的"，这就可以推出来了。这就构成了一个理性推论，它比起知性推论来说层次就要更高了。而且这个模式一旦成立，它就会导致一个完全不同于知性推论的后果。知性推论推来推去你超不出前提的概念；但是理性推论那就不仅仅是超出前提概念，而且会导致一个无限超出的系列，一旦你允许它超出大前提的概念之外，去设定别的东西，那么这个设定它就可以无限进行，既可以向下进行，比如从"一切有学问者都是要死的"推出"苏格拉底是要死的"，也可以向上进行，比如从"一切人都是要死的"上溯到"一切动物都是要死的"，"一切有生命的都是要死的"，"一切产生出来的都是要灭亡的"等等。所以你说的这个大前提本身就可以成为一个无限追溯的对象，你就可以超出这个前提去追溯它后面的那个前提，无限后退。所以理性推论与知性推论的关键性的区别就在于它需要一个中间的判断，需要另外一个超出大前提知识范围之外的判断，才能推出结论。理性的一个最重要的特点就是超越性，超出既定判断。知性的特点它是确定性，知性确定一个东西它就定死了，它是要用在经验对象上的，由此获得一个确定的知识。但是得到了以后又怎么样呢？它就不思进取了，死守着它已经得到的知识。那么要超出它已经得到的知识去获取更多的知识，那就需要理性了。

上一段的后面已经涉及到了理性推论，但是没有展开，只是对知性推论作了详细的说明，但是对于理性推论究竟怎么样，只提示了一个开头。下面这一段就是要更切近地考察一下理性推论。上面讲了，理性推论是要通过一个中间的判断才能推得出来的。那么从逻辑上讲，

在每一个理性推论中我首先通过知性想到一条规则(大前提)。

也就是说中间判断是在与大前提的联系中提出来的，那么这个大前提是什么？这是首先要想到的。大前提是"通过知性"所想到的一个命题，而这个命题在理性推论中是当作一种"规则"来用的，知性是"规则"的能力，理性是"原则"的能力。那么知性在大前提里面把一个知识做成了一条规则，这个"规则"显然是对于整个理性推论而言的，整个理性推论都要以大前提作为规则。大前提当然也是一个知识，这个知识是被当作规则来运用于理性推论中。这是一个。

其次我借助于判断力把一个知识归摄到该规则的条件之下(小前提)。

"借助于判断力"当然还是借助于知性，知性首先提供了一个大前提，然后又通过知性，运用它的判断力，把另一个知识归摄到大前提的知识之下，使它成为一个小前提。这种归摄是需要判断力的，不是随便把一个什么知识都可以归摄到一个既定的大前提之下的。小前提必须是有关"人"的，因为大前提中是说一切"人"都是会死的。它讲的是人，而不是什么别的动物，别的东西，这就是这个规则的"条件"。所以"有学问的是人"这个知识是归摄到大前提的条件之下的。如果没有考虑这个条件，你说任何一个另外的知识，比如说"树叶是绿的"，这两个判断就粘不起来了，就形成不了一个判断。所以大前提和小前提必须有一点相交，都是谈的"人"，"人"就是提出小前提的条件。如果你把一个不相干的命题纳入进来，那就不叫作小前提了，从这里面就推不出任何东西。如果你说"一切有学问的都是聪明的"，以为它可以构成一个小前提，那么这就是逻辑上的"四名词"的错误。为什么是四名词的错误？因为一个逻辑推论不能有四个名词，只能有三个名词，三个名词环环相扣，两两相交，构成三个判断，这才能必然地推出结论来。所以结论中必须有一个词跟大前提中的词相同，另一个词跟小前提中的词相同，而大前提和小前提也必须有一个词相同，才构成三段论推理。逻辑错误很多都是由于我们以为只有三个词，而实际上偷运进来了第四个词，因为我们误以为第四个词与第三个词相同，其实是不同的。所以我们必须借助于判断力能够把小前提归摄到大前提之下。所以小前提虽然是超出大前提而提出的，因而结论也是超出了大前提和小前提而提供了新的信息，但这种超出它不是"跳出"，而是"推出"，不是与大前提毫无关系的，而是借助于一个中词引出来的。所以，

最后，我通过该规则的谓词、因而先天地通过**理性**来**规定**我的知识（结论）。

B361

就是说，最后在结论中，我通过这个规则的谓词，来规定我的结论，就是"一切有学问的人都是要死的"。"要死的"是谓词，得到的结论就是，你所引进的这个新的概念"一切有学问的人"，它和这个谓词发生了一种必然的关系。为什么是"先天地"？因为这两个相交的概念既然有一种包含关系，"一切人"和"一切有学问者是人"中的人有一种包含关系，"一切有学问者"就是"有些人"，那么"一切人"所具有的这种性质，"有些人"也必定具有，有学问的人也必定具有。所以这里面有一种必然的先天的关系，但是这种先天关系是通过理性、推理推出来的。这个就是通过理性了，知性是要把握经验的杂多，而理性是把握各种已经建立起来的知识之间的关系。已经有两个知识了，大前提和小前提，那么它们之间的关系是一种包含的关系，既然是包含关系那就可以先天地推出来，从全称命题，借助于小前提推出它的结论，小前提的主词就必然具有大前提中的谓词，这就形成了结论。所以通过理性，这个知识就是被"规定"了的，是先天的嘛，先天的就是只能如此的。这个就把理性推论的程序说清楚了。

所以，作为规则的大前提在一个知识与其条件之间所设想①的关系就构成了理性推论的各种不同的类型。

注意理性推论的各种不同的**类型**是如何构成的，是"作为规则的大

---

① 原译作"前设"，不确。Vorstellen 并不强调"前"的含义，只是"设想"。

583

前提在一个知识与其条件之间所设想的关系"，我们要强调这个"关系"，这个类型是由它们的关系所构成的。什么关系？是"大前提在一个知识与其条件之间"的关系，这里"知识"指结论，在结论与条件之间的关系，是由大前提所设定的。大前提如何设想这种关系，推论就属于何种类型。大前提设定的是什么关系呢？根据后面讲的，就是定言的、假言的和选言的关系。"一切人都是要死的"，这个大前提就是定言判断，它影响到上述整个推论都是定言推论。或者假言的，"如果火星上有水，那么它就可能有生命"，这是个假言判断，如果把它当作大前提，又有小前提："现在火星上有水"，那么就可以推出结论："火星上可能有生命"。这就是假言推论。选言推论就是大前提是一个选言判断，即两个以上的项目必居其一的判断。比如我们说，"那间房里的人不是张三，就是李四，或王五"，这是个选言判断；现在有小前提："但这个人不是张三，也不是李四"，那么就可以推出结论："他必定是王五"。或者换一种表达方式，小前提是"这个人是王五"，那么结论就是："他不可能是张三和李四"。这就是选言推理。所以，大前提所设定关系决定了推理的类型：它是直接推出来的呢，还是通过一个假设推出来的呢，还是通过必居其一的选择而推出来的呢？我们要注意这里的"类型"的意思，这个类型不是指演绎三段论的四个格、二十四个式之类的划分，因为这些格和式不涉及类型，它们都是一个类型，不论它们如何变化，它们的类型没有变。所以它们都是可以换算的，它们都是同一个类型的不同的表现形态，肯定或否定，全称或特称，哪个在前哪个在后，可以调来调去，但都可以还原为第一格第一式，即全称肯定判断作为大前提，特称肯定判断作为小前提，单称肯定判断作为结论。都是在这个基础上变出来的。有了这一套规则我们就可以很方便地对各种复杂的推理方式进行归结，那就很清楚了。最简单的形态是最清楚的。但是它不是类型的区别。真正的类型区别是按照三段论推理的大前提的类型，它是定言的，还是假言的，还是选言的。

因而这些类型正如一切判断一般地被按照如同在知性中表达知识关

系的那种方式来划分那样，恰好有三个：**定言的**，或**假言的**，或**选言的**理性推论。

这里我们要强调的同样是"关系"两个字。如同"在知性中表达知识关系"的方式，也就是在知性的判断分类中的关系判断的方式，在那里我们有三种关系判断，定言的、假言的，选言的判断。其他当然还有，比如还有量的判断、质的判断和模态判断，但是那些都不去谈它了，为什么呢？因为决定推论的分类的只是关系判断的类型，为什么会这样，康德在这里没有说。但在他的《逻辑学讲义》里面则说得很清楚，他说："理性推理既不是按照量来区分的（因为任何大前提都是一条规则，从而是某种普遍的东西），也不是按照质来区分的（因为不管结论是肯定还是否定都同样有效），最后，更不是按照模态来区分的（因为结论总是伴随着必然性的意识，因而带有必然命题的威严）。所以，唯一可能作为理性推理之区分根据的，就只剩下关系。"[①] 就是说，之所以要用"关系"来区分，是由于其他的判断类型不能起这种区分作用，例如按照量的判断，全称的、特称的、单称的，但在任何推理里面这三种判断都有，一个推理必须有一个**全称**判断，"一切"什么都怎么样，如果缺少这个，你这个判断就没有必然性了，只是对"有些"现象的大致的估计了。所以量的判断不足以区分推论的类型。质的判断也是，任何推理里面都至少必须有一个**肯定**判断，所以这一点也不足以区分推论的类型。模态判断则因为任何推理都包含有**必然性**，同样不足以区分判断类型。所以只有关系判断才能够对推论的类型作出分类，根据判断的关系不同就可以区分不同的推论类型，其他的都不足以区分其类型。根据康德提示，我们也可以看出这种划分其实跟关系的**范畴**也有密切的联系，定言的、假言的、选言的，与实体性、因果性和协同性有对应的关系。而这个跟辩证论里面后来的理性心理学、理性的宇宙论和理性的神学也都有对应关系。理性心理学就是

---

① 《逻辑学讲义》，第 111 页，文中"模态"原译作"样式"，为求本书译名统一而改之。

要推出灵魂实体,理性宇宙论就是要根据充足理由律推出世界整体的性质,理性神学就是要推出一个大全,使所有的东西,心灵和物质世界达到协同。所以这三个范畴与三种推论类型也是有一种对应关系的,这个地方预先暗示了他后面的整个结构。所以康德的观点是一个有机的、前后照应的整体。

下面一段在"理性的逻辑运用"中是起什么作用,我们可以从这段的最后一句话看出来,就是要指出理性是要干什么的,理性的推理所起的作用无非是要把大量的杂多的知性知识归结为最少数的原则,最少数的就是最普遍的,也就是实现知性知识的最高统一。但是在一般推理中不细究的话我们还看不出这一点。康德这里面是强调要倒着看,我们才看得更清楚,就是要从结论来反观前提。同一个前提当然可以有很多可能的结论,所以它实际上是把很多杂多的结论归结到一个普遍的前提,并力图最后归结到一个唯一的前提,这就是理性推理的作用。虽然一般人没有把它倒过来看,但在实际上人们大多数情况下是倒过来用的,就是我已经知道一个结论命题了,问题是怎么样用三段论式把它表述出来,以表明我这个结论是有根据的。所以康德一开始就讲:

如果像多数情况下那样,结论作为一个判断被当作一项任务,为的是看它是否从已经给出的、也就是使一个完全不同的对象被思维的判断中推出来的:

这就是多数情况下的状况,就是结论作为一个判断被当作一项任务,什么任务?就是结论已经提出来了,任务就在于要证明它是必然的,是从已知的判断中必然推出来的。所以大前提也好,小前提也好,其实都是由结论所提出的任务,你为了证明这个结论是必然的,你必须提出它的根据,一个是大前提,一个是小前提。所以结论作为一个判断被当作一个任务,aufgegeben就是"被当作任务"的意思。什么任务?就是要"看它"、看这个判断是否从"已经给出的"判断中推出来的,已经给出的什么判断？就是"使一个完全不同的对象被思维的判断"。为什么要思维"一个完全不同的对象"？就是说，结论里面已经有一个对象，但是它是从另外一个判断中推出来的，这另外一个判断中的对象是一个"完全不同的对象"。与什么完全不同？与结论中的对象完全不同。大前提的对象是"一切人"，结论里面的对象却是"有学问的"，这两个概念是完全不同的，本身是完全不搭界的，不包含的。所以才需要一个中间判断即小前提来把它们联系起来。当我们知道了"一切有学问的都是要死的"，那么这个结论是不是可以从"一切人都是要死的"里面推出来呢？我们在多数情况下并不是不知道一切有学问的都是要死的，然后要从"一切人都是要死的"里面推出这个未知的结论来；相反，我们已经知道了一切有学问的都是要死的，但是要寻找它的逻辑根据，要反溯到它的前提。我们首先想到的不是前提，而是结论，然后我们要为这个结论找它的前提，于是我们把它写成了这个三段论式。在大多数情况下是这样的。在少数情况下我们是要从大前提去发现结论，那要发现一个就不得了，那你就成了科学家了。但是在日常的情况下，很多结论是已知的，但是我们不知道它是不是有根据，它的前提还没有找到。当然大前提本身也是已知的，但是它是不是能够作为这个结论的大前提，这是还有待于寻求的。大小前提是已知的，结论其实也是已知的，问题只在于在这些已知的知识之间，我们要寻求它们之间的必然关系，我们就可以使我的知识得到普遍性，就可以知其然而且知其所以然。你只有一大堆零散的知识，那个不叫作有知识，真正有知识的人他的知识是系统的。他的知识中有一种关联，一种逻辑关联，一种上下位关联，一种普遍、特殊、个别之间井井有条的关联，这才是叫作有知识。所以理性在这里是缺少不了的，你光是有经验，得出很多很多知识的碎片，但是你如果不善于把这些知识联贯起来，那你的这些知识也没有什么用。所以我们大量的情况是做这样一种工作，就是为已经知道的很多结论找到它的必然性。

那么我就是在知性中寻求这个结论命题的肯定，看它是否在该命题

中按照一条普遍规则而处于某些条件之下。

"肯定"这里用的是 Assertion,康德有时把它当作一个判断的模态类型,即"实然性",作为范畴则相当于"现实性"。我们在《纯粹理性批判》全译本中此处改译作"实然性",但在这里似乎还没有明显的范畴的意思,只是一般的"肯定性"之意,所以还是不改为好。就是说,我们在结论命题中看到了它的肯定性,那么这个肯定性是从哪里来的?我们知道张三是要死的,但是这个命题的肯定性我们还没有把握,也许张三这个人可以不死,可以万岁?但如果我们寻找到这个命题的前提,即他是一个人,而一切人都是要死的,那么这个结论命题就是板上钉钉了。然而这种肯定性在单纯的知性中还看不出来,它是理性推理的结果。所以说我们是"在知性中"寻求结论命题的肯定,看"它"、也就是看这种肯定"是否在该命题中按照一条普遍规则而处于某些条件之下"。但在知性中的这种寻求还没有结果,还只有偶然性,虽然我运用了知性范畴,如实体和偶性,但这还只是个经验性的知识,它只有在与其他知识的关系中才能纳入科学体系而得到肯定。这种肯定要得到确立,就必须"在该命题中按照一条普遍规则而处于某些条件之下",即超出这个命题的狭隘性,而援引某些更普遍的规则和条件。

如果现在我发现了这样一个条件,而该结论命题的客体又能归摄到这个被给予的条件之下,那么该命题就是从这条对其他知识对象也有效的规则中推断出来的。

这是倒过来的,我先有了一个结论,但是这个结论的条件还不知道,于是我们就要去寻求这个条件。但是现在我发现了这个条件,它的条件是另外一个判断,而"该结论命题的客体",这个客体就是结论命题中的对象,比如说"张三","又能被归摄到这个被给予的条件之下",张三也是人,所以被归摄到"一切人都是要死的"这个条件之下,那么"张三是要死的"就是"从这条对其他知识对象也有效的规则中推断出来的"。为什么在"对其他知识对象也有效的"下面打了着重号呢?就是要说明,张三是人，李四也是人，很多人都是人，你知道张三李四都是人；但是如果你能够反推出它的大前提，一切人都是要死的，那么这个大前提对所有的人都有效，它是一个普遍的规则。这样我就把张三这样一个具体的人，他的性质，从一切人的性质里面推断出来，而且是必然地推断出来，那么对于类似于张三的情况它也适用，对其他情况也有效。我从张三是要死的这一结论中发现我可以追溯到一条普遍规则，并且我发现这个普遍规则不仅仅适用于张三，如果仅仅适用于张三它就不是普遍的，而是为张三特设的，它就不可能给张三带来什么肯定性了。正因为它能够给张三要死的这个命题带来肯定性，它就比这个命题要更多，它同时能够适用于很多其他的知识对象。所以这个命题就是从那里推出来的，由于它是有根据的，所以它才是肯定的。最后一句话：

我们从中可以看出：理性在推论中力图将知性知识的大量杂多性归结为最少数的原则（普遍性条件），并以此来实现它们的最高统一。

这就是对这一段的总结了。就是说，理性，狭义的理性的表现形式就是推论，理性在推论中，力图把知性的知识归结为最少的原则，所有这些大量的知识它们都来自于少数原则，这些原则越少越好，最好是同一个原则，唯一的原则。从柏拉图时代人们就把理性的任务归结为寻求"一"，所以理性就是要在多中求一，一和多的关系是理性所要寻求的，从亚里士多德以来，西方哲学最大的问题就是一和多的问题。中世纪哲学家们已经意识到这一点，把这视为最高的问题，就是怎么样把杂多的东西归结为一，以此来实现它们的最高统一。所以理性最终是通往形而上学的，理性有一种形而上学的自然倾向，因为形而上学就是探讨最高的东西，在亚里士多德那里就归结为神学，第一哲学就是神学，神学就是探讨最高的一，上帝是最高的东西。理性的功能就在这里。那么在康德这里，他从认识论上讲到理性就在于要把知性知识的大量杂多性归结为最少数的原则。所以理性比知性要更高，为什么？就因为知性只是把杂多的经验构成为一些知识，而理性则是要把这些知识统一起来、贯通起来，把它构成体系,这个体系的最高点就是唯一的东西。所以理性最终必然会导致这样一种形而上学,就是那个唯一的东西,它是一切有条件者的最高条件。我们在下面就会引出来理性的"纯粹运用",理性的纯粹运用是干什么的呢?理性的纯粹运用就是要从一切有条件者去追溯那个最高的无条件者。如果最高的那个东西还是有条件的,那它肯定不是最高的,理性的目的肯定是从一切有条件的东西推出那个无条件的东西,这就是理性的自然倾向。为什么人类几千年以来老是要去追求那个形而上学,哪怕屡次失败,也要去追求,就是因为理性的本性不是满足于我们在日常经验中片断地使用它去得出某个结论,证明某个结论,它不会满足于这个。你用来证明某个结论的那个大前提,它又需要去证明。你要把理性贯彻到底,你就需要证明透彻,要彻底,前提的前提你要去追溯。有没有这种气魄,有没有这种要求,就说明你有没有理性精神,有没有不断地去问"为什么?"、"何以可能?"这样一种要求。一个民族也是这样,一个民族如果说,至此为止我不再追求了,或者我把某些既定的东西当作前提,这个是不能再问的,那这个理性精神就受到压抑了。理性精神之所以是理性精神,就在于任何东西都可以问,任何东西都是有条件的,你就必须要推。当然我们说如果你推到那个最高的无条件者还问不问呢?那当然就不需要问了,但是理性知道那个是做不到的。为什么理性精神就是怀疑精神呢?西方怀疑精神就是要追溯,现有的一切都值得怀疑,结果导致追溯,追溯不到我就存疑,我不盲目地相信。一旦你设立一个东西,马上就有人怀疑。所以西方人自己有时候对这种理性精神也感到烦了,非理性也是一个西方传统,当然是非主流的传统,就是理性反正追溯不到,我们就不要去追溯了。我们相信某些东西,信仰,或者直观,或者把某些非理性的自明的东西当作前提,甚至把怀疑本身当作自明的、不可怀疑的,从这里也可以找到一种解脱。但是不管怎么样,当你设立一种最高的不可怀疑的东西时,马上就有人来摧毁,上帝只不过是一个理想,有这么一个明确的目标,但它究竟如何实现出来,这个并不明确。所以西方形而上学屡次失败的原因在这里，他们自以为终于找到一个最终的东西了，但是后来证明仍然是幻相。康德只是把西方理性精神继续推进了一大步而已。

C.理性的纯粹运用　　　　　　　　　　　　　　　B362

理性的"纯粹运用"跟前面的理性的"逻辑运用"有何区别？理性的逻辑运用所得出的结论就是上面所讲的最后一句，就是"在推论中力图将知性知识的大量杂多性归结为最少数的原则"，来实现它们的"最高统一"。理性本身是做推论的，知性是做判断的。理性在推论中力图将知性知识的大量杂多性归结为少数原则，这就是理性的逻辑运用的特点，就是它不仅仅是就理性本身来考虑，而是要把"知性知识"的杂多性归结为少数原则。所以理性的逻辑运用不是纯粹的，为什么？因为它要以知性已经提供出来的杂多性为前提，大前提也好小前提也好，都必须要有一个前提。"一切人都是要死的"，这是知性提供出来的；"张三是人"，张三是不是人？你不能推出来，不能凭这个名字就推出他是人，也许这只是个宠物的名字。所以理性必须要以已有的知识为前提，否则怎么推论？当然这些推论本身你可以用符号来代替，但要得出知识就必须由别的东西、由经验提供出知识，然后再把这些知识联缀起来，归结为最少数的原则并实现其最高统一。这是理性的逻辑运用的使命，就是把已有的知识归结为少数原则，因此是不纯粹的。我们在日常的理性的逻辑运用中发现了它的原则就是把杂多归结为统一，你推来推去无非就是把大量杂多归结为一。所以这个原则是由知性给它提供前提的，不是纯粹的理性运用。那么问题就来了：理性是不是有它的纯粹运用？不需要别的东西给它提供前提是否也能运用？这就是这段话开始讲的：我们能否孤立理性？既然理性在逻辑运用中不是纯粹的，不是孤立的，它必须联系知性的知识，那么我们能否把它孤立起来？

如果能，理性是否还是概念和判断的一个特有的来源，它们唯有从理性里面才产生出来，而理性借它们与对象发生关系？

理性在逻辑运用中它的概念和判断都是从知性来的，它没有运用它自己产生的概念和判断，那么如果我们把理性孤立起来，理性能不能从自身产生出概念和判断？根据康德后来自己的说法，回答是"能"。"理念"就是理性自己产生出来的纯粹概念，范畴则是知性提出的纯粹概念。有没有理性自己提出的判断呢？也有。理性可以根据理念而构成一个判断，如"灵魂是不死的"、"世界是无限的"、"上帝是存在的"等等，就是理性所特有的判断。当然他认为这样一些判断归根结底是立不起来的，但虽然立不起来，理性却总是要把它们提出来，构成一种摆脱不了的"幻相"。"而理性借它们与对象发生关系"，能不能呢？在以往的形而上学里面，提出这些理念就是要与对象发生关系，如灵魂、宇宙、上帝，都是指向某个对象的。灵魂怎么样？上帝怎么样？宇宙怎么样？要对此作出"判断"。这种判断就是要把理念看作与对象有关系的，能不能这样呢？康德的结论是否定的，说这只是纯粹理性的幻相；但这样一些幻相正是由纯粹理性的"自然倾向"所产生的，幻相你可以识破，可以揭穿，但是不能根除，因为它植根于理性的本性。你识破了它，它还是幻相，还在诱惑你。正如一个天文学家明明知道"太阳从东边升起"是不对的，他每天早上还是说，"太阳升起来了"。你知道它不是这样的，但是它还是在那里诱惑着你。理性有这种特点，它确实有这种能力，能够产生出它自己的概念和判断，并且借此要求与对象发生关系。这就是纯粹理性的自然倾向，在以往的形而上学里面都受了这种自然倾向的迷惑，于是就产生了种种形而上学。而到了康德那里，他认为是到了揭穿这种幻相的时候了，但是他并没有完全否定这种自然倾向，而是认为这种自然倾向其实是很可宝贵的。他并没有一概否认过去的努力，虽然过去的形而上学全部失败了，但是这种自然倾向人类为什么几千年以来一直在追求，为什么一直有这种自然倾向，他要搞清的就是这个问题。归根结底他有一种实践上的需要，一种道德上的需要。当然这都是后话了。

还是说理性只是向已给予的知识提供某种形式的从属的能力,这种形式是逻辑上的,它只是使知性知识相互从属,并使低级规则从属于高级规则(后者的条件在其范围内包含着前者的条件),只要通过对它们的比较能做到这一点?

这个问题与刚才那个问题不一样了。刚才那个问题是说,一切都是从理性里面产生出来的,概念也好判断也好,它是理性的一种本能,一种不可避免的自然倾向。那么这一句说的就不同了,理性只是、只不过是"向已给予的知性知识提供某种形式的从属的能力",这就是前面所讲的理性的逻辑运用了。意思是:"还是说",理性并没有纯粹的运用,而只是有逻辑的运用呢? 只是向"已给予的知识提供某种形式的从属的能力"? 知性已经把知识提供出来了,理性只是为这种知识加上某种形式而已,比如说杂多的统一的形式。理性在这种情况下它是为知性服务的,为了对知性提供的许多知识更便于把握,我们把杂多的知识归结为一个原则之下,这时理性是一种从属的能力,它所起的作用只是形式上、逻辑上的。如康德讲的:"这种形式是逻辑上的,它只是使知性知识相互从属,并使低级规则从属于高级规则(后者的条件在其范围内包含着前者的条件),只要通过对它们的比较能做到这一点"。前面讲的这两个问题,不算第一个总问题的问号,提了两个问号。这两个问号是两个方面,第一个方面:理性能否孤立起来,加以纯粹的运用? 第二个问号是说,或者是,理性没有纯粹运用,只能有逻辑的运用,只能是作为一种从属的能力为知性的知识服务。这是他的两个问题我们要牢牢把握,否则的话,理性的逻辑运用和纯粹运用有什么区别? 都是理性,都是很纯粹的。理性的逻辑运用也很纯粹呀? 逻辑运用还不纯粹吗? 形式逻辑、数理逻辑还不纯粹? 但在康德看来它对于知识来说还是不纯粹的,它只能够在现有知识的基础之上来进行逻辑推理。当然你可以把它形式化,你不管它的内容,你把它权当一种逻辑游戏,也可以。比方你说:"一切能飞的都是有翅膀的,飞马是能飞的,所以飞马是有翅膀的。"但这个逻辑游戏的前提仍然不是理性的,而是非理性的,不是经验的,就是幻想的。你也可以用符号来代替推理的各项,但这些项本身仍然不能由理性预先确定其真实含义,只能由理性确定其关系。所以理性的逻辑**规律**虽然是纯粹的,但它在实际的**运用中**却是不纯粹的。那么理性能否在其运用中也是纯粹的呢?康德说,

这就是我们现在马上要讨论的问题。实际上,规则的杂多性和原则的统一性是理性的要求,为的是把知性带进和自己的彻底关联之中,正如知性把直观杂多纳入概念之下并由此将它们联结起来一样。

"规则的杂多性",我们这里要把规则理解为知性,知性是规则的能力。理性则是原则的能力,我们在前面已经提到过了。原则比规则要高。那么,规则的杂多性和原则的统一性,这两者都是理性的要求,即你首先要有规则的杂多性,然后由理性原则把它们统一起来。"为的是把知性带进和自己的彻底关联之中",这个"自己"还是指知性,知性和知性自己的彻底关联,这只有通过理性才能做到。知性只是孤立地发现一个命题,发现一种规律,获得一种知识,但是知识与知识之间、规律与规律之间如何关联,这个知性是不考虑的。只有通过推理我们才能把它们贯通起来。所以规则的杂多性和原则的统一性是理性的要求,就是要把知性的规律带入彻底的关联。这个"正如把直观杂多纳入概念之下并由此将它们联结起来一样",这面里有一个类比:"正如……一样",这个比较是什么意思?是在不同层次上的比较。知性把直观的杂多纳入概念之下,知性也有联结能力、统一能力,但只是在比较低的层次上进行的,就是把经验的直观杂多所提供出来的经验性的感觉、知觉、印象,把它们纳入概念之下,这是知性层次上的综合统一,是针对直观杂多来进行的。但是理性的原则的统一是更高层次上的,是针对知性的。知性在经验直观面前表现为综合统一作用,但是在理性面前它还是表现为一种**杂多**。这个知识和那个知识,这条原理和那条原理,它们之间有没有什么关系?苹果落地和天体运行有什么关系?牛顿的功劳就在于他把这些全部统一

在万有引力之下，它们之间是一致的，是同一个规律，这是需要有理性的。如果你不运用理性，你就只看到苹果落地，又看到天体运行，而发现不了万有引力。你不能把这两件事情联系起来。所以理性的联结层次更高。但虽然层次更高，却与知性的联结有一种同构性。这种类比就是在比较这两种同样的结构，都是把杂多的东西联结起来，但是这种联结的水平有高低，一个是在经验的直观杂多水平上，另一个是在知性本身的杂多知识的水平上。

但这样一条原理并未给客体预先规定任何规律，也未包含把客体作为一般客体来认识和规定的可能性根据，

理性的这样一条从属的原理只不过是把知性的杂多归结为更高的统一性，但是并没有给客体预先规定任何规律。就是说，这些客体的规律并不是理性预先规定的，理性只不过是把这些客体中已经发现的规律把它联结起来，而导致了一条原理。牛顿的万有引力定理并不是凭空从天上掉下来的，他就是从苹果落下和对于天文学的观察里面总结出来的，推论出来的，他并不能发明一条原理，而只能总结一条原理。要能够总结出来，必须首先有大量的经验知识、知性知识，你的原理只是对这些经验知识的总结。所以它并没有给客体预先规定任何规律，"也未包含把客体作为一般客体来认识和规定的可能性根据"，把客体作为"一般客体"，什么叫"一般客体"？我们前面讲过，康德用"一般客体"、"一般对象"这样的字眼的时候，他是相对于经验对象而言的，经验对象就不是一般的对象了，而是特殊的对象，有经验的特殊内容。一般客体就是抽掉了这些特殊内容，只是想到一般的"对象"，但是你不要把进一步的经验内容掺杂进来，实际上就是指物自体。你把我们可以经验到的一切内容全部都清除掉了以后，那样一个对象不是物自体是什么呢？所以这个地方一般客体、或者一般对象，在康德通常在这种情况下指物自体。当然你孤立起来看，所谓"一般对象"应该也包括经验对象，因为"一般"就是普遍的嘛，凡是"对象"都包括在内，那么经验对象当然也包括在内。

但在这里不是着眼于经验对象，而是与经验对象相对而言，着眼于一般对象，通常强调这种一般性时，康德讲的就是物自体。自在之物就是一般对象，它不管它是否能够被认识，它反正在那里了，在我的对面了，有那么个东西了。所以理性的推理离不开知性对知识、对经验的一种联结、综合，它只能在这些知识的基础之上进行推理，"也未包含把客体作为一般客体来认识和规定的可能性根据"，就是不能离开知性对经验的综合和统摄，你如果把这些东西都去掉了，只是考虑一般对象，那么理性并没有包含认识一般对象的可能性根据。你如何能够认识物自体，你难道通过理性单纯高高在上，不需要任何具体知识，凭理念就能够认识自在之物吗？理性派在当时所犯的错误就在这里，他们认为可以通过理性根据"一般对象"的概念来认识自在之物。理性当然可以提出这样的概念，比如一般宇宙，我们看不到，但是我们可以用理性探讨，它究竟是由单纯的东西还是由复杂的东西构成的？就像第二个二律背反所指出的，以为不通过经验就可以认识宇宙的构成。他们认为这就是对于事物的本质的把握，我们通过经验把握到的只是现象。但是康德指出理性的这样一种把握是没有根据的，你凭什么就能够对一般客体加以认识和规定？你所做的那些认识和规定难道就是自在之物的属性吗？那只是你想出来的，是一种幻想，那是不可能的。所以理性在其逻辑运用中不包含这样一种知识的可能性根据，

　　而只是一条日常处理我们知性的储备的主观规律，即通过比较知性的诸概念而把它们的普遍运用归结为尽可能最小的数目，

　　"知性的储备"就是我们的知性已经获得的知识储备，理性在逻辑运用中只是日常地处理这些储备，这些形式逻辑的推理，理性的逻辑运用，仅仅是一种"主观规律"，它并不表明我们通过这种推理就能够直接把握自在之物，因为它不是一条客观的规律。知性是客观规律，它建立起来了一个认识对象，经验对象；那么理性呢只是一种主观要求，要把这些客观知识联结起来，贯通起来。当然如果你主观上没有这些要求，那些

知识还在，还是客观的知识，虽然不成系统，但已经是客观的，不能随意更改的。所以知性这方面反而有一种客观性，而理性的推理它从属于知性，在这种情况下它只是一条主观运用的规律。下面解释："即通过比较知性的诸概念而把它们的普遍运用归结为尽可能最小的数目"，就是说一条什么样的主观规律？就是"通过比较知性的诸概念"，知性的知识已经以概念的形式储备在那里了，那么我们对于储备下来的这些知性的概念加以比较，"而把它们的普遍运用归结为尽可能最小的数目"。知性的概念，它的那些原理、规律、法则，比如说牛顿物理学的那些定理，它们都有一种普遍的运用；但是尽管有普遍的运用，这些定理却有很多很多，在牛顿以前更多。牛顿把它们大大简化了，有许多被他合并了，几条合并为一条，每一条当然都有普遍的运用，但可以合并为尽可能最小的数目。万有引力定理就合并了很多，自由落体啊，天体的运行啊，乃至于微观世界的一些事情，都可以用万有引力来解释。我们可以把很多条定理缩简，压缩为最少的几条定理。我们现在已经压缩到只有四种相互作用，万有引力是其中的一种，这已经非常少了。但人们觉得还不够，现代物理学家还在探讨，四种相互作用还能不能再归结？爱因斯坦毕生努力的目标就是建立起"统一场论"嘛，但是他没有能够做到，后来的人还在继续努力。整个宇宙的规律最后能不能压缩为一条规律？这就是理性的目标，但是下面讲：

　　而并不因此就有权要求对象本身有这样一种一致性，来助长我们的 **B363**
知性按照自己的意思去扩充，同时也无权赋予那条准则以客观有效性。

　　尽管要求有一致性，但这只是我们的一种主观的规律，并不反映出客观世界就有这样一种杂多的统一。客观世界本身的知识作为现象它就是这样的，就是这样一种知识，然后我们可以归结为知性的概念和原理；至于这些概念和原理是不是可以压缩为最小数目的，那只是我们的主观需要，而并不反映客观世界就是这样构成的，"并不有权要求对象本身有这样一种一致性"。因为整个科学知识的大厦在康德看来都只是由人的理性自身建立起来的，人这样建立起来是为了自己的目的，为什么要压缩到越少越好呢？为什么要有节约原理或思维经济原理？康德后来把这归结为人的实践目的。人在科学研究中尽量追求统一性，追求对宇宙全体的一次性把握，使得宇宙本身显示出好像有一个层次等级，有一种目的论的目标，这是由人的实践方面的需要造成的，而在理论方面它表达出了一种主观的规定，并不表达客观世界的结构。这只是人在科学知识上的主观追求，从较低的层次说它是为了我们人的方便，用一条规则可以把握很多规则，那就很方便了，我们不必要一条一条规则去记它，因为人的大脑容量是有限的嘛。现代科学哲学也有这样的说法。从高层次上来说，我们把宇宙理解为一个整体，以便推出宇宙之外，比如说自由，灵魂不朽，上帝，这个都要推出宇宙之外才谈得上。否则你一说灵魂，人家就问你灵魂有多大？上帝，人家问上帝在哪儿？这些都要等到你把宇宙作为一个统一体了结了以后才能谈。上帝不在宇宙中，灵魂不在经验世界里面，它在另外一个世界里面，在彼岸。这是康德在后面要讲到的，但在这里还只是提到这种理性的统一原则只不过是我们的主观要求。那么，如果我们看不到这一点，而要求对象本身有这样一种一致性，就会导致什么样的后果呢？那就会"助长我们的知性按照自己的意思去扩充"我们的知识了，如果你的理性的推理就反映了自在之物本身的结构的话，这个是我们在经验中、在知性中所没有发现的，而是在知性、经验背后所隐藏着的，我们通过理性发现出来了，那岂不是助长了知性的狂妄？就是我的知性虽然没有通过经验发现的东西，但是却可以通过理性深入到现象的背后，然后把知性的范畴运用于其上，那么我们岂不是可以通过理性发现自在之物的结构了吗？那就会助长这种狂妄，使知性的范畴按照自己的意思去扩充。因为知性的范畴按照它自己的意思，它本来是一种纯粹知性概念，它是不受经验的限制而可以任意思考的，它可以随便设想一个对象，然后说这个对象是实体，这个对象是单一的等等，我就可以按照知性的意思去随意地思考一个对象。但是思考一个对象并不等于认识一个对象，要认识一个对象就必须有经验。所以知性本身虽然是超经验的，但它必须运用于经验才能形成知识。但是如果你把理性理解为自在之物本身的结构的发现，那么知性就有话说了，有些对象不是在经验中出现的，但是我们也可以用我们知性的范畴去规定自在的对象，由此而获得一种更高的知识。我们通常的知识都是关于现象的，但是我们也可以获得一种本体论的知识。这就助长了知性的狂妄，以为我们可以离开经验而扩展我们的知识。但是理性的逻辑运用实际上它是不能达到这种效果的。你不能把理性的统一性要求看作对象本身有这种结构，同时也无权赋予它以客观有效性。当然我们在日常科学研究中理性原则是有客观有效性的，但这种客观有效性不是由理性来的，而是由那些知识本身带来的，是在知性的层面上已经有了的客观有效性。如苹果落地，这是有客观有效性的，天体运行，也是有客观有效性的，那么我们把这两条客观有效的规律主观地统一起来，这是主观有效性，只是主观的"准则"（Maximum）。"准则"这个词在康德那里通常指主观的，不同于法则或规律。最后一个总结：

总之一句话，理性本身，也就是纯粹理性，是否先天地包含有综合原理和规则，以及这些原则有可能存在于何处？

也就是说，通过这样一种对于理性的逻辑运用的解读，我们已经把理性在逻辑运用中那种纯粹的运用清除干净了，理性在这种情况之下它脱离不了知性，脱离不了知性已经准备好了的那些杂多的知识（作为它的大前提），那么在这种运用中它是没有纯粹性的，已经排除掉了纯粹运用。但是排除掉的目的还是为了把理性的逻辑运用和纯粹运用区别开来。那么，现在剩下的问题就是，除开这种逻辑运用之外，理性本身、也就是纯粹理性，是否先天地包含有综合原理和规则，也就是理性是否本身有纯粹的运用？如果理性本身先天地包含有综合原理和规则，那就说明它有一种纯粹运用了。理性不需要其他先天知识，更不需要经验了，它单凭自己本身提出的那些概念和原理就可以形成先天综合判断，理性就会有一种纯粹的运用了。既然理性要有纯粹的运用，它就必须自身有一种先天综合判断，那么这样一种先天综合判断的原则存在于何处？有没有这种原则，原理，或规则？以及它们会存在于何处呢？它不存在于理性的逻辑运用之中，只能在之外，那么这个之外在何处？这就是他提出的问题。当然答案他早已有了，提出问题只是为了引导出他的观点来。

根据前面讲的，整个前面一段都还是展示理性的逻辑运用，它的作用和限度，它并不能助长知性去任意扩充我们的知识。理性并没有这种助长的诱惑，它只是把已经提供出来的知识加以主观的整理，使它们构成最大可能的统一。理性并没有对客观对象作出多余的规定。下面这两段其实还是在作这种区别，逐渐逐渐在开始接近于它的主题，其实这两段还没有真正接触主题，一直到后面几段也都是在作一个过渡。都还是从理性的逻辑的运用中逐步引出逻辑运用的一般规律，然后从一般规律中看出，如果有一种理性的纯粹运用，它应该是怎么样的。那么我们看这一段：

在理性推论中，对理性的形式的和逻辑的处理方式已经给我们提供了充分的指示，指出在由纯粹理性而来的综合知识中理性的先验原则将基于何种根据之上。

这是表明了这一过渡的性质。前面讲的理性的逻辑运用是为了什么呢？是为了在理性的推论中，对理性的形式的和逻辑的处理方式，也就是逻辑的运用，已经给我们提供了充分的指示，就是指出了我们将要找的那些纯粹理性的先天综合原则，它的根据何在。正如前面讲知性的范畴表是从知性的逻辑判断表中引出来的，从判断的分类里面我们找到了引出知性范畴的充分的指示；那么在这里，从理性的逻辑运用里面，也就是从推理里面，从三段论式里面，我们也可以找到理性的纯粹运用它的那些先天原则究竟基于什么根据，这是对应的。所以先验逻辑，包括分析论和辩证论，也就是包括知性的和理性的先验原则，它们都是从形式逻辑里面寻找到一些指示，一些引线，然后才引导出知性的或者理性的纯粹运用。在这里也是这样，这一小段就是起的这种关键性的作用，说明我为什么要讲这么多，到现在还在喋喋不休，讲理性的逻辑运用，就是为了从里面找到一些指示。找到一些什么指示？下面讲了两个层次。

首先，理性推论并不是针对直观、以便将其纳入到规则之下（如知性以其范畴所做的那样），而是针对概念和判断的。

这个是首先要注意到的，就是理性的推论它的重要的特点。就是它不是针对着直观，不像知性那样把直观纳入到规则之下，纳入范畴之下。所以理性和知性是不一样的，知性它是直接面对直观，理性不是直接面对直观，而是针对概念和判断的。已经形成概念了，直观已经被统摄在概念之下了，而且已经形成了判断，判断就是两个概念的联结了，这时候理性才针对它们而起作用。

所以纯粹理性即使针对对象，它也没有与这些对象及其直观的直接的关系，而只有与知性及其判断的直接关系，这些判断是最先指向感官及其直观以便为它们规定自己的对象的。

纯粹理性它也针对对象，虽然在逻辑的运用里面它本身并不提供对象，当知性给它提供出一个对象，它也要针对这个对象。但是即使它要针对这个对象，它也没有与这些对象及其直观的直接关系，而只有与知性及其判断的直接关系。它不直接跟对象打交道，它是间接的，它与对象里面的直观不发生直接关系。"对象及其直观"，对象在认识领域里面一般来说就是直观的对象，你要认识一个对象就要有直观，这是康德的一个基本原则。凡是讲到对象就有直观，哪怕是讲到物自体，讲到它作为一个对象的时候也要跟某种智性直观联系在一起的，虽然我们人不具有智性直观，但是你要讲物自体作为一个对象，那你也要设定一个非人的智性直观，在那里使它成为一个对象。既然它是一个对象它就是可观的，"观"就是对一个对象的直观嘛，就是对它旁观嘛，如果一个对象不可观那它也就不成其为一个对象了，就不在你的对面了。所以即算是自在之物作为一个对象，也是以设定一个智性直观为前提才能理解的。当然这里并没有涉及自在之物。他就是讲，没有与这些直观对象，也就是知性的知识所提供出来的直观对象，及其直观的关系，而只有与知性及其判断的关系，理性它只和知性的判断打交道，不和经验直接打交道。他讲"这些判断是最先指向感官及其直观以便为它们规定自己的对象的"，"这些判断"就是指知性判断，它们最先指向感官，"最先"是相对于理性而言的，它先于理性已经指向了感官和直观，已经提供一个对象了。所以理性的逻辑运用必须以知性预先提供出一个经验对象、直观对象为前提，而知性判断则是通过指向感官及其直观来"为它们"、也就是为这些感官和直观表象自己"规定"一个对象的，因为单是这些感官表象还不能形成一个对象，必须由知性的判断通过先天综合赋予它们客观性，它们才显现为一个对象，或者被规定为一个对象。这个被构成起来的对象就是感官对象，直观对象。但这不是理性推论所能够造成的。

所以理性的统一不是可能经验的统一，而是与这种知性统一本质上不同的。

"可能经验的统一"我们前面提到了，知性的范畴就是致力于可能经验的统一，而不仅仅局限于现有经验的统一。如果是现有经验的统一那就太狭窄了，我们经验到的就承认，没有经验到的就不承认，那也不行。不管你现在经验到了没有，但是它毕竟是在时间空间中可能经验到的。人是很有限的，人在时间空间中都是很受局限的，但是他既然在时间空间中，他就能够把握可能经验中的事物。比如说以往的历史上已经过去了的事，还有以后可能经验的事，在科学上很多事情我们还没有经验到，我们可以讨论火星上有没有水，作为科学的假设来讨论，这些都还属于科学的范围。但是如果你要讨论时间空间之外的事，比如上帝是否存在，那个就不是科学的事了，就不是在可能经验范围之内、时间空间之内讨论问题了。所以知性的统一是可能经验的统一，而理性的统一不是可能经验的统一,"而是与这种知性的统一本质上不同的"。因为理性不跟直观打交道,只跟知性的概念和判断打交道,所以它跟知性的统一"本质上不同",这个"本质上"就是说知性它构成的是一种客观知识,它是有经验内容的,有经验性的实在性的;但是理性的统一只跟知性的形式打交道,从客观的角度来看它本身的作用是空的,它只是一种主观的规则。下面他举了一个例子:

"一切发生的事情都有原因"决不是通过理性而认识和预先规定的原理。

"一切发生的事情都有原因",我们前面讲到过,因果性是一个知性的范畴,运用这个知性范畴于经验的对象上,我们可以得出一个放之四海而皆准的规律:一切发生的事情都有原因。这个里头包含经验的可能性的,甚至包含经验本身,"一切发生的事情"这个概念康德有时候把它说成一个经验的概念。当然有时候也忽略这一点,认为这个命题还是一个纯粹先天的命题。但是无论如何,它是跟经验有关的,它必须理解为在经验中发生的事情,在经验中发生那是需要时间的,凡是在经验中发生的事情它都是在时间中发生的,既然是在时间中所以它是与经验打交道。反正涉及到时间空间,它都是与直观、经验打交道的。那么一切发生的事情都有原因,这是一条普遍的知性原理,是由知性范畴所建立起来的一条先天综合判断。它是先天的,凡是发生的事情,哪怕你还没有经验到,你都可以断言它是有原因的,它是先天的;但是它又是综合的,"原因"这个概念它不包含在"发生的事情"这个概念里面,它是加上去的。为什么能够加上去? 就凭知性的先天结构,它是一套先天的知性范畴。知性判断任何一个经验对象它都是在使用这一套先天的根据。那么这样一个原理它决不是通过理性而认识和预先规定的原理,而是通过知性来认识和规定的,它作为先天综合判断当然是预先规定的,在一切认识之前它就作为我们认识的一个网络结构,我们前面多次讲到一个比喻,人类认识之网,范畴是网上的纽结,我们人类的认识就是通过这面认识之网去捕捉感性直观表象，而先天地把它们构成知识的。当然这个比喻并不是康德说的。但是这种知识不是通过理性，理性它用不着去面对直观，它只须面对知性就够了，它不直接跟直观打交道，它只是在知性和直观打完交道之后，你到我这里来，我只管帮你把这些知识顺一顺，把它们做成一个最高的统一。

B364　　这条原理使经验的统一性成为可能，而没有从理性那里借来任何东西，理性没有这种与可能经验的关系单从概念中是根本不可能提供出这一综合统一性来的。

　　"这条原理"，也就是"一切发生的事情都有原因"的原理，是使得经验的统一性成为可能的原理，所有的经验作为发生的事情都统一在因果律之下，没有任何发生的事情是没有原因的，这条原理在现象领域里放之四海而皆准。当然你不能用到物自体身上去，物自体也不是"发生的事情"，而是在那里的，它不"发生"。一"发生"就是在时间中了，就是现象。所以这样一条原理使得经验的统一性成为可能，所有的经验都可以统一在因果性的范畴之下，其他的范畴也是这样，实体性，单一性，实在性等等。这些原理都可以用来规定任何一个经验对象。但是它们都没有从理性那里借来任何东西，它们不需要从理性借来任何东西，只是把人类认识之网复盖于经验的杂多材料视域之上，形成一个判断，就够了。它不需要通过理性的推理，它只要有判断就够了。当然理性的推理可以使这些知识构成一个系统，但是这些知识本身只要有判断就够了。所以康德强调知性的最基本的细胞就是判断，单个的概念不能成为知识，但是你把两个概念联结起来就构成了知识，"这个就是那个"。知性的基本的形态就是判断的形态，知性就是作判断的能力，当然也是提出概念的能力，但是提出概念也是作判断的能力，概念和判断都属于知性，推理才属于理性。概念怎么形成的？就是通过作判断，一个概念你要问它什么意思，它就要提出一个定义嘛，这个定义就是一个判断。作出判断以形成概念，或者提出概念以构成判断，这都是知性的事。但这个里头没有从理性那里借来任何东西。"一切发生的事情都有原因"这是一个最高级的知性判断，一个纯粹知性判断，通过纯粹知性概念作出的先天综合判断，但是它没有从理性借来任何东西。而"理性没有这种与可能经验的关系单从概念中是根本不可能提供出这一综合统一性来的"，因为理性没有与可能经验的关系，它不适合于与直观打交道，那么它单纯从概念中能不能推出一切发生的事情都有原因这一先天综合命题来呢？那是根本不可能的。当然这里不是说，理性一旦有了与可能经验的关系就能够推出这种综合统一性了，而是说，理性它本来就没有这种关系，它本来就是单从概念中进行推理的，所以它根本就不可能提供这种综合统一性。这里反复强调的还是这个问题，就是理性不能直接跟可能经验打交道，它所提供的不是可能经验的统一性，而只是知性判断之间的统一性。

前面讲的是"首先"，是讲必须把理性的逻辑运用跟可能经验所统一的直观内容划分开来，理性的逻辑运用只是跟知性的形式打交道的，这个你要先把它提取出来。这就是把理性的纯粹运用从中提取出来加以孤立对待的过程。这就是理性的逻辑运用所引出的规则。前面是排除，后面就是正面地阐述了。所以他讲：

其次，理性在其逻辑运用中寻求的是它的判断（结论命题）的普遍条件，而理性推论本身也无非是通过将其条件归摄到一条普遍规则（大前提）① 之下而来的判断。

理性在其逻辑运用中它在干什么呢？它既不跟经验性的内容打交道，那么它干什么？它是在寻求"它的判断"、也就是它的结论命题的"普遍条件"。这个"它"也就是理性，理性的判断就是指结论命题。理性的逻辑运用无非就是要寻求这个结论命题的普遍条件，看这个判断是从哪些条件推出来的。结论命题已经有了，我要用推理去展示出它的条

---

① 此处"（大前提）"原译文放在此句末，不妥，兹改正。

件,我这个命题是推出来的,不是我随意假定的,是从其他的判断推出来的。而其他的判断是有普遍性的,否则你怎么能够推出来? 前面的判断是有普遍性的,所以结论判断作为其中的一个"例子",我才能把它推出来。所以实际上它干的是这样一件事情,就是寻求结论命题的普遍条件,三段论推理简单说来就是做这件事。而理性推理本身"无非是"——这也是简明的说法——通过将其,"其"也就是这样一个判断,将这个判断的条件归摄到一条普遍规则这样一个大前提之下,"而来的判断"。也就是说,理性推论本身也无非是一个判断,但是这个判断跟单纯的知性的判断不同,它要表达出它的条件是要归摄于大前提之下的。所以我们也可以把理性推看作是一个判断,但是它在这个判断里面附带地把它的条件也展示出来了,这个就是理性的推论。它无非是通过将结论条件归摄到一条普遍规则之下而来的判断,也就是附带有自己的可能性条件的判断。所以一切知识在康德看来都归于判断,理性在这个过程中是服务于知性的判断的,它本身也可以从这个角度来理解为一个复杂的判断,这个判断表达着理性的普遍规则。所以后来黑格尔认为康德是从知性的立场上来理解理性,也就是归根结底从判断的立场上来理解推理。所以康德还是把理性的逻辑运用理解为一种复杂化了的判断。结论命题本来只是一个知性判断,但是为了使它能够站得住脚,就必须连带着把它的前提提供出来,而这种经过前提说明的结论判断就是推论。理性的逻辑运用所做的就是这样一件事情。这是从下面来表达的。前面已经否定了它跟直观经验打交道的关系,那么它跟知性又是怎样一种关系呢? 这一段就是说明这种关系。

既然这条规则又要接受理性的同一个检验,因而只要行得通,就必须(通过前溯推论法)再去寻求条件的条件,

这个"既然"就是一个前提了,既然这条规则又要接受理性的同一个检验,你把它归结到一条普遍规则之下,那么这条普遍规则又是否能够归结到一条更高的规则之下呢? 是否能够归结到一条更普遍的规则

之下呢？这就是理性要追问的了，理性和知性的不同就在这里了。理性的逻辑运用我们讲它实际上还是在知性的基础上，被理解为知性的一个判断；但是理性的推论又并不单纯是知性的判断，它跟知性的判断有层次上的不同，这就体现在它下了一个判断以后，它还要继续往上追，它寻找到一个判断的条件之后，它还要为这个条件寻找条件的条件。当它为知性服务的时候它是一次性的，所以它是受局限的，它没有把自己的本性展示出来。它只是体现为一个更有根据一些的知性判断。但是这个同一个普遍规则还要经受进一步的检验，这个普遍规则也是一个判断啊，它的根据又在哪里呢？所以理性在这种情况下又面临进一步的使命，要使这个普遍规则接受理性的同一个检验，看它是不是有更普遍的根据。这还是同一个检验，只不过层次更高，普遍性更大。"因而只要行得通"，只要行得通，这个就是经验性的了，就是说，只要你们做得到，只要知性能够给你们提供出足够的知识，这个当然是后天的了，你试试看，看能不能够行得通！行不通，那就是悬而未决了，就挂在那里了。但原则本身还是先天的，暂时行不通它也是指导性的。所以"就必须（通过前溯推论法）再去寻求条件的条件"。"前溯推论"就是溯源于更高的原则的推论，它与后续推论是相反的，后续推论就是你从这个结论往下推，由于结论本身也有一定的普遍性，它当然又可以推出一些结论。前溯推论法就是要找前提的前提，后续推论法是要推出结论的结论。但是对于理性的功能来说，它最重要的功能不是往下推，而是往上追溯。因为只有往上追溯才能引出条件的总体，这个总体是整个条件系列之所以可能的无条件者，这种追溯在追溯到无条件者之前是不能停顿的，只要一停，整个条件系列就失去了根据，所以这种上溯有种强迫性。相反，后续的推论是无所谓的，它无须获得结论的总体，只要一个结论成立，这个结论的结论也必定成立，而无须再得出进一步结论才成立。理性的本质就是要从多中求一，而不是从一中得出多，从一中引出多只是把已经得出的一加以说明，但要求得这个一就是理性的超越功能的体现。这一点康

607

德在后面还有专门讨论。

那么我们就看到，<u>一般理性（在逻辑的运用中）所特有的原理就是为知性的有条件的知识找到无条件者，借此来完成知性的统一。</u>

这个就点出了理性推论的特有的原理了，是什么呢？就是要通过逻辑的运用来为有条件者找到无条件者，以完成知性的统一。当然理性的特有的原理是有知性为它提供已经准备好的知识的，但它不是围着知性的知识转圈，而是把自己的原理加于知性的知识上。知性的知识都是有条件的，在知性里面一个知识都是以另一个知识为条件的，这个从因果律就可以看出来，一个知识的原因又有它的原因，你可以无穷地追溯上去，之所以追溯不上去了是因为你的知识有限，你的经验还没有跟上来，那你就要等待。所以在科学中有无数的科学之谜，等待我们去发现，如果我们发现了，就可以继续往前推进一步，找到条件的条件。但那时又有更多的科学之谜在前面等待着我们。所以理性的前溯推理的特有的原理就是"为知性的有条件的知识找到无条件者"，这个无条件者就是最后的条件，它再没有别的条件了。只有找到这个无条件者，我们才能够借此完成知性的统一。否则的话我们永远有无数的科学之谜在阻挡着我们的统一。你讲的科学统一性，还有那么多谜没有解决，你怎么能够把它们统一进去呢？所以这个无条件者是理性所追求的一个可望而不可即的目标，它不是一个可以到手的东西，而是一个可以无穷追溯的东西，所以康德讲它是一个"理念"。理念就是摆在面前的、你已经意识到了可以去追溯的东西，但事实上你又不可能追溯到，它是一个理想的目标，你可以去接近，但永远不能达到。它只是一个方向，借此来完成知性的统一。如果有一天你追溯到了无条件者，那么你就可以说，所有的知识都在这里了，知性已经完成使命了，再不需要追溯了。当时的牛顿物理学给人们一种错觉，认为牛顿以后科学不用发展了，科学家的责任就在于把牛顿物理学已经发现的原理教给学生就够了，再不需要探索了，所有的东西都在牛顿物理学里面，它就是绝对真理。当然康德是不赞成这种看法的，他认为这样一来自然科学就变成了形而上学，而在这种形态中的形而上学都是失败的，因为它们把理性所设想的一个超验的目标当成了一个现实的东西，独断地中止了理性的无限的探索。未来的形而上学必须是批判的，不是独断的，必须把我们的知识限定在我们所能够解决的范围之内，那么无条件者显然已经超出了我们能够解决的范围。所以康德是通过把自然科学和形而上学划清界限的方式避免了把牛顿物理学当作绝对真理。牛顿物理学只是现象的规律，现象目前向我们显现出来好像是普遍的，但是是不是就是绝对普遍的，就是绝对真理不需要发展了，康德在这方面留下了充分的余地。所以，理性如果按照它自身的本性来说，它是不能局限于一次三段论推理里面得出一个结论来的。在三段论推理里面，理性只是片断地发挥它的作用的，所以在这里它只是相当于一个判断。不过这个判断更复杂一些，它联系到与其他那些条件判断的关系而表达这个结论判断。而如果要按照理性的本性来展示它的作用的话，那么它就是一种前溯推论法，就是要不断地超出以往的判断所限定的范围，把片断的作用扩展为连续的作用。那种普遍性不够，还要为它寻找更大的普遍性，一直寻找到最后的无条件者，来完成它的知性的统一。当然最后这个无条件者只是理性的理念，是追溯不到的，但恰好这一点表现出理性的超越性，追溯不到它也要树立一个目标。知性不用树立一个目标，它就事论事；但理性它要树立一个目标，不断地去追溯。这个目标是超越的，是永远达不到的，但是没有它还不行，有了它就可以为知性带来很大的好处。知性就可以不断地往前迈进了，就不会固步自封了，就可以寻求条件的条件，一直寻求下去而且不会满足现有的知识。所以理性的这个目标它是一种提醒的作用，一种范导的作用，一种调节作用，它指示着科学知识的发展不断地向一个更高的目标前进，越来越在更高层次上把所有的知识统一起来。很多规律尽管已经建立起来了，但是它们跟其他的规律是个什么关系，我们还不知道，所以自然科学要做的事情，除了具体地还要发现一些知识之外，一个很重要的工作就是要把这些知识的统一性建立起来。爱因斯坦要建立"统一场论"就表现出这样一种理性的追求，也许最终也不能建立起来，因为随着你的努力又会发现新的问题，四种相互作用也许将来还会发现第五种，或者越来越多，但是你的努力总是要把它们归结为更少量的规律，这就是理性的作用。科学知识没有理性也是不可想象的。尽管理性按照它的本性总是要超出经验的范围，去追求无条件者，在这方面它有一种僭越，一种妄想；但是另一方面它在这里起的又是一种积极的作用，我们应该把这两种作用区分开来。这就是康德在辩证论中所要做的工作。

上面一段话的最后一句是："一般理性（在逻辑的运用中）所特有的原理就是为知性的有条件的知识找到无条件者，借此来完成知性的统一。"这段开头则说：

但这条逻辑准则不能以别的方式成为纯粹理性的一条原则，

就是说，前面讲的是一条"逻辑的准则"，之所以是"准则"，是因为它只是主观运用的规律，凡是主观的规则康德都称之为"准则"（Maxime）。但这种主观的逻辑准则如何能够成为理性的纯粹运用的一条原则呢？没有别的办法，

而只能这样来假定：如果有条件者被给予，则整个相互从属的条件序列（它本身是无条件的）也被给予（即包含在对象及其联结之中）。

这就是康德的过渡，即从前面讲的理性的逻辑运用向这里要讲的理性的纯粹运用过渡，从形式逻辑的层面向先验逻辑的层面过渡。先验逻辑比形式逻辑的层次要高，它涉及到纯粹理性本身的纯粹原则。在形式逻辑中理性的运用是不独立的，它服从于知性，对于知性的知识起一种辅助作用。你有了知识了，那么我对这种知识进行一种逻辑上的清理，把它们构成一种一贯性的东西，构成一种体系，把它们归结为少数的规律。客观知识已经在那里了，但是太杂，太多，不便于我们把握，所以我

们要把它们的关系搞清楚,用三段论式把它们串起来,这是一种主观的需要。但是,在这种理性的逻辑运用中已经蕴涵着理性的纯粹运用的原则了。前面讲了,先验逻辑的原则不是从天上掉下来的,它就是从形式逻辑的规则里面引出来的。那么这里也是一样。理性的逻辑准则是主观规律,它不是客观中的规律,客观中的规律都是有经验直观的内容的,是由知性把直观经验综合起来构成了对象的,逻辑准则只不过是把这些客观知识加以整理而已。那么这些准则如何过渡到理性的纯粹运用、成为纯粹理性的一条原则呢?"不能以别的方式",只能以这种方式,即假定如果有条件者被给予,整个条件序列也被给予。我们把这里所讲的这条原则与上一段最后一句话对照一下就可以看出,它们几乎讲的就是一回事情。前一条准则讲的是"为知性的有条件的知识找到无条件者,借此来完成知性的统一";这一条原则讲的是"如果有条件者被给予,则整个相互从属的条件序列也被给予",后面这条原则你也可以理解为:如果一个有条件的知识被给予了——因为任何知识都是有条件的——,那么它也就被假定为从属于一切知识的条件序列的无条件的整体了。当然这个原则实际上并不限于讲有条件的知识,而是一般地讲任何一个事情都是有条件的,而每一个有条件者它都必须有充分的条件才得以被给予。这就是莱布尼茨讲的"充足理由律":任何一个事物的存在都有它的充足的理由,否则它不会存在。充足理由律是为了解决"偶然真理"的问题,因为偶然的东西也有真理性,它不是一个孤立的存在,而是有一个必然的根据链条保证它的存在,只不过这个根据链条太长、太复杂,我们人类的理性根本把握不了,所以在我们看来它是偶然的。这是理性所设想的一条原则,它跟前面那条理性的逻辑准则是相通的,但层次上不同。这条原则把知性的知识排除在外不加考虑,只是理性自身的纯粹原则。当然你可以把它运用于知性的知识上,那它就成了一条理性的逻辑准则,但它本身却不一定要为知性服务,而是有它自己的内容,有自己的一般对象。这个对象就是"无条件者"。如果我们看到任何一个有条件者,我们凭理性就可以想到它后面的那个无条件的条件序列也被给予了，也就是这个序列已经被"包含在对象及其联结之中"了。所以我们如果用纯粹理性的眼光去看任何一个有条件者，我们就会从中看出这个对象的联结，它的条件关联，最后看出一个完整的条件序列，它本身不再是有条件的，而是无条件的。所以当我们把理性的逻辑运用的原理中的知性的知识成分去掉，那么理性的纯粹运用的原理就显露出来了，这就是从任何一个有条件者中我们可以推出整个条件序列，一直追溯到无条件者，不一定是为了完成"知性的统一"，而是要达到理性本身的目的，即追求无限的整体、大全、"一"。当然这个目标是超验的，它把那些经验直观和知性的综合都抛在脑后而单凭理性的思考去设想。当它被用来指导知性知识的时候，它可以在经验知识中起作用，但当它为了自身而形成一条纯粹理性原则时，它就可能有另外一种超验的用处，这是后话。我们前面那些段落都是在向纯粹理性的原则接近，一直到这一段才把这个原则摆出来，什么是纯粹理性的原则？就是这条原则：如果有条件者给予了，那么整个条件序列也被给予了。理性就是要从有条件者去寻求它的整个条件序列，当然这也是一条反思的原则，知其然，还要知其所以然，从有条件者反思到它的条件序列，要追究它何以可能，认为没有这个条件序列整体，这个有条件者就不会被给予。既然有条件者已经被给予，那么那个条件整体也必定已经预先被给予了。理性的推理在这里不是服务于别的东西，如知性知识，而是为了自己的彻底运用，所以是纯粹运用。知性也是反思原则，但它的反思是一次性的，就事论事的，这个知识何以可能？追究到它的前提就行了，这个前提就是范畴和先验统觉；下次再碰到一个知识，再追溯到范畴和先验统觉。理性则认为这还不够，它是彻底的反思，它的反思是趋向于无限的，要达到一个最终的统一性。这一小段、其实是一句话，可以视为纯粹理性原则的一个经典的表达，要牢记于心。

而纯粹理性的这样一条原理显然是**综合**的;

这样一条原理就是指从有条件者去追溯无条件的条件整体,这个原理显然是一条综合原理。所谓综合原理前面讲了,它是指谓词不包含在主词中的命题,它与分析性的命题不同,后者是谓词已经包含在主词之中。但是纯粹理性的原理显然是综合的,你要从有条件者去追溯无条件的条件整体,

因为有条件者虽然与某一个条件分析地相关,但并不与无条件者分析地相关。

有条件者,如果你说它被给予了,它的条件也就被给予了,这个就是分析命题,因为它的条件已经包含在"有条件者"这个概念之中了。既然是有条件者,它当然有条件了,如果没有条件岂不自相矛盾了吗? 但它并不与"无条件者"分析地相关。有条件者的概念里面并没有包含一个无条件者,它只包含一个条件,或者条件的条件,都可以,但是有没有一个条件本身是无条件的? 这个它没有说。你要确定它的条件或条件的条件本身究竟是有条件的还是无条件的,这就需要引入一个外来的因素,进行一个综合的判断。所以这条原则"显然是综合的"。

这就必须从这条原理中再产生出纯粹知性[①]在只和可能经验的对象打交道时根本不知道的一些综合原理,对可能经验的知识和综合总是有条件的。 B365

这句话简化一下:这就必须从这条原理中再产生出一些综合原理。这些综合原理是知性"根本不知道的",因为它"只和可能经验的对象打交道",而"对可能经验的知识和综合总是有条件的",所以不可能涉及无条件者。也就是说,理性的这条原则既是纯粹的又是综合的,那它就必须再产生一些综合原理,使这条基本原理具体化,以表明它自身的纯粹运用的意图,而不是混在知性知识一起仅仅限于用来引导知性的统一。

---

① 原文漏掉了"纯粹"二字,兹补上。

这条理性的基本原理和它的那些综合原理之间的关系有些类似于知性的先验统觉与它的那些范畴之间的关系，统觉的活动表现在范畴所构成的判断中，同样，理性的这条纯粹原则也表现在它的各种"无条件者"、也就是各种先验理念所引发的一些推论中，这些推论所追溯到的大前提都是一些无条件的先天综合判断。知性当然也有一些先天综合原理，比如"一切发生的事情都是有原因的"，但是知性对于理性的综合原理根本不知道，因为知性就事论事，它对可能经验的知识也好，综合也好，都是有条件的，是以别的知识为根据的，而且它不一定要完全把这些根据追溯出来也可以构成知识。已经到手的知识不因为它的最终根据是这个而不是那个而有所改变。当然在理性的帮助下知性也可以找出知识的根据，以及一个根据链，但也就到此为止了，可以满足了。理性则撇开了一切经验内容，撇开了一切知识，它只讲"有条件者"，不管"有条件者"是不是知识，因为它可以运用到任何情况下，比如说也可以运用于道德、宗教等等方面；它只管从有条件者去追溯到无条件者。理性的这些原理高于知性原理之处就在于它涉及到无条件者，并且以无条件者本身为基点来建立自己的原理。在这里，有条件者即使是知识，它也被用来为无条件者服务，而不是使无条件者为知识服务。所以理性的纯粹原则是一个更高的原则。康德说：

但无条件者如果确实存在，就会被按照它与那个有条件者区别开来的一切规定来加以特殊的思量，并由此而给某些先天综合命题提供材料。

知性只考虑有条件者，但是如果确实有无条件者的话，我们对它就会作一种完全不同于对有条件者所进行的特殊思考，也就是层次更高的、纯粹的思考。当然这只是一种假设了，假如我们有一天真的找到了那种无条件者，那么它将会有哪些不同于有条件者的特殊的规定性来让我们思考呢？对这些特殊的规定性加以特殊的思量，我们就可以"由此而给某些先天综合命题提供材料"了。无条件者有些什么特殊规定，你对它加以描述，它的每一个规定都有可能形成一个先天综合判断，这就有可能为某些先天综合命题提供材料。这些先天综合命题与知性的先天综合命题是大不相同的，它们是纯粹理性的先天综合命题。纯粹理性的先天综合命题有什么不同呢？因为它是对无条件者加以规定的。所以理性的纯粹运用跟知性的运用以及跟理性的逻辑运用都不一样，它有一个特殊的对象，这个特殊的对象超越于一切知性的知识之上，它要为有条件的东西寻求一个无条件的东西，而且它的那些先天综合命题是针对这个无条件的东西的，这个东西跟所有的有条件的东西都不一样。对有条件的东西你也可以得出一些先天综合命题来，如"一切发生的事情都是有原因的"；但是"一切发生的事情"都是有条件的东西，如果你超出所有的有条件的东西，你不去探讨一切发生的东西，你要探讨那个最终的原因，要去规定它是无限的，是实体，或者是什么什么，这些命题就是另外一类的先天综合命题，那就是由纯粹理性所得出来的，由知性得不出来，由理性的逻辑运用也得不出来。它只有撇开一切知识的内容，撇开与知性的关系，单凭纯粹性理性本身来考察，那它就成了一个最抽象的原则。关于"无条件者"，你能说出什么来？凡是你能够说出来的都没有具体的内容，那是一种另类的原理，另类的先天综合命题。

刚才讲，由理性的纯粹原则中可以引出一些其他的先天综合命题，那么这些先天综合命题是怎么样的呢？

然而，由这种纯粹理性最高原则中产生出来的原理将对于一切现象都是超验的，也就是说，将永远不可能有任何与这原则相适合的对它的经验性运用。

理性的这条"最高原则"，也就是"如果有条件者被给予了，无条件者也被给予"这条原则。从这条最高原则里面，将产生出其他的一些原理，其他一些先天综合命题，这些命题"将对于一切现象都是超验的"，这个"超验的"打了着重号，强调我们应当关注它。这条原则在逻辑的运用中它还不是超验的,它要以经验的知识为前提,必须先有知性给它准备了经验知识的储备它才能运用。那样的运用是一种内在的运用。"内在的"(immanent)和"超验的"(transzendent)是一对相对的概念。内在的是指在现象界,在经验知识之内。理性的逻辑运用如果要构成知识,它不管运用到哪一步,它都在现象界之内。当然你不构成知识你也可以天马行空,就概念来谈概念,形式逻辑是不管真理性的。但在知识的范围内它是为知性的知识服务的,使经验的知识构成一个系列,一个更高的统一性,但这些都还在现象之中。但是从中所产生的那些纯粹理性的原理就不同了,它对于一切现象都是超验的,它超越于一切经验,而且不能运用于经验。这就是"超验的"和"先验的"的区别,先验的超越于一切经验,但只能运用于经验;而超验的也超越于经验,却不能运用于经验。所以康德说它"将永远不可能有任何与这原则相适合的对它的经验性运用"。一切对它的经验性运用都是与它的那个最高原则不相适合的。你要追溯到一个无条件的"整体",那就超出了一切经验,理性的纯粹运用到了这么样一个最高层次上,就已经完全超出了经验的范围,不可能为它找到任何经验性的运用。例如宇宙、灵魂、上帝,宇宙有多大?灵魂是否不朽?你能找到经验的证实吗?显然不可能。

所以它是与一切知性原理完全不同的(后者的运用完全是**内在的**,因为它们只把经验的可能性作为自己的主题)。

一切知性的原理都是只能在经验中加以应用的,经验也只有在知性原理的前提之下才得以可能,这两方面是紧密不可分的。先验的范畴不可能作先验的运用,它就是要指向经验对象的。如果你凭借它是先验范畴就把它作先验的运用,那它就是空的,没有任何认识意义。先验范畴不运用于经验对象就没有任何运用,你只能思考一个对象,而不能认识一个对象。思考对象还不叫运用,只是思考。所以知性的原理是这样的,只能够有经验性的运用;而理性的原理完全不同,它不能有任何与它相适合的经验性运用。所以它"与一切知性原理完全不同","后者",知性原理,它的运用完全是内在的,也就是在现象界之内的,也可以说是在我们之内的,我们的知识都是由我们自己建立起来的。当然一旦建立起来,它也被赋予了"客观性",它在"经验自我"之外,牛顿定理等等在经验自我之外,不以我个人的意志为转移;但它们毕竟都在"先验自我"之内,在先验自我所统摄的现象界之内,所以是"内在的"。先验自我意识的作用范围就是现象的范围、可能经验的范围,这些都是知性的主题。下面提了一些问题:

现在,条件序列将(在经验的综合中,乃至在对一般物的思维的综合中)一直伸展到无条件者,这条原理是否有其客观正确性?

条件序列整体将"在经验的综合中"——因为那些有条件者的序列、那些条件的条件就包含所有那些被给予出来的有条件者,它们都是经验的,被综合为一个序列——,"乃至在对一般物的思维的综合中",关键就是后面这个了,经验的综合我们好理解,有条件者都是经验的,那么所有的这些有条件者作为一个经验的条件序列是不是综合成整体了呢?这就必须思维一个绝对的无条件者,才能把一个经验的序列构成一个整体。如果你的序列最后还是一个经验的有条件者,那这个序列永远还是有待完成的,构不成整体。经验的东西它总是有条件的,它总是有待于一个更高的条件来规定它。那么什么时候才完呢?只有当你设想出一个无条件者才完。一旦想出一个无条件者,那么它就是非经验的,所以它是完全凭思维思考出来的"一般物"。这个一般物是可思维的,当然它不一定成为知识,思维一个对象和认识一个对象是不同的,没有经验的内容我也可以思维一个对象,但这并不是认识。但是这个思维的对象,你要形成一个完整的条件序列又少不了它,因为条件和条件之条件都在经验中,唯独那个最高的无条件的条件它不在经验中,它是想出来的。如果你不去想的话,那你就只有永远坐在那里等了,经验它是无穷无尽的。像休谟他们就认为经验知识是开放的,你永远不可能把它们当作一个整体。当然这不错,但是我们虽然不可能完成知识整体,是不是还是可以去"想"它,去思考它的完成? 人是有限的,但是人除了有限性,是不是还有无限性? 超越有限的东西去想到一个绝对的真理,比如说"宇宙",一个无所不包的"万物",这就是我想出来的。谁见过"万物"? 我们只见过这个物那个物,但是没有人见过"万物",这只是我们思考的产物,一个思维的对象。但是你要形成一个无所不包的万物的概念,一个非经验的"宇宙"的理念是不可少的。如果像经验派所坚持的那样,那人跟动物也就没有什么区别了,我们就是消极地等待,有什么就说什么了。你也不可能对这个世界有什么把握,什么"世界观",你怎么能够观到世界呢? 你只能观这个观那个,你不能观世界。但是理性派强调虽然我们在经验中有限,但是我们还是可以通过我们思维的主动性去设想、去思考这个宇宙应该有一个整体。所以这个括号中很重要,一个是在经验的综合中,一个是"乃至于"、甚至于在"对一般物的思维的综合"中。所以有条件的序列它不是一个经验的堆积,它是一条理性的原则,既然是一条理性原则,它是充分发挥了理性思维的能动性而设想出来的。这个条件序列它将"一直伸展到无条件者",它从经验的有条件者一直推到超经验的无条件者,而这个无条件者是我的思维思考出来的"一般物"。所有的物都不是一般物,这只是我设想出来的东西,我的思维可以做到这一点。当然你要认识这个物,那就必须有经验的内容,但你可以没有经验而思考一般物,这是思维的权利。那么这个对一般物的思考引导我们一直伸展到无条件者,无条件者就是一个一般物啊,你可以设想一个最高项,这个最高项就是一个一般物,它没有任何经验的内容,不能认识,它是看不到的。那么,从条件序列一直伸展到无条件者这条原理"是否有其客观正确性"呢? 一般说来这只是一种逻辑的手段,用来帮助知性来形成一个知识的体系,一个系统,所以康德说这只是一种主观的规律,是我们主观为了自己的方便,为了从整体把握知性的知识,知性的知识太多、太杂,我们要把它们归结为少数原则。这只是我们主观上的一种原理,那么它是不是有一种客观的正确性呢? 它是不是客观上也有效?

有没有这样一个"一般物",一个无条件者,可以当作一个客观的认识对象来把握呢?我们在追溯的过程中只是当作一个主观的逻辑手段来使用的原理,我们是否能够把它看作一种客观的结构呢?这个无条件者是构成有条件者的条件,那么它是如何构成有条件者的?如何创造出有条件者?比如自由意志,它是如何自发地自行开始一个因果链条的?你能不能够把这种过程变成一种知识?上帝是怎么创造世界的?你能不能够把创世当成一种知识来探讨?来加以证明?所有这些条件的序列最后都要伸展到一个无条件者,由它来解释。那么这能不能成为一条客观正确的原理?

它将对知性的经验性运用产生什么结果?

也就是对我们的科学知识会产生什么结果?实际上这条原理当它作一种逻辑上的运用的时候,它是会对经验知识产生积极的成果的,它可以有助于产生出一个科学知识的体系。这个前面已经讲了,后面还要继续讲,这条理性的原则在它的两种不同的运用中要加以区别,即内在的运用和超验的运用。在这里还是一个问题。

或者,是否任何地方其实都没有这样一类客观有效的理性原理,而只有一种逻辑上的规范,即向越来越高的诸条件逐步上升而逼近它们的完成,并借此把理性最高可能的统一性带入到我们的知识中来?

就是说,它是有一种客观的正确性呢,还是其实并没有这样一种客观有效的理性原理,好像它能够提供一种新的知识,而是"只有一种逻辑上的规范",从有条件者向更高的条件逐步上升而"逼近它们的完成",但是永远也完成不了。虽然完成不了,但是它的目的并不在于要完成,而在于"借此把理性的最高可能的统一性带入到我们的知识中来"。理性的逻辑运用它所起的就是这种作用。当然在一般日常的逻辑运用中理性还没有意识到这一点,这是经过康德的阐发所引出来的理性逻辑运用的一般原理,就是要形成越来越高的统一性。在一般科学研究中我们并没有意识到这一点,我们只是片断地使用理性推理,形成一个统一性就完了，下一次又形成一个统一性，然后又完了。但是从这种逻辑运用中我们连贯起来看，就可以看出它的一条基本的原则就是要形成一个越来越高的统一性，把整个宇宙看作一个有等级有层次的统一体。比如我们说整个宇宙有五种运动形式，物理学、化学、生物学、社会历史和人类思维的运动形式，从低级到高级，这其实就已经运用了理性的逻辑的统一性。这些运动形式它有种等级关系，知性是不考虑这些的，它在一个领域就只考虑这个领域的事情，至于这个领域的规律与另一个领域有什么关系，知性是不管的，它也看不出来。只有理性才帮助它关心这种区别，来划分这些等级，从它的条件上升到条件的条件，把所有的知识构成一个有等级有层次的体系，这是理性所做的工作，就是向越来越高的条件上升，逼近它们、也就是这些条件序列的"完成"，这样把理性的最高统一性带进知性的知识中来。这是一个问号，就是问理性的这一原理是否根本不具有客观有效性，与前一个问号是相呼应的，前面问"是否有"，这里问"是否并没有"，而"其实只有"另外一种东西。下面还有一问：

B366　　或者，是否理性的这一需要由于误解曾被看作了纯粹理性的某种先验原理，这个原理太急于把诸条件序列的这样一种无限的 ① 完整性设定在对象本身之中？

　　"理性的这一需要"就是指一种主观的需要，即便于我们把握知性的知识，以形成一个统一性的整体，这是把理性的原理局限于它的逻辑运用，这种逻辑运用有一种内在的积极意义，它可以把统一性带入知性知识中来。但是，理性的这种需要由于误解曾被人们看作了纯粹理性的先验原理。纯粹理性的这条原理我们前面讲了，它其实本身是超验的，先验的和超验的我们已经作过分析，是大不相同的。超验的是超越一切经验而且不能运用于经验，先验的则超越经验而要运用于经验对象。既然

---

① "无限的"，原译文误作"有限的"，兹改正。

这个超验原理不能运用于经验对象,所以它是由于某种误解而被看作了先验的原理;而当它把自己运用于经验对象时,由于它完全没有经验的内容,所以它就自以为它对于经验后面的物自体作出了规定。所以说它"太急于把诸条件序列的这样一种无限的完整性设定在对象本身之中"。就是说,这种完整性本身是纯粹理性的一种超验的原理,它所设想的对象只是一种设想而已,并没有一种经验的内容能够使它构成一个认识的对象;但是你把它看作一个先验的原理,就使它具有了一种可能性,就是把这种无限完备性当作了对象的一种属性,仿佛离开经验却获得了只有经验才能达到的成果,即获得了某种知识,所谓"对象本身"的知识。这就是把它的设想"设定在对象本身之中",也就是当作对象本身的一种规定了,你就以为你获得了有关对象本身的知识了。先验的原理它就是这样的,它是能够赋予对象以一定的规定性的,比如说知性的范畴,它在运用于经验的对象的时候,它可以赋予对象以规定性,说它是"实体",它是"原因",它有"质",它有"量"等等。但是理性的原理它是一种无限的完备性,它是不是也能够把这种无限的完备性也设定在对象之中呢?是不是也能够像知性的范畴那样运用于一个对象呢?这就是一种误解,因为理性的原则不是先验的原理,而是超验的原则。所以你不能把它当作一种客观的原理而运用于对象本身,你要运用它,你只能够为知性服务,把它作一种逻辑的运用,主观的运用,不能当作客观原理。你当然可以把无条件者设想为客观的目标,但是你要明白这只是你的一种设想,一种悬设,你不可能由此获得客观的知识。但另一方面,如果你是从实践的角度来看待这种悬设,那它们倒的确有一种客观的运用,这些理性的理念本身的固有领地的确就是在实践中,在那里它们不再是为知性的理论知识服务,而是纯粹地、独立地运用这些原理,也就是在超验的领域中运用这些原理。你不能认识它们,但是你可以按照你假定它们客观存在地那样去做,去实践。但在知识领域里它们不可能是客观的原理,它只能理解为一个"先验的理念",对知识起一种范导作用。你不能太性急,你在知识中你还远远没有达到那个你设定的对象，其实也永远达不到那个对象。理性的独断论就是太性急了，他们一旦想到一个对象，他们就以为他们可以由此认识这个对象。

但即使是这种情况，又是什么样的误解和蒙蔽会潜入这些从纯粹理性中取得大前提（它与其说是公设，不如说是公则）并从经验上升到经验条件的理性推论中来呢？

就是说，即使发生这种太性急的情况，在这种理性推论中所隐藏的又是一种什么样的误解和蒙蔽呢？这种理性推论是从纯粹理性中取得大前提，即取得那些无条件者的理念的，这些理念在这种经验条件的追溯中所起的作用与其说是公设，不如说是公则。公设（Postulat）和公则（Petition）不同，前者我们在有的地方译作"悬设"，具有一种更抽象的形而上的意义，它只是一种道德实践上的要求；后者则更带有强制性和操作性，是一种逻辑上的普遍规则。那么，人们为什么会急于把这条逻辑运用的原理当作一个形而上学的客观对象来认识？是什么样的误解和蒙蔽在里面起作用？这句话问的就是"什么样的"误解和蒙蔽，整个先验辩证论就是要分析这种误解和蒙蔽的原因，我们把它们分析出来就可以不受这种幻相的诱惑。当然这种幻相是避免不了的，总是要产生出来的，但是一旦我们把它讲清楚，找到了它的根，它也就不会危害我们了。所以最后一句讲：

这些就是我们在先验辩证论中要探讨的，我们现在要将这种辩证论从它深深埋藏于人类理性中的根源处阐发出来。

就是这个意思。所有上面这一系列问题归结为，纯粹理性本身的这些原理不可能有经验性的运用，不可能有现象中的客观有效性，而只是超验的；而当理性在现象中作逻辑的运用时，它又体现不出纯粹理性本身的原理，而只是帮助知性作内在的运用；所以在两种情况下它的原理都只是一种假设；但人们往往倾向于把它们当作客观对象的知识，这种误解和蒙蔽是如何产生的，正是康德所要分析的。所以"辩证论"在康德这里有一种贬义，它相当于"误解和蒙蔽"的意思，当然在康德看来这不是一般的误解和蒙蔽，也不是故意弄出来的，而是深深植根于人类理性中的，其根源必须通过艰苦的努力才能挖掘出来。这些辩证论是如何造成的？为什么有那么多说得头头是道的伪科学？这不是单纯逻辑上的花招，逻辑上的花招是容易揭穿的。但这种辩证法不是这种表面的误解，而是有其深刻的理由，实际上是理性的一种自然倾向，一定要把那种逻辑上的设想当作是实有其事，因为它的根源是在实践中，在道德中，因此不能简单地加以拒斥就了事，而要进行深入的分析。

第一卷　纯粹理性的概念

第二节　先验的理念

我们来看看第一卷，纯粹理性的概念。纯粹理念的概念就是先验理念。这一卷的第一节是"一般理念"，我们这本书里面没有收入。什么是一般理念？他的这个一般理念是从柏拉图来的，Idee 这个词是希腊词。康德是深受西方哲学传统的影响，在先验分析论那里他的知性的范畴就是从亚里士多德那里来的，那么在先验辩证论里的理性的理念是从柏拉图来的。柏拉图把理念看作是一个起统一性作用的概念，理念是共相，理念是"一"，是多中求一，而且这个一不是一次性的，而是要不断地去寻求，它们构成了一个理念世界，一个从低级到高级的理念系统，最高的是善的理念。在康德看来，柏拉图的理念世界有一些是不能称之为纯粹的理念的，如"桌子"的理念，"马"的理念，这些经验性的概念不是纯粹意义上的理念的，只属于"一般的"理念。柏拉图自己在晚期也意识到这一点，他后来提出"通种论"，也就是一种高级的理念，如存在

623

和非存在,同和异,动和静等等。当然还有善和一,这样一些概念。那么康德认为纯粹理念应该从最高层次来理解,低层次的理念都是一些经验性的概念。当然他也没有完全否认经验的理念,如"纯水"、"纯金"以及种和类的概念("马"等等),但纯粹理性的理念应该是先验的理念,就是没有一点后天的经验性的成分,完全是从理性中可以先天地找到的理念。所以康德改造了柏拉图的理念论,提出了先验的理念概念。但是这些先验理念如何得出来?你如何找到这些先验理念?你不能盲目地去找,必须有一个方法。这个方法他后来也点明了,就是要从形式逻辑中去找。因为形式逻辑几千年以来已经成形了,这是大家都承认的,公认是可靠的,不可动摇的。但是光是形式逻辑还不够,因为它不涉及认识论,所以必须从形式逻辑中把知识论的问题引出来。那么在先验分析论里面他已经作了一个示范,从形式逻辑的判断分类里面引出范畴表。正如我们在寻找先验范畴的时候我们可以参考形式逻辑的判断分类,我们在寻找先验理念的时候也可以参考形式逻辑的推理。所以康德一开始就说道:

先验分析论曾向我们示范,我们知识的单纯逻辑形式如何可能包含先天纯粹概念的起源,

这些"先天纯粹概念"当然是泛指,先天纯粹概念除了知性范畴之外还有理性的理念,先验分析论则以知性范畴为一般的先天纯粹概念的起源作了示范,就是它们的起源都要到形式逻辑里面去找。这个示范的更普遍的意义就是为理性的理念也这样去寻找其起源。我们的单纯逻辑形式如何可能包含先天纯粹概念的起源,这从具体范畴的引出可以看到,就是有多少形式逻辑的判断分类就有多少个范畴。

B378　　这些概念先于一切经验而表象对象,或不如说表明了唯一使有关对象的经验性知识得以成为可能的那种综合统一。

这是在先验分析论里面作出的示范,就是我们找出了一些概念,即

范畴，它先于一切经验就指向了对象，表象了一个对象。范畴它是指向一个对象的，当然它还没有认识一个对象，它只是思考一个对象。作为形式逻辑的判断它是不考虑对象的，但是你一旦考虑对象，这样来思考这个判断形式，那么它就形成了一个范畴。所以范畴的意思它就是指向一个对象的，这个对象表象是在一切经验知识之前就可以思考的，它有那么个意向，那么个意谓。范畴跟逻辑判断形式之不同就在这里，逻辑判断形式不管对象，它是"普遍逻辑"，它不管一切对象、一切场合而运用。范畴则是要思考一个对象，并且它的使命就是要把这个对象加以认识。但是之所以能够认识是因为它先于一切经验已经有了一个有关对象的表象，而这个对象表象"不如说表明了唯一使有关对象的经验性知识得以成为可能的那种综合统一"，它表象一个对象并不是说单凭这个表象就可以认识一个对象，而是表明了一种综合统一活动，它能够统摄经验材料，把它们建构成有关对象的知识。每个范畴都表现出自我意识的综合统一的能动性，这种能动性在它还没有具体地统摄那些经验材料的时候，它还是空的，它统一什么呢？当然只能统一经验材料了，所以它还只是指向一个对象，但是还没有认识一个对象，或者说它还没有构成一个对象；但是它已经不同于形式逻辑了，它已经指向一个对象，要认识一个对象，它已经表象出一个对象了。这种表象一个对象就体现在它具有一种能动的综合统一的作用。在一切经验之前它已经有这种作用，但是它还没有发挥出来，还没有运用起来，还是空的；但是作为一种先验的能力，它唯一地使有关对象的经验知识得以可能。如果没有这种主体的能动性，关于对象的知识怎么可能呢？单凭经验性的接受性，获得的只是一大堆杂乱无章的表象，不叫知识。它必须通过范畴把这一大堆杂乱无章的表象构成起来，成为一个对象，那才成为有关对象的知识。范畴它是起这样的作用的。

这种判断形式（在转化为直观综合的概念时）产生了对知性在经验中的一切运用有指导作用的诸范畴。

这就公开点明了，这种判断形式，也就是形式逻辑的判断形式，单称判断，特称判断，全称判断，肯定、否定和无限判断，定言和假言、选言判断，或然、实然和必然判断，所有这十二个判断类型，"在转化为直观综合的概念时"，也就是不是仅仅从形式逻辑的意义上作为一般普遍逻辑来运用，而是把它们转化为一个具有直观内容的判断的时候，这些判断是要综合出一个直观对象来的。这些判断本身不管对象，不管真理问题，只管概念之间的符合问题，但是你要把它转化为针对着直观的综合的概念，这时候就"产生了对知性在经验中的一切运用有指导作用的诸范畴"，从每一个判断形式中产生出一个概念，这个概念是针对着直观而言的，它把自己限定为指向一个直观对象的，综合一个直观对象的。这个时候就产生了诸范畴。所以范畴跟判断的逻辑形式是有联系的，是从这些逻辑形式中引出来的。怎么引出来，就是要把判断的逻辑形式不是一般的泛泛地当作一种思维工具到处运用，而是把它凝聚在一个直观对象上，用来综合一个直观对象。一个判断，A 是 B，这个"是"在形式逻辑上是一个系词；但是如果你把这个"是"看作一个综合的活动，用 A 来综合 B，使 B 成为有关 A 这个对象的知识，那么这个判断的逻辑形式就转化成了一个范畴，也就是转化成了一个直观综合的概念。形式逻辑运用的概念不管它是不是直观综合的，哪怕它是虚无飘渺的概念，哪怕是上帝、灵魂的概念，它不管；相反，范畴就是只着眼于一个直观对象来进行综合。那么范畴对知性在经验中的一切运用就具有了指导作用，这是形式逻辑不具备的。形式逻辑只是知识的消极条件，你违背了它肯定是错误的，但是你没有违背它是不是就是正确的呢？那可不一定，也可能正确，但也可能是无稽之谈，如果它的前提错误的话。甚至也可能它仅仅是一种逻辑游戏而已。所以对于知性的经验运用它不具有指导作用，它只是知性的形式。在康德以前逻辑不管认识论，不管对象、真理问题，它只是一种操作性的技术，只要不出错就行。逻辑上不出错是不是就是真理，是不是与对象相符合，这个问题它还没有涉及到。范畴就要考虑这些问题了，如何在经验的运用中使知识具有实在性，具有可靠性，如何使知识不至于像休谟所说的，成为一大堆杂乱无章的知觉印象，而是与对象有关的确定的知识，那就要运用范畴。范畴就是要把那些经验性的材料联结起来，组织起来，使它们具有一种普遍必然的关系，这种关系不是你可以随便更改的，而有一种客观的性质。所以这种范畴对经验知识就具有指导作用了，当然这只是对于形成知识而言，如何形成知识？就要接受范畴的指引，它告诉你在经验中哪些是实体，哪些是偶性，哪些是原因，哪些是结果，量的方面怎么样，质的方面怎么样。经过这些范畴你对它们进行了全面的规定，你对这个对象就把握了。所以范畴使我们的知识成为客观的知识，就是成为与某个"对象"有关的知识。这是知性在先验分析论里面向我们作出的示范，这个示范虽然是知性的范畴特有的，但是它有普遍意义。

同样，我们也可以期望理性推论的形式当它在直观按照范畴的标准的综合统一之上应用时①，将包含某些特殊的先天概念的起源，

"同样"，在哪方面同样呢？它们有一种同构性，理性的运用它跟知性的先验逻辑有种同构性，先验分析论与先验辩证论有种同构性。既然知性的范畴是从形式逻辑的判断中引出来的，那么理性的理念也可以从形式逻辑的推理里面引出来。尽管一个是判断一个是推理，层次更高了，但是它们都是从形式逻辑中引出先验逻辑的原理。所以他这里讲"同样"，道理就在这里。所以"我们也可以期望理性推论的形式"，"将包含某些特殊的先天概念的起源"，这个句子简化一下就是这样。在什么条件下"期望"呢？"当它在直观按照范畴的标准的综合统一之上应用时"，也就是在应用于有关对象的知识之上时，因为直观经验的材料以范畴为标准被综合统一就形成了对象或关于对象的知识。理性的推理本来是不管关于对象的知识的，它不属于认识论，而只属于形式逻辑。但当它涉

---

①　原译作"当它按照范畴的标准应用于直观的综合统一时"，不妥，兹改之。

及到对象的知识时，虽然这时它的作用只是服务性的，但已经从中启示了某些特殊的先天概念，这些先天概念虽然是超验的，没有任何经验的内容，但正如范畴一样，它也对于某个对象有一种指向，有一种对于对象的思考，当然这时这种对象只能是自在之物，所以永远只是能够思维而不能认识的对象。但它毕竟指向了某个对象，这就使理性的推理跳出了它的单纯形式逻辑的运用而上升到了先验逻辑，上升到了认识论；这正如形式逻辑的判断一旦指向对象就上升到了先验逻辑的范畴一样。所以这些指向某个对象的先天概念正好表明了纯粹理性本身作为一种认识能力的最高原则，它们都发源于这种最高原则。

这些先天概念我们可以称之为纯粹理性概念，或**先验理念**，它们将根据原则而在全部经验的整体上对知性的运用作出规定。

理性在知性知识上的逻辑运用归根结底是依靠这些先验理念来达到全部知识的综合统一的，所以尽管这种逻辑运用是服务性的，但却已经表明了纯粹理性的特殊功能就在于提出它的先验理念，它正是利用自己的这种特殊功能才能够为知性服务的。但这种特殊功能的本来目的并不仅仅是为知性服务，而是有更高的认识论任务，就是要超出现象的领域而认识某种更高的对象、自在的对象。这个目的当然是不可能达到的。但是反过来说，也正因为它具有这种对不可达到的目的的展望和努力，它才能够"根据原则而在全部经验的整体上对知性的运用作出规定"，它只有力图超出经验才能从整体上规定经验。所以，理念的内在的运用其实是以它的超验运用为前提的。"**先验**理念"本来的意思是先于经验而又（间接地）运用于经验知识之上的理念，在这个意义上它与"**先验**范畴"有类似的意义。当然两者之间还有一个直接性或间接性的区别，范畴是直接与经验打交道，理念却不是直接地、而是间接地与经验知识打交道，所以它不是直接运用于经验直观之上，而是运用于已由知性整理好了的经验知识之上，或者运用于知性知识之上。但它之所以能够运用于知性的知识之上，又正是依靠"超验理念"，或者说依靠它本身固有的超验性，因为它对知性所作出的那些规定都是"根据原则"而作出来的，而这些原则本身是超验的。康德在后面也曾提到"超验的理念"这个概念，① 它与"先验理念"是不同的概念，但实际上是指的同一个理念，当它作内在的运用时它就是先验的理念，当它着眼于超出现象范围之外的时候就是超验的理念。而这两层含义也是相互渗透的，先验理念在作内在的运用时正是利用了它自己的超验性，以此作为对一切经验知识不断追溯的范导性原则。但超验理念正因为没有任何经验知识能够完全适合于它，所以它本身的指向是超出一切经验知识之外的，因此表现为一条超验的原理，并努力要进行一种超验的运用，尽管这种超验的运用总是失败的。有些人，例如牟宗三先生，因为误会了这中间的复杂关系，就以为"先验的"和"超验的"两个术语在康德那里混乱不堪，本来没有什么区别而强作区别，这真是一种误解。

　　<u>理性在其推论中的机能在于知识根据概念而来的普遍性，而理性推论本身是在其条件的全部范围内被先天地规定的一个判断。</u>

　　理性在它的逻辑推论中，也就是在其逻辑运用中，它起什么作用呢？它就是要为知识寻求一种根据概念而来的普遍性，这种普遍性是根据概

---

① 　参看《纯粹理性批判》A565=B593："只要我们借助于我们的理性概念仅仅把感官世界中诸条件的总体性以及在这总体性方面可以为理性所用的东西当作对象，那么我们的这些理念就虽然是先验的，但却还是宇宙论的。但一旦我们把无条件者（事情真正说来毕竟要涉及它）置于完全外在于感官世界、因而在一切可能经验之外的东西之中，那么这些理念就成为超验的了；它们不是仅仅被用来完成理性的经验性的运用（这种完成始终是一个永远也不能实现但却必须追随的理念），而是与这种运用完全分离开来，并且自己给自己造出一些对象，它们的材料不是从经验中取来的，它们的客观实在性也不是基于经验性序列的完成，而是基于纯粹先天概念。这样一类超验的理念具有一个单纯理知的对象，承认这样的对象是一个我们此外对之一无所知的先验的客体，这当然是被允许的，但对这个先验对象，为了将它作为一个可以通过其不同的和内部的谓词加以规定的物来思考，我们在自己这方面既没有（作为不依赖于一切经验概念的）可能性的根据，也没有假定这样一个对象的丝毫辩护理由，因此这就是一个单纯的思想物。"

念而来的，而不是仅仅根据归纳，多次重复，习惯性联想等等，那不是真正的普遍性。理性的目的就是要找到根据概念的普遍性，所以理性的推论必定要有一个全称判断，有一个概念的量上的分析，全称、单称还是特称，就凭这个概念，凭它的内部包含关系，不需要任何别的东西，就可以必然地推出结论来。这是讲的理性的功能。而"理性推论本身是在其条件的全部范围内被先天地规定的一个判断"，理性推论本身是一个判断，这在前面已经讲了，只不过这个判断不同于知性判断，它是"在其条件的全部范围内被先天地规定的"一个判断，是在与其前提判断的联系中来看待的一个判断。三段论推理其实有三个判断，但它落实到它的结论判断，大前提和小前提两个判断是附属于结论判断的，所以它是"在其"——这个"其"就是指后面的"判断"，它是代词前置了，——在这个判断的"条件的全部范围内"，也就是在大前提的范围内，即全称判断"一切……"的范围内。既然一切都是如此，那么它当然就可以对它的所有各部分进行"先天地规定"了。这个不需要另外提供什么经验的知识，因为它是普遍性，既然是普遍性它就可以适用于它底下的所有的子项目。所以这是先天规定的，逻辑推理的本质就在这里，为什么逻辑推理有先天的必然性，你怎么知道可以先天推出这种关系？是因为这是部分和全体的关系，难道连全体都知道了，部分还不能先天地知道吗？他下面举了一个例子。

<u>"卡尤斯是会死的"这一命题我也有可能单凭知性从经验中得出来。</u>

这也可能是一个归纳的结果，我看到那么多人都死了，我知道我以前的无数人都会死，没有见过任何一个人永远不死，或超过两百岁，于是我断言卡尤斯也是会死的。我还可以更大胆一点，断言一切人都是会死的。这些断言只要有经验就够了。但这里谈的却不是这个意思。

<u>但我寻求的是一个概念（在这里就是"人"这个概念），它包含着该判断的谓词（一般的断言）被给予出来的条件，因为该谓词归摄到这个条件的全部范围之下（一切人都是会死的）；</u>

"卡尤斯是会死的"可以是一个经验性的命题,因为卡尤斯是一个经验的人,死则是一种经验现象,我们通过经验的观察把这个经验的谓词与经验的主词联结起来,这有什么不可以呢?我们每天都在做这件事情。但是康德在这里讲的是把它放到一个三段式推理里面作为一个判断来看的时候,它就必须带上它的大前提小前提,带上它的那些前提判断,这样来看的一个判断中,所寻求的是一个概念,就是"人"这个概念,"它包含着该判断的谓词(一般的断言)被给予出来的条件"。如果卡尤斯不是人,它是什么别的东西,那它就不一定是要死的。但是现在我们所要寻求的是,"卡尤斯是要死的"有必然性吗?在三段论推理里面就是要把一个判断做成一个可以先天推出来的必然命题,一个可以先天推出来的结论,而不只是单单提出这个判断。那么在这里,如果我们把卡尤斯归入"人"这个概念之中,那么"卡尤斯是要死的"这个判断就有必然性了,为什么?因为"一切人都是要死的",而卡尤斯已经被归于"一切人"之中的一员,在这个条件之下,一切人所固有的他无不具有,不光是"要死的",而且其他谓词如"有理性的"、"会使用工具的"、"直立行走的"等等,总之是包含在"人"这个条件之下的"一般断言",他都具有。所以这个结论判断就不再只被理解为经验的,而是必然的、先天推出的命题了,其必然性就在于它的谓词"要死的"被归摄到了"人"这个条件的"全部范围之下",不单是这个人那个人,而且是"一切人"。但如果作为一个经验命题,那么这个结论判断虽然也可以得出来,但并没有把它归摄到其条件的全部范围之下,没有归摄到"一切人"之下,所以显不出它的必然性来。所以作为理性推论的判断和一般经验中的知性判断还不一样。知性在经验中的判断得出一个知识就够了,但是推论中的判断却不满足于得出一个判断,三段论推论就有三个判断,理性使它们处于一个相互关联的系统中,而且按照**同一个原则**,理性还要继续**延伸**它的判断系统。比如说大前提"一切人都是要死的",这个判断本身又可以看作一个结论判断,为什么一切人都是要死的?于是它又可以引出一个三段论推论:"一切生物都是要死的，一切人都是生物，所以一切人都是要死的"，如此等等，一直引到比如说"一切产生出来的都是要灭亡的"、"宇宙是有限的"之类的命题。这样，所有的这些推论都构成一个互相关联着的巨大的推论系统，它是通往无限遥远的理念的。所以理性本身有一种自发的倾向，就是要把推论按照它的同一个原则进行到底，并且由此使一切命题都带上必然性。所以康德说：

这样，我才把我的对象的知识（卡尤斯是会死的）按照这一点规定下来。

按照哪一点？就是按照"把该谓词归摄到这个条件的全部范围之下"这一点，这样把它规定下来，即把它按照一种逻辑推理的必然关系规定下来。当然你还可以说"一切人都是会死的"这个命题也还不是一个必然命题，它本身是经验的、偶然的，不错。但是它与"卡尤斯是会死的"这个命题的**关系**是必然的，所以这个经验命题是被规定在这种必然关系中的。而且既然是关系，它就不限于这一个三段论，而且可以通过无数的三段论连成一线甚至一片，"卡尤斯是会死的"这个命题就和整个世界、整个宇宙都有必然的关系，所以按照理性的本性它必然会推出一个理念来。所以这里讲"按照这一点规定下来"也可以理解为按照整个宇宙的推论的逻辑体系而被规定下来，也就是只要有条件者被给予，则整个无条件的条件序列也就被给予了；换言之，有条件者本身在整个无条件的条件序列中被规定了。每个命题都以它的上一级命题作为必然根据或条件，你触动一个就必然触动全体，这就保证了整个科学知识系统的稳定性。

下面一段跟上一段有一定的关系，但是层次又不一样。前一段是举一个例子，一个理性的推论，从对这个推论的各种成分的分析中得出它们的一般关系；这一段则是把这个例子扩展、泛化了，我们现在不讲例子了，我们现在单讲理性推论的一般关系，对它进行理论上的分析。

因此我们是先在大前提的全部范围内于某个确定的^①条件下思考了一个确定的对象，然后再在一个理性推论的结论中将某个谓词限定于该对象上的。 B379

"大前提的全部范围内"就是在大前提的主词的全部范围内，这个例子中就是指"一切人"的范围内；"于某个确定的条件下"，这里是指小前提"卡尤斯是人"这个条件下，它使大前提的"全部范围"化为了一个确定的条件，即把"人"确定为特指"卡尤斯"这个人。就是说，我们先在"一切人"的全部范围内，在"卡尤斯是人"这个确定的条件下，思考了卡尤斯这个"确定的对象"，"然后再在一个理性推论的结论中将某个谓词限定于该对象上"，"某个谓词"就是"要死的"这个谓词，我们把它从大前提那里拿来，限定在卡尤斯身上了。之所以说"限定"，就是说这个谓词本来是"一切人"的谓词，它本来是无限的，没有限定的，而一个特定的人是从它那里把这个无限的谓词限定在自己身上，也就相当于柏拉图所谓的"分有"了这个谓词。所以一般三段论推理的模式就是：先在大前提中提供一个全称判断的全部范围；再提出一个小前提，把你要论证的对象、也就是结论的单称主词与大前提的全称主词联系起来，并归摄于其下；然后再把大前提中的谓词限定在结论的主词之上，使它成为这个单称主词的特称谓词。

这一范围的完全的量在与这样一个条件的关系中就叫作**普遍性**。

"这一范围"指大前提中全称判断的范围，既然是全称判断，当然就是"完全的量"了。那么它在与"这样一个条件"的关系中，也就是在与小前提的关系中，它就叫作普遍性，也就是它具有涵盖小前提的普遍性。为什么一定要在与这样一个条件的关系中才叫作普遍性呢？因为如果不是在与小前提的关系中，它本身不一定是普遍性。"一切人"只是对于"卡

---

① 此处原译作"特定的"，但该词与下面的"确定的"同为 gewissen 一词，兹统一作"确定的"。

尤斯"这个特定的人而言才是普遍的,但是对于别的概念而言,比如对于"一切生物"而言,或者对于"一切要死的"而言,它就不是普遍性了,它可能是特殊性。所以大前提不是说在任何地方都固定地是一个大前提,而只是在某种关系中才构成大前提,在别的关系中它很可能成为小前提,甚至成为结论。

与它相应地,在直观的综合中就是诸条件的**全体性**或**总体性**。

前面讲的是形式逻辑的推论,形式逻辑的大前提它表达出一种全称判断的普遍性;那么与这种普遍性"相应地","在直观的综合中",也就是在认识论的层面上,直观的综合,你要认识一个直观对象了,在这个层面上,相应于这个普遍性的就是"诸条件的全体性或总体性"(Allheit oder Totalität),也就是一个总体性**范畴**,这是一个知性范畴。范畴是对直观进行综合而形成一个对象的,它就与形式逻辑的全称判断的普遍性不在同一个层面上了,但它却与形式逻辑的普遍性"相应"。普遍性是一个判断的形式,那么与它相应的,当它指向一个直观对象的时候,它就是一个全体性范畴。但为什么说它是"**诸**条件的全体性"?这个"诸条件"就不是单指"卡尤斯是要死的"这个特定的小前提了,而是一切有条件者的条件链条,所以这个全体性就是指所有的条件和条件的条件总和起来的全体性,这就是一般来讲的了。在某个特定的三段论中作为大前提的普遍性,如"一切人都是要死的",在更高的大前提之下,如"一切要死的都是生物",它又成了一个小前提,从中推出"一切人都是生物"的结论。所以任何一个命题本身又都可以看作一个有条件者,或是一个条件,而全体性的范畴也就不限定于某一个三段论中的某个特定条件的全体性,而是扩展为"诸条件的全体性"了。你在理性的推论中不能满足于追溯到"一切人都是要死的"这样一种相对的普遍性,而必须继续往上追溯,一直追到条件的条件的整个序列,乃至于一切条件的全体性。那么这样一种全体性它就不光是指一个相对普遍性的全称命题,而是指向一个绝对完备的先验理念了。也就是在理性推论中一旦你要追求全体性的话你就要把它贯彻到底，这才符合理性精神。所以这里对上一段的逻辑结构有一个提升过程，"诸条件"这个词已经表明这种结构不限于一个三段论，而是要把这个三段论的结构扩展为一个理性本身的先验结构。所以下面接着就讲：

所以先验理性概念无非是有关一个给予的有条件者的**诸条件的总体性**的概念。

既然你把它扩展为一个理性本身的总体性结构，而不仅仅是逻辑上某一个三段论的结构，那么这个地方就讲到"先验理性的概念"了，也就是"先验理念"了。"一切人"这还不是先验理念，而是一个经验概念，虽然在这个阶段上，在这个三段论里面，它代表总体性的方向，但它还不是真正的总体性，它只是相对的总体性。那么理性的结构它是要追求一个"诸条件"的总体性，要把一切条件的条件都包括在内，追求一个最大的总体性，那么这个最大的总体性就是先验理念。这个地方有一种微妙的过渡，为什么突然提出来一个"先验理性的概念"，先验理念，就是说他已经从那个例子里面脱身出来，进入到了理性本身的无限的上溯过程，那么这个时候先验理性的理念就出现了。那么这个先验理性概念是什么呢？"无非是有关一个给予的有条件者的**诸条件的总体性**的概念"，有关一个给予的有条件者，比如说"卡尤斯是要死的"，这个给予的有条件者它的条件是什么呢？那么你就要追溯它的条件，以及它的条件的条件。这些所有的条件的总体性就是先验理性概念了。先验理念无非就是这个东西，你给了我一个有条件者，我就可以把所有的条件系列都追溯出来，总括起来，设定这个无条件的最终条件。当然事实上是追溯不出来的，但是原则上是可以不断地追溯的，只要你设定了一个先验理念。所以这里跟上面讲的好像有些脱节，前面讲一个关于卡尤斯的三段论推论，并没有涉及理念，怎么突然一下这里出来一个先验理念，似乎有一个跳跃。其实他在"诸条件的总体性"中已经作了铺垫了，就是根据前面那个例子你再继续往上推，推到最后达到一切条件的总体性，你就会推出一个先验理念出来。

　　<u>既然只有无条件者才使得条件的这个总体成为可能，反过来诸条件的总体性本身总是无条件的，所以一个纯粹理性概念一般说可以用无条件者的概念来说明，只要后者包含有条件者的综合的某种根据。</u>

　　这两句话，一句是正过来讲，一个是反过来讲。正面讲，"只有无条件**者**才使得条件的这个总体成为可能"。我们前面已经讲了，理性的最高原则就是为有条件者寻求一个无条件的条件序列，这个条件序列本身它是无条件的，这个无条件者本来是用于这个序列的，它是指一种序列关系，把所有的条件和条件的条件都集合在一起，形成一个序列，这个序列它是无条件的。本来是这样的。但是你要仔细去分析的话，只有无条件者才能够使得这整个序列是无条件的，也就是说，整个序列怎么会是无条件的呢？是因为它的**第一项**是无条件的。因为其他的项都是有条件的，那么整个序列要能够是无条件的，那就必须它其中有一项、也就是最高项是无条件的。是它这个无条件者才使得整个序列成为无条件的，否则你永远只能够追溯到有条件者，那整个序列就还是未完成的，也就是有条件的。什么时候它是无条件的？只有当它最终追溯到了一个无条件项，这整个序列才算完成了，才是一个无条件的序列。后来的二律背反就是讲的这个，理性派和经验派的争论也就在这个地方，理性派当然坚持有一个无条件者，只有它才使得宇宙整体成为可能；经验派则反对这个，他们主张永远要等下去，子子孙孙都等不到序列的完成。这是从正面讲。那么反过来讲，"诸条件的总体性本身总是无条件的"，就是说，不但只有无条件者才能导致总体性，而且总体性也必然导致无条件性，因而也导致无条件者。因此"无条件者"和"总体性"这两个概念是完全不可分离的概念。那么他这样正过来说，反过来说，到底他要说明什么呢？他就是要从"总体性"这个概念里面引出"无条件者"这个概念。因此康德说："所以一个纯粹理性概念一般说可以用无条件者的概念来说明"，即"无条件者"这个概念可以用来取代上面对先验理念的定义："无非是

有关一个给予的有条件者的诸条件的总体性的概念"，简言之，取代"总体性"这个概念，来指称先验理念。但最后还有个补充："只要后者包含有条件者的综合的某种根据"，这又把话说回来了，就是说，只要这个"无条件者"的概念被看作有条件者的总体性的根据。其实康德前面已经把话说得很明白了，无条件者本身就是条件序列的最后综合的根据，也就是这个序列的总体性的根据，所以这个补充不说也罢。总之，康德的这个说明只是要表明，先验理念作为一个"无条件者"的概念，它是从一个知性范畴引出来的，这个范畴就是"量"的一类范畴中的"总体性"。所有的先验理念都是将"总体性"范畴绝对化的结果，所以理性还是在知性范畴的基础上加以扩展才得出自己的先验理念的，而不是凭空提出自己的理念的。这一点在下面对这些理性理念加以分类时就更加看得清楚了。

现在，知性借助于范畴所表现出来的关系有多少种类，也就会有多少纯粹理性的概念，所以必须去寻求的是：第一，一个**主体**中定言综合的无条件者；第二，一个**序列**中假言综合的无条件者；第三，一个**系统**中选言综合的无条件者。

这就是按照知性范畴中的"关系范畴"来对理性理念加以分类。为什么要按照关系范畴来分类，前面已经讲了，是由于按照其他范畴都不足以区分先验理念，因为不仅仅是上一段讲的"总体性"范畴，即"量"的范畴，而且"质"的范畴如肯定性，以及"模态"范畴如必然性和可能性，都是这些先验理念所共同具有的，而只有在关系范畴上，先验理念才表现出不同的关系。所以要寻求先验理念的分类，还必须以三个关系范畴即实体性、因果性和协同性为引线，也就是首先区分出三种不同的理性推论中的无条件者，一个是定言推论，一个是假言推论，一个是选言推论。这三种推论都不仅仅是在形式逻辑意义上来看的，而是从主体的综合、序列的综合和系统的综合来看的，也就是从先验逻辑意义上着眼于它们对于**对象**的综合。这种综合所综合成的对象在层次上一个比一个更高，即从主体的综合到序列的综合再到系统的综合，这就从中推出了三个不同的先验理念，即灵魂、宇宙和上帝。反过来说，这三个理念作为无条件者就是定言的、假言的和选言的三种推论最终之所以能够成立的绝对条件，有了它们，这三种推论才不再仅仅是被知性利用来扩展自己的知识的统一性的辅助手段，而是拥有了自己的特殊的对象即理性的对象。只不过这种对象通常仍然只是作为对知性知识的最大统一性所趋向的一个目标，一面旗帜，是纯粹理性所指向的对象，而不是纯粹理性所认识的对象。

下面对上一段有具体的说明。

这就是说，正好有这么多理性推论，其中的每一个都是通过前溯推论法而进到无条件者的，

上述三种纯粹理性概念代表了三种不同的推论，因为它们既是这三种推论推到极点而最终推出来的，又是这三种推论本身作为纯粹理性独立的原则的根据。这三种推论的共同的模式就是"通过前溯推论法而进到无条件者"；但在这个共同模式之下又有层次的分别，这就是：

B380　　一个是推进到本身不再是谓词的主词（主体），另一个是推进到不再以别的东西为前提的前提，第三个是推进到划分出来的各环节的集合，对这些环节来说，要完成一个概念的划分不再需要任何别的东西了。

先看第一个。所谓"本身不再是谓词的主词"或主体，这是亚里士多德对"实体"的定义。他说什么是实体？实体就是那种永远只能被述说，而不能用来述说别的东西的东西，比如说苏格拉底，我们可以说苏格拉底是白的，是聪明的，是坐着的和跑着的等等，但我们不能说一个东西是"苏格拉底的"，不能把苏格拉底当作一个谓词去描述另外一个东西，它永远是绝对的主词。所以亚里士多德把实体规定为个别的东西、个别实体，专名和专指。只有个别的东西才是最终的实体。另外还有种类概念也可以是实体，如"马"；但只是"第二实体"，因为它虽然可以由别的

东西来述说，但它也可以用来述说个别的马，这匹马、那匹马、关云长的赤兔马等等，这些都是"马"。所以只有个别的东西才是"第一实体"，它不再能作为别的东西的谓词。但是什么是"个别的东西"？通常以为是感性的个别事物，一个一个的物体。但是莱布尼茨指出，任何感性的个别事物都是有广延的，而凡是有广延的东西都是可分的，可分的东西就不是真正个别的事物，而是多个事物的集合体，它的个别性只是表面上的个别性，一旦分解为它的构成部分，这种个别性就瓦解和消失了。其实亚里士多德也曾指出，真正的实体不是构成实体的那些"质料"，而是使这些质料形成为一个整体的"形式"。所以莱布尼茨认为，真正的个别性是本身没有广延、因而也不可分、但能够形成有广延的事物的能动的形式，也就是精神性的"单子"，它们是万物的本源；而单子的高级表现形态就是人的灵魂。康德这里所提到的所谓"一个主体中定言综合的无条件者"就是指莱布尼茨的灵魂单子而言的，当然莱布尼茨的灵魂与笛卡尔的绝对的"我思"也是一脉相承的，所以这里也有笛卡尔的份。再看第二个。"不再以别的东西为前提的前提"，就是通过因果律追溯其序列整体，这就是"一个序列中假言综合的无条件者"，也就是"宇宙整体"或"世界整体"这个理念。"宇宙"的理念和前面那个"灵魂"的理念不同，灵魂是向事物的内部本质追溯，宇宙是向事物的外部关系追溯，也就是通常讲的"小宇宙"和"大宇宙"的区别。另外，灵魂是这种向内追溯的整个序列的最高项，宇宙则是这种事物关系的整个序列的总体性本身，它们虽然都是"无条件者"，但一个是作为"单一性"的无条件者，另一个是作为"统一性"的无条件者。当然在德文里，单一性和统一性都是同一个词：Einheit，有两个不同的含义，但在追求"一"这一点上却是共同的。最后是第三个，"推进到划分出来的各环节的集合"，这相当于协同性范畴。我们前面讲协同性以及选言判断的时候说过，协同不是无条件的同一，而是既分离又统一，选言的 (disjunktiv) 这个词的意思本来就是"分离的"，但正因为分离，所以才能达到最广泛的协同，否则你这个协同就不够完整，就有所遗漏。所以它既有"划分出来的各环节"，所有一切环节，但又是被"集合"起来的，不是零散的。选言判断的例子，如我们举过的这个例子：某间房间里某一时刻有一个人，他要么是张三，要么是李四，要么是王五，三者必居其一。我们把这个选言判断做成一个大前提，那就可以构成一个选言推论，即小前提：他既不是张三，也不是李四；结论：那么他只可能是王五。或者小前提：他是王五；结论：那么他不可能是张三或李四。我们曾说过，选言判断的诸环节一个都不能少，少了一个你的判断就不周全，就不能说"n 者必居其一"。选言推论也是如此，它只有把所有的可能性都考虑在内才能必然得出结论。这一点在法律和刑事案件的处理上特别重要，美国的"辛普森案"之所以判不下来，不能宣判辛普森有罪，就是因为"证据不足"，也就是还有别的可能性没有被考虑到。当然这还只是形式逻辑层面上的推论，如果把它提升到一个先验的推论，那就必须满足这个条件："对这些环节来说，要完成一个概念的划分不再需要任何别的东西了"。逻辑的推论总还是"需要别的东西"，只有推到一个绝对的无条件者才能摆脱这一需要，对于选言推论或分离性的推论来说，这个绝对的无条件者只能是一个上帝。上帝已经把一切可能性都考虑在内了，他不仅考虑了整个宇宙中发生的事件的可能性，他甚至还考虑了我们这个宇宙之外可能有的别的宇宙的可能性，然后他用他的善良意志，像莱布尼茨说的"在一切可能世界中选择了我们这个最好的世界"。所以有这样一个选言推论：在上帝眼中只有一个最好的世界，它可能是我们这个世界$_1$，也可能是世界$_2$、世界$_3$……；上帝选择了世界$_1$；所以我们这个世界$_1$是一切可能的世界中最好的世界。因此对于所有这些世界来说，要把我们这个世界作为最好的世界划分出来不再需要别的东西了，因为上帝已经把一切都考虑完备了。假如上帝不是全能的，他的考虑还漏掉了一种可能的世界，那么他所选出来的这个世界也许就还不是最好的，因为有可能恰好他漏掉的那个才是最好的。但这是不可能的，因为上帝已经被设定为最完满的绝对无条件者了。所以康德说，"对这些环节来说，要完成一个概念的划分不再需要任何别的东西了"，即要把最好的世界从一切可能的世界中划分出来不再需要别的东西了，只需要一个绝对无条件者，即上帝。当然这里暂时还没有直接提出灵魂、宇宙和上帝这三个理念，而是把它们统称为"无条件者"。

所以有关诸条件的综合之中的总体性的这些纯粹理性概念，至少是作为要求知性的统一性尽可能地继续前进到无条件者这样一种任务，就是必要的，并植根于人类理性的本性里的，

这些理念都是"有关诸条件的综合之中的总体性"的，这是它们的共同之处；它们"至少"作为一种"任务"是必要的，就是要求知性的统一性"尽可能地前进到无条件者"。为什么说"至少"？就是说它们当然不甘心于仅仅提出这一任务，而是还想要在增添新的知识方面大有作为。这些先验理念提出的那些"对象"虽然没有任何经验直观的内容，但之所以要提出它们、指向它们，目的就是要去对它们加以探讨，作出种种规定，以获得更高级的知识。这种企图康德在后面作出了详尽的分析，指出它们不过是一些幻相；但在此之前，康德承认"至少"这些理念对知性提出的这样一种进展到无条件者的任务还是"必要的"，也是卓有成效的，它使得我们的科学知识越来越逼近于构成一个统一的系统，并鞭策知性不断地扩展知识以求完备，而不是满足于当前状况固步自封。不仅如此，康德还指出，纯粹理性的这种倾向是"植根于人类理性的本性里的"，理性与知性的不同就在于要追求最大可能的统一性，因此它必然要涉及到无限，涉及无条件者。知性虽然也寻求统一，但只是一次性的，就事论事的，束缚于经验性直观上的，它不能跳跃和跨越可能经验的范围。而理性则可以而且必须超出一切可能经验，去试图触摸那超验世界的东西。康德后面指出，理性的这种本性其实并不仅仅是作为一种高级认识能力的本性，而且是作为一种纯粹实践能力的本性，之所以要去探索超验世界和彼岸世界，正是出于人类理性的道德本性，而不满足于认识我们这个物质的自然界。所以理性就是要探讨我们的一切现象底下的真正本体，

不是要对它加以认识，而是要思考它的实践规律，而这种倾向也正是植根于这个本体本身之中。所以纯粹理性对知性知识的最大统一性的范导只不过是把人的注意力从认识领域转向道德实践领域的一个引线，它的真正作用还不在现象界和理论界，而在本体界和道德实践中。所以纯粹理性本身按其本性是有自己独特的用武之地的，

哪怕除此而外这些先验概念缺乏与之相适合的具体运用，因而除了使知性在其极端扩展中同时做到使自己的运用纳入与自己本身彻底符合一致的方向之外，没有任何用处。

"除此而外"，就是指除了前面讲的使知性统一的任务之外，"这些先验概念缺乏与之相适合的具体运用"。注意这里讲的是"先验概念"而不是"超验概念"，也就是说，"先验"理念只能用在对知性进行范导之上，至于用在道德实践上，那已经是"超验理念"了。所以先验的理念"除了使知性在其极端扩展中同时做到使自己的运用纳入与自己本身彻底符合一致的方向之外，没有任何用处"，也就是只能够使知性不断地扩展自己，以尽可能趋向于"与自己本身彻底符合一致"这个方向。理性就是要来调节知性，使它与自身、也就是与知性自己相一致，不自相冲突，且有一种彻底的一贯性。先验理念的作用仅止于此，在它这样做的时候，它必须把自己的超验方面、即对象化的倾向方面压抑下去，明白自己在这方面"缺乏与之相适合的具体运用"，也就是没有经验的直观对象来让它运用于其上，因而在认识上"没有任何用处"，否则就会误入歧途。但尽管如此，先验理念的这种对知性知识的范导作用至少是必要的，不可否认的，"哪怕"除此之外它在认识论上再没有其他的作用也罢。它的这种必要性不仅是针对知性的彻底统一性方向而言，而且也是针对这种统一性方向揭示出人类理性的更深层次的本性而言的。

下面的这一段很长，也很晦涩。康德讲得非常简练，没有更多的解释，有些地方只能够半猜半推测，而且必须把后面讲的内容，比如二律背反、对上帝存在的证明等等，都考虑在内，才能有所理解。这一段一开始是

一个转折：但，这个"但"就是，根据前面讲到理性的先验理念的原则，从有条件的东西追溯无条件者，追溯全部条件序列，这个全部序列既然是全部的，那它就是无条件的，如果不是无条件的，那就还有条件，就还不完备；理念的原则是这样一个原则，"但"这样一个原则就需要一个概念。什么概念呢？

但由于我们在这里把诸条件的总体和无条件者当作一切理性概念的共同称号来谈论，所以我们又碰到了一个术语，它是我们所不可缺少的，但却是不能按照由长期的误解而强加于它的那种含混性来可靠地运用的。

就是说这样一个无条件者，"由于我们在这里把诸条件的总体和无条件者当作一切理性概念的共同称号"，所有的理念，它的意思就是讲的一种诸条件的总体，无条件者，这是所有理念的共同称号；"所以我们又碰到了一个术语"，什么术语？就是下面讲的"绝对"这个术语，诸条件的总体是"绝对总体"，无条件者是"绝对无条件者"。这个术语是不可缺少的，我们讲一切条件的总体，讲无条件者，就少不了讲"绝对"。绝对，absolut，本来有"超出"什么的意思，从低层次的东西脱离开来的意思，absolvieren 就是"毕业"、"赦罪"的意思。指一个高高在上的东西。这个是不能缺少的，但是这个概念长期以来有它的含混性，我们必须把它澄清了，用在我们这里才会是可靠的。

绝对这个词就是少数这种词语之一，它在其原初含义上是用来衡量一个在同一种 ① 语言中没有任何别的词可以现成地与之精确符合的概念的，

康德在《纯粹理性批判》中澄清了大量的含混的词，但如此不可缺少的词还是少数，在"原初含义上"，就是它本来的意思，"绝对"它是一个

---

① 原译作"同一语言"，可能会误解为"同一性的"语言，兹加上一个"种"字。

形容词,是用来"衡量"这样一个概念的,它衡量什么概念呢?什么样的概念可以称为"绝对"呢?在同一种语言中,比如说在德语中,该概念"没有任何别的词可以现成地与之精确符合",这样一个概念就是"**绝对概念**"。这个概念也是一个语词,但它在同一种语言里面没有任何一个其他的语词可以精确地与它相符合,当然经过解释也许可以,但不能"现成地"与之"精确"符合。这个概念就是"绝对的"。比如康德的三个先验理念,都是绝对的,独一无二的,其他的词都不能拿来就可以取代它。如"灵魂"、"上帝"这样的词,没有什么别的词可以完全代替它,它是唯一的概念。它的原初含义就是如此,是用来衡量独一无二的概念的。所以后来谢林就把"绝对"这个概念当作他的哲学的最高概念。

B381　　　因而丧失这个词,或者(这也一样)滥用这个词,必然会导致这个概念本身的丧失,

　　如果丧失这个词,不用这个词,或者把这个词用滥了,用在任何普通场合下,把什么东西都称为"绝对的",那也等于丧失这个词,那就"必然会导致这个概念本身的丧失"。比如灵魂这个概论,如果不是绝对的灵魂,还只是灵魂的一部分;或者上帝这个概念,如果还不是绝对的上帝,还有另外的上帝,那怎么可能?那这个概念就不存在了。这个概念肯定是绝对的,如果它不是绝对的,那它就不是这个概念了。

　　也就是说,它是这样一个概念,由于它使理性高度地关注于心,所以如果不想大大地损害一切先验的判断,就不能够缺少它。

　　这里还是讲"绝对"这个词所衡量、所形容的概念,具有"绝对"性的那些概念总是使理性高度关注于心的概念,像灵魂、宇宙、上帝这样一些概念。理性用这样一些概念所形成的判断都是先验的判断,在旧形而上学中都是一些先天综合判断,它们都是排除一切经验的内容而先验地指向理念的,也就是试图单纯通过理念来先天地促成某种知识的。把先验理念用在促进对经验对象的总体性认识上,所形成的判断叫"先验的"判断,"先验的"这个词总是和认识论有关的。当然对先验理念的这样一

种运用还只是"内在的"运用，并且是主观的运用；如果你不满足于把先验理念仅仅用于只是促进经验对象的总体性认识，而想让它脱离一切经验，把它放到经验序列的总体之外作为单独的对象来认识，这时它就叫作"超验的"理念，这种运用就叫作"超验的运用"或"客观的运用"了。这些都是后面要涉及到的问题，但这里还并没有展开，只是提到先验判断。一切形而上学，先验哲学，所提出的都是先验判断，这是理性高度关注的。然而，凡是你想建立起先验的判断，你就必须使用像"绝对"这样的概念。这就是"绝对"的原初的含义，它是在形式逻辑上讲的，因为它是从语词上来说的，即用来形容一个概念，它是凌驾于一切概念之上的独一无二的概念。这个概念当然也是一个语词，所以这里是讲语词和语词之间的逻辑关系，"绝对"这个语词被从逻辑上规定为用来衡量那种独一无二的最高概念的语词，与它结伴。但理性派的哲学家往往就习惯于从这种形式逻辑上的规定作出某种先验的判断，把语词的逻辑关系变成认识对象的关系，这是理性的一种自然的倾向。而要构成先验判断，"绝对"这个词又是少不了的，如果没有这个词，那些先验的判断就要受到损害，先验判断就做不出来了，或者作出来的就不是先验判断了，就上升不到纯粹理性的层次。这就是从语词和概念的层次上我们已经可以了解到的"绝对"的原初含义，也就是形式逻辑上的含义。下面讲"绝对"的另外一层次含义。

绝对这个词现在常常只是被用来指某物从**自在事物本身**来看待、因而**在内部**有效。

这种含义与前面讲的那种逻辑上的含义就不同了。前面是讲它"原初"是这样一种含义，这种含义是逻辑意义上的，是从概念、语词之间的关系得出什么样的概念是绝对的概念，而这个绝对的概念又是理性要进行先验判断所缺少不了的。这是原初的含义，那么"现在"的含义呢？它有了一些变化。传统的形式逻辑只是从语词的概念这个角度来谈绝对，而"现在常常只是被用来指某物从自在事物本身来看待、因而在内部有

645

效",这就是我们刚才讲的,理性派哲学家经常利用形式逻辑的绝对概念来进行一些先验的判断,那么这个先验的判断现在经常地被用来指某物从自在之物本身来看待,就是指自在之物。就是从逻辑的角度看的绝对,我们把它扩展到自在之物。这个自在之物包括灵魂、上帝、宇宙等等,当然还包括一般的自在之物,比如这个桌子,它就有一个自在之物。这个自在之物就是这个事物的绝对的本身,它的现象都是相对的,在与其他事物的关系中变化不定的,但它本身是绝对的,它绝对就是它本身。所以任何一个事物都有它的绝对性,这个绝对性不是对别的东西而言,就是对它自己而言的,是在它自身"内部有效"的。这种绝对性就体现在一个事物的绝对客观性,或者说绝对实在性。这个说法康德在前面也提到过,比如说自在之物的客观性是绝对的客观性,但是我们人所认识的客观性只是经验性的客观性,或者说经验性的实在性,它不是绝对的实在性。这个绝对的意思就是对于这个事物内部有效。形式逻辑上讲 A=A,我们也可以说这个杯子就是这个杯子本身,这个是没有任何怀疑的,我们可以承认。我们可以承认任何事物都有自己的自在之物,我们所认识的只是它的外部现象,它本身我们不能认识,但它本身是绝对的客体。我们只能认识它对我们所造成的影响,它与我们的直观所发生的关系,但它本身是不是就是在我们直观中所显现出来的那个样子,那是我们所不知道的。所以我们所认识到的客体只有相对的客观性,而没有绝对的客观性。

在这种含义上绝对可能的就意味着本身自在地(在内部)可能的东西,它实际上是我们关于一个对象**至少**能够说的东西。

我们关于一个对象至少能够说什么呢?我们至少能够说它就是它,它有一个它本身,也就是它有一个自在之物。我们虽然不能认识这个自在之物,但它是绝对可能的,一个事物至少在内部绝对可能有一个自在之物。你不能认识它,但你不能否认这种可能性。所以关于一个对象,我们至少能够说出这一点,当然这只是一种可能性,我们没有认识它,而只能推测它、猜测它后面有个自在之物。自在之物也不限于某个经验中的事物，而且超出一切经验之外也有可能，比如说上帝，我们推测有个上帝存在，上帝存在是绝对可能的，灵魂也是绝对可能的。当然这只是一种推测，但是这种推测就上帝本身而言它是绝对可能的，只要你不想去认识它，不想从各种关系对它加以规定。这就是我们对于一个对象至少能够说的东西，我说它是"可能的"总是可以的，没有任何东西阻止我说它是可能的，所以它是"绝对"可能的。所以在这种意义上绝对可能性就意味着本身自在地、在内部可能的东西，所谓"在内部"可能，就是它只涉及它自己内部，不涉及任何与其他事物的关系。作为先验理念来说，它只涉及理念的所指，不涉及任何与经验事物的关系，如灵魂与肉体的关系，上帝与万物的关系，而只涉及它自己的自在的存在。但这只是我们关于一个对象至少能够说的东西，还能够说什么呢？至少这一点我们可以说，作为一种可能性你绝对无法否认。这是对于"绝对"一词的一种新的含义，那么下面还有另外一种新的含义。

　　<u>相反，它有时也被用于指，某物在一切关系上（无限制地）有效（例如说绝对的统治），而在这种含义上</u>**绝对可能的**<u>就意味着在</u>**一切关系中任何意图上都是**<u>可能的</u>，这又是我关于一物的可能性**至多**能够说的东西。

　　也就是说，"绝对"这个词现在一方面被用来指一个事物本身内部的可能性，但另一方面也可以用来指某物在一切关系中的有效性。你可以说一个事物就是这个事物，A=A，张三就是张三，无可取代，这你可以说是绝对的，任何一个事物本身自在的内部有效性可以称之为绝对的；但是另一方面，绝对有时也被用于指"某物在一切关系上（无限制地）有效"，那么这个绝对的意思就不是单独一个概念它本身内部固有的有效性了，而是指某物在和一切事物发生关系的时候，它可以无限制地对任何事物都有效。"例如说绝对的统治"，普天之下莫非王土，率土之滨莫非王臣，这是绝对的东西，每一个都要受它的统治。这种意义上的绝对和前面那种绝对是相反的，不是就每个事物自身内部而言，而是就它与

一切外部事物的关系而言。前面那种可以说是"小"绝对，后面这种可以说是"大"绝对。"而在这种含义上绝对可能的就意味着在一切关系中任何意图上都是可能的，这又是我关于一物的可能性至多能够说的东西"，"在一切关系中"就是在所有的事物的关系中，而"在一切意图上"，就是在任何方面。前者是指绝对的涵盖面，即绝对的广，无一遗漏，后者是指绝对的性质，即绝对的强，任何方面都要受它支配。前面那种个体的绝对可能性只意味着它自己对它自己的绝对性，它绝对是它自己，那么后面这种大的、整体的绝对性是指它对一切环节它都有效，对一切关系都绝对能够发生作用，所有的东西都绝对在它之下。这是"关于一物的可能性至多能够说的东西"。这两极，一个至少能够说的，一个至多能够说的，在当时是理性派哲学家和经验派哲学家各自坚持的绝对性立场。经验派经常坚持只说那种至少能够说的东西，你怎么能够说世界是无限的呢？你怎么能说世界上有自由呢？我只说我看到的或者能够看到的东西，那才是绝对可能的东西，不能看到的东西我就不说，我不能断言经验以外有什么东西是绝对可能的。相反，理性派就要从"至多"的方面去说，你老是看到什么说什么，那还叫哲学？哲学就是要超出能够看到的东西而去追究一切可能的东西，可以设想的东西，哪怕它是超经验的东西，我凭理性的推理能走多远就走多远，我就有可能推出一个作为所有的推理链条的最高条件的绝对的东西。所以这两派所提出的概念经常是要么"太小"，要么"太大"。例如理性派总是从"至多"能说的方面判断世界是有限的，这个"有限"概念对于世界来说就"太小"，或者说它就说得"太多"了，你怎么能够断言世界是有限的呢？反之，经验派老是从"至少"的方面说世界是"无限"的，因为我从来没有看到任何一个事物能够作为世界的限度。那么这个"无限"的概念对于世界来说就"太大"，或者说它就说得"太少"了，它只说出了我们凭借归纳所能得出的东西。但你怎么能够断言世界不会有一天到达它的限度呢？所以康德后面讲二律背反的时候经常提到，"世界"这个概念作为一个绝对的概念，不是"太小"就是"太大"。① "太小"是因为你说得"太多",把不该说定的都说定了;"太大"是因为你说得"太少",留下的余地太宽泛。二律背反各执一端,有的执著于小的方面,有的执著于大的方面;有的执著于个体本身的绝对,有的执著于整体的绝对。不管是执著于个体本身的绝对还是执著于整体的绝对,它们有一个共同的毛病,就是都把绝对的东西看作是自在之物的性质去加以推测,这就没有经验的标准来衡量了。哪怕经验派坚持经验的标准,它也是把这种标准看作同时是对于自在之物的衡量标准,它要凭经验去推测整个世界是怎么样的。所以这里打了着重号的地方,有"至少"、"至多",还有"可能性"。为什么要讲可能性呢? 因为超出经验之外的东西你只能用可能性来判断,并没有现实的知识。所谓绝对的东西肯定不只是涉及现实的、现有的东西,而是涉及到一切可能的东西,这是"大绝对";或者涉及一个事物在一切个别的情况下所可能成为的东西,这是"小绝对"。一切先验的判断都是对于可能性的判断,都是在可能性这个基础上所作的判断,因为没有人能实实在在地看到上帝、灵魂或世界整体,所以只能推测。用什么推测呢? 用"绝对"的概念来推测。所以这里讲的这些事物都是就它们的绝对可能性来说的。

现在这两种含义虽然有时会碰在一起,例如那在内部不可能的东西,在一切关系上、因而绝对地也会是不可能的,但在大多数情况下这两种含义是相距无限远的,我不能以任何方式推论说,某物自在地本身是可能的,因此它也就在一切关系上、因而绝对地是可能的。

这两种相反含义上的绝对可能性有时也会碰在一起,例如在内部绝对不可能的东西在一切关系上也会是绝对不可能的,也就是说在消极的、否定的意义上是重叠的,这方面有相通的地方。内部不可能的东西在外部关系的整体上也将不可能,因为整体的可能性必须以每个具体的成分的内部可能性为前提,它就是由这些具体的可能性所构成的。整体就是

---

① 　参看《纯粹理性批判》A487=B515 以下。

每个具体环节的总和嘛。每个环节不可能，那么总体也就不可能。小的不可能和大的不可能在这方面是一致的。下面讲"但在大多数情况下这两种含义是相距无限远的"。在**消极的**意义上可以说某物不可能的，那么在它的总体关系中也就不可能。但是能不能反过来讲，某物是可能的，就一定在总体关系中都是可能的呢？那就不一定了。在这种情况下这两种含义的绝对是相距无限远的，你要从一物的绝对可能的东西**积极地**推出它在一切关系上都是绝对可能的，这种推论是不可能的。这就是我们前面讲过的，形式逻辑的规律只是真理的消极条件，但不是积极条件或充分条件。你违背了它，肯定不是真理，但是你符合它，却不一定是真理。你不能因为在形式逻辑上 A=A，一个概念绝对地就是它所包含的意思，某物绝对地就是某物本身，就由此推出某物在与经验的关系中也绝对是它的概念中所包含的东西，从而推出对该物的某种"知识"来。我们不能由一物作为自在之物的绝对存在推出它在现实的经验关系中的存在方式。现实事物后面当然是有一个自在之物存在的，但那只是一个逻辑上的前提：因为有现象，所以必须有一个显现者，没有显现者的显现是逻辑上自相矛盾的、不成立的。正如先验自我也必须预设一个"我自体"的存在作为逻辑前提一样，因为先验自我的综合统一活动不可能没有一个"活动者"，一个活动的承担者。所以逻辑上"我思"必须要预设一个"我在"。同样，自在之物作为一个显现者有一种逻辑上的绝对可能性。但它不是一个认识到的东西，不能反过来从自在之物的存在来看待现象的各种关系的有效性，把这些关系都看作对自在之物本身的规定，因而都具有绝对的有效性。这就把现象混同于自在之物了。换言之，自在之物的绝对可能性并不构成对现象界的一切关系的"绝对统治"，这些现象只是由主体在接受自在之物的刺激之后在经验中主动地建立起来的。所以这是两个相距无限遥远的概念，一个是自在之物本身的绝对存在，一个是这种绝对存在能不能对一切现象构成绝对的统治，把这些现象全都看作对它的某种认识或"反映"。理性派的哲学家往往热衷于作这种推论，从小绝对推出大绝对。灵魂的概念它不自相矛盾，我们就可以说它是不朽的、自发的、作用于肉体的，等等，但你不能把这些概念中的可能性用来解释经验现象；上帝的概念也是这样，就上帝的概念的所指而言，它是绝对可能的，但这种可能性并不是整个宇宙中现实事物的可能性的前提。以上讲绝对可能性，下面讲绝对必然性：

的确，对于绝对的必然性，我将在下面指出，它决不是在任何情况下都依赖于内部的必然性的，因而没有必要与后者视为同等含义的。

讲绝对的必然性就特别涉及到那些"先验判断"了，而绝对可能性还不一定涉及先验判断，它也可以涉及那些日常的经验意识，如朴素唯物主义，我们把事物本身看作是绝对客观的，我们的知识就是对它的反映。你认识它也好不认识它也好，它绝对地在那里，至少是有这种客观存在的绝对可能性。当然也可以涉及到上帝等等，如我们对上帝存在的可能性的一种推测，认为它绝对是有可能的。那么这里讲的绝对必然性，就要把这些东西绝对地推出来，那就不仅仅是推测了，而是要通过一个上升过程把无条件者从有条件者那里必然推出来。这就涉及到对于上帝、灵魂和宇宙整体的推论，而不是日常经验意识的断言了。那么"对于绝对的必然性，我将在下面指出"，"下面"是哪里呢？就是指后面的关于先验的心理学，先验的宇宙论和先验的神学的讨论。所有这些"辩证论"都是试图要从一个概念的绝对的内部必然性推出绝对必然的客观存在。"因而没有必要与后者视为同等含义的"，绝对的必然性不等于内部的必然性。上帝的概念必然包含存在概念，否则这个概念就自相矛盾了——这是它的内部必然性；但是上帝必然在我们之外存在，这就是绝对的必然性，这个是不能由上帝的内部必然性推出来的。这两个绝对必然性不能看作是同等的。

某物的反面 ① 是在内部不可能的，当然它的反面也就是在一切意图　B382

---

① 原译作："内部必然性的反面……"，不妥，此处代词 dessen 并不特指"内部必然性"，而是泛指。

上都不可能的，因而它本身是绝对必然的；但我不能倒过来推出，凡是绝对必然的东西，其反面就是在内部不可能的，亦即一物的**绝对必然性**就是某种**内部必然性**；

这一句是讲，如果有一个东西的反面是在内部不可能的话，它的反面也就是在一切意图上都不可能的，因而这个东西本身就是绝对必然的。比如说上帝的概念中绝对必须包含有存在概念，所以说它"不存在"的这个概念是不可能的、自相矛盾的，而自相矛盾的概念，放到哪里都是自相矛盾的。所以上帝概念是一个在内部绝对必然的概念。"但我不能倒过来推出，凡是绝对必然的东西，其反面就是在内部不可能的，亦即一物的绝对必然性就是某种内部必然性"，"倒过来"，就是说如果我先有了一个绝对必然的东西，我并不能把这种绝对必然性归之于它的内部必然性，而很可能这种绝对必然性是由于从有条件者一直推到无条件者这种外部关系而得到的，所以这个绝对必然的东西就必须把它的必然性涵盖于整个总体之下的每一个环节，而不能满足于它的概念本身的自满自足的内部必然性。这里我们可以以上帝存在的本体论证明做例子，上帝概念当然是一个本身绝对必然的概念；但如果我们把上帝不是仅仅当作一个内部绝对必然的概念，而是也要当作一个现实客观的绝对必然的存在，那么我们却不能"倒过来"，说这种绝对必然的客观存在的根据只是由于，它的不存在或者它的"反面"是在这个概念内部不可能的，是违背这个概念的内部必然规定的。因为，即使上帝概念内部有绝对必然性，我们也不违背它的这种内部必然性，它也仍然可能完全没有我们所要证明的那种绝对必然的客观存在，因为我并不是绝对必然地要相信上帝这个概念本身的客观性的，只要我取消上帝概念，它的绝对必然的客观存在也就连同它的内部概念的绝对必然性一起被取消了。当然设想一下，假如你采取某种别的途径真地证明了上帝绝对必然的客观存在，那也就证实了上帝的概念内部确实包含有客观存在。而且这种客观存在也就会是以上帝概念本身不包含自相矛盾为前提的，这是这个证明的消极的条件，因为我们不可能去证明一个自相矛盾的概念的客观存在。但你不能把它的客观存在的绝对必然性的证明根据仅仅归之于这个概念的不自相矛盾，要证明这一点，还必须有另外一些办法，例如从现有的有条件的客观存在者去推出条件序列的总体，就像对上帝存在的"宇宙论证明"所试图做的那样。当然这一尝试是永远也不可能完成的，但至少表明本体论证明的不可能，因为它把一物的绝对必然性等同于它的概念的内部必然性了，也就是把绝对的两种含义弄混淆了。这就是康德在后面批判有关上帝存在的各种证明以及宇宙论的第四个二律背反时所讲的道理，我们要联系起来看才能明白康德的意思。所以一个能够作为一切有条件者的最高条件的东西的绝对必然性是不同于这个东西的内部必然性的，它必须是一种外部必然性，即必须对一切有条件者实行自上而下的"统治"，与它们发生现实的关系，而不是停留于自身概念的抽象的内部就能够实现出来的。

因为这种内部必然性在某些情况下是一个很空洞的说法，我们不能把它和起码的概念联结起来；相反，一物在一切关系（对所有可能性的关系）上的必然性这个概念就带有一些完全特殊的规定性。

"内部必然性在某些情况下是一个很空洞的说法"，在哪些情况下？就是当我们要寻求一种现实的必然关系的情况下，当我们要为一切相对的东西寻求一种绝对必然的根据的情况下，那么内部必然性只不过是一种对外部关系的漠不相关性。"我们不能把它和起码的概念联结起来"，它只是一种分析的必然性，而不是综合的必然性，所以它对于我们要证明的东西没有任何作用，它也不能给我们带来任何知识。相反，如果是对一物对一切可能的关系上的必然性加以证明，那么这种必然性就必须"带有一些完全特殊的规定性"，就必须不是从一物的抽象概念内部中，而是从它与另外的事物的条件关系中去寻求，就像宇宙论的第四个二律背反和对上帝的宇宙论证明所做的那样。这样一种"绝对"的概念就是下文所讲的"扩展了的含义"的绝对，而不再只是就一个概念内部的绝对性而言的绝对了。而这种扩展了的绝对是很具体的,它带有一些特殊的规定,它一旦被认可就有很特殊的作用。例如"充足理由律"作为一条必然规律对于指导我们的特殊的自然科学研究都有具体的作用,凡是有任何一个事物存在,你就可以根据这条规律去追求它的充足理由,甚至可以去追求全部条件系列的总体,追不追求得到是另一回事,但它至少有一种"调节性的"作用。最后这句话是一个总结了:

既然丧失一个在思辨的人生智慧中有大用的概念对于哲学家来说永远不可能是无所谓的,所以我希望,将这一概念所依赖的那个术语加以规定和仔细保存,这对于哲学家也不会是无所谓的事。

"在思辨的人生智慧中有大用的概念"就是一些带有"绝对"性的先验的理念,它们都是一些范导性的理念。"在思辨的人生智慧中"就是在科学中,"思辨的"是指理论认识的,但不是在具体的一门科学领域中,而是在思辨的"人生智慧"中,即在全部科学思想和科学精神中,这些先验理念都是有大用的,它们可以引导科学完成一个"自然形而上学"的体系。但这些先验理念"所依赖的那个术语",就是"绝对"这个术语。所有的理念都是"绝对"的理念,所以我们首先要把"绝对"这个概念的几种含义搞清楚。"绝对"它有好几种含义,一个是它的"原初的"含义,是在逻辑上来讲的,有关语词相互之间的关系;再一个,在"现在"它常常被用来指自在之物,是从事物本身的内部有效性来看的,这就把一种逻辑上的关系转变成了一种认识上的关系;最后,"现在"还有另外一种含义,就是在一切关系上都有效的,比如说"绝对无条件者",绝对无条件者是一切有条件者都逃不出它的范围的。除了第一种含义以外,后面这两种都是一种混淆,都是把绝对从它的原初的逻辑含义转用到自在之物上了,要么针对自在之物的个体,要么针对自在之物的全体。针对自在之物的个体,那些就是一种独断的断言,最终会导致对科学知识的怀疑论;针对全体,那就是一些"幻相",得出有关灵魂、上帝和宇宙整体的一些伪科学。所以这都是企图利用绝对的消极的逻辑意义得出一些积极的认识论的结果来的做法。这些内容康德在这里只是一种提示，他要你去猜，要你看了后面的以后再回过头来看这里，才会明白。为什么不预先说明？康德也有他的苦衷，因为有些问题在这里讲不清楚，一讲就会陷入无休止的纠缠，只有等到后面才一步一步地澄清。所以这一段讲得这么晦涩他也是没有办法。

前面讲了"绝对"这个词的三种含义，一种是逻辑的，一种是事物内部有效的，一种是在事物与其他事物的关系中有效的，也就是扩展的。康德所要讨论的是这第三种含义的绝对的概念，用这个词来表述绝对无条件者。所以他说：

因此我将把绝对的这个词在这种扩展了的含义上来使用，并把它和那种只是比较而言的、或只是在特殊考虑中的有效性相对立；因为后者是限制在诸条件之上的，前者则是无限制地有效的。

"绝对的"这个词"我将把"它，也就是后面他所使用的这个词都是在这种意义上说的，"在这种扩展了的含义上来使用"，就是在第三种含义上来使用，所谓"绝对的"就特指那种将一切有条件者都规定在某种绝对关系中的无条件者，"并把它和那种只是比较而言的、或只是在特殊考虑中的有效性相对立"，就是与第二种考虑相对立。第二种考虑是指的一个对象的内部有效性，任何一个对象、一个某物从自在的本身来看都有它的有效性。这种含义康德在这里是不用的，而且把它和那种扩展的有效性对立起来，严格区分开来。这种内部的有效性它只是比较而言的，只是对它自己而言的，对另外一个某物就不一定有效了。所以它的有效性只是在它自己的这种特殊考虑中才有效的，任何一个某物它都绝对地是它自己。但是这没有用啊，因为这样的某物总是"限制在诸条件之上的"，它的内部绝对性只是相对的绝对性，而不是绝对的绝对性。第三种绝对则是绝对的绝对性，它的有效性不仅对它自己有效，而且是"无限制地有效的"。例如一个杯子也可以绝对地是它自己，它有一个自在之物；

但这个本身绝对的自在之物也是一个有限物，它只是杯子现象的逻辑前提，而不是任何其他现象的逻辑前提，我们只有把它归于这个杯子它才有效，对其他的东西它就是无效的。又如，上帝的概念本身绝对就是它这个概念，不会是任何别的概念；但是要体现上帝概念的扩展了的绝对性，就必须把上帝解释成万物的充足理由或最终条件，这就不是单凭这个概念的内涵所能达到的了。上帝概念本身再怎么绝对，我也可以没有上帝概念，或者不谈这个概念，所以这个本身是绝对的概念还是限制在我想到它或谈论它这个条件之上的。这些单个孤立的概念都是受限制的，只有从有条件者推到无条件者的那个无限序列才是绝对不受限制地有效的。一个无条件者本身如果只是一个最高项，那它的绝对性也只是相对于这个无限序列而言的，它的"最高"就是比所有那些项都高，而不是仅仅因为它本身包含一个"最高"的概念。是因为它现实地对那些项起了作用，构成了它们之所以可能的条件，所以它才对所有其他项都是真正"绝对"的。当然这种绝对的无条件者本身也是一种自在之物，它与那种具体事物的自在之物有共同之处，就是都是不可认识的；但也有它的特殊之处，就是它要由一个从有条件者到无条件者的无限追溯而推出来。当然事实上推不出来，但作为一个先验的理念，它是含有这个意思的。这就是康德所要谈的扩展了的"绝对"，是与前面两种绝对完全不同的。

下面就说得比较明确了，事情变得单纯起来，就是只在这种扩展性的含义上来讨论"绝对"的概念。

于是，先验的理性概念任何时候都只指向在诸条件综合中的绝对的总体性，并且除了在绝对的、因而对一切方面的无条件者那里之外，永远也不会终止。①

---

① 原译作："并且永远也不会终止，除非在绝对的、因而对一切方面的无条件者那里。"此句文字读来很别扭，改一下更顺一些。

就是说，先验理念所指的那种绝对性只是"在诸条件综合中的绝对的总体性"，首先把这一条限定了，不是什么逻辑上的、分析性的绝对性，而言扩展性的、综合性的绝对总体性。这种绝对性不是指向某物的自在之物本身，而是指向它与一切其他事物的条件关系，它是一种无限的东西，实际上没有终点，但是我们可以作为一个理念预先想到它的终点，设想一个目标。设想一个目标有什么意义呢？它可以超越我们现在的现成的有条件者，使我们能够向更高的方向努力。所以先验理念总是指向这样一个绝对的总体性的，但这个绝对的总体性并不是现成的东西，而只是一个方向，它是预先设想一个目标在那里，却永远追求不到，只是这个方向是绝对的。

因为纯粹理性把一切都委托给了知性，后者首先与直观对象、或不如说与想象力中的直观综合发生关系。前者则只给自己保留了在知性概念的运用中的绝对总体性，并试图把在范畴中所想到的这种综合统一延伸出去直到绝对的无条件者。 B383

这个我们前面已经讲到过了，理性委托知性去跟经验打交道，它不直接跟经验的东西打交道。纯粹理性的超越性比知性更高，知性的范畴已经是先验的了，但是这种先验只是先于经验，还没有超越经验，所以它不是超验的。而纯粹理性是超验的，它比知性更高一层次。知性你给我去构成经验的知识，然后你到我这儿来报到，所以纯粹理性是让知性"首先与直观对象、或不如说与想象力中的直观综合发生关系"，等它构成知识以后再把绝对的总体性加之于它。想象力，我们在前面提到，一切综合都是想象力的作用，知性只不过是把想象力的这种综合带到统一上来而已。所以知性的作用其实不是综合，而是"综合的统一性"。所以严格说来知性不是直接与直观对象打交道，而是与想象力对直观的综合作用打交道。对此我们可以参看前面 §10 的那一段，即第 120 页下面一段。想象力的直观综合构成的就是所谓"图型"，即想象力对时间的先验规定。知性就是通过这种图型而与直观对象打交道的，而不是直接跟直观经验的材料打交道的。"前者",也就是纯粹理性,"则只给自己保留了在知性概念的运用中的绝对总体性",它把与直观对象打道的事都交给知性去做了,剩下来所要做的就只是用绝对的总体性来引导知性概念的运用,使这种运用日益趋向于完备和一贯。知性概念的运用也就是范畴的运用,所以这就是"试图把在范畴中所想到的这种综合统一延伸出去直到绝对的无条件者"。范畴所起的作用不是综合,而是综合统一,那么理性就把这种综合统一"延伸"出去,把它加以扩展。这个综合统一已经完成了,但是它还有待于延伸,它已经是知识了,但这个知识和其他的知识是不是还有一种统一关系,是不是还有新的知识有待于沿着这样一条线索去扩展去寻求,这就是理性的理念所起的一种督促作用,督促知性把它的范畴的统一性延伸出去,一直延伸到绝对的无条件者。当然这种延伸还是在知性已经形成了知识的基础上所做的扩展。

因此我们可以把这种统一性称之为诸现象的**理性的统一性**,正如在范畴中所表现的那种统一性被称为**知性的统一性**一样。

理性的统一性就是把知性的范畴的统一性加以延伸,一直延伸到绝对无条件者的统一性。这种统一性还是"诸现象的"统一性,因为知性所获得的所有的知识都还是现象,而理性对这些现象的统一性也还是现象的统一性,而不是别的东西的统一性。"正如在范畴中所表现的那种统一性被称为知性的统一性一样",在范畴中所表现的统一性,就是知性通过范畴来表现的统一性,知性最重要的功能就是统一性功能,还不仅仅是综合功能,当然它要综合,但还有统一,光有想象力的综合还是盲目的,还不能够把综合的东西统一起来构成知识,只有知性才能借助于范畴做到这一点。这两句话是一种排比,不一定有内在的关系,但也可以理解为有内在的关系,就是理性的统一性从哪里来的呢?就是从知性的统一性中延伸而来的。知性本来就有统一性,但是这种知性的统一性沿着它自身的这种统一性倾向把它延伸下去,延伸到直到不能再延伸,这种是理性的统一性了。知性中也有一个"全体性"范畴,那么我们也可以把理性的这种统一性看作是把知性的"全体性"范畴引向"绝对"而来的。任何一个知识中都有其"全体性"，但这种全体性还不是绝对的，你必须还收集些什么这个知识才完全了，我们通常也这样讲。知性的全体性总是有条件的，理性的全体性或总体性就是无条件的，再没有什么需要补充的了，绝对的全体性就是绝对完备的知识。

这样一来，理性就只和知性的运用发生关系了，就是说，不是就知性包含可能经验的根据而言（因为诸条件的绝对的总体性由于没有任何经验是无条件者，而不是可以用在经验中的概念），而是为了要给知性指定某种确定的统一性的方向，

理性和知性发生关系也就是和知性的运用发生关系，知性已经构成了知识，这个理性不管，也管不着，它要管的是知性在运用中必须有一定的方向，使这些知识构成一种连贯的统一链条。所以理性"不是就知性包含可能经验的根据而言"与知性发生关系的，知性使经验得以可能，在这方面理性没有发言权；而是就给知性指出方向而言，它只是给知性提供诸条件的绝对总体性，这种绝对总体性不能具体地用于经验知识中，因为任何一个经验知识也不可能是无条件者，但有了这个总体性在前面引路，知性就可以不断地向这个方向努力。所以理性的理念不是可以用在具体经验知识上的概念，而是一个调节经验知识的概念，在知性已经形成知识以后给知性提供一个运用的方向。知性多次运用时，这一次的运用和下一次的运用有什么关系，朝哪个方向用力，这是知性不去考虑的，它只考虑这一次完成经验的综合统一就够了，但是它应该有一个大方向，否则这些知识虽然形成了，但却杂乱无章，不成体系，把握起来也很麻烦，很繁琐。所以必须要有一个长远的考虑，所有的知性知识应该有一个统一性的关系。

知性对此是没有任何概念的，而理性则要超越到把每一个对象方面的一切知性活动都总括在一个**绝对的整体**之中。

这个统一性方向知性是不管的，它就事论事，面对经验性的材料加

659

以综合统一,完成任务就了事,只管埋头拉车,不管抬头看路。理性则登高望远,这个车要拉到哪里去,由它来统一。所以"理性则要超越到把每一个对象方面的一切知性活动都总括在一个**绝对的整体**之中","绝对的整体"打了着重号。理性要超越到什么地方去呢? 超越到把"每一个对象方面"所体现的知性活动都总括起来,不是总括对象,而是总括对象所体现的知性活动,把这些知性活动全部都总括成一个绝对的整体。

所以纯粹理性概念的客观运用任何时候都是**超验的**,而纯粹知性概念的客观运用按其本性任何时候都必须是**内在的**,因为它只是局限于可能经验之上的。

这句话可以说做了一个总结。纯粹理性概念,也就是先验理念,如果它要在客观上加以运用,那么它任何时候都会是超验的,因为它不可能在经验中找到它的对应物的,这时候你还想要把它当作一个客观的对象看待,那么这种运用就只能是超验的,这里"超验的"运用是带有贬义的,意思是说,它是会落空的。这时候它的正当的运用只能是主观的运用,即对知性的知识进行一种调节性的运用。但理念既然是"先验的"理念,它就是指向一个超验的对象的,因为"先验"的意思就是要指向有关对象的知识的,这个对象既然不是经验对象,那就只能是超验对象。但是如果你把这个超验的对象当真,以为它真的是一个客观的认识对象,可以通过先验的理念来认识这个超验的对象,那你就把这个先验理念理解为一个超验的理念了,也就在对理念作一种客观的运用,而这种运用由于没有任何可能的经验的内容,它也只能是一种超验的运用。因为它跳出了一切经验材料之外,它就不是运用于这个经验序列之中,而是运用于经验的序列之外。它可以运用于这个序列之中,那个就是前面讲的理性的逻辑运用,从有条件的东西去寻求无条件的总体,这样来引导知性的知识。但这种运用只是主观的原则,所以它还是内在的运用,没有超出可能经验的范围。先验理念本身当然包含有客观的意义,上帝、宇宙等等,都被当作客观的。但如果你真正把它当作客观的来认识,那就是把它们作了一种客观的运用、超验的运用。而如果你只是把它们用来引导我们构成知识的体系，那就是一种主观的运用，它只是为了我们的方便，能够用最少数的规律来把握最多的现象，所谓"节约律"，或者叫"思维经济原则"，就是尽量用理性把那些杂乱无章的知识贯串起来，这就是内在的运用。它没有超出整个现象界的范围，去对它所使用的理念认真地看作是客观的东西，乃至于追求某种另类的"知识"，构成某种伪科学。这样做在认识论上是没有结果的，但是又是免不了的，因为它这个理念的概念本身已经包含有超验的含义。但是你不要把它当真，你把它姑妄言之，当作一个主观的手段，一种对已有知识的范导作用，那么它是有效果的，它就不是空的了，而是和知性结合起来，使知性的知识更加完备了。但是这不是客观的运用，客观的运用就是你把它当作一个客体来把握，这种客观运用任何时候都将是超验的。但理性本身就是靠它的理念中有这种超验的含义才能起一种范导作用，它要超越到经验范围之外去，所以它才能范导经验之内的知识不断前进，如果没有这种超验意义，它的范导作用也就表现不出来了。"而纯粹知性概念的客观运用按其本性任何时候都必须是**内在的**，因为它只是局限于可能经验之上的"，这是理性理念和知性范畴在客观运用上的区别，一个是超验的，一个是内在的，内在的就是局限于可能经验之上的。理性的理念也可以有内在的运用，这种内在运用和知性的范畴的内在运用还不太一样，它不是直接的内在运用。知性是直接的内在运用，理性是在知性的内在运用的基础上的运用，所以是间接的内在运用。另外理性的内在运用是着眼于现象的整体，知性的内在运用则不考虑整体，只是就事论事的。最后，理性的内在运用只能是主观的，不能增加知识，只能调节知识；而知性的内在运用则是客观的，能够获得或构成客观的经验知识。

　　下面这一段很长，也很重要，大家要看仔细。前面讲到了先验的理念在认识论方面的作用就是要构成知识体系，知性已经获得了知识，但是这些知识相互之间还没有内在的关联，还没有形成体系，自然科学应该是一个体系，每一部分跟另一部分应该有关联。而这一工作是由理性来做的，理性不直接跟经验知识打交道，而是跟知性的运用打交道。所以这是理性的一种内在的运用，但是这种内在的运用不是客观的，它是主观的。前面讲到理性的"逻辑运用"和"纯粹运用"，逻辑运用是主观的，是运用推理来构成一个连贯的体系的，因此它在把这种逻辑运用引入到知识中来时，最终要依赖于理性的纯粹运用给它提供一个总体性的理念。但这种在总体性之下的连贯性绝不是知识本身的固有结构，而只是我们对知识的一种方便的把握和引导。这个总体性不是客观存在的，如果你把它当作客观存在的对象，那你就是在对理念作一种超验的运用了。这就是前面康德给我们讲的道理。先验理念是很复杂的，大家慢慢地看。

我把理念理解为一个必然的理性概念，它在感官中是不能有任何与之重合的对象的。所以我们现在所考虑的纯粹理性概念就是先验的理念。①

为什么是一个"必然的"理性概念？它既然在感官中没有与它重合的对象，它为什么又是必然的呢？因为它是先验的。理念是一种先验的理念，所谓先验的理念就是先于经验我能够提出来，并且能够先于经验而看作是有关对象知识的可能性的。那么我为什么能够先验地提出来呢？因为我有理性，我就必然能够先验地提出来，哪怕没有任何与之重合的经验对象，但是我根据理性，一定要说所有的对象都必定有个总体性。一个人如果没有理性，那就只能够听之任之了，见到什么是什么了，但是我有理性，我就必然会提出这样一个理念，就是我看到了这么多的经验对象，但是我马上会想到它们必然有一个无条件的总体。每一个都是有条件的，但是我想到它们的总和，它们的序列的总体，应该是没有条

---

① 原译作"超验的理念"，属于误译，兹改正。

件的。这是理性发自它的本性、由它的"纯粹运用"所提出来的概念,所以他这里讲这是一种"必然的理性概念"。下面讲,"所以我们现在所考虑的纯粹理性概念就是先验的理念",就是它先于经验而能够由纯粹理性自行提出来的,是由理性的"纯粹运用"所提出来的。那么,这种先验理念有三个层次的含义,首先,

它们都是纯粹理性的概念,因为它们把一切经验知识都看作是由诸 B384
条件的绝对总体性所规定的。

它们都是由纯粹理性本身在它的"纯粹运用"中所提出来的。理性的逻辑运用它不管它的概念来自于何处,它只管进行逻辑推理,这种运用我们在日常经验中也经常用到,用三段论推理来推出某个结论,但它的大前提、小前提的概念都是给定的,你给我一个概念我就可以用三段论来操作,但是这些概念是什么它不管。但是理性的纯粹运用就要考虑这些概念了,这些概念必须要是从纯粹理性本身中发源的,而不是任何别的地方来的。这就是"纯粹理性的概念"了。为什么说是纯粹理性的概念呢?"因为它们把一切经验知识都看作是由诸条件的绝对总体性所规定的",就是说经验知识本身已经给予了,但是我从纯粹理性的角度把所有这些经验知识、感性对象,都看作是受一个绝对的东西所规定的。那么这种绝对的东西的概念只能来自于纯粹理性,在感性经验中我们谁能看到它呢?谁看到过"宇宙"吗?我们只看到宇宙中的东西,我们看不到宇宙。但是纯粹理性它就可以把所有宇宙中的东西都看作由这个宇宙整体已经准备好了的条件所规定的,"充足理由律"嘛,一切存在的东西都有它的充足理由,如果没有充足理由,或者这个理由不充足,那么这个东西就不会存在。那么它既然存在了,我们就可以想到,它肯定有一个充足理由,肯定有一个理由的绝对总体性。但是这个绝对总体性也不可能在经验中找到,你只能从现有的东西去推测它之所以可能的条件。有条件者给予你了,你马上可以想到它肯定有它的条件,而条件又有它的条件,缺了一个,它就不会在这里存在了。所以这样一种推理是纯粹理

性推出来的,它把绝对的总体性看作是我们眼前一切经验对象的条件,一个绝对的条件、无条件的条件。这是我们从有条件的东西上升到条件的条件,直到无条件者的绝对条件,这样一种考虑就是纯粹理性的考虑。

它们不是任意虚构出来的,而是由理性的本性自身发出的,因而是与全部知性运用必然相关的。

这种理念不是虚构出来的,而是理性的本性自发地产生的,凡是一个有理性的人,他看到一个经验对象,自然就马上会想到它是有条件的,想到它的全部条件都是被给予了的,从而想到一个绝对无条件的条件序列也是被给予了的,这个序列的总体性就是先验的理念。理性的本性就在于对任何事物都要问一个"为什么?"你给了他一个回答,他还要再继续追问:"那又是为什么?"一直问到无法再问为止。小孩子就有这个特点,在小孩子那里已经有了理性的萌芽,就喜欢穷根究底。所以理性的本性自身就会发出一个问题,"何以可能?"凡是有理性的人都会这样追问,从有条件的东西追到无条件的绝对总体,最终引出一个理念来。"因而是与全部知性运用必然相关的",因为要追一个总体,这个总体每一部分都是由知性综合得来的,知性不断地在获得这个知识那个知识,理性则是与知性的全部运用必然相关的,所有这些知识的全部知性运用必然要与一个理性的理念相关,这个理念就是要对知识的全部运用加以处理。当然这些"全部"运用还没有完,还在进行中,但理性可以预先对它们的总体加以思考,加以统一。这是理性的内在的运用,是用来统一知性的全部经验知识的,它没有超出经验范围之外。但是理性除了这种运用以外还有另外的运用,所以下面讲:

最后,它们是超验的,是超出一切经验的界限的,所以在经验中永远不会有一个和先验理念相符合的对象出现。

"最后"就是在前面两句话所讲的情况之后,即理念一方面是先验的,但另一方面它们又是发自理性的本性的,这是两个层次。这里是第三个层次,就是这些理念又是"超验的",没有任何经验对象能够与之相符合，所以如果要把它们视为具有客观对象的话，那么这种对象肯定只能是超验的对象，而这种对象是我们完全不可能认识的。先验的理念在知识中虽然有内在的运用，但这些先验的理念本身却是超验的。先验的理念和超验的理念有什么区别？在这里实际上它们是一个东西，但是它们的含义有所不同。先验的理念还是要运用于认识中的，我们有关经验知识、经验对象的知识究竟是怎么样的，这些理念能够把它们引向一个更高的统一。所以先验理念意味着在认识论中具有一种引导作用。但是超验的理念就不同了，它不是指这个理念在认识中运用的性质，而是指这个理念本身，它的内容，具有超验的性质，它是指向一个超验的对象的，但是这种指向并不是认识，而只是它的意向。任何先验的理念都具有超验的性质，超经验的性质，它的内涵、它的所指是超出一切经验的，没有任何经验的对象能够与它相符合。这是先验理念本身的性质，那么这种性质在先验理念运用于我们的内在的知识时要起作用，就是说它的超验性在它的内在运用中要起作用，因为它超经验啊，正因为它超经验，所以它能够在先验理念的内在运用时起一面旗帜的作用。有了这个理念，就有了努力的方向了，你们都往这个目标去努力。所以先验理念在它的内在运用时实际上是依靠它的这种超验性在起作用。当然超验理念如果不是用在内在的方面，而是单独来看，那么它本身还可能有另外的运用，下面还要讲到。所以它是超验的，这是讲它本身的性质，是超经验的，而且不能够运用于经验视域之中。先验的和超验的之间的区别就在这里：先验的也是超经验的，但是它必须用在经验之中；超验的是超经验的，却不能用在经验之中，除非作为先验理念的一种性质来起一种引导作用，但却不能把它本身的涵义当真。

　　如果我们举出一个理念，那么按照客体（即当作具有一个纯粹知性对象的理念）来说它，我们就说得**太多**，但如果按照主体（即就其在经验性条件之下的现实性而言）来说，就恰恰因此而说得**太少**，因为这个现实性作为一个极大值的概念，永远也不能与之重合地具体给予出来。

如果我举出一个理念，比如说"宇宙"，如果我把它当作一个客体、一个"纯粹知性对象"来看待，我们就说得太多了。因为纯粹知性对象它只是一个思维的对象，即"先验对象"，这个先验对象虽然要求我们对它加以认识，但在它还没有经验的内容充实之前它本身是空的，是不能认识的，我们可以思考它，但不能对它说出任何东西，或者说，我们对它说的任何东西都"太多"，都超出了这个概念本身的范围。我们自以为能够凭我们对这个对象的先验概念来获得对它的知识，但其实是一种幻相，是非法的。所以如果你把宇宙这个理念看作是一个客观的认识对象的话，那你就越界了，你可以思维这个宇宙，但绝对不可能认识宇宙本身。你不能把它当作一个客观对象来规定，例如说宇宙是有限的，它最终是由不可分的东西构成的，这些判断都是说得太多了，因为你还没有在经验中穷尽整个宇宙，没有看到的东西就不要乱说。宇宙不过是你主观用来思维这个无穷的经验序列的理念，你把所有这些事物、万物都看作是在这个宇宙之中的，都是由这个整体的宇宙决定、以它为绝对条件的，没有这个最终条件总体，连一根头发也不会掉下来。但这只是你主观上的一个必要的设定，是为了把你所有的知识构成一个整体，你却不能够把它本身当作一个对象来把握，否则你就超出了一切可能经验的范围，说了你根本不可能知道的东西。"但如果按照主体（即就其在经验性条件之下的现实性而言）来说，就恰恰因此而说得太少"，就是说，如果反过来，我只说我知道的东西，我现实地认识到一点经验知识，我就说一点，其他的我就不说，那又说得太少了。这样一来，宇宙的总体性就根本不可能去设想了，而"宇宙"这个概念也就失去意义了。比如说，我们说宇宙是"无限的"，其实我们根本不能说它是无限的，只能说它是"未定的"，因为我们在经验中确实没有定下它的限度。那么我们这样说就说得太少了，因为我们连"宇宙"这个概念都取消了。宇宙这个概念本来就是要用来规定一切经验对象的总体的，现在你说它是"未定的"，就意味着它的总体还没有规定，既然尚待规定，它就还不是"宇宙"。所以你用这种方式来说"宇宙"这个理念，那你就"恰恰因此而说得太少"了。"因此"，这个"此"就是说它恰恰是同一个理念，你在说同一个理念，同一个理念作为客体看就说得太多，作为主体看则又说得太少。超验地看它就越界了，产生出幻相；内在地看它又不甘心，它的超验的含义又没有得到真正的实现，只是被假借来指导现实的经验知识。但你要想用这些经验知识来对这个理念本身下判断，它又远远不够，因为理念是一个极限概念，一个最大值。而现实性"作为一个极大值的概念，永远也不能与之重合地具体给予出来"，现实性永远不能成为极大值，不能与极大值重合，因为没有任何经验知识能够当得起这个理念，只有它们的无限的总体性才有这个资格，而这个总体性恰好又是超经验的，不具有现实性。这里就有一个两难了，如果我们把理念当作客观的，我们就说得太多了；但如果当作主观的，我们又说得太少。这里我们可以结合前面 208 页中间这段话来读，在那里康德讲到，"绝对"这个词就自在的事物本身的内部有效性来看，是"我们关于一个对象至少能够说的东西"；而就某物在一切关系上无限制的有效性来看，却是"关于一物的可能性至多能够说的东西"。① 这种"至少"和"至多"的关系对应于我们这里涉及到的"太少"和"太多"的关系。当我们对一种经验知识的内部有效性加以肯定时，我们绝对可以说它就是它，这是我们关于一个经验对象**至少**能够说的，不会有错，但这未免说得**太少**了；但是当我们涉及到这个经验对象与其他作为条件的经验对象的关系的无限总体性时，我**至多**能够说这个总体性是"绝对的"，除此而外再也说不出什么了，再说什么就**太多**了。这两种态度是经验派和理性派各自所采取的立场，经验派总是把理念理解得太少，理性派则总是理解得太多。经验派其实已经把理念取消了，用不着理念了，理性派则把理念扩展到认识论之外去了。经验派并不把理念当真，只是当作一种权宜之计，而理性派则把理念当真了，把它的内容当作

---

① 参看《纯粹理性批判》A324=B381。

真的是一个客观对象了。经验派在这方面有它的合理之处,把理念仅仅当作一个词,一个"工作假设",这就能够指导科学研究而又不至于推出伪科学来。但是理念在这里没有被认真对待,他们忽视了理念本身另外有一番意义,即悬置知识而为信仰留地盘的意义。在这方面理性派倒是提供了这种意义的可能,虽然他们引出了幻相,但也在另一个领域里即实践的领域里有他们的启示。理念除了在认识中有一种调节性的作用以外,还在实践领域里有一种超出一切经验范围之外的本性。这种关系一直到今天还是这样,现代的经验派一般不采取"宇宙"这样的理念来表述经验知识的序列,认为这样的概念是空洞的,无意义的,要"拒斥形而上学",只说我们绝对能够说的东西;理性派则强调这些形而上学概念本身在科学知识之外的用途,以及整个科学知识所趋向的绝对目标。康德认为,正因为先验理念超出一切经验知识,所以它才能够指导一切知识,就此而言理性派是对的,经验派则把理念的作用理解得太少;但是你不能把这种理念本身也当作是一种知识,只有经验知识才是真正的知识,就此而言经验派是对的,理性派则把理念的作用理解得太多了。当然这里的"太少"和"太多"都是对于认识论而言的,如果不限于认识论,那么理性派对于理念的理解并不是"太多"的问题,而是把不同的理解混为一谈了,即把理念的那种本来并不是用于认识的含义、即实践上的含义混同于认识含义了,或者说,把超验的含义混同于先验的含义了。而经验派在这方面也不是对理念的理解"太少",而是根本没有理解到理念本身的真正含义,即在实践方面的超验含义。

　　既然这个极大值单纯在理性的思辨运用中 [①] 本来就是全部意图,并且,既然对一个在实行中毕竟永远无法达到的概念的逼近与把它当作好像完全是虚设的正好是一样的,所以关于这样一个概念人们就说:它**只是**一个理念。

---

① 原译作"这个在理性的思辨运用中的极大值",经学生提议改之,似更清晰。

　　就是说这样一个理念，这样一个极大值，理性在思辨运用中的全部意图就在于追求这个极大值，追求一个最完备的知识，在认识论上就是这样，仅仅是为了追求知识的最大值，理念在这里没有其他意图和作用；下一句是与前一句并列的："既然一个在实行中毕竟永远无法达到的概念的逼近与把它当作好像完全是虚设的正好是一样的"，这与前一个条件结合起来看，即一方面这个理念的意图是追求知识的极大值，而另一方面，在实行中这个极大值又是只能逼近而永远无法达到的，就好像它是虚设的一样。鉴于这两个前提，"所以关于这样一个概念人们就说：它只是一个理念。"一个在认识论上形同虚设的理念当然会受到人们的轻视，你花那么大的力气去设定一个理念，宇宙也好上帝也好，灵魂也好，你的意图是要获得完备的知识，而其实又获得不了，所以它"只是"一个理念而已，你先验设想出来的一个理念不等于知识。所以经验派要拒斥形而上学，形而上学不是知识，只是理念而已。直到现代实证主义、科学哲学都是持这种观点。

　　这样一来人们就可以说：一切现象的这个绝对的整体**只是一个理念**，因为，既然我们永远也不能构想出它的形象，那么这个整体就仍然还是一个没有任何答案的问题。

　　这两句话都是针对经验派的，经验派把理念看作"只是理念"，既然它不能够获得知识，它就是一种虚设。所以说"一切现象的这个整体"，它本身并不是现象，而"只是一个理念"，因为"既然我们永远也不能构想出它的形象"，宇宙、上帝、灵魂都无法构想它的形象，谁也没有见到过它们，"那么这个整体就仍然还是一个没有任何答案的问题"，你可以把它们当作一个目标去追求，但不可能有任何答案。不可能有答案你还去追求什么呢？这是一般经验派所持的观点，它必然会使他们对知识的整体性追求失去信心。这就是经验派对理念的作用的一种贬低。经验派所作的这种贬低在一个意义上是对的，是限制理念作超出它的能力之外的运用，批判了理性派试图通过理性的推理而得出超出经验之上的超验知识的企图。但是下面话头一转：

B385 相反，如果在知性的实践运用中整个说来唯一关注的只是按照规则的实行，那么实践理性的理念就总是可以现实地、虽然只是部分地具体给予出来，它甚至是理性的任何实践运用的不可或缺的条件。

这句话有些背景。他说"相反"，有什么相反呢？就是与经验派的主张相反，经验派认为理念在认识论中完全没有现实的作用，所以它只是一个理念，而不是知识，在知识方面没有任何答案；但是在康德看来，"如果在知性的实践运用中"，则理念是可以有它的现实意义的。什么是"在知性的实践运用中"？知性一般说来是属于认识的，在实践方面康德一般用的是"理性"这个词。这里讲"知性的实践运用"，在康德的书中是罕见的提法，甚至是唯一的提法。我们在《康德〈纯粹理性批判〉指要》中曾说这里指的其实就是"理性的实践运用"，把这个问题轻轻带过去了，① 其实并没有解决。康德这里用这个提法有他特殊的含义。就是说，知性虽然是讲认识论的，它却也有它自己的实践的方面，所谓"运用"，运用理念，运用范畴，运用于经验对象，这种运用本身就是一种实行，是一种"按照规则的实行"。"实行"，这里用的是 Ausübung，也就是实际操作、操练的意思。所以知性在认识过程中已经有它的实践运用了，也就是运用它的范畴去达到知识的目的。康德从来没有说认识就不能是一种实践活动，科学研究本身也是目的活动，也是一种实践，毛泽东都讲"三大实践"其中就包括"科学实验"嘛！人的活动总是浑然一体的，认识中有实践，实践中也有认识。康德的目的只是要把人的活动中属于认识的层次单独提出来加以研究，但并不说明这个层次与其他层次就是水火不容的。知性在思辨中也要考虑它的实践利益，也就是怎么样才能获得更多真正的知识，而避免伪知识，少犯错误少走弯路，如何按照规则来操作，这就是"知性的实践运用"。它当然不同于理性的实践运用，不同于"实

① 参看杨祖陶、邓晓芒：《康德〈纯粹理性批判〉指要》，人民出版社 2001 年版，第 262 页。

践理性"，因为它的目的只是思辨的，只是为了获得更多、更正确的知识，而实践理性则是为了认识以外的目的，如日常生活的实践和道德实践。但知性的实践既然也是一种实践，那么它与理性的实践就毕竟有一种相通之处，甚至也可以看作是理性实践中的一个分支。例如在知性的实践运用中我们追求知识的系统性，为什么要追求系统性？是为了知识的超前性，对经验的后果作出预见。为什么要作出预见呢？是因为这样我们就可以超出动物式的生存而进行自觉的生产活动，从而增进人类的幸福。所以培根讲"知识就是力量"，而力量对于人类生存是必不可少的，人类不是靠本能，而是靠知识、靠科学技术而成为世界的主宰的。所以科学知识有它的实践的方面，不但它本身也可以看作一种实践活动，而且它有助于我们追求幸福的实践活动，我们说"科学技术是第一生产力"嘛！当然在康德看来这是低层次的实践，它是以我们在科学知识中所获得的利益、所达到的好处为目的的，但毕竟由此科学知识就进入到了人类实践的领域，因而与一般实践理性发生了关系。所以，当知性在其实践的运用中按照规则来实行时，它就与理性的理念发生了关系，即它不仅把知性范畴用作经验知识的法则，而且把理性的理念用作自己运用的调节性原理，如何向更高的统一性逼近，如何"大胆假设小心求证"，如何按照思维经济原则把多个规律归结到最少数的规律，力求在一个统一的绝对总体性理念中把握整个宇宙。所以在知性的实践运用中，在"按照规则的实行"中，就已经包含有理性的实践规则了，这些规则就是为了在具体的研究活动中指导知性的认识方向。前面讲理念"与全部知性的运用必然相关"，也就是与全部知性认识的实践活动相关，与知识运用的目的相关。但既然涉及到知性运用的"目的性"，那么我们就可以在这方面继续追究：全部知性运用的这种目的性最终又是为了什么目的呢？我们在知性认识中追求某种具体的经验知识的统一性是为了我们的一般实践的目的，即追求幸福，但全部知性认识的最大统一性又是为了什么呢？当我们提出这一追问，那些最高统一性的理念如灵魂、上帝和宇宙这时就显出它们的本来的意义了，这就是在道德和宗教领域里面给我们提出实际的行为规范。这时先验理念就不再只是从思辨的作用来看待，而且也从实践的作用来理解了。先验理念本来就只是在实践的意义上才有其充分的运用，而在认识方面则只有部分的运用，但在这种部分的运用中我们已经可以窥见它的充分运用的全貌了。所以康德在这里说，在知性的实践运用中，"实践理性的理念就总是可以现实地、虽然只是部分地具体给予出来"。而这种理念"甚至是理性的任何实践运用的不可或缺的条件"。注意这里的"任何实践运用"，这里必须联系到后面、特别是在《实践理性批判》中谈"一般实践理性"和"纯粹实践理性"的差别，才能得到充分的理解。"任何实践运用"指一般实践理性，包括日常的实践理性，或者说"自由的任意"的活动 ①，纯粹实践理性则是其中的纯粹部分，即"自由意志"。前者是一般的日常实践，包括日常谋利的活动，追求个人幸福和享受的活动，也包括作为这些目的的手段的认知活动；后者则是纯粹的道德法则，无条件地"应当"的活动。实践理性的理念就是属于后面这种道德法则的，它是"理性的任何实践运用"的最高条件。也就是说，没有纯粹实践理性的道德法则作条件，我们理性的甚至是日常的实践运用都是不可能的。这又是康德的一个颇具特色的一贯思路，即先验抽象的东西是具体经验的东西之所以可能的条件。先验理念在这里就显示出双重的绝对性含义，一方面它是一切经验知识之统一性的最高条件，另一方面它又是一切实践活动之统一性的最高条件。日常实践活动总是有条件的，你为了达到什么具体的目的，所以你"应该"怎么做；但这同样有一个条件序列，一个目的以另一个更高的目的为条件，而那个最高条件、无条件的条件，就是理性的先验理念，它这时已经显示出它是一种"超验的"理念了。理念在这里是任何实践的不可或缺的条件，不管我们的认

---

① 参看《纯粹理性批判》A534=B562；又参看《实践理性批判》，邓晓芒译，杨祖陶校，人民出版社 2004 年版，第 17 页。

知活动，还是赚钱活动，都是以它为条件的。当然我们可以说我在认识中，在谋生活动中，用不着理性的理念，好像并不是以理念为条件，而是以感性的需要为条件的。但是康德指出，其实在这些活动中你已经有理性的理念作为条件隐藏着了，你去认识也好，你去赚钱也好，甚至你去犯罪也好，只要你是有意识的、故意的，你使用了你的理性，这个理性的运用就已经是以它的最高理念为条件的了，只不过它被感性的东西所埋没了，遮蔽了。比如你见财起心，想把某人的财产据为己有，但是你肯定不会想要就把它拿过来，肯定会运用你的理性想一个办法，因为你知道他肯定不会让你拿走。你就必须考虑他的心理，考虑他的行为规律，然后你趁他不在的时候把它偷过来。这一行为就是一种理性的计划，虽然他没有考虑到灵魂、自由、上帝这些理念，这些东西对于他来说都太高了，无助于他的计划；但是他既然运用了理性，这个理性本身就是以这些理念为前提的。什么是理性？理性就是能够无限地思考的能力，它能够把所有的理由连成一个无限的链条，人高出于动物的地方就在这里。动物只能够看到它的条件，人则能够看到条件的条件；动物顶多只能算计到几步，人则原则上可以算计无数步，所以他总是可以超出动物。人也可以算计他人，但由于他人也是人，所以算计他人的人总是反过来被他人所算计。这样人类整个社会都不得安宁了，所有的人都在比谁更有理性，谁的理性更机巧，谁更具有无限的算计能力。但是所有这些理性最终的根就在于它的无限性的理念，这个在你所有的设计好的理性的策划中已经暗中包含着了。但是人们在日常生活中总是截取这个无限理性的一个片断，把它运用于对某个感性目标的追求中，所以在这种运用中理性总是有限的，一切算计都有它的漏洞，在感性世界中，一切成功和胜算都不是由于你的计划绝对无懈可击，而是由于经验的偶然性促成了你，或者是由于对方比你更愚蠢。你能够比动物算计得更远，你能够比他人算计得更远，但是你不可能在感性的经验世界中算计到一切，算计到终极的总体。一个违法犯罪的人，一个伤害别人的人，他到最后结算的时候他

673

会发现他是吃亏的。那么，如何能够最大的发挥自己的自由意志？那就要涉及到理念了。这就是康德在《实践理性批判》中提出的道德律，道德律不是天上掉下来的，道德律是在每一个人的日常行为中，甚至于是罪恶的活动中都在起作用的，只不过人们利用理性的规律来为其他的目的、为欲望、为感性的东西服务，所以人们往往表现出是不道德的。这就是让感性的东西利用了理性，但是同时又遮蔽了理性的真面目，遮蔽了理性的最终目的。理性的最终目的被遮蔽，那就不是完整的理性了，那就是片断的理性了，就是破碎的理性了，因为理性的本性就在于追求整体性，人比动物强就在这里。所以理性的理念实际上是在"任何实践活动中"作为一个"不可或缺的条件"，包括道德律，也包括人们的日常谋生活动，认识活动，一切经过理性策划好的活动，有理性的活动。如果人不具有这样一种追求无限总体的能力，那人跟动物没有什么区别，人也会被更高级的动物所消灭，所制服。所以人的理性的本性就在于能够超越，能够追求一个还不存在、甚至在现实的经验世界中根本不可能存在的总体，它不是在经验中能够发现的，而是可以通过理性超验地设定起来的一个理念。

理性的实行总是受限制的、有缺陷的，但却总是处于不可规定的界限之下，因而永远处于某种绝对完整性的概念的影响之下。

这就是我们刚才讲的，理性的实行它总是受限制的，有缺陷的，包括在我们的认识活动中你要贯彻理性的统一性的原则、无限性的原则，总是达不到你的目的的，它受限制。我们人类的知识水平虽然已经很高了，但还是受限制，还是有缺陷的。但是有了理性的理念，我们就知道我们的缺点在哪里，我们知道我们的有限性，所以我们可以不断地改进。所以他讲"但却总是处于不可规定的界限之下"，我们知道自己有缺陷，有限制，但是我们不会被这种缺陷和限制所规定，理性的界限是不可规定的，也就是无限的，它有无穷无尽的余地能够让你去发挥。牛顿物理学在当时已经被看作是到顶了，但是后来又被人们突破了。因为理性的界限是不可规定的,它决不会因为它在实行中有所限制,就定在那里。"因而永远处于某种绝对的完整性的概念的影响之下",理念就是一个绝对整体性,它追求不到,但是它对我们有影响。经验派因为它追求不到就把它抛弃了,这个是不应该的。我们虽然追求不到,但是在科学研究中有这样一个目标和没有这样一个目标是大不一样的。没有这样一个目标,我们就只能就事论事,就固步自封,就只能有一说一有二说二,就失去动力了。我们为什么要去追求? 很可能知识到今天就已经完备了,就已经终止了,很可能那些宇宙之谜,那些不可解决的问题,是永远不可解决的,那我们去讨论它们干啥? 但是理性给我们提供一个信念,宇宙之谜是可以解决的,没有什么不可解决的问题,问题是我们还没有做到,只要有这个目标,它就可以给我们带来信念,或者说带来信仰。有了信念和信仰,科学知识的探讨就有了动力。这跟没有这个信念和信仰效果是完全不同的,所以我们"永远处于某种绝对完备性的概念的影响之下",它是我们的一面旗帜,我们远远地看见这面旗帜,我们就有了奋斗的目标。这就是科学精神,而不只是科学技术。

因此实践的理念总是具有最丰富的成果,并在实际活动中是不可避免的必要的。

实践的理念,有一个目标在那里,它会带来最丰富的成果,它并不是虚假的。我们很多"现实主义者"发现理想是虚假的,于是就放弃了理想,怎么办呢? 那你就只能过一种没有理想的随波逐流的生活了,那么所有的成果你都放弃了。理想虽然只是理想而已,但是它有作用的,有一个理想比没有理想的情况大不一样。我们年轻时代的理想我们说那只是一种幻觉,理想破灭了以后,我们有的人还后悔,说我们当初真傻,相信那样一些虚幻的东西。但是你反过来一想,你的年轻的生命不就是靠这些虚幻的东西激发起来的吗? 这些虚幻的东西虽然那么虚幻,但是它所迸发出来的生命的火花是那么的灿烂! 所以我们不要埋怨,理想哪怕是虚假的,它也不是完全没有用的。当然理想要提升,我们过去有虚假的理想，我们现在没有了，我们现在应该有一种更高的理想，一种更接近真实的理想。人类社会就是在这样一种越来越真实的理想的提升过程中发展起来的，不断前进，不断提高自己的层次。所以这种实践理性的理念它"总是具有最丰富的成果"，并且"在实际活动中是不可避免的必要的"。没有这个理念我们在实际生活中将会一事无成，我们就会像动物一样生活。所以凡是作为一个有理性的人而生活，那么这个理念是不可避免的，也是必要的。你免不了有这个理念，只要你还有理性，你还没有完全麻木自己，你实际上就有，哪怕你否认，你其实也有，它是不可避免的。因为你还有理性嘛，有理性就会去想，可以作无限的推理。在实践中这种理念是必要的，哪怕你还没有意识到，它就已经在你的实践活动中起作用了。

在它里面纯粹理性甚至拥有将其概念中所包含的东西现实地产生出来的那种因果性；

就是在这种理念里面，在这种虚幻的理想里面，纯粹理性"甚至拥有将其概念中所包含的东西现实地产生出来的那种因果性"。理想当然是虚幻的，它的概念也可以说是虚幻的，但是它有一种因果性，或者说它有一种"原因性"，这个词（Kausalität）我们在这种场合下通常译作"原因性"，而在自然科学的场合则译作"因果性"。就是说它是一种起作用的原因，一个有理想的人，他可以为了他的理想而干出一些事情，这个行为也许失败了，杀身成仁舍生取义，没有达到原先预想的目的，但是它改变了这个世界，改变了人们对这个世界的看法。实际上它还是会有作用的，虽然看起来他失败了，他牺牲了嘛，但是他不会白白地牺牲。有人为这样一个理想而牺牲了，这样一件事情本身会产生它的后果。当然不一定是这样一种情况，日常实践中也有，你的一种自由意志的行为，它总会对现实生活产生效果。所以理念它甚至于包含有一种原因性，把它的"概念中所包含的东西现实地产生出来"那种作用。当然作为一种原因性它仅仅是一种原因性，它并没有顾及到它的结果，它只强调它的动机，即要把理念中的这种内容现实地实现出来的动机,当然这会对现实产生效果,不论是成功的效果还是失败的效果,但它只强调动机。

因此对于这种智慧我们就不能抱着仿佛是蔑视的态度说:它只不过是一个理念;

就是说,理念在这一方面有如此重大的作用,它体现出人生的智慧,在实践理性方面它当然是通过一个推导,在我们的思辨理性的运用和知性的运用中,从实践的方面去看它,它已经启示了一种实践理性的理念作为它的原则、作为它的理想和目标了。我们在科学研究活动中是冲着一个目标去的,什么目标?把握绝对真理。如果一个人没有对绝对真理的信念,那他就不要搞研究了。有的人确实没有绝对真理的信念,但是他的所作所为还是冲着这个理想去的,否则他怎么可能推进科学研究呢?所以在科学知识的研究里面就有知性的实践运用,那么这个里面就已经包含着实践理性以及实践理性的理念在内了。这样一种理念对于任何实践运用都是不可或缺的条件。那么再扩大一点就涉及到道德。实际上道德才是一切实践理性的根。真正说来纯粹实践理性你要把它推到底,那就会进入到道德。因为一方面它是运用于人们的实践方面,不是用来认识,而是用来规范人们的行为;另一方面这个行为又是绝对符合理性的原则的,在总体性上、从无条件的角度来看都是符合理性的理念的,那么这样的行为就是道德的行为。康德对道德行为的规定就是这样的,什么是道德行为? 道德行为不是你觉得这个行为好,你从内心里觉得这个很亲切,很容易接受,那就是道德的。不是的。道德行为是理性的行为,是彻底的理性行为。一切不道德的行为也是理性行为,但是它是不彻底的理性行为。如果你能够把理性贯彻到底,你的行为就是道德行为。所谓自由意志的"自律"嘛,使你的行为的准则成为一条普遍法则,普遍法则就是贯彻到底嘛,把你的行为准则用你的理性把它贯彻到底,如果能够贯彻到底的,就是道德的,否则就是不道德的。所以这是一种"智慧",这个就抬得很高了,哲学就是"爱智慧"嘛。对于这种智慧我们就不能蔑视它，说它"只不过是一个理念"了，它有这么大的用处，你怎么说它只不过是一个理念呢？它在思辨的运用方面你可以这样说，但是我们着眼于它们在实践方面的大用，你就不能这样说了。实际上理念的真正的作用领域正是在这一方面。它在科学知识方面只不过是起一种辅助作用，即帮助知性使知性的知识成为一个体系，所以它是从属于知性的。当然它是引导性的，它比知性更高，但是这种引导还是从属于知性的，使知性知识能够成体系，能够锦上添花。这不是它本身的正当的领域，它只是介入到了知性的知识领域，去帮助知性完成知识。只有在实践的领域才真正是理性自身的领域，纯粹理性自身的领域就是超验的领域，就是实践的领域，超出一切经验现象的范围之外，在实践领域中制定实践的法规，使我们从日常实践提升到道德的自觉。包括在认识中的实践，科学研究的实践，我们也可以提升到道德的层面，因为这种实践，科学研究的实践，它还是比较低层次的，它是为了人类的幸福。为了人类幸福来运用理性，这还不是理性的正当的领域，正当的领域就是要把理性纯粹地提取出来，建立它自己的纯粹领域，那才是它正当的领域，这就是纯粹实践理性的领域，也就是道德。但是道德是一种纯粹的实践活动，却并不等于一切实践活动都是道德，一切实践活动里面都包含有纯粹实践理性的因子，但是并不都是道德，它们可以是一般实践理性，如日常的，技术的，科学的，或者是政治的，为人处世的技巧，世故，做人的经验，这些都是一般实践理性。但是如果我们把它们里面的那个纯粹实践理性的因子提取出来，不让它服务于其他的感性目的，而让它体现它自身的目的，那它就是道德。

<u>而是正因为它是有关一切可能的目的的必然统一性的理念，所以它就必须作为一个本源的、至少是限制性的条件而用作一切实践活动的原则。</u>

这句话我们联系刚才说的来读就很清楚了，否则它里面隐藏了很多东西，都没有说出来，你如果不联系到《实践理性批判》中的内容，你怎

么也想不出来他的意思。"正因为它——也就是理性的理念——是有关一切可能的目的的必然统一性的理念",根据我们刚才讲的,"一切可能的目的",包括一切日常的目的,包括我们"人为财死鸟为食亡"的目的,包括我们去赚钱糊口养家的目的,也包括我们科学研究的目的,所有这些等等的目的。所有这些目的它们必然有一个统一性,有一个最终的目的,这个最终的目的是什么? 就是纯粹理念。如果你在所有这些目的活动中能够一贯地思考,能够把你所运用的理性贯彻到底,那么它就必然会达到这样一个总体性的理念。哪怕你是一个很普通的人,甚至是一个道德上不完善的人,如果你有理性,那么你就有可能通过你的理性思维达到这样一个理念,因为这个理念就是所有这些目的的必然统一性。你今天为这个明天为那个,你最终,一辈子究竟为了什么,你必须考虑这个问题。人生在世最终是为了什么? 我们看到很多人,他的生活看起来忙碌得很,今天在这里赚了一笔钱,明天在那里又赚了一笔钱,通过种种不同的手段。我们觉得他这个人很机灵,他要做的事情总是能够实现,但是他做所有这些事情到底是为了什么? 尽管他在每天的生活中都是为了一个目的,但我们可以说他的生活没有目的。赚钱能够说是最后的目的吗? 我们只要想一想一个人的一生最终的目的是什么,当你通过理性来推,我赚钱是为了什么,那么一直推下去你就可以推出,人生的目的是一个超越一切经验之上的理念,比如说是为了自己的灵魂,能够"安身立命"。我们通常说安身立命,就是使自己的灵魂得到完备,使我能够使自己的身体和生命安放在、立足于灵魂完善的基础上。我的一切现实的生命活动都是以这个灵魂生活为基点、为最终目的的。这就有了一个统一性,一个人的一生应该是有灵魂的,只有他的灵魂才能把他的一生统一起来。一个人一生尽管赚了不少的钱,但这个人一生如果没有灵魂,那他就白活了,他的生活就是支离破碎的,不统一的。所以一切可能的目的必然都有一个统一性,这个统一性就是理念。当然还有人把这种统一性归结为上帝,人的一生就是为上帝而活着,这也是一说。总之必须是一个无限的理念。"所以它就必须作为一个本源的、至少是限制性的条件而用作一切实践活动的规则"，这样一个理念必须作为一个本源的条件，比如我的一切行为都是为了我的灵魂，我能够算计，我能够推理，所有这些都是以我有灵魂为条件的。什么是灵魂？灵魂就是超越感性的东西，就是理性的终极的目标，它是一个本源的条件。所有的目的都是因为我有灵魂，如果我没有灵魂，或者不是最终为了我的灵魂，我就不会有这些目的。"至少是限制性的条件"，就是说我们往往把它遮蔽了，我们不去看它，我们"昧着良心"，故意不把理性贯彻到底，而按照我们的感性的需要来利用理性作为我们感性的工具，但是当我们这样做的时候，理性的理念仍然至少是一种"限制性的条件"，它会对我们的行为作出限制，发生影响。我不能完全按照理性去行动，但是理性对于我们的感性的活动总有一定的限制性，一个人还有一丁点儿良心，还有一点推理能力的话，他就会对自己的行为有所限制，不要把事情做绝了。别人也是一个人，如果你有理性的话它就会限制你。你从感性出发是免不了的，人还是有肉体的嘛，都有需要嘛，但是你不要伤害别人，不要完全像一个动物那样，要留有余地。否则你就会连你自己都看不起自己的，为什么看不起自己？因为他有理性。所以这就使他的行为有所收敛，有所限制，"至少是限制性的条件而用作一切实践活动的规则"，在"一切实践活动中"理念都成为一条规则。当然你遵守不遵守它是另外一回事，我们在许多实践活动中都不遵守它；但是在任何实践活动中你肯定都要受到它的影响，它要么限制你，要么你做了对不起你自己的理性，对不起自己的良心的事，你会感到惭愧，甚至感到后悔。当你的感性冲动过去以后，比如说被抓到牢里去以后，记者去采访的那些人，好像每个人都表示后悔，表示惭愧，当初不该那么做。当初无非就是服从了感性的欲望嘛，使自己不像一个人了，违背了自己的良心，违背了理性的终极目的，违背了自己的灵魂，也可以说违背了上帝的诫命。上帝的诫命其实也是内心的诫命，上帝是理性的理念嘛。所以这一切都是由于违背了实践理性的法则，不管我遵守这个法则还是违背这个法则，我时时刻刻都意识到这个法则在对我起作用，尽管它也许没有制止我的犯罪行为，但我意识到它的作用，我在犯罪的时候我的手要发抖。因为这个法则对我起作用，我的内心有种恐惧。所以它是"一切"实践活动的规则，不管这个实践活动是什么，是赚钱的活动还是日常生活其他的活动，乃至于犯罪的活动，这个规则都在起作用，它在影响你，限制你的行为，它是一直通向道德和宗教去的。这个方面通常是理性派的哲学家们注意到了的，而经验派的哲学家常常忽视了这一点。

前面一大段讲的一个很重要的观点是，从某种观点来说我们可以说一个理念"只不过"是一个理念，这种说法是针对那些想通过这种理念来获得更多的知识的人来说的，这些人根据理念所指向的那个目标把它当真，当作确有其事，而不是仅仅把它当作一种指引方向的旗帜来看待的。对这种人我们的确可以告诉他，这"只是一个理念"。这一段就是接着这个意思讲的：

现在，即使我们对先验的理性概念不得不说：它们只是些理念，但我们决不是要把它们看作多余的和无意义的。

就是说，我们虽然在使用理念来统一和引导我们的知识的时候，我们不得不说，它们仅仅只是一些理念；但是在这样说的时候并不是要把它们看作多余的、无用的东西，不是说我们有了知识就够了，通过知性获得一些实实在在的知识就行了。理念没有经验的内容，我们也不用去想去认识它，是不是因此就要把它们抛弃呢？不是的。

因为即使它们不能规定任何客体，它们毕竟可以从根本上并暗中用作知性的扩展的和前后一致的运用的法规，知性虽然不能借此比它按照其概念所能认识的更多地认识对象，但毕竟在这种认识中得到了更好、更进一步的指导。

"即使它们不能规定任何客体"，我们之所以说它们"只是"一些理念,就是因为它们不能规定任何客体。这些理念虽然是指向一个超验的客体,但是并不能规定任何客体,因而不能认识任何客体,不能给我们认识那些客体带来任何规定。但即使如此,"它们毕竟可以从根本上并暗中用作知性的扩展的法规",就是说,如果没有它们,那么知性从根本上就不能得到扩展。单凭知性它自身是就事论事的,认识一点就认识了一点,没有一种动力去扩展自身。"暗中",就是知性即使在扩展自己的知识的时候哪怕没有意识到,它也已经暗中运用了理念,已经借助于理念对自己的知识进行了扩展,并且前后进行了贯通。在知性的扩展的运用中少不了理念,哪怕暗中,是不自觉的,哪怕自己没有意识到,但只要你使用了理性的推理,而且这个推理是没有尽头的,那么你已经不知不觉地把理念贯彻到知性的运用中去了。当然一般的人在作科学研究时没有想到灵魂啊,宇宙啊,上帝啊,等等;只有在研究遇到终极问题的时候,比如牛顿在解决天体运动的"第一推动力"从何而来的问题时,上帝理念才作为一种形而上学的假设被想到。但在一般的科学研究中,人们并不用想到上帝,他只想到要把各种规律联贯起来,统一起来。但是联贯起来干什么呢?联贯起来肯定是要通向一个目标啊!而且最好是能够通向一个唯一的目标,那个唯一的目标首先是一个统一的宇宙。宇宙首先是一个无限的理念,所以尽管自然科学家想要拒斥形而上学,但是形而上学总是在暗中指导着他们,所以形而上学你要完全摆脱是摆脱不了的,只不过有的人所使用的是一种糟糕的形而上学,未经反思的形而上学,也就是暗中的形而上学。所以理性的这些理念,我们"毕竟可以从根本上并暗中用作知性的扩展的和前后一致的法规",这种扩展还是知性在扩展,不是理性在扩展,理性只是在知性用来进行扩展的过程中作为一个法规,指导它,使它能够前后一致。一方面要扩展,现有的知识肯定是不够的,不是关于宇宙的全部知识,既然有个"宇宙"的理念在那里,那么我就可以不满足于现有的知识而不断追求更加完整的知识。但扩展不是跳跃式的,它还是从现有的知识扩展开去的,所以这个里头有一种贯通的、前后一致的知性运用。这就把所有的认识到的知识都串起来，构成了一个整体。但理念只是帮助、而不能代替知性去扩展知识，所以认识还是知性去认识，它能认识多少就是多少，并不因为有理念就认识得更多。"知性虽然不能借此"，就是借这种理念的法规，"比它按照其概念所能认识的更多地认识对象"，它所认识的都是它能认识的，它的扩展也是它自己的扩展，它按照自己的概念本来就能认识那么多。或者说它认识得更多也不是理念的功劳，还是它自己的功劳，是在它的十二范畴的权利范围内。但它不是自觉地去追求知识的系统扩展，而是碰到什么是什么，所以它在这种认识中必须得到"更好、更进一步的指导"，这就是理性的指导。所以理性在认识中的作用就是一种调节性的作用，知性在理性的更高规则的指导下能够约束自己的努力去集中指向一个方向，一个什么方向？一个能够把自己的知识构成一个整体的方向。你在自己的知识中不要杂乱无章的东一点西一点，而是有一种指导，要循序渐进地使用自己的知性能力，从一个问题引出另外一个问题，而不要乱跳。当然你也可以在一个问题出现之前去想出一个问题来，那就是"科幻"了。科幻就是干这个事情的，它有一定的跳跃性，可以超前几个环节。但真正的科学研究不能采取科幻的方式，当然它也应当有创造力，但这个创造力它是立足于已有的知识以及这些知识所提出的未解决的问题。现在一个物理学家就应当了解，当代物理学还有哪些尚未解决的问题。你能解决一个，那你就能够得大奖了。所谓"更好、更进一步的指导"就在于能够把你的知识贯成一体，前后一致。理念就是起这样一种指导作用的。所以你不能够说它们"只是理念而已"，你以为它一点作用也没有，它的作用是无形的，而且是高层次的。你在科学研究中也许以为可以拒斥形而上学，不去考虑它，你以为可以不去考虑像上帝啊，灵魂啊，宇宙啊这样一些不着边际的理念，但是实际上你根本离不了它们。如果你是一个具有科学精神的科学家，而不是一个单纯的实验员、技术员，那么你的科学精神里面就应该有这种形而上学的维度，它能够给你的科学研究本身提供一种指导。这是在科学研究本身里面理念的作用，就凭这一点你就已经不能够说它们仅仅只是些理念了。虽然这样说可以避免你把它们看作本身就是一种知识，但是它们在认识中决不是可有可无的。这是一个方面。

B386　　更不用说，它们或许能使从自然概念到实践概念的一个过渡成为可能，并使道德理念本身以这种方式获得支持及与理性的思辨知识的关联。

这是从另外一个方面了。前一方面是从知识领域本身的扩展，理念所起的一种指导作用来说的；这里讲"更不用说"，这个作用就更大了。就是说，这些理念"或许能"造成从自然概念到实践概念的一个过渡。康德这里没有说死，他将在后面进行论证，在这里只说"或许"，要你们把这句话记着，将来或许有用的。前面讲的都是在"自然概念"内部，在自然知识、自然科学内部，它要形成一个体系少不了理念。但是，理念的用处不仅仅在自然科学里面，从更高的层次来看，自然科学它不是唯一的，我们除了有自然科学，在自然科学里面要使用理性以外，我们还有实践的领域。而这些理念"使从自然概念到实践概念的一个过渡成为可能"，就是有了理念，除了指导自然科学的知识以外，还可以过渡到实践的概念去。这些概念一方面属于自然概念，另一方面它们同时又属于实践概念。纯粹理性和实践理性都是同一个理性，虽然有两个"批判"，但借助于同一个"理性"的批判，它们可以实现这种过渡。康德在先验辩证论和先验方法论中都已经提到这种过渡了，自然概念到实践概念的过渡就是借助于这种理念完成的。当然这里讲的"实践概念"还不一定是指道德，它包含道德，但是也包含我们日常的实践。就连我们的科学知识的研究，当你把知性在经验上加以"运用"的时候，这也是一种"实行"、"实践"，一种"知性的实践运用"。当然我们主要是从认识的意义上来看科学认识的，但它本身也有实践的意义、实践的方面。而这个实践我们要从理念的角度来看它，它才成为可能的。"并使道德理念本身以这种方式获得支持及与理性的思辨知识的关联"，道德理念本身，它是从一般的实践概念里面发现出来的，一般的实践概念里面其实已经隐藏着道德理念了。但是我们在日常实践中并没有发现它,它作为人的"良心"隐藏着。我们说一个人干坏事的时候突然"良心发现",就是说他的理性里头本身隐藏着这种东西。但在日常生活中我没有注意它,我只是把理性用来为其他的目的服务,一个具体的目标,我要获得它。怎么获得它?人跟动物不同,动物是通过本能,人则是通过一整套计划。既然通过计划,就有推理;有推理就有推理的前提,这种前提就是理念。理念是无条件的,它是一切条件的条件,是终极的条件。所以我们的理念在实践的领域里面,正如在认识的领域里面一样,它是在暗中作为一个绝对的无条件者使得所有的有条件者成为可能的。在这个实践里头也可以运用充足理由律。我们要达到一个目的必须有它的手段,但这个目的本身又是另外一个目的的手段,我们在日常生活中任何一个目的都可以作为其他目的的手段,也就是说以其他目的为条件。所以目的与目的之间也可以构成一个条件序列。这正如认识领域中是一样的,在认识中我要认识一个有条件者,就必须追溯它的条件和条件的条件;而在实践中我要达到一个目的,必须知道它最终是为了什么目的,否则就是"盲目的"。正如我们在理性上必须承认,凡是某物被给予了,那么整个条件序列也被给予了,否则这个某物怎么可以被给予出来就是不可理解的,不可能存在的;同样,我的任何一个目的行为出现了,那么我也可以断言里面必定有一个目的序列,并有一个终极目的,至少我可以用实践的理性去追溯它的终极的目的,否则我的这个目的行为就不是真正的目的行为,而归根结底只是动物性的本能行为,因为它与我在目的行为中所使用的理性本身相冲突。哪怕我没有意识到终极目的,但是只要我运用实践的理性想一下,我就知道如果没有终极目的,我就不可能有任何目的。任何目的都可以作为其他目的的手段,目的和手段交替上升,最后总有一个终极目的,不再是其他目的的手段,你如果意识到这个理念,你就意识到了道德的理念。所以道德的理念其实是使从自然概念到实践概念过渡成为可能的理念,同一个理念,在认识方面使得认识成为可能,在实践方面使得实践成为可能。

所以道德理念以这种方式"获得支持",道德理念不需要到别处去找,它就在我们的日常实践活动中包含着,我们的每一件日常的实践活动中都有它,它不是天上掉下来的,不是我们凭空想出来的,它是有它的现实根据的。当然这是互相支持,道德理念有它的日常的实践作为它的支持,但是反过来日常实践也以道德理念为它们之所以可能的条件。所以从发现道德理念的过程来说我们是从日常实践中获得支持的,但从它们本身来说,我们日常的实践活动何以可能,那么我们要追溯到道德理念。而日常的实践活动也包括认识活动、科学研究活动,所以说道德理念以这种方式也获得了"与理性的思辨知识的关联"。我们在运用知性进行科学认识的时候我们是有目的的,不管你是否意识到,它最后要通向一个先验的理念,而这个先验的理念同时又是一个实践的理念,即道德理念,它们是同一个理念。在这方面我们就能同时获得一个思辨知识与道德行为之间的关联。当然这只是从概念上来说的,从实际上来说,我们的思辨认识它本身也是一种实践活动,一种有目的的活动,我们追求自然界的知识。而我们刚才讲了,一切目的都以终极目的为它的条件,这是康德的一种非常典型的思维方式,与我们通常的思维方式不一样的,所以我们要牢牢把握他这种思维方式。我们通常以为终极目的都是有了具体目的,有了很多各种目的,最后我们把它们总和起来构成一个终极目的,至于这个终极目的是否追求得到,那只是可欲而不可求的,我们只能满足于现实可以到手的目的。但是康德是倒过来理解的,就是日常目的既然已经有了,那么我们就可以反思,它是以那个最高的目的为条件的,没有它,哪怕我们低层次的目的都不可能,除非你是动物。但你不是动物,你在最低层次的目的活动中都使用了理性。你既然使用了理性,那么理性是什么? 理性的本质就是一种纯粹理性,它固然可以在各种不纯粹的目的中为你的感性服务,但它本身是纯粹的。所以只要有理性在你的活动中起作用,那么你沿着这个理性的线索就可以追溯到终极目的,原来这个理性是以终极目的为前提的,没有这个终极目的在前面引导,在前面招手，你也不会去进行推理。有的人明明可以推理，他不去推，他明明可以通过推理发现道德，发现怎么做才是应该的，但是他中止判断，他就是服从于自己的感性需要，我们称之为"昧着良心"。什么叫"昧着良心"？就是他不去推理，道理明明在那里，他不去想。只要你去想，只要你还是个人，我们说你这样做你还是个人吗？只要你还是个人，你就会推理嘛，你就可以把你的行为往上追溯，你使用的这个理性它何以可能？那么这样一追就必然追溯到理性的理念，而这个理念本身就具有道德的方面，纯粹的理念本身同时就是纯粹实践的理念。当然这里还有一个转化，纯粹的理念在思辨意义上是灵魂、宇宙和上帝，而在实践意义上则成了灵魂不朽、意志自由和上帝存在。这里的转化主要是"宇宙"这个理念在实践的意义上变成了"意志自由"的理念。这是如何转换过来的？我们看康德后面讲的第三个二律背反，讲宇宙中到底都是自然因果性还是有自由，这个二律背反是最重要的。康德对这个二律背反的解决办法是把自由归之于自在之物，也就是当你把宇宙当作一个"整体"来看的时候，当作自在之物来看的时候，它可以看作是自由的产物，因为康德认为所谓的意志自由不是别的，就是能够"自行开始一个因果序列"的能力。那么这个因果序列如果是宇宙整体的因果序列，它是如何开始的呢？我们可以设想它是出于某个自由意志，例如上帝的创造。当然在思辨理性中这只是一种先验的设想，但从实践的角度看来它就是意志的自由行为。整个宇宙它可以看作一个因果序列，所以这个总体性构成一个思辨理性的先验理念；但这个先验理念当你站在实践的立场上来看时，这个因果序列的总体它是可以"开始"的，我们考察它是如何"开始"这个因果序列的，那么这个先验理念就变成了一个实践理性的超验理念了，这就是自由意志。所以你追溯宇宙的最终根源的时候，你必然会在实践的方面进入到意志自由这样一个理念。而进入到意志自由你还可以推论，意志自由是不是只是在我有生之年才自由呢？如果那样，那还不是真正的意志自由，所以必须"悬设"一个灵魂不死。意志在死后仍然自由。死后的意志自由通向哪里呢？通往上帝，由上帝来保证它永远是自由的，能够在道德和幸福两方面都"自行开始一个因果序列"。所以意志自由、灵魂不死和上帝存在是三个具有道德性的理念，理性的理念可以一直推到上帝那里，由上帝作为我们在道德领域中和自然界中贯彻自由意志的最终保证，从而使道德理念和思辨的知识达到了某种关联。宇宙中的因果序列我们可以看作是由上帝开始的，而我们人类的自由意志所建立的道德律也被我们看作是上帝的诫命，所以在上帝的悬设那里，我们的实践方面和认识方面达到了统一。在日常生活中它们总是不统一的，知识是用来求得幸福的，但是道德往往使有道德的人不幸，善有善报恶有恶报在日常生活中是极少见到的。但是有了上帝我们就可以希望这一点，在上帝的公正的审判那里，有道德的人将会与现实的幸福达到一致，上帝终将使自然界的知识及由此获得的幸福趋向于与道德相配。在现实中不行，因为人的生命有限嘛。但是你假定了自由意志，又假定了灵魂不朽，假定了上帝的公正，那么道德和幸福就有可能一致了，这就叫作"至善"，或者说"圆善"。这三个假定构成一个完整的体系，最后在上帝那里达到"一"，理性追求的无非就是"一"嘛。最高级的"一"就是在上帝那里把这一切统一起来。这些都是后话。所以最后他说：

关于这一切，我们只能指望在讨论的进程中阐明。

当然他这里还没有展开上述的内容，他只是提了一条线索，具体的论述还有待于后面来展开。所以你要把这一段把握住，包括上面那一段，你就必须对康德后面讲的一些内容都有一个全盘的了解以后才做得到，不然你不知道他这里讲的到底是什么意思。怎么样从自然概念到实践概念过渡，实践理念跟道德理念是什么关系，道德理念如何从实践理念中获得支持，它跟思辨知识之间又是什么关系，这里面扯出一大套康德所独有的理论和观点来。不仅仅在《纯粹理性批判》中，而且在《实践理性批判》中，一些内容这里都涉及到了，许多东西他已经胸有成竹了。所以我们读康德的书必须反复读，看过一遍以后回过头来再看，你心里就有了一个全局观点,你反复看了以后才能够具体知道他这里说的是什么意思,但在这里他只是简简单单地提示了一下,并不具体阐明。

　　下面这一段有一个转折,跟前面那两段讲的不同,前面讲的是理性的思辨运用里面其实已经包含理性的实践运用的原则了,理念在思辨运用中有它的作用,而在实践运用中也有它广大的领域。理念在两个领域之间起一个过渡的作用,一方面它可以介入到知性的认识,另一方面它可以发挥它实践理性的、乃至于道德的作用。而这一段则说:

　　<u>但按照我们的目的,我们在此把实践的理念放在一旁,因而只是在思辨的运用中,并在这方面更窄一些,即只是在先验的运用中来考察理性。</u>

　　这个转折就从这里自然转过来,就是理念在实践和道德方面的运用,以及这种运用和思辨知识的关系,这些都是以后要谈的,但在这里还不是谈它们的时候,按照我们现在的目的,我们暂时不谈它,我们现在要谈的"只是在思辨的运用中",也就是讨论真理的问题、知识的问题。先验分析论就是讨论怎么样才能获得真理的知识,先验辩证论则讨论怎么样才能避免理性的错误。但这些都是围绕真理问题,所以只是思辨的运用。"并在这方面更窄一些,即只是在先验的运用中来考察理性",这就是这句话中的难点,为什么是"更窄一些"? "先验的运用"跟"思辨的运用"是什么关系? 思辨的运用既然是探讨知识,那么知性也好理性也好,它们在这里都只有一种"内在的运用"。内在的运用就离不开经验,离不开现象界。内在的和超验的是相反的,超验的就是必须要超出现象界。先验的则介乎两者之间,既要超出经验之上,又必须验证于经验知识之中。知性它是不可能有先验的运用的,这在前面已经多次讲了,它不可能先验地做成某种知识,然后把这种完成了的知识放在经验之中与之并列,而必须就在经验中做成任何知识。而理性是否能够有先验的运用,前面还没有触及到。理性是否能够把它的理念做成某种知识,然后

用这种知识来解释经验的知识？比如说，用灵魂的"特性"的知识来解释身心关系，用上帝的各种规定来解释自然事物的法则？这就是理性的先验的运用。知性本身没有先验的运用，并不是说它的含义就排斥先验的运用，**从逻辑上**说知性范畴并没有排除先验运用，它就是先验地指向一个对象的，单看这一点它是有可能先验地认识这个对象的；但是**实际上**它只能有经验性的运用而不能有先验的运用，离开经验它不可能有任何现实的对象，它只能有一个"先验对象=X"，但这只是一个指向而已，用胡塞尔的话来说，它只是一个"意向对象"，但是这个意向对象还是空的，还不是现实的知识。理性的理念也有这种情况，理念在思辨的运用中可以有它的内在的运用，即指导知性在经验中进行不断的探索，求得经验知识的最大可能的统一性；但它能否把自己的这种调节性原理本身当作是一种知识呢？从先验理念在知识中造成了这种调节作用而言，它当然是属于思辨理性的，也就是属于知识领域的，而先验理念之所以能够有这种调节作用，是因为它也先验地指向一个对象，所以先验理念在**逻辑上**也并不排除它的先验的运用；然而一旦它先验地运用起来，把自己当成某种特殊的先验知识，就会遇到谬误推理或二律背反一类不可解决的问题，所以**实际上**同样不可能有先验的运用。但这一点是需要通过讨论来揭示的，所以理念的先验的运用可以成为一个话题。显然这种先验的运用比思辨的运用要更"窄"一些，因为思辨的运用中还包括有内在的运用，这种内在的运用前面已经表明是卓有成效的。当然理性理念的先验运用和知性范畴的先验运用还不完全相同，理念指向的那个对象是超验的，范畴指向的那个对象倒不一定是超验的，它只是先验的，不排除它可能有经验的内容，它只是未定，一个"先验的X"。它当然可以是经验对象，一旦是经验对象它就定下来了，它就成了经验对象了。所以先验对象只不过是用来形成经验对象的一个表象而已，即一个"对象意识"，你把经验性的材料充实进去它就成了经验对象。那么理念所指向的是超验的对象，而超验的对象主要是从它的实践意义上来看的，它不能运用于经验，你不能把它看作一种知识，它是超出一切知识之外的。但是先验理念又有一种倾向，要把它的超验对象也当作知识对象来把握。不过这与先验范畴的情况不同，范畴虽然也是先验的，但它是可以容纳经验内容的，并且事实上必须容纳经验内容；但是先验理念如灵魂、上帝和宇宙，则没有哪个打算把它理解为有经验内容的，它们一开始就被理解为排除一切经验内容的。范畴提出一个实体，一个原因，一个单一性的东西，它还可以设想我是不是应该在经验中找到这个实体、原因或单一性的东西；而先验的理念所指向的超验对象，你要对它认识，首先就必须把它们从经验中排除出去，它至少不是经验知识。绝对实体、最终原因、绝对单一性，这些都不是经验知识。宇宙也不可能是经验知识，谁看见过"宇宙"？谁能够看见"宇宙"？这只是一种理性的假设，是把它当作一个超验的对象来加以先验的认识而设想出来的。"先验"这个概念当然具有认识论的意义，就是你必须对于一个对象有认识；但是不一定是对一个经验对象的认识，也可能是对一个超验对象的认识，也可能是对一个未定对象的认识，从含义上来说包括这些。那么理念的"先验的运用"也是在这方面来谈的。一个理念所指向的对象不可能在经验中有具体内容，但是它仍然有这一层意思，还是对一个认识对象有指向性；它这个对象是一个物自体，但是它这个物自体比知性的先验对象所指向的那个物自体更高。知性所指向的物自体还是在经验对象底下的东西，比如说这个桌子的物自体；但是灵魂、上帝、宇宙，那就不是桌子了，它们就不是经验对象底下的物自体了，而是超出一切经验对象之外的物自体。但是还可以思考，你可以指向它，所以理性派把它们当作一种纯粹理性认识的对象，它们不需要也不可能通过经验，但是我们可以通过逻辑推理对它们加以规定，这些规定就可以看作对它们的认识。当然这是一种幻相，后来康德在辩证论里面反复讨论这个问题，实际上这种先验的运用虽然包含在理性的概念里面，我们虽然可以谈理性的先验运用这个话题，但事实上这种先验的运用也是不成立的。在这一点上理性理念的先验运用和知性范畴的先验运用有相同之处，先验理念在概念上并不排除有先验的运用，而且它的意思就是指向先验的运用的，但在现实中你不可能获得对超验对象的知识。它既然是超验对象，就已经说明了它不可能是知识对象，只是你的一种思维对象。所以这思辨运用中"更窄一些"的意思就是这个意思，思辨的运用包括内在的运用和先验的运用，虽然事实上不可能有先验运用，但是在逻辑上并不排除先验运用。例如逻辑上知性的范畴就是由逻辑的判断表里面引出来的，如何引出来的呢？就是你把每一个判断看作指向一个对象，而不是用来做形式逻辑的游戏，那么每一个判断类型里面就可以引出一个范畴。但指向一个对象还并不意味着构成一个对象，这种"指向"还不是范畴的真正的运用，所以它这种"先验的运用"等于"不运用"，或没有运用。理念的先验运用倒不完全等于"不运用"，因为它虽然也没有构成任何知识，但却对知识的经验界限造成了冲击，从而引向了对理念的"超验的运用"。因为理念的先验运用之所以可能，恰好就是由于它的概念实际上是指向一个超验对象的，由于它把这个对象设想为凌驾于一切经验之上，所以任何经验的东西都不能够完全符合于它，只能接近它，它也就因此而能够永远在前面指引经验知识。先验理念在对经验知识的内在运用中之所以能够先验地发挥无限的引导作用，其本钱就在它的这种对象的超验性。但它在内在运用中只是利用自己的这种超验性，而不能认真对待这种超验性。超验的运用就是认真对待理念的超验性，这就不再是为了构成知识了，不再是在知识领域作**主观的**运用了，而是为了超越一切知识的范围去运用于理念本身的**客观的**范围，即运用于实践方面。先验的运用则是在内在运用中试图超出经验的内在范围而单独得出先验的理论知识，理性只是在这种企图和指向中才提出先验的理念的。而这种提出不是没有根据的，它的根据就在于理性在其逻辑运用中的推理形式，正如范畴的根据在于知性的逻辑运用中的判断形式一样。所以他说：

于是我们在这里必须选择我们在前面的范畴演绎那里采取过的同

一条道路；

范畴演绎在这里是指范畴的形而上学演绎，而不是指范畴的先验演绎。所谓范畴的形而上学演绎就是康德的范畴表，以及他从判断分类表中引出范畴表的那些解释和说明。范畴的先验演绎则是说明范畴如何能够对经验对象有客观的效力，这个第一版与第二版有很大的不同，但在这里并没有被涉及。前面讲过，"形而上学演绎"正如同先验感性论中所做的对时间空间的"形而上学阐明"一样，就是对所涉及的表象本身的内涵进行一种先天的说明，而"先验演绎"也如同先验感性论中的"先验阐明"一样，是对这些表象如何能够形成知识（数学知识，或自然科学知识）加以先验的说明。在知性范畴那里形而上学演绎就是把范畴的先天根据即判断形式揭示出来，并以此说明这些范畴的含义及相互的关系。所以这不是揭示范畴的客观有效性，而是揭示范畴的概念究竟包含什么意思，它们是从哪里来的，是根据什么加以解释的。当然这就是根据逻辑判断表来解释的，是从那里面引出来的。当然感性论中只讲"阐明"，因为它讲的不是概念，而是直观；但在先验逻辑中就必须"演绎"了，就是要把概念的合法性推出来。所以这里讲"我们在前面的范畴演绎那里采取过的同一条道路"，就是要从逻辑形式中引出理念，

也就是考虑理性知识①的逻辑形式，并看看例如说理性凭借这种形式是否也会成为概念的一个来源，这些概念把自在的客体本身看作在这个那个理性机能方面先天综合地被规定了的。

也就是我们类比于知性的范畴表，从逻辑中推演出理性的理念，当然这些理念很少，只有三个，范畴有十二个，但是道理是一样的。就是考虑理性知识的逻辑形式，也就是推理、概念、判断、推理，知性只是讲概念和判断，理性则讲推理。那么从推理里面，我们能不能推出理念来，正如我们从判断的形式里面推出了范畴。我们前面已经讲了，所有的理念

---

① "理性知识"原误译作"理性概念"，兹改正。

都是从有条件的东西推到无条件者,总体性,这都是通过推理。那么推理有哪几种方式? 有定言的、假言的和选言的,从中推出的理念就是灵魂、宇宙和上帝,这个前面已经讲过了。但前面只是大致上,还没有涉及到具体的理念,而这个地方是要给具体的理念分类,分出一个"先验理念的体系",这一节我们的书中没有收,省略掉了。但在这里已经提到了,我们能不能从理性推理的逻辑形式里面推出理性的概念,而"理性凭借这种形式是否也会成为概念的一个来源",什么样一些概念呢? 后面是一个定语从句,就是"这些概念把自在的客体本身看作在这个那个理性机能方面先天综合地被规定了的"。也就是说这些理念是这样一些概念,它们把自在的客体,即把某个自在之物,看作在某个理性的机能方面先天综合地被规定了的,或者说作出了先天综合判断的。理念概念和其他的概念不同,它就其概念而言就是对自在之物的规定,按照理性的各种机能,也就是按照理性的推理机能,其实只有三种理性机能,定言、假言和选言这三种机能,来作出一些先天综合判断。那么这样一些理念你要对它形成先天综合判断,那就会形成一些所谓的"知识",它们根本不是在经验世界中可以认识的,而只是从理性的推理中推出来的。这些知识是不是真正的知识,这里暂时还没有考虑,但是至少从它的概念中的含义来说,它是想要获得这样一种知识的。康德后面有大量的讨论,证明这些所谓的知识不可能是真正的知识,因为它们会遇到"二律背反"等等,同一个问题你可以这样说,他也完全可以那样说,相互冲突而不得解决,因为在这个超验的领域中没有经验来检验你们哪个是对的。但在这里还没有走到这一步,还只是提出问题,是把这些理念提出来加以讨论。所以我们在这里只要注意,这些理念是如何提出来的,它们在理性的推理机能里面埋藏着它们本身的线索,正如那些范畴在知性的判断机能中埋藏着它们的线索一样。也就是说,这些逻辑推理它本身是形式逻辑的东西,它不管认识对象的;一旦你把它当作认识对象来看,那么它就引出了理念了。比如定言推理,如果是绝对的定言推理,它就可以当作对象来看待了，因为如果不是绝对的定言推理，它就不可能当对象来看，它的推理还没有完成，你就还必须去为它找到条件。只有你把它当作一个总体时你才能把这些推理的对象当作是一个对象，那么这个对象是超验的，是物自体。所以这些理念所指向的对象都是由理性的推理中引出来的。当然推理在日常的知识中你也可以用来推出某种一般的知识，而这个时候你是把理性当作一般的逻辑运用来使用了；如果你把理性作为纯粹的运用来使用，那这些逻辑运用本身就可以引出理性的纯粹对象，那是撇开一切经验知识的。这就必须追溯总体性，因为推理是连续的，你不能把它的一个片断截取下来。判断你可以作一个片断就完了，是这样就是这样了；推理就必须讲为什么是这样，它就有一个无穷追溯的过程，为什么以后还要问为什么。所以你要把理性的逻辑推理看作是有关一个对象的，那你就要去寻求它的总体性，最后问到没有为什么了，不为什么了，就是一个绝对的无条件者，那就是一个理性的对象了。所以理性的对象或理念的对象可以从形式逻辑的推理的纯形式里面，就这个形式本身，把它引出来。理性是否也会成为概念的一个来源，当然康德的意思是肯定的。这些概念把自在的客体本身看作在定言判断、假言判断和选言判断的机能方面"先天综合地被规定了的"。通过理念所作出的那些判断都是先天综合判断，它不需要经验，它单凭它的理性就可以作出。比如世界是无限的还是有限的，世界上有自由或者没有自由，上帝是不是存在，等等，都是一些先天综合判断。那么单从概念的推理里面所得出的这些判断是不是先天综合判断？如果是，那些它们是不是能够成为知识？这都是先验辩证论所要讨论的问题。但我们现在不必忙着讨论，先把它的概念搞清楚，理性的概念、理念究竟是什么意思？它的意思就是把自在的客体本身看作是在这个那个方面被理性先天综合地规定了的，这样一些概念就是理念。理念本身的概念里面包含有这样的意思，它要先天综合地去规定自在之物，用它的那一套推理方式来规定客体，由此来获得它的知识。这就是理念在它的概念中已经包含着的自然倾向，你之所以提出这个理念来，无非是想要这样嘛，你提出上帝概念就是想要认识上帝嘛，否则你为什么提出来？但是你又认识不了，那是另外一回事情。我们现在要考虑的首先是你为什么要提出理性概念来，就是想要把自在的客体本身看作是在理性方面被先天综合判断所规定了的，由此来引出有关超验客体的一些知识。理性派就是这样的走入迷途，因为他们没有批判，不小心，不谨慎，没有在使用理性工具之前对这个工具进行一番批判，盲目地服从了理性的自然本能。但是这个自然本能是什么，这就是康德在这里所要首先考察的，你不要一句话把这种自然倾向抹杀了，说这就是伪科学嘛！康德的意思就是要把这种伪科学的根把它找出来，它这个根源在某种意义上有它的合理性，你哪怕已经发现它是错的了，你也避免不了。先验幻相就有这个特点，因为它是一种本能，它总是要自发地把你引向这个方向，所以经过批判以后你可以控制自己，知道这是假的，但是并不能完全终止幻相的产生。就像一个天文学家每天也说：太阳升起来了！他明明知道不是太阳升起来了，而是地球转过去了，但是这种理性的自发的倾向总是在影响着他。只不过如果我们经过批判以后，我们就不受它的诱惑，不会用它来干扰我们的知识，并且我们找到它的根源以后，就可以把它用到正当的地方。它不是知识，但是它在道德实践上面有用处，那就是它的正当用处。所以理性的自然倾向其实是理性的道德倾向，你如果不明白这一点，老是只从认识方面去看它，那你就会抹杀了它的合理的用处。

前面讲了我们能不能从理性的推理形式里面推出理念来，在理性的先验运用中来考察理性，也就是从理性的逻辑运用中把理性的纯粹运用引出来。前面讲理性的逻辑运用时我们已总结出了一条规律，就是要由有条件的东西中推出无条件的总体性，或者绝对的无条件者。从任何一个有条件者中推出无条件的总体，这是理性的推理向我们启示出来的一条原则。当然理性推理你可以片断地使用它，你可以一次性地从一个有条件者推出它的条件，就完了，不管它后面还有没有更高的条件，还有没有最高的无条件者。这时你并没有把理性的推理当作"原则",没有把它贯彻到底。但是如果你要把理性的推理当作原则,那么这个原则是什么呢?这个原则就是要推到无限,达到无条件的总体。下面这一段则要进一步在理念的角度来看待理性的这种推理功能。

作为知识的某种确定的逻辑形式的机能来看,理性就是推理的能力,也就是间接地(即通过把一个可能判断的条件归摄到一个给予判断的条件之下)作出判断的能力。

"作为知识的某种确定的逻辑形式",形式逻辑当然也可以作为知识的形式了,虽然它不一定运用于知识,它可以用来做游戏,可以用来下象棋,但是"作为知识的某种确定的逻辑形式来看",你把它看作知识的确定形式,一种有规范的逻辑形式,那么,"理性就是推理的能力"。在形式逻辑里面,知性、判断力和理性,就相当于概念、判断和推理。推理的能力"也就是间接地""作出判断的能力",我们前面讲了,康德把推理实际上也看作一种判断,只不过是一种"间接的"判断。如何"间接"?就是"通过把一个可能判断的条件归摄到一个给予判断的条件之下"来作判断,也就是在两个判断中间插入一个判断,构成三个判断之间的关系,即通过把小前提的条件归摄到大前提的条件之下来作出结论判断。当然判断本身也有复合判断,如假言判断和选言判断,它们已经有两个以上的判断了,但它们还保持有一个判断的形式,通过"如果……那就"、"不是……就是"这样的连接词而维系成一个判断。但是推理在其法则上就已经规定了必须有三个判断,即必须有大前提、小前提和结论。所以它是间接地作出判断的能力。例如"一切人都是要死的,苏格拉底是人,所以苏格拉底是要死的",其中,大前提已经给出了一个条件"一切人",那么按照这个条件我去寻找一个"可能的判断",把这个可能判断的条件归摄到那个给予的判断即大前提的条件之下,由此构成一个小前提。这些可能的判断可以有许多,张三、李四都可以,只要他们是"人"。

但是如果我找了一个不是"人"的东西来构成一个判断，我说"酒是一种液体"，或者"玫瑰花是植物"，这就不相干了，如果把这当作小前提，它和大前提就组成不了一个推理的前提，也推不出任何结论，在逻辑上叫作犯了"四名词"的错误。所以小前提必须要包含"人"这个条件，这样形成的大小前提是有条件关系的，它们就可以作出一个理性推理，即从两个判断的联结中推出第三个判断。如果你把两个前提都当作是结论判断的条件并已经作为要素包含在结论判断之中，你当然就可以把整个推理都看作一种间接形式的判断了，它不是直接的判断，而是有方法的判断。这表明了康德的认识论仍然是建立在知性判断之上的。下面就是解释了：

这给予的判断就是普遍规则（大前提）。把另外一个可能判断的条件归摄到该则的条件之下，这就是小前提。在这种**被归摄的情况下**陈述该规则的断言的那个现实的判断就是结论。

大前提总是一个"普遍规则"，一个全称命题。推理的大前提必须是一个全称命题，没有全称命题就推不出任何结论来。你只说"有些人是要死的"，怎么能够推出张三李四必定要死呢？小前提就是把另外一个可能判断的条件归摄到这个普遍规则的条件之下，也就是归摄到大前提的条件之下。小前提必须是与大前提有归摄关系的判断才叫作小前提，凡是有可能归摄到大前提的普遍条件之下的那些判断都可以构成一个小前提。你可以是任何"可能的判断"，但是有一个条件，就是必须与大前提有归摄关系，否则就不能构成小前提。而"在这种被归摄的情况下"，也就是在小前提被归摄到大前提之下的情况下，那么"陈述该规则的断言"，也就是陈述由大前提中提出的普遍规则所作出的断言，这样一个"现实的判断"就是结论。结论也是一个判断，是用大前提的规则对小前提的主词作出断言。之所以能够作出断言，是因为小前提这个可能判断的条件已经被归摄于大前提的条件之下了，所以我可以利用大前提的规则对小前提的主词作出断言，这时这个结论判断就不再只是可能的,而是"现实的"判断了。为什么是"现实的"?因为它通过大前提的普遍规则的必然性而给小前提中作为可能性提出的主词定了位,使它具有了一个现实的属性。当然这种"现实性"是在逻辑上说的,既然前面两个条件都已经提出来了,那么结论判断就现实地定下来了。

这样,规则就说出了一定条件下的某种普遍的东西。现在,规则的条件就在某种出现的情况中发生了。所以在那个条件下普遍有效的东西也被看作在这个出现的情况下(该情况具有这一条件)有效的。　B387

规则说出了普遍的东西,当然这种普遍的东西是在一定条件下说出来的,而不是无条件的普遍的东西。大前提给予了一定的条件,比如"一切人",在这个条件下就有普遍的东西,比如"要死的"。这个条件当然总是相对的,所以它的普遍性也是相对。现在,你的这个规则的普遍条件就在某种具体的情况中发生了,虽然规则的普遍条件是在它的一切可能的情况下都会发生的,但是我们现在讲的是这个特定的具体情况,比如说"苏格拉底",他也是"人";所以在"一切人"这个条件下普遍有效的东西,如"要死的",就被看作在这一特定的情况下,在苏格拉底也具有"是人"这一条件的情况下,也是有效的,即他这个人也是"要死的"。

很容易看出,理性将通过那些构成一个条件序列的知性活动来达到知识。

理性当然不一定达到知识,它可以用来做推理游戏嘛。但是在前面讲的这种情况下,它就将会"通过那些构成一个条件序列的知性活动来达到知识"。理性通过知性活动来达到知识,这个是我们前面一直在讲的,理性是用在知性的"运用"上的,是用来引导知性的运用的。通过前面的分析我们可以看出,理性是通过一个条件序列来引导知性的,三段论就是一个条件序列,大前提小前提都是它的条件。每一个三段论都是整个条件序列的一个环节,但是这个环节本身也已经表现出一个条件序列了,条件和有条件者已经构成了一个等级关系。有条件者必须有它的条件,结论命题是通过让知性活动构成一个条件序列来达到它的知识的。下面举了一个例子：

　　当我得到"一切物体都是变化的"这一命题，只是由于我从"一切复合物都是变化的"这个更远的知识（其中物体概念还未出现，但该命题却包含着物体概念的条件）开始，从它进向一个更切近的、从属于前一命题的条件之下的命题："物体是复合的"；并由此才进向了现在就把那个更远的知识（变化的）与面前这个知识联结起来的第三个命题："所以物体是变化的"；这时，我就是通过一个条件序列（前提序列）而达到了一个知识（结论）。

　　也就是说，当我得到"一切物体都是变化的"这个命题时，如果我是有理性的，或者如果我用理性的态度对待它，我就会为这个命题寻求它之所以可能的条件，而把它看作从这些条件中推出来的结论。你怎么知道一切物体都是变化的？这需要证明。所以这个结论命题只是由于我从"一切复合物都是变化的"这个"更远的知识"开始，即从大前提开始，进向一个小前提："物体是复合的"，并"由此才进向了现在就把那个更远的知识（变化）与面前这个知识联结起来的第三个命题"，即"物体是变化的"这个结论。大前提"一切复合物都是变化的"是"更远的知识"，比"一切物体都是变化的"更远，但是更高，更有普遍性；因此它也更不具体，"其中物体概念还未出现"，但它已经包含着物体概念的条件即"复合的"了。"复合物"严格说来应该译作"复合的东西"，但是这样译比较麻烦。复合的东西比"物体"概念更抽象，更带有普遍性，比如说思想、道德都是复合的东西，但并不是物体。但物体当然必须是复合的东西，凡是一个物体都有部分，既然可以分为各个部分，它就是复合的。所以复合物的概念包含着物体概念的条件。只有莱布尼茨的"单子"不是复合物，它没有部分，所以它也不是物体。那么，从这里开始进向一个"更切近的"命题，跟什么更切近？跟结论命题更切近，因为大前提中物体概念还没有出现，太远了。小前提则跟结论命题切近一切，因为物体概念已经出现了，但它在小前提中又被"从属于前一命题的条件之下"，所以小前提是在大前提和结论命题之间的一个过渡命题，它把双方都联结起来了。而结论命题就是"现在就把那个更远的知识（变化的）与面前这个知识联结起来的第三个命题"，也就是把大前提中的"变化的"这个知识与小前提中"复合的"这个知识在"物体"这个概念中联结起来而构成的命题。而这时"我就是通过一个条件序列（前提序列）而达到了一个知识（结论）"，条件序列就是大前提和小前提，这里有两个前提的条件，它们构成一个条件序列，它们达到一个结论知识。所以三段论推理是一个有条件者的条件序列。

于是，每一个序列，只要它的实例（定言的或假言的判断的实例）被给予出来，就可以继续下去；

每一个序列的实例，比如说大前提的"人"、"复合物"，小前提的"苏格拉底"、"物体"，这都是一些实例，都是具体的、相对的东西，而不是绝对无条件的东西，绝对无条件的东西是没有任何实例的。到了绝对无条件的东西就不能再继续往上推了，而在此之前都可以继续推。但是为什么是"定言的或假言的实例"？为什么把选言的判断排除出去？这是因为，选言判断是建立在前面两个判断的基础之上的，定言的或者是假言的判断都可以通过实例而不断地继续推下去，唯独选言的判断却不是要继续推下去，而是要在假言判断和定言判断之间建立关系，即把一个概念的一切可能的假言判断的实例都收集完备之后，从中得出一个定言判断。例如我们说这事"不是张三干的就是李四干的，二者必居其一"，实际上已经包含着这个意思：如果不是张三干的，则肯定是李四干的；或者：如果是张三干的，那么肯定不是李四干的。选言判断当然也可以推下去，但不是它本身推下去，而是它里面的假言判断或定言判断可以推下去：你凭什么可以断言这事是张三（或李四）干的？或者，如果这事是张三（或李四）干的，需要哪些条件？所以还是化为定言判断或假言判断来推下去。因此说到"继续推下去"，这里只要举出定言判断和假言判断就够了。

B388 　　因而正是同一个理性活动导致了复合三段论推理,它是一个推论序列,这序列可以要么向条件方面(通过前溯推论法)、要么向有条件者方面(通过后续推论法)朝不限定的远处延续。

　　复合三段论推理在任何时候它都是"同一个理性"在起作用,复合三段论推理就是把一个单个的三段论和另一个或更多的三段论推理联合起来的推理,在这种不断地继续的推理中贯彻的是同一个理性的原则。我们前面讲理性的推理被当作一条原则贯彻到底,那么它必然会推出一个无条件的总体性。所以"它是一个推论序列",推理不是一次性的,你永远可以不断地推;但这个序列有两个方向,一个是朝它的条件方面,通过前溯推论法追溯它的条件和条件的条件,另一个是通过后续推论法向有条件者方面推出后果和后果的后果。这个前面已经讲到过了,当然前面强调的都是这个序列向条件方面前溯推论这个方向,因为它可以推出无条件的总体性,后面这个方向却不行,因为它还没有完嘛,所以这两个方向对于认识的作用来说并不是对等的;但其实理性的推理是有两个相反的方向的。前溯推论法对于推出一个条件的总体性是必须的,后续推论法对于推出条件的总体性是不必要的,因为它不管条件,只要你给我一个知识,我就可以把它当作条件只管往下推;反之,如果不假定一个知识的条件总体全部通过前溯推论法追溯完毕,那么这个知识就根本得不到承认,也就根本无法起步。后续推论它诉之于"走着瞧",它的结果是否已经、甚至是否能够构成一个总体,对于它来说无所谓,并不影响它前面的知识的确定性。前溯推论的已经完成则是任何一个知识要想成立的起码的条件。所以虽然这两个方向都是"朝不限定的远处延续",但意义是大不一样的。"不限定的"这个词我们要注意,康德后面讲,它不等于"无限的",而只是没有限定而已。"无限的"是一种断言,"不限定的"则是不加断言。

　　下面一段应该跟上面两段联系起来看。前面 B387 讲要"从先验的运用中"考察理性,所谓从先验的运用中,就是指我们要从理性里面把那些先验的理念引出来,这些先验的理念是属于思辨的运用的,作为范导性的原理来引导知性的知识,但这种思辨的运用是"内在的"运用,理念在这里只是一种引导知识的目标,而不是知识。但是如果你把这些理念当作是有关某个认识对象的概念,因而把它们本身当作一种知识来看待,那就是先验的运用了。范畴也是这样,它们本来是指向某个对象的知识的概念,所以是先验的范畴;虽然它们不可能作先验的运用,即不可能单由本身得出有关某个对象的知识,但既然是先验范畴,它们在逻辑上并不排除对一般对象、先验对象的运用,在这方面它并没有明确的规定。当然事实上它只能作经验性的运用,只能构成经验对象的知识。先验理念也是指向某个对象的,如灵魂、上帝、宇宙,但这些对象明确地是要排除经验对象的,决不可能在经验中找到它们的对应物,因而是明确指向超验对象的,这点与范畴不同。但是这些超验对象本身也不可能成为知识,只是在知识的扩展中起一种引导的作用,如果你以为既然它们超越于经验,那么我们就可以不需要经验而直接获得对它们的知识,那就是先验的运用了。那么康德为什么要提到"先验运用"呢?是为了与范畴相类比。知性的先验范畴为什么是先验的,就是说它是先于经验而从形式逻辑的判断中引出来的,如果你把每一个判断当作是有关对象知识的,那么你就把它当先验的来看待了,这个时候你就可以从中引出一个先验的范畴。我们讲到过,先验的就是先天地有关认识论的。形式逻辑不管认识论,如果你把形式逻辑的判断看作有关认识论的,那么每一个判断形式里面都包含着一个范畴,它就进入到了先验逻辑。所以知性范畴表是从逻辑判断表里面引出来的,通过把形式逻辑先验化、认识论化,而得出来的。那么这里提到先验的运用也是在这个意义上,就是我们把理念也从理性的推理中引出来,使得理性的推理先验化。理性的推理本来也不管认识论,它只管逻辑的正确性;那么理性的逻辑运用我把它用来获得有关某种对象的知识,这就是先验的运用了,它是不是能够获得真正的知识,我们这里暂时不去管它,但是如果我们这样来看的话,我们就可以从理性的逻辑推理里面引出先验理念来，就像我们从逻辑判断中引出范畴来一样。所以下面接下来的一段就分析推理的结构，这就是三段论的结构，而且这种三段论作为原则被纳入到了一种复合三段论的无穷序列之中，其中前溯推论的方向可以导向一个无条件的总体性。我们在前面讲理性的逻辑运用时已经总结出了理性的纯粹运用的原则，就是要从有条件的东西去追溯无条件的条件总体，这就是理性推理中的前溯推论的原则。那么要从这条原则里推出先验理念来，怎么推？现在我们读的这一段就是要讲这件事情了。理性的逻辑推理本来不是先验的，它只是先天的，它不管认识论问题嘛。但是现在要从它里面先验地推出理念来，或者推出先验的理念来，使得这个理念先验地指向某个对象，那么我们怎么做？把握了这个问题，这一段的意思就明确了，为什么要写这一段？为什么要谈推理的上升序列和下降序列？就是为了说明如何从逻辑推理中引出先验理念来。只有从上升序列里面才能总结出来，从下降序列里面是推不出来的。所以这一段后面完了以后我们省略掉的部分其实就是第二节，讨论"先验理念的体系"，我们这里没有收进来。它说明我们只有通过上溯的方式才能从定言的、假言的和选言的三种理性推论里面引出灵魂、宇宙和上帝三个先验的理念。现在我们在这样的前后关系中来看这一段。

但我们马上感到，前溯推论的链条或序列①、即对一个给予知识的根据方面或条件方面的推理的知识，换言之，理性推论的**上升序列**，其处理方式必定是完全不同于**下降序列**、即理性通过后续推论而在有条件者方面继续下去的理性能力的②处理方式的。

理性的逻辑推理已经给我们展示了它就是一个往前往后都无穷无尽

---

① 原译中漏掉了"链条或序列"，兹补上。
② 原译中漏掉了"理性能力"，兹补上。

的推理序列，你只要占据中间一个点，那么你就可以朝两个不同的方向遥望，望不到边。但是我们在这样一个推理的序列链条里面马上就感到了，前溯推论的上升序列完全不同于后续推论的下降序列，这两个方向并非等值的，而是各向异性的，就像时间一样，时间可以前进但不可以倒退，两个方向的处理方式是完全不同的。为什么不同？下面解释了。

因为，在前一种情况下知识（结论）只是作为有条件的而给予的；

也就是在上升序列追溯它的条件的方向上，我们现在已经到手的知识作为结论，它一旦出现，就仅仅是、只能够是作为有条件者而给予的，它不能是无条件的，任何一个知识、一个结论，一旦拿到手里，你马上可以肯定它是有条件的，而且这个条件有一个无穷的序列，已经给予了。知识作为有条件者被给予了，那么你说这个知识它是有条件的，它"带有"它全部的条件，这是一个分析命题。任何一个知识作为有条件者一旦被给予，它必然包含有它全部条件的总和。

于是我们只能以这种方式来凭理性达到这种知识，即至少要预设在条件方面的该序列的所有环节都已被给予出来（前提序列中的总体性），因为只有在这个前提下，眼前的这一判断才是先天可能的；

"于是"，这是分析出来的，就是说你已经被给予一个知识了，那么你用你的理性反思一下，如果你是凭理性达到的话，那么我们只能以这种方式来达到，"即至少要预设在条件方面的该序列的所有环节都已被给予出来"，也就是要预设"前提序列中的总体性"也已经被给予出来了，整个前提序列都被给予出来了。少了一个都不行，少了一个条件这个知识就不可能存在了。但它已经存在了，这个就反过来说明前提序列已经一个都不少地被给予出来了，只有条件总和被给予你这个知识才能够被给予啊。从逻辑上来说必须是这样的。当然你如果不用理性，你也可以通过感性，或者通过信仰来确定一个知识。但如果你用理性，那么这个规则就是必然的预设，逃不掉的。也可以说这是一个分析命题，分析命题是必然的。有条件者必然包含它的所有条件，否则怎么叫作有条件者呢？所以只有在这个前提下眼前这一判断才是先天可能的。在哪个前提下呢？就是前提序列中的总体性已被给予出来这个前提下；"眼前的这一判断"就是我们现在所获得的结论，"才是先天可能的"，"先天可能"就是说它是由它的一切条件先天决定了的。当然如果经验上可能的就用不着去探讨了，从经验的方面说一个东西是可能的，那是就事论事的；但是你要说它有理由，这个东西它何以可能，那么就要从先天的方面去看它，从充足理由方面来看它。如果一切充要条件都已经具备，那么这个结论必然会得出来，这就是它的先天可能性。当然这还只是一个理性推论，还不是一个经验事实，从经验上我们怎么能够感觉到一个东西的所有的经验条件都被给予出来呢？感觉不到的。但是在理性上我们可以推论出来，如果有一个东西被给予出来了，那么它所有的条件的总和也一定被给予出来了。这个事实也许是一个很偶然的事实，某人某月某日早上五点几分出生了，这是一个很偶然的事实；但即算对这个很偶然的事实，我们也可以设定，他之所以恰好在这一瞬间出生是有其种种条件、有其充足的理由的，少了一个条件也许他就要晚一分钟或早一分钟出生了。但是他既然在这一分钟出生了，我们就可以假定有各种充分的条件使得他在这一分钟出生。这只是一个理性的推论，并不是经验事实上可以确定的。经验事实上你怎么能够确定呢？事实上确定不了，因为它的条件太多，太复杂，人的理性根本对付不了，对那么多的经验条件你根本分析不出来。但是你大致上可以断言它的任何一种变化都有充分的根据。所以只要有一个判断被认可了，那么它的所有前提也就被认可了，否则它就不可能了，这个事实就不可理解了。它既然发生了，你要理解它，那么你就要假定它的全部条件都被给予了。这是对于前溯推论法所讲的这一套，只要给予一个结论，那么通过前溯推论所能够给出的全部前提的总和都被给予，这是符合理性的，理性是支持这一推论的。

　　反之，在有条件者或后果方面，所想到的只是一个**形成着的**、而不是已经**完全**预先设定了的或给予了的序列，因而只是一个潜在的继续过程。

这个"反之"说明与前溯推论法相反，后续推论法是完全不同的。前面是上溯到条件的条件，直到整个条件序列，它当然是无条件的了，如果还有它的条件那它就不是"整个"条件序列了；而下降的序列就是在有条件者这一方面，你给了我一个知识，那么我就可以从中推出一系列的有条件者。这个知识作为一个结论，它也有自己的一系列结论。那么在这方面我们"所想到的只是一个形成着的、而不是已经完全设定了的或给予了的序列，因而只是一个潜在的继续过程"。你给我一个知识，它将形成什么样的后果，这个我们现在还不能确定。我们可以确定它的前提，任何一个知识被给予它的前提已被给予了，但是它的后果是不是都被给予了呢？那就远远还没有，对于后果我们只有等着瞧，它只是一个形成着的过程，它将有哪些后果，我们朝这个方向望去，那是一望无边。前面虽然也是一望无边，但是我们可以凭理性先天地断言，所有这些一望无边的前提都已被给予了。但是在后果上是否已被给予了呢？那就很难说了，它将会产生一些什么后果，当然肯定要产生后果，但后果还没有产生出来，正在形成，还没有完。前提已经完了，再怎么无限，前提已经在这里了，在这一点上已经结束了，再不会增加了。但后果你不能说就是这些后果了。所以它是一个"潜在的"过程，还没有完全展示出来，也不可能完全展示，它可以不断地展示。所以它不能够预先设定，也不能够预先给予。

　　所以，如果把一个知识看作是有条件的，那么理性就有必要把上升线上的这一条件序列看作完成了的，和① 按其总体性而被给予了的。

　　这就是我们刚才讲的，如果一个知识被看作是有条件的，也就是，如果你要对一个知识去追溯它的条件，追溯它的充足理由，即如果你要用理性的推理来对待一个知识的话，那么"理性就有必要把上升线上的这一条件序列看作完成了的，和按其总体性而被给予了的"。上升线上的

①　原译作"或"，据同学提议改正。

条件序列在任何一个知识当它被看作是有条件的时候，都被看作是一个已经被给予了的条件总体，理性"有必要"这样看，不能不这样看。

B389 但如果同一个知识同时被看作其他那些相互构成下降线上一个后果序列的知识的条件，那么理性就可以完全不在乎这一继续进展在后天的方面伸展到多么远，以及这一序列的总体性是否在任何地方有可能存在；

这就是"反之"了，就是说这样一个知识如果被看作它的下降线上的后果的条件，即把这个知识看作一个条件，在下降线上的其他那些知识当然就被看作它的后果了，一个后果又带来另一个后果，这样不断延伸下去它也构成一个无限序列，那么，理性完全可以不在乎这个方面的序列是否完成了，这个序列的总体性是否有可能存在。理性可以完全不在乎后天方面的延续，你尽可以去完成，去继续，你永远也没个完，跟我也没关系，因为我这个知识已经有了，这个知识只要在上升的序列方面已经给定了，它就已经是确定了的，至于它在下降序列上有什么后果，多一个后果少一个后果，这个对它的确定性没有影响。如果少了一个前提，这个知识就不可能了，但是少了一个后果，这个知识无所谓。你少了一个后果，也可能它还没有来，也可能是你计算错误，也可能它已经有了你没有看到，也可能它确实就是少了一个后果，那个都没有关系嘛，这个知识它还是确定的嘛。所以理性可以完全不在乎后天的进展伸展到多么远，"以及这一序列的总体性是否在任何地方有可能存在"，就是说后果的总体是不是会有啊，这个没关系，有也好没有也好，你说有也不影响这个知识的确定性，你说没有，同样不影响这个知识的确定性。这个知识已经由它的先天条件确定了。按照后果那是另外一回事，那是其他知识的事，对于这个知识它不发生任何改变。

因为，它要得出摆在它面前的这一结论并不需要这样一个序列，这个结论已经通过它的根据而在先天的方面充分地得到了规定和保证。

这就是我们刚才讲的，因为它，理性，要得出摆在它面前的这样一个结论，也就是面前的这个知识，它并不需要后果方面的一个序列总体，后果是不是一个总体呀？这个对于我面前的这个知识来说没有必要搞清，是不是这个后果到了某个后果上就完了，再没有后果了呢？是不是还有更多的后果呢？这个都无关紧要。反正这个知识已经确定了，"已经通过它的根据而在先天的方面充分地得到了规定和保证"，只要在先天的方面得到充分的根据就够了。

不论在条件方面这一前提序列有没有一个作为最高条件的**第一项**，因而是否在先天方面是没有界限的，它肯定都必须包含诸条件的总体，哪怕我们永远也不可能做到把握这一总体；

就是在前溯推论方面我们也可以提出，这个前溯推论有完没完啊，是不是有个第一项啊，世界、宇宙是有限的还是无限的啊，这些争论。这些争论都无损于我们把所有这些条件看作都是被给予了的。你可以把这个条件序列看作是有一个作为最高条件的第一项，或者是看作没有第一项，是无穷无尽的，那个都没有关系。反正凡是涉及到先天的条件、前溯的条件，你都把它完完全全地纳入进来作为知识的条件就是了，它都是被给予的，已经被给予了。你说这个序列有个第一项，那么这个第一项就是被给予了的，你说没有第一项，这些条件是没有边界的，那么所有的这些没有边界的条件也都被给予了。所以不论它们有没有一个第一项，在先天方面是不是有界限，这个被给予的序列肯定都包含诸条件的总体，哪怕我们永远不可能把握它。前溯推论也可以无穷无尽，刚才讲了，推论的两头都是无穷无尽的，我们在两方面都永远不可能把握它的总体性；但是在前溯推论方面我们虽然不能把握它的总体，我们却必须假定它已经被给予了，这是另外一回事情。

并且，如果那被看作由整个序列中产生出来的后果的有条件者应当被看作是真的，则整个序列都必须无条件地是真的。

也就是说，如果这个有条件者，我们面前这个知识，如果它要被看作是真的，那么它作为整个条件序列的一个后果，将必然以整个条件序列都无条件地是真的为前提。当然面前的这个知识也可能是假的，也许你看错了，也可能这个知识它带有偏见，带有虚假性，那这个前提当然就值得考虑了。但是一旦这个知识要被看作是真的，那么它的所有的前提也必须被看作是真的，因为只要有一个前提是假的，那么你面前的这个知识就不可能是真的了。

这是理性的要求，理性宣称它的知识是先天确定的和必然的，要么是就其本身而言，这时就不需要任何根据；

前面讲的有条件者必须以所有的条件序列的总体性已经给予为前提，这是理性的要求，其实就是充足理由律的要求，任何事物都必定有它的充足的理由，没有充足理由，或者理由不够充足，这个事物都不可能存在，这是莱布尼茨所提出的一条理性的规律；但理性宣称它的知识是先天确定的和必然的有两种情况，一种是"就其本身而言"，这是不需要有任何根据的。那么这种情况是指什么？康德没有明说，我们可以猜测，一方面可能是指形式逻辑的规律，如不矛盾律、同一律和排中律，这是不需要根据的，我们不能问为什么要遵守不矛盾律，对理性而言这是自明的，否认它就是否认理性，所以这些逻辑规律是"先天确定的和必然的"。另方面也可能是指道德律，从实践的方面来看待理性。因为实践的运用才是理性的真正的纯粹运用，在认识论中理性的运用还不是纯粹的，它只是被借用到认识论中，来辅助知性完成所有知识的统一性的，只是插一手，还没有跟经验脱离关系。真正与经验脱离关系的就是纯粹实践理性，它体现在道德方面。在道德方面有些东西是不需要证明的，比如说道德律，比如说自由意志，道德律就是由自由意志来的嘛，所以自由意志和道德律在康德看来是不需要证明其根据的，不需要再提供别的根据了。自由意志还要提供别的根据，它就不是自由意志了。自由意志把它本身运用于自身，运用于自由意志，那就是道德自律了。自律无非是把自由意志运用于自由意志，使自由意志本身成为一条普遍规律，那就是道德律。所以康德把道德律称之为一个"理性的事实"，作为一个事实它就摆在那里，再不需要证明了。它是一切实践理性的演绎的最高条件，所有的实践理性都要从它而来，但它本身不能够再归结为别的根据。所以理性宣称它的知识是先天确定的和必然的，就这知识本身而言我们可以从这两个方面来理解。当然这两个方面又是相通的，因为所谓的道德律无非就是不矛盾律在实践方面的运用，在自由意志上的运用。因为自由意志不能跟自己相矛盾嘛，如果自由意志本身自相矛盾那就不能成为一条普遍规律了，那就不是道德律了。只有符合不矛盾律的自由行为才是道德的。

要么就是作为一个根据序列的某个环节推出来的，而这序列本身则无条件地是真的。

就是另外一种情况，理性宣称它的知识是先天确定的和必然的，在这第二种情况下就是：这种知识是"作为一个根据序列的某个环节而推出来的"，也就是把它看作是一个根据序列的全部条件所推出的**结论**，而这个根据序列本身则"无条件地是真的"。换言之，一个知识只有被看作是通过一个"无条件地是真的"根据序列而推导出来的结论，才能被理性宣称它是"先天确定的和必然的"。所以，这个根据序列"无条件地是真的"是这个知识被看作是真的或"先天确定的和必然的"的前提，这个意思在上一句话里面已经说了："如果那被看作由整个序列中产生出来的后果的有条件者应当被看作是真的，则整个序列都必须无条件地是真的"。由此我们就可以找到从理性的逻辑推理的复合三段论的无穷序列中推出先验理念的一条途径。理性的理念如何得出来？是推出来的，理性的理念和理性的逻辑规则不一样，和实践的道德律也不一样，那些都是自明的，但理性的理念不是自明的，它是推出来的。是通过任何一个被给予的知识去追溯它的全部条件序列。只要有一个知识被看作是真的，那么它的整个条件序列都必须被看作是真的，所以它的最高理念也被看作是真的，也被看作是一种知识，先验理念就是这样推出来的。这跟我们从判断表里面推出范畴表有类似之处。当然这里不是判断，而是推理，所以它所获得的知识被看作推理序列的总体性或最高项，但是也是把这个总体性或最高项当一个对象来看待。形式逻辑在推理的时候不管对象，但是当你把这种推理运用于某个知识，那就要看对象了，就涉及到真理问题了。这里为什么强调"真的"，就是它涉及到真理问题，涉及到对象的知识问题了。你给我一个知识，那么我就可以从它推出整个条件序列的总体都必须是真的，也就是这个总体必须是关于一个总体对象的知识，这个总体对象我们可以用一个理念来表示它。理念就是这样一个东西。从康德上述理性的两种先天确定的和必然的知识的划分，我们也可以隐约看到莱布尼茨所谓"逻辑真理"和"事实真理"的划分，逻辑真理是"就其本身而言"就是真的，如不矛盾律，而事实真理则是从任何一个事物的条件序列的总和推出来的，这就是充足理由律。

邓晓芒作品 · 句读系列

下
卷
康德
《纯粹理性批判》句读

邓晓芒 著

人民出版社

目　录

先验方法论

第二卷　纯粹理性的辩证推论

第一章　纯粹理性的谬误推理

今天我们讲到纯粹理性的辩证推论中来了。在上一卷"纯粹理性的概念"的末尾，就是关于"先验理念的体系"的一节（第三节），我们这本书中没有收入进来。这个所谓"先验理念的体系"其实只有三个，一个就是关于灵魂的理念，其次就是关于宇宙，再就是关于上帝。这三个理念构成一个"体系"。它们第一个是立足于实体性，第二个立足于因果性，第三个立足于协同性。这三个都是立足于三个不同的关系范畴，或者是关系推论。而实体性引出的就是灵魂，这个是莱布尼茨的论证。莱布尼茨认为实体要真正能够成为实体，那就应该是不灭的，因为所谓实体就是持存性嘛，那么只有一种东西可以保持不灭，那就是灵魂。因为灵魂没有广延，没有部分，既然没有部分，那它也就不可分，不可分也就是不灭了，因为所谓死亡也就是解体了，分崩瓦解了。灵魂没有部分它怎么解体？所以莱布尼茨认为真正的实体就是单子，也就是没有部分、没有广延的东西，这样的东西只能是精神性的东西，那就是灵魂。物质性的东西总是有广延、有部分的，因此总是要分解的，要消灭的，只有精神性的单子是永恒的。这是理性派的一个理念，经过莱布尼茨的论证，它就显得在逻辑上更加无懈可击了。那么"宇宙"的理念，当时的理性派和经验派其实都承认这个理念，只是理解不同。宇宙是一个无所不包的概念，

1

整个自然界一切事物都包含在里面，它可以对我们整个的知识和整个的认识对象进行概括。但是它又不是一个经验的对象，因为它是无限的，超出人的一切经验对象之外，你不可能感知它、规定它，那么它也成为一个先验的理念。上帝则在这两个理念之上，它成为这两个理念的综合，是一切可思维的对象的最高条件，它就是第三个理念。这就构成三个理念的体系。接下来康德就要对这些理念所构成的辩证推论进行批判，不管是论证灵魂实体也好，还是论证宇宙的最高原因也好，还是论证整个宇宙和灵魂在上帝那里获得一种协同性也好，所有这些论证在康德这里都要经受一种批判的考察，而这种批判的考察对于理性派的一系列的形而上学命题是毁灭性的，它摧毁了传统理性派形而上学的一系列最重要的命题。最重要的就是这三个方面的命题，关于灵魂、宇宙和上帝。那么首先他要从灵魂实体入手，这是他所要批判的第一个理性派的伪科学，即关于理性心理学的科学。理性心理学和经验性的心理学不同，经验性的心理学比如儿童心理学、发展心理学、认知心理学、普通心理学等等，这些我们都可以作出一种实证的研究，加以测验，进行仪器的测量，得出某些统计的数字，甚至找出某些规律性的东西。康德所要批判的不是这些东西，康德所考察的是所谓"先验的"心理学，就是撇开一切经验的内容以后，我们能够从形而上的层面，单凭对概念的逻辑推理我们所能够得出的有关人的灵魂的一些规定，在没有任何经验性的材料的情况下我们能够说什么，能够规定什么，能够推出什么结论来。这就是理性心理学或者先验心理学的主题。那么康德在这里就是要对这样一些主题进行批判的考察。所以他这里第一章就是探讨"纯粹理性的谬误推理"。这个"谬误推理"主要是用在理性心理学上面的，就是说理性心理学对灵魂的各种规定，被看作是对灵魂的知识的那些规定，在康德看来它们是建立在谬误推理之上的。

逻辑的谬误推理在于一个理性推论在形式上的错误，而其内容则尽可以是随便什么别的东西。

这个首先是从形式逻辑的角度来提出谬误推理的，谬误推理它本来的意思就是指形式逻辑上的错误，就是说任何一个推理它在形式上犯了错误，至于它的内容呢，它可以是随便是什么别的东西，就是它的错误并不在于内容上面。内容上面当然也可能有错误，形式逻辑不管内容嘛，内容上它也可能错误了，但是讲到"谬误推理"它不是指它的内容上的错误，而是仅仅就形式而言的错误。这样一种错误它称之为"谬误推理"。谬误推理当然也有很多种，在这个地方指的是特定的。我们可以翻到B412，下面有两个注，讲到谬误推理的时候他用了一个拉丁文，我们把它翻译为"通过修辞格的诡辩"。这是一种形式上的谬误推理，就是说，"修辞"在逻辑上是不确定的，所谓"修辞"嘛，它是含糊的，是为了迎合某种需要、某些场合，好像它的意思没有改变，但是经过这样一模糊一混淆，它的意思就变了。所以修辞格的诡辩就实质上来看在逻辑上相当于"四名词"的错误，就是你的一个名词由于通过修辞来对它进行描述，它就有了歧义，有了两种意思，你利用这两种意思的含糊性从一个前提推出另外一个结论，但实际上是推不出来的，因为你的名词已经有了歧义。所以他下面第二个注释讲："思维"在这两个前提中是在完全不同的含义上来理解的：在大前提中是如同它针对一般客体那样，但在小前提中则只是像它处在与自我意识的关系中那样，因而在这里根本没有什么客体被思考等等。就是说，"思维"这个概念在大前提和小前提中已经有所不同，我们前面讲到三段论推理，大前提和小前提必须有一个词是相同的，你才能够把小前提的条件归摄于大前提的条件之下。如果你没有一个词是相同的，大前提是两个词构成一个判断，小前提是另外两个词构成一个判断，那么你怎么能把小前提的条件归摄于大前提的条件之下？它们就不相干了。必须要小前提中有一个词与大前提中一个词是同一个概念，你才能把两个前提联结起来，才能从中推出结论。所以一个三段论式只能有三个概念，结论只有从这三个概念中才能推出，如果你用来联结

3

大前提和小前提的概念本身是含糊的，它可以理解成两个概念，那这个三段论式就有了四个概念，这就不能正当地推出它的结论了。这就叫谬误推理，它的实质我们可以从这里理解到，形式逻辑的谬误推理就是这样的。当然康德这里讲的不仅仅是形式逻辑的谬误推理，他是要从这里引出先验的谬误推理，但先验的谬误推理在形式上也表现出形式逻辑的谬误推理，只是它的根据不在形式上，而是有更深层次的根据。这就是康德下面所讲的：

但一个先验的谬误推理拥有一个在形式上作出虚假推论的先验的根据①。以这种方式，这一类的错误推论②在人类理性的本性中将有自己的根据，并带有某种不可避免的、虽然不是不可消解的幻觉。

这里讲的"但"，就是说我这里讲的不是形式逻辑意义上的那种谬误推理，当然在形式逻辑上它也是谬误推理，但有所不同。有什么不同呢？一个"先验的"谬误推理，就意味着是在认识论上的谬误推理。形式逻辑它不管认识论，只管推理的逻辑过程不要出错，但是"先验的"是有关认识对象的，这样一个谬误推理它"拥有一个在形式上作出虚假推论的先验的根据"，当然这个先验根据在形式上它也是作出虚假推论的，所以我们才像形式逻辑那样把它也称之为"谬误推理"；但是这个谬误推理它不仅仅是在形式逻辑上所发生的错误，它的这个错误在先验逻辑上有它的根据。它不像形式逻辑的谬误推理那么简单，就是在逻辑上出错了嘛，就是混淆了概念嘛，你把概念澄清，它不就得到纠正了？你把歧义消除，形式逻辑的谬误推理就不存在了。但是先验的谬误推理虽然在形式上作出了虚假推论，但是它的错误的发生并不在于形式上的操作失误，如果那样的话就简单了，你把形式逻辑一梳理，它不就消除了？但是它的谬误推理之所以出错，有其先验的根据。这个你就要考虑到认识论方面的

---

① 原译作"拥有一个先验的根据：在形式上作出虚假的推论。"意思不明确，兹改之。
② "推论"原译作"结论"，不妥，兹改之。

根据，它不是毫无道理的，它犯错误也犯得有它的道理，你不能简单地指出它形式上错了，就把它抛弃了。你要看它是如何错的，它的错误何以可能，它是从哪一方面来考虑才犯了这种错误。它不是属于逻辑上的失误，当然逻辑上它也有失误，但它是从更深层次上来考虑才在逻辑上发生失误的。所以先验的谬误推理就更加复杂些。"以这种方式"，以这种先验的谬误推理的方式，"这一类的错误推论在人类理性的本性中将有自己的根据"。它先验的根据在哪里？在人类理性的本性里面，人类理性的本性导致它必然要出错，只要人的本性不丢失，只要他还是个人，他就必然要犯这种错误。所以他讲这种错误"带有某种不可避免的、虽然不是不可消解的幻觉"。很费解的是康德的这种表达方式，只有对康德哲学熟悉的人才能够理解。这种错误带有不可避免的幻觉，既然是不可避免的，它就应该是不可消解的，但康德又说它并不是不可消解的。就是它总是要产生出来的，但是一旦产生出来，你就可以对它进行批判；但是批判以后它还是要产生，所以你要时时刻刻对它保持警惕。所以它随时产生出来，你就必须随时通过批判对它加以消解。所以这种消解不是一劳永逸的，你对它的批判不是要抛弃它，而是要理解它，解释它，时刻意识到它的产生是有道理的，但是我不受它的迷惑。我知道这种幻觉从哪里产生，那么虽然那个幻觉仍然在，但是我可以不受它的干扰，不会以为理性心理学就是一门知识，可以用这门知识去建立一个体系。而且我们可以在洞察理性心理学产生的根源以后，了解到它在另外一方面是有它的道理的。在哪一方面有它的道理呢？就是在实践方面，在道德方面，在超验方面，在宗教方面，你这样看是有它的道理的，不是毫无道理的。我们把灵魂不是当作一种知识，但是我们关于灵魂的那些命题在实践方面有用，在道德和宗教方面有它的运用，虽然不是作为知识来运用，但是作为实践命题它是有用的，作为实践理性的悬设，提供一种实践的法则。我在实践中不是按照一种知识来行动，而是按照一种信念。我证明不了灵魂的性质，证明不了上帝的存在，但是我在行动中可以好像有一个不朽的灵魂、一个上帝那样地去行动,我用这些命题来指引我的行动,这样就可以进行道德上的改善。所以像上帝存在、灵魂不朽这样一些命题在我们的道德生活中是有一种不可缺少的作用的,只要你时刻警惕,不要把它当作是一种知识,那它就会消除它的负面的作用而发扬它正面的积极作用。所以他这里讲这种幻觉是不可避免的但又不是不可消解的,它不断地要产生,你就要不断地对它加以批判、加以解释,这种批判和解释可以说是你毕生的任务,你永远要牢记在心,这可以避免你在认识中出错、导致伪科学,另一方面可以帮助你过有道德的生活。如果你放弃了这一任务,那么一方面你就可能把你的精力浪费在伪科学上,而把道德上的作用反而放过去了;另一方面你就可能堕入怀疑论,而在道德上也就失去积极的信仰了。所以对先验谬误推理的批判主要的目的就是要深入到人类理性的本性里面去。为什么要批判它的幻相,这种批判到哪一步才算是挖出了它的根呢?就是要追溯到人类理性的本性,这种本性中有一种"自然倾向"。我们前面在讲导论时已经讲到,形而上学在人类理性中它是一种"自然倾向",这种自然倾向它是以先天综合判断作为前提的。那么理性心理学的这种谬误推理所得出的就是一种先天综合判断。当然这些先天综合判断不是一种真正的知识,它们是一种貌似知识的先验幻相,但是它们是出自于人类理性的自然倾向。以往的形而上学都是这样的,都是出于人类理性的自然倾向而建立起来的,所以虽然它多次失败,每次都失败了,但是它仍然要建立。就是因为这种自然倾向不可抛弃,为什么不可抛弃?你把这个根据把它挖掘出来,那么在康德看来我们就可以一劳永逸,把以往仅仅是自然倾向的形而上学终止了,从此以后我们就可以建立起一门科学的形而上学。当然这种科学的形而上学也包含这种批判在内,它本身并不是一劳永逸的,它只是给人们提供了一种批判的维度,还是要靠每个人时时刻刻自己去保持,因为这种幻相它是不可避免的,所以你时刻要保持警惕。而保持警惕的原则康德这里已经提出来了。

上面一段是一个引子，引入了先验的谬误推理，先验的谬误推理是认识论上的，它表现为逻辑上的谬误推理，但是它的根子是认识论的，所以称之为"先验的"谬误推理。那么先验的谬误推理是如何产生的？下面就是说明这一点。

现在我们来看看这样一个概念，它并未被列入上面的先验概念的一览表，但却必须被算入该表之中，而并不因此而对那个表有丝毫的改变和说明它有什么缺点。

就是说我们所要考察的这个概念，也就是后面讲的"我思"的概念，它"并未被列入上面的先验概念的一览表"，也就是并没有列入到知性的范畴表中，也不可能再挤进去。但是"我思"这个概念它确实又应该被算入纯粹知性概念，范畴就是纯粹知性概念了，那么"我思"难道还不是纯粹知性概念吗？但是这个纯粹知性概念它没有被列入到上面的先验概念一览表里面，但是它却必须被"算入"该表中，那就看你怎么算了，它并不是作为一个纯粹知性范畴算进去的，所以它"并不因此而对那个表有丝毫的改变和说明它有什么缺点"。康德对他自己的这个表是非常自信的，他的表已经是完备的了，既不多一个也不少一个，那么你现在又要把另外一个纯粹知性概念算入这个表里面，是不是就说明这个表的十二个范畴还不够，应该有十三个范畴？那不是的。虽然在这里提出了一个新的概念，但是并不说明那个范畴表有什么缺点。

这就是这样一个概念，或如果愿意的话也可称为判断：**我思**。

我思本身是一个概念，但是如果你愿意的话也可称为判断。这是康德的一个非常含糊的说法，这种含混性现在国外有些人在探讨，就是他这个我思究竟是一种概念还是一种判断，究竟是一种形式还是一种能力？包括他的范畴、他的范畴表都是这样的，他一会儿说这些范畴是一种"形式"，一会儿说它们是一种"机能"，这在康德这里是没有区分清楚的。他这种不清楚有他一定的道理，就是实际上他把它们理解为一种能力,但是如果你要从认识论上把这些能力作为对象来把握住,你就必须给它们一种概念形式,但是这种形式的内容实际上只不过是一种能力。所以"我思"这个概念其实所表达的不过是我在思维这样一种判断活动,我思是一个判断。那么用一个概念来称呼这个判断你就要当心了,就是说这个概念它其实没有别的内容,它就只是有作为活动的内容,但是在表达上康德经常不太严格,他经常把它称之为一套"先天的形式",好像是一种现成的框架,知性就是靠这一套先天的形式框架来把握那些经验性的材料的,知性"赋予"了那些经验性的材料以先天的形式,它们才构成了认识的对象,那么这个歧义就出现了。所以康德对于范畴和"我思"的能动性的理解是不彻底的。如果彻底的话,像黑格尔那样,一个范畴主要就是它的能动性,你给它命名,那只是一个名称而已,其实范畴本身是动态的。黑格尔的"概念"也不再是一种形式框架,而是一种把握的活动。所以黑格尔的整个"逻辑学"他并没有看作是一种现成的"框架",虽然他有这种说法,说逻辑学是上帝创造世界的一个蓝图,但在具体解释的时候他把这种形式主义的东西削弱到最低限度。他摆脱了形式主义,完全从动态的、历史性的构成性这个方面来理解这些范畴的内涵。这是后来经过费希特和黑格尔以后才把这个毛病克服。但是在康德这里他还有过去的形式逻辑和旧形而上学的理性派传统,就是一旦他把握一种动态的机能的时候,他就要把它看作一种形式,然后再把这种形式外在地加到经验对象之上。所以那些感性材料就变成了一些"质料",而这个形式就变成了一个筐,把那些质料"装到"这个筐里面来,这才构成了有关经验对象的知识。这种解释就非常外在了,后来费希特就把这种观点突破了:包括经验的材料、内容都是由这个形式自身产生出来的,不是由外面装进来的,因为这个形式是能动的嘛,它能产生出自己的材料。这就是辩证法对康德所设立的限制的突破。那么在康德这里他这个我思一方面是一个概念,一个形式,或者一个"表象",这个形式或表象可以附加在它的一切其他表象之上,附加在所有"我思"的内容之上,这些我思的内容不一定都是它产生出来的，那些经验性的材料怎么是由它产生出来的呢？我所有的表象很大一部分都是由外界给予我的。但是一旦给予我它就加上了我思这个表象的形式，它就成了我的了。所以这个我思你可能看作一个筐，人类认识的容器，我们就是用这样一套形式框架来"装"外界所捕捉到的认识材料的。我们前面曾经把它比作人类认识之"网"，我们用这面网去捕捉经验性的材料来构成认识的对象。当然这个网本身是动态的，我们要把网"撒"出去才能有所收获；但是如果你不撒出去它就在那里，它是人的一套先天的、先验的结构。所以康德说如果你愿意的话也可以把"我思"称之为判断，这就是留下一个余地了，就是随时你可以对它作出动态的解释。

　　但很容易看出，这概念是所有的一般概念的承载者，因而也是先验概念的承载者，所以它总是在这些先验概念之间一起被把握的 ①，因而本身同样是先验的；

　　这里康德用了一个很典型的概念"承载者"Vehikel，说明这个我思是一个东西，一个载体，一个筐，"承载"嘛，用一个运输工具去"装"一些材料进去，这个运输工具当然是动态的，不断运行的，但是它是把认识的材料"装"进去的。什么材料？ "一般概念的承载者"，凡是有一个概念，里面都有一个"我思"作为它的载体，它的承担者。"因而也是先验概念的承载者"，也就是范畴的承载者，先验概念在这里就是指范畴了。一般概念就不仅仅是指范畴了，也包括经验的概念，比如"动物"、"马"等等概念。所有的概念里面都有一个我思，所以范畴里面也有一个我思，是我在思范畴，思实体，思因果性等等。"所以它总是在这些先验概念之间一起被把握的，因而本身同样是先验的"。"我思"这样的概念是在我们运用范畴的时候被作为先验的概念而明确地把握住的，其他概念你可以说它有经验的来源，唯有范畴是没有经验的来源的，所以尽管

---

① 　原译作"所以它在这些总是伴随着它的先验概念之间形成起来"，经学生提议改之。

所有的一般概念都伴随有我思，但是真正说来只有范畴，由于它是没有经验来源的，因此在它里面才能最纯粹地突显出"我思"所起的先验的作用，因而意识到"我思"本身的先验性。每当你运用一个范畴的时候，你都意识到这是"我"在思，而当你运用比如说"马"的概念的时候倒不一定意识到这一点，你可能会认为这是受到外界的激动的一种反映，是一种外界的东西装到我内心里面来的一种知觉印象，就像休谟他们讲的那样。当然其实已经有我思了，但是唯有在先验概念之间你才能纯粹地把握到它。

B400　　但它不能有任何特殊的称号，因为它只是用于把一切思维作为属于意识的东西来引述。

"不能有任何特殊的称号"，也就是不能有任何特殊的头衔 (Title)，这就是指它不能够在范畴表中有它特殊的位置，不能作为一个特殊的范畴而置身于范畴表上。它不是一个特殊的范畴，我们只有十二个范畴而没有十三个，"因为它只是用于把一切思维作为属于意识的东西来引述"。我们提到"我思"，并不是提到了一个特殊的范畴，而只是把一切思维、一切范畴的运用作为属于意识的东西来谈论。一切思维活动都是"我"在进行思维活动，所以任何范畴运用都必须有这个"我"在进行思维活动的意识，它们都是属于这个意识的。那么用"我思"就是对这个意识加以引述，加以提醒，这其实就是自我意识，是对意识的意识，对思维的思维，对任何使用范畴的思维活动进行思维。"我思"的含义就是自我意识的含义，它在每一个思维中对我们的自我意识加以提醒。当你说"我思"的时候你已经意识到是我在思了，如果你不提醒的话它可能就淹没在里面，虽然你有我思，时时刻刻都意识到是我在思维，但是它突显不出来。如果你用一个我思来提醒，你就会发现所有我刚才想的这些东西都是"我"在想，里面已经有"对思维的思维"、"对意识的意识"了，已经有自我意识了。

然而，不论它对于经验性的东西 (感官印象) 如何纯粹不杂，它毕竟用来从我们表象能力之本性出发①把两个不同的对象区别开来。**我**，作为思维者，是一个内感官的对象，称之为灵魂。作为外感官的对象的"我"则称之为肉体。

　　"然而"，这里有个转折的意思，尽管有前面讲的这些，也就是尽管我思是先验的，但是，不论它如何对于后天经验性的东西不容混淆，"它毕竟用来从我们的表象能力之本性出发把两个不同的对象区别开来"。从语气上说，这句的意思应该就是先验的我思虽然是先于经验的，但它也是用来区别经验对象的，它起了一个把内感官的对象、即作为思维者的我与外感官的对象、即我的肉体区别开来的作用。所谓"从我们表象能力之本性出发"，也就是在表象能力方面，依据这种表象能力的本性，来区别这两个根本不同的对象。"表象"我们讲过，这是一个最广泛的概念，包括一切在我们内心中出现的东西，感觉印象是表象，一般概念是表象，范畴是表象，理念是表象，自我意识也是表象。但是作为表象能力的"本性"或"自然"（Natur），它总的来说可以区分为两个方面的表象，一个是对内感官中出现的东西加以表象，另一个是对外感官中出现的东西加以表象，而作为对"我"的表象，它们就是作为思维者、灵魂的我和作为肉体的我，这两者是不同的。前者是一个经验心理学的对象，我在思考，这种思考本身就是一种心理活动，一种内心的经验。我可以说这番思考很艰苦，或者很轻松，也可以说我在这方面的思维能力不是很灵活，这都可以作为经验心理学的话题。后者是一个生理学的对象，或者说（广义的）物理学的对象，肉体的活动是可以通过外在的观察和测试来考察分析的。心理学虽然也有实验心理学，但最终要诉之于内省体验，没有完全客观的标准。康德的意思是，只有先验的我思才把经验中的我思和我的肉体真正区分开来，否则是分不开的。例如人们把灵魂和肉体的关系当作一个既是心理学的又是物理学的问题来探讨，实际上是把灵魂当作

---

① "从……出发"原译作"从……中"，似太实，兹改之。

一个占有空间的东西、即外感官的对象来考察了。笛卡尔把灵魂的"住所"确定在大脑的"松果腺"内，休谟则把一切感觉印象归结为人心的自然构造，这都是把内感官的对象和外感官的对象、把灵魂和肉体混为一谈了。只有先验的我思，才能使心理学中的"我"的表象和我的肉体的表象区别开来。区别开来才有自我意识，区别不开就还没有形成自我意识。如果一个人只能够思考与他的肉体有关的事情，而不能思考与他的思维本身有关的事情，这个人是缺乏自我意识的，与动物差不多。有很多人的思维就是这样，你要他思维他的思维本身，他就睡着了，他只能思维他的肉体和他的欲望的对象，他只意识到他的思维对象，而没有反思，没有意识到他的思维本身、即先验的"我思"本身。虽然我思这个概念本身是先验的，它跟经验性的东西不掺杂，但是它可以"用来"区分这两种不同的我，即我的灵魂表象和我的肉体表象。也就是说，只有"我"的灵魂的表象，即作为"我思"、作为"思维者"的"我"内感官表象，才是指向那个先验的我思的，而作为内感官的肉体的"我"则不是，而是指向构成肉体的那些物质的自在之物。当然外感官对象最终也要归结为内感官对象，也是由我思才形成认识对象的，但这是在另一个层次上说的，也可以说我思对灵魂和肉体的区分其实也就是我思所形成的知识结构中两个不同对象、甚至两个不同层次的区别。肉体的知识也在灵魂中，而灵魂的表象则是表示了我思的最高思维活动。先验我思本身也是一个自在之物，即自在之我，但它与肉体的我的那些自在之物是不同的，那些自在之物刺激我的外感官，而先验我思的自在之我刺激我的内感官。有关"我思"的表象就是先验我思所指向的那个自在之我刺激内感官而产生出来的。这个表象出现在内感官中，成为经验心理学的基础，一切经验性的心理学无非就是要探讨这个"我"的表象所蕴含的内容，但这个我本身却始终是经验心理学的一个先验的目标，一个范导性的理念。而在认识论上，它标志着运用范畴来统摄一切经验性材料以形成经验知识的统觉能力，它是"能够伴随所有其他表象"、而"决不能被任何其他表象所伴随"

的一个表象（见 §16）。但康德这里所要谈的已经不是认识论，认识论在前面已经谈过了，这里要谈的是心理学。心理学就要求首先把心理的东西和物理的、生理的东西区别开来，这种区别首先是由先验的我思作出来的。

　　因此作为能思的存在者的"我"这个术语已经意味着心理学的对象了，这种心理学可以称为合理的灵魂学说，如果我不要求对灵魂知道得比从**我**这个概念中，就其出现在一切思维中而言，不依赖于所有的经验（它是进一步具体地规定我的）所能推论出来的更多的话。

　　能思的我已经是心理学的对象了，也就是内感官的对象了，我们在内感官中把"我思"当作一个对象来加以考察了，当作一个什么对象呢？当作"灵魂"。心理学所考察的对象就是要考察灵魂，这是康德的观点，后来有些心理学的观点，例如实验心理学的观点和行为主义的观点，就是要取消灵魂的观念，消解"心"的观念，把它还原为实验的数据。血压啊，脑电波啊，基因啊，一整套可以用外在的实验仪器来确定的东西。这样一种心理学实际上已经不是心理学了，已经是物理学和生理学了。心理学就是探讨灵魂的，它始终有它超验的规定，尽管你是在内感官里面通过感性的材料来规定这些灵魂，但它仍然有超验的目标。"我思"不仅仅是一个物理学的对象，甚至也不仅仅是一个经验性的心理学的对象，因为它一旦成为真正的心理学的对象，它就在经验性的探讨中有一个超验的维度，这个维度是用来指导经验性的心理学不断有所前进的。那么是否可以把这个维度单独提取出来构成一种先验的或者说"合理的"（rational，亦可译作"理性的"）心理学呢？所以康德说，你要构成一种合理的灵魂学说，其条件就是："如果我不要求对灵魂知道得比从**我**这个概念中"不依赖于经验而"推论出来的更多的话"。这句话是倒装的，"如果……"后面是前提，这个前提是省不得的，你要是在这个中间打个句号，那就完了。韦卓民先生把这个"如果"译成"这是由于"，蓝公武译作"盖因"，都出自于康浦·斯密英译本中 inasmuch 这个联结词，全都没有译出后面这个条件从句的意思来。康德并不是说：凡心理学就是合理的心理学，"因为"它只要知道从"我"这个概念中所推论出来的东西；而是说，心理学，"如果"它只要知道从"我"这个概念中所推论出来的东西，那它就是合理的心理学，反之，如果它还想知道灵魂在内感官中的表现或现象，那它就是经验性的心理学。为了避免这种可能的误解，我们不如把这个句式调整一下："这种心理学，如果……的话，它就可以称为合理的灵魂学说。"灵魂学说或者心理学有两个层次，一个层次是经验性的心理学，它就是由内感官的维度引入的，哪怕是实验心理学，实证的心理学，除了仪器测量以外，它还要搞心理调查，问卷调查，你觉得怎么样，你认为这个图形是兔子还是鸭子，询问每一个人的内心感觉，第一印象，内在体验。这就是心理学本身最后要落实到的地方，你把血压、脑电波等等测定了，最后还是要落实在内心感觉上。所以内感官的灵魂状态是经验性的心理学所研究的对象。一般心理学通常是讲的这一种。但是康德要讲的不是这一种，而是合理的灵魂学说，理性的灵魂学说，也就是先验的灵魂学说。在经验中表现出来的那些现象有它的先天可能性的条件，你之所以有那些内在的感觉，感觉到自己灵魂的经验状态，还是由于你有一个先验的自我，这个先验自我能不能成为对象？按照理性派的想法就是要把这个先验自我当作心理学研究的对象，不是当作经验对象，要把经验的东西全部撇开，那么这样建立起来的一种灵魂学说就叫作合理性的心理学。条件是："如果我不要求对灵魂知道得比从我这个概念中，就其出现在一切思维中而言，不依赖于所有的经验（它是进一步具体地规定我的）所能推论出来的更多的话"，它这里是以否定句式来表达的。我们用肯定句式来表达就是：如果我只要求对灵魂知道一些从我这个概念中、就其出现在一切思维中而言、不依赖于所有的经验所能推论出来的东西的话。简单说就是：如果我只是从灵魂、我思的概念中进行推论的话，那就是理性的心理学。"就其出现在一切思维中而言"，意思就是先验的，所有的思维中都伴随着一个"我"，都先验地伴随一个"我"。所以当它出现在一切思维中的时候,它是自上而下地出现在一切思维中的,也就是先验地出现在一切思维中的。如果我们把这个层次挑出来单独进行考察,那它就构成了一门超越于一般心理学之上的理性的心理学。一般心理学通常都是经验的,根据内感官,根据经验性材料,根据自我感觉,根据问卷调查,这样来总结出某种规律。但是合理的心理学不是这样的,它就是思辨,就是根据我这个概念,它既然是先验的,既然出现在一切思维中,伴随着一切思维,那么我们可以单独就它进行推论,看它能够推论出什么样一些命题。如果能够推论出一些命题,那么我们就可以把这些命题构成一门学问,这门学问就叫作合理性的灵魂学说。

下面一段跟上面是接下来的,有一种呼应:

于是实际上,**合理的**灵魂学说就是这样一种冒险;

这个"于是"就是跟上面有一种衔接了。合理的灵魂学说前面讲了,一般的心理学可以把"我思"的学说跟我的肉体的学说区分开来,是两个不同的对象,一般心理学的对象就是我思;那么从这种一般心理学里面把经验的方面排除掉,就成了合理的心理学。这种心理学是一种"冒险",你怎么能够把一般心理学中的经验的东西排除掉呢? 排除掉了还剩下什么呢? 这岂不是冒险吗? 他说:

因为,如果我思维的任何一点经验性的东西、我的内部状态的任何一个特殊的知觉还混杂在这门科学的知识根据中的话,那么这门科学就会不再是合理的,而只是**经验性的**灵魂学说了。

冒险就在这里,就是说你如果真的要建立一门合理的灵魂学说,那你就要把我的内部状态的任何一点特殊的知觉都清除出去,否则的话,稍微掺杂一点经验性的东西,那这种灵魂学说就不是合理的心理学,而是经验性的心理学了。这个冒险就意味着我们在一般的灵魂学说里面很难把经验性的东西清除掉,只要有一点没有清除掉,那么合理的灵魂学说就建立不起来了。它冒的就是这个险。

　　所以我们准备考察的是一门唯一建立在**我思**这一命题上的所谓的科学，我们在这里可以最适当地按照先验哲学的性质来对它的根据或无根据加以研究。

　　我们准备考察的，也就是康德在这里打算考察的，是一门唯一建立在我思命题上的，这样一门所谓的、也就是人们以为的科学，这门理性心理学唯一的基础就是建立在我思这个命题或判断之上的，这表明了它的纯粹性，唯一建立在我思之上，其他的那些经验的现象、内感官等等都要把它撇开不谈，仅仅从这样一个纯粹的概念出发来建立一门心理学。那么在这里我们可以最适当地按照先验哲学的性质来对它加以研究，因为它把一切经验的东西都清除了嘛，就可以完全按照先验的性质来研究了。这样一门理性心理学它何以可能呢？所以我们要对它的"根据或无根据"加以研究，如果有根据，当然就是可能的，如果没有根据，则是不可能的。康德这里还没有对这个问题下断语，这正是他要考察的。当然在康德看来他认为至少在人们以为的那一方面它是没有根据的，在认识论方面是没有根据的。想要建立起一门合理的灵魂学说、一门"科学"它是无根据的。不过在别的方面，如果理解为非科学的东西，那些倒有可能是有根据的。

B401　　至于这一命题毕竟表达出对自我本身的知觉，自我在此之上毕竟拥有某种内部的经验，因而建立于这上面的合理的灵魂学说从来都不是纯粹的，而是部分根据某种经验性的原则的：人们对此不要有什么不满。

　　就是说，这一命题，我思，毕竟表达出了对自我本身的"知觉"。这个"知觉"（Wahrnehmung）用在这里很关键，我们不能从一般意义上来理解。当然康德在别的地方通常都是在感觉经验的意义上来用的，知觉、感觉、印象，被看作同一系列的概念。但在这个地方它有一种特殊的意义，我们要注意。"我思"这个命题本身虽然是抽象的，但它毕竟表达出对自我本身的知觉，这个知觉就是一般意义上的表象，Vorstellung。我思它也是一个表象，它既然是一个表象，那么我对它就有知觉。知觉在心理学上就是指一种有意识的感觉，一种意识到了的感觉。它比感觉的层次要高一点，感觉有可能还没有意识到，知觉就是意识到了，当我意识到我有感觉，那就是知觉到了。那么在这个地方用"知觉"这个词是在心理学的内部经验的意义上用的，自我意识它也是一个知觉嘛，我在内心中也可以知觉到它的作用。康德在前面§16中已经说我思、自我意识也是一个表象，它也是要呈现在我的内心里面的，否则我怎么知道我有我思呢？所以它毕竟表达出对自我本身的知觉，而"自我在此之上毕竟拥有某种内部的经验"，它也是一个在心理学里面呈现出来的 Vorstellung，这样一个表象，我们在内感官中知觉到了它，那么在这个基础上它毕竟拥有某种内部的经验。既然你知觉到它了，那么你当然可以围绕着它来建立起一整套的内部经验。我的知觉怎么样，我这个知觉的活动怎么样，这一知觉跟其他知觉有怎样的联系，等等。"因而建立于这上面的合理的灵魂学说从来都不是纯粹的，而是部分根据某种经验性的原则的"，建立在这样一个关于自我本身的知觉上面的合理心理学从来都不是纯粹的，人们一般都是把这些东西混在一起的，因为它确实在人们的心里留下了痕迹。就是包括这个先验的自我，我思，你一旦思，你在你的心里面就要留下痕迹，你就是凭借这种留下的痕迹来考察这个我思的。所以它从来都不是纯粹的，而是"部分根据某种经验性原则的"，就是一方面经要考察我思本身的规律，比如我思的实体性啊，单一性啊，连续性啊，但是另一方面它根据某种经验性的原则，根据我在我思中所体现出来的那种经验性的痕迹，在我的内感官中所留下的经验性的痕迹，来对它进行考察。所以你想完全先验地去考察这个我思，那是做不到的，人们从来也不是这样。当人们以为自己在作一先验的考察的时候，他们已经引入了经验的东西了，他们部分是根据某种经验性的原则。当然他们的目的还是要达到那些先验的命题，但是他们至少是部分地已经引入了经验的东西。"人们对此不要有什么不满"，康德在这里可以说是在为他们辩护了，为他的对手辩护，就是说他们引入这些经验的东西是情有可原的，因为事实本来就是这样，你要把它当知识考察，你就必然会引入经验性的东西。

因为这种内部的知觉不是别的，只是统觉：**我思**；它甚至是使一切先验概念成为可能的，在这些先验概念中所说的是：我思维实体，我思维原因等等。

为什么不要有什么不满呢？就是说，这种内部的知觉它所指向的就是统觉，就是先验自我意识，它就是先验自我意识在我们内心中所留下的痕迹，它的含义、它的所指，不是别的，就是我思，就是先验的我思。对此不要有什么不满，因为当理性心理学用这样一种方式来研究我思的时候，它确实是用这样一个表象来指向先验我思的，只不过他们不得不引入经验性的材料，立足于这种知觉的表象，这是情有可原的。所以在把我思当对象来考察的时候，你要撇开后天经验性的东西是做不到的。但是这种内部的知觉它就是指的我思，"它甚至是使一切先验概念成为可能的，在这些先验概念中所说的是：我思维实体，我思维原因等等"，这个他在前面一段一开始就已经说了，我思这个概念是所有一般概念、包括先验概念的承载者，所有的范畴里面实际上都有一个我思。所以先验演绎里面为什么讲所有的范畴都来自于我思、来自于先验自我意识的"本源的统觉的综合统一"呢？就是因为所有这些范畴里面都体现了这种本源的综合统一的活动，我思的活动。所以这个活动是"使一切先验的概念成为可能的"，如果没有这个活动，那些先验的概念都成为僵死的东西了，都成了形式逻辑的单纯判断形式。它们之所以从形式逻辑的判断形式中提取出来变成了范畴，就是因为你把综合统一的这种性质引入了判断的形式，使它们成了"我思"的一种方式，所以才有十二个范畴被引出来。那么反过来讲，这一切先验的范畴都是由于这个我思而成为可能的，在这些先验范畴中所说的是"我思维实体、我思维原因"等等，把话说到了这样明确的地步。当我说一个范畴的时候，实际上说的是我在思维这个范畴，每个范畴都是我思，其实都是我思的一种表现。这种内部知觉不是别的，就是我思，关于我思的表象所表象出来的其实就是这样一种我思，当然它使我在内心留下了表象，就是我的这个"我自体"刺激我们的内感官，使我们在内心中留下了"我思"这个表象，但也仅此而已。你不要以为这个表象本身它就可以形成某个另外的对象，它本身不能构成一个对象，它只是表象了我思的这样一种能动性的活动。

因为一般内部经验及其可能性，或一般知觉及其与其他知觉的关系，如果不是经验性地给出了它们的任何一种区别和规定，[①] 就不能看作经验性的知识，而必须看作对一般经验性的东西的知识，属于对任何一个经验之可能性的研究，而这种研究是先验的。

这一段话很费解，大家好好注意一下。"一般内部经验及其可能性"，我们从心理学的角度来看，并非每个内部经验本身都可以构成一个知识的。"一般知觉"，包括对先验自我的知觉，"及其与其他知觉的关系"，比如说先验自我的这个知觉它伴随着其他一切知觉，先验自我就是这样一个伴随着其他一切表象的表象，当然不一定是指自我的表象，不一定是指先验自我刺激我的内心所留下的痕迹，也包括别的一般知觉。他说，这样一些知觉或关系，"如果不是经验性地给出了它们的任何一种区别和规定，就不能看作经验性的知识"，如果不是，就是说有可能是，但是也有可能不是，不是什么呢？不是从经验上给出了它们的任何一种区别和规定。比如说先验自我的表象，这个表象是否给出了它与其他的表象的任何区别和规定呢？它虽然伴随着其他一切表象，但是它是否与其他表象之间能够达成某种规定呢？或者说，是否能用其他表象来规定它呢？显然不可能。先验自我的表象与其他表象只是伴随着而已，但是你要是试图用其他表象来对先验自我的表象作出某种规定，由此来达到某种知识，那是不可能的。当然其他的表象、其他的知觉是有可能的，但先验自我的表象则不可能，既然不可能，它就不能看作是经验性的知识。但是"必须看作对一般经验性的东西的知识"。为什么？康德认为一切知识都

---

① 原译作"如果不是给出了它们的任何一种区别和经验性的规定"，不妥，兹改之。

是经验知识,但是经验知识中包含有两个层次,一个是经验性的知识,还有一个更高的是先天的知识,先验的知识。所谓先验的知识就是指对一般经验知识如何可能的知识,也就是一般经验性的东西如何能够形成知识的知识,在这里就表述为"对一般经验性的东西的知识",它"属于对任何一个经验之可能性的研究",显然,这种研究、这种知识是属于先验的知识。所以先验自我的表象是一切经验知识之所以可能的条件,但它本身不能单独成为知识,它之作为先验知识是就它在经验知识里面作为其中的一个层次,作为构成经验知识的先验条件、而不是作为有关它自身的先验知识而言的。经验性的知识建立起来了,那么我们对于它里面的这个先验的层面也可以认可,承认它是其中的先天知识,包括自我意识的统觉、包括范畴,也包括先天直观形式,时间性和空间,都是先天知识。但实际上它们是由于被包含在经验知识里面,才被称之为知识,如果你把它们作先验的运用,撇开经验,那它们是不可能构成知识的。所以我思必须看作是"对一般经验性的东西的知识",也就是说它是由以构成一般经验性的东西的条件,这就是"先验"本身的含义了。一般经验性的东西何以可能?那你就要追溯到一个先验自我。由这个先验自我产生出各种范畴,才使得经验性的东西成为了可能。所以最后讲:它是"属于对任何一个经验之可能性的研究,而这种研究是先验的。"先验知识的意思就是对任何一个经验之可能性、或者对任何经验知识的可能性、或者对任何经验对象之可能性的研究,这就是先验的。这个在先验分析论里面已经讲得很清楚了。

知觉(例如仅仅 ① 是愉快和不愉快)的任何客体,只要它参加到自我意识的这一普遍表象中来,就立刻会使合理的心理学转变为经验性的心理学。

知觉的任何客体,例如愉快和不愉快的客体,只要它参加到自我意

---

① "仅仅"一词原译作"哪怕",似不妥,兹改之。

识的表象中来，就会使合理的心理学变质，成了经验性的心理学。知觉如果有一个客体，或者你把知觉当作一个客体，把它掺杂进自我意识的普遍表象中来，那就马上变成了经验性的心理学，经验性的心理学就是研究这些客体的，例如愉快和不愉快的客体，是什么使你感到愉快和不愉快，它对自我意识的表象会发生什么影响，是削弱它还是加强它？这就是经验心理学所考察的内容。当然还有别的，例如我们的感觉表象受到什么东西的影响，康德在《实用人类学》中有大量的这种分析。为什么要说是"仅仅"（nur）是愉快和不愉快的客体？这是就先验自我的表象所指向的那个先验对象、那个自在之我相对而言的，知觉的任何对象都"仅仅"是现象中的对象，而不是自在之我。先验自我的知觉严格说来是不能有对象的，虽然它可以指向一个对象，即指向自在之我，但不能把它作为一个认识的对象，而只是思维的对象。所以凡是知觉的对象进入到自我意识之下，就必然构成一种经验性的心理学，而不是先验的合理的心理学。这种经验性的心理学所探讨的客体与仅仅愉快和不愉快的那种客体处于同一个经验性的层次，而不处于认识论的层次。所以如果你要坚持一种先验的合理的心理学的话，那么你就必须坚持不给先验自我这个表象以任何客体，只是当作一个伴随着其他一切表象的表象，它只是一个活动的表象，这个活动从哪里来，它的载体是什么样的，这个我们不能探讨。你可以在逻辑上认为它肯定是有一个对象的，但是你不能对这个对象作出任何客体方面的规定。这是康德所坚持的一条原则。如果按照这条原则，那当然，理性心理学作为知识来说就不可能存在了，你连客体都没有，你怎么建立一种心理学？如果你想把合理的心理学变成一种知识，那你就误解了它的意义。

根据前面一大段的论述，这下面一段有一个转折。前面一段讲的是合理的灵魂学说有一个冒险，之所以是冒险就在于它不可能完全摆脱经验性的东西去建立一种合理的灵魂学说，如果你要去掉一切经验性的东西，那剩下的就只能是对一切经验可能性的先验的研究。要么是经验性

21

的心理学，要么就仅仅是一种先验的批判，而不是一种知识，这就是合理的心理学的两难。所以这里讲：

> 所以合理的心理学所做的唯一文章就是**我思**，它要从其中发挥出自己的全部智慧。

合理的心理学，也就是在"冒险"的心理学，它所做的唯一文章就是"我思"，它要在这里面发挥出自己的全部智慧，就是单凭一个"我思"来凭空设想，这样来建立一个合理的心理学。

> 很容易看出，如果要把这个思想与某个对象（我自身）联系起来，它就只可能包含该对象的一些先验谓词；

也就是说，合理的心理学最初的目标，它们的初衷，就是要把"我思"这个思想与某个自在之我联系起来，要弄清楚这个"我"不仅仅是作为一个内感官的表象，而且作为它本身究竟是怎么样的。是它在刺激我的内感官才使我产生出"我思"这样一个内感官的表象，那么我们沿着这个线索就可以去追溯，是什么东西使得这个表象产生出来的，那个对象就是我们所要考察的对象。如果我们要把这个思想和引起这一思想的那个对象、那个在我的内感官里面造成了我思的表象的对象联系起来的话，那么，"它"，也就是这个思想，"就只可能包含有该对象的一些先验谓词"，这个"我思"的思想如果要和一个先验的对象联系起来，它就只可能包含有这个对象的先验谓词，所谓"先验谓词"就是说，它不是经验的，而是非经验的谓词，是撇开一切经验的东西以后你单凭思想、单凭你的智慧所能够自发地想出来的谓词。你只能够把这些先验的谓词在思想里面**赋予**"我自身"。这些先验的谓词到底是指什么呢？当然就是指后面所讲的这些概念，所谓"非物质性"、"精神性"、"不朽性"、"人格性"、"不死性"等等。这些都是单纯凭着"我思"这样一个思想而能够先验地给出来的谓词。但是这些先验给出来的谓词当然不是乱七八糟地给出来的，而是沿着范畴表的指引而给出来的，这个下面也作了说明。最后一句：

因为任何经验性的谓词都会败坏这门科学摆脱一切经验的合理的纯粹性和独立性。

为什么只可能包含该对象的一些先验的谓词呢？这就是我们刚才讲的"两难"了：你要么就保持在先验的这样一个层面，按照康德的看法它就成不了一门知识了，它只是一种批判，但是理性派又试图给它一种知识，试图建立起一门有关"我自体"的知识，所以它从它的智慧里面想出一些先验的谓词；要么，如果你不谨慎的话，任何经验性的谓词都会败坏这门科学的纯粹性和独立性，怎么样的一种纯粹性和独立性呢？就是"摆脱一切经验的"、"合理的"纯粹性和独立性。这样一败坏，合理的心理学就变成了经验性的心理学了，它就不独立了，它就必须依赖后天经验性的材料才能成为一门科学了。所以这一段实际上是从上面引申出来的，是逐渐过渡到康德所要批判的靶子，他们的意图是怎么样的，他们的意图就是要从前面所讲的冒险里面，撇开经验这条路子，而坚持走一条先验的心理学的路子。那么你要走这条路子，你就要坚持唯一地以"我思"为你的核心，从中去发挥你的全部智慧，赋予我思这样一个对象以先验的谓词。你要严守这样一个对象，凡是经验的东西你都要把它撇开。当然是不是做得到，这个我们后面马上要涉及。

但我们在这里将只需要跟随范畴的引线，　　　　　　　　　B402

这个"但"是承接上面一句话，即"如果要把这个思想与某个对象（我自身）联系起来，它就只可能包含该对象的一些先验谓词"，也就是说我们摆脱了任何经验性的谓词；"但"是不是就没有任何线索了呢？不是的，因为我们"只需要跟随范畴的引线"就行了。刚才讲的那些先验的谓词是我们单凭智慧想出来的，但并不是杂乱无章的，我们只需要根据范畴来清理这些谓词，就能把它们表达为一个清晰的体系。这就是给它们一个先验的"正位论"，把它们归位。也就是在康德心目中这些理性心理学的先验谓词还是没有经过梳理的，是杂乱的，没有追溯到它们的范

23

畴的根源、它的引线。而先验的理念、包括"灵魂"理念,前面讲到,它们实际上是由范畴的引线引出来的。三个不同的先验理念分别是从形式逻辑的三种不同的推理中引出来的,即定言推理、假言推理和选言推理,它们分别推出了灵魂、宇宙和上帝。而三种不同的推理的区别又在于大前提是一种不同的判断,即定言判断、假言判断和选言判断,它们分别对应于实体性、因果性和协同性三个范畴。这个我们前面讲理性的逻辑运用和纯粹运用中已经讲到了。这样一来那些理性心理学的先验谓词都是由"实体性"这个范畴引出来的,并且按照实体性范畴在范畴表中的位置关系而与其他的先验谓词处于一定的关系中。于是,经过康德的这样一番整理,理性心理学的各种先验谓词就构成了一个清晰的逻辑系统,而不再是杂乱无章的了。原来的理性心理学是散乱的,各个谓词和命题都没有归位,如果不经清理你就要批判它,只会使自己纠缠进混乱中。康德的眼界比他们更高,他指出每一个谓词的出处,由此入手进行层层推进,使他的批判具有逻辑的清晰性。

只不过由于在这里首先给出了一物,即作为能思的存在者的我,所以我们虽然不会改变诸范畴在它们前述的范畴表中所表现的那样的相互秩序,但在这里毕竟要从实体范畴开始,以便表现一个^①自在之物本身,并由此对范畴序列进行回溯。

也就是说,我们要根据范畴的引线来追溯灵魂的先验谓词有哪些;但是由于我们所要追溯的这个灵魂是首先给出的一个东西,这个"一物"我们不要把它看得太死了,以为就是一个物体,它只是泛指的"一个东西",一个什么东西呢?"即作为能思的存在者的我",所以我们在这里要从"实体"范畴开始。就是说,既然你先给出了一个东西,你就是在把"我"当作一个实体来看待的。因为我们在日常经验中都是这样的,当我们要考察一个具体的东西,要考察"一物"的时候,那我们通常都把它赋

---

① 原译缺"一个",兹补上。

予一个"实体"范畴。其他那些范畴倒不一定一上来就给予一个考察的对象，而是依附于"实体"概念而展示出来的。所以我们要把灵魂作为"一物"来考察，哪怕是作为一个自在之物来考察，就必须首先从实体范畴入手。因为我们通常就把自在之物看作一个"实体"，康德偶尔也这样说，把自在之物说成是"绝对实体"。当然他并不认为实体范畴可以运用于自在之物身上，这只是从俗而言之。但是虽然我们从实体范畴入手，这个实体范畴却并不改变它在范畴表中的秩序，而是连同它所引出的先验谓词一起而被纳入到范畴表中所规定的那种相互关系之中，并由这种关系引出其他那些先验谓词。正如你对任何一个对象要加以认识，你就要从十二个范畴即四大类范畴来对它进行方方面面的考察，同样，你对自在之我的认识如果是可能的话，也应该从四大类范畴的不同角度来对它进行规定。但是这个考察的次序并不会改变，还是按照实体在范畴表中的次序来依次进行，只不过方向是倒过来的。我们知道实体在范畴表中的位置是处于关系范畴中的第一个范畴，那么从这个范畴我们开始追溯它的引线，我们必须按照前面讲的"前溯推论法"，根据范畴表所安排的次序去追溯它前面的那些范畴门类中的第一个范畴，也就是"质"的第一个范畴和"量"的第一个范畴。我们讲过，所谓"前溯推论法"就是要追溯一个事物之所以可能的条件。由"实体性"范畴所引出的先验谓词如果要引出其他的先验谓词，不能采取后续推论法的方式，因为这只会引出**分析**命题，超不出已有的概念；而只能采取前溯推论的方式，去追溯这个先验谓词本身之所以可能的条件，这样才能引出先天**综合**命题，从而得出新的先验谓词。这里的追溯是在范畴表里面的追溯，范畴表的四大门类之间也有一种逻辑上的层次关系，量、质、关系和模态，每个后面的范畴都以前面的范畴为前提。你必须理解了前面的范畴，后面的范畴才好理解。当然"模态"范畴有点特殊，它不是属于我们理解一个对象的条件，而是超越于一切对象之外，涉及我们认识的主体和对象之间的关系，所以真正表达一个对象的逻辑层次关系的就只是前面三个，即量、质和关系范畴。那么按照这三类范畴我们来进行一种追溯，我们"不会改变诸范畴在它们前述的范畴表中所表现的那样的相互秩序"，但是却在这种秩序中反向追溯，即从"实体"范畴出发向后转，追溯到质，再到量，最后再转回到模态，等于转了一个圆圈。这四类范畴的次序在康德那里没有打乱，但是是倒过来的。康德这样做的理由，他在后面"反驳门德尔松"一节中的一段话可以帮助理解。他在那里说："现在，如果我们将上述各命题，如同它们作为对一切思维着的存在者都有效的而在理性心理学里也必须被看作一个系统一样，把握在**综合**的关联之中，并且，如果我们从关系范畴出发，带着'一切思维着的存在者本身都是实体'这个命题一直向后回溯这一范畴系列，直到这个圆圈闭合，那么我们最终就会遇到这些思维着的存在者的实存，它们在这个系统中不只是不依赖外部之物而意识到自己的实存，而且也能够从自己本身来规定这个实存（就必然属于实体特性的持存性而言）。"[①] 这就是理性派的思路。他们由此就可以把理性心理学构成一个系统，将这些命题把握在一个"综合"的关系中。所以必须运用前溯推论法，前溯推论法就是一种回溯其之所以可能的前提条件的方法，也就是综合的方法；如果是后续推论法那就是分析的了，你给我一个条件，我就从中推出它的后果。所以康德在这里是从实体性前溯到它之所以可能的条件，首先是"质"的范畴，即"单纯性"。单纯性就是不受限制、不被否定的实在性，这就是莱布尼茨的论证：只有单纯的东西才能够成为实体，复杂的东西都要受到限制和否定，都会解体和灭亡。其次是"量"的范畴，即"单一性"，实体必须是单一地由自己贯穿下来、持存下来的东西。最后是模态范畴，即具有与空间中的事物打交道的"可能性"，这种活动和关系表明了实体的"实存性"或者说"现实性"。因为灵魂由此可以影响肉体，表现为"身心关系"，对经验事物显示了它的现实作用。如果没有这种作用的可能性，你说灵魂是一个"实体"也就

---

① 《纯粹理性批判》B416—418。

没有意义了。当然,这种范畴的回溯是在"灵魂"这一先验理念中的一种特殊情况,在"宇宙"的先验理念中情况就不同了。在先验宇宙论的四个"二律背反"中,范畴的引线又恢复到了正常的秩序,即量、质、关系和模态。但这并不说明先验宇宙论就不需要回溯了,而是它的回溯和理性心理学有不同的方式,不是在那些先验谓词之间进行回溯,而是在每个先验谓词所构成的先天综合判断内部进行回溯。这是由于它的逻辑引线不是定言判断,而是假言判断。至于对上帝存有的证明,由于出自选言判断和协同性范畴,所以本身并不需要回溯,它所涉及的只是"存有"、也就是"现实性"这个模态范畴,所以它主要是在模态范畴内部转来转去。因为可能性、必然性、现实性这些范畴(以及它们的相反范畴不可能性、偶然性和非现实性)之间在"绝对"或"最高"层次上是互为条件的,在这个层次上它们实际上都是一回事:"一切可能的"就是必然的,也是现实的;"绝对必然的"就是现实的;而"最高实在的"也就是必然的。例如本体论证明就只是在纯粹模态范畴中的辗转推论。但一旦涉及它们在经验中的证据,这个证明就利用了前两个先验理念的回溯。宇宙论证明就是利用先验宇宙论中第四个二律背反的正题加以引申而得出来的;目的论证明则是从我们灵魂的目的论概念的类比、即与"身心关系"的类比中引申出来的。这些康德虽然没有说得很明白,但是在后面都有一些暗示。

所以,合理的灵魂学说所能包含的一切别的东西都必须从它的正位论中推导出来,

这里的"别的东西"就是指合理的灵魂学说的那些先验的谓词,比如"非物质性"啊,"不朽性"啊,"人格性"啊,"精神性"啊,等等。这些谓词都可以从它们的"正位论"中引出来,具体说就是可以从范畴表的引线中引出来。那么范畴表就赋予了它们一种正位论,也可以说范畴表就是它们的正位论,它们都在范畴表那里得到了正位,有了各自的合理的位置。理性心理学就是按照范畴表来正位的,它的那些命题不是从经验中搜集来的,而是从理性中推出来的。既然是从理性中推出来的,那它

就是系统的,它的每个命题都一定有它固定的位置、有它的逻辑层次的。按照这种逻辑层次来表述,

合理的灵魂学说的这一正位论有如下表:

1. 灵魂是**实体**

2. 就其质而言灵魂是**单纯的**

3. 就其所在的不同时间而言灵魂在号数上是同一的,亦即**单一性**(非多数性)

4. 灵魂与空间中**可能的**对象相关

这里第一条好理解,它是其他命题的出发点。第二条,灵魂为什么"就其质而言"是"单纯的",刚才也讲到了,是莱布尼茨的论证。质的范畴第一个是"实在性",而在莱布尼茨看来,只有单纯的东西才能够是最终实在的,其他东西都是在这个最实在的东西的基础上加以否定或限制而得出来的,而这样的东西才能够是实体。所以他把这种实体称之为"单子"。单子不是复合起来的,没有任何东西来中断它、分割它,它是完全的肯定,没有任何否定和限制。第二条,从量方面来说,"就其所在的不同时间而言灵魂在号数上是同一的,亦即**单一性**(非多数性)"。在其所在的不同时间中延续下来,"在号数上"是同一的。Numerisch 的意思就是在"号码上",在点名的时候每个人是一号,他不可能占有两个号。在时间上保持同一个号数,就意谓着他是独一无二的,唯一的,不可取代的。这个"在号数上的同一性"在西方哲学史中也是经常讨论的问题,它相当于人格同一性问题,每个人的人格都是"一位"。我们常说:你是哪一位?一个人不可能有两位。所以上帝的"三位一体"就引起了很大的困惑,上帝究竟是一个位格还是三个位格?圣父、圣子、圣灵有三位,又是一体,其实只有一个位格,但这是我们人所不可能理解的。我们人只能够理解一个位格的单一性,一个人,或者一个"单子",它就是它,不是任何别的东西,这就叫作号数上的同一性。按照莱布尼茨,两滴水,如果没有任何东西把它们区别开来,完全一模一样,那它们就只是同一滴水,这就是他

所提出的"差异律"，即万物莫不相互差异，世上没有两片相同的树叶。他由此论证了每个单子的独一无二性，不可取代、不可代表。每个人的灵魂都是不可取代的，你能代替别人去生活、去死？不可能，每个人都必须为自己的灵魂负责，西方的灵魂学说就是建立在这个基础上的。所以灵魂表明了人的人格的独立性，从斯多亚派开始就承认了每一个人都有一个独一无二的灵魂，这个灵魂是不可代替的，而且是单纯的，不能加以任何规定，没有哪个人的灵魂比别的灵魂强一些、大一些等等。他们是不可比较的，是平等的，因为它们在号数上是自身同一的，不是由多个部分组成的，也不是可以增加一点或者减去一点的。这种单一性最直接地体现在时间中，是在人的内感官中持续下来的。最后一点："灵魂与空间中可能的对象相关"，这就涉及到灵魂的效果了。前面三个都是对灵魂本身的规定，最后这个规定涉及到灵魂的客观的效果，当然也就涉及到在经验中我们怎么解释身心关系。心、灵魂，它对于我们的肉体起作用，我们每个人都感觉到，我们的肉体是受灵魂支配的，受我们的意志所支配的，这种支配它是生来就有的。你有一个灵魂，它肯定就要和肉体发生关系，并通过肉体和其他物体发生关系，不管是什么样的肉体，也不管是什么样的对象，灵魂都有一种可能性，就是可能与它们发生一种作用关系、互动关系。所以灵魂具有一种与空间中的某个对象发生关系的可能性，这种可能性就涉及模态范畴。模态范畴我们讲过它有一种特殊性，它不是我们的认识客体的可能性条件，而是这个客体与我们的认识主体发生关系的可能性条件，它不是用来规定科学中的某个客观对象的，而只是用来在认识论中表达思维和存在的关系的。那么灵魂也是这样，灵魂我们把它当作一个能思维者，那么它与存在有什么关系呢？它与存在有一种可能的关系，这种可能性就包含在灵魂本身里面，灵魂有一种和可能存在发生关系的可能性，这属于它的属性，也就是有一种能力，它能够作用于空间中的可能对象。那么这样一种能力既然对任何一个可能对象可以发生作用，那么这就是它的"实存性"，也就是 Existenz，我们翻译成实存性,在康德那里的意思就是能够现实地发生作用的,它相当于现实性,也相当于活动,相当于"存有"即 Dasein,也相当于"生活"、"生命"。所以我们可以把它理解为"现实性"。灵魂既然具有一种能力,能够和空间中的对象相关,所以它能够表现为现实性。我们这里看到,它的这种可能性为什么跟现实性、跟实存性有关系呢? 就是这种关系。可能性是它的一种能力,但是实际上它在身心关系和心物关系中可以体现出一种现实的作用,这种实存性就是它的先验谓词,当然这个先验谓词还是从它的现实性范畴和可能性范畴中引出来的。之所以强调"可能性",还是为了保持灵魂的先验谓词全部都归于四类范畴中的**第一个**范畴,但它的效果则体现在现实性上。这后面康德有一个注释:

如果读者不大容易从这些术语的先验的抽象性中猜测到它们的心理学的意义,以及为什么灵魂的最后这个特征属于**实存性**范畴,那么下面他将会找到对它们的充分的解释和正当理由。

这些解释和理由我们可以在他后面关于第四个谬误推理的分析和批判中找到,[①] 在那里康德致力于澄清实存性的两种含义,即作为空间中的现象的现实性的含义,以及作为知觉的不可知的原因这种"可疑的"实存的含义,这就是对于存有的"二元论"。前一种含义是在经验性的心理学意义上讲的,只具有经验性的实在性;但理性心理学显然不想在这种意义上来谈灵魂的实存性,而是想在"先验的抽象"中探讨灵魂的实存性,但这种实存性其实只可能被理解为"先验的观念性",即一个空洞的实存性范畴,本身并不包含空间及空间中可能的对象。理性心理学的谬误推理无非就是混淆了这两种不同意义上的实在性,他们试图把内感官中灵魂的表象本身看作一个能够对空间中可能的对象起作用的实体,并把这种能力看作灵魂本身的一种性质。那么这种性质肯定要在现实中表现出来,首先就表现在身心关系上。这种解释和理由当然在康德看来是"不

B403

---

① 参看《纯粹理性批判》A366 以下;A380。

正当的"。真正正当的解释就应当是把灵魂的表象看作一种使得空间中的可能对象得以建立起来的先验自我的表象，这种先验自我的实存性或现实性就在于它用这个范畴对经验的材料进行了现实的统摄，在这种意义上与空间中的可能对象"相关"。但决不是先验自我作为一个自在存在的实体与空间中的对象发生关系。最后康德在这个注释中提到：

　　此外，我还要为我不仅在本节中、而且在全书中违反纯正的文风而引入拉丁词来取代同等含义的德语词请求原谅：我宁可在语言的优雅上有所损失，而不想因丝毫的晦涩给教学上的用途增加困难。

　　他引入拉丁词应该说是更加晦涩了，但是康德认为引入拉丁词有一个好处，就是可以把概念搞得更清晰、更准确，有些德文词有双关义或含糊义，但是引入拉丁语就可以把它表达得更细致一些，但是在文风上就可能不太顺畅了，夹杂着那么多的外来语当然念起来就结结巴巴了。这个是行文方面的问题。

　　来看看下面一段。这一段当然就是对上面的正位论的一个解释了。上面给出了一个正位论，就是按照范畴体系、范畴表的次序，提出了理性心理学的四个命题，由这四个命题引出了康德所说的四个谬误推理。他在这个第二版中没有像第一版中那样对这四个谬误推理进行逐个的详细的批判，而是把批判的重点放在对第一个命题，即"灵魂是实体"这个命题的论证上，这就使第二版在这个问题上的论述大大简化了，重点也更突出了。可以说，康德所提出的这四个命题概括了当时的合理的灵魂学说、也就是理性心理学的所有的主要的先天综合命题，理性派就是基于这些先天综合命题建立起了理性派的形而上学。理性派的形而上学中一个奠基性的部分就是合理的灵魂学说，这是从笛卡尔的"我思故我在"就奠定了的。但是这个正位论还只是指出了理性心理学的各种命题所归属的位置，我们从中可以很清晰地看出每个命题在范畴表中处于什么地位，以及理性心理学的思路是怎么过来的。至于由这些命题所引出的那些先验的谓词究竟是哪些，还有待于展开。我们只需要把正位论中的这些范畴加以引申，马上就可以看出来了。当然理性心理学一般来说不是直接地把这些谓词追溯到范畴，他们有一些可以用来解释灵魂的心理现象的具体的心理学的规定，并且主要是用这些谓词和规定来建立理性心理学的，而不是直接用范畴来建立的。我们既然已经把这些范畴找到了，就可以对那些先验谓词和规定引申出来并加以定位。所以这一段讲的就是通过范畴的定位我们所获得的先验谓词主要是哪些。

从这些要素中，仅仅通过组合，而丝毫不用认识别的原则，就产生出纯粹灵魂学说的一切概念。

这些要素就是前面讲的四个命题及其中的概念，从上面的正位论所产生的各个要素，即这样一些按照范畴表所引出的要素，我们"仅仅通过组合，而丝毫不用认识别的原则"，也就是不用引入任何以外的原则，就能把理性心理学所使用的一切概念、一切先验谓词都引申出来。那么我们看他如何来组合。首先，

该实体仅仅作为内感官的对象，就给出了**非物质性**概念；

"该实体"，也就是他第一个命题里面讲的"灵魂是实体"，这里已经给出了"实体"这个要素。那么，讲"灵魂是实体"，当然就有一个前提，理性心理学，前面讲了，就是把内感官中所出现的"我思"这样一个表象作为基础，基于"我思"的表象来建立一整套灵魂学说。所谓灵魂首先就在内感官中表现为"我思"的表象，它被看作一个内感官的对象，应当在理性心理学中得到认识。当然在康德看来这个表象本身是不可能认识的，它是伴随着所有认识的一个表象，虽然它自己也在内感官中，但它不能用其他任何表象来解释，它只不过是指向了一个先验的主体。它是先验主体在时间中、在内感官中所留下的一个表象，我们只能通过这个表象来思考先验主体，正如笛卡尔所说的，我什么时候思，我什么时候就在，如果我不思了，我也就不在了。那么，我们现在把实体概念和这个作为内感官对象的灵魂概念结合起来，自然就得出了一个新的概念，即"非物

质性"。就是说，这样一个思维着的"我"的表象作为一个对象来看，它仅仅是内感官的对象，而不是外感官的对象，所以它是一个"非物质性"概念，也就是一个"非外感官"的概念。因为一切物质性的东西都在空间中，都有广延，但是一个思维着的"我"的表象不在空间中，只在内感官即时间中，它没有广延；但是我们又把它当对象看，它是一个实体，那么这个实体是一个什么实体呢？就是一个"非物质性"的实体。这个"非物质性"就是理性心理学的第一个先验谓词，当然它还是否定性的概念，一个"非 X"的概念，它"不是物质性的"，那么是什么性质的呢？这个后面再讲。理性心理学对灵魂所提出的第一个最基本的概念就是"非物质性"，它到底是什么性质的我们先不管它，它至少不是物质性的，你不能用空间、广延这些规定来限定它，这是首先要确定的一点。那么其次，

它作为单纯的实体，就给出了**不朽性**的概念；

"作为单纯的实体"，就是这个非物质的实体除了是非物质的以外，它还是单纯的，不是复合的。它不可分，像莱布尼茨所论证的，真正的实体应该是不可分的，单纯的，应该是"单子"。那么，"不可分"的意思就是不可分解，不可解体，不可败坏，这也就是"不朽性"的概念。这里的这个拉丁词就是 Incorrputibilität，其中 Corrputibilität 就是"败坏"、"腐败"的意思，所以这个词就意味着不可败坏、不可朽坏这样一个概念。这第二个概念也是否定性的。我们注意康德经常有一个规律，当他在按照范畴提出四个命题的时候，前两个通常都是否定性的，后两个才是肯定性的。"不朽性"就是不可解体，单子就是不可解体的，因为它没有广延嘛，其他一切有广延的东西都是可分的，可以解散的，可以分解为更加单纯的东西。凡是有广延的东西都是复合的，可以分解的，只有单子是绝对单纯的，所以它是不朽的。上面这两个概念，一个是"非物质性"，一个是"不朽性"；非物质性只是说了这个实体是非物质的，不朽性则除了说它是非物质的以外，还说了它是不可败坏的。

它作为智性实体的同一性，就给出了**人格性**；

什么是"智性实体"？就是说这个实体它不是感性的，它是超感性的，因为它是"同一性"嘛，只有智性的，也就是理性和知性的东西，才能上升到同一性，才能超越一切"多"而达到"一"。按照从柏拉图以来的传统都是这样看的，就是真正的"一"只能够通过智性、即通过理性和知性来理解，而感性的东西总是陷入到"多"里面，各不相同的、杂多的东西是没有同一性的。那么作为智性的同一性，它是前后同一的，保持它的"号数上的"前后同一性，唯一的、"天字第一号"，是不可取代的。这样一个同一性，它就给出了"人格性"的概念。"人格"就是这样，它是不可取代的，每个人的灵魂都是不可取代的。Person 这个拉丁词本来是"面具"的意思，指古代希腊、罗马人在演出戏剧的时候演员所戴的面具，每个角色的面具都不同，标志着舞台上的角色不可混淆，而每个角色从头至尾都是同一个面具。后来被借用来指每个人的独特的人格，在基督教中指上帝的"位格"，也是这个词。这种人格性是"智性的"，这个智性的并不是说他很聪明，而是说它有一种超越的同一性，虽然每个人格相互之间绝不相同，但各自内部却是前后同一的，不管自己在感性的方面如何变化，他的人格始终贯穿下来。不论他病了，瘦了，甚至截去了一条腿，他还是他，不会是别人，因为他的理性和知性不会因此受到任何损失，仍然是同一个人，具有一种"号数上"的同一性。这里的"人格性"就是一个积极的概念，而不再是消极的概念了，就是肯定了这样一个实体只可能是一种人格，一种智性的人格，不是任何其他感性的东西可以混淆的。这就是灵魂的第三个概念。

所有这三项一起则给出了**精神性**；

前面三个先验谓词组合在一起就形成了"精神性"的概念，也就是说"精神性"的意义一个在于它的非物质性，一个在于它的不朽性，一个在于它的人格性。我们通常讲的精神性说起来很随便，但是通过这样一分析意思就很清楚了。首先它必须是非物质的，精神和东西和物质的东西是截然分开的；其次它是不朽的，是不可分解的，你不可能用一种物质的手去摧毁它、瓦解它，精神的东西作为实体来说它是不朽的；那么再一个就是它的人格性，人格的同一性，精神性它总是有个性的，总是独特的，个别的，不管感性世界千变万化，但是精神总是保持它自身。这就是由上述三个谓词总结出来的一个先验谓词。那么这个先验谓词显然是着眼于灵魂的主观方面，就是灵魂实体在主观上，仅就它本身而言，其特点就在于精神性。第四个要素，就是最后这个：

与空间中对象的关系给出了与物体的**交感**；

前面三个先验谓词都是就灵魂的主观方面而言，是关于灵魂这个实体的"知识"；那么我们"认识"了以后，就进入到模态了，模态的特殊性就在于它不是关于对象本身的知识，而是处理对象的主客观关系问题。而由于在这里所处理的"知识"不是客体的知识，而是主体的知识，所以与其他模态的情况有点不同，它不是规定对客观知识的主观态度，而是规定主观知识的客观效果，也就是对我们的认识主体这个对象的知识与空间中的客观事物之间的关系。这也可以说是一种思维和存在的关系，是属于模态范畴所管辖的范围，这是一种认识论的知识，而不只是关于某个具体对象的知识了。所以模态范畴比前面的范畴层次更高，就在于它直接进入到认识论了。前面三类范畴都还只是科学知识的构成要素，模态范畴则涉及到认识论的构成要素。那么"与空间中的对象的关系给出了与物体的交感"，这就是主客体之间的"交感关系"。你前面三个命题都把灵魂归结为一种精神性、非物质性、不朽性和人格性，但是从认识论上来看我们如何发现、如何认识这种对象，我们如何从主客体的关系来规定这种对象，也就是这种对象的知识要成为现实的，要成为在现实中起作用的，要被纳入到一般科学知识的体系中来并在客观上得到证实，如何可能？科学知识不是封闭的，不是一个一个的关闭的箱子，而是一个严密的贯通的体系，关于主体的知识如果不能纳入到这个体系中来，那它就还不配成为真正的知识。这就涉及到灵魂的这种主观内在的知识跟外在客观的知识如何发生关系。所以我们要对于灵魂与空间中的对象如何发生关系进行一番考察。灵魂本身仅仅是在时间中、在内感官中的对象，它不是在空间中；但是虽然它不在空间中，但是我们要问，它跟空间中的对象是什么关系？这就引出了与物体的"交感关系"，凡是有灵魂的地方，它就能够与空间中的物体发生交感，能够体现出它的现实作用。所以我们讲它体现出了现实性的范畴，直接来说体现的是可能性的范畴，就是这个灵魂就其本身而言它具有与空间中物体相互交感的可能性，但是这种相互交感本身则是现实性。所以从这种可能性的意义来说它涉及到现实性，是一种"变成现实性"的"能力"。灵魂实体的这种能力、这种可能性从形式上看仍然是灵魂本身的一种固有属性，一个先验的谓词，但从实质上看它已经不只是灵魂本身的属性，而是灵魂与物质的一种现实关系了。当我们进入到灵魂与物质的交感的时候，我们对于灵魂的那些先验的谓词就有了一个清晰的定位，就可以从现实知识的立场来看待它的那些属性所产生的效果了，否则关于灵魂的知识终归是"不现实"的。你关于灵魂说了那么多，又是非物质的，又是不朽的，又是人格性，但是你拿一个灵魂来给我看看？你拿不出，那么你的那些规定就都是空谈，它不能落实到现实性上面。于是理性心理学就把它与物体的交感放在一起，说我可以拿给你看，比如说你的这个行动它就是受你的灵魂的支配、受你的自由意志的支配做出来的。至于如何受思想意志的支配、如何做出来，也许不能说得很清楚，但你不能否认这个行动无疑是受到你的思想意志的发动或感动而做出来的，它对空间中的对象肯定要产生作用，这就是你的灵魂的现实效果，是任何人都不能否认的一个事实。你同样不能否认的是空间中的对象对你的灵魂、你的思想也有一种影响作用，并且正是这种影响作用对你的灵魂的推动才使你的灵魂作出了反应，你的很多意志行为其实都是对这种外界影响的反应行为。所以你的灵魂和你的身体有一种"互动"的关系，"交感"的关系，这种交感关系体现出灵魂在我身上有一种实实在在的实存。这就是关于灵魂的第四个先验的谓词，"交感性"，一种交感的可能性，它表现出来就是灵魂的现实性。上面这几个规定的逻辑关系应该说还是很清晰的,就是前面三项都可以统称为"精神性",最后这一项可以称为精神和物质的"交感性",所以它是凌驾于前面三项之上,对前面三项的认识论意义作出总结的。

因而这种学说 ① 也把能思的实体表现为物质中的生命原则,亦即把它表现为灵魂 (anima),并表现为**动物性**的根据;

从这种交感性还可以引出其他的关系,因为它既然是交感的,那么它就是物质中的、肉体中的一种"生命原则",因为这种灵魂可以支配肉体,一个肉体受到灵魂的支配,我们就称这种现象为"生命"。一般来讲有灵魂的生命主要体现在动物身上,当然植物也体现生命,亚里士多德甚至讲有三种灵魂,植物性的灵魂、动物性的灵魂和理性灵魂,但植物性的灵魂主要是一种"生气"、"气息",动物性的灵魂才是真正的"生灵",即 anima。所以康德在这里的"灵魂"后面注明是指 anima,即动物的灵魂、生灵。下面的"动物性"(Animalität) 这个词就是从这个词来的。这种灵魂的含义当然就是广义的了,它与人的灵魂、与人格性和精神性有层次上的不同,所以它常常可以被扩展到万物上去,形成所谓的"万物有灵论"或者说"物活论"。像莱布尼茨的单子论就是一种物活论,万物都是由具有活力的单子构成的,人的灵魂不过是这种单子灵魂的自觉阶段。所以理性的灵魂学说在最后达到它的第四个规定时,就能够对全部灵魂学说进行一种概括,就是把能思的实体在生命原则中"表现为灵魂"。这并不是说其他的命题就不能把这种实体表现为灵魂,而是说只有第四个命题才真正把灵魂表现在它的现实性中,表现为动物性的根据。理性心理学所讲的灵魂归根结底就是那样一种生灵,一种通过人的身体的动物性活动而表现出来的能动性。所以灵魂的概念如何来的,它就是这样来的,就是从前面四个阶段一步一步地充实它的含义而形成的,这样我们

---

① 原译作"这种关系",有同学提出这里的 sie 不是指代前面的"关系"(中性),而是指代"灵魂学说"的,兹改正。

才能真正全面地理解到什么是灵魂（Seele）。

灵魂被精神性所限制，则给出了**不死性**。

这个灵魂本身是作为一种动物性的根据，动物之所以有生命，就是因为它里面有灵魂。但是这种灵魂还是就一般的意义上来讲的，人虽然也是动物，他又不仅仅是动物。理性心理学所要探讨的并不是动物学，而是人的心理学，所以还是要从动物性回到人的心理上来。这个时候如果把这种动物性的灵魂概念用精神性来"限制"的话，这个灵魂的概念就在与动物性相对而言的意义上获得了"不死性"的先验谓词。我们在谈到灵魂概念时虽然不能撇开身体、撇开动物性，它是在动物性中体现出来的，但它本身还不等于动物性，而是"动物性的根据"，所以还是要把这个概念与动物性的灵魂区别开来。如何区别？就是用精神性对这个概念加以限制，它是一种精神性的动物灵魂，或者说它是动物灵魂中的精神性成分。这就像我们用"有理性的"来限制"动物"而得出了人的定义："人是有理性的动物"一样。所以灵魂虽然必须在动物性上体现出来，但它本身与它的物质载体即肉体是本质上不同的，动物及其肉体毕竟是有死的，但人的灵魂是不死的。这个"不死性"和前面讲的"不朽性"当然实际上是一回事，但是稍微有点区别。不朽性主要是从不可解体这个意义上来讲的，因为单纯的东西没有办法再加以分解；但是不死性是从与肉体、与动物性相对的意义上来讲的，它的意思是强调，当它的肉体死亡以后它还存在，作为一种精神性的灵魂它不会随着肉体的死亡而消失。亚里士多德也讲，植物性的灵魂和动物性的灵魂都是有死的，唯独理性的灵魂、精神性的灵魂是不死的。所以不死的灵魂除了意味着不会解体、不会消散之外，还意味着有一个"来世"，有一种死后的摆脱了肉体和物质的彼岸精神生活。灵魂的这种"不死性"的先验谓词是通过把动物性的灵魂和前面三个命题讲的"精神性"组合起来而产生的。所有这里这些打了着重号的概念都是关于灵魂的先验谓词，这些先验谓词与前面那些范畴是不同的，范畴是可以适用于任何对象的，但是这些先验谓词只是专门属于灵魂的。所以当我们用这些概念来规定灵魂的时候，我们似乎就可以认为我们建立起了一种关于灵魂的先验知识了。当然这些概念从哪里来的，还是从那些范畴中一步一步引出来的。

按照前面的范畴的引线，康德引出了合理的灵魂学说的四个先天综合命题，从这四个命题里面推出了对于灵魂的一些先验的谓词，由这些先验谓词就构成了理性心理学对于灵魂的整个描述体系。但是康德认为理性心理学从先验范畴中推出这些先验谓词其实是不合法的，里面隐藏着四个谬误推理。

<u>于是与此相关地就有先验的灵魂学说的四个谬误推理，这个学说误被当作纯粹理性关于我们的能思的存在者之本性的科学。</u>

就是说，与前面讲的四个命题相关，理性心理学就引出了它的四个谬误推理。这四个谬误推理谬误在什么地方，康德在后面都揭示出来了，但是合理的灵魂学说表面上还是以一种合理的方式表现出来的，所以它要借助于一种推理的方式来对它们加以证明。所以讲"于是与此相关的就有先验的灵魂学说的四个谬误推理"，就是与上面的四个命题相关而引出了四个谬误推理。先验的灵魂学说除了提出这四个先天综合判断以外，它还要对这些先天综合判断进行表面上的证明，要把它们纳入到一系列三段论式的形式之下，要说明它们在逻辑上是有根据的。之所以成为了"谬误推理"，康德讲是因为"这个学说误被当作纯粹理性关于我们的能思的存在者之本性的科学"，这就点出了谬误之所在。谬误在哪里？就是误被当作了关于能思的存在者之本性的科学。也就是说，如果这个学说仅仅停留在这些先天综合命题，不加以证明，那还犹自可。这些命题你还不能说它们就错了，只要你不把它们作一种谬误的理解，即误当作纯粹理性关于自在之我的本性的科学，那么这些命题还是可以保留的。上面所列的四个命题在某种意义上康德并不完全否认它们。他要否认的是，你如果要把它们用纯粹理性的先验的方式加以证明，就是要

把它们当作是一种关于自在之我的科学的命题，那就错了。但是如果你不把它们当作一种科学命题，那么这些命题都是可以接受的，比如说你从实践的角度来理解这四个命题，那么它们都是可以发挥它们的作用的，在实践理性中它们都是有用的。不管你说灵魂是实体也好，是单纯的也好，是人格的同一性也好，它能够作用于空间中的对象也好，如果不是当作科学，而是当作一种实践的设定，那它们都是可以接受的。这时它们就可以表达一种行为的实践主体。但理性心理学的谬误之处就在于误把它们当作一门特殊的科学，试图用一些三段论的推理把它们推出来，把这些无条件的命令置于某些逻辑上的条件或大前提之下，这就误解了它们的本性。这种误解主要是基于对"我"这个表象的误解。所以康德说：

B404 　　但我们为这门科学所能找到的根据，只不过是这个单纯的、在自身的内容上完全是空洞的表象：**我**；关于这个表象我们甚至不能说它是一个概念，它只不过是一个伴随着一切概念的意识。

　　这样一门科学它唯一的根据只不过是这样一个单纯的空洞的表象，即"我"的表象。这个表象当然在我们的内感官中已经出现了，所以它唯一的根据就在这个"我"的表象上，我们每一个人都知道是"我"在思，是"我思"。那么当这个"我"的表象出现了以后，我们就误以为可以针对这个表象来探讨这个"我"究竟是一个什么东西，一个什么实体。但是康德说我们对这个表象"甚至不能说它是一个概念"，它只是在内感官中出现的一个表象，这个表象伴随着其他的一切意识，我们就可以把这样一种意识称之为"知觉"，这就是前面所讲的，"我思"命题表达了对自我本身的知觉。所谓知觉也就是一种意识，是伴随着其他一切表象的意识，对"我的一切表象都是我的表象"的意识。知觉或者意识都是在认识的主体和客体之间作出了一种区分，我意识到我在意识，这就是自我意识。这个进行意识的意识和被意识到的意识肯定是两个不同的意识，只有不同，才真正是被意识到了。如果没有这种区别，如果一种意识它不意识到自己的意识的话，那么这种意识是不成立的。凡是一种意识它都是同时意识到自己的意识的意识，它用什么来意识到自己呢？那就是用这个"我"。它的意识就表现在它能够用这个"我"去伴随它的一切意识。所以后来黑格尔在《精神现象学》中讲意识它是一个自相矛盾的东西，说意识实际上就是自我意识，没有自我意识的意识是不可能的，意识就在于把自己区分开来，我和对象不一样；但同时又还是同一个意识。如果我和对象没有什么不一样，那么这个人就已经丧失意识了，他已经分不出这个和那个、自己和别人了。但如果分开了我和对象以后不能重新把两者统一为同一个我，那也没有了意识。人有意识就在于他很清楚，他跟外界是不同的，他不但感觉到痛，而且同一个他也意识到自己痛。所以意识本身它是有一个结构的。当然康德在这里还没有达到黑格尔"精神现象学"的这种结构，他只是说出了这一点，就是"我"这个表象本身甚至不是一个概念，而只是一个伴随着一切概念的表象而已。如果它是一个概念，你就可以对它进行分析了，它就有内容了，就是由其他表象所组成的了。前面讲"我思"是一个概念，因为它里面有两个内容，一个是"我"，一个是"思"；但是"我"它只是一个表象，它的内容完全是空洞的，你不能够对它加以分析。它里面完全是空的，但是你的任何意识都要伴随着它，才能够说是你的意识。所以它的内容是空洞的，是单纯的。说"灵魂是单纯的"这并没有说出什么新的东西，它就是单纯的。所以"我"不是一个概念。当然你经过这样一些说法以后你也就可以说它是一个概念了，正像黑格尔说无规定也是一种规定一样。但是就它本身而言，如果我们不说它，它就没有任何规定。它只不过是一个空洞的表象，或者说是一个"最空洞的"表象，所有的表象都没有它那么空洞，都可以说出一点什么，唯有它不能说出什么。因为凡是你说出什么都已经有它在伴随着了。一切都能说，唯独这个"我"不能说，它没有任何内容，因为它"只不过是一个伴随着一切概念的意识"。

　　<u>通过这个能思的我或者他或者它（物），所表象出来的不是别的，而只是思维的一个先验主体 = X，它只有通过作为它的谓词的那些思维才</u>

<u>被认识，而孤立地来看我们对它永远不能有任何起码的概念；</u>

通过这个能思的"我"，是我在思，那么你把这个我加以表象，它毕竟是一个表象了，在内感官中已经表象出来了，你怎么有这个表象的呢？是因为你在用这个表象在思嘛。所以这个表象是一个能思的我，一个思维的主体。那么，"或者他或者它"，一个是人称的"他"，一个是非人称的"它"，都是意味着你把这个能思的我当作"对象"来看，不管你是把它当作另外一个人，还是当作一个物。所以这个"它"后面注明"物"。总而言之当你把这个"我"当作一个对象来看的时候，那么"所表象出来的不是别的，而只是思维的一个先验主体＝X"。这个"我"跟这个"思"当然是结合在一起的，它本身没有任何规定，但是一切思维都以它为主体。那么这个我被当作另外一个人或物，它所表象出来的只是一个思维的先验主体，它＝X，等于X的意思就是它尚未规定，就像数学里面的X一样，未定。先验主体＝X，就像康德在第一版里面经常提到的"先验对象＝X"一样。在第二版里面把这个先验对象＝X全部删掉了，为什么删掉，这个有很多不同的解释。其实康德并没有否定他的这个意思，就是先验对象本身就是一个没有规定的对象，这个对象已经先验地提出来了，但是还没有得到规定，它有待于规定。这里讲的这个先验主体＝X也是这样，先验主体已经提出来了，但是尚待规定。先验对象一旦规定了，它就成了一个经验的某物，同样，先验主体一旦得到规定，它就成了一个经验的我。先验对象也是一个表象，它本身就是用来统摄经验材料的，如果没有经验材料它就是空的，这时你要问它本身是什么，那么它就是物自体，因为它没有任何规定嘛。在先验层面你对它作的任何规定都是空的，等于没有规定。所以范畴不能作先验的运用而只能作经验性的运用，先验的运用等于没有运用。而一旦得到经验材料，它就被规定为一个经验对象了。所以先验对象就是我们用来建立和构成经验对象的表象，因此每个经验对象里面都包含有先验对象的表象这个层次，我们有时把这个先验对象的表象称之为"对象意识"。这个道理我们在前面先验分析论里

面已经讲过了。但这种对象意识又是由先验的自我意识提出来的，这个先验的我，当你要把它本身也先验地当作对象来看的时候，它也就像先验对象一样，只能是一个先验主体＝X，它是一种构成任何经验对象的能力，但是它本身在还没有构成、还有待于充实时，它就连它自己这个对象也都没有构成。一旦构成为一个对象，它就不再是先验主体了，而成了经验主体、即经验自我意识了。所以先验的"我"就是一个包含在经验对象、也包含在经验的我里面，使得这个经验对象得以构成的表象，因为它无非是一种综合能力，一种功能性的活动。所以"我"的这样一个表象所表象的只是思维的一个先验主体，综合统一的一种统觉能力，"它只有通过作为它的谓词的那些思维才被认识"，这里的"思维"用的是 Gedanken，是康德通常用的"思维"（denken）一词的被动态名词的复数形式，严格说来不应翻译成"思维"，而应译作"被思维到的东西"，我们有时把它翻译成"观念"、"思想"。实际上就是被思的东西，它不是指一个主动的活动，而是一个被动的结果。"我思"、能思的我，只有通过具体的这一次思、那一次思所想到所思到的东西，将这些东西作为它的谓词，才能够被认识。当然一旦被认识，它就不再是先验的我，而只是经验的我了。康德对于先验自我和经验自我的区分是很严格的。经验的自我就是：我想到了什么，我就是什么；我想的和别人不同，我就和别人不同，我就是我所想到的东西，我就是我的思维经验或经历，我的教育、我经过的痛苦和欢乐、我受的影响、我的习惯和回忆等等，我就是这样形成起来的一个人。先验的自我是一种统觉的能力，经验的自我则是通过这种统觉能力对自己的内感官中的经验主体的认识，它是一种经验心理学的对象。心理学当然也是一种科学知识，每个人对于他自己在内感官中都有一种认识，这种认识是各人不同的。但是先验的我不是在这个意义上说的，它是在一般认识论意义上讲的，在这个意义上讲它就只是一个未定的主体，它没有任何具体内容。你不能说这个先验的主体它是怎么形成的，它不在时间中形成。当然它的表象在时间中出现，但是这个表象所表象出来的这个先验的主体本身是不在时间中出现的。当然也不在空间中出现。它本身是没有任何规定的空洞的表象。只有它所思维的那些东西，哪怕它所思维的只是一些幻想，甚至只是做了一个梦，这些东西才能够对它作出规定，使它被认识。比如我从我的梦可以看出我的性格，弗洛伊德还通过"释梦"来探讨人的深层心理。这时它就不再是一个先验的、脱离一切经验的我，而是一个将经验性材料整理统摄而成的我了，不再是未被规定的，而是已被规定的了。所以下面讲："而孤立地来看我们对它永远不能有任何起码的概念"，如果这个先验的主体，我们把它跟它具体的认识活动割裂开来，把它跟它思维到的东西割裂开来，它仅仅是一个"认识者"、"能思者"，把它单独地孤立起来加以考察的话，那么我们不能对它有任何起码的概念，我们从这样一个空洞的表象里面不能得出任何具体的规定来。

所以我们围绕它在一个不断的循环中打转，因为我们如要对它作出任何一个判断，总是不得不已经使用了它的表象；

我们围绕着它不断循环，我们要认识它必须先已经使用了它，必须要通过它才能认识它，那么你通过它来认识了它的时候，它已经不是原来的它了，它已经是一个经验对象了，那么你又要认识那个使它成为经验对象的它。所以你总是围绕着它转来转去，你所能够到手的总是经验的它，而你所想要认识的总是先验的它，而一旦认识它又成了经验的。我们"要对它作出任何一个判断，总是不得不已经使用了它的表象"，这个表象总是已经跳出去了，你不可能把握到它。

与它不可分离的这种不便是因为，这个 ① 意识本身并不真的是对一个特殊的客体 ② 作出区分的表象，而是一般表象要称得上是知识时所具有的形式；

"与它不可分离的这种不便"，"它"即指这个"我"的表象，"不便"，

---

① 原译中未将定冠词 das（这个）译出，其实它就是指前面讲的那个"意识"，为便于理解，兹补上。

② 原译中漏掉了"特殊的"，经同学指出补上。

我这个表象它就是有这种不便,不便你去对它进行认识,当你一旦要对它进行认识,就陷入一个自我循环中去了,所以它是不方便的。或者说它是一个自相矛盾的东西,"我"这个表象就是一个自相矛盾的东西。当然康德还没有达到这种认识,在他看来自相矛盾就是不对的,不可能的,"我"的表象在他看来还是一种实在的表象,它表象了一种实在的活动,一种本源的综合的活动。所以它之所以不能或不便认识只是由于它不在认识的范围之内,它本身是认识的最高点,在认识中没有比它更高的了。一切知识都是由它的统觉带来的,没有它一切知识都不可能,所以你要用它来统它自己就会是自相矛盾了,而你只要不这样做,就没有什么自相矛盾。所以为了避免自相矛盾,你只需把它划到不可认识的东西中去,划到自在之物中去,不去认识它,问题就解决了。所以这种不便就是与它不可分离的。而这种不便是由于"这个意识本身并不真的是对一个特殊的客体作出区分的表象","这个意识"就是指前面讲的,这个"我"的表象"只不过是一个伴随着一切概念的意识",它就是指这个"我"的表象。这个表象并不真的是指对一个特殊对象作出区分的表象,并不"真的"要把一个特殊的对象区分出来、加以规定和认识,虽然它看起来好像指向一个先验客体,即一个自在之我的先验主体。这个"我"的表象是对一切客体作出区分、也就是作出规定和认识所必不可少的,但它本身却不能作为一个"特殊的客体"而与其他的客体区分开来,它只是认识所有其他客体的一种能力,一种活动,所以它是"一般表象要称得上是知识时所具有的形式"。任何一个表象如果要成为对于某个对象的知识,那么它就必须具有"我"的这样一种形式,必须经过"我"的统摄。但我们对它本身不能形成一个特殊客体的知识。

<u>因为只有出于这种形式 ① 我才能说我借此思维到了任何某物。</u>

---

① "出于这种形式",原译作"对于这种知识",查韦卓民和蓝公武译本都是这个译法,但细究之,从语法上和意思上都不妥,兹改之。

这就是说,为什么一般表象要称得上是知识就必须具有"我"这个意识的形式呢? 就是因为只有通过"我"这种形式,我才能说我借此、也就是借"我"这个表象思维到了任何对象,因为"我"的作用就是用来建立一个认识对象的,而且只有它才能思维一个认识对象。所以任何有关对象的认识都少不了这个表象,因为你要认识一个对象,必须先能够思维一个对象,这就是所谓"先验对象",先验对象就是起这个作用的。而先验对象只能由"我"这个表象建立起来,虽然不能被看作知识,但却是一切知识构成的先验条件。

下面这一段与上面一段的最后一句话有一种连贯性。上面说的是"只有出于这种形式我才能说我借此思维到了任何某物",说明"这种形式"、即伴随着一切概念的"我"的表象是一个先验的形式,要思维"任何某物"都必须有这样一个形式,一个条件。

但在最初看来必定显得好像很奇怪的是,我思一般得以成立的条件、因而这条件作为不过是我的主体的某种性状,同时又应当对于一切思维者都是有效的;

就是说,"我"这样一个形式条件是我一般得以思维任何某物的条件,哪怕这个某物是不存在的,或者是虚假的,但作为一个思维的对象它必定是"我"的对象,没有"我"也就没有任何思维对象,因而也没有任何思维活动。所以"我"的意识是"我思一般得以成立的条件"。但是这个条件其实又"不过是我的主体的某种性状",某种活动,是我的主体身上发生的某种事情,是属于"我思"的主体的某种性质、某种活动,或者它的某种功能;但"同时又应当对于一切思维者都是有效的"。我借以思维到某物的形式只是我的主体的形式,那么为什么我们认为它对于一切思维者都是有效的呢? 为什么我们认为它是先验的呢? 先验的就是说一切思维者,不管是哪个,不管在后天的经验的场合之下你指的是哪个,张三或者李四,但是我都可以先天地指出,这种形式对他也有效。

为什么我的主观的性状对别人也有效，这个就"显得好像很奇怪"了。"一切思维者"就是张三李四等等，那就是指多数的、经验的思维者；"我思"必须以"我"为前提，这是一个主观的性状，你凭什么说这种主观的性状就对于每一个思维者都有效？这个看起来有些说不过去。所以有些人就指责康德是贝克莱主义，主观唯心主义，说他把他自己的"我"强加于所有的人，特别是强加于那些经验派的哲学家。那些哲学家认为我就不需要这样一个"我"，我照样地能够"思"，我只要能够感觉就够了。那么康德就必须解释，思维一个某物的这样一个"我"的形式是任何一个思维者都逃脱不了的，不管你是经验论者、感觉主义者还是理性主义者。因为这种形式是一种先验的形式，它不是指具体的康德的这个"我"，而是一般的思维、任何人要能够思维都必须立足于其上的先验自我。

而我们竟能够妄想在一个看起来是经验性的命题上建立起一个无可置疑的和普遍的判断，即是说，一切思维者都似乎具有像自我意识在陈述有关"我"的意见时那样的性状。

这个是进一步说明前面的意思了。我们怎么能够"妄想在一个看起来是经验性的命题上"，这个"经验性的命题"就是说，我把"我思"当作一个经验性的对象，即我刚才在思维这件事，我们怎么能够从这件事情上就"建立起一个无可置疑的和普遍的判断"？我把我自己看作一个对象，考察它的思维活动，这只能得出一个经验性的命题，如"我正在思维"。这只是在"陈述有关'我'的意见"，所谓"意见"就是主观的看法，当然也可以有经验性的认识，这是对经验自我的一种心理学的命题。那么，在这样一种命题上面我们怎么能够过渡到一种"无可置疑的和普遍的判断"？就是说，我们如何能够说，这个"我思"并不是经验性的对象，不是张三李四或者康德的个人自我这样一个对象，而是所有的人都具有一个"我思"，你也可以把它当作对象。当然这样来看这个对象的时候，当它提升到这样一种普遍性的时候，在康德看来它就不再是一个经验性的对象了,这个命题就不再是一个经验性的命题了。但是一般人在没有分清这一点的时候,他就总觉得奇怪,就是一个"看起来"是经验性的命题,怎么能够建立起一个普遍性的判断呢?康德要建立的恰好就是一个普遍的判断,一个无可置疑的或者说一个先验的判断。但是一般人对于"我思"是把它当作一个经验性的对象的,当人们说"我是什么",或者"我思是怎样的"、"我怎么样思"的时候,他们都觉得这是一些经验性的问题。我是什么呢?你可以搜集很多这方面的材料,来加以描述。但是这样一来你就提升不到先验的层次了。所以,"我们竟能够妄想",这就是用一般人的口气了,"在一个看起来是经验性的命题上"建立起一个先验的判断,而认为"一切思维者都似乎具有像自我意识在陈述有关'我'的意见时那样的性状"。一个先验的普遍命题当然就涉及"一切思维者"了;但是"自我意识在陈述有关'我'的意见"时,通常认为是在作一种经验性的描述,伴随着这种经验性的描述当然也有一个"我",这就是自我意识在进行这种描述时所具有的性状,即必须有一个"我"伴随着这种描述。这种描述所获得的只是一种心理学的知识,即"我"是一个什么样的人,我的思维具有一种什么样的习惯、气质和知识背景,这都是凭内感官和记忆所得来的一些意见。但在个别人的这种经验性描述中所呈现的自我意识的性状却似乎适用于"一切思维者",似乎是一个先验的性状。自我意识在陈述有关我的意见时也是在思维,这种思维应该是经验性的,我是一个什么人?我是一个在思维的人,这种思维是在"我"的意识之下的思维。但是你有什么权利把这种仅仅是个人的思维活动的性状扩展到一切思维者身上去?这个就很难理解了。这也是康德的反对者们所提出的异议。那么下面他就加以解释了:

B405　　<u>但个中原因却在于:我们必然要先天地赋予诸物以构成我们唯一得以思维到它们的那些条件的一切属性。</u>

康德用来解释上述"奇怪"现象的原因的是这种理由,即"我们必然要先天地赋予诸物"以"一切属性"，什么属性呢？就是"构成我们唯一得以思维到它们的那些条件"的一切属性。唯有在这些条件之下，我们才能够思维到"诸物"，也就是任何一物。这与上一段的最后一句话是相贯通的，即"只有出于这种形式我才能说我借此思维到任何某物"。我们必然要先天地赋予任何某物这样一些属性，这些属性是我们唯一得以思维到任何某物的条件，所以它们是先验地归之于任何某物的。这就是个中的原因，根本的原因就在这里，就是康德所讲的这种属性、这些条件，都不是经验性的，而是先验的，它们必然要先天地赋予我们所能思维到的任何某物，如果没有这些条件，你连想都不要想，无法思考。那么这样一种先验的条件我把它赋予任何一个思维者，那就是顺理成章的，因为它们凌驾于每个具体的经验自我之上，它就是一切思维本身，作为"关于某物的思维"都必须具有这个条件。当然这种思维必须要有一个对象，一个"所思者"，否则你思什么呢？思维必须要思维一个东西才叫思维，哪怕这个东西不是现实的，只是你想象出来的，幻想的，只是设想、悬想，但你总得要有一个东西来给你思维，否则你就没有思维。一切思维都是对某物的思维，这是康德的原则。后来胡塞尔提出"一切意识都是关于某物的意识"，就是从这里来的。当你有意识的时候你就有一个意向对象，这个意向对象也许不是真的，或者只是幻相、想象、抽象，不管怎么样，都必须有一个所思者，否则你这个思维就不可能，你就没有思维。所以这个思维对象不是某个人思维的条件，而是一切可能的思维的先验条件。而这个对象从根本说来是由先验的"我"所建立起来的，因为我所思维到的一切对象都是"我的"对象。所以我们必然要赋予任何思维对象以先验的"我"的属性，因为这个先验的我是我们唯一能够思维到这些对象的条件。既然我们只有在这个条件下才能思维到任何某物，那么一切被思维到的某物就都具有这个条件的属性了。所以我们必然要把我们思维到它们的那些条件带给所思维的某物，也就是先天地赋予某物。这句话是一般的原则，下面是进一层的意思了。

现在，① 我对一个能思的存在者不能通过外部经验、而只有通过自我意识才可以拥有最起码的表象。所以这一类的对象只不过是这个我的意识传给了只有借此才被表象为能思的存在者的另一些物。

前面是讲，凡是思维到的某物都必然带上先验的我的属性，那么这一句则是特别针对我们在思维一个"能思的存在者"时的情况。一般思维对象可以是桌子椅子，任何经验对象，想象中的对象，也包括自在之物，总之凡是你要思维一个对象，都必须具有"我"的这样一种属性或形式。那么根据这样一条原则，对于一个能思的存在者我也"不能通过外部经验、而只有通过自我意识才可以拥有最起码的表象"，"最起码的表象"，就是说才可以思维到它，对于一个能思的存在者我们只有通过自我意识才可以思维到它，能够思维到它，这是最起码的，如果你连思维它都做不到，其他一切都免谈。但思维到它不是通过外部经验，外部经验就是感觉，而我们思维到能思者只能通过自我意识。在自我意识对它形成了最起码的表象以后，你当然可以使它充实以经验的内容，包括外部经验的内容，使它成为一个或一些经验性的对象；但是在这些经验性的内容充实进来之前，我们只有通过自我意识才能建立起一个起码的表象。我要思维一个"我"，一个能思的存在者，怎么思维？只有通过自我意识。"所以这一类的对象"，也就是能思的存在者，张三、李四等等，他们构成一"类"，即任何能思的存在者，"只不过是这个我的意识传给了只有借此才被表象为能思的存在者的另一些物"。这一类的对象只不过是一个"传递"（Übertragung）而已，一个什么传递呢？就是我的意识传给了另一些物，另一些"只有借此"、借"我的意识"才被"表象为能思的存在者"的物。所以能思的存在者作为"一类"对象只不过是一个"我的意识"的传递，传给了另外一些思维者，我把它们也当作一些"物"。由于这种传递

---

① 原将 nun 译作"既然"，且"最起码的表象"后面是打成了逗号，现改成与德文原本完全一致。

它们才成为了能思的存在者这一类对象，它们是与我这个能思的存在者并列的另外一些能思的存在者。看起来好像是一种非法的传递，你的意识怎么能传给人家呢？但是由于这个"我的意识"并不是我个人的意识，不是张三李四的意识，或者康德自己的特有的意识，而是任何能思的存在者所必须当作先验前提的意识，所以这种"传递"是合法的，它是由我的意识的先验性所保证的。康德这里用的这个"传递"看起来带有经验的色彩，好像是我身上的东西传给了别人，其实他是说，不仅我自己只能借助于"我的意识"把我自己表象为一个能思的存在者，而且对于任何张三李四作为能思的存在者，我也只能设想他们（不论对他们还是对我而言）也是借助于一个"我的意识"才被表象为一个能思的存在者的。由此证明这个"我的意识"本来就是普遍的，人人都先天固有的。能思的存在者只有借助于"我"的意识才能够被表象为一个对象，正如任何某物都只有借助于"我"的意识才能被表象为一个对象一样。任何人作为一个能思的存在者都具有像我在我的意识中所意识到的那样一些形式条件，只有在这样一些形式条件之下才能够成为一个思维的主体。我这样想的时候是有根据的，不是胡乱猜想，我的根据就在于我的这个"我思"具有先天的必然性，超出我的经验性的自我之上，必然要先天地赋予任何某物这样的属性。所以当我把别的能思的存在者当作一个对象、一个物来思维的时候，也不是从经验的角度来思考，而是从先验的角度来思考，是单纯凭借自我意识而拥有的最起码的表象，它只是"我思"这样一个普遍的形式。我们的主体的这样一种性状具有先验的普遍性和必然性，那么我们就可以把它"传递"给其他主体，我只有这样才能设想别人也是作为一个思维的主体。凡是我们遇到一个能思的主体，我们就可以这样来把他思考为一个对象。所以他下面就加以补充了，他说<u>但是</u>，"但是"就是一种补充，因为前面讲"传递"，好像是一种经验的心理活动，好像真有什么东西从一个主体传给了另一个主体。所以这里要补充一句，以免人家产生误解。

但是"我思"这个命题在这里只是被看作悬拟的；

我思这样一个命题在这样一种传递过程中只是被看作悬拟的，它不是作为一种知识而传递的。并不是我通过认识到了我自己，我也就认识到了别的主体，我把这种形式当作是我自己和所有其他主体的一种属性来认识，这个自在之我究竟是什么，然后我把我这个思维活动当作自在之我的一种性质，把自在之我本身当作一种实体，而这个自在之我的实体具有这样一种属性，这就是一种经验性的眼光。但是要把这种眼光排除掉。所以康德讲要把这个命题只是看作"悬拟的"。什么是悬拟的？康德解释说：

不是就其有可能包含关于一个存有的知觉而言（笛卡尔的"我思故我在"），而只是按照其可能性，以便看看从这个如此简单的命题中可能把哪一些属性引到 ① 它的主词上来（不论这一类的对象是否实存着的）。

就是说这个我思的命题"不是就其可能包含关于一个存有的知觉"，"我思"本来是笛卡尔的 cogito，也就是"思维"的单数第一人动词称形式，当然你也可以把它看作一个命题。由此得出 ergo sum，"故我在"，ergo 就是"所以"，sum 就是"存在"，也是单数第一人称的形式。"我思，所以我在"，那么我思就成为了我在的一种属性。这个存在既然已经存在了，那么我们是否除了把我思的属性归之于它以外，还可以把它看作一种现实的"存有"，为它找到一些可能的知觉呢？这里"存有"用的是 Dasein，它相当于"实存"（Existenz），也就是句末讲的"是否实存着"的实存（existieren），意思就是在经验中现实的存在的东西，可以知觉到的东西。笛卡尔的思路就是这样的，通过我思而证明了我在，那么我们就可以为这个"我在"搜集各种各样的知觉，来对它加以描述，把这个我思的命题当作了可以具有各种知觉的存在，把我在当作了一种经验性的存在。能不能把我思看作这样一东西呢？康德说不能，他要批判的正是这

---

① 原译作"引申到"，不妥，兹改之。

样一种独断论。这个我思是什么，要看它在经验中思了什么它才是什么，至于这个我思本身，在它还没有思任何东西的时候你就要对它加以描述，对这个空洞的一般地思维一个可能的某物的活动加以描述，把这种活动当作"我"的一种属性来看待，那么这就是非法的了。当它还没有形成一种知识的时候你就把它当作一种知识了。所以康德说这个"我思"还只是悬拟的，problematisch，就是成问题的，悬空的，这个问题还没有解决，还刚刚才提出来。所以他讲，"而只是按照其可能性，以便看看从这个如此简单的命题中可能把哪一些属性引到它的主词上来（不论这一类的对象是否实存着的）"。这就是悬拟的意思，就是按照其可能性，它只是可能的，是一切知识之所以可能的条件。我们可以说一切知识都是"我思"的知识，但是这个我思只是知识的可能性条件，它本身还不是知识。它只是为了"看看从这个如此简单的命题中"，从我思这么一个单纯的命题中，"可能把哪一些属性引到它的主词上来"。"我思"命题提出来，它本身当然是合法的，当我们把它当作一种可能性来看待的时候，我们也可以把一些性质、一些宾词引到这个主词上来。比如我思肯定有一个对象，有一个"先验对象"，肯定要思一个一般对象；那么还可能有其他的一些属性，比如说它是"单纯的"，"单一的"，本身同一的，可以体现一种"人格"等等，这些都可以说是我思的属性。你当然可以把这些属性引到主词上面来，而"不论这一类的对象是否实存着的"，这一类的对象就是"我"，它是否实存着，就是是否能够在经验中被知觉到，这个我们可以存而不论。这里的"实存"就是前面刚才讲的"存有"。当你仅仅想到"我思"的时候，这还是一个先验的我，至于这个我是否能够在经验中实存，这个时候你还是未定的，它是一个先验的 X，虽然并不排除有可能成为经验的我，但就它本身而言是不可能凭自身获得任何经验的我的材料和知觉的。所以这些"属性"其实都是一种可能性，而不是什么实在的、有经验内容的属性，我们是在不考虑它们是否能够在经验中实存的情况下把它们引到主词上来的。所以只要我不把它们当作一种知识，而只是按照这个主词的可能性,把它作为形成一种知识的可能性条件来看待,那么仅仅就这种可能性条件而言,作为一种悬拟的对象,我们可以赋予它哪些属性?我们当然可以赋予它一些属性,我们赋予它一些属性,它们可以在别的方面起很大的作用,比如在道德方面、宗教方面、法律方面,都是必不可少的,都可以起很大的作用。但是作为这个我本身来说,尽管有这样一些属性,它仍然是悬拟的,它如果要想成为知识,就必须要有后天经验性的材料。你想撇开这些材料而单独对它加以认识,或者凭这些属性就认为可以对它的自在之物的本体作出一种认识性的描述,那你就搞错了,你就把一种悬拟的东西当作是一种实存的东西了,这是千万不能混淆的。

上面讲的主要就是要把经验性的自我和先验的自我区别开来。别人对康德的指责也就是说,从经验的立场上不理解康德为什么认为他的那个我思就等于所有人的我思。你从经验的角度肯定会提出这样的问题,你康德有这样的思维结构,未见得其他人都有这样的思维结构。那么康德主要阐明的就是这个道理,就是我所讲的这个我思并不是我个人的一种我思,而是一般思维,当我们要思维任何一个对象,包括"能思的存在者"这样的对象时,就不得不纳入到我思之下来,不管你是张三还是李四。那么下面这一段就是从反面讲,假如我们不坚守这样一种先验的立场,那会怎么样呢?

假如给我们的纯粹理性有关一般能思的存在者的知识奠定基础的不只是我思,

就是说,假如纯粹理性的灵魂学说或者合理的心理学的基础不只是"我思",不只是笛卡尔当作他的理论的最初出发点的这个先验的我思,而且,

假如我们还要求助于对我们思维的活动及必须由此而获取的、能思的自我的自然规律的观察,

也就是除了这个先验的我思以外，我们还要求助于对我们的思维活动及由此而获取的关于自我的自然规律的观察，这里"获取的"（schöpfend）也可以译作由此而"汲取的"，本来是汲取源泉的意思，当然它也可以引申为"创造的"，但这里主要是讲从我思的活动中所得来的自然规律，也就是经验的规律，我们求助于对这种规律的"观察"，即除了先验自我以外我们还要求助于对经验自我的观察，那就会怎么样呢？

那么就会产生出一种经验性的心理学，

这就是笛卡尔所犯的错误。笛卡尔就是这样，最初他试图单纯凭先验的我思而建立一门合理的心理学，但是走着走着他不满意于这种先验自我的抽象性，于是就求助于对我们思维活动的经验性的观察，以及由这种思维活动中汲取来的自然规律所做的观察，自然规律就是心理学的、科学的规律，当然是经验性的，这时我们就把它掺杂进了一些经验性的因素，这就陷入到经验性的心理学中了，违背了他的初衷。如果笛卡尔严守他的出发点，我思故我在，我在仅仅是我思，把自己的心理学的根基只限于先验的自我，如果是这样，那么他是不会犯错误的。他错就错在后来他自己搞糊涂了，他把他自己思维的经验加入进来，比如说我刚才在怀疑，我刚才在思维，那么这个怀疑和思维都是这个思维者的属性，对于这个思维者我还可以给它加上许多其他的属性，包括时间和空间等等。而这就进入到了一种经验性的心理学，他是把理性的心理学和经验性的心理学作了一种混淆，这种混淆就是由于他不满足于理性的心理学的先验我思的基础，而还要由此建立一种知识，为此不得不求助于对我的思维活动以及能思的自我的自然规律所作出的那些经验性的观察，这就变成了一种经验性的心理学了。

它将是内感官的一种**自然之学**（Physiologie），

这个德文词通常人们把它翻译成"生理学"，但康德这里是用它的古希腊的原义，即关于"自然"（Physik）的学问。既然是一门内感官的自然之学，即经验的心理学，那它就可以与其他自然科学一起被纳入到一般自然之学中,而成为自然之学的一个部门了。之所以要起用这个古希腊词,就是因为通常的自然科学指外感官的科学,物理学、化学等等,而不涉及内在的"自然"即内感官中的现象,灵魂,但经验性的心理学在康德看来与外感官的那些自然科学具有相同的性质,所以用一个"自然之学"来概括它们。而这种经验性的心理学,

B406 　　它也许能用来解释内感官的现象,但决不能用于揭示这样一些完全不属于可能经验的属性(如"单纯的东西"的属性),也不能**无可置疑地**告诉我们关于一般能思的存在者的本性方面的事,那么它就不会是什么**合理的**心理学了。

　　这种自然之学,它也许能够解释内感官的现象,作为经验的心理学嘛,它可以解释张三李四,某某,在内心里面出现了一些什么情况,比如说笛卡尔,他作了一种彻底的怀疑,怀疑这个怀疑那个,最后得出了一个"我思故我在",不再怀疑了。整个这个过程都是他内心发生的一种经验,一种经历。所以笛卡尔在和伽桑狄这些人论战的时候,人家就嘲讽他了,不叫他的名字了,叫他"灵魂"。就是说,伽桑狄把笛卡尔就当作了灵魂,因为他本来是要探讨灵魂的本性,我思,我思是要撇开一切经验内容的,它应该是具有一种先验的性质;但是当他把自己的这种过程加入进去以后,它就成了一种心理学的对象。它可以用来解释内感官的现象,但是决不能用来揭示这样一些完全不属于可能经验的属性。灵魂它本身的自在的可能属性决不属于可能经验,不会被经验到,它是超越一切经验之外的属性,那你怎么能够通过这种方式揭示出来呢?比如说"单纯的东西",绝对单纯的东西,像莱布尼茨的"单子"。既然你把单子的最基本的属性看作就是单纯的,但是这个绝对单纯的东西,正因为它是绝对单纯的,所以不可能呈现在经验中。所以它是超出一切可能经验范围之外的属性。那么你用一种经验性的心理学怎么可能揭示单子或者灵魂的"单纯性"呢?这个单纯性你是揭示不了的,只能够思考,也能够设想。在现实生活中有很多比较单纯的东西,于是你就可以设想有一个绝对单纯的

东西，这个绝对单纯的东西你是永远也看不到的，但是可以思考。它是属于自在之物的东西，它不能够用经验性的内感官的现象来加以揭示。他讲"也不可能无可置疑地告诉我们关于一般能思的存在者的本性方面的事"，这也是同一个意思。"无可置疑的"相当于"先验的"，它不是经验的，凡是经验的都不是无可置疑的。前面也用了一个"无可置疑的和普遍的判断"，apodiktisch，在这个地方相当于先验的。先验的它是无一能够逃脱的，是必然的。所以经验性的心理学也不能先验地告诉我们关于一般能思的存在者的本性方面的事。一般能思的存在者，不是张三李四的能思的存在者，而是一般的先验的能思的存在者，思维的先验主体。它的本性究竟是什么，那么在这方面经验性的心理学并没有先验的手段告诉我们，它做不到以先验的无可置疑的方式提供出自在之我的本性的知识，就因为它只是经验性的心理学。所以"它就不会是什么合理的心理学了"，合理的心理学在这方面陷入到了困境。就是说，如果它坚持自己的合理性的或者先验的立场，那么它就不能够得出知识，它只能够得出一个悬拟的概念；但是如果它想获得知识，它就必须到经验里面去找，它就不能够满足于仅仅先验的我思，而必须到我思这个活动在经验上按照自然规律我们能够给它总结出来的那些属性中去找，那这个时候它就不再是先验的合理的心理学了，而是经验性的心理学。这个矛盾其实在前面已经提出来了，合理的心理学面临着一种"冒险"，它稍有不慎就从先验的云端掉下来了；但是如果它坚守着它的先验的云端，那么它就什么也干不了，它不可能获得所谓先验自我的知识。

　　下面这一段有些比较深层次的东西。康德在这里具体地讨论，理性心理学一方面在先验的层次上构不成一种知识，但是在经验的层次上所构成的又只能够是经验的知识。那么如何澄清这样一种纠缠，康德提出了他的思路。

　　<u>既然"我思"这个命题（作为悬拟的来看）包含有任何一般知性判断</u>

的形式,

就是说按照理性心理学提出"我思"的时候那种本来的立场、严守这样一个立场,就是"作为悬拟的来看",把一切经验性的内容全部撇开,全部撇开它就只是一切经验知识的可能性条件了。如果我们严守着这样一个悬拟的立场,那么它就包含有任何一般知性判断的形式,任何一般知性判断的形式为什么包含在"我思"这个命题里面呢?这个在前面列出的那个"灵魂的正位论"的表里面已经表明了,从我思的命题可以推导出那四个不同的命题,它们相应于四个不同的范畴,而范畴表又是相应于逻辑判断表的,每一个范畴都对应着一个判断形式。既然"我思"的命题可以扩展为四大类,四个命题,而这四个命题又相应于范畴表的四类范畴,那么相应的它们就包含有四大类的逻辑判断形式于自身。

并作为承载者伴随着一切范畴,

前面也已经表明了,我思命题是一切范畴的承担者,每一个命题里面都包含有一个范畴。当然不是直接包含的,而是引出来的,把范畴作为一种引线,把理性心理学的各个命题引出来。所以"我思"这个命题从悬拟的这个层次来看,它一方面包含着任何一般知性判断的形式,另一方面它伴随着一切范畴,作为一种承载者,尽管它不能直接等同于范畴,但每一个承载的方式都伴随着一个范畴,所以它伴随着四类这样的范畴。

那么很明显,从它得出的推论就只能包含知性的某种先验的运用,

"那么很明显",这就是得出结论了,得出什么结论呢?从这个我思所得出的推论,推出它的各种属性和规定,但是无论你怎么样推,你始终在这个范围内打转,就是一个是逻辑判断的形式,一个是伴随着的范畴,这两者都是超越于经验之上的,所以它"只能包含知性的某种先验的运用"。当然**实际上**它也并不能有先验的运用,但是在**逻辑上**它并不排除这种可能。我们前面也已经提到过,"先验的运用"这个提法有两层意思,就是在逻辑上是指向一种先验运用的,因为它可以先验地指向一般的对象;但是事实上它只能有经验性的运用。一般对象如果未经规定,那么

它指向这种对象也没有用,你只能够"思考"它,而形不成知识。但是你思考一下,这还没有真正的运用。真正的运用你必须发挥它的统摄作用,一个范畴它真正的作用就在于把那些经验性的东西把它统摄起来,这样一种作用发挥出来才叫作真正的运用。你只是指向一个对象,但是你还没有能够统摄出一个对象来,那实际上是不叫作真正的运用的。所以虽然逻辑上不排除先验的运用,但事实上不可能有先验的运用,只能有经验性的运用。那么从这种命题得出的推论"就只能包含知性的某种先验的运用",这里实际上是留下了一笔,你要再进一步分析就会发现先验的运用只是一厢情愿,只是一种逻辑上的指向性,而实际上它没有东西可以给它运用,所以先验的运用事实上又是不可能的。但虽然不可能,在先验的方面它有这种意向,它可以包容这种意向。所以开始不管它是经验的运用还是先验的运用,它都是要指向一个对象的。当它仅仅从先验的意义上指向这个对象的时候,那个就是先验的运用,那是不可能形成一种知识的,那只是一种思想,一种想法。但是它也有另外一种可能性,就是如果你有了一种经验的内容,那么这个先验的对象就可以被充实。你思考了这个对象,当然首先也要思考,但是思考了以后如果你再充实以经验的内容,那么这个先验对象就变成了一个经验对象了。但是如果没有这些经验的内容,那个先验的对象就只不过是一个先验的 X,就是未规定的、有待规定的,那么这就是还没有真正运用,它只是一种运用的可能性。

这种运用排除了一切经验的混杂,对于它的进展,按照我们前面所指出的,我们不可能预先已经构成什么有利的概念。

你排除了一切经验的混杂,那么对于这种运用的进展我们就不可能预先提出什么有利的概念。也就是说我们不可能在先验的方面给这种进展提供什么促进,所以这种进展实际上等于没有进展。你没有东西推进它,你只是设想了一个先验对象,这个先验对象究竟怎样,有什么内容,你怎么推进这个先验对象,把它进一步推向前进,使它具有某种内容,这个我们一无所能，做不到。按照前面多次提到，你从先验的立场排除了一切经验混杂以后，就不可能推进这个先验对象，不可能促进它。所以你只能停留在一种思维，一种可能性，它可以构成一个对象，但是还没有构成，还只是一种思维，还缺乏构件。

所以我们想以一种批判的眼光通过纯粹灵魂学说的一切云谓关系来追踪这一命题，

所谓"批判的眼光"就是说，在认识之前先要考察认识的工具，认识的可能性，认识的能力。我们还没有认识，我们只是从先验的角度提出了我们有一种认识的能力，一种认识的可能性。那么从这个角度我们通过纯粹灵魂学说的一切"云谓关系"来追踪这个命题。什么是"云谓关系"？德文 Prädikament，我们在前面已经用过这个词，可参看 B108，它是亚里士多德用来称呼"范畴"的术语。但亚里士多德的范畴是不纯粹的，还不是严格意义上的范畴，正如这里关于灵魂的云谓关系也不是严格意义上的范畴一样，但它们无疑是有范畴作根据的。我们可以把它们看作一种"准范畴"，一种"副范畴"，按照严格的正位论，这些"范畴"都可以归类到正式的范畴底下。但是我们在探讨我思的主体的时候，我们不满足于这些正式范畴，还要把它们引申为一些云谓关系，这就是我们在前面提到的"先验谓词"，如"非物质性""不朽性""人格性"和"动物性"等等。我们用这些先验的谓词来描述灵魂，当然你也可以把它们看作范畴，但是这些范畴是专门用在描述和规定灵魂上的，所以不具有范畴那样的普遍性。范畴是普遍的，任何东西都可以用它来描述；但是灵魂的云谓关系并不是那么普遍的，它仅仅涉及到灵魂。那么理性的灵魂学说有那么多的云谓关系，我们可以根据这些云谓关系来追踪、追溯这样一个"我思"的灵魂的主体，用批判的眼光，在撇开一切经验以后，仅仅在一个先验的层面来探讨这些云谓关系。

但为了简短起见，我们想把对这些云谓关系的检查放在一个不被打断的关联中来进行。

就是说，这些云谓关系我们要检查它，但是不能像经验派那样抓住一个命题就来谈，那会使讨论漫无边际，而是要把它们放在一个关联、一个逻辑关系中来谈。这就是前面这个表，这个关于灵魂的正位论，它已经把这些命题放在一个关联中来谈了。要一个一个地按照它们的层次，不要中断它们的关联，要注意它们的关联，这样来探讨，我们才能够把它们的来龙去脉搞清楚。这就是为了简短起见，可以省掉很多口舌。你如果一个一个地去纠缠，而不涉及到前因后果，那就要花费掉很多无谓的争论，陷入到一些非常麻烦的问题里面。但是如果有一个逻辑体系，那就好把握得多了。那么这一段接下来就是第一版关于理性心理学的论述，我们这里没有收进来，它是一个一个地对理性心理学的谬误推理进行揭露，那篇幅比这里大得多了，比第二版的内容要多好几倍，有兴趣的话大家可以自己看一看。不过在这之后第二版接下来的一段还是连贯的。

这一段先是一个总体的概论。

首先，下面的总的评论可以增强我们对这一推论方式的重视。

也就是在具体分析之前，先把总体的关键抓住。这个关键就在于"我思"在认识对象时的运作机制，

我不是通过单纯的"我思"而认识任何[①]一个客体的，而只有当我关系到一切思维都在其中的那种意识的统一性而规定一个给予的直观时，我才能认识任何一个对象。

就是说，单凭一个"我思"，我还没有认识任何一个对象，包括对我自己的认识在内。而只有当我按照意识的统一性来规定一个直观时，我才能认识任何对象，这种意识的统一性是一切思维都在其中、都逃不掉、都必然以之为前提的，它就是"我思"对我的一切思维的统一性。但是如果这个统一性没有直观的材料被给予，它在认识中就失去了用武之地，

---

① 原译文缺"任何"二字，现据德文本补上。

就无法规定任何客观对象,所以它单凭自身是不能认识任何对象的,当然也就不能认识"我"这个对象了。所以下面进一步说:

因此,我甚至也不是通过我意识到我自己作为思维活动,来认识我自己的,而是当我意识到对我自己的直观是在思维机能方面被规定了的时,才认识我自己的。

我可以意识到我自己是一种思维活动,但是对于这个思维着的"我",我并没有因此而有任何认识。我要对此获得知识,只有当我对我自己有某种直观,比如说内直观、内感官,我用我的思维机能对我在内感官中的各种杂多现象进行规定,这时我才能够认识我自己,而这时我所认识的我自己就是经验性的我,但仍然不是那个先验的我,不是那个从上至下构成了经验自我的我。这个先验的我是一切经验知识的先天条件,一切知识的发源地,但本身并不作为一种知识加入到它所构成的众多知识中,而只是作为任何知识中所必然包含着的一个逻辑前提或最高机能而起作用。

B407　　所以,在思维中自我意识的一切**样态**(modi)自身还不是有关客体的知性概念(范畴),而只是一些根本不把任何对象、因而也不把自我作为对象提供给思维来认识的逻辑[①]机能。

自我意识的"样态"是指什么? modi 这个词也就是拉丁文的 modus 的复数形式,本来的意思也就是模式、样式,与"模态"(Modalität) 范畴是同一词根。但这里显然不是指模态范畴。这个词康德在前面也曾用到过,有两层不同的意思。一个意思是"纯粹感性的样态",它们比范畴的层次要低,由于带有感性的成分而不能被列入到范畴表里面去。如本书第 123—124 页[②] 说:"此外,也有一些纯粹感性的样态混于其中(如时间、处所、状态,以及前时、同时),还有一个是经验性的(运动),它们都

---

① 原译文漏掉了"逻辑"二字,兹补上。
② 见《纯粹理性批判》A81—82=B107—108。

根本不属于知性的这个名册";但"把范畴与纯粹感性的样态相结合,或者也使这些范畴相互结合,就会提供出大量先天的派生概念"。但康德在现在这段话中所用的并不是这个意思的"样态",即不是"纯粹感性的样态",而是先天的样态。这就是他在本书第 188 页上 [①] 所说的:"一个纯粹的范畴,如果其中抽掉了我们唯一能具有的那种感性直观的所有条件,那么就没有客体被它所规定,而只有某种一般客体的思维在按照各种不同的样态被表达。"由此观之,这里所谓的"样态"应该是指知性的各种逻辑判断形式。就是说,范畴本来就是从逻辑判断形式中引出来的,即把这些判断形式看作是有关认识对象的,而不仅仅是思维本身的主观形式,这就从每个判断形式里面引出了一个指向客观对象的范畴;但现在范畴一旦抽掉了它的直观对象,它就没有任何认识对象了,因此它就退回到原先它从那里引出的那些逻辑判断形式上去了,因为这些形式逻辑的判断形式是不管对象的。所以康德在这里说,这些样态虽然也是自我意识(我思)的思维形式,但它们"自身还不是有关客体的知性概念(范畴),而只是一些根本不把任何对象、因而也不把自我作为对象提供给思维来认识的逻辑机能",它们只是一些不涉及客体知识的真理性、而只涉及逻辑形式的正确性的逻辑判断机能。那么,如何才能把对象或者说客体提供给思维来认识呢? 除非是这样,

　　这个 [②] 客体并不是对**进行规定的**自我的意识,而只是对**可被规定的**自我、亦即对我的内直观 (只要它的杂多能按照思维中统觉的统一之普遍条件而联结起来) 的意识。

　　就是说,如果要把自我当作客体来认识的话,那么这个客体只是指可被规定的自我,而不是指进行规定的自我,即指内直观中显现出来的自我,而不是指把这些直观统摄起来的自我。我对我自己的认识只有通

---

① 见《纯粹理性批判》A247=B304。

② 原译文无"这个",查德文原有定冠词 das,即不是指任何客体,而是指上述客体,即作为对象的自我。

过主体的我把内直观中我的杂多现象统摄起来才能形成，而由此形成的客体也只是经验性的自我，即张三李四的各个不同的自我，而不是那个先验的、普遍的、每个人都共同的自我。而后面这种先验的自我仍然不能作为对象而被认识，它永远只是认识者、规定者而不是被认识者、被规定者。但这样的自我的知识并不是理性心理学所要寻求的，他们恰好要寻求对那个先验自我的知识。一旦我们把握了我们所能够认识的自我的条件，即必须由我的思维的统觉的统一来联结内直观中的杂多，则理性心理学想要超出这种条件而获得某种有关自我的先天知识的僭妄及其谬误之处就显得非常清楚了。这就是康德所要强调的解决这一问题的总的关键。下面康德按照这一关键的理解而对理性心理学的四个正位论命题进行逐个分析。

第一个命题是"灵魂是实体"。康德的批评如下。

(1) 在所有的判断中，"我"总是构成判断的那种关系中的**进行规定的**主体。

这句话是按照亚里士多德对实体的定义而来的：实体就是那只能作主词（即主体）而不能作其他主词的谓词的东西。"我"在所有的判断中都是判断关系中的主体，由于它进行规定，一个判断才得以成立，所以每一个判断都可以写成："我思维到 S 是 P"，根据亚里士多德的定义，这个"我"似乎就应该是实体。然而这只是表面上显得如此。

但说自我，这个"我思"，在思维中永远必须被看作**主词**，看作不是像谓词那样只能视为依赖于思维的东西，这却是一个无可置疑的、甚至是**同一性的命题**；但它并不意味着"我"作为**客体**是一个自我**持存着的存在者**，或**实体**。

就是说，根据前一句话，"我"或者"我思"永远是主词，而不是依赖于主词的谓词，但康德认为从这里只能得出一个"同一性命题"，即"我思维到的都是我的思维"，相当于主词的同义反复，但却并不能把这个主词"我"看作是一个实体,即一个"自我持存着的存在者"。同义反复当然是"无可置疑的",可惜只是逻辑上的无可置疑,并不能带来有关对象的知识。因此他说:

后一种说法走得非常远,因而它还要求在思维中根本找不到的一些材料,或许(只要我把思维者只是看作思维者)要求比我在(思维者中)所有的地方将会找到的东西更多。

"后一种说法"就是认为由上述同一性命题中可以引出有关自我实体的知识的说法,这是一种过于狂妄的说法,所以说它"走得非常远",它跨过了某些必要的阶梯。也就是说,它撇开了"在思维中根本找不到的一些材料",这些材料就是指直观的材料,它们"或许"比我在思维者中所有的地方所能找到的东西更多,如果我仅仅把思维者看作只是思维者的话。这些材料在"思维中"是"根本找不到的",但在"思维者中"则"或许"是不足的。说"或许"是因为,这里说的"思维者"也有可能包括知性直观的思维者,如果是那种情况,则不存在材料不足的问题;但如果是我们人类的思维者,则肯定是缺乏必要的直观材料的。但无论如何,这些直观材料在"思维中"是绝对找不到的,这一点是可以肯定的。因为康德一开始就确定了,思维不能直观,它只能通过概念来思维。由此也就反驳了理性心理学的谬误推理,即试图把一种逻辑上的同一性命题冒充为先天综合判断,冒充为对"我思"主体的一种先天知识。下面我们还可以看到,康德对所有四个谬误推理的批判都是这样进行的,即指出理性心理学都是用逻辑上的同一性命题来充当先天综合命题;而康德认为如果严格保持逻辑上的同一性命题的理解,则理性心理学的这些命题都是可以接受和保留的,甚至在别的方面、即实践方面是有其必要的作用的,只是不允许将它们当作一种有关先验自我的知识而已。

下面是第二条。

(2) 统觉的我、因而在每次思维中的我是一个单数,它不能被分解为多数主体，因而标明了一个逻辑上单纯的主词：这一点已经包含在思维的概念之中了，所以这是一个分析命题；但这并不意味着能思的我是一个单纯的**实体**，那将会是一个综合命题。

B408

这就是上面所讲的，理性心理学用同一性命题来冒充先天综合命题，康德认为这就是谬误推理。统觉的我总是一个单数，因为否则的话它就不能统摄什么了，所谓统觉就是把杂多的东西统摄为一。而这个"一"就是统觉的"我"，它是不可分的。因为如果可分，它本身就还需要统一起来，也就无法去统摄别的东西了。所以，既然是"统觉的我"，那么它就不可能分解为多数的主体，而只能是单一的主体，这是题中应有之义。因此"统觉的我是统一的（单一的）"，这是一个分析命题，甚至是一个同义反复命题，并没有什么别的意思。"但这并不意味着能思的我是一个单纯的实体，那将会是一个综合命题"，就是说，理性心理学恰好认为这个分析命题就意味着能思的我是一个单纯实体，这正是他们的失足之处，即把一个分析命题误认为是一个综合命题了。在康德看来，凡是涉及到实体概念并试图用它来建立一种客观知识，就必然属于综合命题。

实体概念总是与直观相关的，这些直观在我这里只有作为感性的才有可能，因而完全处于知性及其思维的领域之外，知性思维在这里本来只是当我们说自我在思维中是单纯的时才涉及到的。

实体概念本身就是指向直观的，否则它就用不着从定言判断中引出来，就会还原为一种逻辑判断的"样态"了。之所以要从定言判断中引出实体范畴，正是因为要把这个逻辑判断看作是在认识论上针对一个直观对象的，所有的范畴其实都是这样形成起来的，即把逻辑判断的各种类型看作我们的认识能力指向直观对象的各种方式。所以如果你要使用"实体"这样一个范畴，就表明你想用这个范畴规定和建构一个直观对象。但"这些直观在我这里只有作为感性的才有可能"，也就是我们人类只有感性直观，至于在其他存在者那里是否会有知性的直观，这个我们不知道。我们是凭感性的接受性来直观的，而不是凭知性的自发性来直观的，所以必须借助于时间和空间的直观形式来接受经验性的直观材料。而这种接受性是"完全处于知性及其思维的领域之外"的，它与知性思维本来没有任何关系，它所形成的直观是多，而知性思维是一。所以"知性思维在这里本来只是当我们说自我在思维中是单纯的时才涉及到的"，知性思维当然可以思维那些杂多的直观材料，只有这样它才能建构出有关对象的知识来；但是它本身在这种思维活动中始终是单纯的，永远高高在上，并不掺合进杂多的直观材料中去。因此我们不可将它混同于一个直观对象，因而也不可将它混同于任何客观的实体，它只能被看作一个单纯逻辑上的主词。下面康德作了一个反证：

如果某件事在别的情况下需要作如此多的准备，以便在直观所表明的东西中分辨出其中什么是实体，乃至于还分辨出这实体是否也可能 ①是单纯的（如在物质的诸部分中），而在这里却会如此直接地从一切表象的最贫乏的表象中仿佛通过启示而向我提供出来，这甚至会令人惊讶。

"在别的情况下"，也就是指在通常的自然科学的研究中，我们要发现一个东西是"实体"是大费周折的，尤其在康德的时代，就连热、电等等这些东西是不是独立存在的实体也还未能搞清楚，而物质究竟是由什么样的基本元素构成的、这些元素究竟是单纯的还是复合的，这也是自然科学家们热烈讨论的话题。牛顿的微粒子学说，莱布尼茨的"单子论"，在这些问题上争论不休。但是，唯独形而上学的理性心理学在这方面似乎可以免除任何麻烦，直接地从一切表象中的"最贫乏的表象"里就推出了它是单纯的实体，无须任何直观经验材料的证实，这岂不是很奇怪么？康德说这种推断是"仿佛通过启示"而得出来的，正是对这种自命为"理性主义"的独断主张的辛辣的嘲讽。因为"我思"虽然也

---

① 原译漏掉了"可能"，现据学生指出补上。

是出现在内感官中的一个表象，但它是"一切表象中最贫乏的表象"，其他任何一个表象都有别的表象与之相伴随，至少有"我思"表象与之相伴随，因而可以用这些表象来说明它；唯独这个"我"的表象没有任何表象与它相伴随，凡是你想要用来伴随它的表象都已经被它所伴随着了。所以它是最贫乏的，不能用任何别的表象来说明的。它是绝对的说明者而不是被说明者。理性心理学想要用单纯实体来说明它，但单纯实体的概念本身无非是它的一种运用，还需要它来加以说明。而且在没有直观材料作为单纯实体的运用对象时，它不过是一种质的单一性而已，这种质的单一性只是标出了"我思"在思维活动中的逻辑位置，即一切思维活动的逻辑前提，却并不能说明这个"我思"作为实体是单一的或单纯的。康德由此就对理性心理学的第二个命题作出了直击要害的批驳。

我们来看看这第三个小标题。

（3）我自己在我所意识到的一切杂多中的同一性，[①] 这个命题是一个同样在概念自身中包含着的、因而也是分析性的命题；

凡是我所意识到的一切杂多，里面都有一个"我"的同一性，这当然就是一个分析命题，因为既然是"我所意识到的"一切杂多，那么我自己在这一切杂多中必定是分析地包含着的，这是毫无疑问的。否则怎么能叫作"我所意识到的"杂多呢？所以在所有的杂多中都有一个我，这是一个分析命题。那么这一段是针对理性心理学的第三个命题，即前面所列的："就其所在的不同时间而言灵魂在号数上的同一的，亦即单一性（非多数性）"。前面康德已经批判了理性心理学的两个谬误推理，第一个是关于实体，第二个是关于实体的单纯性。那么这一个是关于实体的人格同一性。这个命题能否成立？当然事实上只要把第一个命题"灵魂是实

---

① 原译作"我意识到我自己在一切杂多中的同一性"，语法上没有问题，但意思不明确。兹改之。

体"推翻了，那么其他的一切都顺着垮台了。但是康德在这里还是要一个个地揪一揪，很简略地揪一揪。在这个第二版中康德认为用不着像第一版那样细揪了，只要把这个关系理清，就可以看出第三个命题、包括第二个命题都是建立在第一命题的基础上的。既然第一个命题不成立，那么后面的都不可能成立。在这里，我的同一性，什么同一性？在我所意识到的一切杂多中的同一性，至于我没有意识到的那就谈不上了，没有意识到还谈什么呢？我们之所以能够谈我的同一性，那只是在我所意识到的杂多东西中的同一性。不管我意识到什么东西，在所有我所意识到的杂多里面都有一个同一的"我"，从头至尾都是一个，所有我思的东西里面贯穿着一个我。那么这样一个命题是一个"在概念自身中包含着的"命题，也就是分析命题。我自己在我所意识到的一切杂多中具有同一性，或者说是同一的，我的一切意识都是同一个我的意识，这些表述都是一个意思，都是分析命题。这是点中了要害了，你讲人格的同一性，它的依据实际上是一个分析命题。那么这个分析命题是否能够作为人格同一性的根据呢？下面康德就来作一个辨析。

　　但这个我能在我的一切表象中意识到的主体同一性，并不涉及使主体被作为客体给出的那个主体直观，因而也不可能意味着那种人格同一性，它使我自己的实体的同一性的意识在一切状态变更中被理解为能思的存在者的同一性意识，

　　也就是说这样一个分析命题所得出的同一性，丝毫也没有涉及我把主体当作客体看待时所需要的那种直观，它只是一个逻辑上的分析命题。这个"我"只是一个逻辑前提，我思在一切杂多中是同一个我思，这是一切思维所必须要设定的一个逻辑前提。从这个逻辑前提中你可以推出一些东西来，但是只能够推出它里面已经包含的东西，那就是分析命题。既然是分析命题，那它就不涉及能够使主体被当作客体来看待的那种直观。如果它涉及到能够使主体被当作客体来看待的东西，比如说人格同一性，作为一个人格，它在时间中的同一性，那就需要直观了。那就不再

是分析命题了，而是需要"直观的综合"了。所以分析所得出的这种同一性并不涉及直观，"因而也不可能意味着那种人格同一性"，什么样的人格同一性呢？"它使我自己的实体的同一性的意识在一切状态变更中被理解为能思的存在者的同一性意识"，"实体的同一性意识"实际上已经涉及到直观了，涉及到经验了，我当然也可以把我自己看作一个实体，但这种时候我是一个经验的自我。这种同一性是否能够使我的这种经验的自我的同一性"在一切状态变更中"，——既然是经验的自我，它当然就有很多状态的变化了，——但是就在这种变化中的那种经验的同一性能够"被理解为能思的存在者的同一性意识"，也就是被理解为先验自我意识的同一性？或者说，这样一种人格同一性意识是否能够把一个经验的自我理解为一个先验的自我？这种情况是不可能的。从这样一种分析命题里面并不能推出一种能够使经验的自我充当先验自我的那种人格同一性来。就好像我们可以从作为实体的经验自我里面看出一种仅仅作为能思的存在者的先验自我来，但这种人格同一性是不可能的，它混淆了经验自我和先验自我。所以整个这句话是否定的，否定了这种人格同一性。实体的同一性只能是经验的，就是在时间的一切状态变化中保持不变，时间中的持存性就是实体。它是跟时间、跟经验和直观分不开的。但是理性心理学把这种时间中的持存的同一性理解为一种先验自我的同一性了，而后者只是一种逻辑上的分析的同一性，所以这种混淆是不可能的，是一种谬误推理。

在这方面，为了证明这种同一性，单是凭"我思"这个分析命题是办不到的，而是需要建立在给予直观之上的各种综合判断。

B409

就是为了证明这种同一性，证明这种先验的能思的存在者同时又具有实体的同一性，你要撇开直观的东西单凭前面这个分析命题，"我思"，是办不到的。这里点出了这一段的前面第一句话其实就是"我思"命题，即"我思＝我思"，我的一切思维都是我的思维。那么，既然从这里面不可能证明我的实体同一性，又如何才能做到这一点呢？必须有直观，即

"需要建立在给予直观之上的各种综合判断"。但是一旦你被赋予了建立在直观之上的各种综合判断，那么这个命题就不再是一个分析命题了，它就成了一个经验命题了，而这个"我"的同一性就成了一个经验自我的同一性，理性心理学就堕入到经验性的心理学中去了。你要避开经验，那么你就得不到关于我的任何知识，只能够得到一个分析命题，它只是逻辑上的同一性命题，什么新的知识也提供不出来。如果要看成一个实体的同一性，那你就必须把它理解成一个经验性的命题，一个综合判断，这就成了经验性的心理学。理性心理学的谬误就在这里，他们试图从单纯分析命题里面推出灵魂的种种属性，包括人格的同一性；但实际上他们偷偷地引入了经验的自我意识的同一性。把经验性的自我当作实体当然是可以的，但是他们自以为这样就把先验自我的实体属性推出来了，这就犯了偷换概念的错误。为什么说理性心理学是一种"谬误推理"，关键就在这里。

现在来看这个第四点。前面讲的都是关于自我作为实体本身以及它所带来的属性（质和量），这都是理性心理学所要探讨的三个最重要的命题。那么第四个命题就涉及到了身心关系，即你把这个先验自我当作实体，那么它跟外界、跟对象处于一种什么关系之中，于是身心交感、或者身心平行等等各种学说都出来了，但始终解决不了这个问题。那么这样一种探讨在康德看来从根子上就错了。前面如果你把灵魂当作了实体，那么这些问题都会出来；但是只要你一开始就不把灵魂当作实体，那么这些问题都不存在。所以在他看来解决身心关系问题、或者灵魂和对象相互作用问题是一件很容易的事情，因为前面他已经把一切事情都做了。他是这样来论述的：

(4) 我把我自己的实存作为一个能思的存在者与在我之外的（也包括我自己的身体的）他物区别开来，这同样是一个分析命题；因为**他**物正是我作为与我**有区别**的东西来思维的。

71

我们注意"实存"这个词，凡是涉及到实存那就是指现象了，而不是一般的存在者或存在。我把我自己的现实的存在，也就是一个在现象中表现出来的存在，"作为一个能思的存在者"与他物区别开来，这同样是一个分析命题。因为我在现象中的实存之所以能够体现为一个能思的主体，正是由于它把一切在我之外被思维的内容与自身区别开来，把这些内容、甚至包括我自己的身体都看作是"他物"。我思维他物，所以我和他物不同，就是说，我思维和我不同的东西，我思与我所思不同，这同样是一个分析命题。正如"我思等于我思"是一个分析命题一样，"我思不等于我所思"也是一个分析命题。只不过后面这个分析命题是一个否定命题，所以它不是通过预先排除经验而得出来的，而是通过在经验中否定某些经验而得出来的，所以它是在现象中、在实存中加以区别而得出来的。但这样区别出来的自我只能是经验性的自我，所以它并没有对于先验的我思获得任何知识。你可以说经验的自我和经验的对象有某种关系，即"身心关系"，康德甚至认为，这种经验的自我意识"只有通过某种和我的实存结合着的外在于我的东西发生关系才能得到规定。"① 但先验的自我却并没有因此而被带入到这种交互关系中来，它仍然是高高在上。它既不在空间中，也不在时间中，它的表象可以进入时间，成为内感官的表象，但它本身并不在时间中，你不能用时间空间对它作出任何规定。所以它的思维当它表现在时间空间中的时候你可以把它与他物区分开来，但是这种区分并不是对超时空的先验自我的区分，而只是对经验自我与它的对象的区分。

但我借此完全不知道，对我自己的这个意识若没有我之外的、给我带来各种表象的物，是否还有可能，因而我是否可以只是作为能思的存在者（不是作为人）而实存。

我借此完全不知道，如果从经验自我意识中抽掉了它的一切外部对

①　见《纯粹理性批判》第二版序，BXL。

象,例如说抽掉了它赖以意识到自身的身体,它是否还能够实存,比如说死后的灵魂是否还能够实存。当然这时它既然已经抽掉了外部对象,它就"只是作为能思的存在者"、而不再是作为具有思维能力的经验自我的实体,即不再是"作为人"了,那么这时它是否还能够"实存"呢? 我们对此完全不知道。"只是"作为能思的存在者的我在这种情况下当然就只能是先验的自我了,也就是没有身体、也没有一切外部经验的那个我,而不可能是经验的自我。因为经验的自我除了被理解为能思的存在者之外,还需要对自己的身体及外部世界的经验知识才得以可能,它是在这种关系中才被规定为实体的,所以它是"作为人"的自我。作为人肯定是有身体的。那么我们如何能对这个已经变成了先验自我的"我"获得它作为一个客体、也就是作为自在之我的某种知识呢? 这是不可能的。我们顶多只能把这个先验自我在内感官中所引发的"我"的表象和其他一切表象区别开来,但这种区别并不像杯子和桌子的区别那样是两个不同实体的区别,而只是我思和我所思的区别,只是先验和经验的区别,或者说,是同一个经验知识中的先验层次和经验性层次的区别。所以这种区别只是我思构成知识的一种方式,怎么能成为我思本身的一种知识呢? 凡是我思必定是思一个和我不同的东西,这是一个分析命题,因为如果它们是同一个东西,那也就用不着思了,也无从思起了。即使所思的是一个经验的我,它也是和先验的我不同的。先验的我如果不运用于和它不同的对象上,就等于没有起作用,先验的我对它本身的思等于无所思。所以康德前面说范畴的先验运用等于不运用。我思只有投入到经验的思维过程中才能有所思,也才能把我与对象区别开来。至于所思的对象在这个过程之外,它与我思有什么区别,这个我们不知道,那是物自体的问题了。自在之我跟我们所思的对象的自在之物有什么区分,这我们不可能知道。理性心理学自以为知道,是因为他们借助于经验自我与外部经验对象的区别来推知先验自我和一切对象有同样的区别,所以试图从身心关系里面引出先验自我的性质来。当然在经验自我中是存在身心关系问题，那是一个可以在现象中探讨的问题。我们在经验中是通过身心关系来确证我们自己的存在的，例如我们怀疑自己是不是在做梦时就掐一掐自己，感觉到痛，就证明自己醒着。理性心理学以为这样也可以证明先验自我的知识，但其实先验自我是不可能通过身心关系来确证的，它与对象的区别只是逻辑上的区别，并不构成任何知识。这段话的主要意思就在于，我的实存作为一个能思的存在者与他物有别，这是我在思维的时候就已经作为一个逻辑前提的，一切思维的前提，你要开步走，就必须设定我思有与它不同的对象，有它的内容。从这样一个分析命题里面我们不能得出一个先验的我究竟是怎么样的，它能不能单独存在。如果我们把感性经验的直观加上去，我们的确可以规定我与对象的身心关系，但这时的我只是经验的我；如果我想对先验的我也这样规定，那么我们就必须有一种知性的直观能力，而我们并没有这种能力，所以这是不可能的。

后面这一小段就是总结了：

所以，通过对在一般思维中的我自己的意识的这种分析，对于我自己作为客体的知识并没有获得丝毫进展。对一般思维的逻辑探讨被错误地当作了对客体的某种形而上学规定。

所有前面这四个命题的论证都是这样的，都是在一般思维中对我自己的意识进行分析，作出分析判断。那么这样一种分析命题对我自己作为一种客体的知识并没有丝毫帮助，你要获得对我自己的知识，就必须要有综合命题。综合命题从何而来？就必须要有直观。如果仅仅从概念的分析，你是得不到我自己作为客体的知识的。那么毛病出在什么地方？"对一般思维的逻辑探讨被错误地当作了对客体的某种形而上学规定"。对一般思维的逻辑探讨，一般的我思，必须有一个逻辑前提，就是首先必须要有一个我，我的一切思都是我在思。所以这个思维者的我它是一切思维的逻辑前提，正如康德讲一切现象都必须有一个显现者，所以自在之物的设定对于任何现象（或显现）来说都是一个必须设定的逻辑前提一样，思维也必须设定一个思维者"我"作为它的逻辑前提。所以自在之物也好，自在之我也好，都只是一个逻辑前提。如果有人问康德，你怎么知道现象背后有一个自在之物？康德是没法回答的，因为他并不是通过认识而得知的，而只是逻辑上必要的设定。自在之我也是这样，我没法认识它，但是必须假定它。逻辑上的前提是必要的，因为至少违背了逻辑你就谈不上任何真理了，连形式逻辑都违背了，还有什么真理可言呢？当然合乎形式逻辑的也不一定就是真理，不一定是知识。先验自我的设定就是这样，当然它不是知识并不是说它是错误的，而是它单独不能形成知识，但只要它严守自己的本分，不自以为可以构成形而上学的知识，也不与任何经验的知识混淆，它就不会犯错误。所以你也可以说灵魂是实体，但是这个实体概念你不要以为就是时间中的持存性的意思，不要看作用来规定现象的范畴，而只是一个逻辑上的假定，一个自在之物的假定，即显现必须有一个显现者，思维必须有一个能思者。严格说它不能叫作实体，只能叫能思的存在者。那么这样一个能思的存在者它必定是单纯的，是自身同一的，是与其他事物不同的，这都是一些分析命题，但不能当作"对客体的某种形而上学规定"，否则就犯了谬误推理的错误。这种混淆就是理性心理学犯错误的最根本之处，即理性派哲学认为凡是逻辑上说得通的就是客体上实在的，莱布尼茨-沃尔夫派典型的就是这种思维方式。他们为什么一定要把逻辑精密化，莱布尼茨后来搞成数理逻辑，就是想用这种方式解决形而上学问题。但在康德看来形式逻辑不可能解决形而上学问题，只有把它提升到先验的层次你才能探讨形而上学问题，仅仅从形式逻辑的概念分析来探讨形而上学的规定就犯错误了。谬误推理在第二版里面是非常简略的，比第一版更清晰，第一版讲得很烦琐，第二版则是提纲挈领地作了一个总结，特别是这一小段这两句话，清楚地揭示了谬误推理的要害。

上面两段、特别是后面一小段对理性心理学的谬误推理已经作出了一针见血的批判，非常中肯。你哪怕其他的都没有读，你就读了这一小段，你也就可以大致知道康德对理性心理学的批判是什么样的一个思路了。下面这一大段他实际上是从反面来进行证明，是假设如果理性心理学的谬误推理成立的话，那将会导致什么样的结果，以便说明这种谬误的严重性，说明这是一个很关键的问题。如果这个问题不解决、不澄清，那他的整个批判可以说都白搞了。

　　如果有可能在先天证明：一切思维的存在者都自在地是单纯的实体，因而（这是从同一个论据得出的结果）作为这种实体都不可分割地具有人格性，且意识到自己与一切物质相分离的实存，那么，这将是反对我们的全部批判的巨大的 ①、乃至于唯一的绊脚石。

　　这个是一个假设了，假定我们"如果有可能在先天证明"，证明什么呢？"一切思维的存在者"、一切我思"都自在地是单纯的实体"，这个假设是最重要的，自"因而"以后其他的假设都是附带的。只要第一个证明了，那么其他的就可以顺便证明了。所以最重要的是第一个假设，它相当于理性心理学的上述"正位论"表中第一、二个命题，即灵魂的实体性以及它的单纯性。从这个假设得出的结果，一个是这种实体它具有"人格性"，一个是它具有"与一切物质相分离的实存"。这两个结果相当于正位论中的第三、四个命题。所以理性心理学最重要的其实就是关于灵魂的实体性和这种实体的单纯性，如果这一点成立，那么这将会是康德全部理性批判的"巨大的、乃至于唯一的绊脚石"。为什么这样说？

　　因为以这种方式我们就已经跨出了超出感官世界的一步，踏入了**本体**的领域，这就没有人能否认我们有权在这个领域中进一步扩展、定居，并且任何一个人只要吉星高照，都可以占领这个领域。

B410

　　为什么是唯一绊脚石，全部批判都系于这一点？当然需要扩展开来

---

① 原译作"最大的"，经学生指出应改为"巨大的"。

才能解释，就是说，这种做法触及到了全部批判的基本原则。因为一旦证明了这一点，那么"以这种方式我们就已经跨出了超出感官世界的一步"，我们就超出感官世界了，我们的知识本来是被严格限制在可能经验范畴之内，只能是内在的而不能是超越的。但是如果你能证明这一点，那么你就超出了感官世界，进入到了本体领域。而一旦你迈出了这关键性的一步，那就会有一系列严重后果接续而来，我们就有权在这个领域中肆意扩展、为所欲为。我们超出了感官的樊篱，越过了可能经验的范围之外，进入到一个本体的领域。本体的领域就是一个思维的领域，它不受任何经验材料的限制，只要你的思维能够达到的地方，你就可以到处游荡，游到哪里你就可以在哪里定居，建立一门"知识"。这就是以往的旧形而上学所做的事情，每个人占一块地方，每个人在那块地方建立一个自己的体系，还可以不断地去占领，因为那个地方没有任何限制嘛。只要你有运气，只要你有灵感，吉星高照，一个念头想到了，那么都可以占领一块地盘，宣布自己是这个领域的所有者，宣布一切问题都在这里解决了。理性派也是各种各样的，每个人都可以认为自己的观点可以概括一切。我们现在经常也可以发现有这样一些人，自认为我想出了一个概念，然后用这个概念可以解释一切，天上地下、自然、人类、社会、历史、科学、逻辑，无所不包。于是他就沾沾自喜，认为自己很了不起。于是另外一个人也可以抓住另外一个概念，也搞出另外一个体系。有的人干了好多年，用他的思辨搞出一个体系来，应该说这些人都还是很聪明的，只是他的聪明用得不是地方。理性派的哲学家就是这样，每个人都可以凭自己的天分在这个领域中任意建造体系，反正没有标准来衡量他的工作，没有标准你就可以任意解释了。

因为"每一个能思的存在者本身都是单纯的实体"这个命题是一个先天综合命题，这首先是由于它超出了为它奠定基础的概念，在一般思维之上加上了**存有的方式**，其次是由于它在那个概念上添加了一个谓词（单纯性），这个谓词是根本不能在经验中给予出来的。

这里的"因为"就明确点出了，康德所假定能够成立的就是这个命题，即能思的存在者或者说灵魂"是单纯的实体"这个命题，其他那些命题都是附在其后的。那么这个命题他认为是先天综合命题。这就回到了他在《纯粹理性批判》导言里面所归总的一个总问题，就是先天综合判断是何以可能的问题。先天综合判断是如何可能的，这落实到形而上学里面也有它的先天综合判断作为基础。不光是数学、自然科学都有先天综合判断作基础，而且在先验辩证论里面谈到理性心理学的谬误推理的时候，也要归结到这个命题，就是"灵魂是单纯的实体"这样一个先天综合命题何以可能？当然康德的回答是不可能。其他的数学和自然科学都可能，为什么？因为人有一种先天综合能力，当他把这种能力运用于经验对象的时候就可以获得先天综合知识。先天综合判断就是这样才可能的。但是在形而上学里面为什么不可能呢？因为这种能力没有运用的地方，当它自以为运用了的时候实际上还根本没有运用。所以康德说理性心理学的这一命题是一个形而上学的先天综合命题，"这首先是由于它超出了为它奠定基础的概念，在一般思维之上加上了存有的方式"，这是符合康德对先天综合判断的定义的，也就是谓词并不包括在主词里面，而是超出主词加上了某种主词中本来没有的东西，在这里就是在"能思的存在者"这个概念之上加上了"实体"的概念。实体这个概念本来是用来规定存有的方式的，"存有"就是"实存"，指现象中的存在。这个概念当然并不包括在先验的"我思"里面，所以是综合地联结在"我思"上面的。但是这种联结并没有根据，因而不能说明它何以可能。"其次是由于它在那个概念上添加了一个谓词（单纯性），这个谓词是根本不能在经验中给予出来的"。就是说，除了在我思之上加上了一个"实体"概念之外，又在实体上再加上了一个"单纯性"的概念，而且没有任何经验的根据。当然如果你不讲实体，这个单纯性是可以先天地加在"我思"之上的，但那只是一个分析命题。从一般的思维概念中你也可以分析出这个思维是"单纯的"，说我思的我是单纯的，那是可以的。但这里讲的不是逻辑的单一性，而是实体的单纯性，有了"实体"这个范畴，这个单纯性就是添加上去的，是用来描述实体的，而不是用来描述我思的。所以它还是一个综合命题，它是"在那个概念上面添加了一个谓词"。但是又没有经验的内容，其实"这个谓词是根本不能在经验中给予出来的"。作为实体的谓词它本来是应该在经验中给予出来的，但是它又不能在经验中给予出来，因为你已经预先把它从经验中排开了，它首先是超越感官之外的本体。所以它不能被看作在经验中给予出来的，如果看作在经验中给予出来的，那这个我思就是一个经验性的我思了，就是经验性的心理学考察的对象了。但是在理性心理学的形而上学那里预先已经把这点排除了。其实它这个"实体"也是不能在经验中给予出来的。但是他们又设想能够先验地给予出来，能够先天地形成一种综合命题，在纯粹先验的层面上获得我思的先天知识。

　　所以先天综合判断并不仅仅如我所主张的，在与可能经验的对象的关系中、也就是作为这个经验本身的可能性的原则，是可行的和可允许的，而且它们还可以针对一般的和自在的物本身，

　　就是说，根据理性心理学的这种做法，我们可以看出先天综合判断并不仅仅像康德前面所主张的，都是经验本身的可能性原则，这种原则是在数学和自然科学领域中探讨的那些基本原理之所以可能的条件。虽然先天综合判断在数学和自然科学这两个领域里面是可行的和可允许的，也是应该的，因为只有借助于先天综合判断数学和自然科学才得以可能；但是进入到形而上学领域就进入到第三个问题了：形而上学作为自然倾向何以可能？它的基础同样也在于先天综合判断。比如说这里的"一切思维的存在者都是实体"，这就是一个先天综合判断，它给了理性心理学以形而上学的基础。所以事实证明，先天综合判断不仅仅在数学和自然科学中是必要的，"而且它还可以针对一般的和自在的物本身"，不仅仅针对经验而且可以针对自在之物。事实上，以往的那些形而上学它们都是针对着自在之物，而提出各种形而上学的原理的，在此基础上

才建立起了以往的形而上学。这也是先天综合判断的一种可能性，即人们有可能这样来运用它。但是如果承认这一做法是正当的话，康德的批判哲学也就用不着了。

这一结论就会葬送这整个的批判，并要求我们一切照旧就行了。

当然这一切都是建立在这个反面的假设能够成立的情况下，就是如果有可能证明这种先天综合判断的可行性，那么下面的结论就会跟着来了，就会彻底摧毁康德辛辛苦苦建立起来的整个批判体系。所以康德在这里只能寸步不让，他已经没有退路了。如果有可能把先天综合判断运用于自在之物的话，那么我们就不用批判，以往的形而上学就是不可动摇的了。但康德之所以要批判形而上学就是对于现状不满嘛，正是以往的形而上学已经处在一个被人遗弃、被人鄙视的境地，才逼出了康德的批判，才导致了一个"批判的时代"。整个这一段都是讲的这样一种危险。最后一句：

但如果我们更接近事实的话，这种危险在这里并没有那么大。

就是说，这种危险只是一种假设，如果我们贴近事实，这并不可怕。谬误推理是偏离了事实，是理性心理学的主观幻相，即用经验自我的东西冒充为先验自我的知识。所以我们只要靠近事实，就可以揭穿这一骗局，这种反面的危险性是可以避免的。但是如果不经过批判，那就很难说了，我们就会陷入这种谬误之中而不能自拔。

前面从四个不同的方面逐个地进行了一番探讨，然后又作了一个总结。那么接下来，我们今天要读的这一段就是要用三段论式的方式来把这个总结表达出来，以便从逻辑上看出理性心理学的谬误究竟出在什么地方。所以他讲：

在合理的心理学的处理方式中，起支配作用的是某种谬误推理，它通过下面的理性推论而体现出来：

就是前面那些处理方式中贯穿其中的是一种谬误推理，但前面只是揭示内在矛盾性，而没有纳入到谬误推理的形式中来讨论。因为整个理性心理学的推论都带有一种三段论式的逻辑形式，不从这个角度揭示出它的推论中的谬误来，那就还没有切中目标。而这里就把这种谬误推理如何发生的展示出来了。这个三段论式看起来是非常严格的，合乎亚里士多德三段论的规范，但是经过康德一分析，就可以看出它的毛病出在什么地方了。

所以这个三段论是按照理性心理学的思路把它展现出来的，就是这三句话，即：大前提：

凡是只能被思考为主词的东西也只能作为主体而实存，因而也就是实体。

这里我们有一个注，就是主词和主体都是同一个词 Subjekt，在拉丁文里面它是一语双关，区分不开来，而在汉语中可以翻译成两个意思。这个词在西文里面是没有这两层意思区别的，但是在翻译成中文的时候我们根据上下文意思有意地把它区别开来，这是中文的方便之处。当然你也可以不区分，按照原文硬译。这句话是亚里士多德对实体的定义，什么是实体？实体就是那种只能作为主词而不能作为其他主词的谓词而实存的东西。只能作为主词，那么这里面就有两个意思了，一个是被思考为"主词"，另外一个就是作为"主体"而实存。但是因为它们是一个词，所以这里看不出有什么区别，好像没有什么意思，只是一个同义反复：凡是只能被思考为主体的东西也只能作为主体而实存，为什么？因为假如它不能作为主体而实存，它也就不能被思考为主体了。这好像什么也没说。但实际上里面有区分的，只是在字面上看不出来。就是说，当亚里士多德对实体下定义的时候，它里面已经包含有双重含义了。一层含义就是从逻辑上讲的，凡是只能作主词的东西，在我们说话中、语言中只能作主词来使用的东西，那我们也就只能把它理解为实体。什么是实体？实体就是"作为存在的存在"，也就是实存。真正的实体就是那种只能作主词而不能用来描述其他东西的那样一种东西,或者那样一种东西的概念。当然这里就有双重含义或者歧义了:你究竟讲的是那样一种东西的"概念"呢,还是讲的那样一种东西的概念的"所指"呢?是主词还是主体呢?亚里士多德是没有区分的,因为在他那里认识论和逻辑学还没有分化,在他那里还是一种朴素的统一性。我们经常发现,我们在说话中只能作主词来用而不能作谓词用的东西,往往它就是指个别的东西,所有其他的存在,如方式、关系、属性等等,都要以这种个别东西的存在为前提,以它为载体才能存在,才能实存。所以亚里士多德把实体规定为个别的东西,个别的东西的意思就是它是唯一的,它只能作为主词而不能作一般谓词。所以这个误解其实很古老,在亚里士多德那里已经埋藏着了,但长期以来人们并没有发现。当逻辑学与认识论已经有了明确的分工的时候,人们仍然还是以亚里士多德的观点来看待这种关系,特别是大陆理性派,他们认为逻辑学反映的就是世界的结构,以及我们认识世界的方式,认识论和本体论都被归结为逻辑学。所以大陆理性派唯一的立足点就是逻辑,他们讲的理性就是逻辑理性,我在逻辑上说得通的肯定就是存在的,我的认识也就肯定是正确的,就是真理。我的观念是符合现实的存在的,我的逻辑只要是严格的,那它就是符合现实的存在的,那就是真理这就把三者混淆起来了。那么在这个大前提里面我们就可以看出它埋藏着这样一种含混,所以我们要把这个主词和主体译成两个词,也是为了更明确地表达出这种含混性。当然即算是不翻译成两个词,看了康德下面的解释我们也可以明白,这里其实已经包含一种词义的含混。这是大前提。

下面是小前提:

B411　　**现在,一个能思的存在者仅仅作为本身来看,只能被思考为主词。**

能思的存在者,就是思维的主体,"仅仅作为本身来看",就是说把一切直观的感性的经验的东西全部排除掉了以后,把全部内容都清除干净了以后，那么这个能思的存在者本身只能被思考为主词。因为它的一切对象都被清除干净了，仅仅作为它本身。思考肯定有它思考的对象，但是我们把这些思考的对象全部撇开了，只看这个思考者本身，那么当然它就只能被思考为主词了。一切思考的主体，一切思考中的能思者，它当然只能被思考为主词，因为当你把它思考为谓词的时候，它就不是这个谓词，而是思考这个谓词的主词，即马上又把这个谓词的内容清除掉，而从这个谓词跳回到了主词。所以它只能作为主词。这是小前提。我们把大前提和小前提结合起来，就得出了结论。大前提提供了一个条件，小前提提供了一个具体的场合，我们把这个条件和那个场合结合起来，就有了一个结论：

所以，它也只作为一个主体、也就是作为实体而实存。

"它"就是指能思的存在者，仅仅作为本身来看的，它就只能作为主体，也就是作为实体而实存。为什么？因为它只能被思考为主词嘛，而按照大前提，凡是只能被思考为主词、主体的都是实体。所以结论就是它也只作为一个主体或实体而实存。这是一个从字面上看是非常严格的三段式，所以它对于理性派的哲学家来说有极大的诱惑性，我们看不出有什么毛病啊！这样推出来好像是必然的，有一种无可置疑的清楚明白的确定性。当然如果我们用中文翻译把它的两种含义区分出来，就显示出有问题了，但是如果不区分出来，那么从外文来看几乎看不出毛病。只有通过康德的揭示，它这个毛病才显示出来。

所以下面一段就是对这个三段式之所以是谬误推理，康德所作出的揭示。

在大前提中所谈到的存在者是可以一般地在任何意图上、因而也在它有可能于直观中被给出的这种意图上来思考的。

这就是我们刚才所讲的含混性。"在大前提中所谈到的存在者"，也就是这个只能被思考为主词的东西，这样一个存在者是"可以一般地在任何意图上"来思考的,"在任何意图上"就是说,我不管它有还是没有对象,包括有对象和没有对象,有直观和没有直观,它都是按照这种方式来思考的。"因而也在它有可能于直观中被给出的这种意图上来思考的",也就是不仅仅在逻辑的意图上,而且也在可能的直观的意图上来思考。所以它也就包含有双重含义了:一方面包含逻辑意图,它可以是逻辑上的,亚里士多德当初制定实体的定义的时候就是从逻辑上来考虑的,逻辑上只能作主词而不能作谓词,这样的主词就叫作实体;但另一方面还可以在直观中被给出的这种意图上来思考。就是说,一旦我们从逻辑上推出了一个主词就是实体,那么在亚里士多德那里我们就可以把它看作一个个别实体。个别实体就是一种感性的实体,比如说苏格拉底。苏格拉底有很多关系,很多属性,很多状态,但是这些属性状态都要以苏格拉底这样一个直观的对象作为它们的载体,那么这样一个载体我们可以看作能在直观中被给出的,你可以找得到的,他是一个有名有姓的人。个别实体嘛,世上独一无二的这样一个人,当然是可以直观的。但是大前提里面所谈到的那种存在者既可以是逻辑意义上的抽象主词,也可以是具体的所指对象,所以它既可以是逻辑上的"我",但是它也可以是一个具体的直观对象,即正在思维的张三李四。当然严格说起来只有后面这种情况才能称之为"实体",所以亚里士多德当初在给实体下定义的时候是有种含混性和不严密性的,严格说只有在直观中被给出来的东西才能叫作实存的东西,才能是实体。而仅仅是逻辑上的主词,那就很难说了。作为主词,你可以说苏格拉底是怎么样的,它可以作为实体来看待;但是你说"我思",这个作为主词的思维者"我"是不是实体,那就不好说了。它只是一种逻辑上判断的条件。所以这句话就是在批评大前提的含混性,就是说它可以包含有后面的那种意图,即你可以在直观中给出它来;但它也可能包含有逻辑上的意图,就是没有任何直观可以被给予的情况。但这两种情况不可混淆,关键就在于在小前提里面就把这种两情况混为一谈了。小前提说:"现在,一个能思的存在者仅仅作为本身来看,只能被思考为主词"。这个"现在"就说明是参照这个大前提我提出一个小前提，小前提它就是一个逻辑上的意图，"仅仅"，就是从逻辑上说，"作为本身来看"，就是抽掉了一切直观的感性的东西，去掉了一切对象以后，把它本身当作一个对象。那么根据大前提的要求，你把这样一个存在者看作是"只能被思考为主词"的。这个在逻辑意义上也没有错，就是一个能思的存在者，抽掉了一切感性的内容、一切直观的对象之后，它就只能被看作一个逻辑上的主词。因为它已经没有对象了，没有对象它就只是一个空洞的主词。但是从这个小前提里面，理性心理学最终要推出的是这样一个结论："所以，它也只作为一个主体、也就是作为实体而实存。"这样一个纯粹的、单纯的能思的存在者既然只能被思考为一个主词，那么它也就只能作为实体而实存，这就涉及到大前提的后面一半了，大前提的后面一半就是说一个能思的存在者只能作为主体而实存，它就"因而也就是实体"。作为主体而实存是可以说的，但是"作为主词而实存"，这就是开始有混淆了。因为作为主词本来不涉及到实存的问题，因为作为主词的逻辑上面的意义它不涉及到直观，它跟直观没关系，已经脱离了直观。所以作为主词而实存其实是说不过去的，只能作为主体而实存。那么既然大前提已经把这个主词和主体混为一谈了，所以结论里面也就顺理成章地说这个思维的主词或主体"也就是作为实体而实存"。严格说只能说"所以它也只是作为一个主词、也就是作为实体而实存"，但是这样一揭开来，这句话的合法性就成问题了。所以我们这里把它翻译为"只是作为一个主体"，这样"作为实体而实存"就好像顺理成章了。但是这里头埋伏着一个偷换概念的诡辩，下面就是康德的解释。

但在小前提中所谈到的存在者却只是把自己当作相对于思维和意识统一性的主词来考察的，而不是同时又当作在（使它作为思维的客体被给出的）直观的关系中的主体来考察的。

就是在小前提中所谈到的能思的存在者只是一个在一切思维中起统一作用的主词，它的意思只是相对于思维和意识的统一性而言的。我们也可以说，它就是思维，就是意识的统一性。这样一个存在者，实际上就等于思维活动和意识的统一性活动的主词。也就是说，小前提中的存在者只是在逻辑的意义上谈到的，只是一个逻辑意义上的主词，但这还并没有证明它就是一个本体论上的主体，或者实体。所以下面："而不是同时又当作在（使它作为思维的客体被给出的）直观的关系中的主体来考察的。"即不是同时又当作这样一个"主体"来考察的，什么样的主体呢？这个主体是在直观的关系中，这种关系使它、也就是使这个主体作为思维的客体被给出。换言之，它只是作为一个逻辑主词，而不是同时又当作直观的主体。只有后者才能使它作为思维的客体被给出。但是小前提它不是在这种意义上，来谈主体的。所以结论就是一种混淆了：

所以这一结论是通过修辞格的诡辩、因而是通过某种错误的推论而得出来的。

结论里面包含一种"修辞格的诡辩"，修辞格，就是说它是一种修辞，修辞就是比较含糊的了，比喻啊，类比啊，夸张啊。所以这里讲"主体"，讲"实体"，都不是具有严格的逻辑意义的，而只是把 Subjekt 当作一个修辞格来运用、来理解。它在逻辑上我们可以把它当作一个 Subjekt，那么当实体作为一个主体的时候我们也可以把它当作一个 Subjekt，但是相对于逻辑的 Subjekt 这只是对它的一种比喻，只是一个修辞格，相当于一个形容词。我们说这个实体是多么的独立，就像一个逻辑上的主词一样，它只能作主词而不能作谓词。但是当年亚里士多德从中得出实体的定义的时候，他并不是完全从逻辑上来理解的，而是把逻辑上的理解用来修饰本体论上的理解，所以这里面就产生了一种含混。修辞格的诡辩也就是一种偷换概念，偷换概念有多种形式，这是一种。所以结论里面不要看它在形式上似乎天衣无缝，但是在同一个词中所包含的意思是有歧义的。所以要从逻辑上无可置疑的命题中推出本体论或者认识论上的理性心理学的结论来，实际上是做不到的，只有通过一种偷换概念才能够走出这一步。

这个后面有一个长注，就是对康德对理性心理学的批判进一步明确化。上面康德已经把他的思路提供出来了，就是大前提可以一般地在任何意图上、因而也可以在直观的意图上来思考，而小前提只是把自己当作相对于思维和意识的统一性来思考，这就是它们的区别。大前提只是一般的泛指，而小前提只是逻辑意义上的特指，但是小前提利用大前提的泛指，而在概念上又看不出来，所以它推出的结论实际上是一个意义的混淆，一个偷换概念。那么在这个注释里面主要是说明"思维"这个词。我们刚才的解释主要把注意力集中在"主体"这个词怎么翻，这对于我们中国人来说更便于看清问题之所在。但在康德那里，在德文中没有这个方便；但虽然没有这么方便，他却抓住"思维"（Denken，也可译作"思考"）这个词的双重含义来辨别清楚这个问题。当然这两重含义与主词的双重含义也是相互联系的，因为这个"思考"究竟是思考什么，是思考主词还是思考主体，由于思考的对象的不同，所以思考这个词本身也发生了歧义。所以注释里面就进一步具体到"思维"这个词了。

"思维"在这两个前提中是在完全不同的含义上来理解的：在大前提中是如同它针对一般客体那样（因而是像该客体可能在直观中被给出的那样）；

也就是思维它有两个完全不同的含义，它在大前提和小前提中的含义是完全不同的。我们通常讲的"我思"好像就是一个意思，其实它是有歧义的。也就是在大前提中的思维或思考是"如同它针对一般客体那样"，凡是只能被思考为主词的东西，这个东西就是一般客体。所谓一般客体就是既包括逻辑上先验设定的客体，也包括在直观经验中所可能出现的客体，它不管，只要能够成为一般客体，都成为大前提思考的对象。先验客体我们前面讲到过，先验对象，它就是＝X的一个尚未规定的对象，这种我思只是一个一般客体，它还没有规定，究竟只是你的一个思想呢，还是也可以成为你的一个认识对象呢？如果你给了它直观，那么它就被规定了，它就成了一个经验的对象；如果你没有给它，那么它就只停留在思想中，你可以想它，设想一个对象，但这个对象当它没有任何经验材料提供你认识的时候，它就是一个自在之物。所以先验对象是横跨两边，如果你给了它直观的材料，它也可以成为经验对象，如果没有直观材料，它就只能是一个先验的 X。那么在这里是针对"一般客体"，也就是指先验对象，先验对象就是"可能在直观中被给出的"对象，但在直观材料提供出来之前，还没有在直观中被给出来，只是一般对象。这个对象是你可以思考的，但还没有认识，它只是指向一个认识对象。但在这里它并不排斥直观对象。在其他很多地方康德用到"一般对象"这个词的时候他心目中是指自在之物，但在这里不同，他针对着一般对象的另外一种可能性，即不仅仅是逻辑意义上的和先验意义上的，而且可以容纳在直观中被给出的对象。当然也不一定，只是"可以在直观中被给出的"，只是有这种可能性。先验对象的含义就在于它能够提供出经验对象的可能性条件，如果没有先验对象来把经验的材料统摄起来，那么这些杂多材料就散了，构不成一个经验对象。要构成一个对象必须要有对一般对象的思维，有思维的能动性，提出一个先验客体，然后你才能把这些直观的材料塞进去，把它们集合拢来、统摄起来，才能构成一个经验的客体。所以在大前提里面它是有两种可能性的，一种是逻辑上想象的对象，那只是一个逻辑前提，不是实存；另一方面就是该客体可以在直观中被给予出来，有这种可能。

　　但在小前提中则只是像它处在与自我意识的关系中那样，因而在这里根本没有什么客体被思考，而只是表象了与自我、与主词（作为思维的形式）的关系。

　　在小前提里面谈到能思的存在者"只能被思考为主词"，这个思考"只是像它处在与自我意识的关系中那样"，它没有什么对象被思考，而只是表象了与自我这个主词的关系，思维在这里并没有思考任何客体，而只是把自我这个主词"作为思维的形式"戴在自己头上。或者说，这个主词只是思维活动的主词，这个思维活动当它撇开一切内容的时候，它只是一种主词,它少不了一个主词。任何思维活动里面必然有一个主词,有一个自我。而这个自我的主词仅仅是思维的形式方面,而不能作为它的内容。你要思维当然必须要有内容,但是在小前提中谈到思维的存在者是"仅仅作为本身来看",也就是仅仅作为思维的形式来看,而撇开了一切内容了。所以这种思维就仅仅只是表象了它与自我、也就是与自己的不可分割的形式的关系。所以大前提和小前提所谈的"思维"是完全不同的,

前者所谈及的是只能作为主体来思考的物;但后者所谈的并不是**物**,而只是**思维**(因为我们已抽掉了一切客体),在其中这个"我"永远被用作意识的主词; B412

前者,也就是大前提,所谈到的是只能够作为主体来思考的一个"物",这个物有可能是直观的对象,如张三李四,当然也可以是逻辑上的主词,先验的客体;但是后者就更加狭隘了,它所谈的并不是"物",而只是思维。前者的范围广泛一些,它可以针对"一般客体",里面就包含着只能作主体来思考的物,那就是包含着直观对象的可能性了;但是后者、小前提包含的不是物,它只是思维,"因为我们已抽掉了一切客体",我们在哪里抽掉了一切客体? 就是当我们说能思的存在者"仅仅作为本身来看"的时候。抽掉了一切客体,那它还怎么能够成为"物"呢? 那它就不是物了,它"只是思维",只是思维活动。它已经不是一个客体了。"在其中这个'我'永远被用作意识的主词",在其中,也就是在思维中,这个"我"只被用作主词,小前提所表达的仅仅是这个意思,这个我再不能当作对象来看了,它就只是一个空洞的能思。

因此在结论中并不能推出:"我只能作为主体而实存",而只能推出:"我在对我的实存的思维中只能把我用作判断的主词",而这是一个同一性命题,它对我的存有的方式丝毫也没有揭示出什么。

这就是结论了。从大前提和小前提的分析中康德得出,在结论中并不能推出我只能作为主体而实存,而只能推出我只能作为判断的主词。

也就是我在对我的一切实存的思维中,包括对我在经验中的实存的思维中,我永远只能把我作为主词,所有这些思维都是"我"的思维。当你把"我"的一切内容都去掉了以后,你就只能说,所有我的思维都是我的思维,我是一个普遍的主词,但是没有任何客体,你不能把它看作任何客体,或者一个实存的主体。我当然可以把我思考为一个客体,而当我把我思考为一个客体的时候,这个被思考的我已经是一个经验的我,而那个思考的我仍然是一个主词,仍然不是一个客体。"而这是一个同一性命题",一个同义反复,就是"我在我的一切思维中只能把我用作主词"。我已经被用作主词了,"我的一切思维",这个"思维"的主词难道不就是"我"吗?你再加上一句"只能把我用作主词",不是多此一举吗?我的一切思维当然都是由我所思维到的,你再加上一句说,我的一切思维都是属于我的,这是重言式。所以"它于我的存有方式丝毫也没有揭示出什么",我在我的具体的存有中是什么样的,通过这个命题丝毫也没有得到说明。我只能得出我是我的一切判断的主词,而不能得出我是以什么方式存有的,因此对于认识这个"我"本身没有任何帮助。

现在看看最后这一段。

B412　如果我们在这里回顾一下"原理的系统演示"一节中的"总注释"及关于"本体"的一章,那就会很清楚地显示出,将这个著名的论证归结为一个谬误推理是完全正确的。

"原理系统的演示"的"总注释"我们这里面没有收入,大家有兴趣的话可以看一看《纯粹理性批判》B288页以下。关于"本体"的一章就是"原理分析论"的第三章:"把所有一般对象区分为现象和本体论的理由"。这一章在本书中参看第186页关于实体性的那一段话:"如果我把持存性(它是在一切时间中的存有)去掉,那么我在实体的概念中就什么也没有留下来,只有一个主体的逻辑表象,这个表象我以为通过把某物想象为只能作主词(而不是有关主词的谓词)而存在,就使之实在化了。

但我不仅完全不知道这种逻辑的好处具体到任何一物究竟该有什么条件，而且也不能从中得出任何更多的东西，不能推出起码的结论来，因为这样做根本没有为这个概念的运用规定任何客体"，等等。这里已经说得很清楚了，我们回顾一下这个地方就知道，为什么说这个论证是一个"谬误推理"。下面进一步解释：

因为在那里曾经证明，有关一个可以独自作为主词而不能单作为谓词而实存的物的概念还根本不具有任何客体实在性，就是说，我们不可能知道是否能在任何地方把一个对象归之于它，因为我们看不出这样一种实存方式的可能性，因而这概念根本没有提供任何知识。

由上面所引的一段话就已经表明了，我可以形成一个可以单独作主词而不能单独作谓词而实存的物的概念，但这个概念还不具有任何客观实在性，只能作主词而不能作谓词的"物"的概念实际上还没有成为"物"，单凭你断言它只能作主词而不能作谓词，还没有涉及到它的客观的实存，只是我对它有一个实存的概念，我把它看作一个物，但这个概念还没有提供任何客观实在性，没有提供任何客观知识。这里实际上是对亚里士多德的批判，亚里士多德就是把一个可以独自作主词而不能单独作谓词的物的概念看作就是个别实体了，好像不需要任何感性的东西。当然实际上这样一个实体一旦建立起来，亚里士多德就认为它是一个个别的感性实体，所以亚里士多德并没有严格遵循这样一条从语法的绝对主词来规定实体的逻辑规则。那么这样一来"我们就不可能知道是否能在任何地方把一个对象归之于它"，对逻辑上的这样一个绝对主词你当然可以提出一个概念，但是这个概念是否有任何一个对象归之下它之下，这还没有确定。"因为我们看不出这样一种实存方式的可能性"，这种可能性必须以另外的方式来提供，必须要以直观作为它的条件。但是在这个概念里面首先已经把直观排除了，它只是从逻辑里面来规定，所以我们就看不出这种实存方式的可能性。因而它根本没有提供出任何知识，在大前提里面实际上是把实体的概念错用了。如果要正确使用就必须加上直观的内容、直观的条件，而不能只说凡是只能思考为主词的就是实体。

所以如果它想在实体这个名称下标志一个能被给予出来的客体，如果它要成为一种知识，那就必须奠基在一个持存性①的直观之上，后者是一个概念的客观实在性之不可缺少的条件，即该对象唯一由此而被给予出来的东西。

主词要想成为实体性的客观实存的主体，并由此而成为一种实在的知识，就必须有"持存性的直观"，因为实体这个范畴它的图型就是"时间中的持存性"，如果没有这个图型的话，那么它就形不成任何直观对象，就是一个空的范畴。"后者"，也就是这种持存性的直观，"是一个概念的客观实在性的不可缺少的条件"，一个概念要有客观实在性就少不了持存性的直观。否则实体概念就不是一个现实对象的概念，它只是一个还没有运用的范畴，它不能单凭自己构成一个对象。所以这种直观是概念的客观实在性的不可缺少的条件，也就是该对象"唯一由此而被给予出来的东西"，就是唯有凭借时间中的持存性，这个对象才能够被给予出来。所以想单凭"我"作为主词的概念就推出它作为客观实体的实存，这完全是一种谬误推理，因为它撇开了唯一能够使客观实体被给予出来的条件，即时间中的持存性这个直观。

B413　　但现在我们在内直观中根本没有什么持存性的东西，因为自我只是我的思维的意识；所以如果我们只是停留在思维上面，我们也就缺乏把实体概念、即一个独立持久的主体的概念用在作为能思的存在者的自我本身上的必要条件，

就是说，既然直观是唯一的客观实在性的条件，而我们在内直观中还根本没有看到什么持存性的东西，因为自我还只是我的思维的意识，

---

① 原译作"持久性"（Beharrlichkeit），现为求译名统一而改为"持存性"，下一个"持久性"亦改；相应地，再下面"持存的"（bestehend）反过来改为"持久的"。

在我的内直观里面还没有体现出这个思维主体的任何持存性，那么我们当然就不可能把这个思维者的我当作客观实在的实体了。自我这个表象在我们的内直观里面还没有体现出任何持存性，当然它也作为一个表象而在内直观里面出现，它是一个伴随着一切表象的表象，它也是在时间中出现的。但是在时间中出现的是不是就是在时间中持存的？这个还未定。它只是刺激我们的内感官，然后我知道是我在思维，但是虽然我所思维的内容是有持存性的，我本身却在这个持存性之外，它只有逻辑上的同一性而没有时间上的持存性。思维始终必须要有一个我，但这个我只是一个逻辑前提，而不是一个在时间中持存下来的东西。尽管在时间中所有的东西都要以这个"我"的表象为前提，它无所不在；但它本身是不是就在时间中持存下来？不能这么说，因为我只是对于这种思维活动的意识，而不是对于我作为一个实体而持存下来的意识。这个活动者是否持存着，这个我们不能确定，我们只看到它的结果，它的表现。自在之我刺激我的内感官，在任何内感官中出现的东西都有它的足迹，都有它的影子，但它本身究竟是个什么东西，在时间中我们看不出来，它不是在时间中实存着的，而只是我的思维的意识。所以这个表象是最空洞的，虽然在内感官中出现，但是只是伴随着一切表象，它本身你是追溯不到的。"所以如果我们只是停留在思维上面，我们也就缺乏把实体概念、即一个独立持久的主体的概念用在作为能思的存在者的自我本身上的必要条件"，就是说如果我们只是停留在思维上面，只是追求思维本身，把一切思维的内容都撇开，那么我们也就缺乏把实体概念用在自我身上的必要条件了。你要用实体概念来描述自我，你就不能仅仅停留在思维本身，而必须深入到思维的对象，思维的内容，你思维到了什么，那么你就要涉及到我在直观中具体是怎么表现的，那时就可以使用实体的概念，但那样你所得出的就是一个经验的自我，还是不能得出纯粹思维的自我。所以如果局限于纯粹思维上面，就缺乏把实体概念用在自我本身上的必要条件。这个必要条件就是直观。

　　而与此相联的实体的单纯性也就和这个概念的客观实在性一起取消了,它①转化为在一般思维中自我意识单纯逻辑上的质的单一性了,而不论这个主体是不是复合的。

　　既然你不能运用实体概念到自我本身上面,那么与此相联,单纯性也就被取消了,你也不能使用单纯性。因为你在使用单纯性的时候,你是把它理解为实体的单纯性,实体一旦取消,单纯性也就被取消了。所以对实体概念的分析是康德对于理性心理学的谬误推理最根本的一击,你把实体概念推翻了,那么其他的都不言而喻了,其他概念都是建立在实体概念之上的,单纯性、人格性、精神性、与物质的交互关系,都是建立在实体概念上的。那么一旦实体概念被取消,其他概念都被取消了,包括单纯性。取消了成为了什么呢? "它转化为在一般思维中自我意识单纯逻辑上的质的单一性了",单纯逻辑上的质的单一性,这个我们可以翻到前面 B114,也就是第 12 节,康德说:"因为在对客体的每个知识中都存在着概念的单一性,只要我们在它之下所想到的仅仅是对知识的杂多进行总括的那种统一性,例如在一出戏剧、一场演说、一个故事中的主题的统一性,我们就可以把它叫作质的单一性",它是量的单一性范畴的变形。所以这段的最后一句是:"只是由于把这些概念对客体的关系完全置于不顾,这些概念的运作才被纳入到使知识与自身一致的普遍逻辑规则之下来。"这是第一次提出"质的单一性"这个概念。而在这里,情况与那里有些相似,也是把单一性范畴提升到形而上学的意义上来,撇开直观内容而单从逻辑上理解,这就把一切质和量的区别通通打平了。单一性本来是一个量的范畴,但这个地方提出了一种概念的单一性,质的单一性,它和量的单一性范畴不一样。它们都是一个词 Einheit,但在德文里这个词有两个意思,一个是单一性,一个是统一性。我们前面已经讲到过,并把这两种意思分别称之为"小一"和"大一"。小一就

―――――――――――――――――

① "它"原译作"而",与前一个"而"重复,改为"它"较顺。

是说跟多数性不一样，多数性有很多，小一只有一个；统一性是和杂多相对应的，它能够把多的东西统一起来，进行总括，那当然就是统一性了，这个时候你就不能翻译成单一性了。康德举的例子是在一出戏剧、一出演出等等中的质的统一性，多样的统一。所以质的单一性就是一种统摄的能力，或者说一种统觉的综合统一。这种统一性高于单一性范畴，它体现在所有的十二个范畴中，但就它本身单独来看，它只是一种逻辑上的前提，一种统摄的可能性。先验自我意识无非就是"本源的综合的统一"，但它在未得到运用时只是一种逻辑上的单一性。前面第 16 节讲到，形式逻辑的分析的统一性也是以综合的统一性为前提的，但综合的统一性在形式逻辑上仅仅是一种联结能力，本身并不构成知识。所以单一性范畴一旦抽掉其可以运用于其上的直观对象，它就只剩下一个质的统一性的逻辑前提。一般思维中都必须假定一个自我意识的逻辑前提，才能把我思维的一切内容都统一为"我的"。当然这个逻辑前提从形式上看构成一个分析命题，但从内容上看它又可以看作一个综合命题，即这个"我"其实是一种统摄的活动，它是有能力把直观杂多统一为一个实体的。当你把实体的单一性取消掉以后，那个这个单一性还在，但它已经不再是具体的实体的单一性了，而只是抽象自我的单一性，它就是另外一种意思了，它就变成了一般思维中自我意识单纯逻辑上的质的单一性。或者说，当你把单一性底下的那些直观内容抽掉了以后，它就被还原到一个最高的逻辑起点，那就是自我意识的最高原理，它涵盖一切，无所不包，在这种意义上它是单一的。"而不论这个主体是不是复合的"，这个主体是不是复合的我们没法知道，只有一种知性直观才能确定这一点，而这是我们人类所不具备的。所以我们讲这个单一性的时候绝对不是讲自在之物的一种知识，而是对一种活动的表述，它就是这样活动的，一切思维中都有同一个它，因为一切思维都要以它为前提才能进行，一切思维都有一个"我"在思维。这绝对不是关于"我"的一种认识，而是"我"的一种体现，我在内感官里面就是这样表象出来的，但这个表象对于"我"什么也没有说，是最空洞的。它必须伴随我的一切表象，但你对它本身要作出规定，它是单一的还是复合的，这个没办法确定，单一和复合只适用于现象界，你要确定我本身是不是单一的，就会跨越现象界了。所以我们不能够知道、也可以不管它是不是单一的。但是尽管我们不知道它本身是不是单一的，我们却可以单凭逻辑而肯定它有一种"质的单一性"，因为在逻辑上凡是我的思维都需要一个我，没有我你怎么能说我的思维呢？那不是自相矛盾了吗？所以这是单凭逻辑就能确定的。但这种确定不是知识，也不说明这个我就是单纯的实体。所以这里最主要的就是要把这两层意思区别开来，就是实体的概念一旦要运用就必须要有直观，当你脱离开直观性的时候这个主体就不能成为实体，它就只是一个逻辑上必要的设定，如果没有这个设定你逻辑上都自相矛盾了，就更谈不上知识了，所以它是知识的逻辑上的一个消极条件，要设定这个我。但设定这个我并不等于某种知识，凡是要有知识都必须要有直观加入进来，单凭逻辑上的不自相矛盾是不行的。

第二章　纯粹理性的二律背反

先验理念的第一个冲突

纯粹理性的二律背反，是康德"先验辩证论"里面最具有理论深度和重要性的一个主题。先验辩证论的三大主题，一个是灵魂的问题，一个是宇宙论的问题，再一个是上帝存在的证明的问题。其中第二个问题、即宇宙论里面所呈现出来的二律背反，是最重要的一个话题。我们今天讲先验理念的第一个冲突，也是第一个二律背反。二律背反有正题和反题，所谓"二律背反"，就是两个不同的命题，两个相冲突的、在形式逻辑上完全相悖的两个命题，但是它们各自都有自己在逻辑上言之成理的根据。那么第一个二律背反中的两个命题，正题就是说，"世界在时间中有一个开端，在空间上也包含于界限之中。"这就是正题的表述。那么我们对照着来看反题的表述，反题的表述恰好在形式逻辑上是和正题相矛盾的。你要把它们并列起来读，就可以看出这一点。反题："世界没有开端"。正题说世界在时间中"有一个开端"，反题说世界在时间中"没有一个开端"，这就是完全相反的了。"在空间中也没有界限，而是不论在时间还是在空间方面都是无限的。"这两个命题怎么能够并存？完全不能够并存。

那么我们先来看正题。

<u>正题</u>：世界在时间中有一个开端，在空间上也包含在界限之中。　　B454

我们在这里首先要掌握一个概念，就是他的这个"世界"的概念。康德在这里谈到的这个世界的概念，是有一个非常严格的含义的，就是说，世界必须是一个"整体"。所以我们通常也把康德的这个宇宙论里面的世界的概念理解为"世界整体"的概念。当然这主要是理性派的世界的概念。经验派的世界概念呢，好像不需要具备这样一个"整体"的概念。一般经验派的世界的概念就等同于"自然"，自然而然，大自然。它不一定是世界。世界必须是一个整体，你把它当一个整体看，你才能说"世界"，或者说"全世界"。我们没有人说"全自然"，没有这样的说法。经验派的世界的概念主要是自然的概念，就是说客观的东西，至于它是不是一个整体，他不管。但是从形而上学的角度来说，对自然界的把握必须是整体的把握。全部自然界，上帝的造物，上帝的创造，才是世界。所以，一谈到世界呢，从形而上学的角度来看，它肯定立刻就有一个整体的概念在心目之中。那么，你谈世界有开端或者是没有开端，那肯定指的就是这个"世界整体"概念。从这个概念来分析，我们就可以比较容易能够进入康德的证明。当然不是康德自己的证明，康德只是引用的理性

派的证明。一般来说，这个正题是理性派的观点，反题是经验派的观点。反题否定这些界限，否定界限以后，世界就不成一个整体了，就成了一般意义上的自然了。自然而然的东西，当然你可以把它看成整体，也可以不把它看成整体。它是什么就是什么。在经验派看来，这很简单，不需要加上你的思辨，你的概括。但是如果按照这种观点，那必然就会堕入到休谟的那种怀疑论了，就是对一切东西我可以不作一种主观的概括，让它去，实事求是，有一点就说一点，没看到的东西我就不说。世界的边界、界限我没有看到，那我可以不说嘛。为什么一定要说呢？但是，如果你不说的话，显然形而上学就建立不起来了。所以，按照经验派的观点，是解构形而上学的，是要把形而上学摧毁的。那么理性派力图在这样一个基础上面重建形而上学。为此他们做了多方面的努力，关于世界的概念就是其中的一种努力。所以，正题代表理性派的观点，或者说理性派的独断论的观点。

那么，我们看康德在这里提出的"证明"。当然理性派的证明不一定像康德这样明确地表述出来，康德是经过他自己的思考和加工、提炼，他认为理性派对于世界在时间、空间中有限的这样一个命题，是通过这样一种方式来证明的。你要正面地去证明是不可能的，你必须通过反证法或者是归谬法，通过反面的不可能而证明你的正面是唯一可能的选择。两个互相冲突的命题，如果我们否定了一方，那么另一方肯定是对的。这是形式逻辑的一个基本原则。不是 A，就是非 A，二者必居其一，不可能有中间路线。形式逻辑讲排中律嘛，从里面就引出了归谬法或者反证法。当只有两种可能性的时候，那么其中必有一假，或者必有一真。这是他的方法。那么这个归谬法的证明是这样的：世界在时间中有一个开端，在空间上有一个界限，为什么呢？

<u>因为，让我们假定世界在时间上没有开端：那么直到每个被给予的时间点为止都有一个永恒流逝了，因而有一个在世界中诸事物前后相继状态的无限序列流失了。</u>

要证明世界在时间中有一个开端的话，那么首先要假定世界在时间中没有开端会怎么样。这样一种证明方式是从古希腊以来一脉相承的，古希腊的爱利亚的芝诺、高尔吉亚、智者派，他们历来就喜欢通过这种方式，一种逻辑反证的方式来进行推论。康德当然有深厚的西方哲学传统的学养。假如世界在时间上没有开端，那么我们在现有的时间中任取一点——在"每个被给予的时间点为止"，在它之前"都有一个永恒流逝了"，因为没有开端嘛，没有开端你就可以无限地往前追溯。这个无限可以达到永恒，永远也追溯不到头。一旦追溯到头，它就有开端了。你既然假定它没有开端，那么它就有一个永恒的序列已经流失了。这个永恒流失了，这个永恒是从时间上讲的永恒。在时间上有一个永恒流失了，因而时间以及时间中的事物也流失了。时间是永恒的，那么时间中的事物也是一个永恒的序列，一个无限的序列，所以不仅仅是时间，而且包括时间中所存在的那些事物，"在世界中诸事物前后相继状态的无限序列流失了"。这是两个层次，一个从时间的层次来讲，一个从时间中事物的层次来讲，它们都是把一个无限的永恒的序列 pass 过去了，流失了。这是相反的设定将会导致的一个必然的结论。那么下面就反驳了。所谓反证法就是说，把你的结论拿出来，然后我再反驳嘛。这个反驳是：

但既然一个序列的无限性正好在于它永远不能通过相继的综合来完成，所以一个无限流失的世界序列是不可能的，

什么叫作无限性？无限性就是没有边界。没有边界你就不能通过相继的综合来完成这个序列。虽然在目前这一点你好像是完成了，但是你之所以能够完成还是因为它是有限的。如果它是无限的，你怎么可能完成？哪怕你站在这一点，你也不能够说，以往过去了的是一个世界整体。这个世界整体还没有形成，你就不能够说，我就立足于这一点，前面有一个世界整体、一个无限的序列的整体流失了。你没有理由这样断言的。所以，"一个序列的无限性正好在于它永远不能通过相继的综合来完成"，就是说，你从目前这一点往前面一步一步地综合过去，你永远也

到不了头，你怎么能说一个世界已经流失了呢？世界是一个整体呀。你永远不能说这句话，不能说"一个世界"已经流失了。只有当你把这个世界追溯到头了，你才能说，这就是一个世界，"它"流失了。所以一个无限流失的世界序列是不可能的。

因而世界的一个开端是它的存有的一个必要条件；这是首先要证明的一点。

所以世界作为一个整体，它必须有一个开端，它才能够存在，你才能够把握它，你才能够说它。如果它没有一个开端，那么它作为"一个"世界是不可能存在的，也就是说作为一个整体，它是不可能存在的，它是一个散的。你不可能把它综合为一个世界的序列，一个相继的序列。这是康德的一个证明。当然康德的这个证明，后来的人都纷纷批评他，认为这个证明的漏洞是最明显的。就是这个无限性，在康德这里看来只有一种无限，就是完全没有任何边界，就是说，在康德那里还没有"极限"的概念。有限中的无限性，在康德看来是无法理解的。有没有一种有限中的无限？世界在目前这一点上已经终结了，这是有限的了，但是它包含一种无限，有没有这样一种可能？看来康德还不能够理解这一点。无限性有很多不同的种类，有的是有限中的无限，有的是无限中的无限，两头都无限。但有的无限是只在一头无限，比如说康德这个例子，它就是在我们目前有限的这一瞬间是有限的，所有以往的东西都可以归结到目前这一点上来，但是你要往前追溯，它是无限的。或者说，目前这一点是有限的，你要往后追溯，它也是无限的。这种无限的概念就是有限中的无限概念。虽然它在某一个方向上是无限的，但是在这个方向的起点上或某一点上它是有限的。这个概念跟那种完全没有界限的无限概念是不太一样的。所以，这种有限中的无限概念，它一方面没有规定，但是另一方面它又可以规定。它可以用某一个有限的点去规定以往的所有的无限。这个概念当然是后来才发展起来的，后来通过极限的概念，通过微积分的概念，逐渐逐渐才发展起来。但是我们在这里要注意的一点就是，康德所要论证的并不是世界本身怎么样,而是说"我们"能不能够达到对世界的综合。他的立足点是从这个方面来论证的。世界本身怎么样我们没办法知道,这是康德的一个前提。所以康德的正题——包括反题的论证也是这样的——在这个论证过程中间呢,他主要立足的层次是认识论的,就是我们怎么能够知道有一个世界整体已经流失了。我们如果不设想这个世界整体有一个开端,我们就无法设想一个无限流失的世界序列。当然这个在证明的第一点里面提得还不是很明确,实际上已经是这样了,他主要是讲我们怎么能够把握这样一个没有开端的世界。没办法把握。既然没有办法把握,那它就是不可能的。当然也许有人会认为,你没有办法把握,但是事实上、客观上它是可能的。这个在康德看来就是没有根据的了,那么你拿根据出来,你凭什么能够断言它是有限的或者是无限的? 你没有办法断言。离开了我们的把握,你没有办法断言世界整体本身究竟是有限的还是无限的。所以康德在这里的证明,主要是讲我们怎么样能够断言,我们根据什么能够断言,是在这个层次上面,在认识论的层次上面来讨论宇宙论的问题。这是第一点。第一点当然比较简单一些,第二点稍微复杂一点,是关于空间的有限性和无限性问题。

对于第二点,还让我们假定相反的情况:这样世界将是一个无限的被给予了的、具有同时实存着的诸事物的整体。

就是你说世界在空间上包含于界限之中,那么我们假定相反的情况,就是这样一个世界,它不包含于界限之中,那么它就是一个"无限的被给予了的、具有同时实存着的诸事物的整体"。无限被给予,就是在空间上完全没有边界,但是呢,是一个"具有同时实存着的诸事物的整体"。为什么要强调这个"同时"呢? 就是说,如果你要假定空间的无限性,你就必须假定在无限的空间中,所有的东西都同时存在,你才能够假定这个空间的无限性。如果它不同时,那它就排在时间中了。在空间中,它可以是有限的,但是在时间中,它可以前后排列,它就变成前一个问题了,变成在时间中是否有限的问题了。但是他这个地方强调空间中的问题呢，就必须是同时的问题。我们知道，空间中一切事物都是同时存在的。空间和时间的不同就在这一点。凡是你谈到空间，空间中两个事物是并存的，空间事物同时并存。如果你说有一个在前，有一个在后，那它就不属于空间的问题。同一个空间，它可以包含不同的事物。同一个教室里面，我们今天坐在这里，等一下我们就出去了，空间还是一个空间，所以你不能说这个空间包含我们这些学生还是不包含我们这些学生。所以，当我们同时在座，我们才能够确定这个教室里面只能够包含多少个学生，才能算出来。如果学生总是在出出进进，那就算不出来了。那么，同时并存，同时实存的诸事物的整体，又是无限地被给予了的，这有没有可能呢？这种相反的考虑是不是可能的呢？那么下面就进行反驳了。

既然我们不能以别的方式、而只有通过各部分的综合，才能设想一个并未在任何直观的某个界限内部被给予的量的大小，

这是一个前提，就是说我们不能以别的方式、而只有通过各部分的综合，才能设想一个没有"在任何直观的某个界限内部被给予的量的大小"，也就是在一个空间界限之内被给予的量的大小。你要否认空间的界限，只有通过各部分一步一步地去综合，就是你不首先给出一个界限。你说世界在空间上是没有界限的，那么你如何能够谈论这个世界？你就不能够通过在空间上划出一个界限这种方式来谈论这个世界，你只有通过在空间中把这些事物一个一个综合起来的方式，你才能谈论这个世界。这是很显然的。就是说，一旦你否认了世界空间上有界限，那么你如何能够谈论世界呢？如果你不否认世界在空间上有界限，那么很好谈了，我们就说这个世界就是在这个空间界限之内的所有的东西，那就够了，一下就把握了这个世界整体了。但是如果你现在取消了这个界限，那我们就只有一种办法了，那你就一个一个数过去吧。这样你就不能够总体把握了，不能够从空间上划一个界限就把这个世界划定了。这世界没有界限，那你就只能一个一个数过去，只有通过各部分的综合，一个部分一

个部分去综合它们，我们看到了一个，就把它划到世界里面来，又看到一个，又把它划到世界里面来。那么如果我有个世界的概念，那这个概念就是逐步逐步地无限地膨胀的概念，不断扩大，不断把新的东西综合进来。我们原来看到太阳系，后来又发现有很多太阳系；我们看到有银河系，后来发现有很多银河系。我们不断扩大我们的眼界，不断扩大我们的世界的概念。人类对于世界的概念就是这样形成起来的，是一个不断扩大的概念。我们最初的、原始的世界概念是很小很小的，原始人只看到他周围所遇到的那些事物，那些山，那些河，那些树木，星空。星空最开始被设想得很小，好像就是包着我们地球的一个外壳。后来我们通过各部分的综合，才使我们的眼界一步一步扩大。我们现在看到的世界已经很大了，但是不是就是最大了呢？也不一定。我们还有很多没有看到的东西，黑洞，黑色物质，据说黑色物质比可见物质的质量要大得多。我们所看到的能够发光的这些星体只是宇宙全部物质的极小的一部分，大部分我们是看不到的。那么这就没有边界了。所以这个世界的概念我们永远也确定不下来。你在任何层次上面确定的世界的概念，都是相对的，都不是整体。当你说"世界"这个概念的时候，你必须马上补充一句，"我们目前所看到的世界"、"就我们所知的世界"，你只能这样说，你不能说世界整体。所以这是唯一的办法。如果你不把世界看作是有限的、有边界的，那么你就只能够一步步地去综合了。这里康德有个注释：

当一个不确定的量被包含在界限中时，我们就能够把它作为一个整体来直观，而不需要通过测量、即通过对其各部分的相继的综合来构成它的总体。因为这界限通过把一切多数东西加以截断，就已经规定了这个完整性。　B456

这就是我刚才讲的，如果这个世界有一个边界，那么事情就很简单，你找到那个边界就是了。你说这个世界有多大嘛，你说我们所见到的这个世界有多大，你能不能够说出来，或者说我们哪怕没有看到的世界，你估计一下有多大，那么这个世界的整体的概念就形成了。至于它经不经得起检验,那是另外一回事情。哪怕经不起检验,但是我们可以形成一个世界整体的概念,因为我们把它包含在界限中了。不管有多大,但是我们可以用一个最大的概念在空间中把它包含进来。把它截断了,在这个之外,那就不是世界了。只有在这个之内,才是世界。我们把它截断了,这就规定了这个完整性,世界整体这个概念就形成起来了。我们不需要通过一步步测量,不需要从我们眼前的东西开始,以我们所能看到的东西作为尺度,去衡量这个世界,这个很麻烦呐。如果我们能够预先测定这个世界的边界,那这一切都不是很需要,不需要通过各部分相继的综合来构成它的整体,我们就可以形成这个世界的概念。有的神学家根据圣经里面的说法测定上帝创造世界有 4600 多年,当时他们认为这很长了,4600 多年那要多少代人呐!但是现在看起来很可笑了。就是说,你能不能通过这样一种方式,比如说到圣经里面,你去测定一下世界的开端是在多少年以前,至于它怎么经过来的,这个中间是不是又断了等等,这个我们都可以不管它,我们只要知道世界在多少年以前创生,我们就可以形成这个世界整体的概念了,我们就能够把握世界是一个整体。这个就是通过一种"截断",在上帝创世以前,世界还没有。那么就可以规定这个世界的完整性。当然我们现在可以用极限的概念来理解康德的这个思想,但是康德当时好像还没有涉及到这方面。这是第一个前提,就是说,我们不能有别的方式,只有通过各部分的综合,才能设想一个无限的量的大小。下面再接上正文:

并且只有通过完全的综合或者单位自身反复相加才能设想这样一个量的总体,

就是说,不断地综合下去,它是无穷无尽的,但是如果你要形成一个总体的概念的话,你必须要通过"完全的综合或者单位自身反复相加",反复相加一直到最后达到完成。这里强调这个无限的东西你通过相继综合,但是还是必须要完成。你永远综合不完,那你这个概念就出不来。所以,一个前提是你必须要一个部分一个部分地去综合,另一个前提是这个综合必须完成，才能够设想这样一个量的总体。这是两个前提。这里康德又有一个注释：

　　总体的概念在这种情况下无非是其各部分的完成了的综合的表象，因为既然我们不能从整体的直观中（当这种直观在这种情况下是不可能的时）引出这个概念，我们就只有通过对各部分进行综合，直到完成、至少在理念中完成这个无限，才能把握这个概念。

　　这就是我刚才讲的，不但要综合，而且要完成，要达到最终的综合。为什么一定要通过完成了的综合才能形成这个概念呢？因为我们不能从整体的直观中——整体的直观，比如说有限的空间，空间就是直观嘛，也就是我们不能从宇宙的空间上的有限性中，有限性已经把这个空间整个给了我们了，你如果否认这个有限性，那么我们就失去了这样一个条件，那就是我们"不能从整体的直观中"引出这个概念。我们从外部来看这个宇宙，来把握它的空间的界限，这已经是不可能的了。所以括号里面讲："当这种直观在这种情况下是不可能的时"，在这个时候，我们已经不能够从空间的直观中一下子引出这个总体的概念来。那么，我们怎么办呢？我们在直观中没有办法把握这个概念了，那么我们只有在理念中来把握这个概念。而所谓理念，就是一个"完成了的无限"这个概念。什么叫理念？理念就是一个完成了的无限。无限的东西，你没有办法把握，你就只有通过理性，超越一切直观的东西之上，超越性地去把握。我看不到，但是我可以想到。理念的东西不能够认识，但是可以思考，可以思想。可以"认识"和可以"思想"，这两个概念在康德那里是严格区分开来的。可以认识的东西当然必须要能够思想，但是可以思想的东西不一定能够认识。我不能认识的东西，没有直观的东西，我不能认识，但是我仍然可以思想，这就是理念。那么，在直观中我永远综合不完，但是我在理念中可以把它综合完。这种综合可以达到完成。怎么样达到完成呢？在理念中达到完成。在具体的综合中，我永远完成不了。具体的综合都是有限的，你怎么能够达到无限的综合呢？但是康德认为，我们可以在理念中完成这个无限。所以，这句话他主要就是强调要通过完全的综合，我们来设想一个量的总体。这是第二个条件。第一个条件就是必须要通过各部分相继的综合，第二个条件就是这个综合必须完成。这紧接着的两个注释就是分别讲这两个条件的。再回到正文。在这种情况下，既然有这两个条件，那么我们看能不能做到所假定的情况呢？他说：

> 因此，为了把充实一切空间的这个世界设想为一个整体，就必须把一个无限世界各部分的相继综合看作完成了的，亦即一个无限的时间就必须通过历数一切并存之物而被看作流失了的；而这是不可能的。

就是说，综合前面两个条件，前面两个前提，世界在空间中，所以在一切空间中都有这个世界在充实着，但是它在空间中又是没有边界的，是无限的，那么我们怎么能够把它设想为一个整体呢？这个在空间没有边界的世界，它的各部分我们一步步地相继地把它综合过去，但是这个综合呢，你又必须把它看作是完成了的。这是自相矛盾的。因为"无限"就意味着不能完成嘛。你不断地去相继综合，你又要把它设想为无限的，但你又必须把它设想为完成了的，那怎么可能呢？这里康德又提出一个角度，"亦即一个无限的时间就必须通过历数一切并存之物而被看作流失了的"。这里又把时间拿出来了。就是说，我要衡量空间，当然空间本身是凭直观才能够看到的。但是，无限的空间你凭直观看不到哇，你就必须要通过在时间中去数空间中的那些事物。当然你也不可能数完，但是你还在数着，毕竟可以有一条道路去通达那个无限的空间，就是通过时间不断地去数。我一下子把握不到，但是我可以不断地去把握。今天把握不完，我明天还可以去把握，子子孙孙无穷匮也，用愚公移山的方式，我去把握，能不能把握到呢？"亦即一个无限的时间"，必须在时间中，因为一个空间无限性必须靠相继综合来完成嘛，这个"相继"就已经有时间了嘛。"在相继的综合中"，也就是在时间中，无限的时间中，就必须把这个时间，"子子孙孙无穷匮也"的时间，也看作一个整体。你要把空间中的世界看成一个整体，你就必须把你"历数一切事物"的时间看作一个整体。怎么能看作一个整体呢？就是把它看作是"已经流失了的"。当然，对我来说还没有流失，但是肯定前人已经数过了。无穷的时间可以跟这个空间相伴随着，已经历数过了，已经经历过了。所以，这个关系很微妙的，就是说，要解释空间，必须引用时间。为什么康德在谈空间的无限性的时候，这个地方突然又引入了时间的无限性？空间的无限性不可把握，那么我们通过时间的无限性能不能把握呢？在康德看来，通过时间的无限性，似乎要容易理解一些，比较容易解释得通。作为一种反面的假设，通过时间的无限性的流失，比空间的无限性的把握要更容易被人理解。为什么会这样，就是我刚才讲的，在康德看来，问题并不在于事物本身在空间中是什么样的，事物本身在空间中是有限的还是无限的，这个不重要，重要的是我们怎么能够把握它，我们怎么能够形成这样一个无限空间的概念。这是最重要的。如果你连这个概念都形成不了，那你还谈什么这个世界是怎么样的。但我们的把握总是在时间中的。所以，康德基本上是从认识论的角度来谈宇宙论的。他谈的不是宇宙本身是怎么样的，而是谈我们怎么能够把握它，我们怎么能够形成这样的概念。所以，我们注意他在这个地方用的这些词，诸如：我们如何能够"设想"这样一个总体，我们怎么样能够把相继的综合"看作"是完成了的，以及一个无限的时间就必须通过历数一切并存之物而被"看作"流失了的。他用的这样一些词，都是从我们的认识主体如何设想、如何能够形成一个概念的角度来谈这个问题的。他的结论是："而这是不可能的"。为什么不可能呢？"一个无限的时间就必须通过历数一切并存之物而被看作流失了的"，这个在谈第一点的时候已经证明了，这是不可能的。因为我们把一个无限的序列看作是流失了的是不可能的。所以这个地方就可以下结论了："而这是不可能的"。

因此现实事物的一个无限集合不能被看作一个被给予了的整体，因而也不能被看作同时被给予了的。

从前面两点都可以得出这样一个结论，"无限集合不能被看作被给予了的"，这是一个总的结论，"因而也不能被看作同时被给予了的"，这特别适用于空间。从大的前提来说，现实世界的无限集合不能看作是被给予了的整体，这一条既适用于第一点，也适用于第二点，既适用于空间，也适用于时间。那么在这个地方呢，他主要是用于时间。后一条主要用于空间，在相继中不能被给予，因而"同时"也不能被给予。在相继中不能被给予，这就是在时间上不能够是无限的，如果是无限的，那它不能够被给予。否则你没办法理解，没办法把握，没办法把它综合完。那么在空间上面，同时并存的所有的东西在某一瞬间同时把握，也是不可能的。

所以一个世界就其空间中的广延而言**不是无限的**，而是包含于其界限中的，这是第二点。

这是反证法的结论了：既然它的反面是不可能的，那么正面就是可能的了。我们注意这里再次强调，就是康德谈的不是世界本身是不是在空间中有限或是无限，而是我们能够如何看它，它怎么能被看作是有限的或者是无限的。它不能被看作是无限的，那它肯定只能被看作是有限的。这是康德的一个基本立场。

现在我们来看刚才读的反题的这两段，第一个二律背反的反题。正题和反题我们要把它们对照起来比较一下，这样就更加清楚到底是哪两派不同的观点在那里争论。正题是讲世界中有一个时间上和空间上的开端或者边界，这个是当时的理性派的哲学家们普遍地这样认为的，如果世界没有开端的话，你怎么把握它呢？你怎么说有"一个"世界，或者一个世界"整体"，这就没法想了。当然他们也承认这个开端我们人类永远也把握不到，但是我们必须能够这样去想它。这是以往的形而上学所设定的一个前提。形而上学所谓的宇宙论，你既然要谈宇宙论，你就必须把宇宙当作一个整体来看待，来研究。我们今天也有宇宙论，当然今天这个宇宙论不是公开标榜自己是形而上学的，它是自然科学的宇宙论。自然科学宇宙论也是把自然、把整个宇宙当作是一个整体，它是怎么开端的，人们正在研究这个问题。那么反题正好反对这一点。反题在某方面是占优势的,就是说,你提出有一个开端,那么我问一下你,这个开端在哪里? 你怎么知道? 一下子就可以把它反驳掉了,因为他拿不出证据出来。所以,从这方面,从科学的眼光来看,反题应该是占优势的。但是反题也有一个毛病,就是它摧毁了正题以后,它自己也证明不了自己。现在我们来进入到这个反题看一看。

　　反题:世界没有开端,在空间中也没有界限,而是不论在时间还是在　B455
空间方面都是无限的。

　　这是一个直接针对着正题的反题。那么这两者之间必有一假。按照形式逻辑,既然必有一假,那就必有一真。它的反面是假的,那它的正面肯定是真的。正题就是这样证明的。按照形式逻辑的不矛盾律,用一种归谬法,来证明它的对方是错的,既然证明了对方是错的,那从逻辑上来说,自己肯定是对的了。只有两种判断,又是相反的,那么如果其中一个是错的,另外一个肯定是对的。这个不需要举例子,不需要通过经验,因为像这样的形而上学通过经验没法证明,它已经是超越经验了。你讲世界整体,那肯定在经验之外了。任何人都不可能经验到世界整体。所以这两种相反的命题,双方都只能通过归谬法来证明自己的观点。当然这个归谬法是不是能证明自己的观点,在康德看来其实是不可能的。归谬法只有用在数学方面,或者是形式逻辑方面,那是可以的。但是用在认识论上,那就要出问题。后面康德对此进行了一些具体的分析。在认识论上没有像形式逻辑那么简单,你不能单纯用形式逻辑来套,很可能反题正题都是错的,因为这个问题根本就错了,这个问题根本就不存在。另一种可能是反题和正题都是对的,因为正题和反题在用同一个概念来表达自己的意思的时候,那个概念的意思是不同的,有混淆,有歧义。那么只要我们把这个歧义说明,这个矛盾就解开了。你讲的是那回事,我讲的是这回事,我们相互之间不在同一个层面上,那么我们双方都有可能是对的,它不是形式逻辑里面的那样一种矛盾关系。这是康德在批评纯粹理性的四个二律背反的时候所遵循的一条原则。就是说，你不能把它单纯看作是一个形式逻辑的问题。而过去的唯理论哲学家们通常都是把它看作是一个单纯的形式逻辑问题。企图通过概念的分析，判断和推理，这样一个层面，就把这个问题解决了。通过一种逻辑分析，就把本体论的问题，把宇宙论的问题解决了。这个在康德看来是不合法的。

因为，让我们设它有一个开端。既然开端就是一个存有，在它之前先行有一个无物存在于其中的时间，

这就是反证法了：如果承认你说的有开端的话，那将会怎么样呢？什么叫开端？这里给开端作了一个大家可能会公认的定义。开端就是有这样一个"存有"，一个 Dasein。Dasein 就是具体的存在，在海德格尔那里我们翻译为"此在"，它的意思实际上就是实在，此时此地一个实在的东西。不是一般地讲"有"或者"在"，而是"此在"，我们这里翻译为"存有"。那么，"在它之前先行有一个无物存在于其中的时间"，就是说，开端已经存有了，但是在它之前，必须有一个空的时间，无物存在于其中，才能说是开端。如果有物在前，那它就不是开端了，它就不是第一个了，至少它就是第二个了。之所以是开端，之所以是第一个，就是因为在它之前没有什么东西了。在它之前没有，但是在它之前又有一个时间，所以我们就说这个东西是在时间中开端的。开端只能在时间中开端。这是对开端的一个定义。开端就是一个存有，先行有一个无物存在于其中的时间。

那么就必须有一个不曾有世界存在于其中的时间、即一个空的时间过去了。

如果我们同意这个定义的话——康德提出这个定义，他相信不会有人怀疑，开端就是这个意思嘛，你在词典上都可以查出来。那么这样一个定义，如果我们承认它的话，那就必须有一个"不曾有世界存在于其中的时间过去了"，就必须有一个空的时间过去了。因为我们这里谈的是

世界的开端的问题，不是一般的某个东西开端的问题。一般的某个东西的开端，可能它在这个时间中没有与此相关的东西，但是它有别的东西。但是如果是世界的开端，那就没有任何东西了。你讲的是世界，整个世界，无所不包，它要有个开端，那在它之前那个空的时间，里面是不可能有任何一个东西存在于其中的。在它之前是这样一个时间，一个绝对空的时间过去了。然后世界在这个空的时间里面开端了，产生出来了。这就叫作开端。这是一个前提。这个大家估计都没有什么问题。

　　但现在，在一个空的时间中是不可能有任何一个事物产生的；

　　就是说，给予的这个前提，从里面我们应该得出在一个空的时间里面产生出了一个东西，产生出了世界，这就是开端嘛。但是呢，转折一下，实际上的情况恰好相反，"在一个空的时间中是不可能有任何一个事物产生的"，当然有不可能有世界产生了，无中不能生有嘛，连任何一个事物都不可能产生，那整个世界当然也更不能产生了。这是现在我们看到的一点，跟这个假设的前提是完全相反的。那么凭这一句，就可以把前提推翻了。但是需要证明。如何证明在一个空的时间中是不可能有任何一个事物产生呢？下面康德就讲了：

　　因为这样一个时间的任何部分本身都不先于另一部分而在非有的条件之前就具有某种作出区分的存有条件（不论我们假定该条件是由自己产生还是由别的原因产生）。

　　整个证明关键就在于这一段话，就在这个"因为"。这就是他的证明。这样一个时间当然是由上面来的，就是指的这样一个空的时间，在这个时间里面，如果你把它分成任何部分，那么你就可以发现，它的任何一个部分跟另外一部分相比，并没有优先权。并没有什么样的优先权？在"非有的条件之前就具有某种作出区分的存有条件"的优先权。"非有的条件"就是空的条件；空的条件，那就是空的时间了。空的时间作为非有的条件，与作为一个存有的条件，那当然是不一样的了。所以，一个绝对空的时间里面的各个部分都是一样的，都是空的，所以每一部分跟另

111

一部分相比,都没有一种优先权,可以在非有的条件之前——在空的时间之前,就具有了作出区分的存有条件,也就是说,有这样一个条件,能够作出区分,能够跟非有不同,能够使它们时间里面的这个空变成不空。就是说,在空的时间里面,如果说有一部分和别的部分不同,它能先于别的部分而具有了一种存有的条件,它能够作出区分,它就是跟别的空的时间不同的时间了。在这个特殊的时间里面,它构成了一个存有的条件,它不再像其他的空间那样仅仅是一种非有的条件,仅仅是空的条件。一个仅仅是空的时间,我们也可以说这个时间是这个"空"的一个条件。一个空筐子,或者一条空的河流,里面什么也没有,那么我们对于这样的河流或筐子说,它是一个条件,但是它里面是空的,它里面什么东西都没有,这就是非有的条件。既然大家都是非有的条件,那么是不是有一部分在这个非有的条件之前,它得天独厚,它具有一种作出区分的存有条件呢?不可能的。大家一律平等。在一个空的时间里面,它的每一部分都是空的。如果你说有一部分跟其他部分不同,不是空的,那你这个前提就被推翻了。你的前提是有一个空的时间,整个时间都是空的嘛。如果说其中有一部分不是空的,所以开端就从这里起始,那就跟这个前提相冲突了。所以要按照前提来说呢,其中的任何一部分都不可能具有一种存有的条件。因此,也不可能使自己跟其他的任何部分区分开来。大家都一样,黑夜观牛,一切皆黑。在黑暗里面,什么东西都是黑的。在空的时间里面,什么都是空的。这段话的意思应该就是这样的。括弧中还有一句话:"不论我们假定该条件是由自己产生的还是由别的原因产生"。我们假定这样一个存有的条件是由这一部分空的时间自己产生的,那是没来由的。一个空的时间怎么会产生一个存有的条件呢?所以这方面是不可能的。那么是不是由别的原因产生的呢?就是说这样一个存有条件,是不是由别的原因放到这个空的时间里面来的呢?也不可能。因为你这个空是对于世界来说的,在这个空的时间里面,世界都还不存在,它是绝对的空,所以你说由别的原因把它放进来而产生,那个别的原因存在于什么地方呢？存在于何时呢？所以也不可能由别的原因产生。自己不可能产生，因为它是空的；也不能因为别的东西产生，因为别的东西还没有，还不存在。这就把他的反驳加以证明了。他的这个反驳就是，"但现在，在空的时间中是不可能有任何一个事物产生的。"如果你已经假定了有一个空的时间、里面任何东西都没有的话，如果你假定了这一点的话，那么这个空的时间它的每一部分都是空的，那从这个空的时间里面如何产生出一个存有来，如何使这个空的时间的某一部分，比如说这个空的时间，空，空，一直空到此时此刻，最后空结束了，开始有了，开始不空了，那么最后这一瞬间怎么来的呢？最后这一瞬间，它还是空的时间，它怎么能由自己突然就变得不空了呢？就成了存有的条件了呢？这是没来由的，没有根据的。所以空的时间不可能由自己、当然也不可能由别的东西使它成为一个存有的条件。既然它不可能成为存有的条件，那它里面也就不可能有任何一个事物产生。这就把他这个证明的理由和根据提供出来了。

　　所以，虽然在世界中有可能开始一些事物序列，但世界本身却决不可能有什么开端，因此它在过去的时间方面是无限的。

　　这就是结论了。如果有了世界，那么这个世界中的某个事物是可能开始的，某些事物是可能开始的。某些事物如果它构成一个因果序列的话，那么它的最初那个原因——第一因是有可能的，因为世界已经在那里了。你从这个角度来看，这个事物是第一因，但从另外一个角度来看呢，也可能它是由别的东西产生出来的。因为还有别的东西嘛。人类就是这样产生出来的，虽然我们不能追溯到第一个人是谁，但是理论上我们可以确定有第一个人。不然的话人类怎么产生出来的呢？科学家们在不断地到处寻找，在南非，在东非，在寻找哪一个是人类的亚当和夏娃，第一个人是谁。当然这只是一种说法，科学家也不相信，那个人，从土里面挖出来的那个骨头就是人类的第一个。只是象征的说法，就是我们所发现的最早的人。那么理论上我们可以确定有第一个人，当然这第一个人也许不一定确定到哪一个人身上，但是可以这样看。那么我们就可以问,第一个人前面是谁呢? 是什么呢? 前面不是人,而是猿。所以,从人这个序列来看,他是可以有一个开端的。我们可以用猿来解释嘛,人是从猿变来的嘛,是从动物中产生出来的、从动物中开端的嘛。我们就可以这样说了。如果有世界存在的话,这一切都好说。所以,"虽然在世界中有可能开始一些事物序列,但世界本身却决不可能有什么开端"。如果你说世界开端,那就麻烦了,世界从什么开端? 世界是无所不包的,这个无所不包的东西你要开端,那就意味着在它开端之前什么都没有,什么都没有就是无中生有了,无中生有怎么可能呢? 所以,要讲世界本身有一个开端,那是不可能的。"因此它在过去的时间方面是无限的",没有开端,没有边界,就世界而言应该是这样。世界应该是一个无限的世界,你永远也到不了头,也不可能设想它有一个开端,有一个边界。这是第一点,就是在时间方面,在时间上要证明世界没有开端。他的方法就是反证。假定世界有开端的话,那将推出自相矛盾的证明和结论,因而也就不可能了。

下面我们看空间方面。

至于第二点,那么让我们先假定相反的方面,即世界在空间上是有限的和有界限的;

我们这里原来翻译成"有界限的",后来为了统一术语,我们把它改成"有边界的",这都是一样的。你要证明世界没有边界,没有界限,那么你就先假定世界在空间上是有限的和有边界的,看看事情会变得怎么样。

于是世界就处于一个未被限定的空的空间之中。

如果假定世界本身在空间上是有界限的,那么你也就同时假定了,世界处在一个未被限定的空的空间之中。世界本身有边界,那世界之外的那个空间当然就是未被限定的,它不受世界的边界所限定。你把世界限定了,但是你没有把空间限定,空间还有,还在延伸,就是在世界边界之外还有空的空间在那里延伸，那么这个空的空间就是未被限定的。它就是一个开放的空间，你就想象到一个开放的空间，那么这个世界在开放的空间里面有一个封闭的界限。在这个界限之内是世界，在这个界限之外是什么？那就是空的空间了，那就是散的，开放的了。这是由此推出的一个推论。如果世界在空间上是有限的，那么世界就处于一个未被限定的空的空间中。空的空间也就是未被限定的空间。凡是里面有东西，那这个空间就被这个东西所限定，每一个东西所占有的空间都是从那个空的空间里面限定了的一部分。我在前面讲先验感性论的时候已经讲到了，理性派认为，像空间和时间这样一些表象都是整体的，不是一个一个堆积起来的，而是一个整体一下子给予的。那么所有具体的时间和空间，都是从整体的时间和空间里面限定出一部分来。你有一个东西，就从那里面，限制出了一部分，是这样形成的。这跟经验派的时空观是不一样的。经验派的时空观是堆积起来的，像牛顿的时空观，他就认为世界的空间就是一个个的箱子，大箱子里面包含小箱子，箱子上面又摞上箱子。这样不断地把这个三维空间堆积起来、不断地膨胀，就成了这个空间的概念。但是理性派的空间观是不一样的。像斯宾诺莎这样一些人的空间的观念就认为，空间是一次性给予的。康德也是这样的，一次性把这个空间作为一种表象给予了，所以它是无限的。无限的空间一次性被给予，而有限的空间是在这个无限的空间里面限制出来的一些部分，那永远也限制不完，无限的空间永远也限制不完。这个跟柏拉图的分有说也是有关系的。柏拉图就说理念嘛。理念你永远分不完的，所有的具体事物都是从理念里面分有了一部分，具体的美是从美的理念里面分有了，但是并没有使这个美的理念减少一丝一毫，美的理念还在那里。这是理性派的一种思路。那么康德对于空间也是这样的思路。空间本身是无限的，但是是一次性的给定的。那么在这个无限的空间里面，我们假定如果有一个有限的世界，那么在这个有限的世界边界之外，就有一个空的空间。这是一个推论。

这样就不仅会发现诸事物在空间中的关系，而且也会发现诸事物对空间的关系。

这个推论就很关键了，可以说是对这个反题的空间方面的一个关键性的反驳。如果这样的话，那么我们就会发现，诸事物不仅是在空间中有一种关系，或者说，诸事物有一种空间的关系，这个事物和那个事物，它们相互外在，有一个大一些，有一个小些，它们接触了或者没有接触，这都是一些空间的关系了，诸事物在空间中发生一种空间关系，这是我们在自然科学中，在日常经验中都会承认的，这个不足为奇。但是如果假定世界是有限的，那么我们在这里就会发现这些事物不仅仅是在空间中发生一种空间关系，而且也会发现诸事物"对空间"有一种关系。就是诸事物所组成的这个世界，对空间发了一种外在的相对关系。它们不仅具有空间，而且对一个空的空间有一种关系。它们本身所占据的空间，当然不是空的空间了，已经被它们占据了。但是它们对于它们外面的那个空的空间，没有被它们所占据的，这个时候呢，就会发生一种关系。所以他这个"在空间中"和"对空间"打了着重号，实际上这段话的关键就在这里。

B457　　**既然世界是一个绝对的整体，在它之外找不到任何直观对象、因而找不到任何世界与之处于关系中的相关物，那么世界对空的空间的关系就会是它不对任何对象的关系了。**

根据前面的推论，诸事物对空间的关系如何来设想呢？当然你可以说，在由世界所充实的空间里面，这个世界对于没有被世界所充实的空间有一种关系。你如果说世界有一个边界的话，你就会这样想了。但是这种关系是什么关系呢？这种关系就是世界"不对任何对象的关系"，这种关系只有世界一方，另一方没有任何对象。所有的对象都被包含在世界这一方了，另一方是空的。但是一个实在的事物对一个空的东西、对一个什么也没有，发生关系，这是不可能设想的。所以他接下来讲道：

但这样一种关系、乃至于通过空的空间对世界所做的限制都是无；

一个世界不对任何东西发生关系，这样的关系当然是没有关系。它不对任何东西发生关系，那能作出什么限制呢？这种关系当然就是"无"了。通过空的空间对世界所做的限制就是无。空的空间要对世界作出限制，它拿什么来限制呢？它里面什么也没有，它拿什么东西来限制这个世界？你说世界是有边界的，就意味着这个边界必须要有东西把它限制住，但是这个空的空间里面什么东西也没有，你怎么能把它限定住呢？你要箍桶的话，你必须要有个铁箍呀，你要划定一个范围的话，你必须要划出来呀。你必须有一个看得见的东西，有一个起作用的东西，才能够把这个边界限制住。但是你要用空的空间来限制，那空的空间显然担当不了这个任务。通过空的空间对世界所做的限制，那当然是无了。空的空间对世界的限制就等于无限制。因为空的空间它什么也没有，它这个限制无效，你想用一个空间的概念来限制它，那是枉然，那是做不到的，因为它里面什么也没有。他最后讲，

所以世界在空间上根本是没有界限的，亦即它在广延上是无限的。

最后得出这个结论，就是世界是无限的，世界是没有边界的。如果你一旦想到一个边界，那么你就必须要用边界之外的一个空间来限制它。但是边界之外的空间里面是空的，它没办法限制，它限制不了。所以这样一种关系等于是无关系。你把一个世界，这样一个实实在在的东西，和空的空间设想为具有某种关系，这只是你的想象而已，这只是你凭借这些概念，凭借这些字眼而想出来的一种关系，而事实上不可能有这样的关系。一个实在的东西对一个无怎么会发生关系呢？实在的东西只能对实在的东西发生关系，实在的东西只能被实在的东西所限制，一个实在的东西不可能被一个什么也没有的空间来限制，也不可能与这样一个空的空间发生任何关系，这就是康德的证明。

最后还有个注释。现在看 B457 下面的注释。这个注释比较长，所以我们专门来解读一下。这个注释是放在反题证明的最后，但它并不是专门注最后这句话，而是注整个这个反题证明的。关于注释，我们经常

要注意，注释到底注的是什么意思，注他的原文中的哪一段话、哪一个词，有时候是注一句话，有时候是注一个词，有时候也是注一段话的意思。那么这个注释主要注这一段话的意思，就是注他在这个反题的证明中对于相对立观点的反驳。对相对立的观点的反驳我刚才讲了，他的关键性的一句话就是这一句话："这样就不仅会发现诸事物**在空间中**的关系，而且也会发现诸事物**对空间**的关系。"这些打了着重号的几个词。再就是下面有着重号的几个词："这种关系就会是它**不对任何对象**的关系"。这三个地方打了着重号，就说明这是这一段话的重点。那么这个注释就是针对这段话里面的这个重点来加以注释的。这个注释主要就是说明我们能不能够设想一个事物对空间的关系。对空的空间的关系，究竟是一种什么样的关系？在反证里面已经证明了它是不对任何对象的关系，如果世界对空的空间有一种关系的话，那就是不对任何对象的关系，而这样一种关系等于是无。那么这个注释里就进一步地说明了为什么会这样。在反证里面其实已经说明了，但是在这里更加细致地加以说明它的根据。而这个说明更多地渗入了康德自己的观点，自己的空间观。把自己的空间观用来解释这样一种不可能性究竟是为什么。所以他讲，

空间只是外直观的形式（形式直观），但不是外部可直观到的现实的对象。

这个是康德的观点。按照牛顿物理学，空间就是一个现实的对象。我们的事物是放在空间里面，跟这个空间发生一种关系，就像我们把一杯水装到杯子里面，这个水跟杯子有一种关系，这玻璃杯上面还有刻度，我们可以根据这个玻璃杯上面的刻度来量出这一杯水到底有多少，量出它的体积来。牛顿物理学的空间观就是这样的，我前面讲它好像一个大箱子嘛。但是康德的观点完全不同了，他一开始就提出来，"空间只是外直观的形式"，只是一种形式直观。直观有形式和内容，但是空间只是在形式方面，属于直观的形式方面，是一种形式的直观。但是空间本身不构成一个现实的对象，它只是这个对象的直观的形式，没有空间，这个对

象我们直观不了；但是单凭这个空间，这个现实的东西还没有给出来，它只是一种直观的形式。这是康德的观点。当然这里康德还没有说得很明确，他有点回避，这还不是时候。他要到批判二律背反的时候，才把自己的观点真正地端出来——所谓的"先验的观念性"是解决纯粹理性二律背反的关键，[①] 他才明确点出这一点。所谓先验的观念性，就是说，空间和时间都属于我们先验的一种观念，不属于先验的实在性，也就是不属于自在之物，不是一个客观的东西，它们只是我们主体上的一种先验的观念。那么在这里，他已经有这个意思。空间是外直观的形式，直观当然是我们主体的一种活动了，Anschauung，我们主体在"观"，那么这个观有一种观的形式嘛，实际上已经把它放到人的先验主体里面来了，但是还没有明确地说。它只是外直观的形式，"但不是外部可直观到的现实的对象"。直观和可直观到的现实的对象，这是两个方面，直观的形式是主体的方面，外部可直观到的现实的对象，那是客体方面。空间——其实也包括时间在内，时间空间实际上都属于主体方面，而不属于客体方面。当然按照康德的观点，这个主体方面可不是一般的主体方面，不是一般的主观的幻想啊，想象啊，幻觉啊，它是用来建立起客体的，但它本身是属于主体的。外部可直观的那些现象，当然要靠它的形式才能够被直观到，才能够形成起来，外部的那些现象只有装在主体的这个筐子里头，才能成形，才能形成为对象。就这点上来说呢，康德的时空观和牛顿物理学的时空观还有点血缘关系，他还是把它看成一个框架，形式嘛，形式框架。但是这个框架已经不是外在的、客观的了，他已经把它纳入到人的主体性里面来了，它是我们主体性的一种框架。我们主体把这个框架加在那些感性直观的经验材料上面，这就形成了我们可以直观到的外部的现实对象，这个对象是这样构成起来的。也就是说，客观的东西是由主观的东西建立起来的，但是主观的东西不等于就是客观的东西。你

---

① 参看《纯粹理性批判》A491=B519 以下。

不能把主观的这一套形式框架当作本身就是一个客观的框架,那就会出现二律背反,那就麻烦了。所以,第一句话他是把自己的想法先端出来了。当然既然是他自己的想法,他没有放到正文里面,而是放到注释里面,加以解释,就是"在我看来"的意思。如果你把这个注释前面加上一句话,"在我看来,空间只是外直观的形式",那就很明确了。就是说,为什么会出现这样的自相矛盾呢?在我看来,实际上是这样的,等等。所以这个注释里面实际上是康德提出了自己的观点。

空间,先于所有那些规定着(充实或限制着)它的、或不如说给出一个符合它的形式的**经验性直观**的物,在绝对空间的名称下只不过是外部现象的单纯可能性,只要这些外部现象或者是本身能够实存的,或者是能加在所予的现象上的。

我们把这句话简化一下:空间先于所有那些给出经验性直观的物,就是说,如果你把空间看作是先于物的这样一种形式的话,也就是在反题里面讲的,如果你把空间看作是世界被包容在其中,有它的边界,而这个边界之外有一种空的空间,所谓这个空的空间是先于存在于里面的那个物、那个世界的。这个跟反题的证明有一种呼应。但是这个地方康德还不是直接点到反题的证明,他是根据反题证明的思路,提出自己的观点。反题的证明就是说,空间也有一个绝对的空间,这个绝对空间是无限的,但是它里面的世界是有限的、有边界的。那么康德在这里说,如果空间先于那些物而构成一个绝对空间的话。那么,在这个名称下它"只不过是外部现象的单纯可能性"。它并不是像在反题里面所讲的宇宙之外还有一个无穷无尽的空间框架摆在那里,不是的,它只是一种可能性。世界就是这些,但是呢,它还可能有。我们看到的这些,还不是整个世界,但是其他的我们还没有看到。所以我们这个空间,虽然我们设想它是空的,但是实际上它只是一种可能性。它不可能作为一个空的空间而存在,它只是作为一种可能性存在于我们主体里面,空间作为一种直观的能力、一种接受的能力而存在于我们的主体里面。仅仅作为一种能力,当然就是一种可能性了。我有这种能力，当然我就有这种可能性。我可以把将要接收到的任何事物纳入进来，但是还没有，我现在还没有接收，所以它只是一种能力，是一种单纯可能性。那么回过头来我们再来看看我刚才省略掉的那些成分。"给出经验性直观的物"是什么样的一些物呢？是"那些规定着（充实或限制着）它的"，"它"在这里是指空间，这些物是规定着空间、充实或限制着空间，或不如说给出一个符合这些空间形式的经验性直观的物。这都是用来形容这个"物"的。这个物对空间的关系是一种规定关系，或不如说符合关系。就是说，我有一个给出经验性直观的物，这个物对于这个空间来说，作出了一种规定。就是说这个空间本来是一次性的给予了的，它是无限的，但是它还是空的。那么，任何一个提供经验性直观的物呢，都对这样一个空间的可能性作出了一定的规定，作出了一定的限制。我刚才讲了，理性派这个空间概念是一个整体概念，然后所有具体的物都从里面限制出了它自己的那一部分，或者说充实着它的某一部分。一个物在一个无限的可能的空间中，通过经验性直观充实了它的这一部分或者是那一部分。"或不如说"，也就是更确切地说，这些物是符合着它（空间）的形式才给出经验性直观来的，这个经验性直观是符合于空间形式的。所以我们可以更加简化地说，空间先于所有那些物，那些物是什么物呢？这些物是规定着、充实着或限定着空间的，或不如说给出了一个符合空间形式的经验性直观的。如果我们设想，空间是先于这样的物的话，在这种情况之下，那么它"在绝对空间的名称下"——我们把这样一种先于物的空间称之为绝对空间，就是说一般人理解的空间都是充实有物的，但是我们现在把它看作是先于物的，物是被装进来的，它是物的可能性。那么我们把它本身当作一个绝对空间，也就是看作是一个空的空间。所以，这个绝对空间往往可以理解为，就是一个抽掉了一切具体内容的那个空间本身。在空间本身的名称下，它"只不过是外部现象的单纯可能性"，——而不是一个存在物。如果我们要补上一句的话，就可以补上这一句。而不是一个独立存在的什么框架，一个什么东西，它只是一种外部现象的存在的单纯可能性而已。也就是说，我们的接受能力，已经决定了有这种可能性，但是它还没有变成现实性。你把它本身就看作是变成现实的了，变成一个自在之物的存在了，那就错了。它只是一种单纯可能性。这句话后面还有一个条件从句，一个补充解释，解释"只不过是外部现象的单纯可能性"：是什么外部现象呢？"只要这些外部现象或者是本身能够实存的，或者是能加在所予的现象上的"。外部现象是些什么样的现象呢？这些外部现象要么是它本身能够实存的，它能够独立存在，它能够被看作是一个客观的现象，而绝对空间倒不是独立实存的，它只是这个独立实存现象的一种可能性而已。独立实存现象的单纯可能性，只是这样的一个东西。而现象本身是能够实存的，或者是能加在所予的现象上的，就是说，有些东西不能独立实存，但是它是附着于这些独立实存的现象上面。比如说颜色啊，声音啊，这样一些表象，颜色的表象不能独立实存，它肯定是某个东西的颜色，它还是附加在这些现象上的，所以它也可以归入到现象的范畴之内。这就是这些外部现象。注意这里不要误解为自在之物了，这里跟自在之物无关。那么，这些外部现象是何以可能的呢？当然，必须要有空间。所以空间单独来看，它只是这些外部现象的一种单纯可能性，它使得这些外部现象得以可能。这些外部现象虽然是独立实存的，但是这个独立实存是由空间给予它的。比如它实存于何处啊，那就必须要由空间来确定了。如果你说它不实存于任何地方，那它就等于没有实存了。它要实存，必须要有空间作为前提，但是空间本身不能独立实存，它只是一切现象独立实存的条件。它本身你不能说单独把它抽出来，说有一个空间在那里独立实存，那是不可能的。独立实存的东西都是能够提供经验性直观的物，都是物的独立实存。物和物的属性，实体和实体的偶性，是这样一些东西，才能够实存。这就把康德的空间，外部现象，和物，它们的关系在这里理清了。它们是这样的关系，你不能够把空间当作独立的东西，去和另外一些独立实存的现象对峙起来，去探讨它们之间的相互关系。

就像反题的证明里面讲到的,空的空间和世界能够发生一种什么样的关系,那你怎么样探讨你也是说不清楚的。空的空间跟世界怎么能发生关系呢? 空的空间只不过是世界存在的可能性而已。没有世界,那空的空间也就没有客观存在,它只是存在于我们主体表象之中,只是我们给它想出来的一种可能性。所以,反题里面的证明是把问题根本就搞错了。

所以经验性的直观不是由现象和空间（知觉和空的直观）复合起来的。

从前面的关系的厘清,我们就可以推出一个结论了,就是任何一个经验性的直观——一般的后天的直观,我们所经验到的直观——所体现出来的经验的物,并不是说有一部分是现象中的物,另一部分是空间,比如说像牛顿所设想的一个箱子,我有一个桌子,然后把这个桌子放到这个空间里面去。这个空间好像是另外一个箱子,我把这个桌子放到箱子里头,放到集装箱里面。把空间和事物理解成这样一种关系,这是不对的,所以,经验性的直观不是由现象和空间"复合起来的"。括弧里面的"知觉和空的直观"指的是,现象也就是我们通过知觉、通过感觉、通过感知感到的那些东西;另外呢,有一个空的直观,把这些感知到的东西装进去。这是同样的一个序列: 现象和空间复合起来的,这是客观的说法;知觉和空的直观复合起来的,这是主观的说法。主观也有说法,一个知觉和一个空的直观,把它们复合成一个事物。这两种说法都不对。因为空间和现象根本不是相对峙的两个事物,空间不是一个事物,空间只是一种直观形式。

一个并非另一个的综合相关者,而只是在同一个经验性的直观中作为该直观的质料和形式联结起来的。

所谓"综合相关者",就是说两个东西本来都是可以独立的,但是我把它们综合在一起,使它们成为了相关者。本来是两个不相干的东西,我把它们捆到一起。如果不捆到一起的话,它们每一个都可以单独存在的。比如说物可以离开空间而存在,而空间可以离开物而存在。但是现在我们把它们捆到一起来了，使它们成了一个综合相关者，成了一对综合的东西。康德认为不是这样的。一个并非另一个的综合相关者，它们是同一个经验性直观，但是这个直观有它的质料方面和形式方面。质料方面就是它的那些内容，知觉、印象、感觉、感知等杂多的内容。但是这些质料要能够显现出来，被直观到，就必须纳入到空间的形式中，它们单独不能存在。如果没有空间的形式，比如你说有一种红色，但它没有任何面积，那人家马上就会说，你这个红色根本就不存在嘛。一种红色你看到了，怎么又可能没有任何面积呢？怎么可能不占任何空间呢？你马上说，那我把空间再给它结合上去嘛，再给它一个空间嘛。那已经不行了。你说有一个独立的红色，然后你再给它一个空间，那已经不行了。你一开始就不能说你有一个独立的红色，你说一个红色的时候，你看见一片红色的时候，你已经把空间给予它了。因为它是一种质料和形式不可分的关系，它不能够单独抽出来的。你谈到一个印象的时候，马上就有一个空间，同时也包括一个时间。你的印象持续了多久？你如果说连一瞬间都没有持续，那你哪里会有这样一个印象呢？你肯是要持续了某一段时间才能有一个印象嘛。所以，它们的关系不是两个综合的相关者的关系，不是两个本来单独存在的东西，你这边拿来一个，那边拿来一个，把它们联系起来；而是它们一开始就不可能不处在联系之中，不可能不处在质料和形式的联结中。凡是直观，都已经联结了。当然这种联结康德在别的地方也谈到，说它也是一种"综合"，但是这种综合是一种"在直观中领会的综合"，在直观中一下子就领会了。任何直观都不可能离开时间和空间而被领会，所以它们不是两个综合的相关者，而是作为该直观——一个直观，同一个经验性的直观——的质料和形式的两个方面，或者说两个层次，但绝不是两个东西。绝对不像一张桌子和一把椅子放到一起，我们统称之为"桌椅"，好像就把它们综合了。那么桌子和椅子就是两个相关者，桌子和椅子配成一套，我们说一套桌椅，这就是一个综合的相关者。但是，空间和事物的关系不是这样的。

　　如果我们要把这两者一个置于另一个之外（把空间置于一切现象之外），那就从中产生出对外部直观的各种各样空洞的规定，这些规定却并非可能的知觉。

　　就是说，如果我们把空间和直观的事物者两者分开，一个置于另一个之外，比如说把空间置于一切现象之外，这就是反题所要反驳的，在这个世界的边界之外还有一个空的空间，把空间放在一切现象之外了；如果这样的话，那就会产生出空洞的规定。比如说在此之前有一个空的空间，这个空的空间是无限的，而宇宙是有限的，宇宙在无限的空的空间里面占据了它的有限的位置，你可以得出如此等等这样一些空洞的规定。但"这些规定却并非可能的知觉"，你绝对知觉不到。一个空的空间你如何能够知觉到？你能够知觉到一个空的空间，就说明它已经不是空的了。它已经由它里面的某种东西使你知觉到了。空间本身作为一个空的、一种可能性，你怎么能够知觉到呢？空间本身只是一种可能性，它还不是现实性，它怎么能够让你知觉到呢？所以"置于一切现象之外的"那个空间是不可能知觉到的，它并非可能的知觉，它的一切规定，都并非可能的知觉。你可以对空的空间作出种种规定，但是所有这些规定都不是可能的知觉，都是你的空洞的规定，是一种思辨的设定。最后康德举了个例子：

　　例如在无限的空的空间中世界的运动或静止，就是对运动和静止相互关系的永远不可能知觉到的规定，因而也是一个单纯思想物的谓词。

　　这个例子跟反题的所要反驳的例子有类似之处，但是更进一层。就是说，我们假定了空的空间了，假定了世界有其边界了，那么还可以推出一些规定来。就是这个世界在这个空的空间中，它到底是运动的呢？还是静止的呢？我们也可以想一想，如果说有一个空的空间的话，有一个在任何方向上都是无边无际的空间的话，而这个宇宙、这个世界是在这个无限的空的空间之中，那么你说它是运动的还是静止的？这没办法说。运动是相对的嘛。你说整个宇宙都在运动，都在高速运动，那它相对于哪个东西在高速运动呢？你说它相对于空间在高速运动，那相对于空间哪一点在高速运动呢？它在接近或远离于哪一个方向呢？在任何方向空的空间都是无限的嘛，所以你只能说宇宙是静止的。但是说它是静止的也不行，它相对于哪一个东西是不动的呢？它没有相对物嘛。所以这个世界跟空的空间的关系实际上是没有关系。这个在正文里面也讲过，它不对任何对象发生关系，它的这种关系是无。如果世界在空间中没有参照系，你就无法确定它是运动还是静止。爱因斯坦相对论就是从这里引申出来的，就是说，运动是相对的，运动总是对它的参照物而言的。空的空间不可能有参照物，它本身也不可能充当参照物，因为它在任何一个方向都是无限的，没有一个标尺来衡量它。所以，在无限的空的空间中世界的运动或静止，就是一个永远不可能知觉到的规定，它的运动和静止的相互关系，是你永远也不可能知觉到的关系。它到底是运动的还是静止的，还是在一瞬间突然从静止变成了运动，突然又从运动变成了静止，你都可以说，你也都不能说。因为你说也好，不说也好，你都没有一个标准，你都不可能知觉到。在这个世界中，你也不可能突然感到整个世界运动起来了，或者突然静止下来了。你不可能感到，因为你没有世界之外的参照物嘛。"因而也是一个单纯思想物的谓词"，在无限的空的空间中的世界，这是一个单纯的思想物，这个概念完全是你想出来的，凭空想出来的，那么你把运动和静止作为它的谓词。运动和静止当然我们都了解，因为它们在现象中，可以加以确定的，可以知觉到的。但是你把它用在一个空的空间中的世界身上，那么就是一个单纯思想物的谓词，对于一个不可能的东西的谓词。你从概念上面想出来的这样一个东西，然后你把一个谓词加在它身上，那是没有意义的。运动和静止这样的谓词当然是有意义的，但是你用在一个根本不可能知觉到的东西身上，那就没有意义了。所以整个注释实际上已经对于这个反题提出了康德自己的批评。在这个地方特别对于"诸事物对空间的关系"这样一个概念作了解释。就是诸事物对空间的关系其实是不可能的。诸事物本身就在空间中，空间只是诸事物的一种直观形式，而离开了这个空间呢，它不可能

126

有任何事物，那么，所谓空间只是这些事物的一种可能性而已，只是一切现实事物、一切现象的可能性而已，只是主体的一种能力。主体有这种能力，可以接受它，但是还没有接受它。你怎么把它当作一个东西来看待呢？所以，它要跟诸事物发生关系，乃至于跟宇宙、跟世界本身发生关系，那都是一些纯粹的思想，都是子虚乌有的。所以康德对第一个二律背反在这个地方特别加强了他对反题的证明。虽然对反题的证明是一种反证了，对反题的证明就是对正题的驳斥了，那么在这个注释里面，康德用自己的观点进一步加强了对正题的驳斥。你设想的那个在有限的世界之前的时间和有限世界之外的空间，根本是不能成立的。

总而言之，正题和反题在康德心目中都是错的。在后面对这个二律背反的解决里康德都谈到了，都是错误的。就是说，反题其实也是有它致命的缺陷的，这个在正题的证明里面我们上一次课已经讲到这一点。上一次课的正题就是通过证明反题的错误而推出正题的正确。但是在康德看来，你证明反题错误是证明得不错的，但是你要由此来证明你的正题是对的，那也是不可能的，正题也是不对的。反题和正题都是不对的。所以在后面在讲到二律背反的解决时候，康德就提出了，第一个二律背反，包括第二个二律背反，都有同样的特点，就是反题和正题都错了，都不可能正确。在时间和空间上，世界既不能说是有限的，也不能说是无限的。因为时间空间本身只是我们主体的一种直观形式，而不是和这个世界相外在的一个什么东西可以来确定世界的有限和无限，它只是世界中任何事物存在的一种可能性而已。所以这种可能性只在现象的领域里面发生作用，进入到现象界的时候被我们所把握了，它才发生作用。而你要把它分割开来，单独看作是一个自在之物，那就会产生这样一些二律背反的问题。空间好像也是一个自在之物，世界好像也是另外一个自在之物，然后去探讨它们相互之间的关系，那怎么可能呢？所以最后这个长注，康德也有这个意思。他暗示出了一个方向，就是说你把这个空间究竟应该怎么看，当然严格说来对时间也应该这样指出来，但是在这个地方特别加在这个空间的解释上面，大概康德认为这方面比较难以理解。时间你可以说是主观的，但是空间你要说是主观的，恐怕就比较更难以理解一些。但是他指出来，如果不是这样理解的话，那就会导致很多矛盾。如果你把空间理解为只是外直观的形式，只是我们主体的一种形式直观，那一切问题都不存在了。

先验理念的第二个冲突

现在讲先验理念的第二个冲突。上次我们已经把第一个冲突讨论了一下，第一个冲突就是有限和无限的问题，宇宙、世界，在时间上和空间上到底是有边界的还是没有边界的。康德的解决办法就是两方面其实都不对。两方面都是有一个假定，就是说世界本身是一个摆在面前的物自体，但是它又是可以认识的，所以我们可以确定它有边界或者是没有边界。那么在康德看来，这种提法本身就错了。你不能问世界到底是有边界还是没有边界，因为就我们目前所看到的世界而言，它只能说是未被规定的。无限和未被规定看起来好像差不多，没有被规定，没有被规定完，看起来差不多，但其实有很大差别。就是说，你说它无限，你已经肯定它是没有边界的了。你没有看到边界，你如何能够就借此肯定它没有边界？这个是推不出来的。你只能说现在还没有完。说它是有限的当然更加是不能够断言了。所以前头这两派其实都可以说是不成立的。因为篇幅的关系，这个里头我们没有把康德对二律背反的"解决"收进来，大家如果要了解的话，还可以去看一看，特别是参考一下我和杨先生写的那个《康德〈纯粹理性批判〉指要》。那么第二个冲突也是这样，希望大家在预习的时候参考一下《康德〈纯粹理性批判〉指要》来理解他的这个正题和反题，以及康德如何解决这样一个冲突。第一个二律背反和第二个二律背反，在康德看来实际上都不是一种真正的矛盾，如果是真正的矛盾，那么正题错了，反题肯定是对的；反题错了，正题肯定是对的。但它们不是矛盾，它们只是对立，而且这个对立有个前提——所谓对立就必须有一个前提，一个共同的前提，这个共同的前提是双方都承认的，但恰好这个前提是不成立的。所以，第二个冲突跟第一个冲突在这方面有类似之处，就是双方都把问题提错了，双方都不成立，都是错误的。前两个二律背反共同具有这样的特点。而后面两个二律背反呢，有另外一种特点，就是双方在某种意义上都可以成立，只是双方的理解有错，有混淆。如果把这个混淆澄清了以后，我们可以发现，它们其实也不是矛盾命题，也不是互相矛盾，而是在两个不同的层面上，在两个不同的领域里面在谈问题。那么我们现在先看先验理念里的第二个冲突。

　　正题：在世界中每个复合的实体都是由单纯的部分构成的，并且除 　B462
了单纯的东西或由单纯的东西复合而成的东西之外，任何地方都没有什么东西实存着。

　　这是正题的表述。如果要细分的话呢，可以这样来分，首先一个层面就是：世界中，每个复合的东西都是由单纯的东西构成的。第二个层面就是：并且除了单纯东西，或由单纯的东西复合而成的之外，任何地方都没有什么东西实存着。一个是复合的实体肯定是由单纯的部分构成的，另一方面除了单纯的东西或者由单纯的东西复合成的东西，没有别的了。后面这一层就更加广一些，就是说，前面只是讲复合的东西由单纯的东西构成，后面一个命题加上了一个，就是说除了由单纯的东西构成复合的东西以外，还有单纯的东西。也就是说，还有一些单纯的东西并不构成复合的东西，但是它也存在着。只有这两种，世界上只有两种东西，一种是单纯的东西，一种是复合的东西，而复合的东西也是由单纯的东西构成的。这是两个不同层次上的意思。

　　那么下面就进行证明。证明是反证法，就是通过推翻对方的命题，推翻反题来获得正题的证明。因为在当时的争论中间，把这看作是一个矛盾命题。矛盾命题你就可以用反证法，如果对方不成立，那正方肯定成立。矛盾二者必居其一，矛盾命题必有一真，并且必有一假，如果真正是矛盾命题的话。康德所描述的证明是这样的：

因为，让我们假定复合的实体不是由单纯的部分构成的；

这是前面一层意思的假定，就是说：我们找到一个复合的东西，我们看看它，是不是由单纯的东西构成的呢？我们就事论事，我们不讲世界上到底有哪些东西，我们看见了一个复合的东西，那么我们就判断它，是不是由单纯的东西构成的呢？假定它不是由单纯的东西构成的，——这是一种归谬了，就是说你把相反的命题假定下来，看看它会怎么样。会怎么样呢？康德说：

那么当一切复合在思想中都被取消之际，就会没有什么复合的部分留存下来。

在思想中取消，就是说，如果我们面前摆着一个复合的东西，我们假定它不是由单纯物构成的，但我们面对这样一个复合的东西，我们仍然可以在思想上把这个复合行动取消。为什么可以这样呢？复合的东西摆在面前，已经复合了，这是个事实，我们不能够从事实上面把它取消，我们做不到把它分解为单纯的最后那个东西。尽管我们做不到，但是我们仍然可以从思想上把这个复合从这个复合的东西身上去掉。因为所谓复合，就是一个行动嘛，就是把一个东西复合起来嘛。我现在可以设想，这个东西在没有复合之前，它总应该存在吧。既然你是把一个东西复合起来的，那么如果你在思想上假设没有这个复合，你仍然可以设想这个东西嘛。为什么这里特别强调"在思想中"被取消呢？就是说我们可以这样去想。虽然我们做不到真正地把这个复合取消掉，比如说我们把它分解掉，分解到最后那个单纯实体，我们做不到这一点，但是至少我们可以想，这个东西虽然事实上已经复合起来了，但是我们仍然可以追溯在复合之前究竟是怎么样的，这个是可以想的。我们还可以指出康德在这个正题的反证中，他主要就是从我们如何能够"想"这一点来考察问题的。所谓的归谬法，所谓的反证法，无非就是说，你如果那样假设的话，你就不好想啊，你就会想不通了，你就会导致自相矛盾了。不光是在这个地方，在其他很多地方都是这样的。在对正题的证明里面，我们预先看看下一页的最后一句话："即使我们永远不能完全把这些基本实体从这种结合状态中提取出来和孤立起来，理性却仍然必须把它们思考为一切组合中的第一主体，因而思考为先于一切组合的单纯存在物"。理性必须这样去想，否则的话就想不通，就自相矛盾了。这一句话就是"在思想中"，我们如何从这个角度把复合在思想中取消。就是说复合是后来加上去的一个行动，你要把一个东西复合起来，首先那个东西必须在那里。你把它复合起来了，它当然是一个复合物了。复合是造成复合物的一个行动，而复合物呢，是由复合这个行动所造成的结果。我们面前有一个复合物，这是一个事实，那么我们就可以设想，这样一个事实是怎样造成的呀？是由复合造成的嘛。那么我们就可以想，在那个行动之前那个东西是什么样的？所以，一切复合行动我们都可以在思想中把它取消。这就会怎么样呢？"就会没有什么复合的部分留存下来。"因为你把复合都取消了，那复合的部分也就取消了，没有什么复合的部分留存下来了。一切复合都取消了的话，那它的任何一部分都不是复合的，都要追溯它那个本来的样子，都没有被复合。既然所有的东西都是被复合起来的，那么取消了复合的一切复合的部分呢，也就不存在了。每一部分都不是复合的了。这就是"没有什么复合的部分被留存下来"，这个复合的部分不是说复合的各个部分，而是说每一部分作为复合的部分都不存在了。你把一切复合都（在思想中）取消了，那就没有任何东西还可以被设想为是复合的，没有任何部分是复合的部分了。

　　并且（因为不存在任何单纯的部分）也没有任何单纯的部分留存下来，因而也就根本没有什么东西留存下来了，

　　进一步说，因为也"不存在任何单纯的部分"，所以也就不会有单纯的部分留存下来。这个假定其实是在反题里面提到的，就是说，"反题：在世界中没有什么复合之物是由单纯的部分构成的，并且在世界中任何地方都没有单纯的东西实存着。"这个在反题里面是这样设定的。那么

131

正题里面的反证法本来并没有提到"不存在任何单纯的部分"这一假定，而是把它作为假设的靶子来攻击，所以括号里面"不存在任何单纯的部分"这个假设在前面的第一句话："让我们假定复合的实体不是由单纯的部分构成的"这个里头，并没有包含，所以它是援引的反题里面的正式表达的那个意思。复合的东西不是由单纯的东西构成的，并不一定就推出世界上就没有单纯的东西，因为虽然复合的东西不是由单纯的部分构成的，那么单纯的东西是不是以单纯的形式存在的呢？这个没说。所以这个地方在括号里面必须要补充一句，这个补充呢，又假设了一个命题。反证法除了假设有复合的部分不是由单纯的部分构成的以外，还要假设不存在任何单纯的部分，没有任何单纯的东西存在着。那么就可以推出，如果复合取消了，就没有任何复合的部分留存下来，并且也没有任何单纯的部分留存下来了。复合的部分被取消了，那么单纯的部分也被取消了，因为单纯的部分本来就被看作不存在。这样也就"根本没有什么东西留存下来了"。因为只有两种可能嘛，一种是复合的东西，一种是单纯的东西，复合的东西取消了，单纯的东西也取消了，那当然就什么也没有了。康德继续讲：

<u>这样一来，就会没有什么实体已被给予了。</u>

这就涉及到实体的问题了。因为世界上如果要有什么东西存在的话，那它肯定是实体，或是以实体为依据的东西。所以在正题里面一开始就讲，在世界中，每个复合的"实体"都是由单纯的部分构成的，所以他是把这个复合的东西称之为实体，这是在正题里面提出来的。那么如果根本就没有什么东西，那就不存在实体了。那它就跟正题证明里面的这个假定相冲突。因为它一开始就说，"让我们假定实体不是由单纯的部分构成的"，也是把这个复合的东西当作实体来看待的。所以他还要证明这个世界上有些实体，这是个前提，然后再看，究竟这个实体是单纯的还是复合的。那么如果既没有单纯的东西也没有复合的东西，那就连实体本身也被取消了。

所以，要么不可能在思想中取消一切复合，要么在取消之后必定留存有某种不带任何复合的存在物，它就是单纯的东西。

从前面这种不可能，我们就得出来了这样的选择。我们面前摆着这样两个选择，一个是"不可能在思想中取消一切复合"。前面已经自相矛盾了嘛，所以呢，我们只有采取这种办法才能避免这个矛盾，就是说，要么我们不可能在思想上取消一切复合，这个复合不但事实上是不能取消的，在思想上也是不能取消的。要么呢，我们在思想上可以取消，但肯定还留有一种没有任何复合的存在物。我们把复合取消以后，那么还有某种可以被复合起来的东西，我们不把它复合起来，取消复合，那么那个东西还在那个地方。那个东西是什么东西呢？那个就是单纯的东西。所以只有这个两难选择了，康德在这里还是采用的古希腊自从芝诺以来的证明的方法，把所有的可能性都摆出来，然后一个一个地把它们推翻掉。现在摆出来两种可能性，要么你不可能取消复合，要么你取消复合之后，还有某种东西，那就是单纯的东西。那么后面这种选择当然就是正题了，就是你正好想要达到的那个结论了。所以关键就在于前面那个能不能在思想中取消复合。

但在前一种情况下复合物仍然不会是由实体构成的（因为在实体身上复合只是实体的一种偶然的关系，没有这种关系实体也必然作为独立持存的东西而存在）。

也就是说，假定不能把复合取消，复合事实上不能取消，在思想上也不能取消。对任何一个东西你仍然必须都把复合这样一个性质附加上去，或者说，你不可能设想一个东西没有复合。姑且承认这一点，姑且承认我们不可能取消任何复合。那么这种情况之下，复合物——一切物当然都是复合物了——仍然不会是由实体构成。已经复合起来的这个物，仍然不会是由实体构成的。为什么呢？因为在实体身上，"复合只是实体的一种偶然的关系"。就是说，你设想一切物都是复合物，你不能够在思想中取消这个复合，那么，所有的物当然是复合物了。但既然是复合物，那它就不是实体。你可以假定,任何东西都是复合物,都不能把复合去掉,把那个被复合的东西单独留下来,你假定那是不行的,在思想上也不能这样想。在思想上不能这样想,那你就不能想象它是个实体了。一切复合物都不是实体。为什么呢? 括号里面说,"因为在实体身上复合只是实体的一种偶然的关系",就是说,如果你把它设想为实体的话,那么这个复合是可以去掉的,至少是能够想象它是可以去掉的,因为它只是一种偶然的关系嘛,复合只是你加给它的一个动作嘛,你把它复合起来,或者是有什么外在的情况,使它复合起来了。但是在它没有复合起来之前的情况,总是可以想的。所以在实体身上的复合只是偶性,只是一种偶然的关系,没有这种关系,或者说去掉了这种关系,实体必然也能够"作为独立持存的东西而存在"。就是说,即算你能够想象凡是存在的都是复合的,你也不可能把这个复合的存在者设想为实体。你一旦设想为实体,那你就必然会想到它可以去掉复合。而你的前提是,不能去掉复合,不能把一切复合都去掉。它没有这个层次的复合,就有那个层次的复合;没有大的复合,就有小的复合,总而言之是必须有复合,那总而言之你就设想不了实体了。所以在前一种情况下,复合物仍然不会是由实体构成的。因为复合物还是由复合物构成的,复合物又是由更小的复合物构成的。那个更小的复合物仍然不是实体。所以你无法设想一个复合物是由实体构成的。反之,只要你设想一个复合物是由实体构成的,你就必须设想,这个复合是可以去掉的。因为实体嘛,它就是在你复合起它来之前,它已经有东西在那里,你要复合必须有东西复合啊,没有东西你怎么复合? 复合什么? 而那个东西必须是在复合之前就存在的。所以你必须可以设想,这个复合是可以去掉的。

B464　　既然这种情况与前提相矛盾,那么就只剩下第二种情况:

"这种情况"就是前面一种情况,即假定我们不能设想可以去掉一切复合。这种设想与前提相矛盾。"前提"就是设想实体是复合物嘛,复合的实体,你设想世界上复合的实体,不是由单纯的部分构成的,世界上只有复合的实体，没有单纯的实体，你这个前提是这样的。但是现在你把所有的实体都取消了，当你设想不能去掉任何复合的时候，你就把一切实体都取消了。那么这个复合物就不是实体了，跟你的前提相矛盾。它只是一种偶性和样式，只是一种处理方式。你讲来讲去你不是讲实体，你是讲另外一个实体的处理方式。那么它就跟你的前提相矛盾了。既然这种情况与前提相矛盾，那么就只剩下第二种情况：

即在世界中实体性的复合物是由单纯的部分构成的。

就是说，前面一种情况"不能取消复合"，被否定了，那么剩下第二种情况就是在取消了复合以后——当然前提是可以取消复合——必定留存有不带任何复合的存在物，那就是单纯物。所以第二种情况就是，"在世界中实体性的复合物是由单纯的部分构成的"，当你把实体性的复合物上面的复合设想为取消了以后，或者回溯到它在被复合之前的情况的时候，那么它就是单纯的部分了，它的每一部分都是单纯的。一个复合物由好几部分复合起来，那么在复合之前这几个部分都是单纯物。所以在世界中实体性的复合物，你如果认为这个复合物是实体性的，那么它必须是由单纯的部分构成的。这个在逻辑上看起来是很严密的了。

由此便直接推出：世上之物全都是单纯的存在物，复合只是它们的外部状态，并且，即使我们永远不能完全把这些基本实体从这种结合状态中提取出来和孤立起来，理性却仍然必须把它们思考为一切组合中的第一主体，因而思考为先于一切组合的单纯存在物。

这就推出他的正题了，其实上面已经推出来了，这个地方正式地表述一下。先有了单纯的存在物，然后你从外部把它们聚集在一起。一个单纯的实体跟另外一个单纯的实体，我们把它们聚集起来，构成一个复合的实体。所以这种构成，这种聚集，只是这些本来就在那里的单纯的存在物的外部状态，它是可以取消的，它是可以去掉的。你可以把它复合起来，也可以不把它复合起来，让它在那里，有什么不可以呢？下面就是我刚才提到的那个意思了,"即使我们永远不能完全把这些基本实体从这种结合状态中提取出来和孤立起来",事实上我们当然做不到了,一直到今天,我们讲的基本粒子也不是最基本的,我们还是相信任何事物都是无限可分的。你要找到那个终极的实体,那是无穷无尽的,那是走不到头的。所以,我们永远不能把这些基本的实体从这种结合状态中提取出来和孤立起来。任何东西都是结合的,都是复合状态。那么我们能不能把那个最基本的实体提取出来单独加以考察呢?事实上是做不到的。当然他这里强调的是,即使我们永远做不到这一点,事实上永远做不到这一点,但是理性可以思考哇,理性的特点就在于它可以思考无限呐,我们事实上经验中做不到的东西,理性可以跨越我们的能力,可以超前地去思考。我们人类是有限的,对于无限的东西,我们人类达不到了,但是我们可以超越我们的有限性,去思考无限的东西。我们可以设想,终究必定是有一种那样的实体,它构成了世界上所有形形色色的复合物。我们可以这样去想,尽管我们做不到,但是我们仍然可以把它们——也就是把这种基本的实体或是单纯的实体——思考为一切复合中的第一主体,一切复合都必须以最基本的那样一个单位——也就是莱布尼茨所讲的"单子"了——作为它的第一主体,最基本的主体。后来的那些、我们所看到的那些主体,都是相对的,都是在这个基本的主体上复合起来的一种现象,都还是可以永远继续分解下去的。在一切复合之前,在那里必定有一个被复合的最基本的东西。所以这个正题的证明实际上是对莱布尼茨单子论的一种解释性的说明。莱布尼茨单子论就是这样来得出所谓单纯实体的。所以正题基本上是理性派的观点,尤其是指的莱布尼茨的观点。这个在第二冲突的正题反题里面都没有提到,但是在对于第二个二律背反的解释和问题的解决里面多次提到了。莱布尼茨单子论就是这样得出来的。莱布尼茨单子论第一节、第二节就是讲这个问题。莱布尼茨一开始就讲,因为有复合物,所以有单纯的实体。莱布尼茨就是这样一个思路。他没有说得这么明,但是康德在这里把它说明确了。既然有复合物，那么这个复合物就是复合起来的；既然这个复合物是复合起来的，那我们就可以设想，它是在一切复合之前就有的，我们才能把它复合起来。你复合起来，复合什么东西呢？肯定是复合单纯的东西了，肯定是有单纯的东西，你才能够说，这个东西，这个实体，你把它复合起来了。所以，理性虽然在事实上并没有把一切东西都追溯到它们的最初的第一实体，但是它仍然可以这样去思考。一旦有了复合物，我们就可以设想，这个复合物的复合是可以去掉的。它是一种偶性，是一种外部的状态。而它本身不是复合，复合是一个行动嘛，复合物则是一个东西，只有复合起来的东西，才是一个东西。你可以把它称之为实体，但是它肯定不是第一实体。如果要追溯第一实体，你就要把复合去掉，你就可以追溯到第一实体。所以从有复合物这样一个事实，我们就可以逻辑地推出来，它是由单纯物所组成的，它是由单子所构成的。这是莱布尼茨的证明。当然这个证明有它一定的道理，但这个道理是很表面的，仅仅是一种逻辑上的推论。而且康德认为他的假设一开始就错了，就是他把实体设想为是一个自在之物，那么在这个前提之下来探讨它的复合的还是单纯的，这个前提本身就是错的。我前面讲了，正题一般代表着理性派的观点，反题一般代表经验派的观点，而这个地方的正题特别代表莱布尼茨的单子论的观点，几乎就是对莱布尼茨单子论证明的一种解释。

　　这个反题篇幅比较长一些，里面的问题也多一些。跟正题完全相反，正题讲"世界中每个复合的实体都是由单纯的部分构成的"，

　　反题：在世界中没有什么复合之物是由单纯的部分构成的，　　B463
　　这看起来是一对完全矛盾的命题。要么是复合物都是由单纯的部分构成的，要么没有复合物是由单纯的部分构成的。这个是矛盾命题的典型的表达方式。A 或者非 A，一方是对的那另外一方肯定是错的。
　　并且在世界中任何地方都没有单纯的东西实存着。
　　这也是两个层次。前面正题是两个层次，就是说，复合物都是由单

纯的东西构成的，而且世界上任何地方只有单纯物或由单纯物复合而成之物存在；而反题说没有什么复合物是由单纯部分构成的，在任何地方都没有单纯的东西存在。这是两两相对的，它也有两个层次。那么它的证明呢，也是分这两个层次来加以证明的。我们来看它的证明，这里也是用的反证法，首先假定对方是对的：

假定：一个复合的物（作为实体）是由单纯的部分构成的。

括号里面的是不能省掉的，因为都是联系着作为实体的复合物来谈这个问题的。那会怎么样呢？

由于一切外部的关系、因而甚至一切由实体而来的复合，都只有在空间中才是可能的：

一切外部的关系，包括一切由实体而来的复合——首先他强调由实体而来的复合是一种"外部的关系"。那么，是不是任何复合都是由于外部关系呢？那不一定。比如说我们看到一朵玫瑰花，玫瑰花作为实体当然是一种外部的东西存在于空间中，但是玫瑰花有很多属性，它是由很多偶性复合起来的，比如说，它有颜色，它有香味，它有自己的软硬度，等等，这些偶性，它们也是复合起来的，你可以说一朵玫瑰花同时具有这样一些偶性，但是这些偶性本身并不占据空间，并不"外在"。并不是说，玫瑰花这一部分是红色的，那一部分是有香味的，另外又有一部分是软的。它不是这样的。偶性本身可以不占空间，它是附着于实体身上才占据空间。所以归根结底实体的关系才是外部关系。由实体而来的复合，它是一种外部关系，我们在反题里面讲的就是一种复合的实体，实际上就是一个复合物，它是作为一个实体，只有在空间中这种实体才是可能的。这种复合的实体，或者由实体而来的复合，只有在空间中才是可能的。就是只有作为实体，它的复合的行为，它的复合的关系，才是一种外部的关系。如果作为偶性，那它的关系，可能不是一种外部的关系，这个要排除掉。所以说"一切外部关系，甚至一切由实体而来的复合"。当然外部关系也不光是由实体而来的复合，包括空间的关系本身，也可以是外部关系。一个三角形和一个圆形，相互之间也可能是一种外部的关系。但是它没有实体，它是一种形式，外部的形式关系。但是谈到实体，那至少它是一种最基本的外部关系。由实体而来的复合，也是在这种外部关系中的复合。我们把实体复合起来，或者说，把实体的各部分复合起来，这种复合是一种外部关系，这种复合就是在外部关系中进行的。所以他讲："都只有在空间中才是可能的。"外部关系嘛当然就是在空间中了，因为在先验感性论里面已经讲了，所谓空间，就是一切外部现象的先天形式，时间则是一切内外现象的先天直观形式。所以一切外部的关系，它们只有在空间中才是可能。空间就是讲外部关系，所谓内外之分嘛，内外之分就是由空间划出来的。所以空间是专门管外部关系的。内外之分本身也是一种外部关系，内部和外部之间的关系，就说明这个内部和外部处于外在关系之中。这是由空间划出来的。所以只有在空间中，这种复合才是可能的。凡是谈到实体的复合，而不是偶性的复合，我们都必须把它放到空间中来考察。这个就是已经把讨论的话题限定在一种直观的形式立场上了。这跟正题的证明是不一样的，正题不考虑空间，它只考虑概念，只考虑实体。或者单纯，或者复合这些概念。它讨论的是能不能把这些概念取消啊，看看还剩下什么呀，都是这样来讨论问题的。但是反题作为经验派的立场呢，它一开始就立足于空间。经验派最重视空间，特别是牛顿物理学，自然科学，最重视空间。在空间中发生的事情，那是可以把握，可以去测量，可以把它规定下来、固定下来，可以把它精密化的。这句话构成了一个前提。

那么由多少部分构成该复合物，也就必须由这么多部分构成它所占据的空间。

既然一切实体性的复合都是在空间中进行的，那么这个复合所复合成的这样一个的东西，是由多少部分构成的呢？由多少部分构成了该复合物，那么也就必须由这么多的部分去构成它们所占据的空间。一个复合物已经复合起来了，它是一种实体的复合，由实体而来的复合，那么就是说，它是由好几个实体复合起来的复合物。当然这些实体本身也可能是复合物，那不管，但是呢，首先在这里是讲是由好几个部分构成的该复合物。那么其中的每一个部分，必须由这么多部分合起来，构成这个复合物所占据的空间。其中每一个部分都占据空间，它们复合起来，构成它们共同占据的总的空间。也就是说这个复合物所占据的空间，是由它的各个部分所占据的空间总合起来的，或者说复合起来的。从空间的角度看，我们可以把这个复合物做这样的理解和分析。我们不是从单纯的概念方面，我们是从空间的直观角度来考察它。该复合物所占据的空间，就是由它由之复合起来的那些部分所构成的。

既然空间不是由单纯的部分所构成的，而是由诸空间所构成的，

这是一个前提。就是说空间你再怎么把它分得很细很细，也分析不到一个单纯的空间，它每一个最小最小的空间，都是由诸空间所构成的，都还可以分，也就是说空间是无限可分的。由于空间是无限可分的，它不是由某些单纯的部分所构成的。所谓单纯的空间部分，也就是说这个部分、这个空间是不能再分的了，这是最小的了，最单纯的，它里面不可能再是复合起来的了。不是这样的。空间总是由诸空间所构成的，空间总是可以一分为二、一分为多。

所以复合物的每一部分都必须占据一个空间。

空间不是一个固定在那里不再可分的东西，空间的每一部分，都还可以继续再分。所以，复合物的每一部分，也必须占据一个空间。前面讲的是复合物的总体，它的空间是由各个部分所构成的，复合物的各个部分构成了复合物所占据的空间。那么复合物所占据的这个空间，使得它的每一部分都在其中占据了一个空间。就是说，复合物的各个部分不仅仅是总合起来构成了这个复合物的空间，而且它们每一部分，也占据一个空间。因为任何空间都是由诸空间所构成的，而不是由单纯的部分所构成的。由此可以看出来，复合物跟空间是对应的，空间是无限可分的，那么复合物当然也是无限可分的。

但一切复合物的绝对最初的部分是单纯的。因而这单纯的东西占据着一个空间。

这里重申了他的假定。这个最初的、绝对的部分——那个单纯的部分，它肯定也要占据一个空间。你把它分到单纯的了，分到很小很小了，空间是无所谓的，你分到它多么小，它都让你占据一部分，所以那个绝对的单纯的那一部分，它也应该占据一个空间。这个是顺理成章的，因为所有的单纯的东西构成了复合物嘛，它们也构成了复合物的空间嘛。而复合物的空间也不是单纯的，它肯定是由很多空间所构成的。所以这个复合物的每一部分都要占据一个空间，哪怕它的最单纯的部分也占据一个空间。

既然所有占据一个空间的实在东西都包含有处于相互外在状态中的杂多，因而是复合起来的。

既然实在的东西都占据一个空间，都包含一个空间关系状态的杂多，任何一个东西如果在空间中占据一个位置的话，那么它都包含有一种杂多的状态。因为在空间上它都可以一分为多嘛，可以再细分嘛。所以任何一个占有空间的实在的东西，都是有一种杂多的、相互外在的状态包含在里面的。只要它占据一个空间，那么我们就可以把它分成这一部分和那一部分。空间的这一部分和那一部分、这一头和那一头，这一端和那一端，相互之间就有一种关系，也就是相互外在的关系，因而是复合起来的。只要你占据一个空间，它就是复合起来的。下面是解释：

也就是作为实在的复合物而非由偶性复合起来的（因为偶性不能没有实体而相互外在地存在），因而是由实体复合起来的，

也就是说，这样一个实在的东西，它是作为实在的复合物，实在的复合物也就是实体的复合物，也就是作为实体，而不是由偶性复合起来的，这个刚才我已经讲了。为什么不是由偶性复合起来的？"因为偶性不能没有实体而相互外在地存在"。一朵玫瑰花的红色和香味，不能没有实体而相互外在地存在，除非是这一朵玫瑰花的红色跟那一朵玫瑰花的香

味，有两个实体，它们就可以相互外在地存在了。但是同一朵玫瑰花，它的红色和香味，不可能没有实体而相互外在地存在。偶性的关系不是一种空间上的相互外在的关系，只有实体才是，只有实在的复合物才是这样一种空间关系。也就是作为实在的复合物而复合起来的，"因而是由实体复合起来的"。在空间中的东西既然是无限可分的，它就处在一种空间上杂多的外在关系中，在空间中可以分成很多很多部分，任何一个占据空间的实在的东西都可以从空间上分成各个部分。所以它是由实体复合起来的。

那么，<u>单纯物就会是一个实体性的复合物了，而这是自相矛盾的。</u>

也就是实体在任何时候都要占据空间，而空间是无限可分的，所以实体也不可能是单纯的。所谓单纯的就是不可分的，不再可分了，已经是最简单的东西了；但是，它既然占据了空间，怎么能不可分呢？原子论者认为最小的占据空间的实体就是原子，但是原子既然占据空间，它就可以被分成两半。我们后来知道，它可以被分为基本粒子。原子也是由电子、中子和质子所组成的，你就可以把它分割开来。康德那时候当然还不知道基本粒子，但是他从理论上已经确定了这一点。原子论者又要把实体想成是单纯的，但是又要把它设想成占据一定空间的，那怎么可能呢？它只要占据一定空间，它就不可能是单纯的，它就包含有杂多，包含有这一部分和那一部分，包含有一种相互外在的杂多部分的状态。所以，比如说原子这个概念就必然导致自相矛盾。什么自相矛盾呢？"单纯物就会是一个实体性的复合物了，而这是自相矛盾的。"在这个地方，从空间的角度主要反驳的是原子论的世界观，有单纯的东西，就是原子，原子就是不可分，不可分那就是单纯的了，它构成其他一切可分的东西的最基本的元素或部分。这个再不能分了。但是它又要占据空间，只不过它占据的空间最小。而按照空间的本性，不管你多么小，每一个都还是可分的。原子你可以说不可分，你没有那么大的力气把它分开，在当时的实验条件之下，你不可能把原子分开。但是空间你从理论上是可以把它分开的。它不需要什么力气,它不需要你用力气把空间分开。因为它没有抵抗力嘛,空间哪有什么抵抗力呢? 无论你有什么细小的东西,它都可以装进去;也可以分开的。所以,空间不对你产生抵抗,你就可以在思想上把空间看成是无限可分的。既然空间是无限可分的,而单纯不可分的实体又必须在空间中,那只有导致自相矛盾了。那存在于空间中的这个单纯的实体,还是不是单纯实体就有问题了。如果是单纯实体,那么它就占据了空间。而占据了空间,它就可分,它就不是单纯的。因此导致了后来的莱布尼茨认为单子应该是不占据空间的,应该是非空间的,空间只不过是单子的一种表象,而它本身不在空间中,它不占据任何空间,才能是实体。那么这个实体当然就不是一种复合的东西了,而且它构成其他的复合的东西,也不是作为占据空间的东西来构成其他的复合的东西。莱布尼茨的单子也可以构成万物,但是它不是以占据空间的东西来构成万物,所以它构成万物也不是把万物当作实体来构成。唯一的实体就是单子,但是它没有空间。这就是为什么后来莱布尼茨要跳出空间来设定单纯实体。就是因为他也看到了,原子论的这样一种实体是自相矛盾的,占据空间的原子论是自相矛盾的,只有不占空间的精神性实体单子,才能够撇开这个矛盾。但是莱布尼茨的这种观点在第二个层面上也遭到了同样的反驳。

我们看下面一段:

反题的第二个命题,即世界中根本没有什么单纯的东西实存着,

这是反题的第二个层面,这个主要是针对莱布尼茨的。莱布尼茨说,在我们所看到的占据空间的感觉世界里面确实没有什么真实的东西。但是我们可以设想,有一种不占据空间的、超越的、精神性的单子,它是不是有可能存在于我们的感性之外或者是背后? 它也构成我们这个感性世界,但是它本身不是能用空间、用感觉来把握的。有没有这样一种实体呢? 所以,第二个命题就是"世界中根本没有什么单纯的东西实存着",

不仅仅复合的东西不是由单纯的东西构成的,而且哪怕没有复合的东西,我们不考虑复合的东西,那么也没有那种孤孤单单的单纯的东西存在着。比如说莱布尼茨所设想的单子实体,精神性的单子,那也是不可能的。

B465　　在这里只是想说出这个意思:绝对单纯东西的存有不能从任何经验或知觉、不管是外知觉还是内知觉中得到阐明,

所以绝对单纯的东西只不过是一个理念,它的客观实在性永远不能在任何一个可能经验中得到阐明,单子不论是从外知觉在空间中,还是内知觉在时间中,都不能得到阐明。莱布尼茨的单子当然首先撇开了空间,在内知觉里面他把时间也撇开了。空间时间都是单子的一种表象,单子本身是没有空间时间的,它只是在空间时间表象的背后起作用,但这个背后不可能感觉到。当然我们在内知觉里面可以感觉到有一种模糊的表象,有一种模糊的直观,我们在我们的内知觉里,比如说经验统觉,我们的知觉,我们的观念,我们的意识,我们可以感觉到那个东西,但是那个东西还是一个模糊的东西。真正说来,单子本身也不是这种东西,它是超越一切经验直观之外的。所以他讲不管是从外知觉还是内知觉,都是不能得到阐明的,不能在任何经验知觉里面得到阐明。"所以绝对单纯的东西只不过是一个理念",单子只是一个理念。绝对单纯的东西,它不占空间,甚至也不占时间。在莱布尼茨那里,它是一个逻辑的假定,一个精神的单子,纯粹精神的,它的唯一的根本的属性就是思维,就是理念,纯理念。单子的唯一单纯实体超越一切经验之外。它有没有客观性呢?当然他认为有。精神性的实体肯定是有客观实在性的,但是"永远不能在任何一个可能经验中得到阐明"。在经验中不能阐明,在"可能经验中"也不能阐明。在可能经验中,也就是在时间和空间中。时间、空间跟具体的经验还不一样,它是用来规定可能经验的。在时间、空间中的东西,也许现在还没有出现。也许在别的地方出现,我们还没有看见。但是它在时间空间中,也就是在可能经验中。而的客观实在性永远不能在可能经验中的得到阐明,它就只是一种"先验的实在性",而不是"经验性的

实在性"。你不能指着这样一个东西说：这就是单子了。或者说指定一个地方，指定某个时候，说某时某地那个东西就是单子。这个都不可能的，永远不可能。

因而在说明现象时毫无用处，也无任何对象。

单子在说明现象的时候，它没有任何用处，也没有任何对象。它不是指的现象，它不是指的在可能经验中出现的任何东西。当然你可以说，这些都是它的表现，经验中出现的任何东西，都不是它的本身。你可以说经验的东西都是它表现出来的，模糊知觉呀、表象啊，都是它显现出来的各种各样的方式，都可以。但是不是它的本身。那么你如何能够用它来说明现象，来指出一个对象呢？能不能用这样一个实体来说明一些现象呢？不能。它毫无用处。所以它没有任何对象，也就是说没有真正的对象，没有现象中实实在在的对象。它只是一个理念，它只是思想中所假定的一个理念。这个理念永远也不能够在可能经验中得到证明。下面：

因为我们想要假定的是可以为这种先验理念找到一个经验对象：这样，对某个对象的经验性的直观就必须被认为是这样一种直观，它绝对不包含任何相互外在并结为统一体的杂多。

"因为我们想要假定的"，就是反题的第二个命题所反驳的那个正题是想要假定为这种先验理念找到一个对象。这就是正题里面讲的，有一个单纯的东西，或者复合的实体是由单纯的部分构成的，这个是在反题里面所要反驳的。所以在这个地方，他还是在引进他的反证法。就是说，必须为单纯的东西找它的直观对象，这是反题所要反驳的。用反证法：能不能找到这样一种直观，可以表明一种单纯的实体？莱布尼茨讲单子，那么能不能在经验中找到一种东西，指出这就是单子？它不能再分了，它绝对不包括任何相互外在的并结为统一体的杂多。有没有这样一个东西？在经验中有没有，你指给我看看。反题要证明，这样一个假定是根本不成立的。我们想要假定的这样一个命题，就是为这种先验理念找到一个经验对象，这是根本就不成立的。这就是他的第二个命题的反证法。在第二个命题里面提出一个相反的假定：可以为这种先验理念找到一个经验对象。这个相反的假定在这个地方才提出来。他还是用反证法，但是这个反证法的反面的假定是到这里才提出来，前面的都是直接的，都是说应该怎么理解，只想说出这个意思：世界上根本没有单纯的东西实存着，绝对单纯的存有不能从任何经验知觉，不管是外知觉还是内知觉中得到阐明等等。这只是对反题中第二个命题的一种解释，还没有进入到反证法，是一种直接解释，说反题所提出的意思是什么意思呢？是这么个意思。那么到这一句才提出来反面的假定。"因为我们想要假定的是可以为这种先验理念找到一个经验对象"，这就是反证法了，从这一句，才进入到反证法。这也包括在他要反证的命题里面。我们现在作出这样一个假定，有没有这样一个经验的对象，绝对不包含杂多，而是单纯的。命题已经在这里了，靶子已经竖立起来了，下面就要反驳了。

既然从对这样一种杂多的无意识并不能有效地推论出这种杂多在对客体的任何一个直观中都完全不可能，

这句话有点费解了。既然我对这样一种杂多没有意识到，或者说，我看不到这种杂多，并不证明这种杂多就不可能。你在经验中可以分，分到你区分不出杂多来了，你以为那个东西就是最简单的了？你已经意识不到杂多了，你以为那就是原子了？你以为那就是单纯实体了？并不能推论出来。可能你的眼睛分辨率有限，如果你的眼睛借助于他物，比如说显微镜，那你就可能看出来，你以为是单纯的东西实际上里面杂多的东西多得很。水是那么样的单纯，但是在显微镜底下我们观察一下水，就会发现那里面那么复杂，有那么多的细菌。你哪怕把细菌全部都过滤掉了，你再用电子显微镜看，它里面还是很复杂。它是由原子，由氢和氧所构成的，而氢和氧又是由电子、质子和中子构成的。所以，你凭你没有意识到杂多并不能有效地推出这种杂多在客体的任何一个直观中都完全不可能，你不能推的，你没有意识到并不见得在对客体的任何一个直观中都不可能。更精细的直观，也许就可能。你不能因为你没有看到它，你就说它不存在,你就说它是单纯的了。

而后者对于绝对的简单性又是完全必要的,

后者是哪个呢? 就是推出杂多"在对客体的任何一个直观中都完全不可能",不管你的眼睛达到多么的细致,多么的精密,哪怕你借助于显微镜也好,电子显微镜也好,去直观它,不管你达到什么样的直观,你如果能够肯定它完全不包括杂多而是绝对的单纯,那么这对于绝对的简单性是完全必要的。你既然要肯定有绝对简单的东西,那你就必须要肯定,在对客体的某一个直观中不可能有杂多。这是绝对必要的,但是我们做不到。我们做得到的只是在我们目力所及的这个范围之内,在这个层次上面,我们已经发现不了杂多了。那个不说明问题呀,你没有发现杂多,你就能肯定它就没有杂多啦? 你既然不能肯定它不包含杂多,那你凭什么断言有绝对简单的东西呢?

所以这样一来,这种简单性就不能从任何一种知觉 (无论是哪一种)中推论出来了。

所以这样一来,这种简单性,这种绝对的简单性,绝对的单纯性,就不能从任何一种知觉,不管是外知觉还是内知觉,不管是空间还是时间,总而言之,不管从哪一种直观中,从任何直觉中,你都推论不出一种绝对的简单性。你所推论出来的那种简单性都不是绝对的,都是相对的,都只是就此而言,就你所知、就你所意识到而言,它是简单的。但是你今天没有意识到,你明天就可能意识到了,它是永无止境的。所以你不能推出绝对的简单性。

因此,由于作为绝对单纯客体的某物永远也不能在某个可能经验中被给予,而感官世界却必须被视为一切可能经验的总和:

作为绝对单纯客体的某物,也就是绝对单纯的一种实体,永远不能在时间和空间中被给予,凡是可能在时间和空间中被给予的,那它就是可分的,它就不是绝对单纯的。感官世界,也就是通常讲的世界,整个世界都是感官世界,都必须看作是可能经验的世界,这是经验派的立场。

就是说，凡是谈到世界，那就是可能经验的，至少是可能经验的。我今天没有经验到，我将来某一天就可能经验到。这才是属于"世界"的了。对世界的理解，你要强调它的世界性，那它就是强调它的可能经验，它的感官性。那么感官世界是一切可能经验的总和，都在可能经验的这个范围之内，才能叫世界。

所以，在感官世界中任何地方都没有什么单纯的东西被给予。

第二个命题被证明了。他的反题的命题是这样的，在世界中没有什么复合之物是由单纯的部分构成的，并且在世界中任何地方都没有单纯的东西实存着。但是他的证明是完全是从感官世界来证明的。这个当然经验派有他的根据，因为世界 Welt 这个概念，本来就有世俗的、尘世的、人世间的意思。它不是超验的。你凡是讲"世界"这个概念的时候，在人们的日常语言中，它就是表明是世俗的东西，就是感官的东西，经验的东西。经验派就是从这个角度来看的。所我们讲，它和理性派的这个矛盾，实际上是"世界整体"这个概念内部的矛盾。你是强调它的"世界性"呢？还是强调它的"整体性"？理性派强调它的整体性，世界虽然是感官的，但是世界整体，作为整个感官世界的总和，它是感觉不到的。世界上的东西都是可能经验的，但是世界本身不是可能经验的，尽管它里面只能包含可能经验的东西、感官的东西，但作为总体来说，它不可能感觉得到。你可以感觉到世界上任何一个东西，原则上任何一个东西都是可感的。但是唯一一件东西是不可感的，就是所有这些东西的整体，就是世界整体。所以，这是一个概念的内部矛盾。世界整体是一个自相矛盾的概念。一方面是世界，它是感官的，一方面是整体，它又是非感官的、超感官的。这两派各自抓住了一个片面。理性派理解的世界是世界的整体，而经验派理解的世界就是世界本身，就是世界里面那些事物。所以经验派讲，在感官世界，任何地方都没有什么单纯的东西被给予，这就把它限定在一种可能经验的层面上了。当然这种谈法本身并不是可能经验的，超出一切可能经验来谈可能经验，这种谈法并不是可能经验的，它还是一种形而上学嘛。所以，经验派也有它的形而上学，它讲是讲拒斥形而上学，但这种拒斥本身就是形而上学的，你要谈它，你就是一种形而上学的谈法，尽管你谈的都是经验的东西。所以他们和理性派构成了二律背反，就是在这个意义上可以构成的。不然的话他们可以各说各的嘛。你说是经验世界内部的东西，你可以不谈它整体上究竟怎么样；另外一个讲整体的人也可以不谈经验的内容，他们形不成交锋。之所以形成交锋，是因为双方都认为自己是得出了一个形而上学的命题。理性派不用说，就连经验派也认为，我从经验里面得出了这样一个形而上学的命题。虽然牛顿讲物理学要当心形而上学呀，但是他这句话本身就是形而上学。为什么要当心？说出理由来。你一说出理由来，不就是在谈形而上学吗？所以他们构成二律背反就在这个问题上，就形成了两种不同的形而上学的观点。当然两种不同的形而上学的观点有共同之处，就是都把世界看作是自在之物来加以讨论，而不是把我们所知的世界仅仅限制在现象的范围之内来讨论。所以，理性派的形而上学是错误的，经验派一旦上升到了形而上学，也是错误的。经验派最明智的就是，不要谈这些问题，你不要管什么复合的和单纯的，因为这不是你谈的，你就事论事，你就说我今天达到了某一个程度上的复合物，它比以前更单纯了，就够了。你不要说世界上没有绝对单纯的东西，你不要谈这些问题，你一谈这些问题你就是形而上学。所以双方都是错的。

　　反题的这第二个命题比第一个命题走得更远，第一个命题只是把单纯物从对复合物的直观中排除掉了，而这里却把单纯物从整个自然界中去掉了；

　　如果严格从逻辑上来说的话，他只要证明第二个命题就够了，世界上根本就没有单纯物，那当然复合物是不是由单纯物构成的这个问题就不存在了。但是为了跟正题相对应，他一开始还是要讨论复合物，复合物不是由单纯物构成的。然后呢，突然恍然大悟：原来根本就没有什么单纯物,单纯物本身是不可能成立的一个概念。所谓单纯物,所谓单纯的实体,如何能够成立呢?单纯的实体,是不是也要占据空间呢?如果你不占据空间,那我们谈什么呢?如果你说在空间之外,那就不在世界之中了,那我们谈什么呢?我们谈的是在世界中是否有单纯物。在世界中的东西都是在时间空间中的嘛。你说那个单纯物不在时间空间中,那它就不在世界中,那我们就不消谈的了。"第一个命题只是把单纯物从对复合物的直观中排除掉了,而这里却把单纯物从整个自然界中去掉了",也就是从整个世界中去掉了。在世界中,在自然界中,任何物都必须在时间空间中。一个物如果你说它在空间中,那它就是可分的,它就不是单纯物。你说它不在空间中,那我们就不消谈,它不是我们要谈的。那是在自然之外的一个什么东西。我们现在谈的是在自然中是不是有单纯物。

　　所以这个命题本来也可以不从一个外部直观给予的对象的概念中(从复合物的概念中)、而是从这概念对一个一般可能经验的关系中得到证明。

　　这个命题,也就是反题,本来也可以不从复合物这个概念入手,而是"从这概念对一个一般可能经验的关系中得到证明",这个概念在这里包括任何一个对象概念,不管它是复合物的概念还是单纯物概念。从这个概念"对一个一般可能经验的关系中",也就是对世界的关系中,对自然界的关系中,对时间空间的中的一切感官对象的关系中来考察,使反题得到证明。你只要说明这一点就够了,就是说,世界中的一个绝对单纯的实体是不可能的,是个自相矛盾的概念,因为一个绝对单纯的实体,不可能跟世界发生关系,不可能跟可能经验发生关系,不可能跟自然界发生关系。你只要说明这一点就够了。而前面那一点,不消说这个命题就被摧毁了,就不存在那个问题了。所以第二个命题是更加根本的。就是你是否能够在这个世界中,在这个可能经验中,从直观的角度来证明一个绝对单纯的实体。这个明眼人一看就知道这是不可能的。这是反题的一个观点。当然反题的观点有个前提，就是说他立足于经验派的立场，就把世界看作是一种可能经验的整体，它必须是由时间空间来作为它的存在方式，作为它的形式。没有这个形式的话，那么我们就谈不上世界中的东西了。所以实际上一开始他就是把单纯实体这样一个理念驱逐出了可能经验的世界。从这个意义上我们也可以说，康德实际上是一种循环论证，就是说首先把这个绝对单纯的实体把它确定为一个理念，不能在可能经验中得到证实，然后呢，再证明它要在可能经验中得到证实，那是不可能的，所谓的反证法。如果要在可能的经验中得到证实，那就会自相矛盾。所以，它不能在可能经验中得到证实。这不是循环论证嘛。一开始他就把这个概念已经定下来了，它只是一个理念了，然后再证明它是一个理念，它不是一个经验对象。所以，后来像黑格尔他们都批评他，说康德已经把要证明的东西当作了前提。最根本地当作了前提的就是"世界整体"这个概念，他的所有这些矛盾都是从世界整体这个概念里面推出来的。理性派强调世界的整体性，而经验派强调这个整体的世界性，所以他们的矛盾实际上是一个概念内部的矛盾。如果把这个概念内部分清楚，那他们也可能就根本不会发生碰撞了。

先验理念的第三个冲突

现在讲第三个二律背反的正题，就是关于自由的问题，以及自由和必然因果律的关系问题。自由的问题只有在与必然因果律的关系问题中才能够得到解释和理解。什么是自由？也就是超出一般的自然因果律。自然因果律是必然的，那么自由就是自由的，就是非必然的。或者说，它的必然性——自由也有必然性——是另外一个层面上的必然性，它跟这个自然律的因果性是完全不同的。自然律的因果性它是一旦规定，那么你就不能不规定下一个环节，必然导致下一个环节，这是在自然界中，在一切经验的事物中，有一种必然的关系。这个是第三个冲突所要讨论的话题。这个话题在四个二律背反里面，可以说是最重要的一个话题。康德自己曾经讲到过，就是第三个二律背反才使他考虑批判哲学的问题，他整个批判哲学进入到问题本身就是由这个问题导致的和引进来的。也就是说，康德的整个批判哲学以及先验哲学，都是在考虑一个核心的问题，就是自由和必然的关系问题，或者说就是自由的问题。必然的问题嘛，牛顿物理学已经解决了，自然界都有必然规律，这些必然规律都按照因果律在那里运转，这是每一个当时有知识的人都承认的。那么现在问题就在于，牛顿物理学是不是唯一绝对的原则而容不得任何自由的原则？是不是要把自由的原则完全排斥、消灭、取消？这是康德在心里考虑得非常迫切的问题。就是说，当时的自然科学兴起，成了体系，成了系统，可以用来解释一切。那么自由怎么办？如果没有自由的话，那么道德怎么办？信仰怎么办？所以，第三个二律背反看起来好像排在第三，其实是最重要的，其实是最核心的东西。第一个和第二个二律背反，你还可以说它是解决自然科学本身的问题，它在自然科学本身的范围之内。世界是有限的还是无限的，事物是可分的还是不可分的，是复杂的还是单纯的，这些东西本身都属于科学的问题，或者说是属于自然科学的问题。那么，第四个二律背反呢，涉及到整个宇宙的必然性和偶然性的问题，当然它已经触及到宗教的问题了，但是它本身还不是。就其跟宗教的问题、跟上帝的问题性质上不一样而言，那么第四个二律背反是从属于第三个二律背反的。叔本华曾经讲到，第三个二律背反和第四个二律背反其实讲的是一回事情，没有什么根本的区别。就重要性来说，第四个二律背反也远不如第三个二律背反，它只是过渡到对上帝存在的证明的一个阶段，一个过渡桥梁。对上帝存在的证明里有宇宙论的证明，就是援用了第四个二律背反，然后再往前跳跃一步。而康德指出来这个跳跃是非法的。所以，第四个二律背反从重要性来说不及第三个二律背反。第三个二律背反是最重要的，就是他把前面两个二律背反和第四个二律背反集中反映在同一个话题——也就是自由和必然的关系问题上面。

我们来看看第三个二律背反的正题：

　　<u>正题：按照自然律的因果性并不是世界的全部现象都可以由之导出</u>　B472
<u>的唯一因果性。</u>

　　按照自然律的因果性并不是唯一的因果性，并不能够把世界的全部
现象都从中引导出来。因果性在这个地方有双重含义，一重是按照自然
律的因果性，"并不是世界的全部现象都可以由之导出的唯一因果性"，
这里已经表明因果性可能有别的含义了，除了自然律以外。我们通常讲
的因果律就是自然律，但是这里讲的因果性，并不是唯一的。唯一的干
什么呢？唯一地把世界的全部现象都导出来。要导出世界的全部现象，
那么，按照自然律因果性是不够的。这个因果性我们也可以翻译成原因
性，我们在很多地方把它翻译成原因性，要说起来其实后一种译法更加
准确。Kausalität, Kausa 就是原因, Kausalität 就是原因性。用来翻译自
然律的因果性，这个是可以的，但是翻译自由的因果性就有一点不是很
恰当，因为自由的因果性是不考虑后果的，它就是一个原因，要怎么就怎
么，它就要这样。它跟自然的因果性不一样，自然的因果性因和果是不
可分的，有什么样的原因，就有什么样的结果，有什么样的结果，必有什
么样的原因。但是自由的原因性那就不一样了，自由的原因性的结果可
以是这样，也可以是那样。你从一个结果不能推出它这个行为必然的是
自由的行为还是被迫的行为，你推不出来的。所以，自由的因果性严格
说起来应该翻译成自由的原因性。但是这个地方如果那样翻的话就不统
一了，人家以为是两个概念，所以我们这里还是把它翻译成因果性。

　　<u>为了解释这些现象，还有必要假定一种由自由而来的因果性。</u>

　　"为了解释这些现象"，哪些现象呢？就是世界的全部现象，其中有
两种因果性，一种是按照自然律的，一种是由自由而来的。自然律和自
由在这里处于不同的、甚至于对立的关系之中。"世界的全部现象"这个
概念里面也可能包含有两种不同的解释。一种是世界整体，整个世界，
整个世界都可以由某种因果性导出来，那么这种因果性到底是自然律的
因果性还是自由的因果性呢？这是一种解释，就是说，世界的全部现象，

或理解为全部世界的现象。但是另外一种理解也可以，就是说，在世界中，并非全部现象都可以由自然律的因果性来解释，而是其中有些现象不能用自然律的因果性来解释，别的可以。一般来说，自然科学的各种各样的规律都是可以用自然律的因果性来解释的，但是某些现象，比如说，人类社会的现象，法律现象、道德现象、宗教信仰这些现象，那就不能用自然因果律来加以解释了，所以还有必要假定一种由自由而来的因果性。那么这两者我们可以把它们理解为，一个是整个世界的现象，我们光是通过这个世界的自然因果律无法得到解释，它从哪来的，我们还必须假定一个上帝的自由意志，这是一种理解；另外一种理解，我们可以没有上帝的自由意志，但是在所有形形色色的现象里面，有一类现象是不能够完全用自然因果律来加以解释的，那就是人类社会的现象。人的自由，人的自由行为，它的后果，必须另外有自由的因果性来加以解释。它的原因是出自于自由的。这两种解释都可以兼容，也就是说它有两个不同的层次。

证明：且让我们假定，除了按照自然律的因果性之外，没有任何其他的因果性；那么一切**发生的事情**都以某个在前的状态为前提，它按照一条规则不可避免地跟随着这个状态。

这是反证了，"且让我们假定"相反的方面。相反的方面是什么呢？就是没有自由，没有自由的因果性。那就会得出什么结果呢？那就会得出，我们在自然界里面看到一切发生的状态——所谓发生的状态就是原来没有，后来有了的，后来发生了的，从原来没有的状态变成了现在这种状态的——这样一些事情发生在自然界里面都是这样的，在自然物中没有任何一个东西你可以说它是永恒的，它都处在变化之中，发生之中，毁灭之中。一种现象发生了，一种现象消失了，生生灭灭，这就是整个宇宙的现象。一切发生的事情，也可以说一切事情，万物，万物生长，万物发生，每一个这样的事情都是以某个在前的状态为前提。既然是发生的事情嘛，那就有一个它还没有发生的状态为前提，那才叫发生嘛。为什么"发生的事情"打了着重号呢？就是所谓发生的事情都是以某个在前的状态为前提的，都是以某个还未发生的状态为前提的。它，也就是发生的事情——就是原来它还没有，虽然它没有，但这是发生这个状态的一个前提，而且这个发生的事情按照一条规则必然地跟随着这个状态，就是说，从它还没有存在的状态里面，不可避免地会发生出现在的这个状态。这就是因果律，因果必然性。之所以有因果必然性，就是说它前面一个状态和后面一个状态中间有一种不可避免性，这个发生是不可避免的。这就是对自然律的因果性的一种解释，什么叫自然律的因果性？就是"一切发生的事情以某个在前的状态为前提，它按照一条规则不可避免地跟随着这种状态"。这个在前的状态肯定跟它是不同的，那么它跟在前的状态也不同，它是结果，那个在前的状态是原因，结果和原因之间有一种不可避免的必然关系，所以叫因果必然性。我们通常讲因果必然性，当然康德这里没有提到必然性，他专门留到后面去讲。但是他这里的"不可避免的"其实也已经说的是必然性了。有前者必有后者，通过有了后者我们必然可以推出有前者。所以，它的这个关系，是不可改变的。

　　但现在，这个在前的状态本身也必须是某种发生起来的东西（在时间中形成起来的东西，因为它原先是没有的）。

　　一个在前的状态，一个在后的状态，在前的状态作为原因，它本身也应该是某种发生起来的东西，也应该是某种后果，即某种原因的结果。这种发生起来的东西，也就是在时间中形成起来的东西，因为它原先是没有的，发生起来的东西肯定有一个时间概念在里头。我在前面曾经讲到，康德在谈到纯粹知性的原理分析时说，因果律的图型当然就是时间的图型，时间的客观相继性就是因果律，因果律必须要以时间作为图型。因果律不是一个抽象的概念，它必须是被理解为在时间中发生起来的东西，在时间中前后的相继，而且这种相继是必然的。如果有一种时间中必然的前后相继，而不是偶然的，偶然的也可以在时间中相继，但是如果你把它理解为必然的，或者理解为客观的前后相继，那就是因果性。所以，所谓发生起来的东西，几乎就可以说是因果性的代名词，或者说是一种表现。所以康德讲，一切发生的事情都有原因。这是一个自然科学的先天综合判断，是一个最基本的东西。如果你连这个东西都不相信，那自然科学就垮台了，就没有自然科学了。自然科学首先必须相信一切发生的东西都有原因，所以发生的事情跟因果性有一种内在联系，它跟因果性的时间图型也有一种内在联系。所以，他在括号里面讲"在时间中形成起来的东西，因为它原先是没有的"，它在时间中是跟着这原先没有的状态相继而来的。那么在前的状态本身也必须是某种发生起来的东西，也必须是某种结果，这个原因本身也应该是某种结果。为什么呢？

因为，假如它任何时候都存在着，它的后果也就不会才产生出来，而会一直存在着了。

就是说，在它之前，在一个发生起来的东西之前，有一种东西，有一种状态，那么那个东西，那个状态，它本身也是发生起来的。否则的话，那么就有一种可能，就是它本来就在那里，它不是发生的，它永远在那里，从来都在那里，自古以来就在那里，如果是这样的话，它的后果也就不会才产生出来。如果它自古以来就在那里，那你说这个后果是现在才产生出来的，那有什么理由呢？既然它原来一直在那里，既然是它的必然的后果，那它的后果也必定一直都在那里，不会现在才产生出来呀，为什么要拖到现在才产生出来？现在才产生出来肯定有现在才产生出来的一个具体的原因。这个原因跟它那个永恒的原因是不一样的，或者说，那个永恒的原因反而不是它的原因，而是后来使它现在才产生出来的原因才是它的原因。这个证明是很巧妙的了，如果它任何时候都存在着，它的后果也就不会现在才产生出来，而会一直存在着。因果性肯定是要在时间中一个在前一个在后，那么既然是一个在前，一个在后，它就在时间链条中。在前的东西肯定也是在某一个时间段上你可以说它是在前的，甚至于你可以说它是某一瞬间它是在前的，而不是说永远是在前的。永远在前的，永恒的在前的，自古以来就在前的，那个东西是不起作用的，它不会具体地起作用，它只是理论上的一个假定而已。具体起作用还是要在时间中来看，这个事情发生了，它的最近因是什么，你追溯得太遥远了，我们不去谈它，那个没有用。它真正的原因，就是它现在，在发生的时候它的最近的原因。既然是只有最近的原因才是它真正的原因，那么这个最近的原因也必然有自己的原因，因为它不是自古以来的嘛，它只是最近才有的原因，这样的原因才产生出了现在这个结果。所以，这个原因肯定也在时间中的某一个时段发生起来，不是从来就有的。如果是从来就有的，那就没有这样一个发生了，或者这个发生自古以来早就发生了，那这个后果也就早就存在了，用不着你现在才来探讨它了。在发生的事情中，我们之所以探讨发生的事情，我们就是要探讨一个事情的最近因，而不是探讨它自古以来的那个原因。

所以使某物得以发生的原因的因果性本身也是某种**发生起来的东西**，它按照自然律又要以某种在前的状态及其因果性为前提，但这个状态同样要以一个更早的状态为前提，如此等等。

前面一步既然一旦证明，那么，必然会推出因果性的链条是无穷后退的。使某物得以发生的原因的因果性，本身也是某种发生起来东西，使这个发生起来的东西得以发生的原因，它的因果性本身也是发生起来的东西。这个地方把原因限定在因果性，也就是说起作用的方式。一个原因也可能有两种歧义，一种是指那个东西，我们说那个东西就是原因；另外一种就是那个东西的作用。如果那个东西摆在那里不起作用，那它也不是原因。它之所以是原因，是因为它起作用，是因为它的因果性，是因为它的原因性。那么这个地方的强调，使某物得以发生的"因果性本身也是某种发生起来的东西"，原因如果你理解为那个东西的话，你当然可以说那个东西自古以来就存在，但是它没有发生作用，虽然它已经是原因，但是它还没有发生作用，它是最近才发生作用的，才导致了这个结果产生的。那么这种理解当然也可以。但是康德在这个地方把这条路堵了。他说,我指的是这个原因的"因果性本身",它是某种发生起来的东西,只能是某种发生起来的东西。那么按照自然律它又要以某种在前的状态及其因果性为前提。但是这个状态同样要以一个更早的状态为前提,如此等等。这个推理很明白了,必将导致无穷后退、无穷追溯。

所以,如果一切都是按照单纯的自然律而发生的,那么任何时候都

B474 只有一种特定的开始,而永远没有一个最初的开始,因而一般说来在一个溯源于另一个的诸原因方面并没有什么序列的完整性。

我们前面所有的解释都是以一切都按照自然因果律在发生为前提的,那么任何时候都只有相对的开始,特指的这个东西的开始,而不是绝对的开始。这个东西的开始只是相对的开始,只是在这种状态之中的开始,但是这个开始本身还有它的更早的开始,你只能说某种状态开始,你不能说这种状态是绝对的开始。任何特定的开始都不是最初的开始、绝对的开始。因果链条永远不会终结,不会从一个最初的开始真正的开始,而总是在它的链条的某个环节方面你可以找到一个特定的开始。既然是发生起来的事情,发生起来就是说原来没有,现在开始了。从这种观点来看,任何事物,万事万物,每一件事物,都是开始的,但是这种开始只是特定的,而永远没有一个最初的开始。所以,在一个因果链条上面,这个链条一环套一环,缺了一环都不行,它们建构起一个完整的链条。在这个链条上面有无数的原因,尽管有无数的原因,但这些原因却"没有什么序列的完备性"。这个地方原来译为"完整性",后来改为"完备性",更加强调它的完备无缺。就是说,序列的完备性是不存在的,这个链条你不能把它追溯到底,你不能把它追溯完,它总是还有没有追溯到的地方,还可以在时间中往前追溯。这就没有什么序列的完备性了,永远没有完了。因果链条的序列如果按照自然律的因果性来追溯的话,它是永远没有完的,它是无限的。就像在第一个二律背反里面讲到的那样,世界在时间上就会导致无限。当然这不是正题所能够认同的了。就是说,如果导致了无限追溯的话,那将会怎么样呢?那将会得出自相矛盾的结

158

果了。这是反证法，正题恰好就要推翻这种无限。所以他说：

但既然自然律恰好在于：没有先天地得到充分规定的原因就不会有任何东西发生，

这个自然律就是莱布尼茨提出的充足理由律。充足理由律就是这样表述的：任何事情之所以发生，之所以存在，都必须要有充足的理由，少了一个都不行，少了一个这事情就不会发生了。任何一件发生的事情，它的发生都是由于种种机缘、因缘凑合在一起所导致的。我们日常生活中经常这样讲，这两个人碰到一起，认识了，恋爱了，结婚了，人们说是"缘分"。所谓缘分就是这些原因无穷无尽，你数不清楚。当初要是我没有搭上那趟车，那我们就见不了面了；当初如果在某个地方我摔了一跤，那也就错过了。有很多偶然因素，都会导致今天这个事实根本就不存在。但是既然今天这个事实已经存在了，所以我们就可以倒推出来，那肯定是因为所有的因缘都凑齐了。哪怕是很偶然的东西，里面都有一种必然性。就是说，一旦少了一个因素，那必然我们就不会走到一起了。所以，充足理由律就是讲这样的事情，就是要把所有的偶然性都加以必然的解释。任何一个偶然的事物的存在和发生，都有它充分的理由。少了一个理由，这个事情就不会发生。那么反过来，既然这个事情已经发生了，我们就可以推出来，所有的理由它都具备，它都完备。它的所有的理由都是完备的，才造成了这个"事实的真理"——莱布尼茨称之为"事实的真理"，——我们就可以推出来，它的所有的充足理由都具备了。这成为一条自然律。康德在这里恰好就引用了这条自然律。这是他最有力的一个根据，最强有力的一条论证就在这里。就是说，任何东西的发生，都是因为有了充分的原因，或者说充分的根据才发生的。

所以如果说一切因果性都只有按照自然律才是可能的，则这个命题在其无限制的普遍性中就是自相矛盾的，因此这种因果性不可能被看作是唯一的因果性。

就是因为自然律——就是充足理由律——强调任何一个东西的因果

链条都是完备的，那么你现在说，一切因果性都只有按照自然律才是可能的，而这个命题在它的无限制的普遍性中就会导致自相矛盾，就是说它永远是无限制，永远是没个完，没到头。没到头它就不完备呀，如果永远可以往前推，推到任何一个地方你都不能说已经推完了，这个因果链条始终是不完备的，那么目前的这样一个事实，这样一个已经发生了的事实，就永远得不到完备的解释了。你永远不能说明它的可能性，它何以可能？当然你可以说，虽然我没有推到它的尽头，但是从理论上我可以设定它有个尽头。既然有一个事物存在的嘛，那么，理论上所有的原因都应该是具备了的，虽然我们没有找出来，虽然我要去找的话，我会陷入到无穷后退，但是我在理论上毕竟可以假定它是完备的。你可以这样来反驳康德。但是恰好你这样反驳康德，你就已经把这个因果链条设定了它的一个终点，而这个终点本身肯定不属于这个因果链条，它是属于另外一种因果性的。你恰好证明了康德的观点。康德就是要从这里引出来，引导你去想，虽然我事实上不可能把因果链条推完，因此我也不可能完备地解释这个事情发生的所有的原因，但是我可以假设，我可以超前。我还没有推到头，但是我可以超前地去设想，有一个到头的终点或者起点，有一个绝对的起点。那么这样一来，充足理由律就可以用在这个事物上面了。只要有一个事物存在了，我们就可以设想，它有充足理由，而这个充足理由是不能通过单纯的自然因果律来加以解释的，这个在莱布尼茨那里是通过上帝来解释的。他最终是推到上帝，上帝是最大的充足理由，一切理由都是由于上帝才是充足的。康德在这里没有推到上帝，但是他假定了有一种自由的因果性，不管是不是上帝，反正有一种自由的因果性。否则的话，你就达不到这个因果序列的完备性，你就无法解释任何一个发生的事情，这将导致自相矛盾。你说这个事情发生了，但是它又没有充足理由，那它不是自相矛盾嘛。因为因果律必须按照充足理由律来解释，任何发生的事情一旦发生，它就肯定已经有了它充足的理由，至于你追溯得到还是追溯不到，那是你的事情，那是人类有限性的问题。最聪明的科学家也不可能把所有的充足理由都追溯完，人是有限的，但事实上你必须假定，既然一个事实已经存在了，它就必然有其充足的理由。一旦你假定了充足理由，你就必须要假定这个因果序列是完备的，只有这样，你才能解释这个事物为什么会发生起来。所以，如果你停留于一切因果性都只是按照自然律才是可能的，那么，这个命题——就是有任何东西发生的这个命题——就会在其无限制的普遍性中导致自相矛盾。就是说，有任何东西发生了，必须有它的原因，那么它的原因，又必须有它的原因，在这样一种无限制的普遍性中。就是把"发生就必有原因"这样一个命题普遍化，普遍到每一个因果性的环节，无限制，无穷无尽，那就会导致自相矛盾。每一个发生的事情都必须有充分的原因，但是它又不充分，那不是自相矛盾吗？按照自然因果律它就不充分，它永远不充分。那么如何克服这个自相矛盾呢？只有设定一个非自然的因果律，设定一个自由的因果律，才能克服这种自相矛盾。这是反证法，一直推到这个地方，就推出了矛盾。那么既然它的反面是自相矛盾的，就恰好证明它的正面应该是对的了。

　　根据这一点，必须假定有一种因果性，某物通过它发生，而无需对它的原因再通过别的先行的原因按照必然律来加以规定，

　　根据这一点，也就是根据上面推出来的，既然你那样说，世界上只有一种因果性，那就是自然律的因果性，根据这一点，已经推出矛盾来了，那么根据这一点如何解决这个矛盾呢？就必须假定有另外一种因果性。这种因果性是"某物通过它发生"，任何一个事物都是由它发生，"而无需对它的原因再通过别的先行的原因按照必然律来加以规定"。按照必然律也就是按照自然律的因果性，这个地方出现"必然"这个概念了，实际上已经涉及到第四个二律背反的必然和偶然的问题。当然他这里讲的主要是因果性了，还没有直接讨论必然和偶然。那么自由的因果性是无须对它的原因再通过别的先行的原因按照必然律来加以规定的，自由和

161

必然在这个地方是对立的，自由那就不再是必然的了，也就是不再是通过别的原因来对它加以必然的解释的了。这样一种原因，这样一种因果性，某物通过它发生，这个某物你可以理解为任何一物，也可以理解为某些事物。有一些事物是通过它而发生的。

也就是要假定原因的一种**绝对的自发性**，它使那个按照自然律进行的现象序列**由自身**开始，因而是先验的自由，没有它，甚至在自然的进程中现象在原因方面的延续系列也永远不会得到完成。

也就是说，这样一种因果性"要假定原因的一种绝对的自发性"，绝对自发性打了着重号，他非常强调这个东西。所谓自发性，在康德的理解里也就具有绝对性。如果不是绝对的自发性，那就谈不上自发性了。自发性绝对地由自身开始，是一种绝对的自发性，那么这种绝对的自发性也可以设想为一种自由了。一个现象序列本来是按照自然律进行的，但是它的开端、开始，是由自身开始的。你必须设定这样一个前提，你才可能解释任何一个发生的事情它的全部的充足理由。这种解释你可以追溯到上帝，上帝是一切事情的充足理由，任何事情都可以这样解释的。但是某一些事情你也可以解释为是由人的绝对的自由意志的开始。但在这个地方呢，康德更多地依赖于莱布尼茨的证明，就是上帝的自由意志。上帝的自由意志使得所有的事物、所有的某物得以发生。如果没有这个充足理由，那么，任何事物都无法发生。一个现象序列，它由自身开始，就是说它自身有一个自由的开端，一个端点，这样一个原因，因而是先验的自由。先验的自由就是说你并没有具体地追溯到它，你要追溯到无穷无尽的这样一个端点，这样一个开端，对人来说是不可能的。所以你只能先验地假定它是一个自由的开端，它再没有别的原因了，它的充足的原因就在于它的自由。那么你的这种断言只能先验地断言，只能超前，超过一切经验。所谓"先验的"，我在前面解释过了，意味着先于经验，但是又用于经验。你先于一切经验，断言它有一个自由的开端，并且这个自由的开端用在这个经验序列里面作为解释的根据，这就是先验的意

思。所以，"因而是先验的自由"。你超越一切经验的东西去假定，要假
定原因的一种绝对的自发性。既然是"假定的"，"我们认为的"，我们所
认定的这样一种原因的绝对自发性，这样一种自由因，因而，它是先验的
自由。是你假定的嘛，你并没有现实地推出来，你也不可能现实地推出来。
你要按照自然律去推的话，它是无穷无尽的，永远推不到头。但是，你可
以跳出来，做一个先验的假定。做这个先验的假定有什么好处呢？就是
说，如果没有它的话，"甚至在自然的进程中现象在原因方面的延续序列
也永远不会得到完成"。如果没有先验的自由的假定，那么在自然的进
程中，也就是在后天的、在经验的自然的进程中，一切现象在原因方面的
延续序列——也就是因果链条了，将永远不会得到完成。它的好处就在
这里，它可以使现象中的、经验中的这样一个因果链条有一个完成，有一
个完备的解释。否则的话，就自相矛盾了，你要想单纯地用自然律的因
果性来解释一切事物，那起码按照充足理由律，任何一个事物发生了，你
都无法解释这个事物为什么发生的。有某物发生了，那么这个某物必然
有它充足的理由，而你在自然因果链条中间永远追溯不完它的充足理由。
那么要完成这个充足理由的完备性，你就必须假定一个先验的自由。或
者说，你就必须要设想这个因果链条已经完成了，已经完备了。那么这
个完备的最早的那个开端，你就必须设想为，它本身不需要再用自然因
果性来加以解释了。那个开端本身不需要再用自然因果性加以解释了，
那它不就是自由吗？如果这个前提你说它还需要用自然因果律来加以
解释，那它就还没有完备。你只有设定它在这个地方到此为止，前面再
没有它的原因了，那就完备了。那这样一来，你自己就提供了一个自由
的理念了，你先验地设想了、假定了这样一个开端，它是没有任何自然因
果律作为它的原因的，它是绝对的自发性，绝对的开端，那它岂不就是先
验的自由吗？由此，通过反证法就推出了它的正题："为了解释世界的全
部现象，还有必要假定一种由自由而来的因果性。"否则就会导致自相矛
盾。当然这是理性派的证明，是一面之词了。现在我们已经搞清楚了正

题的来龙去脉。

下面看反题。反题是经验派的立场，我们看他是怎么样提的。他首先说：

B473　反题：没有什么自由，相反，世界上一切东西都只是按照自然律而发生的。

他这个提法不是把"没有什么自由"放在最后作为推论，如果放在最后的话，就是"世界上一切东西都只是按照自然律而发生的，因此没有什么自由"。如果这样来说的话，他的漏洞就小一些了，就是说他讲的是世界上的事情，而不是讲的一切，任何事情。那么世界上的事情只是现象，按照康德的划分，现象不涉及自在之物，所以你如果只在现象中谈问题，那么，世界上一切事情都只是按照自然律发生的，在现象界没有什么自由，这个没有什么错。按照康德的观点，这个应该是对的。但是如果你把"没有什么自由"放在前面，一开始就说"没有什么自由，相反，世界上一切东西都只是按照自然律而发生的"，这样的说法，这样的问题的提法，本身反映出一种独断论。就是说经验派也有独断，尽管它的立足点就是现象界，但是它还是要从现象界的这些情况去推断超越现象界的情况：在任何地方都没有什么自由。如果这样来说的话呢，就是武断了。你怎么知道，在超越现象界的情况之下，也没有自由呢？你无法断言嘛。所以，这也是一种独断，这跟理性派的独断是一样的。理性派就是先验地断言，就是有一个自由，而且它能够作用于我们这个现象界，而且这种发生作用呢，是按照自由的一种因果性发生作用的，我们可以把它看作是一种知识，甚至于是一种更高级的知识。这是另外一种独断论。所以理性派和经验派双方都犯了独断论的错误。下面我们来看看经验派的反题是如何证明的。

证明：设：有一种先验理解中的**自由**作为一种特殊的因果性在起作

164

用, 世界上的事情据此才能产生出来, 这就是绝对地开始一种状态、因而也开始这状态的一个诸后果的序列的能力;

这是一种反面的假设, 我们先设定一个反面的命题, 来跟我们这个反题相对抗, 看看它会导致什么样的结果。经验中我们当然追溯不到了, 但是我们可以利用我们的知性或者理性, 先假定一种自由, 作为一种特殊的因果性在起作用。因果性有自然律的因果性, 也有自由的因果性, 它们都在这个世界中起作用。而自由是作为一种特殊的因果性起作用的, 它对于世界上的事情, 对于这些现象在起作用, 只有假定了这个, 世界上的事情才能够产生出来。如果不假定这个, 世界上的事情的产生, 就无法得到解释了。这是反题所假定的对立的观点, 也就是正题的观点。我们再来注意后一句话: "这就是绝对地开始一种状态、因而也开始这状态的一个诸后果的序列的能力"。这句话就是给先验的自由做了一个定义。什么叫先验的自由? 首先我们可以肯定, 先验的自由是一种能力, 这种能力可以"绝对地开始一种状态", 当然前提是在"世界上"。所谓绝对地, 就是单凭它自身就可以开始一种状态, 它不需要任何别的东西做条件, 它单独地、独自地就能够开始一种状态。在世界中开始了一种状态, 它就有种种后果接连而来。这个"因而"就是说, 既然你是在世界中开始了一种状态, 而这个世界有其自身的自然律, 有自然律的因果性, 那么你开始了这个状态以后, 接着而来的就是依靠自然律的因果性形成的这个状态的诸后果的一个因果序列。就是说, 这个状态是个原因, 那么它后面的后果接踵而来, 形成了一个序列。所以, 这个序列的开始是由这个自由的原因, 由自由因开始, 但是它形成的序列当然还是要依赖于自然律的因果性, 它不能每一点都是自由的。它自由地开始一个状态, 开始一个因果序列, 这就是自由了。康德对自由的最基本的看法就在这里, 它是开始一个因果序列的能力, 或者它是一个因果序列的绝对的原因, 这个序列整个是由它开始的。康德在后面解释的时候曾经举了一个例子, 就是说, 自由的因果性是大家都不能否认的, 比如说我现在从椅子上站起来，当然我本来也可以不站起来，这完全取决于我，取决于我的任意，取决于我的自由意志。那么我一旦站起来，它就有一系列的后果，那我就可以把这一系列的后果看作最初完全出自于我的自由意志。当然你可以说这个自由意志要有一定的条件，首先你必须坐在这个椅子上。是什么使你坐在椅子上的，你有一个椅子可坐；然后现在呢，地没有塌下去，没有发生地震，等等等等，有各种各样的原因，摆在你的面前。但是你把所有这些原因聚集拢来，采取一个自由意志，所有这些条件当然必须要有，但是是谁把这些条件聚集拢来，使我采取了这样一些条件的，那还是自由意志，最初原因还是自由意志。你利用了这些条件。这些条件如果没有你的自由意志去利用，它也不会自动地就产生出这样一个过程，这样一个序列。正是因为你从椅子上站起来这样一个行动，就导致了一系列的后果。这个后果也许是你根本没有预料到的，因为它出自于自然律的因果性。我讲错了一句话，或者我做错了一个行动，就导致了一场灾难，我哪里能够预料到呢？但是我要为这一场灾难负责。为什么要负责？因为最初毕竟是我的一个行动或者一句话导致了这一场灾难。自由意志必须被看作是一个绝对的开端，它是"绝对地开始一种状态，因而也开始这状态的一个诸后果的序列的能力"，这就是自由。这可以看作是康德对自由下的一个定义。最起码的定义就是这样，就是你能够自行开始一个因果序列。这个因果序列到后来发展到什么样的，你支配不了，但是毕竟是你自行开始的，没有人强迫你，没有人命令你站起来或者架着你站起来，是你自己要站起来的嘛。他举了一个非常简单通俗的例子来说明。当然在这里没有，这里是作为反题提出这样一个关于自由的规定的。

这样，就不单是一个序列将通过这种自发性而绝对地开始，而且是导致产生这序列的这个自发性本身的规定性、也就是因果性也将绝对地开始，

这样就导致了两个层面的开始。"一个序列"，就是因果序列了，自然律的因果序列、因果必然性的链条因为你这样一个自发的行动而开始

了。你一旦采取了某个行动,它就会有一系列的因果链条,这个因果链条很可能是你无法支配的。所以很多人把这归之于命运,我这样做了我就陷到这个因果链条里面去了,我无法控制了。这好像是一种命运,但尽管是一种命运,这个命运却是你自己造成的。所以西方有的人也说"命运即性格"。命运就是你的性格,你有什么性格你就给自己带来什么样的命运。或者说,命运就取决于你的自由意志,最初它是取决于你的自由意志的。不仅仅如此,不仅仅是说这样一个因果序列你所无法支配的链条由于你的一个自由行动,自发性地、绝对地开始了,这是一个层面。就是说,不仅仅是一个自发性必然地使因果链条开始了,如果这样的话,那还是一个自然科学的问题。因果链条当然有它的开始,只不过它不是绝对的,而是相对的。你当然也可以假设有一个绝对的开始。比如牛顿讲的上帝的第一推动力,就是假定的一个绝对的开始。他是作为自然科学的假定而设立的。不仅如此,另外还有一层意思就是,导致产生序列本身的规定性,也就是自由意志的自发性本身也有一种规定性,就是因果性,即原因性,也将绝对地开始。原因性当然跟结果也是有关的,自由意志的原因性,它既然是原因性,它肯定是要产生后果的,只不过它不是着眼于后果,它是着眼于原因。我是自发地产生行动的,我不管它有什么后果。肯定会有后果,但是我不管它,我做了再说。那么这种原因性也将绝对地开始。就是说,你不是仅仅绝对地开始一个必然的因果链条,而且你这个行动本身,也是一个绝对的开始,开始一个因果链条这样一个最初的原因性、这种自发性的本身的规定性也将绝对地开始。这是另外一个层次,更加深的一个层次,更加细的一个层次。不是一般地讲这个因果链条被我开始了,而且这个开始本身也是绝对的开始。下面就解释如何理解这个自发的因果性也将绝对地开始:

以至于没有任何东西先行在前而使这一发生的行动按照常住的规律得到规定。

这就是对后面这个层次进一步地详细地解释了。后面这个层次如何

167

理解？"导致产生这序列的这个自发性本身的规定性、也就是因果性也将绝对地开始"，就是在这个绝对的开始之前，没有任何东西先行，因为我这个行为使其他的因果必然性链条、自然因果律的一个序列开始了，但是我这个自发行动的本身是不以任何其他的行动为前提而得到规定的。它不被任何其他的先行的行动"按照常住的规律得到规定"。常住的规律就是普通的规律，经常的，普遍的，一般的按照这个规律来规定的，也就是指的因果律了。就是说，它不是好像经验事物一样，总是要被自然因果律所规定的。唯独这个自由意志的因果律不是按照常住的规律得到规定的，没有任何东西在前面来规定它。它采取这个行动，可以说是无中生有，也可以说是创造奇迹。它采取行动不需要任何先行的条件来规定它。它自我规定，自己规定自己。或者按照斯宾诺莎的说法就是"自因"，这个世界，这个宇宙、万物，作为整体，它有一种"自因"，它自己是自己的原因，它自己对自己发生因果性，发生原因性。在此之前，在此之上，再没有别的东西来规定它了。这是反面的假设，我先假设你的观点应该是这样的。

但行动的每一个开端都是以那尚未行动的原因的某种状态为前提的，

这是自然科学的一般的原理，行动——任何行动，它的任何开端都是有原因的，也就是前面所讲，一切发生的事情都是有原因的。我在前面讲"原理分析"的时候讲到，因果律得出了这样一条自然律，就是一切发生的事情都有原因，都有先行的状态作为它的前提。这是一般的规律。经验派援引的是这样一条经验自然科学的自然律。

而该行动的动力学上的第一开端以这种状态为前提，这种状态与刚才这种先行的原因没有任何因果性的关联，也就是不以任何方式从其中产生出来。

"该行动"就是我们在这里所假设的这样一个行动，跟前面的"行动的每一开端"是两个不同的意义上的行动。"刚才这种先行的原因"就是前面一句话讲的"但行动的每一个开端都是以那尚未行动的原因的某种状态为前提的"——这是一般规律，但是唯独该行动的"动力学上的第一开端以这种状态为前提"，"这种状态"指的是后面所说的状态，这是一个定语从句。什么状态呢？"这种状态与刚才这种先行的原因没有任何因果性的关联，也就是不以任何方式从其中产生出来"，这就跟一般的自然律对立了。这句话是两节，前面一部分讲一般自然律，"而"后面指的是这样一个特定的情况，就是他假设的反面这种情况了，这就跟前面的命题截然相反了。前面讲的是该行动的"每一个开端都是以那尚未行动的原因的某种状态为前提的"，而现在讲的这个行动，它的第一开端则是以这种状态为前提的，"这种状态与刚才这种先行的原因没有任何因果性的关联"，截断了。它当然也要以一种状态为前提，但是这种状态与先行的原因没有任何关联。本来是说，行动的每一个开端都要以那尚未行动的原因的某种状态为前提，当然这个开端就是出自于那个原因的了，本来是跟它有密切相关的，这才是自然律嘛，自然的因果性链条嘛。但是到了"该行动"，它的动力学上的第一开端，就是促使该行动行动起来的致动因——亚里士多德讲"致动因"是一个很重要的原因——，它的前提状态是这样一种状态，这种状态与刚才的那种先行状态没有任何因果性的关联，也就是不以任何方式从其中产生出来。所以整个这一句话，他提出了一个矛盾，提出了一个对立：你所假设的那样一种自由因，自由的因果性，跟我们通常所承认的自然因果律是截然对立的。

　　所以先验自由是与因果律相对立的，并且是起作用的诸原因之相互承继状态的这样一种联结，按照这种联结，经验的任何统一性都是不可能的，　　B475

　　这就是他的结论了。从反面的假设，我们推出来有这样一种因果性，它与因果律——也就是自然律的因果性——是相对立的，与我们通常所认可的自然规律、自然的因果链条是完全格格不入的。"起作用的诸原因"，德文 wirkende Ursachen，也就是我刚才讲的致动因，致动因也翻译成"起作用的原因"，在亚里士多德那里就是这样的意思。后来的翻译也有两个不同的词语，一个翻译成致动因，一个翻译成起作用的原因。起作用的原因也可以说是发生效果的原因，吴寿彭曾译作"效因"。致动嘛，就是发生了效果，导致动作。起作用的原因也就是在现象中发生作用的、发生后果的。先验自由使这些原因的相互承继状态有一种另类的联结，"按照这种联结，经验的任何统一性都是不可能的"。就是说，先验自由的这样一种联结，按照反题的假设，它也要起作用，先验自由肯定要在现实的经验世界中起作用，也是起作用的原因。那么，起作用的诸原因，一个接一个，相互承继状态，也就有因果性的链条；但在这个链条中有这样一种联结，按照这种联结，经验的任何统一性都是不可能的。如果你把先验自由加入到这种起作用的因果链条里面来，作为其中的一环，那么，经验的统一性就不可能了，就垮台了。经验的统一性本来是按照一般的自然律，"行动的每一个开端都是以那尚未行动的原因的某种状态为前提"，这个是经验的统一性，任何运动，任何行动都是这样的，任何起作用的原因都是这样的，都要以尚未行动的原因的某种状态为前提。但是先验自由，唯独这样一种起作用的原因不以在先的某种原因作为前提，那你不是打破了经验的统一性吗？

因而在任何经验之中也都找不到这种联结，所以它是一个空洞的观念物。

既然它不符合经验的统一性，不符合因果律，不符合一般自然科学的因果规律，即凡是发生的事情都有原因，但是唯独这个东西没有原因，它自身是自身的原因，它是自因。如果你按照这种联结来理解，那整个自然界的因果链条就被截断了，它就没有统一性了，经验世界的统一性就不可能了。"因而在任何经验之中也都找不到这种联结"，就是说，反过来如果你立足经验，你就发现不了这种联结，你就看不出有这种联结。因为所有的经验世界的眼光，都是以统一性为前提的，你都是把经验世界看成是有其普遍规律的，看成是一个因果链条，你才能在经验世界里面去规定任何一个事物。但这个事物超出你的规定，那当然你在经验世界中找不到这样一种联结了，你所看到的都是自然律的因果必然性的联结。哪怕你从椅子上站起来，我也可以分析，它是由种种条件所决定的。你那种自由意志只不过是你以为你是自由的，实际上我们客观地、从旁边用观察者的眼光来看，你的这样一个行为由种种客观条件所决定。包括你的心理和生理，都是一种因果必然性，哪有什么自由呢？自由是一种错觉。所以我们就可以把你以为的自由完全消融在自然律的因果必然性里面，完全取消了，你找不到这种自由存身的余地。所以它就是一个空洞的观念物，观念物也可以翻译成思想物，Gedanken 就是由"思想"denken 变来的嘛。实际上就是思想物。我们一般把 Gedanken 译成观念，就是由"思想所形成的东西"，就是思想过的东西，被思想到的东西，我们把它翻译成观念。所以这个先验自由只是一个空洞的观念物，在经验世界里面用不着它，也容不了它。经验世界一切都按照因果必然性，怎么能容得了自由呢？这是从反题里面所得出来的一个结论。就是说，这样一种先验自由与我们通常的自然因果律是相对立的，它是破坏经验的统一性的。所以我们不能够把它引入到经验的自然科学里面来，它只是一个空洞的思想物。这个反驳到此为止还没有什么问题，还没有什么毛病。你若从自然科学的眼光来看，你看不到自由嘛，所以你不能把自由引入到自然科学里面来当作一种知识，它只是一种思想物。这个康德也承认的。康德也承认先验自由只是一种思想物。我们可以思想，但是不能认识。

但是下面的进一步说明就有问题了。

这样，我们所拥有的就只不过是**自然界**，我们必须到其中去寻求世界上的事情的关联和秩序。

"我们所拥有的"在这个地方当然限于"我们所认识到的"，也就是说我们所看到的，我们所经验到的，我们所能知道的只不过是自然界。

如果把"我们所拥有的"泛化，不仅仅是指的认识，如果是指的实践，或者是别的什么，那这句话就有问题了。所以，这句话就隐含着有某种问题。经验派他们不自觉，他们没有觉察到这个里头的问题，他只是说，我们所拥有的就是自然界嘛，实际上他是说我们所能认识的就是自然界。我们必须到其中去寻求世界上的事情的关联和秩序，世界上的事情也是经验中的事情、现象中的事情，这个自然界，我们要寻求任何关联和秩序，都必须在这个世界里面、这个自然界里面去寻求。在别的地方是寻求不到的。

脱离自然律的自由（独立）虽然是从**强制**中**解放出来**，但也摆脱了一切规则的**引导**。

就是说，脱离自然律的自由，我们也可以作为一种观念物嘛，我们来思考、来设想有这么一个自由，它是脱离自然界的，是独立于自然界的。自由和独立本来也就是一个意思，Freiheit，自由就是摆脱什么什么而独立。所以，后面这两个打了着重号的"虽然是从强制中解放出来"，自由也可以翻译成解放，放开，把自己放开，不要受到强制，摆脱强制，这就是自由的本来的意思。所以，自由、独立这些意思虽然本身就是从强制中解放出来，这本来是个褒义词，解放嘛，摆脱一切外来的束缚，这不是一个褒义词吗？"但也摆脱了一切规则的引导"，这就是它的负面了。一方面这个思想物、这个观念物，我们可以把它看作是一种解放，但是同时也失去了引导，变成了盲目的了，它失去了线索。所以，脱离了自然律的自由，我们虽然可以思想，这种思想给我们一种安慰，好像是我们可以摆脱强制，我们得到解放了，但是呢，摆脱强制的同时也摆脱了一些规则的引导，也就失去了你的准绳了。一旦你真正自由了，你就不知道怎么办了。你在自由之前还有个标准，还有个准绳，我按照这个标准和规则去做没错，但是一旦把这个规则从你那里抽掉，把你抛入到自由之中，你就不知所措了。我还能干什么呢？一切都失去意义了。当然这是现代人的理解了，康德那个时候，他还只是从认识论的角度理解，就是说，如果一旦自由了,那么,规则的引导就不存在了。康德举了这么个例子,就像一只鸽子在天上飞,它也许以为如果没有空气的阻力可能飞得更自由,但是实际上如果没有空气的阻力,它就掉下来了,它就飞不起来。正是由于空气的阻力,由于有不自由的规律,使得这个鸽子通过练习,掌握了规律,它才能够飞得起来。所以那样一种仅仅是空洞的观念物的自由,它的负面就在于摆脱了一切规则的引导。

因为我们不能说,进入世界进程的因果作用的不是自然的规律而是自由的规律,因为假如按照规律来规定自由的话,自由就将不是自由、而本身无非就是自然了。

这句话比较要害了。我们不能够说进入世界进程的因果作用是自由的规律,不能这样说,我们只能说,进入世界进程的因果作用的只能是自然规律。为什么呢?因为你如果把自由看作是一种规律的话,那它就是自然规律。但自由就在于它超出一切自然规律之外,所以它是无规律。但是它又要进入到这个世界进程之中,发生它的因果作用。要发生因果作用,就必须有规律呀,否则你怎么知道这个东西是你那个行动的结果呢?也许跟你那个行动根本无关,跟你那个自由的自发性根本无关。你说它有关,那你就是说这中间有一种规律了,有一种必然性了。我的自由行为必然导致它的结果。自然因果律能够导致其必然的结果,自由的因果律也必须假设它能够导致其必然的结果,你才能说它作用于这个世界进程,你才能说它是致动因,它能够使得这个世界中的某物得到改变。所以,当你这样来解释的时候,你已经把这个自由看作是按照规律来规定的。也就是自由必然地导致它的结果,这个结果和原因之间有一种必然性。当然是原因决定了结果,但是这个结果也使得原因本身可以进行分析。它是如何导致这个结果的呀?你可以不断地细分,不断地分析,这个自发的自由如何必然导致这个结果,细分到最后,这个自发性就不存在了,它都被还原为一系列的必然的因果性、因果规律。所以你一旦按照规律来规定自由的话,自由就将不是自由,而本身无非就是自然。

也就是说，所谓的自由，就在于它超越一切规律之上。如果你用因果律来解释自由，那自由就不是自由了，它就是自然因果律，就是自然的必然性。所以很多人一讲到自由的时候，你为什么要这样做啊，就可以找种种的原因，当你把原因找到了以后，这自由也就不存在了。原来是因为这样你才这样做的，那还有什么选择呢？之所以有自由就在于，尽管你做了种种解释，有种种原因，但是最后你仍然要留出一个余地，说这个是没有原因的，就是自发的，是自己选择的。那才是自由。否则的话，人的自由就不需要负责了。既然一切自由都是规定好了的，都是由种种条件所造成的，一个人变坏，一个人干坏事，是因为他的社会条件，因为他的家庭出身，因为他遇到了坏人，因为他看多了黄色小说，那他还要负什么责任呢？那就把那些人抓起来就够了，那就改造社会就是了，个人完全没有责任。这样一解释，那就是一个技术问题，就是一个社会改造的问题，那就没有道德问题了。之所以还有道德问题，就在于你设下了种种条件，这个人仍然可能不做坏事，超越于一切因果必然性之上，他仍然可以有选择。在同样的条件之下，他既可以选择做坏事，也可以不做坏事。为什么同样的人，在同样的环境下，别人没做坏事，你做坏事？就说明你这个人在同样的条件之下本来也可以不做坏事。但是你做了。那么你为什么要做？这个就不能问了。凡是要问你为什么要做的时候，都只是想接近于你的自由意志，而不是解释你的自由意志。当然我们通常的唯物主义的理解，自由意志也不是绝对自由的，总还是有某种原因的。虽然这个原因不能够取消其自由意志，但是我们毕竟可以接近于解释其自由意志。但最终不能解释，最终的自由意志是不能解释的。你要把它还原，所谓"还原论"，把一切自由行为都还原为某种机械的因果性，那个本身就是违背辩证法的，也违背事实。所以，康德在这里的规定还是很有启发意义的。就是说，最终的那个自由的因果性是不能够按照规律来规定的。如果一旦规定，自由就不是自由，它本身就成了自然。

　　所以自然和先验自由的区别正如合规律性和无规律性的区别一样。

　　自然和自由的区别是，自然是合规律的，而自由本身是无规律的。自由要表现出来当然是要有规律的，要进入到因果性这个序列之中，要开启一个因果序列的链条——前面讲了自由就是开启因果序列链条的能力——因为它既然要开启一个因果序列链条，当然是跟规律有关的，但它本身是无规律的，本身是偶然自发的，是一闪念所决定的。所以这里讲，自然和自由的区别就是合规律和无规律的区别。当然康德也不完全赞成这样一个规定，就是说，在现象界，我们可以这样说，但是在本体界，自由它自有另外一种规律，那就是道德，就是自律，就是绝对命令。道德律也是一种规律，那是一种"应当"的规律。这个是康德不能完全苟同的原因。但是在经验派的视野范围之内他是承认的，自然和自由的区别，在经验中就表现为有规律和无规律的区别。而无规律是不可能的。自然万物都是有规律的，怎么可能无规律呢？所以自由在经验世界里面只能是一个思想物，它不能引进到自然规律里面、引进到科学知识里面来。

　　<u>在其中，自然虽然给知性提出了困难的任务，要它到原因序列的越来越高处寻求诸事件的根源（因为因果性任何时候都是以这些事件为条件的），但它也许诺了经验的彻底的合规律的统一性作为补偿。</u>

　　"在其中"，也就是在这种区别中，在自然和自由的有规律和无规律的区别中，我们先看自然这一方面："自然虽然给知性提出了困难的任务"，我们甚至可以说提出了不可解决的任务，给知性提出来，也就是说给逻辑提出来。就是说，你必须要给任何事物找到它的因果链条上的上一环，因果链条是一环套一环的，那么，我们的知性在面对经验世界的时候呢，有一个任务：要沿着因果链条不断地往上推，要从有条件者去追溯越来越高的条件直到无条件者。无条件者那就是理性的任务了，但是知性只有这样一个任务，就是总而言之你要往上追，至于追不追得到最后那个无条件者，那是理性的任务，但是知性有这样的任务，就是不断地往上追，从原因追溯原因的原因，从一切事物追溯它一切的尽可能充分的理由，虽然不可能完全追溯到，但是可以到越来越高处去"寻求诸事件的

根源"。当然它永远没个完，如果理性不出面的话，知性在这个里头只能够陷在因果序列的汪洋大海之中，永远也不得解脱。括号里面讲"因为因果性任何时候都是以这些事件为条件的"，就是说，凡是有因果性都要以这些事件为条件，这就是充足理由了。因果性就是要追溯一个事物的充足理由，那你就必须要把诸事件都要找拢来，到越来越高处去寻求诸事件的根源，一个事物是另外一个事物的根源，这个事物又以更高的事物作为它的根源。这个高处，越来越高，当然是一个形容词了，你也可以说是越来越后面，越来越早的地方，越来越先行的地方，越来越接近于开端的地方。但是我们把它形容为一个链条，从上面一直挂下来，那么你要回过去，要攀升，要回溯，那当然是越来越爬到更高的地方去寻求诸事件的根源。最高的地方，按照莱布尼茨的说法就是上帝。所以，他这个比喻也是有来头的。知性的任务就是要不断地去为它寻求理由和理由的理由，"但它也许诺了经验的彻底的合规律的统一性作为补偿"，所谓补偿也就是说它这个困难的任务，或者是不可能完成的任务，当然使它陷入了困境，但是它有个补偿啊。那补偿就是说，它永远可以执著于经验本身这种彻底的统一性，不管你追溯到哪一个层次，它都是统一的。"彻底的合规律的统一性"，这是它的一个补偿，就是说我虽然不能最终追溯到那个绝对的无条件者，但是我毕竟没有偏离我的自然律。自然律适用于整个世界，所以它具有一种经验的统一性，经验的彻底的合规律的统一性，作为它的补偿。这是经验派之所以要坚持他们的立场的最重要的根据。就是说，我们要摆脱那些凭空的假设，反对一切假设，我不需要那种没有根据的假设，我只要按照经验本身的规律，不断地去寻求，那就不会错。否则的话，一旦你离开经验的规律，去寻求某种超验的东西，那很可能就导致一些伪知识，误入歧途，你还自以为自己多么高明，实际上你已经在那里说空话了，浪费自己的精力了。这是自然的这一方面。那么另外一方面，自由的那一方面呢？

相反，自由的幻觉虽然给进行研究的知性在原因的链条中承诺了一

个休息地，因为它把知性带到某种无条件的因果性上，这种因果性是从自身发动其行动的，

在自然和自由两者之间，这个反题是倾向于前者，倾向于自然的，而反对后者，反对自由，批判自由。自由是一种思想物、观念物，而且跟经验相比它完全是一种幻觉。这个跟康德的"幻相"有一定的关系，但是也有区别。康德认为自由也可以导致一种幻相，但是这个幻相是有根基的，不是你随便可以清除掉的，你可以不受它的迷惑，但是它是有来头的，它不是随便产生的，它是理性本身固有的幻相。虽然你不受这个幻相的迷惑，但这个幻相还有一种引导作用，它还有一种批判的作用，所以它是有用的。但是在经验派看起来，幻相就是幻相了，你认识到了以后，你就可以把它抛弃，就可以不要它了。所以它叫作幻觉。幻相和幻觉是不一样的，幻觉是把它一棍子打死了，这完全是幻觉，没有任何价值。幻觉好像有这么一个作用，就是给进行研究的知性承诺一个休息地。知性我刚才讲了，它只是一味地到越来越高的地方去寻求诸事物的根源，这就是知性。在原因的链条中，知性注定了永远不得休息。因为它就事论事，为一个事物找到其原因，又为它的原因找到一个更高的原因，然后继续为更高的原因找到更高的原因。原因的链条里面老是这样不断地追溯上去，它没有休息呀，那么知性也会感到很累的了。这个时候就会有理性出来帮忙了。当然康德这里没有提到理性，实际上是说，自由，这个理念，这样一个先验自由的理念出来帮忙了，它"承诺了一个休息地"。知性尽管不断地往前赶，但是我给你一个希望，有一天你会完成你的使命，追溯到再也无可追溯，那就是无条件者。从有条件的东西一直追溯到无条件者，这就是理性的运用了，理性的作用就在这里了。"因为它把知性带到某种无条件的因果性上"，无条件的原因性上，这个地方应该理解为"原因性"，这个原因性没有条件，它就是绝对的原因。这种原因性是自发的、自由的。

但由于它本身是盲目的，它就中断了规则的导线，

　　这个"但"后面就是批判了。前面都是讲的自由的幻觉，好像给知性带来某种希望，好像知性终归可以休息了，不会永远这样劳累下去的。但"它本身是盲目的"，本身是无规律的，任意的，想怎么就怎么。这只是你的一厢情愿嘛，你的思想物当然可以想怎么就怎么，但是现实的经验世界不会因为你想怎么就怎么啦。所以你这个自由的理念本身是盲目的。并且，如果你把它引入到经验世界里面来，它就会"中断了规则的导线"，就打断了因果链条了。你从椅子上站起来，你以为因果链条就不存在了？就因为你站起来，就截断了你前面那些原因啦？在经验派的自然科学的眼光看来，那是不可能的。你从椅子上站起来，仍然可以纳入到一个因果链条里面去加以完备的解释。所以，如果说你从椅子上站起来是完全自发的一种自由的原因性，那你就中断了规则的导线。就好像这个规则可以由你创造了，你可以想怎么创造就怎么创造了。规则的导线一旦被中断，因果链条一旦被解散，那整个世界怎么把握呢？世界统一性就不存在了，自然科学也就不存在了。自然科学之所以存在，就是因为有因果链条保证它的连贯性，这样它才有客观性。所以他讲：

　　而只有凭借这种导线，一种彻底关联的经验才是可能的。

　　言下之意就是说，一旦你中断了规则的导线，这种彻底关联的经验就不可能了，也就是说，自然科学就不可能了。自然科学是个系统，这个系统是按照某种规则而彻底关联起来的。那么你把这种彻底关联打断以后，整个自然科学也就不存在了。你就可以随便怎么解释，你就可以为迷信啊，奇迹呀，可以为种种非理性的东西大开方便之门。你主观意志想怎么，那就会开启一个因果序列的链条，任何人都可以开启一个因果序列的链条。你开始，你把人家放在什么地位？人家的行为也是你开始的？只要你采取一个行动，整个世界就成了由你开始的因果序列的链条了，那岂不是像贝克莱说的那样，我把眼睛一闭，整个世界就不存在了。我想怎么样就怎么样，那就会打断整个经验世界的规律。所以，由此反证出来，自由的因果性只是一种幻觉，只是你觉得好像有因果性。而实际上呢,一切都还在那里服从自然的必然因果律,服从经验世界本身固有的那种规则和统一性,它不以你的意志为转移。上帝的因果性也可以这样来看待,上帝既然可以随时创造出一个世界,他也可以随时毁灭一个世界,那这个世界时时刻刻都处在岌岌可危之中。谁知道上帝什么时候突然一闪念把这个世界毁灭掉了,然后突然又把它创造出来,那么这个世界的一切必然规律都成了不可靠的东西了,都成了任意的东西,这个在经验派的自然科学家看起来是一种杞人忧天,是一种幻觉。个人自由是如此,整个世界的自由意志也只能这样来看待。这就是第三个二律背反。

先验理念的第四个冲突

现在我们来看第四个二律背反的正题。第四个二律背反是康德最后一个二律背反,是讨论必然和偶然的问题,这也是二律背反里面讲得最不清楚的一部分。前面的你都可以顺理成章地讲下来,但是唯独这第四个二律背反有这么一种特点,它在论证的过程中话题有所转移。我们在《指要》里面讲到他为什么要转移话题,转移话题在这里有一个过渡的作用。就是从宇宙论的二律背反过渡到在宇宙之外对上帝存在的证明。当然这两者又不一样,宇宙论的二律背反跟对上帝存在的宇宙论的证明,又应该区别开来,康德明确地提到这一点。但是虽然把它们区别开来,可里面又有一种内在的联系。它的对上帝存在的宇宙论的证明,就是从宇宙论的二律背反里面引出来的。所以第四个二律背反里面讲到宇宙论二律背反的时候,康德心里面实际上是着眼于向宇宙论的对上帝存在的证明的过渡。其实他这个里头真正谈二律背反的部分,好像还不是主要的,从篇幅上来说,讲到对世界之外的绝对必然存在者的证明,篇幅还更大一些,好像内容还更多一些。那么我们现在来看一看,在讨论这个二律背反的时候,我们的脑子要保持高度的清醒,注意他什么时候开始转移话题了。首先一个,你要把他的话题把握得非常准确。

我们先看正题。

B480 　　<u>正题：世界上应有某种要么作为世界的一部分、要么作为世界的原因而存在的绝对必然的存在者。</u>

　　就是说，世界上必须有一种绝对必然的存在者，它要么是"作为世界的一部分"，即这个绝对必然的存在者是在这个世界的里面作为它的某一项。既然是绝对的必然存在者，那它就是作为这个世界的最高项，这个就是作为世界的一部分来理解的。这个世界就是从它开始的，这个世界中一切都是偶然的，但是唯独这个最高项是绝对必然的存在者，它使得整个世界成为必然的了。否则的话一切都是偶然的。"要么作为世界的原因而存在"，这个"作为世界的原因"就有两种含义了。一种含义就是说，这个世界的整个系统，世界整体，它本身，它就是它的自因，也就是这个世界整个序列的整体，是一个原因。就是说，虽然每一个项都是偶然的，但是由于整体保障了它是必然的，这个整体就是它绝对必然性的原因。它自身是自身的原因，就像斯宾诺莎所讲的，实体是自身的原因。自然界，实体，神，都是一个东西，斯宾诺莎把它称之为神，认为它自身是自身的原因，它就是自因，没有别的东西来使它产生。所以从这个角度我们可以说，这个宇宙是必然存在的，绝对必然存在，因为它的体系在那里。每个具体的事物可能是偶然的，但是整体来说，它是绝对必然的。这是一种理解。但对这个问题还可以有第二种理解，第二种含义就是说，"作为世界的原因"也可以理解为，在这个世界之外，成为这个世界的原因。比如说这个世界整体是上帝所创造的，这个世界本身可能都是偶然的，包括它的整体都是偶然的，但是由于上帝的绝对的意志，使得它不能不创造出来，使它成了必然的。所以，一切虽然都是偶然的，但是它们都有一个充足理由，那就是上帝的绝对意志。当然在这个里头，康德并没有明确地提到上帝，但实际上是在讲这个事情。明确提到上帝，他就要到下一个环节去讲了，就是对于"先验理想"、对上帝存在的证明里面才明确提到上帝。在这个地方他不提，他只是说，我不知道那是上帝还是什么，反正是不是有一个在世界之外的使得这个世界存在起来的绝对必然存在者，有没有？这是第三种解释。或者说，除了世界的最高项之外，"作为世界的原因"本身又有两种解释。一个是在外部的原因，在世界之外的原因；一个是世界整体的原因，它已经在那里了，它就是它的自因了。我们可以看 B483 那个注释，讲到"开始"这个词是在两种意义上理解的。第一是能动的，第二是被动的，就有这个意思在里头。他虽然是讲的"开始"，但是呢，作为开始和它的结果之间的关系，因果性的关系，里面实际上涉及到原因也有两种意义。所谓原因，一种是致动因，就是一个导致了另外一个，这是原因的意思。但是斯宾诺莎给它赋予了另外一种意思，就是存在因。它不是致动的，不是能动的，它是不动的，但是它也是原因。它已经在那里了，它是既定事实，这个不可否认。你别的东西都可以否认，唯独这个既定事实、这个世界事实上存在你不能否认。你如果否认这个东西，那我们就不消谈的了。斯宾诺莎的体系就是这样的，实体是不可否认的，那是真观念，那是公理。我们只有在这个公理上面，才能谈其他的哲学问题。如果连这个公理你都不承认，我们就免谈。所以这个世界的存在应该是绝对必然的存在者。那么这个正题里头呢，从实质上来说，应该是包含第一和第二种含义，第三种含义，即世界之外的原因的含义是不应该包含在里头的，也用不着包含在里头。你只要证明这个世界是绝对必然的，要么呢，它的第一项是绝对必然的，它的最高项是绝对必然的，要么呢，它的整体是绝对必然的。绝对必然的意思在这里就意味着它不是偶然的。就是说，所有的东西都可以是偶然的，因为是世界上的事情嘛，世界上的事情都可以是偶然的。所谓偶然的，就是说它的反面是可能的，什么叫作偶然的，偶然的就是它不是这样也有可能，它的反面也可能。什么叫作必然的呢？必然的就是说它的反面不可能，它只能是这样。那么既然世界上一切事情它的反面都是可能的，但是唯独一个事情它的反面是不可能的，就是这个世界本身，它存在了，你不能说这个世界它有可能不存在。它已经在了，这个是绝对必然的。它里面的事情的发生，可以这样发生，也可以不这样发生，也可以那样发生，都是有条件的。在这种条件下，它这样发生，在那种条件下，它可以是那样发生。如果原先没有这个条件，那么它现在就不会是这样。它现在既然是这样了，是因为它原先有那么个条件。而有那个条件是偶然的，因为条件本身也有条件，可以无限追上去。但是唯独有一个东西它的反面是不可能的，就是那个最高条件。那个最高条件不可能是再有条件了，它是无条件的。既然它是无条件的，那它是绝对必然的。无条件的东西是绝对必然的，不管你有什么条件，或者根本什么条件都没有，它都会存在，这不就是绝对必然的吗？偶然的东西就是你非要有一个条件它才存在，如果没有这个条件它就有可能不存在，那它就是偶然的。偶然的东西都是必须要有它的充足理由的，绝对必然的东西就可以不用任何理由了，它自身就是自身的充足理由。这就是绝对必然的。所以它的第一项——整个宇宙的最高项可以是绝对必然的，或者呢，宇宙整体可以是绝对必然的。宇宙里面任何一个事物都可以是偶然的，但是你不能否认这个宇宙肯定是存在的，就凭你现在有一个偶然的事物存在，就可以推定整个宇宙是绝对必然的。只要有一个东西存在，不管它是偶然的还是必然的，你就可以推定，整个宇宙总是必然的了。这个宇宙有多大我先不管它，但是它是一个整体，它不可能不存在。这个实际上还是利用充足理由律推出来的一个话题。当然这个话题是不是就是那么样的严密，根据我们刚才的那种理解，后来还是有很多质疑，最初是莱布尼茨提出的问题，就是世界为什么一定要存在？莱布尼茨提出一个问题，为什么一定要有某物存在而不是什么都不存在？这就对世界的绝对必然性提出质疑了。这个世界整体，它的整体也好，或者第一项也好，为什么一定要有呢？这个问题的提出本身就把这个绝对的整体看作是有条件的了，看作是相对的了。就是说，世界作为一个绝对的整体，它恐怕也是有条件的，恐怕本来也完全有可能没有这个世界。这个在逻辑上是不矛盾的。你说这个世界本来可以什么都没有的，本来完全有可能根本没有这个世界，这个在逻辑上一点也不矛盾，因为世界是一个经验事实嘛，包括整个世界也是个经验事实嘛。你说这个经验事实本来可以没有，那当然可以这样想了，尽管它现在有了，但你可以想，在逻辑上，它本来也可以是没有的。后来海德格尔也是这样提问的，他写了《形而上学导论》，认为形而上学最大的问题就是这个问题，就是为什么是存在，而不是什么都不存在？为什么有，而不是一无所有？这个要给出根据，要给出理由，你不能就是接受既成事实，你要反思，要追溯它，它何以可能。当然康德在这里还没有走到这一步，他还是沿用传统的理性派、包括托马斯关于上帝存在有所谓必然性的证明，所谓充足理由的证明，所谓宇宙论的证明等等。实际上就是讲的一回事情。就是说你在这个世界上，你必须要追溯它的条件的条件，追溯到最后，你就会追溯到一个绝对的无条件者。你把这个绝对的无条件者叫作充足理由，或者叫作绝对必然的存在者，或者叫作最高的原因，都可以。问题就是这样提出来的。我们要抓住问题，就是必然和偶然的关系。什么是必然？什么是偶然？必然就是它的反面不可能，有没有一个东西的反面是不可能的，它一定要这样，一定会存在的？偶然就是它的反面完全是可能的。对这个问题呢，有一番证明。正题就是要证明，有一种东西在世界上它的反面是绝对不可能的。要么呢，就是它的第一项，第一项不可能没有，肯定有个第一项，最高项。最高项底下那些项的反面都是可能的，唯独最高项的反面是不可能的。你不能说这个最高项没有，那世界根本就不会存在了。其他的项没有了，世界照样存在，如果这个最高项没有，那世界就不存在了。或者你干脆就说这个整体本来可以完全没有，那世界也不存在了。康德要在世界中谈问题，就必须假定世界是存在的，所以有些东西它的反面是不可能的。

证明：感官世界作为一切现象的整体，同时包含着一个变化序列。

这个证明跟前面的第一个二律背反的证明是很相似的，里面确实引入了关于时间、有限、无限这样一些问题。这个世界的整体，是一切现象的整体，它包含着一个变化序列。一个感官现象嘛，它都是千变万化的，现象都是千变万化的，而这个千变万化不是乱来的，不是一团糟，一片混沌，而是有一个变化的序列。

因为，没有这个序列，就连作为感官世界之可能性条件的时间序列的表象都将不会给予我们。

如果没有这个感官世界的现象的序列的话，那么时间的表象也不会给予我们了。就是说，时间本来是感官世界的可能性条件的表象，时间作为感官世界的可能性的条件，我在先验感性论里面已经讲到了，时间是一切内部现象和外部现象的可能性条件。一切内外现象的可能性条件都必须以时间这样一种先天直观形式为前提，否则的话根本不可能呈现出来的。没有时间，怎么可能呈现出任何一个现象，一个知觉，一个印象？任何一个知觉印象，不管它多么短暂，它都是在时间中才能够显现出来。你说一个现象没有时间，那就是说它不可能显现，我们就可以肯定它不存在于世界中。凡是存在于世界中的东西，凡是显现出来的东西，它都必须是经过某一段时间。但是反过来，如果没有这个现象的变化序列，时间的表象也就显现不出来。时间跟时间的表象是不一样的，时间是我们的先天直观形式，这个是潜在的一种先天的能力，这个能力它也可以不发挥出来，时间是一种接受能力嘛，是内感官的接受能力嘛，这种能力可能不发挥出来，但它有。但是一旦有感官现象充实进来，它就发挥出来了，它就接受了，它就用这种能力把那些感官现象接受下来了。当它接受下来的时候，时间的表象就呈现出来了，就呈现在这些感官现象里面。所以他下面有一个注释，他说：

时间作为这些变化的可能性的形式条件，虽然客观上先行于这些变化，但在主观上并在意识的现实中，时间表象毕竟只是如同任何别的表象一样，是通过对知觉的引起而被给予的。

就是说,时间作为诸感官现象变化的可能性的一种形式条件,诸感官都是变化的,但是这些变化呢,它的可能性是在时间这样一种形式条件里面才得以变化的。如果没有时间它怎么变化?变化总是从前面到后面而发生的。所以变化是以时间作为它的可能性的形式条件。既然时间这样一种形式条件是这些变化的可能性的条件,那么可能性要先于现实性。在客观上是这样的。在客观上凡是接受到的一些感官的变化,那么客观上必须以这样一种形式条件作为前提,否则它就不可能了。当然康德讲的这个客观和我们一般所理解的客观不太一样了,这个我在前面已经多次提到了。他讲的这个客观实际上是指的由人的主观所建立起来的客观对象,根本还是主观的。时间还是人的主观先天直观形式,但是由于有这种形式,所以我们可以建立起客观经验的对象。我们可以把客观经验中的任何事物都看作是客观地存在于时间中的。但是这个客观是由人的主观的能力建立起来的。要建立起来这个客观对象,当然还需要有范畴,还需要整个一套先天的结构。但是时间在里面可以起客观的作用。它不仅仅是主观的,时间有它的客观性嘛。我们每个人感觉的时间可能不同,但是客观上毕竟有一个标准,那个标准就在于对象,在对象上面反映出了一个客观的标准。而时间是先行于这些变化的内容的,它是这些变化的内容之所以可能的前提,特别是这些内容之所以可能成为客观性的一个前提。一个经验对象,客观上它在时间中,它跟在先的和在后的都有一种变化中的联系。所以时间客观上是"先行于这些变化"的。但是"主观上并在意识的现实中",也就是在心理学中了,在人的心理中,"时间表象毕竟只是如同任何别的表象一样,是通过对知觉的引起而被给予的"。这个主观心理表象一般康德在先验感性论里面是不谈的,心理学的问题是具体的问题,我们现在要谈的是认识论,就是知识何以可能这个问题。我们不是谈知识是怎么出现的,在人心中是如何呈现出来的,这都属于心理学讨论的问题。我们要谈的是,通过这种呈现去反思它何以可能的,是何以可能呈现出来,不是怎么呈现出来。这是认识论的问题,而不是心理学的问题。但在这里呢,就是说,时间的表象,如果我们去设想它的话,在主观上、在意识的现实中,它"毕竟只是如同任何别的表象一样,是通过对知觉的引起而被给予的",就是说,时间的表象,你要能够知觉到时间,你要能够看到时间,那么你就必须要有知觉来引起。你单纯看到一个没有任何内容的时间,那是不可能的。在这个意义上,时间是抽象的。它很抽象,你看不到它。你要看到时间你必须看到时间中的事物,你要感觉在时间中有一些东西对你的知觉产生了影响,那是一些感官的事物在里头前后相继,那么你通过观察这些前后相继的感官事物,你领会到了有一个时间的表象。当然,作为表象它在主观意识里面,而作为一种能力,哪怕你没意识到它,但它是你潜在的能力,它决定了这个事物客观上处于时间前后相继的相互关系之中。这个是我们通过反思才发现出来的,才揭示出来的。如果不反思的话,我们就会以为时间也是一种后天的表象,就像休谟所理解的,一切都是后天的东西,没有任何先天的东西,先天是一张白纸,一块白板。我们只有等待后天给予我们那些知觉、印象,顶多我们有一些联想。那么这个注释,康德是用来注什么的呢? 就是注"没有这个序列,就连作为感官世界之可能性条件的时间序列的表象都将不会给予我们"这句话的。就是说,感官世界包含着一个变化的序列,这个变化的序列呢,是时间表象被给予我们的一个前提。有了这个感官世界变化的序列以后,我们才获得了一个时间序列的表象。这个当然是从主观意识,或者是从心理学上面来设想的,但是康德在这个地方呢,他也不是要谈心理学,而是要从这样一个事实来进行反思。根据这样一个心理学现象,我们来进行反思,就是把感官世界的序列引回到时间序列的表象上面来讨论。这就跟第一个二律背反里面谈的问题接近了。第一个二律背反就是谈世界在时间上到底是有开端的还是没有开端的这个问题。那么这个问题在正题里面是说,世界在时间上一定是有一个开端的,那么引到这个里头呢,也可以用来解释在世界中必定有一个绝对必然的存在者作为它的开端。这个正题的立场是前后一贯的。既然在时间中有一个开端，那么在感官世界中也有一个开端，作为它的绝对必然的存在者。

但每一个变化都从属于在时间上先行于它、而它必然处于其下的条件。

所谓变化，就是在时间中的变化，这个是毫无疑问的，你说这个变化不在时间中，这就自相矛盾了。变化肯定在时间中。变化既然在时间中，那么每一个变化都是有条件的，感官世界是一个变化序列，既然它是一个变化序列，它其中的每一个变化都有先行的条件，在时间上在它之先有一个条件，它才会发生这样的变化。如果没有条件，那这个变化可能就不存在了。我刚才讲，这样的变化就是偶然的，因为如果没有这个变化，它的反面就是可能的，比如说它不存在就是可能的了。如果诸葛亮借东风没有借到的话，那曹营就不会被打破了，要破曹营那就落空了。因为有了东风，有了这个条件，还有其他一系列条件，所以诸葛亮成功了。在很大程度上，我们说，诸葛亮的成功是由于偶然的各种条件齐备了。各种条件要齐备呀，借东风，反间计，苦肉计，连环计，一系列的偶然的条件，当然是发挥了诸葛亮的计谋了，最后导致打败了曹操。所以，各个条件里面只要少了一环都不行，这个事情就办不成。之所以办成，是由于我们把所有这些条件称为一个条件，就是充分必要条件，这个条件是先行于这个事件的。所以这个事件不一定是要发生的，曹操八十万人马打过来，你哪个能挡得他住啊，看起来好像是一定是打不过他的，但是居然就把他击败了。这个事情看起来好像是不可能的，没有条件的，但是人可以去创造条件。创造条件也必须要有条件呐，也必须要有一些偶然性啊，也必须要有偶然条件，你才能在这些条件里创造出你所需要的条件。所以每一个变化都是从属于在它之前的条件的，而它必然处于其下。在这个意义上面，它有必然性。有了条件，那它就有了必然性。如果有了充分必要条件，那它的结果就是必然的了。但是这正好说明，如果没有这个条件，那它就是偶然的，甚至于是不可能的。那么，有条件的东西本身尽管可以注定其结果,作为充分必要条件,使它的结果成为必然的,但是正因为它有条件,所以它是偶然的,就是说它这个条件也可以没有嘛。所以,下面讲:

既然任何被给予的有条件者在其实存方面都以一个从诸条件直到绝对的无条件者的完整序列为前提,

这个跟前面的证明是类似的,就是说从条件追溯到它的绝对无条件者,追溯一个完整的序列,任何被给予的有条件者都必须要以这个完整的序列为前提,这就是充足理由律。任何一个事物产生出来,都有它的充分的条件才使得它产生出来。这是理性派惯用的一种证明手法,就是充足理由律。任何一个有条件者,一个事物,一张桌子摆在这里,或者一张椅子摆在这里,或者一个人坐在这里,我们都可以说,有一个完整的条件序列决定了它或他在这里。否则的话,如果这个条件序列不完整,那么这些事情就不会发生,这张桌子就不会放在这里。如果出了一点偶然偏差,这个桌子,或者这个椅子,或者这个人,就不会在这里了。既然它或他在这里了,就说明它或他在这里是有充分的根据的。每个环节都不缺,才使得它或他在这里。

而这绝对的无条件者是唯一绝对必然的,

你要一直追溯上去的话,追溯到绝对的无条件者,它可能是最高项,可能是第一项,它再没有条件了,它是绝对的;也可能是这个序列整体,这个整体再没有条件了,每一项它都有可能是有条件的,但是整体是无条件的。在两种情况下,总而言之这个绝对无条件者是唯一绝对必然的,它是没有条件的,它不需要任何条件,那它当然是绝对必然的了。不需要任何条件的东西而存在的就是绝对必然的存在的。凡是需要某种条件而存在的,那就是相对的,是偶然存在的,因为它的条件如果没有,它就可能不存在。那么一旦有一个东西存在,这个东西当然是相对的,是偶然的,但是我们可以追溯上去,一直可以追到一定会有一个绝对必然的存在者。有某物存在,那么就有一个使得它存在的充分的理由。这个充分的理由再不需要有别的理由了，它当然就是一个绝对必然的存在者。这是理性派的特征。下面是结论：

	<u>所以某种绝对必然的东西如果有一个变化作为其后果而实存，那就必定是实存着的。</u>

	这就证明出来了，这句话已经把他的正题证明了。其实这句话应该倒过来说：只要有一个变化作为其后果而实存，那么某种绝对必然的东西就必定是实存着的。他的话是说倒了，应该从下至上来说。就是说，只要有一个起码的存在者，某物，有某物存在，那么就一定有一个绝对必然的东西，作为它的原因而实存。它是作为这个绝对必然存在者的后果，那么，这个绝对必然存在者肯定是作为它的充分的原因和根据而实存。要这样来理解，但是他这个话呢，当然倒过来说有点不太好理解，但是仔细想想也可以想得通。就是某种绝对必然的东西，如果有一个变化、或者说只要有一个变化作为它的后果而实存，那么它本身就必定是实存着的。这个绝对必然的存在者是有根据的，不是可以瞎说的。绝对必然的存在者存在，根据什么？就根据偶然的东西存在，就根据任何一个偶然的东西存在。任何一个偶然的东西我们每天都看到了，成千上万的，每天都要接触到的，随便拿一个东西就可以做例子了，只要有某物，那么从这里反思上去，我们就可以反思出来，它就有一个绝对必然的存在者。所以，海德格尔提出问题是这样提出的，为什么有某物存在，而不是什么都不存在？有某物还是一个事实嘛，它本来也可以不存在，这个某物也可以不存在。如果没有这个某物，如果世界上一无所有，你怎么推？这个世界一无所有，这个在逻辑上完全是可能的。什么都没有，连我这个提问题的人也没有，包括这个问题也没有，但是为什么就有了呢？海德格尔当然后来要归结到完全是偶然的，没有什么绝对必然的存在者。你如果一定要说有一个绝对必然的存在者，那就是自由。它要有，它没有理由，它就是要有起来。根据本身就是无根据。黑格尔其实也讲了，真正的、最终的根据就是无根据。所谓无根据就是自由嘛。偶然的东西还

是要有根据的,偶然的东西并不是没有根据,它是有条件的,有条件才偶然。它也可以这样也可以那样,它不是随随便便可以这样可以那样,而是说在某种条件下可以这样,在另外一种条件下它就会是那样。这就是偶然性。但是自由就不同了。自由就是在任何条件之下,没有条件它可以创造条件,这就是自由,一切都是从自由来的。所以自由才是最终的根据,它本身是没有根据的。当然康德没有达到这个水平,他还是在当时的古典哲学的水平上谈问题。就是说,你只要给我一个的东西,我就可以推出来有一个绝对必然的存在者。因为这个东西肯定是没有理由就不会存在的,理由又有理由,每个理由都有它充分的理由,你推到最终的那个充分的理由,那就是绝对必然的,再没有别的根据,它自己就是根据,是一切其他事物的根据。所以这个绝对必然的东西已经被证明了,要么作为世界的一部分,要么作为世界的原因而存在。这个原因在这个意义上面呢,可以理解为世界的整体,整个序列的体系。只有这两种方式,一个作为世界的最高项,一个绝对、最大的原因,它本身再没有原因了,它作为世界的顶点,上面再没有原因,然后它决定了所有其他的事物,它给了所有其他事物存在的理由,这是一种解释;另外一种解释呢,就是整个世界整体,作为一个体系,它没有最高项,但是它整个本身作为一个体系再没有根据了,再没有理由了,它是其中每一个具体的项目的充分理由。这个已经证明了。下面,他转入到另外一个话题,也就是世界之内,他已经证明了,按道理呢,这个正题的证明就应该结束了。但他在后面又加了个尾巴:

但这个必然之物本身是属于感官世界的。

这个不需要他证明了。他前面已经讲了,就是说,要么是作为一个世界的最高项,世界的最高项当然是属于感官世界的;要么作为世界整体,世界整体当然也是属于感官世界的。这个地方还要证明干什么呢?但是他这里就要证明,这个必然之物本身是属于感官世界的还要加以证明。为什么呢? 就是有第三种可能性。有可能把这种世界的绝对必然的存在者理解为在感官世界之外的。所以他就提出来一个假设了：

　　<u>因为假定它处于感官世界之外，那么世界的变化序列就会从它引出自己的开端，而这个必然的原因本身却又不属于感官世界。</u>

B482

　　当然这个"处于感官世界之外"在正题里也可以包括进来，因为在正题里面讲到"要么作为世界的原因而存在"嘛，作为世界的原因有可能是感官世界之内的原因，但是也有可能是作为感官世界之外的原因。我刚才讲，原因有两种意思，一种是致动因，一个推动另外一个；另外一种是自因，自己是自己的原因。那么，作为致动因来说呢，它就可能处于感官世界之外。如果是作为自因来说呢，像斯宾诺莎所讲的，那就是世界整体本身，它就是它自己的原因。世界整体是它自身的每一部分的原因，这个就是自因。但这里引入了另外一个问题，节外生枝了，就是说，如果这个原因处于感官世界之外，我们看看会怎么样。他要反驳是其实就是这个，就是要反驳绝对必然的存在者能够处于感官世界之外。我们假定这个绝对必然的存在者处于感官世界之外，那么世界之内的所有的变化序列，都会从感官世界之外引出自己的开端。比如说这个世界怎么运转起来的啊？上帝的第一推动。我们可以求助于上帝的推动，上帝站在这个世界之外用他的巨手推了一把，整个宇宙就运转起来了，整个世界的变化序列就会从它引出自己的开端，而这个必然的原因又不属于感官世界，上帝不属于感官世界嘛。这个地方他有意不提上帝，他只是说，不管是上帝也好，什么也好，反正他是处于感官世界之外的。这样在逻辑上就可以省掉很多麻烦，更加一贯了。

　　<u>于是这就是不可能的。因为，既然一个时间序列的开端只有通过在时间上先行的东西才能得到规定，</u>

　　这个地方把时间又特别引进来加以强调，为什么他要把时间引进来，在这个地方起作用？一个在时间中发生的序列，它的开端当然"只有通过在时间上先行的东西才能得到规定"，就是说，它原先是什么时候，它从哪年哪月开始，这个时间的发生经过了一个时间序列。但是这个时

191

间它从哪一个时刻开始的,在这个时刻之前是什么样的,如果你不确定这一点,那么这个时间序列的开端就无法得到规定。一个时间序列的开端得到规定,必须要你把它在前的序列的时间找出来。它本身是在时间序列之中开端的,不是说在前没有时间的。

那么一个变化序列的开端之最高条件就必须实存于该序列尚不存在的那个时间中(因为这开端是有一个时间先行于前的存有,在这时间中开端之物尚不存在)。

既然时间序列的开端本身也是在时间中开端的,在它之前也有时间,那么"一个变化序列的开端之最高条件",也就是变化序列最初的那个开端,既然是最高条件嘛,它之上再没有条件了,在它之前再没有条件了,所有别的东西都是在之前有条件的,而它的最高的开端呢,在此之前再也没有别的条件了。但是它还是处在时间中,它是时间序列嘛。那么呢,它"就必须实存于该序列尚不存在的那个时间中",该序列是开端的,既然它是开端的,那在此之前,它就是还不存在的。如果在此之前它就已经存在了,那还叫什么开端呢?开端就是说从还不存在的状态进入到了它存在起来的状态了。那么反过来就推出,在它存在起来的状态之前,它是尚不存在的。这个实存,Existenz,是指的具体存在,在时间空间中显现出来的存在,它跟一般的 Sein, Ist 这些词相比,还有一点点区别。一般的 Sein 可以不是在时间空间中,但 Existenz 必须在时间空间中,它是一种现实的、感性经验的存在了。他这里选用了"实存于"这个词。也就是说,它必须在时间条件之下,存在于该序列尚不存在的那个时间中,那个空的时间中。它的最高条件就必须存在于空的时间中。空的时间是它开端的一个最初的条件、最高的条件。一切具体的事物可能在其前面还别的东西引起它,但是它的最高条件,条件的条件,一直追溯到最高的条件,那就在它之前再没有什么条件了,再没有别的条件就是一个空的时间了。括号里面讲:"因为这开端是有一个时间先行于前的存有,在这时间中开端之物尚不存在",就是说,所谓开端,就是有一个时间先行于前的存有。这个存有，Dasein，在这个地方大致相当于 Existenz，"存有"、"实存"这两个词在康德的意思里面是非常接近的，几乎可以换用，它们的意思是差不多的。就是说这个开端有一个时间先行于前，有一个它还不存在其中的那个时间在它前面已经流失了。在它前面的时间，它"尚不存在于其中"，这个就叫作开端了。括号里的话也就是为前面那句话提供论据和进一步说明的。一个变化序列的开端，它的最高条件——如果不是最高条件，那前面可能还有别的条件是最高条件——就必须实存于在前面再没别的条件那个时间序列之中。所以，你要从开端追溯它的这个条件，追溯到最高条件那里，你就会发现，就进入到了一个空的时间里面了。

因此，变化的必然原因的因果性，乃至于这原因本身，都是属于时间、因而属于现象的（时间只有在现象上作为其形式才是可能的），

变化的必然原因的因果性，或者原因性，这个原因的原因性，原因性就是起作用的那种性质了，导致结果的那种性质就叫原因性。Kausalität 我们也可以把它翻成因果性，因果性就是着眼于它的因果关系的，但是也可以翻成原因性，就这个词本义来说，它更强调原因，而不是原因和结果和关系。Kausa 就是原因嘛，Kausalität 就是原因性，更强调它的起作用的原因的性质，它主动的这种活动性质。至于它的结果呢，还在其次。所以翻成因果性当然也可以，但是它主要强调起作用的原因性。原因和原因性也不一样，原因（Ursache）是一个实存的东西，原因性是它产生作用和结果的性质。原因性和原因本身"都是属于时间"的，原因也在时间之中，这个原因要产生出它的原因性，也是在时间中产生的，因而是"属于现象的"。你要找到变化的绝对必然原因，那么不管是原因性也好，还是原因本身也好，都一定是属于时间的，因而属于现象。括号里的意思是，一旦属于时间，它就属于现象，因为时间只有在现象上作为现象的形式才可能，时间就是用来规范现象的，它不可能单独存在嘛，不可能抽象地存在。时间本身我们说它是先天的直观形式，但是如果它里面没有

内容，那么它也不可能实现出来。原因就是在内容在现象中作为现象的形式才是可能的，才可能实现出来。所以，你说这些原因是属于时间，那当然也就是属于现象的。属于时间，就属于现象，凡在时间中的，都在现象之中。因为时间是一切内外现象的可能性先天条件。你可以指出来，某个原因在某时，或者某时某地，那它当然在现象之中。你可以沿着这条线索去寻找与此相关的其他的现象，去分析它和其他的现象之间的关系，那它不是在现象之中吗？只要你有事件线索，你就可以按图索骥，就可以找出它的现象的关系了。下面是结论：

所以它不能与作为一切现象的总和的感官世界脱离开来而被思考。

就是说，既然原因以及原因的原因性，不管是什么样的原因和原因性，哪怕是绝对必然的原因和原因性，也一定是在现象之中的，——一定在时间中的，因而也一定是在现象之中的——，所以，它一定是只能够作为"一切现象的总和的感官世界"里面的东西来得到思考。整个这一段他就是要反驳这个绝对必然的存在者可以脱离感官世界，在感官世界之外作为这个世界的原因。通过他的证明，就是说，这样的原因根本就不可能思考，根本是不可能的。你根本想不出来，你要沿着那样的思路想的话，你就会自相矛盾。所以从逻辑上你就想不通，那当然事实上也就根本不可能了。逻辑上想得通的，事实上也有可能是不现实的；逻辑上想不通的，至少是在现实中是不可能的。这个是可以推出来的，你自相矛盾嘛，自相矛盾的东西在现实中怎么会可能呢？你不自相矛盾，现实中是否可能还要看，并非一切不自相矛盾的东西都是可能的。但是一切自相矛盾的东西肯定是不可能的。所以这个地方讲到"不能与作为一切现象的总和的感官世界脱离开来而被思考"，不能这样思考，也就是说，一旦这样思考，就会导致自相矛盾。为什么？因为所谓的开端，所谓的最高条件，都是在时间中才有意义，都是根据时间序列来说的。既然在时间序列中，那么它就在现象之中，在感官世界之中。脱离感官世界来思考，它就没有意义。你说开端，又不在时间中开端，那叫什么开端呢？开端能够脱离时间吗？开端既然不可能脱离时间，那么任何开端都在时间之中，也就是都在感官世界之中，包括绝对必然的存在者，也只能在感官世界之中而被思考。整个这个证明，我们可以对照它的平行的反题的证明来看。反题证明的第二段有："反之，假定有一个绝对必然的世界原因在世界之外"，你再横过来看左边正题这一段："因为假定它处于感官世界之外，那么……"，这不是一样的吗？正题和反题在这方面讲的是一样的话，都是把世界之外的绝对必然的世界原因当作自己反驳的靶子，没有什么冲突。所谓先验理念第四个冲突、第四个二律背反，在这一点上并没有二律背反。你还可以看看他的证明也完全是一模一样的。当然他证明的目的不一样。一个是为了从中推出，如果有绝对必然的存在者，它肯定是在感官世界之内；反题则是另外一个目的，是说根本就没有在感官世界之外的绝对必然的存在者。那么正题就是说，如果有绝对必然的存在者它根本不可能在感官之外。这里没有任何冲突。反题跟正题真正发生冲突的就是前面那一段，第一段，证明了在感官世界之内也不可能有绝对必然的存在者。反题的第二段跟正题的第二段所转移的话题实际上是完全一致的。证明的方式也是完全一致的，虽然证明的目的和指向的方向是不同的。后面这一段争来争去，从二律背反本身的话题来说呢，其实是没有必要的。没有哪个说在感官之外有个绝对必然的存在者嘛，正题反题都没有这样说嘛。我们从正题最后的这句话来看，也可以证明，正题实际上并没有涉及到他这里所讲的感官之外的绝对必然存在者的问题。这最后一句就是整个正题的结论了：

　　因此，在世界本身中包含有某种绝对必然的东西（不论这个东西是整个世界序列本身还是它的一部分）。

　　这个很明确了，"不论这个东西是整个世界序列本身还是它的一部分"，我们跟正题的这个题目结合起来看，"世界上应有某种要么作为世界的一部分、要么作为世界的原因而存在的绝对必然的存在者"，"作为世界的原因而存在的绝对必然的存在者"就是讲的"这个东西是整个世界序列本身",作为它的原因,整个世界的整体,是世界上任何东西的绝对必然的存在者,绝对必然的条件。这个整体是部分的条件,世界的整体是世界的每一部分的绝对必然的条件。你可以说这个世界上的事情这个有这个条件,那个有那个条件,都是偶然的。但是所有这些条件不就是构成了世界的整体吗?这个整体是绝对必然的,它不可能是另外一个整体。从每一个具体事物来说,你都可以说它可能是另外一个样子,但是就世界整体来说,它不可能是另外一个样子,因为按照理性派的眼光来看,整体要先于部分。那么这个里头已经表明了,在世界本身中包含有某种绝对必然的东西,它可能是世界整体,也可能是世界整体中的一部分,或者说最高项,最高那一部分。只有这两种可能。至于世界之外是不是有绝对必然的东西,那正题也好,反题也好,都认为是不可能的。

经过正题的证明解释以后,反题也就比较好理解了。而且反题呢也确实比较简单一些。它是从经验派的立场,跟我们日常的经验的观点有些接近,用不着那么样的思辨。但是反题跟正题有些错位,我们看他的这个表述:

B481　　反题:任何地方,不论是在世界之中,还是在世界之外作为世界的原因,都不实存有任何绝对必然的存在者。

这个跟正题并不是那么吻合的。正题并没有说"世界之外"的事,正题只是说,要么作为世界的一部分,要么作为世界的原因。那么作为世界的原因不一定理解为在世界之外呀。正题也不赞成在世界之外,那么反题讨论在世界之外作为原因的东西,这并没有击中正题的目标,而是另外提出来的。"世界之中"本身就可以有两种理解,一个是作为世界的一部分,一个是作为序列世界的整体,但终归在世界之中。那么在世界之外作为世界的原因,并没有反驳正题,所以这个正题和反题并不是真正的、严格意义上的正题和反题。严格意义上的就是说,你正题是错的,反题肯定是对的。反题如果错了,那正题肯定是对的。应该是这样一种矛盾关系。但是在这里呢，不存在一种矛盾关系。当然有矛盾关系，就是反题说就在世界之中作为世界原因，没有任何必然的绝对存在者，这个是针对正题的。但后面部分不是针对正题的，后面部分是正题同样反对的，同样反对在世界之外作为世界的原因。这个是我刚才已经讲到了的。

　　<u>证明：假定世界本身是一个必然的存在者，或在它里面有一个必然的存在者。</u>

　　这个是针对整个正题的，如果把这个推翻了的话，那就是把整个正题推翻了，用不着再去证明世界之外怎么怎么样。世界作为一个序列的总体，是一个必然的存在者。"或在它里面"，那就不是世界的整体了，只是一部分了，这样一"假定"，也就是把正题当作一个假定的靶子来攻击了。由此得出下面的推论：

　　<u>那么在其变化序列中要么有一个开端，它是无条件的、因而是没有原因的，而这是与时间中一切现象之规定的力学规律相矛盾的；</u>

　　作为整个世界的一项、或者说一部分的这个开端，是作为这个变化序列的第一项；那么这个第一项，它是无条件的，因而是没有原因的。那么这样一来，就会"与时间中一切现象之规定的力学规律相矛盾"。他这个地方没有展开证明，因为前面已经提得很明显了，正题的证明里面已经把时间讲得很多了。"在时间中一切现象之规定的力学规律"是什么规律呢？就是说，真正如果有一个开端的话，那么它就有一个时间先行于前。而且在一切现象之中来做规定，并且按照力学来做规定。那就不能够是一种空的时间在前，而必须是有某种东西在前面作用于这个开端。凡是一个事物的开端，它都必须有个东西使它开端，但是如果说有一个开端是无条件的，因而是没有原因的，无原因的开端，这个是与我们一般的物理学或者是力学的规律不相容的。一般的我们在经验的科学里面，在经验的力学、经验的物理学里面，我们要发现一个开端，我们总可以

找到这个开端是何以开端的,是由什么东西开端的,它不能无中生有嘛。力学规律就在于这里,就是在现象中任何开端都是有原因的,都有其先行的原因使它开端。所以所谓"力学规律"也就是因果律,康德前面讲过,因果关系是属于"力学的原理"。① 那么如果你说有一个开端是无条件的,是没有原因的,这是违背我们经验的规律的,违背我们自然科学的一般规律的。在这里就不消证明的了。没有原因的开端是不可能的,就够了。按照常识的观点,按照牛顿物理学的观点,这就已经证明了。所以你说在这个里头有一个开端,在这个序列里面有一个最早的端点,而它本身是没有原因的,这个是说不通的。我们总可以继续往上追溯,既然它在时间中——它是世界本身的一个必然存在者,所以肯定在时间中嘛——那么我们就可以在时间中继续往上追溯,看看它是由什么东西引起的?这个最早的开端有什么特权?跟后面其他的那些事物相比,它有什么特权?为什么它就没有原因呢?所有其他事物都在因果链条之中,都可以找到原因,都符合力学规律,凭什么它就不符合这个规律,要跳出这个规律呢?除非你说跳出这个世界之外,那个我们不好说了。既然它在这个世界之中,我们肯定就能为它找到其原因。所以,你又说它在世界之中,你又说它不符合这个世界的规律,这个就是自相矛盾的。这个不需要更多的证明,凭常识我们就可以断言。你说这个世界有一个开端,那连小孩子都会问,那开端以前又是什么呢?自然科学的常识就已经否定了有一个这样绝对的开端,因为根据我们一般的经验,任何开端的前面都是有一个使它开端的东西,没有原因的开端是不可能的。这是第一个反驳,就是反驳世界里面有一个必然的存在者这样一个假定。第二个反驳:

要么这个序列本身没有任何开端,尽管它在其一切部分中都是偶然的和有条件的,在整体上却依然是绝对必然的和无条件的,而这是自相矛盾的。

---

① 参看《康德三大批判精粹》B202。

　　这是对第二个假设的反驳。在证明里面第一句话中，康德是把它放在前面，假定世界本身是一个必然的存在者，那么反驳的时候放在第二个来谈。要么这个序列整体没有任何开端，这个序列本身不是一个有开端的东西，它是一个散漫的世界，任何开端都没有特权，我们可以这样来设想。但是我可以设想，尽管如此，它的整体还是可以看作绝对必然的和无条件的。尽管在整体中你找不出一项来，它是绝对必然的和无条件的，但是这个整体本身你可以看作是绝对必然的和无条件的，虽然它的每一部分都是偶然的和有条件的。这是对第二个假设的反驳，即指出这是自相矛盾的。自相矛盾在什么地方？就在于它的一切部分都是偶然的和有条件的，在整体上却可以是绝对必然的和无条件的。他认为这是自相矛盾的。这个自相矛盾跟那个假定其中某一项是绝对必然的矛盾是不一样的。我可以不假定有一项绝对必然的开端，但是我可以假定整体是绝对必然的和无条件的。为什么是自相矛盾的？下面解释说：

　　因为一个集合体，如果它的任何一个部分都不拥有本身就是必然的存有的话，它的存有就不可能是必然的。

　　如果一个集合体每一部分都不是必然的，那么这个集合体的存有也就不可能是必然的。偶然的总和仍然是偶然的。每一部分都是偶然的，那么集合体无非是这些部分的总和嘛。一切偶然部分的总和怎么会是必然的了呢？这个没有根据，而且这个是自相矛盾的。你把一切偶然的东西加起来，它并不因此就变成必然的了。因为这个集合体就是由每一部分所构成起来的而已，没有加入任何别的东西，没有加入任何使它成为必然的东西，就是偶然的东西凑到一起，你就说它是必然的了，这个是没道理的。它是自相矛盾的。所谓自相矛盾就是，这个集合体无非就是这些偶然的东西的集合体，你说这些偶然的东西的集合体又是一个必然的集合体，那不是自相矛盾吗？这是对于正题的一个反驳。其实到这里反驳就已经完成了，不管是作为世界的一部分，还是作为世界本身的整体的原因而存在的绝对必然的存在者，都是不可能的，或者是自相矛盾的。但是在正题里面，作为世界的原因而存在，我刚才讲了，它可能有两种不同的理解，或者有歧义。就是说，你可以理解为世界的总体作为原因，也可以理解为世界之外有一个东西，作为产生世界的原因。当然后面这种理解并不是正题所要坚持的命题，它自己还反驳了这个命题。所以我们可以把它从正题里面排除出去。如果排除出去，那反题的下面这个证明就无效了。下面的证明就是要反驳在世界之外有个绝对必然的原因。但是在这里，康德是有一些错位，有一些搅混。就是说，在正题里面既然包含有两种歧义，那么康德在这里利用这种歧义就展开了反题的第二种证明，这就是它下面的第二段。

B483　　反之，假定有一个绝对必然的世界原因在世界之外，那么它作为世界变化的**原因序列**中的最高项，就会首先开始这些世界变化及其序列的存有。

　　这里的"反之"就是说，前面讲的都是世界之内有个绝对必然的存在者，或者是世界本身，或者是世界中的一项。那么与此相反，如果我们假定，这个绝对必然的存在者、世界的原因是存在于整个世界之外，既不是世界的一部分，也不是整个世界本身，而是在整个世界之外，来作用于这个世界整体，或者创造出这个世界的整体——它是世界的原因嘛。整个世界都是它的结果，它在世界之外，它使得世界能够存在，并且作为世界变化原因序列的最高项。不是世界的最高项，而是世界变化的原因序列中的最高项。这个是有区别的，作为世界的最高项，那就属于世界之内了。但是它在世界之外，所以它是作为世界变化的原因序列的最高项。世界在变化，从无到有也是变化嘛，世界产生出来了，原来没有，现在有了，这也是个原因序列嘛。但是，它的最高项是在世界之外。作为最高项，在世界之外，决定了这个原因序列。作为变化序列的最高项，它就会首先开始这些世界变化及其序列的存在，"开始一个序列的存有"，由这个最绝对的原因而开始了所有后来的结果的序列。这个跟自由意志的规定有些相似。自由意志就是自行开始一个因果序列的原因,这就叫作自由,这个在第三个二律背反的解释里面已经有这种说法。所以,他这里实际上是讲的上帝的第一推动,上帝的自由意志,上帝的创世。但是他没有提,他不提上帝。这个地方还不是提上帝的时候,他所讲的还是宇宙论,宇宙何以可能。他不是讲神学,但是已经涉及到了。就是说,首先开始所有这些世界的变化,都是由世界之外的一个的东西所导致的。"开始这些变化及其序列的存有",世界一变化,就有个序列了,有个因果序列了,有个条件序列了,那么这些序列的产生或者说存有都是由这个世界之外的原因所导致的。这是一种假设。这个地方有个注释,就是注释这个"开始"。

"开始"这个词是在两重意义上来理解的:第一是**能动的**,这时原因开始了一个状态序列作为它的结果 (infit 开端)。

infit 是拉丁文,就是开端,进入到作用,起作用的意思。所谓能动的就是原因开始了一个序列状态作为它的结果。比如说上帝创造世界呀,这是能动的,开始了一个序列。自由意志也是的,自由意志开始了一个因果序列,是由我开始的,所以这是能动的。我开始这个序列,我是能动的。上帝开始了这个世界,上帝是创造性的,这个结果是他所创造出来的。

第二是**被动的**,这时因果性是在原因本身中起始的 (fit 发作)。我在这里从第一种含义推出第二种含义。

fit 就是发作,infit 和 fit,它们都是来自同一词根,但是前面这个词有一种"进入这种开始状态"的意思,那么后者去掉这个 in,就是"起始状态"本身。在自身中开始,在自身中起始、发作。那么它是被动的,也就是说,在自身中发作,在自身中起始,实际上就相当于自因了。斯宾诺莎讲的自因,也就是在这个意义上讲的。它就在那里,它自身就在那里,它不需要采取什么行动,它自身是自身的原因。它摆在那里,其他的都是因为有了它摆在那里才产生的。但是它自身不是由别的东西所造出来的,它在本身中就开始了,它自身是自身的原因。所以它反而是被动的。前面一个是致动因,一个东西 A,导致了另外一个东西 B,这就是能动的,创造性的,因为它有接踵而来的整个序列作为它的成果。至于第二种被动的呢,它没有什么成果,它的成果就是它自己,它没有产生出什么东西来。所以斯宾诺莎的自因呢,是非常静止的一个实体,它不具有严格意义上的创造性,不具有致动因。斯宾诺莎认为,一切致动因都是现象,实际上没什么东西创造。一个东西自古以来在那里,也会永远在那里。没有任何东西真正地被创造出来了。所谓的运动,都可以归结为静止,最终,从更大的眼光来看,其实都是无谓的,都是静止。这种自因,当然我们后来可以把它引申为自由意志呀,或者上帝的第一推动啊,但是在斯宾诺莎那里呢,它确实是一种被动的意思。它是存在因,不是致动因。它就在那里。那么这样一种自因呢,它就在那里的这种解释呢,实际上是没有解释的。它有待于解释。它为什么在那里?人们总要对一个既成事实问一个为什么嘛。斯宾诺莎就是断绝了这个思路,就是你不要问,你先把它承认下来,然后我们再问别的。如果你连这个最根本的东西还要问,那我就不跟你谈了,我们就没有谈话的基础了。斯宾诺莎认为这种被动的原因,这种自因,是最根本的。你一切的问,都是基于某个基础才能够发问。一切为什么,都是基于是什么。但是康德在这里呢,是从第二种含义推出第一种含义,就是他不满足于仅仅是在那里,而是他还要问一个为什么在。它自己是自己的原因,这个毫无疑问,但是呢,它还有别的原因。它不可能是没有理由的,不可能是毫无理由的。毫无理由任何东西都不会存在,按照充足理由律,任何东西的存在都是有充分的理由的。所以任何东西的存在都是某种原因的结果。你不能说一个东西存在,它没有结果。没有结果,它就不成其为原因了。或者它自己就是自己的结果,那也没有一种原因性了。原因性就是要起作用的嘛,就是要导致结果的嘛,它是一种能动性嘛。所以,这个里头所理解的开始,主要是从第一种意义上面来理解的,也包括第二种意义。就是你讲斯宾诺莎的那种自因当然也可以，但是你还是可以问这个自因是从哪里来的。必须要假定一个世界之外的原因，来解释任何一个事物自身的存在。能动的东西在前，被动的东西在后。所以，你要讲这个世界的原因，你不能满足于它自己就是自己的原因，而必须解释这个世界是如何开始行动起来的，它如何能够成为一个结果。我们再来看正文。

但这样一来，这个世界原因也就必须开始行动起来，而它的因果性就将归属于时间。

这样一来，这个世界之外的原因，也就必须要开始行动起来，这个"开始"是作为第一种理解的能动的开始，开始一个状态，把一个状态序列作为它的结果，把一个在时间中的因果序列作为它的结果，那么这个世界的原因就必须开始行动。你要作为这个世界的原因，你就得创造这个世界，你就得推动这个世界呀。而你一旦推动，那么你就进入时间了。虽然你本身可以跳过时间，你无始以来，你就在那里，但是你既然推动了这个世界，创造了这个世界，人家就会问你，这个世界是由哪年哪月创造的，是由哪年哪月被推动起来的。所以，你既然要作为原因起作用，你就必然归属于时间，一旦起了作用，你的原因性就将归属于时间。

但正因此将归属于现象的总和，即归属于世界。

一旦归属于时间，你可以指出上帝在多少年以前创造了世界，那么你就把上帝纳入到时间了。有的神学家说，他们可以推出来圣经上面讲的创世实际上是在4600年以前。因为圣经上面讲了很多世代嘛，上帝创造了亚当和夏娃，亚当和夏娃活了很久很久，活了几百岁，然后死了，他们的儿子又是谁，他们的孙子又是谁，他们的重孙子又是谁，这样加拢来算，神学家们算出来有4600年。上帝在4600年以前创造了亚当和夏娃，创造亚当和夏娃之前当然也创造了世界。上帝创造世界第七天就休息了嘛，亚当和夏娃是在第六天创造出来的嘛。这是可以算出来的。那么，这样一个因果性，这样一个原因性，就会归属于时间，而且必将"归属于现象的总和，即归属于世界"了。你可以说原因在世界之外，但是它的原因性却是归属于世界之内的。原因在世界之外，它的原因性，它发生作用的那一瞬间却是进入到了这个世界之内了。下面他继续讲，既然它的原因性在世界之内，

所以它本身，这个原因，不是在世界之外的，而这是与前提矛盾的。

它的原因性既然已经在世界之内了，那就把它的原因也拖到世界之内里面来了。因为原因如果没有原因性的话，那成什么原因呢？原因离不开它的原因性嘛，它就是个起作用的东西嘛。你要为世界之外找到一个绝对必然的原因，那么这个绝对必然的原因在它没有起作用之前，那还不是原因呢。它只有起了作用，它才是绝对必然的原因。这个地方没有讲到上帝，也是为了避免这个问题，就是说，上帝也可以闲在那里什么也不干呐，就像伊壁鸠鲁说的，神住在世界之间的间隙中悠游自在。他还在世界之外呀，他还是世界的原因嘛，他后来成为世界的原因，我们还是可以把上帝叫作世界的原因嘛。康德避免这一点。就是说，我们没有设定上帝，我们只设定一个原因，是因为它有原因性，我们才把它设定为原因。那么既然它的原因性属于时间，属于现象的总和，属于世界，所以它本身，这个原因，不是在世界之外的。它的原因性属于世界，所以它本身，也就是这个原因，这个发出原因性的主体，这个能动者，也不是在世界之外的。而这就和前提相矛盾了。前提就是假设如果在世界之外有一个绝对必然的原因会怎么怎么样，结果经过一分析，把它纳入到时间里面来考虑，再纳入到现象里面来考虑，再纳入到世界里面来考虑，结果就一步步把它拖进来了，就成了世界之内的了。所以，完全在世界之外的那样一个原因，那是不可能的。最后的结论就是：

所以不论是在世界之中还是在世界之外（但与世界处在因果联结中），都不存在任何绝对必然的存在者。

前面已经讲了，在世界之中有两种情况，一种是世界整体，一种是世界中的某一项。而在世界之外，括号里面有个前提，"但与世界处在因果联结中"，这个括号很重要，就是说，在世界之外，与世界处在因果联结

中，这样一个绝对必然的存在者是不可能存在的。但是与世界不是处在因果联结中，这样一个世界之外的绝对必然存在者是否可能呢？那就是另外一个问题了，那就是对上帝存在的证明的可能性的问题了。而且，康德甚至于认为，如果你不把上帝看作是与世界处在因果联结中，那倒是可能的，你没有理由去否定它。你不能用世界中的因果联结去肯定上帝的存在，或者否定上帝的存在。如果你不是从这种因果联结的角度来看它的话，那么你倒是可以把它作为一种悬设，假定他存在于世界之外。而这里所证明的就是，不论在世界之内还是在世界之外，都不存在任何绝对必然的存在者与世界处在因果联结中，都不存在任何与世界处在因果联结中的绝对必然的存在者。那为什么放在括号里面？这也有讲究，就是说，反题、经验派的哲学家们并没有看到这一点，并没有看到，之所以我们说不存在任何绝对必然的存在者在世界之外，是因为如果我们把它看作是与世界处在因果联结中的，那么我们就可以肯定地说，没有。世界之外没有这么一个绝对必然的存在者能够和这个世界打交道的。但是，经验派并没有明确地意识到这一点，他们是一般地否认在世界之外没有任何绝对必然的存在者，这当然在康德看来就走过头了。就是说，如果不是凭与世界处在因果联结中，那你凭什么否定在世界之外有任何绝对必然的存在者？你没有理由否定。但是如果你把括号里面这个条件加进去，那当然你有理由否定。没有这样一个上帝，能够作用于我们经验的物理学世界，那当然可能否认。但是，撇开这个条件，你就没有理由否认了。而经验派他们的错误恰好就犯在这个地方。他们认为，既然我在物理世界里面没有发现一个上帝的痕迹，那么我就可以一般地否认上帝的存在。在世界之外绝对没有一个上帝的存在，因为我在世界之内没有看到他嘛。但你在世界之内没有看到他，你怎么能否定上帝在世界之外存在呢？除非你是把上帝设想为跟这个世界之内连成一体的，凭借一种因果联结，你才能够否认有这么个上帝。但是如果有个人说，上帝根本就跟世界没有因果联结，他就是在世界之外，那你就没办法了，你没有根据去否认他。所以，这里头有一些没有明确说出来的意思。

第三章　纯粹理性的理想

第三节　思辨理性推出最高存在者存有的各种证据

今天我们进入到第三章："纯粹理性的理想"。

纯粹理性的理想前面的这几段，包括我们没有收进来的第一节和第二节，相当晦涩，它跟当时以及以前的一些神学方面讨论的问题有关，我们中国人对这方面不太熟悉，也可能在西方人和西方哲学家心目中这些东西都是不言而喻的，所以康德讲得比较简单，有些东西呢就跳过去了。所以我们读起来特别费力。这对于康德时代的人来说好像是一点就通的。首先我们来看看纯粹理性的理想。"理想 (Ideal)"这个概念跟一般的"理念 (Idee)"的概念有什么样的区别，这个在第一节、第二节里面讲得很多，但是我们没有把它们收进来。就是说，第一节讲一般的理想，第二节讲先验的理想，它们都和一般讲的理念不同。理念就是我们通过理性超越一切经验对象、经验事物之上，单凭理性而设想出来的一些概念，这叫作纯粹理性概念。这个我在前面已经讲了。纯粹知性概念先于经验，但是要运用于经验的；纯粹理性概念不但是先于经验，而且是超于经验，是超验的。当然它也是先于经验的，而且提出这个理念的人，他们认为这些理念可以用来解释经验。所以在他们那里，这些理念还是具有"先验"的意义。在康德这里呢，理念的先验的意义只具有范导性的意义，就是说，它也不是跟经验世界完全没有关系，它可以用来引导所有的经验知识，不断地走向完备。但是就它本身而言，它这个概念本身是"超验"的，是跟整个经验世界的知识完全没有关系的，实际上完全不能用来建构经验知识。就它的作用和功能而言，则有一点关系，它可以为一切经验知识的完备性起范导的（调节性的）作用，在这种意义上可以作一种"内在的使用"。但是它本身是超验的，而不是内在的。这是一般理念的特点，就是理性凭借自己纯粹的理性所提出的概念，最初是当作我们知识里面的一种范导性的概念提出来的，提出一个遥远的不可及的目标，它具有引导作用，可以指出方向。一般的理念是这样。

那么"理想"在一般的理念中间呢，它又具有特殊性。先验理念我前面已经讲了两个了，一个是灵魂，一个是宇宙整体。这都是属于先验的理念。那么先验理想谈的是上帝的问题，上帝作为一个理念跟前面两个理念相比较又不同，它还要更高一个层次。前面两个理念虽然是超验的，但是毕竟好像跟我们现实的事物还是有一定的联系，比如说灵魂，它跟我们人有一定的联系，宇宙整体也是个理念，它跟宇宙中的万事万物有一定的联系。它们都可以作为心理学和物理学里面的一个范导性概念，来发挥它的内在性的作用。但是上帝的概念是在这两个的基础之上更高的一个层次，他根本就跟现实的东西脱离了关系，他是前面两个理念的一种统一。就是一切心理学的知识和物理学的知识都要以上帝的理念作为前提，都是趋向于上帝的最高完满性的。所以，理想跟理念相比，它是最高层次的理念。这是一层含义。

另外一层含义，就是说，理想跟理念相比，它具有最高实在性和最高完满性的特点。也就是说，理念是一个概念，概念就具有普遍性，宇宙整体，宇宙中的万事万物，所有的条件的总和，所有条件的无条件者那个总体。所以这个总体包括所有的条件在内，就有一种普遍性。那么灵魂也是的，灵魂不是单个的，所有的人都有灵魂，但是灵魂这个理念普遍地适用于一切灵魂，一切有理性者的灵魂。但是理想跟这种普遍的概念就不同了，它是一种个别性的概念。它具有普遍性，但是它本身是个别性的概念，个别性的理念。它是单一的，唯一的一个。我们通常讲，理想总是以个别的方式表现出来作为我们的榜样，作为我们追求的唯一的目标，摆在我们的面前。所以，它具有个体性和排他性。理想是具有个体性的。

理想包含完满性、完备性,所有的东西都在理想之中;但是,这种完备性呢,又集中在一个个体身上,就是说,这种完备性是由一个个体所体现的。在这个个体里面,它是个别的,但是它又包含有完备性,包含有普遍性。比如说上帝,上帝是一切事物的原因,就此而言,他具有一种普遍性。但是你不能把什么都归结为上帝,那些坏的东西你不能归结为上帝。在世界上有两类事物,一种是好的事物,一种是坏的事物。你只能把好的东西归于上帝,坏的东西是由于违背了上帝的实在性才导致的。所以上帝虽然是无所不包,但并不是说所有的东西把它总和起来、加拢起来就是上帝了。那样的总和并不能体现上帝的个性。上帝在所有的可能性里面,他选择了最好的事情,排除了不好的事情。他把那种好的可能性集中起来,体现在自己身上。

康德在前面举了个例子,比如所谓"完满的人性",完满的人性就包括人的优点和缺点了,都包含在内,这就是完满的人性。人嘛,人所具有的我无不具有。也就是说,包括人类的弱点、缺点,都包含在人性里面,这就是完满的人性,完备的人性。但是"理想的人性"就不一样了,理想的人性肯定只包含那些好的东西,那些真正人性的东西,而那些弱点呢,都是由于偏离了真正的人性,或者是受到动物性的干扰,受到他自身不完备性的影响,所以只是对理想的人性的一种不完善的模仿,一般的人性只是对理想的人性的一种不完善的模仿。但是完满的人性是一个理念,它包括所有的那些不完备的人性在内,它们的总和就成了完满的人性。所有的东西都包含在完满的人性里面,包括优点、缺点。但是理想的人性只包含人性里面的那些正面的东西,那些肯定性的因素。理想的人性只能体现在唯一的一个人身上,如果有两个人,那就还可以分出高下,还有一个"更"理想的人性。这就是一般的理想。所以理想跟一般的理念有这样的层次上的区别。先验理想则是指上帝。上帝虽然是一切可能性的前提,包括那些不好的事情、罪恶的事情,也是以上帝的可能性为前提的。但是并不能因为不好的事情而怪罪于上帝,因为上帝提出的是正面的东西,反面的东西也是以正面的东西为前提的,否定的东西是以肯定的东西为前提的。就是说,上帝提出一个好的东西,那么,既然他提出一个好的东西,你就有可能违背他了。就这个意义上来说,一切可能性都是从上帝那里来的,但上帝作为一个理想,他只是把正面的那些谓词包含在自身之内,而那些负面的谓词是从这些正面的谓词里面派生出来的,所以它们不能归入理想里面。理想因此就具有了个性了,它不是毫无区别地把一切好的东西和不好的东西全部纳入自身,而是有一种个性,它代表好的东西,"最"好的东西。在这个里头又有一种价值评价了。一般的理念是没有价值评价的,宇宙整体呀,灵魂实体呀,这都是就事论事的,没有什么价值评价。但是谈到理想的时候就有了价值评价,因为它有种选择,它是一种个别性,个别性表现为一种选择。它不是毫无原则地兼容并蓄,把所有的乱七八糟的东西都纳入自身,它不是这样,而是有些东西它要排除出去,有些东西它要采取一种否定的态度,而有些东西呢,它采取肯定的态度。理想和一般理念的区别就在这里,它是凌驾于一般理念之上,它对于一般的理念的普遍性具有涵盖作用,但是它本身又体现为个别性。那么,这样一种个别性呢,只能理解为上帝。当然你可以不叫作上帝,你叫作别的什么都可以。但实际上这样一个理想已经是一个上帝了。康德讲,很多原始民族、未开化的民族,他们都有自己的多神论,但是这些多神论里面多多少少都有一点点一神论的影子,都包含有一点一神论的影子了,都有一点线索了,虽然还没有成形,但是追求这个神那个神,里头都有一点一神论的含义。就是说,有一种东西是最完满的,最高的,超越一切之上的,在所有的神里面有一个是最强的,最正义的,最道德的神,已经有这种倾向。所以,当你把理想这样来理解的时候,它就可以理解为上帝,可以理解为唯一的神。这个是对先验理想的解释。

我们看看第三节。前面的两节我们都没有收进来,其实也很重要的,我们这个选本嘛,它只能选最必需的东西。我们要理解他的这个上帝存在的证明,这是他的一个主题,那么我们把他最重要的这一部分收进来了。这个第三节,在前面的对理想和理念的划分的层次上,康德提出来了思辨理性推出最高存在者存有的各种证据。思辨理性也就是理论理性,在理论理性里面,以往的形而上学力图要推出最高存在者,推出上帝的存有。存有也就是 Dasein,我们以往也翻成存在,但是那就跟 Sein 分不开了。这个地方的存在不是一个抽象的存在概念,而是具体的实在,Dasein,我们翻译为存有,它跟实存 Existenz 是相通的,是几乎可以等同的两个概念,用法稍微有点区别。但是跟一般的 Sein 则很不一样。一般的 Sein 主要是作为逻辑上的系词,但是 Dasein 就不是系词了,它是一个具有实在性的存在了,不是一个抽象的存在概念。"各种证据",就是说思辨理性企图在最高存在者的存有方面提出它的各种证据,它是如何提出来的,以及它提出来哪些证据?我们看 B618 的那个标题,那个标题也是属于第三节的:"从思辨理性证明上帝的存有只能有三种方式",这就是那些证据,有三种证据来证明上帝的存有。那么前面这一段主要是讲他是如何提出来的,人们是如何想到要对上帝的存有提出证据进行证明,这个思路作为思辨理性一种想法,他是如何想的。这个前面是一段介绍。这一段也很晦涩,跟前面的第一节和第二节有相同之处,都是很晦涩的一些说明,但是我们还是尽量地要把它的意思阐发出来。

我们看第一段:

尽管理性有这样一种迫切的需要,即预先设定某种完全能为知性彻底规定自己的概念而奠定基础的东西,

理性有一种迫切需要,这个我前面已经讲到了,就是说,知性要彻底规定自己的概念,必须要由理性预先设定某种东西,来为它奠定基础,为知性彻底规定自己的概念而奠定基础。知性要彻底规定自己的概念,包括那些经验性的概念,那些自然科学的概念,要加以彻底的规定,也就是要使知性的那些知识成为一个完整的体系,完整的统一体,那么,理性就有这样一种迫切的需要,要设定这样一个东西。这样一个东西是什么呢?

就是所谓理念了,它是为知性彻底规定自己的概念而奠定基础的。

　　然而,理性要发觉这样一种预设的理想性和单纯虚构性是太容易了,以至于不会单凭这点就被说服把它的思维的一个单纯自己的创造立即假定为一个现实的存在物,　　B612

　　理性出于这种迫切的需要,就是说,我们在认识的时候,我们必须要提供一个认识的终点,一个认识的目标,来为知性的这种大全、统一体奠定基础。否则的话,知性认识来认识去是为什么呢? 你最终是追求什么东西呢? 是无非是要获得绝对真理嘛,知性认识这认识那最终是要获得绝对真理呀,它的目标在这里,虽然它达不到。既然知性达不到,那么理性就出来帮忙了,它就设定一个绝对真理。既然是理性跳过知性而预设的这样一个理念,那么这样一种预设的理想性和单纯虚构性是很明显的。这里的理想性是和现实性相对而言的。就是说,它只是你的一个理想的目标嘛。它是一种单纯虚构性,就是说,它脱离现实,它跳过了现实,它超前地把那个理想的目标竖立在那里了。所以虚构性是很明显的。理性要发觉这一点,简直不用费什么力气,因为它本来就是自己虚构的嘛,凭空想出来的。所以,很容易发现这种理想是虚构的,因而它不会单凭这一点,不会单凭自己预设了这样的理想就被这些理想说服,把理性的思维的“一个单纯自己的创造立即假定为一个现实的存在物”。这个理想既然是我自己主动地创造出来的,单凭我自己创造甚至是虚构出来的,那么我怎么能够立即把它假定为一个现实的存在物呢? 我本来就是跳过了现实的存在物去设想的嘛。那么你设想一个东西你就把它当作是一个现实的存在物,那岂不是太愚蠢了,岂不是自相矛盾? 但是,这后面留了一个余地:

　　如果它不是以另外的方式被什么东西所迫,要通过从给予的有条件者回溯到无条件者而在某个地方寻求自己的休息地的话。

　　这是个补语从句,也可以说是一个条件从句,被放到后面了。就是说,理性不会那么轻易地把自己的理想假定为一个现实的存在物,“如果它不是以另外的方式被什么东西所迫"。这里有个条件，就是说，虽然一般来说它不会把自己虚构的东西假定为一个现实存在的，但是如果有一个东西迫使它这样干，那它也可能会这样干，那也有这种可能，不是完全没有可能的。如果没有这个条件，那当然我们的理性是很清醒的了，它自己设定的东西，不会马上就无条件地当作一个现实存在物。这个是毫无疑问的。但是如果是以另外的方式被什么东西所迫，被什么东西所迫呢？当然是被理性所迫，被理性的推理所迫，被理性的逻辑力量所迫。怎么样所迫呢？就是"要通过从给予的有条件者回溯到无条件者而在某个地方寻求自己的休息地的话"。理性有这样一种逻辑的运用，我在前面的辩证论导言里面讲到过纯粹理性的逻辑运用。什么叫纯粹理性的逻辑运用？就是推理。什么叫推理呢？就是从有条件的东西去追溯它的条件，而你追溯它的条件，它又有条件的条件，所以这个推理可以无穷地追溯，最后直到追溯到无条件者才罢休。这就是纯粹理性的逻辑运用所必然导致的一个程序。它有一种强迫力，比如你推到一个前提、一个条件，你还不满足，理性的逻辑力量迫使你再继续往前推，一直要把你推到无可再推的地步，推到那个最终的无条件者，这个时候才能够寻求到自己的休息地。如果没有这样一个逻辑力量迫使你的话，那么我们就没有理由把一个自己虚构出来的东西当作是一种现实的存在。反过来说，如果有这样一种强制力，那么我们也有可能把自己的一个理想的预设当作现实存在。

虽然无条件者就其本身和依其单纯概念而言并不是作为现实而被给予出来的，但只有它能够完成那些被引向其根据的诸条件的系列。

就是说，无条件者我们预设了，我们当然推不到无条件者，我们永远也推不到；但不断地往前追，总是还可以追溯的，所以我们就跳过整个条件去超前地设定了一个无条件者，这是我们预设的一个理想。这个无条件者就其本身和依其单纯概念而言，并不是作为现实而被给予出来的，我们跳过了现实嘛，我们本来就是跳过了现实，它不是作为现实而被给予出来的。但是只有你超前地意识到这个绝对无条件者，才能够完成那些诸条件序列。那些诸条件序列被引向它们的条件，引向其根据。每一个条件都被引向它的根据，诸条件都被引向它们的根据，那么这样一个诸条件的序列只有靠这种预设、这种理想，才能够完成。这个预设的理想本身虽然不是作为现实的东西而被提供出来的，但是一切现实的东西只有借助于它才能够得到最后的完成。一切现实的条件和条件的条件，整个现实的条件序列，只有通过这个理想才能够得到最终的完成。我们所预设的这种理想性，虽然本身是单纯虚构的，但是它具有这种功能，对于现实的东西具有引导作用。这个我在前面已经讲得很多了，实际上这就是一种范导性的作用，对现实的条件序列具有一种调节性的作用。

这就是每个人的理性、哪怕最普通的理性都在采取的自然进程，虽然并非每个人的理性都在这上面坚持不懈。

这样一种范导的作用，实际上就是普通的理性，日常的理性，我们每天都在采取的一种自然进程，这是理性的一种自然倾向。从这种理性的自然倾向，就生发出以往的形而上学。我们在《纯粹理性批判》的总"导言"里面已经看到了，就是说康德的四个问题——纯粹数学何以可能，纯粹自然科学何以可能，形而上学作为自然倾向何以可能，以及形而上学作为科学何以可能——这是康德《纯粹理性批判》的总问题呀，相应于《纯粹理性批判》的四大部分。那么，这个地方提到的就是他的第三个问题，就是形而上学作为自然倾向是何以可能的。它的可能性就立足于理性本身的这种自然倾向。最普通的理性，最日常的理性，都有这种自然倾向。当然要追根溯源的话，它可能追溯到纯粹理性本身的一种本能。纯粹理性总是倾向于预设某个理想来引导我们全部人类知识，走向一个知识整体，走向一个绝对知识、绝对真理。这是我们人类理性的自然倾向。我们人只要有理性，就会有这样的自然倾向。理性的最大的作用就在于无限的统一性。知性本来也是统一性，但是知性的统一是有限的，而理性的统一性是无限的。把无限的东西统一起来，这是理性的功能。最狭义的理性的功能就在这里。我们有理性者,当然每个人都具有这种功能。所以我们为什么一定要把所有的知识都统一起来成为一个整体,从我们人类理性的本性里面、自然倾向里面,可以找到根据。当然这种自然倾向用得不好就会走偏,你如果在这个基础上建立一个形而上学,那就走偏了。在这种自然倾向上建立起来的形而上学,所有以往的形而上学,都失败了。因为所有以往的形而上学都是建立在这种理性的自然倾向之上的,都未经批判,所以都是非科学的。只有康德所设想的未来的形而上学,经过批判以后,才可能是科学的。他说:"虽然并非每个人的理性都在这上面坚持不懈"。要追溯一个无条件者,在这一点上,并不是每个理性都坚持不懈,比如说经验派就放弃了,经验派放弃了追溯那个最终的无条件者。他们说,我们不要再追溯了,我们这种自然倾向是坏事的,我们要克制它。只有理性派的哲学家在这方面坚持不懈,他们非要找到一个绝对无条件者,而且要证实它的现实性。

人类理性不是从概念开始的,而是从普通经验开始的,所以是以某种实存之物为基础的。

最普通的理性都采取这种自然进程,这种自然进程不是单纯地从概念开始的。也就是说,理性提出它自己的这种先验的理想,预设一个虚构出来的概念,这是有它的不得已的,有一种强制性,有一种理性的逻辑的强制性。那么这种理性的逻辑的强制性从哪里出发的呢?是从现实出发的,是从现实经验出发,"是以某种实存之物为基础的"。有了这个实存之物,人的理性就能够借助于它来进行推理,就要追溯它何以可能,追溯它的充足理由。所以,在这种强迫之下,人们就把这样一个绝对必然的存在者,不仅仅是当作我们的一个虚构,一个理想的预设,而且还一定要把它当作现实的存在物。这是从理性的程序本身的特点引出来的,就是说,理性的推理,就是从现实存在物开始,去追溯它的条件系列,一直追到无条件者。所以它不是在做概念游戏,它有一种不得已,你给了我一个现实存在物嘛,那么我作为一个有理性者,就要去设想这个东西何以可能。有理性的人总是喜欢追问，知其然，还要知其所以然嘛。要知其所以然，就必须要追溯，它何以可能。你给了我一个条件，我要追溯条件的条件，一直往上追。所以理性的这种推理呢，是以某种实存之物为基础的，它是从现实经验开始的，从现实的存在物开始的。所以，它是关注我们现实的经验知识的，它是关注现实的经验知识何以能够成为一个体系和整体，这样我们才去运用理性，这样才需要去运用理性。所以某种实存之物才是理性运用的基础，虽然理性本身是超越的，但是我们是为了解决现实之物里面的问题，才对理性加以运用。所以现实之物、实存之物是理性运用的基础。

　　<u>但如果这个基地不是立足于绝对必然之物这块不可动摇的磐石上，它就会沉陷。</u>

　　这个基地，也就是现实实存之物的基地，我们所把握到的这些经验知识，这些具有现实实存的东西的知识，它当然是个基础，但是这个基础如果没有一个绝对必然之物作为它的基础的基础，那么它整个就会塌陷，就会陷落。这就像休谟所讲的，我们有经验知识不错，但这些经验知识是不是有先天根据？我们找不到根据，我们找不到它的普遍必然性。我们只能够就事论事，有一个现实的东西，我们就把它承认下来，另外又有一个，我们又承认下来，但是所有的这些承认，都是没有根基的，都仅仅是一种主观的联想。所以这样一来，在休谟的眼里，所有的自然科学的那些命题都成了无根据的了，整个经验知识都塌陷了。休谟对理性派的批评就是起的这种作用。理性派以为所有的经验知识都是有其必然性的，因果律呀，必然性呐，这样一些概念都是先天的，都是坚定不移的，都是不可动摇的。但是休谟认为，没有什么不可动摇，这都是你的一种习惯性的联想。你可以这样联想，也可以不这样联想，所有的必然性其实都是偶然的，归根结底是偶然的。那么既然这样，经验知识还有什么可信度呢？再牢靠的经验知识，它的那些规律和定理，一夜之间就可以完全变成另外一个样子，完全变成相反的样子，也是可能的嘛，也不矛盾嘛。

所以，整个自然科学的根基就动摇了。如果这个基地不是立足于绝对必然之物这块不可动摇的磐石上，它就会沉陷。所以，有必要提出一个哪怕是先验的、哪怕是超前的绝对必然之物，作为整个自然科学知识的不可动摇的基础。现存之物的知识，有一个不可动摇的基础，那就是它有先天的东西作为它的根据。这就是康德对抗休谟的这种破坏、这种怀疑论的消极作用而提出的所谓先验哲学，先验感性论，先验分析论，先验逻辑，来为人类的知识立法。人的知识是可靠的，这可靠性不在于这些现实存在物本身，而在于它们的绝对必然的那个根基，虽然这个绝对必然的根基是人类理性提出来的，但是，它给人类现实的经验知识提供了不可动摇的基础。这就是有一种被迫的必要性。就是说，你必须要设定这个绝对必然之物，虽然是你想出来的一种理想的理念、一种概念，但是它不是虚构的。它既然能够引导我们的知识走向一个完整的统一体，具有这样一种必然的引导性，那么我们就必须认为它是具有现实意义的、具有实在性的一种存在物。当然它是不是具有实在性的存在物，这是康德在这里正好要探讨的。但是至少有一点，康德是认可的，就是说这个必然存在物是必须设定的，不管它有没有实在性，我们都必须设定，我们都必须先验地设定它。否则的话，我们整个经验知识就会沉陷，就立不起来了。接下来后面又有一个"但如果"，前面一个"但如果"就是讲的经验知识必须以这种绝对必然之物这样一个理念为前提，否则的话就会沉陷。后面一个"但如果"是说：

但如果这不可动摇的磐石的外面和底下还有空的空间，而且如果不是它本身充满着一切并因此不再给"为什么"留下任何余地，亦即它就其实在性而言不是无限的，那么，它自己就会失去支撑而悬浮起来。

这后面这一句呢，是倒过来说了：如果这个绝对必然之物本身不是实在的，那么它自己就会失去支撑而悬浮起来。这个作为基础的假设如果没有实在性的话，那它本身就不牢固嘛。你要为经验知识奠定基础，你这个基础本身都不牢固，你怎么奠定呢？所以他讲，"但如果这不可动摇的磐石"，这个磐石就是指的绝对必然之物这种假设。我们假设一个磐石来给经验知识奠定基础。但是如果这个奠定基础的概念的外面，在它之外，就是说如果你把它看作一个世界的根基的话，那么这个世界之外还有一个空的空间；或者它的底下，作为它的在世界之内一个事物，它的底下，也就是它为一切现实经验奠定基础时，在它的底下，它本身却还没有基础，它本身还是建立在一个空的空间之上的，还有待于另外一种解释，这就很糟糕了。当然这个空间不一定是指的直观形式了，如时间空间那种具体的理解，也可以理解为"还有余地"，还有解释的余地，如果它不是穷尽了一切，它还有一些个空缺悬而未决，有待于解释的那样一些缺口。就是它的外面和底下，还有一些空的空间，还有另外的解释余地，或者它自己还需要再继续加以解释，还有进一步加以解释的空间。"而且如果不是它本身充满着一切并因此不再给'为什么'留下任何余地"。这是对前面的进一步解释。就是说它本身不是把一切空间、一切解释的余地都塞满了，再没有什么可解释的了，你再不能问为什么了，它就是一切，一切"为什么"都要追溯到它，但它本身再不能够问为什么了，再没有问为什么的余地了。所有的问题都取决于它，而它不取决于任何别的东西。所以你不能再问它为什么是这样的，它何以可能的。何以可能已经追到头了，没有留下任何余地。"亦即它就其实在性而言不是无限的，那么，它自己就会失去支撑而悬浮起来"。这个地方把"实在性"提出来了。所有这些说明最后都归结为这样一个绝对必然之物必须是最实在的，是无限实在的。如果它就其实在性而言，不是无限的，就是说如果它没有无限的实在性，不是把所有的实在性都包容无疑，那么它自己就会失去支撑而悬浮起来。如果说它只包含了一部分实在性，或者说它漏掉了一个实在性，没有包含在内，那么这就留下了一个缺口，别的解释就会乘虚而入，就可以利用这个空隙把它攻破。就是说你这个所谓绝对必然的存在者就其实在性而言，并不是无限的嘛，你还没有包含另外一种实在性嘛，那你就面临着跟另外一种实在性的关系，那么你这实在性跟另外一种实在性的关系就还需要一个更高的东西来加以解释，所以你就不是最终的。而这样一来呢，这个不可动摇的磐石自己就会失去支撑而悬浮起来了，它就不能够作为一个不可置疑的、不可动摇的基础。它自己都还悬在空中，你怎么能够在上面建立起其他的东西呢？它就不能作为其他的一切知识的根基了，就悬而未决了。这是康德对于理性为什么提出这样一个绝对必然的存在者的理想，并且还要追求这样一个绝对必然的存在者的无限实在性，在这一段里面提出了论证。就是说，人类理性有一种自然倾向，要提出一个绝对必然的存在者，来为所有的存在者提供根据。但同时，它又要把这个绝对必然的存在者设想为无限实在的，具有无限实在性的，不能够留下任何空的空间。别的解释，别的实在性解释的空间，必须把它堵死。它能够解释一切，它能够具有一切事物的实在性的根据，并且唯有它能够这样。所以这个绝对必然的存在者又必须设想为最高实在的存在者。你光是一个绝对必然的存在者，一个假设，一个主观的虚构，一个理想，那是不够的，那人家可以说你在玩概念游戏嘛，你设想的那个东西根本就不实在嘛。但是有一种东西迫使他赋予这种绝对必然的存在者以现实的存在，当作一个现实的存在物，而且具有一切实在性的根据。所有的实在性都要根据它而获得。所有具体的知识、具体的存在物，它们的实在性，都要根据这个绝对必然的存在者来获得它们的实在性的根据。否则的话，你为所有的知识所设立的这样的基础本身就是不牢固的，本身就还有待于奠立。思辨理性推出最高存有的各种根据都是从这个地方生发出来的，都是为了证明这一点，一个是我们必须设想一个绝对必然的存在者，再一个是这个绝对必然的存在者必须是具有一切实在性的，具有无限的实在性的，它可以解释一切，而不再由任何其他的东西来解释。

下面讲的这一段比较短，主要是解释前面所提到的"以另外的方式被什么东西所迫，通过从给予的有条件者回溯到无条件者而在某个地方寻求自己的休息地"。前面只是提到了这个。那么，这一小段就是单独把这种方法提出来加以阐述。就是理性单凭它预设某个理想的基础，还不能够由此就证明这个理想的基础就具有实在性，光从它预设的这个虚构的概念里面，是推不出它具有实在性来的。但是理性又想要把这样一个对象、这样一个理想当作是具有实在性的。这个绝对必然的存在者作为一切知性的概念的基础，如果它没有实在性的话，那你说的都是空话了，你只是一厢情愿了。那么理性又试图要为这种实在性提供根据，所以呢，被什么东西所迫，理性采取了这样一种方式，就是从有条件的东西去追溯无条件的东西。有条件的东西肯定是有实在性的，但是没有必然性。那么有绝对必然性的东西呢，又不能证明其实在性。那怎么办呢？唯一的办法就是从被给予的东西、有实在性的东西去追溯到它的必然的前提，也就是我在前面讲的，除了从上而下预设以外，我们还要从下而上地去追溯，采取一种理性推论的方式，这样就使我们的这种预设看起来好像具有某种根据了。所以，这一小段是这样来论证的，他说：

如果有物（不论何物）实存，那么也必须承认总有某物**以必然的方式实存**。

如果有某物实存，不论何物，就是说，如果你说这个东西不现实，那么你提出一个东西是现实的，你提出一个你认为是实存的东西来，不论你提出什么东西，都可以，只要你承认有一个东西实存。比如说笛卡尔就认为，我们所拿到手里的东西都不见得是实存的，但是有一个东西是实存的，就是"我思故我在"。至少我是实存的。我现在在思维嘛，我现在正在这里思考，正在这里怀疑，正在这里询问，这难道不是实存的吗？这个都不管，笛卡尔也好，一般的经验派也好，一般的普通老百姓也好，只要你认为有一个东西是实存的，那就好办了。那么，你所承认的这个某物，不论是何物，它是现实的，但是通常它只是被理解为一个偶然的事实，所谓"事实的真理"。一个"偶然的真理"，摆在面前，我承认它了。但是由此就可以推出来，一定有某物以必然的方式实存。这是一个推论的结果。这个推论是怎么推论的？为什么说，凡是有某物实存就有某物必然地实存呢？下面就展开证明了：

因为偶然之物只有在一个作为其原因的其他偶然之物的条件下才实存，

如果这个某物是必然之物，那就不用说了，那这个命题就不证自明了，它就以必然的方式实存了。所以要证明的就是偶然之物。偶然之物为什么能够证明必然之物实存？因为一个偶然之物，只有在别的条件之下才实存。所谓偶然之物本来就是这个意思，它是偶然发生的，偶然发生的就有它的条件，如果没有条件，它就可能不发生。所谓偶然之物就是这个意思。而必然之物就可能不需要什么条件，它必然会在那里，那是必然的。但既然它是偶然的，那就预设了它是以别的条件才得以产生的。如果没有别的条件，它可能就不产生。所谓偶然性的意思，就是说，它既可能在，也可能不在；既可能有，也可能没有，并没有绝对唯一的可能性。唯一可能性就是必然性了。或者说，偶然之物的反面完全是可能的，必然之物的反面是不可能的。这个在逻辑上一点都不矛盾。今天下雨，当然今天也可能不下雨，是偶然下了雨，这个完全不矛盾，这个不是逻辑上的问题，而是事实问题。事实问题都是偶然的，事实都是本来可以不发生的，这就叫偶然之物。如果它不可能不发生，那它就不需要条件了。在任何条件之下，它都会发生，或者说，在任何条件之下，它都不可能发生，这都属于必然性。必然性是不看条件的，不管什么条件它都发生或者都不可能发生，这就是必然性。但是偶然性就要看条件了。在某种条件下，它就会发生了，但如果没有这个条件，它也完全可能不发生。所以，偶然之物只有在一个原因的条件之下才实存，而这个原因呢，可能是其他偶然之物。当然也可能是其他必然之物，那也就结了，也就已经追溯到必然之物了。但是，现在问题就在于，如果它的那个条件也是一个偶然之物，那么这个当然也成立。就是偶然之物的条件也是偶然的，它有了那个偶然条件，所以就有了这个偶然之物。这是一个问题，这还没有追溯到必然。那么如何追溯到必然呢？

而对这个原因又继续适用这一推论，直到一个非偶然地、正因此也无条件必然地存有的原因。

那就要进行连续推论了，进行无穷追溯了。就是说，偶然之物即使它的条件也是偶然的，那么我们对那个偶然条件还可以继续追溯，可以无穷地追溯下去，一直追溯到一个非偶然的、无条件必然存有的原因。我们可以设想，凡是偶然之物，都必须要不断地追溯它的原因，因为你要解释它嘛，这个偶然之物何以可能。它为什么存在？那你就要追溯它的条件。追溯到它的偶然条件还不行，因为追溯到的偶然条件还没有解释它到底何以存在。所以，只有最后追溯到一个非偶然的、无条件必然的存有原因，这个偶然之物才得到了充分的解释。所谓充足理由律就是这样的意思嘛。为什么要有充足理由律？就是为了解释任何偶然之物，它是用在偶然的真理上的。这是莱布尼茨那里提出来的。莱布尼茨认为有两种真理，一种是偶然真理（事实的真理），一种是必然真理（逻辑真理）。必然真理可以通过逻辑来证明，偶然真理就必须通过充足理由律来证明。就是说，凡是一件事物的存在，都有其充分的理由；你如果只是追溯到它偶然的条件，那这个理由还不充分。理由不充分，这个事物的存在就无法解释，就还是个奇迹，不仅仅是偶然的事情，而且最终是没有原因的事情，那不就是奇迹嘛。只有当你追溯到一个非偶然的、无条件必然的存在作为它的原因的时候，这个偶然之物才得到了完全和彻底的解释。现在我们就相信了，它的存在是有根据的了，这个偶然的东西不是一个奇迹，而是有其合理的根据的。你一直追溯到了最后，追溯到了它的最终的根据嘛。如果你没有追溯到它的最终的根据，只是半途而废，只是其他的一个偶然之物作为它的偶然条件，那这个东西还可能是个奇迹，还可能是没有根据的。而科学就容不了这种没有根据的东西。你这个科学仅仅限于承认这些是偶然的东西，那这个科学就是一种拙劣的科学。你说他为什么得这个病啊，他偶然得的这个病嘛，这等于什么也没有解释。

你非要找出它的原因来。当然我们一般满足于找到一个偶然原因就算了，但是严格说来，科学上面还要继续往前追，要追溯到一个绝对必然的原因。至少你要预设一个绝对必然的原因，就是说，所有这些偶然的原因，都最终有一个充分的原因，有一个充足的理由，否则的话是不会发生的。如果少了一个理由，它就不会发生。少了一个原因，少了一种偶然性，它就不会发生。所以，一个有充分理由的事情呢，它是把所有的偶然原因都包括在内了，才能够解释这一件事情的发生。所以，偶然的事情也可以变成科学。所有自然科学都是讲这些偶然的事情，为这些偶然的事情提供必然的根据的。科学就是干这件事情的。那么数学当然它可以不涉及到偶然的东西，逻辑也可以不涉及到偶然的东西，但是，自然科学必然要涉及偶然的东西，而且必然要为这些偶然的东西寻求其必然的根据，寻求它们的充足理由。所以他讲：

这就是理性前进到原始存在者所依据的那个论证。

那个论证是什么论证？就是充足理由律的论证。这个地方没有明确地点出来，其实就是讲的这个。充足理由律的论证就是这样的一个论证。莱布尼茨运用充足理由律的论证也就是最后要推导出一个上帝来，所有的充足理由最后归结为上帝。上帝是一切事物的充足理由。任何具体的事物都不足以成为充足理由，任何具体的事物的总和也不足以成为充足理由，只有有一个上帝，把这个总和确定下来，或者是选择下来，才能够成为充足理由。所以，上帝是绝对的、无条件的必然存在者。莱布尼茨就是用这个充足理由律来证明原始存在者。那么原始存在者你没有这个证明，你单纯就是提出有一个上帝，因为我信上帝嘛，我就用上帝来解释一切，那个是没有说服力的，特别是对有科学头脑的人没有说服力。但是有了充足理由律以后呢，人们就说，这上帝是有根据的，有理性的根据。我们可以通过充足理由律，从现实事物的存在，任何现实事物的存在，你只要承认有个事物存在，你就可以推出，它的充足理由必须存在，它必须有个充足理由。虽然我通过推理追溯不到，但是我至少要假定有个充足

222

理由，否则的话，这个偶然的事物就无法理解，它就是没有根据的，或者说，它的根据就是不充分的。而不充分的东西怎么会存在？那就无法理解了。为什么一个没有根据的东西或者根据不充分的东西居然存在了，这个是理性无法理解的。理性只能够理解那种有充分根据的东西。所以有必要假定一个充足理由，那就是上帝。这样一来，上帝就得到证明了。原来上帝只是作为一种信念假定下来，用来解释一切，而通过莱布尼茨的充足理由律，上帝就得到了"证明"。当然这个证明在后来康德把它归结为宇宙论的证明或者是自然神论的证明。宇宙论的证明和自然神论的证明就是从现有的经验事实出发，来推论出它们何以可能的根据。而这个最高的根据只能是上帝，只能是超出所有现存事物、所有经验事物之外的一个原始存在者。这一段重要的是提供了这样一条强迫性的理由。为什么一定要把绝对必然的存在者说成是一个现实的存在物呢？它是从任何一个现实的存在物里面推出来的。既然这些现实的存在物存在的最充分现实的理由就是上帝，那么上帝本身也肯定是最高的实在性，他使得所有现实的东西存在了嘛，那他不是具有最高实在性么？只有最高实在性，才能成为一切实在性的充足理由。这就是这一段的意义。

前面的一小段是一个推论过程，而这个推论过程是用不着现实的实存事物，它可以就从概念里面推出来。也就是说，只要有任何某物实存，那也就必须承认，总有某物以必然的方式实存。如果有任何某物实存，那只有两种情况，一种是偶然的某物，一种是必然的某物。如果你承认有偶然的某物，那也就一定有必然的某物。这是从概念里面就可以推出来的。因为偶然之物只有在一个作为其原因的其他偶然之物的条件下才实存，那么你必须由此不断地推下去，继续实行这些推论，直到一个无条件必然存有的原因。所以，从概念里面就必然可以推出无条件必然的存在者作为一个原因。这就是"理性前进到原始存在者所依据的那个论证"。理性通过一种推理，通过理性的逻辑运用，理性单凭一种逻辑上的推理，就可以推出这样的结论来。我前面在辩证论的导言里讲到"理性的逻辑运用"时说过，理性是一种推理，这种推理有一种无限追溯的必然倾向。理性总是要从它的后果不断地推出它的前提，那么任何一个后果一旦给出来了，我就一直可以追溯到它的绝对必然的存在者，作为它的一个前提。这个当然是一个理念了。那么在这个前提之下，你来看下面这一段，就可以了解它究竟是什么意思了。

B613　　于是，理性到处寻找一个作为无条件的必然性而与这一优先实存相适合的存在者概念，不是为了这样一来就从这存在者概念中先天地推出它的存有来（因为如果理性胆敢这样干，那它完全只须在纯然概念之间进行研究，而不必以一个给予的存有作为基础），

　　理性到处寻找一个必然存在者的概念。理性本来是用不着寻找的，凭借它的逻辑运用，凭借它的逻辑链条，它在逻辑中不用到处去寻找，本来就可以直接推出来。但是，现在是理性到处寻找一个存在者的概念，这就不一样了。理性要到处去找，是在世界之内呢，还是在世界之外呀，这样一些具体的存在者的概念，这些存在者的概念是"作为无条件的必然性而与这一优先实存相适合的存在者概念"。也就是说，理性凭借它的逻辑运用，本来在概念上已经推出了一个无条件的必然存在者，但是它还只是一个概念，在现实中间，还找不到这样一个与该概念相适合的存在者。概念已经有了，但是，不知道哪个适合于这个绝对必然的存在者概念。理性凭借它的逻辑运用，已经提供了一个概念，就是绝对必然的存在者，但是在现实中间，它找不到一个东西能够适合这个概念。于是它要到处去寻找。为什么？因为要有一个存在者与一个无条件的必然性这个"优先实存"相适合，有没有这样一个存在者？这个无条件的必然性当然具有优先性了，它是其他所有一切偶然的存在者的前提和第一条件嘛，所以要讲实存或存有，它是具有优先性的。这样一个具有优先性的无条件的必然存在者，这样一个实存，概念已经有了，但是我们如何理解这个概念，它究竟是指的哪一个存在者，那我们就要去寻找。为什么要去寻找呢？你如果是要先天地从这个概念里面推出它的必然存有，我

224

们已经有了，不需要你去寻找，你就凭理性推理的逻辑链条本身就可以把它推出来，用得着去找吗？这个存在者的概念即算你找到了，一旦找到是不是就能从它里面先天地推出其实在的存有即实存来呢？这个存在者的概念当然你可以先天地推出它的存有概念来，如果我们已经推出来了或者是假定了这样一个优先存在的无条件的必然性，如果我们有了这样一个无条件的必然性，那么我们当然可以从它的概念里面先天地推出其存有概念来。就像本体论证明所讲的，一个绝对必然的存在者，它必然客观存在，因为这个客观存在或者说它的存有从概念上已经包含在绝对必然的存在者这个概念里面了。如果缺了这样一个东西，那它还怎么会绝对必然地存在呢？绝对必然的存在者里面就包含着它的现实的存有的意思。这是上帝存在的本体论证明里面所讲的这样一个道理。像安瑟伦的本体论证明就是这样证明的，从概念推出存在，从一个至高无上的概念推出它不可能不包含存在。如果它不包含存在，那它就不是至高无上的了，就是逻辑矛盾了。如果要逻辑上不矛盾，你就要承认一个至高无上的概念它必然包含存在。最完满的概念，必然包含存在。如果不包含存在，它就不完满，那就会有逻辑矛盾。这是传统的对上帝存在的本体论证明。但是康德在这里讲呢，我们之所以寻找这样一个存在者概念，不是为了这种本体论证明。如果是为了本体论证明，我们不需要去到处寻找这个存在者，我们凭我们的逻辑推理就可以干这件事情；但这只是在概念内部玩游戏，而不是真正地推出了现实的存有。所以他在括号里面讲："因为如果理性胆敢这样干，那它完全只须在纯然概念之间进行研究，而不必以一个给予的存有作为基础"。如果理性仅仅是为了从这个最高的、优先的存在者的概念里面推出它的现实的存在，如果仅仅是为了这个目的，那么我们单凭"纯然概念之间进行研究"，也就是进行单纯逻辑推理，就足够了。理性的逻辑运用就足以解决这个问题，而用不着到处去寻找一个与这个概念相适合的存在者的概念。哪个存在者能够与这个优先存在者的概念相适合啊？也就是说，我们要到现实中确定一个存在者与这个存在者的概念相吻合。这样一种努力绝对不是仅仅为了上帝存在的本体论证明。上帝存在的本体论证明是很简单的，从概念推出存在就是了。这个地方之所以要寻找一个现实的存在者——当然这里是讲现实存在者的概念，那就跟上帝存在的本体论证明完全不一样了。就是说，它还是要不满足于一个单纯逻辑上面的理性推理，而是要在现实中间去为它找到一个对象，要找到一个现实的对象，与这个逻辑推理的概念相适合的对象。尽管你证明了，通过上帝存在的本体论证明，你证明了上帝的概念里面必然包含有存在的概念，但是有没有上帝这样一个概念的实在性？你这个上帝的存在概念是不是空的？也许，如果我根本就不承认有上帝的概念，那这个矛盾就根本不存在。你承认有上帝的概念，你又说他不存在，当然那就是自相矛盾，那毫无疑问。但是如果有一个人根本就不承认上帝的概念，他说压根儿就没这回事，对于他来说，这个自相矛盾也不会有。所以，上帝存在的本体论证明只是对那些相信上帝存在的概念的人来说才有效，你预先已经相信了，你是个基督徒，你是个神学家，上帝存在对于你来说是毋庸置疑的，对这样的人，当然你要他从上帝的概念里面推出上帝存在，那是顺理成章的。你不推出上帝的存在，倒是自相矛盾的。但是，对一个不信上帝的人，你说上帝存在的概念里面包含他的存在，那么他完全可以否定。上帝存在的概念怎么会包含他的存在呢？概念怎么能包含存在呢？他完全可以否定这一点。所以，你要使他相信上帝存在，那你就必须要提供证明，你就要拿事实给他看，你就要他运用他的理性到现实的存在身上，去进行推理。就是说你有一个什么东西，然后从这个东西推出必然有一个至高无上的必然存在者，那就是上帝。后面讲的这种方法是笛卡尔的证明方法，在某种意义上是这样的。笛卡尔提供了一个东西，"我思故我在"，这很实在。你可以不相信上帝，但是我思故我在，你总应该相信吧。任何一个有理性的人，既然他在思维，他总相信他的存在吧。那么一旦他相信了他的存在，他就会继续想啊，我的存在是不是完满的呢？我的存在是不是必然的呢？是不是无条件的呢？肯定不是的，因为我刚才犯了那么多错误，我还一直在怀疑，这显然就说明我不是完满的。既然我不是完满的，我又有一个最完满的上帝概念，那么我这个上帝概念从哪里来的呢？它的原因是什么呢？你要追究我这个概念的原因，那肯定原因不能小于结果。能够产生我这个最完满的概念的那个存在者肯定比我这个不完满的存在者要更加完满，只有他才能把这个最完满的概念放进我的思维中来。由此再推上去，这就可以推出上帝了。所以，笛卡尔的证明虽然也是上帝存在的本体论证明，但是里面已经掺杂了一些经验的东西。就是说，严格按照上帝存在的本体论证明的经典的形式，那就是安瑟伦的形式。安瑟伦的形式就是直接从概念推出存在，我信上帝，那么我就要追究我这个上帝的概念是从哪里来的？这个上帝概念里面是不是包含存在？既然我心中有一个上帝概念，我的理性就不能容许这个上帝概念里面包含矛盾。如果他不存在，他就包含矛盾。这是最简单的古典的方式。到了近代笛卡尔的方式呢，就给它加上了一个东西，加上了一个"我思故我在"的前提。我思故我在，这是一个现实的存在，这是一个实存，这不是一般的存在。那么从这个实存所推出来的，就是一个与绝对必然存在者相适合的一个现实存在者。因为它不是凭概念推出来的，它是凭一个事实推出来的。括号中的"给予的存有"，就是说，你不仅仅是存有的抽象概念，而且你还必须证明这个存有是给予的，是现实的。如何才能够使这个概念成为现实的，这是所要探讨的问题。就是说，单纯从概念到概念的推论，那种古典的上帝存在的证明方式，那只是一方面，那只是形式方面，它并没有真正地证明上帝在现实中存在。因为一个不信上帝的人，马上就可以把你推翻。但是如果你在现实中有个根据，那任何人都推翻不了了。笛卡尔就是从这个角度来看问题。除了笛卡尔以外，后来的一些宇宙论的证明，如莱布尼茨的充足理由律的证明，也包括以前的托马斯的宇宙论的证明，以及自然神论的证明，都是想为上帝在现实世界中找到其存有的根据，从而使上帝这样一个抽象存在的概念变得具有实际的内容。笛卡尔已经有这种倾向,当然笛卡尔还不是真正的对上帝存在的宇宙论证明,但是他已经开始运用了充足理由律。就是说,一个事物的存在,肯定有其充分的理由。如果没有充分的理由,如果没有完满的理由,它是不可能存在的。那么要追溯这个完满的理由、充分的理由,这就引出了上帝存在的证明。宇宙论的证明就是这样的。所以康德在这个地方实际上讲的是,我们人类总是不满足于上帝存在的本体论证明,而要追溯上帝存在在现实经验中的根据,使上帝的存在变成一个现实可把握的有关对象的知识。逻辑推论是逻辑推论,它只是形式推论。你给我一个有条件的东西,我就可以推出一个条件,还可以一直往上推,一直推出一个无条件者。这是理性的逻辑运用所获得的一个推理,所获得的一个结论。但是,这样的结论,始终是得不到满意的,除了这样一个结论以外,人们还要找到一个现实的东西能够与你推出来的绝对必然的存在者相适合。有没有这样一个东西跟你所推出来的绝对必然的存在者相适合呢?要得到这样一个东西,那你就必须在现实世界里有它的根据,你是从哪里推出来的。你不是从抽象概念推出来的。从抽象概念推出来很容易,但是那没有什么用,你要找到现实的存在者,要推出来,那就还有一些工作要做。所以他继续说道:

　　而只是为了在可能之物的一切概念中找到那个自身不包含任何与绝对必然性相冲突的东西的概念。

　　这个就很明确了。就是说,为什么要到处去寻找一个与绝对必然的存在者相适合的概念呢?不是为了仅仅从这个存在者概念里面先天地推出它的存有来,那是本体论证明的做法;"而只是为了在所有的可能之物的一切概念中"去寻找。为什么要说"一切可能之物"呢?就是说,我们当然看不到上帝了,也摸不着了,但是我们需要寻找的是可能之物。对可能之物我们可以超越我们的感官经验来作推断。上帝是不是属于可能之物?有没有这样一个可能之物?在所有的可能之物里面你去找。你穷尽了一切可能之物,然后你能否断言,在所有这些可能之物里面,有这么一个可能之物,这个可能之物"不包含任何与绝对必然存在者相冲突的东西"。也就是说,他本身是与绝对必然的存在者相适合的,也就是与这个优先实存相适合的存在者的概念。这就跟第一句话呼应上了。为什么要寻找跟这样一个与优先概念相适合的存在者的概念呢?是为了在可能之物的一切概念中找到一个概念,它能够与绝对必然性不相冲突。不相冲突就是相适合。一切可能之物,也就是说,包括我们现实之物——现实之物肯定是可能的,不可能怎么会现实呢——以及包括从这个现实之物里面推论出来的可能之物,它们总和起来都称之为可能之物。那么我们的目标是在所有这些可能之物里面去寻找那样一个可能之物,能够与绝对必然的存在者相适合,能够适合于这个概念。这个就是康德后面要讲的宇宙论的证明和自然神论的证明,它们都是这样做的。本体论证明不是这样做的,它就是直接从概念里面推出存在,如果没有这个存在,那么这个概念就会自相矛盾。而后来康德对本体论证明的驳斥,也就是根据这一点。就是说,你有了这个概念,当然如果它不存在就会自相矛盾。但是如果没有这个概念,那也就不会自相矛盾了。对于有神论者,他必须相信上帝存在,因为他首先已经相信了上帝,他若不相信上帝存在,那岂不是自相矛盾。相信上帝,又认为他不存在,那岂不是自相矛盾嘛。但是如果没有这个概念,那就不自相矛盾了。你说三角形没有三个角,这就是自相矛盾。但是如果你说,没有三角形,同时也就没有三角形的三个角,这个并不自相矛盾。同样,你说没有上帝,同时也没有上帝的存在,这个也并不自相矛盾。所以,你要证明这样一个绝对必然的存在者的实存呢,用本体论证明是不够的。你还必须在现实的可能性里面找到一个存在者能够适合于上帝的概念,适合于这个绝对必然的存在者的概念,来作为证明上帝存在的补充,或者是现实根据,这是当时自然神论者们所采取的一些办法。在康德这里,他的目的当然是要揭示出这种证明的不成立。但首先你要把它搞清楚,他们是如何证明的。这个地方提出来的就是,除了这种本体论证明,通过理性的逻辑运用来证明以外,还有另外一种证明，就是通过在一切可能之物中去寻找与这个绝对必然存在者相适合的概念，这样来证明。

因为对于终归必须有某种绝对必然的某物实存着，这一点理性按照第一个推论就已经看作是决定了的。

"第一个推论"可以改一下，改成"前一个推论"，更明确一些。"第一个推论"有点让人摸不着头脑。它就指的前面那个推论，前面那个推论就是前面那一小段，就是理性的逻辑运用所获得的那个推论。任何某物都必须一直追溯它的原因，追溯到一个绝对必然的存在者。理性在它的逻辑运用里面，就是从有条件者追溯到它的最终的那个无条件的条件，最终那个无条件的条件，那当然就是绝对必然的某物了。你只要运用逻辑推理，你肯定就要追溯到一个最终的理念。当然实际上追溯不到，但是你在理论上你可以设定，那是一个理性的理念，它最终要在那里找到归宿。所以他说："因为对于终归必须有某种绝对必然的某物实存着，这一点理性按照前面那个推论就已经看作是决定了的。"就是说，用不着再去找了。这个"因为"就是说明前面的为什么要在可能之物的概念中去找到那个"自身不包含任何与绝对必然性相冲突的东西的概念"，为什么要去找呢？因为，绝对必然的某物终归必须有，这一点是不用找的，这一点在前面那个推论里面看作是已经决定了的，用不着去找了，一个简单的推理，我们就可以推出来，就是前面那一小段所说的那么一个简短的推理，我们就可以确定这一点；但是这个绝对必然的存在者是否有其实在的可能性呢？这就还要去寻找。就是说，任何某物，都要以一个绝对必然的存在者作为前提，它才得以存在，才可能。这是在逻辑上说的，任何某物嘛，在形式逻辑上就可以这样断言的。

既然理性可以把一切和这种必然性不相容的东西都去掉，只除开一个东西，那么这个东西就是那绝对必然的存在者，

就是说，理性可以把一切和这种必然性不相容的东西都去掉，只剩下一个东西，剩下那个唯一的，能够与这种必然性相容的东西，那么它就

是前面讲的能够与"这一优先实存相适合的存在者的概念"。就是说，前面的那种单纯从概念推出存在的情况已经把它排除了，那个已经不用说了，那个不是我们这个地方要讨论的，那个已经决定了。但现在要讨论的呢，就是理性可以把"把一切和这种必然性不相容的东西都去掉"，也就是把一切偶然的东西都去掉，比如说，我思故我在，这是个偶然的东西，它跟绝对必然性不相容，我们可以把它去掉，可以再往前推，往上追溯。这个"我"，不足以成为"我"的原因，肯定有别的原因。那么别的原因如果与这个绝对必然性不相容，也可以再去掉，还可以往上追溯。一直要追溯到最后一个东西，只除开一个东西，那么这个东西就是那绝对必然的存在者了。这个地方是采取了排除法。就是说，我到处要寻求一个作为无条件的必然性而与优先实存相适合的作为存在者的概念，我要采取什么方法呢？采取不断地排除的方法。就是把那些在一切可能的存在者中的、一切可能之物里面的有条件的、偶然的东西一个个地去掉，而剩下的呢，那就是那个可能的存在者。它能够和这个绝对必然的存在者相容，那么这个东西就是绝对必然的存在者。

　　而不论我们是否能理解它的必然性，亦即是否能把这种必然性单纯从概念中推出来。

　　这个是另外一个层次的问题。就是刚才讲的，在逻辑上，我们是否能够理解它的必然性呢？是否能在逻辑上把它严密地从概念里面推出来呢？这个我们现在已经不管了。我们不论是否能够理解它的必然性，我们从现实出发，现实中任何一个东西，你去看它是否能跟这种绝对的必然性相容。如果不相容，你再往上追。如果它还不完满，还不够充足理由，你再为它找到更充足的理由。这样一直往上推，这是一种现实的推论。宇宙论的证明嘛，对上帝存在的宇宙论的证明，以及自然目的论的证明，这些都是用现实的经验来证明上帝，而不是从概念里面推出存在来。从概念里面当然可以推出存在来，但是在这个宇宙论证明的推论中，我们已经不管它是否能够推出来了，这个问题已经被推到后面去了，已经看作是解决了的,但是解决了没用,最终问题没解决。最终上帝是否真的存在,这个还要从我们现在的推论中加以解决,用一种排除法来加以解决。即把那些不相容的东西都排除掉,剩下一种可能性,就是唯一的适合于那个绝对必然的存在者概念的实在的存在者,它再不能有别的东西作为它的条件了。它是无条件地必然存在的,也就是没有任何条件能够决定它的存在,相反,它能够决定其他的一切东西的存在,能够使它们不仅在逻辑上不矛盾,而且在现实中实存。在这个时候呢,就不论我们是否能理解它的必然性。这个必然性就变成在幕后的东西了,就是说,要理解这种必然性,我们只须从概念的层次上来理解,能把这种必然性单从其概念中推出来,这种本体论证明,已经是隐藏到幕后去了。一般老百姓能够听得懂宇宙论的证明,也能够听得懂自然目的论的证明,但是不一定能够听得懂本体论的证明。本体论的证明是神学家们所讨论的问题。但是牧师在传道的时候通常是采取一种宇宙论的证明和自然目的论的证明。自然目的,自然神论,说我们这个宇宙多么美好,多么和谐,或者是"前定和谐"的证明也可以。这都属于后天经验的证明,这个是老百姓能够懂的。他用不着去了解到本体论证明就可以相信。老百姓不善于进行思辨,也用不着去进行思辨嘛。神学家才去进行思辨。所以,即算老百姓不理解这种思辨,不能从概念上来理解这种必然性,他也可以从现实中、从事实中来理解这种必然性。一切存在的东西都有其最完满的原因,都有其前定的和谐。这个事和老百姓一讲,和一般的基督徒一讲,马上就能清楚的。但是他们不一定能了解到本体论证明。当然反过来康德在后面的对上帝存在证明作批判的时候呢,他又讲到,本体论证明实际上是最深的根据,后天的所有那些证明其实最终都要依靠先天的证明才能够得以成立。一旦把先天的证明推翻,那所有的证明都不可能了。所以我们这个选本里面特别选了康德对上帝存在的本体论证明的论述和驳斥。为什么只选这个部分?当然也可以选其他的两个部分,有三种证明嘛。康德把它归结为上帝存在只可能有三种证明。那么,另外两种为什么不选呢？一个是篇幅问题，再一个呢，它们确实就是建立在本体论证明之上的。你如果把本体论证明推翻了，其他证明都不成立。其他证明看起来好像很通俗，在从现实出发作后天的证明，老百姓都懂，但是讲到最后还是要利用本体论证明才能够跳出去，才能跳到上帝存在这样的层次，否则的话，你永远跳不出去的。所以最后一句他讲："不论我们是否能理解它的必然性，亦即是否能把这种必然性单从其概念中推出来"。也就是是否能从逻辑的意义上面，把它的关系清理清楚，这个不管。它是用事实来证明，不是用逻辑，不是用一种单纯的形式逻辑推理来证明。从事实证明好像更加具有可靠性。整个这一段实际上是讲的对于绝对必然存在者的推理的层次。前面一小段已经讲了，理性的逻辑运用本身就足以决定任何一个存在物都必须要有一个绝对必然的存在者作为其前提和原因。这个是在理性的逻辑运用里面已经摆明了的。那么这一段就是在另外一个层次上面了。就是说，理性不满足于这样一个证明，还要到处去寻找一个与这个绝对必然存在者相适合的存在者的概念，给这个理念寻找一个对象，这是为什么？这一段是讲这个的。所以相应的就是，前面一小段是讲的本体论证明，这一小段是讲的为什么除了本体论证明以外，人们还要去寻找宇宙论证明和自然目的论证明。就是因为不满足。单纯从概念推出存在，并没有真正地证明绝对必然存在者的存在，或者上帝的存在。你要证明上帝的存在，还必须有事实根据。一个抽象绝对必然存在者的概念——当然你可以说概念上包含存在的概念，但是你不会满足于它仅仅停留于一个存在者的概念，而必须为它到处寻找其实存的根据。它实存上到底有没有根据，不仅仅在概念上有一个存在概念，而且呢，它确确实实地是可以实存的，而且是能够赋予其他一切事物以实存的，这样才能得到满足，这才是对上帝存在的真正的证明。一个单纯的逻辑上的推理，只能证明一个绝对无条件的必然存在者的理念，这个理念是不是有一个客观对象，还没有数。他可能根本就不是一个现实对象，而只是一个空的理念而已。但人类理性总是希望把自己所设想的理念看成一个对象来认识，来把握，把上帝这样一个个别性的理想看作一个人格。所以人们不满足于逻辑上的空的理念，而一定要去为它找到一个现实的对应物，一个实在的可能对象。比如上帝是唯一的，他有自由意志，他可以决定一切，他可以选择，他是全知、全能、全善，全在，他有人格性，他有位格嘛。那么你要证明这些，就不能单凭逻辑证明了，你就还必须在现实世界中去推，哪些东西是他决定的，你都指望着他，那么这就还必须要赋予上帝以实在性。在我们的现实生活中要有他的根据，这才能够得到证明。

上面一段主要是讲能够找到那样一个东西，能够适合于无条件的必然性。能够与无条件的必然性相适合的那样一个东西，还要去找。从无条件的必然性当然可以推出这样一个存在的概念，当然是可能存在的，但是这个存在是不是适合于这个无条件的必然性呢？如何才能够适合这个无条件的必然性呢？还要去找，在所有一切可能的存在的可能之物的一切概念中，去寻找那个与绝对必然的存在者相适合的存在者的概念。上面一段主要是提出来这样一个任务，下面一段就具体来解释、解决这个任务。

于是看起来，那样一个东西，即它的概念对一切"为什么"而言包含"就为这"，

为什么是"看起来"呢？因为康德在这里并不是在说自己的观点，他是在引述或者是在分析那些理性神学、先验神学，那些理性派的神学家们的观点。也就是说，在他们看来，那样一个东西，"即它的概念对一切'为什么'而言包含'就为这'"。"为什么"你总是可以去追溯的，但是追溯到最后有那么一个东西就再不能追溯了。你要说，它又是为什么存在的呢？不为什么，就为这个。或者说，它自己是自己的原因。它是自因，它就是为它自己。它再不为别的另外一个条件而存在了。

而它的任何部分和任何方面都是无缺损的，在任何地方作为条件都

是充分的，

任何部分，Stück，也可以翻译成"部分"，本来的意思是碎片，或者一个东西的片段的意思。一个整体，它的各个 Stück。就是说，它的任何一个部分，任何一个 Stück，任何一个片段，和任何方面，"方面"就是Absicht。Absicht 本来的意思是"意图"，但是意图的意思是引申出来的，它的本来的意思是"看在眼里"，意图就是目的嘛，目的就是看在眼里，针对着某个东西，眼光瞄准了某个东西。这个词也可以理解为"方面"，你的方向，你的意图，在这方面。这个翻译是比较普通的翻译，并不是很偏僻的翻译。"任何部分和任何方面"，就是说，在任何立场上，出于任何目的，出于任何立场，它都是无缺损的。不管你用什么样的目的来衡量它，它都是完备的。这个"无缺损的"或"完备的"有很多方面了，有些东西你在这方面看是完备的，但是你换一个角度看，它可能就是不完备的，它可能又有别的缺损。但这样一个东西，它在任何方面，不管你从哪个角度看，它都是无缺损的。所以这个地方就是说，它的任何一个部分，以及你从任何一个角度看，它都是没有缺损的，都是完备的。下面他又讲"在任何地方作为条件都是充分的"，不管在什么地方，它都是充分条件，不管对于什么事物而言，都是以它为充分条件。我讲过要找充足理由嘛，找充足理由你最后就要找到它——"那样一个东西"。这就是康德对这个东西的描述。下面紧接着前面所说：

这个东西正因为如此，就是适合于绝对必然性的那个存在者。

正因为它包含着"就为这"，正因为它的任何部分和任何方面都是无缺损的，在任何地方作为条件都是充分的，所以，这样的东西就是适合于绝对必然性的那个存在者。这个东西跟绝对必然性的存在者还不是一个东西，不是一个概念，但是，它可以适合于绝对必然性的存在者的概念。为什么适合呢？

因为这个东西由于自身具有一切可能之物的所有条件，而本身不需要任何条件，甚至不能有这种条件，因而至少在这一点上是符合无条件的必然性这个概念的。

由于它是无缺损的嘛,在任何方面、任何部分都是无缺损的,作为条件,它任何地方都是充分的,所以它就是"自身具有一切可能之物的所有条件"了,它再不缺条件了,它是一切可能之物——不管是一个什么样的东西,哪怕现在还不存在,还只是可能性——都要以它为条件。任何时候发生的事情,不管是过去发生的事情,现在发生的事情,还是将来可能发生的事情,都要以它为条件。这样一个存在者,本身不需要任何条件,它是一切条件的条件嘛,所以它本身已经不需要任何条件了,甚至不能有这种条件了,不可能有这种条件了,它只能够是最高条件了。因而在它是一切可能之物的所有条件这一点上,是符合无条件的必然性这个概念的。无条件的绝对必然性一个很重要的特点就是没有条件嘛。它是无条件的,它再不能有别的条件了,它是一切偶然之物的条件。这是绝对必然性的存在者的一个根本特点。所谓必然性,就是在任何条件下它都会发生,也就是说,它不考虑任何条件。所谓偶然性,就是指在一定条件下才会发生。我在上堂课和在讲第四个二律背反的时候已经讲到了什么是偶然性,什么是必然性。偶然性,就是在一定条件下才会发生,如果没有这个条件,那它就不会发生,如果有另外一条件,可能就有相反的事情发生。所以它是偶然的。偶然的就是相反的方面是可能的。一个东西不存在是可能的,但是它存在了,这就是偶然的。但是一个东西不存在是不可能的,它存在了,那就是必然的。就是说,它的反面是不可能的,这就是必然的。它的反面是可能的,这就是偶然的。那么,为什么偶然的东西的反面是可能的呢?因为它的正面是需要有条件的,一旦这个条件不存在,那它的反面就可能了,那就可能是它的反面了,就可能不是这样发生了,所以它就叫偶然的嘛。所以,偶然性和有条件性在这里可以说是一个意思;必然性和无条件性,在这里也是一个意思。所以作为一切条件的条件、本身不需要任何条件的东西,那么它当然是符合于无条件的必然性的概念的,符合绝对必然性这个概念的。这两个东西在这一点上是吻合的。但是它们的来源是不同的。绝对必然性的存在者这个概念是从逻辑上来的，而这个任何部分都是无缺损的、在任何地方作为条件都是充分的，这个东西是从现实中来的。现实中有这么一个的东西，它是其他一切可能之物的最高条件。这个概念是着眼于现实的，着眼于一切可能之物，着眼于一切有条件者。当然绝对必然性的存在者也是从有条件者里面推出来的，但是它是着眼于逻辑，它是着眼于这种推论的逻辑方面。那么事实方面和逻辑方面这两者在有一点上是吻合的，就是它们都是无条件的。事实上无条件和逻辑上无条件，在这方面就互相适合了。

在这方面没有任何别的概念能够与它并肩而立，

在这方面，就是在适合于无条件的必然性这方面，也可以理解为，它本身不需要任何条件，甚至于不能有任何条件，这两种意思实际上是一贯的了，所以，"这方面"可以指与必然性这个概念相符合以及它本身不需要任何条件，都可以这样来理解。总而言之，这个无条件的存在者的概念，在各方面都是无缺损的、完备的存在者的概念，是没有任何别的概念能够与它并肩而立的。所谓并肩而立就是说，是不是有两个这样的完备的存在者的概念呢？是不是有两个这样的在各方面，在任何方面作为条件都是充分的概念呢？没有，只能有一个。因为如果有两个的话，马上就面临它们两个之间的关系了，哪个是哪个的条件？那其中必有一个是还不够充分的，需要以另一个作为条件。所以，没有任何一个概念能够与它并肩而立，它是唯一的、排他的概念。上帝的一神论就是这样来的。其他的日常的那些概念就更不用说了，有限的存在者、有条件的存在者的概念就更不用说了。这个地方主要强调并肩而立是不可能的。就是说，有没有第二个、跟它一样的绝对完备的存在者的概念呢？不可能。绝对必然的无条件的存在者的概念只有一个，它是唯一的。基督教强调一神论就是出于这种考虑。

别的概念由于是有缺陷的和需要补充的，它们没有表现出不依赖于　**B614**

一切其他条件的任何这样一种特征。

　　别的概念，一切别的概念，包括除它之外的所有的概念，也包括那些人们以为可以和它并肩而立但实际上不可能的那些概念，所有这些概念都是有缺陷的和需要补充的，也就是和这样一个概念相比，它们都是有缺陷的，都是不充分的，都是需要补充的，都是有条件者。而只有它，是唯一的无条件者。所以其他的一切概念都没有表现出不依赖于任何其他条件的特征，唯有这个单独的概念，作为绝对必然存在者的概念，才表现出不依赖于其他一切条件的特征。这是它的特征。我在前面讲到，纯粹理性的"理想"跟一般的纯粹理性的"理念"是不一样的，不一样就在于理想是个别的，是唯一的。我在前面已经讲了，理念可以有很多，凡是涉及到无限的，都可以称之为理念。但理想是唯一的一个。它是带有人格性的这种唯一性特征的，没有任何东西能够跟他并肩而立。这才是理想嘛。理想是一个楷模性的东西，所有的东西都只能模仿它，但是都不能跟它并肩而立，更不能取代它，这就叫理想。所以这种特征也就是这个理想作为个别性的特征，或者是它的个性。理念作为一种理性的概念，它本来是普遍性的，而理想——当然它也有普遍性，但是它更加表现出一种个性，一种个别性，它有一种性格。上帝在这个意义上就成了一种"位格"（Person），它是有个性的。它的个性就体现在不依赖于一切其他任何的条件。下面一句话是一个让步：

　　的确，从这里还不能肯定地推出：凡是自身不包含最高的及在一切方面都完备的条件的东西，也因此而本身必定是在其实存上被条件所规定了的；

　　这个让步就是说，从这里还不能够肯定推出它的反面的推论。正面的推论就是：凡是自身包含了最高的完备条件的东西，本身必定是在其实存上是不被所有条件所规定的；那么反面的推论就是反过来讲："凡是自身不包含最高的及在一切方面都完备的条件的东西，也因此而本身必定是在其实存上被条件所规定了的"。这是反面的推论。能不能推出来？

凡是包含了最高的完备条件的东西，那当然它就不被其他的条件所规定了。但是"凡是不包含最高的完备的条件的东西"，是不是就一定会被条件所规定呢？这个倒不一定了。就是说，绝对必然的存在者，你可以说，最适合于这个概念的就是那种本身具备最高的完备的条件的那个唯一的东西，你可以这样说。但是这两者并不是一个概念。它们只是相适合而已。但是这并不排除相反的情况。本身不具备完备的条件的东西；是不是一定就是被条件所规定了的，一定就是偶然的呢？一定就不是必然的呢？这倒不一定。就是说，绝对必然的存在者这个概念不一定是指那种包含有一切完备条件的那个东西，那个理想。它也可以在某种意义上是指那些不完备的东西。比如说物质世界。物质世界肯定是不完备的了，物质世界是需要解释的。这个物质世界如何能够运动起来，它凭自身不能运动起来呀，所以牛顿要引用上帝的第一推动，这恰好说明这个物质世界本身不能够解释它自身。它并没有具备一切完备的条件。但是它是不是在其实存上就必定是被条件所规定了的？就必定有一个外来条件？比如说上帝的第一推动。这倒不一定。唯物主义者也可以振振有词，他说物质世界本身虽然是不具备有完备的条件，但是它是必然的。像斯宾诺莎，像法国唯物论，他们都认为，物质世界就是绝对必然的，虽然它本身没有完备的条件，你找不到一个完备的条件，但是它也不是由外来的某个条件所决定的。原子、分子，就是必然的，它们也可以看作就是斯宾诺莎所讲的"自因"。斯宾诺莎讲整个世界是必然的，它就是自因。这些唯物主义者的观念，你都不能凭这一点就把他驳倒。他可以不需要去寻找一个最高的完备条件的存在者，不需要寻找一个上帝，他就由这个有限的世界来解释其自身，那也可以呀，你也可以说它不可能不存在，这个物质世界不可能不存在。物质世界不存在是不可想象的，是不可能的。所以从这个地方你还不能肯定推出"凡是自身不包含最高的及在一切方面都完备的条件的东西，也因此而本身必定是在其实存上被条件所规定了的"，"被条件所规定了的"包括为这个物质世界外部条件所规定了的，就是物质世界是以上帝为条件的。这倒不一定，不能够这样推出来。虽然物质世界本身是有限的世界，是有条件的世界，但是你不能够从这个里头马上就推出它肯定有一个绝对无条件的必然存在者来决定它，来作为它的条件。你倒不能这样推出来。这是康德所作出的一个让步。正面的就是说，你如果有一个具备一切完备条件的存在者，那它当然是必然的。但是如果不具备一切完备条件的存在者，它倒不一定不是必然的。你不能说它就是偶然的，你凭什么说它是偶然的？你要说它是偶然的，你就要举出它的条件来，在这个条件下，它存在，如果没有这个条件，它可能就不存在。这样你才能说它是偶然的。如果你举不出这个条件，那它就是没条件的，整个物质世界是没条件的，唯物主义就是这样认为的，它不需要一个上帝的创造，它就是它，它不能够再问为什么了，它就包含"就为这"。它恰好符合于这一段的第一句话。物质世界就可以这样理解，唯物主义就是这样理解的。物质世界不能够再问为什么了，为什么有物质世界，物质从哪来的，物质是谁创造的，这些都不能问。它"就为这"嘛，物质世界自己是自己的原因嘛。斯宾诺莎讲得很清楚了，整个自然界自己是自己的原因，再也没有别的条件了。这是康德所作出的一个让步。就是说，你还不能够因为这一点就说唯物主义的那种观点完全没有道理。

但它毕竟自身不具有那无条件的存有之唯一的标志，理性掌握这一标志，为的是通过一个先天概念将任何某个存在者作为无条件的来认识。

就是说，唯物主义的那种绝对必然性——唯物主义也承认绝对必然性，整个物质世界是绝对必然的，但是这种本身不包含有一切完备条件的东西，并不具有"唯一的标志"，无条件的存有的唯一的标志，也就是不具有条件的绝对的完备性这样的绝对的标志。它当然可以具有另一方面的标志，就是它可以是一个无条件的必然性。比如说，物质世界，就是无条件的必然存在者，这个标志它是具有的。但是呢，它不具有那个唯一的标志，就是它自身包含有所有的条件，完备的条件。这样的标志是唯一的，是只有一个存在者才可以具备的，比如说上帝。这是一个理想的标志。它是一个单一的、唯一的标志。绝对必然的存在者呢，它可以不是唯一的标志，你可以把它安在物质世界身上，你可以把它安在上帝身上，甚至于你也可以把它安在个人的灵魂身上。比如说主观唯心主义者，极端的主观唯心主义者就认为，我自己才是唯一的必然存在者，才是绝对必然的存在者，其他的都不是，都是由我的一念之间所决定的。所以这个无条件的必然存在者的概念不是唯一的。它是一个逻辑上的普遍概念。有这么一些东西，你可以把它称为无条件的必然存在者，但是有一个标志是唯一的，就是说，它包含一切有条件者的完备的条件。它是充足理由，它是最大的充足理由。这个"最大"就表明它是唯一的。"最"只能有一个嘛。"最"如果有两个或者三个，那就不是"最"了。所以，物质世界也好，还是其他的有限存在者的世界也好，虽然你也许把它看作是无条件的必然的，但是毕竟不具有一个无条件的存有的唯一的标志。理性掌握这样一个唯一的标志是为了什么呢？为了通过一个先天概念，在这个地方就是通过一个理想，一个理念，将任何某个存在者，不管你是把它叫作上帝也好，还是叫作什么也好，只要有任何某一个，我们现在还不能确定有没有，但是如果有的话，不管是什么，我们都可把它作为无条件的来认识。因为它本身具有充分的条件，所以它本身不能够再有别的条件了。当然有限的东西也可以被看作是并不被条件所规定的，比如物质世界的事物相互成为条件，相互规定，但是它们总体上来说都不被别的条件所规定。就它们相互而言，可以是有条件者，但是从它们整体上而言，它又是无条件者。所以，有限的存在物，也可以被看作是无条件的。但是理性之所以掌握这样一个充分条件的概念，充足理由的概念，它为的是通过一个先天概念，先天地认识，把任何某一个存在者，比如说上帝，作为无条件的来加以认识。就是先天地认识一个上帝的概念，理性是为了这个。理性是为了先天地认识一个上帝的概念，所以才必须提出那个唯一的标志。就是说，这个必然存在者，它应该有这样一个唯一的标志，它是唯一的存在者，能够具有充分的条件，完备的条件，最高的完备的条件，那也就是唯一的这样一个无条件者了。我们可以通过先天概念来对它加以认识。所以，如果能够有这样一个概念的话，那理性就可以推出上帝来了。到底是不是能够认识，康德当然是反对的了，这个地方只是陈述理性派对于上帝存在的证明，就是要试图通过一个先天的概念，把某个存在作为无条件的来加以认识。做不做得到，康德在后面有很多批评。肯定是做不到的，但是他们的意图是这样的。为什么除了无条件必然的存在者这个概念以外，还要提出一个适合于这个必然存在者的概念，即它的任何部分和任何方面都是无缺损的，在任何地方作为条件都是充分的，这样一个存在者概念？当然最后的目的是为了推出一个上帝来。因为单纯通过无条件的必然存在者还推不出上帝，你甚至于可以推出物质世界，像斯宾诺莎那样，他也承认一个无条件的必然存在者，那就是自然界。他虽然把自然界也叫作上帝，但是那已经不是上帝了。你要推出上帝来，就必须要在现实的给予的存有中间去找，在给予出来的存有中间去追溯它的条件。既然这个东西给予了，那么它的充足理由也就被给予了，那么上帝也就被给予了。要从事实出发，要从经验出发，去反推出这个经验之所以可能的条件总体也被给予了。不仅要有逻辑的理由，而且还要有认识论的理由，要落实到一个拥有最高实在性的对象上来。他还要做这一道工夫，加上这一道工夫，才能证明，那个东西确实是上帝而不可能是所谓的物质世界或者仅仅是自然界。他肯定是上帝，他是一切理由的充分理由，他是一切偶然事物的必然原因。要追溯到这一方面才能够得到认识，才能对上帝加以认识。

根据前面的解释，这一段的意思就应该比较明确了，而且很明显也是接着上面来讲的。

所以，一个具有最高实在性的存在者这个概念在可能之物的一切概念中是最适合于一个无条件的必然存在者这一概念的，

这句话的逻辑关系非常清楚了，为什么前面一直讲要"到处寻找一

个作为无条件的必然性而与这一优先实存相适合的存在者的概念"。到处寻找，也就是在一切可能之物的概念中去寻找。寻找到最后，就找到了。找到了什么呢？"一个具有最高实在性的存在者这个概念"。在可能之物的一切概念中，在所有可能之物中，这样一个概念，具有最高实在性的存在者这个概念，它是最适合于一个无条件的必然存在者的概念的。你有一个无条件的必然存在者的概念，这是逻辑上必然要推出来的，通过理性的逻辑运用，已经推到了这样一个理念。但是这个理念还没有内容啊，还没有对象啊。你只是泛泛而谈，一般的必须要有一个无条件的必然存在者作为一切有条件者的最终条件，作为一切事物的充足理由。如果有某物存在的话，那么就必然要推出这样一个充足理由。这只是一个逻辑上的规律——充足理由律。充足理由律就是说，如果有某物存在，那就必然有一个充足理由。但是如果没有某物存在呢，那就没有充足理由。这个是逻辑，它不考虑到底有没有这个存在。它只是说，如果有这个东西存在，那么它就有一个无条件的必然存在者作为它的充足理由。所以形式逻辑不考虑对象问题。而这个地方呢？它要考虑对象问题了。在一切可能之物中，我们要找到这么一个存在者，它是适合于逻辑上的无条件的必然存在者的这个概念的。那么我们现在找到了，就是具有最高实在的存在者这个概念。可见这两个概念是不同的，完全不是一个概念。但是它们在理解上可以达到吻合，达到一致。

并且，如果它也不完全满足这一概念，那么我们也终归没有别的选择，不能不依据于它，因为我们不可将一个必然存在者的实存置之不顾；

就是说，如果连这样一个具有最高实在性的存在者这个概念也不完全满足这一概念，不完全满足什么概念呢？不完全满足无条件的必然存在者这一概念。它们毕竟不是一个概念，而是两个概念。它们只是在某一点上有吻合之处。在哪一点上呢？就是说它本身是不需要任何条件的，它是无条件者。最高实在性的存在者是无条件者，无条件的必然存在者也是无条件者，在这一点上呢，它们是吻合的，但是无条件的最高实在存在者是不是就是绝对必然的存在者呢？它们是最吻合的，但是我们也可以设想它是偶然的。比如说最高实在性存在者上帝创造了这个世界。他为什么要创造这个世界？你还可以问。当然一般神学家们就不能问了，我们只能归之于上帝的自由意志。那上帝的自由意志就是自由的，它不是偶然的吗？上帝选择了我们这个世界，我们没有别的理由了，他是偶然的了，他偶然选择了。他喜欢这样，再没有别的理由了。那么上帝选择这个世界，他是一个最大的偶然性。你把它称之为必然性，必然性无非是对其他的存在者而言是必然的，对其他的偶然性存在者而言它是必然的，但是它本身是个最大的偶然性。所以，这个真正具有最高意义上的存在者，是不是完全满足无条件的必然存在者这个概念呢？这还是存疑的。当然有些人为上帝这种选择也找到一些理由。比如说，上帝在所有的世界中，选择了"最好的世界"，这就是莱布尼茨的"神正论"。在所有可能的世界中，上帝要选择最好的。为什么选择最好的呢？因为上帝是善，是最高正义。上帝是按照好的、按照善的概念来选择的，不是随便选择的。所以上帝并不是任意地选择了这个世界，它还是根据某种东西，根据某种规律，而选择了这个世界。这样一来，上帝就不是最高的无条件者了，他还是有条件的了。上帝要选择这个世界他必须根据某种原则，比如说不矛盾律呀。上帝选择了我们这个世界，它是最不矛盾的，最和谐的。一切事物都处于和谐之中，处于不矛盾之中。按照莱布尼茨的解释，整个世界既然是这样构成的，那上帝的命令我们肯定可以猜透，那就是数理逻辑。我们用数学就可以把上帝创造的所有东西都计算出来。上帝为什么要这样创造，我们也可以猜透。那这样一来，上帝是不是就是无条件的呢？可见他还有条件的，他的条件就是逻辑了，就是不矛盾律了。所以，具有最高实在性的存在者这样一个概念，是不是能够完全满足无条件的绝对必然存在者这个概念，这个还在未定，这方面还可以讨论。所以康德讲，"如果它也不完全满足这一概念，那么我们也终归没有别的选择，不能不依据于它，因为我们不可将一个必然存在者的实存置之不顾"。就是说,即算上帝的概念或者最高实在性的存在者的概念不完全能够满足绝对无条件的必然存在者的概念,这种情况是可能发生的,神学家们讨论来讨论去,争论来争论去,在这个方面有很大的争论余地,长期以来也确实在这方面纠缠不清。所以康德在这个地方就讲,它也可能不完全满足这一概念。在某一方面,它可以满足,但是你再深究的话呢,可能就不满足,可能它也有问题。你说最高实在性的存在者这个概念就是绝对必然的存在者? 这两个概念是不同的,你凭什么说这个概念就是那个概念? 一个是诉之于经验的,一个则是先天的。所以它们也可能有不吻合的地方,不完全满足无条件的绝对必然存在者的概念的地方。但是,即算是这样,我们也没有别的选择,不能不依据于它。为什么呢?"因为我们不可将一个必然存在者的实存置之不顾",我们只能如此。我们只能够把这个最高实在性的存在者的概念引进来,等同于一个无条件的绝对必然存在者的概念,虽然它们是不等同的,但是我们要把它们看作是等同的。因为我们不可能将一个必然存在者的实存置之不顾。你讲到一个必然存在者,你当然必须要考虑,它是不是真的? 是不是实有其事? 这样一个必然存在者在现实世界中有何表现? 在我们现存的宇宙中有何表现? 你不能置之不顾。你如果置之不顾,那你就是仅仅在做一种逻辑游戏了,你就只能推出一个抽象的概念,你推不出上帝来的。所以我们"不可将一个必然存在者的实存置之不顾",只有把它的实存考虑在内,这个必然存在者的概念才能够发挥现实的作用。所以这个"不可"里头很有讲究,为什么这个地方讲"不可"? 凭什么"不可"? 由于什么样的理由我们"不可"把它的实存不顾? 我们完全可以把它的实存置之不顾啊,我就说它是纯粹逻辑上的一个概念,没有任何现实意义,完全可以。无神论者就是这样来解释的,就是可以把这个东西看成是没有现实意义的,经验论者就是可以把它置之不顾。但是我们不可能把它置之不顾。这个在下面的第二段,对这一点做了解释。他说:"这一概念有一定的彻底性是无可争议的,……但如果没有任何东西逼迫我们去作出决断,如果我们直到有足够分量的证据迫使我们赞同之前，宁可把这整个事情都束之高阁……那么上述推论就显得远不是如此形象良好，而是需要惠爱（Gunst）来弥补其合法要求上的不足了。"就是说，这个"不可"也是理性派的哲学家们一种内在的要求，一种内在的需要。并不是在逻辑上不可，在逻辑上没有什么不可的。你把这个前提取消掉，你不需要这样一个要求，那么你就可以把它存而不论了。这个问题你既然不知道嘛，到底有没有这样一个绝对必然的存在者，你只是推出来，但你并不知道究竟是不是有嘛，我们可以把这个必然存在者如何在实存中体现出来这个问题置之不顾，为什么不可以？当然可以。我不知道我就不说。但是有一种力量迫使我们不能不说，不可把它的实存置之不顾。有一种什么力量呢？有一种实践的力量，有一种道德的力量。这个在我们刚才读的这几句话的再下面一段话里面就讲到了。实际上是实践的力量和道德的力量在促使我们不可把这个必然存在者的实存置之不顾。我们必须要考虑它的实存。我们不光是停留在一个抽象概念上面，一个逻辑概念上面，从逻辑里面所推出来这个理念上面，那是不够的。我们还要把这个理念付之于实现，在现实中、在一切可能的存在者里面，我们要能够找到这样的概念，就是一个具有最高实在性的存在者这样的概念，我们才罢休。这个里头隐藏着没有说的话，"我们不可将一个必然存在者的实存置之不顾"，为什么不可？这个理由在后面讲了：出于实践的理由，出于道德的理由，出于宗教和信仰的理由。我们没有别的选择，明明知道它不能够完全满足这个逻辑概念，一个事实的东西怎么能够满足一个逻辑概念呢？从事实中推出来的概念不能够满足一个抽象的逻辑推理的概念，但是我们终归没有别的选择，我们只有依据于它，因为我们还是要为这个必然存在者的概念寻找它的实存的对应物，为形式逻辑的一个概念寻找它的客体，寻找它的对象。要找到它的对象，使它成为一种"知识"。

　　但如果我们承认它的实存，我们毕竟不能在可能性的整个领域中发现任何可以对存有中的这样一种优越性提出更有根据的要求的东西。

一旦我承认了这样一个具有最高实在性的存在者的实存,那么我们就可以在所有的可能存在的整个领域中把其他的东西都纳入到它之下,没有任何另外一个概念可以跟它并肩而立。也就是说,一旦我们承认这样一个具有最高实在性的存在者的概念的实存,那么它就是唯一的,所有其他东西都在它之下,不能提出比它更有根据的要求。如果有一个概念能够跟它并排的话,那它们其中必有一个是有条件的。那个绝对无条件的东西只能有一个。这就是一步步在引向上帝了,上帝是唯一的神嘛。当然这个地方还没有真正的直接提出上帝,还是在追究人们提出上帝的根据和论证的过程是什么。一旦我们承认这样一个绝对必然的存在者有其实存,那么我们在其他的、在可能性的整个领域里面、在其他的任何存在物里面,都不能发现有一个东西能够跟它相提并论,不能够"发现任何可以对存有中的这样一种优越性提出更有根据的要求的东西",发现不了这种东西。没有任何东西比它还能更有根据占据绝对必然的存在者这样的位置。这个位置只能容得下一个,即算这一个占了这个位置,它也许还不太适合这个位置,不完全适合于这个位置,但是,也没有别的办法,因为没有任何东西能够比它更适合于这个位置。具有最高实在的存在者这个概念最适合于无条件的必然存在者这个概念。为什么说它是最适合于这个概念的呢? 就是因为没有别的东西比它更适合于这个概念了,比它更具有无条件的必然性了。当然它还不等于无条件的必然性,因为无条件的必然性别的东西也可能适合,但是它更适合,别的东西不如它更适合这样一个概念。因为你一旦承认了这个概念,那么其他的那些有限的东西虽然在没有这个最高实在的存在者的概念的时候可能会适合于无条件的必然性这个概念,但是一旦有了,一旦承认了这个概念,其他的都不太适合,其他的都要以它为条件了。所以,其他那些本来被看作是无条件的,比如说唯物主义者看作是无条件的物质世界,一旦你承认了有一个上帝,有个最高实在的存在者,那么这个物质世界肯定不如这个上帝更适合于无条件的必然存在者。因为它们都要以上帝为条件啊,你至少要有上帝的第一推动力嘛。如果假定了上帝的第一推动力，那么整个物质世界都是偶然的了，都是由上帝的第一推动力才被必然推动起来的。当然你也可以不假定这个所谓第一推动力，你就承认物质世界自身就有一种运转的能力，那你就不需要那个东西。每一个物质现象都可以有权占据这个位置，我是绝对必然的存在者，我是无条件的存在者，因为我本来就有运动嘛，物质固有它自身的运动能力，不需要一个外在的条件来赋予它这种能力。但是如果你一旦承认了这样一个最高的实在性的存在者概念的话，那其他的都不在话下了，那你只能够有唯一的这样一个概念，能够适合于无条件的必然存在者的位置。

这几段话大家都不要孤立地看，就是你看前面就要顾及到后面，看后面也要回顾前面，你才能知道他的确切的意思，因为康德在这里讲得非常晦涩。这一段承接了前面两页的意思，并加以进一步的引申。他在这里一开始就对前面的论证做了一个回顾：

所以，人类理性的自然进程就具有这样的性质。首先，它相信**某一个必然的存在者是存有的**。

这里的"相信"也可以翻译成"确信"，Überzeugung 是确信的意思，它不是一般的相信。前面所做的那样一些推导，包括理性的逻辑运用，从有条件的东西一直推导出无条件的东西，这都属于"人类理性的自然进程"，就是说人类有理性，那么他就必然会有这样的推导，自然而然地就会有这样的推导。他就会去追溯他的条件和条件的条件，一直往前追，追到最后，追到一个无条件的必然存在者。这是人类理性的本性决定的。"首先，它确信某一个必然的存在者是存有的"，注意这个"某一个"，他在这里打了重点号的，为什么要强调这个"某一个"？就是说，人类理性按照它的逻辑本性来说，因为逻辑是不管对象的了，它是只管概念和概念的关系，一直推下去就是了，所以，它所推出的那个必然存在者呢，可以是任何一个，它并不确定，它并不能从逻辑的推论里面推出了就是那一个必然存在者,它只是推出来有"某一个"必然存在者是存有的,这是人类理性的逻辑运用中它的自然进程所导致的一个结论。

它从这个存在者中看出某种无条件的实存。

从推出的某一个必然存在者这个概念里面,它,人类理性,看出了其中包含有某种无条件的实存。就是说,你给我一个实存的东西,那么我就推出来它有条件,那么条件的条件一直推上去呢,那个绝对必然的存在者肯定应该具有无条件的实存。它上面再没有条件了,它就是一切后果的最终的条件,一切事物的最终的条件。这也是属于自然进程。

于是它就去寻求那不依赖于一切条件者的概念,并在那个本身是一　B615
切其他事物的充分条件的东西中,亦即在那个包含着一切实在性的东西中,找到了这一概念。

这是两个层次,是贯起来的。首先它确信某一个必然存在者是存在的,于是,既然这个必然存在者是存在的,你又从里面看出了某种无条件的实存,那么,"它就去寻求那个不依赖于一切条件者的概念"。也就是说,既然你从逻辑上推出了这样一个概念,一个绝对必然的存在者它本身是无条件的,那么这样一个无条件者具有什么样的属性或性质呢?那么我们自然就要去想了,因为逻辑上推出的那样一个概念,它本身还不是具体的嘛,它只是一个空洞的逻辑概念,某一个必然的存在者,在逻辑上你可以确定一定会有这样一个存在者存在。但是这个存在者是个什么样的存在者呢?你必须进一步加以确认。所以它就去寻求,这个时候就不能用逻辑了,逻辑的作用到此为止了,已经给你推出个概念了。那么与这个概念相应的那个对象,那就需要寻求了,那就不是逻辑的问题了,你可以说那就是认识论的问题或者是本体论的问题了。所以,它就要去寻求那个不依赖于一切条件者的概念,就是要搞清这个概念究竟包含有一些什么样的内容。你光是空洞地给我一个逻辑概念,它是必然的,它是无条件的,这是你从逻辑里面推出来的,但是这样一个无条件的必然的概念,它具有什么样的性质,在现实中如果有这么一个东西的话,那它应该具有什么样的属性，这个你还得进一步加以确定。但是这个不能够通过逻辑来确定，而必须去寻找。当然实际上还是从逻辑上面去寻找，还是从概念的范围之内去寻找，因为从现实中间你是找不到的，现实的事物都是有限的。你要去找那个无条件的绝对必然的存在者，那你一辈子都投入里面也没有结果，你就是浪费精力了。但是我们可以从思辨的层次上面去寻找，去看看一个怎么样的对象的概念最适合于这个绝对必然的存在者的概念，一个怎么样的现实对象的概念最适合于这个逻辑概念。这个你就要去想了，就要充分发挥你的思辨能力了，这就不是在形式逻辑上，而是在先验逻辑上来思考了。你想来想去，你充分发挥你的思辨能力、设想能力，那么有那么一个东西，它是其他一切事物的充分条件，这就是利用了充足理由律了。充足理由律我在前面讲了，它介于形式逻辑和认识论之间，它是莱布尼茨提出来的介于形式逻辑和认识论之间的规律。莱布尼茨当然把它看作是逻辑的规律，但是充足理由律是要你去找的，就是说你给了我一个偶然的事实，一个事物，那么我就要去为它寻找它的条件和条件的条件，一直寻找到充分的条件，最充分的条件，最充分的理由。那么，在这样一个作为一切其他事物的充分条件的东西中找到这个对象，这个对象也就是包含着一切实在性的东西。也就是说，所有实在的东西虽然都有实在性了，但是它这个实在性必须要有理由，必须由别的、更多实在性的东西赋予它理由。它的实在性是从所有一切实在性的那个东西里面推出来的，或者说分有出来的。用柏拉图的术语来说就是"分有"，它分有了那个实在性。所有一切实在性都包含在那个一切实在性里面，包含在那个具有一切实在性的东西里面。就是说，这个前提，这个绝对无条件的必然存在者，当你把它看作一个对象的时候，它就是应该包含着一切实在性的，或者说包含着最高实在性的。一切实在性都是由它而派生出来的，只有在这样一个东西的里面，你才能找到这一概念。这当然还是一个概念，因为你并没有找到这样一个东西，这个东西你是找不到的，你只能够从概念里面去找，它应该是一个什么样的概念,什么样一个东西的概念。所以,当你发挥你的思辨能力去思考、去寻求,怎么样的一个概念能够适合绝对必然的存在者的概念呢? 你就发现,如果有这么一个东西的话,它要成为绝对必然的存在者,它就必须是一切实在性东西的充足理由。那么它既然是一切实在性东西的充足理由,它本身肯定就包含着最高实在性,包含所有的实在性,所有的实在性都从它那里来。所以我就找到了这个概念来和那个绝对必然的存在者相配、相适合,但是这个不是从逻辑推出来的,而是我找到的,我想来想去只有这样一个概念最适合于绝对必然的存在者。当然还有没有其他的概念适合,这个我暂且不管,但是不管有没有其他的概念适合于这绝对必然的存在者的概念,这个概念是最适合的,因为它把一切实在性都包含在里面了,它是最高实在性嘛,它是独一无二的嘛。所以我找到这样一个概念,我就可以把它跟绝对必然的存在者相配。

> 但这个没有限制的大全就是绝对的统一性,它具有一个唯一的存在者、也就是最高存在者的概念,

这个"没有限制的大全",也就是没有条件的大全了,它是一个大全,所有的实在性都包含在它里面了。它本身是一切实在性的充分条件,所以它是一个没有限制的大全,它就应该是一个绝对的统一性。"绝对的统一性"我们也可以把它理解为"绝对的单一性"。要跟下面的联系起来呢,它也可以是绝对的单一性,就是绝对的唯一的,再没有任何东西能够跟它并肩,能够跟它并排。那个是不可能的。这样一个存在者,它具有什么样的概念,具有什么样的属性,具有什么样的性质呢? 就是它是唯一的。为什么唯一呢? 因为它是最高的,它是最高的存在者,具有最高的实在性。这个"最"字就是唯一的意思嘛。所以你要为这个绝对必然的存在者去寻求一个相应的对象,那么这个对象是唯一的,它肯定是最高的,它具有这样一种属性。这当然是一个综合命题,就是说,这个绝对必然的存在者,它并不一定是唯一的,它这个概念里面没有包含什么唯一性,也没有包含最高实在性,这些概念都没有包含,这是你找出来的,

加给它的,这不是你逻辑推出来的,不是分析命题。所以我们现在为它找到了这样一个概念,在我们看来,它最适合于绝对必然的存在者。

于是理性就推论:最高存在者作为一切事物的原始根据,是绝对必然地存有的。

现在我们找到了这个对象,这个唯一的对象了,也就是这个纯粹理性的理想。我在前面讲了,所谓理想就是一个对象,它集中体现了一切好的东西,我们就把它称之为理想。但是它又是唯一的一个,它是榜样,它是我们追求的一个目标,一个唯一的目的。这个地方讲到这里,既然具有这种特点,它是唯一的存在者,它还是最高存在者,那么它当然就是理想了。它是理想因而我们也就可以把它称为上帝了。因为上帝是一个单一的东西,是唯一的东西,唯一的神,它全知全能全在全善。所以理性得出结论:"最高存在者作为一切事物的原始根据,是绝对必然地存有的"。这是一种反推了。前面就是说,绝对必然的存有,你要为它找到一个与它相配的存在者的概念;然后你找到了,找到了以后你反过来说,既然我找到了这样一个东西是一个最高的存在者,是一切事物的原始根据,那么它就是绝对必然的存有,它就是那个绝对必然的存在者,它能够与那个绝对必然的存在者相配。哪怕你没有推出绝对必然的存在者,你只要知道有一个最高的存在者作为一切事物的原始根据,那么你也可以承认,这个东西就是绝对必然的。所以,这是两个过程,一个是从绝对必然的存在者这个概念去为它寻找一个最高存在者的概念与它相配,另外一个过程相反,一旦找到了这个最高存在者的概念,那么我们从它身上就可以发现它是绝对必然的。所以这两个概念可以说互为谓词,互为描述的属性。绝对必然的存在者和最高实在性的存在者这两个概念互相描述。最高实在性的存在者可以描述绝对必然的存在者,说绝对必然的存在者就是这样一个东西,它具有最高的实在性,是一切实在性的无限制的大全,它是这样一个概念。那么反过来,这样一个无限制的大全,这个最高实在的存在者的概念具有一种属性,这就是,它是绝对必然的存在

252

者。所以这两个概念是缠绕着的，互相可以解释。但是从它的自然程序来说呢，它首先要确信，某一个绝对必然存在者是存有的。这个从理性的逻辑运用里面就可以推出来。当然这种推也必须要以确信为前提，就是说，理性的自然本性就是要推，你给了我一个存有，我就要从它去推出它的条件和条件的条件，一直到推到一个绝对必然的存在者，一个无条件的存在者。这是理性的本性。但是我之所以这样推，光是理性的本性在那里呢，还不够。就是我确信有这么一个东西，我才去推，我才去运用我的理性。不然的话，虽然我有这个理性能力，但是我不用它，我摆在那里，我让它去，那也是可能的。根据康德在后面两段的意思呢，我们就可以看出来，他在这个地方用这个"确信"，是有其用意的。就是看起来好像很自然，理性居然有这种能力，可以推嘛，那么当我们运用这种自然能力的时候，就推出了一个绝对必然的存在者了，那么自然而然，我们也必须要为它找一个相应的对象。但是这一切都是由于我们确信有这么一个东西，我们才去做这种工作。如果你一开始就不确信，不相信，没有这个"信"，那一切事情都不可能开始，尽管有这样一种理性的自然进程，我们也不会有兴趣去推进它。所以，这个地方谈到确信的时候，如果我们来抠这个字眼的话，我们就会引出来，理性的自然进程里面其实不仅仅包含理性的逻辑运用，也包含这种确信。确信也是属于理性的自然进程的，就是说，有理性的人自然而然就会要去确信有一个绝对必然的存在者。当然这一层意思在这一段里面还没有展开，它是在下一段和再下面一段才展开的。

这下一段是对于上面的推论的评论。上面是用康德的方式把理性派对上帝存有的证明加以逻辑上的梳理，就是说，他们的思想的自然进程就是这样的，是按照理性的自然进程，自然而然就会这样来进行推论的。那么推出来的这样一个概念，也就是最高存在者作为一切事物的原始根源它同时又是绝对必然的存在者这样一个概念，我们如何评价它？康德在这一段里面对它进行了一定的评价，而且对这个推论本身的合理性，或者说它的彻底性，进行了一番评价。前面都是讲的理性派他们是如何进行上帝存有的证明，本体论证明，宇宙论证明，目的论证明，那么现在康德开始采取自己的观点了。所以，对这一段我们要比较关注。后面的这三段，都有这个特点，是很重要的。

这一概念有一定的彻底性是无可争议的，

就是说上述这个概念，最高存在者作为一切事物的原始根据，作为绝对必然的存有的这样一个存在者，它有一定的彻底性。它有彻底性，但是是"一定的"彻底性，是某种程度上的彻底性。这里有点保留。它有彻底性是无可争议的，但后面有一个前提，这是一个倒装句。这个前提在后面：

如果谈到**作出决断**，也就是说，如果一旦承认了任何某个必然的存在者的存有、而我们又一致同意我们必须为我们要把这个必然存在者置于何处作辩护的话；

作出决断，德语里面的 Entschließen 是"决定"的意思，我们也可以翻译成"作出决定"、"下决心"、"下定决心"。作出什么决断呢？一个是我们要决定"承认任何某个必然存在者的存有"，他这里指的是"任何某个"必然存在者的存有，就是说凡是你认为有一个必然存在者是存有的，不管是哪一个必然的存在者。也就是说，凡是你想把任何一个存在者看作是必然的。比如说我们面前的一个东西，你说有这么一个东西，这个东西肯定是必然的，你想要承认、你决定承认它是必然的。但是它是偶然的，它偶然出现在你的面前，它是有条件的。你要使它成为必然的，你就必须追溯，你要去追溯它的必然条件。所以，一旦承认了任何某个必然存在者的存有，"而我们又一致同意我们必须为我们要把这个必然存在者置于何处做辩护的话"，也就是说要去追溯了。任何某个必然的存在者，它处于什么样的位置，处于什么样的地位，它是不是最高的了，或者它上面还有没有最高的。你要为它的位置作辩护，你要说明它的位置，你要论证它的位置。作辩护就是说，它有比它更高的必然的存在者为它辩护，虽然它本身你看起来是偶然的，是有条件的，但是我仍然可以说它是必然的，它在条件序列中就是必然的。所以，你就必须为它的必然性作辩护。你凭什么说它是必然的呢？我说它是偶然的怎么样？所以如果我承认任何某个必然的存在者是存有的，是现实的，那么同时我就必须要同意再做一个决断，这也是作决断，即一致同意我们必须要论证这个必然的存在者的必然性，要为它作辩护。作辩护那就要推了，你就要把理性的推理进行到底了。这个辩护只有当你进行到底的时候，才能成功。不然的话，整个宇宙的序列就都成了偶然的了，你找不到一个必然的充足理由，那整个都会成为偶然的了。所以要为任何某一个必然的存在者做辩护：它们置于何处？它们是置于那个最高的绝对必然存在者之下吗？我们从上一段的第二句话也可以看出来就是这样一个过程："首先，它确信某一个必然的存在者是存有的，它从这个存在者中看出某种无条件的实存"。首先确信某一个存在者是必然的，或者说我们确信某一个必然存在者是存有的，我们也可以这样理解，这是同一个意思，就是任何一个存在者摆在我们面前了，我确信它是必然的。但是光确信还不够啊，为什么确信呢？是因为我从这个存在者中看出某种无条件的实存。任何一个存在者摆在我的面前，我就可以从里面通过推理推出某种无条件的实存，推出那一个绝对必然的存在者。这个地方，摆在面前的是任何某一个必然的存在者，任何某物，我把它看成是必然的存在者。但是我要把它看成是必然的存在者，我就必须从里面看出某种无条件的实存，无条件的存在者。这是上一段的前面的句式，跟这一段的句式呢，可以并列。它们讲的是一个意思，是同一个思路。"如果一旦承认了任何某个必然的存在者的存有、而我们又一致同意我们必须为我们要把这个必然存在者置于何处作辩护的话"，"作辩护的话"也就是说，如果要从这个必然的存在者里面看出某种无条件的必然的存在者、绝对的必然存在者的话。这是一个前提，就是如果我们下了这个决心的话，什么决心呢？

就是你要把一个任何一个存在者看作是必然的,并且要追溯它的必然性。如果我们有了这样一个前提的话,那么上面这个概念呢,就有一定的彻底性,这是无可置疑的。但是前提就是你要作出这个"决断"。在这个决断的前提之下,那所有这些推论都是彻底的,一脉相承,符合人类的自然倾向。

因为那样一来,我们就不能有更适当的选择,或者不如说我们毫无选择,而是不得不对作为可能性的原始根源的这个完备实在性之绝对统一性表示赞同。

哪样一来呢?就是说,一旦你作出了决断的话,那么我们就无可选择,"没有更适当的选择",或者说我们毫无选择。我们就只能够、我们"不得不"、我们就必然会"对作为可能性的原始根源的这个完备实在性之绝对统一性表示赞同"。你既然已经承认了有这么一个东西,这个就不是单纯逻辑上面的问题了。承认以后,你可以进行逻辑上的推论。但是这个承认本身,不是一个单纯的形式逻辑的问题,它已经涉及到本体论的问题,已经涉及到对象的问题,你承认了这个对象嘛。你承认了面前这个对象,它是绝对必然的,那么你从面前的对象,它当然是有实在性的,你从这个具有实在性的东西一直要推出一个具有完备实在性的东西,这个是顺理成章的。所以我在前面讲,你要为一个绝对必然存在者的概念去寻找一个最高实在存在者的概念,这个寻找其实是用不着寻找,你一开始就决定了,你已经定了这个绝对必然的存在者就是指的那个最高实在的存在者。你选择了,或者说你决定了,把它看作是最高实在的存在者。它是有根据的,就是从目前的已经有一定实在性的存在者我们就可以推出一个最高实在的存在者。所以我们现在毫无选择。一旦选择定了,我们就毫无选择了。"作为可能性的原始根源",就是说一切可能的存在者都是从那个原始根源里面派生出来的。一切可能的事物,包括我们面前的这个事物以及与面前的这个事物可能相关的一切充足理由,它的原始根源,就是那个完备的实在性之绝对统一性。"绝对统一性"也可以翻译成"绝对单一性"。我刚才讲了,它就是那个绝对的、唯一的东西。我们就不得不承认,不得不对这样一个单一性"表示赞同",也就是表示承认了。你一开始就已经下了这个决断,那么这个时候你就只能够对这个结论表示赞同了。这个是康德所指出来的理性派的一个要害。康德对于上帝存有的各种证明的批判,如果要归根结底归到最后的话,就是这一点。就是说,你一开始就有个决断,所以你的一切证明其实是同义反复。因为你一开始已经要这样去看了,然后你又证明你这样看是有道理的,但是你这个道理呢,本来就包含在你要这样看这个出发点上。这就是一个循环论证了。你把要证明的东西已经预先确定好了,然后再来证明,这不就是循环论证吗?所以我们别无选择了。你决定好了,我们就"不得不对于作为可能性的原始根源的这个完备实在性之绝对单一性表示赞同"。这个是康德对于前面的所有的描述所作出的一个总结性的描述。这个总结性的描述把所有前面的证明的本质挑出来了。它的本质其实就是循环论证,实际上是证明不了的。问题是你开始为什么会选择这样一个立场?为什么会为任何某一个东西去寻求它的必然性?一个偶然的东西你要从里面看出必然性的条件,并且一直要寻求到那个最终的无条件者,你为什么选择这条道路?理性派就是这样选择的,但是他们不自觉,他们没有自知之明,他们以为自己是毫无前提的,但是他们已经有个前提了,他们已经要追求某种必然性。对于任何一个存在者,他们都要从里面去追求必然性。那么既然你要追求必然性,你就已经预设了一个绝对的必然性在那里,是它的实在性必然地派生出其他一切可能事物的实在性。这个你就没有选择了。这一段话整个来说就是两句,前面一句还是对于理性派的证明的一种描述,下面一句就挑出它的毛病来了。接着他说:

> 但如果没有任何东西逼迫我们去作出决断,

我们可以换个角度,我们不必受到理性派的证明的束缚,我们跳出它。理性派作出决断的时候,他们没有考虑到是什么东西使他们作出这个决断的,他们以为这是自然而然的,这是理性的自然进程,本来也是的。但是如果我们没有想到要去作出决断,从科学的立场上来看,从单纯的认识的立场上来看,确实没有任何东西,从逻辑的立场上,也没有任何东西,去逼迫我们去作出这个决断。因为作出决断是一个行动,它是属于实践理性的问题,如果它是自然倾向的话,那么它是实践理性的自然倾向、自然进程。实践理性就是要人做决断嘛,那么如果我们把实践理性撇开,我们把自己的价值、把自己的要求、把自己的态度先放在一边,我们真的像理性派自以为的那样,我们是客观地、实事求是地、原原本本地来对这个世界作出一种评判,如果是这样一种态度,那就没有任何东西逼迫我们一定要选择、一定要决定承认这样一个东西了。把这个前提条件去掉,就是"承认任何某个必然存在者的存有"这个条件,我们可以不承认,它也可能没有,也可能这个事情就是偶然的,它并不具有必然性,那我也就用不着去追溯它的必然性条件了。这个东西已经在这里了,我们承认它就够了,我们知道一点就说一点,不知道的我们就不说。事情摆在我们面前,我们就描述它。这就没有任何强制性了,没有任何东西逼迫我们去作出任何决断,一定要把它看作是必然的,看作有一个绝对必然的条件的,如果把这个前提去掉的话。下面讲得更清楚:

如果我们直到有足够分量的证据迫使我们赞同之前,宁可把这整个事情都束之高阁,

这就是经验派的立场、经验派的态度,经验派就是这样。就是说,你说它是必然的,而且你推出来有一个绝对必然的存在者作为它的最高条件,可是我并没有看到哇,你拿来给我看看,那个最高条件在什么地方?是什么东西?你拿不出来。你拿不出来为什么一定要去追求它呢?为什么你就一定相信了它肯定是有的?我不相信。我在没有拿出确凿的证据之前、迫使我们赞同之前,"宁可把这整个事情都束之高阁"。当然我也不否认,我也没有理由去否认你,但是我们可以不谈这个事情好不好?我们大家都不谈,我们有一说一,有二说二,就谈我们现实看到的。

　　也就是说，如果这只是牵涉到对于我们有关这一课题知道多少以及哪怕是我们自以为知道些什么作出评判：

　　作出评判跟作出决断那当然就不一样了，作出评判是一种客观的态度，是一种理论的态度，就是说，它是个什么样子，我们对它加以客观描述，然后通过这种描述，我们对它作出评价。根据我们的描述，一切事物都是偶然的。我们没有看到什么必然性，所以我们也不必去追究什么必然性，我们就事论事。我们就事论事就可以得出它们都是偶然的这样一个评判。因为我们只看到了偶然性，我们没有看到它的必然性。休谟就是这样的。休谟对整个世界的评判就是，它并不具有普遍必然性的价值，一切都是由于一种联想、偶然性所造成的。我没看到的东西，我凭什么去决断、去设定、去让自己追求？往往这样一种追求是白费气力的。这是另外一种态度。那么面临经验派的这样一种态度，康德讲：

　　那么上述推论就显得远不是如此形象良好，而是需要惠爱（Gunst）来弥补其合法要求上的不足了。

　　这样一种推论，也就是理性派对上帝存有的这样一种推论，在经验派这样的态度面前"就显得远不是如此形象良好"，或者是远不是如此的具有彻底性。从理性派来看，它具有一定的彻底性，那是因为，他已经作出决断了。在作出决断的这个前提下，它就有一定的彻底性，它就可以贯彻到底嘛。你要把这个决断能够彻头彻尾地论证出来，你当然可以进行推论了。但是如果你没有这个前提，不作这个决断，那么它的形象就不是那么样的彻底，没有给人一种彻底的印象，因为你对你的前提没有反思嘛。你这个前提是不是一定要作出来的？你这个决断是不是一定要作出来的？我现在可以不作这个决断，我只作评判，只作一个旁观者，我不加入进去，我不投入进去，我对有没有这样一个必然的存在者不表态。那么这个推论就显得不够彻底，"而是需要惠爱来弥补其合法要求上的不足了"。就是它的合法性要求、它的前提，如果你把它束之高阁，存而不论，那么它就缺乏一种合法性的前提，而另外需要一种惠爱来弥补它的合法性的不足。这个"惠爱"(Gunst)在西方的语言里面是我们中国人很难了解的一个词,它实际上跟神学联系在一起。我们在有的地方也把它翻译成"恩宠"、"恩典"。"恩宠"、"惠爱"、"宠爱",就是特别宠爱、特别关照的意思。那么放在这个地方呢,它可以有不同的含义,就是说也许是你的偏爱,理性派的哲学家愿意相信有个上帝,他们倾向于相信有个上帝。信仰这个东西是不能够有什么论证的,它不是个理论问题。你相信那你就相信了,你喜欢,你愿意这样想,你偏向于这样想,你有一种党派性的倾向。这个可以从这方面讲。另一方面呢,就是你可以理解为上帝的恩宠,上帝的惠爱。上帝的惠爱导致信仰,就是说,在基督教看来,人们之所以信上帝,不是说你想信上帝就信上帝,你之所以获得了信仰,这是上帝对你的关照,上帝对你的恩宠。理性派没有自觉到这一点,他们以为这是天经地义的,是人就肯定要去追溯一个必然的存在者。但是他们没有意识到上帝对他们的信仰有一种恩宠。就是说,他为什么相信,为什么一定要相信这样一个东西并且作出决断去追求这样的东西,这实际上如果要有合法性的话,他就会追溯到上帝。你追溯到上帝,那你就是同义反复了。因为你本来就是要证明上帝,但是你又以上帝的恩宠作为前提。我信上帝,是因为我是上帝的选民,上帝选中了我,所以我信上帝。这个解释等于是没有任何解释。你为什么信上帝呀,是因为上帝选中了我,给了我对他的信仰,这就等于没有解释。因为对于信仰这个东西,你是很难给它找到解释的。你如果能够给它找到一种理论上的解释,那它就不是信仰了。你说上帝给了我很多恩惠呀,我原来有病呀,因为信上帝以后就好了呀,这个人的信仰就值得怀疑了。如果你的病没有好呢?那你就不信上帝了?所以信仰这个东西不是一个理论问题。信就信,不信就不信。所以,西方人往往把这种信归结为上帝的恩宠。是上帝对你有恩,他选中了你,所以你得感恩。通常地这个信仰如果要有合法性的话,就追溯到这样一种恩宠,就追溯到这种惠爱,上帝对你特别宠爱,所以你就有信仰。上帝对另外一些人,比如经验论者、无神论者没有宠爱，所以他们就不信上帝。这解释起来也可以顺理成章啊。但是从理论上来看，你这个就不成立了。就是理性派本来就是要证明上帝存在，但是又诉之于上帝的恩宠，本来想把它变成一个理论问题，但最后又归结到一个实践问题上面来了。所以对于理性派这个证明，在这个地方，康德等于是投出了一把匕首，四两拨千斤，只几句话，可以说就把它打发掉了，把理性派一切对上帝存在的证明，通过这几句话就可以打发掉了。实际上，后面所有的反驳，对宇宙论证明、目的论证明、本体论证明的反驳，都可以归结到这几句话。当然他也不是完全否认这样一种证明的意义，这个后面还要讲到的。虽然他反驳了他们，但是他仍然认为，这是人类理性的一种自然倾向，是一种幻相。人类理性的幻相并不是一种错误，而是自然而然要发生的。它所表明的是人类这样一种努力，就是在实践方面他必定要设定一个上帝。为什么要设定一个上帝，康德在后面的方法论里面有具体的解释。但是在这个地方呢，首先它在逻辑上、在理论上是不成立的。通过这种不成立，通过这种幻相的揭示，我们可以进一步深入到这个幻相的根源，于是我们就可以发现这个幻相的产生是有道理的，并不是完全可以否定，可以抛开的。像休谟那样，那么我们不承认上帝就够了，或者我们利用上帝的信仰来干别的事情。但是康德认为，虽然我们揭穿了这个幻相，但是我们并不是停留在简单的否定上，否定上帝的存有。我们要从上帝存有的幻相引入到它的根源里面去，就是人类的理性不仅仅是有理论的运用，还有实践的运用。它的根源在于实践的运用，就是说，人类理性必须要作出决断。为什么？不是为了理论，而是为了人的实践，这是后面几段话所要展开的话题。

　　这一段是对于上一段的后面一句话的解释了，上一段前面一句话是把理性派对上帝存有的证明作了一个总的、提纲挈领的描述，一句话就把它描述清楚了。第二句话呢，就是一针见血地抓住了这个论证的要害，就是说你是一开始就作出了决断，那么我们如果不作出决断，那会怎么样呢？那理性派的这样一个论证就不具有充分的合法性了，那就还需要从认识之外提供一种惠爱，才能够给它提供合法的根据。而这就已经超出理论论证的范围之外了。如果你要严格地保守在我们认识论的这个领域，对现有的情况作出一种客观的评价，那么那种论证就没有合法性。为什么没有合法性？下面这一段就是对这个论证的仔细的分析。

B616   这是因为，<u>如果我们让一切都如同它在此向我们摆明的那样，即首先，对于任何一个给予的实存（也许甚至只是我自己的实存）都有一个正确的推论，推到某个无条件的必然存在者的实存；</u>

就是说这个论证，我们保持它的原样，我们不对它作任何更改，我们就把理性派的这个论证保持原样地摆在面前看一看。这是首先一步，就是对于任何一个给予的实存，有某物存在，甚至只是我自己的存在，由此进行推论。这个地方是暗示的笛卡尔的"我思故我在"，哪怕就是从"我思故我在"，你肯定这样一个事实的存在，这个最直接的明证性，你就从这一点出发。凡是给予了一个实存，当然你也可以不从"我思故我在"，你也可以从比如说宇宙论证明，从任何一个事物的存在，或者从我们所面对的这个宇宙的存在出发，即目的论证明。目的论证明就是从我们面对的当下的这个宇宙的存在出发；或者宇宙论的证明，我们从任何一个事物的存在，比如说面前一个事物，面前这张桌子，由此出发。我就拿这张桌子做比喻，这个你不能否认吧。你一旦承认了这个给予的实存，那么我们就可以从此出发有一个正确的推论，推到某个无条件的必然存在者的实存。某个有限的存在者，"给予的实存"，它肯定是有限的了，那么，你一旦承认了它，你就必须要承认它的有限性，你承认它的有限性就必须承认它的有条件性，承认它的有条件性，你就必须对它的条件进行追溯，追溯到最后，就会推到某个无条件的必然存在者的实存。这就是理性派的宇宙论证明和目的论证明以及笛卡尔的那样一种证明。笛卡尔那样的证明也可以理解为是宇宙论证明的一种形式。就是从我目前当下的实存，我推出一个比我更加完善的、更加完满的存在。我是不完满的，我只是我，我经常犯错误。但是，之所以我心中有一个上帝的概念，那肯定上帝在我之外,比我更完满。否则的话,我这个不完满的人为什么会有一个完满的概念呢?那是不能解释的了。所以,必然会推到一个无条件的必然存在者的实存。这是第一步。理性派对上帝的证明,总要从一个东西出发,去推到它的条件和最高的无条件者。

其次,我必须把一个包含一切实在性、因而也包含一切条件的存在者看作是绝对无条件的,从而以这种方式找到那与绝对必然性相适合之物的概念:

这是第二步。就是说,第一步你推出那个绝对必然的存在者的实存了,但是那只是一个逻辑上的推论,充足理由律作为一个逻辑上的推论,结果不能大于原因。我们所看到的任何一个实存都是结果。那么这个结果是有限的,它不可能大于它的条件。那么你要推出它的条件,你就必须无限地往上追溯。在第一步推出一个绝对必然的存在者的概念,这是一个逻辑概念。那么第二步呢,"我必须把一个包含一切实在性、因而也包含一切条件的存在者看作是绝对无条件的","以这种方式找到那与绝对必然性相适合之物的概念",就是说你必须给这个绝对必然的存在者概念赋予最高实在性。也就是这个概念不是一个抽象的概念,不是一个单纯形式逻辑的概念,它是个理念,它是要针对某个对象的。那么这个对象你如何规定呢?你既然针对一个对象,它就必须有它现实的规定性。而这个现实的规定性呢,它作为一个最高的概念,肯定包含一切现实性,它必须包含一切现实性,包含一切实在性。你必须赋予这个概念以最高实在性,包含一切实在性。这是第二步。这样你才能证明上帝的存有。上帝不仅仅是"是",不仅仅是存在(Sein),而且是 Dasein,是存有,他有实在性。这个 Dasein 就有存有、实有、实在性的意思,我们以前也曾把它翻译成"实有",它就是包含有实在性在内的了,它是实存了,就是 Existenz。那么这个绝对的实存、最高的实存,当然它也就是包含有一切实存者的条件的存在者了。它包含一切实存的条件,它当然也就是作为实在的最高的无条件的存在者。那这样一个存在者当然就最适合于这个绝对无条件的存在者的概念了,是与绝对必然性相适合之物的概念。它就成了一个具有实在性的对象了,它就不再是形式逻辑上的一个推理。结果不能大于原因,这符合不矛盾律嘛。结果顶多只能等于原因,A=A。结果不能大于原因,在很多情况下它小于原因,因为一个原因可能有很多结果,一个最高的实在性可能包含有很多很多的实在性。一个原因可能有很多结果。但是如果这个概念还只是一个逻辑上的概念,逻辑上的不矛盾律的概念。那么如何要赋予它一个对象,使它成为理想,这就是第二步的工作。这是对前面的一个描述。前面的一切"如同它在此向我们摆明的那样",就是这样摆明的。理性派对上帝的证明就是分这两步进行的。

那么,从这里毕竟还完全不能推论说,一个不具有最高实在性的受限制存在者的概念因此就会与绝对必然性相矛盾。

这个批判就是非常抓住要害的了。就是说,你可以说,一个最高实在者的概念是最适合绝对必然性的概念的,但是一个不具有最高实在存在者的概念,是不是就一定会与绝对必然的存在者相矛盾呢?那推不出来。也就是说,有可能它也是绝对必然的存在者,因为你这里涉到实在性,涉及到现实的对象,那很可能那个绝对最高的实在性的存在者根本就没有,可能没有那么一个东西。绝对必然的存在者也可能就只是这样一些受限制的存在者与它相匹配,有这种可能性,至少在逻辑上并不排除这种可能性。当然你说具有最高实在性的存在者是最适合绝对必然的存在者的概念的,你可以这样说,因为它是最高的嘛,它当然可以是绝对必然的。但是,是不是别的存在者就不可能是绝对必然的呢?因为完全有可能有这种情况,就是没有最高的实在性的存在者,一切存在者都是互相限制的,都是互为条件的。一个限制另外一个,整个世界就是这样的。据我们所知,整个世界确实也就是这样的。那么你要说有一个绝对必然的存在者这个概念,那完全可以用来指称这样一个现有的有限的世界,它没有最高实在的这种属性。没有任何东西具有这种最高的实在性的属性。所以一个不具有最高实在性的、受限制的存在者的概念，并不会因此就与绝对必然性相矛盾，因为它们本来是两个概念嘛。你把这两个概念结合起来，我也可以不把它结合起来，我也可以把它结合在另外一个概念上面。逻辑的概念和实在的概念本来是两个序列，你把它们两个最高的概念结合起来，我也可以把其中的一个最高的概念和另外一个序列的低级的概念结合起来。这个不矛盾呐，这个不存在自相矛盾的问题。

因为，尽管我在受限制存在者的概念中没有找到那已具有条件之大全的无条件者，但从中完全不能得出结论说，它的存有正因此而必然是有条件的；

这跟上面那句话实际上是同一个意思，重复说，用不同的方式再说一遍。就是说，受限制存在者的概念里面，当然它不会找到"具有条件之大全的无条件者"，因为它是受限制的嘛，它怎么可能包含"具有条件之大全的无条件者"呢？但是，从这样一种特点，从这个受限制的存在者的概念、这种特点里面，完全不能推出一个结论，就是它的存有正因此而必然是有条件的。因为它是受限制的，所以它必然受到更高条件的限制。从逻辑上你可以这样说，因为它是受限制的嘛，受限制的意思就是受到别的条件的限制，但这只是从逻辑上来说。完全不能得出结论说，"它的存有正因此而必然是有条件的"。就是逻辑上它必须要有条件，而事实上它可能并没有条件，它就是唯一的了，就是这个世界上最高的了。它就是这个样，你要为它找更高的条件找不着，它没有。世界本来就是有缺陷的嘛，为什么一定要是完满的呢？为什么一定要有一个最高的实在性的存在者作为它的条件呢？你推不出来的。你在逻辑上可以玩弄概念找出它们概念上的关系，但是在现实中很可能并没有这样一回事情。

正如我在一个假言的理性推论中不能说：凡是不存在某个一定的条件（在这里也就是根据概念而来的完备性的条件）的地方，也就不存在有条件者。

265

就是说，在假言的理性推理中，也就是在逻辑上，我也不能说，凡是不存在某个一定的条件的地方，也就不存在任何条件。我们可以这样来理解。对有条件者，它还可能是以别的东西为条件，它不一定要以那个最高实在的存在者为条件，它也可以以其他的受限制者为条件。它们互相限制，所有的受限制的有条件的存在者它们互相限制，互为条件。这是可能的。你不能说不存在那个最高的条件，那就不存在任何有条件者了，那我们现在面对的这个有条件者就不能解释了。它可以解释。并不因为你去掉那个最高项，这个事物就不能解释了，这个事物仍然是可以解释的。从理性的逻辑推理中，也不能够为这样一种说法提供辩护。就是说，在逻辑推理中我们都不能说凡是不存在某个一定条件的地方也就根本不存在有条件者。理性派就是用这样一种逻辑的推理来为自己提供根据的。就是说，如果不存在一个最高条件的话，那么我们现在面临的这个有条件者就不能解释了，就不可能存在了。而它既然存在，那么我们可以反推出，一定有一个最高实在性的存在者存在。这是理性派的逻辑，理性派的推理。但是康德指出来，这在逻辑上是有问题的。你说，一个假言的理性推理中，凡是不存在某个一定的条件，也就不存在任何有条件者。这个"凡是"也是假言推理了，也就是"如果不存在某个一定的条件"。你说如果不存在**所有的**条件，那当然也就不存在任何有条件者。那是可以推得出来的。但是如果你说不存在**某个一定的**条件，在这个地方就是指的根据概念而来的完备性的条件，也就是根据形式逻辑的推理所推出的那个完备性的理念，如果没有那个最高的条件，是不是就不存在任何有条件者了呢？这个推不出来。逻辑上是说不通的。因为你的前提是不存在某个一定的条件，而你的结论呢，是不存在任何有条件者。你只可以推出来：那么就不存在**一定的**有条件者，那可以。但是你如果笼而统之说就不存在有条件者了，那个是推不出来的。因为很可能有条件者不一定需要一个一定的条件，它可能需要别的条件，它可能需要次一级的条件，或者是日常的一些条件，它不需要那个最高的条件。这也是一个反驳。前一个反驳，就是在受限制的存在者的概念中不能够得出结论说，它的存有正因此而必然是有条件的，如果它没有找到那个具有条件之大全的无条件者，它的存有因此就必然是有条件的。这个不一定。它也可能是无条件的。因为事实上，我们没有找到任何条件，它仍然存在了。那么我们没有找到这个条件，它很可能根本就没有，而并不仅仅是我们没有找到它。我们没有找到它有两种可能，一种是我们还没有找到，而它在，我们还去找；另外一种呢，就是它根本就没有。所以，这个推论是站不住脚的。就是你从受限制的存在者的概念里面，没有找到那个具有条件之大全的无条件者，就推出它正因此而必然有条件，必然还要去推。这个推理是没有必然性的，不能推出来。因为很可能它就只是有限而已，并不一定真的有什么条件。这是正面的推。后面一个"正如"，我在一个假言的理性推论中，不能说凡是不存在某个一定的条件的地方，也就不存在有条件者。这是从反面推。一个正一个反。正面就是说，你不能够因为一个有限存在者不具有这个无条件者呢，就说这个有限的存在者必然是有条件的；反面地推就是说，你不能说如果没有一定的条件，这个有条件者就不可能，就不存在，——这是反证法了，就是说不存在，但是事实上它存在了，所以我们反过来就证明一定有一个最高的条件，有一个条件的大全。否则的话这个东西怎么会存在呢？这是反证法。从反证法也不能推，从正面的推也不能推，这两方面都是在逻辑上站不住脚的。那么应该怎么推呢？下面讲：

毋宁说，我们会随便地让一切其他受限制存在者都同样地被视为无条件地必然的，虽然我们不能从我们对它们所拥有的普遍概念中推论出它们的必然性来。

在这种情况下，正当地态度应该是这样的：如果有人把那些受限制的存在者都同样地视为无条件的必然的——"同样的"，与什么"同样的"呢？与那个最高的无条件的必然存在者同样的。与那个具有最高实在性的那个无条件的必然存在者同样的，也被视为无条件的必然的。就是说，我们对有限的存在者同样地也可以把它看作是无条件的必然存在者——如果有人这样看的话，我们只能够采取"随便"的态度。随你的便，这个你有权这样认为，虽然我不一定这样认为，但是你这样认为呢，我也说不出什么道理来反对你。所以我们会"随便地让一切其他受限制存在者都同样地被视为无条件地必然的"，就是被人们看作是无条件的必然的，我们不能提出反对理由，所以我们只能够听之任之。你要把一个受限制的存在者、有限的存在者看作是无条件的必然的，随你的便，但是我们不能从受限制的存在者所拥有的普遍概念中——受限制的存在者它们当然也有普遍概念，一切事物都是受限制的存在者，一切我们所看到的这个世界的事物、经验的事物当然都是受限制的存在者，你可以把它看作是必然的——但是我们不能从这个概念中推出它们是必然的。这没有逻辑必然性。尽管没有逻辑必然性，我们也不能推出它们是必然的，但是人家要说它是必然的，我们也没有办法，因为这不是一个逻辑问题。这个问题跟逻辑问题是两股道上跑的车。逻辑是逻辑，但是你要把一个现实的有限存在者归结到逻辑上具有必然性，这个是你的爱好，这个无可指责。虽然我们从现实的必然性的概念里面逻辑上推不出它具有无条件的必然性，但是你要这样看，我们也没办法，我们也推不出它不具有这种必然性。最后一句：

<u>但以这种方式，这个论证并不会给我们带来有关一个必然存在者的属性的最起码的概念，并且在任何方面都丝毫不会有什么成就。</u>

以这种方式，也就是以这个"毋宁说"后面的这样一种态度，就是说我们可以听凭人家把一切受限制的存在者都看作是无条件的必然的，那么"这个论证"——也就是理性派的那个论证，就是如果这样理解的话，从一个既定的有限存在者的概念，推出一个绝对必然的存在者的概念，如果是这样来推的话，就是说既然你不能否认它有绝对必然性，那么我们不妨去采取一种态度，把它看作是具有绝对必然性。任何一个现有的有限存在者，我们都可以从它里面看出一种必然性来，虽然我们不能推

出来，但是我们可以看出来，我们凭借我们的爱好，我们愿意这样，我们把它看作是必然的。那么，这样一个论证，在这种理解之下——前面康德把其他的理解都推翻了，就是说你的理性派的那些论证、那些理解其实都站不住脚，在逻辑上是说不通的，那么唯一能说得通的就是"毋宁说随便地让一切其他受限制存在者都同样地被视为无条件地必然的"，以这样一种方式，那论证就没有什么用处了。如果以这种方式来用理性派的这种证明来加以解释的话，那么这个必然的存在者它应该有什么样的属性呢？它应该是最实在的存在者吗？它应该是具有实在性大全的存在者吗？它应该是一个唯一的个体吗？等等。这些属性你都不能够提供，你都推不出来。有限制的存在者那天下多少，到处都是，怎么会是唯一的呢？有限制的也就是不具有最高实在性的，不具有实在性大全的。那么你这个有关一个必然存在者的属性，你对它连最起码的概念都规定不了，你只有一个空洞概念，就是绝对必然的存在者，但是它的属性你没有办法进行描述，并且在任何方面都丝毫不会有什么成就。这就把理性派对上帝存在的证明其实已经完全摧毁了。你的那些证明是自相矛盾的。唯一的解释就是扩大的这种解释，就是说，必然的存在者，包括绝对必然的存在者不一定是一个上帝，不一定是一个大全，不一定具有最高的实在性。它可以是任何事物，主要是你的态度怎么样。你把任何事物都看作是绝对必然的存在者，那是可以的，唯物主义者就是这样看的嘛，事物本身就是绝对必然的。一切物质存在，一切物体，一切事物，自然物，本身就是绝对必然的存在者，不需要去为它找一个最高的、具有最高实在性的充足理由，万物都是互为条件的，互相限制的，不需要有一个更高的条件来限制所有的一切。你没有办法反驳他。但是用这样一种观点，我们就可以推翻对上帝存在的证明。上帝存在的一切证明都是没有逻辑上的一贯性的，没有逻辑根据的。由此呢，最终要导向无神论。当然康德并不是无神论，他只是把理性派的这种证明推翻了以后，从另外一种途径重建他对上帝的证明。这就是在下面一段里面开始着手的这个工作了。

这个论证尽管这样的不完善，但是它还是很重要的。我们必须认真地对待它。

下面这一段主要是一个转折的意思。前面都是对上帝存有的证明的一种解构，或者是一种批判的分析，就是根据它们证明的这样一些论据，试图从一个绝对必然的存在者这个概念里面推出一个最高实在的存在者和它相应，推出实在中的一个最高实在性的存在者与这个绝对必然的存在者的概念相应：它就是指的"那个东西"。那么康德指出来，这样一种相应是不存在的，这样一种证明也是站不住脚的。所以他上一段讲，"这个论证不会带来任何有关一个必然存在者的属性的起码的概念"，并不能为我们获得从逻辑上所推出的那个最高必然存在者的理念的知识。

B617 　　尽管如此，这个论证仍然具有某种重要性，并且有某种还不能因为这个客观上的不充分性而马上就从它那里被剥夺掉的威望。

就是这样一种在逻辑上根本就不成立的论证，仍然是有某种重要性的，而且有某种威望，有某种权威，并不能因为它客观上具有不充分性就损害它的权威。从客观上进行分析，那么作为一个客观对象，上帝，最高实在的存在者，这样一种客观的假设，当然是不充分的。这是你设定出来的，设定出来用来符合绝对必然存在者的概念，但是，它要符合这个概念在客观上是不充分的。你不能够证明，唯有这样一个概念，唯有这样一个客观的存在者，它适合于你所设定的那个理念。在这方面没有一个充分性。尽管这个论证是不充分的，但是它有其自身的威望，这个是不能剥夺的。这是康德的一个转折。这一段的转折就在这里，就是说，尽管我批判了对上帝存有的证明，但是我并不是认为上帝的存有这种证明就完全没有可取性。在理论上它当然是站不住脚的，尽管如此，它还是有它的威望，仍然具有某种重要性。下面就解释了，

因为，如果假定有一些在理性的理念中完全正当的义务，但是，假如不预设一个能给予实践法则以效果和力度的最高存在者，则这些义务在

270

用于我们自身时就会没有任何实在性，亦即没有动机：

　　这是前半句话，就是如果有这样一种情况，我们一方面假定，有一些在"理性的理念中完全正当的义务"，这个义务就涉及到人的实践了，涉及人的道德了。如果我们假定在人的理性的理念中完全是正当的，完全是正义的，根据理性来说完全是合理的，这样一种义务，当然这个合理不是属于认识上的合理，而是属于实践上的合理，属于实践理性的合理，完全"正当"的义务嘛。但是，另一方面呢，假如我们不预设"一个能给予实践法则以效果和力度的最高存在者"，就是说，我们在实践中有一些义务，我们假定了一些义务，但是呢，如果另一方面不假定一个最高存在者，也就是前面讲的最高实在的存在者，也就是上帝，他能够给予实践法则以效果和力度，他能够促进我们的这些义务的实现，在效果上面，在他的力度方面，在他的力量方面，能够促进它的实现。义务本身是不考虑效果的，按照康德的义务观，是"为义务而义务"嘛，所以他不考虑效果，哪怕一点效果都没有，他也不管，他就是那样去做。所以他能够杀身成仁、舍生取义嘛。他不管这个事情是否成功，也无损于他的道德的高尚性。但是如果不假定这样一个实践法则具有它的效果，具有它的力度，具有它的现实的力量，那就会"没有动机"了，你就不会去做这种毫无希望的事了。那么要假定这一点，你就必须要假定一个上帝了。上帝能够助你成功。你要办一件伟大的事情，高尚的事情，为义务而义务的事情，知其不可而为之的事情，那么只有上帝能够帮你。因为道德的人不考虑手段究竟能否达到目的，他是从义务出发的，是从道德律本身出发的。但是如果不预设这样一个最高存在者，他讲"这些义务在用于我们自身时就会没有任何实在性，亦即没有动机"。如果不假设一个上帝，那么我们的道德义务在用在我们自身的时候呢，就会没有实在性了。也就是说，你不考虑效果嘛，你的道德行为的实在性还是要考虑效果的，你只是有一个善良意志，但是你做出来的事情完全相反，那你这个善良意志只是你内心的东西，那它就没有实在性，引不起你实现它的冲动。"以及没有动

271

机"，动机这个概念很重要，Triebfeder，Trieb 就是冲动，在弗洛伊德那里人们翻译成"内驱力";feder 就是一个发条，就像钟表里面的一个发条一样。就是我们行动要有一个动机，这个动机很现实的，很实在的，它有一种机制，你这边一动，那边就跟着动，就影响到那一边。这是一个很现实的概念，很实在的概念。就是说，你的义务行为要有效果，哪怕不是真正现实的效果，也是一种"应该"的现实效果，才能引起你现实的冲动。所以这个动机还是在现象界里面的，它不是在本体之中不可认识、不可把握的。所以"动机"跟"动因"是不一样的。动因是 Beweggrund，其中 Beweg 就是"运动"，Grund 就是"根据"，"理由"，"原因"。通常也译作"动机"，我们翻译成"动因"。这个动因跟动机不一样。动机是要强调它的机制，强调它的因果关系，是要跟它的作用和后果联系在一起的。你做这件事有什么效果啊，没有效果的事情你做起来也不会有劲嘛。你要有做事的动机，你就必须要考虑可能的至少是应该的效果。那么动因呢，它是在自在之物的层面上来理解的。所以康德在《实践理性批判》里面也讲到了"实践理性的动机"，动机是什么呢？他认为就是道德情感，比如说"敬重感"。我出于对道德律的敬重，不仅仅是出于理性。出于理性就是为义务而义务，应该这么做了，但是我出于一种情感，我对这个实践理性的道德律有一种崇敬感，有一种敬重感，那么我的行为呢，就带上了一种现象的色彩，我就会去考虑我的行为应有的后果了。我会设想，如果行为的后果不可能实现，那么对我的情绪是有影响的；如果行为的后果有可能按照我预计的实现出来，那当然就会带来一种兴趣了。但这种效果不是人力能够实现的，只有上帝能够实现，所以必须怀着敬重感去设想，而这种敬重感是能够支配我的现实行动的。所以，实践理性的道德情感，比如说敬重感，它已经是一种动机了，但是它不是动因。动机是在现象界的，动因是在本体界的，它们有这样的区别。不过在这个地方，他主要是讲没有动机。也就是说，如果不假定一个上帝，这些义务在用于我们自身的时候，在我们身上，它就会显不出任何效果，就会没有任何实在性,形不成动机,因为它就不会跟它的效果联系起来。这整个半句话都是讲的"如果"。"如果"里面又有一个"如果"。如果假定了是这样的话,然后他就讲:

那么,我们就会也有一种追踪这些概念的义务,这些概念即使不可能是客观上充分的,但根据我们理性的尺度毕竟是更被看重的,并且和它们相比我们再不知道什么更好而更有确证作用的东西了。

这就是"如果"后面的"那么"。"那么,我们就会也有一种追踪这些概念的义务"。"这些概念"是什么概念?我们从前面半句话里面去找,"如果假定有一些在理性的理念中完全正当的义务","有一些义务",这"义务"是复数,"但是,假如不预设一个能给予实践法则以效果和力度的最高存在者,则这些义务在用于我们自身时就会没有任何实在性,亦即没有动机","这些义务"又是复数,从"这些"的复数上面来看,"这些概念"肯定只能够指"这些义务"的概念。也就是说,我们就会也有追踪"这些义务"后面的概念的义务,这些概念当然就是指那些包含义务的理念了。既然在理性的理念中,有"一些"正当的义务,那么我们对这些义务就有义务去追踪它们后面的理念,就有对这些概念即理念加以追踪的义务。他说"这些概念即使不可能是客观上充分的","客观上不充分"在第一句话已经讲了,"不能因为这个客观上的不充分性而马上就从它那里被剥夺掉的威望"。这个义务的完成也可以看作是一个条件的链条,条件和条件的条件,你要完成这个义务,你必须要有一个条件,那么你要完成这个条件,你又必须有一个条件,义务也构成一个条件序列。那么这个条件序列即使不可能在客观上充分,这个跟我在前面讲的对上帝存在的证明也有类似的一种结构,就是对上帝存在的证明在客观上是不充分的,那么对义务的追踪,在客观上也是不可能充分的。他说,"但根据我们理性的尺度毕竟是更被看重的",就是说我们理性的尺度更加看重这些理念,比起那些现实事物之间的条件序列来说,义务的理念所构成的序列是更被看重的。根据我们理性的尺度,也就是根据我们实践理性的尺度。理论理性当然也可以追踪，但是实践理性的追踪，对我们来说呢，是更被看重的。并且和这些义务的概念相比，"我们再不知道什么更好而更有确证作用的东西了"。就是说，对于理性更好、更有确证作用的，就是对于义务的追踪。这样一种确证，比起我们在现实事物中从一个有限的东西、从一个有条件的东西推到它最后那个无条件的条件，这样的确证，还要更加具有确证作用。从义务推到它绝对的理念，这样一种追踪，对人的理性来说，是更加具有确证作用的，就是说，在实践理性上面，更体现出一个人是理性的人。在理论理性方面呢，当然也可以体现出一个人是有理性的，但是呢，还不如我们的实践理性能够体现出一个人是有理性的。对于人的理性来说，它具有一种确证作用。所以我们更看重实践理性，我们每个人实际上更看重的是实践理性。实践理性也要通过逻辑推论，但是这个逻辑推论是对义务的追踪。一直要追踪到它的那个最高存在者，追踪到上帝。当然就道德本身来说，它不一定要追踪到上帝，绝对命令本身就是无条件的，这个是不考虑现实的，不考虑效果的。但是如果要考虑效果，你的绝对命令，你的道德律要实现出来，那你就要考虑它的条件了。所以，绝对命令、道德律是无条件的命令，它本身是最高的了，道德自律嘛，但是它只是从动因上来考虑的，就是从自己的主观的意志、自由意志这个角度来考虑的，而不考虑它的实在性，不考虑它的动机，不考虑它的效果。动机和效果是分不开的。你考虑动机，它应该在现象中实现出来，那么它就必然要带来它的效果，带来它的客观实在性。所以，对于义务进行一种追踪，不仅仅是在自由意志里面的那种追踪，自由意志里面那个追踪很容易，那个一下子你就可以发现绝对命令是无条件的，其他的那些命令都是有条件的命令。绝对命令是定言命令，就是你必须这样做，你应该这样做，没有什么价钱可讲。因为你是有理性的，只要你是有理性的，那么按照理性的法则你就应该这么做。至于它的后果究竟怎么样，这个不是你考虑的事情。这就是道德命令。但是，如果我们要有一种现实的动机，要在客观上对它的效果加以追踪的话，那一定要引出一个上帝来。只有上帝才能够保证你的绝对命令在现实世界中获得它应有的相应的效果。所以，对义务的这样一种追踪，实际上是理性的一个必然的过程。有理性者，他必然会要进行这样的追踪，首先他当然要确立一个实践的法则，要确立自己的义务，但是，接踵而来的，他就必须把这个义务当作自己的动机，也就要确立这个义务的效果，并且在这个效果里面，对这个义务应当在现实生活中实现出来的条件加以考虑，那么这就要追溯到上帝。这样一种追溯，根据我们理性的尺度，是更加被看重的，更加能够体现人的理性。

对义务的选择在这里将会通过实践的加入使思辨的犹豫不决走出相持状态，

义务本来没有选择，绝对命令，为义务而义务，本来是没有选择的，它就是唯一的。当然有不同的表述方式，但是它是绝对命令，是你必须遵守的。但在客观上，我们确实有义务的选择，就是你做这件事情还是不做这件事情。因为我们人不单纯是理性的存在者，还是感性的存在者。人的行为都带上感性的因素，所以他必须考虑，到底是做这件事情符合我们的义务呢，还是不做这件事情符合我们的义务，还是做那件事情符合我们的义务。这不单纯是个理论问题，而是个实践问题，这个是有选择的。在实践中你肯定要进行选择，自由意志自决，要决定做一件事情，这就是"通过实践的加入"。"思辨的犹豫不决"就是说，我们前面的那些证明都是思辨的证明，也就是理论的证明，它使我们犹豫不决。本来对这个绝对必然的存在者，你可以在理论上设定一个最高实在的存在者——上帝，作为与它相应的一个对象，这个当然可以是一种选择。但是它不排除别的选择，就是说，我们可以随便地让一切其他的受限制的存在者都同样地被视为无条件的必然的，这也是一种选择。在理论上说，这两种选择都同样是可能的。你是选择唯物论呢，还是选择一神论？这也是一种选择。但是，通过实践的加入，思辨上、理论上的这种两可状态，这种犹豫不决的状态，就终止了。我们就可以走出这种相持状态。你选择唯物主义还是选择一神论,理论上是难以取舍的,但通过实践的加入,我们就可以确定下来。你在实践中,你要根据一条什么法则,那么根据实践的法则,我们就可以作出决断。你如果选择唯物主义,那你在实践中就是失败的,你没有考虑到你的义务嘛。如果你作出唯物主义的选择,那它就不能满足实践理性的要求。那么,通过实践理性的加入,我们可以选择相信上帝,只有上帝才能够代表绝对必然的存在者,才能够符合绝对必然的存在者这个概念。所以,这实际上不是一个理论证明的问题,对上帝存有的证明不是一个思辨的问题,恰好是一个实践的选择问题,或者说是一个信仰问题。你相信上帝,为什么相信上帝?因为你想做一个道德的人。你想做一个道德的人,你就相信上帝。如果你不想做一个道德的人,你尽可以相信唯物主义。这个没有什么拦着你,在理论上完全是可能的,也是无懈可击、无可指责的。但是如果你认为自己是一个道德的人,你想按照实践理性去加以选择,那么你必然会选择一个上帝。所以这样就会"使思辨的犹豫不决走出相持状态"。"相持状态"就是指有两种同样的选择,不管是最高实在的存在者,还是其他一切受限制的存在者,我们都同样地可以把它看作是无条件的必然的,这就是相持状态。在无条件的必然性这方面,有两个可能的选择相持不下,那么,通过实践的加入,就使这个权重砝码偏向一边了。

甚至理性在作为最严厉的法官的它自己面前,如果不在那些重大动因之中去追随自己判断的这样一些根据,哪怕只是缺乏理解的、但至少我们不知道有什么比它们更好的根据,那就也将找不出任何辩护理由了。

理性找不出任何辩护理由了,如果在它自己面前——它自己是自己最严厉的法官——不在那些重大动因之中,这个动因就是我刚才讲的动因,就是在现象底下的自由意志里面,道德的动机是道德情感,道德的动因是自由意志,在人的自由意志里面,去追溯判断的根据,就是把我的判断追溯到我的自由意志,追溯到我的物自体。当然这是一种实践的选择了,实践是立足于自由意志的。如果不是立足于自由意志进行实践的选择，如果不把我们的判断立足于我们的自由意志，追溯到我们的自由意志——这自由意志是判断的根据——不把自由意志作为判断的根据，"哪怕只是缺乏理解的"，对自由意志我们当然缺乏理解了，但是我们不知道有什么比自由意志"更好的根据"，我们的行为的根据。我假设有自由意志在后面作根据，作为动因，这种假设当然没有什么充分的理由，我理解不了，我认识不了，但是我不知道有什么比它们更好。你要解释我的行为，用自然科学来解释：我的行为是由于我的大脑里面的脑电波所导致的，这能更好吗？我的一个道德行为就可以归结为我的脑电波里面的一个电子的跳动吗？不行。这样的解释都不如我们用人的自由意志来解释更好。人的实践的行为，只有用自由意志才能最好地解释，其他的解释都不行，都赶不上用自由意志来解释更加能自圆其说。对人的道德行为，你怎么能够把它还原为一种生物学行为或者是心理疾病呢？那个是没有办法解释的。所以至少"我们不知道有什么比它们更好的根据"，所以我们就假定它。自由意志也是个悬设嘛，一个先验的理念嘛。也就是说，如果不在这些重大动因里面去追溯判断的根据，那么，理性在它自己这个法官面前也就找不出任何辩护理由了。理性在它自己这个法官面前要找到辩护理由，也就是理性在批判中，理性要对理性自身进行批判，那么理性最终所找到的辩护理由就是自由意志，就是实践理性。所以康德的《纯粹理性批判》是要对理性进行批判。用什么来对理性进行批判？用理性本身。理性本身要对自己的理性进行批判，为什么？只有一个理由，就是理性是自由的，就是实践理性高于理论理性。理论理性是被批判者，理论理性通过批判发现了它的限度，它只能够局限于现象界，只能够局限于理论的认识。那么通过这种限制，通过这种批判，理性回到了它本身。就是说，理性为什么要进行这种批判呢？是为了限制理性，限制科学知识，而给信仰留下地盘，而给实践理性留下地盘。所以，实践理性本身就不需要批判了，它本身就是实践的。《实践理性批判》一开始就讲，纯粹实践理性本身是不需要批判的，它是批判其他的所有的理性的运用

277

的前提。纯粹实践理性是出发点，要从纯粹实践理性出发来批判其他的理性的运用，包括批判其他的不太纯粹的、一般的实践理性。当然纯粹理性批判对认识论的批判也还是从这里出发的，为了给信仰留地盘嘛，为了给实践理性留下地盘嘛。你把理论理性限制住了，为什么要限制住？就是要给物自体的领域留下地盘，还是为了实践理性。所以，唯一能够在理性面前为理性自身作辩护的就是对这样一些义务的选择进行一番追溯，也就是对实践理性从它的根据出发去进行一番追踪，去找到它的最高条件。我在前面讲，对上帝存有的证明，一个是通过理性的逻辑推论推出一个绝对必然的存在者的理念，另一个就是要在现实的实在的事物里面去找到一个最高实在的存在者，来和绝对必然的存在者的理念相匹配，把这个理想看作就是这个绝对必然的存在者的理念唯一可能的选择。绝对必然的存在者的理念可以有很多种选择，你可以把那种有限的东西当作是符合于这个理念的。但是由于实践的加入，我们必然地会要把一个最高实在的存在者找来与这个理念相匹配。虽然在逻辑上，在理论上，它们之间的匹配并没有一种必然的关系，但是作为理性本身的这样一种自我辩护的理由，它可以把这归结为实践的一种需要，或者实践理性的一种信仰。从这样的信仰角度我们就必然地会要找到一个上帝，一个最高实在的存在者，去跟那个理念相匹配。这样一来，我们就可以走出思辨的这种犹豫不决的相持状态，而使这样一个论证具有某种权威性。这个论证权威性何在？就在这里，就是因为我们每个人都有实践理性，我们每个人要对道德义务进行追踪，不仅仅是我们在纯粹实践理性方面提出道德律就够了，而且我们要在现实生活中对这种道德律应有的效果进行追踪。那么你就要考虑到唯一能使这个效果真正实现出来的那个东西，那个具有最高实在性的东西，那就是上帝。你就必须假设这样一个东西。所以，对上帝存有的证明，实际上背后是有这样一种倾向性在起作用的，就是说，你是出于道德的动机，所以要找一个上帝。而这个道德的动机是基于一个自在之物里面的动因，那就是自由意志。所以，它们的关系是这样的：由于有自由意志，所以我们有道德律；由于有道德律，我们要用自由意志把它实现出来，那就必须在现实生活中间考虑它的效果；要考虑它的效果，就必须追溯到上帝；要追溯到上帝，那就必须建立起宗教了。所以，自由意志、道德和宗教这三者之间有一种层次关系，最根本的层次当然是自由意志。那么最高的层次就是上帝，上帝是道德的人的一种需要，在这方面这个论证暗示出来了这样一种需要。虽然你在客观上可以指出它是不充分的，但是它仍然有它的权威。

　　前面那一段是对上帝存有的论证从深层次的根据方面进行了辩护，就是说，对上帝存有的论证已经被康德所解构了，就是说这个论证其实是不成立的。你尽管可以通过理性的逻辑运用，推出一个"绝对必然的存在者"这样一个理念，但是你想从这个理念里面再进一步地引申出在现实实在的世界里面有那么一个"最高实在的存在者"的理想，即上帝，那是没有必然性的。你当然可以这样去想，但是还可能有别的选择。所以只要你甘愿停留在有条件的存在者或是有限制的存在者的层面上，你不去追求了，那么那个最高存在者呢，就可以不去管它。但是人们为什么又必须去追求？这个里头就有另外一方面的根据了，就是实践理性的根据。由于人的实践的需要，所以人们才去追求一个最高实在的存在者，去和绝对必然的存在者的理念相配。这是理性在它自己面前为自己辩护所提供出来的理由，也就是实践理性的理由，在实践的动因加进了思辨的犹豫不决的这种场合之下，然后才使它偏向了某一方面。所以在理论上虽然是不成立的，但是在实践上却是有它的重要性的，而且是有不能被剥夺掉的威望的。这是上一段从理论上进行论证，并由此引向了实践的理由。那么这一段呢，回到了论证的本来面目，就是说，由于有了这种实践理性的理由以后，那么我们再回过头来看看这个论证，那会成为什么样的呢？你就会发现，它其实是很亲切的。就是说一切人，只要有普通的理性，他都会不由自主地朝这方面想。这一段就是描述这样的状态的。

　　这个论证虽然由于它基于偶然之物 ① 的内部不充分性之上，因而事实上是先验的，但却是如此简单而自然，以至于最普通的人的想法一旦被引到这上面来，立刻就会认为是适当的。

　　这就是说，虽然基于偶然之物的内部不充分性，所以是先验的。为什么"因而"呢？就是说，你从偶然之物去论证它，永远是不充分的，所以"事实上"你只能从先验的方面去论证，你只能先验地去推。理性的逻辑运用，最后推出来一个先验的理念，这个先验的理念并不是由于充分的偶然性、全部的偶然性都被你把握住了，所以才得出来的理念，那不是的，它不是从经验中得出来的，它是从理性的逻辑运用先验地得出来的。所以得出一个先验的理念。而这个论证呢，是在先验的理念这个层面上面进行推论的。就是说，有一个绝对必然的存在者这样一个理念，那么呢，我们要为他去找在先验的层面上一个与之相匹配的这样一个最高实在的存在者的概念。这整个都是在先验的层面上进行的论证，而不是在偶然之物经过充分的证明，经过充分的经验的罗列和搜集，而获得的这样一个论证。在这方面你是不充分的。你永远不可能真正找到一个最高实在的存在者。你所找到的所有存在者都是偶然的，都不可能是必然的，都是不充分的，都不可能是完备的。所以它是"基于偶然性的内部不充分性之上"，在偶然之物方面它是不充分的，那么它的论证又完成了。这个论证是在什么方面完成的呢？是在先验的方面完成的。事实上他是先验推出来的，它并不真正地涉及到偶然之物，它是"基于偶然性的内部不充分性"。我承认这个内部不充分性，但是由于我先验地可以推出一个理念，所以我还是可以完成这个论证。那反过来说，完成了这个论证，它在偶然性方面仍然是不充分的，仍然是基于现实事物的不充分性这方面的，所以这个里头有它的不完备性。在先验方面当然它是完成了的，但是在具体的经验的证据方面，它是没有什么根据的。你可以提出一个先验的

---

① 原译作"偶然性"，但此处不是 Zufälligkeit，而是 Zufalle，兹改之。

概念、先验的理念，但是你不可能为它找到相应的、充分的现实对象。所以下面就好理解了："但却是如此简单而自然"。这个"但"是针对它的内部的不充分性这个特点而言的。虽然它的内部不充分，因而仅仅是先验的，但它却如此的简单而自然。你说它在经验世界中是不充分的，但是它是很自然的，它是自然而然的，而且一目了然，所有的人一看而知。所以在经验世界中，我们普通人对它是能够接受的。尽管它在经验世界中没有充分的根据，但是我们生活在经验世界中的普通人很自然地可以接受它。"以至于最普通的人的想法一旦被引到这上面来，立刻就会认为是适当的"。最普通的人，我们通常会认为，他们只能接受偶然的事物、经验的事物，他们只能够把握那些不充分的事物，具有偶然的不充分性的事物。但这是如此的简单而自然，只要你把他的想法引导到这上面来，他马上就会"认为是适当的"。为什么基督教在全世界范围内获得了这样大的成功？在很多未开化的民族，在印第安人那里，在非洲部落那里，在很多地方都获得了成功，就是因为它适合于最普通人的想法，它不需要高深的理论，它是非常简单而自然的，立刻就会被认为是适当的。适当的当然不是着眼于他们的认识。从认识上面来说，当然它还不够适当，因为它不充分嘛；但是由于他们从实践方面考虑，所以马上就被认为是适当的。一般的人会认为在认识方面也是适当的，尽管骨子里面他们是出于实践的需要，但是他们认为在认识上面也是可以接受的。为什么可以接受呢？

　　我们看到事物变化、产生和消失，所以它们、或者至少是它们的状态必定有一个原因。

　　这就是所谓充足理由律了。充足理由律其实是适合于每个人的正常的理性的。我们看到一些事物的产生、消失、变化，那么我们就要追溯它的理由，追溯它的原因。这些事物，或者这些事物的状态，必定是有一个原因的。万物都有原因，这在亚里士多德那里就提出来了，所谓"四因"嘛，一切事物都有四种原因，质料因、形式因、致动因、目的因。提出这四因就是对万物后面的原因一种追寻。这是我们通常的理性所能接受的所谓充足理由律的一个思维原则。面对偶然的事物，我们要去追溯它的原因。

B618　**但每次在经验中有可能给出的任何一个原因，又可以再次受到这种追问。**

这就是它的所谓不充分性，偶然事物内部的不充分性。每次在经验中、或者在现象中有可能提出来的任何一个原因，它当然也是一种现象了。这种现象又可以再次受到这种追问，它的原因又在何处呢？你可以不断地追问下去。这是最普通人的想法，尽管是基于内部的不充分性，但是始终要追溯它的原因，始终要追溯这种偶然事物的充分原因。那么这种追溯虽然可以无穷追溯下去，但是我们的理性给它设立了一个理念，就是最后有一种至上的原因性。追到最后，我们可以给它设想一个"至上的原因"性这样一个理念，也就是绝对必然的存在者，或者是无条件的条件。它后面再没有别的原因了，它是一切的原因，最高的原因。这就是至上的原因性。这是我们通过先验的推理所推出来的。前面讲的是偶然之物内部的不充分性，就是说，每一次在经验中我们都可以给出任何一个原因，又可以再次受到这种追问。我们可以不断地追问，永远有一种偶然之物的内部不充分性。但是我们先验地可以设立一个理念，或者说，"因而"我们可以设立这样一个先验的理念，那就是至上的原因性。

那么我们应当把至上的 (oberste) 原因性置于何处才更合理呢？

这个时候我们运用理性了。前面我们是从经验中去追溯，每一个经验，我们都给出一个原因，那么原因又必须给出一个原因，这个总是不充分的。但是我们从理性，通过它的逻辑运用，可以推出一个至上的原因性。这个时候，这个至上的原因性，我们通过先验的层面把它推出来以后，那么我们把它放在什么地方呢？放在世界之中，还是放在世界之上，或是放在世界之外呢？置于何处才更合乎理性呢？我们已经在运用理性了，做一种先验的推理了，做一种逻辑的运用了。那么它如何才能够更加合理，我们推出了这样一个先验理念以后，如何解释它才更加合理呢？

除非那里也有**最高的**（höchste）原因性，就是说，在那种自身本源地包含有充分性来产生一切可能结果的存在者中，这种存在者的概念也是很容易通过无所不包的完善性这个唯一的特性建立起来的。

这个地方，"至上的"原因性和"最高的"原因性在这里有一个区别。至上的原因性是我们通过理性的逻辑运用所推出来的一个先验的理念，那么这样一个原因性呢，它具有一种逻辑上面的意义，它是逻辑上推出来的一个前提。凡是有条件的东西，它必须有条件吗？你一直推下去，推到它的条件，条件的条件，最高的条件。那么这是逻辑推论的结果。所以 oberste 和 höchste 这两个词应该说本来差别很小，但是也有一种差别，就是 oberste 更多地是一种逻辑意义的，更多是在逻辑意义上面来谈的。我们可以翻到前面的 B190 和 B194 这两个标题，"一切分析判断的最高原理"，这个"最高原理"严格说来其实应该翻译成"至上原理"；B194 的"一切综合判断的最高原理"应为"一切综合判断的至上原理"，应该这样来区别，但是我们这个地方没有把它们区别开来，我们在《纯粹理性批判》的本子里面，好像已经改过来了。这两个地方，严格说来应该是 oberste，在分析判断和综合判断这个逻辑意义上面，我们就用这个词。这个词就是"至上"的意思。当然也是"最高的"，但是在逻辑上"最高的"，逻辑上"最高层的"。而 höchste 的意思是"事实上最高的"。它指的是一个位置，在现实中的一个位置处于最高处。所以，这两个词是有区别的。我们把逻辑上的至上原因放在何处才更合理呢？除非那里也有最高的原因性，也就是在现实世界中，我们可以设立一个最高的原因性，它是一切事物的原因。他接着解释："就是说，在那种自身本源地包含有充分性来产生一切可能结果的存在者中"。什么是最高的原因性呢？这里就有内容了，这就不像那个至上的原因性仅仅是逻辑上推出来的了，它是可以说的了、可以解释的了。就是说，这个至上的原因性是里面包含有一切最高充分性的，一切最高实在性的，所有的实在性都包含在它里边。它最完备，其他的实在性都有欠缺，都不完备，都是由它而赋予实在性的，都是由这个最高的实在性而实在的。所以它自身本源地——也就是它是一切的源泉——包含有充分性。前面讲偶然之物的内部不充分性嘛，偶然之物都是内部不充分的，而这个最高的原因性呢，它是本源地包含有一切充分性，来产生一切可能结果的存在者。一切现实的结果是它产生的，一切可能的结果也是它产生的。这个就不是一般的有限事物、有条件的事物能够做到的了。当然一般的有限的事物、有条件的事物，你并不能排除它们也可能是至上的原因性。前面讲了嘛，至上的原因性不一定就是那种最高的、无条件的原因性。至上的原因性也可能就是我们普通的日常的事物，比如说物质，比如说原子，比如说自然界，我们都可以这样来理解。但是这样一个物质世界，这样一个自然界，它并不能构成一切可能的结果的实在性，它就事论事。它当然产生它的结果，但它所产生的结果自有它的实在性，并不见得都要从它里面产生出实在性来。真正的能够把一切可能的结果的实在性产生出来的，具有这样一种充分性的，只能是最高的原因性，最高实在的存在者。所以他讲："这种存在者的概念也是很容易通过无所不包的完善性这个唯一的特性建立起来的"。无所不包的完善性，也就是所有完备性都包含在它里面了。一切现实的实在的事物，都是不完善的，都有缺点。我们讲人无完人嘛，每件事情也不可能绝对地完善嘛，总有美中不足的地方。但是唯有上帝，是最高的善，完善。从柏拉图开始，就把这个最高的理念规定为"善的理念"。这个善的理念并不是我们中国人通常讲的"好"、"道德"上的善，而是完备、完备性的意思，完备无缺。或者说，西方人讲的道德首先是建立在完备无缺这个概念上的，它不是我们中国人的那种善，建立在情感啊，或者我觉得这个东西好啊之上。我们中国人的道德是建立在人的好恶之上的，或者恻隐之心呐，或者是天生的这种情感呐，我们是建立在这个之上的。西方人的道德呢，善的概念，最初是建立在一种认识方面所把握到的"完备性"上面的。所以，善这个理念从柏拉图开始，我们就可以理解为一种完备性。所以西方基督教有一种理论就是说，存在就是善的，恶则是非存在，是善的缺乏，是善的不完备。只要是绝对善的，那就是绝对道德的；只要是绝对完备的，那就是绝对道德的。为什么世界上还有恶的事情？就是当它分有这个善的时候呢，它总是不完备的，它是有限的，达不到上帝那样的完备性。上帝是全知、全能、全善、全在，无所不在，最高的完备性，最高的完善性。完备性我们也可以翻译成完善性。那么这种最高存在者的概念很容易通过无所不包的完善性或完备性这个唯一的特性建立起来。就是说，它唯一的特性就是完善，就是无所不包，所有的存在都是由于它。那么人们就会说了，罪恶也是存在的了，罪恶也是由于这个最高的完善性造成的吗？是不是要把罪恶也归结为上帝呢？基督教的解释说，罪恶恰好是由于它的完善性不够，它的完备性不够，或者说它的存在的不够，它的"无"的成分太多，"有"的成分太少，这就趋向于罪恶了。如果完全是无，那就是绝对的恶了。绝对的恶，绝对的罪，就是完全的无。只要你还有，那里面就有善的因子，你就得感谢上帝。一切有的东西，一切存在的东西，都是由上帝来的，都是由上帝的绝对完备性作保证的。那么从无所不包的完善性这个概念里面可以引申出很多其他的特性，凡是你能够归之于上帝的，全知也好，全善也好，全在也好，反正涉及到"全"，"全"就是完善嘛，大全嘛。上帝是大全。最高的存在者，最高的原因性，就是大全，无所不包的大全。凡是知，凡是行，凡是美，这些方面都要达到全，无所不包，你才能达到上帝这个概念。所以它的这个唯一的特性，你最后归结为无所不包的完善性，也就是完备无缺性。有这个前提，那么其他的道德啊，审美呀，认识啊，知识啊，你都可以推出来了，你都可以从里面引出来了。但是那些东西都是片面的，唯有上帝本身是最完备的。

这样，我们就把这个最高的原因看作绝对必然的，因为我们感到绝对有必要上升到它，而没有任何理由还要进一步超出它。

这个最高的原因，或者最高的原因性，就可以和那个绝对必然的理念相配了，我们就可以把它们看作是相配了。为什么要把它看作是绝对必然的呢？"因为我们感到绝对有必要上升到它，而没有任何理由还要进一步超出它"。是由于我们"感到"，至于为什么感到，这个地方康德就没说了，你们去想。因为前面已经讲了那么多嘛，我们为什么感到有这样一种必要呢？当然不是出于理论上的考虑，而是出于实践的考虑。我们在实践中感到，绝对有必要上升到它，要找到一个最高的存在者，"而没有任何理由还要进一步超出它"。它是最高的了，我们没有理由要超出它。既然你把它设定为最高的了，那么我们人相对而言就是有限的了。我们人设定了它以后还怎么可能超出它呢？所以我们没有理由要超出它。我们感到绝对有必要上升到它，这个在理论推理方面是不具有必然性的，但是它有一种必要性。从这个方面来说呢，它也是必然的。"必然性"和"必要性"在德文里面是同一个意思，同一个词 Notwendigkeit。就是它没有那种认识上的必然性，但是它有一种实践上的必要性。我们必须上升到它，我们模模糊糊地感到有这种必要。这就是以往的对上帝存有的证明背后潜藏着的动机。人们没有明确地意识到，自己的理论是永远不完备的，也没有意识到自己的这样一种自然的倾向的根据何在。他只是有一种模模糊糊的感觉，绝对有这种需要，有这种必要性，要设立一个上帝。这就是康德在前面讲的，形而上学"作为自然的倾向"是何以可能的。虽然在理论上不成熟，不成立，但是由于这种自然的倾向，所以人们虽然一再失败，却不断地要重新把形而上学建立起来。包括对上帝存有的证明，这也是建立形而上学的一个重要方面。当然还有理性心理学的方面，还有对于灵魂的证明，还有对于宇宙整体的证明。这个我们前面已经讲到了。这都属于形而上学的自然倾向。人类有一种形而上学的自然倾向，我们感到绝对有必要上升到一个最高的原因性，但是没有任何理由要超出这个最高的原因性。我们把它当成最高的了，我们把它看作是我们无法超越的。在这样一个最高的理想之下，我们才能过我们的生活。你如果能超越它，那你就是无神论了，你就超越上帝了。他最后讲：

所以,我们在一切民族那里都看到,哪怕他们最盲目的多神教里,都还是有几丝一神教的微光透射出来,导致这一点的不是反思和深刻的思辨,而只是普通知性的逐步变得明白起来的自然进程。

在古希腊的多神教中,爱神,法律之神,海神,商业之神,艺术之神,婚姻之神,等等。有那么多神在那里,那么这些神就要打架呀,特洛伊战争不就是神们的战争嘛,神们在天上打架,然后地上的人在互相厮杀。当然最后有一个权威就是宙斯,宙斯凭他的武力,凭他的雷电,能够控制一个局面,但是相互之间每一个代表一方,都不是完善的。希腊的神我们可以看到,他们跟人差不多,都是有限的,也有喜怒哀乐。罗马的神也是这样,罗马的万神殿,把所有的神,希腊的,埃及的,波斯的,等等,全部聚集到一个神殿里面来,他是为了统治。我把你的神搞到我的神殿里来,难道你还不服从我吗?所以罗马有万神殿。那么这是多神教了,盲目的多神教。盲目的多神教总是互相之间吵吵闹闹,战争呐,嫉妒啊,仇恨呐,等等,各种人间的情绪都在神身上体现出来。那些神都是有限的,都不是最高的原因性。但是,即便是在这种盲目的多神教里面,都有几丝一神教的微光透射出来,都还是要找一个主神嘛。虽然他不能够调和,他只能够做一个中介,或者是一个法律的象征,他可以惩罚这个,惩罚那个,但是有些时候呢,人家又在他眼皮底下捣鬼,他也发现不了。有时候他还遭到了惨败。普罗米修斯就是和宙斯作对嘛,宙斯最后也不得不让步,封他一个什么神呐。所以他也有弱点,他也不是最完备的。但是毕竟有这样一种倾向,有一种一神教的微光透射出来。所以后来的罗马人为什么容易接受基督教呢?大神朱庇特已经做了这样的铺垫,就是在多神里面还是有个最高的神。那么犹太教引进了耶和华,最高的神,唯一的神,所以其他有限的神都不是真神。唯一的神是真正的无限的。那么从朱庇特、宙斯这样的神的概念再跨前一步,就可以进入到像犹太教的主神。中国的宗教也可以说是多神教,那个层次更低,多半是自然宗教,而且没有一个主神。中国的宗教不成系统,它已经从神话那里被历史所解构了。所以在中国的宗教里头呢,有很多很多的神,但是你找不出有一个主神。当然我们说玉皇大帝好像是最高的了,但是在《西游记》里面,玉皇大帝还不如如来佛。如来佛还高一些,西天嘛,法力更加无边。玉皇大帝无非就是有一些天兵天将嘛,那个还是有限的,他征服不了孙悟空嘛,一个猴子就把他闹得天翻地覆了,还是要如来佛来治他。但是不是如来佛就是主神呢? 也很难说。如来佛离我们太远,你玉皇大帝到了解决不了问题的时候才跑到西天去请他。观音菩萨是不是主神呢? 也很难说。他们都是在有些方面有他的法力。在中国的宗教里面缺乏一个主神的概念,没有一个人出来把所有的神话整理一番。有些少数民族那里倒是有,比如说彝族那里呀,苗族那里呀,他们就把什么太阳神呐,盘古啊,作为他们的主神,他只信一个,那倒还是保留了。但是在中国汉文化里面的主神,可以说是没有形成。女娲是不是主神? 女娲补天,女娲造人,这都是一些传说,除了女娲以外还有别的,他们之间的关系从来没有人去清理过。神与神之间是不是打仗,这也没有,没有交锋,没有相互之间的关系。女娲据说是嫁给了伏羲氏嘛,但是他们好像又不是一个层面的。伏羲氏好像还是一个人,或是个半神半人。这个都搞不清楚。所以中国的神话里面的多神教是散的,没有构成体系。但是一般来说,除了像中国这样的神话传统不强的民族以外,一般有神话的多多少少都有一点要确立一个主神的倾向。所以一旦你确立一个主神,那他就应该是无所不能了,主神就应该是最高的,法力无边的,无所不能的。那这个里头就已经有了一神教的微光了。就是说你需要确立一个最高的原因性。最高原因性只能有一个,所谓理想。理想我在前面多次强调,它跟理念的区别就在于,它是唯一的,它是一个单个的对象。下面解释:"导致这一点的不是反思和深刻的思辨,而只是普通知性的逐步变得明白起来的自然进程"。就是说,导致这样一种一神教的倾向的不是反思,也不是深刻的思辨,不是你的概念上面的一种追溯,或者说理论方面的一些研究和探讨,不是形式逻辑方面的推导。理性的逻辑运用固然可以推出一个绝对必然的存在者的理念出来，但是推不出最高实在的存在者的概念出来。所以它不是逻辑的反思，不是逻辑的推导，也不是深刻的思辨，不是对科学知识的反思。你要对科学知识进行反思的话，那在现实中间，没有任何东西是具有那种最高存在者的充分性的，它们都是不充分的。所以导致这一点只是普通知性的逐步变得明白起来的自然进程。普通知性，也就是健全知性、健全理智嘛。健全知性在它的进展过程中，在它的自然进程中必然会一步一步地达到这样的要求。这种普通知性不是那种思辨理性，它包含思辨理性和实践理性在内，笼而统之地包含在内，它是普通的，每一个人都有，但是都不是很清晰。不像康德这样，把理论理性和实践理性严格区分开来，而且把它们分了一个层次，实践理性高于理论理性。普通知性没有这么清晰，它只是日常的，日常的我们每个人都有这种知性。那么只要你坚持这种日常的知性，你就会逐步逐步地变得明白起来，走向一个自然进程的道路。这就是人类理性中有一种形而上学的自然倾向，它的根源就在这里。为什么人有一种形而上学的自然倾向？作为自然倾向的形而上学何以可能？康德在这里就作出了回答。之所以可能，就是由于从根本上人们有一种实践上的需要；之所以不可能，就是它无法在理论上得到证明。所以，作为自然倾向的形而上学何以可能这个问题有两个回答，一个是在理论上是不可能的，另外一个，它之所以可能，是作为一种自然倾向。那么这种倾向有它的根据，它的根据主要是包含在人的普通知性之中的那种实践理性的需要，人们感到有这样的需要，必须要上升到最高的存在者。但是为什么会感到，人们一般没有去动脑筋，没有去想，也没有把它分析出来，只是不断地去尝试，一代一代的形而上学家不断地去尝试，要证明那些形而上学的命题，比如说上帝存有这样一些命题。但是永远也证明不了。虽然证明不了，但是还是要不断地努力。这个是埋藏在人类理性的内在的结构里面。它的根据就在这里。

从思辨理性证明上帝的存有只能有三种方式

这一段的标题是"从思辨理性证明上帝的存有只能有三种方式",这是根据第三节"思辨理性推出最高存在者存有的各种论据"而来的。前面已经作了一个铺垫,就是说,思辨理性要推出最高存在者的存有,它往往就是在这两个概念之间进行推论,一个呢,就是通过理性的逻辑运用所获的一个先验的理念,就是绝对无条件的存在者,或者说绝对必然的存在者。无条件的也就是绝对必然的,因为它再没有别的条件,然而它存在着,所以它的反面是不可能的。这是从形式逻辑的角度推出的一个概念或者一个理念。形式逻辑要把三段论式对于原因的追溯进行到底,它必然就会需要这样一个理念。那么另一个概念就是要从这个理念推出最高存在者的存有。如何能够推出来?这是思辨理性所做的一项工作。在这个小标题前面呢,整个地都是在谈这样一种推论。它看起来好像是有它的道理,从绝对必然的存在者引出一个最高实在性的存在者,看起来好像是相配的,但是实际上仔细一推敲呢,其实在理论上站不住脚。那么站不住脚人们为什么要引出它呢?这里面还是有另外一层含义,就是从实践理性的这样一个维度来看,它有一种不得已。所以它使这样一个论证呢,仍然具有某种重要性,而且具有一种威望。作为一种"自然倾向",历来人们在形而上学探讨里面都必须要这样来推,当然这样推的背后呢,它实际上不是基于思辨理性的基础,而是本质上来说是基于实践理性方面的需要。那么这个小标题就讲,"从思辨理性证明上帝的存有",我们来考察一下它们的各种"方式"。从这里头,康德归纳出来,只可能有三种方式。当然如果从实践理性的角度、从道德的角度,它还可以有一种方式,但是这里暂时还没有谈到这一点。这里所关注的就是"从思辨理性证明上帝的存有"是怎么样的,这就是整个第三节的主题。那么从思辨理性证明上帝的存有只能有三种方式,哪三种方式?

我们为了这一目的所可能选择的所有的途径,要么是从确定的经验及由这经验所认识到的我们感官世界的特殊性状开始，并由此按照因果律一直上升到世界之外的最高原因；

这是第一种途径。"我们为了这一目的"，也就是为了从思辨理性证明上帝的存有这样一个目的，我们"所可能选择的所有的途径"，这也就是做一番归纳了。在此之前，整个第三节一直讲到这个地方为止，都是在分析对于上帝存有提出的种种理由。那么在这一个小标题之下，现在做一番归纳，首先归纳出第一个途径，就是"从确定的经验及由这经验所认识到的我们感官世界的特殊性状开始"。"确定的经验"就是我们已有的，现实中的经验，看我们所面对的这样一个自然界是怎么样的，"以及由这个经验我们所认识到的感官世界的特殊性状"，从我们现在目前所认识到的这样一个世界，特指摆在我们面前的这个自然界，从这个里头呢，我们认识到了，我们的感官世界它有什么样的特殊性状。也就是我们直接所感到的这样一个世界，这样一个确定的特殊经验，这个世界它的性状是怎么样的呢？那么我们显然可以看出来，在我们所看到的这个世界中，凡是发生的事情都是有原因的。这是我们面前这个确定的感官世界给我们提供出来的特殊的规律。这样一条规律，也可以看作是属于我们感官世界的这样一种特殊性状，它就是这样的。至于别的可能世界是怎么样的，我们不知道。但是我们至少知道摆在我们面前的这样一个世界，它的性状是这样的。凡是发生的事情都有充足的理由，你这样去探讨我们这个感官世界没错，肯定是这样的。那么，"由此按照因果律一直上升到世界之外的最高原因"，这就是我在前面谈到的充足理由律。利用充足理由律你从眼前的某一个经验现象开始往上追溯，你给定了我任何一个经验现象，比如"我思"，或者你面前摆着一张桌子，只要你一旦承认了这个东西它是存在的，那么呢，你就可以一直往上追溯。当然摆在面前的这些东西都是我们在现实经验中看到的直接呈现出来的东西，这就是所谓"从确定的经验及由这个经验所认识到的我们感官世界的特殊性状开始"。就我们目力所及的范围之内，你举出任何一个对象，那么我们就可以从这里开始进行追溯，一直追溯到它的条件，它的充分条件。当你把这个充分条件的链条，你设想把它追溯完了以后呢，那么在这个链条之外的、在这个世界之外的一个最高的原因，就是必然存在者，那就是绝对必然的存在者，同时呢，也是最高实在的存在者。因为你是从实在里面追溯出来的，你不是单纯从一个理性的逻辑运用里面、从三段论式的逻辑运用里面推出来的，你是从一个现实的经验对象里面推出来的。所以，这样一个无条件的必然存在者就是一个最高实在的存在者。如果不是从现实的经验里面推，你固然可以从一个纯粹形式逻辑的三段论式，也可以推出来有一个绝对必然的存在者作为一切有条件者的最后条件这个理念，但是它还不具有实在性，这样一个理念还不具有实在性。要使它具有实在性，你就必须从某种实在的东西、已经有实在的性的东西去推，设想如果没有这个条件的话，我们面前的这个已经有的实在的东西就不可能实在。那么反推出来：既然它已经实在了，活生生摆在我们面前了，那么它的这个条件也肯定是实在的。这就是一种方式，也就是所谓自然神学的证明。下面讲到的自然神学的证明，就是这种方式。这种方式是最古老的，因为古希腊从苏格拉底开始，就已经采取了这种方式。就是说，我们可以看看我们周围的世界，你看很多东西都是设计得那么样的精密，比如说动物，比如说人的器官，动物的器官，各方面配合得那么样的严密。那么，是什么东西使它们配合得那么严密？你要用偶然的现象凑合到一起来解释，那是解释不通的。要使这样一个现实的现象具有某种因果必然性，那就必须有一个比它更高的原因。整个世界安排得如此和谐，如此的一个套一个，一环套一环，那后面肯定有一个神的理念、神的理性在那里起支配作用。这个是非常自然的，就是说，早期的人类在面对我们这个大自然的时候会感到一种惊异，就是这一切是从哪里来的呢？它们的原因是什么呢？当你找出一个原因，他又还会追问，后面还有没有更高的原因，一直追到最后。所以，早期的人类倾向于相信有某种神在最后做一种支配，赋予所有的万事万物以实在性。这是第一种途径。要证明上帝的存有，这是最朴素的途径，也是最能够为广大老百姓所接受的。你只要看一看我们周围的世界，你就可以相信这一点。那么通过一种推理，追溯我们这个世界的原因，那么就可以追溯到一个最高的存在者，最高的原因。这是第一点。

要么只是以不定的经验、即经验性地以任何某个存有为基础；

前一个是"要么是从确定的经验……开始"，就是说我们面对的这个自然界，我们面前对的这个特殊的自然界，以此为基础，从它的特殊性状开始，这个是我们能够感受到的，这些东西都是我们能够感受到的。但是第二种途径呢，与此有一些不同，就是说，"只是以不定的经验、即经验性地以任何某个存有为基础"。"不定的经验"，就是说它不一定特指我们这个世界，而是指一切可能的世界，凡是可能的世界，它应该是怎么样的。"经验性地"，当然可能的世界你也可以把它理解为经验的，也是经验性的世界，只有经验性的世界才可能嘛。"以不定的经验"，就是说，尽管我们现在没有看到，或者根本不是我们这个世界的，或者我们把我们这个世界撇开，只是一般地讨论一切可能的经验，一般的可能经验的世界。前一种它的出发点就是一切现实的经验，我们已经经验到了的；但是第二种呢就是一切可能的经验，它不是现实的，当然也不排除包括现实的，但是它是从它的可能经验这个角度来看它的。"以任何某个存有为基础"，也就是说，不是特指这个桌子，或者笛卡尔自己的"我思"，不以这些现实的存有为基础，而是以任何某个可能的存有为基础。只要可能有某物存在，只要有某物可能存在，那么我们就可以进行推论了。除非你说根本就没有东西存在。后来海德格尔提出这个问题，为什么一定要有某物存在，而不是什么都不存在呢？什么都不存在，这个完全是可以在逻辑上不矛盾的，这个世界从逻辑上来说，完全可能本来就根本什么也没有。至于它现在已经有了，这是一个偶然现象。按照海德格尔的说法是这样的，形而上学的基本的问题就是这个问题，为什么这个世界居然就有了，你要归咎于谁？归咎于什么样的偶然性？但是，宇宙论的

293

证明，它就是说，把这个问题撇开，就是说我不管它是否可能有，我不管它是否可能一切都不存在，但是你只要存在，只要承认有某物存在，那么我们就可以进行推论了。这个推论的前提，就是假定所有的人都承认无论如何有某物存在，哪怕我自己不存在，哪怕这个桌子不存在，哪怕这个教室都是虚的，都是假的，都是空的，但是总会有某物存在。所以这个虽然是从经验的立场出发，但是比这个自然神学的证明呢，要高一个层次，它更加带有逻辑性。只要有某个经验的东西存在，或者可能经验的东西存在，那么我们就可以从这个基础之上，照此推理。按照前面自然神论、自然神学的证明，是从已经提供的，按照因果律，从结果一直上溯到原因，和原因的原因，最后要推出一个世界之外的最高原因。现在这个论证后面这一部分是一样的，只是它的基础有所不同。前面一个是从现实的经验出发，后面一个是从可能的经验出发，它们的区别就在这里。所以这两者有一个共同点，就是都要从经验的存在出发，都是经验性的，或者说呢，都是后天的，都是后天经验的证明。这个自然神学的证明是最古老的，宇宙论的证明则是在中世纪像托马斯那里，才提出来的。托马斯提出的宇宙论证明，因果性证明和必然性证明，其实都是属于宇宙论证明。它不是从我们这个具体的现实的自然界出发，而是从上帝可能创造出的任何一个经验世界出发，任何一个宇宙出发，也就是从一切可能的经验世界出发，这样来进行推论的。这是第二种。

要么最后抽掉一切经验，并完全先天地从单纯概念中推出一个最高原因的存有。

这就是完全抽象化了的，或者是最高的一种证明方式，就是本体论的证明方式。本体论证明方式就是从概念到概念，完全把经验撇开了。前面两种证明都要依赖于经验，要么依赖于现实的经验、确定的经验，我们所看到的这个自然界，它给我们带来的启示；要么是从可能的经验中，凡是你要承认有某种经验，那么，我们就可以从这个经验推论了。当然你否认有任何经验之物，那又是另外一回事情了。也许像这个佛教，佛教的空无的观念,一切都是空的,万物皆空,也可能有另外一种处理方式。你如果认为万物四大皆空,那你就失去了一个推出最高存在者的根据了,你就失去了一个出发点了。所以佛教是不承认一个实实在在的什么神的。他的这个佛性实际上是就在万物之中,万物皆空,当万物意识到自己的空,就已经达到佛性了。这就是另外一种考虑方式。这个不是西方的,对西方来说,这是东方思想。但西方思想呢,它首先就是确定有某物存在,它是"有"的哲学,从"有"出发,"无"只不过是在有的前提之下我们来谈"无",这个是一直到海德格尔才把这个问题彻底地加以探讨。当然,最早这个问题是莱布尼茨提出来的,就是说为什么有某物存在,而不是一无所有,或者说不是什么都不存在。莱布尼茨提出这个问题,他把它归结为上帝的选择。因为有总比无要"好",上帝肯定是善的,所以上帝要选择有某物存在。当然这不是一种解决方式,这只是他的一种解释。到后来海德格尔提出这个问题呢,他其实也没有解决这个问题,他只是提出了这个问题。海德格尔的哲学最终的目的不是要解决一些问题,他只是把问题提出来而已。所以海德格尔《形而上学导论》说这是形而上学最根本的问题,但是最后,海德格尔是要拒斥形而上学,他把这个问题一步步地转化,转化成了别的问题了。而且最后他也没有解决这个问题。但是在西方的思想传统里面呢,这个是毫无疑问的,肯定是要"有","有"就是善,存在就是善。所谓善就是最高实在性的存在。从柏拉图开始,善的理念就是完备无缺。完善性嘛。所谓完善性就是完备无缺。什么东西都在,没有任何东西不在的,这就是善,这就是最高的善了。最高的善的理念就是完备。恶的理念呢,就是缺乏。凡是涉及到恶,当然一般来说,它还是存在的,但是它总是在某些方面有缺陷;绝对的恶,则是绝对的缺乏,就是绝对的无。所以绝对的恶就是无。这个是西方的一个很深的传统了。由于这个传统呢,就导致了前面两个,也就是为自然神学的证明和宇宙论的证明提供了理论基础。它们都是要以某个存有为基础,一个是确定的经验为基础,一个是可能的经验为基础,然后呢,推出上帝，说明是最高实在的存在者是所有这些存有的条件。那么抽掉一切经验的这样一种本体论证明，我们知道它是由中世纪的安瑟伦提出来的，但是康德在这个地方没有提到安瑟伦，康德提到的是笛卡尔，把他当作第三个阶段。就是对上帝存有的证明，发展到笛卡尔才提出了安瑟伦证明。为什么他只提笛卡尔？他认为在安瑟伦那里本体论证明虽然已经提出来，但是太粗糙了。从笛卡尔开始，笛卡尔学派对这个问题有深入的论证，才使它立起来了。那么这种证明，它是抽掉一切经验，完全先天地从单纯概念中推出一个最高原因的存有。也就是说，我现在不考虑经验了，我现在考虑我有一个概念，当我说出这个概念的时候，所有的人都懂，可见这个概念是普遍的。凡是有思维的人都会知道这样一个概念，就是最高实在的存在者这样一个概念。每个人都必然会具有这样一个概念，就是最高实在的存在者。这个概念肯定是人人都有的；但这是如何可能的？笛卡尔认为是由于上帝把这个概念放进了我们心中，因为上帝作为一切有条件者的最高条件，是我的一切实在性中的最高实在性这一概念的逻辑前提。那么从这个概念里面，我就不需要援引经验中的实在性了，因为这个概念里面本身包含有最高实在的存在者。比如说自古以来，人们就信神，然后逐渐逐渐呢，走向一神教，所谓一神教就是有一个最高实在的存在者，这个是人人都明白的。那么从这个既存的概念里面要推出这个最高原因的存有，就是说不仅仅是最高实在的存在者的概念，而且要从中推出一个现实的最高实在的存在者，最高原因的存有，也就是从概念推出存在，从概念推出这个概念所指的那个东西的存在，这个就是本体论证明。这是在笛卡尔学派的证明里面比较纯粹地体现出来了。当然你要追溯它的根源，可以追溯到安瑟伦的证明，甚至于还更早，追溯到奥古斯丁也可以。这种思想很早，也可以说自古以来就有了。但是赋予它以系统的证明方式的，康德认为还是笛卡尔对上帝存有的证明，本体论证明。那么这就跟前面两种都不一样了，撇开了一切经验，单纯从概念里面推出一个存有。就是说，从逻辑的角度，如果这个概念它仅仅是包含概念中的存有，那它还不是最高实在的，它至少缺了一块了。它仅仅是在概念中是最高实在的，但是在客观现实中，并不见得就是最高实在的。那么这样一个概念，它是自相矛盾的。我们既然有这样一个概念，它不可能自相矛盾。自相矛盾的概念我们怎么会接受呢？我们有了这样一个概念，我们就可以从这个概念本身的完满性推出它必须要有个客观实在的所指，它这个完满性才得以成立，才不自相矛盾。这就必须引入逻辑上绝对必然的无条件者概念，作为这个最高实在的存在者概念的条件。本体论证明通常的思路就是这样的。由此就可以证明，在这个概念之外，有一个最高实在的存在者，或者说这样一个最高实在者的概念不仅仅是停留于概念之内，而且呢，实现于概念之外。所以，不需要援引经验，就从概念本身的不矛盾性，就可以得出来上帝的存有。在理性派的哲学家看来，形式逻辑的不矛盾律是放之四海而皆准的，哪怕没有现实的经验，它也可以成立，也可以推出来。所以，它可以从概念里面推出现实的存在应该是怎么样的。这是第三种证明上帝存有的方式。下面就进行归纳了，

第一种证明是**自然神学的**证明，第二种证明是**宇宙论的**证明，第三 B619种证明是**本体论的**证明。没有其他的证明，也不可能有其他的证明。

康德的归纳是很严密的，应该说。首先他把它分成两种，一种是从经验出发，一种是撇开经验，撇开经验就是本体论证明。从经验出发的也有两种，一种是从现实的经验出发，一种是从可能的经验出发，所以导致了一种是自然神学的证明，另外一种呢，是宇宙论的证明。这个层次在这里应该是很清楚的。那么还有没有其他的证明？不可能有。当然这个不可能有主要是指的从思辨理性来证明上帝的存有，不可能有别的方式，但是从实践理性证明上帝的存有当然还有一种方式，就是康德自己所提出的，用道德的方式我们可以证明上帝的存有。但是这个证明康德在后面着重说明了，你不能以为道德的证明方式就是提供了某种知识，那样你就会把思辨理性和实践理性混淆起来了。道德的证明，虽然我们

也说它是"证明",但是它不是知识,它只是我们道德上的需要。这个道德上的需要也不是说因为这种需要就证明了有一个上帝确实存有,也不是这个意思,而仅仅是说,我们的实践的实在性必须要设定一个上帝的存有。至于这个上帝的存有在我们实践的实在性之外是否存在,我们仍然是不知道的,他仍然是一个自在之物。但是由于他包含在我们实践的实在性里面,作为一个悬设,作为实践所必须要的一个悬设,所以在这个意义上他也带上了实在性,他带上了一种实践的实在性,或者说他附着于一种实践的实在性上。我们的道德实践,它本身有一种行动,实践的实在性,那么附带着就把上帝存有这样一个命题也带上了某种实在性。在这个意义上我们可以说它是对上帝存有的道德的证明,但是它是严格限制在实践理性这个范围之内的,而不是在思辨理性的意义上谈的。思辨理性只能有这三种证明,再没有别的了。这是康德第一次把所有对上帝存有的证明做了这样一个彻底的归纳。在以前多得很呐,托马斯有五种证明,莱布尼茨也有很多,也有五种或是六种。莱布尼茨把所有的、过去以往的证明全部收罗起来,把它们分为先天的证明和后天的证明。这个跟康德这里有点类似,包括他自己的"前定和谐"的证明。前定和谐的证明在康德看来应该就是属于所谓自然神学的证明。我们所看到的这个世界如此的和谐,那它肯定是前定的。这属于自然神学的证明。所以康德的归纳比莱布尼茨要精确。莱布尼茨把所有这些宇宙论的证明、因果律或者是必然性的证明、前定和谐的证明、笛卡尔的"我思故我在"的证明等等,所有这些东西都平列起来加以罗列。在莱布尼茨看来,每增加一条,那么我对上帝的证明、对上帝的存有的信心就更增加一分。这完全是一种经验性的收集。你给了很多很多的证明,越多越好,多多益善,可以继续巩固我们的信仰。但是他没有进行这样一种有条理的清理,这是康德这里把它们清理出来的。说到底,就是这么几种,所有其他的证明都可以归并到这三条证明里面去,要么是这一条,要么是那一条。这是康德首先作的这样一个说明。

前面讲了三条途径,我已经提示了,就是说这三条途径呢,实际上是两个不同的方向。一个是经验的途径,一个是先验的途径。就是前面两个途径实际上是可以归结为经验性的途径,按照莱布尼茨的说法呢,就是从下而上的对上帝的证明。这个先验的途径呢,莱布尼茨早就已经说过,那是一条从上至下的证明。一个自上而下,一个是自下而上,这两个证明的方向是不一样的。所以下一段就是从这三个证明之间的一些最基本的关系出发,康德引出来他下面要对上帝存有之证明的各种批判,他是从哪里入手来进行批判的,提出来这样一个思路。

我将表明:理性按照一条途径(经验性的途径)和按照另一条途径(先验的途径)同样不会有什么建树,而理性张开它的双翼、单凭思辨的力量来超出于感官世界之上,是徒然的。

就是说,他的任务,这个地方提出来了。就是要证明,理性按照一条途径,和按照另外一条途径,不管是先验的途径,还是经验性的途径,同样不会有什么成果。这些证明是根本不成立的,不会有什么建树,"理性张开它的双翼、单凭思辨的力量来超出于感官世界之上,是徒然的"。所有这些证明都是体现了理性的这样一个幻想。就是说,它既然具有思辨的力量,思辨的双翼,它能从概念到概念,去思想,去思维,那么它是不是可以撇开感官世界呢? 单凭理性思辨的力量,能不能获得某种确定的知识呢? 那么康德这里的任务呢,就是指出来,理性在离开了感官世界,超出了感官世界以上,而要获得某种知识,是徒劳的,那是做不到的。这是他所提出的,为下面的论证所提出的任务,最根本就是要表明这一点。就是理性在思辨的方面要证明上帝的存有,是绝对不可能的。理性在思辨的方面只能够对我们现实的知识进行一种调节或者说范导,而不能获得某种确定的知识。那么在实践的方面呢,它当然可以对上帝的存有作出某种证明,但是它绝对不是这个知识意义上面的证明,在这上面它不会有什么真正的建树。

至于这些证明必须在其中得到检验的那个程序,则恰好和逐步扩展的理性所采取的以及我们最初提出这些证明的那个程序相反。

就是说，讨论这些证明必须有一个程序，在这个程序中这些证明得到检验，也就是检验这些证明的程序。我们下面的批判，对先验辩证论的批判，就是这样一个程序，就是把这些证明放在其中来进行检验，而展示出一个程序，用一种程序来检验这些证明。那么这个程序是什么程序呢？它"恰好和逐步扩展的理性所采取的以及我们最初提出这些证明的那个程序相反"。也就是说，我们要采取一种什么样的程序来检验这些证明呢？它应该不同于"逐步扩展的理性所采取的"程序。就是理性它逐步扩展，也就是自下而上的扩展这个程序，也就是"我们最初提出这些证明的那个程序"。我们最初提出这些证明是按照一定程序的。最开始我们是从自然神学的证明入手，比如说我前面讲到，最原始的证明就是古希腊苏格拉底所提出的那个证明。苏格拉底和柏拉图所提出的那个证明，就是自然目的论证明。我们在自然中到处都可以看到有一种目的，那么我们要为这些目的找到一个制订目的者，一个最高条件。是谁制订了这些目的？谁使自然万物趋向一个目的？那么，我们从一个等级系统里面追溯，对自然目的进行推导，最后要推出一个上帝来。这个在《判断力批判》里面的目的论判断力批判那一部分中，就进行了这样一种推导。实际上就是人类思维在最初的时候推出一个上帝来，就是经过这样一个程序的。这是最原始的，也是最能够获得广大老百姓所接受的一种证明方式。那么其次呢，就是这个宇宙论的证明。当人类有了一定的科学知识头脑以后，他们就可以想到追溯一个事物的原因，或者追溯一个偶然事物的必然条件，做这样一种追溯。这个在托马斯的五种证明里面，体现得最明显。当然托马斯的那些证明呢，也是从前人那里来的，比如说亚里士多德所提出的这个原因系列，整个宇宙的构成系列，质料和形式，是怎么样一个等级一个等级构成的。一直追溯上去，要追溯到上帝。这就是宇宙论证明。宇宙论证明比自然神学证明要更加精确，更加精密，更加精致，更具有理论性。自然神学的证明呢，多半是凭借一种感官，一种感受，我感到了。感官世界的性状嘛，我们一下子就看到了，好像万物都是有目的的，我们觉得万物是有目的的。天上降下雨露，我们就感谢老天爷，老天爷及时下雨了，使我们有收成了。这个天上要是不下雨，要是干旱，那肯定是我们某些人得罪了老天爷了。我们用这样一种方式来设想万物都有它的目的，这就是自然神学的证明，是最原始的。当然里面已经包含着因果性的追溯，老天爷这样做是因为什么，总是有个起因的嘛。因为我们得罪了老天爷，所以老天爷惩罚我们，等等，这样一些观念呢，是比较低级的。但是到了宇宙论证明呢，它就把这些东西排开了，它就当作一条自然规律，当作一条必然规律来寻求一切事物之所以形成的可能条件，利用充足理由律的这样一种证明来进行推导。那么最后呢，才是本体论证明，本体论证明是一切对上帝存有证明的最后的根据。最后根据就是建立本体论证明。也可以说是唯一可能的证明。当然这个证明也被康德推翻了。康德认为唯一可能的证明应该是道德的证明。但是后来像黑格尔，通过批判康德，又把本体论证明恢复起来了，就是说，你从实践的角度，仍然可以进行本体论证明。康德认为从实践的角度就只能有道德的证明了，但是黑格尔认为，从实践的角度也可以有本体论的证明。从概念推出实在，这是一个实践的过程，从这个角度我们可以理解本体论证明，也可以当作知识，也可以成为知识。通过实践出真知嘛，通过我把概念变成现实，难道不就是获得了知识了吗？当然这是后人的一种引申了。在康德这里呢，本体论证明是最高的，但是恰好是站不住脚的。只要把本体论证明摧毁，其他一切证明都不在话下。所以从这个理性逐步扩张的一种自然进程来看，从人类实际上所采取的扩张步骤来看，它就是从自然神学证明到宇宙论的证明，最后上升到本体论证明。是这样一个程序。但是我们必须采取的程序跟这样一个自然的程序恰好相反，也就是康德在这里要采取的程序，跟我们历来的那种程序恰好相反。历来是从自然神学入手，然后提高到宇宙论证明，然后再提高到本体论证明。但是我们在验证、检验这些证明的时候呢，我们要倒过来，先把本体论证明加以检验，也就是说，只要你把本体论证明一推翻，其他东西就好说了。如果你不把本体论证明推翻，如果你不对本体论证明作出清晰的分析，那么前面那些证明，都说不清楚。因为前面那些证明暗中都是以本体论证明作为自己最终的根据的，都包含着本体论证明。虽然没有明确地提出来，甚至于没有明确地意识到，但是实际上骨子里头就是由于本体论证明在里面作怪。你把本体论证明一旦推翻了，其他的东西你就抓住要害了，自然神学的证明和宇宙论的证明你就抓住要害了。所以你只要把这一点立起来，那么它就可以做一个标准，用来摧毁其他的各种证明。所以他这里讲：我们这里所采取的这些程序呢，恰好和以往的那些证明的程序相反。

因为将要表明：尽管经验在这方面提供了最初的诱因，但只有**先验的概念**才在理性的这一努力中引导着理性，并在所有这一切尝试中标出了理性在自己前面设定的目标。

就是说，下面康德将要表明，尽管经验提供了最初的诱因，比如说自然神学的证明，就是经验提供的一种诱因。我们面对丰富多彩的自然界，这个时候呢，我们情不自禁地就要把这个自然界设想为有目的的，设想为按照某种合目的性来加以安排的。整个安排应该是合理的，是有道理的，是美的，是对人类的恩惠。如果大自然不是这样对人类施加恩惠，不是安排得这样好，那么人类可能根本就不存在。所以我们人类的存在就应该感谢大自然，那么你感谢大自然就要感谢安排大自然成这个样子的那个神。从这一点就可以诱使你去证明一个上帝的存在。所以他讲："经验在这方面提供了最初的诱因"。当然从这个最初的诱因你可以上升，你可以用科学的眼光对这样一种大自然的现象加以进一步的分析，不仅仅出于一种欣赏啊，赞美啊，感恩呐，这样一种心态，而是从科学的角度去考察它何以可能。一个现实的经验的对象何以可能存在，任何一个经验的对象何以可能存在。那么你要追溯它的原因，它的充足理由。经验在这方面提出了最初的诱因，这是毫无疑问的。所以我们的对上帝存有的证明，在程序上历来都是从这个最初的诱因出发，而上升到本体论证明，是这样的。他说："但只有先验的概念才在理性的这一努力中引导着理性"，只有先验的概念才"在理性的这一努力中"，什么努力中呢？就是努力从经验的诱因里面，上升到上帝，这样一个努力。在这个努力中引导着理性的呢，是先验的概念。就是说，实际上你是有一种本来先天就提出来的一个概念，在里面引导。就是说，哪怕在对上帝的存有有着经验性的证明这样一条途径上，你背后呢，其实是有一个先验概念在引导着你，哪怕你自己没有自觉到，没有意识到，但是它暗中已经起作用了。他说："并在所有这一切尝试中标出了理性在自己前面设定的目标"，就是你最后要达到一个什么目标，无非就是要证明一个绝对必然的存在者，它是现实的。就是要达到这个目标。但是这个绝对必然的存在者，你只有通过理性，先验地提出，你才能够获得。这样一个目标，是理性先验地获得的。如果你沉溺于经验本身里面，你永远也提不出这样一个目标。之所以我们要在经验的万事万物里面寻求一个最终的最高目的，或者最高存在者，就是因为我们有理性，我们可以设定，可以预设，有一个绝对必然的存在者这样一个概念，然后我们要到经验里面去寻求符合这个最高概念的一个程序，证明是这样来的。你为什么要去追求，你不是就事论事，为什么一定要从经验的事物里面去追求一个最高存在者呢？我不追求行不行？不追求还不行。因为它已经提出来一个概念了，一个无条件的绝对必然的存在者的概念，已经在那里了。所以呢，一定要从经验里面去为之寻找证据。所以这是一个目标，在所有这些尝试中，理性已经通过这种先验的概念标出了它在自己面前所设定的目标。所以看起来好像是经验的证明，从经验里面，我们好像是"发现"了这样一个必然存在者，必然会有这样一个对象存在。但是实际上，这个必然存在者的概念就是由你的理性预设的，预先提供出来的，并不是从经验中发现出来的。经验中你怎么能发现呢？你发现的最后还是经验嘛，你追溯到了最后还是一个经验的整体嘛。你怎么能够设定出一个超越一切感官之上的最高存在者呢？之所以你能够设定一个这样的最高存在者，那只是因为你已经预先有了一个绝对必然的存在者的概念，才能够把你在经验中的追溯过程，把它提升到一个最高实在的存在者这样一个概念之上。所以它是一个预先提出的目标。

所以我将从检验先验的证明开始，然后再来看看，经验性的东西在扩展这一证明的力度上能够添加些什么。

这个"所以"就是说，既然前面我已经说明了我为什么要颠倒这个程序，所以现在要这样做。为什么要颠倒这个程序？是因为实际上它就是颠倒的。表面看起来好像是自下而上的，但是实际上它已经从上面预设了一个先验的概念了。只有这个先验的概念，才引导着我们的理性去进行经验的追溯，在所有尝试中，标出了理性自己在这方面的目标，已经设定了的目标。这种颠倒是有理由的。"所以我将从检验先验的证明开始"，所以才必须要从先验的证明开始，"然后再来看看，经验性的东西在扩展这一证明的力度上能够添加些什么"。就是说，我们的程序，必须先从先验的证明，也就是从本体论证明开始。本体论证明是唯一先验的证明。证明了本体论证明不成立，然后再来看看经验性的东西，宇宙论的证明和自然神学的证明，在扩展这样一个证明的力度上，能够添加些什么。就是说，它们实际上都是在本体论证明的基础之上加以扩展。实际上是把本体论证明用经验的东西来增加它的力度，本体论证明本身好像还太抽象了，不够有说服力，那么我们再加上用现实生活中经验的例子来加强它。那么，它能够添加些什么呢？康德最后指出来，实际上什么也没有添加，实际上这些东西都可以去掉，都没有用的，你加上这些东西也不能够为这个证明增加丝毫的说服力。因为这些所谓经验的证明实际上最终都是靠跳出经验而上升到本体论证明，才获得它们的结论的。如果没有本体论证明的这样一个跳跃，那么所有这些经验的证明都是白费。所以，你加上来一些经验的例子，也说明不了问题。只要把本体论证明摧毁，你的所有其他证明都垮台了，都站不住脚。这就是康德在这里所提出的他将要证明上帝存有的各种证明的不可能性时所采取的程序。

第四节　上帝的存有之本体论证明的不可能性　　B620

　　第四节已经进入到本题了。先验辩证论关于先验的理想，也就是关于上帝的存有，这样一个理想的理念，它的各种证明，实际上都是引起我们产生一种先验的幻相的。那么首先要探讨的就是这个上帝存有的"本体论证明"，这个在前面一段已经明确地提出来了。我们首先要从这里出发，要从这里入手，攻破最关重要的这样一个证明，然后其他的一切证明呢，就迎刃而解了，那就很容易了。那么"上帝存有之本体论证明的不可能性"，就是这第四节的主题。我们在这本《精粹》中只选了这样一个，其实按道理来说，其他的两个也应该选。但是由于太多了，你要选的话，那就增加很多的篇幅了，而且它们都是附属于这个证明的，所以我们这里只选了这个最关紧要的、而且也是对后世影响最大的一节，就是有关本体论的证明是否可能，在什么意义上可能。这个后来像在黑格尔那里，反复讨论这个问题。所以这是不能不选的，这就是第四节的这样一个内容，这样一个主题。

　　　　从以上所说的很容易看出：一个绝对必然的存在者的概念是一个纯粹理性概念，亦即一个单纯的理念，

　　从以上所说的很容易看出，它是一个"单纯的理念"，也就是前面一段所讲的先验的概念。这是一个先验的概念，"一个绝对必然的存在者"这样一个概念，是一个先验的理念。那么这样一个先验的理念在对上帝存有的各种证明中，引导着理性，并且呢，标出了理性所设定的目标。它已经树立了一个标杆，理性在自己的推理中，树立了一个"绝对必然的存在者"这样一个标杆，这样一个先验的理念。我在前面已经提到，它是通过"理性的逻辑运用"，把它贯彻到底而获得的。理性在它的逻辑运用中往往不能贯彻到底，它总是从一个既定的前提出发的。但是如果我们把

它贯彻到底，一直推下去，那么我们就会通过自己的理性，预先为它设立一个先验的理念，那就是将它推到最终——虽然我们没有推到最终，但是我们可以通过理性，为它设想一个"绝对必然的存在者"这样一个概念。所以它是一个单纯的理念，通过理性的逻辑运用所推出来的。

它的客观实在性凭理性对它的需要还远远没有得到证明，

就是说，这样一个理念有没有客观实在性呢？理性是对它是有一种需要，因为理性在逻辑运用中，在形式逻辑的推理中，要达到彻底化，要把一切非逻辑的东西，都从逻辑中推出来，要把这个逻辑的推理贯彻到底，前后一贯，不要有任何东西是假定下来的。我们说形式逻辑推理的大前提都是假定下来的，但是这个对于形式逻辑来说是不满意的，它只是武断地假定了一个前提以后，才来片断地使用三段论推理。但是如果把这个假定的东西继续往上推，那么推到最后，我们就可以从逻辑上为它设立一个理念。当然你也可以说这个理念也是一个假定，但它不再是经验的假定，而是逻辑理性自己的假定，在逻辑上并不中止自己的进程，而是需要有一个合理的归宿。但是这个理念虽然在逻辑上符合一种需要，我们需要这样一个理念，但是这个理念的客观实在性还没有因此而得到证明。我们形式逻辑的推理，最终需要一个理念，需要一个终点，需要推到一个纯粹理性自己所设定的终点，而不是由经验所提供出来的终点。那么我们当然需要这样一个理念了。然而它是否有客观实在性，这个并没有因此得到证明。

它甚至只对某个一定的、虽然是无法达到的完备性提供了指示，而且真正说来与其说是用来把知性扩大到新的对象上去，不如说是用于限制知性。

这个"一定的"也就是 gewiβ，"确定的"。就是这样一个理念，这个"它"就是这个理念了，它甚至只对某个确定的，在逻辑上确定的、逻辑上肯定要提出的这样一个完备性提供指示。逻辑就是追求完备性嘛，三段论推理就是要追求完备性。为什么推论中一定要有一个全称判断呢？全称判断就是要追求完备性。但这个全称判断通常都是由经验提供出来的，或者是由外在的别人给定的。但是逻辑上需要追求一个绝对的完备性，确定的完备性。虽然是无法达到的。在经验中无法达到，在现实中无法达到的。逻辑上的完备性，那样的理想的完备性，在现实中怎么可以达到呢？但是呢，这个理念为这种完备性提供了一个指示。虽然不能达到，但是你可以向那个方向去努力嘛。有了一个方向，有了一个最终的目标，那么形式逻辑的使用呢，就可以有一种自觉性，就说明，它原则上是可以不受经验的限制的。虽然在现实中每次它都要受到经验的限制，都要由经验给它提供前提，但它本身有一种原则上不受经验限制这样一个方向。这个理念就是指示了这样一个方向。但是这样一个指示，这样一个理念，真正说来与其说是把知性扩大到新的对象上去的，不如说是"用于限制知性"。这样一个理念提出来其实并不是用来把知性扩大到一个新的对象上去的，虽然这个理念它本身的意思是指向一个对象的，一个绝对必然的存在者嘛，一个绝对必然的存在者肯定是意味着一个对象。但是它不是用来把知性扩大到这样一个对象上去，形成一个超越一切感官世界的新的对象，来对它加以认知。它不是用作这样一种用途的，而是用于限制知性。这个"与其说是"什么，"不如说是"什么的句型，意思是说，它其实并不是用到新的对象上去，而是用于限制我们的知性的，不要随意地扩展。那是一个极限，那个极限只是一个指示，一个目标。你可以朝着它努力，但是知性永远也不可能跨出这一步，永远也不可能达到这个目标。所以这个目标只是一个界碑，凡是涉及到这样一个问题，涉及到一个绝对必然的存在者的问题，知性在这里就应该到此止步，应该停留脚步。因为那个不是你本身的范围了。所以我前面讲到，这样一个理念只是起到一种"范导性"的作用。在我们的知识发展的过程中，它可以作为一面旗帜，作为一个追求的理想目标，引导我们的知性不断地去完善自己的经验知识，但是永远不能获得这样一个超验的知识。所以这个目标，这个理念呢，与其说它真的能够形成一个对象的知识，不如说，它是把所有的有关对象的知识限制在可能经验的范围之内。它是用来把可能经验的范围之内的知识构成一个统一体的。它是最高点，但是这个最高点本身并不进入到这个知识体系里面来，它是用来引导我们完成这个体系的。所以它只是一个限制性的概念，绝对必然的存在者，这样一个理念，它只是一个限制性的概念，或者说它是一个范导性的概念，一个调节性的概念，而不是一种构成性的概念。你以为它构成了一种知识，那这个就误入歧途了。

在这里现在令人感到怪异和荒谬的是，从一个给予的一般存有推论到某个绝对必然的存有似乎是紧要的和正确的，

这句话比较费解。使人感到"怪异和荒谬的"，也就是说，使人不可理解，或者甚至于说是自相矛盾的，是什么呢？理性的逻辑运用，通过逻辑的推理，"从一个给予的一般存有推论到某个绝对必然的存有"，推论到无条件的条件，推论到一个最高的必然的存在者，这个呢，"似乎是紧要的和正确的"。这个"紧要的"（dringend），也可以翻译成"迫切的"，就是说，你总得要有个休息地吧，你的理性不断地往前推，有无穷的延伸，无穷地后退，你感到累了，急需要找到一个休息地，来使自己得到安身立命嘛。所以它是迫切的，是紧要的，而且是正确的，人们在使用这样一种理性的逻辑运用的推理的时候，没有人觉得有什么不对。当然我们的理性嘛，它就是有这样的功能，就是要超前，要超越。理性的功能就是超前，超越一切经验，我可以单凭理性去设想一个这样一个概念，这样一个理念。这个理念呢，是个无限的理念。我虽然达不到无限，我们任何的知识都达不到无限，但是呢，因为人有理性，所以他会设定一个无限的目标，而且他迫切需要设定这样一个目标，使得理性本身的性质能够显露出来，它是超越于感性经验之上的。它能够显露出它自身这样一种性质，所以它必须要设定一个理念，虽然我明明知道这个理念达不到，但是我在思想上预先达到了。我在现实中永远也达不到的，我可以在思想中达到。这个没有人会说这是不对的。

　　然而我们为了形成这样一个必然性的概念的一切知性条件却完全与我们相违背。

　　这里可以加一个成分，"我们为了形成这样一个必然性的概念**所拥有的**一切知性条件"，在"概念"后面加一个"所拥有"，就是说，我们可以提出这样一个概念，从一般有条件的存在者我们要推到一个绝对无条件的存在者，这个好像是很必要的，而且推到一个绝对必然的存在者，这个也是很正确的。然而要形成这样一个理念，要形成这样一个必然性的概念，我们所拥有的一切知性条件，也就是我们的三段论推理这样一种逻辑条件，我们是通过这个逻辑推出来的嘛，"却完全与我们相违背"，就是与我们的意图相违背。我们的意图就是要形成这样一个必然性的概念，但是这个必然性的概念究竟是一个什么样的概念呢？我们从这些知性条件里面却完全得不出来。它是一个理念，这个理念，我们把它看作是绝对必然的存有，或者是绝对必然的存在者，但是我们要对这个存有、这个存在者形成一个概念，也就是要对它作出一种规定，它是一个什么样的存在者？对于这一点呢，我们从单纯形式逻辑推理里面是绝对推不出来的。形式逻辑的这种逻辑运用，这样一个知性的条件，与我们的这样一种意图，完全相违背，它不支持我们，它只是推出一个理念就完了。这个理念呢，也是完全起一种消极的作用，一种限制性的作用，用来限制知性。就是说，它已经是无条件的了，那我们的知性呢，到此止步。我们的知性只能探讨有条件的东西。虽然我们的知性只能探讨有条件的东西，但是我们知道，它最后要以一个无条件的这样一个概念作为它的目标。但是这个必然性的概念虽然提出来了，但是它是否能够完成它自己？这个概念还是空的，它里面什么意思也没有，它唯一的意思就是否定性的，无条件的，绝对必然的。绝对必然的也就是无条件的意思。就是说它的反面是不可能的。它不需要任何条件，所以它的反面再也不可能了，只能如此了。就是这样一个概念，它是一个消极的概念。但是它的积极的意义究竟如何来理解，我们推论到了它，但是如何把它建立起来，如何把这个概念立起来,在这一点上呢,我们通过我们所使用的一切知性的条件,却无能为力。在这里,这个"知性的条件",我们可以理解为"思辨的条件"。知性就是用来认识的嘛,具体在认识中,它也包括理性。这个知性条件其实也包括理性,但是理性在这个逻辑的运用中,它是服从于知性的需要的,它是附属于知性的,它是隶属于知性的条件之下的。要形成一个对象的知识,你要对这个对象的知识加以规定,这个是知性的能力。理性在这里呢,它能够辅助知性。你知性能够规定一个对象,那么理性可以辅助它、范导它,使这些所有的有关对象的知识构成一个体系,在这种功能里面呢,它是为知性发挥它的作用而提供帮助的,它也属于知性的条件。所以理性它本身,如果它单独地要负起自己的责任来,那就要在超验领域,更具体地来说呢,就是在道德实践的领域,它才能负起自己的责任。而在思辨的领域,在认识的领域里面,理性在它的运用中,是服从知性的条件的。那么知性的条件在这个方面呢,根本不能够为我们提供这个绝对必然的存在者的规定,说明这个概念究竟是怎么样一个概念。所以这个概念仍然是悬空的,它是一个空洞的理念,它只是一个范导性的概念,而不是一个构成性的概念。所以,"完全与我们相违背",也就是说,我们为了形成这样一个必然性的概念,我们所拥有的一切知性的条件,与我们的这样一个目的,是相违背的,我们形成不了这样一个必然性的概念。如果考虑它的条件的话,那么这个条件与这个必然性的概念是相冲突的。你按照这些条件来设想,那么这个必然性的概念呢,它就立不起来。所以它跟我们的意图是完全相违背的。这个意思呢,结合下面一段话,我们理解得可能更加清楚一些。所谓"一切知性的条件",这个必然性的概念,它的一切知性条件,究竟是指的什么?就是说这个必然性的概念如何得出来的?是由于我们把它的一切条件都抛弃了,它是绝对的无条件者,我们才能得出这样一个必然性的概念。但是你把这个无条件者,把它的一切条件,都借助于这个无条件者抛弃了以后,那么我们如何还能在一个条件之下来思考这个无条件者呢?我们要思考这个无条

310

件者,它到底包含什么内容,我们就失去了条件。因为它是无条件者,它把一切条件都抛弃了,它不可能再有别的条件了,那么这样一种概念我们如何能够思考? 所以这个无条件的必然存在者,它本身是一个自相矛盾的概念。这里"感到荒谬和怪异的",就是这一点。这样一个概念,它本身是无条件的,但是它又成了一个概念,那么这个概念如何能理解? 我们要理解任何一个概念,难道不是首先要把它的条件搞清楚吗? 所以他在下面一段讲得很清楚了,就是"使一物的非存在被看作绝对不可设想的这一点成为不可能的那些条件方面",这里有一个德文编者的注释,说明这句话的原文有一点问题,第 238 页的最后一行:"成为不可能的"改成"成为必然的",或者把"不可设想的"改为"可设想的"。这句话这样一改呢,才好理解。不然的话,就不知道康德说的是什么意思了。实际上就是指的,这样一个绝对必然的存在者,我们要使它成为可设想的,那么它必须有一些条件。你如何能够设想这个绝对必然的存在者? 你根据什么样的条件来设想这个绝对必然的存在者? 但是呢,你首先已经把一切条件都抛弃了,它没有条件。没有条件你怎么能设想它呢? 一个没有任何条件的东西你如何能够设想它? 你说你在设想一个理念,它是个理念,是一个无限的理念,无条件的理念,但是你是否能够真正设想它,或者甚至于我可以说你完全什么也没有设想,我可以说你什么也没有思考,因为你这个思考没有内容嘛。所以在 B621,他说:"即我们是否通过这个概念在任何地方思考了某物……我是否这样一来就通过一个无条件必然之物的概念还在思考什么东西,或者也许根本没有思考任何东西"。一个概念如果失去了它的一切条件,你怎么能够思考它? 你说你在思考它,我说你也许什么也没有思考,你没有思考任何东西。因为你要思考任何东西,你必须把它的条件说出来呀。所以,荒谬的地方就在这里。就是说,我们为了形成必然性概念的一切知性条件却完全与我们相违背。我要思考这样一个知性概念,如果我赋予它我们的知性条件的话,那么它就不是这样一个概念了,它就是有条件的。如果我们不要所有这些条件，那它就是不能思考的。这就是它的矛盾所在。这个概念本身是一个矛盾概念。当然康德还没有意识到这一点，没有意识到这个概念是一个自相矛盾的概念，他只是怪罪于别人把这个概念的两种不同的含义混淆了。这个他后面作了一些分析。就是说，只要你把这个概念的两种不同的含义严格区分开来，就会解决这个矛盾，就会知道这个荒谬之处是如何来的，是由于混淆而导致的。当然实际上他已经提出来了这样一个概念是一个自相矛盾的概念，在这里我们旁观者清，我们旁观者应该说可以看出这一点。但是康德呢，把它归结为：其实是从两个不同的立场来理解。一个是从内在的方面来理解，它就只能有一种范导性的作用，它只是一个空洞的目标，这个概念没有任何内容，它的内容是消极的，它只是一个限制性的概念。另外一个从积极的方面来理解它，那它就不具有知识的意义，那仅仅是一种逻辑上的，要么是同义反复；或者呢，就是一种实践理性的悬设，这就是一种超验的理解。你当然也可以这样理解。但是一般人都没有意识到这两重含义，而是把它们混淆起来了。

看看下面这一段。我们上面其实已经涉及到这一段的意思了。结合这一段的意思来理解上一段，才有可能比较透彻一点。他这一段的意思还是讨论绝对必然的存在者跟它的实在的存在之间，是个什么关系。是不是我们只要能够在逻辑上设定一个绝对必然的存在者，或者说无条件的存在者，无条件的条件，那么这个绝对必然的存在者它就自然而然地、或者是自动地就证明了它自己的实在，证明了它的存在？是不是有这样一种关系？当然这一段的主要的意思就是要否定这种关系。就是说你从逻辑推理中最后得出的那个绝对必然的存在者的理念只是一个理念而已，它还只是你的心目中的一个概念，但是这个概念是不是就指向一个真正的现实的存在、最高实在的存在者，这个还远远没有得到规定。这是上帝存在的本体论证明一个最致命的地方。我们通常讲从概念不能推出实在，为什么从概念不能推出实在？就是因为这个概念不论它多么绝对，它也只是你的一个理念。你要凭这个理念本身的不自相矛盾性来推出它必定指向一个最高实在的存在者,那么这本身就是不成立的。为什么不成立? 这一段就做了一种深入的分析。

各个时代的人们都谈论过绝对必然的存在者,而并没有像证明它的存有那样也花更多力气去理解我们是否、且如何能够哪怕只是思维这一类的事物。

就是说,自古以来,从奥古斯丁到安瑟伦到近代的笛卡尔、莱布尼茨,包括斯宾诺莎,他们都在思考、谈论"绝对必然的存在者"这个概念,当然他们不是把它当概念来谈的,他们就是把它当作存在物来谈的。"证明它的存有",有很多证明,这个地方主要指的是上帝存在的本体论证明。从安瑟伦提出上帝存在的本体论证明,后来的笛卡尔和莱布尼茨,其实也包括斯宾诺莎,当然斯宾诺莎的上帝和他们的上帝不一样,但是还是采用这样一种本体论证明的方式,挖空心思来证明这样一个绝对必然的存在者的"存有",Dasein 就是现实的存在,也就是在时间和空间中的存在的意思。你想要证明这样一个存有是现实存在的,存在于某处的,或者说是存在于我们这个世界上的,花了很多力气。但是呢,各个时代的人们都没有"花更多的力气去理解我们是否、且如何能够哪怕只是思维这一类的事物",就是说,其实更应该花力气的是,看看我们如何能够思维这一类的事物。你要证明这样一个绝对必然的存在者是存有的,是现实存在的,那么有一些什么样的条件? 哪怕你是思维这样一个存在者存在,那你也必须把它放在一种什么样的条件里面来思维。当然你泛泛而谈来思维是可以的,你可以运用你的思维做游戏嘛。但是如果你真的要思维这样一个现实的存有,那么你就得把它的条件考虑进去,我们是否能够并且如何能够,哪怕只是思维这一类的事物。我要思维一个存在,一个现实存在,一个存有,那么我肯定要把它放在时间空间这样的条件里面,去思维它。如果你思维一个现实的存在,但是它又不在时间空间中,那是绝对无法思维的。当然你可以思维这样一个概念,但是你一旦要思维它的存有,那么你就必须要把它想象为是存在于时间和空间之中的。这一点以往的本体论证明的那些哲学家们都没有考虑到。我刚才说,他们要证明这样一个绝对必然的存在者的存有,也就是证明它在时间空间中的存在,但是那些哲学家并没有意识到这一点。他们以为可以只要证明这个概念,不需要证明它在时间空间中,在某时某处,就可以证明它的存有了,或者说他们把它证明为是在世界之外的一个存在,或者是在世界存在之先、在时间之先的一个存在。那样是设想完全是自相矛盾的。你要证明一个现实的存在,但是又不在时间空间中,那是连想都想不出来的,没办法想,没办法思维。你当然可以对这个概念进行思维,但是那只是概念而已,你只能把它思维成一个概念,一个理念。你可以把它当作自己的理念来思维,或者说是有关一个绝对必然的存在者的理念,那你可以思维。但是如果你要把它思维成这个理念不仅仅是理念,而且是现实的存有,那需要一些什么条件呢? 一般人都不考虑这个问题。所以这一句话就是说,绝对必然的存在者这样一个概念,以往的人拼命去证明它的存有,但是没有设想过,没有考虑过,你要证明它的存有,必须要有哪些条件。在现实的存在中,它必须要有现实的条件,不光是你凭你的概念,通过理念,理性把一个理念想出来它就存有了。它必须要有一些直观的条件,事物的存在和事物的概念是不一样的,以往的人没有想到过这一点。

现在,虽然有关这个概念的名义上的解释是很容易的,就是说它是这样一个其非存在是不可能的某物;

"这个概念的名义上的解释",也就是从这个概念上来解释它,把它当作一个理念来解释它,那是很容易的。我刚才讲了,你要是思考这个概念,那当然是可以的,你把它当概念来思考,是很容易的。这个绝对必然的存在者是什么意思呢? 绝对必然的存在者的意思,就是这样一个其非存在是不可能的某物。所谓"必然的"在这里就是这个意思,就是说,你要设定它不存在,那是不可能的,它必然要存在。如果它的非存在可以被设想为是可能的,它有可能不存在,那么这个存在就是偶然的了,它就不是必然的了。或者即算是必然的,也是相对必然的了,而不是绝对必然的,它是有条件的了,而不是无条件的。所以一个绝对必然的存在者这样一个概念,在名义上我要对它加以解释,我就必须解释为,它是一个其非存在是不可能的某物。它的非存在是绝对不可能的。这个概念就是这么个概念。你要思想它、你要思考它是很容易的,是可以的。

<u>但通过这种解释,在使一物的非存在被看作绝对不可设想的这一点成为不可能的那些条件方面,我们却丝毫也没有变得更聪明些。</u>　　B621

这里有一个德文版的注释,上次讲到过,就是这里的意思有说不通的地方,对此注家们有两种设想,有两种修改方案。要说起来这句话可以说是康德没有把它写通,于是就有人来弥补,康德有时候也是会出错的,这么多的字数,要把它写出来,不出任何错误也是很不容易的。这句话里头的矛盾的地方,有一种意见就是把这个“成为不可能的”改成“成为必然的”,也就是成为可能的、而且是必然的,而不是“不可能的”。就是把他的意思反过来,颠倒一下。另外一种意见就是把“不可设想的”改为“可设想的”,也是把它反过来。这其中必有一个项是必须要反过来才能解释得通。那么我们先从后面这个修正方法来理解,把这句话变成:“在使一物的非存在被看作绝对可设想的这一点成为不可能的那些条件方面,我们却丝毫也没有变得更聪明些”。就是说,一物的非存在被看作可设想的,那就是偶然的了,那就不是必然的了,但是后面又有一个否定,使“这一点成为不可能的”,就是使这种偶然性成为不可能的,那要有一些什么条件? 就是说,这样一个绝对必然的存在者,我们当然知道它是绝对必然的,但是呢,它要有一些什么条件? 它要否定它的偶然性,必须要有什么条件? “使一物的非存在”,就是我们讲的已经不是一个概念了,而是一物,一个 Ding。这个时候我们不是讲的绝对必然的存在者的理念了,而是把这个绝对必然的存在者的理念运用到“一物”身上来解释。当我们使一物的非存在被看作是绝对可设想的这一点成为不可能

的，也就是我们否定它可以设想，一物的非存在我们否定它可以设想，那当然也就是肯定它不可设想了。它的非存在绝对是不可设想的，那当然也就是绝对必然的。所以这句话可以简化成："在使一物绝对必然存在的那些条件方面"，你要使一个东西绝对必然地存在，那么必须要有哪些条件？这些条件，不是这个绝对必然的概念的条件，而是"一物"要成为绝对必然的存在，要符合绝对必然的存在这个概念，必须具备哪些条件？绝对必然的存在是无条件的，它不需要什么条件。但是你如果要把它运用到一物身上去，那就需要条件了。因为这个时候谈的已经不是那个概念了，不是那个理念了，而是一个现实的物了。你要使某一个现实的物，成为绝对必然的存在者，那你需要哪些条件呢？我们在这方面却"丝毫也没有变得更聪明些"，我们知道的一点也不比以前更多一些，可以说我们仍然是一无所知。这是第一个修正方案。那么第二个修正方案呢，就是把后面的"成为不可能的"校改成"成为必然的"。这个大家可以自己去想，这个意思很明白了，跟前面讲的那个意思是一样的。也就是它的这个"绝对的不可设想"性，一物的非存在的绝对不可设想性，那当然就成了绝对必然性了。所以把后面"成为不可能的"改成为"必然的"。使一物的绝对必然性成为必然的，那么需要什么样的条件？一个现实事物的绝对必然性，你要使它成为必然的，使它的非存在成为绝对不可设想的，那么，它有哪些条件？这个意思并没有变。反正这句话里面你必须要否定一个成分，才能够说得通。但在这方面呢，我们"丝毫没有变得更聪明些"。这里就突出地说明，一个绝对必然的存在者的理念，你当然可以去抽象地思考它，但是如果你要把它安在一物身上，安在一个现实事物身上，那么你就必须要考虑它的必然性的条件了。

而这些条件本来是我们想要知道的东西，即我们是否通过这个概念在任何地方思考了某物。

这个就很明确了，就是说，一物要成为绝对必然的存在者，它需要哪些现实的条件？而这些条件呢，本来正是我们想要知道的东西。就是，你要证明上帝的现实存在嘛，你无非就是要提供我们怎么知道，怎么能够确定这个上帝是现实存在的理由，也就是这个上帝现实存在需要哪些条件。这个本来是我们，包括本体论证明自己也是以此为目标，想要知道的，想要知道一个上帝如何能够现实存在嘛。否则的话它要证明什么呢？它之所以要证明，就是要证明上帝是现实存在的。但他们却没有考虑上帝现实存在所需要的条件，这些条件本来是我们想要知道的。也就是说，"我们是否通过这个概念在任何地方思考了某物"。我们通过这个概念，当然可以思考，我们可以泛泛地思考一个理念，而且甚至于可以思考它的一个先验对象或者超验对象，那都是泛泛而谈的，因为这个对象我们并没有想要把它看成是一个现实的存在。但是一旦你要把它看成是对于某物的思考，你的思考是相关于某物的思考，那么你就必须要提供条件。我们是否通过这个概念在任何地方思考了某物，这是由它的条件所决定的。你把这些条件纳入你的思考，你对这些条件进行思考，然后你就可以作出一个判断，具有这个条件，那么这个某物就存在，它是符合绝对必然的存在者这个概念的；不具有这个条件，那么这个某物就不可能存在。或者说，你就不可能知道它的存在，你就不能够贸然地把绝对必然的存在者这样一个概念运用到某物的身上去。这个某物也就是etwas，也就是某个东西，思考了某个东西。通过这个概念，"在任何地方"，当然这个"地方"不一定是指空间了，不一定指得那么具体，就是在任何场合之下，我们真正地是思考了某物的。接下来他讲：

因为知性为了把某物看作必然的而永远需要的一切条件都借助于"无条件的"这个词而被抛弃掉，

就是说，知性为了把某物看作必然的而永远需要的所有那些条件，在绝对必然的存在者这个概念里面，都借助于"无条件的"这个词而被抛弃掉了。前面是一个长长的定语，就是说，知性要把一个事物看作是必然的，永远需要某些条件。你是把某物看成必然的，把一个东西看成必然的，那么就需要一些条件了。如果你不是把某个东西看作必然的，仅

317

仅是在概念上对理性作一种逻辑的运用，——逻辑的运用是不管对象的，它只管推理，——那你当然可以推出一个无条件的理念来，这个理念可以起一种范导性的作用，起一种无条件的条件的作用，可以运用于一切对于有条件者的研究和追溯的过程之中，使你的知识构成一个完整的体系。它是起这个作用的。所以，绝对必然的存在者这样一个理念，它本身蕴含着无条件者的这样一个意思在里头。它是"绝对"的嘛，绝对必然的。也就是它再没有条件了，它就是所有的其他项的绝对的条件。如果它还有条件，那它就不是绝对必然的。把某物看作必然的，如果你把一个东西、一个对象看作是必然的，那么永远需要一些条件。你不是把某物，你仅仅是就这个概念来谈，那它不需要什么条件，它可以成为绝对无条件者。绝对必然的存在者可以看作就是绝对无条件者。但是你要把这个绝对无条件者看作是有关"某物"的，那么你就需要一些条件了。这个条件跟前面那个条件是不一样的条件。前面那个条件是逻辑上的无条件者，这里讲的是现实中的一切条件。但是，如果你不把它作出这种区分的话，那么，绝对必然的存在者里面的无条件者这样一个概念，这样一个意思，就把现实中的某物所需要的一切条件都抛弃了。也就是说，在理念中的一个无条件者，如果你要把它当作现实的对象来看，它是需要条件的。你从形式逻辑上可以推出一个绝对无条件的必然存在者，但是你在认识论上，或者说你在先验逻辑的意义上，你把这个概念指向某个对象的时候，那它当然就需要条件了。我前面讲到先验逻辑和形式逻辑的区别就提到这一点。先验逻辑是指向对象的，所以，它所得出的那些知识，都需要一个根本的条件，那就是直观。先验逻辑的范畴只能运用于直观经验对象之上。它的条件就是直观，就是时间和空间。它必须要有时间和空间，必须要有图型。这样呢，你才能够把这样一个先验的概念运用到一个对象身上，运用到一个物身上。所以在这一点上它跟形式逻辑是不一样的。形式逻辑是不管对象的，它只管概念和概念之间那种的逻辑关系，一个概念是另外一个概念的条件，那么条件也有条件的条件，最后你推出一个绝对无条件者来,那就是绝对必然的存在者。但是现在你把这两者混在一起,要把"某物"看作是绝对必然的,它的这些条件都由于绝对必然的存在者这个理念包含有无条件者这个概念,所以呢,都被取消了。你以为在现实中的某个对象要成为绝对必然的存在者,也是无条件的,甚至于连直观的条件它都不需要,它就凭概念本身就可以直接推出来它的现实存在。所以,实际上你是借助于"无条件者"这个词把现实存在所需要的那些直观的条件全部都抛弃掉了。

<u>这还远不足以使我明白,我是否这样一来就通过一个无条件必然之物的概念还在思考什么东西,或者也许根本没有思考任何东西。</u>

也就是说,你把那些条件都抛弃掉了以后,把那些直观的条件、时间空间,你都把它抛弃掉了以后,那么,单凭这样一个概念,你并不能够明白,"我是否这样一来就通过一个无条件必然之物的概念还在思考什么东西",还在思考某物,这个"什么东西"也可以翻成"某物",还在思考某物,思考一个 etwas,"或者也许根本没有思考任何东西",就是说,你当然是在思考,但实际上你没有思考任何东西。一个绝对必然的存在者的理念,当然你是通过思考得出来的,你在概念中,你可以思考。但是你并没有通过这个概念去思考任何实在的东西,也就是你并没有证明上帝的实在。不能因为你想到了一个无条件的必然之物,这样一个概念,你就真的对这个概念所指的那个对象在进行思考。这个概念里面当然也设立了一个、假设了一个对象,所以这个"绝对必然的存在者"这个理念,我们讲它是形式逻辑和先验逻辑之间的结合部,一个结合点。它本身只能作一个范导性的使用,作为一个概念,作为一个理念来使用,但是呢恰好你可以把它理解为它的意思里面包含有指向某个超验对象的这个意思。正因为如此,它才能够作为范导性的使用,它超越于经验之上嘛,所以它可以引导经验嘛。但是你不要把它当真,你不要把这个理念所指向的那个超验的对象当作就是某物,当作就是你的思维能够加以规定的、能够加以思考的一个对象,当作你真的在思考某个东西。其实你思考的只是

某个东西的概念，只是在这个理念中所意谓着的那个东西。它没有超出你的意谓，没有超出你的思考。所以我们不能够说，它就在思考某些东西。既然我们已经在思考，那么一切思考都是针对某个东西的。胡塞尔后来讲，一切意识都是对某物的意识。它当然都有意向性，但是这个意向性是不是就是指向一个实存？指向一个存有？这个还远远没有确定。远不足以使我们明白，是否这样一来，就通过这个概念，还在思考什么东西，或许根本没有思考任何东西。你只是在思考你的思考，你只是在你的思考里面针对着你所意谓的那个对象，但是那个对象不是真的。如果你把它当成真的，那就是幻相了，那就成了辩证的幻相了。当然这个幻相总是要产生出来，因为你意谓着某个东西嘛。一切意识都是关于某物的意识。但是这个某物呢，并不是这里讲的，通过这个概念真的在思考的某个东西，而是你其实根本没有思考任何东西，只是在思考你的概念而已。这个任何东西或者是某个东西，都是指的那种客观的存有。我只是思考概念，但并不**通过概念**还思考任何客观存有，思考任何**别的**东西。当然康德这个地方的表述不是很清晰，尽管我们的分析应该是这样一个意思："没有思考任何东西"是指没有思考任何现实经验的东西、直观对象的东西，也就是有（时空）条件的"某物"。从表述上来看，康德在别的很多地方明明讲过，我不能认识一个东西，但是我可以思考一个东西，认识某物和思考某物是不一样的。但这个地方呢，他恰好是在认识某物的意义上来讲思考某物的，也就是说，这里讲的是思考某个在你的主体之外、概念之外的东西。这就不仅仅是思考，而且也是认识了，这个离开直观当然是不能思考、不可设想的。但是思考你的主观思维想出来的某个概念，那是可以的。你设想一个对象的概念，你可以思维它，这毫无疑问。但是你不能认识它，不能思考这个概念与自在之物是怎么样的关系。你可以指向它，你可以意味着它，但是你不能认识它，不能单凭思想去规定概念和对象的关系。那么在这个地方呢，前后我们综合起来看，他就是这个意思，就是说他这个所谓思考了某物，思考某个东西，或者是没有思考任何东西，他都是指的，你要把绝对必然的存在者这样一个概念设想为是存有的，是 Dasein，那么这就有问题了，它并没有意谓着任何具有实在性的东西。所以他这里从标题上来看是对上帝"存有"的证明，对上帝 Dasein 的证明。他不是对上帝 Sein 的证明。对上帝的 Sein 的证明，或是我们通常讲的对上帝的存在的证明，这个康德并没有反驳。上帝你也可以假定他是一个存在嘛，你完全可以设定他是一个 Sein，作为一个悬设，你不是指望去把他看作 Dasein，你不是指望在时间空间中去证明他，你不指望去证明他是一个现实的存在，可以对我们的现实、现象起作用的存在，那么你完全可以去把他作为一个假设来思考。但是一旦你要证明他的 Dasein，对上帝是 Dasein 的证明，那问题就来了，你不能把它作为一个直观对象来思考。所以在这个翻译上面，我们以后凡是遇到这样的问题呢，我们要区分一下，就是他这个对上帝"存在"的证明究竟用的是 Dasein 还是 Sein。如果用 Sein 的话，那很简单，在康德那里，他并没有在这方面作过多的指责，他只是区分了一下，就是 Sein 这个词它不能作 Dasein 来理解。Sein 不是一个实在的谓词，所谓实在的谓词就是 Dasein，就是在时间空间中，在经验中，在直观中，可以出现的，那就是 Dasein。在这个地方他所用的这个 etwas 或者 Ding 都是在这个意义上来运用的。除了概念以外，在概念之外，在现象中，在现象界，是否我们能够证明上帝的存在，这个他认为是不可能的。

下面这一段跟上一段最后一句话是两个完全相反的事例。按照康德的意思，就是说你要把一个实在的某物看作必然的，那么它永远需要有它的条件（如时间空间），但是绝对必然的存在者这个概念它又是无条件者，它本身是无条件者。那么，你从这个本身是无条件者的东西推出一个某物必然存有，既然它是无条件的，它就必然存有，不需要任何条件它都可以存有，那么这样一种说明呢，就非常地迷惑人。它把这个概念本身运用到对象之上需要什么样的条件，全部把它掩盖了，把这个问题掩盖了。所以，一般的人没有从这个角度来考虑问题，就是说，你要把实在的某物看作是绝对必然的，需要什么条件，没有考虑这个问题。那么更有甚者，不但是没有考虑这个问题，而且完全掩盖了这个问题。怎么掩盖的？就是这个"更有甚者"这一小段里面所表达的意思。就是说，你要把这个概念的对象看作是存有，需要一些什么样的条件，一般人没有考虑，反而直接地从这个流行的概念出发，以为自己已经把这个问题证明了。其实里面的这样一个大问题完全被遮盖了。

更有甚者：对于这个仅仅是冒险碰运气而来的、最后完全成了流行的概念，人们还以为已用大量的例子进行了说明，以至于一切进一步的追问似乎都由于它的清楚明白性而完全不必要了。

这句话里面比较难以理解的就是，为什么是"冒险碰运气而来的"概念，也就是说，绝对必然的存在者这个概念为什么是"冒险碰运气而来的"。这个其实在当时很多人都争论过这个问题，就是对上帝存在的本体论证明进行反驳时就有很多这样的论证。比如像洛克，洛克对笛卡尔的反驳、对莱布尼茨的反驳，就是这样反驳的。就是说上帝，这个绝对必然的存在者，或者说上帝存在这个概念，作为一个概念来说，完全是偶然的。他就认为，我们欧洲人有这么一个概念，但是你到那些非洲未开化的民族那里看看，当时很多人类学的资料就说明，他们根本就没有这种概念，他们脑子里面根本就没有一个绝对必然的存在者、或者一个最高实在的存在者，或者是一个唯一的上帝这样一个存在者的概念。如果根本就没有这个概念，你说上帝一定存在，那岂不是很滑稽了；你说他不存在，这也不包含矛盾。所以，这样一个上帝的概念，包括他的绝对必然的存在，包括它的最高实在的存在这样一些概念，对于我们欧洲人来说是一种偶然现象。为什么是"冒险"？也是因为你凭这个偶然想到的概念你就断言上帝的存在，那是很冒险的，你没有什么根据。你凭你想到的这个概念，你就断言它就是存在的，这难道不是一种冒险吗？凭自己的想象而断言一个东西，断言你的想象之物肯定是存在的，这是很危险的。

而且是碰运气的，就是说只有欧洲人，只有基督徒，或者说只有某些宗教信徒，比如说犹太教、伊斯兰教，他们有这样一些概念，他们想到了最高存在者、绝对必然的存在者这样一些概念。他们是凭运气，恰好你欧洲人有这个概念，你就拿它做文章，你用它，基于它来证明，但是你的证明的基础呢，不具有普遍性。并非所有的人都能接受你这个概念，无神论者就不承认这一点。你说你有上帝这样一个概念，无神论者说我没有这个概念。你说你凭你的头脑里面有这个概念就证明上帝的存在，那么同样的，我凭我的头脑里面没有这个概念，我也可以证明上帝不存在。所以你这一套证明完全是碰运气的。恰好碰巧你有了，按照犹太人说法就是，你是上帝的"选民"，上帝给了你恩赐，赐给你信仰，于是你恰好就有了。这是上帝对你的恩宠。所以，这样一个概念，这样一个"完全成了流行的概念"，就是人们一般不加考虑就把上帝存有这样一个概念当作是流行的，当作是大家公认的，误以为它具有普遍性。这个"概念"在这个地方首先包括绝对必然的存在者，但也包括最高实在的存在者，也包括一般的上帝存有的这样一些概念，总而言之，这样一些概念，人们把它们混为一谈，就是这样一个"完全成了流行的概念"。流行的概念不需要严格性，不需要精密性，但是它的来源呢，还是从我们的这个理念，从这个形式逻辑推出一个绝对必然的存在者，最高的无条件的条件这样一个理念，你如果要仔细分析的话，它是从这里来的。然后呢，通过某种偷换，你把它变成了最高实在的存在者，你把它称之为上帝。有这么一个对象，最高实在的存在者，绝对必然的存在者的理念在现实中有这么个对象，指着这么一个对象，就是最高实在的存在者，那就是上帝。这成了一个流行的概念了。但是它完全是一种独断的冒险，而且它本身不具有普遍性。但是对这样一个流行的概念，"人们还以为已用大量的例子进行了说明，以至于一切进一步的追问似乎都由于它的清楚明白性而完全不必要了"。这个概念清楚明白，不需要任何进一步的追问了。为什么要用大量的例子来加以说明，为什么由于用大量的例子进行说明才导致了一切进一步的追问都完全不必要了？这个地方康德实际上是指了两件事情，一个是这个概念本身，人们认为它是清楚明白的，由于它的清楚明白，所以完全不必要去进一步地去追问它了。这是从笛卡尔开始，就是建立在这一点上：凡是我清楚明白地意识到的，都是真的。都是真的，意思也就是都是客观的，都是有关某个对象的真知识。这是笛卡尔树立的一条原则。笛卡尔由此证明"我思故我在"，并且从我思故我在里面，清楚明白地推出一定要有一个上帝存在。这也是清楚明白的。但是为什么要用大量的例子进行说明，就是说，通过类比。例子就是榜样嘛，就是一个类比的样板嘛。通过大量通俗的例子，来进行了说明。所以，关于清楚明白，那对于哲学家是清楚明白的，对老百姓还不一定。但是它之所以成为一个流行的概念，老百姓都很接受它，就是由于它拥有大量的例子，很通俗的例子，举各种各样的例子来说明。一个概念肯定应该包含它的存在，这有很多例子，比如说几何学的例子。所以下面就提到了这样的例子。

几何学的任何一个命题，例如一个三角形有三个角，是绝对必然的，

这就是一个例子，类似的例子还有很多。你可以说两点之间直线最短，几何学的任何一个命题，公理、定理，都可以充当这样一个说明的例子。当然这个例子是类比，它不是直接地说上帝存在是清楚明白的，但是你既然懂得几何学的这种清楚明白性，那么同理你也可以推出上帝必然是存在的。它这里讲，一个三角形有三个角，这个不需要证明，它是绝对必然的。任何人一听说这个命题，马上就会点头，这就是一个例子嘛。所以，这些例子对于清楚明白来说，它只是一种说明的例子，它不是证明的例子。严格来说，它是进行了说明，它不是进行证明，进行证明还是靠它自己清楚明白。概念上清楚明白，你挑不出它的毛病，它完全符合形式逻辑的规律。那么既然用这个例子进行了说明，进一步的追问呢，都完全不必要了，因为它本身是清楚明白的。几何学的这些例子呢，对它进行了说明，进行了非常通俗的说明。哪怕是一个文盲，你告诉他三角形有三个角，他也会马上承认，那肯定是的，三角形绝对不会有四个角，

这是绝对必然的。接下来他讲：

于是我们就谈论起一个完全处于我们知性范围之外的对象，好像我们完全清楚地懂得我们借这个对象的概念想要说些什么似的。

就是凭借这个例子，于是呢，我们就谈论起另外一件事情来了。就是说，几何学例子当然跟上帝存在的形而上学的问题是两码事了，但是它们有同构性，有同样的道理，通过类比，举例说明，比如说三角形有三个角，你不能反对吧，那么绝对必然的存在者肯定存有，你也不能反对。这是很容易作这样的类比的。所以他讲，"于是我们就谈论起一个完全处于我们知性范围之外的对象"，这个里头实际上已经涉及到了另外一个层次上面的问题。几何学的这样一个例子呢，它还是处于我们知性范围之内的，但是上帝的例子呢，它已经处于我们知性范围之外了。我们用知性范围之内的这样一个通俗的例子，来说明处于我们知性范围之外的对象，"好像我们完全清楚地懂得我们借这个对象的概念想要说些什么似的"。就是说，我们通过类比比较，我们马上好像就悟到了，哦，就是这么个道理，就是三角形有三个角，同样的道理，那么，绝对必然的存在者肯定也是存在的，也是实在地存在的，肯定也是实存的。因为如果它不实存的话，那就像三角形没有三个角一样。一个绝对必然的存在者它又不实存，那它就是自相矛盾的了，那怎么能说它是绝对必然的呢？难道它还需要某些其他的条件吗？它不需要其他的条件，它是无条件的。所以它单凭自身就可以决定它自身是存有的。这在形式逻辑的角度来看完全是顺理成章的，不是这样才违背形式逻辑，如果不存有，它才违背形式逻辑。这是一般人流行的这种观念会得出这样的结论，但是实际上呢，我们根本就不懂得我们借这个对象的概念想要说些什么，我们自己都不知道我们想要说些什么。你想要说些什么？你想要说这个知性范围之外的对象是在我们知性范围之内？那不自相矛盾吗？你想要说明这个自在之物，这样一个我们不可认知的超验的对象已经被我们所认知了？什么叫作认知？我们借这个对象的概念想要说些什么？这个对象概念一般来说是先验对象，或者说是超验对象，就是说，脱离经验，我们通过理念所设想的这样一个对象。那么我们借这样一个概念，我们想要说什么呢？我们能说出什么来呢？你能说出上帝的实存？上帝是怎样实存的呢？他作为第一推动，他是怎样推动我们这个宇宙的呢？他这个力度有多大，能不能计算出来？他在时间和空间中最早的那一推动是在哪一年？上帝在宇宙之外，离我们有多少公里？你能不能说出来？这些都说不出来。它只是从概念，从抽象的、一般的无条件的存在者推出上帝必然存在。不管在哪里，也不管在什么时候，这个我都不考虑，那么你所提出这样一个对象的概念，它表达了一些什么意思？你懂不懂？所以这样一个流行的概念所说的实际上是它们自己都没有弄懂的一些内容。我们把这个 verstehen 翻译成"懂得"，倒不一定是"理解"，它这个地方意思比较泛一些，它就是说你没搞懂。没搞懂并不一定就是说在概念上没有理解，而是一般地来说，笼而统之来说，你不知道你说的是什么。你想要表达的东西是什么，你都没有搞清楚，因为你没有反思。你是从这个概念直接去推，按照一种直线式的思维，推出它的存在，但是你没有反过来想一想，如果有一个这样的存在，它要符合你这个概念，需要有哪些条件。这就是上一段所讲的，如果你要把某物看作是必然的，你需要哪些条件，你考虑过没有？你没有反思，你只是顺着去思，但是如果你把问题颠倒一下，反过来思一下，这个问题就出来了，就很明显了。就是说，如果有一个东西，在现实中有一个对象，Dasein，你要把它看作是绝对必然的，那么它是需要有条件的。因为现实中的一切事物都需要有条件。比如说时间、空间条件。就是在时空中它才能显出来嘛，才能够 Da 嘛，Da 就是此时此地的意思嘛。在 Da 中才能够 sein 嘛。如果你从这个角度，从 Dasein 这个立场上面反过来去思考，它如何能够配得上称之为一个绝对必然的存在者，那么你就会发现，这些条件你都还没有去考虑，你只是从这个绝对必然的存在者的抽象的概念一直就推出来了它一定是 Dasein 的，但什么叫 Dasein？这些问题你都没有考虑。

经过上面两段的解释，这一段应该问题不算很大了。虽然长一点，但是思路已经比较清晰了。

<u>所有预先给定的例子毫无例外都只是从**判断**中、却并非从**物**及其存有中取来的。</u>

"所有预先给定的例子"，就是上一段所讲的"用大量的例子进行了说明"，比如说几何学的任何一个命题，包括像"一个三角形必然有三个角这是绝对必然的"这样的例子。那么这里给了一个全称判断，"所有"预先给定的例子，"毫无例外"都只是从判断中、却并非从物及其存有中取来的。这就是我刚才已经提到的，就是说在形式逻辑中我们做一个判断，那么三角形必然有三个角这样一类的判断，它只是从判断中，但是并不是"从物及其存有中取来的"。就是说，并不是我们看到了有一个三角形，然后来判断它有三个角是必然的，而是从逻辑上、从三角形的概念里面本身就包含有三个角的概念来判断的。如果你说一个三角形没有三个角，那这是自相矛盾的，就是从概念里面已经是自相矛盾的了。所以这种必然性只是从判断中取来的，也就是说从分析判断里面取来的，或者说是从同一性判断里面取来的。同义反复或者说同一性判断，或者说分析判断，从里面都可以得出某种必然性。但是它并不是从物和它的存有里面得出来的。这个物，这个 Ding 和它的存有 Dasein，那是另外一回事情。所有这些例子作为榜样，提供的无非是：从分析判断里面你可以获得某种必然性的判断。一个概念必然包含它本来已经有的成分，这个是毫无疑问的。但是这个判断是否就对于一个物、一个对象，也具有这样一种绝对必然性？这个就很难说了，这就要看这个概念，是否符合其他的某些条件。你要把这个概念连同它里面所包含的成分一起看作是存有的，那就必须要符合其他的条件，光从判断是判断不出来的。你给了我一个概念，我必须知道这个概念是不是真的，是不是有它的对象，是不是有它相应的物。这个从判断里面本身是看不出来的。你也无从就物而言，

就存有而言，来获得它的绝对必然性。所以前面的例子所能证明的只是一种逻辑判断上的必然性，而不是物的存有的绝对必然性。

但判断的无条件的必然性并不是事物的绝对必然性。

判断的绝对必然性，无条件的必然性，在这里可以互换，基本上可以是同一个意思，只是强调的方面不同。无条件的必然性在判断中间，当然任何一个三角形，在任何情况之下，都会有三个角。这是无条件的，也可以说是绝对必然的。在逻辑概念的意义上，它是绝对必然的，它是无条件必然的。但这种必然性呢，并不是事物的绝对必然性。事物的绝对必然性是有条件的，或者说，事物的绝对无条件的必然性是否可能，这个问题是值得存疑的。你说事物有一种绝对必然性，有个绝对必然的事物，那这种可能性你是无法把握的。你所能把握的那种必然性，那都是有条件的必然性，在事物中，在 Dasein 里面，在存有的范围里面，你所能够把握的必然性，都是有条件的，不可能是无条件的。任何一个现实事物都是有条件的。我们所能把握到的就是这样的。但是你说在现实事物中间有一个东西是无条件的，是绝对必然而存在的，那么我们就要考虑一下了，就要推敲一下是什么意思。很可能当你这样说的时候，你心目中并没有一个所指的对象，很可能你根本没有思考任何东西，你以为你在思考一个东西，在现实中有一个无条件的必然性存在，当你这样说的时候，你可能根本就没有说什么。因为当你把它当作现实事物的时候，你是把它当作一个认识对象，而绝对的无条件的必然的存在者作为一个认识对象来说，它是物自体，它是不可认识的。不可认识的你怎么知道它在现实中有呢？你在现实中怎么能够认识它呢？所以事物的绝对必然性并不等于在判断中、在逻辑中的绝对必然性，这两者完全是不同的。

B622　因为判断的绝对必然性只是事物的有条件的必然性，或者是判断中的谓词的有条件的必然性。

"判断的绝对必然性"，你说三角形绝对必然有三个角，这在逻辑上是可以成立的。但是作为一个事物，那么它是有条件的，如果要有一个三角形的话,那么它就需要有一些条件,这个三角形是一个什么样的三角形,是木头的呢,是石头的呢,还是铁的,在什么情况下,这个三角形才存在,等等,这都需要有一些现实的条件。尽管逻辑上来说、概念上来说它是绝对必然的,但是在事物上来说呢,这个绝对必然性,只能体现在有条件的事物身上,它只是事物有条件的必然性。"或者是判断中的谓词的有条件的必然性",也就是说,一个判断,主谓词联合起来,你可以说它是绝对必然的,一个三角形的概念必然包含有三个角的概念,所以我们可以说,任何一个三角形都一定有三个角,这个是绝对必然的。这个是无条件的。但是呢,判断中的谓词,比如说三个角,它是有条件的。就是说你不能够离开主词这个条件,主词这个存在,这个条件,就说这三个角是绝对必然的。你不能说三个角就是绝对必然的,你必须是以判断的主词为条件,三角形的三个角才是必然的。谓词的必然性也是有条件的,它必须要以三角形为条件。如果它不在三角形中,它一般而言,你讲三个角,那么它就不是无条件的。它只是作为三角形这个概念,在这个前提下,在这个条件之下,在三角形跟其他的东西不同这样一个条件之下,它属于三角形,那么它才是必然的。所以它的必然性也是有条件的。在判断中是绝对必然的,在事物中,它是有条件的必然的。而且在判断中,即使它的主谓关系是绝对必然的,而对于谓词来说,它也是有条件的,是有条件必然的,不是无条件必然的。如果它不是在三角形里面,它是在比如说圆形里面,或者在正方形里面,那它就不可能是绝对必然的了。所以它的必然性是有条件的。它要以三角形这个概念为条件组成一个判断,它才能够成为必然的。所以康德在下面解释说:

上面那个命题并不是说三个角是绝对必然的,而是说在存有了(给予了)一个三角形的条件下,(其中的)三个角也必然是存有的。

就是说,上面那个命题并不是说三角形本身作为一个谓词,它就是绝对必然的了,而是说,你给了我一个三角形,在这个三角形的里面它的三个角就是必然的,就是必然存有的。就是说,这个三角形首先要存在,你首先要肯定有一个三角形存在,你的这个判断的主词是已经给定了的。如果你没有给定,没有什么三角形,你就三个角本身来说,那它怎么可能是必然的呢?它在正方形里面,正方形有四个角,它不一定是三个角,或者它在圆形里面根本就没有角。就三角形单独孤立起来看,它不可能是必然的。你必须把它放在一个判断的谓词中,那么它就需要一个主词,而这个主词必须要给予,必须要给出来。那么给出来这样一个三角形,作为它的条件,这三个角才是必然存有的。所以,三个角的必然性呢,它是在现实中,在事物中,它总是依赖于一定的条件的。在判断中它依赖于一个主词。你把三个角的概念归于一个三角形的概念,这是它的一种依赖性。那么在存有方面呢,它依赖于这个主词的存有。主词必须先存有,三角形不能单独地孤立地存有,必须依赖于三角形的存有它才存有。所以你必须要把这个三角形的存有给予出来,那么在存有方面呢,你才能说这三个角是必然存有的。这个是很不一样的,这几句话主要是区别这两者。一个是逻辑上的、判断中的那种必然性,分析判断,它有一种必然性。我在前面讲过分析判断和综合判断的区别就在这里。分析判断的好处和长处就在于它有必然性,它是先天的,它是先天判断。分析判断是先天判断。经验的综合判断是后天的判断。当然还有一个先天综合判断了,但这个地方主要是讲,先天的判断,与根据存有的判断,也就是后天的这种判断,是完全不一样的。你要谈关于一个事物的存有,那就必须要有后天的条件,加在它身上。你如果光有一个先天的、必然的判断,那所得出来的东西并不能给我们增加任何新的知识。你也不能断言,这个三角形的三个角是无条件的存有的,你不能这样断言。只有当三角形本身被给予存有了,那么连带着的它的三个角,才能够存有。所以在这方面呢,在存有方面,它是有条件的。

然而这一逻辑的必然性证明了它的幻觉具有如此巨大的威力,以至于由于人们给自己制造出一个关于某物的先天概念,这个概念就被这样提出来,使得人们根据自己的意见也把存有包括在这概念的范围内,这样一个逻辑的必然性，也就是说，从判断中所取来的这样一种无条件的必然性，判断的无条件的必然性，它是一种逻辑的必然性。但是它证明了它的幻觉具有如此巨大的威力。逻辑的必然性会导致一种幻觉，导致一种什么幻觉呢？就是把它混同于事物的绝对必然性。这样一个逻辑的必然性容易被混同于事物的必然性。你在谈概念，但是很可能你不知不觉地就把这些概念之间的关系混同于概念与对象之间的关系了，把一种逻辑关系混同于一种认识论的关系，一种真理性的关系。这个是很容易产生的一种幻觉。但是这种幻觉具有如此巨大的威力，也就是说，在以往的哲学家，尤其是那些理性派的哲学家那里，往往就把逻辑上面的判断和推理把它当作就是事物本身的结构。理性派就是这样的嘛。理性派就是把概念、判断、推理等同于世界的逻辑结构，等同于存在的结构。由此产生出所谓的存在论、本体论。存在论就是本体论了。以往的本体论在康德以前都是这样的。从逻辑上的不矛盾性，从逻辑上的必然规律、绝对必然性等等，而推出客观世界中、客观对象应该是什么样的。而没有区分出判断的必然性和事物的必然性两者是完全不同的。所以它是一种幻觉。但是这种幻觉具有如此巨大的威力，"以至于由于人们给自己制造出一个关于某物的先天概念，这个概念就被这样提出来，使得人们根据自己的意见也把存有包括在这概念的范围内"，由于我们自己造出来一个关于某物的先天概念，比如说上帝，或者比如说三角形这样一些几何学的概念，那么这个概念就被这样地提出来了，"使得人们根据自己的意见"，**意见**跟**真理**是相对的，是一对相反的概念了，我们仅仅根据自己的意见，"也把存有包括在这概念的范围内"。本来是我自己提出来的，我自己制造出来的一个关于某物的先天概念，这个概念是不是存有，我现在还根本就不知道。我想出来了，一个绝对必然的存在者应该有。虽然所有的东西都应该是有条件的，一个东西如果没有全部条件都齐备的话，那它是不可能存在的。按照充足理由律，应该是这样。于是我就设想出来有一个齐备的条件、充足的理由，那个理由本身再没有理由了，所有的理由都在这里了，所以它是一个无条件的必然存在者，它的反面是不可能的，它再没有别的可能性，它不需要任何条件。那么，当我们设想出这样一个概念的时候，我们把它当作是关于某物的。如果你不把它当作关于某物的，你只是把它当作一个范导性的理念，那它当然还是有用的。这个概念，包括上帝这样的概念，并不是毫无用处的，它还是有用的。灵魂呐、宇宙啊，这些理念，它们本身在促进人类知识的完善化方面可以起到一种调节作用。但是如果你把这些理念本身当作是关于某物的，一定有那么一个东西，宇宙就有那么个实体在那里，灵魂也有那么个实体在那里，上帝也有那么个实体在那里，我们要对它们进行研究和认识，那这个问题就大了。我们给自己制造出了一个关于某物的先天概念。当然这个概念的**意思**确实是关于某物的，"理念"嘛，理念是针对一个所指的，它有它的所指；但是这个所指你本来不应该把它当真。这个所指你应该意识到你是不可能把它认识到的，如果它有的话，那它也是自在之物，你不可能知道它是什么样子，你也不可能认识它。但是，我们制造出来这样一个概念，就是把这个某物当作这个概念的实在的对象来看待。那么这个概念呢，就被这样提出来了，使得人们根据自己的意见，——这个"意见"就是我们自己制造出来的一个先天的概念，还仅仅是一个意见，康德在后面的"方法论"专门谈了意见、知识和信念之间的关系，意见、信念和知识，这三者是很不一样的——那么在这里呢，我们根据自己的意见，就是我们自己造出来的一个理念，我们就以为它包含有存有。根据自己的意见，也把存有，也就是把现实的存在，包括在这个概念的范围之内。就是说，我们建立这个概念，我们所想的这个概念，本来就是把这个存有想在里面了，包括在这个概念的范围里面了。如果它不存有的话，那么这个概念就不完整，或者就自相矛盾了。我们可以这样想，这样的概念的对象肯定是全在的，全知、全能、全在、全善，那么它肯定包含有存有了。如果不包含存有的话，它怎么能叫全在呢？它仅仅存在于概念里面，能叫全在吗？所以我也肯定要把它设想为，它不仅仅存在于我的概念里面,而且呢也存在于现实之中,它是 Dasein。但是当你这样想的时候,你还是把这个 Dasein 设想在、包括在这个概念的范围之中。这里有一种自相矛盾呐。你的概念,本来是在概念里面来设想,但是你把它设想为它在你的概念之外。当你把它设想在你的概念之外的时候呢,你还是在你的概念里面设想。所以这个设想应该严格说起来,你没有超出你的概念。如果你认为你已经超出你的概念了,其实那才是你自相矛盾了。当然一般的对上帝存在的本体论证明没有意识到这一点,没有反思到这一点。他们认为,既然这个概念是完善的,那么它肯定要把概念之外的东西都包括在内,它才是完善的。他就没有进一步想,当你这样设想的时候,你还是在你的概念之内在设想。这就使得人们根据自己的意见把这个存有一起包括在这个概念范围之内了。

人们由此相信可以有把握地推论:由于存有必然应归于这个概念的客体,也就是在我把此物设定为给予的(实存着的)这一条件之下,则它的存有也会被必然地(根据同一律)设定下来,

我们可以有把握地推论,我们根据自己的意见,把存有也包括在这个概念里面了嘛,所以我们就可以推论,那么当然存有就应该归于这个概念的客体。如果它不归于这个概念的客体,不归于这个概念所指的对象,那么这个概念当然就是自相矛盾了。因为你在设立这个概念的时候,已经把存有包括进来了。所以存有就必然应该归于这个概念之下,作为它的客体。这个概念所指的那个客体,必然应该存有。这个必然是从你的概念中来的,但是你这个概念是由你自己制定的,制造出来的。人们给自己制造出一个关于某物的先天概念。既然制造出来了,然后就根据不矛盾律,根据同一律,来设想,存有必然应归于这个概念的客体,也就是在我把这个客体"设定为给予的(实存着的)这一条件之下,则它的存有也会被必然地(根据同一律)设定下来"。就是说,存有必然应该归于这个概念的客体。这句话的意思也就是:在我把此物设定为给予的、设定为实存着的这样一个条件之下,也就是说这个条件是我设定的,我已

经设定了这个条件，就是说此物、这个客体是给予的，是实存着的。这个实存就是 Existieren，就是生存，我们说实存、生存，就是用的这个词，它相当于 Dasein。它的名词化的表达方式可以是 Existenz 也可以是 Dasein。这两个词我在前面多次提到，它们是非常相近的，几乎可以说是同义词。一个是德文词，一个是拉丁词。那么，你把它设定为存有了，设定为已经给予了，这样一个条件之下，"则它的存有也会被必然地（根据同一律）设定下来"，就是说，你一旦制造出来这样一个概念，一个什么概念呢？就是它的客体必然是存有的这样一个概念。你首先制造出一个概念——上帝，上帝的这个概念，也就是上帝本身肯定是存有的，为什么呢？因为你已经把他设定为全在或者全有了，他肯定是存有的了。所以当你设定了以后，你再把这个所设定的东西，从这个概念里面推出来，这个推论当然是必然的了，当然是符合同一律的了，当然是符合不矛盾律的了。你设定一个上帝的存有，你已经设定了，然后你再把这个存有从上帝的概念里面推出来，这实际上是一个循环论证，就是把你所要推出的东西，预先已经设定了。既然你已经预先设定了，那么这个推出来肯定是必然的。因为你设定了条件嘛。如果你以另外一种方式设定，它也许推不出来了。但是你既然已经这样设定了，它当然就只能这样推出来。这个是符合同一律的。所以实际上，你这个对上帝存有的证明已经包含在你用来证明的那个前提里面，就是上帝的概念。你是这样理解上帝的，你没有把它理解为单纯是一个主观的概念，你一开始就已经把它理解为必须是指向那个客观的存有的，必须是意味着一个客观的存有的。那么你说上帝是存有的，你从这个概念里面推出来，那不是顺理成章的吗？但这仍然是一个分析命题，分析命题有它的先天必然性，但是有个缺陷，就是它不考虑它的前提。分析命题作为形式逻辑的一个命题，它对它的前提是设定的，形式逻辑不考虑前提的问题，你给了我一个概念，我就可以推，我就可以分析。但是这个概念究竟该不该设定，这个形式逻辑不管。但是你不管它该不该设定，既然你设定了，那么我就可以按照同一律把它推出来。这个当然就现出它有某种绝对必然性了。所以他讲："在我把此物设定为给予的（实存着的）这一条件之下，则它的存有也会被必然地（根据同一律）设定下来"，有了这个条件，你才能设定下来，但是你设定下来有什么意义呢？你不设定下来它不是也在那里吗？你不按照同一律把它推出来，它也已经包含在那里面了。所以这个证明完全是多此一举，实际上不是一种证明，只是一种说明，只是一种分析，只是从你已经承认是存有的那个上帝的概念里面把它的存有分析出来而已。你要说这是一个论证，那就是循环论证，那就是同一性命题。同一性命题不能算是真正的论证了。

因而这个存在者本身也会是绝对必然的，因为它的存有在一个随意假定的概念中、并在我设定了这概念的对象这个条件下被一起想到了。

就是存在者本身是按照绝对必然的存在者这样一个概念，已经被给予了的这样一种条件，而根据同一律设定下来的。所以它本身当然就会是绝对必然的。上帝这个存在者本身当然就会是绝对必然的了，"因为它的存有在一个随意假定的概念中、并在我设定了这概念的对象这个条件下被一起想到了"。这个里头就带有一种讽刺意味了。为什么那是绝对必然的呢？因为它的存有在一个随意假定的概念中被想到了。这个"随意假定"也就是我在前面一段讲的，仅仅是冒险、碰运气而来的一个概念。我偶然假定了有这么一个概念，"并在我设定了这概念的对象这个条件下"，就是说我已经设定了这个概念对象是存有的，是给予的，在这个条件下我当然就想到了它。仅仅是我把它也同时就想到了，只是想到了而已。那么我不需要证明它已经想到了嘛，我不需要这样一番论证，它不是已经想到了吗？我还去证明它干什么呢？你在证明它之前已经肯定它是存有了，设定了这个概念的对象作为一个条件，那么在这个条件之下，你把它的存有推出来，那只是想到了它而已，或者说仅仅是使这个概念的内涵更加明确化地表达出来了而已。你并没有证明任何东西。所以哪怕你不进行这一番论证，你给我这样一个概念，我也已经想到了。

但是现在问题是，你在什么条件下想到了这个概念，这个你恰好撇开了。你是设定的。我设定了这个概念的对象，我设定了这个概念是具有客观实在性的，具有它相应的实在对象的概念，那么在这个条件下，当然我就可以推出，它必然是存有的。但是被你假定的这个条件，它本身是需要条件的。你凭什么就可以设定这个概念就是全在的？这恰好是你要证明的。恰好是你要证明的，你却把它当作一个条件预先设定下来，那岂不是循环论证？所以，这一段实际上把里面的逻辑关系剖析得十分清楚了。当然他这个地方还没有直接地提出对上帝的证明，只是讲到三角形的三个角之间的关系，但是由此类比我们这样一个关于绝对必然的存在者的论证方式，跟这个三角形的论证方式是一模一样的。就是说，你已经预先给定了一个对象存在的概念，那么再从这个概念里面分析出这个对象的存在出来，当然你可以，在这个条件之下你可以认为是必然的，但是恰好这个条件你没有考虑，所以你这一套论证是无效的。在逻辑概念方面，你当然可以这样推，也可以说在这样一种意义上面呢，它并不是无效的。但是你要认为你真的推出了一个实存的东西，一个存有，那它是无效的。因为你把要证明的东西当作前提了。你要证明实存，上帝的实存，但是你又把上帝的实存作为一个前提，已经隐藏在你的概念里面，而这个概念是你任意制定的，你可以这样制定，也可以那样制定，但是你偏偏就这样恰好随意地就这样制定了，没有任何条件，全凭你的爱好，我就这样制定了一个概念，那么我就从这个概念里面推出它的存有，因为恰好我所制定的这个概念就包含有它的存有，所以我就推出它的存有。对于一种事物的绝对必然性来说，这种证明是无效的。当然在逻辑的必然性、判断的无条件的必然性来说，看起来好像是无可置疑的，但是恰好是混淆了这两者，一个是逻辑上的必然性，一个是客观事物，或者是认识论上的必然性，把它们混在一起了。

经过前面几段的论述和分析，这一段应该说是比较明确了，不是很难理解。前面已经谈到这样一个意思，就是说你如果假定了一个概念里面具有什么样的属性,假定了一个主词的谓词,那么,这种关系如果是分析的关系,你把谓词取消掉,它跟这个主词就会发生矛盾。因为它是一种分析的关系。但是如果你对这个主词的假定还没有定,如果你不能确定这个主词就是不可取消的,那么它就有可能被取消。一旦被取消,那么谓词连同一起也被取消,这并不自相矛盾。前面已经举了一个三角形的例子,三角形有三个角是绝对必然的。但是呢,这个三角形有没有还没有确定,因为一个三角形在现实中完全可能没有的。那么对于上帝的情况,或者绝对必然的存在者的情况,也是这样一种情况。绝对必然的存在者到底是不是存在。如果有绝对必然的存在者,那么它当然存在,你可以按照对上帝存有的本体论证明,可以必然地推出他的存在。但是绝对必然的存在者是否存在这个问题本身还是个问题。所以下面这一段就是讲述这个道理。前面已经触及到了,但是没有把它像这一段这样系统地梳理下来。就是从一般的情况,从一般的逻辑上应该怎么样理解这个问题,进行了一番梳理。

　　<u>当我在一个同一性判断中取消谓词而保留主词时,就产生出一个矛盾,所以我才会说:那个谓词必然应归于这个主词。</u>

　　这实际上就是上帝存有的本体论证明在逻辑上的依据。在逻辑上就是根据这一点,就是当我在一个同一性判断中——注意康德在这里强调是一个同一性判断,同一性判断也就是分析判断,而不是综合判断,综合判断那是无所谓的,这个谓词是否属于主词不由主词所决定,这由外部的情况所决定——但是在一个同一性判断中,如果取消了谓词而保留主词,那就会产生一个矛盾。我们通常讲分析判断,康德讲的分析判断,在前面讲的时候呢,并没有把它等同于同一性判断,但在这个地方呢,他提出的是一个同一性判断,也就是分析判断的最纯粹的形式,谓词要包含在主词里面。最纯粹的形式,就是谓词跟主词是相同的,相同的当然就是包含在主词里面。主词把自己包含在自己里面有何不可呢? 这就是同

一性判断了。在一个同一性判断中，取消了谓词而保留主词。既然它是同一性的，但是你要把谓词取消掉，又要保留主词，那么就有一个矛盾了。如果你要取消谓词，你肯定要取消主词。如果主词不能取消，你谓词也不能取消。这是同一性的，它们有一种同一性关系。所以你取消一方而保留另一方，那肯定要产生出一个矛盾。所以我才会说，那个谓词必然要归于这个主词。这个里头有一种必然性，可以推出来，在逻辑的范围里面你可以推出来，或者说在形式逻辑的层面上，你可以推出来，这个是毫无疑问的。

但如果我连同谓词一起把主词也取消掉，那就不会产生任何矛盾；因为**不再有什么东西**能够与之相矛盾的了。

如果把主词、谓词都取消掉，那当然也就没有什么矛盾了。同一性的判断之所以会导致矛盾，是因为你违背了这个同一性。你一方面取消谓词，另一方面要保留主词，这就使它们不同一了。你要么把谓词和主词全部保留，但是还有一种情况，就是把谓词和主词全部取消。这也不违背同一性。它们还是同一的嘛，谓词没有，主词也没有，从概念上来说，还是同一的。所以他讲，如果谓词和主词都取消掉的话，那就不会产生这种矛盾，因为不再有什么东西能够与之相矛盾的了。"与之"的这个"之"就是说把主词也取消掉这样一个情况。原来你不把主词也取消掉，那么主词在那里，它就跟取消谓词这种情况相矛盾。但是你现在把主词一起全都取消了，那就不再会有什么东西能够与这样一种取消谓词的情况相矛盾了。那就不会产生任何矛盾。下面举例子，也就是前面举的那个例子。前面举的只是三角形跟它的那三个角相互之间有一种分析的关系，那么这里讲：

设定一个三角形却又取消它的三个角，这是矛盾的；但把三角形连同其三个角一起取消，这没有任何矛盾。

这是用这个例子来解释刚才所提出的那个一般的原则，一般的规律。三角形当然有三个角，从概念上来说，三角形分析地包含有三个角的概念。所以你要设定了这个三角形，你又取消它的三个角，那是不行的。因为三角形就包含有三个角的概念。你要承认这个三角形，但是你又说三角形没有三个角，那是不可能的。大家一看就知道，这是自相矛盾的。但是呢，你说没有三角形，这当然是指的具体的情况了，就是说这里没有一个三角形，我没有看到一个三角形，那么我也没有看到三个角。如果三角形不存在，那么它的三个角也就不存在。在这种情况之下，反而你说三个角还存在，这个倒是有矛盾了。所以这个时候，三个角就会连同三角形一起必然被取消。这没有任何矛盾。这仍然是符合同一律的，符合不矛盾律的。这是举的一个例子。那么下面讲：

一个绝对必然的存在者的概念也正是同样的情况。　　　　　　B623

一个绝对必然的存在者，这个就是前面讲的对上帝存有的本体论证明了。一个绝对必然的存在者的情况，它的谓词就是最高实在的存在者，具有最高实在性的，具有最完全实在性的这样一个存在者，你把它作为绝对必然的存在者的一个必然的谓词来看待，那么它们的关系呢，恰好也就是这样的关系。

如果你取消它的存有你也就把该物本身连同其一切谓词都取消了；这样一来，哪里还会产生矛盾呢？

也就是一个绝对必然的存在者这样一个概念的存有你取消了这个绝对必然的存在者的存有，既然它不存在了，那么呢，它的一切谓词也就都不存在了。这样一来，哪里还会产生矛盾呢？就像三角形你已经取消了，那它的三个角呢，也就不存在了。这个恰好是不矛盾的。那么同样，绝对必然的存在者这样一个概念，你如果取消了它的存在，你说根本就没有绝对必然的存在者，如果你这样说的话，那么，它的最高实在的存在者这个谓词也就同样地不存在。哪怕它是最高实在的，哪怕它是"全在"这样一个概念。但是随着它的主词概念的取消，它也就被取消了。这个没有任何矛盾。

在外部并没有任何会与之相矛盾的东西，因为该物不应当是由外部而必然的；

我们从外部和内部两方面来看，首先我们看外部。外部没有任何会与之相矛盾的东西了，"因为该物不应当是由外部而必然的"。就是绝对必然的存在者的意思就是说，它就是绝对必然的了，它是绝对必然的，如果还有一个外部的东西使它必然，那它就不是绝对必然的。正因为它是最高的必然性，所以它是绝对必然的，它没有外部，所有的东西都在它之内，所有的必然的或者偶然的，都在它之内。唯有它是绝对必然的存在者。这个概念本身就是这样规定的。所以他讲："因为该物不应当是由外部而必然的"。这个绝对必然的存在者这样一个东西，按照它的概念来说，它不应当是由外部而使得它是必然的。不是通过外部而必然的，它通过它自己，所以它是绝对必然的存在者啊。你追溯到最高的一个绝对必然的存在者的理念，它就是无条件的条件嘛，它就是自己是自己的原因嘛，它再没有其他的必然条件了，它是任何事物的必然条件。

在内部也没有，因为你通过取消该物本身，已把一切内部的东西都同时取消了。

在外部是根据它的概念本身，它不可能有一个另外的条件，所以你取消了它，它也不会跟其他的外部条件相冲突。它没有其他的条件了，它是最高的，最高的东西如果它没有了，那谁也控制不了。它有，你也控制不了；它没有，你也控制不了。你要想从外部去控制它存有或者是非存有，那是绝对做不到的。因为根据它这个概念的意思，它就是最高的，不受任何东西的控制的。那么在内部也没有，你通过取消了该物本身，如果这个最高的东西它本身都取消了，那么它一切内部的东西也就同时取消了。根本不存在绝对必然的存在者，如果这样的话，那它的一切谓词也就不存在了。它一切谓词都不存在了，它也就没有什么东西可以从内部与它自相矛盾的了。之所以你认为它自相矛盾，就是你把它的这个绝对必然的存在者这样一个概念当作是不能取消的，而它的谓词呢，设想它一旦取消，那它当然就会是自相矛盾的了。但是如果这个主词预先就取消了,那谓词一旦取消,它也就没有什么东西可以跟它相冲突的了。所以你通过取消该物本身,绝对必然的存在者本身,你把一切内部的东西,就是把它的各种属性,各种谓词,依附于它之上的所有的那些谓词,全部都取消了。你把这个主词取消了,说它根本不存在,没有实在性,那它的一切谓词还有什么意义呢? 所以它也是不矛盾的,没有任何东西可以与之相矛盾。下面直接点题了:

上帝是全能的,这是一个必然判断。

上帝是全能的,是一个必然判断,也可以说是一个分析判断,甚至于可以说是一个同一性判断。因为上帝的概念,无非就是全能的概念。我们要设定一个上帝的概念,无非就是说我们要设定一个全能的存在者,我们把他叫作上帝,所以这是一个同一性判断,实际上就是一个东西,上帝和全能者就是一个东西。这是一个必然判断,同一性判断当然是必然判断了。同一性判断、分析判断,都属于必然判断。因为所谓分析判断它的这个最本质的特点,就是具有先天的必然性。这个前面已经讲过的。

如果你设定一位神,也就是一位无限的存在者,其概念与那个全能的概念是同一的,则全能是不能被取消的。

上帝是全能的是一个必然判断,为什么呢? 如果你设定了一位神,你说有这么一位神,也就是一位无限的存在者,上帝,你也可以把他称之为无限的存在者,这也是同一性的判断。上帝可以从各种谓词来描述他,但是所有这些谓词都是唯有上帝才固有的。一位无限的存在者,他的概念与那个全能的概念指的是同一个东西,是同一个意思,只不过表达的方式不同而已。无限的存在者,或者是全能的存在者,如果不全能,那当然就不无限了。如果一旦无限的话,肯定是全能的。他是无限的,他不受任何限制嘛,所以他无所不能。你要说他的能力还有什么限制,那他就不是无限的了。所以,全能的概念和上帝的概念和无限存在者的概念,其实都是一个概念。它们是同一的概念。设定了这样一个神的概念,那么全能就是不能被取消的了。你说有一个上帝,你又说他不是全能的,这个是绝对不可能的,这是自相矛盾的。它跟你预先设定这个上帝、设定这个神的时候的那样一种规定,是相冲突的。什么叫作上帝?上帝就是这个意思。但是你说他不是全能的,或者不是无限的,那就会导致自相矛盾。所以它是不能取消的。

但如果你说:没有上帝,那就既没有全能、也没有它的任何一个别的谓词被给予;因为它们已连同主词一起全都被取消了,而这就表明在这个观念中并没有丝毫的矛盾。

就是说,如果你换一个角度,你不要先假定上帝,也就是说假设一下相反的情况,如果没有上帝,那就既没有全能,也没有无限,也没有任何一个别的谓词存在。连这个主词都不存在了,你那些谓词,那些描述,能描述什么东西呢? 没有可描述的东西。所以你把它取消了,一点都不矛盾。因为一旦取消了上帝,其他的谓词都被取消,连同主词一起,全都被取消了。而这就表明,"在这个观念中"——在哪个观念中呢? 就在"没有上帝"这样一个观念中,并没有丝毫的矛盾。我想到了没有上帝,这种想法,没有丝毫的矛盾。对上帝存有的本体论证明,就是立足于这一点的。就是上帝这个概念你如果要设想没有他,那是不行的,那是不可能的。但是上帝存有的本体论证明的目的恰好是要证明上帝存有。你一开始就不承认上帝有可能没有,那你还证明什么呢? 你之所以要证明上帝存有,你就是已经假定了上帝可能有,也可能没有。现在你要证明他是有。但是这个证明真的要按照你们所讲的那样,通过形式逻辑的不矛盾律来加以证明,那么就有一个前提,你必须首先设定上帝存在,才会利用形式逻辑的不矛盾律推出这个存在的上帝是全能的,或者他是实存的等等。你首先要把这个上帝存在设定了,然后你才能证明他不可能不存在。那这个东西就是循环论证了,你把你要证明的东西当作前提了。但是如果你不把它当作前提,那完全可能取消。上帝存有被取消,完全不矛盾,因为上帝本身都是可以怀疑的嘛,都有可能没有上帝。如果没有上帝,他存不存有,全不全能,就根本没有什么关系了,一点都不矛盾了。你说没有上帝，你又说上帝存有，反倒是自相矛盾的。如果你容纳了没有上帝这样一个前提，那么你说他是存有的，那倒是自相矛盾的了。所以你一旦设定了没有上帝，你就必须取消他的存有这样一个谓词，必须取消他的实在性这个谓词。这才没有丝毫的自相矛盾。只能这样来理解。这是康德对上帝存有的本体论证明的一个一针见血的批判。从形式逻辑的角度，来进行批判。你就讲那种形式逻辑的条件，形式逻辑要判定一个命题的自相矛盾，有一个条件，就是大前提必须是预设的，主词必须是预设的，在此之下我们才能考察谓词是否与主词矛盾。上帝存有这个大前提，你必须预设下来，然后你才能运用形式逻辑的不矛盾律来进行推论。在一个判断里面，上帝这个主词你必须预设，然后呢，你才能够推出它里面必然包含它的任何一个谓词，否则就是自相矛盾。但如果这个预设没有，那你谈形式逻辑就是空的了。唯理论派，它们要证明上帝的存在，从这种本体论证明的角度，就是利用形式逻辑。但是他们没有意识到形式逻辑的限度。康德的先验逻辑就是要指出形式逻辑的这个限度，然后呢，用先验逻辑来给形式逻辑奠基。先验逻辑其实是形式逻辑的基础，形式逻辑你在任何地方要运用，你都必须要立足于先验逻辑已经给你提供出来的那个前提之上。那么先验逻辑在什么情况之下能够提供这个前提，这个就是康德的《纯粹理性批判》里面所要探讨的。在什么情况之下能够提供这个前提，在什么情况之下不能够提供这个前提，这就是先验分析论和先验辩证论分别讨论的问题。

根据上面这一段的分析和证明，康德已经把传统的理性派对于上帝存有的本体论证明逼到一个角落里面去了。这一段就是把理性派的这样一个处境，把它点出来。

所以你已经看到，如果我把一个判断的谓词连同主词一起取消掉，则永远不会产生一个内部的矛盾，而不论该谓词是什么。

就是说，根据上面讲的，如果我把一个判断谓词和主词一起取消，同时都取消掉,那么它永远也不会产生一个内部的矛盾,而不论这个谓词是什么。反正这个谓词是属于主词的,你说它跟主词是同一的,或者你说它是分析的,包含在主词里面的,所以你要把它取消掉了就会导致自相矛盾。但是如果我把它的主词连同这个谓词一起取消掉,那它就没有矛盾了,不论这个谓词你讲的是什么东西,都没有关系。主词都已经取消掉了嘛,那谓词还有什么呢? 不管你是什么谓词都没有关系了,你是分析性的谓词也好,还是综合性的谓词也好,这个都没有什么关系的。你反正是可以不矛盾地连同主词一起,把所有的谓词都取消掉。

现在你不再有任何回避的余地,你只能说:有一些根本不能被取消的主词,所以这些主词必须保留下来。

你没有别的回避余地了,既然这个一般的形式逻辑上面的规律已经被康德点出来了,就是说,任何一个判断,如果我把它的谓词和主词一起取消掉,那么它不会包含有任何内部的矛盾,这是一般的规律。但是,如果你要保留上帝本体论的证明,那么你现在只有一种选择,一个什么选择呢,就是你只能从主词里面划出一部分来。就是说,所有的主词所构成的判断,也许都符合你上面所说的那个规律和法则,但是唯有某些主词例外。你必须从里面划出一些东西来,当作特例来加以设定。所以你只能说,有一些根本不能被取消的主词,所以这些主词必须保留下来,不能够在一个判断中,把它们连同谓词一起取消掉。也就是说,你必须要坚持有些主词是不能取消的。当然如果能够取消,那上面的那个规律就要发挥作用了,那就可能连同谓词一起取消掉。但是如果有一些主词是不能取消的,那么你就可以说,比如说上帝,上帝是不能取消的,那么他的谓词也不能取消。你不能够把上帝的谓词连同上帝本身一起取消掉。所以,凡是你想取消上帝的谓词,必将导致自相矛盾。这就是本体论的证明。如果这样来思考的话呢,也许还能对这个证明加以挽救。但是康德把这最后一线希望也摧毁了。

但这正好比是说:有一些绝对必然的主体;这个前提的正确性恰恰

是我所怀疑、而你想要给我指出它的可能性的。

这正好比是说，有一些绝对必然的主体，这个"主体"也就是"主词"了，Subjekt 我们可以翻成主词，也可以翻成主体，在这个地方呢，它的意思已经转到"主体"上面来了，前面是讲有一些主词是根本不能被取消的，这个是就它在判断中的位置而言，我们把它翻译成主词。但是你说有一些根本不能被取消的主词，如果在另外一层意义上面来讲，它同时呢，也可以理解为主体。所以他讲："但这正好比是说：有一些绝对必然的主体"，有，有这样的一些主体，你一上来就肯定了，人家问你有没有，你说有。但是这个前提的正确性恰恰是我所怀疑的，不光是康德所怀疑的，而且是一切受教育者都要提出来的一个问题。为什么那些神学家要致力于对上帝存有的证明呢？就是为了对付这种怀疑嘛。有一些绝对必然的主体，到底有没有呢？这个前提的正确性，恰恰是我所怀疑，而你想要给我指出它的可能性，你要证明这个绝对必然的主体是存在的，是有的。

因为对于一个和它的一切谓词一起被取消时还留下某种矛盾的那个东西，我不能形成起码的概念，

就是说，有一个东西，"对于一个和它的一切谓词一起被取消时还留下某种矛盾的那个东西"，这是个什么东西？我不能形成起码的概念。这是一个很荒谬的设想。有一个东西，它作为主词，和它的谓词一起被取消了，但是呢，它还留下某种矛盾。主词和谓词一起都被取消了，它还留下某种矛盾，这是个什么东西呢？它跟谁矛盾？谓词也没有了，主词也没有了，在这个地方，谁跟谁矛盾呢？这样一个东西，不是一个怪物嘛！所以，这句话就是讲，如果有一个东西，它和它的谓词一起被取消了，但是却还留下某种矛盾，对这一点是不可思议的，是无法设想的，这是捏造出来的，或者说这种说法本身是自相矛盾的。东西都没有了，还有矛盾。谁跟谁矛盾？

而没有矛盾，我单凭纯粹先天概念也就不会有不可能性的任何标志。 B624

345

　　就是说，你如果找不出矛盾来，那么你单凭纯粹先天概念，你怎么能够断言它的非存在是矛盾的呢？是不可能的呢？就是说，你之所以断言上帝的非存在是不可能的，是因为上帝的非存在是矛盾的。而现在没有矛盾，那么你怎么能证明上帝的非存在是不可能的呢？我单凭纯粹先天概念也就不会有任何不可能性的标志。比如说，上帝的不存在是不可能的，理由就是它是矛盾的。但现在没有矛盾，你怎么能够断言，上帝不存在是不可能的呢？你没有这个不可能性的标志了。不可能性的标志就在于它是矛盾的，所以它才是不可能的嘛。现在已经没有矛盾了，这个矛盾根本就不可思议，你把主词和谓词一起取消掉，你再去想它的矛盾，已经想不出来了。你已经想不出到底是个什么矛盾了。那么没有这个矛盾，你凭一个先天的纯粹概念，你怎么能够断言有一种情况是不可能的？如果你不能断言这种情况是矛盾的，你怎么能断言它是不可能的？因为这种情况的矛盾就是它不可能性的标志。你就是凭这个矛盾性才断言它的不可能性。上帝存有的本体论证明就是凭借这个。因为我这样想的话，那它就会矛盾了，所以那就是不可能的。但是现在没有矛盾，那么你也就不能断言它不可能。反过来说呢，也就是上帝不存在完全是可能的，一点都不矛盾。这个绝对必然的主体，有没有这个主体，恰好是我所怀疑的，你要给我证明，恰好是你想打消我的怀疑，但是呢，你又达不到这样一个证明。你没有证明这样一个先天概念，也就是绝对必然的存在者这个概念，它在什么情况下有一种不可能性。比如说，它不可能不存在，你要给我证明它不可能不存在。我想要知道的就是这个，它为什么不可能不存在。你也是想要给我证明这一点，但是你没有指出矛盾，你就证明不了这种不可能。如果你能指出它的矛盾，当然我们可以同意，如果这样的话，那就是不可能的，上帝的非存在是不可能的，没有上帝、没有绝对必然的存在者，就是不可能的。但是这个前提你已经设定了，你把你要证明的东西已经设定为前提了，现在我们回到前提，我们发现这个前提完全是可以取消的，我把主词和谓词都可以取消，就没有什么矛盾了。所以你的那些证明呢,也就失效了。你通过形式逻辑的不矛盾律,来证明上帝的存有是必然的,上帝的非存在是不可能的,这样一个证明,也就失效了。

下面这一段严格说起来应该是结合再下面一段来看的,再下面一段是他的回答,这一段主要是站在对方的立场上面,提出一种可能的反驳。我刚才讲,前面这一段已经把唯理论派逼到墙角了,那么在这个墙角里面有没有可能起死回生?这一段就是设想唯一可能的反驳。康德在这个证明和反驳方面是非常严密的,他不是说,我把你驳倒了,那我就甩手不管了。他还要回过头来看,还有没有别的可能,能够给对方提供一种反驳的证据。所以,整个这一段就是提供一种可能的反驳证据,把它摆出来,以穷尽各种可能性。如果你连这样一种可能性都被堵死了,那对上帝存有的本体论证明就彻底覆灭了。所以这一段有一种论战性。就是陈述对方可能提出的最后一种反驳。

针对所有这些一般性的推论(这些推论是没有任何人能够拒绝的)你会用一个具体情况来反诘我,你把这个具体情况当作一个事实证据提出来:

就是说,前面讲的是所有一般性的推论,我刚才讲了,前面都是就一般而言的,一个同一性的判断,它的主词和谓词,其中有一种同一性的关系。在这个判断内部,如果这个判断一旦成立了以后,当然你要把谓词取消,它就跟主词发生矛盾,那就跟主词的意思不一样了,就违背同一律了。但是如果你把主词和谓词一起取消,也就把这个判断根本上取消了。你这个判断的前提就不存在,那么也不会有什么矛盾,也不会违背同一律。这是一般的情况。但是从一般的情况里面呢,已经区分出了一种情况,就是上一段里面讲的,你只能说有一些根本不能被取消的主词,所以这些主词必须保留下来。那么这在逻辑上也是不成立的。上面讲了,有"一些"绝对必然的主体,有"一些"根本不能被取消的主体,这个还是就"一些"、"某些"而言，还没有讲到"哪一个"。当然前面已经提到了上帝是全能的，这样一个必然判断，举的例子里已经说到了。但是还没有特别提出来像上帝这样一个概念是唯一的，唯一的例外。所以他前面所讲的还是一般性的推论。举了三角形的例子，举了上帝的例子，等等。但是呢，阐明了它们一般性的推论。这些推论是没有任何人能够拒绝的。就是一般的懂得形式逻辑的人，都不会反对这一点。这说得很实在嘛，没有故弄玄虚，也没有玩什么花巧。你要确定一个判断的谓词，你这个主词必须是实在的，在形式逻辑的范围之内，它只能够局限于主词和谓词，它们的逻辑关系。但是，所有的形式逻辑的逻辑关系，都有一个前提，那个前提呢，是在形式逻辑之外的，是从别的地方被确定下来的。这个他相信一般人都不会否认这一点的。但是呢，你会用"一个"具体情况来反诘我，就是你会提出一个唯一的情况，一个具体的情况，来反驳我。前面"一些"那样的概念，那些主词，当然已经比一般而言的那样的情况要具体一些了，但是还不是唯一的。而这里强调的呢，就是唯一的有这么个情况。你把这个具体情况当作一个事实证据提出来。你反驳我，你现在在逻辑上已经没有办法反驳我了，但是你可以做为一个事实证据，在事实上来反驳我。一个什么样的事实证据呢？

毕竟有一个、而且只有这**一个**概念，其对象的非存在或取消在本身是自相矛盾的，而这就是最高实在的存在者概念。

这个地方"在本身"不是一个术语，他就是说，其对象的非存在或取消，就其本身而言，是自相矛盾的。这里可以把这个"在"字去掉。就是说，唯一的有这么一个具体的情况，这是一个事实，一个什么事实呢？就是事实上有这么一个概念，它的对象的非存在或者取消，是自相矛盾的。这个概念是什么概念呢？它就是最高实在的存在者的概念。最高实在的存在者的概念，这是一个不能够把它取消掉的概念。这是一个事实。一切事实都要以它为前提，一切事实，有低的，有高的，但是最高的，那就是最高实在的存在者的概念。这个事实已经由我们所面对的这个世界已经存在着这一点，已经提供出来了。我们这个世界之所以存在着，那就是由于有一个最高实在的存在者嘛。你把所有的存在者都把它汇集拢来，最后归总到一个最高的实在的存在者，这个是事实的证据。这个事实的证据实际上已经涉及到宇宙论的证据了，当然这里没有展开，宇宙论证明跟本体论证明呢，其实是有着千丝万缕的联系的，是有内在的联系的。当本体论证明证明不了的时候，人们就会提出一个事实证据出来了，就是毕竟有一个概念，它的对象的非存在被取消是自相矛盾的。如果这个最高实在的存在者也被取消，也没有，这个是违背事实的。就是事实上这个世界已经在这里了。它何以可能存在？你必须要追溯到一个最高实在的存在者。这是一个事实。

你会说：它具有一切实在性，而你有权假定这样一个存在者是可能的，

就是说，这样一个最高实在的存在者，你认为它具有一切实在性，你就有权假定这样一个存在者是可能的。为什么有权？因为我假定这个最高实在的存在者存在，这个是不矛盾的。可能有，我可以推出这种可能性，我可以通过宇宙论的证明，通过充足理由律的证明推出来。既然我们面对着的这个世界已经实在了，已经存在了，那么我们可以假设所有这些存在者都是来自一个最高实在的存在者，它具有一切实在性。为什么能够假定它的可能性？是因为我的这个假定是不矛盾的。我完全可以假定，逻辑上并不矛盾，而且逻辑上很有必要。我假定了这样一个最高实在的存在者，所有其他这些实在的存在者才能够得到解释，都是由它来的。当然康德在这个地方呢，主要是从逻辑上来看，而从事实上看、从充足理由律来看呢，他要把它留到宇宙论证明里面去加以发挥。在这个地方呢，他只限于说：

（我姑且同意这一点，尽管不自相矛盾的概念还远不足以证明该对象的可能性）。

这个地方提出来不自相矛盾的概念和该对象的可能性之间的一种

关系。也就是说，这个括号里面说明它前面一句话所讲的意思，就是说，你有权假定这样一个存在者是可能的，为什么是可能的？它是依据逻辑上的不矛盾。在形式逻辑看来，一切逻辑上不矛盾的都是可能的。所以，形式逻辑的可能性的概念比现实性的概念要大，比必然性的概念更大。现实性就是在一切可能的东西里面有一小部分实现出来了，其他的还没有实现出来，只是可能性。这是通常的一种理解。当然康德已经对这种理解进行了一番改造。就是说，康德讲的可能性，已经不是这样一种单纯逻辑判断、逻辑推理意义上的可能性。逻辑上的可能性只要不矛盾，都是可能的。只要没有自相矛盾，任何事情都是可能的。但是凭借这一点呢，还远远不足以证明"该对象"的可能性。所以"我姑且同意这一点"，为什么姑且同意？就是说，你如果仅仅从逻辑的意义上来谈这一点，我暂时承认你这一点，但是承认这一点对你也没有什么帮助。我就姑且承认这一点，在逻辑上，凡是逻辑上不矛盾的，你都可以把它看作是可能的。至于对象事实上是否可能的，那我们在别的地方再谈，这个地方我们只谈这一点，我们谈的是本体论证明嘛，还没有谈宇宙论证明嘛。在这里，康德加了一个注释，

如果概念不自相矛盾，它就总是可能的。这就是可能性的逻辑标志，凭借这一点，概念的对象就和 nihil negativum（否定的无）区别开来。

可能性的逻辑标志，就是说，只要概念不自相矛盾，它就是可能的。这就是凡事都是可能的，只要它没有矛盾。凭借这一点，概念的对象就和否定的无区别开来。什么叫否定的无？否定的无就是根本就不可能有的东西，比如"木制的铁"、"圆形的方"之类。这种无就是不可能性，就是无意义的东西，你就不要去谈它了。但是如果一个概念在逻辑上不自相矛盾，所以它虽然是无，也就是它现在还不存在，但是呢，它并不是否定的，它是积极的。它不是一种消极的无，它是一种肯定的无，虽然没有现实的对象，但是有它的"概念的对象"，我肯定有这种可能性。有各种不同的无，康德在有个地方还列了个表嘛，我们可以参看《纯粹理性批判》

A290-292=B347-349，无有四种类型嘛。你说某物有好几种类型，康德说无也有好几种类型，有和无都有好几种类型。所谓逻辑上不可能的就是"否定的无"，什么也不可能有，无就无了，无再不能肯定什么东西了，这就是第四种无的类型。但是其他几种无都是有所肯定的无，就是说它虽然没有，但是它可能有。比如说没有任何对象的纯粹理论上的概念，像"基本力"的假设；又如一个对象的缺乏的概念，像"冷"（没有热）这样的概念；再如空洞的想象的东西，像纯粹时间空间等。这些概念都是不自相矛盾的，仅仅是在现实中没有它们相应的对象而已，所以也属于无。这就把这样一些永远只是可能性的对象而实际并没有对象，和那种"否定的无"，借助这样一种逻辑标志区分开来了。就是说，概念的对象虽然找不到这个对象，因而虽然是"无"（第一种类型的无），但是它不自相矛盾啊，凡是不自相矛盾的东西就可能有啊，它就是可能的。当然这种可能性只是一种抽象的可能性。后来黑格尔特别强调，抽象的可能性等于什么也没说，它没有什么用处。凡事都是可能的，如果一件事情即将发生了，一个人跑来对我们说，任何情况都是可能的，那么他等于什么也没说，除非他暗示了最坏的那种情况。你说哪种情况是可能的，你把它提供出来嘛，有哪几种可能性嘛。你只是说任何情况都是可能的，那适用于任何情况。适用于任何情况那也就是不适用于任何情况了，没有用了。所以形式逻辑的这种抽象的可能性，从康德开始呢，就已经把它进行了一番改造。康德所讲的这种可能性，就不再仅仅是抽象的可能性。抽象可能性，形式逻辑的可能性，只是可能性的逻辑标志，也就是形式逻辑标志。我们只能够把这一点跟消极的无区分开来，跟否定的无区分开来。后面这种无并没有任何积极的认识论的意义。要有积极的认识论的意义，必须要有先验逻辑的可能性。先验逻辑的可能性是一个范畴。我们可以翻到前面B184，那里讲道："可能性的图型是各种不同表象的综合与一般时间的条件相一致，……因而是一物在任何一个时间里的表象的规定。"可能性应该是涉及到不仅仅是逻辑上不矛盾，而且呢，是在任何某个时间里面的表象的规定，是一个对象在任何某一个时间，不是一切时间，而是总有一个时间里，它有可能表象出来。这就是可能性的图型。可能性的范畴必须有它的图型，才具有它的意义，才具有它的运用。如果没有它的图型，那就会成为一种逻辑的可能性，成为一种形式逻辑的抽象的可能性。那种可能性不是康德所要求的。如果我用康德的这种可能性的图型，或者康德的可能性的范畴，那么我就可以用它来形成某种对象的知识。就是我可以把它设定在某种时间范围之内，而且肯定这个东西在时间中有可能实现出来。那样你提出的可能性就有具体的意义了，在科学研究中我们总要提出某种假设，这种假设就是这种可能性。然后我们按照这种可能性呢，我们去试验，在时间中对它进行试验，来确证这种可能性，使它成为现实性，乃至于成为必然性。这是康德的可能性的范畴，跟一般形式逻辑的抽象可能性，有这样一层区别。而理性派的那些神学家、哲学家们，他们所要依赖的恰好就是形式逻辑的抽象的可能性，但却试图偷运进第一种类型的可能性，即不仅仅是形式逻辑上的，而且是概念对象上的可能性。就是说，有这么一个存在者，这是可能的，最高实在的存在者，它具有一切实在性，我有权假定它的可能性，依据形式逻辑的不矛盾律，这样一个可能性不矛盾啊，这样一个最高实在的存在者不矛盾啊，所以我可以假定它。但是我不是在时间中假定它，我甚至于把它排除在时间之外。我假定了它以后，它可能在任何时间里面都不会出现，在任何空间里面也不会出现。但是我仍然可以假定它，我从理论上、从逻辑上可以假定它。所以这完全是一种混淆和偷换。概念的对象和形式逻辑上的否定的无当然不一样，但由此还不足以确定这个对象就是存有的，因为它还可能被判定为其他意义上的无。所以康德继续说，

只是这个概念一点也不能免于是一个空洞的概念，如果这概念由以产生的综合的客观实在性没有被特别阐明出来的话；

就是说，这样一个逻辑上的可能的概念，尽管被混同于概念的对象或关于对象的概念，但却并不能免于成为一个空洞的概念，如果你没有

把它的客观实在性通过综合的方式阐明出来的话，它还可能是另一种意义上的无。通过综合的方式，也就是在经验中，在时空条件之下，你没有指出来，这种可能性是可能在某时某地会产生出来的，那么你讲的这种对象的一般可能性毫无意义，它不能对我们的认识有任何贡献，所以它是一种空洞的概念。所以这个地方，这种概念对象的可能性其实只是从一种分析的可能性里面得出来的，是从逻辑上的分析命题里面得出来的。它跟综合的可能性是不一样的。而综合的可能性呢，就是说它的客观实在性你必须要把它特别在时空中阐明出来。这种综合的可能性，比如说最高实在的存在者的可能性，它的客观实在性你要把它阐明出来，你就必须把它放到时间和空间里面去。至少你必须承认，在遥远的未来，或者是遥远的空间，它可能存在。但是理性派显然是否定这个的。他们所证明的上帝绝对不是在时间空间中存在着的某物，一个客观的存在者，不是这个意思，而是在所有的时空之外，作为世界的创造者，包括作为时间空间的创造者。时间和空间还没有的时候，上帝就已经有了。所有的时空，所有的万物，都是上帝创造出来的。要证明的是这个东西。所以它是一种单纯凭借形式逻辑的不矛盾性而假定的一个概念，是空洞的。

　　<u>但这种阐明任何时候都是（如前所述）基于可能经验的原则之上，而不是基于分析的原理（矛盾律）上的。</u>

　　这就是我刚才讲的，你要对它进行一种综合的阐明，说明它的客观实在性，那么任何时候它都是基于可能经验的原则之上。可能经验的原则，那就是包括时间空间，包括图型，你要借助这个图型。这种可能性是在某个时间中存在的，它在某个时间中符合于可能经验的这些法则，而不是基于分析的原理，也就是基于矛盾律之上的。所以，你要对一个对象的可能性，而不仅仅是抽象逻辑的可能性进行阐明的话，那么你不能依靠矛盾律，而必须依靠可能经验的原则。而由此所导致的这样一种可能性，肯定是一种综合的可能性。

　　这是一个警告，即不要从概念的（逻辑的）可能性马上推出事物的

(实在的) 可能性。

　　不可能从概念的逻辑的可能性马上推出事物的实在的可能性、即对象的可能性。注意这里这个"马上"。也就是说，他并不否认概念的可能性有它的作用，在形式逻辑范围里面，它还是有它的作用的。如果一个概念自相矛盾，那肯定是不可能的，这个是一下子就可以断言的。但是反过来不能说，逻辑上不矛盾的就肯定是可能的，而且是在实在意义上可能的。这个就不一定了。当然也可能有这种情况，但是不一定。有另外一种情况，就是逻辑上可能，但是实际上并不可能。比如说上帝的概念，最高实在的存在者这个概念，在逻辑上它是可能的，它不矛盾；但是在事实上，它不符合于可能经验的条件，你不能够直接地从这种逻辑的可能性一下就推出事物的可能性。当然你可以反过来说，逻辑上不可能的，事实上当然也就是不可能的。逻辑的可能性是事实的可能性的一个必要条件，但并非充分条件。你要推出事实的可能性，还要有其他的条件。单凭概念上不矛盾这个条件，那是远远不够的。我们再回到正文。这个注释说明的是上一句话："（我姑且同意这一点，尽管不自相矛盾的概念还远不足以证明该对象的可能性）"。不自相矛盾的概念，当然有它的证明效力，在形式逻辑范围之内，但是它远不足以证明该对象是可能的。它可以起作用，在证明该对象的可能性里面也少不了它的作用，就是说，至少它必须不自相矛盾嘛。所以我们这一点可以排除了，就是说它自相矛盾这一点已经排除了，那么对象的可能性就有可能了。这种对象的可能性就有了可能，有了"可能的可能性"了。但是这种可能的可能性要成为现实的可能性，那还要有其他的条件。

　　既然在一切实在性下面也包括了存有，那么在关于一个可能之物的该概念中就包含了存有。①

　　这还是讲理性派的一个可能的反驳。就是既然你有权假定这样一个

---

① 原文此句无"关于"和"该"，意思不太明确，兹补上。

存在者是可能的，既然在一切实在性下面也包括存有，——最高实在的存在者嘛，它包括一切实在性、最高真实性，最高实在也就是一切实在嘛，一切实在的存在者，当然它下面也包括了存有。存有也属于这个一切实在性嘛。一切实在性当然也不光是存有，它还包括有其他的，各种存有的属性啊，或者是存有的特征啊，各方面都包含在内，反正一切实在的东西，不仅仅是存有，而且是存有所表现出来的所有的真实性，我们都可以归之于一切实在的存在者。它也包括了存有，也就是在这个最高实在的存在者的概念里面，已经就包含了存有的概念。——既然如此，那么，在一个可能之物的概念中，也就包含了存有。这个地方翻译上面我们还可以改进一下，"那么在关于一个可能之物的该概念中"，它这里是定冠词，一个可能之物的概念是关于一个可能之物的该概念，也就是它这个概念呢，就是特指的最高实在的存在者的概念。我有权假定这样一个存在者是可能的，所以我这个概念就是关于一个可能之物的一个概念。这样可能就更加明确一些。既然在一切实在性下面，已经包括了存有，那么，关于一个可能之物的这样一个概念，这样一个什么概念呢？就是一切实在的存在者的概念。最高实在的存在者这个概念，那么它当然也就把存有包含在内，这在逻辑上是一脉相承的。一切实在性下面，包括了存有，那么该概念是关于这样一个可能之物的，它把一切实在的存在者看作的可能的，看作是一个可能的对象，它是关于这样一个可能之物的，那么这个概念里面呢，也就包含了存有。一切实在的存在者的概念里面包含了存有。当然这个概念是关于一个可能之物的，并不是关于一个现实之物，现实之物我们没法知道，但是我们从可能性上面可以推知，这样一个概念，作为一个关于可能之物的概念，它肯定是包含存有的。

　　如果该物被取消，那么该物的内部可能性也就被取消，而这是矛 B625
盾的。

　　也就是说这个可能之物如果一旦被取消，该物被去掉它的存有，这个取消的意思就是说，如果该物去掉它的存有，那么该物的内部可能性也就被取消了，这是自相矛盾的。为什么是自相矛盾呢？因为该物就是一个可能存有之物。这个可能存有之物如果你去掉它的存有，那么该物这种作为可能存有之物的这种可能性也就被取消了。你本来是把它当作一个可能存有之物来设定的，它是可能存有的，但是你现在把它的存有取消了，那它就不可能了。那一旦它不可能，它哪里还能成为一个可能存有之物呢？一个不可能了的可能存有之物是自相矛盾的。为了不导致这个自相矛盾，你必须把这个可能之物设定为存有的。你设定为存有的，它才有可能是一个可能之物。如果你一开始把这个可能之物的存有取消掉了，那么这个可能之物的内部可能性也就被取消掉了。这个"该物"是指代前面那个可能之物的。这个可能之物的概念里面就肯定要包含存有，它是不能取消的，可能之物就是可能存有之物。如果你一旦取消存有，这个可能之物就不可能了，它就失去它存有的可能性了，所以它就会导致一种自相矛盾。这是一个更加精致的证明。这种反诘，进一步的反诘，就是对方想采取起死回生的这样一个方式，就是我承认你在逻辑上所讲的那些，但是在事实上呢，唯有一个概念你是不能取消它的存有的，你要是取消了它，那就是自相矛盾的。这个概念就是最高实在的存在者的概念。最高实在的存在者的概念是一个不自相矛盾的概念，所以呢，我有权假定它的可能性。一旦我假定了它的可能性，我这个概念就是关于一个可能之物的概念。而这个可能之物的概念呢，它又是一个最高实在的存在者的概念。最高实在的存在者必然包含存有，这是一个分析命题。它这个最高实在的还不是存有，那岂不是自相矛盾的吗？所以这个最高实在的存在者包含存有，最高实在的存在者又是一个可能之物，那么这个可能之物的概念呢，也就包含了存有。由此就可以推出来，如果这个可能之物不包含存有，那么该物的内部可能性也就被取消了。也就是说，你就没有权利来假设该物的可能性。我在前面已经讲了，因为它是不自相矛盾的，所以我们有权假定它的可能性，但是如果这样一个概念的存有被取消了，那么该物的可能性也就被取消了。所以这是从可能性的水平上面来提出一个证明，拿出一个事实的证明，拿出一个事实的证据；而这个事实的证据呢，不是从理性的逻辑运用里面推出一个理念，而是从一切实在的存在者这样一个事实，但是又不是真的事实，它是一种事实的可能性。在对象中有一种可能性，而这种可能性呢，仍然是通过逻辑不矛盾性来假定的。就是在这个层次上面，这个层次是更高层次，在事实的层面上我不能证明，在逻辑的层面我也不能证明，那么我就采取一种更精致的办法，就是通过逻辑上的不矛盾律来假定一种事实上的可能性，在这两者之间钻一个缝。事实上面需要综合的命题，我没有办法取得，逻辑上面分析的命题，在前面又被康德所驳斥了。那么怎么办呢？我提出一个唯一的一个东西，它在逻辑上是不矛盾的，而在事实上是可能的。如果它不存有，那么，这个事实上的可能性就被取消了。而我是有权假定这个事实上的可能性的，但是如果被取消，那就说明我没有权利了。而逻辑上的不矛盾已经赋予了我这种权利，你怎么能说我没有这种权利呢？所以这在逻辑上也是自相矛盾的。上面这一段层次比较深一些，要理解到这个层次比较困难一些，不像前面的那么明白。就是通过一种可能之物，可能之物是建立在形式逻辑的不矛盾律上的，所以它有必然性。我必然能够，我必然有权，可以设定这个可能之物。但是这个可能之物如果你说它不存有，那么它的可能性将被取消。它的可能性被取消了，那就自相矛盾了。因为它的可能性是通过逻辑上的不矛盾有权推出来的，所以由此我们可能反过来推出，既然它不可能导致一种自相矛盾，那么我们必须认定这样一个最高实在的存在者是可能的。我没有说它是现实的，在这个地方呢，我仅仅说它是可能的。这个你不能否认。我有权假定这样一个存在者是可能的。但是这样一种可能性，马上就被等同于一种现实的可能性、一种存有的可能性了。所以康德讲逻辑的可能性不等于现实的可能性，也就是指出来，这样一种反驳实际上用一种逻辑的可能性偷换了、把它变成了一种现实的可能性。这个当然已经退后一步了，就是说，我虽然没有证明上帝现实的存有，但是我证明了上帝的可能存有。而且上帝这个可能存有呢，它的反面是不可能的，它的可能性是绝对不能被否认的。所以通过这种方式，也可以间接地证明上帝的现实存有。因为一个可能性绝对不能被否认，那它跟现实性也就差不多了。我们讲可能性也就是讲它可能这样，也可能那样，如果你说这个可能性是绝对不能被否认的，只可能这样不可能那样的，那它就是现实性，或者甚至必然性，你就非得承认了。在什么时候承认，这个我们可以姑妄言之，可以讨论，但是它是一定要实现的，这个是可能的，它的可能性你是不能否认的，它的存有你是不能否认的。所以通过这种方式呢，拐弯抹角地还是回到了本体论的证明。就是说，我有权假定它的可能性，你无权否定它的可能性，那么一个是有权假定，一个是无权否认，那它岂不就是必然性了吗？所以，最高实在的存在者跟绝对必然的存在者这两个概念就合并了，就回到了它的起点。就是说，我现在不跟你从逻辑上讲了，我们从事实上来讲，一个最高实在的存在者，从这个角度，反过来去证明，它是必然的。首先我证明它是可能的，然后再证明这个可能性是不能反驳的、不可取消的，否则就自相矛盾，最后呢，既然它是不可取消的，所以它是绝对必然的，由此来证明最高实在的存在者就是绝对必然的存在者。这是从另外一个方向。前面的那种本体论证明是从这个绝对必然的存在者里面推出它必然包含存在，必然包含它的存有，必然包含它的实在性，这是一个方向。这种反诘呢，是从实在性的角度，我可以设想一个实在性，最高实在的存在者，而且我不能不设想它的可能性，由此推出它就是一种绝对必然的存在者，这是另外一个方向。反反复复，从这一方到那一方，又从那一方到这一方，来尝试各种可能的证明。这个康德都帮他们想到了。你可以从这一方面来反驳我，也可以从那一方面来反驳我。你可以从逻辑上来反驳我，也可以把它当作一个事实证据提出来。当然并不是一个真正的事实根据了，但是它是当作事实证据提出来，从最高实在的存在者不可反驳，它的可能性不可反驳，然后得出它是绝对必然的存在者，这个是一种逃路。上帝存有的本体论证明。前面已经逼得没有路可走了，这个地方又开辟一条新路。是不是这条路能够走得通？这是康德的一个假设。

下面这一段是回答我们上一次读的那一段的。这两段应该结合在一起连贯起来读，才比较能够理解。因为上一次时间不够了，所以没有把它读下来。上一次提出的这个问题就是上面那一段中提出的问题，有人可能会提出这样一个反驳，就是从逻辑上面来推的话呢，当然按照康德的说法，那是不合法的。那么有的人就提出来，我可不可以从一个唯一的事实，当然是一个关于唯一的事实的概念，还是一个概念，但是这个概念不是一个纯逻辑上得出来的理念，比如说从理性的逻辑运用一直往上追溯，而得出来的这样一个假定的理念，这样一个无限的理念。那么我不是从这个思路，而是从现实中有这么一个概念，它是可能的，而且只有这样一个概念，它是可能的。就是它包含有它的全部存在、全部实在。如果你取消了它的存在，取消了它的存有，那么呢，就会导致自相矛盾。这样一个概念，就是一个最高实在的存在者的概念，这个最高实在的存在者的概念不是从逻辑推出来的，而是事实上必须有这样一个概念可以设想，它包含着所有的实在。我们所看到的所有的实在的事物、存有的事物，都包含在它里面。它是一个实在性的大全。这样一个概念的设想是不自相矛盾的。我们可以设想它。虽然是不自相矛盾的，但是如果在这样一个可能的概念里面，把它的存有取消掉以后，它就变得不可能，它就成为不可能了。如果你把它的存有取消掉，那它就会导致一种自相矛盾。它不是从不自相矛盾这个逻辑规律推出必定有个存有，而是从一个存有，我们假设这样一个存有的可能性，那么反推出来，如果取消它的存有的话，这样一种可能性呢，就将没有可能，而这将是自相矛盾的。这是另外一条思路。要证明的都是同一个东西，但是一个是从前面讲的，那是从逻辑理念出发，按照它的不自相矛盾性，推出必定有一个最高实在的存有，这是前一条思路。后一条思路呢，就是我们有权假设一个最高实在的存有、存在者，我们有权假设这样一种可能性，但是如果我们一旦取消了这种可能性的存有的话，那么它将违背它的可能性。你取消了存有，你认为它不可能存有，那么你这种可能性的假设呢，就导致一种逻辑矛盾。当然康德在那个注释里面讲了，逻辑矛盾并不等同于实在的矛盾，并不等同于现实的矛盾。现实中我取消一个事物的存有，并不意味着在逻辑上就导致自相矛盾，这个是应该区分开来的。反过来，在逻辑上不自相矛盾的，不一定就是在现实中存有的，不一定就是在现实上可能的。逻辑上不自相矛盾的当然是可能的，但是只是逻辑上可能的，不见得就是现实中可能的。所以你在现实中把这种可能性的存有取消掉，其实并不会导致自相矛盾。这是康德在上面一段话里面已经说明了这样一个道理。当然这个道理说明得很晦涩了。这是上一段提出的一种可能的反诘，对康德的前述论证可能的诘难。康德认为从逻辑上的不自相矛盾性不可能推出存有，那么有一种反诘就是说，我们是不是可以现实中的可能存有推出它不能够违背逻辑呢？可不可以从这条路来证明？那么下面这一段话就是回答这样一种可能的反驳了。

　　我的回答是：当你在一个你只想根据其可能性来思考的物的概念中，不论以何种暗藏的名目，已经带进了该物的实存的概念时，你就已经陷入某种矛盾了。

　　这句话的结构比较复杂，就是说，当你在这样一个概念中，这个概念是"你只想根据其可能性来思考的物的概念"，这跟前面讲的理念是不一样的，它只是一个可能存有的物的概念，也就是作为一个事实的证据，从一个可能存有的最高实在的存在者的概念出发，但是呢，只是想根据它的可能性来思考的这样一个物，并不是一个逻辑理念。逻辑理念可以不思考一个物，它就是一个概念，它的物的是否存在这是需要证明的。但是在这里呢，我不需要证明了，我从一个物出发，这个物是根据其可能性可以思考的。那么从这个物的概念出发，"不论以何种暗藏的名目，已经带进了该物的实存的概念"，以各种隐秘的手段，暗藏的名目，带进了对该物实存的概念。就是说，你把这个物设想为可能的，但是是可能实存的，这就把这个实存带进来了。你设想一个物的概念，虽然你设想的是一个物的概念，而不是一个抽象的理念了，但是仍然是一个物的概念，而不是这个物的实存。你设想这个物实存，也只是你在概念中的设想。所以这个实存呢，也只是一个谓词的实存，或者说一个谓词概念的实存。这个时候你就已经陷入某种矛盾了，就是说，里面已经隐藏着某种矛盾了。当你提出一个可能存有的物，它是实存的，你建立起这样一个概念的时候，你就已经带进了某种矛盾了。什么矛盾？就是说，你对这个物的实存，究竟是理解为一种物的实在性呢，还是理解为一种概念中的实存？或者说，你究竟是理解为一个分析的概念呢，还是一个综合的概念？你是把这个实存预设在这个概念里面，然后把它分析出来呢？还是你企图通过这个概念去综合而形成它的实存？这就有一个矛盾，也就是下面所指出的，你是分析地还是综合地看待这个命题。这本身是相冲突的。如果你分析地看待，那结果将不一样，如果你综合地看待，结果又不一样。这两者是绝对不能相容的，但是你把它隐藏在同一个概念里面。

<u>如果我们认可你这样做，那么你表面上好像是赢了，但实际上却什么也没有说；因为你只不过是在作同义反复。</u>

这个"我们"是泛指了，如果有人认可你这样做，如果人们认可你这样做，那么，你表面上好像是赢了，就是人家承认你可以这样，提出这样一个概念。康德自己也认为，这样一个概念提出来当然是可以的，我承认你可以提出这样的概念，关于最高实在的存在者这样一个概念，甚至于承认你在这个最高实在的存在者里面必然包含有它的实存、或者说它的存有这样一个概念。我也认可你这样做，在逻辑上你无懈可击，从形式逻辑上来说呢，你是没有矛盾的，所以你看起来好像是赢了。你既然可以提出这样一个概念嘛，但是呢，你没有意识到这个概念里面所隐藏着的一种内在的矛盾。所以，表面上，如果人家不去追究的话，你这样说呢，当然也无可非议。你提出一个最高实在的存在者的概念，然后你说，

它必然包含有存有，这样说无可非议。在形式逻辑上面是不矛盾的。所以你表面上好像是赢了。但是实际上你却什么都没有说，因为你只不过是在做同义反复。你预设一个最高实在的存在者，然后你说这个最高实在的存在者是存有的，这不是同义反复吗？我们可以承认你提出这样一个概念，并且呢，从这个概念里面作出一个分析判断，我们可以承认这一点。因为形式逻辑嘛，只要不矛盾，就是可以允许的。但是实际上这样一个判断，或者这样一个命题，只是一个同义反复的命题，什么也没有说。

我会问你：**此物或彼物**（不论它可能是什么，我都姑且承认它是可能的）**实存着**，这个命题例如说，是一个分析命题还是一个综合命题？

这个地方就点中了它的要害了。就是说，我会问你这样一个问题，这个问题是最击中要害的，最要命的。此物或彼物，不管是什么物，你提出的一个物，最高实在的存在者，不论它可能是什么，我都姑且承认它是可能的，作为可能性嘛。你提出一个概念，只要它不自相矛盾，只要它不像"圆形的方"这样一些自相矛盾的概念，那么，除此而外，所有的这些概念，不管是此物还是彼物的概念，不管你指的是什么东西，那么你说它实存着，任何这样一个可能的概念，你说它实存着，这样一个命题，是一个分析命题呢，还是一个综合命题？这个问题就超出形式逻辑了。形式逻辑只考虑分析命题，只要逻辑上不矛盾，只要是谓词已经包含在主词里面，不论是谈论什么东西，我都可以姑且承认，它是可能的，在逻辑上是可能的。当然这个逻辑上的可能性跟实在的可能性还不一样，这个康德前面已经讲了。我姑且承认这样一个此物和彼物的概念是可能的，但是你说它实存着，这个命题是一个分析命题，还是一个综合命题呢？通常，反方提出这样一个概念来，他是着眼于分析命题的，因为它不自相矛盾嘛。通过一个概念的不自相矛盾，一个从概念中引出的一个判断的不自相矛盾，然后呢，把这个判断的谓词偷换成另外一个含义，这是理性派神学家所惯用的手法。那么提出这个命题呢，就超出了分析判断了。他在分析判断之中，他不会提出这个问题，一旦提出这个问题就说明，他已经意识到，这不是一种分析判断。而是除此以外，还有一种可能，就是综合判断。他们提出这个问题，就是已经意识到了，就已经说明了，就是这样一个判断，我们如果从这个角度一问，就问出名堂来了嘛。你如果不提到这个问题上面来，你可能还意识不到。这就是善于提问了。善于准确地提出问题。你提一大堆，没有击中要害，不切题意，那都没有用。要害的问题只要提一个就够了。康德在这里就提出了这样一个问题。你说说看，你的这个命题，是一个分析命题还是一个综合命题呢？某物实存着，不管你讲的是什么，先不管你讲的是什么东西，你先把你这个命题的性质搞清楚，你讲的是分析命题还是综合命题？如果是分析命题，那么这个某物不管它是什么，此物也好，彼物也好，最高实在的存在者也好，或者不是最高实在的存在者也好，你设定任何一个东西，它是实存着，你按照一种分析判断的规则，从这个概念里面把它的实存，把它引出来，这都是可以的。不需要你一定要设定一个最高实在的存在者。你如果按照分析判断的规律来看的话，你设定任何东西都可以。你设定它是实存的嘛，它并不自相矛盾。你说一个东西，然后你说它是实存的，这个并不自相矛盾。除非你说没有一个东西，然后你又设定它是实存的，那个才是自相矛盾。你说任何某物，你都可以说，它是实存的，你把它设定为实存的，然后从里面分析出它的实存。所以这就是分析命题的路子。下面就讲了，

如果它是分析命题，那么你通过该物的存有对你有关该物的观念没有任何增加，

如果它是一个分析命题，那么你得出来的某物是存有的，但是这个存有的谓词对你的有关该物的观念，也就是这个主词，你并没有任何增加。这就是分析命题的特点。分析命题的特点就在于谓词已经包含在主词中，它是先天必然的，但是，它不会增加主词的概念，它是从主词概念里面分析出来的，而不是加上去的。"通过该物的存有对你有关该物

的观念没有任何增加"，这个存有也就是实存，存有和实存，我在前面讲了，在康德这里是可以通用的，在很多情况之下可以通用。实存就是Existenz，Existenz 跟 Dasein 在康德这里是可以通用的。

但这样一来，要么你心中的观念就必须是该物本身，要么你就预设了一个存有是属于可能性的，然后就以这个借口从内部的可能性中推出这一存有，而这无非是一种可怜的同义反复。

这样一来，就有两种可能性。要么呢，"你心中的观念就必须是该物本身"，就是说你心中、你想的那个观念，就是你想说的那个物本身，也就是说，你想说的那个物本身没有任何别的内容，就仅仅是你想的东西而已，你想到了这个观念，它就是这个观念，就是这样一个物本身。不是别的物，就是你心中的这个观念，也可以当作一个"物"、一个事情嘛。你想到的这个观念，就仅仅是你心中的这个观念，你心中的这个观念，你把它当作一个物本身。你不过是说你心中有这么一个观念而已。我们要倒过来说可能就更加明白一些，就是说，要么该物本身只不过是你心中的观念，你想了这个观念，你仅仅是指你想到了这个观念而已。A 等于 A。A 当然等于 A 的自身了，只不过是说法不同、称呼不同而已。你说我心中有个观念，什么观念呢？就是物的观念。那么这个物的观念，就是你心中的观念。你所说的物，再没有别的本身了，它就是你心中的这个观念。它是分析命题嘛，分析命题要么就是等同，A 等于 A。下面第二种可能呢，"要么你就预设了一个存有是属于可能性的"。这个比较复杂一点，比前面那个直接等同要复杂一些。前面是讲，我设定这个观念，它也是个"物"，但是这个物，仅仅是在观念意义上的物，仅仅是指的这个观念本身。这个观念本身也可以看作是一个物。我毕竟思考了一番嘛，我在心中思考了一番，但是它没有超出我的心中，也没有超出我的观念。它是我心中的观念之物本身。但是下面讲，"要么你就预设了一个存有是属于可能性的"，就把可能性加入进来了，预设了一个存有，它是属于可能性的，然后就以这个借口，从内部的可能性中推出这一存有。这个里头，我们之所以说复杂一点，就是说它有了一个内外之别了。前面那个说法没有内外之别，你讲的那个物本身就在我的心中，就是我心中的观念，我始终没有超出我心中的观念。那么，第二种可能性呢，就是试图要超出我心中的观念。即首先预设一个存有，它是属于可能性的，是可能的存有；然后以这个作为借口，从内部的可能性中，推出这一存有。从内部可能性，我所设定的，我所预设的这种可能性，当然还是在我心中的一种可能性了，然后从这种可能性中推出来这样一种存有。就是试图推出内心之外了。他说："而这无非是一种可怜的同义反复"，这还是一种同义反复。因为所谓的这个存有，是你预设的，你预设了一个存有，它属于可能性，然后你从这个可能性呢，再推出这个存有，你推出来还是推出到你预设的那个存有里面去了，你并没有推出你的预设之外。你好像加进了一个可能性，然后从这个可能性推出可能性之外的一种实在性，好像有这么一个过程，但实际上呢，还是一种可怜的同义反复。它讲的是一个意思。前面的那个存有，预设的那个存有，和后面所推出的这个存有，是同一个存有，都是在你的内心里面预设的。你把所要证明的东西已经预先设定了，所以你所推出来的那个东西跟你预先设定的那个东西，是同一个东西。所以本质上来说，还是同义反复。当然形式上要复杂一些，好像有一个论证，我们把这个论证称之为循环论证，就是把要证明的结论已经作为前提预设了，这就是循环论证。看起来好像经过了一个过程，但实质上它是一个循环论证，也就是说，本质上是同义反复。前一个存有，就是后面这个存有，只不过加了一些花招，这中间插入了属于可能性的这样一个概念，所以它"无非是一种可怜的同义反复"。这是两种可能性，这两种可能性其实就是一种可能性，就是同义反复。你一旦把它看作分析命题，那么最后，不管你采取什么样的隐蔽的方式，它最后都要归结为同义反复。下面的一句话就是对这个同义反复加以揭穿。同义反复虽然是同义反复，但是呢，因为循环论证还要经历一个过程，所以看起来呢，好像它振振有词。那么如何揭示它实际上是

同义反复，

　　"实在性"这个词——它在物的概念里听起来是不同于在谓词的概念里的"实存"这个词的——对此无济于事。

　　"实在性"这个词，你可以把实在性加进来，所谓最高实在的存在者，它就是包含一切实在性。"实在性"这个词，在物的概念里面听起来，不同于在谓词概念里面实存这个词。就是说，在物的概念里面，你设定的是一个物的概念，一个最高实在的存在者这样一个事实的概念，你设定了这样一个事实的概念，好像是一个事实的证据。上面一段话不是讲吗，你把这个情况当作一个事实的证据把它提出来加以证明。所以，你是提出来实在性的这样一个物的概念，那么听起来好像不同于在谓词的概念里面的实存这个词。在谓词概念里面，你把它当作一个谓词，那么作为实存的这个谓词，仅仅是从逻辑意义上来理解的，而不是从所谓的事实的意义上面来理解的。实存这个词 Existenz 跟实在性这个词 Realität 有一点区别，实在性这个词更加接近于事实的层面，或者说经验的层面，更接近于事实的经验的层面。所以，你一说起来，哪怕你不说很明白，你不说它是在时间空间中，它在经验中，那么人们听起来呢，也有一种错觉，就好像它不同于在谓词的概念里面的单纯的实存。Existenz 这个词更加抽象一些，实存这个词就像 Dasein 这个词，更加抽象一些。这两个词是可以通用的，它们比起实在性这个词来说，它们的用法好像更加抽象一些。它们经常是可以用在这个逻辑意义上面。但是实在性这个词是用在物身上，一个物是实在的还是非实在的，它经常是用在物的上面。但是它"只是听起来不同于在谓词的概念里的实存这个词"。当你从所谓的事实证据提出一个最高实在的存在者的这样一个概念的时候，你好像提出了一个不同的词，不同的概念，让人听起来觉得好像不同了。但是呢，应用这个词在这里是无济于事的，没有什么帮助。你想借助于人们对这个词的一种感觉、一种语感来偷换一个另外的命题，那是无济于事的。所以实在性在这里，在最高实在的存在者里面，这个概念里面的实在性，在这个地方，它跟一个谓词概念里面的实存，实际上没有区别。听起来好像不同，你把它放在谓词的概念里面，比如说最高实在的存在者，它包含实在，它包含实存，最高实在的存在者还有很多其他的谓词了，其中有一个谓词，就是实存。那么你赋予这个实存以实在性，好像这就有所不同了，好像它不仅仅用作谓词的实存，而且是作为事实的实存，而且作为事实是实在性。但是这种混淆呢，如果在这个地方加以澄清，就发现它起不了什么作用。

　　<u>因为，如果你把所有的设定（不论你设定什么）都称作实在的，那么你就已经把这个物连同它的一切谓词都设定在主词中了，并假定它是现实的，而在谓词中你只是在重复这点而已。</u>

B626

　　为什么无济于事呢？因为你把所有的设定，不论你设定什么东西，你都把它称之为实在的，这所有的设定，也就是前面讲的，此物或彼物实存着，此物或彼物，无论它可能是什么，我都姑且承认它是可能的，任何一个东西，你说实存着，如果你把所有的设定都称之为实在的，"那么你就已经把这个物连同它的一切谓词都设定在主词中了"。就是说，当你说一个物的各种各样的规定，它们都可以是实在的，一个物，不管是什么样的物，你把所有的它的一切谓词都设定为实在的，那么呢，你就把这个物连同它的一切谓词呢，都设定在主词中了。就是说，你已经把这个主词呢，看作是一个实存的物了。它的所有的设定，它的所有的规定，都是用来说明这个主词的实存的。"并假定它是现实的"。就是把这个物连同它的一切谓词都设定在主词中，并且假定这个物是现实的。这个地方又有一个"现实的"跟"实在的"之分，当然还是有区别的了。康德在这个地方又提出来一个现实的概念 wirklich，wirklich 这个概念跟 real 或者 Realität 实在性这个概念，又有一个层次的不同。实在性这个概念，可以描述那些非经验的东西。当然一般人们的语感肯定它应该跟经验的东西相关的。而现实这个概念呢，它肯定是只能描绘经验的东西。现实性是一个范畴了，现实性就是：在一切时间中，都是符合经验规律的，这就叫作现实性。那么这个时候呢，你再把这个物的一切谓词都称作是实在的，那么你就设定了所有这些谓词它们所组成的这个物，也是实在的。就是说，你的所谓最高实在的存在者，就是所有的实在都包含在它里面了，一切设定，不管设定的是什么东西，都被包含在最高实在的存在者里面了。所以它们都可以称之为实在的。最高实在的存在者它的一切规定、一切设定，都可以称为实在的，因为它们归属于最高实在的存在者这个主词。所以这个物连同它的一切谓词，都被设定在主词之中。而且呢，被假定为现实的也就是被假定为实在的，我们也可以说被假定为实在的，但是要说得更加带有经验性的倾向呢，我们就说被假定为现实的。这个所谓对最高实在的存在者的本体论证明，无非就是要把上帝这样一个概念假定为现实的，在经验中可以起作用的。理性神学的最终的目的是这个。你要说证明有一个最高实在的存在者存在，但是它跟我们这个现实生活没有关系，那你证明它干什么？就不起作用了。之所以要证明一个最高实在的存在者，不是要证明它像伊壁鸠鲁的那个神一样，在宇宙的缝隙之间生活，不是那样一个跟我们没关系的假设，如果你那样证明，那就是唯物主义了。之所以要证明这个上帝的存有，就是要说明它对于现实的世界能够起作用，能够发生影响。至少在最开始，"第一推动"的时候，它可以发生影响。这就是现实。但是你这是设定的，你假定它已经是现实的，而在谓词中呢，你只是在重复这一点，这就是所谓的同义反复。为什么叫同义反复，康德的一个解释就是说，你把所有的设定，不管你设定什么，比如说，前面讲的，你设定它是可能的，你把可能性这样一个设定引入进来，但是你说这个可能性是实在的，最高实在的存在者嘛，最高实在的存在者它的可能性当然也是实在的了，既然它是实在的，它就不可能是不实在的。你要取消它的实在性，就会导致自相矛盾。那么当你这样设定的时候，你把它都设定为实在的时候，你就已经把这个物和它的一切谓词都设定在主词之中了。就是说，包括它的可能性，包括它的一切实在性，最高实在的存在者和它的一切实在性，你把它都已经预设在主词之中了，并且把你在主词中所设定的这个最高实在的存在者这个物假定为现实的。那么既然你把所有的这些谓词都假定在主词中了，然后你从这个主词里面引出这个谓词来，那不就是同义反复吗？那仅仅是同义反复而已。所以在谓词中，你只是在重复这点而已。就是说，为什么前面要讲把这个物连同它的一切谓词都设定在主词中呢？就是说，它没有超出主词。所有这些设定，可能性也好，实在性也好，实存也好，所有这些设定都是你预设的，都是你在主词里面预设的，都只是归属于主词之下。那么你在这个主词之下，把它的任何一个谓词引出来，都只是同义反复，没有别的。你超不出主词，你的判断超不出主词本身。这就是这一段话对前面的解释，为什么无非是一个同义反复？我们引入了一个存有属于可能性的，然后呢从这个内部可能性里面又推出存有，就是说存有已经被设定在主词中了，你再推出它来，那不就是同义反复吗？这是在分析的理解之下，对方所设定的那样一个命题，最高实在的存在者是存有的，是实存的，这样一个命题，它会导致同义反复。不管你怎么样变换花招，最后呢，总是归结为同义反复。就是从主词里面引出他已经预设进去的那样一些谓词。

相反，如果你承认——正如每个有理性者都必须明智地承认的那样——，任何一个实存性命题都是综合的，那么你如何还会主张实存的谓词不可以无矛盾地被取消呢？

"相反"，这就是点出矛盾了，前面讲你是同义反复，当然同义反复你还不能说它错，你只能说它没有说出新的东西，我们说一个同义反复，他同义反复得对呀，A 等于 A 并不能说错呀，你总不能说 A 不等于 A 吧。他没有错，但是呢，他也没有得出任何新的知识，特别是他没有得出他想要证明的知识。他错在这里。他不能够凭借这样一个同义反复的命题就想要证明别的东西。你想要证明别的东西，那就说明你是从综合的角度来理解它了。所以他说："相反，如果你承认，任何一个实存性命题都是综合的，正如每个有理性者都必须明智地承认的那样"。每一个有理性者,动用自己的脑子,都会想到。任何一个实存性的命题,都必须是综合的。因为实存的东西嘛,现实的东西嘛,它必须是在经验中。实存的东西是偶然的,实存的东西的不存在是有可能的,这才叫实存的东西。如果它的不存在是完全不可能的,如果它完全是必然的,那就成了一个形式逻辑的分析命题。当然,在实存中间也有它的必然性,那是指它符合经验的规则,它是符合经验的条件的。所以,在符合经验的条件之下,它要取决于里面所呈现出来的经验事实。所以在经验中也有必然性,但是这个经验中的必然性是包含有偶然性的。它的规则是必然的,但是规则里面呈现出来的事实是偶然的。任何实存性的命题,都是综合的,"每个有理性者都必须明智地承认",就是说,每个有理性者,只要是通盘思考过这个问题,比如说分析命题和综合命题之间的区别,这个康德在一开始,在《纯粹理性批判》的先验逻辑导言里面一开始就讲到了这一点。分析命题和综合命题的区别这是最起码的一个区别,一个分别。你要下一个判断,凡是知识都要下判断嘛,都要以判断为基础嘛,那么判断本身就分两种,一个是分析判断,一个是综合判断。就是这两种。那么,实存的命题,它必须是综合的;形式逻辑的命题,它是分析的。只有分析的命题才是逻辑上正确的。那么实存的命题呢,它有两个层次,一个是经验中的实存的命题,它是综合的。再一个就是先天综合命题,先天综合命题和经验综合命题合起来,构成了我们的一切关于实在事物的知识。那么,我们就可以说,一切实存的命题都是综合的命题,不能单纯凭形式逻辑上面的分析命题来加以断言。这是必须要明智地承认的。"既然如此,你如何还会主张实存的谓词不可以无矛盾地被取消呢?"既然它是综合的,那么你怎么可以主张实存的谓词不能够无矛盾地被取消呢?也就是说,你如何能够主张,实存的谓词一旦被取消,就会导致形式逻辑的矛盾呢?实存的谓词被取消,那么在现实中间,它可以是不矛盾的,因为实存的东西本来就可以是这个谓词,也可以是那个谓词。你不能从形式逻辑的角度来断言,在现实中你取消了一个事情的某个谓词,就导致自相矛盾。它可以不自相矛盾，因为它是偶然的，一个东西它可以存在，也可以不存在，这个有什么矛盾呢？这个没有什么矛盾。但是如果你把它拉到形式逻辑来看，就好像有一种矛盾了。你说一个东西是，然后你又说它不是，好像有一种矛盾了。在形式逻辑上面，一个东西既然是，就不可能不是。是和不是是分得很清楚的。你不能说 A 等于 A，又等于非 A，你不能这样来断言。但是在现实中间，一个东西存在，然后它又不存在，这根本不矛盾嘛。一个东西本来存在，后来它不存在了；一个东西本来不存在，然后它存在起来了，这个不矛盾。或者说，一个东西它可能存在，但是它从来没存在过，这也不矛盾。你说，最高实在的存在者可能存在，但是你又说它从来没有存在过，这个也没有什么矛盾。在现实中是没有矛盾的。因为它是偶然的。所谓偶然的就是它的反面是可能的，一个东西存在，它的不存在是可能的，那么这个东西我们就说它是偶然的。所以它是否真的存在，这就是一个综合命题，这不能够分析出来的。你从概念里面分析出来，你一定得规定它，肯定是存在的或者肯定是不存在的，那都是不行的。你要断言它存在，或者非存在，你必须看，你必须诉之于经验。在你没有诉之于经验之前，你顶多只能说，它是可能存在的，但是你绝对不能说它是现实存在的，或者它是实在的。你只能说它可能实在。但是既然是可能实在，那它就有可能不实在。所以对上帝的存有，上帝的实在性，究竟如何证明，康德认为证明不了。你下不了断言。你凭逻辑上哪能推得出来呢？你要证明它存在，你必须拿出经验的证据来。你要证明它不存在，你也必须拿出经验的证据来。既然双方你都拿不出来，你只好把它存而不论。所以，任何一个实存性的命题都是综合的，那么你如何还会主张实存的谓词不可以无矛盾地被取消呢？实存性的命题，它的反面完全可以是不矛盾的，你取消它的实存的谓词是可以不矛盾的。它跟形式逻辑的矛盾律不相干。当然有一点关系就是，形式逻辑上你当然必须要不违背不矛盾律，形式逻辑上面不矛盾律是它的一个可能性的消极条件。比如说这个词，这个概念，如果它逻辑上根本就不成立,那么就不消谈了。一个圆形的方本身在逻辑上就是不成立的概念,那么你去讨论一个圆形的方究竟是存在还是不存在,这就没有讨论价值了。它有这个作用。形式逻辑的不矛盾律、同一律,它能够起一个消极的作用。就是说,我们首先承认了这概念是不矛盾的,然后我们才有可能去探讨,它到底是现实的还是非现实的,存在的还是不存在的,实在的还是不实在的。它有这个前提。但是你要进一步断言它究竟是存在的还是不存在的,那个就超出形式逻辑的范围了。形式逻辑仅仅是一个消极的条件,它提供了以后就不管了。然后具体的知识,那要靠经验知识去管,那要靠先验逻辑去管。而先验逻辑对上帝来说呢,又是鞭长莫及。你不能够把先验逻辑伸展到超越经验之外去运用,那是不可能的。所以上帝实存的问题就只好把它放在那里存而不论。这是康德的一个论证的思路。最后他讲:

因为这个优点只是分析命题所特有的,正是作为分析命题的特性而建立在它上面的。

这个优点,也就是说,一个分析命题它的谓词是不能无矛盾地被取消的,这就是分析命题的优点。也就是说,分析命题可以提供一个标准,就是说一个主词的谓词既然是分析地包含在主词里面,那么你要把它取消掉,就会导致自相矛盾。所以它不可以无矛盾地被取消。这样一个优点,也就是它的先天必然性的优点,分析命题的优点就是先天的普遍必然性,这在前面的导论里面已经早就提出来了。分析命题和综合命题的区别,分析命题的长处就在于它可以先天地断言,它按照不矛盾律,可以先天地断言,一个谓词可以必然属于主词。这是分析命题的优点。这个优点正是作为分析命题的特性而建立起来的。这样一个优点,就是反方所提出的这样一个检验的标准,就是看它的谓词是否跟主词相矛盾,由此来断言这个谓词不可能离开主词,不能够抛弃,不能够取消。这样一个优点,作为一个普遍必然的标准,它只是分析命题所特有的。也就是反方一开始就没有把这个命题理解为一个综合命题,而是理解为仅仅是一个分析命题。这就揭示出了这样一种反驳意见，他们的根本的出发点就在这里。他们要证明最高实在的存在者是存有的，他首先就把这样一个判断、这样一个命题理解为一个分析命题。那么理解为一个分析命题就是同义反复。你要真的证明它是现实的存有的，你就必须把它理解为一个综合命题。那么，如果是综合命题，那你用分析命题这样一个标准，就无法衡量了，因为综合命题的谓词是可以跟主词相分离的，你的论据就根本站不住脚。这是这一段的主要的意思。

我们看看下面这两段。上面这一段呢，刚才我其实已经提到了，就是说为什么不能通过对这样一些概念的精确的定义，来排除理性神学在这个问题上面的混淆。理性神学既然是对这个问题进行了一种偷换，所谓的陷入到了一种矛盾，即把这个命题究竟理解为分析的还是综合的，那么照理说，我把这个术语精确界定一下不就够了嘛。我所讲的存有，我所讲的实存，我所讲的现实，或者我所讲的实在性，这样一些概念，你把它精确地加以定义。你在这个地方，你是用的一种什么样的含义，在那个地方又是一种什么含义，是不是就可以排除这样一种混淆呢？但是康德自己说，他试了好几次，最后发现排除无效。就是说，无论你提出一种什么样的定义，理性心理学都可以把它纳入到它那个固定的思维模式里面去，把它变成一个分析命题。这就是下面这一段的主要的意思。

如果我不是发现了混淆逻辑的谓词和实在的谓词（即一物的规定性）的这种幻觉几乎是拒绝一切教导的话，那我就会希望直截了当地通过对实存概念的一个精确的规定来打破这一挖空心思的论证了。

就是说，我终于发现这样一种幻觉，也就是把逻辑的谓词和实在的谓词混为一谈的这样一种幻觉，几乎是拒绝一切的教导的。如果我没有发现这一点，那么呢，我本来也许会希望直截了当就对这个实存的概念加以精确的规定，那你就无法逃脱了。一般通常的思维都是这样的。既然导致了自相矛盾、同义反复，那么我是不是通过严格精密地来规定概念，就足以排除这样一种含混性呢？到底是分析命题还是综合命题，这是个很简单的问题，我是不是能通过对这个概念的严密规定来表明这一点呢？但是，他发现了人们的这样一种幻觉是拒绝一切教导的，总是要把逻辑的谓词和实在的谓词混为一谈。实在的谓词，康德在这里有一个用语叫作"一物的规定性"。这个"规定性"，我们也可以翻译成"规定"，但是我们把它翻译成"规定性"，就是要把它和动词的"规定"区分开来，把它变成一个名词。Bestimmung 本来就是一个动名词，我们把它在这里译作规定性，就是把这个动词变成一个名词，以便于我们在后面的运用。那么，实在的谓词是对于一个事物的规定，对一物的规定性，逻辑的谓词，当然你要从形式逻辑的意义上来讲，它也是一种规定，但是康德在这里呢，把这个规定特指对一物的规定，对现实事物的规定性。但是，尽管你把它特定限于对于现实事物的规定性，仍然会有这样的混淆，就是把逻辑的谓词和实在的谓词加以混淆，或者说，把实在的谓词单纯从逻辑的意义上来运用。这个逻辑的谓词，虽然是指逻辑上的谓词，不是指的逻辑，就是在逻辑意义上的谓词，但是任何实在的谓词总是可以被在逻辑的意义上面加以运用，从而导致混淆。不管你多么精密地对实存的概念加以规定，人们总是可以从逻辑的意义上来理解它。这是形式逻辑本身的特点导致的，而不是他们故意要这样做的。所以下面一句就是讲这个原因了。

人们可以随心所欲地把任何东西用作**逻辑的谓词**，甚至主词也可以被自己所谓述；因为逻辑抽掉了一切内容。

逻辑就有这样的特点，就是说，人们可以随心所欲地把任何东西用作逻辑的谓词，甚至主词也可以被自己所谓述，也可以变成谓词，它这个没有限制。因为形式逻辑嘛，它就是抽掉了一切内容，它不管它讲的是什么，只要这个谓词摆在那里，它就把它当作逻辑的一个项来看待。在逻辑中，一个谓词它是逻辑判断中的一项，主词是另外一项。至于前一项后一项它的内容究竟有什么关系，这个形式逻辑是不管的，它只管形式上的关系。所以，哪怕你对于实存或者是存有做了严格的规定，但是一旦纳入到形式逻辑的眼光之下，它就被看作只是一个判断中的一项，而不一定和那个对象联系起来理解。它只是考察它在逻辑中的逻辑关系、逻辑形式，它处于这个形式之中，它处于哪个位置，而对它的内容，完全撇开了。它究竟是你想出来的一个概念，还是一个实实在在的概念，还是一个根本就不存在子虚乌有的概念，它不管，形式逻辑不管内容。

但规定性却是一个添加在主词概念之上的谓词，它扩大了这个概念，所以它必须不是已经包含在这个概念之中的。

规定性 Bestimmung，康德有他特有的含义，就是说，"一物的规定性"。这个一物的规定性呢，它肯定是一个添加在主词概念之上的谓词，它跟主词的关系本身应该是综合的，因为它扩大了主词的概念嘛。"所以它必须不是已经包含在这个概念之中"，就是它必须在综合命题的意义上面来使用。但是呢，理性神学往往把它等同于逻辑上的谓词，把规定性等同于形式逻辑上的谓词，也就是抽掉了规定性具体的内容，只从形式上来考虑，当然它也有形式上的关系。或者说，任何一个综合命题，如果你单纯从形式上来考虑的话，你都可以把它理解为一个分析命题，只要你在一开始就把这个谓词理解为包含在主词这个概念里面的。为此你可以不惜重新解释主词的概念，或者是歪曲主词的概念，都可以，那个都没有关系，形式逻辑不管。所以你要凭借形式逻辑来讨论问题，你首先就要问，这个概念是如何定义的，你这个主词，你这个定义的概念，这个基本的概念，你是如何理解的，你要把它定义好。一旦你定义好了，尽管我不同意你的定义，但是一旦你定义好了，那么我可以承认你的推论，只要你不自相矛盾。当然，各人有各人的定义，同一个概念它本身往往也是模糊的，你有你的定义，我有我的定义，每个人的定义可以不一样，有的人把这个定义里面放了这样一些内容，有的人放了另外一些内容，在形式逻辑上来看，这都是可以的，都是允许的，形式逻辑不管大前提嘛。所以你只要大前提定好了，你只要基本概念定好了，那么形式逻辑它就可以按照一个正确的逻辑规律去推,就可以了。至于这个大前提或者这个基本概念究竟是怎么样的,那不属于形式逻辑管的范围。所以这一段主要讲的就是,形式逻辑根据它的这样一种本质特性,所以它原则上是可以把任何命题都变成一个逻辑命题、分析命题,把任何谓词都变成一个逻辑谓词。包括实在的谓词,任何实在的谓词,他都可以从逻辑谓词的这个角度来加以理解。这是由形式逻辑的本性所导致的。它所产生的幻觉也是符合形式逻辑的,所以它拒绝一切教导。而且它诱导人们来作一种挖空心思的论证。因为逻辑上他找不出毛病啊,形式逻辑上他找不出毛病,他就总是以为自己有道理,我严格地按照不矛盾律和同一律来进行推论,来进行判断。这个是讲到根子上面来了。就是说,理性神学之所以那么样热衷于不断地深入地去完善他们那个对上帝存有的本体论证明,唯一所依据的就是形式逻辑的这样一种特点,就是可以把任何综合命题变成分析命题。任何综合命题,都可以通过把它的规定性变成一个逻辑谓词,纳入到它的形式逻辑的理解里面,然后呢,就可以撇开内容,单从形式上面进行推论了。推论到最后的结论呢,又通过某种偷换的手段,把这个推论误解为一个实在的谓词的规定,把这个结论误解为它对实在的主词作出了某种规定。这种幻觉始终是摆脱不了的。

下面就讲得比较具体了。下面这一段可以说是经典的段子,经常被人引用。

"是"显然不是什么实在的谓词,即不是有关可以加在一物的概念之上的某种东西的一个概念。

"是"的后面有一个译者注,也就是德文的 Sein,它包含有"是"、"存在"、"有"等等意思,那么我们在这里的翻译,很多地方出现这个词的时候,我们往往是采用不同的译法,我们只要知道这个,应该问题就不是很大了。很多人认为这个词应该统一译法,应该把它译成"是",有很多人,包括一些老先生,都主张只翻译成"是",但是行不通。很早就有人作出这样一种设计,但是呢,没有一个人行得通。你只要一翻译,你就会发现,这根本不是一个单纯的语言学问题,它是一个文化问题。我也专门为这个问题写过文章,也讨论了它在文化上的根源。[①] 你不能强行把一种文化的背景置于不顾,然后来强行地统一译法。它没有对应的词,这个 Sein 这个词,或者是希腊文的 το ον 这个词,英文的 Being,在汉语里面没有对应的词,你只能够一词多译。这没办法。但是我们注明了以后呢,并不会妨碍我们的理解。康德在这里提出这个问题是一个非常经典的问题,现在一直还在争论。就是"是"显然不是什么"实在的谓词",它不是本身包含有一个所指对象的——所谓实在的谓词就是这样。"是"这个词,不是对某物的一种规定性,不是"有关可以加在一物的概念之上的某种东西的一个概念"。就是说,"是"这个词不是可以加在一个东西的概念之上,表达某种另外的东西,用一个东西加在作为主词的某物之上,表达那个某物的,这样的概念,它不是。它不能够这样用。

它只不过是对一物或某些规定性本身的肯定。

我们讲"是",它就是对一物,或者是某些规定性,来加以肯定。一物,比如说桌子,"是",或者说有桌子。我们讲有桌子,桌子有。有没有桌子啊,有桌子。或者它的某些规定性,桌子"是"方的,那么一方面你对桌子做了肯定,另一方面对"方的"这个规定也作了一种肯定。当然桌子是方的,不一定意味着有桌子,正如"飞马"有翅膀不一定意味着有飞马一样。所以,你在肯定桌子是方的之前,你还必须要肯定"桌子是"、"有桌子"。或者是按照分析哲学的说法,"有某物","有 X",这个 X 是桌子。或者应该这样来表述。所以它只是对一物,或者是这个事物的某些规定性本身作出的一种肯定,它只是一种肯定而已,它本身不是对它又作了

---

① 参看拙文:《Being 的双重含义探源》,载《Being 与西方哲学传统》,宋继杰编,河北大学出版社 2002 年版;《中西文化视野中 Being 的双重含义》,《深圳大学学报》2003 年第 2 期。

一种什么样的描述，又加上了一个什么样的属性，它不是起这个作用的。

用在逻辑上，它只是一个判断的联系词。

就是我们通常讲的系词，在逻辑上，它只是起一个系词的作用。当然这个系词我前面已经讲到过，康德所理解的系词，跟逻辑学家们所理解的系词还有不同。逻辑学家一般所理解的系词仅仅起一种联系的作用。就是说，任何两个词，你可以把它挂起钩来，形成一个判断。而康德所讲的这个系词，它的联系作用还有更深层次的含义，就是它表明了先验自我意识的这样一种能动的联结作用，联结活动。康德这个联系词它还包含有联结活动的这样一个意思，也就是我们讲的主体能动性吧。就是说，你对这个判断，用这个"是"作出了一种肯定，作出了一种固定的联结，这体现了人的主体能动性。系词不仅仅是一种单纯形式上面的任何两个词碰在一起，然后就挂起钩来了，而是表现出说话者、下判断者的主观能动性的这种活动。所以在这个地方，有的人可能就仅仅从形式逻辑的角度来理解，当然一般说来不错，但是我们要前后联系起来看，我们就会体会到康德对形式逻辑的理解跟一般形式逻辑学家的理解也有层次上的不同。但这个地方我们暂时不管它。

"上帝是全能的"这个命题包含有两个概念，它们拥有自己的对象"上帝"和"全能"；

"上帝是全能的"这个命题、这个判断，它包含有两个概念，一个是上帝，一个是全能，这两个都可以称之为这个命题的对象。这个命题有两个概念，因此也拥有这两个概念各自的对象。一个是"上帝"，上帝这个概念是指向上帝这个对象的。全能的这个概念也是指向一种全能性这个对象的。

B627 小词"是"并非又是一个另外的谓词，而只是把谓词设定在与主词的**关系**中的东西。

上帝"是"全能的，这个中间的"是"又称为"小词"，它并不是另外的一个谓词，它只是把谓词设定在与主词的关系中。所以，你不能把这个"是"当作好像跟"全能的"啊,跟其他的东西并列的另外一个谓词,它只是把任何一个谓词和主词的关系设定下来,肯定下来,就是上帝"是"全能的。"上帝"和"全能"这两个概念都有它的对象,但是呢,你通过一个"是",把它们的关系肯定下来了。

现在,如果我把主词(上帝)和它的一切谓词(其中也包括"全能的")总括起来说:"上帝存在",或者"有一个上帝",那么我对于上帝的概念并没有设定什么新的谓词,而只是把主词本身连同它的一切谓词、也就是把**对象**设定在与我的**概念**的关系中。

现在如果我把主词"上帝"和它的一切谓词总括起来说"上帝存在"。为什么把主词和它的一切谓词总括起来我可以说"上帝存在"呢?因为当你说"上帝是全能的"时候,一方面肯定了"上帝",另一方面呢,你也肯定了"全能"。这个"上帝"和"全能的"这两者之间,确实有一种关系。但是与"上帝"有关系的不仅仅是"全能"啊,还有"全知"啊,"全善"啊,还有很多其他的谓词啊,全部都包括在内。但是所有的全知、全能、全善,所有这些谓词,它都必须"是",或者说它都必须存在,你才能把它跟上帝挂起钩来嘛。它们都依赖于"是"。所以,所有这些谓词,包括"上帝"这个主词,它们总括起来,我们可以说"上帝存在"。"上帝存在"就把所有的那些上帝的谓词都包括在内了。因为所有那些谓词都必须存在啊,如果你说"全能",但是又不存在,那等于是没说。或者说"全能"但是又不是"上帝"的,那也就没有关系了。我既然用"是"把"全能"和"全善"和所有其他的东西,都把它跟"上帝"挂起钩来,那么,这个"是"字就代表所有这些谓词的一种"是"。所以我们可以说,把主词"上帝"和它的一切谓词,其中也包括"全能的",把它总括起来说,"上帝存在",Gott ist。这种句子也有,我们可以翻译成"有上帝",或者呢,es ist Gott,英文 it is God,"有一个上帝",it 是一个虚词了,就是"有一个上帝"。这样的命题实际上是把所有的谓词都包括在内了。如果"上帝"有,它肯定有它的一切属性,如果"上帝是",当然这个"有"意味着"是"了,它不是说实在，不是说现实地"有上帝"，而是说"上帝是"。我们说"有一个上帝"，这只是在逻辑上讲的。那么一旦你肯定了"有一个上帝"，那么这个"上帝"所有的谓词都包括在这个命题里面了。如果有了上帝的话，那么它所有的属性都有了，都包含在这个"有"里面了，包含在这个"是"里面了。但是，这样一个命题，跟通常的理解大不一样的就是，在康德的理解中，"那么我对于上帝的概念并没有设定什么新的谓词，而只是把主词本身连同它的一切谓词、也就是把对象设定在与我的概念的关系中"。就是说，当我说"上帝有"、"上帝是"，或者是"有一个上帝"，当我作出这样一个判断，提出这样一个命题的时候，我并没有对"上帝"的概念设定什么新的谓词，我没有为它带来什么新的规定，"而只是把主词本身连同它的一切谓词、也就是把对象设定在与我的概念的关系中"。也就是说，我把主词本身，也就是把主词的对象，设定在了我的概念之中。就是上帝这个概念包含它的存在，包含它的"是"，而这个包含它的"是"并没有在这个上帝概念上面加上什么东西，而只是说，上帝这个概念、他的对象就是我的概念所讲的那个对象。我的概念和这个概念的对象，也就是这个概念的含义，被这个"是"所设定了。我指的就是这个对象——上帝。我的这个上帝的概念所指的就是这个上帝的概念。他只是设定了这样一个关系，就是说你的这个概念是有所指的，是有对象的，当然这个对象不是指的现实的对象，而是指的逻辑的对象。他前面讲，上帝和全能都拥有自己的对象嘛，也就是都拥有自己的所指，都拥有自己的含义，都拥有自己的意思。它的意思是指向一个对象的。这个对象存不存在并不能由这个"是"所决定，它只是说，我这个主词的概念里面跟它的对象之间被设定了一种关系。所以他讲："我对于上帝的概念并没有设定什么新的谓词，而只是把主词本身连同它的一切谓词、也就是把对象设定在与我的概念的关系中"。对象和概念这两个词下面都打了着重号。他要强调的就是说，只是设定了这个概念和它的对象之间的关系，上帝"是"，也就是说，我指的上帝，就是这个上帝。我所提出来的这个概念，就是指的这个上帝。"有一个上帝"，也是这个意思。从严格的逻辑意义上来理解这个"有"，那它就不是指的在现实中的存有，更不是指的在经验中的存有。它就是指的逻辑上面我把这个上帝的概念和它所指的那个上帝对应起来了。或者用一句通俗的话来说，就是我在这个概念里面想到了一个上帝，这也就是把对象设定在与我的概念的关系中。我说出这些话来，是设定在与我的概念的关系中，别人也许不承认，或者他也许不肯说这句话，但是我说有上帝，所以这个"是"，是我的一种联结作用。我刚才讲了，康德的"是"，是一种系词，这个系词的意义就是我的一种联结活动。所以我通过这样一种联结活动，就把一个"我"的概念和这个概念所指的对象，也就是它的意义，联结起来了。

　　概念和对象两者所包含的必然完全相等，因此不可能因为我将概念的对象思考为绝对被给予的（通过"它存在"这种表达方式），而有更多的东西添加到这个仅仅表达可能性的概念上去。

　　这个概念和对象，根据我刚才的解释，我们就不要理解为概念和现实的对象，而是指的概念和它所指的对象。概念和它所指的对象两者所包含的必然完全相等。"因此不可能因为我将概念的对象思考为绝对被给予的（通过'它存在'这种表达方式），而有更多的东西添加到这个仅仅表达可能性的概念上去"。正因为概念和它所指的完全相等，我就不可能因为我把概念的对象思考为它"是"绝对被给予的，思考为这个对象肯定要被给予这个概念，——因为我这个概念就是想的这个对象嘛，那它当然是绝对被给予这个概念的了，它们本来就是一个东西嘛，——但是并不能通过这个，通过说"上帝是"，通过这样一种表达方式，而有更多的东西添加到这个仅仅表达可能性的概念上去。就是说这个概念仅仅表达了一种可能性，他表达了对象是一种可能的对象。上帝的概念，当然肯定包含有它的对象，它是指向那个上帝对象的。但是这个上帝在概念中呢，它仅仅是一种可能的上帝。我想到了一个上帝，我形成了一个上帝的概念，这个概念不矛盾，这个概念顺理成章。既然是上帝嘛，既然是最高的神，所以他全知全能全善，也可以说全在。这些判断你都可以得出来，然后把所有这些判断归结为一个判断，就是有上帝或者"上帝是"。但是你通过这样一种表达方式呢，你并没有为这个仅仅表达可能性的概念添加任何东西。

所以，现实的东西所包含的决不会比单纯可能的东西更多。

现实的东西所包含的，也就是它所包含的那个内容、内涵。他这个地方所用的"包含"，erhalten，这个词有"内容"（Inhalt）的意思。它所包含的就是它的内容、涵义。现实所包含的内容，也正是概念里面所包含的那同一个内容，就是那个可能的内容的现实化嘛。概念的内容仅仅是一种可能的内容，因为它不矛盾啊，凡是不自相矛盾的都是可能的。但在形式逻辑的意义上面，现实的东西的内容也绝对不会比单纯可能的东西更多一点什么。你想更多一点什么，那就不是这个概念的现实化了，而是另一个概念的现实化了。所以，他下面讲：

一百个现实的塔勒包含的丝毫也不比一百个可能的塔勒更多。

"一百个现实的塔勒"所包含的，也就是它的内涵、含义，它里面所包含的含义，就是一百个塔勒，现实性可以说是加上去的。但是，你加上现实性，它的内容却并没有加上什么东西。并不是说，它就变成了一百二十个了。它还是一百个塔勒。尽管它是现实的塔勒。它丝毫也不比一百个可能的塔勒更多。一百个可能的塔勒所指跟一百个现实的塔勒，是完全一样的。我就是指向一百个现实的塔勒，但是可惜它现在还不现实，它还只是可能的。但尽管它只是可能的，但是它所包含的还是那么多啊，它的内容还是那么多，它的含义还是那么多，它的含义并没有因为它是可能的而少了什么东西，也不因为它成了现实的就多了什么东西。如果它实现出来了，那我们就说，这一百个塔勒它实现出来了，正好就是我原来想要的那一百个塔勒。它是一模一样的，它不是九十九个，也不是一百零一个，不多不少，就是我原来所想的可能中的那一百个塔勒。所以，"一百个现实的塔勒包含的丝毫也不比一百个可能的塔勒更多"。

这是从形式逻辑上讲的,因为形式逻辑不管概念的内容是否实现出来了,它都一视同仁地看待。

　　<u>因为,后者在这里意味着概念,前者却意味着对象及其肯定本身,所以,假如后者比前者包含的更多,我的概念就会没有表达出整个对象,因而也就不是该对象的合适的概念。</u>

　　后者在这里意味着概念,也就是一百个可能的塔勒只是意味着概念,而前者,也就是一百个现实的塔勒,就意味着对象及其肯定本身。一个是意味着概念,一个是意味着对象及其肯定本身,但是这个概念所包含的内容恰好就是那个对象和肯定本身。所以它们两者不可能有什么区别。一百个现实的塔勒里面所包含的,跟一百个可能的塔勒所包含的完全一样。所以假如后者比前者包含得更多,也就是一百个现实的塔勒比一百个可能的塔勒包含得更多,那我的概念就没有表达出整个对象。也就是说,如果现实的塔勒要多一个塔勒,那你只有一百个塔勒的概念就没有表达出一百零一个塔勒来,就没有表达出整个对象了,因而也就"不是该对象的合适的概念",或者说,不是该对象的概念。一个对象的概念,之所以是这个对象的概念,就因为这个概念里面所包含的跟这个对象是一模一样的。如果这个对象一旦实现出来,就多了一点什么东西,那这个概念就不合适了,就不是他原来预想的了,他原来预想的就嫌少了。当然这个地方康德的表述你要仔细推敲的话,好像不是很严格的。这个里头,一百个现实的塔勒,意味着对象及其肯定本身;一百个可能的塔勒,意味着概念。一百个可能的塔勒,是不是也意味着对象及其肯定本身,应该说也意味着,一百个可能的塔勒也意味着对象及其肯定本身。他并没有说它只是意味着概念。概念是有内容的,你的概念说了什么东西,你说来给我看看。一说出来不就意味着对象及其肯定本身了?所以这样一看呢,它的这两者,一个现实的,和一个可能的,这两者呢,包含的应该是一模一样的。这个思想,这个意思,康德在这里倒是表达得很清楚。但是这个语言方面,好像还是有些别扭。显得好像很晦涩。其实你

讲清了呢，如果用现代比较严密的话来说呢，可能说得更清楚些。康德当时是自然语言嘛，他那个时代他只能采用自然语言来说话，没有精确地经过推敲的。但他的意思很明确，就是说你的一百个塔勒的概念，它的所指跟现实的一百个塔勒完全一样，它的含义跟现实的一百个塔勒完全一样，不多不少。这是在形式逻辑意义上说的。但是现实的一百个塔勒呢，在某种另外的意义上，又要比你可能中的、概念中的一百个塔勒要多。这个是下面要讲到的。在什么意义上更多？他说：

但是在我的财产状况中，现实的一百塔勒比一百塔勒的单纯概念（即一百塔勒的可能性）有更多的东西。

这个表述不很严密，不能说有更多的，只应该说它完全是两码事。现实中的一百塔勒怎么能跟概念中的一百塔勒相提并论，怎么能够用多少来衡量呢？而且跟他前面的说法呢，好像有一种自相矛盾了，你本来说是一样多的嘛，你本来说现实的东西包含的不可能比单纯可能的东西更多嘛，但你现在说更多，当然有个前提，就是"在我的财产状况中"，也就是在现实中。在现实中，你光说，口头许诺，我给你一百塔勒，你说一万遍，也等于没说。你要把一百个塔勒交到我手里面才算数。这个不是多不多的问题，不是说，你说一万遍还嫌少了，再说一万遍。不是这个问题，不可同日而语。但是他是意思还是很明确的。就是说，在我的财产状况中，谁都知道，现实的一百塔勒比一百塔勒的概念有更多的东西。当我们说"有更多的东西"的时候呢，我们是说了一句非常幽默的话。就是说，你说了一万遍一百塔勒，你许诺给我，那还只是一个概念，还只是脑子里面的东西，但是我要求得更多。要求更多并不是说你再说一万遍或者十万遍，而是说你要给我，只要给我一次就行了。给一次我就得到的更多了，多多少？多一百塔勒啊！你要交到我的手里，这才算数，否则就只是零。所以他这里讲到的，"现实的一百塔勒比一百塔勒的单纯概念有更多的东西"，即比一百塔勒的可能性有更多的东西，就是这个意思。

因为对象在现实性方面并不只是分析地包含在我的概念中，而是综

合地添加在我的概念之上（这概念是我的状态的一个规定），

这句话等于是解释前面那句话了。"因为对象在现实性方面并不只是分析地包含在我的概念中，而是综合地添加在我的概念之上"，这就是说，在现实性方面，对象和我的概念之间是一种综合的关系，在这里是一种综合的关系，而不是分析的关系，并不"只是"分析的关系，或者说根本不是分析的关系。为了要说明"更多"这个说法，他这里讲，并不"只是"分析地包含在我的概念中，而是综合地添加在我的概念之上。也就是说，这个所谓"更多的东西"，无非就是说，对我的概念有了增加，是在这个意义上来讲的。所谓更多，并不是说现实的一百塔勒比概念的一百塔勒更多，而是说，现实的一百塔勒对于我的概念的一百塔勒是一种综合的关系。一百塔勒的现实的存在，对于我的一百塔勒的概念，这两者之间，形成了一种综合的关系。就是说，我除了知道一百塔勒的概念以外，我还知道真的有一百塔勒。这就是一种综合命题了。虽然两个都是一百塔勒，但是呢，增加了东西。增加了什么东西呢？并不是增加到了一百零二、一百二十个塔勒了，不是的，而是增加了一个知识。就是说，这个一百塔勒，确实有，增加了这一点东西。"综合地添加在我的概念之上"，这个概念是"我的状态的一个规定"，而现在就不仅仅是我的状态了，而是现实的一百塔勒。在我的财产状况中，已经增加了一百塔勒了。所以下面一句又讲：

而通过在我的概念之外的这个存在，丝毫也没有对这被想到的一百塔勒本身有什么增多。

这里，康德的表述有一些不清楚，他的意思他觉得他表述清楚了，但是他的语句表述不清楚。就是说，通过在我的概念之外的这个存在，也是现实的一百塔勒，"丝毫也没有对这被想到的一百塔勒本身有什么增多"，现实的一百塔勒在它的这个所包含的内容上面，对于被想到的一百塔勒本身，也就是仅仅是一个一百塔勒的概念，相比而言，并没有任何增多。它还是一百塔勒。所以，这个增多，看你是在什么意义上说，在财产状况中，它有增多，作为综合命题，它有增多。如果没有增多，它就不是综合命题了，它就是分析命题了。但是作为这个概念的内涵、含义来说，并没有增多，还是一百塔勒。现实的一百塔勒比概念中的一百塔勒，肯定要多，这个多，不是多在它的数量上，而是多在它还有一个概念之外的存有加进来了。所有的概念都不够，你想到了一百塔勒，你想了十万遍也不够。但是在概念之外，如果有一百塔勒加进来，印证了这个概念，那么这个就是增加了。这个就是一百塔勒的增多，但是不是这个一百塔勒的塔勒数、它的内容的增多，而是对这个命题，从一个分析命题进到了一个综合命题。综合命题，就是谓词比主词要多，谓词增加了主词的内容。这就是综合命题。他是在这个意义上面讲的增多。

上一次讲的有个地方要改一下，"所以，现实的东西所包含的决不会比单纯可能的东西更多"，这个"所以"的原文是 So，当然也可以翻译成"所以"，但是在这个地方呢，恐怕更多的是强调"这样"，就是"按这样一种方式来理解的话"。如果翻译成"这样"，而不是所以，那么，上次讲到康德的那些模糊的地方呢，就可以澄清一些。就是按这样一种方式，按前面讲的这种方式，现实的东西所包含的和可能的东西在这种意义上是完全一样的。那么，下面几行讲了，"但是在我的财产状况中，现实的一百塔勒比一百塔勒的单纯概念（即一百塔勒的可能性）有更多的东西"，这个前面是有个前提的 . 就是说，现实的东西和单纯可能的东西就它们所指的对象而言，比如它指的一百塔勒，就这一方面来说，就它的含义来说，它们是完全一样的，不可能哪个多哪个少。但是就财产状况来看呢，那还是不一样的。如果这样来理解的话呢，就比较顺了。也就是说，这个"这样"，它是指前面那一句话里面讲的，就是这个小词"是"，"只是把主词连同它的一切谓词、也就把对象设定在与我的概念的关系中"。就是它并没有设定什么新的谓词，而是设定在与概念的关系中。那么按照这样的理解，它当然就跟概念的所指是完全等同的。这个"是"在这里的意思，就是指的"我的概念就是指的那个东西。"所以他是把对象设定在与我的关系中，概念和对象所包含的两者必然完全相等，而不可能有更多的东西添加到这个仅仅表达可能的概念上去。这样，现实的东西所包含的决不会比单纯可能的东西更多。但在不是"这样"的情况下则又另当别论，现实的东西肯定要比单纯可能的东西多，谁只是满足于可能的东西呢？这样来理解呢，就比较顺了。

刚才一位同学给我们提出了一个很有价值的想法，就是"存有"这个概念，也就是"实存"这个概念，Dasein，这个概念在康德的范畴表里面呢，他是属于模态范畴，"存有和非有"，是第二对模态范畴。模态范畴呢，康德有一个特别的说明，就是说，它跟所有其他的范畴不太一样，它并不增加知识。它只是对于知识和主体的关系加以规定。这是我们前面在讨论范畴的时候就已经读过的。康德的意思就是说，量的范畴、质的范畴和关系的范畴，这三类范畴基本上就把所有的科学知识的这种结构已经说完了。科学知识、万物的规律性，就是由这些范畴所建立起来的。人为自然界立法。那么为什么还要加上第四类范畴，就是模态范畴呢？模态范畴的作用在于，把前面三类范畴总括起来，作一种认识论上面的规定。当然前面也可以说是认识论上面的，但是呢，在那里这个认识论是在背后起作用的，是把这些范畴当作工具来使用，来用它们去建立自然界的法律，为自然界立法。那么，模态范畴呢，它就表明了，所有这些为自然界立法的范畴，它们跟主体有这样一种关系，一种是可能性，一种是存有性，一种呢，是必然性。可能和不可能，存有和非有——也就是现实性和非现实性，必然和偶然，这三对都属于模态范畴。那么上帝存有的本体论证明，你要证明上帝存有，那你就涉及到现实性范畴，或者是实在性，或者说实存，这几个概念，这几个范畴，我在前面讲了，它们在这里的意思是极其相近的，几乎可以换用的。康德在这里也是不断地把它们调换来调换去，当然有点细微的区别，为了说明一个什么问题，他就换这个词。比如说为了跟理性派的证明挂上钩，他就换上了 Sein 或者 ist，但是他自己正式表述的时候呢，他用的 Dasein 或者 Exsistenz。那么用这样的词呢，表示它是一个范畴，对上帝存有的证明，就是要把上帝当作是可以用这样一个范畴来加以规范的对象来加以证明。能不能证明得了？虽然一般的理性派经常可能是用的 Sein 或者 ist 这个词，上帝存在，对上帝存在的证明，但是他们的意图呢，其实是要想证明上帝的存有，Dasein，上帝的具体存在。如果是说上帝的物自体的存在，那么康德不会这样地去批判它。他只会说，物自体你没有办法证明，既然是物自体，就没有办法证明。那个就不屑一顾，因为那种证明等于没有证明。你证明上帝是一个不可认识的物自体，那有什么意义呢？所以，理性派对上帝存有的证明还是想证明他在现实世界中有他的根据，可以纳入到这样一个为自然立法的范畴底下来加以考虑。就是要证明上帝确确实实地存在，而且发生作用，进入到我们这个经验世界。虽然他在世界的尽头高高在上，但是他可以对我们起作用，可以发挥他的影响。还是想证明这一点。那么康德就把这一点抓住了，就是 Dasein 这个词实际上本身并不构成知识，它只是协调知识和主体之间的关系。它所依据的是一个判断中的系词。我在前面讲范畴表的时候讲到了，量的范畴，它基于判断中的主词；质的范畴，它基于判断中的谓词；关系的范畴，它基于判断中的主谓词的关系；模态范畴呢，恰好是基于判断中的系词，这个"是"。所以它层次更高，它不仅仅是宇宙论的问题，它是认识论的问题。它不是讲宇宙是怎么构成的，有哪些规律，这些规律怎么建立，而是讲这些规律建立了以后跟我们主体有什么关系。你问它是可能的呢，还是现实的呢，还是必然的。可能性、现实性和必然性都不是自然规律本身的一种构成性原理，而只是一种范导性原理。它不是构成规律的，没有一个规律叫作必然性，因果性你可以把它叫作规律，但是必然性你不能叫作规律。因果性有必然性，才使得因果性成为规律。所以，模态范畴在这个地方呢，就是恰好不能够给我们已经形成的知识再增加什么样的知识成分，当然，我们为自然界立法，模态范畴也是少不了的，但是我们要善于正确地运用它，它只能运用于这些经验的规律，而不能运用于物自体。这个在前面两段话里面其实已经讲得很透彻了。就是抓住这个"是",来讨论这个上帝的存有,或者按照理性派的说法,上帝的存在,究竟是什么意思。究竟能够在什么意义上来理解它。

　　所以,如果我思维一物,不管我通过什么谓词和通过多少谓词(哪怕在完全的规定中)来思维它,那么就凭我再加上'该物**存在**',也并未对该物有丝毫的增加。 　B628

　　就是说,按照前面所讲到的,把这两者区别开来,就是你对一个物的概念,及这个概念的所指,这个中间当然有一种关系,这种关系是一种对应关系。所指嘛,你的概念的所指的跟所指的那个对象应该是完全一致的。那么另外一种关系呢,就是说,你指了这个概念,但是这个概念的对象是否存有,这又是另外一回事情。你如果要承认这个概念的所指是存有的,那么你就对这个存有本身呢,已经加上了某种在概念中所包含的东西。它是个综合命题。概念的所指,跟这个所指本身的存有是两码事。你要讲这个所指的存有,那么这就要引入一种综合命题了。所以,如果我思维一物,也就是我对一物形成一个概念,这个物是抽象的,不是说具体的一个东西,一个感性之物,不一定。一般而论,凡是我思维一物,用胡塞尔的话来说就是,一个意向对象,一切意识都是关于某物的意识。凡是有意识的都是有所指。如果有一个意识,它完全是无所指,那它就不是意识。那它就是下意识,或者说是本能,或者是无意识。凡是一个意识,它都是有所指的。这是后来胡塞尔所发挥出来的,但是在康德这里呢,他的用语比较含糊,他是用的自然语言嘛。但是这里还是可以看得出来,凡是我思维一物,不管我通过什么谓词和通过多少谓词来思维它,我思维一个所指的东西,那么,不管我对这个所指加上什么样的谓词,或者加上多少谓词,哪怕在完全的规定中来思维它,"哪怕在完全的规定中",就是说哪怕我把这个对象、这个所指、这个物,它的所有的规定都想到了,都思考了,"通过多少谓词",就是说哪怕通过全部谓词来思维它，也不管我是通过什么谓词来思维它，不管我把这个物看成一个什么样的物，"那么就凭我再加上'该物存在'，也并未对该物有丝毫的增加"。就是说，我想到了这样一个物的概念，那么，我在概念中，在思维中，对这个物再加上"该物是"，das Ding ist，"该物存在"也可以翻译成"该物是"，"是"是一个系词。"该物是"是什么意思呢？按照前面讲的，就是把该物和我的思维联系起来了。也就是说，我想到了该物。我所想，就是该物，我想的就是该物。"该物是"或者"是该物"，都可以。这样一个"是"呢，它起的作用就是把所想之物和我的思维中关于它的概念联系起来了。它就是我所想的。那么在这个地方呢，我们把它翻译成"该物存在"，是为了突出理性派企图借助于这个"ist"，借助于这个"是"，赋予它某种存有的意思，某种现实存在的意思。但是，康德在这里讲："凭我再加上'该物存在'，也并未对该物有丝毫的增加。"我说它"是"，当然了，我是想到它，我想的就是它嘛。但是并不因为这个"是"在这里就使它有了什么增加，它的谓词就有了什么增加。因为"是"并不是实在的谓词。当然你可以说它是逻辑上的谓词，或者说它是逻辑上面的一个动词，一个系动词，你可以这样理解。但是它不具有实在谓词的性质，它不是用来描述所述之物的某种性质、某种属性的这样一个谓词。它只是逻辑上面的一个联系词。所以，这样一个命题，当我把一个"是"加到这样一个概念上面，这个时候呢，该物，也就是它的意义，我的概念所指的那个物，我的概念所指，并没有丝毫的增加。对"该物"我们要提防，不要把它理解为一个具体的物了。它就是那个概念所指的物。那么，这样一来，这个物并没有因为这个"是"而有丝毫的增加。这个"是"只是意味着提到了该物。

因为否则的话，所实存的就并不恰好是该物，而是比我在概念中所想到的更多的东西了，而我也不能说实存着的正好是我的概念的对象了。

怎么要"否则的话"呢？就是如果我给它加上一个"是"，就使这个物的概念有所增加，或者说使这个物有所增加，这个物当然是我的概念的物了，是我想到的物了，如果就使这个物有某种增加的话，那么，"所实存的"，——这个地方用了"实存"，跟前面用的"存在"、"是"，是两个不同的词，也是动词，existieren 跟 ist 本来是两个不同的词，但是按照理性派的这个意图呢，就是要从 ist 里面推出某种增加了的东西，那它就成了 existieren，那它就变成了实存了。这样一来，"所实存的就并不恰好是该物"，就不恰好是那个没有增加 ist 的那个物。因为它增加了一个东西，增加了 ist，本来没有什么意义，但是你把它当真，你把它当作有意义，那就是增加了一个 existieren，增加了一个 Existenz。那么，该物加上 Existenz，它就不等于该物了。因为该物本来你没有说它 Existenz，你只是在概念中的一个所指，它存不存在，你还没有预设，那么你现在加上一个"是"，使它存在，使它 Existenz，那么，这个存在的这个物呢，跟原来你没有设想它存有的那个物呢，就不是同一个物了。它已经不同了，不恰好是该物，"而是比我在概念中所想到的更多的东西了，而我也不能说实存着的正好是我的概念的对象了"，这个是应该很明白的。一旦你认为我说该物"是"，就对该物有所增加的话，那么这个增加了的该物就不是你当初所想到的那个该物，至少是不同了，它是多了一点东西。作为一个整体来看，它就不是你原来想到的那个概念。或者说它只有部分是你想到的那个概念，而另外有一部分，是你加上去的（比如在时间空间中实存）。这就是综合命题了。所以，我不能说实存着的那个物，就正好是我的概念的对象。当然你还可以说，它本来是我的概念的对象，但它并不正好是我概念的对象，并不恰好是，不多不少，等于有关它的概念对象。这个逻辑上应该很清晰的。

　　<u>甚至即使我在一物中除了一种实在性外想到了一切实在性，那么我也不能凭我说这样一个有缺陷的物"实存着"而把那个缺损的实在性补加上去，</u>

　　这样一种设想，"甚至即使我在一物中除了一种实在性外想到了一切实在性"，这个还是一般而论的，但是比前面讲的那个呢，要窄一些了。

前面两句话讲的就是,我思维一物,不管我通过什么谓词,通过多少谓词,来思维它,我加上该物"存在",并不对该物有丝毫的增加。这是最一般的逻辑规则,是形式逻辑规则。那么这个"甚至"呢,就比较窄一点了,讲到了实在性。不光是"是",不光是 ist,而是讲到了一种实在性。"在一物中除了一种实在性外",哪一种真实性呢?我们不管。反正是如果有这样一个物,我在其中想到了一切实在性,但是唯独有一个实在性我没有想到,只要有这种情况发生,"那么我也不能凭我说这样一个有缺陷的物'实存着'而把那个缺损的实在性补加上去"。就是说,如果我想到了一个物,它具有一切实在性,但是呢,唯独有一种实在性例外,也就是它的实在性有一种缺损了。有各种各样的实在性,各种层次上的实在性,如果我们说上帝的话,那他就没有这个缺损。而这个地方是讲有缺损的情况,那就还不是上帝,或者是上帝的独生子,或者是上帝底下的天使,或者是上帝所造的造物,任何一个物,它具有很高的实在性,但是,不是最高的,它还缺一个。那么,如果有这样一个物,这是一般而论呐,"我也不能凭我说这样一个有缺陷的物'实存着'",这个地方是用的"实存着",也就是上面讲的"实存的并不恰好是该物",这个地方也是用的"实存着"。我把这样一个概念上有缺陷的物,我用一个"实存着"把它加上去,说它是实存的,是不是就把这个概念里面的实在性的这个缺陷补上了呢?这个概念本来是个有缺陷的概念,它缺了一点实在性,但是我说,这个概念所指的那个物"实存着",是不是就把概念里面那个缺点就弥补上来了呢?弥补不了。因为当你说这个概念所指的物实存着的时候,那是另外一个意思,那恰好是说,这样一个有缺陷的概念所指的物实存着。那么这个物虽然实存着,但是它仍然是以有缺陷的方式实存着。它的那个实存所缺的那一块,还是补不上来。比如说人,你说人实存着,但是人不像上帝那样全在,不是上帝那样最高实在性的存在,那么你说人存在着吗?人当然存在着。但是,人是不是因为存在着,就把他所不具备的那种存在补上来了呢?那当然补不上来。那怎么能补上来呢?你并不是上帝，你还是作为一个有缺陷的存在这个实存之物来实存着的。"我也不能凭我说这样一个有缺陷的物'实存着'而把那个缺损的实在性补加上去"。

相反，该物恰好带着当我想到它时的这种缺陷而实存着，否则就会有不同于我所想到的另一个某物实存着了。

这个应该也是很清晰的。就是说，相反，你的这个有缺陷的概念所指的那个"该物"，恰好是带着当我想到它时的这种缺陷而实存着。如果不是这样的话，就会有不同于我所想到的另一个某物实存着了。人是在实存方面有缺陷的，人只是时间性的嘛，人有生有死。上帝当然无生无死，是永恒的。人不可能是永恒的，人死了以后就没有了，所以人的实存是有缺陷的。然后你说人实存着，张三实存着，张三活着，李四活着，是不是就能把他的这种缺陷补上了呢？那完全不可能。如果能够补上了，那你所想到的这个实存呢，这个某物呢，就不是人，就不是张三李四了，那可能就是上帝了。上帝的实存是没有缺陷的。人仅仅凭他实存着，就把他实存方面的缺陷补上去了，这是不堪设想的。这还是一般的情况。我们刚才举人为例，其实这个地方不一定举人。也可能是天使，也可能是其他的概念。反正是你的概念中间的某一物，某个所指，它的情况。它的实在性的多少，跟它是否实存没有必然关系，两码事。你实在性多也好，少也好，缺一点也好，都不能够因为它实存着或者不实存而有所增减。它实存着也不能给你增加什么，它不实存也不会给你减少什么，你的所指的那个概念，它有多少实在性，你想到了多少实在性，就有多少实在性。这个当然也可以看作一种例子，就是说，前面讲的不管我通过什么谓词和通过多少谓词，而这里讲的是不管你这个谓词作为一种实在性是有没有缺陷的，哪怕是有缺陷的，你也不能通过给这个事物加上一个实存，就把这个缺陷补上。那是补不上的。这是进一层的。再下面呢，就更进一层了，就回到我们的主题上面来了。

现在，如果我想到了一个作为最高的（没有缺陷的）实在性的存在者，那么总是还留下"它是否实存着"这个问题。

这个命题已经可以从上面推出来了。上面讲，如果我想到那个有缺陷的实在的存在者，或者说在实在性方面带有实在性缺陷的存在者，那么它的实存并不能弥补它的实在性。反过来说，如果我想到了一个最高实在的存在者，那么，它是否实存着，这个问题仍然是悬而未决的。这是可以推出来的，举一反三嘛。就是说，你想到一个缺陷的概念，它不能因为它的实存而弥补这个缺陷，那么你想了一个没有缺陷的概念，那么你也不能通过这个概念的没有缺陷就推出它真的就实存了。相反，它的实存仍然悬而未决，仍然是个问题。这就是对上帝存有的本体论证明的一个直接的批判。你不能够凭你在上帝的概念里面想到了一切存有，就推出他真的存有，你想到了一个最完满的最高实在性的存在者这样一个上帝的概念，但是你绝对不能凭它的最高实在者这个概念而推出它确实是实存的。相反，你推不出来。它是否实存的这个问题，始终还在。下面是解释：

因为，虽然在我对一般某物的可能的实在内容的概念上没有什么缺少的，但在对我的整个思维状态的关系上仍然有某种缺陷，这就是：对那个客体的知识也可以是后天才可能的。

这个就用到刚才一位同学给我们提供的那个视角了。"虽然在我对一般某物的可能的实在内容的概念上没有什么缺少的"，它是最完备的一个概念了，"一般某物的可能的实在内容"全部都在，我设想这样一个概念，对一般某物的可能的实在内容，在概念上我已经没有什么缺少的了，所有的实在性，所有的概念，我都设想到了，我都把它们想到这个概念里面去了，比如说上帝这个概念，没有什么缺少的，"但在对我的整个思维状态的关系上仍然有某种缺陷，这就是：对那个客体的知识也可以是后天才可能的"，也就是说，你在概念中你可以规定得尽善尽美，已经没有任何缺陷了，但是它仍然具有对我的整个思维状态的关系，仍然有个问题，仍然有某种缺陷。所谓某种缺陷就是说，你在概念里面并没有规定,这样一个概念对我的整个思维状态,它是一种什么关系。你规定了这样一个对象,你所思考的这样一个某物,这样一个对象,你把它规定得很精确了,就像我们通过量啊、质啊、关系啊,我们对一个自然对象已经规定得很精确了,但是这个对象是否存在呢?它是否是现实的呢?这个还未定。在自然科学中也是这样的,你可以设想各方面,因果律啊,实体性啊,量啊,质啊,规定得非常好,但这只是你的一个假设。科学的假设是一种可能性,但是它的现实性要等你的实验做出来了,你才能够定下来。一个实验做出来了,那就是这个实验之客观的对象跟我的整个思维状态发生了一种实存的关系,发生了一种现实性关系。我是把它当作一个客观对象规定下来的,而不仅仅是我的假设或我的幻想。这个时候我就是把它当作客观对象来加以规定的。那么,当我设想了一个概念,像上帝,他的内容上面呢,你可以假定他没有任何缺少的,所有东西都包括在里面;但是呢,你要讲他是存有的,那么就涉及到他对我的整个思维状态有一种什么样的关系。他是可能的呢,还是现实的呢?还是必然的?在这方面你没有规定,你没有规定下来,有某种缺陷,你在概念里面,在概念内部,没有把它规定下来,那么,在主客体的关系方面就还有某种缺陷。你要补上这种缺陷,你必须要引入综合命题。你用分析命题是做不到的。整个对上帝存有的本体论证明,就是想通过我首先预先把所有的东西都放在上帝里面,然后通过一种分析判断把他的实存引出来。但是康德恰好在这个地方说明,实存这个范畴是用来形成一个先天综合命题的,人为自然界立法。那么,既然是先天综合命题,那就涉及到经验了。所以,在对我的整个思维状态的关系上仍然有某种缺陷,什么缺陷呢?这就是:"对那个客体的知识也可以是后天才可能的"。对那个客体,也就是对那个对象、对那个一般某物的完备的概念了,但是,它在这方面有某种缺陷,也就是说,对那个客体的知识也可以是后天才可能的。你要证明这个概念它是存有的,但是呢,你并没有把这个存有当作一个可能经验的范畴来看待,所以呢,在这方面呢,你有某种缺陷。你没有意识到,对这样一个客体，比如说上帝，对他的知识，也可以后天才可能的。就是当你运用了存有这个范畴的时候呢，它肯定是后天才可能的。也就是它可能是一个经验性的综合命题。当然这个地方还没有直接地说，它就是一个综合命题，他只是说，它"也可以是"后天才可能的。就是他没有想到这一点，当他们在证明的时候，从概念推出上帝的存有的时候呢，没有想到这一点。没有想到这样一个存有，这样一个模态范畴，它还具有这样一种性质，它所获得的知识是后天才可能的，所以客体的知识是后天才可能的。相反他只是想到，我怎么先天地推出对这个客体的知识。那就是分析命题了，那就是分析地推出。分析地推出不可能呐，那么你是不是转过头来想一想，既然分析不可能分析出上帝的存在，那么是不是可以通过综合呢？如果你要获得这样一种科学知识，那么，它可以是后天才可能的。先天可能已经被证明是行不通的，那么它是不是可以后天才可能呢？是不是要诉之于感官呢？如果诉之于感官，那就不是理性派的思路了，那就是经验派的思路了。而经验派按照这条思路绝对是要否定上帝的，绝对是要认为我们对上帝这样一个客体是没有任何知识的。后天才可能，你给我看，我看了才相信。你把上帝在哪里，他怎么起作用的，指给我看。这样的后天的知识是对上帝存有的证明从来没有想过的。因为他们之所以要证明上帝存在，归根结底就是要通过本体论证明，也就是先天证明。当然还有一些像目的论证明、宇宙论证明，表面上好像是后天证明，他们也说是后天证明，但是实际上康德在后面很多地方——这个书里面没有收进来——都讲到了，他实际上还是先天证明。所有后天证据都无效，都不起作用，都只是一个引子，引到最后，还是要依靠上帝存在的本体论证明来解决问题。所以，这就是某种缺陷，在对我的整个思维状态的关系上仍然有一点是未经证明的，没有涉及到的，那就是，对那个客体的知识可以是后天的。你要讲存有，你就必须涉及到经验，因为所谓的范畴，只能运用于经验之上。只能运用于经验之上也就是只能运用于后天经验知识之上，这样才能够获得客体的知识。如果没有后天的经验的知识，那么这个存有范畴是不能运用的，范畴没有先验的运用，只可能有经验的运用。

而这里也就表明了在此所发生的困难的原因。

从前面的分析中可以看出有三步：一个是一般地"思维一物"；再一个就是甚至即使"在一物中除了一种实在性外想到了一切实在性"，在这两种情况下，我们都不能凭借所想的这个物加上一个实存就使它实存了，就使它加上了某种东西，在它概念里面，我说它是实存的，我就在它概念里面加上了某种东西，那是不可能的，你说它实存也好，你不说它实存也好，它的概念仍然不变；第三步呢，就是说，最高实在的存在者，比如上帝，即算是最高实在的存在者，也不能通过它的概念来推出它的实存。你说它是完备无缺的，但是仍然有一个问题，就是这个完备无缺的这个概念所指的那个对象是否实存，它跟我在思考它的时候是一种什么样的关系，它与我的整个思维状态，是一种什么样的关系。是一种先天的关系呢？还是一种后天的综合的关系？如果是先天的关系，那它就行不通，如果是后天的综合的关系呢，那还需要后天的经验。而这里就表明了在此处发生困难的原因。理性派对上帝存有的证明，之所以发生困难，证明来证明去证明不了，它的原因就在这里，它的原因就在于这种混淆，混淆了分析命题和综合命题。你要当作分析命题来看，那么不管你说了多少遍，它是存在的，它是存有的，它是实存的，始终还留下一个问题，就是这个概念所指的那个对象到底是不是实存的。你如果把它当作综合命题来看，那当然就必须要诉之于经验了，而在经验中呢，你也没办法证明这样一个最高实在的存在者。经验都是有限的，都是具体的。所以这就是两难。理性派对上帝存在的证明的两难就在这里。它既不能理解为单纯分析的命题，也无法把它理解为一个综合的命题。两方面都行不通。

假如所谈论的是一个感官对象，那么我是不能将该物的实存和该物的单纯概念混为一谈的。

如果我们谈论的是一个感官对象，也就是说，感官对象我们当然可以运用实存或者是存有这个范畴了。康德反过来讲，就是上帝的这样一个理念，我们当然，按照前面说的，遇到了这样的困难，那么我们回过头来设想一下，如果我们谈论的是一个感官对象，情况会怎么样呢？如果是感官对象，那么我们就不能将该物的实存和该物的概念混为一谈。感官对象，它的实存和它的单纯概念是完全不同的。感官对象有它的单纯概念，比如说它里面包含有范畴。或者说经验概念。经验概念跟它的实存也不一样。一个感官对象它的概念和它的实存，你可以对它形成一个概念，但是它是否实存，你必须诉之于感官，它是一个感官对象嘛。你在概念中，比如说"马"这个概念，这是个经验概念，它指向那种感性的、感官的对象——马。有没有马呢？你不能凭我说的一个马的概念，或者说你凭我说"马"，或者"马存在"，那个马就存在了。我说马存在，还要看看那个马是否真的存在，它的概念和它的存有、和它的实存，还是两码事。这个我们在经验中非常明确。对经验事物我们非常明确。最傻的傻瓜也懂得不能把概念当现实，你想到了一个什么东西，那个东西是不是有，那还是另外一回事情。

因为通过概念，对象只是被思考为与一般可能的经验知识的那些普遍条件相一致的，但通过实存，它却被设想为在全部经验的连贯关系中包含着的；

在感官对象的情况之下很清楚，通过概念，"对象只是被思考为与一般可能的经验知识的那些普遍条件相一致的"。马的概念，当然我们不能够设想一个跟经验条件相冲突的东西，比如说不在因果性中，或者说没有实体。马肯定是有实体的，马这个概念如果实现出来，它肯定是有它的原因的。所以它跟这个可能经验的条件是一致的。因为感官对象的经验，它肯定是跟可能经验的条件相一致的。如果不相一致的话，那就是奇迹了，那就是迷信了。我想到这样一个感官对象嘛，那么这个概念呢，肯定是跟可能经验那些普遍条件一致的。比如说恐龙，恐龙也可以理解为，它跟可能经验的普遍条件相一致的。但是不是有恐龙呢？它虽然跟可能经验的普遍条件并不冲突，但是不是真的有可能有这样一种东西，是不是实存的，这个还是另外一回事情。你设想有一种恐龙，它应该是在更原始的恐龙和更先进的恐龙之间，一个中间环节，你可以设想这样一个概念，但是这个概念是不是实存，你还要通过考古挖掘。你通过考古挖掘，你发现确实有它的化石，才能确证它的实存。所以，他这里讲："但通过实存，它却被没想为在全部经验的连贯关系中包含着的。"它确实在全部经验的连贯关系中，已经包含着了。所以实存跟它的那个概念还是两码事，尽管这个概念是感官对象的概念，但是概念和概念所指的实存，还是两码事情。这个我们在一般的经验中不会把它混淆。但是抓住这个问题，康德就展开分析了——就是说，既然我们这一点分得很清楚，一个感官对象的概念，和一个感官对象的实存，在这方面完全不同。前者呢，只是被思考为跟一般经验的普遍条件可以相一致，而后者呢，它被设想为在全部经验的连贯关系中已经现实地包含着了。它不仅仅是不冲突，而且呢是现实的跟其他的经验关系、全部经验有一种连贯的关系，已经包含在这个连贯的关系里面了，可以指出来给你看。这个恐龙我已经发现了，经过碳14的同位素测定，我可以确定它是发生在哪一纪，哪个年代，这个是符合历史的经验关系的，已经包含着了。那么这两者是完全不同的。那么下面加以引申：

因为通过与全部经验的内容相联结，有关对象的概念并没有丝毫的 B629增加，但我们的思维却由这内容而多获得了一种可能的知觉。

这就是区别。同一个概念，比如说恐龙的概念，始祖马的概念，这样一些生物进化史上的概念，都可以作为例子。通过与全部经验的内容相联结，有关对象的概念并没有丝毫的增加。我原来就设想有这样一种恐龙嘛，或者有始祖马，现在我发现了，发现的跟我想的完全吻合。于是有的人就说，这个我早料到了。但是所有的人都清楚，你早料到了跟它现在发掘出来了，是两码事。你早料到了，你再怎么早料到，你没有发掘出来，你还定不了，你还留着一个问题，它是否存在。只有当考古发掘——

印证了你的预料,那么你当初的那种预料,才有现实的意义。但尽管如此,发掘出来的东西并没有给你原来的预料增加任何东西,它就是你所预料的那个恐龙。当然实际的考古挖掘可能增加了别的知识了。可能你原来预料不准确呀,等等。这个我们先撇开不管。康德在这个里头举的例子是,设想的情况是理想的情况,就是我预想了一个东西,然后我通过考古发掘,证实了我的预想。那么我的预想跟考古发掘的这个物的内容完全一致。并没有因为它是挖掘出来的就对这个概念有了丝毫的增加。他说:"但我们的思维却由这内容而多获得了一种可能的知觉。"通过与全部经验的内容相连接,我们的思维就"多"获得了一种可能的知觉。就是说,原来你设想中的恐龙,你没有知觉到,现在你挖掘出来了,你就获得了一种知觉,你这时看见它了,你可以摸摸它,你可以称称它的重量,你可以把它画出图形来。原来你也可以画出图形,但那是你设想的,你想象中的。现在你面对一个实物,那你当然多获得了一种可能的知觉。所以它是一个经验的命题,是一个综合的命题,是一个后天综合的命题。这是在感官对象之下我们才可以有这样一种启发,因为这个存有的范畴是运用于感官对象的场合之下的,它是运用于经验之上的,所以我们必须从这个方面来获得启发。我们就是这样运用实存和存有这个范畴的。最开始,你的概念和存有是两码事,这个存有你一旦发现了,它也并没有给你的概念增加任何东西。但是呢,有一点不同,就是说,存有的东西你可以知觉到,单纯的概念,哪怕是感官的概念,也仅仅是一种概念,它不可能知觉到。你只是对感官的概念,而不是真的感官,不是通过真的感官而知觉到的。所以,这个是有区别的。最后一句:

反之,如果我们想单靠纯粹范畴来思考实存,那就毫不奇怪,我们无法提出任何标志来把实存和单纯的可能性区别开来。

这个"反之",就又回到了对上帝存有的证明了。对上帝存有的本体论证明就是想"单靠纯粹范畴来思考实存"。想单凭存有这样一个范畴,我们就要思考实存。所谓单凭、单靠范畴,就是撇开感官的对象,撇开它的后天的经验,来思考实存。这本来是一个自相矛盾的东西,只有后天经验才能叫实存,现在你想撇开后天经验,单凭范畴来思考一个实存,那怎么可能呢? "那就毫不奇怪,我们无法提出任何标志来把实存和单纯的可能性区别开来"。这是毫不奇怪的了,实存或者存有这个范畴本来就是运用于经验之上的,范畴只能用于经验,单凭范畴是不能够先验地运用的。范畴不能有先验的运用,只能有经验的运用。单凭范畴,那就是你想对范畴做先验的运用,这样来思考事情,那么就毫不奇怪了,我们无法提出任何标志来把实存和单纯的可能性区别开来。你所设想的这个实存,既然它没有具体的经验内容,没有后天的内容,它也不是综合判断,它只能构成一个分析命题,那么它就只能是一种可能性,而且是"单纯的"可能性。它不是一种存有,不是一种现实,甚至也不是经验中的可能性,它只是一种逻辑上的可能性。我在前面讲,逻辑上的可能性跟现实经验的可能性还不一样,现实的可能性是只能够运用于经验对象之上的可能性范畴,它只能用于经验对象,在任何某一个时间上,跟经验的先天条件相一致,跟可能的经验条件相一致。这就是可能性范畴的图型。前面讲过,可能性范畴的图型就是"在任何某一个时间中与可能的经验的条件相一致";现实性范畴的图型就是"在某个确定的时间中,和某个确定的经验条件相一致";必然性范畴的图型就是"在一切时间中,跟可能的经验条件相一致"。它们这三个范畴本来都是运用于经验之上的。但是可能性呢,在形式逻辑上还有一种理解,就是凡不自相矛盾的,都是可能的。这是形式逻辑的可能性。而这个地方讲的呢,就是单纯的可能性,在这里指的就是形式逻辑的可能性。我们没有办法提出任何标志把你所讲的这个实存和形式逻辑的可能性,把它区分开来。也就是说,你所讲的这个实存,其实不是实存,它只是一种形式逻辑上的可能性,一种不自相矛盾性。一个概念是不自相矛盾的,如此而已。当然,泛泛而谈,你可以说,凡不自相矛盾的都是可能的,从形式逻辑上可以这样来说,但这并不是现实的可能性,更不是现实的存有了。所以在这方面呢,就是说,如果你这样来思考的话，你就把范畴归结为了形式逻辑的可能性，你所讲的那个实存，仅仅是形式逻辑的可能性而已。有什么区别吗？没有。所谓实存，你讲的那个实存，只是形式逻辑的可能性。你要使它跟形式逻辑的可能性有所区别，你对实存的理解就必须纳入经验的思考，与全部经验的内容相连接。你说上帝的第一推动，那么我问你，上帝从哪一颗星球开始了第一推动？你能不能给我指明出来？上帝第一推动是在何处、何时？你能不能给我指明出来？你只要能够指明出来，那它就跟全部经验内容相连接了，因为牵一发而动全身嘛。只要上帝在某一个地方起了作用，你能指出来，那他就跟全部的经验内容相连接了，它就可以凭借我们全部的科学知识，来对它加以规定了。所有这些世上万物的运动都是他的后果嘛，都是他造成的嘛，我们就可以对上帝的作用进行研究了。但是你指不出来。你没有任何标志说，我讲的这个上帝的实存跟单纯的可能性还不一样，你没有办法说它不一样。所以他最后只能归结为单纯的可能性，逻辑的可能性，没有别的意思。

经过前面的解释以后，下面这一段应该是比较明确的了。他是以作总结的方式说：

所以，不论我们有关一个对象的概念包含什么及包含多少东西，我们还是不得不超出它，才能把实存赋予它。

就是说，一般而言，不论我们有关一个对象的概念包含什么东西，以及包含多少东西，包含多少东西在前面一段开头就讲了："不管我通过什么谓词和通过多少谓词（哪怕在完全的规定中）来思维它"，这里是在重复了。"我们还是不得不超出它，才能把实存赋予它"，就是说，你的一个概念，一个对象的概念，不管你想得多么完善，你把所有的东西，你设想为无所不包的一个概念，但是呢，你如果想把实存赋予它，那你还是要超出它，还是要超出你所设想的这个概念。哪怕你把它作为一个最完满的概念来设想，再没有比它更完满的了，但是这个概念，它的对象，你要设想它是实存的，你还得另外超出它，你还得增加一些东西。最完满的本来是不可增加的了，你说是最完满的，你又说给它增加一些东西，那就是自相矛盾了。但是这只是在概念中的自相矛盾。在实存中，你还得给它增加一些东西。在概念中最完满的东西，也只是在概念中而已。如果你要把实存赋予你所想到的这个东西，那么你还得超出它，超出这个概念。

这在感官对象那里是通过按照经验性规律与我的任何一个知觉发生关联而进行的。

这个是前面上一段所提到的，"假如我们谈论的是一个感官对象"，那么这个很明白，关于这个对象的概念和它的实存是两码事。如果你要赋予它实存的话，那么你就必须按照经验性的规律与我的某一个知觉发生关联。你起码得有一个知觉，你起码得有我的某一个知觉，任何一个知觉都行，只要有，你要跟它发生关系。如果你跟一个知觉发生关系了，那问题就好办了，因为这个知觉跟其他的知觉是联系在一起的。按照经验的规则，它跟所有其他的经验是联系在一起的，是构成了一个系统的。那么我们就可以抓住你的这样一个知觉，来对整个对象展开规定，展开认识。如果你一个知觉都没有，那我们就不好办了。你怎么来证明它是实存的呢？所以，这才是把实存赋予对象的概念，即在感官对象那里，如果是感官对象的概念，那么你要赋予它实存，你就必须要通过按照经验性规律，与我的任何一个知觉发生关联而进行，这样来赋予它实存。

但是对于纯粹思维的客体来说，根本不存在任何手段来认识它们的存有，因为这存有必须完全先天地去认识，而我们对一切实存的意识（不论是通过知觉直接地意识，还是通过把某物和知觉联结起来的推论而意识）却是完完全全属于经验的统一性的，

前面讲的是感官对象，感官对象也有概念，也有概念和概念对象的实存之间的关系的问题。这个我们可以通过范畴，可以通过可能性、现实性的范畴来加以解决，即按照经验的规律，与知觉发生关联，我们就可以把这个感官对象的概念变成现实，变成实存。但是现在，"对于纯粹思

维的客体来说",纯粹思维的客体,这里主要指的理念了,比如上帝这样一种理念,它是纯粹思维,它跟经验毫无关系。超验的思维,也包括先验的思维,比如说要把范畴作先验的运用,把它保持在纯粹的思维这样一个领域里面,不跟经验相接触:那么对于这种纯粹思维的客体来说,"根本就不存在任何手段来认识它们的存有"了。这个地方又是用的"存有",前面是用的"实存",其实是一回事情。对纯粹思维的客体,我们就不存在任何手段来认识它们的存有,因为这些存有必须完全先天地去认识,而这是违背存有本身的本性的,因为存有、实存都是指向经验性的东西。就是说,纯粹思维的客体,理念的客体,你必须要完全先天地去认识。因为理念的题中应有之义就是跟经验不发生关系,理念是超验的,超越经验之上,它不直接跟经验发生关系。它顶多跟知性打交道,但是呢,它不跟感性打交道,不跟经验打交道。所以,根本不存在任何手段来认识它们的存有,因为这存有在这里必须完全先天地去认识,就是说,你如果要对这样一个纯粹思维的客体加以认识的话,那你就必须要完全先天地去认识,而这又是做不到的。这里讲的必须完全先天地去认识,并不是康德就肯定了它可以先天地去认识,而是说,按照这样一种纯粹思维的客体,你要认识它,一个理念,你要认识它,那么你就必须完全地先天去认识,你就必须不掺杂任何经验。那这是否可能呢?他讲:"而我们对一切实存的意识……却是完完全全属于经验的统一性的。"这个里头就有矛盾了,你要先天地去认识,而我们对一切实存的意识又只能够是属于经验的东西,只能通过经验来认识,我们不能够先天地认识,我们不能完全先天地通过纯粹思维来认识理念的对象,来认识它们的存有。所以,这个存有必须完全地先天去认识,而我们又没有办法认识它,这样它就根本不可能认识了。"因为这存有必须完全先天地去认识,而我们对一切实存的意识……却是完完全全属于经验的统一性的",这两个半句话是连成一体的,是一个对照。我们必须要完全先天地去认识,但是呢,我们的一切知识又只能是经验的,我们只能经验地认识任何一个对象的实存或存有，"不论是通过知觉直接地意识，还是通过把某物和知觉联结起来的推论而意识"。通过知觉直接的意识，比如说，质和量的范畴，质和量的范畴就是通过知觉直接地去意识。在质和量的范畴这样一种经验规律的指引之下，我们通过知觉，直接地意识一个对象的存有。它有多少啊？它的性质如何啊？"还是通过知觉把某物联结起来的推论而意识"，把某物和知觉联结起来的推论，那就是关系的范畴，实体关系，因果关系，交互或者协同关系，这都是把某物和知觉连接起来。首先实体关系，就是把某物和知觉连接起来，实体就是某物嘛，所有的知觉都是对于某物的知觉，所有的知觉都是偶性。某物就是实体。你通过实体范畴把某物和知觉连接起来，你推断这个后面有一个实体。实体是推断出来的。所以关系范畴不属于构成性的范畴，它属于范导性的范畴或者调节性的范畴。或者说，它是力学的范畴，而不是属于数学的范畴。力学的范畴就要推论，就要推想，我感觉到了，有这样一些现象，那么我可以推断这后面有一个不变的实体。那么实体是这样，其他的因果关系和协同性更是这样，因为它们都是建立在实体关系之上的，都是把某物和那些知觉联系起来推论而意识到的。一切实存的意思都是这样来意识到的。那么它们却"完完全全属于经验的统一性的"，所有这些范畴，量、质和关系，都是隶属于经验的统一性之下的。

在这领域之外的实存虽然不可以绝对地宣布为不可能，但却是一个我们没有任何办法能为之辩护的预设。

就是在经验的领域之外的那个实存，你说它也是个实存，"虽然不可以绝对地宣布为不可能"，这个地方就显出康德的一个退步了。就是说，当然你说在经验之外，有没有一个实存呢？他这个地方用了"实存"，没有用"存有"。如果是用"存有"的话，那是绝对不可能的。因为存有不可能有先验的运用，根本用都不能用。但是实存呢，可能在这方面呢，可能跟存有 Dasein 还有一点区别，他用得比较随意一点。Existenz 这个词，康德用得比较随意一点，就像实在性，Realität 这个词，他也用得随意一点。但是 Dasein 这个词，他是用得很严的。因为它是一个范畴。但是 Existenz 还是有一点 Dasein 的意思。就是说，我们在经验的一切范围之外，我们能否设想有一种"智性的直观"，它不是我们人类的直观，它是一种智性的直观，能够证明这个实存的实在性。是不是有这种可能，这个我们没有办法否认（虽然也不能肯定）。我们"不可以绝对地宣布为不可能"，也就是留下一个余地了。在我们不可知的范围之外，在我们的一切可能的经验的范围之外，不可知的领域里面，是不是这样一个概念的对象有它的实存呢？我们没办法宣布它是绝对不可能的。当然，也就留下了余地，就是说，在某种意义上，它说不定也是可能的。你没有办法证实它，但是你也没有办法否认它。那么我们就不妨去对它加以假设，不妨把它作为一个假设来加以相信。这就是所谓实践理性的悬设。我们把上帝作为一个实践理性的悬设，我们假定在我们的一切经验范围之外，它有可能存在。有可能实存，但是它跟我们不发生任何关系，跟我们的任何经验、知识不发生任何关系。你千万不能把它当作一种知识，所以他讲："但却是一个我们没有任何办法能为之辩护的预设"。我们没有办法为它辩护，你可以假设，但是呢，我要说，它没有，你也没办法。我也没有根据说它肯定就没有，但是当我说没有的时候，你没有办法辩护，你没有办法反驳。你拿什么来反驳？所以双方都无法反驳，你说有上帝，我说没有上帝，双方都不能够为自己的观点作出任何辩护。但是康德在这里强调的呢，就是，你要证明它在我们经验之外有实存，你没办法辩护。当然我也不能否认你，但你也没办法辩护。因为这个地方还没有谈到实践理性，他只是谈知识，谈上帝存有是不是能够成为一种知识。你要为知识辩护，但是你没有辩护理由，你找不到辩护理由。那么，在另一方面呢，你要说，我就是相信一个上帝，我虽然没有辩护理由，但是我就相信，那你也没有办法反驳我。我相信嘛，在我们一切经验之外我相信有一个上帝，你拿什么来反驳我，你能证明在经验之外没有一个上帝吗？你没有办法证明。因为你所有的知识都是在经验之内所获得的，所以你对我的反驳呢，也不是知识，只是两种观点不同而已。那么在这里呢，康德主要是强调，从知识论的立场上来看，上帝在经验范围之外的存有，是没有办法能够为之辩护的一个预设，一个假设。那么在后面呢，他就把它称为一个悬设了。这个地方是用的 Vorsetzung，就是一个预设，在先所设定的，预先设定的意思。我们把它翻成悬设的呢，就是 Postulat，就是"假设"，也有"要求"的意思。在这个地方用词还是不太一样的。

前面那些是对本体论证明的一整套批判，后面这两段也可以说是一种引申吧，进一步地分析它的这个原理，为什么本体论证明不可能。

一个最高存在者的概念是一个在好些方面十分有用的理念；

就是说，所谓的对上帝存有的本体论证明，它源于一个"最高存在者"的概念，一个是"绝对必然的存在者"这样一个理念，这个理念呢，是在宇宙论的二律背反里面就已经提出来了，在先验宇宙论里面就已经提出来了。但是你要把这个绝对必然的存在者的理念变成一个对上帝存有的证明，那你就必须要援引一个"最高存在者"的这样一个概念。这是不仅仅是在逻辑上面推出的一个理念，而且在现实性上，你必须把一切现实性都归之于它，设定一个最高存在者，一切实在的存在者，这样一个理念。那么这个理念呢，它在好些方面是有用的，这里没有讲它在哪些方面有用，当然我们可以从他后面所讲的那些观点和内容推出来，实际上是指的在道德实践和宗教方面，它是很有用的。就是说，我们假定一个最高实在的存在者，那么我们就可以有一个依据，有一个理想的目标，我们朝那个目标努力，将有利于我们的道德和宗教。这是很有用的。

但它正因为仅仅是理念，所以完全没有能力单凭自己来扩展我们在实存的东西上的知识。

它仍然是一个理念，最高实在的存在者，还是你设定的，是你设想的，所以呢，它"完全没有能力单凭自己来扩展我们在实存的东西上的知识"。单凭自身，就是说，理念嘛，它就是撇开一切经验的内容，撇开一切现实世界的材料，那么这样一来，它就已经没有这样一种能力，来

407

扩展我们在实存上面的知识。就是说,究竟是否实存,对这样一个理念,我们能否获得一些知识? 由于这个理念本身它是拒斥一切经验材料的,拒斥经验内容,它仅仅是一个超验的理念,所以它就没有能力来扩展,让我们获得更多的关于实存东西的知识。实存的知识一般来说呢,就是存有的知识。刚才有同学讲,实存 (existiert) 这个概念跟存有 (Dasein) 这个概念稍微又一点区别,就是它好像更加普遍一点。就是说,不管你把这个实存的东西看作是直观的、经验的,还是看作是一种先验的知识,关于物自体的实存的知识,都没有这种能力来扩展我们在实存东西上的知识,也就是不能扩展我们的知识。知识就是有关实存东西的知识,有关对象的知识,但我们唯一被给予了的对象就是经验对象。物自体、自在之物,并没有被给予我们,所以我们对自在之物呢,不可能有任何知识。

B630　　它甚至连在可能性方面教给我们更多的东西也做不到。

不仅仅是不能够扩展我们实存着的东西的知识,这个知识是现实性了,关于实存着的东西的知识那就是实在性、现实性了;但是不仅仅如此,它甚至连可能性方面,它也不能提供更多的东西,不能教给我们更多的东西。也就是对于这样一个最高实在的存在者,它的可能性,在这一方面,这样一个理念,也不能够给我们提供更多的东西。所谓更多的东西,也就是说增加什么知识。当然这个理念本身它有可能性,它在概念内部有可能性,它并不自相矛盾嘛。但是它不能给我们提供在可能性方面的"更多的"知识,那当然也就是说"综合的"知识了。只有综合判断,才能给我们提供更多的知识,新的知识,分析判断不能给我们提供新的知识。所以在可能性方面呢,有两种情况,一种是分析的,一种是综合的。这个概念可以不自相矛盾,那么,从分析的判断来说,就形式逻辑而言,一切不自相矛盾的东西抽象地来说,都是可能的。但是,综合的可能性就不是这样了,那就要有更多的东西,来提供给我们。所以下面就讲了:

可能性的分析的标志在于那些单纯的肯定（诸实在性）[①] 不产生矛盾，这个标志虽然在最高存在者的概念身上是无可争议的；

"可能性的分析的标志"，也就是说逻辑的标志。逻辑的标志是什么呢？在于单纯的肯定。这个"肯定"是复数，我们可以把它说得更明确一点，"在于那些单纯的肯定"。加一个"那些"，把它的复数表达出来。括号里面也是复数，"诸实在性"，这个"实在性"也是复数，我们要注意这个就比较好理解了。不然的话，还是不太好理解。为什么实在性不产生矛盾，就是说，那些单纯的肯定，也就是那些实在性之间不产生矛盾。实在性如果是单数的话，那谈不上什么矛盾不矛盾。但是呢，如果有好多实在性，最高实在的存在者，当然它包含一切实在性了，那么既然它是最高实在的存在者，它已经这样定义了，那当然它里面的那些实在性都是不互相冲突的，不互相取消的，没有一个取消另外一个，所以它们才能全部都包含在最高实在的存在者里面。这是你在对这个最高实在的存在者加以定义的时候，你提出这个概念的时候，已经设定在里边了的。所以它是一个不自相矛盾的概念。所以最高实在的存在者，它的可能性，从分析的角度来说是存在的，因为它不矛盾嘛。它里面的那些单纯的肯定，以及它里面的那些单纯的实在性，都不互相冲突，都不产生矛盾。所以讲"这个标志虽然在最高存在者的概念身上是无可争议的"，在**概念**身上是不矛盾的。如果说，凡是不矛盾的都是可能的，那么在这种意义上它是可能的，它有一种分析的可能性。凡是我们提出一个概念，我们如果要把这个概念归定得不自相矛盾，除非你规定一个像"圆形的方"这样的概念，这就自相矛盾了，但是你规定一个最高实在的存在者它包含一切实在性，这个不自相矛盾。它就是里面的所有一切实在性的总和嘛，这有什么矛盾呢？所以，这些实在性并不产生矛盾，这是一个标志，在最高实在的存在者这概念身上呢，它是无可争议的，它不用怀疑，它是一个可

[①]　"那些"及"诸"均为此处所加，以强调其原文为复数。

能性的分析性标志。

　　但既然把一切实在属性联结在一物中是一种综合，其可能性是我们不能够先天判断的，因为这些实在性并没有特别给予我们，并且即使被这样给予了我们，在其中任何地方也都不会发生什么判断，因为综合知识的可能性标志必须永远只在经验中去寻求，但一个理念的对象却不可能属于经验；所以著名的莱布尼茨就远没有做到他所自吹的，即他想先天地洞察一个如此崇高的理想存在者的可能性。

　　这两个半句话是连在一起的。"但既然"一直到"所以"才接上头，这个句型我们要把它把握住，它是一个很长的句子，前面那个"既然"，包括在分号以前的这一大堆规定，最后才是"所以"。我们先来看前面这一半。"既然把一切实在属性联结在一物中是一种综合，其可能性是我们不能够先天判断的"，为什么不能先天判断呢？"因为这些实在性并没有特别给予我们"，这个"特别"呢，spezifisch，也可以翻译成"专门"，并没有专门给予我们。就是说，它底下、它里面的那些实在性，诸实在性，当然我在概念里面已经给出了，我把最高实在的存者在这个概念呢，把它设定为诸实在性的总和，所有的真实性都在里面。但是这个总和中的诸实在性，并没有特别给予我们，并没有专门给予我们。你把那些实在性的总和都设定了，但是这个总和中的各个实在性并没有特别给予，它们并没有特别给予出来。因为它只是把一切实在属性联接在一物中，你设定了它是一个综合，但是这个综合呢，它本身并不能先天地判断。你可以说，这个综合底下的那些东西，当你已经把它们综合了以后，你可以从这个概念，先天地推出它拥有所有的实在性，这一点绝对是已经包含在这个概念里面了。但是这个综合是如何一个个综合起来的，这个你不能先天判断。一切分析命题最初都是基于综合命题，这个在前面康德早就已经讲过了①。你把它综合完了以后，你当然可以对它进行分析了。但

---

① 可参看《纯粹理性批判》B133—134。

是它最初是怎么综合起来的，这个你不能分析，你不能先天地分析出来。所以它的可能性如何可能把这些所有的实在性综合起来的，这种可能性我们不能够先天判断。这就不是那种分析的可能性了。分析的可能性，凡是不矛盾的都是可能的，这个没有超出概念的范围之外，但是这个概念是如何综合起来的，如何可能综合起来，你要回答这个问题，那就超出了本概念之外了，而要取决于那些具体的实在性。所以我们不能够先天地判断这样一种综合的可能性。"因为这些实在性并没有特别给予我们"，并没有专门地给予我们。Adickes 在这个地方将"特别"spezifisch 校改为"思辨地"spekulativ。为什么校改为"思辨地"？从字形上看好像也有些相近，spekulativ 是思辨地，spezifisch 的特别地，专门地。为什么他要这样改呢？可能是联系到下面一句话。"并且即使被这样给予了我们，在其中任何地方也都不会发生什么判断，因为综合知识的可能性标志必须永远只在经验中去寻求，但一个理念的对象却不可能属于经验"。下面这一句话，如果联系起来的话，你如果说，这些实在性并没有特别给予我们，或者没有专门给予我们，那就无法解释下面一段话了。就是说，即使被专门给予了我们，特别给予了我们，那么按道理来说呢，就可以作出一种综合判断了。但是康德这里讲"即使被这样给予了我们，在其中任何地方也都不会发生什么判断，因为综合知识的可能性标志必须永远只在经验中去寻求，但一个理念的对象却不可能属于经验"，也就是说，即使这样一种综合，这样一些实在性，被专门地给予了我们，但是它仍然是属于理念的对象，不可能属于经验。也只是在理念的这个层面上被给予了我们，只是在思辨的、抽象的层面上面被给予了我们，而不是在经验的层面上面被给予了我们。这就是所谓的先天综合。它是一种先天综合，它不是一种后天经验的综合。Adickes 是这样理解的。如果仅仅是先天综合，但是这个先天综合跟范畴的先天综合又不一样，理念的先天综合仍然是在一个超验的水平上面来进行的。所以它所提出来的只可能是一种幻相。所以在这个地方呢，他特别讲到，并没有被**思辨地**给予我们，即算是在思辨的层次上给予了我们，它也没有经验的内容。这是跟后面的相呼应的。如果单纯就这一句话来看呢，好像没有必要这样改。这个地方本来就是讲的综合判断嘛，综合判断当然是特别的、是专门的了。它跟一个概念里面的那种分析性的可能性不一样的地方就在这里。它不仅仅是从概念里面分析出来，而且呢，这些实在性本身也被"特别地"给予了我们。这样地给予了我们。但是如果考虑到下文，这个地方就必须要强调出来。就是说，这样一种综合呢，它仅仅是在思辨的层次上进行的，而不涉及到经验的内容。所以他讲，"即使被这样给予了我们"，即使是被思辨地给予了我们，"在其中任何地方也都不会发生什么判断"。思辨理性，在理念的层面上面，你可以说，思辨地给出了一个综合的对象。当然这个思辨地给出综合的对象呢，还是你思考的一个对象，是你的思想对象，"在其中任何地方也都不会发生什么判断"。就是对思想对象要发生判断，你就必须要针对着经验对象来做判断。如果不针对着经验的对象，你如何做判断呢？你所提出的那些判断都不是判断，都只是命题，都仅仅是一些思辨的命题，不能够称之为"判断"。"因为综合知识的可能性标志必须永远只在经验中去寻求，但一个理念的对象却不可能属于经验"，这个地方点出了"一个理念的对象"，也就是一个思辨的对象。它尽管"被这样给予了我们"，但是呢，它不可能属于经验，所以它不可能形成判断。这个地方 Adickes 的注释的这个意思我们要把它搞清楚，为什么 Adickes 要提出这样一个注释。当然 Adickes 的注释也不见得就绝对有把握了，这是他的一种思考，我们可以参考他的这样一种思考。就是在这里为什么要提出这个。因为如果不这样改的话，那就后面的很难理解了。特别是这句话："即使被这样给予了我们"，本来一个综合命题，它只能通过经验被给予，特别地、专门地在经验中被给予。在经验中被给予就可以形成判断了，为什么又这样讲："即使被这样给予了我们"，也"不会发生什么判断"呢？这个转折就是很难过来的了。这也是使 Adickes 发生困惑的地方，所以他认为这个地方肯定是印错了，或者是康德写错了，有笔误，他要把它校改过来。下面就是接上来了，既然如此如此，"所以著名的莱布尼茨就远没有做到他所自吹的，即他想先天地洞察一个如此崇高的理想存在者的可能性"。"著名的莱布尼茨"，康德对他还是很尊重的了，洛克、休谟、莱布尼茨，这几个人是康德非常尊重的，他每次都忘不了加上这几个修饰语。但是莱布尼茨没有做到他所自吹的"先天地洞察一个如此崇高的理想存在者的可能性"，就是先天地认识到上帝的可能性，先天地洞察到上帝的可能性，如此崇高的存在者、也就是最高实在的存在者这样一个存在者的可能性。莱布尼茨的设想，所谓前定和谐的假设，他也是当作一个设想提出来的。莱布尼茨跟很多人对上帝存在的证明，有一个很大的区别，就是说，他不再勉强地去证明上帝在哪里，或者上帝在什么时候，或者上帝是什么样子，他不是这样去证明，他比较聪明，他提出的是一个假设性的证明。所谓前定和谐是一个假设，是个什么假设呢？就是说，单子世界他首先认为是一个自由的世界，每个单子都是自由的，自行其是，自己活动。每个单子都没有窗户，但是每个单在子自己的活动中都反映出整个世界。但虽然反映出整个世界呢，单子本身却是封闭的，每个单子都是封闭的，它跟其他单子不发生交往。那么就有一个问题，就是说，整个世界由这些单子所组成，这些单子又是封闭的，那么它们相互之间如何能够达到协调，如何不互相冲突，仍然可以组成一个有规律的这样一个世界？每个单子可以反映整个世界，反映出来都是有规律的，在每个单子的内心所反映的整个宇宙，都是和谐的，这如何可能？所以莱布尼茨假设，这必须要有个前定的和谐。就是说，上帝在创造所有单子之前，已经把每个单子都设计好了，让它的内部，跟所有的其他单子都相协调。所以它虽然自行其是，但是跟其他单子并不冲突。即算冲突，也在规律之中，也是按照规律来发生关系的。实际上当然不发生关系，但是每一个单子都认为自己是按照规律来发生关系的。这就是他对宇宙的图解。每个单子心目中都有一个对宇宙的图解。那么这样一种宇宙图景只有假设一个上帝的前定和谐，才能得到合理的解释。所以上帝是整个合规律的、和谐宇宙的唯一可能的条件。莱布尼茨由此就提出了前定和谐的假设，又称之为对上帝存在的前定和谐的证明。严格来说，这种前定和谐的证明并不是证明上帝现实的存在，而是证明上帝的可能性，或者是上帝的必然性。所以人们都认为莱布尼茨证明了这样一个上帝存在的可能性。如果没有这个上帝存在，我们怎么解释目前的这个宇宙呢？它这么和谐。既然每个单子都是能动的，都是自由的、自发的，它们为什么又会处于和谐之中？只有一个解释，就是这些单子都是上帝创造的。虽然这是唯一的解释，但却仍然只是一种可能性，你并没有证实。莱布尼茨还是很尊重经验派的，认为经验派说的有他的道理，所以他认为他的这个证明只是一个假设，这种证明也只是一种前定和谐假设的证明，也只是对上帝的一种可能性的证明，并不是真正的对上帝实在性的证明。所以康德在这里讲，莱布尼茨没有做到它所自吹"先天地洞察一个如此崇高的理想存在者的可能性"，因为可能性有好多种，一种是分析的可能性，莱布尼茨只是证明了一种分析的可能性。就是说，所有这些单子，它们在实在的活动中，它们都不自相矛盾。那么我就可以设定，有一个最高的实在的存在者。他使得所有这些单子的实在性互相之间不产生矛盾。但是这样一种可能性只是分析的可能性，就是说，这样一个上帝的概念当然是不自相矛盾了，因为它里面所有的单子都不自相矛盾，都被设定为不自相矛盾。但是，上帝是如何使它们不自相矛盾地综合在一起的？这个他没有证明。比如像牛顿那样的，提出上帝的"第一推动"，上帝的设计安排，他是如何安排的，他通过什么样的致动因安排的，这些东西，你还得需要经验的东西来加以证明。你光是推出一个可能的，或者是一个必要的前提、上帝的前定和谐，那个仅仅是逻辑上面的一种推论，而不是一种现实的推论。你要从现实上面来推论，哪怕是它的可能性，你都必须要纳入经验的证据，纳入经验的材料，你才能够得到证明。这是两种不同的可能性。而莱布尼茨他自吹的是要证明一种综合的可能性，但是他实际上做不到。因为一切综合的知识永远只能在经验中去寻求。你先验地去综合,你的先天综合判断,当然也是综合,但是如果脱离了经验,先天综合判断是空的。范畴,如果脱离了经验,它没有任何意义。它虽然也是综合的,但是它没有任何运用。它综合什么?它自己综合自己? 自己综合自己那是空的,那只是一种思想,而不是一种知识,不是一种认识。理念也是这样,理念也可以形成先天综合,先天综合的概念,或者说形成先天综合判断的一种幻相。它要形成先天综合判断,那只是一种幻相,不是知识。为什么不是知识呢? 因为任何综合的知识的可能性标志,只能在经验中去寻求。就是在经验中才能够发现和找到综合知识的可能性。

最后一段话:

所以,在对一个最高存在者的存有从概念来进行的这个如此有名的(笛卡尔派的) 本体论证明那里,一切力气和劳动都白费了,

这个是很令人沮丧的了。所有的最高存在者存有的本体论证明,从概念来进行的这个如此有名的本体论证明,笛卡尔派的本体论证明,笛卡尔派这里当然也包括莱布尼茨了,斯宾诺莎和莱布尼茨,在康德那里都被称之为笛卡尔派,他认为他们都是一派的,都是理性派,大陆理性派,大陆唯理论这样一个派别。在他们的本体论证明那里,"一切力气和劳动都白费了"。花那么多的力气,好几百年都在干这个事情,但是呢,都劳而无功。这是总结性的一句话。

而一个人想要从单纯理念中丰富自己的见解,这正如一个商人为了改善他的境况而想给他的库存现金添上几个零以增加他的财产一样不可能。

这是一个很著名的例子了,这非常通俗。就是说,一个人要单纯凭理念来丰富自己的见解,增加自己的知识,凭借理念来建立一门关于上帝的形而上学,关于上帝的本体论,那么这是很可笑的。其可笑的程度,就像一个商人为了改善他的财产状况而想给他的库存现金加上几个零。

Kassenbestande 这个词是"库存现金"的意思，在字典上就是这个词，就是"库存现金"有的人把它翻译成"现金簿"、"账簿"、"账本"，在账本上添加几个零。这就是意译了。可能这样译更加通俗一些，也更加合理一些。"库存现金"怎么加几个零呢？但是它就是"库存现金"的意思，Kassen 就是钱箱嘛，Bestande 就是状况嘛，钱箱的状况，钱袋子的状况。但是如果意译的话呢，实际上就是说，给他的账本上面添几个零。本来只有一块钱，他给添上一千块钱，于是他就富有起来了，但是这是不可能的。正像对上帝存有的本体论证明，在概念里面给予它一个存有，然后就以为它真的存有，这是很可笑的。所以，这样一种对于上帝存在的本体论证明的反驳是很有名的，也是流传甚广的，哪怕不懂哲学的人，一听了这句话也就恍然大悟了。原来那些哲学家吃饱了撑的，没事干，搞了这么久，结果呢？啥事也没干，一切力气都白费了。康德这个批判你要把它反过来，还是颇不容易的。他讲得这么样的通俗，这么样的明白。后来到黑格尔花了大力气，他才把这个又扭过来，就是上帝存在的证明没有那么简单，好像仅仅是一个概念与存在互不相干的问题。当然黑格尔也花了很大力气，可以说花了更多的力气，比以前所有的这些本体论证明花的力气都更多。也就是说，他一开始就把思维和存在、概念和存在看作是统一的。当然不是一种静态的统一，而是一种动态的统一，是一种历史的统一。从这个角度，他才把康德的这样一个批判又扭过来了。但是当然也有些人不相信他，不相信黑格尔，所以现在也可以说这两派势均力敌。对上帝存有的证明究竟是否可能，基本上就是这两派。一个是上帝存在的本体论证明，康德已经彻底把它摧毁了；另一派呢，就是黑格尔派的，用辩证神学又把它恢复了。除了这两派以外，当然还有一些通俗化的，比如说目的论证明，情感证明，或者是其他的感性的证明。那些东西都是不上档次的，经不起理论的推敲。如果从理性派的角度来说呢，目前就只剩下这两种了。一种呢，按照康德的说法，你从思辨理性的角度，你无法证明上帝的存在。当然康德提出来一种"道德证明"，道德证明不是证明上帝存在,道德证明只是证明我有一种需要,目的论的证明也是一种比方,所以康德实际上是把这个证明从理论知识这个领域里面,完全清除出去了,把它留给了道德实践。那么另一种是黑格尔的说法,通过把实践和理论结合起来,把它们辩证地统一起来,才又恢复了对上帝存在的本体论证明。所以今天如果说你对上帝存在要进行证明的话,那么你就面临这样两种选择。至于莱布尼茨也好,笛卡尔也好,它们那些证明呢,那当然都失效了。你可以把黑格尔的证明看作是那些证明的发展或者继续,但是原来那种原始形态的本体论证明再也不可能存在了。这是康德的一大功劳。

先验方法论

第二章　纯粹理性的法规

我们现在进入"先验方法论"了。"先验方法论"是康德这本书的最后的部分。或者说，他的《纯粹理性批判》的四个最基本的问题中的最后一个问题，就是未来的、作为科学的形而上学是何以可能的？也就是说，他在这里要为未来的、作为科学的形而上学奠定基础。前面讲的一个是数学何以可能，一个是自然科学何以可能。"先验感性论"讲数学何以可能，"先验分析论"讲自然科学何以可能。"先验辩证论"讲以往的形而上学是如何可能的，那主要是批判，最后的结论是不可能。以往的形而上学虽然人们把它做出来了，但是他们所作出的那些先天综合判断其实都是一些假命题。你要把它们当作科学知识来看待，那是不可能的。当然作为自然倾向，那是必然的，那是可以理解的，而且呢，在某些方面也是很有用的；但作为知识来看，以往的形而上学是不可能的。所以"先验辩证论"主要是带有一种批判的性质。最后"先验方法论"，就是从前面的"先验感性论"、"先验辩证论"以及"先验分析论"里面总结出来什么可能，什么不可能。那么，纯粹理性在未来要建立一种科学的形而上学，那

418

它必须要有什么条件，才得以可能？这些条件就是未来建立科学形而上学的方法。我们将来要建立一门科学的形而上学，我们将采取一些什么样的方法？这个就是"先验方法论"里面所要探讨的问题。相比而言，"先验方法论"是最短的一部分，甚至于与前面的"先验逻辑"即"先验分析论"和"先验辩证论"都不成比例，跟"先验感性论"相比也少很多。但是它很重要。里面提出了康德对于未来形而上学的一种设想，并且为这种设想制定了必要的方法。

　　这个方法主要是分成两个部分，一个是"纯粹理性的训练"，一个是"纯粹理性的法规"。主要的是这两部分，当然还有"纯粹理性的建筑术"和"纯粹理性的历史"。它一共分四章嘛。建筑术，就是总结他在建立纯粹理性批判的体系中所使用的那种形式上的方法，根据这种形式上的方法，对于未来建立科学的形而上学也有指导作用。这就是"建筑术"的意义。那么，最后追溯纯粹理性的历史，那就是给自己的这种未来科学的形而上学在哲学史上加以定位。我的这样一种观点在哲学史上，终结了以往的一切争论，开辟了真正作为科学的形而上学，这在康德自己看来就是达到了形而上学的最高目标。但是实际上具有实质意义的部分主要是这两部分，一个是纯粹理性的训练，一个是纯粹理性的法规。纯粹理性的训练是从消极的方面来谈，纯粹理性的法规是从积极的方面来谈。纯粹理性的训练主要是讲从他以往的前面几部分讨论中所得出的所谓纯粹理性"独断运用的训练"，纯粹理性"争辩运用的训练"，纯粹理性"在假设上的训练"和纯粹理性"在证明上的训练"。这都是方法论。就是说，我们不要限于独断论。如何不限于独断论？我们必须要运用怀疑论作为手段，吸收怀疑论给我们提供的广阔的视野，吸收怀疑论对我们理性的运用所提出的警告，然后怎么样去假设，怎么样去证明。这是纯粹理性的"训练"，在各方面的训练。这一部分我们这本书里面没有收进来，其实也是很重要的。它是对整个《纯粹理性批判》的前面的方法论的一种总结：如何做判断，如何把那种辩证的幻相推向极端，暴露出矛盾，然后意识到理性的边界，如何证明，如何假设，要避免些什么，这些都是先验方法论里面的很重要的训练的内容。这些训练主要是消极的，就是说你"不能怎么样"。不能怎么样？你不能独断，你也不能把那种怀疑看作无所谓，你也不要像数学那样去假设和证明，那都不属于未来形而上学所应该采取的一种手段。哲学不应该向数学学习，而应该超越数学，能提供形而上学自己的一套方法。那么今天我们要进入的这个"纯粹理性的法规"，它是积极意义上的。就是纯粹理性经过训练以后，那么它自己能给自己提供一些什么样的法规。我们来看看。我们从第二章看起，"纯粹理性的法规"。

对于人类理性来说，感到耻辱的是它在其纯粹的运用中一事无成，甚至还需要一种训练来抑制它的放纵，并防止由此而给它带来的错觉。

对人类理性来说，它对这一点感到耻辱，就是说，在纯粹的运用中，它将一事无成。因为你把纯粹理性和经验的对象割裂开来，你把经验的材料、经验的内容割裂开来，单纯地运用纯粹理性的话，那你将一事无成。这个主要是就狭义的纯粹理性而言的。在纯粹的理性"纯粹的运用"中，那只能够是狭义的纯粹理性。广义的纯粹理性包括知性，知性不可能有先验的运用，也就是不可能有纯粹的运用，知性只能有经验的运用。那么，纯粹理性在纯粹的运用中，那就是指的理念了，那就是指的最狭义的理性。只有理性才可能有它的纯粹的运用。所以这个地方指的是"先验辩证论"里面的那种理性。在它的纯粹运用中，它一事无成。狭义的理性，纯粹的理性，它不可能有经验的运用，它只能有纯粹的运用。你要把它运用到经验上，那就是误导了。它跟知性不同，知性只能够有经验的运用，不可能有先验的运用，而纯粹理性呢，不可能有经验的运用，只可能有纯粹的运用。但是纯粹的运用它"一事无成"。它运用在纯粹这个层面上，理念的层面上，它一事无成。它可以形成先天综合判断，但是这些先天综合判断不是知识，你把它当作知识，它就成了幻相。所以它是用来制造幻相的，而不是用来产生知识的。它虽然有纯粹的运用，但是这种纯粹的运用在知识方面一事无成。"甚至还需要一种训练来抑制它的放纵"，要通过一种训练，我刚才讲了，要通过怀疑论，对独断论的反思和对怀疑论的吸收。所谓"独断的训练"和"争辩的训练"，争辩的训练就是怀疑的训练了。除了要对独断论加以反思以外，还要引入怀疑论，来促使自己在各种不同的对立观点的争辩之中，使自己得到训练，不断地敲打自己，来抑制它的放纵。就是说，你放纵，好，你在这方面放纵，我给你提出另外一方面的同样的放纵，来跟你作对，看你能不能对付。当你不能够对付的时候，你就会懂得了，不要太放纵了。理性有它固有的限度，不要去探讨那些独断的知识，不要独断地去探讨那些知识，"并防止由此而给它带来的错觉"。"它"是指人类理性，就是说，抑制了理性的放纵呢，我们才能防止由此带来的一系列的幻相。这是一种耻辱，就是纯粹理性历来是理性的法庭，至高无上，它判断一切，难道它本身还需要受到什么样的限制吗？还需要受到什么样的训练吗？难道它自己还不成熟吗？还处于野蛮状态吗？这个是使理性感到耻辱的。

　　<u>但另一方面，使它重新振奋并给它以自信的是，理性能够且必须自己实行这一训练，而不允许别的检察官来检查自己；</u>

　　就是说，这虽然是一种耻辱，理性还需要受到训练，在它纯粹的运用中，它一事无成，以至于它意识到自己应该受到训练，并且要接受抑制，抑制它的放纵，这本来是一种耻辱。但是呢，使它重新振奋起来，并且给它以自信的，就是说，理性它不是由别人来实行这一训练的，而是由它自己。它不允许别的检察官来检查自己，比如说，感性、经验。感性、经验在知识方面很有用，但是，你不能站在经验主义的立场上面，用经验来判定、来束缚、来约束理性。经验派就是用经验来约束理性，这个就是使理性感到耻辱的。但是理性当它自己给自己以束缚和约束的时候呢，它并不应该感到耻辱。它可以重新振奋起来，并且给自己以自信。它自己给自己束缚嘛，那归根到底它还是自己有这种能力，能够自己限制自己，这

样它就还是立起来了嘛。它还是理性的法庭，它还是至高无上的。它的至高无上体现在，它不是由别的检察官来检查它，而是由它自己来作一种自我检查。这是康德对启蒙理性的一种深化，一种提升。理性不再是简单的逻辑理性，而是批判理性，是一种自我否定自我约束的理性了。

并且，它不得不为自己的思辨运用所设定的那些界限，同时也限制着每个对手的玄想的僭妄，因而能保障从它以前的过分要求中还可以为它保留下来的一切东西免遭任何攻击。

当然它不得不为自己的思辨运用或者纯粹运用设定一些界限，它为自己设定了界限，但是呢，它同时也限制了它的对手，理性的对手，比如说经验派。经验派就说，你既然是有限的嘛，那我就把你抛弃了，就可以不管了。但是它所设定的这些界限呢，同时又是一种防卫。这种界限是理性才能设定的，经验设定不了，只有理性才能设定。所以呢，它一方面设定了自己的界限，同时呢，也限制着每个对手，他们的那种玄想。比如说经验派，他也有玄想，经验派有经验派的独断，独断论就是玄想。独断论的经验论者也利用理性来进行玄想。比如说从经验的世界，他可以对整个宇宙作出某些断言。理性派当然认为整个宇宙是有限的，但是经验派也可以断言整个宇宙是无限的。你说宇宙是有限的，当然那是独断；但是你说宇宙是无限的，那同样是独断，同样是超越了你的权限。这两派分别由理性派和经验派提出来，但是双方都是独断的，都是一种玄想的僭妄。所以，当理性把自己的限度制定了以后，它一方面使自己受到限制，另一方面呢，也限制了它的对象。就是说，我限制了我自己，我同时也限制了你。你也不能超越。我无权断言宇宙是有限的，那么你也无权断言宇宙是无限的。你怎么知道宇宙是无限的呢？你也不知道嘛。他讲："因而能保障从它以前的过分要求中还可以为它保留下来的一切东西免遭任何攻击"，以前当然是过分要求了，是独断了，但是以前的独断呢，它是理性的独断。独断当然不对，但是理性本身还是可以保留的。所以它能够为它保留下来的一切东西，经过这样一种限制以后，那么呢，它就可以免遭任何攻击了。以前因为它自己不谨慎，所以它老是遭到对手的攻击。现在它自己谨慎了，它也就把自己的防卫做得更严实了，免遭任何攻击。经验派你抓不住我的辫子，我以前是不谨慎，作出了一些独断的断言。以前被你抓住了辫子，你可以跟我死争，我们谁也说服不了谁，那么你就可以说，公说公有理，婆说婆有理，双方都是值得怀疑的。那你就占便宜了。但是现在我不作那些独断了，我知道我的限度，我只说那些我能够证实的东西，并且呢，我是通过理性来设定了界限。那么理性派在这一方面呢，它就可以免遭任何攻击。你就抓不到我的辫子了。

所以，纯粹理性的一切哲学最大的、也许是唯一的用处的确只是消极的；

纯粹理性的一切哲学最大的用处，这个"纯粹理性"指的是狭义的纯粹理性，跟知性还不一样。知性当然它最大的用处是获得知识了。但纯粹理性这些理念，它们有什么作用呢？这些理念只会制造幻相啊，我们就不如把它们抛弃吧。但是康德认为呢，我们还不能把它们抛弃。纯粹理性，它的一切哲学最大的用处是消极的。理念我可以把它理解为一个界限嘛，你不要把它当成知识，你把它当作对知识的限度，那不就够了吗？如果没有理念，你怎么知道你的知识的限度呢？我们通过理性对理念加以剖析，我们就明确了我们理性的限度。它只能在我们的知识的系统性方面，作一种范导性的运用，这些理念，它可以引导我们的知识不断地趋于完备。但是你不要把它本身当作知识，它本身是一个知识的界碑。到此为止，你不要跨越界限。所以，就它本身来说呢，它的最大的运用，也许是唯一的用处，的确只是消极的。为什么讲"也许是唯一的用处"？实际上你当然还可以设定，比如说，它的范导性运用，它可以引导知识，引导知识也可以说是一种积极的作用，它可以使我们已有的知识构成体系，构成一个系统。但这不是它最大的用处。最大的用处呢，还是消极的，就是建立一个界限，纯粹理性的界限。而且呢，它的范导作用，也是在这个界限的意义上面才能发挥出来。我在前面已经讲过了，就是先验的理念，是因为它本身具有超验的方面，它才能发挥它的先验的作用。先验的理念和超验的理念，是两个不同的术语，但指的是同一件事情、同一个理念。同一个理念它的超验的意义，就是物自体了，是自在之物的那种意义了。在这个意义上是超验的。但是作为整个知识的整体的一种范导，它是先验的，甚至是内在的。它可以引导知识完成它的统一嘛，趋向于它的统一嘛。实际上当然永远也完成不了，但是它有一种引导作用。但这种引导作用如何才能发生呢？还是因为超验的理念设定了一个物自体作为我们认识的界限。有界限你就可以以总体为目标了。如果它没有界限的话，你怎么能够设想自己可以把握总体呢？超验的理念设定了物自体这个界限，那么你才能够有一个总体的这样一种观点，你把这个理念当作一个总体，然后呢，朝这个总体去迈进。所以，归根结底，它是消极的作用。它设定个限度，哪怕是范导性的作用，它也是设定一个限度，你朝那个限度去努力。这个限度有双重作用，它是一把双刃剑，一方面它是警告你，你不能超越这个限度，你不要以为你这个理念就是对某种彼岸世界的知识；但是另一面呢，它有一种引导作用，就是说，既然它不能够超越，那么它就可以作为一种终极的目标，让你去努力，引导你去努力，不断地去追求完备性。所以他讲，它最大的、也许是唯一的用处的确只是消极的。

因为它不是作为工具论用来扩张，而是作为训练用来规定界限，而且，它的不声不响的功劳在于防止谬误，而不是去揭示真理。

为什么只是消极的呢？因为它不是作为工具论用来扩张。什么叫工具论？工具论就是扩展知识的工具。亚里士多德的《工具论》，就是为了达到知识的扩展。当然这不是亚里士多德自己的命名，是后人给他的命名，把他的那些分析篇呐，解释篇呐，范畴篇呐，集合起来，命名为《工具论》。意思就是说，这些是用来作为工具来获取知识的，这是用来获取知识的一种工具。但是这个工具论呢，应该说在康德的《纯粹理性批判》里面，只适合于"先验感性论"和"先验分析论"，它们是用来获取知识的，直观形式和范畴是用来获取知识的，它们可以作为工具。但是理念不能作为工具。"先验辩证论"里面讲的纯粹理性，狭义的理性，它不能作为工具去获取知识。形式逻辑也不能作为工具去获取知识。形式逻辑是形式，它跟对象无关。你把形式逻辑当作跟对象有关的，想去获取有关对象的知识，那就错了。这个纯粹理性也是这样的，纯粹理性跟经验对象无关，纯粹理性本身只是一个理念而已，它不能够涉及到有关对象的知识，不能当作工具论。当然它跟物自体有关，它指向一个物自体，但是呢，绝对不是指向物自体的知识。你想要把它作为工具，通过纯粹理性来获得有关物自体的知识，这就是把它当工具论了。所以先验逻辑也好，形式逻辑也好，从理性的角度，是不能够当作工具论的。形式逻辑也是理性，先验逻辑在理性的层面上，它也是纯粹理性，它们都不能当作工具论。所以在先验逻辑导言里面，这个康德就点出来了，就是说，逻辑，你要是把它当工具论，那必然就会导致幻想。我们看 B86 页上，"现在我们可以作为一个可靠的和用得上的警告来加以说明的是：普遍的逻辑若作为工具论来看待，任何时候都会是一种幻相的逻辑，就是说，都会是辩证的。"这是讲的形式逻辑。先验逻辑也有这个问题，就是说，纯粹理性你如果作工具论来看待，它就会是一种幻相的逻辑。因为它没有经验对象嘛。你把它当工具论来看，想要获得新知识，那就是一种幻相逻辑，就会是辩证的。先验逻辑跟这个形式逻辑呢，在这方面是一一对应的。当然这个先验逻辑里面呢，有知性这一部分。知性这一部分呢，倒的确是运用于经验方面的，用来获得新知识的。所以从这整个角度来看呢，《纯粹理性批判》你还是可以说它起到了某种工具论的作用。从它的积极意义方面来说，从它的知性方面来说，你可以说它起了某种工具论的作用。但是你从纯粹理性这个层次来看，它绝对不可能成为工具论。所以这里讲："它不是作为工具论用来扩张，而是作为训练用来规定界限"，规定什么界限呢？规定我们的知性在扩张我们的知识的时候，它所遵守的界限。知性是工具论，知性有它的法规，它能够扩张我们的知识。但是扩张我们的知识有一个限度，这个限度呢，就是纯粹理性的理念。纯粹理性是作为训练，从而规定界限的。理性超越知性之上，对我们的理性能力加以训练，加以限制。所以，"它的不声不响的功劳在于防止谬误，而不是去揭示真理"。它不是揭示真理的，它是防止谬误的。所以，揭示真理是"先验分析论"所干的事情，作为先验逻辑的第一部分，先验分析论，它是真理的逻辑。作为它第二部分的辩证论，它是幻相的逻辑。所谓幻相的逻辑就是谬误的逻辑。先验辩证论的功劳在于防止谬误，谬误的逻辑就是要防止谬误，揭示幻相，而不是去揭示真理。当然反过来，间接地来说呢，它也揭示真理。你知道了什么是幻相，那你也就懂得了怎样去寻求真理了。但直接而言，它不是直接揭示真理的。它是揭示我们的幻相是如何产生的，我们如何避免这些幻相。当然这样一来它可以为了揭示真理而设定一些界限，这个是它所起的作用。

<u>然而，必定在某个地方存在着属于纯粹理性领地[①]的积极知识的根源，这些知识也许只是由于误解而引起了种种谬误，但事实上却构成理性努力的目标。</u>
B824

纯粹理性在认识方面的纯粹运用一事无成，它只能用来规定界限，而不能用来获取知识，但是难道人类赋有纯粹理性就只有这样的消极的用途吗？它能不能在其他地方，不是认识论方面，而在别的方面也有它积极的用途呢？康德认为一定有这样的积极用途，只是我们不能在认识论中寻找这样的用途，它所构成的积极的"知识"，我们也不能理解为通常意义上的知识。康德通常讲的知识就是自然科学意义上的知识，但是他并不严格遵守这一用法，有时他也把道德方面的法则称之为"知识"，所谓"实践知识"。纯粹理性出于它自己的纯粹"领地"，也就是由它自己立法所建立起来的管辖地，也必定能够产生出某些积极知识。这里所

---

① 原译作"领域"，查原文为 Gebiete，应统一译作"领地"。

说的"领地"（Gebiete）这个概念是一个法律用语，指专属于自己立法的地区，在当时德国封建领主制之下是通行的政治模式。就此而言，自然知识的领地是知性专属的领地，知性为自然界立法，狭义的纯粹理性在这一知性领地中所起的作用只是辅助性的，即对知性所建立起来的自然知识作一种"范导性"或"调节性"的指引。所以这个领地并不属于它所专有的立法权范围。只有超出自然知识的范围之外的某个地方，才"存在着属于纯粹理性领地的积极知识的根源"，这就是在纯粹实践范围内的领地。康德后来在第三批判中就明确提出，只有纯粹实践理性才是真正的"纯粹理性"，因为只有它才彻底摆脱了感性的经验世界而进入到自在之物的领域，而《纯粹理性批判》中的纯粹理性其实只不过是"纯粹知性"，它是不能离开经验领域而有任何运用的。所以真正的纯粹理性所提出的积极知识实际上只属于纯粹实践方面的知识，它只是由于误解，才被当作一种理论知识。实际上它属于实践的领域，属于实践的我"应该怎样做"的这样一种知识，但是你把它理解为实际上"是什么"的一种知识，这就是误解了，就产生出了种种的幻相。在这里，积极知识不是通常科学意义上的积极知识，后面这种积极知识其实已经被康德所驳倒了，在理论的意义上它不能称为积极知识；但是实践的意义上的积极知识在这个时候还没有谈到，而它"事实上却构成理性努力的目标"。康德在这个地方是说，以往的人们所认为的积极知识虽然被驳倒了，但是，它是不是在别的地方存在着某种根源呢？这种根源可以说明，这种知识也许只是由于误解才导致了种种谬误，也许它在另外一种意义上确实是积极知识呢？有这种可能。而且它事实上构成了理性努力的目标。

因为，除此之外，又该用哪一种原因来说明这种无法抑制的、绝对要在超出经验界限之外的某个地方站稳脚跟的欲望呢？

也就是，如果在某个地方不存在这种根源，那么，我们又该用哪一种原因来说明这种无法抑制的欲望呢？这也是反推上去的。就是说，我们总是有这样的欲望，有一种无法抑制的"自然倾向"，要超出经验界限之外去站稳脚跟，总是有这样一些欲望，如果不为它寻找另外一个根源，那么我们对这种欲望就无法解释了。前面讲我们有一种"作为自然倾向"的形而上学，为什么会有这种自然倾向？那就无法解释了。所以，为此我们必须要给它找到另外一种根源。这个根源可能是属于纯粹理性本身的立法的领地的。

理性预感到了对于它具有重要意义的那些对象。它踏上这条单纯思辨之路，为的是靠近它们；但它们却在它的面前逃开了。它或许可以指望在给它剩下的唯一的道路上，也就是在实践运用的道路上，会有更好的运气。

就是说，对于纯粹理性的这一可能的立法领地，理性这时只有一种"预感"，它在认识领域中，在"单纯思辨之路"中所表现出来的那种"自然倾向"，其实不过是对它自己的这个领地的一种预感，预感到其中"对于它具有重要意义的那些对象"。但也正因为只是一种预感，所以并不是确定的知识，这些具有重要意义的对象只是以一种幻相的方式出现，当你试图抓住它们时，它们却在你面前逃开了。那么现在唯一剩下的道路就是超出理论理性或思辨理性的范围，到理性的"实践运用"方面去碰碰运气。这里是在这一章中首次引出"实践"这个术语，明确指出纯粹理性本身的真正领地就是实践领域，只有在这里，纯粹理性才可能建立自己的法规。而在认识论的领域里，它顶多只能为知性的法规服务，做一些引导性的工作。这在下面一段有更详细的说明。

这是纯粹理性的法规前面三段的最后一段。前面两段都是铺垫，讲纯粹理性的法规，先讲人类的理性在它的纯粹应用中一事无成，然后讲，它如果想要有更好的运气的话呢，只能够在实践的应用方面去碰一碰。那么接下来这一段呢，就是公开的把"法规"这个概念提出来了。所以这一段要理解他主要的、关键的一个概念，就是对法规的理解。

我把法规理解为某些一般认识能力的正确运用的先天原理的总和。

这一句话很重要。把这一句话把握准了,那么下面都好理解了。"某些一般认识能力",并不包括所有的一般认识能力,例如不包括感性直观能力,而只包括知性、判断力和理性。感性也是认识能力,但是感性在这里就可以排除掉。感性不可能有法规。感性是五花八门的,怎么可能有法规呢?法规必须带有普遍性。当然先验感性论,它的感性有先验性,比如说时间和空间,但那不叫法规,那只能叫先天的直观形式。时间空间只是先验的直观形式,它只是接受能力,它不是立法,不能作为法规。所以这里只涉及知性、判断力和理性。它们的"正确运用",就是这样一些认识能力,如果你要正确运用的话,它们必须有先天原理。一般认识能力的运用,它的后天原理和先天原理不一样,这个地方强调的是先天原理,而且是正确运用的先天原理,这些原理的总和,就是他所理解的法规。法规 Kanon 这个词在古希腊哲学里就提出来了,本身就是希腊词,我们以前翻译成"准则"。准则学,在伊壁鸠鲁和斯多亚派那里,就已经提出来了。但那个时候呢,人们的理解就是"获得真理的一套法规"、一套"准则",也就是真理的标准。那么这个地方的"法规",沿用古希腊的这样一个概念,但是呢,赋予了康德特有的意思,就是"一般认识能力的正确运用的先天原理",先天原理有很多,那么,它们总括起来,就是法规。

所以普遍逻辑在其分析的部分对于一般知性和理性而言就是某种法规,

普遍逻辑也就是指形式逻辑。普遍逻辑它的"分析部分",也就是亚里士多德的形式逻辑的"分析论"。亚里士多德形式逻辑的工具论,其中最主要的、核心的篇幅,也是最重头的,就是他的《分析篇》,"分析上篇"和"分析下篇"。分析论主要是建设性的,在亚里士多德那里就是概念、判断和推理的学说,主要是判断和推理。概念论在范畴篇里面讲得比较多。分析论里面呢,是讲怎么运用这些概念,去进行判断和推理。形式逻辑的分析论部分对一般知性和理性而言,就是某种法规。分析论里面讲的，概念、判断和推理，概念、判断就是讲知性了，推理就是讲理性。这个在形式逻辑上，它就已经构成某种法规了。因为它符合康德对法规的定义，就是"一般认识能力的正确运用的先天原理的总和"。所以普遍逻辑，也就是形式逻辑，在它分析的部分，对一般知性和理性而言，它就是某种法规了。它是先天的。形式逻辑当然是先天的。判断的原则和推理的原则都是先天的。那么它是否正确运用呢？当然形式逻辑，它有它正确运用的领域，但不能错用到别的地方。所以下面就讲了：

但只是在形式上，因为它抽掉了一切内容。

也就是说，形式逻辑在形式上面，有它正确运用的先天原理。对于这些先天原理而言，我们可以把它称之为形式逻辑的法规。但它抽掉了一切内容。如果你想在形式逻辑方面把它等同于某种内容，那就搞错了，那就是不正确的运用了。你想仅仅通过形式逻辑就获得具体的、现实的知识，比如说经验的知识，或者说形而上学的知识，那就是对形式逻辑法规的一种误用，那就不是正确的运用。所以前面在先验逻辑的导论里面①，康德就讲，对于形式逻辑的这些规则，任何工具论的运用都会导致幻相，你把它当成工具论，它就会陷入"辩证论"，辩证论在康德那里是个贬义。也就是说你把它用错了，你就会得出一些假命题。亚里士多德的所谓的辩证论就是"智者的诡辩"嘛，属于《辩谬篇》。《辩谬篇》里面专门清除这样一些由于形式逻辑的误用而导致的各种各样的谬误。其中，一个重要的谬误呢，就在于诡辩。所以形式逻辑的法规不能当作工具论来看，也就是说不能够当作一种获取现实知识的手段，直接获取现实知识，那是不可能的。形式逻辑要获取现实的知识，它只是一个消极的条件，它不能当作工具去积极地创建某种知识。这个是历来的理性派的哲学家们都没有守住这条线，都想利用形式逻辑的这样一些法规，去创建知识，特别是形而上学的知识。但这个地方强调的是，它作为一种

---

① 见《康德三大批判精粹》A61=B85—86。

法规,它只是形式上的,因为它丢掉了一切内容。不管是经验的内容,还是形而上学的内容。所以,知性和理性的法规在形式逻辑里面是有的。我们通常讲到法规,一般认识能力的先天运用的原理,那么在形式逻辑里面呢,它就有这样一种先天原理。但是它只在形式上,它抽掉一切内容。那么我们来看,如果它不抽掉一切内容,如果它涉及到真理性的问题,涉及到观念和对象的关系的问题,那就必须超出形式逻辑了,那就要按照康德所建立的先验逻辑来进行考察了。我们来看看它有没有法规呢?

于是先验分析论就是纯粹**知性**的法规;因为只有它能得出真正的先天综合知识。

这个"于是"(So)我们也可以译作"同样",更好理解些。so 在德语里面呢,它是一个语气词,就是"那么","这样一来","这样",相当于英文里面的 so。他前一句话,"所以普遍逻辑在其分析的部分对于一般知性和理性而言就是某种法规"中的"所以",也是 so。这两个 so 是并列的。这两个并列句呢,它都是跟前面那个定义有关的。就是"我把法规理解为某些一般认识能力的正确运用的先天原理的总和",那么"普遍逻辑"在它的分析部分怎么样,那么"先验的分析论"就怎么样。这两个"那么"都是从第一个定义引出来的。从语气上面来说,就是这样。既然我这样规定,那么我们就可以确定有两个不同的法规,一个呢,是形式逻辑的法规,它是在形式上面,对一般的知性和理性而言都适用,另外一个呢,同样的——我们这里可以翻成"同样的",那么先验分析论就是纯粹知性的法规。前面讲的是形式逻辑,那么,先验逻辑是按照形式逻辑的模式建立起来的,所以这句话有与前面并列的意思。但层次上又有不同。先验逻辑不是普遍的逻辑,它没有那么普遍。所谓普遍逻辑就是说,形式逻辑不仅运用于现实的知识上面,作为一个消极的条件,而且可以运用于任何概念。任何概念你都可以用形式逻辑来对它加以处理。包括非知识的,比如说游戏,比如棋牌,或者幻想的东西,想象出来的东西,文学艺术,这些都是可以处理的。你一旦把它变成概念,变成语词,我就可以用形式逻辑来对它加以处理。所以它是普遍的。但是先验逻辑呢，它不是普遍的，它专门针对真理，专门针对着知识，而且是一种经验知识。先验逻辑是针对着经验知识的，针对一切可能的经验知识。所以它没有那么普遍。它的普遍性只是在一切可能经验范围内。所以，先验逻辑和普遍逻辑在康德这个地方有范围的大小不同。普遍逻辑肯定要涵盖先验逻辑在内，因为它根本不管对象，你任何对象都可能纳入它的名下来。这是形式逻辑的普遍性。但是先验逻辑跟形式逻辑有某种同构性，康德就是以形式逻辑作为样板而建立起他的先验逻辑来的。但是在建立样板的时候呢，当然赋予了不同的意义，赋予了它关于对象的知识之条件这方面的意义。形式逻辑不涉及关于对象的知识，形式逻辑是运用思维的工具。我们通常讲运用思维的工具呀，就是思维的技巧，我们的思维的技巧，跟对象无关。当然这个技巧你可以用在对象身上，你也可以不用在对象身上，也可以用在别的东西身上。这是形式逻辑，泛泛而谈，可以这样来讲。但是先验逻辑呢，它只能用在经验的对象上。不过作为逻辑来说，它跟形式逻辑一样，也分为分析论和辩证论，也分成这两大部分。那么辩证论跟形式逻辑的《辩谬篇》呢，有类似的地方，也就是清除谬误。当然先验逻辑的辩证论主要是清除那些形而上学的谬误，而形式逻辑的《辩谬篇》呢，主要是清除一些概念的混淆，同义反复啊，循环论证啊，"四名词"错误啊，很多这些逻辑错误，都是在《辩谬篇》里指出来的。但是先验逻辑的分析论，在这方面呢，跟形式逻辑有类似，就是说，它是一种法规。但是它不是一般认识能力的法规，它只是知性的法规。在知性的范围之内，它可以成为法规。先验逻辑的分析论包括原理分析和概念分析。概念分析是提出概念，提出范畴。那么提出范畴以后，这些范畴是要运用的，所以呢，进一步提出判断力的法规，就是提出原理分析。当然这个地方，严格说原理分析才是它的法规，概念分析是不能作为法规的。概念分析在康德这里，它跟原理分析是不同的，它本身只是提出概念。当然康德经常也把这些概念称为原理，每一个范畴，展开了就是一个原理。但是它还是以单个概念的形式出现，它没有展开。所以这个地方讲的这个法规呢，实际上就是包括"先天原理的总和"。那么，所有这些概念和判断的原理，总和起来，构成先天原理，也可以这样说。所以，在这方面没有区分得那么仔细，但是你要抠的话呢，也可以说得通。所以这一点呢，就跟亚里士多德的形式逻辑的划分方式有点不一样。亚里士多德的形式逻辑，他的分析论部分呢，既有知性的法规，也有理性的法规。形式逻辑嘛，判断，就是知性的法规；推理，就是理性的法规。这些在形式逻辑里面都属于分析论。但是在先验逻辑里面呢，分析论部分只是讲的知性的法规，而理性在这个里头不能形成法规，只能作为一种范导，只能帮助知性的法规更加完整地运用。所以理性在认识领域里面呢，它并不在自己的领地上面发挥作用，它在别人的领地上发挥作用，去帮助知性完成它的知识。所以在先验分析论里面，它所提出的法规，只是纯粹知性的法规。只有知性的法规才能得出"真正的先天综合知识"。这个里头话里有话了。"真正的先天综合知识"，那么什么东西是虚假的先天综合知识呢？这里讲的是知性所提出的是真正的先天综合知识，那背后没有说出来的就是，还有一些是表面上的先天综合知识，其实是虚假的。那这个里头就是讲的理性。理性在知性认识的领域里面，它也得出了一些先天综合知识，但是那不是真正的知识。这句话中的"知性"打了着重号，它跟下面那句话要呼应的。这个地方知性打了着重号，就是要强调它只是指知性，理性不在其列。为什么理性不在其列？因为只有知性才能得出真正的先天综合知识，理性在这里不能得出真正的先天综合知识。这是他这句话的重点，我们要把重点念出来。我讲过，为什么一句话你要把重点念出来，特别是康德自己打了重点符号的地方，你要特别把这个重点强调出来，你才能明白他这个句子后面的意思，话里有话的那个意思。

但是，凡是对一种认识能力不能有正确的运用的地方，也就没有任何法规。

比如说，先验分析论里讲的那些原理、那些范畴，不可能有先验的运

433

用，所以它的先验的运用也不可能有先天的原理，不可能有法规。它只能有经验的运用，只是在经验运用方面它具有先天的原理和法规。你如果把它运用到先验的对象上面去，想要先验地确定一个对象的知识，那你就把它误用了。所以，"对一种认识能力不能有正确的运用的地方，也就没有任何法规"。这个在前面讲分析论的时候，在分析论第三章——"把所有一般对象区分为现象和本体的理由"里面特别强调的就是说，所有这些范畴不能有先验的运用，只能有经验的运用。只能运用于经验，只能是内在地运用，它才能构成法规。先验地运用是不可能的。当然康德在这个地方强调这一点呢，他除了包括刚才我讲的那个意思以外，他主要的意图还在纯粹理性的法规。"凡是对一种认识能力"，这是泛泛而谈的，"不能有正确运用的地方"，这也是泛泛而谈的。这个认识能力，对知性来说是这样的，对于理性来说，更是如此。知性还有它自己正确运用的范围，而理性在构成知识的方面根本就没有任何可能去作正确的运用。这就解释了为什么只把知性算到先验逻辑分析论的法规里面，而把理性推开了。我们不是在形式逻辑里面看到，形式逻辑的分析论既有知性的法规，也有理性的法规吗？当然只是在形式上，但是在知性方面呢，形式逻辑有判断的法规，在理性方面呢，形式逻辑有推理的法规。但在先验逻辑里面就不同了，它只有知性的法规。为什么没有理性的法规呢？因为理性的法规当它涉及到一个对象的时候，它就成了一个超验的对象，理性的理念要撇开经验，它只能够针对一个超验的对象。这个超验的对象是不可认识的。超验对象不可认识，你又要把它当作一个认识对象来看待，那就是不正确的运用了。所以，它的法规是完全不可能的。所以在这方面，理性是不可能有法规的。理性在思辨的方面，在获得知识的方面，是不可能作为法规来看待的。所以这一句话，"凡是对一种认识能力不能有正确的运用的地方，也就没有任何法规"，主要是针对康德在辩证论里面讲的狭义的理性而发的。所以他下面接下来就讲了：

现在，根据我们迄今所作的一切证明，纯粹**理性**在其思辨的运用中的一切综合知识都是完全不可能的。

根据我们迄今所作的一切证明，也就是前面讲的先验辩证论对于理性的心理学、理性的宇宙论和理性的神学所做的一切证明，证明它们都是不可能的。根据所做的一切这样的证明，纯粹理性——先验辩证论主要是谈理性的了，先验分析论则主要是谈知性的——所以这个地方讲，"纯粹理性在其思辨的运用中的一切综合知识都是完全不可能的"。这句话实际上就是点题了。前面讲了那么多，欲言又止，话中有话的、暗示性的那样一些说明，那么，这个地方呢就挑明了。"根据我们迄今所作的一切证明"，包括前面先验辩证论等等所讲的一切证明，"纯粹理性"，这个"理性"打了着重号，跟他前面讲的知性相对应。前面的纯粹知性在分析论里面有它的法规了，那么"纯粹理性在其思辨的运用中"则不可能有什么法规。什么叫"思辨的运用"，我在前面也讲了，这是康德的一个用语，"思辨的运用"就是认识的运用。思辨的，静观的，就是说我不需要去行动，它跟"实践的"是对应的，思辨理性跟实践理性是对应的。思辨理性也相当于理论理性。我们通常讲这个人善于思辨就是说他的脑子转得很快嘛，他也不用动手脚，脑子里马上把那些概念都清理好了。从概念到概念的思维，这就叫思辨。那么在康德这里呢，这个"思辨"的意思就是认识能力的思辨，也可以说是理论理性的意思。人们以为可以从中得出综合性的知识，比如说宇宙论的知识，理性心理学的知识，理性神学的知识，这些知识，这些命题，都是属于先天综合判断的。从它的性质上，从它的模式上来说，它们都属于先天综合判断。但是从它的现实性来说呢，又完全是不可能的。你可以说一个形式上符合先天综合判断的命题，比如说"上帝是存有的"，这是个先天综合判断，但是这个先天综合判断是不可能的，是不成立的，已经被康德所驳倒了。纯粹理性的这个理性在这里是狭义的。当然康德的《纯粹理性批判》从标题上来看，是广义的，它包括知性，甚至于也包括先验感性，先验的直观。当然先验感性论只作为一个铺垫，它本身不属于理性。属于广义的理性的是知性、判断力和狭义的理性，它们都属于广义的理性。那么它"在其思辨的运用中"，也就是说，整个《纯粹理性批判》前面所讲的都是思辨领域，都没有讲到实践领域，思辨的和实践的，在康德这里呢，是相对的两个概念，两个不同的领域。一个是理论的领域，一个是实践的领域。那么在"思辨的运用中的一切综合知识都是完全不可能的"。至于在实践的领域里面，是否有可能产生出真正的综合知识来呢？如果你把"知识"这个概念放大，把实践的知识也包括在里面的话，那倒是有可能。康德在后面提到这个问题。但这个地方主要是强调"在思辨的运用中"的一切综合知识都是完全不可能的。

所以根本没有纯粹理性的思辨运用的任何法规（因为这种运用彻头彻尾都是辩证的），相反，一切先验逻辑在这方面都只不过是训练。

所以他这里的结论就是"根本没有纯粹理性的思辨运用的任何法规"。既然它在思辨运用中一切综合知识都是完全不可能的，也就是说，它在运用中所获得的那些综合知识都是伪知识，那么既然是伪知识，它也就没有能够得到正确的运用了。它所提出的那些先天原理，没有得到正确的运用，所以呢，这些法规呢，也就是不可能的。它不能得到它想要得到的综合知识，那么，它自以为这些思辨的运用可以称为法规，但实际上呢，这些法规没有任何思辨运用的领地。纯粹理性没有任何思辨的法规。括号里面讲：因为这种运用彻头彻尾都是辩证的。"辩证的"刚才讲了是个贬义词，也就是说实际上是犯了一种辩证的错误，产生了一种辩证的幻相。这样一种运用，纯粹理性的一种思辨运用，彻头彻尾纯粹是辩证的，纯粹是产生辩证幻相的。括号里面就是这样一个意思，也就是说提供一个理由，为什么说没有任何法规呢？因为当你运用的时候，你就会产生辩证的幻相，你用错了。这种运用是不合法的。不合法的怎么可能有先天的法规呢？"相反，一切先验逻辑在这方面都只不过是训练"。"在这方面"，也就是说在纯粹理性的思辨运用方面，就此而言，整个先验逻辑都只不过是训练。整个先验逻辑，包括先验分析论、先验辩证论，就纯粹理性的思辨运用来说,都只不过是训练。这在先验辩证论我们好理解,因为先验辩证论是康德在方法论前面明确提出来了,它就是"纯粹理性的思辨的运用",在"这方面"先验辩证论就是提供这样的训练的。什么二律背反呐,什么谬误推理呀,就是把纯粹理性反反复复地折腾,让它从这种幻相中悟到自己谬误的根源,由此得到训练。就是你要守住自己的园地,不要妄加出击,不要痴心妄想,要受到规训,要受到教训。否则的话,你就陷入到自相矛盾,就陷入到先验的幻相。但是"一切先验逻辑",包括分析论,在这方面也只是一种训练,对于狭义的纯粹理性的思辨运用来说,它也是一个训练。为什么这样说呢?就是分析论里面已经开始接触到理性的界限问题,接触到理性的界限问题,当然也接触到知性的界限问题。在知性的界限上面呢,也体现出理性的某些界限。因为知性本身属于广义的理性的一个成分。所以,在先验分析论里面,实际上已经对思辨理性进行了训练了,就是知性你不能超出可能经验的范围,你如果想要先验地运用的话,对知性来说是不可能的。所以,在先验分析论里面,知性已经划定了这样一个界限,也就是一切知识只能是经验知识,只能是可能经验的知识,而一切可能的经验的知识呢,它有一个界碑。超出这个界碑,超出一切可能的经验之外,那就会导致对物自体的伪知识。这在先验分析论里面已经提出来了,先验辩证论不过是进一步对这样一个界限在对理性的关系上加以限定。就是说,知性的界限你把它划定了,你不让它超出可能经验的范围,超出可能经验的范围你没有运用;但是理性有运用啊,人们认为超出可能经验的范围,理性还可以运用。知性虽然不可以运用,但是理性可以运用。因为理性是探讨那些超验的东西、超验的对象的,它本身就是超经验的。知性当然只能探讨经验的对象,它不能探讨超验的对象。但是理性好像可以。因为理性提出理念,理念涉及到无限性。知性的范畴呢,都是涉及有限性的,而理性的理念可以涉及到无限性。所以理性在知性所提出的界限上面呢,试图凭借理念加以超越。但是先验分析论和先验辩证论,综合起来,加在一起,它们共同构成了对于纯粹理性的这样一种训练，告诫纯粹理性不得越出可能经验的范围而建立某种伪知识。所以这两方面，分析论和辩证论对这种训练都是少不了的。分析论提出界限，那么辩证论具体来考察，当你想超出这个界限来对理性进行一种思辨运用的时候，会导致一种伪知识，所以提出警告，提出一种训练，一种规训。所以这句话，"一切先验逻辑在这方面都只不过是训练"，也就是说先验的分析论和先验的辩证论两方面加在一起，对于理性的这种思辨运用来说，都是提出了一种训练，都是提出了一种警告。

B825　　这样一来，如果什么地方有纯粹理性的一种正确运用，并在这种情况下也必定有理性的一种**法规**的话，则这种法规将不涉及思辨的运用，而是关系到**理性的实践的运用**，而这就是我们现在所要研究的。

　　根据前面所讲的，纯粹理性既然在思辨的方面不可能有一种正确的运用，那么它是否一般来说会有某种正确运用呢？它在思辨的方面不能有正确的运用，但是别的方面是否有呢？所以他讲，如果什么地方有纯粹理性的一种正确运用，并在这种情况下也必定有理性的一种法规，或者我们简而言之，如果有纯粹理性法规的话，"则这种法规将不涉及思辨的运用"，前面已经讲了，在思辨的方面不可能有法规。它可以提出先天原理，但是它不可能在这方面正确运用这种先天原理。它一提出这个先天原理来运用于思辨领域的时候，就发现自己犯错误了。所以，"这种法规将不涉及思辨的运用，而是关系到理性的实践的运用"，这就引到了我们所要探讨的问题了。纯粹理性的法规，必须要跳出思辨的范围之外，要跳出理论理性的范围、认识论的范围之外。那么跳出思辨运用的范围之外，就进入到什么领域了呢？"而是关系到理性的实践的运用"。在康德看来，理性只可能有两种运用，一种是认识论的运用，一种是实践的运用。在他那里，这两方面是截然二分的。认识只涉及现象，而实践涉及到物自体、本体。现象和本体是不能混淆的，有严格的界限。那么理性呢，它可以运用于现象，也可以运用于实践本体。运用于现象，作为狭义的理性,跟知性相对而言呢,它是一种范导性的运用,它不是为主的,不能形成法规。在现象里面要获得知识,为主的是知性。所以康德有时候又把《纯粹理性批判》称之为《纯粹知性批判》。严格说起来它是讲知性的,理性在里面也讲,但是附带地讲,它不是理性本身的领地。纯粹理性的法规在什么的意义上成为法规呢? 在思辨的意义上不可能有法规的;但是在实践的意义上,它也许可以成为法规。当然这个实践的意义现在还有待探讨。究竟在什么样的实践的意义上面? 在康德那里通常讲实践的意义,它主要涉及到伦理道德。但是也不排除实用的技术方面,在这个地方还没有区分。他只是一般地说关系到理性的实践的运用,那么这就是我们现在所要研究的。

第一节　我们理性的纯粹运用之最后目的

今天我们看看"纯粹理性的法规"这一章的第一节。前面呢,是把这个法规的概念提出来了,什么叫法规,为什么引进法规,法规在什么意义上面可以成立。那么前面已经归结到了这一步,就是说,法规我们可以在实践的领域里面去试探一下,看它在这方面能不能建立起来。这就关系到纯粹理性的实践的运用。所以第一节的标题就是"我们理性的纯粹运用之最后目的"。"理性的纯粹运用",我们在先验辩证论的导言里面看到过这样的提法,一个是"理性的逻辑运用",第二个是"理性的纯粹运用"。所谓理性的纯粹运用,也就是说,利用理性的推理能力,从有条件者推到条件和条件的条件,一直推到纯粹的理念这个最后的无条件者。在未推到纯粹理念以前,理性的所有的运用都仅仅是逻辑的运用。当然这个理念你也可以把它看作是理性的逻辑运用的最后的一个目的。理性在一切有条件者里面去寻求条件的条件,去寻求最后的条件,那么最后的条件是一个无条件的条件,那就是理念了。无条件的条件,那就是已经超越所有的、任何可能经验之上的条件。所以,这就达到了理性的纯粹的运用,就是得出了一个纯粹的理念。我们的理念是纯粹运用最后目的，我们为什么要去推出一个纯粹的理念？理性的最后目的何在？当然它本身你可以说它有个目的，它的目的是什么呢？就是要追求一个"充足理由"嘛。追求最后的充足理由是为了使我们的整个知识构成一个统一的体系，一个完备的系统。知性所获得的那些经验知识本身是零散的，那么通过理性的这样一种推论，这些零散的知识呢，逐渐逐渐地，越来越组成一个统一的体系。所以科学知识中有种类的划分，有认识中所遵循的一些箴言和格言，比如说连续律和节约律。你不要跳过去，虽然这个中间有无限多个环节，但是你要尽可能地把每一步的环节都搞清楚，不要断裂，这就是连续律。节约律，你要用尽可能少的规律去统摄尽可能多的规律，或者说把尽可能多的规律统摄在尽可能少的规律之下，以便节约力气，节约你把握规律的时间和精力。你可以提纲挈领，抓住了一个，你就抓住了一切。这个就是节约律。种和类的概念也相当于一种节约律嘛，有各种各样的马，然后你把它们命名为"马"；你把马的概念搞清楚，那么所有的马的本质你都搞清楚了。以一当十，以一当千，这都是属于理性的这样一种在认识中的合目的性。在认识中，我们人类要尽可能地把握全体，这是认识的目的，但是它不是最后目的。认识有目的性，但这不是最后目的，它只是一种认识的目的而已。如果你把认识当作你的目的，当你要去认识的时候，你就要想到它。但是我不当一个科学家也可以呀，我不一定以认识为我的最后目的。那么这就有一个更高的目的，就是你为什么要去认识，我们人类为什么一定要将所有的知识把握成一个系统？为什么要发展我们的科学，提高我们的科学，把我们的科学不断地推向完善，向那个最终的理念进发？那就有一个最后的目的。这就是他这一节的标题。为什么要讲"理性的纯粹运用"，它的"最后目的"是什么，要讨论这个问题。

理性由其本性中某种偏好驱使着超出经验的运用之外，在其纯粹的运用中并借助于单纯的理念冒险冲破一切知识的极限，而只有结束自己的循环，在一个独立存在的系统整体中，才会安息。

　　这个我们在前面的先验辩证论里面已经看到了，特别在先验辩证论的导言里面也已经看到了。"理性由其本性中某种偏好驱使"，这样一个过程是由理性本性中的某种偏好所驱使，在这个时候还是一种"偏好"。也就是在认识过程中间，理性非要去追求一个大全，这是一种偏好。这个对知识本身来说是不必要的，是一种奢侈，或者说是一种多余的追求。知性追求知识，它获得了一种知识就是一种知识了，你就是一种知识了。至于这个知识是否又服从另外的知识，或者是否构成另外的更完备的知识中的一个成分，这对于这个知识来说，无关紧要。我把握到了就把握到了，我掌握到一种规律，就掌握到一种规律了。我掌握到自由落体定理，那就掌握到了自由落体定理，至于这个自由落体定理是否要从属于万有引力定理，这对于这个知识来说无关紧要。当然你可以拓展开，你可以说它是服从万有引力的，这个天体的运行跟地球上的自由落体遵循的是同一个万有引力定理，这个也是一种知识。但是就自由落体定理来说，它没有那个必要。它已经就是一种知识，可靠的知识。在地球上，自由落体是按照普遍的规律下落的，这个已经定了。所以，更广阔的知识是"由某种偏好"，就是除了这个你还不满足，人的求知欲总是不满足的，他有一种偏好，"驱使着超出经验的运用之外"。当然自由落体定理和万有引力定理都还在经验的运用之内，还是内在的。但是你总还是不满足，要超出所有的这些经验运用之外去寻找一个大全。比如说，四种相互作用，爱因斯坦一直想把它搞成一个"统一场论"。为什么会有这样一种要求？也许统一场论永远建立不起来。当然也可能建立得起来，因为到那个时候有更广阔的视野。还有别的东西。你统一了某些知识，你又发现在这个统一体之外还有别的知识。所以最终你还是建立不起来。只有两种选择，要么你就限于在经验之中；要么呢，你指望"超出一切经验的运用之外"，但这是不可能的。但是理性又有这种偏好，这种偏好来自于哪里呢？来自于理性的本性。这就是我们在前面讲的，纯粹理性的"自然倾向",或者说"作为一种自然倾向的形而上学",它已经包含在纯粹理性的本性里面了。它是一种自然倾向,所谓倾向也就是偏好了,就是说,它只是一种自然倾向,它没有经过反省,它只是理性的一种本能。我们可以看前面一页:"除此之外,又该用哪一种原因来说明这种无法抑制的、绝对要在超出经验界限之外的某个地方站稳脚跟的欲望呢?理性预感到了对于它具有重要意义的那些对象。"这句话跟刚才的那一句话是呼应的。就是说,在它的本性中有某种偏好,有某种本能,有某种预感,"驱使着理性超出经验的运用之外,在其纯粹的运用中并借助于单纯的理念冒险冲破一切知识的极限"。超出经验的运用之外,干什么呢?也就是通过它的纯粹的运用,理性的纯粹的运用,——它跟理性的逻辑的运用已经不同了,——它达到了极限以后,然后试图利用这样一种极限,利用这样一种纯粹理念,去获取某种知识。这是在理性的逻辑运用里面并不追求的。理性的逻辑运用只是一种辅助性、范导性的运用,但是理性的纯粹运用呢,试图把它理解为某种构成性的东西,理解为对某个对象的构成性的知识,认为真的有那么一个无限的、绝对的无条件者,比如说上帝,比如说灵魂,这样一些东西,都被当作了知识。所以理性在纯粹的应用中,借助于单纯的理念,它是"冒险冲破一切知识的极限"。这个时候你已经脱离经验了,但是呢,你不把它当作仅仅是一种范导性的目标,而是冒险把它当作一种另外的知识,更高的知识。所以是"冒险冲破一切知识的极限",去获得更高的知识。他讲:"而只有结束自己的循环,在一个独立存在的系统整体中,才会安息"。"结束自己的循环",也就是结束自己不断地从有条件者去追溯它的条件,追溯到的条件又是一个有条件者,不断的循环。黑格尔后来所讲的"坏的无限性",或者"恶的无限性",就是这样的。从有条件者到有条件者,永远达不到无条件,不断地永恒地循环下去。所谓"循环"的意思,当然它本身是一条直线了,它是有方向性的;但是从本质上来看,它无非是从有条件者到有条件者,从起点回复到终点。你所追求到的那个条件,它还是有条件的。所以它又回到了有条件，它并没有超越出去，没有变成无条件者。从有条件者如果真正达到无条件者，那当然就不是循环了。但是永远达不到无条件者，它就永远在循环，从有条件者到有条件者。那么如果结束这一循环，也就是"在一个独立存在的系统整体中，才会安息"。"结束自己的循环"就是说，从有条件者已经达到了无条件者，绝对的无条件者，那么这个绝对的无条件者，就使所有的条件成为了一个系统。所谓"独立存在的系统"，意思就是它不再依赖于其他的条件，它有无条件者作为它的唯一、最后的条件。以无条件者作为它的条件，它就独立起来了。因为这个系统不再依赖于别的东西，别的条件，在无条件者之上，再没有更高的条件了，所以它就独立了。在一个独立存在系统整体中，它才会安息。理性有这样一种本性，只有追求到一个独立存在的系统的整体，追求到一个绝对的无条件者，它才会安息。当然你片断地使用理性也可以，但是理性总不满足。片断地使用理性推理，你的大前提，你的小前提，是设定的。它本身需要推理，需要证明。那么你对它的前提加以证明，你又必须首先设定一个前提，设定另外一个前提。所以我们在日常运用理性的推理的时候呢，总是不纯粹的运用，都只是片断的运用，都是没有顾及到理性的这样一种本性，这就只是"理性的逻辑运用"。但是这种本性在后面起作用。它使你在任何具体的时空里面，总是不满足，总是要追求它前提的前提，条件的条件。那么理性就设想了，如果有一天我能够追溯到一个绝对的无条件者，作为所有一切事物的条件，那么我就可以安息了，我就满足了。所以理性的推理，它的最终的、最后的目的就在于追求这样一种整体性。把它所设想的这样一种理念，在某个对象上面，把它安定下来，乃至于把它实现出来。这就达到理性的真正的最后的目的了。这是第一句话。

那么，这种努力只不过是建立在它的思辨的兴趣之上呢，还是唯一地只建立在它的实践的兴趣之上？

"这种努力"，也就是这样一种偏好，这样一种倾向，这样一种预感，它是建立在什么之上的，是仅仅建立在它的思辨的兴趣之上吗？也就是仅仅建立在它要求某种知识大全的兴趣上，知识大全也可以看作是一种知识，它是不是仅仅要追求这样一种知识？当然，如果它是仅仅要追求这样一种知识，那就是理性的幻相了，那就是理性的"辩证法"了。理性的辩证法也就是说，它以为它自己获得了某种知识，但这种知识呢，实际上是经不起推敲的，是一种伪知识。所以康德的这个话里有话，实际上是讲这种努力不可能建立在思辨的兴趣之上。它在人的知性追求知识的过程之中，要求获得一个大全的整体，这样一种兴趣，当然它作为思辨的兴趣还是可以的，但是这样一种努力本身并不是建立在思辨的兴趣之上的。我刚才讲了，如果仅仅是思辨的兴趣，它用不着获得一种大全，它就事论事，获得了一种知识，就该满足了。有一说一，有二说二嘛，你何必一定要追溯到底呢？有没有底还是个问题。所以它不是建立在思辨的兴趣之上。它在思辨的兴趣里面有作用，但是它只是辅助性的作用。只是一种主观的要求，而不是一种客观知识的内容，它不构成知识的内容。那么，"还是唯一地只建立在它的实践的兴趣之上？"这是康德所要讲的，也就是这样一种兴趣，这样一种努力，这样一种倾向，实际上是理性实践的本能，是理性实践的兴趣，是理性实践的要求在背后起作用。也就是说我们在科学知识的探讨过程中，我们之所以要不断地去探讨科学知识，追求知识的大全，在后面有一种实践的需要在推动着我们。就科学知识本身来说，它没有这种需要。特别在现代科学主义身上，就体现出来了。科学主义对为什么要追求科学，它是茫然的。它对于自己拼命要去追求什么，为什么要去追求，它是把握不定的，所以最后只能把目的寄存于"科学技术"，甚至寄存于经济增长。所以你要把握科学为什么要追求尽可能完备的知识，那么你必须超出科学之外，去在实践的兴趣里面寻找理由。我们之所以要追求科学，有实践的目的，这个实践的目的当然直接地来说，就是创造更高的科学技术来为人类造福。这的确是一个实践的目的。但是就实践领域来说，这样一个目的还不是实践的最后的目的。为什么要为人类造福？人类是否值得你去为它造福？这也还是个问题。很多人就认为人类不需要，现在已经够幸福的了。甚至于有的人认为现在已经不幸福了，我们最好退回到科学不发达的原始时代去，人类的文明社会之前的时代去，那最幸福。幸福不是科学能够造成的。科学为人类造福，这只是一个幻想。人类的幸福，并不由科学所造成的物质条件来衡量。那么，这就是一个实践的问题，一个伦理的问题，一个道德的问题，一个最终目标的问题。所以我们要把这个眼光从思辨的兴趣转移到实践的兴趣上面来，这个地方有一大片新天地。实践的兴趣很广阔，有实用的，有技术的，有一般日常人类的需求欲望，幸福，还有道德，还有宗教。这一个广阔的领域是我们需要探讨的。这是他的第一段。那么这就引进了理性的纯粹运用的最后目的了。就是说，理性的纯粹运用在思辨运用里面，在思辨的兴趣里面，已经体现出它的目的性，我设定一个目标，向它去追求。我预定了这样一个目标，虽然永远实现不了，但是我可以向它努力，这个在实践中会带来好处。这已经有目的性了。但是它不是最后目的。最后目的在这个科学技术、在科学的探讨、在思辨的兴趣背后，有一种实践的目的。那么实践的目的是否是最后的目的？实践的目的肯定是在认识的思辨的目的之后了，你为什么要认识？为什么要把握一个东西的整体？这个要到实践的目的后面去找。但是在后面的这个实践的目的呢，刚才讲了，它是一个多层次的领域。又要在这些目的里面去探讨它的一般的和最后的目的。

所以下面一段他是这样讲的：

我想暂且撇开纯粹理性在其思辨的意图中所得手的方面，只去追问这样一些任务，它们的解决构成理性的最后目的，而不管理性现在能否达到它，并且在它那里一切别的目的都只具有手段的价值。

在思辨的意图中，它在哪些方面"得手"呢？这就是我刚才讲的，在思辨领域里面，纯粹理性或者理性的纯粹运用有它的积极意义，也就是说，它能够起范导作用。它得手的方面，所谓得手就是 glücklich，就是幸运的方面，它幸运的方面，它在这方面有运气，它成功了。在哪方面成功了呢？它实际上已经引导着人类的科学知识一步一步地更加逼近那个知识的大全。我们可以回想一下，在几千年以前，在几万年以前，我们人类的知识是多么可怜。而我们现在把所有知识已经构成了这么样一个系统，各种原理，各种原则，从低到高，几乎已经接近于大全，特别在康德的时代，牛顿出现了。牛顿已经接近于把知识构成了一个大全。这就是纯粹理性的"得手"，纯粹理性在这方面是成功的，它的范导作用是成功的。虽然它本身并不构成一种知识，但是它在人类构成知识的这样一个活动中，它是有得手的地方的。当然这种得手，你就可以把它看作是实践的一种活动。它本身就是一种实践。就是说，我要在科学研究中进行一种探讨，要使我们的科学研究达到一个更加完备的体系，使我们的科学知识更加完善化。那么这在认识的领域里面，它也有它的实践的方面，实际上是跟实践分不开的。在认识的时候，在某种意义上，你也可以说你在实践。因为这是你的目的活动，你是有目的的，你在认识中你也是有目的的嘛，你要达到什么目的，当然具体的目的你说不好，你要认识什么东西，那个东西如何能够认识，你还没有认识，你怎么能把它当作目的呢？但是抽象地、一般来说有目的，就是说你要解决你面前的问题，扩展你现有的知识。这个目的你总能够说出来。所以，科学知识，认识的活动本身也是一个目的活动，也有它目的性的方面。那么既然有它目的性的方面，它也有能够实现这个目的的方面，或者说接近于实现这个目的的方面。也就是说，你抱定这个目的，要去构建尽可能完备的知识体系，那么你至少部分地实现了你的目的。比如说在牛顿那里，他已经部分地实现了他的目的。当然牛顿的体系还要扩展，我们现在已经扩展到了爱因斯坦、霍金这样的更大范围的、更加完备的知识体系。但是牛顿在当时呢，他至少在使人类知识完备化这一方面实现了目的，他成为一个标志，成为我们人类发展的一个阶段性标志。所以这是他的得手的方面。但是康德在这里讲，暂且撇开这一方面，"只去追问这样一些任务，它们的解决构成理性的最后目的，而不管理性现在能否达到它"。就是说，我们暂且把科学知识本身的发展撇开不谈，我们只是去追问这样一些任务，它们的解决构成理性的"最后目的"，哪怕理性现在并没有达到。而且"在它那里一些别的目的都只具有手段的价值"。也就是说康德在这里，他是从纯粹理性的思辨的纯粹的运用中，从它的得手的方面引入这个问题的，它的得手的方面已经引入到了它的实践意义，它在实践方面要寻求一种法规，那么到哪里去找？不是说撇开认识去找，而是在认识里面，我已经找到了这样一种目的。在认识本身中，它也有实践的方面，但是我提到这一点，只是为了引入实践的领域，提到这一点就够了。那么我们现在已经进入到实践领域了，进入到实践领域以后，现在的问题就是，在实践领域里面，哪些是"最后"的目的。实践领域里面有很多目的，人的认识可以算一个目的，人类发展科学只可以算是所有的形形色色的目的之一，那么这一个肯定不是最后的目的。你为什么要发展科学知识，那一定还有别的目的。如果没有一个最后的目的，那么所有这些形形色色的目的就处于杂乱无章之中，相互偶然取代、相互冲突，仍然形不成"法规"。所以他要撇开在思辨的方面，思辨的意图中所得手的方面，只去追问这样一些任务。康德在这里呢，没有一步一步地从那个最低层次的目的上升到高层目的，他这里没有做这样一个工作，这个工作是在《判断力批判》的第83节以后才讲到的。怎么样才能够追溯它最后的目的，乃至于追溯它的最终的目的，终极目的。但是你如果撇开这些不讲，他就是把它撇开了，我们走捷径，我们先把这个撇开不谈，我们已经进入到实践领域了，那么我们首先要在实践领域里面去找到那个最后的目的。所以他讲："只去追问这样一些任务，它们的解决构成理性的最后目的，而不管理性现在能否达到它"。这个是跳跃性的，康德的思想往往是这样的，他不是经验性的，从低到高地去追求、去积累，而是一下子首先跑到最高的地方，然后再回过头来，居高临下地看这些比较低的东西，这就是他的先验主义的惯用的做法。那么理性的最后目的，"不管理性现在能否达到它"，不管它是否能够现在就达到，那个最后的目的当然就涉及到无限了。理念本来就是涉及到无限，本来就是不管现在能否达到它，我把它作为一个理想设定在那里。那么这个理想是什么？什么东西能够配担当起这样一种理想的任务，这个还有待于去寻找。我们不管理性现在能否达到它，哪怕现在我们不能达到它，但是呢，"在它那里一切别的目的都只具有手段的价值"。如果我们能够一步登天找到这样一个最终的价值，最后的目的，那么呢，我们就可以用来指导我们现在现有的在实践的领域里面的目的活动，它们的价值。可以确定它们的价值就是为了这个最后的目的而奉献、而服务的。这是康德自上而下的程序，先进入以后，我首先抓住最高的东西，然后再来处理这些比较低级的。在他那里，别的目的都只是具有手段的价值，我们可以把它们看作最后的目的的一种手段。如果最高的目的你不能够找到，那其他的那些目的就是盲目的，最终是无目的的。

B826　　这些最高目的依据理性的本性又必定会是具有统一性的，以便结合起来去促进人类的不再从属于更高兴趣的那种兴趣。

　　"这些最高目的"是用的复数，它们不同于单数的"最后目的"。最高目的有"一些"，它们就是上面一句话中的"这样一些任务"，它们的解决或达成是为最后目的服务的。而依据理性的本性呢，它们又"必定会是具有统一性的"，就是说理性在这个最高的层次上面，仍然发挥它的本性，就是要把这些最高目的把它们再统一起来，在它们之中并借它们又去设定并实现一个"最后的"目的。die höchste Zwecke 是"最高目的"（复数,）Der letzte Zweck 是"最后的目的"（单数）。不过在《判断力批判》中，"终极的目的"（Endzweck）比那个"最后的目的"（der letzte Zweck）还要更"后"。最后的目的已经是最后的了，纯粹理性最后只有一个目的了。但是在这个最后的目的后面又有一个终极的目的，或者译作"最终的目的"，它是最后目的之所以可能的根据。我们在翻译上面呢，也把它区分开来了。如果不区分开来，你把两者都译成"最终目的"，或者都译成"最后的目的"，也没有译错，但是你就区分不开来了。不过这里还不是谈这个问题的时候。在这里，"这些最高目的依据理性的本性又必定会是具有统一性的，以便结合起来"，所有这些最高的目的都在最后目的上面结合起来，去促进人类的那样一种兴趣，"不再从属于更高兴趣的那种兴趣"。那是什么兴趣？当然那是道德兴趣了。只有道德的兴趣才是终极的兴趣，它不再从属于更高的兴趣。它也不从属于宗教，宗教是从属于它的。宗教从属于道德，而道德并不从属于宗教。在道德之上再没有别的更高的兴趣了。所以道德兴趣只能说是终极兴趣，而且是单纯的。它是唯一的最高的兴趣。

那么，这些"最高目的"到底有哪些呢？它们又是如何统一起来的呢？这就是下面几段所要讲的。首先，康德提出了最后目的所涉及到的那些"对象"，它们是在先验辩证论里面所要证明的。

理性在先验运用中的思辨最后所导致的终极意图涉及到三个对象：意志自由，灵魂不朽和上帝存有。

这个意志自由是在宇宙论里面，在第三个"二律背反"中提出来的；那么灵魂不朽是在对理性心理学的批判里面提出来的；而上帝存在是在对上帝的各种证明的批判里面提出来的。那么这三个都可以说是三个对象，或者三个理念。但是又可以说是三条原则，三条命题。我们来看看他是怎么说的。"理性在先验运用中的思辨"，前面已经讲到了，纯粹理性在其思辨的意图中所得手的方面，这就是靠"冒险"得出了三个这样的理念，即理性的心理学、理性的宇宙论和理性神学的三个理念。得出这三个理念呢，可以用来指导、用来范导我们对于经验知识的不断扩展。那么，"理性在先验运用中的思辨最后所导致的终极意图"，也就是理性的最后目的的达成，就取决于这三个无限的理念的证明，一个是宇宙整体，一个是灵魂，一个是上帝。而这三个理念又涉及到三个"对象"：意志自由、灵魂不朽和上帝存有。实际上这三个"对象"也可以看作三个命题：意志是自由的，灵魂是不朽的，上帝是存有的。他这里称之为三个对象。他是用的三个这样的词组：意志的自由、灵魂的不朽和上帝的存有，这都是名词词组，所以他称之为三个"对象"。但是你如果把它展开成命题了的话，它就不仅仅是对象了，因为它已经是一个判断了。在这个地方康德之所以讲"对象"呢，是因为这三个词组都是一种名词的形式，意志的自由、灵魂的不朽和上帝的存有，这个可以说涉及到三个对象。那么三个理念涉及到三个对象，它们共同组成了"终极意图"或"最后目的"所要统一的对象。理性在先验运用中的思辨最后导致的这个终极意图，涉及到这三个对象，也就是要把这三个对象构成一个系统。那么为什么是"理性在先验运用中"？这个我在前面讲了，知性范畴是不可能有先验运用的，但是理性的理念呢，它是可以有先验的运用的，这就是理性的纯粹运用。理性除了逻辑运用以外，还可以有纯粹运用嘛，所谓纯粹运用就是先验运用。而且这个先验运用它还可以得出一些理念，这就是上面讲的这样一些理念。理性把这些理念运用来指导我们的科学知识发展，起范导性的这样一种作用。那么在这种先验的运用中的思辨最后所导致的东西，也就是这样一些理念，它们成为终极意图的三个对象。这就提出这一整段的话题来。

就所有这三方面来说，理性的单纯思辨的兴趣少得很，

所有这三方面，作为三个对象来说，理性的单纯思辨的兴趣少得很，不是没有，但是很少。提出这三个理念来，它的目的呢，本来就不是为了思辨的兴趣，但是也可以附带地有点思辨的兴趣，就是说能够帮助我们的知性在认识自然对象的时候趋向于一种系统性，仅仅在这方面有范导性的作用。但是很少，它的主要兴趣不是在于思辨的方面，而是在于实践的方面，或者说在于道德和宗教的方面。当然这一点在这里还没有说出来。

以这种兴趣为目标，一种令人疲倦的、与连续不断的障碍作斗争的工作对于先验的研究也许会是难以接受的，

　　以这种兴趣，也就是以单纯的思辨为目标，仅仅用在思辨的方面，仅仅用在引导科学知识趋向于它的完备化这一点上来说，"一种令人疲倦的、与连续不断的障碍作斗争的工作"，就是它不断地去打破我们现有知识的界限，去扩展到无限，使它趋向于一个完备的系统，这样一种工作，是令人疲倦的。它在每一个阶段上面，明明大家已经都认为很完备了，但是它还是要努力去打破界限、去突破现有的知识界限，趋向于那个绝对不可能达到的目标。"与连续不断的障碍作斗争"，不断地与停滞作斗争，这样的工作呢，"对于先验的研究也许会是难以接受的"。就是说这实际上是经验的工作，它使你陷在一种不断作斗争的漩涡里面，从经验中拔不出脚来。那么先验的研究呢，理性先验的运用就是要做先验的研究嘛，就是要先行断言它会是怎么样，而现在永远是走着瞧吧，永远是没有一个结尾的，没有一个休息地了，不断地作斗争，这就是先验的研究难以承担的了。当然你这个不断地作斗争的背后的驱动力，还是因为你要寻求那个休息地。有那么个理念在前面高悬着，要求你去不断地超出。但对先验的研究来说呢，这是难以接受的。因为先验的研究必须一劳永逸，不能够"走着瞧"，它没那么多时间去走，它必须一下子把它把握住。所以，在思辨的兴趣方面，你如果以这样一种兴趣为目标的话，那么我们的先验的研究呢，就会很难接受。先验的研究很难仅仅满足于这些理念只是在范导性方面起一点点作用。它必须要把它们看作对象，来构成一种知识，变成构成性的一种知识。这是先验的研究它所要求的，因为先验的研究就是要得出一种能够先验地决定某种知识的这样一些命题。所以他讲这一工作对于先验的研究也许会是难以接受的，

　　<u>因为对此所可能作出的一切发现我们都终归不可能有任何具体地、亦即在研究中证明其用处的运用。</u>

　　对此所可能作出的一切发现，我们当然在这个理念的引导之下可以作出一些发现，我们可以突破我们的界限，我们可以从伽利略的落体定理上升到牛顿的万有引力定理，我们还可以在这个理念的指引下突破牛

顿的万有引力定理，像爱因斯坦那样寻求四种力的统一场论。还可以原则上一劳永逸地确定一个绝对非经验的目标。比如说，宇宙整体，世界整体，我们可以把它先验地确定下来，它就是我们最终趋向的目标。那么由此可能作出的一切发现，"终归不可能有任何具体地、亦即在研究中证明其用处的运用"。这也是讲，当我们超出一切可能经验范围之外作出任何发现，那么这样一些发现，我们当然也可以提出一些命题，像理性心理学、理性宇宙论、理性神学，它们所提出的那些命题，也可以说是一种先天综合命题，形而上学命题。形而上学何以可能，作为自然倾向，它还是以先天综合命题作为前提。如果没有先天综合命题，形而上学也不可能。形而上学就是靠这些先天综合命题建立起来的，那么这些先天综合命题你可以说是我们在这方面的一种发现。但是对这种发现呢，"我们都终归不可能有任何具体地、亦即在研究中证明其用处的运用"，你用这些先天综合命题，你能有什么用处呢？你能说明世界吗？能说明人心吗？你不可能在研究中具体地证明它的用处，所以它们对于说明我们这个世界、说明任何一件经验事物都是毫无用处的。所以这种先验的研究是空的。先验的研究之所以不能接受它，恰好就在于此，因为所谓"先验"就是要寻求关于对象的知识，它跟一般的"先天"不一样。先天的东西可以跟对象毫无关系，比如说形式逻辑是先天的，它跟对象毫无关系。但是先验逻辑之所以是先验逻辑，就是要获得有关对象的知识。那么理性在这方面，它不能获得有关对象的知识，所以先验的研究在这方面呢，是难以接受的，难以认可的。因为它所作出的一切发现，都不可能获得有关对象的知识，不可能有"在研究中证明其用处的运用"。这是对他前面三个对象的一个概说。下面一个一个来讲了，有三种对象，所有这三方面所涉及的这三个对象是：意志自由、灵魂不朽和上帝存有。首先讲意志自由，他说：

　　意志尽可以是自由的，但这却只能与我们意愿的理知原因有关。

　　意志尽可以是自由的，就是说，理性的先验运用还是发现了一些东西，它发现了意志可以是自由的。当然它是凭理念推断出来意志是自由的。意志归根结底是自由的，不是自由的意志就不是意志。你被决定了的那就是被决定了的，那怎么能说是你的意志呢？真正的意志应该是自由的。但是呢，意志可以是自由的这样一个命题"只能与我们意愿的理知原因有关"，意志和意愿这里有所区别。意愿是 Wollen，意志是 Wille。当然它们的词根是一样的，但是含义有所不同。Wille 是更加抽象的，它是一个名词，Wollen 则是一个动词，我们把它翻译成意愿。意愿跟意志相比呢，它比较具体一些，愿望啊，欲望啊，欲求啊，这些都比较具体。意志呢就比较抽象了。"与我们意愿的理知原因有关"，就是说我们有个意愿，这个意愿跟意志相比呢，更偏重于现象界。在现象中，在我们的心里，我们有个希望。我们愿意这样，我们希望这样，这都属于意愿。但是这种意愿它背后有一个理知的原因。理知 intelligibel，我们翻译成"理知的"，有人翻译成"直悟的"，像蓝公武翻译成"直悟的"。我们这里把它定译为"理知的"。它跟"理智的"还不一样，跟智性的还不一样。跟这些都不一样，它是特别有它的意思的。Intelligibel 跟这个 Intelligenz 不一样。Intelligenz 我们译作"理智"，相当于 Verstand，Verstand 就是"知性"嘛。这两个词大体上相当，当然有时候有一些区别，有些出入，但是大体上相当。intellektuell 也相当于"知性的"，我们把它翻译成"智性的"，以示区别。这都是从拉丁文来的了。但是 Intellgibel 就是"能够用理性所把握的"，它本来的意思就是这样，能够用理性所知道的。康德这里呢，它的意思是只能用理性所知道的。这个知性或者说智性，Intelligenz 或者 intellekuell，这样的概念呢，虽然它们的词根跟 Intelligibel 相同，但是在康德这里有不一样。知性它就把经验的知识统一于其下，知性是经验知识何以可能的条件，在经验知识中必须运用知性的范畴。但是理知的，Intelligibel，它的意思是完全超验的，完全不能够与经验的东西发生关系，也不能够出现在经验的东西里面，它与经验的东西隔着一层，完全属于本体，或者说是物自体、自在之物那一方。所以我们把它翻译成"理知的"

原理。今后凡是涉及到"理知的"这个词我们就要注意了,它就是指那个背后不可知的那个东西。你可以通过理性知道它,但是这绝对不是知识。理知的东西绝对不是知识,但是智性的东西或者知性的东西呢,它可以成为知识。这个康德在有个地方明确地作出了这样的区分,这就是在《纯粹理性批判》中译本的 B312 有一个注释,专门讲理知的和智性的、知性的都不一样。所以这个地方讲"我们意愿的理知的原因",也就是说,我们的意愿,我们都知道,每个人都知道自己的意愿,自己的希望,自己的愿望,但这个后面呢,有一个理知的原因,那就是我们的意志自由。我们的意志,或者我们的自由,是在物自体那一方决定我们的,我们把它看作是我们的一个本体,但是呢,我们并不能认识它。我们不能认识我们的自由,我们不能把握我们的自由,我们如果能够通过认识来把握我们的自由,那就不是自由了,那就成了必然了。正因为我们不能够把握我们的自由,你要问我为什么要这样,我也不知道为什么要这样,我就愿意这样,没有什么解释的,毫无理由,这才是自由。如果你能说出某某人要我这样,那肯定不是自由。如果你说形势所迫啊,必然如此啊,那你也不是自由。或者你能够说出来某某事物诱惑我、引诱我、吸引我去干这件事情,那你也不是自由。只有当你说不出任何原因,你不能认识你的原因,但你又要干,这个时候才叫作自由。所以它是处在理知的原因这个范围之内的。"意志尽可以是自由的,但这却只能与我们意愿的理知原因有关",也就是说与我们的不可知的原因有关。

因为,凡是涉及到意志所表现出来的现象,即行动,那么我们就必须按照一条不可违反的基本准则(没有这条准则,我们就不能在经验性的运用中施展理性)永远如同对其他一切自然现象那样、亦即按照自然的永恒的规律来解释这些行动。

"凡是涉及到意志所表现出来的现象",意志本身属于理知的原因,它的自由也属于理知的原因,自由因嘛,它只是理知的原因。但是如果它表现出来了,那么它当然就是现象,就表现为现象,理知的原因会表现为现象，或者说任何现象都是由理知的原因所表现出来的。为什么叫现象呢？现象的意思就是显现出来嘛。康德认为，凡是我们说到显现出来，那必然要承认有一个显现者，在逻辑上就必须承认，显现必须有显现者。这个显现者是个逻辑前提。当然你不可能认识它，你只能认识显现出来的东西。这个逻辑前提它本身没有显现给你，但是你必须要设定它，你不设定它就是自相矛盾的。你怎么能说是显现呢？显现就意味着有一个显现者，凡是涉及到意志所表现出来或显现出来的现象，"即行动"，意志所表现出的现象是什么呢？就是你的行动。你在日常的生活中，你的具体的一言一行，这些都在现象中，都是你可以把握的，你可以看到的，你可以分析的，唯独这个意志本身你是不能把握的。它做出来了你可以分析它，但是它什么时候做出来，它什么时候下的这个决心，这个你不能预料。人是有无限可能性的，人之所以是人，自由之所以是自由，就在于他有无限的可能性，哪怕你估计他会这样做，你也不知道他将怎么做，在何时、何地、按照什么规律。你想去规定他的自由意志，那他完全可以马上就打破你的这种预料，这是完全可能的。所以他是不可预料的。但是他一旦做出来，这个行动，"那么我们就必须按照一条不可违反的基本准则"，什么是"一条不可违反的基本准则"，这个地方没有明确地说出来，括号里面讲："没有这条准则，我们就不能在经验性的运用中施展理性"。所以，什么是"不可违反的基本准则"，那实际上就是理性的运用范围必须限制在可能经验之内，这是不可违反的。如果它表现出来成为现象了，那它就是经验了。你要把握这样一个经验的事实，那你必须按照一条不可违反的准则，就在可能经验的范围之内来研究它。所谓可能经验的范围之内，也就是在时间和空间的范围之内，它们是可能经验的条件嘛。当然这是一条基本准则，Grundmaxime，基本准则。Grund 是基本的，maxime 是准则。准则本来在康德那里的意思是主观的规则，但在这个地方呢，当然你跟这个物自体比起来是主观的，但是在现象界的领域里边呢，还是具有客观性的。在现象界里边的一条基本的准则。这个准则在这里跟物自体相比较而言是主观的。现象是你主观的,至于你的物自体呢,那是客观实在的,那是你不可认识的。绝对的那个实体,绝对的那个自在之物,那个是你不可认识的。你所能认识的只是在你主观中显现出来的现象,那么这些现象呢,它当然要服从于经验知识的一条基本的准则。所以在这个地方呢,准则也可以理解为相对于物自体而言人的一种主观的东西。凡是 maxime 这个词,在康德那里都意味着有一种主观性。后来康德的道德律也是这样:"要使你的行为的准则成为一条普遍的法则",准则就是你主观的,法则呢就是客观的。当然这些词呢,都是相对的,都具有相对性,在这个地方,"理性认识的范围必须在可能经验的范围之内"这样一条基本的准则,它在认识的领域里面就是说,所有客观知识,经验知识,你要把它看作是客观知识,那么它就要服从这样一条基本准则。没有这条准则呢,"我们就不能在经验性的运用中施展理性"。施展理性也就是运用理性。理性在它的运用中,它有个基本准则,就是你必须要把知性运用限制在可能经验的范围之内,所以,我们必须按照这条不可违反的基本准则办事。按照这条准则干什么呢?就是"永远如同对其他一切自然现象那样、亦即按照自然的永恒的规律来解释这些行动"。就是按照这样一条不可违反的基本准则,在一切可能经验的范围之内,永远如同对其他一切自然现象那样,来解释这些行动。就是说你的行动,你的自由意志所表现出来的,在现象中有效的,或者在现象中发挥作用的,这样一些行动,你要如同对其他一切自然现象一样,比如说出太阳啊,刮风啊,下雨啊,等等各种各样的自然现象;你的自由意志所做出来的行动对它们都有一种交互的作用,交互的关系。那么你在考察自己的交互关系的时候,你是在考察两种自然现象之间的关系,而不是考察你的自由意志跟自然现象之间的关系。自由意志跟自然现象相互之间不可能直接发生一种关系,因为它是物自体。它与现象不存在关系。这是康德的二元论嘛,这是两个不同的领域,不可混淆。你要划清界限。但是一旦表现出来,那么你就可以考察它的现象中的效果了。这些效果与其他的一些自然现象都要发生关系，它要进入到自然现象的因果链条之中，交互作用之中。牵一发而动全身，你这个地方改变了，所有的整个关系都改变了。"亦即按照自然的永恒的规律来解释这些行动"，按照自然的永恒的规律，也就是人为自然界立的那些法，那些纯粹知性的原理，因果性呐，实体性呐，等等。这都是自然界的永恒规律。人已经先天地为自然界立了法，这些法在任何时候都是有效的。因果律，一切发生的事情都有原因，这是一个普遍规律。没有任何一件事情的发生是没有原因的。所以这些都属于自然界的永恒规律。那么必须要按照这样一些规律来解释，比如说你的行动要用因果性来解释，会造成什么后果啊？你所造成的后果，影响到整个自然界，影响到他人，影响到环境。这你就要把它纳入到现象的一个知识系统里面来解释它。这是关于自由意志。自由意志尽管可以是自由的，但是呢，自由只和我们意愿的理知原因有关。而凡是涉及到意志所表现出来的现象，你就可以按照自然的各种规律来对它加以解释了。所以你的自由意志它本身并不具有知识的含义，它是理知的对象，理知的原因。但是这个理知的原因与现象相互之间是脱节的，你拿它出来没用。你可以承认意志是自由的，从理性上你就可以推知，意志是自由的，真正的意志肯定是自由的。但是意志自由又怎么样呢，你不能对它做任何描述，你所有的描述都是对它在现象中的后果的描述，而不是对它本身的描述。这是第一个方面，就是意志自由方面，说明对这样一个方面所作出的一切发现我们不可能有任何具体的用处。意志自由就是这样，我们即算知道意志是自由的，我们也不可能拿它在思辨方面有任何用处。这是第一点。下面讲灵魂不朽：

　　<u>第二点，即使有可能洞察灵魂的精神本性（并与之一道洞察灵魂的不朽性），但却既不能因此就把它作为解释此生的现象的根据，也不能由此而对来世的特殊性状作指望。</u>　B827

　　这跟前面讲意志自由的道理是一样的。灵魂不朽，即使我们有可能洞察灵魂的精神本性，精神本性里面包括它的不朽性，"并与之一道洞察

灵魂的不朽性"，精神的本性有很多解释了，有实体性，灵魂不灭嘛，灵魂因为它没有体积，它从哪里去灭呢？灵魂不灭，灵魂不朽，灵魂在来世它仍然存在。还有比如说灵魂是单一的啊，或者灵魂与肉体有一种交感作用啊，这都是理性心理学的一些命题了。即算我们承认有这样一些命题，"但却既不能因此就把它作为解释此生的现象的根据"，我们不能因为洞察到了灵魂的精神的本性，比如说单一性，就把它作为解释此生的现象的根据。当然你可以承认灵魂的单一性，但是世界上的人在现象中、在日常生活中所做的事情，你无法观察到它是不是单一性的，且不说他人格分裂，他自相矛盾，而且他口是心非，表里不一，两面三刀，今天说一，明天说二，你怎么能用人的灵魂的单一性、或灵魂的实体性来解释一个人的任何一件行为呢？所有这些解释都是模糊的。似乎是那么回事，但是往往又不是那么回事。所以原则上来说，它是不可能作出解释的，他的灵魂是一个物自体，不能以此来解释此生的现象。当然你可以把一个人当作是单一的，或者当作一个实体，那是从另外一个意义上面，比如从道德和法律的意义上面，你可以这样看。从道德和法律的意义上面，因为你要他承担责任嘛，你就把他假定为是单一的，假定他是一个实体。但是实际上这种假定不是一种知识论上的假定，因为从知识论上来说，很多辩护律师都会为一个罪犯辩护，说他完全是受一些坏人的影响，他今天之所以变坏，不是他的责任，都是由于别人的一种影响，对他的一种腐蚀，一种污染。他本质上是好的，他是好人，但是由于受到了坏思想的影响，所以他变坏了，等等。或者说整个社会都是那样，他怎么能不变坏呢？等等。辩护律师可以这样来解释。医生也可以这样来解释，他精神不健全，他有心理障碍嘛，他从小就受到什么刺激嘛，都可以这样解释嘛。但是这是从科学的意义上面来解释。从科学的意义上你当然可以对他加以这样的解释，但是这个时候不是从灵魂上面来对他加以解释。这不涉及到他的灵魂。因为这时你把他看作一个动物，把他看作一件东西，那么你当然可以这样解释。但是他不是一件东西呀，灵魂主要是强调他不是一件东西，他有精神性，灵魂就是精神性，所以他应该有独立性，应该有自由，应该有自觉，应该有他的单一性和实体性。在现象世界里面，他表现出来种种关系，但是你不能用现象世界来解释他的这种单一性。这是灵魂的精神性。除此之外，"也不能由此而对来世的特殊性状作指望"。前面讲了对现世，对现世你不可能用灵魂来对他加以科学的解释，对来世，对未来，你也不可能做指望。有没有来世，人死了以后还有没有灵魂？你能否通过对灵魂这样一种理性的规定对来世作出某种预测呢？灵魂既然是单一的，那么它就不朽了，他就有来世了，他死了以后，他的灵魂就会到上帝身边去，或者说下地狱。这个你凭借灵魂这个概念，你也作不出这样的预测。一点用都没有。对指导来世将会怎么样，你也没有用处。对指导此生的事物，你也没有用处。指导此生的事物，你就跟经验的东西混在一起了。此生的事物它是经验的，只能用经验来解释，不能用灵魂来解释。而来世呢，你既然脱离了经验，那更加没有办法解释了。没有办法解释任何事情。

因为我们关于无形自然的概念只是否定性的，且丝毫也不能扩展我们的知识，又没有为推论提供有用的材料，也许除了对那些只能被看作虚构、但却不被哲学所承认的推论以外。

我们关于无形自然的概念，我们对灵魂可以给它这样一个概念，它是无形自然的概念，它没有形体，它没有形象，它看不见摸不着，它是非经验，灵魂是一个非经验的对象，非经验的自然。这个"自然"也可以理解为"本性"了。"无形的本性"，我把灵魂可以看作是一种无形的本性，具有无形的性质。那么这个"无形"，它只是一个否定性的表达，它只是说"无"形。但是它"有"什么呢？你说不出来。精神和物质的对立，你只能说，精神是非物质的，非有形的，非形状的，等等，这都是否定性的说法。否定性的说法并不能提供任何积极的知识啊。你说它没有形状，那么它是什么，它有什么？你说不出来。所以他讲"我们关于无形自然的概念只是否定性的，且丝毫也不能扩展我们的知识"。一个否定性的判断不能扩展我们的知识，你总是说它不是什么，不是什么，但是你总得说它"是什么"，才能扩展我们的知识。如果全都是"不是什么"，那我们实际上没有知识。它不能扩展我们的知识，"又没有为推论提供有用的材料，也许除了对那些只能被看作虚构、但却不被哲学所承认的推论以外"。你不能扩展我们的知识，你是否能够为推论提供有用的材料呢？胡适讲的"大胆假设，小心求证"，你小心求证不了，你是否能够为大胆假设提供一点材料呢？但是这种否定对大胆假设也不能提供有用的材料。你要假设，你要推论，灵魂将是怎么样的，我虽然没有看到过，但是我可以推论出灵魂可能是怎样的呀。但是你没有有用的材料。所以在科学中间，你要大胆假设，你这个假设本身就要准备有用的材料，虽然不是结论，但是呢，是可以引导你的假设去实现的。波普尔所讲的"猜想与反驳"嘛，你猜想可以，但是你要预备着让人可以反驳。如果你提出一个猜想是人家不可反驳的，无从反驳的，这就是非科学，这就是形而上学。形而上学是不可反驳的。你说上帝存在，你明明知道人家不可反驳你，你知道人家不可能拿出证据来说明上帝不存在，那么这样的命题呢，就不是科学命题。康德在这里当然还没有达到波普尔的水平，但是这里面包含有这种意思。就是说没有为推论提供有用的材料，有用的材料也就是可以用经验来证实或证伪的材料。至少是一条道路，你可以按照这一条经验的道路去证实或证伪它，虽然还暂时证明不了，但是你未来是有可能证明的。那么灵魂的概念是不是提供了这种材料呢？没有。灵魂的概念没有提供这样一种推论中有用的材料，"也许除了对那些只能被看作虚构、但却不被哲学所承认的推论以外"，除了那些形式逻辑的推论以外，但是由于这种纯粹形式逻辑的推论又被当作是先验逻辑的规定，所以这种推论是不被哲学所承认的，因为你本身混淆了层次嘛。你在形式逻辑上面作推论：灵魂既然是单一的，所以它是实体，既然它是实体，所以它是不朽的。这些推论你都可以说，这都是一种形式逻辑的推论，但是哲学并不承认它。因为从形式逻辑上，任何东西你都可以推，只要它不自相矛盾，但是并不见得能够被先验哲学所承认。你推出来的，就是有关对象的知识啊？这个是不能够承认的。这是第二点，关于灵魂不朽。下面关于上帝存有：

第三，就算证明了一个最高理智的存有，那么我们虽然可以由此而理解到世界安排和普遍秩序中的合目的性，但却根本无权由此推导出任何一种特殊的部署和秩序来，

就算你证明了一个最高理智的存有，即算你证明了有上帝，那么我们虽然由此理解到"世界安排和普遍秩序中的合目的性"，合目的性，我在前面已经讲到了，对上帝存有的三种证明，本体论证明和宇宙证明都被康德坚决地批判了，唯有这个自然目的论的证明，就是说大自然是合目的的，由此来证明有一个上帝的存有，康德认为呢，还有商量的余地。当然理论上是站不住脚的。但是在实践上面呢，还是有好处的。它对实践有好处，虽然逻辑上是一种欺骗，但是这种欺骗也不是无缘无故发生的，还是表明了人们希望有一个上帝。所以在这里呢，这个合目的性呢，他是特殊看待的。就是说，如果我们设定一个最高理智的存有的话，那么我们就可以理解到世界的安排和普遍秩序中的合目的性。我们对于自然界它的合目的性有一种了解。但就算如此，我们通过我们对自然界的合目的性的了解也不能推导出这种安排就是上帝的有意安排。这就是自然的合目的性，包括莱布尼茨的"前定和谐"。莱布尼茨认为我们的自然界如此有规律，单子组成的世界为什么没有杂乱无章？为什么如此地合乎规律？就是因为有一个上帝前定和谐。所以我们从世界的合理性、秩序，我们可以反推有一个上帝存在。那么一旦我们推出了这个上帝的存有，我们就可以用来解释世界的合理性和秩序。但康德讲，即算如此，"但却根本无权由此推导出任何一种特殊的部署和秩序来"。即算你假定一个上帝的存有，你可以解释这种合目的性，普遍的秩序的安排，但是你能不能由此推导出任何一种特殊的部署和秩序来呢？你能不能搞清楚上帝是如何安排这个秩序的呢？你这种秩序到底上帝是怎么样安排的？牛顿

讲上帝的第一推动，他作了一种解释，上帝在切线力的方向上对圆周运动起了一个促动的作用。万有引力嘛，万有引力只是一种直线运动嘛。掉下来，或者被吸引过去；但是在切线力的方向上，上帝给了第一推动，把它打偏了，所以，借助于万有引力和上帝第一推动的"合力"，就造成了万物的旋转。所以我们今天看到的天体那么有秩序，它们运动的轨道都是接近于圆形的，或者椭圆形的，你就可以计算，你可以把它精确地算出来。这都是由于上帝的第一推动。牛顿有没有权利这样假设？具体地来解释一种特殊的部署和秩序，能不能由此推导出来？康德认为这当然是不可能的。

<u>或者在它们未被知觉的地方把它们大胆地推论出来，因为理性的思辨运用的一条必要的规则是，不要跳过自然的原因和放弃经验可能教给我们的东西，而去把我们所知道的东西从完全超出我们的一切知识之上的东西中推导出来。</u>

上帝的第一推动你没有知觉到，但是你能不能大胆地把它推论出来呢？也不行。这是无权这样做的。我们没有权利这样做。但是你又必须这样做，"把它们大胆地推论出来"，你必须这样做，但是你又无权这样做。所以这样一种上帝存有的设定也是毫无用处的。后面讲的这个"因为"，就是说，你能不能大胆地把它们推论出来，为什么一定要推论出来，是因为"理性的思辨运用的一条必要的规则"，就是"不要跳过自然的原因和放弃经验可能教给我们的东西"。对上帝存有的理性派的各种证明，它就是要跳过这些经验的东西。上帝究竟是如何造成第一推动的？上帝的手掌有多大？他的力量有多大？你能不能量出来？理性派的证明呢，他们就是回避这些问题。但是一旦回避了这些问题，那你就违背了理性的思辨运用的必要规则。因为理性的思辨运用的一条必要的规则是，"不要跳过自然的原因和放弃经验可能教给我们的东西，而去把我们所知道的东西从完全超出我们的一切知识之上的东西中推导出来"，这也就是自然科学中的"连续律"了。我在前面讲了节约律和连续律，连续律就是

说在经验的链条中要严谨，你不要泛泛而谈，说上帝就是作了作第一推动，所有的天体就运转起来了，或者归之于上帝的某种作用。牛顿讲的"第一推动"已经是太傻了，他讲得很具体，切线方向的力，圆周运动的切线方向是上帝的第一推动，讲得很具体，讲得很具体就无法证实了。所以理性派跟牛顿不同呢，就是他们大而化之，他们回避在经验中具体地去解释。牛顿你可以驳倒他，我没有看到切线力啊，但是理性派你驳不倒，因为他本来就不要你证明，他本来就违背了理性的思辨运用的必要规则。什么必要规则？就是每一种运动，每一种秩序，你都要去连续地对它加以解释。你不要从经验一下子跳到超越，哪怕你设定一个超验的东西——上帝，你也要把他跟经验世界的哪些具体的环节，哪些联系的环节，要把它讲出来。"不要跳过自然的原因和放弃经验可能教给我们的东西，而去把我们所知道的东西从完全超出我们的一切知识之上的东西中推导出来"，也就是说，完全从超出我们知识之上的东西去推导出我们所知道的东西。超出我们知识之上的东西就是对物自体的超验的一种假设，由此来推出我们所知道的东西，推出我们的知识。你不能从超验的假设里面去推出我们的知识，或者说你不能把我们的知识从超验的假设里面推出来，这是理性思辨运用的一条必要的规则。你要对理性做思辨运用，你就必须遵守它。所谓思辨理性就是理论理性，也就是认识的理性；认识的必要规则，理性本身它已经提出来了，就是要按照连续律，你不能跳跃。最后他说：

　　总而言之，这三个命题对于思辨理性来说任何时候都仍然是超验的，而根本没有什么内在的、亦即为经验对象所容许的、因而以某种方式对我们有用的运用，而是就其本身来看是毫无用处的、但对于我们的理性来说还是极为沉重的劳作。

　　这三个命题对于思辨理性来说，任何时候仍然是超验的，而根本没有什么内在的运用。为什么这里讲内在的运用不可能？思辨理性的**理念**，当然有它的内在的运用，它引导我们的知识，在可能的经验范围之内，不断地扩展，这就是内在的运用。但是他这里讲的是三个**命题**。三个理念可以做内在的运用，但三个命题就不能做内在的运用。你说意志是自由的，灵魂是不朽的，上帝是存在的，这三个命题，就不能做内在的运用。但是灵魂、宇宙和上帝，这是可以做内在运用的。灵魂，你可以引导心理学，你可以引导心理学不断地趋于完善，这就是内在的运用；宇宙，你可以引导我们的物理学，不断地趋于完善；上帝，你可以引导心理学和物理学所构成的整个全体，不断地趋于完善，心理和物理的东西，不断地趋于和谐，这要靠上帝。这些都有它们的一种范导性的作用。但是你把它变成三个命题，那就没有了。你说灵魂是不朽的，或者是意志是自由的，上帝是存有的，这些命题就不能够内在地运用。它不能够为经验对象所允许，因而呢，它也不能够以某种方式对我们产生有用的运用。"而是就其本身来看是毫无用处的、但对于我们的理性来说还是极为沉重的劳作"，这三个命题，就其本身来看是毫无用处的，但是对于我们的理性来说呢，又太沉重了。就是花费了那么多的心血，两千年以来，人类的聪明才智不断地去探讨灵魂怎么样，上帝怎么样，宇宙怎么样，是否有意志自由，意志自由怎么样，花费了大量的劳动来做讨论，是很划不来的。主要是说明这三个命题在这方面都没有什么用处。以这三个理念作为目标，我们在理性的纯粹运用或者思辨运用中呢，当然还可以去追求，它们有一种范导性的作用；但是一旦把它们变成命题，成为判断，它们就具有了"知识"的形式，而作为知识来说，它们是没有什么用处的。它们的用处，如果要把它们安一个地方的话，我们只能把它们转移到实践的领域里去。在思辨的领域里面已经没有希望了，没有什么作用，但在实践的领域里面，三个命题，意志自由，灵魂不朽，上帝存有，它们是有大用处的。

今天讲的这两段是接着我们上个学期最后讲的那一大段的主要意思延续下来的。上面那一大段主要的意思就是说，三个基本命题，意志是自由的，灵魂是不朽的，上帝是存有的，这三个命题。这是理性的思辨运用所要追求的最终目的，最后的目的。我们看这一节的标题，"我们理性的纯粹运用之最后目的"。我们理性的纯粹运用的最后目的,首先呢,在思辨方面的最后目的那就是追求这三个命题。但是这个目的是达不到的。那么上面一段就讲了,这个目的虽然提出来了,但是达不到。达不到,那么是不是它就毫无用处了呢?接下来我们今天讲的这一段话题一转,就是说虽然它在思辨的方面是达不到的,但是我们在别的方面试试看,看它是不是真的有用。

因此,如果说这三个基本命题对我们的知识来说是根本不必要的,而仍然又被我们的理性迫切地向我们推荐的话,那么它们的重要性也许本来就必须只涉及到实践。   B828

"知识"和"实践"两个词底下打了着重号。这个既是紧接着上面一段话的意思贯下来的,同时呢,又形成一个转折。紧接着上面的话就是"因此",因此怎么样呢?"这三个基本命题对我们的知识来说是根本不必要的",在知识方面是不必要的,但是呢,"仍然又被我们的理性迫切地向我们推荐",理性明明知道,它们在思辨的方面是不必要的,在形成我们的知识方面是不必要的。我们不必要先知道上帝是否存在,然后才形成我们的科学知识,我们也不必首先知道灵魂是怎么样的,才形成我们的心理学的知识,这不必要。当然说这三个命题不必要,并不是说三个理念也不必要。就是说,自由意志、灵魂和上帝这三个理念对知识来说有一种范导性的作用,有一种引导性的作用。你形成了知识,心理学的或者是物理学的知识,但是你所形成的这一点点知识是不是就够了呢?肯定不够。为了完成更大范围内的知识的统一,所以理性的这些理念呢,在我们的知识领域里面,有一种调节性的作用,或者说范导性的作用。但是它们所构成的命题或者判断则没有这种作用,它们完全是多余的。范导性的作用只要有理念就够了,不必再将这些理念构成命题。所以这些命题至少对我们的知识来说,是根本不必要的,对我们构成知识来说,是不必要的。但是呢,尽管如此,我们的理性仍然在迫切地向我们推荐。这个就是康德在导言里面所提出的，形而上学作为一种自然的倾向是何以可能的。他不是提出四个命题嘛，数学何以可能，自然科学何以可能，形而上学作为自然的倾向何以可能，最后，形而上学作为科学何以可能。现在我们还没有讲到科学的形而上学，我们只讲到形而上学作为一种自然的倾向何以可能。就是理性为什么有这样一种自然的倾向？或者称之为理性的本能。尽管你给它指出来这个是追求不到的，这样一种知识是伪知识，但是理性仍然要把它提出来，向我们推荐，你去追求吧。明知追求不到也要推荐。当然这三个理念还有一种范导性的作用，但那只是一种辅助性的作用，帮助知性不断地扩展自己的知识的范围。但是如果要形成这些理念的正宗的作用，它们本身的、以自身为主导的作用，就必须看它们所构成的命题或判断；那么这些命题或判断就已经完全超出知识的范围了，它们本身的固有的领地在哪里？这个我们要考虑。就是说，这个理性具有这样一种自然的倾向，不断地向我们提出来，那么我们就要考虑，它肯定是有它自身的理由的。它不是毫无道理的，老是在提出这些问题。我们两千年以来不断地提出形而上学的这些问题，没有一个是站住脚了的，但是我们从这个历史里面，我们悟出了一个道理，就是说理性从它的最根本的使命来说，它就是要提出这些无法变成知识的、无法达到的这些目标。它就是要提出这些目标。提出这些目标是为了什么呢？康德讲："那么它们的重要性也许本来就必须只涉及到实践"。提出这些目标在知识领域里面一再地失败，我们仍然要提出来，那么我们就要考虑了，是否它们的这个真正的领域并不在认识的领域里面，而是另有别的原因。这个别的原因呢，我们就可以考虑是不是在实践的领域里面能够找到它们的根基。它们不断地催促我们去追求彼岸的知识，其实最终是为了实践的目的，并不是单纯为了科学的目的。科学本身也有个最终目标的问题呀，我们今天讲科学技术的发展，科学的时代，现代化首先就是科学技术现代化。那么我们最后还要追溯，一旦现代化了，我们拥有如此高的信息量了，它的这个目的绝对不是为知识而知识，肯定还有更深层次的目的。我们人类要追求知识,追求知识为了什么? 还有更深层次的领域。所以康德在这里提出来,它们的重要性"也许本来就必须只涉及到实践"。这个地方讲"也许",只是一种引导,因为前面都是讲的思辨嘛,都是讲的理论理性,都是讲的科学认识,知识,在知识里面我们搜寻一遍,然后发现我们找不到根基。那么这个时候我们就可以扩展我们的思路去想一想,这些命题是否也许在别的领域里面,比如说在实践的领域里面,有它们的重要性。它们真正的重要性不是在这个思辨的领域、理论的领域里面,而是在实践的领域里面。是不是这样呢?这个"也许"只是提起话头来。就是说,引导我们读者朝这个方面去想一想,看看在这方面是不是能够找到问题的解答。所以,这句话呢,就是一个过渡。我刚才讲了,从知识、理论领域里面,转向实践的领域。其实前面康德已经屡次地暗示了,已经提到了从实践的方面,从行为方面,从道德方面,从信仰方面,我们可以来考察一下。但这个地方是真正地落实到我们现在就应该来具体地对实践方面加以考察了。这就不再是一种旁敲侧击,一种暗示,而是进入到纯粹理性的法规的真正的领域,就要从这个地方入手了。所以下面一段一开始,就谈到实践。本来就必须只涉及到实践,"实践"在这里打了着重号,那么什么是实践?

所以下一段话一开始就是给实践下的定义。前面讲的都是知识,那什么是实践呢?

一切通过自由而可能的东西都是实践的。

这个我们很容易记。什么是实践? 在康德那里,"一切通过自由而可能的东西都是实践"。实践跟自由有关,也就是说,只有人,才有实践,而人是自由的。当然他对于实践还有别的一些规定。比如说意志啊,比如说实践理性呐,比如说合目的性,目的性的活动。在别的地方康德经常从另外的角度也给实践下过定义。比如说,实践的活动跟自然的规律、跟自然的运动是不一样的,它是有目的的;所谓有目的的,就是说,它"不

467

是按照规律而活动,而是按照规律的表象而活动"。按照规律而活动,这就是自然物,自然物就是按照规律而活动。按照"规律的表象"而活动呢,那就是说,它首先有一个目的,首先从"表象"里面建立起来一个规律,然后按照这样一种预先设计好了的规律来运行。这也是实践。所有这些关于实践的观点呢,其实归根到底都集中到一点,就是自由。一切通过自由而可能的东西,就是实践。所谓合目的性,也必须是自由,这个目的是你自由提出来的,你没有自由你就没有目的,反过来如果没有目的,你那个自由不叫作自由,你那是一种生物性的本能。你为所欲为,想怎么样就怎么样,突发奇想,没有目的,那个也不是真正的自由。所谓自由总是自己有一个目的,然后去把它实现出来,不受干扰。不是说,你正要实现出来的时候,突然另外一个东西又把你吸引过去了,那你就像动物一样的了。动物就是这样,本来想去吃草,忽然有人用另外一个目标引诱,马上就引过去了。人不是这样,他有他自己的目的。所以这个自由里面呢,本身也包含了意志在内。所谓自由就是自由意志。为什么是自由意志呢?因为自由是目的性嘛。目的是需要坚持的。目的有一个目的和手段的关系,你要通过手段,把那个目的实现出来,就必须要坚持。靠什么来坚持呢?靠理性,靠实践的理性。如果你没有理性,你怎么知道原来那个目的跟现在这个目的是一贯的呢?所以你要在实践中把这个目的坚持下来就必须有意志,而且必须有实践理性。所有这一切对实践的规定,都是相通的。我们不要在别的地方一看到这个地方下了个定义是跟自由有关,另外一个地方下了一个定义是跟意志有关,还有一个地方下了一个定义是跟目的性有关,好像就是讲的不同的事情了,其实这里头都是互相通的。但是在这里呢,他强调的是"一切通过自由而可能的东西都是实践"。所以"意志是自由的"这个命题虽然在理论上完全没有用处,但却是实践的首要的和本质性的命题,如果我们要从认识转向实践,首先就必须基于这个命题。至于其他两个命题,都是由于实践的需要而从这个命题推导出来的。但对于自由或实践,下面又区分了两种情况。尽管"一切通过自由而可能的东西都是实践的"，但是实践也有两种不同的情况。

　　但如果施行我们自由的任意的条件是经验性的，那么理性在此就只能有一种调节性的运用，并且只用于产生经验性规律的统一性，

　　这个"但"，就是说，虽然"一切通过自由而可能的东西都是实践的"，但是在这种情况之下呢，在这个前提之下呢，我们也可以区分两种不同的情况，首先一种是"如果施行我们自由的任意的条件是经验性的"。"自由的任意"，这个是康德的一个术语。"自由的任意"跟我们后面要讲到的"自由的意志"不太一样。"自由的任意"，die freie Willkür，我们把这个 Willkür 翻译成"任意"，也有人翻译成"任性"，还有其他的一些译法。我们把它翻译成"任意"，是为了跟这个"意志"挂起钩来，因为它们都有个"意"在里面。那么"意志"跟"任意"呢，有一点区别，"任意"是比较带有感性的东西，感性的色彩，任意而为嘛，任性而为嘛。它的目的，它的目标，是属于感性的，比如说欲望啊，情感呐，感觉啊，属于这一方面。我有一种欲望，那么呢，我按照我的任意，我一定要得到它，我一定要达到我的目的。这个就是一般的任意。但是"意志"（Wille）这个词呢，在康德那里是比较高层次的，就是说，它不是那种感性的为所欲为，不是感性的任意，而是具有自由本身的归根结底的先验的意义。就是说，感性的任意呢，还不是真正的意志。为什么呢？因为感性的东西，它不完全受你的支配，感性的东西总是受某些外在条件的支配。比如说再好的饭菜，你吃了一顿以后，至少在一段时期之内你不想再吃了，吃腻了。所以这个受你的生理和心理的条件所决定。或者说你有一段时间你特别喜欢干什么，但是过了一段时间以后，你又喜欢上别的了。这样的任意呢，它受一种外在条件支配，这个条件呢，你自己往往意识不到，因为你也是动物嘛，你也是属于生物嘛，你也是属于自然的嘛。所以自由的任意虽然里面有自由，你在一定程度上可以摆脱感性的支配，克制自己，以便达到更长远的目的；但这个自由是不彻底的，它最终还是受制于感性的需要。真正彻底的自由，那就是自由的意志。自由意志是完全摆脱了一切

外在的感性经验的东西，纯粹按照自由本身的规律来支配自己。那是可以预计到的，那是在任何条件之下、或者说是无条件地能够贯彻到底的。无条件地能够贯彻到底的，那就是自由意志。自由的任意呢，它今天这样，明天那样，不一定能贯彻到底。当然形成了习惯，它也有一定的能够贯彻的规律。但是呢，习惯也可以被打破。所以这些东西都是不由你完全支配，受经验的各种各样的环境条件所影响和支配。这个是它们的一个区别。所以这个地方讲到我们自由的任意，我们就要知道，康德是有他特殊的所指的。康德的术语是很严格的，在汉语里面呢，我们也特意把它们严格区分开了。但是比如在英语里面，往往就没有把它们区分开来。以往的很多英译本往往就没有把这两个词区分开来，所以我们的某些中译本从英译本里头转译过来，也往往没有把它们区分开来。有的地方区分了，但是有的地方又没有区分，这是不对的。在原文里面，这两个词的区分是非常严格的。当然它们也不是完全对立的，自由的任意里面也包含有自由意志因素。因为你能够自由选择，克制某种感性的一时诱惑，这本身说明你有自由。但是这个自由意志的因素，它并没有独立出来，它掺杂在一些经验里面，混在感性的东西一起，统称为自由的任意，最终是服从感性的最大利益。那么康德所要做的工作呢，就是要通过一些论证，把自由意志这个因素单独地提取出来，那它就成了什么呢？就成了道德律。这是这一段话的背景，我先给大家交代一下，就比较好理解了。现在我们完整地来看这句话："但如果施行我们自由的任意的条件是经验性的，那么理性在此就只能有一种调节性的运用，并且只用于产生经验性规律的统一性"。"自由的任意的条件是经验性的"，通常都是这样的。"自由的任意"我在前面讲了，它跟感性是连在一起的。它有感性的条件，有经验的条件，你要追求一个东西，总是在一定的条件之下，你才追求某种东西。农村的人跟城里的人所追求的目标就不一样，这是由他的条件所决定的。那么这些条件是经验性的，理性在里面呢，就只能有一种调节性的运用。自由的任意，仍然有理性在里头。为什么呢？因为它是自由的嘛。它的选择跟动物的选择已经不一样了。动物的选择是不自由的，动物是本能，也可以说动物没有选择，它无可选择，本能要它怎么样，它就怎么样了。那么人呢，他有选择。自由的任意，虽然是任意，虽然是经验性的，感性啊，欲望啊，情感呐，各种追求啊，物欲啊，挣钱呐，糊口啊，养家啊，这样一些目标，虽然跟动物好像看起来没有什么区别，但是有区别，因为里头有人的自由。有人的自由，就有人的理性，或者说，有人的理性，就有人的自由。就是说，人在考虑这些问题的时候，它是有选择的。他通过理性来规范自己的这样一些谋生活动。他跟动物的生命活动，区别就在这里。动物的生命活动没有理性，它靠本能来支配。人虽然也有本能，但是人又有理性。所以他可以通盘规范自己的行为，可以全面规范自己的行为。理性在这里起的作用呢，就是一种调节性的运用，一种范导性的运用。理性可以引导人的这样一种谋生的活动，"用于产生经验性规律的统一性"，用于产生一种统一性，这种统一性呢，是经验性规律的。我在前面讲了，理性在它的思辨运用中，也有一种范导作用，就是引导我们的知识追求最大的统一，不断地扩展我们的知识，形成越来越大的一个知识体系，这在认识方面它有这种调节性的运用，它也是追求知识的一种规律性的统一。但是在实践方面，它也表现出这样一种统一性，就是说，我们在追求我们欲望的目标的时候，我们也可以运用我们的理性，来规范我们的目的和手段。目的和手段之间有一种经验性的规律。什么样的手段能够满足我们的目的？能够使我们获得满足？能够实现我们的目标？能够导致一种成功的实践？这个里头有规律，这个规律就需要克制一时的感性冲动去服从它。这种规律是一种实践的规律，但它也是经验性的，不过它跟自然规律不完全一样，自然规律里面没有什么目的性。牛顿的物理规律，伽利略的落体定律，这个没有什么目的性，它就是一个赤裸裸的规律。但是实践的规律呢，它是利用这些自然规律来实现自己的预定的目标。这个里头有一种规律，目的和手段。利用自然规律作为手段，来达到我们意想中的目标。那么他利用自然规律，那当然里面就包括有经验，包含有经验知识，所有这些经验知识都被纳入到我们的目的活动里边了。被什么东西纳入了呢？被理性。被理性纳入到一个目的活动，被统一在一个目的活动之中。往往我们一个目的活动里面包含了多种自然规律，我们利用这个来造成什么，利用那个又提供了什么，然后我们把这些东西放到一起，让它们相互作用，最后达到了我们的目的。我们是利用一种自然规律作用于另外一种自然规律，引起另外一种自然规律。这都是手段。而最后的那一环，就达到了我们的目的。所以理性在这个里头呢，有一种调节性的运用，它用于并且只用于产生经验性规律的统一性。我们有了理性，我们就懂得如何能够利用自然规律，利用经验性的规律，来达到我们的目的，或者说如何能够把这些经验性的规律统一在我们的目的之下，尽量避开那些对我们目的不利的规律，尽量地利用那些对我们目的有利的规律，使这些规律构成一个以我们的目的为目的的统一体。下面他就举了个例子：

例如在教人明智的训导中，把我们的爱好向我们提出的一切目的都在一个唯一的目的、也就是**幸福**里面结合起来，并使达到幸福的手段协调一致，这构成了理性的全部工作，

也就是说，人的明智的生活方式，我们说这个人懂得做人，这个人知道怎么达到他的目的，这个人很老练，他有生活经验，他知道这样一来就能够达到目的。如果采取另外一种方式呢，我们就达不到目的，甚至于适得其反。所以有些有丰富生活经验的老人，就来对年轻人进行训导，你们应该怎么怎么样，才能够达到你们最终的目的。你们不要贪小便宜，你以为你这一次很聪明，但最后你吃了大亏。你的最终目的无非是为了幸福嘛，每个人人生在世，不就是为了幸福吗？为了争取最大的幸福吗？那么我教给你如何能够取得最大的幸福：你要舍得吃亏，你要放弃某些眼前的利益，你要着眼于长远，你不要以为你近期眼面前你得了便宜，但是你往往损失了更大的。这是理性呐，没有理性你能够有这种预见吗？理性能够把所有这些规律、人生智慧统一起来，全盘考虑，加以取舍，什

么样对你最有利，不是说眼前最有利，而是从你的整个一生所追求的目标来看，怎么样最有利。这样的人是有智慧的人。我们说他懂得怎么样实现自己的幸福的生活。所以这种训导呢，是要"把我们的爱好向我们提出的一切目的都在一个唯一的目的、也就是幸福这个目的里面结合起来"。我们的爱好，Neigung，本来就是一种偏好，一种倾向，一种趋向，这样一个意思，在德文里面呢，把它运用在一种心理学或者生理学这个意义上面，就是说，动物都有一种倾向，人特别有一种倾向，他追求某一个目标，他偏向于某一个目标。有的人把它翻译成"性好"，我们不这样翻，这个译法我们觉得有点古里古怪，我们觉得翻成"爱好"还是比较通俗一点。虽然里头可能没有"爱"这个含义，但是它有"好"这个含义，"好"什么，就是嗜好什么。但是它也不是我们通常讲的那种嗜好，通常讲嗜好是个别人的，某某人嗜好什么什么，那是他的嗜好。也有人没有什么嗜好。而这个地方讲的爱好呢，是一切人都有的。人作为一种动物，他都有爱好，都有偏好。那么我们的偏好，我们的爱好，向我们提出的一切目的，也就是感性目的了，欲望，欲求，所有这样一些感性的目的，都在一个唯一的目的里面结合起来，也就是在幸福里面结合起来。"幸福"这个概念实际上就是一个爱好的概念，就是一切爱好的总和。如果把它实现出来了，那就是幸福。人的一切世俗的追求，一切世俗的欲望，一切世俗的享受，物质的享受，感性的享受，当然不光是物质的了，也包括情感，一切感性的享受，都是属于幸福的。我们看一个人这一生是否幸福，主要是看这个东西。他一生没有吃过什么苦，或者是虽然吃了苦，但是得到了补偿。所以我们说，这个人归根结底一辈子是幸福的。当然也有人把这个幸福提高了，认为一个人的幸福的一生就是"战斗的一生"，这是我们以前宣扬的理想的人生。像奥斯特洛夫斯基的那种人生就是幸福的，我们把它提高了。但是幸福这个词的本意并不是这样的。它的本意就是感性的那些欲望的满足，这就叫幸福。那么作为动物，作为感性的存在者，作为自然存在者，他的一生，他的最终的、唯一的目标就是幸福。那么即算是幸福，即算是感性的这样一些目标，也有赖于理性把它们统一起来。你要能够追求到幸福，你要是像动物那样，你是追求不到的，你如果像动物那样，那你是不幸的，哪怕你一辈子没有受过什么苦。比如说，你被关起来养着，养得白白胖胖，那你是不幸的。所以，真正的幸福离不了理性，幸福这个概念虽然是感性的，但是它离不了理性。这跟动物不一样。我们说动物园里面的那些野兽，狮子、老虎被关在动物园里面，其实是不幸的。当然从某种眼光来看，它们是很幸福的，它们无忧无虑，饿了有人扔东西给它们吃，热天有人给它们洗澡，但是实际上呢，它们没有发挥它们的本性、它们的野性，它们的那种感性的东西已经忘记了，它们已经变成了另外一种东西了，供人们观赏了。所以，真正的幸福呢，必须要有理性，通过理性把爱好的一切目的统一起来，结合在幸福这个理念里面。幸福在康德那里也叫作一个理念，它是理性想出来的。动物的幸福是我们给它想出来的，动物并不知道幸福或者不幸，这些概念它都没有，因为它们没有理性嘛。没有理性你怎么能够知道有幸福这个理念呢？人就有幸福这样一种理念，因为人有理性。理性能够把人的一切爱好，哪怕是动物性的、低级的，把它组织起来，把它统一在幸福这样一个理念之下，使它们获得最大程度的满足。理性能够做到这一点，它的这个功能就在于能够使达到幸福的手段协调一致。所以康德讲："并使达到幸福的手段协调一致"，它能够把各种各样的感性的目标结合起来，能够使一个成为另外一个的手段，使一种幸福成为另外一种幸福的手段。或者是使达到幸福的手段跟幸福本身协调一致。你采取一种什么样的手段去达到幸福，这只有理性才能规范。它能够预先都把这些考虑好，能够预见到它的后果，然后呢预见到后果的后果，不断地把自己的理性运用于预见、预测。这个是人能够做到的，动物是做不到的。他说："这构成了理性的全部工作"。当然这个所谓"理性的全部工作"在这里是有前提的，就是"在教人明智的训导中"，这样一种工作才"构成了理性的全部工作"。你不要把这一句话单独挑出来，说这就是理性的全部工作，那就误解了。你看整个这一段都是打的逗号，因为他的原文就没有一个句号。所以你整个一句话要联系起来看，你不要单独把它挑出来，那个意思就会容易出错了。理性的手段和它所达到的幸福相互地协调一致，这就是在我们的自由的任意这样一个活动中，理性所起的全部的作用。理性在这里所起的全部的作用，它的全部的工作，就在于使手段和目的协调一致，使感性的手段和感性的目的协调一致。这种协调一致靠感性本身是做不到的，只有靠理性。

理性因此之故只能提供出自由行为的实用的规律，以达到感官向我们推荐的那些目的，因而决不能提供完全先天规定的纯粹规律。

"因此之故"，因什么之故呢？就是说在自由的任意这样一种活动中，比如说在教人明智的这种训导中，我们的理性全部的工作就在于把幸福和达到幸福的手段协调起来，能够使这个幸福在一个最大可能的体系中达到统一，能够在这种统一中获得最大的幸福。也许为了手段之故必须牺牲某些幸福，比如说你牺牲眼前的利益，理性告诉你，你要达到更大的幸福，你必须牺牲一些小小的幸福。这个最起码的我们在实践中，在农民种地的时候，就体现出来大了。他必须要把种子留下来嘛，他不能为了肚子饿了，把种子也吃了。你必须要忍着，你必须要吃点别的，野草啊，什么东西啊，把肚子填着，然后呢，把种子留下来，你第二年才能够有收获嘛。你把种子都吃了，你第二年吃什么？你种什么？你必须忍着，牺牲小小的幸福，获得来年更大的幸福的可能性。这只有理性的人才能做到的。当然动物像老鼠也有这种本能，储藏粮食啊，那是很直观的。这个粮食把它放在洞里面嘛，将来有用的。但是人能够把种子留下来，种子留下来不是为了将来吃，而是为了种在地下，这个是人才能够设计的，一种理性的一种设想，理性的一种狡计。后来黑格尔讲"理性的狡计"呀，就在这里。看起来他好像它失去了什么，但实际上他得到了更大的，更多的。就是说，理性它能够提出幸福的手段和它的目的，就是这样一种协调一致。所以呢，"因此之故"，理性在这一方面呢，它能够提出的是"自由行为的实用的规律"。人能够想到把种子留下来,这恰好说明人跟动物不同,他已经是一种自由的存在了,他已经能够在一定的范围之内,摆脱感性的东西对他的束缚,比如说饥饿,肚子饿了,是不是把种子也吃掉呢?他有理性他就不会,他就把种子留着,能够想办法他就尽量想些别的办法。所以在这样一定的范围之内呢,人就已经摆脱了动物性。人比动物更自由,或者说自由是人的本性,动物没有。所以人超出动物之上就在这一点。但是这样一种规律呢,当然是自由行为的规律,但是它只是一种"实用的规律"。农民种地,工人做工,等等,都是处于这样一种实用的规律中,人类就是按这样一种实用的规律生存于世,而且活得比动物要更好。科学技术嘛,科学技术都是用来达到人类幸福的手段的,都是理性所设计出来的,在这方面是理性的全部的工作。所以理性在这方面呢,"因此之故",也就是说在这一方面,在这一点上,它只能够提供出自由的实用的规律,"以达到感官向我们推荐的那些目的,因而决不能提供完全先天规定的纯粹规律"。在这方面,它只能够达到感官向我们推荐的那些目的,就是人的物质需要。生产劳动是为了满足人们的物质需要嘛。这就是感官向我们推荐的目的。你有感官,你肚子饿了,你想到去挣钱,想到去维持生活,养家糊口。但是呢,这些目的是受我们的感官所制约的,归根结底是受我们的本能所制约的,受我们生物的体质结构所决定的。生物学上面的体质结构,我们的本能,决定了人要吃饭。如果人可以不吃饭,那将会怎么样?我们不能设想这样一个世界。就因为人要吃饭,所以呢,形成了我们今天的人类社会,经济基础,劳动生产力,所有这些,都是建立在这样一个基本的条件之上的。所以,理性"决不能提供完全先天规定的纯粹规律",这是很明确的了。在这方面,理性完全"先天规定的纯粹规律",在这方面是提不出来的。你所提出任何一种规律,哪怕你是为了最大多数人的最大幸福,它也不是纯粹规律。它还是因为最大多数人都要吃饭,或者是所有的人都要吃饭,所有的人都要生活,都有衣食住行各方面的需要,都是由这些感官的、感性的条件所决定的。那么从这个里头你怎么能够提出是完全先天规定的纯粹规律呢？所谓纯粹规律，就是摆脱了一切经验感性的条件，摆脱了一切感性的因素的，这就叫纯粹的规律。那么从这个自由的任意这方面来讲，它的条件就是经验性的。理性在这里呢，只能够有一种调节性的运用。就是把所有的那些目的，全部安排在一个目的和手段的系统之中，以便达到最大的幸福。而最大的幸福尽管是一个理念，但是呢，它也不是纯粹的。幸福这个理念不是纯粹的，虽然它是永远追求不到的，但是呢，它不是纯粹规律，它是以感性为前提的。所以，理性在这方面"决不能提供完全先天规定的纯粹规律"。你不能先天规定，你不能在经验之前，撇开经验来规定它的规律。在这方面，人的自由是受限制的。人的自由的任意，在人的日常生活中，在人的实用中，在人的普通的日常的实践中是受限制的。当然这也是实践，我们不能说康德就否认了这个实践。有的人往往误解，以为康德讲的实践就是道德实践，其实不是的。康德讲的实践也把我们的生产劳动啊，谋生啊，这些日常实践都考虑在内。但是他认为呢，真正纯粹的实践，只能是道德实践。这些日常的实践呢，只是实用的实践，它们是不纯粹的。它们里面要使用理性，但这个理性总是纠缠在感性之中，不是一种纯粹理性的规律。纯粹理性按自己的规律，那才是真正的纯粹实践。这就是下面要讲的了。

　　与此相反，纯粹实践规律的目的是理性完全先天地给出的，这些规律不以经验性的东西为条件，而是绝对地命令着的，它们将是纯粹理性的产物。

　　读这段话的时候我们要注意把这个"纯粹"强调出来，跟前面讲的那种"实用的"实践规律不同。我们日常实用当中都有一些规律啊，我们做人的智慧，我们生产劳动的经验，老一辈人所说的话，"不听老人言，吃亏在眼前"，老人讲的那些都是有道理的，都是通过深思熟虑，好几代人深思熟虑，运用他们的理性，所得出的经验之谈，你能够不听吗？你不听肯定要吃亏了。这都是实践的规律。"与此相反，纯粹实践规律的目的是理性完全先天地给出的"，理性不需要参照人们的感性或者是经验，或者是历史，世世代代的经验积累，这些都不管。理性能够先天地给出它的规律，也就是给出理性自己所设定的规律，单凭理性就可以设定的一些规律。这就是纯粹实践规律，它的目的呢，是理性完全先天地给出的。"这些规律不以经验性的东西为条件，而是绝对地命令着的，它们将是纯粹理性的产物"。这样一些规律，是撇开经验的东西，不以经验性的东西为条件，在任何情况之下，理性都能够无条件地提出这样一些命令。这个就涉及到绝对无条件的命令和有条件的命令的区分。前面讲的那些实用的规律是有条件的，它也提出命令，你应该怎么怎么样，你应该听老人的话。老人的经验之谈告诉你，你要来年想不饿肚子，你今年就得把种子留足。但是这有一个前提呀，就是说，你来年要想不饿肚子。这个前提是经验的前提。就是说，来年如果你没有留足种子，那就饿给你看，那就没有什么条件可讲了，你就自己受着吧。但是如果有一个人说，这个条件是有条件的，这个条件我可以否认，我来年不活了，我今年吃完了就死了算了，极个别人也会这样，"过把瘾就死"嘛，他就把种子吃了，图一时痛快，那这个命令就不起作用了。对于一个要死的人，你说你为了来年要活得更好，你今年要把种子留下来，他是不听的。因为这是一个有条件的命令。这个条件你可以接受，也可以不接受。所以这是日常实践的一种实用的规律。这也是规律，通常人们都会接受的，但是这是一种实用的规律，它是有条件的，而这个条件呢，是感性的。所谓"无条件的命令"就是绝对命令了，那是无条件的，那不是说你为了什么什么你就该怎么怎么，而是说无条件的，你就应该怎么怎么做，在任何条件下你都应该怎么怎么做。当然你不一定能做到，但是这个命令是无条件的。所以，纯粹实践的规律，它是一种绝对命令着的法则，是一种绝对命令，或者说它是一种无条件的命令。因为它不管感性嘛，不管经验嘛，它不以经验为条件嘛。不以经验为条件，那它就没有条件了，它自身作为自身的条件了，没有外来的什么条件。那么这样一种规律，它将是纯粹理性的产物。

当然我们知道，这样一个规律是道德律，当然这个地方还没有提出，下一句话才提到道德律，这一句话还没有提出道德律，他只是设想，如果有这样一种规律的话，它将是纯粹理性的产物。就是说，严格意义上的纯粹理性，就是撇开了一切经验的、感性的、后天的不纯粹的东西，完全以理性本身来形成规律。这就是纯粹理性。这样一种纯粹理性，严格说起来呢，就是纯粹实践理性。只有纯粹实践理性，才完全不以感性的东西为条件。在《纯粹理性批判》里面讲的那种知性，或者讲的那种思辨的理性，那都要以感性为条件。思辨的理性不以感性为条件，它就导致了二律背反，导致了先验的幻相。它在这个知识领域里面，虽然有一种范导性的作用，但是它仍然是作用于知性通过经验所形成的知识，是使经验的科学知识形成体系，在这方面它仍然不是完全纯粹的。《纯粹理性批判》里面，应该说起来康德的这个理性已经非常纯粹了，他把它提取出来单独加以考察，但是从它的功能来说呢，它仍然跟感性、跟经验有千丝万缕的联系，脱不开。真正能脱开的就是纯粹实践理性。纯粹实践理性完全摆脱一切条件，一切经验和感性的条件，单独从理性本身应该怎样来考察问题。所以严格说起来，最狭义的"纯粹理性"，就是纯粹实践理性。当然一般的实践理性，它还不完全纯粹，我在前面讲了，实用的这种理性，它还掺杂有经验成分。但是这个地方讲到了，就是纯粹实践规律，它的目的是理性完全先天地给出的，这些规律将是纯粹理性的产物。所以严格讲起来，只有纯粹实践理性，才是真正的纯粹理性。其他的理性呢，都有某种程度的不太纯粹的地方。至少在它的功能上，它的作用上，表现出它离不了经验，它还是要依附于某种经验的材料。所以后来在第三批判里面，康德有这样的说法，把《纯粹理性批判》称之为"纯粹知性批判"，而把《实践理性批判》称之为"纯粹理性批判"。真正的纯粹理性，实际上就是纯粹实践理性。实践理性批判是严格意义上的纯粹理性批判。它完全摆脱了经验的束缚。我们看最后一句话：

但这样一些规律就是**道德的**规律，因而它们只属于纯粹理性的实践的运用并容许有一种法规。

这样一些规律，也就是纯粹实践的规律，或者纯粹的实践理性的规律，就是道德规律，就是道德律。道德规律我们也可以简称为道德律。所以我们通常讲，康德的这个实践理性就是道德理性，是在这个意义上面讲的。纯粹的实践理性，就是道德。一般的实践理性，还不一定，他也考虑到人的技术，人的日常的实用，考虑到了工业、科技，这些东西都考虑到了，但是那种实践还不是纯粹的实践。纯粹实践理性，那就是道德。当然纯粹实践理性在所有其他的那些实践理性里面，已经作为一个因子包含在里头了，也就是说，我们在日常实践里面，我们之所以有理性，理性都是一个，纯粹的也好，不纯粹的也好，作为理性都是同一个，只不过呢，不纯粹的理性，它是掺杂了很多其他的感性的因素，而纯粹的理性呢，是把所有其他的感性的因素都排除掉了、清理掉了以后所显露出来的。所以在一般的实践理性里面，已经包含有纯粹实践理性的因子，但是没有把它单独提出来，混杂在其他的东西里面，甚至于呢，它本身为其他的东西服务。比如说在实用中，在日常实践中，我们就把理性用来为实现我们的欲望服务。纯粹理性在里面不起主导作用，所以这种理性不能说是纯粹的。一旦你把这种理性提取出来，单独加以考察，那你就会发现，它其实有它自身的规律。它不服从于感性的经验的规律，它跟实用的规律完全不一样。实用的规律要考虑自然的规律，要考虑你的这种行为达不达得到它的目的，有没有可操作性，实不实现得了。而纯粹理性，它不考虑这些。它有它自己的目的，那就是道德了。"因而它们只属于纯粹理性的实践的运用并容许有一种法规"，如果你从一般的实践理性里面把这种纯粹实践理性的因素提取出来，单独地加以考察，你就会发现，它们作为一种纯粹实践理性在它的实践运用中，它是有一种法规的，它有它自身的法规。不纯粹的实践理性，它的理性是用来服务于别的感性的目的，所以呢，它不存在一般的法规。在我们实用的理性里面，它不存在一般的法规。你怎么能用一种法规来支配所有的实用的目的呢？实用的目的固然是经常可以奏效的，但是往往它并不能奏效。也许你的这个知识不完全，也许情况起了变化，你再按老皇历做的那一套东西可能会失败。更何况你的目的本身也在不断地变化，你昨天当作行动规则的目的，今天也可能被放弃或转向。所以它不可能有一种普遍的法规。因为你的前提是感性的，是经验的。感性经验都是随时可变的。如果它不是随时可变的，那就不是感性经验了。感性经验就是丰富多彩的嘛，不断变化，随着环境、条件的不同而变化，千变万化，但并不依照你的目的去变化。你尽量地用一种普遍的法则去支配它，但是只能够在一定范围之内适用。我们的实践的法规，实践的规则，没有任何一条规则是适用于所有的条件、所有的范围的，都是具体的问题要具体地考虑。但唯有这种纯粹实践理性，它的运用是有一种普遍的法规的，在任何情况之下无条件地适用。这就是康德所讲的道德律。道德律是无条件的。不管在什么条件之下，它都发出命令，你应该怎么样。即使你没有做到，你心里面也会知道，我本来应该怎么样。很多人做错了事情，甚至于犯了罪，但是他的心里是明白的，他知道我本来应该克制一下，我本来不应该一时冲动。这就叫所谓良心了。就是说，哪怕罪犯，其实只要他是有理性的，他就也有这样一个良心，就是康德所谓的良知 (Gewissen)。他知道嘛，他知道他不应该做这样的事情嘛，但是他当时克制不住嘛。克制不住但是他仍然清醒地知道，我本来不应该这样做。这个是无条件的。他不能说，当时那种情况我不能不这样做，我只能这样做。虽然他嘴上可以这样说，有的人说，我在当时的条件下我只能这样做，但是他心里面，他仍然有一种良心的声音，就是告诉他，你本来可以不这样做。这个声音是无条件的，它总是在他心里面，告诉他你自作自受。这就是所谓纯粹实践理性的规律，它就可以容许有一种法规，也就是说容许有一种先验原理的总和。这个道德律是不是法规呢？当然你把道德律跟其他的原理统合起来，你可以说它是法规。但是在道德律本身单独来看呢，它跟法规之间还有所不同。因为按照康德的这个定义呢，"我把法规理解为某些一般认识能力的正确运用的先天原理的总和",它是一个总和,它是一个体系,原理体系才叫作法规。单独一个原理本身还不一定是法规,比如说道德律,还不一定是法规。真正能够被称之为法规的,还有其他的一些原理,把它们总和起来,才构成了一套法规。这是这一段的主要意思。

我们下面看这两段,包括一个很长的注。结合我们上一次读的上一段来看,就是说,一切通过自由而可能的东西都是实践的,我们现在已经涉及到了实践的领域。实践的领域上一段已经把它划分为两个层次,我们通常讲的实践,在康德那里呢,称之为实用的规律,它里面有一些实用的规则。也就是为了追求幸福,我们利用自然界来达到我们的目的,实现我们的欲望。但是这样一些目的,是感性向我们推荐的目的,由感性而来的一些目的。你为什么要追求那些目的,是因为你的感觉认为那样好一些,那样更幸福一些。所以这样一些目的呢,它不能提供一些先天的纯粹规律。它不是先天规定的,它是依感性而定。外界环境的感性,以及我们人本身也是感性的承载者,他的体质,他的习惯,他所接受到、他所形成起来的这样一种体质,这样一种气质,是取决于这样一些要素而来的规律。所以这些规律是千变万化的,它没有什么法规,不是普遍规律。每个人的嗜好都是不一样的。那么,更高的层次,就是纯粹实践规律,它的目的呢,是理性完全先天地给出的。这也是上一堂课我们已经涉及到的问题,这样一种纯粹实践规律的目的,最终因为它撇开了一切经验性的东西,所以呢,它涉及的只是道德的规律。纯粹理性的实践运用,它涉及的是道德的规律,它是纯粹理性的产物。它提出的要求或者命令是一种绝对的无条件的命令。那么这样一种规律,它就容许有一种法规,有一种纯粹理性的法规。一般的理性运用,在实用中我们也要运用理性,但是那样的运用不存在一种普遍的法规。只有当我们撇开所有的经验的、外在的、偶然的因素,纯粹从理性本身,考察它在实践中的规律,这个时候呢,我们才可以把它的规律视为一种法规,它不是个别的、相对的规律,它是一种普遍的、绝对的、先天赋予的规律。那么今天我们读的这一段呢,就是跟上面有联系的。既然如此,那么我们就来看一看了。

　　因此,在人们称之为纯粹哲学的这种探究中,理性的全部装备实际上都是针对所提到的这三个问题的。

　　我们刚才把上面的一段概括了一下,由于这样一种情况,所以呢,"在人们称之为纯粹哲学的这种探究中",纯粹哲学,也就是纯粹理性的哲学,包括纯粹实践理性的规律所提出的一些纯粹理性的规律。纯粹理性的实践运用它所建立起来的法规,那么它当然属于纯粹哲学。当然要广义地推广开来理解的话呢,纯粹哲学不仅仅包含道德哲学,它也包含我们这里讲的认识论。纯粹理性批判当然也是纯粹哲学,《纯粹理性批判》整本书其实讲的都是纯粹哲学。但是他这里讲的呢,是根据上面一段话来谈的。就是说,在人们称之为纯粹哲学的这种探究中,"这种探究",就是特指上面的这样一种对于道德律的探究。当然认识论也是纯粹哲学,但是对纯粹哲学的这样一种探究,也就是对道德律的这种探究,纯粹理性的实践运用的这样一种探究,这也是纯粹哲学。那么在这样一个探究里面呢,"理性的全部装备实际上都是针对所提到的这三个问题的"。在纯粹实践理性这样一个领域里面,理性的全部装备,包括理性的推理,包括理性的理念,理性的各种法则,那么所有这些,实际上都是针对所提到的这三个问题的。哪三个问题? 就是前面提到的三个问题:意志是否自由? 上帝是否存在? 灵魂是否不朽? 这三个问题就是意志自由,上帝存在,灵魂不朽。理性的全部装备实际上都针对所提到的这三个问题,因为这三个问题已经撇开了一切经验的材料,经验的内容。我在前面讲了,这三个基本命题对我们的知识来说,是根本不必要的。如果说,作为三个理念,它还有一定的作用,比如说自由,比如说灵魂,比如说上帝,这三个理念对于我们人类知识的发展、扩展,还有一定的范导作用;那么这三个命题,就是:意志是自由的,上帝是存在的,灵魂是不朽的,——所有的知识都用不着它们,它们没有贡献给我们任何一种知识。那么这三个问题撇开了所有的经验的东西的条件，就是属于纯粹实践理性涉及到的命题。而理性全部装备呢，都是针对这三个问题而具备的。我们之所以有理性，在实践的方面，在这样一种纯粹哲学的、纯粹实践理性的探究中，我们的理性装备都是为了解决这三个问题。这就把纯粹实践理性的问题限定了。纯粹实践理性的法规实际上就是围绕这三个问题。之所以有理性的法规，就是针对这三个问题而建立起来的。

<u>但这三个问题本身又有其更深远的意图，即：如果意志自由，如果有上帝和来世，那么**应该做什么**。</u>

就是针对这三个问题，如何针对呢？在什么意义上针对这三个问题呢？我们从这三个问题本身里面，可以看出，理性针对它是有"更深远的意图"的。不仅仅是说，我们的理性就是针对这三个问题，而且是在特定的意义上，在更深远的意义上面，来针对这三个问题的。什么更深远的意图？就是如果意志自由，如果有上帝和来世，那么应该做什么？所谓更深远的意图，就在他打了着重号的这个短语里头，也就是"应该做什么"，它的意图在这里。它不仅仅是设定了这三个命题，理性的全部装备就是为了设定这三个命题，设定这三个命题做什么呢？是提供一种我们应该怎么样做的指导。它的意图在这里。为什么要提出这三个命题，人的意志是自由的，上帝是存在的，灵魂是不朽的，或者说灵魂是有来世的——这是一个意思。那么为什么要提出这三个命题？当然不是为了认识，这个前面康德在辩证论里面，已经把这三个命题作为认识的对象，作为知识的内容，完全驳倒了。不可能作为知识的内容，不可能把它当作一种知识来看待，但是它又确实是由理性形成起来的，理性撇开一切经验，它必然要形成这样一些幻相，纯粹理性的幻相，先验的幻相。但是形成这样一些幻相的目的不是为了形成某种知识，既然是幻相就不可能是知识。那么它的意图在什么地方？更深刻的意图，更深远的意图，就在于"应该做什么"。如果有这些，那么我们应该做什么。也就是说，它对于我们应该做什么，提供了某种实践上的指导。后面康德提到的三个问

题,从理性的利益来考虑,从理性的兴趣来考虑,提出了三个问题:我能够知道什么,我应该做什么,我可以希望什么。我能够知道什么,这是"纯粹理性批判"要解决的问题。我们能够知道的只是与经验有关的、由我们自己的知性范畴所建立起来的这样一个对象世界,这样一个现象世界。那么第二个问题,就是我应当做什么。所以这三个命题本身,它的更深远的意图,不在第一个问题,我能够知道什么,而恰好呢,进一层,涉及到第二个问题,就是我应当做什么。我应当做什么,当然一般来说我们讲,你应该怎么怎么做,那是有一些条件的。我上次举的例子:你如果不想老来受穷的话,你现在年轻的时候就应该积攒钱财。这是有条件的应当。但是无条件的应当,纯粹理性、纯粹实践理性的应当,那就不能以这样的条件来对我们进行指导了。纯粹实践理性的应当是无条件的应当,不管你经验的条件如何变化,你都应该这样做的。当然康德这里也有一个"如果",这个好像也是个"假言命令":如果有自由意志,如果有上帝和来世,那么应该做什么。但实际上康德在这个地方的意思呢,并不是说把意志自由和上帝、来世当作应当作什么的一个前提条件,而是一种引导。而且呢,这种引导比起单纯的道德律来,有一种扩展性。单纯的道德律,如果面对第二个问题,我应该做什么,要解决这个问题,我们通过单纯的实践法规就可以解决了。但是那种应当做什么是所有其他的应当做什么的一个最终的前提。而在现实生活中间,我们应该做什么呢? 还需要一些别的东西。在现实生活中间,因为像道德律那样的应当,不是每个人都可以做到的,或者说,一般人都做不到。凭借纯粹的实践理性,来确定自己应当做什么,一般人都做不到。上帝或者天使也许可以做到。因为他们没有身体,没有感性。而人则受到感性等各方面的约束和限制。虽然唯有意志自由,它是一切应当的基点,因为我是自由的,所以我就按照我的这个纯粹理性本身的法则去行动。这是从意志自由上面我们可以提出这样一个法则,这个法则就是道德律。我们下学期还要专门来讲康德这个道德律、定言命令这样一些问题。但是一般讲应当呢,一个是道德律,道德律是绝对应当的，另外一个就是有条件的命令，如果你不想老来受穷，你就得积攒钱财。这是两极，一个是纯粹理性的，一个是完全受感性支配的。但是这两极之间呢，应该有一个协调。就是有条件的命令，它是指向幸福的，它指向人的经验。为了获得幸福嘛，人生在世，他应该追求最大的幸福，每个人的感性已经决定他是这样的。但是更大范围之内，我们来看，人的整个一生追求幸福，以及人在追求他的最高的道德上的应该，这两者之间有一个协调的体系。那么康德这里讲的"应该做什么"呢，是就这个层次来讲的。它既不是单纯地限于道德律，道德律如果讲应当做什么，那么我们不需要设定一个上帝，也不需要设定一个来世，我们凭借我们的纯粹实践理性就可以决定我们应当作什么，这就是定言命令，你应当使你的行为准则成为一条普遍的法则，这就够了。道德自律是完全独立的，它不需要上帝，也不需要来世，也不需要宗教，道德本身不需要宗教。但是从道德里面必然会推出宗教。这个后来康德在《单纯理性范围的宗教》里面专门谈了这个问题。道德不以宗教为前提，宗教却要以道德为前提，要建立一门"道德的宗教"，但是呢，不可能有"宗教的道德"。道德是绝对的。然后呢，我们在道德所建立起的这个应当的基础上面，推广开来的这样一种应当，那就是要设定上帝和来世。就是把它推广到对所有的应当都加以包含，包括我们的感性的应当，包括我们感性的追求之物，包括我们应当该得的幸福，我觉得人应当追求的幸福，这个当然也要考虑。因为人不是上帝，不是天使。作为人生在世，他当然要考虑幸福。但是如何跟道德相协调，那就有一个更大范围的应当。你应当使你的行为配享幸福，配得幸福，那也就是说，你应当使你的行为具有配得幸福的那样的道德。这就把所有的道德和幸福都包含在内了。你应该使你的行为配得幸福。这种应当它的概念呢，包括了我刚才讲的应当的两个极端。一个是有条件的应当，有条件的命令，一个是无条件的命令。所以他这里讲的应该做什么，他这个应该呢，是泛指的，包括一切。但是这个包括一切不是笼而统之地包括一切，而是有层次的，有先后，有主次。"如果意志自由，如果有上帝和来世，那么应该做什么"，这是这三个问题本身所包含的更深远的意图，就是把所有的一切合目的性，全部包括在一个体系之中，包括在一个应当的体系之中。你追求物质享受也是应当的，但是那个应当的层次比较低。低层次的应当是从属于高层次的应当的。那么所有这些应当成为一个体系，最高的当然是道德。在道德律这个最高的应当之下，把所有其他的应当都包含在内。所以康德在这里没有讲是哪个"应当"，他只是在底下打了着重号，"应该做什么"。如果有意志自由，如果有上帝和来世，那么，应当做什么？这个应当就包括整个人生，整个宇宙，一切大大小小的事情，我们都应该把它们考虑在内。就是这样一种应当，但是他是以纯粹实践理性的道德律，以意志自由之上建立起来的道德律，作为它的最高的统帅，构成这样一个体系。这样一个体系呢，就是一个目的论的体系，也就是说，其实这些都是有目的的，但是小的目的要服从大的目的，低层次的目的要服从高层次的目的。最后的目的，就是绝对的目的。绝对的目的就是所谓的至善，就是所有的东西最终都合目的，包括道德上的目的，道德当然也有目的，因为它是实践嘛，实践的行为就是合目的的行为嘛。我要做这样一件道德的事情，这当然也是合目的的。但是最后的目的，包括道德的实践和对人有利的幸福的事情，全部包含在内。这是宇宙的最后的目的。康德后来把它称之为"至善"，至善的目的。或者可以把它翻译成"圆善"，圆满的善，完满的善。也就是说，不仅仅是道德上的完善，而且呢，幸福也完善。就是我们讲的善有善报嘛。你光是做好事，你是善人，如果你没有好报，好人没有好报，那是不完满的，不完善的。好人又得到了好报，那就是最完满的了。这就是整个宇宙最后的目的。所以下面他接着讲：

既然这涉及到我们与最高目的相关的行为，那么，明智地为我们着 **B829** 想的大自然在安排我们的理性时，其最后意图本来就只是放在道德上的。

就是说，所谓更深远的意图，如果意志自由，如果有上帝和来世，那么应该做什么？根据我刚才的解释，应该做什么这个是一个极其广泛的一个应该，把所有的应该都包含在内。而这样一个目的系统，这样一个应该的系统呢，它又是有等级、有层次的，它肯定是与最高的目的相关的，也是与至善相关的。与至善相关，那当然这个里头首先不可缺少的是道德上的相关，是道德上最高的善。至善，根据康德后面所讲到的，它不仅仅是最高的善，而且是最完满的善。道德是最高的善，但是单单一个道德呢，还不是最完满的。最完满的善必须包括幸福。所以，整个自然的最后的目的，或者说"最后意图"，就是至善，那肯定就要涉及至善里面最高层次的善，那就是道德的善。至善里面最高层次的，那就是道德的。所以，"既然这涉及到我们与最高目的相关的行为"，应该做什么当然是一种行为了，我应该做什么，应该采取什么行为。既然涉及到这个行为，它是与最高目的相关的行为，不是我一时一事偶尔采取的行为，而是当我采取这个行为的时候，我就考虑到最好的，考虑到最高的善，道德，考虑到我的这样一种追求幸福的行为，或者是任何其他的行为，与道德有一种什么样的关系，是不是和谐的，是不是与道德相配，也就是整个来说，是不是合目的性的。如果不和谐，那就不合目的性了，不和谐，就冲突了，你的目的就把别的目的取消了，那整个来说就不合目的性了。真正要合目的性，那就是要跟最高的目的相和谐，哪怕最低层次的目的，吃饭穿衣，我们也要和最高的目的相和谐，相关联。我们任何一个行为都要与最高的目的相关。所以，就连"明智地为我们着想的大自然在安排我们的理性时，其最后意图本来就只是放在道德上的"。大自然对我们的安排是非常明智的，这个大自然也可以理解为我们人的自然构成。我们人的自然构成也是大自然安排的，人也是属于大自然嘛。康德多次提到，我们的理性，实际上也是我们的自然本性，是我们人的 nature。人是理性的动物，里面肯定就有理性。凡是人，作为一个自然的人，他就是有理性的。但是为什么大自然赋予给我们理性呢？这个是有原因的，或者说这个是有目的的。大自然在赋予我们理性的时候，它是有目的的。不是说仅仅用理性来为我们追求物质需要，满足我们的生存需要，那它用不着赋予我们理性。我们看很多没有理性的动物，它们也过得很好，它们也活得很自在。我们人有了理性以后呢，反而带来很多烦恼，反而不如自然界的万事万物那样的自在。那么大自然为什么一定要赋予我们理性，这个用"理性可以实用"那是解释不了的。有的人认为理性赋予人类就使人类超越动物之上，成了万物的灵长，能够支配自然界，能够控制动物，把理性看作就像动物的爪牙一样的作用，那样一种功能，康德认为这个是不对的。虽然它使人类凌驾于其他动物之上，但是呢，它也给人类带来灾难。人有了理性就有了尔虞我诈，互相争斗，作出很多动物界都不存在的那种残忍的事情。这个就使得人在这方面呢甚至于比动物还不如。互相争夺，这些东西都是由于有了理性以后，人们能够设想，能够推理，我们得到了，我们还可以更多得到，我可以比别人获得更多，这些都是由理性带来的。如果从这个角度来看呢，理性实在是没有什么好多用处。人凭借理性，从这个层面上来看，并没有对动物有什么根本性的超出。人还是一种动物。但是，如果设想到，比如说意志自由，上帝和来世这样一个层面，从这个层面来探讨，那么我们就可以看出来了，明智地为我们着想的大自然，大自然安排理性是为我们着想的，是为了我们好。自然给予人的都是好的，都是善的。那么，这个好，这个善当然就有目的了。从什么样的标准来断言这些东西是好的呢？凭什么就说它的目的是善的？为什么人有理性就比动物更善一些？更好一些？那么从上面讲的，康德得出结论就是说，"其最后的意图本来就只是放在道德上的"，它最后的意图，最后的目的，就是基于道德的。有了道德，那么我们这个善的体系，这个自然的最后目的这样一个体系，至善这样一个体系，就能够撑起来了。就是说，有一个道德作为它的统帅，所有的目的都能够提高自己的层次，超出于动物之上。一切具体的目的都是由于人超出动物之上的才是好的，才比动物更好，才比动物更善的，比无理性的存在者要更善，这都是由于人有道德。人类凭借他的道德而超出于自然物之上，这是大自然赋予我们的一个很好的东西，一个绝对价值。所以它最后的意图呢，本来就"只是放在道德上的",也就是基于道德之上的。只不过我们人类可能没有意识到,被很多它的后果、它的假象所遮蔽了。大自然赋予人的理性只是为了道德,只是放在道德上面。当然这个"只是"呢,不要理解得太狭隘,以为仅仅是为了道德,其实接踵而来的还有很多其他的目的。就是说,如果人有了道德,只要人有了道德,那么,他就可以以道德为最高标准来衡量一切,来把所有的目的都隶属于它这个"最高目的"之下,构成一个合目的性的绝对的体系,构成一个大自然的目的系统,这就上升到了至善,或者说完成了"最后的目的"。这一点在后来的《判断力批判》里面有非常充分的发挥。但是《判断力批判》中,其实它的一些基本的思想,在前面呢,包括在这里,就已经涉及到了,并不是他突发奇想想出来的。尽管《判断力批判》康德认为是开辟了一个新的领域,给他有生之年、他的晚年提供了一个新的话题。但是这个新的话题里面的基本原理呢,在前面都已经提到了。特别在《纯粹理性批判》的这个地方,在这几段话,在这一节里,包括 B832 第二节:"至善的理想作为纯粹理性最后目的之规定根据",在这些里面,都已经提到了《判断力批判》里面目的论判断力批判的一些原理。特别是谈到自然、道德和宗教相互之间的关系的时候,已经涉及到了。那么,这一段呢,就是把它归结到了道德,但是归结到道德,是以道德这个基点为起点而展开的整个目的体系,这里不是单纯讲道德,而是也涉及到宗教。上帝和来世肯定是宗教的问题,意志自由是道德的问题,上帝存在和来世、灵魂不朽,这个肯定是宗教问题嘛。但是道德是基础,道德是最根本的基点,首先确立了道德,其他的接踵而来,顺理成章可以把它推出来。如果道德不确立,其他的方面都推不出来。宗教是建立在道德的基础之上,而道德是建立在自由意志这个理性的基础之上。那么,在理性范围内的宗教,就是讲的这样一个关系。康德为什么写了一本书叫作《单纯理性范围内的宗教》呢?就是说,实际上宗教在康德看来,就是通过理性建立起来的。骨子里是这样。表面上好像有些非理性的东西,盲目的东西,盲从,信仰嘛。但是实际上这个信仰是有理性在里头的,信仰是建立在理性的基础之上的。实践理性不是科学知识,但仍然是理性。我们应该怎么做,你用理性来思考,你就必然会一步一步地推出宗教。而最开始的这样一个基点呢,就是道德。

我们看下面这一段。这里已经把纯粹哲学、纯粹实践理性的这样一种探究的范围呢,在前面已经划定了。那么下面一段呢,就是把这个范围更加明确一点,就是从否定的方面,我们应该注意些什么界限。这个范围在前面做了正面的肯定,它应该是考虑到这样一些问题,这三个问题,而它的更深远的意图呢,是涉及到应该做什么,而且它的最后的意图就只是放在道德之上的。这是把这个问题的正面的内容作了一番简略的描述。那么下面讲的呢,就是说,要排除些什么。

但必须谨慎的是,当我们把自己的注意力投向一个对于先验哲学陌生的对象时,不要在题外话上放纵自己而损害了系统的统一性,

我们必须谨慎,就是说,在谈到上帝的问题,谈到来世的问题,谈到道德的问题等等,这样一些涉及到与我们最高目的相关的话题的时候,我们要特别谨慎。我们把自己的注意力投向一个对于先验哲学陌生的对象,也就是说,上面所讲的这样一个领域,它是属于一个"对于先验哲学陌生的对象"的。什么是先验哲学,我在前面已经讲了,所谓先验,transzendental 这个词在康德那里,通常用作认识论的含义。先验哲学在康德那里就是指的关于认识的先验条件,认识何以可能,是探讨这样的问题的。在《纯粹理性批判》导言里面就提出来了先验哲学的主要的问题,它基本的问题就是先天综合判断何以可能,它的总问题就是这个问题。那么先验和先天的区别,我们前面也涉及到了,就是先验涉及认识论,先天呢,不一定涉及到认识论。先验的东西当然是先天的,但先天的东西呢,可能不一定是认识论的和先验的,它可能是形式逻辑的。形式逻辑也是先天的原则,矛盾律呀,这样一些东西都是先天的原则。但是呢,形式逻辑不管对象,不管前提,不管跟对象是否符合。形式逻辑只

考虑概念与概念之间是否符合，不考虑概念与对象之间是否符合。而先验的东西，先验逻辑，就要考虑概念和对象之间是否符合。这个是认识论的问题。形式逻辑仅仅是逻辑学的问题，先验逻辑就是考虑认识论的问题。这是我在前面已经讲过的。那么这里讲的对于先验哲学，也就是说认识论，对于认识论来说是陌生的对象。我们现在所涉及到的领域已经不是先验哲学了，它属于实践的领域。它涉及到的不是知识问题，而是知识背后的那个物自体的问题。所以康德偶尔在某些地方提到，那属于"超验哲学"的问题。Transzendent（超验）和 transzendental（先验）这两个词，我在前面也讲了，这里再重复一下，它们的区别，就在于先验是先于经验，但是呢，它跟经验有关，它考虑经验的知识何以可能，先于经验知识有些什么条件，使得经验知识得以可能。这跟先天是不一样的，a priori 先天，先天的，不一定是先验的，当然它可以是先验的。先天的和先验的有交叉和重合的地方，但是也有不同的地方。先天和先验都是先于经验，但是先天的是先于经验但不管经验，我们的形式逻辑不管经验。形式逻辑的推理嘛，它只管正确性，不管真理性。你讲得头头是道，对呀，但事实上是不是那样的呢？形式逻辑不管。先验逻辑就要管，你如何能够建立起知识来，关于对象的知识，你如何能够建立起来。这是先天和先验之间有这样的区别。那么超验呢，它也是先于经验，但是呢，它超越于经验之上，它就不仅仅是先于经验了，它超越于经验之上。先验的东西，还要考虑经验的东西，至少要考虑经验知识何以可能，要考虑经验知识的条件，是这样地先于经验的。那么超验的东西是超出经验，它根本不考虑经验知识是什么样的，它超出经验自己去搞一个对象，它在经验之外去搞一个对象。它也涉及对象，这一点跟这个先天的也不一样。超验的东西它也涉及对象，但是它这个对象不是经验对象，它是超经验的对象。先验的它要指向的对象，它这个对象呢，是属于经验的对象；超验的呢，它也指向一个对象，但是呢，这个对象是超经验的，它撇开经验不管。撇开经验不管，它与先天的在这一点上有一点类似，它也不管经验；但是呢,它跟先天的又不同,它另外自己搞一个对象。就其涉及对象而言呢,超验的和先验的有类似之处,但是呢,它们的对象是不一样的。超验的对象是物自体,而先验的对象呢,是经验对象中的先天成分,落实下来是经验对象,是现象。这是它们的区别。这两个词本来在拉丁语里面都是超越经验的意思,没有什么根本区别,在中世纪都是指亚里士多德的形而上学,但是已经有点不同,就是"先验的"(transzendental)指"第一哲学"意义上的形而上学,而"超验的"(transzendent)指"神学"意义上的形而上学。当然亚里士多德对他的形而上学有"第一哲学"和"神学"这样两个不同的表述,虽然他并没有用这两个词,但有这个意思,即形而上学一方面是一切经验科学之所以能够理解的前提,这就是第一哲学;另一方面又是超越一切经验科学之上的科学,这就是神学。在康德这里呢,他把它们严格地区分开来了。所以在康德这里,我们不要把它们混淆,它们是有严格的区分的。一个是现象界的,一个是物自体的。现在翻译的有很多,各种各样的译法有很多。我们现在不管它,现在在我们这里接受一个训练,我们是第一次把所有这些词在三大批判里面做了一个统一。我们的三大批判后面都有一个索引,这个索引是非常重要的,就是说,长期以来,一百多年以来,我们对此搞得非常混乱,如果不对原文,你简直就不知道他讲的那个字是哪个词。现在我们第一次把它统一起来,当然统得对不对,还可以讨论,但是我们首次把它们统一起来了,而且我们说出了它的道理。这个是首次,我们先暂时接受这一套术语。这里面都有一些道道,都可以说出一些道道来。当然也有不太满意的地方,比如说"先天"(a priori)这个词,韦卓民把它翻译成"验前",验前这个词呢,应该说比"先天"更好,因为我们译的"先天"容易导致一种误解,好像是"天生的"、与生俱来的,好像是爹娘给的,天赋的,有这样一种可能性。"验前"就没有。验前就好像完全是一个逻辑上的概念了,应该是更好的。但是,一个是约定俗成,再一个呢,这三个概念之间呢,应该有一种内在联系,我们考虑了这些呢,还是用了先天。先天用得比较多,很多人翻译这个词都是先天，所以我们还是这样译了。如果翻成验前，虽然更加准确，但是这么多年，大家都知道这个译法，为什么没有流行开来，就是由于在汉语里面还是比较别扭。说"验前的"，还是有点别扭，不太容易了解它究竟是什么意思。说起来也不太顺。所以我们讲先天呐，先验呐，超验呐，这中间的关系好像比较连贯一些。好，这个铺垫呢，以前没有听到过的同学呢，我给大家介绍一下了。那么回到这个文本，先验哲学，严格来说呢，就是讲认识论。那么在这个道德方面，讲实践理性的这方面呢，康德在有的地方把它称为"超验哲学"。先验和超验，我们刚才对这两个概念作了一个区分。超验是涉及物自体的，它不是认识领域的，不是认识领域，就是不可认识的了。从否定的说法呢，它就是不可认识的。从肯定的说法来说呢，它就是可行的。不可认识，但是可以行，可以做，可以实践。它涉及到行动的准则：你应该怎么做。这涉及到康德的第二个问题，第一个是我能知道什么，第二个是我应当做什么。应当做什么和我能够知道什么，虽然日常中间有联系，但是在康德看来，你如果追溯到纯粹理性，那就完全是两个领域，完全不能混淆。一个是属于现象界，另外一个属于本体界。我应该做什么，涉及到我本身的本体，人的本体是什么，这个当然我们不能认识。人是有一个本体的，他跟自然物不一样，这个本体不可认识，你不可预料、你不可推算，他将作出什么事情来。这就设定了人有自由。人的自由就是这么个东西嘛，你不能够推测他下一步将怎么样。他有他的自由啊，就看他怎么选择了。我们经常说，这个事情涉及到他的自由问题，就看他怎么选择。他可以选择这个，也可以选择那个。他可以选择做，也可以选择不做，那就体现他的自由了。如果你能够从科学上断言他肯定要选择做或者肯定选择不做，那就意味着他没有自由。你能从科学上断言他做或是不做，那他还是什么自由呢？他就是机器嘛，你就能够断言了嘛，他就成了自然物。人超出自然物之上就在于你不能够断言他下一步采取什么行动。他下一步采取什么行动不可知。这就是人的自由，人的高贵性就在这里，你不能算定他。这个领域属于不可知的领域，属于自在之物的领域。这是康德的一个划定。我们要把现象和本体这两个领域划开，现象是可知的，而本体呢是不可知的。本体是不可知的，所以人的本体就是人的自由。人拥有自由的本体，拥有自由的本体就表现在人的本体你是不可知的，你不能够算定他的本质。那么先验哲学呢，跟超验哲学不同。我们实际上已经涉及到超验哲学的领域了，但是超验哲学这个概念还没有展示出来，我们现在还在初创阶段。首先要把它跟先验哲学区分开来，"当我们把自己的注意力投向一个对于先验哲学陌生的对象时"，我们在先验哲学里面，什么是陌生的对象？就是物自体，就是超验的对象。超验的领域都是陌生的对象。当我们把自己的注意力投向一个超验的对象，超验的世界，这个时候，"不要在题外话上放纵自己而损害了系统的统一性"。这个超验的领域，这个超验的对象，它也有一个系统的统一性。我们讲到的自然的最高目的，讲到它的最后的意图是放在道德上的，这样一些问题，那么，这些问题它也构成一个统一的系统，当我们投向这样一个统一的系统的时候，我们不要在题外话上放纵自己而损害了系统的统一性。什么是题外话？我们看看下面这个注释，我们就可以了解，他这里讲的"对先验哲学陌生的对象"以及"题外话"究竟指的是什么。在下面这个注释中他讲：

一切实践的概念都是指向合意或讨厌、也就是愉快和不愉快的对象的，因而至少是间接地指向我们的情感的对象的。

对先验哲学陌生的对象，可以有不同的理解。总而言之来说呢，就是属于实践的对象了，属于实践理性的这样一个范围，一切通过自由而可能东西都是实践的嘛。所以我们现在涉及的是一个实践的范围。但是实践的范围呢，他这里讲到，"一切实践的概念都是指向合意或讨厌、愉快和不愉快的对象"，或者是我们情感的对象，这些都属于"对于先验哲学陌生的对象"。我们先前强调了先验哲学的陌生的对象，当我们把我们的注意力投向先验哲学陌生的对象的时候，或者说把我们的注意力投向一个超出先验哲学的对象的时候，这个时候呢，我们面临的是实践的领域。实践的领域我刚才讲了，它的主要的意图是指向超验的对象，超验的领域。道德、宗教、上帝、物自体这样一些领域是属于超验的领域。但是一切实践的概念都是指向合意或讨厌、愉快和不愉快，这样一些"情感的对象"的，不管是直接的还是间接的。那么，对先验哲学陌生的对象，在这里就分出了两个层次。我在前面已经讲到了，实践的领域有两个层次，一个呢是属于实用的层次，一个呢是属于道德的层次。那么这里其实也是这样。"一切实践的概念都是指向合意或讨厌、也就是愉快和不愉快的对象"，这个是属于实用的方面的。我们要追求幸福嘛，追求幸福当然它就指向我们的愉快了。人获得了幸福，那当然就导致产生愉快了，谁不希望幸福呢？谁不满足于自己的幸福呢？获得幸福自己就会满意，没有获得幸福自己就会伤心，有损于自己的幸福就会讨厌，获得幸福就会愉快，没有获得幸福就不愉快。所以，凡是涉及到实践的概念，它都指向愉快和不愉快的对象。"指向"，注意他在这个地方的用词，指向愉快和不愉快的对象，"因而至少是间接地指向我们的情感的对象的"。愉快和不愉快当然是情感的对象了，但是这个"指向"呢，它有两种情况，一种情况是直接的指向，一种是间接的指向。直接的指向就是那种实用的指向，我们日常实用的，我们追求一个目的，一个具体的目的，我们去挣钱，我们去挣一口饭吃，我们的工资涨了，我们就高兴，我们失业了，我们就伤心，就焦虑，等等。这是很直接的，直接地指向我们情感的对象。但是还有一种是间接的，比如说道德。道德当然它本身不是直接涉及到情感，但是我们做了一件道德的事，心里还是会愉快，它跟情感有一种间接的关系。我们还是希望去做道德的事情，当我们做了道德的事情的时候呢，这个里头仍然会产生一种愉快的情感。超验的本性，当你在实践中把这种超验的本性实践出来了以后，它在我们的心理上也会引起一种愉快的情感。这是它的后果。所以它叫作"指向"这样一个情感的对象，最后它会导致情感的对象。但这里头当然有区别。在这个道德的情况之下，它的这个指向是间接的。我们做一件道德的行为，我们首先不是为了获得愉快，我们直接来说——按照康德的说法，应该就是"为义务而义务"、"为道德而道德"。哪怕他最后没有获得愉快的情感，我仍然要那样去做。这个才是康德认为的真道德。真道德就是，不管他有没有愉快，我都要去做。那么反过来，甚至于恰好是在他得不到愉快的时候，他仍然这样做，才显出他的真道德，才显出这个人是为了真道德，为义务而义务。如果是为了那个愉快而做，尽管他做了好事，他都算不得真正道德的。这是康德从严格的道德主义立场上面对道德所做的规定。尽管如此，康德仍然不否认，我们在做了一件道德的事情以后呢，我们的确可以获得某种愉快。一个道德的人，他会觉得他做了一件道德的事情，是符合他的本性的，他是会得到愉快的。但是康德认为这个不足以成为我们道德的动机。我们道德的动机应该把一切情感都抛弃，不过当你抛弃一切情感的时候，还剩下唯一的一种情感不能抛弃，那就是所谓的"敬重"，对道德的敬重。这种敬重感当然也是一种愉快。它是抛弃了一切情感以后所剩下的情感。敬重感是否认一切情感的情感，所有的情感在敬重感里面都消失了，所有的情感在道德面前，都会感到太渺小。所以它首先是一种痛苦，敬重感首先是一种痛苦，你敬仰一个人，你就会觉得自己很渺小，我跟他简直不能相比，那当然是痛苦了。但是你又希望成为像他那样，你会愿意靠拢他、接近他，所以这里头还是有一种愉快。就像康德《判断力批判》里面讲的崇高，崇高感也是这样的，崇高首先给你一种痛苦，你觉得自己很渺小。但是呢，当你意识到自己有理性的时候呢，你又可以提升到一种崇高，一种更大的愉快，带来一种理性的愉快。当然康德在这里还没有涉及那么远，这里只是一般地讲，一切实践的概念都是指向合意或讨厌、愉快和不愉快的对象，至少是间接地指向我们的情感的对象。它跟情感有关，但是它不是出自于情感，包括敬重感。敬重感尽管康德在《实践理性批判》里面把它归结为道德的一种"动机"（Triebfeder），但是呢，他认为它不等于道德的"动因"（Beweggrund）。动机跟动因也不一样。动机就是你作为一个感性的人，有一种动机，可以促使

497

你去行动，但是真正让你去行动的，真正地能够使你具有这种行动的自由的，不是作为一个感性的人，而是作为一个本体，一个认识不到的物自体，那里面的才叫作动因。就是真正使你去做道德的事的是你的自由，而不是你的情感。你的敬重感固然可以使你去做道德的事情，但是呢，真正背后起作用的，使你产生行动，包括产生你的敬重感的，还是你背后的自由。自由是一种动因，它是你做这种事情的"原因性"，而不是你做这件事情的情感上的、心理上的一种机制。机制是可以拿来做心理学考察的对象而研究的，但是自由是不能够加以考察的。心理学也不能对自由加以考察，它是哲学、形而上学的东西。总而言之，一切实践的概念都指向——不管是直接的还是间接的——我们情感的对象。实践的概念，从它的根本上来说，它是出自于自由，出自于物自体，但是呢，它直接间接地可以指向情感对象。在道德选择、意志自由里面呢，它是间接地指向情感的对象。它可以使人产生出一种动机。那么在实用里面呢，它直接地指向情感对象，我就是为了具体的那个对象，那个对象使我喜欢，我就喜欢那样，我觉得它很可爱，所以去追求。这是直接的。那么在道德情况下，是间接地指向情感对象的。

　　但由于情感不是对物的表象能力，而是处于全部认识能力之外的，

　　情感不是对物的表象能力，就是说情感是内在自发的一种现象，从情感上面，我们看不出导致情感的那个物究竟是什么样的。从感性，从感觉、知觉，我们都可以看出，它跟物有关，跟对象有关。我感觉到红色，那肯定跟这个对象的性质有关，这个对象是红的，于是我就感觉到这个对象是红色，它跟物的表象有关。但是我感觉很烦恼，或者我感觉到很幸福，我感觉到很愉快，这跟对象的表象无关，跟对象的性质无关。它使我愉快，并不说明它愉快，那个对象并不愉快，是对象使我感到愉快。所以我从我的愉快里面呢，并不能看出对象究竟是一种什么样的性质。不同的对象都能够使我产生愉快，当然我的愉快也是各种各样的，但是它们两者之间并没有必然的联系。感觉和情感这两个概念在西文里面一般

来说是比较难以区分的。像德文里面的 Gefühl 这个词，它本来就是"被触动的"这样一个意思，转义为"被感动"、"情感的"意思，但是也可以翻译成感觉。在汉语里面这倒是分得很清楚，情感和感觉是完全不一样的。情感、情绪、感觉，在汉语里面是比较精确的，但是在西文里面呢，它们是不太严格的。Empfindung 这个有时候也翻成情感，或者是感觉，我们这个里头呢，把 Empfindung 翻译成感觉，把 Gefühl 翻译成情感，这是根据康德的用词的习惯。就是他通常把 Gefühl 这个词用在心理学上面的愉快和不愉快上，而把 Empfindung 这个词呢，用在具体的，比如说红色啊，香味啊，五官的感觉，用在这个上面。但是在别的哲学家那里，比如说在黑格尔那里，就不一样。有很多哲学家都是把 Empfindung 用做情感，而把 Gefühl 用作感觉。这是在西文里面用得很乱的，在英文里面其实也是这样的，如 feeling 你可以理解为感觉，也可以理解为情感。情感是内在的，感觉呢，肯定是五官感觉。后来有的人认为五官感觉还不够，还有第六感觉，内部的感觉，或者是内感官。康德这里也讲内感官，就是对时间的直观。但是英国人讲的内感官主要是讲的情感，美感，甚至于道德感，都包含在里头。这个西文里面的区分是非常模糊的。但是，像康德这样的哲学家，还有很多比较严的哲学家，都试图作出一个区分，情感，情绪，感觉，还有知觉，等等这些东西，他试图把它们严格区分开来，每一个词他都专用于某种含义。当然不是绝对的，比如说你在黑格尔那里可以看到，他的用法与康德不同，完全倒过来了。我们这里呢，在翻译上还是区分得比较严格的。讲情感的时候，我们一般都是表示 Gefühl 这个词；讲感觉，一般都是表示 Empfindung，就是五官感觉，这是康德的用法。那么情感 Gefühl 显然不是对物的表象能力，从情感上面你不能发现物的属性。我感觉痛苦，是不是就能说明那个物很痛苦呢？绝对不是，它只是在我的情感中造成了痛苦，它使得我感到了痛苦。在英国经验派的洛克那里，把这两者区分开来，称之为第二性的质和第三性的质。第一性的质，当然就是物本身的固有的性质，广延、数量、运动，在洛克那里都属于第一性的质；第二性的质，就是色、声、香、味，五官感觉；还有第三性的质，它使我痛苦，它使我高兴，这块蛋糕是好吃的，这个药是能够治病的，这是更间接的，就是在人身上所造成的一种间接的后果，我们也称之为一种"属性"。比如说美，我们说这个东西很美，这朵花很美，只是因为它使我感觉到美，并不是说这朵花本身有什么美不美。这个在洛克那里都属于"第三性的质"。那么在康德这里呢，他就是说，情感不是对物的表象能力，这是指的跟第二性的质相对而言的，第二性的质虽然是我的感官所反映出来的，但是我们还是把它看作是对象的一种性质。红色，现代物理学证明，红色并不是说那个对象上真的有一种红色，而是对象反射的某种光波，它的一定的频率和波长，在我们的眼睛这样一种感官构造里面所造成的一种印象。所以它不属于对象本身固有的属性，这一点跟洛克的说法非常相近了，它属于第二性的质。但是在康德这里呢，尽管他也承认，我们所获得的这样一种表象跟物自体完全是两码事，红色根本跟这个花的物自体肯定没什么关系，它不反映这个花的物自体，但是呢，它仍然是有关我们所认为的那个"物"的一种表象。我们所认为的那个物是现象的，现象中的物，它就是以红色这样一种方式体现出来的。那我们当然可以把这个红色看作是现象中的物的一种表象，或者一种属性。康德这里把现象之物和自在之物区分开来了，而这里讲的呢，当然是现象之物。在现象之物的意义上面，我们可以说红色就是对象的属性。因为我们讲的这个"对象"是现象嘛，它不是物自体嘛。那么情感不是这样的情况，你可以把红色看成是物的表象，但情感你不能把它看成是物的表象，它不是属于物的表象的能力，而是处于全部认识能力之外的，所有的认识都不讨论情感。我们前面讲到先验感性论、分析论、先验逻辑，等等，所有这些东西，没有哪个地方讲到了情感。不需要。谁都知道情感跟事实是不同的。我们经常说，你不要情感用事，你要尊重事实，也就说明这个道理，就是说情感是你主观的一种心理现象，而事实呢，它有它自己固有的那些表象。只要你神经还正常，你就不会把自己的情感当作就是那个对象本身的表象。所以它是处于全部认识能力之外的。

　　所以我们判断的要素只要与愉快或不愉快相关、因而作为实践的判断要素，就不属于先验哲学的范围，后者只与纯粹的先天知识相关。

　　也就是情感，前面讲了，它不是对物的表象能力，它是处于全部认识能力之外的，因此我们在作一个判断的时候，如果里面涉及到了愉快或不愉快，或者涉及到了情感的这样一个要素，那么呢，它就不属于先验哲学这个范畴。凡是涉及到情感方面的判断的，它就不属于先验哲学了，就不属于认识论的范围了。我刚才讲到，所谓先验哲学就是认识论嘛。从这里也可以看出来，作为实践的判断要素，就不属于先验哲学。它属于实践的范围，在实践中我们作判断，当然免不了要涉及到情感，不管我们作实用的判断，还是作道德的判断，我们都涉及到情感。道德的人是使人喜欢的，不道德的人是令人讨厌的。肯定是这样的，这是属于实践的判断，而不属于先验哲学的范围。"后者"，也就是先验哲学，"只与纯粹的先天知识相关"。先验哲学是和知识相关，而且呢，是和纯粹的先天知识相关。就是先验哲学，它讨论的是认识论，而且呢，在认识论里面，它讨论的是认识的条件，认识何以可能的先天条件。他要在纯粹先天知识的基础上重建认识论。认识论已经被休谟摧毁了，我们前面已经提到这个，康德当时所面临的这样一种处境。由于休谟的怀疑论，把认识的根基都摧毁了。那么康德呢，就试图在先验的这个基础上面把认识论重新建立起来。所以它只是与纯粹的先天知识相关。当然，建立起纯粹的先天知识以后呢，它的目的还是要为经验的知识提供根基，提供经验知识之所以可能的前提条件。他的最终目的是这样，所以他致力于在认识论里面去奠基的这样一种工作。这就是这个注释里面所讨论的这个问题。这里主要就是把这个与愉快和不愉快，与情感相关的实践的要素排除出了认识论，这个不属于先验哲学的范围。那么当我们把注意力投向一个对先验哲学陌生的对象的时候，也就是当我们涉及到实践的领域，而且这个实践的领域呢，跟情感必然有一种指向性的关系，在这个时候，下面正文中讲，我们"不要在题外话上放纵自己而损害了系统的统一性"，这个就是更进一层了。就是说，我们所探讨的这个领域，对先验哲学是陌生的，因为它涉及到情感嘛，它已经不属于先验哲学了，但是呢，我们不要在题外话上——所谓题外话，就是我们真正所要探讨的这个领域是超验的领域，那么不同于超验领域的，都是属于题外话。我们本来所要探讨的是一个道德的领域，是道德实践的领域，那么什么是题外话呢？题外话就是说，在一般的实用的这样一种实践领域里面，有很多题外话。比如说心理学的各种各样的情感呐，各种各样的经验呐，在心理学里面当然也有实践方面的各种经验了，这都是属于题外话。这个在这一段的最后一句话里面呢，我们可以知道，这个题外话是指的什么。在这里呢，我们预先可以认定，所谓的题外话就是在实践的领域里面，我们要再加以细分。整个来说是属于对先验哲学陌生的对象。但是在这个陌生对象领域里面呢，我们要再加以区分，就是有些是题外的，比如说实用的时候所引起的那些情感，那些愉快和不愉快的对象，我们不要在这些问题上面呢，"放纵自己而损害了系统的统一性"。就是在实践的领域里面呢，有些东西你如果太放纵了的话，它会损害系统统一性的。实践领域里面，也应该是一个统一系统。我在前面讲了目的性，自然最高的合目的性的系统，这样一个系统，它以什么东西作为它的最高点呢？当然是以道德，以道德来贯通一切。但是你如果在题外话上面，比如说在情感方面，在我们日常实用里面所获得的那些愉快呀，不愉快呀，厌恶啊，或者喜欢呐，在这些问题上面花了过多的精力，放纵自己；或者说你把我们的基点不是放在那个最高的道德原则上面，而是把它置于这样一些五花八门的题外话之上，那么你就会损害系统的统一性。真正系统的统一性，要从上至下来建立，从最高的东西奠定起，然后把其他的东西，幸福啊，情感啊这些东西，再统率起来，这个才能构成一个系统。如果你的重点找错了，虽然都是实践的领域，你把这个重点放在一般的、日常的、实用的这样一些对象上面，这些情感对象上面，那这个系统统一性就会受到破坏了。这是一方面，一方面不要在题外话上面放纵自己，损害了系统统一性。下面正文讲：

另一方面，也不要因为对于我们这个新的话题说得太少而使之缺乏清晰性或说服力。

另一方面，也不要因为对于我们这个新的话题说得太少，就是道德，道德命令，几句话讲完了，道德就是道德，然后其他的有关的实践领域的那些话题全部撇开不讲，那也不行，那缺乏说服力。因为人在实践领域里面，有很多很多目的，有各种各样的目的，当然也包括道德的目的。那么这些目的之间的关系究竟是什么样子的呢？你如果不把它们的关系理清楚，那么你这个系统也同样建立不起来。你就是一个孤零零的道德原则，定言命令，如果能够有清晰的条理和说服力，说服那些感性的人，人本来就具有感性的一方面嘛，当然他也是理性的人，你能够说服他，你就能够把他所有的实践中的经验全部纳入到你的这个体系里面去，才具有说服力。也不要对这个新的话题说得太少，还有些是要说的，你既不能放纵，说得太多，也不能对这个主题说得太少，你至少还要提出一种规范，一种法规，来统摄所有的原理。所谓法规就是所有的先天原理的总和嘛。你至少要制定你的法规，来统摄所有的这些先天原理，一层一层地把它们理清楚。最后一句话：

我希望通过尽量靠拢先验的东西、而完全排斥在这里可能是心理学的亦即经验性的东西来做到这两点。

哪两点？一个是不要对这个话题说得太少，要尽量地靠拢先验的东西，虽然它不是先验哲学，但是要靠拢先验的东西。在先验哲学里面，已经为超验哲学提供了某些东西。比如说理念，理性已经提出了理念，上帝、自由、灵魂、宇宙，这样一些理念，这些理念在认识论里面，在先验哲学里面，它们起的作用是很有限的，只是一种范导性的作用。但是在超验的领域里面呢，有它们发挥的余地，有它们正当的领地。所以我们要尽量地靠拢先验的东西，要把先验哲学所提出的这样一些先验的理念，它们的超验的含义，全部挖掘出来。先验哲学提出的这些理念，都是一些引导性的、范导性的概念。它们的作用是引导知识的，还是属于认识论的作用。虽然它们本身不构成知识，但是呢可以引导我们的知识，走向一个广泛的、越来越大的统一，一个系统。但是在超验哲学里面呢，我们也要从那里引出来，尽量地靠拢这些理念，援用这些理念。前面讲的这三个问题嘛，意志自由，上帝存在，灵魂不朽，这三个命题，都是从先验哲学里面引出来的。那么我们要紧紧抓住这三个问题，尽量地靠拢先验的东西。但是完全排斥在这里可能是心理学的也就是经验性的东西，这就是我们讲的"题外之话"了。我们对于道德律，我们当然会有一种情感反应，甚至于我们可以在感性的生活中产生一种敬重的动机，实行道德律有一种动机，一种感性的动机，情感。那么这些东西呢，它属于心理学的，或者经验性的东西。还有其他的一些，比如做了道德的事情感觉到愉快，或者看到不道德的事情感到厌恶，感到憎恨，所有这些感情都属于经验性的东西、心理学的东西。那么我们要完全排斥这些东西。所以康德的道德学说，跟经验派的道德学说是很不一样的。他不讨论经验派的那些厌恶啊，嫉妒啊，仇恨呐，这些概念他不讨论，他只是讨论理性所提出的那些法规，那些原则，那些命令，纯粹实践理性应该是怎么样的。所以一方面呢，他要靠拢先验的东西，要从这个先验哲学里面引进超验哲学。为什么他要从"纯粹理性批判"这样一个认识论开始？他这个认识论不要行不行？不可能。实践理性在他看来是高于理论理性的，人的道德是高于人的认识的，但是道德的原理要能够展现出来，必须要从认识论入手，你先把认识论搞清楚，道德的原理就会展现出来。那么道德的原理在展现出来的时候呢，它也是引申了在认识论里面已经露出的某些苗头，紧紧地靠拢着先验的东西，这才能够展现出来。

下面这一段话题的引起当然跟前面的那一段是密切相关的。我们看前面那一段，就是说，在人们称之为纯粹哲学的这种探讨中，涉及到三个问题，一个是自由意志问题，一个是上帝存在的问题，一个是来世的问题；

但必须谨慎的是,当我们把自己的注意力投向一个对于先验哲学陌生的对象时候,那么,一方面不要在题外话上放纵自己而损害了系统的统一性,我上次讲到,就是不要陷入到那些心理学的和经验性的东西里面去,要把那些情感性的东西,包括后天经验的心理学对象,我们要暂时把它们排开;但另一方面,也不要因为对于我们这个新的话题说得太少而使之缺乏清晰性或说服力。也就是另一方面呢,我们还要尽量地靠拢先验的东西。一方面我们要排斥经验的东西、心理学的东西,另一方面呢,我们又不能完全撤开先验的东西。先验的东西和经验的东西这两者之间,我们所谈的话题现在已经进入到实践的领域了,涉及到道德和宗教了,那么我们首先必须要把经验的和心理学的东西撤开,但是另一方面呢,我们还要尽量地靠拢先验的东西,抓住先验的东西,来说明我们在实践领域里面的种种法规。而下面这一段。除了前面要注意的那两个方面,我们需要谨慎地对待以外,

　　而且在此首先要说明的是,我目前只是在实践的理解中使用自由这个概念,而在这里排除了先验意义上的自由概念,

　　就是说,除了前面讲的一个是我们要排除经验的、后天的东西,另一个是靠拢先验的东西,而且呢,我们所理解的"自由",在这里目前仅仅是在实践的领域里面来使用它。这个里头的潜台词就是说我们现在暂时还不在先验的领域里来使用它。自由首先是通过"先验自由"的理念而提出来的,这就是先验哲学里面已经讨论过的康德的第三个二律背反,其中已经涉及到自由的概念,但那是作为一种先验的自由理念提出来的。它不是在实践领域里面提出来的,它只是在思辨的意义上提出这样一种可能性或者可设想性。一个理念嘛,理念当然是理性所得出来的一个概念了。理性得出来的概念最初是当作一个认识的对象提出来的,自由,但是它又不可认识,所以它只是一个先验的理念。先验的我们前面多次讲了,就是认识论的,认识论上面提出来的一个理念。自由最初

是这样出现的。但是在这个情况之下呢，它还是属于先验哲学。而我们现在所涉及的领域是对于先验哲学陌生的一个领域了，已经不属于先验哲学了。所以我们目前呢只是在实践的领域中来使用自由这个理念。当然我们后面还要回到先验哲学来，我们后面谈到自由的三大悬设的时候，我们还有一个自由意志作为实践理性的"悬设"。这个时候，先验的理念，它的真实含义呢，就显露出来了。也就是说，它又具有了某种认识论的意义。因为康德的这个宗教，他实际上是把认识论和道德结合起来的一个综合的产物。这在我们以后谈到康德的三个基本问题的时候，可以了解到这一点。第一个基本问题是我可以知道什么，第二个我应当做什么，第三个我可以希望什么。可以希望什么，就是宗教学的问题。而这个问题呢，它不仅仅是我们应当做什么的问题，而且也涉及到某种认识论的问题。当然不是真正的、纯粹的那种思辨理性，而是说我们通过逻辑推演，当我们做到了我们应该做到的时候，那么按理说，我们就可以希望得到什么样的幸福。在这样的领域中，它是理论理性和实践理性相统一的一个领域。宗教是理论理性、或者是认识，以及道德、实践理性这两个领域相统一的一个领域。在那个时候我们再来谈先验自由的问题，把先验自由作为一个道德上悬设的先验理念，在那种意义上我们可以把它设定下来。但是目前我们还没有达到那个层面，我们目前涉及到的还是单纯的实践的这样一个层面，先要把这个问题搞清楚。所以我们目前只是在实践的理解中使用自由这个概念，而在这里排除了先验意义上的自由概念。先验自由，我们现在暂时把它放在一边，我们先不管它，我们到底有没有自由，这样一个认识论的问题，我们先不管它，我们是否能够把握自由，或者自然界究竟除了自然的原因以外，是否还有一种自由因，这个问题我们暂时不管它。尽管我们在第三个二律背反里面就是这样提出问题的，但是，现在我们涉及的是实践的自由，所以我们暂时把它撇在一边。

B830　　后者不能经验性地预设为解释现象的根据，相反，它本身对于理性是一个问题，如同前面所揭示的那样。

　　为什么要排除先验自由呢？因为先验自由"不能经验性地预设为解释现象的根据"。我们现在面对的是实践的自由，实践的自由就意味着在经验中我们可以加以规定的，加以设定的，在经验中我们可以作为解释现象的根据来加以设定的。当然不是从理论上加以设定的，不是说我们做这个事情就是因为我们有一个先验自由、它的机制导致我们做了这件事情，不是这样来解释现象。而是说这样一个现象，是立足于我们的实践的自由，立足于自由的可能性的。只有立足于自由的可能性，我们才能作出这件事情来，才能作出这个行动。这是从实践的意义上来讲的。我们做了一件事，这件事是我自由地做的。这是一个事实，我自由地做了这件事情，这本身是一个事实，它是我自己做出来的。但是我不去追究我这个自由究竟在里面是起什么样作用的，这个自由又是从哪里来的，它的原因又是什么，它导致我产生这样一个行动的经验的机制又是如何的。这些问题我们都不探讨。我们在经验中只确定一点，这件事情是我干的。至于我怎么干出它来，这个我们暂时不管，而且我们实际上也管不着。很多人事后都说，我也不知道我当时怎么作出那样的事情来的。他确实不知道。即使有的人知道，那也是表面的。我知道我当时是怎么干出那件事情来的，那也是在心理学的意义上"知道"，但是实际上他干出这件事情来，完全出于他的自由意志，就是说，他完全可以不干这件事情，或者有另外一种干法。他以为他知道他怎么干出这件事情来的，好像里头有一种因果关系，其实并没有那种因果关系。或者是有那种因果关系，但是那种因果关系不足以解释他的自由。自由意志的一件行为之所以是自由的，就在于你不能用一般的因果关系来解释。你用因果关系来解释，那你就成了必然的了，你就成了一个动物或者一架机器了，你就被决定了。所以不管你有多么充分的理由，来解释我的这个行为的每一个细节，但是这些理由都不足以解释它的自由的原因，它的自由因。尽管不足以解释自由因，我仍然知道，这是我自由地干出来的。这就是在实践的理解中的自由，它跟在先验理解中的自由呢，还有点区别。它要把先验理解的自由撇在一边，那只是一种可能性，我并不认识我的先验的自由是什么，究竟是怎么样的，但是我做了。我就是做了这些事，这就是实践的自由。不去追究我的自由从哪里来的，它怎么发生作用的，但是呢，我的实践行为都是我自己做出来的，由我负责。所谓实践行为，就是这个意思。前面有个定义嘛：一切通过自由而可能的东西都是实践的；反过来，一切实践的行为都是通过自由而可能的。如果没有自由，那谈得上什么实践呢？凡是讲到一个实践的行为，它里面就有自由。唯有通过自由，才可能。所以，先验的自由这个概念，不能够经验性地预设为解释现象的根据，不能够把一件人为的行为，一件实践的行为，用先验的自由的概念在经验的关系中加以具体的解释，加以经验的解释，或者加以认识论上面的解释，那是不可能的，因为它只是一个抽象的理念。但是实践的自由，我们可以预设为解释现象的根据。实践的自由不是要去探讨这个自由的本身的构成，或者是运作方式、作用方式等等，它就是去行动。这个可以用来解释我们的实践经验的根据，但是我们不能用先验的自由来解释。这是两个解释层面的问题，一个是从认识论的层面上来解释，一个是从实践论的层面上来解释。在康德看来，这两个层面是互不相关的。所以在实践的理解中，也就是在应不应该的理解中，我使用自由这个概念。那么后者——也就是先验的自由——"相反，它本身对于理性是一个问题，如同前面所揭示的那样"。就是说，先验的自由，它本身还是一个问题，在第三个二律背反里面，并没有解决这个问题，它只是划分了层次。第三个二律背反就是说整个世界上到底是有没有自由的原因，还是一切事物都是由于自然必然的因果律，那么康德对这个二律背反的解释呢，就是说，双方都搞错了范围，搞错了层次。如果你划分成两个层次，一个是认识论的层次，是理论的层次，另外一个是实践的层次，那么双方都可能是正确的。既然你把这个层次划分开来，那么自由就被划到了物自体的层面上去了，在物自体里面是可能有自由的。但是它是什么呢，我们不知道。正因为如此，它是一个问题。康德解决第三个二律背反，并没有肯定在物自体的里面有自由，没有这样肯定。因为物自体就是不可认识嘛。不可认识你怎么知道有自由呢？你从认识论的角度去看那个物自体，那它仍然是一个问题。把人的自由归于到物自体那个里面去，不使它干扰我们的现象界，不使它干扰我们的自然的因果律，那当然好，双方互不干涉，双方都有可能是正确的。但是对于"有自由"这个命题，你说它是正确的，那只是说它有这种可能性。人家不会说你错，因为你说自在之物、物自体里面有自由，别人没办法反驳你。当然你说没有自由，别人也没办法反驳你。反正它是个问题，它是悬而未决的。所以，先验自由本身对于理性来说，它是一个问题，"如同前面揭示的那样"。前面早就讲了，先验自由，它只是作为一个问题，你可以那样提，你那样提，你不会遇到任何反对，因为它涉及到的是不可知的领域嘛，谁都不知道，那么谁也没有理由来反对你了，这就是"如同前面所揭示的那样"。那么这个前提在这里呢，首先提出来了，就是说我目前只是在实践的领域里来使用自由这个概念的，而不是在先验自由的理解中来使用自由这个概念的，不是在认识论的这个意义上来使用自由这个概念的。这个要严格区分开来。我们来探讨实践的概念，那么首先要把它的领域搞清楚，它不属于现象界，也不属于在现象界所获得的某种猜想，某种推理。比如说自由的理念，我们推到因果律的尽头，推到尽头，那肯定有一个最终的原因它是没有原因的，那就是自由。这还是在现象界里面进行推理，得出一个先验的自由，想要认识它，但是认识不了，只是一个推想的理念。但是我们现在把我们的领域划定在实践的自由这个领域。这个领域涉及的问题只是应当和不应当的问题，"我应当做什么"的问题，这就是实践的问题。至于对自由我可不可以知道什么，那个问题仍然是个问题。并不是因为我们有了实践的自由，我们在先验的意义上就可以肯定我们有了对自由的知识了，以为我们在自然界除了因果律以外还有另外一种因果系统，那就是自由，把它当作一种知识。在康德看来，这个是不可能的。这两者之间的界限是不可混淆的。那么划定了这个领域，下面就来探讨这个实践领域的自由所涉及的范围。这个范围还有待于界定。他怎么界定呢？他是一层一层界定的。

就是说，有一种任意仅仅是**动物性的**（arbitrium brutum），它只能由感性的冲动来规定，亦即**从病理学上**来规定。

先从"任意"开始，有一种任意，它"仅仅是动物性的"，它完全是感性的，亦即"从病理学上"来进行规定。这个"病理学"Pathologie，它实际上如果要粗略一点呢，也可以翻译成"感性的"。但是这个"感性的"跟一般的感性的还不太一样。它特别地着眼于自然的、本能的和体质上面的、器质上面的。我们说这个人得了病，他得的病究竟是功能性的呢？还是器质性的呢？这都属于病理学方面的范畴。就是医生通过解剖可以对一个生物、一个动物、一个身体，包括人，人也是动物嘛，可以对人身体上面的那些规定来加以研究。你这个任意究竟是由哪里来的？由什么东西来规定的？那么，动物性的任意呢，就是可以从病理学的角度来加以规定，可以通过生理学家和医生对你加以研究，对你加以测试。这样来规定，这就叫病理学上的。当然也可以不从这个角度来讲，病理学好像得了病一样，好像有点不好理解，但是呢，你用别的译法呢，都很难表达出这一层含义。就是说，它是生理学上面的，它完全是一种生理学的现象。动物性的任意，在人身上也有动物性的任意，这是属于一种生理学的现象。凡是生理学的现象都可以从病理学的角度来加以考察，加以研究。这是最低的层次。我们不要把任意性当作是自由。很多人以为任意性那就是自由了，你看动物多么自由啊，鱼儿在水里面游，鸟在天空飞，多么自由自在啊，没有任何东西能够束缚它们。它们想怎么样就怎么样，想到哪里去，就到哪里去。但是这种任意性呢，它其实只是病理学上的，它看起来好像是自由的，没有束缚，其实它受的最大的束缚就是它的本能。鱼儿在水里游，它只能在水里游，它还能上岸吗？它上岸就不行了。它受它的本能的束缚嘛。所以这种任意性呢，不能够混同于自由。但是它跟自由也不是完全没有关系，人的自由就是从动物的任意性里面提升上来的。动物跟植物不一样，植物的任意性就没有了，你不能说有个植物有任意性，我想在哪里就在哪里，它完全由环境所决定。而动物之所以是动物，它能够运动，它有能动性，它能够跑到这里，跑到那里。所以动物有任意性，这个是动物的一种特点。那么人作为一种高级动物呢，他除了动物的任意性以外，他还有更高的东西。所以他下面讲：

但那种不依赖于感性冲动、也就是能通过仅由理性所提出的动因来规定的任意，就叫作自由的任意（arbitrium liberum），

不依赖于感性冲动，而且呢仅仅由理性所提出的动因，这样一种任意，就叫作自由的任意。"自由"这个概念就出现了，在这个时候才出现"自由"的概念。在一般的任意的概念里面呢，还没有自由的概念。当然你可以说那个时候已经潜藏着有自由这个概念了。为什么我们人总是羡慕鸟儿、鱼儿多么自由，就是说它里面有一点这个意思，但是呢，它还没有显露出来。只有当人具有了理性以后，他的这种任意呢，才成为了自由的任意。也就是说理性带来了自由，自由是伴随着理性而来的。自由只有伴随着理性才能够到来。光是任意，不能够说是自由的。但是理性在人身上呢，它又是跟任意结合在一起的。单纯的那种理性——后来康德认为纯粹理性才是自由的，这是最高层次的——当然是最自由的了；但是对人来说，人毕竟还是动物，所以人作为一种动物呢，他有任意性。理性和这种任意性结合在一起，由理性提出动因，来规定这个任意，这个时候呢，才有自由的任意。自由的任意已经是自由了，但是呢，它还仅仅是一种自由的"任意"，而不是更高层次的自由"意志"。我们要把这个概念区分一下。"自由的任意"（die freie Willkür）和"自由意志"（der freie Wille），在康德那里是有严格区分的。当然有时候他也偶尔混用。我上次已经提到，现在再强调一下，这几个层次你如果搞不清楚的话，你读康德这段话呢，你就读不懂。就是"自由的任意"，它是由理性提出"动因"来规定人的任意性，——不仅是"动机"，而且是"动因"——我们前面已经讲到这两者的不同。理性当然是人的本质了，但是人除了

有理性以外，人也是动物，也有任意性，也有动物的任意。但是动物的任意在人的理性之下，它就已经不是动物的任意了，已经不是那种感性的、被动的、本能的、病理学的那种任意性了，它已经有了理性的动因，成了一种"自由的任意"。所以自由的任意举例来说，也就是当人进行动物式的谋生活动的时候，他已经跟动物有很大的区别。人是自由地生产，自由地满足自己的需要的，这跟动物不同。虽然人跟动物一样也要满足自己的需要，但是人是自由地满足自己的需要，人是自由地满足感性的需要。或者你说人也有感性冲动，人也有饥饿，人也有各种各样的物质的需要。但是人满足这些物质需要，他是自由地满足，自由地去谋生，自由地生产自己的产品。而动物呢，完全是感性的，完全是本能的，它没有理性在里头。但是这个层次的自由呢，还是比较低层次的，初级层次的。在动物那里是完全的任意，没有自由。人有了自由的任意，就有了自由了，但这个自由还是初级层次的。任意这个概念 Willkür，在这里本来也可以理解为"选择"，或者是"为所欲为"，"我想要这样而不愿意那样"，它还有"专制"、"执意"的意思。专制君主是任意妄为的，他想怎么样就怎么样。这个一般来说呢，动物的表现就是这样的。但是在自由的任意里面呢，它有了理性在里面起作用，它已经不像动物那样想怎么就怎么，它有谋划，有筹划，有算计，这就跟动物不一样了。但是他的谋划、算计还是为他的那种欲望所服务的，那种偶然的欲望，我想要怎么样，我有个念头，我希望得到什么。这些都是偶然的。所以这个任意性 Willkür 的概念里头，也包含有偶然性的意思。专制，专断，选择——这个选择不是说很冷静地选来选去，而是说有两个东西摆在你面前，你就要那个，这就是 Willkür。英语里面把它翻译成"选择的意志"，也包含 choice 这个意思。那么，这样的任意，叫作自由的任意。其实广义地来说，如果把这个自由的任意扩展开来，那么呢，它可以说包含人的一切实践的自由。一切通过自由而可能的就是实践的，那么，通过自由而可能的一切实践，都可以称之为自由的任意，从广义上都可以这样来看。但是呢，它里面包含有一种普遍的因素，或者是抽象的因素，那就是"自由的意志"。自由的意志包含在自由的任意里面，作为它的一个抽象的层次，或者更高的层次，作为它的一个纯粹的层次。自由的任意在某种意义上已经是一种意志了，因为任意和意志这两个概念在德文里头本来有时候就是可以互换的，有时候是没有什么很明显的区别的，稍微有一点语感上面的区别。在康德这呢，有时候也把它们换用，自由的任意，自由的意志，有时候广义的自由的意志也就是指的自由的任意，而有时候广义的自由的任意呢也包含自由的意志在里头。但是通常来说呢，他把这两个概念区分得很严格，就是说，自由的任意是比较低级的，它里面包含有某种感性的因素，虽然它是以理性提供它的动因的，但是呢，它还是包含有经验的因素，实践经验，包含有爱好、欲望。人的自由的任意里面肯定有他的爱好、欲望，肯定要满足他的需要了，在这点上跟动物没有什么根本的区别。根本区别就在于，他是通过理性来支配这样一个满足爱好的过程的。在这种意义上，自由的任意就是不纯粹的自由意志。

而一切与这种任意相关联的，不论是作为根据还是后果，都称之为**实践的**。

一切与这种任意相关联的，就是与这种自由的任意相关联的，不论是作为根据还是后果，都称之为实践的。"实践的"这个概念包含得很广，既包括你作为根据的，那是"实践的根据"，也包括你最后得到了满足，那种满足也是实践的，它跟动物的满足不一样，动物的满足不是自由的，所以它也不是实践的。人所获得的满足，作为一个后果，它也是"实践的后果"，是由实践而得来的。它的根据和后果这两点特别要提出来，它里面已经埋藏着有一种划分的倾向了。就是说一般的日常的实践，我们讲实用，感性的需要，也就是通常讲的自由的任意，这样一种活动，它强调的是后果。虽然它的动因是由理性所规定的，仅由理性提供根据的任意就叫作自由的任意。它仅仅是由理性提出的动因，也就是它的根据是由理性所提出来的，但是一般的自由的任意里面强调的是后果，它是人满足自己的生存需要的一种方式嘛。动物在世界上，在自然界生活，人也要在世界上生活嘛。在这一点上人也是跟动物一样的。人为财死，鸟为食亡，这没有什么根本的区别。但是人为财死跟鸟为食亡不同的就在于人有理性。人在为财死的时候有谋划，有根据，而鸟为食亡的时候没有。所以人的任意不管是作为根据还是作为后果，都称之为实践的，这都是实践。人的日常实践，人的生产劳动，人的谋生活动，人的日常生活，这些都可以说是实践。因为它都有人的理性在里面起作用，人是离不开他的理性的。

　　实践的自由可以通过经验来证明。

　　人有实践的自由，人的实践的自由从什么来证明呢？从经验来证明。它当然不是一种知识了，如果要是一种知识的话，它就必须要先验地也加以证明。我们在经验中有一种自由的经验的事实摆在面前，这个可以证明我们是实践的，有实践的自由。但是这个经验证明它不是一种认识论上的证明，不是说我们就有一个实践自由的这样一个主体，或者这样一个实体。我们通过经验就证明我们就有这样一个实体，那不是。如果你要证明我们有这样一个实体，那就必须要有先验的证明，必须要有先验的东西加入进来。比如说先验自由的概念，你必须运用先验自由的概念，还要有"实体"的概念。但是在这里讲的是实践的自由，它是"通过经验来证明"，这种证明不是从认识论的意义上来证明的，而是从实践论的意义上来证明的。就是说我们在日常生活中，我们在我们的经验生活中，我们有我们的应当，我们知道我们应当做什么。所以在经验生活中间已经有应当了。我应当做这个，我有一个目的在那里，我就应当采取与它相应的手段。自由提出一个目的，理性提出一个目的，理性为这个目的设计了它应当相适合的手段。这个是在经验中间可以得到证明的。是不是适合，这个当然涉及到知识的问题。什么样的手段可以适合于什么样的目的，这个也涉及到知识的问题。但是这个知识的问题呢，它只是一种工具，这个真正的自由呢，它是利用这种工具，来达到自己的目的。

所以这种理性被后来的人称之为"工具理性"。"应当不应当"不是一种知识，"能不能够"才是一种知识。自由本身不是一种知识，你为什么要这样啊？你为什么要达到你这样一个目的呀？你追问到最后你没有办法回答了，你就只能说，那我想要这样啊，我就是要这样啊。你要想追到一个本体，追出你那个自由的本体来，对它加以认识，那是追不到的。追到最后我就没有什么可解释的了，我就想要那个。所以这从根本上来说不是一个理论问题，而是一个实践问题。但是无论如何，实践的自由是可以通过经验来证明的，这是康德的一个很平常的观点，就是说，实践的自由，也就是说自由的任意是可以通过经验来证明的。我们在经验中都可以发现人是有实践的自由的，我们在日常生活中都可以发现，哪怕你做任何一件事情，只要你是有意做的，我们就可以证明你是自由的。你做了一件事情嘛，你做了一件事情就可以说明你具有实践的自由。

　　因为，不仅是刺激性的东西，即直接刺激感官的东西，在规定着人的任意，而且，我们有一种能力，能通过把本身以更为间接的方式有利或有害的东西表象出来，而克服我们感性欲求能力上的那些印象；

　　通过经验，如何来证明我们实践的自由？我们人的实践的经验跟动物的那种本能的活动有一个最大的不同，有一个特点，就是下面讲的，对人的实践的自由来说，不仅是刺激性的东西，即直接刺激感官的东西，在规定着人的任意。"直接刺激感官的东西"，那也就是本能的反应。有一个东西刺激了我，我马上有个条件反射，或者无条件反射，这就是本能的反射。不仅仅是这种东西在规定着人的任意。我们人也有任意，我想要做什么，我想要做这件事情，我不想做那件事情，这也是我的任意。但是这个任意是由什么规定的呢？不仅仅是本能所规定的。"而且，我们有一种能力，能通过把本身以更为间接的方式有利或有害的东西表象出来"，"本身以更为间接的方式有利或有害的东西"，就是它不是直接地表现为有利或有害，直接地表现那就是刺激了。刺激这个东西，我感到痛，我感到舒服，我感到难受，我感到累，我受不了了，这些都是由本能所能够直接地规定的。但是我们有一种能力呢，就是表象那些本身以更为间接的方式有利或有害的东西。我没有感觉到痛，但是呢，我预见到我将会感觉到痛；有利和有害还没有发生，但是我如果这样来采取行动的话，那它的后果将会导致有利的后果，如果那样采取行动的话呢，它将会导致有害的后果。最后落实到当然就可能是你的痛啊，或者是舒服啊，快乐啊，这些刺激了。但是它不是直接的，马上就体现出来的，而是一种间接的方式体现出来，首先在你的表象里面呈现出来的。马克思讲过，劳动就是这样的一个过程：劳动所要达到的结果在劳动过程发生之前就以观念的方式被表象出来了。马克思对劳动的这个定义，或者是规定，就是这样的。所谓劳动要达到的结果，在劳动发生之前，就已经以观念的方式，被表象出来了，就是说，你是有目的的。你要达到什么样的结果，你有一个目的。这个目的还没有达到，目的还没有实现，那它当然还没有刺激你，它不可能刺激你，它还只是一个虚幻的观念嘛。但是这个虚幻的观念，有朝一日可能由你自己实现出来。所以马克思的那个话呢，在康德这里可以对等的这样来理解：通过把本身以更为间接的方式有利或有害的东西表象出来，这就是我们的一种能力。一种什么能力？就是一种理性的能力，一种理性的推理的能力。所以这里讲的我们有一种能力，也就是讲我们有理性的能力。理性能够把还没有发生，但是可能发生，甚至必然发生的东西预先给我们表象出来，那么我们就可以预先作出选择，有利还是有害。动物只能够临时作出选择，这个东西刺激它了，对它不利了，它就逃避；这个东西诱惑它了，它觉得有利了，它就去追逐。动物只能做到这样，它是本能的。而人呢，可以通过更为间接的方式。理性，应该说它的本质就在于间接性。理性跟感性的区别，感性是直接的，直接刺激。而理性呢，它就是间接性。它能够利用一些中介，比如说工具啊，符号啊，推理呀，等等，把尚未实现的东西预先考虑进去。推理就是这样嘛。这个东西我没有看到，但是我通过推理，我知道它必将实现出来，或者它可能实现出来。所以理性的推理就在于间接性。在这里实际上是讲的理性的能力，它把那些本身以更为间接的方式有利和有害的东西表现出来。理性的这种间接推理的能力，除了在认识论上我们可以推出三段论，从大前提小前提推出新的结果以外，我们在实践方面可以推出哪些东西有利，哪些东西有害。用在实践方面，我们就可以预先推出有利和有害的东西，把它表象出来，"而克服我们感性欲求能力上的那些印象"。就是说，有了理性的能力，有了间接的能力，那么对直接的、感官上的那种印象，我们就有了克服的能力，可以克服它，我们就可以克服那种直接性。虽然这个东西我很难受，刺激了我的感官，我已经累得不行了，或者我已经饿得不行了，这都是很痛苦的。但是因为有理性，我就设想了明天，或者是来年，怎么怎么样，所以我就可以克服它，我就可以忍着。那动物就忍不了了，动物只要有机会，它就要去找到吃的，找到了它马上就要吃掉，它就没有这种克制能力呀。人就具有一种克制能力，能够克服我们感性欲求能力上的那些印象。印象就是直接的了，就是直接的刺激。所以，人有了理性，它就具有这种超越动物之上的能力。为什么人的实践是自由的？人的任意是自由的？就在这一点，就是因为人有一种理性推理能力。所以，虽然他也是为了感性的满足，但是他比动物要高级得多。他能够超越那种直接的本能的刺激，而追求那种更为间接有利的东西，避免那些间接有害的东西。他预先有推理能力，他就可以预见这些东西将会导致什么样的结果。那么由于有这样一个目的悬在那里，所以呢，我可以暂时地把那些困难克服过去。农民种地，他必须把种子留下来。到春上青黄不接的时候饿得不行的时候，他宁可找一点别的东西来填肚子，他也不能把种子吃掉，他也必须留足明年的种子。不然的话，明年怎么过啊。所以他可以克服感性欲求能力上的那些直接的印象。

　　<u>但这些对于我们的整体状况方面值得欲求的、即好和有利的东西的考虑，是建立在理性之上的。</u>

　　这句话点了题了：我们这样一种能力是什么能力？就是理性能力。"对于我们的整体状况方面值得欲求的"这种考虑，是建立在理性上的。

就是说，理性这种能力，它之所以超越动物的那种直接的刺激本能之上，自由的任意之所以超越于动物性的任意之上，就在于理性能从整体方面去考虑它值得欲求的东西。从整体上，从大的范围之内，从大的时间跨度和空间跨度这个范围之内，去考虑哪些东西是值得欲求的，哪些东西是有利的。所以理性它有这样一种能力，它可以考虑整体，它可以把整体当作一个统一的系统来加以考虑。所以我们可以设计人的一生，我们可以设计一个生产过程，我们可以设计一件行动，从头至尾，哪些是手段，哪些是目的，哪些是为了达到目的而设计的手段，而这些手段的本身又成为目的，又需要另外一些手段，等等。手段的手段，目的的目的，可以通过这样一种链条来把人生的各个环节都做一种合理的安排，有预见性的安排。当然最终的目的是要达到整体幸福，要达到整体的欲求的、有利的目的。只有理性才能做到这一点，能够对人生做一种整体的考虑。那么关键就是下面这一句话了。

所以理性也给出了一些规律，它们是一些命令，亦即客观的自由规律，它们告诉我们什么是应该发生的，哪怕它也许永远也不会发生，

注意这个"所以"，所以理性也给出了一些规律，也就是从上面讲的自由的任意的分析，我们就可以看出，自由的任意的动因是建立在理性之上的，它的动机，它的根据，是建立在理性之上的。既然是建立在理性之上的，那么，理性就是一个行为的初始的动因，最初的动因。那么理性呢，它本身也有自己的规律。理性作为自由的任意的初始的动因，它是跟感性的东西结合在一起的，由理性来判断哪些东西是更有利的，在整体状况上值得欲求的。在这种情况下，理性还是用来判断那些感性经验的东西，所以我们在经验中可以发现实践的自由，是因为理性在这种情况之下，它跟经验的东西是结合在一起的，它满足我们的需要嘛。但正因为如此，理性作为最初的动因，它本身可以不受感性经验的限制和束缚。在自由的任意里面已经表现出来了，它可以不受直接的刺激的约束。直接的刺激使他不愉快，他也可以忍着，使他痛苦，他也可以忍着，他可以暂时克服那种直接刺激感官的东西,克服我们感性欲求上面的那些印象。理性已经表现出它有这种能力了,这已经是一种自由的能力了。克服感性的那种欲望,那种临时的冲动,那种暂时的冲动,我把它克服下去,是为了达到更长远的目标。那么理性既然有这种能力呢,所以它也给出了另外一些规律。另外一些规律,我们可以把它理解为理性本身的规律。理性可以给我们的自由的任意规定它的动因,制定一个计划,制定一种方案,你要取得那个对象,你该怎么怎么去做,一步一步去达到你的目的。理性能够做到这一点。那么,理性同样呢,它也可以给出这样一些规律,"它们是一些命令,亦即客观的自由规律",就是理性可以给出一些自由的规律,自由本身的规律。自由的任意当然已经有自由了,但是呢,它的规律还不是自由本身的规律,它要受感性的东西的某种约束。当然在一定范围之内它可以摆脱这种约束,但是归根结底它还是为了人的某种有利的东西,间接可欲求的东西,所以它最终摆脱不了人的感性的欲望。人还是动物嘛。在这种情况下,理性被当作工具来使用,这就是工具理性。我们人有理性,所以我们人就比动物要更高级,更善于在这个地球上生存,生存得更好。但是正因为如此,理性也表明它具有一种摆脱感性欲求的能力,那就是一种自由的能力。一旦这种能力本身形成自己的规律,那就是真正自由的规律。那就不仅仅是自由的任意了。自由的任意还有"任意"在里头,任意本身就包含有感性的东西,欲求、欲望、有利、有害,这样一些考虑,都包含在任意里面。但是理性本身提出来的这些规律,它们是一种自由的规律。自由的本身,它也有它的规律,而且是"客观的"自由规律。为什么是"客观的"自由规律?就是说,理性在自由的任意中,它所提出的那些手段和目的的关系,当然你也可以说它是一种规律,你不用那种手段,你肯定达不到那个目的,这也可以说是一种规律,经验的规律。但是这种规律呢,它是主观的。人的欲望嘛,从心理学上来说,我有这种欲求,那么我就要达到它,把它作为目的,那么我就要选择与它相适合的手段。当然手段和目的之间适合的关系呢,你可以说是客观的。但是是我把这种手段和目的结合起来的，我是为了达到我主观的欲望，才这样结合起来的。所以，这种规律呢，它只是一种实用的、技术性的规律，技术上实践的规律。康德在《判断力批判》里面提到了有一种技术上实践的规律。技术上实践的规律是主观的，因为你要达到什么目的是你的主观决定的，是由你的主观提出来的，是每个人都不同的。那么客观的自由规律，就是说理性本身客观上，它不管你主观想怎么样，它都向你发出一种命令。它们是一些命令，你应该这样做，你必须这样做，你一定要这样做。那么，它对你的主观欲望、欲求是不考虑的，它是客观的，它是一种客观的自由规律，或者说，它是一种普遍的自由规律。它不光是你作为一个感性的人主观上应该这样做，而是一切有理性者，都应该这样做。在这个意义上它是客观的。它排除了你的主观欲望，你的感性的欲求，完全排除了。在自由的任意里面，只是部分地排除了，在一定范围之内，在一定限度之内，我可以排除。我为了来年的生活，所以我现在不能把种子吃掉。但是它有一定限度。就是说，你现在马上要饿死了，那就顾不得那么多了，那只有把种子吃了，救了命再说嘛。这个是在一定范围之内，它可以克服感性的欲求，但是它不能绝对地克服感性的欲求。它那种对理性的使用，也是片断地使用。我这一次使用我的理性，达到我的目的。下一次我又起了另外一个念头，我又想得到那样一件东西，那么我又再去设计一个理性的程序，一种理性的手段。所以在自由的任意里面，虽然是自由的，有了理性，但是理性在这个自由的任意中呢，是被片断地使用的，被作为临时的工具。这个理性可以从"整体的状况"上来考虑我们的有利和有害，但是这个整体呢也是相对的，也是就某一个过程而言的。这个整体，比如说我们去进行一次围猎，狩猎的部落出去进行一次围猎的活动，我们这一次整体有个设计，我们先干什么，后干什么，有些人干什么，另外一些人干什么，在什么地方挖一个坑，在什么地方设一个陷阱，设一个诱饵，等等。这个有一个整体的安排。我们不做那些无用功，每一个细节都设计得非常合理。这就是整体的状况。在我们设计的时候，这个猎物还没有到我们手里，所以我们是间接地，通过这种方式来设计，预见到将会把猎物捕到手。这就是"整体的状况"。但是应该有一种更大范围、无限范围的整体的状况，就是说我的人生，我们整个一生，我刚才已经提到，理性它能够从整体方面来设计我们的一生。不光是设计某一个过程，某一个狩猎的过程，某一个按季节来播种、来收割的春种秋收的过程，而且呢，我们可以设计我们整个人生的过程，甚至于可以设计我们来生的过程。这一辈子没做到的，我们来生还可以做，后人还可以做。这就是理性的能力。它具有这种能力。所以理性提出的这些命令呢，它可以是一种客观的自由规律。当然，在日常的实践里面，也有命令，在自由的任意中，也可以叫作命令。那就是有条件的命令。就是说，我要达到那个目的，那么我就必须，或者我就应该准备好它的手段。这是有条件的命令。我要避免老来受穷，那么我现在就得兢兢业业地干活，积攒钱财。这是有个目的在那里：为了避免老来受穷。这是很有限的目的，这是一个有条件的命令。但是理性本身提出的规律，客观的自由规律，这种命令呢，是无条件的命令。就是它已经撇开一切感性的欲求，感性的因素全部排除了，单纯考虑从理性本身应该怎么做，从理性的法则，应该怎么做。当然，理性的法则最直接地体现出来的就是不矛盾律了，不要自相矛盾，或者同一律，你要前后一致，这就是理性推理所必须遵循的规律。那么，用在实践方面，就是理性所得出的那种自由的规律。自由的规律，也就是在你的实践行动中，无论你做什么，你必须不自相矛盾，你必须自身一贯，这也就是康德所说的"道德自律"。所谓道德自律无非就是这样一种理性的实践的自由规律，就是说，你必须这样来行动，使你的意志的准则能够成为一条普遍的法则。你的意志的准则可能是不普遍的，你可以任意地选择一个准则，比如说，人为财死，鸟为食亡，我把它当作我的准则；但是你考虑一下它能不能够成为普遍法则呢？你发现它不能成为普遍法则，它会自相矛盾，它会自己反过来消灭自己。如果每个人都"人为财死，鸟为食亡"，那这个社会就成为一个人吃人的社会了，每个人都将得不到他所想要得到的东西，他实现不了他所想要得到的东西，那么他的这样一种求财的想法，就受到了自己的惩罚，受到了自己的阻碍。所以这个是不能够作为普遍原则，不能够行得通的。康德在后面的道德哲学——实践理性批判的道德哲学里面就谈到了这一点。所谓的自由的规律，那就是一条，就是所谓的"定言命令"，定言命令就是道德自律。就是我刚才讲的，要使你的意志的准则，永远成为一条普遍的法则。成为普遍法则，也就是不要自相矛盾，永远能够不自相矛盾地去运作，这样的自由，就叫作自律，自己给自己立法的规律。这里已经提到了这个了，但是他没有展开，所以我们不仔细看，不动脑筋想呢，我们就很难体会到它这里头有这么多的含义。"理性给出了一些规律，它们是一些命令，亦即客观的自由规律，它们告诉我们什么是应该发生的，哪怕它也许永远也不会发生"。这个是对这种自由规律的一种描述，这种自由规律有什么特点呢？它告诉我们什么是应该发生的，哪怕它也许永远也不会发生。什么是应该发生的？你应该做什么？你应该使你的意志的准则成为一条普遍的法则，这个是理性的规则本身告诉我们的，纯粹的实践理性告诉我们的，你应该这样做。但是呢，没有人能够做到，几乎没有人能够做到。你只能够尽量地想要去做到，就是使自己的任何一个意志的准则能够成为一个普遍法则。那么在用普遍法则来衡量的时候，你就会发现，其实我们在日常生活中处处要碰到很多很多的感性的现象，感性的突发事件，感性的诱惑，具体的情况，它都使我们背离自己的原则，使我们不能够把这样一条不矛盾律严格地贯彻到底。人毕竟是带有感性地生活，有感性的需要，人也是感性的存在。人也是动物嘛，他的欲望，他的冲动，时时刻刻在影响着人，使人不能够严格地按照纯粹理性去行动。按照纯粹理性，我明明知道这样做不对，这样做会是自相矛盾的一个准则。如果我这样做，那别人也这样做怎么办呢？当我这样做的时候，我并不希望别人也像我这样做，相反，我往往希望我自己是一个例外。别人都不这样做，而我这样做，那我就可以得利呀，我特殊啊，我有特权呐。如果大家都这

样做，那就没有特权了，那大家就争得你死我活了，那我自己什么也得不
到，还会吃亏。但明明知道这样不对，人还是心存侥幸，服从感性的一时
需要，这就搞得整个世界不得安宁。所以在日常生活中间，没有人能够
完全出自于道德律办事，或者至少是完全按照道德律来办事的。也许有
人表面上做到了，但实际上内心里面时时刻刻是有各种各样的私心杂念
的。康德认为真正的纯粹理性在实践方面的运用，就应该没有一丝一毫
的私心杂念，没有一丝一毫的感性的干扰，完全按照纯粹理性的法则来
做事，这才是真正的道德。但是这种真正的道德呢，"哪怕它永远也不会
发生"，也就是说，它很可能永远也不会发生，没有人能够完全做到这一
点。尽管如此，理性给出我们的这个规律，告诉我们，什么是应该发生的。
我做不到，但是我有理性，我就知道我应该怎么做。虽然我做不到，我也
知道应该怎么做。哪怕是一个罪犯，他其实也知道。所谓"良心发现"，
我本来不该这样做的。罪犯做完了事情以后后悔，我本来是不该这么做
的，因为当时一时冲动，所以就做了，做了呢好像当时是出于自由意志，
但后来发现不该那样做，那实际上是没有自由意志的，而是受一时冲动
支配的。真正的自由意志还是应该按照道德律，按照纯粹理性教给我们
的那样，应该怎样去做。所以理性给出的这些规律呢，哪怕永远也不会
发生，但是仍然告诉我们什么是应该发生的。这个是有意义的，不要以
为它说的那些谁也做不到，那我们也就可以不管它了。不是的。有了这
个东西，我们至少在道义上就可以衡量自己，到底是做对了还是做错了，
不是说你做错了事情就不反思了。你做的任何一件事情你都要反思，反
思的标准就是这个，它可以告诉你什么是对的，"什么是应该发生的"，什
么是不应该的。最后他讲：

　　并且它们在这一点上与只涉及**发生的事**的**自然律**区别开来，因此也
被称之为实践的规律。

　　什么是"它们"呢？就是这些自由的规律，客观的自由规律。它们告
诉我们什么是应该发生的，并且"它们在这一点上与那些只涉及发生的

事的自然律区别开来"。自然律，它只涉及到发生的事情，只涉及到事实的事情，就是在现实中具有因果关系，在"发生"的一些经验的事实。这个是自然律所涉及的。但是，理性的自由规律，也就是道德律，这种道德律呢，在这一点上要与自然律区别开来。在哪一点上呢？就是说，道德律只涉及应该，至于它是不是发生，它不管。哪怕它从来没有发生，也许永远也不会发生，它也不管，它只管你应该怎么做，你本来应该怎么做。发生了什么事情，那是你个人的事情，那是你主观上的事情，由于你有欲望，由于你有某种特殊的追求，有某种目的，由于你的气质，你忍受不了，那是你主观的事情。但是客观上，有一个绝对的命令在那里。你无论如何，你应该怎么做，无论如何，你不应该杀人，无论如何，你不要害人。有这么一个东西在那里作为一个标准。它跟那种只涉及发生了的事情的那种自然律要区别开来。自然律只涉及到发生的事情，它没有什么应该不应该。发生了就发生了，这个山体滑坡，滑下来，把一个村子掩埋了，死了那么多人，它没有什么应该不应该的。它已经发生了嘛。天灾嘛，天灾你怎么能说它不应该发生呢？它已经发生了嘛。所以这两者是有区别的。就是人，作为一种自由的存在者，作为一种有理性的存在者，他能够提出来一种绝对的、什么是应该发生的事情的规律。这个规律跟自然律不同，"因此也被称之为实践的规律"。严格意义上的实践的规律，就是这个规律，就是道德律。如果你要把这个规律做严格理解的话，如果你把它当作法则来看的话，那么实践的规律就是道德律。但是如果不严格地来看呢，实践的规律还有一些别的，比如说技术上的实践，它也许有一些规律。在技术上面你要实现一个目的，你必须要采取什么样的手段，这样一种实用的技术上面的这样一些规则，严格说起来，在康德看来，不具有普遍性。就是说你如果选择另外一个目的，你要干另外一件事情，那么，这个规律就不起作用了，你就要采取另外一种规律了。所以那些规律呢，只能够说是一些规则，不是一种普遍的规律，不是一种法则。规则和法则在康德那里还不一样。法则（Gesetze）、也就是规律，是放之四海而皆准的，而规则（Regeln）是一次性的。当然这几个词在康德那里有时候也往往把它们混到一起，因为它们都有一种法则、规则、法规等等这样的意思，这里头有很多细微的区别。那么在这里讲的实践的规律，是在最严格意义上讲的，就是具有绝对的普遍性，在任何场合下都适用。也就是他的定言命令，或者绝对命令所讲的，你要使你的准则成为一条普遍的法则，成为一条普遍的规律。准则是主观的，Maxime 我们把它翻译成准则，就是说你自己主观上所按照来行动的那样一种规则，能不能成为一条普遍的法则，能不能放之四海而皆准，而不自相矛盾？如果能，那就是道德律。所以道德律，严格说起来就是这一条，当然还有其他的一些表述方式，所以这里讲，这种理性的规律呢，那就是实践的规律。它只涉及应该发生的事情，而不涉及到已经发生的事情。它只涉及应该，而不涉及事实。

我上面讲的那一段里面，已经涉及到了"自由的任意"，一切与这种任意相关联的都可以称之为"实践的"，因为它里面有自由。自由的任意当然涉及到实践了，不管是从它的根据来看，还是从它的后果来看。而上一段又讲了两个层次，自由的任意它本身也分成两个层次。一个层次就是"通过经验来证明"的这样一个层次，通过经验我们可以在我们的现实的实践活动中，"克服我们感性欲求能力上面的那些印象"，而从更间接的整体的方面值得欲求的有利的那些东西来考虑，而这样一种考虑呢，是基于理性之上的。这是第一个层次。第二个层次呢，既然是基于理性之上的，那么理性本身也给出了一些规律，这就是一种"客观的自由规律"，它就是从根据出发，——它不是从它的后果来看，而是从根据出发，——告诉我们，"什么是应该发生的，哪怕它也许永远不会发生"。它应该发生，这是它的根据；它永远不会发生，这是它的后果。哪怕它永远不会发生，我们也不会改变初衷，我们也坚持这个是应该发生的。在这点上呢，它们就"与只涉及发生的事的自然律区别开来"了。这是单纯从理性方面建立起来的一些规律，而撇开了它的经验的后果。当然它本身还是从经验中发现出来的，理性有这样一些规律，这还是从我们的日常实践活动中、也就是说对经验世界有影响的那些活动中发现出来的。我们发现我们可以克服我们的感性欲求能力。一方面我们可以追求更多更长远的利益，另一方面我们甚至于可以摆脱一切利益。既然我们可以克服感性欲求的那些影响，那么我们也就可以克服一切感性欲求影响。这个按照理性是可以推出来的。这就点出了实践的自由的两个层次。首先它"可以通过经验来证明"；而一旦通过经验证明，我们就会发现，它是基于理性的；而理性呢，可以提出自己的规律，它又可以超出经验。它通过经验来证明，同时又可以超经验。那么下面这一段就是反过来讲：这样一些理性的规律，它还是在经验中，虽然你可以发现，它可以制定一些规律，可以超经验，可以不顾后果，但是它本身呢，还是在经验里，在实践中发现出来的。我们通过经验发现出来，实践有这样一种自由的任意或者自由的意志。这个地方还没有明确点到自由意志，但至少它是包含在自由的任意里面的。所以，这一段一开始就讲道：

B831　　但理性本身在它由以制定规律的这些行动中是否又是由别的方面的影响所规定的，

　　这个"但"是个语气的转折，为什么转折？就是从上一段的最后一句话里面转回去了。最后一段话里面本来是讲这样一些"客观的自由规律"，它们只告诉我们什么是应该发生的，哪怕它永远也不会发生。并且在这一点上，它们与只涉及发生的事情的那些自然律有区别。我们在人的现实的经验活动中，这些经验活动本来也是遵守自然律的，人也是肉长的嘛，你的实践活动也要遵守自然律，本来是在这个自然律中发现出来的。但是这些活动中的理性规律又不受这个自然律所支配，它只涉及到应当，与自然律有区别。这就是上一段的第二层意思，就是理性本身的规律。而这一段讲到"但理性本身在它由以制定规律的这些行动中"，理性本身，它也是行动，通过这些行动，它制定了规律。所谓规律，也就是上面讲的，理性本身也给出了一些规律。但是在它制定这些规律的行动中,比如说道德行动中,当然康德这里还没有涉及到或展开道德行动的问题,但是实际上他指的就是在一些"应该发生"的行动中,不计后果,"哪怕它永远也不会发生"。在这样一些行动中,"是否又是由别的方面的影响所规定的"?人还是在现实中来进行道德活动,哪怕是高度抽象的道德律,也要在现实生活中表现出来。那么一旦表现出来,它是不是又由别的方面的影响所规定?你这个道德行动,就你来说,它是由理性本身所制定的。但是,就一个旁观者来说,你在做这个道德行动的时候,是不是有一些别的方面的因素的影响?比如说你的环境,你的地位,你的体能,你个人的气质,你所受过的教养,你的经历,你的情感,等等,这些方面的影响,这些影响都是可以客观地用一种科学的标准来衡量的。比如说请医生来,或者请社会学家来,请心理学家来,我们都可以对你的这样一些行动作出预测,作出评估。某某人之所以这么有道德,是因为他从小的教养好,从小家庭、社会就教育他,要为祖国献身,所以他在这个时候呢,就能够作出这样的为国捐躯的行为。我们就可以这样来加以解释,就是他受影响而被教育成这样的。如果这样的话,那他的自由意志还能起什么作用呢?它的这个自由规律还是自由的规律吗?能不能够还原为自然的规律或者社会规律?由社会学家和自然科学家来加以研究?所以这个地方提出这个问题,就是把这样一种理性本身的规律,又放在由以看出它来的那种实践活动中加以经验的考察,看它的行动中是否又是由别的方面的影响所规定的。

　　而那在感性冲动方面被称作自由的东西在更高的和更间接地起作用的原因方面是否又会是自然,这点在实践中与我们毫不相干,

　　这也是我刚才讲的意思。在感性冲动方面,因为人的任何行为都带有感性,都是一种感性冲动。哪怕是道德行为,他总要发动自己的情感和肉体的感觉,五官感觉,肉体感觉,去行动啊,你得去做啊,你不是说睡在床上想一想而已,你做事情,那肯定是有感性冲动的。我们通过这些感性冲动发现人有理性的自由规律,有客观的自由规律,那么这个感

性冲动方面被我们所称之为自由的东西，在更高的和更间接地起作用的方面，是否又会是自然呢？就你而言，你是自由意志，在你的感性冲动后面，你可以把它看成是由自由意志决定的。但是在更间接的方面，或者是更高的方面，首先，决定你在此刻采取自由意志的那个原因，是否又会是自然原因呢？我们是可以追溯的，任何一个行为，包括道德的行为，包括自由意志的行为，我们都是可以在现实生活中加以追溯的。他为什么能作出这样的事情？这个人犯罪，他为什么犯了罪？那就要追溯到他的教育啊，他的社会环境啊，他的家庭情况啊，等等。那么这样一来，它是不是又是自然的呢？康德讲，这一点在实践中与我们毫不相干，我们不要考虑这些问题。当我们考虑理性本身的规律的时候，讲自由的规律的时候，我们必须把这些东西都撇开。我们谈实践的规律的时候，我们把这些东西放在一边，我们谈的是自由的规律。我们所追究的是，这个人在做这件事情的时候，他是不是有自由意志的。当然如果他没有自由意志，或者他有精神病，或者他被麻醉了，或者他被捆绑起来了，等等，那个我们不怪他。但是，当我们把他看作是一个自由人的时候，那么他的行为就应该被看作是自由的行为，哪怕他有很多很多的环境啊，教养啊，历史啊，家庭啊，各种各样的原因影响了他，我们也必须不加考虑。这个实际上就是法庭上法官采取的原则。法官明明知道这个人犯了这样的罪过，肯定是有他的社会原因的，律师也可以帮他辩护，但是那种辩护所起的作用呢，只是博得大家的同情而已。在法律上没有这种规定，说一个人是因为受了社会影响做了这件事情，他的判罪就要轻一点，或者被判无罪，没有这个规定。只有一个规定，就是他在做这个事情的时候，是不是清醒的，是不是自由意志。如果他是精神病发作，那可以轻判或者甚至于不判。酒后做的事情，可以稍微减轻一点。如果一个人完全是清醒地做出来的，那么他这个清醒是由什么样的环境和历史造成的，这个是不加考虑的，我们现在谈的不是这个问题。所以尽管可以博得大家的同情，这个人从小父母双亡，在贫民窟长大，周围都是一些黑社会的、一些坏的影响，等等等等，你讲了一大通，法官听了等于没听。因为这些东西没有法律上的价值，不能减轻他的罪过。唯一能减轻他的罪过的就是说，证明他在当时出于不由自主的状态，没有自由意志的状态。康德在这里其实也是讲的这回事情。就是，我们现在谈的是自由意志的问题，那么这个自由意志从何而来，受到什么影响，这个我们是不管的。我们要考虑的是这个自由意志本身在实践中建立了什么样的规律，建立了什么样的法规。我们考虑的是这样一个问题，一旦人有自由意志，那么他就应该怎么做。

我们在实践中首先只向理性求得行为的**规范**，而那个问题只是一个思辨性的问题，只要我们的意图是针对行为举止，我们就可以把它置于不顾。

在《纯粹理性批判》的全译本上面，这个地方稍微改了一下，"行为举止"改为"所为所不为"，实际上就是做或者是不做，"举"就是做，"止"就是不做。康德把上面那个问题归结为一个"思辨性的问题"，一个认识论的问题，就是：他的自由意志在现实的生活过程中，在历史中，是如何受到影响的，他做那种事情的自觉，是如何培养起来的，他那种决心是如何形成起来的。这只是一个思辨性的问题，医学、生物学和社会学问题。思辨性问题能够适用于我们的理论知识，但是呢，它跟我们的实践方面的知识没有关系。所谓实践方面的知识就是说，当你采取一个目的性的行为的时候，你有意、你故意去做一件行为的时候，那么这个里头有一些规范。这个规范只涉及到应当和不应当，而不涉及到发生的事情，不涉及到自然律。这些问题我们"可以把它置于不顾"。我们的意图是针对着行为举止来谈问题，而不是针对着有什么东西存在，或者是有什么东西在发生。什么东西在发生，它是如何发生的，这些问题都属于科学探讨的问题，属于思辨理性问题，属于认识论。我在前面讲到，所谓思辨理性，也就是理论理性，就是指认识论。从理论上看问题，这个东西"是什么"，追究这个问题。而从实践上看问题呢，我们只追究这个事情"应该是什么",这个事情"应该怎么做"。那么当我们谈应该怎么做的时候,我们就要把是什么的问题"置于不顾"。是什么,有什么,有没有真正的自由,前面提出的问题实际上是这样一个问题,你认为你有自由,实际上有没有,你的自由是不是由别的东西所决定的?如果由别的东西所决定,是不是就不能称之为自由?自由是真的还是假的?这个我们也经常心怀疑惑,经常也加以探讨,人到底有没有自由?这是一个思辨理性的问题,也是在康德的第三个二律背反里面已经经过充分讨论了的。第三个二律背反就是讲:世界上到底有没有自由,还是一切都是由自然必然性、自然因果律所决定的?就是要探讨这个问题。当然探讨的结果呢,康德是把它划成两个领域了,一个是现象领域,这个是因果必然性的;另外一个是本体领域,它是可能有自由的。但是也没有断言有自由。他只是说,提出这个世界上有自由是可能的,是不矛盾的,可以提出这个问题。你也可以坚持说世界上有自由,另外一个人呢,说世界上没有自由,互相没有办法反驳。你没有反驳他,他也没有反驳你,所以双方都有可能是对的。但是就自由本身这个问题来说,它仍然是个问题。在第三个二律背反里面,并没有完全解决这个问题。自由仍然只是一个先验的理念,而没有落实。它是一个空的概念,就是说,作为本体界来看,你说它有自由,那是可能的,那可能是有自由。但是没办法证明,只能说它不自相矛盾。因为它在本体界嘛,它跟现象界的因果律不在一个层面,所以你当然可以随意去假设了。这个是先验自由。下面马上要讲到先验自由的问题了。

所以我们通过经验而认识到,实践的自由是自然原因之一,[①]也就是理性在对意志作规定时的原因性,而先验的自由却要求这个理性本身(就其开始一个现象序列的原因性而言)独立于感官世界的一切起规定作用的原因,

① 有同学建议将此处译作:"所以我们通过经验,而把实践的自由看作是自然原因之一",即把"认识"(erkennt)理解为"看作是",可以考虑。

刚才我已经讲了这个道理了。"我们通过经验而认识到，实践的自由是自然原因之一"，我们在实用的实践活动中，在日常的实践活动中，我们已经"认识到"了，当然这个"认识"不是一般的"知识"了，是通过这样一个行为，已经摆在我们面前，这是一个事实。什么事实呢？实践的自由是自然原因之一。我们截断众流，把以前的影响撇开不管，我们就可以发现，人活在世界上，当然他可以顺应自然规律，但是他也可以不顺应，也可以作出违背通常的自然规律的行动来，特别是在道德行为上表现出来。按照自然行为，"人为财死，鸟为食亡"；但是我可以放着眼前的钱不去赚，我可以放着眼前的美食不去吃，这在动物是做不到的。或者甚至于杀身成仁，舍生取义，这些都是违背自然律的。我可以选择，实践的自由在经验中，它表现为自然的原因之一。日常的经验已经反映出这个了，例如我之所以不去吃那一顿美餐，我是为了怕"影响不好"，或者怕上当，怕上当也就是为了追求更长远的目标。我不能为了眼前饱一顿口福，而损失了更多的东西。这个已经表现出他有一种选择了。他可以不去吃，他可以克服暂时的欲望，不去满足这一顿口福，而采取另外一种方式。所以，不管是道德行为，还是日常的实践行为，人在做这些事情的时候，他都有一种自由的任意，都有实践的自由在里头。这个在日常生活中间已经可以看出来。当然你可以解释，所有这一切，最终都是可以归结到自然规律或者社会规律，你可以这样解释。一个做了道德事情的人，你也可以说，他其实很"聪明"，他做了好人嘛。做了好人就可以得到更大利益嘛。最后呢，你可以把这一切还原为一种自然规律。尽管你可以作这样一些解释，但是你毕竟不能否认，我们在经验中，在日常的实践行为中，我们是通过自由意志来选择我们的行动的。所以它跟自然的原因交织在一起，成为其中的原因之一。它也是一个自然的原因，实践的自由也体现为一种自然的原因，跟其他的自然的原因交织在一起。其他的自然的原因遵守自然规律，我的自由的行为，虽然不一定遵守自然规律，但是它一旦做出来，它就融入到了自然规律里面，它就至少在后果方面表现为自然规律了。所以在这个方面,我们可以从经验的角度,从后果的角度,也可以把这种自由归结为自然原因之一,体现为它也是一个自然原因。我们对人的估计和对事物的估计应该有所不同,我们对动物,对植物,它们的生命,它们的生长的趋向,我们可以有一种估计。但是对人来说,我们要加上一层,就是他是自由的。所以原则上说,人是不可估量的,因为他有自由在里头。当然大体上你可以说,"人为财死,鸟为食亡",谁不爱财呢?可以作出大致的估量。但是针对每一个具体的人,你就不能这样估量。"人为财死,鸟为食亡",所有的人都像你一样,追求钱财,没有任何道德底线,那也不实在。对人的估计肯定要把他的自由放进去,他有可能克服"人为财死,鸟为食亡"这样一种自然规律。康德讲这是"自然原因之一",这种自然原因跟其他的自然原因不一样,它是"理性在对意志作规定时的原因性"。你从后果来看,它跟其他的自然原因好像区别不大,它都是要引起自然界的变化,引起现实的经验的改变。但是从它的动机,从它的根据来说,它是理性在对意志作规定时所表现出来的原因性。所以在经验中我们就可以意识到这一点,就是说,实践的自由,它在自然中要起作用,要成为某种自然事物的原因。自然事物在别的方面可以用自然律来加以解释了,唯独放在人的实践活动中,它不能够完全用自然律来加以解释,它必须要加上人的理性对意志进行规定的时候它所产生的原因性。"原因性"(Kausalität)也可以翻译成"因果性",但是在这个地方强调的是"原因",强调它的动机。当然它有结果,一切原因性之所以成为原因,就是因为它有结果嘛,这个本来是分不开的。但是在这里强调它的动机是有理性在对意志进行规定的,那当然是自由的,它不受感性的东西的束缚,但是它又影响感性的东西,这个在经验中我们就可以认识到这一点。所以虽然实践的自由是通过经验而认识到的自然原因之一,"而先验的自由却要求这个理性本身(就其开始一个现象序列的原因性而言)独立于感官世界的一切起规定作用的原因"。在实践中我们已经能够通过经验把握这一点,就是人的一个行动里面是有自由因的,它不仅仅是致动因,不仅仅是动作,不仅仅是机械的一种关系,而是由理性对意志作规定的时候所产生出来的一种原因性。这个是实践的自由。那么先验的自由,它的这个层面呢,跟实践的自由还不一样。先验的自由还是立足于认识论来谈问题的,而不是立足于实践论来谈问题的。实践的自由已经立足于实践的角度来谈问题了,那么先验的自由,我在前面讲到,凡是涉及到先验的,都涉及到认识论。先验的自由,从认识论的角度来看的自由,它有一个要求,就是"要求这个理性本身(就其开始一个现象序列的原因性而言)"摆脱感官世界的原因性。这个理性,它在现象序列中,成为了一个首创性的原因性。"就其开始一个现象序列的原因性而言",这个是康德对先验自由的一个规定,或者是一个定义。什么叫先验的自由? 就是把自由看成是一个"开始一个现象序列的原因性"。它是原因性,所以呢,它在现象序列中有它的后果。但是这个后果呢,作为一个现象序列,它是由这个唯一的原因性开始的,在它之前,没有别的东西了,没有别的原因性了。这个自由因是最高的原因性。一个现象序列,一个因果序列,在自然界里面的这个序列,我们说这个事情是他做的,是他造成的,这个时候呢,他就是一个第一推动者。就像上帝推动这个世界一样,在现实生活中,人作为一个先验自由的主体,他也是现象序列的第一推动者。就此而言,就要求这个理性本身呢,"独立于感官世界的一切起规定作用的原因"。先验的自由把理性本身从开始的一个现象序列的原因性里面单独地割裂开来,把它看作是"独立于感官世界的一切起规定作用的原因"。"一切起作用的原因"也可以理解为"一切致动因",亚里士多德提出有"四因"嘛,致动因、形式因、质料因和目的因。那么"起作用的原因"通常就理解为"致动因",就是它"导致"了运动。导致运动的原因,起规定作用的原因,那么它当然是在感官世界里面,它导致了效果嘛,导致了运动的效果。起规定作用的原因,也就是在感官世界中带有经验后果的这样一个原因。但是理性呢,要独立于一切这样的导致效果的原因,要单独地考察理性。它是什么? 它到底是什么？它是不是又有别的东西影响它？我刚才讲了，它是不是由别的如环境呐，历史啊，心理啊各种因素的影响，这个是在讲实践的自由时要撇开的。先验自由也不谈这些，因为它是先验的，而不是经验的。但先验自由呢，也可能超出这个范围，去探讨是不是由上帝所决定的呀，人的自由在上帝那里还是自由意志吗？在上帝看来，人的自由意志还是不是自由意志呢？我们今天说，"人们一思索，上帝就发笑"，人们思索的时候觉得自己是自由意志，但是在上帝看来，你那点自由意志算什么，太可笑了。你以为你是自由的，其实你是被规定好了的。我让你在这一瞬间、在这一刻思考，你就得思考。是不是有这样一种影响呢？是不是有别的方面的影响呢？等等。所以，先验自由呢，要求这个理性本身要摆脱一切自然的原因，来单独加以考察。但这种考察注定是没有结果的，所以他讲：

就此而言先验的自由看起来是和自然律、因而和一切可能的经验相违背的，所以仍然是一个问题。

如果你从先验的自由来考察这样一件事情，比如说在实践的自由中，你说这个是实践的自由，我要从先验的自由来考察它，那么就必然会导致它跟一切可能经验相违背，和自然律相违背。它作为开始一个现象序列的原因性，那么它本身再没有原因了。它开始了一个现象序列嘛，作为这样一种原因性，它本身再没有原因了，它不在因果链条之中，它在因果链条之外，作为这个链条的"开始"。你要从先验的角度，你就会从这个眼光来对它加以规定。但是，现象序列是不能中断的，我们知道现实的宇宙，现实的经验世界，它并不是这里一个现象序列，那里一个现象序列，它们都有不同的原因；而是所有的现象序列都是被编织在一个总的因果序列的链条之中。你从中间取了一段，你说这件事情是我自由意志做出来的，至于在它之前的那件事情，那不是我自由意志做的。那么你所做的这件事情就跟前面的因果序列完全脱节了，好像你就中断了物理链条，加入了你的自由意志，这就改变了物理规律。物理规律本来应该是连贯的，但是由于你的自由意志的加入，你可以选择，使得它不连贯。

当然也可以使它继续连贯，但是你毕竟有可能使它不连贯，使它中断。那么有没有这样一种自由意志，它跟所有的自然律相违背？当时像莱布尼茨这些人呢，就在讨论这个问题，就是说看起来好像是自然链条天网恢恢，天衣无缝，一个事件接着一个事件是连续的，但是实际上背后有单子的自由意志在操纵。每一件事情其实都是由于单子的一种偶然性，一种欲望，对人来说就是一种自由意志，在决定它。但为什么看起来又是那样地井然有序呢？那是因为，人的单子的自由意志最后归根结底还是由上帝所安排的。所以上帝在创造每个单子、在创造每个人的灵魂的时候，他已经把这样一种自由意志通过编码预先编好了，所以，每个人在进行自由意志选择的时候，他自以为自己是自由的，——因为他的知识有限嘛——，但是实际上是背后被操纵的，实际上一切都在上帝的掌握之中。因此整个世界看起来是和谐的因果链条，并没有因为人的自由意志而遭到破坏，因果链条并没有中断，整个来说还是合乎逻辑的，合乎充足理由律、合乎不矛盾律的。这是因为上帝预先"前定的和谐"所造成的。但是反过来说，由此也就肯定了，在每一件看起来好像是必然的行为底下都有自由意志在起作用。就人而言，人的每一件看起来好像是有原因的、是必然导致的这样一些行为之下，哪怕是他本能的行为，哪怕是他感性的欲求，背后都是自由意志在起作用。反过来也可以这样看。当然正过来看，你可以说这就取消了人的自由意志了，所有的自由意志其实都是被安排好了的，上帝让你有这样的自由意志，预先就已经设计好了，那你还有什么自由意志呢？一切自由意志不都是假的嘛，背后都是有上帝在冥冥之中在决定你，导致一种决定论、宿命论。但是反过来也可以从另外一个角度看，就是说，正因为借助于上帝的保证，所以人在现实生活中充满着自由意志。你可以说，这是上帝暗示给我的，你打着上帝的旗号，为自己的自由意志张目。你说我就要这样做，这是天意。这就为你的自由意志加上了一个护身符，加上了一层保护色。人就是有自由意志的，你不要被那些表面上的因果律所迷惑，其实每一件行动，都是自由意志造成的。这个当然是莱布尼茨的一种解释了,他的这种解释是一种形而上的解释。是旧形而上学的一种解释,总是想把自由意志归结到某种比如说灵魂实体的本质属性。所以,先验的自由看起来跟自然律相违背,怎么样解决这个问题?莱布尼茨是用"前定和谐"来加以解释的,说其实并不违背。但是康德我们知道他是反对莱布尼茨的,他批判莱布尼茨的这样一种形而上学的假设。我在前面讲到第三个二律背反,以及先验辩证论关于理性心理学的那种分析,他都针对着莱布尼茨进行了批判,就是说,你那一套东西是没有根据的,是一种独断的假设。至于康德,他认为这些东西你都只能够把它存疑,存而不论。到底人有没有自由意志?有没有真正的自由意志?这个自由意志的载体是什么?这个载体、这个实体,是不是最终的?是不是由更高的实体所决定的?这些问题都属于形而上学的理性的一种先验幻相,都是不能够在现实世界加以解决的,因为它超出了经验嘛,没有任何经验材料你怎么能证明。所以这些问题"仍然是一个问题",先验自由的问题仍然是一个问题。你想获得对自由的先验的知识,那是不可能的。你提出一个先验的自由的理念,那个无可非议,你当然可以提出这样的理念,你想一想总是可以的嘛。你提出自由的概念想一想,作为一个现象序列的原因性,你去想一想,那是可以的。但是你落实不下来,它只是一个空的理念。先验的自由理念只是一个空洞的理念,它虚位以待。它要由什么东西来加以填充呢?就是要由实践的自由来填充。就是说,在实践的自由中,我们可以对自由获得一种真正的、具有实在性的一种概念。那就是实践的概念。你首先要把认识论的这个纬度把它超越,或者要把它放在一边。自由的理念是在认识论里面提出来的,但是它的落实是在实践论中落实的,它不能在认识论里面落实。在认识论里面永远是一个问题。只有在实践论里面,实践的自由,才具有实在性。这个实在性不是说你对于这个自由有一种通常意义上的知识。它也是"知识",但这个知识不是说这个东西"是什么",你能不能对它加以描述,加以规定?不是这种知识。而是告诉你"应该怎么做"的知识。你的自由在实践中,你应该怎么做,才能够维护你的自由,才能够保持你的自由,才能够使你在实践中是自由的,而不受自然律的束缚。所以我们在谈实践问题的时候,我们要把先验自由的问题置于不顾。我们现在针对的是行为举止,是实践,所以我们要把认识论意义上面的自由的概念先把它放到一边悬置起来。

　　但是对于理性的实践运用来说这个问题是不该提出的,

　　前面讲到,先验自由仍然是一个问题,而这个问题是不是在实践的运用中能够提出来呢? 是"不该提出"的。因为实践的领域已经不属于那个问题域了。先验的问题,认识论的问题,是在先验哲学的领域里面,在思辨哲学的领域里面提出来、可以讨论的。尽管你不能得到答案,但是它仍然可以作为一个问题加以讨论,那个是可以的。但是能不能把这个问题带到实践领域里面来呢? 不行,现在问题域已经变了。在实践的问题域里面,原来的那个先验自由的问题就不该提出来了。你不要在实践的领域里面继续探讨到底有没有自由啊? 到底是不是真正的自由啊? 这个自由后面又有什么样的原因来决定它? 是不是它就是最终的原因啦? 这样一些问题,在实践的领域里面,就不要提了。实践的领域里面,它已经是以实践的自由作为前提了。它的问题域本来就是实践的自由,而所谓的实践,就是一切与自由相关的都称为是实践的。前面讲了,一切通过自由而可能的东西都是实践的。你进到实践的领域里面,当然就设定了实践的自由,这个已经不成问题,在实践的意义上已经不成问题了。当然在认识的意义上,它仍然是一个问题。你说你有实践自由,那么我追究一下你这个实践自由是不是真的,它跟其他的自然律的关系到底如何,那么你就陷进去了,你就永远也得不出答案,到底有没有自由。我现在不管这些,我以实践自由为前提,我们现在转到了实践的领域来了,所以我们就不该再提出那样的问题,提出来也是没有办法解决的。在认识论里面没办法解决,在实践论里面仍然没办法解决。所以我们现在已经立足于实践的自由。那么在实践的领域里面,对理性的实践运用来说，它不再考虑先验的自由是否可能，先验的自由是如何样的这样的问题，那么它考虑的问题是什么样的问题呢？

所以我们在纯粹理性的法规中只涉及两个与纯粹理性的实践兴趣相关的问题，鉴于这两个问题，纯粹理性运用的某种法规必定是可能的，这就是：有一个上帝吗？有来世吗？

在纯粹理性的法规中，他讲，我们现在探讨的是理性的实践运用。理性的实践运用，当然就涉及到理性的法规了。对于理性的实践运用来说，前面那个问题是不该提出的。前面那个问题是理性的思辨运用，所以它没有法规。前面已经讲到了，理性在思辨的运用方面是没有法规的。你要探讨理性的法规，那么必须在实践的领域里面来探讨。所以他讲，"我们在纯粹理性的法规中"，这种法规"只涉及到两个与纯粹理性的实践兴趣相关的问题"。什么叫作"纯粹理性的实践兴趣"？一个就是我刚才讲的，纯粹理性的法规只涉及实践领域；第二个，它涉及到实践的兴趣。Interesse 这个词，"兴趣"，也翻译成"利益"，也翻译成"关切"，有很多译法。我们这个地方有时候也翻成关切，有时候也翻成利益或者利害。这是一个很特别的词，在中文里面没有跟它相对等的，所以我们很难用一个固定的译法把它贯通下来。这不光是在康德这里，在其他的任何人那里，这个词也很难用固定的办法把它通译下来的。所以我们只能选择在不同的地方，用不同的译法，并且加以说明。我们这个后面的索引里面呢，已经做了这样一个编排。那么纯粹理性的实践兴趣，什么叫实践兴趣？"兴趣"在这里出现，也就是说实践的目的性。这个兴趣、关切或者是利益、利害，等等，这都跟它的目的性有关。它追求一个目的，有目的就有兴趣，就有关切，你关心什么，它是就实践的后果而言的。我刚才讲了，不论是作为根据还是后果，只要是跟自由的任意相关的，都称之为实践的。那么从根据，从它的动机而言，当然有的你可以说它是不考虑兴趣的，或者是超越兴趣的。比如说审美，在第三批判里面讲到，审美就是无利害的合目的性，那个利害就是 Interesse，就是它不考虑后果，它不考虑那个现实的对象，它不考虑要达到什么样的结果，所以又叫作"无目的的合目的性"。审美无利害，无目的，这是康德的一条美学原则了。但是其他的实践的兴趣，如果不是审美的活动，其他所有实践的活动，都跟兴趣，跟 Interesse 是有关的，都要考虑后果。即算是道德律，道德行为，也是如此。当然康德讲道德律是不考虑后果的，只考虑动机；但是这个动机仍然是把可能的后果包括在内的，它仍然指向你的道德行为的目的的完成。你要把它做出来，你不能仅仅停留在内心里面想一下。我想我应该做这件事情，那不算，你要把它做出来，要把它实现为后果。实现为后果会怎么样？哪怕你所想的永远也不会发生，而发生了别的事情，那个你可以不管。但是你毕竟是想要把你的行为实现出来，做出来。所以在这个上面，道德律其实也涉及到后果，只不过它的原则不在后果上，它的原则是出于动机。而这里讲的"与纯粹理性的实践兴趣相关的问题"，在这个里头就涉及到实践的目的，而且不是与一般的理性的实践目的相关的问题，而且是与"纯粹"理性的实践目的相关的问题。我们可以这样理解，一般理性的实践，它在实践活动中有什么样的目的，有低层次的目的，也有高层次的目的，还有最高层次的目的。我们这个第一节的标题就是这样的，"我们理性的纯粹运用之最后目的"。最后目的是什么？你可以有日常生活的实践，当然你的任何一件实践行为都是有目的的，你是有意识的行为嘛，你都是故意在做的，都是有意在做的。也有一些不属于实践行为，你偶尔碰上了，你无意之中干了一件事情，那个不算你是实践。凡是你有意做的事情都是有目的的，而这个目的呢，有高有低。"人为财死，鸟为食亡"也是目的，我为了眼前的目的，也是目的。为了长远的目的，也是目的，为了整个人生的目的，还是目的。为了整个人生的目的，那就可以说是终极目的了，我们常常叫作"终极关怀"。终极的关怀，终极的 Interesse，那是最高的目的了。所有这些实践的兴趣都涉及各种不同层次上的问题，那么，"纯粹理性的实践兴趣"，那就涉及到最高层次的目的。"涉及到两个与纯粹理性的实践兴趣相关的问题"，就涉及我们的理性的最高目的。纯粹理性本身所提出的那些法则,它所指向的目的,那就是最高目的了。那么与此相关的问题有两个,我们在纯粹理性的法规里面只涉及两个这样的问题,它是与纯粹理性的实践兴趣,也就是与理性的最高目的相关的问题。只有和理性的最高目的相关的问题,我们才能够提出纯粹理性的法规,其他的都不算。其他的目的,低层次的那些目的是不能成法规的,它是随时变动的。你的感性条件一变,它的内容就变。那么只有最高的目的、最高的兴趣才能够成为法规,我们的终极关怀才能够成为法规。那么这两个问题是什么问题呢?这就是"有一个上帝吗?""有来世吗?"这两个问题。其实还有一个问题,"有自由意志吗?"但是康德在前面已经把它排除了。"有自由意志吗?"这属于一个思辨理性的问题,它不属于我们现在要考察的实践领域。有没有自由意志,这个在第三个二律背反里面作了很多讨论,最后是悬而未决。你也可以说有,他也可以说没有。我们在现实世界中,在现象世界中,我们没有看到任何东西是自由意志,自由意志作为现象是看不出来的。但是我们不排除在理知的世界、在本体的世界可能有一个自由意志,我们没有排除这一点。所以两种说法都可能是对的,都是无法反驳的。所以那个问题已经被排除了。这里只涉及两个问题。至于实践的自由在这里不是一个问题,它只是一个前提,在实践的领域里面,既然你是进入到了实践的领域,那么有没有实践的自由,这个问题已经不成问题。你不能从先验自由这个角度来要求实践自由作出这样的回答:有没有实践的自由。实践的自由不存在有没有的问题,而只是一个出发点的问题。你已经进入了实践领域来探讨了,你就已经预设了实践的自由。所以它已经不成问题了,成问题的是什么呢?成问题的是,如果在实践的领域有某种法规的话,那就涉及到两个问题,一个是有没有上帝,另外一个是有没有来世。有没有来世也就是有没有灵魂不朽,来世的问题也就是灵魂不朽的问题嘛。这是两个问题,在实践的领域里面,这两个问题,仍然是问题。但这两个问题呢,已经不是那种思辨的问题了,已经不是说你要在现象世界里面去找一个上帝，你要在现象世界里面确定是不是有来世，是不是有灵魂的不朽，那你怎么能够确定呢？那不是自相矛盾嘛。明明是个上帝，你把他设想为高高在上的一个超验的存在，你又要在现象世界里面去寻找他，那不是自相矛盾嘛。所以这两个问题已经不是思辨理性的问题。但是这两个问题却带有某种理论理性的色彩，它仍然是要探讨"有没有"：有上帝吗？有来世吗？但是它不是在现象世界里面的探讨，它不是作为一种现象的经验知识、科学知识来探讨，而是上了一个台阶，就是在实践的领域里面，在更高的层次上面回复到理论理性的某种特点。所以，这两个问题，用黑格尔的话来说，是经历了一个更高的"否定之否定"。它已经不是理论理性了，但是呢，它又不仅仅停留于实践的基点。实践的基点就是自由意志，是实践的自由，实践的自由是一个出发点。那么要探讨这两个问题呢，它已经不是仅仅执著于这个出发点，而是提升到了一个更高远的目标，而这个目标呢，是在实践的领域里面，要获得某种更高的知识。当然这个知识已经不是科学知识了，它是实践的知识，它是实践的法规。实践的法规跟认识的法规是完全不一样的，但是它还是法规，还是我们可以掌握它，用来指导自己的行为的。所以在某些方面呢，它又回到了理论理性的特点。这是在下面一节里面就要涉及到的问题。康德所提出来的三个问题嘛，我能够知道什么？我应当做什么？我可以希望什么？有上帝或者有来世这样的问题是涉及到"我可以希望什么"的问题。有上帝我就有了希望，有来世我也就有了希望，那么这个问题它当然是立足于实践的领域。但是呢，它把实践理性和理论理性合二为一，结合为一体，它是前两个问题的统一。康德"正、反、合"的辩证法也体现在这三个问题上面。这三个问题是一个正题，一个反题和一个合题的关系。当然在这一段中他还没有明确地点出这种关系来。他只是说，这上帝存在和灵魂不朽这两个问题使得纯粹理性的运用的某种法规毕竟是可能的。你停留在实践的自由上面呢，你就还没有涉及到它的法规的问题，实践的自由，作为一个点，作为一个自由意志，那么它要作为一个先天的法规，一切先天原理的总和，它就必须要讲出一番道理来，能够放之四海而皆准，这就叫法规。你把感性世界撇开了，把整个宇宙撇开了，你来谈自由意志、谈道德律，当然你可以制定一些规则，但是它单独不算法规。因为它把感性世界撇开了，它只是局限于超验的领域，把现象的领域推开了。真正的法规应该是遍及所有的领域，理性的法规嘛，那么就需要对整个世界、整个宇宙有一个估计。应该把整个宇宙的原则，它的规律，包括自然的规律，全部纳入到理性之下，当然不是作为自然科学的知识纳入理性之下，而是作为某种实践的法规纳入到理性之下。所以就有必要提出上帝的问题和来世的问题。立足于上帝的问题和来世的问题，我们此岸的问题，它的价值，它的位置，就被定下来了。为什么要有这个世界，这个宇宙？为什么要有自然界？自然界的地位如何？这些东西呢，都被定下来了。否则的话你只是推开了自然界，你从道德律、从单纯的自由意志、从绝对命令、定言命令出发，你就把自然界推开了，就失去了这样一种普遍性了。而理性的普遍性要达到绝对的统一。所以，你要推开了自然界以后，你还得想办法把它收回来，收归统一的法规之下。那这个时候就用得着考虑两个问题了，一个是有上帝没有，一个是有没有来世。

B832　先验自由的问题只涉及思辨的知识，我们完全可以在讨论实践时把它作为毫不相干的问题置之不顾，何况在纯粹理性的二律背反中已经可以找到对这个问题的充分的探讨。

　　这个就很明确了，先验自由的问题，它只是涉及到思辨的知识，在讨论实践的时候，它是毫不相干的。为什么不相干，刚才在前面已经讲了，康德已经说明了。更何况在纯粹理性的二律背反中，在第三个二律背反里面，我们已经充分地探讨了这个问题。先验自由的问题，从先验的意义上有没有自由？先验的自由何以可能？在什么意义上你可以说先验的自由而不矛盾？这个在第三个二律背反里面都讲了，那么我们现在要探讨的呢，是在实践的意义上面来考察自由的问题。

第二节 至善理想，[①] 作为纯粹理性最后目的之规定根据

第二节的标题是："至善理想，作为纯粹理性最后目的之规定根据"，是说至善理想作为一个根据来规定纯粹理性的最后目的，而不是说它作为纯粹理性的最后目的，它的规定根据是什么。所以这个逗号不可省略。"至善"（das höchste Gut）这个概念，通常我们翻译成"最高的善"，但是这个概念也有歧义。在康德那里，他明确地提到，至善这个概念有歧义：通常理解为"最高的善"，但是康德用这个词在这里主要是讲的"完善"，完满的善。就是说，不仅仅是最高的，而且是完满的，主要是完善的意思。最高的是道德的善，但是最高的道德的善，并不见得是完满的善。只有把幸福加上去，这个道德以及与之相配的幸福加在一起，才能够称之为至善。我们通常讲的善有善报嘛，一个人做好事，一个道德的人，应该获得他与之相配的幸福，这才是十全十美的。所以他这个至善有一种十全十美的意思，有一种完善的意思，它是一个"理想"。那么这个理想，"作为纯粹理性最后目的之规定根据"。最后目的跟最高目的不太一样，ein letzter Zweck 是"最后目的"，或者译成"最终目的"。最高的目的呢，就是 der höchste Zweck，就是前面第一节讲的，上帝存在、灵魂不死和意志自由这三者所相关的目的，就属于最高目的。最高目的有两个，在理性的实用的规律方面是幸福，在纯粹实践理性方面是道德（见 B828—829），所以康德在这里有时是用的复数（die höchsten Zwecke）；而最后目的呢，康德是用的单数。这个是我们要注意的。那么至善的理想作为纯粹理性最后目的之规定根据，就是最后的目的，当然跟最高的目的也是相关的。实际上，按照他这一段里面所讲的，理性的最高目的是否能够按照自己所提供的理念实现出来，这就是我们所要追求和追问的。能不能有这样一种理念，使这些最高的目的能够实现出来？一旦实现出来，

---

① 原译漏掉一个逗号，易引起歧义，兹补上。

那就是最终的目的、最后的目的了。我们可以把这个最后的目的看作是两个最高目的归总在一起的一个目的。两个最高的目的的统一的目的就是最后的目的，这就是幸福和道德的一致。那么它的根据，在标题里面讲了，就是至善这样一个理想。

理性在其思辨的运用中引领我们经过经验的领域，并且由于这个领域对于理性来说永远也找不到完全的满足，而把我们从那里引领到思辨的理念，

这是在思辨的运用中，也就是在《纯粹理性批判》里面讲到"先验辩证论"的导言的时候，讲到理性的逻辑运用和理性的纯粹运用，它"引领我们经过经验的领域"。我们在经验的领域里面试图运用理性来追溯有条件者的条件，直到最终的无条件者，我们在经过经验领域以后，"这个领域对于理性来说永远也找不到完全的满足"，这就把我们引领到了灵魂、宇宙整体和上帝这样一些先验的理念。但这些东西，灵魂、宇宙和上帝都是一些思辨的理念，经验的作用呢，就是把我们一步一步地无限地引向那些思辨的理念，但是永远也得不到满足。理性在经验领域里面永远得不到满足，所以就引向了超经验的思辨的理念。

但这些理念最终又把我们带回到经验上来，因而把它们的意图以一种虽然有利、但却根本不符合我们的期望的方式实现出来了。

就是引领到了思辨的理念，在思辨的领域里面，理性已经提出了这样一些思辨的理念，但是这些理念呢回过头来，又把我们带回到经验上来。什么叫"带回到经验上来"？就是说，这些理念本身虽然是超验的，是思辨理性想出来的，仅仅是一个理念而已，但是对于经验的世界它仍然能够起到一定的作用，那就是所谓的范导性的作用，调节性的作用。"因而把它们的意图"，也就是这些理念的意图，上帝啊，宇宙整体啊，以及灵魂啊，这样一些理念，本来我们对它们有一种期望，就是说，能够通过这些理念来认识某种新的知识，认识某种超验的知识，超出经验之外的

知识。但是呢,它们的意图的实现并不符合我们这样的期望,这些理念之所以提出来,在思辨的领域里面的意图,仅仅是作为一种范导性的运用。"因而把它们的意图以一种虽然有利、但却根本不符合我们的期望的方式实现出来了"。在什么方面有利呢?就是说,作为一种范导性的理念,它们能够使我们不断地去追求我们的经验知识,使之构成一个科学的整体,虽然永远也构成不了,也完结不了,但是它们有一种指导性的作用,有一种引导的作用,有一种调节性的作用。在这方面它是"有利的",有利于知性在经验中不断地去扩展自己的知识。科学知识如果没有这种理念的指导,那有一天我们就会认为科学知识已经完结了,所有的东西已经在这里,我们都可以通过经验加以证实,那科学知识岂不是停滞了?但是因为有这些理念在前面指引,所以呢,我们永远会意识到我们的知识有限。我们向那些物自体的目标进发,永远也达不到,但是呢,客观上起了这样一种实际的引导作用。这对科学是有利的,科学不断地超越自身,扩大自身的地盘,不断地精密化,扩展视野。但是呢,这个根本不符合我们原来的期望。我们提出这样一些思辨的理念,我们对它就有一个期望,因为是在思辨的领域里面提出来的,是在先验的领域里面提出来的先验的理念,所以呢,我们是从认识论的角度去看它的。从认识论的角度去看待这些理念,那么就有一种要求,有一种期望:是不是能够认识它们呢?是不是能够把它们的对象纳入到知识的领域里面来?这是我们的期望。但是呢,它们永远不符合我们的期望,根本就不符合我们的期望。因为它们根本是属于自在之物的领域,你要追求它的对象,那只能是不可知的,它们顶多是作为一个追求知识的引导而起作用,所以它是不符合我们的认识论的期望的。

　　现在留待我们去做的还有一个尝试,就是看看纯粹理性是否也能在实践的运用中被找到,是否它在这种运用中会导致那些使我们前面提到的纯粹理性之最高目的实现出来的理念,

　　也就是说,前面我们已经了结了,已经说得很透了,就是理性在思辨

的运用中,它提出了一些思辨的理念,一些先验的理念。这些理念呢,可以在经验中回过头来引领我们的经验知识不断地扩展自己的地盘,达到越来越大规模的、大范围的一种统一。这对于经验知识是有利的,但是它并不符合我们的意图,你要死了这条心。你不要以为这些思辨的理念本身能够导致某种知识,那是不可能的。前面已经说得很清楚了,那么"现在留待我们",这个"现在"也就是在这个方法论的阶段,要探讨纯粹理性的法规,那么留待我们去做的呢,"还有一个尝试",我们现在做的是另外一件事,"就是看一看纯粹理性是否也能在实践的运用中被找到"。前面的在思辨的运用中,我们找到了纯粹理性的运用,它的作用,它的有利的方面,以及它的限度,但它不符合我们的期望。那么,在实践的运用中,纯粹理性在实践的领域里面是否也能被找到? 在思辨领域里面,已经彻头彻尾地被我们讨论过了,现在在实践的领域里面呢,我们看看是不是也有纯粹理性的运用,"是否它在这种运用中会导致那些使我们前面提到的纯粹理性之最高目的实现出来的理念"。就是在实践的运用中,纯粹理性是否会提供出一种理念,它导致我们前面提到的那些纯粹理性的最高目的实现出来。这个"最高目的"是用的复数。所以我们在这里可以把这个地方标明一下,改一改,"使我们前面提到的纯粹理性之**诸**最高目的实现出来的理念",可以加一个"诸"字,把它的复数标出来,最高目的我在前面讲了有三个,关系到意志自由、上帝存在、灵魂不朽。这都是涉及最高目的的,我们都是要趋向这些最高目的的。那么在实践中是不是能够有一种纯粹理性的运用,使得这些最高目的能够实现出来? 这就需要一个理念。有一个理念能够导致这些纯粹理性的最高目的实现出来。是不是有这样一种理念?

　　因而是否它能够从其实践兴趣的观点出发,提供出它在思辨的兴趣方面完全拒绝给我们的东西。

　　这个"它"可以理解为纯粹理性,也就是纯粹理性是否能够从它的实践兴趣的观点出发,实践兴趣也就是实践目的了,就是实践所要追求的这样一种关切。为了实践的目的而提供出在思辨的兴趣方面、思辨的目的方面完全拒绝给我们的东西。思辨所追求的当然是知识了，而这样一些最高目的本身在思辨的兴趣方面，是完全被拒绝的。你要通过思辨的方式来认识这些最高目的，那是不可能的。但是在实践的兴趣方面呢，从这个观点出发能够提供出被拒绝的东西，也就是说，能够使得我们对它们有某种意义上的知识。在实践的兴趣这方面，对它们有某种意义上的知识。在思辨的意义上，我们不可能对它们有任何知识，只能对它们做一种范导性的运用，来引导我们的知识。但实际上，引导我们的知识本身也就涉及到实践了，就是如何引导自然科学使它得利，使它越来越扩大它的地盘，不断地向前发展。当然康德没有明确涉及到这一点，只在一个地方作了一点暗示，提出了理念在"知性的实践运用"中的作用（见 B384）。他一般是把实践和理论严格区分开来的。那么这个地方转过来，到了实践的兴趣这个领域里面，是不是能够提供出在思辨兴趣方面完全被拒绝了的那些东西，就是你不能够认识它们，但是在实践的领域里面呢，你是否能够对它们获得某种知识。这个就涉及到实践理性和思辨理性相互之间是否有一种更高层次的关联。虽然在基本的层次上面，康德是把这两者完全区分开来，不可混淆，做得很绝。你死了这条心，你不要以为对于这些东西能够获得什么知识。但是讲完了以后，在另外一层意义上面，考虑到实践的兴趣、实践的目的，在实践的意义上面，你又可以把它当作一种另外的知识，也就是我们"应当怎么做"，也可以看作是一种知识。在这方面能不能提供出某种知识？在思辨的方面完全被拒绝的就是认识论意义上的知识，那么我们这里呢，可以在另外一个层次上面加以考虑。这就是我们下面要讲到的他提出的三个问题。这三个问题我已经提到过了，其中第三个问题就是"我可以希望什么"，在我可以希望什么这个意义上面获得某种知识。为什么可以希望呢？因为在实践的领域里面，我一旦确定了"我应该做什么"，由这样一种应该，我一旦做了，那么我就可以希望什么。这个一方面它涉及到应该，另一方面呢，也涉及到某种意义上的推理。就是在彼岸世界，在来世，你肯定会得到报偿的，肯定会由上帝的公正的审判使你获得与你的道德行为相匹配的幸福，你会得到幸福的。整个自然界都为你将来获得幸福在做着准备。看起来好像是自然规律，这样一个自然界好像跟道德毫无关系，但实际上在上帝那里，上帝安排这个自然界有他终极的目的，有他最后的目的。所以这一节的标题是这样的："最后目的之规定根据"。上帝安排了这个自然界，实际上这一切都有一个最后的目的，就是为你将来得到与你的道德相配的幸福在做准备。在这个意义上面呢，它也可以看作是对这个自然界的一种知识。

下面几段，要联系前面的两段甚至于三段来总体地理解，我们来回顾一下。首先我们在上一节课已经讲到了，至善理想作为纯粹理性最后目的之规定根据，刚才有同学提出来对这个标题的理解，这个是很关键的。就是说你要把握他在这一节的总体的意向，他要追求一个什么目的，他讲来讲去最后是为了什么，按照他的标题，他最终就是为了要对纯粹理性的最后目的提供规定根据。最后目的他在前面已经提出来了，首先提出三个问题：意志自由、灵魂不朽、上帝存在，所有的纯粹理性的全部装备都是为了解决这三个问题的。那么当我们把眼光从思辨的领域转移到实践的领域来的时候，这三个问题呢，已经排除掉了一个。你转移到实践领域，那么当然有一个前提，这个实践当然是自由的。实践的自由作为一个前提，那么先验的自由被排除掉了，就是从认识的角度，我们如何把自由当作一个先验的理念来加以认识这个问题，我们已经排除掉了。我们已经转到实践的领域来了。实践的领域里面，实践的自由是不言而喻的，不然你转移到这个领域里面干什么呢？你转移到这方面来就是已经承认了实践的自由是个基础。那么现在最后的目的，全部理性的最后的目的集中于另外两个问题，就是上帝存在和来世的问题，上帝的存在和来世保证了纯粹理性的最后目的。我上次讲到了最后目的和最高目的中间的一个细微的层次差别，最后目的他用的是单数，最高目的他用的是复数。也就是最高目的有两个,一个是道德,另一个是幸福,那么这两个合起来构成纯粹理性的最后目的。但是这个最后目的呢要寻求它的规定根据,我们如何来规定这两个最高目的的关系?如何找到统一这两个最高目的的规则?或者是如何找到实现这两个最高目的的法规?也就是要找到它们统一的根据,找到这个最后目的的根据。所以这一节的标题提出来:至善的理想就是这个根据。我们找来找去,我们最后不能不确定,只有一个东西,可以作为它的规定根据,就是我们在实践领域里面所提出的那个至善的理想。这是我们纯粹实践理性的最高的兴趣,最高的关切,最高的关怀,或者是终极的关怀,也就是对于我们的一切实践如何能够达到至善这样一种理想的关切。至善理想后面讲得很具体了,实际上就是说德福一致了,道德和幸福相一致,这就是完满,这就是所谓的"圆善",没有什么缺憾的了。道德上那么高尚,幸福呢又能够跟你的道德完全相配,那当然就是圆满了。这是所有的人类,只要他有理性,他都会推出来的一个至善理想。那么根据这样一个至善的理想,那最后的目的,就可以有根据了,就可以来加以规定了。最后的目的是如何通过至善的理想完成的,至善理想在完成这个最后目的的时候,它起了什么样的作用,这是他这一节总体上想要论证的东西。但是首先要澄清几个概念。上一堂课里面已经讲到了,留待我们去做的有一个尝试,就是看看纯粹理性能否在实践的领域被找到,是否它能从其实践兴趣的观点出发,提供出它在思辨兴趣方面完全拒绝给我们的东西。就是在实践的兴趣方面,我们要考察一下,在思辨的兴趣方面已经拒绝给我们,比如说上帝和灵魂这样一些知识;那么在实践的兴趣方面呢,我们要考察一下,它能不能够重新把上帝和灵魂的这样一些东西,具有认识论意义的这样一些理念,把它重新提供给我们。在什么意义上重新提供给我们呢?就是在实践的意义上,作为实践所考虑的"兴趣",或者说所考虑的目的。根据实践的目的,我们来看,能不能重建在思辨领域里面已经被否定了的那些纯粹理性的知识。当然这种知识已经不是那种经验知识了,而是更高层次上的实践的知识，是有关我应该怎么做，然后做了以后又会怎么样的这样的知识。所以这种知识的基础呢，是建立在一个新的基础之上的，建立在"应该"的基础之上的。

现在我们来看看这一段。有了前面的铺垫以后，

我们理性的一切兴趣（思辨的以及实践的）集中于下面三个问题：

B833 **1. 我能够知道什么？ 2. 我应当做什么？ 3. 我可以希望什么？**

我们理性的一切兴趣，一切目的，一切关怀，集中于下面三个问题。这个地方我们要注意，他是讲的理性的一切兴趣，就是你的指向，你的理性的全部装备要指向一个目的，那么这个目的呢，分成三方面。首先当然是两方面，思辨的以及实践的，第三方面是前两者的综合，既是思辨的，又是实践的。这三个问题呢，基本上是显示了康德的所谓正反合三段式的这样一个结构。这个结构康德在很多地方都用，像在他的范畴表里面，第一个范畴和第二个范畴是正题和反题，那么第三个范畴呢是合题。这个地方也是，康德在概念的辩证法方面，他已经猜到了这样一种正反合的结构，这样一种"否定之否定"的关系。当然他只是一种盲目的运用，他还没有把里面的原理阐发出来，真正阐发出来是后来的黑格尔，把它讲得比较详细。康德在这里呢，只是运用。他发现有一种规律，包括这里讲的三个问题，都有这样一种规律，一种正反合的关系。第一个问题："我能够知道什么"？当然这属于认识论的，属于理性思辨方面的兴趣。理性在思辨方面，它的兴趣就是要了解到我们能够知道什么。理性作为一种认识能力，它有一个认识的目的。认识论能力的目的，首先就是要搞清楚，我到底能够认识什么？当然提升到纯粹理性，就是属于认识论了。在一般的经验知识里面，可能不会问这样一些问题，它知道就知道了，不知道再去探索。但是你一旦提升到纯粹理性的这样一种兴趣呢，那么它就要考虑，最终说来我能够知道哪些？这个是纯粹理性在兴趣方面所提出的问题。这个不是他在《纯粹理性批判》一开始提出的四个基本问

题，先天综合判断何以可能？数学何以可能？自然科学何以可能？形而上学作为自然倾向何以可能？形而上学作为科学何以可能？那几个问题是纯粹理性的问题，但是不是纯粹理性的**兴趣**的问题。它是讨论我们的知识何以可能的问题。而在这里提出来的是我们**能够知道**什么？它涉及到一个目的性。我们的知识既然可能了，那么它的范围何在？它能够达到什么样的目的？它能够实现什么样的目的？这个问题可以说，从它的根基上看已经转到实践的合目的性这样一个基本立场上来了。也就是在认识里面本身其实也有实践的方面，也有合目的性的方面。我们去认识总不是盲目的认识嘛，我们总还是要达到一定的目的。我们想要认识这个认识那个，当然还有其他的目的，但是在纯粹认识论上面的目的呢，我们就是想要知道我们究竟能够知道什么。这是纯粹思辨理性本身的目的。当然康德没有说明，其实在这里已经涉及到实践的问题。就是在思辨的领域里面，其实已经包含有实践的维度，事实上并没有完全不含实践的认识活动。就是说你去认识科学知识，你有对科学的"兴趣"，这本身已经是一种合目的性的行为，科学知识，科学实验，科学探索，本身已经是一种实践的行为，有目的的行为。它不是盲目被动的，来了就接受，就承认。不是的。它总有一定的目的。那么作为纯粹思辨理性、纯粹的理论理性来说，它的目的就是要把一切知识都探究完备。那么这就有个问题，我到底能够知道什么？我的认识有哪些限制？认识的限制何在？认识的范围何在？我们的目的不能超出这个范围，超出这个范围你就是僭越，你就不现实了。所以第一个问题，我能够知道什么？这个里头已经有实践的含义在里头。当然这三个问题都是在实践的这个角度上面提出来的了，都是指的所谓理性的"一切兴趣"，一切兴趣就肯定涉及到实践，涉及到目的了。我在前面讲了，所谓兴趣你可以把它当作就是指向一个目的。凡是康德谈到兴趣的时候，你就要意识到，他这里涉及到合目的性了。那么第一个合目的性还是认识论的目的，那显然是我能够知道什么。第二个是"我应当做什么"？作为纯粹理性的实践的兴趣，它不是说，我的这种应当的规律何以可能，这是在《实践理性批判》里面提出的问题。就是说，我们的道德律何以可能，绝对命令何以可能，他在那里提出了这样的问题。但是这个地方提的问题呢，不是那个"何以可能"的问题，而是指"我应当做什么"。它还是指向我们在道德实践中所针对的那个目标，那个目的，到底有哪些目的，我们应该做的有哪些。所以它这个"什么"，我们可以把它当作所有这些行为的目的。一个是认识行为，一个是道德行为，这就形成了前两个问题。最后一个问题，"我可以希望什么"？这当然是属于信仰或者是宗教的。基督教中的所谓"希望神学"，就是建立在希望之上，我可以希望什么。那么这个希望呢，它也可以看作是一个有目的的行为。我们总是有希望我们才去追求一个目的的，如果那个目的根本就没有希望，那你追求什么？所以这个希望呢，它也是一个目的。我是因为有希望，我才那样去做，我才去追求。所以这三个问题呢，我们可以把它们理解为康德从这个思辨理性的基本立场转移到实践理性的基本立场上来的时候，回过头去考察我们理性的全部装备，在这几个领域里面，在思辨的领域，以及实践的领域，以及思辨和实践相统一的领域里面，它的兴趣何在？它的那个追求的目的，也就是这里讲的"什么"何在？它的这个"什么"到底是什么？当然康德后来提出了第四个问题。这三个问题是他的基本问题了，后来康德在给司徒林的信里面[①] 以及在《逻辑学讲义》里面提出来，还有第四个问题，就是"人是什么"，最后归结到人类学。因为这三个问题实际上都是人的问题，人的兴趣，人的能力，人的目的。那么人为什么要提出这些目的？这涉及到更高层次的问题。第四个问题实际上是更高层次上的问题，我们不要把它当作一个并列的问题。康德在写了第三批判，也就是三大批判全部完成以后，他的思想有所发展。三大批判全部完成以后，他开始转向了人类学。当然这个人类学不是那种"实用人类学"，也不是经验的人类学，也不是心理学的人

---

① 参看《康德书信百封》，李秋零译，上海人民出版社 1992 年版，第 200 页。

类学,而是一种先验性质的,"先验人类学"。就是实际上人的知、情、意这三者在判断力批判完成以后,每一个都被发现了具有先天的原则,那么这时人的知、情、意的结构已经显露出来了。那么人到底是什么? 如何从整体综合的角度把人的所有这样一些能力加以统一地把握? 这些问题的探讨已有了可能。这是他第四个问题的含义之所在。但在写《纯粹理性批判》这个时候呢,他还没有第三批判。第三批判的构思是在写完《实践理性批判》以后才冒出来的,给了他后来的剩下的日子一个很重要的任务,就是探讨人的情感能力的先天原则。那么把人的情感能力的先天原则探讨出来以后,这个先验人类学才成形,就是知、情、意,所谓人的三大能力的先验体系。而这三大能力呢,相对于人的三种高级认识能力,就是知性、判断力和理性。感性除外,感性是低层次的。这三大高级认识能力,分别对应人的三种先天能力,就是知识能力、情感能力和欲求能力。这三者缺一不可,它们共同构成了人的先验的素质,人就是这样构成起来的。那么我们怎么样探讨人的本质的问题,就构成了他的第四个问题。当然目前呢,康德还没有提出这个问题,因为在他那里还只有两分,一个是思辨的,一个是实践的,一个是认识能力,一个是意志能力。意志能力也就是欲求能力,高级的、纯粹的欲求能力就是意志能力。所以他只提出三个问题,正反合。第四个问题在他的晚年提出来呢,也不是跟它们并列的,而是在三个问题之上的更高层次的问题。

那么下面我们看看他的分析。对这三个问题,他一个一个地做了分析,我们刚才也已经初步做了一种分析,我们看看康德是怎么分析的。

第一个问题是单纯思辨的。对此我们(正如我自认为的)已穷尽了一切可能的回答,并最终找到了理性必定会感到满意的那个回答,

他说是"单纯思辨的",这个地方已经埋伏了,就是说后面还有第三个问题也是思辨的,但是呢,不是"单纯"思辨的,它既是思辨的,又是实践的。所以他对第一个问题强调是单纯思辨的,就有这个含义在里头。就是对于"我能够知道什么",我自认为我已经穷尽了一切可能的回答。

前面的一种批判，彻底的纯粹理性的批判、思辨理性的批判，已经把各种可能性都考虑到了。当时所提出的各种各样的意见，各种各样的看法，他都进行了一番检验。所以呢，他自认为已经穷尽了一切可能的回答。自古以来，特别是近代以来，各种各样的人，各种各样的流派，都想解决这个问题：我能够知道什么？知道什么一旦解决，对于人的认识是有很大的促进作用。但是康德通过检验，发现他们都估计过高。所有一切可能的回答一个个检查以后，只有他自己的回答才是真正可能的。考察了诸家各派各种各样的观点以后，他说"最终找到了理性必定会感到满意的那个回答"。当然你说把这个地方的"必定"译作"不得不"感到满意，当然也可以，必定会感到满意，必然会感到满意，也只好满意于这种回答。只要你细致地考察过理性的能力本身，你就会感到满意。那个回答就是康德自己的回答。

　　而且如果理性不是着眼于实践的事，它也有理由感到满足；

　　理性必定会感到满意，而且呢，如果不是着眼于实践的事，你如果把实践的事情暂时排开，那么理性也有理由感到满足了。当然如果你把实践的事情加进来的话，那么理性还是有一点不能感到满足，他这里包含有这种意思。就是说，在我们考察单纯思辨的这个领域里面，我们应该感到满足了。并且呢，如果理性不是着眼于实践的事情，我们把实践的东西排开，保持它的这种单纯性，那么理性也有理由感到满足。它是有根据的，它自己有一套理由，康德在前面整个所论述的都是它的理由。这么多的理由，应该使理性感到满足。当然如果你同时着眼于实践的事情，那又另当别论，那就会延伸到本来是思辨理性拒绝回答的那些问题，拒绝给予的那些东西。那些东西在实践的领域里面还是有希望的。这里有一种对下面的暗示，就是对于实践来说并不会因此而感到满足。所以他在这个地方转了，就是说前面说必定会感到满足，而且有理由感到满足，

　　但我们离纯粹理性的这一全部努力本来所针对的那两大目的仍然还

是这样遥远，仿佛我们耽于安逸一开始就拒绝了这项劳作似的。

这个"但"就是说，尽管单从思辨领域里面，我们找到了那个最终的答案，这个答案呢，是理性必然会感到满足的，或者说不得不感到满足的——理性必须要在这个领域里面感到满意了，你不能再有其他的什么奢望了。而且呢，就纯粹思辨理性的范围，不涉及实践的领域，就这一点来看呢，它也有理由感到满足。它这种感到满足是对的，满足于可能经验的范围，来获得我们的知识，来运用我们的理论理性，这是对的，这是有理由的，不要有什么于心不安。但是呢，这样一种满足，离我们"纯粹理性的这一全部努力本来所针对的那两大目的"，仍然很遥远。就是说虽然在这个领域我们有理由感到满足，但是我们实际上又不满足。为什么不满足？因为我们纯粹理性的全部努力，本来所针对的是更高的目的，不能仅仅局限于可能经验的范围之内。但是现在你经过限制以后，虽然在纯粹思辨的领域里面，你有理由感到满足，但是呢，离它本来的那两大目的呢，仍然遥远得很，简直没有指望，"仿佛我们耽于安逸一开始就拒绝了这项劳作似的"，就好像我们偷懒，我们用一个借口，让自己免于劳作，贪图安逸。这句话当然用的是虚拟式，就是说，人家会这样指责我们，就是说，你这样搞，就太便宜了，太省事了。你把所有的人类提出的这些理念，包括前面所讲的两大目的，即最高的幸福和最高的道德，——它们有赖于那两个问题的解决，一个是有上帝吗？一个是有来世吗？来世解决纯粹道德的实现问题，上帝解决与之相配的幸福问题——你把那两大目的都放在一边，不去解决，耽于安逸，一开始你就拒绝了这项劳作。还没有开始探讨，你就说这个东西因为它们是理念，是超验的，所以它们不能构成知识，而且就从根子上面，一开始你就拒绝了这项劳作。康德对这个理性心理学、理性神学，包括理性的宇宙论的批判，他是从根子上批判。他不是跟他们去纠缠到底是不是这样的，是不是那样的，而是从根子上检查他们这样提出问题的出发点，就是混淆了现象和物自体。所以你根本就不用去探讨，你不要以为你很聪明，你可以发现很多很多原理，所有那些原理一言以蔽之，都是出于同一个在起点上的误入歧途。一开始你就不应该把现象和物自体混淆起来嘛。但是这样一来，有的人就也许会指责他了，就是说，你一开始就避免了这两项劳作，那当然很轻松了，你就用不着管那些东西了。所以他讲这个纯粹理性的全部努力本来所针对的那两大目的，仍然很遥远。这里的"全部努力"是指什么，"两大目的"又是指什么，他这里说得不是很明确。但是我们要上溯到康德前面几段所讲的、所探讨的那些我们纯粹理性的全部装备，它的使命，它的目的，究竟何在。比如说247页倒数第7行："这种努力只不过是建立在它的思辨的兴趣之上呢，还是唯一地只建立在它的实践的兴趣之上？"这就有两种"努力"了，一种是思辨的兴趣的努力，一种是实践的兴趣的努力。再就是这些努力的最高目的，前面讲到有两方面的最高的目的，就是最高的幸福和最高的道德。所以他这里讲到全部努力，我们"这一全部努力本来所针对的那两大目的"，全部努力包括思辨的努力和实践的努力，所针对的两大目的涉及上帝存在的问题和灵魂不朽的问题。要解决了两个问题，才可以形成我们的纯粹理性的全部努力最终所针对的最高目的之统一，才能够实现那个最后的目的。但是这两个最高目的呢，仍然是这样的遥远，好像我们一开始就耽于安逸而拒绝了这项劳作似的。因为我们认为上帝存有和灵魂不朽是根本不能认识的问题。

所以如果涉及到知识，那么至少有一点是有把握和确定了的，就是在那两个问题上永远也不能给予我们知识。

就是尽管人们这样说，这样指责我们，但是呢，如果涉及到知识，如果仅仅谈知识，那么至少有一点是有把握和确定了的，你必须、不得不感到满意的，你不可能有更多的奢望的，就是在那两个问题上永远也不能给予我们知识。哪两个问题呢？就是有上帝吗？有来世吗？这两个问题永远也得不到一种认识论的答案，永远也不能够获得某种知识。这个是确定了的。所以我能够知道什么这个问题，实际上是受到限制的，就是"我不能够知道什么"。我能够知道的我们就去认识，但是我们不能知道的呢，我们就不要去奢望，不要僭越自己的认识能力的范围。这是康德在第一批判里面所已经完成了的一个很重要的工作。这是第一个问题的解释。

第二个问题是单纯实践的。

前面讲单纯思辨的，这里讲单纯实践的，也是有所指的。因为下面第三个问题呢，虽然也是实践的，但并不是单纯实践的，它包含思辨的东西在里头。而第二个问题呢，是单纯实践的。纯粹讲实践，只讲实践，把思辨的东西摆在一边，悬置起来。像康德在导言中说的，我要把知识悬置起来，以便给信仰留下地盘，留下位置。所以，第二个问题是单纯实践的，

它作为这样一个问题虽然属于纯粹理性的范围，但它却并不因此就是先验的，而是道德性的，

就是第二个问题"我应当做什么"，它作为这样一个问题，它也是属于纯粹理性的范围。我应当做什么，在纯粹理性的这个范围之内来考察的时候，它就是道德问题。当然你可以说，我应当做什么，也可以是有条件的命令：如果我想要达到什么目的，那么我应当做什么。所谓日常实践的，或者实用的，这样一些规则，也可以纳入到我应当做什么这个问题里面去，它们也是实践的领域。但是康德在这里不是在那种意义上面来讲的，他是在纯粹实践理性的意义上来讲的，不是在一般的实践理性的意义上来讲的。一般的实践理性，我们在日常的实用中，当然也要运用理性，但是这个理性里面掺杂了很多思辨理性，掺杂了很多认识的东西，很多经验的东西。比如说我们人要吃饭，由于我们人的身体结构、本能、生理条件所决定了，人不吃饭就会饿死，那么人要吃饭。你要吃饭，那你应该做什么？你应该劳动，你应该凭自己的劳动去吃饭。或者有的人也许说你应该抢夺，你应该诈骗。那属于实用的理性。那个不是属于单纯实践的这个领域，它掺杂了很多的思辨的知识在里面，它是一种技巧，技

557

术上的实践。康德在第三批判的导言里面,把"技术上的实践"归于理论的领域,归于思辨理性。严格说起来它不属于实践理性,技术上实践的规则是属于理论领域的,属于理论领域的延伸部分。就是说,你有了这个知识,那么你拿它来做什么,你可以拿它去抢夺,当然你可以拿它去劳动,这都是可以的。那是属于理论的领域,它跟理论、思辨的知识是交织在一起的。但是如果你从单纯的实践领域来看这个问题,我应该做什么,那只能是道德。你没有任何知识的因素,不掺杂任何经验的东西在里面,一般而言我应该做什么,这个时候,它就是道德。所以他讲:"它作为这样一个问题虽然属于纯粹理性的范围,但它却并不因此就是先验的,而是道德性的"。"因此"是因为什么呢,就是因为它是纯粹理性,它虽然是纯粹理性,属于纯粹理性的范围,但是并不因此就是先验的。并不是把这个纯粹理性拿来用于认识,所谓先验的就是这个意思。我多次讲到,凡是康德在用"先验的"这个词的时候,他就涉及到认识论。先验本身是一个认识论的概念,所谓先验逻辑,先验哲学,这都属于认识论的概念。先验的能力,都属于认识论的能力。但是在这里呢,第二个问题属于纯粹理性的范围,却并不因此就是属于先验,也就是并不因为这一点,它就被用于认识论,它就被用于经验。先验的意思就包含它只能用于经验。它先于经验而又用于经验,这就叫先验。它跟超验不同,跟先天也不同。先天的东西不一定用于经验,超验的东西是不能运用于经验。只有先验的东西,是必须运用于经验的。但是第二个问题呢,它并不因此就是先验的,并不因此就要运用于经验去获得某种经验知识,而是道德知识。纯粹实践理性就是道德性的。一般讲的实践理性,"一般实践理性",并不一定是道德性的,当然也包括道德性的,但是还包括别的。比如说我们日常的实用,我们的人际关系的技巧,我们的劳动经验、劳动技能,甚至于包括我们诈骗的技能、欺骗的技巧,这些东西都包括在内。一种"明智"的选择就是,在一个前提之下,你要达到什么目的,那么最明智的选择是什么。当然这里头有一套技术的考虑,一套技巧的考虑。而这里讲的呢,绝对不是那种意思,绝对是超越那种层次的,它是道德选择。

因而它是我们的批判就本身而言不能研究的。

我们的批判,这个地方是指的他的《纯粹理性批判》,我们现在这个批判。当然他后来写了《实践理性批判》,后来还写了《判断力批判》,如果那样来看呢,那就不是他这个地方的意思了。这个地方是就前面我们已经作出的这个批判而言的,后面两个批判还没有做出来,所以他这里讲的"批判"呢,就是讲的《纯粹理性批判》,就是讲的认识论。在认识论的领域里面,我们现在还谈不到这个问题,还不能研究这个道德性的问题,当然我们已经初触及这些问题,但是我们还不能对它展开研究。所以这是我们的批判就本身而言不能研究的。所谓"就本身而言",就是说,它实际上已经涉及到道德性了,我们前面讲实践,讲实用,也讲道德,讲自由,等等,这些问题我们都涉及到了。但是所涉及到的这些问题都是属于另外一个领域,属于实践理性批判的领域,而我现在所进行的这个《纯粹理性批判》呢,就它本身而言,是不能展开研究的,就它本身而言,它是讨论认识论的,它本身的任务是讨论认识论。在讨论认识论的过程中,特别是在它的后面,比如说方法论的部分,以及辩证论的部分,它都涉及到实践的问题,道德的问题,那只是涉及,只是触及到而已,只是旁涉道德的问题。而就它本身而言呢,它并不研究这个东西。这个是他是这个修饰语的意义。"就本身而言",就这个批判本身而言,它是局限于纯粹思辨的领域,而不涉及道德的领域。道德的领域是《实践理性批判》本身所涉及的,而不《纯粹理性批判》本身所涉及的。

第三个问题,即:如果我做了我应当做的,那么我可以希望什么?

这是有前提的,我可以希望什么? 我们在日常生活中,每天都有各种各样的希望,但是这个希望呢,是很日常的。这里提出来的"我可以希望什么",是指的纯粹理性的兴趣,它所针对的目标,一个是我能知道什么,一个是我应当做什么,一个是我可以希望什么。在纯粹的意义上我可以希望什么,纯粹从理性来看,我可以希望什么。那么它是有前提的,它的前提就是说,我应当做什么这一点已经定了以后,这个问题已经解决了以后,那么就有一个问题了,如果我做了我应当做的,我应当做什么我已经知道了,而且我做了我应当做的,因为是在实践的领域里面嘛,当然不仅仅是知道了,知道我应当做什么,而且我去做了我应当做的,那么呢,我可以希望什么? 前提是我做了我应当做的,也就是说,我完成了我的道德义务,那么我可以希望什么?

这是实践的同时又是理论的,以至于实践方面只是作为引线而导向对理论问题以及(如果理论问题提高一步的话)思辨问题的回答。

是实践的同时又是理论的,为什么? 因为我做了我应当做的,这个是包含在这个问题里面的。我刚才讲了,我可以希望什么是建立在当我做了我应当做的时候,我可以希望什么。那么在"做了"这方面呢,它是实践的;而"可以希望"什么呢,它又是理论的。就是说,既然我已经做了我应当做的,我们假定吧,假定我做了我应当做的,那么我们按理来推,我们可以希望什么? 按什么理呢? 按实践的法规来推,我们可以希望什么。这样一个实践的法规,在这样一种推理过程中间,就类似于理论领域里面的那种推论,那样一种因果必然性的推论。有一个原因,它就必须有一个结果。有因必有果嘛,这里头就有必然性了。那么我做了我应当做的,我必然可以希望某种东西。这时候这个"必然可以希望",它已经不完全是纯粹实践的,而且同时又是理论的,同时又涉及到我可以希望的那样一种从经验中可以呈现出来的东西。从经验中可以呈现出来的,也就是跟自然界的因果必然性结合起来的那样一种东西。我可以希望的东西,是跟自然界的因果必然性能够相容的那样一种东西。而且这个规律呢,从某种角度来看呢,也可以理解为类似于自然界的规律。自然界有一个原因就必须有它的结果,那么我把我应当做的这些道德行为当作一个原因,那么我也可以期望它会有它的自然结果,而且必然有它的自然结果。我相信善有善报,好像相信一条自然规律一样的来相信它。所

560

以这样一种相信呢,它同时是实践的又是理论的。他说:"以至于实践方面只是作为引线而导向对理论问题以及思辨问题的回答。"实践方面只是作为引线,我在前面讲它作为一个前提,作为我可以希望什么的理念的一个前提,他这里讲它作为一个"引线"。前提就是实践,把我应当的做了以后,那么作为一个引线呢,引导人们对理论问题加以回答。而且这个理论问题是提高了的,"如果理论问题提高一步的话",提高到不是一般的理论问题,而是"思辨问题",进行回答。理论问题和思辨问题我在前面已经讲了,基本上把它们看作是同一个领域,讲理论理性也就是思辨理性。但是呢,这个中间还是有一点区别。所谓思辨的,它是指的更高层次的。就是说先验的东西,当它没有和经验的东西结合在一起的时候,我们是单纯从思辨的这个层次上来对它进行考量,来考察它,来估计它。比如说我们考察范畴表和知性的原理,我们没有涉及到具体的经验,但是我们已经确定了这样一些范畴和原理只能够运用于经验。当我们进行这样一种探讨的时候呢,我们是在纯粹的认识论的层面上来探讨的。但是这个理论的问题呢,它稍微更加具体一些,就是说,当你把这些先验的条件或者是原理把它运用于经验的时候,它可以形成一些什么样的东西,比如说自然科学的原理,比如说自然科学的形而上学,将要建立的自然科学的形而上学,未来的自然科学的形而上学,那是理论的,它涉及到比如说牛顿定理是如何建立起来的。康德在《自然科学的形而上学基础》里面把这些定理都一个一个纳入到范畴和原理的框架之下,来加以论述,这就是理论的。但是撇开牛顿定理,也撇开伽利略的那些东西,那些原理,我们就谈范畴,这是属于思辨的。那么,实践方面只是作为引线而导向对理论问题的回答,以及,如果理论问题提高一步的话,导向了对思辨问题的回答,也就是导向了对某种意义上的认识论的回答。这些问题在认识论里面,是没有得到回答的,或者只得出了否定的回答。比如说上帝、灵魂,这样一些问题,我们在思辨理性里面本来是拒绝回答,或者认为这不可知的。你想获得对它们的知识,那是不可能的,已经得出这种回答来了，当然那不是建立在实践的引线这个前提之上的。现在我们建立在以实践作为这个引线的前提之下，那么它会导向对理论问题和思辨问题的一种回答，在这个层面上面，我们来回答那些问题，上帝的问题，灵魂的问题。在实践的意义上面我们来回答这个问题，究竟有没有上帝，究竟有没有来世，灵魂是否不朽，这些问题我们可以再次加以回答。那么在这个地方呢，我们可以指望找到某种回答，那么这种回答显然它既是实践的，又是思辨的，又是理论的。

因为一切**希望**都是指向幸福的，并且它在关于实践和道德律方面所是的东西，恰好和知识及自然律在对事物的理论认识方面所是的是同一个东西。

这个"希望"打了着重号，就是说，"我可以希望什么"里面，任何一种希望，它都是指向幸福的。所有的希望都是希望对你好的东西，都是希望对你是善的，好的事情你才希望，没有人希望对自己有害的事情。这是肯定的。一切希望都是指向幸福的。一切希望，"在关于实践和道德律方面所是的东西"，你希望什么，在实践的方面和道德律方面我们可以来看待你这个希望。就是你这个希望在实践和道德律方面来看，究竟是什么。这就涉及到两个方面，日常实践的方面和道德实践的方面。比如说，我们在日常实践中希望得到幸福，那么这种幸福的希望和前面讲的"教人明智的训导"是一致的，和达到幸福的自然物理手段是一致的，你掌握了多少自然规律，就有希望达到怎样的幸福。这就是理性在实用的方面所做的"全部工作"。① 所以实用方面对幸福的希望和我对自然物理知识的认识和掌握是"同一个东西"。另外，就道德律而言，我们希望成为一个道德的人，我希望成为一个纯粹道德的人，但由于我同时是感性的，我此生是做不到了，人都是有限的了，人怎么能像上帝那样，像天使那样？那么我就希望有来世，我希望世世代代我的灵魂不断地经受考验，

---

① 见《康德三大批判精粹》和《纯粹理性批判》B828。

能够逐渐接近一个纯粹的道德理想。这就是这种希望在"道德律方面所是的东西",希望自己在道德上面能够达到纯粹。但这一方面也与前面那种实用的智慧一样,"恰好和知识及自然律在对事物的理论认识方面所是的是同一个东西"。怎么说? 我的这种希望,它不是空的,我怀抱着一个道德的希望,想要成为一个好人,那么我在世俗生活中间,肯定有所表现。你要做好人,你就要做好事啊,你不能空谈呐。我要做一个好人我就必须做好事,做一辈子做好事,来世还要做好事,这样来完善我的道德。我此生做不到,我来世要做到。如果灵魂是不朽的,那么我在这方面是有希望的,我总有一天有希望可以做到成为一个纯粹道德的人。但是它必须表现在世俗生活中,不管你是来世还是此世,你总要表现于世,表现在现实的生活中,对现实生活要起作用。所以,你这种希望呢,跟"知识和自然律在对于事物的理论认识方面所是的是同一个东西"。当然实际上它们之间还有不同,就是说你的内心的道德律客观上做出来的效果肯定和你所预期的、所希望的不一样。但是我**希望**它们是一样的。我虽然在此生也许做不到,因为人不是上帝,人怎么能够把自己想做的都做出来呢? 很可能我想做道德的事,结果没有做出来,我受到很多很多的感性的自然规律的束缚和影响,使我偏离了道德律。但是我世世代代地那样去做,我就可以希望我越来越接近于我所想做的那样一些道德的事情。那么从希望的角度来看呢,它们是一回事情,你所希望的跟你所希望在世俗生活中实现出来的是同一回事。所以在你的希望中,你的道德律跟自然规律是一回事情。因为你做出来的事情肯定都符合自然律,凡是你做出来的事情,它就符合自然律;至于符不符合道德律,那当然是不一定的,但是我可以希望它也符合道德律,我可以希望我做出来的事情都既符合道德律,同时又符合自然律。当然人是做不到的,人是有限的嘛。人怎么能预计到自己出于好心做出来的一定是好事呢? 或者他本来的意思是好的,但是由于自己的感性欲望的冲动的干扰,使他做不成好事。这个人是预见不到的。那么只有上帝能够预见到,而且上帝总是有道理

563

的。你此生之所以没有做成好人，实际上没有能够做成一个纯粹的好人，是因为你的感性的有限性；但是有了来世和有了上帝，你就有了希望了。我虽然没有做成一个好人，但是这是上帝有意的安排。只有通过这样的不断克服自己的缺点，不断地改善自己在世俗世界的行为，世世代代地、上帝使人一天一天地越来越走向善。上帝创造了这个世界，整个自然界都是上帝创造的，是由上帝来安排的。这个安排跟道德律在上帝那里是一致的，自然界必须会促进道德律的实行。虽然我们看起来这个世界上到处有灾难，有不幸，有罪恶，但是这也是上帝的安排，上帝安排这些东西是为了锻炼人。我们可以这样来考虑，是为了让人自愿地克服这样一些灾难、痛苦和罪恶。经过这样一些克服，那么人类越来越向他们所理想的目标前进。他们在现实生活中追求幸福，这个追求幸福本身不是罪，问题是这个追求幸福跟它的道德是否能够相配，这个是上帝早有安排的。我们如果相信一个上帝的话，那么我们在这方面是有希望的。虽然此生也许没有希望，但是来世会有希望。总而言之，最终会在上帝那里得到公正的审判。基督教认为人死了以后，灵魂到上帝的面前，会得到上帝的公正的审判，哪些人该上天堂，哪些人该下地狱，而且最后那些下地狱的，当他还清他的罪孽以后，他仍然可以上天堂。基督教里面有这种解释，当然也有不同的解释，比如说，有的人认为，在地狱里面的人永远不能上天堂，有的人认为在地狱里面的人最后还是可以上天堂，最终是可以得到上帝的拯救的。上帝创造的一切都是善，都是好的，但是要有个过程。不是说毫无过程的、机械的，一造出来就是好的，而是上帝在一个过程里面，使自然的规律越来越符合道德律，越来越走向道德律的方向。所以你在道德律方面所是的东西，作为一种希望，在道德律方面所是的东西，跟自然律方面所是的东西，实际上是一个东西。当然这有个条件，就是必须要有上帝在。必须要有上帝，才能设定它们是同一个东西。上帝设定这个世界、这个自然界，并且上帝设定人要追求自己的幸福，包括人自身的那种本能，动物性的欲望，那种日常的需求，这都是上帝设定的。上帝设定这些东西，他是有目的的。他不是说，这些东西，既然本身不是道德的，那么就是上帝的失误。它不是上帝的失误，是上帝有意这样安排的。最后呢，要达到这两者的一致。在上帝那里，最终是可以达到两者的一致的，德、福相一致。我们在现实世界中，我们希望得到幸福，但是我们应该做道德的事情，这两方面最终要达到一致。最终是你所得到的幸福，跟你所做的道德的事情完全相配，那就达到至善了。所谓至善，所谓圆善，就是这个意思，就是德、福一致。而且呢，是福相配于德，而不是相反。德是最高的，但是如果没有幸福，没有福，那它还不完善，要加上与之相配的幸福，才能够达到完善。所以我们这个自然界是上帝创造的，创造通过一个历史过程，来达到德福相配。我们在世俗生活中追求幸福，然后呢，我们意识到我们理性的道德运用，我们的道德责任，我们追求幸福就有目的，不是为幸福而幸福，我们要追求那些与我们的道德相配的幸福。在这方面我们不能指望现实世界，但却可以指望一个来世和一个上帝。所以这样两个系列呢，实际上是同一个东西。在实践和道德律方面，你应该做什么，你可以指望做到什么，那么在自然律方面，在自然界方面呢，你就可以指望获得什么样的幸福。"一切希望都是指向幸福的"，包括你做道德的事情，希望成为一个道德的人，它也有一种幸福的指向。我做了道德的人，我做了我应当做的，那么我可以希望什么。当然有的人可以说我并不希望得到什么报酬，我就是做一个道德的人就够了，就像斯宾诺莎一样。他这样说，就他本身来说，他是一种牺牲。我们为了道德，我们勇于牺牲，我们可以杀身成仁、舍生取义，我们可以放弃一切身家性命，一切人生的幸福。但这是作为一种牺牲取得来的，它不是完善。做这种牺牲的人自己也意识到，这不是完善。因为在德和福之间，如果涉及到选择的问题，"熊掌和鱼"不可兼得，那么仁人志士都选择德而放弃幸福，但是他们这是一种牺牲。他们自己也知道，如果你既可以坚持你的道德，又可以获得相应的幸福，那当然最好了。可惜世界上没有那回事。所以我选择杀身成仁。但是从整个世界、宇宙的创造主的眼光来看，从上帝的眼光来看，这并不是完满的，并不是至善的。这只是表明你这个人道德高尚。你虽然不指望得到幸福，但那是因为如果你不相信上帝的话，你就不会指望；如果你相信上帝的话，你必定会指望。一个信徒他就会说，我此世没有得到的幸福，来世会加倍得到，因为我做了一个好人嘛，上帝会保佑我的。这就是所谓"至善理想"，需要有一个上帝存在的假定。那么有了这么一个假定，德和福两者就会统一起来。自然界的各种幸福和不幸，跟你的道德这方面的行为相互之间有一种比例，即算不是此生的比例，也是在你的整个不朽灵魂的世世代代的过程中，将会合乎一种比例。上帝不会不公正的。你不要抱怨，我做这么多好事，结果到处吃亏。你不要抱怨，上帝会达到公正的，在来世上帝会给你加倍的报偿，会弥补你的损失。要相信上帝。在这个意义上面呢，两者是同一个东西。所以基督教经常说，把世上所受到的各种不公，各种不合理的对待，当作是上帝对自己的考验。哪怕考验了一辈子，但是他相信有来世。这个必须要有个前提，就是上帝存在，有来世。

B834　　前者最终会推出这种结论，即**某物有**（它规定着最后可能的目的），**是因为某物应当发生**；后者则会推出那种结沦，即**某物有**（它作为至上原因而起作用），**是因为有某物发生了。**

　　前者是什么呢？就是"关于在实践和道德律方面所是的东西"，它最终会推出这种结论，即某物有，是因为某物应当发生。在实践和道德律方面所是的东西，当然是立足于应当了。立足于应当来看，那么肯定会有这样一个"某物"，一个"规定着最后可能的目的"的某物，这个某物的"有"是因为它"应当发生"。"应当发生"的某种东西规定着最后可能的目的，成为"最后目的之规定根据"，那么这个东西是什么东西呢？康德这里没有说。但前面在这一节的标题中他已经说了："至善理想，作为纯粹理性最后目的之规定根据"。也就是说，这个"规定着最后可能的目的"的"某物"，就是康德所说的"至善"。但这里还没有明确点出它是至善，而只是说肯定会有一个"某物"来规定最后可能的目的，因为这个某物它"应当发生"。它之所以发生,不是因为别的东西使它发生,而是因为它应当发生。最后可能的目的,是由这个应当发生的某物所规定的。所以从这个角度,从实践和道德律的这个角度来看呢,我们可以最后推出这样的结论,就是最后的目的是立足于某物的应当发生。最后目的的规定应该有个根据,我可以希望什么,最终你可以希望什么。这样一个"最后目的",当然包括"最高的目的",即通过来世和上帝的设定,前面康德讲它们涉及到最高目的,它们使得把一切爱好的目的结合起来的"幸福"这个目的,即在经验世界中的最高目的,与"道德"这个纯粹实践理性的最高目的,即超经验的最高目的,两者的统一得以成为可能。那么这两个最高目的结合在一起,我们可以称之为最后目的,或者是最终的目的。那么它的规定根据是什么,用什么东西来规定这个最后目的? 这还应该有一个更超越的层次。也就是对于上帝也好,对于来世也好,对于幸福和道德的统一也好,都有一种规定,或者一种进一步的解释,那当然就应该是至善了,就是"至善理想"的规定。注意前面讲先验辩证论对上帝存有的证明时,康德也曾把上帝这个理念称之为"理想"。至善就是德福一致,而来世和上帝就是能够使人在道德上达到纯粹、在幸福上达到与道德完全成比例的条件;至于幸福,则只能指望与德性相匹配的幸福。但是目前在事情还没有说得很清楚的时候,他就用一个"某物"来代替。反正有那么个东西,应该有那么个东西,是它规定着最后可能的目的,这个最后的目的是可能的,是因为有它在规定。某物应当发生,这个至善的理想是应当发生的,所以它在应当的这个意义上,规定着最后可能的目的。这是一个方面,"前者最终会推出这种结论"。那么下面讲:"后者则会推出那种结沦,即某物有(它作为至上原因而起作用),是因为有某物发生了"。最后这个"有"字我们可以把它去掉,更加严格一点。某物有,是因为某物发生了。某物"它作为至上原因而起作用"。也就是说,这个某物,一方面,它"应当"规定着最后的那种目的;但是另一方面呢,作为至上的起作用的原因,它同时呢,又规定着现实世界里面**正在发生着**的那些事情。那些事情都可以看作是某物正在发生。我们现实的宇宙，现实的自然界所有发生的、正在发生的事情，我们都可以看作是属于至善理想的一部分，至少是属于它的一部分。而这一部分最终的根据，最终至上的原因，还是在于至善。我们在现象界，在自然界，在经验的世界，在世俗的世界里面，看到了形形色色的某物的发生，它都是由于这个至上原因而起的作用。这个世界都是由于至善这个"至上原因"而造成的，至善在上帝所创造的这个现实世界中，确确实实地发生了它的影响，留下了它的后果。这个某物作为至上的原因，通过上帝创世而起到了它的作用，上帝所创造的世界是最好的。不是说我仅仅停留于一种道德的应当，我应当希望某物，我应当追求某物，而是说，我这个应当追求呢，在现实世界中也有它的表现。它虽然本身不是直接地在现实世界中显露出来，上帝也好，至善也好，我们在经验事实中，在自然科学中，没有哪个能够把它的作用分析出来，能够找到它。但是呢，现实世界中有某物发生，这个世界发生了，这个世界在那里，这个世界本身在那里运作，我们就可以把它看作它是有目的的，看作是有一个超验的目的使它这样的。当然它的前提呢，既是说，有个应当。在应当的前提之下，在实践理性的这个领域里面，我们可以把它看作是有某种目的，作为它的至上的原因。这个现实存在的世界是有某种目的作为它的至上的原因而起作用的，是上帝按照至善原则安排的。这个世界从这种角度来看呢，它是属于至善的。我们可以认为上帝创造这个世界，上帝创造的东西它本身当然是好的，如果你确定了上帝的根据的话，那么现实世界的那些都可以得到至善的解释。所有发生的事情，在我们看起来虽然是不好的，有很多阴暗面，但是呢，上帝创造它都是有目的的。尽管它是不好的，但也是必要的，也是至善所必要的，不可或缺的。它必将一步一步趋向于最高的善，或者最高的幸福。在自然界里面的善就是幸福了，如果没有这个善，那道德的善也称不上至善，也称不上圆善了。某物的应当发生和某物已经发生了（有某物发生），在我们凡人看起来，这完全是两码事情；但是如果你立足于一种希望,立足于一个彼岸世界来看,你可以把它们看作是同一件事情,来自同一个原因。当然必须要有两个假设,就是说,假设灵魂不朽,假设上帝存在。现在看起来好像还不是一回事情,善人没有得到善报,恶人也没有得到恶报;但是从长远来看,从上帝的眼光来看,它们是一回事情。终归善有善报,恶有恶报,不是不报,时候未到。还没有到嘛,你此生只是一生嘛,你死了以后还有来生嘛。你这样来看的话呢,你可以把它说圆了。你就可以有权假定一个上帝或者一个来世。所以至善理想是我们假定上帝、来世和德福一致的理论根据。

那么接下来的几段呢,就是在追溯、追寻这个某物,把它的"至善"的含义展示出来。现在要读的这一段,首先就是要把"幸福"这个概念探讨清楚。那么下一段呢,是把纯粹的道德律、绝对命令搞清楚。再下一段呢,就是把这两者的关系引出来,乃至于引出一个"道德的世界"。这个道德的世界我们就可以看作是至善了。因为它既是道德的,同时它又是世界。这个"世界"(Welt)我们也可以理解为"世俗"、"尘世"。在德文里面"世界"这个词,也有"世俗"的意思。也就是说,既是道德的,同时它又是在世俗生活中有它的作用,有它的反映,有它的效果的。这样一个世界,我们叫作道德的世界。那么最后呢,他才引出来"至善的理想"这样一个理念。他的这个思路一步一步应该这样来把握。现在我们看看今天这一段。首先他探讨"幸福"概念,一切希望都指向幸福,但只有以道德上的应当作为前提的幸福才能够被看作是至善。那么幸福本身的概念怎么理解?

幸福是对我们的一切爱好的满足(按照满足的多样性,这幸福是**外延的**,按照满足的程度,幸福是**内包的**,而按照满足的持续性,幸福则是**延伸的**)。

这幸福是"外延的"(extensiv),或者译作"扩展的"。我们原来翻译成扩展的,也可以,但是为了跟他的范畴表对应呢,应该翻译成"外延的"。按照满足的程度，幸福是"内包的"（intensiv），我们原来翻译成"强弱的"，范畴表上我们翻成"内包的"，一个外延，一个内包，这样就对应起来了。而按照满足的持续性，幸福则是"延伸的"（protensiv）。也就是"幸福是对我们的一切爱好的满足"，幸福跟我们的爱好，跟我们的Neigung是相关的。什么叫Neigung？我们翻译成"爱好"，苗力田先生把它翻译成"性好"，还有人把它翻译成"嗜好"、"癖好"，有的翻译成"倾向性"，都有那么个意思，就是出于感性的动机，或者是出于本能，或者是出于情感、欲望、情欲，等等。你喜欢什么东西，你欲求什么东西，这都属于爱好，Neigung。我们把它翻译成"爱好"。凡是你所欲求的，你喜欢的，给你带来愉快的，你都要求得到满足。幸福它本来无非就是指这样一个意思。所以人对幸福的追求，人生在世他的世俗的追求、他的自然的最高的善，那就是追求幸福。如果撇开人的道德，撇开人的本体不管，我们单纯看人作为一个动物，作为一个生物，在这个地球上生存，那么他肯定是要追求他的幸福和满足。当然我们说幸福还有高级的，精神上的愉快，等等。但是不管怎么样，如果是出于爱好，那么这种满足呢，都是自然界的。所以括号里面呢，他把这种爱好的满足分了一下类。按照满足的多样性，满足多种多样，各种各样的满足，吃饱，穿暖，地位，名誉，财产，等等等等，各方面的要求，大量的这种要求，在这方面呢，这幸福是外延的。你朝外部世界去追求，追求新奇，追求刺激，追求新的欲望，欲望是无底洞了，追求了还不够，达到了，实现了，又觉得还不满足，还要追求。在这方面呢，它是一种外延的、五花八门的幸福。按照满足的程度，满足度，就是你追求到了，这个满足的程度。我们今天讲"幸福度"，我们到处调查哪个城市的幸福度最高，好像有个调查说武汉的幸福度最高，武汉人最知道幸福。但是武汉人工资并不高。为什么幸福度最高呢？因为他的幸福是内包的，他是内包的幸福，有强弱的，他有一点点满足他就感到很大的幸福了。这个是另外一个维度来看了。前面一个呢，他可以通过比如说这个工资收入、平均收入来衡量，那么后面这个他没有办法用外在的东西来衡量,所以它是内包的。这两个方面相当于范畴表上的一个是量,一个是质。生活的量,幸福的量跟幸福的质是不一样的。现在我们讲生活的质量,不仅仅要生活得多,而且要讲究生活质量,就是从这个角度来谈的。那么第三个范畴呢,按照满足的持续性,protensiv是持续性,当然跟时间有关,这种幸福则是延伸的。这个持续性在这个范畴表里面其实相当于实体性范畴。实体无非就是时间中的持存性嘛,在时间中的持存,一直持存下来,实体在时间中是不能增加也不能减少的,它一直在那里。那么这个幸福是不是能够像实体那样持续下来,或者说即使不是同一个实体持续下来,至少你这个实体经过了,你引起了下一个实体。这是因果性,因果性也是protensiv,所以它涉及关系范畴。所以第三个,延伸的,它涉及到关系范畴。就是你这个幸福能不能保持,或者你保持下来了,或者你不能保持,你是不是有东西取代。你失掉了一个幸福,是不是有另外一个幸福接踵而来。它符合因果律。你放弃了一个幸福,你获得了另外一个幸福,你仍然是幸福的。这是持续性,延伸的,延伸的相当于关系范畴。当然这个里头主要是讲这三个范畴。至于模态范畴呢,这个里头不讲了。因为模态范畴不属于构成性的。模态范畴是超越的,它是属于认识论的。就是我们所获得的东西,它的现实性,它的可能性,它的必然性问题。这个问题也不是完全不讲,他在后面要讲。基于"可能性"应该怎么怎么样。它不是属于这个地方讲的层次。这个地方主要是讲这三个范畴。一个是量,一个是质,一个是关系,这是构成自然界的三个主要的层次。自然界的客观性,它的客观规律就是这三个层次构成的。模态范畴呢,它不属于自然界的构成规律,它属于我们认识自然界对象的一种认识规律,所以这个地方呢,暂时把它撇开。这是第一句话:幸福是对我们的一切爱好的满足。

　　出自**幸福**动机的实践规律我称之为实用的规律 (明智的规则);

　　出自于幸福动机,实践当然有动机,实践也有规律,因为它有目的性嘛。有动机,有效果,有目的性,有手段。那么这个手段是否能达到目的,这里面当然有一种规律在里头。它本身也可以说有一种规律。在前面，他曾经谈到实践的法规，实践的法规跟这个规律是不一样的。实践的法规是具有普遍性的，而这个地方讲的实践的规律，是出自幸福动机的实践规律，它是经验性的，它是一次性的，它不能够普遍化。你一次得手，你下一次还想得手，那不一定。每次有每次的具体情况嘛。虽然它有规律，但是你要根据具体情况的改变来选择不同的规律，或者发现不同的规律。所以这个实践的规律呢，他称之为实用的规律，也是明智的规律。出自幸福的动机，比如说，你本来是为了追求幸福，这样一种实践，我们通常讲的是一种实用，日常的实践我们叫作实用。包括生产劳动，包括与人相处的技巧，包括政治艺术，包括临时采取的解决问题的措施、办法等等，这些都属于实用的规律，属于明智的规则。这个跟道德的规则是不一样的。明智的规则是片断的，它不能够一贯，它不能够有一个绝对的规律，它总是根据它的前提、条件而选择的。它总是有一个条件。你如果要怎么怎么样，那你就最好怎么怎么样。所以它是属于假言命令，它不属于定言命令。

但如果有这样一种实践规律，它在动机上没有别的，只是要**配得上幸福**，那我就称它为道德的（道德律）。

我就称它为道德的，也就是称它为道德的规律，道德的规律就是道德律。就是"如果有这样一种实践规律"，"如果有"，这个地方还没有肯定，因为这个地方在谈幸福，仅仅谈幸福。幸福呢，有一种情况是出自幸福的动机，这样一种实践的规律是怎么样的，那是明智的规律。那么另外一种涉及到幸福的规律，就是动机上没有别的，只是要配得上幸福，它跟幸福当然有关，但不是出于幸福。它的动机不是出于幸福，而只是"要配得上幸福"。那么这就是道德律。什么叫在动机上要配得上幸福？这个一方面它是针对人而言的，就是人，一方面他具有道德性，但另一方面呢，他又是感性的动物，他又是感性的存在。所以，人在动机上呢，他如果要按道德律办事的话，那么他肯定要涉及到与他作为感性的那一半相互之间的关系。当然他撇开了这些东西，撇开了感性的幸福这些东西，不是把它作为动机，但他仍然与它有一种关系。人作为感性和理性的统一体，他仍然对这个感性的这一半呢，有一种评价。就是说，我在感性世界中，我所获得的幸福，或者我可以希望获得的幸福，要跟我的道德行为相配。出于道德律，这个如果是上帝或者是天使，对他们来说，那就不存在配得上幸福的问题，没有这个问题。但是对于人来说，人就有这个问题。人是感性和理性的结合体，所以人在进行道德行为的时候，他的行为当然是出于道德律了，是为道德而道德，为义务而义务，当然是这样的；但是这个为道德而道德，为义务而义务，对人来说呢，它成为一种"命令"，因为人有感性嘛。如果上帝就不用命令了，他想到什么去做就是了。但是对人来说呢，他有感性。所以呢，他有一种命令。你应该这样做，命令你只能这样做，而不能那样做。那么我遵守了这样一个命令，它就有一种配得上幸福的价值。就是说我放弃了某些东西，在自然界，在感性生活中，我放弃了某些东西，那么我得到回报就是应该的。虽然我没有得到回报，但是我得到这些回报是应该的，因为我服从上帝的命令，服从道德的命令，我主动地放弃了某些东西。这种道德行为本身就有一种崇高的价值。它跟幸福之间就有一种比例的关系，人们就会觉得很崇高，因为他为了道德而放弃了某些享受，某些应该得的东西，所以他如果在来世、在上帝那里得到某些补偿的话，那人人都会认为这是应该的。幸福本来跟这个绝对命令没有什么关系，但是通过人的这样一种结合，它们就有了关系。人应该得到这些幸福，因为他配得上。"所以我就称它为道德律"，道德律呢，其实本来并没有这样一个头衔，叫作"配得上幸福"，但在这个地方呢，康德把这个"配得上幸福"的行为或动机称之为道德律。也就是道德律本身具有了这样一个名称，就它本身而言，原来并没有这样一个名称。就事论事的话，它就是理性的自律嘛，自由意志的自律嘛。自由意志自律就完了，定言命令就是自律：你要按照使你的意志的准则成为一条普遍法则那样去做，这样你就是自由意志，你就是自律。

这就完了。这是就人单纯作为理性存在者而言的，就纯粹实践理性的存在者而言的。但是现实的人又不光是一个纯粹实践理性的存在者，他还是一个感性的存在者。那么从感性的存在者这样一个角度来看，它的这个道德律就获得了另外一个名称，就叫作"配得上幸福"。道德律的行为就是配得上幸福的行为。至于怎么样配得上，那当然要道德律来解释，这个不能由幸福来解释，幸福只是附属的，它的"配不配"由道德律对它加以解释。这样一个名称的获得仅仅是因为人是双重的存在，如果你从单方面看呢，这个说法本来是不需要的。什么配得上幸福，你出自于道德律，你就不应该考虑幸福，本来是这样的。你出自于幸福的动机，那你就不配成为道德的，你哪怕做了好事，你也不配成为道德的。因为你不是"出自于义务"，而仅仅是"合乎义务"，做了好事，那还不配成为道德的。但是如果换一个角度来看，把人看作双重的统一体，那么就需要这样一个命名，就是什么是道德律，那就是配得上幸福的行为才是道德律。那么现在就有两种实践规律。前面一种呢，是出自于幸福的动机，这样一种实践的规律就是实用的规律，明智的规律。第二种实践的规律呢，在动机上没有别的，也就是没有幸福的考虑，它不考虑幸福，但是它考虑要配得上幸福，我要做那种配得上最大幸福的事情。那是什么事情呢？那就是纯粹道德的事情。出自于纯粹道德律的事情才是配得上最大幸福的事情。这两种实践的规律当然是很不一样的，那么下面就来分析。

前者建议我们，如果要享有幸福的话必须做什么，后者命令我们，仅仅为了配得上幸福我们应当怎样做。

这里分别对前者、后者做了一种解释。前者，也就是出自于幸福的动机的那种明智的规则，那种实用的规则，它"建议我们"，它提出个建议，建议当然也是带有一种命令的意思了。但是这个命令的意思不是绝对的，而是假言的，有条件的：如果你想要得到什么什么的话，那么我建议你做什么什么样的事情。或者说，如果你想要得到什么的话，那你就应当做什么样的事情。这种应当是有条件的应当。而且呢，按照他的设想，它是会在现实世界中反映出来的，会实现的。我的这种建议的前提就是说，你这样做，你的目的就会实现，你的目的在现实世界中就会有它的后果，有它的效果。当然有些也不一定了，我们说这个医生的建议无效，这个药无效，也有这样的情况，但是我们至少在动机和目的上面呢，我们是假定它有效的，在现实世界中有效。所以它是一种建议。如果要想有幸福的话，必须做什么，这个必须就是应当。有了一个条件以后，你就应当。如果你想身体好，你就应当去看医生，你就应当去打针，你必须去。当然如果你不想身体好，那是另当别论了。你不想看病，不想打针，那死了算了，当然也可以，没人强迫你。但是我只是提出一个建议，如果你还不想死，你现在得马上去住医院。这是个建议，建议也有必须和应当的成分在里头，但它不是绝对的。这是讲"前者"。至于后者，它是无条件的命令，后者命令我们仅仅为了配得上幸福我们应当怎样做。后者就是道德律了。道德律就是命令。我们讲定言命令，你必须使你行为的准则成为一条普遍的法则，这是无条件的。你在做任何事情的时候，你都必须要考虑这一点，你都无条件地应当考虑这一点。不是为了别的目的，不是为了搞好人际关系，或者是治国平天下，或者是得到上帝的报偿，在来世上天堂而不是下地狱，等等，所有这些东西，这些条件，都不考虑，你必须把它本身当作一个绝对无条件的命令。那么这个命令呢，用另外一种表示方式就是，你仅仅是为了配得上幸福，那么应当怎么怎么做。这个命令本来有它的定言命令的表达方式，在道德律里面，在《实践理性批判》里面，在《道德形而上学基础》里面。都讲得很清楚了。什么是定言命令，什么是道德律，已经讲得很清楚了。但这个地方呢，他的表述方式是不一样的，因为他的立场是不一样的。他的立场不再是仅仅出于纯粹实践理性的立场，不再是出于道德形而上学本身的立场，道德律本身的立场，而是出于人的立场。我在上一次讲了，他的第四个问题是"人是什么"。人是什么是从这里面引出来的。既不是从认识论里面，也不是从他的道德律里面，而是从这两者的结合，也就是"我可以希望什么"，从这里面引出来的。立足于人的立场，那么人是感性的存在，又是理性的存在，他既要追求幸福，又要成为道德的，这两者缺一不可。缺了一个他就不是人了。分开来看，如果他只有理性，他也不是人，他是上帝或者天使。如果他只有感性，他也不是人，他就是其他的动物。但是人的特点就在于这两方面他同时具备。所以康德讲，后者，也就是道德的实践规律"命令我们，仅仅为了配得上幸福我们应当怎样做"。这个是从人作为感性的存在如何能够规定他的理性的行为来说的。人具有感性的存在，那么他在规定他的纯粹实践理性的行为的时候，规定他的纯粹道德行为的时候，他可以有另外一种表达方式。就是说，我们不要想得那么复杂嘛，我们想得很简单，什么绝对命令啊，那些东西绕来绕去，恐怕一般的老百姓的脑子都搅昏了，他们搞不清楚。那么你很简单地告诉他，就是说，你做的事情要能够仅仅是为了配得上幸福。这样说就够了，老百姓一下就明白了。什么是道德律，道德律就是说，如果你得到了相应的幸福，没有任何人会嫉妒你，大家都认为是合情合理的，善有善报嘛——那就说明你做的事是出于道德律。我们为什么讲现在许多人都是"为富不仁"呢？就是因为有很多发了财的人是不道德的，所以他不配得那些财富。但是像比尔·盖茨这样的人，他通过自己的劳动，通过自己的聪明，没日没夜的工作，他发了大财，没有人嫉妒他。人家都觉得他是配得的，因为他是道德的嘛。他没有任何不诚实的手段，他该得的，他还得少了，还应该有，还应该更多，我们都得了他的好处，哪个不感谢他？所以这就很容易理解，我们人本来也是感性的动物嘛，也是感性的存在，你从感性的方面来给道德律做一个规定，那大家很容易理解。同时呢，这又是符合人的本性的。它不是经验派的那种规定。经验派规定的道德就是"为最大多数人的最大幸福谋利益"，什么叫"最大"，什么叫"幸福"，什么叫"利益"，这些东西都有待于规定，都有待于经验的规定，你永远也规定不了，规定不完。但是康德呢，他把经验方面的这些东西归总为一个"幸福"的概念，而且呢，幸福它既有外延的又有内包的又有延伸的，总而言之，幸福本身被他提升到了一个抽象理念的高度。你当然可以列举这也是幸福,那也是幸福,但是呢,一言以蔽之,我在感性世界中的所有的欲求的对象都可以称之为幸福,我就不谈它了。然后呢,我从人作为纯粹的理性存在者来规定这个幸福是应该得的。为什么应该得? 不是因为有个条件在那里应该,而是因为无条件的应该,那就是因为你有道德。因为你有道德,所以你才应该。所以这句话很能够被普通老百姓所理解,就是仅仅是"为了配得上幸福",我们应当怎么做。这就是道德的了。当然要真正地把什么叫配得上幸福分析出来,那还要花一番功夫。那就必须要通过纯粹理性的分析。但是呢,通俗地来说呢,就可以这样来说了。你沿着这条线索去想,那是没错的。

　　前者基于经验性的原则,因为除了借助于经验以外,我既不会知道有哪些要满足的爱好,也不会知道能导致满足这些爱好的那些自然原因是什么。

　　这是再一次讲,前面有个前者,在这里重复地、进一步地展开前者。前者是基于经验性的原则,也就是说,出自幸福的动机的那种明智的规则,实用的规律。它是基于经验性的原则,它完全是封闭在或者局限于可能经验的范围之内,它不愿意超出可能经验的范围。一切都有经验的条件,首先是我想要得到一个什么东西,那么我应该怎么做,我才考虑它的手段。所以它是基于经验性的原则。为什么基于经验性的原则? "因为",这个因为实际上是展开,是阐述怎么样基于经验性的原则。它是如何基于经验性的原则的呢? "除了借助于经验以外,我既不会知道有哪些要满足的爱好,也不会知道能导致满足这些爱好的那些自然原因是什么"。当然这是一句反过来说的话,正过来说的话是:只有借助于经验,我才知道有哪些要满足的爱好,也才会知道能满足这些爱好的哪些自然的原因是什么。我们对语言句子的变化能力要多多训练。他的这个话反过来说我们往往觉得好像不太好理解,但是正过来一说呢,就很明白。就是说我们只有借助于经验嘛,我们才能知道。首先知道什么呢,知道哪些要满足的爱好，我们到底有哪些要满足的爱好。食色，性也。这是我们在经验中总结出来的。人最主要的就是这两大爱好。那么，只有通过经验我们才能知道，这两大爱好是最重要的，当然还有别的。那么，只有通过经验呢，也才能够知道，要满足这些爱好，它的自然的原因是什么，也就是它的手段是什么。自然的原因，自然的因果性，自然的因果关系，告诉你如何才能满足你的食色。这是一个目的，那么你要达到这个目的，你必须要根据自然的规律去选择什么样的手段，这也是通过经验。所以这里讲的自然的原因是不是还有别的意思？这里没有别的什么意思，就是指的自然界的因果关系，自然界的原因。它是一门技巧，一门技术。你要在这个世界上生活，你要达到你的目的，你就必须有经验，你就知道有些事情你凭这样一种手段是达不到的，只能采取另外一种手段才能达到，这是一种知识嘛，这是一种生活经验嘛，这是一种明智的规则嘛。生活有了丰富的经验，在这方面你就会有明智的规则，你就知道了，你要达到什么样的目的，我就建议你采取什么样的手段。一般的具有丰富生活经验的人，你经常可去请教他的。我想要求职，我该怎么做。现在到处都是广告，到处都是建议，在网上到处都有。有些是空的假的，但是有些呢，也是通过经验所获得的。那么后者呢？

后者抽掉了爱好及满足这些爱好的自然手段，

这句话印证了上面我所讲的，这个"自然手段"当然就是上面讲的自然律的原因了。"导致满足这些爱好的那些自然原因"，那就是手段，自然手段。但是呢，道德的或者是道德律抽掉了这些爱好，它不去考虑我需要什么，要满足哪些爱好，它不去考虑这个，它不是出自于爱好的动机嘛。"以及满足这些爱好的自然手段"。你爱好都没有了，都抽掉了，那它的手段当然也抽掉了。包括自然科学的知识，包括生活的经验，包括人情练达，世事洞明，这些东西你都不用考虑，你只考虑道德。

只一般地考察一个理性存在者的自由，以及这自由唯有在其之下才与幸福的按照原则的分配相一致的那个必要条件，抽掉了爱好和实现爱好的手段,那么剩下什么呢? 剩下的只有"一般地考察一个理性存在者的自由",仅仅考察一个理性存在者的自由。这个自由就不再是那种感性的自由了,不再是自由的任意了。自由的任意还有感性的成分在里头,当然它不是完全依赖于感性冲动的,但是呢,它仍然包含有感性的成分。那么一个理性存在者的自由,就是单纯从理性出发,纯粹从理性出发,他的那种自由,"以及这自由唯有在其之下",这个"其"是一个提前的代词了,它代最后这个词——"必要条件",这个自由唯有这样一个必要条件之下,"才与幸福的按照原则的分配相一致"。这个话非常拗口,我们把它简略一下:自由唯有在那个必要条件之下,才与幸福的分配相一致。幸福的什么分配呢? "按照原则的分配"。幸福的分配不是乱来的,不是乱分配的,也不是凭偶然性,偶然你运气好,你就分得了很多幸福,他运气不好,他一点幸福都没有得到,那都是偶然的。但是呢,能不能有一个按照原则的分配? 那么自由要与这种按照原则的分配相一致,那必须要有一个条件。你的理性的自由,你可以按照道德律,出自于道德律,为义务而义务去做事,但是呢,怎么样来使你这种自由的行为跟你的幸福的按照原则的分配相一致呢? 怎么样使你的自由的道德的行为跟幸福分配相一致? 而且是按照原则的分配? 那就必须要有一个条件了。所以这句话实际上是这样一个意思,就是说,这个自由唯有在这样一种条件之下,才能够达到与幸福的按照原则的分配相一致。那么我们现在考察一下,这个条件是个什么样的条件。所以后者,后者就是道德律,抽掉了爱好以及满足爱好的手段,只是一般地考察理性存在者的自由,从道德律的立场看,它只是考察理性存在者的自由。以及还要考察,这个自由以一种什么样的条件,才能够与幸福的按照原则的分配相一致。把这个句子变换一下可以变换成这样。也就是理性不仅仅是考察理性存在者的自由,而且也要考察这个自由如何、在何种必要条件之下,才能跟幸福按照原则的分配相一致。如何能够和幸福相一致,而且按照原则? "按照原则"就是必然应该相一致,它不是偶然地跟这个幸福相一致。如何能够做到？这也是我们从道德的立场所应该考虑的。在康德的道德哲学里面，在他的《实践理性批判》和《道德形而上学基础》里面，他可能不一定需要这样一个维度，他只是考察他的这个道德自律是一种什么样的结构，什么样的一种原理，道德形而上学的原理是什么样的，就行了。但是呢，从另外一个层次，就是说，当我做到了道德形而上学所要求我的那样一种道德义务，那么我可以希望什么呢？我可以希望得到什么呢？我有没有一种希望得到幸福的资格呢？这个是作为人类，而不是作为一个单纯理性存在者所能够提出的要求。作为单纯的理性存在者，他是不提这个要求的，比如说上帝、天使，他可以不提这个要求。纯粹的理性存在者可以不提这个要求。但是人类呢，他又是感性的，所以他从道德出发，他可以进一步提出一个要求：如果我做了我应当做的，那么我可以希望什么。这就是他三大问题里面的他要问的第三个问题。所以，它不仅仅是一般地考察一个理性存在者的自由———般地考察，也就是说作为一种纯粹实践理性的存在者的考察；而且是，"以及这自由唯有在其之下才与幸福的按照原则的分配相一致的那个必要条件"，这个"以及"后面就是把这个立场扩展了，就是不仅仅是一般的考察一个理性存在者的自由，而且还要考察作为人类，作为地球上的一种高级生物，万物之灵长，那么我们还要考察这个自由它要与幸福的按照比例的分配相一致，需要什么样的条件。

所以至少是**有可能**基于纯粹理性的单纯理念之上并被先天地认识的。

至少是有可能，这个"有可能"打了着重号，这个着重号是什么意思？我想这是跟前面的范畴的划分联系起来讲的。前面对于幸福已经限定了三个范畴，都打了着重号，一个是幸福的外延，一个是幸福的内包，一个是幸福的持续性，相当于范畴表上的量、质、关系，那么这个地方是不是要点出第四个模态范畴？"有可能"，我们知道"可能性"是属于模态范畴的。是不是要点出"可能性"？有可能"被先天地认识"，因为前面一句讲"后者抽掉了爱好"，只是一般地考察理性存在者的自由，以及与幸福的合理分配相一致的那个必要条件，"所以"，这个"所以"的主语还是那个"后者"，后者呢"至少是有可能基于纯粹理性的单纯理念之上并被先天地认识的"。就是后者它要考虑的只是，一方面它是一个理性存在者的自由，另一方面呢，它要考虑这个自由与这个幸福相配需要什么样的必要条件。所以它能够被先天地认识，至少是有可能被先天地认识。我们刚才讲这个"有可能"是跟它的这个模态范畴相呼应的，这里还有一个证据，就是上一段最后一句话，讲"某物有（它规定着最后可能的目的），是因为某物应当发生"。这里"最后的目的"中间夹了一个"可能的"，成了"最后可能的目的"。这个可能性是立足于"应当发生"之上的，这正好与这里讲的幸福与道德律的"应当"相配作了一个呼应。所以，幸福在这一段分别从四个范畴的角度得到了它的规定。

我刚才讲了，今天讲的这两段，前面一段是讲幸福的问题，那么下面这一段呢，是讲道德律的问题。前面一段也涉及了道德律的问题，是从模态上（可能性上）"配得幸福"这个角度涉及的，并且把道德律和这个实用的实践规律区分开来，从道德律和幸福之间的这样一种"按照原则分配"的关系，来引出那些必要条件。这个是立足于道德律和幸福的关系这样一个立场上面来讲的。那么下面这一段开始讲道德本身。这个思维的线索是这样过渡来的：前面从一般日常幸福的量、质和关系，到幸福与道德律的模态，然后这一段呢，就专门开始讲道德律。

　　我认为实际上是有纯粹的道德律的，　　　　　　　　　　B825

这个"我认为"当然是显得有些独断了。我认为是有的，你们认不认为我不管。"我认为实际上是有纯粹的道德律的"，这句话突然提出来，显得好像康德就是发表他自己的一个见解，至于有什么证明没有呢，他这里没有证明。当然后面也提到了，我之所以有权假定这一命题，是因为什么什么。但是这一段整个来看呢，可以说是带有一种独断论的色彩。但是因为在这里，康德不涉及到认识论，他涉及的是人的自由、信念或者信仰，所以在这个领域里面他说"我认为"，这不能够指责康德有独断论，虽然他是以独断的方式说出来的。因为信仰这个东西就是这样的，你有信仰就有，这个是不需要证明的。你要证明你有信仰，这说明你本身已经没有信仰了。你有自由就有自由，你要证明你有自由就恰好说明你已经没有自由了。道德律也是这样，因为道德律和自由在康德看来是一回事情嘛。纯粹的道德律就是自由。所以这个地方他只提出来，我认为有纯粹的道德律，就够了，不需要去证明为什么有，在这个问题上没有争论的余地。你如果认为没有，那康德也无可奈何。你认为没有就没有，我认为有。我认为有，我就可以在我认为的这个基础上面进行论证。当然你也可以进行你的论证，但是哪个论证能够站得住，那就看哪个的论证能被人接受嘛，就看读者、老百姓，他们会接受哪个。所以康德在有些地方专门谈到，我讲的这样一些道德律呢，是跟现实结合得非常紧密的，它涉及到每一个人，包括那些最不起眼、最低贱的人。只要他是一个人，他就会有道德律，他就能接受；而你们学院派的那些哲学家们，在经院里面讨论来讨论去的东西，是永远也不可能下降到一般普通人的意识之中的。在这方面他有充分的自信。所以这个地方，一开始就是"我认为实际上是有纯粹的道德律的"，这个是表明了康德的一种自信。我说出来嘛，你听了以后，接不接受是你的事情，但是我相信，只要是有理性的人，只要他运用自己的理性，他就会接受。

这些道德律完全先天地（不考虑经验性的动机，即幸福）规定行为举止，即规定一般有理性的存在者的自由的运用，

我们在读这句话的时候，要把重点强调出来，如果你把重点搞错了，那就很不清楚。就是说，我相信这些道德律，我认为实际上是有这样一些道德律，这些道德律呢，完全先天地规定行为举止，所谓先天地，就是不考虑行为的经验动机，不考虑幸福。我在前面也已经说过，所谓"先天地"就是超经验地，先于经验地，当然也是超越于经验之上地。但是超越于经验之上有好几种，一种是先验的，一种是超验的，这个地方讲先天的。

先天的就是讲先于经验,还没有经验的时候,或者说还没有考虑经验的时候,那么它已经在发生作用。道德律就是这样的,先天地,在道德律发生经验的作用之前,在考虑到幸福之前,在考虑到这些动机之前,就已经规定着行为举止了。这个道德律是完全先天地规定着行为举止的。刚才我们讨论这个问题的时候也讲到了,道德律跟经验、跟幸福相互之间,完全是不相干的,就本身而言是不相干的。当然在进一步的解释中呢,它也可以相干。比如说我们考虑到人类作为感性的存在者,当然也是一个经验的存在者了,地球上的人类嘛,这个时候呢,我们就不得不考虑,感性和理性是怎么样结合起来的。这个时候它就跟经验、跟幸福也发生了关系。但是,仍然是以一种特定的形式发生关系,你不能把它们混淆起来。它与幸福发生关系时,仍然在这个关系中保持着它的纯粹性。所以它是先天的。它保持它的纯粹性,完全是先天地规定人的行为举止。行为举止当然也要体现在经验中啊,体现在自然界啊,你的行为举止在自然界都会有它的后果。但是它的法则,它的规定,完全是从先天方面来的。下面:"即规定一般有理性的存在者的自由的运用",什么叫规定"行为举止"呢?就是规定一般有理性的存在者的自由,——有理性的存在者当然就有自由了,但是如何运用他的自由? 一般有理性的存在者的自由如何对它加以运用?你有自由,你用在哪些方面?你如何用它? 那么道德律就完全先天地规定了它的自由的运用。自由只能这样运用:按照道德律,要使它成为普遍法则,如果你的自由不能成为普遍法则,那就是不道德的,是自我取消的。只有成为普遍法则,才是道德的,也才是跟自由本身相一贯的,才是自洽的。

而且我认为这些规律绝对地(而不只是在其他经验性目的之前提下假言式地)发出命令,因而在任何方面都是必然的。

就是说这些道德律先天地规定了自由的运用,规定了行为举止,而且这些规律——道德律——是绝对地发出命令的,这就是我刚才讲的,它是绝对命令,而不是有条件的命令。所谓有条件的命令就是"在其他经验性目的之前提下",假言式地发出命令。如果你要达到一个什么样的目的的话,那么你就应当怎么怎么样,这就是假言式的命令。绝对命令呢,就是没有这些前提,一开始就是你应当怎么样。每个人的理性,在他的内心里面,都有一个无条件的命令,这个事情你应当做,你做了这件事情,你才是你自己。这个没有什么前提,不为了别的目的你应当做,就是出于你的理性,你还是个人吗?你还有良心吗?你还有理性吗?你如果有理性,你就会无条件地承认,这样做是应该的。不是因为有其他的什么目的才是应该的,就是因为你有理性,理性是你的本性,所以才是应该的。所以这是无条件的命令,绝对地发出命令。"因而在任何方面都是必然的",康德在这个地方又提到必然性了。就是说,这种绝对命令在任何方面都是必然的,在任何情况之下,在任何处境之下,针对任何事情,它都必然起作用,你都有一个理性在里面指导你,应该怎么做。凡是有理性的人,都会知道一事当前,你应该怎么做,不管这个事情有什么特殊情况。所以它是在任何方面都必然会发出这样的命令。它这个必然性并不是说必然会实现,那不是的,它很可能根本不会实现,哪怕它永远也不会实现。我在前面讲了,理性的规则哪怕永远没有什么结果,哪怕永远不会发生,"它们告诉我们什么是应该发生的,哪怕它也许永远也不会发生"(在 B830,我们曾经提到这一点),但是它是应该发生的。一个本来应该发生的事情,如果它实际上没有发生,或者永远也不会发生了,但是呢,理性仍然告诉你,它本来是应该发生的。所以一个有理性的人在这个时候呢,就会感到忏悔,或者感到羞愧,或者感到见不得人。因为我没有做那件本来应该做的事情。有理性的人都会这样,都会有羞愧之心。儒家也讲,"羞恶之心,人皆有之"嘛。为什么"羞恶之心,人皆有之",康德的解释就是说,人有理性,而理性必然会在人的内心里发出命令,会起作用。所谓羞耻、羞愧,所谓忏悔,就是理性的作用在内心的一种表现。它会作用于你的良心,所以它是绝对地,在任何方面,都必然会发出命令。当然这个前提是一个有理性者了,人是一个有理性者,如果没有理性,一个动物不会忏悔,它不会发出这种命令的。

我可以有权假定这一命题,这不只是因为我援引了那些最明察秋毫的道德学家们的证据,而且是因为我依据的是每一个人的道德判断,如果他愿意清楚地思考这样一条规律的话。

这个我刚才也提到了,之所以"我可以有权假定这一命题",——他一开始就说,"我认为实际上是有纯粹的道德律的",——那么我有权假定道德律,"这不只是因为我援引了那些最明察秋毫的道德学家们的证据"。这些明察秋毫的道德学家,在康德的时代,人们已经争论了两千年,都在探讨这个问题,特别是经院哲学家们,以及康德时代的那些道德哲学家们,讨论得非常细腻,每个细节都讲得那么深。这些道德学家当然有他们的贡献,但是呢,也有一个毛病,就是他们停留在学院里面,很少考虑到普通老百姓、普通大众。他们只是做一些思辨的探讨,一些概念的辨析,这个应该怎样,那个应该怎样,上帝存在如何证明,上帝和道德之间是什么关系,不断去研究,明察秋毫,这个当然是值得佩服的。这些道德学家们的劳动呢,并不是白费的,他们也提供了一些证据。但是呢,我有权假定这个命题,并不只是因为我援引了这些人的证据。他当然也援引了一些证据,比如说在"辩证论"里面。对上帝存在的证明的反驳,他就援引了休谟和卢梭的一些东西,只不过把它系统化了。但是在康德之前,休谟、卢梭都提出过类似的反驳。还有一些其他的论证。像莱布尼茨的对上帝的论证——《神正论》里面也有一些,在康德这个里头呢,有批判,但是也有一些吸收。但是不仅仅是这样,而且主要不是这样。康德曾经谈到过,他早年想当一个科学家,想当一个大学教授,探讨知识,探讨真理,但是后来卢梭教育了他,他说,卢梭使我感到,如果我的知识不能够为普通大众安身立命,对人生有所领悟,那么我的劳动还不如一个普通的劳动者,还不如一个裁缝,不如一个洗衣妇。这是他对自己早年的一个回顾,一个反思。就是说,你别看康德讲得那么样的高深莫测、玄而又玄,但是他的立足点,他的道德哲学的立足点,就是立足于广大的普通老百姓、底层老百姓的。这一点在他的《道德形而上学基础》这本书里面，非常明显地体现出来。他一开始就是从普通的道德哲学，从通俗的道德哲学，上升到道德的形而上学，然后从道德的形而上学再过渡到实践理性批判。这个小册子里面就是这三章，第一章就是讲通俗的道德哲学，从一般的道德箴言、道德评价过渡到通俗的道德哲学；第二章从通俗的道德哲学过渡到道德形而上学；第三章从道德形而上学过渡到实践理性批判。到实践理性批判那当然就很高深了。但是在前面呢，都是很通俗的。都是从那些非常低层次的村夫村妇、市井小民，从他们的道德观念里面引出来的，因为他们也是有理性者。你别看他们地位很低下，他们也有理性。那么他们怎么样看待道德问题的呢？他们以什么为标准呢？任何一个人，有理性者，哪怕他的地位再低，他至少都懂得一点：只有出自于道德律的，才是真道德，为义务而义务才是真道德。为了别的目的而遵守道德律，不是真正的道德。老百姓都知道这个事情。所以哪怕对一些做了好事的人，老百姓里面也有些流言蜚语，就说他做那个好事无非就是为了什么别的目的，"别有用心"，由此来贬低他们，康德恰好从这个里面发现，正因为如此，表明人的理性是很敏锐的。我们且不讲这些事情到底是不是道德的，至少人们提出的这个标准就是：只有为义务而义务才是道德的。这老百姓都懂。所以他这里讲，"不只是因为我援引了那些最明察秋毫的道德学家们的证据，而且是因为我依据的是每一个人的道德判断，如果他愿意清楚地思考这样一条规律的话"，每一个人的道德判断，不是那些道德学家，而是普通老百姓，"每一个人"，他有理性，他就有他的道德判断。不管他是对还是不对，但是他的标准是对的，他判断一件道德事情的标准是对的。哪怕一个坏人，一个罪犯，他也有这个标准。哪怕他根本就不相信世界上有道德，他之所以不相信，还是因为他有这样一个道德标准。你做那些事情，无非是为了你的个人利益嘛，无非是为了求得名誉啊，或者是为了获得更多财产啊，或者是为了流芳百世啊，你不是真正为道德而道德嘛。所以他对道德丧失信心，但是他的标准还是这个,还是为道德而道德,为义务而义务。只要他愿意清楚地思考这个问题,什么是道德? 只有为义务而义务才是道德的,只有自律才是道德的。这个说起来很高深,其实很通俗的。它跟道德哲学是连在一起的,道德哲学是从它那里生长出来的。康德只不过是比一般的人更加清楚地思考了这样一条规律,如此而已。所以康德对他的道德律有很强的现实感,不是说完全高高在上的,我讲的反正你们不懂,那么我就进行一种玄想,一种抽象的推理,他不是的。他认为他的道德律,只是把人们在日常生活中间所用到的那些东西,把它理论化了,讲清楚了它们之间的逻辑关系,发现了它们的规律性。这个发现并不是说它在被发现之前就不存在,而是早就存在,只不过是他把它讲得更清楚而已。

我在上次已经讲了,康德在这几段里面有一个层次关系,根据上一堂课讲的两段,他是分别来谈的。首先呢,他谈到幸福的方面;第二段他谈到了道德律的方面。因为整个这一节呢,就是要谈道德律和幸福之间的那种协调关系,如何能够把道德律和幸福、把实践和理论,以某种方式结合起来,这是他要解决的中心问题。那么上次第一段讲了幸福的问题,幸福有两个层次,一个是"明智的规则",作为明智的规则,它有它的实用的规律。另外一个层次呢,就是说,还有为了配得上幸福我们应当怎么做的规律。那个规律就不是单纯实用的规律了,不是经验的规律了,而是基于纯粹理性的单纯理念之上的一种规律,那就是道德律。所以上次的第二段就过渡到讲道德律,他认为是有纯粹道德律的。那么这个纯粹道德律,他认为是绝对地发出命令,并且讲到"有权假定这一命题",不仅仅是"因为我援引了那些明察秋毫的道德学家们的证据,而且是因为我依据的是每一个人的道德判断,如果他愿意清楚地思考这样一条规律的话"。也就是说这个道德律本身不是高高在上的,它会体现在每一个普通人的实践活动之中。所以他讲依据每一个人的道德判断。只要他能够清楚地思考这样一条规律,他就会发现它,就会把它作为依据。那么今天讲的这一段呢,是接着这个口气来的。

　　所以,纯粹理性虽然不是在其思辨的运用中、但却是在某种实践的运用中,也就是在道德的运用中,包含有**经验可能性**的原则,

　　为什么要"所以"呢? 是根据上一段的最后一句话,就是一般普通人的道德判断。为什么"包含有经验可能性的原则"? 因为我们在每一个普通人的道德判断里面,在人们的日常道德生活里面,我们已经发现了人们有很多行为是根据道德律来作出判断的。所以呢,纯粹理性在某种实践的运用中——他为什么在这里要把"在某种实践的运用中"强调出来呢? 他为什么不直接地就说"在道德的运用中"呢? 还是因为要强调,这样一种道德律,是一种"经验可能性的原则"。它在实践中嘛,实践就不是在脑子里想一想而已,你得把它做出来,你得在经验世界中,把它的影响造出来。每一个普通人,他不是形而上学家,也不是道德学家,那么他怎么能够在他的行为里面发现这些道德规律呢? 是因为他在经验中已经把它做出来了。我们通过分析他的经验,发现这样一些经验唯有根据道德律才可能。如果没有道德律的话,那人类绝对是做不出来的,人类就会跟任何动物是一样的,你可以预测他,可以根据生理学的各种各样的因果律把他的行为推出来。但是不行。人的很多行为,你可以发现只有通过道德律才可能,通过自然律是不可能的。纯粹理性的这样一些实践的运用,那么进一步强调呢,"也就是在道德的运用中",——在"某种"实践的运用中也就是在道德的运用中,这个"也就是"的意思就是说,我这里是指的道德的运用,道德的运用也是"一种"实践的运用。道德运用不是高高在上的道德学家们在课堂上、在经院里面谈一谈而已,想一想而已,而是在日常生活中要把它做出来,要有道德行为。但是这个道德行为呢,它跟一般的行为、日常的实践又不太一样,一般的日常行为,有可能是出自于动物的本能、物质的需要,但是道德的运用呢,它特别强调,使某些经验的实践行为唯有通过它才得以可能,唯有通过这种道德律,"杀身成仁、舍生取义"这样的行为才得以可能,而且它在经验中表现出来了,它实现出来了,做出来了。这句话就是这个意思。接下来就深入

到纯粹理性的这种道德律跟经验中的那样一些事实，跟经验中的实践行动，如何能够结合起来。那么，如何能够结合起来，这个里头就已经包含了有一种要把前面两段的意思靠拢在一起的意思。前面两段，首先讲幸福，幸福有两个层次，一个是日常的，另一个是配得幸福。配得幸福以道德律作为它的可能的原则，但是它仍然是表现在经验世界里面。你所配得的那个幸福，幸或不幸仍然还是用经验世界的那个标准来衡量的。那么第二段讲道德律。这一段呢，就是讲道德律不是空的，它要在经验世界里面实现出来，构成经验的可能性的原则。所以这一段就开始把它们两者结合起来了，就有这样一种趋向了。所以，到了这个第三段呢，也可以理解为一个"正反合"的过程。先讲幸福，再讲道德律，再讲幸福怎么样能够和道德律结合在一起，或者道德律怎么样能够延伸到我们现实的经验生活中，来跟幸福发生关系。当然还包括再下面一段，也是属于这个第三环节。就是说道德如何能够在世俗生活中，成为一条必然的原则。所以讲纯粹理性在道德的运用中，包含有经验可能性的原则。

即这样一些行动的原则，这些行动在人类历史中有可能以合乎道德规范的方式见到。

什么是实践中的"经验可能性的原则"？就是这样一些行动的原则，这样一些行动在人类的历史中可以见到——"历史"在这里打了着重号，为什么历史要打着重号？历史是经验的。西方哲学的一个很传统的划分，就是历史和理论、历史和哲学，这两者好像是完全不相干的，完全对立的。我们说这个人的知识面渊博，都是属于历史性的，那么在西方人心目中呢，大概都是一些琐琐碎碎的知识，博学。他什么都知道，以前发生过的事情他都了如指掌，他是一个图书馆，什么东西你问他，他都知道，都是以前的事情。但是普遍的法则，普遍的规则，他不一定清楚。我们通过普遍的法则，可以推测未来，那么你问他未来的事情，他不一定清楚，他只有历史知识。这是西方哲学的背景里面有这样一种语感在这里，我们读多了我们就会领悟这种语感。这里讲，这种历史的——也就是经验的——这种行动，在人类历史中，有可能见到。为什么"有可能"也打了着重号呢？它是"经验可能性的原则"，它只讲可能性。这个道德原则不是讲在现实中有它的现实性，就现实性而言，那倒是很难确定的，当然也不能说没有现实性，但是你要确定它有现实性，那个是确定不了的。人们怎么能确定现实必定会按照道德律来办事呢？但是它有可能性，对于康德来说，这也就够了。在人的历史中有可能以合乎道德规范的方式见到这一行动，就是讲根据我们的经验，包括历史经验，也包括日常生活的经验，我们处处都可以看到，有一些行为，有一些行动，它可能是合乎道德规范的。例如"杀身成仁，舍生取义"，就可能是符合道德规范的。我们上次课已经讲到这种可能性了，就是它只是这种可能性。你不能够断言说，他做这件事情，就完全确实地是以道德规范作为他的出发点，作为他的动机，没有任何别的东西，只有道德规范。这个没有办法确定。但是从他做的这件事情，你至少发现是有可能的。他做这件事情，可能是为道德而道德，他可能没有任何其他动机。当然你这个断言可能受到许多局限，比如说你对他的了解，你对当时的处境以及很多没有泄露的细节，也可能背后有一些故事，一些来历，你可能不了解，那么你可能认为他真的是出于道德律。但是也有可能一个真正了解这个人的人，就会说，这背后有名堂。表面看起来，他大义凛然，但实际上呢，并不完全是那样。所以对任何一个人，我们都不能断然地断言，他肯定就是出自于道德律。但至少有可能，这是不能否认的。有可能是出自于道德律，有可能是以合乎道德律的方式来践履这样一种行为。我们在历史上有多少这样的例子，有大量的这样的例子，经验的例子。我们通过经验的例子，我们通过历史上的那些道德楷模，那些道德榜样，我们就会见到这样一种可能性。这种可能性不能够通过经验确确实实地证明，但是它可以通过理性加以设想。也许有的人会说，既然你不能证明，那就一切都是值得怀疑的了，你为什么还说是有可能呢？这个有可能是从理性的角度来谈的，每个人都有理性，他面对一个事实，他就会考虑，像这样的道德行为，每一个有理性者都是有可能做出来的。没有什么东西妨碍他做出来，他有自由意志，他就可以做。原则上来说，撇开所有那些具体的情况不加考虑，人是有可能做到这一步的，做到"杀身成仁，舍生取义"而不考虑任何其他的感性的东西，这是有可能的。那么历史上的这些例子呢，可以作为一个引导，引导我们想到这一点。这并不一定就是说，从旁观者的一个客观的科学的立场上，我们可以辨别出哪些人是出于道德动机，而哪些人是别有用心，或者心怀杂念。这个是证明不了的，你区分不出来。很可能你以为是纯正的那些行为，背后有不为人所知的动机。也可能有些人看起来好像是不道德的事情，其实背后有他的道德的动机。这都有可能的。如最近安徽出土了秦桧的遗书，说明秦桧很可能是忍辱负重，背了好几百年的黑锅。但是从理性的角度，我们原则上可以断言，理性的这样一些法则，在它的道德运用中，包含有经验可能性的原则。在人类的历史中，有一些行动，可能以合乎道德规范的方式见到或者发生。

　　因为，既然理性命令这样一些行动应当发生，那么这些行动也必定能够发生，

　　这个是理由了，这就是我刚才讲的理由。它不是通过我们搜集历史上的例证、加以辨别，而断言哪些是根据道德律发生的。不是的。它的理由是因为，"既然理性命令这样一些行动应当发生，那么这些行动也必定能够发生"。也就是理性不会命令那些不合理的事情，理性所命令的事情，都是你能够做到的。一事当头，怎么样做才是道德的？理性只给你规定了那种能够做到的应当。不能做到的应当，它是不会命令你的，因为那是违背理性的嘛，你违背一般的逻辑嘛。人的力量只有那么大，你要一个人像上帝那样，或者像天使那样去行为，那个是不合理性的。理性只会命令你，按照你的能力必然能够做到的那样一些事情去做，这个才是合乎逻辑的。它不超出你的能力，它在你的理性的可能性的能力范围之内，来命令你，这才是理性的原则。理性不是狂热，不是要你超乎理性去干一些根本就是莫名其妙的事情，让你人类去行奇迹，那是做不

到的，人怎么能行奇迹呢？理性命令人的都是人能够做到的，哪怕杀身成仁，也是在你能做到的情况下，才命令你杀身成仁的。如果你没有一定的条件，比如说人家把你关在监牢里面，把你一切可以自杀的设备都没收了，让你死也死不成，活也活不好，那个时候理性命令你杀身成仁就没有条件，不会的，理性会有另外的命令。或者说你得忍着，你得坚贞不屈。有的人关十年二十年，甚至关一辈子，他都没有屈服，这个是能做到的。理性只命令你能做到的事情。当然如果把你押到刑场枪毙，这个时候你可以做到杀身成仁，面不改色，这个是理性命令你能够做到的。凡是理性能够命令你的，都是你能做到的。当然另一方面，你能做到你也可能不去做，也可以不去做。因为你是自由的嘛。理性命令你做一件事情，并不是说，必然地规定你去做一件事情，而是说，按照道德律你应该这样做。但是实际上你很可能不按照道德律做，那理性也并不勉强。它不可能勉强，因为理性只管道德律应该怎么样，至于在现实生活中，你选择哪一个作为你的原则，那个是你的自由意志的事情，那是你自由任意选择的问题。但是你即算是选择了违背道德律，你自己心里也很清楚，如果你还有理性的话，你就会意识到，我本来是可以那样做的，并不是做不到。我要做一个烈士，我也并不是做不到，只是因为我考虑了一些其他方面的因素，比如说我的家庭啊，比如说我怕疼啊，怕死啊，或者还有其他的考虑，我不愿意受苦啊，等等。你使自己的动机屈服于感性的原则，感性的规律，生物学的规律，等等。这个时候呢，你没有按照那样去做，但是根据你的理性，你心里很清楚，你如果要那样做的话，没有人能够阻碍你。你如果按照道德律命令你应该做的那样去做，那不会有什么阻挡你，只要你选择，你就可以做到。所以，"既然理性命令这样一些行动应当发生，那么这些行动也必定能够发生"。按照理性，这样一种经验的行动是可能发生的。所以康德前面讲，"包含有经验可能性的原则"。为什么是经验可能性的原则？就是按照理性的命令，这样一种经验，按照道德律的行动，它是可能发生的。

　　所以某种特殊种类的系统统一、即道德的统一必定是可能的,然而
这种系统的自然统一**按照理性的思辨原则**是不可能证明的,

　　这句话就比较深奥了。"某种特殊种类的系统统一、即道德的统一必
定是可能的",这个我们要涉及到理性的作用了。我在前面多次讲到,理
性的作用就是提供一种最大可能的统一性,理性就是提供统一性的。它
跟知性不一样,知性是作出判断,提出先天综合判断,对于经验的对象加
以规定,加以先天的综合,来形成知识。这是知性的作用。而理性的作
用呢,它在知识方面体现为,给人的知识系统提供一个最高统一性、最大
统一性。因此,它对人的知识起一种范导性的作用。这个最大统一性肯
定是达不到的,它只是一个理念。但是知识,人的知性,有了这样一个东
西的理念作指导,它就可以不断地向前迈进,使自己的知识越来越丰富,
越来越全面,越来越达到内部的贯通一致。这就是理性的作用。那么在
这里,在道德方面,理性仍然是这样一种作用。理性命令这样一些行动
应当发生,那么它就必定能够发生。这意味着什么呢? 意味着"某种特
殊种类的系统统一、即道德统一必定是可能的"。凡是理性所命令的东
西,它必定就可能发生,必定就能够发生。那么我们就在这样一个理性
的道德法则之下,可以把一切可能发生的事情来一个系统的统一,充分
发挥理性的这样一种统一性的作用。但是这种统一性的作用是"特殊种
类的系统统一",为什么讲是特殊种类的、即道德的统一? 道德的统一为
什么是特殊种类的系统的统一呢? 下面就说了:"然而这种系统的自然
统一按照理性的思辨原则是不可能证明的"。就是说,上面讲的理性的
系统统一包括一种系统的自然统一,但是,这样一种自然方面的统一,我
们讲这个道德的系统的统一它在自然方面的统一,按照理性的思辨原则
呢,是不可能证明的。就是跟我们在理性思辨方面运用的时候所体现出
来的那种范导性的统一相比较,这种道德的统一是一种特殊的统一。然
而,另外一种系统统一,就是系统的自然统一,按照理性思辨原则的是不
可能证明的。也就是我前面讲的那种纯粹理性在思辨领域里面的统一作

用，它只是一种范导性的原则，它是不能证明的。你能证明我们的知识在什么情况之下会达到绝对的最后的统一吗？所有的知识能够最后达到统一，这能证明吗？这不能证明，这种统一呢，只是一种范导性原则，它不是构成性的原则。而道德的这种统一呢，它是一种构成性的原则。它是能够证明的。我们通过纯粹理性在实践方面的运用，我们可以证明这种道德原则的系统统一。而在这个思辨理性的方面呢，我们没有办法证明它，从认识论的角度，我们没有办法证明它。那些理念，都是没有办法证明的。但是它有作用，我们可以把它当作一个目标，来尽量完善我们的知识，使它趋向一种越来越大的统一。但是最终，它是不可证明的。

因为理性虽然就一般自由而言具有原因性，但并非就全体自然而言具有原因性，

就是说，理性对一般自由而言，它是具有原因性的。所谓自由，就是说，在实践理性中，我们纯粹按照理性的法则，摆脱一切感性的束缚，那么理性的法则在自由的行动这一方面呢，它就具有原因性。我是为自由而自由，这就是道德自律，道德自律不就是为自由而自由吗？也就是为了自由的理性法则而自由。在这样一种自由行动方面，理性的法则它具有一种实践方面的原因性，这个行动是它造成的。人的道德行为，我们要追溯它的原因，就要追溯到道德律，追溯到理性的实践法则。那么理性在这方面呢，是具有原因性的，它是引起自由行动的。"就一般自由而言"，都是这样的，一般自由都具有这样一种原因性。当然自由的任意，也可能掺杂一些别的东西。自由的任意有的不是体现为纯粹的道德律，而这种实践的行动也可以是自由的，也可以包含有自由，虽然它最终也可能出于感情的原则，出于动物性的需要。但是就自由本身的纯粹的决定性原则来说，它就是理性。我们把人的一切自由行为中的理性原则挑出来，单独加以考察，就会发现，纯粹由它所构成的规律就是道德律。道德律才真正是一般自由的这种原因性。它可以作为自由据以成为原因的这样一个根据。其他的，虽然在人的日常实践中有种种其他的感性的

目的,但是那些感性的目的呢,不能真正地作为自由的原因性,它是掺杂进来的,掺和在理性一起,但是它不是自由的原因性。所以,"但并非就全体自然而言具有原因性",理性对自由具有原因性,就是凡是自由行为都有理性在里面起一种原因的作用,因为有了理性,所以人才是自由的。没有理性,人的行为就是动物性的任意。那就不是自由的。有了理性,人的行为才成了自由的任意,或者甚至于自由的意志。所以人的自由行为一般而言都是出于理性。在这方面,一般自由,就所有的自由而言,都包含在理性的法则里面了。但并非就全体自然而言,前面讲的是"一般自由",我们也可以理解为"全体自由",全体自由的行动,那么这个地方讲"就全体自然而言",理性并非具有原因性。理性在对全体自然方面,它有一种范导性的作用,但不是原因性的作用。它不是引起这个世界,或者引起我们的知识的一个原因,它只是统摄我们的知识的一个未来的目标,一个理想的目标。我们可以日益趋向于它。但是所有我们在自然界中发现的原因,它们都是出于知性而不是出于理性。理性超越于知识之上,反过来呢,可以对这些知识加以引导。但是就全体自然界而言,它的原因性只是理性的一个理念,并非真正的原因,并不能对整个自然界发生一种原因性的作用。这个地方也是说明理性在自然界方面它并不具有法规。只有知性,在先验分析论里面,它对自然界形成了一种法规。人为自然界立法。所以它具有一种原因性。但是理性呢,不具有这种原因性。就全体自然而言,这个全体自然,跟前面讲的一般自由,以及跟前面讲的一种特殊的系统统一,或者跟这种系统的自然统一,这个里头都有一种微妙的相关性。并非就全体自然而言,也就是说并非就系统的自然统一而言,理性在这方面并不具有原因性。你要说它有这种原因性,那么这种原因性是不可证明的,所以它毋宁说并不具有这样一种原因性。它没有这种原因性,它也不是要造成这种原因性,表现出这种原因性。它只是要表现一种范导性的作用。

　　<u>而理性的道德原则虽然能产生自由的行动,但不能产生自然律。</u>

这个就说得更明确了。理性对一般自由而言具有原因性，对于全体自然而言不具有原因性，它就表现在，理性的道德原则能够产生自由的行动，但不能安排全体自然来保证这些自由行动的成功，所谓"谋事在人，成事在天"。我刚才讲了，一般自由的行动后面都有理性的原则作为它的动机，那么这个理性的原则本身如果它成为一条法则的话，那就是道德律。理性的原因在后面起作用，但是如果理性的原因本身作为一条法则，——所谓法则就是说，它不得违背，它具有普遍性，它不是说临时用一下而已，我们在日常实践中可以临时用一下理性，但是没有把理性当作法则，一旦把理性本身当作法则，——那么它就成了道德原则。"理性的道德原则虽然能产生自由的行动，但不能产生自然律。"它能够产生一种应当的法则，并且影响我们的行动，但是它本身不产生自然律。它在自然界所造成的影响，都是按照自然规律，而不是按照理性的规律。它可以按照比如说知性的规范，因果律，实体关系，单一性、多数性，等等。它可以按照这样一些规范来产生自然律。但是在道德法则方面呢，理性的道德原则，它不能产生自然律，自然律是知性产生的。但是理性能够产生自由的行动，理性的道德原则肯定能产生自由的行动。一般的理性，对一般的自由的行动来说，它具有原因性；而理性的道德原则，对于某些自由行动来说，具有原因性。理性的道德原则，就是一般的理性中的一种类型嘛，把范围缩小了一下。但是这种类型能够产生具有道德性的自由行动，这就不仅仅是自由的任意了。自由的任意，我们人的有意识的行为都可以说是自由的任意，都运用了理性嘛。但是道德行为，它就是特指的那种道德自律的行为，自由意志的本身的一种法则。但是呢，这种行为不是自然律。而且道德的这种原则呢，也不能产生自然律，它不干预自然界的过程。我的道德行为在自然界里面实现出来，当然可以实现出来；但是一旦实现出来，它的后果就不由道德原则来支配了。我们可以从里面分析出来，这个行动是出于道德原则才可能的，这样一个经验的后果，它是出于道德原则才可能的。但是经验的后果本身又有它自

596

己的因果原则，有它自然的原则，它按照它本身的原则来运作。尽管如此呢，我们还是可以说，这样一个后果，跟一般情况下自然律的后果是不一样的，只有有道德的人才能做得出来。道德行为只有有道德的人才能做得出来，动物是做不出来的。所以你不能用自然的因果律完全来还原我们的这样一些道德行为。你说，那很简单呐，一个人的道德行为可以还原为一些生物学的规范呐，他之所以一念之差，他选择了杀身成仁，那是因为他生性如此啊，他脑子里面的原子和电子的运动和别人不同呐。你这样来解释，这个道德行为的道德意义就完全丧失了。所以科学主义在今天为什么人们对它这么反感呢？就是因为它把这样一些道德价值啊，审美啊等等，全部还原为一种能用自然科学、能用因果律和自然律加以解释的现象。但实际上，人类的行为，当然你不能撇开自然因果律，但是是不能够还原为自然因果律的。自然因果律只是人类行为的某一方面的表现，甚至往往是很表面的一种表现。我的道德行为当然要产生现实的后果，但是从它的动机出发，是不能用自然界的经验的因果律来加以解释的，必须要提高层次。因果律、自然律当然还是那些因果律、自然律，但是对它们的组合方式的解释要提高到一个更高的层次，才能加以解释。道德行为，有价值的行为，美的行为，艺术、诗歌这样一些行为，你都不能还原为一些物质条件和它们的物质运动。康德在这里也就是指出来，道德原则虽然能产生自由的行动，但是不能产生自然律。虽然不能产生自然律，但是它还是能够表现为自然律，通过自然律表现出来。最后一句：

　　因此纯粹理性的这些原则在其实践的、尤其是道德的运用中具有客 B836
观实在性。

　　纯粹理性的这些原则，就是上面讲的道德原则，也可以说是超验的原则，它们是不受任何感性经验的东西所约束的，这是一些自由的原则。但是在其实践的运用中，它们要实现出来呀，要把这些原则做出来，那么它们就具有客观实在性。它们能够影响世界，当然它们还是通过自然律来影响世界，肯定是要通过自然律来影响自然界。但是呢，这表明了这样一些道德法则,纯粹理性的这样一些原则,并不是完全空的,它们是能够通过自然律影响自然界的,所以它们具有客观实在性,"在其实践的、尤其是道德的运用中具有客观实在性"。这个地方为什么要说又是实践的、又是(尤其是)道德的运用中?是不是其他的实践也有它的客观实在性呢?当然也有。就是在日常的实践中也有它的客观实在性。在日常实践中,它也要起作用,它影响我们的日常实践的动机。我们的日常实践,并不是说可以把理性的法则完全撇开的,理性的法则时时刻刻伴随着我们,在我们的日常的哪怕是不涉及到道德的一些行为中,它也在背后、在里面起作用,它并不是完全就沉睡不醒了。我们有时候做一件事情往往并没有道德或不道德的动机,但是事后我们发现它产生了不良的后果,我们就会后悔。我们就会说,当初不该那么做,当初不那么做就好了。为什么呢?这是道德律在起作用。这说明当时做那件事情的时候,实际上还是有理性在起作用,所以我们才反悔。如果我们没有理性在起作用,如果我们在醉酒状态,或者已经失去理智的情况下做的行为,我们就不会那么自责,就要减轻一些。所以这个理性实际上在日常实践中,它也在里面起作用。只不过我们把它的这个原则,没有把它连贯起来,而是把它附属于我们的感性需要,当作我们的动机。所以在日常实践中间,这些原则,这些理性的法则,是片断地被我们所利用,来达到我们现实的目的。但是就其本性而言,这些理性的法则它本身是要连贯起来的。一旦我们哪怕是片断地运用了理性的法则,我们就已经潜在地包含有能够把它作为一种连贯的运用的可能性,至少是有这么一种意识。所谓道德律,无非就是把在日常实践中的理性的这样一种片断的运用提取出来,使它连贯起来,普遍化,使它按照其本性,变成一条普遍的法则。而变成普遍的法则恰好就是理性的本性。所以你单独把它挑出来,纯粹地看待它,那它就是道德律了。在日常实践的行为中,它被其他的许多感性的目的掩盖了,只是它仍然在背后起作用。所以他说"在其实践的、尤其是道德的运用中具有客观实在性"。在日常实践中,它被掩盖了,它被用来为其他的目的服务了。而在道德的运用中，它没有被掩盖，它赤裸裸地显露出来，而且表明，它确实具有客观真实性，它是能够作用于客观的经验世界的，是能够改变世界的。当然改变世界也要按照经验世界的规律。但是呢，我们追溯动机，就要追溯到它，而不能追溯到人的动物性啊，或者是一般的自然界的规律。人的行为跟动物的行为，跟自然界的那些现象是不同的，他是有目的、有动机的。那么这个动机呢，里面就会体现出来，他有道德的动机。而这个道德的动机又体现在现实的人的行动中。在这个意义上呢，这个道德的动机，在实践中具有客观实在性。这就是所谓的实践的自由，或者纯粹实践理性。它具有客观的意义。先验的自由，我们不能确定它是客观的，先验的自由缺的就是实在性，但是实践的自由把这个实在性补上了，在它的现实的实践行动中，把这种客观性补上了。就是说，先验的自由不仅仅是一个空名，它在实践中能够对现实发生改造作用，能够改变现实，这难道不是客观实在性吗？但是这种客观实在性跟自然科学的那种客观实在性又不一样，它不是从科学的角度来谈的，而是从实践的意义上面来谈的。用马克思的话来说，它不仅仅是认识世界，而且呢，它是改造世界。你认识世界当然能够确定一种客观实在性，但是你改造世界也可以确定一种客观实在性。

　　下面这一段整个的核心就是要把"道德世界"这个概念引出来，这个概念向我们的目的地又逼近了一步了。前面是讲这个纯粹理性虽然不是在思辨的运用中，但是在实践的运用中，包含有经验可能性的原则。既然它包含有经验可能性的原则，那它就会构成一个"世界"了，构成一个经验的可能世界了。这个"世界"我们上次提到过，Welt 这个词，也可以翻译成"世俗生活"、"人世间"。道德本来是高高在上的，作为超验的原则嘛，作为道德律嘛，它是人的自由的一种自律原则，跟经验世界本来毫不相干。但是它在现实世界中，在经验中呢，又有它的表现，又有它的后果。从这个后果，我们甚至可以推出来，它是一个特殊的系统。虽然现实世界本身符合自然律，但是许多事情的背后也有自由因在起作用。那么既然这样，道德律就不是一个空的东西，而是要体现在经验世界中，表现为有些经验现象的可能性的条件。那么这种经验现象作为系统来说，它就构成道德实践。它既是道德的，同时又是实践的。它不是经院哲学家们在学院里面口头上空谈的那样一些原则，而是在每个普通老百姓的理性里面都隐藏着，而且在他们的实践活动中体现出来的这样一些原则。只不过在现实中只是偶尔体现出道德原则，那么是不是有这样一个世界，它完全是按照道德原则来安排的呢？如果有，那么它就可以称之为道德世界了。所以这一段他主要就是讲，这样一个世界我们怎么理解，这样一个经验的世界，我们的现实的生活世界，同时又是道德的，我们怎么理解。

我把和一切道德律相符合的世界（就如同它按照有理性的存在者的自由而能够是的那样，以及按照道德性的必然规律所应当是的那样）称之为一个道德的世界。

"我把和一切道德律相符合的世界"，这个"世界"就出来了，这个"世界"跟上一段最后一句话讲的"具有客观实在性"是紧紧相连的。既然它具有客观实在性，那么我们就要考虑它在"世界"上的表现，它在这个世俗的、感性经验的现实世界上的表现。把和一切道德律相符合的世界称之为一个"道德的世界"，所谓的"道德世界"，就是说，我们可以设想这样一个经验世界，它的一切现象，一切经验都是和道德律相符合的。当然这个不是我们现实中所见到的这个世界，而仅仅是一个可能的世界，一个应当的世界。但是它还是经验的，我们可以设想在经验中有可能、也应当有这么一个世界，它的一切经验现象都与道德律相符合，那么我们就可以把它称之为一个道德世界了。如何相符合呢？"就如同它按照有理性的存在者的自由而能够是的那样"，"自由"和"能够"都打了着重号，什么叫"能够是"的那样呢？我在前面已经解释了，就是说，理性，有理性的存在者，他给自由所颁布的那种命令，都是能够做到的。人是自由的嘛，如果人没有自由，都像动物一样，他就不能做到了。你要他怎么样，他也做不到，他只能够按照本能行事。而人是自由的，所以凡是理性颁布给他的命令，他就能够做到。就像他的自由，在理性的命令之下能够做到的那样，这样一个经验的世界，这样一种具有客观实在性的世界，就是可能的。"以及按照道德性的必然规律所应当是的那样"，"道德性"和"应当"这两个词底下也打了着重号，可见在康德这里呢，它们两两对应，有一种对应关系。自由对应于人的能力，可能性；而道德律呢，对应于人的应当。应当是一种法则了。自由和道德律的关系在康德那里也是引起很多人讨论和争议的一个问题。按照康德的说法呢，自由是道德律的存在理由，道德律是自由的认识理由。他在《实践理性批判》里面一开始就讲到了这个关系。反正这两者是密切不可分的，自由和道德律是密切不可分的。但是它们又各有它们的作用，各有它们的功能。自由呢，它表现为一种能力，自由是一种物自体的本体，那么道德律呢，它是自由的自律。道德律是我们把理性运用到自由上面，当自由对自己加以理性的规范的时候，就显出了道德律了。理性加在自由上面的规范呢，实际上是自由本身的一种规范。自由要贯彻到底，要前后一致，那么它就必须要用理性来疏通，把那些自相矛盾的地方去掉，那么就显出了自由的自律，这就是道德律。所以道德律有一种规范性的作用，而自由呢，有一种超越性的作用。自由就是一种能力嘛，它能够不受束缚，不受外在的感性的各种各样的条件的束缚，它能够超越一切现实经验的东西，而作出它的选择，作出它的行动。当然这个行动也是在现实中体现出来的，但是它的这个行动是超越现实的束缚而做的。那么道德律呢，它体现了一种规范性，你应当这样，这是实践的规范，你应当这样。一个能够这样，一个应当这样，在自由和道德律这两者之间，其实就是一回事情。它应当做的，就是它能够做的。而自由能够永远做下去的，也就是它应当做的。如果它做了它不应当做的事情，那么它肯定是不自由的，它受到了一些别的东西的束缚，所以才做了不应当做的事情。那么在这两个的限制之下，这样一个世界，就称之为一个道德的世界。我们设想有这样一个经验世界，这个经验世界就可以称之为一个道德的世界。那么下面就解释了，这样一个道德世界是怎么样的呢？

这个世界由于在其中抽掉了里面的一切条件（目的）、甚至道德的一切阻碍（人类本性的软弱和邪癖），因而只被设想为一个理知的世界。

这个道德的世界，在其中抽掉了"一切条件"。什么条件呢？就是"目的"。这个世界抽掉了一切目的。也就是说，它是无条件的命令，它符合于无条件的命令。这个目的当然是指的那些具体的目的，在经验世界中的那些目的，在经验的"世界"中（"在其中"）抽掉的那些目的，当然就是一些经验的目的、感性的目的了。道德的世界里面，它所符合的那个规则是无条件的，它把一切条件和目的都抽掉了。它不是为了什么东西而符合道德律，它就是为道德而道德，所以把一切目的都抽掉了。当然反过来你也可以说，为道德而道德也可以看作是一个目的。道德行为也是一个目的行为嘛，但这个目的是反身性的，反过来以这个道德律本身作为目的，出自于道德律，不是为了别的目的。但是在这个里头讲的呢，是这个世界在其中抽掉了里面的一切条件，在世界上，在世俗生活中的一切条件，一切目的，"甚至道德的一切阻碍（人类本性的软弱和邪癖）"，都抽掉了。我们前面讲到，理性命令人应当做的事情都是人能够做到的，这种可能性之所以可能，是因为它没有阻碍，它没有任何阻碍，都是能做到的。人类本性有它的软弱性，有他的邪癖，有他的癖好，有他的不良习惯。"性相近，习相远"嘛。他沾染了经验世界的一些欲望啊，一些过分强烈的癖好啊。那么道德世界抽掉了所有这些阻碍。人类的软弱无非就是说经不起诱惑，所以人类的软弱和邪癖可以归结为经验世界的一些外在的感性的影响。在经验世界中，但是呢，我又抽掉了经验世界中的一切外在的影响，人类由于本性的软弱，经不起这种诱惑，经不起这个影响。那么道德世界是把这一切都抽掉了，它虽然是在经验世界中设想的，但是被设想为抽掉了里面所有这样一些阻碍和条件，"因而只被设想为一个理知的世界"。理知的世界，Intelligibel 我们把它固定地翻译成"理知的"，当然你要翻译成"理智的"也可以。但"理智"另外有个词，Intelligenz。这几个词呢，一般的人在翻译的时候都区分不是很严格的，我们在翻译里面呢，尽可能地把它们区别开来。理知的跟理智的又不太一样，它本来是一个认识论的概念，理智 Intelligenz，它是一个本体论的概念。理智是那么一个主体，比如说上帝是一个理智，但是上帝具有理知。这是从柏拉图以来就有这样一种说法，"理知的"本来就是拉丁文里面用来描述柏拉图的那种理知的世界，理念的世界就是理知的世界，也就是只有通过理性才能知道的，只有通过纯粹理性才能知道的世界。在柏拉图那里就是一个充斥着理念的世界。你不能掺杂任何一点感性的想象，你光凭理性才能够认识到那样一个纯粹的理念世界。所以我们这里把它翻译成理知的。这是一个认识论的概念。"因而只被设想为一个理知的世界"，由于抽掉了一切条件、一切阻碍，它就只被设想为一个理知的世界。就是说，道德的世界只被设想为一个理知世界，为什么呢？因为在道德的世界里面，我们把一切条件和一切软弱，一切邪癖和一切阻碍，都把它抽掉了，这些东西都是妨碍道德的。既然是道德的世界嘛，道德的世界就必须要在里面把那些妨碍道德的东西、非道德的东西抽掉，把它们排除掉，只剩下那些符合道德律的东西，你才能说，这是一个道德的世界。当然它还是一个经验的世界，这个经验的世界的里面，所有的经验的现象都是服从道德律的，没有跟道德律相冲突的，都是为道德律服务的，或者说都是配得上道德律的。当然它们比道德律要低，但是呢，它们都配得上道德律。这个已经开始慢慢地引入"德福一致"的观念了。幸福当然是现象界的经验的东西；但是"配得幸福"，你就必须把幸福里面，把这个世界的经验的幸福里面那些阻碍道德律、妨碍道德律的东西去掉，把你不配得到的那些幸福去掉。很多人善没有善报，恶人呢，反而有善报，你要把那样一些善去掉，把那样一些幸福去掉，只剩下善有善报那样一种幸福。所以在这个里头讲的道德的世界是一个理知的世界。这样一个理知的世界，单凭理性就可以知道。哪怕是面对经验世界，它也可以单凭理性推出来，这个经验的世界里面，所有的经验的现象，都是配得上道德律的，它是一个与道德律相符合的世界。那么你就不能按照经验的规律去设想了，你要按照经验的规律去设想，那它肯定有违背道德律的时候。所以你必须按照理知的方式去设想，用纯粹理知去设想这样一个经验的世界。

所以就此而言它只是一个理念，但却是一个实践的理念，

就此而言，就是上面所讲的，你抽掉了所有这样一些内容，只被设想为一个理知的世界，就这一点而言呢，它只是一个理念。道德的世界只是一个理念，我们这个世界肯定是不理想的，里面充满着不道德的东西，但是我们可以就这个世界去设想一个理念，就是说有一天我们这个世界变得道德，那多好啊。所有的现象都符合道德律，但是那只是一个理念，你可以这样去想。"但却是一个实践的理念"。虽然是个理念，但它是实践的理念，就是说原则上来说，你是可以那样去做的，不是做不到，人类不是做不到，人类要实现这样一个道德世界，是可以做到的。按照道德律来说，他是应当做到的，按照他的自由能力来说，他也是可以做到的。所以它是一个实践的理念，也就是说，它可以表现在用自己的自由的行动，把它实现在经验世界中，在实践活动中，使它具有一种客观实在性。

它能够、也应当对感官世界现实地有其影响，以便使感官世界尽可能地符合这个理念。

它能够，为什么能够？因为它是自由的嘛。这样一个理念，它是包含有自由的，所以它能够。也应当，为什么应当呢？因为它包含有道德律。道德律命令你应当做什么。所以它能够、也应当对感官世界现实地有其影响。这种能够、这种应当不是空头的，它就是指导我们的实践，能够在感官世界中，现实地发生影响，所以我们才能说它是一个道德的"世界"啊。这个世界，我刚才讲了，它就意味着世俗生活嘛，它不是说高高在上的一种空谈，一种抽象的理念，说说而已，而是要把它做出来的，要

实行一种道德的践履。所以"它能够、也应当对感官世界现实地有其影响",怎么影响? "以便使感官世界尽可能地符合这个理念",施加这些道德的影响。当然我们说,一到了"影响",它就服从自然规律了。但是呢,它同时应当符合道德律,而且原则上来说呢,它是能够符合道德律的。哪怕它本身是自然规律,它也是能够符合道德律的。它的自然规律可以服从道德律而起作用,所以我们是能够做到这一点的,以便使感官世界尽可能地符合这个理念。我们一下子做不到,但尽可能做到。路见不平,看见有不道德的事情,我们就要尽量地把它制止。有道德的事情,我们要尽量地多做。通过这种实践呢,我们可以使这个世界尽可能地,或者说一天一天地逼近符合这个理念。这个原则上来说是可能的。这样一个理念,道德世界的理念,它是能够对感官世界现实地发生影响,使得我们这个世界一天一天地符合它,使得我们的感官世界能够符合它,符合这个道德世界的理念的。

因此一个道德世界的理念具有客观的实在性,

因此这个理念呢,就有客观实在性,这就是我在上一段最后讲的,纯粹理性的法则尤其是在道德运用中具有客观实在性。为什么说具有客观实在性? 因为它是实践的,它要在经验世界中发生影响,它要把它的理念做出来,把它实行出来,因此呢,这样一个理念具有客观实在性。这种客观实在性不是认识的客观实在性,而是实践的客观实在性,有客观实在的效果。我们相信它有客观实在的效果,即算暂时没有,不明显,但是呢,它应当有。而且我们能够造出这种效果来,我们相信我们自己是能够作出这种效果来的。所以在这个意义上它有客观实在性,它现实地改变了世界,影响了世界。

它并不是好像在指向一个理知的直观的对象 (这样一类对象我们完全不能思维),而是指向感官世界的,

这里头排除了一种误解,它并不是好像在指向一个理知的直观的对象。前面讲了,这样一个道德世界是一个理知的世界,但是这个道德世

界的理念并不是好像指向一个在理知中的直观的对象,那就是理知直观的对象了。"理知的直观的对象"在此有些不同于康德的"智性直观的对象"。"理知直观",纯粹凭理性而直观,这种说法在康德这里很少见,通常是用在批评理性派的形而上学见解上。而"智性直观",或者"知性直观",这种用法则是康德经常提到的,也就是凭智性、知性而直观。但这是人类所不具备的能力,只能设想别的理性存在者如上帝也许能够具有。智性直观就是知性直观,它的对象是我们人类不能认识、只能思维的。而他这里的"理知的直观",它的对象却是"我们完全不能思维的"。为什么有这样一种区别?因为知性直观的对象,物自体,虽然不能认识,但我们仍然可以思维、可以设想有某种更高的知性,某种具有知性直观的存在者,它可以认识现象背后的自在之物。因为知性毕竟是用于认识的,即使我们不能认识,我们也可以在思想中设想一种比我们人类更高的认识,如上帝的认识。但是,理知直观的对象就不同了,因为理知并不是凭知性去认识,而是凭纯粹理性去行动。如康德在前面有个地方说的:"我把那种在一个感官对象上本身不是现象的东西称之为**理知的**。因此,如果在感官世界中必须被看作现象的东西本身自在地也有某种能力,这种能力并非任何感性直观的对象,但它凭借这种能力却可以是诸现象的原因:那么我们就可以从两方面来看这个存在者的**原因性**,既按照其**行动**而把它看作**理知的**,即看作一个自在之物本身的原因性,又按照这行动的**结果**而把它看作**感性的**,即看作感官世界中的一个现象的原因性。"①所以纯粹理性的领域已经不是本来意义上的认识领域了,它是道德实践的领域,它根本不是要通过任何直观认识一个对象,不论是通过感性直观还是通过知性直观。虽然"理知的"就是通过理性来知道的,通过理性来认识的,具有某种认识意义,但这种认识是不是要认识一个对象,而只是知道它自身应当如何作出一个对象来。理知世界只能通过理性来认知,

---

① 见《纯粹理性批判》A538=B566。

但在康德看来这不能被设想为一种有关对象的知识，而只是对我们自己的实践行动法则的知识。智性直观的对象虽然也不能被我们认识，但毕竟可以设想为能够被其他有理性的存在者如上帝作为对象来认识；而理知直观的对象甚至连这种设想都不可能，"这样一类对象我们完全不能思维"。但是在实践的意义上面呢，康德认为我们可以借用这样一个说法，说道德世界是一个理知的世界，也就是说，通过理性来知的世界，当然实际上是不能知它的。这里讲到"我们完全不能思维"，是要强调这样一种"理知的直观的对象"完全不是他在这里所想的。他在这里完全没有想到我们的道德世界的理念具有一种对象的客观实在性，好像这种客观实在性是讲一个理知的直观对象，他完全不是这个意思。所以在这里呢，康德连想都没有想过，至于别人会不会想，他这个地方没有涉及，但也暗示人了这是别人可能会提出的观点，所以说是"好像"在指向一个理知的直观的对象。但这正是他要反驳的，他自己不同意这个说法。他讲的道德世界的实在性是指实践意义上的实在性，是在道德运用中的客观实在性，也就是按照道德的法则"指向感官世界"这种实践活动的实在性。实践嘛，实践你就得把它做出来，如果你不把它做出来，怎么能叫作实践呢？如果你不在感性世界中发生它的影响，怎么能够叫作实践呢？所以道德世界的客观实在性作为指向一个理知直观的对象的实在性是不可能的，因为这样一类对象呢，作为一个理知直观的认识的对象，是完全不能思维的，只有作为一个道德实践的对象才可以思维。而作为道德实践的对象，就已经涉及感官世界了。但是你又把它限制于仅仅是理知的直观对象，这个应该说是自相矛盾的。既然是道德世界这样一个理念，既然有"世界"这样一个概念在里面，它就是指向感官世界的，世俗生活嘛，世界本身就带有一种经验性，带有一种感官性。所以它并不是好像在指向一个理知的直观对象。如果是这样一个对象，你就不能说它是道德"世界"，这个理念就不可能是道德世界。道德世界本身只能是指向感官世界的。

　　但这感官世界是作为一个纯粹理性在其实践的运用中的对象，以及有理性的存在者在感官世界中的一个 corpus mysticum（神秘体），

　　就是说，它指向感官世界，但是这个感官世界跟一般的感官世界呢，不太一样，有区别。前面讲了一个区别，就是它抽掉了里面一切条件，目的，甚至于呢，抽掉了道德的一切障碍，包括人类本身的软弱和邪癖。在现实的感官世界中是没有抽掉这些东西的，相反，它是充斥着这些东西的。所以这里讲，道德世界是指向感官世界的，但——这里有个"但"，就是把它跟一般的感官世界区别开来，这个感官世界"是作为一个纯粹理性在其实践的运用中的对象"，虽然是感官世界，但是它是以纯粹实践理性作为它的法则的，它是与道德律相符合的。现实的感官对象、感官世界是不符合道德律的，但是我们这里所讲的感官世界呢，它是作为一个纯粹理性在其实践的运用中的对象，也就是说，它是道德律的对象，它是符合道德律的。"以及有理性的存在者在感官世界中的一个神秘体"，有理性的存在者当然就包括人了，但是作为有理性的存在者的人呢，是就他的纯粹理性而言的。人作为有理性的存在者，他最本质的特点，就是他有理性，他有纯粹理性。那么这个感官世界是作为一个有理性的存在者、纯粹理性的存在者在感官世界中的一个神秘体，在感官世界中的一个象征。这个"神秘体"，我们在这里注明了，是拉丁文，是教会的用语，它主要指的是"基督身体"，它原来的意思就是教会。它是宗教上的一个术语，康德在这里把它用在这个地方呢，是有一种借用的意思，有一种比喻的意思。就是说，我们可以用教会里面、宗教里面的"基督身体"这样一个比喻来理解这个道德世界。基督身体是"道成肉身"，基督的身体是由他的道所决定的，是由他的逻格斯所决定的，由他的理性所决定的。但是这个理性呢，还要成为肉身。道成肉身，有的翻译成"言成肉身"，就是逻各斯要成肉身，逻各斯必须要体现在感官世界里面，这个从上帝通过童贞女马利娅怀孕化身为耶稣基督，即有一种象征的意义。那么用在这里呢，就是说，道德世界它可以看作是道德法则在感官世界中的一个肉身，道德法则的一种感性显现，就像耶稣基督一样。你一般讲上帝的道，上帝的灵，圣灵，这些东西，普通老百姓不知道。老百姓的眼光都是感性的眼光，他怎么能知道呢？于是呢，上帝大发慈悲，派他的独生子、亲生儿子耶稣基督，道成肉身，到世界上来显现给大家看。让大家能够根据亲眼所见，目睹耶稣基督的圣迹，能够领会这里面的一种道德法则，体会上帝的道，上帝的言。所以基督的身体呢，在基督教里面呢又指教会，教会就是基督的身体。基督当然已经死而复活升天了，但是他在人世间留下了教会，留下了基督的身体。他本来就是以身体的方式道成肉身嘛，然后以身体的方式传道嘛，以他为核心组成了最初的追随者，那些使徒。那些使徒也可以看作是最初的教会嘛。那么耶稣基督升天以后呢，他的使徒以及他的后世的教会，继承了基督的身体这样的位置，体现为基督身体在人世间的延续和扩展。那么基督教的理想呢，就是有一天，所有的人类都成为基督徒，整个世界都成为基督的身体，整个世界都是教会。那么在这个地方呢，就是这样一个比喻：感官世界就是有理性的存在者在感官世界中的一个神秘体，就是说，在感官世界中，我们把那些阻碍道德的一切东西抽掉了以后，我们就可以把它设想为有理性的存在者，或者有理性的存在者的那种纯粹的理性在感官世界中的体现。所以这里借用的是一个基督教的术语，这个里头已经隐含着一个意思，就是这个地方已经开始向宗教过渡了。理性的兴趣已经进到了它的第三个问题："我可以希望什么？"实际上已经向理性范围内的宗教过渡了。康德实际上在《单纯理性范围内的宗教》这本书里面，也是把基督身体作这样一种理解的。康德对于基督教，在他的那本书里面做了一个重大的改造。什么重大的改造呢？就是把一切在圣经上面或者在教会传道中所讲的那些神秘的道理，都用理性和道德来加以解释。所以叫作"单纯理性限度内的宗教"。他从理性的角度来重建宗教。宗教本来是建立在信仰之上的，但是康德把信仰也建立在理性之上。这里就是一个例子，他怎么样把信仰建立在理性之上。像"神秘体"这样的术语，他都作了一种道德的解释。

什么叫神秘体,什么叫基督的身体? 基督的身体就是"道成肉身",也就是"道德成肉身"。基督就是道德的化身,所以地上的教会也应该是道德的化身。当然康德那个时代的教会还做不到这一点,但是按照康德的理性范围内的宗教呢,应该做到这一点。地上的这些教会呢,应该是耶稣基督的道德的一种体现。

只要他们的自由任意在道德律之下具有既和自己、也和每个别人的自由任意普遍而系统地相统一的特点。

这样一种感官世界是有理性的存在者在感官世界中的一个神秘体,但是呢,有个条件,它不是说直接地马上一说,它就能够成为一个道德的神秘体,而是有个条件,就是"只要他们的自由任意","他们"就是指有理性的存在者,只要有理性的存在者,他们的自由任意,"在道德律之下"具有一种特点,什么特点呢? "既和自己、也和每个别人的自由任意普遍而系统地相统一的特点"。有理性的存在者当然是在感官世界中存在的,但是他们的本质是有理性,那么他们在感官世界中,结成了一个神秘体,结成了一个教会,一个团体。如何才能够结成一个团体呢? 如何才能够真正成为一个基督的身体呢? 只要他们的自由的任意在道德律之下,具有既和自己也和每个别人的自由任意普遍而系统地相统一的特点。就是说,他们如何能够结合成一个基督的身体,结合成一个道德的感官世界? 他们必须使他们的自由的任意按照道德律具有既和自己、也和每个别人的自由任意相统一。这实际上就是他的"定言命令"嘛! 他的定言命令就是讲,你要使自己的行为的准则成为一条普遍的法则,这里头就包含这里讲的这个意思在内了。自己的行为准则成为普遍法则,就是使你的自由的任意——自由的任意本来是一个主观准则了,它还不一定是客观法则,我还不知道它是不是法则,但是我要"使它"成为一条法则。法则就是普遍的、客观的,人人都能接受的,与每个人都是相通的。所以他们的自由任意呢,在道德律之下,——"在道德律之下"其实在这里去掉也可以,因为他讲的就是道德律。那么自由的任意具有既和自己、也和每个别人的自由任意普遍而系统地相统一，这就是道德律了。但是他这里讲，在道德律之下，就是在那种定言命令的抽象的道德律的指导之下，把你的自由的任意——自由的任意当然不排除感性的东西，但是你一旦把你的自由的任意看成是"具有既和自己、也和每个别人的自由任意普遍而系统地相统一"，那么这个自由的任意就被提升到"自由意志"了，就被提升到法则了，从准则提升到法则了，就具有这样一种普遍性、系统性的特点了。那么具有这样一种特点，当然就是符合道德律的了。道德律无非就是要让你看一看，你的这种行为是不是符合这样一条法则，就是你的行为准则能够成为一条普遍的法则，这样一条法则就是道德律，它既和自己、也和每个别人的自由任意普遍而系统地相统一。在定言命令里面，经典的表述并没有涉及到别人，当然也不谈自己，它只是说，你要使你的行为的准则成为一条普遍法则。它并没有谈别人，一谈别人就涉及到经验了，道德律是极其抽象的、纯粹的理性法则，所以它不用谈别人。但是它蕴涵着别人，就是说在它的指导之下，你把这条道德律运用于感官世界的时候，就涉及到两方面。一个是你是否和你自己相一致，一个是你和别人是否相一致。这都是属于普遍法则。普遍法则体现在什么地方？体现在你"有一言能终身行之"，那就是你和你自己相一致。当然这句话是孔夫子讲的。"有一言能终身行之者乎？己所不欲勿施于人"，这是孔子的回答。康德这里呢，也涉及到这个问题，在经验的层面上，就涉及到"有一言能终身行之"，因为"终身行之"还是个经验的概念嘛，在时间中，你要一辈子都前后一致。真正的道德律令只是在逻辑上前后一致，在逻辑上达到普遍，不涉及时间。但是如果把它运用到感官世界呢，就涉及到时间。你在时间中自己是否前后一致。你昨天为自己定了一条法律，你今天又违反，那你就前后不一致了。你昨天制定了这个法则、规律，或者是你同意的法律，你今天也要遵守，哪怕你今天自己违背了，那么法律规定你该受什么惩罚，你就得自愿地去受什么惩罚，这才能够维护你的人格的一致啊，这才不违背不矛盾律嘛。另外一个方面，就是你除了和自己一致以外，你要和每个别人的自由任意相一致。每个别人的自由任意——我们注意他都是用的"自由的任意"，——都是在感官世界中的。在感官世界中，我们的自由的行为，康德笼而统之地称之为"自由的任意"。那么你要提升为道德律，那就是自由的意志了，自由的意志呢，那就是更高的一个层次了。在自由的任意里面，已经包含有自由的意志，如何把它提取出来？那么你就要使自己的自由的任意和每个别人的自由的任意，普遍而系统地相统一。你的行为要具有这样一种特点。当然自由的任意如何能够跟其他人自由的任意普遍系统地相统一，那就必须要按照抽象的自由意志和道德律来衡量。一个行为本身是自由任意的，但是它是不是自由意志的行为呢？是不是符合道德律的呢？那就要用别人的自由的任意来跟他相互校对，相互比较，是不是所有的人都能接受你的这样一种想法，如果能接受，那么你的自由的任意就提升到了自由意志了。如果仅仅是一部分人接受，或者只有你自己接受，那你的自由的任意就还仅仅是自由的任意，还提升不到自由意志，还提升不到道德律，提升不到普遍法则。所以自由的任意必须具有这样的特点。那么有理性的存在者呢，在感官世界才能够结合成为一个神秘体，才能够结合成象征着道德的一个团体。不管是教会也好，还是所有的人也好，如果有一天能够达到这样一步，那就是一个自由人的社会了。我们也可以把它称之为"共产主义"了。马克思讲"一切人的自由发展以每个人的自由发展为前提"，每个人都是自由的，所有的人的自由都相互协调，他们每个人的自由任意都成为了一种普遍的法则，普遍系统统一这样的法则。这就是康德所谓神秘体的条件，要做到神秘体有这样一个条件，必须要符合这样一个条件，那么这样一个条件本质上来说，就是定言命令。所以康德这句话等于是同义反复，就是说，要使定言命令、道德法则在感官世界中体现为一个神秘体，那你就必须要做到定言法则，你就必须要使这个行为符合定言法则，符合定言命令。

上一次谈到了康德的"道德的世界"引出来的意义。就是说，道德本来是一个纯粹实践理性的法则,它本来是超世界的,或者超自然的;但是,按照这个道德性的必然规律,我们又必须设想一个与道德律相符合的世界。当然这个世界是否存在,我们先不去管它,总而言之按照理性,按照纯粹理性本身,我们应该设想这样一个世界,就是说,你这个道德律必须在世界中实现出来,这是道德律本身要求的。虽然这个规律本身是超越一切世界的,但是这个规律的内容是一条实践的规律。就是你还是要在现实世界去做,至于做出来结果会是什么样,你可以不去管,这是道德律本身要求的。因此我们就可以设想,即算我的道德行为在现实世界中并没有达到或者不可能完全达到我所预期的结果,但是我们在理性上可以设想这么一个道德世界:如果每个人都按照道德律办事的话,那么这个世界就会是一个符合道德律的世界,我们可以希望这样一个世界。这个概念提出来,实际上已经是试图把实践理性和理论理性结合起来了。当然不是在现实中就能够结合起来的,但是至少是在想象中或是理想中,我们可以设想未来或者是来世可能有那么一个世界。这是前面讲的"道德世界"这样一个重要的概念的提出。那么今天读的两段就是由此引出康德所预设的结论了。当然这一段还是一个过渡,最后还是在下面和再下面一段才真正地把这样一个结论引出来。但是既然有了一个道德世界的理念提出来,那么它一方面是理想的,但是另一方面呢,又是指向感官世界的,指向我们这个现实世界的。

　　<u>这曾是对纯粹理性涉及实践的兴趣的两个问题中前一个问题的回</u>**<u>答:去做那使你成为配得上是幸福的事情吧</u>。**

　　"这",就是前面讲的,我们可以设想这样一个道德的世界,一旦我们设想一个道德的世界,那么呢,我们就可以对前面所提出的具有实践兴趣的两个问题,就是第二个问题和第三个问题,也就是"我应当做什么"以及"我可以希望什么"的问题,其中的前一个"我应当做什么"问题,作出回答了。这本身出自于实践的兴趣。至于"我可以希望什么"的问

题,除了实践的兴趣以外,还有思辨兴趣。但是至少里面也包含有实践的兴趣。总之,第一个问题"我能够知道什么",它是纯粹的思辨的兴趣,或者是理论兴趣;第二个讲"应当",是纯粹的实践兴趣。第三个讲"希望",是实践的和理论的兴趣两者兼而有之。所以他这里讲"涉及到实践的兴趣的两个问题中前一个问题",那就是"我应当做什么"的问题。这个地方的"曾是"就是过去时了,因为他前面已经提出来三个问题:"我们理性的一切兴趣(思辨的以及实践的)集中于下面三个问题"。在当时所提出的那两个涉及实践兴趣的问题,在我们这里的这样一个回答呢,就可以作为对第一个问题的回答。他这里用的是过去时。他这个回答就是:"去做那使你成为配得上是幸福的事情"这样一条命令。这条命令就是相当于康德道德律的一种另外的表述方式。"我应当做什么",这本来是涉及到道德命令,绝对命令。我应该做什么?我应该使自己行为的准则成为一条普遍的法则,经典的表达方式是这样的。但是我们前面已经讲了,除了这个经典的表达方式以外,你如果涉及到与幸福之间的关系,来表达这样一个道德律,那么,康德还有别的表达方式。比如说第253页,第1—2行(B834),"如果有这样一种实践规律,它在动机上没有别的,只是要配得上幸福,那我就称它为道德的(道德律)"。这样的表述方式也可以称之为道德律。道德律不仅仅有那种经典的表达方式,"配得上幸福",这也可以形成一种对道德律的表达方式。那么这个地方呢,就正式提出来了,对前一个问题可以这样回答:"去做那使你成为配得上是幸福的事情吧"。那么具体如何做呢?当然就是"使你行为的准则任何时候都成为一条普遍的法则",还原到经典的表达方式就是这样。但是联系到幸福呢,就是说你这样做了,你就可以配得上幸福,唯有这样做你才配得上幸福,你才名正言顺地有资格去享受幸福。至于享受到享受不到,是另外一个问题。但是呢,如果你这样做了,那么如果你享受到了幸福,大家都觉得是应该的。善有善报嘛,没有人会说你什么。所以这样一种道德行为,这样一种道德律,使人能够配得上幸福。这个"配得上"非常重要。在道德和幸福的结合中,康德主要就是用这样一个词把它们结合起来的。就是说道德律不一定导致幸福,这个谁都知道。但是道德律使人配得幸福,这个大家都会承认。做了不道德的事,哪怕他得到了幸福,人家也认为他不配,不应该。所谓为富不仁嘛,不仁而得富贵,那个是大家都认为不应该的。但是如果你诚实劳动,不欺骗人,你遵守道德律,那么如果你得到幸福,大家都认为是应该的。如果你没有得到幸福,大家都觉得不应该。这是对于前一个问题的回答。

现在,第二个问题问道:如果我现在这样做了,从而我是并非配不上 B837幸福的,我也可以希望由此而能够享有幸福吗?

第二个问题就是说,"我可以希望什么?"那么,与幸福联系起来,我们这里就可以这样来表述了,就是说,"如果我现在这样做了",哪样做了呢? 就是前面讲的,做那使你配得上幸福的事情。如果我做了使我配得上幸福的事情了,"从而我是并非配不上幸福的",我并非是配不上幸福的了,因为我已经做了使我配得上幸福的事情,我已经按照使我配得上幸福的事情那样的行为去做了,我并不是配不上幸福的了。这里为什么不讲,我是配得上幸福的,而只讲"我是并非配不上幸福的"呢? 为什么不这样来说呢? 康德这里可能还有其他的考虑。比如说人的行为,并不是每一件行为都是具有道德意义的。日常的很多琐琐碎碎的行为,有些行为谈不上道德或不道德,有些行为你既不能说它是道德的,也不能说它是不道德的。但是有一些行为是有道德价值的,可以做道德评价的。那么只要你在这些可以做道德评价的事情上面,你能够使自己配得上幸福,在其他的那些事情上面呢,你虽然不一定是做了一件道德的事情,但是你至少是没有做不道德的事情,人家也不能说你不道德,有一些事情是中性的嘛。如果是这样的话,那么你就并非配不上幸福。你不能说你所有的行为都配得上幸福,但至少是并非配不上幸福。大概是这样来考虑的。那么一个人,只要他在道德的关头他能够做配得上幸福的事情,那么他的一生就是并非配不上幸福的。也就是他在那些具有道德含义的事情上面，他是配得上幸福的，而在其他的事情上面呢，他也是并非配不上幸福的。在这种情况之下，他不但没有做什么坏事，而且做了一些好事。这样一个人，那么"我也可以希望由此而能够享有幸福吗"？"由此"，就是说，这个里头有一种因果关系，因为我做了配得幸福的事情，所以我就能够有希望享受幸福吗？我有没有这种希望？这种希望当然是一种期盼，是一种估计，但是它里面呢，也有一种因果关系。就是说，道德的事情，它的结果应该是善有善报，你做了道德的事情应该有善报的结果，应该有这样的因缘果报。虽然这个果报我们目前还看不到，也许我们这一辈子都看不到，但是它是应该作为结果而出现的。既然应该作为结果出现，那么我们就有希望。所以，如果我现在这样做了，我可以希望由此而能够享有幸福吗？这个问题就变成这样了，第三个问题，也就是第二个与实践兴趣相关的问题，"我可以希望什么"，就变成了：如果我按照道德的方式去行动了，那么我也可以希望由此而享有幸福吗？能不能希望享有幸福？我可以希望什么？当然没有人希望下地狱，但是呢，是不是有希望上天堂？上天堂就是最高的幸福了，那么我能不能够有这个希望呢？

在回答这个问题时取决于，先天地制定这条规律的那些纯粹理性原则是否也必然地把这种希望与该规律联结起来。

有没有希望，回答这个问题，那么呢，这个问题取决于关键的一点，就是"先天地制定这条规律的那些纯粹理性原则"，制定哪条规律呢？就是制定前面的那个回答：按照纯粹实践理性，你要去做使你是配得上幸福的事情，或者命令你去做那使你配得上幸福的事情——这也就是道德的事情，也就是道德的定言命令，这是由纯粹理性所制定的。纯粹理性制定了实践方面的这样一条道德律，当然我们可以从中引出它跟幸福的关系。那就是上面讲的，"去做那使你配得上幸福的事情"，这就是道德律的一种表述方式。"制定这条规律的那些纯粹理性原则"，就是说，制定这条规律的是纯粹理性原则，制定道德律的是纯粹的实践理性，也就是纯粹理性在实践中的运用。纯粹理性在实践上已经制定出了一条道德律。那么制定道德律的这样一些纯粹理性原则,"是否也必然地把这种希望与该规律联结起来"。我制定道德律,制定道德律依据什么呢? 依据纯粹理性的原则。什么是纯粹理性的原则? 纯粹理性的原则如果要最抽象地来说呢,那就是不矛盾律或者同一律。纯粹理性最抽象的就是这些原则。那么道德律实际上就是这样建立起来的。你要使你的行为的准则成为一条普遍法则,就是成为不自相矛盾的。普遍法则就是不自相矛盾嘛,它放到任何地方都能够贯彻,它能够保持同一。道德律就是这样建立起来的。把纯粹理性的不矛盾律,或者同一律,或者排中律,运用在人们的实践活动中,就得出了道德律。并且呢,同样的这样一些纯粹理性的原则,也使道德律变换成它的各种不同的方式,比如说我在前面讲的,把它和幸福联接起来,按照理性就必然会成为这样一条规律:去做那使你配得上幸福的事情。那么,同样的一些纯粹理性的原则,是否也必然地把"这种希望"与该规律联结起来呢? 这是问题的关键。这种希望与该规律是否有一种合乎纯粹理性的原则,是否有一种纯粹理性做它的基础,做它的根据。如果仅仅是经验的,那我们根本就没有什么希望,在经验中我们看不出善有善报恶有恶报有什么必然性,即算发生了这样的事情,我们也认为这是偶然的,这是万幸,这是幸运,"幸好"善有善报恶有恶报。但是按照纯粹理性,它是不满足于这种偶然性的,它必须要求有一种必然的关联,"是否也必然地把这种希望与该规律联结起来"? 有没有这种希望? 我可以因为我做了配得幸福的事情而希望确实能够享有幸福。有没有这种希望? 要从理性上面来回答,要从纯粹理性上来回答,而不能从经验上来回答,也不能从情感、需要、想当然来回答,这些东西都不能带来必然性。所以,康德在这里呢,就是想把两个领域,一个是实践的领域,另外一个呢是理论的领域,在某种意义上把它贯通起来,用同一个纯粹理性,按照纯粹理性的原则,把两个领域贯通起来。就是说在实践的领域里面我做了配得幸福的事情,那么在理论的领域里面,我有没有希望去估计它的这样一种后果,就是我可以因此而获得我应当得到的幸福。这个是属于理论理性的领域,它涉及到因果律,当然不是现实的因果律,而是实践理性按照逻辑来设想的,是在理性的一种纯粹的理想状态中的因果律。

所以我说:正如同按照在**实践的**运用中的理性来看,诸道德原则是必要的一样,按照在**理论的**运用中的理性来看,同样也有必要假定,每个人都有理由希望依照他在行为中使自己配得幸福的那个程度而得到幸福,

就是说这两个领域,一个是实践的领域,在实践的运用中的理性,或者说理性在实践的运用中,"诸道德原则是必要的",或者是必然的。就是说,理性在实践的运用中,各种道德原则必然会呈现出来。按照理性,如果我们运用在实践方面,我们就可以自然而然地,或者是必然地、不可避免地得出道德律。我们在实践中,一个有理性的人,必然会提出这种道德律、绝对命令,以及它的各种各样的变形的方式,各种道德原则。这个"必要的"(notwendig)我们也可以译作"必然的"。当然它也是"必要的",就是在实践运用中,你要达到理性的最高目的,那么就必须要有道德律。只有道德律才能使你的理性得到贯通,实现理性的全部目的;违背道德律顶多只能达到某种感性的有限目的。所以道德律、道德原则在这里呢,对于理性来说是必要的。那么正如在实践运用中道德律是必要的一样,"按照在理论的运用中的理性来看,同样也有必要假定,每个人都有理由希望依照他在行为中使自己配得幸福的那个程度而得到幸福"。就是理性在理论的运用中,同样我们必须假定,就是要按照这个理性本身的法则,我们必须要假定,每个人都有理由希望,由于他在他的行为中使自己配得幸福了,所以相应地按照同样的程度,他可以希望获得一种幸福的结果。他会有这种希望,有理由希望得到幸福。按照某种程度而得到幸福,按照什么程度呢?就是他在行为中使自己配得幸福的那个程度。配得幸福的那个程度,那当然也就是他执行道德律的那个程度,你

在什么程度上面完成了自己的道德义务，那你也在什么程度上配得幸福，那你也就在什么程度上有理由希望得到你的幸福。按照理性的法则来说，这个是贯通的。但要注意，所有这一切都只是按理性"有必要假定"的说法，并不是客观事实，也不是现实的规律。

因而德性体系和幸福体系是不可分地、但只是在纯粹理性的理念中结合着的。

前面刚才讲的这一句话，已经把实践的运用和理论的运用两种理性结合起来了。所以他这里讲，德性体系和幸福体系是不可分的。德性体系也就是道德原则，道德原则也包括刚才讲的配得幸福的行为原则，使你配得幸福的那个行为原则，那也就是道德原则了。这样一个德性体系，以道德律、以定言命令为中心建立起了一个体系，它有各种各样的表述。德性的体系里面，除了包括定言命令的经典的表达方式，还包括目的论的表述方式：任何时候你都不要把人性和人格仅仅当成手段，而要当作目的；再就是道德"自律"的表述，就是你的意志要永远出自于你的自由意志本身，每个自由意志都是立法者。再就是刚才讲的这个：要做使你成为配得上幸福的事情。等等这样一些表述构成的体系，它们都是由理性来贯通的。涉及到这一方面，有这样一番表述；涉及另外一方面，在不同的场合下，也可能变形为另外一种表述方式，它们都属于德性的体系。那么幸福的体系呢，它也有一个体系，这个体系是按照德性的体系来确立的。幸福本身没有什么体系，因为它是感性的，幸福本身是一大堆杂多的东西。感性的东西是不成体系的，只有理性才有可能给感性的东西带来体系。那么这里讲的幸福的体系，就是建立在德性体系之上的体系：按照在行为中使自己配得幸福的那个程度而得到幸福。这样一个幸福的体系，它是按照德性的某种程度而建立起来的，所以它叫作幸福的"体系"。那么这两个体系是不可分的。由上面已经证明了，它们是不可分的。同一个理性在实践运用中必须设定道德律，而在理论的运用中呢，也必须给人们提供一种希望，就是希望与他的道德行为相配的那样一种幸福的体系。那么这两个体系呢，是不可分的。从前面讲的来看已经是不可分的了，就是说幸福的体系是按照德性的体系的程度来确定的。"但只是在纯粹理性的理念中结合着的"，这个"但"的后面呢，做了一个非常重要的限定。就是说它是不可分割地结合着的，但是这种结合呢，只是在纯粹理性的理念里面，它只是一个理念，它并不是现实的感性的世界，并不真正地体现在我们的经验自然界里面，它只是在纯粹理性的里面作为理念来设想的。纯粹理性提出了这样一个理念，可以设想，哪怕感性的东西也可以设想，当然他这样设想的感性的东西呢，已经成了一个理念了。比如说道德的"世界"。道德的世界是一个"世界"，应该说是一种感性的东西，但是是由理性所设想出来的这样一种感性世界。这种感性世界在现实的感性世界中，可以说是不存在的，是理想化的。我可以设想，有那么一天，一个人类大同的世界就会到来，每一个人都是绝对道德的，每个人也就会享尽一切幸福，那是一个自由幸福的世界。但是这样一种设想，虽然你可以把很多感性的东西加给它，但是它只是在纯粹理性的理念里面把这两方面结合起来，一个是德性，一个是幸福。仅仅在理念里面结合起来，至于在现实中是不是能够结合，什么时候能结合，这个它不管。关键是在理念中能不能这样结合起来？这个是康德最关注的。我能不能这样设想？就像康德的永久和平，永久和平也是个理念，它能不能实现，这是另外一个问题。但是能不能设想？康德认为是可以的。只要我们能够设想，那么我们就可以把它作为一个理想，不断地去追求，逼近它，它就有它的价值。至于在现实世界中实现到什么程度，或者说能不能实现，或者说在现实中产生的很多情况完全是背道而驰，完全相反，这个不是他关心的事情。完全有可能，就是说，按照"应该"是善有善报恶有恶报，但是按照现实很可能善人不得好报，恶人却享尽一切幸福，完全有可能是这样的，现实世界都是偶然的嘛，感性的世界都是偶然的。这个没什么关系。但是人作为本质上属于有理性的存在者，他必须要有一种理想，按照他的理性，就必须有一种理想。这个理想不是别的任何人强加给他的，也不是他偶然突发奇想所建立起来的，而是通过他的严格的理性所推论出来的，应当如此，应当有这种理想。这才是康德所关注的。

现在把问题推到下一个层次、另外一个层次上了。前面两段已经讲了，就是在实践的理性和理论的理性两者之间有一个结合点，就是通过有理由希望自己配得幸福，把这个道德和幸福联系起来了。道德的体系和幸福的体系是不可分的，但是只是在纯粹理性的理念中结合着的。已经达到这一步了。但是究竟如何结合，还没有展开，只是指这个道德作为一个体系，它可以把幸福也按照道德本身的程度，按照你执行道德律的这样一种程度来构成一个体系，把幸福也构成一个体系。什么样的行为配得什么样的幸福，这是有标准的，不是说完全凭借感性的、任意的、一大堆这样的幸福的概念就能构成系统。那么这一段呢就是谈它们如何能够结合起来，道德和幸福究竟如何才能够结合起来构成系统。

现在，在一个理知的、即道德的世界里，在这个我们从其概念中抽掉了一切德性障碍（爱好）的世界里，这样一个与道德性成比例地结合着的幸福的体系也可以被设想成必然的，

就是说，我们前面已经提出了一个理知的道德世界，道德的世界只能够理知地去把握，应该排除一切感性的东西，排除一切包括知性活动的东西。我们不是要为了认识，我们仅仅是用一个理念来设想一个道德世界的可能性。所以说是"在一个理知的、即道德的世界里"，在这个我们从其概念中抽掉了一切德性障碍——也就是爱好的世界里，这样一个概念，我们已经从里面抽掉了一切阻止德性、有损于德性的那些障碍。比如说人的爱好，"爱好"（Neigung）在康德那里呢，主要是指感性的一种偏向，一种偏爱，一种癖好，它是摆脱人的理性支配的倾向。那么在这里呢，我们把这些东西抽掉了，德性就没有障碍了。我们所设想的一个德性的、一个道德的世界里面是没有任何阻碍我们德性的障碍的。那么

在这样一个世界里，"这样一个与道德性成比例地结合着的幸福的体系也可以被设想成必然的"。前面是讲，我们如何才能够把它们的结合设想成必然的，设想成有理性法则在后面支持着、作为根据的。那么这里提出来，在道德的世界里面，它清除了一切德性的障碍，那么，与道德性成比例地结合着的幸福的体系，我们可以把它设想成必然的。从纯粹理性的角度，我们可以把道德性和它的与之相配的幸福这样一个体系设想成必然的，必然会得到这样一个体系，必然会有一个与道德性成比例相配的幸福体系。它具有这样一种必然性，也就是具有一种理性的根据了，只有理性才能够提供给它必然性。为什么？

因为那一边为道德律所推动、一边又为它所约束的自由，本身就会是普遍幸福的原因，因而有理性的存在者在这些原则的引导下，本身也就会成为他们自己的、同时也是别人的持久福利的创造者。

这一句很重要了，这就是提供它的理性的根据了。为什么能够设想成必然的呢？为什么有理性的根据？理性的根据何在？他说，"因为那一边为道德律所推动、一边又为它所约束的自由"，为道德律所推动，也就是说，真正的自由是建立在道德律之上的，道德自律嘛。道德自律使人的自由真正成为了自由。自由的任意还不能说是纯粹的真正的自由。你任意，为所欲为，那个东西还不能算是真正的自由，只有建立在道德律之上的这种自律，才是真正的自由。所以它是"为道德律所推动的自由"。一边呢又为它所约束，自律就是被道德律所约束，但是这种约束是道德律的自律，自己约束自己，道德自律是自由意志自己约束自己的规律，所以叫作道德自律。那么道德自律使自由成为了真正的自由，而真正的自由呢，不在于为所欲为，而在于自己能够约束自己，这才是真正的自由。所以，一方面呢，道德律使自由成为了真正的自由，推动了自由，促进了自由，使得自由上升到了最高层次。自由有几种层次，有高层次的，而低层次的就是那种为所欲为，就是所谓自由的任意，想干什么就干什么，为欲望所推动，为感性或者甚至于本能所驱动。那么为道德律所推动的自由才是真正的自由，它真正使人能够摆脱感性世界的束缚，而能够实现自己纯粹的自由意志。但是另一方面，这种道德律呢，实际上又是建立在自由意志之上的，它是一种自由意志的自律。道德律和自由相互之间有这样一种纠缠的关系，这个我在前面已经提到过了。自由是道德律的存在理由，道德律是自由的认识理由，它们互为前提。道德律必须是自由的才是道德律，那么自由呢，必须建立在道德律之上，才是真正的自由。它们互相把自己建立起来。道德律是自由提高到它的最高层次，或者它的本质。自由的本质就是摆脱感性世界的束缚，摆脱外来的束缚。那么，道德律能够使它摆脱外来的束缚，使它仅仅受它自己的约束。那么自由自己约束自己呢，这就成了道德律了。它就是用自己的道德律、这种普遍法则，使自己具有前后一贯性——我们把它的前后一贯性，把这种成为了普遍法则的准则，称之为道德律。所以自由的自律，其实就是道德律。那么这样一种自由，本身就会是普遍幸福的原因。它本身是道德律了，但是这种道德律又会成为普遍幸福的原因，有因果性在里头，它可以结出它的成果来，会有它的必然的结果。"因而有理性的存在者在这些原则的引导下，本身也就会成为他们自己的、同时也是别人的持久福利的创造者"，就是说，这样一种道德的自由，它本身会带来普遍的幸福，不是带来某一个人所设想的、他偶然所追求的那种幸福，而是带来一切人的幸福，带来一个普遍幸福的世界。"因而有理性的存在者在这些原则的引导下"，也就是在这种道德律的引导下，"本身也就会成为他们自己的、同时也是别人的持久福利的创造者"。这个地方康德提出来一个理想的世界，一个人类大同的世界，每个人成为道德的人，也就会成为真正自由的人。这样的人聚集在一起，那当然就会互相创造福利，与人为善。每一个人都成为道德的人，这么样一个世界，是一个多么美好的世界，也就是"人人为我，我为人人"这样一个世界。所以他讲，"本身也就会成为他们自己的、同时也是别人的持久福利的创造者"。我为人人，人人也就为我；所以我就得到了福利，那么他人也因为我的存在得到了福利。

人对人来说，就是幸福之源，人对他人来说，以及人对自己来说，都会成为幸福之源。只要他做到了真正的自由，也就是做到了按照道德律办事，做到了成为一个道德的人，那么这本身就会是普遍幸福的原因。这里康德提出了一个理想世界，这样一个理想世界是后人不断追求的，包括马克思所讲的"一切人的自由以每个人的自由发展为条件"。在康德这里当然是抽象的，以抽象的方式表达出来，就是一切人的道德以每个人的道德为前提。康德所设想的真正的自由就是道德的，就是整个道德世界，他这里所设想的这样一个道德世界、这样一个"神秘体"是怎么构成的呢？就是说每一个人都做道德的人，也就是都做自由的人，那么所有的人呢，聚集在一起呢，就会构成一个道德的世界。而一个道德的世界，就会成为普遍幸福的创造者，就会创造出普遍幸福，每一个人都因此而获得相应的幸福。那就既是一个道德的世界，也是一个幸福的世界。但是幸福的世界是因为它是一个道德的世界。道德的世界是原因，道德自律是原因，幸福是后果。这样一个世界是可设想的，而且按照理性来说，是必然会去设想的。我们经常说，每个人都献出一点爱，这个世界就会变得多么美好。在康德这里说，每个人都做自由的人，都做道德的人，这个世界多么美好。这是可设想的，凡是有理性者，都会这样设想，凡是有理性者都会说，我们人类为什么要自相残杀，为什么要互相过不去，如果大家都意识到这一点多好。就是有一小部分人不愿意，他想要凌驾于别人之上，所以把整个世界败坏了。确实也是这样。就是按照理性应当的那样做，如果人人都能意识到这一点，那这个世界就会变得很美好。但是因为人们虽然有理性，但这个理性经常错位。本来应该是最高原则，但往往有人把它仅仅当作是工具，来谋取他的感性方面的利益，谋取他自己所谓的幸福，而不惜破坏别人的幸福。所以这个世界呢，就变得不像理想中所想象的那么好。这是他提出的一个理想。在道德原则的引导下，自由本身就会成为每个人自己的、同时也是别人的持久福利的创造者。

B838　　**但这一自我酬报的道德体系只是一个理念，**

什么叫自我酬报的道德体系？就是说，一个道德体系，它会得到它可以希望得到的幸福；这个幸福不是来自于别的方面，就是来自于这个道德体系本身。由于有了这个道德体系，所以呢，这个道德体系本身就可以带来它的报酬。你们可以希望，只要你做了道德的事情，只要每个人都做道德的事情，那这个世界就会变成一个幸福的世界了。所以它是一个自我酬报的道德体系。但是呢，只是一个理念。

它的实行基于这样的条件，即**每个人**都做他应当做的，就是说，有理性的存在者的一切行动都是这样发生，就像它们是出自一个把一切私人任意都包括在自身之中或之下的至上的意志似的。

这就是过渡到他所要引出的东西了。他要引出一个什么东西呢？他要引出一个至上的意志，就由这句话来过渡了。就是说，这个自我酬报的道德体系，它只是一个理念；我要设想出这样一个理念来，我就必须设想出一个它所基于之上的条件。设想什么条件呢？就是每个人——"每个人"打了着重号，就是从我做起，每个人都从自己做起——都做他应当做的。什么是他应当做的？"就是说，有理性的存在者的一切行动都是这样发生，就像它们是出自一个把一切私人的任意都包括在自身之中或之下的至上的意志似的"。就是说什么呢？有理性的存在者的所有的行动，都是这样发生的，怎样发生呢？就好像它们——也就是这些行动——是出自于一个至上的意志，这里当然就是讲的上帝了。就是说，你按照上帝所要求的那样去做，说白了就是说的这个。但是这里还没有说白，还在这里把他的思路一步步地引出来。有理性的存在者，你是有理性的，那么你的一切行动，都必须是好像是出自一个上帝。那么这个上帝是个什么上帝呢？他是"把一切私人任意都包括在自身之中或之下的至上的意志"。这样一个意志，把一切私人的任意，都包括在自身之中，或者包括在自身之下，这就是他的道德定言命令嘛。所谓道德定言命令，就是说把你的行为的准则当作一条普遍的法则。你的准则可以说就是你私人的任意，你想要怎么样做，是"己所不欲，勿施于人"呢，还是"人不为己，天诛地灭"，这都可以说是你的准则。但是呢，如果你这个准则跟别人的私人任意是不是能相容，这就是个问题。道德律就是要指出，只有使那种你的私人任意和别人的私人任意能够互相融合，能够有一条普遍的法则贯通起来的任意，才是真正的自由意志，才是自由意志的自律，也才是道德的。所以在这个地方呢，我们可以把这样一个普遍的法则设想为出于一个"至上的意志"。我们在行动中，当然我们都是自由的，我们都是按照我们的自由意志，或者甚至是按照我们私人的任意而行动。但是我们有理性，我们把它纳入到理性的规范里面去设想，我们的私人任意，作为我们的准则，能不能成为普遍法则？成为普遍法则的我们就去做。那么根据我们的理性，我们就可以设想，这样一个把个人的私人任意的准则全部都包括在自身之中的意志，当然实际上是我自己的意志，但是我们把它设想为一个在我之上的至上的意志。我在确立我的任意的时候，我考虑到所有他人的任意，"己所不欲，勿施于人"嘛，他人也想得到什么，我也想得到什么，我把所有人的可能性都包括在内。当然我不可能包括在内，我不是上帝，但是我可以设想我做的事情能够普遍地推行，能够使我愿意这样做别人也愿意这样做，我也愿意别人这样做，别人也愿意我这样做：那么我就没有障碍了，我就可以一直做下去了。这样一条法则，我们就可以把它看作是一个至上的意志，他把一切私人的任意都包括在自身之中，或者之下。包括在自身之中，也就是说，一切私人的任意，你用一条普遍的法则来把它概括起来。从经验的立场上来说，包括在自身之中，所有的这些准则，每个人的准则，你的，我的，他的，所有人的准则，都在里面了，都能够相容，都能够包括在里面。如果冲突的话，就会有些被剔除。但是我都能够把它包括在里面，能够让所有的人幸福，能够让所有的人的任意都能够实现，能够互相协调，而不互相冲突，这就是包括在"之中"。包括在"之下"呢，就是说，提高到理性的层次来看。当然，自由的任意还是属于感性的层次。但是，既然你把它都包括在唯一的至上意志之中，那么这个至上意志本身呢，就更高了，它就在每个人

的自由的任意之上,它在层次上面呢,就更高。所以,把一切私人任意都
包括于自身的至上的意志,这从两个层面来看到,既可以说包括在自身
之中,也可以说是包括在自身之下。康德更愿意说的是包括在自身之下,
用一个理性的、超验的原则来指导和把握人在现实生活中的一切实践活
动。这也是他的进一步的展开了,就是前面讲的这样一个道德世界,是
一个什么样的世界呢? 是一个自我酬报的道德体系。它的前提就是说,
要假定一个条件,每个人都做他应当做的,并且呢,他的一切行动,都好
像是出自一个至上的意志。这个至上的意志不仅仅是我的、你的、他的,
而且在所有的人的意志之上,有一个意志。当然其实还是我设想的,是
我的自由意志,而不仅仅是自由的任意。但是我设想这个自由意志的时
候,我把自己提高了,提高为一个至上的意志。我使自己的自由的任意
服从我的至上的自由的意志,这个时候呢,就好像是服从上帝一样。也
就是我把自己分成两个层次,把我的准则当成作是一条普遍的法则,准
则是出自于我的感性层次,法则呢是出自于更高的层次,自由意志的层
次,抽象的层次。那么,我们就可以把它看作是一个至上的意志。这个
至上的意志跟所有的意志都相容,跟所有的人的自由相容,而且凌驾于
所有的人的自由的任意之上,成为一个普遍法则。这是理性本身从道德
律中所推出来的,就好像是服从上帝一样,这个上帝其实就是我自己的
自由意志。但是我把自己提升到自由意志之上,我就超越了我个人,因
为我设想我的准则要成为一个普遍法则嘛。既然超越我个人,它就不仅
仅是我个人的了。但是它又是意志,那么我们就可以设想,这样一种个
人的意志,实际上是跟上帝相通的,实际上是在服从上帝的意志,好像是
在服从唯一的上帝的意志。当然上帝有没有,康德认为我们不可能知道。
但是我们在我们的道德行动中,我们服从道德律,我们在理性上呢,就已
经把我们自己分成了两个不同的层次。而这个更高的层次呢,它不是我
个人的,虽然它体现在我个人身上,但是在我个人身上呢,我把它当作一
个命令来执行,好像它是来自天上的,来自于上帝的。这是进一步的解释。

　　但即使别人并不采取符合道德律的态度,由于出自道德律的义务对自由的每一种特殊的运用都仍然有效,所以不论是根据世上之物的本性还是根据行动本身的原因性及其与道德的关系,都并未确定行动的后果将会如何与幸福相关,

　　这句话呢,我们要把它改一下,这个译法还是不太顺。我们把这个"由于"提到前面来,就是:"但由于,即使别人并不采取符合道德律的态度,出自道德律的义务对自由的每一种特殊的运用都仍然有效",这样,"即使"和"仍然"就对上来了。主句是"出自道德律的义务对自由的每一种特殊的运用都有效",即使别人并不采取符合道德律的态度也罢。就是说你要做道德的行为,你要按照道德律去实践,即使别人都不采取符合道德律的态度,你一个人做道德的人,别人都不像你一样,但是你的道德律的义务呢,对你的自由的每一种特殊的运用,都是有效的,它不在乎别人做不做。你从我做起嘛,我刚才讲了,从自己做起嘛,每个人都做他应该做的。我不管别人是不是按照道德律去做,我自己按照道德律的义务去做,这对自由的每一种特殊的运用都有效,不管是自由的任意也好,是我的自己的准则、个人的准则也好,但是出自道德律的义务呢,在这些方面都仍然起作用。它命令你,你在自由的特殊运用中,哪怕你的自由的任意,你在追求具体的对象的时候,你仍然要考虑道德律,它在命令你,它仍然有效。这个有效并不是说有结果,而是说会起作用。哪怕你不按道德律去做,道德律也会起作用,它使你感到惭愧。你按道德律去做,它也起作用,它不但影响世界,而且使你感到心安理得、完成了使命。它仍然有这方面的效力。当然它的结果不一定是按照你的所设想的结果那样实现出来,那是自然界的问题,那是自然规律的问题,那个不在考虑之列。那么下面,"所以不论是根据世上之物的本性还是根据行动本身的原因性及其与道德的关系,都并未确定行动的后果将会如何与幸福相关"。"不论是根据世上之物的本性",也就是根据因果律,根据自然规律,世上之物的本性嘛,那就是自然规律。"还是根据行动本身的原因性"，那就是自由了，是由于自由才有行动。人的行动都是由于自由，不管你意识到或意识不到，你做一个行动，你当然都是有目的的，都是有你的自由的任意在里面起作用的。行动本身的原因性就是自由，那么它跟道德当然有关系。出自道德律的义务对每一种自由都有效嘛，所以它与道德有"关系"。但是呢，不管是根据道德律也好，还是根据自然律也好，"都并未确定行动的后果将会如何与幸福相关"。就是说，你在做一件道德行为的时候，并不能确定这个道德行为是否会带来幸福，不管是根据自然律——你在做道德行为的时候，当然也有自然律在起作用，你把它实现出来嘛，当然在现实的感性生活中间，它必须符合自然律。那么你能不能通过这个自然律就推出你这个道德行为能够带来幸福呢？不可能。那么根据行动本身的原因性及其与道德的关系，是不是能够推出你的道德行为必然带来幸福呢？也不能。两方面都不行，都不能确定你的一件道德的行为是否能够带来幸福，"都并未确定行动的后果将会如何与幸福相关"。为什么呢？因为"出自道德律的义务对自由的每一种特殊的运用都仍然有效"。就是说，你在自由的行为中，道德律的义务在你的自由的这种特殊运用中起作用，但是这个作用呢，并不是带来幸福的后果的作用，而只是对你的自由的这种特殊的运用本身起一种影响力。道德命令嘛，道德命令对你的自由行为有效，但这个"效"不是体现在它的后果，而是体现在你的动机。它可以改变你的动机。你的自由的特殊的运用，本来的动机也许不是道德的，但是道德律在起作用，命令你必须要出自于道德律，于是呢，你也就可能改变了你的动机，或者你没有改变你的动机，但是呢你会感到惭愧。总而言之会影响你。但是这种影响并不影响到你会得到什么幸福，从这方面不能够得出一种必然的关系。所以，"不论是根据世上之物的本性"——这个是不用说了，根据自然律，那肯定不能够从道德律里面推出它的幸福；"还是根据行动本身的原因性"——这里着重点是根据后面的，根据行动本身的原因性，"及其与道德的关系"。因为前面讲了嘛，出自道德律的义务，不管别人是不是采取符合道德律的态度，它都在命令你，在你的特殊运用中，改变你的动机。但是呢，它又不考虑别人是否符合道德律。你如果要从这个里面推出会有幸福的结果，那就有个前提，就是别人都按照道德律办事。每个人都做他应当做的事情，这个前面讲到了有个条件嘛，每个人都做他应当做的事情，好像出自一个至上的意志似的，那么这样一来，这个世界才会变得幸福，才会变成一个大同世界，我们才会有把握能够实现一种普遍的幸福。但是问题就在于，道德的行为并不考虑别人是否会采取符合道德律的态度。当然它要考虑别人的自由意志，但是别人自己并不一定会考虑他自己的自由意志，别人也许恰好违背他自己的自由意志，违背他的自律，而服从感性，违背道德律。你做一个道德上的好人，别人也可能并不做一个道德上的好人。所以大家在一起就互相妨碍、互相伤害。并不因为你一个人做一个道德君子，这个世界会变好，也不一定因为你按照道德律办事就善有善报。当然如果大家都做好事，那肯定会善有善报。因为大家都是好人，都按照道德律办事，那我们可以设想善有善报，这个世界会变得很美好。但是不是这样的。而且呢，道德律本身也不考虑别人是不是在现实中会做一个道德君子。因此从行动本身的原因性及其与道德的关系呢，从这方面也不能够确定你的行动的后果将会如何与幸福相关。尽管原则上来说，我们可以设想一个道德的世界，人人都做道德的事情，而且设想在这样一个世界里面呢，将会带来普遍的幸福。但是问题就在于，道德律的义务并不考虑别人是否能够现实地采取符合道德律的态度，它只是从自己的理性出发，来规定自己的行为，来影响自己的行为。所以从行动本身的原因性，也就是自由，从个人的自由及其与道德的关系，我们不能够必然地推出它会带来幸福。

　　而如果我们单纯基于自然的话，则获得幸福的希望与使自己配得幸福的不懈努力之间的上述那种必然联结就不能通过理性来认识，

　　也就是说，如果我们单纯基于自然来考虑幸福，——当然幸福本身是属于自然的，凡是幸福都是属于自然的，它都符合自然律，——如果

我们单纯是基于这样一个立场来考虑,那么,"获得幸福的希望",有没有希望获得幸福哇? 你做一件什么样的事情能够有希望获得幸福呢? "与使自己配得幸福的不懈努力之间",也就是与道德的努力之间,"使自己配得幸福的努力"就是道德的努力。什么叫使自己配得幸福? 我在前面讲了,道德就是使自己配得幸福。道德律可以表述为:按照可以使你配得幸福地那样去做。只有道德才能配得幸福。你如果采取不道德的方式,那就不配幸福。或者说你由于偶尔的机遇,天上掉馅饼,天上掉下来一颗大钻石,你捡了,那也不配得幸福。人家会嫉妒你,人家也觉得你不配。你凭什么就得到,我就不能得到? 所以唯一的能够公认、大家都公认配得幸福的,就是你是道德的。像比尔·盖茨,他配得巨大的财富,人家都不嫉妒他。你有本事你去当比尔·盖茨,你去做他那样的好人呐。他没有做任何有损于他人的事情,他都在为人类造福,这样的人配得幸福。但是如果单纯基于自然的立场来考虑的话,这两者之间的必然联结,我们就不能通过理性来认识了,获得幸福的希望与他的道德努力之间就没有必然的联系。或者说它的必然联结不能通过理性来认识。不能通过理性来认识,那就没有必然联系,那就成了偶然的。我们单纯从自然的因果律或者自然律来看,我们找不到这样一种必然的联结。必然联结是有的,但是不能从单纯的基于自然的立场来看。单纯从基于自然的立场来看获得幸福的希望与配得幸福的努力是完全偶然的,大多数场合甚至是不可能的,那么必然联结就认识不到了。自然律是不会揭示出这样一种必然联结的。怎么样才能揭示出这样一种必然联结呢?

　　相反,对于这种联结,只有当我们把一个依照道德律发布命令的**最高理性**同时又作为自然的原因而置于基础的位置上时,才可以有希望。

　　道德律和幸福的希望之间,是有一种必然的联结;但是这种必然的联结必须有一个必要的条件,就是"我们把一个依照道德律发布命令的最高理性",这里当然也是讲的上帝了,或者是讲的至善的理想。至善的理想,我在前面讲了,在某种意义上也可以相当于就是上帝。上帝就是至善的理想，但是它的内容呢，不是简单的一个"上帝"就可以概括的。它就是按照道德律发布命令的一个最高的理性。"同时又作为自然的原因"，同时它又是产生出自然的。一方面它是按照道德律来命令人，另一方面呢，它同时又是自然的创造者。你单纯从自然，那是找不出这个联系的，我们必须要设想一个最高的理性。一方面呢，它是道德律的最高意志，至上的意志。另一方面呢，它又是自然的创造者，自然的原因。把这样一个最高的理性，也就是把上帝，"置于基础的位置上时，才可以有希望"。我们可以设想一个上帝，这个上帝，他是最高的道德意志，他发出道德命令。但是另一方面呢，整个自然界都是他创造出来的。所以他对整个自然界有一个安排。上帝会把整个自然界归根结底安排成与道德律相配的，只有上帝能做到这一点。你单独把自然挑出来看，那是看不出什么关系的。你单独从人的这种道德性，也推不出来。前面讲了嘛，"不管是根据世上之物的本性还是根据行动本身的原因性及其与道德的关系，都并未确定行动的后果将会如何与幸福相关"。你单独按照自然律，不可以把它推出来。你的一个道德行为完全按照自然规律如何能导致幸福呢？这个是推不出来的。往往相反，好人总是吃亏，好人总是得不到幸福。所以这个推不出来。你单纯按照道德律也推不出来。道德律是道德律，道德义务可以影响你的自由行为，但是呢，它并不能影响他人。他人、别人并不一定采取符合道德律的态度，你只能够规范你自己。所以，不管是从你个人内心的道德律，还是从外部的自然界的自然律，你都推不出这两者之间有什么联系，道德和幸福有什么联系。所以你必须设想一个最高的理性。这个最高的理性，一方面，你的道德律被设想成是按照他的命令而来的，你在做道德律行为的时候，你自己本来是道德自律了，但是你把这种道德自律呢，把它设想为由一个至高无上的意志发布的命令。其实还是你自己的意志，你把它提升上来的嘛，但是你可以把它看作好像是出自一个至高无上的意志。那么这个至高无上的意志呢，你又把它设想为自然的原因。这个最高理性同时呢，是作为自然的原因，自然界的创造者、创始者，他会把自然界安排得符合道德律。尽管我们在现实中看到的自然界都不符合道德律，跟道德律完全是两码事，但是呢，你要从上帝的眼光来看。上帝的眼光是无限的，你所看到的是很有限的，至少你只能看到此生、此岸，你不能看到来生、彼岸，所以从上帝的眼光来看，你就可以设想，上帝也许在你的来生会给你加倍的报偿。尽管你在此生你到处吃亏，但是上帝创造世界，上帝也创造一切幸福。幸福本身就是按照自然律的嘛，这种自然律不能导致我们跟道德挂上任何关系。但在上帝那里我们可以设想它们是有关系的。上帝有最后的公正的审判，会把它们的关系处理得天衣无缝。所以，"只有当我们把一个依照道德律发布命令的最高理性同时又作为自然的原因而放在基础的位置上时，才可以有希望"把这两者联系起来，也就是有希望在我们做了道德的事情以后，就因此而得到相应的幸福，因为我们配得相应的幸福。配得相应的幸福不一定就在现实中能够得到，但是我们有希望在上帝那里得到。这就引出他的这个真正要谈的话题了。所谓最高理性，"最高理性"打了着重号，下面一段讲的至善的理想也打了着重号，这就引到他的正题上面来了。

　　按照我们前面讲的，这个所谓的"至善的理想"已经呼之欲出了。在下面这一段里面呢，才正式地提出来。康德往往在第一次正式提出他的概念的时候，要在底下打着重号，作为关键词。前面一段最后讲的是，"依照道德律发布命令的最高理性同时又作为自然的原因"，只有把这样一个自然的原因、这样一个理性"置于基础的位置上"，我们才能把道德和幸福联结起来，"才可以有希望"统一二者。那么从上面一段的最后一句话，就引出了这一段的第一句话。

　　我把对这样一种理智的理念称之为**至善的理想**，在这种理念中，与最高永福结合着的道德上最完善的意志是世上一切幸福的原因，只要这幸福与德性（作为配得幸福的）具有精确的比例。

这是正式提出"至善理想"的概念。至善理想是什么？这一小节的标题就是讨论至善的理想，即："至善理想，作为纯粹理性最后目的之规定根据"。纯粹理性的"最后目的"，我在前面讲了，就是在道德上呢，当然要达到最高的善；但是在幸福上面呢，要跟着而来有与之相配的幸福，这可以说是两个"最高的目的"，它们都是从纯粹理性而来的，合为一个"最后目的"。那么，纯粹理性的这个最后目的，它的规定根据是从何而来的？或者说这两个最高目的如何能够结合在一起，何以能够相配？德福能够相配的根据何在？那么这里就提出来，只有这样一个至善的理想，才能够给这样的德福相配提供根据。那么这种至善的理想呢，是一种"理智的理念"。上面一段最后一句讲的是，"依照道德律发布命令的最高理性"，"理性"是用的 Vernunft；那么这里的"理智"呢，是 Intelligenz，它跟"理性"呢，有类似的、相通的地方。但是"理智"通常是指在"理知世界"里所设想的一个主体。在理知世界，也就是在我们这个感官世界里面看不出来，它是一个超验的主体，我们设想有一个超验的智慧。Intelligenz 这样一个概念通常是用在这个上面。那么这样一个理智呢，我们就通常把它理解为上帝了。上帝当然是智慧的，最高智慧，"全知"嘛。那么这样一种理智的理念，我们可以称之为"至善的理想"。"理想"（Ideal）这个概念也是康德特有的，一般来说，理想只用在上帝身上。我在前面讲先验辩证论，讲到纯粹理性的第三种辩证论的时候，里面就提到纯粹理性的理想，就是关于上帝的证明。三种辩证论，一个是理性心理学，一个是理性的宇宙论，再一个呢是理性的神学。只有理性神学所讨论的不光是一般的"理念"，而且是"理想"。一般的理念跟理想还不一样，理想比一般的理念更高一个层次，是理念中最高的那种理念。那么它特别是适用于上帝的，特指上帝。上帝才是一种理想。那么这样一种理智的理念，也就是这样一种最高智慧，做如此安排的这样的一个最高智慧的理念，我们就称之为至善的理想。它是至善的，我前面讲到了，"至善"跟"最高的善"还不太一样，它是"最完满"的善。康德在《实践理性批判》

里面有一个地方曾经谈到至善 (das höchste Gut) 的两种歧义。一般讲至善就是"最高的善"，但是康德讲，在日常用语中的"最高的善"在他这里呢，应该理解为"最圆满的善"。不仅仅是最高，而且是不缺什么。如果仅仅是最高，那就缺很多东西，比如说低层次的幸福就不考虑了，那就不完满了。但是人所要求的善呢，应该是一个最完满的善。"在这种理念中，与最高永福结合着的道德上最完善的意志"，这个"永福"的概念跟一般的"幸福"不一样，最高永福主要指那种神圣的幸福，有的翻译成"天福"，Seligkeit，这个概念通常是用在宗教上面。就是说在来世可以得到永远的幸福，再也没有什么忧愁，没有什么痛苦了，那是天福。它跟一般的感官世界中的幸福是不一样的。但是既然它也是一种幸福，所以它跟感官世界的幸福也不是毫无关系的。它是最高的幸福，一切幸福的幸福，是所有的幸福的总和。"与最高永福结合着的道德上最完善的意志"，这个意志当然是指上帝的意志了。在这种理念中，这样一种最完善的意志，那就是指上帝的意志。但是，我们要注意，它一方面是指上帝的意志，另一方面也是指我们人间的向上帝靠拢的那种意志。上面一段里面已经讲了，"就像它们是出自一个把一切私人任意都包括在自身之中或之下的至上的意志似的"，这句话表明，我们把它看作是上帝的意志，但其实呢，也包括我们每一个人的意志。我们每一个人的意志在上帝的意志那里融合为一体，从这个角度来理解，就比较全面了。那么这样一个意志，"是世上一切幸福的原因"。世上一切幸福，那都是具体的，是各种各样的幸福；但是，有这样一个意志，它必然和最高的永福结合着的，那么它就是世上一切幸福的原因。各种具体幸福你都可以希望因为你的道德的意志而获得。下面补充一句，"只要这幸福与德性 (作为配得幸福的) 具有精确的比例"。你希望世上的一切幸福，各种各样的幸福，但是呢，你必须是出自于这样一个道德上最完善的意志，那么你就有希望获得任何一种幸福，只要这个幸福和你的德性具有精确的比例，你不可能超出自己的德性去要求非分的幸福。但是你一旦做到了一定的德性，那么与之相配的这种幸福，按照精确的比例，你是有希望获得的。这是从理性所得到的一个必然的假设，或者这样一种要求。必然有这样一种要求，有这样一种假定。这就是所谓至善的理想，它是一种理智的理念，并且呢，它能够成为世上一切幸福的原因。前提就是这种幸福必须与这种最高意志的德性相配。

所以纯粹理性只能在这个最高的本源的善的理想中找到那两个最高的派生的善的要素在实践上必然联结的根据，

这是一个最高的理想，而且作为善的理想来说呢，它是本源的，它是原发的，因而也是"最后的善"，其他的善呢，都从它里面派生出来。所以，在这个最高本源的善的理想中，我们只能在这里，"找到那两个最高的派生的善的要素在实践上必然联结的根据"。哪两个要素呢？一个是幸福，一个是德性。这两个都是派生的。幸福的善我们好理解，那肯定是派生的。但是德性的善，它也是派生的，我们把它看作是派生的，它不是本源的。当然实际上康德认为呢，道德律应该是本源的，应该是本源的善。但是我们从道德律的本源的善出发，我们可以把它看作是由某个更高的本源的理想中派生出来的，我们可以把它"看作是"这样。这样一种看法，或者说这样一种信仰，是为了道德律本身、德性本身的完善性。根据纯粹理性的要求，我们要求德性本身有一种完善性。那么具体的德性当然总是不完善的，人都是有限的嘛。人所做出来的任何一种德性行为，我们都可以把它看作是一个最高德性的理想所派生出来的一种体现。这样，我们就不会为自己的一点善的行为而在那里沾沾自喜，而会知道自己的有限性，不断地朝那个最高的理想迈进。这是为了道德律本身在实践中的完善性而设立起来的。我们为什么要设立一个上帝？我们为什么要设立宗教？宗教是为了道德的完善。但是宗教本身是植根于道德律的。所以他这里讲的"派生的善"呢，他在这个意义上面讲，就是说，我们通过理性的推论，我们必须把我们在道德上的善设想为高于人类的至上的一个绝对意志、一个理想所派生出来的。所以在这个意义上，人的德性也被称之为派生的善，正像人的幸福一样。那么，这两个最高的派生的善的要素，"在实践上必然联结"，其根据必须建立在这个理想之中。在实践上，就是说你光是有个道德意识那还是不够的，道德律的本质就是要做出来，它是指导行动的，它不是空谈，不是说说而已。那么幸福也是这样，幸福肯定是要得到手的，要享受到的，那才叫幸福。也不是停留在遥远的地方。所以它们都在实践中，两个基本的实践原则，一个是追求幸福，一个是追求道德。那么这两个原则，这两个要素，在实践上，必然会联结。这样说有什么根据呢？这样说的根据就在于，这两个方面的善都是派生的，它们都出自一个本源的善的理想。这是从纯粹理性推出来的，每一个有理性者都会想到这一点。你要把德和福在实践中结合起来，联结起来，不是偶然的联结，不是说我这次做了一件好事，碰巧就得到了一笔财产。不是的。要有一种必然的联结，通过纯粹理性的必然的联结。那么这个必然的联结它的根据何在？只能够是在一个最高本源的善的底下来联结。

　　<u>也就是一个理智的、即**道德的**世界的根据。</u>　　　　　　　　　　B839

　　这个地方"理智的"应该改成"理知的"。《纯粹理性批判》的全译本已经改过来了，这里也应该改过来。"理知的"就是前面讲的道德的世界嘛，道德世界只能被设想为一个理知的世界。我在前面已经解释了什么叫"理知的"，intelligibel，也解释了什么叫"理智"，"Intelligenz"。我们最开始翻译的时候没把它们严格区分开来。当然这个地方"理知的"是以形容词的方式 intelligibel 出现的，前面那个"理智"是以名词的方式出现的，好像没有根本的区别。但我们这里还是把它们区分开来，把"理知的"专用于 intelligibel，专用于指彼岸世界的那样一个对象，它只能够通过理智而知，它是理知的，就是说，按照纯粹理性本身，是可知的。但是这个知不是知识，我只是知道有那么一个世界存在，我设想有那么一个世界存在，但是实际上呢，它不能构成知识。所以康德讲理知这个概念不属于认识论的概念，它只是属于本体论的概念，属于对象的概念。你

可以把这个对象称之为理知的，但是呢，我们实际上并不能对它有任何知识。"也就是一个理知的、即道德的世界的根据"，这是一个补充，就是这个最高理念的善的理想，在里面呢，我们可以找到道德世界的根据，而这个道德世界又是理知世界。前面的 B836 那一段话里面已经讲到了，道德世界"只被设想为一个理知世界"。那么这样一个世界它的根据何在呢？也就是在这个最高本源的善的理想里面。我在前面解释了，所谓"道德世界"，这个概念本身已经意味着"道德"和"世界"结合起来了。这个世界是一个道德的世界，也就是这个世界是一个按照道德律而得到规范、得到系统化的一个世界。而世界本身意味着世俗的东西，本来是意味着感官的东西，此岸的东西。但作为道德世界它并不是此岸的。它也可以设想里面有感性，因为它是"世界"嘛，世界就是"尘世"，就是世俗的东西嘛。一切世俗的东西，但是呢，在这样一个道德世界里面，这些世俗的东西，包括幸福，都是按照道德律严格安排下来的。所以道德的世界只是一个理知的世界，只是我们设想的一个感性世界，在现实的感性中是不可能的。如果世界本来就只能理解为感性的话，那么这样一个道德的和理知的世界呢，只是我们设想的那样一个感性世界。我们设想它虽然是感性的，但是它按照道德的法则，构成一个系统，构成一个世界，这就是道德的世界。那么它的根据就在于这个最高本源的善的意志。也就是说，这个道德世界是谁安排的呢？我们讲这个世界按照道德律来安排，那么是谁在安排它呢？当然必须是一个最高的、按照道德律发布命令的最高理性，这样一个理智的理念，也就是上帝。是上帝把道德和自然界安排得相符合。上帝可以把自然界安排得符合道德律。当然我们也许看不到，那就需要来世了。但是这个地方呢，他主要就是讲的，最高本源的善的理想，它可以给两个派生的善的联结提供根据，也就是给道德的世界提供根据。道德能成为一个世界，它不是空谈，它能够做出来，能够造成一个人人都是道德的，人人都有幸福，人人都自由的这样一个理想世界。这个理想世界因为它的统治原则是按照道德律的，所以可以称之为道德世界。当然跟我们现在所居住的感性世界不一样。我们这个世界毋宁说的一个不道德的世界。它是按照自然规律,不是按照道德律。按照道德律的眼光来看,它是一个混乱不堪的世界,没有任何标准,没有任何价值,没有任何意义,人跟动物一样。所以,道德的世界在此岸的感官世界里面并没有出现,但是我们可以设想。

既然我们必须通过理性把自己设想为必然属于这样一个世界的,哪怕感官向我们呈现出的只不过是一个现象的世界,则我们也必须假定那个道德世界是我们在感官世界中的行为的一个后果,

也就是说,我们有理性,那么我们就可以通过理性把我们设想为必然属于这样一个世界的。每一个人都有理性,既然有理性,他就必须把自己设想为必然属于一个道德世界。为什么必然属于呢?因为这个理性时时刻刻在向你发出命令,不管你做什么,不管你实行道德律还是违背道德律,它都在向你发出命令。所以你只要按照理性,按照你的本性——理性是你的本性——只要你按照理性去思考,你就会想到,我必然是属于那个世界。如果我不是那样做,我就觉得自己不是人,就成了动物,就违背自己的本性。按照我的本性而言,也就是按照我的理性而言,我必须要属于这样一个世界,我才觉得自己真的是一个人。所以我们必须通过理性,把自己设想为必然属于这样一个世界的。理性有必然性嘛。我们在感官世界的那些行为都属于偶然,那都不是必然的。我们违背道德律,我们唯利是图,但是当我们这样做的时候,我们每一个人都意识到,这只是偶然的。甚至于犯罪,我们心里也对自己说,下不为例,我就做这一次。那不属于我的本性,那都是偶然的。我们按照我们的必然存在,我们应该怎么做,这是每个人都知道的,因为每个人都有理性嘛。所以"我们必须把自己设想为必然属于这样一个道德的世界的,哪怕感官向我们呈现出的只不过是一个现象的世界"。我们的感官在我们的面前呈现出的是一个现象的世界,它跟道德世界毫不相干。我们通过感官,那当然就是没有必然性的了。一种冲动,一种被动的感受,被动的接受,等等。那么这样一个现象世界，当然它也有它自己的规律。康德在"先验分析论"里面讲的就是感官世界、现象世界，它有自己的规律。但是它的那种规律呢，对于道德的世界来说，完全是偶然的，它不是按照道德的规律，它是按照经验的自然规律。而经验的自然规律是后天的。我们先天地能够为经验世界立法，但是立法仅仅是居高临下的设立一个法则，这种立法不能包括一切，尤其不能取代现实中发生的哪些偶然事情。现实中有那么多的偶然的事情，你只能跟在后面不断地用这个法则去衡量它。法则当然是先天的，但是你必须要跟在经验现象的后面不断地去统治它。如果它没有经验的现象出现，你这个统治是根本不起作用的。所以统觉的统一只能在经验的材料提供以后，然后才把它加之于这些经验材料之上，来构成我们的感官世界的那些对象，那些现象，那些现象界的事物。所以这里讲"哪怕感官向我们呈现的只不过是一个现象的世界"，也就是人的感性的、偶然的这样一个世界。这样一个世界有一些规律，但是这些规律呢，相互之间永远处在一个不断地需要完善化或者需要加以统一的过程中，自然科学嘛，不断地向前发展。但是总是会碰到很多很多的特殊现象，很多很多的特殊规律，又需要我们来总结，所以总的来看呢，它并没有作为一个系统性的规律给予我们，它只是一个现象世界，五彩缤纷的世界。里面对于我们理性的这样一种实践法则来说呢，它没有一种必然关系。我们一方面意识到我们必然属于一个理知的世界，另一方面我们也意识到我们属于一个感官的世界。但是即算是感官向我们呈现出的是一个现象世界，"则我们也必须假定那个道德世界是我们在感官世界中的行为的一个后果"。这就很重要了。前提是：**既然**我们必须通过理性把自己设想为必然属于道德世界的。"既然"跟"则"相呼应：则我们也必须假定那个道德世界是我们在感官世界中的行为的一个后果。就是说这个道德世界在感官世界中并没有呈现出来，感官世界向我们呈现出的只是一个现象世界。但是呢，我们必须通过理性把自己设想为必然属于道德世界的，我们在感官世界中的行为肯定对道德世界会发生影

响。感性和理性在这里有一种关系、有一种冲突了,怎么解决呢? 我们
必须假定那个道德世界,也就是我们必须通过理性设想为自己属于其中
的那个道德世界,是我们在感官世界中的行为的一个后果。我们的行为,
我们的实践行为,在现实中,都是在感官世界中采取的行动,作出的行动。
我们同时属于两边,一方面属于理知的世界,一方面属于感官的世界,但
是我们的实践行为总是在感官世界作出来的。如果没有感官世界,我们
仅仅是设想一个理知的世界,那么这样一个设想仅仅是一个设想而已,
我们并没有把它做出来。但是我们设想一个理知的世界、一个道德的世
界的时候,我们是把它当作一种实践法则、实践的理想来设想的,也就是
说,我们设想这样一个道德世界呢,是可以通过在感官世界中的实践而
实现出来的。我们是这样的设想的。我们不可能撇开我们的感官世界,
把理知世界设想为我们实践的原则,实践的法则,否则的话,这个法则就
是空的,就无效。而道德实践呢,它虽然不是主要针对它的效果,它只针
对我的行为要出于道德法则的动机,但是它总得有效果,不管是什么效
果。你实现得了实现不了,你按照你的道德法则,你不是说仅仅去想一想,
而是必须把这种法则用自己的行动实现出来,影响感官世界。如果对感
官世界毫无影响,你只是停留在你的大脑里面,睡在床上想一想而已,这
个就不叫实践了。这样实践的法则就没有完成它的使命,就被悬空了。
所以不管是你追求幸福也好,还是追求道德也好,它都是实践的法则。
当然追求幸福是有条件的命令,追求道德是无条件的命令。不管是有条
件的命令还是无条件的命令,它都命令你要去做,要动手,要行动。那么
涉及行动就必然涉及到你要触动感官世界,你要跟自然界打交道。那么
这两者之间呢,必须假定有这样一种关系。既然我们从理性出发,我们
认定我们是属于道德世界的,那么,我们就必须把这个道德世界呢,假定
为我们在感官世界中所采取的行动的后果。就是我们在感官世界中采取
了行动,但是这个采取行动呢,我们是按照道德世界的法则来采取的,不
是按照感官世界的法则采取的。感官世界有它自己的法则,感官世界有

它的有条件的命令,有它的明智的法则。如果你想要得到什么,那你就必须做什么。目的和手段要设计得比较合逻辑,合乎自然规律,不能缘木求鱼。那么这是一种法则。但是这个法则呢,它不是按照道德律的。而我们既然把自己看作属于道德世界的,那么呢,我们在做这样一种行为的时候,我们跟感官世界发生相互作用,我们触动感官世界,影响感官世界,这个时候呢,我们是把道德世界看作、或者假定为它的后果。我们就按照它在道德世界实现的那样去做,相信将来有一天它必定会实现。这是个假定,当然它是不是能够在理知世界中实现,我们还不知道,也看不到。因为我们只能生活在感官世界中嘛。

而由于感官世界并未向我们显露出那种联结,所以必须假定那个道德世界是我们未来的世界。

我们按照道德世界中会产生的那种效果去做,道德世界有它设想的效果,道德他说是一个"世界"嘛,这个世界是按照道德法则来安排的,那么我们就按照这样一种安排去采取我们的行动。所以我们把道德世界呢,假定为我们在感官世界中必然会产生的一个后果,这样的一个行动的产物。但是"感官世界并没有向我们显露出那种联结"。我刚才讲感官世界有它自身的规律,我们的实践一旦触及到感性的自然界,那么它就按照另外一套规律,那一套规律很可能是我们完全不知道的,或者至少是不完全知道的。因为自然科学谁能够穷尽呢?你也许知道一点点,知道某些规律,但是还有大量的偶然性,还有大量不为人知的隐秘的规律没有被人们发现,所以你在感官世界的行为很可能是达不到你的目的的。所以你在感官世界中采取行动,它不可能向我们显露出那种必然的联结,就是说你的道德律必然有与它相配的幸福随之而来。这个联结在感官世界中是显露不出来的。偶尔可能有某些时候碰巧你运气好,你做的事情可能跟幸福联结了,那不是必然的联结。所以感官世界原则上来说,它并没有向我们显露出这样的联结,"所以必须假定那个道德世界是我们未来的世界"。那我们只有一个办法,就是这个感官世界没有显露出那个联结,我们就把它推到来世、推到未来,今天不行就明天,此生不行来世,最后总会有这一天。到那个时候就是一切都按照上帝的公正来加以审判的,凡是有德之人,就可以得到与之相配的幸福,而犯罪的呢,就要下地狱。这就是来世为什么能够推出来的原因。感官世界没有那种联结,而我们又需要这样的联结,并且我们在感官世界里面执行道德律的时候是预先把道德世界假定为有这样的联结的。"道德世界"就是假定的联结,既是"道德"的,又是"世俗"的,是有幸福与之相配的。那么这样一种假定的联结,是我们进行道德行为的时候的一种设想,或者说是一种希望,善有善报。但是这个善有善报呢,不能验证,只能够推到来世。必须假定的那个世界、善有善报的世界,是我们未来的世界。最后一句:

　　所以上帝和来世是两个按照纯粹理性的原则而与这同一个理性让我们承担的义务不可分的预设。

　　这就是结论了。上帝和来世是两个预设。两个什么样的预设呢? 按照纯粹理性的原则而与这同一个理性——也就是纯粹理性——让我们承担的义务——也就是道德律——所不可分的预设。按照纯粹理性的原则与道德律不可分的两个预设,那就是上帝和来世。这个地方点明了道德和宗教之间的关系。上帝和来世主要是宗教的两个重要的假设,或者说两个最核心的假设。那么这两个假设,与纯粹理性的原则向我们提出的义务,也就是道德律,是不可分的。只要我们按照纯粹理性的原则来想事情,那么我们就会意识到自己的道德本性,我们就会必然地假定一个道德世界来作我们实践行为的法则。那么一旦我们把一个道德世界作为我们实践行为的法则,我们就必须要设定一个安排道德世界的上帝以及一个实现道德世界的来世。道德世界需要有人安排,需要有一个最高的理智,一个理想来安排。这个世界为什么会是道德的呀? 它之所以可能的条件就在于上帝。上帝是最高智慧,并且它是完全理性的,最高的理智。他的意志使得道德能够实现成为一个世界。那么这样一个世界在感官世界、在现实的此岸还没有看到啊，那么我们按照纯粹理性就必然还要假设，就是说它在现在看不到，但是在来世是可以看到的。按照理性的本性，它是应该可以看到的。所以从道德出发，我们将一步一步地推出宗教，一步步走向宗教，只要你严格按照纯粹理性的推理，一步步推下去，就可以推出宗教来。当然在康德看来，道德本身是不需要宗教的。最开始设立道德律，不是引进一个上帝，不是引进一个来世，才能够设立。不是这样的。反过来，上帝和来世是在道德律建立了以后，在这个基础之上，我们一步一步才推出来的。所以康德的三大悬设，一个是灵魂不朽，也就是来世，一个是上帝，还有一个呢，是自由意志，自由意志是最根本的。因为只有自由意志，才能够建立起道德律。只有建立了道德律，上帝和来世才有着落。

上面一段已经把上帝和来世为什么一定要预设起来的原理跟我们讲清楚了。那么这一段呢，就是把这个原理更加展开，更加具体地来加以论述。

德性自在地本身就构成一个体系，但幸福却不是如此，除非它精确地按照道德性而被分配。

这里有两个词，一个是德性，一个是道德性。德性他用的是 Sittlichkeit，这个词一般翻译成"德性"，也有翻译成"道德性"的。但是它跟后面的"道德性"Moralität 相比，后者的含义更加狭窄一些。如果真正讲"道德"，最后要落实到 moral 或者 Moralität，它是最狭窄的道德的含义，就是所谓道德律，做道德的事情。"德性"的概念就比较宽松一些，德性的概念包含风俗啊，礼仪啊，习惯呐，传统上认为是正派的行为啊，等等。那么在康德这里，他的道德严格说起来，应该是 moral。他的所谓《道德形而上学》这本书，他用的是 Die Metaphysik der Sitten，严格说来应该译作《德性的形而上学》，里面包括"法的形而上学"，也包括"美德的形而上学"。美德就是 Tugend，就是"德行"，你做出来的道德的行为，它跟这个 moral 是相通的,也可以说是同一个层次的。Tugend 我们也翻译成美德,是狭义上的道德。那么,"德性自在地本身就构成一个体系",所谓德性"自在地",也就是它本身、自身就构成一个体系,因为德性是按照理性所建立起来的。凡是构成一个体系的,都是按照理性建立起来的,这样它才能构成一个体系。所以,德性的形而上学里面包括康德的法哲学(权利哲学),也包括严格意义上的美德、道德哲学。它们都是通过理性建立起来的,所以它本身就构成一个体系了,再不需要外在的什么经验材料了。他说,"但幸福却不是如此,除非它精确地按照道德性而被分配。"幸福本身不构成一个体系,幸福五花八门,各人有各人理解的幸福,有不同等级,不同种类、不同方面的不同层次的幸福。这些幸福取决于经验,以及我们各种各样的冲动、欲望、感觉。甚至于同一个幸福你一旦得到手了,你又觉得不行了,你又觉得不过如此。所以,它总是随着一些外在的偶然的因素而不断地变化,你怎么能把它构成一个体系呢?当然有人也想把它构成一个体系,人生最大的幸福是什么?在等级上面做一些规定,那只是大致的规定。而且偶然性很大。你接受这个体系,别人不一定接受。你认为最高的幸福就是追求人类的精神生活,但是也有很多人不认为如此,觉得那些东西都不能当饭吃。有的人选择标准和你不一样。所以幸福并不是能够自在地构成一个体系的。但是呢有一种例外,就是除非它按照道德性而被分配。幸福如果按照道德性而被分配,那么它是可以成为一个体系的,唯一的在这样一种例外的情况之下,幸福可以构成一个体系,但这个幸福的体系不是幸福本身的体系,不是幸福自在的体系,而是由道德性作为标准给它规定的体系。你配享幸福,根据什么而配享幸福?那么按照这种配享的层次等级,你可以把幸福作一个安排,使它从道德性那里借来一种法规,按照道德性的法规来安排自己的等级或者程度。这样,幸福按照道德性也可以构成一个体系,但它不是自在的体系。它本身离开了道德性就无所谓体系,它只是按照道德性而被分配的这样一个体系。

　　<u>但这只有在理知的世界中、在一个智慧的创造者和统治者手下才有可能。</u>

　　就是后面这种情况，除非它精确地按照道德性而被分配的这样一个体系，它必须要有一个前提，你要使幸福按照道德的程度而精确地得到分配，就只有"在理知的世界中"，首先必须要推到理知的世界中，才有可能。我们这个感官的世界是不存在这种分配的。其次呢，是"在一个智慧的创造者和统治者手下才有可能"，在那个理知世界，也就是说在那个道德的世界中，必须有一个智慧的创造者和统治者。那个道德的世界有一个上帝，他是一个创造者，同时呢，他是一个统治者。他能够创造出一个世界出来，按照他的智慧，他能够把这个世界创造得最终符合道德律，并且他是这个理知世界的统治者，他可以为所欲为，他可以按照自己的意志来支配这个世界的任何一件事情。当然这个世界也被设想为在另外一个世界是感性的。它不是我们生活的这个感性世界，而是另一个可能的世界。但是呢，在那个世界也有幸福，只不过那个世界的幸福被创造者按照道德性而精确地加以分配。这是一个条件。我们可以设想，幸福在某种情况下可以构成体系，但是呢，前提就是要有一个上帝，以他的大智慧，以他的大能，把整个世界、整个宇宙都安排得符合道德律。下面：

　　<u>理性看到，这样一个统治者，连同在我们必须看作来世的这样一个世界中的生活，都是它所不得不假定的，</u>

　　理性看到，也就是我们通过理性看到，我们通过理性去想一想，我们就会看到，"这样一个统治者"，也就是上帝，"连同在我们必须看作来世的这样一个世界中的生活"，也就是来世的生活，上帝以及来世的生活，都是理性所不得不假定的。只要他运用自己的理性，他就会看到他不得不假定一个上帝，一个来世。

　　<u>要么，它就必须把道德律看作空洞的幻影，因为道德律的必然后果（理性把这后果与道德律联结起来）没有那种预设就必然会取消。</u>

　　这个"要么"我们也可以理解为"否则"，就是另外一种情况的话，

"它"，也就是理性，"就必须把道德律看作空洞的幻影"。也就是，如果没有上帝和来世的这样一种假定和预设，那么我们就不得不把道德律仅仅看作一种空洞的幻影。为什么呢？"因为道德律的必然后果"，"没有那种预设就必然会取消"。理性把这个后果与道德律联结起来。道德律有它的必然后果啊，我做一件道德的事情，我在实践中跟感性世界打交道，这个时候我是有预设的，我是有预见的。因为这是一件目的性的活动嘛，有目的的活动，我总是要把我的目的实现出来。如果压根就不可能实现出来，我也不可能去设想。我通过理性去设想，想到它完全不能够实现出来，那么你这个道德律不就是空洞的幻影？你设想了一个根本就不可能做的事情，不可能按照你的设想去做。当然你做出来的后果究竟如何，在感官世界中受到很多的牵制，很可能实现不了，但是它至少是有可能实现出来的。也许不是百分之百地实现出来的，也许是失败了，实现不出来，但是你在做这件事情的时候，你仍然是想到，你可以成功地把这个后果做出来的。谋事在人，成事在天嘛，首先你谋事在人，你必须设想这个后果是可能的嘛，而且按照理性是必然的嘛。你必然会用你的道德律去影响这个世界，会对这个世界造成你所预设的那样一种必然的后果，因为这是一个实践行为，这是一个合目的性的行为，有目的的行为。所以理性一开始是把这个后果与道德律联结起来的，这个后果和道德律必然会联结起来。因为道德律不是空的。在实践的时候，我们讲康德是一个唯动机论者，其实不太准确。他也设想了后果，因为动机里面本来就设想了后果。所谓你的动机，你就是把这个当作可能的后果来设想的，这就是动机嘛。至于它是不是能够实现出来，当然康德不太关心，他认为这不是道德的事情，或者即算是道德的事情也是彼岸的，也是需要设想来世才可能和必然实现的一种观念，我们在此生此世呢，不必在意。但是毕竟你是知其不可而为之嘛，你有一个目的，哪怕明明知道它可能实现不了，但是你要把它当作有可能实现的那样去做，而且从理性的眼光看来，原则上并非绝对不能实现。你在这个感官世界中没有实现出来，那是出于很多偶然的因素。那么至少我们可以在一个道德世界里面，设想它必然能够完完全全地实现出来。道德世界和感官世界在这一点上，并没有本质的区别，它也是一个"世界"。它们的区别就在于，那是我们用理性设想出来的一个感官世界，而我们生活的是一个现实的感官世界。在我们设想的那个感官世界里面呢，是把那些偶然性都排除了的，它是严格按照道德律所安排的。所以它的后果跟道德律有一种必然的联系。这就是我们动机。我们的动机就是把这个动机的后果跟道德律必然地联结起来，按照这样去做。那么没有那种预设，道德律的必然后果就必然会取消。如果你想都没有想到它将会实现出来，那么你怎么去做呢？你之所以做就是把它设想为有可能实现出来，然后你按照能够实现出来的那样去做。所造成的后果，实现出来当然不一定符合你的预想，但是你毕竟是凭着这种预想去实践的，去做的。如果没有这种预想让你凭借，那你就根本无法做了，你只是躺在床上胡思乱想而已。那就是一种空幻的道德律，把道德律看作是一种空洞的幻影。所以我们不得不假定一个来世以及一个统治者，如果没有这种假定，如果没有上帝和来世的假定，那么我们这个道德律就不可能设想它实现了，不可能设想它在一个道德世界中，使得后果与道德律有一种必然的联结。正因为我们设想了一个上帝是公正的，它可以把道德律的后果跟道德律本身严格地相互协调，使得这个后果跟这个道德律的行为严格地相配；然后呢，我们又设想了一个来世，使得这种相配成为可能，在现实世界中不可能，在来世使它成为可能，这样呢，我们在进行道德行动的时候呢，我们才不至于停留在一种头脑里面的幻想，而是以这样一个可能的结果作为我们的信念，作为我们的动机，努力把它在感官世界中实现出来，来影响这个感官世界。如果没有这两个假设呢，那么这样一种道德律，它就会取消它的必然后果。当然这个必然后果是在理性的推论中的必然后果，不是在感官现实中，感官现实中没有必然性，它是很偶然的，受到诸多偶然因素影响的。但是在我们的设想中、假定中，它是有它必然后果的。但是这个必然后果需要两个前提，一个是上帝，一个是来世，我们要先假定。

因此甚至每一个人都会把道德律视为**命令**，但如果道德律不是先天地把相应的后果和它们的规则联结起来，因而具有**预兆作用**和**威胁作用**的话，道德律就不会是命令。

"因此"，也就是前面讲的，我们必须把一个统治者和一个来世作为一个不得不假定东西把它提出来，否则的话呢，道德律就会是空洞的了。因此呢，"甚至每一个人都会把道德律视为命令"，"命令"打了着重号。什么叫命令？命令是对于人类而言的，凡是提到命令的地方都是对于人类而言的。道德律也是这样，道德律只是对人而言才成为命令。为什么成为命令呢？是因为人带有感性，才需要命令。如果人没有感性，像上帝和天使那样，那就不需要命令了。他按照他的本性去做，就会是符合道德律的。如果上帝按照他的本性去做，自然而然就符合道德律，那就不需要命令了。前几年柏林洪堡大学的菲格尔（Hans Feger）教授在我们这里作报告，就犯了一个错误，他说这个道德命令对上帝也是适合的，上帝也需要命令。但上帝那里不需要命令，这是康德非常明确的已经说过的。如果有上帝，那么上帝自然而然就符合道德律，上帝就是纯粹理性，就是最高的理智，最高的意志，最高的自由，他的法则本身就是道德律，这个道德律用不着采取一种命令的形式体现。但是人因为他有感性，所以对人来说呢，道德律就面临着感性的阻碍，所以他必须"命令"。因为人是双重的存在，一方面是理性的存在，另一方面是感性的存在，那么你就必须用你的理性来命令你的感性，来限制和制约你的感性。这就是命令了，从上而下的，每一个人都会把道德律视为命令。每个人都有感性，同时又有理性，道德律出自于人的理性，那么除了理性以外，他还有一些感性，本来是不服从道德律的，那么道德律在感性面前就体现为命令了。当然这里讲的是绝对命令，无条件的命令，其他的有条件的命令也是命令，作为有条件的命令，它也有对感性施加影响的意思。为了要达到一个什么目的，命令你就必须怎么怎么样，那这个"必须"就是说，你就不能为所欲为了，你要按规则办事，要按照目的和手段的一种必然联系来办事，所以你就也要需要克服某些感性的冲动。人在达到和实现他的目的的时候呢，他总是要克服一些感性的冲动。唯独道德行为，它需要把所有的感性冲动都撇在一边，你不要考虑所有的任何感性冲动。而有条件的命令呢，它最终还是为了感性的需要，要达到一个具体的目的，那么你就必须要放弃你的一些东西，要损失掉一些东西。你一毛不拔，你最后什么也得不到。这是有条件的命令。无条件的命令就是说，你必须把所有涉及感性的东西都要放弃，都不考虑。当然也不是禁欲主义，只是你在动机上不考虑这个问题，你唯独地出自于道德律来考虑问题，那才是的道德的。所以这样一种道德对人的一切感性行为，都形成一种命令。"但如果道德律不是先天地把相应的后果和它们的规则联结起来，因而具有预兆作用和威胁作用的话，道德律就不会是命令"。道德律作为命令，怎么样才能成为命令呢？就是必须先天地把相应的后果，与它们的规则联结起来。这个后果，当然它本身是后天的，你做一件事情，影响这个感官世界，它本来是后天的。但是你必须先天地把相应的后果与它们的规则、与这个道德律联结起来，就是把这个后果跟这个道德律之间，把它联结起来加以考虑，"因而具有预兆作用和威胁作用"。这个"预兆作用"可以译得更加清楚一些，我们这个地方，Verheißung 这个词，词典上面当然是"预兆"的意思，但我也在考虑是不是应该把它改一改。改成"承诺"或者是"许诺"。Verheißung 这个意思呢，我估计本来也有这个意思，但是词典上就是"预兆"的意思。但是从它的构词法上面来说，就是以前许诺的，或者是以前说过的，应该是可以的。"具有许诺作用和威胁作用"，这就更明确一些。许诺，就是许诺你来世的幸福。威胁，就是威胁你来世要下地狱。一个天堂，一个地狱，这两方面都考虑到了。你如果做不道德的事，那么你的后果你要考虑。你可能的后果，那就会按照道德律，以道德律作为"它们的规则"，作为这些后果的规则，来衡量。"它们的规则"，就是这些后果的规则。我们把它们设想为以道德律为规则，我们把它们联结起来思考，来设想，这样呢，就一方面有许诺作用，一方面呢有威胁作用。就是跟你的道德行为严格相配的那种幸福或者痛苦相联系，那么这种联系就叫作"命令"。如果不是这样的话，那道德律就不会是命令了。也就是说，道德律作为一种命令，它总是跟人的感性相联结的。它一方面要人撇开感性，为道德而道德。但人总是一种感性的存在，正因为如此，他才有命令嘛，所以命令跟这个感性的后果呢，有一种设想中的联系，有一种想象中的联系。你可以不顾你目前所经历的痛苦或幸福，有所得你也不为之欢喜，有所失你也不在意，你可以不管。但是你仍然是感性的，你必然会设想在来世、在未来，在所失的方面你是不是能够得到补偿，你所得的方面是不是会遭到报应。你会想到这些方面，那么这些方面的考虑对于在道德律方面就会形成一种命令。也就是说，你必须这样做，否则的话，你就会遭到报应，如果你做了的话，那么你就有希望获得相应的幸福。按照这样一条规则来表述的道德律呢，那就形成了一种命令。必须这样做。为什么？一个是希望，一个是威胁。希望和威胁之所以对人有效，是因为人同时又是感性的存在。所以这里头讲，道德律的相应的后果都是一种设想中的，都是在来世、在上帝的公正审判面前所设想的一种后果。所以是"先天地把相应的后果与它们的规则联结起来，因而具有承诺作用和威胁作用"。当然你不是出自于恐惧、或者是爱好而去做道德的事情。恰好相反，你是在做了道德的事情，或者是做了不道德的事情以后，那么就会设想，我将会得到什么。你做了道德的事情，你就可以预想你自己有希望获得与此相应的幸福。反过来你如果做了不道德的事情，那么你因此呢，由此估计一下，你将会遭到什么样的痛苦，你的来世会遭到什么样的报应。这不是你做道德的事情的动机，道德的事情你不是从这个动机出发。做道德的事情，只是你做了以后，你才可以有这方面的希望。当然你可以有一种预兆作用，预先你可以有这样的希望，但是你不是出自于这个希望才做这件事，只是你做了好事自然就会有希望。这个要分清楚。

B840　　　但道德律如果不是包含在一个必然存在者里，即包含在那个唯一能使这样一个合目的性的统一成为可能的至善中的话，则道德律也不会具有那种作用。

　　这就是说，如果设想道德律不是"包含在一个必然存在者里面"，必然存在者我们可以设想就是上帝了。如果道德律不是出自一个必然存在者的意志，不是包含在上帝的意志里面，"即包含在那个唯一能使这样一个合目的性的统一成为可能的至善中的话"，道德律也不会有那种许诺和威胁作用了。上帝，必然存在者，或者至善，在这个地方其实都可以看作是一回事情。那么这个东西是"唯一能使这样一个合目的性的统一成为可能的"。上帝也好，至善也好，必然存在者也好，唯一的只有这个东西，才能使得这样一个合目的性的统一成为可能。合目的性的统一，就是这个最后的目的、最完满的至善，它能够使道德和幸福达到统一，使得所有的幸福都合目的地符合于最高道德律。我们所生活的这个世界的幸福也好，不幸也好，都是不合目的的，虽然都合乎零零星星的目的，但是都互相冲突，不符合最高的目的，所以从总体上来看是杂乱无章，毫无目的的。我们归结为偶然的命运，我的"命不好"，他那个人的命特别好，他就是运气好啊，他就发了财，我们都是这样来归结的。我们这个世界是没有合目的性的，不合目的性的。有的人设定了一个目的，一辈子都在争取，最后什么也没有得到，所以很难说是合目的性的。那么要使感官世界的这些幸福成为合目的性的，成为一个系统，能够趋向于某个共同的目的，最后能够成为一个体系，只有上帝能做到这一点。所以这是一个合目的性的统一。只有上帝才成为可能。如果没有这样一种至善，使得这种合目的性的统一成为可能的至善，那么，"道德律也不会具有那种作用"，不会具有那种许诺和威胁的作用了。如果没有上帝的话，那么许诺和威胁都不起作用了。反正没有上帝嘛。西方人讲，如果没有上帝的话，我什么事情干不出来！如果没有上帝，那就任何事情都可以干得出来，那就没有任何畏惧，没有任何道德底线了，杀人放火这些事情都不可能有所畏惧。但是如果我们设想一个上帝,我们至少一方面做了好事我们可以有希望,一方面我们做了坏事我们可以有忏悔,形成畏惧。道德律在这个方面呢,可以起到这样的作用,起到一种命令的作用。就是说你按道德律去做了,命令你去做,那么你做了以后呢,你就可以有希望得到相应的幸福;如果你没有做,那么你就要估计到你将要遭到什么样的报应,就有一种威胁的作用。当然康德并不认为这是动机,这不是出发点,动机还应该是为道德而道德,为自己不道德的动机而忏悔,为自己道德的动机去做道德的事情。这是康德的一个基本的出发点。但是附带地,他也不是完全否认这个可能的后果。现实中的后果你可以不管,那是偶然的;但是由理性所推出来的这种可能的后果,你必须估计到。所以在为道德而道德的行为的过程中间,你不妨从人作为一种感性的存在物这个方面来加以考虑。比如说斯宾诺莎那样一个道德君子、道德圣人,大家都很崇敬他,但是康德对他也稍微有点微词。就是斯宾诺莎那样的人,他不信上帝,他是个无神论者,他当然可以自己做到道德,但是世界上没有几个人能够做到他那样。他那完全是把自己的感性的东西否认了,所以他早死,他活不久。一般的老百姓还是希望有至善,善有善报,恶有恶报,好人长寿。道德律必须体现在它的后果上。如果道德律不体现在它的后果上面,道德律对于人来说,它就不会成为一种命令。道德律就是命令人在感性世界中克服他的弱点,去成全一个道德的世界。当然在我们的现实中成全不了,那么你就必须设想来世。所以康德认为,像斯宾诺莎那样的人,其实也还是需要来世和上帝的,他才完满,他才能够把这个道德律呢,真正地变成一条普遍的法则,所有的人都可以遵守。否则的话,那仅仅是应该遵守。当然很高尚,每个人都应该遵守这一条普遍法则。但是在现实中间,它不会发生它现实的作用,不会起到它的许诺的作用和威胁的作用。当然这整个是他的一种设想,就是如何把道德律和它的后果,它的幸福和不幸,把它们联结起来,这是一种幻想。在现实世界中,康德还是主张,要撇开一切感性的考虑。你虽然是个感性的人,但是你把感性方面的考虑呢，推到彼岸世界去。在现实世界中间呢，你要为道德而道德。这是他的一个基本的出发点。

下面这两段实际上把莱布尼茨的观点引进来了。前面已经讲到了德性的体系，以及幸福的不成体系。幸福也不是绝对不能成体系，它有一个前提，如果幸福要成体系，那它就要精确地按照道德性而得到分配，那么我们也可以把幸福在这种意义上面给它构成一个体系。但是这样一种体系呢，不是存在于感官世界之中，而是存在于理知的世界中。那么这就存在两个体系，感官世界自有它自己的自然律的体系，理知世界则有按照道德律的幸福体系，这两个体系在康德这里呢，把它类比于莱布尼茨所讲的两个国家，两个国度。Reich 这个词是王国的意思。一个是恩宠之国，一个是自然之国。幸福本来属于自然之国。但是幸福在自然之国里面呢，是不成体系的。我们结合这样一个观点来看呢，我们就可以了解他这个地方为什么会突然提到莱布尼茨。

莱布尼茨曾把人们在其中只注重理性存在者及它们在至善统治下按照道德律发生的关联的那个世界，称之为**恩宠之国**，并把它区别于**自然之国**，

莱布尼茨的"神正论"，证明上帝的正义，证明上帝的公平，在这样一个理论里面，就把世界分成了两个层次。一个层次是"人们在其中只注重理性存在者及它们在至善统治下按照道德律发生的关联的那个世界"，这就是恩宠之国，也就是上帝之国。在基督教里面实际上已经有了这样一个区分了，所谓上帝之国和世俗之国，地上的王国和天上的王国。地上的王国就是世俗的、恺撒的王国。那么上帝的王国跟恺撒的王国是没有关系的，它是高高在上的。上帝的这个国度被称为恩宠之国，它是由上帝的恩宠所覆盖的，恩宠就是按照道德标准而对幸福的颁布。有上帝的恩宠在其中完全实现出来的这样一个国度，那么当然就是充满与道德相配的幸福的一个道德世界了。那么这样一个世界是一个理知的世界，

它在感官世界中并不能够找到它的对应物，感官世界跟它完全是不一样的。人们在恩宠之国里面注重的是人身上的理性，或者把人当作"理性存在者"来看待，而把人的感性欲望的对象看作与理性的道德标准完全一致的。"及它们在至善统治下"，这个"它们"，我们没有把它翻译成"他们"，也就是这个词不仅仅是指人类，也包括外星人等等，凡是理性存在者，那么它们"在至善统治下按照道德律发生的关联"。我们在此只注重理性存在者及它们的关联，它们的关联是一种什么关联呢？是"在至善的统治下"的关联。至善的概念前面已经出现了，德福一致的那种理智，那种最高的理智，那就叫至善。在这样一种至善的理智统治之下，按照道德律发生的关联，就是各个理性存在者之间，它们的世俗关联是纯粹按照道德律而发生的。那么在这个世界里面呢，我们只注意这些方面，就是理性存在者以及它们的按照纯粹道德律发生的关联。至于是什么关联，我们可以把它撇开，因为恩宠之国嘛，它已经失去了那些自然的关联，那些单纯感性的、情感的联系。因为这个是必须在死后，或者是在只有在理性的推论中才存在的理知的世界。这样一个世界必须由道德来支配世俗关联，我们把它称之为恩宠之国，"并把它区别于自然之国"。自然之国，那就是必须要把人的各种各样的欲望啊，情感啊，肉体的需要啊，等等，按照它们的自然关联全部考虑进去。所以接下来他对自然之国作了这样的解释：

在自然之国中，有理性的存在者虽然是从属于道德律的，但并不指望它们的行为有任何别的后果，而只有依据我们感官世界的自然进程而来的后果。

在自然之国里面，自然之国跟前面恩宠之国有什么不同呢？在这里，"有理性的存在者"——它也谈有理性的存在者，而前面是讲"只注重有理性的存在者"——"虽然是从属于道德律的"，在自然之国里，当然我们也知道，人虽然是自然的存在物，但他是从属于道德律的，按其理性来说，他是从属于道德律的。"但并不指望它们的行为有任何别的后果"，它从属于道德律,它的行为的法则,也必须按照道德律来评价,但是它这种行为的后果呢,不可能有任何别的后果,"而只有依据我们感官世界的自然进程而来的后果"。这就跟前面完全不一样了。在自然之国里面,人们的行为的后果,人与人之间的关系,是自然发生的现实的关系,不是按照道德律,也不是在至善的统治之下。它是要服从自然律的。所以,我们不能指望它们的行为有任何不同于自然律的那种后果,而只有依据我们感官世界的自然进程而来的后果。在现实的世俗生活中,我们能够指望的就是这个人他的感官世界的自然进程,比如说首先是他的本能。人当然首先是要活着,要维持自己的生命,其次是维持他的延续,于是就有一系列的具体的目的。所以他所达到的呢,只是按照感官世界的自然进程而发生的后果。我们只能够指望这一点,所以并不指望它们的行为有任何别的后果。当然,现实发生的时候呢,也可能会有别的后果,比如说"杀身成仁,舍生取义"之类的,它不是按照感官世界的自然进程而来的,偶然的情况之下,也可能有这种情况,但是我们不指望。我们能够预期的,我们能够预测的,就是人根据他的本能,根据他的自利、自私的本性所造成的后果。所以我们在感官世界中呢,我们对任何人的看法呢,不能用一个圣人的眼光去看,而必须用一个小人的眼光去看。人在世俗当中,当然是自然的,当然主要是从属自然律,很大程度上他的必然性决定了他必须服从自然律。所以我们能够指望的呢,就是依据我们的感官世界自然进程而来的后果。当然个别的情况、偶然的情况也可能发生,但是它并不能动摇我们在这一方面的预测和预期。我们一般来说都在预期人总是自私的;但是呢他是从属于道德律的,这一方面因为我们看到人的理性,我们当然知道,人既然是有理性的存在者,那么他本质上呢,应该是从属于道德律的。但是并不指望他们的后果也是完全按照道德律、根据道德律来产生。因为在自然的王国里面,人都是感性的,人都是依据自己的感官世界的自然进程而决定自己的行为。

因此在恩宠之国中看待自己,认为在那里一切幸福在期待着我们,

除非我们由于自己不配得幸福而限制了自己的幸福份额,这就是理性的
一个在实践上必要的理念。

　　前面把恩宠之国和自然之国如此区别开来了,所以他这里讲"因
此",也就是根据上面的区别,那么根据以上区别得出什么结论呢? 就
是如果我们要在恩宠之国看待自己,那么这样一种看法呢,这样一种态
度呢,就仅仅是"理性的一个实践上必要的理念",它不可能在它的后果
中直接地显示出来,不可能在自然的王国里面显示出来。所以,这个句
子的简单的结构就是这样的:"因此在恩宠之国中看待自己……这是理
性的一个在实践上必要的理念",或者说这仅仅是理性一个在实践上必
要的理念。因为它区别开来了嘛,它把自然王国划分出去了,那么剩下
的仅仅是理性的在实践上一个必要的理念。那么我们再仔细看一下,在
恩宠之国中看待自己是个什么眼光呢? 是"认为在那里一切幸福在期待
着我们,除非我们由于自己不配得幸福而限制了自己的幸福份额"。在
恩宠之国中,一切幸福在期待着我们——首先来了个全称判断,一切幸
福在期待着我们;然后呢,从里面划分出一部分,前提是一切幸福都可能
在期待着我们,但下面:"除非我们自己不配得幸福而限制了自己的幸福
份额"。在一切幸福里面,把这一部分划掉,就是把你所做的那些不配得
幸福的事情所相当的那些幸福划掉。如果你没有做任何不配得幸福的
事情,那一切幸福都是你的。但是如果你做了任何一件不配得幸福的事
情,那么这一部分幸福就要划掉,就要减去。所以,上帝的恩宠表现在什
么地方呢? 就是说,上帝有一切幸福给你,只要你配得幸福。这就是上
帝的恩宠,Gnaden,又译作上帝的恩惠,上帝的惠爱,Gnaden 这个词有很
多译法,上帝的惠顾,上帝的眷顾。总而言之,上帝是白白地把幸福赋予
了你,只要你自己能够与上帝所给的幸福相配,这是基督教的一个很重
要的恩宠学说,特别是新教。新教里面讲的上帝的恩宠学说,上帝是仁
慈的,在他那里有一切幸福在等待着人类去获取;但是另一方面,人也要
跟这种幸福相配。人是否能获得上帝的恩宠,就看他在自己的行为中是

否具有这种资格,能不能跟这种幸福相配,这就是上帝的公正或者正义。一方面上帝是仁慈的,另一方面上帝是公正的。仁慈的也不是完全没有标准的,完全慈悲心,而是有标准的,它是公正的。所以这就叫"上帝正义论"(theodicy),这是莱布尼茨发明的一个概念,又译作神正论、神义论。那么,除非由于我们自己不配得幸福而限制了自己的幸福份额,如果你没有损害自己的幸福,那一切幸福都是你的,你做了多少道德的事情,那么这个德性的限度呢,就是你的幸福的限度。要尽量地扩展自己的德行,尽量地使自己配得这样的幸福,打破它的这种限制,那么这就是理性的一个在实践上必要的理念,或者说,这仅仅是在实践上必要的一个理念而已。这不是自然之国里面可以期待的,是在恩宠之国里面,按照实践上必要的一个理念,我们可以预期的。因为人有理性,所以,人通过理性的理念,在实践上可以推出,在恩宠之国里面,我们将会获得与其道德行为相配的那样的幸福。但是呢,要把它跟自然之国区别开来。这是一个前提。"在实践上必要的",也就是说你在行动中,既然你有理性,你的行动里面有理性,如果你的行动按照你的实践理性来设想的话,那么你就必然会,或者有必要设定这样一个恩宠之国的理念,设定一个在恩宠之国中看待自己的这样一个理念。这个"这",就是指"在恩宠之国中看待自己"这个短语,这个短语你也可以把它理解为一个理念。就是把人看作是在恩宠之国里面的,这样一种看法,就是一个理念。因为人是双重的了,人在自然界里面是感性的,这个不能叫理念,感性的人不是理念,他要通过经验,通过对人的生物学的研究、生理学的研究来加以规定。但是人作为理性的人,他必须要通过理念来加以规定。那么把人看作理性的,这就是在恩宠之国中看自己,这就是个理念。一个有理性的人,必然会把自己看作是在恩宠之国里面德福一致的。因为理性本身虽然不是感性,但是它对感性有它自己的评价。感性的东西必须从属于理性的东西。在这种关系中,达到德福一致,这本身是纯粹实践理性的一个判断。所以这是在实践上必要的,必要的也可以翻译成必然的,notwendig。理性按照它的推理，它必然会得出这样一个理念。一个有理性者，一个有理性的人，他不仅仅是有理性而已，而且他可以推出来，他在一个恩宠之国里面，必然会达到德福一致。这就是理性的一个必要的或者必然的推理、必然的结论。

我们看下面一段。下面一段主要是讲实践。任何实践都有两个面，我们说实践就是主观见之于客观的活动，这是康德也承认的。你如果只有主观没有客观，那就不叫实践。如果只有客观的行为而没有主观的动机，那当然也不能叫实践。那么这两个方面呢，在德性的原理里面，它是处于一种什么关系？下面一段就是讨论这样一个问题。就是有理性的存在者，他在恩宠之国中，当然他是出自于理性的一种必要的或者必然的推论，推出它的德福一致。但是呢，作为个体来说，理性的这样一种推论本身又是一种主观的原理，它跟客观世界，跟自然界，跟自然的王国，并没有什么关系。恩宠之国本身有它的客观的规律，理性的规律。但是与自然之国相比呢，它又是主观的，它在人的心中。恩宠之国在人的心中，是人主观推出来的，或者设想出来的这样一个王国。所以他在这一小段讲：

实践的规律当它同时又是行动的主观依据、也就是主观原理时，它就叫作**准则**。

它已经是实践的规律了，是由理性推出来的，理性在实践上必要的一个理念，我们就是把它当作一种实践的规律来看待了。那么在这个意义上呢，它有它自己的规律，它是不以个人的感性的欲望为转移的。但是呢，它同时又是行动的主观依据，是行动的准则。人的行动当然要在感性世界中加以实现了，虽然它并不符合道德德性的理念，并不是用道德德性的理念来规范它、来期待它，但是呢，它仍然作用于感性世界。在这种作用的过程中，它体现为行动的一个主观依据，你的行动的一个主观依据，作为你个人而不是自然界的一种规律。人的道德行为也只是你的一种主观的行为,它跟自然规律没有关系。自然规律当然是客观的,它强制人,你不得不如此。但是人在自然规律中呢,他仍然具有一种主动的自由,他具有他的自由意志。他有一种主观的根据,在行动中有一种主观的根据,这种主观体现在它可以不服从客观的自然规律。相对于自然界而言,相对于自然的王国而言,它是主观的;但是相对于恩宠之国来说呢,它又是按照某种客观的规律来行事的。这个实践的规律不是他个人的规律,而是理性的普遍的规律,是理性的客观规律,但是它体现在个人主观的行动之中。所以,作为一种主观根据的实践的规律,它也就是一种主观的原理,这个时候它就叫作准则。这个准则,Maxime,我在前面也曾经好几次提到过。在康德那里,他的"道德命令"就是"你要愿意使你的行为的准则成为一条普遍的法则"。实践的规律也可以翻译成实践的法则。这一段话一开始讲实践的规律,实践的法则。这两个概念是相对应的,一个是准则 Maxime,一个是法则 Gesetze,Gesetze 就是具有一种普遍的客观性、普遍的必然性的这样一种法则。那么准则呢,它是个体主观的,它可以没有普遍的必然性,当然它也可以变成普遍的必然性法则。作为道德律来说呢,它一方面既是主观的准则,同时又是客观的法则。它既有主观的主体性,自由,自由意志,自觉,有这样一种特点;同时它又是自律,自己立法,又有普遍法则的这一面。所以道德律同时具有两面。如果是日常的实践的准则,我们在日常的生活中间,为了做一件具体的事情,我们当然也有自己的准则,我们按照什么准则去做。但这个准则呢,它不是绝对命令,它不是无条件的命令,而是有条件的命令,比如说为了求生,我就应该怎么怎么去做,这就是一种没有普遍性的、不成其为普遍法则的一种准则,它就不是道德的,当然它也不一定是不道德的。但至少它不是道德的。它可以是不道德的,也可以是跟道德无关的。总而言之,人要求生嘛,这也是很自然的嘛,按照人的自然本性,人要活得更好,这当然也是自然而然的,可以理解的。但是它不具有一种普遍的法则性,有的人可以宁死不屈坚持某种另外的原则。所以,准则也可以有两种,一种是实践的法则,它可以体现为实践的法则;另外一种呢,就是日常的行为准则,它跟实践法则无关,甚至于可以相反。人为财死,鸟为食亡,这也是一种准则,但是它跟道德的法则完全对立。这个地方主要讲的实践的法则,也就是讲的道德德性的原则了。这个德性的原则有两个方面,一个方面,它是法则,另一方面它同时又是行动的主观根据,也就是准则。或者说它本身有客观和主观两面,它是在客观法则之下的一种主观准则。第一句话主要是强调实践的法则有主观的准则这一面,那么下面一句话呢,是强调它又有法则的那一面。

对德性在纯粹性和后果上的**评判**是按照**理念**进行的,对道德律的**遵守**则是按照**准则**进行的。

作为主观的原理,作为准则来说呢,德性是不管后果的,它只管动机,我只要按照道德法则去做,那就够了。所以这样一种主观的原理跟后果没有关系,它不考虑后果。纯粹的道德,前面我讲过道德命令,道德律,绝对命令,是不考虑后果的。在绝对命令里面呢,没有涉及到后果的评判、对后果的评价。但是在这里却涉及到了,康德说如果是"对德性在纯粹性和后果上的评判",那么这就是"按照理念进行的"。一方面按照德性的纯粹性来评价,另一方面按照德性的后果来评价,那么就是按照理念,按照什么理念呢? 就是把人看作是"在恩宠之国中"的这样一个理念,也就是上一段最后一句话所讲到的。德性的纯粹性和后果之间是一种什么关系? 这个要按照恩宠之国里面的标准,也就是德福一致的标准来加以评判。那么"对道德律的遵守则是按照准则进行的"。就是说,前面讲的准则,它是一种主观的原理,但是这个主观的原理呢,它同时又是符合于实践的法则的,因此呢,它也是同时具有客观性的。所以它是对道德律的遵守。但是这个遵守呢,它是按照准则进行的,就是说你必须是出自于你的自由意志,出自于你的主体性或主观原理,就是所谓的为义务而义务,而不考虑后果。纯粹的道德性就是为义务而义务。所以这里说"按照准则进行",它强调的是实践行为、德性行为的一种主观性。前面讲的对德性和主观性在后果上的评判，那是强调在恩宠之国里面，它有一种法则性，或者说呢，有一种客观性，强调它的客观性的那一面。所以这一句话的两部分，前面部分是讲对德性的纯粹性以及涉及它的后果的一个评判，也就是说，这种后果是按照与德性的纯粹性相匹配而评判的，这是按照德福一致的理念来进行的。这个地方呢，已经不去谈准则了，因为你站在这一方面来看嘛，站在它的法则的这一方面来看，它具有德福一致的这样一种理念。那么对道德律的遵守，我遵守道德律，遵守道德律有两种情况，一种是按照准则来进行，按照准则进行就是按照自由意志来进行，按照主观的纯粹主体性来进行。另外一种呢，仅仅是符合道德律而已。符合道德律也可能是出于他律，也可能不是出自于人自己的准则，而是出于别的。虽说他有准则，但是这个准则不是他本身的一种无条件的准则，而是有其他的前提的，比如说日常的需要，另外的准则，那种准则不是服从道德律的。但是对道德律的遵守呢，应该是按照准则来进行，也就是说按照自由意志的这样一种主观原理来进行的。这两者形成对照，一个是对德性在纯粹性和后果上进行评判，一个是对道德律的遵守。这个评判肯定是有两个东西，一个是德性的纯粹性，一个是德性的后果。德性的纯粹性和它的后果之间究竟达到了一个什么样的相配的程度，这就是一种评判。这个评判呢，我们有个标准，就是在理念中两者完全相配。在现实世界中当然是不可能的，但是它可以设想为一个理念，作为一个德福一致的标准，来对道德的纯粹性和道德的后果加以评判。这是一个方面。与此相对照，我们对道德性的遵守，我们不管它的后果，对于道德性，我只考虑如何遵守道德性，那么它是按照准则进行的。为道德而道德，才是真的道德。如果不是出于这个准则，为义务而义务，而是出于别的考虑，那么它就不是道德的，它就不是真道德。所以对道德律的遵守呢，应该是按照准则来进行的，就必须出于主观的原理，必须出于自由意志。那么这一段呢，实际上是提供了一个过渡，过渡到下面一段。下面一段就是讲到道德的主观准则和道德的后果的评判相互之间到底是一种什么关系；而这一小段提出了一个思路，一个线索。实践的规律，一方面呢，它可以叫作准则；另一方面呢，它的评价，实践的规律对其后果相互之间的这种关系的评判，是按照理念来进行的，按照恩宠之国这样一个理念来进行的。那么这两者之间有什么关系？这两者之间是否有一种内在的必然联系？如何保证这种内在联系？这个地方把这个问题已经提出来了，下一段就是对此加以进一步的阐述。

我刚才讲了前面两段，特别是前面的最后这一小段，他已经提出了德性的纯粹性在后果上的评判是按照理念的，而对道德律的遵守呢，是按照自由意志的动机的准则来进行的。那么这两者之间究竟是处于一个什么样的关系，在接下来的这一段呢，实际上是更进一步地深入这两者的关系。我们来看一看。

把我们的整个生活作风从属于道德律之下是有必要的；但同时这也是不可能发生的，如果理性不把仅仅是一个理念的道德律和这样一个起作用的原因连接起来的话，

这个"有必要的"，也可以翻译成"必然的"。但是按照他的意思呢，我们可以翻译"有必要的"，比较好一些。生活作风，Lebenswandel，也就是你在你的生涯中，是一种什么样的为人处世的方式。整个生活作风从属于道德律之下，我们把我们整个生涯都从属于道德律之下，这个是有必要的。但是呢，"如果理性不把仅仅是一个理念的道德律和这样一个起作用的原因连接起来的话"，这也是不可能发生的。就是你的一生全部按照道德律来规范自己，在每一件事情上面，在生活中间，都严格遵守道德律，都严格地出自于道德律，或者是按照准则来进行。这个是有必要的，或者这个是必然的。这个必然的意义就是，作为一个理性存在者来说，仅仅从实践理性的这一方面，是必然的。一个有理性者，必然会愿意把自己的整个生活作风从属于道德律之下。但同时，在现实生活中我们看到，在一个人整个一生的，他的生涯全部都从属于道德律也是不

可能的，人不可能完全成为一个圣人，或者成为一个天使。但是这后面还有一个条件："如果理性不把仅仅是一个理念的道德律和这样一个起作用的原因连接起来的话"，就是说，这是不可能的，但是是否绝对不可能呢？还有一个例外，有一个补充。所以后面这个"如果"，可以把它理解为一个补语。就是说，除了这种情况之外，如果理性不做到这一点的话，那就是不可能的了。如果没有后面这个"如果"，那就是根本不可能的。这是个倒装句了，我们汉语里面非常不习惯，我们把这个句子调整一下：但同时，如果理性不把仅仅是一个理念的道德律和这样一个起作用的原因连接起来的话，这也是不可能发生的。如果这样调节一下呢，我们的汉语的理解就比较顺了。但是这个"这"呢，跟前面就隔了大一段了，"这也是不可能发生的"，什么是"这"呢，是前面那个句子。而且麻烦的是，它这个"如果"后面，还有个说明："如果理性不把仅仅是一个理念的道德律和这样一个起作用的原因连接起来的话"，这个"原因"，它还有个从句：

B841　　　这原因给按照道德律的行为规定了一个与我们的最高目的严格相符的结局，不管是在今生还是来世。

　　你如果要把它调到前面去了，你还必须把后面这个从句包进去，把它改成这样的，就是："但同时，如果理性不把仅仅是一个理念的道德律和这样一个起作用的原因连接起来，这原因按照道德律的行为与我们的最高目的严格相符的结局不管在今生还是来世的话，这也是不可能发生的。"要包这么多才回到"这"，太远了，太麻烦了，而且两个"这"混淆不清。两害相权取其轻，还不如这个倒装句。我们中国人不太适合这种倒装句，但是如果要不走样地把康德的意思表达出来，那这中间的要框进去的东西太多，对汉语来说呢，也很难接受，也是一个麻烦。刚才有同学说，把这个"不管是今生还是来世"也把它包进去，包到前面这个从句里面去。如果把这个倒装句保留下来，让我们的脑子都习惯一下呢，后面就都比较好解决些。就是说，我们整个生活作风，从属于道德律之下有这个必要,但是它在大多数情况下不可能发生;只有在一种情况下有可能发生,就是理性仅仅是把理念的道德律和这样一个起作用的原因联结起来。当然这个句子是反推了,如果理性不把仅仅是一个理念的道德律和这样一个起作用的原因联结起来的话,那就不可能,意思就是说,如果理性把这样一个道德律和这样一个起作用的原因联结起来,那么它就是有可能的。我们整个生活作风从属于道德律之下,就会成为有可能的。那这样一个生活作风呢,我们当然要扩展它的范围了。扩展到什么程度呢?扩展到来世。就是这个生活作风不仅仅是此岸,不仅仅是我活在世上这一段时间,而且也包括来世的生活作风。总体把它加起来看,那么这个生活作风从属于道德律之下,那就是有可能的。条件就是理性要把仅仅是一个理念的道德律和这样一个起作用的原因联结起来。这样一个起作用的原因是一个什么样的原因呢?他讲:"这原因给按照道德律的行为规定了一个与我们的最高目的严格相符的结局,不管是在今生还是来世",这里原文的意思是,不管是在现在的生活中还是在将来的生活中,不管是在这样一个生活中还是在另外一个生活中,不管在这个生命中还是在另外一个生命中,我们把它翻译成不管是在今生还是在来世。就是说,这个原因——这个原因我们知道是指的上帝,我们要把仅仅作为理念的道德律和起作用的原因连接起来——什么是起作用的原因?那就是上帝。上帝是起作用的,上帝是能够创造世界的,能够造成一切事情的。道德律呢,仅仅是一个理念,仅仅是一个理念的道德律和起作用的原因联结起来,当然不是说道德律不起作用,但是道德律在实践中所起的作用呢,不是它的作用,是自然的作用。你按照道德律去做事,它有什么现实的结果,这个结果是道德律所算不到的,是无法预测的,也是不去考虑的。所以它所获得的结果呢,不能看作是道德律的结果,它是自然界的结果。当然从另一方面来说呢,它也是道德律的结果。我的行为嘛,我是出自于道德律,为义务而义务,做了这件事情,当然也可以看作是道德行为。但是这个道德律呢,它在现实中间呢,不是按照它自己的法则来起作用的,所以它必须要跟一个起作用的原因联结起来。就是在现实世界、感官世界,或者世俗生活中,道德律所造成的那些结果、那些后果,必须诉之于一个起作用的最高存在者,一个起作用的最高原因。把它结合起来,把抽象的道德律,跟自然界的一个最高的原因联结起来,这个原因把这个自然界造成是适合于道德律的,是从属于道德律之下的。只有这样一个原因才有这种能力,它能够把整个世界,乃至于把我们整个生活作风,造成是从属于道德律之下的,使得哪怕从后果上看,也可以这样说:这个世界是道德律的结果。所以他讲,这个原因"给按照道德律的行为规定了一个与我们的最高目的严格相符的结局",这个原因给我们的严格按照道德律这样一个抽象的理念而发出的行为,规定了一个与我们最高目的严格相符的结局。我们的最高目的当然就是道德目的了,而这种相符就是德福一致。那么只有上帝才能够给我们的道德行为规定一个德福一致的结局,即最后目的。不管是在今生还是来世,也就是说他必须要考虑到今生和来世,不要局限于今生,我们要把眼光放宽到来世,那么我们就可以设想这样一个原因,能够给按照道德律的行为规定一个相配的幸福这样一个结局,这样一个最后审判,这样一个皆大欢喜的结果。

因此,没有一个上帝和一个我们现在看不见但却希望着的世界,德性的这些高尚的理念虽然是赞许和惊叹的对象,但却不是立意和实行的动机。

"希望着的世界"就是说,它也是个世界,也是一种世俗生活,Welt,但是仅仅是我们希望的。我们希望它,但是我们又看不见它,我们今生今世是看不到它了,我们只能指望来世了,我们只能在来世才能指望这样一个世界。如果没有这样一个世界,没有一个上帝和这样一个世界,也就是说没有这样一些假设,那么德性的这些高尚的理念,也就是道德律的理念,仅仅是一个理念的道德律,虽然是赞许和惊叹的对象,我们觉得它们实在是太崇高了,我们可以欣赏它,可以崇敬它,可以惊叹,但却不是立意和实行的动机。我们有这样一个崇高的道德理念在我们心中,

"但却不是立意和实行的动机"。什么叫立意？立意，Vorsatz，就是预先的一个规定、设定，实际上也就是动机的意思。就是先有这么一个动意，我想要做一件事情，然后实行，Ausübung，这个词我们也把它用在体育锻炼呐，练习呀，实现出来呀，这样一些意义上面。就是你要去做，你要用你的操作行为去把它付诸实现。这些高尚的理念虽然是赞许和惊叹的对象，但却不是立意和实行的动机。动机在这个地方是用的 Triebfeder，我在前面已经介绍过这个词。Triebfeder 就是一种冲动，一种发条，Trieb就是冲动，feder 就是发条，就像钟表里面的那个发条。它攒足了劲，然后它能够实现推动指针的一种效益。所谈的这样一些预先立意，然后把它实现出来，这都是在感官世界里面讲的。就是高尚的理念虽然是赞许和惊叹的对象，但是在现实世界中，它不能够成为立意和实行的动机，立意和实行的动机是感性的。道德不能够自身进入到这些领域，它一旦进入到感性的领域，那么它就受感官世界的规律支配了，它就服从自然律了。所以，凡是你的道德行为在现实生活中，它都是服从自然律的。自然律就有它自身的规律，它不能服从你道德的规律。虽然这件事情是你服从道德动因做出来的，但是你的道德的动因始终无法真的实现出来。推动你去实现你的动机的那些感性的条件，你的立意，你的实行的过程，你的实施过程，它还是按照感性的规律，按照自然律在运作。所以，德性的高尚理念呢，在我们心中当然有道德律了，我们可以对它抱有一种惊叹、赞许了，但是我们在现实的行动中呢，都要考虑具体地如何实现。实现出来往往不是按照你的道德的动因。所以按照道德动因它本身没有考虑到它具体如何实现。但是它又要实现出来，所以它往往是扑空的。你出于道德动因去做事，往往受到人们的嘲笑，你想得太崇高了，不切实际。那么如何才能切实际？人做不到这一点。因为人不是一个起作用的最高原因，他不是这个自然界的创造者。所以他不能够支配自然界，相反，他在感官世界中要受到自然界的支配。所以道德理念不是立意和实行的动机。这个动机我们在《实践理性批判》里面还会遇到的。就是关于实践理性的动机那一章里面，专门讲了这个 Triebfeder，就是说康德在实践理性里面呢，仍然触及到感性。但是他认为这个感性呢，要做特殊的处理。它不是从先验感性论进入到先验逻辑，再进入到理性，而是颠倒过来的。先把道德律作为实践理性的原则确定起来，然后再下降到感性。就是说，道德律确定起来很崇高啊，那么我们怎么把它实现出来呢？在感性世界里面必须要有它的动机，那么他在《实践理性批判》里面找到一个动机就是道德情感，也就是所谓"敬重感"。敬重感也就是康德为纯粹实践理性所找到的感性的动机。纯粹实践理性虽然是纯粹的理性，但是它也要实现出来，它是实践嘛，实践就要涉及感性嘛。那么，由什么东西来代表纯粹实践理性的原则，在感性世界里面发挥作用呢？就是用这种道德感，他称之为敬重感。唯一的感性，作为纯粹实践理性在感性世界的动机的，是那种敬重感。敬重感当然是一种感性的情感，但是这种情感跟其他所有的情感不一样，它是否定性的。它是否定一切情感的情感。敬重感嘛，敬重至高无上的对象，高山仰止，景行行止，我们在道德律面前只有敬重，所有的情感在道德律面前都变得微不足道了。这个时候我们产生一种痛苦。就像崇高一样，康德谈崇高也是这样。我们在巨大的山峰，巨大的自然力面前感到自己的渺小，自己的一切认识能力都微不足道，把握不了，我们的认知能力把握不了无限的东西，我们只能把握有限的东西，于是感到一种痛苦。那么通过这种痛苦，我们调动起自己的理性能力，再来把握这个无限对象，那已经不是对象了，那是我们自己的一种理性的崇高性，一种理性的超越层次。这个时候呢，我们就产生一种快感。经过一种痛苦，对自己的感性的否定，我们重新获得一种快感，它就具有一种超越性的特点。它跟一般的感性不一样，当然它还是感性，但是它已经是一种超越性的感性，对无限的东西的一种感性，它是建立在对所有有限的东西的一种彻底否定之上的。那么在实践理性里面呢，这个动机也是这样，比如说敬重感，敬重感也是这样。对道德的敬重，Achtung，要否定人的一切渺小的情感，人的一切欲望，一切需要，在道德面前都微不足道。这个时候你的内心首先产生一种痛苦，觉得自己太渺小。然后产生一种快感，你看到一种崇高的道德法则，或者一种崇高的道德行为，你愿意去追随它，你觉得它很亲近，你觉得愿意跟一个道德的人在一起，你甚至于愿意自己是一个有道德的人。有这样一种趋向性。虽然你感到它对你是一种压抑，是一种威胁，但是呢，你愿意跟随它，你不愿意跟那些小人在一起，你愿意跟一个圣人在一起。那么这就是一种崇敬感，一种敬重感。那么通过这种敬重感呢，可以表现出道德律在现实生活中对你所起的一种感性的作用。一个懂得敬重的人，一个懂得崇高的人，一个知道世界上有一些东西是可敬的人，恰好表明他的内心有道德律。道德律只有通过这种方式才能成为一个人做道德行为的动机。动机跟动因不一样，动因原文是 Beweggrund，有时写作 Bewegursache，跟 Triebfeder 不一样，动因是在背后的，属于物自体。比如说自由意志。自由意志是道德律的动因，它推动具有自由意志的人，按照一种普遍的法则行事。这就是道德律的动因。但是动机必须体现在感性世界中，它跟自由意志作为一种物自体的发动者不一样。虽然在字面上动机也是发动者，但是发动者后面还有真正的发动者。这个发动者，现象的发动者，动机，只不过是在感性层面的发动者。它能够促使你去做道德的事。为义务而义务也就体现在这一点上，在感性中就体现为，你是出于一种对道德律的崇敬，而去做道德的事情，而不是出于任何其他的情感。敬重感已经把其他所有的情感都扬弃了，都抛到后面去了。这个时候你做道德的事情，你还是有感性的方面的。如果完全没有感性的方面，人就没办法活动了。因为人就是感性的嘛，所以康德为人的道德行为还设定了一个感性的动机。就是说，你要把它变成感性的行为，那还是要有感性的动机。那就是敬重。现在回到我们的文本上来，"德性的这些高尚的理念虽然是赞许和惊叹的对象，但却不是立意和实行的动机"。就是说，最高尚的理念虽然是赞许和惊叹的对象，但是从动机方面来考虑，你真的要立意，要实行，必须要有一个动机。我刚才讲了，这个动机是崇敬，是敬重感，在《实践理性批判》里面讲的是敬重感，但是在这个地方呢，它强调的是另一方面。就是说，要有一个上帝和一个我们现在看不见但却希望的世界，这个可以成为我们在现实生活中的立意和实行的动机。就是说，我们在现实中要实现这些道德的理念，但是如果没有上帝和来世，那么呢，这些理念本身并不构成实行的动机；反过来说，只有上帝和来世可以构成我们在现实中实行的动机。也就是说，虽然在现实生活中我们不能指望有与道德相配的幸福，但是我们可以设想来世。在现实世界中，我们已经把一切幸福置之度外了，所以我们也根本不可能指望做一件好事就得到相应的报酬。我们也不应该这样去希望。它是没有希望的。现实也是没有希望的。但是呢，如果有一个来世或一个上帝的话，那我们就有希望了。所以在感性世界中呢，我们可以把这样一个上帝和来世作为我们行为的动机来看待。当然这个动机不是真的在现实世界中实现出来的，而是能够导致我们在现实世界中超越现实世界的那些偶然的后果、超越那些感性的后果，而设想一个未来世界的必然的感性后果。这种动机与我前面讲的那种敬重感、那种否定情感的情感，有类似之处，它是否定现实世界的未来世界。但是他在这里强调的是，如果没有上帝和来世的话，那么这样一些德性，这样一些理念，它就缺乏立意和实行的动机。为什么呢？

　　因为它们并未实现那对于每一个理性的存在者是自然的、而且被同一个纯粹理性先天规定的、也是必然的全部目的。

　　因为"它们"，也就是这些德性，这些高尚的理念，也就是道德律了，并没有实现"每一个理性存在者"的全部目的。我刚才讲了，道德律当然也在实践中起作用，但是它所起的作用，并不是它的实现，并不是它最终的那个目的的一种实现。所以它们并没有实现人的全部目的。那些目的，"对于每一个理性存在者是自然的、而且被同一个纯粹理性先天规定的、也是必然的"。也就是道德律没有实现理性存在者的全部目的。至少它把现实世界的后果完全抛开，不顾后果，不计后果，它所实现的只是某一方面目的，那就是做一个道德的人，按照道德律办事。当然这也是一种目的，或者说人是目的。你要把人格和人性永远当作目的，不仅仅是手段，这也是道德律的一种表达方式。它当然可以是一种目的。但是是不是就是全部目的呢？显然不是。道德律并未实现人的全部目的。而这全部目的呢，对于每一个理性的存在者是"自然的"，natürlich。这个词很有意思，对于每个理性存在者来说呢，是自然的全部目的。对人来说，这样一种后果跟动机的相配，或者是幸福跟道德的相配，是很自然的，如果不相配，倒是不自然了。善没有善报，恶没有恶报，对于有理性的存在者来说，这是不自然的。对于有理性的存在者来说，善有善报，恶有恶报，才是自然的，才是合乎它自己的理性的，所以是自然的。有理性的人总是从理性的角度来看待一切，那么违背理性的东西在他看来是不自然的。"而且被同一个纯粹理性先天规定的"，同一个纯粹理性，一方面规定了道德律，纯粹实践理性规定了道德律，先天规定的。在另一方面呢，同一个纯粹理性，这里不仅仅是实践理性了，也包括纯粹思辨的理性在内，先天规定的"全部目的"，也就是说同一个纯粹理性，它把一个道德行为和它的后果的这种相配，都先天地加以规定的。就是说，按照理性来说，道德行为的后果跟它相配，这是合乎纯粹理性的。如果不符合的话，不相配的话，那就是不合理的，那就是不自然的。所以它是同一个纯粹理性先天规定的。按照理性本身就可以确定，不需要经验证明。经验证明很可能恰恰相反，善人没有得到好报。但是纯粹理性仍然可以先天地规定，善人应该得到好报，也有希望得到好报。至少在这一点上，在有希望这一点上，它可以先天地规定。善人是有希望得到好报的，恶人是有希望得到惩罚的，这个希望是合乎纯粹理性的。所以他讲，"也是必然的全部目的"。这个"必然的"和前面的"自然的"，是同位的。中间这个"先天规定"跟前后两个也是同位的，是三个同位的修饰语，同位的形容词。一个是"自然的"，一个是"被同一个纯粹理性先天规定的"，再一个呢，是"必然的"。被同一个纯粹理性先天规定的那当然是必然的了。只不过这个必然你不能理解为单是自然界的必然，思辨理性的必然，或者自然科学的必然，它也是纯粹实践理性的必然。你必然会这样想，每一个有理性的存在者都必然会认为这个是自然的。德福一致，这是应该的全部目的。全部目的就是我在前面讲到的，最后的目的和最高的目的，这一节的标题就是这样的：至善理想作为纯粹理性最后目的之规定根据。最后目的是单数，最高目的当然是复数了。最高目的，你在自然界里面，就是幸福，在道德上面呢，就是纯粹道德的。这都可以说是最高目的。但是呢，两者结合起来才是最后的目的，才是全部目的。所有这些最后目的、最高目的，全部加起来，就是全部目的。那么，德性的最高尚的理念如果没有上帝和来世的话，它们本身并不构成立意和实行的动机，因为，它们并未实现对于每一个理性存在者来说的全部目的。为什么呢？因为它仅仅是高尚的理念，仅仅是道德律这个最高目的。你可以惊叹它，你可以赞叹它，你可以赞许它，但是它不是立意和实行的动机。在感性世界中，你要做到它，你要把它实现出来，那么你必须要把整个感性世界考虑进去。但是如果没有上帝和来世的话，你无法把它考虑进去，你只能从单纯道德立场，像斯宾诺莎那样，我就是做一个道德的人，至于它的后果如何，我不考虑，幸福不幸福，我不考虑。那么整个世界都被他撇开了。人家不义，我不能不义。整个世界，人家都在做不义的事情，都在钩心斗角，都在唯利是图，那么我独善其身。独善其身你就把自己排除在世界之外了嘛。那么按照理性的自然的、必然的全部目的来看，这个是远远不够的。所以它实际上不能够构成立意和实行的动机。立意和实行的动机涉及到感性世界。你不能把感性世界撇开。当然虽然你还是在实行，你还是在做，斯宾诺莎也在做一个道德的人，有很多事迹，人们都可以赞赏他，但是他所做的这些行为呢，在感性世界中，并没有它的动机，他把整个感性世界都撇开了。它的后果如何，那是一种偶然的情况，它不考虑后果。所以后果对于他来说，对一个道德的人来说，像斯宾诺莎那样的人，那完全是偶然的。我好心也许没有做好事，但是我是好心呐。我没有考虑它是否能够实现出来，这就是很多人在做道德的事情的时候，特别是理想主义者往往是这样的。当然康德也是理想主义者,但是他这个理想主义有一个补偿,就是在来世好人会得好报。你说他完全忽视感性世界,完全忽视现实,也不一定是这样的。也就是说他把这个现实放到了一个理性所设想的来世,放到彼岸那里去了,放到一个理知世界里面去了,作为一种希望。所以海涅在他的《德国宗教和哲学的历史发展》里面也讲到了,康德把上帝消灭了,但是考虑到他的仆人老兰培很可怜,于是又有了一种恻隐之心,又把上帝还给了他的仆人,也就是还给了普通人。你要做一个圣人,按照康德的那种道德原则出发,那人只能做一个圣人;但是做一个圣人往往会吃亏,作为人来说,一个自然的结果应该是善有善报,所以他又把上帝还给了普通人。就是说,普通人在做道德的事情的时候呢,在现实世界中老是吃亏,但是它给你一种希望,就是在来世你可以把你吃的亏补回来。这个对于实践理性来说呢,是自然的,也是必然的。为什么是必然的? 因为人是有限的。因为人有感性,人不能做到像上帝和天使那样,成为纯粹的圣人,成为完全遵守道德律、按照道德律办事的那样的人。按照道德律办了事以后呢,他总还是希望能得到幸福。他的前提其实是人的有限性,人的不足。人有感性,这本来跟理性相比,它是人的一种缺陷,他没有达到上帝的层次嘛。而作为一种自然的理性的眼光来看,这种缺陷也是应该给予满足的,虽然幸福的层次很低,但是完全把它剥夺掉了,也是不公正的。一个好人没有得到好报,也是不公正的。当然你也可以说他,一个好人你还指望好报干啥? 你指望好报就不是好人了。有的人对英雄就是这样苛求,就是他还指望得到奖励,那还算什么英雄呢? 但这里头应该有个区别。就是说,他做道德的事情,他不是为了奖励,但是我们从一个旁观者的眼光来看,还是应该给他相应的奖励。所以康德在这方面呢,他对这种严格的道德主义做了某种让步。但这个让步是很有限的,就是在现实生活中间,它不去涉及一个能够让善有善报、恶有恶报的社会体制如何能够通行,怎么样建立这样一个法制社会。当然他也作了一些考虑了,但是他根本的原则就是这个你根本不需要考虑，按照严格的道德法则，你在现实中肯定是得不到好报的。偶尔得到好报，那也是偶然的现象，你不能指望的。真正能够指望的就是来世。而指望来世、指望上帝，这本身也是纯粹理性的一种推理。不是说，我建立一个法制社会就可以得到至善。康德在《法的形而上学的基础》里面也讲到了如何建立法制社会，但是他基本上认为，这样一套东西仅仅是为了给人以道德上的一种启发。尽管法制社会对人的道德有所触及、有所提醒，让人自己意识到自己是个道德的人，提高人的道德水平，但在现实中是绝对不可能做到人人都是道德的，都是德福一致的，那是不可能的，在现实中是实现不了的。只是一个理念。但是这个理念在历史中，我们也可以不断地接近它。如何接近呢？就是建立法制，建立民主，提醒每个人的自由意志。所以整个历史在康德看来就是道德发展史。

下面这一段的思想其实前面基本上都已经阐明了，这个地方实际上只是更加简明地把它理出来，即幸福和道德两者如何达成至善这个概念。这一段里头排除其他的一切考虑，仅就这两个概念本身的关系来做一个比较明确的论述。里面的道理已经很简单了，现在我们经过前面的讨论以后，我们已经没有什么很难理解的了。

<u>单是幸福对于我们的理性来说还远不是完整的善。</u>

完整的善在这个地方实际上就是至善了，就是前面讲的圆满的善，完满的善。还有好几种表述方式，这个地方是表述为"完整的"。就是善，它是圆满的，没有缺任何一块。善这个概念本来也是有这样一层意思，在西方人的心目中，这个善的概念就有完备性、完整性这样一些意思，所以它跟有机体的概念联系在一起。就是说，我们所设想的一个对象是完备的、完整的、完美无缺的。与此相对应的恶，在西方人传统的观念中呢，恶不是什么东西，恶就是"缺乏"，缺了就叫作恶。这跟我们通常所理解的、中国人理解的不太一样。这样一种理解自从柏拉图开始就有了，柏拉图的善的理念，最开始是作为一种道德上的、伦理上的东西来追求。

但是到了柏拉图的晚期,更加强调它的完备性这一方面。因为他遇到了恶的问题。如果上帝是善,是完善,如果神是完善的,那为什么会有恶呢?如果善仅仅是伦理的,那它就不应该有恶。但是如果没有恶,那恶的那一块呢,就会排除在善之外了,那就成了两个实体。这个跟古希腊的说法以及跟中世纪的说法都不一样。中世纪是反对说善恶二元论的,善恶二元论是属于摩尼教的基本观点,或者东方的一些宗教的基本观点,就是善恶二元论。但是西方从柏拉图以及新柏拉图主义开始试图坚持一元论,善就是圆满。那么恶是什么呢?恶就是善的一种缺乏。所以善这个概念在西方应该说有两个不同层面上的含义,一个当然是跟我们中国人讲的这个善的概念类似,道德上面的好,道德上面的高尚,一个伦理含义的概念。但是在另外一个方面,它有一个客观事实方面的含义,一个本体论方面的含义,那就是完备无缺,完善。你要完备无缺,你就必须要有幸福,幸福当然是个好东西,你一个善没有幸福,那你这个善是不完备的,或者说不是至善,不是至高无上的善。从这里我们也可以看出为什么中国传统的至善不包括幸福的概念。《大学》里面讲"止于至善",止于至善就是"尽夫天理之极而无一毫人欲之私",把天理穷尽了,没有一丝一毫的人欲在里面。人欲是什么?人欲就是幸福嘛。把人欲排除掉,剩下的就是道德高尚,那就是至善了。这是中国人讲的至善的概念。但是在康德来看,如果是这样一种至善的概念,还不能叫完整的善,严格地说还不是至善,它只是最高的善,但还不是最完满的善。道德当然是最高的,康德也认为它是至高无上的。但是你要说它是完满的,就必须带有与之相配的各种幸福,这才是完备无缺。所以中国的理学家们主张的是"存天理,灭人欲",把人欲都要灭掉,但是康德是不主张这个的,康德是不主张禁欲主义的,他认为真正的完善呢,应该把幸福也包括在里面。只不过这个幸福跟道德之间,应该有一个比例,应该按道德的比例来分配。

　　<u>这种幸福,如果不是与配得上幸福、即与道德的善行结合起来,理性是不赞同它的 (不管爱好是多么希望得到它)。</u>

前面讲幸福单独对于理性来说，不能够说是完备的善，不能够说是至善，那么这种幸福如何才能是完备的善呢？它必须要与配得上幸福这样一个条件结合在一起。而要配得上幸福呢，就必须要有道德的善行，要有美德，要有德性。与之相配的，必须要有德性。幸福跟德性恰好相配。这两者结合起来呢，才能够是完整的善。否则的话呢，理性是不会赞同它的。就是说，一种幸福如果没有道德，单纯就其本身而言，不管我们的爱好是多么希望得到它，我们非常希望得到幸福，每个人都希望在这个人世上能更多地得到幸福，但是如果没有"配得幸福"这个条件，那么，单纯是这样一种幸福，即算你得到了很多很多，还远不是完整的善，离至善还远得很。

然而，单是德性，以及和它在一起，单是**配得上**幸福，也还远不是完整的善。

这是从另一方面讲。前面一方面讲，单是幸福如果没有它所配得上的德性，那么，这不能够说是完整的善。那么反过来说，单是德性，以及和它一起，单是配得上幸福——我在前面讲了，所谓德性，本身就有另外一种表述方式，就是"配得上幸福"。只有德性才是配得上幸福的。从理性的角度来说，一个有理性者，肯定会承认，只有德性，才配得上幸福。其他任何东西都不能给幸福提供资格。那么在这里，单是德性，以及单是配得上幸福，如果你仅仅是有这样的资格，也能够配得上幸福了，但是呢，也还远不是完整的善，如果你并没有得到幸福。你做了好事，你做好事本身当然就是配得上幸福了。但是这还是片面的。前面讲了，这样一种好事，这样一种道德高尚，仅仅是最高的善，但还不是完整的善。要达到完整的善，除了配得上幸福以外，还应该使这个幸福有希望能够得到。

为了达到完整的善，那不曾做过不配幸福的事的人就必须能够有希望分享幸福。

你光是配得上幸福了，这只是一个资格，但是没有得到实惠。就像我们评职称一样的，只是一个"任职资格"，但是还没有"聘"你。你还不是真正的教授。这个里头也是,你有一个配得上幸福的资格了,你有这么高尚的道德嘛。但是如果你不凭这个资格而得到真正的幸福,他这里强调的是"有希望能够分享幸福",如果没有这个希望,那么这还不能说是完整的善。当然这个希望还是希望现实地得到的,但是因为这个现实地得到只是在理念世界中才能够设想,所以这个地方强调是"有希望能够分享幸福"。"那不曾做过不配幸福的事的人就必须能够有希望分享幸福"。有希望分享幸福,是不是就是完整的善了呢?有希望,我们通常认为,还是没有实现嘛。还是没有实现那当然就不能说是完整的善了。你仅仅是有希望。但是在康德这个地方,整个完整的善,都是处在一个理念之中的,都是处在希望之中。完整的善在现实世界中是根本不可能实现的。所以他这个地方主要是搞清楚完整的善这个概念应该怎么样来表述。他的表述就是,除了德性以外,他必须能够有希望分享幸福,这就是完整的善的概念。当然,仅仅是有希望分享幸福,我们说这还不是到手的完整的善。其实,康德认为,我们在自然界、在感性世界中,这个完整的善是永远也到不了手的。我们只能希望。所以这个完整的善的概念本身就是以希望为前提的。我可以希望什么?我可以希望一个完整的善。那么,你所希望的这个完整的善,那当然在你的希望中,能够分享幸福也包含在内,但是它同样是在希望之中,而不是在现实中。那么我们看下面,

甚至那摆脱了一切私人意图的理性,当它置身于一个要给别的存在者分配一切幸福的存在者的位置而不从中考虑自己的利益时,它也不能作出另外的判断;

这个"甚至"就是说,我们推而广之,我们极而言之,我们设想一下,如果有一种理性摆脱了一切私人意图,当然在人身上是做不到的,实际上这个设定是上帝,当然没有提上帝的名字。这个摆脱了一切私人意图的理性,当它置身于一个要给别的存在者分配一切幸福的存在者的位置,这样一个理性,如果处于这样一个位置,就是要给别的存在者分配一切幸福,处于这个位置的当然也只能是上帝了。只有上帝才能处在这样一

个最高的位置给其他的存在者分配一切幸福，就是上帝的公正的审判，上帝的正义。上帝正义论，上帝的神义论，就是讲这个关系的，就是上帝处在一个给一切其他存在者分配一切幸福的这样一个存在者的位置，而不从中考虑自己的利益。上帝因为是纯粹的理智，所以他没有自己的利益，他是非功利的，他是超功利的，只有在上帝那里，他才能够超越一切私人利益，才能够是不考虑自己的利益，完全从正义出发来分配幸福，没有任何偏私，没有任何自己的意图。上帝偏爱谁？上帝为什么偏爱？为了上帝的利益？这就说不通了。上帝即算偏爱谁，他也是从公正，从正义的角度，从理性的角度，来作出判断的。他偏爱谁，是因为那个人值得他偏爱，他那种偏爱在理性上是合理的，不能说是偏爱。所以上帝完全是无私的，不从中考虑自己的利益。我们极而言之，如果有这样一个上帝的话，甚至他在分配幸福的时候，他也不能作出另外的判断。什么另外的判断呢？就是说，不曾做过不配幸福的事的人，就必须能够有希望得到幸福，这是一个原则。不能作另外的判断，不能有另外的原则。一个基本的原则就是，一个道德的人，一个没有做过不配幸福事情的人，或者说没有做过不道德的事情的人，那么他就必须能够有希望分享幸福。哪怕上帝来，他也会这样判断。当然我们作出这个判断还是从我们的理性，我们从人的纯粹理性作出这样一个判断，但是我们可以推想，即算上帝来审判，他也会是按照这样的方式来审判，而不能够作出另外的判断的。为什么呢？

因为在实践的理念中这两方面是本质上结合着的，

在实践的理念中，这两方面，一方面是德性，另一方面是幸福，这两方面是本质上结合着的。就是说我们在实践中，按照纯粹理性，提出一个实践理念，就是德和福的关系。我们从纯粹理性的角度，把德和福的关系提升到理念的这样一个境界上面来讨论，在实践的理念中，这个理念是纯粹理性的，在单纯从纯粹理性的法则所提出来的概念中，我们来讨论这个问题的话，那么这两方面本质上是结合着的。它是符合纯粹理性的。虽然幸福本身不是在理性中,它是在自然界中的一些对象,一些目的,但是我们从纯粹理性的角度来考察,把幸福也作为一个理念。幸福当然也可以成为理念,就是说,我们在人世间的生活就是为了追求幸福,但是这个最高的幸福是可望不可及的。我们所追求的都是片断的幸福,部分的幸福,甚至于幸福也会变成不幸。所以在现实生活中间,处处都要从物质的条件呐,从自然的感性这方面来谈幸福,来产生幸福。但幸福本身呢,我们也可以把它提升到理念这个层面上来考虑它。就是说,最完满的幸福,这是一个理念,就是没有人在现实生活中真的得到,真的把它实现出来。那么在这个理念的层面上来考虑,德性和幸福这两方面,本质上是结合在一起的。就是说,有多少德性,就有多少与之相配的幸福是能够希望的。这是从纯粹理性作出的判断,而不是掺杂了感性的因素。如果掺杂的感性的因素的话,那这个判断就作不出来了。在现实生活中间,很少有幸福跟德性完全相配的。但是"应该"和德性相配,本质上,有德之人应该是有希望得到幸福的。本质上是这样的。所谓本质上就是我们从纯粹理性的角度,我们撇开一切感性,一切杂多的因素的干扰,撇开我们的爱好,我们单纯从理念来看它,那么它们本质上是不可分的。你要达到至善,要达到完备的善,那么你用你的理性去思考一下,马上你就会发现,真正的完备的善,一方面呢,当然首先是要有至高无上的道德,德性是最高的善;但是另一方面呢,与之相配的幸福也不能忽略。否则的话,理性就不能接受了。如果善没有善报,恶没有恶报,理性首先就不能接受,理性就会认为这不公平。它不是从世俗的眼光来看的,它就是从纯粹理性的眼光来看,这就不公平。从纯粹理性的眼光看,也应该是善有善报,恶有恶报,本质上是结合着的。

　　<u>尽管</u>是这样结合着的,即道德的意向是最先使分享幸福成为可能的条件,而<u>不是反</u>过来,对幸福的指望首先使道德意向成为可能。

　　这两方面本身是结合着的,这个"尽管"的意思就是说,这里头还有个限制。德福一致,这在理念中,本质上是不可分离的,德福就是不可分

离的。但是要有限制，就是它们是怎么样不可分离的？不是随便怎么样理解都是不可分离的，而是在某种条件之下，它们才是不可分离的。在什么条件之下呢？就必须是要以这样一种方式结合着，即"道德的意向是最先使分享幸福成为可能的条件"。你要有道德的意向，你的意向首先应该是道德的，所谓道德意向就是为道德而道德，你做了一件道德的事，但重要的不是你做的那件事，而是你做那件事情的动机，道德的意向。那么，正是因为这个道德的意向，这个为道德而道德，最先使得分享幸福成为可能。他这里强调一个在先，时间上在先。也就是说，你在做这些道德的事的时候，你首先是出于一种道德的意向，而没有考虑到幸福。那么这个首先产生的道德的意向呢，恰好使得你分享幸福成为可能。是这样一个意向，这样一个动机，这样一个自由意志，使得你分享幸福成为可能，它是你能够分享幸福的一个条件。如果没有这样一个意向，你是为了别的目的，你不是为道德而道德，那么这个条件就丧失了。所以他讲"而不是反过来，对幸福的指望首先使道德意向成为可能"。"对幸福的指望"，也就是说，你首先是指望得到幸福的，你才去做道德的事情，才有道德的动机。他这个地方用的"意向"，Gesinnung，他没有用"道德的意志"或者是"道德的动机"，没有用这些词，他用了一个比较宽泛一点的词。就是说，这个地方的"意向"既可以是自由意志，原发性的，自发性的，但是也可以是继发性的。就是首先有了幸福的指望，对幸福的指望才首先使得道德成为可能。那么这种意向呢就不是自由意志了，那就是建立在最初的那种感性动机之上、对幸福的追求之上的一种选择。我为了得到幸福，所以我决定去做道德的事情。这个决定那就不是自由意志了，那就是他律，就不是自律。但是它还是意向，还是属于Gesinnung。但这是不能颠倒的，这个先后次序是不能颠倒的。就是你开始的时候，你最初的那个出发点是什么，这个是最重要的。如果你的出发点是为道德而道德，那么你确实有希望得到幸福，因为你创造了使你有资格得到幸福的条件，所以你有希望得到与之相配的幸福。但是反过来的话，如果你一开始的出发点是对幸福的指望的话，那么，即算你后来做了道德的事情，使道德意向成为可能，但是你也不见得配得幸福。你运气好，你做了一件事情既是道德的，不受别人指责，同时又获得了你想得到的利益，这只是运气好而已，但是你并不配得到你所得到的那些幸福。

因为在后一种情况下这种指望就不会是道德的、因而也就不配得到　B842
全部幸福了，

在后一种情况之下，也就是说，如果你对幸福的指望在先，在这种情况之下，这种指望就不会是道德的。从幸福出发，怎么会是道德的呢？即算是符合道德律的，也不是出于道德律的，而整个行为都不是道德的，不是一种道德行为。你是出于你的利益，出于你的爱好，出于对幸福的追求，那么这种情况呢，就不会是道德律，这种幸福的动机就不会是道德的动机。这是康德区分得很严格的，你从幸福出发，那就不是道德的。当然是不是"不道德的"，这个还可以再加以分析。如果把不道德的理解为恶意的，那倒也不见得。你做一件事情不是从道德出发，但是呢，也不是从恶意出发，比如在道德善恶之外还有一些很平常的事情，日常的事情，还有一些不具有道德和非道德的含义的事情，那倒也可以容许，但是它至少不是道德的，虽然也许不是不道德的，但是至少你这个行为不是道德行为，因而也就不配得到全部幸福。这里的"全部幸福"，他的意思就是说，如果你里面夹杂这样一种东西的话，你就不配得到全部幸福了。如果没有这种东西的话，你是可以配得到全部幸福的。如果你完全不是从这个对幸福的指望出发来做各种各样的事情，那么呢，你本来是配得到全部幸福的。也就是说，如果你全都是首先从道德出发，来做实践活动和有目的的行为，那你本来是配得到全部幸福的。但是如果你哪怕只要有一部分是从幸福出发，使得道德理想成为可能，在这种情况之下，你这一部分指望就不会是道德的，所以你就不配得到你本来可以得到的全部幸福了。所以他在最后解释说：

对理性来说幸福不知道有任何别的限制，只有来自我们自己的不道

681

德行为的限制。

为什么是"全部幸福"呢？就是说，对理性来说，幸福不知道有任何别的限制，本来是可以得到全部幸福的，得到没有任何限制的幸福的。那么只有一种限制，什么限制呢？就是来自于我们自己的不道德行为的限制。不道德行为，我在前面讲了，也是属于从幸福的指望出发，而导致了一种不道德行为。当然从幸福的指望出发，不一定导致不道德的行为，但是它有可能导致不道德的行为，至少在这些行为里面有一部分是导致不道德行为的。从对幸福的指望出发，虽然它可能是没有恶意的，但是也可能是有恶的。那么这种恶意，这种不道德行为，就使你的全部幸福受到了限制，你就不配得到全部幸福。只有你从道德的意向出发，你才能够得到全部幸福，这是最先使分享幸福成为可能的条件，那么在这种情况之下呢，你就配得到全部幸福。但是如果有些事情你是首先从对幸福的指望出发，同时在这些行为里面呢，有一些是导致不道德的行为，那么就要使你的行为受到限制了。当然对幸福的指望也可能并不涉及到不道德的行为，而是那些无所谓的行为，康德在这个地方好像没有明确地点出这一点来；但是他在用语方面呢，还是比较谨慎的。就是说，从幸福的指望出发，哪怕你做了道德的事情，它也不是道德的。你本来是为了达到幸福，当然你做了道德的事情，你使道德的意向成为可能，你是出于幸福你才使道德的意向成为可能，这样一种行为呢，本身并不是道德的，当然也不一定是不道德的。但如果你因此标榜自己有一种道德的意向，但是实际上这种意向的后面有一种追求幸福的东西，你无非是为了实现个人的利益嘛，所以在这个地方呢，就表明了一种虚伪，一种伪善的行为，康德认为这就是一种不道德的行为。后来的一些研究者分析，一些康德专家们讨论的时候，往往指出这一点，就是从幸福的意向出发，也可能不一定是不道德的，他不标榜就是了，他不标榜自己的意向是道德的，可能他做的事情是没有道德意义的，但是他也不损害别人，他没有违背道德，他既不是遵守道德律，也不是违背道德律，这样的事情也是可能有的。所以在这个地方，康德可能不是讲得很明确。他是不是考虑到了这一方面，在字面上我们看不出来。但是大体的意思呢，还是这样的。就是在康德看来，真正的道德就是为道德而道德。如果不是为道德而道德，你是从别的感性的目的——欲望、需要、幸福，把这些东西当作出发点，那么这种行为本身就是不道德的。因为在道德和幸福的关系之中，你把它的关系颠倒了，本来应该是道德在先，但是你是幸福在先，你把道德看作是为幸福服务的一种工具，这个就是不道德的，这就是伪善，这就是虚伪。总的来说是这样一种关系。

再看下面一段。根据上面的幸福和德性的关系，这一段可以说是做一个总结式的归纳。

　　<u>所以，幸福只有在与理性存在者的德性严格成比例、因而使理性存在者配得幸福时，才构成一个世界的至善，</u>

就是幸福要构成至善，它必须要有一个条件，就是要与理性存在者的德性严格成比例，因而使得理性存在者配得幸福，也就是说，幸福的这种比例使得理性的存在者配得幸福。幸福是按照这种比例来安排的。按照什么样的比例来安排的呢？就是理性存在者配得幸福这样一种比例来安排的。所以，按照这样一种比例，它就使得理性存在者配得幸福了。刚才有同学讲到这里还应该有"得到幸福"，得到幸福那就必须要作出更进一步的假定了。就是说，一个道德的行为是否配得了幸福还能够得到幸福，那就是只能在彼岸世界去设想了。但是他这一句话里面的立足点呢，不是立足于道德，而是立足于幸福。幸福已经在这里，已经得到了，幸福是一个基点，所以从幸福这个基点上，我们所考虑的是它是否能够配得。得到他已经得到了，幸福已经在这里了，那么我们现在考虑是就是他是否配得，是否跟德性严格成比例。所以这个地方，他没有讲到有希望获得幸福或者享受幸福，因为他的立足点现在已经转过来了，不再是从德性的立足点去看幸福，而是从幸福的立足点来看德性。幸福是感

683

性世界的一种现象,从这一点出发我们可以给幸福做一点规定看看,那么这个幸福"只有在与理性存在者的德性严格成比例,因而使理性存在者配得幸福的时候,才构成一个世界的至善"。幸福已经在这个世界中,但是它是不是至善呢?我们还无法确定。一个世界,也可以翻译成某个世界,这个地方还没有讲它是感性世界呢,还是理知的世界,实际上暗中是讲的理知的世界、未来世界——才构成理知的世界的至善。只有它在与理性存在者的德性成比例,使得理性存在者配得幸福的时候,那么这个时候当然是在进到了理知世界的时候,这个就不用说了。他主要考虑的是幸福是在什么条件之下,才能构成至善。幸福当然也是一种善,是好的东西嘛,但是要构成至善的东西,那它就必须要与德性相配,使得理性存者配得幸福。这个时候呢,才构成至善。

我们必须根据纯粹的但却是实践的理性的规范在这个世界中安身立命,

这个世界,就是前面讲的那个世界了,"构成一个世界的至善",这"一个世界"其实就是理知的世界。那么"我们必须根据纯粹的但却是实践的理性的规范",纯粹的理性有两种,一种是思辨理性,一种是实践理性,在这里强调了"但却是实践的",就是说是纯粹的理性,但又不是思辨的理性,不是理论的理性,它只是纯粹实践理性的规范。"但"在这里的用于区别于思辨的理性。他说,纯粹的理性,但不是一般的纯粹的理性,而是实践的纯粹的理性,它的规范。在这个世界中安身立命,"安身立命",德文原文用的 versetzen,然后有一个反身代词 uns,直译就是"我们必须根据纯粹的实践理性的规范把自身置于这个世界之中"。但是他这里还有个 durchaus,意思是"绝对地"。把自己"绝对地"置于这个世界中。我们意译成"安身立命"。是不是有这个意思?反正我们根据我们的体会就是这样译的。其实它不是"安身立命",跟中国人所讲的安身立命还不太一样。它是一种理性的态度,它不是安身,它是安自己的人格,把自己的理性,把自己的人格放到那个里头去,放到理知的世界里面去,把那当作是自己的本质。当然中文的"安身立命"大致也有一点这个意思。我们通常讲安身立命，并不是说把自己的身子放到那个里头，还是把自己的理想和抱负放到某个超越现实生活之上的事业里面去。所以勉强也可以这样译，使它更好理解一些。

但这个世界只是一个理知的世界，因为感官世界并没有从物的本性中给我们预示出目的的这样一种系统的统一，

这样一个世界只是一个理知的世界，我刚才已经讲了，在这个理知的世界里面，我们可以有希望达到至善。我们必须在这个世界中安身立命，这一句话，它是"一个世界"的从句，就是说，"才构成一个世界的至善"，那么这个世界是一个什么世界呢？前面是讲的某个世界，但是还没有明确这是一个怎么样的世界，那么下面这句话呢，是形容这个世界的，它是一个从句。这个世界是这么一个世界，我们必须根据纯粹的但却是实践的理性的规范在它之中安身立命。它当然是一个理知的世界了，但是在前面暂时还没有说，还留到下面这句话说。这一句话里头就说，"但这个世界只是一个理知世界"。这个世界是个什么世界呢，既然我们必须根据纯粹实践理性的规范在其中安身立命，那么这样一个世界显然不可能是一个感性的世界，不可能是我们现在所面临的这样一个现实的世界，所以说这个世界只是一个理知的世界，只是在理知中我们的纯粹理性所设想出来的一个世界。"因为感官世界并没有从物的本性中给我们预示出目的的这样一种系统的统一"。它只是一个理知的世界，为什么呢？为什么它不是一个感官的世界呢？因为感官世界没有从物的本性中——我们也可以翻译成"没有从物的自然中"，感官世界是自然物嘛，我们从自然物里头，能不能看出这种系统的统一呢？看不出来——所以感官世界并没有从物的本性中，给我们预示出目的的这样一种系统的统一，这样一种合目的性。在我们的现实的感官世界中，我们看不出，也预示不了，从它的未来的发展前景也预示不了。如果你仅仅是立足于自然规律来设想的话，那确实自然界无非就是牛顿物理学那一套体系，你再怎么扩展自己的思想，获得越来越多的知识，你也设想不了有朝一日它会符合这样一种道德系统的目的。这是没有预示出来的，我们看也看不出来，我们设想也设想不出来。因为如果你的设想是立足于自然规律的话，是运用自然规律去设想的话，那是推也推不出来的。怎么能够在这样一个自然的、机械的物理世界中推出那样一种合目的的系统的统一呢？目的的系统的统一，也就是说，道德的目的和幸福的目的，能够形成一种系统的统一，能够形成一种合比例的、相配的这种系统的统一。所以这里讲目的的这种系统的统一，这是在感官世界中没有预示出来的。感官世界中这两方面的目的毋宁说是互相拆台的、互相冲突的、支离破碎的。善人没有善报，恶人也没有恶报，根本显示不出这样一种系统，在感官世界中、在现实世界中也没有希望。既然没有给我们预示出这样的希望。那当然他只能够把希望建立在理知世界里，只能建立在彼岸世界里，因为此岸世界没有希望，也看不出有什么迹象，看不出有这样一种趋势。

这种统一的实在性也不能建立在别的东西之上，而只能建立在一个最高的本源的善的预设之上，

这种统一的实在性，当然也还是设想的实在性，并不是真正的实在性，就是你设想一下，如果这种系统统一要实现出来的话，要达到德福一致的话，那么你必须要有一个前提，它不能建立在任何别的东西之上，而只能建立在一个最高的、本源的善的预设之上。最高的本源的善也就是至善，圆满的善、圆善。而且呢，是本源的，一切其他的善都来源于它，它是最高的。当然这个道德的善也是最高的，但是道德的善不是本源的。就其本身而言，它不会导致其他的善，比如幸福。对幸福来说，道德不是一个本源。那么，要使道德成为一个本源，必须还有另外一个更本源的东西。就是一个既是最高的、又是本源的善的预设。我们必须要预设这样一个既是最高的、又是本源的东西。本源的也是创造性的，是它创造了一切善。它使得一切善从它那里发源，要有这样一个预设，我们才能

够设想这种德福一致的、德福统一的系统的实在性。我们固然知道德福应该统一，但是德福如何才能够实现它们的统一，我们就必须设想这样一个最高的本源的善。在这个基础之上，我们才能够设想德福之间能够实现它们的系统的统一。

在那里，以某种至上原因的一切充分性装备起来的独立理性，按照最完善的合目的性，而把普遍的、虽然在感官世界中极力向我们隐藏着的事物秩序建立起来、维持下来和完成起来。

"在那里"，也就是在那个预设那里。建立在最高的本源的善的预设之上，在这个之上，"以某种至上原因"，也就是说，这样一种独立的理性，它是一种至上的原因，以这种至上原因的"一切充分性装备起来"的，就是充足理由。我们讲"充足理由律"，莱布尼茨所设想的充足理由律，上帝是一切事物最后的充足理由，他有他的一切充分性，充分性也就是完备性了，完备无缺，这个至上原因是一切的原因，是所有其他东西的原因，它是创始者。这样一种"独立理性"，它不受任何其他东西所束缚，它再没有别的理由了，它本身是其他所有事物的理由。莱布尼茨在他的上帝存在的证明里面提到过，上帝是一切事物的理由，最终的理由，这个理由是最充分的，没有上帝，一根头发都不会掉下来。每一件事情都有它的理由，这些理由都可以追溯到上帝，上帝安排一切。所以它是至上的原因，至上的理由，它具有一切充分性装备起来的独立理性。我们的理性可以达到道德上的至高无上，至上的善，最高的善，但是呢，它没有装备起原因的充分性，它不能够成为幸福的原因。你做了一个道德的人，你就能带来幸福吗？这个是我们不可设想的。做道德的人反而往往给他带来痛苦，带来不幸。但是我们设想一个独立的理性，当然人是做不到这样的独立的理性的，人的理性是有限的，人的理性是要受限制的，那么我们设想这样一个独一无二的理性，它装备着一切至上的原因的充分性，它作为原因，无所不能，所有的结果都是它导致的，都是由于它产生的。那么这样一个理性呢，按照最完善的合目的性，这样一个理性就有能力了，它装备了至上原因的一切充分性嘛，那么它就有这样一种能力，能够按照最完善的合目的性，最完备的合目的性，无所不包地去产生万物，所有这些东西都趋向于一个最高目的。"按照最完善的合目的性，而把普遍的、虽然在感官世界中极力向我们隐藏着的事物秩序建立起来、维持下来和完成起来"。把"普遍的"事物秩序建立起来，但在感性世界中，有没有一种按照最完善的合目的性而建立来的普遍的事物秩序呢？没有。感官世界中当然有秩序，也有普遍的秩序，但是这个秩序不是"按照最完善的合目的性"建立起来的。它是按照自然规律建立的，而自然规律所造成的这个感性世界呢，是没有目的性的，或者说是不合目的性的。按牛顿物理学的眼光来看，是机械的世界，它合什么目的性呢？它把一切目的都排除了，在自然界没有任何事情在牛顿看来是有目的的。从伽利略开始就已经把亚里士多德的这种目的论从自然界完全排除掉了。到牛顿更加是这样。这是一个体系，但是这个体系是一个不合目的的体系，它没有所谓的完善性，也没有所谓的目的性。那么按照最完善的合目的性，而要把普遍的事物秩序建立起来，那只有假设一个上帝才能做到。所以他说："按照最完善的合目的性，而把普遍的、虽然在感官世界中极力向我们隐藏着的事物秩序建立起来、维持下来和完成起来"。为什么是在感官世界中极力向我们隐藏着的事物秩序？也就是说，我们用牛顿的眼光去把握感官世界，我们看不到任何合目的的事物秩序。但是呢，如果我们假设一个上帝，那么我们就可以设想，上帝实际上在这样一个牛顿物理学的世界背后有一种设计。虽然表面上看起来一切事物都是机械的，都是偶然的，都是互相碰撞，粒子、原子、分子这样结合成的一个偶然的世界，但是，我们可以设想上帝安排这一切都是有目的的，背后有一种目的，最终有一种目的。但是这个目的呢，在感官世界中向我们隐藏着。为什么向我们隐藏着呢？因为人是有限的，人的眼光，人的理性都是有限的。人在自然界里面看不出背后的这样一种合目的性，背后的完善的必要性。这些东西对上帝的完善是必要的吗？自然灾害对上帝的完善是必要的吗？发生瘟疫死那么多的人，难道也是必要的吗？这个我们看不出来。自然界根本就不合目的。但是呢，我们还是要设想，这只是因为我们人的理性有限，我们看不出上帝的目的，我们看不出上帝最后在背后隐藏着的动机到底何在，他的目的究竟何在。那么一旦我们设定了一个上帝的话呢，我们就可以这样去想，就可以建立这样一个预设，"在那里，以某种至上的原因的一切充分性装备起来的独立理性，按照最完善的合目的性，而把普遍的、虽然在感官世界中极力向我们隐藏着的事物秩序建立起来、维持下来和完成起来"。"建立起来"，就是说上帝创世，上帝创造这个世界，不是胡乱创造的，他肯定是出于善的目的。当然这个上帝是我们设想的，我们预设的，我们预设一个上帝，那么我们就可以像莱布尼茨那样设想上帝创造的这个世界是一个完善的世界，或者说是一个最好的世界。上帝在一切可能的世界里面，选择了一个最好的世界，把它创造出来了。但是我们看不出这个好，我们人的眼光有限，我们人的理性也有限，所以这个事物秩序在人的眼睛里面呢，是隐藏在后面的，不向我们露出来。或者说我们人除了理性的有限、感官的有限以外，我们的生命也有限。我们此生看不出有什么目的，但并不说明这个世界就没有目的了。有可能在我们来世可以看到目的，有可能这么多的牺牲最后要换取一个最终的完善的目的，有可能不是无意义的。所以他建立起这样的秩序呢，他是有目的的。"维持下来"，我们看到的这样一些自然界的事物，都可以看作是上帝的那样一个目的的一种维持，一种继续。或者说这样一种看起来好像无目的，看起来甚至于是反目的，看起来好像是罪恶的一些行为，在为上帝的善的最终目的开道。这个里头有一种"恶是世界历史发展的杠杆"的思想因素在里头，当然在康德这里还是非常模糊的。但是他力图要从感官世界中看出背后的秩序在那里维持，在那里运行，这个给后来的像黑格尔的历史观提供了一个前提。后来黑格尔就把这一点明确起来了：世界历史背后隐藏着一种"理性的狡计"，理性的计谋。表面上好像看起来罪恶滔天，这个世界到处都是罪恶，但是实际上它实现了历史的发展和前进。利用人们的恶欲、私欲，利用人们的恶劣的情欲、野心、争权夺利等等，所有这样一些完全没有希望的人性的表现，但是背后在实现着某种上帝的目的。就是通过这样一些行动，恰好实现了上帝使这个世界越来越趋向于至善这个背后的目的。当然在康德这里还没有明确的这样的意思，整个来说只是一种假设，它不是什么历史理性，也不是历史的狡计，而是我们人为了道德的目的所设想出来的一个"悬设"，上帝的一个假设，一个预设。最后是"完成起来"。完成起来就是最后的审判，凡是在这个世界上作了恶的，在最后审判中将会得到惩罚；凡是在这个世界上行了善的人，在最后的审判中会得到公平的奖赏。所以，上帝的正义最后会得到完成。整个这一切都是我们的预设，我们为什么要预设？还是为了达到德福一致，要实现幸福和道德之间的一个成比例的系统。这是我们人的理性推出来的，它是符合于我们人的本性的，符合于我们人类理性的本质的。所以要预设一个上帝。尽管是预设一个上帝，但是这个预设不再是过去的那种盲目的信仰，盲目的迷信，而是通过理性一步一步地推出来的。我们的实践理性，我们用道德律来支配自己实践行为，这是我们凭自己的理性可以直接得出的一个事实，一个"理性的事实"，就是我们人有道德律。我们人按照理性，愿意按道德律办事，我们人承认我们应该按道德律办事，这是一个事实。那么从这个事实我们可以按照纯粹实践理性一步一步地推出，既然有这个事实存在，那它的目的何以可能实现呢？我们可以一步一步地推出，最后我们有必要假设一个上帝，才能设想纯粹理性的目的实现出来的可能性。所以这一切都是建立在理性之上的。康德对于基督教的原理，基督教的教义，有一个可以说是颠覆性的发展，既可以说是颠覆，也可以说是发展：他把基督教建立在道德基础之上了，而把道德建立在理性的基础之上了。这个在以前的基督教那里是相反的。以前的基督教也承认道德，但是所有这些东西都是建立在一种信仰基础之上的。你首先要信，然后才讲道德，然后才去用理性证明，理性是为信仰服务的，哲学是为宗教服务的。那么在康德这个地方把关系颠倒了,宗教其实应该建立在理性的基础之上,应该是在理性的界限之内我们才能谈论宗教,这个宗教才是正当的,才是真正的宗教,严格意义上的宗教应该是这样的。

　　我们来看下面这一段。这一段对前面讲的应该说具有提升性质。因为前面已经把幸福和道德、德福一致、它们统一的前提作了一个交代,通过至善这个理念,作为最后目的的根据。那么至善呢,就包含幸福和道德必须要相配,它们的统一,而且是以这样一种方式来统一,不是道德附属于幸福,而是幸福要从属于道德,要与道德相配。那么由此就必须要引出上帝、来世和灵魂不朽。那么这样一来呢,就已经有一种**宗教**浮现出来了。前面康德一直在讨论的是道德以及道德跟幸福之间的关系,还没有涉及到与宗教之间的问题。但是一旦立足于纯粹实践理性这样一个基础之上来看待德福的关系,那么就必须要引进上帝和来世的理念。一旦引进这两个理念呢,那么一种宗教就已经建立起来了,就从道德学说引申出一种宗教学说了。这种宗教学说康德把它称之为“道德神学”。因为“理性范围内的宗教”就是道德神学,如果把上帝、来世这样一些基本的宗教概念建立在理性的基础之上,那么就构成了一种道德神学。所以这一段实际上是对前面所讲的归总到一种新型的神学之上来,这就是道德神学。那么这里讲道德神学,不仅仅是单纯谈道德神学,而且是跟以往的神学放在一种比较之中来谈。这一段里面讲到“先验神学”和“自

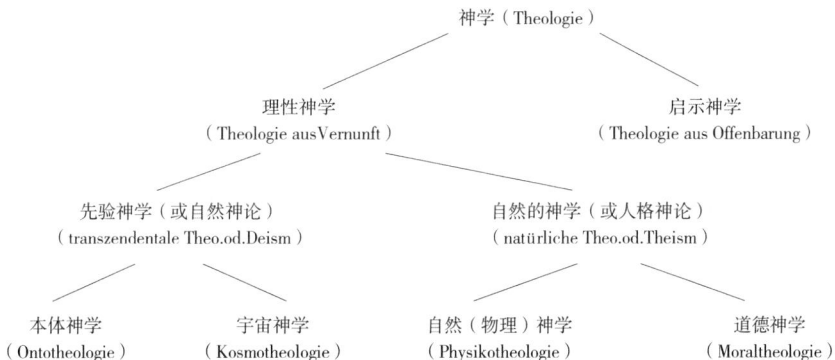

神学（Theologie）
├── 理性神学（Theologie aus Vernunft）
│   ├── 先验神学（或自然神论）（transzendentale Theo.od.Deism）
│   │   ├── 本体神学（Ontotheologie）
│   │   └── 宇宙神学（Kosmotheologie）
│   └── 自然的神学（或人格神论）（natürliche Theo.od.Theism）
│   ├── 自然（物理）神学（Physikotheologie）
│   └── 道德神学（Moraltheologie）
└── 启示神学（Theologie aus Offenbarung）

然神学"这两个概念。我想先把这两个概念给大家作一个交代。前面已经讲过，但是一些新来的同学不太清楚。我们把康德的神学的概念列一个总表，使大家看得更加清楚。

现在我们来看康德的这一段。康德在这里提出"道德神学"，道德神学是上面的表中最后那一种神学，就是康德自己所要得出来的道德神学。前面的所有的神学可以说都被他批判过了，剩下唯有一种就是道德神学，他认为是可以接受的。但是他的理解跟以往的理解又是完全不一样的。道德神学在康德之前像卢梭这些人也提出过，但是卢梭他们的道德神学还是把它归之于人的自然本性，比如说情感，从人的道德感这方面引申出一种神学，在康德看来也是属于"自然的神学"，而不是真正的道德神学。所以，对于这最后一种神学——道德神学，康德是作了一番改造或者说是作了一番颠倒，也就是作了一次革命。就是说，道德神学并不是建立在人的自然本性之上的（自然的神学），恰好相反，人的其他种种本性都要建立在道德之上。这样一种神学，它不是从人的自然本性里面引出，比如说情感呐，情绪呀，人的性格气质、人的本能啊，从这些方面引出一种道德；相反，道德是超验的，是人的一种超验的本体，它不是自然本性，它是超验的本体。由道德这种超验的基础，然后才建立起关于我们如何处理我们的自然天性，如何处理我们的情感，如何处理我们的日常生活、日常活动，才引出种种这些规范来。这跟卢梭或者跟其他的那些有神论哲学相比呢，就完全不同了。所以道德神学虽然是属于"自然的神学"的一个构成环节，但一旦它经过加工或改造以后，它可以脱离整个这个表上面所构成的关于神学的体系。它置身于这个体系之外，对于所有的其他的这些神学都进行了一番批判或是改造。那么所有其他这些神学在康德看来呢，都属于思辨神学，不管先验神学也好，还是自然的神学也好，不管是本体神学、宇宙神学、自然神学（物理神学），还是道德神学，在康德看来都属于一种思辨的神学。就是都是把它当作一种知识，可以认识，可以把握的这样一种知识，来对待的，而不是立足于人的道德基础，比如说人的自由意志、自律。都不是这样的。都是试图把人变成一种知识的对象，不管是先验的研究对象，还是经验的、后天的研究对象。总而言之必须要放在思辨理性的领域里面来考察一种神学。所以它们都称之为"思辨神学"。因此康德在这段话里面第一句就是：

　　这种道德神学在此具有胜过思辨神学的特有的优点：它不可避免地导致一个唯一的、最高完善性的、有理性的原始存在者的概念，对此思辨神学就连从客观的根据中给我们作出暗示也做不到，更谈不上能使我们确信这点了。

　　这种道德神学，康德在这里提出来的，康德非常自信地意识到它的优点，它胜过以往的思辨神学。它的优点在于什么呢？它"不可避免地导致"——为什么不可避免呢？那就是合理的，因为它是理性建立起来的，理性通过它的逻辑、通过过它的推理所建立起来的，所以它是不可避免地、必然地——导致了"一个唯一的、最高完善性的、有理性的原始存在者的概念"。注意这三个修饰词下面都打了着重号。一个是"唯一的"原始存在者这样一个概念，为什么是唯一的呢？这里强调的是最高存在者本身的自由意志。自由意志，没有东西可以跟它匹配，没有任何东西可以限制它的作为，它是唯一的、至高无上的。所以他强调它的唯一性也就是强调它的绝对的自由意志。西方的一神论、神治论，所谓神治论就是强调一神论，基督教也是强调一神论，上帝的自由意志，上帝的裁判、裁决是至高无上的。没有东西可以跟它相匹配，可以抗拒它，它只有一个意志。所以他这里强调唯一的，也就是证明了基督教的一神论的这个基本原理。我们知道基督教有几大基本原理，其中一个很重要的就是上帝是唯一的，你只能信上帝，你不能信任何其他的什么神，除了上帝以外，任何其他的神都是邪神，都是多神教，都是偶像崇拜。唯有上帝，他是唯一的。这是一个。再一个，"最高完善性的"，上帝具有最高完善性，无所不包。这个最高完善性我在前面讲到，它有个意思就是无所不包，完备，完善，上帝的"全在"。全善和全在实际上是一回事情。从古希腊柏拉图开始就把这个善的理念理解成无所不具有。善就是存在，恶就是缺少、无。善和恶相对，恶就是缺少，就是没有，善使得所有的东西有，由于神是善的，所以才使得万物存在，使得一切东西存在。所以这个善又有完备性的意思。凡是存在的，都属于最高完善性。如果有一个存在不属于最高完善性，那么这个最高完善性就不完善了，就不能成为无所不包的完善性了。所以总而言之没有任何东西能够逃出上帝的完善性。当然除了完备无缺这个意思以外，完善性当然还要有其中的组织原则了，完备无缺，如果大家都一团混战的话，那也不行。所以呢，是"有理性的"，第三个修饰词是"有理性的"。就是最高完善性把所有的东西都聚集起来，是按照什么原则聚集起来？它们有没有什么秩序呢？这就是善的第二个含义，就是"好"。所谓的好就是说所有的东西都为了同一个目的、唯一的一个目的而组织起来。我们通常也讲，适合于某个目的的就是好。那么上帝的好呢，就是适合于这个唯一的目的，上帝本身的自由意志是唯一的目的，那么要使得所有的完备的存在适合于唯一的目的，就必须有理性的秩序。是理性使所有这些完备的东西合理地组织起来，趋向于一个目的。所以它有目的性，同时呢，它又有合理性。这个合理性也包括合逻辑、合规律性，它不会自相冲突。莱布尼茨所讲的"前定和谐"，就是按照一种逻辑和数学的原理来组织这个世界。当然康德那里，他并不见得接受莱布尼茨这种思想，但是他也承认有理性。这个理性包括牛顿物理学的自然科学的那些原理、那些法则，但是不仅仅如此。光是那些法则容易导致一种无政府主义。要真正地有理性必须彻底地合目的性，就是把牛顿物理学的那些原理和法则当作是趋向某个最高目的的一种方式和手段。目的性把机械性当作自己的手段，这个是在后来的第三批判里面分析得比较细致的一个问题。目的论和机械论这两种理论本来是冲突的，很难相容，但是康德在第三批判里面呢，把它们组织起来了，就是目的性原则上是可以还原为机械性的，但是人做不到，人的理性太弱了。

所以人必须要设定一个反思判断力，来假定所有这些机械运动都是有目的的，只有这样才是合理的。不然的话，虽然在细节上是合理的，但是总体上看是不合理，乱七八糟的。一个原子，胡乱碰撞世界，那岂不是天下大乱吗？真正的要合理的，必须是要根据某个目的、良好地组织起来的这样一个世界。所以，由于反思的判断力呢，产生出了我们对于整个宇宙自然界的合目的性的这样一个概念。所以他这个"有理性的原始存在者"的理性，不仅仅是包括机械的合理性，也包括目的的合理性，我们今天讲工具理性和目的理性，目的理性也包括在理性内。那么这个原始存在者呢，当然就是指的上帝了。这样一种道德神学，它的优点就是不可避免地导致这样一个上帝的概念，这样一个原始存在者的概念。这个上帝是不可避免地推导出来的，而且它本身是合理的。这就是所谓"理性界限内的宗教"。康德所讲的理性界限内的宗教，它的上帝概念是由理性不可避免地推出来的。"对此思辨神学就连从客观的根据中给我们作出暗示也做不到，更谈不上能使我们确信这点了"，这就显出它的优势出来了。道德神学跟思辨神学相比之下，它具有一种逻辑上的不可避免性，逻辑上的必然性，它是完全建立在理性之上的，它合理地推导出来这样一个对象——上帝。而思辨神学呢，就连从客观的根据中给我们作出暗示也做不到。从客观的根据中，也就是从自然界的根据中，这个思辨的神学呢，通常都是从自然界或者是客观存在中，像本体神学，本体论证明，就是从一个上帝存在的概念里面进行思辨，由本体论的论证推出上帝的客观存在，当然这个证明在康德那里已经被揭穿是一种诡辩，并没有客观的根据。那么宇宙论的证明也是这样，虽然它不是从概念，而是从经验事实，从客观的宇宙中，按照充足理由律，来推出一个上帝。但是根据康德的这个反驳，我们已经清楚了，他们所提出的那些理念，上帝的理想，这样一些概念，仅仅只能够得出对于自然科学的一种范导性的运用。对于这些理念本身的存在，作为原始存在者，他们并没有为我们形成一个确切的概念。甚至于连作出暗示也做不到。你连暗示一下都做不到，你完全只能够限定在一种范导性的运用上，只是一个理想的目标，以便于我们在各门科学知识的进展过程中不至于半途而废，而是达到越来越大的统一性。仅仅起这个作用。那么，要想暗示一下这个后面可能会有一种什么东西，那你也没有什么证据，所以你的这个暗示呢，也是无效的，更谈不上能使我们确信这点了。你的那些关于上帝的理念，就连这个对象的存在的可能性你都没有建立起来，你只是提出的一种先验的幻相，你主观提出的一种幻相。这个幻相当然有用，在你进行自然科学研究的时候，它会引导你不断地去努力，但是是不是通过这个幻象你就猜到这个后面可能有一个上帝呢？这种暗示是完全无效的，那就当然更加谈不上使我们确信这一点，更加谈不上证明这个上帝现实存在了。你连它的可能性都还没有证明，通过思辨的神学你连上帝的可能性都没有证明，你怎么能证明他的确定性呢？所以更谈不上使我们能够确信这一点。这是对整个思辨神学相对而言，道德神学具有这样一种优点。那么思辨神学我在前面讲了，也就是理性神学。思辨神学我们可以理解为理性神学。也就是在思辨的范围之内的一种理性探讨。当然如果要广义地讲呢，道德神学也是一种理性的神学，最后的这个道德神学，包括康德的道德神学，也可以是一种理性神学。康德是讲理性范围内的宗教嘛。但是康德的这个道德神学呢，已经超出理性神学其他的各个体系，它独树一帜。当然它是从理性神学里面产生出来的，这个出身的根源仍然不可否定。所以它对思辨神学的这种超越，主要是对于除道德神学以外的其他那些神学的一种批判。所以他接下来讲：

B843 　　因为不论在先验神学中还是在自然的[①]神学中，不管理性在其中把我们引领到多么远，我们都找不到一点有价值的根据来哪怕假定一个唯一的存在者，以便我们可以有充分的理由把它置于一切自然的原因之先、同时使自然原因在一切方面都依赖于它。

---

① 原译文漏掉一"的"字，兹补上。

先验神学就是 transzendentale Theologie。自然的神学呢，就是 natürliche Theologie，这与"自然神学"或者说"物理神学"是不一样的，"自然神学"他用的是 Physikotheologie，这个词在别的地方有时翻译成"物理神学"。"自然的神学"不但包括"自然神学"（或"物理神学"），还包括"道德神学"在内，因为不仅自然界的物理学，而且人的道德本性，在广义上也都属于"自然"（Natur）。当然，他自己的"道德神学"跟卢梭等人的属于自然的道德神学也有一些区别，但是他这个地方主要批判的是前面的。在康德看来，哪怕卢梭的道德神学也不是真正的道德神学，因为卢梭仅仅是讲的道德情感，建立在道德情感上面的宗教和神学。在康德看来，道德情感还不算真正的道德。道德情感还是人的自然本性，还是一种自然的神学。所以康德自己的道德神学不属于自然的神学。这里这句话是在前面讲了他自己的道德神学的优点和长处以后，然后讲，"因为"——这个"因为"就是说从反面补充一点，先讲了道德神学的长处，然后讲先验神学和自然的神学的短处，这两方面是相辅相成的。先验神学和自然的神学都是属于"理性神学"，都是由理性在里面起作用的，当然它们跟启示神学是不一样的，启示神学是非理性的。启示神学，教会，他不跟你讲那么多道理，跟信徒讲那么多道理干什么？只有对那些哲学家，在经院里面，在学院里面，在神学系，对那些准备当神甫的人才讲道理。对老百姓，对一般的教徒，用不着讲那么多道理。所以，在先验神学和自然神学里面呢，起作用的是理性，理性在其中，不管它"把我们引领到多么远"，它当然可以引领我们走出很远很远，在神学的论证过程中，以往的经院学者们以及近代以来的自然神学家、自然神论者等等那些人，还有像莱布尼茨这样一些神正论者、上帝正义论者，他们当然运用理性，可以把我们引领一段路程。但是不管把我们引领得多么远，"我们都找不到一点有价值的根据来哪怕假定一个唯一的存在者"。所有这些证明，虽然他们用了很多的理性，但是最终归根结底呢，我们找不到真正有价值的根据。在他们的神学里面，他们做了很多证明，但是都没有

697

价值,都被康德一个一个地驳倒了。康德对于上帝存有的各种证明在前面已经一一作了驳斥。就是说,他们的理性只是用在一定的阶段,到了关键的时候就不起作用了,到关键的时候就失败了。所以他们找不到一点有价值的根据来哪怕假定一个唯一的存在者。理性虽然能够带他们走一段,但是到最后临门一脚,就射偏了,不能够假定、哪怕是假定一个唯一的存在者、一个上帝。这个"假定"在这个里头,可能是针对莱布尼茨的。莱布尼茨的上帝存在的前定和谐的证明,这个"前定和谐"就是一个假定,是一个假设。莱布尼茨认为,他通过一种前定和谐的假定,就能够设想一个上帝,如果这个假设能够成立,那么,现实世界的一切矛盾都可以迎刃而解了。那么我们不妨就相信这个假定。他就是这样一种证明,这种证明呢,其实是站不住脚的。我们没有什么根据来假定,我们在现实世界中看到的那些灾难,那些不利的因素,那些负面的因素,已经处处都驳斥了莱布尼茨的前定和谐。你要假定一个什么东西,哪里有根据呀?这种前定和谐哪里有根据呀?整个世界乱糟糟的,你凭什么能够假定有一个前定和谐?这是没有根据的。那么,"假定一个唯一的存在者,以便我们可以有充分的理由把他置于一切自然的原因之先,同时使自然原因在一切方面都依赖于它",这整个都是没有根据的。假定一个唯一的存在者,有什么好处呢?可以带来什么好处呢?当然它可以使我们有充分的理由,把它——也就是把这个唯一的存在者——放在一切自然的原因之先,比如上帝的第一推动,莱布尼茨的太上单子,上帝对一切单子的最初的创造。莱布尼茨讲,上帝也是个单子,太上单子,他创造其他的单子不用费力,他通过"瞬间的闪耀",而把所有的单子创造出来了。那么如果真有这样一个上帝的话,我们就可以把一切自然的原因都放在它的后面,都归之于它,同时使自然原因在一切方面依赖于它。自然的原因,自然界的因果关系,等等,一个依赖一个,但是最后你总应该有一个被依赖者,最后就要追溯到一个充足理由,最终的充足理由,那就是上帝。如果没有上帝这个充足理由,万事万物都不可理解。因为按照理性的规范,万物都必须有充足的理由才能存在，少了一个都不行。少了一个这个世界就不会发生了。我们在自然界到处看到都是这样的，没有任何东西是没有理由或缺少理由就存在的，就产生出来的。任何事情的发生都有其充分的理由。只不过我们人找不到那么充分的理由。我们只能找到几个。完全充分的理由我们找不到。但是这个充足理由的追溯，理由后面还有理由，最后一直要追溯到上帝。唯有上帝才能够承载这个最终的充足理由。如果这个上帝不存在的话，不能证明的话，那一切世上的事物都是不合理的，都没办法解释。你能说这样一个东西它是没有理由产生的，或者说理由不充分它就产生了？那都不行的。这是莱布尼茨证明一个上帝存在的出发点，为了证明任何一个事物，它的存在是合理的，是完全彻底地合理的，那这样推下去就必须引出一个上帝了。只要有一个东西存在，那么上帝就肯定存在。就像笛卡尔讲的，我思故我在；我思故我在以后，那么当然上帝就存在了。我怎么会存在呢？我不会无缘无故地存在呀，你要追溯我的存在的理由，那肯定就要追溯到上帝的存在。大陆理性派莱布尼茨也好，笛卡尔也好，他们都是借助于这样一种方式来证明。但是这种证明呢，已经被康德所驳倒。他们找不到任何一点有价值的根据，来哪怕是假定——不要说证明了，哪怕你作出一个假定，其实都是不成立的。那么这个假定不成立，我们就无法有充分的理由把这样一个假定置于一切自然的原因之先——可以反过来理解这句话——以便我们可以有充分的理由把他们置于一切自然的原因之先，那么反过来就是说，既然它不成立，我们就无法有充分的理由把这个上帝放在一切自然的原因之先，同时使自然原因在一切方面都依赖于它。你证明不了嘛。那么自然原因你要用上帝对它来解释就没法做到，没法做到用上帝的原因来对它加以解释，那这些自然的原因本身就是问题，那怎么可能呢？自然的和谐何以可能？自然规律何以可能？任何事物的发生都不是无缘无故的，都有它充分的理由，但是这个充分的理由你又找不到，那整个自然界岂不是都成了问题吗？这是以往的先验的神学或者自然神学所面临的巨大的困境，无法通过一种理性的方式对上帝作出充分的论证。而道德神学呢，在这方面就有它的优点。就是它不需要那种自然界的论证，单凭理性本身，它就不可避免地导致一个上帝这样一个概念。

相反，当我们从道德统一性的观点这样一个必然的世界规律来考虑那唯一能给这一规律提供相应的效果、因而也提供对我们有约束性的力量的原因时，那么这原因必定是一个唯一的至上意志，它把这所有这一切规律都包含于自身。

这一句话相当长了，前面讲了，道德的神学有它的优点，而先验神学和自然的神学呢，有它们的致命的困境。那么与此"相反"，就是与前面讲的先验神学和自然的神学相反，道德统一性是一个"必然的世界规律"。我在前面讲了"道德世界"这样一个概念，道德从纯粹实践理性的角度，我们可以毫不犹豫地肯定，它应该成为一个世界的规律，世界的法则，或者世界的统治者。这个不是从我们的自然界的事实而言的，而是从纯粹理性来看的。从纯粹理性来看，整个世界应该从属于道德律。因为道德律是绝对命令嘛。道德律作为绝对命令，它应该对所有的自然事物起一种决定性的作用，它没有条件。所以绝对命令作为一条实践的命令，实践的法则，它必须**做出来**，它必须命令自然界万物都服从于它，从纯粹理性的角度，那是毫不犹豫的，我们可以肯定这一点，整个世界都应该服从于它。那么这个时候，当我们从道德统一性的观点，道德作为一个统一的、至高无上的普遍原则，从这样一个观点、这样一个必然的世界规律，世界上万物都必然要服从于它的这样一条规律，"来考虑那唯一能给这一规律提供相应的效果、因而也提供对我们有约束性的力量的原因时"，我们可以把这一句话简化一下：当我们从道德统一性的观点来考虑那种原因时。什么原因呢？一种唯一能给这个道德统一性的规律提供相应的效果，就是说，我们的道德统一性要在自然界中给自己提供相应的效果，它必须有一个原因，使得它能够在现实世界中产生相应的效果。你光有道德统一性，一个抽象的规律，你怎么能在现实世界中产生效果呢？就必须有一个原因，这个原因使得道德的规律能够在自然界里面产生它的效果，能够使它有效。我们从纯粹理性的角度只是肯定了它是一个必然的世界规律，因为它是一条实践的规律。道德实践，我们要做出来，要影响世界，要改变世界，使它服从道德。那么你必须要有个原因呀。你要做到这一点，是什么东西使你能够做到这一点呢？抽象的道德规律只是想当然而已。应当这样。但是呢，它绝对不可以设想单凭它自己就能够把自己的道德原则在现实世界中实现出来。实现不了的。你没有那么多能力，你光凭一个道德法则，就能改造世界？除了你有道德法则以外，你还必须要有一种力量，有一种原因，在现实世界中发生它的效果。所以我们是从道德统一性的观点这样一个必然的世界规律来考虑那样一个原因。什么原因呢？唯一的能给这些规律提供相应的效果、因而也提供对我们有约束性的力量的原因。它能够给道德律提供相应的效果，这个原因神通广大，这个原因能够使得我们的道德律在现实世界中有效，有相应的效果。当然一般的道德行为也有它的效果，但是呢，它不一定是相应的。你想做一件道德的事情，你想要获得相应的效果，很可能根本就获取不了。甚至你明明知道获取不了，你也只能那样去做，知其不可而为之。明明知道做不到，但是呢还是做，死马当作活马医，当然你的目的还是想要医好这匹马，还是要实现你的道德律。但是你做不到。你要做到这一点呢，必须要有一种力量，要有一种原因。唯一的能够给它提供相应的效果，因而也提供对我们有约束性的力量。这个原因一方面使我们的道德律能够在现实世界中获得与之相应的效果，跟道德律完全相应的效果，那就是服从道德律的效果。现实世界能够使它服从道德律。一般来讲，现实世界怎么能够服从道德律呢？这是肯定做不到的。但是我们可以设想这样一种原因，它可以做到，它最终可以做到使现实世界服从道德律。另一方面，因而也提供对我们有约束性的力量。这样一个原因，那当然对我们有约束力了。因为我们人同样地也属于自然的世界。我们要使道德律在自然界发生影响，也包括在我们自己身上发生影响，比如说克制你的欲望，或者使你的感性服从道德律。所以它是一种力量，提供对我们有约束性的力量。这也是一种效应，这也是道德律在我们自己身上所产生的效应。一方面在自然界，在他人身上，在整个社会中，道德律要产生效果；另一方面呢，对我们也有一种约束的效果。提供这样一种力量，道德的力量。道德的力量不可小看，我们自以为道德好像毫无力量，其实不是的。道德律对任何一个人，它都有一定程度的约束力量。如何能够造成这种约束性的力量，必须要有个原因。那么我们从道德统一性的观点来考察这个原因的时候，"那么这原因必定是一个唯一的至上意志，它把所有这一切规律都包含于自身"，这个原因将是一个什么原因呢？它必定是一个唯一的至上意志。我们注意，一个是唯一性，这个原因是唯一的。之所以强调唯一性就是强调自由意志，唯一的至上意志，这个意志是绝对自由的，不受任何其他东西束缚。因为它使得道德能够在自然界里面发生它的效果，那它就不能受自然界的任何东西所束缚，它就应该是为所欲为的。"它把这所有这一切规律都包含于自身"，也就是说，它这个为所欲为呢，同时又不是随随便便地，它还是遵守道德律，或者它本身就把道德律包含于它自身里面，同时它把自然律也包含于自身里面。就是有这样一个唯一的至上意志，这样一个原因，这样一个最高存在者，它同时包含道德律和自然律于一身，它把双方都包含在自己身内，所以它能够做到双方面的相互协调、相互统一，所以它才能够使得自然律归根结底服从道德律。因为自然律也是它创造的，自然界也是它创造的。按照自然界的规律，它创造了自然界；按照道德律，它使得自然界的规律，最终符合于道德律，构成一个道德的世界。所以它把所有这些规律，包括道德统一性这个必然的世界规律，也包括所有其他的规律，也包括在自然界中那种相应的效果，以及对我们有约束力的力量，——当然它也有它的规律——这样一个至上的意志，必定要把所有这一切规律都包含于自身。这个原因必定是一个唯一至上的意志。它是把所有这些规律都包含于自身这样一个唯一的至上意志。这句话里面强调的"唯一的至上意志",那么这原因必定是一个唯一的、把所有这些规律都包含于自身的至上意志。这样理解以后,下面一句话就比较好理解了。

　　因为,我们如何会在各种不同的意志中发现诸目的的完善统一性呢?

　　这个"因为",然后后面一个反问,它针对什么来的呢?针对前面讲的,这个原因必定是一个唯一的至上意志。它这里有个设问,没说出来的设问:为什么是唯一的至上意志呢?所以他接着用一种反问的方式回答了那个潜在的问题。如果我们不参透这个语句背后的意思呢,恐怕很难懂得康德在这里的思路,他为什么在这里讲"因为",又来个反问。就是前一句话,他讲到了当从道德统一性的观点来考虑这样一种原因的时候,那么这个原因必定是一个把所有这些规律都包含于自身的唯一的至上意志,这是一个判断。这个原因,必定是一个唯一的至上意志,因为我们怎么能够在各个不同的意志中,发现一种完善的统一性呢?意思就是说,只有在这样一个唯一的至上意志里面,我们才能够发现诸目的的完善的统一性。这个反问是针对着前面那一句话来作出回答,用反问的方式作出回答。我们可以把这句话理解成这样:因为我们只有在一个唯一的至上意志中,才能发现诸目的的完善统一性,而在各种不同的意志中,我们就不能够发现诸目的的完善统一性。如果意志都不统一,如果上帝不是唯一的意志,或者说如果有好几个上帝,你想这样,他想那样,那我们怎么能够把所有的目的统一起来呢?那就统一不起来了。只有把这个原因设想为一个唯一的至上的意志,才能够把各种目的作为一个完善的统一,纳入到一个完善的统一性里面来。这就是这个反问所作出的回答。"因为"也是答案了,就是问,为什么一定是唯一的至上意志,那么答案就在这里。我们在不同的意志中,我们不可能发现各种目的的完善统一性。各种目的包括那些最高目的,幸福和德性都属于最高目的。但是呢,这些目的要把它作一个完善的统一,那必须要依靠一个上帝,一个唯一的至上意志才能做到这一点。这就是对一神论的论证:之所以要推崇

一个唯一的神，而不能相信多神，就是为了达到"诸目的的完善统一性"。接着他由此推出了上帝最重要的几大属性，

这个意志必须是全能的，以便整个自然及其与德性在世上的关系都服从于它；

我们先看第一句，这个意志必须是全能的，以便整个自然及其与德性在世上的关系都服从于它。为什么必须是全能的？全能，我们通常理解为上帝无所不能，上帝能够创造奇迹，我们这个宇宙就是上帝所创造出来的奇迹嘛，上帝无所不能，这个无所不能通常是在自然和感性的意义上来理解的。就是说宇宙间的如此巨大的能量，如此不可思议的这样一些运转，都是上帝所创造的，上帝无所不能，在上帝手里都是轻而易举的。所以"全"能这个概念通常是我们自己根据自己的能量、我们自己的人的能力以及整个自然界中任何一种有限的能量相比而言的。所以它基本上是从一个感性的和经验的概念提升上去的。我们讲自然界有大能，但是还不是全能，而上帝有全能。我们就是把自然界所有的力量都归之于他，所有自然界的力量都来自于上帝，所以我们就说上帝是全能的。但康德的意思是从一神论来理解上帝的全能，这种全能就不仅仅是自然的力量，而且包括自然和道德的关系，它的意义就在于"整个自然及其与德性在世上的关系都服从于它"，也就是服从于上帝。整个自然界都服从于上帝。自然界是上帝创造的嘛，当然要服从于上帝了。不管你什么方式，以前定和谐的方式，还是以随时创造奇迹的方式，不管怎么样，整个自然界我们都可以设想它是服从于上帝的。但上帝并不只是一个伟大的数学家和物理学家，而是要用整个自然的力量来和道德发生关系，它支配的是自然力"及其与德性在世上的关系"，自然界与德性在世上的关系，也就是说自然规律与道德规律在现实生活中的关系。比如说一个人做一件道德的事情，那么他在世界上要发生影响，在自然界里面肯定要发生影响，不管是什么样的影响。不管是他预料到的，还是他没有预料到的，或者甚至于适得其反的，都取决于上帝。康德讲道德动机最重要嘛，

我从好的动机、道德动机出发,我得出的很可能不一定是我所设想的那样一个效果。但是我毕竟跟自然界发生了关系呀,那么这种关系呢,都服从于上帝。我们通常讲,谋事在人,成事在天,你想得很好,但是不是做得成,那要看天意。在康德看来,那是上帝的安排。整个自然界的规律,以及我们人的德性,与自然界发生的关系,都是由上帝所安排的,都是要服从于上帝的。德性一旦做出来,它就成了一个自然现象了,那么所有这些自然现象在这种观点之下,都是服从于上帝的。

<u>必须是全知的,以便知悉最内在的意向及其道德价值</u>;

前面讲全能的,主要是着眼于外在的自然界,包括道德行为在自然界中的影响,也还是外在的。那么这个全知呢,已经涉及到人本身的内在意向了。这个全知,特别着眼于人的内在意向,"以便知悉最内在的意向及其道德价值",也就是说全能跟全知在康德这里把它们分开了,全能主要是指的对外部世界的能力,对外部自然界的能力,全知主要是对人心的一种知。知人心,上帝是知人心者。这个在《单纯理性范围内的宗教》里面呢,特别提出这个概念,上帝是唯一的知人心者。人心是最难知的,我们通常也讲人心叵测,人心不可知、人心难测,但是只有上帝才是全知的。上帝全知,当然不用说自然界的规律上帝全都把握了,这个不用说,上帝全能,他能够创造出自然界的规律。但是唯有人的灵魂,它虽然是来自于上帝的,但是呢,它也可以背叛上帝。圣经里面讲,人的灵魂跟上帝有某种类似之处,就是它也有自由意志。上帝有自由意志,人的灵魂也有自由意志。但是人的灵魂这种自由意志呢,人本身并不能认识到。还是上帝才能全知。康德是赞成这种说法的。如果我们能够认清自己的自由意志,那这个自由意志就不是自由意志了,那就是因果关系。你怎么知道?你凭因果关系推出来的嘛,你凭一种认识,不管是心理学还是生理学,还是脑科学,还是今天的电子理论、基本粒子理论、基因理论,你可以预设一个人的行为,那这个人还是人吗?那个人就变成了一个机器,或者变成了一个物。所以,自由意志是不可预测的,这个不可预测包

括了人自己也不可预测。所以只有上帝才是全知。人对自己只能部分地知道，但是绝对不能彻底地知道。人要意识到自己的有限性。所以上帝"必须是全知的，以便知悉最内在的意向及其道德价值"。康德讲的知人心，主要的意图还在这里。就是要知悉人的最内在的意向，就是自由意志的最根本处及其道德价值。上帝可以判定你这个人，你的意图，是否真正有道德，是不是真正地为义务而义务，它的道德价值有多少。这个是要交给上帝去评判的。你不能够自己自认为自己就完全是道德君子、圣人，你也不能请别人来评判，请政府来颁个奖，你是一个道德模范。这个都不作数。你不能评判你，你也不能由任何人评判，你只能由上帝去评判。这个只有上帝知道。这两个方面，一个是在外的，一个是在内的。一个是外，是自然界，自然界的效果，自然界的影响。一个是内心，你的动机。一个讲效果，一个讲动机。动机就是讲你到底是不是纯粹道德的，这个是康德所讲的。后来弗罗伊德讲到潜意识的理论，西方都有这个特点，就是说你并不能够认识自己。从古希腊的俄狄浦斯神话里面就有这个特点，你自以为你把握到了你自己，绝对不会干坏事，那肯定要错的。说不定正好在你自以为纯洁的时候恰好犯了罪。所以只有上帝才能够洞察你的内心的那个一闪念的原因及其道德价值到底何在。

必须是全在的，以便直接贴近由世上最高至善所提出的一切需要；

上帝无所不在，前面其实已经讲了，上帝全能，上帝全知，在客观世界和主观世界里面，他其实已经是无所不在了。但这个地方强调必须是全在呢，"以便直接地贴近由世上最高至善所提出的一切需要"。这里强调这一点呢，主要是讲，由最高至善所提出的更高的要求，包括客观世界的要求和主观世界的要求，这两者综合起来可以这样看。就是说你的内心道德，上帝知道你是否纯洁，你的意向是否纯洁，是不是真正的道德，是不是出于道德律；那么在客观世界里面呢，他也能够使你对自己的道德律所带来的幸福抱有一种希望，他安排这个客观世界，这个自然界，这个自然界也包括来世啊，包括来世的生活啊，都包括在内，就是他使得世俗生活中你所获得的幸福能够跟你的道德的品级相配。所以这里提出了世上的最高至善。"贴近由世上最高至善",就是世俗生活的最高至善,那就是幸福要配得上道德,这个是在世上,就是在世俗生活中,在自然界以及在来世——来世的生活也是世上的生活嘛,——所提出的要求,是至善所提出的一切要求、一切需要。也就是上帝能够安排今世和来世,满足我们出于道德所要求的、所希望的所有的幸福要求。所以至善也提出了一切的需要,各种与道德相配的一切的幸福,这也是人的需要嘛,人作为世俗的生物,他有种种的需要,这些需要我们把它称之为幸福,至善就是能够满足人的这样一种合理的需要。你追求幸福可以,但是你追求幸福的原则一定是你配得上幸福。你不配得的幸福,你就不要去追求了。你只追求能够与你的道德相配的幸福,那么这就是世上的最高至善了。最高至善并不是超验的。当然这个理念本身是超验的,但是它所设想的最高至善呢,还是道德跟世俗的生活之间的一种协调关系。所以他这里强调的是"世上最高至善"。上帝全在,上帝不仅在今世,而且在来世,不仅这个地方,而且在任何地方,任何角落里面,他都能够有办法使你在世界上的生活所获得的幸福能够跟你的道德相配,能够达到世俗生活中的最高至善。能够使你过一种最善的生活,最完满的生活。只要你不做违背道德的事情,那么你就可以获得你所希望的全部幸福。只要你不损害这个幸福,你就可以获得全部。这就是完满,这就是完善,也就是圆善,世上的圆善。上帝的全在就是为了贴近由世上最高至善所提出的一切要求。上帝能够满足至善的一切要求,因为他无处不在。除了上帝以外,自然界是满足不了的,你自己的主观努力,也是做不到的。需要达到至善,不管是客观条件也好,还是主观努力也好,都做不到至善,只有上帝的全在,才能够保证这个至善的实现。

　　<u>必须是永恒的,以便在任何时间中都不缺少自然和自由的这种和谐一致,如此等等。</u>

　　必须是永恒的,这个地方"永恒的",涉及到时间的问题,也就是刚

才讲的，世上最高至善的问题也就是世俗生活的问题。总而言之，对上帝的设定，是为了世俗的生活。当然它的基础是道德的，它建立在道德之上，然后反过来对世俗生活进行各种要求。我做了道德的事情，那么我在世俗生活中间，我可以希望什么？上帝是解决这个问题的。所以上帝必须是永恒的，以便在任何时间中都不缺少自然和自由的这种和谐一致。在"任何时间中"，这个里面也涉及到来世，今世和来世。但上帝是永恒的，上帝不受今世和来世的束缚和局限，他能够在超时间的最后审判中，使得自然和自由达到和谐。自然和自由达到和谐，也就意味着是幸福和道德达到和谐。真正的自由，严格说起来就是道德；而自然对人来说呢，就是对幸福的追求。在人身上对幸福的追求是人对自然的追求，但是它跟人的自由在世俗生活中间，如果没有上帝的话，那是达不到和谐的。它永远在冲突中。但是有了上帝，上帝是永恒的，所以，尽管在我们看来自然和自由是冲突的，人总是好人不得好报，自由就不符合自然，而自然总是压抑自由，但上帝超越时间，上帝本身是永恒的，所以你可以寄希望于来世。你寄希望于上帝，在任何时间中都不缺少这种和谐一致，就是说，在任何时间中，此刻当下，你觉得没有一致，那只是你的一种片面的眼光。你从全面的眼光看起来，你此时此刻所遭受的这些灾难、这些冤枉、这些不公平的待遇，都是必要的。如果没有这些不公平的待遇，你至少在来世就得不到相应的希望和幸福。我们在日常生活中间经常有这种体会，我们所受的艰苦的磨练，在当时看起来是不公平、很不应该，或者很难忍受，但是后来我们发现，它会最终会带来好处。如果没有那样一段逆境，那我们现在还不知道会变成什么样子。我们往往可以看到有些人在顺境中太顺利了，结果后来往往没有什么出息，甚至于沦为罪犯。因为他们太顺利了，从来没有受过什么挫折。当然康德在这里不是讲的这个，他是讲的宗教，但也有这种体会在里头。宗教其实就有这种体会，基督教，也有这种体会，人在世界上受罪，但是这个受罪是上帝对你的考验，这个个受罪是必要的。人的原罪也好，人在世俗生活中的受苦也好，这些东西都是不可缺少的。那么自由和自然的和谐一致，不是你所能看出来的，你要把眼光放长一点。你把眼光放到上帝那里，引向上帝，然后你才能理解。上帝本身是永恒的，他不因为一时一地而改变他的意志，你所有的具体的命运，都是由他来安排的。而这些安排最终归根结底是至善。它是上帝的正义，上帝的公平，上帝最后在正义的审判的时候呢，他会把一切都摆平。那么反过来看你会发现，你的生活的每一个历程，每一个阶段，里面其实充满着和谐，这个跟莱布尼茨的前定和谐有很多类似之处。莱布尼茨讲，我们生活的这个世界是最好的世界，是上帝在一切世界中所选择的最好的、最美的世界，最完善的世界。但是不同的地方就是说，康德仅仅把它归之为一种信仰，而莱布尼茨呢，似乎把它看作是一种世界的结构，世界就是这样构成的，看作是一种知识。康德批判了这样一种知识，他认为这只是我们的一个信仰，这种信仰不是为了去过好日子，而是为了最后提高人的道德境界，提高人的道德自觉，主要是为了这一点。这就有很大的区别。不是认识问题，而是单纯的信仰问题。

　　下面这一段跟前面一段对照起来，我们可以发现康德做了一个很大的转折。前面一段就是对于道德神学跟思辨神学相比较，它有哪些优点，而思辨神学跟道德神学相比，它又有哪些缺点，是从这个方面来谈的。最后他把道德神学所导致的一些理念，一些规范，做了一些神学的发挥。比如说这个意志，他说是唯一至上的，也是全能的、全知的、全在的，必须是永恒的，这些都是基督教里面提出来的一些教义，那么在康德这里呢，得到了道德神学方面的一些规定，也可以说上面这一段话正式宣布了康德的道德神学的成立。但是接下来这一段呢，它有个转折，就是说，以往的这个思辨神学尽管有如此多的毛病，而且应该说完全被康德所驳倒了，但是是不是驳倒了就完全可以抛弃了呢？是不是某些命题还可以拿来用在他的道德神学里面？这一段实际上就是回过头来，当我们把自己的道德神学建立起来了以后，对以往的思辨神学的种种命题，种种设想，做一番全新的考察。所以这一段一开始就有个"但"字，刚才有的同学说不知道这个"但"从何而来，其实就是一个转折。尽管道德神学比思辨神学有那么多的优点，相比之下，思辨神学简直就不能成立，但是一旦道德神学成立，那么回过头去看思辨神学，我们的眼光就不同了。

但在这个诸理智的世界中——它虽然作为单纯自然只能称之为感官世界，但作为自由的系统却可以称之为理知的、也就是道德的世界（regnum gratiae，恩宠之国）——，诸目的的这种系统统一也不可避免地导致万物的合目的性的统一，

"诸理智的世界"，也就是各种有理智的存在、有理性的存在所组成的这个世界。"诸理智"，Intelligenzen，复数。Intelligenz 就是理智了，理智一般来说呢，这个词指有理性者，而且是不带感性的，通常康德把它归之于上帝。上帝是最高的有理性者嘛。但是也不完全是这样，就是说人类，人的理性，人的理智也可以属于这个诸理智的世界。我们都是凭理性在这个世界里面树立自己的原则，那么这个世界实际上是指的我们生活的世俗的世界，但是是诸理智、有理性的人所组成的这样一个世俗生活的世界。在这个世界中——中间有个从句——"它虽然作为单纯自然只能称之为感官世界"，也就是我们有理智的人所生活的这个世界，当然是感官世界了，我们过的是感性生活嘛，世界——这个概念在前面多次讲了，这个概念本身就有世俗生活的概念的含义，世界意味着世俗生活，那么，这个感官的世界，作为单纯的自然，从这方面来看，我们可以把我们人类所构成的这样一个世界看成是感官世界。人也是动物嘛，人也有他的本能的、生理的等各方面的感性需要，"但作为自由的系统却可以称之为理知的、也就是道德的世界"，是"恩宠之国"嘛。恩宠之国是莱布尼茨的用语，从莱布尼茨的神正论里面引出来的，就是说，同一个诸理智的世界，我们可以从两方面来看它，一方面我们可以把它看作是自然的世界、感官的世界，但是另一方面呢，作为自由的系统，人的世界本身，当我们

设想它组成一个理知的世界的时候呢，我们可以把它看作是一个自由的系统。"作为自由的系统却可以称之为理知的、也就是道德的世界"。道德的世界，这个地方强调的是道德的，但是它又是一个世界。道德的世界这个概念本身就有两方面，一个是道德的，另一个它又是世俗的，当然它本身是一个理念了，就是在我们的现实的感性生活中并不存在这样一个道德世界，只是我们设想在理知中，我们去设想这样一个道德的世界。它既是道德的，但是又是世俗的。在这个道德世界里面呢，道德是占统治地位的，但是世俗生活的幸福也不可少，也是结合在道德原则之下的，被规范在道德原则之下的，与之相应的、相配的这些幸福都应该得到。这就是康德在这里讲的"这个诸理智的世界"，它的含义就在这里。就是说，这个诸理智的世界当然是我们想出来的了，一个完全凭借自己的理智而在世俗中生活的这样一个世界，只能够通过理知想出来。前面讲了上帝能够保证这样一个世界，能够发现诸目的完善的统一性，能够在这个世界中建立起各种各样的完善的统一性，就是这样一个世界。在这个世界里面我们设想的唯一的意志、至上的意志，把所有的规律都包含于自身，他是全能的、全知的、全在的、永恒的，这样的世界。那么这样的世界呢，一方面它也是单纯的自然，它也可以从单纯的自然方面去看，就是说，这个道德的世界我们也可以从单纯的自然方面来看，就是感性的，它并不是说那些幸福都是假的，不是的。德福一致，那个福应该是真的，真的是感官的享受，幸福肯定是我们的感性欲望的满足。所以从这方面来看呢，它只能称之为感官世界。作为单纯的自然，只能称之为感官世界。但是这个单纯的自然又是服从自由的、服从道德的，所以作为自由的系统，这同一个世界却可以称之为理知的、也就是道德的世界。当然这一切都是设想出来的了。道德世界本身就是理念嘛。但是我们可以分析它里面的内容，它表达的是这样一些意思。就是说，有朝一日，假设我们能够实现这样一个世界，或者我们能够设定这样一个世界，那么，这个世界一方面它是感官世界，是自然的，它合乎自然规律；但是另一方面呢,它又是自由的系统,它是符合道德的。自由和自然,两大规律能够在这样一个世界里面达到统一。这就是破折号中间的解释,解释这个诸理智的世界的双重性。这就是所谓的"恩宠之国"。我们设想一个恩宠之国,每一点每一滴的自然事物都沐浴着上帝的恩宠,上帝的恩宠无所不在。这样一个世界当然就是诸目的的系统统一了。所以他讲"诸目的的这种系统统一也不可避免地导致万物的合目的性的统一"。诸目的系统统一,因为它是一个诸理智的世界嘛,它是人所组成的世界嘛,每个人都有他的目的,而且每个人的目的有不同的层次,这些层次,从每个人来说它是一层层地使自己的低层次的目的服从高层次的目的,最后服从于道德的这个最高目的。那么就人与人之间的关系来说也是这样,人与人之间的物质关系,人把人当手段,他追求一些具体的目的,但是最终呢,所有的人都服从一个最高的目的,那就是道德的目的。所以它们构成一个系统,诸目的成为一个系统统一体。它不是说,为了道德就可以放弃诸目的,就可以牺牲一些目的,它不是的。每一种目的都是目的,只不过在这个系统之中它处于与之相应的地位。康德绝对不是禁欲主义者,他认为人的自然的目的都是应该实现的,只是层次有不同。你应该使低层次的目的服从高层次的目的,就这个目的本身而言,它们都是正当的,都是应该的。但是有有条件的应当和无条件的应当,有条件的规定和无条件的规定。那么你如果处理好它们的关系,它们就可以构成一个诸目的的系统统一,把人的各种目的组成一个统一体。这种系统统一"不可避免地导致万物的合目的性的统一",这个范围也就扩大了,不仅仅是人的目的,而且自然界万物,都有一种合目的性的统一。合什么目的呢?合人的目的。就是说,你要把人的幸福的追求服从于道德的目的,那么,你就必须要涉及到万物本身的规律性,也要使它们服从道德的目的。所以整个自然界万物在一个有道德的人的心目之中呈现出一个合目的的统一性。就是说,万物,虽然它本身的规律是机械的,但是这些机械的物质现象最终都符合于道德的目的。当然我们在日常生活中间,我们看不到这一点，但他这里设想一个理知的道德的世界。在这个道德世界里面你必须同时设想自然万物也趋向于同一个目的。道德的世界包括自然界呀，自然界也服从道德律，这在我们的日常生活中是不可想象的，自然界怎么会服从道德律呢？但是在一个理知世界里面，我们可以想象，在一个道德世界里面，我们可以想象。自然万物它们按照自己的规律，必然会符合道德律，为什么？因为有上帝在那里安排嘛。我们设想出一个上帝来，上帝可以代表一种至善，把自然万物都安排得趋向于最好，趋向于最高的道德。所以诸目的的这种系统统一，"诸目的"就是人的各种各样的目的，它的这种系统统一呢，不可避免地要导致万物的合目的性的统一。为什么"不可避免"？因为你的幸福要实现，你必须要遵守万物的自然律。幸福是基于自然律上面的。包括人自己也要服从自然律嘛，人也有本能嘛，有生理需要嘛，这也是自然律。掌握这个获取幸福的工具，这也要按照自然律来办事嘛。所以，诸目的的系统统一，不可避免地你要把万物也看作是合目的性的统一。你既然设想你的所有的幸福都要服从一个道德律，在道德律之下统一起来，那么你当然也要设想万物的自然规律，也要在道德律之下统一起来，因为它们都是幸福的工具，都是合目的性。虽然就它们本身孤立地来看呢，它们好像只是机械的，没有什么目的性，但是从整体上来看呢，你必须把万物设想为合目的性的，它们全都趋向于一个最终目，就是人的道德。

万物按照普遍的自然律构成这个大全，正如前一种统一按照普遍必然的道德律构成了这个大全一样，而诸目的的系统统一就把实践理性和思辨理性结合起来了。

万物有它们的自然规律，那么这些自然律呢，它们构成一个大全。我在前面也讲到，理性的理念有一种范导性的作用，它能够使万物的自然规律不断地趋向于统一，越来越统一。那么这里也讲到，这就正如在一个道德的世界里面，在一个理知的世界里面，我们可以设想，我们不得不设想，前一种统一按照普遍必然的道德律构成了这个大全一样。前一种统一，也就是这个理知的世界，诸理智的世界，也就是这样一个道德的世界，它统一为一个大全，以上帝为它的顶峰，上帝最高了，上帝全知、全在、全能、永恒。那么这样一个大全，其中万物、自然界，是其中的一部分，它按照普遍的自然律呢，也构成一个大全。自然界也构成了一个大全。这一点在对上帝存在的宇宙论的证明里面就是这样想的，在思辨神学里面已经这样想了。万物按照普遍自然律构成了一个大全，这就是所谓宇宙论的证明或者是自然目的论的证明。万物是有目的的，构成大全的。正如前一种统一，也就是人的诸目的的那种统一，按照普遍必然的道德律构成了这个大全一样。人的诸目的的统一，我们人的目的，有低层次的目的，有高层次的目的，最终是以道德为最高目的，按照道德律构成一个有目的的系统的统一体。那么这个目的系统里面，不可避免地要包含着自然界的目的，因为自然界如果没有这个目的的话，那它就在里面造反了，你的诸目的就统一不了，你的人的目的就老是遇到自然界规律的阻碍，它就会破坏这个统一体。所以你必须把自然界也设想为，它们虽然按照自己的机械运动的规律在那里运行，但是你必须设想一个最终的目的在那里统治它们，正如我们的诸目的的系统统一按照一种普遍必然的道德律构成的这个大全一样。所以这两个大全其实是一个，只不过自然界的这个目的性大全是从属于道德律的这个统一体、道德目的的这样一个大全的统一体之下，作为它的一个必备的要素、必备的部分。自然界也有目的，如果自然界没有目的的话，那你怎么能够把它统一到你的道德律之下来呢？自然界看起来是机械的，但实际上是以道德律为它的终极目的的。所以你从人的实践理性的角度，你可以把你的人的目的和道德的目的，把它们构成一个大全。那么你从认识的角度，你从思辨的角度，你也应该要把整个自然界构成一个合目的性的系统。这就构成了两个大全，实际上把它统一成了一个大全。所以他讲："而诸目的的系统统一就把实践理性和思辨理性结合起来了"。这个就点题了，就是说，实践理性就是诸目的的统一所依据的，按照实践理性，诸目的可以统一为一个道德的世界，按照思辨理性呢，思辨神学里面已经提出了整个宇宙的合目的的统一，前面讲了自然目的论的证明和宇宙论的证明都可以对上帝的概念作一种内在的运用，或者作为一种范导性的运用，但是你不能作一种超验的运用。你把它看成是超验的，那就是一种幻相，那你就受到这种幻相的诱导。但是你如果不把这种幻相看作是超验的对象的知识，而只是把它当作一种内在的运用，用来扩展我们的知识体系，那么它是有用的。而在这里呢，康德把这一点也结合进来了，就是说现在我们立足于道德目的、道德神学，我们反过来看思辨神学，我们就可以把宇宙论证明和自然目的论证明纳入进来加以考虑。就是原来的那种证明并不是说完全没有用处，他们也作了很多思考啊，那么在康德的这个道德神学里面呢，把实践理性和思辨理性这两方面达到了一个结合，就是思辨理性导致了思辨神学被康德所批掉，但是思辨在神学方面所提出的一些命题，比如说自然万物的合目的性的思想，被他接受了。在辩证论里面讲到对上帝的自然目的论证明的时候，康德已经留了一手，他虽然批判本体论证明，也批判宇宙论证明，但是呢，对于自然目的论证明，他手下留情，认为这个还是有它一定的道理的。虽然它的证明不成立，它的证明最后是依赖于本体论证明，但是它这种设想，如果我们给它奠定了另外的一个基础，那么它是可以成立的。这个另外的基础就是所谓道德神学。如果在道德神学基础上，回过头来再去看思辨理性在神学方面所做的工作，那么有些东西是可以吸收进来的。

　　这个世界如果应当与那种理性的运用（没有这种运用我们甚至就会　B844认为自己不配有理性）、也就是与那种道德运用（它本身是绝对基于至善理念上的）相一致的话，那它就必须被设想为出自一个理念。

　　"这个世界"，就是讲的万物按照普遍自然律所构成的这个大全，也就是这个世俗的世界，当然实际上是道德世界，但是是从这个角度来看的，就是说自然界。这个世界，如果应当与那种理性的运用，也就是与那种道德运用，相一致的话，"那它就必须被设想为出自一个理念"，这个括号里面是从句，这里从句太多了，所以我们用括号来解决这个问题，不然的话就太乱了。原文是没有括号的，我们把这些括号理解为一个从句。就是说，这个世界，这个自然界，如果应当与理性的运用、也就是与道德运用相一致的话，简而言之就是说，这个自然界如果要以道德作为目的的话，那么那它就必须被设想为出自于一个理念。也就是说，这个世界的本身，它不是与道德相一致的，我们都知道这个世界有它的自然规律，它怎么会跟道德相一致呢？但是如果这个世界我们把它设想为和道德的运用相一致的话，我们设想为它的所有的自然规律最终都是通向道德律的，它就必须出自一个理念。那么括号里面的这个从句呢，对理性的运用和道德的运用做了解释。就是说，没有这种理性的或者说道德的运用我们甚至就会认为自己不配有理性。这个意思康德在别的地方也讲过，就是说，大自然赋予人理性是为了什么呢？难道仅仅是为了人的生活吗？动物有利爪，有牙，人没有，但人有理性，那么当然人就比动物更厉害了，人可以比动物生活得更好了；但是如果仅仅是这样，那这个理性实在是没有什么高超的，人为万物之灵长，就凭这一点，就比其他动物更厉害，如此而已。所以康德认为大自然赋予人理性，最终不是为了这个，最终是为了人有道德，这才配得上理性本身的价值。理性不是给人赋予了一种更厉害的武器、一种生存手段，而是为了要给人赋予他道德价值。这才是超出一切动物之上的最高贵的东西。所以，没有这样一种运用呢，我们就会认为自己不配有理性。如果理性不用在道德上，而只是用在感性上，那么我们人不配有理性。人就跟动物一样了，人不过是一种高级动物而已。那么你的理性有什么价值呢？而那种道德运用，"它本身是绝对基于至善理念之上的"。理性的道德的运用本身基于至善理念之上的，这个基于至善理念之上的，或者是建立在至善理念的基础上的，这个怎么理解？理性的道德的运用，它本身基于至善的理念，就是说本身是德福一致的，本身是要基于德福一致的，在这个基础上面，我们才对它做一种道德的运用。这种道德的运用当然是在特定的条件之下来讲的,就是"这个世界"与那种道德的运用要相一致的话,那么这个道德的运用呢,它就是绝对基于至善的理念之上的。至善的理念才使它的道德在这个世界上的运用具有了可能。就是说,它这个绝对基于至善理念呢,是就这个道德在这个世界上的运用而言的。当然你如果不把道德运用在自然界上面,你仅仅运用来确立我们的自由意志,那个当然不需要至善的理念。但是你如果把道德的运用用在这个世界的统一之上,那么它绝对必须基于至善的理念。你要把这个世界看作是道德的嘛,那不是需要一个至善理念吗?如果你不涉及这个世界,不涉及这个自然界,你仅仅是做一个道德的人,也不追求幸福,也不考虑幸福的问题,也不考虑得救的问题,也没有什么希望,那个倒无所谓,那个不需要至善的理念。但是你一旦要把这个道德运用在这个世界上,运用在我们世俗的生活中,那么它绝对要基于至善的理念之上。总而言之,这个世界如果应当与理性的道德的运用相一致的话,那它就必须被设想为出自一个理念,就是说这个世界它本身你可以不设想它出自一个理念,比如说知性,我通过知性来认识这个世界,我通过经验的运用,我掌握一些知识,那就够了。但是如果你要把它这个世界跟理性的道德运用一致起来,那它就必须被设想为出自于一个理念。有同学刚才说"一个"在这里要加重点号,康德好像在这里没有这个意思,如果强调"一个"的话,他可能就会在 eine 上面打着重号的。所以我理解呢,就是说,如果它不是跟道德相一致的话,那么这个世界本来是不需要理念的,只要有知性就够了。当然你这个理念呢还可以对知性的知识做一种范导性的引导,做一种调节性的引导,那是可以的。但是没有它也行,我们也可以认识这个世界。而且呢,对自然知识做范导性的引导时,我们并没有把这个世界看成是"出自于"那个理念,我们只是把理念用来做一种辅助性的作用,帮助我们获得更完善的知识,但是没有把这个世界设想为出自于一个理念。通常你把它设想为出自于某个理念,那就会导致幻相了。你把这个世界看作是上帝创造的,那不是幻相嘛,那就是康德所批判的了。但是目前这个情况就已经不同了，如果你把它看作是要跟道德相一致，那么你就必须把它设想为"出自"一个理念。自然界通常我们是不把它看作和道德相一致的，你如果要把它看作和道德相一致，那就必须要设定一个理念，来解释它。那么这个世界就不仅仅是由这个理念做一种范导性运用了，而且你要把这个世界真的看成是由这个理念创造出来的，是趋向于这个理念的一个合目的的系统。

　　一切自然研究由此而得到了一个指向目的系统形式的方向，并在其最高的扩张中成为了自然神学。

　　一切自然研究，就是我们的自然科学研究，对自然规律的把握，由于这样一种道德的设想，合乎道德的最高目的的这种设想加入进来，使得我们的自然研究得到了一个方向。这个方向不仅是为了解释那些自然研究本身的系统性，自然研究本身的研究也需要系统性，但是那个理念是范导性的作用，是一种辅助性的作用。但在这里呢，一切自然研究都得到了一个"指向目的系统形式的方向，并在其最高的扩张中成为了自然神学"。这个时候，有了道德目的论以后，有了道德神学以后，那么，自然的研究呢，我们就可以把它纳入进来，把它设想为指向目的的系统性形式，也就是指向道德世界，以道德世界作为它的目的。我们现实的自然科学的研究，它最终的目的是指向道德世界的。有了这样一个方向，那么在这样一个最高的扩张中，一直扩张到我们的经验知识之外，最高的扩张，扩张到极点，扩张到可能经验的边缘上，在这种最高的扩张中它就构成了自然神学。自然神学，Physikotheologie，就是刚才讲的，我们有时把它翻译成物理神学，其实就是自然目的论。就构成了自然目的论的神学。所以康德在前面为自然神学、自然目的论留下一点余地，跟本体论神学和宇宙论神学不同，自然目的论的神学呢，有它一定的可取之处，而在这里呢，就把它恢复起来了。就是说，被他推翻的自然神学，在道德神学的基础之上得到了重建。思辨神学，思辨理性所建立的神学在实践理性的基础之上得到了恢复和重建。这就是为什么思辨理性和实践理性在这里结合起来了，为什么前面把思辨神学批了一通以后，在这个地方又用"但"做了一个转折，原因就在这里。

　　但这种自然神学由于毕竟是从道德秩序这种在自由的存在者中有其根基、而不是由外部命令偶然建立的统一体中开始的，它就把自然的合目的性放到了那些必须先天地与物的内在可能性不可分地联结在一起的根据上，并由此而导致一种先验神学，

　　康德在这里反攻倒算了，全面复辟了。前面一个个全都被他批倒了、驳倒了，在这个地方一个个又把它恢复起来。先是恢复自然神学，恢复了自然神学以后，最后要把先验神学也要恢复起来，甚至于把本体论神学也要恢复起来。我们看他怎么恢复的。这里的"但"这个转折是进一步的意思，就是说"不仅如此"，我把自然神学恢复起来了，但不仅如此，这种自然神学跟以前不一样啊，虽然我把它恢复起来了，好像是复辟了，但是它的基础已经大不一样了。它已经不是建立在原来那种思辨的理性的基础之上，而是建立在实践理性的基础之上。它"毕竟是从道德秩序"开始的——道德秩序是什么呢？是"在自由的存在者中有其根基、而不是由外部命令偶然建立的一个统一体"，道德秩序是一个统一体，这种统一体呢，是在自由的存在者中有其根基，在自由意志中有它的根基，而不是由外部命令的偶然建立的统一体，也就是说道德的秩序是自律的，不是他律的。他律的就是外部命令偶然建立的那种统一体。所以这种自然神学是从这样一种统一体中开始的，它的基础是建立在这样一种统一体之上的，由道德秩序而开始的；那么呢，"它就把自然的合目的性放到了那些必须先天地与物的内在可能性不可分地联结在一起的根据上"。自然的合目的性也就是自然神学了，自然神学我们也称为自然目的论的神学。自然有一个目的，万物有它的目的，有它的合目的性，表面看起来好像没什么目的，但是归根结底从整体来看，万物是有目的的，整个自然界有它的最终目的。就像有机体一样，有机体的每一个部分、每一个细胞都是由物质构成的，好像没什么目的，但是在一个有机体中，每一部分都是为全体服务的。宇宙也是这样，宇宙每一部分好像看起来好像都是机械的，但是全体它是为了道德秩序服务的。所以它就把自然的合目的性呢，放到了一个新的根据上面。放到了一个什么新的根据上面呢？放到了那些必须先天地与物的内在可能性不可分地联结在一起的根据上。"必须先天地与物的内在可能性"，与万物的内在可能性，"不可分地联结在一起的根据上面"，是什么根据呢？就是充足理由律，充足根据。万物的内在可能性，你不要从外部的影响去解释一个事物，要从它的内在可能性，它何以可能，来解释。任何一个事物，它的内在可能性就是在于它有充分根据、充足理由，它是有充足理由的。如果没有充足理由，或者这个理由不充足，那么它是不可能存在的。这是它的内在可能性。先天地与物的内在可能性不可分地联结在一起的根据上面，也就是把这种自然的合目的性放到了一个万物的充足理由上面，"并由此而导致一种先验神学"。充足理由律的证明已经涉及到宇宙论的证明了，宇宙论证明在我刚才列的那个表里面是属于先验神学的。先验神学有两个，一个是本体论证明，一个是宇宙论证明。自然的神学也包括两个，一个是自然神学或物理神学，另外一个是道德神学。那么现在从道德神学开始出发，一个个地征服，首先把自然神学、自然目的论征服了，它可以纳入道德神学之下，作为它的一个帮手，作为它的一部分。那么接下来呢，就把宇宙论的证明征服了。宇宙论证明所表达的那种充足理由律，那种先验神学，也服从于道德神学。在服从道德神学这样一个新的基础之上，它得到了恢复，并由此而导致了一种先验神学。但是先验神学一旦恢复了以后，它又会导致对本体神学的恢复。

这种先验神学把最高的本体论的完善性这一理想采用为一条按照普遍必然的自然律把万物联结起来的系统性原则，是因为万物全都在一个唯一的原始存在者的绝对必然性拥中有自己的来源。

最后把本体神学也恢复了。就是这种先验神学，既然是先验神学，它把万物的内在可能性的根据建立起来，这种根据只能先验地考察充足理由律、原因，任何事物的发生都有原因，这是一个先验的判断。根据因果律我们可以断言，任何发生的事情都有原因，那么这个整个宇宙发生，也有它的原因，这也可以先验地断言。这就是先验神学。当然先验神学在以往理性派的这种证明中呢，它没有根据，找不到它的根基。从经验的根基出发，那能够站得稳的？从经验的世界出发，那是站不稳的。但是现在我们把它转移到道德神学的基础之上，那么先验神学就得到了恢复。而这种先验神学一旦得到了恢复，它就可以"把最高的本体论的完善性这样一个理想采用为一条按照普遍必然的自然律把万物联结起来的系统性原则"。把最高的本体论的完善性，最高存在者的完善性，也就是说全在。最高本体论的完善性就是上帝的全在。本体论就是存在论嘛。把全在的这样一种完善性，这样一个理想，上帝全在的完善性这样一个理想，采用为一条统一性的原则。采用为什么统一性的原则呢？"按照普遍必然的自然律把万物联结起来的系统性原则"。上帝全在，在任何一个自然现象中，哪怕是根据自然律而在那里运作，但是里面都有上帝的影子。上帝在自然科学中已经被驱逐出自然界了，在自然神论那里，也已经被驱逐出自然界了，好像上帝就只是一个工匠，他把自然界创造出来以后，他就不管了。所以自然界仅仅是一些自然规律在那里运作。但是立足于道德神学，我们就可以把上帝全在这样一个理想，把它用做按照普遍必然的自然律来联结万物的一个统一性原则。哪怕是按照必然的自然律，比如说因果律，牛顿定律，等等这些，但是呢，里面都有上帝，他是可以把万物联结起来的一个系统的统一性的原则。充足理由律本来也是一个自然律，因果律，它是从因果律来的。充足理由、因果律推到极致，那么整个宇宙、整个世界的万物的充足理由，那就是上帝了。所以上帝无所不在，因为上帝是一切事物的充足理由。上帝就体现在他的充足理由所造成的一切万物身上。这就是宇宙神学过渡到了本体神学：万物的存在，通过充足理由律来证明万物的存在，万物的本体论的完善性，都是由上帝来保证的；但是本体论的完善性是不是就是必然性呢？最高实在的存在者是不是就是绝对必然的存在者呢？还得借本体论证明来确定。所以最后他说："是因为万物全都在一个唯一的原始存在者的绝对必然性拥中有自己的来源"，这个就完全进入到本体论神学了。我在前面讲到上帝存在的本体论证明的时候也讲到了，这个唯一的原始存在者的绝对必然性。这本来是对上帝存在的本体论证明所采用的概念，就是说，我们心目中有一个唯一的原始存在者的这样一个概念，那么根据它的概念的内涵，我们必须把它理解为绝对必然的存在者。否则的话这个概念是自相矛盾的。它是一个最高的原始存在者，最完善的存在者，但是它又不绝对必然地存在，那岂不是自相矛盾吗？所以，这个最高的、最完善的原始存在者跟这个绝对必然的存在者有一种逻辑关系。这就是本体论证明本身所推出的一个推论，但是已经被康德批倒了。那么在这里呢，这个推论也被康德所恢复了。本体论证明在这个意义上面，也被他恢复了。就是说，为什么我们可以把这个最高本体论的完善性这个理想看作是使得自然万物具有充足理由的这样一个联结性的理念、一个统一性的原则呢？"是因为万物全都在一个唯一的原始存在者的绝对必然性中拥有自己的来源"，是因为这些万物的根源是立足于唯一的一个原始存在者的绝对必然性。也就是说，立足于道德神学的角度，我们可以理解，对上帝存在的本体论证明，它的那个存在有它的来源，当然我们把它看成一个抽象的概念，这是站不住脚的。但是我们如果把这个存在理解为上帝的全在，这个全在是有道德神学的根据的，不是证明了确实有上帝，而是证明了我们在道德上需要有一个上帝，有理性者绝对必然要设定一个上帝，那么我们可以把本体论证明恢复起来，作另外一种理解。这个原始存在者是一个最高本体论的完善性的理想，只有它才能够使得万物按照普遍必然的自然律形成一个系统，只有它才能够使自然界哪怕是按照它们自身的自然律，也可以形成一个系统，这在道德上是绝对必要的，所以它是绝对必然的存在者。在自然界里面，一个有道德的人处处可以看到万物在上帝的全在中才获得存在，才构成了这样一个以上帝为最高点的道德世界的系统。这就是他的一个非常令人吃惊的转折。原来人们一般地认为康德对所有的上帝存在的证明进行了批驳,但是他自己的道德神学一旦建立起来,他就把这些东西一个一个全部恢复了,在新的基础上面,在新的理解上加以恢复。所以海涅曾经讲,康德在自然神论里面是一个可怕的刽子手,他挥舞着批判的大刀,砍掉了自然神论的头颅。但是到后来呢,因为老兰培跟着他这么多年,康德觉得他很可怜,他需要一个上帝,所以又在彼岸世界把这个上帝重新复活了,重新还给了普通老百姓。就是说,你们也不要太绝望,上帝在这个世界中不存在,但是我们仍然有理由可以相信一个上帝,以前的所有的证明都并不是完全白费,但是要在新的基础上才能够得到恢复。

　　康德在上一段中做了一个颠倒。他在前面先验辩证论里面把三种对上帝存在的证明全部批倒了,提出了最后一种证明,就是道德的证明。道德的证明是出自于人们的道德实践的一种需要。我们必须要设定一个上帝,才能够作为我们在现实世界中达到最高目的背后的根据。纯粹实践理性要设定至善,要设定至善就必须设定上帝和来世,这样才能够使我们的最高目的有所根据,这完全是出于一种实践的需要。那么在这种实践的需要的基础上,我们反过来对于以往的那些上帝存在的证明重新加以考察,就发现它们在某种意义上是可以承认的,可以恢复起来。这个是上一段讲的,我们看上一段最后一句话:"这种先验神学把最高的本体论的完善性这一理想采用为一条按照普遍必然的自然律把万物联结起来的系统统一性原则,是因为万物全都在一个唯一的原始存在者的绝对必然性中拥有自己的来源"。这就对本体论的证明也把它恢复过来了。当然不是在原来的意义上恢复过来的。"最高的本体论的完善性",最高存在者这样一种完善性,作为一个理想,我们把它采用为一条按照普遍必然的自然律把万物联结起来的系统性原则,就是这样一种理想,在本体论证明里面完全是从概念中推论出来的。但是我们把它采用为一条原则,什么原则呢?就是用它来把万物按照自然律联结为一个系统的这样的原则。为什么呢？是因为万物全都在一个唯一的原始存在者的绝对必然性中拥有自己的来源。我们有了上帝的这样一种道德的证明，或者说一种道德的假设，那么上帝在这个意义上就被看作是一个原始存在者，他是一切——不管是人也好，还是自然事物也好——是所有这一切事物的最后目的。不仅仅是最高目的，而且是最后目的，就是完善、至善的目的。那么这个至善的目的把自然界也纳入到一个道德目的系统里面来了，作为它的一个环节。德福一致，道德和自然界，道德和幸福，在这样一个原始存在者之下呢，达到了它们的一致。唯一的原始存在者，那就是指上帝了，在他的"绝对必然性中拥有自己的来源"。这是上一段所讲的这样一个原理。那么这一段一开始呢，实际上就是为这样一个原理进行论证，是对上面那一段最后那句话加以论证。

如果我们没有为自己拟定目的，那么我们又能对我们的知性哪怕在经验上作出怎样一种运用呢？

这句话就是说，如果我们没有为自己拟定一个目的，不管是什么目的，这个地方没有说限定为什么目的，就是一般而言，如果我们不为自己拟定一个目的，"那么我们又能对我们的知性哪怕在经验上作出怎样一种运用呢？"知性是一切经验知识可能性的条件，这个不假，但是我们要把我们的知性在经验上作出一种运用，当然知性只能在经验上作出一种运用，我在前面早已经讲了。但是如果我们没有目的的话，我们就不会把知性运用在经验之上，在运用中——这个"运用"打了着重号，就是说人的知性能力摆在那里，感性能力也摆在那里，经验事实也摆在那里，但是我们要运用知性去把握经验，那就有目的。因为你这个运用本身是一种实践活动，凡是实践活动都应该有目的，没有目的那不叫实践活动。认识活动，把知性运用在经验上的这样一种认识活动，它本身也是有目的的。你为什么要去认识啊？所以这个地方从最低层次的知性的认识活动开始，这个地方不讲理性，还没有讲理性，就是一般地讲了自然知识，或者自然科学知识，或者日常知识，我们都是把知性在经验上面加以运用而获得的。所以一般来说,如果我们没有目的,我们就不能够对我们的知性在经验上加以运用。他这里是以一种反问的形式提出来这个问题的。就是我们又能对我们知性哪怕是在经验上——就是从最低层次,我们都可以看出来,——作出怎样一种运用呢?他的后面的意思就是说我们就不能够哪怕在经验上作出它的运用。如果没有目的的话,我们的知性,哪怕在经验上面的运用也做不出来,也没有办法进行这种运用。这是一个一般的原理,就是凡是人的活动都是有目的的,包括人的认识活动,包括哪怕是最起码的经验知识的认识活动,在经验知识这样低层次上面的认识活动,都是要有目的的。

但最高的目的就是道德的目的,且只有纯粹理性才能把它们提供给我们来认识。

从最低层次出发,我们可以一直追溯到最高的层次、最高的目的,就是道德目的。从知性在经验上的运用出发,我们可以一直追随到只有纯粹理性才能把它们提供给我们认识的这样一种目的。从低到高,这两句话都是表现出这样一个思路。本来上面这整个一段就是讲这个问题,就是从最高的道德目的我们可以推出,在自然万物中有一种合目的性的统一性,这种统一性就包括我们所有一切经验知识,都可以被看作是合目的性的统一的。上一段就是讲这个道理。由此还推出了自然目的、自然神学、先验神学,包括宇宙论的证明,当然也包括本体论的证明。所有这些证明,都是在最高的道德目的和低层次的自然科学知识两者之间达成一种统一。实践理性和思辨理性结合起来,如何结合?就是通过你把立足点转移到道德目的这样一个最高的目的立场上,来统摄我们在哪怕是在经验认识中的这种低层次的目的,这就可以达到统一了。所以这两句话,前面一句就是哪怕在低层次的那种经验中我们也必须找到一种运用知性的合目的性。运用知性是一种实践活动,认识本身也是一种实践活动,它是有目的的,没有目的它不可能进行。那么这种目的跟最高层次的目的之间应该有一种关联。所以他讲"但最高的目的就是道德的目的,且只有纯粹理性才能把它们提供给我们来认识"。"只有纯粹理性才能把它们"——"它们"就是这个道德目的，最高的目的就是道德目的，这个地方应该这么说，用的是复数，最高目的，就是那些道德目的——，才能把这些道德目的提供给我们来认识。当然这个认识已经不是那种自然科学意义上的认识，而是一种实践知识。下面一句中的"这一目的"是复数，应该改为"这些目的"：

具备了这些目的并以之为线索，我们并不能在自然没有表现出自身合目的性 ① 统一的地方，对自然本身的知识就认识而言作任何合目的性的运用；

B845

这句话比较不好理解了。就是说，最高的目的是那些道德的目的，而且只有纯粹理性才能够把它们提供给我们来认识，但是——这个地方没有"但"，但是我们从意思上可以理解有一个转折——即使"具备了这些目的并以之为线索"，尽管如此，虽然我们具备了这样一些目的，道德目的，并且以这些道德目的为线索，我们却"并不能在自然没有表现出自身合目的性统一的地方"，对自然本身的知识就认识而言作任何合目的性的运用。或者反过来说也一样：我们只有在自然表现出自身合目的性统一的地方，才能对自然本身的知识就认识而言作合目的性的运用，才能把自然知识体系纳入到道德目的系统中来作为其中的一个环节。也就是说，尽管我们有了这些道德目的，它们是最高的目的，我们有了这些线索，但是我们不能够直接地把这些道德的目的用在自然本身还没有表现出它的自身合目的性的统一这样的地方。在我们人类的自然知识中呈现出来的是机械论的自然观，自然界一切都表现为机械论的，一种机械关系，它没有表现出一种自身合目的性。自身合目的性也可以理解为内在合目的性，就是自然本身你应该把它看作是合目的的，是一个合目的的系统。但是如果自然本身还没有显现出它是一个合目的的系统的地方，

---

① 原译作"自然本身没有表现出合目的性"，似不妥，兹改之。

你就不能够直接把道德的东西强加于它,打乱它的规律。你说这个自然界,这个物体从高处落下来,是因为它觉得落下来是更加道德的,落下来更好,落下来更善,这个解释是荒谬的。当年亚里士多德就是这样说明的,一个东西之所以要从高处落下来,是因为它觉得底下才是它正当的位置,它觉得落下来是回到它的老家嘛。因为气的本性是要上升的,火的本性是要上升的,土的本性就是要下沉的,所以它觉得自己应该落下来,落下来最好,所以你要是不支撑着它,它就会落下来。这是亚里士多德的解释。当然伽利略以后已经把它完全抛弃了。就是说,在自然没有表现出自身合目的性的统一的那个地方,我们并不能对自然本身的知识就认识而言作任何合目的性的运用。尽管你有了道德的目的,最高的目的,尽管你通过纯粹理性把它提供出来了,但是呢,你也不能够在自然本身还没有显出它合目的性的时候,就对自然本身的知识就认识而言作任何合目的性的运用。反过来说,言下之意就是说,你要对自然本身的知识就认识而言作合目的性的运用,必须要把自然看作有一个自身合目的的系统,这就要从知性上升到理性,上升到先验理念对知性知识的范导性运用,借此在长期的、对自然的合目的性的探索和考察中,哪怕是在以往的形而上学对神学目的论的建构中,来训练自己对自然的合目的性思维。所以对上帝的自然神学的证明固然失败了,但是呢,这个过程是有意义的。

因为没有这种合目的性的统一我们甚至不会有任何理性,这是由于我们将不会有理性的学校,也没有能给这些概念提供材料的那些对象来训练我们。

也就是说,如果我们在自然界里面,找不到这种合目的性的统一,那么呢,我们甚至不会有任何理性,而只有感性和知性。比如说机械论,机械论的自然观,把所有的万物都理解为无目的的,那就用不着理性了,只要有感性和知性就够了。既然是无目的的,一切都是琐琐碎碎的,一点一滴的知识,你积累就是了,你也不要寻求知识的统一,你认识一点算一点,没有认识的,你就等着。那就不会有任何理性的指导作用,范导性作用，不会有理性要寻求一种最大统一性的这样一种要求贯穿在我们的自然知识里面。所以，没有这种合目的性的统一呢，我们甚至不会有任何理性。你必须要把这种合目的性的统一作为你的一种追求的目标，在自然界里面，去拼命地追求。这才是一种理性的纯粹的运用，就是要追求有条件者的条件，一直追溯到最高的无条件者。理性就是这样的，它的纯粹的运用就是作这样一种运用。这种运用就是最后要导致一种合目的性，就是你追溯到最高的无条件者，它就是所有这些有条件者的目的。由于它，所以给所有这些有条件者树立了一个目标。我们的知识要达到尽可能的完善，就是要趋向于那个无条件者，那么，万事万物也被看作是由那个最高的无条件者作为充足理由所产生出来的。这是一种理性的"学校"（Schule），或者说理性的"训练"（Kultur）。这种思维的方式，这种理性的追溯，对于条件系列的追溯，都是一种理性的训练。没有这种训练，我们就不会有任何理性。为什么没有任何理性呢？因为我们没有理性的学校，理性要形成起来，或者理性要得到运用，必须要有一个初级训练。我们人当然天赋就有理性，每个人的本质里头就有理性，但是这种理性你要把它用出来，要经过一场训练，经过一个学校，经过一种磨练。你最开始运用这个理性，你运用了，但是呢，里面充满着误解。可能你运用得不对。运用得不对没关系，你把它用起来，不断地精炼，不断地熟练，这就是理性的学校了。这个学校，就是通过"能给这些概念提供材料的那些对象来训练我们"。在这个学校里面，有一些对象对我们加以训练。什么对象呢？能给这些概念提供材料的那些对象。哪些概念呢？就是"合目的性的统一"的概念，如上帝、灵魂、自由这样一些道德目的概念。你要有合目的性的统一的概念，你必须要为这些概念提供材料，但只是作为一种"训练"。因为这些概念本身是单纯形式的，并没有真正的材料。在后来的第三批判里面，康德说得很明确，这种用于训练的材料就是例如有机体，以及自然界的目的系统，自然的有机体系统，这都是合目的性的材料。有机体是自然中最明显的材料。有机体是有目的的，而且有机

体把整个宇宙万物都当作是合目的的，都当作自己的手段。所以有机体
这样一些对象，就为这些概念、这种合目的性的统一的概念提供了材料。
但是提供了材料并不是说它们本身就成了一种构成性的知识。不是的。
有机体的概念在康德看来，还不是严格意义上的知识，在康德的时代，牛
顿物理学、机械论，才是真正的知识。至于生物学、生理学、医学，这些
东西都不能够说是真正的知识。除非你把它还原为机械论。由目的论来
解释，那都还不算真正的知识。当然医学、生理学这些学问里面，都要引
进目的论。比如说你这一部分器官是为了什么而在那里运作的。这个"为
了什么"就是指导我们的医生或者生理学家来理解人体结构的一个有用
的理念。但是这种有用是暂时的，就是说因为你还没有搞清楚里面具体
的那些机械关系，所以你就用目的论来加以解释。它可以包含很多很多
的你暂时搞不清楚的机械关系。你如果要等到搞清那些机械关系才来
作出判断的话，那你就永远搞不清楚了，那这个学科根本就寸步难行了。
所以，目的论的概念在医学中、在生理学和生物学中是很有用的，它可以
引导我们跨过那些机械论的细节，导向一个正确的方向，使你能够起步。
但是这些概念本身并不是严格意义上的科学的概念，它只是对于人的理
性加以合目的性的训练，就是提供出这样一些材料，来对人的理性加以
训练，使他能够逐渐地适应于把握合目的性的统一。不光是有机体，也
包括对整个宇宙、整个世界的一种目的论的看法。一种目的论的观点也
是这样，整个宇宙也可以看作是为合目的性统一所提供出来的对象或者
是材料。至于有没有这种合目的性的统一，这个是不能问的。因为它本
来就是一个理念，一个假设。我刚才讲了，在医学里面，在生物学里面，
这种合目的性只是临时采用的一个假设，一个假定，在整个宇宙的合目
的性里面，也是一个假设，整个宇宙的合目的性，万物都趋向一个唯一的
目的，包括最高的道德目的，这样一种假设，它也不是一个科学的概念。
尽管它不是科学的概念，但是它能够对我们的理性起到一种训练的作用。
这就是这两句话讲的意思，这两句话很需要费些脑筋去辨析，包括它的

背后的意思。

　　<u>但前一种合目的性统一是必然的，并且是建立在任意性自身的本质之中的，因而后一种包含着任意性具体运用的条件的合目的性的统一也必定是如此，</u>

　　"前一种合目的性统一"，前一种就是前面讲的那种最高目的，就是道德目的，只有纯粹理性才能够把它们提供给我们来认识。为什么这个地方用"但"呢？就是说，我们单凭这种道德上的合目的性的统一，我们不能够直接地把它运用到自然本身的知识上面去，自然本身的知识有它自己的机械的法则，那些自然律，牛顿物理学所制定的那些自然规律。那个里头没有道德的目的，道德合目的性你不能用来解释牛顿物理学，在这个意义上面我们说上帝被康德赶出了自然界。就是你光有道德的目的，最高的目的，并且具有了这样一个合目的性的线索，但是你并不能把这样一种合目的性的线索在自然界中直接地加以运用，如果自然界没有被你看作是合目的性的统一体的话。所以上面讲"并不能在自然没有表现出自身的合目的性的统一的地方"，也就是说只表现出它的机械论关系的地方，就直接地把它运用于自然界之上，运用于自然知识里面。对自然本身的知识，就认识而言，做任何合目的性的运用，也就是用合目的性来解释这些知识，这都是不可能的。你没有自然目的性的知识，你对自然界还是机械论的知识，那么你当然没有办法把道德目的论、把道德的最高目的运用到自然界里面去。我们连理性在自然界里面都没有办法运用，我们在按照牛顿物理学思考自然界的时候，我们只运用了知性，我们没有运用理性，在这样一种牛顿物理学的世界观里面，是没有理性的。当然实际上还是有，牛顿还是把很多这些知识统一起来了，但是他自身没有意识到它有一种合目的性，他还是按照机械论的原则在运作，所以他没有把这样一种自然科学变成一种理性的学校。所以康德在这个地方强调，"但前一种合目的性统一是必然的"，这个"但"的意思就在这里。就是说，前面讲了，道德的合目的性的统一在自然本身没有表现出合目

的性的统一的地方呢，它不能够对自然知识做任何合目的性的统一，它不能把自己的道德和目的强加于自然界。但，前一种合目的性的统一是必然的，就是说道德的这种最高的合目的性的统一是必然的，"并且是建立在任意性自身的本质之中的"。它是必然的。为什么是必然的呢？因为它是纯粹理性的。纯粹理性必然要提出一种道德上的最高的合目的性的统一，必然会提出来。并且是建立在任意性自身的本质之中的，因为这种必然性呢，不是一种完全抽象的必然性，它是建立在任意性自身的本质之中。任意性 Willkür，我在前面已经讲了，它是带有某种感性的性质的。有动物的任意，和自由的任意。动物的任意完全是感性的，是病理学上面的任意，而自由的任意呢，也是带有感性的。所以"任意性"这个概念在康德那里是带有感性的意思，它跟"意志"（Wille）是不一样的。意志完全是纯粹理性的，自由意志是纯粹理性的，自由任意则是不纯粹的，或者说是不纯粹的自由意志，是自由意志里面掺杂了感性的东西。这就是自由的任意。反过来说，自由的任意里面包含有自由意志，只不过不纯粹。它包含了自由意志，也包含了理性，都不纯粹。因为自由的任意的动机还是出自于感性的。任意嘛，欲望嘛，为所欲为呀，感性的需要啊，本能啊，这些东西都包括在里头。但是，它也包含有理性，它把理性作为它的这些欲望的手段。我在前面多次提到，理性被作为感性欲望的手段，这就是自由的任意。自由的任意，里面有理性，但是这个理性呢，它是被片断地在运用。它作为手段嘛，拿起来，用一下，然后就算了，就放下了。然后下一次又有什么欲望，他又拣起来用一下。这就是理性在自由的任意中所起的作用。尽管如此，它跟动物性的任意又不一样，动物性的任意是没有理性的，所以动物性的任意是不自由的。人的任意是自由的，因为人的任意是有理性在里头的。那么这种道德的合目的性的统一是必然的，"并且是建立在任意性的自身的本质之中的"。什么是任意性自身的本质呢？这里讲的任意性当然是指的人的任意性了，不是指的动物的任意性了，人的任意性的本质是什么呢？本质就是理性。

虽然它带有感性，它被感性所混杂了，但是任意性的本质呢，应该还是理性的。为什么叫作自由的任意呢？之所以叫作自由的任意，就是说它是理性的任意，它是有理性在里面的，它跟动物性的任意不一样。所以在人的任意性中，它已经是以理性作为它的本质了，人的自由的任意行为，我们可以从他这个行为中判断出这个人是有理性的，因为他是"故意"这样做的。他是有目的的，他是有自由意志在坚持要这样做的。我们从这种任意行为里面判断出他是有理性的，而且有自由意志的。任意行为也是自由意志行为，只不过这个自由意志不是纯粹自由意志。它掺杂了一些其他的感性欲望，感性的干扰，或者感性的束缚，他的自由意志被束缚在感性之中。但是他的一瞬间的那种选择还是自由意志，他还是要这样做的。虽然有很多种种感性的条件在束缚他，也有理性的法则在命令他，他可以不听这个命令，他可以服从感性的需要。但是他的一贯的本质应该还是理性的。因为感性的东西不是本质性的东西，它是不断地变化的，包括人的本能也是不断变化的。你的肚子饿了要吃饭，这是你的本能。但是你吃饱了，你就不想吃了。所以感性的东西总是在变化的，它不能成为本质。只有理性的东西，只有自由意志，它才是能够贯穿下来的，才能成为本质。所以你从人的自由的任意上面你看出来，它的现象是感性的，但是它的本质是理性的。它的现象服从各种各样的需要，那是感性的；但是它的本质呢，里面包含有自由意志。所以说前一种合目的性的统一是必然的，并且呢，是建立在任意性自身的本质之中的。这句话的意思就是要对"任意性"这个概念进行一种分析。根据前面康德所谈到的，专门有一段话，我曾经讲到的，谈到动物性的任意和自由的任意，乃至于自由的任意和自由意志相互之间都有区别，并且是一种包含的关系，一个包含一个的关系。那么我们就可以看出来，这里讲的这个"任意的自身的本质"，就是指的自由意志。所以，最高的目的，也就是道德目的，是包含在、或者建立在自由意志之上的。下面他说，"因而后一种包含着任意性具体运用的条件的合目的性的统一也必定是如此"。前一种合目的性的统一,讲的是道德的那种合目的性的统一,它是必然的,并且是建立在自由意志之上的,因而——这个"因而"有一种因果关系,就是说,前面一种是必然的,这个必然性是建立在自由意志之上的,建立在任意性的本质之中的,——因而后一种包含着任意性具体运用的条件的合目的性的统一也必定是如此。"后一种",也就是那种自然万物的合目的性的统一,自然界的合目的性的统一。简单说来就是,后一种就是自然界的合目的性的统一,前一种就是道德的合目的性的统一。后一种合目的性的统一是包含着具体运用的条件的统一。你的任意性的活动,在具体运用中,肯定是在自然界才能够有具体的运用了,那么这个具体运用呢,又有它的条件。我们的一种任意性能否实现出来,作为一种实践活动,能否具有现实性,能否具有可行性,那么它必须具有一种现实的条件,这个条件跟整个自然界的状态是相关的。我们通常讲,谋事在人,成事在天。为什么成事在天呢? 你人能够预测到某一个关系,但是你不能预测到更深远的关系,你更不能预测到整个自然界的关系。你可以机关算尽,你可以算到好多步,但是你不能算到全部。只有上帝才能算到全部。人算不如天算。所以我们的自由的任意,在具体的运用中,必须要以自然界本身的合目的性统一作为条件,才能实现得出来。如果没有这个条件,它寸步难行,或者是适得其反。但是前一种合目的性的统一又是必然的,它是以自由意志为基础,在实践中是必然要在自然界里面实现出来的,因而呢,后面一种包含着任意性具体运用的条件的合目的性的统一也必定是如此。怎么"如此"呢? 必定也是"必然的"。因为如果它不是必然的,如果它不是同样建立在任意性自身的本质之中的,那么它就不可能成为任意性具体运用的条件了。你要说这个道德目的论是必然的,它就有一个前提,就是说,你的这个道德目的论实现出来的条件也是必然的,否则你怎么能说这个道德目的论是必然的呢? 所以这样可以推出来:因而,后面这样一种合目的性的统一也必定是必然的,也必定会是统一的,必定是如此。当然这个必定如此并不是在知识论的意义上面,而是在实践论的意义上面讲的。虽然谋事在人，成事在天，但是我们把自己的行为实现出来，我们在实践的行动中，我们是把这个"天"看作是跟我们的行动相一致的。我们的行动是出于道德目的的，它有一种系统统一，那么我们必须假定，我们在现实生活中，在自然界里面，把这个道德目的实现出来的时候，这个自然界呢，必定也有一种与之相应的系统统一使得它能够实现出来。能不能够实现出来，原则上是能够的。因为理性不会命令你去做不能够的事情。所以道德目的论原则上是能够在自然界实现出来的。那你就已经把整个自然界看作是一个合目的性的系统了，它自己就迎合了道德目的论的要求。因为道德目的论本身是一个合目的性的系统，按照理性它肯定是能够在自然界实现出来的，也应该在自然界实现出来。我在前面讲到了，一个能够，一个应该，这都是讲的一种可能性。在感性世界中，我是可以把道德的原则实现出来的。没有什么东西可以阻碍我，只要我愿意。只要我的自由意志按照道德律，我就可以把它做出来。至于是不是真的做出来了，那当然要受到很多干扰。比如说，我的自由意志很可能没有办法把它贯彻下去，因为我考虑到感性的因素，考虑到我的其他的一些需要，我不愿意，或者不敢把它彻底地贯彻到底。那是你的事情。你也可以说，自然界本身对我有很多束缚，比如说，我要是做了道德的事情我就要吃亏，我甚至要送命，这是自然界给我规定的，所以自然界在这个意义上来说，事实上也可能并不成为一个合目的性的系统，也不是以道德为它的最高目的，现实中不是这样的。但是在可能中间，它是这样的。在应当中间，它是这样的。你可以说，自然界的种种限制，都不能够阻挡我做道德的事情。或者说自然界的种种限制，恰好是给我做道德的事情提供了条件。没有这些限制，那我做道德的事情还有什么意义呢？就是恰好因为自然界有这么一些限制，所以我做这件道德的事情才是道德的呀，才符合道德律呀，杀身成仁，舍生取义呀。所以，自然界整个可以看作是一个合目的性的、安排好了的趋向于道德的自然界。只要你有一个最高的道德目的，那么你就可以反过来，把整个自然

界看作是符合道德的这样一个系统。所以它必定是如此。它给任意性的
具体运用提供了它运用的条件，那么这种任意性的具体运用一旦是合乎
道德目的论的，那么这些条件呢，也一定是合乎道德目的论的。这是两
者之间的一种关系。

　　所以对我们理性知识的先验提升并不是纯粹理性叫我们承担的实践
合目的性的原因，而只是它的结果。

　　我们理性知识，要有一个先验的提升，这个理性知识的先验提升指
理性在知性的求知过程中所起的那种范导性的作用。这种作用就是从理
性的逻辑运用提升到理性的纯粹运用。前面先验辩证论导言中说过，理
性的逻辑运用就是要通过三段论推理，对一切知性的知识追究它何以可
能的条件，这就是理性的逻辑运用，就是在结论的后面去追溯它之所以
可能的条件，大前提，小前提。大前提是设定的，小前提是给予的。那么
这个设定的大前提何以可能，你再去追溯它的前提，这就是理性的逻辑
运用。但这种运用只是片断的，它有待于提升到理性的纯粹运用。理性
的纯粹运用就是设想，我们有朝一日可以最终追溯到一个最高的条件，
最初的前提，一个充足理由。它可以摆脱一切经验知识，那就是理性的
纯粹运用。这样一种运用给所有的知识提供了一个先验的理念，一种范
导性的指导。它是一种先验的提升，是把知性通过先验的范畴所获得的
那些经验知识呢，再作一个更高层次的提高，使知识成为一个系统，找
到它的更高的统一性的一个目标，最后要趋向一个绝对的无条件者。那
么这样一种先验的提升，康德讲"并不是纯粹理性叫我们承担的实践合
目的性的原因，而只是它的结果"。实践合目的性，这里也就是道德目的
论。它并不是道德目的论的原因，而只是道德目的论的结果。就是说，
在对于这个我们的一切自然知识进行一种先验的提升，乃至于一直提升
到先验的理念的时候，我们实际上是以我们的实践合目的性，以我们的
最高的道德目的作为前提的。当然我们不一定意识到。比如说以往的
那些对上帝存在的宇宙论的证明，他们就没有意识到，他们把它当作一

种知识来求证，当作一种原因，以为通过这样一种证明，我们就可以证明上帝的存在。为什么上帝存在呀？理由就在这里，宇宙论证明认为经验世界需要有一个最高的目的。这是以往的形而上学、以往的对上帝存在的证明所采取的思路。但是他们没有意识到，当他们作这样一种先验的提升的时候，背后实际上是有一种道德目的论在起作用的。作为理性的一种自然倾向，在背后起作用。这样一种提升，并不是纯粹理性叫我们承担的实践合目的性的原因。每一个人都有纯粹理性，这个纯粹理性呢，叫我们承担起它的实践合目的性，这种实践合目的性既然是纯粹理性的任务，它就是道德合目的性。自然目的论并不是这样一种道德目的性的原因，并不像那些对上帝存在的各种证明的理性派哲学家们所设想的，我们通过这样一些根据就可以推出一个上帝的存在。那么一旦上帝存在，我们的道德就有保障了。为什么要推出上帝的存在？因为推出上帝的存在，我们就有上帝了，我们就有了信仰了，有了信仰我们就有道德了。这是以往的一种思路了。从自然目的论推出上帝，从上帝推出道德目的。上帝之所以把自然界这样安排，是出于他的道德的目的，出于善良意志。像莱布尼茨所讲的，上帝在所有可能的世界中选择了最好的世界，安排得最好。因为上帝是出于善良意志啊。所以，你要找之所以能够把上帝看作是善良意志的原因，你就到自然界里面去找。你看看自然界，安排得多么好。这也是以往的证明的一种思路。但是康德是倒过来的：对于我们知识的先验提升，并不是道德目的性统一的原因，而只是它的结果。就是说，道德目的性是每个有纯粹理性的人自然而然就会有的一种目的，那么这种目的呢，促使他们到自然界里面去寻找一个目的系统，促使我们人在自然界的认识里面不满足于牛顿物理学的机械论、伽利略的机械论，而要去拼命地去作先验的提升，要寻找更高的目的，要把整个自然界看成一个合目的性的系统。为什么？是因为人的纯粹理性叫我们承担的实践的合目的性，所以我们才去探讨，才会到自然界里面去寻找某种最高的目的，才会把整个自然界看作是一个合目的性的系统。这个是康德的一个解释。他把这一切完全颠倒过来了。以往的作为自然倾向的形而上学,康德认为,只有把它颠倒过来,把它里面的自然倾向的根挖出来,并且在这样一个基础上面重建形而上学,才能够使形而上学成为科学。这就是他前面讲的纯粹理性批判导言里面四个基本问题的最后一个问题:未来作为科学的形而上学,何以可能? 前面辩证论讲的则是作为自然倾向的形而上学,何以可能。那么作为科学的形而上学何以可能,就是要把自然倾向里面的根把它挖出来,然后在这个根基上面重建形而上学。这就使得未来的作为科学的形而上学成为了可能。这个是这一段的大体的意思。下面两段都是这样,就是分析我们人为什么在以往的形而上学中追求一个最高的存在者,为自然界追求一个最高的目的,他们背后的起作用的原因究竟是什么? 并不是他们通过一种对自然的观察和认识而得到了上帝存在的证明和根据,恰好相反,由于他们有道德,他们需要一个上帝,所以他们才到自然界的科学知识里面去寻求某种合目的性的统一性。这是康德的一个颠倒。在这样一个颠倒的基础之上呢,他重建了形而上学。

上一段康德已经把"理性知识的先验提升"和"实践的合目的性"这两者之间的关系澄清了,就是我们只有先把实践上的合目的性的统一系统建立起来了,我们才能有理由对我们的自然知识进行先验理念的提升,也就是把自然界、宇宙看作一个合目的性的大系统。这也就是说,只有先有了道德目的的预设,我们才能对自然的目的、宇宙整体的充足理由和一般存在的必然性条件进行纯粹理性的推导,从而在新的基础上重建对上帝的目的论证明、宇宙论证明和本体论证明。那么,用这种眼光来重新看待以往形而上学对上帝的各种证明,就可以看出它们的无效性在于不是立足于道德目的这个根本的前提之下,而是想要直接通过对自然界的知识性的推导,或者对存在概念的逻辑推导,来为道德目的、上帝和宗教奠定基础。但这种思辨理性的前提是根本站不住脚的,这一点康德在先验辩证论中已经作了充分的批判。所以下面这一段康德回顾了以往形而上学的这种幻相的根源,把它归结为没有以道德目的的预设为前提。

　　因此甚至在人类理性的历史中我们也发现:在道德概念充分被纯化、被规定,而诸目的的系统统一按照这些概念、而且从必然原则中被看出以前,自然的知识,甚至理性在好些别的科学中的相当程度的教养,都要么只能产生关于神性的一些粗糙的和漂浮不定的概念,要么就在这个问题上只留下一种令人佩服的根本无所谓的态度。

　　"人类理性的历史"就是指以往的形而上学史,它们都不是"作为科学的形而上学",而只能是一些幻相和伪科学。"道德概念充分被纯化、被规定",这是康德首次创立的丰功伟绩,也就是把道德律提升到纯粹实践理性的高度来加以原则规定。在纯粹实践理性的道德律之下,"诸目的的系统统一",诸目的也就是一切可能的目的了,不仅包括道德目的,也包括人的幸福啊,需求啊,爱好啊,甚至低层次的本能需要啊,但是它们必须要能够构成一个"系统统一"。这些低层次的目的的系统统一靠它们本身是绝对做不到的,不可能的,因为它们充满了感性的和经验的偶然性。但是如果按照那些纯粹道德概念来看它们,也就是把它们按照"配得幸福"的程度来安排,那么这些幸福就有了规则和系统,而且我们可以从中看出一种理性的必然性。所以他说这种系统统一是"按照这些概念、而且从必然原则中被看出"的。但是在此"以前",我们单靠"自然知识,甚至理性在好些别的科学中的相当程度的教养,都要么只能产生关于神性的一些粗糙的和漂浮不定的概念",这就形不成关于一个宇宙整体的系统统一的概念,或者最终目的的概念。"理性在好些别的科学中",比如在心理学中,以及在逻辑学中,而不仅仅是"自然的知识"。自然知识在当时就只是指物理学知识,相当于牛顿所说的"自然哲学的数学原理"。但除此而外,理性派的形而上学家们总是想通过某种心理学上的论证和逻辑推导,推出上帝的存在来。如笛卡尔通过理性心理学的考察发现了"我"的不完满性,而且又在"我"心中找到了一个"最完满的存在者"的概念，于是就推论说，不完满的东西怎么可能包含最完满的概念呢？所以这个最完满的概念肯定是由一个外在于我的上帝放进我这个不完满的存在者心中的。这就是笛卡尔对上帝存在的证明，是一种精致化了的本体论证明，它依赖的不光是逻辑推论，而且是心理学上的"相当程度的教养"，也就是笛卡尔自己的心理实验，包括"怀疑一切"、"不怀疑我在怀疑"、"我思故我在"等等。但是康德指出，所有这一切知识和教养，对于"上帝存在"而言，都"只能产生关于神性的一些粗糙的和漂浮不定的概念"，也就是理性的幻相。这些幻相是"粗糙的"，因为它们经不起检验，充满着偷换概念的逻辑矛盾；这些幻相又是"漂浮不定的"，因为它们没有经验的根据，无法证实。这是一方面。另一方面，"要么就在这个问题上只留下一种令人佩服的根本无所谓的态度"，这就是无神论的态度，如斯宾诺莎的态度。康德其实是很佩服斯宾诺莎的，因为他只相信严格的理性，在没有得到理性严格的论证之前，甚至否认上帝的存在也在所不惜，这种勇气是极为可嘉的。康德自己在某种程度上也抱有这种态度，只不过他不像斯宾诺莎那样死守着思辨理性和自然知识，而是发现了纯粹实践理性及其道德原则，并且把实践理性提升到思辨理性之上，这就为在理性基础上超出斯宾诺莎的无神论提供了一个新的思路。所以这句话的意思是警告性的，就是说以往对上帝存在的各种证明都是从思辨理性出发，其结果要么是漏洞百出，站不住脚，要么就是通往无神论，使一切信仰和宗教彻底垮台。只有康德自己所设计的这条立足于道德目的的概念之上的出路，才有希望走出以往形而上学在上帝存在的问题上所陷入的困境。

由我们宗教中极为纯粹的道德律所必然造成的对道德理念的更大的修订，曾通过那种强迫理性在对象上去获得的利益来使理性渴望着这个对象，而对此作出了贡献的既不是被扩展的自然知识，也不是正确可靠的先验洞察（这种洞察任何时候都是有缺陷的），是诸道德理念把关于神性存在者的这样一个概念实现出来，　B846

　　"我们宗教中极为纯粹的道德律",指基督教中的道德律,康德认为基督教和其他宗教、例如犹太教比起来,它里面的道德律是最纯粹的。正因为它最纯粹,所以它必然造成"对道德理念的更大的修订"。"更大的"是与其他宗教相对而言的,其他宗教的道德理念都是粗糙的,基督教在早期也是如此;但由于基督教的道德律最纯粹,所以它必然会导致对早期不太纯粹的粗糙的道德理念作出更大的修订,将它一步步纳入到纯粹理性的基础上来。"曾通过",这里用的是过去时,是指基督教在历史上,曾经是这样做的,就是"强迫理性在对象上去获得"利益,也就是引入了理性的实践运用。在实践中,当然是利益当头,是为了追求利益;但基督教告诉人们,利益必须由理性"在对象上去获得",所以这种利益对于理性有一种"强迫",就是你要得到利益,你就必须用理性去追求一个对象,而不能消极地等待幸福从天而降。这样一来,基督教就"使理性渴望着这个对象",这个对象就是那个能够给理性带来利益和幸福的对象。当然,这里所讲的"对象"是泛指的,既包括日常利益的对象,也包括道德活动的对象,还包括一切实践的最高目的即上帝;然而,作为"理性"的对象,是一定要把这个对象或者这些对象看作合乎理性的,有规律有系统的。所以,理性所"渴望着"的这个对象,在这种意义上更多地是指那个对象系统,或对象系统的顶点,也就是上帝。基督教在它的发展过程中有一种"希望神学"的倾向,在奥古斯丁那里,"信、望、爱"最后落实到"希望"之上,这种希望并不是狂热,而是理性之光的结果。理性告诉我们,你的幸福在来世和上帝那里有希望;但这种希望不是基于对自然的认识,而是出于道德上的合理性。所以他说:"对此作出了贡献的既不是被扩展的知识,也不是正确可靠的先验洞察(这种洞察任何时候都是有缺陷的)",这里还是在重申对理性神学的批判。"被扩展的知识"是指理性神学通过宇宙论的推论来证明上帝存在,也就是通过为有条件者寻求其最终的条件,把对万物的知识扩展到经验世界之外;而"正确可靠的先验洞察"是指对上帝存有的本体论证明。莱布尼茨曾把前一种证明称为"经验的"或"后天的"证明，把后一种证明称之为"先验的证明"。康德认为本体论的证明作为"先验的洞察"，"任何时候都是有缺陷的"，也就是说它有先天的缺陷，就是偷换了概念。从中世纪的安瑟伦到近代的笛卡尔和莱布尼茨，他们都没有发现这一先天的缺陷，就是把作为系词的 Sein 混同于作为实在的谓词的 Dasein，把"是"混同于"存在"、"存有"，混同于时空中的具体的实存。而在康德看来，"是诸道德理念把关于神性存在者的这样一个概念实现出来"，也就是说，是道德理念、道德法则才使得上帝概念具有了实在性，具有了在自然和人所能想到的一切目的和利益中的体现，具有了使人的幸福按照系统法则必然实现出来的根据。这就是道德理念"对此"所作出的"贡献"。对什么作出贡献？就是它使得理性在自然界中"渴望着"那个能够给它带来利益的"对象"，表面上看好像是为了追求利益才渴望那个对象，但实质上是只有具有了道德理念才会赋予这个对象以实在的目的性，从而给我们的利益带来希望。早期基督徒也许的确是为了追求利益，寻求幸福和解脱痛苦，才追随耶稣和基督教的，他们由此而明白了真正的基督徒是要过道德的生活；但现在回过头来看，追求利益的方法有很多，迷信、偶像崇拜等等都是为了带来利益，为什么还是要选择基督教？这就是因为基督教是理性的宗教，归根结底是道德的宗教。所以我们今天意识到宗教的这一层本质，我们就应该把这种关系倒过来：不是上帝允诺了我们幸福我们才相信他，并同意做一个道德的人；而是我们服从我们本性中的实践理性法则即道德律，我们才有理由设定一个上帝来保证我们的幸福。

　　这个概念我们现在认为是正确的，并不是由于思辨理性使我们确信它的正确性，而是由于它与道德上的理性原则完满地协调一致。

　　"这个概念"指上面说的"关于神性存在者"的概念，即上帝概念。任何思辨理性的证明，不管是自然神论的证明、宇宙论的证明还是本体论的证明，都无法"使我们确信它的正确性"，无法证明上帝确实存有。但"我们现在认为是正确的"，即现在我们跟着康德走过了对上帝存有的道德证明，我们已经可以认为它是一个具有客观实在性的概念了，而这只是"由于它与道德上的理性原则完满地协调一致"。上帝概念与道德原则"完满地协调一致"，当然上帝概念与道德律不完全是一回事，它还包括"原始存在者"、"创世者"的意思；但是这个创世者不是完全任意盲目地创造世界的，而是按照"道德上的理性原则"来创造世界的，他会把这个世界安排得合乎道德法则，使它成为一个"道德世界"。这样一来，上帝的理念就是一个完全合乎理性的理念了，上帝不但本身在道德上与理性原则相一致，而且能够使他所创造的世界在人的幸福方面也与理性原则"完满地协调一致"。所谓"完满地"（vollkommen），也就是完善地、圆满地，这正是至善的要求，就是道德和幸福完满地相互协调。

这样，最终却仍然只是纯粹理性，当然只是在其实践运用中，立下了这一功劳，即把一种可以单纯由思辨臆想出来但不能作数的知识与我们的最高兴趣联结起来，借此虽然并未使这种知识成为证明了的教条，但毕竟使它在纯粹理性最根本的目的上成了一个绝对必要的前提。

也就是由上面的论证表面，纯粹理性在其实践的运用中，而不是在思辨的运用中，"立下了这一功劳"。什么样的功劳呢？就是"把一种可以单纯由思辨臆想出来但不能作数的知识与我们的最高兴趣联结起来"。这种"不能作数的知识"也就是以往形而上学的理性神学关于上帝存有的"知识"，它是"单纯由思辨臆想出来"的，本来只是伪科学，是先验的幻相；但是在纯粹实践理性中，它们被用来"与我们的最高兴趣"相联结。"最高兴趣"也就是"最高利益"了，当然在涉及最高的层次时不好翻译成"利益"，只能译成"兴趣"或"关切"。但它与前面讲的"那种强迫理性在对象上去获得的利益"是一脉相承的，它和那些日常生活的目的一样，是实践理性追求的对象，是"善"；但已经不是一般的善，而是最高的道德的善。自然的合目的性、宇宙的最充足的理由，以及最高实在的绝对必然的存在者，这样一些由思辨臆想出来的理念，在与道德的最高的善结合起来之前都只是一些先验的幻相；而现在，双方凭借纯粹实践理性而结合在一起了，这是纯粹实践理性的一大功劳。这些在认识领域中的先验幻相现在有了它们正当的用途，也就是在道德的最高兴趣的引领下促成了一种新的道德宗教的建立。所以康德说："借此虽然并未使这种知识成为证明了的教条，但毕竟使它们在纯粹理性最根本的目的上成了一个绝对必要的前提"。这些伪知识并未因此就成了真知识，即得到了证明的知识，而仍然是一种独断的（dogmatisch）教条（Dogma），仍然是武断地假定下来的、没有根据的；但毕竟，纯粹实践理性使这种教条"在纯粹理性最根本的目的上成了一个绝对必要的前提"。所谓"最根本的目的"就是"至善"理想，也就是最后目的或者最终目的。实践理性是讲目的的，凡是涉及到目的的都已经是立足于实践理性之上了，而最根本的、最后的目的则是涉及到实践理性和思辨理性的统一。当然这种统一只有在纯粹实践理性的基础上才能完成，只有通过道德法则才能有统一的标准；但思辨理性关于先验理念的那些未经证明也无法证明的知识在这里也是不可缺少的，如上帝和来世等等，它们甚至"成了一个绝对必要的前提"。就是说，如果没有这些理念，纯粹理性尽管可以设想最高的善或者最高目的（道德），但却不能设想最完满的善、至善，因为道德上的至高的善没有一个上帝来把自然中最高的善即幸福安排得与之相匹配，那它就还达不到圆满的善，就还有欠缺，还不是至善。所以，纯粹理性按照它的本性来说，它的最后目的就是要追求至善，既要实现纯粹实践理性的最高的道德目的，又要为自然界中与这个最高目的相匹配的幸福留下余地，留下可能性和希望。而要设想这样一种至善，前提就是必须先设想一个能够使自然界中的幸福完全与道德法则相配的上帝和来世，即在理念中设想一个"道德世界"及其创造者。否则这种至善就是不可设想的，而我们的实践行动也将失去了最后目的的指导，而这会使我们的一切合目的性的行为都成为无最终目的的一盘散沙的行为，本质上是和动物一样的临时应付的无目的的行为。而无目的的行为是不能称之为"实践"的。但人和动物不同就在于他有实践能力，能够自由地设定

743

自己的目的,乃至于设定最高的和最后的目的,设定道德和至善的目的。康德在别的地方,比如在《实践理性批判》中,说道德自律是一个"理性的事实",是无法否认的。你在理论上也许可以不承认,但在实践上则不能不承认,就像休谟那样。休谟认为理论上不能证明一个上帝的存有,但在实践中我们不妨按照好像有一个上帝那样地去生活,这对我们的日常生活是有好处的。而康德认为,这恰好证明我们在实践中有一种纯粹理性的必然法则在实实在在地起作用,具有实践意义上的客观实在性。

但下面一段康德又强调,这种实践意义上的实在性和理论意义上的实在性是截然不同的,决不可能把它看作一种知识。

<u>但如果现在实践理性达到了这一高度,也就是达到了作为至善的一个唯一的原始存在者的概念,那么它决不可以冒险以为它已经超越了其应用的一切经验性的条件,并高高飞升到了对那些新对象的直接知识,于是就能从这一概念出发并从中推导出道德律本身。</u>

就是说,如果实践理性现在推导出了一个上帝的概念,它是纯粹理性的至善理念的唯一保证,"那么它决不可以冒险以为它已经超越了其应用的一切经验性的条件,并高高飞升到了对那些新对象的直接知识"。纯粹实践理性的上帝和至善的概念当然是超越"经验性的条件"的,但这只是在理论的意义上,而不是在实践的意义上。所以我们不能认为这些概念"已经超越了其应用的**一切**经验性的条件",因为它虽然超越了知性在理论的运用上的经验性条件,但并没有超越理性在实践的应用上的经验性的条件;因而也不能"冒险"认为实践理性脱离了它的实践的应用而达到了对那些"新对象"、也就是超验对象的"直接知识"。注意在这里有两种不同的"经验性条件",一种是思辨理性运用的经验性条件,思辨理性只能在这个条件下发挥作用,在这种意义上只能有"内在的运用";另一种是实践理性应用的经验性条件,就是实践理性必须在经验世界中把它的目的实现出来,否则它就不能叫作"实践的"理性。所以

实践理性本身就只能有"内在的"应用，但和思辨理性的内在运用不同的是，它不是把一种抽象的理性能力运用到另外一个经验的对象身上，而是它本身就意味着对经验事物发生实践的影响作用。所以它的应用不是对象性的或知识性的，不是要达到对于一个超验对象的认识，而是要从自身中、从实践活动中产生出它的经验性的对象来。因此它也没有超越于它的经验性对象之上的超验对象，而只有以经验性对象为目的的超验原理。当然，上帝和至善的概念在含义上还是指向一个对象的，"道德世界"的理念作为一个被假设的世界，实际上也是一个在现实的经验世界中找不到的对象世界，是想象中的经验世界；但这些"对象"都相当于前面讲的"理知的对象"，对它们作一种"理知的直观"是想也不能想的，是不可思维的事。因为它们根本就没有认识论的意义，不像"知性直观"（或"智性直观"）的对象，虽然我们人类不可认识，但毕竟有认识论意义，被看作是所认识的现象底下的自在之物本身。由此可见，上帝或者至善理想并不是作为超验对象而设定的，而只是作为实践原理而设定的，只是为了用在我们日常经验的道德实践活动中而提出的一种实践假设、"悬设"。所以我们也不能从它的概念中"推导出道德律本身"，因为它的概念本身倒是建立在从道德律出发的推论之上的。正如康德接下来所说：

　　因为这些道德律恰好是由其**内部的**实践必然性而把我们引向一个独立原因的预设或一个智慧的世界统治者的预设的，为的是赋予那些规律以效力，所以我们就不能根据这种效力反过来又把道德律看作是偶然的和由单纯的意志推出来的，尤其不能看成由这样一个我们若不依照道德律来构想就对其完全没有概念的意志推出来的。 **B847**

　　道德律"内部的"实践必然性，这个"内部的"打了重点号，是说明道德律是内部自律的，而不是由外部他律决定的。但这种内部自律又必然要把我们引向对一个外部独立原因或创世者的预设，"为的是赋予那些规律以效力"。当然这并不是说，没有上帝的预设，道德法则就没有

745

"效力"了，道德法则作为实践的法则肯定要在经验世界中起作用，发生它的效力；但这种效力是得不到保障的，它受制于偶然的条件，我们人类不可能把这些偶然条件全都纳入到道德律的规范之下，因而也不可能把这种效力看作是按照道德律而产生的效力。但我们又不能认为道德律就是没有效力的，因为否则它就不是一条实践法则了，所以我们必须预设一个上帝来为道德律在经验世界中的效力担保，这个预设是道德律为了赋予自己以效力而从自身内部的实践必然性中引出来的。这样我们就可以相信，尽管我按照道德律行动也许看起来在现实的经验世界中根本没有什么影响，哪怕我杀身成仁、舍生取义，对世界的改变也没有丝毫作用，但在上帝眼中这一切都不会没有结果，上帝这样安排经验世界一定有他不为人知的道理，他最终将会对这个世界上的善恶给予公正的审判和赏罚："申冤在我，我必报应。"但既然这种预设本身是出自于道德律内部的实践必然性，"所以我们就不能根据这种效力反过来又把道德律看作是偶然的和由单纯的意志推出来的"，也就是不能倒果为因。"偶然的和单纯的意志"就是指上帝的意志，如果去掉了道德律这个前提，上帝的意志就只能是偶然的，仅仅是意志而已，而不能成为有必然规律的，那么它又怎么可能推出道德律来呢？所以"尤其不能看成由这样一个我们若不依照道德律来构想就对其完全没有概念的意志推出来的"。这里"意志"还是指上帝的意志，这个意志若不依照道德律来设想就完全没有概念，可见它只能是道德律推导的结果，而不能是道德律的原因。

因此，只要实践理性有权引导我们，我们就不会由于行动是上帝的命令而把这些行动看作是义务性的，相反，我们之所以把它们看作是神的命令，倒是由于我们从内心感到有义务。

"只要"实践理性有权引导我们，这个条件句陈述的是事实，就是说，实际上实践理性在这个结构中永远是起领导作用的，行动的义务不是出于上帝的命令，相反，命令之所以被看作上帝的命令，倒是由于"我们从内心（innerlich）感到有义务"。这就和前面讲的：道德律是"由其内部的（innere）实践必然性"而把我们引向上帝概念的预设的，对应起来了。换言之，我们把出于义务应当做的事看作是上帝对我们的命令，实际上只不过是把我们自己心中的道德律神圣化了，并不是真的有一个上帝在对我们作出启示；但前提是，我们服从的是我们内心的实践理性。这是康德特有的"理性范围内的宗教"，它与所谓"启示的宗教"、"历史的宗教"以及教会和官方所控制的宗教都不同，是唯一地建立在实践理性之上的，因而是自由的宗教。在这种意义上，服从上帝的意志就是服从自己自由意志的法则，上帝的意志其实不过是我自己的自由意志的理想化、神圣化的形态。

　　我们将会在以理性原则为根据的合目的性的统一之下来探讨自由，并且我们只有使理性出自行动本身的本性教给我们的那个道德律保持圣洁，我们才相信自己是合乎神的意志的，而我们只有通过促进我们自己和别人身上的世上至善，才相信自己是服务于神的意志的。

　　"我们将会"，在什么条件下"将会"？就是前一句说的，"只要实践理性有权引导我们……"，我们就"将会"。将会怎样呢？"在以理性原则为根据的合目的性的统一之下来探讨自由"，就是在整个宇宙按照理性原则所组成的合目的性的统一体中探讨自由的位置和性质。有了实践理性的引导权这个前提，我们就可以把对自由的理解扩展为宇宙的合目的性体系的理性根据，或者说，把世界的合目的性统一归结为人的自由。"并且我们只有使理性出自行动本身的本性教给我们的那个道德律保持圣洁"，维勒把这句话校改为："并且我们只有把出自理性本性的行动本身教给我们的那个道德律保持圣洁"，其实两种说法都通。"理性出自行动本身的本性"，是指理性在实践的方面，也就是实践理性，因为所谓行动"本身的本性"就是实践，而不只是它的物理现象和生理现象。而维勒所谓"出自理性本性的行动本身"也是指的实践。那么，我们只有使实践理性教给我们的道德律保持圣洁，"我们才相信自己是合乎神

747

的意志的"，这是前提，就是说，道德上的圣洁是宗教信仰的前提，神的意志必须以道德和实践理性为基础才能得到正确的理解；其次，"而我们只有通过促进我们自己和别人身上的世上至善，才相信自己是服务于神的意志的"，这是第二层意思，就是道德上的圣洁不只是一种空洞的内心法则，而且要在我们自己和别人身上实现出来，朝着"世上至善"努力。因为道德的圣洁归根结底是实践理性"教给我们"的，而实践理性是"行动本身的本性"，是要在"世上"和他人打交道的活动，这种活动只有按照道德法则来"促进"人们的"世上至善"，才有资格称之为对神的服侍。这两层意思，一层是说，宗教信仰以道德法则为前提，这使我们相信自己"合乎神的意志"；一层是说，这个道德法则不是只说不做，而恰好是一条实践法则，要把道德法则贯彻到世俗生活中，使这种世俗生活日益趋向于至善，这使我们相信自己是"服务于神的意志的"。因为上帝的至善恰好要在我们的世俗生活中实现出来，才能构成一个"道德世界"。而这就完全靠我们自己按照实践理性的法则去做，去促进这桩事业，而不能等待上帝的施舍。

所以道德神学只具有内在的运用，即通过我们适合于一切目的的体系而在现世中实现我们的使命，而不是狂热地或也许是罪恶地放弃道德立法的理性在良好生活作风上的指导，去把这种指导直接寄于最高存在者的理念，这将会是一种超验的运用，但正如单纯思辨的超验运用一样，这必将颠倒理性的最后目的并阻碍它的实现。

这里点出了道德神学、实际上也是一般实践理性的"内在的运用"（der immanente Gebrauch）。这里讲的内在运用，和思辨理性（知性和理性）在经验知识范围内的"内在的运用"有相同的地方，就是都是运用于可能经验的范围内。但不同的是，如上面已经指出的，一个是认识方面的内在运用，现在这一个却是实践方面的内在运用。认识方面的内在运用是把一套先验知识框架运用于经验对象上，使之具有客观的对象性；实践方面的内在运用则是按照实践理性本身固有的目的把它在经验世界中实现出来,而不是把这个目的本身变成一个高高在上的对象。所以康德说,这种内在的运用就是"通过我们适合于一切目的的体系而在现世中实现我们的使命"。"适合于一切目的的体系",就是把一切目的、包括道德目的和各种各样的幸福的目的全都纳入进来的一个大系统,也就是德福一致的至善的体系。这不是一个高高在上的理念,而是我们在"现世中"的使命。与此相反的态度则是:"狂热地或也许是罪恶地放弃道德立法的理性在良好生活作风上的指导,去把这种指导直接寄于最高存在者的理念"。这就是不去现实地促进我们在人世生活中的道德使命,而是放弃实践理性的道德立法"在良好生活作风上的指导",直接诉之于上帝的启示和灵感,这种做法是"狂热地或也许是罪恶地"行为。康德最反对宗教狂热或道德狂热,他强调的是道德上"立法的理性",他认为宗教本身应当建立于这种理性的基础上,否则就会堕入狂热甚至罪恶。一旦陷于狂热,就可能违背实践理性的道德律令,甚至反其道而行之,那就是罪恶。今天那些宗教极端分子、原教旨主义者就是这样,一切恐怖分子都有一个冠冕堂皇的借口,就是他们都是直接听从神的旨意的"战士",他们只凭灵感和"召唤"行事,不要理性。康德说:"这将会是一种超验的运用,但正如单纯思辨的超验运用一样,这必将颠倒理性的最后目的并阻碍它的实现"。实践理性的"超验的运用"正如思辨理性的"超验运用"一样,都会导致"颠倒理性的最后目的并阻碍它的实现"。思辨理性的超验运用,前面说了,是指把先验理念的对象当作超验的、超经验的对象来认识,以为由此可以获得一些完全凭理性而不凭经验建立起来的形而上学知识,这其实都是一些幻相和伪知识。实践理性的超验运用,则是不用实践理性的法则指导现实的、世俗的道德生活,而一心巴望着上帝给自己提供行动的指示。这两种超验的运用都"颠倒了理性的最后目的"。就思辨理性而言,就是它的理念本来只是内在地引导知识达到最大可能的统一性的,是我们一切知识探索的最高目的,却被当作本身也是一种特殊的知识,从而使思辨理性的最高目的降为手段,最终

749

失去了目的,失去了这些理念把知识导向目的论的功能。就实践理性而言,就是它的那些"悬设"本来只是在日常生活中引导人们遵从道德律的,它使人们在过道德的生活时意识到自己在人世间促进道德上的最高目的这一事业,从而能够从每一点小事做起,努力不懈;但在超验的运用中,人们却认为这些小事微不足道,只有直接听从上帝的吩咐才是重要的,这就把实践理性的悬设当作跨过经验世界而与世俗的人作非理性的神交的对象了。所以,在这两方面,即在自然目的和道德目的两方面,"理性的最后目的"都遭到了"颠倒",因为前面讲过,"最后目的"是各种"最高目的"的系统统一。既然如此,其结果当然就是"阻碍它的实现"了,因为最后目的的各种成分都遭到了歪曲。回到这一节的标题:"至善理想,作为纯粹理性最后目的之规定根据",问题就很明白了。对这个最后目的进行规定的至善理想首先就是立足于纯粹实践理性的道德法则,这个道德法则按照实践理性必然会要求把它自身实现为一个"道德世界",也就是要求将自己在世俗生活中作一种"内在的运用",来促进德福一致的至善理想;这就有必要悬设一个上帝和来世来保证德福一致的可能性。而一切撇开道德律的内在的实践运用而超验地对待这样的悬设的态度,都是误解了这种悬设的作用和根据,必将成为对至善理想这一理性的最后目的的阻碍。

B848

第三节　意见、知识和信念

现在我们来读第三节:"意见、知识和信念"。

康德在这一节里突然提出这样几个概念来讨论,似乎有些不可理解,好像与前面讲的有些脱节。前面第一节是讲"我们理性的纯粹运用之最后目的",也就是从思辨理性所提出的三个理念"意志自由"、"灵魂不朽"和"上帝存有"在理论上的无用引向在实践和道德上的必要性,以便寻求纯粹理性的法规真正有效的运用范围;第二节是讲"至善理想,作为纯粹理性最后目的之规定根据",在实践的立场上提出理性的"一切兴趣"的三个问题，制定了纯粹实践理性有关德福一致的法规，将它们归结到"道德世界"、"至善"和一个全能的上帝的预设。这些都属于具体的理论论证，从中可以明显地看出一条思维的逻辑线索。但唯独这个第三节，是更高层次上的说明，也可以说是"方法的方法"、"法规的法规"，因为它不再讨论法规的具体内容，而只考察法规所属的信念（或信仰）层次。康德在第二版序中①曾说道："我不得不悬置知识，以便给信仰腾出位置"（BXXX），并接下来说："青年人在通常的独断论那里这么早就受到这么多的鼓动，要对他们一点也不理解的事物、对他们在其中乃至世界上任何人在其中都会一无所见的东西随意玄想，甚至企图去捏造新的观念和意见，乃至忽视了去学会基本的科学知识"（BXXXI）；不过，这些独断论的证明并没有"在任何时候到达过公众那里并可能对他们的信念产生过最起码的影响"，相反，这些证明背后隐藏着的是"在公众中流行的信念"，也就是"对来世生活的希望"、"自由的意识"以及"对一个智慧的和伟大的创世者的信仰"（BXXXII）。显然，意见、知识和信仰（Glauben，又译"信念"）的关系问题是康德从"纯粹理性批判"转向"实践理性批判"的转捩点，在这里，他通过对"知识"领域内各种独断的"意见"的批判而转向了"信念（信仰）"的领域。那么，究竟什么是意见，什么是知识，什么又是信念呢？如何严格地区分它们呢？这就是这一节所要做的工作。

　　首先，这三者的一个共同之点就是，它们都是"视其为真"（Fürwahrhalt）的方式。

　　视其为真是我们知性中的一桩事情，它可以是建立在客观的根据上，但也要求在此作判断的人内心中有主观原因。

　　"视其为真"，也可以译为"看作是真的"，它基本上是属于知性的，因为知性的任务就是求真理、求真知识。意见、知识和信念只不过是在

---

① 参看《康德三大批判精粹》，第 59—61 页。

不同程度上的求真而已,康德在《逻辑学讲义》中说:"有三种或三种样式的视其为真:意见、信念和知识。"[①] 而凡是真理,按照康德的说法,就涉及到主观和客观的关系,也就是观念和对象之间的关系,观念和对象相符合的关系。所以这里讲"客观的根据"和"主观原因",因为这是"真"或"视其为真"的两个必要的环节。

　　如果这件事对每个人,只要他具有理性,都是有效的,那么它的根据就是客观上充分的,而这时视其为真就叫作**确信**。如果它只是在主观的特殊性状中有其根据,那么它就称之为**置信**。

　　视其为真虽然属于知性认识的事情,但本身也包含着某种程度上的实践态度,即客观上的"确信"和主观上的"置信"。实际上,任何求知识的活动里面无不包含有某种实践的成分,因而包含有某种信念,否则知识本身也就无从获得了。但信念的程度、方式和侧重点却有所不同,"如果这件事对每个人,只要他具有理性,都是有效的,那么它的根据就是客观上充分的,而这时视其为真就叫作确信"。"确信"(Überzeugung) 的德文原意就是(有证据地)相信,用证据使某人信服,因为它的词根 zeugen 就是"证明"、"作证"的意思。既然如此,"它的根据就是客观上充分的",而且对每个有理性者都是"有效的"。"如果它只是在主观的特殊性状中有其根据,那么它就称之为置信",这是与"确信"对照来说的。"置信"原文为 Überredung,本来的意思是"说服"、"劝服",因为它的词根 reden 是"谈话"的意思。我们这里译为"置信",表达与"确信"相对照的意思,是一种更初级的信念。我们通常要表达根本不可信,就说"难以置信"而不说"难以确信",因为置信是起码的信念,连最起码的信念都达不到就叫"难以置信"。康德的意思也是如此,例如他在《逻辑学讲义》中说:"与确信相反的是置信,置信是根据不充分的视其为真(人们不知道这些根据是单纯主观的,还是也还客观)。置信常常发生在信念之前。许多知识

---

① 参看《逻辑学讲义》,第 58 页,译文有改动。

我们都是如此了解的，以致我们不能判断我们视其为真的根据是主观的还是客观的。"但我们通过考虑和研究，"能够从单纯的置信进到确信"。①当然置信和确信都是主观的态度，但区别在于前者没有客观的根据，后者则是立足于客观上充分的根据。尽管如此，两者在主观上却都是自以为有客观根据的，这就需要辨别清楚。如何辨别呢？康德下面就说了。

置信是一种单纯的幻相，因为那只存在于主观中的判断根据被看作了客观的。

在这里，置信被康德定位为"幻相"，如纯粹理性的辩证论中的先验幻相，例如上帝存在之类。幻相的特征就在于"只存在于主观中的判断被看作了客观的"，也就是说，本来明明只是"在主观的特殊性状中有其根据"的东西，却被"视其为真"，当作了有客观根据的东西，但又没有什么可以证明这一点。

因此这样一个判断也只有私人有效性，这种视其为真是不能传达的。

这句关键词是"传达"。不能传达的判断只有私人的有效性，而没有客观有效性。反过来说，只有客观有效性才可能传达给别人。例如，"上帝存有"的幻相是不能传达的，有些民族就是没有这一种观念。拿破仑对拉普拉斯说，你的体系中上帝在哪儿？拉普拉斯回答：我用不着那个假设。

但真理是建立在与客体相一致之上的，因而就客体而言，每一个知性的判断都必然是相互一致的（凡与第三者相一致者相互间也一致）。

也就是说，如果谈的不仅仅是"视其为真"，而是真理本身，那么它是建立在与客体相一致之上的，每一个知性在作判断时都会援引这个客体作为"第三者"，作为证据和中介，于是在这上面就达到了必然的一致性，并依靠这个客体而必然能够传达。置信正因为撇开了第三者，即客体，而只是从主观方面来确定其对象的真理性，所以这种视其为真是没有客

① 参看《逻辑学讲义》，第64页，译文有改动。

观根据的,只能是虚假的幻相,也不可能传达。

所以,检验视其为真是确信或只不过是置信的试金石是在外部,即它的传达的可能性,以及这个视其为真对于每个人的理性都被认为有效的可能性;

就是说,既然视其为真当其具有了充分的客观根据时就是确信,而且这个客观根据使它能够被传达,那么我们反过来就可以把它是否有客观外在的根据、因而是否能够借这个外部根据来传达,作为检验其是否确信的一个标准或"试金石"。不合乎这个标准的就只能看作是置信。而所谓的"传达",也就表现为"对于每个人的理性都被认为有效"。但要注意,这里说的不是"对于每个人都被认为有效",而是对每个人的"理性"都被认为有效。也就是说,传达不等于盲从,不等于偶然的意见一致,而是包含一种理性或概念的普遍性。一个人接受别人的观念如果不是凭借理性和普遍概念,他的内心感受和别人的原意很可能并不真正一致,而只是表面上认同而其实不同的,例如我们通常都认为月亮在刚刚升起的时候比在中天的时候要大,但天文学家却不这样认为;又如基督教的各个教派对同一个上帝都有不同的观念,这些观念如果不通过理性,其实是不可能真正传达的,而只是每个人的置信而已。而理性的传达就在于要求有一个第三者,要求有客观的证据,才被认为有效。

B849　　因为这样一来至少就有一种推测,即一切判断相一致的根据尽管有主体相互间的不同差异,也将立足于共同的基础上,亦即立足于客体之上,因此这些判断就全都与该客体相一致,而判断的真实性就由此而得到了证明。

被理性看作有效的东西是因为它的根据在同一个客体上有共同的基础,尽管从主体方面来说仍然有许多差异,主要是各人感性方面的差异;但不论差异多大,普遍的理性仍然能够认为这些判断"全都与该客体相一致",这样判断的真实性或真理性才得到了证明。康德说这"至少"是一种"推测",后面的"也将……"也是用的虚拟式,可见他这里说得很谨慎。为什么他要这样谨慎？显然是为了留有余地，也就是说，有些判断尽管可以传达，可以被每个人的理性认为有效，但它的客观根据有可能仅仅是推测，例如对某些科学命题和科学假设的暂时接受。所以这些都有可能只是"推测"而已，因为科学总是要不断发展的，许多科学命题和假设在后来都被推翻了，而且还将有更多科学命题被推翻的可能。我的认识是否具有科学的真实性，也就是说，这些现象究竟是客观真实的现象，还是受主观条件限制的主观现象、甚至错觉，这往往要在不断推测和证实的过程中才能确定，而且也许永远也不可能绝对地确定，如后来的波普尔所说的"猜想与反驳"，胡适所说的"大胆假设、小心求证"，这是一个长期的甚至无限的过程；但"至少"，我们有理由去"推测"，去猜想或假设，因为我们有一种客观的求真理的态度，有一种要与客体相一致的要求。这就是一种科学的信念，即通过客体来达到确信，进而达到越来越确定的"知识"。

因此尽管当主体仅仅把视其为真看作他自己内心的现象时，置信不能够从主观上和确信区分开来①；但借助于视其为真在我们这里有效的那些根据而在别人的知性上做一个试验，看看这些根据在别人的理性那里是否会产生和在我们的理性上同样的结果，这却是一个手段，它虽然只是主观的，虽然并不导致确信，但毕竟揭示出判断的单纯私人的有效性，即揭示出判断中某种只是置信的东西。

这一段是与上一段相对称的，上一段主要讲如何区分出确信，这一段主要讲如何区分出置信。"当主体仅仅把视其为真看作他自己内心的现象时"，我们无法区分置信和确信，因为双方都有这一方面。凡是"信"首先当然都必须是"作判断的人内心中有主观原因"，否则怎么说"信"

---

① 原译作"置信和确信不能够从主观上区分开来"，但这一段整个都是谈"置信"，原句"置信"也是唯一的主语，兹改之。

呢？但有一个办法可以把置信区分出来，就是把每个人的视其为真的根据和另外的人做一个比较，看看别人的知性或理性是否也能够认可，如果不能认可，那就只是置信，而不是确信。当然，如果认可了，也并不因此就"导致确信"，因为这种方法毕竟"只是主观的"，而不涉及客观的"第三者"的证据。很可能，即使诉诸他人的知性或理性，并且产生了"同样的结果"，也还是达不到真正的确信，而顶多只是信仰（信念），比如对上帝和来世的道德上的信仰。这种信仰康德有时也称之为"实践的确信"，但它并没有客观的根据。如他在《逻辑学讲义》中论及"道德的理性信仰"时说的："由主观的理由（就实践的观点来看，这种理由和客观的理由一样有效）而来的完满的视其为真也是确信，但不是逻辑的，而是实践的（我确定）"，尽管它"往往比一切知更坚定"，但它"与知和一切理论的或逻辑的一般确信相对立，因为信仰决不能提高到知"①。所以，能够为别人的理性所认可的，既可以是主观的信念（信仰），但也可以是有客观根据的确信，却并不"导致确信"，因为这种方式本身仍然只是一种主观的"手段"，而没有把客观根据提供出来。尽管如此，至少在不为别人的理性认可的情况下，则"毕竟揭示出判断的单纯私人的有效性，即揭示出判断中某种只是置信的东西"。例如理性派自认为通过自己的理性证明了上帝的存有，但是经过康德的批判理性的检验，表明这种证明在别人的理性那里并不能被认可，理性派自认为不言而喻的"知性直观"在康德看来是人类所根本不具备的，这就揭示出他们这种判断只具有私人有效性，因而只是他们个人的"置信"罢了。当然，个人置信也是有原因的，但决不是他们所认为的那种知性或理性的原因，更不是客观对象的原因，而是实践的原因，所以这种置信只对他们个人是"有效"的，下面一段就是揭示这一点。

---

① 参看《逻辑学讲义》，第64页，译文有改动。

　　此外，如果我们能够把我们认为是判断的客观**根据**的那些主观**原因**展示出来，因而将这种欺骗性的视其为真解释为我们内心的一桩事情，而不需要为此取得客体的性状，那么我们就揭露了这一幻相，并不再被它所蒙骗，虽然总还是在某种程度上被它所诱惑，如果幻相的主观原因与我们的本性相关的话。

　　这段还是讲的置信。置信之所以没有客观根据，并不是它不想有客观根据，而只是它把实际上只是主观的原因当作客观的根据，从而造成了幻相。但"如果我们能够把我们认为是判断的客观**根据**的那些主观**原因**展示出来，因而将这种欺骗性的视其为真解释为我们内心的一桩事情，而不需要为此取得客体的性状，那么我们就揭露了这一幻相"。"根据"和"原因"两个词上打了着重号，说明康德看重这两个词的区分，即一个是客观的"根据"（Gründe），另一个是主观的"原因"（Ursachen）（都是复数）。幻相的"欺骗性"本质上就在于把主观的原因当作了、或者说冒充为客观的根据。那么当我们把这一事实揭示出来，拆穿这种"欺骗性的视其为真"，将它解释为我们内心的事情，"而不需要为此取得客体的性状"，那么这种幻相就被揭露了，不再能够骗人了。这里讲的"我们内心的一桩事情"，当然就是指的信念（信仰），我们内心的信仰并不需要"为此取得客体的性状"，只要有主观的原因或理由就够了，我们就可以将它"视其为真"了。一旦我们明白了这一点，那么我们就不再去强求它具有客观对象的知识，而且放弃一切想要证明这种知识的企图，我们就"不再被它所蒙骗"了。但康德在这里又作了一个让步："虽然总还是在某种程度上被它所诱惑，如果幻相的主观原因与我们的本性相关的话。"在前面的先验辩证论中，康德已经说了，先验幻相是可以被揭露的，但不可能被排除。就是说，我们一旦揭示了先验幻相的产生根源，以及这种欺骗的本质，我们就可以不受它们的欺骗了，但这并不说明它们就不再产生出来诱惑我们了。就像天文学家已证明不是太阳绕着地球转，而是地球绕着太阳转，我们仍然每天都说"太阳升起来了"；我们明明知道月亮在初升时显得更大是一种视错觉，但我们仍然有这样一种消除不了的感觉，虽然我们不再受这种感觉的欺骗了。这些经验的幻相都是与我们的感官的本性的有限性相关的。至于先验的幻相，例如我们总愿意相信有一个上帝存在，或者有一个不朽的灵魂等等，则更是与我们的道德本性相关了。正是由于人类的道德本性，使得人们不断地有一种形而上学的自然倾向，要去建立有关上帝、灵魂不朽和宇宙整体的一整套形而上学，哪怕我们已经证明这些都是伪科学也不能遏制这种热情。所以康德认为，一旦找到了先验幻相的这个根源，我们倒是可以借此扩大我们的眼界，从思辨的形而上学过渡到道德形而上学，从而为未来的真正科学的形而上学奠定基础。

下面一小段就是总结性的了。

<u>我所能**断言**的，也就是当作一个对任何人都必然有效的判断说出来的，无非是产生确信的东西。我可以为自己保持置信，如果我愿意这样的话，但我不能、也不应当企图在我之外使它成为有效的。</u>

B850

这就对确信和置信的运用范围作了规定。"断言"（behaupten）打了着重号，这个词也有"主张"、"坚持"之意，之所以能够坚持，是因为相信它不会遇到别人的反驳，如果别人尊重客观事实的话。所以这种断言是对任何人"必然有效的"，如果对某人没有效，我就可以诉诸客观事实，迫使他承认其有效性。所以这样一种断言是"产生确信的东西"。换言之，确信的态度只能用在这种场合，也就是有客观根据迫使任何人都必然承认其有效性的场合。但另一方面，康德也不完全否定置信本身的有效性，他认为"如果我愿意"，我就"可以为自己保持置信"，但有一个条件，就是"我不能、也不应当企图在我之外使它成为有效的"，因为置信的有效性只限于个人私下，而不能扩展为一种建立在我之外的客观根据上的知识。康德对先验幻相的一切批判都只是针对这种非分企图的，但并没有否认这种置信在个人主观上的有效性，反而认为这种有效性恰好暴露了人的理性的本性，即建立在自由意志之上的道德本性。所以，"如果我愿意的话"，我就可以凭自己的自由意志保持对上帝、来世等等的置信，让它们在我的实践行为上发生效力；但我必须清醒地意识到这只是我自己道德上的需要，而不是什么客观有效的知识。当然这样一来，置信就不再仅仅是一种单纯的幻相，而且成为了一种实践的信念或信仰了。所以这句话表明了一种立场的转换，就是从认识论的立场上看只不过是置信的东西，从实践的立场上看却可以成为有效的信念或信仰。

下面康德就开始从"信念"的这一新的立场上来考察"视其为真"的各个不同层次了。从程度上来说，信念的客观有效性和可靠性程度最差的是"意见"，最强的是"确信"，到了确信就已经是知识了。

视其为真，或者判断的主观有效性，在与确信（它同时又是客观有效的）的关系中有如下三个层次：**意见、信念和知识。**

视其为真是就判断的主观有效性而言的。立足于此，我们再来看它与同时具有客观有效性的确信的比较关系，我们就可以区分出三个层次，就是：在主观上和客观上都不可靠、因而是最不可靠的"意见"；虽然在主观上可靠、而在客观上却不可靠的"信念"；以及主观上和客观上都具有可靠性的"确信"，也就是对"知识"的确信。这些可靠性或者有效性的考察虽然涉及的是知识的等级，但其实都是从实践的角度来看的，因为所谓"有效性"都是从合目的性的角度来谈的，而凡是从合目的性来谈的问题都是实践问题。这就是这一节的标题"意见、知识和信念"所包含的用意，即从认识问题转向实践问题的维度。康德在下面具体阐明了这三个概念之间的层次关系。

意见是一种被意识到**既**在主观上、**又**在客观上都不充分的视其为真。如果视其为真只是在主观上充分，同时却被看作在客观上是不充分的，那么它就叫作**信念**。最后，主观上和客观上都是充分的那种视其为真就叫作**知识**。主观上的充分性叫作**确信**（对我自己而言），客观上的充分性则叫作**确定性**（对任何人而言）。对这些如此容易领会的概念我将不再解释了。

注意这里讲，意见是"被意识到"在主观和客观上都不充分的视其为真。其实在信念甚至确信那里，很可能事实上它们在主观上或客观上都并不充分，但它们却没有"意识到"这一点，它们只是"被看作"或"叫作"信念和知识。而且信念有时候还可能自以为它不仅在主观上是充分的，而且在客观上也是充分的，即自以为它是知识；而这时它事实上就成了"置信"，即把主观原因当作客观根据，陷入了幻相，却自以为自己是"确信"。但"意见"在这一点上却很有自知之明，它知道自己在主观上和客观上都是不充分的。而"信念"，至少从概念上说，是指主观上充分而客观上却不充分的那种视其为真。只有"知识"才是主观上和客观上都充分的视其为真，而在知识中又可以分解为两方面，即一方面，"主观上的充分性叫作确信（对我自己而言）"，另一方面，"客观上的充分性则叫作确定性（对任何人而言）"。确信当然是"对我自己而言"，因为它是一种"视其为真"的态度嘛，虽然是由于有客观根据才有这种态度，但这种态度本身毕竟是主观的。所以确信也可以看作一种信念，而与一般的主观上充分的信念不同的是它还同时具有客观的根据或者客观上的充分性，而这种客观上的充分性就是"确定性"。确定性（Gewiβheit）就不是主观上的"视其为真"的态度了，它是属于知识本身的一个客观标志，所以它"对任何人而言"都是客观上充分的、确定的。知识一方面在主观上具有自己确信的特点，但另一方面又具有任何人都认可的客观确定性的特点，而后者正是前者之所以确信的客观根据，所以知识是最高层次上的视其为真。康德说这些基本的概念是太"容易"了，不需要再作什么解释。下面他就来检查这些概念的用法。

首先谈"意见"。

如果不是至少**知道**点什么，我决不会让自己抱有什么**意见**。

显然，意见、信念和知识的区别只是相对的，即使是在最不确定的意见里面，也多少包含一些知识的成分，它与知识的区别只在于这些知识成分极不充分。但如果连一丁点儿知识成分都没有的话，那么就连意见也都提不出来了。再进一步说，

凭这知道的一点什么，那本身只不过是悬拟的判断就获得与真实性的某种联结，这种联结虽然是不完全的，但毕竟胜于任意的虚构。

"悬拟的"，原文为 problematisch，也可以译作"成问题的"。自古希腊以来，"意见"和"真理"就是两个对立的范畴，意见是没有确定性的，因而只是悬拟的、成问题的，而只有真理才是确定的，不可怀疑的。这种区别尤其在巴门尼德、柏拉图的理性主义传统中强调得很厉害。但康德不仅仅接受了西方哲学的理性主义传统，而且在很大程度上同时也吸收了经验主义的传统，所以他才能为意见辩护，说意见本身尽管"只不过是悬拟的判断"，但却可以凭借自身的那一点知识成分而"获得与真实性（Wahrheit，又译作真理性）的某种联结"。意见与真理的这种联结"虽然是不完全的，但毕竟胜于任意的虚构"。这里实际上是站在经验论一边为感性认识说话，我们可以回忆一下在《纯粹理性批判》导言中一开始康德所说的话，即我们的一切知识都开始于经验、但并非都来源于经验，就是这个意思。经验知识并不完全，而且永远是不完全的、未完成的；但也是任何真理、任何知识所不可缺少的。所以经验的意见与真理并不是绝缘的，而是有某种联结，这种联结不是"任意的虚构"，而是包含有真理的颗粒。但问题在于：如何联结？

此外，一个这样的联结的规律必须是确定的。因为，如果我在这种规律方面所拥有的也只是意见，那么一切都只是想象的游戏，而失去与真实性的最起码的联系了。这里明显是针对休谟的怀疑论而发的。

休谟对感性表象的联结就完全是不确定的，是一种随机的联想，所以这些意见就失去了和真实性（或者真理性）之间的"最起码的联系"，而成了一些"想象的游戏"。但是康德认为，意见和真理之间是有确定的

联结的，或者说，这种联结是按照某种"规律"而"确定的"（gewiβ），也就是具有"确定性"（Gewiβheit）的。整个康德的《纯粹理性批判》主要就是要探讨经验性的意见是如何能够按照这种确定性的规律而联结成知识的，也就是要探讨经验知识何以可能的那些先验的法则。那么，这一套先验的法则本身，也就是意见和真理之间的联结规律本身，当然就不可能再是什么意见了。

在出自纯粹理性的判断中是根本不允许抱有**意见**的，因为这些判断不是建立在经验的根据之上的，而是一切都应当先天地被认识，在这里一切都是必然的，所以这个联结的原则要求普遍性和必然性，因而要求完全的确定性，否则就根本找不到通往真理的指导。

B851

"出自纯粹理性的判断"，就是指那些纯粹理性的先天知识，由范畴表而规定的纯粹知性原理体系，在这个层次上是"根本不允许抱有意见的"。这表明康德的基本立场还是理性主义的，他以此来反驳休谟等人的怀疑论和经验论，认为他们陷入困境就是由于忽视了纯粹理性的先天原理在形成经验知识方面的根本性作用。按照休谟的观点，就连因果律也只不过是一种习惯性的意见而已，他否认了任何经验联结的原则的普遍性和必然性。康德则从先验的立场上把这种普遍必然性恢复起来了，因此就树立起了由意见而"通往真理的指导"，也就是所谓的"人为自然立法"。这就拯救了经验自然科学的确定性和真理性。

所以在纯粹数学中抱有意见是荒谬的；我们必须知道，要么就放弃一切判断。

这里是举一个典型例子，即数学。在数学中不存在什么"意见"，我们要么"知道"，要么什么也不知道，放弃一切判断。1 加 1 等于 2，这里不允许任何含糊，不可能抱有任何意见。这里用"所以"（Daher），并不是要由前一句话推出数学的普遍必然性，因为数学不能算严格的"纯粹理性的判断"，它的作用也不是"联结"各种意见和经验材料，或把这些材料联结到真理上来；而只是直观接受能力的一种先天形式法则。这些法则是用来接受感性材料的，而不是联结这些材料的。这个"所以"只是意味着，数学和纯粹知性原理一样，都属于先天的形式而不允许意见的存在，所以从纯粹理性的判断的原理中推而广之，我们同样可以认为先天直观形式的数学也有这种确定性关系。不仅这样，而且我们还可以把这种类似关系进一步推延到纯粹实践理性的原理上去，如康德接下来说的：

在道德原理中情况也是如此，因为我们不可以单凭"某事是可以允许的"这一意见就冒险行动，而必须知道这一点。

道德原理是超验的原理，但是如前面讲的，它们在实践上只能有内在的运用，而在这种意义上它们本身也可以被看作某种确定的"知识"、实践知识。所以我们对"某事是可以允许的"不能仅仅抱有一种意见，而必须具有一种知识，我们才能采取出自道德律的行动。否则我们就会冒违背道德律的风险，至少，我们就会像经验派的道德学家那样，只考虑"合乎道德律"的表面行为，而不考虑"出于道德律"的真正道德行为。我们将不是从道德律出发而"知道"这件事是"可以允许的"，而只是在现实的经验条件中发现"某事是可以允许的"，那我们就只是服从偶然的客观条件这种"他律"而行事，而丧失了道德"自律"的必然性。所以，不论是数学原理、先验逻辑的知性原理，还是道德原理，在康德那里都是确定的"知识"，具有先天的确定性和普遍必然性。因为它们一方面本身是先验的或者超验的，另方面，它们又都是针对经验而言的，要么针对经验对象，要么针对实践的经验活动。它们的普遍必然性就体现在对这些经验的普遍必然的"有效性"上，它们都是一些将意见或经验杂多作普遍必然地联结的"规律"。然而，如果不是作为这样一种联结的规律，而是作为一种本身脱离经验的先验运用的法则，那么它们都不能说是什么知识，这就是下面一段强调的。

反之，在理性的先验运用中说意见当然是太少了，但说知识却又太多。

"理性的先验运用",包括知性范畴的先验运用,以及理性理念的先验运用,在康德的先验分析论和先验辩证论中都遭到了彻底的否定。人的知性和理性的那些先验概念,即先验范畴和先验理念,在康德那里都被严格限制在"内在的运用"范围之内,也就是必须用在经验对象和经验知识之上,而不可能脱离经验而用在自在之物身上。当然从逻辑上说,这些概念一般说来并不排除运用于自在之物、运用于"先验对象"之上的可能性,但由于我们人类不具有"知性直观",所以这种先验运用的逻辑可能性其实在我们这里并没有现实性,甚至没有现实的可能性。所以,就这些概念的逻辑可能性而言,它们的"先验运用"当然不能说只是一些"意见";但就它们的现实可能性而言,由于它们缺乏一切可能经验的条件和感性直观的内容,它们又不能说是一种"知识"。因此先验范畴也好,先验理念也好,它们都不可能有先验的运用,而只能有内在的或者说经验性的运用。先验范畴只能用来构成经验对象,先验理念只能用来范导一切经验知识的系统,这都属于内在的运用。这都是前面康德已经说过的道理,所以在这里讲得比较简略。至于纯粹实践理性的道德原理,从逻辑上来说是立足于超验的理念之上的,但在实践上同样不能有超验的运用,而只能有内在的运用,这在上一节的末尾也已经说过了。不过,康德在这里主要是讲"先验运用"的情况。

所以出于单纯思辨的意图我们在这里根本不能作出判断;因为视其为真的主观根据,正如能够产生出信念来的那些根据一样,在思辨的问题上是一点也不值得赞同的,因为它们脱离了一切经验性的帮助就无法站住脚,也不能以同一尺度传达给别人。

"出于单纯思辨意图",也就是从概念到概念,不触及经验内容,单从纯粹理论上讨论认识论问题。康德曾在全书的导言中说道:"但人类理性在思辨中通常的命运是尽可能早地完成思辨的大厦,然后才来调查它的根基是否牢固。"(B9)不过康德并不反对理性的纯粹思辨,他只是强调这种思辨要是为了能够在经验上运用而建立起来的，所以他仍然把自己的先验知识称之为思辨理性（或理论理性）的知识。但现在的场合是"在理性的先验运用中"，也就是脱离一切经验来运用，从而是"出于**单纯思辨的意图**"而撇开经验，所以"我们在这里根本不能作出判断"。在这种情况下所作出的一切判断都只能是主观的"置信"，它将导致虚假的幻相。"因为视其为真的主观根据，正如能够产生出信念来的那些根据一样，在思辨的问题上是一点也不值得赞同的"。出于单纯思辨意图的视其为真由于缺乏客观根据，而只有主观根据，这种置信在确信的程度上只相当于"信念"的层次，而没有达到"知识"的层次；而信念如前所述，只在主观上是充分的，客观上却是不充分的，所以要想用来解决"思辨的问题"是无济于事的，是不值得赞同的。思辨的问题也就是认识论的问题，但置信，以及隐藏在它后面的信念，其主观的根据只是用在实践方面的，而不是用在思辨方面。它们对于认识论问题没有任何功劳，"因为它们脱离了一切经验性的帮助就无法站住脚，也不能以同一尺度传达给别人"。前面讲过，所谓"传达给别人"就是要在一个客观对象上使所有的人的意见能够达成一致，这个客观对象就是传达共识的媒介和标准。但现在，脱离一切经验使得人们失去了这样一个媒介和标准，他们的那些思辨的意图就只能是架空的，本身就"无法站住脚"，当然也没有办法传达给别人了。通过这种分析，康德就正式进入了实践的领域。

所以下面这一段就开始大谈视其为真（包括置信和信念）与实践的关系了。

但是，无论在哪里，只有通过实践的关系，那理论上不充分的视其为真才能被称之为信念。

"理论上不充分的视其为真"，也就是客观上不充分的，这种视其为真前面称之为"置信"。置信虽然在理论上是不充分的，但它并没有自知之明，反而自以为是一种理论知识，比如认为自己的那些理念就是对某个超验对象的客观知识，这就造成了幻相。但是如果我们清楚地意识到它的客观上的不充分性，并且不强求它的客观意义，而是强调其主观根据，并为它找到实践上的用途，那么它就成为了"信念"。所以，"置信"这种理论上不充分的视其为真一旦意识到它自己的真正用途，它就会作为信念或信仰而发挥其正当的作用，这就是用来指导我们的实践活动。

于是，这一实践的意图要么是**熟巧**的意图，要么是**道德**的意图，前者指向随意的和偶然的目的，后者则指向绝对必然的目的。

注意康德讨论实践问题通常总是分两个层次来谈，一个是日常实用的低层次，又称之为"熟巧"或"技术的实践"，另一个是道德的高层次，即道德实践。在这里，这两个层次的实践都和信念紧紧联系起来了，没有信念或信仰，一切实践都将是不可能的。前面一句讲"只有通过实践的关系，那理论上不充分的视其为真才能被称之为信念"，实践关系是信念所属的专门领域；这一句就讲"于是"，这种实践关系要么是在熟巧方面，要么是在道德方面。熟巧方面是"指向随意的和偶然的目的"，也就是一种不由理性所支配的外在的目的，有条件的目的，它们通常是由感性经验的偶然境遇带来的；而道德方面则是"指向绝对必然的目的"，这就是无条件的目的，是由理性的法则本身所决定的。如果用前面说到过的划分方式，我们可以说前者是"自由的任意"的目的，后者是"自由意志"的目的；前者是他律的目的，后者是自律的目的或道德目的。

那么，下面康德就来依次讨论这两个层次的目的。

一个目的一旦被设定下来，那么达到它的那些条件也就在假设上是必然的了。

任何一个目的之被设定，必然同时也要设定它的手段，这种手段是广义的，不仅包括直接用于实现目的的工具，而且包括当时的一切可能的条件和环境。只有这样，一个目的才能被付之于实践，也才能被称之为目的。否则，一个不考虑任何手段的"目的"就只能是一种愿望，而不能称之为真正的目的。所以凡目的必须至少在假设上预设了实现它的条件（手段），当然事实上这些条件也可能并不存在，所以我们说你的目的"不切实际"，或者说你选错了目的。但这并不妨碍这些目的还是目的，而且能够现实地指导我的实践行动，尽管可能是失败的行动。康德这里并不考虑实际上的成败问题，而只考虑目的的成立问题。那么这样的目的就有两个层次。

　　如果我根本不知道达到该目的所需要的其他任何条件，那么这种必然性就是主观的，但却只就比较而言才是充分的；　　　　　　　　　　B852

　　这是第一个层次。如果我只是知道我所预设的那些条件，而不知道"达到该目的所需要的其他任何条件"，则这种条件和目的之间的必然性就只是主观的必然性。因为我主观上预设了某些条件，这只是就我的知识面而言，我当然知道我的知识是有限的，还有无数其他的条件我不可能都想到。在这种情况下，我的预设不论多么完善，它也只能是大致上的，不可能绝对地完善，所以这种必然性的根据"只就比较而言才是充分的"，比如说，我只有50%或者80%的把握通过这些条件去实现那个目的。当然，这种"就比较而言"的必然性在客观上就不再是什么必然性，而只是或然性，它只是在我主观上看来似乎是必然性。但有时候，"人算不如天算"，"聪明反被聪明误"，甚至"机关算尽太聪明，反误了卿卿性命"，这样的例子太多了。其次是第二个层次：

　　但如果我确定地知道没有人能够了解导致所设定的目的的其他条件，那么这种必然性就是绝对的和对任何人都是充分的。

　　"我确定地知道"，凭什么知道？康德这里没有说。但根据他后面说的，我们可以知道他这里说的是那种一切有条件者的最终条件的理念，我是通过"理性的纯粹运用"而"确定地知道"，除了这个理念之外，再没有人能够设想其他的条件了。康德前面在先验辩证论导言中讲"理性的纯粹运用"时讲过，我们要借助于理性从有条件者去回溯它的条件和条

767

件之条件，一直追溯到最高的无条件者，一个无限者的理念，就再不能、也用不着往下追了，没有别的条件了。这样的理念有三个，即灵魂、宇宙整体和上帝。这些理念被设想为万事万物的最终条件，充足的理由，你要实现任何目的最终都必然会追溯到它们身上。因此它们对我们的经验科学知识可以有一种调节性或范导性的、内在的运用，就是作为科学知识所追求的一个总的"目的"，而使一切科学知识趋向于一个越来越完善的统一体系。这种设想仅仅建立在理性的"纯粹运用"之上，不需要诉之于经验和后天的偶然性，所以它的必然性是"绝对"必然的，而且是"对任何人都是充分的"，因为任何人都有理性。只要有理性，一个人就会推出这样的理念来，而不会由于经验条件的变化而修改或取消这些理念，理性本身就是这种必然性的充分条件。当然理性在思辨方面的这种内在运用的合目的性还只是属于自然目的论，还不是道德目的论，但它是暗示和指向道德目的论的，只要把立场一转换，从思辨方面转到实践方面来，它就成了道德目的论的一个必要的成分。上述两个层次都涉及到信念，它们的区别是偶然信念和必然信念的区别：

在前一种情况下我的预设和对某些条件的视其为真只是一种偶然的信念，在后一种情况下则是一种必然的信念。

注意"偶然的信念"也是信念，而不是"置信"，也不是"意见"。置信只是一种认知中的信念，它依据主观根据而相信客观上也是如此，但并不需要有什么目的，不是一种实践中的信念。我相信灵魂是实体，这不涉及我要对这个"实体"做什么，或者应当做什么。至于意见，在其中我虽然也至少必须有一丁点儿信念，但我意识到不论主观上还是客观上这种信念都是不充分的，没有把握的，所以我们通常说这毋宁是"缺乏信念"。但"偶然的信念"则是一种实践的态度，虽然是偶然的，但并不只是停留在理论上，而是准备去实行，去试着把目的实现出来。这就是"前一种情况"。那么，"在后一种情况下"，也就是在涉及到绝对无条件的条件的情况下，我们通过理性知道只可能有这个条件，而再没有其他条件了，于是在我们的设想中通过这个条件达到任何目的都将是必然的。反之，你不按照灵魂的本性，你不根据宇宙整体的关系，你不服从上帝的意志，那么你在实践中的任何目的都必然实现不了，这一点是绝对可以断定的。当然这种断定实际上并不具有日常实践的技术性的意义，而只具有道德实践上的意义，但这一点需要经过分析和批判才能揭示出来，而抽象地这样说，康德认为也不能说错，他要清除的只是误解。下面康德举了一个日常实践的例子来说明第一种情况下的偶然的信念。

医生必须对处在危险中的病人有所作为，但他不了解这种病。他观察现象，判断这可能是肺结核，因为他不知道有更好的判断。他的信念甚至就他自己的判断来看也只是偶然的，另一个人也许可以得出一个更好的判断。我把这种偶然的、但却给现实地运用手段于某些行动上提供根据的信念称为**实用的信念**。

医生是典型的实干家，他不能够纸上谈兵，而必须采取行动；但他对行动成功的条件，包括自然界的各种因果关系，他所面对的对象的实体，他都只能有一个非常偶然的判断，即这个判断的反面并不是不可能的。当然，他也许对自己的判断非常自信，他认为这一切都顺理成章，不容置疑；但这并不能改变他的判断的偶然性，甚至他也可以承认这种偶然性。他会对康复的病人说，你"幸好"遇上了我这个医生，而我也"幸好"发现了隐蔽的结核杆菌，而这一切本来也有可能不发生的。偶然的信念之所以是偶然的，不单纯是由于它的根据不充分，而本质上是由于它的根据是偶然的经验对象，正因为如此它的根据才必定总是不充分的。所以医生的坚定信念是建立在"他不知道有更好的判断"之上的。但尽管如此，他的这种信念却能"给现实地运用手段于某些行动上提供根据"，从而是非常"实用的"。其实在一切实用的实践面前都有一面"无知之幕"，我并不能断言这样做的现实后果必定会是什么，我只能凭借一种"估计"行事，而且不能排除偶然因素的干扰。如果一切都注定了，那就不叫"实

769

践"了，而成了机械的宿命论。

但这样一来，信念和置信就有可能混淆了，因为它们都是自认为客观上有充分根据而实际上却并不充分。而我们在前面引康德在《逻辑学讲义》中的话说明，这两者在他看来也的确不太好作出明确的区分。他在那里说："置信是根据不充分的视其为真（人们不知道这些根据是单纯主观的，还是也还客观）。置信常常发生在信念之前。许多知识我们都是如此了解的，以致我们不能判断我们视其为真的根据是主观的还是客观的。"但我们通过考虑和研究，"能够从单纯的置信进到确信"（见前引）。所以在这里他说：

对于某人所断言的东西，要看其只不过是置信呢，抑或至少是主观的确信即坚定的信念，通常的试金石就是**打赌**。

设想"打赌"就是他所说的"考虑和研究"的办法之一。这个办法最早见于帕斯卡尔的《思想录》，他把这个办法用来对上帝的信仰进行证明，即证明信上帝是最划算的一种实践策略。[①] 康德这里则是借用了他这种博弈论的方法来对一般的实践信念作出界定和区分，也就是通过把置信或确信强行投入实践中去的办法，使两者暴露出自身深层次的根据来。置信本来只是一种理论中的实践态度，只有把它投入到现实的实践活动中，它才能显示出它的真正根据并不是实践的，而只是纸上谈兵的、理论上的。如何强行投入实践？就是提出要与某人打个赌，看他愿意押上多少赌资。这就能够测试出来他所谓的相信究竟是真的确信，还是仅仅只是置信而已。

某人常常以深信不疑的和倔强的固执说出自己的信条，以至于看起来他好像完全把一切犯错误的担忧撇在了一边。打一个赌就使他疑惑起来。有时表明，他虽然充分具有可以估价一个杜卡登的置信，但并不

---

① 参看 [法] 帕斯卡尔著：《思想录》，何兆武译，商务印书馆 1997 年版，第 110 页以下。

能估价十个杜卡登。因为对于一个杜卡登他还可以坦然无忌，但面对十个杜卡登他才第一次体会到他从前没有注意的事，即毕竟很有可能是他 B853 错了。

这是很有意思的一个测试，当然只是想象中的思想实验而已，因为有些事情你不可能真的设置一场赌局，例如对死后的事情，对上帝存在或者任何我们当前目力范围之外的事情，我们实际上是无法设局也无法开盘的。但康德的意思是用实践的信念来检验理论的信念，实践理性高于理论理性。我们常常听一个人说得头头是道，有时候连他自己也不太清楚他是真的相信呢，还是只是为了让别人相信。但唯一最简便的办法就是让他按照他所说的自己亲自去做一做，这时他就不得不掂量一下这样做的得失，而必须谨慎从事了。其实打赌只是一个比较突出、比较可以直观的方法，在更多的时候我们完全用不着打赌，只须让他按照他所说的去实践一下就行了，是失败还是成功都让他自己承担，就可以起到打赌的同样的作用。因为从本质上看，每一次实践活动都相当于一次打赌、一次冒险，因为它不可能完全保证绝对的成功，只能有把握程度的不同，或者说有信念程度的不同。凡是自由选择的行为都是有风险的，受到偶然条件的限制，所以实践的信念总是在客观上不太充分的。但这种不充分性在置信中往往被掩盖了，只有在面临现实的选择并且需要承担后果和损失时，这种不充分性才会暴露出来，甚至可以进行量化的估价，这也是现代的保险公司所采取的通常的做法。

如果我们在思想上设想我们应当以全部生活的幸福为之下注，则我们得意洋洋的判断就会大打折扣，我们会极其谨慎并头一次发现，我们的信念并没有达到这么远。所以实用的信念所具有的程度只是根据在赌博中利益的差异而可大可小的。

这里是极而言之了。对于同一件事情，有的人下注下得很大，有时往往只是为了维护自己的面子。但如果要他"以全部生活的幸福为之下注"，他就要考虑一下了，这一切是为了什么。帕斯卡尔的打赌就是利用了这一终极的赌注,当然这只是"在思想上设想"的赌注,但只有这样的赌注才能真正使人去掉自己的各种不切实际的考虑而面对人的根本处境,直面自己的生存。不过,尽管如此,这种信念仍然只属于"实用的信念",即使以全部幸福、身家性命为赌注,也只是一种利害算计和生存策略。所以这种策略也只是"根据在赌博中利益的差异"来衡量的,它并不能上升到"道德的信念"这样的高层次。整个这一段都还是在谈实用的信念,也就是怎么样把置信通过投入到日常的实践活动中而暴露出其客观确定性之不足和主观信念的程度。当然,如前所述,这种投入实践活动并不需要真正地投入,而只是在想象中投入,由此所发现的实用的信念也不是真正的实践信念,而只是设想中的实践信念,因而仍然还只是属于理论的范围,是在理论上对实践信念的一种探讨和研究。所以康德下面就对这种理论上的实践信念定了位。

　　<u>尽管我们在与客体的关系中不能采取任何行动,因而视其为真只不过是理论上的,但由于我们仍然能够在许多情况下在思想中拟定和想象出某种行动,我们以为这种行动是有充分根据的,如果有某种办法来裁定这件事的确定性的话,这样,在单纯理论的判断中就有**实践的**判断这样一个**类似物**,对它的视其为真是适合于**信念**一词的,我们可以把这种信念称之为**学理上的信念**。</u>

　　这就是上面说的,有些实践的信念我们明知它是不可能被我们所证实的,至少我们有生之年是证明不了的,但我们仍然可以设想在实践中按照那样去做,我们在行动中把那种客体当作我们客观上的充分根据,尽管我们实际上对那个客体也许并不能发生直接的关系,因而这样的赌局最终也不存在任何输赢的揭晓。所以这种实践的信念只不过是"在思想中拟定和想象出"某种有根据的行动,只是在理论上设想"有某种办法来裁定这件事的确定性"。这种在想象中的实践其实只是实践判断"在单纯理论的判断中"的一个"类似物",它当然也属于信念,因为它是准

备去冒风险的，但它实际上永远也不可能冒现实的风险，而只是停留在理论的设想中。它永远不会被现实证实或证伪。它当然也会按照它所设想的那样去做，并相信自己的选择会有好报，自己所下的赌注是值得的，但它不可能看到最后的结局。所以它虽然完全可以称之为信念，但这只是一种"学理上的（doktrinal）信念"。"学理上的"也就是理论上的，或者说它虽然是实践上的，因为一切信念都是属于实践的，但这只是理论上实践的，设想中的实践的，而不是真正实践的。下面康德举了一个例子：

　　假如有可能以某种经验来裁决的话，我愿意以我所有的一切来下注，说在我们所看到的星球上至少有一个是有人居住的。所以我说，在别的世界上也有人居住，这不只是意见，而是一种坚强的信念（对于它的正确性我已经准备拿生活中的许多好处来冒险）。

　　"假如有可能以某种经验来裁决的话"，这只是一种假设，实际上是完全不确定的。我相信"在我们所看到的星球上至少有一个是有人居住的"，但这一点也许是永远也证实不了的，我们人类很有可能直到灭亡，也不能发明一种办法飞到最遥远的星系去探查那里的情况，而我们能够探查到的星球很可能没有一个是有人居住的。这种可能性是完全有可能的。当然，也有可能比较容易地就发现了外星人，但我们永远无法断定前一种可能性就不存在。所以，你用身家性命来打赌，实际上是估计到这种没有结果的可能性的。但是否这就只是我的一种无足轻重的"意见"了呢？不是的，"而是一种坚强的信念"，因为在理论上我认为这是值得"以我所有的一切来下注"的，因而在实践上我也的确"准备拿生活中的许多好处来冒险"。例如我们向太空发射造价昂贵的探测器，不为别的，仅仅是为了向想象中的外星人发出联络信息。如果不是有坚强的信念，我们就不会花大量人力物力做这种迄今为止劳而无功、而且很可能完全是浪费纳税人钱财的事情。但这种信念仍然不是实用的信念，而只是学理上的、理论上的信念。美国国会有人提出反对拨款的议案，其理由就是太不"实用"。

但康德举这个例子显然并不只是要说明，在现实生活中我们经常会遇到基于理论上的信念而做**有可能**毫无结果的探索的情况，他要借此说明的是那些**注定**不会有结果的信念。所以他下面一段就引出了这种特殊的学理上的信念，即对上帝存有的信念。

B854　　　于是我们必须承认，有关上帝存有的学说属于学理的信念。因为，尽管我在理论的世界知识方面并不能**指定**任何东西去把这个观念必然地假定为我对这个世界的现象所作解释的条件，反而被束缚于这样来使用我的理性，仿佛一切都只不过是自然似的；然而，合目的性的统一仍然是理性应用于自然的一个如此重大的条件，而经验又给我呈献出这方面丰富的例证，以至于我完全不能够忽略它。

与对于外星人的信念相比，对上帝存有的信念属于另一种学理的信念，就是说，它不只是有可能永远悬而未决，而是本身注定无法证实或证伪的问题。我们决不可能"指定任何东西"，说这个就是我要找的上帝，它能够解释我们这个世界的一切现象；我只能"这样来使用我的理性"，就是世上万物都仅仅服从自然律，而没有假设上帝存有的必要。"然而，合目的性的统一仍然是理性应用于自然的一个如此重大的条件"。就是说，尽管我们在具体探讨自然规律时用不着上帝的假设，但理性凭借理念对我们这种探讨的范导性作用也是必不可少的，我们必须把一切自然知识看作一个在理念之下的合目的性的大系统。我们的物理学知识是关于"宇宙整体"的知识，我们的心理学知识是关于"灵魂"的知识，而所有这些知识都是关于"上帝"的知识。所有这三个理性的理念都致力于把我们那些零散的杂乱无章的知识统一为一个有序的目的系统，其中每一个具体的规律都统一在更高的规律之下，直到最高的规律的统一性。在经验自然科学中呈现了大量这样的例子，当科学家们运用"节约律"或"连续律"或"种类"的等级划分来进行科学研究和建立假说时，就是在不自觉地把自然界看作是合目的性统一的。这样一种从低级到高级的秩序安排显出某种超越的匠心和目的意图，这就导致我们不由自主地设想一个最高造物主，他把这个世界按照一个统一目的而建造起来，使一切都逐步趋向于他的最终意图。这种设想并非幻想，而正是理性本身应用于自然界的条件，因为理性本质上就是要寻求统一性，而最高统一性就是那种超越于一切经验事物之上的统一性。所以这种信念是"我完全不能够忽略"的。所以下面说：

但对于这种统一性，我不知道有什么别的条件可以使它成为我的自然研究的引导，我只有假定一个最高的理智按照最为明智的目的对一切作了如此安排。所以这是某种虽说是偶然的、但毕竟不是无足轻重的意图的一个条件，即为了在对自然的研究中有一种指导，要假定一个智慧的创世者。

这整个是一个纯粹理性的推论，即推出自然研究一切有条件的对象的最终条件。当然，与先验辩证论中所说的那种充足理由律对原因链条的回溯不同，这里变成了对手段和目的链条的回溯，也就是从理论的回溯转向了实践目的的回溯，从"是这样的"转向了"应当是这样的"，从"何以可能"的最高条件转向了"有条件的命令"的最高条件。这是理论理性和实践理性的交错点，也就是从理论上的"绝对必然的存在者"的理念转向了一个最高理智的"最为明智的目的"的理念。这就使得这个理念在自然知识中的范导性的统一作用同时具有了把整个自然界纳入一个目的系统的作用，以便为自然界按照纯粹理性原则而服从于道德法则、从而构成一个"道德世界"作好准备。其实，"学理的信念"这个概念已经预示了从理论理性向实践理性的过渡，因为信念本身是属于实践的，是行动的动机，只是在另一个层次上，我们还是可以从理论上或"学理上"对这种实践信念加以设想罢了。不过，这种实践信念在此毕竟还是体现在理论研究中，它的实践意义只在于对理论研究是一个"有用"的假设，所以康德接下来说：

　　我的研究结果也经常证实这一假定的有用性，而不能提出任何对此有决定性的反驳；如果我想把我的视其为真仅仅称为一种意见，我就说得太少了，相反，甚至在这种理论关系上都可以说：我坚定地相信一个上帝；但这样一来这个信念在严格意义上却不是实践的，而必须被称作一个学理的信念，它是自然**神学**（物理神学）一定会到处都必然地产生出来的。

B855

　　"我的研究结果"，这里是泛指，即任何一个自然科学家都可以在自己的研究结果中证明，"上帝存有"这一假定是"有用"的，"而不能提出任何对此有决定性的反驳"。例如牛顿的"上帝的第一推动力"的假设就是有用的，它可以用来解释天体运动最初的"切线力"的来源，否则牛顿的体系就是不完备的。你可以说这个第一推动力的假设完全是没有经验根据的，但你同样提不出相反的经验根据来反驳他，因为这完全是一个超经验的假设。但它是一个纯粹理性的必要的假设，因为没有这种假设，自然科学的体系就不能达到统一和完成，就不合乎理性的要求。所以这决不仅仅只是一种个人的"意见"，而是一种在"理论关系"上具有理性根据的"信念"。"但这样一来这个信念在严格意义上却不是实践的，而必须被称作一个学理的信念"。学理的信念"在严格意义上"并不是实践的信念，虽然在每一次的科学探索和科学实验中我都自觉不自觉地抱有这一信念，否则我根本无法开展科学研究的实践活动，但这种信念毕竟还是运用于理论上的，是为了认识世界而不是改造世界。那么这种信念"是自然神学（物理神学）一定会到处都必然地产生出来的"。前面说了，"自然的神学"（die natürliche Theologie）和"物理神学"（Physikotheologie，又译作"自然神学"）在康德那里是有差别的，但"自然神学"（Theologie der Natur）和"物理神学"则是同义的，只不过一个是按照德文的表达，另一个是按照外来词（希腊文）的表达而已。"物理神学"（Physikotheologie）我们常常也就译作"自然神学"，而且我们在后来出版的《纯粹理性批判》全译本中已统一把 Physikotheologie 译作

"自然神学"，不再用"物理神学"一词。① 而"自然的神学"(die natürli-
che Theologie) 和"自然神学"(Theologie der Natur 或 Physikotheologie)
则不同，后者范围更小些，仅限于"自然界的神学"，而前者还包括道德
神学，因为道德在某种意义上也属于人的"自然"或"本性"。所以"自然
的神学"应理解为"自然本性的神学"，既包括自然界的自然本性，也包
括人的道德上的本性。② 现在让我们回到康德的这句话：自然神学"一
定会到处都必然地产生出"对上帝存有的"学理的信念"，为什么？ 因为
这是人类知性的自然倾向，即通过对自然的目的论解释而为另一种道德
神学作好准备。如康德在另一处曾说道："所以自然神学的证明或许倒
有可能加强其他的证明(如果这些证明还能获得的话)，因为它把思辨
和直观连接在一起；但就其自身而言它毋宁说是使知性为神学知识作好
准备，并为此给知性提供一个正确的和自然的方向，而不是说它独自就
可以完成这件工作。"③ 这里"其他的证明"就是对上帝存有的道德证明。
实际上，自然神学之所以一定要产生出对上帝存有的学理的信念，正是
因为背后有对上帝存有的道德实践的信念在起作用，这就是人类理性为
什么总是表现出对形而上学的"自然倾向"和浓厚兴趣的真正秘密。所
以一个有理性者不但必须有对上帝存有的信念，而且必须有对来世生活
的信念，如康德接下来说的：

　　正是在这同一个智慧那里，考虑到人类本性的卓越装备及与之如此
难以相配的短暂的生命，我们可以为人类灵魂的来世生活的某种学理的

---

① 　但全译本中此处却改为"自然的神学(自然神学)"，显然将 Theologie der Natur 等同
　　于 die natürliche Theologie 而不是 Physikotheologie 了，不对。再版时应改为："自然
　　神学(Physikotheologie)"。见 A827=B855。

② 　Theologie der Natur (自然神学) 这种写法，在康德的整个《纯粹理性批判》中仅见于
　　此，另有一处则写作"dem [……]theologischen System der Natur (Physikotheologie)"，
　　也大致相当于这个意思。见 A691=B719。这两处都把 Physikotheologie 置于括号内
　　直接说明 Theologie der Natur，可见这两个词在康德那里是等同的。

③ 　《纯粹理性批判》A637=B665。

信念找到同样充分的根据。

"同一个智慧"指前面讲的作为"一个智慧的创世者"的上帝。在上帝那里，"我们可以为人类灵魂的来世生活的某种学理的信念找到同样充分的根据"。因为，既然"人类本性的卓越装备"是上帝赋予的，而上帝却又没有给人类以与此相配的无限生命，而只给予了短暂的生命，这种不相配是不符合上帝的智慧的。因为按照人类的本性，人的理性是他的"卓越的装备"，也就是超越于动物和整个经验世界之上的具有永恒性和普遍必然性的装备；但这种精神装备总是在它还没有充分展示其潜力时就随着人的肉体死亡而被埋没了，好像上帝把对于人性的设计大部分都浪费掉了似的。所以按照上帝的完满的智慧，他一定会给予人类一个与人的本性中的理性能力相配的永恒生命，也就是来世。当然这仍然只是由思辨理性所推出的一种学理的信念，是由我们对上帝的学理信念再加以推论而得出的另一个学理信念，而尚未涉及到真正实践上的道德的信念，但它给道德的信念作了铺垫。那么康德在下面就对这种学理上的信念的内涵作出了进一步的分析。

在这种情况下，信念这种说法在客观的方面看是一种谦虚的说法，但在主观的方面看同时又是对相信的坚定性的说法。

在客观的方面，学理的信念并不坚持一定要在经验世界中验证自己的信念，而来世生活究竟是怎么样的，这是一个说不清的问题，也用不着说清，因为这种信念只是断言"有"上帝、"有"来世，作为自然界和人类本性的逻辑上的前提，并不关心这个上帝和来世的概念究竟如何表现出来。所以只是在学理上相信有一个上帝和来世，这种信念在客观上是较为"谦虚的"，它并不自诩为一种知识。但在主观上，这种信念又是执著于主观理性的逻辑推理，也就是执著于人类的本性并以此为主观根据的，所以这种信念本身又是十分坚定的，它基于我们在学理上的一种坚定的态度，即一定要把整个自然知识归结为一个唯一的系统。

即使我仅仅是想在此把单纯理论上的视其为真称之为我有权采纳的一种假设，那么我单凭这一点也就会去自告奋勇地拥有关于一个世界原因和一个来世的性状的概念了，这就比我实际所能指出的做得更多；

就是说，即使我愿意仅仅把单纯学理上的信念作为"一种假设"加以"采纳"，这就已经是一种实践的态度了，凭借这种态度，我"也就会去自告奋勇地拥有关于一个世界原因和一个来世的性状的概念了"。实践的态度哪怕仅仅是学理上的，也并不是先认识清楚了、完全确定了再去照着做，而是对尚未认识甚至根本不可能认识的东西的一种信念；它需要对这个东西的概念的"自告奋勇地拥有"，但对这个概念，我并不能在经验世界中客观地指出来，所以我必须"比我实际所能指出的做得更多"，即超出经验知识所能提供的而作出一种无法达到的假设。

因为凡是我也只认为是假设的东西，我对它至少按其属性①必定知道这么多，以致于我可以虚构的**不是它的概念**，而只是**它的存有**。

当我提出一个假设时，我对这个假设肯定已经有一个概念了，这个概念出自于我的主观根据，我完全知道它的属性或含义，因此它本身并不是虚构；但这个概念的客观存有则可能是虚构，在这方面我完全没有根据。不过，学理上的信念作为一种主观上坚定的信念，并不在乎它这个概念的客观存有的无法证实，反而承认这只是一种假设，其存有可以是虚构出来的，这就是它的"谦虚"态度。

但信念这个词只是针对着某个理念所给予我的引导、针对着在促进我的理性活动而使我执著于该理念方面的主观影响的，尽管我对这个理念并没有能力从思辨方面提出解释。

这个"但"是说，虽然从理论上说我"知道"那些假设的概念的属性，而也许虚构了它们的存有；但就"信念这个词"而言，不管是学理上的还是道德上的，它只是针对着某个理念在"促进我的理性活动"方面给我的

---

① 原译作"在其属性方面"，原文 nach 严格的译法应为"按照……"。兹改之。

主观所作出的引导和所施加的影响的,而并不是针对着对这个理念"从思辨方面提出解释"的,所以即使无法作出这种解释也不要紧。所谓"理性活动"(Vernunfthandlungen),也可以译为"理性的行动",显然是一种实践行为。信念就是用一个理念来指导我的理性行动,来从主观方面影响我的行动,而不是要认识这个理念。就学理的信念而言就是影响我的认识行为,使其能够最大限度地达到系统统一的目的;就道德的信念而言就是影响道德实践,使其能够按照道德律而行动。这两种行动都属于"理性的行动"。康德这里没有考虑到"实用的信念"的情况,因为按照他自己的说法,实用的信念是"偶然的信念",它并不要求"针对着某个理念"来引导我的行动,而只要有对可能经验的一个判断就行了,所以不属于这里讲的信念的情况。表面看来,康德在这里似乎有一个疏忽。但如果考虑到他在本段一开头所作的那个限定:"在这种情况下,信念这种说法……"我们也可以认为康德一开始就已经先行把"实用的信念"的情况排除在外了,所以也用不着在这里提及这种信念。这样看来他并没有真正的疏忽。所以这里讲的"信念"一词并不是一般的信念,我们最好理解为"信仰"。

接下来就要向道德的信念过渡了。

B856 　　但单纯学理上的信念是含有某种摇摆不定的;我们经常由于在思辨中所碰到的困难而放弃它,虽然我们总是不可避免地又要返回到它那里去。

上述学理上的信念有一个毛病,就是它的假设总是朝着超验的领域进行思辨的玄想,这种玄想虽然有主观的根据和主观的需要作基础,但永远也定不下来。因为它尽管本身具有某种实践的信念的性质,但只是用在学理上,即用在思辨或理论的领域,在这个领域中它只能够调节或范导我们的知识,但它本身并不能构成知识;同时,它除了在科学活动中给我们以实践的指导以外,并没有在其他实践活动中被赋予任何指导意义，所以它的指导仍然还只是技术性的，并没有超出"实用的信念"很远。或者说，它是实用的信念中的一个极限形态，因而就给更高层次的道德的信念作了准备，但本身却尚未达到道德信念的高度。而这样一来，它就呈现出一种模棱两可的状况，就是它在科学知识中永远是一个可望而不可即的遥远目标，我们想要将它把握为认识对象而又永远把握不了，这就容易让人滋生出厌烦和绝望的情绪，不如干脆抛弃它而走向唯物主义、怀疑主义和无神论，这就是许多自然科学家经常采取的态度；但另一方面，"我们总是不可避免地又要返回到它那里去"，因为它的根基植于理性的本能中，归根到底植于理性的实践性中，而这种实践性最纯粹地体现在道德实践中。所以只有当我们在这种实践所需要的信念中把针对的方向从学理的方面扭转到道德实践的方面来，我们才算抓住了这种理性倾向的根本，才能够使这种信念不再只是一种摇摆不定的倾向，而是一种真正建立在理性法规之上的确定的信念。

　　道德的信念的情况就完全不同了。因为在这里绝对必然的是，有件事必须发生，这就是我会在一切方面听从道德律。

　　现在康德已经直接进入到道德信念的领域中来了。这是继实用的信念、学理的信念之后的第三阶段，也是信念的最高阶段。通过与前面的学理的信念的对比，我们就可以把握道德的信念的特点，这就是它的毫不动摇性和"绝对必然"性，即无论如何，"有件事必须发生，这就是我会在一切方面听从道德律"。学理的信念是"摇摆不定的"，因为它总是怀有某种奢望，想要把握超验的东西的知识，这就遮蔽了这种信念的真正根源；而道德的信念却完全不是从这个角度来坚持自己的信念的，而是自觉地、明确地立足于纯粹理性的实践性之上，这种实践性无条件地命令我们，必须"在一切方面听从道德律"。注意这里讲的是"我会"在一切方面听从道德律，用的是虚拟式，因为前面用的是"必须"这个情态动词。所以这里说的并不是我事实上"会"听从道德律，而是说，我将服从道德律这件事是"必须发生"的,尽管事实上它未必发生。但即使它事实上没有发生,我仍然坚信它是"必须发生"的,这就是道德信念和学理上的信念所不同的地方。

这个目的在这里是不可回避地确定了的,并且按照我的一切洞见,只有一个唯一的条件可以使这个目的与所有的目的全都关联起来,并使之具有实践的效力,这就是:有一个上帝和一个来世;

这里讲的"不可回避地确定了的"目的,也就是所谓"必须发生"的事,之所以必须发生,之所以不可回避,是因为它是我们的理性在实践上的必然推论。而这种推论必然会扩展开来。就是说,一个人如果按照道德律办事的话,那么他就必然会把这条实践理性的法则推行到一切目的上去;而这些目的在他看来却未必会按照道德律实现出来,往往是违背道德律的,于是他就必须设想一个上帝和一个来世,使得这些目的和道德目的全都关联起来而构成一个合逻辑的系统,一个"道德世界"。所以,道德目的在现实生活中要对一切其他目的发生现实的实践效力,有赖于一个上帝和一个来世的设定,这是一个合乎实践理性的推论。如果没有这一推论,那么道德律要把自己的原则推行到一切目的上去就没有实践的必然性了,也就没有了希望;而一个没有了希望的道德信念必然会在其实践的效力上大打折扣,它顶多能够做到禁欲主义式的独善其身,就像斯宾诺莎那样,而不能有信心地投身于用道德来改善世界、造福人类的实践活动。

我甚至完全确定地知道,没有人会知道可以在道德律下导致诸目的的这种统一的其他条件。

这就是上面说的,"如果我确定地知道没有人能够了解导致所设定的目的的其他条件,那么这种必然性就是绝对的和对任何人都是充分的"(见第264页,即B852)。任何人都可以设想一下,除了假定一个上帝和来世以外,有什么办法能够让一切世俗的目的都与道德上的终极目的相统一呢?只有设想一个上帝,唯有他才有能力按照道德的法则来安排整个世界，包括自然界和人类生活世界，也包括延续到来世的可能生活世界，使它们全都组织成一个按照道德的正义原则的有序整体，否则道德律和自然界、道德和幸福的统一是根本不可能的。康德认为，每个人只要按照自己的理性进行推论，都会得出这一结论，所以我和其他任何人都是"完全确定地知道"这一点的。任何人都不可能知道还有什么"其他条件"能够达到这一最后统一的目的。这是从反面论证这一条件，下面则是从正面论证：

但既然道德规范同时就是我的准则（正如理性命令它应该是的那样），那么我将不可避免地相信上帝的存有和一个来世生活，并且我肯定没有任何东西可以动摇这一信念，因为那样一来我的道德原理本身将会遭到颠覆，而这些道德原理是我如果不在自己眼里成为可憎的就不能放弃的。

"道德规范同时就是我的准则"，康德的道德律是说："要使你行动的准则成为一条普遍法则"，因为准则是个人主观的，法则或规范则是普遍的，而在道德律中法则和准则达到了一致。所以说普遍的道德规范"同时就是"我的主观准则，这是就道德律而言的，也就是"正如理性命令它应该是的那样"，而在现实中人们并不一定使自己的准则和道德规范相一致。不过现实中的人都有理性，也都清楚自己应该怎样做，即应该使自己的准则成为一条普遍法则，既然这样，"那么我将不可避免地相信上帝的存有和一个来世生活"。凡是理性认为应该的都是现实中可行的，如果不可行，那就不是理性的命令了；既然是可行的，那么也就应该有保障其可行的条件，至少我必须相信有这样的条件，否则"我的道德原理本身将会遭到颠覆"。因为，如果没有任何条件保障道德原理的可行性，至少是在今生和来世实现出来的可能性，那么我的道德原理本身就失去了作为实践原理的信念，而一个失去了信念的实践原理也就不成其为实践原理了。所以根据理性的实践原理，我将不可避免地相信上帝和来世，而且"我肯定没有任何东西可以动摇这一信念"，即使我这一生的所有的经验都反对我的信念，我也不会动摇。不仅仅是因为这个纯粹理性的超越的信念并不会受今生今世的经验的检验，而且是因为，"那样一来我的道德原理本身将会遭到颠覆"，而这个原理我是不会愿意它遭到颠覆的，而是"我如果不在自己眼里成为可憎的就不能放弃的"。为什么会"在自己眼里成为可憎的"？是因为违背了自己的理性本性。一个有理性的人当看到自己已经成了无理性的动物时，他的理性就会蔑视这个自己；他只有坚持不放弃自己的道德原理，才会觉得适合于自己的本性。而这样一来，他就会不可避免地相信上帝和来世，而没有任何东西可以动摇这一信念，因为信仰的根基其实就在人自身的理性的本性中。

于是康德就由此引出了纯粹理性的道德使命。

以这样一种方式，在超出一切经验界限之外四处漂游的理性的所有那些沽名钓誉的意图都失败了之后，还给我们留下了足够的东西，就是我们有理由在实践的意图上对此感到满意。

理性"超出一切经验界限之外四处漂游"，是指理性在认识领域内对超经验的知识的无效的追寻，康德称之为"沽名钓誉的意图"，这些意图显然都失败了。但是并不是说，这样一来我们对理性的意图就根本没有指望了，而是还留下了足够的东西使我们"感到满意"，这就是上面说的对上帝存有和来世的信仰，这是"在实践的意图上"给理性留下的东西。严格意义上的理性的真正用武之地是在这里，而不是在超验的知识领域。

B857　　当然，没有人可以自诩说：他**知道**有上帝和来生；因为如果他知道这一点，那么他正是我长期以来所要找的人。

上帝和来世并不是一种知识，而只是我们实践理性的一种设定，这是理性为了实践道德律而必须具有的一种信念所要求的。所以谁**也不能**自诩他对于上帝存有和来世有某种知识，如果有人知道的话，"那么他正是我长期以来所要找的人"。这当然是调侃的话了，意思是说，如果

784

有这样的人，那么请他站出来给我们说说，他是怎么证明这一点的，我们倒很想听听。

一切知识（如果它牵涉到一个单纯理性的对象的话）都能够传达，因而我也将会有可能希望通过他的教导而在一个如此值得惊叹的程度上看到我的知识得到扩展。

这里继续在调侃，即如果有这种人，拥有如此重要的知识，那么它必定和一切知识一样，可以借助于"一个单纯理性的对象"作为中介而传达给我们。这里"单纯理性的对象"应当包括先验分析论中讲的知性的"先验对象"，以及先验辩证论中的超验理念的对象，它们都被看成客观对象，看成知识的客观性根据，因而是一切知识得以传达的中介。"因而我也将会有可能希望"，这里用的是虚拟式，"通过他的教导而在一个如此值得惊叹的程度上看到我的知识得到扩展"。就是说，那样我就可以希望借此扩展我的知识了，而且是"在一个如此值得惊叹的程度上"，即超越了一切经验的范围而获得了我们所可以想象的最高知识，我们认识了上帝，我们也就可以有上帝那样的全知了。当然，这些在康德看来是完全不可能的。所以他说：

非也，这种确信不是**逻辑上的**确定性，而是**道德上的**确定性，而且由于它是基于（道德意向的）主观根据，所以我甚至不能说：上帝存在等等，**这是**在道德上确定的；而只能说：**我是**在道德上确信的等等。

所谓"逻辑上的确定性"，这里是指认识论上的确定性，也就是康德的"先验逻辑"上的确定性。前面康德曾说过，"主观上的充分性叫作确信（对我自己而言），客观上的充分性则叫作确定性（对任何人而言）"（B850）。先验逻辑就是要建立后面这种客观上的确定性，即对任何人而言的普遍必然性；但在这里却把这种客观知识的确定性扩展到道德信念上，认为这种基于道德意向的主观根据之上的信念也是一种"道德上的确定性（Gewiβheit）"，这是有某种用词不严格的毛病的。其实这个德文词本来就既有客观上的"确定性"的意思，同时也有主观上的"确信"的意思，前面的那种确信和确定性的区分倒是显得有些勉强和不必要的。他完全可以用别的方式来区分这两种情况，比如在下面就是这样很好地作出了区分："所以我甚至不能说：上帝存在等等，这是在道德上确定的（gewiβ）；而只能说，我是在道德上确信的（gewiβ）等等。"在中文里我们把同一个 gewiβ 分别译作"确定的"和"确信的"，其实不这样分别译，意思也很明确。说上帝存在，"这是在道德上确定的"，与说"我是"在道德上确定一个上帝存在的，这很明显是两码事。前者是一个客观判断、事实判断，后者是一个主观判断、信念判断。

这就是说：对上帝和来世的信念和我的道德意向是如此交织在一起的，以至于我很少面临使前者受到损失的危险，同样也不用担心什么时候会把后者从我手中夺走。

这是对上面谈到的主观判断的解释，即这种主观信念是和我的道德意向交织在一起的，它们一损俱损，一荣俱荣，并且是我所固有的，完全不必担心丧失掉。维勒在这里加了个注，认为"前者"和"后者"的位置应当颠倒，其实并没有很大的必要。也许他考虑道德意向是根本不怕被"夺走"，而只是担心"受到损失"的，而对上帝和来世的信念却有可能被夺走，所以康德在这里分别对双方作出不同的安慰。这种解释似乎过于吹毛求疵了，康德也许并没有必要在这里作这么细的区分。倒是"道德意向"（die moralische Gesinnung）一词需要解释，该词 Kemp Smith 英译本译作 moral sentiment，韦卓民转译为"道德情操"，而在翻译 Kemp Smith 的《康德〈纯粹理性批判〉解义》时则译作"道德情感"和"道德情绪"，全都是对德文的误译。Gesinnung 一词的德文原意是一种待人接物的态度或一种思想倾向，也指一种价值观念和精神信念。所以中文译作"情感"或"情绪"和"情操"，是从英译文 sentiment（感情、情绪、情操）来的，这种译法至少在康德这里是歪曲了他的原意。整个康德的伦理学都是要反对经验派的道德情感论，他怎么会把道德情感当成自己的道德信念的根据呢？所以这个词只能译作不带情感色彩的"意向"，它大致相当于前面所讲的 Interesse, 即"兴趣"或"关切"。下面一整段就是讨论这个问题的。

在这里唯一感到可疑的一点是：这种理性信念建立在道德意向的前提之上。如果我们放弃这一点，而假定有一个在道德律方面完全无所谓的人，那么理性所提出的这一问题就成为一个仅仅思辨的课题，这样一来，它虽然还能够以出自类比的有力根据来支持，但却得不到最顽固的怀疑癖也不得不向其屈服的那样一些根据的支持。

就是说，假设有一个人完全没有道德意向，那也就不会有道德信念，虽然还可能有对上帝和来世的学理上的信念，但上帝和来世的问题就会"成为一个仅仅思辨的课题"。学理上的信念只是基于理性的纯粹运用所推论出来的先验理念，即"绝对必然的存在者"或者"原始存在者"，而不是一个"世界的创造者"；它只有通过"类比"，才能把绝对必然的原始存在者变成一个智慧的世界创造者。当然这种类比也是一种"有力的根据"，因为它是与人的实践活动的类比。康德在前面曾说过："在单纯理论的判断中就有**实践的**判断这样一个**类似物**，对它的视其为真是适合于**信念**一词的，我们可以把这种信念称之为**学理上的信念**。"(B853)学理上的信念只有通过与人的实践相类比，才能够把一个纯粹思辨性的"原始存在者"的理念变成一个"世界创造者"的理念。但我们前面也说过，这种类比只是和人类的技术上的实践或"实用的信念"的类比，这种信念总是有条件的命令，而不是无条件的命令。如果我放弃我的某些目的，甚至放弃我的一切目的，这种命令就不起作用了。所以，如果遇到一个"最顽固的怀疑癖"，他只相信他眼前抓得到的东西，甚至像休谟一样什么都表示怀疑，那么这种学理上的信念就没有办法了。休谟本人就曾在《自然宗教对话录》中对一切有关上帝存有的学理上的证明进行过批判，康德的批判不过是对休谟的批判在"批判理性"立场上的更严格、更系统的发挥而已。所以，一个缺乏道德意向的单纯学理上的信念是经不起怀疑论和批判理性的攻击的，就是说，一个"在道德律方面完全无所谓的人"，他仅凭学理上的信念是没有过硬的根据支持的，他随时可能不信上帝。只有建立在道德意向之上的道德信念，才经得起怀疑论的质疑，甚至连"最顽固的怀疑癖也不得不向其屈服"。那么，是不是有人可以完全放弃道德意向呢？下面接下来就讨论这个问题。但在此之间，康德加了一个注，在其中已经作出了回答。这个注说：

人的内心禀赋有（同样我相信，这种事在每个有理性的存在者身上都必然会发生）对道德的一种自然的兴趣，尽管这种兴趣并不是前后一致的 ① 和实践上占优势的。

就是说，不但人，而且"每个有理性的存在者"，包括外星人，只要他有理性，都必然禀赋有"对道德的一种自然兴趣"。所谓"自然兴趣"，是指一种尚未明确意识到的、作为一种"自然倾向"或理性本能的意向；而正是由于它的这种未明确意识到的"自然"性质，它并不是在人的实践活动中前后一致地贯彻着的，因而也不是在"实践上占优势的"，而是时断时续的、片断的，甚至是为其他目的和兴趣服务的。但这种兴趣毕竟是在每个人心中潜藏着的。

如果你加固和扩展这种兴趣，你将会发现理性是很好教化的，并且甚至对于在实践的兴趣上再结合进思辨的兴趣是更为开明的。但如果你不关心首先使自己成为好人，至少是在成为好人的途中，那么你将永远不会使你自己成为有诚实信仰的人！

这就是一个选择了，即要么你"首先使自己成为好人"，即"加固和扩展这种兴趣"，你就会发现"理性是很好教化的"，因为它的根苗就在你自己心中。你要培养它，使它摆脱那些自然的粗糙性和粗野性的遮蔽，提炼为纯粹实践理性的道德原则，这是顺理成章的事。而且一旦做到这

---

① 原译作"不可分离的"，但 ungeteilt 原意为"未划分的"、"整全的"、"一致的"。兹改为"前后一致的"。

一点，那么你在这一基础上再把以往所努力追求的"思辨的兴趣"或学理上的证明纳入进来，也是很容易的。康德自己在前面就把他在先验辩证论中已经彻底摧毁了的关于上帝存有的一切证明又在道德证明的基础上恢复了，他的批判固然厉害，他的态度却很"开明"，对他所批判的东西兼容并蓄，改造利用。要么，你就放弃自己内心的道德信念，不去加固和扩展这种道德意向，而希图凭借小聪明单从学理上证明上帝的存有，"那么你将永远不会使你自己成为有诚实信仰的人"。这种不诚实，包括对自己的不诚实，因为你将扼杀自己原有的道德兴趣，从而扭曲了自己的本性。所以，康德在正文中接下来说：

但在这个问题上没有人是摆脱一切兴趣［利害］的。因为，尽管他 B858 可能由于缺乏善良的意向而与道德兴趣隔绝了，但即使在这种情况下也仍然足够使他**畏惧**上帝的存有和来世了。

"在这个问题上"，也就是在上帝存有和来世的问题上，"没有人是摆脱一切兴趣［利害］的"。这里讲的是一般的兴趣或利害了，这就是基于一般实践理性之上的目的性意向。这种意向可能是缺乏善良意向的，它只是实用的信念，因而是"与道德兴趣隔绝"的，"但即使在这种情况下也仍然足够使他**畏惧**上帝的存有和来世了。"就是说，只要他有理性，即使只是实用的信念，他的理性在实践中已经足以使他"畏惧"上帝和来世了，而这种畏惧就能够使他反省理性的本性，从而进一步揭示出其中的道德兴趣来。可以说，以往对上帝和来世的学理上的信念和证明根本上都只是出于这种"畏惧"而来的自然倾向，它们虽然没有达到道德信念的境界，但毕竟可以用来作为道德信念的准备，为对上帝和来世的道德证明开道。如康德所说的：

因为要做到这点并不要求别的，只要他起码不能借口没有**确定性**，既**没有**见到这样一个存在者也**没有**见到来生的可能，就行了，因为这必须通过单纯的理性、因而无可置疑地得到证明，所以他为此将不得不阐明这两者的不可能性，而这肯定是没有任何有理性的人能够接受的。

"要做到这点"，也就是要做到畏惧一个上帝和来世，并不需要他证明有一个上帝，只需要他不能证明没有一个上帝，就行了。我没有见到的东西或不可能见到的东西不见得就不存在，没有客观上的"确定性"并不能排除主观上的"确信"。单是这种不确定性就足以使一个人畏惧上帝和来世了，因为你怎么知道就没有一个上帝或来世呢？万一真的有，那你做坏事的人可就惨了。"因为这必须通过单纯的理性、因而无可置疑地得到证明"，"这"是指那个"借口"，即"没有确定性"，或"既没有见到这样一个存在者也没有见到来生的可能"，也就是没有这种可能性。你要证明没有这种确定性和可能性，也"必须通过单纯的理性"，即也必须"无可置疑地"证明，但这一点是任何人都做不到的，所以这里用的是虚拟式。"所以他为此将不得不阐明这两者的不可能性，而这肯定是没有任何有理性的人能够接受的"，这前一半还是虚拟式。"这两者"是指上帝存有和来世，你必须说明它们为什么就不可能；后一半，"这肯定……"，则不是虚拟式。就是说，要阐明这两者的不可能性的这一任务，是不可能完成的，因此是任何一个有理性的人都不可能接受或承担的任务。所以在学理的信念中我们只要做到不能排除上帝存有和来世的可能性就行了，这就能使人感到畏惧，从而为道德的信念扫清地盘。

这将是**一种消极的**信念，它虽然不能产生道德和善良意向，但毕竟可以产生它们的类似物，就是说，能够有力地遏制恶劣意向的发作。

前面一句中的两个"没有"都打上了着重号，就是强调这种学理的信念的"消极"性，即我相信上帝和来世的可能性是不能肯定地排除掉的。这种消极信念当然不能直接产生"道德和善良意向"，因为它只是从理性的思辨运用出发的，根本没有考虑到道德意向，没有从理性的实践运用方面考虑问题。"但毕竟可以产生它们的类似物，就是说，能够有能力遏制恶劣意向的发作"。这里又一次提出了"类似物"（Analogon）即"类比"的概念。但要注意，这次所讲的"类似物"与前面（本段开头）所讲的"思辨的课题"上"出自类比的有力根据"是完全不同的。前面的那种类比或类似物是学理的信念通过把理论的判断和实践的判断加以类比，而使一个绝对必然存在者的概念转化为一个智慧的创世者的概念，但这种实践信念只是"实用的信念"，归根结底还是属于学理上和理论上的；反之，这里讲的类似物则是在学理的信念中产生出"道德和善良意向"的类似物，所以已经是学理的信念和道德的信念之间的类比了。所以对上帝和来世的学理的信念是思辨神学向道德神学过渡的枢纽，它通过两次类比而引向了真正道德的信念，以及对上帝存有的道德证明。但它本身还不是这种道德证明，而只是它的类似物。而学理的信念的作用其实也就在这里，就是通过对一个不能证明其"没有"的上帝和来世的"畏惧"，"有力地遏制恶劣意向的发作"，这就能够促使人们思考和意识到自身理性在实践上的道德意向，从而为道德的信念建立牢固的根基。这就是前面说的，学理的信念是为道德的信念作准备和扫清地盘的。康德在《实践理性批判》中有一段话也可以说明这一点："虽然我们不能否认，为了把一个或是还未受到教养、或是粗野化了的内心首次带到道德—善的轨道上来，需要一些准备性的指导，即通过他自己的利益来对此加以引诱，或是通过损害来恐吓；不过一旦这种机制、这种管束产生了一些效果，那么纯粹的道德动因就必须被完全带进心灵，……"①

　　下面康德设想了一种可能的反驳：

　　<u>但人们会说，这就是纯粹理性超越经验界限之外展望前景所达到的一切吗？除了两个信条就没有别的了吗？这些事不需要向哲学家们请教　就连普通知性也能做得到的啊！</u>　B859

　　这种反驳的意思就是说，难道说来说去，你所说的就仅仅是人们凭借道德上的信念而相信上帝和来世吗？这还用得着哲学家来说吗？我们老百姓自古以来不就是这样的吗？只有那些多事的哲学家们，才想出了

---

① 《实践理性批判》，邓晓芒译，杨祖陶校，人民出版社2004年版，第206页。

对上帝存有的各种各样的证明，但这些证明又被您老人家全都否定了，而回到了最普通的知性也自然承认的前提，那么你这一番苦心的论证又有什么特别的贡献呢？这里所说的"普通知性"，即德文 der gemeine Verstand，又译作"常识"，在康德那里有特殊的含义。它并不是康德自己通过分析而纯化出来的"纯粹知性"，而是日常的普通人够用的知性，即当时由伏尔泰和洛克等人提倡而风靡欧洲的"健全知性"（bon sens，common sense），德文有时表达为 der gesunde Verstand。康德在认识论上不满足于这种朴素的常识，而要探讨纯粹知性和纯粹理性的先验结构；但在道德上他却恰好相反，要通过精密的哲学论证而从学院的高处下降到普通百姓的道德生活，贴近人们的常识。所以下面一段康德就这一点为自己作了辩护。

我不想在这里赞扬哲学通过自己的批判的艰苦奋斗为人类理性所作出的贡献；就算它在结论上也许应当被看作只是消极的吧；因为对此在下面的章节中还要有所触及。

首先，他对于"哲学"、在这里就是指自己的批判哲学"为人类理性所作出的贡献"有充分的自信，所以不屑于在此自我表扬。尽管他的哲学"在结论上也许应当被看作只是消极的"，即只是限定知识的范围，以便为信仰留下位置，但其贡献仍然是不可磨灭的。至于"在下面的章节中还要有所触及"，我们可以看《纯粹理性批判》全译本中（B879）的那段话："形而上学作为单纯的思辨，更多地被用于防止错误，而不是扩展知识，这并没有使它的价值受到任何损害，而是通过它的审查职权使科学的共同事业的普遍秩序与和睦乃至福利都得到保障，防止对这个事业的那些勇敢而富有成果的探讨远离那个主要目的，即普遍幸福，从而反倒赋予了自身以尊严和权威。"这是在"建筑术"一章中所说的。下面康德就反问了：

然而，你真的盼望要有这样一种涉及到人类的、应当超越普通知性而只由哲学家揭示给你的知识吗?

康德自己则认为,这样一种好高骛远,正是那些学院派哲学家和理性派哲学家的通病,而他自从读了卢梭的书以后就已经克服了这种通病。正如康德在他的自述中承认的:"我生性是一个探求者,我渴望知识,不断地要前进,有所发明才快乐。曾有一个时期,我相信这就是使人的生命有其真正尊严的,我就轻视无知的群众。卢梭纠正了我。我臆想的优点消失了。我学会了来尊重人,认为自己远不如寻常劳动者之有用,除非我相信我的哲学能替一切人恢复其为人的共同权利。"① 所以他理直气壮地说:

你所责备的这一点,正好是前述主张的正确性的最好证明,因为这揭示出人们一开始不能预见到的事,即大自然在人们无区别地关切的事情中,并没有在分配他们的禀赋上有什么偏心和过错,而最高的哲学在人类本性的根本目的方面,除了人类本性已赋予哪怕最普通的知性的那种指导作用以外,也不能带来更多东西。

也就是说,人们可能责备康德从高高在上的形而上学下降到通俗的道德哲学,是降低了自己的水平;但这正是康德引以为自豪的地方,因为他觉得这样一来他的道德形而上学便与通俗的道德哲学和日常道德知识打通了,成为了对普通老百姓有用的学说,因而真正实现了启蒙运动的自由平等理想。康德在《道德形而上学基础》中就是从"普通的道德理性知识"出发进到"通俗的道德哲学",从"通俗的道德哲学"进到"道德的形而上学",最后达到"实践理性批判"的,但不论他达到哪个更高的层次,他都时刻意识到他是在为老百姓的日常道德知识提供更坚实的形而上学根据,而排除所有可能对这种日常道德实践形成干扰和误导的不良影响,特别是从以往形而上学的道德学说而来的影响。在他看来,普

---

① 转引自 [英] 康浦·斯密著:《康德〈纯粹理性批判〉解义》,韦卓民译,华中师范大学出版社 2000 年版,第 39 页。

通老百姓在科学知识水平上与知识界或有差别, 但在道德水平上却丝毫也不亚于任何一个知识分子或大学教授, 因为在这方面人的理性是完全平等的。"大自然在人们无区别地关切的事情中, 并没有在分配他们的禀赋上有什么偏心和过错", "无区别地关心的事情"也就是道德的事情, 它是不以人们的知识水平的高低或知识的丰富程度而有什么不同的, 而是这方面人人都具有一样的自然禀赋的。但这一点在从前人们并不能预见到, 而是以为知识的增加能够提高人们的道德水平, 这是自从苏格拉底以来西方哲学的一个传统偏见, 就是"美德即知识"。但康德通过悬置知识来为信仰腾出位置的这种批判哲学的工作, 首次揭示了道德禀赋的这一人人平等的真相。"而最高的哲学在人类本性的根本目的方面除了人类本性已赋予哪怕最普通的知性的那种指导作用以外, 也不能带来更多东西。""人类本性的根本目的"就是道德和至善, 在这方面人类本性已经赋予每个人以足够的理性能力, 即使它还被掩盖在日常杂多的感性经验的现象之下, 显得那么不足为奇。而"最高的哲学"并不能在这之上添加任何东西, 而只能对这种普通知性加以指导, 使一个最普通的人也能过上最纯洁的道德生活; 而这种指导实际上已经由"人类本性""赋予哪怕最普通的知性"了。康德的哲学不过是揭示出这一点来而已。

责任编辑：张伟珍

封面设计：吴燕妮

责任校对：张　彦　梁　悦　白　玥

版式设计：马月生　王　婷

图书在版编目（CIP）数据

康德《纯粹理性批判》句读／邓晓芒 著．—2版．—北京：人民出版社，
　2018.7（2024.12重印）

ISBN 978－7－01－018903－1

I.①康… II.①邓… III.①认识论②先验论 IV.① B017 ② B081.2

中国版本图书馆 CIP 数据核字（2018）第 028895 号

康德《纯粹理性批判》句读
KANGDE CHUNCUI LIXING PIPAN JUDU

邓晓芒　著

人民出版社 出版发行

（100706　北京市东城区隆福寺大街99号）

北京新华印刷有限公司印刷　新华书店经销

2018 年 7 月第 2 版　2024 年 12 月北京第 5 次印刷

开本：710 毫米 ×1000 毫米 1/16　印张：145.5

字数：2100 千字　印数：14,001－19,000 册

ISBN 978－7－01－018903－1　定价：420.00 元（三卷）

邮购地址 100706　北京市东城区隆福寺大街 99 号

人民东方图书销售中心　电话（010）65250042　65289539

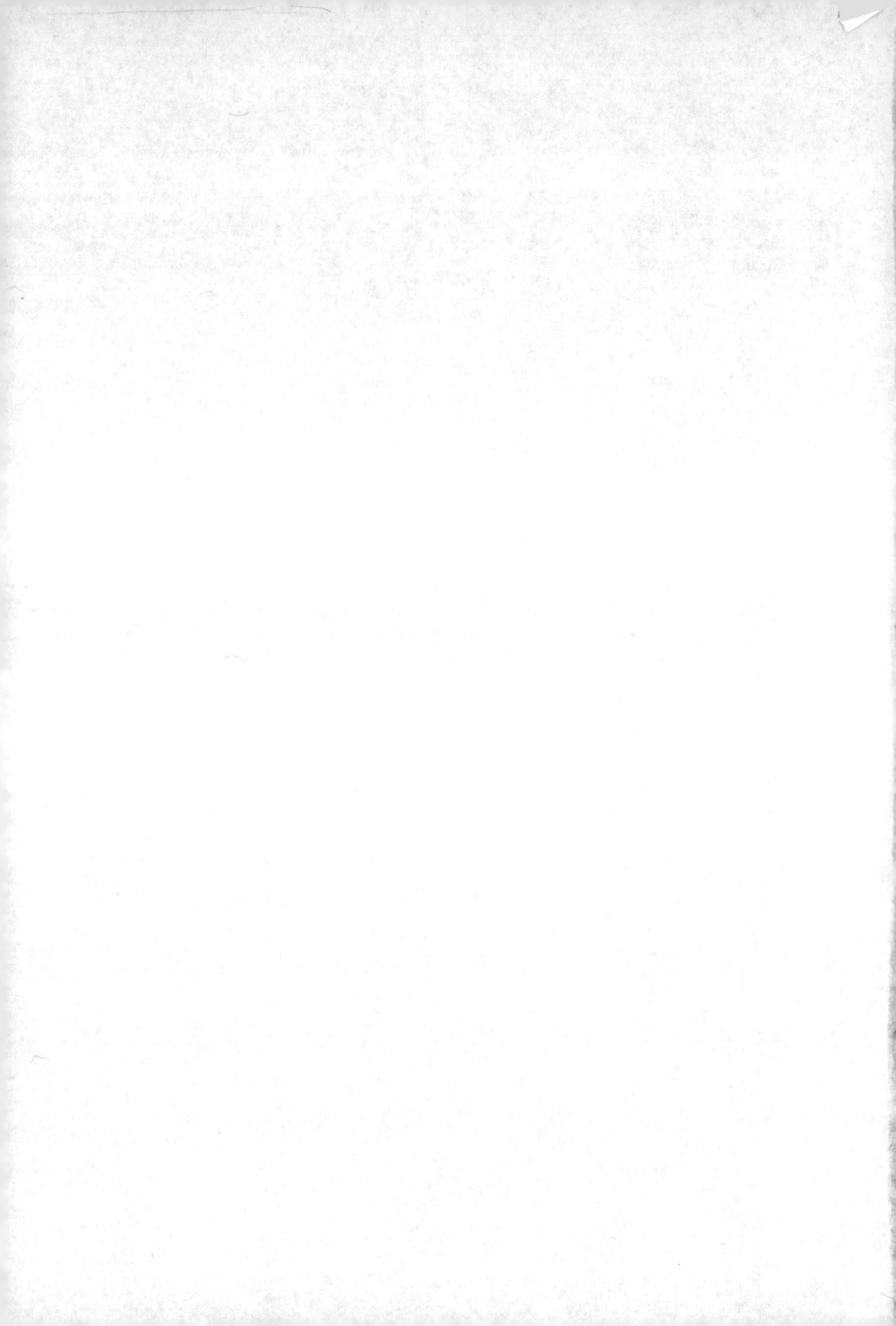